Thiel/Gelzer/Upmeier · Baurechtssammlung · Band 66

Baurechtssammlung

Rechtsprechung des Bundesverwaltungsgerichts, der Oberverwaltungsgerichte der Länder und anderer Gerichte zum Bau- und Bodenrecht

Von **Prof. Dr. Fr. Thiel** † und **Prof. Dr. Konrad Gelzer** †
Fortgeführt (ab Band 56) von **Hans-Dieter Upmeier**,
Vizepräsident des Verwaltungsgerichts a. D.

Band 66, Rechtsprechung 2003

Werner Verlag

1. Auflage 2004

Bibliografische Information der Deutschen Bibliothek
Die Deutsche Bibliothek verzeichnet diese Publikation in der Deutschen Nationalbibliografie; detaillierte bibliografische Daten sind im Internet über http://dnb.ddb.de abrufbar.

ISSN 0721-8451

Bd. 66. – Rechtsprechung 2003
ISBN 3-8041-3593-5

DK 351.95
© 2004 Wolters Kluwer Deutschland GmbH, München/Unterschleißheim
Werner Verlag – eine Marke von Wolters Kluwer Deutschland
Printed in Germany
Alle Rechte, auch das der Übersetzung, vorbehalten.
Ohne ausdrückliche Genehmigung des Verlages ist es auch nicht gestattet,
dieses Buch oder Teile daraus auf fotomechanischem Wege
(Fotokopie, Mikrokopie) zu vervielfältigen sowie die Einspeicherung
in elektronischen Systemen vorzunehmen.
Zahlenangaben ohne Gewähr
Satz, Druck und Verarbeitung: rewi druckhaus, Reiner Winters GmbH,
57537 Wissen

www.werner-verlag.de

Vorwort zum 66. Band

Die vorliegende Sammlung enthält 226 Entscheidungen, vorwiegend der Verwaltungsgerichte erster bis dritter Instanz, ferner sind fünfmal Leitsätze zu Entscheidungen wiedergegeben, die an anderer Stelle des Bandes in anderem Zusammenhang vollständig abgedruckt sind. Das Bundesverwaltungsgericht ist mit 52 Urteilen und Beschlüssen vertreten. Vom Oberverwaltungsgericht (OVG) Nordrhein-Westfalen sind 42 Entscheidungen, vom Niedersächsischen OVG 28 Erkenntnisse wiedergegeben. Die beiden großen Verwaltungsgerichtshöfe, der Bayerische VGH und der VGH Baden-Württemberg, sind mit jeweils 20 Entscheidungen berücksichtigt. Die „Mitte" Deutschlands ist mit 15 Urteilen und Beschlüssen des OVG Rheinland-Pfalz und 12 Entscheidungen des Hessischen VGH vertreten. Die übrigen Entscheidungen verteilen sich auf die Obergerichte der Stadtstaaten Berlin, Hamburg und Bremen sowie der Länder Brandenburg, Mecklenburg-Vorpommern, Saarland, Sachsen und Thüringen. Vom Bundesgerichtshof sind unter anderem zwei Erkenntnisse abgedruckt, die sich zu Amtspflichten im Zusammenhang mit Baugenehmigungsverfahren verhalten.

Mit dem Thema Windenergie im weitesten Sinne befassen sich erneut mehr als ein Dutzend Entscheidungen. § 35 Abs. 3 Satz 3 BauGB stellt die Errichtung von Windenergieanlagen im Außenbereich unter einen Planvorbehalt, der sich an die Gemeinden als Träger der Flächennutzungsplanung und in gleicher Weise an die Träger der Raumordnungsplanung richtet. Das Bundesverwaltungsgericht hatte in seinem Urteil vom 17. Dezember 2002 – 4 C 15.01 –, BRS 65 Nr. 95, die Möglichkeit der Gemeinde bestätigt, bestimmte privilegierte Vorhaben, wie Windkraftanlagen, durch Darstellungen im Flächennutzungsplan auf bestimmte Standorte zu konzentrieren, wenn sich die Darstellungen nicht in einer Alibifunktion erschöpfen. Das gilt auch für Darstellungen in Flächennutzungsplänen, die vor Inkrafttreten des § 35 Abs. 3 Satz 3 BauGB erlassen worden sind (BVerwG, Beschluß vom 22. Oktober 2003 – 4 B 84.03 –, Nr. 108 dieses Bandes). Dem Träger der Regionalplanung ist es nach dem Urteil des Bundesverwaltungsgerichts vom 13. März 2003 – 4 C 4.02 –, Nr. 10, dagegen nicht verwehrt, die Windenergienutzung im gesamten Außenbereich einer Gemeinde auszuschließen. Allerdings können Teilfortschreibungen eines Regionalplans, die jeweils Vorranggebiete für Windenergieanlagen festlegen, die Ausschlußwirkung des § 35 Abs. 3 Satz 3 BauGB erst entfalten, wenn sie sich zu einer schlüssigen gesamträumlichen Planungskonzeption zusammenfügen. Der Ausschluß der Anlagen auf Teilen des Gebiets läßt sich nach der Wertung des Gesetzgebers nur rechtfertigen, wenn derselbe Plan (evtl. erst nach mehreren Fortschreibungen als Zwischenschritte) sicherstellt, daß sich die betroffenen Anlagen an anderer Stelle gegenüber konkurrierenden Nutzungen durchsetzen. Ist in einem Raumordnungsplan für bestimmte Flächen noch keine abschließende raumordnerische Entscheidung getroffen und fehlt es daher an einem schlüssigen gesamträumlichen Planungskonzept, kann der Raumordnungsplan die Ausschlußwirkung des § 35 Abs. 3 Satz 3 BauGB nicht entfalten (BVerwG, Urteil vom 13. März 2003 – 4 C 3.02 –, Nr. 11, im Anschluß an BVerwG in Nr. 10 und zuvor in

BRS 65 Nr. 95). Das Gesetz verbietet es zudem, in der Bilanz der Positiv- und Negativflächen Vorbehaltsgebiete i. S. v. § 7 Abs. 4 Satz 1 Nr. 2 ROG als Positivausweisungen zu werten.

Ob bereits eine einzelne Windenergieanlage raumbedeutsam ist, beurteilt sich unter anderem nach ihren Dimensionen (Höhe, Rotordurchmesser), aus ihrem Standort oder aus ihren Auswirkungen auf bestimmte Ziele der Raumordnung (Schutz von Natur und Landschaft, Erholung und Fremdenverkehr).

Hatte eine Gemeinde beschlossen, ihren Flächennutzungsplan zu ändern, konnte bis zum Inkrafttreten des heutigen § 15 Abs. 3 BauGB i. d. F. des EAG Bau 2004 vom 5. 5. 2004 diese Planung nicht unmittelbar mit einer Zurückstellung eines Baugesuchs oder dem Erlaß einer Veränderungssperre gesichert werden. In solchen Fällen haben es die Gerichte den Gemeinden nicht verwehrt, zugleich die Aufstellung von Bebauungsplänen für diese Gebiete zu beschließen und diese Änderungsabsichten mit Veränderungssperren zu sichern (Nr. 115ff.). Wer eine Windenergieanlage in einem Windpark (siehe dazu BVerwG, Urteil vom 30. Juni 2004 – 4 C 9.03 –, BauR 2004, 1745) errichtet, muß von vornherein damit rechnen, daß weitere Windenergieanlagen aufgestellt werden, die seiner Anlage nicht nur Wind nehmen, sondern diesen auch in seiner Qualität verändern. Welche Sicherheitsabstände konkurrierende Anlagen einhalten müssen, muß ebenfalls nach den Maßgaben des Bauplanungsrechts (etwa Standortfestlegungen in einem Bebauungsplan oder Beachtung des Gebots der Rücksichtnahme) entschieden werden. Verstößt eine hinzutretende Windenergieanlage nicht gegen das Rücksichtnahmegebot, gefährdet sie in der Regel auch nicht in zurechenbarer Weise die Standsicherheit benachbarter Anlagen nach den einschlägigen bauordnungsrechtlichen Regelungen; der Bauherr hat grundsätzlich selbst für die Standsicherheit seiner eigenen Anlage einzustehen (vgl. dazu OVG NRW, Beschluß vom 9. Juli 2003 – 7 B 949/03 –, Nr. 138)

Die vom argumentativen Aufwand her interessanteste Entscheidung ist sicher das Urteil des Bundesverwaltungsgerichts vom 17. September 2003 – 4 C 14.01 –, Nr. 1, in welchem das Gericht eine Erstplanungspflicht der Gemeinde, hergeleitet aus § 1 Abs. 3 BauGB, statuiert. Der planerische Spielraum (Ermessen) der Gemeinde verdichtet sich zu einer strikten Planungspflicht, wenn qualifizierte städtebauliche Gründe von besonderem Gewicht vorliegen. § 1 Abs. 3 setzt voraus, daß der Gemeinde mit der Planungsbefugnis zugleich ein Planungsfreiraum eingeräumt wird. Maßgebend sind die eigenen städtebaulichen Vorstellungen der Gemeinde. Der Gesetzgeber geht aber davon aus, daß die städtebauliche Entwicklung nicht vollständig dem „Spiel der freien Kräfte" überlassen bleiben soll. Die Bauleitplanung ist der Gemeinde nicht zu beliebiger Handhabung, sondern als öffentliche Aufgabe anvertraut, die sie nach Maßgabe des Baugesetzbuches im Interesse einer geordneten städtebaulichen Entwicklung zu erfüllen hat. Ein qualifizierter Planungsbedarf mit Handlungspflicht der Gemeinde besteht, wenn etwa die Genehmigungspraxis auf der Grundlage von § 34 BauGB städtebauliche Konflikte auslöst oder auszulösen droht, die eine Gesamtkoordination der widerstreitenden öffentlichen und privaten Belange in einem förmlichen Planungsverfahren dringend erfordern. Diese gemeindliche Planungspflicht aus § 1

Abs. 3 BauGB kann mit den Mitteln der Kommunalaufsicht gegen eine untätige Gemeinde durchgesetzt werden.

Weitere Bindungen der Gemeinde ergeben sich aus dem Anpassungsgebot des § 1 Abs. 4 BauGB. Ein Bebauungsplan, der etwa einem Ziel der Regionalplanung widerspricht, verletzt das Anpassungsgebot auch dann, wenn er aus den Darstellungen des Flächennutzungsplans entwickelt worden ist (BVerwG, Urteil vom 30. Januar 2003 – 4 CN 14.01 –, Nr. 9). Art. 28 Abs. 2 Satz 1 Grundgesetz steht der gemeindlichen Bindung an Ziele der Raumordnung und Landesplanung nicht prinzipiell entgegen. Das Grundgesetz gewährleistet die kommunale Selbstverwaltung nur, soweit die Gesetze nicht ausdrücklich etwas anderes bestimmen. Standortausweisungen für Infrastrukturvorhaben sind wegen ihrer raumfreihaltenden Zielsetzung auf einen hohen Konkretisierungsgrad angewiesen. Ein Landesgesetzgeber, der zur gebietsscharfen Ausweisung von Standorten für Infrastrukturmaßnahmen in einer Region verpflichtet, muß diesen Eingriff in die kommunale Planungshoheit allerdings aus Gründen der Verhältnismäßigkeit auf solche Vorhaben begrenzen, die typischerweise aus überörtlichen, raumordnerischen Gründen schwerer wiegen als das Interesse der Gemeinde, von den Standortausweisungen verschont zu bleiben (BVerwG, Urteil vom 15. Mai 2003 – 4 CN 9.01 –, Nr. 4, – Erweiterung des Flughafens Stuttgart, Landesmesse).

§ 1 Abs. 4 BauGB gilt nach allgemeiner Meinung nicht nur für die Erstplanung, sondern hält die Gemeinde auch weiter an, bereits vorhandene Bauleitpläne prinzipiell mit den zeitlich nachfolgenden Raumordnungszielen in Einklang zu bringen. Die viel beschworene Planungshoheit der Gemeinden unterliegt inzwischen mehrfachen rechtlichen Bindungen, die bei entsprechender Sachlage eigene Gestaltungsmöglichkeiten der Kommune völlig verhindern können.

Beachtlich ist die große Zahl denkmalrechtlicher Entscheidungen im Jahre 2003 (Nr. 205 ff.). Während vor Jahren im wesentlichen über die Unterschutzstellung insbesondere von Baudenkmälern gestritten wurde, stehen nunmehr Fragen zu Instandhaltungspflichten der Eigentümer und möglichen Erhaltungsanordnungen durch die Denkmalbehörden, vor allem aber die Zumutbarkeit einer Erhaltung von Denkmälern (Nr. 208 ff.) im Vordergrund. Wenn die Zuschüsse der öffentlichen Hand für den Denkmalschutz verringert werden müssen, ist für den einzelnen Denkmaleigentümer die Grenze eher erreicht, von der an ihm die Erhaltung und Bewahrung seines Denkmals nicht mehr zugemutet werden kann. In den Entscheidungen zu den Kosten archäologischer Grabungen in den Städten (Nr. 212 ff.) wird deutlich, daß private Eigentümer, aber auch Denkmalbehörden und Bundesländer die Kostenpflicht nicht vollständig jeweils auf den anderen übertragen können. Denkmalschutz und Denkmalpflege obliegen dem Land, den Gemeinden/Gemeindeverbänden und den Denkmaleigentümern. Sind die notwendigen Mittel für die Denkmalerhaltung von keinem aufzubringen, ist letztlich der Verlust des Denkmales nicht zu verhindern und die Genehmigung zum Abbruch zu erteilen (OVG Rheinland-Pfalz, Urteil vom 21. August 2003 – 1 A 11997/02 –, Nr. 210).

Zum Schluß danke ich wieder den Gerichten, Behörden und Anwälten für die zahlreichen Mitteilungen und Anregungen zu diesem Band. Ich danke insbesondere meiner Ehefrau Marita Upmeier für die zeitaufwändige Hilfe bei der Anfertigung der Register und Verzeichnisse.

Münster, im November 2004　　　　　　　　　　　　　　Hans-Dieter Upmeier

Gesamtübersicht

BAURECHTSSAMMLUNG (BRS)

Band 1	Teil A: Entscheidungen der VGH, OVG und LVG im Bundesgebiet 1945–1950
	Teil B: Rechtsprechungsübersicht VGH, OVG und LVG 1945 bis 1950
	Teil C: Rechtsprechungsübersicht PrOVG und RVG bis 1945
	Teil D: Ausgewählte Entscheidungen des PrOVG und RVG bis 1945
Band 2	Entscheidungen des VGH, OVG und LVG 1951/52
Band 3	Entscheidungen des BVerwG, der VGH, OVG und LVG 1953
Band 4	Entscheidungen des BVerwG, der VGH, OVG und LVG 1954/55 nach Leitsätzen
Band 5	(Ergänzungsband) Rechtsprechungsübersicht 1945–1955
Band 6	Entscheidungen des BVerwG, der VGH, OVG und LVG 1956
Band 7	Entscheidungen des BVerwG, der VGH, OVG und LVG 1957
Band 8	Entscheidungen des BVerwG, der VGH, OVG und LVG 1958
Band 9	Entscheidungen des BVerwG, der VGH, OVG und LVG 1959
Band 10	(Ergänzungsband) Rechtsprechungsübersicht 1955–1960
Band 11	Entscheidungen des BVerwG, der VGH, OVG und LVG 1960
Band 12	Entscheidungen des BGH, der Baulandkammern und -senate, des BVerwG, der VGH, OVG und LVG 1961
Band 13	Entscheidungen des BGH, der Baulandkammern und -senate, des BVerwG, der VGH, OVG und LVG 1962
Band 14	Entscheidungen des BVerwG, der VGH, OVG, VG sowie der BauLG und des BGH 1962/63
Band 15	Entscheidungen des BVerwG, der VGH und OVG 1964
Band 16	Entscheidungen des BVerwG, der VGH und OVG 1965
Band 17	Entscheidungen des BVerwG, der VGH und OVG 1966
Band 18	Entscheidungen des BVerwG, der VGH und OVG 1967
Band 19	Sonderband der Rechtsprechung über die Enteignung und die Enteignungsentschädigung
Band 20	Entscheidungen des BVerwG, der VGH und OVG 1968
Band 21	Registerband für die Rechtsprechung 1964 bis 1968

Band 22	Entscheidungen des BVerwG, des BGH, der VGH und OVG 1969
Band 23	Entscheidungen des BVerwG, des BGH, der VGH und OVG 1970
Band 24	Entscheidungen des BVerwG, des BGH, der VGH und OVG 1971
Band 25	Entscheidungen des BVerwG, des BGH, der VGH und OVG 1972
Band 26	Sonderband der Rechtsprechung über die Enteignung und die Enteignungsentschädigung
Band 27	Entscheidungen des BVerwG, des BGH, der VGH und OVG 1973
Band 28	Entscheidungen des BVerwG, des BGH, der VGH und OVG 1974
Band 29	Entscheidungen des BVerwG, des BGH, der VGH und OVG 1975
Band 30	Entscheidungen des BVerwG, des BGH, der VGH und OVG 1976
Band 31	Registerband für die Rechtsprechung 1969 bis 1976
Band 32	Entscheidungen des BVerwG, des BGH, der VGH und OVG 1977
Band 33	Entscheidungen des BVerwG, des BGH, der VGH und OVG 1978
Band 34	Sonderband der Rechtsprechung über die Enteignung und die Enteignungsentschädigung
Band 35	Entscheidungen des BVerwG, des BGH, der VGH und OVG 1979
Band 36	Entscheidungen des BVerwG, des BGH, der VGH und OVG 1980
Band 37	Sonderband der Rechtsprechung zum Erschließungsbeitragsrecht von 1970 bis 1979
Band 38	Entscheidungen des BVerwG, des BGH, der VGH und OVG 1981
Band 39	Entscheidungen des BVerwG, des BGH, der VGH und OVG 1982
Band 40	Entscheidungen des BVerwG, des BGH, der VGH und OVG 1983
Band 41	Registerband für die Rechtsprechung 1977 bis 1983
Band 42	Entscheidungen des BVerwG, des BGH, der VGH und OVG 1984
Band 43	Sonderband der Rechtsprechung zum Erschließungsbeitragsrecht von 1980 bis 1985
Band 44	Entscheidungen des BVerwG, des BGH, der VGH und OVG 1985
Band 45	Sonderband der Rechtsprechung über die Enteignung und die Enteignungsentschädigung
Band 46	Entscheidungen des BVerwG, des BGH, der VGH und OVG 1986
Band 47	Entscheidungen des BVerwG, des BGH, der VGH und OVG 1987
Band 48	Entscheidungen des BVerwG, des BGH, der VGH und OVG 1988
Band 49	Entscheidungen des BVerwG, des BGH, der VGH und OVG 1989
Band 50	Entscheidungen des BVerwG, des BGH, der VGH und OVG 1990

Band 51	Registerband für die Rechtsprechung 1984 bis 1990
Band 52	Entscheidungen des BVerwG, des BGH, der VGH und OVG 1991
Band 53	Sonderband der Rechtsprechung über die Enteignung und die Enteignungsentschädigung
Band 54	Entscheidungen des BVerwG, des BGH, der VGH und OVG 1992
Band 55	Entscheidungen des BVerwG, des BGH, der VGH und OVG 1993
Band 56	Entscheidungen des BVerwG, des BGH, der VGH und OVG 1994
Band 57	Entscheidungen des BVerwG, des BGH, der VGH und OVG 1995
Band 58	Entscheidungen des BVerwG, des BGH, der VGH und OVG 1996
Band 59	Entscheidungen des BVerwG, des BGH, der VGH und OVG 1997
Band 60	Entscheidungen des BVerwG, des BGH, der VGH und OVG 1998
Band 61	Registerband für die Rechtsprechung 1991 bis 1998
Band 62	Entscheidungen des BVerwG, des BGH, der VGH und OVG 1999
Band 63	Entscheidungen des BVerwG, des BGH, der VGH und OVG 2000
Band 64	Entscheidungen des BVerwG, des BGH, der VGH und OVG 2001
Band 65	Entscheidungen des BVerwG, des BGH, der VGH und OVG 2002
Band 66	Entscheidungen des BVerwG, des BGH, der VGH und OVG 2003

Inhaltsübersicht

	Seite
Inhaltsverzeichnis	XV
Zusammenstellung der abgedruckten Entscheidungen nach Gerichten in Zeitfolge	XXXIII
Abkürzungsverzeichnis	XXXIX

A. Rechtsprechung zum Bauplanungsrecht

I. Bauleitplanung
1. Inhalt und Aufstellung der Bauleitpläne — Nr. 1– 54 — 1
2. Normenkontrollverfahren — Nr. 55– 68 — 268

II. Zulässigkeit von Bauvorhaben
1. Im Bereich eines Bebauungsplanes — Nr. 69– 93 — 324
2. Zulässigkeit von Bauvorhaben im nicht beplanten Innenbereich — Nr. 94– 98 — 446
3. Zulässigkeit von Bauvorhaben im Außenbereich — Nr. 99–114 — 469

III. Sicherung der Bauleitplanung
1. Veränderungssperre — Nr. 115–122 — 522
2. Vorkaufsrechte der Gemeinde — Nr. 123–124 — 553

B. Rechtsprechung zum Bauordnungsrecht

I. Anforderungen an das Baugrundstück und das Bauvorhaben — Nr. 125–141 — 559

II. Garagen und Einstellplätze — Nr. 142–145 — 612

III. Gestaltungsrecht — Nr. 146–148 — 628

IV. Werbeanlagen — Nr. 149–154 — 647

C. Rechtsprechung zum Baugenehmigungsverfahren

I. Bauliche Anlage und Genehmigungspflicht — Nr. 155–158 — 665

II. Baugenehmigung — Nr. 159–167 — 688

III. Einwendungen des Nachbarn — Nr. 168–193 — 722

D. Rechtsprechung zu Maßnahmen der Baubehörden — Nr. 194–204 — 823

E. Rechtsprechung zum Denkmalschutz — Nr. 205–216 — 855

F. Natur- und Landschaftsschutz — Nr. 217–225 — 923

G. Rechtsprechung zum Besonderen Städtebaurecht	Nr. 226–231	963
Stichwortverzeichnis		987

Inhaltsverzeichnis

A. Rechtsprechung zum Bauplanungsrecht
I. Bauleitplanung
1. Inhalt und Aufstellung der Bauleitpläne

Nr. 1	Erstplanungspflicht der Gemeinde, großflächiger Einzelhandel, Kommunalaufsicht	BVerwG, Urt. v. 17.09.2003 – 4 C 14.01 –	1
Nr. 2	Erforderlichkeit des Bebauungsplans	BVerwG, Beschl. v. 23.01.2003 – 4 B 79.02 –	16
Nr. 3	Erforderlichkeit des Plans bei Änderung	BVerwG, Beschl. v. 10.09.2002 – 4 BN 39.02 –	17
Nr. 4	Ausweisung von Infrastrukturmaßnahmen; kommunale Planungshoheit; Entwicklungsgebot	BVerwG, Urt. v. 15.05.2003 – 4 CN 9.01 –	19
Nr. 5	Regel-Ausnahme-Planaussagen als Ziel der Raumordnung; Zielanpassungsgebot; ergänzendes Verfahren	BVerwG, Urt. v. 18.09.2003 – 4 CN 20.02 –	33
Nr. 6	Soll-Ziele im Regionalplan	BVerwG, Beschl. v. 15.04.2003 – 4 BN 25.03 –	41
Nr. 7	Soll-Ziele im Regionalplan	Bay.VGH, Urt. v. 15.10.2003 – 26 N 99.3785 –	43
Nr. 8	Ziele der Raumordnung und kommunale Planungshoheit, Schutz schwächerer Gemeinden	OVG Brbg., Urt. v. 27.08.2003 – 3 D 5/99.NE –	50
Nr. 9	Straßenplanung, Ziel der Raumordnung, Anpassungsgebot	BVerwG, Urt. v. 30.01.2003 – 4 CN 14.01 –	57
Nr. 10	Vorrang- und Vorbehaltsgebiete für Windenergienutzung; Klimaschutzziele	BVerwG, Urt. v. 13.03.2003 – 4 C 4.02 –	67
Nr. 11	Gesamträumliches Planungskonzept im Regionalpan, Windenergie	BVerwG, Urt. v. 13.03.2003 – 4 C 3.02 –	78
Nr. 12	Ausschluß von Windenergieanlagen im Regionalplan	Bay.VGH, Urt. v. 08.12.2003 – 20 N 01.2612 –	83

Nr. 13	Konzentrationszone für Windenergieanlagen	OVG Rh.-Pf., Urt. v. 14.05.2003 – 8 A 10569/02 –	89
Nr. 14	Konzentrationszone für Windenergieanlagen	Nds.OVG, Urt. v. 24.03.2003 – 1 LB 3571/01 –	93
Nr. 15	Negativplanung für Betriebsgelände eines Kernkraftwerkes, Veränderungssperre	Bay.VGH, Urt. v. 03.03.2003 – 15 N 02.593 –	102
Nr. 16	Erdrückende Wirkung eines Planvorhabens, Abwägung	Nds.OVG, Urt. v. 04.11.2003 – 1 KN 221/02 –	111
Nr. 17	Gliederung eines Industriegebietes nach Schalleistungspegel	OVG Rh.-Pf., Urt. v. 19.12.2003 – 1 C 10624/03 –	116
Nr. 18	Lärmschutz an Straßen	BVerwG, Beschl. v. 04.09.2003 – 4 B 76.03 –	124
Nr. 19	Lärmschutzkonzept für Hochhäuser, Wiederertüchtigung der Anhalter Bahn	BVerwG, Urt. v. 24.09.2003 – 9 A 69.02 –	126
Nr. 20	Verkehrsberuhigende Maßnahmen durch Bebauungsplan	Bay.VGH, Beschl. v. 07.08.2003 – 8 ZB 03.1472 –	134
Nr. 21	Problembewältigung und planerische Zurückhaltung, vorhabenbezogener Bebauungsplan	BVerwG, Urt. v. 18.09.2003 – 4 CN 3.02 –	135
Nr. 22	Vorhabenbezogener Bebauungsplan, nachträgliche Ergänzungen	BVerwG, Beschl. v. 23.06.2003 – 4 BN 7.03 –	141
Nr. 23	Vorhaben im vorhabenbezogenen Bebauungsplan	OVG NRW, Urt. v. 03.12.2003 – 7a D 42/01.NE –	143
Nr. 24	Wohngebiet neben lärmemittierendem Entsorgungsbetrieb	OVG NRW, Beschl. v. 30.06.2003 – 10a B 1028/02.NE –	159
Nr. 25	Gewerbegebiet in Nachbarschaft zu Altenpflegeeinrichtung	Bay.VGH, Urt. v. 14.05.2003 – 14 N 98.3741 –	163
Nr. 26	Bebauungsplan in Absprache mit Investor, Einkaufsmagnet	Nds.OVG, Beschl. v. 11.07.2003 – 1 MN 165/03 –	169

Nr. 27	Nutzungskonflikt zwischen gartenbaulichem Absatzmarkt und Wohnsiedlung	OVG NRW, Beschl. v. 16.10.2003 – 10a B 2515/02.NE –	176
Nr. 28	Festsetzung Fuß- und Radweg, Außenwohnbereich	Nds.OVG, Urt. v. 29.01.2003 – 1 KN 42/02 –	182
Nr. 29	Allgemeines Wohngebiet nahe landwirtschaftlichem Vollerwerbsbetrieb	Hess.VGH, Urt. v. 26.05.2003 – 4 N 3189/02 –	189
Nr. 30	Öffentlicher Friedhof auf Privatgrundstück	VGH Bad.-Württ., Urt. v. 26.09.2003 – 3 S 1650/02 –	190
Nr. 31	Änderung der Festsetzung Reines Wohngebiet	Bay.VGH, Urt. v. 14.08.2003 – 14 N 99.1156 –	192
Nr. 32	Messeparkplatz über Erdgasröhrenspeicher	OVG NRW, Beschl.v. 20.02.2003 – 10a B 1780/02.NE –	195
Nr. 33	Festsetzung der Höhe baulicher Anlagen, Mobilfunk	Bay.VGH, Urt. v. 18.03.2003 – 15 N 98.2262 –	200
Nr. 34	Festsetzung der Größe der Grundfläche	Nds.OVG, Urt. v. 25.09.2003 – 1 LC 276/02 –	204
Nr. 35	Festsetzung einer Fläche für Carports	OVG NRW, Urt. v. 25.06.2003 – 7 A 1157/02 –	205
Nr. 36	Festsetzung der Gemeinbedarfsfläche „Post" für bestehende Postfiliale	Bay.VGH, Urt. v. 25.03.2003 – 1 N 00.359 –	209
Nr. 37	Keine vertikale Gliederung nach Baugebieten	OVG Rh.-Pf., Urt. v. 15.05.2003 – 1 C 11224/02 –	213
Nr. 38	Ausschluß von Einzelhandelsbetrieben im GE-Gebiet	Nds.OVG, Urt. v. 26.03.2003 – 1 LB 32/02 –	215
Nr. 39	Ausschluß von Einzelhandelsbetrieben im GE-Gebiet	OVG NRW, Urt. v. 09.10.2003 – 10a D 76/01.NE –	217
Nr. 40	Ausschluß eines SB-Marktes im Kerngebiet	Hess. VGH, Urt. v. 04.12.2003 – 3 N 2463/01 –	224
Nr. 41	Ausschluß der Branche Einzelhandel im GE-Gebiet	OVG Meckl.-Vorp., Urt. v. 17.12.2003 – 3 K 6/01 –	228

Nr. 42	Höhe baulicher Anlagen, Geländeoberfläche	Hess. VGH, Urt. v. 06.03.2003 – 3 N 1891/01 –	231
Nr. 43	Entwicklungsgebot, Fläche zum Schutz von Natur und Landschaft	BVerwG, Beschl. v. 12.02.2003 – 4 BN 9.03 –	232
Nr. 44	Entwicklungsgebot nach § 8 Abs. 2 S. 1 BauGB	BVerwG, Beschl. v. 30.06.2003 – 4 BN 31.03 –	235
Nr. 45	Mitwirkungsverbot bei Planaufstellung	OVG Rh.-Pf., Beschl. v. 26.09.2003 – 8 B 11491/03 –	235
Nr. 46	Ausfertigung eines Bebauungsplans, Naturschutzgebiet	OVG Saarl., Urt. v. 10.03.2003 – 1 N 3/03 –	237
Nr. 47	Bekanntmachungsfrist für die Auslegung des Planentwurfs	BVerwG, Beschl. v. 23.07.2003 – 4 BN 36.03 –	243
Nr. 48	Planerhaltung, fehlende Bekanntmachung des Bebauungsplans, Streitwert	BVerwG, Beschl. v. 22.12.2003 – 4 B 66.03 –	244
Nr. 49	Ergänzendes Verfahren, Änderung der Abwägungsgrundlagen	OVG Rh.-Pf., Urt. v. 12.12.2003 – 8 C 11362/03 –	245
Nr. 50	Abwägungsfehler im ergänzenden Verfahren	OVG Rh.-Pf., Urt. v. 20.01.2003 – 8 C 11016/02 –	249
Nr. 51	Gemeinsamer Bebauungsplan benachbarter Gemeinden	OVG Rh.-Pf., Urt. v. 28.10.2003 – 8 C 10303/03 –	259
Nr. 52	Funktionslosigkeit eines übergeleiteten Bebauungsplans	BVerwG, Beschl. v. 09.10.2003 – 4 B 85.03 –	264
Nr. 53	Zweifel an Sinnhaftigkeit von Festsetzungen	BVerwG, Beschl. v. 05.06.2003 – 4 BN 29.03 –	266
Nr. 54	Funktionslosigkeit planerischer Festsetzungen	BVerwG, Beschl. v. 05.11.2002 – 4 BN 8.02 –	266

2. Normenkontrollverfahren

Nr. 55	Ziele der Raumordnung im Regionalplan	BVerwG, Urt. v. 20.11.2003 – 4 CN 6.03 –	268
Nr. 56	Verordnungsänderung durch Gesetz, Entsteinerungsklausel	BVerwG, Urt. v. 16.01.2003 – 4 CN 8.01 –	277

Nr. 57	Rechtsschutzinteresse für Normenkontrollantrag	BVerwG, Beschl. v. 05.06.2003 – 4 BN 19.03 –	285
Nr. 58	Normenkontrolle einer Landschaftsschutzverordnung, Antragsbefugnis	BVerwG, Urt. v. 11.12.2003 – 4 CN 10.02 –	288
Nr. 59	Normenkontrollantragsbefugnis, Lärmbeeinträchtigung auf Grund planbedingter Verkehrszunahme	BVerwG, Beschl. v. 19.08.2003 – 4 BN 51.03 –	295
Nr. 60	Verlagerung des Verkehrsstroms, Antragsbefugnis	Thür. OVG, Urt. v. 02.12.2003 – 1 N 290/99 –	297
Nr. 61	Antragsbefugnis wegen Denkmaleigenschaft	Nds. OVG, Urt. v. 15.05.2003 – 1 KN 69/02 –	306
Nr. 62	Antragsbefugnis bei fehlender Einbeziehung eines Grundstücks in Plan	Nds. OVG, Urt. v. 29.01.2003 – 1 KN 1321/01 –	309
Nr. 63	Veränderungssperre mit dem Ziel einer Steuerung von Windenergieanlagen, Antragsbefugnis	OVG NRW, Urt. v. 04.06.2003 – 7a D 131/02.NE –	312
Nr. 64	Normenkontrolle einer Naturschutzverordnung, Wechsel der landwirtschaftlichen Nutzungsart	BVerwG, Beschl. v. 04.06.2003 – 4 BN 27.03 –	312
Nr. 65	Planerhaltung bei Mängeln im Abwägungsvorgang	BVerwG, Beschl. v. 09.10.2003 – 4 BN 47.03 –	314
Nr. 66	Zur Erledigung des Normenkontrollverfahrens	BVerwG, Beschl. v. 11.09.2003 – 4 CN 3.03 –	315
Nr. 67	Erlaß einer einstweiligen Anordnung	Hess. VGH, Beschl. v. 22.04.2003 – 9 NG 561/03 –	317
Nr. 68	Neuer Normenkontrollantrag nach ergänzendem Verfahren	Bay.VGH, Beschl. v. 17.06.2002 – 1 NE 02.1158 –	323

II. Zulässigkeit von Bauvorhaben

1. Im Bereich eines Bebauungsplanes

Nr. 69	Überleitung alter Bebauungspläne, Rechtsqualität	BVerwG, Beschl. v. 16.12.2003 – 4 B 105.03 –	324

Nr. 70	Nutzung eines Hausgartens als Ruhezone für Zwecke eines Saunabetriebes	BVerwG, Beschl. v. 07.11.2002 – 4 B 64.02 –	326
Nr. 71	Erschließung über Notweg, nachbarliches Gemeinschaftsverhältnis	OVG Bremen, Urt. v. 30.09.2003 – 1 A 251/01 –	328
Nr. 72	Einzelhandelsbetrieb im Wohngebiet	OVG NRW, Beschl. v. 19.08.2003 – 7 B 1040/03 –	334
Nr. 73	Live-Musikveranstaltungen in einer Sängerhalle im Wohngebiet, Nachbarschutz	OVG Rh.-Pf., Urt. v. 16.04.2003 – 8 A 11903/02 –	340
Nr. 74	Autohandelsbetrieb im allgemeinen Wohngebiet	OVG Berlin, Urt. v. 15.08.2003 – 2 B 18.01 –	345
Nr. 75	Mobilfunksendeanlage im allgemeinen Wohngebiet	VGH Bad.-Württ., Urt. v. 19.11.2003 – 5 S 2726/02 –	349
Nr. 76	Diskothek im Mischgebiet	Bay.VGH, Beschl. v. 07.08.2003 – 22 ZB 03.1041 –	357
Nr. 77	Bauunternehmen im Mischgebiet	BVerwG, Beschl. v. 22.11.2002 – 4 B 72.02 –	360
Nr. 78	Hundehaltung im Mischgebiet	VGH Bad.-Württ., Beschl. v. 13.03.2003 – 5 S 2771/02 –	362
Nr. 79	Schweinehaltung neben Bäckerei im Dorfgebiet	OVG NRW, Urt. v. 25.06.2003 – 7 A 4042/00 –	366
Nr. 80	Einzelhandelsbetrieb im eingeschränkten Gewerbegebiet	VGH Bad.-Württ., Urt. v. 03.11.2003 – 3 S 439/03 –	372
Nr. 81	Betriebsleiterwohnung im Gewerbegebiet	Nds.OVG, Beschl. v. 24.03.2003 – 1 LA 47/02 –	382
Nr. 82	Wohnhaus im Gewerbegebiet, Nachbarschutz	OVG NRW, Beschl. v. 25.02.2003 – 7 B 2374/02 –	386
Nr. 83	Asylbewerberunterkunft im Industriegebiet	OVG NRW, Beschl. v. 04.11.2003 – 22 B 1345/03 –	391
Nr. 84	Festsetzung einer Fläche für Carports	BVerwG, Beschl. v. 09.10.2003 – 4 B 81.03 –	394
Nr. 85	Fachmarkt, Verbrauchermarkt, großflächiger Einzelhandel	BVerwG, Urt. v. 18.06.2003 – 4 C 5.02 –	395

Nr. 86	Großflächiger Einzelhandel, Funktionseinheit mehrerer Geschäfte	Bay.VGH, Beschl. v. 07.07.2003 – 20 CS 03.1568 –	399
Nr. 87	Nutzungsänderung eines Schalterraumes eines Postgebäudes	Bay.VGH, Urt. v. 11.04.2003 – 1 B 01.2220 –	403
Nr. 88	Postfremde gewerbliche Nutzung	Bay.VGH, Urt. v. 25.03.2003 – 1 N 00.359 –	407
Nr. 89	Mobilfunkanlage keine Nebenanlage, optische Auswirkungen	OVG NRW, Beschl. v. 25.02.2003 – 10 B 2417/02 –	407
Nr. 90	Mobilfunkanlage, optische Auswirkungen	OVG NRW, Beschl. v. 13.03.2003 – 7 B 1717/02 –	418
Nr. 91	Befreiung ohne Vorliegen einer Atypik	VGH Bad.-Württ., Urt. v. 16.06.2003 – 3 S 2324/02 –	420
Nr. 92	Mobilfunkanlage auf Grünfläche, Befreiung	OVG NRW, Urt. v. 08.10.2003 – 7 A 1397/02 –	432
Nr. 93	Befreiung im Nachbarstreitverfahren	Bay.VGH, Beschl. v. 09.10.2003 – 25 CS 03.897 –	440

2. Zulässigkeit von Bauvorhaben im nicht beplanten Innenbereich

Nr. 94	Ortsteil aus neun Wohngebäuden, Gaststätte mit Außenbewirtschaftung	VGH Bad.-Württ., Urt. v. 17.10.2003 – 3 S 2298/02 –	446
Nr. 95	Faktisches Wochenendhausgebiet	Thür.OVG, Urt. v. 28.05.2003 – 1 KO 42/00 –	453
Nr. 96	Bebauungszusammenhang bei uneinheitlicher Bebauung	VGH Bad.-Württ., Urt. v. 10.10.2003 – 5 S 747/02 –	455
Nr. 97	Beeinträchtigung des Ortsbildes durch Mobilfunkanlage	Hess.VGH, Beschl. v. 11.08.2003 – 3 UE 1102/03 –	459
Nr. 98	Einvernehmen bei Identität von Gemeinde und Genehmigungsbehörde	OVG Bad.-Württ., Urt. v. 22.09.2003 – 5 S 2550/02 –	460

3. Zulässigkeit von Bauvorhaben im Außenbereich

Nr.	Thema	Fundstelle	Seite
Nr. 99	Geflügelstall im Außenbereich	Nds.OVG, Urt. v. 18.06.2003 – 1 LB 143/02 –	469
Nr. 100	Hähnchenmaststall im Belastungsgebiet	Nds.OVG, Beschl. v. 15.01.2003 – 1 ME 325/02 –	482
Nr. 101	Nutzungsänderung von Bullen- zu Geflügelmast	Bay.VGH, Beschl. v. 21.05.2003 – 1 CS 03.60 –	486
Nr. 102	Damwildgehege, Einzäunung	Nds.OVG, Beschl. v. 09.01.2003 – 8 LA 149/02 –	489
Nr. 103	Verunstaltung des Landschaftsbildes durch Windkraftanlagen	BVerwG, Beschl. v. 18.03.2003 – 4 B 7.03 –	491
Nr. 104	Verunstaltung des Landschaftsbildes durch Windkraftanlagen	VGH Bad.-Württ., Urt. v. 20.05.2003 – 5 S 1181/02 –	492
Nr. 105	Vorrang- und Vorbehaltsgebiet für Windenergie	BVerwG, Urt. v. 13.03.2003 – 4 C 4.02 –	497
Nr. 106	Gesamträumliches Planungskonzept für Windenergie	BVerwG, Urt. v. 13.03.2003 – 4 C 3.02 –	497
Nr. 107	Abstand zwischen Windparks	Nds.OVG, Beschl. v. 02.10.2003 – 1 LA 28/03 –	498
Nr. 108	Kiesabbau, Konzentrationszonen in alten Flächennutzungsplänen	BVerwG, Beschl. v. 22.10.2003 – 4 B 84.03 –	499
Nr. 109	Umnutzung von Gebäuden im Außenbereich	OVG NRW, Urt. v. 30.07.2003 – 22 A 1004/01 –	501
Nr. 110	Ersatzbau im Außenbereich	VGH Bad.-Württ., Beschl. v. 02.04.2003 – 8 S 712/03 –	506
Nr. 111	Ersatzbau, Übergang der Abbruchverpflichtung auf den Erben	OVG NRW, Beschl. v. 01.08.2003 – 7 B 968/03 –	507
Nr. 112	Außenbereichssatzung, bebaute Bereiche	Bay.VGH, Urt. v. 12.08.2003 – 1 BV 02.1727 –	510
Nr. 113	Außenbereichssatzung und Privilegierung	BVerwG, Beschl. v. 01.09.2003 – 4 BN 55.03 –	514
Nr. 114	Bestandsschutz für Außenbereichskotten	BGH, Urt. v. 08.05.2003 – III ZR 68/02 –	516

III. Sicherung der Bauleitplanung
1. Veränderungssperre

Nr. 115	Feinsteuerung der Errichtung von Windenergieanlagen	BVerwG, Beschl. v. 25.11.2003 – 4 BN 60.03 –	522
Nr. 116	Steuerung von Windenergieanlagen	OVG NRW, Urt. v. 04.06.2003 – 7a D 131/02.NE –	526
Nr. 117	Sicherung der Fläche für Ausgleichsmaßnahmen	Nds.OVG, Beschl. v. 24.11.2003 – 1 MN 256/03 –	534
Nr. 118	Höhenbegrenzung von Windenergieanlagen, Zurückstellung von Baugesuchen	OVG NRW, Beschl. v. 02.04.2003 – 7 B 235/03 –	537
Nr. 119	Vorranggebiet für Windkraftanlagen, Veränderungssperre	Hess. VGH, Urt. v. 27.11.2003 – 3 N 2444/02 –	541
Nr. 120	Gezielte Einsetzung der Veränderungssperre	OVG Saarl., Urt. v. 31.03.2003 – 1 N 1/03 –	543
Nr. 121	Veränderungssperre zum vierten Jahr	Nds. OVG, Urt. v. 18.06.2003 – 1 LB 143/02 –	550
Nr. 122	Zurückstellung eines Baugesuchs	BVerwG, Beschl. v. 25.03.2003 – 4 B 9.03 –	550

2. Vorkaufsrechte der Gemeinde

Nr. 123	Wohl der Allgemeinheit	Hess. VGH, Beschl. v. 20.06.2003 – 3 UE 371/03 –	553
Nr. 124	Ausübung eines sanierungsrechtlichen Vorkaufsrechts	OVG Saarl., Beschl. v. 14.04.2003 – 1 Q 16/03 –	555

B. Rechtsprechung zum Bauordnungsrecht
1. Anforderung an das Baugrundstück und das Bauvorhaben

Nr. 125	Standsicherheit einer Stützmauer	OVG NRW, Beschl. v. 14.02.2003 – 7 B 1995/02 –	559
Nr. 126	Geschlossene Bauweise und überbaubare Grundstücksfläche, Abstandfläche	OVG NRW, Beschl. v. 27.03.2003 – 7 B 2212/02 –	562

Nr. 127	Abstandfläche für Grenzbau im Außenbereich	Sächs.OVG, Urt. v. 17.07.2003 – 1 B 438/01 –	566
Nr. 128	Grenzbebauung bei versetzt angeordneten Gebäuden	OVG NRW, Beschl. v. 29.07.2003 – 10 B 1057/03 –	569
Nr. 129	Bebauung an der Grenze zum Außenbereich, Abstandfläche	VGH Bad.-Württ., Beschl. v. 13.06.2003 – 3 S 938/03 –	572
Nr. 130	Abstandfläche bei Gauben	OVG Berlin, Urt. v. 28.11.2003 – 2 B 15.99 –	575
Nr. 131	Untergeordneter Bauteil in der Abstandfläche	Hamb.OVG, Urt. v. 21.03.2003 – 2 Bf 80/99 –	578
Nr. 132	Abstandfläche bei Carport	Hess.VGH, Beschl. v. 24.02.2003 – 4 UZ 195/03 –	582
Nr. 133	Höhe der Grenzgarage in Abstandfläche	Nds.OVG, Beschl. v. 06.03.2003 – 1 LA 197/02 –	584
Nr. 134	Garage mit Dachterrasse	Hess.VGH, Beschl. v. 19.11.2003 – 9 ZU 754/03 –	586
Nr. 135	Schallschutzwand keine Einfriedung	OVG NRW, Beschl. v. 02.12.2003 – 10 B 1249/03 –	588
Nr. 136	Nutzungsänderung in Abstandfläche	OVG NRW, Beschl. v. 18.06.2003 – 7 B 342/03 –	590
Nr. 137	Abweichung bei Doppelhaushälfte von den Abstandvorschriften	Bay.VGH, Beschl. v. 16.07.2003 – 1 CS 03.1011 –	592
Nr. 138	Abstände zwischen Windenergieanlagen, Standsicherheit	OVG NRW, Beschl. v. 09.07.2003 – 7 B 949/03 –	595
Nr. 139	Austausch einer Gastherme, Sicherheitsprüfung	OVG NRW, Beschl. v. 11.11.2003 – 9 A 2821/01 –	600
Nr. 140	Bestimmtheit der Baulast	Hamb.OVG, Urt. v. 24.04.2002 – 2 Bf 701/98 –	603
Nr. 141	Anspruch auf Abgabe einer Baulasterklärung	LG Wuppertal, Urt. v. 11.03.2003 – 1 O 356/02 –	608

II. Garagen und Einstellplätze

Nr. 142	Stellplatzpflicht bei Nutzungsänderung	Hamb.OVG, Urt. v. 10.04.2003 – 2 Bf 432/99 –	612
Nr. 143	Stellplatzpflicht bei Nutzungsänderung	Bay.VGH, Urt. v. 20.02.2003 – 15 B 00.1363 –	618
Nr. 144	Stellplatzablösung, Minderung des Stellplatzbedarfs	OVG Rh.-Pf., Urt. v. 13.11.2003 – 8 A 10878/03 –	623
Nr. 145	Ausgleichsbeträge für Stellplätze	Hamb.OVG, Urt. v. 12.06.2003 – 2 Bf 430/99 –	627

III. Gestaltungsrecht

Nr. 146	Unterschreitung des Grenzabstandes aus baugestalterischen oder städtebaulichen Absichten	Nds.OVG, Urt. v. 26.02.2003 – 1 LC 75/02 –	628
Nr. 147	Anforderungen an den Erlaß einer Gestaltungssatzung	OVG NRW, Urt. v. 26.03.2003 – 7 A 1002/01 –	636
Nr. 148	Örtliche Bauvorschrift, Ausschluß von Anlagen, Eigentumsgarantie	VGH Bad.-Württ., Beschl. v. 24.02.2003 – 8 S 406/03 –	644

IV. Werbeanlagen

Nr. 149	Himmelsstrahler als Werbeanlage	OVG Rh.-Pf., Urt. v. 22.01.2003 – 8 A 11286/02 –	647
Nr. 150	Bauvorlagen für eine Dia-Projektionswerbeanlage	OVG NRW, Urt. v. 06.02.2003 – 10 A 3464/01 –	649
Nr. 151	Werbeanlage auf Gerüstkonstruktion	Hamb.OVG, Urt. v. 21.05.2003 – 2 Bf 100/99 –	655
Nr. 152	PKW-Anhänger als Werbeanlage	OVG NRW, Beschl. v. 22.07.2003 – 10 B 890/03 –	659
Nr. 153	Störende Häufung	OVG Berlin, Beschl. v. 20.06.2003 – 2 S 16.03 –	660
Nr. 154	Stätte der Leistung bei Wohnraumvermietung	Thür.OVG, Urt. v. 11.11.2003 – 1 KO 271/01 –	662

C. Rechtsprechung zum Baugenehmigungsverfahren
I. Bauliche Anlage und Genehmigungspflicht

Nr. 155	Bescheidungsfähigkeit einer Bauvoranfrage, Hinterlandbebauung	Nds.OVG, Urt. v. 10.09.2003 – 1 LB 269/02 –	665
Nr. 156	Beteiligung der Gemeinde am Genehmigungsverfahren	VGH Bad.-Württ., Urt. v. 07.02.2003 – 8 S 2563/02 –	670
Nr. 157	Ersetzung des gemeindlichen Einvernehmens, Bescheidungsurteil	BVerwG, Beschl. v. 17.06.2003 – 4 B 14.03 –	675
Nr. 158	Untätigkeitsklage bei unvollständigem Bauantrag, Entscheidungsfrist der Baubehörde	VGH Bad.-Württ., Urt. v. 27.02.2003 – 5 S 1279/01 –	678

II. Baugenehmigung

Nr. 159	Baugenehmigung als Schlußpunkt der Zulässigkeitsprüfung	OVG NRW, Urt. v. 11.09.2003 – 10 A 4694/01 –	688
Nr. 160	Zuständigkeit der Bauaufsichtsbehörde, Schlußpunkttheorie	OVG Meckl.-Vorp., Beschl. v. 27.02.2003 – 3 M 35/02 –	697
Nr. 161	Verhältnis Baugenehmigung/ forstliche Genehmigung	OVG Meckl.-Vorp., Beschl. v. 29.01.2003 – 2 M 179/02 –	699
Nr. 162	Erlöschen der Baugenehmigung	Hess.VGH, Beschl. v. 10.07.2003 – 4 TG 1296/03 –	701
Nr. 163	Keine vorläufige Baugenehmigung	OVG NRW, Beschl. v. 27.11.2003 – 10 B 2177/03 –	704
Nr. 164	Lärmimmissionen einer Windkraftanlage, Prognose	OVG NRW, Beschl. v. 02.04.2003 – 10 B 1572/02 –	706
Nr. 165	Vertrauensschutz bei Baugenehmigung nach arglistiger Täuschung	BGH, Urt. v. 16.01.2003 – III ZR 269/01 –	710
Nr. 166	Amtspflicht zur Unterrichtung über Nachbarwiderspruch	BGH, Urt. v. 09.10.2003 – III ZR 414/02 –	713

| Nr. 167 | Beweislast für Vorliegen der Genehmigung, mehrere Rechtswege | BVerwG, Beschl. v. 17.07.2003 – 4 B 55.03 – | 719 |

III. Einwendungen des Nachbarn

Nr. 168	Gebietsgewährleistungsanspruch	OVG NRW, Beschl. v. 28.11.2002 – 10 B 1618/02 –	722
Nr. 169	Nachbarschutz bei Feingliederung der Gebietsart	Nds.OVG, Beschl. v. 11.12.2003 – 1 ME 302/03 –	724
Nr. 170	Wohn- neben Gewerbegebiet, Gebietserhaltungsanspruch	OVG Berlin, Beschl. v. 05.12.2003 – 2 S 30.03 –	729
Nr. 171	Geräuschimmissionen von Ballspielplätzen	BVerwG, Beschl. v. 11.02.2003 – 7 B 88.02 –	732
Nr. 172	Bolzplatz, Lärmimmissionen	BVerwG, Beschl. v. 30.07.2003 – 4 B 16.03 –	734
Nr. 173	Zumutbarkeit der Lärmimmissionen eines Freibades	OVG NRW, Beschl. v. 22.08.2003 – 7 B 1537/03 –	737
Nr. 174	Neue VDI-Richtlinie im Baunachbarstreit, Zumutbarkeit von Sportlärm	Nds.OVG, Urt. v. 04.11.2003 – 1 LB 323/02 –	741
Nr. 175	Zumutbarkeit der Lärmimmissionen eines Rockkonzertes	BGH, Urt. v. 26.09.2003 – V ZR 41/03 –	744
Nr. 176	Nachweis der Einhaltung der Zumutbarkeitskriterien, TA Lärm 1998	OVG NRW, Beschl. v. 26.02.2003 – 7 B 2434/02 –	750
Nr. 177	TA Lärm 1998 als konkretisierende Verwaltungsvorschrift	OVG NRW, Beschl. v. 24.10.2003 – 21 A 2723/01 –	760
Nr. 178	Bindung der Bauaufsichtsbehörde an Vergleichsabsprache, Rücksichtnahmegebot	OVG Berlin, Urt. v. 28.01.2003 – 2 B 18.99 –	764
Nr. 179	Untergang der Rücksichtnahmepflicht	VGH Bad.-Württ., Urt. v. 20.05.2003 – 5 S 2751/01 –	768
Nr. 180	Rücksichtnahmegebot bei Doppelhaushälfte	VGH Bad.-Württ., Urt. v. 29.10.2003 – 5 S 138/03 –	772

Nr. 181	Eiscafé in Fußgängerzone, Nachbarschutz	Nds.OVG, Beschl.v. 03.09.2003 – 1 ME 193/03 –	777
Nr. 182	Streit zwischen Rinderhalter und Geflügelmäster	OVG NRW, Beschl. v. 19.12.2002 – 10 B 435/02 –	786
Nr. 183	Kiosk für Bootsverleih auf Grünfläche, Nachbarschutz	OVG NRW, Beschl. v. 10.07.2003 – 10 B 629/03 –	789
Nr. 184	Hubschrauberlandeplatz, Nachbarschutz	Bay.VGH, Beschl. v. 24.09.2003 – 14 CS 03.2041 –	793
Nr. 185	Umnutzung einer Kaserne als psychiatrische Klinik	OVG NRW, Beschl. v. 09.09.2003 – 10 B 1593/03 –	796
Nr. 186	Erweiterung des Notwegerechts, Nachbarschutz	OVG NRW, Beschl. v. 14.05.2003 – 10 B 787/03 –	798
Nr. 187	Nachbarschutz obligatorisch Berechtigter	OVG Berlin, Beschl. v. 30.07.2003 – 2 S 24.03 –	800
Nr. 188	Nachbarbegriff, beschränkt persönliche Dienstbarkeit	OVG Saarl., Beschl. v. 18.03.2003 – 1 W 7/03 –	804
Nr. 189	Nachbarschutz bei unzureichenden Bauvorlagen	OVG Berlin, Urt. v. 17.10.2003 – 2 B 8.01 –	808
Nr. 190	Notwendige Stellplätze, Nachbarschutz	Hess.VGH, Beschl. v. 12.05.2003 – 9 TG 2037/02 –	809
Nr. 191	Unzulässige Ausübung des Nachbarrechts	OVG NRW, Beschl. v. 12.05.2003 – 10 B 145/03 –	812
Nr. 192	Vorläufiger Rechtsschutz im Nachbarstreit	OVG Rh.-Pf., Beschl. v. 09.09.2003 – 8 B 11269/03 –	816
Nr. 193	Glaubhaftmachung des Anordnungsanspruchs im Nachbarstreit	OVG Meckl.-Vorp., Beschl. v. 09.04.2003 – 3 M 1/03 –	818

D. Rechtsprechung zu Maßnahmen der Baubehörden

Nr. 194	Bauvorlagen, Störerauswahl	Hess.VGH, Beschl. v. 14.03.2003 – 9 TG 2894/02 –	823

Nr. 195	Abbruchanordnung, Schutzhütte, Ermessen	VGH Bad.-Württ., Urt. v. 16.06.2003 – 3 S 2436/02 –	825
Nr. 196	Beseitigungsverfügung, sofortige Vollziehung	OVG Meckl.-Vorp., Beschl. v. 12.02.2003 – 3 M 124/02 –	831
Nr. 197	Beseitigungsverfügung, sofortige Vollziehung	OVG Berlin, Beschl. v. 22.01.2003 – 2 S 45.02 –	833
Nr. 198	Abbruchverfügung, Ermessen	OVG Meckl.-Vorp., Urt. v. 02.07.2003 – 3 L 157/02 –	838
Nr. 199	Anspruch des Nachbarn auf Beseitigung	VGH Bad.-Württ., Urt. v. 20.05.2003 – 5 S 2750/01 –	841
Nr. 200	Rechtsgrundlage für Beseitigungsverfügung	BVerwG, Beschl. v. 18.07.2003 – 4 B 49.03 –	845
Nr. 201	Durchsetzung einer Nebenbestimmung	Nds.OVG, Beschl. v. 12.03.2003 – 1 ME 342/02 –	845
Nr. 202	Abbruchanordnung, Zwangsgeldandrohung	VGH Bad.-Württ., Urt. v. 04.12.2003 – 5 S 2781/02 –	848
Nr. 203	Bescheinung über Feuerungsanlage, Ordnungsverfügung	OVG NRW, Beschl. v. 18.03.2003 – 10 A 885/03 –	852
Nr. 204	Duldungsanordnung zur Beseitigungsverfügung	OVG Rh.-Pf., Beschl. v. 08.12.2003 – 8 B 11827/03 –	853

E. Rechtsprechung zum Denkmalschutz

Nr. 205	Denkmalschutz und Kirchenfreiheit	VGH Bad.-Württ., Urt. v. 30.01.2003 – 1 S 1083/00 –	855
Nr. 206	Denkmalpflegegesetz DDR	OVG Meckl.-Vorp., Urt. v. 22.10.2003 – 3 L 33/99 –	866
Nr. 207	Eintragung in Denkmalbuch Thüringen	Thür.OVG, Urt. v. 30.10.2003 – 1 KO 433/00 –	868
Nr. 208	Instandsetzungspflicht, Erhaltungsanordnung	OVG NRW, Beschl. v. 14.07.2003 – 8 A 3991/02 –	875

Nr. 209	Zumutbarkeit der Erhaltung	BVerwG, Beschl. v. 07.02.2002 – 4 B 4.02 –	878
Nr. 210	Abbruchgenehmigung für Kulturdenkmal	OVG Rh.-Pf., Urt. v. 21.08.2003 – 1 A 11997/02 –	881
Nr. 211	Zumutbarkeit der Erhaltung	Nds.OVG, Urt. v. 24.03.2003 – 1 L 601/97 –	886
Nr. 212	Aufwendungen für archäologische Grabungen	OVG Rh.-Pf., Beschl. v. 08.12.2003 – 8 A 11641/03 –	894
Nr. 213	Investorenvertrag zwischen Behörde und Bauherren	OVG Rh.-Pf., Urt. v. 05.02.2003 – 8 A 10775/02 –	897
Nr. 214	Grabungskosten einer archäologischen Rettungsgrabung	Bay.VGH, Urt. v. 04.06.2003 – 26 B 00.3684 –	906
Nr. 215	Aufwendungen für archäologische Grabungen	VG Düsseldorf, Urt. v. 30.10.2003 – 4 K 61/01 –	909
216	Zerstörung eines archäologischen Denkmals	Nds.OVG, Beschl. v. 22.10.2003 – 1 MN 123/03 –	919

F. Natur- und Landschaftsschutz

Nr. 217	Festlegung von Ausgleichsmaßnahmen	BVerwG, Beschl. v. 18.07.2003 – 4 BN 37.03 –	923
Nr. 218	Ausgleichsmaßnahmen auf Privatgrundstück	BVerwG, Beschl. v. 03.06.2003 – 4 BN 26.03 –	926
Nr. 219	Widerspruch des Bebauungsplans zu Landschaftsschutzverordnung, Befreiungslage	Bay.VGH, Urt. v. 14.01.2003 – 1 N 01. 2072 –	927
Nr. 220	Umweltverträglichkeitsprüfung, Ausgleichsmaßnahmen	OVG NRW, Urt. v. 06.08.2003 – 7a D 100/01.NE –	934
Nr. 221	Öffnungsklausel zugunsten der Bauleitplanung, naturschutzrechtliche Eingriffsregelung	BVerwG, Beschl. v. 20.05.2003 – 4 BN 57.02 –	943
Nr. 222	Gefährdung einer Quelle durch ein Baugebiet, Abwägung	BVerwG, Beschl. v. 15.10.2002 – 4 BN 51.02 –	948
Nr. 223	Planung für Überschwemmungsgebiet	Nds.OVG, Urt. v. 15.05.2003 – 1 KN 3008/01 –	950

| Nr. 224 | Verbandsklage, straßenrechtliche Planfeststellung, Lebensraumschutz | BVerwG, Urt. v. 27.02.2003 – 4 A 59.01 – | 954 |
| Nr. 225 | Gaststätte im Nationalpark, Festlegung von Öffnungszeiten | BVerwG, Beschl. v. 23.07.2003 – 4 BN 40.03 – | 959 |

G. Rechtsprechung zum Besonderen Städtebaurecht

Nr. 226	Rückwirkendes Inkraftsetzen einer Sanierungssatzung, Zeitrahmen für Sanierung	BVerwG, Urt. v. 10.07.2003 – 4 CN 2.02 –	963
Nr. 227	Zusammenfassung räumlich getrennter Bereiche zu einem Sanierungsgebiet	Nds.OVG, Urt. v. 29.01.2003 – 1 KN 2938/01 –	970
Nr. 228	Auswirkungen der Denkmaleigenschaft auf die Höhe des Sanierungsausgleichsbetrages	Nds.OVG, Beschl. v. 10.03.2003 – 1 LA 38/03 –	974
Nr. 229	Pflicht zur Zahlung des Ausgleichsbetrages, Entstehung	Nds.OVG, Beschl. v. 07.03.2003 – 1 ME 341/02 –	977
Nr. 230	Städtebauliche Entwicklungsmaßnahme	BVerwG, Beschl. v. 17.12.2003 – 4 BN 54.03 –	980
Nr. 231	Aufhebung eines Mietverhältnisses	Nds.OVG, Beschl. v. 23.12.2003 – 1 ME 303/03 –	984

Zusammenstellung der abgedruckten Entscheidungen nach Gerichten in Zeitfolge

		Nr.	Seite
Bundesverwaltungsgericht			
07. 02. 02	4 B 4.02	209	878
10. 09. 02	4 BN 39.02	3	17
15. 10. 02	4 BN 51.02	222	948
05. 11. 02	4 BN 8.02	54	266
07. 11. 02	4 B 64.02	70	326
22. 11. 02	4 B 72.02	77	360
16. 01. 03	4 CN 8.01	56	277
23. 01. 03	4 B 79.02	2	16
30. 01. 03	4 CN 14.01	9	57
11. 02. 03	7 B 88.02	171	732
12. 02. 03	4 BN 9.03	43	232
27. 02. 03	4 A 59.01	224	954
13. 03. 03	4 C 4.02	10	67
13. 03. 03	4 C 3.02	11	78
18. 03. 03	4 B 7.03	103	491
25. 03. 03	4 B 9.03	122	550
15. 04. 03	4 BN 25.03	6	41
15. 05. 03	4 CN 9.01	4	19
20. 05. 03	4 BN 57.02	221	943
03. 06. 03	4 BN 26.03	218	926
04. 06. 03	4 BN 27.03	64	312
05. 06. 03	4 BN 19.03	57	285
05. 06. 03	4 BN 29.03	53	266
17. 06. 03	4 B 14.03	157	675
18. 06. 03	4 C 5.02	85	395
23. 06. 03	4 BN 7.03	22	141
30. 06. 03	4 BN 31.03	44	235
10. 07. 03	4 CN 2.02	226	963
17. 07. 03	4 B 55.03	167	719
18. 07. 03	4 B 49.03	200	845
18. 07. 03	4 BN 37.03	217	923
23. 07. 03	4 BN 40.03	225	959
23. 07. 03	4 BN 36.03	47	243
30. 07. 03	4 B 16.03	172	734
19. 08. 03	4 BN 51.03	59	295
01. 09. 03	4 BN 55.03	113	514
04. 09. 03	4 B 76.03	18	124
11. 09. 03	4 CN 3.03	66	315
17. 09. 03	4 C 14.01	1	1
18. 09. 03	4 CN 3.02	21	135
18. 09. 03	4 CN 20.02	5	33

		Nr.	Seite
24. 09. 03	9 A 69.02	19	126
09. 10. 03	4 B 81.03	84	394
09. 10. 03	4 B 85.03	52	264
09. 10. 03	4 BN 47.03	65	314
22. 10. 03	4 B 84.03	108	499
20. 11. 03	4 CN 6.03	55	268
25. 11. 03	4 BN 60.03	115	522
11. 12. 03	4 CN 10.02	58	288
16. 12. 03	4 B 105.03	69	324
17. 12. 03	4 BN 54.03	230	980
22. 12. 03	4 B 66.03	48	244

Bundesgerichtshof

16. 01. 03	III ZR 269/01	165	710
08. 05. 03	III ZR 68/02	114	516
26. 09. 03	V ZR 41/03	175	744
09. 10. 03	III ZR 414/02	166	713

VGH Baden-Württemberg

30. 01. 03	1 S 1083/00	205	855
07. 02. 03	8 S 2536/02	156	670
24. 02. 03	8 S 406/03	148	644
27. 02. 03	5 S 1279/01	158	678
13. 03. 03	5 S 2771/02	78	362
02. 04. 03	8 S 712/03	110	506
20. 05. 03	5 S 2750/01	199	841
20. 05. 03	5 S 2751/01	179	768
20. 05. 03	5 S 1181/02	104	492
13. 06. 03	3 S 938/03	129	572
16. 06. 03	3 S 2324/02	91	420
16. 06. 03	3 S 2436/02	195	825
22. 09. 03	5 S 2550/02	98	460
26. 09. 03	3 S 1650/02	30	190
10. 10. 03	5 S 747/02	96	455
17. 10. 03	3 S 2298/02	94	446
29. 10. 03	5 S 138/03	180	772
03. 11. 03	3 S 439/03	80	372
19. 11. 03	5 S 2726/02	75	349
04. 12. 03	5 S 2781/02	202	848

Bayerischer VGH

14. 01. 03	1 N 01.2072	219	927
20. 02. 03	15 B 00.1363	143	618
03. 03. 03	15 N 02.593	15	102
18. 03. 03	15 N 98.2262	33	200

		Nr.	Seite
25. 03. 03	1 N 00.359	36	209
11. 04. 03	1 B 01.2220	87	403
14. 05. 03	14 N 98.3741	25	163
21. 05. 03	1 CS 03.60	101	486
04. 06. 03	26 B 00.3684	214	906
17. 06. 03	1 NE 02.1158	68	323
07. 07. 03	20 CS 03.1568	86	399
16. 07. 03	1 CS 03.1011	137	592
07. 08. 03	22 ZB 03.1041	76	357
07. 08. 03	8 ZB 03.1472	20	134
12. 08. 03	1 BV 02.1727	112	510
14. 08. 03	14 N 99.1156	31	192
24. 09. 03	14 CS 03.2041	184	793
09. 10. 03	25 CS 03.897	93	440
15. 10. 03	26 N 99.3785	7	43
08. 12. 03	20 N 01.2612	12	83

OVG Berlin

22. 01. 03	2 S 45.02	197	833
28. 01. 03	2 B 18.99	178	764
20. 06. 03	2 S 16.03	153	660
30. 07. 03	2 S 24.03	187	800
15. 08. 03	2 B 18.01	74	345
17. 10. 03	2 B 8.01	189	808
28. 11. 03	2 B 15.99	130	575
05. 12. 03	2 S 30.03	170	729

OVG Brandenburg

27. 08. 03	3 D 5/99.NE	8	50

OVG Bremen

30. 09. 03	1 A 251/01	71	328

Hamburgisches OVG

10. 04. 03	2 Bf 432/99	142	612
24. 04. 02	2 Bf 701/98	140	603
21. 05. 03	2 Bf 100/99	151	655
21. 05. 03	2 Bf 80/99	131	578
12. 06. 03	2 Bf 430/99	145	627

Hessischer VGH

24. 02. 03	4 UZ 195/03	132	582
06. 03. 03	3 N 1891/01	42	231

		Nr.	Seite
14. 03. 03	9 TG 2894/02	194	823
22. 04. 03	9 NG 561/03	67	317
12. 05. 03	9 TG 2037/02	190	809
26. 05. 03	4 N 3189/02	29	189
20. 06. 03	3 UE 371/03	123	553
10. 07. 03	4 TG 1296/03	162	701
11. 08. 03	3 UE 1102/03	97	459
19. 11. 03	3 UZ 754/03	134	586
27. 11. 03	3 N 2444/02	119	541
04. 12. 03	3 N 2463/01	40	224

OVG Mecklenburg-Vorpommern

29. 01. 03	2 M 179/02	161	699
12. 02. 03	3 M 124/02	196	831
27. 02. 03	3 M 35/02	160	697
09. 04. 03	3 M 1/03	193	818
02. 07. 03	3 L 157/02	198	838
22. 10. 03	3 L 33/99	206	866
17. 12. 03	3 K 6/01	41	228

Niedersächsisches OVG

09. 01. 03	8 LA 149/02	102	489
15. 01. 03	1 ME 325/02	100	482
29. 01. 03	1 KN 2938/01	227	970
29. 01. 03	1 KN 42/02	28	182
29. 01. 03	1 KN 1321/01	62	309
26. 02. 03	1 LC 75/02	146	628
06. 03. 03	1 LA 197/02	133	584
07. 03. 03	1 ME 341/02	229	977
10. 03. 03	1 LA 38/03	228	974
12. 03. 03	1 ME 342/02	201	845
24. 03. 03	1 L 601/97	211	886
24. 03. 03	1 LA 47/02	81	382
24. 03. 03	1 LB 3571/01	14	93
26. 03. 03	1 LB 32/02	38	215
15. 05. 03	1 KN 69/02	61	306
15. 05. 03	1 KN 3008/01	223	950
18. 06. 03	1 LB 143/02	99	469
11. 07. 03	1 MN 165/03	26	169
03. 09. 03	1 ME 193/03	181	777
10. 09. 03	1 LB 269/02	155	665
25. 09. 03	1 LC 276/02	34	204
02. 10. 03	1 LA 28/03	107	498
22. 10. 03	1 MN 123/03	216	919

		Nr.	Seite
04. 11. 03	1 KN 221/02	16	111
04. 11. 03	1 LB 323/02	174	741
24. 11. 03	1 MN 256/03	117	534
11. 12. 03	1 ME 302/03	169	724
23. 12. 03	1 ME 303/03	231	984

OVG Nordrhein-Westfalen

28. 11. 02	10 B 1618/02	168	722
19. 12. 02	10 B 435/02	182	786
06. 02. 03	10 A 3464/01	150	649
14. 02. 03	7 B 1995/02	125	559
20. 02. 03	10a B 1780/02.NE	32	195
25. 02. 03	7 B 2374/02	82	386
25. 02. 03	10 B 2417/02	89	407
26. 02. 03	7 B 2434/02	176	750
13. 03. 03	7 B 1717/02	90	418
18. 03. 03	10 A 885/03	203	852
26. 03. 03	7 A 1002/01	147	636
27. 03. 03	7 B 2212/02	126	562
02. 04. 03	10 B 1572/02	164	706
02. 04. 03	7 B 235/03	118	537
12. 05. 03	10 B 145/03	191	812
14. 05. 03	10 B 787/03	186	798
04. 06. 03	7a D 131/02.NE	116	526
18. 06. 03	7 B 342/03	136	590
25. 06. 03	7 A 1157/02	35	205
25. 06. 03	7 A 4042/00	79	366
30. 06. 03	10a B 1028/02.NE	24	159
09. 07. 03	7 B 949/03	138	595
10. 07. 03	10 B 629/03	183	789
14. 07. 03	8 A 3991/02	208	875
22. 07. 03	10 B 890/03	152	659
29. 07. 03	10 B 1057/03	128	569
30. 07. 03	22 A 1004/01	109	501
01. 08. 03	7 B 968/03	111	507
06. 08. 03	7a D 100/01.NE	220	934
19. 08. 03	7 B 1040/03	72	334
22. 08. 03	7 B 1537/03	173	737
09. 09. 03	10 B 1593/03	185	796
11. 09. 03	10 A 4694/01	159	688
08. 10. 03	7 A 1397/02	92	432
09. 10. 03	10a D 76/01.NE	39	217
16. 10. 03	10a B 2515/02.NE	27	176
24. 10. 03	21 A 2723/01	177	760
04. 11. 03	22 B 1345/03	83	391

		Nr.	Seite
11. 11. 03	9 A 2821/01	139	600
27. 11. 03	10 B 2177/03	163	704
02. 12. 03	10 B 1249/03	135	588
03. 12. 03	7a D 42/01.NE	23	143

OVG Rheinland-Pfalz

20. 01. 03	8 C 11016/02	50	249
22. 01. 03	8 A 11286/02	149	647
05. 02. 03	8 A 10775/02	213	897
16. 04. 03	8 A 11903/02	73	340
14. 05. 03	8 A 10569/02	13	89
15. 05. 03	1 C 11224/02	37	213
21. 08. 03	1 A 11997/02	210	881
09. 09. 03	8 B 11269/03	192	816
26. 09. 03	8 B 11491/03	45	235
28. 10. 03	8 C 10303/03	51	259
13. 11. 03	8 A 10878/03	144	623
08. 12. 03	8 B 11827/03	204	853
08. 12. 03	8 A 11641/03	212	894
12. 12. 03	8 C 11362/03	49	245
19. 12. 03	1 C 10624/03	17	116

OVG Saarland

10. 03. 03	1 N 3/03	46	237
18. 03. 03	1 W 7/03	188	804
31. 03. 03	1 N 1/03	120	543
14. 04. 03	1 Q 16/03	124	555

Sächsisches OVG

17. 07. 03	1 B 438/01	127	566

Thüringer OVG

28. 05. 03	1 KO 42/00	95	453
30. 10. 03	1 KO 433/00	207	868
11. 11. 03	1 KO 271/01	154	662
02. 12. 03	1 N 290/99	60	297

VG Düsseldorf

30. 10. 03	4 K 61/01	215	909

LG Wuppertal

11. 03. 03	1 O 356/02	141	608

Abkürzungsverzeichnis

a. A.	anderer Ansicht
a. a. O.	am angegebenen Ort
ABl.	Amtsblatt
Abs.	Absatz
Abschn.	Abschnitt
a. E.	am Ende
AEG	Allgemeines Eisenbahngesetz
a. F.	alte Fassung
AG	Amtsgericht
AG VwGO	Ausführungsgesetz zur VwGO
amtl.	amtlich
Amtsbl.	Amtsblatt
ÄndG	Änderungsgesetz
Anm.	Anmerkung
AöR	Archiv des öffentlichen Rechts (Zeitschrift)
Art.	Artikel
AS	Amtliche Sammlung der Entscheidungen der OVG Rheinland-Pfalz und Saarland
ASOG	Allgemeines Gesetz zum Schutze der öffentlichen Sicherheit und Ordnung in Berlin
AufbG	Aufbaugesetz
Aufl.	Auflage
AZG	Gesetz über die friedliche Nutzung der Kernenergie und den Schutz gegen ihre Gefahren (Atomgesetz)
Bad.-Württ.	Baden-Württemberg
BauGB	Baugesetzbuch
BauGB-MaßnahmenG	Maßnahmengesetz zum Baugesetzbuch
BauNVO	Verordnung über die bauliche Nutzung der Grundstücke (Baunutzungsverordnung)
BauO	Bauordnung
BauO Bln	Berliner Bauordnung
BauO NRW	Bauordnung für das Land Nordrhein-Westfalen
BauR	Baurecht, Zeitschrift für das gesamte öffentliche und zivile Baurecht
BauZVO	Bauplanungs- und Zulassungsverordnung
BayBO	Bayerische Bauordnung
BayDSchG	Denkmalschutzgesetz in Bayern
BayGO	Gemeindeordnung in Bayern
BayNatSchG	Naturschutzgesetz in Bayern
BayObLG	Bayerisches Oberstes Landesgericht
BayVBl.	Bayerische Verwaltungsblätter
BayVerfGH	Bayerischer Verfassungsgerichtshof
BayVGH	Bayerischer Verwaltungsgerichtshof
BayVwVfG	Verwaltungsverfahrensgesetz in Bayern

BayWG	Wassergesetz in Bayern
BBauG	Bundesbaugesetz
BBergG	Bundesberggesetz
Bbg	Brandenburg
BBodSchG	Bundesbodenschutzgesetz
Bd.	Band
Bek.	Bekanntmachung
Berl. Komm.	Berliner Kommentar zum BauGB
Beschl.	Beschluß
BGB	Bürgerliches Gesetzbuch
BGBl.	Bundesgesetzblatt
BGH	Bundesgerichtshof
BGHR-BGB	Rechtsprechung des Bundesgerichtshofs Zivilsachen
BGHZ	Entscheidungen des BGH in Zivilsachen
BImSchG	Bundes-Immissionsschutzgesetz
4. BImSchV	Vierte Verordnung zur Durchführung des BImSchG (Verordnung über genehmigungsbedürftige Anlagen)
16. BImSchG	Sechzehnte Verordnung zur Durchführung des BImSchG (Verkehrslärmschutzverordnung)
18. BImSchV	Achtzehnte Verordnung zur Durchführung des BImSchG (Sportanlagenlärmschutzverordnung)
BKleingG	Bundeskleingartengesetz
Bln	Berlin
BNatSchG	Bundesnaturschutzgesetz
BremLBO	Bremische Landesbauordnung
BRS	Baurechtssammlung (Thiel bis Bd. 14, Gelzer ab Bd. 15 bis Bd. 55)
BSHG	Bundessozialhilfegesetz
BT-Drucks.	Bundestagsdrucksache
Buchholz	Sammel- und Nachschlagewerk der Rechtsprechung des BVerwG, herausgegeben von Karl Buchholz
Buchst.	Buchstabe
BV	Verfassung des Freistaates Bayern
BVerfG	Bundesverfassungsgericht
BVerfGE	Entscheidungen des Bundesverfassungsgerichts
BVerwG	Bundesverwaltungsgericht
BWGZ	Baden-Württembergische Gemeindezeitschrift
dB(A)	Dezibel des A-Schallpegels
DÖV	Die Öffentliche Verwaltung, Zeitschrift
Drucks.	Drucksache
DSchG	Denkmalschutzgesetz
DVBl.	Deutsches Verwaltungsblatt
DVO	Durchführungsverordnung
DWW	Deutsche Wohnungswirtschaft (Zeitschrift)
E	Entscheidung, Entscheidungssammlung
EEG	Nordrhein-Westfälisches Landesenteignungs- und Entschädigungsgesetz

EG	Europäische Gemeinschaft
EG BGB	Einführungsgesetz zum BGB
EG ZVG	Einführungsgesetz zum Zwangsversteigerungsgesetz
ESVGH	Entscheidungssammlung des Hessischen und des Württembergisch-Badischen Verwaltungsgerichtshofes
EuGH	Europäischer Gerichtshof
EWG	Europäische Wirtschaftsgemeinschaft
FFH-Richtlinie	Fauna-Flora-Habitat-Richtlinie
FS	Festschrift
Fn.	Fußnote
FStrG	Bundesfernstraßengesetz
GastG	Gaststättengesetz
GaVO (GarVO)	Garagenverordnung in Nordrhein-Westfalen
GBl.	Gesetzblatt
GE	Gewerbegebiet
GemO (GO)	Gemeindeordnung
GesBl.	Gesetzblatt
GewArch.	Gewerbearchiv
GFZ	Geschoßflächenzahl
GG	Grundgesetz für die Bundesrepublik Deutschland
GI	Industriegebiet
GKG	Gerichtskostengesetz
GMBl.	Gemeinsames Ministerialblatt
GRZ	Grundflächenzahl
GVBl.	Gesetz- und Verordnungsblatt
GV NW	Gesetz- und Verordnungsblatt Nordrhein-Westfalen
GVOBl.	Gesetz- und Verordnungsblatt
HBauO	Hamburgische Bauordnung
HBO	Hessische Bauordnung
HDSchG	Denkmalschutzgesetz in Hessen
HeNatG	Hessisches Naturschutzgesetz
HessVerwRspr	Rechtsprechung des Hessischen Verwaltungsgerichtshofes
HessVGH	Hessischer Verwaltungsgerichtshof
HGO	Gemeindeordnung in Hessen
HSOG	Gesetz über die öffentliche Sicherheit und Ordnung in Hessen
HVwVfG	Verwaltungsverfahrensgesetz in Hessen
i. d. F.	in der Fassung
InvWoBaulG (IWG)	Investitionserleichterungs- und Wohnbaulandgesetz
i. S.	im Sinne
i. V. m.	in Verbindung mit
JR	Juristische Rundschau
Komm.	Kommentar
KrW-/AbfG	Kreislaufwirtschaft- und Abfallgesetz
LBauO	Landesbauordnung

LBG	Landbeschaffungsgesetz
LBO	Landesbauordnung
LBO Bad.-Württ.	Landesbauordnung Baden-Württemberg
LBO (LBauO) Rh.-Pf.	Landesbauordnung Rheinland-Pfalz
LBO Saarl.	Landesbauordnung des Saarlandes
LBO Schl.-H.	Landesbauordnung Schleswig-Holstein
Lfg.	Lieferung
LG	Landgericht
LG NW	Gesetz zur Sicherung des Naturhaushalts und zur Entwicklung der Landschaft (Landschaftsgesetz, Nordrhein-Westfalen)
LKV	Landes- und Kommunalverwaltung, Zeitschrift
LPflG	Landespflegegesetz
LPlG	Landesplanungsgesetz
LS	Leitsatz
LSchVO	Landschaftsschutzverordnung
MBl.	Ministerialblatt
MD	Dorfgebiet
MDR	Monatsschrift für Deutsches Recht
Meckl.-Vorp.	Mecklenburg-Vorpommern
MI	Mischgebiet
MK	Kerngebiet
m. w. N.	mit weiteren Nachweisen
NatSchG	Naturschutzgesetz
NBauO	Niedersächsische Bauordnung
NdS	Niedersachsen
NdsVwVfG	Verwaltungsverfahrensgesetz in Niedersachsen
NGO	Gemeindeordnung in Niedersachsen
NJW	Neue Juristische Wochenschrift
NordÖR	Zeitschrift für öffentliches Recht in Norddeutschland
Nr.	Nummer
NROG	Niedersächsisches Gesetz zur Raumordnung und Landesplanung
NRW	Nordrhein-Westfalen
NSOG	Gesetz über die öffentliche Sicherheit und Ordnung in Niedersachsen
NuR	Natur und Recht, Zeitschrift
n. v.	nicht veröffentlicht
NVwZ	Neue Zeitschrift für Verwaltungsrecht
NVwZ-RR	NVwZ-Rechtsprechungsreport
NW	Nordrhein-Westfalen
NWG	Wassergesetz in Niedersachsen
NWVBl.	Nordrhein-Westfälische Verwaltungsblätter
OBG	Ordnungsbehördengesetz
OLG	Oberlandesgericht
OVG	Oberverwaltungsgericht

OVGE	Entscheidungen der Oberverwaltungsgerichte Münster (und Lüneburg)
OWiG	Gesetz über Ordnungswidrigkeiten
RAS-L	Richtlinie für die Anlage von Straßen-Linienführung
RdErl.	Runderlaß
RdL	Recht der Landwirtschaft (Zeitschrift)
Rdnr.	Randnummer
RGRK	Kommentar zum BGB, herausgegeben von Reichsgerichtsräten und Bundesrichtern
RGZ	Entscheidungen des Reichsgerichts in Zivilsachen
Rh.-Pf.	Rheinland-Pfalz
ROG	Raumordnungsgesetz
Rs.	Rechtssache
S.	Seite oder Satz
Saarl.	Saarland
SachsAnh	Sachsen-Anhalt
Sächs. OVG	Sächsisches Oberverwaltungsgericht
SächsBO	Sächsische Bauordnung
Schl.-H.	Schleswig-Holstein
Slg.	Sammlung
SO	Sondergebiet
SOG	Gesetz über die öffentliche Sicherheit und Ordnung
StBauFG	Städtebauförderungsgesetz
StrG	Straßengesetz
StVO	Straßenverkehrsordnung
SVwVfG	Verwaltungsverfahrensgesetz im Saarland
TA Abfall	Zweite allgemeine Verwaltungsvorschrift zum Abfallgesetz
TA Lärm	Technische Anleitung zum Schutz gegen Lärm
Thür.	Thüringen
TKZulV	Telekommunikationszulassungsverordnung
UA	Urteilsabdruck
UPR	Umwelt- und Planungsrecht (Zeitschrift)
Urt.	Urteil
UVP	Umweltverträglichkeitsprüfung
VBlBW	Verwaltungsblätter für Baden-Württemberg
VDI	Verein Deutscher Ingenieure
VENSA	Verwaltungsgerichtliche Entscheidungs- und Urteilssammlung des VGH Baden-Württemberg
VerwArch.	Verwaltungsarchiv
VG	Verwaltungsgericht
VGH	Verwaltungsgerichtshof
VGH Bad.-Württ.	Verwaltungsgerichtshof Baden-Württemberg
VGH n. F.	Amtliche Sammlung von Entscheidungen des Bayerischen Verwaltungsgerichtshofes, neue Folge
vgl.	vergleiche
VO	Verordnung

Vorbem.	Vorbemerkung
VwGO	Verwaltungsgerichtsordnung
VwVfG	Verwaltungsverfahrensgesetz des Bundes und entsprechende Ländergesetze
VwVG	Verwaltungsvollstreckungsgesetz und entsprechende Ländergesetze
VwZG	Verwaltungszustellungsgesetz und entsprechende Ländergesetze
WA	Allgemeines Wohngebiet
WaStrG	Bundeswasserstraßengesetz
WB	Besonderes Wohngebiet
WEA	Windenergieanlage
WEG	Wohnungseigentumsgesetz
WG	Landeswassergesetz
WHG	Gesetz zur Ordnung des Wasserhaushaltes
WM	Wertpapier-Mitteilungen
WR	Reines Wohngebiet
WRV	Weimarer Reichsverfassung
WS	Kleinsiedlungsgebiet
ZfBR	Zeitschrift für deutsches und internationales Baurecht
Ziff.	Ziffer
ZMR	Zeitschrift für Miet- und Raumrecht
ZPO	Zivilprozeßordnung
z. T.	zum Teil

A. Rechtsprechung zum Bauplanungsrecht

I. Bauleitplanung

1. Inhalt und Aufstellung der Bauleitpläne

Nr. 1

1. § 1 Abs. 3 BauGB kann Rechtsgrundlage einer gemeindlichen Erstplanungspflicht im unbeplanten Innenbereich sein. Das Planungsermessen der Gemeinde verdichtet sich zur strikten Planungspflicht, wenn qualifizierte städtebauliche Gründe von besonderem Gewicht vorliegen. Das interkommunale Abstimmungsgebot kann einen qualifizierten städtebaulichen Handlungsbedarf begründen.

2. § 1 Abs. 4 BauGB begründet eine gemeindliche Erstplanungspflicht, wenn die Verwirklichung von Zielen der Raumordnung bei Fortschreiten einer „planlosen" städtebaulichen Entwicklung auf unüberwindbare tatsächliche oder rechtliche Hindernisse stoßen oder wesentlich erschwert würde.

3. Die eine Erstplanungspflicht auslösenden Tatbestände des § 1 Abs. 3 und 4 BauGB stehen infolge ihrer unterschiedlichen Zweckrichtung nicht in einem Rangverhältnis; sie können jeweils allein oder nebeneinander zur Anwendung kommen.

4. Die Durchsetzung einer gemeindlichen Planungspflicht aus § 1 Abs. 3 BauGB mit den Mitteln der Kommunalaufsicht ist mit Bundesrecht vereinbar.

BauGB §§ 1 Abs. 3 und 4, 2 Abs. 2, 34; BauNVO § 11 Abs. 3; ROG § 3 Nr. 2.

Bundesverwaltungsgericht, Urteil vom 17. September 2003 – 4 C 14.01 –.

(OVG Rheinland-Pfalz)

Die klagende Stadt wendet sich gegen die kommunalaufsichtliche Anordnung des Beklagten, für den im unbeplanten Innenbereich innerhalb ihrer Grenzen entstandenen „Gewerbepark Mülheim-Kärlich" einen Bebauungsplan aufzustellen.

Das Stadtgebiet der Klägerin liegt in einem hochverdichteten Ballungsraum, der die Städte Andernach und Neuwied, Koblenz und Lahnstein umfaßt. Der umstrittene Gewerbepark liegt an der nordwestlichen Grenze von Koblenz. Die Landesplanung weist den Städten Andernach, Neuwied und Lahnstein die Funktion von Mittelzentren im Grundnetz und der Stadt Koblenz die Funktion eines Oberzentrums zu. Die Klägerin nimmt nach den Festlegungen des regionalen Raumordnungsplans Mittelrhein-Westerwald die Funktion eines Zentrums der Grundversorgung wahr.

Die Ansiedlung von Einzelhandelsbetrieben in dem „Gewerbepark" geschah zunächst auf der Grundlage von zwei Bebauungsplänen, die den Bereich im wesentlichen als Industrie- und Gewerbegebiet auswiesen. Anfang der neunziger Jahre stellte das VG

Koblenz im Rahmen einer inzidenten Normenkontrolle u. a. fest, daß einer dieser Bebauungspläne abwägungsfehlerhaft und rechtswidrig sei, weil er die Zentrumsfunktionen der benachbarten Städte Koblenz, Andernach und Neuwied nicht ausreichend berücksichtige. Zuvor hatte es bereits aus diesem Grund Zweifel an der Rechtmäßigkeit des anderen Plans geäußert. Die Bemühungen aller Beteiligten, die dadurch entstandene Situation bauleitplanerisch „zu bereinigen", blieben letztlich erfolglos. Die Klägerin beschloß zwar wiederholt die Aufstellung eines Bebauungsplans für das Gebiet des „Gewerbeparks" sowie den Erlaß einer Veränderungssperre. Diese Beschlüsse hob die Klägerin jedoch selbst nach einiger Zeit wieder auf. In den Zeiten, in denen keine Veränderungssperre bestand, wurde die Ansiedlung weiterer, insbesondere großflächiger Einzelhandelsbetriebe auf der Grundlage von § 34 BauGB genehmigt. 1996 beliefen sich die Einzelhandelsverkaufsflächen im „Gewerbepark" auf insgesamt 120 000 m². Im November 1997 hob die Klägerin den 1996 gefaßten Beschluß zur Aufstellung eines Bebauungsplans für den Gewerbepark sowie (wegen verwaltungsgerichtlich festgestellter Mängel) die 1996 beschlossene Veränderungssperre auf. Zu diesem Zeitpunkt lagen Bauanfragen für zwei weitere SB-Warenhäuser (30 600 und 11 000 m²) vor. Außerdem wurden Bauvoranfragen für verschiedene Einzelhandelsprojekte (insgesamt etwa 8000 m²) sowie für zehn große Verkaufshallen gestellt.

Vor diesem Hintergrund ordnete der Beklagte mit Verfügung vom November 1997 im Wege der Kommunalaufsicht an, daß die Klägerin binnen zwei Wochen ab Vollziehbarkeit der Anordnung die Aufstellung eines Bebauungsplans für den Bereich des „Gewerbeparks Mülheim-Kärlich" beschließt, um die bauliche Entwicklung entsprechend den Zielen der Raumordnung und Landesplanung zu steuern und den städtebaulichen Belangen der benachbarten zentralen Orte sowie dem interkommunalen Abstimmungsgebot Rechnung zu tragen. Der Klägerin wurde ferner aufgegeben, eine Veränderungssperre für Vorhaben zu erlassen, welche die Errichtung und Änderung von Einzelhandelsbetrieben oder die Nutzungsänderung im Einzelhandel betreffen, und bis zum Inkrafttreten der Veränderungssperre Anträge auf Zurückstellung entsprechender Bauanträge und Bauvoranfragen zu stellen. Das Planungsgebot und die Pflicht zur Sicherung der Planung stützte der Beklagte auf § 1 Abs. 3 und 4 BauGB. Er ordnete zugleich die sofortige Vollziehung der Verfügung an und drohte für den Fall des fruchtlosen Fristablaufs die kommunalaufsichtliche Ersatzvornahme an.

Widerspruch, Anfechtungsklage und Berufung der Klägerin blieben erfolglos.

Mit der Revision verfolgt die Klägerin ihr Anfechtungsbegehren ohne Erfolg weiter.

Aus den Gründen:

II. Das Berufungsgericht hat zu Recht entschieden, daß die Klägerin gemäß § 1 Abs. 3 und 4 BauGB verpflichtet ist, einen Bebauungsplan für den auf ihrem Gebiet entstandenen „Gewerbepark" aufzustellen.

1. Die umstrittene Anordnung findet ihre gesetzliche Grundlage zunächst in § 1 Abs. 3 BauGB. Nach dieser Vorschrift haben die Gemeinden die Bauleitpläne aufzustellen, sobald und soweit es für die städtebauliche Entwicklung und Ordnung erforderlich ist.

1.1 Die prinzipielle Begründung einer Planungspflicht aus § 1 Abs. 3 BauGB hat bei dem der Gemeinde eingeräumten Planungsermessen einzusetzen. § 1 Abs. 3 BauGB ist systematisch und inhaltlich eng mit Abs. 1 der Vorschrift, der die allgemeine Aufgabe der Bauleitplanung umschreibt, und mit § 2 Abs. 1 Satz 1 BauGB verbunden, der die Bauleitplanung den Gemeinden zur eigenen Verantwortung überweist. § 1 Abs. 3 BauGB setzt voraus, daß der Gemeinde mit der Planungsbefugnis zugleich ein Planungsfreiraum eingeräumt wird (vgl. bereits BVerwG, Urteil v. 12. 12. 1969 – 4 C 105.66 –,

BVerwGE 34, 301, 304 = BRS 22 Nr. 4 = BauR 1970, 31). Das Planungsermessen der Gemeinde umfaßt neben dem „Wie" auch das „Ob" und „Wann" planerischer Gestaltung; Planungsermessen bedeutet Entschließungs- und Gestaltungsermessen. Grundsätzlich bleibt es der Einschätzung der Gemeinde überlassen, ob sie einen Bebauungsplan aufstellt, ändert oder aufhebt. Maßgebend sind ihre eigenen städtebaulichen Vorstellungen (st. Rspr; zuletzt Beschluß v. 5. 8. 2002 – 4 BN 32.02 –, BRS 65 Nr. 232 = BauR 2003, 73 = NVwZ-RR 2003, 7; Urteil v. 7. 6. 2001 – 4 CN 1.01 –, BVerwGE 114, 301, 304 m. w. N. = BRS 64 Nr. 51 = BauR 2002, 282). Die Gemeinde darf auch planerische Selbstbeschränkung und Zurückhaltung üben. Sie darf sich je nach den tatsächlichen Gegebenheiten insbesondere darauf verlassen, daß die planersetzenden Vorschriften der §§ 34, 35 BauGB zur Steuerung der städtebaulichen Entwicklung in Teilbereichen ihres Gebiets ausreichen.

§ 1 Abs. 3 BauGB stellt die Planungsbefugnis der Gemeinden allerdings unter den Vorbehalt der städtebaulichen Erforderlichkeit und wirkt damit in zweierlei Weise auf das gemeindliche Planungsermessen ein. Nach seinem eindeutigen Wortlaut verpflichtet § 1 Abs. 3 BauGB zur Aufstellung eines Bebauungsplans, sobald und soweit dies aus städtebaulichen Gründen erforderlich ist. Der Gesetzgeber bringt damit zum Ausdruck, daß sich das planerische Ermessen der Gemeinde aus städtebaulichen Gründen objektivrechtlich zu einer strikten Planungspflicht verdichten kann; das gilt grundsätzlich für die erstmalige Planung im Innen- oder Außenbereich ebenso wie für die inhaltliche Änderung oder Aufhebung eines bestehenden Bauleitplans (in diesem Sinne bereits BVerwG, Beschlüsse v. 30. 3. 1995 – 4 B 48.95 –, und v. 9. 10. 1996 – 4 B 180.96 –, Buchholz 406.11 § 2 BauGB Nr. 38 und 39 sowie BRS 58 Nr. 3 = BauR 1997, 263). Zugleich setzt der Maßstab der städtebaulichen Erforderlichkeit der Ausübung der Planungsbefugnis inhaltliche Schranken. § 1 Abs. 3 BauGB verbindet so mit das Gebot erforderlicher Planungen mit dem Verbot nicht erforderlicher Planungen (vgl. bereits Weyreuther, DVBl. 1981, 369, 372 zu § 1 Abs. 3 BBauG; heute h. M., vgl. etwa Krautzberger, in: Battis/Krautzberger/Löhr, BauGB, 8. Aufl. 2002, Rdnr. 25 zu § 1 BauGB; Gierke, in: Brügelmann u. a., Kommentar zum BauGB, Stand: Januar 2000, Rdnr. 149 zu § 1; Gaentzsch, in: Berliner Kommentar zum BauGB, 3. Aufl. 2002, Rdnr. 19 ff. zu § 1 BauGB; Reidt, in: Gelzer/Bracher/Reidt, Bauplanungsrecht, 6. Aufl. 2001, Rdnr. 36, 49).

Die Ansicht, § 1 Abs. 3 BauGB statuiere nicht mehr als eine „Pflicht zu konsequenter Planung" (Koch/Hendler, Baurecht, Raumordnungs- und Landesplanungsrecht, 3. Aufl. 2001, S. 168) erschöpft den pflichtbegründenden Regelungsgehalt der Vorschrift nicht. Es ist zwar denkbar, daß § 1 Abs. 3 BauGB (unter näher zu bestimmenden Voraussetzungen städtebaulicher Erforderlichkeit) im Einzelfall auch die Rechtspflicht einer Gemeinde begründet, die planerische Umsetzung ihrer eigenen städtebaulichen Konzeption einzuleiten oder in Übereinstimmung mit ihren konzeptionellen Vorgaben abzuschließen; dieser Planungspflicht könnte die Gemeinde sich jedoch vielfach durch eine städtebaulich gerechtfertigte Änderung ihrer Planungskonzeption selbst entziehen. Die eine Handlungspflicht auslösende Wirkung des § 1 Abs. 3 BauGB gewinnt ihre eigentliche Bedeutung erst in den Fällen, in

Nr. 1

denen die städtebauliche Entwicklung und Ordnung ein planerisches Einschreiten der Gemeinde erfordert, diese aber entweder kein umsetzbares städtebauliches Konzept besitzt oder „konzeptionell" an einer Genehmigungspraxis auf der Grundlage von §§ 34, 35 BauGB festhalten will.

Mit diesem Inhalt konkretisiert § 1 Abs. 3 BauGB das in Abs. 1 der Vorschrift bezeichnete Planmäßigkeitsprinzip. Das Baugesetzbuch bestimmt in § 1 Abs. 1 BauGB die Bauleitplanung zum zentralen städtebaulichen Gestaltungsinstrument. Der Gesetzgeber geht davon aus, daß die städtebauliche Entwicklung nicht vollständig dem „Spiel der freien Kräfte" (vgl. BVerfG, Beschluß v. 12. 1. 1967 – 1 BvR 169.63 –, BVerfGE 21, 73, 82 f.) oder isolierten Einzelentscheidungen nach §§ 34 und 35 BauGB überlassen bleiben soll, sondern der Lenkung und Ordnung durch Planung bedarf (Gierke, a. a. O., Rdnr. 60, 150 zu § 1 BauGB; Söfker, in: Ernst/Zinkahn/Bielenberg/Krautzberger, BauGB, Stand: November 1999, Rdnr. 19 ff. zu § 1 BauGB; Schmidt-Assmann, in: FS für Schlichter, 1995, S. 3, 19 ff., m. w. N.). Die Regelungen in §§ 34 und 35 BauGB sind kein vollwertiger Ersatz für einen Bebauungsplan: Sie gelten als Planersatzvorschriften, nicht als Ersatzplanung (BVerwG, Urteil v. 13. 6. 1969 – 4 C 234.65 –, BVerwGE 32, 173; st. Rspr. = BRS 22 Nr. 181). Wenn sich die Planmäßigkeit der städtebaulichen Entwicklung und Ordnung auch nicht strikt durchhalten läßt, so schließt sie doch in letzter Konsequenz – und unter besonderen Voraussetzungen – auch die Verdichtung des gemeindlichen Planungsermessens zu einer strikten Planungspflicht mit ein. Die prinzipielle Verankerung dieser Planungspflicht in § 1 Abs. 3 BauGB ist mit der Garantie der kommunalen Selbstverwaltung (Art. 28 Abs. 2 Satz 1 GG) vereinbar. Die Bauleitplanung ist der Gemeinde nicht zu beliebiger Handhabung, sondern als öffentliche Aufgabe anvertraut, die sie nach Maßgabe des Baugesetzbuchs im Interesse einer geordneten städtebaulichen Entwicklung zu erfüllen hat. Vor unzumutbaren Eingriffen in die gemeindliche Planungshoheit schützt im Einzelfall der Grundsatz der Verhältnismäßigkeit, der auch für kommunalaufsichtliche Planungsverfügungen gilt.

1.2 In der Rechtsprechung des Bundesverwaltungsgerichts ist bisher nicht abschließend geklärt, unter welchen bundesrechtlichen Voraussetzungen sich das gemeindliche Planungsermessen zu einer (nach Maßgabe des Landesrechts durchsetzbaren) Planungspflicht verdichtet.

Die Spruchpraxis des erkennenden Senats zu § 1 Abs. 3 BBauG/BauGB ist durch die Zuständigkeit des Revisionsgerichts in Normenkontrollsachen geprägt. Das hat dazu geführt, daß vor allem die schrankensetzende Funktion der Vorschrift, ihr „Verbotscharakter", thematisiert und konkretisiert worden ist. Anknüpfungspunkt ist hier die städtebauliche Erforderlichkeit als Planungsschranke. So wird § 1 Abs. 3 BauGB durch Pläne verletzt, die einer positiven Planungskonzeption entbehren und der Förderung von Zielen dienen, für deren Verwirklichung die Planungsinstrumente des Baugesetzbuchs nicht bestimmt sind (Verbot der Negativ-Planung, unzulässige Vorratsplanung). Solche Pläne sind nicht erforderlich i. S. von § 1 Abs. 3 BauGB. § 1 Abs. 3 BauGB ist ferner verletzt, wenn ein Bebauungsplan nicht vollzugsfähig ist, weil seine Umsetzung auf unüberwindbare tatsächliche oder rechtliche Hindernisse stößt (zuletzt zusammenfassend Senatsurteil v. 21. 3. 2002 – 4 CN

14.00 –, BVerwGE 116, 144, 146 f. = BRS 65 Nr. 17 = BauR 2002, 1650). Auf die Grundsätze, die der Senat zum Maßstab der Erforderlichkeit bei der inhaltlichen Kontrolle von Bebauungsplänen entwickelt hat, kann indes nicht zurückgegriffen werden, wenn es um die Begründung des „Ob" und „Wann" der Planung geht. Nicht unmittelbar einschlägig sind ferner Entscheidungen, nach denen ein Bebauungsplan nichtig ist, wenn er „Fehlentwicklungen" im Plangebiet oder dessen Umgebung ermöglicht, „städtebauliche Unordnung" schafft (BVerwG, Beschluß v. 20.11.1995 – 4 NB 23.94 –, BRS 57 Nr. 3 = BauR 1996, 215 = DVBl. 1996, 264) oder sich als „grober" und „einigermaßen offensichtlicher Mißgriff" erweist (vgl. BVerwG, Urteil v. 7.5.1971 – 4 C 76.68 –, BRS 24 Nr. 15 = BauR 1971, 182 = DVBl. 1971, 759).

Zur näheren Bestimmung einer gemeindlichen Planungspflicht ungeeignet ist auch der in der Senatsrechtsprechung aufgestellte und häufig wiedergegebene Rechtssatz, erforderlich im Sinne des Gesetzes sei die Aufstellung eines Bebauungsplans (nur), soweit er „nach der planerischen Konzeption der Gemeinde erforderlich ist" (vgl. BVerwG, Urteil v. 7.5.1971, a.a.O.; Urteil v. 14.7.1972 – 4 C 8.70 –, BVerwGE 40, 258, 263 = BRS 25 Nr. 12 = BauR 1972, 282 jeweils zu § 2 Abs. 1 BBauG). Dieser Rechtssatz bestimmt zwar auch die Auslegung von § 1 Abs. 3 BauGB. Er zielt jedoch auf die Planrechtfertigung und die inhaltlichen Schranken der Planungsbefugnis und damit auf die Verbotsqualität der Vorschrift. Die Bindung der städtebaulichen Erforderlichkeit an die „Konzeption der Gemeinde" soll ausdrücken, daß der Erlaß eines Bebauungsplans erst dann, weil nicht erforderlich, untersagt ist, wenn und soweit es selbst nach der Konzeption der Gemeinde an der Erforderlichkeit fehlt (deutlich in diesem Sinne die Senatsurteile v. 7.5.1971, a.a.O., und v. 14.7.1972, a.a.O.). Wollte man die Erforderlichkeit „nach Maßgabe" der gemeindlichen Planungsvorstellungen als Grundvoraussetzung für das Bestehen einer gemeindlichen Planungspflicht ansehen, führte dies unausweichlich zu dem unhaltbaren Ergebnis, daß eine konzeptionslose Gemeinde niemals zum Erlaß eines Bebauungsplans verpflichtet sein könnte (so schon Weyreuther, a.a.O., S. 372). Ebensowenig könnte eine planungsunwillige Gemeinde zur Planung angehalten werden.

1.3 Das Planungsermessen der Gemeinde verdichtet sich im unbeplanten Innenbereich zur strikten Planungspflicht, wenn qualifizierte städtebauliche Gründe von besonderem Gewicht vorliegen (ebenso Gierke, a.a.O., Rdnr. 193a zu § 1 BauGB). Ein qualifizierter (gesteigerter) Planungsbedarf besteht, wenn die Genehmigungspraxis auf der Grundlage von § 34 Abs. 1 und 2 BauGB städtebauliche Konflikte auslöst oder auszulösen droht, die eine Gesamtkoordination der widerstreitenden öffentlichen und privaten Belange in einem förmlichen Planungsverfahren dringend erfordern (vgl. auch Gaentzsch, a.a.O., Rdnr. 19, 20 zu § 1 BauGB). Die Gemeinde muß planerisch einschreiten, wenn ihre Einschätzung, die planersetzende Vorschrift des § 34 BauGB reiche zur Steuerung der städtebaulichen Ordnung und Entwicklung aus, eindeutig nicht mehr vertretbar ist (Reidt, a.a.O., Rdnr. 49). Dieser Zustand ist jedenfalls dann erreicht, wenn städtebauliche Mißstände oder Fehlentwicklungen bereits eingetreten sind oder in naher Zukunft einzutreten drohen. Die Planungspflicht entsteht nicht schon dann, wenn ein planerisches Einschreiten einer geordneten städtebaulichen Entwicklung dienen würde und deshalb „vernünftigerweise geboten" wäre. Sie setzt besonders gewichtige Gründe voraus und besitzt Ausnahmecharakter. Anhaltspunkte für das Vorliegen eines qualifizierten planerischen Handlungsbedarfs lassen sich etwa aus der für Sanierungsmaßnahmen geltenden Definition der städtebaulichen Mißstände in § 136 Abs. 2 und 3 BauGB gewinnen.

Den generellen Anforderungen an die Begründung einer gemeindlichen Planungspflicht wird das Berufungsurteil gerecht. Die Vorinstanz stützt die Planungspflicht der Klägerin auf § 1 Abs. 3 BauGB und das interkommunale Abstimmungsgebot (§ 2 Abs. 2 BauGB). Die kommunalaufsichtliche Anordnung solle die Interessen der betroffenen Nachbarkommunen durchsetzen, die ihren „Niederschlag in § 1 Abs. 3 i. V. m. § 2 Abs. 2 BauGB" gefunden hätten. Die Genehmigungspraxis nach § 34 Abs. 1 BauGB habe eine städtebauliche Fehlentwicklung eingeleitet. Der „Gewerbepark" habe sich zu einem „großen Einkaufszentrum" mit einer Verkaufsfläche von 120 000 m^2 (1996) entwickelt und beeinträchtige die benachbarten Städte wesentlich. Der eingetretene Verdrängungswettbewerb sei mit einem deutlichen Kaufkraftabfluß aus den Nachbarstädten in den „Gewerbepark" verbunden gewesen. Eine weitere gravierende Verschlechterung der Situation habe bei Erlaß der angefochtenen Anordnung unmittelbar bevorgestanden. Diese Urteilsgründe sind revisionsgerichtlich nicht zu beanstanden. Im einzelnen ist hierzu auszuführen:

1.3.1 Das Berufungsgericht geht – unter Bezugnahme auf den während des Klageverfahrens ergangenen Beschluß des VG Koblenz vom 17. 12. 1997 (– VG 1 L 3912/97.KO –) – davon aus, daß sich der Maßstab der städtebaulichen Erforderlichkeit in § 1 Abs. 3 BauGB nicht auf die städtebauliche Entwicklung und Ordnung im Gebiet der untätigen Gemeinde beschränkt, deren Planungspflicht in Frage steht. Auch unterhalb der Ebene der Landesplanung sei die Gemeinde in ein „kommunales Planungssystem mit gegenseitigen Verflechtungen integriert". Die Pflicht zur Berücksichtigung städtebaulicher Entwicklungen ende nicht an der Gemeindegrenze. Insbesondere in einem verdichteten Siedlungsgebiet wie dem Koblenz-Neuwieder-Becken berührten städtebauliche Entwicklungen in einer Gemeinde nahezu unweigerlich auch die städtebauliche Ordnung der Nachbargemeinden.

Diese gemeindegebietsübergreifende Sichtweise bei der Bestimmung des „städtebaulich Erforderlichen" i. S. von § 1 Abs. 3 BauGB ist zutreffend und geboten. Das gilt in besonderem Maße für die städtebaulich relevanten Auswirkungen von Einkaufszentren und großflächigen Einzelhandelsbetrieben auf zentrale Versorgungsbereiche der Nachbargemeinden. Es liegt auf der Hand, daß die Ansiedlung des großflächigen Einzelhandels in städtischen Randlagen geeignet sein kann, die Verwirklichung der Einzelhandelskonzeption einer Nachbargemeinde erheblich zu beeinträchtigen. Auswirkungen auf die Nahversorgung für den kurzfristigen Bedarf können sich u. a. daraus ergeben, daß innenstadtnahen Einzelhandelsbetrieben durch Kaufkraftabfluß die Existenzgrundlage entzogen wird und eine Unterversorgung der nicht motorisierten Bevölkerung droht (vgl. hierzu bereits Senatsurteil v. 3. 2. 1984 – 4 C 54.80 –, BRS 42 Nr. 50 = BauR 1984, 380; ferner Urteil v. 1. 8. 2002 – 4 C 5.01 –, BVerwGE 117, 25, 35–37 = BRS 65 Nr. 10 = BauR 2003, 55 – Einkaufszentrum Zweibrücken). Die Fernwirkungen eines Einkaufszentrums „auf der grünen Wiese" können auch die Attraktivität eines mit erheblichen Investitionen zum wohnungsnahen Einkaufszentrum umgestalteten Innenstadtbereichs einer Nachbarkommune gefährden (vgl. OVG Koblenz, BRS 64 Nr. 33 = BauR 2002, 577, 580 – Einkaufszentrum Zweibrücken). Die Planungsleitlinie in § 1 Abs. 5 Satz 2 Nr. 8 BauGB (Berücksichtigung der „mittelständischen Struktur im Interesse einer verbrauchernahen Versorgung der Bevölkerung") und ihre rechtliche Konkretisierung in § 11 Abs. 3 Satz 1 BauNVO rechtfertigen die „grenzüberschreitende" Beurteilung großflächiger Einzelhandelsbetriebe und Einkaufszentren. Nach § 11 Abs. 3 Satz 2 BauNVO kommt auch den Fernwirkungen dieser Betriebe auf die Entwicklung zentraler Versorgungsbereiche „in anderen Gemeinden" rechtliche – und d. h.: städtebauliche – Bedeutung zu. Diese räumliche Perspektive ist auch bei der Auslegung von § 1 Abs. 3 BauGB zu beachten.

1.3.2 Zuzustimmen ist ferner dem Ausgangspunkt der Vorinstanz, dass das interkommunale Abstimmungsgebot einen qualifizierten städtebaulichen Handlungsbedarf der Gemeinde im Rahmen von § 1 Abs. 3 BauGB zu begründen vermag.

§ 2 Abs. 2 BauGB verpflichtet benachbarte Gemeinden, ihre Bauleitpläne aufeinander abzustimmen, und stellt zunächst eine besondere gesetzliche Ausprägung des planungsrechtlichen Abwägungsgebots in § 1 Abs. 6 BauGB dar. Insoweit entfaltet die Vorschrift ihre Wirkung in der Planung. Sie setzt dem gemeindlichen Planungsermessen inhaltliche Schranken und dient der Rechtsprechung als Maßstab der Normenkontrolle. Eine verfahrensmäßigformelle und eine materiell-inhaltliche Abstimmung ist nach den zum Abwägungsgebot entwickelten Grundsätzen geboten, wenn nachbargemeindliche Belange in mehr als geringfügiger Weise nachteilig betroffen werden. Sie ist erst recht erforderlich, wenn auf Grund „unmittelbarer Auswirkungen gewichtiger Art" auf die städtebauliche Ordnung und Entwicklung der Nachbargemeinde im Sinne der Senatsrechtsprechung (vgl. BVerwG, Urteile v. 8. 9. 1972 – 4 C 17.71 –, BVerwGE 40, 323, 331 = BRS 25 Nr. 14 = BauR 1972, 352, und v. 15. 12. 1989 – 4 C 36.86 –, BVerwGE 84, 209, 217 = BRS 50 Nr. 193) ein qualifizierter Abstimmungsbedarf besteht.

In seinem Urteil vom 1. 8. 2002 (– 4 C 5.01 –, a. a. O.) greift der erkennende Senat auf den Rechtsgedanken des § 2 Abs. 2 BauGB zurück, um den öffentlichen Belang des Planungserfordernisses zu definieren und einzugrenzen, wenn ein Vorhaben (Einkaufszentrum) infolge einer fehlgeschlagenen (rechtswidrigen) Planung nach § 35 Abs. 2 BauGB zu beurteilen ist. Das Erfordernis einer förmlichen Bebauungsplanung wird durch einen qualifizierten Abstimmungsbedarf i. S. des § 2 Abs. 2 BauGB indiziert. Es bildet ein verfahrensrechtliches Zulassungshindernis für das zur Genehmigung gestellte Außenbereichsvorhaben. Zur Begründung verweist der Senat darauf, daß das planungsrechtliche Gebot der interkommunalen Abstimmung auch eine gesetzliche Ausformung des in Art. 28 Abs. 2 Satz 1 GG gewährleisteten kommunalen Selbstverwaltungsrechts bildet. Danach steht die grundgesetzlich verbürgte Planungshoheit unter dem „nachbarrechtlichen Vorbehalt" des Gebots wechselseitiger kommunaler Rücksichtnahme. Befinden sich zwei benach-

Nr. 1

barte Gemeinden objektiv in einer Konkurrenzlage, darf keine ihre jeweilige örtliche Planungshoheit gleichsam „rücksichtslos" zum Nachteil der anderen ausüben. Dieses Rücksichtnahmegebot bedarf der gesetzgeberischen Umsetzung und Ausformung. Das ist in § 2 Abs. 2 BauGB und in § 35 Abs. 2 BauGB in der Gestalt eines öffentlichen Belangs des Planungserfordernisses geschehen. Der Rechtsgedanke der wechselseitigen kommunalen Rücksichtnahme, der in § 2 Abs. 2 BauGB gesetzlichen Niederschlag gefunden hat, kann darüber hinaus auch zur normativen Ableitung einer (objektiv-rechtlichen) Planungspflicht der Gemeinde aus § 1 Abs. 3 BauGB herangezogen werden.

Das gilt insbesondere in Hinblick auf Fallkonstellationen, in denen die Standortgemeinde – wie hier die Klägerin nach den nicht mit Verfahrensrügen angegriffenen tatsächlichen Feststellungen des Berufungsgerichts – nicht willens ist, einer von ihr selbst seit Jahren erkannten Fehlentwicklung bauleitplanerisch entschieden entgegenzuwirken, und durch bewußte planerische Untätigkeit eine weitere Schädigung der Nachbargemeinden in Kauf nimmt, um möglicherweise drohenden Ersatzansprüchen wegen Planungsschäden (§ 42 BauGB) zu entgehen. Der Senat hat bereits in früheren Entscheidungen angedeutet, daß eine Gemeinde gegen das Abstimmungsgebot des § 2 Abs. 2 BauGB auch dadurch verstoßen kann, daß sie in der Absicht, der gesetzlich angeordneten Abstimmung aus dem Wege zu gehen, von einer an sich erforderlichen Bauleitplanung Abstand nimmt (Urteile v. 15. 12. 1989 – 4 C 36.86 –, BVerwGE 84, 209, 218 = BRS 50 Nr. 193, und v. 11. 2. 1993 – 4 C 15.92 –, BRS 55 Nr. 174 = DVBl. 1993, 658, 661). Der Senat hat diese Rechtsprechung für den Außenbereich im Urteil vom 1. 8. 2002 (– 4 C 5.01 –, a. a. O.) fortentwickelt. Der Grundgedanke dieser Rechtsprechung, einer Umgehung des Abstimmungsgebots zu Lasten benachbarter Gemeinden entgegenzuwirken, kann auf den unbeplanten Innenbereich übertragen und ergänzend zur Begründung dafür herangezogen werden, die untätige Gemeinde einer (kommunalaufsichtlich durchsetzbaren) Planungspflicht aus § 1 Abs. 3 BauGB zu unterwerfen.

1.3.3 Das Berufungsgericht geht ferner gesetzessystematisch zu Recht davon aus, daß die Kommunalaufsichtsbehörden durch die Ableitung einer objektiv-rechtlichen, nach Maßgabe des Landesrechts durchsetzbaren Planungspflicht der Gemeinde aus § 1 Abs. 3 BauGB in die Lage versetzt werden, eine bestehende Rechtsschutzlücke im interkommunalen Nachbarrecht jedenfalls teilweise zu schließen.

Eine Nachbargemeinde kann sich gegen eine auf § 34 Abs. 1 BauGB gestützte Baugenehmigung für großflächigen Einzelhandel an einem Standort, dessen nähere Umgebung bereits durch eine oder mehrere gleichartige Anlagen geprägt ist, nach derzeitiger Rechtslage nicht zur Wehr setzen. § 34 Abs. 1 BauGB enthält keine Zulassungsschranke in Gestalt „öffentliche Belange", die durch einen qualifizierten interkommunalen Abstimmungsbedarf (subjektiv-rechtlich) angereichert werden und der betroffenen Nachbargemeinde im Einzelfall ein vorhabenbezogenes Abwehrrecht verleihen könnte. Die Eigenart der näheren Umgebung umfaßt nicht die städtebaulich nachteiligen Auswirkungen, die § 11 Abs. 3 Satz 2 BauNVO näher bezeichnet. Fernwirkungen dieser Art sind nach § 34 Abs. 1 BauGB nicht zu berücksichtigen.

Einem Vorhaben, welches sich in die Eigenart der näheren Umgebung einfügt, kann daher ein Planungserfordernis aus Gründen der interkommunalen Abstimmung nicht als Genehmigungsschranke entgegengehalten werden. Fügt sich ein Einzelhandelsgroßbetrieb in die Eigenart der näheren Umgebung ein, etwa weil dort bereits ein Betrieb dieser Art steht, ist er nach der gesetzlichen Wertung in §34 Abs.1 BauGB zuzulassen. Im Rahmen dieser gebundenen Entscheidung ist kein Raum für eine Abwägung widerstreitender interkommunaler Interessen (vgl. Senatsurteil v. 11.2.1993, a.a.O., S.661; Beschluß v. 20.4.2000 – 4 B 25.00 –, BRS 63 Nr.103 = BauR 2001, 212 = Buchholz 406.11 §34 BauGB Nr.199).

1.3.4 Nach den tatsächlichen Feststellungen der Vorinstanz, die das Revisionsgericht binden (§137 Abs.2 VwGO), sind hier die Grenzen, innerhalb derer sich die Ansiedlung großflächiger Einzelhandelsbetriebe auf der Grundlage von §34 Abs.1 BauGB (bzw. §34 Abs.2 BauGB i.V.m. §11 Abs.3 BauNVO) auch in Hinblick auf die städtebaulichen Belange der betroffenen Nachbarstädte im Sinne einer geordneten städtebaulichen Entwicklung noch steuern läßt, eindeutig überschritten.

Das Berufungsgericht verweist auf die „Bestandsanalyse für das Modellprojekt Interkommunale Einzelhandelskonzeption im Raum Koblenz/Neuwied" des Bundesministeriums für Raumordnung, Städtebau und Bauwesen vom März 1997. Danach habe sich der Kaufkraftabfluß aus Andernach in den „Gewerbepark Mülheim-Kärlich" zwischen 1992 und 1996 „von 9,2 auf 16,2" erhöht. Die kritische Grenze liege je nach Sortiment in einem Bereich zwischen 10 und 30%. Das Kriterium des Kaufkraftabzuges aus innenstadtnahen Versorgungsbereichen einzelner Nachbargemeinden oder auch der prognostizierte Umsatz eines Einkaufzentrums mag als Anhalt zur Beurteilung der städtebaulichen Verträglichkeit von Einzelhandelsgroßprojekten geeignet sein. Das Bundesverwaltungsgericht hatte bisher keinen Anlaß, sich zu den in Rechtsprechung und Schrifttum aufgestellten Erfahrungswerten und Richtlinien planungsrechtlich relevanter Kaufkraftabschöpfung zu äußern. Es hat insbesondere keine numerisch-präzisen Schwellen- oder Rahmenwerte bezeichnet. Der Streitfall nötigt ebenfalls nicht dazu, die von der Vorinstanz angeführten Werte einer rechtlichen Prüfung zu unterziehen.

Nach den nicht mit Revisionsrügen angegriffenen Angaben beider Vorinstanzen und des Beklagten lagen im November 1997 Bauvoranfragen für zwei SB-Warenhäuser (mit 30600 bzw. 11000 m^2), weitere Bauvoranfragen für Neubauten und Nutzungsänderungen verschiedener Objekte (8000 m^2) sowie Bauvoranfragen betreffend die Nutzungsänderung in Einzelhandel (10 große Verkaufshallen) vor. Angesichts der noch verfügbaren Flächen- und Umnutzungspotentiale in diesem Bereich sei davon auszugehen, daß zukünftig „noch ein Mehrfaches des bisherigen Flächenangebots für den großflächigen Einzelhandel" genutzt werden könne (Beschluß des VG Koblenz v. 17.12.1997). Der Beklagte stützt seine Anordnung u.a. auf die Erwägung, die im Wege einer städtebaulichen Entwicklungsmaßnahme vorbereitete Wiedernutzung innenstadtnaher Gewerbebrachen der Stadt Andernach und die Planung der Stadt Koblenz, den Zentralplatz und den westlichen Cityrand zum Ausgleich für eingetretene Zentralitätsverluste gerade auch für den Einzelhandel zu entwickeln, seien „extrem gefährdet, wenn der ungeordneten Entwicklung in Mülheim-Kärlich nicht Einhalt geboten wird". Diese städtebaulichen Auswirkungen übersieht die Revision mit ihrem Einwand, die Planungsverfügung des Beklagten sei ausschließlich „raumordnerisch" begründet.

Nach Einschätzung beider Vorinstanzen ließ das ungehinderte Fortschreiten der Genehmigungspraxis nach § 34 BauGB ernsthaft befürchten, daß die Verkaufsflächen des Einzelhandels und die Attraktivität der Innenstädte für Einzelhändler und Verbraucher insbesondere in den Städten Koblenz, Andernach und Neuwied, aber auch in Bendorf und den Gemeinden der Verbandsgemeinde Weißenthurm, weiterhin erheblich zurückgehen werde. Die Klägerin ist auch dieser Einschätzung nicht substantiiert entgegengetreten. Die gemeindegebietsübergreifende städtebauliche Beurteilung des „Gewerbeparks Mülheim-Kärlich" und seines Entwicklungspotentials ist angesichts der Größenordnung der festgestellten und prognostizierten Einzelhandelsverkaufsfläche ohne weiteres nachvollziehbar und einleuchtend. Sie rechtfertigt den Standpunkt des Beklagten und der Vorinstanzen, daß die Klägerin in dem Zeitpunkt, in dem die angefochtene Verfügung erlassen wurde, mit hoher Dringlichkeit zum planerischen Einschreiten verpflichtet war, um der bereits eingetretenen und der sich konkret abzeichnenden weiteren städtebaulichen Fehlentwicklung in Gestalt des „Gewerbeparks" auf ihrem Stadtgebiet entgegenzuwirken.

2. Dem Berufungsgericht ist ferner darin zuzustimmen, daß die Anordnung des Beklagten vom November 1997 auch in § 1 Abs. 4 BauGB eine Rechtsgrundlage findet. Nach dieser Vorschrift sind die Bauleitpläne den Zielen der Raumordnung anzupassen.

2.1 Danach sind Gemeinden nicht nur zur inhaltlichen Anpassung (Änderung) oder Aufhebung ihrer bestehenden Bauleitpläne, sondern auch zur erstmaligen Aufstellung eines Bebauungsplans im Innen- oder Außenbereich verpflichtet, sobald und soweit dies zur Verwirklichung der Ziele der Raumordnung erforderlich ist. Die gemeindliche Planungspflicht setzt ein, wenn die Verwirklichung der Raumordnungsziele bei Fortschreiten der „planlosen" städtebaulichen Entwicklung auf unüberwindbare (tatsächliche oder rechtliche) Hindernisse stoßen oder wesentlich erschwert würde.

Diese Planungspflicht folgt aus der Grundstruktur des mehrstufigen und auf Kooperation angelegten Systems der räumlichen Gesamtplanung. Die vielfältigen Raumnutzungsansprüche bedürfen der Abstimmung auf verschiedenen Planungsebenen. Das Raumplanungsrecht umfaßt eine Abfolge von Planungsentscheidungen auf Bundes- und Landesebene mit fortschreitender Verdichtung auf Landes- und Regionalebene bis hin zu konkreten Festsetzungen auf Gemeindeebene. In diesem mehrstufigen System ist die gemeindliche Bauleitplanung der Landes- und Regionalplanung nachgeordnet; sie stellt die unterste Ebene in der Planungshierarchie dar. Der Raumordnung obliegt die übergeordnete, überörtliche, überfachliche und zusammenfassende Planung und Ordnung des Raumes (§ 1 ROG) (vgl. auch BVerfGE 3, 407, 425 f.). Sie hat im Interesse der räumlichen Gesamtentwicklung alle auftretenden Nutzungsansprüche an den Raum und alle raumbedeutsamen Belange zu koordinieren und in diesem Zusammenhang u. a. verbindliche Vorgaben für nachgeordnete Planungsstufen zu schaffen (vgl. BVerwG, Beschluß v. 20. 8. 1992 – 4 NB 20.91 –, BVerwGE 90, 329, 333 f. = BRS 54 Nr. 12; Urteil v. 15. 5. 2003 – 4 CN 9.01 –, BauR 2003, 1679). Die Ziele der Raumordnung (§ 3 Nr. 2 ROG) bedürfen regelmäßig der planerischen Umsetzung (und Konkretisierung) durch nachgeordnete Planungsträger, um ihren Ordnungs- und Entwicklungsauftrag auch gegenüber dem einzelnen Raumnutzer erfüllen zu können. In zahlreichen Fällen bietet erst der Bebauungsplan die Gewähr für die Verwirklichung raumordnerischer Ziele (und sonstiger Erfordernisse der Raumordnung i. S. von § 3 ROG). Das arbeitsteilige System der räumlichen Gesamtplanung funktioniert daher nur, wenn die Entwicklung des gemeindlichen Planungsraums mit der des größeren Raums in Einklang gebracht wird. Die raumordnerisch bedingte Erstplanungs- und Änderungspflicht der Gemeinde rechtfertigt sich daraus, daß die Ziele der Raumordnung grundsätzlich keine unmittelbare bodenrechtliche Wirkung entfalten.

Vor diesem Hintergrund liegt der Regelungszweck des § 1 Abs. 4 BauGB in der „Gewährleistung umfassender materieller Konkordanz" zwischen der übergeordneten Landesplanung und der gemeindlichen Bauleitplanung. Die Pflicht zur Anpassung, die § 1 Abs. 4 BauGB statuiert, zielt nicht auf „punktuelle Kooperation", sondern auf dauerhafte Übereinstimmung der beiden Planungsebenen (Schmidt-Aßmann, Fortentwicklung des Rechts im Grenzbereich zwischen Raumordnung und Städtebau, 1977, S. 20 f. – zu § 1 Abs. 3 BBauG(. Es ist daher unstreitig und zutreffend, daß die Gemeinde (unter dem Vorbehalt der materiell-rechtlichen und zeitlichen Erforderlichkeit im Einzelfall) nicht nur zur Anpassung an die Ziele der Raumordnung verpflichtet ist, wenn sie Bauleitpläne aus eigenem Entschluß und allein aus städtebaulichen Gründen aufstellt oder ändert, sondern daß sie auch dann planerisch aktiv werden muß, wenn allein geänderte oder neue Ziele der Raumordnung eine Anpassung der Bauleitpläne erfordern. Ist in § 1 Abs. 4 BauGB aber auch die Pflicht zum Tätigwerden aus raumordnerischen (landesplanerischen) Gründen angelegt, so ist es nicht gerechtfertigt, den Anwendungsbereich der Vorschrift auf die aktive Anpassung vorhandener Bauleitpläne zu beschränken und eine Pflicht zur erstmaligen Aufstellung eines Plans auszuschließen. Aus der Perspektive des Raumordnungsrechts stellt sich die Entscheidung der Gemeinde zur Nichtplanung als negative Planungsentscheidung dar, die ebenso wie die städtebaulichen Vorstellungen der Gemeinde, die in ihrer Bauleitplanung eine positiv-rechtliche Form gefunden haben, zu korrigieren ist, sobald und soweit dies aus raumordnerischen Gründen erforderlich ist (ebenso Schmidt-Aßmann, a. a. O., S. 21). Die Gesetzesmaterialien zu § 1 Abs. 4 BauGB stützen dieses Auslegungsergebnis (vgl. Runkel, in: Ernst/Zinkahn/Bielenberg/Krautzberger, BauGB, Stand: November 1999, Rdnr. 67, 71 zu § 1 BauGB m. w. N.).

2.2 Ziele der Raumordnung müssen hinreichend bestimmt, jedenfalls aber bestimmbar, und rechtmäßig sein, um eine Planungspflicht der Gemeinde auf der Grundlage von § 1 Abs. 4 BauGB auslösen zu können. Der Beklagte gibt der Klägerin im Regelungsteil seiner Anordnung ausdrücklich auf, die baulich-räumliche Entwicklung innerhalb des Plangebietes in Übereinstimmung mit näher bezeichneten Zielen des Landesentwicklungsprogramms III für Rheinland-Pfalz vom 27.6.1995 (GVBl. 1995, 225, 255f. – Landesentwicklungsprogramm III.) zu steuern. Diese Zielvorgaben erfüllen die genannten Voraussetzungen. Die Vorschriften des Landesentwicklungsprogramms III gehören zwar dem irreversiblen Recht an, können jedoch vom Revisionsgericht selbständig ausgelegt werden, da das Berufungsgericht sich mit ihnen nicht befaßt hat (vgl. Urteil v. 30.8.2002 – 4 CN 9.00 –, BVerwGE 115, 77, 85).

2.2.1 Die kommunalaufsichtliche Anordnung des Beklagten verweist u.a. auf die unter Nr. 3.4.1.3 (Handel, Dienstleistungen) normierte Zielaussage des Landesentwicklungsprogramms III zum „Konzentrationsgebot", die wie folgt lautet:

„Großflächige Einzelhandelsbetriebe sind grundsätzlich in zentralen Orten vorzusehen (Konzentrationsgebot). Betriebe mit mehr als 2000 m^2 Geschoßfläche kommen i.d.R. nur für Mittel- und Oberzentren in Betracht. Dies betrifft sowohl Betriebe, die ganz oder teilweise der Deckung des örtlichen Bedarfs dienen, als auch Fachmärkte mit innenstadtrelevanten Sortimenten." ...

„Durch die Ansiedlung von großflächigen Einzelhandelsbetrieben darf die Funktion benachbarter zentraler Orte und ihrer Versorgungsbereiche nicht wesentlich beeinträchtigt werden."

Diese Aussagen stellen Ziele der Raumordnung i.S. von §3 Nr.2 ROG dar. Sie verletzen Bundesrecht nicht. Die Standortplanung für Einzelhandelsgroßbetriebe ist nicht auf die Instrumente der gemeindlichen Bauleitplanung beschränkt. Sie kann bereits auf der Ebene der Landesplanung einsetzen und – in unterschiedlicher Gestalt – mit der zentralörtlichen Gliederung („polyzentrale Siedlungsstruktur") verbunden werden. Die Verbindung großflächiger Einzelhandelsbetriebe mit einer bestimmten Zentralitätsstufe soll die Versorgung in allen Teilen des Landes entsprechend dem Bedarf in zumutbarer Entfernung auch für die nicht-mobile Bevölkerung sicherstellen und zugleich einer Unterversorgung zentraler Wohnbereiche entgegenwirken, die eintritt, wenn die Konzentration des großflächigen Einzelhandels an Standorten, die gar nicht zum Netz der zentralen Orte gehören oder innerhalb des hierarchisch gegliederten Systems auf einer niedrigen Zentralitätsstufe liegen, zu einem „flächendeckenden" Kaufkraftabzug aus den Versorgungszentren der höherstufigen zentralen Orte führt. Dieser Zielsetzung entspricht auch das im Landesentwicklungsprogramm III enthaltene Verbot, durch die Ansiedlung von Einzelhandelsgroßprojekten die Funktion benachbarter zentraler Orte und das Bestehen ausgeglichener Versorgungsstrukturen wesentlich zu beeinträchtigen. Ein unverhältnismäßiger Eingriff in das Selbstverwaltungsrecht der Gemeinden liegt darin nicht. Das Landesentwicklungsprogramm III gibt dem Senat keinen Anlaß, auf die rechtliche Problematik eines sog. „Kongruenzgebots" einzugehen, nach dem großflächige Einzelhandelsbetriebe der zentralörtlichen Versorgungsfunktion und dem „Verflechtungsbereich" des jeweiligen zentralen Ortes entsprechen müssen und den „Verflechtungsbereich" ihrer Standortgemeinde nicht überschreiten dürfen (vgl. hierzu Hoppe,

DVBl. 2000, 293; Erbguth, NVwZ 2000, 969; Spannowsky, UPR 2003, 248 und NdsVBl. 2001, 1 und 32).

2.2.2 Das „Konzentrationsgebot" und das der Klägerin ebenfalls zur Beachtung aufgegebene „städtebauliche Integrationsgebot" unter Nr. 3.4.1.3 im Landesentwicklungsprogramm III weisen eine Regel-Ausnahme-Struktur auf. Derartige landesplanerische Aussagen können die Merkmale eines Ziels der Raumordnung (§ 3 Nr. 2 ROG) erfüllen, wenn der Planungsträger neben den Regel- auch die Ausnahmevoraussetzungen mit hinreichender tatbestandlicher Bestimmtheit oder doch wenigstens Bestimmbarkeit selbst festgelegt hat (BVerwG, Urteil v. 18.9.2003 – 4 CN 20.02 –, BauR 2004, 280). Diesen Anforderungen werden die vorgenannten Zielaussagen gerecht.

Das „Konzentrationsgebot" ordnet den großflächigen Einzelhandel auf der Grundlage einer typisierenden Betrachtungsweise „grundsätzlich" bzw. „in der Regel" den zentralen Orten (bzw. Mittel- und Oberzentren) zu. Angestrebt wird eine „bedarfsgerechte und gleichwertige Versorgung der Bevölkerung und der Wirtschaft mit Gütern und Dienstleitungen in allen Landesteilen" (so der die Nr. 3.4.1.3 einleitende Grundsatz). Die regelhafte räumliche Zuordnung des Einzelhandels nach dem zentralörtlichen Gliederungssystem wird mit der weiteren Zielaussage verbunden, durch die Ansiedlung von großflächigen Einzelhandelsbetrieben dürfe die Funktion benachbarter zentraler Orte und ihrer Versorgungsbereiche nicht wesentlich beeinträchtigt werden. Dieses Gebot der Zentrenverträglichkeit ist hinreichend bestimmt, um den landesplanerischen Vorbehalt atypischer Fallgestaltungen auszufüllen und der planenden Gemeinde die Identifizierung eines raumordnerischen Ausnahmefalles zu ermöglichen.

Das „städtebauliche Integrationsgebot" unter Nr. 3.4.1.3, großflächige Einzelhandelsbetriebe i. d. R. in engem räumlichen und funktionalen Zusammenhang mit den zentralen Einkaufsbereichen der Standortgemeinde zu errichten, wird in den nachfolgenden Sätzen, die als Grundsätze der Raumordnung gekennzeichnet sind, durch zwei Ausnahmetatbestände ergänzt, die der planenden Gemeinde hinreichende Anhaltspunkte für das Vorliegen einer landesplanerisch gebilligten Abweichung vom Integrationsgebot geben.

2.3 Es unterliegt nach den tatsächlichen, für das Revisionsgericht bindenden Feststellungen der Vorinstanz auch keinem Zweifel, daß die Konzentration von Einzelhandelsgroßprojekten und die Vielzahl kleinerer Einzelhandelsbetriebe im „Gewerbepark Mülheim-Kärlich" ein planerisches Einschreiten der Klägerin aus raumordnerischen und landesplanerischen Gründen dringend erforderte. Die eingetretene Entwicklung und das Erweiterungspotential des „Gewerbeparks" ließen befürchten, daß die Durchsetzung der Raumordnungsziele zur Steuerung des Einzelhandels nach der zentralörtlichen Gliederung durch die Genehmigungspraxis nach § 34 BauGB unmöglich gemacht, jedenfalls aber wesentlich erschwert würde. Das bedarf vor dem Hintergrund der tatsächlichen Entwicklung (vgl. oben 1.3.4) keiner weiteren Begründung.

3. Ergibt sich die gemeindliche (Erst)Planungspflicht zur Steuerung des großflächigen Einzelhandels wie hier aus § 1 Abs. 3 und 4 BauGB, kommt § 1 Abs. 4 BauGB entgegen der Revision kein Anwendungsvorrang zu, der § 1

Nr. 1

Abs. 3 BauGB als pflichtbegründenden Tatbestand verdrängt. Auf der Grundlage der bisherigen Ausführungen stellt sich das Verhältnis zwischen den beiden Vorschriften wie folgt dar:

§ 1 Abs. 3 BauGB setzt voraus, daß die Gemeinde einen städtebaulichen Gestaltungsspielraum besitzt. Grundsätzlich bestimmt sie die Entwicklung und Ordnung der Bodennutzung nach ihren städtebaulichen Vorstellungen. Dieses Ermessen schließt die Entscheidung zur Nicht-Planung ein. Das Planungsermessen verdichtet sich nur dann zur Planungspflicht, wenn die Planlosigkeit die Grenze des Vertretbaren überschreitet und einen qualifizierten Handlungsbedarf auslöst. Aus dem Anpassungsgebot des § 1 Abs. 4 BauGB folgt, daß die Ziele der Raumordnung nicht zur Disposition der Gemeinde stehen, sondern den rechtlichen Rahmen ihrer Bauleitplanung bilden. Die Ziele der Raumordnung selbst sind der bauleitplanerischen Abwägung entzogen. Bestünde das Anpassungsgebot des § 1 Abs. 4 BauGB nicht, wären die Belange der Raumordnung aus der Sicht des Städtebaurechts nur als Bestandteile des Abwägungsmaterials zu berücksichtigen. Die Gemeinde dürfte sich von ihnen leiten lassen; sie müßte es aber nicht, soweit sie anderen Belangen den Vorrang einräumt.

Die Bindungskraft, die das Anpassungsgebot des § 1 Abs. 4 BauGB den Zielen der Raumordnung verleiht, besteht zunächst darin, daß die Gemeinde diese Ziele strikt zu beachten hat, wenn sie sich aus eigenem Antrieb dazu entschließt, einen Bauleitplan aufzustellen, zu ändern oder aufzuheben. Insoweit greifen § 1 Abs. 3 und 4 BauGB „ineinander": Das Anpassungsgebot des § 1 Abs. 4 BauGB wirkt in jede von der Gemeinde aus städtebaulichen oder landesplanerischen Gründen selbst initiierte Bauleitplanung hinein, lenkt sie in die raumordnerisch vorgegebene Richtung und setzt ihr durch Abwägung nicht überwindbare raumordnerische Schranken. Als eigenständige Rechtsgrundlage einer Pflicht zur (erstmaligen) Aufstellung, zur Änderung oder Aufhebung eines Bauleitplans kann § 1 Abs. 4 BauGB neben § 1 Abs. 3 BauGB treten, wenn die Gemeinde planungsunwillig ist und ein planerisches Einschreiten nicht nur aus städtebaulichen (bodenrechtlichen) Gründen, sondern auch zur konkretisierenden Umsetzung raumordnungsrechtlicher Zielaussagen erforderlich ist. Infolge ihrer unterschiedlichen Zweckrichtung stehen die beiden pflichtbegründenden Tatbestände nicht in einem Rangverhältnis; sie können jeweils allein oder nebeneinander zur Anwendung kommen.

4. Das Berufungsgericht ist schließlich ohne Verstoß gegen Bundesrecht zu dem Ergebnis gelangt, daß der Beklagte die aus § 1 Abs. 3 BauGB folgende Planungspflicht der Klägerin in seiner kommunalaufsichtlichen Anordnung vom November 1997 rechtsfehlerfrei umgesetzt hat.

4.1 § 1 Abs. 3 BauGB verlangt und setzt voraus, daß gemeindliche Planungspflichten nach Maßgabe des jeweiligen Landesrechts effektiv durchgesetzt werden können. Die Vorschrift ersetzt die erforderliche landesrechtliche Ermächtigungsgrundlage jedoch nicht. Bundesrecht schreibt auch nicht vor, welche Mittel zur Durchsetzung einer Planungspflicht aus § 1 Abs. 3 BauGB im Einzelfall einzusetzen sind; es steht aber einer Durchsetzung im Wege der Kommunalaufsicht auch nicht entgegen. Die Vorinstanz sieht die Ermächtigungsgrundlage für die auf Weisung der Bezirksregierung von der Kreisverwaltung erlassene Planungsverfügung in dem zum Landesrecht gehörenden nichtreversiblen Kommunalrecht (§ 122 GemORhPf). Das ist bundesrechtlich nicht zu beanstanden.

Die im Berufungsurteil erörterte, aber nicht abschließend beantwortete Frage, ob die auf § 1 Abs. 4 BauGB gestützte Planungspflicht der Klägerin ebenfalls mit den Instrumenten der Kommunalaufsicht oder ausschließlich auf der Grundlage des Landesplanungsgesetzes durch die zuständige Landesplanungsbehörde erzwungen werden darf, beurteilt sich ebenfalls nach irreversiblem Landesrecht und ist wegen der doppelten Begründung der Verfügung und im Hinblick auf das Einschreiten der Kommunalaufsicht hier nicht entscheidungserheblich; eine Zurückverweisung der Sache an die Vorinstanz zur Klärung dieser Rechtsfrage scheidet daher aus.

4.2 Die umstrittene Anordnung erfüllt auch die inhaltlichen Anforderungen an ein kommunalaufsichtliches Planungsgebot.

Planungsgebote müssen so bestimmt sein, daß der Adressat erkennen kann, was von ihm gefordert wird. Sie müssen ferner die Grenzen einhalten, die das kommunale Selbstverwaltungsrecht zieht (Art. 28 Abs. 2 Satz 1 GG). Sie dürfen das Planungsermessen der Gemeinde inhaltlich nur in dem Umfang beschränken, in dem dies zur Verwirklichung der Planungsziele geboten ist. Maßstab ist der Grundsatz der Verhältnismäßigkeit in allen seinen Erscheinungsformen. Das gilt auch für den Zeitpunkt, in dem das Planungsgebot erlassen wird. Es müssen dringende städtebauliche Gründe vorliegen. Setzt das Planungsgebot eine Frist zur Befolgung, muß diese nach den Umständen des konkreten Falles angemessen sein. Enthält das Planungsgebot in seinem verfügenden Teil verbindliche Planungsvorgaben, müssen diese ihrerseits rechtmäßig sein. Vergleichbare Anforderungen hat der Senat bei der Überprüfung eines Baugebots nach den §§ 39a, 39b BBauG (jetzt §§ 175, 179 BauGB) aufgestellt (vgl. Urteil v. 15. 2. 1990 – 4 C 41.87 –, BVerwGE 84, 335 = BRS 50 Nr. 204).

Die in den verfügenden Teil der Anordnung aufgenommenen Planungsziele, die dem Landesentwicklungsprogramm III entstammen, begegnen wie ausgeführt (vgl. oben 2.2) keinen durchgreifenden raumordnungsrechtlichen Bedenken. Anhaltspunkte dafür, daß die Anordnung in unverhältnismäßiger Weise in die kommunale Planungshoheit der Klägerin eingreift, bestehen nicht. Das Berufungsgericht entnimmt der Anordnung und ihrer Begründung, daß die Klägerin nicht aufgefordert wird, die bereits eingetretene erhebliche Fehlentwicklung rückgängig zu machen. Von ihr werde verlangt, den „auf der grünen Wiese" entstandenen „Gewerbepark" in geordnete Bahnen zu lenken und ein weiteres Fortschreiten der Fehlentwicklung zu verhindern. Der Klägerin werde keineswegs jede Entwicklungsmöglichkeit, sondern lediglich die Möglichkeit genommen, die für ein Grundzentrum bereits weit übersetzten Einzelhandelsflächen auszuweiten. An anderer Stelle, insbesondere in ihrer Ortslage, könne sie Einzelhandelsbetriebe planerisch ermöglichen und hierdurch neue Arbeitsplätze schaffen. ...

Soweit die Anordnung die Klägerin zum Erlaß einer Veränderungssperre und zur Stellung von Anträgen nach § 15 BauGB verpflichtet, ist sie ebenfalls nicht zu beanstanden. Die Planungspflicht (§ 1 Abs. 3 und 4 BauGB) erstreckt sich auch auf den Einsatz dieser bauplanungsrechtlichen Sicherungsinstrumente. Der Beklagte war nicht gehindert, Einzelhandelsbetriebe jeder Größenordnung in die Veränderungssperre und die Zurückstellung von Baugesuchen einzubeziehen. Dies rechtfertigte nicht nur der verfolgte Sicherungszweck, sondern auch das unter Nr. 3.4.1.3 des Landesentwicklungsprogramms III aufgestellte Ziel der Raumordnung, der Bildung von „Agglomerationen nichtgroßflächiger Einzelhandelsbetriebe mit innenstadtrelevanten Sortimenten" außerhalb zentraler Orte entgegenzuwirken.

Die Androhung der Ersatzvornahme (vgl. § 123 GemORhPf) verletzt den Grundsatz der Verhältnismäßigkeit nicht. Die Ersatzvornahme ist das mildere Mittel gegenüber der Bestellung eines Beauftragten, wenn es um die kommunalaufsichtliche Durchsetzung einer einzelnen städtebaulichen Planungsmaßnahme geht. Der Klägerin wird das Recht zur Bauleitplanung als solches nicht entzogen. Eine gesetzliche Regelung, die den Ersatz einer Ortssatzung durch die Aufsichtsbehörde im Wege der Ersatzvornahme ermöglicht, begegnet auch im Hinblick auf die kommunale Selbstverwaltungsgarantie (Art. 28 Abs. 2 Satz 1 GG) keinen grundsätzlichen Bedenken Vgl. BVerwG, Beschluß v. 3. 7. 1992 – 7 B 149.91 –, Buchholz 445.4 § 29 WHG Nr. 3; vgl. auch Beschluß v. 13. 10. 1976 – 7 B 44.75 –, Buchholz 421.2 Hochschulrecht Nr. 49; Urteil v. 25. 4. 1972 – 1 C 3.70 –, Buchholz 451.45 § 75 HwO Nr. 1).

Nr. 2

1. **Die Erforderlichkeit eines Bebauungsplans i. S. des § 1 Abs. 3 BauGB wird nicht dadurch in Frage gestellt, daß die zuständigen Baurechtsbehörden von der zwangsweisen Durchsetzung einer Festsetzung bei schon bebauten Grundstücken nur unter Berücksichtigung der jeweiligen entgegenstehenden Belange im Einzelfall Gebrauch machen.**

2. **Die ein Grundstück betreffenden Festsetzungen verstoßen nicht allein deshalb gegen § 1 Abs. 3 BauGB, weil auf anderen Grundstücken gleichartige Festsetzungen nicht oder noch nicht verwirklicht sind.**

BauG § 1 Abs. 3.

Bundesverwaltungsgericht, Beschluß vom 23. Januar 2003 – 4 B 79.02 –.

(VG Freiburg (BRS 64 Nr. 81); VGH Baden-Württemberg)

Aus den Gründen:

In der Rechtsprechung des Senats ist entschieden, daß eine Planung mit § 1 Abs. 3 BauGB nicht vereinbar ist, wenn sie sich als nicht vollzugsfähig erweist, weil ihr auf unabsehbare Zeit unüberwindliche rechtliche oder tatsächliche Hindernisse im Wege stehen. Denn dann kann sie ihre Aufgabe, die bauliche und sonstige Nutzung der Grundstücke in der Gemeinde zu leiten, nicht erfüllen; sie verfehlt ihren gestaltenden Auftrag (vgl. z. B. Urteile v. 12. 8. 1999 – 4 CN 4.98 –, BVerwGE 109, 246 = BRS 62 Nr. 1 = BauR 2000,

229, und v. 21.3.2002 – 4 CN 14.00 –, Buchholz 406.11 § 1 BauGB Nr. 110 = BauR 2002, 1650 = DVBl. 2002, 1469). Auf der Grundlage dieser Rechtsprechung ist der Verwaltungsgerichtshof zu dem Ergebnis gelangt, daß einer Verwirklichung der Festsetzungen des umstrittenen Bebauungsplans auch insoweit keine rechtlichen oder tatsächlichen Hindernisse entgegenstehen, als dort auf den beiden Seiten der als Fußgängerzone genutzten Straße Arkaden vorgesehen sind. Zwar führe ein (dreißig Jahre vor Erlaß des Bebauungsplans) an das Regierungspräsidium gerichtetes Schreiben, wonach der Einbau der Arkaden nur bei wesentlichen Umbauten verlangt werde, zu einer zeitlichen Verzögerung der Verwirklichung. Daraus folge aber nicht, daß schon bei Erlaß des Bebauungsplans davon auszugehen gewesen sei, daß eine durchgehende Arkade auf absehbare Zeit nicht zu verwirklichen sei.

Vor dem Hintergrund der darin liegenden tatsächlichen Feststellungen, an die das Revisionsgericht gebunden wäre, läßt sich der von der Beschwerde formulierten Frage kein Grund für die Zulassung der Revision entnehmen. Die Erforderlichkeit eines Bebauungsplans wird nicht dadurch in Frage gestellt, daß die zuständigen Baurechtsbehörden von der zwangsweisen Durchsetzung einer Festsetzung bei bebauten Grundstücken nur unter Berücksichtigung der jeweiligen entgegenstehenden Belange im Einzelfall Gebrauch machen. Dies ändert nichts daran, daß jeder Grundstückseigentümer planungsrechtlich zum Umbau verpflichtet ist, sobald sich die Genehmigungsfrage neu stellt.

Davon abgesehen liegt der Beschwerde offenbar die Vorstellung zu Grunde, eine Planung könne sich auch dann als nicht vollzugsfähig im Sinne der Rechtsprechung des Senats erweisen, wenn „der städtebauliche Sinn" einer planerischen Festsetzung sich erst nach deren vollständiger Verwirklichung erweise. Dem ist in zweierlei Hinsicht nicht zu folgen: Zum einen läßt sich den tatsächlichen Feststellungen des Berufungsgerichts nichts dafür entnehmen, daß die Errichtung von Arkaden vorliegend überhaupt erst dann ihren Sinn erfüllt, wenn diese dem Fußgänger im gesamten Verlauf der Straße zur Verfügung stehen. Zum anderen ist aus rechtlicher Sicht jedenfalls im Regelfall nicht davon auszugehen, daß die ein Grundstück betreffenden Festsetzungen gegen § 1 Abs. 3 BauGB verstoßen, weil auf anderen Grundstücken gleichartige Festsetzungen nicht oder noch nicht verwirklicht sind. Das Vorbringen des Klägers läuft letztlich darauf hinaus, daß er eine ihm mögliche Umsetzung des Bebauungsplans nicht vornehmen will, weil andere Grundstückseigentümer dies ebenfalls noch nicht getan haben. Mit diesem Einwand kann die Erforderlichkeit einer als belastend empfundenen Festsetzung in einem Bebauungsplan jedoch nicht in Frage gestellt werden.

Nr. 3

Die Grundsätze zur Erforderlichkeit eines Bebauungsplans können nicht unbesehen auf die Änderung eines bereits rechtsgültigen Bebauungsplans übertragen werden.

Nr. 3

Unter bestimmten Voraussetzungen ist auch die Erforderlichkeit für die erstmalige Aufstellung eines Bebauungsplans zu bejahen, dessen Geltungsbereich nur ein oder wenige Grundstücke umfaßt.

Die Abwägungsentscheidung leidet nicht an einem Mangel, wenn sich die zur Entscheidung Berufenen zugleich Gedanken über die weitere Konsequenz der vorgesehenen Festsetzungen machen.
(Nichtamtliche Leitsätze)

BauGB § 1 Abs. 3, 6.

Bundesverwaltungsgericht, Beschluß vom 10. September 2002 – 4 BN 39.02 –.

(OVG Rheinland-Pfalz)

Aus den Gründen:

1.1 Die Antragsteller bezweifeln die Erforderlichkeit der Änderung des Bebauungsplans im Jahre 2001, durch die u. a. auch ihre Grundstücke oder Teile davon in den Geltungsbereich einbezogen werden. Sie halten in diesem Zusammenhang im Anschluß an die bereits ergangene Rechtsprechung zu § 1 Abs. 3 BauGB sinngemäß die Frage für grundsätzlich klärungsbedürftig, ob das städtebaulich erforderliche planerische Konzept sich auf nur ein oder wenige Grundstücke beziehen könne. Diese Frage würde sich in einem Revisionsverfahren der Antragsteller jedoch nicht stellen. Denn der ursprüngliche Bebauungsplan aus dem Jahre 1989 umfaßt eine Vielzahl von Grundstücken. Auch der Geltungsbereich der Änderung aus dem Jahre 2001 ist nicht auf wenige Grundstücke beschränkt. Davon abgesehen können die in der Rechtsprechung aufgestellten und vom Normenkontrollgericht sowie den Beteiligten bereits wiedergegebenen Grundsätze zur Erforderlichkeit eines Bebauungsplans nicht unbesehen auf die Änderung eines bereits rechtsgültigen Bebauungsplans übertragen werden. Im übrigen ist die Frage, ob einzelne Grundstücke oder gar nur Teile davon in den Geltungsbereich eines bestehenden Bebauungsplans einbezogen werden können, keine Frage der Erforderlichkeit der Bauleitplanung als Ganzer (vgl. auch den Senatsbeschluß v. 16. 1. 1996 – 4 NB 1.96 –, BRS 58 Nr. 1 zur Einschränkung der Bebaubarkeit). Schließlich kann nach der Rechtsprechung des Senats nicht zweifelhaft sein, daß unter bestimmten Voraussetzungen auch die Erforderlichkeit für die erstmalige Aufstellung eines Bebauungsplans zu bejahen ist, dessen Geltungsbereich nur ein oder wenige Grundstücke umfaßt. Der vorliegende Fall ist aus den genannten Gründen nicht geeignet, insoweit zu einer weiteren Klärung beizutragen – falls dies überhaupt losgelöst von den Besonderheiten des jeweiligen Einzelfalls möglich sein sollte.

1.2 Die Zulassungsbeschwerde hält ferner die Frage für klärungsbedürftig, „ob es zulässig ist, in die Abwägung nach § 1 Abs. 6 BauGB als öffentlichen Belang die Herstellung der Beitragsgerechtigkeit in bezug auf eine auszubauende Straße einzustellen und deswegen Grundstücke, die nicht unmittelbar an die auszubauende Straße angrenzen, durch Änderung des räumlichen Geltungsbereichs eines bestehenden Bebauungsplans, mit dem Ziel, auch diese Grundstücke der Beitragspflicht zu unterwerfen, in den Bebauungsplan mit einzubeziehen".

Auch diese Frage rechtfertigt nicht die Zulassung der Revision. Das Normenkontrollgericht hat hierzu festgestellt, daß die Erweiterung des Bebauungsplangebiets in dem in Rede stehenden Bereich städtebaulich motiviert sei. Die gegebene Struktur einer Bebauung in zweiter Bautiefe entlang der Kreisstraße habe auch für andere Grundstücke festgeschrieben werden sollen. Damit stelle sich eine etwaige Ausbaubeitragspflicht der Hinterliegergrundstücke nicht als das eigentliche Ziel der Planung dar, sondern als eine notwendige und legitime Nebenfolge der beschlossenen bauplanerischen Festsetzungen. Von den damit getroffenen tatsächlichen Feststellungen über die Beschlußfassung sowie der wertenden Einordnung als „Ziel" und als „notwendige Nebenfolge" hätte auch das Beschwerdegericht in einem Revisionsverfahren auszugehen. ...

Eine Gemeinde ist nicht gehindert, einzelne Grundstücke oder Teile davon in einen Bebauungsplan einzubeziehen und damit ihre Bebaubarkeit entweder konstitutiv herbeizuführen oder zumindest klarzustellen. Dies stellen auch die Antragsteller nicht ernstlich in Frage. In erster Linie dienen die Festsetzungen eines Bebauungsplans der Ausweisung der bebaubaren bzw. nicht bebaubaren Flächen sowie der hierzu zu regelnden weiteren Einzelheiten. Beitragspflichten entstehen dann als bundes- oder landesgesetzlich geregelte Folge dieser Ausweisung. Die Rechtsordnung verbietet jedoch nicht, daß die über eine Erweiterung des Geltungsbereichs eines Bebauungsplans beschließenden Mitglieder der Gemeindevertretung sich zugleich Rechenschaft über deren beitragsrechtliche Folgen ablegen. Sie sind nicht gehalten, hinsichtlich der sich aus der jeweiligen Gesetzeslage ergebenden beitragsrechtlichen Lasten gleichsam die Augen zu verschließen. Das Gegenteil ist der Fall. Die Abwägungsentscheidung leidet nicht an einem Mangel, wenn sich die zur Entscheidung Berufenen zugleich Gedanken über die weiteren Konsequenzen der vorgesehenen Festsetzungen machen. Dem entspricht im übrigen die vom Senat bereits in seinem Urteil vom 30. 1. 1976 – 4 C 12. u. 13.74 – (BRS 30 Nr. 1) getroffene Aussage, wonach die Besorgnis einer zukünftigen Belastung mit Erschließungsbeiträgen kein überwiegender privater Belang ist, der dem öffentlichen Interesse an der Aufstellung eines Bebauungsplans entgegensteht.

Nr. 4

1. Die dem Träger der Regionalplanung durch Landesgesetz auferlegte Verpflichtung, in einem Regionalplan regionalbedeutsame Infrastrukturvorhaben gebietsscharf auszuweisen, ist mit der Garantie der kommunalen Selbstverwaltung (Art. 28 Abs. 2 Satz 1 GG) vereinbar, wenn diese Ausweisung durch überörtliche Interessen von höherem Gewicht gerechtfertigt ist und den Grundsatz der Verhältnismäßigkeit wahrt (im Anschluß an BVerfGE 76, 107).

2. Die gebietsscharfe Ausweisung der Standorte für die Erweiterung des Landesflughafens und den Neubau einer Landesmesse im Regionalplan

Nr. 4

für die Region Stuttgart greift nicht in unverhältnismäßiger Weise in die städtebauliche Planungshoheit der betroffenen Gemeinde ein und ist mit dem Raumordnungsrecht des Bundes vereinbar.

3. Ein Ziel der Regionalplanung, das im landesweiten Raumordnungsplan nicht ausdrücklich festgelegt ist, verletzt das raumordnungsrechtliche Entwicklungsgebot (erst), wenn es der landesplanerischen Gesamtkonzeption widerspricht oder nicht aus ihr abzuleiten ist.

4. Gebietsscharfe Standortausweisungen für Infrastrukturvorhaben in einem Regionalplan, die einen Regionalen Grünzug überplanen, stellen keinen Eingriff in Natur und Landschaft im Sinne der naturschutzrechtlichen Eingriffsregelung (§ 18 Abs. 1 BNatSchG) dar.

GG Art. 28 Abs. 2 Satz 1; ROG 1993 §§ 2 Abs. 1 Nr. 2 und 5, 5 Abs. 1 Satz 2 und Abs. 2 Satz 1; ROG 1998 §§ 2 Abs. 2 Nr. 4 und 5, 4 Abs. 1 Satz 1, 7 Abs. 1 und 2 Satz 1 Nr. 3, 9 Abs. 2 Satz 1; BNatSchG a. F. § 8 Abs. 1 und 3; BNatSchG n. F. §§ 18 Abs. 1, 19 Abs. 3; bad.-württ. LandesplanungsG § 8 Abs. 3 Satz 1 Nr. 3.

Bundesverwaltungsgericht, Urteil vom 15. Mai 2003 – 4 CN 9.01 –.

(VGH Mannheim)

Die Antragstellerin, die in der südlichen Nachbarschaft von Stuttgart gelegene Stadt Leinfelden-Echterdingen, wendet sich im Wege der Normenkontrolle gegen die vom Antragsgegner im Juli 1999 beschlossene Teiländerung des Regionalplans für die Region Stuttgart von 1989, die auf dem Gemeindegebiet der Antragstellerin jeweils einen Standort für die Erweiterung des Flughafens Stuttgart und für den Bau einer neuen Landesmesse ausweist.

Die angefochtene Satzung umfaßt einen von der 1998 beschlossenen allgemeinen Fortschreibung des Regionalplans ausgeklammerten, nordwestlich des Flughafens Stuttgart gelegenen Bereich am „Echterdinger Ei", der im Westen von der Bundesstraße B 27 und im Nordosten von der Autobahn A 8 begrenzt wird. Die überplanten Flächen waren im Regionalplan 1989 als Teile eines Regionalen Grünzuges ausgewiesen und werden überwiegend landwirtschaftlich genutzt. Die Planänderung weist einen etwa 26 ha großen, westlich an das Flughafengelände grenzenden Bereich gebietsscharf (Maßstab 1:50 000) als „Standort für regionalbedeutsame Infrastrukturvorhaben – Flughafenerweiterung" aus, an den sich weiter nach Westen eine bis zur B 27 reichende Grünzäsur anschließt. Nach Plansatz 4.5.3. (Z) ist dieser Erweiterungsbereich „für den landseitigen Ausbau der regional- und landesbedeutsamen Infrastruktureinrichtung Landesflughafen zu sichern und von konkurrierenden Planungen und Nutzungen freizuhalten". Der Bereich nördlich des Flughafens bis zum „Lachengraben" ist gebietsscharf als „Standort für regionalbedeutsame Infrastrukturvorhaben – Messe;" ausgewiesen. Plansatz 4.5.1. (Z) bestimmt, daß der Standort „für den Ausbau der Landesmesse einschließlich der Nebeneinrichtungen, die mit ihr in einem räumlichen und funktionalen Zusammenhang stehen, und für die innere Erschließung zu sichern und von konkurrierenden Planungen und Nutzungen freizuhalten (ist)". Ein kleiner Teil dieses etwa 70 ha großen Bereichs ist zugleich als Fläche für die Flughafenerweiterung ausgewiesen. Der Bereich nordwestlich des „Lachengrabens" ist Teil eines sich nördlich fortsetzenden Regionalen Grünzugs.

In dem 1995 eingeleiteten Teiländerungsverfahren machte die Antragstellerin geltend, daß die Standortausweisungen ihren bereits verfestigten städtebaulichen Zielvorstellungen zuwiderliefen und zusammen mit den Vorbelastungen durch die auf ihrem Gebiet bereits vorhandenen großräumigen Infrastruktureinrichtungen (A 8, B 27, Landesflughafen) die Grenze des Zumutbaren überschritten. Ihrem Normenkontrollantrag von 1999, die Satzung über die Teiländerung des Regionalplans (Messe/Flughafen) für nichtig zu erklären, hat das Normenkontrollgericht mit Urteil vom Dezember 2000 (VBlBW 2001, 266) abgelehnt.

Aus den Gründen:
Das Normenkontrollgericht hat zu Recht entschieden, daß die gebietsscharfe Ausweisung der Standorte für die Landesmesse und die Erweiterung des Flughafens Stuttgart in der angegriffenen Teiländerung des Regionalplans ihre Rechtsgrundlage in § 8 Abs. 3 Satz 1 Nr. 3 LplG findet. Die Auffassung der Vorinstanz, daß die angefochtene Teiländerung des Regionalplans weder zwingende Vorgaben des Bundesrechts noch das raumordnungsrechtliche Abwägungsgebot verletzt, ist revisionsgerichtlich ebenfalls nicht zu beanstanden.

1. § 8 Abs. 3 Satz 1 Nr. 3 LplG berechtigt und verpflichtet den zuständigen Träger der Regionalplanung, im Regionalplan für die Region Stuttgart Standorte für regionalbedeutsame Infrastrukturvorhaben gebietsscharf auszuweisen. Entgegen der Revision verletzt diese Vorschrift höherrangiges Recht nicht.

1.1 Nach den Ausführungen der Vorinstanz richtet sich die Vorschrift an die nachgeordneten Träger der Bauleitplanung und der Fachplanung. Mit diesem Inhalt ist sie dem Raumordnungsrecht zuzuordnen (Art. 75 Abs. 1 Nr. 4 GG). Sie greift nicht in die vom Bundesgesetzgeber abschließend normierte Materie des Bodenrechts (Art. 74 Abs. 1 Nr. 18 GG) hinüber, zu der nur solche Vorschriften gehören, welche die rechtlichen Beziehungen des Menschen zum Grund und Boden unmittelbar regeln (gl. BVerfGE 3, 407, 424). An diese Auslegung des irrevisiblen Landesrechts ist das Revisionsgericht gebunden (§ 173 VwGO, § 560 ZPO).

1.2 Die gesetzliche Verpflichtung zur gebietsscharfen Ausweisung regionalbedeutsamer Infrastrukturvorhaben im Regionalplan für die Region Stuttgart verletzt nicht die kommunale Selbstverwaltungsgarantie in Art. 28 Abs. 2 Satz 1 GG, die auch die Bauleitplanung für das Gemeindegebiet umfaßt.

Der Revision ist zwar einzuräumen, daß gebietsscharfe Standortausweisungen, die wie hier Ziele der Raumordnung bilden (vgl. § 3 Nr. 2 ROG 1998), konkrete Eingriffe in die gemeindliche Planungshoheit darstellen. Die Gemeinden haben diese Ausweisungen bei ihren raumbedeutsamen Planungen zu beachten und ihre Bauleitpläne an sie anzupassen (§ 4 Abs. 1 Satz 1 ROG 1998, § 6 Abs. 3 Satz 2 i. V. m. § 10 Abs. 1 Satz 2 LplG, § 1 Abs. 4 BauGB). Das Normenkontrollgericht spricht zutreffend von einem „Verbot der zielwidrigen Bauleitplanung". Die von einer gebietsscharfen Ausweisung betroffene Gemeinde in der Region Stuttgart darf in die Standortfläche nicht „hineinplanen", sie muß die Fläche planerisch freihalten.

Art. 28 Abs. 2 Satz 1 GG steht der gemeindlichen Bindung an Ziele der Raumordnung und Landesplanung indes nicht prinzipiell entgegen. Das Grundgesetz gewährleistet die kommunale Selbstverwaltung nur, soweit die Gesetze nicht ausdrücklich etwas anderes bestimmen. Der regionalplanerische „Durchgriff" auf Gemeindegebietsteile ist allerdings an verfassungsrechtliche Voraussetzungen gebunden, die auch für Normen des Landesplanungsrechts gelten, die wie § 8 Abs. 3 Satz 1 Nr. 3 LplG den Träger der Regionalplanung zu gebietsscharfen Eingriffen in die Planungshoheit der Gemeinden einer bestimmten Region berechtigen und verpflichten. Die verfassungsrechtlichen Bedenken der Revision gegen diese Norm sind jedoch unbegründet.

1.2.1 Schränkt die Regionalplanung die Planungshoheit einzelner Gemeinden ein, so müssen überörtliche Interessen von höherem Gewicht den Eingriff rechtfertigen. Verpflichtet der Landesgesetzgeber die Regionalplanung unter bestimmten Voraussetzungen zu Eingriffen in die kommunale Planungshoheit, ist der allgemeine verfassungsrechtliche Grundsatz der Verhältnismäßigkeit zu beachten und eine Güterabwägung vorzunehmen (BVerfGE 56, 298, 313f.; 76, 107, 119 f.; 103, 332, 365ff.; zu den strengeren Anforderungen bei einer gesetzlichen Aufgabenentziehung siehe hingegen BVerfGE 79, 127, 153). Der Eingriff in die Planungshoheit der einzelnen Gemeinde muß gerade angesichts der Bedeutung der kommunalen Selbstverwaltung verhältnismäßig sein. Ob diese Voraussetzung erfüllt ist, ist anhand der konkreten Gegebenheiten im Wege der Güterabwägung zu ermitteln. Je stärker eine Gemeinde schon von ihrer geographischen Lage oder ihrem sonstigen Ausstattungspotential her einer Situationsgebundenheit unterliegt, desto eher sind ihr Eingriffe, die an dieses Merkmal anknüpfen, zumutbar (vgl. BVerwG, Beschluß v. 20.8.1992 – 4 NB 20.91 –, BVerwGE 90, 329, 336 = BRS 54 Nr. 12; Urteil v. 14.12.2000 – 4 C 13.99 –, BVerwGE 112, 274, 291 = BRS 63 Nr. 209 = BauR 2001, 585 im Anschluß an BVerfGE 76, 107, 119, 123. Die Gemeinde ist ferner bei der Aufstellung des Regionalplans zu beteiligen. Ihr muß die substantielle Möglichkeit verbleiben, ihre städtebaulichen Interessen rechtzeitig und ausreichend in den Entscheidungsprozeß einzubringen (gl. BVerfGE 76, 107, 122; BVerwG, Beschluß v. 20.8.1992, a.a.O., S. 335; Urteil v. 14.12.2000, a.a.O., S. 289; Urteil v. 18.2.1994 – 4 C 4.92 –, BVerwGE 95, 123, 131 = BRS 56 Nr. 2 = BauR 1994, 486).

Unter diesen Voraussetzungen können auch gebietsscharfe Standortausweisungen für Infrastrukturvorhaben mit Art. 28 Abs. 2 Satz 1 GG vereinbar sein (vgl. BVerfGE 76, 107, 121 zu Zielen eines Raumordnungsprogramms, die ein Drittel des Gemeindegebiets als „Vorrangstandort für großindustrielle Anlagen" festlegen). Die Auffassung der Revision, solche Ausweisungen verletzten wegen ihres hohen Konkretisierungsgrades grundsätzlich dem kommunale Selbstverwaltungsrecht, wird der gesetzlichen Aufgabenstellung der Regionalplanung nicht gerecht. Es gehört zu den herkömmlichen Mitteln überörtlicher Koordination, Raumfunktionen zu sichern, die an besondere Lagevorteile oder Standortbedingungen geknüpft sind. So hat der erkennende Senat bereits entschieden, daß die regionalplanerische Ausweisung standortspezifischer Nutzungsarten (z. B. Vorranggebiet für Erholung) in der Regel naturräumlichen Zäsuren (Straßen, Schienenwege oder Flußläufe) folgt" (BVerwG, Beschluß v. 20.8.1992, a.a.O., S. 336f.), und nicht in Frage gestellt, daß solche Flächenfunktionszuweisungen „aus der Natur der Sache" gebietsscharf sein können.

Auch Standortausweisungen für Infrastrukturvorhaben sind wegen ihrer Raum freihaltenden Zielrichtung auf einen hohen Konkretisierungsgrad angewiesen. Sie können ihre Steuerungsfunktion auf nachgeordneten Planungsstufen nur bei hinreichender räumlicher Bestimmtheit entfalten. Die jeweilige Aussageschärfe einer Standortausweisung (übergemeindlich, gemeindescharf oder gebietsscharf) hängt davon ab, welchen Koordinierungsbedarf das Vorhaben im Hinblick auf überörtliche und damit raumbedeutsame Belange auslöst und ob die planerische Kraft einer oder mehrerer Gemeinden ausreicht, diesen Bedarf zu bewältigen (vgl. auch BVerwG, Urteil v. 4.5.1988 – 4 C 22.87 –, BVerwGE 79, 318, 320 = BRS 48 Nr. 1 zum Begriff der Vorhaben von überörtlicher Bedeutung in §38 BBauG/BauGB). Entscheidend sind die raumordnerischen Rahmenbedingungen und die raumstrukturellen Erfordernisse in der jeweiligen Planungsregion. Regionalplanerische Standortfestlegungen in einem großstädtischen Ballungsraum mit hoher baulicher Verdichtung erfordern im Allgemeinen ein höheres Maß an Planungskoordination und räumlicher Bestimmtheit als Standortausweisungen in dünn besiedelten ländlichen Räumen. Ein Landesgesetzgeber, der (abstrakt-generell) zur gebietsscharfen Ausweisung von Standorten für Infrastrukturmaßnahmen in einer Region verpflichtet, muß diesen Eingriff in die kommunale Planungshoheit allerdings aus Gründen der Verhältnismäßigkeit auf solche Vorhaben begrenzen, die typischerweise aus überörtlichen, raumordnerischen Gründen schwerer wiegen als das Interesse der Gemeinden, von der Standortausweisung verschont zu bleiben.

1.2.2 §8 Abs. 3 Satz 1 Nr. 3 LplG genügt diesen Anforderungen. Die Beteiligung der betroffenen Gemeinden an der Ausarbeitung des Regionalplans ist sichergestellt (vgl. §9 Abs. 2 LplG).

§8 Abs. 3 Satz 1 Nr. 3 LplG verpflichtet nur zur Ausweisung „regionalbedeutsamer" Infrastrukturvorhaben. Das Erfordernis der Regionalbedeutsamkeit wird in §8 Abs. 2 LplG näher definiert. Danach setzt die gebietsscharfe Standortausweisung in einem Regionalplan voraus, daß das Vorhaben erforderlich ist, um eine geordnete, mit den Verkehrs- und Versorgungsnetzen abgestimmte Entwicklung der Siedlungs-, Freiraum- und Wirtschaftsstruktur der Region sicherzustellen. Die Regionalbedeutsamkeit knüpft somit an überörtliche Belange von hohem Gewicht an. Die Verpflichtung zur gebietsscharfen Standortausweisung gilt zudem nur für die Region Stuttgart. Die Eingrenzung auf die Region der Landeshauptstadt verschafft der Regelung in §8 Abs. 3 Satz 1 Nr. 3 LplG eine zusätzliche Rechtfertigung.

In der von der Vorinstanz in Bezug genommenen Begründung für das Gesetz über die Stärkung der Zusammenarbeit in der Region Stuttgart vom 7.2.1994 (GBl. 1994, 92), das §8 Abs. 3 Satz 1 Nr. 3 in das Landesplanungsgesetz eingefügt hat, wird näher ausgeführt, daß der Gesetzgeber die Position der Region Stuttgart als bevölkerungsreichste und wirtschaftsstärkste Region des Landes im europäischen und internationalen Wettbewerb habe stärken wollen. Entscheidend für die Standortentscheidung der Unternehmen sei neben der Verfügbarkeit von Gewerbe- und Industrieflächen in attraktiven Lagen vor allem auch eine optimale Infrastrukturausstattung. In dieser Hinsicht sei die gegenwärtige Lage in der Region Stuttgart als hochbelastete

Nr. 4

Stadtregion defizitär und die Bedeutung der Region als Wirtschaftsstandort gefährdet. Die regionale Standortsicherung und -vorsorge bilde daher eine dringende raumordnerische Zukunftsaufgabe (vgl. LT-Drucks. 11/3067, S. 1, 26 f.). Für großräumig bedeutsame Einrichtungen (wie Güterverkehrszentren, Frachtzentren oder ein Messegelände u. a.) sei es äußerst schwierig, geeignete Standorte zu finden. Die Akzeptanz bei den Gemeinden für solche Vorhaben sei insbesondere dann gering, wenn von diesen nur ein geringer finanzieller Gewinn, wenige zusätzliche Arbeitsplätze oder eine Steigerung des Verkehrsaufkommens zu erwarten sei und Gewerbeflächen für die gemeindliche Entwicklung nicht mehr zur Verfügung stünden (a. a. O., S. 27).

Vor diesem Hintergrund ist dem Normenkontrollgericht darin zuzustimmen, daß der mit der gebietsscharfen Ausweisung von Infrastrukturvorhaben verbundene und hier umstrittene Eingriff in die kommunale Planungshoheit durch überörtliche Interessen von höherem Gewicht gerechtfertigt ist. Das gilt zunächst im Hinblick auf den hohen Konkretisierungsgrad einer gebietsscharfen Standortentscheidung, der durch die enge Verflechtung örtlicher und überörtlicher Belange in dem großstädtischen Ballungsraum und durch die Erfordernisse einer wirkungsvollen planerischen Gesamtkoordination auf begrenztem Raum bedingt ist (vgl. dazu auch Kilian/Müllers, VerwArch 1998, 25, 61 ff. m. w. N. zur Regionalplanung bei Stadt-Umland-Problemen in großstädtischen Verdichtungsräumen).

Die vorgenannten Erwägungen des Gesetzgebers tragen auch die dem Träger der Regionalplanung in der Region Stuttgart gesetzlich auferlegte Verpflichtung zur Standortausweisung. Die Ausweisungspflicht beschränkt zunächst den planerischen Abwägungsspielraum, der dem Träger der Regionalplanung eingeräumt ist (vgl. nunmehr ausdrücklich § 7 Abs. 1 ROG 1998). Die gesetzliche Planungspflicht nimmt ihm die Wahlmöglichkeit, von der gebietsscharfen Ausweisung eines als regionalbedeutsam bewerteten Infrastrukturvorhabens in der Region Stuttgart aus Gründen, die er für gewichtiger hält, Abstand zu nehmen. Mittelbar kann sich die Planungspflicht auch zum Nachteil potenzieller Standortgemeinden in der Region auswirken, die sich gegen eine gebietsscharfe Standortfestlegung auf ihrer Gemarkung wenden. Das rechtfertigt sich jedoch ebenfalls aus den in der Gesetzesbegründung angeführten überörtlichen Planungsinteressen und begegnet im Hinblick auf Art. 28 Abs. 2 Satz 1 GG keinen Bedenken. Der besondere raumordnerische Planungsbedarf im Umfeld der Landeshauptstadt entkräftet schließlich auch den Einwand der Revision, die gesetzliche Ausweisungspflicht stelle eine gleichheitswidrige, willkürliche Sonderbelastung der Region Stuttgart im Verhältnis zu den anderen Regionen des Landes dar.

1.2.3 Zurückzuweisen ist auch das Vorbringen der Revision, § 8 Abs. 3 Satz 1 Nr. 3 LplG verpflichte den Träger der Regionalplanung zur Ausweisung von Standorten für Infrastrukturvorhaben in der Region Stuttgart ohne Rücksicht auf einen entsprechenden Bedarf. Das Normenkontrollgericht hat die Vorschrift für das Revisionsgericht bindend dahin ausgelegt, daß sie nicht zur Planung von Vorhaben verpflichte, für die es keinen Bedarf gebe. Die Ausweisung müsse aus raumordnerischen Gründen erforderlich sein; dazu gehöre auch, daß es für das Vorhaben selbst überhaupt einen Bedarf gebe. Der Landesgesetzgeber hat also nicht, wie die Revision aus der Ausweisungspflicht schließt, auf eine Bedarfsprüfung „gesetzlich verzichtet". Ein derartiger Verzicht wäre mit den Grundsätzen einer rechtsstaatlichen Planung auch nicht vereinbar und könnte einen Eingriff in die gemeindliche Planungshoheit nicht rechtfertigen.

1.3. § 8 Abs. 3 Satz 1 Nr. 3 LplG ist mit dem Raumordnungsgesetz in der bis zum 31. 12. 1997 geltenden Fassung (ROG 1993) ebenso vereinbar wie mit dem Raumordnungsgesetz in der ab 1. 1. 1998 geltenden Fassung (ROG 1998). Beide Gesetzesfassungen ermächtigte den Landesgesetzgeber zwar nicht ausdrücklich dazu, den Träger der Regionalplanung zur gebietsscharfen Ausweisung regionalbedeutsamer Infrastrukturvorhaben zu verpflichten. Sie stehen einer entsprechenden landesrechtlichen Regelung aber auch nicht entgegen.

Zulässigkeit und Grenzen gebietsscharfer Standortentscheidungen beurteilen sich stets nach der Aufgabenstellung der Raumordnungsplanung sowie – im Hinblick auf die kommunale Planungshoheit (Art. 28 Abs. 2 Satz 1 GG) – nach dem Grundsatz der Verhältnismäßigkeit und dem Gebot der gegenseitigen Rücksichtnahme in mehrstufigen Planungsprozessen. Innerhalb dieses rechtlichen Rahmens darf der Landesgesetzgeber einen Träger der Regionalplanung zur gebietsscharfen Ausweisung von Infrastrukturvorhaben ermächtigen, soweit die vorstehend dargelegten verfassungsrechtlichen Grenzen nicht überschritten werden.

Die von der Revision angegriffene Pflicht zur Ausweisung von Infrastrukturvorhaben steht auch nicht im Widerspruch zur rahmenrechtlichen Vorschrift des § 7 Abs. 2 Satz 1 Nr. 3 ROG 1998, die vorsieht, daß Raumordnungspläne die zu sichernden Standorte und Trassen für Infrastruktur festlegen „sollen". Das Normenkontrollgericht verweist zu Recht auf § 6 ROG 1998, nach dem die Länder Rechtsgrundlagen für die Raumordnung auf ihrem Gebiet im Rahmen der §§ 7 bis 16 ROG 1998 zu schaffen haben, weitergehende und ins einzelne gehende landesrechtliche Vorschriften jedoch zulässig sind, soweit diese den §§ 7 bis 16 ROG 1998 nicht widersprechen (vgl. auch § 3 Abs. 2 Satz 4 ROG 1993). § 7 Abs. 2 ROG 1998 umschreibt den Mindestinhalt, den Raumordnungspläne im Regelfall enthalten sollen, und schließt die landesrechtliche Einführung einer Ausweisungspflicht für regionalbedeutsame Infrastrukturvorhaben in einer Region nicht aus, soweit die Aufgaben der Regionalplanung nach der Wertung des Landesgesetzgebers dies erfordern. Sind diese Voraussetzungen erfüllt, hat der Träger der Regionalplanung die darin liegende Beschränkung seines Abwägungsspielraums hinzunehmen.

1.4 Zurückzuweisen ist schließlich das Vorbringen der Revision, die in § 8 Abs. 3 Satz 1 Nr. LplG enthaltene Verpflichtung zur gebietsscharfen Ausweisung eines Messestandorts im Regionalplan sei mit den bundesrechtlichen Vorschriften der §§ 1 und 9 BauGB sowie § 11 Abs. 2 BauNVO nicht vereinbar. Diese Vorschriften behielten die Ausweisung eines Messegebiets einem von der Gemeinde aufzustellenden Bebauungsplan vor; über den „Umweg" der Regionalplanung dürfe kein „Schatten"-Bodennutzungsrecht entstehen.

Nach § 11 Abs. 2 BauNVO gehören zwar Gebiete für Messen, Ausstellungen und Kongresse zu den (sonstigen) Sondergebieten, die eine Gemeinde im Bebauungsplan darstellen und festsetzen kann. Diese Planungsmöglichkeit steht jedoch unter dem Vorbehalt, daß Ziele der Raumordnung nicht entgegenstehen. Nach § 1 Abs. 4 BauGB sind Bebauungspläne den Zielen der Raumordnung anzupassen. Eine Gemeinde darf sich bei der Planung eines Messegebiets nicht in Widerspruch zur gebietsscharfen Standortausweisung im Regionalplan setzen, sie ist an die regionalplanerische Standortentscheidung gebunden. Die Standortfestlegung schafft jedoch nur einen Rahmen, der im Hinblick auf ein konkretes Vorhaben auszufüllen ist. Die Planung eines Messegebiets (§ 11 Abs. 2 BauNVO) durch die Standortgemeinde bildet einen Weg der Konkretisierung. Insoweit schließen sich regionalplanerische Standortentscheidung und kommunale Bauleitplanung nicht aus, sondern ergänzen sich.

Vorliegend besteht allerdings die Besonderheit, daß das Landesmessegesetz vom 15. 12. 1998 (GBl., 666) die Errichtung der Landesmesse einem Fachplanungsvorbehalt unterwirft (§ 3 LandesmesseG) und damit der kommunalen Planungshoheit der Antragstellerin vollständig entzieht. Dieser Umstand ist jedoch nicht geeignet, verfassungsrechtliche Zweifel an der Regelung des § 8 Abs. 3 Satz 1 Nr. 3 LplG auszulösen. Rechtsgrundlage des Fachplanungsvorbehalts ist, wie das Normenkontrollgericht ausführt, nicht das Landesplanungsgesetz, sondern das Landesmessegesetz, das den in § 38 BauGB geregelten Vorrang der Fachplanung für Vorhaben von überörtlicher Bedeutung für sich in Anspruch nimmt.

2. Der Einwand der Revision, der Antragsgegner habe § 8 Abs. 3 Satz 1 Nr. 3 LplG – seine Vereinbarkeit mit höherrangigem Recht unterstellt – hinsichtlich der gebietsscharfen Ausweisung des Messestandorts jedenfalls unter Verletzung zwingender Normen des Raumordnungsrechts umgesetzt, bleibt ebenfalls erfolglos. ...

2.2 Die Revision hält dem Normenkontrollgericht vor, es habe die Landesmesse im Widerspruch zu § 2 Abs. 2 Nr. 4 und § 7 Abs . 2 Satz 1 Nr. 3 ROG 1998 als Infrastrukturvorhaben i. S. von § 8 Abs. 3 Satz 1 Nr. 3 LplG eingestuft. Der Begriff des Infrastrukturvorhabens sei landesgesetzlich nicht definiert. Es liege daher nahe, den bundesrechtlichen Begriff der Infrastruktur heranzuziehen, der in § 2 Abs. 2 Nr. 4 ROG 1998 vorgegeben sei. Dieser Begriff umfasse „die Gesamtheit der Anlagen, Ausrüstung und Betriebsmittel in einer Volkswirtschaft für das Verkehrs- und Energiewesen, die Telekommunikation, die Konservierung der natürlichen Ressourcen sowie die Entsorgung" (im Anschluß an von der Heide, in: Cholewa/Dallhammer/Dyong/von der Heide/Arenz, Raumordnung in Bund und Ländern, 4. Aufl., Stand: Juli 1999, Rdnr. 3 zu § 2 Grundsatz Nr. 4). Eine Landesmesse falle nicht darunter, da sie keinerlei dienende Basisfunktion insbesondere für die Wirtschaft habe, sondern selbst eine (gewerbliche) Dienstleistung darstelle und auf Infrastruktur angewiesen sei.

Das Normenkontrollgericht hat sich bei der Einordnung der Landesmesse als Infrastrukturvorhaben ebenfalls am Verständnis von § 2 Abs. 2 Nr. 4 Satz 1 ROG 1998 orientiert und „Infrastruktur" im Anschluß an von der Heide

(a. a. O., Rdnr. 2 zu § 2 Grundsatz Nr. 4) und Jochimsen (Theorie der Infrastruktur. Grundlagen der marktwirtschaftlichen Entwicklung, 1966); als „die Gesamtheit der materiellen, institutionellen und personellen Einrichtungen und Gegebenheiten" definiert, „die der arbeitsteiligen Wirtschaft (Unternehmen, Haushaltungen, Behörden) zur Verfügung stehen und dazu beitragen, daß in der Marktwirtschaft gleiche Faktorentgelte für gleiche Faktorleistungen bei zweckmäßiger Allokation der Ressourcen gezahlt werden". Es spreche daher nichts dagegen, eine den Wirtschaftsunternehmen „als Schaufenster für ihre Produkte sowie als Informations- und Kommunikationszentrum dienende Messe" als einen Teil der Infrastruktur i. S. von § 8 Abs. 3 Satz 1 Nr. 3 LplG zu begreifen.

Diese Auslegung des Landesrechts verletzt Bundesrecht nicht. Entgegen der Revision beschränkt sich der Begriff der „Infrastruktur" in § 2 Abs. 2 Nr. 4 Satz 1 und § 7 Abs. 2 Satz 1 Nr. 3 ROG 1998 nicht auf Verkehrsinfrastruktur, Umschlaganlagen für Güter und technische Anlagen der Ver- und Entsorgung. Soweit das Normenkontrollgericht seine Auslegung des § 8 Abs. 3 Satz 1 Nr. 3 LplG auf landesrechtliche Erwägungen (Gesetzessystematik, Gesetzesmaterialien) stützt, ist sein Auslegungsergebnis der revisionsgerichtlichen Überprüfung entzogen (§ 137 Abs. 1 Nr. 1 VwGO).

2.3 Die Revision rügt ferner, das Normenkontrollgericht habe übersehen, daß die Standortausweisung für die Landesmesse dem raumordnungsrechtlichen Entwicklungsgebot widerspreche. Regionalpläne seien aus dem Raumordnungsplan für das Landesgebiet zu entwickeln. Der Landesentwicklungsplan Baden-Württemberg weise einen Messestandort nicht aus. Er beschäftige sich gar nicht mit dem „Messethema". Die angegriffene Zielvorgabe 4.5.1 „Standortsicherung Landesmesse" sei daher nichtig.

Auch mit diesem Vorbringen kann die Revision nicht durchdringen. Es kann dahin stehen, ob das Raumordnungsgesetz 1993 die Träger der Regionalplanung unmittelbar verpflichtete, den Regionalplan aus dem Raumordnungsplan für das Landesgebiet zu entwickeln (vgl. nunmehr die Rahmenvorschrift des § 9 Abs. 2 Satz 1 ROG 1998). Das raumordnungsrechtliche Entwicklungsgebot ist jedenfalls nicht schon dann verletzt, wenn ein konkretes regionalplanerisches Ziel formal keine Entsprechung im landesweiten Raumordnungsplan findet. Der Gehalt des Entwickelns besteht auch hier in einer inhaltlichen, nämlich planerisch-konzeptionellen Ableitung (vgl. BVerwG, Urteil v. 3. 10. 1984 – 4 N 4.84 –, BVerwGE 70, 171, 177, zum Entwicklungsgebot in § 8 Abs. 2 Satz 1 BBauG/BauGB). Der Träger der Regionalplanung hat dabei die Ziele der Raumordnung im landesweiten Raumordnungsplan zu beachten (§ 3 Nr. 7, § 4 Abs. 1 Satz 1 ROG 1998) und die Grundsätze der Raumordnung nach Maßgabe der landesweiten Grundkonzeption zu konkretisieren (vgl. § 5 Abs. 2 Satz 1 i. V. m. Abs. 1 Satz 2 ROG 1993, § 7 Abs. 1 Satz 1 ROG 1998).

Weist der landesweite Raumordnungsplan keinen Standort für eine Landesmesse aus, ist dies noch kein Indiz dafür, daß die Ausweisung eines Messestandorts in einem Regionalplan die Grundsätze der Raumordnung verletzt. Diese übergeordneten Grundsätze gebieten u. a., die Infrastruktur mit der Siedlungs- und Freiraumstruktur in Übereinstimmung zu bringen und verdichtete Räume als Wohn-, Produktions- und Dienstleistungsschwerpunkte zu sichern (vgl. § 2 Abs. 1 Nr. 2 und 5 ROG 1993, § 2 Abs. 2 Nr. 4 und 5 ROG 1998). Sie richten sich auch an die Regionalplanung und ermächtigen diese auch zur Ausweisung von Infrastrukturvorhaben, die im landesweiten Raumordnungsplan (Landesentwicklungsplan) noch keinen Niederschlag gefunden haben. Ein einzelnes Ziel der Regionalplanung verletzt das so verstandene Entwicklungsgebot erst, wenn es der landesplanerischen Gesamtkonzeption widerspricht oder nicht aus ihr abzuleiten ist (gl. auch Runkel, in: Bielenberg/Runkel/Spannowsky, Raumordnungs- und Landesplanungsrecht des Bundes und der Länder, Stand: Juli 2002, Rdnr. 150 zu K § 3).

3. Die Ausführungen des Normenkontrollgerichts zur Planrechtfertigung und zur regionalplanerischen Abwägung des Antragsgegners stehen ebenfalls mit Bundesrecht in Einklang.

3.1 Die Revision greift die Auffassung der Vorinstanz an, der Bedarf für den Neubau einer Landesmesse werde in § 2 LandesmesseG nicht nur für ein nachfolgendes Planfeststellungsverfahren, sondern auch für die Standortausweisung im Regionalplan und dessen gerichtliche Überprüfung verbindlich festgestellt. Die Antragstellerin meint, § 2 Satz 2 LandesmesseG stelle den Bedarf für den Neubau einer Landesmesse nur für die nachfolgende Planfeststellung (§ 3 Abs. 1 LandesmesseG) fest. Außerdem sei die gesetzliche Bedarfsfestlegung in § 2 Satz 1 LandesmesseG („Es besteht Bedarf für den Neubau einer Landesmesse") formell und materiell verfassungswidrig.

Damit spricht die Revision hinsichtlich der Landesmesse Fragen der Planrechtfertigung an. Im vorliegenden Streitfall sind Tragweite und Verfassungsmäßigkeit der Bedarfsfeststellung in § 2 LandesmesseG jedoch nicht entscheidungserheblich. Das Normenkontrollgericht führt aus, auch unabhängig von der in § 2 LandesmesseG getroffenen Feststellung sei nicht daran zu zweifeln, daß es für den Bau der Landesmesse einen Bedarf gebe. Hierzu verweist es auf die Begründung des LandesmesseG (LT-Drucks. 12/3361), deren Feststellungen und Wertungen es sich zu Eigen macht. Der Landesgesetzgeber rechtfertige den Bau einer auf internationalen Wettbewerb ausgerichteten Landesmesse u. a. als wichtigen Beitrag zur Sicherung und Förderung des Wirtschaftsstandorts Baden-Württemberg sowie mit der Erwägung, der Standort Killesberg könne die Funktion einer Landesmesse nicht (mehr) erfüllen, da er Infrastrukturmängel aufweise und keine Entwicklungsmöglichkeiten biete. Die Vorinstanz zieht hieraus den Schluß, der Neubau einer Landesmesse sei „vernünftigerweise geboten". Das ist revisionsgerichtlich nicht zu beanstanden.

3.2 Die Revision erhebt eine Reihe von Einwänden, welche die Kriterien der Standortwahl und die Prüfung von Standortalternativen betreffen. Sie sind unbegründet.

3.2.1 Die Revision macht geltend, die Vorinstanz habe übersehen, daß die angegriffene Zielaussage zur „Standortsicherung Landesmesse" (Plansatz 4.5.1) nicht Teil einer zusammenhängenden und koordinierenden Regionalplanung sei, sondern lediglich „isoliert" die in § 1 Abs. 2 LandesmesseG „vorgegebene Anforderung" vollziehe, die Landesmesse mit leistungsfähigen

Anschlüssen an das Schienen- und Straßennetz sowie in räumlicher Nähe zum Landesflughafen Stuttgart zu errichten.

Der Einwand greift nicht. Die Revision geht zwar zutreffend davon aus, daß auch singuläre, für das Gebiet eines Bundeslandes einmalige Infrastruktureinrichtungen von regionaler oder landesweiter Bedeutung unter Abwägung aller konkurrierenden Raumansprüche einer koordinierenden „Verortung im Raum" bedürfen. Diese gesamträumliche und fachübergreifende Koordinierungsaufgabe wird verfehlt, wenn sich der Träger der Regionalplanung bei der Standortausweisung für ein Infrastrukturvorhaben einseitig oder primär von einer fachgesetzlichen, ressortspezifischen Betrachtungsweise leiten läßt und die Erfordernisse einer integrierenden Gesamtkonzeption vernachlässigt. Von einer derart verengten Sichtweise kann hier aber nicht die Rede sein. Nach den Feststellungen im angefochtenen Urteil hat der Antragsgegner seine Standortentscheidung unter Auswertung einer von ihm eingeholten „Standortanalyse" und weiterer Gutachten eigenständig und substantiiert mit der „herausragenden Eignung" des gewählten Standorts und seiner verkehrsgünstigen Lage begründet. Daß diese Entscheidung in der Sache den Kriterien des Planungsauftrages in § 1 Abs. 2 LandesmesseG entspricht, macht sie nicht fehlerhaft. ...

3.3 Entgegen der Revision hat das Normenkontrollgericht auch die Auswirkungen der angegriffenen Standortentscheidungen auf die kommunale Planungshoheit der Antragstellerin ohne Verstoß gegen Bundesrecht gewürdigt und eine Verletzung ihres kommunalen Selbstverwaltungsrechts verneint.

3.3.1 Die Antragstellerin rügt, das Normenkontrollgericht habe es sich insoweit bei der Überprüfung der regionalplanerischen Abwägung „zu einfach gemacht". Im einzelnen trägt sie vor: Auf ihrem Gebiet seien mit der A 8, der B 27 und dem Internationalen Verkehrsflughafen bereits drei große und überregional bedeutsame, raumgreifende Infrastrukturmaßnahmen angesiedelt; mit dem (geplanten) „Filderbahnhof" (ICE-Bahnhof am Flughafen) und der „Gäubahn" kämen zwei weitere Vorhaben dieser Größenordnung hinzu. Damit sei die Grenze einer noch hinnehmbaren Gesamtbelastung überschritten. Die Standortentscheidungen für die Messe und die Flughafenerweiterung durchkreuzten auch ihre eigenen planerischen Vorstellungen, die auf der Grundlage eines Aufstellungsbeschlusses vom 12.12.1995 im Bebauungsplanentwurf „Lachenäcker" bis zur Planreife gediehen seien. Die Ansiedlung der Landesmesse werde den Fahrzeuglärm, die Luftverschmutzung und den Grad der Bodenversiegelung erheblich erhöhen. Der Stadt werde ein „städtebaulich nicht integrierbarer und siedlungsstrukturell nicht wieder gutzumachende Schäden anrichtender Fremdkörper" aufgezwungen. Der Verlust von Flächen für eine „Freiluftnutzung" werde den Betrieb zahlreicher öffentlicher Einrichtungen in Echterdingen und im gesamten Stadtgebiet („Schulen, Kindergärten, Spiel- und Bolzplätze, Sportanlagen, Altenheime, Gemeindehallen, Rathaus, Stadtbücherei, Festplätze und Friedhöfe") beeinträchtigen. Hinsichtlich der planerischen Auswirkungen auf die Umwelt (Verkehrsbelastungen und Immissionen), die gemeindliche Infrastruktur und den messebedingten Siedlungsdruck zeige die Planung des Antragsgegners eine „bedenkliche

Konzeptionslosigkeit". Die negativen Folgen der Standortentscheidungen seien regionalplanerisch nicht bewältigt worden.

3.3.2 Der damit verbundene Vorwurf, das Normenkontrollgericht habe die kommunalen Belange der Antragstellerin ebenso wie der Antragsgegner objektiv fehlgewichtet, gibt Anlaß zu folgender Vorbemerkung:

Standortentscheidungen der Regionalplanung sind den Aufgaben und Leitvorstellungen einer nachhaltigen Raumentwicklung verpflichtet; sie dienen dem Ausgleich sozialer, wirtschaftlicher und ökologischer Ansprüche an die Raumnutzung. Nutzungsansprüche und ökologische Schutzansprüche sind räumlich in Einklang zu bringen. Diese Steuerungsfunktion prägt Gegenstand und Inhalt des regionalplanerischen Abwägungsprogramms. Die Anforderungen an Ermittlungstiefe und Abwägungsdichte der Standortplanung hängen zwar maßgeblich vom Konkretisierungsgrad der jeweiligen Zielaussage ab (vgl. bereits Senatsbeschluß v. 20.8.1992, a.a.O., S.334). Je konkreter die Festlegungen eines Regionalplans sind, umso schärfer sind die Raumverhältnisse im Umfeld des Standorts in den Blick zu nehmen. Das gilt insbesondere für die gebietsscharfe Ausweisung von Infrastrukturvorhaben in Verdichtungsräumen, die Lärmbelastungen, Luftverunreinigungen, Überlastungen der Verkehrsnetze oder andere nachteilige Auswirkungen auf die Lebensbedingungen und die bestehenden Wirtschafts- und Sozialstrukturen befürchten lassen. Auch die gebietsscharfe Standortfestlegung in einem Regionalplan beschränkt sich jedoch (nur) auf die Aussage, daß der ausgewählte Standort aus raumordnerischer Sicht geeignet ist, konkurrierende Raumnutzungen und Raumfunktionen in einen dauerhaften, großräumig ausgewogenen Ausgleich zu bringen. Dieses Ausgleichsziel bestimmt die Zusammenstellung und Gewichtung des Abwägungsmaterials. Die Prüfung örtlicher Einzelheiten und die Erfüllung der spezifisch fachgesetzlichen Anforderungen bleibt der Entscheidung über die Zulässigkeit des Vorhabens in der Planfeststellung oder – ggf. nach einer bauleitplanerischen Konkretisierung – durch Genehmigung vorbehalten, in der dem Träger des Vorhabens auch die erforderlichen (baulichen, technischen oder betrieblichen) Schutzvorkehrungen aufzuerlegen sind.

3.3.3 Vor diesem rechtlichen Hintergrund hat das Normenkontrollgericht zu Recht entschieden, daß die Standortausweisungen und deren mittelbaren Auswirkungen auf das Gemeindegebiet nicht in unverhältnismäßiger oder unzumutbarer Weise in das Selbstverwaltungsrecht der Antragstellerin eingreifen.

Die Vorinstanz stellt u. a. darauf ab, daß die Standortflächen nur einen verhältnismäßig kleinen Teil des Gemeindegebiets beanspruchen. ...

Nicht einschränkungslos zuzustimmen ist hingegen der Erwägung der Vorinstanz, es dürfe zu Lasten der Antragstellerin nicht außer Acht gelassen werden, daß sie ihre städtebaulichen Vorstellungen zur Messefläche erst entwickelt habe, nachdem das Verfahren zur Teiländerung des Regionalplans eingeleitet worden sei und der Messestandort sich auf Grund der Standortanalyse „Internationale Messe Stuttgart" vom Dezember 1993 bereits abgezeichnet habe. Das Abwägungskriterium der zeitlichen Priorität, das zum Verhältnis der Fachplanung zur Bauleitplanung entwickelt worden ist (vgl. BVerwG,

Urteil v. 21.3.1996 – 4 C 26.94 –, BVerwGE 100, 388, 394 m.w.N. = BRS 58 Nr.2), stellt keine formale Vorrangregel des Inhalts dar, daß sich die frühere Planung stets gegenüber der späteren durchsetzt. Das Kriterium der Priorität soll auch sicherstellen, daß diejenige Planung grundsätzlich Rücksicht auf die andere nimmt, die den zeitlichen Vorsprung hat (vgl. BVerwG, Urteil v. 21.3.1996, a.a.O., m.w.N.). Das Gewicht gemeindlicher Planungsvorstellungen in der regionalplanerischen Abwägung wird zwar in der Regel um so größer sein, je frühzeitiger, konkreter und rechtlich verfestigter sie sich bei Einleitung des regionalplanerischen Verfahrens darstellen. Auch eine Gemeinde, die sich bisher auf Teilflächen ihres Gebiets planerisch zurückgehalten hat, weil sie angesichts einer regionalplanerischen Zielaussage (z.B. Regionaler Grünzug, Vorranggebiet für Erholung) keinen aktuellen Planungsbedarf gesehen hat, darf jedoch beanspruchen, daß ihre aus Anlaß einer geplanten Regionalplanänderung intensivierten städtebaulichen Planungen vom Träger der Regionalplanung zur Kenntnis genommen und unter dem Gesichtspunkt der gegenseitigen Rücksichtnahme gewürdigt werden. Nach den Ausführungen der Vorinstanz ist dies im Streitfall ausreichend und ohne Abwägungsfehler geschehen. ...

3.4 Das Normenkontrollgericht ist der Ansicht, die Standortausweisungen seien auch nicht deshalb abwägungsfehlerhaft, weil der Antragsgegner sich „keine ins einzelne gehenden Gedanken" darüber gemacht habe, auf welche Weise und an welcher Stelle die mit dem Bau der Landesmesse und der Flughafenerweiterung unvermeidlich verbundenen Eingriffe in Natur und Landschaft ausgeglichen werden könnten. Dagegen richtet sich ein weiterer Angriff der Revision:

Die Standortausweisungen des Regionalplans verschlechterten den Zustand von Natur und Landschaft in mehrfacher Hinsicht. Rechtlich lägen zwei Eingriffe vor, die es nach dem Grundgedanken des (hier noch anzuwendenden) §8 Abs.1 BNatSchG a.F. zu vermeiden bzw. auszugleichen gelte. Ein Eingriff in Natur und Landschaft bestehe darin, daß die Standortentscheidungen den im früheren Regionalplan auf den Standortflächen ausgewiesenen Regionalen Grünzug „Nr.41 Filderebene – westl. Neckartal" teilweise beseitigten. Der zweite Eingriff liege darin, daß die Standortfestschreibungen den Bau der Landesmesse und die Erweiterung des Flughafens vorbereiteten. Der zweite Eingriff sei nach den Ausführungen im angefochtenen Urteil nach Maßgabe des §8 Abs.1 BNatSchG a.F. (erst) in den nachfolgenden Planfeststellungsverfahren (§3 LandesmesseG, §8 Abs.1 Satz 1 LuftVG) auszugleichen; insoweit nimmt die Revision das Normenkontrollurteil hin. Den ersten Eingriff müsse jedoch der Regionalplan selbst ausgleichen. Der Regionale Grünzug habe überregional und regional bedeutsame Funktionen erfüllt, die durch die Standortentscheidungen unwiederbringlich verloren gingen. Die Notwendigkeit, diesen Verlust bereits auf der Ebene der Regionalplanung zu kompensieren, folge auch aus dem Gebot der planerischen Konfliktbewältigung. Ein Konflikttransfer in die Planfeststellungsverfahren sei nicht möglich, da entsprechende Ausgleichsflächen im stark beanspruchten „Filderraum" nicht verfügbar seien.

Dieses Vorbringen verknüpft die naturschutzrechtliche Eingriffsregelung zunächst in unzulässiger Weise mit regionalplanerischen Standortausweisungen. Standortfestschreibungen für Infrastrukturvorhaben im Wege der Regionalplanung stellen keine Eingriffe in Natur und Landschaft i. S. des § 8 Abs. 1 bis 3 BNatSchG a. F. (§ 18 Abs. 1 BNatSchG 2002) dar. Die Eingriffsregelung ergänzt die fachrechtlichen Zulassungstatbestände. Sie enthält zusätzliche Anforderungen, die zu den fachgesetzlichen Zulässigkeitsvoraussetzungen hinzutreten. Die mit der Eingriffsregelung verbundenen Rechtsfolgen werden überhaupt erst dadurch ausgelöst, daß das Fachrecht den Weg für die Zulassung des Vorhabens, das den Tatbestand des § 8 Abs. 1 BNatSchG a. F. erfüllt, frei macht. Das hat der Senat in seinem Urteil vom 7. 3. 1997 (– 4 C 10.96 –, BVerwGE 104, 144, 147 f. = BRS 59 Nr. 235 = BauR 1997, 631) aus dem Wortlaut und der Systematik des § 8 Abs. 2 Satz 1 und Abs. 3 BNatSchG a. F. abgeleitet. Danach ist es das Ziel der Eingriffsregelung, den fachgesetzlichen Zulässigkeitstatbeständen ein auf die Bedürfnisse des Naturschutzes und der Landschaftspflege zugeschnittenes „Folgenbeseitigungssystem" als „sekundärrechtliches" Instrument zur Seite zu stellen (BVerwG, Urteil v. 7. 3. 1997, a. a. O., S. 148). Die Standortausweisung für ein Infrastrukturvorhaben in der Form eines Ziels der Regionalplanung bildet keinen fachrechtlichen Zulassungstatbestand im dargelegten Sinne.

Es stellt keinen Verstoß gegen das auch auf der Ebene der Regionalplanung geltende Gebot der Konfliktbewältigung dar, wenn die Anwendung der naturschutzrechtlichen Eingriffsregelung der fachplanungsrechtlichen Verwirklichung der regionalplanerischen Standortausweisungen vorbehalten wird. Der Träger der Fachplanung wird dadurch nicht vor „vollendete Tatsachen" gestellt. Sind Beeinträchtigungen von Natur und Landschaft durch das im Regionalplan ausgewiesene Vorhaben nicht zu vermeiden und nicht im erforderlichen Maße zu kompensieren und gehen die Belange des Naturschutzes und der Landschaftspflege den vorhabenbedingten Anforderungen an Natur und Landschaft im Range vor, so ist der Eingriff zu untersagen (vgl. § 8 Abs. 3 BNatSchG a. F., § 19 Abs. 3 BNatSchG 2002). Die Kompensationsbilanz obliegt dem Fachplanungsträger.

Die Rüge der Revision, die angegriffenen Standortausweisungen verletzten das Gebot der Konfliktbewältigung, weil die Änderung des Regionalplans keinen Ausgleich für den entfallenden Teil des Regionalen Grünzugs schaffe, greift nicht durch. Der Sache nach stellt die Revision in Anlehnung an die naturschutzrechtliche Eingriffsregelung den Grundsatz auf, der Träger der Regionalplanung dürfe von einem einmal ausgewiesenen Regionalen Grünzug im Wege der Umplanung nur Abstand nehmen, wenn er an anderer Stelle in der Planungsregion einen möglichst gleichwertigen Ausgleich vorsehe. Dem Bundesrecht läßt sich ein derartiger Rechtsgrundsatz nicht entnehmen. Die Ausweisung eines regionalbedeutsamen Infrastrukturvorhabens, dem ein Regionaler Grünzug (teilweise) „geopfert" wird, steht und fällt nicht notwendigerweise damit, daß die unvermeidbaren Beeinträchtigungen des Naturhaushalts, des Landschaftsbildes, der landwirtschaftlichen Nutzung oder der Erholung und Freizeitgestaltung anderenorts kompensiert werden. Ob der Planungsträger das Instrumentarium der Regionalplanung einsetzt, um den (teilweisen) Wegfall eines Regionalen Grünzugs an anderer Stelle mit regionalplanerischen Mitteln auszugleichen, unterliegt je nach den räumlichen Gegebenheiten seiner planerischen Gestaltungsfreiheit (vgl. hierzu auch die Ermächtigung in § 7 Abs. 2 Satz 2 ROG 1998).

Anhaltspunkte dafür, daß der Antragsgegner die Bedeutung des überplanten Bereichs des Regionalen Grünzugs Nr. 41 verkannt oder fehlgewichtet haben könnte, werden von der Revision nicht substantiiert dargelegt. In der Begründung der angefochtenen Regionalplanänderung heißt es u. a., der Eingriff in Natur und Landschaft und die Reduzierung des bisherigen Regionalen Grünzugs am Flughafen sei auf Grund der hervorragenden Standorteigenschaften und der hohen Bedeutung der ausgewiesenen Infrastrukturvorhaben gerechtfertigt. Der landschaftlich und ökologisch wertvollere Bereich des Körschtals bleibe weiterhin zur Freiraumsicherung als Regionaler Grünzug ausgewiesen. Wegen des Verlustes an hochwertigen landwirtschaftlichen Nutzböden sollten ein sparsamer Umgang mit Flächen angestrebt und die einzelnen Ausgleichs- und Ersatzmaßnahmen vorrangig nach den Zielvorstellungen der regionalplanerischen Landschaftsparkkonzeptionen koordiniert werden. Diese Ausführungen belegen, daß der Antragsgegner die Auswirkungen seiner Planung auf den Regionalen Grünzug Nr. 41 gesehen und in seine Abwägung eingestellt hat. Für einen Abwägungsfehler ist nichts ersichtlich.

Nr. 5

1. **Auch landesplanerische Aussagen, die eine Regel-Ausnahme-Struktur aufweisen, können die Merkmale eines Ziels der Raumordnung erfüllen, wenn der Planungsträger neben den Regel- auch die Ausnahmevoraussetzungen mit hinreichender tatbestandlicher Bestimmtheit oder doch wenigstens Bestimmbarkeit selbst festlegt.**

2. **Verstöße gegen das Zielanpassungsgebot des § 1 Abs. 4 BauGB gehören zu den Mängeln, die in einem ergänzenden Verfahren nach § 215a Abs. 1 Satz 1 BauGB ausgeräumt werden können.**

VwGO § 47 Abs. 5 Sätze 2 und 4; ROG § 3 Nrn. 2 und 3, § 7 Abs. 4 Satz 1 Nr. 1, § 11; BauGB § 1 Abs. 4, § 215a Abs. 1 Satz 1.

Bundesverwaltungsgericht, Urteil vom 18. September 2003 – 4 CN 20.02 –.

(OVG Rheinland-Pfalz)

Der Antragsteller wendet sich im Wege der Normenkontrolle gegen den 2001 als Satzung beschlossenen Bebauungsplan „Vorderste Dell". Der Plan setzt im Wesentlichen ein allgemeines Wohngebiet fest. Im Rahmen der Beteiligung der Träger öffentlicher Belange beanstandete die Planungsgemeinschaft für die Region T., daß die Begründung zum Bebauungsplan jeglichen Hinweis darauf vermissen lasse, daß weite Teile des Plangebietes in dem 1985 genehmigten regionalen Raumordnungsplan für die Region mit der Wirkung einer Zielfestlegung als Vorranggebiet für die Landwirtschaft gekennzeichnet seien. Die insoweit angesprochenen Vorgaben der regionalen Raumordnungsplanung sind wie folgt formuliert:

Nr. 5

„5. Sicherung und Schutz von Naturgütern und von Flächen mit besonderen Funktionen.
Ziele
Die einzelnen Teilräume der Region sind so zu nutzen, zu schützen, zu pflegen und zu entwickeln, daß
– die langfristige Nutzung der Naturgüter (Boden, Wasser, Luft, Klima, Tier- und Pflanzenwelt) als Lebensgrundlage gesichert wird
– die ökologische Leistungsfähigkeit des Naturhaushalts erhalten bleibt bzw. verbessert wird
– die Vielfalt, Eigenart und Schönheit von Natur und Landschaft gewahrt bzw. wiederhergestellt wird.
5.1 Sicherung der land- und forstwirtschaftlich gut geeigneten Nutzflächen
5.1.1 Vorranggebiete für die Landwirtschaft sind Gebiete mit einem großen Anteil landwirtschaftlich gut geeigneter Nutzflächen und Flächen, die auf Grund ihrer strukturellen Bedeutung für die Landwirtschaft in der Region erhalten bleiben müssen.
5.1.2 Vorranggebiete für die Forstwirtschaft ...
5.1.3 Die Vorranggebiete dürfen nur in unabweisbaren Fällen anderweitig in Anspruch genommen werden. Bei allen raumbedeutsamen Maßnahmen ist darauf zu achten, daß sowohl die natürliche Eignungsgrundlage dieser Gebiete als auch deren wirtschaftliche Nutzbarkeit erhalten bleibt bzw. nach Möglichkeit verbessert wird. Die Siedlungstätigkeit hat sich den Erfordernissen der Land- und Forstwirtschaft anzupassen."

Auch der Antragsteller erhob im Rahmen der Bürgerbeteiligung Bedenken gegen die Planung. In dem von ihm eingeleiteten Normenkontrollverfahren beantragte er, den Bebauungsplan für nichtig, hilfsweise für unwirksam zu erklären. Das Normenkontrollgericht hat den Bebauungsplan 2002 für unwirksam erklärt und den weitergehenden Antrag abgelehnt.

Aus den Gründen:
II. 2. Die Revision ist unbegründet. Das Normenkontrollgericht hat den Bebauungsplan zu Recht nur für unwirksam erklärt. Selbst wenn die hierfür angeführten Gründe aus den vom Antragsteller angestellten Erwägungen in Einzelpunkten zu Zweifeln Anlaß geben könnten, würde sich am Ergebnis nichts ändern. Eine Nichtigkeitserklärung kommt jedenfalls nicht in Betracht.
2.1 Als Fehler, der die Nichtigkeit des angegriffenen Bebauungsplans zur Folge haben könnte, sieht auch der Antragsteller allenfalls den von ihm gerügten Verstoß gegen die in der Nr. 5.1 des regionalen Raumordnungsplans – RROP – für die Region T. enthaltene Planaussage an. Diese Regelung scheidet nach Auffassung des Normenkontrollgerichts als Anknüpfungspunkt für einen Nichtigkeitsausspruch indes schon deshalb aus, weil sie nicht die Qualität eines verbindlichen Ziels der Raumordnung hat, sondern sich in einem bloß abwägungsrelevanten Grundsatz der Raumordnung erschöpft. Diese Wertung läßt sich aus bundesrechtlicher Sicht letztlich nicht beanstanden.
2.1.1 Der regionale Raumordnungsplan für die Region T. gehört dem irrevisiblen Landesrecht an, dessen Auslegung und Anwendung nach §560 ZPO i.V.m. §173 VwGO der revisionsgerichtlichen Kontrolle entzogen ist. Ein Bezug zum Bundesrecht läßt sich freilich nicht von vornherein in Abrede stellen. Das Normenkontrollgericht hat bei der Auslegung von Bestimmungen des regionalen Raumordnungsplans nicht gänzlich freie Hand. Denn was als

ein Ziel im Sinne des Raumordnungsrechts anzusehen ist, wird durch das Bundesrecht vorgeprägt. Ob eine Planaussage Zielqualität hat, ist vom Bundesrecht her zu beurteilen, das auf den Zielbegriff nicht nur im Raumordnungsgesetz, sondern auch in der für die Bauleitplanung bedeutsamen Vorschrift des § 1 Abs. 4 BauGB abhebt.

Nach der Begriffsbestimmung des § 3 Nr. 2 des Raumordnungsgesetzes – ROG – vom 18. 8. 1997 (BGBl. I, 2081) sind Ziele der Raumordnung verbindliche Vorgaben in Form von räumlich und sachlich bestimmten oder bestimmbaren, vom Träger der Landes- oder Regionalplanung abschließend abgewogenen textlichen oder zeichnerischen Festlegungen in Raumordnungsplänen zur Entwicklung, Ordnung und Sicherung des Raums. Grundsätze der Raumordnung werden in § 3 Nr. 3 ROG als allgemeine Aussagen zur Entwicklung, Ordnung und Sicherung des Raums in oder auf Grund von § 2 ROG als Vorgaben für nachfolgende Abwägungs- oder Ermessensentscheidungen gekennzeichnet. Der Bebauungsplan „Vorderste Dell" ist freilich nicht an diesen Bestimmungen, sondern an den Regelungen des Raumordnungsgesetzes i. d. F. der Bek. vom 28. 4. 1993 (BGBl. I, 630) zu messen, da der Aufstellungsbeschluß vor dem 1. 1. 1998, nämlich am 9. 12. 1997, gefaßt wurde (vgl. § 23 Abs. 1 ROG n. F.). Das alte Raumordnungsgesetz differenzierte indes ebenso wie die Neuregelung zwischen den in § 2 ROG a. F. bezeichneten Grundsätzen der Raumordnung, deren Wirkung in § 3 ROG a. F. näher erläutert wurde, und den Zielen der Raumordnung, die der Gesetzgeber nicht im einzelnen definierte, deren Beachtung er in § 5 Abs. 4 ROG a. F. aber den in § 4 Abs. 5 ROG a. F. genannten Stellen aufgab. Was Ziele der Raumordnung sind, hat der erkennende Senat unter der Geltung des alten Raumordnungsgesetzes im Beschluß vom 20. 8. 1992 (– 4 NB 20.91 –, BVerwGE 90, 329 = BRS 54 Nr. 12) näher umschrieben und von den Grundsätzen der Raumordnung abgegrenzt. Der Gesetzgeber hat diese Rechtsprechung bei den von ihm in § 3 ROG n. F. vorgenommenen Begriffsbestimmungen aufgegriffen. Den Zielen kommt die Funktion zu, räumlich und sachlich die zur Verwirklichung der Grundsätze der Raumordnung notwendigen Voraussetzungen zu schaffen. In ihnen spiegelt sich bereits eine Abwägung zwischen den durch die Grundsätze verkörperten unterschiedlichen raumordnerischen Belangen wider. Sie sind anders als die Grundsätze nicht bloß Maßstab, sondern als räumliche und sachliche Konkretisierung der Entwicklung, Ordnung und Sicherung des Planungsraumes das Ergebnis landesplanerischer Abwägung. Einer weiteren Abwägung auf einer nachgeordneten Planungsstufe sind sie nicht zugänglich. Die planerischen Vorgaben, die sich ihnen entnehmen lassen, sind verbindlich. Dagegen erschöpft sich die Bedeutung von Grundsätzen der Raumordnung darin, daß sie als Direktiven für nachfolgende Abwägungsentscheidungen dienen. Folgerichtig sind Ziele bei Planungen und allen sonstigen Maßnahmen, durch die Grund und Boden in Anspruch genommen oder die räumliche Entwicklung eines Gebiets beeinflußt wird, zu „beachten" (vgl. § 5 Abs. 4 Satz 1 ROG a. F.) während die Grundsätze in der Abwägung nach Maßgabe der dafür geltenden Vorschriften zu „berücksichtigen" sind (vgl. § 3 Abs. 1 und 2 ROG a. F.).

2.1.2 Das Normenkontrollgericht hat sich bei seiner Auslegung des regionalen Raumordnungsplans an dieser Rechtsprechung orientiert. Es hat nicht

Nr. 5

verkannt, daß die in der Nr. 5.1 RROP getroffene Regelung Elemente aufweist, die auf eine Zielfestlegung hindeuten. Die Planaussage ist ausdrücklich als „Ziel" gekennzeichnet. In der Nr. 5.1.1 RROP ist zudem von „Vorranggebieten" die Rede, die auf Grund ihrer strukturellen Bedeutung „für die Landwirtschaft in der Region erhalten bleiben müssen". Die Festlegung von Vorranggebieten, die die in § 7 Abs. 4 Satz 1 Nr. 1 ROG n. F. genannten Merkmale aufweisen, haben nach der Wertung des Gesetzgebers Zielcharakter (vgl. BVerwG, Urteil v. 13.3.2003 – 4 C 4.02 –, ZfBR 2003, 464 = BauR 2003, 1165). Wie aus § 6 ROG n. F. zu ersehen ist, gilt dies indes nur für Raumordnungspläne, die in der Zeit nach dem 1.1.1998 in Ausfüllung des durch die §§ 7 bis 16 ROG n. F. gesetzten Rahmens aufgestellt worden sind. Jedoch hat der Senat der Festlegung von Gebieten, die für bestimmte, raumbedeutsame Funktionen oder Nutzungen vorgesehen sind und andere raumbedeutsame Nutzungen in diesem Gebiet ausschließen, soweit diese mit den vorrangigen Funktionen, Nutzungen oder Zielen der Raumordnung nicht vereinbar sind, schon nach altem Recht Zielqualität beigemessen (vgl. BVerwG, Beschluß v. 20.8.1992 – 4 NB 20.91 –, a. a. O.; vgl. auch Urteil v. 19.7.2001 – 4 C 4.00 –, BVerwGE 115, 17 = BRS 64 Nr. 96).

Das Normenkontrollgericht weist allerdings zu Recht darauf hin, daß die Nr. 5.1.1 RROP nicht allein deshalb zwangsläufig als Zielfestlegung zu qualifizieren ist, weil sie unter der Überschrift „Ziele" Vorranggebiete ausweist. Aus dieser Wortwahl lassen sich nicht zwingend Zielbindungen ableiten. Die Angaben sind als Indiz dafür zu werten, daß der Plangeber davon ausgegangen ist, eine Zielfestlegung getroffen zu haben. Ob eine raumordnerische Vorgabe die Qualität eines Ziels oder eines Grundsatzes hat, hängt jedoch nicht von der Bezeichnung ab (vgl. hierzu § 7 Abs. 1 Satz 3 ROG n. F.), sondern richtet sich nach dem materiellen Gehalt der Planaussage selbst (vgl. BVerwG, Beschluß v. 15.4.2003 – 4 BN 25.03 –, SächsVBl. 2003, 192). Erfüllt eine planerische Regelung nicht die inhaltlichen Voraussetzungen, die nunmehr in § 3 Nr. 2 ROG n. F. umschrieben sind, so ist sie kein Ziel der Raumordnung. Anders lautende Bekundungen des Plangebers vermögen eine Planaussage, die lediglich die Merkmale eines Grundsatzes aufweist, nicht zu einem Ziel erstarken zu lassen.

2.1.3 Von diesem Ausgangspunkt aus steht Bundesrecht der Wertung, daß es sich bei der Nr. 5.1 RROP nur um einen Grundsatz der Raumordnung handelt, nicht entgegen. Nicht zu folgen vermag der Senat allerdings der Ansicht des Normenkontrollgerichts, wonach bereits der Umstand, daß diese Bestimmung als Regel-Ausnahme-Tatbestand konzipiert ist, gegen die Annahme einer Zielfestlegung spricht.

Richtig ist, daß der Plangeber die Vorrangregelung, die er in der Nr. 5.1.1 RROP für die Landwirtschaft trifft, in der Nr. 5.1.3 RROP einschränkt. Nach Satz 1 dieser Vorschrift dürfen die Vorranggebiete „in unabweisbaren Fällen" anderweitig in Anspruch genommen werden. Die Sätze 2 und 3 enthalten hierzu nähere Maßgaben. Daraus ist zu ersehen, daß der Plangeber selbst der landwirtschaftlichen Nutzung keinen absoluten Vorrang einräumt. Hierdurch wird eine etwaige Zielqualität aber nicht notwendig in Frage gestellt. Dem für eine Zielfestlegung charakteristischen Erfordernis abschließender Abwägung ist genügt, wenn die Planaussage auf der landesplanerischen Ebene keiner Ergänzung mehr bedarf. Dies ist nicht gleichbedeutend mit einem Höchstmaß an Stringenz. Der Plangeber kann es, je nach den planerischen Bedürfnissen, damit bewenden lassen, bei der Formulierung des Planungsziels Zurückhaltung zu üben, und damit den planerischen Spielraum der nachfolgenden Planungsebene schonen. Von einer Zielfestlegung kann freilich dann keine Rede mehr sein, wenn die Planaussage eine so geringe Dichte aufweist, daß sie die abschließende Abwägung noch nicht vorwegnimmt. Erhält der Adressat der Regelung die Möglichkeit, sich durch eine eigene Abwägungsentscheidung ohne landesplanungsbehördliche Beteiligung über die landesplanerische Abwägung hinwegzusetzen, so widerspricht dies der Konzeption des Raumordnungsgesetzes, das Zielabweichungen zwar zuläßt, die Entscheidung hierüber aber unter den in §5 Abs. 5 ROG a. F. (vgl. nunmehr §11 ROG n. F.) genannten Voraussetzungen den Landesplanungsbehörden zuweist. Macht der Plangeber von der Möglichkeit Gebrauch, den Verbindlichkeitsanspruch seiner Planungsaussage dadurch zu relativieren, daß er selbst Ausnahmen formuliert, wird damit nicht ohne weiteres die abschließende Abwägung auf eine andere Stelle verlagert. Es ist ihm grundsätzlich unbenommen, selber zu bestimmen, wie weit die Steuerungswirkung reichen soll, mit der von ihm geschaffene Ziele Beachtung beanspruchen. Auch Plansätze, die eine Regel-Ausnahme-Struktur aufweisen, können die Merkmale einer „verbindlichen Vorgabe" i. S. des §3 Nr. 2 ROG n. F. oder einer „landesplanerischen Letztentscheidung" bzw. einer „abschließenden landesplanerischen Abwägung" im Sinne des Senatsbeschlusses vom 20. 8. 1992 (– 4 NB 20.91 –, a. a. O.) erfüllen, wenn der Plangeber neben den Regel- auch die Ausnahmevoraussetzungen mit hinreichender tatbestandlicher Bestimmtheit oder doch wenigstens Bestimmbarkeit (vgl. §3 Nr. 2 ROG n. F.) selbst festlegt. In einem solchen Fall handelt es sich um verbindliche Aussagen, die nach Maßgabe ihrer – beschränkten – Reichweite der planerischen Disposition nachgeordneter Planungsträger entzogen sind.

2.1.4 Das Normenkontrollgericht hat diesen rechtlichen Zusammenhang zwar nicht erkannt, führt aber weitere gewichtige Anhaltspunkte dafür an, daß der Plangeber über eine Abwägungsdirektive nicht hat hinausgehen wollen. So weist es darauf hin, daß die Nr. 5.1 RROP sich sachlich eng an die Nr. 2.5 des Landesentwicklungsprogramms anlehnt, aus der sich das landesplanerische Anliegen herauslesen läßt, die für eine landwirtschaftliche Nutzung gut geeigneten Flächen grundsätzlich als solche zu erhalten und nur unter bestimmten Voraussetzungen für anderweitige Zwecke in Anspruch zu nehmen. Daraus und aus der inhaltlichen Parallelität der auf der Landes- und der Regionalebene getroffenen Regelungen folgert die Vorinstanz, daß die in der Nr. 5.1.1 RROP erwähnte Vorrangfunktion lediglich als Gewichtungsvorgabe in der Abwägung mit den in der Nr. 5.1.3 RROP bezeichneten anderen öffentlichen Belangen zum Tragen kommen soll. Gegen eine strikte Zielvorgabe spricht nach seiner Auffassung ferner der Gesichtspunkt, daß landwirtschaftliche Vorrangflächen in einer Größenordnung ausgewiesen worden sind, die darauf schließen läßt, daß insoweit eine abschließende Abwägung der unterschiedlichen Anforderungen an den Raum nicht stattgefunden hat.

Nr. 5

Dies beruht nach der Darstellung der Vorinstanz darauf, daß die Abgrenzung ohne Rücksicht auf die konkreten Verhältnisse in den einzelnen Gemeinden einseitig auf der Grundlage der Bodengüteklasseneinteilung in der Standortgruppenkarte des Geologischen Landesamtes vorgenommen wurde. An dieses Verständnis des Landesrechts ist der erkennende Senat gebunden, so daß im Ergebnis die Verneinung des Zielcharakters bundesrechtlich nicht zu beanstanden ist.

2.1.5 Das Normenkontrollgericht durfte auf der Grundlage seiner Auslegung offen lassen, ob die Antragsgegnerin bei ihrer Planung der in der Nr. 5.1 RROP enthaltenen Planaussage zuwidergehandelt hat. Ein etwaiger Verstoß wäre als Abwägungsfehler zu qualifizieren. Daß dieser Mangel von einem Gewicht sein könnte, das zur Nichtigkeit des angegriffenen Bebauungsplans führt, macht der Antragsteller nicht ansatzweise geltend und ist auch sonst nicht ersichtlich.

2.2 Selbst wenn sich das Normenkontrollgericht vorhalten lassen müßte, bei seiner Auslegung nicht in dem rechtlich gebotenen Maße dem bundesrechtlichen Zielbegriff Rechnung getragen zu haben, würde sich das angefochtene Urteil im Ergebnis als richtig erweisen. Wäre die in der Nr. 5.1 RROP getroffene Regelung mit dem Antragsteller als Ziel der Raumordnung zu werten, so hätte die Antragsgegnerin möglicherweise das in § 1 Abs. 4 BauGB normierte Zielanpassungsgebot mißachtet. Ein solcher Verstoß zieht aber nicht ohne weiteres die Nichtigkeit nach sich. Er führt in aller Regel lediglich zur Unwirksamkeit, denn er kann in einem ergänzenden Verfahren nachträglich ausgeräumt werden.

2.2.1 § 47 Abs. 5 Satz 4 VwGO knüpft an § 215a Abs. 1 Satz 1 BauGB an. Nach der Rechtsprechung des erkennenden Senats eröffnet diese Vorschrift ein weites Feld der Fehlerbereinigung. Im Wege des ergänzenden Verfahrens behebbar sind grundsätzlich alle beachtlichen Satzungsmängel. Ausgenommen sind nur Nachbesserungen, die geeignet sind, das planerische Gesamtkonzept in Frage zu stellen. § 215a Abs. 1 Satz 1 BauGB bietet keine Handhabe dafür, die Planung in ihren Grundzügen zu modifizieren. Die Identität des Bebauungsplans oder der sonstigen Satzung darf nicht angetastet werden (vgl. BVerwG, Urteile v. 8.10.1998 – 4 CN 7.97 –, Buchholz 406.11 § 215a BauGB Nr. 1 = BRS 60 Nr. 52 = BauR 1999, 359, und v. 16.12.1999 – 4 CN 7.98 –, BVerwGE 110, 193 = BRS 62 Nr. 44 = BauR 2000, 684; Beschlüsse v. 10.11.1998 – 4 BN 45.98 –, BRS 60 Nr. 53 = BauR 1999, 361; v. 16.3.2000 – 4 BN 6.00 –, BRS 63 Nr. 73 = BauR 2000, 1018; v. 6.12.2000 – 4 BN 59.00 –, BRS 63 Nr. 47 = BauR 2001, 747; v. 20.6.2001 – 4 BN 21.01 –, BRS 64 Nr. 58 = BauR 2002, 284; v. 6.3.2002 – 4 BN 7.02 –, BauR 2002, 1066; v. 5.8.2002 – 4 BN 32.02 –, BauR 2003, 73 und v. 20.5.2003 – 4 BN 57.02 –, BauR 2003, 1688). § 215a Abs. 1 Satz 1 BauGB setzt voraus, daß diese Grenze gewahrt bleibt, differenziert im Übrigen aber nicht nach bestimmten Fehlerarten. Behebbar sind neben Verfahrens- und Formfehlern auch materiellrechtliche Mängel. Zu den in diesem Bereich praktisch bedeutsamsten Verstößen gehören Mängel im Abwägungsvorgang, die nach § 214 Abs. 3 Satz 2 BauGB erheblich sind, wenn sie offensichtlich sind und auf das Abwägungsergebnis von Einfluß gewesen sein können. Fehler dieser Art können unter Rückgriff auf

§ 215a Abs. 1 Satz 1 BauGB ggf. auch in der Weise geheilt werden, daß die Satzung punktuell geändert oder ergänzt wird (vgl. BVerwG, Urteile v. 8. 10. 1998 – 4 CN 7.97 –, a. a. O., und v. 16. 12. 1999 – 4 CN 7.98 –, a. a. O.; Beschlüsse v. 2. 11. 1999 – 4 BN 41.99 –, UPR 2000, 226, und v. 25. 5. 2000 – 4 BN 17.00 –, BRS 63 Nr. 225 = BauR 2000, 1302). Mängel, die aus einer Überschreitung der durch § 9 BauGB und die Baunutzungsverordnung eröffneten Festsetzungsmöglichkeiten herrühren, lassen sich ebenfalls im Wege eines ergänzenden Verfahrens beheben (vgl. BVerwG, Urteil v. 16. 12. 1999 – 4 CN 7.98 –, a. a. O.). Gleiches gilt für Verstöße gegen Erfordernisse der Bestimmtheit oder Normenklarheit (vgl. BVerwG, Beschluß v. 6. 3. 2002 – 4 BN 7.02 –, a. a. O.).

2.2.2 Auch die Mißachtung des in § 1 Abs. 4 BauGB normierten Anpassungsgebots ist als ein Mangel zu werten, der einer Behebung in einem ergänzenden Verfahren zugänglich ist.

Das Erfordernis, Bauleitpläne den Zielen der Raumordnung anzupassen, stellt kein unausräumbares rechtliches Hindernis dar. Es kann durch Zulassung einer Zielabweichung überwunden werden. Die rechtlichen Voraussetzungen hierfür bietet § 5 Abs. 5 ROG a. F. (vgl. auch § 11 ROG n. F.). Danach schaffen die Länder Rechtsgrundlagen für ein Verfahren zur Abweichung von Zielen der Raumordnung. Der Landesgesetzgeber in Rheinland-Pfalz ist diesem Regelungsauftrag nachgekommen. Nach § 13 Abs. 5 Satz 2 des Landesplanungsgesetzes i. d. F. des Gesetzes vom 8. 4. 1991 (GVBl., 104) können Abweichungen von dem verbindlichen regionalen Raumordnungsplan zugelassen werden, wenn diese auf Grund veränderter Tatsachen oder Kenntnisse nach raumordnerischen Gesichtspunkten geboten sind und der regionale Raumordnungsplan in seinen Grundzügen nicht berührt wird. Die Abweichungsentscheidung liegt freilich nicht in der Hand des Trägers der Bauleitplanung. Sie wird nach § 13 Abs. 5 Satz 2 LPlG vielmehr von der oberen Landesplanungsbehörde getroffen. Will eine Gemeinde von einem verbindlichen regionalen Raumordnungsplan abweichen, so hat sie nach § 13 Abs. 6 LPlG die zuständige Landesplanungsbehörde einzuschalten. Die Entscheidung, ob und in welchem Umfang von Zielen der Raumordnung abgewichen werden kann, richtet sich ebenso wie das raumordnungsrechtliche Zielfestlegungsverfahren ausschließlich nach den Regeln des Raumordnungs- und des Landesplanungsrechts. Der Umstand, daß das Zielabweichungsverfahren von einem anderen Verwaltungsträger in eigener Zuständigkeit durchzuführen ist, schließt indes die Anwendung des § 215a Abs. 1 Satz 1 BauGB nicht aus. Diese Vorschrift setzt nicht voraus, daß die Gemeinde selbst in der Lage ist, den Fehler zu beheben, an dem ihre Planungsentscheidung leidet.

Die Entstehungsgeschichte des § 215a BauGB läßt darauf schließen, daß der Gesetzgeber Verstöße, die nur in einem externen Verfahren ausräumbar sind, von dem neu geschaffenen Nachbesserungsregime nicht hat ausschließen wollen. In der dem Gesetzentwurf beigefügten Begründung wird unter Hinweis auf das Gutachten der Expertenkommission zur Novellierung des Baugesetzbuchs als Beispiel für einen im ergänzenden Verfahren behebbaren Fehler ausdrücklich auch der „Verstoß gegen eine Landschaftsschutzverordnung" genannt (BT-Drucks. 13/6392, S. 74). Dem liegt die Vorstellung zugrunde, daß ein Bebauungsplan, der sich über die Verbotsregelungen des förmlichen Landschaftsschutzes hinwegsetzt, nicht für nichtig erklärt zu werden braucht, wenn sich der Mangel dadurch beseitigen läßt, daß die Schutzverordnung geändert oder aufgehoben wird. Daraus hat der Senat gefolgert, daß auch Verstöße gegen naturschutzrechtliche Verbotsregelungen, die sich nicht im Wege einer Ausnahme oder Befreiung (vgl. hierzu BVerwG, Urteil v. 17.12.2002 – 4 C 15.01 –, BVerwGE 117, 287; Beschluß v. 25.8.1997 – 4 NB 12.97 –, Buchholz 406.11 §6 BauGB Nr.7 = BauR 2003, 828), sondern nur durch eine Änderung oder eine (Teil-)Aufhebung der Verordnung ausräumen lassen, vom Anwendungsbereich des §215a Abs. 1 Satz 1 BauGB erfaßt werden (vgl. BVerwG, Beschluß v. 20.5.2003 – 4 BN 57.02 –, a.a.O.).

Die für das Verhältnis zum Naturschutzrecht entwickelten Grundsätze lassen sich auf Zuwiderhandlungen gegen das Zielanpassungsgebot des §1 Abs.4 BauGB übertragen. Zielfestlegungen wirken gegenüber Festsetzungen eines Bebauungsplans, die ihnen widersprechen, nicht als absolute Sperre. Ein etwaiger Konflikt läßt sich durch eine Zielabweichung auflösen. Diese Möglichkeit reicht aus, um den Weg für ein ergänzendes Verfahren zu ebnen. §215a Abs. 1 Satz 1 BauGB macht die Durchführung eines solchen Verfahrens nicht von einer positiven Prognose abhängig (vgl. BVerwG, Urteile v. 8.10.1998 – 4 CN 7.97 –, a.a.O., und v. 16.12.1999 – 4 CN 7.98 –, a.a.O.). Entscheidend ist, daß die Fehlerbehebung nicht als ausgeschlossen erscheint. Nur wenn feststeht, daß eine Beseitigung des Mangels nicht in Betracht kommt, steht der Planung auf unabsehbare Zeit ein unüberwindliches Hindernis entgegen, das nach der Rechtsprechung des Senats zur Nichtigkeit führt (vgl. zu §1 Abs.3 BauGB: BVerwG, Urteile v. 12.8.1999 – 4 CN 4.98 –, BVerwGE 109, 246 = BRS 62 Nr. 1 = BauR 2000, 229; v. 18.5.2001 – 4 CN 4.00 –, BVerwGE 114, 247 = BRS 64 Nr. 1 = BauR 2001, 1692, und v. 21.3.2002 – 4 CN 14.00 –, BVerwGE 116, 144 = BauR 2002, 1650). Dem Planungsbetroffenen entstehen dadurch, daß §215a Abs. 1 Satz 1 BauGB ein weites Anwendungsfeld erschlossen wird, keine Nachteile. Wie aus §47 Abs. 5 Satz 4 VwGO erhellt, steht die Unwirksamkeitserklärung bis zur Behebung der aufgezeigten Mängel in ihren Wirkungen der Nichtigkeitsfeststellung gleich. Ob die Gemeinde von der Möglichkeit des ergänzenden Verfahrens Gebrauch macht, bleibt ihr überlassen. Beschließt sie eine neue Satzung, so ist es dem Planungsbetroffenen unbenommen, sich hiergegen wiederum im Wege der Normenkontrolle zur Wehr zu setzen (vgl. BVerwG, Beschluß v. 11.12.2002 – 4 BN 16.02 –, a.a.O.).

2.2.3 Für den Fall, daß der Antragsgegnerin unter dem Blickwinkel der Nr. 5.1 RROP ein Zielverstoß zur Last zu legen sein sollte, deutet nichts auf ein unausräumbares Hindernis hin. Es zeichnet sich im Gegenteil die konkrete Möglichkeit ab, daß sich der Mangel, wenn nötig, in absehbarer Zeit beseitigen läßt. Nach der unwidersprochen gebliebenen Darstellung der Antragsgegnerin sind Widerstände von Seiten des Trägers der Regionalplanung gegen das gemeindliche Planvorhaben schon deshalb nicht (mehr) zu erwarten, weil ohnehin beabsichtigt ist, die Vorrangfunktion der überplanten Flächen im Zuge der inzwischen in Angriff genommenen Überarbeitung des regionalen Raumordnungsplanes aufzuheben.

Nr. 6

Die Gültigkeit eines Regionalplans wird nicht allein dadurch in Frage gestellt, daß eine Planaussage geringere Bindungswirkungen erzeugt, als ihr der Planungsträger hat beilegen wollen.
(Nichtamtlicher Leitsatz)

ROG §§ 3, 4, 7.

Bundesverwaltungsgericht, Beschluß vom 15. April 2003 – 4 BN 25.03 –.

(Sächsisches OVG)

Aus den Gründen:
1. ... Die Frage, „ob ein Regionalplan Ziele der Raumordnung i. S. des § 3 Nr. 2 ROG auch in Form von „Soll-Zielen" festlegen darf", rechtfertigt nicht die Zulassung der Revision auf der Grundlage des § 132 Abs. 2 Nr. 1 VwGO. Sie ist, abstrakt betrachtet, freilich klärungsbedürftig. Sie ist im Schrifttum stark umstritten. Es gibt Stimmen, die dafür plädieren, Vorschriften, die für den Regelfall eine Beachtenspflicht statuieren, für atypische Fälle aber eine Abweichung zulassen, Zielcharakter zuzusprechen. In diesem Zusammenhang werden den „harten" Zielen, die nur unter den erschwerten Bedingungen des § 11 ROG in einem Zielabweichungsverfahren zur Disposition stehen, die „weichen" Ziele gegenübergestellt, bei denen der Normgeber selbst den Verbindlichkeitsanspruch durch den Vorbehalt ergänzt, daß eine Abwägung möglich ist, sofern atypische Umstände dies rechtfertigen (vgl. z. B. Goppel, BayVBl. 1998, 289, 292; Hendler, DVBl. 2001, 1233, 1239, sowie in: Jarass, Hrsg., Raumordnungsgebiete, Beiträge zum Siedlungs- und Wohnungswesen und zur Raumordnung, Band 183, S. 88, 108 ff.; Spoerr, FS Hoppe, S. 344, 352). Dieser Auffassung widersprechen Hoppe (vgl. DVBl. 2001, 81, 88 ff. sowie BayVBl. 2002, 129 ff.) Erbguth (LKV 1994, 89, 92) und Runkel (in: Ernst/Zinkhahn/Bielenberg/Krautzberger, Kommentar zum BauGB, § 1 Rdnr. 50), die darauf hinweisen, daß von einem abschließend abgewogenen Ziel keine Rede mehr sein kann, wenn die planerische Aussage nur für den Regelfall gilt und vom Zieladressaten ohne Einschaltung des Trägers der Landes- oder Regionalplanung durch eine Abweichungsentscheidung ersetzt werden kann. Nach dieser Ansicht bleibt der Zielcharakter einer Festlegung nur dann unberührt, wenn der Normgeber die Reichweite seiner Regelung in der Weise begrenzt, daß er die Tatbestände, die eine Ausnahme rechtfertigen, selbst eindeutig formuliert. In der Rechtsprechung ist die Frage, ob Planaussagen, die, in welcher Form auch immer, in ein Regel-Ausnahme-Gewand gekleidet sind (z. B. „Soll"- oder „In der Regel"-Formulierungen), Zielqualität aufweisen, noch nicht geklärt. Das OVG Lüneburg (Urteil v. 16. 6. 1982, NJW 1984, 1776) und der Bayerische VGH (Urteil v. 7.6.2000, BayVBl. 2001, 175) haben sich zwar auf den Standpunkt gestellt, daß auch solche planerischen Vorgaben die Merkmale eines Ziels der Raumordnung aufweisen. Der beschließende Senat hat sich zu der Problematik aber noch nicht abschließend geäußert. Er hat die Revision in zwei Fällen zur „Aufhellung der Frage" zugelassen, „unter welchen Voraussetzungen Festlegungen, die ein Regel-

Ausnahme-System begründen, Zielcharakter haben können" (BVerwG – 4 CN 5.02 – und – 4 CN 20.02 –).

Im anhängigen Rechtsstreit ist die Revision nicht ebenfalls zuzulassen. Denn die von der Beschwerde angesprochene Thematik wäre in dem erstrebten Revisionsverfahren nicht entscheidungserheblich. Das Normenkontrollgericht hat es dahingestellt gelassen, ob die im Regionalplan als Ziele der Raumordnung definierten Soll-Festlegungen Zielcharakter haben. Ob eine raumordnerische Vorgabe die Qualität eines Ziels hat, hängt nicht von der Bezeichnung ab (vgl. hierzu § 7 Abs. 1 Satz 3 ROG), sondern richtet sich nach dem materiellen Gehalt der Planaussage selbst. Erfüllt eine planerische Regelung die begrifflichen Voraussetzungen, die in § 3 Nr. 2 ROG umschrieben sind, so entsteht kraft der materiellen Aussage ein Ziel der Raumordnung unabhängig davon, ob dies dem Willen des Planungsträgers entspricht oder nicht. Ist den tatbestandlichen Vorgaben dieser Vorschrift nicht genügt, so ist die Planaussage nicht geeignet, die Wirkungen zu entfalten, die das Spezifikum eines Ziels ausmachen. Das bedeutet aber nicht, daß ihr keinerlei rechtliche Relevanz zukommt. Wie aus § 7 Abs. 1 ROG zu ersehen ist, stellen Zielfestlegungen nur eine der Erscheinungsformen der Erfordernisse der Raumordnung dar, die als Gegenstand zulässiger raumordnerischer Regelung in Betracht kommen. Von den Grundsätzen und den sonstigen Erfordernissen der Raumordnung heben sie sich nur durch die unterschiedliche Reichweite der Bindungswirkungen ab. Während Ziele von den Adressaten „beachtet" werden müssen, sind die Grundsätze und die sonstigen Erfordernisse der Raumordnung nach Maßgabe des § 4 ROG zu „berücksichtigen".

Die Gültigkeit eines Regionalplans wird nicht allein dadurch in Frage gestellt, daß eine Planaussage geringere Bindungswirkungen erzeugt, als ihr der Planungsträger hat beilegen wollen. Davon ist das Normenkontrollgericht erkennbar ausgegangen. Es hat sich der Sache nach auf den Standpunkt gestellt, daß die im Regionalplan enthaltenen Soll-Ziele als Erfordernisse der Raumordnung unabhängig davon rechtlichen Bestand haben, ob sie eine strikte Beachtenspflicht i. S. des § 4 Abs. 1 ROG auslösen oder nicht. Auf der Grundlage der angegriffenen Normenkontrollentscheidung bleibt freilich offen, wie weit die Bindungswirkung dieser Planaussagen auf der nachgeordneten Ebene der Planung oder der Vorhabenzulassung reicht. Die rechtlichen Bedenken, die die Antragstellerin unter Hinweis auf diese Ungewißheit äußert, greifen indes nicht durch. Das Normenkontrollgericht darf eine Rechtsvorschrift i. S. des § 47 Abs. 1 Nr. 2 VwGO nur dann nach § 47 Abs. 5 Satz 2 VwGO für nichtig oder nach § 47 Abs. 5 Satz 4 VwGO für unwirksam erklären, wenn es zu der Überzeugung kommt, daß die Norm ungültig ist. Fehlt es an dieser Voraussetzung, so ist der Normenkontrollantrag abzuweisen. Demgegenüber mißt die Antragstellerin dem Normenkontrollverfahren eine Funktion bei, die ihm nicht zukommt. Es ist nicht die Aufgabe des Normenkontrollgerichts, über den Umfang der rechtlichen Bindungen einer als gültig erachteten Rechtsvorschrift gleichsam ein Gutachten zu erstatten.

Nr. 7

1. Der Einstufung einer Festlegung im Regionalplan als Ziel i.S. von § 1 Abs. 4 BauGB steht nicht entgegen, daß sie als sog. Soll-Ziel formuliert ist.
2. Die Aussagekraft des Ziels wird nicht dadurch relativiert, daß das fragliche Gebiet nicht als Landschaftsschutzgebiet festgesetzt ist.
3. Infolge des für jeden Bauleitplan geltenden Anpassungsgebots in § 1 Abs. 4 BauGB ist das Entwicklungsgebot in § 8 Abs. 2 Satz 1 BauGB einschränkend dahin auszulegen, daß die Leitfunktion des Flächennutzungsplans nur solchen Darstellungen zukommt, die den bindenden raumordnerischen Zielaussagen nicht entgegenstehen.

(Nichtamtliche Leitsätze)

BauGB §§ 1 Abs. 4 und 6, 8 Abs. 2 Satz 1.

Bayerischer VGH, Urteil vom 15. Oktober 2003 – 26 N 99.3785 – (rechtskräftig).

Mit ihrem Normenkontrollantrag von 1999 wenden sich die Antragsteller gegen den Bebauungsplan „E. Nr. 1 Ost mit integriertem Grünordnungsplan" der Antragsgegnerin.

Das Plangebiet umfaßt eine ca. 4,5 ha große, bisher als Intensivgrünland landwirtschaftlich genutzte Fläche oberhalb und östlich bzw. nordöstlich des Ortsteils E. an einem südwestexponierten Hang eines eiszeitlichen Drumlins (Höhenrücken) in einem Höhenbereich zwischen 806 m und 833 m ü.NN. Die Art der zulässigen baulichen Nutzung ist als Allgemeines Wohngebiet festgesetzt. Es sind 36 Einzelhäuser vorgesehen. Das Baugebiet wird durch eine neu zu errichtende Ringstraße und über eine sich gabelnde Ortsstraße erschlossen.

Im dörflich geprägten „Altort" E. westlich des geplanten Baugebiets mit insgesamt 35 Gebäuden befinden sich neben einem ehemaligen Gutshof und Ein- und Zweifamilienhäusern (Wohnnutzung, Beherbergungsbetriebe in Form von Pensionen und Ferienwohnungen) drei landwirtschaftliche Betriebe mit Milchviehhaltung.

E. liegt in den Iller- und Lechvorgebirgen zwischen dem Hopfen- und dem Forggensee mit Sichtbeziehung zur Allgäuer Alpenkette.

Der Regionalplan, Region Allgäu (16) enthält in Teil B Abschnitt I unter Nr. 4. „Gestaltungs- und Pflegemaßnahmen" folgende Festlegung:

4.2.2 „In den Iller- und Lechvorbergen, insbesondere im Bereich von Sonneneck, Hauchenberg, Rottachberg und Salmasser Höhe soll – soweit keine Erosionsgefahr besteht – die Freihaltung von Oberhangteilen mit guten Ausblicken angestrebt werden. Auf die Freihaltung besonders prägender Drumlins, Moränenhügel, geomorphologischer Erscheinungen und für das Landschaftsbild bedeutsamer stabiler Steillagen soll vor allem im Südteil der Region und im Westallgäuer Hügelland hingewirkt werden."

Zur Begründung ist im Regionalplan ausgeführt:

„Während die Drumlins und Nagelfluhrippen meist waldfreie Höhen darstellen, sind die langen Kuppen der Faltenmolasse vielfach waldbestanden. Aussichtspunkte sind hier auf Grund der Topographie oft möglich. Ein dichter Gehölz- und Waldbewuchs verhindert jedoch häufig den freien Blick in die Umgebung, auf die Bergkulisse und die Ebenen des Vorlandes. Ehemals freie Aussichtslagen und Höhen wachsen durch Nutzungsaufgabe oder Extensivierung von landwirtschaftlichen Flächen vielfach zu oder werden aufgeforstet. Eine generelle Aufforstung stabiler Steillagen (keine Erosions- und Lawinengefahr) wird auch aus Gründen des Artenschutzes und des Landschaftsbildes nicht wünschenswert sein. Durch Bewaldung der meist waldfreien Drumlins würde die Erlebbarkeit dieser eigenwilligen und besonders lebendigen Landschaftsformen ebenfalls verloren gehen."

Im Flächennutzungsplan der Antragsgegnerin (genehmigt 1987) ist das Plangebiet als Wohnbaufläche dargestellt.

Die E. umgebende Bebauung gehört nach dem Regionalplan Allgäu zum landschaftlichen Vorbehaltsgebiet Nr. 13 „Auerberg und Forggensee" und zum Landschaftsschutzgebiet „Forggensee und benachbarte Seen". Die Fläche des Geltungsbereichs des Bebauungsplans und der bestehende Ortsteil von E. sind von den genannten Schutzkategorien ausgenommen.

Die Antragsteller sind Eigentümer von Grundstücken im „Altort" E.

Aus den Gründen:

Der Bebauungsplan ist wegen eines Verstoßes gegen das Anpassungsgebot (§ 1 Abs. 4 BauGB) nichtig (1). Selbst wenn man der Auffassung sein sollte, ein solcher Verstoß liege nicht vor, wäre der Bebauungsplan wegen eines Verstoßes gegen das Abwägungsgebot (§ 1 Abs. 6 BauGB) nichtig (2).

1. Die Antragsgegnerin hat gegen die in § 1 Abs. 4 BauGB enthaltene Pflicht verstoßen, den Bebauungsplan an die Ziele der Raumordnung und Landesplanung anzupassen. Auf die Frage, ob die Planung selbst raumbedeutsam ist, kommt es nicht an (1.1). Der hier maßgebende Regionalplan enthält ein wirksames Ziel der Landesplanung, das von der Planung der Antragsgegnerin berührt wird (1.2). Die Planung der Antragsgegnerin steht nicht in Einklang mit diesem Ziel (1.3).

1.1 Die Antragsgegnerin hatte die Pflicht, ihre Planung, nämlich die im angegriffenen Bebauungsplan vorgesehene Bebauung in E., gemäß § 1 Abs. 4 BauGB an die Ziele der Raumordnung anzupassen, obwohl diese Planung als solche (wohl) nicht raumbedeutsam ist. Das Anpassungsgebot des § 1 Abs. 4 BauGB gilt nämlich für alle Bauleitpläne, unabhängig von ihrer Raumbedeutsamkeit. Insoweit greift die gemeindliche Anpassungspflicht nach § 1 Abs. 4 BauGB über die raumordnungsrechtliche Beachtenspflicht (vgl. § 4 Abs. 1 Satz 1 ROG 1998) hinaus, die sich entsprechend der Zielsetzung des Raumordnungsrechts nur auf raumbedeutsame Planungen und Maßnahmen erstreckt.

1.2 Der Regionalplan der Region Allgäu (16), in der hier maßgebenden Fassung 1999 (bekanntgemacht am 6. 10. 1999, GVBl., S. 450), enthält ein verbindliches Ziel (1.2.1). Dieses wird von der hier angegriffenen Planung berührt (1.2.2). Das löst die Anpassungspflicht i. S. von § 1 Abs. 4 BauGB aus.

1.2.1 Ziele i. S. des § 1 Abs. 4 BauGB sind solche der Raumordnungs- und Landesplanungsgesetze des Bundes und der Länder selbst, sowie solche, die in darauf beruhenden weiteren Programmen und/oder – wie hier – in einem Regionalplan enthalten sind. Der hier maßgebende Regionalplan der Region Allgäu enthält in Teil B Abschnitt I unter 4.2.2 die Festlegung, daß auf „die Freihaltung besonders prägender Drumlins ... vor allem im Südteil der Region und im Westallgäuer Hügelland hingewirkt werden soll".

Der Einstufung dieser Festlegung als Ziel i. S. von § 1 Abs. 4 BauGB steht nicht entgegen, daß sie als sog. Soll-Ziel formuliert ist. Die insoweit in der Literatur erhobenen Bedenken (vgl. Hoppe, BayVBl. 2002, 129 ff.; ders.,

BayVBl. 2002, 754 jeweils m. w. N.) überzeugen nicht. Ein Widerspruch zu § 3 Nr. 2 ROG, der eine landesplanerische „Letztentscheidung" erfordert, liegt trotz der Formulierung „soll" nicht vor. Denn auch bei Soll-Zielen wird auf der Ebene der Landesplanung eine ebenenspezifische Letztentscheidung getroffen (so wiederholt Goppel, vgl. BayVBl. 1998, 289; ders., BayVBl. 2002, 449). Der planenden Gemeinde wird nicht die Möglichkeit eingeräumt, das Ziel als solches in der Abwägung zu überwinden.

Das hier maßgebende Ziel im Regionalplan ist wirksam. Die Ziele der Raumordnung und Landesplanung werden entweder im Raumordnungsplan oder für ein Landesgebiet (§ 8 ROG, Art. 13 BayLplG) oder – wie für den vorliegenden Fall – in den Plänen für Teilräume der Länder (Regionalpläne, vgl. § 9 ROG, Art. 17 BayLplG) durch die Träger der Raumplanung (§ 3 Nr. 7 ROG) festgelegt. Das im Regionalplan der Region Allgäu (16) festgelegte, oben erwähnte Ziel genügt den Anforderungen an die räumliche und sachliche Bestimmtheit, die an die Wirksamkeit von Zielen zu stellen sind. Die Festlegung bezieht sich geografisch auf einen ganz bestimmten Raum. Sie trifft für diesen Raum in sachlicher Hinsicht eine konkrete raumordnerische Entscheidung (zu diesen Anforderungen vgl. § 3 Nr. 2 ROG 1998).

Die Aussagekraft des Ziels wird nicht dadurch relativiert, daß das fragliche Gebiet nicht als Landschaftsschutzgebiet festgesetzt ist. Landesplanerisch verbindliche Vorgaben können durch Landschaftsschutzgebiete weiter konkretisiert, also „umgesetzt" werden. Daraus kann aber nicht der Schluß gezogen werden, daß Soll-Ziele im Regionalplan erst dann verbindlich für die Bauleitplanung werden, wenn und soweit sie durch Landschaftsschutzverordnungen „umgesetzt" worden sind. Denn die Ziele sind nicht nur Maßstab für nachfolgende planerische Entscheidungen. Sie lösen vielmehr unmittelbar eine strikte Beachtenspflicht aus, soweit sie – wie hier – sachlich konkrete Aussagen enthalten.

Es ist nicht erkennbar, daß mit der landesplanerischen Festlegung des erwähnten Ziels und der darin enthaltenen Beschränkung zur Ausweisung eines Baugebiets das Selbstverwaltungsrecht der Antragsgegnerin ausgehöhlt sein und aus diesem Grund eine Anpassungspflicht ausscheiden könnte. Aus den Folgen der in Rede stehenden Zielfestlegung im Regionalplan läßt sich eine unzulässige Aushöhlung der kommunalen Planungshoheit nicht herleiten. Die vielfältigen Raumnutzungsansprüche bedürfen einer Abstimmung auf verschiedenen Ebenen. Das Raumplanungsrecht umfaßt eine Abfolge von Planungsentscheidungen auf Bundes- und auf Landesebene mit fortschreitender Verdichtung der Regelungen auf Landes- und Regionalebene bis hin zu konkreten Festlegungen auf Gemeindeebene. In dieses mehrstufige System räumlicher Gestaltung ist die gemeindliche Bauleitplanung als der Landes- und der Regionalplanung nachgeordnete unterste Ebene der Planungshierarchie eingebunden. Die Bindung der Gemeinden an die landesplanerischen Zielfestlegungen rechtfertigt sich daraus, daß diese „abschließend abgewogen" (§ 3 Nr. 2 ROG) sind, also schon auf der Stufe der Landesplanung eine überörtliche und überfachliche gesamtplanerische Interessenabwägung und Konfliktklärung stattgefunden hat. Die Gemeinden sind bei der Aufstellung von Zielen der Raumordnung zu beteiligen. Ziele, die unter Mißachtung ihrer Mitwirkungsrechte festgelegt worden sind, braucht die Gemeinde nicht gegen sich gelten zu lassen (vgl. BVerwGE 90, 329, 335). Von der Gemeinde vorgebrachte Einwendungen sind zur Kenntnis zu nehmen und bei der Entscheidung zu erwägen. Die gemeindlichen Belange dürfen im Wege der Abwägung im Rahmen der landesplanerischen Entscheidung nur dann zurückgestellt werden, wenn und soweit die der Gemeinde im Vergleich zu anderen Gemeinden auferlegte Sonderbelastung durch überörtliche Interessen von höherem Gewicht erfordert wird und noch substantieller Raum für eine Konkretisierung in der Bauleitplanung verbleibt (vgl. VerfGH 37, 59, 73; BVerfGE 76, 107, 119 f.). Ob den hinter einer Zielfestlegung stehenden landesplanerischen Belangen der Vorrang vor der gemeindlichen Autonomie zukommt, hängt von den jeweiligen Umständen des konkreten Einzelfalls ab. Dabei ist zu berücksichtigen, daß bei Planungsentscheidungen Bewertungs-, Abwägungs- und Einschätzungsvorgänge eine bedeutende Rolle spielen, die nur eingeschränkt gerichtlich überprüfbar sind. Anhaltspunkte dafür, daß die in Rede stehende Festlegung im Regionalplan auf Einschätzungen und Entscheidungen beruht, die offensichtlich fehlerhaft oder eindeutig widerlegbar sind, sind nicht gegeben. Das wird von der Antragsgegnerin auch nicht behauptet.

Das Gebiet der Antragsgegnerin ist landschaftlich besonders schön und daher schützenswert. Unter diesen Umständen ist eine weitere Siedlungsentwicklung im Bereich der Antragsgegnerin gerade unter dem Blickwinkel des Landschaftsschutzes, sei es, daß dieser förmlich durch entsprechende Landschaftsschutzverordnungen oder Vorbehaltsgebiete geregelt ist, sei es, daß er als Belang mit besonderem Gewicht bei planerischen Entscheidungen zu berücksichtigen ist, deutlich erschwert. Dieser Umstand allein ist jedoch kein Anlaß, die Anpassungspflicht der Antragsgegnerin – auf welche Weise auch immer – zu relativieren. Denn die Regionalplanung nimmt im Ergebnis auf die genannten Besonderheiten Rücksicht. So verlangt die genannte landesplanerische Zielsetzung, daß nur besonders prägende Drumlins von Bebauung freizuhalten sind. Damit wird erkennbar dem Umstand Rechnung getragen, daß im Gebiet der Antragsgegnerin Drumlinschwärme vorhanden sind und nicht alle Drumlins geschützt werden sollen und können. Die landesplanerische Festlegung berücksichtigt daher schützenswerte Interessen der Antragsgegnerin an einer weiteren Siedlungsentwicklung. Dieser werden nur dort (auf der Ebene der Landesplanung) Schranken gesetzt, wo überragende Interessen an der Erhaltung und Erlebbarkeit der Zeugen einer eiszeitlichen Landschaftsentwicklung der Nachwelt erhalten werden sollen. So liegt der Fall hier.

1.2.2 Das im Regionalplan formulierte Ziel wird von der Planung der Antragsgegnerin berührt.

Zwar steht die genannte Festlegung im Kontext der „Gestaltungs- und Pflegemaßnahmen" im Sinne von Teil I Abschnitt I unter Nr. 4 des Regionalplans. Daraus kann aber nicht geschlossen werden, daß die Festlegung nur die Vegetationsentwicklung in der freien Landschaft betrifft, nicht aber negative Vorgaben für die Siedlungsentwicklung beinhaltet, wie die Antragsgegnerin meint. Siedlungsentwicklung einerseits und Gestaltungs- und Pflegemaßnahmen andererseits stehen in einem gegenseitigen Spannungsverhältnis. Dort, wo die Siedlungstätigkeit fortschreitet, wird die natürliche Vegetation zurückgedrängt. Soweit sich der Regionalplan mit der Erhaltung der Vegetation im weitesten Sinne befaßt, werden im Einzelfall daher notwendigerweise auch Fragen der Siedlungsentwicklung angesprochen. So legt der Regionalplan eine Vielzahl von Soll-Zielen fest, die zwar unter der Überschrift „Gestaltungs- und Pflegemaßnahmen" angeordnet sind, die aber quasi als Kehrseite der Medaille „Vegetation" direkt oder indirekt auch die Siedlungsentwicklung betreffen. Nr. 4.1.1 bezieht sich z. B. auf bestimmte und im einzelnen näher aufgeführte innerörtliche Grünflächen und bestimmt, daß diese zu erhalten sind. Umgekehrt wird damit bezogen auf die Siedlungsentwicklung auch die Aussage getroffen, daß diese Flächen keiner Bebauung zugeführt werden sollen. Ähnliches gilt für die Festlegungen unter Nr. 4.2.7 und 4.2.8 für die Freihaltung der dort genannten Ufer.

Auch die „tatbestandlichen" Voraussetzungen, unter denen die Anpassungspflicht ausgelöst wird, liegen im einzelnen vor. Denn die Erhebung in E., die nach den Vorstellungen der Antragsgegnerin (zumindest teilweise) bebaut werden soll, ist – unstreitig – ein „Drumlin" im Sinne des erwähnten Ziels des Regionalplans. Drumlins sind stromlinienförmige Aufschüttungen aus Grundmoränenmaterial im Bereich der eiszeitlichen Gletscher, die vielfach in großen Scharen auftreten. Nach der Erscheinungsform handelt es sich um langgezogene, schmale Hügel mit einer bergwärts liegenden steilen Luv- und einer talwärts weisenden flachen Leeseite. Sie entstehen, wenn eine ältere Grundmoränendecke bei einem späteren Gletschervorstoß erneut von einer Eismasse überfahren wird und diese Eismasse auf ein Hindernis stößt. Die Eiszunge spaltet sich vor dem Hindernis, es gibt Längs- und Querspalten, zumeist in systematischer Anordnung. In diesen Spalten fließt Schmelzwasser, das mitgeführten Schotter ablagert. Das sind die späteren Drumlins. Auf der Stoßseite des Eises sind sie steil, auf der dem Eis abgewandten Seite flach. Man kann sie als subglaziale Stromlinienkörper bezeichnen.

Drumlins sind – kurz ausgedrückt – überfahrene Schutthaufen die bis zu 2 km lang und 100 m hoch sein können. Ein solcher Drumlin ist auch die zur Bebauung vorgesehene Erhebung in E.

Der hier in Rede stehende Drumlin ist auch „besonders prägend" im Sinne der landesplanerischen Festlegung, und zwar in mehrfacher Hinsicht. Das steht zur Überzeugung des Gerichts auf Grund des beim Ortstermin gewonnenen Eindrucks fest. Es handelt sich um den größten Drumlin eines „Drumlinschwarms", der sich schon nach seiner Länge und Höhe deutlich von den anderen Drumlins in der Umgebung abhebt, die kleiner sind. Seine für Drumlins typische Form ist auch heute noch besonders gut ablesbar, da er wegen seiner Höhe aus vielen Blickrichtungen eingesehen werden kann, wovon sich das Gericht beim Augenschein überzeugen konnte. Hinzu kommt, daß der Drumlin am Rande eines Drumlinschwarms liegt und daher trotz der vorhandenen anderen Hügel besonders deutlich wahrnehmbar ist. Seine ursprüngliche Form ist weder durch Bewaldung noch durch Bebauung verändert.

Der Drumlin und seine Umgebung haben ihre Schutzwürdigkeit nicht eingebüßt. Nach dem Eindruck beim Ortstermin sind der Drumlinschwarm, die

Verteilung der einzelnen Drumlins, ihre besonders prägende Ausbildung und ihre jeweiligen eigenartigen Rücken- und Hangformen auch heute noch erlebbar. Ihr Anblick ist im ganz besonderen Maße auch unter optischen Gesichtspunkten reizvoll, nach dem die einzelnen Drumlins wie ein Fischschwarm in der Landschaft liegen, wobei die Höhenrücken mehr oder minder gleich ausgerichtet sind. Das Gericht konnte sich bei Augenschein davon überzeugen, daß diese eigenwillige geomorphologische Anordnung weder durch Straßen noch sonstige Kunstbauten an Attraktivität eingebüßt hat.

1.3 Der angegriffene Bebauungsplan ist dem landesplanerischen Ziel, auf die Freihaltung besonders prägender Drumlins hinzuwirken, nicht angepaßt i. S. von § 1 Abs. 4 BauGB. „Anpassen" in diesem Sinn bedeutet, daß die planerischen Intentionen, die den Zielen der Regionalplanung zugrunde liegen, in das bauleitplanerische Konzept eingehen müssen, wobei die Gemeinde aber grundsätzlich frei ist, die im Ziel der Regionalplanung enthaltenen Vorgaben zielkonform auszugestalten und die ihr nach dem Bauplanungsrecht eröffneten Wahlmöglichkeiten voll auszuschöpfen (vgl. BVerwG v. 30. 1. 2003 – 4 CN 14/01 –, abgedruckt unter Nr. 9). Im vorliegenden Fall ist die landesplanerische Zielvorgabe aber so konkretisiert, daß der Antragsgegnerin auf der Ebene der örtlichen Bauleitplanung (praktisch) kein planerischer Spielraum mehr verbleibt.

Denn nach der Zielsetzung des Regionalplans soll auf die Freihaltung des Drumlins hingewirkt werden. „Hinwirken" kann nach Lage der Dinge nur bedeuten, daß die Antragsgegnerin alles zu unternehmen hat, damit das landesplanerische Ziel verwirklicht werden kann. Es bedeutet weiter, daß die Antragsgegnerin alles zu unterlassen hat, was eine Verwirklichung des landesplanerischen Ziels verhindern könnte. „Hinwirken" im Sinne der landesplanerischen Festlegung bedeutet daher auch, daß die Antragsgegnerin keine Bebauungsplanung betreiben darf, deren Umsetzung dazu führt, daß das landesplanerische Ziel nicht verwirklicht werden kann.

Zu Unrecht meint die Antragsgegnerin, sie habe mit der angegriffenen Planung der Zielsetzung im Regionalplan Rechnung getragen, weil die Hangkuppe der Erhebung in E. nach den Festsetzungen des Bebauungsplans von Bebauung freigehalten wird und die Bebauung erst unterhalb der Kuppe „ansetzt". Auch eine solche Bebauung wird der Zielsetzung im Regionalplan nicht gerecht, ist also nicht angepasst i. S. von § 1 Abs. 4 BauGB. Das ergibt sich aus der Intention des landesplanerischen Ziels, die sich insbesondere aus der Begründung dieses Ziels in Teil B des Regionalplans ergibt.

Danach soll die „Erlebbarkeit dieser eigenwilligen und besonders lebendigen Landschaftsformen" nicht durch Bewaldung verlorengehen. Diese Formulierungen lassen den Schluß zu, daß auf der landesplanerischen Ebene die Entscheidung getroffen worden ist, die besonders prägenden Drumlins von Bewaldung deshalb freizuhalten, um die Erlebbarkeit der eiszeitlichen Erscheinungen zu erhalten. Dieses Ziel ist daher erkennbar von der Vorstellung getragen, der Nachwelt die besonderen eiszeitlichen Landschaftsformen so zu erhalten, daß deren Entstehungsgeschichte an Hand der Formen nachvollziehbar, also erlebbar, bleibt. Diese landesplanerische Intention läßt sich – das liegt auf der Hand und bedarf keiner besonderen Begründung – aber nur verwirklichen, wenn die Drumlins in ihrer ursprünglichen Form erhalten bleiben. Das setzt denknotwendig voraus, daß sie im wesentlichen weder bebaut noch bestockt werden. Zu Unrecht meint die Antragsgegnerin, dieses landesplanerische Ziel lasse sich auch mit der angegriffenen Planung verwirklichen. Sie hat zwar mit nicht unerheblichem Aufwand (vgl. insbesondere die sog. Sichtbildanalyse) versucht im einzelnen darzulegen, daß die geplante Bebauung des Drumlins nur in eingeschränktem Umfang von anderen Standorten aus wahrgenommen werden würde und daraus den Schluß gezogen, daß allenfalls eine minimale Beeinträchtigung des Landschaftsbildes zu erwarten sei. Hierauf kommt es indes nach der landesplanerischen Zielsetzung nicht an. Danach geht es nicht nur darum, die besonders prägenden Drumlins als Teil der Landschaft in optischer Hinsicht, etwa als abwechslungsreiche schöne Landschaft, zu erhalten. Vielmehr soll ohne Rücksicht auf den optischen Beitrag zum Landschaftsbild die besonders eigenwillige Form, die Rückschlüsse auf die geomorphologische Entstehung des Drumlins zuläßt, auch weiterhin ablesbar und erlebbar bleiben. Das aber läßt sich nach Überzeugung des Gerichts nach dem Eindruck beim Ortstermin nur dadurch erreichen, daß der Drumlin jedenfalls im wesentlichen unbebaut bleibt. Es mag sein, daß die angegriffene Planung der Antragsgegnerin auf die Form des Drumlin-Rückens Rücksicht nehmen will, in dem die Bebauung nicht an der Kuppe, sondern erst tiefer beginnen soll. Dabei wird aber unberücksichtigt gelassen, daß die besondere Form des Drumlins, die Rückschlüsse auf seine Entstehung zuläßt, nicht mehr erlebbar bleibt. Eine Bebauung, wie sie Antragsgegnerin mit dem angegriffenen Bebauungsplan vorsieht, läßt nach der Überzeugung des Gerichts die für Drumlins typische geomorphologische Erscheinungsform so in den Hintergrund treten, daß der Drumlin nicht mehr ohne weiteres als solcher erkannt werden könnte. Gerade diese Folge soll aber nach der landesplanerischen Festlegung verhindert werden.

Der Feststellung eines Verstoßes gegen das Anpassungsgebot steht nicht die Tatsache entgegen, daß der Bebauungsplan aus dem Flächennutzungsplan der Antragsgegnerin entwickelt worden ist, der in dem hier maßgebenden Bereich eine Bebauung vorsieht. Das folgt aus dem Geltungsanspruch der Raumordnung. Die Zielfestlegung im Regionalplan setzt sich als Bestandteil der übergeordneten Planung gegenüber einem zielwidrigen oder später zielwidrig gewordenen Flächennutzungsplan durch; denn das Anpassungsgebot richtet sich auch an die Flächennutzungsplanung. Infolge des für jeden Bauleitplan geltenden Anpassungsgebots in § 1 Abs. 4 BauGB ist das Entwicklungsgebot in § 8 Abs. 2 Satz 1 BauGB aus teleologischen und gesetzessystematischen Gründen einschränkend dahin auszulegen, daß die Leitfunktion des Flächennutzungsplans nur solchen Darstellungen zukommt, die den bindenden raumordnerischen Zielaussagen nicht entgegenstehen. Das Entwicklungsgebot setzt diese Zielkonformität voraus. Anderenfalls bestünde ein unauflösbarer Widerspruch zwischen § 1 Abs. 4 BauGB und § 8 Abs. 2 Satz 1 BauGB (vgl. BVerwG v. 30. 1. 2003, a. a. O.).

2. Selbst wenn man annehmen wollte, es liege kein Verstoß gegen das Anpassungsgebot vor, etwa deshalb, weil die genannte Festlegung im Regio-

nalplan wegen der dort verwendeten Formulierungen „soll hingewirkt werden" kein Ziel i. S. des § 1 Abs. 4 BauGB ist, oder weil das Ziel wegen seiner Stellung im Regionalplan nur grünordnerische Maßnahmen zum Gegenstand hat, wie die Antragsgegnerin meint, wäre der Bebauungsplan jedenfalls wegen eines Verstoßes gegen das Abwägungsgebot (§ 1 Abs. 6 BauGB) nichtig. Das Abwägungsgebot verlangt, daß alle von der Planung berührten öffentlichen und privaten Belange berücksichtigt werden und daß ihre Bedeutung zutreffend eingeschätzt wird. Das Abwägungsergebnis darf dem objektiven Gewicht der betroffenen Belange nicht widersprechen. Das aber ist hier nicht der Fall.

Sollte die genannte landesplanerische Festlegung kein Ziel i. S. des § 1 Abs. 4 BauGB sein, so hätte dies zur Folge, daß der in der Festlegung enthaltenen landesplanerischen Intention, nämlich besonders prägende Drumlins von Bebauung freizuhalten, bei der Abwägung ein besonderes Gewicht zukommt. Die landesplanerische Vorgabe könnte nur unter besonderen Umständen in der Abwägung überwunden werden. Das hat die Antragsgegnerin nicht in ausreichendem Umfang erkannt. Sie hat zwar das Vorhandensein der landesplanerischen Vorgabe nicht übersehen und in ihre Überlegungen im Rahmen der Abwägung auch die Frage einbezogen, inwieweit sich die von ihr beabsichtigte Bebauung mit der Bedeutung der Erhebung in E. als eiszeitlicher Drumlin in Einklang bringen läßt und hat hierzu umfangreiche Untersuchungen anstellen lassen. Ein Abwägungsausfall liegt insoweit sicher nicht vor. Verkannt hat die Antragsgegnerin aber das Gewicht, das der landesplanerischen Intention objektiv zukommt. Sie hat nicht erkannt, daß es sich bei der Erhebung in E. um einen besonders prägenden Drumlin handelt. Sie hat weiter zu Unrecht angenommen, der Bedeutung des Drumlins dadurch ausreichend Rechnung tragen zu können, daß nicht die ganze Erhebung bebaut, sondern die Kuppe von Bebauung freigehalten wird. Wie aber oben ausgeführt worden ist, kann auch bei dieser nur teilweisen Bebauung die landesplanerische Vorstellung, die besondere Form der eiszeitlichen Drumlins für die Nachwelt als erlebbar zu erhalten, nicht verwirklicht werden.

Nr. 8

1. **Das Raumordnungs- und Landesplanungsrecht enthält keine Ermächtigung zur pauschalen Nivellierung von Standortvor- und Standortnachteilen oder der unterschiedlichen Leistungsfähigkeit einzelner Gemeinden. Insbesondere rechtfertigt es der „Schutz schwächerer Gemeinden" nicht, den vermeintlich „stärkeren" Gemeinden im Wege eines Zieles der Raumordnung unter Rückgriff auf erwiesenermaßen überholte Einwohnerzahlen und ohne Rücksicht auf ihre individuelle Situation jegliche Entwicklungsmöglichkeiten außerhalb ihrer bestehenden Siedlungsbereiche zu versagen.**

2. **Der in Art. 8 Abs. 4 i. V. m. Art. 7 Abs. 2 Satz 1 Landesplanungsvertrag sowie § 5 Abs. 2 Satz 2 ROG a. F. geregelten Pflicht, bei der Aufstellung von Zielen der Raumordnung und Landesplanung die Gemeinden zu**

beteiligen, korrespondiert eine Obliegenheit der Gemeinden, zu einer umfassenden Ermittlung und Sammlung des einschlägigen Abwägungsmaterials beizutragen. Eine Gemeinde, die es versäumt, die gemeinsame Landesplanungsabteilung im Rahmen des Beteiligungsverfahrens auf einen ihr Gebiet betreffenden abwägungserheblichen Sachverhalt aufmerksam zu machen, kann insoweit nicht später ein Abwägungsdefizit geltend machen.

ROG a. F. §§ 1 Abs. 4, 5 Abs. 2 Satz 2 und Abs. 4; ROG n. F. §§ 1 Abs. 3, 2 Abs. 2 Nr. 2, 3 Nr. 2 und 3, 4 Abs. 1, 11; BauGB § 1 Abs. 4.

OVG Brandenburg, Urteil vom 27. August 2003 – 3 D 5/99.NE –.

Gegenstand des Normenkontrollverfahrens ist die Gültigkeit des Landesentwicklungsplanes für den engeren Verflechtungsraum Brandenburg-Berlin (LEP e. V.), der durch § 1 der Verordnung über den gemeinsamen Landesentwicklungsplan für den engeren Verflechtungsraum Brandenburg-Berlin vom 2. 3. 1998 (GVBl. II, 186) zum Bestandteil dieser Verordnung erklärt und „als Anlage veröffentlicht" worden ist.

Aus den Gründen:
III. Der Antrag ist begründet, soweit die Antragstellerin die Nichtigerklärung der textlichen Festlegung Z 1.1.2 der Anlage zur Verordnung über den LEP e. V. begehrt. Im übrigen ist der Antrag unbegründet. ...
Die textlichen Festlegungen des LEP e. V. können jedoch zum Teil keinen Bestand haben.
Zwar unterliegt entgegen der Auffassung der Antragstellerin die von ihr in erster Linie angegriffene Festlegung G 1.1.4, nach deren – hier nur relevantem – Satz 3 der Wert für den Einwohnerzuwachs bis zum Jahr 2010, gemessen an der Einwohnerzahl (Stand 1990), in den sonstigen Gemeinden nach Ziel 1.1.2 (Typ 3) i. d. R. 10% nicht überschreiten soll – für sich genommen –, keinen rechtlichen Bedenken. Es handelt sich lediglich um einen Grundsatz der Raumordnung, der mit höherrangigen Planaussagen in Einklang steht.
(1) Bei der Festlegung G 1.1.4 handelt es sich nicht um ein Ziel der Raumordnung und Landesplanung, das – seine Gültigkeit unterstellt – von der Antragstellerin zu beachten wäre. Dies folgt schon daraus, daß die Festlegung ausdrücklich nicht als beachtenspflichtiges Ziel („Z"), sondern als abwägungspflichtiger Grundsatz („G") gekennzeichnet ist, der Antragsgegner sie also nicht mit einem Verbindlichkeitsanspruch hat ausstatten wollen. Zwar ist davon auszugehen, daß die Bezeichnung einer Planaussage als Ziel nicht allein maßgeblich für die Zielqualität ist, sondern allenfalls Hinweisfunktion hat, und daß allein der materielle Gehalt entscheidend ist (vgl. BVerwG, Beschluß vom 7. 3. 2002 – 4 BN 60.01 –, BRS 65 Nr. 51 = NVwZ 2002, 869, 870). Da ein Ziel die Merkmale einer verbindlichen Vorgabe in Form einer räumlich und sachlich bestimmten oder bestimmbaren, vom Träger der Landes- oder Regionalplanung abschließend abgewogenen textlichen oder zeichnerischen Festlegung aufweisen muß (vgl. § 3 Nr. 2 ROG n. F.), ist es etwa denkbar, daß es sich bei einer als Ziel gekennzeichneten Planaussage lediglich um einen Grundsatz handelt, weil sie entgegen der Annahme des Plangebers nicht ausreichend bestimmt oder bestimmbar ist oder es an einer

abschließenden Abwägung fehlt. Für den umgekehrten Fall, daß eine Planaussage ausdrücklich als Grundsatz gekennzeichnet ist, ist es jedoch von vornherein ausgeschlossen, entgegen der Kennzeichnung von einem beachtenspflichtigen Ziel der Raumordnung und Landesplanung auszugehen. Der materielle Gehalt einer als Grundsatz gekennzeichneten Festlegung kann ungeachtet des Umstandes, daß die Formulierung einen hohen Grad an Verbindlichkeit aufweisen mag, schon denklogisch nicht als – normative Bindungen erzeugendes – Ziel ausgelegt werden, denn mit der Kennzeichnung als Grundsatz bringt der Träger der Planung zum Ausdruck, daß es sich gerade nicht um eine „abschließend abgewogene" Festlegung handelt, wie es § 3 Nr. 2 ROG n. F. voraussetzt. Eine Abwägung setzt jedoch zwingend voraus, daß sie mit Wissen und Willen des Plangebers geschieht; eine gleichsam versehentliche Abwägung ist nicht vorstellbar. ...

Die Festlegung Z 1.1.2, der zufolge in den übrigen, nicht unter 1.1.1 genannten Gemeinden (Typ 3) Siedlungsentwicklung im Innenbereich und auf städtebaulich relevanten Teilen von Konversionsflächen im Siedlungszusammenhang nach 1.0.5 zulässig ist (Satz 1) und der für Typ 3 vorgesehene Orientierungswert (vgl. Nr. 1.1.4 Nr. 3) für Zuwachs von i. d. R. bis 10 %, gemessen an der Einwohnerzahl 1990, auch durch Erweiterung des Siedlungsbereiches in den „Freiraum mit großflächigem Ressourcenschutz" realisiert werden kann (Satz 2), ist ungültig. Sie ist ein Ziel der Raumordnung. Dieses Ziel dürfte zwar noch ausreichend räumlich bestimmt sein. Auch liegt kein Verstoß gegen das „Gegenstromprinzip" vor. Allerdings weist die Festlegung zur Ungültigkeit führende Abwägungsfehler auf. ...

Das Ziel 1.1.2 weist Abwägungsfehler auf.

Bei der Aufstellung eines gemeinsamen Landesentwicklungsplanes sind die zu berücksichtigenden Belange sowie die Grundsätze der Raumordnung gegeneinander und untereinander abzuwägen (vgl. auch Art. 7 Abs. 4 Satz 1 Landesplanungsvertrag n. F.; § 2 Abs. 3 ROG a. F.). Dabei hat sich der Abwägungsvorgang im Grundsatz an den Vorgaben zu orientieren, die für die Aufstellung von Bauleitplänen und die Abwägung nach § 1 Abs. 6 BauGB entwickelt worden sind. Danach ist das Abwägungsgebot (erst) dann verletzt, wenn eine Abwägung überhaupt nicht stattfindet, wenn in die Abwägung an Belangen nicht eingestellt wird, was nach Lage der Dinge in sie eingestellt werden muß, wenn die Bedeutung der betroffenen Belange verkannt wird oder wenn der Ausgleich zwischen den durch die Planung berührten Belangen in einer Weise vorgenommen wird, der zur Gewichtigkeit einzelner Belange außer Verhältnis steht. Im Hinblick auf den Charakter der Raumordnung als Rahmenplanung, die auf weitere Konkretisierung angelegt ist und Zielaussagen unterschiedlicher inhaltlicher Dichte aufweist (vgl. BVerwG, Beschluß v. 20. 8. 1992 – 4 NB 20.91 –, BVerwGE 90, 329, 334), muß das Maß der Abwägung für die einzelnen raumordnerischen Festlegungen allerdings jeweils konkret ermittelt werden (vgl. auch OVG Greifswald, Urteil v. 19. 1. 2001 – 4 K 9/99 –, NVwZ 2001, 1063, 1064; ähnlich VGH München, Urteil v. 8. 7. 1993 – 22 N 92.2522 –, UPR 1994, 110, 111). Eine Abwägung hat hinsichtlich der Festlegung Z 1.1.2 jedenfalls grundsätzlich stattgefunden. ...

Allerdings hat der Antragsgegner die Bedeutung einzelner betroffener Belange offensichtlich verkannt und den Ausgleich zwischen den durch die Planung berührten Belangen in einer Weise vorgenommen, der zur Gewichtigkeit einzelner Belange außer Verhältnis steht. Er hat insbesondere nicht ausreichend berücksichtigt, daß die mit Siedlungsbeschränkungen verbundenen Auswirkungen auf die städtebauliche Entwicklung der betroffenen Gemeinden schon für sich genommen regelmäßig die – institutionell auch die Planungshoheit umfassende (vgl. BVerfG, Beschluß v. 23.6.1987 – 2 BvR 826/83 –, BVerfGE 76, 107, 119) – verfassungsrechtliche Gewährleistung der kommunalen Selbstverwaltung (Art. 28 Abs. 2 Satz 1 GG, Art. 97 Abs. 1 Satz 1 LV) berühren und dies um so mehr gilt, wenn eine weitere Siedlungsentwicklung außerhalb des vorhandenen Siedlungsbereiches – wie im Fall der Antragstellerin – landesplanerisch praktisch unmöglich gemacht wird. Daß die Anknüpfung an den zum Zeitpunkt der Planaufstellung längst überholten Einwohnerstand des Jahres 1990 bei der Festlegung der – für die Siedlungsentwicklung außerhalb des Siedlungsbereiches verbindlichen – „Orientierungswerte" für die Antragstellerin derartige Folgen hat, war dem Antragsgegner bereits bei Aufstellung des Landesentwicklungsplanes bewußt. ...

Insbesondere der Aussage, daß vorläufig keine weitere Entwicklung aus dem LEP e. V. landesplanerisch abgeleitet werden könne, wenn der landesplanerisch befürwortete Zuwachs bereits überschritten sei, und daß solche Gemeinden „auf Konsolidierung ihrer bereits erreichten Ziele setzen" sollten, ist zu entnehmen, daß der Antragsgegner bewußt in Kauf genommen hat, daß die Festlegung Z 1.1.2 für einen Teil der Gemeinden dazu führt, daß jegliche weitere Siedlungsentwicklung vorerst landesplanerisch ausgeschlossen ist. Dies verkennt jedoch den Stellenwert der verfassungsrechtlich geschützten Planungshoheit. Zwar gibt es kein von den örtlichen Verhältnissen unabhängiges Recht einer Gemeinde auf Wachstum, insbesondere auf Ausdehnung ihrer Siedlungsflächen (vgl. VGH München, Urteil v. 29.7.1992 – 20 N 91.2692 und 3793 –, NuR 1993, 328, 330). Nach der Rechtsprechung des Bundesverfassungsgerichts sind wegen der lediglich institutionellen Garantie der kommunalen Selbstverwaltung Einschränkungen der Planungshoheit einzelner Gemeinden in räumlich klar abgegrenzten Gebieten grundsätzlich zulässig, wenn und soweit diese durch überörtliche Interessen von höherem Gewicht erfordert werden (vgl. BVerfG, a. a. O., S. 121 f.). Ein solches überörtliches Interesse von höherem Gewicht kann ohne Zweifel auch das durch den Antragsgegner verfolgte Anliegen sein, den Bevölkerungs- und Arbeitsplatzzuwachs zu konzentrieren, um so eine Zersiedlung des Raumes zu vermeiden. Die von der Antragstellerin demgegenüber geforderte besondere Berücksichtigung eines erhöhten Siedlungsdrucks würde für sich genommen dazu führen, daß lediglich eine faktische Entwicklung landesplanerisch nachvollzogen würde, und damit dem bereits in § 16 Abs. 2 LEPro formulierten Grundansatz widersprechen, den Einwohnerzuwachs auf raumverträgliche Standorte zu lenken. Ungeachtet dessen hat die Raumordnungsplanung jedoch den Gemeinden entweder ausreichende Entwicklungsmöglichkeiten im Rahmen der Eigenentwicklung aufzuzeigen oder aber im Rahmen einer Abwägungsentscheidung die Gründe darzulegen, warum im Einzelfall diesem Grundsatz nicht entsprochen werden kann (vgl. Runkel, in: Bielenberg/Runkel/Spannowsky, a. a. O., K § 2 Rdnr. 137). An einer solchen Einzelfallabwägung fehlt es hier. Vielmehr werden einem Teil der Gemeinden schematisch – ohne Rücksicht auf ihre individuelle Situation – jegliche Entwicklungsmöglichkeiten außerhalb der bestehenden Siedlungsbereiche versagt.

Soweit in dem Bericht über das Erarbeitungsverfahren ausgeführt wird, daß den Gemeinden, die nicht als Siedlungsschwerpunkt festgelegt wurden, die Möglichkeit zur planerischen Vorsorge für den Eigenbedarf verbleibe, trifft dies jedenfalls für diejenigen Gemeinden nicht zu, die – wie die Antragstellerin — den „Orientierungswert" wegen der Anknüpfung an den Einwohnerstand von 1990 zum Zeitpunkt des Inkrafttretens des LEP e. V. bereits überschritten hatten. Für diese Gemeinden wirkt der „Orientierungswert" als Verbot. Es kann dahinstehen, ob ein „Orientierungswert", der so ausgestaltet ist, daß ein großer Teil der betroffenen Gemeinden durch Umstände, die sie – jedenfalls nachträglich – nicht mehr beeinflussen können (starke Zunahme der Einwohnerzahl in den acht vor Inkrafttreten des Raumordnungsplanes liegenden Jahren), daran nichts haben, woran sie „sich orientieren" können, der vielmehr für sie von seinem Inkrafttreten an ein Verbot darstellt, schon deshalb zu beanstanden ist, weil eine dynamische, in die Zukunft gerichtete Regelung vorgetäuscht wird, die in Wahrheit zu einem erheblichen Teil eher den Charakter einer Sanktion hat. Denn unabhängig von der insoweit irreführenden Bezeichnung als „Orientierungswert" ist jedenfalls auch kein sachlicher Grund ersichtlich, weshalb gerade für diejenigen Gemeinden, deren Einwohnerzahl im Zeitpunkt der Abwägung seit 1990 bereits um mehr als 10 % zugenommen hatte, keine Entwicklungsmöglichkeiten außerhalb der bestehenden Siedlungsbereiche bestehen sollen. Weder in dem Erläuterungsbericht noch in dem Bericht über das Erarbeitungsverfahren finden sich hierzu irgendwelche Ausführungen. Soweit der Antragsgegner im gerichtlichen Verfahren vorgetragen hat, daß ein Planungsprozeß, vor allem wenn es sich um einen gemeinsamen Landesentwicklungsplan zweier Bundesländer in einem dynamischen Raum handele, eine gewisse Zeit in Anspruch nehme und die Ermittlung und Verwendung der Planungsgrundlagen sich dann einmal auf einen bestimmten Zeitpunkt beziehen müsse, rechtfertigt dies die Anknüpfung an den Einwohnerstand des Jahres 1990 schon deshalb nicht, weil – wie der Antragsgegner selbst vorträgt – hinsichtlich aller sonstigen Sachverhalte die Berücksichtigung der Entwicklungen bis zum Beteiligungsverfahren im Jahre 1995 möglich gewesen ist. Zwischen der Dauer des Aufstellungsverfahrens und der Anknüpfung an den Einwohnerstand im Jahr 1990 für die Orientierungswerte bestand offensichtlich kein Zusammenhang. Die Wahl des zeitlichen Bezugspunktes begründet der Antragsgegner im gerichtlichen Verfahren ferner damit, daß für eine große Anzahl von Gemeinden 1990 das Jahr mit dem höchsten Einwohnerstand gewesen sei. Zugunsten der schwächeren Gemeinden, die erst in der letzten Zeit „von der Suburbanisierung profitieren" und einen Bevölkerungszuwachs verzeichnen konnten, sei der Orientierungswert für den Zuwachs deshalb auf das einwohnerstärkste Jahr 1990 bezogen worden, damit diese Gemeinden durch den zwischenzeitlichen Bevölkerungsrückgang keinen Nachteil im Vergleich zu einer positiven Entwicklung anderer Gemeinden in Kauf nehmen müßten und ihr Potential bezogen auf den Einwohnerhöchststand ausschöpfen könnten. Dadurch könne u. a. bewirkt werden, daß sich der Unterschied zwischen den stärkeren und schwächeren Gemeinden hinsichtlich der Schaffung gleichwertiger Strukturen nicht noch weiter vergrößere. Es kann dahingestellt bleiben, ob es – was die Antragstellerin bestreitet – zutrifft, daß noch 1996 eine große Zahl von Gemeinden hinter dem Bevölkerungshöchststand von 1990 zurückgelegen hat. Denn jedenfalls rechtfertigt es der „Schutz schwächerer Gemeinden" von vornherein nicht, den vermeintlich stärkeren Gemeinden unter Rückgriff auf erwiesenermaßen überholte Einwohnerzahlen zu einem „gegriffenen" Stichtag und ohne Rücksicht auf ihre individuelle Situation jegliche Entwicklungsmöglichkeiten außerhalb ihrer bestehenden Siedlungsbereiche zu versagen. Jedenfalls bedürfte es zumindest einer Ermittlung derjenigen Gründe, die für die Unterschiede bei der Entwicklung der Gemeinden ausschlaggebend gewesen sind, sowie ihrer Bewertung unter landesplanerischen Gesichtspunkten. Die dem Ansatz des Antragsgegners offenbar zugrunde liegende Auffassung, daß eine unterschiedliche Dynamik der Siedlungsentwicklung der Typ-3-Gemeinden per se unerwünscht sei, findet weder im Raumordnungsgesetz noch im Landesplanungsvertrag oder im LEPro eine Grundlage. Das Raumordnungs- und Landesplanungsrecht enthält keine Ermächtigung zur pauschalen Nivellierung von Standortvor- und -nachteilen oder der unterschiedlichen Leistungsfähigkeit einzelner Gemeinden. Dies kann insbesondere auch nicht aus dem in der Festlegung G 1.1.4 LEP e. V. erwähnten Anliegen einer „ausgewogenen Entwicklung in allen Teilen des engeren Verflechtungsraumes" hergeleitet werden, auf das der Antragsgegner verweist. „Ausgewogen" ist die Entwicklung in einem Planungsraum nicht dann, wenn sie möglichst wenig von dem zu einem bestimmten Zeitpunkt bestehenden Zustand abweicht, sondern wenn sie im Einklang mit den Leitvorstellungen der Planung verläuft und nicht zu Verzerrungen des festgelegten raumstrukturellen Gefüges führt. Eine Rechtfertigung dafür, die Siedlungsentwicklung dynamischer wachsender Gemeinden auf den bisherigen Siedlungsbereich zu beschränken, damit „benachteiligte" Gemeinden „ihr Potential bezogen auf den Einwohnerhöchststand ausschöpfen können", ergibt sich auch nicht aus dem Umstand, daß unmittelbar nach der „Wende" zunächst ein raumplanerisch ungeregelter Zustand im engeren Verflechtungsraum bestanden haben mag; denn für die Annahme, daß der raumstrukturelle Zustand im Jahr 1990 „ausgewogener" gewesen oder unter sonstigen landesplanerischen Gesichtspunkten im Vergleich zu den seitdem eingetretenen Entwicklungen vorzugswürdig gewesen ist, lassen sich dem Aufstellungsverfahren für den LEP e. V. keine Anhaltspunkte entnehmen.

Fehlt es demnach schon an einem sachlichen Grund, weshalb gerade denjenigen Typ-3-Gemeinden, deren Einwohnerzahl seit 1990 um mehr als 10% zugenommen hat, keine Entwicklungsmöglichkeiten außerhalb der bestehenden Siedlungsbereiche zugestanden werden, hat dies zur Folge, daß der Ausgleich zwischen den durch die Planung berührten Belangen durch den Plangeber in einer Weise vorgenommen worden ist, der zur Gewichtigkeit einzelner Belange – hier der Planungshoheit der betroffenen Gemeinden – außer Verhältnis steht und die Abwägungsentscheidung hinsichtlich der Festlegung Z 1.1.2 keinen Bestand haben kann. ...

c) Die zeichnerischen Festlegungen des LEP e. V. sind im Ergebnis nicht zu beanstanden.

ee) (2) Abwägungsfehlerhaft sind die zeichnerischen Festlegungen des „Freiraums mit besonderem Schutzanspruch" auf dem Gebiet der Antragstellerin entgegen ihrer Auffassung auch nicht deshalb, weil hierdurch jede weitere bauliche Erweiterung außerhalb des bestehenden „Siedlungsbereiches" ausgeschlossen werde und diese Beeinträchtigung daher unverhältnismäßig sei. In die Abwägung sind alle öffentlichen und privaten Belange einzustellen, soweit sie auf der jeweiligen Planungsebene (Landes- oder Regionalplanung) erkennbar und von Bedeutung sind (vgl. § 7 Abs. 7 Satz 2 ROG n. F.). Bei der Festlegung des „Freiraums mit besonderem Schutzanspruch" gehören zum Abwägungsmaterial auch die Auswirkungen auf die Planungshoheit der Antragstellerin als Bestandteil ihres kommunalen Selbstverwaltungsrechts (Art. 28 Abs. 2 Satz 1 GG, Art. 97 Abs. 1 Satz 1 LV). Diese wird durch die zeichnerische Festlegung des „Freiraums mit besonderem Schutzanspruch" auf ihrem Gebiet nicht unzulässig eingeschränkt.

Etwas anderes folgt auch nicht aus den von der Antragstellerin – nunmehr – dargelegten Zweifeln an einer sachgerechten Zuordnung der außerhalb ihres Siedlungsbereichs gelegenen Flächen zu den einzelnen Freiraumkategorien. ... Insbesondere liegt vor diesem Hintergrund die Annahme nicht ganz fern, daß die Festsetzung des Freiraums mit besonderem Schutzanspruch jedenfalls bei einzelnen Flächen vor allem mit Blick auf die Rechtsfolge, eine weitere Siedlungstätigkeit dort zu unterbinden, erfolgt sein könnte. Jedenfalls hätte sich der Antragsgegner mit der Frage, ob die auf dem Gebiet der Antragstellerin ausgewiesenen Freiraumkategorien im Hinblick auf die vorhandene Naturausstattung gerechtfertigt sind, im Rahmen der Abwägung eingehender auseinandersetzen müssen, wenn ihm die in der mündlichen Verhandlung vorgebrachten Tatsachen bereits im Rahmen des Beteiligungsverfahrens zur Kenntnis gebracht worden wären. Da letzteres unstreitig nicht geschehen ist, bedurfte es jedoch keiner weiteren Ausführungen im Rahmen der Abwägung. In die Abwägung können und müssen nämlich grundsätzlich nur solche Belange eingestellt werden, die die Gemeinden bereits während des Planaufstellungsverfahrens geltend gemacht haben. Der in Art. 8 Abs. 4 i. V. m. Art. 7 Abs. 2 Satz 1 Landesplanungsvertrag sowie § 5 Abs. 2 Satz 2 ROG a. F. geregelten Pflicht, bei der Aufstellung von Zielen der Raumordnung und Landesplanung die Gemeinden zu beteiligen, korrespondiert eine Obliegenheit der Gemeinden, zu einer umfassenden Ermittlung und Sammlung des einschlägigen Abwägungsmaterials beizutragen (vgl. auch OVG Greifswald, Urteil v. 19. 1. 2001 – 4 K 9/99 –, NVwZ 2001, 1063, 1065). Eine Gemeinde, die es versäumt, die gemeinsame Landesplanungsabteilung im Rahmen des Beteiligungsverfahrens zur Aufstellung eines Landesentwicklungsplanes auf einen ihr eigenes Gebiet betreffenden abwägungserheblichen Sachverhalt aufmerksam zu machen, kann insoweit nicht später ein Abwägungsdefizit geltend machen.

Nr. 9

1. Ein Bebauungsplan, der einem Ziel der Regionalplanung widerspricht, verletzt das Anpassungsgebot des § 1 Abs. 4 BauGB auch dann, wenn er aus den Darstellungen eines Flächennutzungsplans entwickelt worden ist.

2. Der Regionalplanung ist es verwehrt, im Gewande überörtlicher Gesamtplanung Regelungen einer Natur- oder Landschaftsschutzverordnung durch eigene Zielfestlegung zu ersetzen.

3. Eine Straßenplanung durch Bebauungsplan verletzt das Anpassungsgebot des § 1 Abs. 4 BauGB, wenn die planerische Gesamtkonzeption einem Ziel der Regionalplanung (hier: Regionaler Grünzug) widerspricht. Naturschutzrechtliche Ausgleichs- und Ersatzmaßnahmen können ein geeignetes Mittel sein, um die Zielkonformität zu sichern.

BauGB §§ 1 Abs. 4, 1 a Abs. 2 Nr. 2, 8 Abs. 2 Satz 1.

Bundesverwaltungsgericht, Urteil vom 30. Januar 2003 – 4 CN 14.01 –.

(VGH Kassel)

Die Antragsteller wenden sich im Normenkontrollverfahren gegen den Bebauungsplan „Stadtentlastungsstraße" (mit integriertem Landschaftsplan) der Antragsgegnerin vom Dezember 1995. Die Antragsteller sind Eigentümer von Grundstücken im Geltungsbereich des Plans.

Der Plan setzt zwischen den Stadtteilen Schönberg und Oberhöchstadt der Stadt Kronberg im Taunus eine 2,4 km lange Verbindungsstraße zwischen der B 455 im Norden und der L 3015 im Süden von Kronberg fest und weist beiderseits der Straße öffentliche Grünflächen, Flächen für die Landwirtschaft und Wald sowie Flächen für Maßnahmen zum Schutz, zur Pflege und zur Entwicklung von Natur und Landschaft aus. Die neue Straße soll die L 3005 entlasten, die zurzeit die B 455 und die L 3015 in Nord-Süd-Richtung verbindet und den mittelalterlichen Stadtkern von Kronberg durchquert.

Der Regionalplan Südhessen (RROP-S 1987, StAnz. 1987, 388) enthielt diese Straßenplanung nicht. Der Flächennutzungsplan des Umlandverbandes Frankfurt (1. Änderung 1991) stellt die Straße in dem Korridor dar, in dem sie nach den Festsetzungen des angegriffenen Bebauungsplans nunmehr verlaufen soll. Dieser Korridor war im Regionalplan 1987 teilweise als „Wald" und als „Regionaler Grünzug" ausgewiesen. Die in der Straßenplanung liegende Abweichung vom Regionalplan 1987 war im Januar 1989 genehmigt worden. In der im März 1995 festgestellten Neufassung des Regionalplans (StAnz. 1995, 1877) ist die Stadtentlastungsstraße nicht enthalten. Das Hessische Ministerium für Wirtschaft, Verkehr und Landesentwicklung teilte der Antragsgegnerin hierzu im Juni 1995 mit, die Straße sei auf Grund ihrer nur örtlichen Bedeutung in Abstimmung mit der obersten Landesplanungsbehörde nicht in den Regionalplan aufgenommen worden.

Im Regionalplan 1995 (Karte Siedlung und Landschaft) ist der Bereich der geplanten Straße erneut als Regionaler Grünzug dargestellt. Der gesamte Geltungsbereich des angegriffenen Bebauungsplans liegt ferner im Landschaftsschutzgebiet „Taunus" (Verordnung v. 6. 4. 1995 – LSchV –, StAnz. 1995, 1473). Das Regierungspräsidium teilte der Antragsgegnerin im Juli 1995 mit, daß der geplanten Straße aus der Sicht der Raumordnung und Landesplanung im Hinblick auf die zugelassene Abweichung vom Regionalplan 1987 regionalplanerische Zielsetzungen nicht entgegenstünden. Mit Bescheid vom

Juli 1995 erteilte das Regierungspräsidium der Antragsgegnerin eine landschaftsschutzrechtliche Ausnahmegenehmigung für den Bebauungsplan.
 Mit ihrem Normenkontrollantrag haben die Antragsteller u. a. geltend gemacht: Der Bebauungsplan verletze das Gebot, die Ziele des Regionalplans 1995 bei allen raumbedeutsamen Maßnahmen zu beachten. Die geplante Straße sei raumbedeutsam, weil sie überörtlichen Verkehrsbeziehungen dienen solle und die Hanglandschaft des Taunus verändern werde. Die Voraussetzungen für eine landschaftsschutzrechtliche Genehmigung seien nicht erfüllt; es habe einer naturschutzrechtlichen Befreiung für das Straßenbauvorhaben bedurft. ...
 Das Normenkontrollgericht hat den Bebauungsplan mit Urteil vom 31.5.2001 für nicht wirksam erklärt.

Aus den Gründen:
 Die Revision der Antragsgegnerin ist zulässig und begründet. ...
 Der Senat hat die Revision unbeschränkt zugelassen. Ist ein Bebauungsplan wie hier aus mehreren Gründen für unwirksam erklärt worden, kann die Beschwerde der Gemeinde gegen die Nichtzulassung der Revision allerdings nur dann erfolgreich sein, wenn hinsichtlich aller der im Normenkontrollverfahren festgestellten Unwirksamkeitsgründe eine zulässige und begründete Zulassungsrüge erhoben worden ist. Die prozessuale Lage der unterlegenen Gemeinde würde sich nicht verbessern, wenn nur hinsichtlich eines der festgestellten Unwirksamkeitsgründe ein Zulassungsgrund vorliegt; denn das Revisionsgericht müßte die Revision auch dann zurückweisen, wenn dem Normenkontrollgericht bei dem Unwirksamkeitsgrund, auf den sich die erfolgreiche Zulassungsrüge bezieht, ein Bundesrechtsverstoß unterlaufen sein sollte. Wegen der nicht in das Revisionsverfahren gelangten weiteren Unwirksamkeitsgründe hätte die Unwirksamkeitserklärung durch das Normenkontrollgericht Bestand. Aus § 47 Abs. 5 Satz 4 VwGO ergibt sich nicht, daß einzelne Unwirksamkeitsgründe zum Gegenstand des Normenkontrollverfahrens oder eines Rechtsmittels gegen die Normenkontrollentscheidung gemacht werden können (vgl. auch BVerwG, Beschluß v. 11.12.2002 – 4 BN 16.02 –, BauR 2003, 847). Das schließt weder eine Beschränkung des Normenkontrollantrages auf abtrennbare Teile eines Plans noch eine auf Teile des Plans beschränkte (Teil-) Unwirksamkeitserklärung durch die Gerichte aus. Im Streitfall hatte die Antragsgegnerin begründete Zulassungsrügen hinsichtlich aller vom Normenkontrollgericht festgestellten Unwirksamkeitsgründe erhoben.
 1. Die Auffassung der Vorinstanz, der angegriffene Bebauungsplan sei rechtswidrig, weil sein räumlicher Geltungsbereich vor dem Satzungsbeschluß nicht förmlich im Wege einer Teilaufhebung der Landschaftsschutzverordnung „Taunus" aus dem förmlichen Landschaftsschutz entlassen worden sei, ist mit Bundesrecht nicht vereinbar.
 Nach § 1 Abs. 3 BauGB darf die Gemeinde von ihrer Planungsbefugnis nur Gebrauch machen, wenn dies für die städtebauliche Entwicklung und Ordnung erforderlich ist. Nicht erforderlich und deshalb nichtig ist ein Bebauungsplan, der sich als vollzugsunfähig erweist, weil seiner Verwirklichung auf unabsehbare Zeit rechtliche oder tatsächliche Hindernisse im Wege stehen (vgl. Urteile v. 12.8.1999 – 4 CN 4.98 –, BVerwGE 109, 246 = BRS 62 Nr. 1 =

BauR 2000, 229, und v. 21.3.2002 – 4 CN 14.00 –, Buchholz 406.11 § 1 BauGB Nr. 110 = BauR 2002, 1650 = DVBl. 2002, 1469). Ein naturschutzrechtliches Bauverbot im Geltungsbereich einer Landschaftsschutzverordnung kann ein derartiges Hindernis bilden. Die Planung einer baulichen Nutzung in einem Landschaftsschutzgebiet scheitert jedoch nicht an § 1 Abs. 3 BauGB, wenn eine Ausnahme oder Befreiung von dem Bauverbot in Betracht kommt (Urteil v. 17.12.2002 – 4 C 15.01 –, BauR 2003, 828; vgl. auch Beschluß v. 25.8.1997 – 4 NB 12.97 –, BRS 59 Nr. 29 = BauR 1997, 978 = Buchholz 406.11 § 6 BauGB Nr. 7). Die Gemeinde darf vorausschauend berücksichtigen, daß sich die Erteilung einer Ausnahme oder Befreiung für die von ihr geplante bauliche Nutzung abzeichnet, weil objektiv eine Ausnahme- oder Befreiungslage gegeben ist und einer Überwindung der naturschutzrechtlichen Verbotsregelung auch sonst nichts entgegensteht.

Die Rechtsauffassung des Normenkontrollgerichts verletzt zunächst Bundesrecht, weil sie die Möglichkeit einer landschaftsschutzrechtlichen Ausnahmegenehmigung, die einen inhaltlichen Widerspruch zwischen den Bauverboten der Landschaftsschutzverordnung „Taunus" und dem geplanten Straßenbauvorhaben ausräumt, von vornherein ausschließt. Ob eine „Ausnahmelage" zugunsten einer Bauleitplanung vorliegt oder in Betracht zu ziehen ist, entscheidet sich allerdings nach irreversiblem Landesrecht. Die jeweilige Landschaftsschutzverordnung entscheidet selbst über Grad und Umfang ihrer rechtlichen Verbindlichkeit gegenüber der planenden Gemeinde. Auslegung und Anwendung der Verordnung obliegen den Tatsachengerichten. Die Vorinstanz ist hier jedoch von ihrem Rechtsstandpunkt aus folgerichtig der Frage, ob das geplante Straßenbauvorhaben ausnahmefähig ist, gar nicht nachgegangen. Eine Zurückverweisung der Sache aus diesem Grund scheidet gleichwohl aus.

Das Normenkontrollgericht hat nämlich das Verhältnis zwischen dem angegriffenen Bebauungsplan und der Landschaftsschutzverordnung aus einem weiteren Grunde unter Verletzung von Bundesrecht gewürdigt. Es hat die der Antragsgegnerin unter dem 25.7.1995 (vor Erlaß des Satzungsbeschlusses) nach § 3 Abs. 1 und 2, § 5 Abs. 3 LSchV erteilte Ausnahmegenehmigung für den Bebauungsplan „Stadtentlastungsstraße" (mit integriertem Landschaftsplan) nicht hinreichend beachtet. Die Genehmigung ist bestandskräftig geworden. Die Bestandskraft wirkt zwar nur im Verwaltungsrechtsverhältnis zwischen der Antragsgegnerin und der Genehmigungsbehörde (Obere Naturschutzbehörde). Darüber hinaus greift jedoch die Tatbestandswirkung der Genehmigung. Ungeachtet seiner Unabhängigkeit ist ein Gericht an Akte der Exekutive gebunden, soweit diese eine rechtliche Regelung enthalten und nicht selbst Gegenstand seiner gerichtlichen Überprüfung sind. Das folgt aus Art. 20 Abs. 3 GG und § 43 VwVfG. Ein (rechtswirksamer) Verwaltungsakt ist daher grundsätzlich von allen Staatsorganen zu beachten und ihren Entscheidungen als gegeben zugrunde zu legen. Im Streitfall hat die Obere Naturschutzbehörde die rechtlichen Voraussetzungen einer Ausnahmegenehmigung für die geplante Straße geprüft und bejaht. Sie hat das Bauvorhaben aus landschaftsschutzrechtlicher Sicht „freigegeben". Ein inhaltlicher Widerspruch zwischen Bebauungsplan und Landschaftsschutzverordnung besteht danach nicht. Eine Teilaufhebung der Verordnung oder die Erteilung einer Befreiung waren entbehrlich. Über die Tatbestandswirkung der Ausnahmegenehmigung durfte sich das Normenkontrollgericht nicht hinweg setzen.

Die Genehmigung wäre nur dann unbeachtlich, wenn sie nichtig wäre (§ 44 Abs. 1 VwVfG). Eine Würdigung der Genehmigung am Maßstab des § 44 VwVfG ist dem Revisionsgericht nicht verwehrt (§ 144 Abs. 4 VwGO). Anhaltspunkte für die Nichtigkeit der Genehmigung sind jedoch nicht erkennbar.

2. Revisionsgerichtlich zu beanstanden ist auch die Rechtsauffassung des Normenkontrollgerichts, die Antragsgegnerin habe das Gebot des § 1 Abs. 4 BauGB verletzt, Bauleitpläne an die Ziele der Raumordnung anzupassen.

2.1 Die von den Beteiligten erörterte Frage, ob die geplante Straße ein raumbedeutsames Vorhaben sei, ist in diesem Zusammenhang allerdings nicht entscheidungserheblich. Das Anpassungsgebot des § 1 Abs. 4 BauGB gilt für alle Bauleitpläne unabhängig von ihrer Raumbedeutsamkeit und trägt damit dem Umstand Rechnung, daß die Gemeinden auf Grund der Selbstverwaltungsgarantie (Art. 28 Abs. 2 Satz 1 GG) das Recht besitzen, die Angelegenheiten der örtlichen Gemeinschaft in eigener Verantwortung zu regeln. Insoweit greift die gemeindliche Anpassungspflicht nach § 1 Abs. 4 BauGB über die raumordnungsrechtliche Beachtenspflicht (vgl. § 5 Abs. 4 ROG 1993, § 4 Abs. 1 Satz 1 ROG 1998) hinaus, die sich entsprechend der Zielsetzung des Raumordnungsrechts nur auf raumbedeutsame Planungen und Maßnahmen erstreckt.

2.2 Das Normenkontrollgericht geht zutreffend davon aus, daß ein Verstoß gegen das Anpassungsgebot in § 1 Abs. 4 BauGB hier nicht schon deshalb ausscheidet, weil die umstrittene Straßenplanung auf Grund einer 1989 zugelassenen Abweichung vom Regionalplan Südhessen 1987 Eingang in den Flächennutzungsplan des Umlandverbandes Frankfurt (1. Änderung 1991) gefunden hat.

Mit dem Einwand, der angegriffene Bebauungsplan sei nach § 8 Abs. 2 Satz 1 BauGB ordnungsgemäß aus der Darstellung des Straßenbauvorhabens im Flächennutzungsplan entwickelt worden, könnte die Antragsgegnerin sich nicht von der Bindung an entgegenstehende Zielvorgaben der später beschlossenen Neufassung des Regionalplans 1995 befreien. Ein Flächennutzungsplan, der zunächst mit den Zielen der Regionalplanung übereinstimmt, einem später geänderten Regionalplan jedoch widerspricht, verleiht einem Bebauungsplan, der aus den Darstellungen des Flächennutzungsplans entwickelt worden ist, gegenüber dem geänderten Regionalplan keinen bauleitplanerischen „Bestandsschutz". In diesem Fall tritt das Entwicklungsgebot des § 8 Abs. 2 Satz 1 BauGB hinter das Anpassungsgebot des § 1 Abs. 4 BauGB zurück. Das folgt aus dem Geltungsanspruch der Raumordnung. Die Zielfestlegung im Regionalplan setzt sich als Bestandteil der übergeordneten Planung gegenüber einem zielwidrig gewordenen Flächennutzungsplan durch; denn das Anpassungsgebot richtet sich auch an die Flächennutzungsplanung. Die verbindlichen Zielaussagen der Regionalplanung sind, wie bereits die Stellung des § 1 Abs. 4 BauGB im Regelungszusammenhang des § 1 BauGB verdeutlicht, dem Abwägungsprozeß des § 1 Abs. 6 BauGB, dem Flächennutzungs- und Bebauungsplanung gleichermaßen unterliegen, rechtlich vorgelagert (vgl. Senatsbeschluß v. 20. 8. 1992 – 4 NB 20.91 –, BVerwGE 90, 329, 332 = BRS 54 Nr. 12).

Aus dem Vorrang der Raumordnungsplanung folgt, daß ein Bebauungsplan, der zwar im Einklang mit den Zielaussagen eines Regionalplans, jedoch im Widerspruch zu einer vom Regionalplan abweichenden Darstellung im Flächennutzungsplan steht, nicht wegen eines Verstoßes gegen das Entwicklungsgebot rechtswidrig sein kann. Infolge des für jeden Bauleitplan geltenden Anpassungsgebots in § 1 Abs. 4 BauGB ist das Entwicklungsgebot in § 8 Abs. 2 Satz 1 BauGB aus teleologischen und gesetzessystematischen Gründen einschränkend dahin auszulegen, daß die Leitfunktion des Flächennutzungsplans nur solchen Darstellungen zukommt, die den bindenden raumordnerischen Zielaussagen nicht entgegenstehen. Das Entwicklungsgebot setzt diese Zielkonformität voraus. Anderenfalls bestünde ein unauflösbarer Widerspruch zwischen § 1 Abs. 4 BauGB und § 8 Abs. 2 Satz 1 BauGB. Dieser Widerspruch entfällt, wenn eine Darstellung des Flächennutzungsplans in dem Zeitpunkt, in dem sie in Widerspruch zu einem später in Kraft getretenen Ziel der Raumordnung gerät, ihre Leitfunktion für den Bebauungsplan verliert.

Eine andere Frage ist es, wann und auf welche Weise eine Gemeinde ihren Flächennutzungsplan als Entwicklungsgrundlage späterer Bebauungspläne einem neuen Ziel der Landes- oder Regionalplanung anzupassen hat. Diese von den Beteiligten erörterte Frage stellt sich hier nicht. Insbesondere kann offenbleiben, ob die Gemeinde gehalten ist, ihre Bauleitplanung im Hinblick auf geänderte Ziele der Raumordnung fortlaufend zu aktualisieren, oder ob sie sich damit begnügen kann, den Flächennutzungsplan zwecks Anpassung an Ziele der Raumordnung und Landesplanung erst mit der Aufstellung eines zielkonformen Bebauungsplans im Parallelverfahren (§ 8 Abs. 3 BauGB) zu ändern. Vorliegend geht es zunächst und vorrangig um die Frage, ob die Antragsgegnerin die weitere Planung der Straße ungeachtet ihrer Darstellung im Flächennutzungsplan zu unterlassen hat, weil sie einem geltenden Ziel der Regionalplanung widerspricht.

2.3 Unzutreffend ist die Auffassung der Vorinstanz, der angegriffene Bebauungsplan sei rechtswidrig und unwirksam, weil er der Zielaussage „Vorrang des Landschaftsschutzes" des Regionalplans 1995 (vgl. Planziffer 3.1 – Naturschutz, Abschnitt Landschaftsschutzgebiete, Satz 3, a. a. O., S. 1893) widerspreche.

Der Abschnitt „Landschaftsschutzgebiete" in Planziffer 3.1 des Regionalplans lautet:

Besonders schutz- bzw. entwicklungsbedürftige Landschaftsteile sind zur Erhaltung bzw. Wiederherstellung der Leistungsfähigkeit des Naturhaushaltes, zur Sicherung der Vielfalt, Eigenart und Schönheit des Landschaftsbildes sowie zur Sicherung der Erholungsfunktion in der Karte „Siedlung und Landschaft" als geplante Landschaftsschutzgebiete dargestellt. Ebenfalls in der Karte dargestellt ist der Bestand an Landschaftsschutzgebieten mit Ausnahme der Landschaftsschutzgebiete „Taunus", „Bergstraße Odenwald" und „Vogelsberg Hessischer Spessart", die in der Abbildung 4 wiedergegeben sind. In den bestehenden und geplanten Landschaftsschutzgebieten hat der jeweils verfolgte Schutzzweck Vorrang vor entgegenstehenden Nutzungsansprüchen.

Schutzgebietsregelungen, insbesondere Nutzungsverbote und Gebote, sind dabei den besonderen gebietstypischen Erfordernissen anzupassen."

Das Normenkontrollgericht mißt der Vorrangklausel in Satz 3 den Charakter eines Zieles der Regionalplanung i. S. von § 6 Abs. 1 Satz 1 und § 8 Abs. 7 Satz 1 des Hessischen Landesplanungsgesetzes (HLPG) vom 29. 11. 1994 (GVBl. 1994, 707) bei. Es legt dieses Ziel dahin aus, daß der Regionalplan die potentiell konkurrierenden Ansprüche an die Raumnutzung im Landschaftsschutzgebiet „Taunus" abschließend zugunsten der Belange des Natur- und Landschaftsschutzes abgewogen und diesen Belangen im Fall eines Konfliktes mit anderen Nutzungsansprüchen den Vorrang eingeräumt habe. An diesem Vorrang scheitere das geplante Straßenbauvorhaben. Der Geltungsanspruch der Landschaftsschutzverordnung „Taunus" und die auf ihrer Grundlage erteilte Ausnahmegenehmigung für den angegriffenen Bebauungsplan finden im Rahmen dieser Auslegung keine Beachtung. Damit legt die Vorinstanz der Vorrangklausel jedenfalls hinsichtlich der in Planziffer 3.1 genannten bestehenden (rechtsverbindlich festgesetzten) Landschaftsschutzgebiete einen Inhalt bei, die der kompetenziellen Schranken der Regionalplanung im Verhältnis zu den Naturschutzfachbehörden und den ihnen im Bundesnaturschutzgesetz zugewiesenen Befugnissen überschreitet.

Zu den Aufgaben der Raumplanung als räumlich zusammenfassender, übergeordneter Planung gehört es zwar auch, die in Fachplanungen enthaltenen Aussagen zu Raumnutzungen oder Raumfunktionen aufeinander abzustimmen und abzusichern. Das gilt auch im Verhältnis zum Aufgabenbereich des Naturschutzes und der Landschaftspflege. So können die raumbedeutsamen Erfordernisse und Maßnahmen des Naturschutzes und der Landschaftspflege in Landschaftsprogrammen und Landschaftsrahmenplänen koordiniert und durch Ziele der Raumordnung gesichert werden (vgl. § 7 Abs. 3 Sätze 1 und 2 Nr. 1 ROG 1998). Gebiete mit besonderer Bedeutung für Naturschutz und Landschaftspflege werden in der Landschaftsplanung dargestellt; das gilt auch für Natur- und Landschaftsschutzgebiete. Sie sind bei der Aufstellung von Regionalplänen zu berücksichtigen (vgl. etwa § 3 Abs. 2 Satz 2 Nr. 1 und § 4 Abs. 1 Satz 2 HeNatG) (GVBl. 1994 I, 775; 1996 I, 145). Der Raumordnung bleibt es unbenommen, aus den Vorgaben der informellen Landschaftsplanung und den rechtsverbindlich festgesetzten Schutzgebieten eine gesamträumlich integrierende Konzeption zu entwickeln.

Der Regionalplanung ist es jedoch verwehrt, im Gewande überörtlicher Gesamtplanung auf der Grundlage des Naturschutzrechts zulässigerweise getroffene verbindliche fachliche Regelungen, wie sie Natur- und Landschaftsschutzverordnungen enthalten, durch eigene (gleichlautende oder abweichende) Zielfestlegungen zu überlagern oder zu ersetzen. Landschaftsschutzverordnungen konkretisieren und sichern mit ordnungsbehördlichen Mitteln den Vorrang des Landschaftsschutzes im Konflikt mit widerstreitenden Nutzungen. In einem Landschaftsschutzgebiet sind alle Handlungen verboten, die den Charakter des Gebietes verändern oder dem besonderen Schutzzweck zuwiderlaufen (§ 15 Abs. 2 BNatSchG a. F., § 26 Abs. 2 BNatSchG 2002). Wie weit Schutzverordnungen Ausnahmen von den Verbotsregelungen zulassen, bestimmt sich ausschließlich nach den Erlaubnisvorbehalten der Verordnung. Die Landesplanungsbehörde darf die Wertungen, die dem verordnungsrechtlichen Schutzsystem zugrunde liegen, nicht beiseite schieben und ein eigenes Schutzregime aufrichten. Allenfalls dort, wo es ihr unabhängig vom naturschutzrechtlichen Regelungszusammenhang um die Erreichung spezifisch raumordnungsrechtlicher Schutzzwecke geht, ist sie befugt, die naturschutzrechtlichen Anordnungen und Verbote durch eigene Zielfestlegungen zu ergänzen.

Die der Antragsgegnerin erteilte Ausnahmegenehmigung stellt außer Streit, daß der im Regionalplan festgelegte Vorrang des Landschaftsschutzes im Schutzgebiet „Taunus" durch das geplante Straßenbauvorhaben nicht verletzt wird. Insoweit scheidet ein Verstoß gegen das Anpassungsgebot in § 1 Abs. 4 BauGB aus. Auch das ist eine Folge der Tatbestandswirkung der Ausnahmegenehmigung. Anhaltspunkte dafür, daß die Zielaussagen zum Landschaftsschutz im Regionalplan raumordnungsrechtliche Zwecke verfolgen, die von der Landschaftsschutzverordnung „Taunus" nicht erfaßt wären, bestehen nach den Tatsachenfeststellungen der Vorinstanz nicht.

2.4 Nach Auffassung des Normenkontrollgerichts verletzt der angegriffene Bebauungsplan das Anpassungsgebot des § 1 Abs. 4 BauGB auch deshalb, weil das Plangebiet in einem Regionalen Grünzug im Sinne von Planziffer 3.2 des Regionalplans 1995 liegt, in dem „bauliche Anlagen", auch Flächenversiegelungen, nach näherer Maßgabe der Regelung nicht statthaft seien. Die Begründung dafür wird der rechtlichen Tragweite des Anpassungsgebots in § 1 Abs. 4 BauGB nicht gerecht.

Planziffer 3.2 „Regionale Grünzüge" des Regionalplans 1995 lautet:

„In der Karte ‚Siedlung und Landschaft' sind Freiräume in Bereichen, die dicht besiedelt sind oder hohe Umweltbelastungen aufweisen, als Regionale Grünzüge ausgewiesen.

Die Regionalen Grünzüge sollen den Freiraum als Träger lebenswichtiger Funktionen von Boden, Wasser, Luft, Klima, Wald und Landschaft sichern. Sie dienen insbesondere der Erhaltung und Entwicklung von Naherholungsgebieten, dem Schutz des Wasserhaushaltes und der klimatischen Verhältnisse sowie der Gliederung der Siedlungsgebiete. In ihnen sollen Entwicklungsmaßnahmen zur Verbesserung der genannten Freiraumfunktionen vorgesehen werden.

In den Regionalen Grünzügen sind bauliche Anlagen nicht statthaft, die zu einer Zersiedlung, zu einer Beeinträchtigung der Gliederung von Siedlungsgebieten, des Wasserhaushaltes oder der Freiraumerholung oder zur Veränderung der klimatischen Verhältnisse führen können. Bauliche Anlagen im Sinne einer Besiedlung sind in den Regionalen Grünzügen nicht zulässig."

Die Vorinstanz sieht im dritten Absatz der Planziffer „Zielangaben mit konkreten Nutzungsregelungen", die für die gemeindliche Bauleitplanung bindend sind. Das ist revisionsgerichtlich nicht zu beanstanden, wenn man diese Begriffsbildung dahin versteht, daß die „konkreten Nutzungsregelungen" den Konkretisierungsgrad der Zielaussagen als raumordnerische Letztentscheidungen (vgl. Art. 75 Nr. 4 GG) umschreiben sollen, und man ihnen keine bodenrechtliche Bedeutung im Sinne des Städtebaurechts beimißt (vgl. Art. 74 Nr. 18 GG) (siehe hierzu Senatsbeschluß v. 20. 8. 1992, a. a. O., S. 334).

Nr. 9

Nach Ansicht der Vorinstanz widerspricht die umstrittene Straßenplanung dem Ziel, eine mögliche Veränderung der klimatischen Verhältnisse durch bauliche Anlagen auf den unbebauten Flächen zwischen Schönberg und Oberhöchstadt zu verhindern (Planziffer 3.2, Abs. 3 Satz 1): Die von der Straße betroffene Fläche liege auf einem nach Süden bzw. Südosten geneigten Hang der Ausläufer des Taunus. Alle „im Bearbeitungsraum der Landschaftsplanung" vorhandenen Wiesen seien auf Grund ihrer Oberflächenstruktur (Vegetationsbestand über das ganze Jahr) besonders wertvoll für die Bildung von Kalt- bzw. Frischluft und damit für die Belüftung der angrenzenden Ortslagen und des klimatisch belasteten Ballungsraums Frankfurt und würden durch die genannten Ausweisungen „vor baulichen Anlagen geschützt".

Dieses Ergebnis beruht auf einer rechtlich unzureichenden Würdigung des angegriffenen Bebauungsplans. Die Entscheidungsgründe der Vorinstanz leiden darunter, daß sie sich allein mit der baulichen Anlage der Stadtentlastungstraße und der mit ihr verbundenen Flächenversiegelung befassen, die in den Bebauungsplan integrierte Landschaftsplanung einschließlich der naturschutzrechtlichen Ausgleichs- und Ersatzmaßnahmen jedoch ausblenden. Diese verkürzte Betrachtungsweise verkennt den Anpassungsspielraum, den § 1 Abs. 4 BauGB der Gemeinde einräumt. Ein Normenkontrollgericht, das eine Straßenplanung in einem Regionalen Grünzug, der vor einer „Veränderung der klimatischen Verhältnisse" schützen soll, zu beurteilen hat, darf sich nicht mit der undifferenzierten generellen Aussage begnügen, daß die Zielaussage des Klimaschutzes den Regionalen Grünzug vor baulichen Anlagen schützt. Es hat vielmehr zu überprüfen, ob die konkrete planerische Konzeption des Bauvorhabens im Einklang mit den Zielaussagen des Regionalplans steht. „Anpassen" i. S. von § 1 Abs. 4 BauGB bedeutet, daß die planerischen Intentionen, die den Zielen der Regionalplanung zugrunde liegen, zwar in das bauleitplanerische Konzept eingehen müssen, daß die Gemeinde aber frei ist, die im Ziel der Regionalplanung enthaltenen Vorgaben zielkonform auszugestalten und die ihr nach dem Bauplanungsrecht eröffneten Wahlmöglichkeiten voll auszuschöpfen. Die Bindung an regionalplanerische Zielvorgaben des Klimaschutzes schließt nicht von vornherein aus, daß es einer Gemeinde gelingt, bauliche Anlagen in einem Regionalen Grünzug zielkonform zu planen. Zielanpassung nach § 1 Abs. 4 BauGB ist nicht schlichter Normvollzug, sondern planerische Konkretisierung rahmensetzender Zielvorgaben (vgl. Senatsbeschluß v. 20. 8. 1992, a. a. O., S. 334).

Das Normenkontrollgericht übersieht, daß die Antragsgegnerin die klimatischen Funktionen der offenen großräumigen Wiesenlandschaft zwischen der B 455 und der L 3015 erkannt und zur Minderung, zum Ausgleich und zum Ersatz des mit dem Straßenbauvorhaben verbundenen Eingriffs in den Naturhaushalt ein umfangreiches landschaftsräumliches Konzept nach den seinerzeit geltenden §§ 8 und 8 a Abs. 1 BNatSchG (i.d.F. des Investitionserleichterungs- und Wohnbaulandgesetzes v. 22. 4. 1993, BGBl. I, 466) entwickelt und planerisch umgesetzt hat. Ungewürdigt bleibt insbesondere das naturschutzfachlich mit der Unteren und der Oberen Naturschutzbehörde abgestimmte Planungsziel der Antragsgegnerin, für den Eingriff in den Naturhaushalt einen funktionalen Ausgleich innerhalb des Geltungsbereiches des Bebauungsplans zu schaffen:

Zum Ausgleich für den Eingriff in Flächen mit besonderen klimatischen Funktionen (Kaltluftbildung und -abfluß) werden insgesamt 5,9 ha Flächen planerisch in (extensive) Wiesen und Obstwiesen mit besonderen Funktionen für die Bildung und für den Abfluß von Kaltluft umgewandelt. In der Flächenbilanz übersteigen die Ausgleichsflächen die von den Auswirkungen der Stadtentlastungsstraße direkt betroffenen Flächen mit Klimafunktionen (3,7 ha) um 2,2 ha. Außerdem werden 5,7 ha Wiesen, die schon existieren, sowie 4,5 ha Obstwiesen und landschaftlich ausgeprägte Gehölzgruppen in dieser Funktion planungsrechtlich verbindlich abgesichert. Die Antragsgegnerin beabsichtigt, die festgesetzten Maßnahmen teils parallel, teils im Vorgriff zum eigentlichen Bau der Straße umzusetzen. Sie ist der Ansicht, daß nach dem Eingriff keine erhebliche oder nachhaltige Beeinträchtigung des Naturhaushaltes zurückbleibt und sieht sich in dieser Einschätzung durch die zuständigen Naturschutzbehörden bestätigt.

In dieser Planung bilden der Straßenkörper mit Böschungen und Nebenanlagen und das naturschutzrechtliche Ausgleichskonzept eine aus der Sicht des Klimaschutzes (und der Lufthygiene) aufeinander bezogene funktionelle Einheit. Diese Gesamtplanung muß Prüfungsgegenstand im Anwendungsbereich des Anpassungsgebots des § 1 Abs. 4 BauGB sein. Das ist auch eine Folge der Integration der naturschutzrechtlichen Eingriffsregelung in die bauleitplanerische Abwägung nach § 8a BNatSchG a. F. (§ 1 a Abs. 2 Nr. 2 BauGB). Der funktionelle Zusammenhang zwischen der Trassierung einer neuen Straße und den in einem Landschaftsplan festgelegten Ausgleichs- und Ersatzmaßnahmen darf bei Anwendung des § 1 Abs. 4 BauGB nicht aufgelöst werden.

Die danach gebotene Überprüfung des Bebauungsplans erfordert die Feststellung und die Würdigung von Tatsachen, die dem Revisionsgericht verwehrt sind. Das nötigt zur Zurückverweisung der Sache an die Vorinstanz. Das Normenkontrollurteil stellt sich nicht aus anderen Gründen als richtig dar (§ 144 Abs. 4 VwGO). Zwar stützt die Vorinstanz die Rechtswidrigkeit des Bebauungsplans (wohl) auch auf eine Verletzung der Beachtenspflicht in § 8 Abs. 7 HLPG 1994, die dem irreversiblen Landesrecht angehört. Gleichwohl ist dem erkennenden Senat auch insoweit die revisionsgerichtliche Prüfung eröffnet. Nach st. Rspr. wendet ein Instanzgericht nämlich reversibles Recht auch insoweit an, als es sich bei der Auslegung irreversiblen Rechts durch reversibles Recht gebunden fühlt (BVerwG, Urteil v. 31. 10. 1975 – 4 C 8-11.74 –, BVerwGE 49, 301, 304 m. w. N.). Das Normenkontrollgericht geht davon aus, daß sich die Anpassungspflicht des § 1 Abs. 4 BauGB materiell mit der Beachtenspflicht aus § 8 Abs. 7 HLPG 1994 deckt. Sein Verständnis dieser landesrechtlichen Norm beruht also auf der Auslegung der bundesrechtlichen Vorschrift des § 1 Abs. 4 BauGB. Damit überträgt die Vorinstanz den Rechtsfehler bei der Auslegung des Anpassungsgebots in § 1 Abs. 4 BauGB auf die in § 8 Abs. 7 HLPG 1994 normierte Beachtenspflicht. Sein Urteil kann daher auch keinen Bestand haben, soweit es die Unwirksamkeit des Bebauungsplans auf die Verletzung von Landesrecht stützt.

3. Mit Bundesrecht unvereinbar sind schließlich die Erwägungen, die das Normenkontrollgericht bewogen haben, den Bebauungsplan wegen eines Abwägungsfehlers für unwirksam zu erklären.

Die Vorinstanz ist der Ansicht, die Antragsgegnerin habe sich mit den gemäß § 1 Abs. 5 Satz 2 Nr. 7 BauGB zu berücksichtigenden Belangen des Naturschutzes und der Landschaftspflege nicht ausreichend befaßt. Die bei der Zusammenstellung des Abwägungsmaterials erforderliche Bestandsaufnahme der Tierwelt sei nicht erfolgt. Die Antragsgegnerin habe aus den vorgefundenen Biotopnutzungstypen Rückschlüsse auf die mit ihnen regelmäßig verbundene Tier- und insbesondere Vogelwelt gezogen, die in die Straßenplanung eingeflossen seien. Erforderlich sei jedoch die „standortgerechte Ist-Aufnahme der vorfindlichen Tierbestände im Planungsgebiet und dem betroffenen Nachbarbereich" gewesen. Dagegen hat die Antragsgegnerin eingewandt, einer derart umfassenden Ermittlung der Tierwelt habe es nicht bedurft. Die besondere ornithologische Bedeutung von Obstwiesen sei bekannt und berücksichtigt worden. Die Tier- und Vogelwelt sei aus den ermittelten Nutzungsstrukturen nach wissenschaftlichem Erfahrungswissen abgeleitet worden. Der Artenschutz werde über den Biotopschutz sichergestellt. Vertiefende Untersuchungen seien nicht notwendig gewesen, da mit Hilfe von Analogschlüssen auf Grund der vorhandenen Nutzung eine hinreichend genaue Bewertung möglich sei.

Das Normenkontrollgericht überspannt die Anforderungen an die Ermittlungstiefe im Rahmen der bauleitplanerischen Abwägung. Anzuwenden ist hier nicht nur § 1 Abs. 5 Satz 2 Nr. 7 BauGB (Belange des Naturschutzes und der Landschaftspflege), sondern auch § 8 a Abs. 1 i. V. m. § 8 Abs. 2 Satz 1 BNatSchG a. F. Zur naturschutzrechtlichen Eingriffsregelung im Rahmen der straßenrechtlichen Fachplanung hat der Senat bereits entschieden, daß Ermittlungen nur durchzuführen sind, soweit sie für eine sachgerechte Planungsentscheidung erforderlich sind. Die Eingriffsregelung diene nicht einer allgemeinen Bestandsaufnahme. Es werde häufig nicht erforderlich sein, die von einem Vorhaben betroffenen Tier- und Pflanzenarten vollständig zu erfassen. Es könne vielmehr ausreichen, für den Untersuchungsraum besonders bedeutsame Repräsentanten an Tier- und Pflanzengruppen festzustellen und für die Bewertung bestimmte Indikationsgruppen heranzuziehen. Im Einzelfall könnten Rückschlüsse auf die Tierarten anhand der vorgefundenen Vegetationsstrukturen (und vorhandenen Literaturangaben) methodisch hinreichend sein. Je typischer die Gebietsstruktur des Eingriffsbereichs sei, desto eher könne auch auf typisierende Merkmale und allgemeine Erfahrungen abgestellt werden. Gebe es dagegen Anhaltspunkte für das Vorhandensein besonders seltener Arten, werde dem im Rahmen der Ermittlungen nachzugehen sein (BVerwG, Beschluß v. 21.2.1997 – 4 B 177.96 –, BRS 59 Nr. 9 = BauR 1997, 459 = NVwZ-RR 1997, 607).

Diese Rechtsprechung ist ohne weiteres auf die Belange von Natur und Landschaft und die Bewältigung der naturschutzrechtlichen Eingriffsregelung in der Bauleitplanung übertragbar. Mit den genannten Grundsätzen ist die generelle Forderung des Normenkontrollgerichts nach einer „standortgerechten Ist-Aufnahme", mit der typisierende, methodisch abgesicherte Rückschlüsse auf die Tierwelt anhand vorgefundener Biotopstrukturen ausgeschlossen werden, nicht vereinbar. Ob die von der Antragsgegnerin gezogenen „Analogschlüsse" betreffend die Tier- und Vogelwelt der betroffenen Obstwiesen und Biotope im Plangebiet und in der Nachbarschaft dem Gebot sachgerechter Ermittlungen genügen, kann im Revisionsverfahren mangels tatsächlicher Feststellungen der Vorinstanz nicht entschieden werden. Die Antragsteller machen hierzu geltend, daß mit „der Kartierung von Gottschalk" vor dem Satzungsbeschluß Indizien für die Existenz gesetzlich besonders geschützter Tier- und Pflanzenarten vorgelegen hätten, die allein durch die typisierende Bewertung der Biotope weder abschließend noch methodisch korrekt in ihren Lebensraumansprüchen angesichts der von der Planung ausgelösten Konflikte hätten erfaßt werden können. Der Sach- und Streitstand nötigt daher auch in dieser Hinsicht zur Zurückverweisung.

Nr. 10

1. **Mehrere Teilfortschreibungen eines Regionalplans, die jeweils Vorranggebiete für Windenergieanlagen festlegen, können die Ausschlußwirkung des § 35 Abs. 3 Satz 3 BauGB erst entfalten, wenn sie sich zu einer schlüssigen gesamträumlichen Planungskonzeption zusammenfügen.**

2. **Die Standortplanung von Windenergieanlagen ist nicht schon deshalb abwägungsfehlerhaft, weil bei einer großzügigeren Ausweisung von Standorten völker- oder europarechtliche Klimaschutzziele schneller zu erreichen wären.**

3. **Die Ausschlußwirkung des Planungsvorbehalts in § 35 Abs. 3 Satz 3 BauGB ist mit Art. 14 Abs. 1 GG vereinbar (im Anschluß an BVerwG, Urteil vom 17.12.2002 – 4 C 15.01 –).**

4. **§ 35 Abs. 3 Satz 3 BauGB verbietet es, in der Bilanz der Positiv- und Negativflächen Vorbehaltsgebiete i. S. von § 7 Abs. 4 Satz 1 Nr. 2 ROG als Positivausweisung zu werten.**

5. **Dem Träger der Regionalplanung ist es nicht verwehrt, die Windenergienutzung im gesamten Außenbereich einzelner Gemeinden auszuschließen.**

GG Art. 14; ROG § 7 Abs. 4; BauGB § 35 Abs. 3 Satz 3.

Bundesverwaltungsgericht, Urteil vom 13. März 2003 – 4 C 4.02 –.

(OVG Rheinland-Pfalz (BauR 2002, 1053)

Der Antragsteller begehrt von der beklagten Verbandsgemeinde die Erteilung einer Baugenehmigung für die Errichtung einer Windenergieanlage (Nabenhöhe 70,5 m; Rotordurchmesser 54 m; Leistung 1000 KW) auf zwei Parzellen im Außenbereich der beigeladenen Ortsgemeinde.

Die Bauparzellen liegen im Geltungsbereich des Regionalen Raumordnungsplans Mittelrhein-Westerwald 1988. In den Jahren 1998 bis 2000 beschloß die Planungsgemeinschaft Mittelrhein-Westerwald drei Teilfortschreibungen des Regionalplans zu

Nr. 10

„Standortbereichen für Windenergienutzung", die von der obersten Landesplanungsbehörde genehmigt wurden. Die Teilfortschreibungen weisen Vorrang- und Vorbehaltsflächen für die Errichtung von Windenergieanlagen aus und enthalten die Zielaussage, daß außerhalb der Vorrang- und Vorbehaltsbereiche die Errichtung von Windparks und raumbedeutsamen Windenergieanlagen i. d. R. nicht zulässig ist. Es werden 18 Vorranggebiete mit insgesamt ca. 300 ha und 11 Vorbehaltsgebiete mit insgesamt ca. 200 ha ausgewiesen. Die Bauparzellen des Klägers liegen nicht in diesen Gebieten.

Die Beklagte lehnte den Bauantrag des Klägers mit Bescheid vom 19. 6. 2000 ab, weil das Vorhaben raumbedeutsam sei und ihm öffentliche Belange i. S. von § 35 Abs. 3 Satz 3 BauGB entgegenstünden: Durch die Ziele der Regionalplanung sei eine Ausweisung für Windenergieanlagen an anderen Standorten erfolgt.

Das Verwaltungsgericht hat die Klage abgewiesen. Das Oberverwaltungsgericht hat die Berufung des Klägers mit Urteil vom 28. 2. 2002 (BauR 2002, 1053) zurückgewiesen.

Aus den Gründen:

Dem Berufungsgericht ist in der Frage, ob den Teilfortschreibungen des Regionalplans zur Windenergienutzung ein schlüssiges und ausgewogenes gesamträumliches Planungskonzept zugrunde liegt, ein Beurteilungsfehler unterlaufen, der zur Zurückverweisung nötigt. Ob die umstrittene Windenergieanlage an dem vorgesehenen Standort gemäß § 35 Abs. 3 Satz 3 BauGB unzulässig ist, kann mangels erforderlicher Tatsachenfeststellungen der Vorinstanz im Revisionsverfahren nicht abschließend beurteilt werden und ist der tatrichterlichen Würdigung vorzubehalten.

Die Windenergieanlage, die der Kläger im Außenbereich der Beigeladenen plant, ist ein privilegiertes Außenbereichsvorhaben i. S. von § 35 Abs. 1 Nr. 6 BauGB. Es ist nur zulässig, wenn öffentliche Belange nicht entgegenstehen. Öffentliche Belange stehen einem (raumbedeutsamen) Vorhaben nach § 35 Abs. 1 Nr. 2 bis 6 BauGB i. d. R. auch dann entgegen, soweit hierfür als Ziele der Raumordnung eine Ausweisung an anderer Stelle erfolgt ist (§ 35 Abs. 3 Satz 3 BauGB). Auf diese Ausschlußwirkung zielen die Fortschreibungen des Regionalen Raumordnungsplans Mittelrhein-Westerwald zu Standorten der Windenergienutzung.

1. Die Ausschlußwirkung, die § 35 Abs. 3 Satz 3 BauGB an bestimmte Ziele der Raumordnung knüpft, gilt nur für raumbedeutsame Vorhaben. Das ergibt sich nicht nur aus dem gesetzessystematischen Zusammenhang mit der vorangehenden Regelung in Satz 2, sondern auch aus der Eigenart raumordnerischer Ziele, die nach der Definition in § 3 Nr. 2 ROG (1998) verbindliche Vorgaben „zur Entwicklung, Ordnung und Sicherung des Raums" sind.

Die Annahme des Berufungsgerichts, die streitbefangene Windenergieanlage sei raumbedeutsam, ist revisionsgerichtlich nicht zu beanstanden. Raumbedeutsam ist u. a. ein Vorhaben, durch das die räumliche Entwicklung oder Funktion eines Gebietes beeinflußt wird (vgl. § 3 Nr. 6 ROG). Ob eine einzelne Windenergieanlage in diesem Sinne raumbedeutsam ist, beurteilt sich nach den tatsächlichen Umständen des Einzelfalls. Die Raumbedeutsamkeit einer Einzelanlage kann sich insbesondere aus ihren Dimensionen (Höhe, Rotordurchmeser), aus ihrem Standort oder aus ihren Auswirkungen auf bestimmte Ziele der Raumordnung (Schutz von Natur und Landschaft, Erholung und Fremdenverkehr) ergeben. Das Berufungsgericht hat sich die nach einer Ortsbesichtigung gewonnene Einschätzung des Verwaltungsgerichts zu eigen gemacht, daß die vom Kläger geplante Anlage wegen ihrer Größe und wegen der vom Standort aus bestehenden Fernsicht erheblich auf den Raum und seine Landschaft einwirke und deshalb raumbedeutsam sei. An diese tatsächliche Würdigung ist das Revisionsgericht gebunden (§ 137 Abs. 2 VwGO). Das Berufungsgericht hat die Raumbedeutsamkeit der Anlage selbständig entscheidungstragend auch darauf gestützt, daß der vorgesehene Standort die Möglichkeit zur Aufstellung weiterer Windenergieanlagen biete und deshalb (negative) Vorbildwirkung besitze. Die Begründung weckt rechtliche Zweifel. Die Frage, ob ein Vorhaben wegen negativer Vorbildwirkung raumbedeutsam ist, ist nur entscheidungserheblich, wenn das Vorhaben isoliert betrachtet dieses Kriterium nicht erfüllt und Grund für die Annahme besteht, in der Umgebung könnten weitere Anlagen zur Genehmigung gestellt werden. Feststellungen der Vorinstanz hierzu fehlen. Eine raumordnungsrechtliche Gesamtbetrachtung für sich genommen nicht raumbedeutsamer Windenergieanlagen kann gerechtfertigt sein, wenn mehrere Anlagen in einem engen zeitlichen und räumlichen Zusammenhang errichtet werden sollen. Sie können zu einer raumbedeutsamen Einheit zusammenwachsen. Bestehen diese Voraussetzungen nicht, bietet § 35 Abs. 3 Satz 3 BauGB keine Handhabe, die Genehmigung einer nicht raumbedeutsamen Anlage allein wegen einer „Vorbildwirkung" für weitere Anlagen zu versagen. Es bleibt die Möglichkeit, die Anträge auf Genehmigung weiterer Anlagen mit der Begründung abzulehnen, daß sie zusammen mit der bereits genehmigten Anlage die Schwelle zur Raumbedeutsamkeit überschreiten und deshalb nach § 35 Abs. 3 Satz 3 BauGB unzulässig sind.

2. Bei der Frage, ob die windenergiebezogenen Teilfortschreibungen des Regionalplans Mittelrhein-Westerwald die rechtlichen Anforderungen an Ziele der Raumordnung i. S. von § 35 Abs. 3 Satz 3 BauGB erfüllen, ist in Anknüpfung an das Urteil des erkennenden Senats vom 17. 12. 2002 (– 4 C 15.01 – zur Veröffentlichung in BVerwGE vorgesehen, BauR 2003, 828) von folgenden Grundsätzen auszugehen:

§ 35 Abs. 3 Satz 3 BauGB stellt die Errichtung von Windenergieanlagen (sowie anderer Vorhaben nach § 35 Abs. 1 Nr. 2 bis 6 BauGB) im gemeindlichen Außenbereich unter einen Planungsvorbehalt, der sich an die Gemeinden als Träger der Flächennutzungsplanung und an die Träger der Raumordnungsplanung, insbesondere der Regionalplanung, richtet. Der Planungsvorbehalt setzt gebietsbezogene Festlegungen des Plangebers über die Konzentration von Windenergieanlagen an bestimmten Standorten voraus, durch die zugleich ein Ausschluß der Anlagen an anderer Stelle im Plangebiet angestrebt und festgeschrieben wird. § 35 Abs. 3 Satz 3 BauGB verleiht derartigen Festlegungen rechtliche Außenwirkung gegenüber dem Bauantragsteller mit der Folge, daß Vorhaben außerhalb der Konzentrationszonen i. d. R. unzulässig sind.

Die negative und die positive Komponente der festgelegten Konzentrationszonen bedingen einander. Der Ausschluß der Anlagen auf Teilen des Plangebiets läßt sich nach der Wertung des Gesetzgebers nur rechtfertigen, wenn der Plan sicherstellt, daß sich die betroffenen Vorhaben an anderer Stelle gegenüber konkurrierenden Nutzungen durchsetzen. Dem Plan muß daher ein schlüssiges gesamträumliches Planungskonzept zugrunde liegen, das den allgemeinen Anforderungen des planungsrechtlichen Abwägungsgebots gerecht wird. Die Abwägung aller beachtlichen Belange muß sich auf die positiv festgelegten und die ausgeschlossenen Standorte erstrecken. Eine normative Gewichtungsvorgabe, der zufolge ein Planungsträger der Windenergienutzung im Sinne einer speziellen Förderungspflicht bestmöglich Rechnung zu tragen habe, ist der gesetzlichen Regelung nicht zu entnehmen. Eine gezielte (rein negative) „Verhinderungsplanung" ist dem Plangeber jedoch verwehrt. Er muß die Entscheidung des Gesetzgebers, Windenergieanlagen im Außenbereich zu privilegieren (§ 35 Abs. 1 Nr. 6 BauGB), beachten und für die Windenergienutzung im Plangebiet in substantieller Weise Raum schaffen. Eine „Verhinderungsplanung" liegt allerdings nicht schon dann vor, wenn die Festlegung von Konzentrationsflächen im Ergebnis zu einer Art Kontingentierung der Anlagenstandorte führt.

3. Die Überprüfung der windenergiebezogenen Fortschreibungen des Regionalplans durch das Berufungsgericht steht in weiten Teilen im Einklang mit diesen Grundsätzen.

3.1 Die drei Fortschreibungen des Regionalplans legen jeweils Vorranggebiete für die Windenergienutzung fest, in denen andere Nutzungen ausgeschlossen sind, soweit diese mit der Windenergienutzung nicht vereinbar sind. Sie enthalten ferner Vorbehaltsbereiche, in denen bei der Abwägung mit konkurrierenden Nutzungsansprüchen der langfristigen, vorsorglichen Sicherung der Windenergienutzung ein besonderes Gewicht beigemessen werden soll. Hierzu wird bestimmt, daß außerhalb der Vorrang- und Vorbehaltsbereiche die Errichtung von Windparks und raumbedeutsamen Windenergieanlagen i. d. R. unzulässig ist.

Der Träger der Regionalplanung ist bei diesen Gebietsumschreibungen begrifflich und inhaltlich den Vorgaben in § 7 Abs. 4 Satz 1 Nr. 1 und 2 ROG 1998 gefolgt und hat zugleich von der im nachfolgenden Satz 2 vorgesehenen Möglichkeit Gebrauch gemacht, Vorranggebiete mit einer gebietsexternen Ausschlußwirkung zu verbinden; die festgelegten Vorbehaltsgebiete werden von dieser Ausschlußwirkung räumlich ausgenommen. Bei Fortschreibung des Regionalplans waren die rahmenrechtlichen Vorschriften des Raumordnungsgesetzes 1998 zwar noch nicht in das Landesplanungsrecht umgesetzt. Das Landesplanungsgesetz – LPlG – i. d. F. des Gesetzes zur Änderung planungsrechtlicher Vorschriften vom 20. 12. 1994 (GVBl. Rh.-Pf. 461) enthält keine vergleichbaren Regelungen. Die bodenrechtliche Vorschrift des § 35 Abs. 3 Satz 3 BauGB vermag die erforderliche raumordnungsrechtliche Ermächtigung zur Festlegung von Konzentrationsflächen auch nicht zu ersetzen. Eine spezielle landesgesetzliche Ermächtigungsgrundlage ist jedoch nicht erforderlich, wenn sich aus dem übrigen Landesplanungsrecht hinreichend bestimmt ableiten läßt, daß der Landesgesetzgeber auch Konzentrationsentscheidungen i. S. von § 35 Abs. 3 Satz 3 BauGB hat zulassen wollen. Das Berufungsgericht sieht die Ermächtigungsgrundlage für die Festlegung von „Zielen mit negativ planerischer Funktion" in § 12 Abs. 1 und 3 LPlG i. V. m. den §§ 2 und 10 LPlG. An diese Auslegung des irreversiblen Landesrechts ist das Revisionsgericht gebunden (§ 173 VwGO i. V. m. § 560 ZPO).

3.2 Nach Ansicht des Berufungsgerichts fügen sich die drei Teilfortschreibungen des Regionalplans zur Windenergienutzung mit ihren positiven und negativen Aussagen zu einem abschließenden gesamträumlichen Planungskonzept zusammen. Prüfungsgegenstand der (inzidenten) Normenkontrolle ist nicht allein die 3. Teilfortschreibung. Das zeigt die in den Urteilsgründen gegenüber den Ausschlußflächen positiv herausgestellte Gesamtbilanz aller in den drei Teilfortschreibungen festgelegten Vorrang- und Vorbehaltsgebiete.

Die rechtliche Gesamtbetrachtung rechtfertigt sich nach Ansicht der Vorinstanz aus dem zeitlichen und inhaltlichen Zusammenhang der Teilfortschreibungen, die aufeinander aufbauen. Das Berufungsgericht wertet die drei Fortschreibungen offensichtlich als Zwischenschritte in einem übergreifenden Abwägungsvorgang und faßt sie als Gesamtergebnis zusammen. Dieser rechtliche Ansatz betrifft wiederum die Auslegung irreversiblen Landesrechts und beruht auf einer tatrichterlichen Würdigung des gesamten Planungsverfahrens. Er ist für das Revisionsgericht bindend.

Dahinstehen kann daher, ob die Ansicht der Revision zutrifft, die im Dezember 1998 genehmigte 1.Teilfortschreibung sei ohne schlüssiges Planungskonzept erfolgt und nichtig; sie habe daher weder für sich betrachtet noch gemeinsam mit den weiteren Teilfortschreibungen den vom Kläger vorgesehenen Anlagenstandort ausschließen können. Die Frage ist nicht entscheidungserheblich, weil nach Ansicht des Berufungsgerichts jedenfalls die drei Teilfortschreibungen zusammen betrachtet eine schlüssige Gesamtkonzeption erkennen lassen. Prozeßrechtlich stellt die Vorinstanz damit auf die Sach- und Rechtslage im Zeitpunkt der mündlichen Verhandlung im Berufungsverfahren ab. Das ist auch im Hinblick auf den vom Kläger verfolgten Verpflichtungsantrag gerechtfertigt.

Der Revision ist allerdings einzuräumen, daß einzelne Teilfortschreibungen eines Regionalplans, die jeweils Vorranggebiete für Windenergieanlagen festlegen, erst dann die angestrebte Ausschlußwirkung des § 35 Abs. 3 Satz 3 BauGB erlangen können, wenn sie für sich oder im Zusammenhang betrachtet Ausdruck einer schlüssigen gesamträumlichen Planungskonzeption sind. Dem Träger der Regionalplanung steht es zwar frei, ein so umfangreiches Abwägungsprogramm wie die erstmalige gesamträumliche Auswahl und Zuordnung der Standortbereiche für die Windenergienutzung in mehreren Planungsschritten zu bewältigen. Teilfortschreibungen, die (noch) kein vollständiges ausgewogenes Gesamtkonzept der Konzentrationsflächen („Positiv- und Negativflächen") im Plangebiet erkennen lassen, weil dieses noch in der Entwicklung begriffen ist, können die Ausschlußwirkung von Vorranggebieten jedoch nicht für sich in Anspruch nehmen; in diesem Fall bleiben festgelegte Vorranggebiete bis zur Erstellung einer gesamträumlichen Konzeption auf den innergebietlichen Vorrang der Windenergienutzung beschränkt.

3.3 Die Revision hält dem Berufungsgericht vor, es habe übersehen, daß die Teilfortschreibungen des Regionalplans insgesamt rechtswidrig und unwirksam seien, weil Anzahl und Größe der festgelegten Vorrangflächen für die Windenergienutzung unter Außerachtlassung der „europarechtlichen und völkerrechtlichen Hintergründe der Privilegierung von Windenergievorhaben" zu gering ausgefallen seien:

Nr. 10

In der Richtlinie 2001/77/EG des Europäischen Parlaments und des Rates vom 27. 9. 2001 zur Förderung der Stromerzeugung aus erneuerbaren Energiequellen im Elektrizitätsbinnenmarkt (ABl. EG Nr. L 283 v. 27. 10. 2001, 33) seien konkrete Handlungsschritte aufgezeigt, um auf nationaler Ebene das Richtziel von 12 v. H. für den Anteil erneuerbarer Energiequellen am Bruttoinlandsenergieverbrauch in der Gemeinschaft als Ganzes bis zum Jahr 2010 zu erreichen. Eine entsprechende Verpflichtung der Bundesrepublik bestehe ferner nach der Unterzeichnung des Protokolls von Kyoto vom 11. 12. 1997 (BGBl. 2002 II, 967) zum Rahmenübereinkommen der Vereinten Nationen vom 9. 5. 1992 über Klimaänderungen (BGBl. 1993 II, 1783). Daraus folge ein „faktischer Zwang" zur Ausweisung von Flächen für die Windenergienutzung. Die Bundesländer seien aufgerufen, sich bundestreu zu verhalten. Wenn sie so restriktiv planten wie die Planungsgemeinschaft Mittelrhein-Westerwald, könne der Bund seine europa- und völkerrechtlichen Verpflichtungen nicht erfüllen. Der Ausbau der Windenergie in Rheinland-Pfalz müsse daher noch erheblich über die Vorrangflächen im Regionalplan Mittelrhein–Westerwald und in den anderen Regionalplänen des Landes hinausgehen.

Dieses Vorbringen verhilft der Revision nicht zum Erfolg.

Mit der Annahme des Protokolls von Kyoto hat die Dritte Konferenz der Vertragsstaaten des Klimarahmenabkommens von 1992 zwar erstmals verbindliche, quantitative Zielvorgaben und Umsetzungsinstrumente für die Reduktion von klimaschädlichen Treibhausgasen beschlossen. Die in Anhang I genannten Industriestaaten verpflichten sich, die für sie festgelegten Emissionsreduktionsziele zu erfüllen. Der Deutsche Bundestag hat dem Kyoto Protokoll mit Vertragsgesetz vom 27. 4. 2002 (BGBl. II, 966) zugestimmt. Das Protokoll ist jedoch bisher völkerrechtlich nicht in Kraft getreten. Die Privilegierung der Windenergieanlagen in § 35 Abs. 3 Satz 3 BauGB verfolgt zwar den Zweck, den Anteil erneuerbarer Energien an der Energieversorgung aus klimaschutz-, energie- und umweltpolitischen Gründen zu steigern und den Ausstoß von Kohlendioxid zu senken (vgl. BT-Drucks 13/4978, S. 1, 6) und dient insoweit auch den Reduzierungszielen des Protokolls von Kyoto. Das Protokoll schreibt jedoch weder die bestmögliche Förderung der Windenergie vor noch legt es konkrete innerstaatliche Umsetzungsstrategien fest. Die Handlungskonzepte und Prioritäten nationaler Klimaschutzpolitik umfassen sehr vielfältige Maßnahmen und Instrumente (vgl. Koch/Caspar, Hrsg., Klimaschutz im Recht, 1997; Koch/Verheyen, NuR 1999, 1 m. w. N.).

Quantitative Zielvorgaben in Gestalt vertraglich vereinbarter Richtwerte können zwar auch im Vorgriff auf ihr völkerrechtliches In-Kraft-Treten als Abwägungskriterien in der Planung richtungsweisende Bedeutung erlangen. Den Trägern der Landes- und Regionalplanung bleibt es ebenso wie den Gemeinden unbenommen, im Rahmen der gesamträumlichen und der städtebaulichen Entwicklung und Ordnung mit ihrem planungsrechtlichen Instrumentarium Klimaschutzpolitik zu betreiben. Eine Planung ist aber nicht schon deshalb abwägungsfehlerhaft, weil bei einer großzügigeren Ausweisung von Standorten für die Windenergienutzung die im Klimaschutzabkommen festgelegten nationalen Reduktionsziele schneller erreichbar wären. Der

Planungsvorbehalt des § 35 Abs. 3 Satz 3 BauGB trägt dem Klimaschutz Rechnung, indem er Windenergieanlagen im Außenbereich zuläßt, ohne auf den gebotenen Schutz des Außenbereichs zu verzichten (vgl. BT-Drucks. 13/4978, S. 7).

Auf die Richtlinie 2001/77/EG kann die Unwirksamkeit der umstrittenen Fortschreibungen des Regionalplans ebenfalls nicht gestützt werden. Abgesehen davon, daß die Standortbereiche für die Windenergienutzung vor dem Erlaß der Richtlinie beschlossen und genehmigt worden sind und die Frist für ihre Umsetzung bis zum 27.10.2003 läuft (Art. 9 Abs. 1 der Richtlinie), überläßt die Richtlinie es den Mitgliedstaaten, „geeignete Maßnahmen" zu ergreifen, um die Steigerung des Verbrauchs von Strom aus erneuerbaren Energiequellen entsprechend den festgelegten nationalen Richtzielen zu fördern (Art. 1 und 3 Abs. 1; vgl. hierzu V. Oschmann, Strom aus erneuerbaren Energien im Europarecht, 2002, S. 65 ff., 90 ff.). Die Richtlinie soll das ungestörte Funktionieren der unterschiedlichen nationalen Förderungssysteme (z. B. Investitionsbeihilfen, Steuererleichterungen, direkte Preisstützung) gewährleisten, damit das Vertrauen der Investoren erhalten bleibt, bis ein gemeinschaftsrechtlicher Rahmen für den Markt für erneuerbare Energiequellen geschaffen worden ist (Erwägungsgrund 14). Zu den erneuerbaren nicht fossilen Energiequellen zählen neben Wind auch Sonne, Erdwärme, Wellen- und Gezeitenenergie, Wasserkraft, Biomasse, Deponiegas, Klärgas und Biogas (Art. 2 Buchst. a).

Der Revision mag darin zuzustimmen sein, daß die Substitution der Windenergie durch andere nicht fossile Energiequellen in Deutschland nur begrenzt möglich ist. Es mag auch zutreffen, daß die Förderung der Windenergie auf die planungsrechtliche Festlegung von Konzentrationsflächen i. S. von § 35 Abs. 3 Satz 3 BauGB angewiesen ist, um einen erheblichen Beitrag zur Verwirklichung des deutschen Richtziels (12,5 v. H. für den Anteil von Strom aus erneuerbaren Energiequellen am Bruttostromverbrauch bis zum Jahre 2010 (vgl. den Referenzwert im Anhang der Richtlinie), leisten zu können. Es fehlt jedoch an einer verbindlichen prozentualen Aufteilung des nationalen Richtziels auf die einzelnen Bundesländer, wie sie der Revision vorschwebt. Auf der Grundlage der vorinstanzlichen Feststellungen muß der Senat auch davon ausgehen, daß es auf der Ebene der Landesplanung keine verbindlichen Bedarfsprognosen oder andere Vorgaben zur Anzahl und zum Umfang von Konzentrationsflächen in den regionalen Planungsräumen gibt, an denen die Standortbereiche für Windenergieanlagen im Regionalplan Mittelrhein-Westerwald gemessen werden könnten.

3.4 Die Revision macht schließlich geltend, daß die Ziele der Raumordnung die in § 35 Abs. 3 Satz 3 BauGB angeordnete Ausschlußwirkung gegenüber privaten Grundstückseigentümern nur dann entfalten könnten, wenn diese an der Zielaufstellung beteiligt worden seien. Die Festlegung von Ausschlußgebieten berühre die privaten Rechtsträger, die auf windhöffigen Flächen im Geltungsbereich des Regionalplans die Errichtung und den Betrieb von Windenergieanlagen beabsichtigten, in ihren Grundrechten aus Art. 12, 14 und 2 Abs. 1 GG. Das Urteil des Bundesverwaltungsgerichts vom 19.7.2001 (– 4 C 4.00 –, BVerwGE 115, 17 = BRS 64 Nr. 96 = BauR 2002, 41,

Nr. 10

Gipsabbau in einem Gebiet mit Vorrang für den Landschaftsschutz) bestätige die Grundrechtsrelevanz der Raumordnung. Da Private an den Teilfortschreibungen des Regionalplans Mittelrhein Westerwald nicht beteiligt worden seien, könne § 35 Abs. 3 Satz 3 BauGB das Vorhaben des Klägers nicht ausschließen.

Das Berufungsgericht stellt hierzu fest, daß das Landesplanungsgesetz 1994 die Beteiligung betroffener Grundeigentümer oder Anlagenbetreiber an der Aufstellung und Fortschreibung von Raumordnungsplänen nicht vorsieht. Zwischen den Beteiligten besteht Einigkeit darüber, daß eine derartige Beteiligung auch nicht erfolgt ist. Die Folgerungen, welche die Revision daraus ableitet, überzeugen jedoch nicht. Das ergibt sich aus den folgenden Erwägungen:

§ 35 Abs. 3 Satz 3 BauGB macht die Zulässigkeit privilegierter Außenbereichsvorhaben (u. a.) ausdrücklich von den positiven und negativen Zielaussagen raumordnerischer Konzentrationsentscheidungen abhängig. Ziele der Raumordnung besitzen zwar grundsätzlich keine rechtliche Außenwirkung gegenüber dem privaten einzelnen; ihr Geltungsanspruch richtet sich an öffentliche Planungsträger und Personen des Privatrechts, die raumbedeutsame Planungen und Maßnahmen in Wahrnehmung öffentlicher Aufgaben vornehmen (vgl. § 4 Abs. 1 und 2 ROG 1998). Der Gesetzgeber verleiht den raumordnerischen Konzentrationsentscheidungen jedoch mit der Regelung in § 35 Abs. 3 Satz 3 BauGB über ihren raumordnungsrechtlichen Wirkungsbereich hinaus die Bindungskraft von Vorschriften, die Inhalt und Schranken des Eigentums i. S. von Art. 14 Abs. 1 Satz 2 GG näher bestimmen. Das steht im Einklang mit § 4 Abs. 5 ROG 1998, nach dem weitergehende Bindungswirkungen der Erfordernisse der Raumordnung auf Grund von Fachgesetzen unberührt bleiben, und wirkt sich auf das raumordnerische Abwägungsprogramm aus.

In die Abwägung sind alle öffentlichen und privaten Belange einzustellen, soweit sie auf der jeweiligen Planungsebene (Landes- oder Regionalplanung) erkennbar und von Bedeutung sind (vgl. § 7 Abs. 7 Satz 2 ROG 1998). Bei der Festlegung von Vorranggebieten mit Ausschlußwirkung für die Windenergienutzung gehören zum Abwägungsmaterial auch die privaten Belange der Eigentümer zur Windenergienutzung geeigneter Flächen. Die Aufgaben der Raumordnung als einer zusammenfassenden, übergeordneten Planung, ihre weiträumige Sichtweise und ihr Rahmencharakter berechtigen den Planungsträger allerdings dazu, das Privatinteresse an der Nutzung der Windenergie auf geeigneten Flächen im Planungsraum verallgemeinernd zu unterstellen und als typisierte Größe in die Abwägung einzustellen. Nach den Feststellungen des Berufungsgerichts ist bei den windenergiebezogenen Fortschreibungen des Regionalplans so verfahren worden. Dabei durfte der Träger der Regionalplanung auch berücksichtigen, daß die Privatnützigkeit der Flächen, die von der Ausschlußwirkung der Konzentrationsentscheidung erfaßt werden, zwar eingeschränkt, aber nicht beseitigt wird. Ein Eigentümer muß es grundsätzlich hinnehmen, daß ihm eine möglicherweise rentablere Nutzung seines Grundstücks verwehrt wird.

Art. 14 Abs. 1 GG schützt nicht die einträglichste Nutzung des Eigentums (BVerfGE 100, 226, 242 f.). Die Ausschlußwirkung der in einem Regionalplan festgelegten Vorranggebiete steht einem gebietsexternen Windenergievorhaben überdies nicht strikt und unabdingbar, sondern nach §35 Abs. 3 Satz 3 BauGB (nur) „i. d. R." entgegen. Der Planungsvorbehalt steht also unter einem gesetzlichen „Ausnahmevorbehalt", der die Möglichkeit zur Abweichung in atypischen Einzelfällen eröffnet (vgl. auch Senatsurteil v. 17. 12. 2002 – 4 C 15.01 –, a. a. O.). Dieser „Ausnahmevorbehalt" stellt ein Korrektiv dar, das unverhältnismäßigen (unzumutbaren) Beschränkungen des Grundeigentümers in Sonderfällen vorbeugt, ohne daß die Grundzüge der Planung in Frage gestellt werden. Damit ist den grundrechtlichen Bedenken der Revision ausreichend Rechnung getragen. Im Streitfall bestehen keine Anhaltspunkte für das Vorliegen einer Sondersituation, die eine Abweichung von den Steuerungszielen des Regionalplans rechtfertigen könnte.

Das Senatsurteil vom 19. 7. 2001 (– 4 C 4.00 –, a. a. O.) hilft der Revision nicht weiter. Es betrifft §35 Abs. 3 Satz 3 Halbs. 1 BauGB 1987 (= §35 Abs. 3 Satz 2 Halbs. 1 BauGB 1998), der bestimmte, daß raumbedeutsame Vorhaben den Zielen der Raumordnung und Landesplanung nicht widersprechen dürfen. Der Senat hat entschieden, daß diese Vorschrift den Zielen der Raumordnung und Landesplanung bei der Entscheidung über die Zulässigkeit eines raumbedeutsamen Außenbereichsvorhabens keinen strikten und unabdingbaren Geltungsanspruch verlieh. Ob ein Vorhaben einem Raumordnungsziel im Sinne dieser Norm widerspreche, sei von der Genehmigungsbehörde auf Grund einer „nachvollziehenden" (gerichtlich uneingeschränkt überprüfbaren) Abwägung zu entscheiden, in der das konkrete Vorhaben den berührten raumordnerischen Zielen gegenüberzustellen sei. Diese Rechtsprechung trägt dem Umstand Rechnung, daß auf andere Weise unverhältnismäßige Beschränkungen des Eigentums auf Grund besonderer (atypischer) Umstände des Einzelfalls, die auf der Ebene der Landes- oder Regionalplanung nicht erkennbar oder nicht bedeutsam waren, nicht abzuwenden wären. Eine Übertragung dieser Entscheidung auf §35 Abs. 3 Satz 3 BauGB bedarf es nicht, weil diese Vorschrift einen „Ausnahmevorbehalt" enthält, der eine strikte und unabdingbare Durchgriffswirkung der Ziele der Raumordnung auf die Ebene der Vorhabenzulassung von vornherein ausschließt.

4. Mit Bundesrecht nicht in jeder Hinsicht vereinbar sind die Erwägungen, die das Berufungsgericht zu dem Ergebnis führen, der Träger der Regionalplanung habe der Windenergienutzung Raum geschaffen, ohne sich dem Vorwurf einer unzulässigen „Verhinderungsplanung" auszusetzen.

4.1 Der Vorwurf der Revision, das Berufungsgericht habe in aktenwidriger Weise verkannt, daß der Planungsträger die gemeindlichen Stellungnahmen zu seinem Plankonzept „nur schematisch gewürdigt" und zahlreiche Flächen infolge eines „gemeindlichen Wunschkonzerts" ohne Überprüfung ihrer grundsätzlichen Geeignetheit aus sachfremden Gründen als Vorrang- bzw. Vorbehaltsflächen ausgeschlossen habe, ist allerdings auf der Grundlage der tatsächlichen und für das Revisionsgericht bindenden Feststellungen der Vorinstanz zurückzuweisen.

Nr. 10

Die Teilfortschreibungen des Regionalplans selbst enthalten freilich keine Begründung, auf deren Grundlage sich die Ausgewogenheit der Planung von Anlagenstandorten und Ausschlußflächen beurteilen ließe. Sie beschränken sich auf die schlichte Aussage, die Ausschlußflächen ergäben sich „aus dem Konzentrationsgebot von Windenergieanlagen auf geeignete Standortbereiche und der erfolgten flächendeckenden Prüfung aller auf Grund der Windhöffigkeit in Betracht kommenden Standorte". Angesichts dieses Begründungsdefizits hat das Berufungsgericht die Verfahrensakten der Planungsgemeinschaft Mittelrhein–Westerwald überprüft und festgestellt, im Rahmen der „Potentialflächenfindung" in der gesamten Region seien geeignete Standortbereiche unter Berücksichtigung einer ausreichenden Windhöffigkeit sowie der Abstandserfordernisse bei Siedlungsbereichen und Naturschutzgebieten ermittelt worden. Die Verfahrensakten belegten, daß potentiell geeignete Bereiche nur aus sachlichen Aspekten (z. b. aus Landschafts- und Naturschutzgründen) ausgeklammert worden seien. Die oberste Planungsbehörde habe darauf geachtet, daß geeignete Flächen nicht grundlos ausgeschieden würden, in Zweifelsfällen nachgefragt und nur eine nachvollziehbare Begründung für die Ablehnung von Flächenausweisungen akzeptiert. Die Revision ist anderer Ansicht, erhebt aber keine zulässigen und begründeten Aufklärungsrügen. Der Vorwurf aktenwidriger Feststellungen bleibt unsubstantiiert.

4.2 Den vom Kläger erhobenen Vorwurf der „Verhinderungsplanung" weist die Vorinstanz zunächst mit der Erwägung zurück, dieses Argument greife nur, wenn das gesamte Plangebiet im Wege einer bloßen „Negativplanung" für alle Windenergieanlagen gesperrt worden wäre. Damit wird jedoch nur ein (hier nicht gegebener) Extremfall bezeichnet, der den planungsrechtlichen Schranken bei der Ausweisung von Konzentrationsflächen i. S. des § 35 Abs. 3 Satz 3 BauGB nicht vollständig gerecht wird. Das sieht das Berufungsgericht im Ansatz ebenso. Es tritt daher dem Einwand des Klägers, angesichts der Größe des Planungsraums und seines großen Windpotentials weise der Regionalplan zu wenig Flächen für die Windenergienutzung aus, mit der Begründung entgegen, mit der Ausweisung von 18 Vorranggebieten und 11 Vorbehaltsgebieten halte sich das Planungsergebnis noch im Rahmen des dem Plangebers zustehenden Planungsermessens, zumal ein „grobes Mißverhältnis" nicht zu Tage trete.

Das Berufungsgericht legt dabei eine Flächenbilanz zugrunde, die den Anforderungen des § 35 Abs. 3 Satz 3 BauGB an ein ausgewogenes Verhältnis von Positiv- und Negativflächen im Planungsraum nicht genügt. Der Gesetzgeber knüpft die Ausschlußwirkung an das Erfordernis einer Ausweisung durch Ziele der Raumordnung an anderer Stelle. Damit trägt er seiner Privilegierungsentscheidung in § 35 Abs. 1 Nr. 2 bis 6 BauGB Rechnung. Wie der Senat in seinem Urteil vom 17. 12. 2002 ausgeführt hat, läßt sich das Zurücktreten der Privilegierung in Teilen des Plangebiets nach der Wertung des Gesetzgebers nur rechtfertigen, wenn der Planungsträger sicherstellt, daß sich die privilegierten Vorhaben an anderer Stelle gegenüber konkurrierenden Nutzungen durchsetzen. Der Planungsträger muß der Privilegierungsentscheidung des Gesetzgebers Rechnung tragen, indem er der privilegierten

Nutzung in substantieller Weise Raum schafft. Nur auf diese Weise kann er den Vorwurf einer unzulässigen „Negativplanung" entkräften.

Wo die Grenze zur unzulässigen „Negativplanung" verläuft, läßt sich nicht abstrakt bestimmen. Ob diese Grenze überschritten ist, kann nur angesichts der tatsächlichen Verhältnisse im jeweiligen Planungsraum entschieden werden. Entgegen der Revision ist allein der Umstand, daß der Träger der Regionalplanung den gesamten Außenbereich einzelner Gemeinden zur Ausschlußfläche erklärt hat, noch kein Indiz für eine „Verhinderungsplanung". Die Sperrung eines oder mehrerer Außenbereiche für die Windenergienutzung kann aus Sicht der Regionalplanung, die großräumigen und übergreifenden Leitvorstellungen der Raumentwicklung verpflichtet ist und wirtschaftliche Ansprüche mit den sozialen und ökologischen Erfordernissen der Siedlungs- und Freiraumstruktur in Einklang zu bringen hat (vgl. §§ 1 und 2 ROG), gerechtfertigt sein, um die Errichtung von Windkraftanlagen im Planungsraum so zu steuern, daß das übergemeindliche Konzept zum Tragen kommt.

Die gesetzgeberische Konzeption verbietet es jedoch, in der Bilanz der Positiv- und Negativflächen Vorbehaltsgebiete i. S. von § 7 Abs. 4 Satz 1 Nr. 2 ROG als Positivausweisung zu werten. § 35 Abs. 3 Satz 3 BauGB setzt insoweit Erfordernisse der Raumordnung voraus, die Zielcharakter besitzen. Nur so ist sichergestellt, daß sich die privilegierte Nutzung an dem ihr zugewiesenen Standort gegenüber konkurrierenden Nutzungen durchsetzt. Vorbehaltsgebiete bieten diese Gewähr nicht. Sie entfalten typischerweise eine geringere Steuerungskraft. Sie wirken als Gewichtungsvorgaben auf nachfolgende Abwägungs- oder Ermessensentscheidungen ein und dürfen durch öffentliche oder private Belange von höherem Gewicht überwunden werden. § 7 Abs. 4 Satz 1 Nr. 2 ROG ordnet sie daher den Grundsätzen und nicht den Zielen der Raumordnung zu. Das Raumordnungsgesetz sieht folgerichtig auch nicht vor, daß Vorbehaltsgebiete mit einer Ausschlußwirkung auf anderen Flächen verbunden werden können. Dieses Privileg genießen nach der Konzeption des Bundesgesetzgebers nur Vorrang- und Eignungsgebiete. Den Landesgesetzgebern steht es allerdings frei, in Ausfüllung des Rahmenrechts Gebietstypen mit Zielcharakter einzuführen oder zuzulassen, die in ihrer gebietsinternen Durchsetzungskraft und Steuerungswirkung Vorrang- oder Eignungsgebieten gleichkommen und deshalb in der Flächenbilanz bei der Anwendung von § 35 Abs. 3 Satz 3 BauGB als Positivausweisung berücksichtigt werden können.

Im vorliegenden Fall ist die Gesamtfläche der Vorbehaltsgebiete im Vergleich zur Gesamtfläche der Vorranggebiete nicht unerheblich. Den Erwägungen des Berufungsgerichts ist nicht zu entnehmen, daß es einen Abwägungsfehler auch dann verneint hätte, wenn es die Vorbehaltsgebiete aus der Vergleichsbetrachtung ausgeklammert hätte. Seine Angaben zur Größe einzelner Vorranggebiete und zu ihrem Gesamtumfang sind für sich betrachtet, aber auch in Relation zur Gesamtfläche des für die Windenergienutzung grundsätzlich geeigneten Planungsraumes (2576 Standorte mit einer Gesamtfläche von 276,5 km^2) nicht hinreichend aussagekräftig, um dem erkennenden Senat die Entscheidung darüber zu ermöglichen, ob die ausgewiesenen 18

Nr. 11

Vorranggebiete mit etwa 300 ha das für die Positivausweisung im Rahmen des § 35 Abs. 3 Satz 3 BauGB erforderliche Eigengewicht in der Planungsregion besitzen oder in einem „groben Mißverhältnis" zum Umfang der Ausschlußflächen stehen. Auf die Anzahl der vom Berufungsgericht in diesem Zusammenhang erwähnten bereits genehmigten oder errichteten Windenergieanlagen in der Planungsregion kommt es bei der Gegenüberstellung von Positivausweisungen und Ausschlußflächen nicht an. Das nötigt zur Zurückverweisung der Sache an die Vorinstanz.

Nr. 11

1. Ist in einem Standorte für Windenergieanlagen ausweisenden Raumordnungsplan für bestimmte Flächen noch keine abschließende raumordnerische Entscheidung getroffen und fehlt es daher an einem schlüssigen gesamträumlichen Planungskonzept, kann der Raumordnungsplan die Ausschlußwirkung des § 35 Abs. 3 Satz 3 BauGB nicht entfalten (im Anschluß an BVerwG, Urteil vom 17.12.2002 – 4 C 15.01 –, und Urteil vom 13.3.2003 – 4 C 4.02 –).

2. Entwürfe von Regionalplänen und Flächennutzungsplänen sind keine im Revisionsverfahren zu beachtenden Rechtsänderungen.

BauGB § 35 Abs. 3; ROG § 3 Nr. 4, 4 Abs. 4 Satz 1.

Bundesverwaltungsgericht, Urteil vom 13. März 2003 – 4 C 3.02 –.

(OVG Rheinland-Pfalz)

Die Klägerin begehrt eine Baugenehmigung zur Errichtung einer Windenergieanlage mit einer Nabenhöhe von 85 m im Außenbereich der beigeladenen Gemeinde U.

Der gegenwärtig geltende Flächennutzungsplan der Verbandsgemeinde N., zu der die Beigeladene gehört, stellt das Grundstück und seine Umgebung als landwirtschaftliche Nutzfläche dar; Flächen für Windenergieanlagen sind im Flächennutzungsplan nicht dargestellt.

Die Teilfortschreibung des Regionalen Raumordnungsplans Region Trier für den Teilbereich „Windkraft" vom Mai 1997 enthält dagegen Festsetzungen für Windkraftanlagen. In der den gesamten Geltungsbereich umfassenden Karte sind als Ziele der Regionalplanung bezeichnete Entwicklungsbereiche für die Windkraft und Ausschlußbereiche für Windkraftanlagen ausgewiesen. Außerdem sind Resträume, sog. „weiße Flächen", vorhanden, die zu keinem dieser Bereiche gehören. Der Text des Plans enthält hierzu folgenden Grundsatz: „Außerhalb der Entwicklungs- und Ausschlußbereiche kann die Privilegierung gemäß § 35 Abs. 1 BauGB nur im Rahmen der Flächennutzungsplanung erfolgen." Der Standort der streitigen Windenergieanlage liegt im Bereich einer „weißen Fläche".

Die beigeladene Ortsgemeinde erteilte ihr Einvernehmen zu dem Vorhaben. Gleichwohl lehnte der Beklagte den Bauantrag der Klägerin mit Bescheid vom Mai 1999 ab.

Das Verwaltungsgericht hat den Beklagten verpflichtet, die beantragte Baugenehmigung zu erteilen. Die Berufung des Beklagten wurde mit Urteil vom Februar 2002 zurückgewiesen.

Aus den Gründen:

1. Auf der Grundlage der tatsächlichen Feststellungen des Berufungsgerichts, die die Revision nicht angreift, ist die Windkraftanlage der Klägerin planungsrechtlich zulässig. Ihr stehen keine öffentlichen Belange entgegen.

a) Das Berufungsgericht führt aus, das nach § 35 Abs. 1 Nr. 6 BauGB privilegierte Vorhaben der Klägerin widerspreche weder den Darstellungen des (geltenden) Flächennutzungsplans noch den übrigen in § 35 Abs. 3 Satz 1 Nr. 1 bis 7 BauGB aufgeführten öffentlichen Belangen. Die Revision nimmt dies hin. Ein Rechtsfehler ist nicht erkennbar.

b) Das Berufungsgericht führt weiter aus, daß die Ablehnung des Bauantrags auch nicht auf § 35 Abs. 3 Satz 2 BauGB gestützt werden könne. Zu Recht akzeptiert die Revision auch diese Beurteilung. Das Berufungsgericht verneint nämlich einen Widerspruch zu den Zielen der Raumordnung, weil der Regionale Raumordnungsplan Windkraft aus dem Jahre 1997 (RROP Windkraft 1997) für den geplanten Standort überhaupt keine Zielaussage enthalte; denn er befinde sich in einem sog. weißen Bereich, dem in diesem Plan keine besondere Funktion zugewiesen sei. Damit beruht die Beurteilung des Berufungsgerichts auf der Anwendung von Landesrecht; an sie ist der Senat gebunden (§§ 137, 173 VwGO, § 560 ZPO).

c) Die Ablehnung des Bauantrags kann schließlich auch nicht auf § 35 Abs. 3 Satz 3 BauGB gestützt werden. Das Berufungsgericht führt im einzelnen aus, daß die Vorschrift voraussetze, daß der Träger der Landes- oder Regionalplanung eine umfassende Abwägungsentscheidung für sämtliche Flächen des Plangebiets getroffen habe. Daran fehle es hier. Im Hinblick auf die restlichen Gebiete („weiße Flächen") sollten die Träger der Flächennutzungsplanung befugt sein, weitere Standorte auszuweisen. Die gegen diese Beurteilung gerichteten Angriffe der Revision sind unbegründet.

Nach der Rechtsprechung des erkennenden Senats (Urteil v. 13. 3. 2003 – 4 C 4.02 –, abgedruckt in diesem Heft S. 1165, im Anschluß an das Urteil v. 17. 12. 2002 – 4 C 15.01 –, BauR 2003, 828) ist bei der Auslegung und Anwendung von § 35 Abs. 3 Satz 3 BauGB von folgenden Grundsätzen auszugehen:

§ 35 Abs. 3 Satz 3 BauGB stellt die Errichtung von Windenergieanlagen (sowie anderer Vorhaben nach § 35 Abs. 1 Nr. 2 bis 6 BauGB) im gemeindlichen Außenbereich unter einen Planungsvorbehalt, der sich an die Gemeinden als Träger der Flächennutzungsplanung und an die Träger der Raumordnungsplanung, insbesondere der Regionalplanung, richtet. Der Planungsvorbehalt setzt gebietsbezogene Festlegungen des Plangebers über die Konzentration von Windenergieanlagen an bestimmten Standorten voraus, durch die zugleich ein Ausschluß der Anlagen an anderer Stelle im Plangebiet angestrebt und festgeschrieben wird. § 35 Abs. 3 Satz 3 BauGB verleiht derartigen Festlegungen rechtliche Ausschlußwirkung gegenüber dem Bauantragsteller mit der Folge, daß Vorhaben außerhalb der Konzentrationszonen i. d. R. unzulässig sind. Die negative und die positive Komponente der festgelegten Konzentrationszonen bedingen einander. Der Ausschluß der Anlagen auf Teilen des Plangebiets läßt sich nach der Wertung des Gesetzgebers nur rechtfertigen, wenn der Plan sicherstellt, daß sich die betroffenen Vorhaben an anderer Stelle gegenüber konkurrierenden Nutzungen durchsetzen. Dem Plan muß daher ein schlüssiges gesamträumliches Planungskonzept zugrunde liegen, das den allgemeinen Anforderungen des planungsrechtlichen Abwägungsgebots gerecht wird. Die Abwägung aller beachtlichen Belange muß sich auf die positiv festgelegten und die ausgeschlossenen Standorte erstrecken. Eine normative Gewichtungsvorgabe, der zufolge ein Planungsträger der Windenergienutzung im Sinne einer speziellen Förderungspflicht bestmöglich Rechnung zu tragen habe, ist der gesetzlichen Regelung nicht zu entnehmen. Eine gezielte (rein negative) „Verhinderungsplanung" ist dem Plangeber jedoch verwehrt. Er muß die Entscheidung des Gesetzgebers, Windenergieanlagen im Außenbereich zu privilegieren (§ 35 Abs. 1 Nr. 6 BauGB), beachten und für die Windenergienutzung im Plangebiet in substantieller Weise Raum schaffen. Eine „Verhinderungsplanung" liegt allerdings nicht schon dann vor, wenn die Festlegung von Konzentrationsflächen im Ergebnis zu einer Art Kontingentierung der Anlagenstandorte führt.

Diesen Grundsätzen genügt der Regionale Raumordnungsplan Windkraft 1997 jedenfalls hinsichtlich der weißen Flächen nicht. Daher wird die Ausschlußwirkung des § 35 Abs. 3 Satz 3 BauGB nicht ausgelöst.

Bereits nach ihrer Kennzeichnung und rechtlichen Einordnung enthält der RROP keine Ziele (§ 3 Nr. 2 ROG) für die weißen Flächen. Denn der sie betreffende Text wird ausdrücklich als Grundsatz bezeichnet (§ 3 Nr. 3 ROG). Auch ihre inhaltlichen Aussagen machen deutlich, daß ihnen noch kein die Ausschlußwirkung auslösender Zielcharakter zukommen soll. Zwar sollen nach dem Willen des Plangebers auf den weißen Flächen Windkraftanlagen offenbar ausgeschlossen sein. Ihre Privilegierung soll aber im Rahmen der Flächennutzungsplanung möglich bleiben.

Insoweit fehlt dem Plan ferner ein gesamträumliches Planungskonzept, dessen Abgewogenheit gegenwärtig überprüft werden könnte. Für die sog. „weißen Flächen" hat der Plangeber nach seinem eigenen Selbstverständnis noch keine abschließende raumordnerische Entscheidung getroffen. Zwar ist deutlich, daß auch auf den „weißen Flächen" – jedenfalls zunächst – Windkraftanlagen ausgeschlossen sein sollen. Diese Entscheidung des Plangebers ist jedoch nur vorläufig. Im Unterschied zu den als Ausschlußbereich festgesetzten Flächen sollen auf den „weißen Flächen" Windkraftanlagen im Wege der Flächennutzungsplanung zugelassen werden können.

Im übrigen sind die Aussagen des Regionalen Raumordnungsplans Windkraft: 1997 über die (Un-)Zulässigkeit von Windkraftanlagen auf den „weißen Flächen" auch widersprüchlich. Denn nach dem Willen des Plangebers soll einerseits die Kennzeichnung von Entwicklungsbereichen für die Windkraft dazu dienen, die Errichtung von Windkraftanlagen auch auf den „weißen Flächen" auszuschließen. Andererseits soll es aber den Gemeinden oder Gemeindeverbänden gleichwohl gestattet sein, durch Änderungen der Flächennutzungspläne im Bereich der „weißen Flachen" weitere Konzentrationszonen für Windkraftanlagen zu schaffen. Ob derartige Darstellungen im Flächennutzungsplan mit dem Anpassungsgebot des § 1 Abs. 4 BauGB vereinbar wären, wenn der Ausschluß von Windkraftanlagen raumordnungsrechtlich wirklich beabsichtigt wäre, ist zweifelhaft. Dem braucht aber nicht weiter nachgegangen zu werden, weil die Festsetzung von Konzentrationszonen ohne ein

Gesamtkonzept für den Planbereich die Ausschlußwirkung des §35 Abs. 3 Satz 3 BauGB nicht herbeiführen kann.

2. Auch der neue Sachvortrag des Beklagten ist nicht geeignet, der Revision zum Erfolg zu verhelfen.

a) Allerdings sind Rechtsänderungen, die während der Anhängigkeit des Revisionsverfahrens eintreten, in dem gleichen Umfang für das Revisionsgericht beachtlich, wie sie die Vorinstanz beachten müßte, wenn sie jetzt entschiede (st. Rspr., vgl. z. B. BVerwG, Urteil v. 1.12.1972 – 4 C 6.71 –, BVerwGE 41, 227, 230 = BRS 25 Nr. 36 = BauR 1973, 99). Für eine auf Erteilung einer Baugenehmigung gerichtete Klage kommt es also auch im Revisionsverfahren grundsätzlich darauf an, ob im Zeitpunkt der Entscheidung ein Rechtsanspruch auf die Genehmigung besteht. Das gilt jedoch nur für Änderungen der Rechtslage. Neue Tatsachen, die erst wahrend des Revisionsverfahrens entstanden sind, können dagegen regelmäßig nicht in dieses Verfahren eingeführt werden (vgl. BVerwG, Urteil v. 20.1.1984 – 4 C 43.81 –, BVerwGE 68, 311, 317 = BRS 42 Nr. 91 = BauR 1984, 269; Urteil v. 20.10.1992 – 9 C 77.91 –, BVerwGE 91, 104, 106). Dies gilt auch für die Vorgänge, deren Berücksichtigung der Beklagte im vorliegenden Revisionsverfahren wünscht.

Zum einen trägt die Revision vor, während des Revisionsverfahrens sei ein Beschluß zur Aufstellung einer weiteren Teilfortschreibung „Windenergie" des Regionalplans gefaßt und gleichzeitig der Planentwurf als Anhörungsentwurf für das Beteiligungsverfahren nach § 13 Abs. 1 LPlG RP beschlossen worden. Ziel der Teilfortschreibung sei es, die raumbedeutsamen Windenergieanlagen auf Vorranggebiete zu konzentrieren und die Windenergienutzung außerhalb dieser Gebiete – auch auf dem Grundstück der Klägerin – auszuschließen. Mit diesem Vortrag kann der Beklagte im Revisionsverfahren nicht gehört werden. Denn er macht nicht geltend, daß sich das Recht geändert habe, sondern trägt nur neue Tatsachen vor. Daß die Beschlüsse der Regionalvertretung möglicherweise zu einer anderen rechtlichen Beurteilung des vorliegenden Rechtsstreits führen könnten, ändert nichts an ihrer Einordnung als Tatsachen. Dabei kann unentschieden bleiben, ob ein – nicht als förmlicher Rechtssatz erlassener – Regionalplan materiellen Rechtsnormcharakter hat oder haben kann (vgl. dazu BVerwG, Urteil v. 20.1.1984 – 4 C 43.81 –, a. a. O.) und deshalb zu beachten wäre, wenn er während des Revisionsverfahrens in Kraft tritt. Denn nach dem eigenen Vortrag der Revision ist die Fortschreibung „Windenergie" des Regionalplans bisher nicht in Kraft getreten, sondern befindet sich erst im Entwurfsstadium. Das genügt nicht, um eine Rechtsänderung annehmen zu können.

Zum anderen macht die Revision geltend, die Verbandsgemeinde N. habe inzwischen eine Fortschreibung des Flächennutzungsplans, Teilbereich Windkraft, beschlossen, in dem der Standort ebenfalls nicht als Vorrangfläche dargestellt werde. Diese Fortschreibung sei zwar noch nicht in Kraft getreten, besitze jedoch Planreife i. S. von § 33 BauGB. Auch aus diesem Vortrag ergibt sich keine für das Revisionsverfahren relevante Rechtsänderung. Dabei kann auch hier offenbleiben, ob im In-Kraft-Treten eines Flächennutzungsplans, der nach der Rechtsprechung des Senats nicht als Rechtsnorm anzusehen ist (BVerwG, Beschluß v. 20. 7. 1990 – 4 N 3.88 –, BRS 50 Nr. 36 = BauR 1990, 685 = ZfBR 1990, 296; Urteil v. 19. 9. 2002 – 4 C 10.01 –, BauR 2003, 223 = ZfBR 2003, 148), eine derartige Rechtsänderung liegen kann. Der Entwurf eines Flächennutzungsplans bzw. der Entwurf einer Änderung eines Flächennutzungsplans stellt jedenfalls keine im Revisionsverfahren beachtliche Rechtsänderung dar.

b) Darüber hinaus ist zumindest sehr zweifelhaft, ob das neue Vorbringen des Beklagten materiell geeignet wäre, die Versagung der begehrten Baugenehmigung zu rechtfertigen.

Gegen die Annahme, daß im Rahmen des § 35 Abs. 3 Satz 3 BauGB auch Planentwürfe beachtlich sein könnten, spricht schon der Wortlaut dieser Vorschrift. In ihr ist von Darstellungen im Flächennutzungsplan und von Zielen der Raumordnung und nicht – wie sinngemäß in § 33 BauGB – von Planentwürfen die Rede. Ferner setzt die rechtliche Möglichkeit, im Außenbereich privilegierte Vorhaben gleichwohl gemäß § 35 Abs. 3 Satz 3 BauGB an bestimmten Standorten auszuschließen, voraus, daß diese Vorhaben durch Darstellungen im Flächennutzungsplan oder durch Ausweisung als Ziele der Raumordnung an anderer Stelle zugelassen worden sind. Hierfür bedarf es, wie bereits ausgeführt worden ist, einer abgewogenen Planung auf der Grundlage eines gesamträumlichen Planungskonzepts. Nur wenn durch Planung sichergestellt ist, daß die in § 35 Abs. 1 Nr. 2 bis 6 BauGB genannten Vorhaben in Teilbereichen des Plangebiets errichtet werden können, läßt sich ihr Ausschluß an anderer Stelle rechtfertigen. Deshalb folgt aus dem Sinn des § 35 Abs. 3 Satz 3 BauGB, daß seine Ausschlußwirkung nicht nur von einer materiell rechtmäßigen Planung abhängt, sondern daß die Pläne auch formell in Kraft getreten sein müssen (im Ergebnis so auch OVG Lüneburg, Beschluß v. 22. 1. 1999 – 1 L 5538/97 –, NuR 1999, 289 = BRS 62 Nr. 111; OVG Bautzen, Urteil v. 18. 5. 2000 – 1 B 29/98 –, NuR 2002, 162 = SächsVBl. 2000, 244).

Ob die Darstellungen eines Flächennutzungsplanentwurfs einem im Außenbereich privilegierten Vorhaben als öffentlicher Belang i. S. von § 35 Abs. 3 Satz 1 BauGB entgegenstehen können, braucht nicht entschieden zu werden. Gegen diese Möglichkeit spricht zwar nicht schon, daß der Entwurf eines Flächennutzungsplans in dem Katalog der öffentlichen Belange des § 35 Abs. 3 Satz 1 BauGB nicht ausdrücklich erwähnt wird. Denn diese Aufzählung ist nicht abschließend (BVerwG, Urteil v. 15. 5. 1997 – 4 C 23.95 –, BRS 59 Nr. 90 = BauR 1997, 988 = ZfBR 1997, 322). Fraglich ist aber, ob nach der Wertung des Gesetzgebers, wie sie sich aus den Regelbeispielen der Vorschrift ergibt, nicht nur die Darstellungen eines wirksamen Flächennutzungsplans, sondern bereits die eines Planentwurfs für die Zulassung von Vorhaben im Außenbereich beachtlich sein sollen. In seinem Beschluß vom 9. 8. 1976 (– 4 B 153.75 –, Buchholz 406.11 § 35 BBauG Nr. 129) hat der erkennende Senat entschieden, daß sich Flächennutzungspläne, die sich in der Aufstellung befinden, als hinderlicher öffentlicher Belang jedenfalls dann nicht auswirken, wenn das Anregungsverfahren nach § 2 Abs. 6 Satz 2 BBauG (= § 3 Abs. 2 BauGB) noch nicht durchgeführt worden ist. Der vorliegende Fall gibt keinen Anlaß, diesen Fragen weiter nachzugehen. Denn der Entwurf eines Flächennutzungsplans kann jedenfalls nur dann ein öffentlicher Belang i. S. von § 35

Abs. 3 Satz 1 BauGB sein, wenn er i. S. von § 33 BauGB „planreif" ist. Daran fehlt es hier aber. Zwar hat die Verbandsgemeinde N. im Februar 2003 die Fortschreibung des Flächennutzungsplans beschlossen und dabei die Darstellungen über die Zulässigkeit von Windkraftanlagen für das Gebiet der beigeladenen Ortsgemeinde gebilligt. Nach dem eigenen Vortrag des Beklagten hat sie jedoch auch beschlossen, den Planentwurf für eine andere Ortsgemeinde zu ändern und ihn insoweit erneut auszulegen. Wenn es Aufgabe der Verbandsgemeinde ist, für ihre Mitglieder einen einheitlichen Flächennutzungsplan aufzustellen, so muß die Planreife für das gesamte Verbandsgebiet gegeben sein. Wegen der angestrebten Ausschlußwirkung nach § 35 Abs. 3 Satz 3 BauGB läßt sich die Planung der Windenergieanlagen nicht: auf Teilbereiche des Verbandsgebiets beschränken.

Ob die begehrte Baugenehmigung wegen des von der Regionalvertretung beschlossenen neuen Entwurfs der Teilfortschreibung des Regionalen Raumordnungsplans – Kapitel Energieversorgung/Teilbereich Windenergie – gemäß § 35 Abs. 3 Satz 1 BauGB zu versagen wäre, ist ungewiß. Zutreffend ist allerdings der rechtliche Ansatz der Revision. Nach § 3 Nr. 4 ROG gehören zu den sonstigen Erfordernissen der Raumordnung auch Ziele der Raumordnung, die sich in der Aufstellung befinden. Schon diese in Aufstellung befindlichen Ziele sind bei behördlichen Entscheidungen über die Zulässigkeit raumbedeutsamer Maßnahmen auch von Personen des Privatrechts nach Maßgabe der für diese Entscheidungen geltenden Vorschriften zu berücksichtigen (§ 4 Abs. 4 Satz 1 ROG). Im Rahmen der Entscheidung über die Zulässigkeit einer (raumbedeutsamen) Windkraftanlage im Außenbereich besitzt das in Aufstellung befindliche Ziel zwar nicht das Gewicht, das § 35 Abs. 3 Satz 2 und 3 BauGB den bereits wirksam festgesetzten Zielen der Raumordnung verleiht. Es kann jedoch als unbenannter, durch § 4 Abs. 4 Satz 1 ROG konkretisierter öffentlicher Belang i. S. von § 35 Abs. 3 Satz 1 BauGB beachtlich sein (vgl. VG Leipzig, Urteil v. 23. 8. 2001 – 4 K 1798/96 –, SächsVBl. 2002, 177) und sich je nach den Umständen des Einzelfalls auch gegenüber einem im Außenbereich privilegierten Vorhaben wie einer Windenergieanlage durchsetzen. Darüber ist im Wege einer nachvollziehenden Abwägung zu entscheiden. Weiterführende Hinweise kann der Senat hierzu nicht geben, weil es an den hierfür erforderlichen tatsächlichen Feststellungen fehlt.

Nr. 12

Jedenfalls ein räumlich sehr weitgehender Ausschluß von Windenergieanlagen im Regionalplan ist nur zulässig, wenn die übrigen windhöffigen Gebiete als Vorranggebiete für diese Energienutzung ausgewiesen werden.

VwGO § 47 Abs. 1 Nr. 2; AGVwGO Art. 5; ROG i. d. F. d. Bek. v. 28. 4. 1993 (BGBl. I, 630); §§ 5 Abs. 4 Satz 1, 2 Abs. 2, 3 Abs. 1 und 2; BauGB § 35 Abs. 1 Nr. 6, Abs. 3 Satz 3 und 4.

Bayerischer VGH, Urteil vom 8. Dezember 2003 – 20 N 01.2612 – (rechtskräftig).

Nr. 12

Der Antragsteller wendet sich gegen die 7. Änderung des Regionalplans der Regierung Oberpfalz-Nord (Teilfortschreibung des Kapitels X Energieversorgung zur Ausweisung von Vorbehaltsgebieten für die Nutzung der Windenergie), die 2000 in Kraft getreten ist. Die Änderung hat folgenden Inhalt:
„In Teil B fachliche Ziele wird in Kapitel X Energieversorgung nach Ziel 4 folgendes neue Ziel B X 5 eingefügt:
5 Windenergienutzung
Für überörtlich raumbedeutsame Vorhaben zur Nutzung der Windenergie werden in der Region folgende Vorbehaltsgebiete ausgewiesen, auf die die Nutzung der Windenergie konzentriert werden soll:
... (Aufzählung der Gebiete)
In diesen Vorbehaltsgebieten soll der Nutzung der Windenergie gegenüber konkurrierenden Nutzungen ein besonderes Gewicht zukommen. Lage und Abgrenzung der Vorbehaltsgebiete bestimmen sich nach Tekturkarte 6 zu Karte 2 „Siedlung und Versorgung", die Bestandteil des Regionalplanes ist.
In den windhöffigen Gebieten, die nicht als Vorbehaltsgebiete ausgewiesen sind, sollen i. d. R. keine überörtlich raumbedeutsamen Anlagen errichtet werden. Lage und Abgrenzung dieser Gebiete bestimmen sich nach Tekturkarte 6 zu Karte 2 „Siedlung und Versorgung", die Bestandteil des Regionalplanes ist."
Der Antragsteller ist ein im Landkreis S. ansässiger ehemaliger Landwirt, der nach seinen Angaben aus wirtschaftlichen Gründen seinen Betrieb aufgegeben hat und nunmehr als „Energiewirt" Anlagen zur Erzeugung alternativer Energien betreiben möchte. Sein Antrag auf Erteilung eines Vorbescheides zur Errichtung einer Windenergieanlage im Gemeindegebiet der Stadt, auf dem in seinem Eigentum stehenden Grundstück wurde mit Bescheid von 2001, der noch nicht bestandskräftig ist, abgelehnt.
Mit Normenkontrollantrag vom 8. 10. 2001 hat der Antragsteller die Feststellung der Nichtigkeit der 7. Änderung des Regionalplans der Regierung Oberpfalz-Nord beantragt.

Aus den Gründen:
I. Der Normenkontrollantrag ist statthaft und auch im übrigen zulässig.
1. Der Regionalplan der Regierung Oberpfalz-Nord ist, soweit er durch die 7. Änderung in Teil B „fachliche Ziele" in Kapitel X „Energieversorgung" um das neue Ziel B X 5 „Windenergienutzung" ergänzt wurde, als Rechtsvorschrift im Range unter dem Landesgesetz i. S. von §47 Abs. 1 Nr. 2 VwGO, Art. 5 AGVwGO einzustufen. Regionalpläne sind zwar nach formellen Kriterien nicht als Rechtsvorschriften ausgewiesen, denn der Gesetzgeber hat sowohl im Raumordnungsgesetz als auch im Bayer. Landesplanungsgesetz die Frage nach ihrer Rechtsnatur offengelassen. Allerdings sind Regionalpläne, jedenfalls soweit in ihnen Ziele der Raumordnung enthalten sind, in materiell-rechtlicher Hinsicht als Rechtsvorschriften zu qualifizieren. Sie enthalten abstrakt generelle Regelungen in Gestalt von planerischen Vorgaben, die wegen der damit verbundenen Beachtens- und Anpassungspflicht die öffentlichen Planungsträger binden, und sich im Einzelfall über sog. Raumordnungsklauseln, wie sie in §35 Abs. 3 Sätze 3 und 4 BauGB enthalten sind, auch auf das Verhältnis zwischen öffentlicher Hand und Bürger auswirken können (vgl. VGH München v. 12. 9. 1990, NVwZ-RR 1991, 332; vgl. auch BVerwG v. 25. 11. 1993, NVwZ 1994, 1213).

Vorliegend enthält die mit dem Normenkontrollantrag angegriffene 7. Änderung des Regionalplans der Region Oberpfalz-Nord (6) jedenfalls insoweit eine Planaussage mit Zielqualität, als dort verfügt ist, daß in den windhöffigen Gebieten, die nicht als Vorbehaltsgebiete ausgewiesen sind, i.d.R. keine überörtlich raumbedeutsamen Windkraftanlagen errichtet werden sollen, wobei Lage und Abgrenzung dieser Gebiete sich nach der Tekturkarte 6 zu Karte 2 „Siedlung und Versorgung", die Bestandteil des Regionalplans ist, bestimmen. Damit wird die in §35 Abs.3 Satz 3 BauGB vorgesehene Ausschließungswirkung einer Positivausweisung realisiert (siehe hierzu BVerwG v. 13.3.2003, NVwZ 2003, 738, 739). Wenn auch die Formulierung des Plans noch gewisse Zweifel offenläßt, ob sie bereits das Ergebnis einer auf der Ebene der Landesplanung abgeschlossenen Abwägung darstellt oder nur als Vorgabe für nachfolgende Abwägungs- oder Ermessensentscheidungen anzusehen ist, ergibt sich aus der Begründung zur Änderung des Regionalplans nach Auffassung des Senats eindeutig, daß die eben wiedergegebene planerische Vorgabe im verfügenden Teil einer weiteren Abwägung auf einer nachgeordneten Planungsstufe nicht mehr zugänglich ist. Danach sollen nämlich in den windhöffigen Gebieten der Region, in denen andere Belange gegenüber der Windenergienutzung stärker zu gewichten waren, i.d.R. keine Windkraftanlagen von überörtlicher Raumbedeutsamkeit errichtet werden (Ausschlußgebiete). Ein Abweichen von der Regel ist danach insbesondere nur dann möglich, wenn Teilflächen von Ausschlußgebieten betroffen sind, die grundsätzlich für eine Windkraftnutzung geeignet sind, jedoch wegen ihrer Größe (unter 10 ha) in der Regionalplankarte Maßstab 1:100000 nicht dargestellt werden können. Die Eignung für Windkraftnutzung ist in diesem Falle dann gegeben, wenn keine wesentlichen Belange ökologischer, ökonomischer oder sonstiger Art entgegenstehen. Entsprechend dem Sinn des Zieles (und der in diesem Sinne gegebenen Erläuterung des Antragsgegners in der mündlichen Verhandlung) muß Gleiches gelten, wenn entsprechende Belange auf einer bestimmten Fläche später weggefallen sind oder nachweislich nicht vorgelegen haben.

Daraus folgt nach Auffassung des Senats, daß für die festgesetzten Ausschlußgebiete in ihrer Gesamtheit – also auch unter Einbeziehung der Teilflächen unter 10 ha, für die ein Abweichen von der Regel des Ausschlusses noch für möglich erachtet wird – eine abschließende Abwägung vorliegt, die eine weitere Abwägung auf einer nachgeordneten Planungsstufe nicht mehr zuläßt, denn auch für die Kleinstgebiete ist im Regionalplan auf Grund antizipierter Abwägung – allerdings ohne nähere Überprüfung im einzelnen – bereits auf dieser Stufe abschließend festgelegt, daß jeder einzelne der in der Begründung zur 7. Änderung des Regionalplans angeführten Belange ein Vorhaben schon dann verhindern kann, wenn er diesem entgegensteht. Eine Gewichtung zwischen einzelnen sich widersprechenden Belangen, wie sie zum Wesen jeder Abwägung gehört, ist damit außerhalb der Regionalplanung nicht mehr vorgesehen. Die auf der Ebene der Regionalplanung vorgenommene Abwägung ist demzufolge abschließend und führt zu dem Ergebnis, daß in den festgesetzten Ausschlußgebieten die Errichtung von Windenergieanlagen grundsätzlich unzulässig ist und nur in Gebieten, die wegen ihrer geringen Ausdehnung im Plan nicht darstellbar waren, ausnahmsweise dann möglich sein soll, wenn nachgewiesen ist, daß dem Vorhaben wesentliche Belange ökologischer, ökonomischer oder sonstiger Art nicht entgegenstehen, oder wenn ein entsprechender Nachweis in sonstigen Gebieten erbracht ist. Die unmittelbare rechtliche Regelung liegt in diesem Zusammenhang schon darin, daß – abweichend von § 35 Abs. 1 Nr. 6 BauGB – den Betroffenen hierfür die (zumindest materielle) Beweislast zugeschoben wird. Die Wirkung des Planes gegenüber Privaten kommt im übrigen im ablehnenden Vorbescheid des Landratsamts vom Mai 2001 deutlich zum Ausdruck. Damit steht zur Überzeugung des Senats fest, daß die mit der 7. Änderung des Regionalplans der Region Oberpfalz-Nord (6) getroffene Festsetzung von Ausschlußgebieten alle Merkmale eines Ziels der Raumordnung aufweist, wie sie nach der Rechtsprechung des Bundesverwaltungsgerichts (BVerwGE 90, 329) zum Raumordnungsgesetz vom 28. 4. 1993 (BGBl. I, 630), das auch vorliegend noch zur Anwendung kommt, weil das Verfahren zur 7. Änderung des Regionalplans vor dem 1. 1. 1998 eingeleitet wurde (§ 23 Abs. 1 ROG v. 18. 8. 1997, BGBl. I, 2081), in Abgrenzung zu den Grundsätzen der Raumordnung beschrieben sind.

2. Der Antragsteller ist auch antragsbefugt. Nach § 47 Abs. 2 Satz 1 VwGO kann den Antrag jede natürliche oder juristische Person stellen, die geltend macht, durch die Rechtsvorschrift oder deren Anwendung in ihren Rechten verletzt zu sein oder in absehbarer Zeit verletzt zu werden.

Die Antragsbefugnis ist vorliegend nicht schon deshalb zu verneinen, weil Ziele der Raumordnung keine fachlichen Entscheidungen mit unmittelbarer Verbindlichkeit für jedermann unter Ausschluß weiterer Verwaltungsverfahren treffen und deshalb gegenüber dem Bürger keine unmittelbaren Rechtswirkungen entfalten. In der Rechtsprechung wurde die Antragsbefugnis trotz fehlender unmittelbarer Rechtswirkungen eines Plans gegenüber dem Bürger nämlich schon bisher auch dann bejaht, wenn in dem Plan bereits präzise räumlich so konkretisierte Festlegungen getroffen sind, daß sich bereits auf dieser Planstufe ein negatives Betroffensein in rechtlich geschützten Interessen für den Fall der Verwirklichung des Vorhabens absehen läßt (vgl. BVerwGE 81, 128 und BVerwG v. 18. 12. 1990, DVBl. 1991, 399, jeweils zum Abfallentsorgungsplan; BVerwG v. 14. 2. 1991, NVwZ 1991, 980 und v. 13. 12. 1996, NVwZ 1997, 682, jeweils zur Antragsbefugnis, wenn die Betroffenheit des Antragstellers nicht schon durch die Festsetzung des Bebauungsplans selbst, sondern erst durch einen nachfolgenden, rechtlich und tatsächlich eigenständigen Rechtsakt wie die Erteilung einer Befreiung eintritt). Auch die Entscheidung des Bundesverwaltungsgerichts vom 16. 1. 2003 (DVBl. 2003, 804, 805), in der die Antragsbefugnis mit der Begründung abgelehnt wurde, daß das raumordnerische Ziel einer bestimmten Trassenführung keine unmittelbaren Rechtswirkungen gegenüber privaten Grundstückseigentümern habe, steht dazu nicht im Widerspruch, denn das Bundesverwaltungsgericht stellte entscheidungserheblich darauf ab, daß diese Zielfestsetzung innerhalb der Planfeststellung nicht bewirken könne, daß eine aus anderen Gründen sich aufdrängende Trassenalternative aus der Abwägung nach § 17 Abs. 1 Satz 2 FStrG auszuscheiden wäre. Eine solche Abwägung ist aber im vorliegenden Falle, wie oben im einzelnen dargestellt, nicht offengehalten.

II. Der Normenkontrollantrag ist auch begründet.

Nr. 12

Im Anschluß an die Rechtsprechung des Bundesverwaltungsgerichts (BVerwG v. 12.12.2002, NVwZ 2003, 733 und v. 13.3.2003, NVwZ 2003, 738) läßt sich die Festsetzung von Gebieten, in denen vom Gesetzgeber im Außenbereich privilegierte Vorhaben, wie vorliegend die Nutzung der Windenergie nach § 35 Abs. 1 Nr. 6 BauGB, ausgeschlossen werden sollen, nach der Wertung des Gesetzgebers nur dann rechtfertigen, wenn der Planungsträger sicherstellt, daß sich die betroffenen Vorhaben an anderer Stelle gegenüber konkurrierenden Nutzungen durchsetzen, und wenn die Festsetzungen mit ihren positiven und negativen Komponenten in einem ausgewogenen Verhältnis stehen und damit Ausdruck einer schlüssigen gesamträumlichen Konzeption sind, denn nur dadurch kann der Planungsträger der Privilegierungsentscheidung des Gesetzgebers in § 35 Abs. 1 Nr. 6 BauGB Rechnung tragen.

Diesen Vorgaben wird die 7. Änderung des Regionalplans der Region Oberpfalz-Nord, die die Festsetzungen hinsichtlich von Ausschlußgebieten nur mit Positivausweisungen in Gestalt von Vorbehaltsgebieten kompensiert, nicht gerecht. Vorbehaltsgebiete sind nämlich den Grundsätzen der Raumordnung zuzuordnen, deren Bedeutung sich darin erschöpft, daß sie als Direktiven für nachfolgende Abwägungsentscheidungen dienen (BVerwG v. 18.9.2003 – 4 CN 20.02 –). Folgerichtig sind nur Ziele zu beachten (vgl. § 5 Abs. 4 Satz 1 ROG 1993), während die Grundsätze in der Abwägung nur zu berücksichtigen sind und dort auch durch Belange von höherem Gewicht überwunden werden können (§ 2 Abs. 2, § 3 Abs. 1 und 2 ROG 1993; zu Vorrang- und Vorbehaltsgebieten nach der jetzigen Rechtslage siehe § 7 Abs. 4 Satz 1 Nr. 1 und 2 i. V. m. § 3 Nr. 2 und 3 ROG 1997).

Vorliegend sind zwar sowohl die Vorbehalts- wie auch die Ausschlußgebiete unter der Überschrift „fachliche Ziele" ausgewiesen. Ob eine raumordnerische Vorgabe die Qualität eines Ziels oder eines Grundsatzes hat, hängt aber nicht von der Bezeichnung ab, sondern richtet sich nach dem materiellen Gehalt der Planaussage selbst (vgl. BVerwG, a.a.O., S. 9 der Ausfertigung). Danach erfüllt vorliegend, wie bereits ausgeführt wurde, nur die Festsetzung von Ausschlußgebieten die inhaltlichen Voraussetzungen eines Ziels der Raumordnung, während die Festsetzung von Vorbehaltsgebieten lediglich die Merkmale eines Grundsatzes aufweist, denn in diesen Vorbehaltsgebieten soll der Nutzung der Windenergie gegenüber konkurrierenden Nutzungen lediglich ein besonderes Gewicht zukommen, so daß die letztendliche Entscheidung einer weiteren Abwägung auf einer nachgeordneten Planungsstufe vorbehalten bleibt. Damit ist auf der Ebene der Regionalplanung nicht gesichert, daß die privilegierte Windenergienutzung sich außerhalb der Ausschlußgebiete letztendlich gegenüber konkurrierenden Nutzungen durchsetzen wird.

Der Senat läßt offen, ob dem Grundsatz „Ausschluß nur gegen anderweitigen Vorrang" in allen Fällen zu folgen ist. Die vom Antragsgegner (im Anschluß an ein Schreiben des Staatsministeriums für Umweltfragen v. 20.5.1997) gegen die Ausweisung von Vorranggebieten vorgebrachten Gründe haben nämlich einiges für sich: Es droht eine Blockierung der Flächennutzung, wenn andere Nutzungen verhindert werden und es andererseits nicht zur

Windenergienutzung kommt, was aus verschiedenen Gründen geschehen kann (insbesondere mangelnde Wirtschaftlichkeit wegen begrenzter Windhäufigkeit oder wegen geänderter Subventionsbedingungen). Jedenfalls ein räumlich so weit gehender, ca. 99,6 % der in Frage kommenden Fläche erfassender Ausschluß läßt sich aber auf der Ebene der Abwägung nur rechtfertigen, wenn dem verbleibenden Gebiet wenigstens der höchstmögliche rechtliche Status einer Ausweisung zugesprochen wird; eine spätere Rücknahme solcher Ausweisungen im Wege einer Planfortschreibung, falls es nicht in angemessener Zeit zu einer tatsächlichen Windenergienutzung kommt und eine Nutzungsblockierung droht, wird dadurch nicht ausgeschlossen.

Die 7. Änderung des Regionalplans der Region Oberpfalz-Nord erweist sich damit als nichtig, denn in dem ihr zugrunde liegenden Planungskonzept findet die Entscheidung des Gesetzgebers, die in § 35 Abs. 1 Nr. 6 BauGB der Windenergienutzung eine Privilegierung zugesteht, keine hinreichende Berücksichtigung.

III. Ungeachtet der bereits unter II. dargelegten Gründe, die zur Nichtigkeit der 7. Änderung des Regionalplans der Region Oberpfalz-Nord führten, hält der Senat die Gründe, die der regionale Planungsverband für die Abgrenzung von Vorbehalts- und Ausschlußgebieten gegeben hat, für tragbar. Es handelt sich dabei um die Nähe zu Siedlungen, Straßen, Bahnlinien, Stromleitungen und ähnlichem sowie um Gründe des Naturschutzes und des Fremdenverkehrs. Es ist Inhalt der Planungshoheit, sich für die Bevorzugung des einen Belangs und die Zurückdrängung eines anderen zu entscheiden. In einem ohnehin nur mäßige Windgeschwindigkeiten aufweisenden Gebiet wird die Abwägung nicht dadurch „disproportional", daß insbesondere dem Fremdenverkehr und dem Naturschutz der Vorrang eingeräumt wird und dementsprechend auch Sicherheiten eingebaut werden (nämlich bei den Radien um die Vogelstandorte, da die genauen Bewegungsfelder der Tiere nicht bekannt sein können). Solange ansonsten Vorranggebiete ausgewiesen werden, muß dann auch hingenommen werden, daß sich die Gegengründe, wie hier, räumlich ganz überwiegend durchsetzen.

Allerdings müssten diese Gründe, was bisher nicht geschehen ist, den einzelnen Flächen in einer derart nachvollziehbaren Weise zugeordnet werden, daß der Betroffene sie auch überprüfen kann. Diese Forderung findet ihre Berechtigung in der rechtlichen Ausgestaltung der Festsetzung der Ausschlußgebiete als Ziele der Raumordnung. Wie bereits oben zur Ausnahmeregelung bei Ausschlußgebieten ausgeführt wurde, kommt ein Abweichen von der Regel, in Ausschlußgebieten grundsätzlich keine Windenergienutzung zuzulassen, schon dann nicht in Betracht, wenn dem Vorhaben wesentliche Belange ökologischer, ökonomischer oder sonstiger Art „entgegenstehen". Ob und wo dies der Fall ist, kann derzeit mit Hilfe des Kartenmaterials, das offiziell der 7. Änderung des Regionalplans beigefügt ist, nicht überprüft werden. In diesen Karten sind nur die Vorbehalts- sowie die Ausschlußgebiete farblich dargestellt. Zwar wurde dem Senat in der mündlichen Verhandlung ein Satz mit Kartenblättern (M 1:25 000) nebst Legende vorgelegt. Es handelt sich hierbei um Arbeitskarten, die Grundlage der Ausweisung der streitgegenständlichen Ausschlussgebiete waren. Auf den Karten sind die windhöffigen Gebiete erkennbar und die Ausschlußgründe Nr. 1 bis 11 den Gebieten in einer nur annähernd identifizierbaren Weise zugeordnet. So sind beispielsweise Standorte von zu schützenden Vögeln, die in einem Umkreis bis zu 10 km (Schwarzstorch) von Windkraftanlagen freizuhalten sind, nach diesem Kartenmaterial nicht lokalisierbar. Auch zahlreiche andere Ausschlußkriterien sind auf den Karten nur als Zahlen dargestellt, ohne daß eine örtliche Zuordnung des Ausschlußgrundes möglich ist. Nachdem die als Ziele der Raumordnung festgesetzten Ausschlußgebiete für Behörden bindend sind, genügt die vorliegende Art der Darstellung nicht rechtsstaatlichen Anforderungen, denn der Bürger ist danach nicht in der Lage nachzuweisen, ob ein Belang seinem Vorhaben nicht mehr oder noch entgegensteht.

Nr. 13

1. Zu den Anforderungen an die Abwägung bei der Aufstellung eines Flächennutzungsplans, der Flächen für die Windenergie nach § 35 Abs. 3 Satz 3 BauGB darstellt und andere Flächen von dieser Nutzung ausnimmt (im Anschluß an BVerwG, Urteil v. 17. 12. 2002 – 4 C 15.01 –).

2. Allein der Umstand, daß eine Gemeinde in ihrem Flächennutzungsplan nur eine einzige Fläche für die Windenergienutzung ausweist, auf der lediglich 2 bis 3 Windenergieanlagen untergebracht werden können, rechtfertigt nicht den Vorwurf einer unzulässigen Verhinderungsplanung. Ein solcher Flächennutzungsplan kann das Ergebnis einer ordnungsgemäßen Abwägung sein und zur Unzulässigkeit von Windenergieanlagen in anderen Gemarkungsteilen führen.

3. Entscheidet sich die Gemeinde bei der Aufstellung eines Flächennutzungsplanes, einen für die Windenergienutzung geeigneten Bereich nicht als Fläche für die Windenergie darzustellen, um sich dadurch nicht die Möglichkeit einer künftigen Erweiterung ihrer Wohngebiete zu nehmen, so kann dies dem Abwägungsgebot entsprechen, wenn nach den konkreten örtlichen Verhältnissen andere Teile des Gemeindegebietes für eine Wohnbebauung ausscheiden. Das gilt auch dann, wenn die beabsichtigte Wohngebietserweiterung im Zeitpunkt des Beschlusses über den Flächennutzungsplan noch nicht Gegenstand eines Bauleitplanverfahrens war.

BauGB § 35 Abs. 1 Satz 1 Nr. 6 F: 1997, BauGB § 35 Abs. 3 Satz 3 F: 1997.

OVG Rheinland-Pfalz, Urteil vom 14. Mai 2003 – 8 A 10569/02 – (rechtskräftig).

Die Beteiligten streiten um die Zulässigkeit von zwei Windenergieanlagen im Außenbereich der Beigeladenen.
Eine Bauvoranfrage der Klägerin wurde abschlägig beschieden, da der maßgebliche Flächennutzungsplan an anderer Stelle eine Fläche für Windkraftanlagen ausweise und damit deren Zulässigkeit in anderen Gemarkungsbereichen verhindere.

Nr. 13

Die Klägerin hat u. a. geltend gemacht, der Flächennutzungsplan sei unwirksam, da er an erheblichen Abwägungsmängeln leide.
Klage und Berufung blieben erfolglos.

Aus den Gründen:
Auch inhaltlich ist der Flächennutzungsplan nicht zu beanstanden. Er genügt insbesondere dem Abwägungsgebot, § 1 Abs. 6 BauGB.
Der Planvorbehalt des § 35 Abs. 3 Satz 3 BauGB gibt den Gemeinden ein Instrument in die Hand, die bauliche Entwicklung im Außenbereich planerisch zu steuern und das mit der Privilegierung nach § 35 Abs. 1 Nr. 6 BauGB verfolgte Ziel, aus klimaschutz-, energie- und umweltpolitischen Gründen den Ausbau der Windenergie zu fördern und den Anteil erneuerbarer Energien an der Energieversorgung zu steigern, mit den übrigen an den Außenbereich gestellten Anforderungen sowie den dagegensprechenden öffentlichen Belangen zu einem gerechten Ausgleich zu bringen. Als Ergebnis dieser Abwägung kann die Gemeinde bestimmte Konzentrationsflächen für die privilegierte Nutzung darstellen mit der Folge, daß im übrigen Gemeindegebiet derartige Vorhaben unzulässig sind. Entgegen der Meinung der Klägerin braucht die planende Gemeinde bei der Gebietsauswahl und dem Gebietszuschnitt das Interesse an der Förderung der Windenergienutzung nicht vorrangig zu beachten, sie ist vielmehr berechtigt, in der Abwägung dieses Interesse zurückzustellen, wenn hinreichend gewichtige städtebauliche Gründe dies rechtfertigen. Allerdings muß der Darstellung einer oder mehrerer Konzentrationszonen mit der Negativwirkung ein schlüssiges Plankonzept zugrunde liegen, das sich auf den gesamten Außenbereich erstreckt. Die für die Abwägungsentscheidung maßgeblichen positiven Aussagen zugunsten der Windenergie wie auch die damit verbundene Ausschlusswirkung müssen sich aus den konkreten örtlichen Gegebenheiten nachvollziehbar herleiten lassen und durch städtebauliche Gründe legitimiert sein (s. im einzelnen BVerwG, Urteil v. 17. 12. 2002, BRS 65 Nr. 95).

Unter Beachtung dieser vom Bundesverwaltungsgericht für die Planung einer Konzentrationszone nach § 35 Abs. 3 BauGB entwickelten Grundsätze ist die Planung der Verbandsgemeinde H. nicht zu beanstanden.

Zunächst einmal war die Verbandsgemeinde nicht verpflichtet, ihre gesamte Gemarkung auf für die Ansiedlung von Windenergieanlagen geeignete Standorte selbst zu untersuchen, sondern sie durfte sich insoweit auf die Ermittlungen im regionalen Raumordnungsverfahren stützen. Wegen der mit Windenergieanlagen üblicherweise verbundenen negativen Auswirkungen, insbesondere auf das Landschaftsbild („Verspargelung der Landschaft"), ist es sachgerecht, wenn die Gemeinde von vornherein alle die Teile ihres Außenbereichs ausschließt, die nur über eine eingeschränkte Windhöffigkeit verfügen und auf denen daher nur in geringerem Umfang Energie gewonnen werden kann oder bei denen die Einspeisung in das Stromnetz mit erhöhten Aufwendungen verbunden ist. Dabei ist die Gemeinde nicht verpflichtet, jede technische Möglichkeit zu bedenken, sie darf sich vielmehr auf Erfahrungswerte stützen, wie sie der regionalen Raumordnungsplanung zugrunde liegen.

Auch die weiteren Auswahlkriterien in der regionalen Raumordnungsplanung, nämlich bestimmte Abstände zu Siedlungen, zu Naturschutzgebieten und zu Kernzonen der Naturparke sowie Vorrangbereiche für den Arten- und Biotopschutz, betreffen gewichtige öffentliche Belange des Immissionsschutzes, des Naturschutzes und der Landschaftspflege (§ 1 Abs. 5 Satz 2 Nrn. 1, 3, 4, 7, 10 BauGB), die mit der Windenergienutzung kollidieren. Weiter begegnet es keinen Bedenken, daß sich die Planer – der regionalen Raumordnungsplanung und des Flächennutzungsplans – in diesem Zusammenhang eines sog. Tabuflächenkonzepts bedienen, da dieses in sich auf sachgerechten Überlegungen beruht und nicht lediglich den Zweck hat, Windkraftanlagen von möglichst weiten Teilen des Gemeindegebiets von vornherein fernzuhalten. So orientiert sich der zugrunde gelegte Abstand zu Siedlungen an der Verwaltungsvorschrift vom 28. 6. 1996 (MinBI. 1996 S. 366). Aus Gründen des Naturschutzes werden nur ausgewiesene Naturschutzgebiete sowie Kernzonen der Naturparke und landesplanerisch ausgewiesene Vorrangbereiche für den Arten- und Biotopschutz ausgeschieden. Allein die Lage im Landschaftsschutzgebiet außerhalb von Kernzonen und Biosphärenreservaten begründet dagegen keine Tabuzone; anderes gilt nur dann, wenn dieser Bereich entweder von Wald bestanden ist oder ein wertvolles Landschaftsbild aufweist (s. Vorlage 12/98/4 der Planungsgemeinschaft Rheinpfalz vom März 1998). Damit wird nur dann den Belangen des Naturschutzes und der Landschaftspflege der Vorzug gegenüber dem Interesse an der erneuerbaren Energie gegeben, wenn es sich um von ihrem Schutzstatus her besonders empfindliche Bereiche handelt.

Die Konkretisierung dieser dem Abwägungsgebot genügenden Ergebnisse der regionalen Raumordnungsplanung auf der Ebene des Flächennutzungsplanes entspricht ebenfalls den gesetzlichen Vorgaben in § 1 Abs. 6 BauGB, § 35 Abs. 3 Satz 3 BauGB. Die Verkleinerung des zunächst ermittelten Gebietes für die Windkraftnutzung in der Gemarkung T. erfolgte mit Rücksicht darauf, daß dort eine im regionalen Raumordnungsplan als Vorrangfläche ausgewiesene und entsprechend genutzte Fläche für die Rohstoffgewinnung gelegen ist. Das dadurch tangierte öffentliche und private Interesse ist – mindestens – gleichgewichtig mit demjenigen, das der Privilegierung nach § 35 Abs. 1 Nr. 6 BauGB zugrunde liegt.

Auch die Entscheidung, die für die Windenergienutzung geeignete Fläche in der Gemarkung W., auf der die von der Klägerin geplanten Windenergieanlagen errichtet werden sollen, nicht für diese Zweckbestimmung darzustellen, beruht auf sachgerechten städtebaulichen Gründen. So wird in dem Erläuterungsbericht zum Flächennutzungsplan – Teilfortschreibung Windenergie – zutreffend darauf hingewiesen, daß gegen die Errichtung von großen Windkraftanlagen an dieser Stelle die relative Nachbarschaftslage zur bestehenden Bebauung mit der hieraus resultierenden visuellen Beeinträchtigung und die künftig absehbare Einschränkung in der örtlichen Entwicklung der Ortsgemeinde W. sprechen. Die Ortslage von W. ist durch die Nachbarschaft zur Bundesautobahn 6 im Norden und Nordwesten, zur Landesstraße 520 im Westen sowie zu Schutzgebieten für Grund- und Quellwassergewinnung und Waldgebieten im Süden gekennzeichnet. Aus Gründen des Immissionsschutzes, des Wasserschutzes sowie des Schutzes von Waldflächen (s. § 1 Abs. 5 Satz 3 BauGB) sind daher einer baulichen Entwicklung in diese Richtungen Grenzen gesetzt. Tatsächlich hat sich auch – wenn auch teilweise erst nach Beschlußfassung über die hier umstrittene Flächennutzungsplanung – herausgestellt, daß die Darstellung weiterer Wohnbauflächen im nördlichen Bereich in Richtung Autobahn ebenso wie auf einer südlich der bisherigen Bebauung gelegenen Waldfläche entweder unmöglich ist oder größeren Schwierigkeiten begegnet. Die objektiven Gegebenheiten, auf denen diese Schwierigkeiten beruhen, lagen bereits im Zeitpunkt der Abwägung über die Ausweisung von Flächen für die Windenergienutzung vor. Auch zeigt der von der Beigeladenen überreichte Kartenauszug, der die vorhandene Bebauung aufweist, daß innerhalb der im Flächennutzungsplan dargestellten Wohnbauflächen nur noch kleine Bereiche unbebaut sind, so daß die Gemeinde zu einer ordnungsgemäßen baulichen Entwicklung zwangsläufig auf den sich an die südöstliche Bebauung anschließenden Bereich angewiesen ist, wie er mit dem nun geplanten Baugebiet „Bild" ins Auge gefaßt ist. Dieses ist von dem Standort der geplanten Anlagen ca. 565 m entfernt. Eine solche Entfernung ist nach den Hinweisen zur Beurteilung der Zulässigkeit von Windenergieanlagen – gemeinsames Rundschreiben des Ministeriums der Finanzen, des Ministeriums des Innern und für Sport, des Ministeriums für Wirtschaft, Verkehr, Landwirtschaft und Weinbau und des Ministeriums für Umwelt und Forsten vom 18.2.1999 (MinBl. 1999, 148) – aus immissionsschutzrechtlichen Gründen (Lärmbeeinträchtigungen) nicht unbedenklich, da nach Nr. V 9 dieser Richtlinien bei einem Schallleistungspegel der Gesamtanlage von 100 dB(A) ein Mindestabstand zu einem allgemeinen Wohngebiet von 400 m und einem reinen Wohngebiet von 725 m vorgeschrieben ist. Diese Mindestabstände wurden vom Landesamt für Umweltschutz und Gewerbeaufsicht nach der TA-Lärm ermittelt. Eine sich an diesen Vorgaben orientierende Abwägung ist durch den Vorsorgegrundsatz des § 5 Abs. 1 Nr. 2 BImSchG gerechtfertigt und städtebaulich angemessen.

Es ist auch rechtlich unbedenklich, daß die Flächennutzungsplanung bei der Ausweisung von Flächen für die Windenergieanlagen bereits Rücksicht auf mögliche Wohngebietserweiterungen nimmt, die noch nicht Gegenstand einer verfestigten Planung – sei es durch Flächennutzungsplan, sei es durch Bebauungsplan – sind. Denn die Gemeinde muß sich nicht allein an dem vorhandenen Baubestand oder rechtswirksamen Plänen ausrichten; sie darf vielmehr auch ein zulässigerweise verfolgtes Ziel, die Ortslage fortzuentwickeln, berücksichtigen. Der Umstand, daß eine bestimmte Ausweisung eine von der Gemeinde ins Auge gefasste Entwicklungsmöglichkeit in der Nachbarschaft von vornherein abschneidet, rechtfertigt daher die planerische Entscheidung gegen diese Ausweisung (BVerwG, a. a. O., und Urteil v. 28.2.2002, BRS 65 Nr. 67 = Buchholz 406.12 § 11 BauNVO Nr. 25). Lediglich Veränderungen der Bebauung, die nicht ernsthaft beabsichtigt, sondern nur vorgeschoben sind, dürfen in der Abwägungsentscheidung keine Rolle spielen. Der Beigeladenen kann im vorliegenden Fall jedoch nicht ein solcher Vorwurf des „Etikettenschwindels" gemacht werden. Denn, wie bereits oben ausgeführt, ist eine geordnete städtebauliche Entwicklung der Beigeladenen wegen der konkreten Gegebenheiten an anderer Stelle nicht oder nur unter großen Schwierigkeiten und unter Zurücksetzung gewichtiger entgegenstehender Belange möglich. Bei dieser Sachlage kann es nicht als vorgeschoben angesehen werden, wenn die Gemeinde die planerische Ausweisung eines weiteren, bisher nicht bestehenden Hindernisses für eine sich anbietende bauliche Erweiterung ablehnt. Da im Zeitpunkt der Entscheidung über die Teilfortschreibung Windenergie des Flächennutzungsplans weder die Größe eines möglichen Neubaugebietes noch die Gebietsart (WA oder WR) feststand, ist es auch aus städtebaulichen Gründen gerechtfertigt, der Abwägung den für ein reines Wohngebiet vorgeschriebenen Mindestabstand zugrunde zu legen. Dabei ist zusätzlich zu berücksichtigen, daß die Gemeinde bei den Abständen ohnehin nicht bis an die Grenze des immissionsschutzrechtlich Zulässigen gehen muß (BVerwG, Urteil v. 17. 12. 2002, a. a. O.).

Schließlich scheitert die mit dem Flächennutzungsplan bezweckte Ausschlußwirkung nach § 35 Abs. 3 Satz 3 BauGB nicht daran, daß in der Flächennutzungsplanung lediglich eine Fläche für die Windenergienutzung dargestellt ist, auf der sich nach Aussagen der Klägerin nur zwei Windenergieanlagen verwirklichen lassen. Weder die Beschränkung auf eine einzige Konzentrationszone noch die Größe dieser Zone sind Indizien für einen fehlerhaften Gebrauch der Planungsermächtigung. Auch hier wird die Grenze des Abwägungsspielraums erst bei einer Verhinderungsplanung überschritten. Ein dahingehender Vorwurf kann der Beigeladenen jedoch nicht gemacht werden. Nach dem oben Gesagten ist die bereits auf der Ebene der Raumordnungsplanung vollzogene Auswahl von Gebieten für die Windkraft anhand sog. Tabukriterien und ihrer Eignung (Windhöffigkeit, Einspeisemöglichkeit) nicht zu beanstanden. Die Entscheidung gegen eine derartige Fläche in der Gemarkung W. beruht ebenfalls aus sachgerechten Kriterien. Gleiches gilt für die Verkleinerung des Bereichs in der Gemarkung T. um die Vorrangfläche für Rohstoffgewinnung. Dazu kommt, daß fast die gesamten unbebauten Flächen im östlichen Bereich des Verbandsgemeindegebietes bewaldet sind und diese Waldgebiete gemäß § 4 Abs. 1 Nr. 1 und 2 der Landesverordnung über den Naturpark Pfälzer Wald vom 26. 11. 1984 (GVBl. 1984, 228) in ihrer landschaftlichen Eigenart und Schönheit zu erhalten und für die Erholung größerer Bevölkerungsteile zu sichern und zu entwickeln sind. Daher beträgt schon aus diesem Grund die für eine Windenergienutzung in Frage kommende Fläche noch nicht einmal die Hälfte des Verbandsgemeindegebietes. Die Ausweisung nur einer kleinen Konzentrationszone läßt somit eine mißbilligenswerte Verhinderungstendenz nicht erkennen (s. BVerwG, Urteil v. 17. 12. 2002, a. a. O.).

Nr. 14

1. Unterliegt die Wirksamkeit der Änderung eines Flächennutzungsplanes der Inzidentprüfung, hat der Planbetroffene Anspruch darauf, daß nicht nur die von ihm geltend gemachten eigenen Belange, sondern auch sonstige öffentliche und private Belange gerecht abgewogen werden.

Nr. 14

2. Reduziert die Gemeinde zwei dargestellte Flächen für Windenergie durch Änderung des Flächennutzungsplanes auf einen Standort, wird dieser umfassende Anspruch auf Abwägung nicht dadurch in Frage gestellt, daß nach dem Beschluß über die Änderung des Flächennutzungsplans die Windenergieanlagen an dem dargestellten Standort nach Erteilung bestandskräftiger Baugenehmigungen bereits errichtet wurden.

3. Stellt die Gemeinde nach Abwägung der beachtlichen Belange zwei Gebiete für die Windenergienutzung dar, muß sie, will sie einen Standort aufheben, erneut in die Abwägung der für und gegen die beiden Flächen sprechenden Belange eintreten. Im Einzelfall kann dabei die hohe avifaunistische Wertigkeit eines Standorts von besonderem Gewicht sein.

4. Es ist fraglich, ob eine vorübergehend als Spülfeld für Hafenschlick dienende Fläche, die gegenwärtig als Nahrungsplatz für einzelne schützenswerte Vogelarten geeignet ist, zu den „zahlen- und flächenmäßig geeignetsten Gebieten" i.S. von Art. 4 Vogelschutz-Richtlinie zählt.

5. Einem in einer Konzentrationszone für Windenergie geplanten Vorhaben der Errichtung von zwei Windenergieanlagen kann der öffentliche Belang des Vogelschutzes als Unterfall des Naturschutzes gemäß § 35 Abs. 3 Satz 1 Nr. 5 BauGB entgegenstehen (hier verneint).

BauGB §§ 1 Abs. 6, 35 Abs. 1 Nr. 6, Abs. 3 Satz 1 Nr. 5, Abs. 3 Satz 3; Vogelschutz-Richtlinie 4.

Niedersächsisches OVG, Urteil vom 24. März 2003 – 1 LB 3571/01 – (rechtskräftig).

Die Klägerin begehrt die Verpflichtung der Beklagten, ihr einen Bauvorbescheid zur Errichtung von zwei Windenergieanlagen zu erteilen.

Aus den Gründen:
Die Klage ist begründet. Die Klägerin hat Anspruch auf Erteilung eines Bauvorbescheides zur Errichtung von zwei Windenergieanlagen mit einer Leistung von 1,5 MW auf den von ihr im Kartenwerk vom Februar 2003 festgelegten Standorten im Gebiet des E. F. Die bauplanungsrechtliche Zulässigkeit der zwei Windenergieanlagen richtet sich nach § 35 Abs. 1 Nr. 6 BauGB. Es handelt sich um Anlagen, die der Nutzung der Windenergie dienen und im Außenbereich bevorrechtigt zulässig sind. Entgegenstehende öffentliche Belange, die ihre Zulässigkeit in Frage stellen könnten, liegen nicht vor.

Die Darstellung eines Vorrangstandortes für Windenergie an anderer Stelle im Flächennutzungsplan i.d.F. der 21. Änderung steht dem Vorhaben der Klägerin nicht entgegen. Die Reduzierung der Darstellung von bisher zwei Konzentrationszonen für Windenergie im Stadtgebiet der Beklagten auf einen Vorrangstandort im Bereich H. I. unter gleichzeitiger Aufhebung des zweiten Standorts E. F. durch die 21. Änderung des Flächennutzungsplanes wahrt nicht die Erfordernisse des Abwägungsgebotes nach § 1 Abs. 6 BauGB (vgl. zu den Anforderungen BVerwG, Urteil v. 5.7.1974 – IV C 50.72 –, BVerwGE 45, 309). Die Privilegierung in § 35 Abs. 1 Nr. 6 BauGB steht unter einem „Planvorbehalt". Die von § 35 Abs. 3 Satz 3 BauGB erfaßten Vorhaben nach § 35 Abs. 1 Nr. 2 bis 6 BauGB sind nicht nur dann unzulässig, wenn ihnen öffentliche Belange i. S. des § 35 Abs. 1 BauGB entgegenstehen, sondern auch dann, wenn für sie durch Darstellungen im Flächennutzungsplan oder als Ziele der Raumordnung eine Ausweisung an anderer Stelle erfolgt ist. Mit dieser Regelung bekommt die Gemeinde ein Instrument an die Hand, die Vorhaben nach § 35 Abs. 1 Nr. 2 bis 6 BauGB unter Wahrung des gebotenen Außenbereichsschutzes und der durch Art. 28 Abs. 2 GG gewährleisteten Planungshoheit zu kanalisieren oder zu kontingentieren, um so die städtebauliche Entwicklung in ihrem Gemeindegebiet in geordnete Bahnen zu lenken (BVerwG, Urteil v. 17. 12. 2002 – 4 C 15.01 –). Die Darstellung einer Konzentrationszone entfaltet die ihr in Anlehnung an die Rechtsprechung des Bundesverwaltungsgerichts zu Konzentrationsflächen für den Kiesabbau (Urteil v. 22. 5. 1987 – 4 C 57.84 –, BVerwGE 77, 300) zugedachte Negativwirkung nur dann, wenn ihr ein schlüssiges Plankonzept zugrunde liegt, das sich auf den gesamten Außenbereich erstreckt. Die gemeindliche Entscheidung muß nicht nur Auskunft darüber geben, von welchen Erwägungen die positive Standortzuweisung getragen wird, sondern auch deutlich machen, welche Gründe es rechtfertigen, den übrigen Planungsraum von Windenergieanlagen freizuhalten. Bei der Prüfung der Standortbedingungen ist die Frage, ob sich diese oder jene Fläche für Zwecke der Windenergienutzung eignet, nur einer der für die Abwägungsentscheidung relevanten Gesichtspunkte. Auch Standorte, die im Vergleich mit der Wahllösung ebensogut oder besser geeignet erscheinen, dürfen unberücksichtigt bleiben, wenn das Gewicht der entgegenstehenden Belange das an dieser Stelle rechtfertigt (BVerwG, Urteil v. 17. 12. 2002 – 4 C 15.01 –, BRS 65 Nr. 95). Hieran gemessen ist die Abwägungsentscheidung der Beklagten im Rahmen der 21. Änderung ihres Flächennutzungsplanes mangelhaft. Sie leidet unter einer Fehlgewichtung der naturschutzfachlichen Belange im Vergleich der beiden von der Beklagten in der 16. Änderung des Flächennutzungsplanes als geeignet für eine Darstellung von Windenergiestandorten angesehenen Bereiche E. F. und H. I.

Die Beklagte verweist zu Unrecht darauf, daß es der Klägerin verwehrt sei, im Rahmen der Inzidentprüfung eines Flächennutzungsplanes die Verletzung öffentlicher Belange oder privater Interessen zu rügen, die nicht ihre eigenen sind. Die Beklagte hält dem privilegierten Vorhaben der Klägerin die Konzentrationswirkung der 21. Änderung ihres Flächennutzungsplanes entgegen. Die Klägerin hat deshalb einen Anspruch auf umfassende Inzidentkontrolle dieses Planes. Dies folgt aus § 1 Abs. 6 BauGB, wonach bei der Aufstellung der Bauleitpläne die öffentlichen und die privaten Belange gegeneinander und untereinander gerecht abzuwägen sind. Mit dem Charakter des Abwägungsgebotes, dem drittschützende Wirkung zukommt (BVerwG, Urteil v. 24. 9. 1998 – 4 CN 2.98 –, BRS 60 Nr. 46 = BauR 1999, 134 = NJW 1999, 592), ist es nicht vereinbar, die Abwägung auf die von der Klägerin geltend gemachten eigenen Belange gegen die für die Planung sprechenden öffentlichen und privaten Belange zu verengen. Auch sonstige gegen die Planung sprechende (öffentliche und private) Belange sind rügefähig (Urteil des Senats v. 21. 7. 1999 – 1 L 5203/96 –, NVwZ 1999, 1358; vgl. auch Schechinger, DVBl.

1991, 1182; a. A. noch BVerwG, Urteil v. 14. 2. 1975 – IV C 21.74 –, BVerwGE 48, 56 zur Fachplanung). Besonderheiten ergeben sich nicht dadurch, daß hier die Wirksamkeit eines Flächennutzungsplanes inzidenter zur Überprüfung gestellt wird. Für den Bebauungsplan ist die verwaltungsgerichtliche Inzidentprüfung außerhalb des § 47 VwGO anerkannt (vgl. BVerwG, Beschluß v. 12. 9. 1989 – 4 B 149.89 –, Buchholz 406.11 Nr. 19; Beschluß v. 26. 6. 1998 – 4 BN 29.97 –, SächsVBl. 1998, 236). Für den Flächennutzungsplan gilt nichts anderes, der wie der Bebauungsplan am Maßstab des § 1 Abs. 6 BauGB zu messen ist. Dem Umstand, daß der Flächennutzungsplan als Vorstufe der verbindlichen Planung nicht eigenständig angreifbar ist, kommt keine maßgebliche Bedeutung zu. Seine durch § 35 Abs. 3 Satz 3 BauGB zugelassene Konzentrationswirkung sperrt hier das Vorhaben der Klägerin unmittelbar, so daß die Möglichkeit bestehen muß, ihn einer Rechtmäßigkeitskontrolle zu unterziehen (vgl. auch W. Schrödter, in: Schrödter, BauGB, 6. Aufl. 1998, § 5 Rdnr. 55). Daran läßt auch das Bundesverwaltungsgericht in der zitierten Entscheidung vom 17. 12. 2002 – 4 C 15.01 – keinen Zweifel.

Der weitere Einwand der Beklagten, die Klägerin könne sich nicht mit Erfolg auf eine fehlerhafte Auswahlentscheidung bei der 21. Änderung des Flächennutzungsplanes berufen, weil die Windenergieanlagen im H. I. bereits errichtet seien und deshalb die von ihr in diesem Bereich aufgestellten vorhabenbezogenen Bebauungspläne und die Erteilung bestandskräftiger Zulassungsentscheidungen nicht mehr in Frage gestellt werden könnten, greift nicht durch. Die Klägerin stellt mit ihrer Klage nicht die Rechtmäßigkeit des Vorhaben- und Erschließungsplanes D 133 im Bereich des H. N. und die Baugenehmigung für die inzwischen errichteten Windenergieanlagen in Frage. Sie möchte für zwei Windenergieanlagen ein eigenes Baurecht an einem anderen Standort erstreiten. Ob ihr dies gelingt, hängt u. a. von der Wirksamkeit der 21. Änderung des Flächennutzungsplanes ab. Dessen Prüfung kann nicht mit dem Argument abgeschnitten werden, mit der vollzogenen Auswahlentscheidung der Flächennutzungsplanänderung seien vollendete Tatsachen geschaffen worden. Für die Wirksamkeit der Abwägungsentscheidung ist auf den Zeitpunkt der Beschlußfassung über den Bauleitplan abzustellen (§ 214 Abs. 3 Satz 1 BauGB). Maßgeblich ist also die Rechtslage bei Entscheidung des Rates der Antragsgegnerin über die 21. Änderung des Flächennutzungsplanes im September 1998.

Die Beklagte meint weiter, einem Planbetroffenen sei es verwehrt, sich auf die Unwirksamkeit des Flächennutzungsplanes, der lediglich ein Verwaltungsprogramm mit einzelnen Außenwirkungen (§ 35 Abs. 3 Satz 3 BauGB) darstelle, mit der Begründung zu berufen, Alternativstandorte seien nicht richtig abgewogen. Diese Auffassung begegnet gerade unter dem von der Beklagten selbst aufgezeigten § 35 Abs. 3 Satz 3 BauGB durchgreifenden rechtlichen Bedenken. Die Flächenauswahl spielt bei der Entscheidung der Gemeinde, Konzentrationsflächen für die Windenergienutzung darzustellen, eine wichtige, wenn nicht sogar die entscheidende Rolle. Die Gemeinde ist nach der zitierten Rechtsprechung des Bundesverwaltungsgerichts in seinem Urteil vom 17. 12. 2002, – 4 C 15.01 –, verpflichtet, in substantieller Weise Raum für die Windenergienutzung zu schaffen. Mit einer bloßen „Feigenblatt"-Planung, die auf eine verkappte Verhinderungsplanung hinausläuft, darf sie es nicht bewenden lassen. Die Eignungsfrage verschiedener Suchräume ist einer der für die Abwägungsentscheidung relevanten Gesichtspunkte. Deshalb bleibt es dem Planbetroffenen unbenommen zu rügen, ein bestimmter Standort hätte wegen des Gewichts der der Darstellung der ausgewählten Konzentrationszone entgegenstehenden Belange berücksichtigt werden müssen.

Die Klägerin rügt zu Recht, daß der Rat der Beklagten in rechtswidriger Weise bei seiner Abwägungsentscheidung, den Standort des E. F. aufzuheben, die im Vergleich zwischen den Standorten E. F. und H. I. deutlich höhere naturschutzfachliche Wertigkeit des H. N. ausgeblendet und damit eine auf die Abwägungsentscheidung durchschlagende Fehlgewichtung der abwägungsbeachtlichen Belange vorgenommen hat. Die Beklagte stellt sich in ihrer Berufungserwiderung auf den Standpunkt, die Aufhebung des Standortes E. F. unterliege als actus contrarius der Darstellung dieser Fläche als Sondergebiet für die Windenergienutzung in der 16. Änderung des Flächennutzungsplanes einer pauschaleren, auf die für die Darstellung des Standortes maßgeblichen Erwägungen beschränkten Betrachtung. Im Rahmen der 16. Änderung sei – bezogen auf die Eingriffe in Natur und Landschaft – lediglich der E. F. in den Blick genommen und eine von der Ausweisung des H. N. als Vorrangstandort völlig unabhängige Abwägung durchgeführt worden. Für diese letztgenannte Ansicht finden sich in den Planaufstellungsunterlagen zur 16. Änderung keine greifbaren Anhaltspunkte. Das Bundesverwaltungsgericht hat in der bereits zitierten Entscheidung vom 17.12.2002 – 4 C 15.01 – betont, daß die Untersuchung von für die Windenergienutzung in Betracht kommenden Standorten von einer Abwägungsoffenheit gekennzeichnet sein muß. Dem trägt das Verfahren zur 16. Änderung des Flächennutzungsplanes Rechnung.

Es diente ausweislich der Ziele der Planung dazu, die Standorte für Windenergieparks festzulegen. Den weiteren Ausführungen des Erläuterungsberichts ist zu entnehmen, daß die Beklagte unter Beachtung der raumordnerischen Vorgabe, Windenergienutzung mit einer Gesamtleistung von mindestens 30 MW zu ermöglichen, nach Abwägung von naturschutzfachlichen Belangen die beiden Bereiche des H. N. und E. F. als geeignete Standorte für Windenergienutzung angesehen hat. Entgegen der Auffassung der Beklagten lassen sich beide Standorte somit nicht isoliert betrachten. Die Abwägungsentscheidung der Beklagten bezog sich auf beide Flächen.

Daran anknüpfend ist Gegenstand des Verfahrens der 21. Änderung des Flächennutzungsplanes nicht allein die nur noch einer eingeschränkten Abwägung unterliegende Aufhebung des Standortes E. F. ...

Diese Abwägung ist fehlerhaft, weil sich die Beklagte im Vergleich der an beiden Standorten E. F. und H. I. zu erwartenden Eingriffe in Natur und Landschaft trotz der deutlich höheren avifaunistischen Wertigkeit des Bereichs H. I. für die Beibehaltung dieses Standortes entschieden hat. Die Klägerin vertritt die Auffassung, der H. I. stelle auf Grund seiner herausragenden Bedeutung als Brut- und Rastplatz für verschiedene Vogelarten ein faktisches Vogelschutzgebiet im Sinne der Richtlinie des Rates der Europäischen Gemeinschaften vom 2. 4. 1979 über die Erhaltung der wildlebenden Vogelarten (79/409/EWG) – Vogelschutz-Richtlinie – (ABl EG Nr. L 103/1 v. 25. 4. 1979) dar und hätte deshalb nicht als Windparkstandort ausgewiesen werden dürfen. Der in der 21. Änderung des Flächennutzungsplanes dargestellte Bereich des H. N. grenze zudem an avifaunistisch bedeutsame Bereiche, die durch die Errichtung von Windenergieanlagen beeinträchtigt würden. Diese Frage muß im vorliegenden Verfahren nicht abschließend entschieden werden. Denn auch unterhalb der Schwelle, die die Annahme eines faktischen Vogelschutzgebietes rechtfertigt, ist die naturschutzfachliche Wertigkeit des H. N. im Vergleich zum E. F. erheblich höher.

Es ist zweifelhaft, ob der H. I. die Voraussetzungen eines faktischen Vogelschutzgebietes erfüllt. ...

Hieran gemessen steht die Eigenschaft des H. N. als „geeignetstes Gebiet" nicht außer Zweifel.

Die im Zuge des Verfahrens zur Aufstellung des Vorhaben- und Erschließungsplanes D 133 eingeholte Umweltverträglichkeitsstudie des Ingenieurbüros P. und Q. vom Mai 1997 gelangt zwar unter Auswertung verschiedener Kartierungen und Beobachtungen über den Vogelbestand im H. I. zu dem Ergebnis, daß für 10 Arten die Mindestzahlen zur Anerkennung als Feuchtgebiet lokaler Bedeutung, für 8 weitere die Mindestzahlen als Feuchtgebiet regionaler Bedeutung, für 6 weitere Arten als Feuchtgebiet nationaler Bedeutung und für Säbelschnäbler und Goldregenpfeifer die zur Anerkennung als Feuchtgebiet internationaler Bedeutung notwendigen Mindestzahlen vorlägen. Zudem werde für eine Ackerfläche direkt westlich an die Spülfelder angrenzend die zur Anerkennung als Feuchtgebiet nationaler Bedeutung notwendige Zahl als Rastplatz für Goldregenpfeifer erreicht. Die Gastvogelzahlen von Spießente, Sandregenpfeifer, Großem Brachvogel, Rotschenkel, Alpenstrandläufer und Säbelschnäbler erreichten sogar internationale Bedeutung. Die Zahlen von fünf weiteren Arten (Pfeifente, Stockente, Reiherente, Knutt sowie Zwergstrandläufer) erreichten lokale Bedeutung. Diese Angaben belegten eine hohe allgemeine Wertigkeit dieser Region für die Avifauna, aus der sich mit Unterzeichnung der Ramsar-Konvention eine Verpflichtung zum Schutz der jeweiligen Flächen ableite. Darüber hinaus ergebe sich durch die unmittelbare Nähe zum Nationalpark und zum Naturschutzgebiet G., zu denen auch funktionelle Beziehungen bestünden, eine hohe Wertigkeit des Gebietes.

Diese festgestellte hohe avifaunistische Wertigkeit der Fläche des H. N. führt aber nicht zwingend zu der Annahme eines faktischen Vogelschutzgebietes. Die Beklagte hat auf die von der Bezirksregierung J. im Verfahren zur Aufstellung des Vorhaben- und Erschließungsplanes D 133 mit Schreiben vom 23. 4. 1998 geäußerten Bedenken gegen die Festsetzung eines Windparkstandortes im H. I. von dem Ingenieurbüro P. und Q. weiter untersuchen lassen, ob das Gebiet selbst einen so wichtigen Lebensraum von bedrohten Vogelarten des Anhangs I der Vogelschutz-Richtlinie oder ein so wichtiges Gebiet für Zugvogelarten darstelle, so daß es als besonderes Schutzgebiet nach Art. 4 der Vogelschutzrichtlinie anzusehen sei. Das beauftragte Ingenieurbüro verneint diese Frage in seinem Gutachten vom Juni 1998. Maßgeblicher Gesichtspunkt für die Annahme, der H. I. zähle nicht zu den „geeignetsten Gebieten", ist, daß die von verschiedenen schutzwürdigen Vogelarten als Nahrungsquelle genutzten Spülfelder im H. I. nicht auf Dauer angelegt sind, sondern nur noch zeitlich begrenzt betrieben werden sollen.

Die Spülfelder im H. I. dienen seit 1990 der Aufnahme des Schlickes aus dem Emder Hafen. Zu diesem Zweck wurde die vormals vorhandene Ackerfläche mit einer für die Avifauna wenig attraktiven Monostruktur eingedeicht und sukzessive aufgespült. Nach der in dem Gutachten vom Juni 1998 wiedergegebenen Auskunft des Niedersächsischen Hafenamtes sollen die Felder noch etwa 20 Jahre betrieben werden. Die Spülfelder sind zwar an sich als Nahrungsflächen für die im Gutachten näher aufgeführten Vogelarten (u. a. Blaukehlchen, Säbelschnäbler und Goldregenpfeifer) wegen des Entstehens ebener, offener und freier Schlick- und Schlammflächen mit feuchtem bis nassem Charakter gut geeignet. Voraussetzung ist jedoch eine regelmäßige Bespülung, weil die Flächen sonst abtrocknen und wieder eine die genannten Vogelarten vertreibende Vegetationsentwicklung einsetzt. Diesen Anforderungen genügen immer nur einige gerade bespülte Felder. Von den 167 ha der als Spülfläche eingerichteten Fläche werden jährlich räumlich wechselnd max. 18–36 ha in Abhängigkeit von der zu beseitigenden Schlickmenge im Emder Hafen und den zur Verfügung stehenden Geldmitteln bespült. Zudem ist die Bespülung – auch aus Gründen der Kapazität – zeitlich befristet. Dem hält die Kommission der Europäischen Gemeinschaften in ihrer Stellungnahme vom 17. 12. 2002 im Vertragsverletzungsverfahren 1997/4360 gegen die Bundesrepublik Deutschland u. a. wegen Verstoßes gegen die Vogelschutzrichtlinie entgegen, daß die Bundesrepublik Deutschland mehrere Special Protection Areas (SPA) mit künstlichen Lebensräumen (wie z. B. Klärteichen) oder mit Biotopen, die ebenfalls der natürlichen Sukzession unterlägen (z. B. Abbaustellen) und damit möglicherweise ihre Qualität für bestimmte, zum Zeitpunkt der Gebietsmeldung wertgebende Vogelarten verlören, ausgewiesen habe. Es ist aber fraglich, ob der H. I. wegen der dargestellten nur vorübergehenden Eignung als Brut- und Rastbiotop mit Blick auf den fachlichen Beurteilungsspielraum der Mitgliedstaaten flächenmäßig zu den „geeignetsten Gebieten" zu rechnen ist. Nur in zweifelsfreien Fällen, in denen ein bestimmtes Gebiet eine herausragende Bedeutung für die Vogelwelt besitzt und Alternativflächen nicht in Betracht kommen, ist der fachlich-konzeptionelle Spielraum des Mitgliedstaates so eingeschränkt, daß eine bestimmte Fläche zwingend ausgewiesen werden muß. Das Vorliegen eines solchen Falles der Ermessensschrumpfung ist nach dem Vorgesagten fraglich.

Unabhängig von der Frage, ob der H. I. ein faktisches Vogelschutzgebiet darstellt, hätte die Beklagte im Rahmen der Abwägung bei der 21. Änderung ihres Flächennutzungsplanes den bereits vorstehend dargestellten Belang der hohen avifaunistischen Wertigkeit des H. N. berücksichtigen müssen. Diese Wertigkeit ist durch die Umweltverträglichkeitsstudie von P. und Q. vom Mai 1997 und durch die von der Klägerin zitierten Studien belegt. Es handelt sich hierbei nicht um einen „Einzelbelang", den die Beklagte mit Hilfe der von ihr in dem Erläuterungsbericht zu der 21. Änderung des Flächennutzungsplanes aufgeführten anderen öffentlichen Belange „wegwägen" konnte.

Deren Gewicht ist im Verhältnis zu dem vorgenannten naturschutzfachlichen Belang von untergeordneter Bedeutung. ...

Soweit die Beklagte in dem Erläuterungsbericht zur 21. Änderung ausführt, mit der Aufhebung des Standortes E. F. werde ein geringerer Eingriff in Natur und Landschaft erreicht, verkennt sie, daß eine allein quantitative Betrachtung der für die Windenergienutzung dargestellten Flächen nicht ausreichend ist. Mit dem Standort E. F. wird der in naturschutzfachlicher Hinsicht erheblich konfliktärmere Bereich aufgegeben. Dort sind die Eingriffe in den Naturhaushalt nach eigener Darstellung der Beklagten im Verfahren zur 16. Änderung gering. Die Abwägungsentscheidung muß erkennen lassen, daß die Gemeinde die als Standorte für die Windenergie in Betracht kommenden Suchräume einer qualitativen Bewertung der Eingriffe in Natur und Landschaft unterzogen hat. Anhaltspunkte dafür bietet das Verfahren der 21. Änderung des Flächennutzungsplanes nicht.

Der Gesichtspunkt der besseren Windhöffigkeit des Standortes H. I. trägt die Abwägungsentscheidung der Beklagten angesichts des Gewichts des abwägungsbeachtlichen Belangs der avifaunistischen Sensibilität dieses Gebietes nicht. Der zu erwartende Jahresenergieertrag von 0,0191 MWh/m^2 für den E. F. entspricht in etwa dem Ertrag von 0,0192 MWh/m^2 für den östlichen Teil des H. N. Lediglich im westlichen Teil des H. N. beträgt der Ertrag 0,0232 MWh/m^2. Beiden Gebieten wird im gesamten bundesdeutschen Vergleich hinsichtlich der Windhöffigkeit die Eigenschaft von Spitzenstandorten bescheinigt. Angesichts dieser guten erzielbaren Energieausbeute für beide Gebiete fällt die noch etwas bessere Ausnutzbarkeit im westlichen Teil des H. N. nicht nennenswert ins Gewicht.

Die Beklagte kann sich auch nicht auf den Standpunkt zurückziehen, sie habe bei der Abwägung die raumordnerische Vorgabe berücksichtigen müssen, in ihrem Stadtgebiet Vorrangstandorte für Windenergienutzung im Umfang von 30 MW festzulegen. Es muß an dieser Stelle nicht vertieft werden, ob und ggf. in welchem Umfang die Vorgabe des LROP II 1994, dort C. 3.5, 05 Verbindlichkeit beansprucht. Vorgegeben wird der Leistungsumfang für das gesamte Stadtgebiet der Beklagten. Die geeigneten Standorte im einzelnen festzulegen, ist Aufgabe der Bauleitplanung der Beklagten. Zulässig ist danach auch die Aufteilung der zu erzielenden Leistung von 30 MW auf verschiedene Standorte. Das Argument der Beklagten, sie habe wegen der Übererfüllung der landesplanerischen Zielvorgabe auf Grund der technischen Weiterentwicklung der Windenergieanlagen und deren höherer Leistungsfähigkeit von 1,5 MW (statt 0,5 MW) die Windenergieanlagen auf den Bereich des H. N. konzentrieren wollen, ist daher wegen dessen avifaunistischer Wertigkeit nicht tragfähig. Angesichts der guten Windhöffigkeit kommt der E. F. als zweiter Standort in Betracht.

Die von der Beklagten im Erläuterungsbericht zur 21. Änderung des Flächennutzungsplanes als Begründung genannte drohende Überfrachtung des Stadtgebietes mit Windenergieanlagen ist schon deshalb nicht gegeben, weil sich die absolute Zahl der für eine Leistung von 30 MW benötigten Anlagen bei der Inanspruchnahme des E. F. nicht erhöht. Neben dem Standort E. F.

mit 21 MW sind die vorhandenen Anlagen der Stadtwerke mit 6,5 MW und privater Investoren mit 4,5 MW zu berücksichtigen.

Die unzureichende Auseinandersetzung mit der durch die Umweltverträglichkeitsstudie von P. und Q. vom Mai 1997 belegten hohen avifaunistischen Wertigkeit des H. N. stellt einen nach § 214 Abs. 3 Satz 2 BauGB offensichtlichen Abwägungsfehler dar, der auf das Abwägungsergebnis von Einfluß gewesen ist. Nach § 214 Abs. 3 Satz 2 BauGB sind Abwägungsfehler nur erheblich, wenn sie offensichtlich und auf das Abwägungsergebnis von Einfluß gewesen sind. Die Offensichtlichkeit betrifft die Erkennbarkeit des Abwägungsfehlers (vgl. BVerwG, Urteil v. 21. 8. 1981 – 4 C 57.80 –, DVBl. 1982, 354). Die mangelhafte Bewältigung der naturschutzfachlichen Problematik ergibt sich aus dem Erläuterungsbericht zu der 21. Änderung des Flächennutzungsplanes. Dieser Mangel im Abwägungsvorgang ist auch auf das Ergebnis von Einfluß gewesen. § 214 Abs. 3 Satz 2 BauGB verlangt nicht den Nachweis eines ursächlichen Zusammenhangs zwischen dem Abwägungsmangel und dem Ergebnis, vielmehr genügt die konkrete Möglichkeit, daß das Ergebnis der Abwägung ohne den Mangel anders ausgefallen wäre (BVerwG, Urteil v. 21. 8. 1981 – 4 C 57.80 –, a. a. O.). Hätte der Rat der Beklagten näher ins Bewußtsein gerückt, daß die naturschutzfachliche Wertigkeit des H. N. im Vergleich zum E. F. deutlich höher ist, hätte er voraussichtlich anders entschieden/entscheiden müssen.

Auf der Grundlage der Darstellungen des Flächennutzungsplanes i. d. F. seiner 16. Änderung hat die Klägerin einen Anspruch auf Erteilung des begehrten Bauvorbescheides für zwei Windenergieanlagen, weil die vorgesehenen Standorte in dem Bereich des E. R. und damit in dem Sondergebiet für Windenergienutzung liegen. Etwaige Mängel dieses Flächennutzungsplanes unterliegen nach Ablauf der Sieben-Jahres-Frist des § 215 Abs. 1 Nr. 2 BauGB nicht (mehr) der Inzidentkontrolle. Vor Ablauf dieser Frist sind Mängel der Abwägung nicht geltend gemacht worden.

Dem Vorhaben der Klägerin stehen auch nicht Belange des Naturschutzes gemäß § 35 Abs. 3 Satz 1 Nr. 5 BauGB entgegen. Auch wenn privilegierte Vorhaben i. S. des § 35 Abs. 1 BauGB dem Außenbereich vom Grundsatz „planähnlich" zugewiesen sind, sind sie gleichwohl nicht zulässig, wenn ihnen die in § 35 Abs. 3 Satz 1 BauGB beispielhaft genannten öffentlichen Belange entgegenstehen (BVerwG, Urteil v. 13. 12. 2001 – 4 C 3.01 –, BRS 64 Nr. 98 = DVBl. 2002, 706; Beschluß v. 3. 6. 1998 – 4 B 6.98 –, BRS 60 Nr. 90 = BauR 1998, 991). Der Naturschutz gemäß § 35 Abs. 3 Satz 1 Nr. 5 BauGB ist ein solcher öffentlicher Belang. Die Beklagte macht geltend, daß der E. F. nach den jüngsten Untersuchungsergebnissen des Sachverständigen Dr. O. für die Nahrungssuche verschiedener Gänsearten eine erhebliche ornithologische Bedeutung habe. Der E. F. liege zudem in der Flugschneise zwischen Teillebensräumen avifaunistisch bedeutsamer Vogelarten. Diesem Vortrag steht nicht entgegen, daß sich die besondere naturschutzfachliche Wertigkeit des E. R. erst zu einem Zeitpunkt sowohl nach der 16. als auch nach der 21. Änderung des Flächennutzungsplanes der Beklagten herausgestellt haben soll. Die Klägerin verfolgt ein Verpflichtungsbegehren, so daß die Sach- und Rechtslage im Zeitpunkt der mündlichen Verhandlung vor dem Senat maßgeblich ist. Erlangt ein als Standort für Windenergieanlagen vorgesehenes Gebiet nach seiner Darstellung als Vorranggebiet für Windenergie herausgehobene naturschutzfachliche Bedeutung, ist dieser Belang in die für den konkreten Einzelfall vorzunehmende Abwägung zwischen dem privilegierten Vorhaben und den berührten öffentlichen Belangen einzustellen. Nach dem Ergebnis der von dem Senat durchgeführten Beweisaufnahme steht fest, daß die Errichtung der zwei geplanten Windenergieanlagen keine Belange des Vogelschutzes als Unterfall des Naturschutzes verletzt. ...

Nr. 15

1. **Ein zeitlicher Prognosehorizont vom mindestens etwa 20 Jahren entzieht der Planung eines Gewerbe- und Energieparks jegliche realistische Grundlage und macht ihre Verwirklichung unabsehbar.**
2. **Die Planung eines Gewerbe- und Energieparks neben dem Betrieb eines Kernkraftwerkes kann nur vorgeschoben sein und sich in der Verhinderung eines Zwischenlagers für abgebrannte Brennelemente erschöpfen.**

(Nichtamtliche Leisätze)

BauGB § 1 Abs. 3 und 6.

Bayerischer VGH, Urteil vom 3. März 2003 – 15 N 02.593 – (rechtskräftig).

Die Antragstellerin betreibt die Kernkraftwerke Isar 1 und Isar 2. Das Kraftwerksgelände liegt auf den Gebieten der Gemeinde Niederaichbach, der Antragsgegnerin, und des Marktes Essenbach (Ortsteil Ohu). Die Antragstellerin ist u. a. Miteigentümerin der Standortgrundstücke FlNrn. X und Y. Sie wendet sich gegen eine Satzung der Antragsgegnerin über eine Veränderungssperre. Die Satzung umfaßt u. a. die Grundstücke FlNrn. X und Y.

Die Antragstellerin reichte im April 2001 bei der Antragsgegnerin einen Bauantrag zur Errichtung eines „Brennelementebehälterlagers" (Zwischenlager) auf dem Grundstück ein. Während der Auslegung der atomrechtlichen Unterlagen beantragte eine Bürgerinitiative, für das Gelände des beabsichtigten Zwischenlagers einen Bebauungsplan aufzustellen. Die Antragsgegnerin schloß sich dem nicht an, verweigerte jedoch das Einvernehmen zu dem Vorhaben. Die Bürgerinitiative organisierte ein Bürgerbegehren. Im Dezember 2001 führte die Antragsgegnerin einen Bürgerentscheid durch, dem die folgende Fragestellung zugrunde lag:

„Soll die Gemeinde Niederaichbach unter Verhinderung eines atomaren Zwischenlagers, zur Verbesserung der gemeindlichen Wirtschafts- und Finanzkraft und der Schaffung neuer Arbeitsplätze folgendes Planungskonzept umsetzen:

1. Für das Gemeindegebiet, das an das Betriebsgelände der Kernkraftwerke Isar 1 und Isar 2 unmittelbar angrenzt, wird ein qualifizierter Bebauungsplan „Gewerbe- und Energiepark" aufgestellt mit dem Inhalt, daß hinsichtlich der Art der baulichen Nutzung nur Gewerbebetriebe i. S. des §8 Abs. 1 BauNVO, Anlagen der Wind- und Wasserenergie sowie Anlagen zur Erforschung, Erprobung und Nutzung neuer, nicht erheblich belästigender Energietechniken zulässig sind. Das Plangebiet soll im Norden und Osten durch den von der Kraftwerkstraße zur D.straße in Richtung früherer B 11 verlaufenden Weg, im Westen durch die Gemeindegrenze und im Süden durch den Isar-Uferbereich begrenzt werden.

2. Der bestehende Flächennutzungsplan der Gemeinde Niederaichbach wird im Bereich des künftigen Plangebiets „Gewerbe- und Energiepark" gleichzeitig geändert bzw. entsprechend angepaßt. Dabei sind Erweiterungsmöglichkeiten für das künftige Gewerbegebiet in Richtung frühere B 11 darzustellen.
3. Zur Sicherung des Aufstellungsverfahrens des Bebauungsplans wird eine Veränderungssperre erlassen.
4. Der Beschluß des Gemeinderats vom Juni 2001, keinen Aufstellungsbeschluß für einen Bebauungsplan zu fassen, wird aufgehoben."

Von 2527 Stimmberechtigten gaben 1471 Personen ihre Stimme ab, 1107 stimmten mit „Ja", 361 mit „Nein"; 3 Stimmen waren ungültig.

Der Gemeinderat der Antragsgegnerin faßte im Februar 2002 folgende Beschlüsse:
1. „Die Gemeinde Niederaichbach möchte in Übereinstimmung mit dem Willen der Bürger für den o.g. Zweck ein Gewerbegebiet ausweisen. Um den Bereich von dem vorhandenen, konventionellen Gewerbe- und Industriegebiet an der Autobahn auch räumlich abzugrenzen und um den eigenständigen Charakter des Standorts für alternative Energietechniken hervorzuheben, wird diese Außenbereichs-Fläche, die im Norden und Osten von der Kraftwerkstraße, im Süden von der Isar und im Westen vom Kernkraftwerk eingegrenzt ist, mit einem qualifizierten Bebauungsplan nach § 30 Abs. 1 BauGB überzogen. Daneben ist es auch Ziel, die vorhandene technische und natürliche Infrastruktur (Umspannwerk mit Einspeisungseinrichtungen in das Stromnetz, Wasserkraft) zu nutzen, um den Eingriff in den Naturhaushalt so gering wie möglich zu halten. Dies ist jedoch nur in dem angesprochenen Bereich wirtschaftlich möglich, so daß insoweit nur dieser Standort für den Planungszweck geeignet ist. Das Gebiet wird als Gewerbegebiet nach § 8 der Baunutzungsverordnung festgesetzt. Ausgeschlossen werden sollen jedoch Anlagen zur Lagerung und Entsorgung radioaktiver Abfälle, Lagergebäude (Vermeidung der Ansiedlung von verkehrsintensiven Betrieben), Einzelhandelsbetriebe (Ansiedlungsschwerpunkt nur in den zentralen Bereichen), Vergnügungsstätten, Wohnungen für Betriebsleiter und Bereitschaftsdienst sowie Anlagen für kirchliche, kulturelle, soziale und gesundheitliche Zwecke."

2. „Nachdem nun eine konkrete Planungsabsicht besteht, wird zur Sicherung der Planung nach § 14 Abs. 1 und § 16 Abs. 1 BauGB für den o. g. Bereich eine Veränderungssperre laut dem vorgelegten Entwurf erlassen. Auf den eben gefaßten Beschluß ... wird Bezug genommen. Es ist jedoch noch im Bebauungsplanverfahren zu klären, was unter den Begriff „Gewerbebetrieb" fällt und wie weit dieser im Hinblick auf die Anlagen der Kernenergie und der Lagerung bzw. Entsorgung radioaktiver Abfälle reicht, ob und in welchem Umfang im Bebauungsplan entsprechende Ausschlüsse nach § 1 Abs. 5 und Abs. 9 der Baunutzungsverordnung festgeschrieben werden müssen, ob und welche städtebaulichen Gründe hierfür zur Rechtfertigung herangezogen werden können und ob die Gemeinde Gefahr läuft, schadensersatz- oder entschädigungspflichtig zu werden. Insbesondere muß sich im Bebauungsplanverfahren mit der Privilegierung nach § 35 Abs. 1 BauGB und den daraus entspringenden Rechtsfolgen auseinandergesetzt werden ..."

Mit dem Normenkontrollantrag vom März 2002 möchte die Antragstellerin die Nichtigkeit der Satzung der Antragsgegnerin über die Veränderungssperre feststellen lassen. Zur Begründung trägt sie u. a. vor:

Der beabsichtigte Bebauungsplan würde gegen das Anpassungsgebot des § 1 Abs. 4 BauGB verstoßen. Der Standort der Kernkraftwerke Isar 1 und Isar 2 sei durch verbindliche Ziele des Regionalplans für die Region Landshut und des Standortsicherungsplans für Wärmekraftwerke in dem Sinne gesichert, daß Bauleitplanungen, welche die Fortexistenz des Standorts in Frage stellten, unzulässig seien. Die Antragstellerin sei nach § 9a Abs. 2 Satz 3 AtG i. d. F. des Gesetzes vom 22.4.2002 (BGBl. I, 1351) verpflichtet, spätestens bis zum Jahr 2005 ein Zwischenlager am Standort ihres Kernkraftwerks zu errichten. Alternativstandorte scheiterten am Strahlungsminimierungsgebot des § 6 Abs. 2 StrlSchV, stünden teilweise auch nicht im Eigentum des Konzerns. Gelinge die zeitgerechte Errichtung des Zwischenlagers nicht, könnten die Kernkraftwerke nicht weiter betrieben werden. Das sei mit den Zielen des Regionalplans und des Standortsicherungsplans unvereinbar. Auch § 9a Abs. 2 Satz 3 AtG selbst setze ein gemäß § 1 Abs. 4 BauGB für die Bauleitplanung verbindliches Ziel. Jedenfalls begründe diese Vorschrift einen nicht überwindbaren Belang i. S. des § 1 Abs. 6 BauGB.

Der Normenkontrollantrag hatte Erfolg.

Aus den Gründen:
Die Antragsgegnerin hat den Beschluß über die Aufstellung eines Bebauungsplans durch Bürgerentscheid gefaßt (Art. 18a Abs. 13 Satz 1 GO). Der Beschluß läßt offen, in welchem zeitlichen Rahmen die Antragsgegnerin die Planung sieht. Dem Bürgerentscheid ging ein Bürgerbegehren voraus, das näher begründet ist (vgl. Art. 18a Abs. 4 Satz 1 GO). Darin heißt es, durch den Bau des Zwischenlagers sei das Gebiet zwischen dem Ort Niederaichbach und dem Betriebsgelände der Kernkraftwerke auf unabsehbare Zeit, mindesten aber 60 Jahre lang, für andere Nutzungen blockiert. Nach dem sog. „Atomkonsens" gebe es Restlaufzeiten für Kernkraftwerke. Das Kernkraftwerk Isar 1 werde etwa im Jahr 2014, das Kernkraftwerk Isar 2 etwa im Jahr 2023 vom Netz gehen. Unter diesen Voraussetzungen erfordere eine vorausschauende Bauleitplanung der Gemeinde, daß auch nach dem Atomausstieg das Gelände mit den bereits vorhandenen Infrastruktureinrichtungen langfristig für die Nutzung durch Gewerbebetriebe gesichert und hierdurch Arbeitsplätze im Gemeindegebiet geschaffen oder erhalten würden, die mittelfristig durch den Wegfall der Kernkraftwerke bedroht seien. Für das unmittelbar an das Betriebsgelände der Kernkraftwerke angrenzende Gebiet kämen verschiedene Nachfolgenutzungen in Betracht. – Diese Begründung des Bürgerbegehrens könnte darauf schließen lassen, daß auch mit dem Bürgerentscheid (Aufstellungsbeschluß) eine Planung eingeleitet (und mit der Veränderungssperre gesichert) werden sollte, deren Realisierung erst nach etwa 20 Jahren und mehr beabsichtigt ist.

Die Antragsgegnerin ist diesem Verständnis ihrer Planungsabsichten jedoch im Zuge des gerichtlichen Verfahrens entschieden entgegengetreten. Sie betont mit Nachdruck, die Veränderungssperre sichere eine Nutzung, die vom Betrieb der Kernkraftwerke völlig unabhängig sei. Sie, die Antragsgegnerin, gehe davon aus, daß das Konzept für den in Aufstellung befindlichen Bebauungsplan unmittelbar nach Abschluß des Bebauungsplanverfahrens verwirklicht werden könne, auch und gerade neben dem Betrieb der Kernkraftwerke.

Es kann offenbleiben, welcher der genannten zeitlichen Horizonte der Planung zugrunde zu legen ist. Die Veränderungssperre ist sowohl dann nichtig, wenn der in Aufstellung befindliche Bebauungsplan ausschließlich eine reine Nachfolgenutzung nach Abschluß des Betriebs der Kernkraftwerke betreffen sollte (vgl. 1.), als auch dann, wenn eine zeitnahe, vom Betrieb der Kernkraftwerke unabhängige Nutzung beabsichtigt ist (vgl. 2.).

Ist ein Beschluß über die Aufstellung eines Bebauungsplans gefaßt, kann die Gemeinde zur Sicherung der Planung für den künftigen Planbereich eine

Veränderungssperre beschließen (§ 14 Abs. 1 BauGB). Die Wirksamkeit einer Veränderungssperre hängt danach nicht davon ab, ob der in Aufstellung befindliche Bebauungsplan in seinen einzelnen Festsetzungen von einer ordnungsgemäßen Abwägung aller betroffenen Belange (§ 1 Abs. 6 BauGB) getragen sein wird. Vor dem Hintergrund einer Inhalts- und Schrankenbestimmung des Eigentums (Art. 14 Abs. 1 Satz 2 GG) durch die Veränderungssperre ist diese zur Sicherung der Planung nur gerechtfertigt, wenn der Planaufstellungsbeschluß ein Mindestmaß dessen erkennen läßt, was Inhalt des zu erwartenden Bebauungsplans sein soll. Die Veränderungssperre ist nichtig, wenn sich dieses aus dem Aufstellungsbeschluß ersichtliche Planungsziel im Wege planerischer Festsetzung nicht erreichen läßt, wenn der beabsichtigte Bebauungsplan einer positiven Planungskonzeption entbehrt, der Förderung von Zielen dient, für deren Verwirklichung die Planinstrumente des Baugesetzbuchs nicht bestimmt sind oder wenn rechtliche Mängel schlechthin nicht behebbar sind (vgl. BVerwG v. 21. 12. 1993, NVwZ 1994, 685 = BRS 55 Nr. 95).

1. Soweit die Antragsgegnerin mit dem in Aufstellung befindlichen Bebauungsplan lediglich die Nachfolgenutzung nach Beendigung der nuklearen Nutzung des Betriebsgeländes des Kernkraftwerks regeln möchte, leidet die Planung an einem schlechthin nicht behebbaren Mangel. Bauleitpläne haben die Gemeinden aufzustellen, sobald und soweit es für die städtebauliche Entwicklung und Ordnung erforderlich ist (§ 1 Abs. 3 BauGB). Als Regelung einer Nachfolgenutzung zielt die Planung auf einen Zustand, der frühestens ab dem Jahr 2020, also im Zeitpunkt der Beschlußfassung über den Aufstellungsbeschluß und der Veränderungssperre erst in etwa 20 oder mehr Jahren realisiert werden könnte. Durch das Gesetz zur geordneten Beendigung der Kernenergienutzung zur gewerblichen Erzeugung von Elektrizität vom 22. 4. 2002 (BGBl. I, 1351) wurden den Kernkraftwerken Isar 1 und Isar 2 Reststrommengen i. H. v. 78,35 bzw. 231,21 Terawattstunden zugewiesen (Anlage 3 zu § 7 Abs. 1 a AtG). Daraus hat das Bundesministerium für Umwelt, Naturschutz und Reaktorsicherheit im Oktober 2001 ein Ende der Regellaufzeit der beiden Kernkraftwerke am 21. 3. 2011 bzw. 9. 4. 2020 ermittelt. Die Möglichkeit der Übertragung von Elektrizitätsmengen nach § 7 Abs. 1 b AtG ist dabei allerdings ebensowenig berücksichtigt wie sonstige laufzeitverlängernde Faktoren (z. B. längerer Stillstand). Diese zeitlichen Vorgaben zeichneten sich bereits zum Zeitpunkt des Satzungsbeschlusses auf Grund der Vereinbarung zwischen der Bundesregierung und den Energieversorgungsunternehmen vom 14. 6. 2000 ab (vgl. Anlage 1 zur Vereinbarung). Die zeitlichen Vorgaben liegen außerhalb dessen, was noch als angemessener zeitlicher Planungshorizont für den in Aussicht genommenen Bebauungsplan gelten kann. Für die voraussehbaren Bedürfnisse der Gemeinde i. S. von § 5 Abs. 1 Satz 1 BauGB wird im allgemeinen ein zeitlicher Prognosehorizont von 10 bis 15 Jahren zugrunde gelegt (vgl. Gaentzsch, in: Berliner Kommentar zum BauGB, 3. Aufl. 2002, § 5 Rdnr. 10; Battis/Krautzberger/Löhr, BauGB, 8. Aufl. 2002, § 5 Rdnr. 1; Ernst/Zinkahn/Bielenberg, BauGB, § 5 Rdnr. 13). Ein zeitlicher Prognosehorizont von mindestens etwa 20 Jahren entzieht der Planung eines „Gewerbe- und Energieparks" mit einer Fläche von etwa 20 ha jegliche reali-

stische Grundlage und macht ihre Verwirklichung unabsehbar. Zwar hängt die Planungsbefugnis nach § 1 Abs. 3 BauGB nicht von einem unabweisbaren Bedürfnis für die Planung ab. Die Gemeinde kann auch die planerischen Voraussetzungen schaffen, die es ermöglichen, einer Bedarfslage gerecht zu werden, die sich erst in Zukunft abzeichnet (Angebotsplanung) (vgl. BVerwG v. 11. 5. 1999, NVwZ 1999, 1338 = BRS 62 Nr. 19). Hierzu hat der Rechtsstreit jedoch nichts ergeben. Die Besonderheiten des Einzelfalles rechtfertigen keine abweichende Beurteilung: Weder ist der Fortbestand des Gesetzes zur geordneten Beendigung der Kernenergienutzung zur gewerblichen Erzeugung von Elektrizität gesichert (die Abschaffung des Gesetzes war eine Forderung der Opposition im Bundestagswahlkampf 2002) noch gibt es – wie ausgeführt – irgendwelche Anhaltspunkte für einen mehr als abstrakten Flächenbedarf an der fraglichen Stelle, geschweige denn in der vorgesehenen Größenordnung (vgl. auch VGH BW v. 12. 7. 2002 – 5 S 1601/01 –).

2. Soweit die Antragsgegnerin, wie sie im Verlauf des Rechtsstreits dargelegt hat, den Bebauungsplan unmittelbar nach Abschluß des Bebauungsplanverfahrens auch und gerade neben dem Betrieb der Kernkraftwerke realisieren möchte, hat sie von der Veränderungssperre nicht zur Sicherung einer Planung, sondern lediglich zu dem Zweck Gebrauch gemacht, die Errichtung eines Zwischenlagers für abgebrannte Brennstäbe auf dem Grundstück zu verhindern. Der beabsichtigte Bebauungsplan entbehrt einer positiven Planungskonzeption. Die Antragsgegnerin hat beschlossen, einen Bebauungsplan „Gewerbe- und Energiepark" aufzustellen, mit dem Inhalt, daß hinsichtlich der Art der baulichen Nutzung nur Gewerbebetriebe i. S. des § 8 Abs. 1 BauNVO, Anlagen der Wind- und Wasserenergie sowie Anlagen zur Erforschung, Erprobung und Nutzung neuer, nicht erheblich belästigender Energietechniken zulässig sind. Es bleibt offen, ob mit dieser sehr allgemein gehaltenen Konzeption in einem auf nicht absehbare Zeit bereits durch abweichende Nutzungen geprägten Gebiet überhaupt das Mindestmaß dessen erkennbar wird, was Inhalt des zu erwartenden Bebauungsplans sein soll (vgl. BVerwG v. 10. 9. 1976, BVerwGE 51, 121, 128 = BRS 30 Nr. 76 = BauR 1977, 31). Die Antragsgegnerin mag durch ihren Aufstellungsbeschluß formal dem Erfordernis der Entwicklung positiver planerischer Vorstellungen (vgl. BVerwG v. 5. 2. 1990, BRS 50 Nr. 103 = BauR 1990, 335 = NVwZ 1990, 558) Genüge getan haben. Es zeigt sich jedoch, daß diese Vorstellungen nicht auf eine Realisierung angelegt, sondern nur vorgeschoben sind und sich ihre Bedeutung in der Verhinderung des Zwischenlagers für abgebrannte Brennstäbe auf dem Grundstück erschöpft.

a) Aufstellungsbeschluß und Veränderungssperre umfassen ein Plangebiet von etwa 20 ha. Davon würde das Zwischenlager-Vorhaben der Antragstellerin etwa 1,3 ha (entspricht 1/15 oder 6,5%) in Anspruch nehmen. Die Antragsgegnerin hat in keiner Phase des Verfahrens irgendeinen städtebaulich relevanten Aspekt benannt, der den gewählten Flächenumgriff unter Einschluß des Zwischenlagergeländes erläutert hätte. Es war ihr erklärtes Ziel, mit Hilfe der Veränderungssperre das Zwischenlager-Vorhaben der Antragstellerin zu blockieren. Den Beschluß zur Aufstellung eines Bebauungsplans hat die Antragsgegnerin im Wege eines Bürgerentscheids gefaßt. Dem ging ein

Bürgerbegehren voraus, das die „Überplanung des Zwischenlager-Geländes" bereits eingangs thematisch besonders hervorgehoben hatte und die Verhinderung eines atomaren Zwischenlagers ausdrücklich als Planungsmotiv benennt. Der Stimmzettel für den Bürgerentscheid spricht vom Bürgerentscheid „Überplanung des Zwischenlager-Geländes" und benennt gleichfalls die „Verhinderung eines atomaren Zwischenlagers" an erster Stelle als Planungsmotiv. Zwar macht gerade die Verhinderung von Vorhaben zur Sicherung der Bauleitplanung einen wesentlichen Sinn der Veränderungssperre aus; der bloße ad-hoc-Bezug auf ein zu verhinderndes Vorhaben rechtfertigt das Urteil der unzulässigen Negativplanung nicht (vgl. BVerwG v. 18.12.1990, BRS 50 Nr. 9 = BauR 1991, 165 = NVwZ 1991, 875). Es indiziert aber eine mangelnde Ernsthaftigkeit der Planung, wenn 1/15 der Planungsfläche eine für die Konzeption so zentrale Bedeutung erlangt, ohne daß dafür irgendein – die bloße Verhinderungsabsicht überlagernder – städtebaulich relevanter Grund erkennbar geworden wäre. Insbesondere macht auch die Situierung dieser Teilfläche am westlichen Rand des Planungsgeländes, nach Norden und Süden umschlossen von Einrichtungen der Kernkraftwerke Isar 1 und Isar 2 (Freiluftschaltanlage und Parkplätze, Hochsicherheitszaunanlage, offener Isar-Seitengraben zur Regulierung des Grundwasserstandes), den gewählten Flächenumgriff nicht plausibel. In der mündlichen Verhandlung hat die Antragsgegnerin auf die Frage nach der Bedeutung der Teilfläche für die Planung nur angegeben, man habe die Einbeziehung des in Aussicht genommenen Zwischenlager-Geländes für „sinnvoll" gehalten. Das erläutert nur die erklärte Absicht, das Zwischenlager zu verhindern, nicht aber einen städtebaulichen Hintergrund eines Plangebiets unter Einschluß des vergleichsweise äußerst geringfügigen Zwischenlagergeländes.

b) Es erhärtet die dadurch begründete Annahme mangelnder Ernsthaftigkeit der Planungskonzeption, daß gerade die für das Zwischenlager vorgesehene und für die Antragsgegnerin essentielle Teilfläche des Grundstücks für die ins Auge gefaßte Nutzung infolge ihrer strahlenschutzrechtlich vorgegebenen Belastung und der daraus resultierenden Beschränkungen wenn nicht schon ausscheidet, so doch jedenfalls völlig ungeeignet ist. Dahinstehen kann dabei, ob diese Teilfläche schon deshalb für eine Nutzung als Gewerbegebiet von vornherein nicht in Betracht kommt, weil sie zum Überwachungsbereich i.S. des §36 Abs. 1 Satz 2 Nr. 1 StrlSchV vom 20.7.2001 (BGBl. I, 1714) gehört, mit der Folge, daß der Zutritt im Grundsatz nur in §37 Abs. 1 Satz 1 Nr. 1 StrlSchV genannten Personen erlaubt ist (darauf könnte der Wortlaut der für die Betriebsführung des Kernkraftwerks Isar 2 bindenden Nr. 3.1 des Betriebshandbuchs – Sicherheitsspezifikation – hindeuten). Jedenfalls ist die oben genannte Teilfläche Teil des Betriebsgeländes des Kernkraftwerks. Innerhalb des Betriebsgeländes kann der Zugang oder die Aufenthaltsdauer von Personen durch den Strahlenschutzverantwortlichen beschränkt werden (vgl. §3 Abs. 1 Nr. 7 StrlSchV). Nach §46 Abs. 3 StrlSchV ist (erst) außerhalb des Betriebsgeländes die Einhaltung der Grenzwerte des §46 Abs. 1 StrlSchV grundsätzlich zu gewährleisten. Damit bildet der an den Überwachungsbereich sich anschließende Teil des Betriebsgeländes eine Pufferzone. Sie ist dadurch gekennzeichnet, daß die maximal zulässige effektive Dosis durch

Nr. 15

Strahlenexpositionen von 1 Millisievert im Kalenderjahr (§ 46 Abs. 1 StrlSchV) nur bei einem Aufenthalt von höchstens 2000 Stunden im Jahr gewährleistet ist (§ 36 Abs. 1 Satz 3 StrlSchV) (zum Ganzen auch BR-Drucks. 207/01, S. 249 f.). Die auf die auch polizeitaktisch begründete Errichtung der Sicherungszaunanlage (Demonstrationszaun) vor 1980 gestützte Annahme der Antragsgegnerin, die Sicherungszaunanlage habe keine strahlenschutzrechtliche Bedeutung, wird durch das atomrechtliche Genehmigungsverfahren für das Kernkraftwerk Isar 2 widerlegt. Es kann deshalb dahingestellt bleiben, ob zum Betriebsgelände, so wie es sich nach der für die Betriebsführung des Kernkraftwerks Isar 2 bindenden Nr. 3.1 des Betriebshandbuchs (Sicherheitsspezifikation) darstellt, notwendig auch der Bereich gehört, der von der Sicherungszaunanlage beginnend am südöstlichen Ende des beabsichtigten Zwischenlagergeländes nach Osten und Süden hin umfaßt wird und der früher auch das im Jahr 1995 abgebrochene Kernkraftwerk Niederaichbach umschloß. Am vorgesehenen Standort des Zwischenlager-Vorhabens führt die Sicherungszaunanlage (Demonstrationszaun) in einer Entfernung von ca. 100 m entlang dem Hochsicherheitszaun, der den Beginn des Überwachungsbereichs (§ 36 Abs. 1 Satz 2 Nr. 1 StrlSchV) markiert. An eben diesem Verlauf der Sicherungszaunanlage (Demonstrationszaun) sieht das Gutachten des TÜV Bayern über die radiologischen und radioökologischen Auswirkungen des Kernkraftwerks Isar 2 vom November 1987 die relevanten Aufpunkte für die Ganzkörperdosis für Gammastrahlung aus der Fortluftfahne; eben diese Sicherungszaunanlage stelle die Grenze des außerbetrieblichen Überwachungsbereichs dar (vgl. § 60 Abs. 2 StrlSchV v. 13.10.1976, BGBl. I, 2905 und § 60 Abs. 3 StrlSchV i. d. F. der Bekanntmachung v. 30.6.1989, BGBl. I, 1321). Das Gutachten des TÜV Bayern war Grundlage der vierten Teilgenehmigung zur Errichtung des Kernkraftwerks Isar 2 vom Januar 1988 und der dort und nochmals in der ersten Änderungsgenehmigung vom Februar 1991 verfügten Bindung der Betriebsführung an die als Sicherheitsspezifikation gekennzeichneten Teile des Betriebshandbuchs (vgl. Nr. 4.1 des Betriebshandbuchs für das Kernkraftwerk Isar 2 Stand: 26.3.1987). Die strahlenschutzrechtliche Kategorie des außerbetrieblichen Überwachungsbereichs ist mit Inkrafttreten der Strahlenschutzverordnung vom 20.7.2001 am 1.8.2001 (vgl. Art. 12 Abs. 1 Satz 1 der Verordnung über die Umsetzung von EURATOM-Richtlinien zum Strahlenschutz v. 20.7.2001, BGBl. I, 1714) weggefallen. Um zu vermeiden, daß durch den Wegfall des außerbetrieblichen Überwachungsbereichs die Maßstäbe des allgemeinen Bevölkerungsschutzes (1 mSv/8760 h; vgl. § 46 Abs. 1 StrlSchV) unmittelbar an den Überwachungsbereich heranrücken, ist als neue Kategorie das „Betriebsgelände" eingeführt worden. Zugleich hat die Strahlenschutzverordnung 2001 den Grenzwert der effektiven Dosis für Einzelpersonen der Bevölkerung gegenüber dem bisherigen Grenzwert (1,5 mSv/8760 h gemäß § 44 Abs. 1 StrlSchV 1989) um 1/3 gesenkt. Auch vor diesem Hintergrund gibt es – jedenfalls im Gebiet des beabsichtigten Zwischenlagers – zudem in Ansehung der Tatbestandswirkung der atomrechtlichen Genehmigung keinen plausiblen Grund, die Zugehörigkeit dieses Gebiets zum Betriebsgelände der Kernkraftwerke in Zweifel zu ziehen. Ein Ende der strahlenschutzrechtlich vorgegeben Belastung dieses Gebiets war zum Zeitpunkt des Satzungsbeschlusses (19.2.2002) erst in etwa 20 oder mehr Jahren absehbar (vgl. dazu unter 1.).

3. Unabhängig von den unter 1. und 2. genannten Gründen ist die Veränderungssperre auch deshalb nichtig, weil der in Aufstellung begriffene Bebauungsplan an einem (weiteren) schlechthin nicht behebbaren Mangel leiden würde. Das öffentliche und das private Interesse (der Antragsgegnerin) an einem Standort des Zwischenlagers auf der hierfür vorgesehenen Teilfläche des Grundstücks haben ein Gewicht, das die von der Antragsgegnerin verfolgten Belange in einer Weise überwiegt, daß eine gegenteilige Abwägung im Ergebnis wegen einer Abwägungsdisproportionalität (Unverhältnismäßigkeit) fehlerhaft wäre. Zwar hängt die Wirksamkeit der Veränderungssperre – darauf ist bereits hingewiesen worden – nicht davon ab, ob der in Aufstellung begriffene Bebauungsplan in seinen einzelnen Festsetzungen von einer ordnungsgemäßen Abwägung aller betroffenen Belange (§ 1 Abs. 6 BauGB) getragen sein wird. Eine solche Prüfung ist weder angesichts des Stadiums der Planung (Aufstellungsbeschluß) noch angesichts ihres Konkretisierungsgrades möglich. Das schließt jedoch nicht aus, daß schon in der Phase des Aufstellungsbeschlusses ein Konflikt sich deutlich und unausweichlich abzeichnet (und vom Gemeinderat der Antragsgegnerin bei seinem Beschluß zur Satzung über die Veränderungssperre am 19.2.2002 auch gesehen worden ist). Ein solcher Konflikt kann nicht schon allein deshalb von vornherein aus der Klärung der Verhältnismäßigkeit einer Veränderungssperre ausgeblendet werden, weil die Gemeinde das Bebauungsplanverfahren noch nicht zum Abschluß gebracht und alle übrigen Fragen noch keiner abwägenden Lösung zugeführt hat; nicht ausnahmslos alle Fragen, die eine Planung aufwirft, können dem weiteren Verfahren überlassen bleiben. Die gemeindliche Planungshoheit rechtfertigt mit anderen Worten keine Veränderungssperre, die eine schon im Ansatz schlechthin abwägungsfehlerhafte Planungsabsicht sichern soll.

§ 9a Abs. 2 Satz 3 AtG verpflichtet den Betreiber einer Anlage zur Spaltung von Kernbrennstoffen zur gewerblichen Erzeugung von Elektrizität, bis zum 1.7.2005 (§ 9a Abs. 1 Satz 2 AtG) dafür zu sorgen, daß ein Zwischenlager nach § 6 Abs. 1 und 3 AtG innerhalb des abgeschlossenen Geländes der Anlage oder nach § 6 Abs. 1 AtG in der Nähe der Anlage errichtet wird (standortnahes Zwischenlager). § 9a Abs. 2 Satz 3 AtG verfolgt damit das „übergeordnete Ziel" der Minimierung von Transporten abgebrannter Brennstäbe zu den zentralen Zwischenlagern in Ahaus und Gorleben (vgl. BT-Drucks. 14/6890, S. 24). Die Gesetzesmotive sehen private Interessen der Energieversorgungsunternehmen, die gegen die Errichtung und Nutzung von Standortzwischenlagern sprechen, durch „die überwiegenden öffentlichen Interessen an der dezentralen Zwischenlagerung als Teil einer risikomindernden neuen Entsorgungsstrategie" verdrängt (vgl. BT-Drucks. 14/6890, S. 17). Transportminimierung soll Strahlen- und Unfallrisiken vermeiden helfen (vgl. König, in: 10. Deutsches Atomrechtssymposium, S. 289 ff.; Roller, ebd., S. 316 ff.). Sie dient zugleich mit Blick auf die Widerstände gegen Transporte in der Bevölkerung der öffentlichen Sicherheit (Roller, a. a. O., m. w. N.). Zu diesem gesetzlich sehr konkret artikulierten öffentlichen Belang kommen die

Nr. 15

Belange der Antragsgegnerin als Betreiberin der Kernkraftwerke hinzu. Die Errichtung eines standortnahen Zwischenlagers erfordert von der Antragsgegnerin Investitionen i. H. v. etwa 25,5 Mio. € (vgl. BT-Drucks. 14/6890, S. 17). Diese Aufwendungen sind für zumutbar gehalten worden: Die Standortzwischenlagerung liege im unmittelbaren Interesse der Energieversorgungsunternehmen, weil sie den Betrieb der Anlagen von Transporten unabhängig mache und die Kosten der Errichtung von Zwischenlagern zumindest teilweise durch den Wegfall von Transporten und die Beendigung der Wiederaufarbeitung bestrahlter Brennelemente kompensiert würden (vgl. BT-Drucks. 14/6890, S. 17).

Diesem zugleich öffentlichen und privaten Belang, Transporte abgebrannter Brennstäbe möglichst vollständig zu vermeiden, wird der Standort, auf dem die Antragstellerin das Zwischenlager errichten möchte, in optimaler Weise gerecht. Die Antragsgegnerin verweist demgegenüber auf die Perspektiven, die sich aus der beabsichtigten gewerblichen Nutzung ergeben sollen (§ 1 Abs. 5 Satz 2 Nr. 8 BauGB). Diese Perspektiven haben im Fall einer reinen Nachfolgenutzung wegen deren zeitlichen Horizonts keine realistische Basis (vgl. 1.). Für den Fall einer Parallelnutzung hat sich nichts ergeben, was die gemeindlichen Planungsabsichten in einem quantifizierbaren Maß beeinträchtigen könnte (vgl. 2.).

Der umschriebene Mangel des in Aufstellung begriffenen Bebauungsplans „Gewerbe- und Energiepark" betrifft lediglich die Überplanung des Geländes, das die Antragstellerin für die Errichtung und Umzäunung des Zwischenlagers in Anspruch nehmen möchte, und damit nur einen räumlich abgegrenzten Teil des Plangebiets. Eine zunächst auf dieses Gebiet beschränkte (Teil-)Nichtigkeit der Satzung hat die Nichtigkeit der gesamten Satzung zur Folge. Die Nichtigkeit einzelner Bestimmungen (hier: zum räumlichen Umgriff) einer Satzung über eine Veränderungssperre führt nur dann nicht zur Gesamtnichtigkeit, wenn die weiteren Bestimmungen für sich betrachtet noch eine den Anforderungen des § 14 Abs. 1 BauGB gerecht werdende Maßnahme zur Sicherung der Bauleitplanung bilden und wenn die Gemeinde nach ihrem im Verfahren für den Bebauungsplanaufstellungsbeschluß und die Veränderungssperre zum Ausdruck gekommenen Willen im Zweifel auch einen Aufstellungsbeschluß und eine Veränderungssperre dieses eingeschränkten Inhalts beschlossen hätte (gl. zum Bebauungsplan BVerwG v. 20. 8. 1991, BRS 52 Nr. 36 = BauR 1992, 48 = DVBl. 1992, 37; v. 6. 4. 1993, BRS 55 Nr. 31 = NVwZ 1994, 272). Diese letztere Bedingung ist nicht erfüllt: Die Antragsgegnerin hat die „Überplanung des Zwischenlager-Geländes" und die „Verhinderung eines atomaren Zwischenlagers" bei dem Beschluß zur Aufstellung eines Bebauungsplans (Bürgerentscheid vom 9. 12. 2001) in ganz besonderer Weise hervorgehoben (s. auch 2.). Es ist daher nicht zweifelhaft, daß sie die Aufstellung des Bebauungsplans und – dementsprechend – die Satzung über die Veränderungssperre mit einem um das Zwischenlager-Gelände reduzierten räumlichen Umgriff nicht beschlossen hätte. Die Antragsgegnerin hat in der mündlichen Verhandlung bei der Erörterung der Frage der Teil- oder Gesamtnichtigkeit auch selbst betont, es gehe ihr gerade um die Satzung mit dem Flächenumgriff der beschlossenen Fassung („diese oder keine").

Nr. 16

1. **Die Gemeinde darf größere Vorhaben planen, als sie auf der Grundlage des § 34 BauGB zugelassen werden könnten.**

2. **Zur Frage abwägungswidriger, erdrückender Wirkungen eines Vorhabens, dessen Nutzungsmaß das der benachbarten Grundstücke übertrifft und in relativ stark hängigem Gelände verwirklicht werden soll.**

3. **Die Gemeinde darf die Sicherstellung der für ein Planvorhaben erforderlichen Parkflächen späteren Verwaltungsverfahren vorbehalten, wenn erwartet werden kann, daß auftretende Probleme dort gelöst werden.**

BauGB §§ 1 Abs. 3, Abs. 6, 34.

Niedersächsisches OVG, Urteil vom 4. November 2003 – 1 KN 221/02 – (rechtskräftig).

Die Antragsteller wenden sich gegen den Bebauungsplan der Antragsgegnerin Nr. 210 „G." im wesentlichen mit der Begründung, dieser ermögliche für das zwischen ihren Wohngrundstücken liegende Gelände der Beigeladenen im Wege der Gefälligkeitsplanung eine Ausnutzung, die nach ihren baulichen Dimensionen völlig den Rahmen der vorhandenen Ein- bis Zweifamilienhausbebauung sprenge, auf das hangabwärts gelegene Grundstück der Antragsteller zu 1) und 2) eine erdrückende Wirkung ausübe und dem Antragsteller zu 3) das Licht nehme.

Aus den Gründen:

Der angegriffene Bebauungsplan verletzt § 1 Abs. 3 BauGB nicht. Erforderlich im Sinne dieser Vorschrift ist eine bauleitplanerische Regelung dann, wenn sie dazu dient, Entwicklungen, die bereits im Gange sind, in geordnete Bahnen zu lenken, sowie dann, wenn die Gemeinde die planerischen Voraussetzungen schafft, es zu ermöglichen, einer Bedarfslage gerecht zu werden, die sie für gegeben erachtet. Die Gemeinde darf bauleitplanerisch auf einen konkreten Bauwunsch reagieren, indem sie ein diesem Bauwunsch entsprechendes positives Konzept entwickelt und die planerischen Voraussetzungen dafür schafft. Erforderlich i. S. des § 1 Abs. 3 BauGB ist eine daraufhin eingeleitete Planung indes nur dann, wenn sich das Planungsvorhaben nicht darin erschöpft, die Interessen des Investors durchzusetzen, sondern zumindest auch ein öffentliches Interesse für das Planvorhaben reklamieren kann (vgl. Senatsurteil v. 24. 3. 2003 – 1 KN 3206/01 –).

Gemessen an diesen Grundsätzen stellt der angegriffene Plan keine reine Gefälligkeitsplanung dar. Initiiert wurde er zwar durch die Beigeladene und ihren Ehemann. Das allein stellt – wie auch § 12 BauGB zeigt – die Erforderlichkeit im Rechtssinne nicht entscheidend in Frage. Eine Verständigung von Investor und planender Gemeinde ist nicht grundsätzlich zu beanstanden. Das die angegriffene Planung tragende öffentliche Interesse bestand zum einen darin, dieses an exponierter Lage gelegene Grundstück im Interesse einer Ortsbildgestaltung zu überplanen und dabei die Folgerungen zu bewältigen, die sich durch den augenfälligen Abgang der vorhandenen Bausubstanz ergaben. Zum anderen ist das öffentliche Bedürfnis zu nennen, Einrichtungen dieser Art im Bereich der Antragsgegnerin zu schaffen. Die Antragsgegnerin durfte es für erforderlich halten, dort eine Altenpflegeeinrichtung zu schaffen. Der Standort bietet sich trotz der Geländehängigkeit u. a. wegen des nahen Erholungsgebietes der M. an.

Die getroffene Abwägungsentscheidung hält auch vor § 1 Abs. 6 BauGB stand. Nach der grundlegenden Entscheidung des Bundesverwaltungsgerichts vom 12. 12. 1969 (– IV C 105.66 –, BVerwGE 34, 301, 309) fordert das darin verankerte Abwägungsgebot der planenden Gemeinde ab, daß eine sachgerechte Abwägung überhaupt stattfindet. In diese muß an Belangen eingestellt werden, was nach Lage der Dinge in sie eingestellt werden muß. Dabei darf die Gemeinde die Bedeutung der betroffenen privaten Belange nicht verkennen und muß den Ausgleich zwischen den von der Planung berührten öffentlichen Belangen in einer Weise vornehmen, die zu ihrer objektiven Gewichtigkeit im Verhältnis steht. Innerhalb des so gezogenen Rahmens verletzt die Gemeinde das Abwägungsgebot nicht, wenn sie sich bei der Kollision zwischen den verschiedenen Belangen für die Bevorzugung des einen und damit notwendig für die Zurückstellung eines anderen entscheidet.

Diesen Anforderungen genügt die angegriffene Planung. Zum Vortrag der Antragsteller ist zunächst das Folgende auszuführen:

Diese argumentieren im wesentlichen in einer Weise, welche auf die Anwendung von § 34 BauGB abzielt. Es mag sein, daß der vorhandene Baubestand von keiner Baugenehmigung mehr umfaßt wird und das von der Beigeladenen verfolgte Projekt auf der Grundlage von § 34 BauGB nicht würde verwirklicht werden können. Das ist indes nicht die für § 1 Abs. 6 BauGB maßgebliche Frage. Die planende Gemeinde hat bei der Aufstellung von Bebauungsplänen nicht lediglich das nachzuvollziehen, was bei der Anwendung von § 34 Abs. 1 BauGB maßgeblich wäre. Dann bedürfte es einer Planungsentscheidung regelmäßig nicht. § 34 BauGB stellt lediglich einen Planersatz dar. Die für seine Anwendung maßgeblichen Grundsätze spielen daher im Grundsatz keine Rolle, wenn es um die Beurteilung eines Vorhabens geht, für das die Gemeinde im Rahmen eines Bebauungsplanes die Verantwortung übernimmt. Insoweit geht es bezogen auf die sich hier stellenden Fragen lediglich darum, ob der angegriffene Plan die allgemeinen Anforderungen an gesunde Wohn- und Arbeitsverhältnisse noch wahrt (§ 1 Abs. 5 Satz 2 Nr. 1 BauGB) und ob das festgesetzte Nutzungsmaß der Situation, in die das Vorhaben gestellt wird, noch einigermaßen gerecht wird oder – umgekehrt – den benachbarten Grundstücken auch bei Anerkennung der Befugnis der Gemeinde zum Setzen eines städtebaulichen Akzentes nicht mehr zugemutet werden kann. Letzteres kann hier nicht gesagt werden.

Die Ortsbesichtigung hat gezeigt, daß eine Ausnutzung der Planfestsetzungen nicht zu abwägungswidrigen Auswirkungen führt, welche den Grundstücken der Antragsteller nicht mehr zugemutet werden könnten. Zum Grundstück der Antragsteller zu 1) und 2) ist das Folgende auszuführen: Die Ortsbesichtigung hat gezeigt, daß sie wegen der gerade in diesem Bereich besonders stark ausgeprägten Terrassierung des Geländes eine Ausnutzung der Planfestsetzungen tatsächlich kaum bemerken werden können. Denn in einem Abstand von nur 5,00 m bis 5,50 m nördlich ihrer Hauswand beginnt eine rund 4,00 m hohe Wand. Wie die Ortsbesichtigung, namentlich das vom Antragsteller zu 3) als Hilfsmittel aufgerichtete Lattenkonstrukt zeigte, werden die Antragsteller zu 1) und 2) bei einem Hinaustreten auf den nördlichen Grundstücksbereich nur mit Mühe einen kleinen Teilbereich des Firstes sehen können, den die Beigeladene bei vollständiger Ausnutzung der angegriffenen Planfestsetzungen errichten und herstellen kann. Das an der Nordseite des Satteldaches der Antragsteller zu 1) und 2) eingebaute kleine Fenster führt kein Licht zu einem Aufenthaltsraum und ist auf dieser Dachseite vereinzelt geblieben. Rein tatsächlich wird sich eine vollständige Ausnutzung der Planfestsetzungen auf Grund der Besonderheiten des Geländes, namentlich seiner hier überaus stark ausgeprägten Terrassierung auf eine geringfügige Einschränkung des Lichteinfallswinkels beschränken. Das ist nicht annähernd geeignet, die allgemeinen Anforderungen an gesunde Wohn- und Arbeitsverhältnisse zu beeinträchtigen. Insofern täuscht der Eindruck, der sich bei einer bloßen Betrachtung des Lageplans ergeben könnte.

Das Grundstück des Antragstellers zu 3) (J.-weg 106) erleidet bei vollständiger Ausnutzung der Planfestsetzung ebenfalls keine Einbußen, welche als rücksichtslos oder so überdimensioniert angesehen werden könnten, daß die Antragsgegnerin dies in Einklang mit dem Abwägungsgebot nicht mehr zu planen vermöchte. Die Ortsbesichtigung hat hinsichtlich des Grundstücks des Antragstellers zu 3) folgende Besonderheiten ergeben:

Er hat sein Wohnhaus so dicht wie nach den Grenzabstandsvorschriften möglich an die südliche Grundstücksgrenze herangeführt, wodurch schon jetzt zu einem ganz erheblichen Teil ausgeschlossen ist, den freien Himmel zu sehen. Hält man sich stehend im Raum auf, muß man schon vergleichsweise dicht an das Fenster herantreten, um einen Blick auf den freien Himmel zu ermöglichen. Selbst wenn man konzediert, daß man sich im Wohnzimmer überwiegend sitzend und nicht stehend aufhält, ist es nach dem bei der Ortsbesichtigung gewonnenen Eindruck schon jetzt allenfalls dann möglich, den Himmel zu sehen, wenn man sich sitzend im vorderen Drittel des Wohnzimmers aufhält. Diese hinsichtlich des Tageslichts ohnehin nicht besonders günstige Situation wird bei Verwirklichung der Planfestsetzungen nicht so wesentlich verschärft, daß die allgemeinen Anforderungen an gesunde Wohnverhältnisse nicht mehr gewahrt würden. Gegen diese Annahme spricht als Indiz schon der Umstand, daß die Einhaltung der Grenzabstände für die Annahme spricht, das Gebot der Rücksichtnahme werde nicht verletzt (vgl. BVerwG, Beschluß v. 11.1.1999 – 4 B 128.98 –, BRS 62 Nr. 102 = DVBl. 199, 786).

Es kommt folgendes hinzu: Gerade mit Rücksicht auf die vom Antragsteller zu 3) vorgebrachten Interessen hat die Antragsgegnerin den Baukörper verglichen mit der vorhandenen Bausubstanz um 3,00 m nach Süden gerückt. Verbunden mit dem Umstand, daß nach der dem Plan beigegebenen Baugestaltungssatzung die Dachneigung maximal 45° betragen darf, stellt dies trotz der Erhöhung des künftigen Baukörpers gegenüber dem vorhandenen um rund 3,50 m sicher, daß die Lichteinfallsverhältnisse sich nur unwesentlich verschlechtern. Das hat der Senat nicht zuletzt anhand des vom Antragsteller zu 3) persönlich aufgerichteten Lattengerüstes beurteilen können. Dieses

Zurückweichen des von der Beigeladenen zu verwirklichenden Baukörpers auf volle 6,00 m Grenzabstand reicht im wesentlichen bis zur westlichen Grenze des Grundstücks J.-weg 106 und schließt es auch aus anzunehmen, eine vollständige Ausnutzung der Planfestsetzungen führe auf dem Grundstück des Antragstellers zu 3) zu einer „erdrückenden Wirkung" und damit zu einem abwägungswidrigen Ergebnis. Eine erdrückende Wirkung kann zwar auch durch die Höhe und Breite eines hinzutretenden Gebäudes entstehen. Das anzunehmen kommt indes erst in Betracht, wenn durch die genehmigte Anlage Nachbargrundstücke regelrecht abgeriegelt werden, d. h. dort ein Gefühl des Eingemauertseins oder einer Gefängnishofsituation entsteht (vgl. OVG Lüneburg, Urteil v. 29.9.1988 – 1 A 75/87 –, BRS 48 Nr. 164; Urteil v. 11.4.1997 – 1 L 7286/95 –, ZMR 1997, 493 = DWW 1998, 151 = BRS 59 Nr. 164; Urteil v. 2.7.1999 – 1 K 4234/97 –, BRS 62 Nr. 25). Von einer solchen Wirkung ist das angegriffene Planvorhaben angesichts der geländevorgegebenen und durch Terrassierungen unterstützten Höhenunterschiede weit entfernt. Es trifft zwar sicher zu, daß dem Antragsteller zu 3) bei einem Blick aus dem Wohnzimmer das Vorhaben der Beigeladenen bei vollständiger Ausnutzung der Planfestsetzungen deutlicher als der vorhandene Baubestand zur Kenntnis gelangte. Damit wird seinem Grundstück jedoch nicht gleichsam die Luft zum Atmen genommen und eine Art Gefängnishofsituation hervorgerufen. Das gilt schon bei einer Beurteilung des Blickes aus dem Wohnzimmer heraus. Das gilt erst recht, wenn man sich an den südlichen Fuß des Gebäudes begibt, welches relativ hoch mit dem Kellergeschoß aus dem Boden ragt. Selbst angesichts des engen Abstandes, den der Antragsteller zur südlichen Grundstücksgrenze gewählt hat, „erdrückte" das erst in 6,00 m Entfernung beginnende Gebäude der Beigeladenen sein Grundstück nicht. Dabei fällt zusätzlich ins Gewicht, daß der Schwerpunkt des Grundstücks insoweit in seinen nördlichen Flächen liegt. Der Senat hat bei seiner Ortsbesichtigung festgestellt, daß sich gerade dort die Freiflächen befinden, die der Antragsteller zu 3) zur Erholung sowie zur Gewinnung von Licht und Luft angelegt hat. Diese werden bei Verwirklichung der Planfestsetzungen nicht in Mitleidenschaft gezogen.

Nur ergänzend ist daher anzuführen, daß die Antragsgegnerin durch B. 1.b) der textlichen Festsetzungen – Verbot von Dachgauben und sonstigen Dachaufbauten auf der nördlichen Dachseite des Planvorhabens – zusätzlich die Auswirkungen gemindert hat, die sich bei einer Planverwirklichung zu Lasten des Grundstücks des Antragstellers zu 3) ergeben. Ob das rechtlich geboten war – wie der Antragsteller zu 3) anzunehmen scheint –, braucht der Senat nicht zu entscheiden. Diese örtliche Bauvorschrift stellt jedenfalls sicher, daß der durch die Begrenzung des Dachneigungswinkels auf 45° gewährleistete Lichteinfallswinkel uneingeschränkt erhalten bleibt und nicht einmal teilweise durch Aufbauten geschmälert wird.

Das von der Antragsgegnerin eingeholte Schattengutachten belegt zusätzlich, daß die Ausnutzung der Planfestsetzung in der Sommerzeit selbst in dem südlichen Grundstücksteil nicht zu wesentlichen Verschattungen führt. Die Nutzbarkeit dieses Grundstücksteils hat der Antragsteller zu 3) zudem selbst dadurch ganz wesentlich vermindert, daß er dort „unten" keine der

Wohnnutzung dienenden Elemente angesiedelt hat, sondern diesen Grundstücksbereich zur Abstellung relativ umfangreicher Materialien und Gerätschaften nutzt, welche in einem Baugeschäft benötigt werden.

Der angegriffene Plan verletzt nicht das Gebot der Konfliktbewältigung, obwohl Flächen für den ruhenden Verkehr, den die Nutzung eines Pflegeheimes hervorruft, in seinem Geltungsbereich nicht festgesetzt worden sind. Eine Planung darf zwar nicht dazu führen, daß Konflikte, welche sie hervorruft, zu Lasten Betroffener letztlich ungelöst bleiben. Das schließt eine Verlagerung von Problemlösungen aus dem Bauleitverfahren auf ein nachfolgendes Verwaltungsverfahren aber nicht zwingend aus. Von einer abschließenden Konfliktbewältigung im Bebauungsplan darf die Gemeinde dann Abstand nehmen, wenn die Durchführung der als notwendig erkannten Konfliktlösungsmaßnahme außerhalb des Planverfahrens auf der Stufe der Verwirklichung der Planung sichergestellt ist (st. Rspr. des BVerwG, z. B. Beschluß v. 17. 2. 1984 – 4 B 191.83 –, BVerwGE 69, 30; v. 28. 8. 1987 – 4 N 1.86 –, DVBl. 1987, 1273 = BRS 47 Nr. 3; v. 14. 7. 1994 – 4 NB 25.94 –, DVBl. 1994, 1152 = BRS 56 Nr. 6). Die Grenzen einer zulässigen Konfliktverlagerung sind nur dann überschritten, wenn bereits im Planungsstadium absehbar ist, daß sich der offengelassene Interessenkonflikt auch in einem nachfolgenden Verfahren nicht sachgerecht lösen lassen wird. Kann hingegen erwartet werden, daß die Durchführung der als notwendig erkannten Konfliktlösungsmaßnahme außerhalb des Planungsverfahrens sichergestellt oder zu erwarten ist, darf die Gemeinde dem durch planerische Zurückhaltung Rechnung tragen (vgl. auch BW VGH, Urteil v. 8. 11. 2001 – 5 S 1218/99 –, BauR 2002, 1209 = BRS 64 Nr. 8).

Danach ist die angegriffene Planung nicht zu beanstanden. Die Beteiligten haben, wie sich aus den Hinweisen in Nr. C der textlichen Festsetzungen ergibt, ein ganz konkretes Grundstück für die Positionierung des ruhenden Verkehrs in Aussicht genommen. Dessen Nutzung als Abstellfläche soll mit öffentlich-rechtlichem Vertrag und damit mit einem zulässigen Planungsmittel sichergestellt werden. Es liegen keine Anhaltspunkte für die Annahme vor, dort würden die Einstellplätze nicht in Einklang mit dem öffentlichen Baurecht geschaffen werden können. Ein Verstoß gegen das Abwägungsgebot in der Gestalt unzumutbarer Belästigungen zu Lasten der Nachbarschaft ist nach der Positionierung des Parkplatzes nicht zu erwarten; das Grundstück liegt abseits der nördlich davon stehenden Wohnbebauung. Die Verkehrsführung, namentlich der Verlauf der Straße K. läßt gleichermaßen nicht erwarten, daß der An- und Abfahrtsverkehr unzumutbare Belästigungen hervorrufen wird. Der Umstand, daß der in Aussicht genommene Bereich zum Teil im gesetzlichen Überschwemmungsgebiet liegt, schließt die Annahme einer rechtmäßigen Anlegung von Parkflächen nicht aus. Parkplatznutzung kann mit den Belangen des Überschwemmungsschutzes in Einklang gebracht werden (vgl. Senatsurteil v. 30. 3. 2000 – 1 K 2495/98 –, NST-N 2000, 193 = UPR 2000, 396). ...

Nr. 17

1. Es muß noch keine unzulässige Planung eines konkreten einzelnen Bauvorhabens mit den Mitteln des § 1 Abs. 4 BauNVO bedeuten, wenn zur Ansiedlung eines größeren erheblich belästigenden Gewerbebetriebs aus Gründen der Nachbarschaftsverträglichkeit ein nach immissionswirksamen flächenbezogenen Schalleistungspegeln gegliedertes Industriegebiet geplant wird und in dessen Teilgebieten jeweils nur Teile des Betriebs untergebracht werden können.

2. Wenn planerisch sichergestellt ist, daß ein benachbartes allgemeines Wohngebiet keinen unzulässigen Immissionen ausgesetzt wird, kann es aus der Sicht des § 50 BImSchG im Einzelfall zulässig sein, in dessen Nachbarschaft ein Industriegebiet auszuweisen.

BauGB § 215a Abs. 1 Satz 1; BauNVO § 1 Abs. 4 Satz 1 Nr. 2; BauNVO § 9; BImSchG § 50 Satz 1.

OVG Rheinland-Pfalz, Urteil vom 19. Dezember 2003 – 1 C 10624/03 – (rechtskräftig).

Mit ihren Normenkontrollanträgen wandten sich die Antragsteller gegen einen Bebauungsplan, der in unmittelbarer Nachbarschaft zu einem faktischen allgemeinen Wohngebiet ein Industrie- und Gewerbegebiet ausweist. Letzteres wird mit Hilfe von immissionswirksamen flächenbezogenen Schalleistungspegeln gegliedert und soll ein umfangreiches Erweiterungsvorhaben einer in der Nähe ansässigen größeren Maschinenfabrik aufnehmen. Die Normenkontrollanträge hatten (lediglich) in Form eines Ausspruchs gemäß § 47 Abs. 5 Satz 4 VwGO Erfolg.

Aus den Gründen:

Hingegen weist der Bebauungsplan einen Mangel i. S. von § 215a Abs. 1 Satz 1 BauGB auf, der die im zentralen Bereich des Plangebiets ausgewiesenen Gewerbegebietsflächen betrifft.

Diese in der Planurkunde als GE ausgewiesenen Flächen dienen ebenso wie die westlich daran angrenzend ausgewiesenen Industrie- und Sondergebietsflächen ersichtlich keinem anderen Zweck als der Erweiterung des Industriebetriebs der Beigeladenen, die den Grund für die angegriffene Planung bildet. Das Bebauungsplanverfahren zielte ursprünglich sogar auf einen vorhabenbezogenen Bebauungsplan i. S. von § 12 BauGB ab. ... Nur weil es der Beigeladenen zunächst nicht gelungen ist, sämtliche für ihr Erweiterungsvorhaben erforderliche Grundflächen zu erwerben, wurde das Verfahren in eine Angebotsplanung übergeleitet. In der Begründung zum Bebauungsplan wird dargelegt, daß Anlaß für die Ausweitung der gewerblichen Bauflächen im südöstlichen Randbereich der Ortslage die konkrete Nachfrage eines ortsansässigen Betriebes zur erforderlichen Erweiterung des Firmengeländes sei. Dabei handelt es sich um den Betrieb der Beigeladenen. Auf die konkreten Verhältnisse und Bedürfnisse dieses Betriebs wird in der Begründung zum Bebauungsplan sodann im Einzelnen eingegangen. Es wird ausgeführt, daß die Planung Konflikte mit den Belangen des Immissionsschutzes, der Wasserwirtschaft und der Landespflege aufwerfe, demgegenüber die durch sie ermöglichte Betriebserweiterung für die Wirtschafts- und Erwerbsstruktur in der Verbandsgemeinde ... jedoch von hoher Bedeutung sei, so daß diesem Aspekt der Vorrang eingeräumt werden solle. Das verdeutlicht, daß auch die eingangs dieses Absatzes bezeichneten Gewerbegebietsflächen keine allgemeine Angebotsplanung bilden, sondern nur deshalb geplant worden sind, um gerade durch den Betrieb der Beigeladenen genutzt werden zu können. ...

Zu diesem Planungsziel, dem Betrieb der Beigeladenen eine Erweiterung zu ermöglichen, steht die Ausweisung von Gewerbegebietsflächen durch den Bebauungsplan jedoch in Widerspruch, weil es sich bei dem Unternehmen der Beigeladenen im bebauungsrechtlichen Sinn um einen Industriebetrieb handelt. Eine Planung zugunsten eines konkreten Vorhabens, wie sie hier im wesentlichen gegeben ist, ist beim Vorliegen entsprechender städtebaulicher Gründe, das hier außer Zweifel steht, aus der Sicht von § 1 Abs. 3 BauGB zwar unbedenklich (vgl. BVerwG, Beschluß v. 24. 8. 1993, ZfBR 1994, 100 = BRS 55 Nr. 119). Ein Gewerbegebiet i. S. von § 8 BauNVO dient jedoch gemäß § 8 Abs. 1 BauNVO vorwiegend der Unterbringung von nicht erheblich belästigenden Gewerbebetrieben, während zur Unterbringung von erheblich belästigenden Gewerbebetrieben, die in anderen Baugebieten der Baunutzungsverordnung unzulässig sind, das Industriegebiet i. S. von § 9 BauNVO vorgesehen ist. Die typische Funktion des Gewerbegebiets wurde vom Bundesverwaltungsgericht dahingehend gekennzeichnet, daß es vornehmlich nicht erheblich störende Betriebe des Handwerks sowie Dienstleistungsbetriebe einschließlich Tankstellen, Geschäfts-, Büro- und Verwaltungsgebäude aufnehmen soll (BVerwG, Beschluß v. 28. 7. 1988, BRS 48 Nr. 40 = BauR 1988, 693 = NVwZ 1989, 50). Die Erheblichkeit der von einem Gewerbebetrieb ausgehenden Nachteile und Belästigungen ist der Maßstab dafür, ob er noch im Gewerbegebiet oder nur im Industriegebiet zulässig ist (BVerwG, Urteil v. 25. 11. 1983, BRS 40 Nr. 52 = BauR 1984, 145 = NJW 1984, 1574; vgl. auch BVerwG, Beschluß v. 6. 5. 1993, NVwZ 1994, 292, 293, wonach eine Betriebsänderung dazu führen kann, daß ein bisher in einem Gewerbegebiet zulässiger Betrieb dort vom Störungsgrad her gesehen unzulässig wird).

Aus der in § 8 Abs. 1 BauNVO gebrauchten Formulierung, daß die Gewerbegebiete vorwiegend der Unterbringung von nicht erheblich belästigenden Gewerbebetrieben dienen, und aus der mit der Fassung der Baunutzungsverordnung von 1990 erfolgten Streichung des zuvor in § 8 Abs. 2 Nr. 1 BauNVO enthaltenen Zusatzes, daß die Betriebe „für die Umgebung keine erheblichen Nachteile oder Belästigungen zur Folge haben können", ist nicht abzuleiten, daß in dem Gewerbegebiet in gewissem Umfang auch erheblich belästigende Betriebe zugelassen werden könnten; vielmehr sind vom Störungsgrad her gesehen im Gewerbegebiet nur nicht erheblich belästigende Betriebe zulässig (vgl. dazu König/Roeser/Stock, BauNVO, 2. Aufl. 2003, § 8 Rdnr. 3, 7 und 10; Ernst/Zinkahn/Bielenberg/Krautzberger, BauGB, § 8 BauNVO Rdnr. 10; Fikkert/Fieseler, BauNVO, 10. Aufl. 2002, § 8 Rdnr. 4.1 und 6; Ziegler, in: Brügelmann, BauGB, § 8 BauNVO Rdnr. 8). Gegen die Genehmigung eines seiner Art nach erheblich belästigenden Gewerbebetriebs im durch Bebauungsplan festgesetzten Gewerbegebiet hat der Eigentümer eines dort gelegenen Grund-

stücks Kraft Bundesrechts einen Abwehranspruch (vgl. BVerwG, Beschluß v. 2.2.2000, BRS 63 Nr. 190 = BauR 2000, 1019 = NVwZ 2000, 679).
Die Ansiedlung von erheblich belästigenden Industriebetrieben im Gewerbegebiet widerspricht dessen Zweckbestimmung. Das gilt auch für unselbständige Teile eines solchen Betriebs, wie sie hier als Planungsziel auf den genannten Gewerbegebietsflächen verwirklicht werden sollen. Die Zulässigkeit eines Teils eines Gewerbebetriebs kann im Hinblick auf die Art der baulichen Nutzung grundsätzlich nicht anders behandelt werden als die Zulässigkeit des gesamten Betriebs (BVerwG, Urteil v. 8.11.2001, BRS 64 Nr. 71 = BauR 2002, 747 = ZfBR 2002, 364, 366 m.w.N.). Erheblich belästigende Gewerbebetriebe dürfen nicht in dafür nicht vorgesehene Baugebiete hinein ausgedehnt werden, was indessen der Fall ist, wenn Teile eines solchen Betriebs im bebauungsrechtlichen Sinn in einem nicht als Industriegebiet einzustufenden Baugebiet angesiedelt werden (vgl. BVerwG, Urteil v. 15.11.1991, NVwZ-RR 1992, 402, 403f. – Lagerhalle einer chemischen Fabrik im Mischgebiet –; vgl. auch König/Roeser/Stock, a.a.O., Rdnr. 27). Es spricht alles dafür, daß dies auch für einem Industriebetrieb zugeordnete Mitarbeiterstellplätze gilt, wenn diese – wie hier – keinen selbständigen Gewerbebetrieb i.S. von §8 Abs. 2 Nr. 1 BauNVO bilden. Letztlich kann diese Frage jedoch offen bleiben, da der Bebauungsplan auf den GE-Flächen neben Parkplätzen auch Lagerplätze zuläßt und jedenfalls insoweit zu beanstanden ist.

Bei dem Betrieb der Beigeladenen handelt es sich um einen im Gewerbegebiet nicht zulässigen erheblich belästigenden Gewerbetrieb. Das ergibt sich zwar nicht schon daraus, daß für diesen Betrieb eine Genehmigungspflicht nach §4 Abs. 1 BImSchG i.V.m. der 4. BImSchV bestünde; dies ist soweit ersichtlich nicht der Fall. Indessen ist die Zulässigkeit der Anlagen in den Baugebieten gemäß §15 Abs. 3 BauNVO ohnehin nicht allein nach den verfahrensrechtlichen Einordnungen des BImSchG und der 4. BImSchV zu beurteilen (dazu vgl. auch BVerwG, Beschluß v. 2.2.2000, a.a.O. m.w.N.). Greift die demnach zu praktizierende begrenzt typisierende Betrachtungsweise nicht, so ist der Störgrad des konkreten Betriebs bei funktionsgemäßer Nutzung einzelfallbezogen festzustellen (vgl. König/Roeser/Stock, a.a.O., Rdnr. 20; Ziegler, a.a.O., Rdnr. 5; Ernst/Zinkahn/Bielenberg/Krautzberger, a.a.O., Rdnr. 11 a, am Ende). Auch danach steht jedoch außer Zweifel, daß es sich bei dem Unternehmen der Beigeladenen um einen im Industriegebiet anzusiedelnden erheblich belästigenden Gewerbebetrieb handelt. Davon geht die Antragsgegnerin letztlich selbst aus, wenn sie in der Begründung zum Bebauungsplan von einer „gewerblich-industriellen" Bebauung spricht, die geplant sei, und für den Bereich, in dem die neue Produktionshalle errichtet werden soll, ein Industriegebiet festsetzt. Es geht um einen Großbetrieb des Maschinenbaus mit ca. 900 Beschäftigten, der im Schichtbetrieb rund um die Uhr arbeitet. Allein schon der Zu- und Abgangsverkehr der Arbeitnehmer und der Lieferverkehr rufen bei einem derartigen Betrieb beträchtliche Unruhe in der Umgebung hervor. Aber auch der Produktionsvorgang der erzeugten Maschinen selbst ist durch einen erheblichen Störungsgrad gekennzeichnet, so daß die Ausweisung eines Industriegebiets für die neue Produktionshalle die logische Folge ist.

Nach der bereits dargestellten höchstrichterlichen Rechtsprechung dürfen erheblich belästigende Gewerbebetriebe indessen auch nicht teilweise außerhalb von Industriegebieten untergebracht werden. Die angegriffene Planung darf derzeit objektiv-rechtlich mithin nicht durch eine Ansiedlung von Teilen des Betriebs der Beigeladenen auf den ausgewiesenen Gewerbegebietsflächen umgesetzt werden. Dieser mit der Planung beabsichtigten Umsetzung steht ein zwingendes rechtliches Hindernis entgegen, das ohne eine Änderung des Bebauungsplans nicht zu überwinden ist. Das wiederum führt dazu, daß der Planung im rechtlichen Sinne die Erforderlichkeit gemäß § 1 Abs. 3 BauGB insoweit abzusprechen ist (vgl. dazu BVerwG, Beschluß v. 8.9.1999, BRS 62 Nr. 2 = ZfBR 2000, 275, und Urteil v. 12.8.1999, BVerwGE 109, 246, 249 f. = BRS 62 Nr. 1 = NVwZ 2000, 550). Dieser Mangel bleibt nicht auf den unzutreffenderweise als Gewerbegebiet ausgewiesenen Bereich beschränkt, sondern erfaßt den Bebauungsplan in seiner Gesamtheit einschließlich der sich im Westen anschließenden Industrie- und Sondergebietsflächen sowie des im Osten ausgewiesenen eingeschränkten Gewerbegebiets. Die Voraussetzungen, um nur eine Teil-Unwirksamkeit des Bebauungsplans auszusprechen (vgl. dazu BVerwG, Urteil v. 19.9.2002, BRS 65 Nr. 20 = BauR 2003, 209, 210 m.w.N.) sind nicht gegeben. Es ist nicht anzunehmen, daß die Antragsgegnerin die sich im Westen anschließenden Industriegebietsflächen auch ohne die von dem Fehler betroffenen Flächen (insbesondere die Lagerplatz- und Parkplatzflächen) ausgewiesen hätte. Die Betriebserweiterung der Beigeladenen ist vor allem ohne die in Rede stehenden Lagerflächen nicht denkbar.

Der vorbezeichnete Fehler des Bebauungsplans ist indessen in einem ergänzenden Verfahren i.S. des § 215a Abs. 1 Satz 1 BauGB behebbar. Er kann ausgeräumt werden, wenn die von dem Mangel betroffenen Flächen nicht als Gewerbegebiet, sondern als Industriegebiet i.S. von § 9 BauNVO ausgewiesen werden. Von der Möglichkeit der Fehlerbehebung im ergänzenden Verfahren ausgenommen sind grundsätzlich nur solche Nachbesserungen, die geeignet sind, das planerische Gesamtkonzept in Frage zu stellen; im übrigen differenziert § 215a Abs. 1 Satz 1 BauGB nicht nach bestimmten Fehlerarten (vgl. BVerwG, Urteil v. 18.9.2003 – 4 CN 20.02 –, Umdruck S. 12, BauR 2004, 280). Da die Antragsgegnerin ohnehin davon ausgeht, daß sich auf den hier in Rede stehenden Flächen ein ganz bestimmter (Industrie-)Betrieb ansiedeln wird, berührt die Frage, ob diese als Gewerbe- oder als Industriegebiet ausgewiesen werden, nicht die planerische Grundkonzeption des Bebauungsplans. Diese besteht vielmehr darin, daß das Baugebiet die Betriebserweiterung der Beigeladenen aufnehmen soll, dies aber nur leisten kann, wenn es im Interesse des Schallschutzes des benachbarten faktischen allgemeinen Wohngebiets, in dem auch die Grundstücke der Antragsteller liegen, gegliedert wird. Insoweit ist nicht entscheidend, ob die als Gliederungsmittel herangezogenen immissionswirksamen flächenbezogenen Schalleistungspegel einem Gewerbe- oder einem Industriegebiet zugeordnet sind.

Eine Fehlerbehebung im ergänzenden Verfahren wäre allerdings ausgeschlossen, wenn von vornherein feststünde, daß der von dem Fehler betroffene Bereich nicht als Teil eines gegliederten Industriegebiets ausgewiesen werden dürfte. Das ist jedoch nicht der Fall. Die bisher als Gewerbegebiet ausgewiesenen Flächen können unter Heranziehung von immissionswirksamen flächenbezogenen Schalleistungspegeln, die den erforderlichen Schallschutz in dem benachbarten faktischen allgemeinen Wohngebiet gewährleisten, auch als Industriegebietsflächen festgesetzt werden; in der Ausweisung als Gewerbegebiet liegt lediglich die rechtsirrtümlich unzutreffende Einordnung einer der Sache nach unbedenklichen Gestaltung.

Grundsätzlich dürfen Emissionsgrenzwerte, die sich nach immissionswirksamen flächenbezogenen Schalleistungspegeln richten, zur Gliederung von Baugebieten festgesetzt werden (vgl. BVerwG, Beschluß v. 27. 1. 1998, BRS 60 Nr. 26 = BauR 1998, 744 = NVwZ 1998, 1067; Urteil des Senats v 30. 8. 2001 – 1 C 11768/00 –, Umdruck S. 13 f.). Sie knüpfen an das Emissionsverhalten des jeweiligen Betriebs oder der einzelnen Anlage und damit an die besonderen Eigenschaften der Betriebe und Anlagen i. S. von § 1 Abs. 4 Satz 1 Nr. 2 BauNVO an (vgl. hierzu auch Kraft, DVBl. 1998, 1048, 1052 ff.; Fickert/Fieseler, a. a. O., § 1 Rdnr. 95). Dabei kann grundsätzlich auch ein Industriegebiet mit Hilfe des Instrumentariums des § 1 Abs. 4 bis 10 BauNVO einer differenzierenden Regelung unterworfen werden, wenn die für diesen Gebietstypus vorgesehene Hauptnutzung überwiegend zulässig bleibt (vgl. BVerwG, Beschluß v. 6. 5. 1993, BRS 55 Nr. 10 = BauR 1993, 693 = NVwZ 1994, 292). Dies wäre bei der Ausweisung eines gegliederten Industriegebiets, die in etwa Buchstabe C 1b der textlichen Festsetzungen des Bebauungsplans entsprechen würde, der Fall. Die Bestimmung des § 1 Abs. 4 BauNVO soll es dem Ortsgesetzgeber erlauben, innerhalb eines Baugebiets eine Gliederung und damit Verteilung der nach dem Baugebietstypus zulässigen Nutzungsweisen festzusetzen. Daß dabei nicht jeder Teilbereich des so gegliederten Baugebiets für sich allein betrachtet alle Anforderungen der allgemeinen Zweckbestimmung erfüllt, widerspricht dem nicht, solange das Baugebiet bei einer Gesamtbetrachtung noch seinen planerischen Gebietscharakter bewahrt (vgl. BVerwG, Beschlüsse v. 22. 12. 1989, BRS 49 Nr. 7 = NVwZ-RR 1990, 171 und v. 6. 5. 1996, BRS 58 Nr. 23). So verhielte es sich indessen hier, wenn in dem Plangebiet ein gegliedertes Industriegebiet unter Einschluß der im Bebauungsplan als Gewerbegebiet ausgewiesenen Flächen und unter Verwendung der dort gebrauchten Gliederungsmittel festgesetzt würde. Denn das Baugebiet würde dann insgesamt durch die überbaubaren Grundstücksflächen auf den bisherigen Teilgebieten Gl. sowie durch die dort zuzulassende große Produktionshalle der Beigeladenen geprägt, der die östlich daran anschließenden Freiflächen (Lager- und Parkplätze) eindeutig zugeordnet sind.

Die Fehlerbehebung im ergänzenden Verfahren scheitert vorliegend auch nicht daran, daß das Baugebiet (Industriegebiet) nach der zugrunde liegenden planerischen Konzeption dergestalt gegliedert werden soll, daß die verschiedenen Teilgebiete jeweils nur Teile ein und desselben Betriebs aufnehmen. Wie bereits dargelegt, ist eine sog. Einzelfallplanung, die aus Anlaß der Förderung eines konkreten Bauvorhabens erfolgt, für sich genommen kein Umstand, der generell Schlüsse auf die Rechtmäßigkeit oder Rechtswidrigkeit der Planung zuläßt (vgl. BVerwG, Beschluß v. 24. 8. 1993, a. a. O.). Davon zu unterscheiden ist das Verbot, auf planungsrechtlicher Ebene Regelungen zu treffen, die dem Baugenehmigungsverfahren für das jeweilige Einzelvorhaben vorbehalten sind. Dementsprechend hat die Gemeinde zwar die Möglichkeit, die für ein Baugebiet in der Baunutzungsverordnung enthaltene Typisierung durch die Differenzierungsmöglichkeiten des § 1 Abs. 4 bis 10 BauNVO zu modifizieren; eine Planung konkreter einzelner Bauvorhaben ist ihr jedoch auch mit diesen Differenzierungsmöglichkeiten nicht gestattet (vgl. BVerwG, Beschluß v. 6. 5. 1993, a. a. O.). Deshalb können sich entsprechende differenzierende Festsetzungen – mit Ausnahme von § 1 Abs. 10 BauNVO – stets nur auf bestimmte Arten der in dem Baugebiet allgemein oder ausnahmsweise zulässigen Anlagen oder Nutzungen i. S. von objektiv bestimmbaren Anlagentypen beziehen. Jedenfalls hinsichtlich der vorliegend unter C 1 a (2) und (3) der textlichen Festsetzungen getroffenen Regelungen ist dies indessen der Fall; dort werden ausschließlich abstrakte Anlagentypen genannt (Gewerbebetriebe, Lagerhäuser, Lagerplätze, Geschäfts-, Büro-, Verwaltungsgebäude sowie Parkplätze). Der Umstand, daß die entsprechend gegliederten Flächen nach der planerischen Konzeption der Antragsgegnerin jeweils nur zur Unterbringung von Teilen eines Gewerbebetriebs genutzt werden sollen, bedeutet noch keine unzulässige Planung eines konkreten einzelnen Vorhabens bzw. Vorhabensteils; vielmehr wird insoweit nur ein planerischer Rahmen gesetzt, der zulässigerweise enger ist als gemäß § 9 BauNVO. Dabei bleibt die Grenze des Zulässigen dann gewahrt, wenn dort auch selbständige Anlagen angesiedelt werden könnten, die ihrem Typ nach den Betriebsteilen entsprechen, deren gesteuerte Unterbringung im Plangebiet aus Gründen der Nachbarschaftsverträglichkeit durch die Planung angestrebt wird und wenn für diesen Fall nicht von der (unzulässigen) Planung konkreter Bauvorhaben gesprochen werden könnte.

Wie im Folgenden darzulegen sein wird, ist das Planungsziel, nämlich der Beigeladenen auf eine für das benachbarte faktische allgemeine Wohngebiet verträgliche Weise eine Betriebserweiterung an ihrem bisherigen Standort zu ermöglichen, prinzipiell erreichbar, sofern insoweit einige notwendige Vorgaben eingehalten werden. Einen Rahmen für derartige Vorgaben zu setzen, ist geradezu Aufgabe der Bauleitplanung. Um in diesem Zusammenhang die durch § 1 Abs. 4 Satz 1 Nr. 2 BauNVO gebotenen Möglichkeiten sachgerecht nutzen zu können, ist es geboten, diese Bestimmung in Bezug auf das Merkmal „nach der Art der Betriebe und Anlagen und deren besonderen Bedürfnissen und Eigenschaften" nicht zu engherzig aufzufassen. Der vorliegende Fall macht vielmehr deutlich, daß die Festsetzung eines immissionswirksamen flächenbezogenen Schalleistungspegels, die das Emissionsverhalten eines Betriebs und damit eine seiner besonderen Eigenschaften kennzeichnet, auch auf Teilgebiete eines Bebauungsplans beschränkt werden kann, in denen jeweils nur ein Teil eines größeren Industriebetriebs verwirklicht werden kann; dies gilt jedenfalls, solange der betreffende Betriebsteil, bildete er eine selbständige Anlage, einer solchen Festsetzung unterworfen werden könnte.

Eine Fehlerbehebung im ergänzenden Verfahren gemäß § 215a Abs. 1 Satz 1 BauGB scheidet im vorliegenden Fall auch nicht deshalb aus, weil durch die geplante Bebauung i. S. von § 9 BauNVO in dem benachbarten faktischen allgemeinen Wohngebiet zu hohe Immissionsbelastungen hervorgerufen würden. ...

Der Bebauungsplan leidet aber auch nicht an Fehlern, die insgesamt oder teilweise seine Nichtigkeit nach sich ziehen.

Insbesondere ist er nicht wegen eines Verstoßes gegen das Abwägungsgebot des § 1 Abs. 6 BauGB infolge des festgesetzten Nebeneinanders von gewerblicher Nutzung und Wohnbebauung nichtig, das die Antragsteller mit dem sog. Trennungsgrundsatz für unvereinbar halten.

Gemäß § 50 Satz 1 BImSchG sind bei raumbedeutsamen Planungen und Maßnahmen die für eine bestimmte Nutzung vorgesehenen Flächen einander so zuzuordnen, daß (u. a.) schädliche Umwelteinwirkungen auf die ausschließlich oder überwiegend dem Wohnen dienenden Gebiete sowie auf sonstige schutzbedürftige Gebiete so weit wie möglich vermieden werden. Dies wird herkömmlicherweise als Trennungsgrundsatz bezeichnet (vgl. allerdings z. B. Fickert/Fieseler, a. a. O., § 1 Rdnr. 41.2: Grundsatz der Vermeidung von Immissionen, die auch auf andere Weise als nur durch die räumliche Trennung erfolgen kann; im gleichen Sinne bereits Dolde, DVBl. 1983, 732, 733 m. w. N.). Jedenfalls handelt es sich bei dem Inhalt des § 50 Satz 1 BImSchG nicht um eine rechtliche Schranke, die im Wege der Abwägung nicht überwunden werden kann. Die Regelung wurde vom Bundesverwaltungsgericht vielmehr als ein sog. Optimierungsgebot verstanden, dessen Bedeutung darin bestehe, den dort enthaltenen Zielvorgaben für die Abwägung ein besonderes Gewicht zuzumessen und insoweit die planerische Gestaltungsfreiheit (relativ) einzuschränken, wobei die Zielvorgabe jedoch im Konflikt mit anderen Zielen zumindest teilweise zurücktreten kann (vgl. BVerwG, Urteile v. 22. 3. 1985, BVerwGE 71, 163, 165 = NJW 1986, 82 und v. 4. 5. 1988, NVwZ 1989, 151, 152; ferner Hoppe, DVBl. 1992, 853 ff.; Stüer, in: Hoppenberg/de Witt, Handbuch des öffentlichen Baurechts, Band 1, Kap. B, Rdnr. 629 ff.).

In der Vergangenheit wurde durch die Rechtsprechung bereits der Grundsatz herausgearbeitet, daß der Trennungsgrundsatz in erster Linie für die Beplanung bisher unbebauter Flächen gelte, nicht aber für die Überplanung einer bereits vorhandenen Gemengelage (vgl. BVerwG, Beschluß v. 20. 1. 1992, BRS 54 Nr. 18 = BauR 1992, 344, NVwZ 1992, 663 unter Hinweis auf den Beschluß v. 15. 1. 1980, BRS 36 Nr. 5; Urteil v. 30. 6. 1989, BRS 49 Nr. 30 = ZfBR 1990, 27; Urteil des Senats v. 30. 8. 2001 – 1 C 10054/01 –, Umdruck S. 10). Hierunter kann der vorliegende Fall indessen nicht eingeordnet werden. ... Dies betrifft aber nur einen kleinen Teil des nunmehr mit Gewerbe- und Industrieflächen überplanten Bereichs, der im Übrigen gänzlich unbebaut war. Es würde den Gegebenheiten daher nicht gerecht werden, vorliegend von der Überplanung einer Gemengelage auszugehen.

Wenn die angegriffene Planung gleichwohl mit § 50 Satz 1 BImSchG zu vereinbaren ist, so beruht dies vielmehr zum einen darauf, daß das benachbarte faktische allgemeine Wohngebiet keinen unzulässigen Immissionen ausgesetzt wird. Zum anderen ist es die Folge des großen Gewichts der mit der Planung verfolgten Belange. In Konflikt- und Konkurrenzlagen von Belangen fordert die gemäß § 50 Satz 1 BImSchG anzustrebende Optimierung einen Kompromiss zwischen den Belangen, wobei der zu optimierende Belang – hier die

Vermeidung schädlicher Umwelteinwirkungen auf das benachbarte allgemeine Wohngebiet – möglichst weitgehend, im Sinne einer größtmöglichen Realisierung in der konkreten Situation, durchgesetzt werden muß (vgl. Hoppe, a. a. O., S. 858 ff.).

Für die Planung streiten in ganz erheblichem Ausmaß die bei der Bauleitplanung gemäß § 1 Abs. 5 Satz 2 Nr. 8 BauGB insbesondere zu berücksichtigenden Belange der Wirtschaft, die hier mit dem an gleicher Stelle genannten Interesse an der Erhaltung, Sicherung und Schaffung von Arbeitsplätzen verbunden sind. Die Antragsgegnerin hat im gerichtlichen Verfahren deutlich gemacht, daß die mit dem Bebauungsplan ermöglichte Betriebserweiterung für das Industrieunternehmen der Beigeladenen von vitalem Interesse ist. Es liegt nahe, daß die Antragsgegnerin dieses prosperierende Unternehmen, bei dem es sich um den größten Arbeitgeber am Ort handelt, in der Gemeinde halten möchte. Gleichwohl ist das Planungsverfahren dadurch gekennzeichnet, daß die Belange des Unternehmens der Beigeladenen eingehend aufgearbeitet worden sind. Dies wird anhand der Begründung des Bebauungsplans deutlich. Danach bestehen keine Anhaltspunkte dafür, daß das insoweit erarbeitete Abwägungsmaterial nicht der großen Bedeutung entsprechen könnte, die dem Belang in der Abwägung durch die Antragsgegnerin beigemessen worden ist.

Insbesondere hat sich die Antragsgegnerin in zureichender Weise mit der Frage auseinander gesetzt, ob die Beigeladene für ihre Betriebserweiterung auf eine Standortalternative zu verweisen ist. Im Rahmen des Optimierungsgebotes des § 50 Satz 1 BImSchG ist dieser Gesichtspunkt von erheblicher Bedeutung (vgl. dazu Hoppe, a. a. O., S. 860; ferner Stüer, a. a. O., Rdnr. 771). Im vorliegenden Fall mußte er jedoch nicht den Ausschlag zu Ungunsten der Planung geben. Aus den Unterlagen des Planaufstellungsverfahrens geht hervor, daß die von den Antragstellern in den Vordergrund gestellte Möglichkeit einer Ansiedlung der Erweiterung des Betriebs der Beigeladenen in dem Industriegebiet S., das zum Gemeindegebiet der Antragsgegnerin gehört, in die Abwägung einbezogen worden ist, zumal sie einstmals von der Beigeladenen selbst erwogen wurde. Die Unterlagen zur Vorbereitung der Gemeinderatssitzung vom Dezember 2002 (Abwägungsgrundlagen), in der die auf Grund der Offenlage des Bebauungsplanentwurfs eingegangenen Anregungen behandelt wurden, enthalten entsprechende Ausführungen. Dabei stand freilich von vornherein nicht eine Verlegung des gesamten Betriebs in Rede, sondern lediglich eine Betriebserweiterung, die zu einer Standorttrennung geführt hätte. Wie in den erwähnten Abwägungsgrundlagen näher ausgeführt wird, entspräche eine solche Standorttrennung auf Grund einer veränderten unternehmerischen Ausrichtung der Beigeladenen jetzt indessen nicht mehr deren wohlverstandenem Interesse. ...

Andererseits konnte zugunsten der Planung berücksichtigt werden, daß diese entsprechend der oben bereits erwähnten schalltechnischen Untersuchung vom Oktober 2001 so gestaltet werden kann, daß schädliche Umwelteinwirkungen für das benachbarte faktische allgemeine Wohngebiet weitestgehend vermieden werden und so der Bestimmung des § 50 Satz 1 BImSchG trotz der nicht unproblematischen Nachbarschaft Rechnung getragen wird.

Bei der Abwägung durfte ferner in Rechnung gestellt werden, daß das fragliche Wohngebiet nicht frei von jeglicher Vorbelastung ist, sondern durch die ca. 200 bis 350 m südlich verlaufende Autobahn, aber auch durch den im Westen bereits bisher vorhandenen Industriebetrieb der Beigeladenen mitgeprägt wird. Der schalltechnischen Untersuchung ist zu entnehmen, daß beide genannten Faktoren nicht ohne Einfluß auf das allgemeine Wohngebiet sind. Insoweit ist darauf hinzuweisen, daß die in der schalltechnischen Untersuchung zugrunde gelegten Immissionswerte von 55 dB(A) tags und 40 dB(A) nachts für ein allgemeines Wohngebiet nicht strikt gelten, sondern Riehtbzw. Orientierungswerte darstellen, die im Rahmen einer gerechten Abwägung nach den Umständen des Einzelfalls in gewissen Grenzen auch einmal überschritten werden können (vgl. dazu BVerwG, Beschluß v. 18.12.1990, BRS 50 Nr. 25 = NVwZ 1991, 881, 883 f.).

Nr. 18

Zur Frage, ob Lärmberechnungen für eine Straße die zulässige oder die tatsächlich zu erwartende Höchstgeschwindigkeit zugrunde zu legen ist.

Unterhalb der einfach-gesetzlichen Zumutbarkeitsschwelle besteht kein Anspruch auf Lärmschutzmaßnahmen
(Nichtamtlicher Leitsatz)

16. BImSchV § 3 Satz 1.

Bundesverwaltungsgericht, Beschluß vom 4. September 2003
– 4 B 76.03 –.

(Schleswig-Holsteinisches OVG)

Aus den Gründen:

1.a) Die Beschwerde hält für grundsätzlich klärungsbedürftig, ob Lärmberechnungen für eine Straße die zulässige oder die tatsächlich zu erwartende Höchstgeschwindigkeit zugrunde zu legen ist. Diese Frage führt nicht zur Zulassung der Revision gemäß § 132 Abs. 2 Nr. 1 VwGO, weil sie sich ohne weiteres mit dem Gesetz und der vorhandenen Rechtsprechung beantworten läßt. Nach § 3 Satz 1 16. BImSchV vom 12.6.1990 (BGBl. I, 1036) ist der Beurteilungspegel für Straßen nach Anlage 1 zu berechnen. Diese verweist auf die Richtlinien für den Lärmschutz an Straßen, Ausgabe 1990 (RLS-90). Hiernach ist die Stärke der Schallimmission von einer Straße oder einem Fahrstreifen aus der Verkehrsstärke, dem LKW-Anteil, *der zulässigen Höchstgeschwindigkeit*, der Art der Straßenoberfläche und der Gradiente zu berechnen (RLS-90 Nr. 4.0). Zu Unrecht hält die Beschwerde dem Berechnungsmodus entgegen, daß Geschwindigkeitsbegrenzungen häufig nicht eingehalten würden. Wie der Senat bereits entschieden hat, ist verkehrswidrigem Verhalten mit den Mitteln des Straßenverkehrsrechts zu begegnen (vgl. Urteil v. 23.11.2001 – 4 A 46.99 –, Buchholz 406.25 Nr. 19).

Auch bei Lärmberechnungen für Straßen ohne Geschwindigkeitsbegrenzung ist nicht, wie die Beschwerde meint, von der Geschwindigkeit auszugehen, die nach dem Stand der Fahrzeugtechnik und den örtlichen Gegebenheiten erreichbar ist. Vielmehr folgt aus Nr. 4.4.1.1.2 RLS-90, daß für PKW eine zulässige Höchstgeschwindigkeit von 130 km/h und für LKW von 80 km/h in Ansatz zu bringen ist. Das Straßenbauamt R. hat in seiner lärmtechnischen Untersuchung vom Dezember 2000, die Bestandteil des Planfeststellungsbeschlusses geworden ist, angenommen, daß die zulässige Höchstgeschwindigkeit auf der B 76 zwischen der Anschlussstelle Gettorf Süd und dem Ende der Ausbaustrecke, also in dem vierspurigen Straßenabschnitt, für PKW 120 km/h beträgt. Worauf diese Prämisse beruht, ist nicht ersichtlich. Sie erscheint unzutreffend, da ausweislich des Planfeststellungsbeschlusses (S. 66) die Anordnung einer Geschwindigkeitsbegrenzung durch die Straßenverkehrsbehörde nicht vorgesehen ist und eine normative Höchstgrenze fehlt (vgl. § 3 Abs. 3 Nr. 2 Buchst. c Satz 2 StVO). Ein etwaiger, vom Oberverwaltungsgericht nicht markierter Fehler würde die Zulassung der Revision aber nicht rechtfertigen, da nicht auf die „Richtigkeit" der vorinstanzlichen Entscheidung zielt.

b) Die Revision ist auch nicht zur Klärung der Frage zuzulassen, ob durch den Neubau einer Straße in der Nähe eines Gewerbegrundstücks im Außenbereich im gleichen Maße ein rechtlich ungeschützter Lagevorteil entfällt wie in dem vom Bundesverwaltungsgericht bereits entschiedenen Fall des baubedingten Abrückens der Straße von einem Gewerbebetrieb. Das Oberverwaltungsgericht hat dem Anspruch des Klägers auf Entschädigung für die Beeinträchtigung des Betriebs seiner Ferienwohnanlage durch das Heranrücken der planfestgestellten Straße entgegengehalten, daß der mit Wohnbebauung im Außenbereich unter dem Aspekt größerer Ruhe und Abgeschiedenheit verbundene Lagevorteil nicht Bestandteil des nach geschützten Grundeigentums, sondern rein faktischer Natur ist, ferner keinen Anspruch darauf vermittelt, von einem Straßenbauvorhaben in der Nachbarschaft verschont zu bleiben und sich im Falle des Heranrückens der Straßentrasse daraus kein vom Vorhabenträger auszugleichender Vermögensnachteil etwa auch in Gestalt von Umsatzeinbußen ableiten läßt. Das entspricht der Auffassung des Senats in der Entscheidung vom 24.5.1996 – A 39.95 – (NJW 1997, 142 ff.), die im angefochtenen Urteil zitiert ist.

c) Die Frage, ob ein Anspruch auf Entschädigung wegen einer planungsbedingten Unmöglichkeit bzw. Unzumutbarkeit einer bis zur Heranführung einer Bundesstraße zulässigerweise ausgeübten Nutzung eines Grundstücks im Außenbereich in Form eines Ferienbetriebs besteht, wenn es keine anderen wirtschaftlichen Nutzungsmöglichkeiten gibt, nötigt ebenfalls nicht zur Zulassung der Grundsatzrevision. Sie würde sich in dem angestrebten Revisionsverfahren nicht stellen, weil das Oberverwaltungsgericht zutreffend ermittelt hat, daß die Lärmbeeinträchtigungen, welche die beanstandete Straßenführung der B 76 für die Ferienanlage des Klägers mit sich bringt, den Grad der Unzumutbarkeit nicht erreichen. Nach § 2 Abs. 1 Nr. 3 i. V. m. Abs. 2 Satz 2 16. BImSchV liegt die Grenze, bis zu der Lärmimmissionen ohne Ausgleich hinzunehmen sind, für Anlagen im Außenbereich mit der Schutzbedürftigkeit derjenigen des Klägers bei 64 db(A) am Tage und 54 db(A) in der Nacht. Sie wird nach den Feststellungen im angefochtenen Urteil „bei weitem" nicht erreicht werden. Dies gilt übrigens auch für den Fall, daß die Lärmberechnung fehlerhaft sein sollte. Die Berücksichtigung einer zulässigen Höchstgeschwindigkeit für PKW von 130 km/h statt 120 km/h hätte nicht zur Folge, daß die jetzt auf 57,4 db(A) am Tage und 50 db(A) in der Nacht prognostizierten Werte die in §2 Abs. 1 Nr. 3 16. BImSchV gezogene Grenze überschritten. Unterhalb der einfach-gesetzlichen Zumutbarkeitsschwelle besteht – dies sei abschließend bemerkt – auch kein Anspruch auf Lärmschutzmaßnahmen (vgl. BVerwG, Urteil v. 6.6.2002 – 4 A 44.00 –, Buchholz 316 Nr. 59; Urteil v. 30.5.1984 – 4 C 58.81 –, BVerwGE 69, 256, 275).

Nr. 19

1. Bei der Wiederertüchtigung der Anhalter Bahn in Berlin als Hauptverbindung im transeuropäischen Eisenbahnnetz ist der Bahn auf dem vorhandenen Bahndamm eine Flächenbewirtschaftung zuzugestehen, die dem im öffentlichen Interesse liegenden Ziel Rechnung trägt, das Streckennetz nach Bedarf zukünftigen Entwicklungen anzupassen.

2. Auch bei mit Schienenverkehrslärm vorbelasteten Hochhäusern darf nicht davon ausgegangen werden, daß der für die niedrigere Umgebungsbebauung angestrebte Schutzstandard ausreicht, um dem von §41 Abs. 2 BImSchG geforderten Vorrang des aktiven Lärmschutzes Rechnung zu tragen. Das mit einer Hochhausbebauung einhergehende Lärmschutzproblem ist vielmehr auf der Grundlage einer differenzierten Kosten-Nutzen-Analyse einer ausgewogenen Lösung zuzuführen.

VwVfG §74 Abs. 2 Satz 3 und Abs. 3; AEG §§ 18 Abs. 1 Satz 2, 20 Abs. 2 Satz 1; BauGB §173 Abs. 3; BImSchG §41; 16. BImSchV §§ 1 Abs. 2, 2 Abs. 1 und 2; BauO Bln. 1958 §7 Nr. 9.

Bundesverwaltungsgericht, Urteil vom 24. September 2003 – 9 A 69.02 –.

Die Klägerin, eine Berliner Wohnungsgenossenschaft, wendet sich mit der Forderung nach verbessertem Lärmschutz gegen die Planfeststellung für den zweigleisigen Wiederaufbau und die Elektrifizierung eines Streckenabschnitts der in Berlin als „Anhalter Bahn" bezeichneten Eisenbahnstrecke. Die Klägerin ist Eigentümerin eines 13–14geschossigen Wohnhauses, das am Beginn des Planfeststellungsabschnitts östlich der Abzweigung der Anhalter Bahn zur Dresdner Bahn in einem Abstand von ca. 65 m zum nächstgelegenen Gleis steht. Nordöstlich schließt sich die – sich ebenfalls im Eigentum der Klägerin befindende – L. Siedlung mit überwiegender Reihenhausbebauung an. Die Klägerin ist ferner Eigentümerin eines 10geschossigen Wohnhauses, das unmittelbar südlich einer Überführung östlich der Trasse steht und zum nächstgelegenen Gleis einen Abstand von ca. 14 oder 15 m aufweist. Im Planfeststellungsabschnitt, der weiter südlich am Haltepunkt L.-Ost endet, ist eine Trassenführung der Fernbahn östlich der in diesem Bereich vorhandenen – überwiegend zweigleisigen – S-Bahn-Strecke vorgesehen, wobei auf dem vorhandenen Bahndamm Platz für eine spätere zweigleisige Erweiterung der Fernbahn freigehalten werden soll.

Aus den Gründen:

II. ... Die Klägerin kann beanspruchen, daß die Beklagte über die von der Klägerin geforderte Verbesserung des aktiven Schallschutzes unter Beachtung der Rechtsauffassung des erkennenden Senats erneut entscheidet. Der Senat billigt zwar im Grundsatz das planfestgestellte Lärmschutzkonzept (nachfolgend 1. bis 3.). Er hält es aber dennoch für rechtlich fehlerhaft, wie der Planfeststellungsbeschluß zu dem Ergebnis gelangt ist, im Bereich der Gebäude C.-straße 25 und R.-straße 31/33 sei aus Kostengründen eine weitere Erhöhung der Lärmschutzwände verzichtbar (nachfolgend 4.). Die Klage bleibt dagegen ohne Erfolg, soweit die Klägerin die Festsetzung von Maßnahmen des Erschütterungsschutzes verlangt. ...

1. Hinsichtlich der L.-Siedlung sind unstreitig die Voraussetzungen des § 41 Abs. 1 BImSchG i. V. m. § 1 Abs. 2 der 16. BImSchV erfüllt, unter denen Ansprüche auf Lärmschutz bei einer wesentlichen Änderung eines Schienenweges entstehen können. Hinsichtlich der Wohnhäuser R.-straße 31/33 und C.-straße 25 gilt dies ebenso. Die Beteiligten gehen nämlich übereinstimmend davon aus, daß der Wiederaufbau der Anhalter Bahn und ihre Elektrifizierung insoweit i. S. von § 1 Abs. 2 Satz 1 Nr. 2 der 16. BImSchV mit einem erheblichen baulichen Eingriff in den vorhandenen Schienenweg verbunden ist, der in den östlich angrenzenden Wohngebieten zu einem relevanten Lärmanstieg führt. Der auf dieser Grundlage in dem angefochtenen Planfeststellungsbeschluß gewährte aktive Lärmschutz umfaßt die Errichtung von Lärmschutzwänden und die Anwendung des Verfahrens BüG.

Die Bedenken, die von der Klägerin gegen die der Planfeststellung zugrunde liegende Lärmberechnung geäußert worden sind, greifen nicht durch. So gibt es keinen Anhaltspunkt dafür, daß bei einer Ausbaugeschwindigkeit von 160 km/h das Lärmschutzkonzept aerodynamische Geräusche gesondert hätte berücksichtigen müssen. Nicht überzeugend sind auch die Einwände, die von der Klägerin gegen die fehlende Berücksichtigung eines möglichen Güterverkehrs erhoben worden sind. Der erkennende Senat hat die Planfeststellung hinsichtlich des bis zur Landesgrenze mit Br. führenden Abschnitts 2 in seinen Urteilen vom 23. 10. 2002 (BVerwG – 9 A 22.01 –, und – 9 A 12.02 –) in diesem Punkt unbeanstandet gelassen. Hieran ist auch nach erneuter Prüfung festzuhalten.

Hinsichtlich der L.Siedlung wird damit – vorbehaltlich der Schallschutzmaßnahmen, die im nördlich angrenzenden Planfeststellungsabschnitt festgesetzt worden sind – die Einhaltung der Immissionsgrenzwerte des § 2 Abs. 1 Nr. 2 der 16. BImSchV gewährleistet. ...

2. Hinsichtlich des Gebäudes C.-straße 25 wird das Lärmschutzkonzept der Planfeststellung von der Klägerin zusätzlich mit der Begründung beanstandet, die nach § 2 Abs. 1 und Abs. 2 Satz 1 der 16. BImSchV erforderliche Gebietseinstufung sei fehlerhaft erfolgt. Der Planfeststellungsbeschluß geht davon aus, daß dieses Gebäude in einem Mischgebiet nach § 2 Abs. 1 Nr. 3 der 16. BImSchV liegt. Die Klägerin fordert eine Einstufung als allgemeines Wohngebiet nach § 2 Abs. 1 Nr. 2 der 16. BImSchV. Diese Forderung ist nicht berechtigt.

Nr. 19

Der Planfeststellungsbeschluß hat die Gebietseinstufung auf der Grundlage des Berliner Baunutzungsplans i.d.F. vom 28.12.1960 (Abl. Bln. 1961, S. 742) vorgenommen (vgl. § 2 Abs. 2 Satz 1 der 16. BImSchV). Nach der st. Rspr. des OVG Berlin (z.B. Urteil v. 31.3.1992 – 2 A 9.88 –, UPR 1992, 357 f.) gelten die Gebietsausweisungen des Baunutzungsplans 1960 nach der Übergangsvorschrift des § 173 Abs. 3 BBauG als Bebauungsplan weiter, wobei sich die Angaben über die Art der zulässigen Nutzung nach den Vorschriften der Bauordnung i.d.F. vom 21.11.1958 (GVBl. Bln., S. 1087) bestimmen. Danach sind in dem hier westlich der C.-straße ausgewiesenen „gemischten Gebiet" ähnliche Nutzungen wie in einem Mischgebiet nach § 6 BauNVO zulässig (vgl. § 7 Nr. 9 BauO Bln. 1958). Hinreichende Anhaltspunkte dafür, daß die genannte Gebietsausweisung funktionslos geworden ist, sind entgegen der Ansicht der Klägerin nicht ersichtlich. Zumindest liegt das Gebäude C.-straße 25 aber in einem faktischen Mischgebiet (vgl. § 2 Abs. 2 Satz 2 der 16. BImSchV).

a) Das Außer-Kraft-Treten eines Bebauungsplans wegen Funktionslosigkeit kann nur angenommen werden, wenn in der tatsächlichen Entwicklung ein Zustand eingetreten ist, der es auf unabsehbare Zeit ausschließt, die planerische Gesamtkonzeption oder das mit der Festsetzung verfolgte Planungsziel zu verwirklichen. Allein die Änderung oder Aufgabe planerischer Absichten erfüllt diese im Wandel der tatsächlichen Verhältnisse liegende Voraussetzung noch nicht (vgl. BVerwG, Beschluß v. 7.2.1997 – 4 B 6.97 –, Buchholz 406.11 § 10 BauGB Nr. 33 S. 3 = BRS 59 Nr. 56). Insbesondere wird die Planungskonzeption, die einer Festsetzung zugrunde liegt, nicht schon dann sinnlos, wenn sie nicht mehr im gesamten Plangebiet umgesetzt werden kann. Die Schlußfolgerung, daß eine Festsetzung ihre städtebauliche Gestaltungsfunktion unmöglich erfüllen kann, ist deswegen nur möglich, wenn die tatsächlichen Verhältnisse massiv und offenkundig vom Planinhalt abweichen (vgl. BVerwG, Beschluß v. 17.2.1997 – 4 B 16.97 –, Buchholz 406.11 § 10 BauGB Nr. 34 S. 5 = BRS 59 Nr. 55). Hiervon ausgehend ist es ohne Belang, daß die Bebauung westlich der C.-straße von den Ende der 60er Jahre errichteten Wohnhäusern geprägt sein mag. Denn dies schließt nicht aus, daß schon wegen der Nachbarschaft zu dem Bahngelände hier eine Durchmischung mit einer nicht wesentlich störend wirkenden gewerblichen Nutzung weiterhin sinnvoll bleibt. Unstreitig befindet sich außerdem auf der gegenüberliegenden Straßenseite ein städtischer Bauhof. Die Einschätzung, daß eine Funktionslosigkeit dieser Festsetzung nicht angenommen werden kann, bestätigt nicht zuletzt die Stellungnahme, die vom Bezirksamt St.-Z. im Erörterungstermin abgegeben worden ist. Danach besteht derzeit wegen der weiterhin vorhandenen gewerblichen Nutzung kein Planerfordernis dahingehend, ein allgemeines Wohngebiet auszuweisen.

b) Selbst wenn man die Funktionslosigkeit der Festsetzung „gemischtes Gebiet" unterstellt, muß sich die Klägerin entgegenhalten lassen, daß das Gebäude C.-straße 25 zumindest in einem faktischen Mischgebiet liegt. In die Betrachtung ist insoweit die gesamte Umgebung mit einzubeziehen, die den bodenrechtlichen Charakter des zu beurteilenden Grundstücks prägt (vgl. BVerwG, Urteil v. 21.3.1996 – 4 A 11.95 –, Buchholz 406.25 § 41 BImSchG

Nr. 14 S. 42 f. = BRS 58 Nr. 84 = BauR 1996, 686). Bei dem räumlichen Umgriff ist der Umstand zu berücksichtigen, daß es um ein Hochhaus geht. Zumindest die oberen Geschosse sind den vom Bauhof ausgehenden Lärmimmissionen ausgesetzt, weil sie den vorgelagerten Wohnblock C.-straße 27/29/31/33 überragen. Dies führt dazu, daß der auf der gegenüberliegenden Straßenseite angesiedelte städtische Bauhof die Umgebung bis hin zum Gebäude C.-straße 25 prägt.

3. Die Klägerin stellt das Lärmschutzkonzept der Planfeststellung hinsichtlich des Hauses C.-straße 25 ferner mit dem Argument in Frage, die Fernbahngleise seien ohne Not an den östlichen Bahndammrand gerückt worden. Damit werde lediglich der Zweck verfolgt, zwischen den beiden S-Bahn-Gleisen und den beiden Fernbahngleisen eine Trasse freizuhalten, die später mit weiteren Fernbahngleisen belegt werden könne. Ob es jemals zu einem viergleisigen Ausbau der Fernbahn kommen werde, sei aber völlig ungewiß, so daß man von einer bloßen „Vorratsplanung" ausgehen müsse. Deswegen sei auch die Enteignung des für die Trassenführung im Bereich des Gebäudes C.-straße 25 beanspruchten Grundstücksstreifens unzulässig. Mit diesen Rügen vermag die Klägerin nicht durchzudringen.

a) Was die Enteignung angeht, muß sich die Klägerin den Einwendungsausschluß entgegenhalten lassen (vgl. § 20 Abs. 2 Satz 1 AEG). ...

b) Fehl geht die Rüge, es handele sich um einen Fall unzulässiger „Vorratsplanung". Mit dem Verdikt der „Vorratsplanung" hat das Bundesverwaltungsgericht eine Planung belegt, die verfrüht ist, weil sie nicht innerhalb eines absehbaren Zeitrahmens realisiert werden kann oder soll (vgl. z. B. BVerwG, Urteil v. 24.11.1989 – 4 C 41.88 –, BVerwGE 84, 123, 128). In einem derartigen Fall fehlt es schon an der Planrechtfertigung. Jedenfalls hat eine solche Planung kein hinreichendes Gewicht, um sich gegen gegenläufige Belange durchzusetzen. Die damit angesprochene Fallgestaltung liegt hier nicht vor, weil das planfestgestellte Vorhaben binnen kurzem realisiert werden soll. Lediglich die Realisierung eines weiteren Vorhabens auf der freigehaltenen Trasse ist ungewiß. Die Entscheidung, ob für das aktuelle Vorhaben die freigehaltene Trasse hätte in Anspruch genommen werden müssen, ist eine Frage der zulässigen Variantenauswahl.

Die Frage, ob die Feintrassierung hier unter Lärmschutzgesichtspunkten abweichend zu erfolgen hat, ist von der Planfeststellungsbehörde abwägungsfehlerfrei verneint worden (vgl. § 18 Abs. 1 Satz 2 AEG). Zum einen würde – wie der Planfeststellungsbeschluß festhält – eine kleinräumige Trassenverschiebung (um ca. 4 m nach Westen) zur Lärmminderung nur unwesentlich beitragen. Zum anderen mußte sich die Alternative, die Fernbahngleise unmittelbar neben die vorhandenen S-Bahn-Gleise zu legen, auch nicht unter dem Aspekt aufdrängen, daß dann die Errichtung einer höheren Lärmschutzwand eher städtebaulich vertretbar erscheinen könnte. Die von der Beigeladenen gegen diese Trassenalternative erhobenen Einwände haben nämlich erhebliches Gewicht. Nach den Erläuterungen, die der Projektleiter Dipl.-Ing. K. in der mündlichen Verhandlung zu den Trassenvarianten gegeben hat, ist hinreichend plausibel, daß die von der Klägerin gewünschte Trassierung im Falle einer späteren Erweiterung erhebliche Erschwernisse, insbesondere sehr hohe Mehrkosten, verursachen würde. Die Klägerin hat zu diesem Vortrag der Beigeladenen nichts erwidert. Dem „Freihaltebelang", den die Beigeladene damit für ihre Trassenwahl geltend macht, kann die Klägerin auch nicht mit Erfolg entgegenhalten, daß ein viergleisiger Ausbau der Fernbahn völlig ungewiß sei. Bei der Wiederertüchtigung der Anhalter Bahn ist der Beigeladenen auf dem vorhandenen Bahndamm eine Flächenbewirtschaftung zuzugestehen, die dem im öffentlichen Interesse liegenden Ziel Rechnung trägt, das Streckennetz nach Bedarf zukünftigen Entwicklungen anzupassen. In Berlin als Bundeshauptstadt und Endpunkt eines Ausbauvorhabens im transeuropäischen Eisenbahnnetz (vgl. Nr. 1 des Anh. III der Leitlinien für den Aufbau eines transeuropäischen Verkehrsnetzes, Abl. EG Nr. L 228, S. 1 ff.) ist ein konkreter Bedarf für den viergleisigen Ausbau dieser ins Stadtzentrum führenden Strecke nicht auszuschließen.

4. Erfolg hat die Klage mit der Rüge, daß bei der Entscheidung, im Falle der Häuser R.-straße 31/33 und C.-straße 25 auf eine weitere Erhöhung der Lärmschutzwände zu verzichten, der von § 41 Abs. 2 BImSchG geforderte Vorrang des aktiven Lärmschutzes vor Maßnahmen des passiven Lärmschutzes nicht beachtet worden ist. Auch unter Berücksichtigung der Erläuterungen, die von der Beklagten und der Beigeladenen im Klageverfahren zu dem mit der Planfeststellung verfolgten Lärmschutzkonzept gegeben worden sind, können die insoweit im Planfeststellungsbeschluß zum Ausdruck kommenden Erwägungen nicht als tragfähig angesehen werden. Die Frage, ob eine weitere Erhöhung der Lärmschutzwände unterbleiben darf, weil „die Kosten der Schutzmaßnahme außer Verhältnis zu dem angestrebten Schutzzweck stehen würden", bedarf einer erneuten Überprüfung durch die Planfeststellungsbehörde.

a) Seine Auslegung der Vorschrift des § 41 Abs. 2 BImSchG hat der Senat in den zum Fall „Aumühle" ergangenen Entscheidungen (u.a. BVerwG, Urteil v. 15.3.2000 – 11 A 42.97 –, BVerwGE 110, 370, 380 f.) verlautbart. Der Senat hat darin insbesondere an seiner schon früher geäußerten Auffassung festgehalten, daß der Planfeststellungsbehörde im Rahmen ihrer Verhältnismäßigkeitsprüfung ein Abwägungsspielraum verbleibt, der es gestattet, neben dem – in der Norm ausdrücklich benannten – Kostengesichtspunkt auch andere Belange zu berücksichtigen, die einer weiteren Wanderhöhung entgegenstehen (vgl. BVerwG, Urteil v. 5.3.1997 – 11 A 25.95 –, BVerwGE 104, 123, 139). Bei dem Gebäude C.-straße 25 wird die Planfeststellungsbehörde deswegen darauf abheben dürfen, daß die östliche Lärmschutzwand nicht beliebig erhöht werden kann, ohne daß dadurch ein städtebaulich nicht vertretbarer Zustand geschaffen wird. Da die Eisenbahntrasse hier in einer Dammlage verläuft, die von der Hausfront nur durch eine als Feuerwehrzufahrt dienende Zuwegung getrennt ist, wird von der Klägerin selbst geltend gemacht, daß schon die jetzt planfestgestellte Wand mit 3,5 m das Gebäude angesichts des geringen Abstands unzumutbar verschatten würde. Der Planfeststellungsbeschluß hat dies zwar mit vertretbaren Erwägungen verneint. Es steht aber fest, daß an dieser Stelle für eine weitere Wanderhöhung – unabhängig von der Kostenfrage – nur ein sehr geringer Spielraum verbleibt. Nach Aktenlage kann der Senat allerdings nicht ausschließen, daß etwa auch eine 4 m hohe Lärmschutzwand unter städtebaulichen Gesichtspunkten noch hinnehmbar wäre, weil die Verschattungswirkung bei einer Wanderhöhung von 0,5 m nur unwesentlich gesteigert würde. In der mündlichen Verhandlung hat die Klägerin jedenfalls nicht zu erkennen gegeben, daß von ihr – unter Beibehaltung der planfestgestellten Trasse – jede weitere Wanderhöhung von vornherein als unzumutbar abgelehnt wird.

Einer Wanderhöhung zum Schutz des Hauses R.-straße 31/33 werden aller Voraussicht nach städtebauliche oder landschaftspflegerische Gründe nicht entgegenstehen. Das zuständige Bezirksamt Sch. hat in seiner Stellungnahme jedenfalls mitgeteilt, daß eine Wanderhöhung „auch bei schwieriger städtebaulicher Anpassung" im Interesse eines verbesserten aktiven Lärmschutzes bewußt hingenommen werde.

b) Der Planfeststellungsbeschluß geht davon aus, daß die Lärmschutzwände längs der Anhalter Bahn so hoch sein werden, daß unter Berücksichtigung des Verfahrens BüG im Planfeststellungsabschnitt die Immissionsgrenzwerte des §2 Abs. 1 der 16. BImSchV eingehalten werden. Das gilt aber nicht für die beiden Hochhäuser R.-straße 31/33 und C.-straße 25. Für diese Hochhäuser wird ein „Vollschutz" aus Kostengründen nicht angestrebt. Die hier festgesetzten Wandhöhen bieten den Hochhäusern vielmehr lediglich so viel Schutz, wie er sich aus dem angestrebten Schallschutz für die niedrigere Umgebungsbebauung ableitet.

Grundlage für diese Entscheidung war eine Untersuchung von Höhenvarianten der Schallschutzwände von 1997. Zweck der Untersuchung war es, durch eine stufenweise Erhöhung der vorgesehenen Lärmschutzwände bzw. durch Betrachtung zusätzlicher Lärmschutzwände abzuschätzen, in welchem Umfang sich die Lärmsituation verbessern würde und welche Kosten hierfür aufzuwenden wären. Für das Gebäude C.-straße 25 wird danach ein „Vollschutz" erst bei Errichtung von fünf Wänden mit Höhen bis zu 9,5 m erreicht. Die hierfür aufzuwendenden Kosten werden mit ca. 4 400 000,– DM beziffert, während die planfestgestellten Lärmschutzwände nur ca. 2 000 000,– DM kosten sollen, wozu Kosten für den passiven Schallschutz hinzukommen, die unter 100 000,– DM liegen. Das Gebäude R.-straße 31/33 fällt in den untersuchten Bereich 1. Insoweit zeigt sich, daß erst bei einer Wandhöhe von 5 m für drei Wände die Immissionsgrenzwerte eingehalten werden. Ein gleicher Schutzstandard könnte mit einer Kombination von einer 6 m hohen Wand mit zwei 3 m hohen Wänden erreicht werden. Die Kosten für diesen „Vollschutz" werden mit 4 200 000,– DM bzw. mit ca. 3 400 000,– DM geschätzt, während die planfestgestellten Lärmschutzwände nur ca. 1 800 000,– DM kosten sollen, wozu Kosten für den passiven Lärmschutz i. H. v. ca. 250 000,– DM hinzukommen. Nach Aussage der Beigeladenen sollen die sich daraus errechnenden Zusatzkosten zumindest bei größeren Wandhöhen (etwa ab 4 m) die untere Grenze der Kostenbelastung markieren, weil Verteuerungen durch spezielle statische Anforderungen nicht in die Schätzung eingegangen seien.

Diese Erwägungen, auf denen das von den Planungsträgern verfolgte Lärmschutzkonzept beruht, werden nicht den Anforderungen gerecht, die der Senat in seiner bereits zitierten Rechtsprechung an eine hinreichend differenzierte Kosten-Nutzen-Analyse gestellt hat. Die von der Klägerin gegen die

Variantenuntersuchung erhobenen Einwände mögen zwar nichts daran ändern, daß eine Grobanalyse – mehr ist nicht zu fordern (vgl. BVerwG, Urteil v. 15.3.2000, a.a.O., S. 388) – eine Kostensteigerung in einer Größenordnung erwarten läßt, die es angesichts der plangegebenen Vorbelastung des Gebiets, die schutzmindernd zu berücksichtigen ist, rechtfertigt, auf einen „Vollschutz" der Hochhäuser in sämtlichen Stockwerken zu verzichten. Nicht abschließend zu beantworten ist auf der Grundlage der bisher vorliegen den Variantenuntersuchung aber die Frage, warum die Lärmschutzwände nicht mit noch verhältnismäßigem Aufwand so erhöht werden können, daß zumindest das eine oder andere Stockwerk zusätzlich „Vollschutz" erlangt. Hierzu findet sich im Planfeststellungsbeschluß nur die Aussage, daß es dann – trotz nicht unerheblicher Mehrkosten – bei passiven Lärmschutzmaßnahmen bleiben würde, weil die für die Nachtzeit geltenden Immissionsgrenzwerte weiterhin nicht eingehalten werden könnten. Damit wird aber nicht nachvollziehbar begründet, warum bereits mit dem von der Planfeststellung eingeräumten „Minimalschutz" der Hochhäuser diejenige „Verhältnismäßigkeitsschwelle" erreicht ist, die einen Verzicht auf eine weitere Wanderhöhung rechtfertigt.

Fehl geht auch der von der Beigeladenen in der mündlichen Verhandlung gegen eine weitere Erhöhung der Lärmschutzwände erhobene Einwand, durch die erforderliche „Überstandslänge" der Wände würde unvermeidlich für die Umgebungsbebauung ein aktiver Lärmschutz erreicht, dessen Wirkung über das rechtlich gebotene Maß hinausgehe. Daß Lärmbetroffene, die in der Nachbarschaft der Hochhäuser wohnen, keinen Rechtsanspruch auf eine weitergehende Verbesserung der Lärmsituation haben, schließt nämlich nicht aus, daß die Klägerin auf der Grundlage von § 41 Abs. 2 BImSchG eine Erhöhung der Lärmschutzwände fordern kann (vgl. zum „überschießenden" Lärmschutz auch BVerwG, Urteil v. 9.2.1995 – 4 C 26.93 –, BVerwGE 97, 367, 275 f.).

Hochhäuser dürfen im Rahmen der Verhältnismäßigkeitsprüfung auch nicht von vornherein als „hoffnungslose" Fälle eingestuft werden. Die Gebäudehöhe ist unter dem Blickwinkel der anzustrebenden Gleichbehandlung der Lärmbetroffenen kein Kriterium, das allein ausschlaggebend dafür sein kann, weitergehenden aktiven Lärmschutz zu versagen. Sie ist zunächst lediglich ein Erschwernis, das sich – ähnlich wie ungünstige topographische Verhältnisse – kostensteigernd auf aktive Lärmschutzmaßnahmen auswirkt. Im übrigen sind Wohnzwecken dienende Hochhäuser als ein Sonderfall der „stark verdichteten Bebauung" mit der Folge einzuordnen, daß näher zu prüfen ist, ob durch eine weitere Erhöhung der Lärmschutzwand deswegen ein nennenswerter Schutzeffekt erzielt werden kann, weil die Zahl der Lärmbetroffenen besonders hoch sein kann (vgl. BVerwG, Urteil v. 15.3.2000, a.a.O., S. 383).

Für eine differenzierte Kosten-Nutzen-Analyse, die eine Grundlage dafür schaffen soll, daß das mit einer Hochhausbebauung einhergehende Lärmschutzproblem einer ausgewogenen Lösung zugeführt wird, reicht es somit nicht aus, wenn die trassenabgewandte Lage der Balkone im Rahmen der Lärmschutzkonzeption schutzmindernd berücksichtigt wird. Darüber hinaus muß die Zahl der lärmbetroffenen Wohnungen ermittelt werden, die nicht bereits durch die konstruktive Gestaltung des Hochhauses (z. B. durch sog. Lärmschutzgrundrisse) hinreichend geschützt sind. Erst wenn sich nämlich die Zahl der im Wohnbereich potentiell Lärmbetroffenen auf dieser Grundlage zumindest grob abschätzen läßt, kann die weitere Frage beantwortet werden, ob der Aufwand, der erforderlich ist, um durch eine Erhöhung der Lärmschutzwände ein weiteres Stockwerk oder auch mehrere Stockwerke zusätzlich mit „Vollschutz" oder zumindest mit vollständigem „Tagschutz" zu versehen, bereits unverhältnismäßig ist.

Auch unter Berücksichtigung der in der mündlichen Verhandlung für die Hochhäuser genannten Wohnungszahlen läßt sich aus der vorliegenden Untersuchung von Höhenvarianten der Schallschutzwände nicht die Kosten-Nutzen-Relation herleiten, die für die Verhältnismäßigkeitsprüfung ausschlaggebend sein kann. Insofern wirkt sich nachteilig aus, daß die Variantenuntersuchung nicht von einer Betrachtung der Kosten einer Erhöhung der planfestgestellten Lärmschutzwände ausgeht, sondern von vornherein die Kosten zusätzlicher Lärmschutzwände einbezieht. Die Variantenuntersuchung kann aus diesem Grunde zwar einerseits plausibel darauf verweisen, daß die geschätzten Kosten eine „Untergrenze" markieren, weil Kostensteigerungen, die beim Bau von mehr als 4 m hohen Lärmschutzwänden regelmäßig zu erwarten wären, außer Ansatz geblieben sind. Andererseits entfällt aber die – sich gerade beim Lärmschutz von Hochhäusern aufdrängende – Möglichkeit, die „Verhältnismäßigkeitsschwelle" für die Kosten einer weiteren Wanderhöhung aus dem Auftreten von sog. Sprungkosten abzuleiten (vgl. BVerwG, Urteil v. 16. 12. 1998 – 11 A 44.97 –, Buchholz 406.25 §41 BImSchG Nr. 24 S. 76; Urteil v. 15. 3. 2000, a. a. O., S. 391). Erst eine Orientierung an den „Sprungkosten" erlaubt es außerdem, im Rahmen der Verhältnismäßigkeitsprüfung die Kosten für den Bau zusätzlicher Lärmschutzwände zutreffend einzuordnen. Unter diesem Aspekt ist nämlich dann der Frage nachzugehen, ob sich mit dieser Variante eine Lärmschutzkonzeption verwirklichen läßt, die das Auftreten von Sprungkosten vermeidet oder ob damit im Gegenteil eine weitere Kostensteigerung verbunden ist.

Das Auftreten von Sprungkosten ist zwar nicht das einzige Kostenargument, mit dem im Einzelfall das Ergebnis begründet werden kann, daß für – mit Schienenverkehrslärm vorbelastete – Hochhäuser der Vorrang des aktiven Lärmschutzes teilweise nicht zum Tragen kommt. Ein Lärmschutzkonzept, das die Wandhöhen im Bereich von Hochhäusern noch unterhalb der Schwelle begrenzen will, die sich aus den „Sprungkosten" ergibt, unterliegt aber einem gesteigerten Rechtfertigungsbedarf. Da es Ziel der Lärmschutzkonzeption auch sein muß, dem Gesichtspunkt der Gleichbehandlung der Lärmbetroffenen Rechnung zu tragen (vgl. BVerwG, Urteil v. 15. 3. 2000, a. a. O., S. 382), mag etwa durch eine vergleichende Gegenüberstellung aufgezeigt werden können, daß die für den Schutz einer ähnlich „stark verdichteten Bebauung" aufzuwendenden Kosten in anderen Bereichen des Planfeststellungsabschnitts erheblich geringer ausfallen bzw. bei gleichhohen Kosten der aktiven Lärmschutzmaßnahmen nur noch unbedeutende Lärmminderungseffekte eintreten. Dies leistet die von der Beigeladenen beigebrachte Variantenuntersuchung jedoch nicht.

Nr. 20

Der Einbau einer Querungshilfe in eine durch Bebauungsplan festgesetzte Straße bedarf nach dem Grundsatz der planerischen Zurückhaltung i. d. R. keiner Änderung des Bebauungsplans.

BauGB § 9 Abs. 1 Nr. 11; StVO § 45 Abs. 1 Satz 2.

Bayerischer VGH, Beschluß vom 7. August 2003 – 8 ZB 03.1472 – (rechtskräftig).

(VG Regensburg)

Aus den Gründen:

Der unstrittige Einbau von zwei „Querungshilfen" ist unter dem Gesichtspunkt der Beachtung der Festsetzungen des Bebauungsplans irrelevant. Querungshilfen unterteilen die Fahrbahn mit einer Verkehrsinsel für Fußgänger, um diesen ein erleichtertes Überqueren der Straße zu ermöglichen. Eine solche geringfügige Änderung der Straße bedarf keiner Festsetzung in einem Bebauungsplan nach § 9 Abs. 1 Nr. 11 BauGB. In der Literatur besteht schon keine Einigkeit darüber, inwieweit die Festsetzung einer Verkehrsfläche besonderer Zweckbestimmung i. S. von § 9 Abs. 1 Nr. 11 BauGB die Gliederung der Verkehrsfläche „Fahrbahn" zuläßt oder erfordert (vgl. Bielenberg/Söfker, in: Ernst/Zinkahn/Bielenberg, BauGB, Stand: 67. Erg.Lfg. Sept. 2001, § 9 Rdnr. 5 m. w. N.). Jedenfalls durfte die planende Gemeinde nach dem Grundsatz der „planerischen Zurückhaltung" diese Frage einem dem Bebauungsplan nachfolgenden Verfahren überlassen. Denn bei dieser Frage handelt es sich um ein planerisches Problem ohne nennenswertes Gewicht. Für die Ausführung solcher Verkehrsinseln existieren technische Richtlinien in Gestalt der „Empfehlungen für die Anlage von Erschließungsstraßen, Ausgabe 1985, ergänzte Fassung 1995 – EAE 85/95 –" und der „Empfehlungen für die Anlage von Hauptverkehrsstraßen, Ausgabe 1993 – EAHV 93 –"; Mittelinseln als Überquerungshilfen für Fußgänger werden dort jeweils angesprochen. Die Beklagte durfte daher davon ausgehen, daß sie für die im Bebauungsplan offengelassene Frage der Querungshilfen bei ihrer Entscheidung über die Bauausführung eine sachgerechte Lösung finden würde (vgl. BVerwG v. 14. 7. 1994, NVwZ-RR 1995, 130).

Die Entscheidung des Erstgerichts begegnet auch insoweit keinen Bedenken, als es dem hilfsweise geltend gemachten Anspruch des Klägers auf Anordnung einer Geschwindigkeitsbeschränkung in der S.-Straße sowie auf erneute Bescheidung seines Antrags auf Erlaß verkehrsbeschränkender Maßnahmen nicht stattgegeben hat. Der Verwaltungsgerichtshof geht hierbei ebenso wie das Erstgericht davon aus, daß die Beklagte das ihr nach § 45 Abs. 1 Satz 2 Nr. 3 StVO eingeräumte Ermessen vertretbar ausgeübt hat, ohne die rechtlichen Grenzen des § 114 VwGO zu überschreiten.

Die Beklagte hat sehr wohl gesehen, daß die Belastung durch Verkehrslärm in der S.-Straße mit Beurteilungspegeln von 63 dB(A) tags und 53 dB(A) nachts die maßgeblichen Immissionsgrenzwerte um jeweils bis zu 4 dB(A) tags/nachts überschreitet. Diese Überschreitung führt aber noch nicht zu einer Reduzierung des eingeräumten Ermessens auf Null. Eine solche greift nach den von der Rechtsprechung entwickelten Grundsätzen in Wohngebieten frühestens dann Platz, wenn die Beurteilungspegel von 70 dB(A) tags/60 dB(A) nachts überschritten werden (vgl. BayVGH v. 18.2.2002, BayVBl. 2003, 80, 81); davon ist die ermittelte Belastung noch ein Stück weit entfernt. Die Beklagte ist demgegenüber davon ausgegangen, daß sie eine Verkehrsverlangsamung und damit eine Lärmminderung durch andere verkehrslenkende Maßnahmen als eine Geschwindigkeitsbegrenzung in Form einer Tempo-30-Zone erzielen könne – durch Verschwenkungen der Fahrbahn, durch die erörterten Querungshilfen und durch eingebaute Engstellen. Dabei hat sie auch erwogen, daß eine gezielte Umlenkung des Verkehrs von der S.-Straße als wichtiger Ost-West-Verkehrsachse auf andere Straßen die Lärmproblematik lediglich in andere Wohngebiete verlagern könnte (vgl. dazu auch BayVGH v. 18.2.2002, BayVBl. 2003, 80, 82). Bei dieser Sachlage kann es nicht beanstandet werden, wenn das Erstgericht darin keinen Ermessensfehler i. S. von § 114 VwGO erblickt hat.

Nr. 21

1. **Ein für das Abwägungsergebnis relevanter Fehler im Abwägungsvorgang liegt nicht vor, wenn ein durch die Planung geschaffenes Problem noch während des Vollzugs des Bebauungsplans bewältigt werden kann, ohne die Konzeption der Planung zu berühren.**

2. **Ein vorhabenbezogener Bebauungsplan erfordert bauleitplanerische Festsetzungen für ein oder mehrere Vorhaben; die Festsetzung eines Baugebiets allein reicht nicht aus.**

3. **Enthält ein als vorhabenbezogen bezeichneter Bebauungsplan keinen Hinweis auf das beabsichtigte Vorhaben, so kann dieser Mangel nicht durch Heranziehung des Durchführungsvertrages beseitigt werden.**

BauGB §§ 1 Abs. 6, 1a Abs. 3 Satz 3, 12, 214 Abs. 3 Satz 2, 215a; BauNVO §§ 4, 15; VwGO § 47 Abs. 5 Satz 4.

Bundesverwaltungsgericht, Urteil vom 18. September 2003 – 4 CN 3.02 –.

(Saarländisches OVG)

I. Die Antragsteller wenden sich im Normenkontrollverfahren gegen den vorhabenbezogenen Bebauungsplan der Antragsgegnerin vom Februar 2000. Das Plangebiet besteht aus einer etwa 120 m x 60 m großen, im wesentlichen unbebauten Freifläche mit Streuobstwiesennutzung. Bebauung ist nur auf der an die Hauptstraße angrenzenden östlichen Schmalseite des Plangebiets vorhanden. Das Gebiet liegt innerhalb des Ortsteils S. der Antragsgegnerin zwischen überwiegend mit Wohnhäusern bebauten Straßen.

Der Bebauungsplan setzt im östlichen Bereich an der Hauptstraße ein kleines Mischgebiet und in der Mitte und im Westen drei kleine WA-Gebiete fest. Die Zulässigkeit bestimmter Nutzungen in den Baugebieten ist durch textliche Festsetzungen im einzelnen geregelt. So sind im Baugebiet WA gemäß § 4 Abs. 2 BauNVO Wohngebäude, der Versorgung des Gebiets dienende Läden, Schank- und Speisewirtschaften sowie nicht störende Handwerksbetriebe und Anlagen für kirchliche, kulturelle, soziale und gesundheitliche Zwecke zulässig. Ausnahmsweise zulässig gemäß § 4 Abs. 3 BauNVO sind ferner Betriebe des Beherbergungsgewerbes und sonstige nicht störende Gewerbebetriebe. Dagegen sind Anlagen für sportliche Zwecke, Anlagen für Verwaltungen, Gartenbaubetriebe und Tankstellen ausdrücklich ausgeschlossen. In den Vorbemerkungen zur Planbegründung ist ausgeführt, die X.-GmbH beabsichtige die Errichtung eines Wohn- und Geschäftshauses, zweier Reihenhäuser mit je vier Einheiten, eines freistehenden Wohnhauses und eines Hauses für betreutes Seniorenwohnen.

Die Antragsgegnerin hat mit der X.-GmbH einen Durchführungsvertrag zum Vorhaben- und Erschließungsplan geschlossen. Nach diesem Vertrag sollen im Mischgebiet ein Wohn- und Geschäftshaus (Bauabschnitt I) und im WA-Gebiet zwei Reihenhäuser mit je vier Einheiten und ein freistehendes Wohnhaus (Bauabschnitt II) sowie ein Haus für betreutes Wohnen (Bauabschnitt III) errichtet werden.

Die Antragsteller sind Eigentümer zweier Wohngrundstücke an der L.-Straße, die mit ihrer Nordseite an das Plangebiet grenzen. Im Planaufstellungsverfahren wandten sie sich gegen die Planung der Antragsgegnerin.

Aus den Gründen:

II. 1. Das Normenkontrollgericht führt aus, der streitige Bebauungsplan gestatte nicht nur die Realisierung der von der Vorhabenträgerin beabsichtigten Projekte, also insbesondere die Errichtung von Reihenhäusern und des Hauses für betreutes Seniorenwohnen, sondern lasse auch die Errichtung anderer Vorhaben wie Läden oder gebietsversorgende Schank- und Speisewirtschaften zu, unter Umständen verbunden mit einem Beherbergungsbetrieb. Einen zur Nichtigkeit des Bebauungsplans führenden Abwägungsmangel sieht es darin, daß der Gemeinderat der Antragsgegnerin die auf der Grundlage des Bebauungsplans ermöglichte bauliche Nutzung bei seiner Entscheidung nur unvollständig berücksichtigt habe. Der Gemeinderat habe sich abwägend nur mit der von der Vorhabenträgerin konkret beabsichtigten Bebauung beschäftigt. Nicht berücksichtigt worden sei, daß nach dem Bebauungsplan auch bestimmte Schank- und Speisewirtschaften und nicht störende Handwerksbetriebe sowie ausnahmsweise nicht störende Gewerbebetriebe im ausgewiesenen Wohngebiet zulässig seien. Dem folgt der Senat nicht. Auf der Grundlage der Feststellungen des Normenkontrollgerichts fehlt es an einem rechtlich erheblichen Abwägungsfehler, wenn man – zunächst – von der Auslegung des Normenkontrollgerichts ausgeht, nach der der streitige Bebauungsplan nicht nur die von der Vorhabenträgerin beabsichtigten Anlagen, sondern auch andere Vorhaben planungsrechtlich zuläßt.

a) Zweifelhaft ist schon, ob der Antragsgegnerin überhaupt ein Fehler im Abwägungsvorgang unterlaufen ist. Es könnte sein, daß sich das Normenkontrollgericht insoweit allein darauf stützt, daß weder in der Begründung des Plans noch bei der Behandlung der Einwendungen der Antragsteller durch die Antragsgegnerin auf die nach den textlichen Festsetzungen im festgesetzten Allgemeinen Wohngebiet allgemein oder ausnahmsweise zulässige Nutzungsarten nach § 4 Abs. 2 Nrn. 2 und 3 und Abs. 3 Nrn. 1 und 2 BauNVO eingegangen wird. Darin läge jedoch allenfalls ein – rechtlich unerheblicher – (vgl. § 214 Abs. 1 Nr. 2 2. Halbs. BauGB) – Begründungsmangel. Gegen einen Abwägungsausfall spricht vor allem, daß im Bebauungsplan selbst mit dem Ausschluß von Anlagen für sportliche Zwecke sowie von Anlagen nach § 4

Abs. 3 Nrn. 3 bis 5 BauNVO eine differenzierende Regelung getroffen worden ist, die regelmäßig auf einer abwägenden Entscheidung des Plangebers beruht.

b) Aber auch wenn man mit der Vorinstanz annimmt, daß der Gemeinderat der Antragsgegnerin bestimmte Nutzungsarten und die durch sie ausgelösten Konflikte nicht bedacht hat, fehlt es jedenfalls an einem rechtlich erheblichen Abwägungsfehler. Nach § 214 Abs. 3 Satz 2 BauGB sind Mängel im Abwägungsvorgang nur dann erheblich, wenn sie offensichtlich und auf das Abwägungsergebnis von Einfluß gewesen sind. Der vom Normenkontrollgericht angenommene Mangel im Abwägungsvorgang kann nicht im Sinne dieser Vorschrift auf das Abwägungsergebnis von Einfluß gewesen sein.

Nach der Rechtsprechung des Senats genügt die abstrakte Möglichkeit, daß ohne den Abwägungsmangel anders geplant worden wäre, ebensowenig wie die bloße Vermutung, daß einzelne Ratsmitglieder bei Vermeidung des Mangels für eine andere Lösung aufgeschlossen gewesen wären, um die Ursächlichkeit eines Abwägungsmangels für das Abwägungsergebnis zu begründen (BVerwG, Beschluß v. 20. 1. 1992 – 4 B 71.90 –, BRS 54 Nr. 18 = BauR 1992, 344; vgl. auch Urteil v. 21. 8. 1981 – 4 C 57.80 –, BVerwGE 64, 33, 39 f. = BRS 38 Nr. 37 = BauR 1981, 535). Das Normenkontrollgericht stellt diesen Rechtssatz zwar formell nicht in Frage. Es nimmt die konkrete Möglichkeit einer anderen Planung aber nur deshalb an, weil es aus dem Abwägungsgebot des § 1 Abs. 6 BauGB zu hohe Anforderungen an die Bauleitplanung ableitet und deshalb eine andere Planung für wahrscheinlich, wenn nicht gar für geboten hält. Das Abwägungsgebot erfordert keineswegs, daß alle denkbaren Nutzungskonflikte schon bei der Aufstellung des Bebauungsplans durch planerische Festsetzungen gelöst werden. Der Grundsatz, daß die durch die Bauleitplanung geschaffenen Probleme auch durch die Bauleitplanung gelöst werden müssen, wird durch den Grundsatz der „planerischen Zurückhaltung" eingeschränkt (vgl. z. B. BVerwG, Urteil v. 5. 8. 1983 – 4 C 96.79 –, BVerwGE 67, 334, 338 = BRS 40 Nr. 4 = BauR 1983, 543; Beschluß v. 6. 3. 1989 – 4 NB 8.89 –, BRS 49 Nr. 44 = BauR 1989, 306 = ZfBR 1989, 129). Probleme, die noch während des Vollzugs des Bebauungsplans bewältigt werden können, brauchen nicht schon durch den Plan selbst gelöst zu werden (vgl. BVerwG, Beschluß v. 17. 5. 1995 – 4 NB 30.94 –, BRS 57 Nr. 2 = BauR 1995, 654 = ZfBR 1995, 269). Insbesondere § 15 Abs. 1 BauNVO mit dem in ihm enthaltenen Rücksichtnahmegebot stellt ein Mittel dar, um Nutzungskonflikte auszuschließen, die bei isolierter Betrachtung des Bebauungsplans auftreten könnten. Ein für das Abwägungsergebnis relevanter Fehler im Abwägungsvorgang ist deshalb auszuschließen, wenn er wegen dieser rechtlichen Möglichkeiten die Konzeption der Planung objektiv nicht berühren kann.

So ist es hier. Die Antragsgegnerin hat gemäß § 1 Abs. 5 und 6 BauNVO einzelne Nutzungsarten, die im allgemeinen Wohngebiet gemäß § 4 Abs. 2 und 3 BauNVO allgemein oder ausnahmsweise zulässig sind, ausgeschlossen. Sie hat damit – unabhängig von der Absicht der Vorhabenträgerin, die im Durchführungsplan konkret vorgesehenen Vorhaben zu errichten – ein in seinen Nutzungsmöglichkeiten gegenüber der allgemeinen Regelung des § 4 BauNVO eingeschränktes Wohngebiet geplant, gegen dessen grundsätzliche Zulässigkeit innerhalb einer vorhandenen Wohnbebauung keine Bedenken bestehen können und auch vom Normenkontrollgericht nicht dargelegt werden. Selbst wenn – beispielsweise – eine größere Gaststätte wegen der geringen Größe des Plangebiets und seiner unmittelbaren Nachbarschaft zu Wohngrundstücken städtebaulichen Bedenken begegnen sollte, wäre ein völliger Ausschluss von Schank- und Speisegaststätten weder rechtlich geboten noch nach der Konzeption der Antragsgegnerin auch nur vernünftigerweise in Erwägung zu ziehen. Auf der Grundlage der Wertung der Baunutzungsverordnung, daß die der Versorgung des Gebiets dienenden Schank- und Speisegaststätten in einem allgemeinen Wohngebiet regelmäßig zulässig sind, wäre etwa ein kleines Café, vielleicht im Zusammenhang mit dem vorgesehenen Wohngebäude für betreutes Seniorenwohnen, städtebaulich unbedenklich. Die abstrakte Möglichkeit, daß der Gemeinderat Schank- und Speisegaststätten völlig ausgeschlossen hätte, wenn er den vom Normenkontrollgericht beanstandeten Abwägungsmangel hätte vermeiden wollen, reicht zur Annahme der Kausalität des Abwägungsmangels bei der Anwendung von § 214 Abs. 3 Satz 2 BauGB nicht aus.

c) Erst recht ist das Urteil mit seiner Annahme, es liege ein Mangel im Abwägungsergebnis vor, mit Bundesrecht nicht vereinbar. Das Normenkontrollgericht meint, die mit der Planung verfolgte Zielsetzung – gemeint sind die nach dem Durchführungsvertrag vorgesehenen Vorhaben – rechtfertige keine weitergehenden Störungen. Es unterstellt damit, daß nach dem Plan weitergehende Störungen zulässig seien. Dabei übersieht es erneut, daß über § 15 BauNVO Vorhaben, von denen unzumutbare Störungen ausgehen, verhindert werden können. Ein (eingeschränktes) allgemeines Wohngebiet kann jedoch unbedenklich zwischen vorhandenen Wohnhäusern geplant werden, wenn bei der Errichtung der Gebäude und Stellplätze § 15 BauNVO beachtet wird. Eine bessere Gebietsverträglichkeit als die von Gebieten derselben Nutzungsart gibt es nicht. Auf den Fortbestand einer faktischen Ruhezone durch Festsetzungen, die die Bebauung von benachbarten Grundstücken verhindern, hat der Nachbar keinen Anspruch.

d) Mangels eines relevanten Abwägungsfehlers stellt sich die Frage nicht, ob der Bebauungsplan zu Recht für nichtig erklärt worden ist. Anzumerken ist gleichwohl, daß der Bebauungsplan auch auf der Grundlage der Rechtsauffassung des Normenkontrollgerichts nur für unwirksam hätte erklärt werden dürfen. Weshalb der vom Normenkontrollgericht angenommene Mangel so gravierend sei, daß er die Grundstruktur der Planung berühre, läßt sich seinem Urteil nicht entnehmen. Wenn das Normenkontrollgericht darauf abgestellt haben sollte, daß der Gemeinderat die zwar nicht beabsichtigten, aber zulässigen Nutzungen nicht berücksichtigt habe, so würde es verkennen, daß bei einem Fehler (nur) im Abwägungsvorgang ein ergänzendes Verfahren niemals ausgeschlossen werden kann, weil eine umfassende neue Abwägung gleichwohl zu demselben Planungsergebnis kommen kann. Sollte das Normenkontrollgericht dagegen gemeint haben, daß die theoretisch zulässigen Betriebe wegen der beengten Verhältnisse hätten ausgeschlossen werden müssen, so hätte der Plan dennoch nur für unwirksam erklärt werden dürfen. Denn was die Antragsgegnerin im Kern planen wollte, zeigt – auch nach der Auffassung der Vorinstanz – der Durchführungsvertrag. Der Ausschluß theoretisch möglicher, aber gar nicht beabsichtigter Nutzungen hätte das Planungskonzept oder die „Grundstruktur der Planung" weder verletzt noch überhaupt berührt.

2. Das angefochtene Urteil erweist sich aber aus anderen Gründen als teilweise richtig. Die Ausführungen des Normenkontrollgerichts zur vermeintlich fehlerhaften Abwägung bei der Aufstellung des streitigen Bebauungsplans zeigen einen anderen planerischen Mangel auf. Der Plan ist nicht hinreichend bestimmt. Aus seinen Festsetzungen läßt sich auch durch Auslegung nicht mit genügender Deutlichkeit ermitteln, welche baulichen Nutzungen zulässig sein sollen. Dieser Mangel macht den Bebauungsplan allerdings nicht nichtig, sondern nur unwirksam.

a) Das Normenkontrollgericht führt aus, der streitige vorhabenbezogene Bebauungsplan sei nicht nur planungsrechtliche Grundlage für das Projekt der Vorhabenträgerin, sondern lasse auch die übrigen in § 4 Abs. 2 und 3 BauNVO aufgeführten Vorhaben zu, soweit sie nicht ausdrücklich ausgeschlossen worden seien. In seiner Auslegung des Bebauungsplans gestattet er also nicht nur die Errichtung von Wohnhäusern einschließlich eines Hauses für betreutes Seniorenwohnen, sondern auch die Errichtung von gebietsversorgenden Schank- und Speisewirtschaften oder von nicht störenden Handwerksbetrieben. Für diese Auslegung spricht, daß das Projekt der Vorhabenträgerin in der Planzeichnung und den textlichen Festsetzungen des Bebauungsplans nicht erwähnt wird und daß ein besonderer Vorhaben- und Erschließungsplan, der gemäß § 12 Abs. 3 Satz 1 BauGB Bestandteil des vorhabenbezogenen Bebauungsplans wäre, nicht existiert.

Gleichwohl begegnet die Interpretation des Plans durch das Normenkontrollgericht durchgreifenden Bedenken. Denn ein Bebauungsplan, der neben den Vorhaben, die Gegenstand des Durchführungsvertrages mit der Gemeinde sind, alternativ auch andere Vorhaben zuläßt, wäre kein vorhabenbezogener Bebauungsplan i.S. von § 12 BauGB, sondern ein „normaler" Bebauungsplan, für dessen Aufstellung teilweise andere Voraussetzungen gelten. Durch den vorhabenbezogenen Bebauungsplan wird die Zulässigkeit einzelner Vorhaben bestimmt. Er setzt voraus, daß die Gemeinde mit dem Vorhabenträger einen Durchführungsvertrag geschlossen hat (§ 12 Abs. 1 Satz 1 BauGB). Gegenstand des Vertrages ist das Vorhaben- und Erschließungsplan, durch den nicht etwa allgemein irgendeine Bebauung des Plangebiets, sondern die Errichtung eines oder mehrerer konkreter Vorhaben i.S. von § 29 Abs. 1 BauGB geregelt wird. Der Vorhaben- und Erschließungsplan, der Bebauungsplan und der Durchführungsvertrag müssen aufeinander abgestimmt sein und dürfen sich nicht widersprechen. Das schließt nicht aus, daß das vereinbarte und im Vorhaben- und Erschließungsplan festgelegte Vorhaben von vornherein eine gewisse Bandbreite an Nutzungsmöglichkeiten umfaßt und damit einem Bedürfnis des Vorhabenträgers oder der Gemeinde nach einem nicht allzu starren planerischen Rahmen Rechnung trägt. Wo die Grenzen einer derartigen flexibleren Planung mit dem Mittel des § 12 BauGB liegen, bedarf hier keiner Vertiefung. Die Festsetzung eines Baugebiets allein reicht jedenfalls nicht aus. Ebenso wäre ein vorhabenbezogener Bebauungsplan, der ein anderes Vorhaben als das im Durchführungsvertrag vereinbarte – ein „aliud" – zuläßt, fehlerhaft (vgl. dazu auch Jäde, in: Jäde/Dirnberger/Weiß, BauGB, 3. Aufl. 2002, § 12 Rdnr. 39). Aus diesem Grunde verletzt das Normenkontrollgericht mit seiner Auslegung des streitigen Bebauungsplans, nach der – beispielsweise – auf ein und demselben Grundstück sowohl ein Haus für betreutes Seniorenwohnen als auch eine Gaststätte planungsrechtlich zulässig sein soll, Bundesrecht. Nur eine Auslegung des Bebauungsplans, die zumindest im Grundsatz mit dem Inhalt des Durchführungsvertrags übereinstimmt, wäre mit Sinn und Zweck des § 12 BauGB vereinbar.

b) Der Senat hat erwogen, ob der streitige Bebauungsplan durch eine einschränkende Auslegung seiner Festsetzungen einen mit § 12 BauGB vereinbaren Inhalt erhalten kann. Im Grundsatz bestehen keine Bedenken, die Festsetzung (nur) eines Baugebiets auch in einem vorhabenbezogenen Bebauungsplan als unschädlich zu betrachten, wenn der Plan das Vorhaben durch eine zusätzliche Beschreibung hinreichend konkretisiert (vgl. auch Bielenberg, ZfBR 1996, 6, 10; OVG NRW, Urteil v. 16.10.1997 – 11 a D 116/96.NE –, BRS 59 Nr. 255). Im vorliegenden Fall scheidet diese Möglichkeit jedoch aus. Denn abgesehen von seiner Bezeichnung als „vorhabenbezogener Bebauungsplan" enthält der Plan selbst nicht einmal einen Hinweis auf die Vorhaben, deren Realisierung er dienen soll. Was die Vorhabenträgerin bauen möchte, ist zwar im Durchführungsvertrag im einzelnen beschrieben. Auf ihn kann jedoch zur Auslegung eines solchen Bebauungsplans nicht zurückgegriffen werden, weil er nicht Bestandteil der Bauleitplanung ist und von anderen Planbetroffenen nicht eingesehen werden kann. Der Öffentlichkeit zugänglich ist dagegen zwar die Planbegründung, in der die von der Vorhabenträgerin geplanten Vorhaben am Anfang in einer „Vorbemerkung" genannt werden. Diese Erwähnung kann jedoch das völlige Fehlen von einschränkenden Festsetzungen im Bebauungsplan selbst nicht ersetzen. Die Planbegründung dient der Erläuterung des Bebauungsplans; sie kann zwar Auslegungshilfe für den Plan sein, ist jedoch selbst kein Planbestandteil. Damit scheidet hier eine einschränkende Auslegung des Bebauungsplans aus. Was die Antragsgegnerin festsetzen wollte und was gemäß § 12 BauGB auch zulässiger Planinhalt sein kann, läßt sich dem streitigen Bebauungsplan nicht widerspruchsfrei entnehmen.

c) Die Unbestimmtheit der Festsetzungen über die zulässigen baulichen Nutzungen macht den Bebauungsplan allerdings nicht nichtig. Denn es bedarf lediglich einiger klarstellender Ergänzungen, um diesen Mangel zu beheben. Dies kann im ergänzenden Verfahren geschehen. Bis zur Behebung des Mangels ist der Bebauungsplan jedoch unwirksam (§ 215a Abs. 1 BauGB).

3. Auch die übrigen Angriffe der Antragsteller gegen den Bebauungsplan der Antragsgegnerin sind nicht geeignet, seine Nichtigkeit zu begründen.

a) Die Antragsteller machen geltend, der Bebauungsplan sei auch deshalb nichtig, weil er mehrere mit Wohn- und Geschäftshäusern bebaute Grundstücke in den Bebauungsplan einbeziehe, die nicht Gegenstand des Durchführungsvertrages seien. Das Normenkontrollgericht hat offen gelassen, ob in

der Einbeziehung dieser Gebäudegrundstücke in den vorhabenbezogenen Bebauungsplan ein Fehler liegt. Die Frage kann auch im Revisionsverfahren offenbleiben. Denn der gerügte Mangel könnte nicht zur Nichtigkeit des Plans, sondern ebenfalls nur zu seiner Unwirksamkeit führen, weil eine Fehlerbehebung im ergänzenden Verfahren durch Verkleinerung des Plangebiets möglich wäre.
Im übrigen lassen jedoch die Feststellungen des Normenkontrollgerichts die Beurteilung zu, daß der gerügte Fehler nicht vorliegt. Nach § 12 Abs. 4 BauGB können einzelne Flächen außerhalb des Bereichs des Vorhaben- und Erschließungsplans in den vorhabenbezogenen Bebauungsplan einbezogen werden. Das bedeutet, daß das Plangebiet nicht durch das „Vorhaben" begrenzt ist, sondern darüber hinausgehen darf, allerdings nur mit einzelnen Flächen. Es kommt danach nicht entscheidend darauf an, ob die drei Hausgrundstücke, insbesondere das Grundstück der Sparkasse, schon deshalb Bestandteil des Bebauungsplans sind oder sein müssen, weil sie zur Erschließung der baulichen Anlagen benötigt werden, die die Vorhabenträgerin im Plangebiet errichten will. Denn jedenfalls ist eine Abrundung um einzelne Flächen zulässig. In diesem Rahmen hält sich die Erweiterung des Plangebiets; erfaßt ist nur ein kleiner Randbereich ...

Nr. 22

Zum Verhältnis des vorhabenbezogenen Bebauungsplans zum Durchführungsvertrag; Verlagerung eines Nutzungskonflikts in ein nachfolgendes Verfahren, ergänzendes Verfahren.

BauG § 12 Abs. 1 Satz 1.

Bundesverwaltungsgericht, Beschluß vom 23. Juni 2003 – 4 BN 7.03 –.

(OVG Nordrhein-Westfalen)

Aus den Gründen:

1.2.1 Die Antragsgegnerin problematisiert das Verhältnis des vorhabenbezogenen Bebauungsplans zum Durchführungsvertrag (vgl. § 12 Abs. 1 Satz 1 BauGB) und möchte rechtsgrundsätzlich geklärt wissen, „ob auch im Rahmen eines Durchführungsvertrages nachträgliche Ergänzungen möglich sind und vorgenommen werden müssen, wenn sich im Baugenehmigungsverfahren herausstellt, daß in Ergänzung der Baugenehmigung Auflagen erforderlich werden, um die Grundstücksnachbarn vor einer nicht zumutbaren Lärmbeeinträchtigung zu schützen". Diese Frage führt nicht zu einem revisionsgerichtlichen Klärungsbedarf. Es bedarf keiner Klärung in einem Revisionsverfahren, sondern liegt auf der Hand, daß der Vorhabenträger im Durchführungsvertrag zusätzliche Verpflichtungen, die die Ausführungen des Vorhabens konkretisieren und Detailfestlegungen enthalten, übernehmen kann, soweit diese Verpflichtungen den Festsetzungen des Bebauungsplans nicht widersprechen. Je nach den tatsächlichen Umständen im Einzelfall können hierunter auch Lärmschutzmaßnahmen zugunsten der Nachbarschaft fallen. Ebenso selbstverständlich ist, daß nachträgliche Ergänzungen des Durchführungsvertrages nicht die Grundzüge der Planung in Frage stellen dürfen. Leidet der vorhabenbezogene Bebauungsplan an Mängeln der Abwägung, die die Planung als Ganzes, d. h. die Grundzüge der Planung, betreffen, scheidet eine „Nachsteuerung" im Baugenehmigungsverfahren oder durch eine nachträgliche Ergänzung des Durchführungsvertrages zur Heilung des Abwägungsfehlers aus. Nach den tatrichterlichen Feststellungen und der Sachverhaltswürdigung der Vorinstanz wäre in einem Revisionsverfahren davon auszugehen, daß der von der Vorinstanz festgestellte Abwägungsfehler, der die auf die Nachbarschaft einwirkenden Lärmimmissionen der Tiefgaragenzufahrt betrifft, die Grundzüge der Planung berührt und die Planung als Ganzes in Frage stellt. Bei dieser Fallkonstellation kommt eine Verlagerung der Konfliktlösung in das Baugenehmigungsverfahren oder in die Ergänzung des Durchführungsvertrages nicht in Betracht. Auch die von der Antragsgegnerin angesprochene Erteilung einer Befreiung nach §31 Abs. 2 BauGB entfällt, wenn die Abweichung vom Bebauungsplan die Grundzüge der Planung berührt. Zutreffend verweist das Normenkontrollgericht darauf, daß bei Erlaß eines vorhabenbezogenen Bebauungsplans der Durchführungspflicht des Vorhabenträgers die Pflicht der Gemeinde korrespondiert, die wesentlichen Konflikte auf der Planungsebene zu entscheiden.

Die von der Antragsgegnerin zur Konfliktbewältigung in einem ergänzenden Verfahren nach §215a Satz 1 BauGB aufgeworfene Frage würde sich in einem Revisionsverfahren ebenfalls nicht stellen, weil in einem ergänzenden Verfahren nur solche Mängel behebbar sind, die nicht den Kern der Abwägungsentscheidung betreffen. Eine Nachbesserung im ergänzenden Verfahren scheidet von vornherein aus, wenn der Abwägungsmangel von solcher Art und Schwere ist, daß er die Planung als Ganzes in Frage stellt. Einen derartigen Fehler hat das Normenkontrollgericht hier festgestellt.

1.2.2 Die Beigeladene wirft als grundsätzlich bedeutsam die Rechtsfrage auf: „Ist bei vorhabenbezogenen Bebauungsplänen für die Verlagerung eines vom Rat der Gemeinde erkannten Nutzungskonfliktes in ein nachfolgendes Verfahren wegen der Verpflichtung des Vorhabenträgers, das Vorhaben innerhalb bestimmter Zeit und nach bestimmten Maßgaben durchzuführen, regelmäßig kein Raum?" Diese Frage würde sich in der Allgemeinheit, in der die Beigeladene sie formuliert, in einem Revisionsverfahren nicht stellen. Nutzungskonflikte, die die Grundzüge der Planung betreffen, sind im (vorhabenbezogenen) Bebauungsplan und nicht in einem nachfolgenden Baugenehmigungsverfahren zu lösen. Im übrigen hängt es von der Festsetzungsdichte eines vorhabenbezogenen Bebauungsplans ab, ob für ergänzende Regelungen in einem Baugenehmigungsverfahren noch Raum ist. Für einen „Konflikttransfer" ist um so weniger Raum, je weitgehender das geplante Vorhaben durch die Festsetzungen in der Planurkunde und die sie ergänzenden Regelungen in dem Durchführungsvertrag bereits konkretisiert wird. Davon geht auch das Normenkontrollgericht aus. Da der Vorhabenträger auf der Grundlage des von ihm vorgelegten Plans bereit und in der Lage sein muß, die Maßnahme innerhalb einer bestimmten Frist durchzuführen, werden die Festsetzungen des Vorhaben- und Erschließungsplans (a. a. O.) i. d. R. bereits einen hohen Konkretisierungsgrad besitzen. Im Hinblick auf die Besonderheiten eines vorhabenbezogenen Bebauungsplans sind einem „Konflikttransfer" in ein Baugenehmigungsverfahren daher auch zeitliche Grenzen gesetzt.

Nr. 23

1. Zu den wesentlichen Unterschieden zwischen vorhabenbezogenen Bebauungsplänen und normalen Bebauungsplänen im Sinne der „Angebotsbebauungsplanung".

2. Die Sonderregelungen des §12 BauGB für vorhabenbezogene Bebauungspläne lassen es nur zu, einen Bebauungsplan zu erlassen, der für den Bereich des Vorhaben- und Erschließungsplans die planungsrechtliche Zulässigkeit des konkreten Vorhabens begründet, zu dessen Durchführung sich der Vorhabenträger in dem mit der Gemeinde abgeschlossenen Durchführungsvertrag verpflichtet hat.

3. Ein Vorhaben i.S. von §12 BauGB muß nicht in jeder Hinsicht so eng umrissen sein, daß der Vorhaben- und Erschließungsplan als seine planerische Grundlage zugleich auch Grundlage der nach Erlaß des Plans zu erteilenden Baugenehmigung sein kann; es kann vielmehr von vornherein eine gewisse Bandbreite an Nutzungsmöglichkeiten umfassen, damit dem Vorhabenträger bei der Planumsetzung eine gewisse Flexibilität verbleibt.

4. Vorhaben i.S. von §12 BauGB kann auch ein Projekt sein, das aus einer Mehrzahl von baulichen Anlagen besteht, die jeweils für sich gesonderte Bauvorhaben i.s. von §29 BauGB darstellen, vom Vorhabenträger jedoch zu einer insgesamt zu verwirklichenden Einheit zusammengefaßt sind.

5. Bei der Festlegung der normativen Regelungen eines vorhabenbezogenen Bebauungsplans ist die Gemeinde zwar nicht an den numerus clausus der planerischen Festsetzungsmöglichkeiten nach §9 BauGB und der BauNVO gebunden, hat jedoch die Leitlinien- und Orientierungsfunktion der BauNVO bei der Konkretisierung der Maßstäbe für eine geordnete städtebauliche Entwicklung zu beachten.

6. Umfaßt das „Vorhaben", zu dessen Realisierung sich der Vorhabenträger verpflichtet hat, ausschließlich die Errichtung von Wohngebäuden, läßt der vorhabenbezogene Bebauungsplan hingegen auch andere – z.B. gewerbliche – Bauvorhaben zu, ist der vorhabenbezogene Bebauungsplan nicht von §12 BauGB gedeckt und daher ungültig; der Mangel kann im ergänzenden Verfahren dadurch behoben werden, daß die zulässige Art der Nutzung auf Wohngebäude beschränkt wird.

7. Begründet ein vorhabenbezogener Bebauungsplan die Zulässigkeit nur von Wohngebäuden, kann er diese Wohngebäude mit Blick auf die Ver-

träglichkeit mit den in ihrer Umgebung zulässigen baulichen Nutzungen zugleich einer bestimmten Baugebietskategorie – etwa reines oder allgemeines Wohngebiet sowie gegebenenfalls auch Misch- oder Dorfgebiet – zuweisen.

8. Werden neue Bauflächen für Wohngebäude ausgewiesen, muß die äußere Erschließung über vorhandene Straßen auch Begegnungsverkehren zwischen Lastkraftwagen untereinander Rechnung tragen, wenn solche Begegnungsverkehre nicht – etwa durch verkehrsregelnde Maßnahmen – von vornherein ausgeschlossen sind.

BauGB §§ 12, 215 a.

OVG Nordrhein-Westfalen, Urteil vom 3. Dezember 2003
– 7a D 42/01.NE – (rechtskräftig).

Die Antragsteller wandten sich gegen einen vorhabenbezogenen Bebauungsplan der Antragsgegnerin, weil dessen äußere Erschließung über vorhandene schmale Straßen diese in verkehrlich unvertretbarer Weise belasten würde. Der Normenkontrollantrag hatte insoweit Erfolg, als der vorhabenbezogene Bebauungsplan für unwirksam erklärt wurde.

Aus den Gründen:
In materieller Hinsicht unterliegt der strittige Bebauungsplan bereits deshalb durchgreifenden Bedenken, weil der von der Antragsgegnerin als Satzung beschlossene normative Planinhalt nicht von den für vorhabenbezogene Bebauungspläne einschlägigen Vorgaben des § 12 BauGB gedeckt ist.

Die Antragsgegnerin hat den strittigen Bebauungsplan in der Rechtsform eines vorhabenbezogenen Bebauungsplans nach § 12 BauGB erlassen. Dessen Sonderregelungen lassen es nur zu, einen Bebauungsplan zu erlassen, der – jedenfalls für den Bereich des Vorhaben- und Erschließungsplans – die planungsrechtliche Zulässigkeit des konkreten Vorhabens begründet, zu dessen Durchführung sich der Vorhabenträger in dem mit der Gemeinde abgeschlossenen Durchführungsvertrag verpflichtet hat. Ein vorhabenbezogener Bebauungsplan, der für den Bereich des Vorhaben- und Erschließungsplans ein anderes Vorhaben als das im Durchführungsvertrag vereinbarte zuläßt, ist hingegen fehlerhaft (zu letzterem vgl. BVerwG, Urteil v. 18.9.2003 – 4 CN 3.02 –, abgedruckt unter Nr. 21).

Diesen Anforderungen wird der strittige Bebauungsplan nicht gerecht, weil seine Regelungen im Geltungsbereich des Bebauungsplans, der hier mit dem Bereich des Vorhaben- und Erschließungsplans identisch ist, neben den Wohnhäusern, zu deren Errichtung sich die Beigeladene als Vorhabenträgerin in dem mit der Antragsgegnerin abgeschlossenen Durchführungsvertrag verpflichtet hat, auch andere – insbesondere auch gewerbliche – Nutzungen zuläßt.

Im einzelnen ist hierzu anzumerken:
Die rechtliche Qualifizierung des strittigen Plans als eines vorhabenbezogenen Bebauungsplans i. S. von § 12 BauGB folgt aus den dem Senat vorliegenden Unterlagen. (Wird ausgeführt.)

Eine Auslegung dieses vorhabenbezogenen Bebauungsplans dahin, daß er ‚in Wahrheit' ein ‚normaler' – nicht vorhabenbezogener – Bebauungsplan ist, kommt angesichts der noch anzusprechenden Unterschiede eines vorhabenbezogenen Bebauungsplans i. S. von § 12 BauGB einerseits und eines ‚normalen' Bebauungsplans andererseits nicht in Betracht. Mit der Entscheidung, einen vorhabenbezogenen Bebauungsplan aufzustellen, macht die Gemeinde deutlich, daß für den Plan ergänzend zu bzw. in Abweichung von den allgemeinen Regelungen für ‚normale' Bebauungspläne die Sonderregelungen des § 12 BauGB gelten sollen. Alle diese Sonderregelungen würden entfallen, wollte man einen vorhabenbezogenen Bebauungsplan als einen ‚normalen' Bebauungsplan qualifizieren.

Ein vorhabenbezogener Bebauungsplan i. S. von § 12 BauGB ist – wie schon seine Bezeichnung verdeutlicht – durch seine besondere Vorhabenbezogenheit gekennzeichnet. Diese Vorhabenbezogenheit, die den entscheidenden Unterschied zu einem ‚normalen' Bebauungsplan ausmacht, besteht im wesentlichen darin, daß § 12 BauGB es – neben den noch anzusprechenden ergänzenden Regelungen für „einzelne Flächen außerhalb des Bereichs des Vorhaben- und Erschließungsplans" (§ 12 Abs. 4 BauGB) – nur zuläßt, mit einem vorhabenbezogenen Bebauungsplan die planungsrechtliche Zulässigkeit eines konkreten Vorhabens eines bestimmten Vorhabenträgers zu begründen, während mit einem ‚normalen' Bebauungsplan im Sinne einer ‚Angebotsplanung' die planungsrechtliche Zulässigkeit eines mehr oder weniger breiten Spektrums unterschiedlicher Vorhaben für jedermann begründet wird. Zur Sicherstellung dieser Vorhabenbezogenheit der in ihm geregelten Sonderform eines Bebauungsplans trifft § 12 BauGB spezielle Regelungen, die sich auf die Planaufstellung, die zulässigen Planinhalte und die Rechtsfolgen des Erlasses eines solchen Plans beziehen.

Bei der Aufstellung eines vorhabenbezogenen Bebauungsplans kann sich die Gemeinde nicht, wie bei einem ‚normalen' Bebauungsplan, darauf beschränken, eine – ggf. aus mehreren Bestandteilen bestehende – Planurkunde zu erstellen, welche die zeichnerisch und/oder textlich festgelegten Festsetzungen enthält, die gemäß § 10 Abs. 1 BauGB als „Satzung" beschlossen werden und mit ihrem daraus folgenden normativen Regelungsgehalt für den Geltungsbereich des Bebauungsplans nach § 30 Abs. 1 bzw. Abs. 3 BauGB die planungsrechtliche Zulässigkeit von Bauvorhaben i. S. von § 29 Abs. 1 BauGB bestimmen. § 12 Abs. 1 Satz 1 BauGB läßt den Einsatz des Instruments des vorhabenbezogenen Bebauungsplans vielmehr nur dann zu, wenn mit dem „Vorhaben- und Erschließungsplan" ein zwischen Gemeinde und Vorhabenträger abgestimmter Plan „zur Durchführung der Vorhaben und der Erschließungsmaßnahmen" vorliegt, mithin zur Realisierung gerade des Projekts, dessen Zulässigkeit begründet werden soll. Des weiteren fordert diese Vorschrift, daß vor dem Satzungsbeschluß über den vorhabenbezogenen Bebauungsplan zwischen der Gemeinde und dem Vorhabenträger ein

Nr. 23

Durchführungsvertrag abgeschlossen wird, in dem sich der Vorhabenträger „zur Durchführung" verpflichtet, und zwar zur fristgerechten Realisierung eben dieses Vorhabens und der Erschließungsmaßnahmen. Das Vorhaben, dessen Zulässigkeit durch den Bebauungsplan begründet werden soll, hat demnach Gegenstand sowohl des Vorhaben- und Erschließungsplans als auch des Durchführungsvertrags zu sein. Wenn §12 Abs.1 Satz1 BauGB dabei den Begriff „Vorhaben" durchgängig im Plural verwendet, soll dies ersichtlich nur deutlich machen, daß „Vorhaben" im Sinne dieser Vorschrift auch ein Projekt sein kann, das beispielsweise auch aus einer Mehrzahl von baulichen Anlagen besteht, die jeweils für sich gesonderte Bauvorhaben i. S. von §29 BauGB darstellen, vom Vorhabenträger jedoch zu einer insgesamt zu verwirklichenden Einheit zusammengefaßt sind.

Zwischen den drei genannten Elementen „vorhabenbezogener Bebauungsplan", „Vorhaben- und Erschließungsplan" sowie „Durchführungsvertrag" muß nach dem Regelungssystem des §12 BauGB weitgehende Übereinstimmung bestehen, die den zulässigen Planinhalt eines vorhabenbezogenen Bebauungsplans deutlich einengt. Der Vorhaben- und Erschließungsplan und der Durchführungsvertrag müssen sich – wie dargelegt – auf dasselbe Vorhaben beziehen, nämlich das Vorhaben, dessen Zulässigkeit durch den Plan begründet werden soll. Diese weitgehende Übereinstimmung muß andererseits auch zwischen vorhabenbezogenem Bebauungsplan und Vorhaben- und Erschließungsplan bestehen, jedenfalls soweit sie sich auf denselben räumlichen Bereich beziehen. Dies folgt aus §12 Abs.3 Satz1 BauGB, wonach der Vorhaben- und Erschließungsplan „Bestandteil des vorhabenbezogenen Bebauungsplans" wird. Diese Regelung stellt klar, daß der Vorhaben- und Erschließungsplan – anders als der Durchführungsvertrag, der als städtebaulicher Vertrag i. S. von §11 BauGB lediglich die Vertragsparteien, nämlich Vorhabenträger und Gemeinde, bindet – den normativen Planinhalt mit bestimmt, der für den Geltungsbereich des vorhabenbezogenen Bebauungsplans gemäß §30 Abs.2 BauGB die planungsrechtliche Zulässigkeit von Bauvorhaben im Plangebiet gegenüber jedermann verbindlich regelt. Da eine Rechtsnorm, wie der als Satzung erlassene vorhabenbezogene Bebauungsplan, nicht in sich widersprüchlich sein darf, müssen die Inhalte des Vorhaben- und Erschließungsplans und des vorhabenbezogenen Bebauungsplans zwar nicht – wie im vorliegenden Fall – identisch sein, sie müssen aber jedenfalls inhaltlich widerspruchsfrei aufeinander abgestimmt sein. Das ist wiederum nur dann der Fall, wenn sie ihrerseits nur dasselbe Vorhaben zulassen. Dabei kann im vorliegenden Verfahren, in dem vorhabenbezogener Bebauungsplan und Vorhaben- und Erschließungsplan inhaltlich identisch sind, dahinstehen, inwieweit der vorhabenbezogene Bebauungsplan – jedenfalls für den Bereich des Vorhaben- und Erschließungsplans – vom Vorhaben- und Erschließungsplan abweichende Regelungen enthalten darf, etwa indem er die Zulässigkeit der dort festgelegten Vorhaben zur Vermeidung von Abwägungsfehlern inhaltlich modifiziert oder ergänzt (vgl. zur Satzung über den Vorhaben- und Erschließungsplan nach §7 BauGBMaßnG BVerwG, Urteil v. 6.6.2002 – 4 CN 4.01 –, BVerwGE 116, 296 = BauR 2002, 1655 = BRS 65 Nr.78).

Festzuhalten bleibt jedenfalls, daß die drei in § 12 BauGB angeführten Elemente des vorhabenbezogenen Bebauungsplans,
- vorhabenbezogener Bebauungsplan als Satzung, die die Zulässigkeit von Bauvorhaben im Geltungsbereich des Bebauungsplans bestimmt,
- Vorhaben- und Erschließungsplan als planerische Grundlage des konkret vom Vorhabenträger geplanten Vorhabens und zugleich Bestandteil der normativen Regelungen des Bebauungsplans als Satzung sowie
- Durchführungsvertrag, in dem sich der Vorhabenträger der Gemeinde gegenüber zur fristgerechten Realisierung des konkret geplanten Vorhabens verpflichtet,

aufeinander abgestimmt sein müssen und sich nicht widersprechen dürfen. Ein solcher Widerspruch läge insbesondere dann vor, wenn der Bebauungsplan, jedenfalls für den Bereich des Vorhaben- und Erschließungsplans, neben dem Vorhaben, das Gegenstand des Durchführungsvertrags ist, alternativ auch andere Vorhaben zulassen würde (vgl. BVerwG, Urteil v. 18. 9. 2003 – 4 CN 3.02 –, a. a. O.).

Zusätzlich zu dem Vorhaben, das Gegenstand des Vorhaben- und Erschließungsplans ist und zu dessen fristgerechter Realisierung sich der Vorhabenträger im Durchführungsvertrag verpflichten muß, kann mit einem vorhabenbezogenen Bebauungsplan allerdings auch die Zulässigkeit weiterer Bauvorhaben begründet werden, und zwar nach Maßgabe des § 12 Abs. 4 BauGB. Diese Vorschrift läßt es zu, „einzelne Flächen außerhalb des Vorhaben- und Erschließungsplans" als „Abrundung" (so ausdrücklich BVerwG, Urteil v. 18. 9. 2003 – 4 CN 3.02 –, a. a. O.) in den vorhabenbezogenen Bebauungsplan einzubeziehen. Die Gemeinde kann mithin den Geltungsbereich des vorhabenbezogenen Bebauungsplans über den das Vorhaben und die Erschließungsmaßnahmen erfassenden Bereich des Vorhaben- und Erschließungsplans hinaus erstrecken, um so in einem einheitlichen Bebauungsplan aus städtebaulichen Gründen auch für Bereiche außerhalb des konkret zur Realisierung anstehenden Vorhabens die Zulässigkeit weiterer Bauvorhaben zu begründen. Für diesen weitergehenden räumlichen Bereich gelten jedoch verschiedene Sonderregelungen des § 12 BauGB nicht, insbesondere nicht die noch anzusprechende fehlende Bindung an den „numerus clausus" der planerischen Festsetzungsmöglichkeiten (§ 12 Abs. 3 Satz 2 1. Halbs. BauGB). Auch die Möglichkeit zur Aufhebung des Bebauungsplans gemäß § 12 Abs. 6 Satz 1 BauGB ist auf die nicht fristgerechte Umsetzung des Vorhaben- und Erschließungsplans beschränkt und bei einer fehlenden Realisierung der auf den einbezogenen zusätzlichen Flächen für zulässig erklärten Bauvorhaben nicht gegeben. Weitergehender Erörterungen der zulässigen Grenzen einer „Abrundung" des vorhabenbezogenen Bebauungsplans über den Bereich des Vorhaben- und Erschließungsplans hinaus bedarf es im vorliegenden Verfahren jedoch gleichfalls nicht, weil hier Bebauungsplan und Vorhaben- und Erschließungsplan auch räumlich identisch sind.

Hinsichtlich der zulässigen Planinhalte trifft § 12 Abs. 3 Satz 2 1. Halbs. BauGB ferner die Sonderregelung, daß die Gemeinde – jedenfalls für den Bereich des Vorhaben- und Erschließungsplans – bei der Bestimmung der Zulässigkeit der Vorhaben nicht an die Festsetzungen nach § 9 BauGB und nach der auf Grund von § 2 Abs. 5 BauGB erlassenen Verordnung – mithin der BauNVO – gebunden ist. Diese fehlende Bindung an den sog. „numerus clausus" der planerischen Festsetzungsmöglichkeiten bedeutet, daß die Gemeinde sich in Abstimmung mit dem Vorhabenträger grundsätzlich frei entscheiden kann, ob sie die nach § 30 Abs. 2 BauGB für die Zulässigkeit von Bauvorhaben im Bereich des Vorhaben- und Erschließungsplans maßgeblichen normativen Regelungen konkret-individuell umschreiben oder ob sie insgesamt oder teilweise auf die für die „normale" Bebauungsplanung maßgebliche Plansprache zurückgreifen will. Dabei ist sie inhaltlich jedoch nicht völlig frei. Sie ist, wie bei jeder Aufstellung eines Bebauungsplans, an die normativen Vorgaben etwa der §§ 1, 1 a und 2 BauGB für die Festlegung der Planinhalte gebunden und hat dabei insbesondere auch die Leitlinien- und Orientierungsfunktion der Baunutzungsverordnung bei der Konkretisierung der Maßstäbe für eine geordnete städtebauliche Entwicklung zu beachten (zu letzterem vgl. BVerwG, Urteil v. 6.6.2002 – 4 CN 4.01 –, BVerwGE 116, 296 = BauR 2002, 1655 = BRS 65 Nr. 78).

Schließlich bestehen auch hinsichtlich der Rechtsfolgen wesentliche Unterschiede zwischen einem vorhabenbezogenen Bebauungsplan und einem ‚normalen' Bebauungsplan. Zum einem gelten die in § 12 Abs. 3 Satz 2 2. Halbs. BauGB aufgelisteten Regelungen – etwa hinsichtlich der Sicherung der Bauleitplanung durch Zurückstellungen und Veränderungssperren, des Planungsschadenrechts, der Umlegung und des Erschließungsbeitragsrechts – jedenfalls für den Bereich des Vorhaben- und Erschließungsplans nicht. Zum anderen hat die Gemeinde nach § 12 Abs. 6 BauGB – wie bereits angesprochen – die als Soll-Vorschrift normierte Möglichkeit, den Bebauungsplan aufzuheben, wenn der Vorhaben- und Erschließungsplan nicht in der im Durchführungsvertrag vereinbarten Frist durchgeführt wird, ohne aus der Aufhebung mit Ansprüchen des Vorhabenträgers rechnen zu müssen. Gerade diese Sonderregelung spricht ebenfalls dafür, eine Übereinstimmung von Vorhaben- und Erschließungsplan sowie Durchführungsvertrag in dem Sinne zu fordern, daß sich beide auf dasselbe Vorhaben beziehen müssen.

Das dargelegte, aus dem Wortlaut und Sinnzusammenhang des § 12 BauGB folgende Verständnis der Regelungen über den vorhabenbezogenen Bebauungsplan, namentlich die zu fordernde widerspruchsfreie Übereinstimmung zwischen dem Vorhaben, zu dessen Realisierung sich der Vorhabenträger im Durchführungsvertrag verpflichtet, und dem, was der vorhabenbezogene Bebauungsplan – jedenfalls für den Bereich des Vorhaben- und Erschließungsplans – zuläßt, entspricht auch dem aus der Entstehungsgeschichte ablesbaren Willen des Gesetzgebers.

Mit der Aufnahme der Regelungen über den vorhabenbezogenen Bebauungsplan in das Baugesetzbuch durch das Bau- und Raumordnungsgesetz 1998 trat diese Sonderform des Bebauungsplans an die Stelle der Satzung über den Vorhaben- und Erschließungsplan nach § 7 BauGBMaßnG. Der wesentliche Unterschied zwischen dieser Satzung und einem ‚normalen' Bebauungsplan bestand bereits seinerzeit darin, daß es bei ersterer darum ging, für ein bestimmtes Vorhaben und für einen konkreten Bauwilligen/ Investor die Voraussetzungen für die planungsrechtliche Zulässigkeit dort zu schaffen, wo sie bislang nicht bestand, während der ‚normale' Bebauungsplan die Zulässigkeit für eine mehr oder weniger große Zahl von Bauvorhaben begründete, ohne daß hierfür ein Vorhabenträger feststand (vgl. Bielenberg, „Aufstellung eines Vorhaben- und Erschließungsplans (VE-Plans)", ZfBR 1996, 6 (6)).

An diesen Unterschied knüpfte der Bundesgesetzgeber bei der Novellierung des Baugesetzbuches durch das Bau- und Raumordnungsgesetz 1998 an. Ihm kam es lediglich darauf an, die Regelungen über den Vorhaben- und Erschließungsplan nach § 7 BauGBMaßnG „mit ihrem materiellen Gehalt unverändert" in das Baugesetzbuch zu übernehmen. Die Satzung über den Vorhaben- und Erschließungsplan sollte zwar „zum Zweck der Rechtsvereinheitlichung als ein Unterfall des Bebauungsplans geregelt werden", zugleich sollte jedoch „die weiterhin bestehende besondere Vorhabenbezogenheit des Bebauungsplans" verdeutlicht werden. Dabei sollte nicht nur „der wesentliche Regelungsgehalt der Satzung über den Vorhaben- und Erschließungsplan auf den vorhabenbezogenen Bebauungsplan übertragen" werden, vielmehr sollten „zur Wahrung der gesetzgeberischen Kontinuität auch die zentralen Begriffe ‚Vorhaben- und Erschließungsplan' und ‚Durchführungsvertrag' übernommen werden" (vgl. hierzu die Amtliche Begründung zum Bau- und Raumordnungsgesetz 1998 in BT-Drucks. 13/6392, S. 51).

Ziel des Gesetzgebers war es dabei, das nach seiner Einschätzung „bewährte" Instrument der Satzung über den Vorhaben- und Erschließungsplan – neben den Regelungen des Maßnahmengesetzes zum Baugesetzbuch über die städtebaulichen Verträge – als Dauerrecht in das Baugesetzbuch zu überführen, „da durch diese Regelungen im Gegensatz zur Angebotsplanung auf den Einzelfall zurecht geschnittene planerische Lösungen auch in Abweichung von der Baunutzungsverordnung ermöglicht werden" (vgl. BT-Drucks. 13/6392, S. 38).

Der vorhabenbezogene Bebauungsplan soll mithin im Gegensatz zur Angebotsbebauungsplanung im klassischen Sinne gleichsam „maßgeschneiderte" planerische Lösungen ermöglichen (vgl. OVG NRW, Urteil v. 6.4.2001 – 7a D 143/00.NE –, BRS 64 Nr. 227).

Bereits nach den Regelungen des Maßnahmengesetzes zum Baugesetzbuch bildeten der Vorhaben- und Erschließungsplan, der die Errichtung eines oder mehrerer konkreter Vorhaben regelt, die das Baurecht schaffende – nunmehr als „vorhabenbezogener Bebauungsplan" bezeichnete – Satzung der Gemeinde und der Baupflichten begründende städtebauliche Vertrag zwischen der Gemeinde und dem Investor eine „Paketlösung" (so bereits die Amtliche Begründung zum BauGBMaßnG in BT-Drucks. 12/3944, S. 24).

Hieran sollte sich durch die Neuregelungen des Bau- und Raumordnungsgesetzes 1998 nichts ändern und hat sich nichts geändert.

Daß nach diesem Verständnis des zulässigen Anwendungsbereichs von § 12 BauGB zahlreiche Pläne, die in der gegenwärtigen Planungspraxis mit dem Etikett „vorhabenbezogener Bebauungsplan" versehen werden, nicht von § 12 BauGB gedeckt sind, gibt keinen Anlaß zu einer dieser Praxis entsprechenden erweiternden Auslegung dieser Vorschrift. Sie eröffnet den Gemeinden zwar die Möglichkeit, ein konkret beabsichtigtes Vorhaben zum Anlaß zu nehmen, neues, über die aktuell gegebene Rechtslage hinausgehendes Planungsrecht zu schaffen. Bei dessen Festlegung ist sie nicht strikt an die für ‚normale' Bebauungspläne maßgeblichen normativen Vorgaben des § 9 BauGB und der Baunutzungsverordnung gebunden, hat aber – wie dargelegt – jedenfalls die Leitlinien- und Orientierungsfunktion der Baunutzungsverordnung bei der Konkretisierung der Maßstäbe für eine geordnete städtebauliche Entwicklung zu beachten. Auch kann sie das neue Planungsrecht bei seiner nicht fristgerechten Umsetzung durch den Vorhabenträger aufheben, ohne mit Ansprüchen von seiner Seite rechnen zu müssen. Diese Möglichkeit hat sie nach dem dargelegten Willen des Gesetzgebers, der sich auch im Wortlaut und Sinnzusammenhang des Gesetzes niedergeschlagen hat, jedoch nur, wenn sie sich jedenfalls für den räumlichen Bereich des Vorhaben- und Erschließungsplans darauf beschränkt, das konkrete, zur fristgerechten Realisierung vorgesehene Vorhaben rechtlich abzusichern. Will die Gemeinde hingegen dort nicht nur das konkret zur Realisierung anstehende Vorhaben ermöglichen, sondern von vornherein – ggf. auch erst im Wege einer späteren Umnutzung der zugelassenen baulichen Anlagen nach Ersterrichtung des vom Vorhabenträger zunächst vorgesehenen Vorhabens – eine mehr oder weniger breite Palette unterschiedlicher baulicher Nutzungsmöglichkeiten eröffnen, steht ihr das Instrument eines vorhabenbezogenen Bebauungsplans nicht zur Verfügung. Ihr ist es jedoch unbenommen, dann den weiterhin uneingeschränkt möglichen Weg des Erlasses eines ‚normalen' Bebauungsplans als ‚Angebotsplanung' zu gehen, zumal sie auch dann gegebenenfalls städtebauliche Verträge nach § 11 BauGB – etwa bezüglich der Tragung von Planungskosten, der Erschließung sowie ggf. bestimmter Modalitäten zur Planumsetzung – abschließen kann.

Den dargelegten Anforderungen des § 12 BauGB wird der strittige Bebauungsplan nicht gerecht. Ihm liegt zwar die Realisierung eines konkreten Vorhabens der Beigeladenen als Vorhabenträgerin zugrunde, zu deren fristgerechter Durchführung sich diese auch im Durchführungsvertrag in der hier maßgeblichen Fassung verpflichtet hat. Die normativen Regelungen des vorhabenbezogenen Bebauungsplans, in den hier keine zusätzlichen, über das Vorhaben hinausgreifende Flächen nach § 12 Abs. 4 BauGB einbezogen sind, lassen jedoch neben dem konkret beabsichtigten Vorhaben der Beigeladenen auch andere, als „aliud" zu wertende Vorhaben zu.

„Vorhaben" der Beigeladenen ist die Errichtung einer begrenzten Zahl von Wohnhäusern, wie aus dessen Umschreibung in der Begründung des Bebauungsplans und der hiermit übereinstimmenden Durchführungsverpflichtung in § 1 des Durchführungsvertrags folgt. (Wird ausgeführt.)

Übereinstimmend mit der Umschreibung des „Vorhabens" in der Planbegründung als Errichtung einer begrenzten Zahl von Wohnhäusern umschreibt auch § 1 des Durchführungsvertrags in der hier maßgeblichen letzten Fassung das „Vorhaben", zu dessen Realisierung die Beigeladene sich verpflichtet hat, dahin, daß die Beigeladene sich verpflichtet, „die Grundstücke mit den Wohnhäusern zu bebauen". Diese Formulierung entspricht derjenigen der Urfassung, in der bereits die Rede war von der „Errichtung von Wohnbaugrundstücken".

Mit den genannten Umschreibungen ist das „Vorhaben" i. S. von § 12 BauGB, dessen Realisierung durch den strittigen Plan planungsrechtlich gesichert werden soll, hinreichend konkret festgelegt. „Vorhaben" im Sinne der genannten Vorschrift muß nicht ein in jeder Hinsicht so eng umrissenes Projekt sein, daß seine planerische Grundlage – der Vorhaben- und Erschließungsplan – zugleich auch Grundlage der nach Erlaß des Plans zu erteilenden Baugenehmigung sein kann. Der Vorhabenbegriff i. S. von § 12 BauGB und der Begriff des Bauvorhabens i. S. von § 29 Abs. 1 BauGB sind nicht identisch (vgl. OVG NRW, Urteil v. 16. 10. 1997 – 11a D 116/96.NE –, BRS 59 Nr. 255).

Das im Durchführungsvertrag vereinbarte und im Vorhaben- und Erschließungsplan festzulegende Vorhaben kann vielmehr von vornherein eine gewisse Bandbreite an Nutzungsmöglichkeiten umfassen und damit einem Bedürfnis des Vorhabenträgers oder der Gemeinde nach einem nicht allzu starren planerischen Rahmen Rechnung tragen (vgl. BVerwG, Urteil v. 18. 9. 2003 – 4 CN 3.02 –, a. a. O.).

Insoweit besteht im vorliegenden Verfahren kein Anlaß, der Frage weiter nachzugehen, welches Ausmaß an Flexibilität bezüglich der „Art der Nutzung" mit § 12 BauGB noch vereinbar ist. Das hier maßgebliche Vorhaben „Wohnhäuser" ist hinsichtlich der Nutzungsart jedenfalls hinreichend eng gefaßt, um noch den Begriff des „Vorhaben" i. S. von § 12 BauGB zu erfüllen. Auch hinsichtlich der die zulässigen Baukörper als solche festlegenden Parameter – Standort, Grundfläche, Höhe u. a. m. – ist es mit dem Begriff des „Vorhabens" i. S. von § 12 BauGB jedenfalls noch vereinbar, wenn dem Vorhabenträger eine Flexibilität bei der Planumsetzung verbleibt.

Mit seinem normativen Regelungsgehalt geht der strittige vorhabenbezogene Bebauungsplan über eine Zulassung nur des dargelegten Vorhabens – Errichtung einer begrenzten Zahl von Wohnhäusern auf großzügig geschnittenen Grundstücken – deutlich hinaus. Zwar läßt er in der Tat nur eine Bebauung mit geringer Dichte für eine begrenzte Zahl von Gebäuden zu. Hinsichtlich deren Nutzung gibt er jedoch nicht ausschließlich eine Nutzung als Wohnhäuser vor, sondern läßt auch als „aliud" zu wertende – insbesondere auch gewerbliche – Nutzungen zu. Letzteres ist, wie dargelegt, mit § 12 BauGB nicht vereinbar.

Der normative Regelungsgehalt eines vorhabenbezogenen Bebauungsplans, der nach § 30 Abs. 2 BauGB allein die Zulässigkeit von Bauvorhaben im Geltungsbereich des Plans festlegt, wird nach dem dargelegten Regelungssystem des § 12 BauGB ausschließlich durch den als Satzung zu beschließenden Bebauungsplan selbst einschließlich des seinen Bestandteil bildenden Vorhaben- und Erschließungsplans bestimmt. Auf den Durchführungsvertrag, der – wie dargelegt – als städtebaulicher Vertrag lediglich die Vertragsparteien bindet, kann zur einschränkenden Auslegung des jedermann bindenden normativen Regelungsgehalts der Satzung nicht zurückgegriffen werden. Ebensowenig kommt eine den Regelungsgehalt einschränkende Auslegung des Plans auf Grund der ihm beizufügenden Begründung in Betracht. Die Begründung dient nur der Erläuterung des Bebauungsplans und kann zwar in Zweifelsfällen Auslegungshilfe für den Plan sein, hier trifft der Plan aber eine eindeutige Regelung.

Demgemäß kommt auch eine einschränkende Auslegung des normativen Planinhalts auf der Grundlage der bereits angesprochenen Planzeichnungen „Geländeschnitte zum Vorhaben- und Erschließungsplan" sowie „Gestaltplan zum Vorhaben- und Erschließungsplan" nicht in Betracht. Diese sind lediglich Anlage zur Begründung und nicht etwa Bestandteil des Vorhaben- und Erschließungsplans und damit auch nicht Bestandteil des vorhabenbezogenen Bebauungsplans.

In der mit Ausfertigungsvermerk versehenen Planurkunde, die sowohl als „Vorhabenbezogener Bebauungsplan (VBP)" als auch als „Vorhaben- und Erschließungsplan (VEP)" bezeichnet ist, hat sich die Antragsgegnerin in Abstimmung mit der Beigeladenen ausschließlich der Festsetzungsmöglichkeiten bedient, die § 9 Abs. 1 bis 3 BauGB i. V. m. der Baunutzungsverordnung ausdrücklich vorsieht. Von der bereits angesprochenen Möglichkeit, gemäß § 12 Abs. 3 Satz 2 1. Halbs. BauGB die maßgeblichen normativen Regelungen des Plans – ganz oder teilweise – konkret-individuell zu umschreiben, hat sie keinen Gebrauch gemacht. Geht die Gemeinde diesen Weg, indem sie bei der Bestimmung des normativen Planinhalts die Instrumente des § 9 BauGB und der Baunutzungsverordnung benutzt, verzichtet sie auf die Erfindung neuer eigener Festsetzungen mit der Folge, daß bei Auslegungszweifeln die herangezogenen Begriffe und Vorschriften den Planinhalt bestimmen, der zugleich Beurteilungsmaßstab für eine etwaige spätere Baugenehmigung ist (vgl. BVerwG, Urteil v. 6. 6. 2002 – 4 CN 4.01 –, a. a. O.).

Gemessen an diesen Maßstäben läßt sich hinsichtlich der für die Zulässigkeit der Baukörper als solche maßgebenden Parameter – Standort, Grundfläche, Höhe u. a. m. – allerdings noch eine hinreichende widerspruchsfreie Übereinstimmung der Festsetzungen des Plans mit dem vorstehend umschriebenen „Vorhaben" i. S. von § 12 BauGB feststellen. Die Festsetzungen zum Maß der baulichen Nutzung, zur Bauweise und zu den durch Baugrenzen festgelegten überbaubaren Grundstücksflächen lassen allerdings eine deutliche Flexibilität bei der Planumsetzung zu. Ob allein durch diese Festsetzungen bereits das gebotene widerspruchsfreie Aufeinander-Abgestimmtsein des Vorhabens der Beigeladenen mit den Planfestsetzungen gewährleistet wäre, erscheint indes nicht zweifelsfrei. So käme auf Grund der uneingeschränkten Festsetzung einer offenen Bauweise, die gemäß § 22 Abs. 2 Satz 1 BauNVO auch die Errichtung von Hausgruppen (Reihenhäusern) mit maximal 50 m Länge zuläßt, auch eine beachtliche Verdichtung der neuen Bebauung in Betracht, die möglicherweise nicht mehr mit der angeführten Festlegung des „Vorhabens" auf die Errichtung einer begrenzten Zahl von Wohnhäusern auf relativ großzügig geschnittenen Grundstücken vereinbar wäre. Einer abschließenden Prüfung dieser Frage bedarf es jedoch nicht, weil der Plan jedenfalls in der für die Entscheidung des Senats maßgeblichen Fassung der ersten Änderung die – schon in der Begründung als Planziel und damit Element des „Vorhabens" angeführte – Beschränkung der zulässigen Grundstücksgröße auf ein Mindestmaß von 600 m^2 vorgibt. Diese Mindestgröße der Baugrundstücke stellt, wie in der mündlichen Verhandlung mit den

Beteiligten erörtert wurde, jedenfalls sicher, daß im Plangebiet im Ergebnis nur rd. 20 Baugrundstücke gebildet werden können und damit die vorausgesetzte Großzügigkeit der Neubebauung gewahrt bleibt.

Anders liegt es hingegen hinsichtlich der Art der baulichen Nutzung. Insoweit sind in der Planurkunde „Allgemeine Wohngebiete WA gemäß § 4 BauNVO" festgesetzt. Das bedeutet, daß im Geltungsbereich des Plans der Art nach grundsätzlich alle Bauvorhaben zulässig sind, die § 4 Abs. 2 BauNVO als allgemein zulässig und § 4 Abs. 3 BauNVO als ausnahmsweise zulässig festlegt. Die Antragsgegnerin hat sich hier in Abstimmung mit der Beigeladenen als Vorhabenträgerin allerdings ergänzend dazu entschlossen, den in § 4 Abs. 2 und 3 BauNVO festgelegten Katalog der zulässigen Nutzungsarten in Anwendung von § 1 Abs. 5 und 6 BauNVO einzuschränken, indem verschiedene der allgemein bzw. ausnahmsweise zulässigen Nutzungsarten ausdrücklich ausgeschlossen wurden. Konkret ergibt sich hiernach, daß nach den in der Planurkunde niedergelegten Festsetzungen des strittigen Plans in seinem Geltungsbereich folgende Nutzungsarten zulässig sind:
 – Allgemein zulässig sind Wohngebäude, der Versorgung des Gebiets dienende nicht störende Handwerksbetriebe und Anlagen für gesundheitliche Zwecke.
 – Ausnahmsweise zulässig sind sonstige nicht störende Gewerbebetriebe.

Jedenfalls mit diesem Regelungsgehalt geht der vorhabenbezogene Bebauungsplan deutlich über das Vorhaben der Beigeladenen hinaus. Er läßt es zu, daß in dem – mit dem Bereich des Vorhaben- und Erschließungsplans identischen – Geltungsbereich des Bebauungsplans nicht nur Wohnhäuser zugelassen werden können, sondern auch verschiedene, gegenüber einer Wohnnutzung als „aliud" zu wertende gewerbliche Nutzungen und gesundheitlichen Zwecken dienende Anlagen. Dies ist mit dem dargelegten Regelungsgehalt des § 12 BauGB nicht vereinbar.

Der hiernach gegebene Mangel des angegriffenen Plans führt allerdings nicht zu seiner Nichtigkeit, sondern nur zu seiner Unwirksamkeit, denn er kann durch ein ergänzendes Verfahren nach § 215a Abs. 1 Satz 1 BauGB behoben werden.

Eine Behebung im ergänzenden Verfahren kommt bei allen Mängeln in Betracht, die nicht die Grundzüge der Planung berühren (vgl. BVerwG, Urteil v. 8. 10. 1998 – 4 CN 7.97 –, BRS 60 Nr. 52).

Dies gilt auch für solche Mängel, deren Behebung inhaltliche Änderungen oder Ergänzungen des Plans erfordert (vgl. BVerwG, Urteil v. 16. 12. 1999 – 4 CN 7.98 –, BRS 62 Nr. 44).

Im vorliegenden Fall setzt die von § 12 BauGB gebotene Schaffung einer grundsätzlichen Übereinstimmung des Durchführungsvertrags mit dem Vorhaben- und Erschließungsplan und den hiermit identischen Festsetzungen des vorhabenbezogenen Bebauungsplans im Sinne eines widerspruchsfreien Aufeinander-Abgestimmtseins lediglich voraus, daß die Zulässigkeit der vom Bebauungsplan erfaßten Nutzungsarten auf „Wohnhäuser" – ggf. in der Sprache der Baunutzungsverordnung auf „Wohngebäude" – beschränkt wird. Damit würden die Grundzüge der Planung nicht verlassen, denn der Antragsgegnerin kam es nach den bereits angesprochenen Ausführungen in der Planbegründung letztlich nur darauf an, der Beigeladenen als Vorhabenträgerin die von ihr aktuell vorgesehene Errichtung von Wohnhäusern bzw. Wohngebäuden zu ermöglichen. Wenn die Antragsgegnerin mit der Festsetzung von eingeschränkten allgemeinen Wohngebieten gleichsam über das Ziel hinausgeschossen ist, würde eine Reduzierung der als zulässig festgesetzten Art der baulichen Nutzung auf die ‚eigentlich' nur beabsichtigten Wohnhäuser bzw. Wohngebäude sich ohne weiteres im Rahmen der Grundzüge der Planung bewegen.

Die Antragsgegnerin wird im ergänzenden Verfahren auch zu prüfen haben, ob sie für die neuen Wohnbauflächen an der zusätzlichen Festsetzung eines allgemeinen Wohngebiets festhält.

Wie die Erörterung in der mündlichen Verhandlung vor dem Senat gezeigt hat, kam es der Beigeladenen ausschließlich darauf an, im Plangebiet Wohnhäuser errichten zu können. Mit Blick auf die vorhandene Umgebungsnutzung wollte die Antragsgegnerin jedoch davon absehen, die neuen Wohnbauflächen als reines Wohngebiet auszuweisen, sah sich andererseits jedoch gehindert, für sie ein allgemeines Wohngebiet auszuweisen, in dem nur Wohnhäuser bzw. Wohngebäude zulässig sind. Dies hätte nach ihrer Einschätzung einen unzulässigen – nämlich mit § 1 Abs. 5 und 6 BauNVO unvereinbaren – „Etikettenschwindel" dargestellt.

Diese Einschätzung läßt unberücksichtigt, daß die Gemeinde bei der Festlegung der normativen Regelungen eines vorhabenbezogenen Bebauungsplans – wie dargelegt – gerade nicht an den „numerus clausus" der planerischen Festsetzungsmöglichkeiten nach §9 BauGB und der Baunutzungsverordnung gebunden ist. Sie kann vielmehr insbesondere auch von den strikten normativen Vorgaben der Baunutzungsverordnung abweichen, hat dann aber jedenfalls die Leitlinien- und Orientierungsfunktion der Baunutzungsverordnung bei der Konkretisierung der Maßstäbe für eine geordnete städtebauliche Entwicklung zu beachten.

Insoweit ist insbesondere von Bedeutung, daß vorhabenbezogene Bebauungspläne wegen ihrer notwendigen Vorhabenbezogenheit sich häufig auf Zulässigkeitsregelungen nur für einen kleinen räumlichen Bereich – ggf. nur ein einzelnes Grundstück – beschränken. Des weiteren läßt das dargelegte Erfordernis einer widerspruchsfreien Übereinstimmung zwischen dem Vorhaben, zu dessen Realisierung sich der Vorhabenträger im Durchführungsvertrag verpflichtet, und dem, was der vorhabenbezogene Bebauungsplan zuläßt, zumeist oder gar in aller Regel hinsichtlich der Art der baulichen Nutzung nur die Zulassung eines eng begrenzten Ausschnitts aus dem Katalog einer bestimmten Baugebietskategorie i. S. der §§2 bis 9 BauNVO zu. Gleichwohl kann es zur Steuerung der Verträglichkeit des im Plan als zulässig erklärten Vorhabens mit den in seiner Umgebung gelegenen, planerisch festgesetzten oder nach den Maßstäben des §34 BauGB näher zu qualifizierenden Nutzungen städtebaulich angezeigt oder gar geboten sein, das nur einen kleinen Ausschnitt des Zulässigkeitskatalogs einer bestimmten Baugebietskategorie ausfüllende Vorhaben einer bestimmten Baugebietskategorie zuzuweisen.

Dementsprechend kann etwa ein vorhabenbezogener Bebauungsplan die Zulässigkeit eines konkret umschriebenen gewerblichen Vorhabens – z. B. „landwirtschaftliches Lohnunternehmen" – mit der Festlegung einer zusätzlichen Baugebietskategorie – z. B. „Mischgebiet" – verknüpfen, um die Verträglichkeit dieses gewerblichen Vorhabens mit seiner (auch) zu Wohnzwecken genutzten Umgebung zu sichern. Eine solche Kombination bedeutet nicht, daß alternativ zu dem konkret umschriebenen gewerblichen Vorhaben im Bereich des Vorhaben- und Erschließungsplans auch alle übrigen, in einem Mischgebiet nach §6 BauNVO zulässigen Nutzungsarten zugelassen würden. Sie ist vielmehr dahin zu verstehen, daß das vom Plan konkret zugelassene betriebliche Geschehen im Interesse der in der Nachbarschaft zulässigen baulichen Nutzungen so abzuwickeln ist, daß es noch als mischgebietsverträglich, d. h. „nicht wesentlich störend" i. S. von §6 Abs. 1 BauNVO zu qualifizieren ist (vgl. OVG NRW, Urteil v. 6. 6. 2001 – 7a D 143/00.NE –, a. a. O.).

Gleichermaßen kann es in Fällen der vorliegenden Art, in denen nur eine begrenzte Zahl von Wohnnutzungen für zulässig erklärt werden soll, aus städtebaulichen Gründen angezeigt erscheinen, durch Festsetzung im vorhabenbezogenen Bebauungsplan diese Wohnnutzungen einer bestimmten Baugebietskategorie zuzuweisen. Dies gilt namentlich mit Blick auf die für die Zulassung baulicher Anlagen maßgeblichen Regelungen des Immissionsschutzrechts, das z. B. in Nr. 6.6 der TA Lärm hinsichtlich der Schutzmaßstäbe an die Festlegungen in den Bebauungsplänen anknüpft. Durch eine solche Zuweisungsfestsetzung kann mit Blick auf die wechselseitige Verträglichkeit der neuen Wohnnutzungen einerseits und der in ihrer Nachbarschaft zulässigen baulichen Nutzungen andererseits klargestellt werden, ob den neuen Wohnnutzungen der Schutzmaßstab eines reinen Wohngebiets, eines allgemeinen Wohngebiets oder unter Umständen sogar nur eines Misch- oder Dorfgebiets zukommt. Die Baunutzungsverordnung läßt nämlich Wohngebäude sowohl in reinen und allgemeinen Wohngebieten als auch in Misch- und Dorfgebieten zu. Sie steht damit der Wertung einer begrenzten Zahl neuer Wohngebäude, die in ein ansonsten gemischt oder jedenfalls nicht ausschließlich zu Wohnzwecken nutzbares Umfeld hineingesetzt werden, als Erweiterung oder Ergänzung eines größeren allgemeinen Wohngebiets oder – jedenfalls bei nur einigen wenigen Wohngebäuden – unter Umständen sogar eines Misch- oder Dorfgebiets nicht entgegen.

Hiervon ausgehend erscheint im vorliegenden Fall jedenfalls nicht von vornherein ausgeschlossen, daß die Antragsgegnerin die hier vorgesehenen 20 neuen Wohngebäude mit Blick auf die zulässigen baulichen Nutzungen in ihrer Umgebung gegebenenfalls auch fehlerfrei der Baugebietskategorie „allgemeines Wohngebiet" zuweisen kann, wie sie in unmittelbarer Nachbarschaft des Plangebiets festgesetzt ist.

Neben dem nach alledem im ergänzenden Verfahren behebbaren Mangel einer fehlenden Übereinstimmung mit den Vorgaben des §12 BauGB weist der strittige vorhabenbezogene Bebauungsplan einen weiteren zu seiner Unwirksamkeit führenden Mangel auf.

Die städtebauliche Rechtfertigung des Plans i. S. von §1 Abs. 3 BauGB steht allerdings außer Streit. (Wird ausgeführt.)

Nr. 23

Die strittige Planung wahrt – wie die Antragsteller zu Recht geltend machen – jedoch nicht die Erfordernisse des Abwägungsgebots nach § 1 Abs. 6 BauGB. Der Rat der Antragsgegnerin hat bei seiner Entscheidung, den vorhabenbezogenen Bebauungsplan in der hier maßgeblichen letzten Fassung als Satzung zu beschließen, jedenfalls die im Vordergrund der im vorliegenden Fall vorzunehmenden Abwägung stehenden verkehrlichen Belange, namentlich mit Blick auf die äußere Erschließung des Plangebiets, verkannt.

Von Bedeutung ist insoweit die bereits im Aufstellungsverfahren besonders betonte Frage, ob die neuen Wohnbauflächen an das im Geltungsbereich des benachbarten Bebauungsplans tatsächlich bestehende Erschließungssystem angebunden werden können. Insoweit hatte der Rat der Antragsgegnerin abwägend zu prüfen, ob die vorhandenen Straßen die durch Ausnutzung der neu ausgewiesenen Wohnbauflächen voraussichtlich bewirkten verkehrlichen Mehrbelastungen aufnehmen können. Seine Einschätzung, daß dies jedenfalls unter Berücksichtigung der in Abstimmung mit der Beigeladenen im Erschließungsvertrag im Detail vorgegebenen einzelnen Aufweitungen der Straßen S., I. und D. bejaht werden kann, begegnet durchgreifenden Bedenken.

Daß eine Anbindung der neuen Wohnbauflächen an das vorhandene Erschließungssystem in seiner derzeitigen Ausgestaltung in verkehrlicher Hinsicht unvertretbar wäre, unterliegt keinem Zweifel. (Wird ausgeführt.)

In Kenntnis dieser Unzulänglichkeiten der vorhandenen, zur äußeren Erschließung vorgesehenen Straßen hat sich der Rat der Antragsgegnerin dafür entschieden, diese Straßen nach Maßgabe der im Erschließungsvertrag festgelegten Baumaßnahmen durch die Beigeladene in verschiedenen Teilbereichen aufweiten zu lassen.

Derartige punktuelle Aufweitungen zur Abwicklung der zu erwartenden und damit abwägend zu berücksichtigenden Begegnungsverkehre sind vom Grundsatz her allerdings nicht zu beanstanden. Insbesondere war die Antragsgegnerin nicht etwa gehalten, die für die Abwicklung der äußeren Erschließung des hier strittigen Plangebiets benötigten Straßen insgesamt entsprechend den in den Empfehlungen zur Anlage von Erschließungsmaßnahmen (EAE 85/95) für bestimmte Wegetypen vorgesehenen Standards auszubauen. Die EAE 85/95 sind keine bindenden Rechtsnormen. Es handelt sich bei ihnen vielmehr um allgemein anerkannte Regeln der Technik, die nach § 9 Abs. 2 StrVVG NRW beim Bau und bei der Unterhaltung von Straßen „angemessen" zu berücksichtigen sind. Auch als solche beanspruchen sie keine absolute Geltung. Bei Anwendung der Empfehlungen ist, wie in ihrem Abschnitt 0 generell hervorgehoben wird, kein starrer Maßstab anzulegen. Zwar bewegt sich eine Gemeinde dann, wenn den Vorschlägen der EAE 85/95 entsprechende Straßen- bzw. Wegetypen gewählt und unter Berücksichtigung der Einsatzgrenzen angelegt werden, regelmäßig im Rahmen des Angemessenen. Dies hindert sie jedoch nicht, abweichend von den vorgeschlagenen Straßen- bzw. Wegetypen individuelle Lösungen zu verwirklichen (vgl. OVG NRW, Urteil v. 6. 7. 2001 – 7a D 20/99.NE –, BRS 64 Nr. 20).

Entscheidend ist jedoch, ob ein hinter den Regelmaßen der EAE 85/95 zurückbleibender Minderausbau – auch und gerade unter Berücksichtigung einer angepaßten Fahrweise – die Erfordernisse der Verkehrssicherheit noch wahrt. Daß diese Grenze hier eingehalten wäre, lässt sich nicht feststellen.

Allerdings lassen die vorgesehenen Ausweichbuchten mit einer Breite von 4,75 m die hier in erster Linie in Betracht kommenden Begegnungsverkehre – Pkw/Pkw, Pkw/Lkw sowie auch von Lieferwagen untereinander (Lfw/Lfw) – durchaus zu. Die Ausweichstellen sind weitgehend auch dergestalt positioniert, daß sie an Stellen liegen, die durchaus von weitem einsehbar sind und verschiedene kritische Punkte, namentlich beim Einbiegen von der Straße D. in die Straße S. und umgekehrt, abdecken. Ausgeschlossen sind Begegnungsverkehre jedoch weiterhin im Zug des W.wegs und des B.wegs. Dies erscheint schon für Pkw-Verkehre deshalb nicht unproblematisch, weil beide Straßen nach dem Erschließungskonzept der Antragsgegnerin einer Anbindung (auch) der neuen Bauflächen an die G. Straße dienen sollen und sie diese Funktion ersichtlich nur dann erfüllen können, wenn sie jeweils nur für eine Fahrtrichtung geöffnet sind. Eine solche Einbahnstraßenregelung ist nach den Ausführungen in der Planbegründung jedoch nur für den W.weg – und zwar für die Bauphase – vorgesehen, nicht aber für den B.weg. Ob bereits hierin ein beachtlicher Mangel der Abwägung der Antragsgegnerin liegt, kann allerdings letztlich dahinstehen.

Die Antragsgegnerin hatte des weiteren bei ihrer abwägenden Berücksichtigung der äußeren Erschließung auch möglichen Begegnungsverkehren von Lastkraftwagen untereinander (Lkw/Lkw) Rechnung zu tragen. Auch wenn die neuen Bauflächen nach den Bauabsichten der Beigeladenen nur für Wohnhäuser genutzt werden sollen, ist ein – wenn auch geringer – Lkw-Verkehr in das und aus dem Plangebiet nicht etwa von vornherein ausgeschlossen. So müssen die Wohnhäuser mit Ver- und Entsorgungsfahrzeugen erreichbar sein; in Betracht kommen auch Möbelwagen bei Umzügen sowie Anlieferungen sperriger Güter mit größeren Fahrzeugen. Dabei lassen sich Begegnungsverkehre Lkw/Lkw – jedenfalls bei einem Verzicht auf ein durchgängiges Einbahnstraßensystem – nicht vermeiden. Hinsichtlich der inneren Erschließung ist dem ersichtlich in nicht zu beanstandender Weise Rechnung getragen. Anders liegt es jedoch hinsichtlich der äußeren Erschließung.

Ein Begegnungsverkehr Lkw/Lkw benötigt eine Ausbaubreite von 5,50 m. Diese ist nach dem Lageplan „Gestaltung Zufahrtsstraßen in das Baugebiet" nur in der Straße I zwischen W.weg und B.weg vorgesehen. Dort ist eine Ausweichbucht für den Begegnungsverkehr Lkw/Lkw im Grunde jedoch sinnlos, weil sie voraussetzen würde, daß auch der B.weg in beiden Richtungen für Lkw-Verkehr offensteht. Eine Nutzung des B.wegs für gegenläufigen Lkw-Verkehr zwecks Anbindung an die G. Straße scheidet wegen der geringen Ausbaubreite des B.wegs jedoch aus. Wie aus den vorliegenden Lichtbildern anschaulich deutlich wird und mit den Beteiligten in der mündlichen Verhandlung vor dem Senat eingehend erörtert wurde, können Fahrzeuge, die gleichzeitig von der G. Straße und von der Straße I. in den B.weg einbiegen wollen, wechselseitig erst dann erkannt werden, wenn sie bereits einen Teil des Abbiegevorgangs abgewickelt haben. Da ein Begegnungsverkehr auf dem B.weg ausgeschlossen ist, muß eines der Fahrzeuge sodann zurücksetzen. Daß dies sowohl beim Abbiegen von einer Landesstraße als auch beim

Zurücksetzen in eine nur 3,35 m breite Straße aus verkehrlicher Sicht unvertretbar ist, liegt auf der Hand.

Hinzu kommt, daß für die Lkw-Verkehre, die über die D. Straße und sodann die Straße S. abgewickelt werden, außerhalb des Plangebiets überhaupt keine Ausweichbuchten vorgesehen sind, über die auch ein Begegnungsverkehr Lkw/Lkw abgewickelt werden kann. Kommen sich hier zwei solche Fahrzeuge entgegen, können sie auch bei Realisierung der vorgesehenen Ausweichbuchten nicht im ausgebauten Straßenraum aneinander vorbeifahren. Da die Wegeparzellen hier lediglich Breiten um 5,00 m haben, müssen die Fahrzeuge für den Begegnungsverkehr privates Eigentum in Anspruch nehmen oder über weite Strecken zurücksetzen. Das Verkehrsband D. Straße/S. ist auch nicht etwa derart übersichtlich, daß in den Fällen, in denen ein Lkw in dieses Verkehrsband hineinfährt, der Fahrzeugführer bereits erkennen könnte, daß aus der entgegengesetzten Richtung gleichfalls ein Lkw in dieses Verkehrsband hineinfährt, so daß eine wechselseitige Verständigung darüber möglich wäre, welches Fahrzeug das Verkehrsband zuerst benutzen darf.

Die nach alledem unzulängliche Abwicklung der auch bei den hier zu erwartenden baulichen Nutzungen nicht auszuschließenden Begegnungsfälle Lkw/Lkw lassen die Abwägung der Antragsgegnerin, es nur bei den nach dem Erschließungsvertrag vorgesehenen Ausweichbuchten zu belassen, fehlerhaft erscheinen.

Dieser Mangel beschränkt sich nicht auf den Abwägungsvorgang, sondern erfaßt auch das Ergebnis der Abwägung (§ 214 Abs. 3 Satz 2 BauGB). Insoweit ist zu berücksichtigen, daß die Antragsgegnerin den hier strittigen Bebauungsplan als vorhabenbezogenen Bebauungsplan nach § 12 BauGB beschlossen hat. Da sich die Beigeladene im Durchführungsvertrag dazu verpflichtet hat, ihr Vorhaben – die Errichtung einer begrenzten Zahl von Wohnhäusern im Plangebiet – zu verwirklichen, und eine unter Aspekten der Verkehrssicherheit vertretbare Abwicklung der Lkw-Verkehre nur für die Bauzeit durch eine auf diesen Zeitraum befristete Nutzung des provisorisch hergerichteten Wirtschaftswegs mit Einbahnstraßenregelung vorgesehen ist, muß für die Zeit nach diesem Provisorium Vorsorge getroffen werden. Unter dem Aspekt „planerischer Zurückhaltung" ist ein Verzicht auf eine Lösung bereits im Zeitpunkt des Satzungsbeschlusses hier nicht möglich. Die Antragsgegnerin hat gerade keine „planerische Zurückhaltung" ausgeübt, sondern – unter Verkennung des Erfordernisses, gefährlichen Zurücksetzungsvorgängen bei Begegnungsverkehren von Lastkraftwagen zu begegnen – die im Erschließungsvertrag festgelegten Baumaßnahmen als ausreichend gewertet.

Dem steht nicht entgegen, daß im Grunde bereits die vorhandenen baulichen Nutzungen mit einer unzulänglichen verkehrlichen Erschließung ‚leben' müssen. Der Umstand, daß eine vorhandene Erschließungssituation bereits verschiedene verkehrliche Mängel aufweist, rechtfertigt es nicht, diesen Zustand dadurch zu verfestigen und zu verschärfen, daß noch zusätzliche Verkehre über diese Erschließung abgewickelt werden.

Auch dieser Mangel kann allerdings im ergänzenden Verfahren behoben werden. Der Antragsgegnerin ist es unbenommen, das vorhandene Erschließungssystem baulich dergestalt umzugestalten bzw. durch die Beigeladene umgestalten zu lassen, daß auch Begegnungsverkehre Lkw/Lkw in verkehrlich vertretbarer Weise abgewickelt werden können. Sie kann sich dabei auch – ggf. sogar ausschließlich – des Einsatzes verkehrslenkender Mittel bedienen, etwa indem sie sich dazu entschließt, durch ein System von Einbahnstraßen oder andere Steuerungsmittel mögliche Begegnungsverkehre, namentlich von Lastkraftwagen untereinander, von vornherein auszuschließen, und hierauf aufbauend einen – wegen des dargelegten anderweitigen Mangels des Plans ohnehin zutreffenden – neuen Satzungsbeschluß zu fassen.

Nr. 24

Sind bei der Umsetzung eines Bebauungsplans im Hinblick auf einen vorhandenen, lärmemittierenden Gewerbebetrieb Nutzungskonflikte zu erwarten, darf der Plangeber insoweit nicht auf eine Konfliktlösung im Bebauungsplan verzichten, weil er künftige Betriebsmodernisierungen sowie Änderungen der Betriebsabläufe unterstellt und – nur gestützt auf bloße Absichtsbekundungen des Betriebsinhabers – mittelfristig eine Standortverlagerung des Betriebs erwartet.

BauGB § 1 Abs. 6; VwGO § 47 Abs. 6.

OVG Nordrhein-Westfalen, Beschluß vom 30. Juni 2003
– 10 a B 1028/02.NE – (rechtskräftig).

Auf dem Grundstück der Antragstellerin, das außerhalb des Plangebiets in unmittelbarer Nähe der im Plangebiet vorgesehenen Wohnbebauung liegt, ist ein Entsorgungs- und Containerbetrieb angesiedelt, der erhebliche Geräuschimmissionen verursacht. Der Normenkontrollantrag der Antragstellerin gemäß § 47 Abs. 6 VwGO hatte Erfolg.

Aus den Gründen:
Es ist dringend geboten, die Vollziehung des angegriffenen Bebauungsplans bis zur Entscheidung über den Normenkontrollantrag im Verfahren – 10 a D 66/02.NE – auszusetzen, um schwere Nachteile zu Lasten der Antragstellerin abzuwehren.

Der Bebauungsplan dürfte unwirksam sein, da er an Mängeln im Abwägungsvorgang leidet, die auch erheblich i.S. des § 214 Abs. 3 Satz 2 BauGB sind. Der Plan genügt nicht den Anforderungen des § 1 Abs. 6 BauGB.

Der Rat der Antragsgegnerin hatte insoweit bei der Abwägung neben den Wohnbedürfnissen der Bevölkerung (§ 1 Abs. 5 Satz 2 Nr. 2 BauGB) auch die Anforderungen an die Wahrung gesunder Wohnverhältnisse (§ 1 Abs. 5 Nr. 1 BauGB) sowie die Betriebsinteressen der zwischen der M.-Straße und dem Plangebiet angesiedelten gewerblichen Unternehmen zu berücksichtigen und etwaige planbedingte Konflikte zwischen diesen Belangen zu lösen.

Die Festsetzung eines allgemeinen Wohngebiets in unmittelbarer Nachbarschaft zu dem außerhalb des Plangebiets gelegenen stark lärmemittierenden Entsorgungsbetrieb schafft – im Hinblick auf den Wunsch nach weitgehend ungestörter Wohnruhe einerseits und dem Interesse an optimierten und von behindernden Lärmvermeidungsmaßnahmen freien Betriebsabläufen andererseits – Nutzungskonflikte, die durch den Bebauungsplan nicht gelöst werden.

Grundsätzlich hat jeder Bebauungsplan die von ihm geschaffenen oder ihm sonst zurechenbaren Konflikte zu lösen. Das Gebot der Konfliktbewältigung hat seine rechtliche Wurzel im Abwägungsgebot des § 1 Abs. 6 BauGB und besagt nicht mehr, als daß die von der Planung berührten Belange in einen gerechten Ausgleich gebracht werden müssen. Die Planung darf nicht dazu führen, daß Konflikte, die durch sie hervorgerufen werden, zu Lasten Betroffener letztlich ungelöst bleiben. Dies schließt eine Verlagerung von Problemlösungen aus dem Bauleitplanverfahren auf nachfolgendes Verwaltungshandeln indes nicht zwingend aus. Von einer abschließenden Konfliktbewältigung im Bebauungsplan darf die Gemeinde Abstand nehmen, wenn die Durchführung der als notwendig erkannten Konfliktlösungsmaßnahmen außerhalb des Planungsverfahrens auf der Stufe der Verwirklichung der Planung sichergestellt ist. Die Grenzen zulässiger Konfliktverlagerung sind jedoch überschritten, wenn bereits im Planungsstadium sichtbar ist, daß sich der offen gelassene Interessenkonflikt auch in einem nachfolgenden Verfahren nicht sachgerecht lösen lassen wird (vgl. BVerwG, Beschluß v. 14. 7. 1994 – 4 NB 25.94 –, BRS 56 Nr. 6).

So ist es hier. Auf der Grundlage der getroffenen Festsetzungen lassen sich die vorauszusehenden Nutzungskonflikte zwischen dem vorhandenen Entsorgungsbetrieb und der geplanten Wohnbebauung in den nachfolgenden Baugenehmigungsverfahren – sofern die Wohnhäuser nicht ohnehin im Freistellungsverfahren errichtet werden – nicht befriedigend lösen.

Bei der Aufstellung von Bauleitplänen, und damit gegebenenfalls auch im Rahmen der Abwägung, sind nach § 1 Abs. 5 Satz 2 Nr. 1 BauGB u. a. die allgemeinen Anforderungen an gesunde Wohnverhältnisse zu berücksichtigen. In diesem Zusammenhang kommt auch dem Trennungsgrundsatz des § 50 BImSchG Bedeutung zu. Dieser Grundsatz, der die Funktion einer Abwägungsdirektive hat (vgl. BVerwG, Urteil v. 28. 1. 1999 – 4 CN 5.98 –, BRS 62 Nr. 4), verlangt, daß bei raumbedeutsamen Planungen die für eine bestimmte Nutzung vorgesehenen Flächen einander so zuzuordnen sind, daß schädliche Umwelteinwirkungen u. a. auf Wohngebiete so weit wie möglich vermieden werden (vgl. BVerwG, Beschluß v. 18. 12. 1990 – 4 N 6.88 –, BRS 50 Nr. 25).

Als bloße Abwägungsdirektive erfordert der Trennungsgrundsatz allerdings keine strikte Beachtung in dem Sinne, daß er keiner Durchbrechung fähig wäre. Im Einzelfall kann daher ein Nebeneinander von Gewerbe und Wohnen abwägungsgerecht sein und zwar insbesondere dann, wenn etwa durch konkrete planerische Maßnahmen Vorsorge dafür getroffen wird, daß die Wohnbebauung keinen unzumutbaren Immissionen ausgesetzt wird.

Unter Berücksichtigung dieser Grundsätze hält die Abwägungsentscheidung des Rates der Antragsgegnerin, ein allgemeines Wohngebiet in unmittelbarer Nähe des außerhalb des Plangebiets gelegenen Entsorgungsbetriebs zu planen, einer Überprüfung nicht stand.

Nr. 24

Auf Grund der im März 2002 – also erst nach Beendigung der öffentlichen Auslegung des Planentwurfs – erstellten Immissionsuntersuchung war dem Rat bekannt, daß der in der Nachbarschaft des Plangebiets auf dem Grundstück der Antragstellerin angesiedelte Entsorgungsbetrieb erhebliche Lärmimmissionen verursacht. Nach der Untersuchung sind bei freier Schallausbreitung in einem Abstand von bis zu 160 m von dem Entsorgungsbetrieb Überschreitungen des für die Tageszeit geltenden einschlägigen Immissionsrichtwertes der TA-Lärm von bis zu 11 dB(A) zu erwarten. Selbst bei einer Abschirmung der Betriebsflächen des Entsorgungsunternehmens und des benachbarten Autohandels durch eine 5 m hohe Lärmschutzwand würde der Immissionsrichtwert in den Obergeschossen der angrenzend geplanten Wohnhäuser noch um 3 bis 4 dB(A) überschritten. Bei einer Verlegung des Entsorgungsbetriebes würden durch die Werkstatt des Autohandels nur an einem Gebäude Überschreitungen der TA-Lärm i. H. v. 3,3 dB(A) auftreten. Nur bei Abschirmung durch eine 2,5 m hohe Lärmschutzwand an der Grundstücksgrenze des Autohandels würde der Immissionsrichtwert an diesem Gebäude auch im Obergeschoß unterschritten.

Gleichwohl hat der Rat davon abgesehen, die geplante Wohnbebauung und die vorhandenen Gewerbebetriebe räumlich so voneinander zu trennen, daß Nutzungskonflikte weitgehend auszuschließen sind. Er hat angenommen, er könne den Schutz der bis auf etwa 12 m an das Betriebsgelände des Entsorgungsunternehmens heranreichenden Wohngrundstücke vor unzumutbaren Lärmimmissionen dadurch sicherstellen, daß er für die in besonderem Maße von Lärmimmissionen betroffenen Bereiche den Einbau von Schallschutzfenstern der Schallschutzklassen 1 bis 3 – Bauschalldämmaße zwischen 29 und 39 dB(A) – vorgesehen und in der textlichen Festsetzung Nr. 4 festgesetzt hat, daß in den besagten Bereichen die Gebäudegrundrisse so anzuordnen sind, daß die Belüftung der Aufenthalts- und Schlafräume über die dem Lärm jeweils abgewandte Gebäudeseite erfolgt.

Mit diesen zum Schutz der Wohnbebauung vor schädlichen Umwelteinwirkungen getroffenen Festsetzungen hat der Rat den zu erwartenden Konflikt zwischen der vorhandenen gewerblichen Nutzung und der geplanten Wohnbebauung jedoch nicht hinreichend gelöst. Die insoweit erfolgte Abwägung ist vielmehr in mehrfacher Hinsicht zu beanstanden.

In die Planbegründung sind Überlegungen zum Schallschutz gegenüber dem außerhalb des Plangebiets entstehenden Gewerbelärm nicht eingeflossen. Nummer 3.8 der Planbegründung befaßt sich unter der Überschrift „Immissionsschutz" ausschließlich mit dem Verkehrslärm, der von der M.-Straße aus auf das Plangebiet einwirkt.

In den von der Verwaltung am 11.3.2002 erstellten „Vorbemerkungen zum Immissionsschutzgutachten", die sich der Rat im Rahmen der Abwägung zu eigen gemacht hat, heißt es, der auf dem Grundstück der Antragstellerin angesiedelte Entsorgungsbetrieb genieße in seiner derzeitigen Ausformung Bestandsschutz, der durch die Planung unangetastet bleibe. Es sei jedoch zu verlangen, daß in zumutbarem Rahmen hinsichtlich der erforderlichen Arbeitsabläufe der Stand der Technik angestrebt werde. Der vom Gutachter festgestellte Immissionskonflikt zwischen dem vorhandenen Entsorgungsbetrieb und der geplanten Wohnbebauung ergebe sich im wesentlichen durch den bei der Stapelung der Containermulden verursachten Lärm. Ein Verzicht auf die Stapelung am Betriebsort vermeide diesen Konflikt. Im Hinblick auf die durchgeführten und zu erwartenden Änderungen bezüglich der Unternehmensstruktur und des Betriebsstandortes sei eine Verbesserung der Immissionssituation für die geplante Wohnbebauung mit hoher Wahrscheinlichkeit anzunehmen. Soweit Lärmkonflikte durch An- und Abfahrt der betriebseigenen Lkw entstünden, betreffe dies die Startphase. Durch den sukzessiven Einsatz moderner Fahrzeuge lasse sich in der weiteren Entwicklung des Betriebes eine deutliche Minderung der Schallereignisse erwarten. Bis dahin solle das Starten der Altfahrzeuge gekapselt, d. h. in der Lkw-Abstellhalle mit gleichzeitiger Absaugung und Ableitung der Auspuffgase, durchgeführt werden. Durch die vorgeschriebenen baulichen und sonstigen Maßnahmen – u. a. die Anlegung einer dichten Wallhecke – sei ausreichender Immissionsschutz sichergestellt und die Wohnruhe gewährleistet.

Diese Überlegungen sind vorwiegend von der Erwartung getragen, daß der Entsorgungsbetrieb seinen Standort – zumindest für bestimmte Betriebsteile – aufgeben, seinen Fuhrpark modernisieren und Betriebsabläufe ändern wird. Damit setzt der Rat unzulässigerweise auf das „Prinzip Hoffnung", denn er hat keinen Einfluß auf die erwarteten Entwicklungen. Selbst wenn das Entsorgungsunternehmen im Zeitpunkt des Satzungsbeschlusses – wofür allerdings konkrete Belege fehlen – beabsichtigt haben sollte, den Betrieb in der erhofften Weise umzugestalten, durfte der Rat im Hinblick auf die bloßen Absichtsbekundungen nicht auf die notwendige Konfliktlösung verzichten. Die Umstände, die für die erwartete Umgestaltung des Betriebes bedeutsam sind, können sich jederzeit ändern, so daß es bei der gegenwärtigen Situation bleibt. Eine Nachsteuerung ist nicht möglich. Der zeitliche Rahmen, den sich der Rat für die Umgestaltung des Betriebes vorgestellt hat, ist zudem offen. Grundsätzlich wird aber verlangt werden müssen, daß die geplanten Wohnhäuser bereits mit der Aufnahme ihrer Nutzung vor unzumutbarem Lärm geschützt sind.

Die Überlegungen des Rates sind auch widersprüchlich. Einerseits geht er davon aus, daß der Entsorgungsbetrieb in seinem Bestandsschutz unangetastet bleibe, andererseits soll die Startphase von Lkw in die Abstellhalle verlegt werden, wobei möglicherweise Investitionen für eine Anlage zur Absaugung der Abgase anfallen. Ob durch die Modernisierung des Fuhrparks – unterstellt sie fände in absehbarer Zeit statt – eine wesentliche Lärmreduzierung gegenüber den im Gutachten errechneten Werten eintreten würde, darf bezweifelt werden. Der Gutachter hat die durch Lkw-Fahrten auf dem Betriebsgelände verursachten Emissionen anhand der Emissionsansätze der „Bayerischen Parkplatzlärmstudie" und des „Technischen Berichtes zur Untersuchung der Lkw- und Ladegeräusche auf Betriebsgeländen von Frachtzentren, Auslieferungslagern und Speditionen" berechnet und hat nicht auf die möglicherweise besonders lauten Altfahrzeuge des Entsorgungsbetriebes abgestellt.

Die einschlägigen Festsetzungen des Bebauungsplans sind entgegen der Annahme des Rates nicht geeignet, um den Schutz der Wohnbebauung vor dem außerhalb des Plangebiets verursachten Gewerbelärm zu gewährleisten. Was die Schallschutzfenster und die Gebäudegrundrisse angeht, wird damit – was der Rat völlig außer acht läßt – keinerlei Schutzwirkung für die ebenfalls schutzbedürftigen Außenwohnbereiche der betroffenen Wohngrundstücke erzielt. Die von der Antragsgegnerin im vorliegenden Verfahren geäußerte Ansicht, Lärmimmissionen seitens des Entsorgungsbetriebes seien nur in Zeiten zu befürchten, in denen allenfalls eine geringfügige Nutzung der Außenwohnbereiche stattfinde, da diese typischerweise in den Abendstunden und am Wochenende frequentiert würden, verkennt den Schutzanspruch der Wohnbebauung. So wird man Hausfrauen, Schichtarbeitern oder Rentnern – um nur einige Personengruppen zu nennen – kaum das Recht absprechen können, sich zu jeder Zeit des Tages im Garten oder – abhängig von der Witterung – bei geöffneten Fenstern im Hause aufzuhalten, ohne durch Lärm unzumutbar gestört zu werden. Im übrigen erscheint zumindest für bestimmte Grundstücke die Festsetzung zur Anordnung der Gebäudegrundrisse – soweit dafür überhaupt eine Ermächtigungsgrundlage gegeben sein sollte – ungeeignet, um den damit verfolgten Zweck zu erreichen. So sind beispielsweise die Grundstücke südlich des in Ost-West-Richtung verlaufenden Teils der Haupterschließung, die von der M.-Straße aus in das Plangebiet hineinführt, nur so zu bebauen, daß – mit Ausnahme der an das Nachbargebäude angebauten Wand – nahezu alle Gebäudeseiten erheblichem Verkehrs- oder Gewerbelärm ausgesetzt sind.

Daß die im Bereich des Grundstücks der Antragstellerin zumeist nur etwa 5 m breite und zweifach durch Wegeflächen unterbrochene „Wallhecke", die nach der textlichen Festsetzung aus einer dichten Gehölzpflanzung auf einer mindestens 0,5 m hohen Anschüttung bestehen soll, keinen nennenswerten Schallschutz bewirkt, bedarf angesichts des Lärmgutachtens, wonach selbst eine 5 m hohe Lärmschutzwand die Einhaltung des einschlägigen Immissionsgrenzwertes nicht sicherstellen kann, keiner weiteren Ausführungen.

Nach allem wird der Normenkontrollantrag in der Hauptsache voraussichtlich Erfolg haben. Die bevorstehende Verwirklichung des Bebauungsplans – mit der bereits begonnen worden ist – stellt hier einen die Aussetzung der Vollziehung des Bebauungsplans rechtfertigenden schweren Nachteil i. S. des § 47 Abs. 6 VwGO dar, da sie in tatsächlicher und rechtlicher Hinsicht eine schwerwiegende Beeinträchtigung rechtlich geschützter Positionen der Antragstellerin konkret erwarten läßt (vgl. OVG NRW, Beschlüsse v. 2. 9. 1999 – 7 a B 1543/99.NE – und v. 20. 2. 2003 – 10 a B 1780/02.NE –).

Nr. 25

Das mit der Bauleitplanung verfolgte Ziel, für die im Bebauungsplan festgesetzten eingeschränkten Gewerbegebiete in der Nachbarschaft einer Altenpflegeeinrichtung nur nichtstörende Betriebe zuzulassen, widerspricht der allgemeinen Zweckbestimmung von Gewerbegebieten und verletzt das Abwägungsgebot.

Nr. 25

Bei der Festsetzung der höchstzulässigen Geschoßflächenzahl von 2,4 für ein Sondergebiet für „Hotel und Zwecke der Altenpflege und -fortbildung" muß die Gemeinde im Rahmen der Abwägung besonders berücksichtigen, daß das Sondergebiet stark von Wohnnutzung geprägt ist.

BauGB § 1 Abs. 6; BauNVO § 8; VwGO § 47.

Bayerischer VGH, Urteil vom 14. Mai 2003 – 14 N 98.3741 – (rechtskräftig).

Die Antragstellerin ist Eigentümerin der im Planbereich gelegenen Grundstücke in Parzelle 7 des Bebauungsplans.

Für das etwa 5,6 ha umfassende Plangebiet setzt der Bebauungsplan ein Gewerbegebiet (Bauparzellen 1, 4 und 5), eingeschränkte Gewerbegebiete (Bauparzellen 2, 3, 8, 9, 10 und 11), ein Sondergebiet für Schießsport (Bauparzelle 6) und für die Grundstücke der Antragstellerin ein Sondergebiet „für Hotel und Zwecke der Altenpflege und -fortbildung" (Parzelle 7) fest. Für die Parzelle 7 werden bei vier Vollgeschossen eine Grundflächenzahl von 0,8 und eine Geschoßflächenzahl von 2,4 als höchstzulässiges Maß der baulichen Nutzung ausgewiesen. Die Festsetzung Nr. 5.8 zum Schallschutz hat folgenden Wortlaut: „Für jedes gewerbliche Bauvorhaben ist ein Schallschutzgutachten einer anerkannten Fachstelle vorzulegen. Der Bauherr hat den Nachweis zu erbringen, daß an den Immissionspunkten BP 1 bis BP 4 die um drei dB(A) (wegen Summenwirkung) reduzierten, jeweils gültigen Immissionswerte eingehalten werden. Der Gutachter kann bei Bedarf weitere Immissionspunkte festlegen." Die BP 1 bis 4 (Beurteilungspegel) liegen sämtlich außerhalb des Plangebiets.

Zu der Festsetzung der eingeschränkten Gewerbegebiete steht in der Begründung des Bebauungsplans: „Das eingeschränkte Gewerbegebiet ist in der Baunutzungsverordnung nicht ausdrücklich aufgeführt, es wird aber im Sprachgebrauch als ein Gebiet definiert, in dem nicht störende Gewerbebetriebe aller Art angesiedelt werden können".

Aus den Gründen:

I. 2. Das von der Antragsbefugnis getrennt zu behandelnde Rechtsschutzinteresse für einen Normenkontrollantrag (vgl. BVerwG v. 25. 5. 1993 – 4 NB 50.92 –, NVwZ 1994, 269 f. = BauR 1994, 212 f.) ist für die Antragstellerin gegeben. Schon im Hinblick auf die geplante Errichtung des Hotels kann sie ihre Rechtsstellung durch die beantragte Entscheidung verbessern (vgl. BVerwGE 82, 225 = BauR 1989, 575). Die inhaltlich unklare Festsetzung über die abweichende Bauweise für die Parzelle 7 kann durch eine neue Planung eine eindeutige Fassung erhalten. Zudem besteht die Möglichkeit, daß die Antragsgegnerin zum Schutz auch der Altenpflegeeinrichtung im Sondergebiet vor störenden Immissionen die in den eingeschränkten Gewerbegebieten unzulässigen Nutzungsarten bestimmt und Lärmgrenzwerte festsetzt.

II. Der Normenkontrollantrag ist begründet. Der Bebauungsplan ist nichtig. Die Festsetzungen eingeschränkter Gewerbegebiete verletzen den Bestimmtheitsgrundsatz. Darüber hinaus verstößt der Bebauungsplan gegen das Abwägungsgebot gemäß § 1 Abs. 6 BauGB.

1. a) Als Rechtssatz (§ 10 BauGB) muß der Bebauungsplan in seinen zeichnerischen und textlichen Festsetzungen, die Inhalt und Schranken des Grundeigentums i. S. von Art. 14 Abs. 1 Satz 2 GG festlegen, dem rechtsstaatlichen Gebot der Bestimmtheit genügen (vgl. BVerwG v. 11. 3. 1988 – 4 C 56.84 –, NVwZ 1989, 659 = DVBl. 1988, 845).

Der angefochtene Bebauungsplan weist für die Parzellen 1, 4 und 5 ein – uneingeschränktes – Gewerbegebiet aus (§ 8 BauNVO). In dem Gewerbegebiet sind mangels ausdrücklicher anderer Festsetzungen die in § 8 Abs. 2 BauNVO genannten allgemein zulässigen Nutzungen zugelassen und können die Nutzungsarten gemäß § 8 Abs. 3 BauNVO ausnahmsweise zugelassen werden (§ 1 Abs. 3 Satz 2 BauNVO). Darauf wird in Nr. 7.1 der Begründung hingewiesen, mit Ausnahme der wohl versehentlich nicht erwähnten Bürogebäude i. S. von § 8 Abs. 2 Nr. 2 BauNVO.

Für den weit überwiegenden Teil des Planbereichs (Parzellen 2, 3, 8, 9, 10 und 11) weist der Bebauungsplan eingeschränkte Gewerbegebiete aus. Die Grundstückseigentümer im Planbereich und die nur mittelbar von den Festsetzungen Betroffenen müssen dem Bebauungsplan eindeutig entnehmen können, welche gewerblichen Nutzungen im eingeschränkten Gewerbegebiet zulässig sein sollen und was an Emissionen auf Grund dieser Nutzungen hinzunehmen ist (vgl. VGH Baden-Württemberg v. 6. 12. 1989, BRS 49 Nr. 37). Diese Anforderungen erfüllt der Bebauungsplan nicht. Für die eingeschränkten Gewerbegebiete werden weder im zeichnerischen noch im textlichen Teil Festsetzungen darüber getroffen, welche Arten der nach § 8 BauNVO in Frage kommenden Nutzungen ausgeschlossen werden sollen. Die Antragsgegnerin hat auch nicht durch die Angabe von flächenbezogenen Emissionsgrenzwerten die Gewerbegebietsnutzung nach dem Emissionsverhalten von Betrieben und Anlagen gemäß § 1 Abs. 4 Satz 1 Nr. 2 BauNVO gegliedert (vgl. zum eingeschränkten Gewerbegebiet OVG Lüneburg v. 3. 7. 2000, NVwZ-RR 2001, 499 f.).

In der Begründung des Bebauungsplans wird ausgeführt, im Sprachgebrauch werde ein eingeschränktes Gewerbegebiet als ein Gebiet definiert, in dem nichtstörende Gewerbebetriebe aller Art angesiedelt werden könnten. Das führt jedoch zu keiner anderen Beurteilung. Entgegen der Auffassung der Antragsgegnerin gibt es keine allgemeine Verkehrsauffassung, nach der die Festsetzung eines eingeschränkten Gewerbegebiets bedeutet, daß nicht störende Gewerbebetriebe zugelassen werden sollen. Als Wirksamkeitserfordernis ist die Begründung dem Bebauungsplan gemäß § 9 Abs. 8 Satz 1 BauGB beizufügen, sie gehört indes nicht zu seinem eigentlichen Inhalt und nimmt an dessen Rechtscharakter und Verbindlichkeit (§ 8 Abs. 1 Satz 1 BauGB) nicht teil (vgl. Jäde/Dirnberger/Weiss, BauGB, BauNVO, 3. Aufl. 2002, Rdnr. 86 f. zu § 9 BauGB). Die Begründung, die die wesentlichen planerischen Erwägungen und die mit der Planung verfolgten städtebaulichen Ziele des Satzungsgebers offenlegt, kann zwar auch zur Auslegung von nicht eindeutigen Festsetzungen des Bebauungsplans herangezogen werden. Fehlen indes – wie im vorliegenden Fall – ausdrückliche Festsetzungen darüber, welche Nutzungen im eingeschränkten Gewerbegebiet zulässig sein sollen und läßt sich dies auch nicht aus dem Zusammenhang der Festsetzungen ableiten, so kann dieser Mangel im verbindlichen Teil des Bebauungsplans nicht durch Auslegung unter Heranziehung der Begründung behoben werden.

Abgesehen davon wäre wohl nicht bestimmbar, welche Gewerbebetriebe die Voraussetzungen eines nichtstörenden Betriebs erfüllen würden. Denn der zulässige Störungsgrad kann im Verhältnis zu der außerhalb des Plangebiets liegenden Wohnnutzung anders zu beurteilen sein wie etwa unter Berücksichtigung des Schutzbedürfnisses der Altenpflegeeinrichtung im Sondergebiet.

b) Auch widerspricht das mit der Planung verfolgte Ziel, für die eingeschränkten Gewerbegebiete nur nichtstörende Betriebe zuzulassen, der allgemeinen Zweckbestimmung von Gewerbegebieten. Der Störungsgrad solcher Betriebe liegt noch unterhalb der Schwelle eines Mischgebiets. Nach seiner allgemeinen Zweckbestimmung dient ein Gewerbegebiet vorwiegend der Unterbringung von nicht erheblich belästigenden Gewerbebetrieben, d. h. von Betrieben, die einen höheren zulässigen Störungsgrad aufweisen als in den Wohngebieten und im Mischgebiet verträglich ist. Werden bei eingeschränkten Gewerbegebieten generell nur solche Gewerbebetriebe zugelassen, die das Wohnen nicht wesentlich stören, kann zwar – weil die Wohnnutzung grundsätzlich ausgeschlossen ist – die allgemeine Zweckbestimmung eines Gewerbegebiets noch gewahrt sein (BVerwG v. 15. 4. 1987 – 4 B 71.87 –, ZfBR 1987, 262 = DVBl. 1987, 904 f.). Durch den vorliegenden generellen Ausschluß aller störenden Gewerbebetriebe für einen Bereich von etwa 3,04 ha und damit für den weit überwiegenden Teil der insgesamt 3,87 ha umfassenden Gewerbegebietsflächen wird jedoch die Hauptnutzung des durch § 8 BauNVO vorgeformten Gebietstypus eines Gewerbegebiets ausgeschlossen.

Planungsrechtlich zulässig wären eine Gliederung des Plangebiets nach der Art der zulässigen Nutzung (§ 1 Abs. 4 Satz 1 Nr. 1 BauNVO) und die Festsetzung, daß bestimmte Arten von Nutzungen, die in Gewerbegebieten nach § 8 BauNVO allgemein zulässig sind, nicht zulässig sind oder nur ausnahmsweise zugelassen werden können (§ 1 Abs. 5 BauNVO), sofern die allgemeine Zweckbestimmung des Baugebiets gewahrt bleibt. In Betracht käme auch eine Strukturierung des Planbereichs nach der Art der Betriebe und Anlagen und deren besonderen Eigenschaften gemäß § 1 Abs. 4 Satz 1 Nr. 2 BauNVO, etwa durch Festsetzung von flächenbezogenen Emissionsgrenzwerten (vgl. BVerwG v. 18. 12. 1990 – 4 N 6.88 –, BRS 50 Nr. 25 = BayVBl 1991, 310 ff.). Das Landratsamt hat in diesem Zusammenhang im Planaufstellungsverfahren erhebliche Bedenken gegen die „Herausnahme der flächenbezogenen Emissionswertanteile" aus dem Entwurf des Bebauungsplans geltend gemacht und die textliche Festsetzung Nr. 5.8 zum Schallschutz beanstandet.

2. Der Bebauungsplan verletzt auch das Abwägungsgebot gemäß § 1 Abs. 6 BauGB, wonach die öffentlichen und privaten Belange gegeneinander und untereinander gerecht abzuwägen sind. Die gerichtliche Kontrolle der vom Satzungsgeber vorzunehmenden Abwägung hat sich auf die Prüfung zu beschränken, ob eine Abwägung überhaupt stattgefunden hat, ob in ihr an Belangen eingestellt worden ist, was nach Lage der Dinge in sie eingestellt werden mußte, ob die Bedeutung der betroffenen öffentlichen und privaten Belange richtig erkannt worden ist und ob der Ausgleich zwischen den von der Planung berührten öffentlichen und privaten Belangen in einer Weise vorgenommen worden ist, die zu ihrer objektiven Gewichtigkeit in einem angemessenen Verhältnis steht (vgl. BVerwG v. 5. 7. 1974 – 4 C 50.72 –, BVerwGE 45, 309 = BauR 1974, 311 = BayVBl 1974, 705).

a) Die Antragsgegnerin hat die durch das Nebeneinander von Altenpflegeeinrichtung und gewerblicher Nutzung zu erwartenden Immissionskonflikte in der Abwägung nicht angemessen berücksichtigt. So hätte erwogen werden müssen, zum Schutz der Altenpflegeeinrichtung vor störenden Immissionen, vor allem vor Lärmbeeinträchtigungen durch Gewerbebetriebe in den eingeschränkten Gewerbegebieten, die nach §8 BauNVO allgemein und ausnahmsweise zulässigen Nutzungsarten ganz oder für Teilbereiche auszuschließen und Festsetzungen nach dem Emissionsverhalten von Betrieben und Anlagen zu treffen. Die Erwägungen der Antragsgegnerin dazu betrafen offensichtlich nicht den verbindlichen Teil des Bebauungsplans, sondern nur den Inhalt der Begründung. Abgesehen davon hat die Antragsgegnerin ersichtlich nur erwogen, durch Zulassung nichtstörender Gewerbebetriebe die Wohnnutzung nördlich und nordöstlich des Plangebiets zu schützen, wie sich z. B. aus der Festlegung von vier Beurteilungspegeln – noch dazu außerhalb des Plangebiets – ergibt.

Aber auch die Schutzbedürftigkeit dieser Wohnbebauung außerhalb des Planbereichs vor schädlichen Umwelteinwirkungen ist ein Belang, der in differenzierter Weise in die Abwägung einzubeziehen gewesen wäre. Die zu erwartenden Konflikte hätte die Antragsgegnerin durch planerische Festsetzungen so auflösen müssen, daß die unterschiedlichen Nutzungen einander in verträglicher Art und Weise zugeordnet sind. Zum Beispiel wäre in Betracht gekommen – wie ausgeführt wurde –, die Baugebiete durch die Festsetzung von flächenbezogenen Schalleistungspegeln zu gliedern (BVerwG v. 18.12.1990 – 4 N 6.88 –, BRS 50 Nr.25; v. 7.3.1997 – 4 NB 38.96 –, BauR 1997, 602).

Die Zielvorstellungen der Antragsgegnerin, in den eingeschränkten Gewerbegebieten störende Gewerbebetriebe überhaupt auszuschließen, stehen im Widerspruch zu der Planungskonzeption, die dem Bebauungsplan nach der Begründung zugrunde lag. So wurde die Erforderlichkeit der Bauleitplanung mit der starken Nachfrage nach Gewerbegebietsflächen für Gewerbebetriebe begründet und hierzu beispielhaft die Ansiedlung von zwei Hotels, einem Getränkemarkt sowie einem Busbetriebsbahnhof angeführt. Die wirklichen Planungsabsichten zielten deshalb gar nicht darauf ab, beinahe in dem gesamten für Gewerbeansiedlungen vorgesehenen Bereich von 3,87 ha (mit Ausnahme des nur eine geringe Fläche von 0,83 ha umfassenden – uneingeschränkten – Gewerbegebiets) nur solche Gewerbebetriebe zuzulassen, die das Wohnen nicht stören, d.h. die nach ihrem Emissionsverhalten nicht einem Gewerbegebiet, sondern eher einem Wohngebiet zuzuordnen wären.

b) Der Mangel im Abwägungsvorgang ist i.S. von §214 Abs.3 Satz 2 BauGB erheblich. Die Ausweisung der eingeschränkten Gewerbegebiete ohne nähere Festsetzung, welche Arten von Nutzungen ausgeschlossen sein sollen und an welches Emissionsverhalten der Betriebe für die Zulässigkeit angeknüpft werden soll, lassen im Zusammenhang mit den Erläuterungen in der Begründung über den Ausschluß aller störenden Gewerbebetriebe den Abwägungsmangel deutlich werden. Zudem liegt auf der Hand, daß ohne den Mangel in der Abwägung die Planung anders hätte ausfallen können (vgl. BVerwG v. 21.8.1981 – 4 C 57.80 –, BVerwGE 64, 33).

Mag die Verletzung des Bestimmtheitsgebots (vgl. oben Nr. II. 1.) grundsätzlich in einem ergänzenden Verfahren gemäß §215a Abs. 1 Satz 1 BauGB heilbar sein (vgl. BVerwG v. 6.3.2002 – 4 BN 7.02 –, BauR 2002, 1066f.), gilt das jedenfalls nicht für den vorliegenden Abwägungsmangel (vgl. Batis/Krautzberger/Löhr, BauGB, 8. Aufl. 2002, Rdnr. 3 zu §215a m. w. N.). Die in der Abwägung nicht berücksichtigte Frage, welche Arten von Nutzungen in den eingeschränkten Gewerbegebieten zulässig sein sollen oder ausnahmsweise zugelassen werden können und welchen Störungsgrad die Antragsgegnerin in diesen Bereichen im Verhältnis zur Sondergebietsnutzung zum Zwecke der Altenpflege und zu der außerhalb des Planbereichs vorhandenen Wohnnutzung für verträglich hält, betrifft den Kern der Abwägungsentscheidung und berührt die Grundzüge der Planung.

3. Hat dieser Abwägungsmangel schon die Nichtigkeit des Bebauungsplans zur Folge, ist im übrigen nur ergänzend auszuführen:

a) Gegen die Festsetzung des Sondergebiets für „Hotel und Zwecke der Altenpflege und -fortbildung" bestehen keine durchgreifenden planungsrechtlichen Bedenken. Die Voraussetzungen für die Ausweisung eines sonstigen Sondergebiets nach §11 Abs. 1 BauNVO sind entgegen der Auffassung der Antragstellerin gegeben. Die für dieses Gebiet festgesetzte Nutzung unterscheidet sich wesentlich von Baugebieten nach §§2 bis 10 BauNVO. Ob diese Voraussetzung vorliegt oder nicht, ist an Hand eines Vergleichs der konkreten Zweckbestimmung des Sondergebiets mit den abstrakten allgemeinen Zweckbestimmungen der normierten Baugebiete der §§2 bis 10 BauNVO zu ermitteln (BVerwG v. 7.7.1997 – 4 B N 11.97 –, BRS 59 Nr. 36 = BauR 1997, 972 = BayVBl 1998, 57). Das festgesetzte Sondergebiet soll einer Zusammenfassung unterschiedlicher Nutzungsarten dienen, nämlich dem Wohnen alter Menschen, der Nutzung als Altenpflegeeinrichtung, möglicherweise auch Anlagen für gesundheitliche Zwecke (vgl. Fickert/Fieseler, BauNVO, 10. Aufl. 2002, Rdnrn. 20.1 f.), einer spezifisch gewerblichen Nutzung mit der Errichtung von Betrieben des Beherbergungsgewerbes und der Nutzung als Fortbildungseinrichtung. Die Antragsgegnerin plante, durch diese Festsetzungen eine Art von gemischter Nutzung zu verwirklichen, die sich mit keinem der in der Baunutzungsverordnung genannten Gebietstypen vergleichen läßt.

b) Nach den textlichen Festsetzungen unter Nr. 2 bestimmt der Bebauungsplan für das Sondergebiet für „Hotel und Zwecke der Altenpflege und -fortbildung" als Höchstmaß der baulichen Nutzung i. S. von §16 Abs. 4 Satz 1 BauNVO eine Geschoßflächenzahl von 2,4. Die Festsetzung schöpft den Rahmen der Obergrenzen nach §17 Abs. 1 BauNVO für die Geschoßflächenzahl in Gewerbegebieten, Industriegebieten und sonstigen Sondergebieten aus.

§17 Abs. 1 BauNVO ermächtigt den Satzungsgeber, der ein Sondergebiet ausgewiesen hat, nicht gleichsam automatisch zur Festsetzung eines Nutzungsmaßes, das die Obergrenzen ausschöpft. Diese Vorschrift enthält vielmehr Grenzwerte für die in der Bauleitplanung zur Gewährleistung einer geordneten städtebaulichen Entwicklung gemäß §1 BauGB vertretbaren Bebauungsdichte (vgl. Fickert/Fieseler, a.a.O., Rdnr. 1 zu §17) und nicht etwa eine bauplanerische Empfehlung, die die Abwägung nach §1 Abs. 6 BauGB über die Festsetzung der Geschoßflächenzahl entbehrlich werden ließ. Das Maß der baulichen Nutzung ist von der Gemeinde vielmehr im Einzelfall nach der konkreten städtebaulichen Situation zu bestimmen. Davon ausgehend darf die Antragsgegnerin keine überzogenen Nutzungswerte festsetzen, sondern nur solche, die nach den jeweiligen örtlichen Verhältnissen und dem Planungsziel erforderlich sind. Insofern ist zweifelhaft, ob die Geschoßflächenzahl von 2,4 für die Grundstücke der Antragstellerin, beurteilt nach dem Zeitpunkt des Satzungsbeschlusses, überhaupt erreicht werden kann, legt man eine Planung zugrunde, die gesunden Wohn- und Arbeitsverhältnissen Rechnung trägt. Das Landratsamt bejahte dies in seiner Stellungnahme von 2001, wobei es jedoch eine Abstandsfläche von 3 m „umlaufend um den Baukörper" für ausreichend hielt. Hinsichtlich des Schutzbedürfnisses der Bewohner des Altenpflegeheims vor störenden Immissionen aus den in unmittelbarer Nachbarschaft im Norden, Westen und Süden des Plangebiets gelegenen eingeschränkten Gewerbegebieten ist aber zweifelhaft, ob eine derart dichte Bebauung noch als verträglich angesehen werden kann.

Die Antragsgegnerin hätte jedenfalls die für die Festsetzungen der höchst zulässigen Geschoßflächenzahl von 2,4 sprechenden Gründe gegen die möglichen Nachteile einer starken baulichen Verdichtung vor allem hinsichtlich der Nutzung durch eine Altenpflegeeinrichtung in ihrer Bedeutung richtig gewichten und in die Abwägung einstellen müssen. Daß das geschehen ist, ergibt sich weder aus den Beschlüssen des Stadtrats der Antragsgegnerin noch aus der Begründung des Bebauungsplans. Bei der Abwägung wäre zu berücksichtigen gewesen, daß das Sondergebiet auch stark durch Wohnnutzung geprägt ist, deren schützenswerte Belange hinsichtlich der Nutzungsdichte und gesunder Wohnverhältnisse anders zu gewichten sind, als es bei manchen der für ein sonstiges Sondergebiet nach § 11 Abs. 2 BauNVO in Betracht kommenden beispielhaft aufgezählten Nutzungen der Fall wäre. Die Antragsgegnerin ist auch nicht deshalb von der nach § 1 Abs. 6 BauGB erforderlichen angemessenen Abwägung entbunden, weil eine Geschoßflächenzahl von 2,4 ursprünglich dem Wunsch der Antragstellerin ausgehend von der Planung eines Gewerbegebiets für die Parzelle 7 entsprochen haben mag.

Nr. 26

1. **Eine Ausfertigung von Flächennutzungsplänen ist nicht vorgeschrieben.**
2. **Zur Erforderlichkeit eines Bebauungsplans, der in Absprache mit dem Investor entwickelt worden ist.**
3. **Die Festsetzung eines Kerngebietes zwischen der Altstadt und kerngebietstypischen Verwaltungsgebäuden begegnet keinen Bedenken.**
4. **Die Absicht, einen „Einkaufsmagneten" von der grünen Wiese an die Altstadt heranzuführen und den Platzcharakter einer Fläche zu betonen, kann die Unterschreitung der regelmäßigen Grenzabstände rechtfertigen.**

Nr. 26

VwGO § 47 Abs. 6; BauGB § 1 Abs. 3, 6; BauNVO § 7 Abs. 2; NBauO § 13 Abs. 1, 2.

Niedersächsisches OVG, Beschluß vom 11. Juli 2003 – 1 MN 165/03 – (rechtskräftig).

Die Antragsteller erstreben vorläufigen Rechtsschutz gegen den im Tenor genannten Bebauungsplan der Antragsgegnerin, der u. a. die Planungsgrundlage für die demnächst zur Baugenehmigung anstehende Ansiedlung eines großflächigen B.-Marktes mit darüber angeordneten drei Parkdecks auf dem Südteil des A.es darstellt. Sie befürchten unzumutbare Einbußen ihrer am Süd- und Südostende des A.es stehenden Wohngebäude durch Lärm- und Abgasimmissionen sowie das die Grenzabstände z. T. unterschreitende Heranrücken eines zwingend 14,2 m hohen Gebäudes und sehen eine reine Gefälligkeitsplanung zugunsten der Beigeladenen. Die Antragsgegnerin tritt dem Vorbringen entgegen.

Aus den Gründen:

Der Antrag ist nicht begründet. Nach § 47 Abs. 6 VwGO kann das Gericht auf Antrag eine einstweilige Anordnung erlassen, wenn dies zur Abwehr schwerer Nachteile oder aus anderen wichtigen Gründen dringend geboten ist. Wegen der weitreichenden Folgen, welche die Aussetzung eines Bebauungsplanes regelmäßig hat, ist bei der Prüfung der Voraussetzungen für eine Aussetzung ein strenger Maßstab anzulegen. Ein schwerer Nachteil in dem oben genannten Sinn liegt nur vor, wenn rechtlich geschützte Interessen in ganz besonderem Maße beeinträchtigt und dem Betroffenen außergewöhnliche Opfer abverlangt werden (vgl. Erichsen/Scherzberg, DVBl. 1987, 168, 174). Bei Vollzug des angegriffenen Planes haben die Antragsteller derartig schwerwiegende Beinträchtigungen nicht zu erwarten.

Das Grundstück der Antragstellerin zu 1) liegt rund 20 m von der Südseite des mit dem angegriffenen Plan vor allem abgelehnten künftigen B.-Marktes entfernt. Dieses Gebäude wird mit 14,2 m nicht so hoch sein, daß ihr Grundstück und/oder das darauf stehende Fachwerkgebäude gleichsam erdrückt wird. Eine erdrückende Wirkung kann nicht nur durch die Höhe der Gebäude zueinander auftreten, sondern auch durch die Baumaße bzw. die Länge von Gebäuden. Das ist nach dem Eindruck, den die zahlreichen von der Antragsgegnerin überreichten Luftbilder vermitteln, nicht zu erwarten. Der Antragstellerin zu 1) wird bei Planverwirklichung zwar der bisher genossene Blick auf einen weiträumigen Platz genommen. Jedenfalls jetzt, nachdem die Antragsgegnerin den überbaubaren Bereich während des Planaufstellungsverfahrens um etwa 5 m nach Norden verschoben und der C. straße damit eine platzartige Aufweitung gegeben hat, kann nicht mehr davon die Rede sein, dem Grundstück der Antragstellerin zu 1) und ihrem Wohnhaus trete der B.-Markt mit seinen drei darüber liegenden Parkgeschossen in eindeutig unangemessenen Proportionen, d. h. so gegenüber, daß das Wohnhaus der Antragstellerin zu 1) dahinter gleichsam verschwindet oder kaum noch „Luft zum Atmen" hat.

Es ist auch nicht zu erwarten, daß die mit der Nutzung des neuen Vorhabens verbundenen Einbußen so stark sind, daß sie der Antragstellerin zu 1) nicht mehr zuzumuten sind. Die Antragsgegnerin hat die mit der Nutzung als

B.-Markt und Parkhaus verbundenen Geräuschbelästigungen im Rahmen des Baugenehmigungsverfahrens durch das Ingenieurbüro D. und andere ermitteln lassen. Die schalltechnische Untersuchung hat für den Auftreffpunkt 3 Werte von 50 dB(A) tags ermittelt. Der für Kerngebiete geltende Wert liegt hingegen bei 60 dB(A). Auch wenn dies „nur" ein Orientierungswert ist, wird doch deutlich, daß der Schutzanspruch, den die Antragstellerin für ihr immerhin in einem Kern- und dementsprechend grundsätzlich lärmbelasteten Gebiet gelegenes Grundstück reklamieren kann, nicht annähernd verletzt werden wird. Dem Schutzinteresse der Antragstellerin zu 1) kann zudem im Baugenehmigungsverfahren ausreichenden Umfangs Rechnung getragen werden. Das geschieht hier dadurch, daß die Anlieferungszone aus verkehrstechnischen Gründen zwar im Süden angesiedelt, dort – gerade – zum Vorteil der Antragstellerin zu 1) aber „eingehaust" wird. Zudem war die Situation ihres Grundstücks zuvor auch nicht gerade als eine „idyllische Ruhelage" zu bezeichnen. Vor ihrem Grundstück erstreckte sich vielmehr ein umfangreicher Parkplatz. Die Parkobergeschosse des abgelehnten B.-Projekts werden aller Voraussicht nach gegenüber der so gekennzeichneten bisherigen Situation keine Verschlechterung der Luftqualität zur Folge haben, welche der Antragstellerin zu 1) nicht mehr zugemutet werden könnte.

Für das Grundstück der Antragsteller zu 2) und 3) ist bei Planverwirklichung ebenfalls kein schwerer Nachteil zu erwarten, der gemäß §47 Abs.6 VwGO den Erlaß der begehrten einstweiligen Anordnung rechtfertige. Es trifft zwar zu, daß die neue überbaubare Fläche i.V.m. der zwingend festgesetzten Höhe von 14,2 m in einer Weise heranrückt, welche es weder diesen Antragstellern noch der Beigeladenen gestatten wird, die nach der Niedersächsischen Bauordnung grundsätzlich maßgeblichen Abstandsvorschriften einzuhalten. Das allein rechtfertigt indes noch nicht die Annahme, diesen Antragstellern werde der angegriffene Plan unzumutbaren Eintrag tun. Denn es ist zu beachten, daß das Erdgeschoß des Gebäudes der Antragsteller zu 2) und 3) nach den von der Antragsgegnerin vorgelegten Fotografien sowie nach dem genehmigten Grundriß zur Unterbringung von Garagen und Nebenräumen genutzt wird. Erst ab dem ersten Obergeschoß sind daher Einbußen in der Belichtung und Belüftung – einerseits durch Entzug frischer Luft, andererseits durch negative Auswirkungen vom Parkhaus – zu erwarten. Diese erreichen auch bezüglich der Antragsteller zu 2) und 3) kein Ausmaß, das mit einiger Sicherheit schon die Schwelle zur Unzumutbarkeit überstiege. Das ergibt sich u.a. daraus, daß das angegriffene Vorhaben diesen Antragstellern nicht frontal gegenübertritt, sondern es ihnen ermöglicht, jedenfalls nach „links", d.h. Süden gewandt ausreichenden Umfangs Sonne und Luft zu erhalten. Zudem besteht im Baugenehmigungsverfahren die Möglichkeit, durch ent-/ansprechende Gestaltung der Fassade den Eindruck zu mildern, der durch das Heranrücken der Bebauung entsteht, und die – von der Beigeladenen tatsächlich auch beabsichtigte – Maßnahme zu ergreifen, die Fassade im südlichen Drittel der Ostfassade zu verglasen. Damit werden Abgase von der Wohnbebauung abgehalten und zugleich die Lichtverhältnisse „stabilisiert".

Der Erlaß der einstweiligen Anordnung ist auch nicht aus anderen wichtigen Gründen i. S. des § 47 Abs. 6 VwGO geboten. Da das Gewicht dieser Gründe ungefähr dem des schweren Nachteils entsprechen muß, ist die Aussetzung des Vollzuges aus diesem Anordnungsgrund zur Verhinderung vollendeter Tatsachen lediglich dann in Erwägung zu ziehen, wenn der Normenkontrollantrag mit großer Wahrscheinlichkeit Erfolg haben wird (vgl. z. B. Senatsbeschluß v. 21. 3. 1988 – 1 B 6/87 –, BRS 48 Nr. 30). Eine derartige hohe Erfolgsaussicht ist hier nicht zum Vorteil der Antragsteller anzunehmen. Deren Rügen werden voraussichtlich nicht durchgreifen. Zu diesen sind folgende Ausführungen veranlaßt:

Die Darstellung einer gemischten Baufläche in dem Flächennutzungsplan der Antragsgegnerin gestattet es dieser, in Einklang mit § 1 Abs. 1 BauNVO und § 8 Abs. 2 Satz 1 BauGB ein Kerngebiet zu entwickeln; auch dieses stellt eine gemischte Nutzung i. S. des § 1 Abs. 1 Nr. 2 BauNVO dar.

Durchgreifende Gründe für eine Unwirksamkeit des Flächennutzungsplanes der Antragsgegnerin haben die Antragsteller nicht geltend zu machen vermocht. Nur Satzungen sind nach § 6 Abs. 3 NGO im eigentlichen Sinne auszufertigen. Lediglich der Bebauungsplan stellt eine solche dar (§ 10 Abs. 1 BauGB); für den Flächennutzungsplan fehlt eine entsprechende Anordnung.

Zudem wäre der Mangel unzureichender Ausfertigung des Flächennutzungsplanes aller Voraussicht nach gemäß § 214 Abs. 2 Nr. 3 BauGB unbeachtlich. Diese Vorschrift gilt auch für formelle Mängel, die sich aus dem Landesrecht ergeben (vgl. Lemmel, in: Berliner Kommentar zum BauGB, 3. Aufl., § 214 Rdnr. 50; ebenso Stock, in: Ernst/Zinkahn/Bielenberg, BauGB, § 214 Rdnr. 117; beide unter Hinweis auf BVerwG, Urteil v. 3. 2. 1984 – 4 C 17.82 –, BVerwGE 68, 369, 373). Es gibt keine Anhaltspunkte für die Annahme, dieser Mangel – unterstellt, es sei überhaupt einer – habe sich schon zu einem früheren Zeitpunkt herausgestellt und daher komme eine Anwendung des § 214 Abs. 2 Nr. 3 BauGB nicht in Betracht.

Entgegen der Annahme der Antragsteller ist der Bebauungsplan nicht ausschließlich im Interesse der Beigeladenen aufgestellt worden und daher nicht i. S. des § 1 Abs. 3 BauGB erforderlich bzw. deshalb abwägungsfehlerhaft, weil sich der Rat der Antragsgegnerin bei seiner Aufstellung allein von den Bauwünschen der Beigeladenen habe leiten lassen.

Ob ein Plan städtebaulich, d. h. i. S. des § 1 Abs. 3 BauGB erforderlich ist, richtet sich in erster Linie nach der Konzeption, die die Gemeinde verfolgt. Erforderlich ist eine bauleitplanerische Regelung dann, wenn sie dazu dient, Entwicklungen, die bereits im Gange sind, in geordnete Bahnen zu lenken, sowie dann, wenn die Gemeinde die planerischen Voraussetzungen schafft, es zu ermöglichen, einer Bedarfslage gerecht zu werden, die sie für gegeben halten darf. Als Rechtfertigung kommen allein öffentliche Belange in Kraft. Solche können auch durch einen privaten Investor „angeschoben", d. h. durch dessen Bauwünsche begründet werden. Ausreichenden Umfangs i. S. des § 1 Abs. 3 BauGB erforderlich ist der daraufhin gefaßte Plan in diesem Fall, wenn er daneben von städtebaulichen Überlegungen der Gemeinde getragen wird.

Ein solcher Fall ist hier gegeben. Die Antragsgegnerin hat unwidersprochen vorgetragen, die Beigeladene habe ihren Markt zunächst gar nicht in der dann gewählten City-Lage, sondern „auf der grünen Wiese" schaffen wollen. Diese Vorstellungen habe sie erst auf die Einwirkungen der Antragsgegnerin hin geändert. Deren Bestreben sei es nicht nur, Ansiedlungen außerhalb des städtischen Bereiches zu verhindern. Maßgebliches Ziel sei es vielmehr auch gewesen, in City-Lage einen Einkaufs-„Magneten" zu schaffen, der die Attraktivität der Innenstadt steigert und damit auch zum kommerziellen Wohle anderer Geschäfte in der gewachsenen Altstadtlage der Antragsgegnerin sorgt. Schon das ist ein Gesichtspunkt, der die Erforderlichkeit im Rechtssinne begründet. Es kommt hinzu, daß sich die Antragsgegnerin mit diesem Vorhaben zugleich ausreichender Einstellplätze in Citynähe versichern will. Dementsprechend räumt sie der Beigeladenen an dem in ihrem Eigentum stehenden Teil des A.es zwar ein Erbbaurecht ein, möchte aber die Parkdecks unter die Regie der städtischen Verwaltung nehmen.

Der Rat der Antragsgegnerin hat sich auch nicht in einer Weise den Nutzungsvorstellungen der Beigeladenen unterworfen, daß dies als vor § 1 Abs. 6 BauGB unzulässige Vorabbindung zu qualifizieren wäre. Das Bundesverwaltungsgericht hat schon in der sog. Flachglas-Entscheidung (v. 5. 7. 1974 – IV C 50.72 –, BVerwGE 45, 309 = BRS 28 Nr. 4) anerkannt, daß sich bestimmte städtebauliche Projekte nicht im Wege der Angebotsplanung, sondern nur „verschränkt" mit einem bestimmten Investor verwirklichen lassen. Daran ist so lange nichts Verwerfliches, wie sich die planende Gemeinde den Vorstellungen des Vorhabenträgers nicht völlig unterordnet und nach außen lediglich als dessen Vollzugsinstanz erscheint (vgl. auch BVerwG, Beschluß vom 28. 8. 1987 – 4 N 1.86 –, NVwZ 1988, 351). Ein dementsprechender Fall ist hier nicht gegeben. Schon die Umstände, daß die Antragsgegnerin die Beigeladene zur Wahl eines anderen Standorts hat überreden müssen und den Plan auf die vorgebrachten Anregungen ihrer Bürger wiederholt ausgelegt, dabei u. a. die überbaubare Fläche nach Norden verschoben hat, zeigen, daß sich der Rat der Antragsgegnerin nicht zum reinen Erfüllungsgehilfen der Beigeladenen hat machen lassen.

Die getroffene Abwägungsentscheidung (§ 1 Abs. 6 BauGB) wird voraussichtlich nicht zu beanstanden sein. Einen Etikettenschwindel stellt sie nicht dar. Zutreffend weist die Antragsgegnerin darauf hin, daß bei der Beurteilung des Gebietscharakters nicht lediglich das Plangebiet, sondern auch die benachbarten Bauquartiere in Blick zu nehmen sind. Betrachtet man die den A. an seinen Nord-, West- und Südseiten i. S. des § 7 Abs. 2 Nrn. 1 und 4 Bau-NVO begleitenden kerngebietstypischen Nutzungen sowie – vor allem – den sich östlich des Plangebiets anschließenden, von ihm zum Teil sogar mitumfaßten Altstadtbereich, so wird deutlich, daß die von § 7 Abs. 2 BauNVO gewollte Nutzungsmischung sehr wohl vorhanden ist. ...

Richtig ist zwar, daß die getroffenen Festsetzungen es jedenfalls an der Ostseite des A.es nicht mehr gestatten werden, die nach der Niedersächsischen Bauordnung maßgeblichen Grenzabstände einzuhalten. Das wird voraussichtlich aber durch § 13 Abs. 1 Nr. 1, Abs. 2 NBauO zu rechtfertigen sein. Der Senat hat sich zu den Voraussetzungen, unter denen von dieser Ausnahmemöglichkeit Gebrauch gemacht werden darf, mehrfach (u. a. in seinem Beschluß v. 30. 3. 1999 – 1 M 897/99 –, NdsVBl. 2000, 10 = BauR 1999,

Nr. 26

1163; s.a. Urteil v. 26.2.2003 – 1 LC 75/02 –, abgedruckt unter Nr. 146) geäußert. ...

Danach werden die Antragsteller voraussichtlich nicht mit ihrem Einwand durchdringen können, die planbedingt ermöglichte Unterschreitung der gesetzlichen Grenzabstände führe zur Abwägungswidrigkeit des Planes Nr. 90. Der Anwendung dieser Grundsätze steht nicht gleichsam von vornherein entgegen, daß die Grundstücke der Beteiligten im Kerngebiet liegen. Für diese hat der Gesetzgeber in § 7 Abs. 4 NBauO zwar „bereits" eine Halbierung der Abstände vorgesehen. Diese Vorschrift läßt indes nicht den Gegenschluß zu, in Kerngebieten müsse insoweit besondere Zurückhaltung obwalten. Das widerspräche nicht nur dem Wortlaut des § 13 Abs. 1 Halbs. 1 NBauO, der für eine derartige Einschränkung seines Anwendungsbereiches keine Anhaltspunkte enthält. Das ließe auch außer acht, daß nach dem Katalog des § 7 Abs. 2 BauNVO in Kerngebieten Nutzungen ganz unterschiedlicher Schutzbedürftigkeit zulässig sind. So gegensätzliche Nutzungen wie etwa Parkhäuser und Gebäude sozialen oder kirchlichen Zweckes bedürfen in erheblich voneinander abweichendem Maße des Schutzes. Gerade wegen dieser starken „Spreizung" sind Kerngebiete sogar in besonderem Maße für eine Anwendung des § 13 Abs. 1 Nr. 1 NBauO offen.

Es existieren ausreichenden Umfangs baugestalterische bzw. städtebauliche Absichten, die die angegriffene Festsetzung tragen werden. Die von der Beigeladenen und der Antragsgegnerin übereinstimmend gefundene Lösung hat eine städtebauliche Qualität, welche den Anforderungen des § 13 Abs. 1 Nr. 1 NBauO gerecht wird. Der Baukörper schließt nicht nur an ein Kerngebiet an und will dieses nach Westen erweitern. Es soll zugleich dazu beitragen, für den nördlichen Bereich des A.es den „Platzcharakter" zu erhalten. Damit wenig vereinbar wäre es, zwischen der Bebauung an der Ostseite des A.es und der neuen überbaubaren Fläche einen Abstand zu lassen, der den nach § 7 Abs. 4 Nr. 1 i. V. m. § 9 Abs. 1 Satz 1 NBauO Anforderungen vollen Umfangs gerecht wird. Das würde nicht nur die Erfüllung des städtebaulichen Zwecks gefährden, – auch – zum Vorteil der vorhandenen Altstadt einen Einkaufsmagneten zu schaffen; andernfalls müßte die restliche Fläche des A.es zum Nachteil der Schaffung der begehrten ebenerdigen Parkplätze noch kleiner dimensioniert werden, um die für einen B.-Markt erforderliche Verkaufsfläche und die entsprechenden Parkflächen auf den Decks zu schaffen. Es würde die mit dem angegriffenen Plan beabsichtigte Erweiterung des Kernstadtbereiches optisch auch unnötig von der Altstadt „abhängen", deren Charakter den vorliegenden Plänen zufolge auch zu nicht unerheblichen Teilen durch enge Gassen und Straßen geprägt wird. Zudem spricht einiges für den von der Antragsgegnerin vorgebrachten Gesichtspunkt, nur eine entsprechend „eng" dimensionierte Fußgängerzone zwischen der Bebauung am südlichen Ostrand des A.es und dem neuen Baukörper schaffe für den Norden den „Platzcharakter" und im Süden jene urbane Intimität, die man gerade in Innenstädten schätzt und bei großflächigen Einzelhandelsbetrieben „auf der grünen Wiese" vermißt. Auch wenn dieser Vergleich vielleicht weit hergeholt erscheint: Im Bereich des neu gestalteten Potsdamer Platzes hat Berlin nicht viel anders gehandelt, sondern die Fußgängerzonen gerade aus dieser Überlegung heraus vergleichsweise schmal dimensioniert.

Diese städtebaulichen und gestalterischen Absichten haben selbst dann ein zur Überwindung der konkurrierenden Nutzungsabsichten ausreichendes Gewicht, wenn man das Interesse der Antragsteller zu 2) und 3) sowie der ihnen benachbarten Bebauung einbezieht, die Vorteile vollständig eingehaltener Grenzabstandsvorschriften zu genießen. Denn diese Interessen sind deutlich geschmälert zum einen durch den Umstand, daß diese „durchlaufenden Grundstücke" sozusagen die Verbindung zur und Fortsetzung der F. Straße darzustellen, außerdem dadurch, daß die Darstellungen des Flächennutzungsplanes den Antragstellern zu 2) und 3) schon seit längerem jedes Vertrauen in die Annahme rauben, dort werde schon kein Bauwerk entstehen. Wird das Kerngebiet mit modernen Mitteln erweitert, dann liegt es auch nahe, dies angesichts des im Westen durch die Weser und die vorhandene Bebauung beschränkten Baugrundes in verdichtender Weise zu tun. Diesem „Opfer" steht die Verbesserung der kommerziellen Aussichten gegenüber, die die Antragsteller zu 2) und 3) und ihre Nachbarn infolge der Ansiedlung eines Verkaufsmagneten füglich erwarten dürfen.

Voraussichtlich wird auch den allgemeinen Anforderungen an gesunde Wohn- und Arbeitsverhältnisse auf den Grundstücken der Antragsteller mindestens gleichwertig entsprochen sein/werden. Das ist dann der Fall, wenn auf den Nachbargrundstücken im praktischen Ergebnis die Verhältnisse herrschen, wie sie bei Einhaltung der gesetzlichen Grenzabstände bestehen würden (vgl. Große-Suchsdorf/Lindorf/Schmaltz/Wiechert, a. a. O., § 13 Rdnr. 22 und 5; Barth/Mühler, a. a. O., § 13 Rdnr. 39; vgl. im übrigen auch NdsOVG, Beschluß v. 11. 7. 1979 – VI B 44/79 –, BRS 35 Nr. 93, S. 200). Das kann etwa durch Ausnutzung günstiger topographischer Verhältnisse, eine geschickte Zuordnung der Gebäude zueinander oder ihrer besonders schutzwürdigen Räume oder in sonstiger Weise geschehen, welche der Unterschreitung des Grenzabstandes ggf. auch nur psychologisch die nachteilige Wirkung nimmt (vgl. Große-Suchsdorf/Lindorf/Schmaltz/Wiechert, a. a. O., Rdnr. 5). Ebenso wie schon § 12 Abs. 5 Satz 2 NBauO a. F. mit der Verwendung der Worte „nicht wesentlich" zeigte, gestattet auch der in § 13 Abs. 2 Satz 2 NBauO gebrauchte Terminus der „Gleichwertigkeit" eine wertende Betrachtung der besonderen Verhältnisse. Dabei darf u. a. berücksichtigt werden, daß trotz Unterschreitung des gesetzlichen Abstandes der dadurch hervorgerufene psychologische Eindruck des Eingeschlossenseins ausgeglichen werden kann.

Eine Anwendung dieser Grundsätze ergibt, daß die Antragsgegnerin voraussichtlich in einer Weise von § 13 Abs. 1 Nr. 1, Abs. 2 NBauO Gebrauch gemacht hat, welche Nachbarinteressen der Antragsteller nicht verletzt.

Für die Antragstellerin zu 1) gilt dies schon deshalb, weil die Antragsgegnerin die überbaubare Fläche im Rahmen der wiederholten Auslegungsverfahren deutlich nach Norden gerückt und durch die Herstellung einer platzartigen Aufweitung der C. straße ihre Nutzungsinteressen berücksichtigt hat. Der überbaubare Bereich rückt nicht näher heran als die schon vorhandene Bebauung.

Aber auch die Wohn- und Arbeitsverhältnisse der Antragsteller zu 2) und 3) und ihrer Nachbarn werden voraussichtlich nicht „ungesund" werden. Das ergibt sich u. a. aus der Möglichkeit, die Fassade des anzusiedelnden Marktes ansprechend zu gestalten. Die Beigeladene hat auch tatsächlich vor, die Baumasse durch Verglasungen aufzuhellen und so nicht nur Abgase von den Bewohnern fernzuhalten, sondern auch Licht in deren Wohnungen zu leiten. In den Erdgeschossen an der Südostseite des A.es sind schützenswerte Nutzungen nach dem unwidersprochenen Vortrag der Antragsgegnerin nicht vorhanden; das gilt auf Grund der vorgelegten Fotos auch/gerade für das Grundstück der Antragsteller zu 2) und 3). Regelrecht eingemauert werden die Anlieger an der Südostseite des Platzes bei einem Gebäudeabstand von gut 7 m nicht. Beginnt die schützenswerte Wohnnutzung erst im 1. Obergeschoß, werden trotz der Höhe des hinzutretenden Gebäudes voraussichtlich nicht wesentlich schlechtere Wohnverhältnisse erzeugt, als sie in der H. straße, der Kleinen I. straße oder der J. straße existieren.

Die Heraufführung des ruhenden Verkehrs in die Ebene des 1., 2. und 3. Obergeschosses stellt zwar einen gewissen „Qualitätssprung" gegenüber dem bisherigen Zustand dar, in dem lediglich „von unten" Parkplatzlärm heraufdrang. Dies wird aber zum Teil kompensiert dadurch, daß die An- und Abfahrtsstraße auf die Westseite des A.es verlegt wird und der Baukörper des B.-Marktes als Schallschutz gegen den dort verursachten Straßenlärm dienen wird. Eine sich nach Darstellung der Antragsgegnerin ankündigende Einschränkung der Öffnungszeiten der Parkdecks auf die Tagzeiten und eine Nachbarinteressen wahrende Aufteilung ihrer Parkbuchten (die zu der Ostseite des A.es gelegenen Buchten sollen Mitarbeiten zur Verfügung gestellt werden und damit eine geringere Wechselfrequenz aufweisen) werden es zusätzlich ermöglichen, gesunde Wohn- und Arbeitsverhältnisse auf dem Niveau, das in Kerngebieten allein erwartet werden kann, zu erhalten/herzustellen.

Nr. 27

1. **Entscheidet anstelle des Rates ein Ausschuß über die Behandlung der im Aufstellungsverfahren eingegangenen Anregungen und sieht sich der Rat an diese Entscheidung gebunden, ist das Abwägungsgebot verletzt.**

2. **Eine Immissionsprognose ist keine hinreichende Grundlage für eine gerechte Abwägung der durch die Planung berührten Belange, wenn die Einhaltung der Voraussetzungen, auf denen die Prognose beruht, nicht durch die Festsetzungen des Bebauungsplans oder auf andere Weise gesichert ist.**

3. **Für eine Festsetzung, nach der „in der ersten Bauphase" an einer bestimmten Stelle eine lückenlose Bebauung von bestimmter Länge herzustellen ist, enthält § 9 BauGB keine Ermächtigungsgrundlage.**

4. **Die Festsetzung, wonach in einem Baugebiet der Einsatz von dieselbetriebenen Lastwagenkühlaggregaten unzulässig ist, kann nicht auf § 9 Abs. 1 Nr. 24 BauGB gestützt werden, da die Regelung nicht als bauliche oder sonstige technische Vorkehrung im Sinne dieser Vorschrift anzusehen ist.**

VwGO § 47 Abs. 6; BauGB § 1 Abs. 6.

OVG Nordrhein-Westfalen, Beschluß vom 16. Oktober 2003
– 10a B 2515/02.NE – (rechtskräftig).

Die Antragsteller wandten sich mit ihrem Antrag auf Erlaß einer einstweiligen Anordnung gegen einen Bebauungsplan, der in unmittelbarer Nähe ihrer jeweils mit einem Wohnhaus bebauten Grundstücke, die selbst außerhalb des Planbereichs liegen, Gewerbe- und Industriegebietsflächen festsetzt. Der Bebauungsplan soll u.a. die umfangreiche Erweiterung eines vorhandenen gartenbaulichen Absatzmarktes mit 24-Stunden-Betrieb ermöglichen. Der Antrag nach § 47 Abs. 6 VwGO hatte Erfolg.

Aus den Gründen:

Der Plan genügt nicht den Anforderungen des § 1 Abs. 6 BauGB, wonach die öffentlichen und privaten Belange untereinander und gegeneinander gerecht abzuwägen sind.

Die dem Bebauungsplan zugrundeliegende Abwägungsentscheidung ist bereits deshalb fehlerhaft, weil sie im Hinblick auf die im Aufstellungsverfahren eingegangenen Anregungen der Bürger und der Träger öffentlicher Belange nicht durch den Rat, sondern durch den Ausschuß für Planung, Verkehr und Umwelt getroffen worden ist.

Die abschließende Prüfung der im Aufstellungsverfahren eingegangenen Anregungen ist Teil des Abwägungsvorganges und fließt in das Abwägungsergebnis ein. Die abschließende Entscheidung über die Behandlung der Anregungen obliegt daher dem Rat. Werden die im Aufstellungsverfahren eingegangenen Anregungen dem Rat vorenthalten oder aus anderen Gründen nicht in die Abwägung des Rates eingestellt, so liegt ein Fehler bei der Zusammenstellung des Abwägungsmaterials und – je nach den Umständen des Einzelfalles – auch ein Fehler bei der Gewichtung der zu berücksichtigenden Belange vor. Entscheidet anstelle des Rates ein Ausschuß über die Behandlung der im Aufstellungsverfahren eingegangenen Anregungen und sieht sich der Rat an diese Entscheidung gebunden, ist das Abwägungsgebot verletzt (vgl. BVerwG, Urteil v. 25. 11. 1999 – 4 CN 12.98 –, BRS 62 Nr. 45 = BauR 2000, 845; OVG NRW, Urteile v. 11. 12. 2001 – 10a D 214/98.NE –, v. 3. 9. 2003 – 7 a D 47/02.NE – und v. 9. 10. 2003 – 10a D 55/01.NE –).

So ist es hier. Nach den Aufstellungsvorgängen hat sich der Rat weder in der Sitzung, in der er den Bebauungsplan als Satzung beschlossen hat, noch zu einem früheren Zeitpunkt im einzelnen mit den Anregungen der Bürger und der Träger öffentlicher Belange befasst. Vielmehr hat er insoweit die Abwägungsentscheidung dem Ausschuß für Planung, Verkehr und Umwelt überlassen. Dies wird durch die gemäß § 3 Abs. 2 Satz 4 BauGB erfolgten Mitteilungen an die Einwender dokumentiert. In diesen Mitteilungen heißt es gleichlautend: „Über die von Ihnen mit oben genanntem Schreiben vorgebrachten Anregungen wurde durch den Ausschuß für Planung, Verkehr und

Umwelt des Rates der Stadt K. beraten und ein entsprechender Beschluß gefaßt. Danach wurde Ihre Stellungnahme wie folgt behandelt: ...". Anhaltspunkte dafür, daß sich der Rat gleichwohl nicht an die Abwägung des Ausschusses gebunden gefühlt und sich eine abschließende Entscheidung vorbehalten hat, lassen sich aus den Aufstellungsvorgängen nicht entnehmen. Vielmehr bestehen gegenteilige Anhaltspunkte. Aus einem kürzlich abgeschlossenen Normenkontrollverfahren (vgl. OVG Nordrhein-Westfalen, Urteil v. 9. 10. 2003 – 10 a D 55/01.NE –) ist dem Senat bekannt, daß es gängige Praxis des Rates der Antragsgegnerin zu sein scheint, es allein dem Ausschuß für Planung, Verkehr und Umwelt zu überlassen, über die Behandlung der im Aufstellungsverfahren eingegangenen Anregungen der Bürger und der Träger öffentlicher Belange zu befinden und so einen wesentlichen Teil der Abwägung vorzunehmen. In jenem Normenkontrollverfahren war ein Bebauungsplan angegriffen worden, den der Rat der Antragsgegnerin am 15. 6. 1999 als Satzung beschlossen hatte. In der Niederschrift über die Ratssitzung vom selben Tage hieß es ausdrücklich, daß der Ausschuß für Planung, Verkehr und Umwelt Einwendungen bekanntlich abschließend berate.

Der Bebauungsplan ist aus einem weiteren Grunde abwägungsfehlerhaft.

Bei der Abwägung waren neben den Betriebsinteressen der vorhandenen und künftig im Plangebiet angesiedelten gewerblichen Unternehmen auch die Anforderungen an die Wahrung gesunder Wohnverhältnisse (§ 1 Abs. 5 Nr. 1 BauGB) im Hinblick auf die in der Nähe des Plangebiets gelegenen Wohngrundstücke zu berücksichtigen und etwaige planbedingte Konflikte zwischen diesen Belangen zu lösen.

Die Festsetzung eines Sondergebiets für einen gartenbaulichen Absatzmarkt mit 24-Stunden-Betrieb sowie mehrerer Gewerbe- und Industriegebietsflächen in der Nachbarschaft zu der außerhalb des Plangebiets gelegenen Wohnsiedlung schafft im Hinblick auf das Interesse an optimierten und von behindernden Lärmvermeidungsmaßnahmen freien Betriebsabläufen einerseits und dem Wunsch nach weitgehend ungestörter Wohnruhe andererseits Nutzungskonflikte, die durch den Bebauungsplan nicht gelöst werden.

Grundsätzlich hat jeder Bebauungsplan die von ihm geschaffenen oder ihm sonst zurechenbaren Konflikte zu lösen. Das Gebot der Konfliktbewältigung hat seine rechtliche Wurzel im Abwägungsgebot des § 1 Abs. 6 BauGB und besagt nicht mehr, als daß die von der Planung berührten Belange in einen gerechten Ausgleich gebracht werden müssen. Die Planung darf nicht dazu führen, daß Konflikte, die durch sie hervorgerufen werden, zu Lasten Betroffener letztlich ungelöst bleiben. Dies schließt eine Verlagerung von Problemlösungen aus dem Bauleitplanverfahren auf nachfolgendes Verwaltungshandeln indes nicht zwingend aus. Von einer abschließenden Konfliktbewältigung im Bebauungsplan darf die Gemeinde Abstand nehmen, wenn die Durchführung der als notwendig erkannten Konfliktlösungsmaßnahmen außerhalb des Planungsverfahrens auf der Stufe der Verwirklichung der Planung sichergestellt ist. Die Grenzen zulässiger Konfliktverlagerung sind jedoch überschritten, wenn bereits im Planungsstadium sichtbar ist, daß sich der offen gelassene Interessenkonflikt auch in einem nachfolgenden Verfahren nicht sachgerecht lösen lassen wird (vgl. BVerwG, Beschluß v. 14.7.1994 – 4 NB 25.94 –, BRS 56 Nr. 6).

So ist es hier. Auf der Grundlage der getroffenen Festsetzungen lassen sich die vorauszusehenden Nutzungskonflikte zwischen dem vorhandenen und auf Erweiterung bedachten gartenbaulichen Absatzmarkt und der bestehenden Wohnbebauung in den nachfolgenden Baugenehmigungs- oder immissionsschutzrechtlichen Zulassungsverfahren nicht befriedigend lösen, weil diese Festsetzungen zum Teil unwirksam sind und das vom Plangeber vorgesehene Instrumentarium zur Konfliktlösung insgesamt auf falschen Annahmen beruht.

Der Rat, der ausweislich der Planbegründung der sich westlich an das Plangebiet anschließenden Wohnsiedlung und damit auch den Antragstellern den Schutzanspruch eines allgemeinen Wohngebiets einräumen wollte, ist davon ausgegangen, daß die aus dem Plangebiet zu erwartenden gewerblich bedingten Lärmimmissionen die für allgemeine Wohngebiete geltenden Orientierungswerte der DIN 18005 von 55 dB(A) tags und 40 dB(A) nachts an den innerhalb der Wohnsiedlung maßgeblichen Immissionspunkten IP2 und IP3 nicht überschreiten. Diese Annahme stützt sich auf das Schallgutachten des Sachverständigenbüros U. zu Lärmeinwirkungen durch Gewerbe im Plangebiet des Bebauungsplans Nr. ... vom 29.2.2000. Die Gutachter haben errechnet, daß der Beurteilungspegel an den Immissionspunkten IP2 und IP3 bei einer Immissionshöhe von 7,50 m – jeweils bezogen auf die lauteste Stunde – tags bei maximal 46 dB(A) und nachts bei 36 dB(A) liegen wird. Die Prognose beruht allerdings auf einer Reihe von Voraussetzungen, deren Einhaltung nicht gesichert ist.

Das Schallgutachten ist von einer bestimmten Anordnung von Gebäuden im Sondergebiet ausgegangen, die einer von der Betreiberin des gartenbaulichen Absatzmarktes angedachten Bebauungsvariante entsprach und in der Anlage zum Gutachten dargestellt ist. Die Höhe dieser Gebäude ist von den Gutachtern mit 7 m, die Höhe der nordöstlichen Giebelwand des Gebäudes A, welches der Wohnsiedlung am nächsten liegt, mit mindestens 9 m in die Berechnung eingestellt worden. Die Westfassade des Gebäudes A sei vollständig geschlossen zu gestalten. Weiterhin haben die Gutachter vorausgesetzt, daß eine südwestliche Umfahrung des Gebäudes A ausgeschlossen und im Bereich des Gebäudes A sowie auf dem Betriebsgelände zwischen den Gebäuden A und B jegliche gewerbliche Tätigkeit in der Nachtzeit zwischen 22.00 und 6.00 Uhr unterlassen werde. Zu dieser gewerblichen Tätigkeit gehöre auch Fahr- und Rangierverkehr sowie das Abstellen von Lkw mit laufenden Kühlaggregaten. Die Lagerung von Leergut müsse im Bereich des Gebäudes B durchgeführt werden, wodurch nur kurze Fahrwege für Stapler oder Handwagen entstünden. Der Staplerverkehr oder der Einsatz von Handhubwagen außerhalb der Betriebsgebäude erfolge i.d.R. nur tagsüber. Dieselbetriebene Lastwagenkühlaggregate dürften nicht zum Einsatz kommen. Ebenso wenig dürften Fahrzeuge innerhalb der Nachtzeit für längere Zeit im Leerlauf betrieben werden. Das Befahren von oberen Etagen oder der Dächer mit Lkw oder Pkw sei nicht geplant. Auf den südlich des Sondergebiets festgesetzten Gewerbe- und Industriegebietsflächen würden nur Betriebe angesiedelt, die nicht zu einer Erhöhung der Geräuschimmissionen in der Nachbarschaft beitrügen. Die Gutachter haben angenommen, daß der wesentliche Teil dieser Voraussetzungen durch einen städtebaulichen Vertrag zwischen der Antragsgegnerin und der Betreiberin des gartenbaulichen Absatzmarktes geregelt werde.

Letzteres ist offenbar nicht geschehen. Bei den Aufstellungsvorgängen befindet sich kein städtebaulicher Vertrag dieser Art. Dem Ausschuß für Planung, Verkehr und Umwelt lag er in der Sitzung am 8. 3. 2000, in der über die Behandlung der im Aufstellungsverfahren eingegangenen Anregungen der Bürger und der Träger öffentlicher Belange abschließend beraten wurde, nicht einmal in der Entwurfsfassung vor, die dem Schallgutachten zugrunde lag. Der Ausschuß ging davon aus, daß die Einhaltung der einschlägigen Orientierungswerte auch ohne den städtebaulichen Vertrag gewährleistet sei.

Diese Annahme ist unrichtig. Mit den zum Schutz der Wohnbebauung vor schädlichen Umwelteinwirkungen getroffenen Festsetzungen hat der Rat den zu erwartenden Konflikt zwischen der vorhandenen Wohnbebauung und der durch den Plan ermöglichten gewerblichen Nutzung nicht hinreichend gelöst. Die fraglichen Festsetzungen des Bebauungsplans sind entgegen der Annahme des Rates nicht geeignet, den Schutz der Wohnbebauung vor dem im Plangebiet verursachten Gewerbelärm zu gewährleisten, denn sie sind in wesentlichen Teilen unwirksam.

Dies gilt zunächst für die textlichen Festsetzungen 7a und 7d, wonach in dem SO-Gebiet und dem mit N2* bezeichneten GI-Gebiet die baulichen Anlagen auf der Baulinie lückenlos aneinander gebaut werden müssen und die Realisierung einer solchen lückenlosen Bebauung von 120m Länge in der ersten Bauphase zu erfolgen hat. Für das in diesen Festsetzungen enthaltene Baugebot gibt es keine Ermächtigungsgrundlage. § 9 Abs. 1 Nr. 24 BauGB ist insoweit nicht einschlägig, da sich die Festsetzungen auf künftig zu errichtende Betriebsgebäude bezieht, bei denen es sich nicht um bauliche oder sonstige technische Vorkehrungen zum Schutz vor schädlichen Umwelteinwirkungen oder zur Vermeidung bzw. Minderung solcher Einwirkungen handelt. Die genannten Festsetzungen widersprechen zudem den Festsetzungen über die zulässige Bauweise, so daß die Regelungen unbestimmt sind. Sowohl im SO-Gebiet als auch in dem mit N2* bezeichneten GI-Gebiet sind die Gebäude nach den Festsetzungen über die zulässige Bauweise mit seitlichem Grenzabstand zu errichten. Der Plangeber ist offensichtlich davon ausgegangen, daß die festgesetzte Baulinie auf einem Betriebsgrundstück liegt. Das ist aber – insbesondere im Hinblick auf die jederzeit mögliche Veränderung der tatsächlichen Verhältnisse – in keiner Weise gesichert. Schließlich fehlt es auch an hinreichenden städtebaulichen Gründen für die textlichen Festsetzungen 7a und 7d, denn sie sind ungeeignet, die mit ihnen bezweckte Lärmabschirmung zu gewährleisten. Die Höhe der vorgeschriebenen lückenlosen Bebauung ist nicht festgesetzt, obwohl im Schallgutachten eine Mindesthöhe der südwestlichen Außenwand von 7m und der nordöstlichen Giebelwand von 9m vorausgesetzt worden ist. Der Plan sieht hingegen lediglich eine Maximalhöhe der dort zulässigen baulichen Anlagen vor.

Die festgesetzte Baulinie, die die Grundlage für die textlichen Festsetzungen 7a und 7d darstellt, ist ihrerseits insoweit unbestimmt, als unklar ist, für welche Flächen sie gelten soll. Zwischen der Baulinie und der Baugrenze an der Planstraße A liegt eine überbaubare Grundstücksfläche mit bis zu 340 m Tiefe, die sich – jedenfalls in der Zukunft – in verschiedene Betriebsgrundstücke unterteilen läßt.

Auch für die textliche Festsetzung 7c, wonach im gesamten Bebauungsplangebiet der Einsatz von dieselbetriebenen Lastwagenkühlaggregaten sowie auf den Flächen zwischen dem Lärmschutzwall und der Baulinie sowie dem Lärmschutzwall und der westlichen Baugrenze des mit N1 bezeichneten GE-Gebietes betrieblicher Fahrverkehr nicht zulässig ist, fehlt ebenfalls die Ermächtigungsgrundlage. Beide Regelungen sind nicht als „bauliche oder sonstige technische Vorkehrungen" i. S. des §9 Abs. 1 Nr. 24 BauGB anzusehen. Im übrigen wäre die Festsetzung zum Schutz der benachbarten Wohnbebauung wohl ungeeignet, soweit sie den betrieblichen Fahrverkehr zwischen dem Lärmschutzwall und der westlichen Baugrenze des mit N1 bezeichneten GE-Gebietes untersagt. In diesem Bereich könnte die künftige gewerbliche Bebauung einige Meter hinter die Baugrenze zurücktreten und so eine Umfahrung zwischen dieser Bebauung und der Baugrenze angelegt werden, ohne daß die Bebauung eine Abschirmfunktion wahrnehmen würde.

Soweit die textliche Festsetzung 7 vorsieht, daß in dem SO-Gebiet, in dem mit N1* bezeichneten GI-Gebiet sowie in den mit N1 und N2* bezeichneten GE-Gebieten im Baugenehmigungs- bzw. Zulassungsverfahren gutachterlich nachzuweisen sei, daß die der Abwägung zugrunde liegenden schalltechnischen Orientierungswerte der DIN 18005 in Bezug auf das benachbarte Wohngebiet – 55 dB(A) tags und 45 bzw. 40 dB(A) nachts – eingehalten werden, dürfte es sich um unzulässige „Zaunwerte" handeln. Derartige „Zaunwerte" legen fest, daß die Schallpegel, die von der Gesamtheit aller Betriebe und Anlagen in einem bestimmten Gebiet ausgehen, an einer näher festgelegten räumlichen Grenzlinie („Lärmzaun") bestimmte Werte nicht überschreiten dürfen.

Ein solcher „Zaunwert" als Summenpegel ist ungeeignet, umgesetzt zu werden, weil er – anders als ein immissionswirksamer flächenbezogener Schalleistungspegel – nicht bestimmt, welche Emissionen von einer einzelnen Anlage oder einem einzelnen Betrieb ausgehen dürfen. Zulässig könnte der „Zaunwert" allenfalls dann sein, wenn es in der konkreten Situation, die der Plan ordnet, nach den Festsetzungen ausgeschlossen wäre, daß „hinter dem Lärmzaun" mehr als eine Anlage oder mehr als ein Betrieb als potenzieller Lärmverursacher entstehen kann (vgl. BVerwG, Urteil v. 16. 12. 1999 – 4 CN 7.98 –, BRS 62 Nr. 44 = BauR 2000, 684).

Diese Gewähr bietet der angefochtene Bebauungsplan nicht. Auf den von der Festsetzung erfaßten Flächen können und sollen mehrere Betriebe angesiedelt werden.

Ob die textliche Festsetzung 8 schon deshalb keine Wirkung entfaltet, weil auf der Planurkunde unter dieser Nummer zwei sich widersprechende Regelungen aufgedruckt sind – eine davon unter der Überschrift „Änderungen und Ergänzungen" –, mag letztlich offen bleiben. Selbst wenn man die letztgenannte Regelung, wonach im Geltungsbereich des Bebauungsplanes die Errichtung von Parkgeschossen (Parkdecks) oder befahrbaren Geschossen oberhalb des Erdgeschosses unzulässig ist, als die allein gültige ansehen wollte, wäre sie – jedenfalls teilweise – unwirksam. Der Begriff des „befahrbaren Geschosses" ist unbestimmt. Dies gilt sowohl im Hinblick auf die angestrebte bauliche Gestaltung der in Rede stehenden Geschosse als auch für die Reichweite der Festsetzung. Unklar ist, ob beispielsweise auch das Befahren mit Gabelstaplern und ähnlichen Fahrzeugen ausgeschlossen sein soll. Soweit der Rat mit der Festsetzung das Befahren von oberhalb des Erdgeschosses gelegenen Geschossen zum Zwecke der Belieferung oder Verladung von Gütern ausschließen wollte, fehlt die Ermächtigungsgrundlage. Die Regelungen des §9 Abs. 3 BauGB i. V. m. §1 Abs. 7 und §12 Abs. 6 BauNVO, auf die der Rat sich beruft, lassen es lediglich zu, Stellplätzen und Garagen in bestimmten Geschossen baulicher Anlagen auszuschließen.

Nach allem wird der Normenkontrollantrag in der Hauptsache Erfolg haben. Die bevorstehende Verwirklichung des Bebauungsplans stellt hier einen die Aussetzung seiner Vollziehung rechtfertigenden schweren Nachteil i. S. des §47 Abs. 6 VwGO dar, da sie in tatsächlicher und rechtlicher Hinsicht eine schwerwiegende Beeinträchtigung rechtlich geschützter Positionen der Antragsteller konkret erwarten läßt (vgl. OVG Nordrhein-Westfalen, Beschlüsse v. 2. 9. 1999 – 7a B 1543/99.NE –; v. 20. 2. 2003 – 10a B 1780/02.NE –, und v. 30. 6. 2003 – 10a B 1722/02.NE –).

Die Antragsteller müssen befürchten, daß vor Abschluß des Normenkontrollhauptsacheverfahrens auf der Grundlage der Festsetzungen des Bebauungsplans der vorhandene gartenbauliche Absatzmarkt erheblich erweitert und weitere lärmemittierende Gewerbe- und Industriebetriebe in der Nähe ihrer Grundstücke angesiedelt werden, obwohl der dadurch möglicherweise entstehende Nutzungskonflikt durch den Bebauungsplan nicht ausreichend gelöst ist. Sind die Betriebe erst einmal fertiggestellt, können die Antragsteller ihr Rechtsschutzziel, nämlich eine Verschlechterung ihrer Wohnsituation durch die Ausweitung benachbarter gewerblicher Nutzungen zu verhindern, mit dem Normenkontrollantrag nicht mehr erreichen. Ein Bauvorhaben, welches auf der Grundlage eines Bebauungsplans genehmigt worden ist, genießt – nachdem es fertig gestellt ist – Bestandsschutz auch dann, wenn der zugrunde liegende Bebauungsplan nachträglich im Normenkontrollverfahren für nichtig erklärt wird.

Nr. 28

1. **Soll eine Teilstrecke einer vorhandenen Straße durch die Festsetzung „Fuß- und Radweg" einer besonderen Zweckbestimmung zugeführt werden, muß die Grenze in der Planzeichnung verlässlich festgelegt werden.**
2. **Die Festsetzung „Fuß- und Radweg" die erst nach Fertigstellung einer Umgehungsstraße gelten soll, findet in §9 BauGB keine Grundlage.**

3. Auch der „Außenwohnbereich" einer Wohnbebauung verdient Schutz vor Geruchsbelästigung benachbarter Schweinehaltung. Es ist daher unzulässig, die bebaubare Fläche eines Wohngebiets bis unmittelbar an die Isoplethe heranzuschieben, die die Geruchsbelästigung mit 1 GE/m^3 an 3 % der Jahresstunden wiedergibt.

4. Maßnahmen zum Ausgleich von Eingriffen in Natur und Landschaft auf Flächen, die außerhalb des Plangebietes liegen, müssen entweder vor dem Inkrafttreten des Planes vertraglich gesichert sein oder das Eigentum der Gemeinde an diesen Flächen muß bis zu diesem Zeitpunkt gesichert sein.

BauGB §§ 1 Abs 6, 1 a Abs. 3, 9.

Niedersächsisches OVG, Urteil vom 29. Januar 2003 – 1 KN 42/02 – (rechtskräftig).

Der Antragsteller wendet sich gegen den Bebauungsplan der Antragsgegnerin Nr. 74 „G." im wesentlichen mit der Begründung, dieser setze mit reinem und allgemeinem Wohngebiet Nutzungsarten fest, die sich mit seiner Schweinehaltung nicht vertrügen, erschwere in unzumutbarer Weise den Weg zu seinen landwirtschaftlichen Flächen, gebe einen landwirtschaftlichen Interessentenweg mit der Folge für den allgemeinen Verkehr frei, daß er mit landwirtschaftlichen Maschinen nicht mehr benutzt werden könne, und stufe einen Verkehrsweg so herab, daß damit sein Hof nicht mehr in zumutbarer Weise erreicht werden könne.

Aus den Gründen:
Nichtig ist der Plan, soweit darin für die H. Straße die Festsetzung „F + R" getroffen worden ist. Diese ist zu unbestimmt, außerdem gibt es hierfür keine Planrechtfertigung.

Sinn und Zweck von Bebauungsplänen, direkt oder indirekt den Inhalt des (benachbarten) Grundeigentums zu bestimmen, erfordern es, ihre Festsetzung in hinreichendem Umfang zu konkretisieren (vgl. BVerwG, Urteil v. 16. 2. 1973 – IV C 66.69 –, BVerwGE 42, 5 = DVBl. 1973, 635 = BRS 27 Nr. 5; Urteil v. 11. 3. 1988 – 4 C 56.84 –, BRS 48 Nr. 8). Wie sehr das zu geschehen hat, richtet sich nach den Umständen des Einzelfalles, d. h. danach, wie dies nach den verfolgten Planungszielen und den örtlichen Verhältnissen für die städtebauliche Entwicklung und Ordnung und danach, wie stark dies nach dem Gebot gerechter Abwägung der konkret berührten privaten und öffentlichen Belange erfordert wird.

Danach läßt sich den textlichen und zeichnerischen Festsetzungen des angegriffenen Planes nicht hinreichend genau entnehmen, für welche Strecke der H. Straße die (herabstufende) Festsetzung „F + R" (Fuß- und Radweg) gelten soll. Die Antragsgegnerin hat in der mündlichen Verhandlung selbst eingeräumt, dies solle nicht für den gesamten Bereich gelten. Ihre Auffassung, der in der bekanntgemachten Fassung des Planes „südöstlich" dieser Festsetzung enthaltene waagerechte Strich solle die Grenze markieren, findet weder in der Planlegende noch in der Planzeichenverordnung eine ausreichende Stütze. Es mag zwar zutreffen, daß dieser „Strich" gegenüber denjenigen, welche Flurstücksgrenzen bezeichnen, etwas hervorgehoben ist. Die

Planzeichenerklärung des Planes gibt aber keinen ausreichenden Anhaltspunkt dafür, daß dies hier auch die Grenze des F- und R-Bereiches nach Süden markieren soll. Dies gilt um so mehr, als der von den Vertretern der Antragsgegnerin in der mündlichen Verhandlung hierzu vorgezeigte Plan einen anderen Verlauf dieses Striches zeigt. Die Planzeichenverordnung ordnet in Anlage Nr. 6.2 an, daß Straßenbegrenzungslinien bei – wie hier – farbiger Festsetzung mit einem pergamentgrünen Begleitstrich zu versehen sind. Dieser fehlt hier. Insgesamt ist der Planfestsetzung also nicht hinreichend verlässlich zu entnehmen, ab welchem Teilstück die H. Straße nur noch für Fußgänger und Radfahrer soll benutzt werden können und dementsprechend beispielsweise für den Antragsteller als Fläche nicht mehr zur Verfügung steht, darüber den Verkehr von und zu seinem landwirtschaftlichen Anwesen abzuwickeln.

Es kommt hinzu, daß für diese Festsetzung auch die erforderliche Rechtsgrundlage fehlt. Der Planbegründung ist zu entnehmen, sie solle erst gelten, wenn die südliche Umgehungsstraße fertiggestellt worden ist. Gegenwärtig liegt damit eine ausreichende Rechtsgrundlage zu dieser einschränkenden Festsetzung nicht vor. Das führt aus den Gründen, welche der Senat in seinem Urteil vom 8. 2. 2000 (– 1 K 5513/98 –, BRS 63 Nr. 37 = UPR 2000, 315) entwickelt hat, dazu, daß es gegenwärtig an einer Möglichkeit fehlt, Festsetzungen für einen Bedarf zu treffen, der sich erst zu einem künftig eintretenden, nicht verlässlich abschätzbaren Zeitpunkt ergeben soll. ...

Der Antragsteller kann nicht mit der Rüge durchdringen, es sei abwägungsfehlerhaft gewesen, die Straßen, die er bislang mehr oder minder ungestört und allein mit seinem landwirtschaftlichen Gerät hat befahren können, nunmehr auch für allgemeinen Verkehr zu „öffnen". Kein Landwirt hat Anspruch darauf, daß ihm die Gemeinde Wege bereitstellt oder erhält, welche allein dem landwirtschaftlichen Verkehr zu dienen bestimmt sind. Angesichts der Dichte der Wohnbesiedlung und des Umstandes, daß landwirtschaftliche Flächen – wie gerade beim Antragsteller der Fall – zum Teil weit verstreut sind, ist die Aufrechterhaltung oder Herstellung eines solchen „exklusiven Wegesystems" praktisch unmöglich. Dementsprechend muss jedem Landwirt zugemutet werden, das landwirtschaftliche Gerät so zusammenzulegen, daß es die nach der Straßenverkehrszulassungsordnung nur ausnahmsweise zulässige Breite von 3 m nicht überschreitet und er im Einzelfall sich ergebende Konflikte entsprechend dem Gebot der Rücksichtnahme in § 1 Abs. 2 StVO löst. Daß diese Pflicht zur Rücksichtnahme ihm auch auferlegt, eventuelle Verschmutzungen durch seine Reifen zu vermeiden und gegebenenfalls wieder zu beseitigen, ist ein Umstand, der viele Gewerbetreibende trifft. Es gibt keinen Rechtssatz, der einem Landwirt die Möglichkeit erhält, sich von der Pflicht zur Sauberhaltung öffentlicher Wege durch Aufrechterhaltung eines exklusiven landwirtschaftlichen Wegesystems zu befreien.

Soweit der Antragsteller dabei Wohngebiete zu durchfahren hat, ist es ihm zuzumuten, einen Güllewagen nach Möglichkeit so sauber zu halten, daß dies nicht zu unzumutbaren Belästigungen führt. Im übrigen sind die Anlieger in ländlichen Gebieten gehalten, solche seltenen Ereignisse hinzunehmen. Ernsthafte Nutzungskonflikte ergeben sich hieraus also nicht.

Mögliche Konflikte, welche sich durch die landwirtschaftliche Tätigkeit des Antragstellers mit der im angegriffenen Plan festgesetzten allgemeinen und reinen Wohnnutzung ergeben können, hat die Antragsgegnerin – mit Ausnahme des im Tenor genannten Bereiches – zutreffend und ausreichend bewältigt. ...

Die sich durch die genehmigte, namentlich im Jahre 1996 aufgestockte Schweinehaltung ergebenden Probleme hat die Antragsgegnerin im wesentlichen zutreffend bewältigt. Richtig ist, daß eine planende Gemeinde reine oder allgemeine Wohnnutzung nicht Geruchsbelästigungen aussetzen darf, welche dieser nicht mehr zugemutet werden können. Die Antragsgegnerin hat in ihrer Abwägungsentscheidung auch darauf Bedacht zu nehmen, den Antragsteller nach Möglichkeit nicht der Gefahr auszusetzen, mit Rücksicht auf die Wohnnutzung nachträglich Maßnahmen zur Immissionsminderung zu ergreifen, deren finanzielle Auswirkungen unter Umständen die wirtschaftliche Existenz seines Betriebes in Frage stellen können.

Bei der Abwägung, was den Schutzbedürftigen einerseits und dem Antragsteller andererseits nach § 1 Abs. 6 BauGB zugemutet werden kann, d. h. bei der Bestimmung der (räumlichen) Schutzbereiche mußte die Antragsgegnerin nicht auf die Ausbreitungsradien zurückgreifen, welche die VDI-Richtlinie 3471 „Auswurfbegrenzung Schweine" vorgibt. Diese beansprucht entgegen der Annahme des Antragstellers keine gleichsam universale Geltung und Bedeutung. Sie bietet eine Handreichung nur für die Fälle, in denen schon auf Grund der in der VDI-Richtlinie 3471 enthaltenen Tabellen und Abstandskurven abzusehen ist, daß es ohne Rücksicht auf topografische und meteorologische Besonderheiten nicht zu Immissionskonflikten zwischen Wohnbebauung und Tierhaltung kommt/kommen kann. Eine exklusive Bedeutung kommt diesem Regelwerk indes nicht zu. Dementsprechend können die räumlichen Schutzbereiche auch nach Maßgabe von Spezialuntersuchungen abgegrenzt werden. Diese müssen nicht aus Anlaß eines jeden Planungsvorhabens immer neu eingeholt werden. Vielmehr darf die planende Gemeinde auf solche Spezialuntersuchungen zurückgreifen, welche den in Rede stehenden Lebenssachverhalt ergreifen und durch nachfolgende Ereignisse in ihrer Richtigkeit nicht in Zweifel gezogen worden sind. Dazu zählt die Untersuchung, welche die Landwirtschaftliche Untersuchungs- und Forschungsanstalt der Landwirtschaftskammer L. aus Anlaß der Aufstockung des Tierbestandes des Antragstellers um 320 Exemplare 1994 erstattet hat. Der Antragsteller hat entgegen seiner Auffassung keinen Anspruch darauf, seinen Schweinebestand erst auf der Grundlage dieser Sonderbeurteilung erweitern zu dürfen (nach den Regeln der VDI-Richtlinie 3471 hätte er das Vorhaben aufgeben müssen), dann aber das Hinzutreten neuer Bebauung nur nach Maßgabe der größere Abstände fordernden VDI-Richtlinie 3471 dulden zu müssen. Hat er die Erhöhung seines Schweinebesatzes seinerzeit nur gleichsam maßgeschneidert in die umliegende Bebauung sowie die schon seinerzeit gehegten Planungsabsichten der Antragsgegnerin einbetten dürfen, dann fehlt jeder sachliche Grund dafür, die Fortsetzung der seinerzeit durch den Plan Nr. 67 eingeschlagenen Bebauung nur nach Maßgabe der gröberen VDI-Richtlinie 3471 dulden zu müssen. Die seinerzeit gefundenen Ergebnisse sind auch nicht durch eine tatsächliche Entwicklung überholt worden; dafür enthält der Vortrag des Antragstellers keine Anhaltspunkte.

Die 1994 erstattete Untersuchung durfte auch die Grundlage für die hier zu treffende Planungsentscheidung sein, obwohl diese nach der insoweit zutreffenden Darstellung des Antragstellers keine 3%-Isoplethe enthielt. Eingezeichnet in deren Anlage 2 (Situation nach Erweiterung der Stallanlagen des Antragstellers mit der Temperaturbeeinflussung der Abgase durch Einsatz eines sog. Erdwärmetauschers) waren lediglich die Bereiche, bei denen mit einer Häufigkeit von 10%, 8% und 5% der Jahresstunden mit Geruchsbelästigungen zu rechnen war. Diese Untersuchung hat die LUFA indes 1995 im Hinblick auf das hier in Rede stehende Planungsvorhaben konkretisiert und korrigiert. ... Die daraufhin mit Bunteintragung vorgelegte Berechnung 2 zeigt, daß die grün eingezeichnete 5%-Isoplethe bei einer Geruchseinheit je m^3 Luft einen deutlich kleineren Bereich umgreift und augenfällig weit vor der Kreuzung der N. Straße und H. Straße endet. Angesichts dessen ist es nachvollziehbar, daß die Landwirtschaftskammer zu dem Verlauf der 3%-Isoplethe bei einer Geruchseinheit pro m^3 Luft kommt, wie sie die Antragsgegnerin nachrichtlich in die Zeichnungen des hier angegriffenen Planes übernommen hat. Aus diesem Grunde kann der Antragsgegnerin auch nicht der Vorwurf gemacht werden, sie habe die Stellungnahme der Landwirtschaftskammer in einer dem Abwägungsgebot des § 1 Abs. 6 BauGB zuwiderlaufenden Weise „unkritisch" übernommen und ihrem Satzungsbeschluß zugrunde gelegt.

Ist damit der Abstand zwischen den landwirtschaftlich genutzten Gebäuden des Antragstellers und der Wohnbebauung im Grundsatz zutreffend bestimmt worden – 1 GE/m^3 Luft ist einem WA an bis zu 3% der Jahresstunden zuzumuten –, so hat die Antragsgegnerin daraus in dem im Tenor benannten Bereich nicht ausreichende Folgerungen gezogen. Dort hat sie die überbaubaren Grundstücksflächen genau mit der soeben genannten 3%-Isoplethe enden lassen. Das ist planerisch indes in der von der Antragsgegnerin angenommenen Weise nicht möglich. Denn nach den Planfestsetzungen bleibt es dabei, daß auch die Flächen, welche von den genannten Straßen und der 3%-Isoplethe eingeschlossen werden, Baugrundstücken zugeschlagen werden können. Nach Lage der Dinge kann jedoch dieser Bereich zumindest zum größeren Teil als sog. Außenwohnbereich Schutz vor unzumutbaren Immissionen beanspruchen. Zu verweisen ist insbesondere auf die Entscheidung des BVerwG vom 11.11.1988 (– 4 C 11.87 –, NVwZ 1989, 255 = DVBl. 1989, 358; Urteil v. 21.5.1976 – IV C 80.74 –, BVerwGE 51, 15 = DVBl. 1976, 779). Schutzgegenstand der Planung sind danach die Bereiche, in denen die Eigentümer berechtigterweise Wohnerwartungen und Wohngewohnheiten hegen und pflegen dürfen. Das umfaßt nicht nur die angemessene Nutzung der Wohnbereiche innerhalb, sondern auch außerhalb der Gebäude. Das versieht zwar nicht den gesamten Garten mit dem Schutz des sog. Außenwohnbereichs. Insbesondere Balkone, Vorgärten und Hausgärten können jedoch Schutz wie Wohngebäude beanspruchen, soweit sie dazu bestimmt sind, dauerhaft dem Aufenthalt von Menschen zu dienen, und nicht lediglich so angelegt werden, daß sich Menschen dort nicht länger aufhalten.

Hier ist zu beachten, daß der oben bezeichnete Baubereich nach den sonstigen Festellungen im angegriffenen Plan durch Doppelhäuser genutzt werden soll, für welche ein Grundstücksgrößenmindestmaß von 350 m² bestimmt ist. Auch wenn dieses nach der textlichen Festsetzung des Planes Nr. 3 um 10 v. H. unterschritten werden darf, könnten auf dem an der Westseite halbmondförmig zugeschnittenen Baufeld vier Doppelhaushälften hergestellt werden. Es ist ausgeschlossen, diese Bauherren zur „architektonischen Selbsthilfe" (vgl. dazu BVerwG, Urteil v. 23. 9. 1999 – 4 C 6.98 –, BRS 62 Nr. 86 = BauR 2000, 234 = NVwZ 2000, 1050) dergestalt zu verpflichten, daß sie das westlichste ihrer Gebäude so weit nach Osten rücken, daß ein Außenwohnbereich nicht mehr innerhalb der Linie liegen kann, welche die Geruchsbelästigung mit 1 GE/m³ Luft bei 3% der Jahresstunden angibt. Gerade wenn die Bauteppiche so vergleichsweise eng geschnitten sind, wird kein Bauherr dieses „Bauteppichs" seinen Grundstücksanteil nur deshalb verkleinert zuschneiden lassen, damit der Außenwohnbereich auf dem südwestlichsten dieser Grundstücke nicht mehr innerhalb der 3%-Isoplethe zum Liegen kommen kann. Eine derartige „Solidarität" ist als realitätsfern zu bezeichnen und kann der Planung daher nicht zugrunde gelegt werden. ...

Der Plan leidet schließlich unter dem Mangel, den Ausgleich der zu erwartenden Eingriffe in Natur und Landschaft nicht vollständig gesichert kompensiert zu haben. Gegen die im Ökologischen Fachbeitrag (Anhang und Teil zur Planbegründung) aufgestellte Berechnung des Kompensationsdefizits und der dazu auf den drei externen Ausgleichsflächen erforderlichen Maßnahmen hat der Antragsteller keine Angriffe vorgebracht und sind auch von Amts wegen keine durchgreifenden Einwendungen ersichtlich. Es ist grundsätzlich möglich, die im Plangebiet nicht auszugleichenden Defizite andernorts zu kompensieren (§ 1a Abs. 3 Satz 2 BauGB). Dies muß indes in ausreichender Form gesichert werden. Satz 3 der soeben zitierten Vorschrift sieht dafür vor, anstelle von Darstellungen und Festsetzungen im Flächennutzungs- oder einem Bebauungsplan vertragliche Vereinbarungen gemäß § 11 BauGB zu schließen oder sonstige geeignete Maßnahmen zum Ausgleich auf Flächen zu treffen, die von der Gemeinde bereitgestellt werden. Durch die Rechtsprechung des Bundesverwaltungsgerichts (vgl. neuerdings und zusammenfassend Urteil v. 19. 9. 2002 – 4 CN 1.02 –, BRS 65 Nr. 20 = DVBl. 2003, 204) ist klargestellt, daß der Gesetzgeber die Gemeinde auf eine bestimmte Vorgehensweise nicht hat festlegen wollen. Die Gemeinde darf vielmehr jede wirksame Möglichkeit nutzen, um das Ziel eines Ausgleiches für den vorgesehenen Eingriff zu erreichen. Erforderlich ist allerdings, daß dies in hinreichend gesicherter, d.h. in einer Form geschieht, welche es der Gemeinde verwehrt, sich im nachhinein ohne weitere Kontrolle und ohne Gefährdung des Bebauungsplanes davon wieder loszusagen. Sonstige geeignete Maßnahmen müssen der Festlegung im Rahmen der Bauleitplanung gleichwertig sein und eine ähnliche Sicherheit bieten wie vertragliche Vereinbarungen.

Danach wird man zwar nicht von der Gemeinde fordern müssen, die entsprechenden Ausgleichsmaßnahmen bereits grundbuchlich wirksam und in Einklang mit § 19 GBO gesichert zu haben. Andererseits ist doch ein gewisses Mindestmaß an Sicherung erforderlich. Dieses wird durch die hier gewählte

Vertragskonstruktion (noch) nicht erreicht. Dabei steht nicht so sehr im Vordergrund der Überlegungen, daß der insoweit einschlägige Erschließungsvertrag erst zu einem Zeitpunkt geschlossen worden ist, zu dem der Rat der Antragsgegnerin den Plan bereits als Satzung beschlossen hatte; denn bei einem solchen Satzungsbeschluß kann der Rat auch solche Entwicklungen in seine Erwägungen einbeziehen, welche zwar noch nicht eingetreten sind, nach Lage der Dinge indes demnächst, d. h. vor Bekanntmachung sicher eintreten werden und die in Rede stehende Frage in Einklang mit der Rechtslage ausreichend sichern und regeln. Der seinerzeit nur in Aussicht genommene und im Dezember 2000 zwischen der Beigeladenen und der Antragsgegnerin geschlossene Erschließungsvertrag sichert indes nicht in ausreichendem Maße die Durchführung der Kompensationsmaßnahmen. Dabei geht es nicht um die Kompensationsmaßnahmen, welche auf den im westlichen Planbereich gelegenen Grundstücken durchgeführt werden sollen, denn diese sind im angefochtenen Bebauungsplan festgesetzt. Keine ausreichende Sicherung ergibt sich hingegen für die drei externen, im Ökologischen Fachbeitrag mit den Nr. 7.6, 7.7 und 7.8 bezeichneten, ebenfalls im Eigentum der Eigentümerin des J.hofes stehenden Flächen. Diese sind nicht Gegenstand des notariellen Kaufvertrages vom Oktober 2000. Dies wäre nach dem Inhalt des Erschließungsvertrages vom Dezember 2000 indes erforderlich gewesen, um in ausreichendem Umfang die Durchführung der externen Kompensationsmaßnahmen zu sichern. § 1 Abs. 1b des Erschließungsvertrages vom Dezember 2000 verpflichtet die Beigeladene zwar auch dazu, die Ausgleichs- und Ersatzmaßnahmen durchzuführen und herzustellen. Dazu soll nach § 1 Abs. 5c des Erschließungsvertrages die Beigeladene u. a. das Eigentum an den drei externen Ausgleichsflächen erwerben. § 3 A Abs. 9 des Erschließungsvertrages verpflichtet die Beigeladene in leichtem Widerspruch dazu, die externen Ausgleichsflächen (im Ökologischen Fachbeitrag mit den Nr. 7.6 bis 7.8 bezeichnet) zu erwerben oder aber auf diesen Baulasten zugunsten der Antragsgegnerin zu bestellen. Nach § 3 A Abs. 11 des Erschließungsvertrages soll die Beigeladene diese Flächen unterhalten und pflegen, bis sie von der Antragsgegnerin abgenommen werden; danach soll die Verpflichtung zur Unterhaltung und der Pflege von der Antragsgegnerin dem jeweiligen Eigentümer der Fläche übertragen werden. § 3 B Abs. 5 des Erschließungsvertrages schließlich verpflichtet die Beigeladene, die externen Kompensationsmaßnahmen herzustellen und in Einklang mit dem Ökologischen Fachbeitrag als landschaftspflegerische Maßnahme durchzuführen.

Die vorstehende Schilderung zeigt, daß es an dem erforderlichen Bindeglied zwischen den drei externen Flächen und der Antragsgegnerin bzw. der Beigeladenen fehlt. Es hängt gleichsam in der Luft, ob/daß die Beigeladene und/oder die Antragsgegnerin an die externen Flächen „kommt". Die Antragsgegnerin hat es namentlich in dem Kaufvertrag vom Oktober 2000 versäumt, die Eigentümerin der externen Ausgleichsflächen zu verpflichten, in jedem Fall eine Baulast auf diesen drei Flächen zur dauerhaften Sicherung der Ausgleichsmaßnahmen zu übernehmen bzw. der Beigeladenen hierfür sogar das Eigentum an diesen Flächen zu übertragen. Das „reibt" sich mit den Regelungen des Erschließungsvertrages außerdem deshalb, weil sich die Antragsgegnerin von der Pflicht zur Durchführung der externen Kompensationsmaßnahmen gleichsam freizeichnet und den jeweiligen Eigentümer der Flächen verpflichtet sehen will, die nach dem Ökologischen Fachbeitrag auf den drei externen Ausgleichsflächen allein noch zulässigen Maßnahmen durchzuführen. Diese bestehen hier entgegen dem Text des Erschließungsvertrages weniger in der Durchführung bestimmter Maßnahmen als in deren Unterlassung. Die drei externen Flächen sollen nicht intensiv landwirtschaftlich genutzt, sondern nur ein- oder zweimal im Jahr gemäht werden. Daß dies von der Beigeladenen oder der Eigentümerin dieser Flächen auf Dauer getan wird, ist rechtlich mithin nicht ausreichenden Umfangs gesichert.

Nr. 29

Auch die noch in der Entwurfsphase befindliche VDI-Richtlinie 3474 stellt eine brauchbare Orientierungshilfe zur Berechnung des Abstandes zwischen Tierhaltung und Wohnbebauung dar (Ergänzung der Rechtsprechung des Senats im Urteil v. 12.3.2002 – 4 N 2171/96 –).

BauGB § 1 Abs. 5, Abs. 6.

Hessischer VGH, Urteil vom 26. Mai 2003 – 4 N 3189/02 –.

Der Antragsteller wendet sich gegen den Bebauungsplan Nr. 46. Die Satzung überplant eine ca. 5 ha große, zur Zeit landwirtschaftlich genutzte Fläche am nordöstlichen Ortsrand des genannten Ortsteils mit einem „Allgemeinen Wohngebiet".

Der Antragsteller bewirtschaftet in P. einen landwirtschaftlichen Vollerwerbsbetrieb in der Größe von ca. 60 ha landwirtschaftlicher Nutzfläche.

Aus den Gründen:
Die Heranziehung des Gutachtens und die daraus abgeleitete Bewertung der privaten Interessen des Antragstellers und deren Einstellung in die Abwägung ist entgegen der Auffassung des Antragstellers nicht rechtsfehlerhaft erfolgt.

Die Antragsgegnerin durfte davon ausgehen, daß das auf der VDI-Richtlinie 3474 basierende Gutachten eine tragfähige Grundlage für die Bewertung der hier in Rede stehenden Immissionssituation darstellt. Die seit März 2001 als Entwurf (Gründruck) vorliegende Richtlinie 3474 „Emissionsminderung Tierhaltung Geruchsstoffe" stellt eine Zusammenfassung und Überarbeitung der Richtlinien VDI 3471, VDI 3472 und VDI 3473 Blatt 1 dar und soll diese künftig ersetzen. Eine Neufassung der genannten Richtlinien wurde erforderlich, weil sich in den vergangenen Jahren nicht nur die Tierhaltungsverfahren geändert haben, sondern auch die Beurteilungsmethoden und -kriterien weiterentwickelt und verfeinert worden sind; so wird die VDI 3471 etwa seit 1977 angewendet (vgl. S. 6 der Richtlinie, Einleitung). Die Richtlinie VDI 3474 faßt den Erkenntnisstand des Jahres 2000 zusammen.

Der erkennende Senat hat in seinem oben erwähnten Urteil vom 12.3.2002 (– 4 N 2171 –, BRS 65 Nr. 14) in Übereinstimmung mit der Rechtsprechung des Bundesverwaltungsgerichts bereits die Vorgängerrichtlinie

VDI 3471 als eine brauchbare Orientierungshilfe zur Berechnung des Abstandes zwischen Tierhaltung und Wohnbebauung herangezogen. Da es sich bei der Richtlinie VDI 3474 nicht um etwas völlig Neues, sondern um eine Weiterentwicklung der für die Tierhaltung maßgebenden VDI-Richtlinien handelt, zudem keine Gründe erkennbar geworden sind, die ihrer Heranziehung entgegenstehen könnten, der neueste Erkenntnisstand eingebracht worden ist und nunmehr die Möglichkeit gegeben ist, auch gemischte Bestände nach einem einheitlichen Maßstab beurteilen zu können, stellt nach Auffassung des Senats die VDI-Richtlinie 3474 ebenso wie ihre Vorgängerrichtlinie 3471 eine brauchbare Orientierungshilfe zur Berechnung eines Mindestabstandes zwischen Tierhaltung und Wohnbebauung dar, auch wenn diese Richtlinie sich z. Z. noch in der Entwurfsphase befindet.

In seinem auf der neuen Richtlinie basierenden Gutachten von 2001 gelangt der Sachverständige nach Ermittlung der Örtlichkeiten und der vorhandenen Betriebseinrichtungen in einem Ortstermin – abstellend auf den Ist-Zustand des landwirtschaftlichen Betriebes – auf Grund nachvollziehbarer Berechnung der geruchsrelevanten Tiermasse unter Ansetzung der auch im vorliegenden Verfahren vom Antragsteller gemachten Angaben zu seinem Viehbestand und unter Einbeziehung weiterer emissions- bzw. immissionsbestimmender Größen zu dem Ergebnis, daß der vom Plangebiet zu wahrende Immissionsschutzabstand 184 m betrage. Dieser werde auch unter ungünstigen Annahmen eingehalten. Der kleinste Abstand vom Emissionsschwerpunkt des landwirtschaftlichen Betriebes zu der Grenze des Plangebietes in ost-nordöstlicher Richtung belaufe sich auf etwa 185 m, zu den anderen Wohnnutzungen im Umfeld sei der Abstand weitaus geringer.

Es sind daher für das Plangebiet keine erheblichen oder unzumutbaren Geruchsbelastungen und erfahrungsgemäß auch keine erheblichen Lärmimmissionen durch den Betrieb der Tierhaltung zu erwarten.

Nr. 30

Ein Bebauungsplan ist wegen Verstoßes gegen § 1 Abs. 6 BauGB nichtig, wenn er ein privatnütziges und mit einem Wohnhaus bebautes Grundstück insgesamt als öffentliche Friedhofsfläche ausweist und die gesamte Friedhofsfläche dafür ausreicht, den Bedarf an Gräbern für mindestens 84 Jahre zu erfüllen.

GG Art. 14; BauGB § 1 Abs. 6.

VGH Baden-Württemberg, Urteil vom 26. September 2003 – 3 S 1650/02 –.

Die Antragsteller wenden sich gegen den Bebauungsplan „Friedhof H." der Antragsgegnerin von 2001. In westlicher Richtung grenzen der bestehende Friedhof an das Plangebiet, in südlicher Richtung in durch einen Bebauungsplan festgesetztes Dorfgebiet und eine festgesetzte Fläche für Gemeinbedarf (Mehrzweckhalle, Grünfläche, Spielplatz) sowie in nördlicher Richtung ein festgesetztes allgemeines Wohngebiet an. Der Bebauungsplan dient der planungsrechtlichen Sicherung der Erweiterung des vorhandenen Friedhofs in der Ortsmitte von H. und setzt eine öffentliche Grünfläche überwiegend mit der Zweckbestimmung „Friedhof" und teilweise mit der Zweckbestimmung „Parkanlage" fest. Nach der Begründung des Bebauungsplans sollen 515 neue Grabstätten entstehen; es sind 55 Reihengräber, 325 Wahlgräber und 135 Urnengräber vorgesehen.

Aus den Gründen:
Die Anträge sind begründet. Dem angefochtenen Bebauungsplan liegt eine fehlerhafte Abwägung zugrunde. ...
Die Antragsgegnerin hat die sich aus dem Grundsatz der Verhältnismäßigkeit ergebenden Grenzen für die Inspruchnahme von nach Art. 14 Abs. 1 GG geschütztem Privateigentum nicht hinreichend berücksichtigt. Sie ist dem Gebot, eine unverhältnismäßige Belastung des Eigentümers real zu vermeiden und die Privatnützigkeit des Eigentums so weit wie möglich zu erhalten, nicht gerecht geworden.

Die von der Antragsgegnerin mit dem Bebauungsplan verfolgten, in die Abwägung einzustellenden öffentlichen Belange haben zwar erhebliches Gewicht. Die Antragsgegnerin will mit dem Bebauungsplan ihrer gesetzlichen Verpflichtung, für die verstorbenen Gemeindeeinwohner sowie für die in der Gemeinde verstorbenen oder tot aufgefundenen Personen ohne Wohnsitz oder mit unbekanntem Wohnsitz Friedhöfe anzulegen, zu unterhalten und zu erweitern (§ 1 Abs. 1 BestattungsG), nachkommen. Die sich daraus ergebenden öffentlichen Interessen rechtfertigen es vorliegend aber nicht, privatnützige Grundstücksflächen in dem im angefochtenen Bebauungsplan vorgesehenen Umfang in Anspruch zu nehmen.

Eine Verpflichtung zur Anlegung und/oder Erweiterung eines Friedhofs besteht nur, wenn hierfür ein öffentliches Bedürfnis besteht (§ 1 Abs. 1 BestattungsG). Bei der Ermittlung dieses Bedürfnisses ist eine Prognose anzustellen, deren zeitlicher Horizont begrenzt ist (vgl. Gaentzsch, in: Berliner Kommentar, 3. Aufl., Stand August 2002, § 5 Rdnr. 10). Zwar verbietet sich angesichts des Fehlens einer normativen Fixierung eine starre Festlegung auf einen bestimmten Zeitraum (BVerwG, Urteil v. 21.3.1996 – 4 A 10.95 –, VBlBW 1996, 334 = NVwZ 1996, 1006). Es ist aber zu berücksichtigen, daß Flächennutzungspläne im allgemeinen auf einen Planungszeitraum von 10 bis 15 Jahren angelegt sind (VGH Bad.-Württ., Urteil v. 15.7.2002 – 5 S 1601/01 –, VBlBW 2003, 68; Gaentzsch, a.a.O.; Schrödter, Kommentar zum BauGB, 6. Aufl. 1998, § 5 Rdnr. 11) und ein Zeitraum von 30 Jahren erheblich über den regelmäßigen Planungs- und Realisierungszeitraum von Bebauungsplänen und von übergeordneten Flächennutzungsplänen hinausgeht (VGH Bad.-Württ., Urteil v. 16.11.2001 – 3 S 605/01 –, VBlBW 2002, 200). Im Fall eines Planfeststellungsbeschlusses ist es mit § 75 Abs. 3 Satz 2, 2. Halbs. VwVfG nicht in Einklang zu bringen, der Prognose einen Zeitraum von mehr als 30 Jahren zugrunde zu legen, wobei diese gesetzliche Regelung lediglich die äußerste Marke für den Prognosezeitraum bezeichnet (BVerwG, Urteil v. 21.3.1996, a.a.O.). Prognosen, die sich über mehrere Jahrzehnte erstrecken, tragen in hohem Maße die Gefahr in sich fehlzuschlagen; es ist mit Händen zu greifen, daß Vorhersagen desto unsicherer werden, je weiter sie in die Zukunft weisen (BVerwG, Urteil v. 21.3.1996, a.a.O.).

Diese Gesichtspunkte sind auch dann zu berücksichtigen, wenn für die Herstellung oder Erweiterung eines Friedhofs privatnützige Grundstücksflächen, die – wie vorliegend – auch noch mit einem Wohnhaus bebaut sind, in Anspruch genommen werden sollen. Dem hat die Antragsgegnerin vorliegend nicht hinreichend Rechnung getragen. Nach ihrem eigenen Vorbringen reicht die vorgesehene Friedhofsfläche aus, um mindestens bis zum Jahr 2086 Bestattungen vorzunehmen, wobei bei einer Zunahme der vorhandenen Tendenz zu Urnenbestattungen eine Erschöpfung der Kapazität auch über diesen Zeitpunkt hinaus nicht eintrete. Dies bedeutet aber umgekehrt, daß bei Zugrundelegung eines kürzeren Prognosezeitraums deutlich weniger privatnützige Grundstücksfläche hätte in Anspruch genommen werden müssen. Wie die Antragsgegnerin weiter ausgeführt hat, ist sie bei ihrer Berechnung davon ausgegangen, daß der Bedarf bei sechs zusätzlichen Gräbern pro Jahr liegt. Legt man diese Zahl zugrunde, so ist beispielsweise bei einem Prognosezeitraum von dreißig Jahren, der allerdings immer noch über den Zeithorizont eines Bebauungsplans deutlich hinausgeht, von einem Bedarf von 180 zusätzlichen Grabstellen auszugehen. Dies sind nur etwa 35% der auf der im Bebauungsplan zusätzlich ausgewiesenen Friedhofsfläche möglichen 515 Grabstellen. Dies bedeutet gleichzeitig, daß rein rechnerisch auch nur 35% der Fläche des Grundstücks der Antragsteller hätte in Anspruch genommen werden müssen. Dieser Gesichtspunkt hat vorliegend um so größere Bedeutung, als das Wohnhaus der Antragsteller im vorderen Bereich zur Straße hin errichtet ist und der hintere an den bestehenden Friedhof angrenzende Bereich teilweise unbebaut bzw. mit Gebäuden, die nicht Wohnzwecken dienen, bebaut ist und in diesem Bereich in südwestlicher und nordöstlicher Richtung weitere unbebaute Grundstücksflächen angrenzen.

Der aufgezeigte Mangel führt zur Nichtigkeit des Bebauungsplans. Der Fehler kann nicht i.S. des §215a BauGB in einem ergänzenden Verfahren behoben werden. Er berührt die Grundzüge der Planung und wiegt so schwer, daß er den Kern der Abwägung betrifft. ...

Nr. 31

Der Festsetzung der Art der baulichen Nutzung (hier eines reinen Wohngebiets) kommt auch dann, wenn wegen fehlender straßenmäßiger Erschließung kein Baurecht besteht, als einer Inhalt und Schranken des Eigentums regelnden Bestimmung eigenes Gewicht zu; die Änderung derartiger Festsetzungen ist deshalb im Rahmen der bauleitplanerischen Abwägung besonders sorgfältig zu prüfen.

BauGB §1 Abs.3, Abs.6; VwGO §47.

Bayerischer VGH, Urteil vom 14. August 2003 – 14 N 99.1156 – (rechtskräftig).

Die Antragsteller wenden sich gegen die Umwandlung des größten Teils ihres Grundstücks, soweit es bisher als reines Wohngebiet ausgewiesen war, in eine Aufforstungsfläche durch die Änderung des Bebauungsplans Nr. 288 der Antragsgegnerin im Gebiet zwischen der geplanten Westumgehung U., der Straße „Am K", der bisherigen Wohnsiedlung an der K.-Straße und der W.-Straße (B 8).

Der seit August 1974 rechtsverbindliche Bebauungsplan hatte südlich der W.-Straße eine Fläche für Gemeinbedarf ausgewiesen mit der Zweckbestimmung, hier eine Schule zu errichten. Nördlich davon war auf dem Grundstück der Antragsteller ein reines Wohngebiet in offener Bauweise in Form von Hausgruppen festgesetzt. Die Erschließung dieses Teils des Geltungsbereichs wurde im Gegensatz zum Rest bisher nicht so wie im Bebauungsplan vorgesehen hergestellt. Die W.-Straße ist im Bereich des Grundstücks der Antragsteller nicht ausgebaut. Die Erschließung des Änderungsbereichs durch die Westumgehung U. ist geplant. Gegenwärtig besteht dort ein befestigter Weg. Der damals als reines Wohngebiet ausgewiesene Teil nördlich der W.-Straße wird derzeit landwirtschaftlich genutzt.

Aus den Gründen:

Auf eine Beiladung der Eigentümer von den neu als allgemeines Wohngebiet ausgewiesenen Grundstücken gemäß § 47 Abs. 2 Satz 4 i. V. m. § 65 Abs. 1 VwGO konnte verzichtet werden. Die Bebauungsplanänderung ist insoweit bereits verwirklicht. Die nunmehr bestehende Bebauung ist nicht allein in ihrem Bestand geschützt. Auf den Grundstücken besteht vielmehr im Fall der Nichtigkeit der Bebauungsplanänderung ein Baurecht gemäß § 34 Abs. 1 und 2 BauGB, weil die Festsetzungen des ursprünglichen Bebauungsplans insoweit funktionslos geworden sind. Die rechtlichen Interessen der Eigentümer werden daher allenfalls geringfügig berührt.

Der zulässige Normenkontrollantrag ist auch begründet. ...

Der angegriffene Bebauungsplan genügt nicht den Anforderungen des Abwägungsgebots des § 1 Abs. 6 BauGB. Nach der Rechtsprechung des Bundesverwaltungsgerichts ist das Gebot gerechter Abwägung dann verletzt, wenn eine sachgerechte Abwägung überhaupt nicht stattfindet (Abwägungsausfall), wenn in die Abwägung an Belangen nicht eingestellt wird, was nach Lage der Dinge in sie eingestellt werden muß (Abwägungsdefizit), oder wenn die Bedeutung der betroffenen Belange verkannt und dadurch die Gewichtung verschiedener Belange in ihrem Verhältnis zueinander in einer Weise vorgenommen wird, durch die die objektive Gewichtigkeit eines dieser Belange völlig verfehlt wird (Abwägungsfehleinschätzung). Innerhalb des so gezogenen Rahmens wird das Abwägungsgebot nicht verletzt, wenn sich die zur Planung berufene Gemeinde in der Kollision zwischen verschiedenen Belangen dafür entscheidet, den einen zu bevorzugen und damit notwendig den anderen zurückzustellen (BVerwGE 34, 301, 309; 45, 309, 315). Die Anforderungen richten sich – abgesehen von der Notwendigkeit einer Abwägung überhaupt, die allein im Hinblick auf den Abwägungsvorgang praktisch werden kann – sowohl an den Abwägungsvorgang als auch an das Abwägungsergebnis. Für die Abwägung ist die Sach- und Rechtslage im Zeitpunkt der Beschlußfassung über den Bebauungsplan maßgebend (§ 214 Abs. 3 Satz 1 BauGB).

Auf die Interessen der Antragsteller am Weiterbestand der Ausweisung ihres Grundstücks als reines Wohngebiet ist die Antragsgegnerin nur insoweit eingegangen, als es an einer den Festsetzungen des (alten) Bebauungsplans entsprechenden wegemäßigen Erschließung fehle und sie deshalb keine der Eigentumsgarantie des Art. 14 GG unterfallende Rechtsstellung hätten, so daß bei einer Entziehung der Bauerwartung – auch bei Rohbaulandqualität – kein enteignender Eingriff vorliege. Sie hat damit außer acht gelassen, daß einer Festsetzung betreffend die Art der baulichen Nutzung unabhängig davon, ob ihre Änderung die Schwelle der Sozialpflichtigkeit des Eigentums überschreitet und eine Entschädigungspflicht auslöst, als einer Inhalt und Schranken des Eigentums gemäß Art. 14 Abs. 1 Satz 2 GG regelnden Bestimmung ein eigenes Gewicht zukommt und deshalb die Änderung derartiger Festsetzungen im Rahmen der bauleitplanerischen Abwägung besonders sorgfältig zu prüfen ist (vgl. BVerfG v. 19. 12. 2002, NVwZ 2003, 727, und v. 16. 12. 2002, NVwZ 2003, 726; VGH BW v. 22. 3. 1994, VBlBW 1994, 311). Abgesehen davon, daß nach der st. Rspr. des Bundesverwaltungsgerichts planerische Entscheidungen nicht am Maßstab des Enteignungsrechts gemessen werden können (vgl. BVerwG v. 30. 4. 1969, Buchholz 407.4 § 17 FStrG Nr. 12). Der auf einer Festsetzung des Bebauungsplans beruhende und deshalb offenkundige Belang der Antragsteller wurde damit nicht in die vorzunehmende Abwägung eingestellt. Der Änderungsbebauungsplan leidet insoweit an einem nach § 214 Abs. 3 Satz 2 BauGB relevanten Abwägungsdefizit. Der alte Bebauungsplan war insoweit auch nicht obsolet geworden. Allein dadurch, daß seine Festsetzungen nicht den marktgängigen Vorstellungen entsprechen, wie die Antragsgegnerin vorgetragen hat, wird ein Bebauungsplan nicht funktionslos, denn die tatsächlichen Verhältnisse schließen seine Verwirklichung nicht aus (vgl. Jäde, in: Jäde/Dirnberger/Weiß, BauGB, BauNVO, 3. Aufl. 2002, Rdnr. 40 zu § 30). Im übrigen lassen einerseits die maßgebenden Festsetzungen nicht nur heutigen Vorstellungen nicht mehr entsprechende sog. Gartenhofhäuser zu, während andererseits offenkundig doch ein Interesse an einer Bebauung im Rahmen der Festsetzungen des alten Bebauungsplans besteht, wie sich daran zeigt, daß die Antragsteller einen kaufinteressierten Bauträger gefunden haben.

Die Antragsgegnerin übersieht darüber hinaus, daß in der Änderung der Art der baulichen Nutzung ein entschädigungspflichtiger Eingriff in das Eigentum jedenfalls dann liegt, wenn gegenüber der planenden Gemeinde ein Erschließungsanspruch besteht (vgl. Jäde, a. a. O., Rdnr. 2 zu § 42 BauGB). Auch wenn sich mit dem Erlaß eines qualifizierten Bebauungsplans die der Gemeinde obliegende Erschließungslast noch nicht zu einer aktuellen Erschließungspflicht verdichten mag, so kann dies doch der Fall sein, wenn bestimmte weitere Umstände hinzutreten (vgl. BVerwG v. 10. 9. 1976, DVBl. 1977, 41; Dirnberger, a. a. O., Rdnr. 12 zu § 123 BauGB). Solche Umstände liegen darin, daß der Geltungsbereich des alten Bebauungsplans im übrigen von der Gemeinde erschlossen worden ist. Offenkundig wurde selbst der Unterbau der Fortführung der W.-Straße im Bereich des Grundstücks der Antragsteller bis zur geplanten Einmündung in die künftige Westumgehung hergestellt. Allein daraus, daß die Antragsteller längere Zeit keine aktuellen Bauwünsche geäußert haben, läßt sich kein sachlicher Grund ableiten, daß ihnen im Gegensatz zu den Eigentümern der übrigen Grundstücke im Geltungsbereich des Bebauungsplans die Erschließung verweigert wird. Unterstrichen wird das dadurch, daß die W.-Straße auch nach der Änderung des Bebauungsplans in etwa denselben Ausbauzustand erhalten soll, wie im alten Bebauungsplan beabsichtigt war. Der Herstellung der auf dem Grundstück der Antragsteller geplanten „Stichstraße D" hätte es hierzu nicht bedurft. Die Antragsteller oder ein Rechtsnachfolger hätten jederzeit eine vorläufige Binnenerschließung des Grundstücks herstellen können. Auch insoweit hat die Antragsgegnerin die privaten Belange der Antragsteller nicht zutreffend in ihre Abwägung eingestellt.

Schließlich wurden die Belange der Antragsteller insoweit nicht in der Abwägung berücksichtigt, als ihnen als Vollerwerbslandwirten an der Aufrechterhaltung der tatsächlich ausgeübten landwirtschaftlichen Nutzung mehr gelegen ist, als an einer Aufforstung ihrer Fläche. Auch dieser Belang wäre ohne besondere Geltendmachung seitens der Antragsteller im Aufstellungsverfahren als offenkundig zu berücksichtigen gewesen.

Damit steht die Nichtigkeit des Änderungsbebauungsplans in seiner Gesamtheit fest. Lediglich eine Teilnichtigkeit betreffend das Grundstück der Antragsteller kann nicht angenommen werden, weil die Antragsgegnerin die darauf bezogene Änderung insoweit mit den übrigen Änderungen verknüpft hat, als sie die Aufforstung u. a. als notwendigen Ausgleich für die unumgängliche Bodenversiegelung im neu festgesetzten allgemeinen Wohngebiet angesehen hat. Da die Abwägungsfehler das Zentrum der Planungsentscheidung berühren, kommt ein ergänzendes Verfahren nach § 215 a Abs. 1 BauGB nicht in Betracht.

Nr. 32

Zur Unwirksamkeit eines Bebauungsplans wegen fehlerhafter Abwägung des Gefahrenpotentials, das aus dem Zusammentreffen eines Messeparkplatzes (5200 Stellplätze) und einer Erdgasröhrenspeicheranlage herrührt.

VwGO § 47 Abs. 6; BauGB § 1 Abs. 5 Satz 2 Nr. 1, 6.

OVG Nordrhein-Westfalen, Beschluß vom 20. Februar 2003
– 10a B 1780/02.NE – (rechtskräftig).

Aus den Gründen:
Der Erlaß der einstweiligen Anordnung ist geboten, weil nach summarischer Prüfung Überwiegendes für die Fehlerhaftigkeit des Bebauungsplans spricht und der Antragstellerin die Verwirklichung des 2. Bauabschnitts des Messeparkplatzes, das Heranrücken von insgesamt mehr als 2000 Stellplätzen an ihr Grundstück und die damit möglicherweise verbundenen konkreten Gefahren, die aus der weiteren Überbauung des Erdgasröhrenspeichers durch den 2. Bauabschnitt des Messeparkplatzes resultieren, auch nicht vorläufig bis zur Entscheidung des Hauptsacheverfahrens zugemutet werden können.

Der Bebauungsplan dürfte unwirksam sein, da er auf einer unzureichenden und damit fehlerhaften Abwägung gemäß § 1 Abs. 6 BauGB hinsichtlich der nach § 1 Abs. 5 Satz 2 Nr. 1 BauGB zu berücksichtigenden Belange (allgemeine Anforderungen u. a. an gesunde Wohnverhältnisse und die Sicherheit der Wohnbevölkerung sowie der Parkplatzbenutzer) beruht.

Bei der Aufstellung von Bebauungsplänen sind die öffentlichen und privaten Belange gegen- und untereinander gerecht abzuwägen. Dieses Gebot ist verletzt, wenn in die Abwägung an Belangen nicht eingestellt worden ist, was nach Lage der Dinge in sie hätte eingehen müssen. Es ist ferner verletzt, wenn die Bedeutung der betroffenen Belange verkannt oder wenn der Ausgleich zwischen den von der Planung berührten Belangen in einer Weise vorgenommen wird, die zur objektiven Gewichtigkeit einzelner Belange außer Verhältnis steht. Innerhalb des so gezogenen Rahmens ist dem Abwägungsgebot jedoch genügt, wenn sich die zur Planung berufene Gemeinde im Widerstreit verschiedener Belange für die Bevorzugung des einen und damit notwendigerweise für die Zurückstellung des anderen Belangs entscheidet (vgl. BVerwG, Urteil v. 5. 7. 1974 – 4 C 50.72 –, BRS 28 Nr. 4).

Den so beschriebenen Anforderungen genügt die dem Bebauungsplan zugrunde liegende Abwägung nicht.

Als abwägungsfehlerhaft erweist sich die nicht hinreichende Berücksichtigung des Gefahrenpotentials, das aus dem Zusammentreffen von Messeparkplatz und Erdgasröhrenspeicheranlage herrührt. Der Erdgasröhrenspeicher besteht aus sechs im südöstlichen Teil des Messeparkplatzes in einer Tiefe von 1,20 m verlegten parallelen Rohrleitungen mit einer Länge von 560 m und einem Durchmesser von je 1,40 m. In der Anlage, zu der neben dem Erdgasröhrenspeicher eine Meß- und Regel- sowie eine Verdichteranlage gehören, können 500 t Erdgas bis auf 100 bar verdichtet und für Verbrauchsspitzenzeiten gespeichert werden. In der Ergänzungsvorlage der Verwaltung vom 7. 6. 2001 zur Ratsvorlage findet sich der Hinweis, daß sich zurzeit unter der betroffenen Fläche eine Gasröhrenanlage der Stadtwerke ... im Bau befinde, die 1999 noch nicht habe berücksichtigt werden können. Die aus dem späteren Betrieb resultierenden Einschränkungen der Nutzbarkeit des Parkplatzes seien im städtebaulichen Vertrag zwischen Stadt und Messe ... geregelt. Ein Gutachten des ..., das dem Amt für Stadtplanung und Bauordnung vorliege, komme zu dem Ergebnis, daß die Gasröhrenanlage kein Gefahrenpotential für die Nutzer des Parkplatzes darstelle. Die erwähnte Regelung findet sich im § 6 mit Anlage 1 des städtebaulichen Vertrages, der am 20. und 25. 9. 2001 von den Vertragsparteien unterzeichnet wurde. In § 6 des Vertrages wird auf die Vorgaben des Gutachtens vom 8. 6. 2001 Bezug genommen. Weder das Gutachten noch der um § 6 ergänzte städtebauliche Vertrag waren der Ergänzungsvorlage beigefügt. Daß sie dem Rat später – vor dem Satzungsbeschluß am 28. 11. 2001 – zugänglich gemacht worden sind, ergibt sich aus den Aufstellungsvorgängen, die dem Senat vorliegen, nicht. Allein der Hinweis auf den Bau des Erdgasröhrenspeichers unter dem Parkplatz in der Nähe der Bundesautobahn hätte dem Rat der Antragsgegnerin Veranlassung geben müssen, seine Abwägung auch auf Gefahren und Nutzungskonflikte zu erstrecken, die sich aus dem Vorhandensein der Anlage als solcher und aus dem Zusammentreffen dieser Anlage mit dem Messeparkplatz ergeben können. Er durfte sich nicht mit dem bloßen Hinweis auf Nutzungsbeschränkungen begnügen und im übrigen ohne eine eigene Gefahrbewertung schweigen.

Tatsächlich findet sich in der Begründung des Bebauungsplans (§ 9 Abs. 8 BauGB), in der die Ziele, Zwecke und wesentlichen Auswirkungen des Bebauungsplans darzulegen sind, zu der gesamten Problematik kein Wort. Die umfangreichen Aufstellungsvorgänge beschränken sich auf die bereits erwähnte Ratsvorlage. Zudem gibt diese Vorlage das Ergebnis des Gutachtens des ..., wonach „die Gasröhrenanlage kein Gefahrenpotential für die Nutzer des Parkplatzes" darstelle, nur stark verkürzt wieder. Zwar geht das Gutachten davon aus, daß die Anlage „konstruktionsbedingt als dauerhaft technisch dicht" anzusehen und wegen der durch Sachverständige vorgenommenen Bau-, Druck- und Abnahmeprüfung „mit einem Versagen nach menschlicher Erfahrung nicht zu rechnen" sei. Ein „störungsbedingter Gasaustritt (könne) mit einer sehr geringen Eintrittswahrscheinlichkeit nur im Bereich der Stutzenanschweißungen/Entlüftungen bzw. Entwässerungen" auftreten, wobei sich solche Schleichleckagen schnell verflüchtigten. Gleichwohl werden in dem Gutachten zahlreiche Sicherheitsauflagen empfohlen, u. a. eine Überdeckung von mindestens 1 m im Bereich der Großrohre, keine Errichtung von Gebäuden und Fundamenten bzw. Anpflanzung von Bäumen im Schutzstreifen der Anlage (8–10 m längs der gesamten Anlage), Einhaltung von Schutzbereichen um die Stutzen herum, Gestaltung der Oberfläche mit Rasengittersteinen oder vergleichbaren leichten Fahrbahnbefestigungen und Verpflichtung des Betreibers, „mindestens halbjährlich und vor großen Messeveranstaltungen außerordentliche Begehungen mit Leckspürgeräten durchzuführen". Die letztgenannte Empfehlung läßt erkennen, daß der Gutachter trotz aller technischen Sicherheitsvorkehrungen Leckagen nicht für ausgeschlossen hält. Dies zugrunde gelegt, stellt sich die – von dem Gutachter aber nicht erörterte – Frage, welche Folgen eintreten können, wenn sich bei einer Lekkage austretendes Gas beispielsweise infolge einer weggeworfenen Zigarettenkippe entzündet. Auch liegt die weitere Frage nahe, ob austretende Gase in darüber parkende Fahrzeuge eindringen und zur Bildung eines explosionsfähigen Gemischs führen können (gemäß der Genehmigung des Staatlichen Umweltamtes vom 20. 2. 2002, S. 12, liegt der Explosionsbereich beim Erdgas zwischen 4,1 und 16 Vol% Erdgas-Luftgemisch). Da sich ausweislich der Genehmigung des StUA vom 20. 2. 2002 (S. 12) jedenfalls Brände, möglicherweise auch Explosionen, nicht ausschließen lassen, hätte es weiterer Betrachtung bedurft, welche Folgen sich daraus bei einem mit 5000 Fahrzeugen besetzten Parkplatz für Fahrzeuginsassen, Anwohner und parkende Fahrzeuge ergeben können.

Der Rat durfte sich angesichts dieser Sachlage nicht damit begnügen, lediglich die – das Bestehen einer Gefahrensituation undifferenziert verneinende – Ratsvorlage vom 27. 6. 2001 zur Kenntnis zu nehmen. In Anbetracht der möglicherweise katastrophalen Folgen eines Störfalls bis hin zu Gefahren für Leib und Leben der Parkplatzbenutzer und Anwohner hätte der Rat sich mit der Angelegenheit eingehend befassen müssen. Dazu wäre es erforderlich gewesen, sich kritisch mit dem Gutachten des ... zu befassen und ggf. weitere fachliche Stellungnahmen einzuholen. Sodann hätte der Rat sich abwägend mit der Frage auseinandersetzen müssen, ob ihm die Hinnahme des durch die Planung hervorgerufenen Nutzungskonflikts einschließlich der Gefahren und Risiken vertretbar erscheint oder ob er auf die planerische Festsetzung des Messeparkplatzes eventuell verzichten bzw. ergänzende Festsetzungen zur Gewährleistung der Sicherheit (z. B. Festsetzung eines von parkenden Fahrzeugen freizuhaltenden Schutzstreifens um den Erdgasröhrenspeicher) treffen will. All dies ist nicht geschehen. Wie die Antragsgegnerin einräumt, waren dem Rat die Gutachten des ... inhaltlich nicht bekannt und hat er sich mit dem aufgezeigten Konflikt nicht beschäftigt. Die weiteren Ausführungen in diesem Schriftsatz, das Gefährdungspotential durch den Erdgasröhrenspeicher sei im Verfahren zur Aufstellung des streitigen Bebauungsplans gleichwohl hinreichend berücksichtigt worden, finden daher in den dem Senat vorliegenden Unterlagen keine Stütze.

Selbst wenn man zugunsten der Antragsgegnerin davon ausgehen wollte, daß der Rat im Zeitpunkt des Satzungsbeschlusses – etwa im Hinblick auf eine verbleibende Ungewißheit der Genehmigung der Erdgasröhrenspeicheranlage – berechtigterweise davon absehen durfte, den Erdgasröhrenspeicher (samt Regel- und Verdichteranlage) und die daraus resultierende Gefahrenproblematik in seine Abwägung einzustellen, wäre der Bebauungsplan gleichwohl infolge nachträglicher Ereignisse zwischen Satzungsbeschluß und Bekanntmachung der Satzung abwägungsfehlerhaft. In der Rechtsprechung ist geklärt, daß eine Gemeinde einen Bebauungsplan zwischen Satzungsbeschluß und Bekanntmachung nicht völlig aus den Augen verlieren darf. Je größer der zeitliche Abstand zwischen Beschlußfassung und Bekanntmachung wird und je deutlicher es ist, daß zwischenzeitliche Ereignisse oder Entwicklungen die bisher gegebene Sach- oder Interessenlage erschüttert haben können, um so mehr wird eine Gemeinde vor der Bekanntmachung eines Bebauungsplans vorsorglich erneut prüfen müssen, ob sein Inhalt noch vertretbar ist oder ob nicht vielleicht in eine neue, die veränderten Sachdaten berücksichtigende Abwägung eingetreten werden muß. Zwar muß eine Gemeinde nach Abschluß des Abwägungsvorganges nicht sozusagen täglich ihren Abwägungsvorgang noch einmal nachvollziehen, um sich zu vergewissern, daß unverändert alles „in Ordnung" ist. Die Frage, ob der Plan mit dem beschlossenen Inhalt in Kraft gesetzt werden darf, stellt sich aber dann, wenn zwischen Beschlußfassung und Bekanntmachung ausgesprochen gravierende Ereignisse eingetreten sind und sich deshalb Zweifel aufdrängen, ob der Plan gleichwohl so in Kraft gesetzt werden darf (vgl. BVerwG, Beschluß vom 29. 9. 1978 – IV C 30.76 –, BVerwGE 56,283 = BRS 33 Nr. 11 = BauR 1978, 449).

Daher ist die Gemeinde verpflichtet, die Sach- und Rechtslage daraufhin „unter Kontrolle zu halten", ob entweder die dem früheren Beschluß zugrunde gelegten tatsächlichen oder auch rechtlichen Annahmen nicht mehr bestehen oder sich verändert haben oder Belange nunmehr anders gewichtet werden könnten oder sogar müßten oder neue und berücksichtigungsbedürftige Belange hinzugekommen sind. Je weiter sich der Zeitpunkt der Beschlußfassung entfernt, um so aufmerksamer ist diesen Fragen nachzugehen. Jeweils geht es darum, ob das seinerzeit zugrunde gelegte Interessengeflecht auch jetzt noch der ursprünglichen planerischen Grundkonzeption entspricht. Es steht nicht im rechtlichen Belieben der Gemeinde, einen einmal gefaßten

Beschluß ohne Wenn und Aber zu vollziehen, wenn inzwischen sachliche Gründe dagegen stehen oder doch der Erwägung wert sind (gl. BVerwG, Beschluß v. 3. 7. 1995 – 4 NB 11.95 –, BRS 57 Nr. 29 = NVwZ 1996, 374). Anlaß für derartige Überlegungen gab bereits die Auflage, unter der die Bezirksregierung ... die III/28/4. Änderung des Flächennutzungsplanes genehmigt hat, die Rohrleitungsanlage für den Gasspeicherbetrieb in der Flächennutzungsplanänderung zu vermerken. Hiermit war der Hinweis verbunden: „Die Festlegung der Einzelheiten und Voraussetzungen, unter denen eine Vereinbarkeit der in Planung befindlichen Projekte (Gasröhrenspeicher und Messeparkplatz) sichergestellt werden kann, muß den Regelungen in den Anlagezulassungs-Verfahren für die jeweiligen Projekte vorbehalten bleiben."

Als gravierendes Ereignis im obigen Sinne, das dem Rat der Antragsgegnerin hätte Veranlassung geben müssen, die Bekanntmachung des Bebauungsplans anzuhalten und nochmals in die Abwägung einzutreten, stellt sich des weiteren die vom Staatlichen Umweltamt ... erteilte Genehmigung zur Errichtung und zum Betrieb des Erdgasröhrenspeichers (einschließlich einer Meß- und Regel- sowie einer Verdichteranlage) vom 20. 2. 2002 dar, die die von der Bezirksregierung angesprochene Vereinbarkeit der Vorhaben gerade in die Prüfung nicht einbezogen hat. Die Berücksichtigung dieser Genehmigung nach dem BImSchG in der Abwägung hätte – wie oben in anderem Zusammenhang dargelegt – eine eingehende Befassung mit dem möglicherweise hochgefährlichen Nutzungskonflikt erfordert, der sich aus der Errichtung der Erdgasröhrenspeicheranlage und der geplanten Parkplatznutzung ergibt. Dieses Erfordernis hätte sich um so mehr aufdrängen müssen, weil das Staatliche Umweltamt ... in seiner Genehmigung – ob zu Recht oder zu Unrecht, sei dahingestellt – die Errichtung der Anlage „auf einem Acker" zugrunde gelegt hat. Auf S. 14 der Genehmigung heißt es insoweit: „Im laufenden Genehmigungsverfahren kann der Parkplatz nicht berücksichtigt werden, da der Parkplatz nicht vorhanden ist und auch kein entsprechender Bauantrag vorliegt. Es wird ein Baugenehmigungsverfahren geben, wo die vorhandenen Nutzungen berücksichtigt werden müssen. Hieraus können auch weitere Anforderungen an den Erdgasröhrenspeicher resultieren.

Das Genehmigungsverfahren nach dem BImSchG kann nur die tatsächliche Nutzung berücksichtigen, nämlich einen Acker, der sich dort befindet. Der andere Bereich betrifft das Planungsrecht, die Planungshoheit der Stadt ..., die in dieser Planungshoheit vollkommen unabhängig ist und Planungsentscheidungen in dieser Sache trifft oder getroffen hat."

Die in dem zitierten Genehmigungstext zum Ausdruck kommende Auffassung des Staatlichen Umweltamtes, für den Bau des Parkplatzes sei noch ein Baugenehmigungsverfahren durchzuführen, entspricht, wie der Senat in seinem zwischen den Beteiligten ergangenen Beschluß vom 19. 8. 2002 (– 10 B 1321/02–) ausgeführt hat, nicht der Rechtslage, wenn ein wirksamer Bebauungsplan vorhanden ist. Da es sich bei dem Parkplatz entsprechend der Festsetzung im Bebauungsplan um eine öffentliche Straßenverkehrsfläche (Verkehrsfläche besonderer Zweckbestimmung, §9 Abs. 1 Nr. 11 BauGB) handelt, bedarf es gemäß §9a Abs. 2 StrWG NRW zu seiner Errichtung keiner weiteren Genehmigung. Ausreichende Rechtsgrundlage für Bau und Benutzung ist vielmehr der Bebauungsplan selbst. Wird aber ein Baugenehmigungsverfahren, in dem „an den Parkplatz besondere Anforderungen gestellt werden, damit der Parkplatzbetrieb mit den zu berücksichtigenden Anlagen sicherheitstechnischen Anforderungen der Störfall-Verordnung im Einklang steht" (so die Ausführungen in dem Genehmigungsbescheid vom 20.2.2002), nicht durchgeführt, konnten und mußten die sicherheitstechnischen Aspekte ausschließlich im Planaufstellungsverfahren im Rahmen der Abwägung gewürdigt werden.

Ob die Belange der Eigentümer und Nutzer der an das Plangebiet angrenzenden, mit Wohnhäusern bebauten Grundstücke, von der erheblichen Lärm- und Abgasbelastung des Parkplatzes mit 5000 PKW-Stellplätzen verschont zu bleiben, auf hinreichender Tatsachengrundlage mit dem ihnen zukommenden Gewicht in die Abwägung eingestellt worden sind, erscheint zweifelhaft. Eine abschließende Prüfung bleibt dem Hauptsacheverfahren vorbehalten.

Die dargelegten Mängel im Abwägungsvorgang sind nach §214 Abs.3 Satz 2 BauBG auch erheblich. (Wird ausgeführt.)

Hat der Antrag schon aus den oben genannten Gründen Erfolg, braucht der Senat im Rahmen des vorliegenden Verfahrens nicht abschließend zu prüfen, ob weitere rechtliche Bedenken gegen die Wirksamkeit des Bebauungsplans bestehen. Insoweit wird im Hauptsacheverfahren möglicherweise zu prüfen sein, ob Festsetzungen hinsichtlich oberirdischer baulicher Anlagen und Schutzstreifen hätten getroffen werden müssen.

Nr. 33

1. Zur Frage, ob der Betreiber eines digitalen Mobilfunknetzes ein Träger öffentlicher Belange i.S. von §4 Abs.1 Satz 1 BauGB ist.

2. Begrenzung der Höhe baulicher Anlagen aus ortsbild- und landschaftsbildgestaltenden Gründen.
(Zu 2. nichtamtlicher Leitsatz)

VwGO §47; BauGB §§1 Abs.3, Abs.6, 4, 9 Abs.1 Nr.1; BauNVO §§16 Abs.3 Nr.2, 18 Abs.1; BayBO 1994 Art.98 Abs.1 Nr.1, Abs.3.

Bayerischer VGH, Urteil vom 18. März 2003 – 15 N 98.2262 – (rechtskräftig).

Die Antragstellerin wendet sich insoweit gegen den von der Antragsgegnerin 1995 beschlossenen Bebauungsplan „A.-West", als darin unter Nr.0.44 der textlichen Festsetzungen zur Höhenentwicklung von baulichen Anlagen bestimmt ist: „Aus orts- und landschaftsgestalterischen Gründen ist eine Überschreitung der Höhe von baulichen Anlagen von 445 m über NN nicht zulässig. Der Bau- und Umweltausschuß der Stadt V. kann aus städtebaulichen Gründen – prägende Wirkung von dominierenden Gebäuden – eine Ausnahme von der zulässigen Höhenfestlegung erteilen."

Die Antragstellerin betreibt ein Mobilfunknetz. Sie errichtete Ende 1993 auf einem Nebengebäude eines landwirtschaftlichen Anwesens zwei Antennen und innerhalb des Gebäudes eine Mobilfunkbasisstation. Die Antennen haben eine Höhe von 12,95 m. Sie erreichen über NN eine Höhe von 452 m und überragen das bestehende Gebäude (NN 449 m) um 3 m.

Die Antragstellerin reichte am 4. 2. 1994 einer Aufforderung des Landratsamts folgend bei der Antragsgegnerin einen Bauantrag für die Mobilfunkbasisstation ein. Am 24. 2. 1994 faßte der Stadtrat der Antragsgegnerin den Beschluß, für den Bereich „A.-West" einen Bebauungsplan aufzustellen, mit dem „die Höhe der baulichen Anlagen sowie in den Baulücken die Baugrenzen und Gebäudehöhen festgelegt werden" sollen. Gleichzeitig beschloß der Stadtrat, für das Plangebiet eine Veränderungssperre zu erlassen.

Aus den Gründen:
II. Der Antrag ist nicht begründet ...

1. Der von der Antragstellerin erhobene formelle Einwand, sie sei nicht als Trägerin öffentlicher Belange am Bebauungsplanverfahren beteiligt worden, begründet keinen beachtlichen Verfahrensmangel, unabhängig davon, ob diese Rüge gegenüber der Antragsgegnerin innerhalb der Frist des §215 Abs. 1 Nr. 1 BauGB in der zum Zeitpunkt der Beschlußfassung (10. 11. 1995) maßgeblichen Fassung vom 8. 12. 1986 (BauGB 1986) erhoben worden ist. Nach §214 Abs. 1 Nr. 1 BauGB 1986 ist es unbeachtlich, wenn entgegen §4 BauGB einzelne berührte Träger öffentlicher Belange nicht beteiligt worden sind.

Unabhängig davon war die Antragstellerin bereits während des im Laufe des Jahres 1995 durchgeführten Bebauungsplanverfahrens nicht als Trägerin öffentlicher Belange i. S. von §4 Abs. 1 Satz 1 BauGB 1986 anzusehen. Solche können zwar auch natürliche oder juristische Personen des Privatrechts sein. Voraussetzung ist aber, daß ihnen durch Gesetz oder auf Grund eines Gesetzes öffentliche Aufgaben übertragen sind (vgl. Gaentzsch, in: Schlichter/Stich/Driehaus/Paetow, Berliner Kommentar zum BauGB, 3. Aufl. 2002, §4 Rdnr. 3). Das war, soweit die Antragstellerin als Betreiberin des Mobilfunknetzes von dem Bebauungsplan berührt wird, auch im Hinblick auf den mit dem vormaligen Bundesministerium für Post und Telekommunikation abgeschlossenen Lizenzvertrag vom Februar 1990 i. d. F. vom März 1994 nicht der Fall. Die Antragstellerin ist zwar auf Grund des Lizenzvertrages verpflichtet, für Mobilfunkdienste der Kategorie E 1 des GSM-Standards einen bestimmten Versorgungsgrad der Bevölkerung bis zum 31. 12. 1994 herzustellen (Nr. 11.1 des Vertrags). Mit dieser „Versorgungspflicht" hat das Bundesministerium der Antragstellerin aber weder eine öffentliche Aufgabe noch die Wahrnehmung öffentlicher Belange übertragen. Das Bundesministerium hat der Antragstellerin die von dem Lizenzvertrag erfaßten Telekommunikationsdienstleistungen nicht als Pflichtaufgabe außerhalb des Bereichs der rein wirtschaftlichen Betätigung zugewiesen (vgl. hierzu Jäde, in: Jäde/Dirnberger/Weiss, BauGB, 3. Aufl. 2002, §4 Rdnr. 3 m. w. N.). Der Lizenzvertrag begründet keine Verpflichtung, die gegenständlichen Telekommunikationsdienstleistungen zu erbringen, sondern verleiht nur das Recht hierzu, wie sich aus dem den Vertrag einleitenden Satz unter Bezugnahme auf §2 FAG ergibt. Zweck einer Lizenzierung nach §2 FAG war es lediglich, die zum damaligen Zeitpunkt gemäß §1 Abs. 2 und §4 Abs. 2 FAG (noch) ausschließlichen Rechte des Bundes (Netz- und Telefondienstmonopol) zu durchbrechen und für einzelne Telekommunikationsdienstleistungen den privatwirtschaftlichen Wettbewerbsmarkt zu eröffnen (vgl. Badura, FS für Werner Thieme, 1993,

S. 877, 886). Gegen die Übertragung der vom Lizenzvertrag erfassten Telekommunikationsdienstleistungen als Pflichtaufgabe spricht weiterhin, daß es sich hierbei nicht um Leistungen einer flächendeckenden Grundversorgung handelte, die angemessen und ausreichend zu gewährleisten gewesen wären (vgl. nunmehr Art. 87f. Abs. 1 GG). Das folgt daraus, daß selbst in der Telekommunikations-Universaldienstleistungsverordnung (TUDLV) vom 30. 1. 1997 der digitale Mobilfunk – trotz einer seit dem Abschluß des Lizenzvertrages fortgeschrittenen Verbreitung – nicht in den Katalog der Universaldienstleistungen enthalten ist (§ 1 TUDLV). Der Mobilfunk gehört damit nicht zum Mindestangebot an öffentlichen Telekommunikationsdienstleistungen, zu denen alle Nutzer unabhängig von ihrem Wohnort und Geschäftsort zu einem erschwinglichen Preis Zugang haben müssen (vgl. § 17 Abs. 1 Satz 1 TKG).

2. Der Bebauungsplan ist materiell-rechtlich nicht zu beanstanden.

a) Gegen eine Erforderlichkeit des Bebauungsplans (§ 1 Abs. 3 BauGB 1986) spricht weder, daß Anlaß für dessen Aufstellung, wie die Antragstellerin behauptet, der Bauantrag gewesen sei, noch der Umstand, daß die Antragsgegnerin für die Höhe der baulichen Anlagen ein Maß festgesetzt hat, das eine Genehmigung des Vorhabens der Antragstellerin verhindern könnte.

Zweck der gemeindlichen Beteiligung am Genehmigungsverfahren für ein Vorhaben in einem, wie es hier der Fall war, unbeplanten Bereich (§ 36 Abs. 1 BauGB, Art. 67 Abs. 1 Satz 1 BayBO 1998 und gleichlautende Vorgängerbestimmungen) ist auch, der Gemeinde die Möglichkeit einzuräumen, mit den ihr zur Verfügung stehenden planungsrechtlichen Instrumenten die rechtlichen Voraussetzungen der Zulässigkeit des Vorhabens noch zu ändern (vgl. BVerwG v. 7. 2. 1986, BRS 46 Nr. 142 = BauR 1986, 425 = NVwZ 1986, 556). Festsetzungen kann selbst dann die Erforderlichkeit nicht abgesprochen werden, wenn ihr Hauptzweck in der Verhinderung bestimmter städtebaulich relevanter Nutzungen besteht. Allerdings müssen solche Festsetzungen in ihrer eigentlichen, gleichsam positiven Zielsetzung gewollt und für die städtebauliche Entwicklung und Ordnung nach der planerischen Konzeption der Gemeinde erforderlich sein (vgl. BVerwG v. 18. 12. 1990, BRS 50 Nr. 9 = BauR 1991, 165 = BayVBl. 1991, 280). Das die Höhenfestsetzung (positiv) rechtfertigende planerische Konzept der Antragsgegnerin klingt in der Textfestsetzung Nr. 0.44 an („aus orts- und landschaftsgestalterischen Gründen ...") und ist in der Begründung zum Bebauungsplan näher dargelegt. Danach war es wegen der exponierten Lage des überplanten Bereichs aus „ortsbild-" und „landschaftsbildgestaltenden Gründen" geboten, die Höhe der baulichen Anlage zu begrenzen. Dadurch solle das ungestörte, von weitem einsehbare Erscheinungsbild der Silhouette des Ortsteils A. gewährleistet werden. Das trägt die angegriffene Festsetzung. Nach § 16 Abs. 3 Nr. 2 BauNVO 1990 ist die Zahl der Vollgeschosse oder die Höhe baulicher Anlagen festzusetzen, wenn ansonsten öffentliche Belange, insbesondere das Orts- und Landschaftsbild beeinträchtigt werden können. Diese Voraussetzungen sind zu bejahen. Ohne eine Höhenfestsetzung wäre die Qualität eines deutlich erkennbaren Orts- und Landschaftsbildes von nicht unerheblicher Bedeutung feststellbar gemindert (vgl. hierzu Bielenberg, in: Ernst/Zinkahn/Bielenberg, BauGB,

§ 16 Rdnr. 35 BauNVO). Nach dem Ergebnis des Augenscheins liegt das Plangebiet im Bereich eines insbesondere auch aus nördlicher Richtung weithin einsehbaren Hanges. Dessen Bebauung zeigt eine homogene Struktur (Siedlungscharakter). Sie wird trotz vorhandener höherer Gebäude durch eine im wesentlichen gleichmäßige und an den Höhenzug des sich westlich fortsetzenden unbebauten Hangs angepaßte Höhenentwicklung geprägt. Das sorgt sowohl für eine einheitliche Silhouette des Ortsbildes als auch dafür, daß sich die Siedlung harmonisch in das Bild der sich im Westen anschließenden Landschaft einfügt. Eine ungeregelte Höhenentwicklung würde diese Harmonie nach innen (Ortsbild) und außen (Landschaftsbild) weithin sichtbar beeinträchtigen.

Die angegriffene Festsetzung ist dazu geeignet, zur Verwirklichung des Planungskonzepts beizutragen, obgleich der Bebauungsplan zusätzlich die zulässige Zahl der Vollgeschosse festsetzt. Ein Bedürfnis für sie besteht schon deshalb, weil auf Grund der exponierten Lage des Ortsteils nicht nur solche Gebäude (Art. 2 Abs. 2 BayBO) das Orts- und Landschaftsbild beeinträchtigen können, deren Höhenentwicklung durch die Zahl der Vollgeschosse bestimmt wird, sondern generell auch Dachaufbauten und sonstige bauliche Anlagen (Masten, Türme, etc.).

Schließlich fehlt der Höhenfestsetzung die Erforderlichkeit nicht deshalb, weil sie unterhalb der vorhandenen maximalen Gebäudehöhen bleibt. Sie wird dennoch vom planerischen Konzept der Antragsgegnerin getragen. Die wenigen Baukörper, deren Höhe die der übrigen Gebäude übersteigt, prägen, wie der Augenschein ergeben hat, das Orts- und Landschaftsbild nicht und sind deshalb als Maßstab für eine Höhenfestsetzung nicht geeignet.

b) Die Antragsgegnerin hat die Höhenbegrenzung insbesondere mit Blick auf die Belange der Antragstellerin ohne Verstoß gegen das Abwägungsgebot (§ 1 Abs. 6 BauGB 1986) festgesetzt ...

c) Die Höhenfestsetzung ist schließlich nicht mangels Bestimmtheit nichtig.

Ein Bebauungsplan unterliegt als den Inhalt des Eigentums bestimmendes Gesetz dem Gebot der Normenklarheit und der Bestimmtheit. Seine Festlegungen müssen so konkret sein, daß sie die jeweils zulässige Nutzung der im Plangebiet liegenden Grundstücke erkennen lassen (vgl. Schrödter, in: Schrödter, BauGB, 6. Aufl. 1998, § 9 Rdnr. 13 m. w. N.). Dementsprechend verlangt § 18 Abs. 1 BauNVO 1990 klarstellend, daß bei der Festsetzung der Höhe baulicher Anlagen die erforderlichen Bezugspunkte zu bestimmen sind. Nr. 0.44 der Textfestsetzungen benennt ausdrücklich „NN" (Normalnull) als unteren Bezugspunkt. Oberer Bezugspunkt ist die Oberkante der baulichen Anlagen. Das hat die Antragsgegnerin zwar nicht ausdrücklich festgesetzt; es ergibt sich aber im Wege der Auslegung, der ein Bebauungsplan – wie jede andere Rechtsnorm – zugänglich ist (vgl. BVerwG v. 1. 2. 1994 – 4 NB 44.93 –, Juris-Doc-Nr. 310687503). Nr. 0.44 der Textfestsetzungen nennt als Zweck der Höhenfestsetzung „orts- und landschaftsgestalterische Gründe". Die Begründung zum Bebauungsplan erläutert das in der dargelegten Weise. Das führt mit Blick auf die örtlichen Verhältnisse zur Oberkante der baulichen Anlagen als zweiten Bezugspunkt. Denn nur so ist sichergestellt, daß die Silhouette des Ortsteils einen der Höhe nach einheitlichen Charakter behält und insbesondere nicht durch solche bauliche Anlagen gestört wird, für deren Höhenentwicklung weder die Traufhöhe noch die Firsthöhe als weiterer Bezugspunkt maßgeblich sind.

Nr. 34

Die Festsetzung der Größe der Grundfläche und der überbaubaren Grundstücksfläche muß über den Standort des Schaftes der Windkraftanlage auch die Fläche einschließen, die der Rotor überstreicht.

BauGB § 1 Abs. 6; BauNVO § 19.

Niedersächsisches OVG, Urteil vom 25. September 2003 – 1 LC 276/02 – (nicht rechtskräftig).

Aus den Gründen:
Der Bebauungsplan verstößt gegen das Abwägungsgebot gemäß § 1 Abs. 6 BauGB, soweit er die Größe der Grundfläche der baulichen Anlagen in den Baufenstern mit der Festsetzung GR auf 100 m² begrenzt. Diese Festsetzung beachtet nicht hinreichend § 19 Abs. 2 BauNVO (vgl. zu einem gleichgelagerten Fall Beschluß des Senats v. 22. 7. 2003 – 1 LA 238/02 –). Danach darf nur der Anteil des Baugrundstücks, der zulässige Grundfläche ist und nach § 19 Abs. 1 BauNVO errechnet wird, von baulichen Anlagen überdeckt werden. Der Begriff der Überdeckung setzt nicht voraus, daß alle in Betracht kommenden wesentlichen Teile eines Gebäudes eine unmittelbare Verbindung mit dem Grund und Boden haben müssen, mit anderen Worten diesen berühren müssen. Auch in den Luftraum hineinragende wesentliche Gebäudeteile überdecken i. S. des § 19 Abs. 2 BauNVO die Grundstücksfläche (Bielenberg, in: Ernst/Zinkahn/Bielenberg, Kommentar zur BauNVO, Loseblattsammlung, Stand: Januar 2003, § 19 Rdnr. 16; Fickert/Fieseler, a. a. O., § 19 Rdnr. 4.2; Ziegler, in: Brügelmann, Kommentar zur BauNVO, Loseblattsammlung, Stand: März 2003, § 19 Rdnr. 4 und 5). Danach sind bei Windenergieanlagen nicht nur das Fundament und der Turm, sondern auch die Rotoren als wesentliche Teile der Anlage in die Betrachtung einzubeziehen. Die festgesetzte Größe der Grundfläche von 100 m² (oder 10 m x 10 m) hat zur Folge, daß eine Windenergieanlage mit der zugelassenen Höhe auf der zulässigen Grundfläche nicht untergebracht werden kann. Denn eine Windenergieanlage mit einer Nabenhöhe von 55 m wird i. d. R. bei einer Leistung von maximal 600 kW über einen Rotor mit rund 40 m Durchmesser verfügen, der Gelände überstreicht, das eine Fläche von 100 m² weit überschreitet. Eine solche Festsetzung widerspricht einer vernünftigen Abwägung. Offenbleiben kann, ob die Beigeladene durch textliche Festsetzung oder in der Begründung des Bebauungsplans regeln könnte, daß sich die GR-Festsetzung nur auf den Schaft der Anlage und unmittelbare Nebenanlagen beziehen soll und der Rotor über die festgesetzte Fläche hinausstreichen darf. Solche Erläuterungen fehlen hier jedoch.

Das Vorgesagte gilt auch hinsichtlich der Festsetzung einer überbaubaren Grundstücksfläche durch Baugrenzen in Form eines Bauteppichs für die Windenergieanlagen mit Ausnahme der Standorte für die Anlagen Nr. 1 bis 4 und 10. Die Größe der überbaubaren Fläche der übrigen 11 festgesetzten Standorte reicht nicht aus, um Anlagen mit einem Rotordurchmesser von 40 m aufzunehmen. Das kleinste Baufenster (SO-WKA 6) hat die Maße 22 m x 14 m. Auch die Größe der übrigen Baufenster mit Ausnahme der Standorte Nr. 1 bis 4 und 10 läßt die Errichtung von Windenergieanlagen nicht zu. Ist eine Baugrenze festgesetzt, so dürfen Gebäude und Gebäudeteile diese gemäß § 23 Abs. 3 Satz 1 BauNVO nicht überschreiten. Insoweit ist auf die vorstehenden Ausführungen zu § 19 Abs. 2 BauNVO zu verweisen.

Nr. 35

1. **Ein Carport ist ein überdachter Stellplatz für Autos.**

2. **§ 9 Abs. 1 Nr. 4 BauGB ermöglicht es der Gemeinde in Nordrhein-Westfalen, eine Fläche für (überdachte) Stellplätze und/oder (offene) Garagen festzusetzen.**

3. **Setzt die Gemeinde gestützt auf § 9 Abs. 1 Nr. 4 BauGB eine Fläche für Carports fest, sind auf dieser Fläche regelmäßig nur überdachte Stellplätze ohne eigene Seitenwände zulässig. Mit dieser Festsetzung tritt eine nicht überdachte Stellplatzfläche nicht in Widerspruch, wohl aber die Errichtung einer mit einer oder mit mehreren Seitenwänden versehenen (offenen) Garage.**

BauGB § 9 Abs. 1 Nr. 4; BauO NRW § 2 Abs. 8; GarVO NRW § 2.

OVG Nordrhein-Westfalen, Urteil vom 25. Juni 2003 – 7 A 1157/02 – (rechtskräftig).

(VG Minden)

Die Klägerin hat auf dem im Bereich eines Bebauungsplans der beigeladenen Gemeinde gelegenen Grundstück drei Fertiggaragen errichtet, die in einem Bereich stehen, der im Bebauungsplan als Fläche für Carports festgesetzt ist. Die Klägerin beantragte, ihr für die drei bereits errichteten Fertiggaragen eine Baugenehmigung zu erteilen.

Aus den Gründen:
Die Klägerin hat keinen Anspruch auf Erteilung der Baugenehmigung zur Errichtung von drei Fertiggaragen. Dem Vorhaben stehen öffentlich-rechtliche Vorschriften entgegen (vgl. § 75 Abs. 1 Satz 1 BauO NRW). Es widerspricht der Festsetzung des Bebauungsplans, wonach auf der zur Bebauung vorgesehenen Fläche (nur) Carports zulässig sind (vgl. § 30 Abs. 1 BauGB).

Die Festsetzung einer Fläche für Carports ist wirksam. Sie ist insbesondere nicht unbestimmt.

Der Regelungsgehalt der Festsetzung eines Bebauungsplans kann – innerhalb der Grenzen, die sich aus dem sich aus dem Bebauungsplan und seiner

Begründung erschließenden planerischen Willen der Gemeinde ergeben – durch Auslegung ermittelt werden (vgl. BVerwG, Beschluß v. 17.12.1998 – 4 NB 4.97 –, BRS 60 Nr. 20).

Für die Auslegung ist ausreichend, wenn der Norminhalt durch die anerkannten Auslegungsmethoden zweifelsfrei ermittelt werden kann. Der Kanon der klassischen Auslegungsgrundsätze umfaßt die Auslegung aus dem Wortlaut der Norm (grammatische Auslegung), aus ihrem Zusammenhang (systematische Auslegung), aus ihrem Zweck (teleologische Auslegung) sowie aus den Gesetzesmaterialien und der Entstehungsgeschichte (historische Auslegung) (vgl. BVerwG, Beschluß v. 14.12.1995 – 4 N 2.95 –, BRS 57 Nr. 57).

Die Auslegung ergibt, daß auf der Fläche für Carports nur überdachte Stellplätze ohne Seitenwände errichtet werden dürfen. Hierfür spricht bereits der Wortlaut der Festsetzung. Die Bedeutung des im Bebauungsplan verwandten Begriffs Carport als überdachter Stellplatz für Kraftfahrzeuge entspricht dem allgemeinen Sprachgebrauch. Der Beklagte und die Beigeladene haben zum üblichen Verständnis des Wortes Carport zu Recht auf die Wortbestimmung im Duden (Die Deutsche Rechtschreibung, 21. Aufl. 1996.) hingewiesen. Danach ist ein Carport ein überdachter Abstellplatz für Autos. Die mit Bausachen befaßten Senate des OVG NRW gehen in ihrer Rechtsprechung von eben diesem Begriff aus (vgl. OVG NRW, Urteil v. 17.6.2002 – 7 A 777/00 –; Beschluß v. 8.8.2002 – 10 B 401/02 –; vgl. zum Begriff des Carports im Ergebnis ebenso: Nds. OVG, Urteil v. 29.11.1993 – 6 L 3224/91 –, MDR 1994, 166; VGH Bad.-Württ., Beschluß v. 29.1.1993 – 8 S 37/93 –, BauR 1993, 439; OVG Hamburg, Urteil v. 31.4.1994 – Bf II 38/92 –).

Der überdachte Stellplatz ist ferner regelmäßig ein solcher, der nur mit einer (auf Stützen ruhenden) Überdachung baulich genutzt werden darf; zusätzliche Seitenwände sind nicht zulässig. Auch dies ergibt sich, wenn nicht ohnehin schon aus dem Begriff des Carports selbst, dann doch aus der dem Bebauungsplan zugrunde liegenden landesrechtlichen Begriffsbildung, auf die die Beigeladene zutreffend hingewiesen hat. Auf die landesrechtliche Begriffsbildung ist abzustellen, da im Regelfall – und so auch hier – davon auszugehen ist, daß die Gemeinde keine Festsetzungen treffen will, zu der sie nicht ermächtigt ist, denn eine solche Festsetzung wäre unwirksam.

Die Beigeladene hat die Festsetzung einer Fläche für Stellplätze und Garagen mit dem Zusatz Carports ausweislich der Legende des Bebauungsplans nicht auf bauordnungsrechtliche Gestaltungsregelungen, sondern auf §9 Abs. 1 Nr. 4 BauGB gestützt. Danach können im Bebauungsplan die Flächen für Nebenanlagen, die auf Grund anderer Vorschriften für die Nutzung von Grundstücken erforderlich sind, wie Spiel-, Freizeit- und Erholungsflächen sowie die Flächen für Stellplätze und Garagen mit ihren Einfahrten festgesetzt werden. Zu den nach dieser Ermächtigungsgrundlage gegebenen Festsetzungsmöglichkeiten hat das BVerwG ausgeführt: Das Bundesrecht gebraucht die Begriffe Stellplätze und Garagen nur als Sammelbegriff; es begnügt sich damit, insgesamt für Stellplätze und Garagen bestimmte Grundregeln des Inhalts zu liefern, daß solche Anlagen überhaupt in einem Bebauungsplan festgesetzt werden dürfen; ferner bestimmt das Bundesrecht, in welchen Baugebieten derartige Anlagen zulässig sind und wie sie hinsichtlich des Maßes der baulichen Nutzung zu behandeln sind. Eine Definition des Unterschiedes zwischen Stellplätzen und Garagen enthält das Bundesrecht nicht. Aus der Sicht des Bundesrechts besteht kein Interesse daran, zwischen Stellplätzen und Garagen im Hinblick auf die Nutzung des Grund und Bodens zu unterscheiden. Das bedeutet, daß der Landesgesetzgeber (oder Landesverordnungsgeber) frei ist, diese Begriffe im Hinblick auf bauordnungsrechtliche Anforderungen eigenständig zu definieren. Auch der Ortsgesetzgeber wird durch das Bundesrecht nicht gehindert, für Stellplätze (auch für überdachte Stellplätze) oder für Garagen (auch für offene Garagen) mit Hilfe der Festsetzungen eines Bebauungsplans bestimmte Standorte festzulegen oder auszuschließen. Hieraus folgt ohne weiteres, daß die Möglichkeit, im Bebauungsplan Stellplätze und Garage festzusetzen, kraft Bundesrechts auch nicht in dem Sinne festgeschrieben ist, daß der Satzungsgeber nur einheitlich beide Arten von Unterbringungsgelegenheiten für Kraftfahrzeuge zusammen in seinen Festsetzungen zulassen und zwischen beiden Arten planerisch nicht unterscheiden dürfe. Das Bundesrecht, das sich einer eigenen Definition des Begriffs „Stellplätze und Garagen" enthalten hat, geht vielmehr auch insoweit von der Begriffsbildung des Landesrechts aus. Enthält dieses differenzierende Umschreibungen und Anforderungen für Garagen einerseits und Stellplätze andererseits, so ist die Gemeinde aus bundesrechtlicher Sicht auch frei, in einem Bebauungsplan an diese Definitionen anzuknüpfen und nur die eine oder die andere Art von Unterbringungsgelegenheiten für Kraftfahrzeuge zuzulassen (vgl. BVerwG, Urteil v. 4.10.1985 – 4 C 26.81 –, BRS 44 Nr. 108; Beschluß v. 31.8.1989 – 4 B 161.88 –, BRS 49 Nr. 16).

Die Gemeinde ist demnach durch § 9 Abs. 1 Nr. 4 BauGB ermächtigt, die eine oder die andere der nach der landesrechtlichen Begriffsbildung möglichen Arten von Unterbringungsmöglichkeiten für Kraftfahrzeuge festzusetzen. Sie ist nicht darauf beschränkt, Stellplätze und/oder Garagen festzusetzen. Erfaßt das Landesrecht weitere Arten der Unterstellmöglichkeiten von Kraftfahrzeugen, kann die Gemeinde eine Fläche für eben diese Unterstellmöglichkeit von Kraftfahrzeugen festsetzen. Ergibt sich aus dem Landesrecht der Begriff der offenen Garage oder des überdachten Stellplatzes, kann auch dieser Begriff verwandt werden, um die Anlage zu beschreiben, die auf der nach § 9 Abs. 1 Nr. 24 BauGB festgesetzten Flächen zulässig ist (vgl. Berliner Kommentar zum Baugesetzbuch, 3. Aufl. 2002, § 9 Rdnr. 25; Ernst/Zinkhahn/Bielenberg/Krautzberger, Baugesetzbuch, Stand: Januar 2003, § 9 Rdnr. 54).

Aus der von der Klägerin zitierten Ansicht von Schwier (Handbuch der Bebauungsplan-Festsetzungen, 2002, S. 700), ergibt sich nichts anderes. Danach sei der Carport keine eigenständige planungsrechtliche Kategorie. Er könne durch die Festsetzung von Flächen für Stellplätze mit zugehörigen örtlichen Bauvorschriften normiert werden. Um einen solchen Fall geht es hier jedoch nicht. Die Beigeladene hat keinen „Carport" in dem von Schwier wohl vorausgesetzten Sinne (also einen überdachten Stellplatz, der zusätzlichen Gestaltungsanforderungen unterworfen werden soll) festgesetzt, sondern sich auf die Festsetzung einer Fläche für überdachte Stellplätze beschränkt.

Nr. 35

Aus dem nordrhein-westfälischen Landesrecht ergibt sich folgendes: Gemäß §2 Abs. 8 Satz 1 BauO NRW sind Stellplätze Flächen, die dem Abstellen von Kraftfahrzeugen dienen. Garagen sind ganz oder teilweise umschlossene Räume zum Abstellen von Kraftfahrzeugen (Satz 2). Der Landesgesetzgeber unterscheidet die Unterbringungsmöglichkeiten von Kraftfahrzeugen danach anhand der von der baulichen Anlage ausgehenden Wirkung, die sich auf die Inanspruchnahme der Fläche (Stellplatz) beschränkt oder darüber hinausgehend einen Raum in Anspruch nimmt (Garage). Zu diesen Begriffen tritt in §6 Abs. 11 Nr. 1 BauO NRW der überdachte Stellplatz hinzu. Dieser wird hinsichtlich seiner abstandrechtlichen Privilegierung der Garage gleichgestellt, denn beide baulichen Anlagen sind gemäß §6 Abs. 11 Nr. 1 BauO NRW an der Nachbargrenze zulässig. Aus der abstandrechtlichen Gleichstellung ergibt sich jedoch zugleich, daß der Landesgesetzgeber den überdachten Stellplatz nicht als Garage ansieht. Obwohl der Stellplatz überdacht ist, steht bei ihm nicht die Raumwirkung der Garage (vgl. §2 Abs. 8 Satz 2 BauO NRW), sondern die Flächenbezogenheit des Stellplatzes (vgl. §2 Abs. 8 Satz 1 BauO NRW) im Vordergrund.

Die sich aus der Bauordnung NRW ergebende Unterscheidung wird durch die Regelungen der Garagenverordnung bestätigt. Die Garagenverordnung nennt den Begriff der offenen bzw. geschlossenen (Klein-, Mittel- oder Groß-) Garage (vgl. z. B. §2 GarVO NRW). Mit Wänden versehene überdachte Stellplätze sind offene oder – je nach dem Ausmaß der Gesamtfläche der Umfassungswände – geschlossene Garagen (vgl. §2 Abs. 2, Abs. 3 Satz 1 GarVO NRW). Der ohne Umfassungswände versehene überdachte Stellplatz wird als Stellplatz mit Schutzflächen ausdrücklich definiert und fiktiv der offenen Garage gleichgestellt, wie sich aus dem Wortlaut und dem Klammerzusatz des §2 Abs. 3 Satz 2 GarVO NRW ergibt.

Aus diesem Spektrum im Landesrecht genannter Unterstellmöglichkeiten für Kraftfahrzeuge ergibt sich die Bandbreite nach §9 Abs. 1 Nr. 4 BauGB möglicher Festsetzungen. Anhaltspunkte dafür, daß die Beigeladene mit dem gewählten Begriff des Carports einen anderen Typ der Umbauung eines Kraftfahrzeugstellplatzes umschreiben wollte, gibt es nicht. Insbesondere besteht kein Anhalt für die Annahme, sie habe an die auf Grundlage der Festsetzung Carport zulässigen überdachten Stellplätze besondere bauordnungsrechtliche Gestaltungsanforderungen stellen wollen.

Die Festsetzung ist auch nicht etwa deshalb unbestimmt, wie die Klägerin meint, weil nicht klar sei, ob auf der von der Festsetzung erfassten Fläche neben überdachten Stellplätzen auch solche ohne Überdachung angelegt werden dürften. Gemäß §30 Abs. 1 BauGB ist ein Vorhaben zulässig, wenn es den Festsetzungen eines Bebauungsplans nicht widerspricht. Durch die Festsetzung einer Fläche für überdachte Stellplätze („Carport") betont die Gemeinde zum einen die weiterhin im Vordergrund stehende flächenbezogene Wirkung des Stellplatzes, die durch seine Überdachung nicht in Frage gestellt wird, zum anderen aber die Absicht, raumbezogene Wirkungen, wie sie von (offenen) Garagen ausgehen, ausschließen. Mit diesem Zweck der Bebauungsplanfestsetzung tritt eine nicht überdachte Stellplatzfläche nicht in

Widerspruch, wohl aber die Errichtung einer mit einer oder mehreren Seitenwänden versehenen offenen Garage.

Das sich aus dem Festsetzungszusammenhang des Bebauungsplans ergebende städtebauliche Konzept bestätigt die Auslegung im vorstehenden Sinne und schließt es ebenfalls aus, daß die Beigeladene den Begriff des Carports mit dem einer offenen Garage hätte gleichsetzen wollen. (Wird ausgeführt.)

Die von der Klägerin errichteten Fertiggaragen widersprechen der Festsetzung Carport. Sie sind durch Wände und ein Garagentor ringsum geschlossen. Ob in Bereichen außerhalb des Bebauungsplangebiets mit einzelnen Wänden versehene überdachte Stellplätze als Carports bezeichnet werden, ist für die Entscheidung im vorliegenden Verfahren ohne Belang. Nur angemerkt sei zum Vergleich der Klägerin mit der Abstandregelung in § 6 Abs. 11 Nr. 1 BauO NRW, daß ein Carport (also ein mit einem auf Stützen ruhenden Dach überdachter Stellplatz) nicht bereits dann zu einer offenen Garage wird, wenn an den Carport ein Abstellraum angebaut wird.

Die Klägerin hat schließlich keinen Anspruch auf Erteilung einer Befreiung von der Festsetzung Carport. (Wird ausgeführt.)

Nr. 36

1. **Die bauplanungsrechtliche Zulässigkeit einer Postfiliale, in der die zur Grundversorgung erforderlichen Postdienstleistungen (sog. Universaldienst) erbracht werden, kann auch nach der Privatisierung der Deutschen Bundespost im Zuge der Postreform II durch Festsetzung einer Gemeinbedarfsfläche (§ 9 Abs. 1 Nr. 5 BauGB) mit der Zweckbestimmung „Post" geregelt werden.**

2. **Auf einer „Gemeinbedarfsfläche Post" ist eine weitere („postfremde") gewerbliche Nutzung zulässig. Die Postdienstleistungen müssen aber die prägende Nutzung bleiben.**

GG Art. 87 f.; BauGB §§ 1 Abs. 5 Satz 2 Nr. 8, Abs. 6, 5 Abs. 2 Nr. 2, 9 Abs. 1 Nr. 5; PostG §§ 1, 2 Abs. 1, Abs. 2 Nr. 3, 5 ff., 11 ff., 51; Post-Universaldienstleistungsverordnung §§ 1 ff.

Bayerischer VGH, Urteil vom 25. März 2003 – 1 N 00.359 – (rechtskräftig).

Die Antragstellerin wendet sich gegen die Festsetzung „Gemeinbedarf Post" mit dem Zusatz „Postamt" im Bebauungsplan der Antragsgegnerin.

Die Antragstellerin ist Eigentümerin eines im Ortszentrum gelegenen Grundstücks. Das auf dem Grundstück stehende Gebäude wird als „Postamt" genutzt. Westlich schließen sich das Verkehrsamt und das Rathaus an. Diese Einrichtungen sind von einem öffentlichen Park umgeben, der in südlicher Richtung bis zu dem Kindergarten reicht.

1998 beschloß die Antragsgegnerin für die Grundstücke einen Bebauungsplan aufzustellen, um für diesen Bereich Flächen für Gemeinbedarf festzusetzen. Nach dem Entwurf für die Begründung des Bebauungsplans sollte Hauptziel der Planung sein, eine „optimale Infrastruktur im Zentrum des Dorfes für die Bürger" zu schaffen und zu erhalten sowie zu verhindern, „daß in diesem zentralen Ortsbereich weitere Wohnbebauung oder störende Gewerbeansiedlungen entstehen."

Zur Begründung ihres Normenkontrollantrages macht die Antragstellerin u. a. geltend: Die Festsetzung „Gemeinbedarf Post – Postamt" sei von Anfang an funktionslos und damit unwirksam. Entgegen der Auffassung der Antragsgegnerin könne ein Bebauungsplan nicht nur dadurch funktionslos werden, daß er sich aus tatsächlichen Gründen nachträglich als undurchführbar erweise. Funktionslosigkeit könne auch von vornherein und aus Rechtsgründen gegeben sein. Bei der strittigen Festsetzung sei dies der Fall, weil es seit der Umwandlung der Deutschen Bundespost in die Deutsche Post AG einen öffentlichen Zweck, der Voraussetzung der Festsetzung einer Gemeinbedarfsfläche sei, nicht mehr gebe. Eine Stelle, die Postdienstleistungen als Gemeinbedarf i. S. des §9 Abs. 1 Nr. 5 BauGB erbringe und somit Adressat einer solchen Festsetzung sein könnte, existiere nicht mehr.

Aus den Gründen:

1. Die Festsetzung „Gemeinbedarf Post" mit dem Zusatz „Postamt" ist durch die Ermächtigung des §9 Abs. 1 Nr. 5 BauGB gedeckt.

Nach §9 Abs. 1 Nr. 5 BauGB können im Bebauungsplan aus städtebaulichen Gründen die „Flächen für den Gemeinbedarf" festgesetzt werden. Der Zweck der Gemeinbedarfsfläche ist im Bebauungsplan näher zu bestimmen (BVerwG v. 20. 1. 1995, BRS 57 Nr. 22 = BauR 1996, 63 = NVwZ 1995, 692).

Der Begriff „bauliche Anlagen und Einrichtungen des Gemeinbedarfs", für die Gemeinbedarfsflächen festgesetzt werden können, wird in §5 Abs. 2 Nr. 2 BauGB erläutert. Diese Begriffsbestimmung ist auch für §9 Abs. 1 Nr. 5 BauGB und die übrigen bauplanungsrechtlichen Vorschriften, in denen der Begriff verwendet wird (§32 Satz 1, §40 Abs. 1 Satz 1 Nr. 1, §165 Abs. 3 Satz 1 Nr. 2 BauGB), maßgeblich (BVerwG v. 18. 5. 1994, BRS 56 Nr. 22 = BauR 1994, 485 = NVwZ 1994, 1004). Kennzeichen von Gemeinbedarfsanlagen ist danach, daß sie „der Allgemeinheit dienen". Als Beispiele werden Schulen und Kirchen sowie sonstige kirchlichen oder sozialen, gesundheitlichen oder kulturellen Zwecken dienende Gebäude und Einrichtungen genannt. §5 Abs. 2 Nr. 2 BauGB ist weiter zu entnehmen, daß die Anlagen des Gemeinbedarfs zu den Infrastruktureinrichtungen gehören, mit denen das Gemeindegebiet zur Versorgung der Bürger mit Gütern und Dienstleistungen des öffentlichen und privaten Bereichs ausgestattet sein muß. Eine Anlage dient somit dann im Sinn dieser Begriffsbestimmung der Allgemeinheit, wenn sie als Infrastruktureinrichtung für die Nutzung durch einen nicht genau festgelegten, wechselnden Teil der Bevölkerung bestimmt ist (BVerwG v. 23. 12. 1997, BRS 59 Nr. 71 = BauR 1998, 515 = NVwZ-RR 1998, 538).

Nicht erforderlich ist, daß die Aufgabe von einer juristischen Person des öffentlichen Rechts erfüllt wird. Träger kann auch eine natürliche Person oder eine juristische Person des Privatrechts sein (BVerwG v. 6. 12. 2000, BRS 63 Nr. 77 = BauR 2001, 605 = NVwZ-RR 2001, 217). Aus der Bindung an das Allgemeinwohl folgt aber auch bei einer privaten Trägerschaft, daß es sich um eine „dem bloßen privatwirtschaftlichen Gewinnstreben entzogene" Aufgabe zu handeln hat (BVerwG v. 18. 5. 1994, BRS 56 Nr. 22 = BauR 1994, 485 = NVwZ 1994, 1004). Die unternehmerische Freiheit des Trägers ist insoweit eingeschränkt.

Einen diesen Vorgaben entsprechenden „Gemeinbedarf Post" gibt es auch noch nach der Privatisierung der Deutschen Bundespost im Zuge der Postreform (Gesetz zur Neuordnung des Postwesens und der Telekommunikation – Postneuordnungsgesetz – vom 14.9.1994, BGBl. I, 2325). Durch die zur Grundversorgung erforderlichen Postdienstleistungen (sog. Universaldienst) wird noch eine Aufgabe des Gemeinbedarfs erfüllt. Bei einer Postfiliale, in der diese Postdienstleistungen erbracht werden, handelt es sich weiterhin um eine der Allgemeinheit dienende Einrichtung. Ihre bauplanungsrechtliche Zulässigkeit kann somit noch durch Festsetzung einer Gemeinbedarfsfläche (§ 9 Abs. 1 Nr. 5 BauGB) mit der Zweckbestimmung „Post" geregelt werden. Das hierfür vorgesehene, von der Antragstellerin verwendete Planzeichen (Nr. 4.1 der Anlage zur Planzeichenverordnung 1990 – PlanzV 90) ist nicht „funktionslos" geworden.

Zwar werden die Dienstleistungen im Bereich des Postwesens (und der Telekommunikation) nach dem durch Gesetz vom 30.8.1994 (BGBl. I, 2245) in das Grundgesetz eingefügten Art. 87 f. Abs. 2 Satz 1 GG als privatwirtschaftliche Tätigkeiten durch die aus dem Sondervermögen Deutsche Bundespost hervorgegangenen Unternehmen und durch andere private Anbieter erbracht. Das Postwesen wurde im Zuge dieser Privatisierung aber nicht vollständig dem nur durch die allgemeinen Gesetze geregelten „freien Spiel der Kräfte" überlassen. Vielmehr muß der Staat in diesem Bereich von Verfassungs wegen weiterhin mit hoheitlichen Mitteln für die Sicherung der Infrastruktur sorgen. Nach Art. 87 f. Abs. 1 GG gewährleistet der Bund nämlich nach Maßgabe eines Bundesgesetzes im Bereich des Postwesens (und der Telekommunikation) flächendeckend angemessene und ausreichende Dienstleistungen.

Hierzu enthalten das Postgesetz (PostG v. 22.12.1997) und die auf § 11 Abs. 2 PostG beruhende Post-Universaldienstleistungsverordnung (PUDLV v. 15.12.1999, BGBl. I S. 2418) im Wesentlichen folgende Vorschriften: § 1 PostG wiederholt als Zweck der staatlichen Regulierung des Postwesens die verfassungsrechtlichen Vorgaben. Nach § 2 Abs. 1 PostG ist die Regulierung eine hoheitliche Aufgabe des Bundes, die u. a. eine flächendeckende Versorgung mit Postdienstleistungen zu erschwinglichen Preisen (Universaldienst) sicherstellen soll (§ 2 Abs. 2 Nr. 3 PostG). Die §§ 5 ff. PostG normieren für das gewerbsmäßige Befördern von Briefen mit einem Einzelgewicht von nicht mehr als 1000 Gramm eine Lizenzpflicht. Für die in § 1 PUDLV näher bestimmte Grundversorgung gelten die Vorschriften über den Universaldienst (§§ 11 ff. PostG). Die Anforderungen sind durch Qualitätsmerkmale für die einzelnen Leistungen (§§ 2 ff. PUDLV) festgelegt. Für den Vollzug wurde auf der Grundlage der §§ 71 ff. des Telekommunikationsgesetzes (TKG) vom 25.7.1996 (BGBl. I S. 1120) die Regulierungsbehörde für Post und Telekommunikation (RegPT) geschaffen. Die §§ 12 ff. PostG bestimmen die Instrumentarien, mit denen die Regulierungsbehörde in den liberalisierten Markt eingreift, wenn eine Universaldienstleistung nicht ausreichend oder nicht angemessen erbracht wird.

Wegen dieser Gewährleistungs- und Überwachungsverantwortung (Gersdorf, in: von Mangoldt/Klein/Starck, Grundgesetz III, Art. 87 f, Rdnr. 21) des Bundes haben die Belange des Postwesens (§ 1 Abs. 5 Satz 2 Nr. 8 BauGB) im

Bereich des Universaldienstes noch einen Allgemeinwohlbezug, der die Darstellung und Festsetzung von Flächen für einen entsprechend konkretisierten Gemeinbedarf rechtfertigt (so auch Gaentzsch, in: BerlKomm. zum BauGB, 3. Aufl., §1 Rdr. 71; Löhr, in: Battis/Krautzberger/Löhr, BauGB, 8. Aufl., §9 Rdnr. 26, und das Arbeitspapier „Bahn und Post im Städtebaurecht" der „Fachkommission Städtebau" der ARGEBAU v. 25. 2. 1999, S. 14). Die auf dem Gebiet des Postwesens tätigen Unternehmen handeln zwar privatwirtschaftlich, d. h. gewinnorientiert. Ihre Tätigkeit ist aber insofern dem „bloßen Gewinnstreben entzogen", als sie ihre Dienstleistungen nach Maßgabe der genannten, ihre unternehmerische Freiheit einschränkenden postrechtlichen Vorschriften anbieten müssen. Für die Antragstellerin gilt dies in besonderem Maße, denn ihr steht gemäß §51 Abs. 1 Satz 1 PostG das ausschließliche Recht zur Beförderung bestimmter Briefsendungen und adressierter Kataloge zu (sog. befristete gesetzliche Exklusivlizenz, die durch Gesetz v. 2. 9. 2001, BGBl. I, 2271, bis zum 31. 12. 2007 verlängert wurde).

Auch der auslegungsbedürftige Zusatz „Postamt" in der Planzeichnung ist von §9 Abs. 1 Nr. 5 BauGB gedeckt. Auch bei diesem Zusatz handelt es sich um eine Festsetzung und nicht nur um einen Hinweis auf die Funktion des Gebäudes. Der Zusatz schränkt die auf der Gemeinbedarfsfläche zulässigen „Postnutzungen" ein. Andere Posteinrichtungen, etwa ein Verteilungszentrum (Zustellstützpunkt), sollen nicht zulässig sein. In der Verwendung des durch die Privatisierung überholten Begriffs „Amt" sieht der Senat eine unschädliche Falschbezeichnung.

2. Entgegen der Auffassung der Antragstellerin ist die Antragsgegnerin durch die genannten postrechtlichen Vorschriften nicht gehindert, von der Ermächtigung des §9 Abs. 1 Nr. 5 BauGB Gebrauch zu machen. Die postrechtlichen Vorschriften schränken das Recht der Gemeinden, die bauplanungsrechtliche Zulässigkeit von Einrichtungen der Post, insbesondere deren Standort, zu regeln, nicht ein. Die gemeindliche Mitwirkung bei Veränderungen von stationären Einrichtungen des Postdiensts (§2 Nr. 1 Satz 6 PUDLV) berührt das bauplanungsrechtliche Instrumentarium nicht.

3. Die Festsetzung „Gemeinbedarf Post" mit dem Zusatz „Postamt" beruht auch nicht auf einem rechtlich erheblichen Abwägungsfehler (§1 Abs. 6, §214 Abs. 3 BauGB). Das unternehmerische Interesse der Antragsstellerin wurde ausreichend berücksichtigt.

Bei der Überplanung einer bestehenden Postfiliale ist das Interesse der Antragstellerin, als privatwirtschaftlich handelndes Unternehmen ihre Immobilien gewinnbringend zu nutzen, ein wichtiger Belang im Rahmen der Abwägung. Entgegen der Auffassung der Antragstellerin bleibt dieses Interesse aber nicht unberücksichtigt, wenn eine Gemeinbedarfsfläche festgesetzt wird. Die Festsetzung schließt nämlich eine sonstige, über den Gemeinbedarf hinausgehende gewerbliche Nutzung der Einrichtung nicht aus. Beispielsweise dürfen einzelne Räume eines Rathauses für den Einzelhandel genutzt werden, ohne daß das Gebäude seine Eigenschaft als der Allgemeinheit dienende Anlage der öffentlichen Verwaltung verliert (vgl. Grauvogel, in: Brügelmann, BauGB, §5 Rdnr. 48). Allerdings muß sich eine zusätzliche gewerbliche

Nutzung der Gemeinbedarfsnutzung unterordnen. Die Anlage muß von dem Gemeinbedarfszweck, dem sie dient, geprägt bleiben.

Auch auf einer „Gemeinbedarfsfläche Post" ist eine weitere („postfremde") gewerbliche Nutzung zulässig. In Betracht kommen in erster Linie Nutzungen die, wie etwa der Verkauf von Schreibwaren, als Ergänzung zu den Postdienstleistungen angesehen werden können. Die Postdienstleistungen müssen aber die prägende Nutzung bleiben. Wo die Grenze verläuft, ist im Einzelfall zu entscheiden. Ein Einzelhandelsgeschäft, in dem als Ergänzung zum Warenangebot in einer sog. Postagentur auch Postdienstleistungen angeboten werden, wäre auf einem als Gemeinbedarfsfläche festgesetzten Grundstück nicht zulässig.

Gemessen an diesen Vorgaben ist die Abwägung nicht zu beanstanden.

Mit der Festsetzung „Gemeinbedarf Post" wurde mit den dargelegten Maßgaben auch eine über den Postdienst hinausgehende gewerbliche Nutzung zugelassen. Die mündliche Verhandlung hat ergeben, daß dies auch dem Planungswillen der Antragsgegnerin entspricht.

Eine weitergehende gewerbliche Nutzung mußte die Antragsgegnerin nicht ermöglichen. Die Festsetzung „Gemeinbedarf" wurde getroffen, um eine Wohnnutzung oder eine rein gewerbliche Nutzung auszuschließen. Dadurch möchte die Antragsgegnerin erreichen, daß die Poststelle ihren für die Bürger günstigen Standort im Ortszentrum neben dem Rathaus und dem Verkehrsamt behält. Dieses ortplanerische Ziel hat ausreichend Gewicht, um das Interesse der Antragstellerin, ihre Grundstücke möglichst wirtschaftlich zu nutzen, hintanzustellen. Zu weitergehenden Überlegungen war die Antragsgegnerin nicht verpflichtet, weil die Antragstellerin im Bebauungsplanverfahren andere Nutzungsabsichten nicht konkret geltend gemacht hatte.

Nr. 37

Im Bebauungsplan kann keine vertikale Gliederung nach Baugebieten festgesetzt werden.

BauNVO § 1 Abs. 7.

OVG Rheinland-Pfalz, Urteil vom 15. Mai 2003 – 1 C 11224/02 – (rechtskräftig).

Die Antragsteller wenden sich mit ihrem Normenkontrollantrag gegen einen Bebauungsplan, der für die Errichtung eines innerstädtischen Einkaufszentrums ein Kerngebiet mit einer Grundflächenzahl von 1,0 festsetzt.

Für das im Plangebiet gelegene Grundstück „A" sind das Erdgeschoß und das erste Obergeschoß als Kerngebiet, die darüber gelegenen 6 Geschosse als allgemeines Wohngebiet ausgewiesen.

Der Normenkontrollantrag führte zur gerichtlichen Feststellung der Unwirksamkeit des Bebauungsplans.

Aus den Gründen:
Der Normenkontrollantrag ist zulässig und überwiegend begründet. Unter Ablehnung im Übrigen führt er gemäß § 47 Abs. 5 Satz 4 VwGO zu der gerichtlichen Feststellung der Unwirksamkeit des Bebauungsplans „O 123" der Antragsgegnerin. ...
Das Rechtsschutzinteresse der Antragsteller ist nicht deshalb entfallen, weil inzwischen eine Baugenehmigung für das Einkaufszentrum erteilt worden ist und dagegen u. a. im Klageverfahren vorgegangen wird. Zwar vertritt das Bundesverwaltungsgericht in ständiger Rechtsprechung die Ansicht, daß das Rechtsschutzbedürfnis dann fehle, wenn sich die Inanspruchnahme des Gerichts durch ein Normenkontrollverfahren als nutzlos erweist, weil der Antragsteller seine Rechtsstellung mit der begehrten Entscheidung nicht verbessern kann (vgl. BVerwG, Beschluß v. 28. 4. 1999, BRS 62 Nr. 47 = BauR 1999, 1131 = UPR 1999, 350 m. w. N.). Davon ist aber regelmäßig nur dann auszugehen, wenn der Antragsteller Festsetzungen bekämpft, auf deren Grundlage bereits Vorhaben unanfechtbar genehmigt und verwirklicht worden sind. Dies ist aber hier gerade nicht der Fall, da die erteilte Baugenehmigung unstreitig noch nicht bestandskräftig geworden ist. Daher kann nicht ausgeschlossen werden, daß eine Nichtigkeitserklärung den Antragstellern zumindest aus tatsächlichen Gründen Vorteile im Hinblick auf die erst durch den Bebauungsplan ermöglichte umfangreiche Bebauung im Bereich der Hauptpost bringen kann (vgl. hierzu auch BVerwG, Urteil v. 23. 4. 2002, BauR 2002, 1524 = NVwZ 2002, 1126).
Der demnach zulässigerweise angegriffene Bebauungsplan weist in materiellrechtlicher Hinsicht Fehler auf, die allerdings durch ein ergänzendes Verfahren i. S. des § 215a Abs. 1 Satz 1 BauGB behoben werden können. Derartige Mängel führen nach der derzeit geltenden Rechtslage nicht zur Nichtigkeit des Bebauungsplans. Dieser entfaltet jedoch bis zur Behebung der Mängel keine Rechtswirkungen (§ 215a Abs. 1 Satz 3 BauGB), was gemäß § 47 Abs. 5 Satz 4 VwGO auszusprechen ist.
Vorliegend folgt die Fehlerhaftigkeit des Bebauungsplans insbesondere daraus, daß er nicht ordnungsgemäß ausgefertigt worden ist. ...
Neben diesem Ausfertigungsmangel leidet der Bebauungsplan noch an einem weiteren Fehler, der zu einer (zumindest Teil-) Unwirksamkeit des Bebauungsplans führen muß. So sind in dessen Planurkunde für dieselbe Fläche im Bereich des Gebäudes „A" zwei sich widersprechende Baugebietsfestsetzungen getroffen worden, nämlich für das Erdgeschoß und das erste Obergeschoß die Festsetzung „MK" (= Kerngebiet) und für das zweite bis siebte Obergeschoß die Festsetzung „WA" (= allgemeines Wohngebiet), Solche vertikalen Gebietsfestsetzungen sind indessen in der Baunutzungsverordnung nicht vorgesehen. Letztere geht nämlich in § 1 Abs. 3 BauNVO davon aus, daß im Bebauungsplan (nur) die in Abs. 2 bezeichneten Baugebiete (auf horizontaler Ebene) festgesetzt werden können. Dabei ermöglicht § 1 Abs. 7 BauNVO eine Gliederung der Baugebiete nach §§ 4 bis 9 BauNVO dergestalt, daß in bestimmten Geschossen, Ebenen oder sonstigen Teilen baulicher Anlagen (lediglich) einzelne Nutzungen zulässig oder nicht zulässig sind. § 1 Abs. 7 BauNVO läßt also eine vertikale Gliederung nach Nutzungen zu, nicht

jedoch eine vertikale Gliederung nach Baugebieten. Auch die sonstigen Absätze des § 1 BauNVO sehen eine solche Gliederung nach Baugebieten nicht vor. § 1 Abs. 7 BauNVO enthält daher – soweit es um die Möglichkeit einer vertikalen Gliederung geht – eine abschließende Regelung (vgl. Ernst/Zinkahn/Bielenberg, § 1 BauNVO Rdnr. 33 b). Auf die Möglichkeit einer geschossweisen Schichtung nach Baugebieten hat der Verordnungsgeber nämlich bewußt verzichtet (s. Ernst/Zinkahn/Bielenberg, a. a. O. Rdnr. 2 e). Folglich ist die von der Antragsgegnerin vorgenommene vertikale Gliederung nicht zulässig (so ausdrücklich Ernst/Zinkahn/Bielenberg, a. a. O., Rdnr. 2 e, wonach die vorliegende Gliederung in „MK"- und „WA"-Gebiet als Beispielsfall für eine unzulässige Gliederung genannt wird).

Nr. 38

Die Gemeinde darf im Gewerbegebiet Einzelhandelsbetriebe mit zentrenrelevanten Sortimenten ausschließen, um der Verödung der Innenstadt durch das Abfließen von Kaufkraft in Einzelhandelsagglomerationen dezentraler Gewerbegebiete vorzubeugen. Ausnahmen für angegliederte Verkaufsräume von Handwerksbetrieben oder produzierendem Gewerbe bis zu 100 qm oder von Randsortimenten stellen den Ausschluß von Einzelhandelsbetrieben mit zentrenrelevanten Sortimenten nicht in Frage.

BauNVO § 1 Abs. 5, Abs. 9.

Niedersächsisches OVG, Urteil vom 26. März 2003 – 1 LB 32/02 – (rechtskräftig).

Der Kläger möchte auf seinem Grundstück B. Straße 13 in C., auf dem bisher die Raiffeisen-Zentralgenossenschaft eine Landmaschinenwerkstatt und einen Landhandel unterhielt, einen Lebensmittelmarkt mit einer Geschoßfläche von 550 m^2 und einer Verkaufsfläche von ca. 150 m^2 errichten.

Das Grundstück des Klägers liegt südlich der Innenstadt von C. im Geltungsbereich des Bebauungsplanes Nr. 57 (Baugebiet D.) und ist dort als Gewerbegebiet festgesetzt. Die 2001 als Satzung beschlossene 12. Änderung des Bebauungsplanes Nr. 57 schließt im Gewerbegebiet Einzelhandelsbetriebe mit nahversorgungs- und innenstadtrelevanten Warensortimenten aus. Dieses ausgeschlossene Sortiment wird in § 2 der textlichen Festsetzungen der 12. Änderung im einzelnen aufgezählt.

Aus den Gründen:

Das Vorhaben des Klägers widerspricht auch in dem im gerichtlichen Verfahren zur Prüfung gestellten Umfang den Festsetzungen der 12. Änderung des Bebauungsplanes Nr. 57. § 2 Nr. 1 seiner textlichen Festsetzungen schließt nach § 1 Abs. 5 und 9 BauNVO Einzelhandelsbetriebe mit nahversorgungs- und innenstadtrelevanten Warensortimenten aus, die in Satz 4 dieser Vorschrift ausdrücklich aufgeführt werden. § 1 Abs. 5 BauNVO erlaubt den Ausschluß bestimmter Arten von Nutzungen, die nach §§ 2, 4 bis 9 und 13 allgemein zulässig sind, d. h. einzelner der unter einer Nummer einer Baugebietsvorschrift der BauNVO zusammengefaßten Nutzungen, sofern die allgemeine Zweckbestimmung des Baugebiets gewahrt bleibt. § 1 Abs. 9 BauNVO ermöglicht weitere Differenzierungen und gestattet es, einzelne Unterarten von Nutzungen zu erfassen, wenn städtebauliche Gründe dies rechtfertigen. Der Einzelhandel mit innenstadtrelevanten Warensortimenten stellt eine Nutzungsunterart i. S. des § 1 Abs. 9 BauNVO dar (vgl. Fickert/Fieseler, 10. Aufl. 2002, § 1 Rdnr. 128.3; OVG Rheinland-Pfalz, Urteil v. 24. 8. 2000 – 1 C 11457/99 –, BRS 63 Nr. 83; VGH Baden-Württemberg, Urteil v. 21. 5. 2001 – 5 S 901/99 –, Juris). Die Voraussetzungen dieser Bestimmungen liegen hier vor. Die Begründung der 12. Änderung des Bebauungsplanes stützt sich nicht nur auf das Gutachten der G. von 1990, sondern auch auf die Fortschreibungen dieser Einzelhandelsstrukturuntersuchung durch die H. vom März 2000 und August 2000. Diese Untersuchungen kommen zu dem Ergebnis, daß die Beklagte eine überdurchschnittliche Einzelhandelszentralität besitzt, aber im Versorgungszentrum der Innenstadt über einen deutlich geringeren Anteil von Betrieben verfügt als Vergleichsstädte. Auch die Verkaufsfläche und der Umsatzanteil der Betriebe im Zentrum liegen deutlich unter den Werten der Vergleichsstädte. Eine starke Einzelhandelsagglomeration in Gewerbegebieten läuft dem Versorgungszentrum in der Innenstadt den Rang ab. Um der Verödung des Zentrums durch ein weiteres Abfließen von Kaufkraft in Einzelhandelsagglomerationen dezentraler Gewerbegebiete vorzubeugen, schlägt die H. vor, die Entwicklung auf die Bestandssicherung und die Ansiedlung von Betrieben mit nicht nahversorgungs- und zentrenrelevanten Sortimenten zu beschränken. Die Erhaltung und der Ausbau der innerstädtischen Versorgungsfunktion in einer Mittelstadt wie C. nötige dazu, Einzelhandelsbetriebe mit zentrenrelevanten Sortimenten auch unter der Schwelle der Großflächigkeit in den dezentralen Gewerbegebieten auszuschließen. Die Beklagte hat diese Empfehlungen mit der 12. Änderung des Bebauungsplanes aufgegriffen und in der Begründung ergänzend darauf hingewiesen, daß die weitere Ansiedlung von Einzelhandelsbetrieben mit zentrenrelevantem Sortiment in peripheren Gewerbegebieten den Zielen der laufenden Sanierungsmaßnahme Innenstadt zuwiderlaufen würde, zumal die Grundstücke im Gewerbegebiet D. von der Beklagten seinerzeit aus Gründen der Gewerbeförderung zu stark subventionierten Preisen verkauft worden seien. Dieses Konzept der Beklagten stellt eine hinreichende städtebauliche Rechtfertigung i. S. des § 1 Abs. 9 BauNVO dar (vgl. VGH Baden-Württemberg, Urteil v. 21. 5. 2001, a. a. O.).

Die 12. Änderung des Bebauungsplanes ist auch unter dem Gesichtspunkt des Abwägungsgebotes nicht zu beanstanden. Die maßgeblichen Gesichtspunkte für die Abwägung ergeben sich aus der Entscheidung des BVerwG vom 12. 12. 1969 (– IV C 105.66 –, BVerwGE 34, 301/309). Die Antragsgegnerin gelangt bei ihrer Planung zu einem gerechten Abwägungsergebnis.

Es trifft zu, daß das Gutachten der G. von 1990 nur Lebensmittelmärkte mit mehr als 300 m^2 Verkaufsfläche außerhalb der Innenstadt auszuschließen empfiehlt und damit das Vorhaben des Klägers mit einer Verkaufsfläche von 150 m^2 zulässig wäre. Die 12. Änderung des Bebauungsplanes ignoriert aber entgegen der Ansicht des Klägers nicht die Empfehlung dieses Gutachtens, vielmehr hat sich die Beklagte aufgrund der Aktualisierung des Gutachtens der G. aus dem Jahre 1990 durch die Untersuchungen der H. mit den Auswirkungen von Einzelhandelsbetrieben mit zentrenrelevanten Sortimenten vertieft auseinandergesetzt und diese Betriebe zur Erhaltung und Steigerung der Einkaufsqualität der Innenstadt in dem dezentralen Gewerbegebiet D. ohne eine Verkaufsflächenbegrenzung ausgeschlossen. Eine enteignende Wirkung liegt in dieser Planänderung nicht: Die ganze Palette der im Gewerbegebiet nach §8 Abs. 2 zulässigen Nutzungen bleibt bis auf den Einzelhandel mit zentrenrelevanten Waren zulässig.

Dem Kläger kann auch keine Befreiung von den Festsetzungen der 12. Änderung des Bebauungsplanes Nr. 57 gewährt werden, weil der Ausschluß von Einzelhandelsbetrieben mit zentrenrelevantem Sortiment als Kern der 12. Planänderung einen Grundzug der Planung i. S. des §31 Abs. 2 BauGB darstellt.

Auch die Ausnahmen, die in §2 Nr. 2, 3 und 5 der textlichen Festsetzung der 12. Änderung des Bebauungsplanes Nr. 57 vorgesehen sind, rechtfertigen nicht die Erteilung einer Befreiung. Die in §2 vorgesehenen Ausnahmen stellen den Ausschluß von Einzelhandelsbetrieben mit zentrenrelevanten Waren auch nicht in Frage. §2 Nr. 2 läßt angegliederte Verkaufsräume von Handwerksbetrieben oder produzierenden Gewerbebetrieben mit nicht mehr als 100 m^2 zu. Dabei geht es um Sachverhalte, die mit der Ansiedlung von „isoliertem" Einzelhandel nicht vergleichbar sind, weil der Einzelhandel i. d. R. im Sinne eines Zubehörs zum Handwerk oder produzierenden Gewerbe tritt. Nach Nr. 3 sind Einzelhandelsbetriebe, die innenstadtrelevante Waren nur als Randsortiment führen, zulässig, wenn deren Verkaufsfläche nicht mehr als 10% der gesamten Verkaufsfläche beansprucht. Auch wenn Auswirkungen auf die Einkaufsqualität der Innenstadt in diesem Fall nicht auszuschließen sind, erscheint diese Ausnahme mit Rücksicht auf die Usancen des großflächigen Einzelhandels nicht abwägungsfehlerhaft (vgl. auch OVG Nordrhein-Westfalen, Urteil v. 22. 6. 1998 – 7 aD 108/96.NE –, BRS 60 Nr. 1).

Nr. 39

1. **Ein Einzelhandelsbetrieb mit einem „innenstadtbedeutsamen Sortiment" stellt keine typisierbare Unterart der Branche Einzelhandel dar; auf der Grundlage dieses Begriffs ist daher eine Abgrenzung zulässiger und unzulässiger Anlagentypen nicht möglich.**

2. **Die im Einzelhandelserlaß enthaltene Auflistung der „zentren-" beziehungsweise „nahversorgungsrelevanten" Sortimentsgruppen ist nicht abschließend gewollt und ausdrücklich zur Fortschreibung zu gegebener Zeit vorgesehen, so daß sie eine von den örtlichen Gegebenheiten unabhängige Definition von „nicht zentren- und nahversorgungsrelevanten Warensortimenten", die einer rechtssatzförmigen Anwendung fähig wäre, nicht erlaubt.**

3. Wenn in einem Baugebiet Einzelhandel mit ausgewählten Warensortimenten nur im Hinblick auf seine „Zentrenschädlichkeit" ausgeschlossen werden soll, bedarf es konkreter Angaben dazu, weshalb jegliche Form von Einzelhandel der besagten Art – würde er im betroffenen Baugebiet angesiedelt – die gewachsenen Einzelhandelsstrukturen in den Zentren der Gemeinde unabhängig von der Art und dem Umfang des jeweiligen Warenangebots schädigen würde.

BauGB § 1 Abs. 3, Abs. 6; BauNVO § 1 Abs. 9, Abs. 10.

OVG Nordrhein-Westfalen, Urteil vom 9. Oktober 2003
– 10 a D 76/01.NE – (rechtskräftig).

Die Antragstellerin wandte sich mit ihrem Normenkontrollantrag gegen einen Bebauungsplan, der ihr Grundstück, auf dem sie einen Lebensmittelmarkt mit 699 m² Verkaufsfläche zu errichten beabsichtigte, als Gewerbegebiet festsetzte. Verschiedene Nutzungen, die nach der Baunutzungsverordnung in Gewerbegebieten allgemein zulässig sind, waren in dem fraglichen Baugebiet ausgeschlossen. Zu den ausgeschlossenen Nutzungen zählten auch Einzelhandelsbetriebe mit „innenstadtbedeutsamen Sortimenten". Der Normenkontrollantrag hatte Erfolg.

Aus den Gründen:
Fehlerhaft sind einige der getroffenen textlichen Festsetzungen.

So ist die textliche Festsetzung Nr. 2 a insoweit unbestimmt, als danach in den festgesetzten Gewerbe- und Industriegebieten Einzelhandelsbetriebe mit „innenstadtbedeutsamen Sortimenten" gemäß Einzelhandelserlaß vom 20. 6. 1996 (MBl. NW 1996, 922), Teil A und B, ausgeschlossen sind. Daran ändert die nachfolgend versuchte Konkretisierung des Begriffs der „innenstadtbedeutsamen Sortimente" nichts.

Zwar können textliche Festsetzungen in einem Bebauungsplan auch mit unbestimmten Rechtsbegriffen getroffen werden, wenn sich ihr näherer Inhalt unter Berücksichtigung der örtlichen Verhältnisse und des erkennbaren Willens des Normgebers erschließen läßt (vgl. BVerwG, Beschluß v. 24. 1. 1995 – 4 NB 3.95 –, BRS 57 Nr. 26 = BauR 1995, 662, doch fehlt es hier gerade an der Bestimmbarkeit des Festsetzungsinhalts.

Eine Abgrenzung zulässiger und unzulässiger Anlagentypen ist allein auf der Grundlage des verwendeten Begriffs der „innenstadtbedeutsamen Sortimente" nicht möglich, denn ein Einzelhandelsbetrieb mit einem „innenstadtbedeutsamen Sortiment" stellt keine typisierbare Unterart der Branche Einzelhandel dar.

Eine Legaldefinition für „innenstadtbedeutsame Sortimente" gibt es nicht. Auch der gemeinsame Runderlaß vom 7. 5. 1996 zur Ansiedlung von Einzelhandelsgroßbetrieben, Bauleitplanung und Genehmigung von Vorhaben – Einzelhandelserlaß – (MBl. NRW 1996, 922), der zwischen „zentrenrelevanten" und „nahversorgungsrelevanten" Warensortimenten unterscheidet, welche der Plangeber offensichtlich mit dem Begriff „innenstadtbedeutsame Sortimente" zusammenfassen wollte, läßt es nicht zu, den Regelungsgehalt des letztgenannten Begriffs hinreichend zu konkretisieren.

Zwar ist bei Festsetzungen zur Steuerung des Einzelhandels der Rückgriff auf Listen in Einzelhandelserlassen oder sonstigen Orientierungshilfen grundsätzlich unbedenklich, soweit dadurch bestimmte Arten von Anlagen i. S. von § 1 Abs. 9 BauNVO zutreffend gekennzeichnet werden (vgl. BVerwG, Beschluß v. 4. 10. 2001 – 4 BN 45.01 –, BRS 64 Nr. 29), doch nimmt der oben erwähnte Einzelhandelserlaß nicht für sich in Anspruch, die „Zentren-" und „Nahversorgungsrelevanz" bestimmter Warengruppen abschließend festlegen zu wollen.

Nach Nr. 2.2.5 des Einzelhandelserlasses zeichnen sich „zentrenrelevante Sortimente" von Handelsbetrieben dadurch aus, daß sie zum Beispiel viele Innenstadtbesucher anziehen, einen geringen Flächenbedarf haben, häufig im Zusammenhang mit anderen Innenstadtnutzungen nachgefragt werden und überwiegend ohne Pkw transportiert werden können. Bei zentrenrelevanten Sortimenten seien negative Auswirkungen auf die Zentrenstruktur, insbesondere auf die Innenstadtentwicklung zu erwarten, wenn sie überdimensioniert an nicht integrierten Standorten angesiedelt würden. „Nahversorgungsrelevante Sortimente" sind nach Nr. 2.2.5 des Einzelhandelserlasses vor allem die Waren des täglichen Bedarfs, insbesondere für die Grundversorgung mit Lebensmitteln.

In der Anlage 1 zum Einzelhandelserlaß Teil A und B sind Sortimentsgruppen aufgeführt, die stets beziehungsweise dann als „Zentren-" oder „nahversorgungsrelevant" gelten, wenn die Gemeinde nichts anderes festlegt. Bei der Festlegung von Sortimenten als nicht „Zentren-" oder „nahversorgungsrelevant" sollen insbesondere die Größe der Gemeinde und die örtlichen Gegebenheiten zu berücksichtigen sein. Auch können die Gemeinden bei Vorliegen besonderer städtebaulicher Gründe andere als die aufgelisteten Sortimente als „zentren-" oder „nahversorgungsrelevant" festlegen.

Die Auflistung der „zentren-" bzw. „nahversorgungsrelevanten" Sortimentsgruppen ist mithin nicht abschließend gewollt und ausdrücklich zur Fortschreibung zu gegebener Zeit vorgesehen, so daß sie eine von den örtlichen Gegebenheiten unabhängige Definition von „nicht zentren- und nahversorgungsrelevanten Warensortimenten", die einer rechtssatzförmigen Anwendung fähig wäre, nicht erlaubt (vgl. OVG NRW, Urteil v. 3. 6. 2002 – 7 a D 92/ 99.NE –, BRS 65 Nr. 38).

Auch die – mit Ausnahme der Sortimentsgruppe „Teppiche (ohne Teppichboden)" – vollständige Übernahme der in der Anlage 1 zum Einzelhandelserlaß in Teil A und B angeführten Sortimentsgruppen läßt es nicht zu, den in der Festsetzung verwandten Begriff des „innenstadtbedeutsamen Sortiments" inhaltlich zu bestimmen. Die übernommene Auflistung ist nämlich ebenfalls nicht abschließend gewollt, denn ausgeschlossen sein sollen auch „vergleichbare Warengruppen, die vornehmlich in Innenstädten angeboten werden". Welche Warengruppen damit gemeint sein können, erschließt sich weder aus der Begründung des Bebauungsplans noch aus den Aufstellungsvorgängen oder sonstigen Erkenntnisquellen.

Der vorstehend beschriebene Mangel erfaßt die gesamte textliche Festsetzung Nr. 2 a. Eine isolierte Aufhebung des Teils der Festsetzung, wonach „vergleichbare Warengruppen, die vornehmlich in Innenstädten angeboten werden" ausgeschlossen sein sollen, kommt – entgegen der Auffassung der Antragsgegnerin – nicht in Betracht. Nach den zur Teilnichtigkeit von Bebauungsplänen entwickelten Grundsätzen führt die Nichtigkeit einzelner Festsetzungen eines Bebauungsplans nur dann nicht zur Gesamtnichtigkeit des Plans, wenn die übrigen Festsetzungen für sich betrachtet noch eine den Anforderungen des § 1 BauGB gerecht werdende, sinnvolle städtebauliche Ordnung bewirken können und wenn zusätzlich die Gemeinde nach ihrem im Planverfahren zum Ausdruck gekommenen Willen im Zweifel auch einen Plan dieses eingeschränkten Inhalts beschlossen hätte (vgl. BVerwG, Beschluß v. 29. 3. 1993 – 4 NB 10.91 –, BRS 55 Nr. 30).

Ob sich diese Grundsätze auf die Fälle, bei denen es um die Unwirksamkeit einer einzelnen Festsetzung geht, ohne weiteres übertragen lassen, ist fraglich. Dies gilt namentlich für Bestimmtheitsmängel, denn die fehlende Bestimmtheit einer Festsetzung läßt nicht selten auch den hinter dieser Festsetzung stehenden Willen des Plangebers im Unklaren. Das Normenkontrollgericht würde sich unzulässigerweise an die Stelle des Rates setzen, wenn es einen im Hinblick auf eine Festsetzung festgestellten Bestimmtheitsmangel dadurch beseitigen würde, daß es die Festsetzung teilweise aufhebt und ihr damit einen anderen Inhalt gibt. Aber selbst wenn hier die zur Teilnichtigkeit von Bebauungsplänen entwickelten Grundsätze anwendbar wären, schiede eine isolierte Aufhebung des besagten Teils der textlichen Festsetzung Nr. 2 a aus, weil nicht anzunehmen ist, daß der Rat, wäre ihm die Unwirksamkeit dieses Teils der Festsetzung bewußt gewesen, die textliche Festsetzung 2 a ohne diesen Teil und im Übrigen unverändert getroffen hätte. Durch die Formulierung „oder vergleichbare Warengruppen, die vornehmlich in Innenstädten angeboten werden" hat der Rat deutlich gemacht, daß er über die in der textlichen Festsetzung Nr. 2 a konkret aufgelisteten Warengruppen hinaus weitere Warengruppen im Auge hatte, die er im Plangebiet hat ausschließen wollen. Wäre ihm die Unwirksamkeit der für diese weiteren Warengruppen gewählten Umschreibung bewußt gewesen, hätte er wohl eine andere – wirksame – Umschreibung gesucht oder zusätzliche Warengruppen konkret benannt.

Angesichts dessen, daß die textliche Festsetzung Nr. 2 a bereits aus den vorstehenden Gründen unwirksam ist, kann offen bleiben, ob für den alle Teilbaugebiete erfassenden grundsätzlichen Ausschluß von Einzelhandelsnutzungen mit ausgewählten Warensortimenten hinreichende städtebauliche Gründe vorliegen. Der Senat weist jedoch im Hinblick auf mögliche spätere Planungsentscheidungen auf folgendes hin: Wenn – wie hier – Einzelhandel mit ausgewählten Warensortimenten nur im Hinblick auf seine „Zentrenschädlichkeit" ausgeschlossen werden soll, bedarf es konkreter Angaben dazu, weshalb jegliche Form von Einzelhandel der besagten Art – würde er im betroffenen Baugebiet angesiedelt – die gewachsenen Einzelhandelsstrukturen in den Zentren der Gemeinde unabhängig von der Art und dem Umfang des jeweiligen Warenangebots schädigen würde. Auch der Einzelhandelserlaß 1996 geht davon aus, daß das Anbieten der darin als zentrenrelevant bezeichneten Warensortimente regelmäßig nur dann negative Auswirkungen auf die Zentrenstruktur einer Gemeinde erwarten läßt, wenn es überdimensioniert an nicht integrierten Standorten erfolgt. In der Begründung des Bebauungsplans heißt es in diesem Zusammenhang lediglich, der Ausschluß diene dazu, „eine

Dezentralisierung der Einzelhandelseinrichtungen der Stadt R. zu verhindern und die Funktionsfähigkeit des Stadtkernes der Stadt R. zu sichern." Inwieweit es zur Erreichung dieser Ziele der in der textlichen Festsetzung Nr. 2 a getroffenen Regelungen im Einzelnen bedarf, geht aus dieser pauschalen Formulierung, die bloß eine Zielsetzung beschreibt, nicht hervor. Auch das Gutachten der B.-GmbH von Februar 1989 „über die Entwicklungschancen und -voraussetzungen zur Verbesserung der Einzelhandels- und Dienstleistungsstruktur der Stadt R. unter besonderer Berücksichtigung der Nahversorgung und der Steigerung der Kaufkraftbindung" gibt für die städtebauliche Erforderlichkeit der konkreten Einzelhandelsbeschränkung wohl nichts her.

Für die textliche Festsetzung Nr. 2 b fehlt es an hinreichenden städtebaulichen Gründen, soweit sie die Verkaufsfläche, auf der „innenstadtbedeutsame Warengruppen" im Rahmen eines Randsortimentes von Einzelhandelsbetrieben ausnahmsweise angeboten werden dürfen, auf $25 m^2$ beschränkt. Auch die einzelnen Festsetzungen zur Art der baulichen Nutzung müssen – für sich betrachtet – dem Gebot der städtebaulichen Erforderlichkeit gemäß § 1 Abs. 3 BauGB genügen. Das ist hinsichtlich der angesprochenen Verkaufsflächenbegrenzung nicht der Fall. Die Kriterien, die für die Bestimmung der Obergrenze auf $25 m^2$ maßgeblich sein sollen, lassen sich weder der Begründung des Bebauungsplans noch aus anderen Quellen entnehmen. Die in der Begründung für den generellen Ausschluß von Einzelhandelsbetrieben mit „innenstadtbedeutsamen Sortimenten" angeführten Erwägungen geben für die Erforderlichkeit einer derartig engen Begrenzung der Verkaufsflächen für die nur ausnahmsweise zulässigen Randsortimente nichts her, so daß die konkret gewählte Begrenzung willkürlich erscheint. Die im gerichtlichen Verfahren gelieferte Begründung, wonach der Umfang der zugelassenen Randsortimente in Bezug auf die Einzelhandelsstruktur in der Innenstadt bestimmt worden sei und sich im Übrigen am Bestand im Plangebiet orientiert habe, ändert daran nichts. Abgesehen davon, daß nicht erkennbar ist, inwieweit der Rat diese Gesichtspunkte der Festsetzung überhaupt zugrunde gelegt hat, handelt es sich um Behauptungen, die durch nichts belegt und im Hinblick auf die Orientierung am Bestand äußerst fragwürdig sind. So hat die Antragstellerin unwidersprochen vorgetragen, daß ihr eine Baugenehmigung für die Errichtung einer Ausstellungs- und Verkaufshalle zum Vertrieb von Beleuchtungskörpern und einem Randsortiment von 15 % erteilt worden sei. Nach dem von der Antragsgegnerin vorgelegten Einzel- und Großhandelsnachweis sollte die Ausstellungs- und Verkaufsfläche bei ca. $1500 m^2$ liegen, von denen das Randsortiment eine Fläche von $225 m^2$ beanspruchen könnte. Auch der im Plangebiet ansässige Möbeleinzelhandelsbetrieb mit einer Verkaufsfläche von rund $7400 m^2$ vertreibt nach dem vorgelegten Einzel- und Großhandelsnachweis „entsprechende Randsortimente". Das die Verkaufsfläche für diese Randsortimente bei nur $25 m^2$ liegt, ist angesichts der gesamten Verkaufsfläche mehr als unwahrscheinlich.

Ist die textliche Festsetzung Nr. 2 b mithin schon wegen der fehlenden städtebaulichen Erforderlichkeit der Verkaufsflächenbegrenzung unwirksam, kann offen bleiben, ob sie auch unbestimmt ist, weil sich nicht feststellen läßt, was der Rat mit einem „dem Hauptsortiment deutlich untergeordneten

Randsortiment" gemeint hat. Was die „Unterordnung" angeht, sind beispielsweise mit der Verkaufsfläche, dem Warenvolumen oder dem Umsatz sehr unterschiedliche Bemessungskriterien denkbar. Auch das Maß der Unterordnung, das der Rat hat vorgeben wollen, ist allein durch die Verwendung des Wortes „deutlich" in keiner Weise eindeutig bestimmt.

Die textliche Festsetzung Nr. 2c regelt, daß im Plangebiet ansässige Produktions- oder Handwerksbetriebe auf einer Verkaufsfläche von maximal 50 m^2 ausnahmsweise „innenstadtbedeutsame Sortimente" vertreiben dürfen, wenn die angebotenen Sortimente aus eigener Herstellung stammen. Sie ist mangels städtebaulicher Erforderlichkeit der Verkaufsflächenbegrenzung – insoweit gilt das vorstehend zur textlichen Festsetzung Nr. 2b ausgeführte entsprechend – ebenfalls unwirksam. Das im gerichtlichen Verfahren angeführte Argument, die Festsetzung betreffe nur zwei Betriebe im Plangebiet, deren Verkaufsflächen weit unterhalb der festgesetzten 50 m^2 lägen, verkennt die Möglichkeit künftiger Entwicklungen.

Die textliche Festsetzung Nr. 4a ist jedenfalls unbestimmt, soweit sie Änderungen der in den besonders gekennzeichneten Planbereichen genehmigten Einzelhandelsbetriebe nur „im Rahmen der genehmigten Sortimente und Verkaufsflächen" zuläßt. Ein ständig wechselndes Angebot innerhalb eines Sortiments gehört zur Natur des Einzelhandels und stellt keine planungsrelevante Änderung dar. Diese Art der Änderung kann mithin nicht gemeint sein. Ob der Rat mit dem angesprochenen Teil der Festsetzung Änderungen hinsichtlich des Anteils der genehmigten Sortimente am Gesamtangebot der betroffenen Einzelhandelsbetriebe regeln wollte, darf bezweifelt werden. Die Festsetzung würde es bei einem solchen Verständnis nämlich gestatten – jedenfalls dann, wenn die Baugenehmigung für das einzelne Sortiment keine bestimmte Verkaufsfläche vorsieht – ein bisheriges Randsortiment zu einem Kernsortiment auszuweiten, mit dem bis zu 100% des Umsatzes erwirtschaftet werden könnte. Da die textliche Festsetzung Nr. 4a nach dem Gesamtzusammenhang nur auf Einzelhandelssortimente abzielt, die in allen Teilbaugebieten grundsätzlich ausgeschlossen sein sollen, würde die Festsetzung – verstünde man sie im vorgenannten Sinne – der Intention des Rates, den Einzelhandel mit „innenstadtbedeutsamen Sortimenten" stark einzuschränken, zuwiderlaufen. Welche andere Art von Änderungen „im Rahmen der genehmigten Sortimente" der Rat im Blick gehabt haben könnte, vermag der Senat nicht zu erkennen.

Der Bebauungsplan weist auch Mängel in der Abwägung auf.

Der weitgehende Ausschluß von Einzelhandelsnutzungen durch die textliche Festsetzung Nr. 2a beeinträchtigt in erheblicher Weise die Nutzungsinteressen der Grundeigentümer, ohne daß – wie oben bereits ausgeführt – für diese umfassende Nutzungseinschränkung eine tragfähige Begründung geliefert wird. Soweit die textliche Festsetzung Nr. 2b es ausnahmsweise zuläßt, „innenstadtbedeutsame Sortimente" als ein dem Hauptsortiment deutlich untergeordnetes Randsortiment bis zu 25 m^2 Verkaufsfläche zu vertreiben, wird damit den Nutzungsinteressen der Grundeigentümer nicht hinreichend Rechnung getragen. So sind auf den als Gewerbegebiet festgesetzten Teilbauflächen beispielsweise Einzelhandelsbetriebe für Bau- und Heimwerkerbedarf, Gartenartikel und Möbel jedenfalls bis zu einer Geschoßfläche von

1200 m² (§ 11 Abs. 3 BauNVO) zulässig. Diese Branchen müssen aus Konkurrenzgründen bestimmte Warengruppen als Randsortiment im Angebot haben, die zu den Warengruppen gehören, die der Rat als „innenstadtbedeutsame Sortimente" weitgehend ausgeschlossen hat. Dem Bedarf dieser Branchen wird die Zulassung „innenstadtbedeutsamer Sortimente" als Randsortiment mit einer willkürlich und unabhängig von der jeweiligen Betriebsgröße gewählten Verkaufsflächenbeschränkung auf 25 m² erkennbar nicht gerecht. Um die Verkaufsflächenbeschränkung unter Berücksichtigung der marktüblichen Gegebenheiten abwägungsgerecht gestalten zu können, hätte der Rat – was nicht geschehen ist – konkrete Untersuchungen anstellen müssen, um zu ermitteln, bei welchen im Plangebiet zulässigen Einzelhandelsbranchen üblicherweise „innenstadtbedeutsame Sortimente" im Rahmen von Randsortimenten angeboten werden und in welchem Umfang sie angeboten werden. Nur auf der Grundlage solcher Erkenntnisse kann die Abwägung, ob die Zulassung „innenstadtbedeutsamer" Randsortimente in marktüblichem Umfang mit den städtebaulichen Zielsetzungen zu vereinbaren ist, zu einem gerechten Ergebnis führen (vgl. OVG NRW, Urteil v. 20. 3. 2002 – 10 a D 48/ 99. NE –, BRS 65 Nr. 37).

Die textliche Festsetzung Nr. 2 b ist auch insoweit abwägungsfehlerhaft, als sie den ausnahmsweisen Vertrieb „innenstadtbedeutsamer Sortimente" ausschließlich im Rahmen eines flächenmäßig begrenzten Randsortimentes zuläßt. Einzelhandel, der „innenstadtbedeutsame" Warengruppen im Kernsortiment führt, ist danach auch dann nicht ausnahmsweise zulässig, wenn er insgesamt über weniger als 25 m² Verkaufsfläche verfügt. Das bedeutet, daß beispielsweise ein Kiosk, der den im Gewerbe- oder Industriegebiet tätigen in geringem Umfang Waren des täglichen Bedarfs wie Lebensmittel, Zeitschriften usw. für die Versorgung in den Arbeitspausen anbietet, unzulässig ist. Für diese unterschiedliche Behandlung von „innenstadtbedeutsamen" Kern- und Randsortimenten ohne Berücksichtigung des konkreten Umfangs gibt es keine nachvollziehbaren Gründe.

Nach der textlichen Festsetzung Nr. 3 a sind in den entsprechend gekennzeichneten GE- und GI-Gebieten Wohnungen für Aufsichts- und Bereitschaftspersonen sowie für Betriebsinhaber und Betriebsleiter nicht zulässig. Die Beschränkung, die sich für die betroffenen Gewerbetreibenden im Einzelfall – auch in nicht erheblicher Hinsicht – als ausgesprochen hinderlich erweisen kann, genügt ebenfalls nicht den Anforderungen, die an eine gerechte Abwägung zu stellen sind. Sie beruht auf der Annahme des Rates, daß die mit der Festsetzung belegten Flächen möglicherweise durch Geruchsimmissionen betroffen sein könnten, die von der südlich des Plangebiets gelegenen landwirtschaftlichen Hofstelle ausgehen. Der Rat hat jedoch die Grundlagen für diese Annahme nicht ermittelt. Es steht keineswegs fest, daß durch den landwirtschaftlichen Betrieb Geruchsimmissionen verursacht werden, die die einschlägigen Grenzwerte für Gewerbe- und Industriegebiete im angrenzenden Plangebiet überschreiten. Es steht nicht einmal fest, ob überhaupt nennenswerte Geruchsimmissionen im Plangebiet auftreten. Der Rat hat gleichwohl keine Geruchsimmissionsprognose erstellen lassen, sondern hat, um – aus seiner Sicht – allen denkbaren Konflikten vorzubeugen, jegliche Wohnnutzung in den unmittelbar angrenzenden Bereichen ausgeschlossen. Diese Vorgehensweise wahrt weder das Interesse der Grundeigentümer an einer möglichst umfassenden Nutzung ihrer Grundstücke noch ist sie im Hinblick darauf, daß bei der Planung gemäß § 1 Abs. 5 Satz 2 Nr. 1 BauGB auch die allgemeinen Anforderungen an gesunde Arbeitsverhältnisse zu berücksichtigen sind, akzeptabel. Sollten nämlich Geruchsimmissionen im Plangebiet auftreten, die die zulässigen Grenzwerte für Gewerbe- und Industriegebiete überschreiten, müßte auch die gewerbliche Bebauung unter Umständen einen größeren Abstand zu der Hofstelle südlich des Plangebiets einhalten.

Als abwägungsfehlerhaft erweisen sich auch die in der textlichen Festsetzung Nr. 5 enthaltenen Höhenbegrenzungen, die die Höhe baulicher Anlagen in den GE- und GI-Gebieten – ausgehend von der Oberkante der zugeordneten Erschließungsstraße – ganz überwiegend auf 12 m beschränken. Diese nach § 9 Abs. 2 BauGB und § 16 Abs. 2 Nr. 4 BauNVO grundsätzlich zulässige Höhenbeschränkung kann in Gewerbe- und Industriegebieten problematisch sein, weil bei den dort üblichen baulichen Anlagen untergeordnete Bauteile wie Schornsteine, Masten, technische Aufbauten für Aufzüge usw. nicht selten erheblich höher sein müssen als 12 m und nach § 18 Abs. 2 BauNVO im Baugenehmigungsverfahren nur geringfügige Abweichungen von der zwingend festgesetzten Höhe zugelassen werden dürfen. Der Rat hat diesen möglichen Konflikt zwischen Nutzungsart und Höhenbegrenzung gesehen und dementsprechend in Nr. 2.2.2 der Bebauungsplanbegründung ausgeführt, daß eine Überschreitung der zulässigen Baukörperhöhen für technisch erforderliche, untergeordnete Bauteile ausnahmsweise gemäß § 16 Abs. 6 BauNVO zulässig sei. Er hat es jedoch unterlassen, diese Ausnahme in die Festsetzungen aufzunehmen.

Nr. 40

1. **SB-Markt ist eine gemäß § 1 Abs. 9 BauNVO typisierbare Nutzungsunterart. Festsetzungen nach § 1 Abs. 9 BauNVO können ein Verbot von SB-Märkten mit Waren für den täglichen Bedarf beinhalten, die nach Sortimenten bestimmt sind.**

2. **Es ist nicht abwägungsfehlerhaft, Teile des Stadtzentrums dem Facheinzelhandel mit diversifiziertem Angebot und Branchenmix (z. B. Apotheken, Optikerfachgeschäfte, aber auch z. B. Buchhandel in SB-Form) vorzubehalten und beispielsweise vor einer Ansammlung von Filialen überörtlicher Drogerieketten u. ä. zu schützen, welche im Wettbewerb zur Zahlung hoher Ladenmieten bereit und in der Lage sind, bekanntermaßen aber in der Häufung ihrer Geschäfte nicht zur Bereicherung der Innenstädte beitragen.**

(Zu 2. nichtamtlicher Leitsatz)

BauNVO § 1 Abs. 9.

Hessischer VGH, Urteil vom 4. Dezember 2003 – 3 N 2463/01 – (rechtskräftig).

Die Antragstellerin wendet sich gegen die 3. Änderung des Bebauungsplans „Hauptzentrum" der Antragsgegnerin. Sie ist Eigentümerin eines mit einem Wohn- und Geschäftshaus bebauten Grundstücks.

In seinem zeichnerischen Teil gibt der Bebauungsplan den vorhandenen Bestand, der zwischen den Beteiligten unstreitig ist, wieder. Im textlichen Teil sind folgende Festsetzungen getroffen worden:

„2.0 Art der baulichen Nutzung (§ 9 Abs. 1 Nr. 1 BauGB)
MK – Kerngebiet (§ 7 BauNVO).
Nach § 7 Abs. 2 BauNVO sind allgemein zulässig:
– Geschäfts-, Büro- und Verwaltungsgebäude,
– Einzelhandelsbetriebe, Schank- und Speisewirtschaften, Betriebe des Beherbergungsgewerbes und Vergnügungsstätten,
– Anlagen für kirchliche, kulturelle, soziale und gesundheitliche Zwecke.
Nur oberhalb des Erdgeschosses sind gemäß § 1 Abs. 7 BauNVO zulässig:
– Wohnungen für Aufsichts- und Bereitschaftspersonen sowie Betriebsinhaber und Betriebsleiter,
– Sonstige Wohnungen.
Nicht zulässig sind nach § 1 Abs. 5 und 6 BauNVO:
– Vergnügungsstätten,
– Gewerbebetriebe, auch nicht wesentlich störende Gewerbebetriebe,
– Tankstellen, auch nicht im Zusammenhang mit Parkhäusern und Großgaragen.
Nicht zulässig sind nach § 1 Abs. 9 BauNVO:
– Einzelhandelsbetriebe mit Waren für den täglichen Bedarf (Sortiment: Nahrung und Genußmittel, Gebrauchskosmetik, Putz- und Waschmittel, Schreibwaren, saisonbedingte Geschenkartikel, Hausrat und Zeitschriften), soweit es sich um SB-Märkte handelt."

Zur Begründung ihres Normenkontrollantrages hat die Antragstellerin ausgeführt, sie habe zwischen zwei Ladenlokalen im Erdgeschoß die Trennwand entfernt und den so vergrößerten Laden an die Firma Aldi vermieten wollen.

Die 3. Änderung des Bebauungsplans Nr. 5 A sei nichtig, da es an einer Ermächtigung in § 1 Abs. 5 und 9 BauNVO fehle.

Großflächige Einzelhandelsbetriebe mit den Auswirkungen des § 11 Abs. 3 BauNVO seien gerade typisches Merkmal für Kerngebiete. Dies gelte auch für nicht großflächige Einzelhandelsbetriebe, die auch in sonstigen Baugebieten zulässig sein könnten. Derartige Einzelhandelsbetriebe generell in einem Kerngebiet auszuschließen, stelle die Identität des Kerngebiets in Frage. Die im Bebauungsplan getroffenen Festsetzungen, die sich auf SB-Märkte bezögen, entsprächen nicht dem Bestimmtheitsgebot, denn es bleibe danach unklar, welche Betriebe im einzelnen ausgeschlossen seien und welche Einzelhandelsnutzungen noch zulässig blieben. Darüber hinaus handele es sich um eine unzulässige Planung eines Einzelfalles, denn sie beziehe sich dem räumlichen Gegenstand nach ausschließlich auf ihr – der Antragstellerin – Grundstück. Ferner verstoße die 3. Änderung des Bebauungsplans gegen das Gebot der qualifizierten Abwägung. Nach der Planbegründung werde im unmittelbaren Nachbarbereich ein Konkurrenzvorhaben (Lidl-Markt) zugelassen. Dieses Gebiet liege zwar formal außerhalb des Sanierungsbereichs, kommuniziere aber in vielfältiger Weise mit diesem.

Aus den Gründen:
Der Bebauungsplan verstößt nicht gegen den Grundsatz der planungsrechtlichen Erforderlichkeit (§ 1 Abs. 3 BauGB), wonach die Gemeinden die Bauleitpläne aufzustellen haben, sobald und soweit es für die städtebauliche Entwicklung erforderlich ist. An der Erforderlichkeit der Bauleitplanung fehlt es nur dann, wenn sie von keiner erkennbaren Konzeption getragen ist. Wel-

che städtebaulichen Ziele sich die Gemeinde setzt, liegt in ihrer planerischen Gestaltungsfreiheit. Der Gesetzgeber ermächtigt sie, die „Städtebaupolitik" zu betreiben, die ihren städtebaulichen Ordnungsvorstellungen entspricht (BVerwG, Beschluß v. 14.8.1995 – 4 NB 21.95 –, BRS 57 Nr. 39 = Buchholz 406.11 § 1 BauGB Nr. 86). Ein Bebauungsplan ist i.S. des § 1 Abs. 3 BauGB erforderlich, soweit er nach der städtebaulichen Konzeption der Gemeinde vernünftigerweise geboten ist (BVerwG, Urteil v. 7.5.1971 – IV C 76.68 –, BRS 24 Nr. 15). Die städtebaulichen – auch die besonderen nach § 1 Abs. 9 BauNVO – Gründe ergeben sich in ausreichendem Umfang aus der streitgegenständlichen 3. Änderung des Bebauungsplans Nr. 5A und der Planbegründung vom August 1999. Planungsziel („Aufgabe und Anlaß") war danach, auszuschließen, daß sich in dem im Geltungsbereich der 3. Änderung festgesetzten Kerngebiet Einzelhandelsgeschäfte für den täglichen Bedarf, soweit es sich um SB-Märkte oder Discount-Märkte handelt, niederlassen können. Bestimmte räumliche Bereiche des Stadtzentrums sollen nach der städtebaulichen Konzeption dem kleinteiligen Facheinzelhandel vorbehalten bleiben. Nach Ansicht der Antragsgegnerin war dies nach den bisherigen planerischen Festsetzungen nicht gewährleistet, weil sich dort auch SB-Märkte niederlassen könnten, die in ihrer Betriebsstruktur und den damit verbundenen Anforderungen den vorgegebenen Rahmen sprengten und – bei weiteren Konzentrationen – ein einseitiges Warenangebot förderten, was den Zielsetzungen des Zentrums zuwiderliefe.

Der räumliche Geltungsbereich der 3. Änderung des Bebauungsplans liegt im Bereich der Verordnung der Hessischen Landesregierung über die förmliche Festlegung eines städtebaulichen Entwicklungsbereichs in der Stadt A-Stadt vom Februar 1974 (GVBl. I 1974, 143 – Entwicklungsbereich A-Stadt-Mitte –). Der streitgegenständliche Planbereich soll das Geschäftszentrum und das „Herzstück" der Stadt bilden. Nach den planerischen Vorstellungen der Landesregierung und auch der Antragsgegnerin soll das Geschäftszentrum die zentrale Funktion A.s auch hinsichtlich des Konsumgüter- und Dienstleistungssektors stärken, das hinsichtlich des Fachhandels unzureichende Warenangebot verbessern helfen und den Wohnwert steigern. Für die an das Plangebiet angrenzenden Bereiche handelt es sich nach der Planbegründung um Standorte eines Discount-Marktes und eines größeren SB-Marktes mit Lebensmittel- und „non food"-Angebot. Hierfür sei es erforderlich, den Verkaufsflächen ein ausreichendes Stellplatzangebot zur Verfügung zu stellen. Die bauliche Entwicklung habe danach gezeigt, daß nach sich abzeichnenden Entwicklungstendenzen eine ausgewogene Branchenstruktur in der Innenstadt gefährdet sei.

Alle diese Erwägungen belegen deutlich die Erforderlichkeit der Bauleitplanung i.S. von § 1 Abs. 3 BauGB. Ihnen stellt der Normenkontrollantrag nichts wesentliches entgegen. Sie belegen darüber hinaus die von der Antragsgegnerin gesehene Notwendigkeit einer weiteren Binnendifferenzierung gemäß § 1 Abs. 9 BauNVO, wie der Planbegründung entnommen werden kann.

Diese Binnendifferenzierung ist auch hinreichend bestimmt und orientiert sich an marktüblichen Gegebenheiten, wie das Bundesverwaltungsgericht dies in einem allerdings anders gelagerten Fall verlangt hat (Beschluß v. 27.7.1998 – 4 BN 31.98 –, BRS 60 Nr. 29). Sie beschreibt in dem von der Antragstellerin angegriffenen Teil die Erscheinungsform eines Supermarktes heutiger Prägung, der nicht dadurch zum „Facheinzelhandel" wird, daß einzelne – auch organisatorisch ausgegliederte – Abteilungen (Fleisch, Backwaren, Frischkäse) räumlich damit verbunden sind, in denen „über die Theke" verkauft wird. Es bleibt im allgemeinen Verbraucherverständnis ein SB-Markt, auch wenn Mischformen nicht ungewöhnlich sind. Auch hierzu kann auf die angegriffene Planbegründung Bezug genommen werden. Aus ihr wird insbesondere deutlich, warum der Ausschluß von „Einzelhandelsbetrieben" i. S. von § 7 Abs. 2 Nr. 2 BauNVO nach § 1 Abs. 5 BauNVO dem planerischen Anliegen, die Innenstadt von A-Stadt aufzuwerten, nicht gerecht werden kann. „Besondere städtebauliche Gründe" rechtfertigen daher die gegenüber § 1 Abs. 5 BauNVO noch feinere Ausdifferenzierung der im Planbereich zulässigen Nutzungen (vgl. dazu BVerwG, Urteil v. 22.5.1987 – 4 C 77.84 –, BVerwGE 77, 317 = BRS 47 Nr. 58). In diesem Zusammenhang kommt es nicht darauf an, daß Fragen der weitergehenden Binnendifferenzierung gemäß § 1 Abs. 9 BauNVO bislang im Rahmen der Problematik des § 11 Abs. 3 BauNVO behandelt wurden. Die angeführte Rechtsprechung des Bundesverwaltungsgerichts ist darüber hinaus verallgemeinerungsfähig, soweit es bei der Differenzierung um die Orientierung an marktüblichen Gegebenheiten sowie darum geht, daß gegenüber § 1 Abs. 5 BauNVO spezielle Gründe eine weitere Ausdifferenzierung rechtfertigen können (zum Ausschluß von sog. innenstadtrelevanten Hauptsortimenten im Gewerbegebiet vgl. auch rechtskräftiges Urteil des Senats v. 19.9.2002 – 3 N 78/00 –, BRS 65 Nr. 35 = BauR 2003, 501).

Auch eine nach § 1 Abs. 3 BauGB schädliche, weil nicht erforderliche „Einzelfallplanung" ist nicht erkennbar, denn die Textfestsetzungen betreffen das gesamte Plangebiet und damit auch künftige Nutzungsänderungen im Bestand. Außerdem zeigt die Antragsgegnerin in der Planbegründung Flächen auf, für die die textlichen Festsetzungen in Betracht kommen können. Eine gezielte Verhinderungsplanung bezogen gerade auf das Grundstück der Antragstellerin ist daher nicht ersichtlich.

Die Planbegründung ergibt damit für den Senat mit hinreichender Deutlichkeit „besondere städtebauliche Gründe" für die Antragsgegnerin, festgestellten Fehlentwicklungen entgegenzuwirken.

Ein Verstoß gegen das drittschützende Abwägungsgebot des § 1 Abs. 6 BauGB liegt ebenfalls nicht vor. ...

Die Antragsgegnerin hat ausführlich dargelegt, warum die Belange der Antragstellerin, ihr Grundstück wirtschaftlich möglichst noch effizienter nutzen zu können, bei der Planungsentscheidung nicht berücksichtigt wurden. Hierbei sind Defizite oder Fehlgewichtungen nicht ersichtlich. ...

Der Antragstellerin war bei Erwerb keineswegs unbekannt, was bauplanungsrechtlich auf ihrem Grundstück möglich war und was nicht. Eine von Art. 14 Abs. 1 GG vermittelte besonders geschützte Position ist daher nicht erkennbar.

Nr. 41

Der planerische Wille der Antragsgegnerin, das Zentrum von A-Stadt attraktiver zu machen und damit aufzuwerten, ist ein nach § 1 Abs. 5 Sätze 1 und 2 Nr. 2 und 8 BauGB abwägungserheblicher Belang. Er verfolgt ebenso wie die städtebauliche Entwicklungsmaßnahme von 1974 das Ziel, Fehlentwicklungen beim schnellen Wachstum der Stadt nach dem Zweiten Weltkrieg entgegenzuwirken und sie nach Möglichkeit zu korrigieren. Es ist nicht abwägungsfehlerhaft, Teile des Stadtzentrums dem Facheinzelhandel mit diversifiziertem Angebot und Branchenmix (z. B. Apotheken, Optikerfachgeschäfte, aber auch z. B. Buchhandel in SB-Form) vorzubehalten und beispielsweise vor einer Ansammlung von Filialen überörtlicher Drogerieketten u. ä. zu schützen, welche im Wettbewerb zur Zahlung hoher Ladenmieten bereit und in der Lage sind, bekanntermaßen aber in der Häufung ihrer Geschäfte nicht zur Bereicherung der Innenstädte beitragen. Dem steht auch nicht entgegen, daß in an das Plangebiet angrenzenden Bereichen SB- und Discount-Märkte zulässig sind, denn diese können als „Frequenzbringer" Menschen in das Stadtzentrum locken, wovon auch der kleinteilige Facheinzelhandel profitieren kann.

Bei der Beschränkung der Nutzungsmöglichkeiten im streitgegenständlichen Planbereich durfte und mußte die Antragsgegnerin auch berücksichtigen, daß SB- und Discount-Märkte wesentlich mehr Stellplatzfläche erfordern (und verbrauchen) als kleinere Geschäfte des Facheinzelhandels. Wegen der Erreichbarkeit der PKW's mit gefüllten Einkaufswagen müssen diese Stellplatzflächen i. d. R. an der Erdoberfläche vorgehalten werden, da Tiefgaragen oder Parkhäuser sich nicht überall realisieren lassen. Diese Flächen fallen für eine anderweitige Nutzung weg, obwohl sie für ein attraktives Stadtzentrum unentbehrlich sind.

Nr. 41

Der Ausschluß der Branche „Einzelhandel" aus einem Gewerbegebiet in textlichen Festsetzungen eines Bebauungsplanes ist nur nach § 1 Abs. 9 BauNVO zulässig.

BauNVO § 1 Abs. 5, Abs. 9; VwGO § 47.

OVG Mecklenburg-Vorpommern, Urteil vom 17. Dezember 2003 – 3 K 6/01 –.

Die Beteiligten streiten um die Gültigkeit eines Bebauungsplanes der Antragsgegnerin.

Im Textteil des B-Planentwurfes wurde festgelegt, daß die Art der baulichen Nutzung ein eingeschränktes Gewerbegebiet sei, in dem nur solche Betriebe und Anlagen zulässig seien, die nach ihrem Störungsgrad auch in Mischgebieten zulässig seien. Unzulässig seien Einzelhandelseinrichtungen der Branchen
- Nahrung und Genuß
- Textilien und Bekleidung
- Schuh- und Lederwaren
- Spiel- und Sportartikel

- Uhren, Schmuck, Foto- und Optikartikel
- Musikalien und Tonträger
- Glas, Porzellan und Geschenkartikel
- Radios, HiFi-, TV-, Telefon- und Faxgeräte
- Drogerie- und Arzneimittel sowie
- Bordelle und bordellartige Betriebe
- Vergnügungsstätten wie:
- alle Arten von Einrichtungen mit überwiegendem Angebot an Sexdarstellungen
- Sexkinos
- Peepshows
- Bar- und Filmklubs mit Sexcharakter und anderem.

Ausnahmsweise zulässig seien:
- Einzelhandelsläden mit maximal 300 m^2 Verkaufsfläche (pro Einheit) nur i.V.m. Herstellungs-, Wartungs-, Reparatur- und Kundendiensteinrichtungen
- Vergnügungsstätten, soweit sie nicht wegen ihrer Zweckbestimmung oder ihres Umfanges nur in Kerngebieten allgemein zulässig sind.

Der Bebauungsplan wurde mit geringfügigen Änderungen gegenüber dem Entwurf 2001 beschlossen, ausgefertigt und bekanntgemacht.

Aus den Gründen:
Der streitbefangene Bebauungsplan ist für unwirksam zu erklären, da er jedenfalls wegen Verletzung des § 1 Abs. 9 BauNVO rechtswidrig ist und diese Rechtsverletzung zugleich einen Mangel im Abwägungsvorgang darstellt, der offensichtlich und auf das Abwägungsergebnis von Einfluß gewesen ist.

Die rechtliche Grundlage des im Bebauungsplan festgesetzten Ausschlusses einzelner Sortimente des Einzelhandels bildet nicht § 1 Abs. 5 BauNVO, sondern § 1 Abs. 9 BauNVO. § 1 Abs. 5 BauNVO ermöglicht der Gemeinde, einzelne Arten von Nutzungen, die nach den §§ 2, 4–9, 13 BauNVO allgemein zulässig sind, auszuschließen. Erfaßt werden von dieser Regelung nur die einzelnen in den genannten Vorschriften aufgeführten Nutzungsarten in ihrer jeweiligen Gesamtheit. Um eine solche die gesamte Nutzungsart ausschließende Regelung handelt es sich vorliegend nicht, da sie zwar eine Vielzahl von einzelnen Branchen und Sortimenten des Einzelhandels erfaßt, aber ersichtlich nicht jegliche Art von Einzelhandel unterbindet. Die von der Antragsgegnerin in den textlichen Festsetzungen des angefochtenen Bebauungsplans vorgenommene „Feinsteuerung" ist unter den Voraussetzungen des § 1 Abs. 9 BauNVO möglich (vgl. Fickert/Fieseler, BauNVO, 10. Aufl. 2002, § 1 Rdnr. 100 m.w.N.).

Voraussetzung der Anwendung des § 1 Abs. 9 BauNVO ist, daß es sich bei den ausgeschlossenen Arten der baulichen Nutzung um bauliche Anlagen und typisierbare Nutzungen handelt. Nicht zulässig ist die gezielte einzelne Ausschließung von Gewerbebetrieben. Für den Einzelhandel ist in der Rechtsprechung des Bundesverwaltungsgerichts (Beschluß v. 27.7.1998 – 4 NB 31.98 –, BRS 60 Nr. 29 = BauR 1998, 1197) geklärt, daß auch einzelne näher bestimmte Branchen nach § 1 Abs. 9 BauNVO ausgeschlossen werden können, wenn die Differenzierung (in Branchen) marktüblichen Gegebenheiten entspricht. Dies ist hier der Fall. Die im einzelnen näher beschriebenen Branchen sind solche, die marktüblich als eigene Branchen existieren.

Der Ausschluß solcher Branchen aus einem Gewerbegebiet ist nur dann rechtmäßig, wenn dies durch besondere städtebauliche Gründe gerechtfertigt werden kann. Besondere städtebauliche Gründe liegen vor, wenn es spezielle städtebauliche Gründe gerade für die gegenüber § 1 Abs. 5 BauNVO noch feinere Ausdifferenzierung der zulässigen Nutzungen gibt (Bundesverwaltungsgericht, Urteil v. 22. 5. 1987 – 4 C 77.84 –, BVerwGE 77, 317). Als ein solcher besonderer städtebaulicher Grund nach § 1 Abs. 9 BauNVO ist in der Rechtsprechung die Gefährdung der verbrauchernahen Versorgung der Bevölkerung, insbesondere der nichtmotorisierten Käuferschichten, mit Gütern des täglichen Bedarfs in Wohnstandorten anerkannt (OVG Münster, Urteil v. 10. 11. 1988 – 11a NE 4/87 –, BRS 49 Nr. 76; Urteil v. 9. 10. 2003 - 10a D 76.01 NE –). Anerkannt ist auch die beabsichtigte Verhinderung der Beeinträchtigung der sich aus der vorhandenen Nutzung ergebenden städtebaulichen Funktion eines Gebietes (Fickert/Fieseler, a. a. O., Rdnr. 129 a. E.). Erforderlich ist aber, daß ein solcher besonderer städtebaulicher Grund nachweisbar vorliegt und nicht auf bloßen Vermutungen oder Zielsetzungen der Gemeinde beruht (OVG Münster, a. a. O.).

Ein solcher von der Rechtsprechung bereits anerkannter oder ein anderer entsprechender besonderer städtebaulicher Grund wird von der Antragsgegnerin zwar behauptet, ist aber weder belegt noch offensichtlich. Die Antragsgegnerin hat ihre Planung im wesentlichen damit begründet, daß bei der Ansiedlung von Einzelhandelsbetrieben im betreffenden Bereich (Waren des täglichen Bedarfs) andere bereits vorhandene Einzelhandelsbetriebe mit gleichem oder vergleichbarem Sortiment gefährdet seien. Die mit dem Vorhandensein dieser Einzelhandelsbetriebe und weiterer Geschäftsbetriebe entwickelten vorhandenen Strukturen im Wohngebiet jenseits der Ne. Straße seien erhaltenswert und ihr Wegfall führe zu städtebaulichen Mißständen. Damit liefert die Antragsgegnerin zwar einen abstrakten besonderen städtebaulichen Grund, um in einem Gewerbegebiet Einzelhandelsbetriebe mit bestimmten Branchen auszuschließen. Allerdings fehlt ein auf die konkrete städtebauliche Situation in N. bezogener Nachweis für die Befürchtung, die Ansiedlung von Einzelhandelsbetrieben mit dem Sortiment Waren des täglichen Bedarfs im Plangebiet führe zu einer Gefährdung bzw. zu einem Wegfall der vorhandenen Versorgungsstrukturen in einem Wohngebiet. Das von der Antragsgegnerin zu den Akten gereichte Kommunale Einzelhandelskonzept von März 2000 gibt eine solche Prognose nicht her. Es formuliert nur abstrakt: „Lebensmittelbetriebe unter 700 m^2 Verkaufsfläche sind ohne nachweisbare Auswirkungen auf die innerstädtischen Einzelhandelsstrukturen, können aber an nicht geeigneten Standorten zu Veränderungen im Zentrengefüge und Auswirkungen auf die Stadtteil- und Nahversorgungszentren führen."

Weiter ist zu berücksichtigen, daß durch die beiden vorhandenen Einzelhandelsbetriebe sowie die weiteren im Wohngebiet vorhandenen Einzelsortimenter jenseits der Ne. Straße insgesamt 15.000 Menschen versorgt werden. Daß bei dieser Anzahl von Menschen im Wohngebiet die Eröffnung eines weiteren auf 700 m^2 Verkaufsfläche begrenzten Einzelhandelsbetriebes mit Waren des täglichen Bedarfs dazu führen könnte, daß von diesen 15.000 Menschen eine nennenswerte und die Existenz der vorhandenen Verkaufsstellen gefährdende Anzahl nunmehr ausschließlich in Einzelhandelsbetrieben des Plangebiets einkauft, ist nicht belegt. Dagegen spricht auch die Lage des Plangebietes jenseits der Ne. Straße, die in diesem Bereich eine mehrspurige vielbefahrene Bundesstraße ist. Es bedürfte einer näheren Ermittlung, ob ihr – etwa wegen fehlender Fußgängerübergänge – eine trennende Funktion zukommt. Zum Nachweis des von der Antragsgegnerin geltend gemachten städtebaulichen Grundes hätte es einer substantiierten Prognose über die Auswirkungen auf die Kaufkraft und Käuferströme durch die Ansiedlung von Einzelhandelsbetrieben im Plangebiet bedurft. ...

Die materiellen Fehler bei der Planung wirken sich auch auf die Abwägung aus. Sind besondere städtebauliche Gründe für eine auf § 1 Abs. 9 BauNVO beruhende Abwägungsentscheidung nicht oder nicht hinreichend ermittelt worden, ist die Abwägung fehlerhaft. Es sind dann zum einen nicht alle Belange in die Abwägung eingestellt worden, die hätten eingestellt werden müssen, und zum anderen konnte mangels zutreffender Gewichtung eine der Bedeutung der einzelnen Belange entsprechende Abwägung nicht erfolgen. Dies ergibt sich insbesondere daraus, daß die erhebliche Beeinträchtigung der Nutzungsmöglichkeiten der Grundeigentümer ohne gesicherte Tatsachengrundlage erfolgte (OVG Münster, Urteil v. 9.10.2003 – 10a D 76/01 NE –).

Dieser Mangel im Abwägungsvorgang schlägt sich auch im Abwägungsergebnis offensichtlich nieder. ...

Nr. 42

Die natürliche Geländeoberfläche kann in einem Bebauungsplan Bezugspunkt bei der Festsetzung der Höhe baulicher Anlagen sein.

BauNVO § 18.

Hessischer VGH, Urteil vom 6. März 2003 – 3 N 1891/01 – (rechtskräftig).

Die Antragstellerin wendet sich im Wege der Normenkontrolle gegen einen Bebauungsplan der Antragsgegnerin.

Aus den Gründen:

Die Festlegung der gewachsenen natürlichen Geländeoberfläche nach Nr. 2.1 der textlichen Festsetzungen zum B-Plan Nr. 59/neu als Bezugspunkt für die verschiedenen Höhenfestsetzungen nach § 18 BauNVO ist in dem stark hangfälligen Plangebiet mit seinen differenzierten Festsetzungen nicht zu beanstanden. Es mag sein, daß die natürliche Geländeoberfläche als Bezugspunkt nicht stets geeignet ist, weil sie nicht immer ausreichend gegen Veränderungen zu sichern ist (vgl. dazu König/Roeser/Stock, BauNVO, Komm., § 18 Rdnr. 3 f.; Ernst/Zinkahn/Bielenberg, BauGB, Komm., Stand: 1.1.2003, § 18 BauNVO Rdnr. 3 und Fickert/Fieseler, BauNVO, Komm., 10. Aufl. 2002, § 18 Rdnr. 3). Im vorliegenden Fall hieße es aber die Planungs- und Verwaltungskraft der Antragsgegnerin zu sehr zu strapazieren, wenn man im besonders hangfälligen Bereich des Vordertaunus mit nicht seltenen Höhenveränderungen von Grundstück zu Grundstück, sogar innerhalb von Grundstücken selbst, wo gestalterische städtebauliche Konzepte ohnehin planerisch schwer aufzustellen und durchzusetzen sind, einen zwingenden Verzicht auf die natürliche Geländeoberfläche als Bezugspunkt i. S. des § 18 BauNVO verlangte. Beim Bauen im innerstädtischen Bestand unterliegen Veränderungen des natürlichen Gebäudes auch einer erleichterten nachbarlichen und behördlichen Kontrolle, so daß die mit dem gewählten Bezugspunkt bisweilen verknüpften Probleme eher vernachlässigbar und hinzunehmen sind.

Nr. 43

Die Grenzen des Entwicklungsgebots des § 8 Abs. 2 Satz 1 BauGB sind gewahrt, wenn in einem Bebauungsplan „Flächen zum Schutz, zur Pflege und zur Entwicklung von Boden, Natur und Landschaft" i. S. des § 9 Abs. 1 Nr. 20 BauGB festgesetzt wurden, die im Flächennutzungsplan als „Wald" i. S. des § 5 Abs. 2 Nr. 9 Buchst. b BauGB dargestellt sind.

BauGB § 5 Abs. 2 Nr. 9 Buchst. b und Nr. 10, § 9 Abs. 1 Nr. 18 Buchst. b und Nr. 20.

Bundesverwaltungsgericht, Beschluß vom 12. Februar 2003 – 4 BN 9.03 –.

(Bayerischer VGH)

Aus den Gründen:
Die Bauleitplanung ist nach § 1 Abs. 2 BauGB durch ein zweistufiges System gekennzeichnet. Der Flächennutzungsplan steckt als vorbereitender Bauleitplan den Rahmen für die verbindliche Planung durch Bebauungspläne ab. Wie sich aus § 5 Abs. 1 Satz 1 BauGB ergibt, ist in ihm für das ganze Gemeindegebiet die sich aus der beabsichtigten städtebaulichen Entwicklung ergebende Art der Bodennutzung nach den voraussehbaren Bedürfnissen der Gemeinde in den Grundzügen darzustellen. Das für diese Planungsebene besondere Merkmal ist das gemeindegebietsumfassende Gesamtkonzept. Hieraus sind nach § 8 Abs. 2 Satz 1 BauGB Bebauungspläne zu entwickeln. Aus diesem gesetzlich vorgegebenen Ableitungszusammenhang folgt, daß den Darstellungen des Flächennutzungsplans als Entwicklungsgrundlage noch nicht der Bestimmtheitsgrad eignet, der für Festsetzungen eines Bebauungsplans typisch ist. Der Flächennutzungsplan weist ebenenspezifisch ein grobmaschiges Raster auf, das auf Verfeinerung angelegt ist. Die Festsetzungen des Bebauungsplans haben in dieser Planungsabfolge freilich nicht die Funktion schlichter Vollzugsakte. Der Flächennutzungsplan läßt auf Grund seiner geringeren Detailschärfe Gestaltungsspielräume offen, die auf der Ebene der verbindlichen Bauleitplanung ausgefüllt werden können. Unter der Voraussetzung, daß seine Grundzüge unangetastet bleiben, gestattet er auch Abweichungen. Festsetzungen, die mit seinen Darstellungen nicht vollständig übereinstimmen, indizieren nicht ohne weiteres einen Verstoß gegen das gesetzliche Entwicklungsgebot. Ob den Anforderungen des § 8 Abs. 2 Satz 1 BauGB

genügt ist, hängt vielmehr davon ab, ob die Konzeption, die ihm zugrunde liegt, in sich schlüssig bleibt. Mit dem Entwicklungserfordernis will der Gesetzgeber verhindern, daß auf den verschiedenen Planungsstufen Pläne wirksam werden, die nicht hinreichend aufeinander abgestimmt sind (vgl. BVerwG, Urteile v. 28.2.1975 – 4 C 74.72 –, BVerwGE 48, 70 = BRS 29 Nr. 8, v. 29.9.1978 – 4 C 30.76 –, BVerwGE 56, 283 = BRS 33 Nr. 11, und v. 26.2.1999 – 4 CN 6.98 –, Buchholz 406.11 §214 BauGB Nr. 14 = BRS 62 Nr. 48 = BauR 1999, 1128; Beschluß v. 3.10.1984 – 4 N 4.84 –, BVerwGE 70, 171 = BRS 42 Nr. 22).

Aus dieser Rechtsprechung läßt sich zwanglos ableiten, daß die Grenzen des Entwicklungsgebots gewahrt sind, wenn in einem Bebauungsplan Flächen zum Schutz, zur Pflege und zur Entwicklung von Boden, Natur und Landschaft i. S. des §9 Abs. 1 Nr. 20 BauGB festgesetzt werden, die im Flächennutzungsplan als Wald i. S. des §5 Abs. 2 Nr. 9 Buchst. b BauGB dargestellt sind.

§9 Abs. 1 Nr. 20 BauGB hat ebenso wie §5 Abs. 2 Nr. 10 BauGB eine eigenständige bodenrechtliche Funktion. Der Gesetzgeber stellt klar, daß auch das Städtebaurecht einen Beitrag zum Umweltschutz und zum Schutz von Natur und Landschaft leistet. §9 Abs. 1 Nr. 20 BauGB steht im Zusammenhang mit der Aufgabe der Bauleitplanung, nicht nur die bauliche, sondern auch die sonstige Bodennutzung im Gemeindegebiet zu regeln (§ 1 Abs. 1 BauGB). Er fügt sich in das Leitbild ein, die natürlichen Lebensgrundlagen zu schützen und zu entwickeln (§ 1 Abs. 5 Satz 1 BauGB) und den Belangen des Naturschutzes und der Landschaftspflege Rechnung zu tragen (§ 1 Abs. 5 Satz 2 Nr. 7 BauGB). Insbesondere in bezug auf die Integration der örtlichen Landschaftsplanung und den Ausgleich von Eingriffen in Natur und Landschaft kommt §9 Abs. 1 Nr. 20 BauGB erhebliche Bedeutung zu. Aber auch in anderen Fällen kann die Gemeinde nach Maßgabe der Anforderungen des § 1 Abs. 3 BauGB auf der Grundlage dieser Bestimmung Festsetzungen zum Schutz, zur Pflege und zur Entwicklung von Boden, Natur und Landschaft treffen und auf diese Weise die zukünftige Funktion der überplanten Fläche in ihrem städtebaulichen Gesamtkonzept festlegen. Insoweit ermöglicht es ihr der Gesetzgeber, das Städtebaurecht für landespflegerische Zwecke einzusetzen und Ziele zu verfolgen, die mehr auf die Bewahrung als auf eine Veränderung der vorhandenen Situation gerichtet sind (vgl. BVerwG, Beschlüsse v. 27.7.1990 – 4 B 156.89 –, Buchholz 406.11 §17 BauGB Nr. 4 = BRS 50 Nr. 101, und v. 18.12.1990 – 4 NB 8.90 –, Buchholz 406.11 §9 BBauGB/BauGB Nr. 47 = BRS 50 Nr. 9. Dies schließt die Ermächtigung ein, eine bisher zulässige wirtschaftliche Nutzung im Interesse der Erhaltung eines naturhaften Zustandes zu beschränken (vgl. BVerwG, Beschluß v. 3.12.1998 – 4 BN 24.98 –, Buchholz 406.11 §9 BauGB Nr. 92 = BRS 60 Nr. 24).

Die Darstellung von Wald i. S. des §5 Abs. 2 Nr. 9 Buchst. b BauGB ist in ihrer Zielrichtung teilweise deckungsgleich mit der Darstellung von Flächen zum Schutz, zur Pflege und zur Entwicklung von Boden, Natur und Landschaft i. S. des §5 Abs. 2 Nr. 10 BauGB. Anstelle des Begriffs der „Flächen für die Forstwirtschaft", der sich in §5 Abs. 2 Nr. 9 und in §9 Abs. 1 Nr. 18 BBauGB fand, verwendet das Baugesetzbuch den Begriff des „Waldes". Damit

Nr. 43

trägt der Gesetzgeber dem Umstand Rechnung, daß bei Darstellungen auf der Grundlage des § 5 Abs. 2 Nr. 9 Buchst. b BauGB ebenso wie bei Festsetzungen nach § 9 Abs. 1 Nr. 18 Buchst. b BauGB nicht allein die forstwirtschaftliche Perspektive ausschlaggebend ist (vgl. BT-Drucks. 10/4630, S. 68). Die Funktion des Waldes erschöpft sich nicht darin, von wirtschaftlichem Nutzen zu sein. Das Baugesetzbuch knüpft vielmehr an die Begriffsmerkmale an, die sich aus § 1 BWaldG ergeben. Danach erfüllt Wald neben seiner Nutzfunktion auch eine Schutz- und eine Erholungsfunktion. Dem Schutzzweck des Gesetzes entspricht es, Wald wegen seiner Bedeutung für die Umwelt, insbesondere für die dauernde Leistungsfähigkeit des Naturhaushaltes, das Klima, den Wasserhaushalt, die Reinheit der Luft, die Bodenfruchtbarkeit und das Landschaftsbild, zu erhalten. Auch in anderen rechtlichen Zusammenhängen finden sich Regelungen, die der Doppelfunktion des Waldes ausdrücklich Rechnung tragen. Nach § 2 Abs. 2 Nr. 8 ROG gehört es zu den Grundsätzen der Raumordnung, Wald als Teilelement von Natur und Landschaft zu schützen, zu pflegen und zu entwickeln. § 2 Abs. 2 Nr. 10 ROG stellt dem die Förderung einer leistungsfähigen nachhaltigen Forstwirtschaft gegenüber, freilich nicht ohne auf den Beitrag hinzuweisen, den gerade dieser Wirtschaftszweig beim Schutz der natürlichen Lebensgrundlagen sowie der Pflege von Natur und Landschaft zu leisten hat. Auch das Bundesnaturschutzgesetz hebt in § 2 Abs. 1 Nr. 6 auf die Bedeutung des Waldes für den Naturhaushalt ab und gibt in § 5 Abs. 5 bei der forstlichen Nutzung das Ziel vor, naturnahe Wälder aufzubauen und diese ohne Kahlschläge nachhaltig zu bewirtschaften. Vor dem Hintergrund dieser Regungen stellt die Darstellung „Wald" ebenso wie die Darstellung einer Fläche zum Schutz, zur Pflege und zur Entwicklung von Boden, Natur und Landschaft auf der Grundlage des § 5 Abs. 2 Nr. 10 BauGB einen geeigneten Beitrag zur Sicherung der natürlichen Lebensgrundlagen i. S. des § 1 Abs. 5 Satz 1 BauGB sowie zur Berücksichtigung der Belange des Naturschutzes und der Landschaftspflege i. S. des § 1 Abs. 5 Satz 2 Nr. 7 BauGB dar. Auch unter einem weiteren für die Steuerung der örtlichen Planung wesentlichen Gesichtspunkt weisen Nummer 9 Buchst. b und Nummer 10 des § 5 Abs. 2 BauGB in ein und dieselbe Richtung. Beide geben Auskunft darüber, wie die für eine Bebauung in Betracht gezogenen Flächen von den übrigen Flächen abzugrenzen sind.

Wird schon die Darstellung von Wald nach § 5 Abs. 2 Nr. 9 Buchst. b BauGB von der Schutzkomponente maßgeblich mitbestimmt, so setzt sich die Gemeinde nicht in einen planerisch-konzeptionellen Widerspruch zum Flächennutzungsplan, wenn sie im Bebauungsplan anstelle von Wald eine Fläche zum Schutz, zur Pflege und zur Entwicklung von Boden, Natur und Landschaft i. S. von § 9 Abs. 1 Nr. 20 BauGB festsetzt, bei der die Schutzfunktion Vorrang vor der Nutzfunktion hat. Die mit der Festsetzung verbundene Akzentverlagerung hält sich noch in den durch das Entwicklungsgebot des § 8 Abs. 2 Satz 1 BauGB gezogenen Grenzen zulässiger Abweichung.

Nr. 44

Zum Entwicklungsgebot nach § 8 Abs. 2 Satz 1 BauGB.

Bundesverwaltungsgericht, Beschluß vom 30. Juni 2003 – 4 BN 31.03 – (Hessischer VGH).

Aus den Gründen:
Die Frage, ob bei parzellenscharfer Darstellung der zulässigen Nutzung im Flächennutzungsplan dem Entwicklungsgebot aus dann noch Genüge getan ist, wenn der die Flächennutzungsplanung konkretisierende Bebauungsplan für exakt die gleiche Grundstücksfläche eine andere Nutzungsart festsetzt, oder ob hierfür eine Änderung des Flächennutzungsplans herbeigeführt werden müsste, nötigt nicht zur Zulassung der Grundsatzrevision. Sie ist in der Rechtsprechung des Senats bereits in dem Sinne beantwortet, dass allein die Tatsache abweichender Festsetzungen nicht den Schluß zuläßt, der Bebauungsplan sei nicht in der nach § 8 Abs. 2 Satz 1 BauGB gebotenen Weise aus dem Flächennutzungsplan entwickelt (Urteil v. 26. 1. 1979 – 4 C 65.76 –, BRS 35 Nr. 20). Abweichungen des Bebauungsplans sind insoweit von dem Begriff des „Entwickelns" gedeckt, als sie sich aus dem im Verhältnis zwischen Flächennutzungs- und Bebauungsplan vorliegenden Übergang in eine stärker verdeutlichende Planstufe rechtfertigen und der Bebauungsplan trotz der Abweichung der Grundkonzeption des Flächennutzungsplans nicht widerspricht. Der Grad eines unzulässigen Widerspruchs zum Flächennutzungsplan wird demnach von Abweichungen nicht erreicht, welche diese Grundkonzeption unangetastet lassen und insoweit als unwesentlich anzusehen sind (BVerwG, Urteil v. 28. 2. 1975 – 4 C 74.72 –, BVerwGE 48, 70, 75). Mehr ist verallgemeinernd nicht zu sagen. Welche Abweichung vom Flächennutzungsplan den Grad eines Widerspruchs erreicht, läßt sich nicht generell, sondern nur anhand der konkreten Umstände des Einzelfalls entscheiden.

Nr. 45

Zum Mitwirkungsverbot für ein Ratsmitglied bei der Aufstellung eines Bebauungsplans.

GemO § 22 Abs. 1 Nr. 1 F: 1994.

OVG Rheinland-Pfalz, Beschluß vom 26. September 2003 – 8 B 11491/03 – (rechtskräftig).

Die Antragsteller wenden sich im Wege der Normenkontrolle gegen einen Bebauungsplan, der eine Straße zu einer außerhalb der geschlossenen Ortslage gelegene Schule ausweist. Der gleichzeitig gestellte Antrag auf Erlaß einer einstweiligen Anordnung hatte Erfolg.

Aus den Gründen:
Die offensichtliche Begründetheit des Normenkontrollantrages beruht auf dem Umstand, daß der Satzungsbeschluß des Ortsgemeinderates vom Dezember 2001 unwirksam ist. Denn dieser Beschluß ist unter Mitwirkung von

Gemeinderatsmitgliedern ergangen, die nach § 22 Abs. 1 Nr. 1 GemO von der Mitwirkung ausgeschlossen waren. Nach dieser Bestimmung dürfen Gemeinderatsmitglieder nicht beratend und entscheidend mitwirken, wenn die Entscheidung ihnen selbst, ihren Ehegatten oder ihren Verwandten bis zum 3. Grade einen unmittelbaren Vorteil oder Nachteil bringen kann. Diese Voraussetzungen treffen auf den Ortsbürgermeister, seine Ehefrau und seinen Sohn zu. Denn der auf Grund des Bebauungsplans geplante Ausbau des Schulwegs ist geeignet, dem Ortsbürgermeister als Eigentümer eines mit mehreren Wohnhäusern bebauten, an den K.-Weg angrenzenden Grundstücks einen unmittelbaren Vorteil in der Nutzung dieses Grundstücks zu bringen.

Zwar liegt dieser Grundbesitz außerhalb des Plangebietes und grenzt auch nicht unmittelbar an diesen an. Die geplante Straßenbaumaßnahme ist jedoch geeignet, die Nutzung dieses Grundstücks zu verbessern, da sie zu einer spürbaren Entlastung des daran vorbeiführenden K.-Weges führt. Bisher werden Schule, Berglandhalle und Feuerwehrhaus über den als Einbahnstraße geführten Schulweg angefahren, die Rückfahrt in die Ortslage von G. erfolgt über den K.-Weg. Der Ausbau des Schulweges dient dazu, Zu- und Abfahrtverkehr der Besucher des Schulkomplexes aufzunehmen. Damit entfällt eine wesentliche Verkehrsfunktion des K.-Weges, der künftig im wesentlichen nur noch von Kraftfahrzeugen der Anlieger der drei bebauten sowie der übrigen land- oder forstwirtschaftlichen Anliegergrundstücke genutzt wird.

Dieser direkte Zusammenhang wird aus der Begründung des Bebauungsplans besonders deutlich, in der unter Punkt 8 „Auswirkung der Maßnahme" ausgeführt ist: „Durch die Fahrbahnverbreiterung wird die Verkehrssituation deutlich verbessert und insbesondere die Verkehrssicherheit für Fußgänger (Schulkinder) und Radfahrer erhöht. Die Anbindung an Schule, Mehrzweckhalle und Feuerwehr wird verbessert. Eine Entlastung des K.-Weges wird sich einstellen." Bei einer derartig engen und vom Willen des Ortsgemeinderates miterfaßten Beziehung zwischen der geplanten Maßnahme und ihrer Auswirkung auf den K.-Weg würde es dem Sinn des § 22 GemO widersprechen, lediglich von einem nur mittelbaren Vorteil für den Ortsbürgermeister und seine Familie als Anwohner des K.-Weges auszugehen. Denn § 22 Abs. 1 GemO soll gerade im Interesse der „Sauberkeit" der Gemeindeverwaltung und zur Gewährleistung des Vertrauens der Bürger in eine unvoreingenommene Entscheidungsfindung den „bösen Schein" verhindern.

Der Ortsbürgermeister und seine Familie sind von dem Satzungsbeschluß auch nicht als Angehörige eines Bevölkerungsteils, dessen gemeinsame Belange berührt werden, betroffen (§ 22 Abs. 2 GemO). Denn der K.-Weg, der bisher der Aufnahme des Verkehrs von dem Komplex Schule/Berglandhalle in die Ortslage von G. diente, ist keine durch ein Baugebiet führende oder mehrere Baugebiete verbindende Straße, so daß von einer Änderung der Verkehrsführung eine Vielzahl von Anliegern betroffen wäre (vgl. den vom OVG Münster mit Urteil v. 12.3.2003, NVwZ-RR 2003, 667, entschiedenen Fall). Er führt durch den landwirtschaftlich genutzten Außenbereich gemäß § 35 BauGB, außer der Schule und dreier vereinzelt gelegener Wohnhäuser grenzen keine Gebäude an. Von einer Bevölkerungsgruppe mit gemeinsamen Interessen kann daher nicht die Rede sein.

Nr. 46

a) Das Rechtsstaatsprinzip schreibt zwar die Ausfertigung auch von Bebauungsplänen vor; die insoweit zu stellenden Anforderungen richten sich jedoch nach dem jeweiligen Landesrecht (im Anschluß an BVerwG, Beschluß v. 3.5.1996 – 4 B 60.96 –, BRS 58 Nr. 41).

b) Der Bestimmung des § 10 Abs. 3 BauGB ist mittelbar zu entnehmen, daß es sich bei der Planausfertigung um einen Verfahrensschritt handelt, der der Bekanntmachung des Bebauungsplanes als Schlußpunkt des Rechtssetzungsverfahrens voranzugehen hat (im Anschluß an BVerwG, Beschluß v. 9.5.1996 – 4 B 60.96 –, BRS 58 Nr. 41).

c) Daß der unter Datumsangabe erfolgten Unterzeichnung des Ausfertigungsvermerks durch den Bürgermeister der planaufstellenden Gemeinde kein Dienstsiegel beigedrückt ist, stellt keinen rechtlichen Mangel der Ausfertigung dar, da die Verwendung des Dienstsiegels in diesem Zusammenhang weder einfachgesetzlich noch verfassungsrechtlich vorgeschrieben ist.

d) Die Ausweisung von Naturschutzgebieten zielt nicht nur auf die Konservierung bestimmter Pflanzen- und Tiergesellschaften und ihrer Lebensräume ab, sondern auch auf deren Entwicklung. Daher schließt allein der Umstand, daß eine Fläche als Naturschutzgebiet ausgewiesen werden soll, die Durchführung von ihren Zustand verbessernden Entwicklungsmaßnahmen nicht von vornherein aus.

e) Zu den Anforderungen an die hinreichende rechtliche Sicherung einer planexternen Kompensationsmaßnahme gemäß § 1a Abs. 3 Satz 3 BauGB.

GG Art. 20 Abs. 3; Saarländ. Verf. Art. 102, 104; BauGB §§ 1a Abs. 3 Satz 3, 10; BNatSchG §§ 1, 23; Saarländ. NatSchG § 17.

OVG des Saarlandes, Urteil vom 10. März 2003 – 1 N 3/03 – (rechtskräftig).

Die Beteiligten streiten über die Gültigkeit des Bebauungsplanes für das Gebiet „Kleingartenanlage H. südlich F." der Antragsgegnerin, der ein etwa 9,7 ha großes, überwiegend bewaldetes Gebiet, das an die Nordwestseite des Wohnanwesens der Antragsteller und ihres dort gelegenen rückwärtigen Hausgartens anschließt, im wesentlichen als private Grünfläche mit der Zweckbestimmung „Dauerkleingärten" ausweist.

Aus den Gründen:
Der Bebauungsplan für das Gelände „Kleingartenanlage H. südlich F." in seiner am 11.4.2000 als Satzung beschlossenen Fassung leidet weder an einem gemäß den §§ 47 Abs. 5 Satz 4 VwGO, 215a Abs. 1 BauGB zur Feststellung seiner Unwirksamkeit führenden noch an einem seine vollständige oder teilweise Nichtigkeit bewirkenden Mangel. ...

Der umstrittene Bebauungsplan ist zunächst nicht in einem nach näherer Maßgabe der §§ 214 Abs. 1, 215 Abs. 1 Nr. 1 BauGB beachtlich fehlerhaften Planaufstellungsverfahren zustande gekommen. Die von den Antragstellern geäußerten Zweifel an einer ordnungsgemäßen Ausfertigung des Planes greifen nicht durch. Dem aus dem allgemeinen Rechtsstaatsprinzip abzuleitenden Erfordernis einer Ausfertigung auch von in der Rechtsform von gemeindlichen Satzungen aufgestellten Bebauungsplänen ist bezogen auf den der Beurteilung zugrunde zu legenden Zeitpunkt der am 8.5.2002 wiederholten Schlußbekanntmachung der am 11.4.2000 als Satzung beschlossenen Planung Rechnung getragen.

Mit der Rechtsprechung des Bundesverwaltungsgerichts ist davon auszugehen, daß das Rechtsstaatsprinzip zwar die Ausfertigung auch von Bebauungsplänen vorschreibt, sich die insoweit zu stellenden Anforderungen jedoch nach dem jeweiligen Landesrecht richten, da sich das Baugesetzbuch bei der verfahrensrechtlichen Ausgestaltung der Bauleitplanung auf das zur Wahrung eines rechtsstaatlichen Mindeststandards Notwendige beschränkt und keine einfachgesetzliche Regelung der Planausfertigung enthält (so z.B. BVerwG, Beschlüsse v. 16.5.1991 – 4 NB 26.90 –, BRS 52 Nr.32, und v. 9.5.1996 – 4 B 60.96 –, BRS 58 Nr.41).

Allerdings ist der Bestimmung des §10 Abs.3 BauGB 1998 (früher §12 BBauG/BauGB) mittelbar zu entnehmen, daß es sich bei der Planausfertigung um einen Verfahrensschritt handelt, der der Bekanntmachung als Schlußpunkt des Rechtsetzungsverfahrens voranzugehen hat (BVerwG, Beschluß v. 9.5.1996 – 4 B 60.96 –, BRS 58 Nr.41), und war diese Reihenfolge hier zunächst nicht gewahrt, weil die Antragsgegnerin die – erste – Bekanntmachung des umstrittenen Bebauungsplanes am 27.4.2000 vorgenommen hat, der Ausfertigungsvermerk indes erst unter dem 15.5.2000 unterzeichnet wurde. Der hieraus resultierende Verfahrensfehler ist jedoch gemäß §215a Abs.2 BauGB 1998 durch die am 8.5.2002 erfolgte Wiederholung der Schlußbekanntmachung behoben worden. Die nachträgliche Inkraftsetzung des inhaltlich unveränderten Bebauungsplanes während des bereits anhängigen Normenkontrollverfahrens ändert nichts daran, daß diese Planung nach wie vor Gegenstand des Rechtsstreits bleibt (BVerwG, Urteil v. 21.10.1999 – 4 CN 1.98 –, BRS 62 Nr.51).

Auch inhaltlich bestehen gegen die unter dem 15.5.2000 erfolgte Ausfertigung gemessen am Rechtsstaatsprinzip und dem einschlägigen saarländischen Landesrecht keine durchgreifenden Bedenken. Das saarländische Landesrecht enthält keine einfachgesetzliche Regelung der inhaltlichen Anforderungen an die Ausfertigung von Rechtsnormen. Landesverfassungsrechtlich ist vorgeschrieben, daß die im verfassungsmäßigen Verfahren beschlossenen Gesetze vom Ministerpräsidenten mit den zuständigen Ministern (Art.102 Landesverfassung) und Rechtsverordnungen von der Stelle, die sie erlassen hat (Art.104 Abs.2 Landesverfassung), auszufertigen sind. Da Rechtsstaatlichkeit verlangt, daß Rechtsnormen nicht mit einem anderen Inhalt als vom Normgeber beschlossen in Kraft gesetzt werden, kommt der Ausfertigung die Aufgabe zu, die Übereinstimmung des Norminhaltes mit dem Willen des Normgebers zu prüfen und zu bestätigen (BVerwG, Beschluß v. 16.5.1991 – 4 NB 26.90 –, BRS 52 Nr.32).

Übertragen auf die Aufstellung von Bebauungsplänen in Form von gemeindlichen Satzungen bedeutet das, daß die Übereinstimmung des als Satzung beschlossenen Bebauungsplanes mit dem Willen des gemeindlichen Beschlußorganes überprüft und bescheinigt wird. Zuständig für diese Prüfung und Erklärung ist der Bürgermeister der jeweiligen Gemeinde, der gemäß § 59 Abs. 2 Satz 2 KSVG die Beschlüsse des Gemeinderats ausführt (Wohlfarth, Kommunalrecht, 2. Aufl. 1998, Rdnr. 85; Lehne/Weirich, KSVG, Stand: Oktober 1998, § 12 Anm. 2). Im Verhinderungsfall wird der Bürgermeister durch den Beigeordneten vertreten (§ 63 Abs. 1 KSVG).

Hieran gemessen ist der umstrittene Bebauungsplan ordnungsgemäß ausgefertigt worden. Die Planurkunde enthält die Erklärung:

„Der Stadtrat hat in öffentlicher Sitzung vom 11. 4. 2000 diesen Bebauungsplan nach § 10 (1) BauGB in einem ergänzenden Verfahren nach § 215 a BauGB als Satzung beschlossen."

Diese inhaltlich die Übereinstimmung von Satzungsbeschluß und Plan bestätigende Erklärung ist unter Beifügung des Unterzeichnungsdatums von einem Beigeordneten der Antragsgegnerin „i.V." des Oberbürgermeisters unterzeichnet. Daß Datum und Unterschrift kein Dienstsiegel beigefügt ist, stellt keinen rechtlichen Mangel der Ausfertigung dar. Die Verwendung des Dienstsiegels ist weder einfachgesetzlich noch verfassungsrechtlich vorgeschrieben. Aus der Regelung des § 62 Abs. 1 Satz 2 KSVG, die die Wirksamkeit von gemeindlichen Verpflichtungs- und Verzichtserklärungen ausdrücklich davon abhängig macht, daß sie vom Bürgermeister oder seinem allgemeinen Vertreter handschriftlich unter Beifügung von Amtsbezeichnung und Dienstsiegel unterzeichnet werden, läßt sich im Umkehrschluß entnehmen, daß dieses Formerfordernis für die Ausfertigung gemeindlicher Satzungen nicht besteht. Denn wäre die Beifügung des Dienstsiegels eine generelle Voraussetzung für die Wirksamkeit von gemeindlichen Erklärungen, hätte es der ausdrücklichen Regelung des § 62 Abs. 1 Satz 2 KSVG nicht bedurft. Hätte der Gesetzgeber hingegen die Beifügung des Dienstsiegels auch für Ausfertigungsvermerke vorschreiben wollen, hätte er eine entsprechende Bestimmung in das Kommunalselbstverwaltungsgesetz aufgenommen. Aus dem allgemeinen Rechtsstaatprinzip läßt sich das Erfordernis der Beifügung des Dienstsiegels ebensowenig ableiten. Soweit die Antragsteller in diesem Zusammenhang auf die Siegelung gerichtlicher Entscheidungsausfertigungen verweisen, übersehen sie, daß hierfür ebenfalls eine ausdrückliche einfachgesetzliche Rechtsgrundlage in § 317 Abs. 3 ZPO existiert, der über § 173 VwGO im Verwaltungsprozeß entsprechende Anwendung findet (vgl. BVerwG, Beschluß v. 30. 11. 1982 – 9 B 3622.82 –, Buchholz 310 § 117 VwGO Nr. 21).

Ist danach die umstrittene Planung unter dem Gesichtspunkt der Anforderungen an die Ausfertigung von Bebauungsplänen nicht zu beanstanden, so ist auch sonst kein rechtlich erheblicher Verfahrensfehler geltend gemacht und feststellbar.

In materiell-rechtlicher Hinsicht leidet die umstrittene Planung ebenfalls nicht an einem im vorliegenden Verfahren beachtlichen Rechtsfehler.

Beanstandet hat der 2. Senat im Urteil vom 30. 11. 1999 – 2 N 3/98 – allerdings die planerische Abwägung unter dem Gesichtspunkt des Erfordernisses der Berücksichtigung der Belange des Naturschutzes und der Landschaftspflege einschließlich der Walderhaltung, weil er die Umsetzung des

Nr. 46

vom Stadtrat der Antragsgegnerin beschlossenen Konzepts einer Kompensation des im Plangebiet selbst nicht ausgeglichenen – rechnerischen – Defizits der Eingriffs-/Ausgleichs-Bilanz von rund 20% und des zu erwartenden Waldverlustes durch Waldneubegründungen an anderer Stelle des Stadtgebietes nicht für hinreichend sichergestellt hielt. Dieser Mangel ist indes durch die am 11.4.2000 als Satzung beschlossene Planung im Wege eines ergänzenden Verfahrens ausgeräumt worden, so daß der Bebauungsplan auch unter diesem Aspekt keinen durchgreifenden rechtlichen Bedenken mehr begegnet.

Der Stadtrat der Antragsgegnerin hat nunmehr in seiner Sitzung vom 11.4.2000 ausdrücklich bestimmt, daß auf einer in einer Anlage zur Beschlußvorlage und zur Planbegründung konkret unter Angabe der entsprechenden Parzellennummern bezeichneten, insgesamt 6,9 ha großen Fläche im Bereich der sog. „St. Arnualer Wiesen", die außerdem in einem ebenfalls als Anlage beigefügten Übersichtslageplan entsprechend abgegrenzt ist, nach Maßgabe des 1995 vom Stadtrat beschlossenen „Nutzungskonzeptes St. Arnualer Wiesen" durch waldbauliche Maßnahmen ein vielfältiger ökologisch hochwertiger Wald entwickelt werden soll. Der Oberbürgermeister der Antragsgegnerin wurde zugleich beauftragt, durch entsprechende, der Verwaltungsvorlage bereits im Entwurf beigefügte Anordnung gegenüber der Unteren Naturschutzbehörde die Realisierung dieser Ersatzmaßnahme sicherzustellen und zu gewährleisten, daß die Maßnahme ausschließlich als Ersatz für Eingriffe im Zusammenhang mit dem Bebauungsplan „Kleingartenanlage H. südl. F." gilt und nicht als Kompensationsfläche für Eingriffe an anderer Stelle des Stadtgebietes zur Verfügung steht. Der Oberbürgermeister der Antragsgegnerin hat diese Anordnung unter dem 12.5.2000 getroffen.

Die danach vorgesehene Maßnahme der Waldneubegründung hat der 2. Senat in seinem Urteil vom 30.11.1999 im Vorprozeß 2 N 3/98 betreffend die am 5.6.1997 abschließend bekanntgemachte Planung i.d.F. des Satzungsbeschlusses vom 11.3.1997 ihrer Art nach als geeignet angesehen, um den rechnerisch nicht ausgeglichenen Eingriff in Natur und Landschaft und den zu erwartenden Waldverlust im Plangeltungsbereich zu kompensieren. Hieran ist nach nochmaliger Überprüfung festzuhalten. Daß die planexternen Ersatzmaßnahmen keine Verbesserung der ökologischen Verhältnisse am Ort des Eingriffes mit sich bringen, liegt in der Natur der Sache, bildet aber kein Hindernis für eine derartige Kompensation. Denn wäre die „Verbesserung" der Situation am Eingriffsort zwingende Voraussetzung für die Eignung einer Kompensationsmaßnahme, bestünde kein Grund, einen planexternen Ausgleich überhaupt zuzulassen, wie dies indes geschehen ist. Die dahingehende Regelung erklärt sich daraus, daß – fallbezogen – immerhin der Verlust an Waldfläche funktional durch eine Waldneubegründung und -entwicklung auf gleich großer Fläche aufgefangen wird.

Allerdings stellen die Bestimmungen der §§ 1a Abs. 3, 200a BauGB in der am 1.1.1998 in Kraft getretenen Fassung des Bau- und Raumordnungsgesetzes 1998 vom 18.8.1997 (BGBl. I, 2081), die die Antragsgegnerin dem ergänzenden Verfahren zugrunde gelegt hat (s. textliche Festsetzungen zum Bebauungsplan „Rechtsgrundlagen" und § 233 Abs. 1 Satz 2 BauGB), die Zulässigkeit planexterner Ausgleichsmaßnahmen unter den Vorbehalt ihrer Vereinbarkeit mit den Zielen des Naturschutzes und der Landschaftspflege. Das gilt auch, soweit – wozu die gesetzliche Regelung ermächtigt – die planexternen Ausgleichsmaßnahmen nicht in Form planerischer Darstellungen und Festsetzungen, sondern als „sonstige geeignete Maßnahmen auf von der Gemeinde bereitgestellten Flächen" i. S. von § 1 a Abs. 3 Satz 3 BauGB vorgesehen sind (vgl. Stich, in: Berliner Komm. zum BauGB, Stand: August 2002, § 1 a Rdnr. 102).

Mit den Zielen des Naturschutzes und der Landschaftspflege steht die vorgesehene Waldneubegründung indes in Einklang. Nach § 1 BNatSchG in seiner im Zeitpunkt des Satzungsbeschlusses am 11. 4. 2000 maßgeblich gewesenen Fassung sind Natur und Landschaft im besiedelten und unbesiedelten Bereich so zu schützen, zu pflegen und zu entwickeln, daß die Leistungsfähigkeit des Naturhaushaltes, die Nutzungsfähigkeit der Naturgüter, die Pflanzen- und Tierwelt sowie die Vielfalt, Eigenart und Schönheit von Natur und Landschaft als Lebensgrundlagen des Menschen und als Voraussetzung für seine Erholung in Natur und Landschaft nachhaltig gesichert sind (vgl. im wesentlichen inhaltsgleich auch § 1 BNatSchG 2002 sowie § 1 Abs. 1 SNG). Diesen Zielen entspricht die nach dem „Nutzungskonzept St. Arnualer Wiesen" vorgesehene Entwicklung und Pflege der teils verbuschten und durch waldartige Bereiche gekennzeichneten 6,9 ha großen Teilfläche des Bereichs „St. Arnualer Wiesen" mit der Absicht, dort u. a. Eichen und andere Edellaubhölzer langfristig zu fördern. Nach auf Veranlassung der Antragsgegnerin durchgeführten Untersuchungen würde sich in dem betreffenden Bereich, bliebe es bei der natürlichen Sukzession, im Laufe der Zeit ein ungepflegter Hochwald mit hohen Stammzahlen, zu kleinen Kronen und schlechter Holzqualität entwickeln. Die Nutzung eines solchen Waldes als Freiraum wäre reduziert, das Artenspektrum monoton, eine wirtschaftliche Nutzung nicht rentabel. Um eine solche Entwicklung zu verhindern, soll die betreffende Teilfläche durch waldbauliche Pflegemaßnahmen durch die Förderung bestimmter Baumarten, langfristig von Eiche und anderen Edellaubhölzern, zu einem ökologisch hochwertigen Wald entwickelt werden.

Der Vereinbarkeit dieser Maßnahmen mit den Zielen des Naturschutzes und der Landschaftspflege steht nicht der Umstand entgegen, daß das Ministerium für Umwelt – Oberste Naturschutzbehörde – nunmehr beabsichtigt, einen erheblichen Teilbereich der „St. Arnualer Wiesen" einschließlich der für die hier in Rede stehende Kompensationsmaßnahme bestimmten Fläche als Naturschutzgebiet auszuweisen. Denn das Ministerium für Umwelt hat diese Absicht erst am 16. 1. 2002 und demnach nach dem für die Beurteilung der Rechtmäßigkeit der planerischen Abwägung gemäß § 214 Abs. 3 Satz 1 BauGB regelmäßig maßgeblichen Satzungsbeschluß vom 11. 4. 2000 offengelegt.

Aber auch wenn hinsichtlich der Rechtmäßigkeit des Abwägungsergebnisses auf den Zeitpunkt der Wiederholung der Schlußbekanntmachung am 8. 5. 2002 abgestellt wird (zu den „seltenen Ausnahmefällen", in denen das geboten ist, vgl. BVerwG, Beschluß v. 25. 2. 1997 – 4 NB 40.96 –, BRS 59 Nr. 3l), haben sich durch die im Januar 2002 offengelegte Absicht des Ministeriums für Umwelt, die in Rede stehende planexterne Kompensationsfläche als Naturschutzgebiet auszuweisen, die Verhältnisse nicht derart grundlegend geändert, daß dem planerischen Kompensationskonzept der Antragsgegnerin nunmehr die Grundlage entzogen oder das Abwägungsergebnis unverhältnismäßig geworden und nicht mehr haltbar wäre. Die von der Antragsgegnerin beschlossene Maßnahme der Waldneubegründung und -entwicklung steht nämlich nicht in einem auf der Hand liegenden Widerspruch zu den Vorstellungen des Ministeriums für Umwelt. Wie sich aus §17 Abs. 1 Nr. 1 SNG ergibt, zielt die Ausweisung von Naturschutzgebieten nämlich nicht nur auf die – nach dem Ergebnis der dem „Nutzungskonzept St. Arnualer Wiesen" zugrunde liegenden Untersuchungen bei den vorgefundenen Gegebenheiten ohnehin nicht mögliche – Konservierung bestimmter Pflanzen- und Tiergesellschaften und ihrer Lebensräume, sondern auch auf deren Entwicklung (vgl. nunmehr auch §23 BNatSchG 2002 sowie §12 Abs. 2 BNatSchG a. F.) ab.

Auch in der Rechtsprechung ist anerkannt, daß die Ausweisung von Naturschutzgebieten die Durchführung von verbessernden Entwicklungsmaßnahmen in ihrem Geltungsbereich nicht ausschließt (vgl. z.B. BVerwG, Beschlüsse v. 13.8.1996 – 4 NB 4.96 –, BRS 58 Nr. 236 und v. 18.7.1997 – 4 BN 5.97 –, Buchholz 406.401 §13 BNatSchG Nr. 3, unter Hinweis auf §12 Abs. 2 BNatSchG a. F.).

Hiervon ausgehend kann aus der Absicht des Ministeriums für Umwelt, u.a. den als Kompensationsfläche vorgesehenen Bereich der „St. Arnualer Wiesen" als Naturschutzgebiet auszuweisen, weder geschlossen werden, daß die betreffende Fläche bereits derzeit eine so hohe ökologische Wertigkeit aufweist, daß eine Aufwertung durch die vorgesehene Entwicklungsmaßnahme nicht mehr möglich ist und deshalb die vorgesehene Waldneubegründung und -entwicklung von vornherein keine geeignete und zulässige Ersatzmaßnahme darstellt (vgl. BVerwG, Urteil v. 28.1.1999 – 4 A 18.98 –, BRS 62 Nr. 223; OVG Koblenz, Urteil v. 14.1.2000 – 1 C 12946/98 –, BRS 63 Nr. 13; VGH Mannheim, Urteil v. 17.5.2001, NVwZ-RR 2002, 8, wonach nur ökologisch aufwertungsfähige Flächen als Kompensationsflächen in Betracht kommen), noch bestand im Zeitpunkt der Inkraftsetzung des Bebauungsplanes Grund zu der Annahme, daß die vorgesehenen Kompensationsmaßnahmen im Widerspruch zu den Regelungen der künftigen Schutzgebietsausweisung stehen werden und deshalb nicht realisiert werden können. (Wird ausgeführt.)

Erlaubt danach das Vorhaben des Ministeriums für Umwelt, den Bereich der „St. Arnualer Wiesen" als Naturschutzgebiet auszuweisen, nicht den Schluß, die als Kompensationsmaßnahme bestimmte Waldneubegründung und -entwicklung lasse sich nicht verwirklichen, so ist ferner davon auszugehen, daß der vorgesehene Ausgleich auch sonst hinreichend sichergestellt ist. Wie bereits angesprochen beschränkt §1a Abs. 3 BauGB die Gemeinden bei der Kompensation von Eingriffen in Natur und Landschaft nicht auf die Mittel planerischer Festsetzungen und vertraglicher Vereinbarungen, sondern sieht als gleichwertige dritte Lösung einen Ausgleich durch sonstige geeignete Maßnahmen auf von der Gemeinde zur Verfügung gestellten Flächen vor. Allerdings wird auch für diesen Fall in der Rechtsprechung des Bundesverwal-

tungsgerichts ein Mindestmaß an rechtlicher Bindung verlangt (BVerwG, Urteil v. 19.9.2002 – 4 CN 1.02 –, BRS 65 Nr. 20 = BauR 2003, 209, 214 = DVBl. 2003, 204, 206, m. Anm. von Schmaltz, S. 207 ff.; Beschluß v. 11.11.2002 – 4 BN 52.02 –, BRS 65 Nr. 48).
Diesen Anforderungen ist vorliegend indes hinreichend Rechnung getragen. Die für die beschlossene Ersatzmaßnahme vorgesehene Fläche steht im Eigentum der Antragsgegnerin. Diese hat die vorgesehene Maßnahme mit nicht unbeträchtlichem Aufwand im Rahmen des von ihrem Stadtrat bereits am 27.6.1995 beschlossenen „Nutzungskonzeptes St. Arnualer Wiesen" entwickelt. In seiner Sitzung vom 11.4.2000, in der der umstrittene Bebauungsplan als Satzung beschlossen wurde, hat sich der Stadtrat der Antragsgegnerin zudem nicht bloß darauf beschränkt, die Kompensationsmaßnahme ebenfalls zu beschließen, sondern er hat zudem den Oberbürgermeister beauftragt, die Umsetzung der Maßnahme durch entsprechende Anordnung gegenüber der Unteren Naturschutzbehörde in die Wege zu leiten. Diese Anordnung ist mittlerweile vom Oberbürgermeister der Antragsgegnerin getroffen worden. Da kein objektiver Grund zu der Annahme besteht, die Untere Naturschutzbehörde werde dieser Anordnung nicht Folge leisten, ist davon auszugehen, daß die vorgesehene Kompensation nicht bloß „auf dem Papier" steht, sondern daß ihre Verwirklichung durch künftiges Verwaltungshandeln hinreichend gewährleistet ist. Die gebotene Verknüpfung der Kompensationsmaßnahme mit der Eingriffsplanung ist durch ihre Aufnahme in die Begründung des „Eingriffsbebauungsplanes" erfolgt (vgl. Stich, in: Berliner Komm. zum BauGB, Stand: 2002, § 1 a BauGB Rdnr. 102).

Nr. 47

Eine Verkürzung der Bekanntmachungsfrist für die Auslegung des Entwurfs eines Bebauungsplans ist für seine Wirksamkeit unerheblich, wenn die (bekanntgemachte) Dauer der Auslegung so bemessen ist, daß die Mindestfristen des § 3 Abs. 2 Satz 1 und 2 BauGB für Bekanntmachung und Auslegung des Entwurfs insgesamt eingehalten werden.

BauGB § 3 Abs. 2.

Bundesverwaltungsgericht, Beschluß vom 23. Juli 2003 – 4 BN 36.03 –.

(Hessischer VGH)

Es geht hier um eine Offenlegung nach § 3 Abs. 2 BauGB, bei der am 16.11.1998 bekanntgemacht worden ist, daß der Planentwurf vom 23.11. bis zum 23.12.1998 öffentlich auslieg. Entscheidungserheblich ist deshalb allein, ob die Nichteinhaltung der Bekanntmachungsfrist des § 3 Abs. 2 Satz 2 BauGB auch dann zur Unwirksamkeit des Bebauungsplans führen kann, wenn die (bekanntgemachte) Auslegungszeit so bemessen ist, daß der Zeitraum zwischen der Bekanntmachung der Auslegung und deren (bekanntgemachtem) Ende insgesamt sowohl die Wochenfrist des § 3 Abs. 2 Satz 2 BauGB als auch die Mindestfrist von einem Monat für die Auslegung gemäß Satz 1 der Vorschrift umfaßt. Um einen Tag verkürzt ist hier nämlich die Bekanntmachungsfrist, weil die Wochenfrist des § 3 Abs. 2 Satz 2 BauGB erst am Tage nach der Bekanntmachung beginnt, während die Mindestfrist des § 3 Abs. 2 Satz 1 BauGB um einen Tag überschritten ist, weil bei der Berechnung dieser Frist der erste Tag der Auslegung mitzuzählen ist (vgl. Beschluß des Gemeinsamen Senats der obersten Gerichtshöfe des Bundes v. 6. 6. 1972 – GmS-OGB 2/71 –, BVerwGE 40, 363).

Aus den Gründen:
Die so präzisierte Frage hat das Normenkontrollgericht zu Recht bejaht. Für diese Beurteilung bedarf es nicht erst der Durchführung eines Revisionsverfahrens. Die Zulassung einer „Kompensation" (vgl. Bielenberg, in: Ernst/Zinkahn/Bielenberg, BauGB, §3 Rdnr. 41) ist dann unbedenklich, wenn dem interessierten Bürger durch eine formell fehlerhafte Bekanntmachung der Auslegung des Planentwurfs sein gesetzlicher Anspruch auf Einsicht in die Planungsunterlagen im Ergebnis nicht verkürzt wird. Das ist der Fall, wenn die Fristen des §3 Abs. 2 Satz 1 und Satz 2 BauGB insgesamt eingehalten werden und wenn sich die längere Auslegung auch bereits aus der Bekanntmachung ergibt. Diese Rechtsauffassung wird seit Jahrzehnten in Literatur und Rechtsprechung allgemein vertreten (vgl. z. B. Dolde, NJW 1975, 21, 26; Beninde, BauR 1984, 433 ff.; Bielenberg, a. a. O.; Battis, in: Battis/Krautzberger/Löhr, BauGB, 8. Aufl. 2002, §3 Rdnr. 14, jeweils m. w. N.; OVG Lüneburg, Beschluß v. 23. 3. 1984 – 1 C 10/83 –, BRS 42 Nr. 24). Die vom VGH Baden-Württemberg im Jahre 1970 geäußerten Zweifel (Beschluß v. 15. 7. 1970 – III 312/70 –, BRS 23 Nr. 10) sind überholt.

Nr. 48

Eine fehlende Bekanntmachung gehört zu den besonders schweren Mängeln eines Planaufstellungsverfahrens, die gemäß §214 Abs. 1 Satz 1 Nr. 3 BauGB auf Dauer beachtlich bleiben und nur durch eine nachträgliche Bekanntmachung behoben werden können.
(Nichtamtlicher Leitsatz)

BauGB §214 Abs. 1 Satz 1 Nr. 3; GKG §13.

Bundesverwaltungsgericht, Beschluß vom 22. Dezember 2003
– 4 B 66.03 –.

(OVG Schleswig-Holstein)

Aus den Gründen:
3. c) Eine fehlende Bekanntmachung gehört zu den besonders schweren Mängeln eines Planaufstellungsverfahrens, die gemäß §214 Abs. 1 Satz 1 Nr. 3 BauGB auf Dauer beachtlich bleiben und – wie das Berufungsgericht zutreffend ausführt – nur durch eine nachträgliche Bekanntmachung behoben werden können. Die Formulierung in §214 Abs. 1 Satz 1 Nr. 3 BauGB, daß der Mangel nur beachtlich sei, wenn der mit der Bekanntmachung verfolgte Hinweiszweck nicht erreicht worden sei, will klarstellen, daß die Wirksamkeit des Bebauungsplans nicht schon dann zu verneinen ist, wenn das Aufstellungsverfahren an irgend einem – noch so kleinen – Bekanntmachungsfehler leidet, sondern daß entscheidend ist, ob die Bekanntmachung

den Hinweiszweck erfüllt. Dies setzt aber voraus, daß die Genehmigung des Bebauungsplans bekannt gemacht ist. Gibt es überhaupt keine Bekanntmachung, so kann der Hinweiszweck von vornherein nicht erreicht werden. Daß im vorliegenden Fall die Genehmigung für einen anderen Teil des Bebauungsplans bekannt gemacht worden ist, ändert nichts daran, daß eine Bekanntmachung des für die Grundflächen der Kläger relevanten Teils nach den den Senat bindenden Feststellungen des Berufungsgerichts fehlt.

4. Die Streitwertfestsetzung beruht auf § 13 Abs. 1 Satz 1, § 14 Abs. 1 Satz 1 Abs. 3 GKG.

Der Streitwert für das Beschwerdeverfahren ergibt sich aus dem Interesse der Kläger an der Erteilung eines Bauvorbescheids für (noch) vier Einfamilienhäuser; diesen setzt der Senat mit 60 000,- € an. Dabei geht der Senat in Anlehnung an den Streitwertkatalog für die Verwaltungsgerichtsbarkeit – Fassung 1996 – (NVwZ 1996, 563), der für eine Klage auf Erteilung einer Baugenehmigung für ein Einfamilienhaus im Regelfall einen Streitwert von 30 000,- DM vorschlägt (Nr. 7.1.1), nunmehr von einem Streitwert von 15 000,- € aus. Für die Klage wegen eines Bauvorbescheids empfiehlt der Katalog mindestens die Hälfte des Ansatzes für das Verfahren wegen einer Baugenehmigung. Wird in einem Vorbescheidsverfahren über die prinzipielle Frage der Bebaubarkeit eines Grundstücks gestritten, so kann der Streitwert noch höher anzusetzen sein; auszugehen ist dann von der mutmaßlichen Bodenwertsteigerung (BVerwG, Beschluß v. 29. 5. 2001 – 4 B 33.01 –, ZfBR 2001, 486; Beschluß v. 24. 4. 1995 – 4 B 76.95 –, Buchholz 360 § 13 GKG Nr. 86). Unter Berücksichtigung dieser Grundsätze und wegen des Fehlens von Angaben zur Bodenwertsteigerung für die hier betroffenen Grundstücke erscheint der Ansatz des Berufungsgerichts, im vorliegenden Verfahren wegen der Erteilung von Bauvorbescheiden auf den Streitwert für das Verfahren auf Erteilung einer Baugenehmigung zurückzugreifen, als angemessen.

Der Streitwert ist um 6000,- € zu erhöhen wegen des Antrags auf Zulassung der Revision hinsichtlich der (teilweisen) Einstellung des Verfahrens durch das Berufungsgericht. Hierbei orientiert sich der Senat an den auf diesen Verfahrensteil entfallenden Mehrkosten des Berufungsverfahrens, die er auf den genannten Betrag schätzt. Streitwertmäßig unberücksichtigt bleibt dagegen der Zulassungsantrag wegen der vermeintlichen Abweisung der Klage, soweit sie in erster Instanz erfolgreich war. Insoweit handelt es sich um ein Scheingefecht, das nur durch eine unzutreffende Formulierung im Berufungsurteil ausgelöst worden ist.

Nr. 49

Wird ein Bebauungsplan lediglich wegen eines Verstoßes gegen § 1 Abs. 4 BauGB einem ergänzenden Verfahren mit erneutem Satzungsbeschluß unterzogen, so ist nach dem ursprünglichen Satzungsbeschluß eingetretene Änderung der Abwägungsgrundlagen im Rahmen des ergänzenden Verfahrens dann beachtlich, wenn sie der Gemeinde bekannt geworden

Nr. 49

ist (Bestätigung der Rechtsprechung im Urteil v. 20.1.2003, NuR 2003, 373 = NVwZ-RR 2003, 629).

BauGB §§ 1 Abs. 4, Abs. 6, 214 Abs. 3, 215a Abs. 1.

OVG Rheinland-Pfalz, Urteil vom 12. Dezember 2003 – 8 C 11362/03 – (rechtskräftig).

Streitgegenstand des Normalkontrollverfahrens war ein Bebauungsplan, der im Bereich einer Bachaue ein Wohngebiet festsetzt. Er ist zunächst wegen Verstoßes gegen ein Ziel der Landesplanung für unwirksam erklärt worden. Während des ergänzenden Verfahrens zur Heilung dieses Fehlers änderte die Verbandsgemeinde ihre Entwässerungsplanung und entschied sich, eine der Gemeinde für das Baugebiet zugesagte Hochwasserentlastung nicht herzustellen. Auch der zweite Normalkontrollantrag der Antragstellerin hatte Erfolg.

Aus den Gründen:
Der strittige Bebauungsplan leidet an einem beachtlichen Abwägungsfehler (I). Die ansonsten von der Antragstellerin gerügten Rechtsverstöße liegen nicht vor (II). Der festgestellte Abwägungsmangel ist einer Heilung im ergänzenden Verfahren zugänglich, so daß der Plan lediglich für unwirksam zu erklären ist (III).

I. Die dem Bebauungsplan zugrunde liegende Abwägung der Hochwasserschutzbelange genügt auf Grund einer im ergänzenden Verfahren aufgetretenen Sachlagenänderung nicht den Anforderungen des § 1 Abs. 6 BauGB (1). Dieser Mangel ist gemäß § 214 Abs. 3 BauGB beachtlich (2).

1. Die dem ursprünglichen Satzungsbeschluß vom März 2001 zugrunde liegende Abwägung zum Hochwasserschutz im Plangebiet beruhte ausweislich der Planbegründung und der Abwägungsunterlagen (auch) auf der Zusage der Verbandsgemeinde G., zusammen mit der Erschließung des Plangebietes eine Umflutungsmöglichkeit für das Anwesen der Antragstellerin herzustellen. Mit dieser Überlegung gab der Rat der Antragsgegnerin Einwendungen des Gewässerzweckverbandes I. statt. Dieser hatte darauf hingewiesen, daß das Gewölbe M. durch Einstürze in seiner Leistungsfähigkeit stark eingeschränkt sei. Es bestehe deshalb bei Ausuferungen des Eckbachs nach Starkregen die Gefahr einer Einstauung der Talaue und Überflutung im nördlichen Teil des Baugebietes. Es solle deshalb unbedingt eine Umflutungsmöglichkeit (Rohrleitung) vom Wiesengraben (gemeint ist wohl der ansonsten sog. Mittelgraben) um das Anwesen M. zum Eckbach geschaffen werden. Der Senat hat daher die Abwägung im Urteil vom 9.1.2002 vor allem im Hinblick auf die Zusage der Verbandsgemeinde, die Umflutungsmöglichkeit parallel zur Erschließung herzustellen, für rechtsfehlerfrei erachtet.

Nach übereinstimmenden Angaben der Beteiligten ist die Verbandsgemeinde G. indessen nach dem ersten Satzungsbeschluß von dieser Zusage abgerückt. Die Umflutungsmöglichkeit um das Anwesen der Antragstellerin ist nicht zusammen mit der Kanalisation des Plangebietes hergestellt worden, sondern soll bis zur Verwirklichung eines Regenrückhaltebeckens zurückgestellt werden. Damit hat sich die abwägungserhebliche Sachlage nachhaltig geändert.

Es kann insoweit dahinstehen, ob das Regenrückhaltebecken und damit auch die Umflutungsmöglichkeit in ca. zwei Jahren – wie die Antragsgegnerin behauptet – oder erst frühestens in siebzehn Jahren – wie die Antragstellerin befürchtet – verwirklicht wird. Jedenfalls steht fest, daß der Konflikt zwischen Wohnbebauung und eventuellen Hochwasserereignissen nicht, wie von der Antragsgegnerin seinerzeit für erforderlich erachtet, bereits im Zeitpunkt der Planverwirklichung gelöst sein wird. Dies ist indessen vor erneutem Inkraftsetzen des Bebauungsplans nicht abgewogen worden.

2. Der Abwägungsfehler ist auch gemäß § 214 Abs. 3 BauGB beachtlich. Die abwägungserhebliche Sachlagenänderung ist vor dem nach § 214 Abs. 3 Satz 1 BauGB maßgeblichen Zeitpunkt aufgetreten (a)). Der Mangel betrifft zumindest den Abwägungsvorgang und erfüllt die Voraussetzungen des § 214 Abs. 3 Satz 2 BauGB (b)).

a) Die Verbandsgemeinde G. hat ihre Absicht, die Umflutungsmöglichkeit um das Anwesen der Antragstellerin zusammen mit den Erschließungsanlagen für das Baugebiet herzustellen, vor dem Satzungsbeschluß im ergänzenden Verfahren aufgegeben. Dieser Vorgang ist daher gemäß § 214 Abs. 3 Satz 1 BauGB für die Überprüfung der Abwägung relevant. Denn danach ist für die Abwägung die Sach- und Rechtslage im Zeitpunkt der „Beschlußfassung über den Bauleitplan" maßgebend. Wird ein Bebauungsplan, dessen zur Unwirksamkeit führende Mängel einen erneuten Satzungsbeschluß erfordern, einem ergänzenden Verfahren nach § 215a BauGB unterzogen, so ist grundsätzlich (nur) der erneute Satzungsbeschluß die „Beschlußfassung über den Bauleitplan" i. S. von § 214 Abs. 3 Satz 1 BauGB (s. das Senatsurteil v. 20. 1. 2003, NuR 2003, 373 = NVwZ-RR 2003, 629, abgedruckt unter Nr. 50). Dem ursprünglichen Satzungsbeschluß kommt diese Bedeutung – außer in Fällen, in denen er lediglich „ergänzt" wird (s. dazu Stüer/Rude, Planreparatur im Städtebaurecht, ZfBR 2000, 85, 90) – nicht (mehr) zu. Denn er ist nicht mehr Grundlage der normativen Geltung des Bebauungsplanes. Diese beruht ausschließlich auf dem erneuten Satzungsbeschluß im ergänzenden Verfahren. Ohne diesen entfaltet nämlich der für unwirksam erklärte Bebauungsplan auf Dauer keinerlei Rechtswirkungen, wenn seine Unwirksamkeit auf Fehlern beruht, die den ursprünglichen Satzungsbeschluß beeinflußt haben.

Aus der Maßgeblichkeit des Satzungsbeschlusses im ergänzenden Verfahren für die Abwägung folgt zugleich, daß bis dahin eingetretene Änderungen abwägungserheblicher Umstände nicht ohne weiteres unberücksichtigt bleiben dürfen (s. das Senatsurteil v. 20. 1. 2003, a. a. O.).

Insbesondere kann ihre Berücksichtigung nicht auf Fälle beschränkt werden, in denen sie zur Funktionslosigkeit des Bebauungsplans oder zur Unhaltbarkeit des früheren Abwägungsergebnisses geführt haben. Nach der Rechtsprechung des Bundesverwaltungsgerichts, der sich der Senat schon wiederholt angeschlossen hat (s. nur Beschluß v. 7. 3. 2002 – 8 A 10036/02 –), kann ein wegen eines Form- oder Verfahrensfehlers ungültiger Bebauungsplan trotz Nachholung des fehlerhaften Verfahrensschrittes dann nicht mehr wirksam in Kraft gesetzt werden, wenn die Verhältnisse sich inzwischen so grundlegend geändert haben, daß der Bebauungsplan nunmehr einen funktionslosen Inhalt hat oder das ursprünglich unbedenkliche Abwägungsergebnis jetzt unverhältnismäßig und deshalb nicht mehr haltbar ist. Eine derart gravierende Umgestaltung der Abwägungsgrundlagen führt somit schon zur Unanwendbarkeit des ergänzenden Verfahrens. Soweit allerdings – wie hier – eine Änderung der Sach- und Rechtslage nicht schon die Durchführung eines ergänzenden Verfahrens ausschließt, kann sie in Fällen, in denen zur Heilung von Rechtsverstößen ein neuer Satzungsbeschluß gefaßt wird, nur insoweit außer Betracht bleiben, wie der Zweck des ergänzenden Verfahrens dies erfordert. Die planerhaltende Intention dieses Verfahrens verbietet es regelmäßig, von der Gemeinde eine erneute Abwägung zu verlangen, wenn der Fehler, der zur Unwirksamkeit des Planes geführt hat, die Abwägung nicht betroffen hat. Denn in derartigen Fällen bleibt die im Rahmen des ursprünglichen Satzungsbeschlusses erfolgte Abwägung – ebenso wie fehlerfrei durchgeführte Verfahrensschritte – weiterhin geeignete Grundlage der Normsetzung. Der Rat braucht sich daher in einem auf die Heilung sonstiger Rechtsverstöße gerichteten ergänzenden Verfahren weder erneut mit den Abwägungsgrundlagen zu beschäftigen noch zu ermitteln, ob sie sich geändert haben. Andererseits verlangt die planerhaltende Funktion des § 215 a Abs. 1 BauGB aber nicht, die Gemeinde auch von der Berücksichtigung solcher Änderungen abwägungserheblicher Umstände freizustellen, die ihr bei Durchführung des ergänzenden Verfahrens bekannt werden. In solchen Fällen überwiegt das in § 214 Abs. 3 Satz 1 BauGB zum Ausdruck kommende Interesse an der „Richtigkeit" der Norm im Zeitpunkt der Normsetzungsentscheidung das Interesse an einer möglichst ungehinderten Heilung von Planungsmängeln. Denn dem Planerhaltungsinteresse wird bereits durch die Einschränkung der Ermittlungs- und Befassungspflichten des Planungsträgers ausreichend Rechnung getragen; darüber hinaus besteht keine Veranlassung, die Vernachlässigung abwägungserheblicher Sachlagenänderungen „sehenden Auges" zu ermöglichen.

Demnach war die Antragsgegnerin vorliegend gehalten, auf Grund der ihr im ergänzenden Verfahren bekanntgewordenen Änderung der diesbezüglichen Abwägungsgrundlagen erneut in eine Abwägung über den Hochwasserschutz im Plangebiet einzutreten, auch wenn das ergänzende Verfahren an sich nur der Heilung eines Verstoßes gegen § 1 Abs. 4 BauGB diente.

An diesem Ergebnis ändert sich nach Auffassung des Senats auch dann nichts, wenn man nicht allein den Satzungsbeschluß im ergänzenden Verfahren als „Beschlußfassung über die Bauleitplanung" i. S. des § 214 Abs. 3 Satz 1 BauGB ansieht, sondern von der Existenz zweier „(Teil-)Normgebungsakte" ausgeht (so BVerwG, Beschluß vom 20.5.2003, Buchholz 406.401 § 12 BNatSchG Nr. 2 unter Hinweis auf Gerhardt, in: Schoch/Schmidt-Aßmann/Pietzner, VwGO, § 47 Rdnr. 102). Zwar mag dann jeder dieser Teilnormgebungsakte als maßgeblicher Zeitpunkt i. S. des § 214 Abs. 3 Satz 1 BauGB in Betracht kommen. Dies hätte an sich zur Folge, daß eine bei Erlaß des ursprünglichen Satzungsbeschlusses fehlerfrei vorgenommene Abwägung weiter wirkt und durch eine spätere Änderung der Abwägungsgrundlagen während eines ergänzenden Verfahrens, in dem zur Heilung sonstiger Fehler ein erneuter Satzungsbeschluß gefaßt wird, nicht in Frage gestellt werden kann. Auf den Zeitpunkt des erneuten Satzungsbeschlusses käme es nur in den Fällen an, in denen die sektorale Nachbesserung einer fehlerhaften Abwägung Gegenstand des ergänzenden Verfahrens ist. Indessen hat das Bundesverwaltungsgericht (a. a. O.) hervorgehoben, daß auch bei dieser Betrachtungsweise der ursprüngliche Satzungsbeschluß und damit auch die ihm zugrunde liegende Abwägung nicht stets, sondern nur grundsätzlich weiterwirken. Ein derartiger Grundsatz ist jedoch nach Auffassung des Senats im Hinblick auf den oben erläuterten Zweck des ergänzenden Verfahrens einer Ausnahme fähig und bedürftig, wenn die Gemeinde im Rahmen des ergänzenden Verfahrens von einer Änderung der Abwägungsgrundlagen Kenntnis erlangt.

b) Es kann dahinstehen, ob – wozu der Senat neigt – die fehlende Berücksichtigung der weggefallenen Umflutungsmöglichkeit auch das Abwägungsergebnis betrifft und daher ohne weiteres erheblich ist. Jedenfalls liegt insoweit ein Fehler im Abwägungsvorgang vor, der i. S. von § 214 Abs. 3 Satz 2 BauGB offensichtlich und von Einfluß auf das Abwägungsergebnis ist. ...

III. Der oben unter I. festgestellte Abwägungsmangel berührt keine Grundzüge der Planung und betrifft auch nicht den Kernbereich der Abwägungsentscheidung. Vielmehr beschränkt er sich auf einen Belang, der nicht die Planung insgesamt in Frage stellt, sondern lediglich die Lösung des räumlich auf einen Teil des Baugebietes beschränkten Konfliktes zwischen Hochwassergefährdung und baulicher Nutzung betrifft. Die Mangelhaftigkeit des Bebauungsplans führt deshalb gemäß § 215a Abs. 1 Satz 1 BauGB nicht zu seiner Nichtigkeit. Bis zur Behebung des Mangels entfaltet der Bebauungsplan allerdings keine Rechtswirkungen (§ 215a Abs. 1 Satz 2 BauGB), was gemäß § 47 Abs. 5 Satz 4 VwGO auszusprechen ist.

Nr. 50

1. **Heilt eine Gemeinde Abwägungsfehler eines Bebauungsplans, der im Normenkontrollverfahren für unwirksam erklärt worden ist, durch erneuten Satzungsbeschluß im ergänzenden Verfahren, so braucht sie grundsätzlich weder Ermittlungen über das unverändert Fortbestehen aller Abwägungsgrundlagen anzustellen noch sich erneut mit Belangen zu befassen, die nicht Gegenstand des vom Normenkontrollgericht festgestellten Fehlers sind. Etwas anderes gilt allerdings für abwägungserhebliche Änderungen der Sach- und Rechtslage, die der Gemeinde bei Durchführung des ergänzenden Verfahrens bekannt werden oder für sie ohne weiteres erkennbar sind.**

2. **Zu den Anforderungen an die vertragliche Sicherstellung des Ausgleichs von Eingriffen in Natur und Landschaft nach § 1a Abs. 3 Satz 3 1. Alt. BauGB.**

BauGB §§ 1 Abs. 6, 1a, 2 Abs. 2, 11 Abs. 1, 214, 215a; VwGO § 47 Abs. 2; ROG § 3; LPIG § 18 Abs. 1; RoV § 1.

OVG Rheinland-Pfalz, Urteil vom 20. Januar 2003 – 8 C 11016/02 – (rechtskräftig).

Nr. 50

Die Antragstellerin wendet sich als Nachbargemeinde gegen einen Bebauungsplan, der Sondergebiete für Windkraft festsetzt und wegen mangelhafter Regelung des Ausgleichs von Eingriffen in Natur und Landschaft in einem ersten Normenkontrollverfahren für unwirksam erklärt worden ist. Die Antragsgegnerin hat danach mit dem Investor einen städtebaulichen Vertrag zur Ausgleichssicherung geschlossen und den Satzungsbeschluß im ergänzenden Verfahren wiederholt. In der Zwischenzeit war einem Landwirt ein Bauvorbescheid für die Errichtung eines Aussiedlerhofes mit Wohnhaus erteilt worden; das Baugrundstück liegt ca. 200 m vom nächstgelegenen Sondergebiet entfernt. Der Normenkontrollantrag hatte überwiegend Erfolg.

Aus den Gründen:
Der Antrag ist zulässig.
Die Antragstellerin ist antragsbefugt i.S. von §47 Abs.2 Satz 1 1. Alt. VwGO. Sie kann sich auf eine mögliche Verletzung in eigenen Rechten durch den strittigen Bebauungsplan berufen. Eine Verletzung der Planungshoheit in Gestalt des Anspruchs auf materielle interkommunale Abstimmung gemäß §2 Abs.2 BauGB ist dann möglich, wenn unmittelbare Auswirkungen gewichtiger Art auf die städtebauliche Ordnung und Entwicklung der Nachbargemeinde durch den angegriffenen Bebauungsplan in Betracht kommen; dies kann auch dann der Fall sein, wenn weder eine hinreichend bestimmte Planung der Nachbargemeinde nachhaltig gestört wird noch wesentliche Teile ihres Gebietes einer durchsetzbaren Planung entzogen werden (BVerwG, NVwZ 1995, 694; s.a. BVerwG, DVBl. 2003, 62).

Derartige Auswirkungen können nach dem Vortrag der Antragstellerin nicht von vornherein ausgeschlossen werden. Anders als im Falle der Ortsgemeinde F., deren Normenkontrollantrag gegen den angegriffenen Bebauungsplan der Senat mit Urteil vom 6.3.2002 (NuR 2002, 420) mangels Antragsbefugnis abgelehnt hat, sind vorliegend städtebaulich relevante Auswirkungen der Windkraftanlagen auf das Gebiet der Antragsgegnerin denkbar. Dies betrifft zum einen die optischen Auswirkungen der Anlagen auf die Gemarkung der Antragstellerin, die nach der – wenn auch auf die strittige Planung nicht ohne weiteres übertragbaren – Sichtbelastungsanalyse für einen Windpark mit 14 Anlagen in der höchsten Sichtbelastungsklasse liegt; auch die Fotomontagen zeigen, daß die Anlagen vom nordwestlichen Ortsrand der Antragstellerin nicht als untergeordnete Horizontelemente, sondern je nach Standort als durchaus dominante Bestandteile des Blickfeldes wahrgenommen werden. Auch die prognostizierten Lärmwerte erreichen eine Größenordnung, die jedenfalls bei Anrechnung eines Ton-/Impulshaltigkeitszuschlages von 6 dB(A) nach Anh.A.2.5.2 und A.2.5.3 zur TA Lärm (v. 26.8.1998, GMBl., S.503) die Eignung von an den Ortsrand angrenzenden Teilen des Gemeindegebiets als reine Wohngebiete oder Kur-/Feriengebiete (Orientierungswert 35 db(A); vgl. Nr.6.1 der TA Lärm) in Frage stellen könnte. Hierdurch könnten die Planungsmöglichkeiten der Antragstellerin eingeschränkt werden. Ob hinreichend konkrete Planungen im Zeitpunkt des Satzungsbeschlusses bereits bestanden, ist – wie oben dargelegt – für die Frage der Antragsbefugnis unerheblich.

Daß die Anlagen genehmigt und errichtet sind, steht einem Rechtsschutzinteresse der Antragstellerin nicht entgegen, da die Genehmigungen nach

Angaben der Kreisverwaltung noch nicht unanfechtbar geworden sind (s. dazu BVerwGE 78, 85).

Der Antrag ist auch – in dem aus dem Tenor ersichtlichen Umfang – begründet.

Die dem Bebauungsplan zugrunde liegende Abwägung erweist sich im Hinblick auf private und naturschutzrechtliche Belange als mangelhaft (I). Im übrigen liegen weder die von der Antragstellerin gerügten noch – soweit ersichtlich – sonstige erhebliche Fehler vor (II). Die festgestellten Mängel führen nicht zur Nichtigkeit, sondern lediglich zur Unwirksamkeit des Bebauungsplans (III).

I. Bei Erlaß des Satzungsbeschlusses im Juli 2002 ist die Antragsgegnerin dem Gebot gerechter Abwägung privater und öffentlicher Belange gegeneinander und untereinander (§ 1 Abs. 6 BauGB) nicht in jeder Hinsicht gerecht geworden. Zum einen ist unberücksichtigt geblieben, daß der Landwirt L. im Zeitpunkt des Satzungsbeschlusses auf Grund eines bestandskräftigen, positiven Bauvorbescheides bauplanungsrechtlich berechtigt war, ein vom nächstgelegenen Sondergebiet nur ca. 200 m entfernt gelegenes Grundstück mit einem Aussiedlerhof nebst Wohnhaus zu bebauen (1). Zum anderen hat der Rat der Antragsgegnerin auf die erforderliche Sicherung des Ausgleichs von Eingriffen in Natur und Landschaft (§§ 1a Abs. 2 Nr. 2, Abs. 3 BauGB) nicht genügend Bedacht genommen (2). Beides ist i. S. von § 214 Abs. 3 Satz 2 BauGB offensichtlich und von Einfluß auf das Abwägungsergebnis gewesen (3).

1. Die Antragsgegnerin war gemäß §§ 1 Abs. 6, 214 Abs. 3 Satz 1 BauGB verpflichtet, sich bei der Beschlußfassung im ergänzenden Verfahren mit den privaten Belangen des Landwirts L. auseinanderzusetzen.

Nach § 214 Abs. 3 Satz 1 BauGB ist für die Abwägung die Sach- und Rechtslage im Zeitpunkt der „Beschlußfassung über den Bauleitplan" maßgebend. Mangels abweichender Regelung in § 215a Abs. 1 BauGB gilt dies grundsätzlich auch dann, wenn nach Unwirksamerklärung des Bauleitplanes wegen Abwägungsfehlern im ergänzenden Verfahren ein neuer Satzungsbeschluß gefaßt wird. Ein solcher Beschluß ist Voraussetzung für das Inkraftsetzen der Norm, mithin „Beschlußfassung über den Bauleitplan" i. S. des § 214 Abs. 3 Satz 1 BauGB.

Es bedarf hier keiner Entscheidung, ob ein der ursprünglichen Beschlußfassung anhaftender Fehler auch durch einen „ergänzenden", neben den ursprünglichen Beschluß tretenden Satzungsbeschluß geheilt werden kann, so daß gemäß § 214 Abs. 3 Satz 1 BauGB der Zeitpunkt des ergänzenden Beschlusses nur für solche Belange maßgeblich ist, die einen Bezug zu dessen Thematik aufweisen (so Stüer/Rude, Planreparatur im Städtebaurecht, ZfBR 2000, 85, 90). Denn die Antragstellerin hat ausweislich des Sitzungsprotokolls vom Juli 2002 keinen ergänzenden, sondern einen neuen Satzungsbeschluß – wenn auch mit unverändertem Inhalt – gefaßt, so daß insgesamt die Sach- und Rechtslage im Zeitpunkt des ersetzenden Beschlusses maßgeblich ist (Stüer/Rude, a. a. O.).

Aus der Maßgeblichkeit des Zeitpunktes dieser Beschlußfassung für die Abwägung folgt zugleich, daß bis dahin eingetretene Änderungen abwägungserheblicher Umstände grundsätzlich bedeutsam sind. Insbesondere kann ihre Berücksichtigung nicht auf Fälle beschränkt werden, in denen sie zur Funktionslosigkeit des Bebauungsplans oder zur Unhaltbarkeit des früheren Abwägungsergebnisses geführt haben. Nach der Rechtsprechung des Bundesverwaltungsgerichts, der sich der Senat schon wiederholt angeschlossen hat (s. nur Beschluß v. 7.3.2002 – 8 A 10036/02 –), kann ein wegen eines Form- oder Verfahrensfehlers ungültiger Bebauungsplan trotz Nachholung des fehlerhaften Verfahrensschrittes dann nicht mehr wirksam in Kraft gesetzt werden, wenn die Verhältnisse sich inzwischen so grundlegend geändert haben, daß der Bebauungsplan nunmehr einen funktionslosen Inhalt hat oder das ursprünglich unbedenkliche Abwägungsergebnis jetzt unverhältnismäßig und deshalb nicht mehr haltbar ist. Eine derart gravierende Umgestaltung der Abwägungsgrundlagen führt somit schon zur Unanwendbarkeit des ergänzenden Verfahrens.

Soweit allerdings – wie hier – eine Änderung der Sach- und Rechtslage nicht schon die Durchführung eines ergänzenden Verfahrens ausschließt, kann sie in Fällen, in denen zur Heilung von Abwägungsfehlern ein neuer Satzungsbeschluß gefaßt wird, nur insoweit außer Betracht bleiben, als der Zweck des ergänzenden Verfahrens dies erfordert. Die planerhaltende Intention dieses Verfahrens gebietet es, der Gemeinde eine lediglich „sektorale" Wiederholung der Abwägung zu ermöglichen, wenn der Abwägungsfehler, der zur Unwirksamkeit des Planes geführt hat, das Ergebnis nicht in Frage stellt (Schmaltz, in: Schrödter, BauGB, 6. Aufl. 1998, § 215a Rdnr. 16; s. auch Dolde, Das ergänzende Verfahren nach § 215a Abs. 1 BauGB als Instrument der Planerhaltung, NVwZ 2001, 976, 978 f.; Stüer/Rude, a.a.O., S. 90 unter Hinweis auf den Bericht der Expertenkommission, und Lemmel, Berl. Komm. zum BauGB, § 215a Rdnr. 25). Daraus folgt insbesondere, daß bei Wiederholung des Satzungsbeschlusses im ergänzenden Verfahren nicht das unveränderte Fortbestehen sämtlicher Abwägungsgrundlagen – etwa durch erneute Beteiligung der Bürger und Träger öffentlicher Belange – geprüft zu werden braucht. Auch muß sich der Rat mit Belangen, die von dem zu heilenden Abwägungsfehler nicht betroffen sind, nicht erneut auseinandersetzen. Andererseits verlangt die planerhaltende Funktion des § 215a Abs. 1 BauGB aber nicht, die Gemeinde auch von der Berücksichtigung solcher Änderungen abwägungserheblicher Umstände freizustellen, die ihr bei Durchführung der „sektoralen" Abwägung" bekannt werden oder im Zeitpunkt des erneuten Satzungsbeschlusses ansonsten ohne weiteres erkennbar sind. In solchen Fällen überwiegt das in § 214 Abs. 3 Satz 1 BauGB zum Ausdruck kommende Interesse an der „Richtigkeit" der Norm im Zeitpunkt der Normsetzungsentscheidung das Interesse an einer möglichst ungehinderten Heilung von Planungsmängeln. Denn dem Planerhaltungsinteresse wird bereits durch die Einschränkung der Ermittlungs- und Befassungspflichten des Planungsträgers ausreichend Rechnung getragen; darüber hinaus besteht keine Veranlassung, die Vernachlässigung abwägungserheblicher Sachlageänderungen „sehenden Auges" zu ermöglichen.

Im vorliegenden Fall war die Änderung der Betroffenheit privater Belange für die Antragsgegnerin im Zeitpunkt des erneuten Satzungsbeschlusses ohne weiteres erkennbar. Der Landwirt L. hatte bereits im Rahmen der Offenlegung des Bebauungsplanes 2000 darauf hingewiesen, daß er einen Antrag auf Genehmigung eines Aussiedlerhofes gestellt habe, über den noch nicht entschieden sei. Im Falle einer Genehmigung sei dieser unzumutbaren Lärmbeeinträchtigungen durch die geplanten Windkraftanlagen ausgesetzt. Diese Bedenken hatte der Rat der Antragsgegnerin im Rahmen der Abwägung zum ursprünglichen Satzungsbeschluß im Mai 2001 im wesentlichen mit der – seinerzeit zutreffenden – Erwägung zurückgewiesen, es liege noch keine derartige Genehmigung vor. Demnach war der Antragsgegnerin schon im Zeitpunkt des ursprünglichen Satzungsbeschlusses bekannt, daß dem Landwirt L. möglicherweise eine Genehmigung zur Errichtung eines Aussiedlerhofes in der Nähe des Plangebiets erteilt werden würde. Auf Grund dieser Kenntnis bestand für die Antragsgegnerin nach Unwirksamerklärung des Bebauungsplanes hinreichender Anlaß zur Prüfung, ob in dem mehr als ein Jahr umfassenden Zeitraum zwischen dem unwirksamen Satzungsbeschluß und dessen Wiederholung die beantragte Genehmigung erteilt worden war. Folglich war die Änderung der Sachlage, die durch die Erteilung des Bauvorbescheides im November 2001 eingetreten war, für die Antragsgegnerin erkennbar.

Sie war auch von abwägungserheblicher Qualität. Denn bei der Abwägung ist nicht nur auf die Belange bestehender Bebauung, sondern auch auf die genehmigter, aber noch nicht verwirklichter Bebauung Rücksicht zu nehmen. Daß die Nutzung der den Gegenstand des Bauvorbescheides bildenden (Wohn-)Bebauung abwägungserheblich beeinträchtigt werden kann, lag angesichts der geringen Entfernung (ca. 200 m) zum nächstgelegenen Baufenster des strittigen Bebauungsplanes auf der Hand. Diese möglichen Beeinträchtigungen waren auch nicht wegen mangelnder Schutzwürdigkeit (s. BVerwGE 107, 215) ausnahmsweise bedeutungslos. Nach Aktenlage besteht kein hinreichender Anlaß für die Annahme, der Landwirt L. habe das Bauvorbescheidsverfahren ohne Verwirklichungsabsicht nur zum Zwecke der Planungsverhinderung betrieben. Dagegen spricht schon die Tatsache, daß die Bauvoranfrage zu einem Zeitpunkt (November 1998) gestellt worden ist, in dem die endgültige Gestalt der strittigen Planung noch gar nicht vorhersehbar war.

2. Im Rahmen der Abwägung zum Satzungsbeschluß vom Juli 2002 hat die Antragsgegnerin erneut die Anforderungen an die Sicherung des Ausgleichs von Eingriffen in Natur und Landschaft gemäß §§ 1a Abs. 2 Nr. 2, Abs. 3 BauGB verkannt.

Dieser naturschutzrechtliche Belang ist nur dann fehlerfrei abgewogen, wenn neben der zutreffenden Ermittlung des Ausgleichsbedarfs auch die rechtliche und tatsächliche Durchführung der Ausgleichsmaßnahmen spätestens im Zeitpunkt der Planverwirklichung sichergestellt ist (s. zu diesem Erfordernis das Senatsurteil v. 6.3.2002 – 8 C 11470/01 –, NuR 2002, 422 m.w.N.). Ist – wie im vorliegenden Fall – der Plan im Zeitpunkt des Satzungsbeschlusses bereits verwirklicht, so muß auch die Ausgleichssicherung im Zeitpunkt des Satzungsbeschlusses gewährleistet sein. Daran fehlt es hier.

Der städtebauliche Vertrag vom Juli 2002, mit dem die Antragsgegnerin gemäß §1a Abs. 3 Satz 3 1. Alt BauGB den Ausgleich sichern will, ist nicht geeignet, diesen Zweck zu erfüllen. Die Sicherung des Ausgleichs durch städtebaulichen Vertrag stellt nach der gesetzlichen Konzeption eine gleichwertige Alternative zu planerischen Festsetzungen (s. §1a Abs. 3 Satz 1 und 2 BauGB) und sonstigen geeigneten Maßnahmen auf von der Gemeinde bereit gestellten Flächen (s. §1a Abs. 3 Satz 3 2. Alt. BauGB) dar (s. BVerwG, Urteil v. 19. 9. 2002 – 4 CN 1.02 –, BRS 65 Nr. 20). Deshalb muß der Vertrag den tatsächlichen Erfolg der erforderlichen Ausgleichsmaßnahmen ähnlich sicher gewährleisten wie im Falle einer Festsetzung (Krautzberger, in: Ernst/Zinkahn/Bielenberg, BauGB, §1a Rdnr. 210). Daraus folgt zunächst, daß die vertraglich vereinbarten Ausgleichsmaßnahmen nach Art und Umfang den im Planaufstellungsverfahren ermittelten Anforderungen an den Ausgleich genügen müssen. Des weiteren muß die Vertragsgestaltung gewährleisten, daß der Vertragspartner der Gemeinde in einer Art und Weise über das Grundstück verfügen kann, die eine dauerhafte Vertragserfüllung sicherstellt (Krautzberger, a. a. O., §11 Rdnr. 143). Hierzu reichen angesichts der prinzipiell unbefristeten Geltung des eingriffsgestattenden Bebauungsplans befristete schuldrechtliche Verträge mit dem jeweiligen Grundstückseigentümer nicht aus (Nds.OVG, NVwZ 2001, 452). Vielmehr muß der Investor regelmäßig das Eigentum oder eine dingliche Berechtigung an den Ausgleichsflächen innehaben, die ihm auf Dauer die Durchführung und Unterhaltung der Ausgleichsmaßnahmen ermöglicht. Welche Art dinglicher Berechtigung erforderlich ist, richtet sich nach dem Charakter der durchzuführenden Ausgleichsmaßnahmen. Handelt es sich um Maßnahmen, die nicht die Grundstücksnutzung insgesamt, sondern nur in bestimmten Beziehungen beeinträchtigen, reicht es aus, wenn das Recht hierzu durch eine Grunddienstbarkeit oder eine beschränkte persönliche Dienstbarkeit dauerhaft gesichert ist (a. A. Stich, Vorhalten von Ausgleichsflächen durch private Immobilienvermittler, UPR 2001, 177, 180, der generell eine Baulast oder eine Reallast gemäß § 1105 BGB für erforderlich hält). Schließlich muß der städtebauliche Vertrag auch Regelungen enthalten, die der Gemeinde ermöglichen, den effektiven Vollzug der Ausgleichssicherung durchzusetzen. Dafür kommt insbesondere die Vereinbarung einer Sicherheitsleistung oder einer Vertragsstrafe in Betracht (s. Stich, in: Berl. Komm. zum BauGB, §1a Rdnr. 100).

Diesen Anforderungen wird der zwischen der Antragsgegnerin und dem Investor geschlossene Vertrag nicht in vollem Umfang gerecht.

a) Allerdings gewährleistet er einen ausreichenden Einfluß der Antragsgegnerin auf einen effektiven Vertragsvollzug. So hat sich der Investor in §4 des Vertrages nicht nur zu einer Sicherheitsleistung für die Vertragserfüllung verpflichtet, sondern der Antragsgegnerin auch für den Fall des Verzuges das Recht der Ersatzvornahme unter Inanspruchnahme der Sicherheitsleistung eingeräumt. Zugleich hat er die Durchsetzbarkeit dieser Rechte der Antragsgegnerin gegenüber den Eigentümern der Ausgleichsflächen durch entsprechende Ausgestaltung der zu seinen Gunsten eingetragenen beschränkt persönlichen Dienstbarkeiten gesichert. Nach den zugrunde liegenden Eintragungsbewilligungen ist der Investor nämlich berechtigt, das Grundstück zur

Durchführung der Ausgleichsmaßnahmen durch Dritte betreten zu lassen, also auch der Antragsgegnerin das Recht der Ersatzvornahme einzuräumen.

b) Hingegen stellte der städtebauliche Vertrag im Zeitpunkt des Satzungsbeschlusses nicht sicher, daß auf einer ausreichend großen Fläche die erforderlichen Ausgleichsmaßnahmen durchgeführt werden konnten. Es kann zunächst dahinstehen, ob sich die Ausgleichsverpflichtungen des Investors im städtebaulichen Vertrag überhaupt auf ausreichend große Flächen beziehen. Der Vertrag erfaßt Flächen von insgesamt 18,6919 ha, während nach den Ermittlungen im Planaufstellungsverfahren, die in Nr. 7 f und g der Textfestsetzungen des angegriffenen Planes wiedergegeben werden, eine Ausgleichsfläche von „ca." 20 ha benötigt wird. Sowohl aus dieser Bezeichnung wie auch aus der Herleitung des Flächenbedarfs in der „Ergänzung zum avifaunistisch-ökologischen Gutachten" von R-S. wird aber deutlich, daß es sich lediglich um einen Näherungswert handelt, dem eine Abweichung von weniger als 10% möglicherweise noch genügen könnte.

Entscheidend ist indessen, daß auf mindestens 1,084 ha der zum Gegenstand des Vertrages gemachten Flächen im Zeitpunkt des Satzungsbeschlusses die Durchführung der Ausgleichsmaßnahmen aus Rechtsgründen nicht durchsetzbar war. Denn hinsichtlich dieser Flächen waren bestehende Landpachtverträge des jeweiligen Eigentümers mit dem Landwirt L. im Zeitpunkt des Satzungsbeschlusses nicht wirksam beendet worden (aa)). Die in allen Fällen gleichwohl vorgenommene Doppelverpachtung an den Investor vermag die Durchsetzung der Ausgleichsmaßnahmen ebensowenig sicherzustellen wie die zugunsten des Investors eingetragenen beschränkt persönlichen Dienstbarkeiten (bb)).

aa) Das Grundstück Gemarkung W. Flur Nr. X. (2639 m^2) war seit Mai 1997 bis zum April 2006 an den Landwirt L. verpachtet. Die vom Eigentümer im Januar 2000 erklärte, aber dem Pächter erst im Oktober 2000 zugegangene Kündigung „zum frühestmöglichen Zeitpunkt" vermag das Pachtverhältnis nicht vor dem 30. 4. 2006 zu beenden. Zwar ist die Kündigung ausweislich der von der Antragsgegnerin ... gelegten Unterlagen entgegen den Behauptungen der Antragstellerin vom Eigentümer in schriftlicher Form erklärt und vom Investor lediglich zur Post gegeben worden; da aber weder die gesetzlichen Voraussetzungen eines außerordentlichen Kündigungsrechts ersichtlich sind noch ein solches vertraglich vereinbart wurde, bewirkte die Kündigung ein Ende des Pachtverhältnisses zum Ende der Vertragslaufzeit.

Die Parzellen Nr. Y. und Z. (8201 m^2) hatte der Landwirt L. ab November 1996 bis Oktober 2002 gepachtet. Zwar erklärte der Eigentümer dieser Parzellen im Januar 2000 schriftlich die Kündigung „zum frühestmöglichen Zeitpunkt", was dem Pächter im Oktober 2000 auch übermittelt wurde. Im Januar 2001 verlängerte der Eigentümer indessen den Pachtvertrag mit Herrn L. bis Oktober 2012, so daß das Pachtverhältnis nicht vor Juli 2002 beendet worden ist, sondern noch rund zehn Jahre weiterläuft.

bb) Gegen die demnach im Zeitpunkt des Satzungsbeschlusses bestehende schuldrechtliche Berechtigung des Landwirts L. zur landwirtschaftlichen Nutzung der vorbezeichneten Grundstücke konnte sich der Investor auf Grund der in allen Fällen auch mit ihm abgeschlossenen Pachtverträge nicht durchsetzen. Zwar sind diese im Wege der sog. „Doppelverpachtung" abgeschlossenen Verträge sämtlich wirksam geworden. Indessen verleihen sie dem Investor kein durchsetzbares Recht auf Einräumung des Besitzes an den Pachtgrundstücken. Da der Landwirt L. auf Grund wirksamer eigener Pachtverträge bei Abschluß der Pachtverträge durch den Investor im Besitz der fraglichen Grundstücke war, ist er auch nach der Doppelverpachtung zum Besitz berechtigt. Dem Investor verbleiben lediglich Schadensersatzansprüche wegen Nichterfüllung gegen den Eigentümer unter dem Gesichtspunkt der Rechtsmängelhaftung nach §§ 586 Abs. 2, 538 Abs. 1 BGB a. F. (s. zu alledem MünchKomm.-Voelskow, BGB, 3. Aufl. 1995, § 541 Rdnr. 5 und Jendrek, in: Erman, Handkommentar zum BGB, 10. Aufl. 2000, vor § 535 Rdnr. 5).

Gegen die Pachtberechtigung des Landwirts L. vermag sich der Investor auch nicht auf Grund der ihm eingeräumten beschränkt persönlichen Dienstbarkeiten durchzusetzen. Zwar kann er sich grundsätzlich gemäß §§ 1090 Abs. 2, 1027, 1004 BGB gegen Beeinträchtigungen der Dienstbarkeit zu Wehr setzen. Da die Grundstücke aber erst nach der Verpachtung an den Landwirt L. mit der Dienstbarkeit belastet worden sind, hat der Investor dessen Nutzung im Rahmen des § 1004 Satz 2 BGB gemäß §§ 593 b, 577 Satz 2 BGB a. F. zu dulden.

Demnach konnte der Investor im Zeitpunkt des Satzungsbeschlusses Ausgleichsmaßnahmen allenfalls auf 17,6079 ha der im Vertrag vereinbarten Flächen durchsetzen. Ungeachtet der Frage, wann genau eine Abweichung der gesicherten Ausgleichsflächen von einem im Aufstellungsverfahren nur näherungsweise bestimmten Flächenumfang den Anforderungen an die Ausgleichssicherung nicht mehr genügt, ist dies nach Auffassung des Senats jedenfalls dann der Fall, wenn die Abweichung – wie hier – mehr als 10 % des Näherungswertes beträgt. Es bedarf daher auch keiner abschließenden Prüfung, ob die Ausgleichsmaßnahmen auf allen übrigen im Vertrag aufgeführten Flächen im Zeitpunkt des Satzungsbeschlusses durchsetzbar waren. ...

d) Der vertraglichen Ausgleichssicherung fehlt es im vorliegenden Fall zudem an der erforderlichen Dauerhaftigkeit.

Die vom Investor zur Umsetzung des städtebaulichen Vertrages abgeschlossenen Pachtverträge sind auf den „Zeitraum des Betriebs der Windkraftanlagen" beschränkt. Zugleich hat sich der Investor verpflichtet, „die Eintragung (der Dienstbarkeit) im Grundbuch unverzüglich nach dem Ende des Betriebs der Windkraftanlagen löschen zu lassen". Aus diesen Vertragsbestimmungen folgt jedenfalls, daß der Investor nach Beendigung des Betriebs der von ihm errichteten Windkraftanlagen nicht nur seine Pachtrechte an den Ausgleichsflächen verliert, sondern sich zugleich einem Anspruch des Eigentümers auf Löschung der Dienstbarkeiten ausgesetzt sieht. Da die Geltungsdauer des Bebauungsplans aber nicht endet, wenn der Investor den Betrieb der von ihm errichteten Windkraftanlagen einstellt, bleibt offen, wie der naturschutzrechtliche Ausgleich im Falle einer plankonformen Anschlußnutzung gesichert werden soll.

Anders als das niedersächsische OVG (NVwZ 2001, 452, 454) hält es der Senat zur Bewältigung dieser Problematik zwar nicht für erforderlich, daß dingliche Sicherungsrechte von Anfang an zugunsten der Gemeinde oder der Naturschutzbehörde bestellt werden. Eine derartige Forderung findet im Wortlaut des § 1 a Abs. 3 Satz 3 1. Alt. BauGB keine Stütze; auch die Systematik der Vorschrift zeigt, daß sie keine Berechtigung hat. Denn die Ausgleichssicherung auf von der Gemeinde bereitgestellten Flächen, d. h. auf solchen, an denen die Gemeinde Eigentum oder sonstige dingliche Berechtigungen hat, stellt gemäß § 1 a Abs. 3 Satz 3 2. Alt BauGB eine eigenständige Alternative der Ausgleichssicherung dar. Auch dem Zweck des § 1a Abs. 3 Satz 3 1. Alt BauGB, den Gemeinden eine vertragliche Verlagerung der Ausgleichssicherung auf Private zu ermöglichen, würde die generelle Forderung nach staatlichen Sicherungsrechten nicht gerecht. Die notwendige Dauerhaftigkeit des Ausgleichs ist vielmehr schon dann hinreichend sichergestellt, wenn sich der Investor im städtebaulichen Vertrag gegenüber der Gemeinde verpflichtet, ihr erst im Falle einer endgültigen Betriebsbeendigung seine dinglichen Berechtigungen zu übertragen und die Möglichkeit hierzu durch eine entsprechende Vertragsgestaltung mit den Grundstückseigentümern zu sichern.

Eine solche Verpflichtung des Investors enthält der hier in Rede stehende städtebauliche Vertrag aber nicht. Überdies bezieht sich die durch Vormerkungen gesicherte, in den Eintragungsbewilligungen erklärte Verpflichtung des jeweiligen Eigentümers der Ausgleichsfläche zur Übertragung der Dienstbarkeit nur auf Fälle der Rechtsnachfolge nach dem Investor oder des Betriebsübergangs auf Dritte. Der Fall der endgültigen Betriebsbeendigung durch den Investor ist nicht geregelt.

3. Die vorstehend festgestellten Abwägungsmängel sind auch rechtserheblich.

Für die unzureichende Ausgleichssicherung folgt dies schon daraus, daß sie einen Mangel im Abwägungsergebnis darstellt (s. Nds.OVG, a. a. O.). Die unterbliebene Berücksichtigung der privaten Belange des Landwirts L. genügt als Mangel im Abwägungsvorgang den Anforderungen an die Erheblichkeit gemäß § 214 Abs. 3 Satz 2 BauGB. Denn dieser Mangel ist im Sinne der Vorschrift offensichtlich und von Einfluß auf das Abwägungsergebnis. Die Offensichtlichkeit folgt schon daraus, daß der Satzungsgeber ausweislich Nr. 9 h der Schlußabwägung vom Mai 2001 davon ausgegangen ist, daß eine Genehmigung des Aussiedlerhofes nicht vorliegt und diese Annahme im weiteren Verfahren fehlerhaft geworden ist, ohne korrigiert zu werden.

Die erforderliche Ergebnisrelevanz liegt vor, wenn nach den Umständen des Einzelfalles die konkrete Möglichkeit eines Einflusses besteht, was etwa dann der Fall sein kann, wenn sich an Hand der Planunterlagen oder sonst erkennbarer oder naheliegender Umstände ergibt, daß sich ohne den Fehler im Abwägungsvorgang ein anderes Abwägungsergebnis abgezeichnet hätte (BVerwG, BRS 54 Nr. 15). Dies ist hier der Fall.

Der Rat der Antragsgegnerin ist bei der Abwägung zum ersten Satzungsbeschluß im Mai 2001 davon ausgegangen, daß die geplanten Windkraftanlagen deutlich mehr als 500 m von der nächsten Wohnbebauung entfernt sind und daher für Wohnnutzungen nur Lärmimmissionen unter 30 dB(A) verursachen. Bei Berücksichtigung der Bebauungsgenehmigung für einen Aussiedlerhof mit Wohnhaus in nur 200 m Entfernung zur nächsten Windkraftanlage wäre somit ein anderes Abwägungsergebnis ernsthaft in Betracht gekommen. Denn ein derart geringer Abstand stellt nicht nur die Einhaltung des Nachtorientierungswertes für Lärmimmissionen im Außenbereich (45 dB(A); s. Senatsurteil v. 13. 6. 2002 – 8 A 11660/01 –, S. 11 UA m. w. N.) in Frage, sondern unterschreitet auch den Abstand, der in der Raumplanung als unbedenklich angesehen wird (300 m; s. die „Hinweise zur Beurteilung der Zulässigkeit von Windenergieanlagen" vom 18. 2. 1999, MinBl. S. 148). Auch aus der vom Senat beigezogenen Bauakte der Kreisverwaltung läßt sich nicht mit hinreichender Sicherheit entnehmen, daß von den geplanten Anlagen keine unzumutbaren Auswirkungen auf das genehmigte Vorhaben ausgehen können; insbesondere ist im Bauvorbescheidsverfahren kein standortbezogenes Lärmgutachten erstellt worden. Schließlich hat der Rat der Antragsgegnerin die Einwendungen des Landwirts L. beim ersten Satzungsbeschluß nicht etwa mit der Begründung zurückgewiesen, das beantragte Vorhaben werde auch im Falle seiner Genehmigung keinen abwägungserheblichen Belastungen ausgesetzt; vielmehr hat er die Zurückweisung ausschließlich auf das Fehlen einer berücksichtigungsbedürftigen Rechtsposition gestützt. Auch deshalb ist nicht auszuschließen, daß eine Berücksichtigung des nunmehr genehmigten Vorhabens beim zweiten Satzungsbeschluß zu einem anderen Abwägungsergebnis – und sei es auch nur in Gestalt einer Verlagerung oder des Wegfalls des nächstgelegenen Sondergebietes – geführt hätte.

II. Weitere, von der Antragstellerin im vorliegenden Verfahren oder der Antragstellerin im Parallelverfahren gerügte oder sonst ersichtliche Fehler weist der Bebauungsplan nicht auf. ...

4. Die Zulassung von sechs Windkraftanlagen mit einer Gesamthöhe von weniger als 100 m ist auch nicht mangels vorheriger Durchführung eines Raumordnungsverfahrens zu beanstanden.

Es erscheint zunächst schon fraglich, ob nach dem ROG oder BauGB die vorherige Durchführung eines Raumordnungsverfahrens Rechtmäßigkeitsvoraussetzung für den Erlaß eines Bebauungsplanes ist, der raumbedeutsame Vorhaben zum Gegenstand hat (verneinend Bay.VGH, BayVBl. 2000, 597, 598). Ausdrückliche Regelungen hierzu bestehen nicht. Das Bundesrecht sieht lediglich die Abwägungserheblichkeit der Ergebnisse eines durchgeführten Raumordnungsverfahrens für die Bauleitplanung vor (s. §§ 4 Abs. 2 ROG, 3 Nr. 4 ROG). Daraus folgt jedoch nicht, daß die Durchführung Bedingung für die Bauleitplanung ist (so aber wohl Goppel in seiner Anmerkung zur zitierten Entscheidung des Bay.VGH, BayVBl. 2001, 116). Hiergegen spricht vor allem, daß die Gemeinde weder für die Durchführung eines Raumordnungsverfahrens zuständig ist noch ein solches erzwingen kann; der raumordnungsrechtliche Grundsatz, daß kein Anspruch auf Durchführung eines Raumordnungsverfahrens besteht (s. § 18 Abs. 1 Satz 3 LPflG), gilt auch für Gemeinden (BVerwG, BRS 27 Nr. 25). Demnach spricht vieles dafür, daß ein Bebauungsplan für raumbedeutsame Vorhaben erst dann fehlerhaft ist, wenn bei der Abwägung Ergebnisse eines durchgeführten Raumordnungsverfahrens nicht ausreichend berücksichtigt werden.

Unabhängig davon fehlt es im vorliegenden Fall schon an den Voraussetzungen für ein obligatorisches Raumordnungsverfahren gemäß § 18 Abs. 1

Satz 1 LPlG. Danach besteht eine (objektivrechtliche) Verpflichtung der zuständigen Landesplanungsbehörde zur Durchführung eines derartigen Verfahrens nur bei raumbedeutsamen Planungen und Maßnahmen mit überörtlicher Bedeutung, die in der Raumordnungsverordnung des Bundes – RoV – (v. 13.12.1990, BGBl. I, 2766, zuletzt geändert durch das 7. Gesetz zur Änderung des WHG v. 18.6.2002, BGBl. I, 1914, 1921) aufgeführt sind. Hierzu zählen Bebauungspläne auch dann nicht, wenn sie – wie vorliegend – die bauplanungsrechtliche Zulässigkeit von Anlagen begründen, die einer Genehmigung nach § 4 BImSchG bedürfen (vgl. für Windparks mit sechs Anlagen Nr. 1.6 der Anlage zur 4. BImSchV) und unter Nrn. 1 bis 10 der Anlage 1 zum UVPG (s. für Windparks mit sechs Anlagen Nr. 1.6.2 der Anlage 1 zum UVPG) aufgeführt sind. Zwar sieht § 1 Nr. 1 RoV vor, daß für die „Errichtung" derartiger Anlagen im Außenbereich i. S. des § 35 BauGB ein Raumordnungsverfahren durchgeführt wird; Wortlaut und Systematik der Vorschrift, die zwischen „Planungen" und „Maßnahmen" differenziert, lassen jedoch erkennen, daß damit nur die Zulassung solcher Anlagen im Außenbereich ohne Bebauungsplan, nicht aber die Überplanung des Außenbereichs gemeint ist.

III. Die oben unter I. festgestellten Abwägungsmängel berühren keine Grundzüge der Planung und betreffen auch nicht den Kernbereich der Abwägungsentscheidung. Sie dürfen daher ungeachtet der Frage, ob dies mit Änderungen des Planinhalts, etwa bei Abwägung der Privatbelange des Landwirts L., verbunden sein könnte, im ergänzenden Verfahren geheilt werden (s. BVerwG, ZfBR 2000, 421). Die Mangelhaftigkeit des Bebauungsplans führt deshalb gemäß § 215 a Abs. 1 Satz 1 BauGB nicht zu seiner Nichtigkeit. Bis zur Behebung des Mangels entfaltet der Bebauungsplan allerdings keine Rechtswirkungen (§ 215 a Abs. 1 Satz 2 BauGB), was gemäß § 47 Abs. 5 Satz 4 VwGO auszusprechen ist.

Nr. 51

1. Mehrere benachbarte Gemeinden können einen Bebauungsplan, dessen Geltungsbereich sich über die Grenzen des jeweiligen eigenen Gemeindegebiets hinaus auf Gemarkungsteile der Nachbargemeinden erstreckt, nur aufstellen, wenn sie sich zu einem Planungsverband oder Zweckverband zusammenschließen.

2. Eine analoge Anwendung der Vorschrift des § 204 Abs. 1 BauGB über den gemeinsamen Flächennutzungsplan auf den Bebauungsplan scheidet aus.

BauGB §§ 204 Abs. 1, 205 Abs. 1, Abs. 6.

OVG Rheinland-Pfalz, Urteil vom 28. Oktober 2003 – 8 C 10303/03 – (rechtskräftig).

Die Antragstellerin wendet sich mit ihrem Normenkontrollantrag gegen den Bebauungsplan „Windpark Auf dem S.". Dieser Bebauungsplan erfaßt Bereiche der Gemar-

Nr. 51

kungen vierer Ortsgemeinden. Er weist in einem im regionalen Raumordnungsplan als Entwicklungsgebiet für Windkraft festgelegten Bereich Standorte für insgesamt zehn Windenergieanlagen aus, im übrigen Flächen für die Landwirtschaft sowie Flächen für Maßnahmen zum Schutz, zur Pflege und zur Entwicklung von Boden, Natur und Landschaft. Zu diesen gehört auch eine auf dem Gebiet von B. gelegene Fläche zur Entwicklung von Borstgrasrasen, die nach dem landespflegerischen Begleitplan der Kompensation für die planbedingte Bodenversiegelung durch die Errichtung der Windkraftanlagen und der Zuwegungen dienen soll.

Der Ortsgemeinderat B. hatte im März 2001 zunächst den Beschluß gefaßt, einen Bebauungsplan Sondergebiet Windkraft für sein Gemeindegebiet aufzustellen. Im April 2001 schloß die Gemeinde mit der Firma ... Wind AG einen Vertrag, demzufolge diese berechtigt sein soll, auf gemeindlichen Grundstücken insgesamt fünf Windkraftanlagen zu errichten und zu betreiben. Die Firma verpflichtete sich ihrerseits, die erforderlichen genehmigungsfähigen Unterlagen für die Erstellung eventuell erforderlicher Bebauungspläne und Flächennutzungsplanänderungen zur Errichtung der Windkraftanlagen auf eigene Kosten zu beschaffen und im übrigen alle Kosten im Zusammenhang mit der Planung, den Baumaßnahmen, dem Betrieb der Anlage sowie der Unterhaltung und Instandhaltung von Zuwegungen zu den öffentlichen Straßen zu tragen. Im November 2001 beschloß dann der Ortsgemeinderat B. mit den benachbarten Gemeinden B., B. und H. einen gemeinsamen Bebauungsplan aufzustellen und dafür die vorgezogene Bürgerbeteiligung durchzuführen.

Im weiteren Verlauf betrieben die vier Ortsgemeinden die Planung jeweils in zeitlich aufeinander abgestimmten Planungsschritten, wobei den Beratungen und auch den entsprechenden Beteiligungen der Träger öffentlicher Belange und der Bürger jeweils der gesamte Bebauungsplan zugrunde lag. Dieser wurde dann von den Ortsgemeinden in vier Sitzungen als Satzung beschlossen.

Aus den Gründen:
Der Bebauungsplan „Windpark Auf dem S.", den die Antragsgegnerinnen im Sinne eines einheitlichen, gemeinsamen Bebauungsplans als Satzung beschlossen haben, ist nichtig. Denn weder das Baugesetzbuch noch das Landeskommunalrecht, die im einzelnen regeln, auf welche Weise die Gemeinden die ihnen nach Art. 28 Abs. 2 GG garantierte Befugnis zur Bauleitplanung wahrnehmen, lassen einen derartigen gemeinsamen Bebauungsplan, der einheitlich die städtebauliche Entwicklung für einen in verschiedenen Gemeindegebieten liegenden Bereich regelt, zu.

Das Baugesetzbuch enthält verschiedene Formen und Möglichkeiten der zwischengemeindlichen Zusammenarbeit in der Bauleitplanung (siehe Schmidt-Eichstädt, NVwZ 1997, 846ff.). So sind gemäß §2 Abs. 2 BauGB die Bauleitpläne benachbarter Gemeinden aufeinander abzustimmen. Diese Abstimmung kann auch dazu führen, daß benachbarte Gemeinden – unter Wahrung der Zuständigkeit des jeweiligen Ortsgemeinderates – in etwa zeitgleich sachlich aufeinander abgestimmte und sich ergänzende, jedoch jeweils selbständige Bauleitpläne (Flächennutzungs- oder Bebauungspläne) für ihr Gemeindegebiet erlassen. Daneben sieht das Baugesetzbuch die Übertragung der Zuständigkeit für die Bauleitplanung auf eine andere Körperschaft vor, sei es allgemein auf Grund Landesgesetzes oder Rechtsverordnung nach §203 BauGB, sei es im Einzelfall entweder durch freiwilligen Zusammenschluß der beteiligten Gemeinden zu einem Planungsverband (§205 Abs. 1 BauGB) oder auf Grund behördlicher Anordnung gemäß §205 Abs. 2 BauGB.

Weiter verbleibt die Möglichkeit eines Zusammenschlusses zu einem Zweckverband nach dem entsprechenden Landesrecht (§ 205 Abs. 6 BauGB i. V. m. § 8 GemO und dem Zweckverbandsgesetz). Aufgabe derartiger Verbände kann es sein, einen (einheitlichen) gemeinsamen Bebauungsplan, der sich ganz oder teilweise auf das Gebiet der Mitglieder des Verbandes erstreckt, zu erlassen.

Von den vorstehend aufgezeigten Möglichkeiten haben die Antragsgegnerinnen keinen Gebrauch gemacht. Sie haben weder einen Zweckverband noch einen Planungsverband gegründet. Derartige Verbände sind – gegenüber ihren Mitgliedsgemeinden selbständige – Körperschaften des öffentlichen Rechts (siehe § 2 Abs. 1 ZwVG), die nur auf Grund und im Rahmen einer Satzung bzw. einer Verbandsordnung tätig werden können, § 205 Abs. 1 Satz 2 BauGB, § 4 Abs. 1 Satz 1 ZwVG. Daran fehlt es vorliegend. Der angegriffene Bebauungsplan ist auch nicht so zu verstehen, daß es sich dabei rechtlich um vier selbständige Bebauungspläne der betroffenen Ortsgemeinden handelt. Dies ergibt sich einmal aus dem Planaufstellungsverfahren. So hat die Ortsgemeinde B. von ihrem ursprünglichen Vorhaben, einen Bebauungsplan Sondergebiet Windkraft für ihr Gemeindegebiet aufzustellen, abgesehen und entsprechend ihrem Beschluß vom November 2001 das Verfahren zur Aufstellung „eines gemeinsamen Bebauungsplans" fortgeführt. Dementsprechend gibt es auch nur eine einzige Planurkunde, die sämtliche Verfahrensvermerke der beteiligten Ortsgemeinden enthält. Auch die Genehmigung gemäß § 10 Abs. 2 BauGB durch die zuständige Kreisverwaltung betrifft den „gemeinsamen Bebauungsplan Windpark Auf dem S." der Ortsgemeinden B., B., B. und H. Schließlich wird in der Planbegründung unter „Anlaß und Ziel der Planung" ausgeführt, die Ortsgemeinde strebten mit der Aufstellung eines gemeinsamen Bebauungsplans eine geordnete Nutzung der raumordnerisch vorbereiteten Fläche an. Daraus ergibt sich, daß nach dem Willen der beteiligten Gemeinden ein einheitlicher Plan erlassen werden sollte, der gerade nicht, wie es bei vier Einzelplänen der Fall wäre, von jeder Gemeinde ohne Zustimmung der übrigen, wenn auch unter Beachtung von deren Interesse gemäß § 2 Abs. 2 BauGB, geändert oder aufgehoben werden könnte. Dafür spricht auch, daß beispielsweise der notwendige Ausgleich für die Versiegelung des Bodens durch Wegebau und den Standort der geplanten Anlagen nach dem Umweltbericht und der Begründung zum Bebauungsplan allein durch die auf der Gemarkung der Ortsgemeinde B. liegende zur Entwicklung des Borstgrasrasens ausgewiesene Fläche herbeigeführt werden soll. Die von den Ortsgemeinden nach dem oben Gesagten gewollte enge Bindungswirkung der planerischen Festsetzungen für alle Gemeinden unterscheidet den gemeinsamen Bebauungsplan rechtlich von selbständigen, wenn auch in Koordination aufgestellten Plänen (siehe Schmidt-Eichstädt, S. 852).

Eine derartige gemeinsame Planung benachbarter Gemeinden sieht das Baugesetzbuch für den Bereich der Flächennutzungsplanung in § 204 Abs. 1 BauGB vor. Danach sollen benachbarte Gemeinden einen gemeinsamen Flächennutzungsplan aufstellen, wenn ihre städtebauliche Entwicklung wesentlich durch gemeinsame Voraussetzungen und Bedürfnisse bestimmt wird oder ein gemeinsamer Flächennutzungsplan einen gerechten Ausgleich der verschiedenen Belange ermöglicht. Der gemeinsame Flächennutzungsplan nach § 204 Abs. 1 BauGB ist ein echter gemeinsamer Plan im oben beschriebenen Sinn. Er wird insgesamt vom gemeinsamen Willen aller Beteiligten getragen und ist in seinem Bestand nicht teilbar. Er kann damit auch nicht von den beteiligten Gemeinden einzeln aufgehoben, geändert oder ergänzt werden; dies kann vielmehr nur gemeinsam geschehen (§ 204 Abs. 1 Satz 3 BauGB). Eine analoge Anwendung dieser Bestimmung auf den Erlaß gemeinsamer Bebauungspläne scheidet jedoch aus.

Dies folgt zunächst aus dem Wortlaut der Vorschrift. Das Baugesetzbuch regelt den Flächennutzungsplan (vorbereitenden Bauleitplan) und den Bebauungsplan (verbindlichen Bauleitplan) als Instrumente der Bauleitplanung. Dabei enthält es Vorschriften, die „Bauleitpläne" betreffen und daher für beide Arten von Plänen gelten, darüber hinaus aber auch solche, in denen nur von dem Flächennutzungsplan oder dem Bebauungsplan die Rede ist. Diese unterschiedlichen Regeln haben ihren Grund in der verschiedenen Funktion und Rechtsqualität von Flächennutzungsplan einerseits und Bebauungsplan andererseits. Der Flächennutzungsplan stellt lediglich die Grundzüge der beabsichtigten städtebaulichen Entwicklung dar (§ 5 Abs. 1 BauGB), er ist insoweit nach § 8 Abs. 2 BauGB Grundlage für die Aufstellung des Bebauungsplans. Dem Flächennutzungsplan kommt keine Rechtsnormqualität zu, er regelt nicht unmittelbar die Zulässigkeit der baulichen Nutzung von Grundstücken. Demgegenüber setzen Bebauungspläne als Satzungen verbindlich Art und Weise der baulichen oder sonstigen Nutzung von Flächen fest. Schon die unterschiedliche Zweckbestimmung sowie die Rechtsqualität von Flächennutzungsplan und Bebauungsplan stehen einer analogen Anwendung einer ausdrücklich nur für eine dieser Planarten getroffenen Regelung auf den anderen Plan entgegen.

Weiter ist darauf hinzuweisen, daß § 204 BauGB über den gemeinsamen Flächennutzungsplan bzw. die frühere Regelung in § 3 BBauG anknüpft an bereits zuvor in den einzelnen Ländern geregelte Formen der interkommunalen Zusammenarbeit (iehe Ernst/Zinkahn/Bielenberg, § 3 Rdnr. 2 BBauG). So wurden gemäß § 4 des Aufbaugesetzes von Rheinland-Pfalz vom 1. 8. 1949 (GVBl. 1949, 317) Wirtschaftspläne als vorbereitende Bauleitpläne für „das Gemeindegebiet oder das Gebiet mehrerer Gemeinden" aufgestellt. Dagegen wurden der Aufbauplan nach § 5 Aufbaugesetz sowie der Bebauungsplan als Durchführungsplan nach § 18 BauGB, die auch für die Grundeigentümer verbindliche Regeln über die Bebauung seines Grundstücks enthielten, jeweils von der Gemeinde erlassen. Daneben gab es lediglich die Möglichkeit nach dem Zweckverbandsgesetz.

Darüber hinaus ist zu berücksichtigen, daß es sich bei den §§ 203 Abs. 1 und 2; 204 und 205 BauGB um Vorschriften der kommunalen Organisation handelt, die für sich gesehen außerhalb der Gesetzgebungskompetenz des Bundes für das Bodenrecht (Art. 74 Nr. 18 GG) liegen. Die Regelungsbefugnis durch den Bundesgesetzgeber läßt sich nur als Annex-Kompetenz rechtfertigen (siehe Gaentzsch, in: Berliner Kommentar zum BauGB, 3. Aufl., § 203 Rdnr. 2), was gegen eine erweiterte Auslegung und analoge Anwendung spricht. Daneben gelten die kommunalrechtlichen Vorschriften des Landes.

Diese sehen gemäß §8 der Gemeindeordnung in Verbindung mit dem Zweckverbandsgesetz für die Zusammenarbeit der Gemeinden bei der Erfüllung ihrer Aufgaben, wozu auch die Bauleitplanung gehört, nur das Handeln im Rahmen eines Zweckverbands vor. Schließlich besteht auch angesichts der Möglichkeiten des Handelns in einem Planungsverband nach §205 Abs. 1 BauGB oder durch einen Zweckverband keine Notwendigkeit für eine entsprechende Anwendung des §204 BauGB auf den Bebauungsplan (vgl. Gaentzsch, a.a.O., §204 Rdnr.3, Battis/Krautzberger/Löhr, BauGB, 5.Aufl., §204 Rdnr.1, a.A. OLG München, NVwZ-RR 2003, 341, und Runkel, in: Ernst/Zinkahn/Bielenberg, BauGB, §204 Rdnr.21).

Der angegriffene Bebauungsplan ist daher bereits deshalb nichtig, weil ein gemeinsamer Bebauungsplan nur von einem Planungsverband nach §205 Abs. 1 BauGB oder einem Zweckverband erlassen werden kann. Auf etwaige sonstige Mängel kommt es somit nicht an. Bedenken insoweit könnten sich daraus ergeben, daß es wegen der vertraglichen Beziehungen zwischen den Gemeinden und der Betreiberin des Windparks, die den Bebauungsplan erarbeitet, die Gutachten bestellt und ausgewertet und auch Vorschläge zur Abwägung der geäußerten Bedenken und Anregelungen gemacht hat, zweifelhaft ist, ob überhaupt eine Abwägung stattgefunden hat, die auch die Interessen anderer Grundeigentümer sowie das öffentliche Interesse an der Förderung der Windkraft einbezogen hat. So ergibt sich beispielsweise aus der Planbegründung, daß maßgeblich für die Standorte von Windkraftanlagen u.a. die Bestrebung der verschiedenen Ortsgemeinden waren, die in ihrem Eigentum befindlichen Flächen berücksichtigt zu sehen. Darüber hinaus hat sich die Gemeinde B. in §1 des Vertrages vom April 2001 verpflichtet, keine weitere Nutzung der in ihrem Eigentum bezeichneten Grundstücke durch von Dritten betriebene Windkraftanlagen zuzulassen. Damit sind möglicherweise andere gemeindeeigene Grundstücke, die ebenfalls für die Errichtung von Windkraftanlagen geeignet sind, von vornherein nicht in die Abwägung miteinbezogen worden. In diesem Zusammenhang könnte auch der Vortrag der Antragstellerin von Bedeutung sein, daß mindestens drei ausgewiesene Standorte auf Grundstücken liegen, die nicht ausreichend groß sind, um auch die erforderlichen Abstandsflächen nach §8 LBauO aufzunehmen. Da bei der Ausweisung der Standorte ein notwendiger Abstand von mindestens 350 m zwischen den einzelnen Anlagen beachtet wurde, könnte dies dazu führen, daß Flächen in einem Umkreis von 350 m um die Standorte 7, 8 und 9, die sich ebenfalls für die Errichtung einer Windkraftanlage anbieten, nicht entsprechend ausgewiesen worden sind, obwohl ein derartiger Abstand deswegen nicht erforderlich ist, weil die geplanten Anlagen aus Rechtsgründen nicht errichtet werden können.

Nr. 52

Jede einzelne Festsetzung ist daraufhin zu untersuchen, ob sie auf Grund der Entwicklung der tatsächlichen Verhältnisse die ihr zugedachte Funktion noch zu erfüllen vermag.

(Nichtamtlicher Leitsatz)

BBauG 1960 § 173 Abs. 3.

Bundesverwaltungsgericht, Beschluß vom 9. Oktober 2003 – 4 B 85.03 –.

(Bayerischer VGH)

Aus den Gründen:
Der Senat hat sich mehrfach mit der Problematik der Funktionslosigkeit auseinandergesetzt. Die Kriterien, nach denen sich bestimmt, ob ein Bebauungsplan einen funktionslosen Inhalt hat, hat er bereits im Urteil vom 29. 4. 1977 (– 4 C 39.75 –, BVerwGE 54, 5 = BRS 32 Nr. 28 = BauR 1977, 248) benannt. Die durch diese Entscheidung eingeleitete Rechtsprechung hat er in der Folgezeit wiederholt bestätigt (vgl. z. B. BVerwG, Urteile v. 17. 6. 1993 – 4 C 7.91 –, BRS 55 Nr. 72 = BauR 1994, 81; v. 18. 5. 1995 – 4 C 20.94 –, BVerwGE 98, 235 = BRS 57 Nr. 67, und v. 3. 12. 1998 – 4 CN 3.97 –, BVerwGE 108, 71 = BRS 60 Nr. 43, Beschlüsse v. 6. 6. 1997 – 4 NB 6.97 –, BRS 59 Nr. 54 = BauR 1997, 803, und v. 29. 5. 2001 – 4 B 33.01 –, BRS 64 Nr. 72 = Buchholz 406.12 § 5 BauNVO Nr. 7). Danach kann eine bauplanerische Festsetzung funktionslos sein, wenn und soweit die tatsächlichen Verhältnisse, auf die sie sich bezieht, ihre Verwirklichung auf unabsehbare Zeit ausschließen und diese Tatsache so offensichtlich ist, daß ein in ihre Fortgeltung gesetztes Vertrauen keinen Schutz verdient. Ob diese Voraussetzungen erfüllt sind, ist für jede Festsetzung gesondert zu prüfen. Dabei kommt es nicht auf die Verhältnisse auf einzelnen Grundstücken an. Entscheidend ist vielmehr, ob die jeweilige Festsetzung geeignet ist, zur städtebaulichen Ordnung i. S. des § 1 Abs. 3 BauGB im Geltungsbereich des Bebauungsplans einen wirksamen Beitrag zu leisten. Die Planungskonzeption, der einer Festsetzung zugrunde liegt, wird nicht schon dann sinnlos, wenn sie nicht mehr überall im Plangebiet umgesetzt werden kann. Erst wenn die tatsächlichen Verhältnisse vom Planinhalt so massiv und so offenkundig abweichen, dass der Bebauungsplan insoweit eine städtebauliche Gestaltungsfunktion unmöglich zu erfüllen vermag, kann von einer Funktionslosigkeit die Rede sein. Das setzt voraus, daß die Festsetzung unabhängig davon, ob sie punktuell durchsetzbar ist, bei einer Gesamtbetrachtung die Fähigkeit verloren hat, die städtebauliche Entwicklung noch in einer bestimmten Richtung zu steuern.

Die Beschwerde zeigt nicht auf, inwiefern diese Rechtsprechung der Präzisierung oder der Fortentwicklung bedürfen soll. Ihr Hinweis darauf, daß in dem anhängigen Verfahren den Prüfungsmaßstab ein übergeleiteter Bebauungsplan mit nur zwei Festsetzungen bildet, rechtfertigt nicht die von ihr geäußerten Zweifel. Ihre Annahme, daß der Senat die Frage der Funktionslosigkeit übergeleiteter Bebauungspläne noch nicht erörtert habe, trifft nicht zu. Die Beschlüsse vom 17. 2. 1997 (– 4 B 16.97 –, BRS 59 Nr. 55) und vom

24.4.1998 (– 4 B 46.98 –, Buchholz 406.11 § 10 BauGB Nr. 39) belegen das Gegenteil. Nach § 173 Abs. 3 Satz 1 BBauG 1960 übergeleitete Pläne können unter den gleichen Voraussetzungen wie seit dem Inkrafttreten des Bundesbaugesetzes beschlossene Bebauungspläne funktionslos werden. Ohne Erfolg wendet der Kläger hiergegen ein, daß „das schutzwürdige Vertrauen in die Fortgeltung einer derartigen Planung um so geringer (ist), je geringer die Überzeugungskraft des Bebauungsplanes im Hinblick auf sein Alter, die Art und Weise seines Zustandekommens und damit die rechtsstaatliche Verbindlichkeit ist". Begegnet ein Plan unter den vom Kläger angesprochenen Gesichtspunkten rechtlichen Bedenken, so kann dies seine Rechtsgeltung in der Tat beeinträchtigen. Ein etwaiger Gültigkeitsverlust ist in einem solchen Falle aber keine Folge der Funktionslosigkeit. Er beruht vielmehr darauf, daß die Anforderungen, die § 173 Abs. 3 Satz 1 BBauG 1960 an die Überleitungsfähigkeit stellt, nicht erfüllt sind. Denn nach dieser Regelung sind Vorschriften und Pläne nur insoweit „als Bebauungspläne" übergeleitet worden, als sie einen Inhalt haben, der auch rechtmäßiger Inhalt eines auf der Grundlage des Bundesbaugesetzes beschlossenen Bebauungsplans hätte sein können (vgl. BVerwG, Urteil v. 20.10.1972 – 4 C 14.71 –, BVerwGE 41, 67 = BRS 25 Nr. 25). Eine rechtsstaatliche Planung setzt nicht zuletzt voraus, daß die Eigentümerbelange gerecht abgewogen werden. Ist bereits diesem Erfordernis nicht genügt, so stellt sich nicht mehr die Frage, ob der Plan nachträglich wegen Funktionslosigkeit außer Kraft getreten ist.

Mit dem Hinweis darauf, daß der hier maßgebliche Baulinienplan aus den 20er Jahren sich in zwei Festsetzungen erschöpft, zeigt der Kläger keine Besonderheit auf, die geeignet ist, eine Zulassung der Revision zu rechtfertigen. Denn nach der Rechtsprechung des Senats spielt es für die Frage der Funktionslosigkeit keine Rolle, ob es sich um einen Plan mit hoher oder geringer Regelungsdichte handelt. Jede einzelne Festsetzung ist daraufhin zu untersuchen, ob sie auf Grund der Entwicklung der tatsächlichen Verhältnisse die ihr zugedachte planerische Funktion noch zu erfüllen vermag.

Auch die vom Kläger angeführte Abweichungsrate von 80 % deutet nicht auf einen Klärungsbedarf hin. Nach dem Verständnis der Vorinstanz wird mit der einschlägigen Festsetzung das planerische Ziel verfolgt, den rückwärtigen Grundstücksbereich von Wohnhäusern freizuhalten. Auf der Grundlage der vom Berufungsgericht getroffenen Feststellungen ragt die Wohnbebauung nur in wenigen Fällen über die hintere Baugrenze hinaus. Daß auf den unüberbaubaren Flächen verschiedentlich Nebenanlagen vorhanden sind, tut der Geltungskraft der planerischen Aussagen keinen Abbruch. Der Senat wäre in dem erstrebten Revisionsverfahren an die tatrichterliche Auslegung der Baugrenzenfestsetzung, die dem irrevisiblen Landesrecht angehört, nach § 560 ZPO i. V. m. § 173 VwGO und an die im Berufungsurteil getroffenen tatsächlichen Feststellungen nach § 137 Abs. 2 VwGO gebunden.

Nr. 53

Die verbindliche Wirkung, die der Bebauungsplan entfaltet, läßt sich nicht dadurch beseitigen oder relativieren, daß einzelne Gemeindebedienstete Zweifel an der Sinnhaftigkeit der getroffenen Festsetzung äußern.
(Nichtamtlicher Leitsatz)

BauGB § 10.

Bundesverwaltungsgericht, Beschluß vom 5. Juni 2003 – 4 BN 29.03 –.

(OVG Nordrhein-Westfalen)

Aus den Gründen:
Der Senat hat keine Veranlassung, sich in dem erstrebten Revisionsverfahren mit der Frage auseinanderzusetzen, „ob mündliche Erklärungen von Mitarbeitern des Planungsamtes einer Gemeinde, eine im Bebauungsplan vorgesehene Straße über ein privates Grundstück werde nicht gebaut, einen abwägungserheblichen Belang für die Aufstellung eines Bebauungsplanes darstellen". Der Bebauungsplan wird nach § 10 Abs. 1 BauGB als Satzung beschlossen. Er hat nach § 1 Abs. 2 BauGB die Qualität eines verbindlichen Bauleitplanes. Dies gilt auch für die Festsetzung von Verkehrsflächen nach § 9 Abs. 1 Nr. 11 BauGB. Die verbindliche Wirkung, die der Bebauungsplan entfaltet, läßt sich nicht dadurch beseitigen oder relativieren, daß einzelne Gemeindebedienstete Zweifel an der Sinnhaftigkeit der getroffenen Festsetzungen äußern. Rückt die Gemeinde von der Konzeption, die einem Bebauungsplan zugrunde liegt, nachträglich in Einzelpunkten oder insgesamt ab, so ist es nicht damit getan, daß sie dies in irgendeiner Form zum Ausdruck bringt. Will sie sich von den getroffenen Festsetzungen lösen, so hat sie den Bebauungsplan zu ändern oder aufzuheben. Wie sich aus § 2 Abs. 4 BauGB ergibt, ist diese Entscheidung dem Gemeindeorgan vorbehalten, das den Satzungsbeschluß i. S. des § 10 Abs. 1 BauGB zu fassen hat. Mündliche Erklärungen von Mitarbeitern des Planungsamtes im Vorfeld eines solchen förmlichen Rechtsaktes sind nicht als Vertrauensgrundlage dafür geeignet, daß der Bebauungsplan ganz oder teilweise unangewendet bleiben werde.

Nr. 54

Allein der Wille eines Grundstückeigentümers, die Realisierung einer bestimmten Festsetzung zu verhindern, ist regelmäßig nicht geeignet, diese Festsetzung außer Kraft treten zu lassen.
(Nichtamtlicher Leitsatz)

BauGB § 30.

Bundesverwaltungsgericht, Beschluß vom 5. November 2002
– 4 BN 8.02 –.

(OVG Nordrhein-Westfalen)

Aus den Gründen:
Soweit die Beschwerde geltend macht, es liege ein Verfahrensmangel i. S. des § 108 Abs. 2 VwGO vor, verkennt sie, daß das Normenkontrollgericht keineswegs übersehen hat, daß die Antragsteller nicht verkaufsbereit sind. Es kann auch unterstellt werden, daß die Antragsteller gegenwärtig nicht die Absicht haben, ihre heutige Haltung auf absehbare Zeit zu ändern. Das Normenkontrollgericht stellt dies nicht in Abrede. Seine Ausführungen sind vielmehr so zu verstehen, daß es die fehlende Verkaufsbereitschaft von Grundeigentümern allein als nicht ausreichend ansieht, um die Geltung bauplanerischer Festsetzungen in Zweifel zu ziehen. Indem es formuliert, ein freihändiger Erwerb sei nicht „von vornherein" ausgeschlossen, macht es deutlich, daß es nach seiner Rechtsauffassung für die Wirksamkeit der Festsetzung öffentlicher Flächen nicht darauf ankommt, ob ein Grundeigentümer gegenwärtig oder auch künftig verkaufsbereit ist oder verkaufsbereit sein wird. Vielmehr geht das Normenkontrollgericht davon aus, daß die Funktionslosigkeit mehr erfordert. Von diesem rechtlichen Ansatz her kam es nicht auf die konkrete Möglichkeit eines freihändigen Verkaufs an; über ihn mußte auch nicht gesprochen werden. Maßgeblich war aus der Sicht des Normenkontrollgerichts allein, daß ein späterer Verkauf der Flächen – etwa wegen einer Sinnesänderung der Antragsteller oder ihrer Rechtsnachfolger – objektiv nicht ausgeschlossen werden kann.

Die zu dieser materiellen Rechtsauffassung aufgeworfene Frage, ob die Realisierung von Festsetzungen eines Bebauungsplans im Sinne einer Funktionslosigkeit als auf unabsehbare Zeit ausgeschlossen angesehen werden kann, wenn sie nicht durch die bauliche Entwicklung im Plangebiet gehindert ist, sondern von einer anderen tatsächlichen Entwicklung abhängt wie von der freien Entscheidung eines Privaten, läßt sich nicht rechtsgrundsätzlich klären. Denn einerseits liegt es auf der Hand, daß nicht nur eine planwidrige bauliche Entwicklung zur Funktionslosigkeit planerischer Festsetzungen führen kann; der Fall der von der Beschwerde genannten Entscheidung des OVG Nordrhein-Westfalen vom 2.2.2000 – 7 a D 224/98.NE – (BauR 2000, 1024 = BRS 63 Nr. 88), zur Ausweisung eines Sondergebietes „Hauptstadteinrichtungen" in der ehemaligen Bundeshauptstadt Bonn zeigt dies exemplarisch. Andererseits hängt es von den jeweiligen Umständen des Einzelfalles ab, welche tatsächlichen Entwicklungen die Wertung rechtfertigen können, daß eine Verwirklichung der Festsetzung auf unabsehbare Zeit ausgeschlossen ist und die Erkennbarkeit dieser Tatsache einen Grad erreicht hat, der einem etwa dennoch in die Fortgeltung der Festsetzung gesetzten Vertrauen die Schutzwürdigkeit nimmt (vgl. dazu BVerwG, Urteil v. 29.4.1977 – 4 C 39.75 –, BVerwGE 54, 5). Immerhin läßt sich verallgemeinernd sagen, daß allein der Wille eines Grundeigentümers, die Realisierung einer bestimmten Festsetzung zu verhindern, regelmäßig nicht geeignet ist, diese Festsetzung außer Kraft treten zu lassen.

2. Normenkontrollverfahren

Nr. 55

1. **In einem Regionalplan enthaltene Ziele der Raumordnung sind Rechtsvorschriften i. S. des § 47 Abs. 1 Nr. 2 VwGO.**

2. **Sie können vom Zieladressaten zum Gegenstand einer Normenkontrolle gemacht werden, auch wenn der Landesgesetzgeber für den Regionalplan keine Rechtssatzform vorgibt.**

VwGO § 47 Abs. 1 Nr. 2; ROG §§ 3 Nr. 2, 4 Abs. 1, 3, 5; BauGB § 35 Abs. 3 Satz 2, 3.

Bundesverwaltungsgericht, Urteil vom 20. November 2003 – 4 CN 6.03 –.

(Hessischer VGH)

Die Antragstellerin wendet sich im Wege der Normenkontrolle gegen den Regionalplan Südhessen 2000. Sie ist eine Stadt mit rund 19 000 Einwohnern im unmittelbaren Einwirkungsbereich des Flughafens Frankfurt/Main und hat nach dem Landesentwicklungsplan Hessen 2000 und nach dem Regionalplan Südhessen 2000 die Funktion eines Mittelzentrums, in dem u. a. überörtlich bedeutsame Infrastruktureinrichtungen zu erhalten und ggf. auszubauen sind. Sie unterhält neben einem Krankenhaus und zwei Alten(pflege)heimen mehrere Kindertagesstätten. Sie ist überdies Eigentümerin von Grundstücken, die allgemeinen und besonderen Wohnzwecken (Unterbringung von sozial schwachen Mietern und von Obdachlosen) dienen. Als Zielgröße für die Siedlungsentwicklung ist eine Einwohnerzahl von 23 500 vorgesehen. Zu diesem Zweck soll bis 2015 eine Fläche von rund 20 Hektar innerhalb der Kernstadt weiterentwickelt werden. Außerdem soll die Siedlungsentwicklung im Bereich des Ortsteils W. vorangetrieben werden. Für die Bereiche „Nord I bis V" sind Bebauungspläne vorhanden, deren Realisierung weithin noch aussteht. Die Bereiche „Nord X", „Nord XI" und „Erweiterung Nord-West-Gebiet" sind im Flächennutzungsplan als Wohnbauflächen dargestellt.

Die Antragstellerin sieht sich durch folgende Planaussagen in dem im Dezember 1999 beschlossenen Regionalplan Südhessen 2000 in ihrer Planungshoheit beeinträchtigt:

Nach der als Ziel der Raumordnung gekennzeichneten Nr. 5.2–2 wird der bereits in einer früheren Fassung des Regionalplans aus Gründen des Lärmschutzes festgelegte, durch ein differenziertes System von Bauverboten abgesicherte Siedlungsbeschränkungsbereich auf alle Gebiete erweitert, die unter Zugrundelegung von 430 000 Flugbewegungen und des gegenwärtigen Bahnensystems am Flughafen Frankfurt/Main von einer 60 dB(A)-Isophone umschlossen werden. Hierzu gehören auf dem Gebiet der Antragstellerin auch Bereiche, die überplant, aber noch nicht vollständig bebaut sind, sowie Flächen, die im Flächennutzungsplan als Wohnbauflächen dargestellt werden.

Unter der Nr. 7.4–1 wird folgende Planaussage getroffen:

„Zur Sicherung der internationalen Anbindungsqualität der Rhein-Main-Region ist der Flughafen Frankfurt/Main in seiner Bedeutung als internationaler Großflughafen zu stärken. Die genaue planerische Aussage für die erforderlichen Schritte und Maßnahmen läßt sich zum gegenwärtigen Zeitpunkt nicht treffen. Dies ist erst nach Abschluß des Mediationsverfahrens und der nachfolgenden Entscheidung der Hessischen Landesregierung und des Hessischen Landtags möglich. Eine eventuelle Kapazitätserweiterung des bestehenden Start- und Landebahnsystems für den Flughafen Frankfurt/Main setzt ein Raumordnungsverfahren voraus. Darin ist die Vereinbarkeit einer eventuellen Erweiterung mit den Erfordernissen der Raumordnung zu prüfen. Sollten sich daraus Siedlungs- und sonstige Flächenrestriktionen ergeben, sind diese in unmittelbarem zeitlichen Zusammenhang in einem Änderungsverfahren zum Regionalplan zu bearbeiten und verbindlich festzusetzen. Mit Ausbau des Hochgeschwindigkeitsnetzes der DB AG ist eine intensive Verknüpfung zwischen Schienen- und Luftverkehr zur Beförderung von Passagieren und Gütern sowie zur weiteren Optimierung des Flughafens Frankfurt/Main anzustreben."

Durch Beschluß vom 14.11.2000 genehmigte die Hessische Landesregierung den Regionalplan mit vier „Ausnahmen und Auflagen". Die Nebenbestimmung Nr. 3 hat in Abs. 1 folgenden Wortlaut:

„Der Regionalplan Südhessen wird mit folgender Auflage versehen: Gemäß Nr. 7.4–1 wird der erforderliche Ausbau des Flughafens Frankfurt/Main in einem Änderungsverfahren zum Regionalplan erarbeitet und verbindlich festgelegt. Dabei sind die Vorgaben des Landesentwicklungsplans Hessen 2000 zu beachten: „Der Flughafen Frankfurt/Main soll auch künftig den zu erwartenden Entwicklungen gerecht werden und seine Funktion als bedeutende Drehscheibe im internationalen Luftverkehr sowie als wesentliche Infrastruktureinrichtung für die Rhein-Main-Region erfüllen. Hierzu ist eine Erweiterung über das bestehende Start- und Landebahnsystem hinaus zu planen und zu realisieren. Die Verknüpfung mit dem Schienenfern- und dem Regionalverkehr ist auszubauen. Die Zusammenarbeit mit dem Flughafen Hahn in Rheinland-Pfalz ist zu vertiefen."

Das Normenkontrollgericht hat den Landesentwicklungsplan auf die Normenkontrollanträge verschiedener Städte und Gemeinden hin für nichtig erklärt, soweit er den in die Nebenbestimmung aufgenommenen Satz enthält: „Hierzu ist eine Erweiterung über das bestehende Start- und Landebahnsystem hinaus zu planen und zu realisieren."

Den Antrag der Antragstellerin, den Regionalplan oder hilfsweise die Nr. 5.2–2 und 7.4–1 im Wege der Normenkontrolle für nichtig zu erklären, hat der Verwaltungsgerichtshof als unstatthaft abgelehnt. Zur Begründung hat er u. a. ausgeführt: Der Regionalplan Südhessen 2000 sei keine Rechtsvorschrift i. S. des §47 Abs. 1 Nr. 2 VwGO. Die Regionalpläne würden in Hessen in einem gesetzlich geordneten förmlichen Verfahren erstellt und durch Bekanntmachung im Staatsanzeiger in Kraft gesetzt. Hierdurch erhielten sie jedoch keinen Normcharakter.

Aus den Gründen:

II. 2. Die Revision ist begründet. Das angefochtene Normenkontrollurteil verletzt Bundesrecht. Zu Unrecht spricht der Verwaltungsgerichtshof der nicht durch förmlichen Rechtssatz erfolgten Festlegung von Zielen der Raumordnung (§3 Nr. 2 ROG) den Charakter einer Rechtsvorschrift i. S. des §47 Abs. 1 Nr. 2 VwGO ab. Die Sache ist deshalb an die Vorinstanz zur Klärung der Frage zurückzuverweisen, ob es sich bei den umstrittenen regionalplanerischen Aussagen um derartige Zielfestlegungen und damit um Rechtsvorschriften handelt, die Gegenstand der verwaltungsgerichtlichen Normenkontrolle sein können.

2.1 Das Normenkontrollgericht hält den Antrag der Antragstellerin für unstatthaft, weil es sowohl dem Regionalplan Südhessen 2000 als Gesamtregelwerk als auch einzelnen in diesem Plan enthaltenen Regelungen, wie etwa der Nr. 5.2–2 oder der Nr. 7.4–1, jegliche Rechtsnormqualität abspricht. Diese Rechtsauffassung unterliegt der revisionsgerichtlichen Prüfung. Der Regionalplan Südhessen 2000 gehört freilich ebenso wie die in ihm enthaltenen Einzelregelungen dem irreversiblen Landesrecht an. Gleichwohl ist ein bun-

Nr. 55

desrechtlicher Bezug nicht von der Hand zu weisen. Das Normenkontrollgericht leitet die Unzulässigkeit des Normenkontrollantrags daraus her, daß es sowohl beim Regionalplan als auch bei etwaigen in diesem Planwerk getroffenen Zielfestlegungen am Merkmal der Rechtsvorschrift i.S. des §47 Abs. 1 Nr. 2 VwGO fehle. Der Landesgesetzgeber bestimmt, ob und inwieweit er von der Möglichkeit Gebrauch macht, über die in §47 Abs. 1 Nr. 1 VwGO genannten Bestimmungen hinaus andere im Rang unter dem Landesgesetz stehende Rechtsvorschriften der Normenkontrolle zu unterwerfen. Der Hessische Gesetzgeber hat mit §15 Abs. 1 HessAGVwGO eine Öffnungsklausel geschaffen, die an den in §47 Abs. 1 Nr. 2 VwGO verwendeten Begriff der Rechtsvorschrift anknüpft. Was hierunter zu verstehen ist, ist eine Frage des Bundesrechts.

Der Bundesgesetzgeber sieht davon ab, den Begriff der Rechtsvorschrift über die in §47 Abs. 1 Nr. 2 VwGO genannten Merkmale hinaus zu definieren. Danach kommen als Gegenstand einer Normenkontrolle nur landesrechtliche Vorschriften in Betracht, die im Range unter dem Landesgesetz stehen. Dazu gehören zweifelsfrei Satzungen und Rechtsverordnungen. Dem stehen Vorschriften gleich, die dadurch Rechtsnormqualität erlangt haben, daß sie unabhängig von ihrem materiellen Gehalt durch Satzung oder Rechtsverordnung für verbindlich erklärt worden sind (vgl. BVerwG, Beschluß v. 20.12.1988 – 7 NB 2.88 –, BVerwGE 81, 128; vgl. auch Urteil v. 3.11.1988 – 7 C 115.86 –, BVerwGE 80, 355). Ob zum Kreis der Rechtsvorschriften auch Regelungen gehören können, die nicht förmlich als Norm erlassen worden sind, läßt der Gesetzgeber offen. Sinn und Zweck des §47 Abs. 1 Nr. 2 VwGO legen indes ein weites Verständnis nahe. Die Normenkontrolle dient der Rechtsklarheit und der ökonomischen Gestaltung des Prozessrechts (vgl. Bericht des Bundestagsrechtsausschusses BT-Drucks. III/1094, S. 6 zu §46 des Entw. einer VwGO). Ihr Zweck liegt darin, durch eine einzige Entscheidung eine Reihe von Einzelklagen zu vermeiden und dadurch die Verwaltungsgerichte zu entlasten (so die Begr. zum Regierungsentwurf einer VwGO, BT-Drucks. III, 55, a.a.O.). Durch sie wird ggf. einer Vielzahl von Prozessen vorgebeugt, in denen die Gültigkeit einer bestimmten Rechtsvorschrift als Vorfrage zu prüfen wäre. Überdies ist sie geeignet, den individuellen Rechtsschutz zu verbessern. Das Bundesverwaltungsgericht trägt der Grundtendenz, die in §47 Abs. 1 VwGO zum Ausdruck kommt, dadurch Rechnung, daß es auch Regelungen, die anhand formeller Kriterien nicht oder nicht eindeutig als Rechtsnormen zu qualifizieren sind, vom Kreis der Rechtsvorschriften nicht von vornherein ausschließt (vgl. BVerwG, Urteile v. 18.9.1985 – 2 C 48.84 –, BVerwGE 72, 119, v. 6.11.1986 – 3 C 72.84 –, BVerwGE 75, 109, und v. 26.1.1996 – 8 C 19.94 –, NJW 1996, 2046; Beschlüsse v. 15.9.1987 – 7 N 1.87 –, NVwZ 1988, 1119, und v. 25.11.1993 – 5 N 1.92 –, BVerwGE 94, 335).

Vor dem Hintergrund dieser Rechtsprechung ist es entgegen der Auffassung des Verwaltungsgerichtshofs für die Zulässigkeit des Normenkontrollantrags der Antragstellerin unschädlich, daß der hessische Gesetzgeber, anders als für den als Rechtsverordnung zu erlassenden Landesentwicklungsplan (§5 Abs. 4 HLPG 1994), für die Regionalpläne, die nach §6 Abs. 1

Satz 1 HLPG dazu bestimmt sind, die Ziele der Raumordnung für die Entwicklung der Planungsregion unter Beachtung der Vorgaben des Landesentwicklungsplans festzulegen, keine bestimmte Rechtsform vorsieht. Das Raumordnungsgesetz gibt den Ländern für die Raumordnung zwar in den §§ 7–17 einen Rahmen vor, der u. a. auch die Verpflichtung umfaßt, für das Gebiet eines jeden Landes einen zusammenfassenden und übergeordneten Plan (§ 8 Abs. 1) und in den Ländern, deren Gebiet die Verflechtungsbereiche mehrerer zentraler Orte oberster Stufe umfaßt, Regionalpläne (§ 9 Abs. 1) aufzustellen. Der Bundesgesetzgeber überläßt indes den Ländern die Entscheidung, in welchen Rechtsformen sie dieser Aufgabe nachkommen.

Der Umstand allein, daß der hessische Landesgesetzgeber für Regionalpläne keine bestimmte Rechtsform zur Verfügung stellt, schließt nicht aus, daß der Regionalplan Südhessen 2000 zumindest in Teilen Elemente enthält, die von ihrem materiellen Gehalt und ihrem Regelungsanspruch her als Rechtsvorschriften i. S. des § 47 Abs. 1 Nr. 2 VwGO zu qualifizieren sind. Die Antragstellerin wendet sich mit ihrem Normenkontrollantrag gegen einzelne Regelungen, die sie als Zielfestlegungen wertet. Es begegnet keinen grundsätzlichen rechtlichen Bedenken, die Normenkontrolle auf dieses Angriffsziel zu beschränken. § 47 Abs. 1 Nr. 2 VwGO setzt nicht voraus, daß alle in einem Plan oder sonstigen Rechtsakt enthaltenen Einzelregelungen ein und dieselbe rechtliche Qualität aufweisen. Vielmehr ist für jede Regelung gesondert zu prüfen, ob sie den Kriterien genügt, die für eine Rechtsvorschrift unabdingbar sind. Insoweit unterscheiden sich Raumordnungspläne nicht von sonstigen Normzusammenhängen, bei denen es ebenfalls Regelungen mit unterschiedlichem Rechtscharakter geben kann. So hat der Senat angenommen, daß eine einzelne durch Gesetz geänderte Norm einer landesrechtlichen Rechtsverordnung, für die der Gesetzgeber auf Grund einer „Entsteinerungsklausel" die Rückkehr zum einheitlichen Verordnungsrang angeordnet hat, ungeachtet des Umstandes, daß die übrigen Bestimmungen Gesetzesrang haben, eine Rechtsvorschrift i. S. des § 47 Abs. 1 Nr. 2 VwGO sein kann (vgl. Urteil v. 16. 1. 2003 – 4 CN 8.01 –, BVerwGE 117, 313 = BauR 2003, 842). Ferner entspricht es der Rechtsprechung des Bundesverwaltungsgerichts, daß den Gegenstand einer Normenkontrolle die Teile eines Abfallwirtschaftsplans bilden können, die i. S. des § 29 Abs. 4 KrW-/AbfG für verbindlich erklärt worden sind (vgl. Beschluß v. 20. 12. 1988 – 7 NB 2.88 –, a. a. O.). Auch ist anerkannt, daß nur diejenigen Rechtsvorschriften einer (Abfallwirtschafts-)Satzung der Normenkontrolle unterliegen, für die der Verwaltungsrechtsweg eröffnet ist, nicht aber auch die Bestimmungen, die inhaltlich dem Ordnungswidrigkeitenrecht zuzurechnen sind (vgl. BVerwG, Beschluß v. 27. 7. 1995 – 7 NB 1.95 –, BVerwGE 99, 88). Nach dem in der Rechtsprechung zu diesem Problemkreis entwickelten Grundsätzen kommt es mithin nicht entscheidend darauf an, ob dem Regionalplan Südhessen 2000 insgesamt Rechtsnormqualität beizumessen ist. Abzustellen ist vielmehr darauf, ob dieser Plan jedenfalls in einzelnen Teilen den Anforderungen entspricht, die an Rechtsvorschriften i. S. des § 47 Abs. 1 Nr. 2 VwGO zu stellen sind. Als hierfür tauglicher Anknüpfungspunkt eignen sich vor allem Zielfestlegungen, die vom Gesetzgeber nicht bloß als verbindliche Vorgaben gekennzeichnet, sondern darüber hinaus als abstrakt-generelle Regelungen mit einem Außenwirksamkeitsanspruch ausgestattet werden.

2.2.1 Der Bundesgesetzgeber umschreibt den Begriff der Ziele in § 3 Nr. 2 ROG einheitlich für die Raumordnung im Bund und in den Ländern. Danach handelt es sich um verbindliche Vorgaben in Form von räumlich und sachlich bestimmten oder bestimmbaren, vom Träger der Landes- oder Regionalplanung abschließend abgewogenen textlichen oder zeichnerischen Festlegungen in Raumordnungsplänen zur Entwicklung, Ordnung und Sicherung des Raums. Der Gesetzgeber grenzt mit dieser Definition die Ziele von den Grundsätzen der Raumordnung ab, die nach § 3 Nr. 3 ROG als Vorgaben für nachfolgende Abwägungs- oder Ermessensentscheidungen zu dienen bestimmt sind. Soweit er in diesem Zusammenhang maßgeblich auf das Unterscheidungsmerkmal der abschließenden Abwägung abhebt, bringt er zum Ausdruck, daß die Ziele als landesplanerische Letztentscheidungen anders als die Grundsätze der Raumordnung nicht ohne weiteres im Wege der Abwägung überwindbar sind (vgl. BVerwG, Beschluß v. 20.8.1992 – 4 NB 20.91 –, BVerwGE 90, 329 = BRS 54 Nr. 12).

2.2.2 Diesen besonderen Wirkungsmechanismus stellt auch das Normenkontrollgericht nicht in Abrede. Wenn es den Zielen der Raumordnung gleichwohl den Rechtssatzcharakter abspricht, dann beruht dies nicht zuletzt auf der Annahme fehlender Außenwirksamkeit. Dieser Sichtweise ist nicht zu folgen. Richtig an der Argumentation des Normenkontrollgerichts ist, daß Ziele der Raumordnung nach der Konzeption des Raumordnungsgesetzes nicht gegenüber jedermann unmittelbare Geltung beanspruchen. Nach § 4 Abs. 1 ROG sind sie von öffentlichen Stellen bei ihren raumbedeutsamen Planungen und Maßnahmen zu beachten. Dazu zählen nach § 3 Nr. 5 ROG Behörden des Bundes und der Länder, kommunale Gebietskörperschaften, bundesunmittelbare und die der Aufsicht eines Landes unterstehenden Körperschaften sowie Anstalten und Stiftungen des öffentlichen Rechts. § 4 Abs. 3 ROG erstreckt die Beachtenspflicht unter bestimmten Voraussetzungen auf die in dieser Vorschrift bezeichneten Personen des Privatrechts. Die Rechtsbindungen, die diese Regelungen erzeugen, sind in dem Sinne strikt, daß die Adressaten die Ziele der Raumordnung zwar je nach Aussageschärfe konkretisieren und ausgestalten, sich über sie aber nicht im Wege der Abwägung hinwegsetzen dürfen (vgl. BVerwG, Beschluß v. 20.8.1992 – 4 NB 20.91 –, a.a.O.). Außerhalb des Anwendungsbereichs des § 4 Abs. 1 und 2 ROG sind die Ziele der Raumordnung nach § 4 Abs. 4 ROG nach Maßgabe der einschlägigen fachrechtlichen Vorschriften zu berücksichtigen, es sei denn, daß der Fachgesetzgeber von der ihm durch § 4 Abs. 5 ROG eingeräumten Möglichkeit Gebrauch gemacht hat, weitergehende Bindungswirkungen anzuordnen.

Entgegen der Ansicht des Normenkontrollgerichts können auch Regelungen mit beschränktem Adressatenkreis Außenwirkungen auslösen (vgl. BVerwG, Beschluß v. 20.12.1988 – 7 NB 2.88 –, a.a.O.). Zielaussagen sind dieser Normkategorie zuzurechnen. Zum Kreis der öffentlichen Stellen, die nach § 4 Abs. 1 ROG Ziele der Raumordnung zu beachten haben, gehören nicht nur in das behördliche Funktions- und Weisungsverhältnis eingebundene nachgeordnete Verwaltungsträger, sondern auch Behörden des Bundes und kommunale Gebietskörperschaften, die der Planungsbehörde als Träger eigener Rechte und Pflichten gegenüberstehen. Bei §4 Abs. 3 ROG, der auch bestimmte Personen des Privatrechts der Zielbindung unterwirft, tritt dieser durch das Raumordnungsrecht vermittelte Außenrechtsbezug noch deutlicher zu Tage. Hieraus hat der Senat bereits im Beschluß vom 7. 3. 2002 (– 4 BN 60.01 –, Buchholz 406.13 §5 ROG Nr. 3) gefolgert, daß Ziele der Raumordnung den „Charakter von Außenrechtsvorschriften" haben. Hiervon abzurücken, besteht kein Anlaß. Die Senatsentscheidungen, die das Normenkontrollgericht für seine gegenteilige Ansicht ins Feld führt, rechtfertigen nicht die Schlüsse, die es aus ihnen zieht.

So behandelt und verneint das vom Verwaltungsgerichtshof zitierte Urteil vom 20. 1. 1984 (– 4 C 43.81 –, BVerwGE 68, 311) nur die Frage, ob Ziele der Raumordnung und Landesplanung gegenüber privaten Dritten Außenwirkung entfalten, die ein im Außenbereich gemäß §35 Abs. 1 BauGB privilegiert zulässiges Vorhaben errichten möchten. Diese Aussagen können nicht unbesehen für die Frage nutzbar gemacht werden, ob Ziele der Raumordnung Rechtsvorschriften i. S. des §47 Abs. 1 Nr. 2 VwGO sind, gegen die sich Gemeinden im Wege der Normenkontrolle zur Wehr setzen können. Überdies hat sich die Rechtslage grundlegend verändert. Seinerzeit gehörten die „Ziele der Raumordnung und Landesplanung" im Rahmen des §35 BBauG ausschließlich zu den im Beispielskatalog des Abs. 3 Satz 1 als potentielles Zulassungshindernis aufgeführten öffentlichen Belangen. Inzwischen haben die Ziele in §35 Abs. 3 Satz 2 und 3 BauGB einen Bedeutungszuwachs erfahren, der es nicht mehr ohne weiteres erlaubt, sie mit den in §35 Abs. 3 Satz 1 BauGB genannten sonstigen öffentlichen Belangen auf eine rechtliche Stufe zu stellen (vgl. zu §35 Abs. 3 Satz 2 BauGB: BVerwG, Urteil v. 19. 7. 2001 – 4 C 4.00 –, BVerwGE 115, 17 = BRS 64 Nr. 96; zu §35 Abs. 3 Satz 3 BauGB: BVerwG, Urteile v. 13. 3. 2003 – 4 C 3.02 –, BauR 2003, 1172, und – 4 C 4.02 –, BauR 2003, 1165). Diese Vorschriften verleihen den Zielen der Raumordnung rechtliche Wirkungen auch gegenüber Privaten, eine Möglichkeit, die §4 Abs. 5 ROG dem Fachgesetzgeber eröffnet. In diesem Punkt kann also das Senatsurteil vom 20. 1. 1984 (a. a. O.) als durch die weitere Rechtsentwicklung überholt angesehen werden. Auch das Raumordnungsrecht selbst kennt nunmehr eine Bindungswirkung von Zielfestlegungen gegenüber Privaten, nämlich soweit diese nach §4 Abs. 3 ROG Zieladressaten sind.

Die vom Verwaltungsgerichtshof unter Hinweis auf den Senatsbeschluss vom 20. 7. 1990 (– 4 N 3.88 –, BRS 50 Nr. 36 = BauR 1990, 685) gezogene Parallele zum Flächennutzungsplan geht ebenfalls fehl. Nach der Rechtsprechung des Senats sind die Darstellungen des Flächennutzungsplans keine Rechtsvorschriften, die nach §47 Abs. 1 Nr. 2 VwGO zum Gegenstand einer Normenkontrolle gemacht werden können. Diese Aussage beruht auf der Erkenntnis, daß der Flächennutzungsplan vom Gesetzgeber im Unterschied zum Bebauungsplan, der verbindliche Festsetzungen enthält, ursprünglich lediglich als ein vorbereitender Plan konzipiert worden ist, dessen unmittelbare rechtliche Wirkungen sich auf den innergemeindlichen Bereich beschränken und inhaltlich im Anpassungsgebot des §8 Abs. 2 BauGB erschöpfen. Indessen trifft diese Charakterisierung, so allgemein formuliert, heute nicht mehr einschränkungslos zu. Der Gesetzgeber hat mit § 35 Abs. 3 Satz 3 BauGB eine Regelung geschaffen, die zur Folge hat, daß die Darstellungen des Flächennutzungsplans unter den dort genannten Voraussetzungen unmittelbar auf die Vorhabenzulassung durchschlagen. Im Anwendungsbereich dieser Vorschrift erfüllt der Flächennutzungsplan mithin eine dem Bebauungsplan vergleichbare Funktion (vgl. BVerwG, Urteil v. 17. 12. 2002 – 4 C 15.01 –, BVerwGE 117, 287 = BRS 65 Nr. 95). Auch wenn der Gedanke, für die Ausweisung von Konzentrationsflächen auf der Grundlage des § 35 Abs. 3 Satz 3 BauGB die Möglichkeit einer Normenkontrolle zu eröffnen, nicht fern liegen mag, gilt für sonstige Darstellungen des Flächennutzungsplans unverändert, daß es am Tatbestand einer verbindlichen Regelung gegenüber dem Bürger fehlt. Im Unterschied hierzu handelt es sich bei den Zielen der Raumordnung um verbindliche Vorgaben, die typischerweise über die Verwaltungssphäre hinaus im Außenrechtsverhältnis rechtliche Wirkungen entfalten.

2.2.3 Nach Ansicht des Normenkontrollgerichts weisen Zielaussagen auch deshalb nicht die Merkmale einer Rechtsvorschrift i. S. des § 47 Abs. 1 Nr. 2 VwGO auf, weil sie sich nicht als abstrakt-generelle Regelungen qualifizieren lassen sollen. Indes erweisen sich auch die für diese Auffassung angeführten Argumente als nicht stichhaltig. Der Verwaltungsgerichtshof greift zu kurz, wenn er Zielfestlegungen als konkret-individuelle Regelungen charakterisiert, die sich auf einen bestimmten Teilraum oder Standort beziehen. Diese Sichtweise wird dem Regelungsgehalt von Zielaussagen nicht gerecht. Träfe sie zu, so wären nicht nur die Festsetzungen eines Bebauungsplans, sondern beispielsweise auch die in einer Landschaftsschutz-, einer Wasserschutz- oder einer sonstigen Polizeiverordnung getroffenen Anordnungen als konkret-individuelle Regelungen einzustufen. Dies aber liefe erkennbar der Zuordnung zuwider, die der Gesetzgeber gewählt hat. Das geltende Recht legt eher einen Gegenschluss nahe. Erkennt der Gesetzgeber sogar den verbindlichen Festsetzungen eines Bebauungsplans ausdrücklich einen Normcharakter zu, so liefe es auf einen Wertungswiderspruch hinaus, den verbindlichen Zielfestlegungen, die als gesamtplanerische Abwägungsentscheidungen die gleiche Struktur aufweisen (vgl. § 7 Abs. 5 bis 8 ROG), diese Qualität nur deshalb abzusprechen, weil sie auf der der gemeindlichen Planungsstufe übergeordneten überörtlichen Planungsebene angesiedelt sind. Das Bundesverfassungsgericht geht deshalb unter Hinweis darauf, daß Zielaussagen den Festsetzungen in Bebauungsplänen vergleichbar sind, davon aus, daß es sich um Regelungen mit Normcharakter handelt, die tauglicher Gegenstand einer Kommunalverfassungsbeschwerde i. S. des Art. 93 Abs. 1 Nr. 4 b GG sein können (BVerfG, Beschluß v. 23. 6. 1987 – 2 BvR 826/83 –, BVerfGE 76, 107, 114).

Neben systematischen Gesichtspunkten lassen sich auch normstrukturelle Erwägungen dafür anführen, daß Zielfestlegungen als generell-abstrakte Regelungen einzustufen sind. Zielförmige Planaussagen erschöpfen sich nicht in punktuellen Regelungen. Sie mögen, jeweils isoliert betrachtet, die Annahme einer konkret-individuellen Maßnahme nahelegen. Indes dürfen sie nicht aus dem Gesamtzusammenhang herausgelöst und in ein Bündel scheinbar selbständiger Einzelregelungen auseinanderdividiert werden. Auch wenn sich das Planwerk als Ganzes nicht auf einen gemeinsamen rechtsnormativen Nenner bringen läßt, ist dem Umstand Rechnung zu tragen, daß die einzelnen Planaussagen Teil eines vielfältig aufeinander bezogenen und untereinander abgestimmten Planungsgeflechts sind. Die Raumordnung ist als Gesamtplanung mehr als die Summe projektbezogener, planfeststellungsersetzender Planungsakte. Ihr Sinn ist es gerade, im Interesse der Gesamtentwicklung die unterschiedlichen Raumansprüche zu koordinieren und mögliche Konflikte auszugleichen (vgl. § 1 Abs. 1 Satz 2 ROG). Die Raumordnungspläne erfüllen nach § 7 Abs. 1 ROG die Aufgabe, die Grundsätze der Raumordnung für den jeweiligen Planungsraum zu konkretisieren. Zielfestlegungen dienen hierbei als geeignetes Mittel, um für die Planungsträger, die es angeht, einen an den Erfordernissen der Raumordnung ausgerichteten Handlungsrahmen für zukünftige Planungsfälle zu schaffen. Ihr generell-abstrakter Charakter äußert sich in diesem Planungssystem sinnfällig darin, daß der lediglich nach Gattungsmerkmalen bezeichnete Adressatenkreis für eine unbestimmte Vielzahl eigener Planungsentscheidungen Bindungen unterworfen wird (so NRWVerfGH, Urteil v. 15. 12. 1989 – VerfGH 5/88 –, NVwZ 1990, 456; ähnlich BayVGH, Beschluß v. 12. 9. 1990 – 4 N 88.1300 –, NVwZ-RR 1991, 332; vgl. auch OVG Lüneburg, Urteil v. 11. 4. 1986 – 6 C 17/83 –, OVGE 39, 409). Als Elemente eines auf den Planungsraum bezogenen Gesamtkonzepts dienen die Zielaussagen insbesondere dem Zweck, die Raumstruktur nach Maßgabe des § 7 Abs. 2 und 3 ROG zu gestalten. Die einzelnen Raumfunktionen auszutarieren, kann nur das Ergebnis einer Betrachtung sein, die nicht allein auf die Gegebenheiten vor Ort abstellt, sondern der gesamträumlichen Situation Rechnung trägt.

Vor dem Hintergrund dieser Aufgabenstellung kann mithin den Zielen der Raumordnung nicht, wie der Verwaltungsgerichtshof meint, ein „dinglicher" Charakter zugesprochen werden, wie er für sachenrechtliche Zustandsregelungen des öffentlichen Rechts, etwa für die Widmung kennzeichnend ist. Auch das im Normenkontrollurteil herangezogene Urteil des erkennenden Senats vom 7. 9. 1984 (– 4 C 16.81 –, BVerwGE 70, 77) rechtfertigt keine gegenteiligen Schlüsse. Die dort vorgenommene Charakterisierung der Schutzbereichsanordnung nach §2 des Schutzbereichsgesetzes als Verwaltungsakt (Allgemeinverfügung) erklärt sich aus den Besonderheiten dieses Rechtsbereichs, insbesondere auch aus dem Willen des historischen Gesetzgebers, die Anordnung nicht als Rechtsverordnung ausgestalten zu wollen (vgl. Urteil v. 7. 9. 1984, a. a. O., S. 79).

3. Weisen Zielfestlegungen nach allem die Eigenschaften auf, die § 47 Abs. 1 Nr. 2 VwGO für eine Rechtsvorschrift voraussetzt, so hätte das Normenkontrollgericht allenfalls den (ursprünglichen) Hauptantrag der Antragstellerin mit der Begründung als unstatthaft ablehnen dürfen, der Regionalplan Südhessen 2000 als solcher habe keine Rechtsnormqualität. Den Hilfsantrag (und jetzigen Hauptantrag) ebenso zu behandeln, ließ sich dagegen nicht mit der Erwägung rechtfertigen, auch einzelne Zielaussagen schieden als Angriffsziel einer Normenkontrollklage von vornherein aus.

4. Das angefochtene Urteil des Normenkontrollgerichts erweist sich nicht i. S. des § 144 Abs. 4 VwGO aus anderen Gründen als richtig, auch wenn das Ministerium für Wirtschaft, Verkehr und Landesentwicklung auf dem Standpunkt steht, daß der Normenkontrollantrag im Ergebnis zu Recht als unzulässig abgelehnt worden sei.

4.1 Das Ministerium spricht den im Regionalplan Südhessen 2000 unter den Nr. 5.2–2 und 7.4–1 getroffenen Regelungen sowohl für sich genommen als auch zusammen mit dem Genehmigungsbeschluß der Hessischen Landesregierung den Charakter von Rechtsvorschriften i. S. des § 47 Abs. 1 Nr. 2 VwGO auch deshalb ab, weil sie nicht die Merkmale von Zielfestlegungen i. S. des § 3 Nr. 2 ROG aufweisen. Der Senat sieht keinen Anlaß, im Rahmen eines Revisionsverfahrens aufzuklären, welcher Regelungsgehalt den Nr. 5.2–2 und 7.4–1 des Regionalplans bei isolierter Betrachtung oder bei einer Zusammenschau mit der Genehmigungsentscheidung der Landesregierung beizumessen ist. Es handelt sich um Rechtsakte, die dem irreversiblen Recht zuzurechnen sind. Allerdings können Fragen des Landesrechts vom Revisionsgericht geprüft werden, wenn sich die Vorinstanz mit ihnen nicht befaßt hat (vgl. BVerwG, Urteile v. 3.11.1994 – 3 C 17.92 –, BVerwGE 17, 79, und v. 30.8.2001 – 4 CN 9.00 –, BVerwGE 115, 77). § 144 Abs. 3 VwGO läßt es auch in diesen Fällen zu, in der Sache selbst zu entscheiden. Der Senat sieht indes davon ab, sein Ermessen in dieser Richtung auszuüben. Der Verwaltungsgerichtshof hat sich anhand des § 47 Abs. 1 Nr. 2 VwGO auf die Prüfung beschränkt, ob der Normenkontrollantrag statthaft ist. Alle durch das Landesplanungsrecht aufgeworfenen weiteren Fragen hat er unerörtert gelassen. Er ist nicht der Rechtsnatur der Nr. 5.2–2 und 7.4–1 nachgegangen. Er hat nicht untersucht, welche Folgerungen sich aus den im Genehmigungsbeschluß enthaltenen „Ausnahmen und Auflagen" ergeben. Schließlich hat er sich nicht mit den zahlreichen Argumenten auseinandergesetzt, aus denen sich nach Ansicht der Antragstellerin ergibt, daß die angegriffenen Regelungen weder formell noch materiell mit den Anforderungen höherrangigen Rechts in Einklang stehen. Das Revisionsverfahren ist nicht der rechte Ort, alle diese Fragen zu prüfen und zugunsten oder zu Lasten der Antragstellerin oder des Antragsgegners zu klären.

4.2 Auch ansonsten erweist sich das angefochtene Urteil nicht i. S. des § 144 Abs. 4 VwGO als richtig. Der Antragstellerin läßt sich die Antragsbefugnis nicht absprechen. Wie der Senat im Urteil vom 24.9.1998 (– 4 CN 2.98 –, BVerwGE 107, 215) dargelegt hat, sind an die Geltendmachung einer Rechtsverletzung nach § 47 Abs. 2 Satz 1 VwGO keine höheren Anforderungen zu stellen als nach § 42 Abs. 2 VwGO. Danach ist die Klagebefugnis nur dann zu verneinen, wenn die Verletzung eigener Rechte offensichtlich und nach keiner Betrachtungsweise möglich erscheint (vgl. BVerwG, Urteile v. 22.2.1994 – 1 C 24.92 –, BVerwGE 95, 133, v. 30.3.1995 – 3 C 8.94 –, BVerwGE 98, 118, und v. 10.10.2002 – 6 C 8.01 –, BVerwGE 117, 93). Die Antragstellerin trägt hinreichend substantiiert Tatsachen vor, die es als möglich erscheinen lassen, daß sie durch die Entscheidung, die Flughafenerweiterung über das bestehende Start- und Landebahnsystem hinaus zu planen und zu realisieren sowie den Siedlungsbeschränkungsbereich auszudehnen, unzumutbar in ihrer Planungshoheit beschränkt wird.

3.3 Das Rechtsschutzinteresse der Antragstellerin läßt sich ebenfalls nicht in Zweifel ziehen. Diesem Zulässigkeitserfordernis ist nach der st. Rspr. des Senats schon dann genügt, wenn sich nicht ausschließen läßt, daß die gerichtliche Entscheidung für den Rechtsschutzsuchenden ggf. von Nutzen sein kann. Unnütz wird das Normenkontrollgericht nur dann in Anspruch genommen, wenn der Antragsteller unabhängig vom Ausgang des Normenkontrollverfahrens keine reale Chance hat, den von ihm geltend gemachten Nachteil abzuwenden (vgl. BVerwG, Beschlüsse v. 18.7.1989 – 4 N 3.87 –, BVerwGE 82, 225, v. 25.5.1993 – 4 NB 50.92 –, Buchholz 310 §47 VwGO Nr. 79, und v. 26.5.1993 – 4 NB 3.93 –, Buchholz 310 §47 VwGO Nr. 80). Weisen Planaussagen in einem Regionalplan die Merkmale von Zielfestlegungen auf, die sich auf bestimmte Gemeindegebietsteile auswirken, so liegt das Interesse, sie auf ihre Gültigkeit überprüfen zu lassen, schon deshalb nahe, weil die Gemeinde nur so in der Lage ist, sich unmittelbar Klarheit darüber zu verschaffen, ob sie einer Beachtenspflicht unterliegt oder nicht (vgl. BVerwG, Beschlüsse v. 15.3.1989 – 4 NB 10.88 –, BVerwGE 81, 307, und v. 7.3.2002 – 4 BN 60.01 –, a.a.O.). Ohne Erfolg weist das Ministerium für Wirtschaft, Verkehr und Landesentwicklung auf die Besonderheit hin, daß die „Auflage", die die Hessische Landesregierung im Genehmigungsbeschluß der Nr. 7.4-1 des Regionalplans beigefügt hat, in ihrem Kern wörtlich mit der Zielfestlegung Nr. 7.4 im Landesentwicklungsplan übereinstimmt, die der Verwaltungsgerichtshof in anderem Zusammenhang für nichtig erklärt hat. Die Antragstellerin wendet sich im anhängigen Rechtsstreit nicht gegen Bestimmungen des Landesentwicklungsplans, sondern gegen Regelungen des Regionalplans. Die Antwort auf die Frage, ob die von ihr angegriffene Planaussage einen eigenständigen Regelungsgehalt aufweist oder sich darin erschöpft, den Landesentwicklungsplan zu zitieren, liegt nicht auf der Hand. Solange die Nr. 7.4-1 des Regionalplans Südhessen 2000 i.V.m. der „Auflage" Nr. 3 im Genehmigungsbeschluß der Hessischen Landesregierung nicht förmlich aufgehoben worden ist, kann einem nachgeordneten Planungsträger nicht das Interesse abgesprochen werden, klären zu lassen, ob insoweit eine Beachtenspflicht besteht oder nicht.

Nr. 56

Eine durch Gesetz geänderte Norm einer landesrechtlichen Rechtsverordnung, hinsichtlich der die Rückkehr zum einheitlichen Verordnungsrang angeordnet worden ist („Entsteinerungsklausel"), kann eine im Rang unter dem Landesgesetz stehende Rechtsvorschrift i.S. von §47 Abs.1 Nr.2 VwGO sein.

Vorbehaltlich landesrechtlicher Besonderheiten kann eine solche Vorschrift Gegenstand einer verwaltungsgerichtlichen Normenkontrolle sein.

Nr. 56

GG Art. 100; VwGO §47 Abs. 1 Nr. 2, Abs. 2 Satz 1, Abs. 5 Satz 1; BayAGVwGO Art. 5 Satz 1; EMRK Art. 6 Abs. 1; ROG §4 Abs. 1; (bay)Gesetz zur Änderung des Bayerischen Landesplanungsgesetzes und der Verordnung über das Landesentwicklungs-Programm Bayern §2 Nr. 4.

Bundesverwaltungsgericht, Urteil vom 16. Januar 2003 – 4 CN 8.01 –.

(Bayerischer VGH)

Die Antragsteller wenden sich gegen eine Änderung der Verordnung über das Landesentwicklungsprogramm Bayern. Diese Änderung ist Teil des (bayerischen) Gesetzes zur Änderung des Bayerischen Landesplanungsgesetzes und der Verordnung über das Landesentwicklungsprogramm Bayern v. 25. 4. 2000 (BayGVBl. 2000, 280). Gegenstand des verwaltungsgerichtlichen Normenkontrollverfahrens nach §47 VwGO ist dieses Gesetz, soweit es durch §2 Nr. 4 die Verordnung über das Landesentwicklungsprogramm geändert und das neue Ziel „Folgende Lücken im bestehenden Autobahnnetz sind wegen ihrer herausragenden Bedeutung zu schließen ..." eingefügt hat. In §3 des Gesetzes ist die Rückkehr zum einheitlichen Verordnungsrang angeordnet.

Die Antragsteller zu 1) bis 7) sind private Eigentümer von Grundstücken, die im möglichen Bereich der Trasse liegen; die Antragstellerinnen zu 8) bis 10) sind Gemeinden, deren Gebiet durch diese Trasse berührt wird.

Inzwischen ist im März 2002 der Planfeststellungsbeschluß für den Autobahnabschnitt der A 94 „Forstinning-Pastetten" erlassen worden. Von seinen Festsetzungen unmittelbar betroffen sind erst einige der Antragsteller des vorliegenden Verfahrens; er enthält aber bereits die „Weichenstellung" für die Trassenführung. Gegen den Planfeststellungsbeschluß sind Klagen der Antragsteller des vorliegenden Normenkontrollverfahrens beim Bayerischen Verwaltungsgerichtshof anhängig. Die Antragsteller haben ferner eine Popularklage zum Bayerischen Verfassungsgerichtshof auf Feststellung der Verfassungswidrigkeit der hier streitigen Norm erhoben. Diese Klage wurde mit Urteil vom 15. 7. 2002 (– Vf. 10-VII-00 u. a. –, DÖV 2003, 78) abgewiesen.

Im vorliegenden Verfahren haben die Antragsteller beantragt, die Verordnung über das Landesentwicklungsprogramm Bayern vom 25. 1. 1994, geändert durch §2 Nr. 4 des Gesetzes zur Änderung des Bayerischen Landesplanungsgesetzes und Verordnung über das Landesentwicklungsprogramm Bayern der vom 25. 4. 2000 (BayGVBl. 2000, 280), insoweit für nichtig zu erklären, als im Teil B unter X 4.2 das Ziel enthalten ist, die Lücke im bestehenden Autobahnnetz „A 94 München-Simbach-Pocking auf der Trassenführung über Dorfen" wegen ihrer herausragenden Bedeutung zu schließen und Planung und Bau dieser Maßnahme zügig weiterzuführen.

Das Normenkontrollgericht hat die Normenkontrollanträge ohne mündliche Verhandlung als unzulässig abgelehnt (Beschluß v. 29.8.2000 – 8 N 00 1599 –, BayVBl. 2001, 83 = NJW 2001, 2905): Es liege eine verfassungsrechtliche Streitigkeit vor, für die der Rechtsweg zum Verwaltungsgerichtshof nicht gegeben sei.

Aus den Gründen:

II. Die zulässige Revision der Antragsteller hat zum Teil Erfolg. Die Rechtsauffassung des Normenkontrollgerichts, daß eine Rechtsverordnung, wenn und soweit sie durch ein förmliches Gesetz geändert worden ist, von vornherein nicht Gegenstand eines Normenkontrollverfahrens nach §47 Abs. 1 Nr. 2 VwGO sein könne, ist mit Bundesrecht nicht vereinbar. Gleichwohl erweist sich die Ablehnung der Normenkontrollanträge der Antragsteller zu 1) bis 7) als zutreffend, weil die privaten Grundeigentümer durch das von ihnen angegriffene raumordnungsrechtliche Ziel nicht in ihren Rechten verletzt sein können. Dagegen reichen die Feststellungen des Normenkontrollgerichts für eine abschließende Beurteilung der Anträge der Antragstellerinnen zu 8) bis 10) nicht aus; wegen der Normenkontrollanträge der Gemeinden ist die Sache deshalb zur erneuten Verhandlung und Entscheidung an das Normenkontrollgericht zurückzuverweisen.

1. Das Normenkontrollgericht hält den Rechtsweg zum Verwaltungsgerichtshof für nicht gegeben, weil der angegriffene Teil der Verordnung über das Landesentwicklungsprogramm Bayern durch ein formelles Landesgesetz in die Verordnung eingefügt worden ist. Die streitige Regelung sei deshalb keine im Rang unter dem Landesgesetz stehende Rechtsvorschrift, die allein nach §47 Abs. 1 Nr. 2 VwGO i. V. m. Art. 5 Satz 1 BayAGVwGO Gegenstand eines Normenkontrollverfahrens sein könne.

a) Diese Rechtsauffassung des Normenkontrollgerichts unterliegt der revisionsgerichtlichen Prüfung.

Allerdings kann die Revision gemäß §137 Abs. 1 VwGO regelmäßig nur auf die Verletzung von Bundesrecht gestützt werden. Zum reversiblen Recht gehört Art. 5 Satz 1 des bayerischen Gesetzes zur Ausführung der Verwaltungsgerichtsordnung (BayAGVwGO) nicht. Nur diese Vorschrift kommt hier aber als Rechtsgrundlage für ein verwaltungsgerichtliches Normenkontrollverfahren in Betracht. Gemäß Art. 5 Satz 1 BayAGVwGO entscheidet nämlich der Verwaltungsgerichtshof im Rahmen seiner Gerichtsbarkeit auf Antrag über die Gültigkeit von Rechtsvorschriften, die im Rang unter dem Landesgesetz stehen. Dagegen erfordert §47 Abs. 1 Nr. 2 VwGO, nach dem grundsätzlich auch andere (als die in Nr. 1 genannten) Rechtsvorschriften im Rang unter dem Landesgesetz, Gegenstand der Normenkontrolle sein können, daß das Landesrecht dies bestimmt. Die Vorschrift enthält also nur eine Ermächtigung an den Landesgesetzgeber; ohne eine landesrechtliche Ausführungsnorm ist sie nicht anwendbar.

Gleichwohl ist hier die revisionsgerichtliche Prüfungsbefugnis gemäß §137 Abs. 1 VwGO gegeben. Nach st. Rspr. wendet ein Instanzgericht nämlich reversibles Recht auch insoweit an, als es sich bei der Auslegung irreversiblen Rechts durch reversibles Recht gebunden fühlt (BVerwG, Urteil v. 31. 10. 1975 – 4 C 8.74 bis 11.74 –, BVerwGE 49, 301, 304 m. w. N.). So ist es hier. Das Normenkontrollgericht geht erkennbar davon aus, daß der bayerische Landesgesetzgeber mit dem Erlaß des Art. 5 Satz 1 BayAGVwGO von der Ermächtigung des §47 Abs. 1 Nr. 2 VwGO in vollem Umfang Gebrauch gemacht hat. Im Unterschied etwa zu der entsprechenden Regelung in Rheinland-Pfalz (§4 AGVwGO RP), die ausdrücklich bestimmt, daß Rechtsverordnungen, die Handlungen eines Verfassungsorgans i. S. des Art. 130 der Landesverfassung sind, nicht dem Normenkontrollverfahren nach §47 Abs. 1 Nr. 2 VwGO unterliegen (vgl. dazu BVerwG, Beschluß v. 1. 8. 1990 – 7 NB 2.90 –, Buchholz 310 §47 VwGO Nr. 48), stimmen die bayerische Ausführungsregelung und §47 Abs. 1 Nr. 2 VwGO wörtlich überein. Dementsprechend prüft das Normenkontrollgericht die Zulässigkeit der Normenkontrolle am Maßstab des „§47 Abs. 1 Nr. 2 VwGO i. V. m. Art. 5 Satz 1 AGVwGO", ohne zwischen diesen Vorschriften zu differenzieren. Sein Verständnis des Art. 5 Satz 1 BayAGVwGO beruht auf der Auslegung der bundesrechtlichen Vorschrift des §47 Abs. 1 Nr. 2 VwGO, der zum reversiblen Recht gehört.

b) In Übereinstimmung mit einer verbreiteten Auffassung nimmt das Normenkontrollgericht an, daß ein formelles Landesgesetz niemals eine im Rang unter dem Landesgesetz stehende Rechtsvorschrift i. S. von § 47 Abs. 1 Nr. 2 VwGO sein könne. Dieser Ansicht folgt der Senat nicht. Vielmehr ergibt eine an Sinn und Zweck des § 47 Abs. 1 Nr. 2 VwGO ausgerichtete Auslegung dieser Vorschrift, daß ausnahmsweise auch eine Rechtsvorschrift, die als formelles Landesgesetz erlassen worden ist, der verwaltungsgerichtlichen Normenkontrolle unterliegen kann. Unter dem Vorbehalt landesrechtlicher Besonderheiten gilt dies insbesondere für den Fall der Änderung oder Ergänzung einer Rechtsverordnung durch ein formelles Gesetz, wenn dieses zugleich bestimmt, daß auch die (gesetzlichen) Einfügungen künftig durch Rechtsverordnung geändert werden können (sog. „Entsteinerungsklausel").

Zu einer Überprüfung der Auslegung des Begriffs der „im Rang unter dem Landesgesetz stehenden Rechtsvorschriften" i. S. von § 47 Abs. 1 Nr. 2 VwGO besteht Anlaß, weil der Gesetzgeber im Bund und in den Ländern in den letzten Jahrzehnten immer häufiger dazu übergegangen ist, bei der Novellierung von Gesetzen zugleich „in einem Aufwaschen" die zu der betreffenden Gesetzesmaterie gehörenden Rechtsverordnungen zu überarbeiten und der geänderten Gesetzeslage anzupassen; durch sog. Artikelgesetze werden oft nicht nur Gesetze, sondern gleichzeitig auch Rechtsverordnungen geändert (vgl. Schneider, Gesetzgebung, 3. Aufl. 2002, Rdnr. 663; Sendler, NJW 2001, 2859; Külpmann, NJW 2002, 3436; kritisch hierzu Uhle, DÖV 2001, 241). Ersichtlich soll mit dieser Praxis eine Regelung „aus einem Guß" geschaffen werden; dabei können die Rechtsverordnungen nicht ausgeblendet werden (Sendler, a. a. O.).

Im Schrifttum wird verschiedentlich angenommen, daß die geänderten Verordnungsteile, obwohl sie formell Bestandteile des Änderungsgesetzes seien, der (vollen) Gesetzeskraft entbehrten, weil sie hernach durch Rechtsverordnung wieder abgeändert werden dürften (Schneider, a. a. O.; Sendler, a. a. O.; vgl. auch Külpmann, a. a. O.). Ob dem generell zu folgen ist, kann offenbleiben. Gegenstand des vorliegenden Verfahrens ist ein Landesgesetz, dessen Interpretation nicht Aufgabe des Revisionsgerichts ist. Das Normenkontrollgericht legt dar, daß der geänderte Teil der Verordnung formelles Gesetz bleibe; daran ist der Senat gebunden (§ 137 Abs. 1, § 173 VwGO, § 560 ZPO). Daraus ergibt sich jedoch nicht, wie ein solches formelles Gesetz materiell zu beurteilen ist. Auch auf der Grundlage der Auslegung des Normenkontrollgerichts unterscheidet sich eine durch Gesetz geänderte Verordnungsnorm mit „Entsteinerungsklausel" in ihrer Qualität von dem Regelfall eines förmlichen Gesetzes; ihr kommt ein minderer Rang zu.

Vor diesem Hintergrund erscheint die Rechtsauffassung, daß ein Normenkontrollverfahren hinsichtlich eines durch formelles Landesgesetz geänderten Verordnungsteils nach § 47 Abs. 1 Nr. 2 VwGO ausnahmslos ausgeschlossen sei, als verfehlt. Sie macht den betroffenen Bürger zwar nicht rechtsschutzlos – verfassungsrechtlich geboten ist die verwaltungsgerichtliche Normenkontrolle nicht –, nimmt ihm jedoch ein sonst gegenüber einer Rechtsverordnung gegebenes Rechtsmittel. Die verwaltungsgerichtliche Normenkontrolle soll, soweit sie nicht lediglich auf eine objektive Rechtskontrolle abzielt, den Rechtsschutz der Bürger verbessern; durch sie sollen mögliche Zweifel an der Gültigkeit einer untergesetzlichen Rechtsnorm einer frühzeitigen Klärung zugeführt werden; insoweit dient sie der Beschleunigung des Rechtsschutzes und der Rechtsklarheit (vgl. BVerwG, Beschluß v. 14.7.1978 – 7 N 1.78 –, BVerwGE 56, 172, 178; Urteil v. 3.11.1988 – 7 C 115.86 –, BVerwGE 80, 355, 363). Die Rechtsauffassung des Normenkontrollgerichts führt in Ländern, die von der Ermächtigung des § 47 Abs. 1 Nr. 2 VwGO Gebrauch gemacht haben, innerhalb einer durch ein formelles Gesetz geänderten Rechtsverordnung zu unterschiedlichem Rechtsschutz. Welches der richtige Rechtsschutzweg ist, kann zudem vom betroffenen Bürger nicht oder nur mit Mühe erkannt werden. Die Wahl des richtigen Rechtsschutzes wird unzumutbar erschwert (vgl. auch Lücke, in: Sachs, GG, 3. Aufl. 2003, Art. 80 Rdnr. 7). Beeinträchtigt ist – wie auch das Normenkontrollgericht zu Recht beklagt – zumindest die Klarheit des Rechtsschutzes. Dabei berücksichtigt die Vorinstanz nicht, daß die Aufnahme von neuem oder geändertem Verordnungsrecht in das (formelle) Gesetz jedenfalls dann nicht dessen Aufwertung zu materiellem Gesetzesrecht bezweckt, wenn die neuen Vorschriften sogleich der Änderungsbefugnis durch den Verordnungsgeber unterstellt werden. Vielmehr werden diese Rechtsvorschriften typischerweise allein aus Zweckmäßigkeitsgründen in der Gestalt eines formellen Gesetzes erlassen; materiell sollen sie nach dem Willen des Gesetzgebers nur den Rang einer Rechtsverordnung haben. Dem Gebot effektiven und gleichen Rechtsschutzes wird deshalb eine Auslegung des § 47 Abs. 1 Nr. 2 VwGO nicht gerecht, die die verwaltungsgerichtliche Normenkontrolle von vornherein am formellen Gesetzescharakter einer Rechtsvorschrift scheitern läßt. Auch spricht jedenfalls für den Regelfall nichts dafür, daß der Gesetzgeber mit dieser Normierungstechnik eine vollständige Überprüfung der geänderten Verordnung im Verfahren nach § 47 Abs. 1 Nr. 2 VwGO ausschließen will.

Die Zulassung der verwaltungsgerichtlichen Normenkontrolle gegen eine Rechtsvorschrift, die Bestandteil eines formellen Gesetzes ist, ist auch nicht stets und ausnahmslos mit dem Verwerfungsmonopol des Bundesverfassungsgerichts gemäß Art. 100 GG unvereinbar. Nach dem Grundgedanken des Art. 100 GG ist es Aufgabe des Bundesverfassungsgerichts zu verhüten, daß jedes einzelne Gericht sich über den Willen des Bundes- oder Landesgesetzgebers hinwegsetzt, indem es von ihnen beschlossene Gesetze nicht anwendet, weil sie nach Auffassung des Gerichts mit höherrangigem Recht nicht vereinbar sind (BVerfGE 1, 184, 197). Die Vorschrift soll die Autorität des konstitutionellen Gesetzgebers wahren (BVerfGE 97, 117, 122). Allein aus diesem Grund – nämlich weil sie nicht vom Gesetzgeber erlassen werden – unterliegen Rechtsverordnungen nicht dem Verwerfungsmonopol des Bundesverfassungsgerichts. Die Autorität des parlamentarischen Gesetzgebers ist aber auch dann nicht betroffen, wenn andere Gerichte als das Bundesverfassungsgericht Normen für unwirksam erklären, die der Gesetzgeber im Zusammenhang der Änderung von (formellen und materiellen) Gesetzen ergänzend als materielles Verordnungsrecht erlassen und dabei durch die sog. „Entsteinerungsklausel" zugleich dessen Rückkehr zum einheitlichen Verordnungsrang angeordnet hat. Denn hierdurch wird deutlich, daß die

Gesetzesform nur das Mittel ist, um zügig eine einheitliche Änderung des gesamten materiellen Rechts vornehmen zu können. Dagegen sind keine Gründe erkennbar, die aus der Sicht des Gesetzgebers dagegen sprechen könnten, den durch Gesetz eingefügten Verordnungsteil – selbst wenn er bis zu seiner erneuten Änderung formelles Gesetz bleibt – im Hinblick auf den Rechtsschutz sogleich wie eine echte Rechtsverordnung zu behandeln.

In der von den Beteiligten kontrovers diskutierten Entscheidung zu den durch Gesetz festgestellten Hamburger Bebauungsplänen (BVerfGE 70, 35) hat auch das Bundesverfassungsgericht in der Gesetzesform kein Hindernis für die Zulässigkeit eines verwaltungsgerichtlichen Normenkontrollverfahrens gesehen. Im übrigen läßt sich zwar seine – zu einer Entscheidung zu § 47 Abs. 1 Nr. 1 VwGO ergangene – Begründung nicht auf den vorliegenden Fall übertragen. Dem Sinn und Zweck des § 47 Abs. 1 Nr. 2 VwGO, die rechtlichen Voraussetzungen für eine verwaltungsgerichtliche Normenkontrolle für untergesetzliche Rechtsvorschriften der Länder zu schaffen, wird jedoch auch hier eine Auslegung besser gerecht, die nicht den Begriff des formellen Landesgesetzes als einziges Unterscheidungskriterium wählt, sondern – im Rahmen des rechtlich Möglichen – auch auf die weiteren Umstände des Erlasses und auf den Inhalt der Vorschrift abstellt. Darüber hinaus erscheint es weder systemgerecht noch mit der Stellung und der Aufgabe des Bundesverfassungsgerichts vereinbar, daß einzelne Normen, die wegen ihrer geringeren Bedeutung typischerweise als Rechtsverordnung erlassen werden und deshalb generell der verwaltungsgerichtlichen Normenkontrolle unterliegen, nur wegen ihres – unter dem Gesichtspunkt des Rechtsschutzes – zufälligen Erlasses durch ein förmliches Gesetz allein vom Bundesverfassungsgericht für nichtig erklärt werden können sollten.

Wenn § 47 Abs. 1 Nr. 2 VwGO demgemäß grundsätzlich gestattet, daß das Landesrecht auch als formelles Gesetzesrecht erlassene Teile landesrechtlicher Rechtsverordnungen, wenn sie mit einer „Entsteinerungsklausel" versehen sind, der verwaltungsgerichtlichen Normenkontrolle unterwirft, so bedeutet dies jedoch nicht, daß diese Verordnungsteile stets der Normenkontrolle unterliegen müssen, wenn ein Land von der Ermächtigung des § 47 Abs. 1 Nr. 2 VwGO Gebrauch gemacht hat. Zum einen hat das jeweilige Bundesland nicht nur die Wahl, das Normenkontrollverfahren nach § 47 Abs. 1 Nr. 2 VwGO zuzulassen oder nicht; es kann vielmehr von der Ermächtigung dieser Vorschrift auch nur teilweise Gebrauch machen (vgl. den bereits erwähnten § 4 AGVwGO RP). Zum ändern erscheint es dem Senat aber auch als rechtlich nicht ausgeschlossen, daß Normänderungen oder -ergänzungen, die durch ein Landesgesetz in eine Rechtsverordnung eingefügt worden sind, wegen landesrechtlicher Besonderheiten nicht als untergesetzliches Recht i. S. von § 47 Abs. 1 Nr. 2 VwGO klassifiziert werden können. Der Antragsgegner macht dies hier unter Hinweis auf Art. 14 Abs. 3 des Bayerischen Landesplanungsgesetzes geltend, nach dem die im Landesentwicklungsprogramm enthaltenen Ziele der Landesplanung und Raumordnung (nur) mit Zustimmung des Landtags von der Staatsregierung als Rechtsverordnung beschlossen werden können (vgl. hierzu aber auch BayVGH, Urteil v. 7. 7. 1983 – Nr. 22 N 82 A 772 –, DVBl. 1983, 1157). Dem ist hier nicht weiter nachzugehen. Für die Auslegung von § 47 Abs. 1 Nr. 2 VwGO ist allein wesentlich, daß er nach der Rechtsauffassung des Senats gestattet, im Ausnahmefall auch formelles Gesetzesrecht der verwaltungsgerichtlichen Normenkontrolle zu unterstellen, mag diese Möglichkeit auch durch landesrechtliche Besonderheiten wiederum einschränkbar sein.

c) Das Normenkontrollgericht hat seiner Entscheidung ein abweichendes Verständnis des § 47 Abs. 1 Nr. 2 VwGO zugrunde gelegt; damit hat es Bundesrecht verletzt. Eine abschließende Entscheidung über die Statthaftigkeit der vorliegenden Normenkontrollen ist dem Senat jedoch gegenwärtig nicht möglich, weil dies eine erneute Prüfung durch das für die Auslegung des Landesrechts in erster Linie berufene Normenkontrollgericht erfordert. Zwar ist dieses davon ausgegangen, daß § 47 Abs. 1 Nr. 2 VwGO und Art. 5 Satz 1 BayAGVwGO denselben Inhalt haben. Bei seiner Auslegung von Art. 5 Satz 1 BayAGVwGO war ihm jedoch die abweichende Auslegung des § 47 Abs. 1 Nr. 2 VwGO durch den Senat nicht bekannt. Ihm ist deshalb Gelegenheit zu geben, in Kenntnis der Rechtsauffassung des Senats seine Auslegung der landesrechtlichen Ausführungsvorschrift zu überprüfen und ggf. zu korrigieren. Zugleich kann das Normenkontrollgericht prüfen, ob landesrechtliche Besonderheiten im vorliegenden Fall die verwaltungsgerichtliche Normenkontrolle ausschließen.

2. Dagegen ist die Normenkontrollentscheidung entgegen der Auffassung der Revision nicht aufzuheben, weil das Normenkontrollgericht ohne mündliche Verhandlung durch Beschluß entschieden hat. § 47 Abs. 5 Satz 1 VwGO läßt eine Entscheidung ohne mündliche Verhandlung grundsätzlich zu. Die geltend gemachte Verletzung von Art. 6 Abs. 1 EMRK liegt nicht vor.

Nach Art. 6 Abs. 1 Satz 1 EMRK hat jedermann einen Anspruch darauf, „daß seine Sache in billiger Weise öffentlich und innerhalb einer angemessenen Frist gehört wird, und zwar von einem unabhängigen und unparteiischen ... Gericht, das über zivilrechtliche Ansprüche und Verpflichtungen ... zu entscheiden hat". Wie der Senat in seinem Urteil vom 16. 12. 1999 (– 4 CN 9.98 –, BVerwGE 110, 203 = BRS 62 Nr. 43 = BauR 2000, 679) näher ausgeführt hat, folgt aus dem Zusammenwirken von § 47 Abs. 5 Satz 1 VwGO und dieser Vorschrift der Grundsatz, daß auch über einen bei einem Verwaltungsgericht gestellten Normenkontrollantrag, mit dem sich der Eigentümer eines im Plangebiet gelegenen Grundstücks gegen eine Festsetzung in einem Bebauungsplan wendet, die unmittelbar sein Grundstück betrifft, auf Grund einer mündlichen Verhandlung zu entscheiden ist (vgl. auch Senat, Beschluß v. 30. 7. 2001 – 4 BN 41.01 –, BRS 64 Nr. 56 = BauR 2002, 278 = Buchholz 140 Art. 6 EMRK Nr. 8). Ob sich diese Rechtsprechung generell auf einen Normenkontrollantrag gegen ein Ziel der Raumordnung übertragen läßt, ist zweifelhaft. Zumindest im Regelfall wird das Ziel nicht hinreichend konkret sein, um die Annahme zu begründen, daß sich die Entscheidung über seine Wirksamkeit unmittelbar auf das Grundeigentum des Antragstellers auswirken wird. Die Frage kann hier jedoch offenbleiben. Denn das Normenkontrollgericht hat die Anträge als unzulässig abgelehnt. Dabei hat es sinngemäß ausgeführt, daß den Antragstellern zwar im Rahmen des Normenkontrollverfahrens (noch) kein Rechtsschutz gewährt werden könne, daß ihnen jedoch später – durch Anfechtung der Planfeststellungsentscheidung – voller Rechtsschutz zur Verfügung stehe. Eine solche Entscheidung ist generell nicht geeignet, auf die Rechtsstellung eines Antragstellers im Hinblick auf sein Grundeigentum einzuwirken. In diesem Sinne hat der Senat auch bereits in seinem Urteil vom 16.12.1999 (– 4 CN 9.98 –, a. a. O., S. 209 und 215) ausgeführt, daß (nur) ein zulässiger Normenkontrollantrag gegen Festsetzungen eines Bebauungsplans, die sein im Plangebiet gelegenes Grundstück unmittelbar betreffen, die Voraussetzungen des Art. 6 Abs. 1 Satz 1 EMRK erfüllt und daß von der Durchführung einer mündlichen Verhandlung abgesehen werden könne, wenn der Antrag offensichtlich unzulässig sei. Fehlt es an der Offensichtlichkeit, so wird ein Normenkontrollgericht zwar gut beraten sein, vorsorglich eine mündliche Verhandlung durchzuführen. Lehnt es den Antrag dann jedoch ab, weil er unzulässig sei, so läßt diese Entscheidung das Grundeigentum des Antragstellers unberührt.

Über die Normenkontrollanträge der Gemeinden (Antragstellerinnen zu 8) bis 10)) durfte das Normenkontrollgericht schon deshalb ohne mündliche Verhandlung entscheiden, weil diese nicht eine Eigentumsverletzung, sondern eine Verletzung ihrer Planungshoheit geltend machen; diese gehört nicht zu den „civil rights" i. S. von Art. 6 Abs. 1 Satz 1 EMRK. Ob sich Gemeinden überhaupt auf Art. 6 EMRK berufen können, kann offenbleiben.

3. Einer Zurückverweisung der Sache bedarf es allerdings nicht, soweit es um die Normenkontrollanträge der beteiligten Grundeigentümer (Antragsteller zu 1) bis 7)) geht. Die Ablehnung der Normenkontrollanträge dieser Antragsteller ist nämlich aus anderen Gründen richtig (§ 144 Abs. 4 VwGO). Ihnen fehlt die Antragsbefugnis für das vorliegende Verfahren, weil sie durch das streitige Ziel der Raumordnung und Landesplanung nicht in ihren Rechten verletzt sein können (§ 47 Abs. 2 Satz 1 VwGO). Dem Ziel, die Bundesautobahn A 94 auf der Trasse über Dorfen zu führen, kommt nämlich weder eine enteignende Vorwirkung noch eine sonstige unmittelbare Rechtswirkung auf das Eigentum der Antragsteller zu.

Bereits in tatsächlicher Hinsicht ist zweifelhaft, ob die Antragsteller durch die Trassenwahl betroffen sind. Zwar mag es sein, daß sich aus den Plänen (Planentwürfen) des Planfeststellungsverfahrens für den Neubau der Autobahn ergibt, daß die Trasse über Grundflächen der Antragsteller geführt werden soll. Darauf kommt es im vorliegenden Verfahren jedoch nicht an. Denn nicht die Planfeststellung, sondern die Festlegung eines raumordnerischen Ziels ist Gegenstand dieses Verfahrens. Durch das raumordnerische Ziel der Trassenführung über Dorfen wird jedoch die genaue Lage der geplanten Autobahn nicht (parzellenscharf) festgelegt. Schon hierin unterscheidet sich der vorliegende Fall von dem des Beschlusses des Bundesverwaltungsgerichts v. 20.12.1988 (– 7 NB 2.88 –, BVerwGE 81, 128) dem ein Streit über einen Abfallbeseitigungsplan zugrunde lag, der den Standort einer Abfallbeseitigungsanlage konkret festlegte.

Aber selbst wenn sich aus den örtlichen Gegebenheiten ergeben sollte, daß Grundflächen eines einzelnen Antragstellers zwangsläufig in Anspruch genommen werden müßten, würde es an seiner rechtlichen Betroffenheit fehlen. Denn Ziele der Raumordnung haben gegenüber privaten Grundeigentümern keine unmittelbaren Rechtswirkungen. Ziele der Raumordnung sind von öffentlichen Stellen bei ihren Planungen, insbesondere auch bei Planfeststellungen, zu beachten (§ 4 Abs. 1 Satz 1 und 2 Nr. 1 ROG); der private Eigentümer wird durch sie aber unmittelbar weder verpflichtet noch berechtigt. Wie der Bayerische Verfassungsgerichtshof in seiner Entscheidung vom 15. 7. 2002 (– Vf. 10-VII-00 u. a. –, DÖV 2003, 78) zutreffend ausgeführt hat, kann die Zielfestsetzung innerhalb der Planfeststellung nicht bewirken, daß eine aus anderen Gründen sich aufdrängende Trassenalternative aus der Abwägung nach § 17 Abs. 1 Satz 2 FStrG auszuscheiden wäre. Eine andere Rechtsauffassung könnte mit Art. 14 GG allenfalls dann vereinbar sein, wenn die privaten Belange der Grundeigentümer im Bereich der Trasse bereits bei der Zielfestlegung ausreichend berücksichtigt worden wären (vgl. BVerwG, Urteil v. 19. 7. 2001 – 4 C 4.00 – BVerwGE 115, 17, 28 = BRS 64 Nr. 96 = BauR 2002, 41); das nimmt hier aber auch der Antragsgegner nicht an. Bleiben also auch nach der Rechtsauffassung des Antragsgegners die privaten Rechte der Antragsteller von der raumordnerischen Trassenfestlegung unberührt, so können den Antragstellern zu 1) bis 7) insoweit keine rechtlichen Nachteile bei der Anfechtung des oder der Planfeststellungsbeschlüsse für den Autobahnbau drohen. Ihre Normenkontrollanträge sind daher im Ergebnis zu Recht abgelehnt worden.

Dagegen sind die Antragstellerinnen zu 8) bis 10) antragsbefugt. Sie können geltend machen, durch das raumordnerische Ziel der Trassenführung über Dorfen in ihrem gemeindlichen Selbstverwaltungsrecht nach Art. 28 Abs. 2 GG verletzt zu sein. Darüber hinaus sind sie auch als Behörden i. S. von § 47 Abs. 2 Satz 1 VwGO antragsberechtigt (BVerwG, Beschluß v. 15. 3. 1989 – 4 NB 10.88 –, BVerwGE 81, 307 = BRS 49 Nr. 39 = BauR 1989, 573; vgl. auch BVerwG, Urteil v. 7. 6. 2001 – 4 CN 1.01 –, BVerwGE 114, 301 = BRS 64 Nr. 79 = BauR 2002, 282).

4. Eine abschließende Entscheidung des Senats zugunsten der Antragstellerinnen zu 8) bis 10), weil der Erlaß des streitigen raumordnungsrechtlichen Ziels durch den Antragsgegner mit der Kompetenzordnung des Grundgesetzes unvereinbar sei, wie die Revision meint, ist schon deshalb ausgeschlossen, weil gegenwärtig noch offen ist, ob eine verwaltungsgerichtliche Normenkontrolle des hier streitigen Ziels überhaupt zulässig ist.

Nr. 57

Rechtsschutzinteresse für Normenkontrollantrag; erhöhte Lärmbeeinträchtigung, wesentliche Änderung einer Straße

VwGO § 47 Abs. 2; 16. BImSchV § 1 Abs. 2 Satz 1.

Bundesverwaltungsgericht, Beschluß vom 5. Juni 2003 – 4 BN 19.03 –.

(Niedersächsisches OVG)

Nr. 57

Aus den Gründen:

I. Das Rechtsschutzinteresse ist nicht deshalb entfallen, weil inzwischen der Bebauungsplan S-688 E vom März 2003 in Kraft getreten ist. Dahinstehen kann, wie weit dieser Bebauungsplan im Verhältnis zum Bebauungsplan S-688 E vom Juli 1998, der den Gegenstand des anhängigen Normenkontrollverfahrens bildet, eigenständige rechtliche Bedeutung hat. Soweit er dazu dient, insbesondere die vom Normenkontrollgericht markierten Fehler zu beheben, bleiben die Festsetzungen im Bebauungsplan vom Juli 1998 hiervon unberührt. Sollte er dazu bestimmt sein, den alten Plan zu ersetzen, hat er lediglich verdrängende Wirkung (vgl. BVerwG, Urteil v. 10. 8. 1990 – 4 C 3.90 –, BVerwGE 85, 289). Denn die Antragsgegnerin hat den Plan vom Juli 1998 nicht förmlich aufgehoben. Sollte sich der Bebauungsplan vom März 2003, aus welchen Gründen immer, als nichtig oder unwirksam erweisen, gilt der alte Plan fort. Solange eine Rechtsvorschrift noch Rechtswirkungen zu äußern vermag, kann sie Gegenstand einer Normenkontrolle sein (vgl. BVerwG, Beschluß vom 2. 9. 1983 – 4 N 1.83 –, BVerwGE 68, 12). Selbst das Außerkrafttreten einer Norm während des Normenkontrollverfahrens führt nicht ohne weiteres dazu, daß ein bis dahin zulässiger Normenkontrollantrag unzulässig wird. Ein berechtigtes Interesse an der Feststellung, daß die außer Kraft getretene Rechtsvorschrift ungültig oder unanwendbar war, ist jedenfalls insoweit anzuerkennen, als den Prüfungsgegenstand Bestimmungen bilden, die unverändert in die neue Regelung übernommen worden sind (vgl. BVerwG, Urteil v. 11. 4. 2002 – 7 CN 1.02 –, DVBl. 2002, 1127). Das Recht der Antragstellerin, sich gegen den neuen Bebauungsplan zur Wehr zu setzen, bleibt hiervon unberührt.

II. 2. b) Auch die Frage, ob „die Verbreiterung einer Fahrbahn in der Weise, daß LKWs anders als bisher ungehindert nebeneinander oder im Zweirichtungsverkehr fahren können, als Erweiterung um einen oder mehrere Fahrstreifen i. S. des § 1 Abs. 2 Satz 1 Nr. 1 der 16. BImSchV (gilt)", nötigt nicht zur Revisionszulassung. Wie aus den Gründen des angefochtenen Urteils zu ersehen ist, soll die B.-Allee, die derzeit eine Breite von 5,20 m bis 5,80 m aufweist, einen Querschnitt zwischen 6,25 m und 6,35 m erhalten. Durch die Baumaßnahme erhält die Straße keinen zusätzlichen „Fahrstreifen" i. S. des § 1 Abs. 2 Satz 1 Nr. 1 der 16. BImSchV. Die B.-Allee kann in beiden Richtungen für Verkehrszwecke genutzt werden. Sowohl in der einen als auch in der anderen Richtung ist ein Fahrstreifen vorhanden. Denn die Breite reicht aus, um selbst Lastkraftwagen, wenn auch unter teilweiser Ausnutzung der unbefestigten Randstreifen, die Straßenbestandteil sind, eine Begegnung zu ermöglichen. An der Zahl der Fahrstreifen ändert sich durch die Baumaßnahme nichts. Die beiden vorhandenen Fahrstreifen werden verbreitert. Dagegen wird weder für die eine noch die andere Richtung ein weiterer Fahrstreifen hinzugefügt. Nur unter dieser Voraussetzung aber wertet der Normgeber in § 1 Abs. 2 Satz 1 Nr. 1 der 16. BImSchV die bauliche „Erweiterung" einer Straße als wesentliche Änderung.

c) Mit der Frage, ob „eine erhebliche bauliche Änderung nur dann wesentlich i. S. des § 41 Abs. 1 BImSchG (ist), wenn der Beurteilungspegel mindestens entsprechend den in § 1 Abs. 2 Satz 1 Nr. 2 der 16. BImSchV angeführten

Werten erhöht wird", zeigt die Antragstellerin ebenfalls keinen Klärungsbedarf auf. Soweit nicht eine der weiteren Tatbestandsalternativen erfüllt ist, stellt § 1 Abs. 2 Satz 1 Nr. 2 der 16. BImSchV auf eine Erhöhung des Beurteilungspegels um mindestens 3 dB(A) ab. Insoweit hat die Regelung unabhängig davon, ob die Fälle der wesentlichen Änderung in § 1 Abs. 2 der 16. BImSchV abschließend definiert werden, eine kodifikatorische Wirkung. Setzt der Normgeber für eine wesentliche Änderung ausdrücklich eine vorhabenbedingte Erhöhung des Beurteilungspegels um mindestens 3 dB(A) voraus, so ist es dem Richter grundsätzlich verwehrt, die maßgebliche Schwelle niedriger festzulegen. Über den eindeutigen Text hinwegzugehen, käme nur dann in Betracht, wenn eine nähere Prüfung ergäbe, daß die vom Verordnungsgeber getroffene Regelung von der in § 43 Abs. 1 Satz 1 Nr. 1 BImSchG enthaltenen Ermächtigung nicht mehr gedeckt ist.

d) Auch die Frage, ob „eine 'wesentliche Änderung' i. S. des § 41 Abs. 1 BImSchG ungeachtet des Kriteriums aus § 1 Abs. 2 Satz 1 Nr. 2 der 16. BImSchV jedenfalls dann (vorliegt), wenn die erhebliche bauliche Änderung einer bauplanungsrechtlich relevanten verkehrssteigernden Nutzungsänderung dient", weist keinen Problemgehalt auf, der sich nur im Rahmen einer Revision angemessen erschließen läßt. Soweit die Antragstellerin in diesem Zusammenhang einer funktionalen Betrachtungsweise das Wort redet, bedarf es nicht eigens einer Bestätigung in einem Revisionsverfahren. Der Senat hat bereits im Urteil vom 9. 2. 1995 – 4 C 26.93 –, (BVerwGE 97, 367) darauf hingewiesen, daß eine Änderung im Sinne der Lärmschutzvorschriften einen inneren Bezug der beabsichtigten Maßnahme zur Verkehrsfunktion der Straße voraussetzt. Die Leistungsfähigkeit der Straße muß so erhöht werden, daß in vermehrtem Maße Verkehr aufgenommen werden kann. Ob hierfür ausreicht, daß die Straße in einen Zustand versetzt wird, der ihr ein verändertes qualitatives Profil verleiht, kann dahinstehen. Nach den Feststellungen des Normenkontrollgerichts ist es nicht das planerische Ziel der Antragsgegnerin, die B.-Allee von einer Wohnstraße in eine Hauptverkehrsstraße umzuwandeln. Der „Qualitätssprung", den die Antragstellerin insoweit auszumachen vermeint, ist nach den Angaben im angefochtenen Urteil keine Folge der mit der Normenkontrolle angegriffenen Planung. Denn die Funktion einer Hauptverkehrsstraße hat die B.-Allee „mindestens seit 1990".

e) Schließlich zeigt die Antragstellerin auch mit der Frage, ob „bei einem Umbau einer Straße, der zum Zwecke einer Änderung der Verkehrsfunktion der Straße im Netz erfolgt, nur auf solche Verkehrsentwicklungen abzustellen (ist), die nach dem Satzungsbeschluß und dem Umbau der Straße eintreten, oder auch solche Verkehrsentwicklungen zu berücksichtigen (sind), die durch stadtentwicklungspolitische Maßnahmen erzeugt werden, welche bereits den geplanten Umbau der Straße als Planungsgrundlage hatten", keinen Klärungsbedarf auf. Nach § 41 BImSchG, zu dessen Ausfüllung die 16. BImSchV erlassen worden ist, ist sicherzustellen, daß durch den Bau oder die wesentliche Änderung des Verkehrsweges keine schädlichen Umwelteinwirkungen hervorgerufen werden. Lärmvorbelastungen haben außer Betracht zu bleiben. Sie rechtfertigen Lärmschutzmaßnahmen im Falle von baulichen Veränderungen nur dann, wenn sie die Zumutbarkeitsgrenze übersteigen, die durch das Verfassungsrecht gezogen wird. Dem trägt § 1 Abs. 2 Satz 2 der 16. BImSchV Rechnung. Unterhalb dieser Schwelle lösen erhöhte Lärmbeeinträchtigungen als Folge einer „schleichenden", nicht durch Maßnahmen des Planungsträgers veranlaßten Verkehrszunahme keine immissionsschutzrechtlichen Lärmschutzansprüche aus. Eine Lärmsanierung kommt in diesen Fällen nur nach Maßgabe der jeweils einschlägigen haushaltsrechtlichen Regelungen im Rahmen der vorhandenen finanziellen Mittel in Betracht (vgl. BVerwG, Urteil v. 9. 2. 1995 – 4 C 26.93 –, BVerwGE 97, 367; Beschluß v. 26. 1. 2000 – 4 VR 19.99 –, Buchholz 407.4 § 17 FStrG Nr. 156). Eine nicht hinnehmbare Schutzlücke besteht nicht. Abs. 1 Satz 2 Nr. 3 und Abs. 1 b Satz 1 Nr. 5 des § 45 StVO eröffnen den Straßenverkehrsbehörden die Möglichkeit, zum Schutz der Wohnbevölkerung vor Lärm die Benutzung bestimmter Straßen oder Straßenstrecken zu beschränken oder sonstige Anordnungen zu treffen (vgl. BVerwG, Urteile v. 4. 6. 1986 – 7 C 76.84 –, BVerwGE 74, 234 und vom 15. 2. 2000 – 3 C 14.99 –, Buchholz 442.151 § 45 StVO Nr. 40).

Nr. 58

1. **Bei der (teilweisen) Aufhebung einer Landschaftsschutzverordnung aus Anlaß einer gemeindlichen Bebauungsplanung erstreckt sich das naturschutzrechtliche Abwägungsgebot in § 2 Abs. 1 BNatSchG nicht auf die Bodennutzungskonflikte, die erst durch die Bauleitplanung ausgelöst und durch das Abwägungsgebot in § 1 Abs. 6 BauGB gesteuert werden.**

2. **Ein Antragsteller, der eine Verordnung, die den Landschaftsschutz aus Anlaß einer Bebauungsplanung (teilweise) aufhebt, im Wege der Normenkontrolle angreift, ist nach § 47 Abs. 2 Satz 1 VwGO in der Neufassung von 1996 nicht antragsbefugt, wenn und soweit er geltend macht, durch den nachfolgenden Bebauungsplan in seinen Rechten verletzt zu werden.**

BNatSchG a. F. § 1 Abs. 2, §§ 12 ff.; BNatSchG 2002 § 2 Abs. 1, §§ 22 ff.; VwGO § 47 Abs. 2 Satz 1; BauGB § 1 Abs. 6.

Bundesverwaltungsgericht, Urteil vom 11. Dezember 2003 – 4 CN 10.02 –.

(VGH Baden-Württemberg)

Der Antragsteller wendet sich im Wege der Normenkontrolle gegen die Verordnung des Antragsgegners vom Mai 2000 über die Änderung des Landschaftsschutzgebiets „Fichtenberger Rot-, Murr- und Fornsbachtal mit angrenzenden Höhenzügen". Das Gebiet wurde durch Landschaftsschutzverordnung von 1975 unter Schutz gestellt.

Der Antragsteller ist u. a. Eigentümer eines mit einem Wohnhaus bebauten Grundstücks im Ortsteil H. der Gemeinde O., das unmittelbar an das Landschaftsschutzgebiet angrenzt. Er ist ferner Eigentümer bzw. Pächter mehrerer Flurstücke, die sämtlich im Geltungsbereich der Landschaftsschutzverordnung von 1975 liegen. Die angegriffene Änderungsverordnung entläßt mehrere Flächen zwischen H. und dem nordwestlich davon gelegenen O. aus dem förmlichen Landschaftsschutz. Sie sollen durch Bebauungsplan als Bauland ausgewiesen werden, um dem dort ansässigen Holzverarbeitungsbetrieb die (erneute) Erweiterung seines Betriebsgeländes in Richtung Süd-Südosten zu ermöglichen. Die Verkleinerung des Schutzgebiets und die nachfolgende Bebauungsplanung hätten zur Folge, daß die Betriebsfläche näher an das Wohngrundstück des Antragstellers heranrückte. Der Abstand zwischen der neuen Schutzgebietsgrenze bei O. und dem Wohngrundstück verringert sich von ca. 410 auf 310 m. Die Änderungsverordnung berührt Eigentums- oder Pachtflächen des Antragstellers im Schutzgebiet nicht; sie erstreckt das Schutzgebiet auch nicht auf Flächen, die im Eigentum des Antragstellers stehen oder von ihm gepachtet sind.

Gegen den beim Landratsamt ausgelegten Entwurf der Änderungsverordnung erhob der Antragsteller Einwendungen.

Mit seinem Normenkontrollantrag erstritt er, die Änderungsverordnung vom Mai 2000 für nichtig zu erklären.

Aus den Gründen:
Der Verwaltungsgerichtshof hat zu Recht entschieden, daß der gemäß §47 Abs. 1 Nr. 2 VwGO i.V.m. §4 AGVwGOBadWürtt. statthafte Normenkontrollantrag unzulässig ist, weil der Antragsteller keine Antragsbefugnis besitzt.

Die Antragsbefugnis des Antragstellers beurteilt sich nach §47 Abs. 2 Satz 1 VwGO i.d.F. des Sechsten Gesetzes zur Änderung der VwGO und anderer Gesetze 6. VwGOÄndG vom 1.11.1996 (BGBl. I, 1626), die am 1.1.1997 in Kraft getreten ist. Danach ist ein Normenkontrollantrag nur zulässig, wenn der Antragsteller geltend macht, durch die Rechtsvorschrift oder deren Anwendung in seinen Rechten verletzt zu sein oder in absehbarer Zeit verletzt zu werden. Nach §47 Abs. 2 Satz 1 VwGO genügt ein Antragsteller seiner Darlegungspflicht, wenn er hinreichend substanziiert Tatsachen vorträgt, die es zumindest als möglich erscheinen lassen, daß er durch die angegriffene Norm in einer eigenen Rechtsposition verletzt wird. An die Geltendmachung einer Rechtsverletzung nach §47 Abs. 2 Satz 1 VwGO sind keine höheren Anforderungen zu stellen als nach §42 Abs. 2 VwGO (BVerwG, Urteile v. 10.3.1998 – 4 CN 6.97 –, BRS 60 Nr. 44 = BauR 1998, 740 und v. 24.9.1998 – 4 CN 2.98 –, BVerwGE 107, 215 = BRS 60 Nr. 46 = BauR 1999, 134). Unter Zugrundelegung des Antrags- und Revisionsvorbringens können Rechte des Antragstellers offensichtlich und eindeutig nach keiner Betrachtungsweise verletzt sein (zu diesem Erfordernis vgl. BVerwG, Urteil v. 22.2.1994 – 1 C 24.92 –, BVerwGE 95, 133, 134).

1. In Eigentums- oder Pachtrechte des Antragstellers greift die Änderungsverordnung nicht ein. Sie erstreckt den Landschaftsschutz nicht auf Grundstücke des Antragstellers, die bisher außerhalb des Landschaftsschutzgebiets lagen. Eigentums- und Pachtflächen des Antragstellers, die bereits im Schutzgebiet liegen, werden von der Änderungsverordnung nicht berührt; ihr Schutzstatus bleibt unangetastet.

Ein individueller Rechtsanspruch auf Ausweisung eines Gebiets als Landschaftsschutzgebiet besteht ebensowenig wie ein Rechtsanspruch privater Einzelner auf Fortbestand des förmlichen Schutzstatus. Aus Bundesrecht ergibt sich eine erzwingbare Pflicht der Naturschutzbehörden weder zur Festsetzung eines Landschaftsschutzgebiets noch zur Aufrechterhaltung einer solchen Festsetzung (BVerwG, Beschluß v. 21.7.1997 – 4 BN 10.97 –, BRS 59 Nr. 236). Die vom Antragsteller in Hinblick auf den beabsichtigten Bebauungsplan geltend gemachten wasserwirtschaftlichen und naturschutzrechtlichen Gefahren (Verringerung des Retentionsraums bei Hochwasser, Zerstörung des „Naturparks" und des Lebensraumes des Rotmilans) können seine Antragsbefugnis daher ebenfalls nicht begründen. Insoweit macht der Antragsteller öffentliche Belange und keine eigenen Rechte geltend.

2. Der Antragsteller kann seine Antragsbefugnis auch nicht auf die mögliche Verletzung eines Rechtsanspruchs auf gerechte Abwägung des von ihm geltend gemachten privaten Interesses stützen, von den befürchteten Immissionen des infolge der beabsichtigten Bauleitplanung „heranrückenden" Holzverarbeitungsbetriebes verschont zu bleiben. Ein derartiger Rechtsanspruch steht dem Antragsteller gegenüber dem Antragsgegner (Landratsamt) als Verordnungsgeber unter keinem denkbaren rechtlichen Gesichtspunkt zu. Unter der Geltung des §47 Abs. 2 Satz 1 VwGO (i. d. F. des 6. VwGOÄndG vom 1. 11. 1996) kann sich die Antragsbefugnis zur Normenkontrolle nicht (mehr) daraus ergeben, daß die zur Normenkontrolle gestellte Verordnung den bestehenden Landschaftsschutz für ein dem Grundstück des Antragstellers benachbartes Gebiet (ganz oder teilweise) zu dem Zweck aufhebt, dort eine bisher nicht zulässige, den Antragsteller beeinträchtigende Nutzung durch Bebauungsplan zu ermöglichen. Darin ist dem Normenkontrollgericht im Ergebnis zuzustimmen.

2.1 Der Hinweis der Revision auf das Senatsurteil vom 24. 9. 1998 (– 4 CN 2.98 –, a. a. O., S. 107, 215) zum drittschützenden Charakter des in § 1 Abs. 6 BauGB enthaltenen Abwägungsgebots führt hier nicht weiter. Nach jenem Urteil ist i. S. von § 47 Abs. 2 Satz 1 VwGO (n. F.) auch antragsbefugt, wer geltend machen kann, durch den Bebauungsplan in seinem Recht auf gerechte Abwägung seiner privaten Belange verletzt zu sein. Das subjektiv-rechtlich verstandene Abwägungsgebot bildet die rechtliche „Brücke" zwischen dem Betroffensein eines Interesses und der Pflicht des Planers, dieses Interesse bei der Entscheidung über den Erlaß und den Inhalt des Plans zu berücksichtigen.

Es ist zweifelhaft und bisher nicht abschließend geklärt, ob und in welchem Umfang diese Rechtsprechung auf das naturschutzrechtliche Abwägungsgebot in § 1 Abs. 2 BNatSchG a. F. (i.d.F. der Bekanntmachung v. 21. 9. 1998, BGBl. I, 2994), der hier noch anzuwenden wäre und nach §4 Satz 3 BNatSchG a. F. für die Bundesländer unmittelbar galt, übertragbar ist. Der Verordnungsgeber besitzt im Bereich des Naturschutzrechts ein „Normsetzungsermessen" (einen „Handlungsspielraum"), der von der Sachlage her in erster Linie durch eine dem Verhältnismäßigkeitsgrundsatz verpflichtete Würdigung der gegenüberstehenden Interessen des Natur- und Landschaftsschutzes auf der einen und der Nutzungsinteressen der von Nutzungsbeschränkungen betroffenen Grundeigentümer auf der anderen Seite geprägt ist. Die dem Verordnungsgeber obliegende „Prüfung", auch wenn man sie als „Abwägung" bezeichnet, ist mit der auf ein bestimmtes Vorhaben bezogenen Abwägung aller in Betracht kommenden Belange vor Feststellung eines Planes nicht identisch (BVerwG, Beschluß v. 16. 6. 1988 – 4 B 102.88 –, Buchholz 406.401 §15 BNatSchG Nr. 5). Die obergerichtliche Rechtsprechung und das Schrifttum sind in der Frage, ob und inwieweit § 1 Abs. 2 BNatSchG a. F.

(und nunmehr §2 Abs. 1 BNatSchG i.d.F. des BNatSchGNeuregG vom 25.3.2002 (BGBl. I, 1193)), auf private Belange zu erstrecken und in Fortführung der Rechtsprechung zu § 1 Abs. 6 BauGB als Rechtsgrundlage eines subjektiven Rechts auf gerechte Abwägung zu verstehen ist, geteilter Auffassung (vgl. hierzu Louis/Engelke, BNatSchG, 2. Aufl. 2000, § 1 Rdnr. 25, § 12 Rdnr. 77, 152 BNatSchG a. F.; Gassner, in: Gassner/Bendomir/Kahlo/ Schmidt/Räntsch, BNatSchG, 2. Aufl. 2003, §2 Rdnr. 25 BNatSchG 2002; Meßerschmidt, Bundesnaturschutzrecht, Stand: September 2003, §2 Rdnr. 29, 30 BNatSchG 2002, jeweils m. w. N. zur Rspr.).

Im vorliegenden Fall kann offenbleiben, ob aus der gesetzlichen Ausprägung des naturschutzrechtlichen Abwägungsgebots in § 1 Abs. 2 BNatSchG a. F. ein subjektives Recht auf gerechte Abwägung betroffener privater Belange folgt. Der Senat braucht auch nicht abschließend zu klären, wie weit der Kreis der privaten Belange zu ziehen ist, die der Verordnungsgeber bei der förmlichen Unterschutzstellung oder bei der (teilweisen) Aufhebung des Natur- und Landschaftsschutzes zu berücksichtigen hat.

2.2 Dem Antragsteller steht ein Anspruch auf gerechte Abwägung der von ihm geltend gemachten privaten Belange schon deshalb nicht zur Seite, weil seine durch den beabsichtigten Bebauungsplan ausgelösten Befürchtungen bei Erlaß der Änderungsverordnung nach dem Regelungszweck des Bundesnaturschutzgesetzes objektiv-rechtlich nicht zum notwendigen „Abwägungsmaterial" der Naturschutzbehörde gehörten. Das Normenkontrollgericht geht erkennbar davon aus, daß das Landesnaturschutzrecht in Übereinstimmung mit Bundesrecht einen solchen Anspruch des Antragstellers ebenfalls nicht begründet.

Der Kreis der relevanten Interessen, die der Verordnungsgeber bei der (teilweisen) Aufhebung des Natur- oder Landschaftsschutzes zu berücksichtigen hat, wird durch die Ziel- und Grundsatzbestimmungen des Bundesnaturschutzgesetzes und die Zwecke seiner Schutzinstrumente näher bestimmt und zugleich eingeschränkt. Dieses Gesetz und die seinen Rahmen ausfüllenden Naturschutzgesetze der Länder dienen als Fachgesetze einer bestimmten öffentlichen Aufgabe, dem Schutz, der Pflege und der Entwicklung von Natur und Landschaft. Hierzu normiert der Gesetzgeber Ziele, Grundsätze und Handlungsaufträge (vgl. §§ 1 und 2 BNatSchG), die u. a. durch die Ermächtigung zur Festlegung von Schutzgebieten konkretisiert werden (§§ 12 ff. BNatSchG a. F., §§22 ff. BNatSchG 2002). Die Unterschutzstellung eines Gebiets dient der Abwehr von Gefahren für Natur und Landschaft. Das Gesetz stellt dem Verordnungsgeber daher verschiedene Schutzgebietskategorien zur Verfügung, die sich nach dem konkreten Zweck unterscheiden, der je nach Eigenart des Gebiets mit besonderen Schutz-, Pflege- und Entwicklungsmaßnahmen verfolgt wird. Die damit verbundenen Regelungsbefugnisse werden dem Verordnungsgeber zur Lösung spezifischer naturschutzrechtlicher Interessenkonflikte eingeräumt. Diese Konflikte sind durch Interessenkollisionen gekennzeichnet, in denen entweder gegenläufige Naturschutzziele aufeinandertreffen (wie Naturschutz und Naturgenuß Erholung und Freizeit in der Natur) oder naturschutzexterne Interessen (wie Industrieansiedlung, gewerbliche Nutzung, Schaffung von Arbeitsplätzen, Verkehrsanlagen) im Widerstreit mit naturschutzspezifischen Umweltbelangen stehen. Auf diesen Interessenkonflikt zielt auch das Abwägungsgebot in § 1 Abs. 2 BNatSchG a. F. (§ 2 Abs. 1 BNatSchG 2002), das den Zielen des Naturschutzes und der Landschaftspflege die „Anforderungen der Allgemeinheit an Natur und Landschaft" gegenüberstellt. Es kommt im vorliegenden Zusammenhang nicht darauf an, ob das Gesetz mit den Anforderungen der „Allgemeinheit" nur Gründe des Gemeinwohls oder auch Nutzungsansprüche einzelner Privater erfaßt, die durch eine Unterschutzstellung oder deren (teilweise) Aufhebung negativ betroffen sind; grundrechtlich geschützte Belange sind in jedem Fall zu berücksichtigen (Art. 14 Abs. 1 GG). Entscheidend ist, daß der Gesetzgeber im Rahmen des Bundesnaturschutzgesetzes nur bestimmte Interessenkonflikte zum Ausgleich bringen will. Selbst wenn man zu den „Anforderungen der Allgemeinheit an Natur und Landschaft" grundsätzlich alle privaten und öffentlichen Nutzungsansprüche zählt, denen die Natur durch den Menschen ausgesetzt ist (Land- und Forstwirtschaft, Verkehr, Industrie und Gewerbe, Wohnen und Erholung), so beschränkt das naturschutzrechtliche Abwägungsgebot den Kreis der berücksichtigungsfähigen Interessen doch auf die Nutzungsansprüche, die nachteilige Auswirkungen auf Natur und Landschaft haben können. Bei der (teilweisen) Aufhebung des Schutzgebietsstatus sind die Auswirkungen der so geschaffenen erweiterten Nutzungsmöglichkeiten auf die zuvor mit dem förmlichen Schutz von Natur und Landschaft verfolgten Ziele zu berücksichtigen. Das Entscheidungsprogramm („Abwägungsmaterial") des Verordnungsgebers wird durch die fachspezifischen Schutzzwecke des Bundesnaturschutzgesetzes begrenzt.

Zu den Interessenkonflikten, die der Verordnungsgeber bei der (teilweisen) Aufhebung einer Landschaftsschutzverordnung lösen kann und soll, gehören nicht die Konflikte, die auf der Ebene des Städtebaurechts auftreten und durch das bauleitplanerische Abwägungsgebot in § 1 Abs. 6 BauGB gesteuert werden. Das trifft auch dann zu, wenn die Aufhebung des Schutzgebietsstatus den Erlaß eines Bebauungsplans vorbereiten soll, und gilt insbesondere für Bodennutzungskonflikte, die erst durch eine gemeindliche Bauleitplanung ausgelöst werden und Probleme des Immissionsschutzes in der Nachbarschaft aufwerfen (im Ergebnis ebenso VGH Mannheim, NVwZ-RR 2000, 770, 771; OVG Schleswig, NuR 2000, 477; Louis/Engelke, a. a. O., § 12 Rdnr. 153 BNatSchG a. F.). Die Schutzverordnung der Naturschutzbehörde ist nicht dazu bestimmt und geeignet, gegenläufige öffentliche und private Nutzungsinteressen zum Ausgleich zu bringen, die durch die künftige Ausweisung eines Industrie- oder Gewerbegebiets in einem früheren Landschaftsschutzgebiet betroffen sein könnten. Ist die zuständige Behörde zum Schutze bestimmter Teile von Natur und Landschaft aus naturschutzfachlicher Sicht nicht gezwungen, ein Schutzgebiet auszuweisen, so ist es ihr naturschutzrechtlich unbenommen, eine Schutzgebietsfestsetzung nachträglich wieder aufzuheben oder zu beschränken, sofern den besonderen Schutzzwecken entgegenstehende, überwiegende sachliche Gründe die Zurückstellung der Naturschutzbelange rechtfertigen (vgl. auch BVerwG, Beschluß v. 21. 7. 1997 – 4 BN 10.97 –, a. a. O.).

Soll der Landschaftsschutz hinter gegenläufigen Planungsabsichten einer Gemeinde zurückstehen, hat der Verordnungsgeber die Ziele der Bauleitplanung in den Blick zu nehmen und den betroffenen Belangen von Natur und Landschaft „abwägend" gegenüberzustellen. Dabei hat er die Ziele der Gemeinde vorausschauend auch daraufhin zu beurteilen, ob der Planung tatsächliche oder rechtliche Hindernisse entgegenstehen, die ihre Realisierung auf Dauer oder auf unabsehbare Zeit unmöglich machen. Die Aufhebung des Schutzgebietsstatus allein zu dem Zweck, den Weg für einen Bebauungsplan frei zu machen, der offensichtlich nicht vollzugsfähig und deshalb mit § 1 Abs. 3 BauGB nicht vereinbar wäre (vgl. BVerwG, Urteil v. 21.3.2002 – 4 CN 14.00 –, BVerwGE 116, 144, 146 ff. m. w. N. = BRS 65 Nr. 17 = BauR 2002, 1650), ist naturschutzrechtlich nicht erforderlich und rechtswidrig. Den Zweckzusammenhang zwischen der Entlassung aus dem Natur- oder Landschaftsschutz und den Zielen der gemeindlichen Bauleitplanung darf der Verordnungsgeber nicht übersehen. Ob er sich insoweit mit einer Evidenzprüfung begnügen darf, hängt von den Umständen des Einzelfalls ab, insbesondere von dem Gewicht der betroffenen naturschutzrechtlichen Belange und der bauleitplanerischen Eingriffsintensität.

Eine weitergehende Ermittlung und Bewertung der in der konkreten Planungssituation widerstreitenden städtebaulich relevanten Interessen und deren Gewichtung im Verhältnis zueinander fällt nicht in den Aufgabenbereich der als Verordnungsgeber handelnden Naturschutzbehörde und kann von ihr deshalb auch nicht verlangt werden. Die prozeßökonomische Funktion der Normenkontrolle nach § 47 VwGO rechtfertigt kein anderes Ergebnis. Die Antragsbefugnis wird gemäß § 47 Abs. 2 Satz 1 VwGO durch das materielle Recht bestimmt. Sie setzt einen Rechtsanspruch (subjektives Recht) voraus, dessen Verletzung durch die Norm oder deren Anwendung möglich sein muß. Einen solchen Anspruch gibt das materielle Recht in der vorliegenden Fallkonstellation wie ausgeführt nicht her. Der Rechtsschutz potentiell planbetroffener Anwohner, die sich gegen einen Bebauungsplan in einem ehemaligen Landschaftsschutzgebiet zur Wehr setzen wollen, wird dadurch sichergestellt, daß sie unter dem Vorbehalt ihrer Antragsbefugnis nach § 47 Abs. 2 Satz 1 VwGO i. V. m. § 1 Abs. 6 BauGB bei der Normenkontrolle des Bebauungsplans auch eine inzidente Überprüfung der landschaftsschutzrechtlichen Änderungsverordnung erreichen können. Das Normenkontrollgericht ist befugt, die Rechtmäßigkeit des Plans in diesem Fall auch daran zu messen, ob der förmliche Landschaftsschutz, der einer Planrealisierung im Wege stehen würde, gemessen an den Zielen und Grundsätzen des Naturschutzes und der Landschaftspflege zu Recht aufgehoben worden ist.

3. Die vom Antragsteller angeführte Rechtsprechung des Bundesverwaltungsgerichts zu § 47 Abs. 2 Satz 1 VwGO a. F., nach der eine Rechtsvorschrift im Wege der Normenkontrolle unter bestimmten Voraussetzungen auch dann angegriffen werden kann, wenn sie erst im Zusammenwirken mit einem weiteren Rechtsakt private Belange beeinträchtigen konnte, ist angesichts der Neufassung des § 47 Abs. 2 Satz 1 VwGO nicht geeignet, seine Antragsbefugnis zu begründen.

Die Revision verweist auf den Senatsbeschluß vom 18.12.1987 (– 4 NB 1.87 –, Buchholz 406.401 § 15 BNatSchG Nr. 2 = NVwZ 1988, 728; vgl. auch Beschluß v. 9.2.1995 – 4 NB 17.94 –, NVwZ 1995, 895). Danach konnte sich ein Nachteil i.S. des § 47 Abs. 2 Satz 1 VwGO a.F. daraus ergeben, daß durch die zur Normenkontrolle gestellte Verordnung der bestehende Landschaftsschutz für ein dem Grundstück des Antragstellers benachbartes Gebiet (ganz oder teilweise) gezielt aufgehoben wurde, um dort eine bestimmte, bisher nicht zulässige Nutzung (in jenem Fall: Golfplatz) durch Bebauungsplan zu ermöglichen. Diese Rechtsprechung läßt sich unter der Geltung des 1996 neu gefaßten § 47 Abs. 2 Satz 1 VwGO nicht fortführen. Sie stützt die Antragsbefugnis bei der Normenkontrolle einer landschaftsschutzrechtlichen Änderungsverordnung auf die Zurechenbarkeit von Nachteilen und will dem „handgreiflich-praktischen" Ursachenzusammenhang zwischen Verordnung und Bebauungsplan Rechnung tragen. Nach geltendem Recht setzt die Antragsbefugnis die Möglichkeit einer Rechtsverletzung durch die angegriffene Norm oder deren Anwendung voraus. Ein Antragsteller, der sich gegen die „konzertierte Aktion" von Verordnungsgeber und planender Gemeinde zur Wehr setzen will, kann eine prinzipale Normenkontrolle der Verordnung daher nur erreichen, wenn er ein subjektives Recht darauf geltend machen kann, daß der Verordnungsgeber sein „negatives Betroffensein" in einem privaten Interesse zu berücksichtigen hat. Der „Nachteil", der sich nach der früheren Rechtslage aus einem qualifizierten Ursachenzusammenhang zwischen Verordnung und Bebauungsplan ergeben mochte, wäre nach der Neufassung des § 47 Abs. 2 Satz 1 VwGO gegenüber dem Verordnungsgeber nur wehrfähig, wenn er Gegenstand eines gegen diesen gerichteten Rechtsanspruchs sein könnte. Das ist wie ausgeführt nicht der Fall.

Ergänzend ist klarzustellen, daß die unter Geltung des § 47 Abs. 2 Satz 1 VwGO a.F. bejahte Möglichkeit, einen Bebauungsplan mit dem Antrag auf Normenkontrolle anzugreifen, der erst zusammen mit einem weiteren Rechtsakt Belange des Antragstellers beeinträchtigen konnte, infolge der Neufassung der Antragsbefugnis in § 47 Abs. 2 Satz 1 VwGO nicht entfallen ist. Das zeigt ein Blick auf die entschiedenen Fälle. Einen die Antragsbefugnis begründenden Nachteil „durch" einen Bebauungsplan sieht der Senat darin, daß die vom Antragsteller geltend gemachte Beeinträchtigung privater Interessen zwar „endgültig" erst durch einen nachfolgenden eigenständigen Rechtsakt eintritt, dieser Rechtsakt jedoch in dem vom Antragsteller angegriffenen Bebauungsplan bereits „als vom Normgeber geplante Folgemaßnahme" angelegt war. Damit werden Konstellationen erfaßt, in denen der Bebauungsplan einen Konflikt aufgeworfen, aber nicht ausreichend bewältigt hat, und deshalb absehbar ist, daß im zeitlichen Zusammenhang mit dem Erlaß des Bebauungsplans weitere Maßnahmen zur Konfliktlösung ergriffen werden (vgl. BVerwG, Beschluß v. 14.2.1991 – 4 NB 25.89 –, BRS 52 Nr. 39 = BauR 1991, 435: Interesse eines emittierenden Betriebes, vor einschränkenden betrieblichen Anforderungen zugunsten der geplanten heranrückenden Wohnbebauung verschont zu bleiben; Beschluß v. 9.7.1992 – 4 NB 39.91 –, BRS 54 Nr. 40 = NVwZ 1993, 470: Gewerbebetrieb, der seinen Lagevorteil durch straßenverkehrsbehördliche Beschränkungen seines Liefer- und Kundenverkehrs als Folge der Festsetzung einer Fußgängerzone gefährdet sieht; Beschluß v. 13. 12. 1996 – 4 NB 26.96 –, BRS 58 Nr. 46 = NVwZ 1997, 682: Abwehr einer Befreiung für den Bau einer neuen Werkszufahrt, deren Erteilung durch die Änderung der Festsetzungen eines Bebauungsplans ermöglicht wird). Diese Entscheidungen stufen das mit dem Normenkontrollantrag geltend gemachte Interesse an der Abwehr von Folgemaßnahmen als privaten Belang ein, der in der bauleitplanerischen Abwägung beachtlich ist und dessen Beeinträchtigung einen die Antragsbefugnis begründenden „Nachteil" i. S. von § 47 Abs. 2 Satz 1 VwGO a. F. darstellte. Auf der Grundlage des Senatsurteils vom 24. 9. 1998 (– 4 CN 2.98 –, a. a. O.) zum Rechtsanspruch auf gerechte Abwägung öffentlicher und privater Belange gemäß § 1 Abs. 6 BauGB wird die Antragsbefugnis in diesen oder vergleichbaren Fällen in aller Regel zu bejahen sein. Wenn und soweit das Interesse des Antragstellers an der Abwehr planbedingter Folgemaßnahmen zum notwendigen Abwägungsmaterial gehört, wird es von dem durch § 1 Abs. 6 BauGB vermittelten subjektiven Recht auf gerechte Abwägung erfaßt, dessen (mögliche) Verletzung die Antragsbefugnis begründet.

Nr. 59

Eine Lärmverdoppelung kann je nachdem, welche Rolle die Vorbelastung spielt und wie schutzwürdig das jeweilige Gebiet ist, ein Indikator für eine mehr als geringfügige Betroffenheit sein. Regelhafte Schlüsse läßt sie, für sich genommen, indes nicht zu.
(Nichtamtlicher Leitsatz)

VwGO § 47 Abs. 2 Satz 1.

Bundesverwaltungsgericht, Beschluß vom 19. August 2003
– 4 BN 51.03 –.

(Bayerischer VGH)

Aus den Gründen:
1. a) Die Frage, ob „im Rahmen des § 47 Abs. 2 Satz 1 VwGO das Vorliegen einer möglichen Verletzung des subjektiven Rechts gemäß § 1 Abs. 6 BauGB bei planbedingter Verkehrszunahme wegen ‚Geringfügigkeit' verneint werden (kann), wenn sich die Lärmbelastung an dem betroffenen Grundstück in einem allgemeinen Wohngebiet nach Verwirklichung der Planung mehr als verdoppelt", rechtfertigt nicht die Zulassung der Revision auf der Grundlage des § 132 Abs. 2 Nr. 1 VwGO. Ob vermehrte Verkehrslärmbeeinträchtigungen im Sinne des Senatsbeschlusses vom 9. 11. 1979 (– 4 N 1.78 u. a. –, BVerwGE 59, 87 = BRS 35 Nr. 24 = BauR 1980, 36) mehr als „geringfügig" zu Buche schlagen, läßt sich nicht anhand fester Maßstäbe beurteilen. Im Beschluß vom 19. 2. 1992 (– 4 NB 11.91 –, BRS 54 Nr. 41 = NJW 1992, 2844) hat der Senat darauf hingewiesen, daß sich die Schwelle der Abwägungsrelevanz bei Verkehrslärmerhöhungen nicht allein durch einen Vergleich von Lärmwerten

markieren läßt. Selbst eine Lärmzunahme, die, bezogen auf einen rechnerisch ermittelten Dauerschallpegel, für das menschliche Ohr kaum hörbar ist, kann nach dieser Entscheidung zum Abwägungsmaterial gehören. Daraus läßt sich indes nicht im Umkehrschluß folgern, daß Lärmerhöhungen oberhalb der Hörbarkeitsschwelle stets als Abwägungsposten zu berücksichtigen sind. Es bedarf vielmehr einer wertenden Betrachtung der konkreten Verhältnisse. Eine Lärmverdoppelung kann je nachdem, welche Rolle die Vorbelastung spielt und wie schutzwürdig das jeweilige Gebiet ist, ein Indikator für eine mehr als geringfügige Betroffenheit sein. Regelhafte Schlüsse läßt sie, für sich genommen, indes nicht zu. Maßgeblich sind vielmehr die Umstände des Einzelfalls.

b) Die Antragsteller halten für klärungsbedürftig, ob „die Frage der 'Geringfügigkeit' der Lärmbeeinträchtigung auf Grund einer planbedingten Verkehrszunahme ausschließlich anhand prognostizierter Verkehrs(aufkommens)zahlen bewertet werden (kann), wenn auch Lärmpegelwerte bzw. Differenzwerte der Dauerschallpegel vor und nach Verwirklichung der Planung bezüglich der betroffenen Grundstücke vorliegen". Diese Frage läßt sich unschwer beantworten, ohne daß es der Durchführung eines Revisionsverfahrens bedarf. Zwischen dem Verkehrsaufkommen und den Lärmpegelwerten besteht ein untrennbarer Zusammenhang. Zu den privaten Belangen, die im Rahmen der Abwägung nach § 1 Abs. 6 BauGB zu berücksichtigen sind, gehört ggf. auch das Interesse, vor vermehrten Lärmimmissionen bewahrt zu bleiben. Ob dieses Interesse gewichtig genug ist, um abwägungsbeachtlich zu sein, hängt von der aus Pegelangaben ablesbaren Intensität der zusätzlichen Lärmbelastung ab, die sich wiederum nicht losgelöst davon beurteilen läßt, in welchem Umfang sich die Verkehrsmenge verändert. Ohne sich Klarheit darüber zu verschaffen, welches Verkehrsmehraufkommen zu erwarten ist, ist der Planungsträger gar nicht in der Lage, eine Lärmprognose anzustellen. Übersteigt die Lärmbelastung trotz der Pegelerhöhung nicht das Maß des Geringfügigen, so kommt es nicht entscheidend darauf an, ob die mangelnde Abwägungserheblichkeit von der einen oder der anderen Warte her begründet wird.

c) Auch mit der Frage, ob „eine Verletzung des subjektiven Rechts gemäß § 1 Abs. 6 BauGB wegen planbedingter Verkehrszunahme offensichtlich ausscheiden (kann), wenn die planende Gemeinde in dem Bebauungsplanverfahren es als erforderlich angesehen hat, bezüglich der betroffenen Grundstücke der Antragsteller ein Immissionsgutachten einzuholen", zeigen die Antragsteller keinen Klärungsbedarf i. S. des § 132 Abs. 2 Nr. 1 VwGO auf. Ob das Interesse, vor vermehrten Verkehrslärmimmissionen verschont zu bleiben, zum Abwägungsmaterial gehört, hängt davon ab, ob es den vom Senat in der Grundsatzentscheidung vom 9. 11. 1979 (– 4 N 1.78 u. a. –, a. a. O.) formulierten Relevanzkriterien genügt. Danach dürfen Belange außer Betracht bleiben, die durch die Planungsentscheidung nicht mehr als geringfügig betroffen werden. Ob dies der Fall ist, ist eine Frage rechtlicher Wertung, die nur auf der Grundlage von tatsächlichen Erkenntnissen getroffen werden kann. Erst wenn die Gemeinde klare Vorstellungen von den immissionsschutzrechtlichen Auswirkungen ihrer Planung hat, kann sie abschätzen, ob die Schwelle der Abwägungsrelevanz erreicht ist oder nicht. Verfügt sie insoweit nicht selbst über eine zuverlässige Datenbasis, so muß sie sich die erforderlichen Kenntnisse anderweitig verschaffen. Die Einholung eines Immissionsgutachtens bietet sich als ein für diesen Zweck geeignetes Mittel an. Denn läßt die Gemeinde unaufgeklärt, welche Lärmbeeinträchtigungen durch ihr Planvorhaben voraussichtlich hervorgerufen werden, so setzt sie sich der Gefahr eines Abwägungsdefizits aus.

Nr. 60

1. **Ist die Verwirklichung eines in einem Bebauungsplan festgesetzten Straßenbauvorhabens adäquat kausal für die Verlagerung des Verkehrsstroms auf eine andere Straße und eine damit einhergehende Erhöhung der Verkehrsbelastung, so sind die davon Betroffenen antragsbefugt i. S. des § 47 Abs. 2 Satz 1 VwGO, auch wenn sich ihre Grundstücke außerhalb des Plangebiets befinden.**

2. **Die Planung einer Straße durch Bebauungsplan erweist sich als abwägungsfehlerhaft, wenn die Gemeinde das abwägungserhebliche Interesse von Anwohnern einer außerhalb des Plangebiets liegenden Straße, von einer (weiteren) Zunahme des Straßenverkehrs und der damit verbundenen erhöhten Lärmbelästigung als Folge einer „Anbindung" an die neu geplante Straße verschont zu bleiben, im Planaufstellungsverfahren nicht berücksichtigt hat, obwohl es sich ihr hätte aufdrängen müssen.**

VwGO § 47 Abs. 2 Satz 1; BauGB §§ 1 Abs. 1, 3, 5, 6, 2 Abs. 1 Satz 1, 9 Abs. 1 Nr. 11, 24, 25, 214 Abs. 3, 215a Abs. 1; BImSchG §§ 41, 42, 43; 16. BImSchV §§ 1 Abs. 2, 2; FStrG § 17 Abs. 1, Abs. 3 Satz 1; ThürStrG § 3; StrG § 38 Abs. 1, Abs. 4.

Thüringer OVG, Urteil vom 2. Dezember 2003 – 1 N 290/99 –.

Die Antragsteller wenden sich gegen den Bebauungsplan BIN 149 VK der Antragsgegnerin, der den größten Teil einer vierstreifigen Straßenquerverbindung zwischen der Binderslebener Landstraße und der Gothaer Landstraße (B 7) festsetzt, die inzwischen – zunächst als zweistreifige Straße – hergestellt worden ist und genutzt wird. Für den nördlichen Teil dieser Straßenquerverbindung (bis zur Binderslebener Landstraße) war im Bebauungsplan BIN 031, der nicht Gegenstand des vorliegenden Verfahrens ist, eine Fläche ausgewiesen worden, deren nordwestlicher Teil als zweistreifige Erschließungsstraße festgesetzt und deren südöstlicher Teil mit dem Zusatz „Vorbehaltsfläche für geplante B 7 nach gesondertem Planfeststellungsverfahren" versehen worden war. Die fragliche Erschließungsstraße für das Plangebiet BIN 031 ist nach Angaben der Antragsgegnerin abweichend von den ursprünglichen Planungen auf dem als „Vorbehaltsfläche" bezeichneten südöstlichen Teil errichtet worden. In dem unmittelbar südöstlich daran angrenzenden Gebiet des Bebauungsplans BIN 137 ist eine Verkehrsfläche besonderer Zweckbestimmung festgesetzt worden, um eine Trasse für den eventuellen vierstreifigen Ausbau des nördlichen Teils der „Querspange" bis zur Binderslebener Landstraße freizuhalten.

Nr. 60

Die Antragsteller sind Eigentümer von an der Binderslebener Landstraße – außerhalb des Geltungsbereichs des streitigen Bebauungsplans – gelegenen und mit Wohnhäusern bebauten Grundstücken. Die etwa in Ost-West-Richtung verlaufende und hier als Landesstraße (L 1043) gewidmete Binderslebener Landstraße dient als Verbindung zwischen der Innenstadt bzw. der Bundesstraße 4 und dem Flughafen Erfurt. Im Kreuzungsbereich zwischen Binderslebener Landstraße und B 4 ist inzwischen auf der Grundlage einer entsprechenden Plangenehmigung des Thüringer Ministeriums für Wirtschaft und Infrastruktur von 1997 der Verkehrsknotenpunkt „Binderslebener Knie" hergestellt worden; hier führt aus nördlicher Richtung eine der drei Fahrspuren auf die Binderslebener Landstraße. Seit der Fertigstellung der Straßenquerverbindung zur B 7 Ende 1998 dient die Binderslebener Landstraße außerdem als Zubringer zur neuen Autobahn A 71, die zur Zeit in nördlicher Richtung etwa in Höhe der B 7 endet.

Aus den Gründen:
I. Der Antrag ist nach §47 Abs. 1 Nr. 1 VwGO statthaft und auch sonst zulässig. Insbesondere sind die Antragsteller nach §47 Abs. 2 Satz 1 VwGO antragsbefugt, da sie geltend machen können, durch den angegriffenen Bebauungsplan in ihren Rechten verletzt zu sein. Dem steht nicht entgegen, daß sich ihre Grundstücke außerhalb des Geltungsbereichs des Bebauungsplans befinden. Auch der Eigentümer eines außerhalb des Plangebiets gelegenen Grundstücks kann eine mögliche Verletzung des in § 1 Abs. 6 BauGB verankerten Abwägungsgebots rügen, das hinsichtlich solcher privater Belange, die für die Abwägung erheblich sind, drittschützenden Charakter hat (vgl. BVerwG, Urteil vom 24. 9. 1998 – 4 CN 2.98 –, BVerwGE 107, 215 = BRS 60 Nr. 46 = NJW 1999, 592 = UPR 1999, 27, sowie Beschluß v. 6. 12. 2000 – 4 BN 59.00 –, BRS 63 Nr. 47 = NVwZ 2001, 431 = UPR 2001, 152 und Urteil v. 21. 3. 2002 – 4 CN 14.00 –, BVerwGE 116, 144 = BRS 65 Nr. 17 = NVwZ 2002, 1509 = DVBl. 2002, 1469; vgl. hierzu und zum folgenden auch VGH BW, Urteil v. 24. 9. 1999 – 5 S 2519/98 –, juris). Dies setzt allerdings voraus, daß er zu einen eigenen Belang als verletzt benennt, der für die Abwägung überhaupt zu beachten war, und daß er darüber hinaus hinreichend substanziiert Tatsachen vorträgt, die es zumindest als möglich erscheinen lassen, daß dieser Belang fehlerhaft abgewogen worden ist (vgl. BVerwG, Urteil vom 10. 3. 1998 – 4 CN 6.97 –, BRS 60 Nr. 44 = NVwZ 1998, 732, Urteil v. 24. 9. 1998 – 4 CN 2.98 –, a. a. O., sowie Urteil v. 26. 2. 1999 – 4 CN 6.98 –, BRS 62 Nr. 48 = NVwZ 2000, 197).

Die Antragsteller machen eine Verletzung des Rechts auf gerechte Abwägung ihrer privaten Belange im Hinblick auf die erhöhte Verkehrsbelastung und die damit verbundene erhöhte (Lärm-)Immissionsbelastung als Folge der Realisierung der durch den angegriffenen Bebauungsplan festgesetzten „Querspange" geltend. Zum notwendigen Abwägungsmaterial kann grundsätzlich auch das Interesse der Anwohner einer Straße gehören, von erhöhten Verkehrs(lärm-)immissionen im Zusammenhang mit Planungen an anderer Stelle verschont zu bleiben. Dieses Interesse wird von der Rechtsordnung in § 1 Abs. 5 Satz 1 und 2 Nr. 1 und Nr. 7, §5 Abs. 2 Nr. 6 und §9 Abs. 1 Nr. 24 BauGB ausdrücklich als schutzwürdig bewertet (vgl. BVerwG, Beschluß vom 18. 3. 1994 – 4 NB 24.93 –, DVBl. 1994, 701; Urteil v. 17. 9. 1998 – 4 CN 1.97 –, BRS 60 Nr. 45 = BauR 1999, 137).

Allerdings reicht es nicht aus, daß die Zunahme des Lärms auf einer allgemeinen Veränderung der Verkehrslage beruht. Erforderlich ist vielmehr, daß sich die Verkehrssituation in einer spezifisch planbedingten Weise (nachteilig) ändert (vgl. BVerwG, Urteil vom 17.9.1998 – 4 CN 1.97 –, a.a.O.; zu planbedingten Beeinträchtigungen anderer Art vgl. auch Urteil v. 21.3.2002 – 4 CN 14.00 –, BVerwGE 116, 144 = NVwZ 2002, 1509 = BauR 2002, 1650). Ob eine planbedingte Zunahme des Verkehrslärms zum notwendigen Abwägungsmaterial gehört und damit die Antragsbefugnis des davon Betroffenen zu bejahen ist, richtet sich nach den Umständen des Einzelfalls (so BVerwG, Urteil v. 17.9.1998, a.a.O.; Beschluß v. 19.2.1992 – 4 NB 11.91 –, BRS 54 Nr.41 = NJW 1992, 2844 – jeweils zum Nachteilsbegriff des §47 Abs.2 Satz 1 VwGO a.F.); maßgebend ist, ob die geltend gemachten Beeinträchtigungen in einem adäquat-kausalen Zusammenhang mit der Planung stehen und mehr als geringfügig sind (vgl. dazu BVerwG, Urteil v. 21.3.2002, a.a.O.; zur Bejahung der Antragsbefugnis von Anwohnern außerhalb des Plangebiets vgl. etwa BVerwG, Beschluß v. 6.12.2000 – 4 BN 59.00 –, BRS 63 Nr.47 = NVwZ 2001, 431 m.w.N. aus der früheren Rechtsprechung; OVG NW, Urteil v. 28.8.1996 – 11a D 125/92.NE –, BRS 58 Nr.17 = NVwZ-RR 1997, 686; OVG Rheinland-Pfalz, Urteil v. 25.3.1999 – 1 C 11636/98 –, BImSchG-Rspr. §41 Nr.47, Leitsatz 1 – LS auch in juris; vgl. zum Ganzen auch VGH BW, Urteil v. 24.9.1999 – 5 S 2519/98 –, zitiert nach juris).

Nach diesen Grundsätzen ist die Antragsbefugnis der Antragsteller gegeben. Ihr Vorbringen, die Antragsgegnerin habe ihre schutzwürdigen Belange an der Erhaltung einer ruhigeren Wohnlage nicht berücksichtigt, läßt es zumindest als möglich erscheinen, daß ihre privaten Belange zu Unrecht nicht in die Abwägung eingestellt und damit fehlerhaft abgewogen worden sind. Die Herstellung der „Querspange" ist unbestritten mit einer Zunahme des Verkehrs in der Binderslebener Landstraße verbunden. Auch wenn über das genaue Ausmaß der zusätzlichen Belastung insbesondere durch LKW-Verkehr und die damit verbundene erhöhte Lärmbelästigung zwischen den Beteiligten Streit besteht, kann die Zunahme des Verkehrs nicht als so geringfügig bzw. unerheblich angesehen werden, daß sie bei der gebotenen Würdigung der konkreten Gegebenheiten des Einzelfalles außer Betracht zu bleiben hätte. Legt man die (etwas niedrigeren) Zahlen der Antragsgegnerin zugrunde, hat sich die Belegung der Binderslebener Landstraße von 15 000 KfZ/24 h nach Freigabe der – bisher zweistreifig ausgebauten – Querspange auf 19 700 KfZ/24 h erhöht; der Anteil des Schwerverkehrs hat von 7,5% auf ca. 10% zugenommen. Die spezifische Planbedingtheit dieser Erhöhung des Verkehrsaufkommens und der damit verbundenen (Lärm-)immissionen im Bereich der Grundstücke der Antragsteller, die sich im Bereich zwischen der Einmündung der „Querspange" in die Binderslebener Landstraße und dem nächsten der weiteren Verteilung des Verkehrs dienenden Knotenpunkt „Binderslebener Knie" befinden, kann nicht in Zweifel gezogen werden. Die von der Antragsgegnerin geplante „Querspange" hat ausweislich der Planbegründung u.a. gerade dem Zweck gedient, den aus östlicher Richtung über die Bundesstraße 7 – und damit auch über die daran angebundene neue BAB 71 – von und (aus westlicher Richtung) nach Erfurt fließenden Verkehr auf die beiden

„Teiläste" Gothaer Straße und Binderslebener Landstraße zu verteilen, um so die verkehrlich schwierige Situation am „Gothaer Platz" zu entflechten. Dementsprechend war die Erhöhung des Verkehrsaufkommens in der Binderslebener Landstraße nicht etwa eine „Nebenfolge" einer an anderer Stelle des Stadtgebietes erfolgenden Planung, sondern geradezu beabsichtigt, weil nur auf dieser Weise die gewünschte Entlastung des Bereichs um den „Gothaer Platz" eintreten konnte.

Den Antragstellern kann auch nicht etwa im Hinblick darauf das erforderliche Rechtsschutzbedürfnis abgesprochen werden, daß der zweistreifige Ausbau der „Querspange" schon seit längerem – vor Eingang ihres Normenkontrollantrags bei Gericht – abgeschlossen war und diese bereits seit Anfang 1999 für den Verkehr freigegeben ist. Zum einen findet der Bau der „Querspange" seine Grundlage allein im streitigen Bebauungsplan, so daß im Falle der Nichtigkeits- oder Unwirksamkeitserklärung dieses Plans zu erwarten sein kann, daß die Antragsgegnerin oder andere in Betracht kommende Planungsträger – sofern sie an der vorhandenen Trasse festhalten wollen – sich um die Schaffung einer neueren planerischen Grundlage für das Straßenbauvorhaben bemühen werden; in einem neuen Bebauungsplanverfahren oder Planfeststellungsverfahren hätten die Antragsteller sodann die Möglichkeit, ihre abwägungserheblichen Belange einzubringen und auf den Inhalt der planerischen Entscheidung Einfluß zu nehmen (vgl. hierzu BVerwG, Beschluß vom 30. 9. 1992 – 4 NB 22.92 –, Buchholz 310 § 47 VwGO Nr. 70 – hier zitiert nach juris). Zum anderen ist zur Zeit lediglich ein zweistreifiger und nicht der im streitigen Bebauungsplan festgesetzte vierstreifige Ausbau der Straße realisiert worden, so daß die Antragsteller durch das vorliegende Normenkontrollverfahren ihre Rechtsstellung auch insoweit verbessern können, als im Falle der Nichtigkeit oder Unwirksamkeit des Plans jedenfalls der vierstreifige Ausbau der Straße möglicherweise ganz unterbleibt (vgl. zur Bejahung des Rechtsschutzbedürfnisses im Falle der Verbesserung der Rechtsstellung des Betroffenen durch die angestrebte Nichtigkeitserklärung etwa BVerwG, Urteil v. 23. 4. 2002 – 4 CN 3.01 –, NVwZ 2002, 1126 = UPR 2003, 30 = BauR 2003, 1524).

II. Der Antrag ist auch begründet. Der von der Antragsgegnerin beschlossene Bebauungsplan leidet an Mängeln, die zu seiner Unwirksamkeit führen.

1. Allerdings bestehen keine durchgreifenden Zweifel an der aus § 2 Abs. 1 Satz 1 BauGB folgenden Planungskompetenz der Antragsgegnerin. Die Planung der streitigen Straßenquerverbindung durch den vorliegenden Bebauungsplan anstelle einer straßenrechtlichen Planfeststellung erweist sich entgegen der Auffassung der Antragsteller nicht als ein rechtlich unzulässiger „Formenmißbrauch". Unerheblich ist in diesem Zusammenhang, ob man zugunsten der Antragsteller davon ausgeht, der Querverbindung komme nicht nur die Funktion einer innerstädtischen Erschließungsstraße, sondern – ebenso wie der als Landesstraße klassifizierten Binderslebener Landstraße – überörtliche Bedeutung zu (vgl. zur Einteilung der öffentlichen Straßen § 3 Thüringer Straßengesetz – StrG – vom 7. 5. 1993 – GVBl., 273).

Nach § 38 Abs. 1 Satz 1 StrG dürfen Landesstraßen nur gebaut werden, wenn der Plan vorher festgestellt worden ist. Für Kreisstraßen soll und für

Gemeindestraßen im Außenbereich kann nach § 38 Abs. 1 Satz 2 StrG (in der hier noch maßgeblichen Fassung vom 7.5.1993) ein Planfeststellungsverfahren durchgeführt werden. § 38 Abs. 4 Satz 1 StrG bestimmt jedoch, daß Bebauungspläne nach § 9 des Baugesetzbuchs die Planfeststellung nach Abs. 1 ersetzen (s. für die vergleichbare Rechtslage in NRW auch OVG NW, Urteil v. 28.8.1996 – 11 a D 125/92.NE –, BRS 58 Nr. 17 = NVwZ-RR 1997, 686). Danach läßt das Landesstraßenrecht planfeststellungsersetzende Bebauungspläne nicht nur für Gemeinde-, sondern auch für die dem überörtlichen Verkehr dienenden Kreis- und Landesstraßen ausdrücklich zu.

Hinzuweisen ist in diesem Zusammenhang nicht zuletzt auf die Bestimmung des § 17 Abs. 3 Satz 1 FStrG, wonach Bebauungspläne selbst die für Bundesfernstraßen notwendige Planfeststellung nach § 17 Abs. 1 FStrG ersetzen. Entsprechende Festsetzungen ermöglicht § 9 Abs. 1 Nr. 11 BauGB, ohne hier zwischen Verkehrsflächen größerer oder geringerer Bedeutung zu differenzieren (vgl. zur Zulässigkeit der bauplanungsrechtlichen Festsetzung einer Verkehrsfläche auch BVerwG, Urteil v. 19.9.2002 – 4 CN 1.02 –, BVerwGE 117, 58 = DVBl. 2003, 204 = UPR 2003, 148 = BauR 2003, 209; zur gemeindlichen Planungskompetenz für den Erlaß eines Bebauungsplans, der einen Teilabschnitt einer Landesstraße festsetzt, vgl. ferner OVG NW, Beschluß v. 14.2.2001 – 7 a D 93.97.NE –, in juris nur Leitsätze).

Eine Einschränkung der gemeindlichen Befugnis zum Erlaß planfeststellungsersetzender Bebauungspläne ergibt sich nicht aus der straßenrechtlichen Klassifizierung der jeweiligen Straße, sondern in erster Linie aus dem für jede Bauleitplanung geltenden Erfordernis, daß sie der städtebaulichen Entwicklung und Ordnung im Gemeindegebiet dienen muß (vgl. § 1 Abs. 1 und 3 BauGB). § 1 Abs. 1 BauGB steht in einem inneren Zusammenhang mit Art. 28 Abs. 2 GG, der den Gemeinden als Teil der Angelegenheiten der örtlichen Gemeinschaft das Recht gewährleistet, in eigener Verantwortung im Rahmen der Gesetze für ihr Gemeindegebiet die Bodennutzung zu regeln (vgl. BVerwG, Urteil v. 18.5.2001 – 4 CN 4.00 –, BVerwGE 114, 247 = BRS 64 Nr. 1 = NVwZ 2001, 1043 m.w.N.). Der Bezug zu den Angelegenheiten der örtlichen Gemeinschaft würde etwa bei der Planung des Teilabschnitts einer durch das Gemeindegebiet führenden Bundesautobahn fehlen. Im vorliegenden Fall ist er jedoch gegeben. Die Antragsgegnerin verfolgt mit der streitigen „isolierten" Straßenplanung durch Bebauungsplan das Ziel, durch eine „Aufteilung" der in die Stadt aus Richtung der BAB 71 bzw. B 7 fließenden sowie aus der Stadt dorthin „abfließenden" Verkehrsströme die verkehrlich schwierige Situation am „Gothaer Platz", an dem sich die Bundesstraßen 4 und 7 treffen, zu entflechten. Dieses Ziel der städtischen Verkehrspolitik weist den notwendigen Bezug zu den Angelegenheiten der örtlichen Gemeinschaft auf; hierfür darf die Antragsgegnerin mithin das Instrument des Bebauungsplans einsetzen, auch wenn die „Querspange" – zumindest für eine Übergangszeit bis zur Fertigstellung des Teilstücks der A 71 zwischen der Anschlußstelle Erfurt-Bindersleben und der geplanten Anschlußstelle Erfurt-Gispersleben – nicht nur die Funktion einer innerstädtischen Erschließungsstraße hat, sondern auch den Durchgangsverkehr Richtung Norden aufnehmen soll.

Darüber hinaus kann die Planung einer Straße mit überörtlicher Bedeutung, für die die Gemeinde nicht Baulastträger ist, an ihrer fehlenden Realisierbarkeit scheitern; in diesem Fall entspricht sie nicht den Anforderungen des § 1 Abs. 3 BauGB (vgl. dazu BVerwG, Urteil v. 28. 1. 1999 – 4 CN 5.98 –, BVerwGE 108, 248 = BRS 62 Nr. 4 = NVwZ 1999, 1222). Dafür spricht hier jedoch nichts, wie der bereits vorgenommene Ausbau der Straße zeigt. Sollte die Antragsgegnerin von unzutreffenden Annahmen hinsichtlich der Verkehrsbedeutung der „Querspange" und ihrer Auswirkungen auf die Binderslebener Landstraße ausgegangen sein, führt dies nicht etwa wegen des ihr von seiten der Antragsteller vorgeworfenen „Etikettenschwindels" von vornherein zur Unzulässigkeit der Straßenplanung durch Bebauungsplan, sondern mag im Hinblick auf die fehlende Berücksichtigung der Belange der Anwohner der Binderslebener Landstraße einen Abwägungsmangel begründen (vgl. dazu unter 3.).

Entgegen der Auffassung der Antragsteller scheitert die Straßenplanung durch Bebauungsplan hier auch nicht daran, daß eine ausreichende Bewältigung der durch die Planung hervorgerufenen Konflikte nur im Rahmen eines Planfeststellungsverfahrens möglich gewesen wäre. Auch die Bestimmungen des BauGB ermöglichen Festsetzungen zum Schutz vor Immissionen sowie zum Ausgleich von Eingriffen in Natur und Landschaft (vgl. etwa § 9 Abs. 1 Nr. 24, 25 BauGB) und somit grundsätzlich eine hinreichende Konfliktbewältigung. Daß – wie hier – Festsetzungen zum Schutz vor Immissionen zugunsten außerhalb des Plangebiets wohnender Personen nicht möglich sind, hängt mit der Begrenzung des überplanten Bereichs zusammen und ist nicht darauf zurückzuführen, daß die Antragsgegnerin sich für eine Straßenplanung durch Bebauungsplan entschieden hat.

Die Straßenplanung durch Bebauungsplan ist hier auch nicht etwa deshalb als ein unzulässiger Formenmißbrauch anzusehen, weil die „Querspange" nur einen kleinen Teil des Gesamtverkehrskonzepts der Antragsgegnerin darstellt und die Auswirkungen einer derart umfassenden Straßenplanung nicht im Rahmen eines Bebauungsplans erfaßt und geprüft werden könnten. Die entsprechenden Einwendungen der Antragsteller richten sich nicht oder jedenfalls nicht in erster Linie gegen die Straßenplanung durch Bebauungsplan, sondern gegen die vorgenommene Abschnittsbildung, bei der ihrer Meinung nach die durch die Gesamtplanung ausgelösten Probleme nicht gelöst werden können. Ob die Abschnittsbildung hier zu einer „Ausblendung" der durch die Gesamtplanung hervorgerufenen Probleme (insbesondere der teilweisen Verlagerung der Verkehrsströme auf die Binderslebener Landstraße) führt, stellt sich der Sache nach als Problem der Beachtung des Abwägungsgebots dar (vgl. hierzu auch BVerwG, Urteil v. 19. 9. 2002 – 4 CN 1.02 –, BVerwGE 117, 58).

2. Auch die städtebauliche Erforderlichkeit des Bebauungsplans steht entgegen der Auffassung der Antragsteller nicht in Frage.

Grundlage der städtebaulichen Erforderlichkeit der Bauleitplanung ist die Planungshoheit der Gemeinde. Bezugspunkt für die Beurteilung der Erforderlichkeit einer Bauleitplanung i. S. des § 1 Abs. 3 BauGB ist deshalb die planerische Konzeption der Gemeinde. Bauleitpläne sind also erforderlich i. S. des

§ 1 Abs. 3 BauGB, soweit sie nach der planerischen Konzeption der Gemeinde erforderlich sind (vgl. BVerwG, Urteil v. 7.5.1971 – IV C 76.68 –, BRS 24 Nr. 15 = DVBl. 1971, 759, 762 und Beschluß v. 16.1.1996 – 4 NB 1.96 –, NVwZ-RR 1997, 83). Verboten ist danach nur eine Bauleitplanung, die von keiner erkennbaren Planungskonzeption der Gemeinde getragen ist und sich daher als grober und offensichtlicher Mißgriff erweist (vgl. BVerwG, Urteil v. 3.6.1971 – IV C 64.70 –, BVerwGE 38, 152, 157; OVG NW, Urteil v. 17.10.1996 – 7 a D 122/94.NE –, BRS 58 Nr. 30; VGH Bad.-Württ., Beschluß v. 5.6.1996 – 8 S 487/96 –, BRS 58 Nr. 19). Der Planung der Antragsgegnerin liegt eine nachvollziehbare städtebauliche Konzeption zur geänderten Verkehrsführung von und nach Erfurt (und daneben auch der Anbindung der neuen Baugebiete im Ortsteil Bindersleben an die B 7 und die neue Autobahn) zugrunde, die zur Verbesserung der Verkehrsverhältnisse in diesem Bereich Erfurts beitragen soll. Insofern kann von einem planerischen Mißgriff im dargestellten Sinne nicht die Rede sein.

Entgegen der Auffassung der Antragsteller ist die Erforderlichkeit des Bebauungsplans auch nicht insoweit in Zweifel zu ziehen, als die Antragsgegnerin einen vierstreifigen Ausbau der streitigen Straßenquerverbindung festgesetzt, jedoch lediglich einen zweistreifigen Ausbau realisiert hat. Insbesondere handelt es sich bei der Planung nicht deshalb um eine unzulässige „Vorratsplanung", weil der zweistreifige Ausbau zur Zeit für die Bewältigung des Verkehrsaufkommens ausreicht und ein vierstreifiger Ausbau nach Angaben der Antragsgegnerin jedenfalls „derzeit" nicht zu erwarten ist. Erforderlich i. S. des § 1 Abs. 3 BauGB ist eine bauleitplanerische Regelung nicht nur dann, wenn sie bereits im Zeitpunkt des Satzungsbeschlusses oder in relativ kurzer Zeit danach umgesetzt werden muß, um die gewollte städtebauliche Ordnung herzustellen, sondern auch dann, wenn sie deshalb getroffen wird, um einer sich erst für die Zukunft abzeichnenden Bedarfslage gerecht zu werden (vgl. dazu – für eine isolierte Straßenplanung – BVerwG, Urteil v. 19.9.2002 – 4 CN 1.02 –, BVerwGE 117, 58 = DVBl. 2003, 204 = UPR 2003, 148 = BauR 2003, 209). Zu einer konkreten „Bedarfsanalyse" war die Antragsgegnerin hier auch nicht im Hinblick darauf verpflichtet, daß der streitige Bebauungsplan eine straßenrechtliche Planfeststellung ersetzt (vgl. zur Erforderlichkeitsprüfung bei der Straßenplanung durch Bebauungsplan auch das soeben erwähnte Urteil des BVerwG v. 19.9.2002, a.a.O.).

Die Antragsgegnerin hat auch nachvollziehbar dargelegt, aus welchen Gründen sie seinerzeit einen vierstreifigen Ausbau der Straße vorgesehen hatte; sie hat in diesem Zusammenhang auf die damals geplanten größeren Bauflächen westlich und südlich der Ortslage von Bindersleben verwiesen. Hiergegen können die Antragsteller nicht mit Erfolg einwenden, zwischen den genannten Baugebieten und der „Querspange" bestehe keinerlei Zusammenhang, da die genannten Flächen über die sogenannte Westumgehungsstraße hätten erschlossen werden sollen. Die geplante Westumgehung, deren Realisierung zur Zeit wohl nicht absehbar ist, sollte gerade in die „Querspange" einmünden und dieser somit aus den genannten Baugebieten herrührenden Verkehr zuführen.

Nr. 60

Soweit sich zukünftig herausstellen sollte, daß ein vierstreifiger Ausbau der „Querspange" in einem überschaubaren Zeitraum nicht mehr zu erwarten ist, mag dies die Frage aufwerfen, ob die Planung sich deswegen insoweit (nachträglich) als nicht erforderlich erweist bzw. obsolet wird. Zur Zeit läßt sich jedenfalls noch nicht feststellen, daß mit einer Realisierung des vierstreifigen Ausbaus der „Querspange" unter keinen Umständen zu rechnen ist und der Bebauungsplan deshalb insoweit teilweise nicht erforderlich i. S. des § 1 Abs. 3 BauGB ist.

3. Der vorliegende Bebauungsplan leidet aber an Abwägungsmängeln, die zu seiner Unwirksamkeit führen. ...

c) Der Abwägungsvorgang erweist sich aber deshalb als fehlerhaft, weil die Antragsgegnerin das abwägungserhebliche Interesse der Anwohner der Binderslebener Landstraße, von einer (weiteren) Zunahme des Straßenverkehrs und der damit verbundenen erhöhten Lärmbelästigung als Folge der „Anbindung" an die B 7 und die BAB 71 verschont zu bleiben, im Planaufstellungsverfahren für den streitigen Bebauungsplan nicht berücksichtigt hat. Dies war nicht etwa deshalb entbehrlich, weil die Antragsgegnerin sich damit schon in den Planaufstellungsverfahren für die Bebauungspläne BIN 031 und BIN 137 – ohne dazu verpflichtet zu sein – hinreichend auseinandergesetzt hätte. Das im Aufstellungsverfahren für den Bebauungsplan BIN 137 veranlaßte lärmtechnische Gutachten bezieht sich nur auf den unmittelbaren Einwirkungsbereich der Trasse; es befaßt sich hingegen nicht mit den Auswirkungen des von der „Querspange" herrührenden Verkehrs für außerhalb dieses Plangebiets befindliche Bereiche.

Die der beabsichtigten neuen Verkehrsführung und der damit verbundenen Zunahme des Verkehrs auf der Binderslebener Landstraße entgegenstehenden Belange der Anwohner dieser Straße waren für die Antragsgegnerin als planende Gemeinde ohne weiteres als abwägungserheblich erkennbar und mußten sich ihr aufdrängen, ohne daß es hierzu noch eines entsprechenden Hinweises im Rahmen der Bürgerbeteiligung oder der Beteiligung der Träger öffentlicher Belange bedurft hätte. Die Antragsgegnerin hatte mit der Herstellung der „Querspange" nicht lediglich eine Anbindung der neuen Baugebiete südlich des Flughafens Erfurt (und auch des Flughafens selbst) an die B 7 und die A 71 durch Schaffung einer „Netzverknüpfung" zwischen der Bundesstraße und der Binderslebener Landstraße bezweckt. Ziel der vorliegenden Planung war vielmehr auch und in erster Linie die Verteilung des über die B 7 von und nach Erfurt fließenden Verkehrs auf zwei „Teiläste"; an dieser Absicht hat die Antragsgegnerin auch festgehalten, nachdem der ursprüngliche Plan einer „Verlegung" der Bundesstraße 7 auf eine über die „Querspange" und die Binderslebener Landstraße führende Trasse aufgegeben worden war. Die Verwirklichung dieser planerischen Absicht war – wie der Antragsgegnerin zumindest bekannt sein mußte – zwangsläufig mit einer erheblichen Zunahme des Straßenverkehrs in der Binderslebener Landstraße und damit auch mit einer Zunahme der Lärmbelästigung für die Anwohner dieser Straße verbunden. Im übrigen ist die Antragsgegnerin durch einzelne Träger öffentlicher Belange nochmals ausdrücklich auf die erhöhte Belastung der Binderslebener Landstraße hingewiesen worden. ...

Soweit die Antragsgegnerin in diesem Zusammenhang die Auffassung vertritt, die Betroffenheit der Antragsteller habe sich nicht aufdrängen müssen, weil der Bereich der Lärmuntersuchung „nach BImSchV" sich „im Rahmen der Bebauungsplanbearbeitung nur auf den Bereich des baulichen Eingriffs" beziehe, verkennt sie den Umfang der in die Abwägung einzustellenden Belange. Allerdings ist im vorliegenden Fall für die Anwohner der Binderslebener Landstraße der Anwendungsbereich der §§ 41 ff. BImSchG i. V. m. den Bestimmungen der 16. BImSchV nicht eröffnet. § 41 BImSchG enthält nur Anforderungen zur Begrenzung der Verkehrsgeräusche, die durch die Nutzung des Verkehrswegs entstehen, der gebaut oder geändert wird; nicht erfaßt wird die (mittelbare) Erhöhung des Verkehrslärms, die in Folge der baulichen Änderungen an anderen Straßen entsteht (vgl. nur Jarass, BImSchG, Kommentar, 4. Aufl. 1999, § 41 Rdnr. 30 m. w. N.; vgl. auch BVerwG, Urteil v. 21. 3. 1996 – 4 C 9.94 –, BVerwGE 101, 1 = NVwZ 1996, 1003: keine Bildung eines Summenpegels). Die Erhöhung des Lärmpegels ist nach diesen Bestimmungen vielmehr nur dann von Belang, wenn und soweit sie auf bauliche Änderungen an dem Verkehrsweg zurückzuführen ist, an dem es zu einer Erhöhung des Verkehrslärms kommt (vgl. dazu § 1 Abs. 2 Satz 1 Nr. 2 und Satz 2 der 16. BImSchV).

Die fehlende Anwendbarkeit der §§ 41 ff. BImSchG und der in § 2 der 16. BImSchV festgelegten Immissionsgrenzwerte für die Binderslebener Landstraße konnte die Antragsgegnerin aber nicht davon entbinden, sich im Rahmen der von § 1 Abs. 6 BauGB vorgeschriebenen Abwägung auch mit den Belangen der außerhalb des Planungsgebiets und des unmittelbaren Einwirkungsbereichs der „Querspange" wohnenden Anwohner auseinanderzusetzen, für die als (planbedingte) Folge der Herstellung der „Querspange" mit einer erhöhten Verkehrsbelastung zu rechnen war. Dies gilt um so mehr, als die Lärmbelastung der Anwohner der Binderslebener Landstraße bereits vor Öffnung der „Spange" ein erhebliches Ausmaß erreicht hatte. Die Antragsgegnerin wäre gehalten gewesen, sich auch ohne konkrete Rüge eines Anwohners bereits im Planaufstellungsverfahren prognostisch (durch Einholung eines Immissionsgutachtens oder in anderer geeigneter Weise) mit den Auswirkungen der Trasse für die Lärmbelastung in der Binderslebener Landstraße zu befassen, um damit das Interesse der Anwohner dieser Straße an der Vermeidung zusätzlichen Verkehrslärms mit dem ihm zukommenden Gewicht in die Abwägung einstellen zu können (vgl. in diesem Sinne für die Ausweisung eines größeren Neubaugebiets, das für Anwohner außerhalb des Plangebiets mit einem erheblichen Zu- und Abgangsverkehr verbunden ist, VGH BW, Urteil v. 24. 9. 2000 – 5 S 2519/98 –, zitiert nach juris). Da die Antragsgegnerin sich mit dem abwägungserheblichen Interesse der Anwohner der Binderslebener Landstraße an der Vermeidung zusätzlichen Verkehrslärms überhaupt nicht befaßt und es dementsprechend auch nicht mit dem ihm zukommenden Gewicht in ihre Abwägung eingestellt hat, erweist sich der Abwägungsvorgang in dieser Hinsicht als fehlerhaft.

Dieser Mangel im Abwägungsvorgang ist nach § 214 Abs. 3 Satz 2 BauGB auch beachtlich, da er offensichtlich und auf das Abwägungsergebnis von Einfluß gewesen ist ...

Selbst wenn man aber zugunsten der Antragsgegnerin davon ausgehen wollte, daß die Querspange unverzichtbar sei und sie an der geplanten Trassenführung hätte festhalten dürfen, wäre bei hinreichender Berücksichtigung der Belange der Antragsteller etwa die Festsetzung eines zweistreifigen an Stelle eines vierstreifigen Ausbaus der Querspange in Betracht gekommen. Dies liegt bereits deshalb nahe, weil die Antragsgegnerin sich jedenfalls zunächst dafür entschieden hat, nur einen zweistreifigen Ausbau der „Querspange" zu realisieren. Auch wenn diese Entscheidung ihre Ursache nicht in einer – nachträglichen – Berücksichtigung entgegenstehender Belange von Lärmbetroffenen hat, besteht die hinreichend konkrete Möglichkeit, daß die Antragsgegnerin bei hinreichender Berücksichtigung dieser Belange sich im Planaufstellungsverfahren für eine entsprechende Änderung des Planentwurfs entschieden hätte. Immerhin erscheint es nicht ausgeschlossen, daß jedenfalls ein vierstreifiger Ausbau zu Belastungen führt, die im Ergebnis nicht mehr hinzunehmen sind. Es wird Sache der Antragsgegnerin sein, im Falle eines von ihr durchgeführten ergänzenden Verfahrens oder eines etwaigen neuen Planaufstellungsverfahrens ggf. entsprechende gutachtliche Stellungnahmen einzuholen. ...

Darüber hinaus besteht – neben etwaigen Maßnahmen des Lärmschutzes – auch u. a. die Möglichkeit, daß die Antragsgegnerin bei hinreichender Berücksichtigung der Belange der Anwohner der Binderslebener Landstraße den Kreuzungsbereich Hersfelder Straße („Querspange")/Eisenacher Straße anders ausgestaltet hätte und dadurch weniger Verkehr über die Binderslebener Landstraße geleitet worden wäre.

Der festgestellte Abwägungsmangel hat die Unwirksamkeit des streitigen Bebauungsplans zur Folge, da er in einem ergänzenden Verfahren i. S. von § 215 a Abs. 1 Satz 1 BauGB behoben werden kann. ... Diese Möglichkeit ist hier gegeben, da nicht ausgeschlossen werden kann, daß auch bei einer sachgerechten Würdigung der Belange der Anwohner der Binderslebener Landstraße keine wesentliche Änderung der vorliegenden Planung geboten ist. Allerdings ist darauf hinzuweisen, daß etwa erforderlich werdende wesentliche Änderungen des Bebauungsplans (etwa die Festsetzung eines nur zweistreifigen statt des bisher vorgesehenen vierstreifigen Ausbaus oder die Ausdehnung des Plangebiets) nicht im Rahmen eines ergänzenden Verfahrens vorgenommen werden können.

Nr. 61

Der Eigentümer eines im oder außerhalb des Plangebietes gelegenen Grundstücks kann die Normenkontrollantragsbefugnis grundsätzlich nicht mit der Begründung herleiten, die Festsetzungen des angegriffenen Bebauungsplanes beeinträchtigten das Erscheinungsbild des in seinem Eigentum stehenden Baudenkmals. Anderes kann ausnahmsweise allenfalls dann gelten, wenn nach Lage der Dinge ernstlich in Betracht kommt anzunehmen,

das Baudenkmal könne bei Verwirklichung der Planfestsetzungen im Rechtssinne verunstaltet werden.

NBauO §53; VwGO §47 Abs. 2 Satz 1.

Niedersächsisches OVG, Urteil vom 15. Mai 2003 – 1 KN 69/02 – (rechtskräftig).

Die Antragsteller greifen den im Tenor genannten Bebauungsplan im wesentlichen mit der Begründung an, der an seiner Ostseite festgesetzte Bauteppich rücke so nahe an ihr Grundstück heran, daß die Ausnutzung der Planfestsetzungen das Erscheinungsbild ihres denkmalgeschützten Gebäudes beeinträchtigen werde.

Aus den Gründen:
Der Normenkontrollantrag ist unzulässig. Die Antragsteller sind nicht antragsbefugt i. S. des §47 Abs. 2 VwGO. Hiernach kann den Normenkontrollantrag eine natürliche Person nur dann stellen, wenn sie geltend macht oder machen kann, durch die angegriffene Norm in ihren Rechten verletzt zu sein oder in absehbarer Zeit verletzt zu werden. Der Senat folgt bei der Auslegung und Anwendung dieser Vorschrift dem Beschluß des Bundesverwaltungsgerichts vom 24. 9. 1998 (– 4 CN 2.98 –, BVerwGE 107, 215 = DVBl. 1999, 100 = BRS 60 Nr. 46). Danach dürfen an die Geltendmachung einer Rechtsverletzung nach §47 Abs. 2 Satz 1 VwGO keine höheren Anforderungen gestellt werden als nach §42 Abs. 2 VwGO. Als möglicherweise verletztes Recht kommt namentlich das in §1 Abs. 6 BauGB enthaltene Abwägungsgebot in Betracht. Dieses hat drittschützenden Charakter hinsichtlich solcher Belange, die für die Abwägung erheblich sind. Für die Abwägung erheblich ist indes nicht jedweder Gesichtspunkt, den ein Normenkontrollantragsteller im Planaufstellungsverfahren vorgebracht und den die planende Gemeinde ausweislich der Planbegründung oder sonstiger Vorgänge erörtert hat. Andernfalls hätte es ein Bürger in der Hand, objektiv nicht abwägungsrelevante, von der Rechtsordnung mißbilligte oder nur geringfügig berührte Belange doch zu abwägungsbeachtlichen zu „stilisieren" und damit die Antragsbefugnis i. S. des §47 Abs. 2 VwGO zu „erschleichen". Es ist also stets zu prüfen, ob die vom Antragsteller vorgebrachten Gesichtspunkte mehr als nur geringfügig berührte private sowie schutzwürdige und von der Rechtsordnung gebilligte Interessen betreffen, die – auch – ihm als eigene zugewiesen sind.

Das ist hier nicht der Fall. ... Einzig das Interesse, das in ihrem Eigentum stehende Denkmal möge seine Wirkungen uneingeschränkt ausüben können, weist in Richtung eigener rechtlich geschützter Interessen der Antragsteller. Diese vermögen eine Normenkontrollantragsbefugnis indes nicht zu begründen. Denkmale sind nämlich im Grundsatz allein im Allgemeininteresse zu erhalten und nicht im individuellen (vgl. OVG Lüneburg, Urteil v. 5. 9. 1985 – 6 A 104/83 –, BRS 44 Nr. 118; vgl. auch Schmaltz/Wiechert, Niedersächsisches Denkmalschutzgesetz, Kommentar, §8 Rdnr. 13, sowie Große-Suchsdorf/Lindorf/Schmaltz/Wiechert, NBauO, 7. Aufl., §53 Rdnr. 17). Demgemäß hat der Eigentümer eines Baudenkmals grundsätzlich keinen Anspruch darauf, daß benachbarte Vorhaben den Denkmalwert seines Gebäudes nicht schmälern. Zur Anreicherung des Gebots zur Rücksichtnahme ist der Hinweis auf den Denkmalcharakter des eigenen Gebäudes nicht geeignet (vgl. OVG Münster, Urteil v. 9.6.1989 – 7 B 745/89 –, NVwZ-RR 1989, 614 = BauR 1989, 592 = NWVBl. 1990, 16 = BRS 49 Nr. 146). Anderes kann allenfalls bei grober Verunstaltung gelten, welche die Grenze des §53 NBauO zu erreichen vermag. Dabei ist sich der Senat bewußt, daß die Zulässigkeitsvoraussetzung der Normenkontrollantragsbefugnis nicht dazu bestimmt ist zu beurteilen, ob der vom Normenkontrollantragsteller geltend gemachte Belang in der Abwägung ordnungsgemäß behandelt worden ist. Die Zulässigkeitsprüfung darf mit anderen Worten keine vorgezogene Begründetheitsprüfung darstellen, der Anspruch des Normenkontrollantragstellers auf sachliche Bescheidung darf nicht dadurch verkürzt werden, daß zu Unrecht Fragen der Begründetheit in die Prüfung des §47 Abs. 2 Satz 1 VwGO „vorverlegt" werden. Das mag es rechtfertigen, einen Grundstückseigentümer schon dann für normenkontrollantragsbefugt zu halten, wenn zumindest in Betracht zu ziehen ist, das auf seinem Grundstück stehende Denkmal werde im „denkmalunverträglichsten" Fall der Ausnutzung der angegriffenen Planfestsetzungen verunstaltet werden (können).

Selbst nach diesen abgeschwächten Kriterien beurteilt, sind die Antragsteller nicht normenkontrollantragsbefugt. Die Annahme einer verunstaltenden Wirkung liegt hier derartig weit ab, daß eine Verletzung des in Rede stehenden Gesichtspunkts nicht einmal ernstlich in Betracht kommt. Schon die Einlassungen der Denkmalschutzbehörden im Rahmen des Planaufstellungsverfahrens schließen das aus. Die Bezirksregierung hatte sich auf Grund der Eingaben der Antragsteller verschiedentlich mit der Frage des Abstandes von Bauteppich und Denkmal befaßt. Dabei hat sie stets und auch nach Remonstrationen der Antragsteller ausgeführt, die Festsetzung eines 8 m breiten Pflanzstreifens reiche aus, stelle zumindest einen akzeptablen Kompromiß zwischen der Befriedigung des von der Antragsgegnerin erblickten Wohnbedarfs und den von den Antragstellern vorgebrachten denkmalrechtlichen Gesichtspunkten dar. Selbst wenn man annähme, diese Beurteilung solle nur dann gelten, wenn in dem Pflanzstreifen Bäume angepflanzt werden, ist dies durch die textliche Festsetzung Nr. 3.5 umgesetzt worden.

Diese Einschätzung wird angesichts der zu den Akten gereichten Fotografien und Beschreibungen des Gebäudekomplexes bestätigt. Selbst wenn die Festsetzungen des angegriffenen Bebauungsplans bezogen auf die Denkmaleigenschaft des Gebäudes der Antragsteller den Rahmen des zulässigen Variationsbreite erschöpfend umgesetzt werden, reicht die dadurch bewirkte Einbuße im Erscheinungsbild des Denkmals nicht so weit, daß auch nur von ferne die Annahme regelrechter Verunstaltung oder grob einseitiger Herabsetzung des Denkmals gerechtfertigt wäre. Es mag zwar sein, daß der gesamte Gebäudekomplex in die Denkmalsliste aufgenommen worden ist. Der von den Antragstellern verfolgte Schutzcordon wäre allenfalls dann gerechtfertigt, wenn der Gebäudekomplex noch immer erkennbar die Züge seiner ursprünglichen Nutzung trüge. Das ist nicht der Fall. Namentlich die nach Westen hinweisende Scheune ist sichtbar durch Einbau von Fenstern so umgestaltet worden, daß die ursprüngliche bauliche Nutzung allenfalls erahnt werden kann. Von einer Verunstaltung i. S. des §53 NBauO kann daher nicht annähernd die Rede sein. Es wäre auch kaum zu rechtfertigen, einerseits die Vorteile einer Nutzungsumwandlung zu genießen, welche sich im Erscheinungsbild des Denkmals deutlich niederschlägt, dann aber mit Rücksicht auf den Denkmalschutz einen Abstand zu fordern, als ob das Gebäude noch immer landwirtschaftlich genutzt sei.

Nr. 62

Der (unerfüllte) Wunsch des Eigentümers, sein Grundstück in den Geltungsbereich eines Bebauungsplanes einbezogen zu sehen, begründet die Normenkontrollantragsbefugnis nur dann, wenn in Betracht kommt anzunehmen, ohne diese Einbeziehung werde ein städtebaulicher Mißstand entstehen und der Bebauungsplan daher seine Aufgabe nicht erfüllen (können), für städtebauliche Ordnung zu sorgen (in Fortführung von BVerwG, Beschluß vom 20.11.1995 – 4 NB 23.94 –, NVwZ 1996, 888 = BRS 57 Nr. 3).

Das Nebeneinander von Weidewirtschaft und Wohnbebauung führt in der Regel nicht zu bewältigungsbedürftigen Spannungen und braucht dementsprechend in der Abwägung nicht berücksichtigt zu werden.

VwGO § 47 Abs. 2 Satz 1; BauGB § 1 Abs. 3, Abs. 6.

Niedersächsisches OVG, Urteil vom 29. Januar 2003 – 1 KN 1321/01 – (rechtskräftig).

Der Antragsteller wendet sich gegen den Bebauungsplan der Antragsgegnerin Nr. 108 „E. I" im wesentlichen mit der Begründung, dieser habe seine östlich angrenzenden, von einem Pächter zu Weidezwecken genutzten Flächen in den Planbereich nur deshalb nicht einbezogen, weil er nicht bereit gewesen sei, diese Flächen zuvor der Antragsgegnerin zu verkaufen. Der Plan führe dazu, daß seine Grundstücke in eine städtebaulich unzumutbare Insellage gerieten. Er sei zudem unwirksam, weil die Antragsgegnerin den Konflikt zwischen Weide- und Wohnnutzung nicht bewältigt, die Lärm- und Eingriffsproblematik nicht ausreichend „abgearbeitet" und die Durchführung einer Umweltverträglichkeitsprüfung zu Unrecht unterlassen habe.

Aus den Gründen:
Der Normenkontrollantrag ist unzulässig. Der Antragsteller ist nicht antragsbefugt i. S. des § 47 Abs. 2 VwGO. Hiernach kann den Normenkontrollantrag eine natürliche Person nur dann stellen, wenn sie geltend macht, durch die angegriffene Norm in ihren Rechten verletzt zu sein oder in absehbarer Zeit verletzt zu werden. Der Senat folgt bei der Auslegung und Anwendung dieser Vorschrift dem Beschluß des Bundesverwaltungsgerichts vom 24.9.1998 (– 4 CN 2.98 –, BVerwGE 107, 215 = DVBl. 1999, 100 = BRS 60 Nr. 46). Danach dürfen an die Geltendmachung einer Rechtsverletzung nach § 47 Abs. 2 Satz 1 VwGO keine höheren Anforderungen gestellt werden als nach § 42 Abs. 2 VwGO. Als möglicherweise verletztes Recht kommt namentlich das in § 1 Abs. 6 BauGB enthaltene Abwägungsgebot in Betracht. Dieses hat drittschützenden Charakter hinsichtlich solcher Belange, die für die Abwägung erheblich sind. Für die Abwägung erheblich ist indes nicht jedwe-

der Gesichtspunkt, den ein Normenkontrollantragsteller im Planaufstellungsverfahren vorgebracht und den die planende Gemeinde ausweislich der Planbegründung oder sonstiger Vorgänge erörtert hat. Anderenfalls hätte es ein Bürger in der Hand, objektiv nicht abwägungsrelevante, von der Rechtsordnung mißbilligte oder nur geringfügig berührte Belange doch zu abwägungsbeachtlichen zu „stilisieren" und damit die Antragsbefugnis i. S. des § 47 Abs. 2 VwGO zu „erschleichen". Es ist also stets zu prüfen, ob die vom nunmehrigen Antragsteller vorgebrachten Gesichtspunkte mehr als nur geringfügig berührte private sowie schutzwürdige und von der Rechtsordnung gebilligte Interessen betreffen.

Eine danach vorgenommene Überprüfung ergibt, daß der Antragsteller nicht antragsbefugt ist. Namentlich aus dem Umstand, daß die Antragsgegnerin die im Eigentum des Antragstellers liegenden Flächen nicht als erste oder zusammen mit dem hier angegriffenen Bebauungsplan Nr. 108, sondern erst am Ende der Überplanung der als Wohngebiet dargestellten Flächen zu Wohnbauland machen will, begründet keine Antragsbefugnis des Antragstellers. Es mag zwar sein Bestreben sein, nicht erst am Ende dieser „Schlange" in den Genuß einer derartigen Überplanung zu kommen. Dieses Interesse ist indes grundsätzlich nicht abwägungsrelevant. Das ergibt sich gerade aus der von ihm zitierten Entscheidung des Bundesverwaltungsgerichts vom 20.11.1995 (– 4 NB 23.94 –, NVwZ 1996, 888 = DVBl. 1996, 264 = ZfBR 1996, 110 = BRS 57 Nr. 3). Gemäß § 2 Abs. 3 BauGB besteht auf die Aufstellung von Bauleitplänen kein Anspruch. Aus diesem Grunde ist es der Gemeinde grundsätzlich nicht verwehrt, bei mehreren für eine bestimmte Planung geeigneten Flächen diejenige auszuwählen, die in ihrem Eigentum steht und so die Gewähr bietet, den Inhalt des Planes möglichst schnell und vollständig umgesetzt zu sehen. Daher ist die Gemeinde auch bei der Festlegung des räumlichen Geltungsbereichs eines Bebauungsplanes grundsätzlich frei und begründen Wünsche von Eigentümern, ihre Flächen nun doch in den Planbereich einzubeziehen, keinen privaten Belang, den die Gemeinde bei der Aufstellung berücksichtigen muß. Das gilt gerade dann, wenn – wie hier – der Bebauungsplan Bestandteil einer planerischen Konzeption ist, die sich auf größere Teile des Gemeindegebietes auswirkt. Eine solche muß nicht notwendig „auf einen Schlag" verwirklicht werden (BVerwG, a. a. O., unter Hinweis auf Beschluß v. 23.6.1992 – 4 B 55.92 –, NVwZ-RR 1993, 456). Nur ausnahmsweise kann das Planungsermessen auch hinsichtlich des Zuschnittes des Plangebietes wegen § 1 Abs. 3 und 5 Satz 1 BauGB eingeschränkt sein. Die Einbeziehung bislang nicht in den Entwurf aufgenommener Flächen kann danach in Betracht kommen, wenn der Bebauungsplan ohne diese Einbeziehung seine Aufgabe nicht erfüllen kann, die städtebauliche Ordnung zu sichern und zu fördern und zu einer geordneten städtebaulichen Entwicklung beizutragen. Das kann namentlich dann geschehen, wenn er Flächen mit der Folge ausspart, daß hierdurch konkurrierende Nutzungen aufeinanderstoßen und ein Konflikt entsteht, der entsprechend dem Gebot der Problem- und Konfliktbewältigung im Rahmen der Abwägung (§ 1 Abs. 6 BauGB) hätte gelöst werden müssen.

Die Antragsbefugnis i. S. des § 47 Abs. 2 VwGO ist unter diesem Blickwinkel nicht erst dann begründet, wenn ein solcher Konflikt tatsächlich besteht. Dies würde zu dem unzutreffenden Ergebnis führen, Fragen der Begründetheit bereits im Rahmen der Zulässigkeit abzuhandeln und so dem Normenkontrollantragsteller die Möglichkeit zu verschließen, die Zulässigkeit mit der Folge zu überwinden, auch auf Grund „objektiver" Gesichtspunkte im Normenkontrollverfahren reüssieren zu können. Andererseits kann die schlichte Behauptung, die eben referierten Grundsätze hätten zu seinen Gunsten angewandt werden müssen, die Normenkontrollantragsbefugnis nicht begründen. Die Verletzung dieses Gesichtspunktes muß vielmehr i. S. des § 47 Abs. 2 Satz 1 VwGO in Betracht kommen. Das war hier nicht der Fall. Die hier gegebene Sachlage unterscheidet sich ganz wesentlich von derjenigen, welche das Bundesverwaltungsgericht in der zitierten Entscheidung vom 20. 11. 1995 zu untersuchen hatte. Seinerzeit hatte die Planung einen unbeplanten schmalen Riegel von etwa 25 m Breite und 140 m Tiefe zwischen zwei Baugebieten frei gelassen und so einen Nutzungskonflikt zwischen der auf dem „Restgrundstück" möglichen und der hinzutretenden Nutzung heraufbeschworen. Eine dem vergleichbare Sachlage ist hier nicht gegeben. Schon vor der hier streitigen Bauleitplanung grenzte das Weidegrundstück des Antragstellers an zwei Seiten an Wohnbauflächen an und hatte der Antragsteller bzw. sein Pächter dafür Sorge zu tragen, das Grundstück einzufrieden und zugleich dafür Sorge zu tragen, daß es nicht zur Ablagerung von Müll mißbraucht werden kann. Die Düngung der Weidefläche hatte schon jetzt auf Wohnbebauung Rücksicht zu nehmen. Es ist nicht annähernd ersichtlich, weshalb die mit dem angegriffenen Plan hinzutretende Wohnbebauung einen Konflikt begründen oder verschärfen sollte. Die vom Antragsteller in diesem Zusammenhang in den Vordergrund gerückte Erwägung, ein Güllen der Flächen könne zu Unzuträglichkeiten mit der hinzutretenden Wohnbebauung führen, ist schon von daher nicht geeignet, die Antragsbefugnis zu begründen. Es kommt hinzu, daß Weideflächen nicht zum Güllen taugen und die Anwohner von Flächen, auf denen ein Landwirt im Rahmen der geltenden Bestimmungen und technischen Regeln Gülle ausbringt, verpflichtet sind, die damit verbundenen kurzfristigen Belästigungen hinzunehmen (vgl. Senatsurteil vom 30. 5. 2001 – 1 K 389/00 –, BRS 64 Nr. 12 = NVwZ-RR 2002, 98). Dementsprechend hatte im übrigen auch die Landwirtschaftskammer M. in ihrer Stellungnahme vom 19. 7. 2000 (Beiakte A) mitgeteilt, mit Ausnahme des Flächenverlustes würden landwirtschaftliche Belange durch den Bebauungsplan Nr. 108 nicht nachteilig berührt. Eine durch Abwägungsentscheidung zu bewältigende Konfliktlage existierte daher gleichsam von vornherein nicht.

Ob die Verwirklichung des zwischenzeitlich rechtsverbindlich gewordenen Bebauungsplanes Nr. 109 zu einer derartigen „Einschnürung" oder „Insellage" führt, bei der eine dem Antragsteller vorteilhafte Anwendung der soeben geschilderten Grundsätze in Betracht kommt, ist hier nicht zu entscheiden. Diese spätere Entwicklung kann die Normenkontrollantragsbefugnis für den hier allein in Rede stehenden Bebauungsplan Nr. 108 nicht begründen.

Die Antragsbefugnis im Normenkontrollverfahren wird auch durch die weitere Rüge nicht begründet, die Nutzung eines bislang nur landwirtschaftlichem Verkehr vorbehaltenen Weges als Zufahrtsstraße zu dem Baugebiet beeinträchtige landwirtschaftliche Belange. Es ist ein allgemein anzutreffender Umstand, daß auf allgemeinem Verkehr gewidmeten Verkehrsflächen landwirtschaftlicher Verkehr abzuwickeln ist. Die Überbreite landwirtschaftlicher Maschinen – diese dürfen nach der Straßenverkehrszulassungsordnung bis zu 3 m breit sein – ist im Einzelfall unter Berücksichtigung des Gebots der Rücksichtnahme zu lösen, begründet jedoch keinen Umstand, der bereits in der Bauleitplanung zu berücksichtigen wäre.

Nr. 63

Die Antragsbefugnis für einen Normenkontrollantrag gegen eine Satzung, mit der eine Veränderungssperre in einem im Flächennutzungsplan dargestellten Vorranggebiet für Windenergieanlagen erlassen wird, kann sich auch daraus ergeben, daß der Antragsteller die ernsthafte Absicht und die gesicherte zivilrechtliche Möglichkeit dartut, in dem von der Veränderungssperre betroffenen Gebiet eine immissionsschutzrechtliche Genehmigung für einen Windpark zu beantragen.

OVG Nordrhein-Westfalen, Urteil vom 4. Juni 2003 – 7 a D 131/02.NE – (nicht rechtskräftig).

Abgedruckt unter Nr. 116.

Nr. 64

Normenkontrolle einer Naturschutzverordnung, subjektive Vorstellungen des Verordnungsgebers; Wechsel der landwirtschaftlichen Nutzungsart.

VwGO § 47; BNatSchG a. F. §§ 1 Abs. 3, 8 Abs. 7.

Bundesverwaltungsgericht, Beschluß vom 4. Juni 2003 – 4 BN 27.03 –.

(OVG Rheinland-Pfalz)

Aus den Gründen:
2. Die Beschwerde greift ferner die Ansicht des Normenkontrollgerichts an, eine Verordnung über ein Naturschutzgebiet sei nichtig, wenn der vorhandene Konflikt zwischen Naturschutz und Landwirtschaft nicht hinreichend gelöst werde, weil eine Inkongruenz zwischen dem in den Verwaltungsvorgängen dokumentierten Willen des Verordnungsgebers und dem Inhalt der Verordnung bestehe. ...

Es liegt auf der Hand und bedarf nicht erst der Klärung in einem Revisionsverfahren, daß es bei der richterlichen Kontrolle von untergesetzlichen Rechtsnormen auf das Ergebnis des Rechtsetzungsverfahrens, also auf die erlassene Vorschrift in ihrer regelnden Wirkung ankommt. Daraus folgt, daß nicht die subjektiven Zielvorstellungen des Normgebers für sich betrachtet, sondern nur die objektive, d. h. die tatsächliche und eindeutige Unangemessenheit einer Norm im Verhältnis zu der tatsächlichen Situation, die sie regeln soll, zur Feststellung der Ungültigkeit der Norm führen kann (vgl. hierzu BVerwG, Urteil v. 13. 12. 1984 – 7 C 3, 6, 8 und 13.83 –, BVerwGE 70, 318, 335 mit Hinweis auf BVerfGE 51, 1, 26 f.; s. auch BVerfGE 42, 64, 73 zur Überprüfung von Gesetzen). Hieraus folgt für die hier angegriffene Verordnung auch, daß die subjektiven Vorstellungen des Normgebers nicht den Prüfungsmaßstab für die richterliche Normenkontrolle bilden. Hiervon zu unterscheiden und von der Beschwerde auch nicht angesprochen ist die Frage, ob und unter welchen Voraussetzungen die Ziele und Absichten des Normgebers bei der Auslegung der Norm Berücksichtigung finden dürfen.

Aus dem Gesamtzusammenhang der Urteilsgründe ergibt sich deutlich, daß der zur Nichtigkeit der Rechtsverordnung führende Fehler nach Ansicht der Vorinstanz darin liegt, daß der Verordnungsgeber den vorhandenen und von ihm auch erkannten Konflikt zwischen Naturschutz und Landwirtschaft nach Wortlaut und Systematik der angegriffenen Verordnung „objektiv" unter Verletzung des Grundsatzes der Verhältnismäßigkeit gelöst hat. Der Verordnungsgeber habe alle erkennbaren Konflikte zu lösen; dies sei indessen hier nicht geschehen (UA S. 13). Bei diesem Verständnis des Normenkontrollurteils besteht kein Widerspruch zu den von der Beschwerde angeführten Ausführungen im Urteil des Bundesverwaltungsgerichts vom 13. 12. 1984 (BVerwGE 70, 318, 335).

3. Die Beschwerde möchte schließlich rechtsgrundsätzlich geklärt wissen, wie der unbestimmte Rechtsbegriff der ordnungsgemäßen landwirtschaftlichen Bodennutzung zu verstehen ist. Sie wirft insbesondere die Frage auf, wie der Begriff „Wechsel einer landwirtschaftlichen Nutzungsart" zu bestimmen und wie die „tägliche Wirtschaftsweise eines Landwirtes" positiv zu umschreiben sei. Diese Fragen zielen auf die Rechtsansicht des Normenkontrollgerichts, von der Landwirtschaftsklausel in § 4 Abs. 1 und § 5 Abs. 1 Nr. 1 der angegriffenen Rechtsverordnung sei die Umwandlung von Hochstammobstanlagen in Niederstammplantagen bzw. in Spargelanbauflächen nicht gedeckt. Das Normenkontrollgericht stützt sich bei seiner Auslegung der vorgenannten Bestimmungen auf die in der Rechtsprechung vorherrschende Auslegung des Begriffs der ordnungsgemäßen landwirtschaftlichen Bodennutzung in § 1 Abs. 3 und § 8 Abs. 7 BNatSchG (a. F.). Auch dieses Beschwerdevorbringen rechtfertigt die Zulassung der Revision nicht.

Soweit das Normenkontrollgericht seine Auslegung der Naturschutzverordnung vom Verständnis bundesrechtlicher Vorschriften des Naturschutzrechts abhängig gemacht hat, kann das Revisionsgericht zwar überprüfen, ob die Vorinstanz bei der Auslegung des Landesrechts Bundesrecht verletzt hat (§ 137 Abs. 1 Nr. 1 VwGO – vgl. BVerwG, Urteil v. 6. 9. 1984 – 3 C 16.84 –, BVerwGE 70, 64, 65). Die von der Beschwerde aufgeworfenen Fragen lassen jedoch hinsichtlich des bundesrechtlichen Begriffs einer ordnungsgemäßen landwirtschaftlichen Bodennutzung keinen revisionsgerichtlichen Klärungsbedarf erkennen.

In der Rechtsprechung des Bundesverwaltungsgerichts ist bereits geklärt, daß das naturschutzrechtliche Privileg für die ordnungsgemäße Landwirtschaft (§ 1 Abs. 3, § 8 Abs. 7 BNatSchG a. F.) nicht für solche Veränderungen der Landschaft gilt, die eine landwirtschaftliche Nutzung erst ermöglichen oder diese effektiver gestalten sollen. Die sogenannte Landwirtschaftsklausel will die „tägliche Wirtschaftsweise" des Landwirts von naturschutzrechtlichen Anordnungen freistellen. Dazu gehört der Wechsel einer landwirtschaftlichen Nutzungsart nicht (vgl. BVerwG, Beschluß v. 26. 2. 1992 – 4 B 38.92 –, UPR 1992, 309; Beschluß v. 14. 4. 1988 – 4 B 55.88 –, Buchholz 406.401 § 15 BNatSchG a. F. Nr. 4 = NuR 1989, 84). Ob das Ersetzen von hochstämmigen Obstbäumen durch eine Niederstammplantage bzw. durch Spargel- und sonstige Gemüseanbauflächen einen Wechsel der landwirtschaftlichen Nutzungsart darstellt, hängt von der Würdigung der örtlichen landwirtschaftlichen Rahmenbedingungen und der herkömmlichen ackerbaulichen Nutzung auf den Flächen im Geltungsbereich der Naturschutzverordnung ab, die einer rechtsgrundsätzlichen Klärung in einem Revisionsverfahren nicht zugänglich ist und daher den Tatsachengerichten vorbehalten bleiben muß. Im Rahmen dieser tatrichterlichen Würdigung stellen sich dann auch die weiteren von der Beschwerde problematisierten Fragen, ob die Veränderung der Fruchtfolge Obstbaum, Spargel, Getreide, Rüben u. ä. einen Wechsel der Nutzungsart darstellen, wie die ordnungsgemäße Bodennutzung bei Dauerkulturen (Obst- und Weinanbau) zu bestimmen ist und ob ein Landwirt, der nach einer jahrelangen Stillegung seiner Flächen diese wieder bestellen will, Brachland umbricht oder die ordnungsgemäße Bodennutzung nach einer Pause weiterführt.

Nr. 65

Ein Normenkontrollgericht, das den Einfluß eines Mangels im Abwägungsvorgang auf das Abwägungsergebnis in Anwendung des § 214 Abs. 3 Satz 2 BauGB verneint, ist nicht der Aufgabe enthoben, das mit dem Normenkontrollantrag angegriffene Abwägungsergebnis auf seine Rechtmäßigkeit hin zu überprüfen.
(Nichtamtlicher Leitsatz)

BauGB § 214 Abs. 3 Satz 2.

Bundesverwaltungsgericht, Beschluß vom 9. Oktober 2003 – 4 BN 47.03 –.

(Hessischer VGH)

Aus den Gründen:
„Auf das Abwägungsergebnis von Einfluß gewesen" sind i. S. des § 214 Abs. 3 Satz 2 BauGB Mängel im Abwägungsvorgang, wenn nach den Umständen des jeweiligen Falles die konkrete Möglichkeit besteht, daß ohne den Mangel die Planung anders ausgefallen wäre. Eine solche konkrete Möglichkeit besteht immer dann, wenn sich anhand der Planunterlagen oder erkennbarer oder nahe liegender Umstände die Möglichkeit abzeichnet, daß der Mangel im Abwägungsvorgang von Einfluß auf das Abwägungsergebnis gewesen sein kann (BVerwG, Beschluß v. 20. 1. 1992 – 4 B 71.90 –, BRS 54 Nr. 18 =

BauR 1992, 344, im Anschluß an das Senatsurteil v. 21. 8. 1981 – 4 C 57.80 –, BVerwGE 64, 33 = BRS 38 Nr. 37). Es kommt also einerseits nicht auf den positiven Nachweis eines Einflusses auf das Abwägungsergebnis an. Auf der anderen Seite genügt aber auch nicht die (wohl stets zu bejahende) abstrakte Möglichkeit, daß ohne den Mangel anders geplant worden wäre. Auf diese abstrakte Möglichkeit stellt die Beschwerde jedoch ab, wenn sie „von tatsächlich zwei möglichen planungsrechtlichen Verhaltensweisen" bzw. von Planungsalternativen spricht, die „denkbar" gewesen seien. Das Normenkontrollgericht ist unter Würdigung der konkreten Gegebenheiten im Streitfall, insbesondere im Hinblick auf die Darstellungen des Flächennutzungsplans, zu dem Ergebnis gelangt, daß der festgestellte Mangel im Abwägungsvorgang nicht auf das Abwägungsergebnis von Einfluß gewesen ist.

Der Beschwerde ist einzuräumen, daß ein Normenkontrollgericht, das den Einfluß eines Mangels im Abwägungsvorgang auf das Abwägungsergebnis in Anwendung von § 214 Abs. 3 Satz 2 BauGB verneint, nicht der Aufgabe enthoben ist, das mit dem Normenkontrollantrag angegriffene Abwägungsergebnis auf seine Rechtmäßigkeit hin zu überprüfen. Dieser Aufgabe hat sich das Normenkontrollgericht im vorliegenden Fall jedoch nicht entzogen. Es kommt zu dem Ergebnis, daß die Antragsgegnerin, hätte sie den Fehler im Abwägungsvorgang erkannt, unter Berücksichtigung der von ihr verfolgten städtebaulichen Belange, insbesondere der Erhaltung und Aufwertung des vorhandenen Grünzuges, und der Vorgaben des Flächennutzungsplanes berechtigt gewesen wäre, die Interessen der Antragsteller an der Beibehaltung der bisherigen Festsetzung ihres Grundstücks als Fläche für die Landwirtschaft hinter den von ihr verfolgten städtebaulichen Zielen und planerischen Erwägungen zurückzustellen, zumal die Antragsteller das Grundstück nicht zu Zwecken der Landwirtschaft nutzten und eine Nutzung zu landwirtschaftlichen Zwecken zum Zeitpunkt des Satzungsbeschlusses weder beabsichtigt noch konkret absehbar gewesen sei.

Nr. 66

Zur Erledigung des Normenkontrollverfahrens.

VwGO § 161 Abs. 2.

Bundesverwaltungsgericht, Beschluß vom 11. September 2003
– 4 CN 3.03 –.

(OVG Brandenburg)

Aus den Gründen:
I. Die Revision richtet sich gegen eine Entscheidung des Normenkontrollgerichts, mit der es festgestellt hat, daß der Regionalplan Havelland-Fläming der Antragsgegnerin vom Dezember 1997 nichtig sei. Nachdem bekannt geworden ist, daß eine in einem Parallelverfahren ergangene Entscheidung desselben Inhalts rechtskräftig geworden ist, weil die Antragsgegnerin gegen sie kein Rechtsmittel eingelegt hat, haben die Beteiligten die Revision für erle-

digt erklärt. Sie beantragen jeweils, dem Gegner die Kosten des Revisionsverfahrens aufzuerlegen.

II. Auf Grund der übereinstimmenden Erledigungserklärungen ist das Revisionsverfahren einzustellen. In entsprechender Anwendung des § 161 Abs. 2 VwGO ist nur noch über die Kosten des Revisionsverfahrens zu entscheiden (vgl. BVerwG, Beschluß v. 22. 4. 1994 – 9 C 456.93 –, Buchholz 310 § 161 VwGO Nr. 106, m. w. N.). Die Kosten des Revisionsverfahrens muß die Antragsgegnerin tragen. Nur diese Entscheidung entspricht billigem Ermessen. Denn die Erledigung fällt allein in den Verantwortungsbereich der Antragsgegnerin. Es lag in ihrer Macht, das vorliegende Revisionsverfahren für eine Entscheidung offen zu halten, weil sie auch im Parallelverfahren ein Rechtsmittel hätte einlegen können. Und sie hätte auch die inzwischen entstandenen Kosten des Revisionsverfahrens vermeiden können, wenn sie nach Eintritt der Rechtskraft der Entscheidung im Parallelverfahren das nunmehr nutzlos gewordene Nichtzulassungsbeschwerdeverfahren beendet hätte. Zwar dürften die Versäumnisse der Antragsgegnerin auf einem bloßen Versehen beruhen. Gleichwohl entspricht es der Billigkeit, nur sie und nicht etwa auch die an der Verursachung der Erledigung und der weiteren Verfahrenskosten unbeteiligte Antragstellerin mit den Kosten zu belasten. Es wäre auch unbillig, die Kostenentscheidung entsprechend dem voraussichtlichen Erfolg oder Mißerfolg der Revision zu treffen, weil die Erledigung des Revisionsverfahrens und die in ihm entstandenen Kosten allein von der Antragsgegnerin zu verantworten sind.

Im übrigen wäre allerdings bei summarischer Prüfung zumindest offen, ob die Normenkontrollentscheidung hätte Bestand haben können. Zwar gehört die Frage, ob eine Bekanntmachung in der Beilage zum Amtsblatt für Brandenburg noch als die vorgeschriebene Bekanntmachung im Amtsblatt für Brandenburg angesehen werden kann, grundsätzlich zum irrevisiblen Landesrecht. Das Normenkontrollgericht hat sich jedoch bei seiner Verneinung der Frage mehrfach in den Gründen der Entscheidung und plakativ in den Leitsätzen auf Bundesverfassungsrecht, nämlich auf das Rechtsstaatsprinzip, berufen; es hat damit bei der Auslegung von Landesrecht revisibles Recht angewendet. Ob das Rechtsstaatsprinzip die vom Normenkontrollgericht für allein zutreffend gehaltene Auslegung des einschlägigen Bekanntmachungsrechts verlangt, hätte im Revisionsverfahren geprüft werden sollen. Der Senat hat jedenfalls Zweifel, ob die Bekanntmachung in der Beilage zum Amtsblatt statt im Amtsblatt selbst die Möglichkeit, von dem streitigen Regionalplan verläßlich Kenntnis zu erhalten, in unzumutbarer Weise (vgl. BVerfGE 65, 283, 291) erschwert. Daß es in der Vergangenheit tatsächlich zu ernsthaften Problemen wegen der Veröffentlichung (nur) in der Beilage zum Amtsblatt gekommen ist – die vom Normenkontrollgericht beanstandete Veröffentlichungspraxis besteht in Brandenburg immerhin bereits seit zehn Jahren –, stellt auch das Normenkontrollgericht nicht fest. Zweifelhaft kann ferner sein, ob es das Interesse der Normerhaltung, das in der Rechtsprechung des Bundesverfassungsgerichts generell als bedeutsam für die Auslegung von Normen angesehen wird (z. B. BVerfGE 49, 148, 157; 69, 1, 55; vgl. auch BVerwGE 94, 352, 358) und das beispielsweise im Baugesetzbuch zur Einfügung von Vorschriften zur „Planerhaltung" (§§ 214 ff. BauGB) geführt hat, hinreichend beachtet hat. Diesen Fragen kann jedoch nach der Erledigung des Revisionsverfahrens nicht mehr weiter nachgegangen werden.

Nr. 67

1. **Zu den Voraussetzungen, die nach § 47 Abs. 6 VwGO den Erlaß einer einstweiligen Anordnung im Normenkontrollverfahren rechtfertigen.**

2. **Einzelfall eines Gemeindevertreters, der als Angehöriger eines durch die planungsrechtliche Festsetzung einer Ortsumgehungsstraße begünstigten Grundstückseigentümers (hier: erhebliche Reduzierung der auf das Grundstück einwirkenden Verkehrsimmissionen) im Planaufstellungsverfahren gemäß § 25 Abs. 1 Satz 1 Nr. 1 und Nr. 2 HGO mit der Folge als befangen gilt, daß der unter seiner Mitwirkung gefaßte gemeindliche Satzungsbeschluß (§ 10 Abs. 1 BauGB) als gemäß § 25 Abs. 6 Satz 1 HGO unwirksam anzusehen ist.**

BauGB § 10 Abs. 1; HGO § 25 Abs. 1, Abs. 6; VwGO § 47 Abs. 2, Abs. 6.

Hessischer VGH, Beschluß vom 22. April 2003 – 9 NG 561/03 – (rechtskräftig).

Aus den Gründen:

Nach § 47 Abs. 6 VwGO kann das Gericht auf Antrag eine einstweilige Anordnung erlassen, wenn dies zur Abwehr schwerer Nachteile oder aus anderen wichtigen Gründen dringend geboten ist. Diese Vorschrift ist der Regelung in § 32 des Bundesverfassungsgerichtsgesetzes nachgebildet; an das Vorliegen ihrer Voraussetzungen ist ein strenger Maßstab anzulegen (vgl. Hess. VGH, Beschluß des Senats v. 22. 8. 2000 – 9 NG 645/00 –; Beschluß v. 26. 11. 1999 – 4 NG 1902/99 –, ESVGH 50, 131).

Ein schwerer Nachteil liegt dann vor, wenn durch die Folgen, die dem Antragsteller dadurch entstehen, daß die einstweilige Anordnung nicht ergeht, die angegriffene Norm jedoch später für nichtig erklärt wird, seine Rechte oder seine rechtlich geschützten Interessen in ganz besonderem Maße beeinträchtigt oder von ihm außergewöhnliche Opfer verlangt werden (vgl. dazu Finkelnburg/Jank, Vorläufiger Rechtsschutz im Verwaltungsverfahren, 3. Aufl., München 1986, Rdnr. 440, m. w. N.; Hess. VGH, Beschluß v. 15. 3. 1977 – IV N 3/77 –, BRS 32 Nr. 24; Beschluß des Senats v. 22. 8. 2000, a. a. O.; OVG Nordrhein-Westfalen, Beschluß v. 6. 11. 1978 – Xa ND 8/78 –, BRS 33 Nr. 24). Ob die danach im Rahmen der Prüfung der ersten Tatbestandsalternative des § 47 Abs. 6 VwGO gebotene Interessenabwägung zulasten der Antragsteller ausfällt, kann offenbleiben.

Der Erlaß der beantragten einstweiligen Anordnung ist vorliegend aus „anderen wichtigen Gründen" im Sinne der zweiten Tatbestandsvariante der vorgenannten Regelung dringend geboten.

Eine einstweilige Anordnung ist nach der Rechtsprechung des Senats nur dann aus anderen wichtigen Gründen i. S. des § 47 Abs. 6 VwGO dringend geboten, wenn bei überschlägiger Prüfung offensichtlich ist, daß kein Zweifel daran besteht, daß der Normenkontrollantrag in der Hauptsache Erfolg haben wird und durch den Vollzug gerade nichtiger Festsetzungen des Bebauungsplans vollendete Tatsachen geschaffen würden, die nicht oder nur unter ganz erheblichen Schwierigkeiten ausgeräumt werden könnten (Beschluß des Senats v. 22. 8. 2000, a. a. O.; so auch Hess. VGH, Beschluß v. 26. 11. 1999 – 4 NG 1902/99 –). Wie bereits dargelegt, stellt § 47 Abs. 6 VwGO an die Aussetzung des Vollzugs einer (untergesetzlichen) Norm strengere Maßstäbe als § 123 VwGO für den Erlaß einer einstweiligen Anordnung (BVerwG, Beschluß v. 18. 5. 1998 – 4 VR 2.98 –, NVwZ 1998, 1065). Dies gebietet der Respekt vor dem demokratisch legitimierten Normgeber, dessen Normsetzung im Rahmen eines Eilverfahrens nicht auf der Basis eines bloßen Wahrscheinlichkeitsurteils, sondern nur auf Grund von offensichtlich zu Tage tretenden Rechtsfehlern vom Gericht außer Vollzug gesetzt werden kann (so Hess. VGH, Beschluß v. 26. 11. 1999, a. a. O.; OVG Saarland, Beschluß v. 7. 7. 1992 – 2 Q 2/92 –). Dabei ist zu beachten, daß im Rahmen eines Eilverfahrens nach § 47 Abs. 6 VwGO lediglich eine summarische Prüfung der Sach- und Rechtslage erfolgen kann. Für eine nähere Prüfung der Erfolgsaussichten des im Hauptsacheverfahren gestellten Normenkontrollantrags ist im Rahmen der Entscheidung über einen Antrag nach § 47 Abs. 6 VwGO regelmäßig kein Raum (vgl. VGH Baden-Württemberg, Beschluß v. 20. 11. 1998 – 3 S 2537/98 –, VBlBW 1999, 96 f.; Bay. VGH, Beschluß v. 28. 10. 1996 – 20 NE 96.3118 –).

Unter Berücksichtigung dieser Grundsätze ist vorliegend bereits auf Grund einer überschlägigen Überprüfung festzustellen, daß der angegriffene Bebauungsplan offensichtlich mit Rechtsfehlern behaftet ist und deshalb jedenfalls nach der zum gegenwärtigen Zeitpunkt gegebenen Sachlage kein Zweifel daran bestehen kann, daß der in der Hauptsache gestellte Normenkontrollantrag Erfolg haben wird. Denn der angegriffene Bebauungsplan leidet an einem absolut beachtlichen Verfahrensfehler gemäß § 214 Abs. 1 Satz 1 Nr. 1 BauGB, weil sich der von der Gemeindevertretung der Antragsgegnerin 2002 gemäß § 10 Abs. 1 BauGB gefaßte Satzungsbeschluß als unwirksam erweist.

Der Bebauungsplan ist unter Verstoß gegen die zwingende Vorschrift des § 25 Abs. 1 Satz 1 Nr. 1 und Nr. 2 Hessische Gemeindeordnung – HGO – zustande gekommen. Danach darf niemand in haupt- oder ehrenamtlicher Tätigkeit in einer Angelegenheit beratend oder entscheidend mitwirken, wenn er durch die Entscheidung in der Angelegenheit einen unmittelbaren Vorteil oder Nachteil erlangen kann oder aber Angehöriger einer Person ist, die zu diesem Personenkreis gehört. Die Mitwirkung eines wegen persönlicher Beteiligung ausgeschlossenen Gemeindevertreters an dem Satzungsbeschluß eines Bebauungsplans stellt einen wesentlichen Verfahrensmangel dar und hat nach § 25 Abs. 6 Satz 1 HGO kraft Gesetzes die Unwirksamkeit dieses Beschlusses zur Folge (vgl. Hess. VGH, Beschluß vom 2. 6. 1992 – 3 N 1366/91 –, NVwZ-RR 1993, 156).

Der Gemeindevertreter S.D. hätte sowohl im Aufstellungsverfahren als auch bei der abschließenden Beratung und Beschlußfassung über den

Bebauungsplan als Satzung (§ 10 Abs. 1 BauGB) nicht mitwirken dürfen, weil er wegen bestehender Interessenkollision hiervon gemäß § 25 Abs. 1 Satz 1 Nr. 1 und Nr. 2, Abs. 5 Satz 1 Nr. 3 HGO i. V. m. § 1589 Satz 1 BGB ausgeschlossen war. Den vorgenannten Regelungen liegt der Gedanke zugrunde, daß der Betroffene wegen eines Interessenkonflikts befangen ist, wenn die zu treffende Entscheidung ihm selbst oder einem nahen Angehörigen einen Vorteil oder Nachteil bringen kann. Wie sich aus dem Gesetzeswortlaut ergibt, besteht Befangenheit in diesem Sinne bereits dann, wenn die Möglichkeit eines unmittelbaren Vorteils oder Nachteils gegeben ist („kann"). Nicht erforderlich ist, daß die Vorteile oder Nachteile auch tatsächlich oder demnächst eintreten. Die Beantwortung der Frage, wann das in § 25 Abs. 1 Satz 1 Nr. 1 HGO genannte Kriterium der Unmittelbarkeit – das auch in den Befangenheitsregelungen der Gemeindeordnungen der anderen Bundesländer gefordert wird – erfüllt ist, ist umstritten. Teils wird die Auffassung vertreten, das Unmittelbarkeitskriterium sei im Sinne einer direkten Kausalität zu verstehen, so daß ein Gemeindevertreter nur dann befangen sein könne, wenn ihn die Entscheidung der Gemeindevertretung ohne das Hinzutreten eines weiteren Ereignisses direkt berühre (vgl. Hess. VGH, Urteil v. 10. 3. 1981 – II OE 12/80 –, NVwZ 1982, 44 f.). Dieser Auffassung ist beispielsweise der nordrhein-westfälische Landesgesetzgeber gefolgt. So bestimmt der mit Gesetz vom 14. 7. 1994 neu gefaßte § 31 Abs. 1 Satz 2 NRWGO (vgl. GV. NRW 1994, S. 666), daß der Vorteil oder Nachteil unmittelbar ist, wenn die Entscheidung eine natürliche oder juristische Person direkt berührt. Einer anderen Auffassung zufolge soll ein unmittelbarer Vorteil oder Nachteil bei einem Gemeindevertreter dann gegeben sein, wenn er an dem Gegenstand der Beratung und Beschlußfassung ein unmittelbares, individuelles Sonderinteresse hat (vgl. zur damaligen Rechtslage OVG Münster, Urteil v. 20. 9. 1983 – 7 a NE 4/80 –, NVwZ 1984, 667; s. a. VGH E-Stadt, Beschluß v. 27. 2. 1989 – 3 S 308/87 –, NVwZ 1990, 588).

Vorliegend kann es der Senat dahingestellt sein lassen, welcher Auffassung der Vorzug zu geben ist. Denn die von § 25 Abs. 1 Satz 1 Nr. 1 HGO vorausgesetzte unmittelbare Betroffenheit – hier – der Eltern des Gemeindevertreters S.D. als Eigentümer des Grundstücks A.-Straße ist auch nach der strengeren Auffassung, die ein direktes Berühren fordert, gegeben. Die unmittelbare – vorteilhafte – Betroffenheit seiner Eltern muß sich der Gemeindevertreter S.D., der ausweislich der vorliegenden Protokolle an den wesentlichen Beschlüssen während des Planaufstellungsverfahrens und der abschließenden Beratung und Beschlußfassung über den Bebauungsplan mitgewirkt hat, als Verwandter gerader Linie gemäß § 25 Abs. 1 Satz 1 Nr. 2, Abs. 5 Satz 1 Nr. 3 i. V. m. § 1589 Satz 1 BGB zurechnen lassen.

Für diese Einschätzung sind die folgenden Überlegungen maßgeblich:

Die Belegenheit eines Grundstücks im Bereich eines zur Beratung und Entscheidung anstehenden Bebauungsplans begründet ein Mitwirkungsverbot für Grundstückseigentümer und sonstige dinglich Berechtigte in diesem Planbereich, weil sich die Festsetzungen eines Bebauungsplans stets unmittelbar, d. h. ohne daß es dazu eines auf der Grundlage des Bebauungsplans ergehenden weiteren Vollzugsaktes bedarf, auf die im Planbereich gelegenen

Grundstücke auswirken (vgl. Hess. VGH, Beschluß vom 2.6.1992 – 3 N 1366/91 –, BRS 54 Nr. 25 = NVwZ-RR 1993, 156, m. w. N.). Die durch das Inkrafttreten des Bebauungsplans bewirkte Bebaubarkeit oder der Wegfall der Bebaubarkeit eines Grundstücks, die Einschränkung von Zufahrtsmöglichkeiten, die Änderung der baulichen Nutzbarkeit von Nachbargrundstücken, sind Maßnahmen, die direkte Auswirkungen auf die Rechtsstellung des Eigentümers haben (vgl. BVerfG, Beschluß vom 14.5.1985 – 2 BvR 397/82 –, DVBl. 1985, 1126). Derartige Festsetzungen bestimmen individuell und konkret die Art und das Maß der baulichen Nutzung. Die Relevanz unmittelbarer Auswirkungen der Festsetzungen auf die Nutzung von Nachbargrundstücken zeigt aber auch, daß es für das Vorliegen eines Vorteils oder Nachteils nicht darauf ankommen kann, ob das Nachbargrundstück (noch) im Geltungsbereich des Bebauungsplans oder außerhalb liegt (vgl. Hess. VGH, a. a. O.; VGH E-Stadt, Beschluß vom 15.3.1973 – II 949/70 –, BauR 1973, 368). Im vorliegenden Fall wirken sich die planerischen Festsetzungen, mit denen die Antragsgegnerin im Wege der die Planfeststellung ersetzenden Aufstellung eines Bebauungsplans die rechtlichen Grundlagen für den Bau der als Teil der Landesstraße 3115 geltenden Ortsumgehung geschaffen hat (vgl. §§ 33 Abs. 1, 8 Abs. 1 und Abs. 2 HessStrG), unmittelbar auf das außerhalb des Planbereichs gelegene und im Eigentum der Eltern des Gemeindevertreters S.D. stehende Wohngrundstück A.-Straße aus. Die A.-Straße stellt gegenwärtig ein Teilstück der durch den alten Ortskern von A-Stadt in Ost-West-Richtung hindurchführenden Landesstraße 3115 dar. Insofern ist die A.-Straße Teil der innerörtlichen Hauptverkehrsader, die sowohl den in die Ortsmitte fließenden innerörtlichen Verkehr aufnimmt, als auch den Ortsdurchgangsverkehr ableitet. Die gegenwärtige innerörtliche Situation in A-Stadt ist – so die Planbegründung – durch die hindurchführenden Landesstraßen 3115 und 3116 stark beeinträchtigt, weil die beengten Verhältnisse Störungen im Verkehrsfluß und auch Beeinträchtigungen der Verkehrssicherheit bewirken, sich die Verkehrssituation auf die im Ortskern vorhandenen Laden- und Dienstleistungsangebote nachteilig auswirkt und die Möglichkeit zur Anlage eines zentralen Platzes für alle kommunikativen und sozialen Funktionen der Gemeinde fehlt. Mit der Neuplanung der Ortskernumfahrung, die zukünftig die Funktion einer Landesstraße übernehmen soll, verfolgt der Plangeber das Ziel, den vorhandenen Verkehr von der bisherigen Ortsdurchfahrt (= Landesstraße 3115) auf die neu geschaffene Trasse zu verlagern, wobei ausweislich der Planbegründung nach Fertigstellung der Ortskernumfahrung bauliche Maßnahmen im Rahmen der Dorferneuerungsplanung und weitere in den Verkehrsfluß in der Ortsmitte eingreifende Maßnahmen mit dazu beitragen sollen, daß weniger Verkehr im Ortskern fließt.

Durch die mit der Aufstellung des Bebauungsplans mithin bezweckte Verlagerung wesentlicher Verkehrsströme von dem das Gemeindegebiet durchquerenden (bisherigen) Teilstück der Landesstraße 3115 auf die zukünftige Ortskernumfahrung werden die Eltern des Gemeindevertreters S.D. als Eigentümer des Grundstücks A.-Straße unmittelbar vorteilhaft betroffen. ...

Die Realisierung der Ortskernumfahrung wird – entsprechend der planerischen Zielvorstellung – innerhalb des Gemeindegebiets vornehmlich eine Veränderung der Verkehrssituation auf denjenigen Straßenzügen mit sich bringen, die – wie die A.-Straße – Teilstücke der Landesstraßen 3115 und 3116 sind. Von dem zu erwartenden Entlastungseffekt hinsichtlich des dortigen Verkehrsaufkommens wird insbesondere auch die A.-Straße betroffen sein.

... Nach Auffassung des Senats verbietet sich in diesem Zusammenhang auch eine „gebietsbezogene" Betrachtungsweise, die zu der Annahme führt, die Eigentümer unmittelbar an die A.-Straße angrenzender Wohngrundstücke profitierten von der dargestellten Entlastungswirkung nur mittelbar und seien insofern von der Planaufstellung nicht anders betroffen als die Vielzahl anderer im Ortskern von A-Stadt lebender Bürger. Dieser Betrachtungsweise steht entgegen, daß die Antragsgegnerin mit ihrer Planung nicht lediglich eine allgemeine Reduzierung des innergemeindlichen Verkehrs bezweckt, sondern – gestützt auf entsprechende verkehrstechnische Untersuchungen – eine Verlagerung des Ortsdurchgangsverkehrs von einem bestimmten Straßenzug auf die geplante Trasse bewirken will. ...

Durch den Vollzug der Festsetzungen des Bebauungsplans würden für die Antragsteller auch vollendete Tatsachen geschaffen, die nicht oder nur unter ganz erheblichen Schwierigkeiten ausgeräumt werden könnten. Es erscheint nämlich äußerst zweifelhaft, ob den Belangen der Antragsteller auch nach Fertigstellung und ausweislich der Mitteilung des beigeladenen Straßenbaulastträgers etwa im April 2004 zu erwartenden Inbetriebnahme der Ortskernumfahrung noch ausreichend Rechnung getragen werden könnte (vgl. dazu in einem vergleichbaren Fall ohne weitere Begründung auch Bay. VGH, Beschluß v. 17.6.2002 – 1 NE 02.1158 –, NVwZ-RR 2003, 176ff.). Die Antragsgegnerin hat vorliegend den regelmäßig durch einen Plan i. S. der §§ 33 Abs. 1, 34 ff. HessStrG festzustellenden Neubau der gemäß § 8 HessStrG als Teil der Landesstraße 3115 geltenden Ortsumgehung zulässigerweise durch die Aufstellung eines Bebauungsplans ersetzt (vgl. § 33 Abs. 2 HessStrG). Aus der rechtssatzmäßigen Verbindlichkeit des als Satzung ergangenen Plans folgt für dessen räumlichen Geltungsbereich unmittelbar die Bindung der straßenrechtlichen Widmung an die durch das städtebauliche Planungsrecht vorgegebene bebauungsrechtliche Situation (vgl. Neumeyer, Das Hessische Straßengesetz, Stand: Oktober 2001, § 4 Anm. 6 b). Es gilt insoweit die Widmungsfiktion des § 2 Abs. 1 Satz 2 HessStrG, wonach eine öffentliche Straße, die auf Grund eines förmlichen Verfahrens nach anderen Gesetzen gebaut wird, mit der Verkehrsübergabe als gewidmet gilt. Der Straßenbaulastträger übt das ihm im Rahmen dieses (Real-)Aktes eingeräumte Ermessen grundsätzlich rechtsfehlerfrei aus, wenn er auf einer entsprechend dem Verkehrsbedürfnis hergestellten Straße einen Verkehr zuläßt, der seiner Art nach mit der bebauungsrechtlichen Situation, die ihrerseits das Maß der Schutzbedürftigkeit schon vorhandener Bebauung bestimmt, vereinbar ist. Ob ein Einschreiten zum Schutz der Wohnbevölkerung vor Lärm und Abgasen geboten ist, hat in diesem Rahmen nicht der Straßenbaulastträger, sondern die zuständige Straßenverkehrsbehörde zu entscheiden (vgl. Hess. VGH, Urteil v. 19.10.1993 – 2 UE 1976/90 –; Neumeyer, a.a.O.).

Hieraus folgt, daß die Antragsteller nach der tatsächlichen Inbetriebnahme der Ortskernumfahrung, die ohne weiteren Widmungsakt die straßenrechtliche Widmung als Landesstraße bewirkt, verkehrsbeschränkende Maßnahmen zum Schutz ihres Wohngrundstücks vor Verkehrsimmissionen – etwa Geschwindigkeitsbeschränkungen oder das Verkehrsaufkommen als solches reduzierende Maßnahmen – gegenüber der Antragsgegnerin in ihrer Eigenschaft als Planungsbehörde oder aber gegenüber dem beigeladenen Land als Träger der Straßenbaulast nicht durchsetzen könnten. Der angegriffene Bebauungsplan selbst enthält entsprechend der vorstehend dargestellten Kompetenzverteilung keinen entsprechenden Vorbehalt. Die Antragsteller wären insofern darauf verwiesen, gegenüber dem Landrat als gemäß §8 Abs. 1 Nr. 2c aa der Verordnung über die Zuständigkeiten nach der Straßenverkehrsordnung vom 16.11.1970 (BGBl. I, 1565, 1971 I, 38) i.d.F. der Verordnung vom 25.6.1998 (BGBl. I, 16544) zuständiger Straßenverkehrsbehörde ein im Ermessen dieser Behörde liegendes straßenverkehrsrechtliches Einschreiten auf Grundlage des §45 Abs. 1 Satz 2 Nr. 5 StVO zu verlangen. Auf die etwaige nachträgliche Anordnung verkehrsbeschränkender Maßnahmen hätte die Antragsgegnerin mithin unmittelbar keinen Einfluß, so daß der Hinweis in der Antragsbegründung, bis zu einer Entscheidung in der Hauptsache werde die Antragsgegnerin dem Schutzbedürfnis der Antragsteller ohnehin durch entsprechende Maßnahmen Sorge tragen, fehl geht. Demgegenüber hätte die Straßenverkehrsbehörde im Rahmen der Ermessensausübung nach §45 Abs. 1 Satz 1 Nr. 5 StVO die tatsächliche Funktion der Ortsumgehung als – einem entsprechenden Verkehrsbedürfnis gewidmete – Landesstraße und den Schutz der Wohnbevölkerung miteinander abzuwägen und dabei zu berücksichtigen, daß Beschränkungen der widmungsgemäßen Nutzung einer Straße besonderen Einschränkungen unterliegen und auch bei Überschreitung eines bestimmten Schallpegels nicht in jedem Fall ein Anspruch auf Schutzmaßnahmen besteht (vgl. dazu Jagusch/Hentschel, Straßenrecht, 35. Aufl., §45 StVO, Rdnr. 29 m. w. N.). Ob sich vor diesem Hintergrund etwa ein Ausschluß des LKW-Durchgangsverkehrs oder eine Geschwindigkeitsbeschränkung auf 30 km/h auf straßenverkehrsrechtlicher Grundlage rechtfertigen ließe, erscheint äußerst zweifelhaft. Unabhängig davon führen die Antragsteller zu Recht ins Feld, daß mit dem Vollzug des angefochtenen Bebauungsplans für ihr Grundstück nicht nur eine erhebliche Belastung durch auf dieses einwirkende Kraftfahrzeug-Immissionen verbunden ist, sondern zugleich die – für sie ebenfalls offensichtlich nachteilige – Errichtung einer ihr Grundstück östlich und westlich nahezu gänzlich umschließenden Lärmschutzwand von 2,50 m Höhe, die ausweislich der Planbegründung als – notwendiges – Instrument der Konfliktbewältigung hinsichtlich der gerade im Bereich des Grundstücks A-Straße nach Realisierung der Trasse zu erwartenden Überschreitung der einschlägigen Lärmrichtwerte dienen soll. Insofern wird in der Antragsbegründung zutreffend darauf hingewiesen, die geltend gemachten Folgen eines Vollzugs des Bebauungsplans für das Grundstück A-Straße beschränkten sich nicht allein auf Immissionen durch Kraftfahrzeuge.

Nr. 68

1. **Wenn die vom Normenkontrollgericht außer Vollzug gesetzte Fassung eines Bebauungsplans nach Durchführung eines ergänzenden Verfahrens durch eine neue Fassung ersetzt wird und auch der Vollzug der neuen Fassung verhindert werden soll, muß erneut ein Antrag gemäß §47 Abs.6 VwGO gestellt werden. Da sich die Aussetzung des Vollzugs der früheren Fassung nicht auf die neue Fassung erstreckt, muß die Gemeinde nicht gemäß §80 Abs.7 VwGO (in entsprechender Anwendung) die Änderung der Eilentscheidung zu der ursprünglichen Fassung beantragen, um den Bebauungsplan in der geänderten Fassung „vollziehen" zu können (a.A. NdsOVG vom 2.8.2001, BauR 2001, 1717).**

2. **Der Schutzzweck der §§41ff. BImSchG würde verfehlt, wenn es der Gemeinde freistünde, im Zuge der Ausweisung eines Baugebiets neben einer neu geplanten Straße ohne wichtige Gründe Fakten zu schaffen, welche erforderliche und an sich auch mögliche aktive Lärmschutzmaßnahmen nicht mehr sinnvoll erscheinen lassen.**
(Insoweit nur Leitsatz)

VwGO §41 Abs.6.

Bayerischer VGH, Beschluß vom 17. Juni 2002 – 1 NE 02.1158 –.

Aus den Gründen:
Der Antrag ist gemäß §47 Abs.6 i.V.m. Abs.1 Nr. 1 VwGO statthaft. Nach Abschluß des ergänzenden Verfahrens liegt mit dem Bebauungsplan i.d.F. des am 2.4.2002 bekanntgemachten Satzungsbeschlusses vom 30.3.2002 eine neue Satzung vor, die erneut Gegenstand eines Normenkontrollantrags und damit auch eines Antrags auf Erlaß einer einstweiligen Anordnung sein kann. Die Aussetzung des Vollzugs der früheren Fassung des Bebauungsplans erstreckt sich nicht auf die neue Fassung Der Senat teilt nicht die Ansicht, daß die Gemeinde bei der vorliegenden Fallgestaltung gemäß §80 Abs.7 VwGO (in entsprechender Anwendung) die Änderung der zu der ursprünglichen Fassung des Bebauungsplans ergangenen Eilentscheidung beantragen müsse, um den Bebauungsplan in der geänderten Fassung „vollziehen" zu können (so NdsOVG vom 2.8.2001, BauR 2001, 1717). Die erste Eilentscheidung ist vielmehr gegenstandslos geworden, weil der Bebauungsplan in der Fassung, die damals Gegenstand des Verfahrens war, nicht mehr gilt. Wenn die außer Vollzug gesetzte Fassung eines Bebauungsplans nach Durchführung eines ergänzenden Verfahrens durch eine neue Fassung ersetzt wird und auch der Vollzug der neuen Fassung verhindert werden soll, muß erneut ein Antrag gemäß §47 Abs.6 VwGO gestellt werden.

II. Zulässigkeit von Bauvorhaben

1. Im Bereich eines Bebauungsplanes

Nr. 69

1. **Für den rechtlichen Gehalt der Überleitung macht es keinen Unterschied, ob die alten Vorschriften und Pläne ihrer Rechtsqualität nach Bebauungsplänen i. S. des § 10 BBauG entsprachen oder als sonstige Rechtsakte andere Rechtsnormmerkmale aufwiesen.**
2. **Ändert sich nach einer Beweisaufnahme die Besetzung des Gerichts, muß die Beweisaufnahme nicht zwingend wiederholt werden.**

(Nichtamtliche Leitsätze)

BBauG §§ 10, 173 Abs. 3 Satz 1; BauGB 1998 § 233 Abs. 3; VwGO § 96 Abs. 1.

Bundesverwaltungsgericht, Beschluß vom 16. Dezember 2003
– 4 B 105.03 –.

(Bayerischer VGH)

Aus den Gründen:
1. Die Frage, ob bayerische Baulinienpläne, die nach altem Recht Verwaltungsakte waren, auch nach dem In-Kraft-Treten des Baugesetzbuchs 1987 als wirksam übergeleitet behandelt werden können, rechtfertigt nicht die Zulassung der Revision auf der Grundlage des § 132 Abs. 2 Nr. 1 VwGO. Sie läßt sich unschwer beantworten, ohne daß es eigens der Durchführung eines Revisionsverfahrens bedarf.

Nach § 173 Abs. 3 Satz 1 BBauG 1960 gelten bei In-Kraft-Treten des Gesetzes bestehende baurechtliche Vorschriften und festgestellte städtebauliche Pläne als Bebauungspläne, soweit sie verbindliche Regelungen der in § 9 BBauG bezeichneten Art enthalten. Der Gesetzgeber differenziert nicht nach der Rechtsqualität der Vorschriften und Pläne. Er bezieht in die Überleitungsregelung nicht bloß Rechtsnormen ein. Die Überleitungsfähigkeit knüpft er vielmehr an die Voraussetzung, daß es sich um Vorschriften und Pläne handelt, die verbindliche Regelungen der in § 9 BBauG bezeichneten Art enthalten. Hieraus hat der Senat gefolgert, daß von § 173 Abs. 3 Satz 1 BBauG auch Vorschriften und Pläne erfaßt werden, die in der Form von Verwaltungsakten erlassen worden sind (vgl. BVerwG, Beschluß v. 10. 2. 1983 – 4 B 15.83 –, BRS 40 Nr. 3 = Buchholz 406.11 § 173 BBauG Nr. 17). Das bedeutet, daß auch Regelungen, die zuvor keinen Rechtsnormcharakter hatten, im Sinne dieser Bestimmung „als Bebauungspläne" gelten. Als solche stehen sie Bebauungsplänen gleich, die auf der Grundlage des § 10 BBauG von vornherein als Rechtsnorm, nämlich als Satzung, erlassen worden sind. Soweit die Klägerin davon ausgeht, daß Vorschriften und Pläne, die bereits vor In-Kraft-Treten des Bundesbaugesetzes Rechtsnormqualität hatten, als Rechtsnormen „fortgalten", während Regelungen, die als Verwaltungsakt erlassen worden waren, im Wege einer gesetzlichen Fiktion als Rechtsvorschrift „galten", deren Fortbestand untrennbar mit dem weiteren rechtlichen Schicksal der gesetzlichen Grundlage verknüpft war, unterlegt sie § 173 Abs. 3 Satz 1 BBauG eine Differenzierung, die dem Gesetz fremd ist. Nach dem Willen des Gesetzgebers „gelten" bei In-Kraft-Treten des Bundesbaugesetzes bestehende baurechtliche Vorschriften und festgestellte städtebauliche Pläne als Bebauungspläne. Für den rechtlichen Gehalt der Überleitung machte es keinen Unterschied, ob die alten Vorschriften und Pläne ihrer Rechtsqualität nach Bebauungsplänen i. S. des § 10 BBauG entsprachen oder als Verwaltungsakte, Rechtsverordnungen oder sonstige Rechtsakte andere Rechtsnormmerkmale aufwiesen.

An diesem rechtlichen Gleichklang hat sich durch das In-Kraft-Treten des Baugesetzbuchs am 1. 7. 1987 nichts geändert. Allerdings enthält das Baugesetzbuch i. d. F. vom 8. 12. 1986 keine dem § 233 Abs. 3 BauGB 1998 vergleichbare Überleitungsvorschrift des Inhalts, daß auf der Grundlage früherer Gesetzesfassungen wirksame oder übergeleitete Pläne, Satzungen und Entscheidungen fortgelten. Daraus folgt indessen nicht, daß die durch § 173 Abs. 3 Satz 1 BBauG erzeugten rechtlichen Wirkungen nachträglich ganz oder für bestimmte Fallgruppen entfallen sind. Der Gesetzgeber ging seinerzeit vielmehr zutreffend davon aus, daß es insoweit keiner Regelung bedürfe, da sich § 173 Abs. 3 Satz 1 BBauG „mit In-Kraft-Treten des Bundesbaugesetzes selbst vollzogen" habe (vgl. BT-Drucks. 10/4630, S. 158). „Galten" die in dieser Bestimmung erwähnten Vorschriften und Pläne unter den dort genannten Voraussetzungen kraft des gesetzgeberischen Anwendungsbefehls fortan als „Bebauungspläne", so bedurfte es hierfür im Baugesetzbuch keiner erneuten Bestätigung. § 233 Abs. 3 BauGB 1998 legt keine gegenteiligen Schlüsse nahe. Auch er läßt die Wirkungen, die auf der Grundlage der Überleitungsregelung des § 173 Abs. 3 Satz 1 BBauG eingetreten sind, unberührt. Dies kommt in der Begründung des Gesetzentwurfs der Bundesregierung deutlich zum Ausdruck: „Vereinzelt sind alte Pläne, Satzungen und Entscheidungen aus der Zeit vor In-Kraft-Treten des Bundesbaugesetzes (und seiner Fortschreibung durch das Baugesetzbuch) durch entsprechende Vorschriften in ihrem Bestand bestätigt oder übergeleitet worden. Diese alten Überleitungsvorschriften sind nicht mehr in die fortgeschriebenen Fassungen des Baugesetzbuchs übernommen worden. Um klarzustellen, daß die in der Vergangenheit wirksam gewordenen oder übergeleiteten Pläne ihre Bestandskraft trotz Entfalls der sie bestätigenden Regelungen behalten haben, soll in Form einer Generalklausel in Absatz 3 geregelt werden, daß auf der Grundlage bisheriger Fassungen dieses Gesetzes, d. h. also des Bundesbaugesetzes oder des Baugesetzbuchs wirksame oder übergeleitete Pläne, Satzungen und Entscheidungen fortgelten, soweit nichts anderes geregelt ist" (BT-Drucks. 13/6392, S. 75). Das weite Verständnis, das sich in § 173 Abs. 3 Satz 1 BBauG darin äußert, daß in die Regelung ohne nähere rechtliche Qualifizierung „bestehende baurechtliche Vorschriften und festgestellte städtebauliche Pläne" einbezogen werden, spiegelt sich auch in § 233 Abs. 3 BauGB 1998 wider, in dem von „Plänen, Satzungen und Entscheidungen" die Rede ist. Diese Formulierung belegt, daß der Gesetzgeber auch die Fortgeltung von Plä-

nen, die vor In-Kraft-Treten des Bundesbaugesetzes als Verwaltungsakte erlassen worden sind, als denkbaren Anwendungsfall vor Augen hat.
3. Der geltend gemachte Verfahrensfehler liegt nicht vor.
Das Berufungsgericht hat den in § 96 Abs. 1 VwGO formulierten Grundsatz der Unmittelbarkeit der Beweisaufnahme nicht dadurch verletzt, daß an der Entscheidung eine Richterin mitgewirkt hat, die an der vorangegangenen Ortsbesichtigung nicht beteiligt gewesen war. Ändert sich nach einer Beweiserhebung die Besetzung des Gerichts, so muss die Beweisaufnahme nicht zwingend wiederholt werden. Ob die Beweise trotz Richterwechsels verwertbar sind, entscheidet das Tatsachengericht nach seinem Ermessen. Von einer erneuten Beweiserhebung kann abgesehen werden, wenn über die Beweisaufnahme eine ordnungsgemäße Niederschrift vorhanden ist und der Richter, der an dem Beweistermin nicht teilgenommen hat, in die Lage versetzt wird, sich mit dem Ergebnis vertraut zu machen (vgl. BVerwG, Beschlüsse v. 8. 7. 1988 – 4 B 100.88 –, Buchholz 310 § 96 VwGO Nr. 34, und v. 2. 7. 1998 – 11 B 30.97 –, NVwZ 1999, 654). Die Klägerin nennt keine Umstände, die darauf hindeuten, daß die Entscheidungsgrundlage für die Richterin, die das angefochtene Urteil mit unterzeichnet hat, ohne an der Ortsbesichtigung mitgewirkt zu haben, nicht ausreichte. Im Urteilstatbestand wird „wegen der Einzelheiten" ausdrücklich „auf die Niederschrift über die Augenscheinseinnahme sowie den Akteninhalt im übrigen Bezug genommen". Die Klägerin macht selbst nicht geltend, Anhaltspunkte dafür zu haben, daß die Urteilsgründe den tatsächlichen örtlichen Gegebenheiten nicht gerecht werden, wie sie in der Niederschrift vom 2. 7. 2003 in Übereinstimmung mit den als Teil der Akten vorhandenen Lageplänen im einzelnen beschrieben sind. Sie legt nicht dar, welche besseren Erkenntnisse eine weitere Ortsbesichtigung hätte erbringen können. Vielmehr läßt sie es mit dem Hinweis bewenden, daß sich die Richterin im Falle einer weiteren Beweisaufnahme von den tatsächlichen Verhältnissen möglicherweise eine andere Überzeugung gebildet hätte. Dies reicht zur schlüssigen Darlegung eines Verfahrensmangels nicht aus.

Nr. 70

Nutzung eines Hausgartens als „Ruhezone und Luftbad" für Zwecke eines Saunabetriebes, Nutzungsänderung.

BauGB § 29.

Bundesverwaltungsgericht, Beschluß vom 7. November 2002
– 4 B 64.02 –.

(OVG Sachsen-Anhalt)

Der Kläger ist Eigentümer eines Gebäudes, in dem er seit 1989 eine Gaststätte und eine Sauna betreibt. Auf seinen 1993 gestellten Umbauantrag wurde ihm auch die Nutzung des Hausgartens als „Ruhezone und Luftbad" für Zwecke des Saunabetriebs genehmigt. Auf den Widerspruch der beigeladenen Nachbarn hob der Beklagte mit Widerspruchsbescheid von 1997 diese Baugenehmigung auf, soweit sie die Nutzung des

Gartens für Zwecke des Saunabetriebs betraf. Die dagegen vom Kläger erhobene Anfechtungsklage hatte im Berufungsrechtszug Erfolg.

Aus den Gründen:

II. Der Beklagte hält der Sache nach für klärungsbedürftig, „ob die Einbeziehung von Freiflächen in eine ausgeübte bauliche Nutzung dieser zuzurechnen ist, so daß es sich um eine Nutzungsänderung i. S. des § 29 Abs. 1 BauGB handelt". Er formuliert hierzu die Rechtsfrage: „Ist die Nutzung einer Gartenfläche für einen gewerblichen Betrieb, mit dem sie eine Einheit bildet, bodenrechtlich relevant und nimmt sie am rechtlichen Schicksal des Gewerbebetriebes und den hierfür bestehenden Genehmigungspflichten teil?" Weder der erste noch der zweite Teil dieser Fragestellung rechtfertigt die Zulassung der Revision.

Der erste Teil der Frage zielt auf die Auslegung des Begriffs der Nutzungsänderung in § 29 Satz 1 BauGB in der hier noch maßgeblichen, bis zum 31. 12. 1997 geltenden Fassung. Insoweit besteht kein revisionsgerichtlicher Klärungsbedarf. In der Rechtsprechung des Bundesverwaltungsgerichts ist geklärt, daß von einer Nutzungsänderung im bebauungsrechtlichen (bodenrechtlichen) Sinne immer dann auszugehen ist, wenn durch die Verwirklichung eines Vorhabens die einer genehmigten Nutzung eigene Variationsbreite verlassen wird und durch die Aufnahme dieser veränderten Nutzung bodenrechtliche Belange neu berührt werden können, so daß sich die Genehmigungsfrage unter bodenrechtlichem Aspekt neu stellt (st. Rspr; vgl. etwa Senatsurteil vom 14. 1. 1993 – 4 C 19.90 –, BRS 55 Nr. 175 = BauR 1993, 445 = Buchholz 406.11 § 34 BauGB Nr. 155 S. 80; Urteil vom 11. 11. 1988 – 4 C 50.87 –, BRS 48 Nr. 58 = Buchholz 406.11 § 35 BBauG/BauGB Nr. 252 S. 20; Beschluß vom 3. 8. 1995 – 4 B 155.95 –, Buchholz 406.11 § 29 BauGB Nr. 55). Danach liegt eine Nutzungsänderung vor, wenn für die neue Nutzung weitergehende Vorschriften gelten als für die alte, aber auch dann, wenn sich die Zulässigkeit der neuen Nutzung nach derselben Vorschrift bestimmt, nach dieser Vorschrift aber anders zu beurteilen ist als die frühere Nutzung (vgl. Urteil v. 14. 1. 1993, a. a. O., S. 80 m. w. N.). In diesem Sinne bodenrechtlich relevant ist eine Änderung der Nutzungsweise auch dann, wenn sie für die Nachbarschaft erhöhte Belastungen mit sich bringt. Eine betriebliche Erweiterung von der Innen- zur Außennutzung kann deshalb eine Nutzungsänderung im bodenrechtlichen Sinne darstellen (z. B. die Erweiterung eines Gaststättenbetriebes von „drinnen" nach „draußen" – vgl. OVG Bremen, Urteil v. 3. 5. 1994 – 1 BA 46/93 –, GewArch 1996, 78, 79). Ob dies auch für die Erweiterung einer „Haussauna" durch eine Gartenfreifläche als „Ruhezone und Luftbad" gilt, kann sich nur nach den konkreten Umständen des Einzelfalls beurteilen und ist daher einer verallgemeinerungsfähigen Klärung in einem Revisionsverfahren nicht zugänglich.

Der zweite Teil der von der Beschwerde aufgeworfenen Frage, der die „bestehenden Genehmigungspflichten" betrifft, kann in einem Revisionsverfahren nicht geklärt werden, da er irrevisibles Landesrecht betrifft (§ 173 VwGO i. V. m. § 560 ZPO). Ob die zwischen den Beteiligten umstrittene Gartennutzung als „Ruhezone und Luftbad" für Zwecke des Saunabetriebs baugenehmigungspflichtig ist, beurteilt sich nach den Bestimmungen der Bauordnung des Landes Sachsen-Anhalt. Das Oberverwaltungsgericht hat entschieden und im einzelnen begründet, daß die Nutzung des Gartens als Freifläche für Sauna-Gäste keine Errichtung, Änderung oder Nutzungsänderung einer baulichen oder sonstigen Anlage oder Einrichtung i. S. von § 65 Abs. 1 BauO LSA darstellt. Den Einwänden des Beklagten gegen diese Auslegung der landesrechtlichen Genehmigungsvorschrift könnte der Senat in einem Revisionsverfahren nicht nachgehen. Rechtsfragen des Bundesrechts, die das Verhältnis zwischen dem Vorhabenbegriff in § 29 BauGB und dem Vorhabenbegriff in den Genehmigungstatbeständen der landesrechtlichen Bauordnungen betreffen (vgl. hierzu Mampel, ZfBR 2000, 10 ff.) und der Klärung in einem Revisionsverfahren zugänglich sein könnten, wirft die Beschwerde auch nicht ansatzweise auf.

Nr. 71

Ein Notwegerecht ist grundsätzlich nicht geeignet, das bauplanungsrechtliche Erfordernis einer gesicherten Erschließung zu erfüllen. Eine Ausnahme von diesem Grundsatz kann sich nur in besonders gelagerten Einzelfällen unter dem Gesichtspunkt des nachbarlichen Gemeinschaftsverhältnisses ergeben.

BauGB § 30 Abs. 1; BremLBO § 4 Abs. 1, § 72; BGB § 917 Abs. 1

OVG Bremen, Urteil vom 30. September 2003 – 1 A 251/01 –.

Der Kläger möchte auf dem Grundstück am L. Deich in Bremen ein Doppelhaus errichten. Er ist Miteigentümer des 1389 m² großen Grundstücks, an dem nach Maßgabe des Wohneigentumsgesetzes Wohnungseigentum begründet worden ist. Ein vorhandenes Wohngebäude wird als Sondereigentum von drei Wohnungseigentümern genutzt. Die noch unbebaute Fläche, auf der das Doppelhaus errichtet werden soll, steht im Sondereigentum des Klägers.

Das Grundstück liegt im Geltungsbereich des Bebauungsplans von 1965. Die für die Bebauung vorgesehene Fläche liegt in der Bauzone.

Das Grundstück ist aus der Teilung eines ehemals 14 176 m² großen Gärtnereigrundstücks hervorgegangen, die Ende der 70er Jahre erfolgte. Auf der größeren Teilungsfläche wurden nach der Teilung unter Anwendung des Wohneigentumsgesetzes 37 Wohnungseinheiten in Reihen- und Doppelhausform errichtet; die Beigeladenen sind Miteigentümer dieses Grundstücks.

Das ungeteilte Grundstück grenzte mit einer Länge von ca. 10 m an die Straße Am L. Deich. Dieser Grundstücksteil liegt nach der Teilung auf dem Grundstück In der P.; dort mündet jetzt die zur Erschließung der 37 Wohneinheiten angelegte Privatstraße in die Straße Am L. Deich. Die Privatstraße verläuft in einem Bogen entlang des Grundstücks Am L. Deich, das selbst in einem spitzen Winkel auf den L. Deich stößt. Zugunsten dieses Grundstücks, auf dem sich zur Zeit der Teilung bereits ein Wohngebäude befand, wurde ein Wegerecht als Grunddienstbarkeit am Grundstück In der P. in das Grundbuch eingetragen.

1984 wurden zwei Miteigentumsanteile an dem Grundstück In der P. zwangsversteigert. Das Grundbuchamt löschte daraufhin zunächst die Grunddienstbarkeit an dem von der Zwangsversteigerung betroffenen Eigentumsanteilen und sodann auch an den übrigen Eigentumsanteilen. Der damalige Eigentümer des Grundstücks legte dagegen Widerspruch ein, der erfolglos blieb. Das Oberlandesgericht führte aus, daß das Wegerecht an dem zwangsversteigerten Miteigentumsanteil erloschen sei, weil das Recht des beitreibenden Gläubigers dem Wegerecht im Range vorgegangen sei. Damit sei die Eintragung des Wegerechts auf den übrigen nicht zwangsversteigerten Miteigentumsanteilen inhaltlich unzulässig geworden; auch diese Eintragungen seien zu löschen gewesen. Denn ein Wegerecht könne nur an einem Grundstück insgesamt, nicht jedoch an ideellen Miteigentumsanteilen begründet werden.

Aus den Gründen:
2. Gemäß §30 Abs. 1 BauGB ist ein Vorhaben im Geltungsbereich eines Bebauungsplans nur zulässig, wenn die Erschließung gesichert ist. Das bauplanungsrechtliche Erschließungserfordernis ist zu unterscheiden von dem bauordnungsrechtlichen Erfordernis einer ausreichenden Zufahrt zu dem Grundstück, das sich hier aus §4 Abs. 1 Nr. 2 BremLBO ergibt. Zwischen der gesicherten Erschließung des Bauplanungsrechts und der ausreichenden Zugänglichkeit des Bauordnungsrechts besteht ein sachlicher Zusammenhang; die Begriffe sind aber nicht gleichzusetzen (BVerwG, Urteil v. 3. 5. 1988 – 4 C 54.85 –, BRS 48 Nr. 92 = BauR 1988, 576).

Das bundesrechtliche Erfordernis einer gesicherten Erschließung in §30 Abs. 1 BauGB soll eine geordnete städtebauliche Entwicklung sicherstellen. Es verlangt, daß das Baugrundstück verkehrsmäßig an das öffentliche Wegenetz angebunden ist und Versorgungs- und Entsorgungsleitungen für Elektrizität, Wasser und Abwasser verlegt werden können (vgl. Söfker, in: Ernst/Zinkahn/Bielenberg, BauGB §30 Rdnr. 42).

2.1 Bei im Geltungsbereich eines Bebauungsplans liegenden Grundstücken, die an eine fertiggestellte öffentliche Straße grenzen, sind diese Voraussetzungen regelmäßig erfüllt.

Das Grundstück Am L. Deich, auf dem der Kläger ein Doppelhaus errichten möchte, grenzt an eine öffentliche Straße; auf Grund seines spitzwinkligen Zuschnitts allerdings nur in einem geometrischen Punkt. Dieses nur punktuelle Angrenzen reicht für die Annahme einer gesicherten Erschließung nicht aus. Zwar kann an das Grundstück herangefahren werden, was regelmäßig zu den Mindestvoraussetzungen der wegemäßigen Erschließung gehört (BVerwG, Beschluß v. 23. 1. 1992 – 4 NB 2.90 –, BRS 54 Nr. 20 = BauR 1992, 187). Das Betreten selbst ist aber auf Grund des Zuschnitts ohne Inanspruchnahme eines der Nachbargrundstücke praktisch unmöglich. Das gilt erst recht für die Verlegung von Versorgungs- und Entsorgungsleitungen. Aus diesem Grund muß das Grundstück im Hinblick auf seine Erschließung als Hinterliegergrundstück angesehen werden.

2.2 Die Erschließung von Hinterliegergrundstücken, d. h. von Grundstücken, die nicht an eine öffentliche Straße grenzen, ist nur dann gesichert, wenn auf einem Verbindungsgrundstück eine Zuwegung zum öffentlichen Straßennetz vorhanden ist und diese Verbindung rechtlich auf Dauer abgesichert ist. Die Absicherung kann öffentlich-rechtlich durch eine Baulast erfolgen, sie kann aber auch sachenrechtlich durch Eintragung einer Grunddienstbarkeit erreicht werden (BVerwG, Urteil v. 3. 5. 1988, a. a. O.; Beschluß v. 27. 9. 1990 – 4 B 34 und 35.90 –, BRS 50 Nr. 109 = BauR 1991, 62).

Nr. 71

Bezüglich des Grundstücks Am L. Deich ist in Gestalt der Privatstraße In der P. eine Verbindung zum öffentlichen Verkehrsnetz vorhanden. Diese Straße, die im Miteigentum von 64 Personen steht (Stand März 2002), muß im vorderen Bereich wenige Meter überfahren werden, um auf das Grundstück zu gelangen. Die Benutzung dieser Privatstraße war ursprünglich auch durch Eintragung einer Grunddienstbarkeit abgesichert. Seit der von Amts wegen erfolgten Löschung der Grunddienstbarkeit im Jahre 1984 fehlt es aber an einer rechtlichen Sicherung. Die Erschließung des auf dem Grundstück Am L. Deich vorhandenen Wohngebäudes, in dem drei Eigentumswohnungen eingerichtet sind, ist seitdem nur im Rahmen eines Notwegerechts nach §917 Abs. 1 BGB gewährleistet. Nach dieser Vorschrift kann der Eigentümer eines Grundstücks, dem die zur ordnungsgemäßen Benutzung notwendige Verbindung mit einem öffentlichen Weg fehlt, von dem Nachbarn verlangen, daß er bis zur Hebung des Mangels die Benutzung seines Grundstücks zur Herstellung der erforderlichen Verbindung duldet. Daß die Bewohner dieses in den fünfziger Jahren genehmigt errichteten Wohngebäudes sich insoweit auf ein Notwegerecht stützen können, kann nicht zweifelhaft sein; anderenfalls ließe sich das Gebäude nicht mehr nutzen. Auf Grund der besonders gelagerten Verhältnisse des vorliegenden Einzelfalls ist das Notwegerecht aber auch eine ausreichende Grundlage für eine weitere – bauplanungsrechtlich im übrigen zulässige – Bebauung des Grundstücks.

(1) Die in §917 Abs. 1 BGB begründete Duldungspflicht stellt für das Verbindungsgrundstück eine gesetzliche Eigentumsbeschränkung dar (Bassenge, in: Palandt, BGB, 62. Aufl., §917 Rdnr. 1). In der Rechtsprechung ist grundsätzlich geklärt, daß sich über einen derartigen Notweg eine gesicherte Erschließung i. S. von §30 Abs. 1 BauGB nicht herstellen läßt. Eine Baugenehmigung, die dem Nachbarn ein Notwegerecht aufzwingt, greift in dessen durch Art. 14 Abs. 1 GG geschütztes Eigentumsrecht ein und verleiht ihm einen öffentlich-rechtlichen Abwehranspruch. Der Nachbar braucht die durch die Baugenehmigung bewirkte unmittelbare Rechtsverschlechterung nicht hinzunehmen (BVerwG, Urteil v. 26. 3. 1976 – IV C 7.74 –, NJW 1976, 1987 = BVerwGE 50, 282; Urteil v. 4. 6. 1996 – 4 C 15.95 –, BRS 58 Nr. 206 = BauR 1996, 841; Beschluß v. 11. 5. 1998 – 4 B 45.98 –, BRS 60 Nr. 182 = NJW-RR 1999, 165; ebenso BGH, Urteil v. 22. 6. 1990 – V ZR 59/89 –, NJW 1991, 176). Ein Hinterliegergrundstück läßt sich danach nicht durch einen einseitigen Akt gegenüber dem Nachbarn, dessen Grundstück überwegt werden soll, einer Bebauung zuführen. Grundsätzlich ist die Zustimmung des Nachbarn erforderlich.

(2) Allerdings können sich in dieser Hinsicht in besonders gelagerten Fällen unter dem Gesichtspunkt des nachbarlichen Gemeinschaftsverhältnisses Ausnahmen ergeben. Das nachbarliche Gemeinschaftsverhältnis stellt eine Ausprägung des Grundsatzes von Treu und Glauben (§242 BGB) für den besonderen Bereich des notwendigen Zusammenlebens von Grundstücksnachbarn dar, aus dem eine Pflicht zur gegenseitigen Rücksichtnahme entspringt (BGH, Urteil v. 31. 1. 2003 – V ZR 143/02 –, m. w. N. in: juris; Bassenge, in: Palandt, BGB, 62. Aufl., §903 Rdnr. 13). Unter seinem Blickwinkel

kann auch ein Notwegerecht eine eigene, zusätzliche Rechtfertigung erlangen, die dazu führt, daß eine erteilte Baugenehmigung die Eingriffsqualität für den Nachbarn verliert.

Das Bundesverwaltungsgericht hat dies ausdrücklich für den Fall in Erwägung gezogen, daß die Inanspruchnahme des Nachbargrundstücks nur unwesentlich ist (BVerwG, Urteil v. 26. 3. 1976, a. a. O.). In diesem Fall zeichnet das Notwegerecht lediglich die ohnehin schon bestehenden nachbarlichen Pflichten nach. Die erteilte Baugenehmigung bewirkt keine Rechtsverschlechterung des Nachbarn; ihr fehlt die Eingriffsqualität. In derartigen besonders gelagerten Einzelfällen kann von einer gesicherten Erschließung i. S. von §30 Abs. 1 BauGB ausgegangen werden. Aus einer nur unwesentlichen, praktisch nicht spürbaren Beeinträchtigung eine Sperrposition für die ansonsten zulässige Bebauung des Nachbargrundstücks abzuleiten, widerspräche dem durch das nachbarliche Gemeinschaftsverhältnis konkretisierten Grundsatz von Treu und Glauben.

Im vorliegenden Fall nimmt das Notwegerecht, das durch eine weitere Bebauung des Grundstücks Am L. Deich ausgelöst wird, das Grundstück der Beigeladenen nur unwesentlich in Anspruch. Betroffen ist die bereits vorhandene Privatstraße, die 37 Wohneinheiten auf dem Nachbargrundstück erschließt. Nach den konkreten örtlichen Verhältnissen ist eine andere Trassierung dieser Privatstraße nicht möglich, es kann also von einer dauerhaft angelegten Straße ausgegangen werden. Die Nutzung der Straße durch die Bewohner des Grundstücks Am L. Deich ist darüber hinaus nur minimal; sie beträgt nur wenige Meter. Das Oberverwaltungsgericht hat Art und Umfang etwaiger Beeinträchtigungen in der mündlichen Verhandlung mit den anwesenden Miteigentümern des Grundstücks In der P. eingehend erörtert. Diese Erörterungen haben bestätigt, daß von der Überfahrt nur ganz geringe Belastungen ausgehen.

(3) Unabhängig hiervon ist das nachbarliche Gemeinschaftsverhältnis aber auch im Hinblick auf die Vorgeschichte, die die beiden Grundstücke verbindet und die zu den gegenwärtigen Grundstücksverhältnissen geführt hat, berührt. Die Grundstücke des Klägers und der Beigeladenen sind aus einer im Jahre 1979 durchgeführten Grundstücksteilung hervorgegangen. Die Einräumung einer Grunddienstbarkeit zugunsten des Grundstücks Am L. Deich war seinerzeit Voraussetzung für die Teilung. Ohne sie wäre die Teilung (und die nachfolgende Bebauung des Grundstücks mit 37 Wohneinheiten) nicht nur in tatsächlicher Hinsicht nicht zustande gekommen, sondern rechtlich nicht möglich gewesen. Denn eine Teilung, die eine – wie hier – vorhandene, bisher zulässige Bebauung vom öffentlichen Verkehrsnetz abschneidet, darf nicht genehmigt werden (BVerwG, Urteil v. 24. 10. 1980 – 4 C 3.78 –, BRS 36 Nr. 169 = BauR 1981, 48; Urteil v. 9. 10. 1981 – 4 C 47.78 –, NJW 1982, 1061). Auf Grund der besonderen Lage des ehemaligen Gärtnereigrundstücks, aus dem die beiden Grundstücke hervorgegangen sind – das nur mit einer Länge von ca. 10 Metern an den öffentlichen Verkehrsweg grenzte –, konnte auch nur für eines der beiden Grundstücke eine direkte Zuwegung erhalten bleiben, dem anderen mußte, sollte es nicht seine Erschließung verlieren, ein Wegerecht eingeräumt werden. Gerade auf Grund einer Grundstücksteilung

können aber nachbarliche Verhältnisse entstehen, die eine besondere Pflicht zur gegenseitigen Rücksichtnahme begründen (vgl. BGH, Urteil v. 11.7.2003 – V ZR 199/02 –, in: juris).

Der Wegfall der Grunddienstbarkeit im Jahre 1984 hat nachhaltig in die durch den Teilungsvorgang geschaffenen Rechtsverhältnisse eingegriffen. Er hat das nachbarliche Austauschverhältnis intensiv und einseitig gestört. Verursacht worden ist die Löschung auf Grund von Bestimmungen des Zwangsversteigerungsrechts, ohne Mitwirkung oder auch nur Einflußmöglichkeit der Eigentümer des Grundstücks Am L. Deich. Die Zwangsversteigerung von Miteigentumsanteilen am Grundstück der Beigeladenen hat seinerzeit dazu geführt, daß das Wegerecht an diesen Miteigentumsanteilen erlosch. Dies zog, weil ein Wegerecht nur an einem Grundstück insgesamt und nicht an ideellen Miteigentumsanteilen begründet werden kann, den Wegfall der Grunddienstbarkeit auch an den von der Zwangsversteigerung nicht betroffenen Miteigentumsanteilen nach sich. Ausschlaggebend hierfür war letztlich, daß das Recht des seinerzeit die Zwangsversteigerung betreibenden Gläubigers dem Wegerecht im Range vorging. Auf Grund dieses Rangverhältnisses war das Wegerecht, wie das OLG Bremen in dem vom damaligen Eigentümer des Grundstücks geführten Rechtsbehelfsverfahren hervorgehoben hat, von vornherein mit der Gefahr des Erlöschens behaftet.

Der Umstand, daß diese Gefahr sich durch eine anders gestaltete rechtliche Sicherung – etwa die Eintragung einer Baulast – hätte vermeiden lassen, ändert nichts daran, daß der Wegfall nachhaltig in die Grundlage des durch die Grundstücksteilung geschaffenen nachbarlichen Gemeinschaftsverhältnisses eingegriffen hat. Nicht nur das Bauvorhaben, das der Kläger realisieren möchte, sondern auch die vorhandenen genehmigten Baulichkeiten sind davon berührt. Es wäre unangemessen, die Risiken der gewählten rechtlichen Konstruktion einseitig den Eigentümern des Grundstücks Am L. Deich aufzubürden. Zum Zeitpunkt der Grundstücksteilung gingen die Beteiligten erkennbar davon aus, eine dauerhafte Regelung getroffen zu haben. Die Beigeladenen berufen sich jetzt auf einen Vorteil, den sie im nachherein zufällig und ohne Leistung erlangt haben.

Damit ist eine objektive Störung des nachbarlichen Gemeinschaftsverhältnisses eingetreten, die Auswirkungen auf das Notwegerecht hat. Dieses ist im vorliegenden Fall kein Mittel, um die Bebauung eines Hinterliegergrundstücks auf Kosten des Verbindungsgrundstückes zu erzwingen. Vielmehr wird der gestörte nachbarliche Ausgleich durch das gesetzliche Wegerecht überhaupt erst wieder hergestellt; das gesetzliche Wegerecht substituiert die Grunddienstbarkeit. Von einer infolge des Wegerecht eingetretenen Rechtsverschlechterung kann deshalb keine Rede sein.

Auch das Bundesverwaltungsgericht hat nicht ausgeschlossen, daß in besonders gelagerten Fällen unbeschadet des Fehlens einer förmlichen Sicherung des Zugangs durch eine Grunddienstbarkeit oder eine Baulast auf Grund vorangegangenen Verhaltens der Beteiligten Bindungen entstanden sein können, die die Annahme einer gesicherten Erschließung rechtfertigen können (Urteil v. 31.10.1990 – 4 C 55.88 –, NVwZ 1991, 1076). So liegt der Fall hier. Das Notwegerecht, das die Erschließung des Grundstücks Am L.

Deich sichert, hat seine Grundlage in dem auf die Teilung zurückgehenden Gemeinschaftsverhältnis zwischen den beiden Grundstücken.

(4) Gegenständlich erfaßt das Notwegerecht die Zufahrt zum Grundstück des Klägers, darüber hinaus aber auch ein Notleitungsrecht (BGH, Urteil v. 22. 6. 1990 – V ZR 58/89 –, NJW 1991, 176). Im vorliegenden Fall ist beabsichtigt, dieses Notleitungsrecht in Anspruch zu nehmen.

(5) Die Ausübung des Notwegerechts bedarf im vorliegenden Fall keiner zusätzlichen – vor den Zivilgerichten zu erstreitenden – Gestattung durch die Beigeladenen. Teilweise wird insoweit die Auffassung vertreten, daß es bei verweigerter Gestattung erforderlich sei, Klage auf Duldung der Benutzung zu erheben (Bassenge, in: Palandt, BGB, 62. Aufl., § 917 Rdnr. 12, 13). Das kann aber nicht gelten, wenn mit Rechtskraftbindung gegenüber den Eigentümern des Verbindungsstücks entschieden ist, daß an ihrem Grundstück zur Gewährleistung einer gesicherten Erschließung i. S. von § 30 Abs. 1 BauGB ein Notwegerecht besteht. Das ist hier der Fall.

Daß damit im Rahmen des § 30 Abs. 1 BauGB zugleich über die zivilrechtliche Frage des Bestehens eines Notwegerechts entschieden wird, ist unschädlich. Sofern gesetzlich nichts anderes bestimmt ist, sind die Gerichte der einzelnen Gerichtszweige befugt, rechtswegübergreifend alle Fragen, die für den geltend gemachten Anspruch präjudiziell sind, selbständig und eigenverantwortlich zu beurteilen (BVerwG, Beschluß v. 11. 5. 1998, a. a. O., m. w. N.).

Davon unberührt ist, daß die Beigeladenen gemäß § 917 Abs. 2 BGB einen Anspruch auf eine Notwegerente haben. Dieser Anspruch ist, falls sich die Beteiligten insoweit nicht einigen sollten, vor den Zivilgerichten geltend zu machen.

3. Auch Bauordnungsrecht steht dem Begehren des Klägers nicht entgegen.

(1) Gemäß § 4 Abs. 1 Nr. 2 BremLBO dürfen bauliche Anlagen nur errichtet werden, wenn das Baugrundstück so an einer befahrbaren öffentlichen Verkehrsfläche liegt, oder eine solche öffentlich-rechtlich gesicherte Zufahrt zu ihr hat, daß der von der baulichen Anlage ausgehende Zu- und Abgangsverkehr und der Einsatz von Feuerlösch- und Rettungsgeräten ohne Schwierigkeiten möglich ist. Diese Voraussetzungen sind hier nicht erfüllt. Insbesondere fehlt es am Erfordernis der öffentlich-rechtlichen Zugangs- und Zufahrtssicherung. Die Sicherung läßt sich durch Eintragung einer Baulast erreichen (§ 85 BremLBO), die hier aber nicht vorliegt.

(2) Gemäß § 72 Abs. 2 BremLBO kann die Bauordnungsbehörde von zwingenden Vorschriften der Bauordnung befreien. Die Befreiung kommt u. a. in Betracht, wenn die Durchführung der Vorschriften im Einzelfall zu einer offenbar nicht beabsichtigten Härte führen würde und die Abweichung mit den öffentlichen Belangen vereinbar ist. Die Möglichkeit einer Befreiung erstreckt sich auch auf das bauordnungsrechtliche Erfordernis der Zugangs- und Zufahrtssicherung (vgl. BGH, Urteil v. 21. 5. 1992 – III ZR 14/91 –, BauR 1992, 595).

Im vorliegenden Fall sind diese tatbestandlichen Voraussetzungen einer Befreiung erfüllt und ist überdies das Befreiungsermessen der Behörde so weit reduziert, daß als rechtmäßige Entscheidung allein eine Befreiung in Betracht kommt. Der Fall weist in mehrfacher Hinsicht atypische Züge auf: Um vom Baugrundstück, das spitzwinklig auf die öffentliche Verkehrsfläche stößt, auf die Straße zu gelangen, ist nur ein minimales Überfahren des Nachbargrundstücks erforderlich; dieses Überfahren ist, wie dargelegt, durch ein Notwegerecht abgesichert; bei der überfahrenen Fläche handelt es sich um eine ohnehin vorhandene – und zur Erschließung von 37 Wohneinheiten auch notwendig an dieser Stelle verlaufende – Privatstraße. Das Festhalten an dem Erfordernis der öffentlich-rechtlichen Zugangs- und Zufahrtssicherung würde unter diesen Umständen zur einer nicht beabsichtigten Härte führen. Zu berücksichtigen ist auch, daß die Beklagte durch Genehmigung der Grundstücksteilung an der Entstehung der derzeitigen Grundstücksverhältnisse mitgewirkt hat. Ordnungsrechtliche Gesichtspunkte, die einer Befreiung entgegenstehen könnten, sind nicht erkennbar.

Nr. 72

1. **Ist eine in einem Bebauungsplan festgesetzte Nutzungsart (hier: Tennisanlage) seit mehreren Jahren aufgegeben und wird der Bebauungsplan ersatzlos aufgehoben, weil seit längerem kein Bedarf für die Tennisanlage mehr bestand und alternative Nutzungen an seinen Festsetzungen gescheitert waren, so rechnet die Verkehrsauffassung vom Tage der Bekanntgabe der Aufhebung an nicht mehr mit der Wiederaufnahme der aufgegebenen Nutzung.**

2. **Liegt die Verkaufsfläche eines Einzelhandelsbetriebs (hier: ALDI-Markt) noch bei 700 m^2, führt dies nicht schon für sich zur Zulässigkeit des Betriebs in einem allgemeinen Wohngebiet; der Betrieb muß vielmehr im Einzelfall der Versorgung des Gebiets dienen.**

3. **Zur Abgrenzung des Gebiets, dessen Versorgung ein Laden i.S. des §4 Abs.2 Nr.2 BauNVO dient.**

4. **Ein Laden, der nicht i.S. von §4 Abs.2 Nr.2 BauNVO der Versorgung des Gebiets dient, kann auch nicht ausnahmsweise nach §4 Abs.3 Nr.2 BauNVO zugelassen werden, wenn er durch seinen hohen, gebietsfremden Kundenverkehr mit Kraftfahrzeugen gebietsunübliche Störungen verursacht und damit gebietsunverträglich ist.**

BauNVO § 4 Abs. 2 Nr. 2.

OVG Nordrhein-Westfalen, Beschluß vom 19. August 2003
– 7 B 1040/03 – (rechtskräftig).

(VG Köln)

Die Antragsteller wenden sich gegen die Baugenehmigung für einen ALDI-Markt in ihrer unmittelbaren Nachbarschaft. Der Markt soll auf dem Gelände einer ehemaligen Squash- und Tennisanlage unmittelbar neben der vielbefahrenen Eisenbahnstrecke Köln – Koblenz in einem von Wohnbebauung und schulischen Anlagen geprägten Bereich errichtet werden. Jenseits der Bahnlinie finden gewerbliche Nutzungen statt.

Das VG hatte auf den Antrag der Antragsteller die aufschiebende Wirkung der Klage der Antragsteller gegen die Baugenehmigung angeordnet und die Antragsgegnerin verpflichtet, die Bauarbeiten auf dem Grundstück vorläufig stillzulegen. Die Beschwerden der Antragsgegnerin und der Beigeladenen hatten keinen Erfolg.

Aus den Gründen:
Das Vorhaben der Beigeladenen ist nach §34 Abs. 2 BauGB bauplanungsrechtlich unzulässig.

Gemäß §34 Abs. 2 BauGB beurteilt sich die Zulässigkeit eines Vorhabens, wenn die Eigenart der näheren Umgebung einem der in der Baunutzungsverordnung bezeichneten Baugebiete entspricht, seiner Art nach allein danach, ob es nach der Baunutzungsverordnung in dem Baugebiet allgemein zulässig wäre. Die Eigenart der näheren Umgebung entspricht hier einem reinen oder allgemeinen Wohngebiet i. S. des §3 bzw. des §4 BauNVO. Eine genauere Beurteilung ist im vorliegenden Verfahren auf Gewährung einstweiligen Rechtsschutzes nicht erforderlich, da das Vorhaben der Beigeladenen weder in einem reinen noch in einem allgemeinen Wohngebiet allgemein oder ausnahmsweise zulässig ist.

Das Verwaltungsgericht hat die maßgebliche Umgebung, soweit sie vorliegend streitig ist, zutreffend bestimmt. Die nähere Umgebung beschränkt sich demnach auf das Gebiet nordöstlich (diesseits) der Eisenbahntrasse.

Entgegen der Ansicht der Beschwerdeführer gehört das jenseits (südwestlich) der Bahntrasse gelegene Gebiet bis zur K.-Straße (Bundesstraße 9) nicht mehr zur maßgebenden Umgebung. Insoweit wirkt die Bahntrasse als Zäsur. Dabei kann dahinstehen, ob die Bahntrasse bereits wegen ihrer Dimensionen und der Verkehrsfrequenz eine Unterbrechung des fortlaufenden Bebauungszusammenhangs darstellt, so daß das an sie anschließende Gebiet unabhängig von der Art seiner Bebauung nicht mehr zu dem hier maßgebenden Baugebiet gehört. Denn die trennende Wirkung der Bahntrasse ergibt sich hier jedenfalls daraus, daß sie zwischen zwei Gebieten völlig unterschiedlichen Charakters verläuft. Während im Gebiet nordöstlich der Bahntrasse fast ausschließlich Wohngebäude vorhanden sind, befinden sich in dem Bereich zwischen der Bahntrasse und der K.-Straße ausschließlich Gewerbebetriebe. Die Bahntrasse bildet eine klare Grenze zwischen diesen völlig unterschiedlichen Nutzungen, denn nordöstlich der Bahntrasse findet sich keinerlei gewerbliche Nutzung.

Die maßgebliche Umgebung entspricht entweder einem reinen Wohngebiet nach §3 BauNVO oder einem allgemeinen Wohngebiet nach §4 BauNVO. In ihr befinden sich neben Wohngebäuden nur eine Schule mit Schulsportanlage und ein Spielplatz. Das streitbefangene Grundstück selbst übt keine prägende Wirkung aus. Zwar ist die auf dem Baugrundstück vorhandene Bebauung grundsätzlich zu berücksichtigen (vgl. BVerwG, Urteil v. 22. 9. 1967 – IV C 109.65 –, BRS 18 Nr. 24). Ist aber die ehemals vorhandene Bebauung beseitigt worden oder wird die vorhandene Bebauung nicht mehr genutzt, so kommt es darauf an, ob mit einer Wiederbebauung oder Wiederaufnahme der Nutzung zu rechnen ist. Welche zeitlichen Grenzen hierfür zu beachten sind, richtet sich nach der Verkehrsauffassung (vgl. BVerwG, Urteil v. 18. 5. 1995 – 4 C 20.94 –, BRS 57 Nr. 67 = BauR 1995, 807).

Nr. 72

Danach war hier seit dem 3.1.2001 nicht mehr mit der Wiederaufnahme der seit 1996 aufgegebenen, dem Bebauungsplan entsprechenden Nutzung des Grundstücks als Tennis- und Squash-Anlage zu rechnen. An diesem Tag wurde der Aufhebungsbeschluß für den Bebauungsplan bekannt gemacht. Der Bebauungsplan wurde aufgehoben, weil – wie sich aus der Begründung für die Aufhebungssatzung ergibt – schon seit längerem kein Bedarf mehr für die Tennis- (und Squash-)anlage bestand und ins Auge gefaßte alternative Nutzungen des Geländes an den Festsetzungen des Bebauungsplan gescheitert waren. Durch die Aufhebung des insoweit als überholt angesehenen Bebauungsplans sollte die Möglichkeit eröffnet werden, anderweitige Nutzungsabsichten am Maßstab des §34 BauGB zu messen. Unter diesen Umständen hatte die aufgegebene Nutzung auf dem streitbefangenen Grundstück zum Zeitpunkt der Erteilung des Vorbescheids wie auch der angefochtenen Baugenehmigung an die Beigeladene keine prägende Wirkung mehr.

Entspricht die maßgebliche Umgebung einem allgemeinen Wohngebiet, so beurteilt sich die Zulässigkeit des Vorhabens der Beigeladenen nach seiner Art allein danach, ob es nach der Baunutzungsverordnung in dem Baugebiet allgemein oder jedenfalls ausnahmsweise zulässig wäre, §34 Abs.2 BauGB. In einem allgemeinen Wohngebiet sind nach §4 Abs.2 Nr.2 BauNVO u.a. die der Versorgung des Gebiets dienenden Läden zulässig. Das Vorhaben der Beigeladenen stellt aber keinen solchen der Versorgung des Gebiets dienenden Laden dar.

Mit einer – sich aus den Bauantragsunterlagen ergebenden – Größe des Verkaufsraums von netto 700 m^2 liegt das Vorhaben der Beigeladenen nach der Rechtsprechung des BVerwG noch im Grenzbereich für einen Einzelhandelsbetrieb der wohnungsnahen Versorgung.

Jedoch ist das Vorhaben der Beigeladenen nicht schon wegen Einhaltung der genannten Verkaufsflächengrenzen nach §34 Abs.2 BauGB i.V.m. §4 Abs.2 Nr.2 BauNVO in einem allgemeinen Wohngebiet zulässig. Seine Zulässigkeit hängt auch davon ab, ob es die weiteren Voraussetzungen des §4 Abs.2 Nr.2 BauNVO erfüllt. Dazu gehört auch, daß es tatsächlich der Versorgung des Gebiets dienen muß (vgl. OVG NRW, Beschluß v. 28.11.2000 – 10 B 1428/00 –).

Ob es als gebietsbezogen qualifiziert werden kann, ist ausgehend vom Betriebskonzept des Betreibers vorwiegend anhand objektiver Kriterien zu beurteilen. Zu diesen Kriterien gehört neben der Größe und der sonstigen Beschaffenheit der Anlage auch der Zuschnitt der Anlage, die daraus sich ergebenden Erfordernisse einer wirtschaftlich tragfähigen Ausnutzung, die örtlichen Gegebenheiten und die typischen Verhaltensweisen in der Bevölkerung. Danach ist zu beurteilen, ob der ALDI-Markt voraussichtlich oder zumindest in einem erheblichen Umfang von den Bewohnern des umliegenden Gebiets aufgesucht wird oder ob ein darüber hinausgehender Kundenkreis zu erwarten ist, der zum Verlust des Gebietsbezuges führt (vgl. BVerwG, Urteil v. 29.10.1998 – 4 C 9.97 –, BRS 60 Nr.68 = BauR 1999, 228, zu demselben Begriff im Zusammenhang mit Schank- und Speisewirtschaften).

Wie weit die Grenze des Gebiets zu ziehen ist, dessen Versorgung der geplante ALDI-Markt dienen soll, läßt sich nicht abstrakt festlegen, sondern bestimmt sich nach den jeweiligen städtebaulichen Verhältnissen. Bildet das Wohngebiet mit angrenzenden Gebieten, die rechtlich oder tatsächlich ebenfalls als Wohngebiet zu qualifizieren sind, einen einheitlich strukturierten zusammenhängenden Bereich, so kann dies ein Grund dafür sein, den räumlichen Bezugsrahmen für die nach § 4 Abs. 2 Nr. 2 BauNVO gebotene Beurteilung entsprechend zu erweitern. Außer Betracht zu bleiben haben unabhängig von den Grenzen des Baugebiets außer Gebieten, die durch eine andere Nutzungsart gekennzeichnet sind, indes Gebiete, die von dem Einzelhandelsbetrieb so weit entfernt sind, daß der vom Verordnungsgeber vorausgesetzte Funktionszusammenhang nicht mehr als gewahrt angesehen werden kann (vgl. BVerwG, Beschluß v. 3. 9. 1998 – 4 B 85.98 –, BRS 60 Nr. 67 = BauR 1999, 29, für Schank- und Speisewirtschaften).

Nach diesen Grundsätzen gehört nur der Bereich östlich und nordöstlich der Eisenbahntrasse zu dem i. S. des § 4 Abs. 2 Nr. 2 BauNVO zu versorgenden Wohngebiet. Wie weit sich dieser Bereich nach Norden erstreckt, kann vorliegend dahinstehen.

Nicht zu dem „Gebiet" i. S. des § 4 Abs. 2 Satz 2 BauNVO gehört nach den vom Bundesverwaltungsgericht entwickelten Maßstäben das Wohngebiet, das sich jenseits der Bahntrasse südwestlich der K.-Straße erstreckt. Denn es bildet mit dem hier maßgeblichen Gebiet östlich und nordöstlich der Bahntrasse keinen einheitlich strukturierten zusammenhängenden Bereich, weil sich zwischen beiden Gebieten die Bahntrasse und ein Gewerbegebiet befinden.

Die Lage des geplanten ALDI-Markts spricht aber dafür, daß dieser zu einem nicht unerheblichen Teil auch Kunden aus dem Gewerbegebiet und dem genannten Wohngebiet südwestlich der K.-Straße anziehen wird und mithin nicht nur der Gebietsversorgung i. S. des § 4 Abs. 2 Nr. 2 BauNVO dient. Er liegt verkehrsgünstig in der Nähe der A.-M.-Straße, die die genannten weitläufigen, bis nach M. reichenden Wohngebiete erschließt. Für diese Wohngebiete gibt es nach dem von der Beigeladenen vorgelegten Plan lediglich einen Supermarkt, der zudem vom Sortiment und Preisniveau her nicht direkt mit einem ALDI-Markt konkurriert. Die südlich in der D.straße und nördlich in der Altstadt gelegenen Supermärkte sind von diesen Wohngebieten weiter entfernt als der geplante ALDI-Markt. Daß die Kunden aus diesem Gebiet, um zum geplanten ALDI-Markt zu gelangen, den häufig geschlossenen Bahnübergang am K.weg werden überqueren müssen, wird der Attraktivität des Marktes angesichts fehlender Alternativen keinen Abbruch tun. Zudem ist die Ersetzung des Bahnübergangs durch eine Unterführung geplant.

Die Beigeladene selbst geht im Rahmen der von ihr vorgenommenen Tragfähigkeitsberechnung von einem Einzugsbereich mit einem Radius von 700 m aus, der zu etwa 3/7 in dem genannten Bereich südwestlich der Bahntrasse liegt.

Entgegen der Ansicht der Beigeladenen ist an den dargestellten Kriterien für die Abgrenzung des Versorgungsbereichs festzuhalten. Die demgegenüber von der Beigeladenen vorgetragene „dynamische Interpretation" des „Gebiets" i. S. des § 4 Abs. 2 Nr. 2 BauNVO, wonach gestiegene Konsumansprüche und ein geändertes Einkaufsverhalten größere Verkaufsflächen und eine größere Stellplatzzahl erforderlich machten, weil aus ökonomischen Gründen ein größerer Einzugsbereich versorgt werden müsse, läßt außer acht, daß zwar die verbrauchernahe Versorgung der Bevölkerung einen gemäß § 1 Abs. 5 Nr. 8 BauNVO bei der Bauleitplanung zu berücksichtigenden Belang darstellt, daß aber die mit einem Laden verbundenen Belästigungen der Umgebung dem jeweiligen Gebietscharakter entsprechend möglichst gering gehalten werden sollen. In einem allgemeinen Wohngebiet sollen die Bewohner nicht weitergehenden Belästigungen dadurch ausgesetzt sein, daß durch An- und Abfahrtverkehr zusätzliche Unruhe erzeugt wird, die von einem Wohngebiet ferngehalten werden soll. Personen, die nach realistischer Betrachtungsweise auf die Benutzung eines Kraftfahrzeugs angewiesen sind, wenn sie den Laden aufsuchen wollen, gehören nicht zu der Zielgruppe, deren Versorgung § 4 Abs. 2 Nr. 2 BauNVO vornehmlich ermöglichen will (vgl. BVerwG, Beschluß v. 3. 9. 1998 – 4 B 85.98 –, a. a. O., für Schank- und Speisewirtschaften).

Die Ansicht der Beigeladenen würde letztlich dazu führen, daß der zunehmende Konzentrationsprozeß insbesondere im Lebensmitteleinzelhandel immer größere Einzelhandelsbetriebe mit einem immer größeren Einzugsgebiet und entsprechend hohem Kraftfahrzeug Verkehrsaufkommen nach § 4 Abs. 2 Nr. 2 BauNVO in Wohngebieten zulässig werden ließe. Zudem könnte – wie der vorliegenden Fall illustriert – die von der Beigeladenen vorgeschlagene „dynamische Interpretation" des „Gebiets" i. S. des § 4 Abs. 2 Nr. 2 BauNVO dazu führen, daß entgegen den gesetzlichen Anforderungen Gebiete unterschiedlichen Charakters – wie beispielsweise hier Wohn- und Gewerbegebiete – zu einem einheitlichen Versorgungsgebiet eines in einem allgemeinen Wohngebiet gelegenen Ladens verklammert werden. Eine solche Entwicklung würde aber mit dem vom Normgeber der Baunutzungsverordnung festgelegten Charakter eines allgemeinen Wohngebiets kollidieren.

Das Vorhaben dürfte auch nicht nach § 34 Abs. 2 Halbs. 2 BauGB i. V. m. § 4 Abs. 3 Nr. 2 BauNVO als sonstiger nicht störender Gewerbebetrieb ausnahmsweise zulässig sein. Ausnahmen nach § 4 Abs. 3 BauNVO sind nicht zulässig, wenn sie den Gebietscharakter eines allgemeinen Wohngebiets gefährden und damit gebietsunverträglich sind. Das ist der Fall, wenn das Vorhaben – bezogen auf den Gebietscharakter des allgemeinen Wohngebiets – auf Grund seiner typischen Nutzungsweise störend wirkt. Das Erfordernis der Gebietsverträglichkeit bestimmt nicht nur die regelhafte Zulässigkeit, sondern erst recht den vom Verordnungsgeber vorgesehenen Ausnahmebereich. Zwischen der jeweiligen spezifischen Zweckbestimmung des Baugebiets und dem jeweils zugeordneten Ausnahmekatalog besteht ein gewollter funktionaler Zusammenhang. Daher ist die normierte allgemeine Zweckbestimmung auch für die Auslegung und Anwendung der tatbestandlich normierten Ausnahmen bestimmend. Die Gebietsunverträglichkeit beurteilt sich für § 4 BauNVO in erster Linie nach dem Kriterium der gebietsunüblichen Störung. Der „störende" Gewerbebetrieb erzeugt eine Gebietsunverträglichkeit, es sei denn, die Störung wäre im Rahmen einer gebietsbezogenen Versorgung nach § 4 Abs. 2 Nr. 2 BauNVO hinzunehmen. Für die Frage der Störung kommt es dabei nicht darauf an, ob die mit der Nutzung verbundenen immissionsschutzrechtlichen Lärmwerte eingehalten werden. Entscheidendes Kriterium ist, ob die durch das Vorhaben in das Wohngebiet getragene Unruhe und deren Auswirkungen auf die auch im allgemeinen Wohngebiet erstrebte gebietsbezogene Wohnruhe die allgemeine Zweckbestimmung des Gebiets, nämlich vorwiegend dem Wohnen zu dienen, gefährden. Dieses dem Wohngebiet immanente „Ruhebedürfnis" ist nicht gleichbedeutend mit einer immissionsschutzrechtlich relevanten Lärmsituation. Es handelt sich um die Vermeidung als atypisch angesehener Nutzungen, die den Charakter einer kollektiven Wohngemeinschaft im Sinne des Gebietscharakters stören. (vgl. grundlegend BVerwG, Urteil v. 21.3.2002 – 4 C 1.02 –, BVerwGE 116, 155 = BRS 65 Nr. 63 = BauR 2002, 1497).

Das Vorhaben der Beigeladenen dürfte wegen des von ihm ausgelösten, nicht nur auf das Wohngebiet bezogenen Ziel- und Quellverkehrs in dem dargestellten Sinn gebietsunverträglich und deshalb nicht als ausnahmsweise zulässiger nicht störender Gewerbebetrieb zu werten sein. Wie oben ausgeführt, wird es voraussichtlich zu einem nicht unerheblichen Teil Kunden aus den westlich und südwestlich der Bahnlinie gelegenen Wohngebieten anziehen. Aller Erfahrung nach wird ein beträchtlicher Anteil dieser Kunden mit dem Kraftfahrzeug kommen. Die Beigeladene selbst rechnet mit einem täglichen Aufkommen von bis zu 835 Kraftfahrzeugen. Dem Senat ist allerdings aus einem anderen Verfahren bekannt, daß an zwei ALDI-Märkten in Leverkusen Anfang 2002 eine tägliche Frequenz von jeweils über 1.300 PKW ermittelt wurde (vgl. Beschluß v. 15.4.2002 – 7 B 182/02 –).

Der 10. Senat des erkennenden Gerichts verweist in einem Beschluss vom 28.11.2000 (– 10 B 1428/00 –) auf ein Schreiben der Firma ALDI vom 19.5.2000, wonach deren Märkte erfahrungsgemäß an den verkaufsstärksten Tagen ca. 2000 PKW-Kunden hätten. Angesichts dieser Erfahrungswerte erscheinen die von der Beigeladenen angenommenen Zahlen auch unter Berücksichtigung einer gewissen Bandbreite der Kfz-Frequenzen bei ALDI-Märkten eher niedrig. Realistischerweise ist mit einer täglichen Frequenz von jedenfalls gut über 1000 Kraftfahrzeugen zu rechnen. Die von diesem – zu einem erheblichen Teil von außerhalb des Wohngebiets stammenden – Verkehr ausgelösten Störungen der Wohnruhe dürften dazu führen, daß das Vorhaben der Beigeladenen als gebietsunverträglich anzusehen ist.

Die Zweifel an der bauplanungsrechtlichen Zulässigkeit des Vorhabens der Beigeladenen in einem allgemeinen Wohngebiet gelten erst Recht für den Fall, daß sein Standort einem reinen Wohngebiet zuzuordnen ist.

Ist das Vorhaben der Beigeladenen planungsrechtlich unzulässig, haben die Antragsteller einen entsprechenden Abwehranspruch gegenüber dem Vorhaben. Ebenso wie die Festsetzung eines Baugebiets in einem Bebauungsplan vermitteln die Vorschriften des §34 Abs.2 BauGB i.V.m. §4 BauNVO dem Nachbarn Schutz dagegen, daß die Eigenart der näheren Umgebung durch die Zulassung von Vorhaben verändert wird, die nach der Art der Nutzung dort nicht zulässig sind. Die Nachbarn haben in diesem Sinn einen Anspruch auf Bewahrung der Gebietsart. Dieser Anspruch besteht auch dann, wenn das baugebietswidrige Vorhaben im jeweiligen Einzelfall noch nicht zu einer tatsächlich spürbaren und nachweisbaren Beeinträchtigung des Nachbarn führt. Der Abwehranspruch wird grundsätzlich bereits durch die Zulassung eines mit der Gebietsfestsetzung unvereinbaren Vorhabens ausgelöst, weil hierdurch das nachbarliche Austauschverhältnis gestört und eine Verfremdung des Gebiets eingeleitet wird (vgl. zum Ganzen BVerwG, Urteil v. 16. 9. 1993 – 4 C 28.91 –, BRS 55 Nr. 110 = BauR 1994, 223).

Unabhängig davon, daß das Vorhaben der Beigeladenen schon wegen seines Widerspruchs zum Gebietscharakter unzulässig sein dürfte, begegnet es im Hinblick auf die von ihm ausgehenden Lärmemissionen auch unter dem Gesichtspunkt des Rücksichtnahmegebots Bedenken.

Nach dem von der Beigeladenen in Auftrag gegebenen Lärmgutachten liegen die von dem Vorhaben verursachten Beurteilungspegel zwischen 49 dB(A) (am Haus der Antragsteller) und 55 dB(A) (am nördlichen Mehrfamilienhaus der auf dem Nachbargrundstück geplanten Bebauung). Als Immissionsrichtwert ist jeweils der Tagesrichtwert nach der TA Lärm für ein allgemeines Wohngebiet von 55 dB(A) angesetzt, der nach dem Gutachten allenfalls knapp eingehalten wird. Der Untersuchung liegt – ausgehend von einem fünffachen täglichen Wechsel je Stellplatz – nur die oben genannte tägliche Frequenz von 835 Kraftfahrzeugen zu Grunde. Wie dargelegt, erscheint diese Fahrzeugfrequenz auch unter Berücksichtigung einer gewissen Bandbreite der Kraftfahrzeugfrequenzen bei ALDI-Märkten jedoch eher niedrig. Sollte bei realistischer Betrachtung eine höhere Kraftfahrzeugfrequenz am Vorhaben der Beigeladenen zu erwarten sein, so dürfte die Einhaltung der Immissionsrichtwerte insbesondere am Immissionsort 4, für den das Gutachten einen Beurteilungspegel gerade noch in Höhe des Richtwertes ermittelt hat, fraglich sein.

Den aufgeführten Zweifel an der Zulässigkeit des Vorhabens der Beigeladenen wird im Rahmen des Hauptsacheverfahrens nachzugehen sein. Für das vorliegende Verfahren des vorläufigen Rechtsschutzes schlagen sie sich in der Abwägung zugunsten der Antragsteller nieder, so daß deren Aussetzungsinteresse gegenüber dem Vollzugsinteresse überwiegt.

Nr. 73

Vereinsheime von Gesangvereinen, die als Anlagen für kulturelle Zwecke in allgemeinen Wohngebieten zur Regelbebauung gehören, gewinnen auch dann nicht den Charakter gebietsfremder Vergnügungsstätten, wenn sie vereinzelt zur Durchführung öffentlich zugänglicher Live-Musik-Veranstaltungen genutzt werden.

Zur Frage, wann Lärmimmissionen derartiger Veranstaltungen die nach den einschlägigen technischen Regelwerken vorgesehenen Orientierungswerte für seltene Ereignisse überschreiten dürfen.

BauGB § 34 Abs. 2; BauNVO §§ 15 Abs. 1 Satz 2, 4 Abs. 2 Nr. 3, 5 Abs. 2 Nr. 7, 6 Abs. 2 Nr. 5; GastG § 3 Abs. 1.

OVG Rheinland-Pfalz, Urteil vom 16. April 2003 – 8 A 11903/02 – (rechtskräftig).

Nr. 73

Der beigeladene Gesangverein ist Eigentümer einer im unbeplanten Innenbereich gelegenen Sängerhalle, die er auf Grund einer im Jahre 1904 erteilten Gaststättenkonzession als gastronomisch bewirtschaftetes Vereinsheim nutzt. Eine Baugenehmigung ist nicht nachweisbar. Spätestens seit 1974 führte der Beigeladene bis zu 16 mal pro Jahr in der Sängerhalle Discoveranstaltungen sowie Live-Musik-Veranstaltungen mit Pop-Gruppen durch. Auf Grund einer gaststättenrechtlichen Auflage dürfen seit 1998 keine Disco-Veranstaltungen und nur noch bis zu fünf Live-Musik-Veranstaltungen durchgeführt werden. Im Verwaltungsverfahren und im erstinstanzlichen Verfahren bemühte sich der Kläger unter Berufung auf unzumutbare Immissionsbelastungen vergebens um bauaufsichtliches Einschreiten gegen diese Nutzung. Seine Berufung hatte Erfolg.

Aus den Gründen:
I. ... Der Kläger begehrte im Berufungsverfahren nicht mehr ein bauaufsichtliches Einschreiten gegen – dem Beigeladenen bereits durch Nr. 1 der gaststättenrechtlichen Verfügung vom Oktober 1998 untersagte – Discoveranstaltungen, sondern nur noch gegen „Live-Musik-Veranstaltungen". Dieser Begriff bedarf der Auslegung anhand des bisherigen Verfahrensverlaufs und der Äußerungen des Klägers. Hieraus wird deutlich, daß nur solche öffentlich zugänglichen Veranstaltungen in der Sängerhalle gemeint sind, bei denen Instrumental- und/oder Vokalmusik elektronisch verstärkt und nicht ausschließlich tonträgergestützt dargeboten wird, die den Rahmen klassischer Vereinsaktivitäten eines Männergesangvereins (Aufführung von Chormusik mit oder ohne Instrumentalbegleitung) überschreitet. Nur derartige Ereignisse waren – außer Discoveranstaltungen – Gegenstand der Beschwerden des Klägers und Anlaß für die von ihm veranlaßten Lärmmessungen.

IV. 2. Die Nutzung der Sängerhalle zu Live-Musik-Veranstaltungen verstößt gegen nachbarschützende Vorschriften des Bauplanungsrechts.

a) Nach zutreffender Ansicht des Verwaltungsgerichts kann sich der Kläger allerdings nicht auf Nachbarschutz in Gestalt eines sog. Gebietswahrungsanspruchs (siehe z. B. BVerwG, BRS 58 Nr. 82) berufen. Selbst wenn die Sängerhalle und das Haus des Klägers – was Beklagter und Beigeladener bestreiten – Bestandteile eines faktischen allgemeinen Wohngebietes gemäß §§ 34 Abs. 2 BauGB, 4 BauNVO wären, würden die hier in Rede stehenden Live-Musik-Veranstaltungen der Sängerhalle nicht den Charakter einer kerngebietstypischen Vergnügungsstätte und damit einer gebietsfremden Bebauung verleihen. Der Senat teilt die Auffassung des Verwaltungsgerichts, daß die an sich als Vereinsheim des Beigeladenen dienende Sängerhalle eine Anlage für kulturelle Zwecke gemäß § 4 Abs. 2 Nr. 3 BauNVO ist und daher zur gebietstypischen Regelbebauung eines allgemeinen Wohngebietes (und gemäß §§ 5 Abs. 2 Nr. 7, 6 Abs. 2 Nr. 5 BauNVO auch eines Dorf- oder Mischgebietes) gehört. Der Einwand des Klägers, die Halle werde durch – gaststättenrechtlich maximal mögliche – fünf Live-Musik-Veranstaltungen im Kalenderjahr zu einer Vergnügungsstätte im planungsrechtlichen Sinne, da es sich bei diesen um die „wesentliche Nutzung des Bauwerkes" handele, überzeugt nicht. Der Senat hält im Hinblick auf die in der Verfügung vom Dezember 2002 zitierten Ausführungen im Beschluß des Bundesverwaltungsgerichts vom 19. 11. 1990 (– 4 B 162.90 –) daran fest, daß die Anzahl der Live-Musik-Veranstaltungen, gegen die eingeschritten werden soll, hier derart gering ist, daß sie nicht prägend für den planungsrechtlichen Charakter der Sängerhalle sein können.

b) Die strittige Nutzung der Halle verstößt aber entgegen der Auffassung der Vorinstanz gegen die als Ausprägung des Rücksichtnahmegebotes nachbarschützende (siehe BVerwG, BRS 40 Nr. 48). Vorschrift des § 15 Abs. 1 Satz 2 BauNVO. Denn von der Sängerhalle gehen bei der Durchführung von Live-Musik-Veranstaltungen unzumutbare Lärmbelästigungen für das Grundstück des Klägers aus.

Da für Lärmimmissionen, die von Musikveranstaltungen der vorliegend umstrittenen Art ausgehen, keine Grenzwerte normativ festgelegt sind, ist die Zumutbarkeitsgrenze vom Gericht anhand einer umfassenden Würdigung aller Umstände des Einzelfalls und insbesondere der speziellen Schutzwürdigkeit des jeweiligen Baugebiets zu bestimmen. Technische Regelwerke, die Richt- oder Orientierungswerte zu der in Betracht kommenden Belastungsart enthalten, dürfen dabei als Orientierungshilfe im Sinne eines „groben Anhalts", aber keinesfalls schematisch herangezogen werden (siehe z. B. BVerwG, NVwZ-RR 1995, 6).

Nach Auffassung des Senats ist im vorliegenden Fall die vom Länderausschuß für Immissionsschutz im Jahre 1995 verabschiedete Freizeitlärmrichtlinie (NVwZ 1997, 469 ff.) als derartige Orientierungshilfe heranzuziehen. Das Lärmpotential, das mit den vom Beigeladenen durchgeführten Live-Musik-Veranstaltungen verbunden ist (Verkehrsgeräusche, Musik, Gespräche, Gelächter, Gläserklirren etc.), ähnelt mehr dem Emissionscharakter der in Nr. 1 der Freizeitlärmrichtlinie aufgeführten Freizeitanlagen als dem der von der TA Lärm erfaßten gewerblichen Anlagen.

Bedeutung für die hier erforderliche Zumutbarkeitsbeurteilung erlangen nur die Regelungen der Freizeitlärmrichtlinie über „Besonderheiten bei seltenen Störereignissen" (s. Nr. 4.4). Selten sind danach Störereignisse, die höchstens an zehn Tagen oder Nächten eines Kalenderjahres und in diesem Rahmen auch nicht an mehr als zwei aufeinanderfolgenden Wochenenden einen relevanten Beitrag zur Überschreitung der regulären, gebietsbezogenen Lärmwerte leisten. Diesen Anforderungen genügen die strittigen Live-Musik-Veranstaltungen. Gemäß Nr. 1 des gaststättenrechtlichen Auflagenbescheides vom Oktober 1998 können maximal fünf solcher Veranstaltungen pro Kalenderjahr durchgeführt werden; die Veranstaltungspraxis des Beigeladenen unterschreitet diese Anzahl in den letzten Jahren und weist auch keine Fälle auf, in denen an mehreren aufeinanderfolgenden Wochenenden solche Veranstaltungen durchgeführt worden sind. ...

Auch seltene Störereignisse sind aber nach der Freizeitlärmrichtlinie gebietsunabhängig als unzumutbar anzusehen, wenn die von ihnen ausgehenden Lärmimmissionen nachts einen Beurteilungspegel von 55 dB(A) am maßgeblichen Meßort (Nr. 3 der Richtlinie) und Geräuschspitzen von mehr als 65 dB(A) verursachen.

Dies ist bei den vom Beigeladenen veranstalteten Live-Musik-Veranstaltungen in der Vergangenheit regelmäßig der Fall gewesen. Die während solcher Veranstaltungen im Auftrag des Klägers im April 1997, November 1999 und Dezember 2000 durchgeführten Messungen des Sachverständigen M.

bzw. des TÜV haben erhebliche Überschreitungen der für seltene Ereignisse geltenden Richtwerte festgestellt. Diese sachverständigen Stellungnahmen legen die verwendeten Meßmethoden offen und sind auch im übrigen schlüssig begründet; Einwendungen, die Zweifel an ihrer Verwertbarkeit auslösen könnten, sind weder vom Beklagten noch vom Beigeladenen erhoben worden.

Anders als die Vorinstanz vermag der Senat auch bei umfassender Würdigung aller im vorliegenden Fall gegebenen Umstände keinen Grund zu erkennen, warum dem Kläger derartige Überschreitungen der Richtwerte noch zumutbar sein sollen.

Eine Erhöhung der Zumutbarkeitsschwelle aus Gründen herausgehobener sozialer Bedeutung der Störereignisse scheidet aus. Zwar ist in der obergerichtlichen Rechtsprechung (siehe Bay. VGH, NJW 1998, 401; Hess. VGH, GewArch 1997, 162; OVG Bremen, GewArch 1996, 390; Nds. OVG, GewArch 1996, 117, 119) anerkannt, daß eine Überschreitung der für seltene Ereignisse geltenden Orientierungswerte bei sog. „sehr seltenen" Ereignissen in Betracht kommen kann. Dabei muß es sich aber um vereinzelte, besonders herausragende Veranstaltungen handeln, deren Bedeutung so groß ist, daß dahinter das Ruhebedürfnis der Anwohner zurückzutreten hat (siehe Hess. VGH, a. a. O.). Derartige Merkmale weisen etwa Jubiläumsfeste dörflicher Vereine (siehe Bay. VGH, a. a. O.) oder traditionelle Jahrmärkte und Volksfeste (siehe OVG Bremen, a. a. O.) auf. Eine hiermit vergleichbare, herausgehobene soziale Bedeutung der Live-Musik-Veranstaltungen des Beigeladenen für das örtliche Gemeinschaftsleben in S. ist nicht ersichtlich. Es handelt sich um kommerzielle Veranstaltungen, die nach eigenem Vortrag des Beigeladenen hauptsächlich der Gewinnerzielung für den Verein dienen. Ein besonderer örtlicher Bezug fehlt ebenfalls. Die in der Gaststättenakte verschiedentlich dokumentierte Zahl von mehreren hundert Besuchern solcher Veranstaltungen, die notorische Parkraumproblematik und nicht zuletzt auch exemplarisch die Adressenliste minderjähriger Besucher bei einer Veranstaltung im November 1984, die Orte aus ganz Rheinhessen enthält, zeigen, daß die Darbietungen seit jeher auf ein überörtliches Publikum ausgerichtet sind. Daß eine Musikveranstaltung üblicherweise in der Karnevalszeit stattfindet, mag deren wirtschaftlichen Erfolg steigern, begründet aber allein noch keinen besonderen sozialen Rang der strittigen Nutzung für das dörfliche Gemeinschaftsleben. Schließlich kennzeichnet auch die Quantität der Veranstaltungen diese nicht als „sehr seltene" Ereignisse. Auszugehen ist hierbei nicht allein von der Veranstaltungspraxis der drei letzten Jahre, in denen in der Tat nur jeweils zwei Veranstaltungen durchgeführt worden sein mögen. Maßgebend ist vielmehr, daß der Beigeladene gaststättenrechtlich bis zu fünf solcher Veranstaltungen im Jahr durchführen darf und sich dies auch im gerichtlichen Verfahren ausdrücklich vorbehalten hat.

Auch die Berücksichtigung des konkreten Gebietscharakters und möglicher Vorbelastungen rechtfertigt es nicht, dem Kläger die Hinnahme von Lärmimmissionen zuzumuten, die die Richtwerte für seltene Ereignisse überschreiten.

Es bedarf insoweit keiner Klärung, ob die Eigenart der näheren Umgebung des Hauses des Klägers einem allgemeinen Wohngebiet oder einem Misch-

oder Dorfgebiet entspricht, in dem die Schutzwürdigkeit des Wohnens durch andere Nutzungen relativiert ist. Denn zum einen gelten die Orientierungswerte der Freizeitlärmrichtlinie für seltene Ereignisse – wie oben erwähnt – einheitlich für alle Gebiete, in denen Wohnen planungsrechtlich zulässig ist. Daraus folgt, daß eine Überschreitung dieser Maximalwerte nach Einschätzung des in die Richtlinie eingeflossenen Sachverstandes unabhängig vom konkreten Gebietscharakter grundsätzlich mit einer Wohnnutzung unverträglich ist. Ungeachtet dessen ist weder vorgetragen noch ersichtlich, daß die nähere Umgebung durch bestandsgeschützte Nutzungen geprägt wird, die zur hier strittigen Nachtzeit wohnunverträgliche Lärmimmissionen hervorrufen und daher die Schutzwürdigkeit des Gebietes dergestalt mindern könnten, daß eine Zumutbarkeitsschwelle jenseits der Orientierungswerte für seltene Ereignisse zu rechtfertigen wäre.

Die zu berücksichtigende Vorbelastung des Gebiets durch eine nahezu hundertjährige, konzessionierte Gaststättennutzung in der Sängerhalle berechtigt den Beigeladenen ebenfalls nicht dazu, im Rahmen von Live-Musik-Veranstaltungen die Orientierungswerte für Lärmimmissionen bei seltenen Ereignissen zu überschreiten. Zunächst können im Rahmen des vom Gebot der Rücksichtnahme geforderten Interessenausgleichs nur die Beeinträchtigungen, die eine legale Nutzung mit sich bringt, als Vorbelastung in Ansatz gebracht werden, die der Rücksichtnahmeverpflichtete hinzunehmen hat (BVerwG, BRS 56 Nr. 164). Eine Baugenehmigung, die derart lautstarke Veranstaltungen legalisieren könnte, ist nicht nachweisbar. Auch auf die Gaststättenkonzession kann die bisherige Veranstaltungspraxis des Beigeladenen bei Live-Musik-Darbietungen nicht gestützt werden. Im Blick auf die Anzahl der in den Jahren 1974 bis 1994 jährlich durchgeführten derartigen Veranstaltungen (neun bis siebzehn) erscheint schon fraglich, ob es hierzu wegen Regelmäßigkeit der Darbietungen (siehe dazu Michel/Kienzle, GastG, 12. Aufl. 1995, §3 Rdnr. 2) nicht einer Gaststättenkonzession besonderer Betriebsart gemäß §3 Abs. 1 GastG bedurft hätte (siehe z.B. OVG Münster, GewArch 1993, 254; Hess. VGH, GewArch 1985, 274). Eine solche ist nicht ersichtlich. Die vom April 1986 datierende „Erweiterung der Konzession vom 28. 9. 1904" für einen Schankraum im Erdgeschoß bezieht sich lediglich auf den Betrieb einer Schank- und Speisewirtschaft. Selbst wenn aber die im Jahre 1904 erteilte und später erweiterte Gaststättenerlaubnis für eine Schank- und Speisewirtschaft vereinzelte Musikdarbietungen von Anfang an grundsätzlich zugelassen hat, betrifft diese gaststättenrechtliche „Legalisierung" allenfalls das „Ob" solcher Veranstaltungen, nicht aber ein bestimmtes Ausmaß von ihnen verursachter Immissionen. Insbesondere ist hierbei zu sehen, daß das Immissionspotential dorfüblicher Tanzmusikveranstaltungen bei Erteilung der Konzession im Jahre 1904 erheblich geringer war als das der strittigen Live-Musik-Veranstaltungen. Die für deren Unzumutbarkeit maßgebenden Lärmfaktoren (elektrische Musikverstärkung; Verkehrsgeräusche an- und abfahrender Gäste) spielten seinerzeit noch keine Rolle.

Ist daher nicht erkennbar, daß der Beigeladene die Sängerhalle in der Vergangenheit legal zu Live-Musik-Veranstaltungen der hier umstrittenen Art genutzt hat, so haben diese bei der Ermittlung der Vorbelastung außer

Betracht zu bleiben. Die Vorbelastung, die sich allein aus der gaststättenrechtlichen Konzessionierung der Sängerhalle als Schank- und Speisewirtschaft und den damit typischerweise verbundenen Immissionen ergibt, rechtfertigt es indessen nicht, dem Kläger im hier maßgebenden Nachtzeitraum Lärmbelästigungen zuzumuten, die die Orientierungswerte für seltene Ereignisse überschreiten.

Steht nach alledem fest, daß die Nutzung der Sängerhalle für die strittigen Live-Musik-Veranstaltungen unter Verstoß gegen § 15 Abs. 1 Satz 2 BauNVO zu Immissionen führt, die dem Kläger unzumutbar sind, so hat der Beklagte hiergegen einzuschreiten; sein Entschließungsermessen hat sich aus Gründen des Nachbarschutzes zu einer Einschreitenspflicht verdichtet. ...

Nr. 74

1. Ein Autohandelsbetrieb mit einem Ausstellungsgelände für bis zu 60 Kraftfahrzeugen, Bürocontainern, Fahnenmasten und branchentypischen Werbeanlagen ist in einem unbeplanten Bereich, der einem allgemeinen Wohngebiet entspricht, kein sonstiger nicht störender Gewerbebetrieb i. S. des § 34 Abs. 2 BauGB i. V. m. § 4 Abs. 3 Nr. 2 BauNVO.

2. Für die Frage der gebietsunverträglichen Störung durch einen Gewerbebetrieb ist neben den von einer Nutzung typischerweise ausgehenden Lärmimmissionen auch von Bedeutung, ob ein Betrieb überhaupt dem Typus der in allgemeinen Wohngebieten zulässigen Gewerbebetrieben entspricht. Hierbei kann auch die optische Dominanz des gewerblichen Erscheinungsbildes mit der Zweckbestimmung eines allgemeinen Wohngebiets unvereinbar sein, die insoweit eine optische Unterordnung gewerblicher Nutzungen voraussetzt.

BauGB § 34 Abs. 2; BauNVO § 4 Abs. 3 Nr. 2.

OVG Berlin, Urteil vom 15. August 2003 – 2 B 18.01 – (rechtskräftig).

Der Kläger betreibt einen Autohandel für Neu- und Gebrauchtwagen nebst Autovermietung auf dem Grundstück S. Hierfür nutzt er einen eingezäunten, mit Steinsplitt befestigten Teil des Grundstücks (ca. 600 m²) als Ausstellungsfläche für bis zu 60 Kraftfahrzeuge. Auf dem Gelände stehen noch zwei Container zur Büronutzung sowie Fahnenmasten und weitere branchentypische Werbeanlagen.

Den Autohandel hat der Kläger von seinem Vorgänger im Jahr 1993 übernommen. Diesem war 1990 vom Rat des Stadtbezirks – Abteilung Gewerbelenkung – eine Genehmigung zur Ausübung des Gewerbes „Verkauf von neuen und gebrauchten PKW, Erweit.: Verkauf v. KFZ-Ersatzteilen, Handel, Campingmöbel" erteilt worden.

1997 ordnete der Beklagte unter Fristsetzung von einem Monat nach Unanfechtbarwerden des Bescheides sowie unter Androhung eines Zwangsgeldes i. H. v. 5000,- DM die Einstellung der Nutzung des Grundstücks für den Handel mit Kraftfahrzeugen an. Unter Fristsetzung von drei Monaten nach Unanfechtbarwerden des Bescheides und Androhung der Ersatzvornahme mit vorläufig geschätzten Kosten von insgesamt 20000,- DM ordnete er überdies die Entfernung der beiden Container, sämtlicher Werbeanlagen und des Steinsplittbelags sowie die Wiederherstellung einer unversiegelten, gärtnerisch angelegten Grundstücksfläche an.

Nr. 74

Aus den Gründen:
Die rechtlichen Voraussetzungen, unter denen gemäß §70 Abs. 1 Satz 1 und 2 BauO Bln eine bauliche Nutzung untersagt und die Beseitigung baulicher Anlagen angeordnet werden kann, sind erfüllt, denn der Autohandelsbetrieb des Klägers steht im Widerspruch zu öffentlich-rechtlichen Vorschriften. Er ist weder durch frühere Rechtsakte bauordnungsrechtlich genehmigt noch bauplanungsrechtlich genehmigungsfähig und es besteht auch keine Möglichkeit, auf andere Weise rechtmäßige Zustände herzustellen. Ein etwaiger materiell-rechtlicher Bestandsschutz steht dem Vollzug der angefochtenen Nutzungsuntersagung und Beseitigungsanordnung nicht entgegen.

Der branchentypisch ausgestattete Autohandelsplatz des Klägers stellt gemäß §55 Abs. 1 BauO Bln eine bauordnungsrechtlich genehmigungsbedürftige, aber nicht genehmigte gewerbliche Gesamtanlage dar, die die Nutzung des Geländes und die damit im Zusammenhang stehenden einzelnen baulichen Anlagen (Container, Fahnenmaste, Werbeanlagen, Einfriedung, vgl. §2 Abs. 1 Satz 1 und 2 BauO Bln) sowie die Teile des Geländes, die als bauliche Anlagen gelten (Steinsplittaufschüttung und Ausstellungsplatz, vgl. §2 Abs. 1 Satz 3 Nr. 1 und 2 BauO Bln) mit umfaßt.

Die dem Rechtsvorgänger des Klägers 1990 erteilte Gewerbegenehmigung ersetzt die erforderliche Baugenehmigung nicht, denn sie betraf nur die Ausübung des Gewerbes „Verkauf von neuen und gebrauchten PKW" und bezog sich auf die dort genannten Waren und Erzeugnisse, wie auch die „Aktenkundige Belehrung des Gewerbeträgers" vom März 1990 klarstellt. Die hiervon ausgehende Legitimation war nur gewerberechtlicher Natur, denn die Kriterien und Anforderungen für die Erteilung der Erlaubnis durch die Gewerbebehörde bezogen sich gemäß §3 Abs. 1 und 2 der Durchführungsverordnung zum Gewerbegesetz vom 8.3.1990 (GBl. I, 140.) – DVO-GewG – auf die fachliche Eignung und persönliche Zuverlässigkeit des Gewerbetreibenden sowie auf die Gewährleistung von Ordnung, Sicherheit, Sittlichkeit, Hygiene und Umweltschutz bei der Ausübung des Gewerbes. Die nach anderen Gesetzen erforderlichen spezifischen Genehmigungen, Erlaubnisse oder Zulassungen für die gewerbliche Tätigkeit schloß die Gewerbegenehmigung gemäß §3 Abs. 4 DVO-GewG ausdrücklich nicht ein. Für die Annahme einer Konzentrationswirkung der Vorschrift, die die baurechtliche Genehmigung zur Nutzung des Grundstücks als Autohandelsplatz einschließt, ist damit kein Raum.

Bauplanungsrechtlich richtet sich die Zulässigkeit der Art der baulichen Nutzung des Grundstücks nach §34 Abs. 2 BauGB i.V. m. §4 BauNVO, denn es liegt in einem unbeplanten Gebiet, das einem allgemeinen Wohngebiet entspricht.

Hinsichtlich der Zulässigkeit der Art der baulichen Nutzung kann an die in §4 BauNVO typisierend aufgeführten Nutzungsarten angeknüpft werden (vgl. BVerwG, Beschluß v. 20.4.2000, ZfBR 2001, 142 = Buchholz 406.11 §34 Nr. 199).

Gemäß §4 Abs. 2 BauNVO sind in allgemeinen Wohngebieten regelmäßig Wohngebäude und der Versorgung des Gebiets dienenden Läden, Schank- und Speisewirtschaften sowie nicht störende Handwerksbetriebe zulässig. Der Autohandelsbetrieb des Klägers wäre hier gemäß §4 Abs. 3 Nr. 2 BauNVO ausnahmsweise zulässig, wenn es sich um einen nicht störenden Gewerbebetriebe im Sinne dieser Vorschrift handeln würde. Die Frage der Gebietsverträglichkeit einer Nutzung, d. h., wie „störend" ein Betrieb sich auf die Umgebung auswirkt, ist an der spezifischen Zweckbestimmung des jeweiligen Baugebiets zu messen, die dessen Charakter zugleich eingrenzend bestimmt. Die hierzu entwickelten Vorstellungen des Gesetzgebers über den Gebietscharakter eines allgemeinen Wohngebiets kommen in den Bestimmungen über die regelhafte Zulässigkeit baulicher Anlagen (§ 4 Abs. 2 Nr. 1–3 BauNVO), aber auch in dem jeweils zugeordneten Ausnahmekatalog (§ 4 Abs. 3 Nr. 1–5 BauNVO) zum Ausdruck, mit dem ein gewollter funktionaler Zusammenhang besteht. Die normierte allgemeine Zweckbestimmung und der hierin liegende Funktionswert bleiben jedoch auch für die Auslegung und Anwendung der tatbestandlich normierten Ausnahmen bestimmend (vgl. BVerwG, Urteil v. 21. 3. 2002, BRS 65 Nr. 63 = NVwZ 2002, 1118, 1119). Allgemeine Wohngebiete dienen gemäß § 4 Abs. 1 BauNVO vorwiegend dem Wohnen. Da nach Möglichkeit ein ungestörtes Wohnen gewährleistet sein soll, beurteilt sich die Gebietsverträglichkeit in erster Linie nach dem Kriterium der gebietsunüblichen Störung. Dies ist nicht nur mit der Einhaltung einer bestimmten immissionsschutzrechtlichen Lärmsituation gleichbedeutend. Vielmehr kann auch die durch eine bestimmte Nutzung in ein allgemeines Wohngebiet hineingetragene atypische Gebietsunruhe eine solche Störung sein (vgl. BVerwG, Urteil v. 21. 3. 2002, a. a. O.).

Aus dem Regel-Ausnahmekatalog des § 4 BauNVO wird deutlich, daß der Gesetzgeber Betriebe mit einem gewissen Störpotential jedenfalls nur dann in einem allgemeinen Wohngebiet bauplanungsrechtlich als zulässig erachtet, wenn deren Ansiedlung im Interesse einer gebietsbezogenen, verbrauchernahen Versorgung liegt, denn von dieser Voraussetzung hat der Gesetzgeber verschiedene gewerbliche Nutzungen in § 4 Abs. 2 Nr. 2 BauNVO abhängig gemacht. Ebenso dürfte bei den unter § 4 Abs. 3 Nr. 5 BauNVO des Ausnahmekatalogs genannten Tankstellen, deren gesonderte Aufzählung darauf hindeutet, daß sie prinzipiell nicht zu den nicht störenden sonstigen Gewerbebetrieben i. S. des § 4 Abs. 3 Nr. 2 BauNVO zählen, der Gedanke der Erreichbarkeit und gebietsbezogenen Versorgung mit Kraftstoff als einer Ware des täglichen Bedarfs zugrunde gelegen haben, auch wenn dieser Grund nicht ausdrücklich in der Gesetzesbegründung aus dem Jahre 1962 (vgl. BR-Drucks. 62/53) genannt ist.

Einen gebietsbezogenen Versorgungscharakter hat der Autohandel des Klägers nicht, so daß das mögliche Störpotential bei dieser Art von Gewerbebetrieb dafür maßgebend ist, ob er zu den sonstigen nicht störenden Gewerbebetrieben i. S. des § 4 Abs. 3 Nr. 2 BauNVO zählt und damit noch gebietsverträglich ist. Unter diesem Gesichtspunkt erweist sich der Betrieb des Klägers hier als gebietsunverträglich.

Der Senat folgt in diesem Zusammenhang zwar nicht der dem angefochtenen Urteil des Verwaltungsgerichts unter Berufung auf die Rechtsprechung des (VGH Baden-Württ., Beschluß v. 16. 2. 1987, VBlBW 1987, 342, 343) zugrunde gelegten Annahme, daß bei einem Autohandelsbetrieb stets von typischen Störungen durch Lärmimmissionen des motorisierten Kundenverkehrs, durch ständiges Öffnen, Schließen und Zuschlagen von Türen, Motorhauben und Kofferraumdeckeln sowie durch Probefahrten mit Bremsversuchen und gelegentlichem Aufheulenlassen des Motors auszugehen sei. Eine solche Geräuschkulisse dürfte typischerweise eher im Zusammenhang mit Reparaturwerkstätten oder auch teilweise auf Tankstellen zu erwarten sein, als auf einem Ausstellungsgelände für Kraftfahrzeuge, zumal auf dem Grundstück selbst neben der für die Wagen in Anspruch genommenen Stellfläche für etwaige Fahr- und Bremsversuche kaum noch Platz sein dürfte. Die verbliebene Fahrgasse auf dem Platz dürfte jedenfalls nur für ein verhaltenes Befahren des Geländes geeignet sein. Darüber hinaus entspricht das Vorbringen des Klägers der Lebenserfahrung, daß die Auswahlentscheidung des Kunden – in negativer Hinsicht – meist schon nach der ersten Sitzprobe getroffen und nicht jeder ins Auge gefaßte Wagen auch fahrtechnisch geprüft und ausprobiert wird. Die von ihm genannte geringe Anzahl von Verkäufen im Monat dürfte die Frequentierung des Platzes durch einen motorisierten Kundenverkehr auch in vertretbaren Grenzen halten, so daß das Störpotential des Autohandelsbetriebs des Klägers hinsichtlich der regelmäßig von ihm zu erwartenden Immissionen eher gering sein dürfte.

Für die Frage der Gebietsverträglichkeit und der Gefährdung des Gebietscharakters können aber neben den typischerweise von einer Nutzung ausgehenden Störungen in Form von Lärmeinwirkungen auch andere Gesichtspunkte allein oder ergänzend maßgebend sein (vgl. BVerwG, Urteil v. 21.3.2002, a.a.O.), denn die wertende Betrachtung muß auch die Frage einbeziehen, ob ein Kraftfahrzeughandel der vorliegenden Art auf Grund seines optischen Erscheinungsbildes und dessen Wirkungen auf den Gebietscharakter überhaupt dem Typus der in allgemeinen Wohngebieten zulässigen Gewerbebetriebe entspricht. Anders als ein Autohandel in Geschäfts- und Ausstellungsräumen, der sich schon äußerlich eher einem allgemeinen Wohngebiet anpaßt soweit er jedenfalls auch größenmäßig entsprechend beschränkt ist, stellt ein Autohandelsplatz auf ca. 600 m^2 Grundstücksfläche mit Warenpräsentation im Freien, kombiniert mit zahlreichen betriebszugehörigen, provisorisch wirkenden baulichen Anlagen in Form von Containern, Fahnenmasten und branchentypischen Werbeanlagen ein gewerbliches Element innerhalb des hier anzutreffenden einheitlichen Wohngebietscharakters dar, dessen Erscheinungsbild eine optisch störende, nicht mehr gebietsadäquate Dominanz entfaltet. Die vorwiegend auf das Wohnen ausgerichtete Zweckbestimmung allgemeiner Wohngebiete setzt zugleich eine optische Unterordnung gewerblicher Nutzungen voraus, die hier jedenfalls nicht mehr gegeben ist. Vielmehr verändert das auffällig hervortretende gewerbliche Erscheinungsbild des Betriebs den Umgebungscharakter.

Der Kläger kann sich gegenüber der angefochtenen Nutzungsuntersagung und Beseitigungsanordnung des Beklagten auch nicht auf materiellen Bestandsschutz berufen, der deren Durchsetzung hindern könnte. Nach der zum Zeitpunkt der Einrichtung des Autohandelsplatzes durch den Rechtsvorgänger des Klägers im März 1990 noch geltenden Deutschen Bauordnung vom 2.10.1958 – DBO – (GBl. v. 15.12.1958, Sonderdruck Nr. 287) waren Bauwerke und Grundstücksnutzungen innerhalb der dort genannten Baugebiete nur zulässig, wenn sie diesem nach Art, Umfang, Zweck und Eigenart entsprachen (§ 81 DBO). Dies war hier nicht der Fall, denn in städtischen Wohngebieten waren schon nach damaligem Recht nur nicht störende gewerbliche Betriebe zulässig (vgl. § 82 b), § 84 d) DBO). Insoweit kann auf die entsprechenden Ausführungen zu der Gebietsverträglichkeit der Nutzung des Grundstücks als Autohandelsplatz im Zusammenhang mit § 4 BauNVO verwiesen werden.

Nr. 75

1. **Seit dem Inkrafttreten des Gesetzes zur Änderung der Landesbauordnung vom 29. 10. 2003 (GBl. S. 695) am 8. 11. 2003 ist die Frage der Verfahrensfreiheit von Mobilfunksendeanlagen, welche die Voraussetzungen von Nr. 30 des Anhangs zu § 50 Abs. 1 LBO n. F. erfüllen, allein nach dieser Vorschrift und nicht mehr auch nach Nr. 26 des Anhangs zu beurteilen.**

2. **Jedenfalls kleine Mobilfunksendeanlagen sind nicht störende Gewerbebetriebe i. S. von § 4 Abs. 3 Nr. 2 BauNVO.**

3. **Daß die Wirkungen elektromagnetischer Felder von Mobilfunksendeanlagen gegenwärtig weiter erforscht werden und etwaige Gesundheitsgefährdungen nicht mit absoluter Sicherheit ausgeschlossen werden können und in Teilen der Bevölkerung deshalb eine erhebliche Unsicherheit besteht, berechtigt für sich allein eine Gemeinde noch nicht, solche Anlagen mit Mitteln des Städtebaurechts von allgemeinen Wohngebieten fernzuhalten.**

4. **Gibt es keine städtebaulichen Gründe, die der Zulassung eines Vorhabens im Wege einer Ausnahme widersprechen könnten, bleibt für eine ablehnende Ermessensentscheidung kein Raum (wie VGH Baden-Württemberg, Urteil v. 31. 1. 1997 – 8 S 3167/96 –, BRS 59 Nr. 58).**

BauGB § 31 Abs. 1, Abs. 2; BauNVO §§ 4 Abs. 3 Nr. 2, 14 Abs. 1 Satz 1; BauNVO 1968 § 14 Abs. 2; BauNVO § 15 Abs. 1; LBO § 50 Abs. 1; Anhang zu § 50 Abs. 1 LBO Nr. 26, Nr. 30.

VGH Baden-Württemberg, Urteil vom 19. November 2003 – 5 S 2726/02 – (rechtskräftig).

(VG Karlsruhe)

Die Beteiligten streiten um die baurechtliche Zulässigkeit einer Mobilfunksendeanlage, welche die Klägerin, eine Tochtergesellschaft der Deutschen Telekom AG, im Frühjahr 1999 errichtet hat und seither nutzt.

Aus den Gründen:
Soweit die Klägerin im Berufungsverfahren mit Rücksicht auf das Inkrafttreten (am 8. 11. 2003) des Gesetzes zur Änderung der Landesbauordnung für Baden-Württemberg vom 29. 10. 2003 (GBl. S. 695), mit dem die Verfahrensfreiheit von Mobilfunksendeanlagen neu geregelt worden ist, das Klagebegeh-

ren erweitert hat und in erster Linie begehrt, festzustellen, daß die Mobilfunksendeanlage baurechtlich zulässig ist, hilfsweise, die Beklagte zu verpflichten, ihr gemäß § 56 Abs. 6 LBO eine Ausnahme von den Festsetzungen des Bebauungsplans „H." zu erteilen, ist die darin liegende Klageänderung zulässig. Denn die Beklagte hat darin eingewilligt; im übrigen ist diese Klageänderung auch sachdienlich (§ 91 Abs. 1 VwGO).

Insoweit fehlt der Klage aber wohl schon das Rechtsschutzinteresse, jedenfalls ist sie nicht begründet. Die begehrte Feststellung bzw. die Erteilung einer Ausnahme nach § 56 Abs. 6 LBO kommen nicht in Betracht, weil über die baurechtliche Zulässigkeit des Vorhabens auch nach der Neufassung von Nr. 30 des Anhangs zu § 50 Abs. 1 LBO durch eine Baugenehmigung entschieden werden muß.

Zwar sind nach dieser Vorschrift nunmehr verfahrensfrei Antennen einschließlich der Masten bis 10 m Höhe und zugehöriger Versorgungsanlagen bis 10 m^3 Brutto-Rauminhalt sowie, soweit sie in, auf oder an einer bestehenden baulichen Anlage errichtet werden, die damit verbundene Nutzungsänderung oder bauliche Änderung der Anlage. Die Frage der Verfahrensfreiheit von Mobilfunksendeanlagen, welche die Voraussetzungen von Nr. 30 des Anhangs zu § 50 Abs. 1 LBO n. F. erfüllen, ist nunmehr allein nach dieser Vorschrift und nicht mehr auch nach Nr. 26 des Anhangs zu beurteilen. Indem der Gesetzgeber in Nr. 30 n. F. nicht mehr nur schlichte Antennenanlagen bis 10 m Höhe für verfahrensfrei erklärt, sondern auch solche einschließlich der Masten und zugehöriger Versorgungseinheiten bis zu einer bestimmten Größe, hat er der Auslegung von Nr. 26 den Boden entzogen, daß Mobilfunksendeanlagen der vorliegenden Art nur dann verfahrensfrei sind, wenn sie als bauliche Anlagen mit einer Grundfläche von bis zu 30 m^2 und bis zu 5 m Höhe, ausgenommen Gebäude, dem Fernmeldewesen dienen (so VGH Baden-Württemberg, Urteil v. 26. 10. 1998 – 8 S 1848/98 –, VBlBW 1999, 218, und Beschluß v. 8. 2. 2002 – 8 S 2748/01 –, VBlBW 2002, 260).

Die Voraussetzungen von Nr. 30 des Anhangs zu § 50 Abs. 1 LBO n. F. liegen hier aber nicht vor. Denn nach den zeichnerischen Darstellungen in dem maßgeblichen, im Maßstab 1:100 gefertigten Ansichtsplan vom 19. 7. 1999 ist der errichtete Mast einschließlich des Sockels, soweit dieser die natürliche Erdoberfläche überragt, etwa 10,30 m hoch. ...

Begründet ist jedoch das weitere hilfsweise Begehren, mit dem die Klägerin eine Baugenehmigung auf der Grundlage der in der mündlichen Verhandlung am 6. 11. 2001 ergänzten Bauvorlagen erstrebt. Denn die Beklagte ist verpflichtet, der Klägerin für das bereits errichtete Vorhaben eine Baugenehmigung zu erteilen (§ 113 Abs. 5 Satz 1 VwGO). Ihm stehen keine von der Beklagten zu prüfenden öffentlich-rechtlichen Vorschriften entgegen (§ 58 Abs. 1 VwGO).

Die bauplanungsrechtliche Zulässigkeit des Vorhabens beurteilt sich nach den Festsetzungen des Bebauungsplans „H.". Der Senat hat keinen Anlaß, an seiner Wirksamkeit zu zweifeln.

Durch die Festsetzung eines allgemeinen Wohngebiets sind die Vorschriften der §§ 2 bis 14 BauNVO 1968 Bestandteil des Bebauungsplans geworden. Maßgeblich ist insoweit der Zeitpunkt der (ersten) Auslegung des Planentwurfs am 31.5.1976 (§ 25a Abs. 1 BauNVO; vgl. König, in: König/Roeser/Stock, BauNVO, 2. Aufl., §§ 25–25c Rdnr. 4ff.).

Nach § 4 Abs. 2 BauNVO 1968 ist das Vorhaben unstreitig nicht zulässig. Zulässig ist es auch nicht als Nebenanlage nach § 14 Abs. 1 BauNVO 1968. Dabei kann offenbleiben, ob Mobilfunksendeanlagen der vorliegenden Art (typischerweise) Nebenanlagen i. S. des § 14 BauNVO und nicht etwa Hauptanlagen sind (vgl., die Frage offen lassend, OVG NW, Beschluß vom 25.2.2003 – 10 B 2417/02 –, abgedruckt unter Nr. 89; ablehnend Hess. VGH, Beschluß vom 29.7.1999 – 4 TG 2118/99 –, BRS 62 Nr. 83 = BauR 2000, 1162). Denn die konkrete Anlage dient ebenfalls unstreitig nicht allein dem Nutzungszweck der im Baugebiet „H." gelegenen Grundstücke oder des Baugebiets selbst, sondern darüber hinaus der Versorgung des ganzen Stadtteils E. oder zumindest großer Teile davon. Im Unterschied zu § 14 Abs. 2 BauNVO 1962/68/77 sind aber in § 14 Abs. 1 Satz 1 BauNVO 1962/68/77 nur solche Nebenanlagen gemeint, deren (Hilfs-)Funktion sich auf einzelne Baugrundstücke oder auf das konkrete Baugebiet beschränkt (BVerwG, Beschluß vom 1.11.1999 – 4 B 3.99 –, BRS 62 Nr. 82 = BauR 2000, 703 = VBlBW 2000, 146; VGH Baden-Württemberg, Urteil v. 26.10.1998 – 8 S 1848/98 –, BRS 62 Nr. 164 = VBlBW 1999, 218 = PBauE § 14 BauNVO Nr. 9). Das Vorhaben kann ferner nicht im Wege einer Ausnahme nach § 14 Abs. 2 BauNVO 1968 zugelassen werden. Fernmeldetechnische Anlagen werden in dieser Vorschrift nicht genannt. Eine erweiternde Auslegung ist insoweit nicht möglich (BVerwG, Beschluß v. 1.11.1999 – 4 B 3.99 –, a.a.O.). Erst in § 14 Abs. 2 Satz 2 BauNVO 1990 hat der Verordnungsgeber fernmeldetechnische Nebenanlagen den in Satz 1 genannten Versorgungsanlagen gleichgestellt, soweit sie der Versorgung „der Baugebiete" dienen,

Zulässig ist das Vorhaben jedoch nach § 31 Abs. 1 BauGB i.V.m. § 4 Abs. 3 Nr. 2 BauNVO 1968.

Jedenfalls kleine Mobilfunksendeanlagen sind nicht störende Gewerbebetriebe i. S. von § 4 Abs. 3 Nr. 2 BauNVO (so etwa auch König, a.a.O., § 4 Rdnr. 77; Fickert/Fieseler, a.a.O., § 4 Rdnr. 9.47; Hess. VGH, Urteil v. 29.7.1999 – 4 TG 2118/99 –, a.a.O.; die Frage offen lassend aber OVG NW, Beschluß vom 25.2.2003 – 10 B 2417/02 –, a.a.O.).

Bei Beantwortung der Frage, ob ein Gewerbebetrieb im allgemeinen Wohngebiet i. S. von § 4 Abs. 3 Nr. 2 BauNVO nicht störend ist, sind alle mit der Zulassung des Betriebs nach dessen Gegenstand, Struktur und Arbeitsweise typischerweise verbundenen Auswirkungen auf die nähere Umgebung zu berücksichtigen. Entscheidend ist nicht allein, ob das Wohnen durch Immissionen i. S. von § 3 Abs. 2 BImSchG beeinträchtigt wird. In Betracht zu ziehen sind vielmehr auch weitere bodenrechtlich erhebliche Beeinträchtigungen; dies können auch typischerweise gegebene optische Beeinträchtigungen sein (OVG NW, Beschluß v. 25.2.2003 – 10 B 2417/02 –, a.a.O., und Urteil v. 24.6.1987 – 11 A 1389/85 –, BRS 47 Nr. 48; Nds. OVG, Urteil v. 8.1.1987 – 6 A 6/85 –, BRS 47 Nr. 47c = BauR 1988, 61), sofern sie bodenrechtliche Relevanz haben (Gierke, in: Brügelmann, BauGB, § 1 BauNVO Rdnr. 792ff.; 796; Fickert/Fieseler, a.a.O., Vorbem, §§ 2 bis 9, 12 bis 14 Rdnr. 8.4. m.w.N.; König, a.a.O., § 4 Rdnr. 72). Zu fragen ist, ob ein Vorhaben typischerweise gebietsverträglich ist, d. h. die Zweckbestimmung des jeweiligen Baugebiets gewahrt wird (BVerwG, Urteil v. 21. 3. 2002 – 4 C 1.02 –, BVerwGE 116, 155 = BRS 65 Nr. 63 = PBauE § 4 BauNVO Nr. 24; vgl. auch, zu § 8 Abs. 3 Nr. 2 BauNVO, BVerwG, Beschluß v. 13. 5. 2002 – 4 B 86.01 –, BRS 65 Nr. 66 = NVwZ 2002, 1384 = PBauE § 15 BauNVO Nr. 23). Das allgemeine Wohngebiet dient gemäß § 4 Abs. 1 BauNVO vorwiegend dem Wohnen. Es soll nach Möglichkeit ein ungestörtes Wohnen gewährleisten. Das prägt seinen Gebietscharakter (BVerwG, Urteil v. 1. 11. 1974 – IV C 38.71 –, BVerwGE 47, 144 = BRS 28 Nr. 6 = PBauE § 1 Abs. 6 BauGB Nr. 4). Ein störender Gewerbebetrieb erzeugt eine Gebietsunverträglichkeit, es sei denn, die Störung ist im Rahmen einer gebietsbezogenen Versorgung nach § 4 Abs. 2 Nr. 2 BauNVO hinzunehmen. Dabei kann auch ein Gewerbebetrieb, der die für ein allgemeines Wohngebiet geltenden Lärmschutzwerte einhält, dort störend sein. Es kommt allein darauf an, ob der Betrieb, etwa durch Verkehr, Unruhe in das Gebiet bringt und regelhaft Auswirkungen auf die auch im allgemeinen Wohngebiet erstrebte gebietsbezogene Wohnruhe hat. Atypische Nutzungen, die den Charakter einer kollektiven Wohngemeinschaft i. S. des Gebietscharakters stören, sollen vermieden werden (BVerwG, Urteil v. 21. 3. 2002 – 4 C 1.02 –, a. a. O.).

Störend sind Mobilfunksendeanlagen in allgemeinen Wohngebieten nicht etwa wegen der Wirkungen der von ihnen erzeugten elektromagnetischen Felder. Nach dem gegenwärtigen Stand der Forschung und Technik kann nicht von einer Gesundheitsgefährdung ausgegangen werden, sofern, was durch eine Standortbescheinigung der Regulierungsbehörde für Telekommunikation und Post nachzuweisen ist, die Personenschutzgrenzwerte der 26. BImSchV eingehalten werden (vgl. etwa VGH Baden-Württemberg, Beschluß v. 19. 4. 2002 – 3 S 590/02 –, VBlBW 2003, 72; Senatsbeschluß v. 4. 9. 2002 – 5 S 1280/02 –, BauR 2003, 373; OVG Rheinland-Pfalz, Beschluß v. 20. 8. 2001 – 1 A 10382/01 –, NVwZ-RR 2002, 17, und Urteil v. 7. 8. 2003 – 1 A 10196/03 –). Die nach der 26. BImSchV geltenden Grenzwerte könnten erst dann verfassungsrechtlich beanstandet werden, wenn erkennbar wäre, daß sie die menschliche Gesundheit völlig unzureichend schützten. Der Staat ist nicht verpflichtet, Vorsorge gegen rein hypothetische Gefährdungen der menschlichen Gesundheit zu treffen (BVerfG, Beschluß v. 28. 2. 2002 – 1 BvR 1676/01 –, BRS 65 Nr. 178 = NJW 2002, 1638). Auch in jüngster Zeit gibt es keine hinreichenden Anhaltspunkte dafür, daß die Personenschutzgrenzwerte der 26. BImSchV völlig unzureichend seien. Dafür genügt insbesondere nicht, daß die Wirkung und ggf. Schädlichkeit elektromagnetischer Felder von Mobilfunksendeanlagen namentlich unter dem Aspekt von athermischen Einflüssen weiter erforscht wird (vgl. VG Karlsruhe, Urteil v. 14. 8. 2003 – 2 K 4290/02 –).

Störend in allgemeinen Wohngebieten sind Mobilfunksendeanlagen auch nicht deshalb, weil sie, ungeachtet der Einhaltung der erwähnten Personenschutzgrenzwerte, den Gebietscharakter nicht wahrten und insoweit eine gebietsuntypische Unruhe in das Gebiet brächten. Negative Wirkungen der von ihnen erzeugten elektromagnetischen Felder sind derzeit nicht feststellbar. Diese bestünden zudem unabhängig davon, ob die Versorgung eines allgemeinen Wohngebiets mit Mobilfunkleistungen durch eine Anlage im Gebiet oder aber, freilich mit erhöhter Energie, von außen sichergestellt wird. Von einer Gebietsverträglichkeit geht im übrigen auch der Verordnungsgeber aus, wie § 14 Abs. 2 Satz 2 BauNVO 1990 zeigt. Daß nicht selten die subjektive Befindlichkeit von Bewohnern durch die Errichtung einer Mobilfunksendeanlage in ihrem Wohngebiet gestört ist, ändert am derzeit fehlenden Nachweis der Unverträglichkeit solcher Anlagen mit dem Gebietscharakter eines allgemeinen Wohngebiets nichts. Soweit in der obergerichtlichen Zivilrechtsprechung teilweise Abwehransprüche von Wohnungseigentümern gegen die Errichtung von Mobilfunksendeanlagen gegen ihre Wohnungseigentümergemeinschaft bejaht werden, weil gegenwärtig eine Gefährdung durch solche Anlagen nicht auszuschließen sei, wird dies mit der besonders engen Gemeinschaft der Wohnungseigentümer begründet (vgl. BayObLG, Beschluß v. 20. 3. 2002 – 2Z BR 109/01 – und OLG Hamm, Beschluß v. 3. 1. 2002 – 15 W 287/01 –, beide Juris). Damit kann die in anderem Zusammenhang so bezeichnete Schicksalsgemeinschaft der Eigentümer von Grundstücken in einem allgemeinen Wohngebiet nicht verglichen werden.

Der zusätzliche Verkehr, den die hier im Streit stehende Mobilfunksendeanlage erzeugt – im wesentlichen sind das Anfahrten für die Wartung –, erreicht den Grad einer Störung i. S. von § 4 Abs. 3 Nr. 2 BauNVO nicht.

Schließlich sind jedenfalls kleine Mobilfunksendeanlagen bei der gebotenen typisierenden Bewertung in allgemeinen Wohngebieten auch nicht wegen ihres Erscheinungsbilds störend. Allerdings ist auch die Vermeidung optischer Beeinträchtigungen ein städtebaulich und nicht etwa nur bauordnungsrechtlich erheblicher Gesichtspunkt. Beeinträchtigungen (vgl. § 1 Abs. 5 Satz 2 Nr. 4 und § 34 Abs. 1 Satz 2 BauGB, § 11 Abs. 3 BauNVO 1977/1990), teilweise auch nur Verunstaltungen des Orts- und Landschaftsbildes (§ 35 Abs. 3 Nr. 5 BauGB) sollen auch bodenrechtlich vermieden werden. Dabei gehört zur bodenrechtlichen Ortsbildgestaltung nicht, was der Baugestaltung im engeren bauordnungsrechtlichen Sinn vorbehalten ist, wie zum Beispiel Anforderungen an die Dachform, Dachgauben etc. (BVerwG, Urteil v. 16. 12. 1993 – 4 C 22.92 –, Buchholz 406.11 § 29 BauGB Nr. 52 = NVwZ 1994, 1010). Städtebaulich erheblich sind Beeinträchtigungen des Orts- und Landschaftsbildes freilich nur, soweit sie im Geltungsbereich eines Bebauungsplans durch Festsetzungen gemäß § 9 Abs. 1 BauGB und den ergänzenden Vorschriften der Baunutzungsverordnung ausgeschlossen werden könnten (vgl. BVerwG, Urteil v. 11. 5. 2000 – 4 C 14 98 –, BRS 63 Nr. 105 = BauR 2000, 1848 = PBauE § 34 Abs. 1 BauGB Nr. 35). Ausgehend hiervon kann das Erscheinungsbild von Mobilfunksendeanlagen in allgemeinen Wohngebieten unter optischen Gesichtspunkten städtebaulich erheblich sein. Dem können etwa Regelungen zur Höhe baulicher Anlagen (§ 9 Abs. 1 Nr. 1 BauGB, § 18 BauNVO) oder zu den überbaubaren Grundstücksflächen (§ 9 Abs. 1 Nr. 2 BauGB, § 23 Abs. 2 und 5 Satz 1 und 2 BauNVO) sowie ggf. die Festsetzung von Versorgungsflächen (§ 9 Abs. 1 Nr. 12 BauGB) Rechnung tragen. Daraus ergibt sich aber nicht, daß sie generell in allgemeinen Wohngebieten optisch störend wären. Keine solche Störung liegt etwa dann vor, wenn eine Sendeanlage, wie nicht selten, vollständig in einem Gebäude untergebracht ist. Aber auch im Freien isoliert aufgestellte Sendeanlagen sind jedenfalls häufig noch mit dem Gebietscharakter eines allgemeinen Wohngebiets nach § 4 BauNVO 1968 vereinbar.

Der Erteilung der Baugenehmigung steht nicht entgegen, daß das Vorhaben im konkreten Fall nach § 15 BauNVO 1990 – diese Vorschrift gilt unmittelbar und nicht etwa in der bei der Auslegung des Plans gültigen Fassung – unzulässig wäre. Nach dieser Vorschrift, der auch die Zulassung eines Vorhabens im Wege einer Ausnahme nach § 31 Abs. 1 BauGB unterliegt (BVerwG, Urteil v. 6. 10. 1989 – 4 C 14.87 –, BVerwGE 82, 343 = BRS 49 Nr. 188 = PBauE 31 BauGB Nr. 5), sind die in den §§ 2 bis 14 aufgeführten baulichen und sonstigen Anlagen im Einzelfall unzulässig, wenn sie nach Anzahl, Lage, Umfang oder Zweckbestimmung der Eigenart des Baugebiets widersprechen (Abs. 1 Satz 1). Sie sind auch unzulässig, wenn von ihnen Belästigungen oder Störungen ausgehen können, die nach der Eigenart des Baugebiets im Baugebiet selbst oder in dessen Umgebung unzumutbar sind, oder wenn sie solchen Belästigungen oder Störungen ausgesetzt werden (Abs. 1 Satz 2).

Die Voraussetzungen des § 15 Abs. 1 Satz 1 BauNVO 1990 liegen nicht vor. Es sind keine hinreichenden Anhaltspunkte dafür ersichtlich, daß die im Streit stehende Mobilfunksendeanlage in dem allgemeinen Wohngebiet „H." der Beklagten gebietsunverträglich wäre. Zwar tritt die Anlage wegen der Hanglage und des isolierten Standorts an einer allein stehenden Doppelgarage optisch hervor. Anders als etwa bei der Errichtung einer Mobilfunksendeanlage auf einem mehrstöckigen Gebäude kommt ihr insoweit eher ein eigenständiges Gewicht zu. Dies allein begründet eine Störung bzw. Gebietsunverträglichkeit in optischer Hinsicht aber noch nicht. Zu berücksichtigen ist auch, daß es sich bei dem Baugebiet „H." nicht um ein unter ästhetischen Gesichtspunkten besonders geschütztes Baugebiet handelt. Diesbezügliche Festsetzungen enthält der Bebauungsplan nicht. So läßt er die Errichtung von Nebenanlagen außerhalb der überbaubaren Grundstücksflächen zu. Der Standort der Mobilfunksendeanlage liegt sogar noch innerhalb der großzügig bemessenen überbaubaren Grundstücksflächen. Bei der Beurteilung, ob eine Mobilfunksendeanlage in Wohngebieten störend erscheint, kann auch nicht die Wertung des Verordnungsgebers außer Betracht bleiben, der in § 14 Abs. 2 Satz 2 BauNVO 1990 Mobilfunksendeanlagen in allgemeinen Wohngebieten generell als gebietsverträglich ansieht.

Anhaltspunkte dafür, daß von dem Vorhaben i. S. von § 15 Abs. 1 Satz 2 BauNVO 1990 Belästigungen oder Störungen ausgehen könnten, sind weder geltend gemacht noch ersichtlich. Insbesondere geht von der Anlage keine Störung für das Nachbargrundstück aus. Dadurch, daß der Sicherheitsabstand nunmehr gemäß der Standortbescheinigung von 2001 nach Reduzierung auf zwei Funksysteme ganz auf dem Baugrundstück liegt, ist gewährleistet, daß sich bei einer etwa möglichen Grenzbebauung des Nachbargrundstücks Menschen nicht dauerhaft im Sicherheitsabstand aufhalten.

Auch hinsichtlich der Ermessenserwägungen der Beklagten ist maßgeblicher Zeitpunkt für die Beurteilung der Sach- und Rechtslage der Zeitpunkt der mündlichen Verhandlung vor dem Senat und nicht etwa der Zeitpunkt des Erlasses des Widerspruchsbescheids. Denn die Klägerin hat ihr Bauvorhaben im Verfahren vor dem Verwaltungsgericht zulässig geändert, indem sie die Zahl der Funksysteme an der Sendeanlage reduziert hat, um dem Einwand des Regierungspräsidiums Rechnung zu tragen, die horizontale Sicherheitsabstandsfläche der Anlage liege teilweise auf dem Nachbargrundstück. Auf die diesem geänderten Bauantrag folgende Änderung der Klage hat sich die Beklagte eingelassen (vgl. §91 Abs. 2 VwGO), hat aber den geänderten Bauantrag nicht etwa mit neuen Ermessenserwägungen abschließend beschieden, sondern diese lediglich der Klage entgegengehalten.

Aus den von der Beklagten in den angefochtenen Bescheiden und im gerichtlichen Verfahren angeführten Ermessenserwägungen kann die Erteilung der Baugenehmigung im Wege einer Ausnahme nach §31 Abs. 1 BauGB i. V. m. §4 Abs. 3 Nr. 2 BauNVO nicht versagt werden.

Bei der Ermessensentscheidung nach §31 Abs. 1 BauGB können nur städtebauliche Gründe berücksichtigt werden (Söfker, in: Ernst/Zinkahn/Bielenberg, BauGB, §31 Rdnr. 26). Da die Ausnahme, anders als die Befreiung, im Bebauungsplan selbst angelegt ist, beschränkt sie sich nicht allein auf die Zulassung von Vorhaben in atypischen Einzelfällen, wie dies jedenfalls vor Änderung des §31 Abs. 2 BauGB zum 1. 1. 1998 für die Befreiung angenommen worden ist (vgl. nunmehr aber VGH Baden-Württemberg, Urteil v. 16. 6. 2003 – 3 S 2324/02 –, VBlBW 2003, 438, abgedruckt unter Nr. 91 unter Hinweis auf den Wegfall des Einzelfallerfordernisses in §31 Abs. 2 BauGB n. F.). Eine Ausnahme darf aber andererseits nicht dazu dienen, den Bebauungsplan in seinen Grundzügen zu verändern. Ausnahmsweise zugelassene Vorhaben müssen quantitativ deutlich hinter der Regelbebauung zurückbleiben. Sie dürfen keine prägende Wirkung auf das Baugebiet haben. Insbesondere darf der Nutzungscharakter eines Baugebiets durch Ausnahmen nicht in einer seiner gesetzlichen Typik widersprechenden Weise verändert werden. Das Ermessen soll vor allem für den Umfang der Ausnahme von Bedeutung sein. Eine Ausnahme kann auch versagt werden, wenn durch sie eine Entwicklung eingeleitet würde, die zu einer Beeinträchtigung der Eigenart des Baugebiets führen könnte. Die Baurechtsbehörde kann so der Gefahr eines „Umkippens" des Baugebiets begegnen (VGH Baden-Württemberg, Beschluß v. 25. 1. 1995 – 3 S 3125/94 –, BRS 57 Nr. 86; Dürr, in Brügelmann, BauGB, §31 Rdnr. 22). Schließlich genügt für die Versagung einer Ausnahme nicht jede städtebauliche Erwägung, mit der eine Gemeinde einen Bebauungsplan ändern könnte. Als Ermessenserwägungen sind Planänderungsabsichten vielmehr nur beachtlich, wenn sie ernsthaft und hinreichend konkret sind. Insoweit reicht der Wunsch der Gemeinde, ein bestimmtes Vorhaben zu verhindern, ebensowenig aus, wie er den Erlaß einer Veränderungssperre rechtfertigen könnte (vgl., zur Befreiung nach §31 Abs. 2 BauGB, BVerwG, Urteil v. 19. 9. 2002 – 4 C 13.01 –, BRS 65 Nr. 74 = UPR 2003, 146).

Nach diesen Grundsätzen können die von der Beklagten angeführten Erwägungen die Versagung der Baugenehmigung nicht rechtfertigen. Hierfür genügt nicht eine nicht näher konkretisierte Berufung auf „städtebauliche Gründe". Daß bei Vorliegen der Voraussetzungen für die Erteilung einer Baugenehmigung im Wege der Ausnahme letztendlich die planerische Entscheidung noch offen ist und die Entscheidung über die Ausnahme demzufolge Planungscharakter hat (vgl. Löhr, in: Battis/Krautzberger/Löhr, BauGB,

8. Aufl. § 31 Rdnr. 14), bedeutet nicht, daß eine Gemeinde diese Entscheidung losgelöst von konkreten städtebaulichen Erwägungen treffen dürfte. Unerheblich ist deshalb auch, ob – wofür nach dem Vorbringen der Beteiligten in der mündlichen Verhandlung und den vorgelegten Unterlagen manches spricht – die Klägerin die Mobilfunkversorgung von E. auch von einem nicht in einem Wohngebiet gelegenen Standort aus sichern könnte. Insoweit gelten nicht etwa die Grundsätze wie bei Erteilung einer Befreiung von den Festsetzungen eines Bebauungsplans. Denn bei der Erteilung einer Ausnahme stellt sich nicht die Frage, ob Gründe des Wohls der Allgemeinheit die konkrete Anlage am konkreten Standort erfordern (vgl. zu § 31 Abs. 2 BauGB OVG Rheinland-Pfalz, Urteil v. 7. 8. 2003 – 1 A 10196/03 –). Vielmehr kann, wie ausgeführt, die ausnahmsweise Erteilung einer Baugenehmigung für einen nicht störenden Gewerbebetrieb nur versagt werden, wenn die Gemeinde hierfür beachtliche städtebauliche Gründe anführen kann. Daß die Wirkungen elektromagnetischer Felder von Mobilfunksendeanlagen gegenwärtig weiter erforscht werden und etwaige Gesundheitsgefährdungen nicht mit absoluter Sicherheit ausgeschlossen werden können und in Teilen der Bevölkerung deshalb eine erhebliche Unsicherheit besteht, berechtigt für sich allein eine Gemeinde noch nicht, solche Anlagen mit Mitteln des Städtebaurechts von allgemeinen Wohngebieten fernzuhalten. Soweit die Beklagte in der mündlichen Verhandlung vor dem Senat ferner erstmals geäußert hat, als städtebaulicher Grund für die Ablehnung einer Ausnahme komme auch eine Beeinträchtigung des Ortsbilds in Betracht, weil die Anlage vergleichsweise frei und gut sichtbar am Hang stehe, kann sie dies der Klägerin nicht entgegenhalten. Anders wäre es nur, wenn die Beklagte die hinreichend ernsthafte und konkrete Absicht hätte, den Bebauungsplan „H." zu ändern und optische Beeinträchtigungen des Ortsbilds, wie sie durch den Standort und die Höhe der konkreten Anlage zweifelsfrei gegeben sind, generell mit Festsetzungen der oben beschriebenen Art auszuschließen. Daß die Beklagte gar die ernsthafte und konkrete Absicht hätte, Mobilfunksendeanlagen oder gar nicht störende gewerbliche Anlagen allgemein im vorliegenden Plangebiet auszuschließen, ist gleichfalls nicht ersichtlich. Es bedarf somit auch keiner Ausführungen dazu, ob und unter welchen Voraussetzungen dies zulässig wäre (vgl. § 1 Abs. 6 und 9 BauNVO).

Die Beklagte ist nicht etwa nur zu einer erneuten Bescheidung des Bauantrags zu verpflichten (vgl. § 113 Abs. 5 Satz 2 VwGO). Denn es erscheint bei gegenwärtiger Sach- und Rechtslage ausgeschlossen, daß die Beklagte die Erteilung der Baugenehmigung ohne Ermessensfehler versagen könnte.

Dies folgt freilich nicht allein aus dem Versorgungsauftrag der Mobilfunkbetreiber. Dieser erzwingt die Erteilung einer Baugenehmigung in einem allgemeinen Wohngebiet nach der Baunutzungsverordnung 1968 auch dann nicht, wenn ein lückenloses Mobilfunknetz nur hergestellt werden könnte, wenn die Sendeanlagen auch in jedem allgemeinen und reinen Wohngebiet errichtet werden könnten. So ist etwa auch hinsichtlich des Ausnahmeermessens nach § 9 Abs. 8 FStrG geklärt, daß nicht allein der Versorgungsauftrag der Mobilfunkbetreiber eine Ausnahme vom Anbauverbot an Fernstraßen begründet (BVerwG, Beschluß v. 20. 6. 2001 – 4 B 41.01 –, BRS 64 Nr. 82 =

NVwZ-RR 2001, 713). Auch in reinen Wohngebieten, für die sich die zulässige Art der Nutzung noch nicht nach der Baunutzungsverordnung 1990 richtet (vgl. §14 Abs. 2 Satz 2 BauNVO 1990), sind Mobilfunksendeanlagen im allgemeinen unzulässig (vgl. BVerwG, Beschluß v. 1.11.1999 – 4 B 3.99 –, a. a. O.). In Betracht kommt lediglich, daß sie im Einzelfall im Wege der Befreiung zugelassen werden können (vgl. OVG Rheinland-Pfalz, Urteil v. 7.8.2003 – 1 A 10196/03 –).

Gibt es keine städtebaulichen Gründe, die der Zulassung eines Vorhabens im Wege einer Ausnahme widersprechen könnten, bleibt für eine ablehnende Ermessensentscheidung kein Raum (vgl. VGH Baden-Württemberg, Urteil v. 31.1.1997 – 8 S 3167/96 –, BRS 59 Nr. 58). Schließlich ist ein Vorhaben, das ausnahmsweise zugelassen werden kann, vom generellen Planungswillen der Gemeinde gedeckt (Dürr, a. a. O., Rdnr. 22).

Nr. 76

Eine durch fortlaufende Table-Dance-Veranstaltungen geprägte Diskothek ist in der Regel als kerngebietstypische Vergnügungsstätte anzusehen.

GewO §33a; BauGB §29; BauNVO §§4a, 6.

Bayerischer VGH, Beschluß vom 7. August 2003 – 22 ZB 03.1041 –.

Aus den Gründen:

Das Verwaltungsgericht hat zu Recht angenommen, daß die beantragte Erlaubnis zur Schaustellung von Personen zwingend zu versagen ist, weil der Gewerbebetrieb im Hinblick auf seine örtliche Lage dem öffentlichen Interesse widerspricht (§33a Abs. 2 Nr. 3 GewO). Bei der Anwendung dieses unbestimmten Rechtsbegriffs, der im verwaltungsgerichtlichen Verfahren der vollen Nachprüfung unterliegt, kommt es maßgeblich auf die bauplanungsrechtliche Zulässigkeit der beabsichtigten Vorführungen an (BVerwG v. 27.4.1993, GewArch. 1993, 374, 375; Marcks, in: Landmann/Rohmer, GewO, §33a Rdnr. 26; Dickersbach, in: Friauf, GewO, §33a Rdnr. 38; Tettinger, in: Tettinger/Wank, GewO, §33a Rdnr. 71). Hierüber muß als Vorfrage im Rahmen des Erlaubnisverfahrens nach §33a GewO entschieden werden, solange für die betreffenden Geschäftsräume keine Baugenehmigung vorliegt, aus der sich die Vereinbarkeit der beabsichtigten Nutzung mit den baurechtlichen Bestimmungen verbindlich ergibt (Dickersbach, a. a. O., Rdnr. 15; vgl. auch BVerwG v. 5.2.1996, GewArch. 1996, 240f.).

Die vom Kläger beabsichtigte Schaustellung von Personen in den Gasträumen ist nicht mehr von der Baugenehmigung gedeckt, die den Eigentümern des Gebäudes für den Einbau einer Diskothek (Tanzlokal) erteilt worden ist. Die geplanten Table-Dance-Vorführungen stellen – jedenfalls unter den vorliegenden Umständen – eine partielle Nutzungsänderung i. S. des §29 Abs. 1 BauGB dar, die zur Anwendbarkeit der bauplanungsrechtlichen Bestimmungen führt und damit die Frage der Genehmigungsfähigkeit neu aufwirft. Eine solche Nutzungsänderung liegt vor, sobald die jeder Nutzung eigene tatsächliche Variationsbreite überschritten wird und der neuen Nutzung unter städtebaulichen Gesichtspunkten eine neue Qualität zukommt (BVerwG v. 14.4.2000, NVwZ-RR 2000, 758 m.w.N.). Davon ist nach den Angaben des Klägers auszugehen.

Nach seinen Ausführungen im Antragsschreiben soll der Charakter des Tanzlokals von den fortdauernden Table-Dance-Darbietungen „mitgeprägt" werden; demgemäß werde sich der Betrieb künftig nur noch an ein erwachsenes Publikum richten. Nach dieser Betriebsbeschreibung, die der rechtlichen Beurteilung des Vorhabens zugrunde gelegt werden muß, hat der Antrag nach §33a GewO nicht lediglich vereinzelte, etwa auf spezielle Anlässe beschränkte und eigens angekündigte Table-Dance-Auftritte zum Gegenstand. Es bedarf daher keiner Auseinandersetzung mit der Frage, ob derartige Sonderveranstaltungen heute bereits in so vielen Diskotheken stattfinden und bauaufsichtlich hingenommen werden, daß diese Form der (gelegentlichen) Nutzung von der für eine gewöhnliche Diskothek erteilten Baugenehmigung konkludent umfaßt sein könnte. Die vom Kläger angestrebte Betriebsart überschreitet in jedem Fall die im Begriff der Diskothek (Tanzlokal) angelegte und daher durch den Genehmigungsbescheid von 2000 zugelassene Bandbreite möglicher Nutzungen. Seinen Vorstellungen zufolge soll der Gaststättenbetrieb nicht mehr (vorrangig) durch die den Gästen eröffnete Möglichkeit des Tanzens gekennzeichnet sein, sondern (zumindest in gleichem Maße) durch die Präsenz der laufend auftretenden Table-Dance-Akteure. Damit tritt ein neuer selbständiger Nutzungszweck hinzu, der von der bestehenden Baugenehmigung nicht erfaßt wird.

Die partielle Änderung der bisherigen Nutzungsart ist i.S. des §29 Abs. 1 BauGB von städtebaulicher Relevanz. Zwar läßt sich die gewerbliche Schaustellung von Personen ebenso wie der Betrieb einer Diskothek dem in der Baunutzungsverordnung verwendeten Oberbegriff der Vergnügungsstätte zuordnen (vgl. Fickert/Fieseler, BauNVO, 10.Aufl., §4a Rdnr. 22.2). Daraus folgt aber nicht, daß der Betrieb in seiner geänderten Form am selben Standort in jedem Falle zulässig sein müßte (Fickert/Fieseler, a.a.O., Rdnr. 23.82 m.w.N.). Wie sich bereits allgemein aus der Vorschrift des §15 Abs. 1 BauNVO ergibt, kann die Gebietsverträglichkeit eines Vorhabens nicht allein danach beurteilt werden, ob es vom Katalog der jeweils zulässigen Vorhaben erfaßt wird. Vorliegend hängt die bauplanungsrechtliche Zulässigkeit auf Grund einer speziellen Regelung sogar explizit von einer Einzelbetrachtung der jeweiligen Vergnügungsstätte ab (s.u.). Zumindest insoweit berührt die Nutzungsänderung die städtebaulich relevanten Belange des §1 Abs. 5 BauGB.

Die hiernach erforderliche Prüfung ergibt, daß die beabsichtigte Nutzung an dem dafür vorgesehenen Standort unzulässig ist. Nach den vom Verwaltungsgericht anläßlich einer früheren Nachbarrechtsstreitigkeit getroffenen tatsächlichen Feststellungen, die vom Kläger im Berufungszulassungsverfahren nicht in Frage gestellt werden, liegen die angemieteten Räume in einem überwiegend gewerblich genutzten Teil eines faktischen Mischgebiets (§34 Abs. 2 BauGB i.V.m. §6 BauNVO). Vergnügungsstätten sind hier nach §6 Abs. 2 Nr. 8 i.V.m. §4a Abs. 3 Nr. 2 BauNVO lediglich insoweit zulässig, als sie nicht wegen ihrer Zweckbestimmung oder ihres Umfangs nur in Kerngebieten allgemein zulässig sind. Die vom Kläger beabsichtigte Veranstaltung von Table-Dance-Vorführungen läßt jedoch die Gaststätte gerade zu einer solchen kerngebietstypischen Vergnügungsstätte werden. Die ursprünglich vom Bundesverwaltungsgericht entwickelte und vom Verordnungsgeber in die Baunutzungsverordnung 1990 im wesentlichen übernommene Unterscheidung zwischen Vergnügungsstätten, die allein in einem Kerngebiet betrieben werden können, und solchen, die noch als mischgebietsverträglich angesehen werden können, beruht auf einer typisierenden Betrachtung des angesprochenen Besucherkreises. Kerngebietstypische Vergnügungsstätten haben einen größeren, überörtlichen Einzugsbereich; sie sollen als „zentrale Dienstleistungsbetriebe" für ein allgemeines Publikum erreichbar sein (BVerwG v. 25. 11. 1983, BVerwGE 68, 207, 211 = BayVBl. 1984, 344 [amtliche Leitsätze]; v. 21. 2. 1986, NVwZ 1986, 643; v. 24. 2. 2000, NVwZ 2000, 1054). Als nicht kerngebietstypisch sind demgegenüber solche Vergnügungsstätten anzusehen, die der üblichen Freizeitbetätigung in einem begrenzten Stadtviertel dienen und damit weniger in der Gefahr stehen, von außen „Unruhe in das Gebiet zu tragen" (BVerwG v. 25.11. 1983, BVerwGE 68, 207, 212; Fickert/Fieseler, a. a. O., Rdnr. 23.2).

Bei der Abgrenzung im einzelnen ist neben der Zweckbestimmung auch die Größe der Vergnügungsstätte von maßgeblicher Bedeutung (BVerwG v. 28. 7. 1988, NVwZ 1989, 50, 51).

Nach diesen Maßstäben kann eine von regelmäßigen Table-Dance-Auftritten geprägte Diskothek der hier vorliegenden Art nur als kerngebietstypische Vergnügungsstätte klassifiziert werden. Bereits die (bislang) geringe Verbreitung dieser gaststättenrechtlichen Betriebsform zwingt zu dem Schluß, daß damit keine vorwiegend auf Ortsebene bestehende Nachfrage befriedigt werden soll, wie es für eine mischgebietsverträgliche Vergnügungsstätte zu fordern ist. Die nächstgelegenen vergleichbaren Einrichtungen befinden sich nach Angaben des Klägers in M., N. und R.; das geplante Lokal wäre also das erste seiner Art in H. Schon aus diesem Grund muß nach allgemeiner Lebenserfahrung damit gerechnet werden, daß die Table-Dance-Vorführungen ein über das örtliche Umfeld hinausgehendes Publikum anziehen und die Werbeaktionen des Betreibers auch gerade auf auswärtige Besucher abzielen werden. Diese Annahme wird nicht durch die – verglichen mit einer gewöhnlichen Diskothek – eher geringe Größe des Gastraums und die begrenzte Zahl von Sitzplätzen widerlegt. Darin liegt angesichts der beschriebenen Ausgangslage kein Indiz für eine gezielte Beschränkung auf einen ortsnahen Besucherkreis, sondern allenfalls ein weiterer Beleg für die insgesamt geringe Nachfrage nach dieser Form von Unterhaltung. Im übrigen bildet die räumliche Enge bzw. Überschaubarkeit des Gastraums ein geradezu typisches Merkmal für Nachtlokale mit Vorführungen sexuellen Charakters. Solche spezifischen Nachtlokale mit einem kraft Gesetzes auf Erwachsene beschränkten Besucherkreis werden nicht nur im Schrifttum bereits auf Grund ihrer Zweckbestimmung einhellig als kerngebietstypisch betrachtet (Fickert/Fieseler, a. a. O., Rdnr. 23.3; Bielenberg, in: Ernst/Zinkahn/Bielenberg, BauNVO, §4 Rdnr. 58b; Gelzer/Bracher/Reidt, Bauplanungsrecht, 6. Aufl., Rdnr. 1583; König/Roeser/Stock, BauNVO, §4a Rdnr. 36; Müller/Weiß, Die Baunutzungsverordnung, 6. Aufl., S. 1011.), sondern sind auch von der Rechtsprechung bislang durchweg so eingeordnet worden (vgl. BVerwG v. 25.11.1977, BverwGE 68, 207, 213; OVG Greifswald v. 14.7.2000, NordÖR 2000, 416, 417). Daß im vorliegenden Fall besondere Umstände ein anderes Ergebnis rechtfertigen könnten, ist nicht ersichtlich und auch nicht geltend gemacht worden.

Nr. 77

Bauunternehmen sind der Gruppe von Betrieben zuzurechnen, die ihrer Art nach zu wesentlichen Störungen führen können, aber nicht zwangsläufig führen müssen. Ob sie in einem Mischgebiet zugelassen werden können, hängt von ihrer jeweiligen Betriebsstruktur ab. Je nach der Größe und dem Umfang des Betriebes, der technischen und der personellen Ausstattung, der Betriebsweise und der Gestaltung der Arbeitsabläufe kann dies unterschiedlich zu beurteilen sein.
(Nichtamtlicher Leitsatz)

BauNVO § 6.

Bundesverwaltungsgericht, Beschluß vom 22. November 2002
– 4 B 72.02 –.

(OVG Rheinland-Pfalz)

Aus den Gründen:
Bauunternehmen werden im Katalog des § 6 Abs. 2 BauNVO nicht als eigenständige Nutzungsart angesprochen. Ob sie in einem Mischgebiet zulässig sind, richtet sich gemäß § 6 Abs. 2 Nr. 4 BauNVO danach, ob sie die Merkmale „sonstiger Gewerbebetriebe" erfüllen, die im Sinne der Gebietscharakteristik des § 6 Abs. 1 BauNVO „das Wohnen nicht wesentlich stören".
Nach der Rechtsprechung des Bundesverwaltungsgerichts gibt es neben den Betrieben, die nach ihrer Art ohne weiteres in einem Mischgebiet unzulässig sind, auch solche, die wegen der mit ihnen typischerweise verbundenen Störungen grundsätzlich als gebietsunverträglich einzustufen sind und nur bei Vorliegen atypischer Umstände zulassungsfähig sein können (vgl. BVerwG, Urteile v. 7.5.1971 – 4 C 76.68 –, Buchholz 406.11 § 2 BBauG Nr. 7 = BRS 24 Nr. 15 = BauR 1971, 182, v. 18.10.1974 – 4 C 77.73 –, Buchholz 406.11 § 34 BBauG Nr. 45 = BRS 28 Nr. 27 = BauR 1975, 29, und v. 24.9.1992 – 7 C 7.92 –, Buchholz 406.12 § 15 BauNVO Nr. 22 = BRS 54 Nr. 56; Beschluß v. 11.4.1975 – 4 B 37.75 –, Buchholz 406.12 § 6 BauNVO Nr. 3 = BRS 29 Nr. 27 = BauR 1975, 396). Zu dieser Kategorie von Gewerbebetrieben zählen Bauunternehmen nicht (gl. BVerwG, Urteil v. 8.11.2001 – 4 C 18.00 –, Buchholz 406.12 § 5 BauNVO Nr. 8 = BRS 64 Nr. 71 = BauR 2002, 747). Sie sind vielmehr der Gruppe von Betrieben zuzurechnen, die ihrer Art nach zu wesentlichen Störungen führen können, aber nicht zwangsläufig führen müssen. Ob sie in einem Mischgebiet zugelassen werden können, hängt von ihrer jeweiligen Betriebsstruktur ab. Je nach der Größe und dem Umfang

des Betriebes, der technischen und der personellen Ausstattung, der Betriebsweise und der Gestaltung der Arbeitsabläufe kann dies unterschiedlich zu beurteilen sein. Maßgeblich ist, ob sich die Störwirkungen, die die konkrete Anlage bei funktionsgerechter Nutzung erwarten läßt, innerhalb des Rahmens halten, der durch die Gebietseigenart vorgegeben wird (vgl. für Kfz-Werkstätten: BVerwG, Urteil v. 7.2.1986 – 4 C 49.82 –, Buchholz 406.12 §6 BauNVO Nr. 6 = BRS 46 Nr. 50 = BauR 1986, 414 und für SB-Waschanlagen: BVerwG, Beschluß v. 18.8.1998 – 4 B 82.98 –, Buchholz 406.12 §6 BauNVO Nr. 16 = BRS 60 Nr. 73 = BauR 1999, 31).

Das Berufungsgericht hat die Gebietsunverträglichkeit des von den Klägern bekämpften Vorhabens nicht aus betriebsarttypischen Umständen hergeleitet. Es hat sich nicht damit begnügt, unter Hinweis auf §6 Abs. 2 BauNVO nachteilige Folgerungen schon daraus zu ziehen, daß die Beigeladene das Baugrundstück für ihr Baugeschäft nutzen möchte. Es hat vielmehr auf die konkreten Betriebsmerkmale abgestellt. In diesem Zusammenhang hat es folgenden Gesichtspunkten ausschlaggebende Bedeutung beigemessen: Das Vorhaben umfaßt neben einem Bauhof zur Lagerung von Baumaschinen, -geräten und -materialien vier Werkhallen sowie sechs Garagen. Im Betrieb der Beigeladenen sind 90 Mitarbeiter beschäftigt, die zwar überwiegend auf Baustellen tätig sind, zum Teil aber auch Lade- und Lagerarbeiten auf dem Betriebsgrundstück verrichten sollen. Der betriebliche Fuhrpark besteht aus fünf Baggern, drei Kleinbaggern, zwei Bob-Cats, fünf zum Teil mit Kran ausgestatteten LKW, neun Kleinlastwagen, siebzehn PKW, einem Tieflader-Anhänger und verschiedenen anderen Anhängern. Die Hallen sollen zur Reinigung und zur Durchführung von Reparaturarbeiten an Baumaschinen, für Prüfläufe mit Kleinmaschinen, für Schmiedearbeiten sowie für Bau- und Betriebsschlosserarbeiten genutzt werden.

Einer typisierenden Betrachtungsweise redet das Berufungsgericht nur insoweit das Wort, als es den Gesichtspunkt als irrelevant bezeichnet, daß sich nach einer DEKRA-Stellungnahme mit Hilfe umfangreicher Schallschutzmaßnahmen, die Einhausungen und eine vier Meter hohe Schallschutzmauer einschließen, das Lärmniveau in der Nachbarschaft soweit senken läßt, daß die für Mischgebiete maßgeblichen Immissionswerte eingehalten werden. Das Oberverwaltungsgericht erteilt insoweit dem Versuch der Bauordnungsbehörde eine Absage, den Betrieb „durch eine stark individualisierte maßgeschneiderte Baugenehmigung mit zahlreichen Nebenbestimmungen für ihre – an sich ungeeignete Umgebung – passend" zu machen.

Die Begründungsstruktur des Berufungsurteils belegt, daß die Vorinstanz anhand einer Einzelprüfung gewürdigt hat, ob das Vorhaben der Beigeladenen gemessen an den Anforderungen des §6 Abs. 2 Nr. 4 BauNVO genehmigungsfähig ist. Von daher hätte der Senat keinen Anlaß, in dem erstrebten Revisionsverfahren dazu Stellung zu nehmen, ob die bisherige – eingeschränkte – Typisierungslehre (vgl. BVerwG, Urteile v. 7.5.1971 – 4 C 76.68 –, a.a.O., v. 18.10.1974 – 4 C 77.73 –, a.a.O., und v. 24.9.1992 – 7 C 7.92 –, a.a.O.; Beschluß v. 11.4.1975 – 4 B 37.75 –, a.a.O.) verfeinerungs- oder fortentwicklungsbedürftig ist.

Nr. 78

Auch in einem Mischgebiet kann das Halten von mehr als einem Hund (Riesenschnauzer) im Freien bauplanungsrechtlich unzulässig sein.

BauNVO §§ 6 Abs. 1, Abs. 2 Nr. 4, 14 Abs. 1; LBO § 65 Satz 2.

VGH Baden-Württemberg, Beschluß vom 13. März 2003 – 5 S 2771/02 – (rechtskräftig).

Mit Verfügung vom Januar 2002 hat die Antragsgegnerin „die Hundehaltung ab sofort auf einen Hund beschränkt". In Nr. 4 der Verfügung hat sie insoweit die sofortige Vollziehung angeordnet.

Aus den Gründen:
Entgegen der Auffassung der Antragsteller hat die Antragsgegnerin die Anordnung der sofortigen Vollziehung dem Erfordernis des § 80 Abs. 3 Satz 1 VwGO entsprechend begründet. Auf S. 14 ihrer Verfügung hat sie u. a. sinngemäß ausgeführt, daß den Nachbarn nicht zugemutet werden könne, den mit der Haltung der Hunde verbundenen Lärm bis zu einer Entscheidung im Hauptsacheverfahren hinzunehmen. Diese Erwägung begründet ersichtlich ein besonderes Vollziehungsinteresse. Ob sie in der Sache zutrifft, ist nicht im Rahmen des formellen Begründungserfordernisses des § 80 Abs. 3 Satz 1 VwGO zu prüfen, sondern bei der gemäß § 80 Abs. 5 VwGO vom Gericht eigenständig vorzunehmenden Interessenbewertung. Entgegen der Auffassung der Antragsteller gebietet es das Begründungserfordernis des § 80 Abs. 3 Satz 1 VwGO auch nicht, daß die die sofortige Vollziehung anordnende Behörde ausführt, auf welche tatsächlichen Feststellungen im einzelnen sie das besondere Vollziehungsinteresse gründet. Vielmehr sind an den Inhalt und Umfang dieser Begründung keine zu hohen Anforderungen zu stellen. Nur eine bloß formelhafte, den Wortlaut des § 80 Abs. 2 Satz 1 Nr. 4 VwGO wiederholende, nicht auf den Einzelfall und nicht auf das Interesse an der sofortigen Vollziehung bezogene Begründung genügt insoweit nicht.

Entgegen der Auffassung der Antragsteller hat ihnen die Antragsgegnerin nicht allgemein aufgegeben, auf ihrem Grundstück nicht mehr als einen Hund zu halten. Das Verwaltungsgericht hat hierzu ausgeführt, Nr. 3 der angefochtenen Verfügung sei bei sachgerechter Auslegung auch aus der Sicht der Antragsteller so zu verstehen, daß ihnen gemäß § 65 Satz 2 LBO die Nutzung der auf dem Grundstück vorhandenen baulichen Anlagen zur Tierhaltung insoweit untersagt werde, als sie dort mehr als einen Hund hielten. Bei dieser Auslegung bleibt es den Antragstellern somit (jedenfalls einstweilen) unbenommen, in den Grenzen insbesondere des Bauplanungs- und des Tierschutzrechts weitere Hunde in ihrem Wohngebäude zu halten. Ob eine Beschränkung auch insoweit geboten oder jedenfalls möglich wäre (vgl. VGH Baden-Württemberg, Beschluß v. 16. 12. 1994 – 8 S 3216/94 –, VBlBW 1995, 208 = PBauE § 4 BauNVO Nr. 8), hat die Antragsgegnerin somit ggf. noch zu prüfen. Für die vom Verwaltungsgericht vorgenommene Auslegung (vgl. insoweit auch OVG Nordrhein-Westfalen, Beschluß v. 10. 7. 2002 – 10 A 2220/02 –, BauR 2003, 66) spricht schon der Umstand, daß Nr. 3 der Verfügung im Zusammenhang mit ihren Bestimmungen zur bauplanungsrechtlichen Zulässigkeit bzw. zum Abbruch von Hundezwingern auf dem Grundstück zu sehen ist. Auch hat die Antragsgegnerin die bauplanungsrechtliche Zulässigkeit der Hundehaltung auf dem Grundstück der Antragsteller ausschließlich unter dem Gesichtspunkt geprüft, daß die Antragsteller Hunde in drei Hundezwingern halten, und insoweit verneint, daß eine zulässige Nutzung von untergeordneten Nebenanlagen i. S. von §14 Abs. 1 BauNVO vorliege. Mit der Frage, ob eine Haltung weiterer Hunde im Wohnhaus zulässig sei, hat sie sich jedenfalls in der Verfügung ersichtlich nicht befaßt. Auch die von ihr dabei herangezogene Entscheidung des Verwaltungsgerichtshofs Baden-Württemberg (Beschluß v. 19. 1. 1989 – 3 S 3825/88 –, NVwZ-RR 1990, 64 = BWVPr 1989, 228) befaßt sich lediglich mit dem Halten von Hunden in Zwingern, nicht aber in Wohngebäuden.

Auch auf der Grundlage des Beschwerdevorbringens überwiegen das öffentliche und das Nachbarinteresse an der sofortigen Vollziehung der Nutzungsuntersagung das Interesse der Antragsteller, hiervon einstweilen verschont zu bleiben. Der Senat ist ebenfalls der Auffassung, daß die Nutzungsuntersagung im Widerspruchs- und in einem sich ggf. anschließenden Klageverfahren voraussichtlich Bestand haben wird. Hinzu tritt das besondere Vollziehungsinteresse der Nachbarn der Antragsteller, denen es nicht zuzumuten ist, die Beeinträchtigungen aus der Hundehaltung in den Zwingern bis zum Eintritt der Bestandskraft der Nutzungsuntersagung im bisherigen Umfang hinzunehmen. So weit die Antragsteller insoweit Feststellungen zum Ausmaß dieser Beeinträchtigungen vermissen, hat bereits das Verwaltungsgericht, wenn auch in anderem rechtlichen Zusammenhang, zutreffend sinngemäß ausgeführt, daß mehrere im Freien auf dichtem Raum gehaltene Hunde typischerweise öfter und anhaltender bellen als die gleiche Anzahl auf verschiedenen Grundstücken einzeln gehaltener Hunde und daß dies besonders in den Abend-, Nacht- und frühen Morgenstunden die Nachbarschaft erheblich stört (vgl. auch VGH Baden-Württemberg, Beschluß. v. 19. 1. 1989, a. a. O.; Beschluß v. 18. 12. 1995 – 8 S 1328/95 –, BWGZ 1996, 445; Urteil v. 8. 2. 1991 – 8 S 2208/90 –, NuR 1993, 158 u. hierzu BVerwG, Beschluß v. 21. 6. 1991 – 4 B 44.91 –, Buchholz 406.12 §14 BauNVO Nr. 5). Konkrete Anhaltspunkte dafür, daß dies im vorliegenden Fall anders sein könnte, haben die Antragsteller nicht vorgetragen. Sie haben nicht etwa dargelegt, daß Riesenschnauzer an sich im Vergleich zu anderen Hunden, etwa zu Schäferhunden, wesentlich leiser sind. Ihre Behauptung, Schäferhunde seien viel eher Kläffer, welche nach einem auslösenden Ereignis andauernd bellten, während anhaltendes Bellen bei Riesenschnauzern nicht feststellbar sei, haben sie nicht belegt. Die Stellungnahme des Landratsamts (Abteilung Veterinär- und Lebensmittelwesen) enthält dazu keine Angaben. Wohl zutreffend haben die Antragsteller darauf abgehoben, daß das Bellverhalten eines Hundes nicht nur von der Zugehörigkeit zu einer Rasse abhänge, sondern auch von der Sozialisation und Erziehung eines Hundes. Dies bedeutet aber nicht, daß im Falle der Antragsteller davon ausgegangen werden könnte, ihre Hunde verhielten sich jeweils außergewöhnlich leise. Dafür reicht es auch nicht aus, daß die Antragsteller darauf hinweisen, einer ihrer Hunde sei bei einem internationalen Wettbewerb vor kurzem als „Weltmeister" seiner Klasse ausgezeichnet worden, wobei es vor allem auch auf das Verhalten des Tieres ankomme. In diesem Zusammenhang ist auch bemerkenswert, daß die Antragsteller nach dem Schreiben der Antragsgegnerin an das Landratsamt beim Ortstermin in 2000 den Hunden sogenannte Bell-Ex-Halsbänder umgelegt hatten, welche nach der erwähnten Stellungnahme des Landratsamts das Bellen durch elektrischen Strafreiz verhindern sollen und deshalb tierschutzwidrig sind. Die hierzu in der Beschwerdebegründung gemachten Ausführungen ändern nichts daran, daß die Antragsteller es für nötig gehalten hatten, auf diese Weise auf die Hunde einzuwirken. Im übrigen enthalten die Akten Hinweise darauf, daß die Nachbarschaft durch die Hundehaltung der Antragsteller im Freien andauernd erheblich gestört wird. So teilte die Gemeinde der Antragsgegnerin 2000 mit, daß die Nachbarschaftsklagen über die Lärmbelästigung wegen Hundegebell in der Vergangenheit nicht weniger geworden seien (vgl. auch zum Umfang der gerichtlichen Sachaufklärung bei nächtlichem Hundegebell, BVerwG, Beschluß v. 20.12.1991 – 7 B 165.91 –, NVwZ 1993, 268; OVG Nordrhein-Westfalen, Urteil v. 16.9.1986 – 11 A 2717/84 –, BRS 46 Nr. 87). Bei dieser Sachlage ist unerheblich, daß ein Nachbar dem Antragsteller 1993 schriftlich bestätigt hat, die Hunde verhielten sich nachts ruhig.

Das Beschwerdevorbringen ist auch nicht geeignet, im Ergebnis durchgreifende Zweifel an der Beurteilung des Verwaltungsgerichts zu wecken, die Nutzungsuntersagung sei voraussichtlich rechtmäßig. Dabei kann dahinstehen, ob die Nutzung der Hundezwinger im gegenwärtigen Umfang nach den Festsetzungen des Bebauungsplans „S." der Gemeinde i. d. F. seiner zweiten Änderung von 1999 i. V. m. § 14 Abs. 1 oder i. V. m. § 6 BauNVO zu beurteilen ist.

Nach § 14 Abs. 1 Satz 1 BauNVO sind in den Baugebieten untergeordnete Nebenanlagen und Einrichtungen zulässig, die dem Nutzungszweck der in dem Baugebiet gelegenen Grundstücke oder des Baugebiets selbst dienen und die seiner Eigenart nicht widersprechen. Satz 2 der Vorschrift bestimmt, daß zu diesen untergeordneten Nebenanlagen und Einrichtungen auch solche für die Kleintierhaltung gehören. Nach der Rechtsprechung des Bundesverwaltungsgerichts ermöglicht die Vorschrift als Annex zum Wohnen eine Kleintierhaltung nur dann, wenn sie in dem betreffenden Gebiet üblich und ungefährlich ist, den Rahmen der für eine Wohnnutzung typischen Freizeitbeschäftigung nicht sprengt (vgl. BVerwG, Beschluß v. 5.3.1984 – 4 B 20.84 –, Buchholz 406.11 §34 BauGB Nr. 99, u. Beschluß v. 15.10.1993 – 4 B 165.93 –, BRS 55 Nr. 51 = PBauE § 14 BauNVO Nr. 5) und die Anlage sowohl in ihrer Funktion als auch räumlich-gegenständlich dem primären Nutzungszweck der in dem Baugebiet gelegenen Grundstücke sowie der diesem Nutzungszweck entsprechenden Bebauung zu- und untergeordnet ist (BVerwG, Urteil v. 17.12.1976 – 4 C 6.75 –, Buchholz, a.a.O., §29 BBauG Nr. 19 = PBauE §29 BauGB Nr. 4). Schließlich darf die Nebenanlage der Eigenart des Baugebiets nicht widersprechen. Außer der allgemeinen Zweckbestimmung der Baugebiete nach den §§ 2 bis 10 BauNVO ist hierbei vor allem die tatsächlich vorhandene Bebauung des Gebiets („seiner Eigenart") zu berücksichtigen. Es muß sich danach stets um eine Nutzung handeln, die ihrem Umfang nach nicht über das hinausgeht, was nach der Verkehrsanschauung in dem jeweiligen Baugebiet üblich ist (vgl. zum Ganzen VGH Baden-Württemberg, Urteil v. 17.11.1998 – 5 S 989/96 –, BRS 60 Nr. 65 – Taubenhaus für 50 Reisebrieftauben im reinen Wohngebiet –, und hierzu BVerwG, Beschluß v. 1.3.1999 – 4 B 13.99 –, Buchholz 406.12 §14 BauNVO Nr. 14 = BRS 62 Nr. 85; Fickert/Fieseler, BauNVO, 10.Aufl., §14 Rdnr. 5).

Vieles spricht für die Auffassung des Verwaltungsgerichts, daß die Hundehaltung in den Zwingern in dem gegebenen Umfang nicht mehr i.S. von §14 Abs. 1 BauNVO der Hauptnutzung des Grundstücks (dem Wohnen) dient, weil sie den Rahmen einer der für ein solches Mischgebiet typischen Freizeitnutzung sprengt. In diesem Fall wäre sie allenfalls als gewerbliche oder gewerbeähnliche Nutzung gemäß §6 Abs. 2 Nr. 4 BauNVO und nur dann zulässig, wenn sie das Wohnen nicht wesentlich stört (vgl. BVerwG, Beschluß v. 5.9.1996 – 4 B 162.96 –, Buchholz 406.19 Nachbarschutz Nr. 138 = BRS 58 Nr. 76). Dafür, daß eine – tierschutzrechtlich nicht genehmigte –gewerbliche Nutzung vorliegt, spricht etwa der Bestand an regelmäßig drei Zuchthündinnen und weiteren vier bis fünf ausgewachsenen Tieren nebst einem bis zwei Würfen von jeweils zahlreichen Welpen. So wird in der erwähnten Stellungnahme des Landratsamts an die Antragsgegnerin ausgeführt, nach der Allgemeinen Verwaltungsvorschrift zur Durchführung des Tierschutzgesetzes von 2000 liege ein gewerbsmäßiges Züchten in der Regel vor, wenn eine Haltungseinheit den Umfang von drei oder mehr fortpflanzungsfähigen Hündinnen oder drei oder mehr Würfe pro Jahr erreicht habe. Auch hat der Antragsteller zu 2 durch seinen früheren Verfahrensbevollmächtigten vortragen lassen, die Hundezucht sichere sein Einkommen. Auch bei einer gewerblichen Einordnung der Hundezucht der Antragsteller im gegenwärtigen Umfang kommt es vorliegend jedoch auf eine Beurteilung gemäß §14 Abs. 1 BauNVO insoweit an, als die Antragsgegnerin auch die Haltung von Hunden in den Zwingern auf dem Anwesen im nichtgewerblichen Umfang bis auf die Haltung eines Hundes untersagt hat.

Bauplanungsrechtlich unzulässig dürfte die Haltung von mehr als einem Hund in den Zwingern der Antragsteller jedenfalls deshalb sein, weil sie – im Falle einer gewerblichen Hauptnutzung – wohl typischerweise geeignet ist, das Wohnen i.S. von §6 Abs. 1 BauNVO wesentlich zu stören (vgl. Fickert/Fieseler, a.a.O., §6 Rdnr. 2.1 m.w.N.), und weil sie – im Falle einer nicht gewerblichen Nebennutzung – i.S. von §14 Abs. 1 BauNVO wohl der Eigenart des konkreten Mischgebiets widerspricht. Letzteres hat das Verwaltungsgericht überzeugend ausgeführt und dabei insbesondere zugrunde gelegt, daß die Gemeinde mit dem Ausschluß von Vergnügungsstätten dem Ruhebedürfnis in diesem Mischgebiet Rechnung getragen und überdies sich in unmittelbarer Nähe zum Grundstück der Antragsteller allgemeine Wohngebiete anschließen; dabei weist das schmale Mischgebiet selbst eine vergleichsweise geringe Größe auf und dient der „Abpufferung" zu einem südlich gelegenen Gewerbegebiet. Zum Ausmaß der Störungen kann der Senat auch auf seine oben gemachten Ausführungen zum besonderen Vollziehungsinteresse Bezug nehmen. Es trifft zwar zu, daß in einem Mischgebiet Grundstücksnachbarn nicht im selben Maße schutzbedürftig sind wie in einem reinen oder einem allgemeinen Wohngebiet. Zur Nachtzeit sowie an Sonn- und Feiertagen sind sie aber vor wesentlichen Störungen in ähnlicher Weise geschützt (vgl. auch Fickert/Fieseler, a. a. O., § 6 Rdnr. 2). So weit die Antragsteller in anderem rechtlichen Zusammenhang ausführen, in ihrer Gemeinde würden auf zahlreichen Grundstücken mehrere Hunde gehalten, wird nicht ersichtlich, daß davon das Mischgebiet geprägt würde, in dem ihr Grundstück und die Grundstücke der von den Auswirkungen der Hundezucht betroffenen Nachbarn liegen.

Auch die Ermessenserwägungen der Antragsgegnerin sind wohl nicht zu beanstanden. Soweit die Antragsteller meinen, allgemeine baurechtliche Erwägungen könnten die Nutzungsuntersagung nicht tragen, trifft dies ersichtlich nicht zu. Vielmehr ist das Ermessen gemäß § 40 LVwVfG bei einer bauordnungsrechtlichen Nutzungsuntersagung gemäß § 65 Satz 2 LBO gerade dem bauordnungsrechtlichen Zweck dieser Ermächtigungsnorm entsprechend auszuüben. Weitergehender von den Antragstellern vermißter „konkreter Feststellungen im Sinne einer Gefahrenanalyse" bedarf es insoweit nicht. Welche gleich geeignete, die Antragsteller weniger beeinträchtigende „Auflagen" in Betracht gekommen wären, zeigen sie nicht auf.

Nr. 79

1. **Wer in einem Dorfgebiet eine Bäckerei betreibt, muß grundsätzlich damit rechnen und sich hierauf auch einrichten, daß bestehende, für landwirtschaftliche Tierhaltung geeignete Gebäude ihrem Nutzungszweck wieder zugeführt werden.**

2. **In einem faktischen Dorfgebiet kann der mit Unterdrucklüftung betriebene Schweinestall eines landwirtschaftlichen Betriebes in 20 m Entfernung zu einer Bäckerei bauplanungsrechtlich zulässig sein.**

3. **Bestehen keine konkreten Anhaltspunkte für eine nicht hinzunehmende Beeinträchtigung der Backwaren einer in einem Dorfgebiet gelegenen Bäckerei durch Schweinegeruch, ist die Schweinehaltung der Bäckerei gegenüber jedenfalls dann nicht rücksichtslos, wenn dem Bäcker eigene Maßnahmen zur Abwehr etwaiger Beeinträchtigungen zumutbar sind.**

BauGB §§ 34 Abs. 1, Abs. 2, 201; BauNVO §§ 5 Abs. 2 Nr. 1, 15 Abs. 1 Satz 2; LMHV § 3; GIRL.

OVG Nordrhein-Westfalen, Urteil vom 25. Juni 2003 – 7 A 4042/00 – (rechtskräftig).

(VG Minden)

Der Kläger wandte sich gegen eine dem Beigeladenen erteilte Baugenehmigung zur Nutzungsänderung eines landwirtschaftlichen Gebäudes in einen Schweinestall.

Das Grundstück des Klägers ist mit einem Wohn- und Geschäftshaus bebaut. Die nordöstliche Vorderseite des Hauses liegt an der Dorfstraße. Dort befindet sich im Erdgeschoß der Verkaufsraum seiner Bäckerei. Im rückwärtigen Gebäudebereich sind das

Lager und die Backstube der Bäckerei eingerichtet, die seit etwa 1955 betrieben wird. Im übrigen wird das Haus des Klägers bewohnt. Das Haus ist etwa 12 m breit. In der Breite entfallen von den 12 m zur rückwärtigen Grundstücksgrenze rund 5,50 m auf das Lager, das ein Fenster zum rückwärtigen Grundstücksbereich aufweist, sowie gut 6 m auf einen nach Nordwesten offenen überdachten Anlieferungsbereich. Vom Anlieferungsbereich gelangt man über einen Durchgang sowohl zum Lager als auch zur südöstlich angrenzenden Backstube sowie durch diese zu dem zum Laden führenden Hausflur. Die Backstube weist ein Fenster in der dem Grundstück des Beigeladenen abgewandten südöstlichen Gebäudewand und ein weiteres Fenster zum überdachten Anlieferungsbereich auf.

Der Beigeladene ist Eigentümer des nordwestlich des Grundstücks des Klägers angrenzenden Grundstücks, das mit einem Wohnhaus bebaut ist. Rückwärtig des Grundstücks des Klägers und des Beigeladenen verläuft in etwa parallel zur Dorfstraße ein offener Bach. Jenseits des Baches – gewissermaßen rückwärtig des Wohnhauses – steht auf der ebenfalls im Eigentum des Beigeladenen stehenden Parzelle ein landwirtschaftliches Gebäude, dessen Nutzung Streitgegenstand war.

Entlang der südöstlichen Außenwand sollen im Inneren des Gebäudes insgesamt sieben Sauenplätze eingerichtet werden; inmitten des Gebäudes ist ein Laufstall auf Festmistbasis für 100 Mastschweine vorgesehen. Sowohl die Jauchegrube, in der die Jauche von den Sauenplätzen gesammelt wird, als auch der Mistplatz für den Laufstall sind im Inneren des Gebäudes vorgesehen. Die Südostecke des Gebäudes des Beigeladenen hat zur zugleich den Anlieferungsbereich der Bäckerei begrenzenden Nordwestecke des Gebäudes des Klägers einen Abstand von rund 20 m.

Die dem Kläger erteilte Baugenehmigung ist mit verschiedenen Immissionsschutzauflagen versehen.

Nach erfolglosem Vorverfahren hat das Verwaltungsgericht die Baugenehmigung aufgehoben. Das Oberverwaltungsgericht hat das Urteil geändert und die Klage abgewiesen.

Aus den Gründen:

Die dem Beigeladenen erteilte Baugenehmigung zur Nutzungsänderung eines landwirtschaftlichen Gebäudes zur Schweinehaltung verletzt den Kläger nicht in nachbarschützenden Vorschriften des hier nur in Betracht zu ziehenden Bauplanungsrechts.

Das Grundstück des Beigeladenen liegt in einem Dorfgebiet.

In einem Dorfgebiet sind Wirtschaftsstellen landwirtschaftlicher Betriebe allgemein zulässig (vgl. § 5 Abs. 2 Nr. 1 BauNVO). Das Vorhaben des Beigeladenen ist eine landwirtschaftliche Betriebsstelle. (Wird ausgeführt.)

Das Vorhaben des Beigeladenen fügt sich demnach in den Rahmen ein, der aus der maßgeblichen Umgebung hervorgeht. Es ist dem Kläger gegenüber auch mit dem in § 15 Abs. 1 Satz 2 BauNVO verankerten Gebot der Rücksichtnahme vereinbar. Gemäß § 15 Abs. 1 Satz 2 BauNVO kann sich die Unzulässigkeit eines Vorhabens im Einzelfall daraus ergeben, daß von dem Vorhaben Belästigungen oder Störungen ausgehen, die nach der Eigenart des Baugebiets selbst oder in dessen Umgebung unzumutbar sind. Sind von einem Vorhaben – wie hier – Immissionen zu erwarten (und nur hinsichtlich der betrieblichen Immissionen steht eine rechtserhebliche Beeinträchtigung des Klägers in Rede), ist das Kriterium der Zumutbarkeit in der Regel anhand der Grundsätze und Begriffe des Bundesimmissionsschutzgesetzes auszufüllen, weil es die Grenze der Zumutbarkeit von Umwelteinwirkungen für Nachbarn und damit das Maß der gebotenen Rücksichtnahme mit Wirkung auch für das Baurecht allgemein bestimmt. Immissionen, die das nach §3 Abs. 1 BImSchG zulässige Maß nicht überschreiten, begründen auch unter dem Gesichtspunkt des baurechtlichen Rücksichtnahmegebots keine Abwehr- oder Schutzansprüche. Ob Belästigungen im Sinne des Immissionsschutzrechts erheblich sind, richtet sich nach der konkreten Schutzwürdigkeit und Schutzbedürftigkeit der betroffenen Rechtsgüter, die sich ihrerseits nach der baurechtlichen Prägung der Situation und nach den tatsächlichen oder planerischen Vorbelastungen bestimmen (vgl. BVerwG, Urteil v. 14. 1. 1993 – 4 C 19.90 –, BRS 55 Nr. 175).

Für die danach erforderliche Interessenbewertung ist zunächst von Bedeutung, daß der Beigeladene sein Vorhaben in einem Dorfgebiet verwirklichen will, und zwar in einem Bereich, der auch hinsichtlich landwirtschaftlicher Nutzung vorbelastet ist. Auf landwirtschaftliche Tierhaltung in der Nähe der Bäckerei mußte sich der Kläger bzw. sein Vater zudem einrichten. Nach den vom Kläger nicht in Abrede gestellten Angaben des Beigeladenen wurde die Bäckerei 1955, also zu einer Zeit eingerichtet, als der dörfliche Charakter C. noch stärker ausgeprägt war und zudem auch das landwirtschaftliche Gebäude des Beigeladenen zur Tierhaltung genutzt wurde. Selbst der Vater des Klägers hat in eben dem Gebäude des Beigeladenen noch in den 80er Jahren für einen vorübergehenden Zeitraum Schweine gehalten. Der Kläger behauptet, die Schweinemast sei von seinem Vater aufgegeben worden, weil sich Unverträglichkeiten mit der Bäckerei ergeben hätten. Dies mag sein. Das landwirtschaftliche Gebäude des Beigeladenen soll jedoch nicht in seiner derzeit bestehenden technischen Ausstattung genutzt werden. Auf Grundlage der Baugenehmigung sind vielmehr eine Vielzahl technischer Maßnahmen erforderlich, die dem Immissionsschutz dienen. Zudem ist die Schweinehaltung selbst in einer Weise vorgesehen, die zur Minderung der möglichen Immissionen beiträgt. Der Beigeladene nimmt die ihm abzuverlangende Rücksicht und trägt das seine dazu bei, daß die mit der Schweinehaltung verbundenen Immissionen auf ein dem Kläger zumutbares Maß reduziert werden. Dies ergibt sich aus folgendem:

Im Stallgebäude wird die Jauche von den sieben Sauenplätzen und der Dung von den 100 Mastschweinplätzen gesammelt; die von hier sowie von den Schweineplätzen ausgehenden Gerüche werden bei geschlossenen Fenstern und Türen nicht bodennah verbreitet, denn der Stall ist mit Unterdrucklüftung zu betreiben (Auflage 9 zur Baugenehmigung). Die Abluft wird über einen deutlich über das Gebäude des Klägers hinausragenden Kamin abgeführt (Auflage 10 zur Baugenehmigung), und zwar mit einer definierten Abluftaustrittsgeschwindigkeit (Auflage 12 zur Baugenehmigung), die über den Einsatz eines Ventilators (Auflage 13 zur Baugenehmigung) nebst Bypaßklappe sicher gestellt wird. Daß die vorausgesetzten Werte erreicht werden, hat der Beigeladene durch eine Fachfirma für Belüftungsanlagen oder die Fachstelle der Landwirtschaftskammer nachzuweisen (Auflage 13 zur Baugenehmigung). Hinzu tritt, daß der Beigeladene die Mastschweine auf Festmistbasis halten will und die Dunglagerstätte so dimensioniert ist, daß der Stall nur etwa alle 4 bis 4,5 Monate entmistet werden muß. Folge dieser gebäudetechnischen und betriebsorganisatorischen Maßnahmen wird nach den Angaben des Gewerbeobersekretärs S. vom Staatlichen Umweltamt sein, daß die Abluft der Stallanlage über die angrenzende Bebauung (auch des Hauses des Klägers) hinweg geführt wird. ... An etwa drei Tagen im Jahr wird der Stall während des Entmistens allerdings mit länger offenstehenden Türen genutzt. Der Mist wird aufgenommen. Der gelagerte Dung wird dabei zerrissen, ohne daß der Geruch über den Abluftkamin verläßlich abgeführt werden könnte. Eine unzumutbare Beeinträchtigung des Klägers ist auch aus diesen Vorgängen nicht abzuleiten. Zum einen hat sich der Beigeladene bereit erklärt, die Entmistung an Montagen, also an Tagen vorzunehmen, an denen der Kläger nicht backt. Weshalb der Beigeladene sich an seine Erklärung im Interesse des guten Nachbarschaftsverhältnisses nicht halten sollte, ist nicht ersichtlich. Letztlich kommt es hierauf nicht einmal an. Eine gewisse Geruchsbelastung, die hier ersichtlich nicht überschritten wird, ist dem Kläger zumutbar.

Das Gesamtmaß zu erwartender Geruchsbelastung des klägerischen Grundstücks ergibt sich allerdings nicht nur aus der Geruchsbelastung an den etwa drei Tagen im Jahr, an denen der Stall des Beigeladenen entmistet werden muß. Es treten solche Tage hinzu, an denen die Abluft des Stalles zwar über das Haus des Klägers hinweg geführt wird, sich dann jedoch vor dem zum Schloß aufsteigenden Berghang nicht nur staut, sondern auch zurückgedrängt wird. Solche Gegebenheiten kommen, namentlich bei sogenannten Inversionswetterlagen oder bei in Richtung Schloßberg stehenden Winden in Betracht. Auf derartige Windverhältnisse haben, worauf der Kläger und der Beklagte zu Recht hinweisen, weder das Staatliche Umweltamt noch die Landwirtschaftskammer in ihren Fachstellungnahmen abgehoben. Auch hat der Sonderbeurteilung keine standortbezogene qualifizierte Windausbreitungsklassenstatistik zugrunde gelegen. Eine Standortbeurteilung auf Grundlage eines meteorologischen Gutachtens war jedoch auch nicht erforderlich, um eine unzumutbare Belastung des Grundstücks des Klägers durch Gerüche des Schweinestalls auszuschließen.

Für die Ermittlung und Bewertung von Geruchsimmissionen aus der Tierhaltung und insbesondere der Schweinehaltung fehlen rechtsverbindliche Konkretisierungen. Daher ist die Frage der Erheblichkeit dieser Immissionen unter tatrichterlicher Wertung anhand einer umfassenden Würdigung aller Umstände des Einzelfalls zu beantworten. Bei dieser Einzelfallbeurteilung kommt es maßgeblich auf die Situation an, in die die Grundstücke (hier des Klägers und des Beigeladenen) gestellt sind (vgl. BVerwG, Urteile v. 25. 2. 1977 – 4 C 22.75 –, BRS 32 Nr. 155 und v. 27. 8. 1998 – 4 C 5.98 –, BRS 60 Nr. 83; Beschluß v. 27. 1. 1994 – 4 B 16.94 –, NVwZ-RR 1995, 6).

Dieser Situation wird die vom Kläger geforderte Berechnung zu erwartender Geruchsbelastung unter Rückgriff auf die Geruchsimmissions-Richtlinie nicht gerecht. Für den Nahbereich gibt das Ermittlungsverfahren der GIRL – sei es in Form einer olfaktorischen Begehung, sei es in Form einer Ausbreitungsberechnung – keine verläßliche Immissionsbewertung. So läßt die GIRL zur Ermittlung der vorhandenen Belastung für Schornsteinhöhen bis 30 m eine Ausbreitungsberechnung nach Anhang C der TA-Luft unter zusätzlicher

Nr. 79

Verwendung eines Faktors 10 zu. Das Modell der TA-Luft ist jedoch für hohe Abluftkamine mit hohenAblufttemperaturen konzipiert, während in der Landwirtschaft regelmäßig, so auch hier, (bodennahe und) kalte Abluftquellen eine Rolle spielen. Die GIRL geht zudem von den „Geruchsstunden" als Bewertungsgröße aus. Wenn in 10 v. H. dieser Bezugszeit Geruchswahrnehmungen auftreten, wird die gesamte Stunde als „Geruchsstunde" gewertet. Schließlich arbeitet die GIRL bei der Simulation der Geruchsausbreitung mit einem einfachen Gauß-Modell, das nicht in der Lage ist, Strömungshindernisse und topographische Gegebenheiten zu berücksichtigen. Auf Grund dieser Faktoren kommt es bei Ausbreitungsberechnungen auf der Basis der GIRL in bezug auf landwirtschaftliche Gerüche häufig zu einer Überschreitung der Wahrnehmungshäufigkeiten und sind die Ausbreitungsberechnungen daher ein „worst-case-Scenario" (vgl. OVG Nordrhein-Westfalen, Beschluß v. 19. 5. 2003 – 22 A 5565/00 –).

Hinzu kommt ein weiteres. Nach den den Immissionswerten der GIRL zugrunde liegenden wissenschaftlichen Erkenntnissen beginnt eine erhebliche Belästigung durch Gerüche bei einer relativen Geruchsstundenhäufigkeit zwischen 0,10 und 0,20 (vgl. Hansmann, Rechtsprobleme bei der Bewertung von Geruchsimmissionen, NVwZ 1999, 1158).

In einem faktischen Dorfgebiet, das bestimmungsgemäß auch durch noch praktizierende landwirtschaftliche Betriebe mit Tierhaltung geprägt ist, kann jedoch ein in zeitlicher Hinsicht auch höheres Maß an landwirtschaftlichen Gerüchen zuzumuten sein (vgl. OVG Nordrhein-Westfalen, Beschluß v. 3. 11. 2000 – 7 B 1533/00 –).

Dem Kläger ist angesichts der geschilderten situationsgeprägten Vorbelastung seines Grundstücks in einem Dorfgebiet eine über 0,20 Geruchsstundenhäufigkeit hinausgehende Geruchsbelastung zuzumuten. Es besteht jedoch schon kein Anhaltspunkt für die Annahme, es werde in einem noch über 0,20 Geruchsstundenhäufigkeit hinausgehendem Ausmaß zu einer Geruchsbelastung des Grundstücks des Klägers kommen. Üblicherweise werden die Gerüche mit dem Wind fortgetragen und zugleich in Windrichtung verteilt. Der Kläger befürchtet, vor dem Schloßberg könne sich die Luft bei Inversionswetterlagen aufstauen und zurück gedrängt werden. Die in der Luft gebundenen Geruchsstoffe würden allerdings auch bei solchen Gegebenheiten durch Verteilung bereits verdünnt und nicht mit der gleichen Intensität wie bei direkter Ausrichtung der Abluftfahne des Schweinestalls auf das klägerische Grundstück einwirken. Vielmehr würde eine Vermischung mit den Immissionen aus der Tierhaltung der anderen landwirtschaftlichen Betriebe im Dorf eintreten. Vor allem aber treten Inversionswetterlagen nur bei besonderen klimatischen Gegebenheiten auf. Bei solchen Wetterverhältnissen müßte der Wind gleichzeitig in Richtung des Schloßbergs stehen. Daß beide Voraussetzungen zusammen in einer derartigen Häufigkeit auftreten könnten, daß sich für das klägerische Grundstück eine dem Betrieb des Beigeladenen zuzuordnende Geruchswahrnehmung von deutlich mehr als 0,20 ergeben könnte, ist nicht ansatzweise erkennbar. Die angeregte Beweiserhebung benennt für solche Gegebenheiten keinen konkreten Zusammenhang, sondern ist auf Ausforschung des Sachverhalts gerichtet.

Die Geruchsbelastung ist dem Kläger auch nicht wegen der befürchteten Auswirkungen auf die Verkehrsfähigkeit seiner Backwaren unzumutbar. Allerdings fordert § 3 Satz 1 LMHV, daß Lebensmittel nur so hergestellt, behandelt oder in den Verkehr gebracht werden, daß sie bei Beachtung der im Verkehr erforderlichen Sorgfalt der Gefahr einer nachteiligen Beeinflussung nicht ausgesetzt sind. Vorausgesetzt ist nicht die nachteilige Beeinflussung selbst, sondern allein die Gefahr einer Beeinflussung. Eine Gefahr besteht, wenn eine nachteilige Beeinflussung (mit hinreichender Wahrscheinlichkeit) eintreten kann (vgl. Zipfel/Rathke, Lebensmittelrecht, 2002, C 180, § 3 LMHV Rdnr. 8).

In Abhängigkeit von der Intensität der Geruchsbelastung ist es nach Angaben von Frau Dr. B. von der Lebensmittelüberwachung des Beklagten auch theoretisch denkbar, daß Backwaren infolge einer Geruchsbelastung von der Verkehrsauffassung abweichen. Von Fettwaren sei bekannt, daß sie Geruch annehmen können. Ein entsprechender Fall sei ihr aus einem Dorfgebiet jedoch nicht bekannt geworden.

Aus der vom Kläger überreichten Stellungnahme der Handwerkskammer ergeben sich keine weitergehenden konkreten Anhaltspunkte. Auch die Behauptungen des Klägers erschöpfen sich in Befürchtungen darüber, daß es zu einer geschmacklichen Auswirkung der von ihm hergestellten oder verkauften Backwaren infolge der Geruchseinwirkungen kommen kann, ohne daß es über die theoretische Möglichkeit eines solchen Einflusses hinaus tatsächliche Anhaltspunkte für einen hier konkret zu erwartenden entsprechenden Zusammenhang gibt. Daß die Geruchsimmissionen ein entsprechendes Ausmaß überhaupt erreichen können, ist schon vor dem Hintergrund mehr als fraglich, daß der Vater des Klägers über einen nennenswerten Zeitraum selbst Schweine im Gebäude des Beigeladenen untergestellt hat, und zwar bei einem technischen Zustand des Gebäudes, der wesentlich schlechter war, als er nunmehr geplant ist und insbesondere die bodennahe Verbreitung der Gerüche aus dem Schweinestall zuließ. Der Vater des Klägers hat dies zu einer Zeit getan, als noch die Verordnung über den Verkehr mit Back- und Konditoreiwaren vom 23. 3. 1967, GV NRW 45 in Kraft war. Diese Verordnung sah in ihrem § 3 Abs. 2 vor, daß Arbeits-, Lager- und Vertriebsräume (von Bäckereien) von Stallungen, Dungstätten, Jauchegruben und anderen Einrichtungen, die Fliegen anziehen, Gerüche oder Staub verbreiten, soweit entfernt liegen müssen, daß eine nachteilige Beeinflussung der Back- und Konditoreiwaren ausgeschlossen ist. Daß es dennoch, trotz des Betriebes einer Schweinemast vergleichbarer Größenordnung bei deutlich ungünstigeren technischen Gebäudegegebenheiten, nicht nur zu gewissen Belästigungen, sondern tatsächlich auch zu einer nachteiligen Beeinflussung der Backwaren der Bäckerei des Vaters des Klägers gekommen wäre, hat dieser nicht behauptet.

Ungeachtet dessen wären gegen eine tatsächliche Beeinträchtigung der Backwaren infolge einer Geruchsbelastung Maßnahmen möglich, die der Kläger auf Grundlage der Lebensmittelhygieneverordnung zu ergreifen hätte und die ihm zumutbar sind. Seine Backstube weist ein Fenster in der dem landwirtschaftlichen Gebäude des Beigeladenen abgewandten Hausseite seines Hauses auf. Ob es über dieses Fenster zu den Zeiten, zu denen die Backwaren verarbeitet werden, also in besonderem Maße geruchsbelastungsempfindlich sein mögen, zu entsprechend starken Geruchsbelastungen kommen kann, mag dahinstehen. Wenn die Geruchsbelastung derart stark sein sollte, kann das Fenster der Backstube geschlossen gehalten werden. Nichts anderes gilt für das weitere Fenster der Backstube zum offenen Anlieferungsbereich. Nötigenfalls wäre eine Lüftung mit Geruchsfilter einzusetzen. Im übrigen sind dahingehende Maßnahmen nicht einmal von der Vertreterin der Lebensmittelüberwachung in Betracht gezogen worden. Ausweislich ihres Protokolls ist der neuralgische Punkt der Bäckerei der zum Grundstück des Beigeladenen hin offene Anlieferungsbereich. Dieser könne durch ein Roll- oder Sektionaltor verschlossen werden.

Die Kosten für eine entsprechende Einrichtung, die vom Kläger mit 10 000,– € angegeben werden, sind dem Kläger, wenn eine entsprechende Anlage von der Lebensmittelüberwachung gefordert werden sollte, zumutbar. Sie führen nicht dazu, daß der Beigeladene auf sein Vorhaben, das er im Interesse des Immissionsschutzes optimiert führen will, gänzlich verzichten müßte. Wer in einem Dorfgebiet eine Bäckerei betreibt, muß grundsätzlich damit rechnen und sich hierauf auch einrichten, daß bestehende, für landwirtschaftliche Tierhaltung geeignete Gebäude ihrem Nutzungszweck wieder zugeführt werden.

Der Kläger befürchtet zu Recht, vom Schweinestall könnten Insekten angezogen werden. Auch mögen vom Schweinestall angezogene Insekten in gewissem Umfang auch die Bäckerei heimsuchen. Jedoch zieht eine Bäckerei selbst bereits Insekten an. Die aus Gründen der Lebensmittelhygiene erforderlichen Abwehrmaßnahmen mögen sich in gewissem Umfang je nach Insektenaufkommen verstärkt aufdrängen.

Auch dies ist in über Jahrzehnten gewachsenen baulichen Strukturen eines Dorfgebiets, die sich durch die Nähe einer Bäckerei zu einem landwirtschaftlich mit Tierhaltung nutzbaren und in der Vergangenheit auch so genutzten Betriebsgebäude ausdrücken, hinzunehmen.

Soweit sich der Kläger schließlich auf Einkaufsgewohnheiten seiner Kunden beruft, die allein deshalb und auch ohne Beeinträchtigung der Verkehrsfähigkeit der Backwaren vom Kauf abgehalten werden könnten, weil es in der Umgebung der Bäckerei nach Schwein rieche, übersieht er, daß seine Kunden vornehmlich aus dem umgebenden Dorfgebiet kommen, in dem nicht nur die Bäckerei, sondern auch die Wohngebäude mit dorftypischen Geruchsbelastungen zu rechnen haben. Kunden aus Bereichen C., die nicht dem Dorfgebiet im Bereich der Dorfstraße zugehören, können, wenn sie in einem Dorf einkaufen, nicht erwarten, daß es in dem Dorf nicht nach landwirtschaftlicher Tierhaltung riecht.

Nr. 80

1. **Werden in einem Antrag auf Erteilung eines Bauvorbescheids mehrere Fragen zur Klärung gestellt, kommt als Minus die Erteilung eines positiven Bauvorbescheids nur hinsichtlich einer der aufgeworfenen Fragen**

in Betracht, soweit der Antragsteller ein Interesse an einem solchermaßen beschränkten Bauvorbescheid hat.

2. Die Festsetzung in einem Bebauungsplan, daß in einem (eingeschränkten) Gewerbegebiet Einzelhandelsbetriebe mit im einzelnen aufgeführten innenstadtrelevanten Branchen nur ausnahmsweise zulässig sind, soweit dies zur Versorgung der Wohnbevölkerung in dem betroffenen Stadtteil mit Waren des täglichen Bedarfs erforderlich ist, ist dahin auszulegen, daß abweichend von §8 Abs.2 Nr.1 BauNVO die aufgeführten innenstadtrelevanten Einzelhandelsbetriebe grundsätzlich ausgeschlossen sind und nur unter den genannten Voraussetzungen ausnahmsweise zugelassen werden können.

3. Eine planungsrechtliche Festsetzung, nach der innenstadtrelevante Einzelhandelsbetriebe in einem Plangebiet ausnahmsweise zulässig sind, soweit dies zur Versorgung der Wohnbevölkerung in dem betroffenen Stadtteil mit Waren des täglichen Bedarfs erforderlich ist, ist unzulässig.

BauGB §31 Abs. 1; BauNVO §1 Abs. 5, 9, §11 Abs. 3 Satz 1 Nr. 2; LBO §57.

VGH Baden-Württemberg, Urteil vom 3. November 2003 – 3 S 439/03 – (rechtskräftig).

(VG Stuttgart)

Die Klägerin begehrt die Erteilung eines Bauvorbescheids, hilfsweise die Feststellung, daß dessen Ablehnung rechtswidrig war.

Die Klägerin ist Eigentümerin eines Grundstücks im Geltungsbereich des 2000 öffentlich bekanntgemachten Bebauungsplans „Gewerbegebiet X.", der für das Grundstück ein eingeschränktes Gewerbegebiet vorsieht. In diesem sind nach Nr. 1.1.3 und 1.1.4 i.V.m. 1.1.1 der schriftlichen Festsetzungen abweichend von §8 Abs.2 BauNVO u. a. folgende Anlagen nur ausnahmsweise zulässig:

„Einzelhandelsbetriebe (alle Betriebe mit Verkauf an Letztverbraucher) mit folgenden „innenstadtrelevanten" Branchen: Nahrungs- und Genußmittel einschließlich der Betriebe des Ernährungshandwerks (ohne Getränkemärkte); Drogerie, Parfümerie, Apotheken, Sanitätshaus; Blumen, zoologischer Bedarf; Bücher, Papier- und Schreibwaren, Spielwaren, Musikalien; Oberbekleidung (Damen-, Herren-, Kinderbekleidung), Wäsche, Wolle, Kurzwaren, Handarbeiten; Schuhe, Leder- und Galanteriewaren, Sportartikel; Elektrowaren (Radio, TV, Video, Elektrokleingeräte); Haushaltswaren, Foto, Optik, Uhren, Schmuck; Haus-, Tischwäsche, Bettwäsche, Gardinen, soweit dies zur Versorgung der Wohnbevölkerung im Stadtteil K. mit Waren des täglichen Bedarfs erforderlich ist."

Aus den Gründen:

Die Klägerin hat keinen Anspruch auf Verpflichtung der Beklagten zur Erteilung des von ihr beantragten Bauvorbescheids, auch nicht bei Beschränkung des Begehrens auf die Erteilung eines Bauvorbescheids nur zur Art der baulichen Nutzung. ...

1. Bezüglich des Verpflichtungsbegehrens geht der Senat davon aus, daß in dem Hauptantrag der Klägerin der hilfsweise gestellte Antrag auf Erteilung eines auf die Art der baulichen Nutzung beschränkten positiven Bauvorbescheids als Minus mitenthalten ist und ihm damit keine eigenständige rechtliche Bedeutung zukommt.

Bereits vor Einreichung eines förmlichen Baugesuchs können nach § 57 LBO einzelne Fragen durch einen Bauvorbescheid abgeklärt werden. Vorliegend hat die Klägerin 1999 die Erteilung eines Bauvorbescheids zur planungsrechtlichen Zulässigkeit der Errichtung eines 5-geschossigen Geschäftshauses mit Büros und Tiefgarage hinsichtlich Art und Maß der baulichen Nutzung, der Bauweise und der überbaubaren Grundstücksfläche beantragt. Damit hat sie hinsichtlich der planungsrechtlichen Zulässigkeit mehrere, rechtlich voneinander trennbare Fragen zur Klärung gestellt mit der Folge, daß für den Fall, daß das Bauvorhaben planungsrechtlich hinsichtlich der Art der baulichen Nutzung zulässig ist und ihm nur Bedenken hinsichtlich des Maßes der baulichen Nutzung, der Bauweise und/oder der überbaubaren Grundstücksfläche entgegenstehen, grundsätzlich auch ein auf die Art der baulichen Nutzung beschränkter positiver Bauvorbescheid in Betracht kommt. Nachdem zwischen den Beteiligten streitig ist, ob das Bauvorhaben hinsichtlich der Art der baulichen Nutzung zulässig ist und für die Klägerin – wie von ihr im Berufungsverfahren dargelegt – auch ein hierauf beschränkter Bauvorbescheid von Nutzen wäre, fehlt es insoweit entgegen der Auffassung der Beklagten auch nicht am erforderlichen Rechtsschutzinteresse.

Die Klage ist insoweit aber unbegründet. Trotz der Formulierung in § 57 Abs. 1 LBO, der Bauvorbescheid „könne" erteilt werden, besteht durch den Verweis in § 57 Abs. 2 LBO auf § 58 Abs. 1 LBO ein Rechtsanspruch, wenn öffentlich-rechtliche Vorschriften den zur Klärung gestellten Fragen nicht entgegenstehen (vgl. Sauter, LBO Bad.-Württ, § 57 Rdnr. 7). Dabei ist – wie regelmäßig auch sonst bei Verpflichtungsbegehren – maßgeblich für die Beurteilung der Sach- und Rechtslage der Zeitpunkt der letzten mündlichen Verhandlung.

1.1. In Anwendung dieser Grundsätze scheitert ein Anspruch der Klägerin auf Erteilung eines Bauvorbescheids jedenfalls an den Festsetzungen im Bebauungsplan von 2000. Dieser Bebauungsplan ist entgegen der Auffassung des Verwaltungsgerichtes und der Klägerin nicht insgesamt, sondern nur teilweise nichtig. Dies hat zur Folge, daß das Bauvorhaben trotz der teilweisen Nichtigkeit des Bebauungsplans, den verbleibenden gültigen Festsetzungen zur Art der baulichen Nutzung widerspricht. ...

a) Nach Nr. 1.1.3 und 1.1.4 der schriftlichen Festsetzungen ist im Bebauungsplan für das Grundstück der Klägerin ein eingeschränktes Gewerbegebiet festgesetzt, wobei hinsichtlich der Art der baulichen Nutzung durch die Bezugnahme auf die im gesamten Plangebiet geltenden Festsetzungen unter Nr. 1.1.1 der schriftlichen Festsetzungen Einzelhandelsbetriebe mit – im einzelnen aufgeführten – innenstadtrelevanten Branchen nur ausnahmsweise zulässig sind, soweit dies zur Versorgung der Wohnbevölkerung im Stadtteil K. mit Waren des täglichen Bedarfs erforderlich ist. Dies stellt eine Abweichung gegenüber § 8 Abs. 2 Nr. 1 BauNVO dar. Nach dieser Vorschrift sind in einem Gewerbegebiet Gewerbebetriebe aller Art allgemein zulässig, damit auch jegliche Art von Einzelhandelsbetrieben, solange es sich nicht um großflächige Einzelhandelsbetriebe handelt, die sich nach Art, Lage oder Umfang auf die Verwirklichung der Ziele der Raumordnung und Landesplanung oder auf die städtebauliche Entwicklung und Ordnung nicht nur unwesentlich auswirken können und die deshalb nach §11 Abs.3 Satz 1 Nr.2 BauNVO außer in Kerngebieten nur in für sie festgesetzten Sondergebieten zulässig sind. Abweichend von §§8 Abs.2 Nr.1, 11 Abs.3 BauNVO sind vorliegend durch die Regelung in Nr.1.1.1 der schriftlichen Festsetzungen Einzelhandelsbetriebe mit im einzelnen aufgeführten innenstadtrelevanten Branchen – auch wenn sie nicht großflächig sind und nicht die in §11 Abs.3 Satz 1 Nr.2 BauNVO genannten Auswirkungen haben können – im gesamten Geltungsbereich des Bebauungsplans nicht allgemein, sondern nur ausnahmsweise zulässig und dies auch nur, wenn und soweit ein Versorgungsbedarf mit Waren des täglichen Bedarfs im Ortsteil K. besteht. Damit ist die Regelung unter Nr.1.1.1 der schriftlichen Festsetzungen rechtslogisch dahin auszulegen, daß durch die Festsetzung „Gewerbegebiet" bzw. „eingeschränktes Gewerbegebiet" zunächst – auf der ersten Stufe – alle nach §11 Abs.3 BauNVO nur in Kerngebieten bzw. Sondergebieten zulässigen Einzelhandelsbetriebe ausgeschlossen werden. Darüber hinaus sollen alle Einzelhandelsbetriebe mit den aufgeführten innenstadtrelevanten Branchen – abweichend von §8 Abs.2 Nr.1 BauNVO – nicht allgemein zulässig sein, sie werden vielmehr – auf einer zweiten Stufe – grundsätzlich ausgeschlossen. Ein Teil dieser Einzelhandelsbetriebe kann allerdings – auf der dritten Stufe – ausnahmsweise doch zugelassen werden, aber nur dann, wenn die weitere Voraussetzung erfüllt ist, der konkrete innenstadtrelevante Einzelhandelsbetrieb nämlich zur Versorgung der Wohnbevölkerung im Stadtteil K. mit Waren des täglichen Bedarfs erforderlich ist.

b) Diese Regelung ist hinsichtlich der ausnahmsweisen Zulassung – also hinsichtlich der dritten Stufe der Regelung in Nr.1.1.1 der schriftlichen Festsetzungen – unzulässig. Setzt ein Bebauungsplan ein Baugebiet fest, so richtet sich die Art der zulässigen Anlagen und Nutzungen grundsätzlich nach der allgemein für diesen Baugebietstyp von der Baunutzungsverordnung vorgesehenen Bandbreite. Die Gemeinde hat jedoch die Möglichkeit diese – für ein Gewerbegebiet in §8 BauNVO enthaltene – Typisierung durch die Differenzierungsmöglichkeiten des §1 Abs.4 bis 10 BauNVO zu modifizieren. Nach §1 Abs.5 BauNVO kann in einem Bebauungsplan festgesetzt werden, daß bestimmte Arten von Nutzungen, die nach den §§2, 4 bis 9 und 13 BauNVO allgemein zulässig sind, nicht zulässig sind oder nur ausnahmsweise zugelassen werden können, sofern die allgemeine Zweckbestimmung des Baugebiets gewahrt bleibt. Wenn besondere städtebauliche Gründe dies rechtfertigen, kann nach §1 Abs.9 BauNVO im Bebauungsplan auch bei Anwendung des §1 Abs.5 bis 8 BauNVO festgesetzt werden, daß nur bestimmte Arten der in den Baugebieten allgemein oder ausnahmsweise zulässigen baulichen oder sonstigen Anlagen zulässig sind oder nicht zulässig sind oder nur ausnahmsweise zugelassen werden können.

Dabei ist in der Rechtsprechung des Bundesverwaltungsgerichts geklärt, daß §1 Abs.5 BauNVO der Gemeinde gestattet, in einem Bebauungsplan auch einzelne der unter einer Nummer einer Baugebietsvorschrift der Baunutzungsverordnung zusammengefaßten Arten von Nutzungen auszuschließen (vgl. BVerwG, Urteil v. 22.5.1987 – 4 N 4.86 –, BVerwGE 77, 308 = BRS 47 Nr.54 = PBauE §1 Abs.5 BauNVO Nr.2). Damit ist auf der Grundlage dieser Vorschrift beispielsweise ein (umfassender) Ausschluß von Einzelhandelsbetrieben möglich (vgl. BVerwG, Beschluß v. 3.5.1993 – 4 NB 13.93 –, Buchholz 406.12 § 1 BauNVO Nr. 16 = PBauE § 1 Abs. 5 BauNVO Nr. 4). § 1 Abs. 9 BauNVO gestattet eine über § 1 Abs. 5 BauNVO hinausgehende Differenzierung, indem er ermöglicht, die Zulässigkeit oder den Ausschluß nur bestimmter Arten der in den Baugebieten allgemein oder nur ausnahmsweise zulässigen baulichen oder sonstigen Anlagen festzusetzen, also unterhalb der Nutzungsbegriffe der Baunutzungsverordnung durch Bildung von Unterarten zu typisieren (vgl. BVerwG, Urteil v. 22.5.1987 – 4 N 4.86 –, a.a.O.). Entsprechend dem abstrakten Normcharakter des Bebauungsplans und seiner Funktion als Instrument der städtebaulichen Entwicklung und Ordnung können mit den Festsetzungen des § 1 Abs. 4 bis 9 BauNVO aber nur objektiv bestimmbare Typen von Anlagen erfaßt werden. Dabei kann die Gemeinde für die Umschreibung und Abgrenzung des Anlagentyps zwar auch auf besondere in ihrem Bereich vorherrschende Verhältnisse abstellen; eine Planung konkreter einzelner Vorhaben ist ihr aber auch mit den Differenzierungsmöglichkeiten des § 1 Abs. 4 bis 9 BauNVO nicht gestattet (vgl. BVerwG, Beschluß v. 6.5.1993 – 4 NB 32.92 –, BRS 55 Nr. 10 = PBauE § 9 Abs. 1 BauGB Nr. 2). Damit muß es sich bei der Festsetzung einer in der Baunutzungsverordnung selbst nicht angeführten Nutzungsunterart nach § 1 Abs. 9 BauNVO um eine tatsächlich vorhandene Nutzungsart handeln. Diese muß es also in der sozialen und ökonomischen Realität bereits geben. § 1 Abs. 9 BauNVO eröffnet der Gemeinde keine Befugnis, neue Nutzungsarten „zu erfinden". Mischformen darf sie ebenfalls nicht festsetzen. Mit dieser Einschränkung will der Verordnungsgeber verhindern, daß die Gemeinde in die Gefahr gerät, konkrete Projekte durch planerische Festsetzungen zu ermöglichen oder auszuschließen. Die planerischen Festsetzungen müssen vielmehr – um vor den Anforderungen des Art. 14 Abs. 1 Satz 2 GG Bestand zu haben – hinreichend abstrakt getroffen werden. Damit ermöglicht § 1 Abs. 9 BauNVO beispielsweise den Ausschluß von Einzelhandelsbetrieben bestimmter Branchen, wenn die Differenzierung marktüblichen Gegebenheiten entspricht (vgl. BVerwG, Beschluß v. 27.7.1998 – 4 BN 31.98 –, BRS 60 Nr. 29 = PBauE § 1 Abs. 9 BauNVO Nr. 9).

In Anwendung dieser Grundsätze ist vorliegend die Beschränkung der ausnahmsweisen Zulässigkeit innenstadtrelevanter Einzelhandelsbetriebe auf Betriebe, die zur Versorgung der Wohnbevölkerung im Stadtteil K. mit Waren des täglichen Bedarfs erforderlich sind – also die dritte Stufe der Regelung – unzulässig und damit unwirksam. Nach der Rechtsprechung des Bundesverwaltungsgerichts kann die Gemeinde zwar bei der Umschreibung und Abgrenzung von Anlagentypen auch auf besondere in ihrem Bereich vorherrschende Verhältnisse abstellen. Dies befreit sie aber nicht vom planungsrechtlichen Typenzwang. Durch den Bebauungsplan bestimmt die Gemeinde Inhalt und Schranken des Eigentums der im Planbereich gelegenen Grundstücke. Hierfür bedarf sie gemäß Art. 14 Abs. 1 Satz 2 GG einer gesetzlichen Grundlage. Diese findet sich in § 9 BauGB und in den ergänzenden Vorschriften der nach § 2 Abs. 5 BauGB (und den ihm entsprechenden früheren Regelungen) erlassenen Baunutzungsverordnung. Durch sie wird der festsetzungsfähige Inhalt eines Bebauungsplans abschließend geregelt (BVerwG,

Beschluß v. 15. 8. 1991 – 4 N 1.89 –, BRS 52 Nr. 1 = PBauE § 1 Abs. 9 BauNVO Nr. 4, m. w. N.). Vorliegend beschreibt die Regelung in Nr. 1.1.1 der schriftlichen Festsetzungen hinsichtlich der ausnahmsweisen Zulässigkeit bestimmter innenstadtrelevanter Einzelhandelsbetriebe auf der dritten Stufe indessen keine Unterart einer Nutzung i. S. von § 1 Abs. 9 BauNVO, die es in der sozialen und ökonomischen Realität tatsächlich gibt, sondern stellt ausschließlich auf das Bestehen eines konkreten Versorgungsbedarfs im Stadtteil K. ab. Damit erfaßt diese Festsetzung keinen abstrakt bestimmbaren Anlagentyp, sondern führt in ihrer Umsetzung letztlich zu einer am konkreten Versorgungsbedarf orientierten Einzelfallzulassung. Insoweit kann entgegen der Auffassung der Beklagten nicht damit argumentiert werden, daß ein solcher Gebietsbezug zulässig ist, weil auch bei den in der Baunutzungsverordnung aufgeführten Baugebieten teilweise bei den einzelnen Nutzungsarten darauf abgestellt wird, ob diese der Versorgung des Gebiets bzw. zur Deckung des täglichen Bedarfs für die Bewohner des Gebiets dienen (vgl. §§ 2 Abs. 2 Nr. 2, 3 Abs. 3 Nr. 1 und 4 Abs. 2 Nr. 2 BauNVO). Denn auch diese Bestimmungen ermächtigen nicht zu einer konkreten Bedürfnisprüfung. Entscheidend ist vielmehr, ob eine Nutzung sich dem Gebiet, in dem sie liegt, funktional zuordnen läßt (vgl. BVerwG, Beschluß v. 18. 1. 1993 – 4 B 230.92 –, BRS 55 Nr. 54 = PBauE § 4 BauNVO, Nr. 5 zu § 4 Abs. 2 Nr. 2 BauNVO). Dies beurteilt sich grundsätzlich nach objektiv erkennbaren Merkmalen, insbesondere Art, Umfang, Typik und Ausstattung des jeweiligen Betriebs (vgl. VGH Bad.-Württ., Urteil v. 21. 6. 1994 – 5 S 2726/93 –, BRS 56 Nr. 54 = BauR 1995, 358 = PBauE § 4 BauNVO, Nr. 7 zu § 4 Abs. 2 Nr. 2 BauNVO). Demgegenüber stellt die streitgegenständliche Formulierung in Nr. 1.1.1 der schriftlichen Festsetzungen des Bebauungsplans nicht auf eine derartige funktionale Zuordnung ab, sondern auf das Vorliegen eines tatsächlichen Versorgungsbedarfs im Stadtteil mit der Folge, daß wenn und soweit dieser Bedarf – etwa durch einen vorhandenen Einzelhandelsbetrieb – gedeckt ist, eine ausnahmsweise Zulassung mangels Erforderlichkeit nicht möglich ist, auch wenn der (weitere) Betrieb nach Art, Umfang, Typik und Ausstattung einen funktionalen Zusammenhang mit dem Gebiet aufweist. Entgegen der Auffassung der Beklagten hilft insoweit auch § 11 Abs. 3 BauNVO nicht weiter, denn die Regelung in Nr. 1.1.1 der schriftlichen Festsetzungen schließt Einzelhandelsbetriebe mit innenstadtrelevanten Branchen – über § 11 Abs. 3 BauNVO hinausgehend – unabhängig von ihrer Größe und ihren städtebaulichen Auswirkungen grundsätzlich aus und läßt sie nur dann ausnahmsweise zu, wenn dies zur Versorgung der Wohnbevölkerung in dem Ortsteil mit Waren des täglichen Bedarfs erforderlich ist. Die ausnahmsweise Zulassung kann schließlich auch nicht auf § 31 Abs. 1 BauGB gestützt werden. Danach können von den Festsetzungen eines Bebauungsplans solche Ausnahmen zugelassen werden, die in dem Bebauungsplan nach Art und Umfang ausdrücklich vorgesehen sind. Dabei ist der Begriff „Art" nicht identisch mit „Art der baulichen Nutzung", sondern dahin zu verstehen, daß im Bebauungsplan deutlich gemacht werden muß, von welchen Festsetzungen Ausnahmen möglich sind. Zugleich muß durch den Umfang der Ausnahme bestimmt werden, inwieweit von den Festsetzungen abgewichen werden kann. Die Bestimmung der Ausnahmen nach Art und Umfang hat mithin den Zweck, diese hinreichend zu bestimmen (vgl. Söfker, in: Ernst/Zinkahn/Bielenberg, BauGB, §31 BauGB, Rdnr. 24). Ob die Festsetzung einer bestimmten Ausnahme zulässig ist, bestimmt sich dagegen nach den allgemeinen planungsrechtlichen Vorschriften. Damit gewährt §31 Abs. 1 BauGB der Gemeinde keinen über §1 Abs. 5 und 9 BauNVO hinausgehenden Spielraum bei der Zulassung von Ausnahmen hinsichtlich der Art der baulichen Nutzung. Unerheblich ist auch, daß nach §31 Abs. 1 BauGB die Zulassung einer Ausnahme im Ermessen steht. Denn dieses Ermessen wird nicht vom Planungsträger, sondern von der Baurechtsbehörde ausgeübt. Im übrigen handelt es sich bei der Regelung in Nr. 1.1.1 der schriftlichen Festsetzungen ersichtlich nicht um eine vorweggenommene Ermessensausübung hinsichtlich – zukünftiger – Ausnahmeentscheidungen, sondern um eine verbindliche planungsrechtliche Festsetzung, durch die eine spätere Ausnahmeentscheidung überhaupt erst ermöglicht werden soll. Dementsprechend kann die Regelung auch nicht als eine Art Leitlinie für die Erteilung oder Versagung des nach §36 BauGB bei einer Ausnahmeentscheidung erforderlichen gemeindlichen Einvernehmens ausgelegt werden.

c) Die Unwirksamkeit der ausnahmsweisen Zulassung innenstadtrelevanter Einzelhandelsbetriebe erfaßt jedoch nur die dritte Stufe der Regelung in Nr. 1.1.1 der schriftlichen Festsetzungen mit der Folge, daß hinsichtlich der Art der baulichen Nutzung die Festsetzung eines eingeschränkten Gewerbegebietes (Stufe 1) allerdings unter generellem Ausschluß der im einzelnen aufgezählten Einzelhandelsbetriebe mit innenstadtrelevanten Branchen (Stufe 2) bestehen bleibt.

Betrifft ein Rechtsfehler nur eine einzelne Festsetzung oder einen in anderer Weise abgrenzbaren Teil des Plans, so kann eine Teilnichtigkeit oder die Gesamtnichtigkeit des Bebauungsplans eintreten. Dabei geht das Bundesverwaltungsgericht in st. Rspr. davon aus, daß die Nichtigkeit einzelner Festsetzungen dann nicht zur Gesamtnichtigkeit des Bebauungsplans führt, wenn die übrigen Festsetzungen für sich betrachtet noch eine den Anforderungen des §1 BauGB gerecht werdende, sinnvolle städtebauliche Ordnung bewirken können und wenn außerdem hinzukommt, daß die Gemeinde nach ihrem im Planungsverfahren zum Ausdruck gekommenen Willen im Zweifel auch einen Plan dieses eingeschränkten Inhalts beschlossen hätte (vgl. BVerwG, Beschluß v. 25.2.1997 – 4 NB 30.96 –, BRS 59 Nr. 51 = PBauE §47 Abs. 1 VwGO Nr. 3, m. w. N.). Damit unterscheidet das Bundesverwaltungsgericht zwischen der objektiven Teilbarkeit und dem hypothetisch zu bestimmenden subjektiven Planungswillen der Gemeinde. Die objektive Frage, ob der Reglungsrest noch eine geordnete städtebauliche Entwicklung zu gewährleisten vermag, ist nicht abstrakt zu beantworten; vielmehr sind für die Prüfung, ob der Fortbestand einzelner Regelungen noch sinnvoll ist, die verbleibenden Festsetzungen in ihrer Bedeutung für den Plan in seiner Gesamtheit zu würdigen. Insoweit kommt es darauf an, ob die beanstandeten Festsetzungen mit den übrigen Regelungen in einem untrennbaren Regelungszusammenhang stehen (vgl. BVerwG, Beschluß v. 6.12.2000 – 4 BN 59.00 –, BRS 63 Nr. 47 = PBauE §1 Abs. 6 BauGB Nr. 90). Die Feststellung, ob der Plan auch subjektiv vom Planungswillen der Gemeinde getragen wird, kann in der Regel nicht auf

Willensäußerungen gestützt werden, die in der Planungsphase gegeben worden sind, weil der Ortsgesetzgeber die Folgen einer (Teil-)Nichtigkeit nicht bedacht hat. Mangels eines insoweit konkret feststellbaren Willens muß es hier mit der Frage sein Bewenden haben, welche Entscheidung mutmaßlich getroffen worden wäre, wenn die Gemeinde den Fehler, der dem Bebauungsplan anhaftet, erkannt hätte. Auch nachträglich eingetretene Umstände, die Rückschlüsse auf den hypothetischen Willen zulassen, können in diesem Zusammenhang geeignet sein, Erkenntnisse in der einen oder anderen Richtung zu vermitteln (vgl. BVerwG, Beschluß v. 25. 2. 1997, a. a. O.).

In Anwendung dieser Grundsätze sind vorliegend die Festsetzungen zur Art der baulichen Nutzung in Nr. 1.1.1 objektiv teilbar. Wie oben dargelegt, läßt sich die Regelung in drei Teile zerlegen. Einzelne Festsetzungen in einem Bebauungsplan sind grundsätzlich nicht stärker miteinander verbunden, als daß jede Festsetzung für sich genommen mit dem für sie maßgeblichen Festsetzungsinhalt eingehalten werden muß. Weitergehende Ziele kann der Planungsgeber mit dem bloßen Mittel der Festsetzungskombination nicht erreichen (vgl. BVerwG, Beschluß v. 31. 1. 1995 – 4 NB 48.93 –, BRS 57 Nr. 23 = PBauE § 9 Abs. 1 (Nr. 6) BauGB Nr. 4). Vorliegend bewirkt der Bebauungsplan auch ohne die – sich lediglich auf die ausnahmsweise Zulassung beziehende – dritte Stufe noch eine sinnvolle städtebauliche Ordnung i. S. des § 1 Abs. 3 BauGB und es bleibt nicht nur ein Planungstorso übrig. Wie bereits ausgeführt, sind in Gewerbegebieten Einzelhandelsbetriebe jeglicher Art nach § 8 Abs. 2 Nr. 1 BauNVO allgemein zulässig, solange bei ihnen nicht die Voraussetzungen des § 11 Abs. 3 Satz 1 Nr. 2 BauNVO vorliegen. Darüber hinausgehend hat der Gemeinderat der Beklagten in Nr. 1.1.1 der schriftlichen Festsetzungen zwei weitere voneinander zu trennende Regelungen getroffen, indem er zunächst alle Einzelhandelsbetriebe mit innenstadtrelevanten Branchen – unabhängig von den Voraussetzungen des § 11 Abs. 3 Satz 1 Nr. 2 BauNVO und abweichend von § 8 Abs. 2 Nr. 1 BauNVO – generell ausgeschlossen und sie sodann nur für den Fall ausnahmsweise zugelassen hat, daß dies zur Versorgung der Wohnbevölkerung im Stadtteil K. mit Waren des täglichen Bedarfs erforderlich ist. Liegen diese Voraussetzungen nicht vor, soll es bei dem allgemeinen Ausschluß bleiben. Auch wenn nach den obigen Ausführungen die auf der dritten Stufe erfolgte Ausnahmeregelung, die nur einen Teil der Einzelhandelsbetriebe mit innenstadtrelevanten Branchen betrifft, unzulässig und damit unwirksam ist, bestehen hinsichtlich der der Ausnahmeregelung logisch vorgelagerten allgemeinen Ausschlußregelung aller Einzelhandelsbetriebe mit innenstadtrelevanten Branchen auf der zweiten Stufe ebenso wie hinsichtlich der Gebietsfestsetzung auf der ersten Stufe keine rechtlichen Bedenken.

Die allgemeine Ausschlußregelung auf der zweiten Stufe ist insbesondere hinreichend bestimmt, zumal die ausgeschlossenen Branchen im einzelnen aufgezählt werden. Die Einschränkung – die für alle in dem Bebauungsplan festgesetzten (eingeschränkten) Gewerbegebiete und damit für den gesamten Geltungsbereich des Bebauungsplans gilt – führt auch nicht dazu, daß das Plangebiet seiner allgemeinen Zweckbestimmung nach nicht mehr dem Typus eines Gewerbegebiets entspricht (vgl. § 1 Abs. 5 BauNVO). Ein Gewerbegebiet dient vorwiegend der Unterbringung von nicht erheblich belästigenden Gewerbebetrieben (vgl. §8 Abs. 1 BauNVO). Diese Zweckbestimmung bleibt bei einem generellen Ausschluß zentrenrelevanter Einzelhandelsbetriebe gewahrt, da angesichts der Vielzahl sonstiger allgemein zulässiger Gewerbebetriebe und des grundsätzlichen Ausschlusses von Wohnbebauung das Plangebiet weiterhin vorwiegend der Unterbringung von nicht erheblich belästigenden Gewerbebetrieben dient. Der generelle Ausschluß von Einzelhandelsbetrieben mit zentrenrelevanten Branchen entspricht auch den Anforderungen des §1 Abs. 9 BauNVO, zumal die betroffenen Branchen im einzelnen aufgeführt sind und jedenfalls als solche zulässige Nutzungsunterarten darstellen. Der generelle Ausschluß ist auch durch besondere städtebauliche Gründe gerechtfertigt. Insoweit besteht zwischen §1 Abs. 5 und §1 Abs. 9 BauNVO ein enger Zusammenhang. Jede Bauleitplanung muß städtebaulich begründet sein (vgl. insbesondere §§1 Abs. 6, 9 Abs. 8 BauGB). Nur Art und Gewicht dieser Gründe können sich unterscheiden. Insoweit muß jede auf §1 Abs. 5 bis 9 BauNVO gestützte Planung mit Argumenten begründet werden, die sich aus der jeweiligen konkreten Planungssituation ergeben und die geeignet sind, die jeweilige Abweichung von den gemäß §1 Abs. 2 und 3 BauNVO und §§2 bis 14 BauNVO vorgegebenen Gebietstypen zu tragen. Das „Besondere" an den städtebaulichen Gründen nach §1 Abs. 9 BauNVO besteht nicht notwendig darin, daß die Gründe von größerem und im Verhältnis zu §1 Abs. 5 BauNVO zusätzlichem Gewicht sein müssen. Vielmehr ist mit „besonderen" städtebaulichen Gründen in §1 Abs. 9 BauNVO gemeint, daß es spezielle Gründe gerade für die gegenüber §1 Abs. 5 BauNVO noch feinere Ausdifferenzierung der zulässigen Nutzungen geben muß. Daß eine Planung nach §1 Abs. 9 BauNVO nicht generell nur unter „erschwerten Voraussetzungen" zugelassen werden kann, folgt im übrigen auch daraus, daß §1 Abs. 9 BauNVO selbst wiederum verschiedenartige Fallgruppen umfaßt: Die Vorschrift läßt einerseits einen über §1 Abs. 5 BauNVO hinausgehenden Ausschluß von Nutzungen zu („... daß nur bestimmte Arten der ... Anlagen zulässig ... sind"). Sie gibt andererseits die Möglichkeit, einen gegenüber §1 Abs. 5 BauNVO weniger weitreichenden Ausschluß von Nutzungen festzusetzen („... daß nur bestimmte Arten der ... Anlagen ... nicht zulässig sind ..."). Welche dieser beiden Fallgruppen zutrifft, richtet sich nach dem in §1 Abs. 2 und 3 i.V.m. §§2ff. BauNVO festgelegten Regeltyp, von dem die Gemeinde abweichen will. Eine Festsetzung nach §1 Abs. 9 BauNVO kann also auch das gegenüber §1 Abs. 5 BauNVO zurückhaltendere und den betroffenen Eigentümer weniger belastende Planungsinstrument sein. Ist dies der Fall, so kann ein gegenüber §1 Abs. 5 BauNVO größeres Gewicht der städtebaulichen Gründe nicht gefordert werden. Vielmehr kann die besondere städtebauliche Begründung für einen auf bestimmte Arten der baulichen oder sonstigen Anlagen begrenzten planerischen Zugriff der Gemeinde gerade in der konkreten Planungssituation und einer sich hieraus ergebenden Beschränkung auf einen Ausschnitt der an sich nach §1 Abs. 5 BauNVO insgesamt ausschließbaren Nutzungsart liegen (vgl. BVerwG, Urteil v. 22.5.1987 – 4 C 77.84 –, BVerwGE 77, 317, BRS 47 Nr. 58 = PBauE §1 Abs. 9 BauNVO Nr. 1). Entsprechende städtebauliche Gründe sind vorliegend gegeben. Wie oben ausgeführt, können nach § 1 Abs. 5 BauNVO Einzelhandelsbetriebe in einem Gewerbegebiet sogar generell ausgeschlossen werden. Der Ausschluß von Einzelhandelsbetrieben mit im einzelnen festgelegten innenstadtrelevanten Branchen stellt demgegenüber ein Minus dar. Dieser ist vorliegend durch hinreichende städtebauliche Gründe gerechtfertigt. ... Eine Aufrechterhaltung der getroffenen Festsetzungen zur Art der baulichen Nutzung in Nr. 1.1.1 ohne die ausnahmsweise Zulassung von Einzelhandelsbetrieben mit innenstadtrelevanten Branchen, soweit sie zur Versorgung der Wohnbevölkerung im Stadtteil K. mit Waren des täglichen Bedarfs erforderlich sind – also die Festsetzung eines (eingeschränkten) Gewerbegebiets, in dem – über die gesetzliche Einschränkung in § 11 Abs. 3 BauNVO hinaus – Einzelhandelsbetriebe mit im einzelnen bestimmten zentrenrelevanten Branchen grundsätzlich ausgeschlossen sind, entspricht entgegen der Auffassung der Beteiligten auch dem Willen des Gemeinderats. Bei der unzulässigen Festsetzung handelt es sich eher um eine Randregelung. In der Begründung zum Bebauungsplan wird zwar darauf hingewiesen, daß die besonderen städtebaulichen Gründe für die Ausnahmeregelung darin zu erkennen seien, daß es einen Kompromiß zu finden gelte zwischen der Gewährleistung der Sanierungsziele in den Ortskernen Ko. und M. einerseits, andererseits aber den derzeit vorhandenen Engpässen in der Versorgung der K. Wohnbevölkerung mit Gütern des täglichen Bedarfs Rechnung zu tragen. Während die Gründe für den generellen Ausschluß zentrenrelevanter Einzelhandelsbetriebe aber in der Begründung zum Bebauungsplan durch die Wiedergabe der Empfehlungen der GMA einen sehr breiten Raum einnehmen, finden sich hinsichtlich der angeblichen Versorgungsengpässe in K. keine weitergehenden Ausführungen. Die Annahme eines zum Zeitpunkt der Beschlußfassung über den Bebauungsplan „vorhandenen" Versorgungsengpasses ist im übrigen nicht nachvollziehbar, denn auf dem Grundstück X. befindet sich bereits seit langem ein großflächiger Einzelhandelsbetrieb mit innenstadtrelevantem Sortiment. ... Soweit die Beklagte im gerichtlichen Verfahren zur „Rettung" der Ausnahmeregelung darauf hingewiesen hat, der Gemeinderat habe eine Vorsorgeregelung treffen wollen, falls der vorhandene großflächige Einzelhandelsbetrieb eines Tages schließe, kann dahinstehen, ob diese Motivation zutreffend ist, obwohl sie in der Begründung zum Bebauungsplan keinen Niederschlag gefunden hat. Denn in diesem Fall handelt es sich bei der mangels konkreter Anhaltspunkte für eine Schließung eher theoretischen Befürchtung erst recht um eine Randregelung, die weder zu den tragenden Elementen der Planung gehört noch als unabdingbare Voraussetzung für die übrigen Regelungen zur Art der baulichen Nutzung zu verstehen ist, insbesondere steht sie bei dieser Sachlage nicht in einem untrennbaren Zusammenhang zu dem grundsätzlichen Ausschluß von Einzelhandelsbetrieben mit innenstadtrelevanten Branchen. Dabei ist selbstverständlich, daß der Wegfall der Regelung nicht dem Willen des Gemeinderats entspricht, denn anderenfalls hätte er die Festsetzung erst gar nicht in den Plan aufgenommen. Maßgebend ist aber allein, ob auch der verbleibende Rest vom Willen des Gemeinderates getragen ist. Hiervon ist vorliegend auszugehen, nachdem es dem Gemeinderat – wie oben dargelegt – zum Schutz der vorhandenen Ortskerne von Ko.

und M. gerade um den grundsätzlichen Ausschluß von Einzelhandelsbetrieben mit innenstadtrelevanten Branchen ging. ...
Ist damit der Bebauungsplan nur hinsichtlich der der gebietsnahen Versorgung dienenden Ausnahmeregelung (auf der dritten Stufe) nichtig, der grundsätzliche Ausschluß von Einzelhandelsbetrieben mit innenstadtrelevanten Branchen (auf der zweiten Stufe) dagegen wirksam, so steht dem Vorhaben der Klägerin planungsrechtlich der Bebauungsplan der Beklagten schon hinsichtlich der Art der baulichen Nutzung entgegen. Insbesondere ist danach der im Erdgeschoß geplante Einzelhandelsbetrieb mit Lebensmitteln und Drogeriewaren auf Grund des generellen Ausschlusses innenstadtrelevanter Einzelhandelsbetriebe unzulässig, da in Nr. 1.1.1 der schriftlichen Festsetzungen bei den innenstadtrelevanten Branchen die Branchen „Nahrungs- und Genußmittel" sowie „Drogerie" ausdrücklich aufgeführt sind.

1.2. Insoweit kommt auch keine Ausnahme von den Festsetzungen des Bebauungsplans in Betracht, da nach § 31 Abs. 1 BauGB – wie bereits ausgeführt – nur solche Ausnahmen zugelassen werden können, die in dem Bebauungsplan nach Art und Umfang ausdrücklich vorgesehen sind. Nachdem vorliegend die ausnahmsweise Zulassung innenstadtrelevanter Einzelhandelsbetriebe, die zur Versorgung der Wohnbevölkerung im Stadtteil K. mit Waren des täglichen Bedarfs erforderlich sind, nach den obigen Ausführungen unwirksam ist, kommt eine Ausnahme nicht in Betracht. ...

1.3. Auch die Voraussetzungen für eine Befreiung liegen nicht vor. ...

Nr. 81

1. **Es ist Sache des Bauherrn, ein schlüssiges Betriebskonzept vorzulegen, das die Zulassung einer Betriebsleiterwohnung rechtfertigen soll.**

2. **Der Umstand, daß für das in Rede stehende Gewerbegebiet zum Schutze eines benachbarten Wohngebietes ein flächenbezogener Schalleistungspegel festgesetzt ist, rechtfertigt nicht die Annahme, daß die Zulassung einer Ausnahme nach § 8 Abs. 3 Nr. 1 BauNVO ohne weiteres in Betracht kommt.**

3. **Die Gliederung eines Gewerbegebietes durch einen flächenbezogenen Schalleistungspegel kann die Zweckbestimmung des Baugebietes wahren.**

BauNVO § 1 Abs. 4 Satz 1 Nr. 2, § 8 Abs. 3 Nr. 1.

Niedersächsisches OVG, Beschluß vom 24. März 2003 – 1 LA 47/02 – (rechtskräftig).

Die Klägerin möchte auf einem Grundstück, für das im Bebauungsplan der Beklagten Nr. 88 a „Tonkuhle" Gewerbegebiet als Nutzungsart festgesetzt worden ist, einen Taxen- und Mietwagenbetrieb mit Wohnhaus errichten. Der Bebauungsplan enthält eine textliche Festsetzung Nr. 2, wonach im Plangebiet flächenbezogene Schalleistungspegel von 60/45 dB(A) einzuhalten sind. Die zu wohn- und gewerblichen Zwecken genutzten Räumlichkeiten sollen in einem Gebäudekomplex untergebracht werden. Dazu sollen Sanitär-, Büro-, Sozialräume, Materiallager sowie eine Werkstatt mit Grube gehören, in der kleinere Reparatur- und Wartungsarbeiten erledigt werden. Der Bebauungsplan blieb ohne Erfolg.

Aus den Gründen:
Wann eine Ausnahme nach § 8 Abs. 3 Nr. 1 BauNVO in Betracht kommt, hat das Bundesverwaltungsgericht in seinem Beschluß vom 22. 6. 1999 (– 4 B 46.99 –, BRS 62 Nr. 78 = BauR 1999, 1134 = NVwZ 1999, 1336) wie folgt zusammengefaßt: Bauplanungsrechtlich hierzu erforderlich ist, daß die in Rede stehende Wohnung dem jeweiligen Betrieb funktional zugeordnet ist. Dabei ist zwischen Aufsichts- und Bereitschaftspersonen sowie Betriebsinhabern und -leitern zu unterscheiden. Die genannte funktionale Zuordnung besteht bei Aufsichts- und Bereitschaftspersonal dann, wenn diese Personen wegen der Art des Betriebes oder zur Wartung von Betriebseinrichtungen oder aus Sicherheitsgründen ständig erreichbar sein müssen und deshalb das Wohnen solcher Personen nahe dem Betrieb erforderlich ist. Wohnungen für Betriebsleiter und -inhaber können wegen der engen Bindung zu ihrem Betrieb auch/schon dann zulässig sein, wenn der Betrieb ihre ständige Einsatzbereitschaft nicht zwingend erfordert. Auch dann aber muß das Wohnen auf dem Betriebsgrundstück oder seiner Nähe mit Rücksicht auf die Art und die Größe des Betriebes aus betrieblichen Gründen objektiv sinnvoll sein. Dafür reicht es aus, daß vernünftige, auf den konkreten Betrieb bezogene Gründe vorliegen, die eine Betriebswohnung als notwendig erscheinen lassen. Allgemein verbindlich läßt sich nicht formulieren, wann dies der Fall ist. Maßgeblich sind vielmehr die Umstände des Einzelfalls. Dies erfordert eine umfassende Bewertung aller maßgeblichen Umstände. In diese Bewertung kann auch einfließen, welche telekommunikationstechnischen Möglichkeiten heute bestehen und daher ein Wohnen ggf. entbehrlich machen.

Damit rechtfertigt nicht schon jedweder Wunsch des Gewerbetreibenden, auf seinem Grundstück oder in dessen Nähe eine Wohnung zu unterhalten, eine Ausnahme nach § 8 Abs. 3 Nr. 1 BauNVO. Erforderlich ist vielmehr eine „objektive" Prüfung. Dabei dürfte der Klägerin hier zwar darin Recht zu geben sein, daß Ausgangspunkt dieser Überprüfung das Betriebskonzept des Gewerbetreibenden zu sein hat und ein Verwaltungsgericht diese Überprüfung nicht an einer Alternativplanung orientieren darf, mit der es den Gewerbebetrieb nach seinen Überlegungen einrichtet, ohne dabei dessen wirtschaftliches Risiko tragen zu müssen. Das ändert aber nichts daran, daß sich an die Vorstellungen des Betriebskonzeptes die Prüfung anschließen muß, ob dies nach den genannten Kriterien „objektiv" einer Ausnahme rechtfertigt. Dabei darf nicht außer acht gelassen werden, daß Wohnungen nur ausnahmsweise zugelassen werden können, andererseits aber so gut wie jedes Gewerbe auf die Idee verfallen kann, eine Wohnung auf dem Betriebsgelände oder in seiner Nähe sei ihm von Nutzen. Durchschnittserwägungen, wie sie bei jedwedem Betriebskonzept vorkommen können, können eine Anwendung des § 8 Abs. 3 Nr. 1 BauNVO daher nicht eröffnen. Das würde dem Umstand nicht gerecht, daß Wohnnutzung nach der vom Verordnungsgeber vorgenommenen Typisierung nun einmal nicht regelmäßig, sondern nur als Ausnahme zulässig ist. Dementsprechend muß der Gewerbetreibende ein Konzept präsentieren, welches – sozusagen als richtig unterstellt und nicht durch eine gerichtliche oder behördliche Alternativplanung ersetzt – gemessen an den oben wiedergegebenen Kriterien eine Ausnahmesituation zu begründen vermag. Dabei mag es hier sein, daß die Klägerseite angesichts der Besonderheiten des Falles gesteigerte Chancen hat, eine Ausnahme zu erhalten. Denn der Regelausschluß von Wohnungen rechtfertigt sich durch die Überlegung, daß deren Existenz Schutzansprüche und Konflikte entstehen lassen kann, welche es den anderen Planunterworfenen erschwert oder erschweren kann, die Festsetzung als Gewerbegebiet in der Gestalt zum Teil stärker emittierender Aktivitäten vollständig auszunutzen. Dieser Gesichtspunkt greift hier abgeschwächt noch immer ein, obwohl Betriebe nach der textlichen Festsetzung Nr. 2 zum Bebauungsplan der Beklagten Nr. 88a ohnehin auf benachbarte Wohnbebauung Rücksicht zu nehmen haben und nur mit einem flächenbezogenen Schalleistungspegel von 60/45 dB(A) arbeiten dürfen. Das mindert die Anforderungen an die Triftigkeit des Betriebskonzepts jedoch nicht vollständig herab. Denn der flächenbezogene Schalleistungspegel soll nur sicherstellen, daß im Ergebnis auf den benachbarten Wohnquartieren keine Lärmmenge ankommt, welche die Schwelle der Zumutbarkeit überschreitet. Diese Einschränkung der zulässigen Lärmentwicklung ändert aber an dem für § 8 Abs. 3 Nr. 1 BauNVO maßgeblichen Gesichtspunkt nicht wesentliches, daß sich eine betrieblich nicht ausreichend rechtfertigende Wohnnutzung nicht gleichsam als „Laus in den gewerblichen Pelz" setzen und den anderen Gewerbetreibenden die Möglichkeit zur Ausnutzung der planerischen Festsetzung gemäß § 8 BauNVO erschweren soll. Dieser Gesichtspunkt hat hier deshalb Gewicht, weil die Gewerbetreibenden ohnehin die Verheißungen des § 8 Abs. 2 BauNVO auf Grund der textlichen Festsetzungen Nr. 2 zum Bebauungsplan Nr. 88a „Tonkuhle" nur eingeschränkt genießen können. Aus diesem Grunde haben die übrigen Gewerbetreibenden erst recht einen Anspruch darauf, daß sich Betriebsleiterwohnungen nur ausnahmsweise dort ansiedeln, und ist die textliche Festsetzung Nr. 2 zum Bebauungsplan Nr. 88a daher kein ausreichender Grund anzunehmen, hier komme unter ganz erleichterten Voraussetzungen die Erteilung einer Ausnahme nach § 8 Abs. 3 Nr. 1 BauNVO in Betracht.

Gemessen an diesen Grundsätzen hat die Klage keine Aussicht auf Erfolg. Das gilt namentlich auch dann, wenn man die Ausführung vom August 2000 ins Kalkül zieht. Von der Beklagten zur Konkretisierung des Nutzungszwecks für die hier streitige Wohnung aufgefordert, hat die Klägerin im wesentlichen nur folgendes auszuführen vermocht: Es sei nunmehr geplant, auf dem Grundstück einen einzigen Betrieb zu installieren und in diesem 10 bis 15 Droschken sowie 5 Mietwagen einzusetzen. Über die Abstell- und Ruhezeiten hinausgehend würden diese Kraftfahrzeuge das Grundstück nur zu den besonderen Anlässen wie namentlich Wartungs- und Reparaturarbeiten sowie – auf längere Sicht – zum Betanken anfahren. In diesem Rahmen sei geplant, die Wohnung von einer Familie mit Hauptwohnsitz bewohnen zu lassen. Damit solle sichergestellt werden, daß unabhängig vom Betriebsablauf immer jemand auf dem Grundstück sei. Dies werde schon deshalb für erforderlich angesehen, weil mit den abgestellten Kraftfahrzeugen und den gelagerten Materialien sowie mit der in Aussicht genommenen Eigentankstelle wertvolle Gegenstände auf dem Grundstück seien; diese benötigten im Rahmen der ansonsten weitgehend unbewohnten gewerblichen Nutzung des Gebiets der Aufsicht. Dies reicht nicht aus. Insbesondere verweist die Klägerseite zu Unrecht auf das Senatsurteil vom 27. 5. 1991 (– 1 L 137/89 –, BRS 52 Nr. 59). Hiermit werden gleichsam „Allerweltsgründe" geltend gemacht und keine Ausnahmesituation geschildert. So ziemlich jeder Gewerbebetrieb wird über einen Fuhrpark mit zum Teil erheblichem Wert verfügen. Allein dies sowie die abstrakt gegebene Gefahr deliktischer Übergriffe begründen eine Ausnahmesituation nicht. Dementsprechend hat der Senat in seinem zitierten Urteil vom 27. 5. 1991 die Existenz von Kraftfahrzeugen allein nicht ausreichen lassen. Maßgeblich für die seinerzeit getroffene Entscheidung war vielmehr der Umstand, daß – dem speziellen Betriebszweck entsprechend – im Freien etwa 2500 Fahrzeuge abgestellt waren, von denen einige nach den unwidersprochenen Angaben des Klägers wertvoll waren und nicht in verschließbaren Hallen untergebracht werden konnten. Erst diese Besonderheit war es, welche dem Senat Anlaß gab, eine Ausnahmesituation nach § 8 Abs. 3 Nr. 1 BauNVO anzunehmen. Ausdrücklich abgelehnt hat er dagegen in der zitierten Entscheidung, eine solche Ausnahmesituation nur deshalb anzunehmen, weil die Gefahr von Einbrüchen und von Sachbeschädigungen bestand. Der damalige Kläger hatte auch keine Chance, die 2500 Fahrzeuge anderen Orts abzustellen. Das ist bei den Mietwagen und Taxen grundsätzlich anders. Es kommt hinzu, daß Kraftfahrzeuge, welche in Betrieb sind, ganz andere Sicherungen gegen Diebstahl haben, als dies bei abgestellten Fahrzeugen im Jahr 1991 der Fall gewesen sein mag. Fahrzeuge neuzeitlicher Bauweise weisen schon aus versicherungsrechtlichen Gründen ganz allgemein Wegfahrsperren auf, welche die Diebstahlsrate erheblich gesenkt haben. Besonderen Umfangs dürfte dies – das kommt hier ergänzend hinzu – für Droschken und Mietwagen gelten. Es ist zumindest im Vordringen begriffen, wenn nicht sogar mittlerweile allgemein üblich, solche Fahrzeuge mit GPS auszurüsten. Das gestattet es, diese Fahrzeuge leichter aufzufinden, falls sie entwendet werden sollen, und dämpft dementsprechend die Neigung potentieller Diebe, sich ausgerechnet dieser Fahrzeuge zu bemächtigen.

Im Schreiben vom August 2000 sind betriebliche Besonderheiten, welche eine ständige Anwesenheit auf dem Betriebsgrundstück erforderten, nicht benannt worden. Das ist auch im Zulassungsverfahren nicht geschehen. In der Zulassungsantragsschrift beschränkt sich die Klägerin im wesentlichen auf den Hinweis, im Rahmen eines 24 Stunden lang tätigen Taxen- und Mietwagenbetriebes könne sich auch zur Nachtzeit das Erfordernis ergeben, unternehmerische Entscheidungen zu treffen, welche nicht einem Telefonist übertragen werden können. Das mag sein, ist indes kein ausreichender Grund, eine Ausnahmesituation i. S. des § 8 Abs. 3 Nr. 1 BauNVO anzunehmen. Denn solche Entscheidungen können mühelos mit Hilfe moderner Telekommunikationsmittel, d. h. mit dem Handy, Telefon oder in sonstiger Weise übermittelt werden, ohne daß der Unternehmer gerade auf dem Betriebsgrundstück wohnen muß. Eine spezifische Beziehung zum Betriebszweck und -grundstück besteht daher nicht.

Nr. 82

1. Maßgeblich für den Inhalt dessen, was baurechtlich genehmigt wird, ist in erster Linie die Baugenehmigung selbst; der Bauschein bestimmt insbesondere Art und Umfang des genehmigten Vorhabens.

2. Der erst durch die BauNVO 1990 in § 8 Abs. 3 Nr. 1 BauNVO aufgenommene Zusatz, daß Betriebswohnungen „dem Gewerbebetrieb zugeordnet und ihm gegenüber in Grundfläche und Baumasse untergeordnet" sein müssen, hat lediglich klarstellende Funktion; für die Genehmigung von Betriebswohnungen macht es daher keinen Unterschied, welche Fassung der Baunutzungsverordnung Bestandteil des Bebauungsplans i. S. von § 1 Abs. 3 Satz 2 BauNVO ist.

3. Setzt ein Bebauungsplan neben einem Industriegebiet ein eingeschränktes Gewerbegebiet – „zulässig sind nur nicht wesentlich störende Betriebe" – fest, hat der im Industriegebiet ansässige Gewerbebetrieb einen Abwehranspruch dagegen, daß im angrenzenden eingeschränkten Gewerbegebiet ein Wohnbauvorhaben zugelassen wird, das zu seinen Lasten mit dem festgesetzten Gebietscharakter unvereinbar ist.

4. In einer solchen Fallgestaltung kommt es nicht entscheidend darauf an, ob der Plangeber bei der konkreten Ausweisung der beiden benachbarten Baugebiete einen diesbezüglichen Nachbarschutz seiner Baugebietsausweisung ausdrücklich beabsichtigt hat oder nicht; ebensowenig ist für den nachbarlichen Abwehranspruch zu fordern, daß das im Gewerbegebiet unzulässige gebietsfremde (Wohnbau)Vorhaben sich dem im benachbarten Industriegebiet ansässigen Betrieb gegenüber konkret als rücksichtslos erweist.

BauNVO §§ 1 Abs. 3 Satz 2, 8 Abs. 3 Nr. 1; BauO NRW § 69 Abs. 1 Satz 1.

OVG Nordrhein-Westfalen, Beschluß vom 25. Februar 2003
– 7 B 2374/02 – (rechtskräftig).

(VG Arnsberg)

Die Antragstellerin führt einen immissionsschutzrechtlich genehmigungspflichtigen Recyclingbetrieb, der in einem durch Bebauungsplan festgesetzten Industriegebiet ansässig ist. Sie wandte sich im einstweiligen Rechtsschutz gegen die Baugenehmigung für ein Wohnhaus mit Büroflächen, das in einem dem Industriegebiet benachbarten, in demselben Bebauungsplan festgesetzten eingeschränkten Gewerbegebiet errichtet werden sollte. Ihr Begehren hatte in 2. Instanz Erfolg.

Aus den Gründen:

Das Interesse der Antragstellerin an der aufschiebenden Wirkung ihres Widerspruchs überwiegt gegenüber dem Interesse des Beigeladenen an der sofortigen (weiteren) Ausnutzung der ihm erteilten Baugenehmigung, weil diese nach der im vorliegenden Verfahren des einstweiligen Rechtsschutzes nur möglichen und gebotenen summarischen Prüfung offensichtlich rechtswidrig ist und die Antragstellerin in ihren Rechten verletzt.

Die offensichtliche Rechtswidrigkeit der angefochtenen Baugenehmigung folgt daraus, daß das genehmigte Vorhaben ersichtlich bauplanungsrechtlich unzulässig ist.

Das Vorhaben liegt im Geltungsbereich des Bebauungsplans Nr. 15 der früheren Gemeinde L. Dieser weist den Standort des strittigen Vorhabens als ein eingeschränktes Gewerbegebiet aus, in dem nur nicht wesentlich störende Betriebe zulässig sind. Von der Wirksamkeit dieses Bebauungsplans ist ungeachtet der Absicht der Stadt M., den betroffenen Bereich künftig für Wohnbaunutzungen planerisch sichern zu wollen, weiterhin auszugehen. Insbesondere liegt auch hinsichtlich des hier festgesetzten eingeschränkten Gewerbegebiets – ebenso wie bei der Ausweisung des östlichen Industriegebiets – kein Anhalt dafür vor, daß die entsprechende Festsetzung funktionslos geworden wäre (zu dem ausgewiesenen Industriegebiet vgl. bereits: OVG Nordrhein-Westfalen, Beschluß v. 26. 9. 2002 – 7 B 1716/02 –).

Mit der wirksamen und weiterhin nach § 30 Abs. 1 BauGB beachtlichen Gewerbegebietsausweisung ist das strittige Vorhaben offensichtlich unvereinbar.

Dem Beigeladenen ist nicht etwa ein (nicht wesentlich störender) Gewerbebetrieb genehmigt worden, sondern ein Wohnhaus. Dies folgt bereits aus dem Tenor der angefochtenen Baugenehmigung vom 25. 1. 2002, der das genehmigte Vorhaben eindeutig und unmißverständlich umschreibt als „Wohnhaus mit Büroflächen". Die Baugenehmigung gibt weder vor, daß das Grundstück nur für einen Gewerbebetrieb genutzt werden darf, noch gibt sie etwa vor, daß das Wohnhaus ausschließlich als Betriebswohnung i. S. von § 8 Abs. 3 Nr. 1 BauNVO zu nutzen ist. Maßgeblich für den Inhalt dessen, was genehmigt wird, ist in erster Linie die Baugenehmigung selbst. Der Bauschein bestimmt insbesondere Art und Umfang des genehmigten Vorhabens. Die mit dem Bauantrag einzureichenden Bauvorlagen (vgl. nunmehr § 69 Abs. 1 Satz 1 BauO NRW) haben demgegenüber in aller Regel keine selbständige Bedeutung, vielmehr eine konkretisierende und erläuternde Funktion. Wenn und soweit der Text des Bauscheins abschließende und erschöpfende Regelungen trifft, hat es damit sein Bewenden (vgl. OVG Nordrhein-Westfalen, Urteil v. 26. 7. 1995 – 7 A 2179/93 – JURIS-Dokumentation, m. w. N.).

Der Umstand, daß die genehmigten Bauvorlagen im Erdgeschoß des Wohnhauses auch „Büroräume" aufweisen und daß im genehmigten Lageplan ein rd. 6×9 m großer „Lagerplatz" eingetragen ist, der nach der genehmigten Betriebsbeschreibung der Lagerung von Baumaterialien dienen soll, ändert nichts daran, daß der Beigeladene das strittige Vorhaben „Wohnhaus mit Büroräumen" auch dann baugenehmigungskonform nutzen kann, wenn er auf die Anlage des Lagerplatzes verzichtet und die Räume im Erdgeschoß nicht einer Büronutzung zuführt.

Des weiteren fehlt es auch im vorliegenden Fall – nicht anders als bei dem Sachverhalt, der dem Beschluß des Senats vom 26. 9. 2002 (– 7 B 1716/02 –) zugrunde lag – daran, daß das Wohnen auf oder nahe dem Betriebsgrundstück mit Rücksicht auf die Art und Größe des Betriebs aus betrieblichen Gründen objektiv sinnvoll und daß die Betriebswohnung dem Gewerbebetrieb zugeordnet und ihm gegenüber in Grundfläche und Baumasse untergeordnet ist (vgl. hierzu: BVerwG, Beschluß v. 22. 6. 1999 – 4 B 46.99 –, BRS 62 Nr. 78 = BauR 1999, 1134).

Die letztgenannte Voraussetzung ist entgegen der Auffassung des Beigeladenen auch im vorliegenden Fall zu beachten. Zwar trifft es zu, daß auf den hier in Rede stehenden, im Jahr 1971 bekannt gemachten Bebauungsplan Nr. 15 gemäß der statischen, nicht dynamischen Verweisung des § 1 Abs. 3 Satz 2 BauNVO die Baunutzungsverordnung 1968 anzuwenden ist und daß § 8 Abs. 3 Nr. 1 dieser Fassung der BauNVO noch nicht den Zusatz enthielt „die dem Gewerbebetrieb zugeordnet und ihm gegenüber in Grundfläche und Baumasse untergeordnet sind". Mit dem genannten, erst durch die Baunutzungsverordnung 1990 in diese Verordnung aufgenommenen Zusatz hat sich an der Rechtslage jedoch nichts geändert. Die Aufnahme dieses Zusatzes in die BauNVO hat lediglich klarstellende Funktion, ihr kommt nicht die Bedeutung einer materiell-rechtlichen Änderung zu (vgl. Fickert/Fieseler, BauNVO, 10. Aufl. 2002, § 8 Rdnr. 4.1; ebenso: Bielenberg, in: Ernst/Zinkahn/Bielenberg, BauGB, Stand August 2002, § 8 Rdnr. 23; Ziegler, in: Brügelmann, BauGB, Stand September 2002, § 8 Rdnr. 56 m. w. N.).

Für die Genehmigungsfrage macht es daher keinen Unterschied, welche Fassung der Baunutzungsverordnung Bestandteil des Bebauungsplans i. S. von § 1 Abs. 3 Satz 2 BauNVO ist.

Nicht anders als in dem bereits angesprochenen Fall, der dem Beschluß des Senats vom 26. 9. 2002 (– 7 B 1716/02 –) zugrunde lag, dominiert auch hier die Wohnnutzung das Vorhaben des Beigeladenen eindeutig. Das Wohnhaus selbst soll mit seiner ausschließlich im Erdgeschoß vorgesehenen gewerblichen Nutzung (zwei Büroräume mit weniger als 40 m² Grundfläche nebst großzügigem, einem normalen Bad entsprechendem WC und gleichfalls großzügiger sogenannter Teeküche) allenfalls zu rund einem Drittel gewerblich genutzt werden. Hinsichtlich des Lagerplatzes scheidet eine Zuordnung zu dem Wohnhaus (nebst Garage mit Abstellraum) ersichtlich aus. Da eine bauliche Befestigung dieses Lagerplatzes in den genehmigten Bauvorlagen nicht verlautbart ist, in der genehmigten Baubeschreibung vielmehr – abgesehen von der Befestigung der Zufahrt mit Betonsteinpflaster – nur die Rede ist von einer „allgemeinen Eingrünung" der nicht überbauten Flächen, wäre die hier vorgesehene gewerbliche Nutzung allenfalls in Relation zu setzen zu dem übrigen, eindeutig der Wohnnutzung zuzuordnendem Freiflächengeschehen auf dem Grundstück. Der Lagerplatz erfaßt damit gleichfalls nur einen Bruchteil des eindeutig der Wohnnutzung zuzuordnenden Freiflächengeschehens.

Es ist im übrigen auch nicht ansatzweise erkennbar, daß die Einrichtung des Lagerplatzes von weniger als 60 m² Grundfläche und von den beiden Büroräumen es aus – hier in den maßgeblichen Bauvorlagen ohnehin nicht näher verlautbarten – betrieblichen Gründen objektiv sinnvoll erscheinen lassen, daß neben diesen angegebenen gewerblichen Nutzungen betriebsbedingt gewohnt wird. (Wird ausgeführt.)

Der Einschätzung, daß es sich im vorliegenden Fall nicht um eine im hier festgesetzten Gewerbegebiet zulässige Betriebswohnung handelt, steht schließlich auch nicht entgegen, daß sich bei den Bauakten eine Baulast mit der Verpflichtung befindet, nach der „die Wohnung auf dem oben genannten Grundstück nur von dem in § 8 Abs. 3 Nr. 1 der Verordnung über die bauliche Nutzung der Grundstücke – Baunutzungsverordnung – (BauNVO) genannten Personenkreis genutzt wird". Die Baulast ist schon deshalb ungeeignet, ein dem hier in Rede stehenden Gewerbegebiet zuzuordnendes betriebliches Wohnen dauerhaft zu sichern, weil keine Zuordnung des Nutzerkreises zu einem konkreten in eben diesem Gewerbegebiet ansässigen Betrieb – erst recht nicht zu einem solchen auf dem strittigen Grundstück – erfolgt ist.

Durch die nach alledem offensichtlich rechtswidrige Baugenehmigung wird die Antragstellerin ersichtlich auch in ihren Rechten verletzt. Sie hat nach Auffassung des Senats – unabhängig von der Frage, ob das strittige Vorhaben ihr gegenüber konkret rücksichtslos ist – einen Anspruch darauf, daß in der hier gegebenen Situation in dem „ihrem" Industriegebiet benachbarten Gewerbegebiet keine Baugenehmigung erteilt wird, die zu ihren – der Antragstellerin – Lasten mit der Gewerbegebietsausweisung unvereinbar ist.

Allerdings ist dem Verwaltungsgericht einzuräumen, daß der höchstrichterlich anerkannte sogenannte Gebietsgewährleistungsanspruch (vgl. hierzu grundlegend: BVerwG, Urteil v. 16. 9. 1993 – 4 C 28.91 –, BRS 55 Nr. 110 = BauR 1994, 223) sich auf Fallgestaltungen bezieht, bei denen es um die Wahrung des Gebietscharakters zugunsten eines innerhalb desselben Baugebiets ansässigen Nachbarn geht. Insoweit kann sich der Nachbar im Plangebiet auch dann gegen die Zulassung einer gebietswidrigen Nutzung wenden, wenn er durch sie selbst nicht unzumutbar beeinträchtigt wird. Im Rahmen des nachbarlichen Gemeinschaftsverhältnisses soll jeder Planbetroffene das Eindringen einer gebietsfremden Nutzung und damit die schleichende Umwandlung des Baugebiets verhindern können (vgl. BVerwG, Beschluß v. 2. 2. 2000 – 4 B 87.99 –, BRS 63 Nr. 190 = BauR 2000, 1019).

Um eine solche schleichende Umwandlung des Baugebiets, in dem der betroffene Nachbar – hier die Antragstellerin – selbst ansässig ist, geht es im vorliegenden Fall jedoch nicht. Der Betrieb der Antragstellerin liegt in dem im Bebauungsplan Nr. 15 festgesetzten Industriegebiet, während das Vorhaben des Beigeladenen – unzulässigerweise – im angrenzenden eingeschränkten Gewerbegebiet errichtet wird. Die Antragstellerin möchte im vorliegenden Fall anders als im Verfahren – 7 B 1716/02 – nicht eine schleichende Umwandlung ihres eigenen Baugebiets – des festgesetzten Industriegebiets – verhindern, sondern sie möchte verhindern, daß das angrenzende, in demselben Bebauungsplan festgesetzte eingeschränkte Gewerbegebiet durch das Vorhaben des Beigeladenen und andere dort unzulässige betriebsfremde Wohnvorhaben schleichend zu ihren Lasten in ein letztlich nur Wohnnutzung dienendes (faktisches) Wohngebiet umgewandelt wird. Nach Auffassung des Senats ist in dieser Konstellation jedenfalls ein Anspruch auf Bewahrung bestimmter Elemente der festgesetzten Gebietstypik zu bejahen, der der im Industriegebiet ansässigen Antragstellerin einen Anspruch darauf gewährt, daß im benachbarten eingeschränkten Gewerbegebiet keine Vorhaben zugelassen werden, die zu ihren Lasten mit dem festgesetzten Gebietscharakter unvereinbar sind. Wie bei dem höchstrichterlich anerkannten Gebietsgewährleistungsanspruch kommt es dabei im konkreten Fall nicht entscheidend darauf an, ob der Plangeber bei der konkreten Ausweisung der beiden benachbarten Baugebiete einen diesbezüglichen Nachbarschutz seiner Baugebietsausweisung ausdrücklich beabsichtigt hat oder nicht. Ebenso wenig ist für den nachbarlichen Abwehranspruch zu fordern, daß das unzulässige gebietsfremde Vorhaben sich der Antragstellerin als Nachbarin gegenüber konkret als rücksichtslos erweist. Der aus dem objektiven Charakter der getroffenen Baugebietsausweisungen folgende nachbarliche Abwehranspruch ist anders als der sogenannte Gebietsgewährleistungsanspruch jedoch nur eingeschränkt. Er gewährt nicht ein Abwehrrecht gegenüber allen mit der getroffenen Baugebietsausweisung unvereinbaren Vorhaben, sondern nur gegenüber solchen unzulässigen Vorhaben, die der Nachbar aus Gründen, die das gesamte Plangebiet erfassen und dessen alle Grundeigentümer bindenden und ihre eigenen Vorhaben schützenden Charakter betreffen, selbst nicht verwirklichen dürfte.

Für diese Wertung sprechen insbesondere folgende Erwägungen:

Der hier in Rede stehende Bebauungsplan erfaßt ein Areal, das insgesamt als zu gewerblichen Zwecken nutzbar ausgewiesen ist. Mit der Festsetzung des größeren Industriegebiets und des kleineren benachbarten eingeschränkten Gewerbegebiets, in dem nur nicht wesentlich störende Betriebe zulässig sind, ist das Plangebiet insgesamt ausschließlich gewerblicher Nutzung vorbehalten. Der Sache nach stellen sich die Planfestsetzungen nicht anders dar, als wenn das Plangebiet insgesamt als gegliedertes Gewerbegebiet ausgewiesen worden wäre. Der Unterschied zu einer solchen Variante besteht hier nur darin, daß in dem als Industriegebiet ausgewiesenen Bereich auch die in einem Gewerbegebiet nicht zulässigen erheblich belästigenden Gewerbebetriebe zulässig sind. Ein wesentliches Merkmal sowohl der Gewerbegebiets- als auch der Industriegebietsausweisung, nämlich der generelle Ausschluß jeglichen Wohnens, das nicht ausnahmsweise als betriebsbezogenes Wohnen gemäß § 8 Abs. 3 Nr. 1 bzw. § 9 Abs. 3 Nr. 1 BauNVO zugelassen werden kann, bleibt für das gesamte Plangebiet erhalten. Bezogen auf diesen Ausschluß betriebsfremden Wohnens bei gleichzeitiger Vorgabe ausschließlicher gewerblicher Nutzungen weisen die beiden hier festgesetzten Baugebiete eine einheitliche Charakteristik auf, die es rechtfertigt, der Antragstellerin einen das gesamte Plangebiet erfassenden Abwehranspruch zuzugestehen. Ebenso wie sie es hinnehmen muß, daß sie ihr eigenes Grundstück nicht für betriebsfremdes allgemeines Wohnen zur Verfügung stellen, sondern dieses – abgesehen von eventuellen Ausnahmen nach § 9 Abs. 3 BauNVO – ausschließlich gewerblich nutzen darf, kann sie erwarten, daß Gleiches nicht nur in ihrem eigenen Industriegebiet geschieht, sondern auch in dem benachbarten eingeschränkten Gewerbegebiet, das gleichfalls nicht für betriebsfremdes Wohnen, sondern ausschließlich für gewerbliche Nutzungen zur Verfügung steht. Für den Senat besteht insoweit kein Zweifel, daß die Antragstellerin bei ihrer Ansiedlung im Industriegebiet nicht damit rechnen mußte, daß in diesem Gebiet oder im benachbarten eingeschränkten Gewerbegebiet eine ihren Betrieb möglicherweise gefährdende Wohnnutzung zugelassen werden würde.

Aus dieser Wertung folgt – worauf zur Vermeidung von Mißverständnissen nochmals hinzuweisen ist – nicht, daß die Antragstellerin damit einen Abwehranspruch gegen jedes Vorhaben hätte, das mit den für das benachbarte eingeschränkte Gewerbegebiet getroffenen Festsetzungen unvereinbar wäre. Namentlich hat sie nicht etwa einen – von einer konkreten Unzumutbarkeit unabhängigen – Anspruch darauf, daß dort kein Gewerbebetrieb zugelassen wird, der wesentlich stört oder gar erheblich belästigt. Auch ist darauf hinzuweisen, daß mit dieser Wertung nicht etwa die generelle Anerkennung eines das gesamte Plangebiet eines Bebauungsplans erfassenden Gebietsgewährleistungsanspruchs verbunden ist (vgl. in diesem Sinne etwa: VGH Baden-Württemberg, Urteil v. 4.5.2001 – 3 S 597/00 –, VBlBW 2001, 487; a.A. hingegen: VGH Baden-Württemberg, Urteil v. 23.8.1996 – 10 S 1492/96 –, BRS 58 Nr. 160). Entscheidend für die Bejahung des eingeschränkten, über die Grenzen ihres eigenen Baugebiets hinausgreifenden Abwehranspruchs der Antragstellerin ist vielmehr allein, daß die im vorliegenden Bebauungsplan getroffenen Baugebietsausweisungen dem Plangebiet insgesamt einen ausschließlich gewerblich nutzbaren Gebietscharakter zukommen lassen, der alle Planbetroffenen objektiv vor einer mit den Vorgaben der Baunutzungsverordnung unvereinbaren Verfremdung durch gewerbe- und industriegebietsfremde Wohnnutzungen schützt. Darauf, ob ein solcher Nachbarschutz vom Planbeber ausdrücklich beabsichtigt und entsprechend verlautbart ist (vgl. in diesem Sinne etwa: OVG Rheinland-Pfalz, Urteil v. 14.1.2000 – 1 A 11751/99 –, BRS 63 Nr. 191), kann es bei diesen objektiven Gegebenheiten ebenso wie bei dem Anspruch auf Wahrung des Gebietscharakters innerhalb desselben Baugebiets nicht ankommen.

Nr. 83

1. **Als Anlage für soziale Zwecke i.S. des § 9 Abs.3 Nr.2 BauNVO ist eine Asylbewerberunterkunft in einem Industriegebiet nicht zulässig, da sie mit der Zweckbestimmung des Gebiets nicht vereinbar ist.**
2. **Es entspricht nicht der Billigkeit, die außergerichtlichen Kosten des beigeladenen Bauherrn für erstattungsfähig zu erklären, wenn die zur Kostentragung verpflichtete Baugenehmigungsbehörde für die Rechtsposition des Beigeladenen gestritten hat.**

BauNVO § 9; VwGO § 162 Abs. 3.

OVG Nordrhein-Westfalen, Beschluß vom 4. November 2003 – 22 B 1345/03 – (rechtskräftig).

(VG Düsseldorf)

Die Beigeladenen und die Antragsteller sind Eigentümer von benachbarten Grundstücken in einem durch Bebauungsplan festgesetzten Industriegebiet. Die Antragsteller betreiben auf ihren Grundstücken einen Speditionsbetrieb bzw. ein landwirtschaftliches

Lohnunternehmen. Zu beiden Firmen gehören auch Wohnungen für Aufsichts- und Bereitschaftspersonen. Die Antragsteller wandten sich erstinstanzlich erfolgreich gegen eine den Beigeladenen seitens des Antragsgegners erteilte Nutzungsänderungsgenehmigung für das Nachbargrundstück als Asylbewerberunterkunft. Der dagegen seitens des Antragsgegners eingelegten Beschwerde blieb der Erfolg versagt. Die Beigeladenen erklärten sich im Beschwerdeverfahren nicht.

Aus den Gründen:
Bei der Beurteilung der hier allein in Streit stehenden bauplanungsrechtlichen Zulässigkeit der beantragten Nutzung geht der Senat von der Wirksamkeit des für das Baugrundstück maßgeblichen Bebauungsplans vom 1.8.1968 aus. Dieser weist für das Baugrundstück sowie für die Grundstücke der Antragsteller ein Industriegebiet aus.

Unter dieser Prämisse verstößt die Baugenehmigung gegen den Anspruch der Antragsteller auf Einhaltung des Gebietscharakters.

Allerdings können in einem Industriegebiet gemäß §9 Abs. 3 Nr. 2 BauNVO (in seit 1962 unveränderter Fassung) ausnahmsweise u.a. Anlagen für soziale Zwecke zugelassen werden. Bei der von den Beigeladenen geplanten Asylbewerberunterkunft dürfte es sich um eine solche Anlage handeln. Eine Wohnnutzung dürfte ausscheiden, weil deren Kriterien, eine auf Dauer angelegte Häuslichkeit, Eigengestaltung der Haushaltsführung und des häuslichen Wirkungskreises sowie Freiwilligkeit des Aufenthalts (vgl. BVerwG, Beschluß v. 25.3.1996 – 4 B 302.95 –, BRS 58 Nr. 56 = BauR 1996, 676), nicht vorliegen. Die von den Beigeladenen nach den Vorstellungen des Antragsgegners geplante Asylbewerberunterkunft ist objektiv nicht für eine Eigengestaltung der Haushaltsführung und des häuslichen Wirkungskreises geeignet und nach seinem Nutzungskonzept hierfür auch nicht bestimmt. Die Zimmer für die Asylbewerber sollen zwar mit einer Kochgelegenheit ausgestattet werden. Es fehlen in den Zimmern aber sanitäre Einrichtungen. Diese stehen allen Asylbewerbern nur zentral zur Verfügung. Sonstige Aufenthaltsräume für die Asylbewerber fehlen. Die Unterbringung der Asylbewerber ist damit ersichtlich nicht auf Häuslichkeit und Eigengestaltung angelegt. Sie erfolgt zudem zwangsweise und ist insoweit auch – anders als der Regelfall einer Wohnnutzung - von vornherein auf die Dauer des Asylverfahrens, selbst wenn dieses sich über Jahre hinziehen kann, beschränkt.

Als Anlage für soziale Zwecke i. S. des §9 Abs. 3 Nr. 2 BauNVO kann eine Asylbewerberunterkunft in einem Industriegebiet aber nur zulässig sein, wenn sie gebietsverträglich ist, d.h. wenn sie mit der Zweckbestimmung des Gebiets vereinbar ist. Die Gebietsverträglichkeit ergibt sich nicht bereits daraus, daß Anlagen für soziale Zwecke in Industriegebieten ausnahmsweise zulässig sind. Vielmehr besteht zwischen der jeweiligen spezifischen Zweckbestimmung des Baugebietstypus und dem jeweils zugeordneten Ausnahmekatalog ein funktionaler Zusammenhang. Daher ist auch die normierte allgemeine Zweckbestimmung eines Industriegebiets für die Auslegung und Anwendung der tatbestandlich normierten Ausnahmen bestimmend (vgl. BVerwG, Urteil v. 21.3.2002 – 4 C 1.02 –, BVerwGE 116, 155, 158 = BRS 65 Nr. 63, Beschluß v. 13.5.2002 – 4 B 86.01 –, BauR 2002, 1499, 1500 = BRS 65 Nr. 66).

Industriegebiete dienen ausschließlich der Unterbringung von Gewerbebetrieben (§ 9 Abs. 1 BauNVO) und zwar vorwiegend solcher Betriebe, die in anderen Baugebieten unzulässig sind. Sie sind die immissionsstärksten und störungsunempfindlichsten Baugebiete, die die Baunutzungsverordnung kennt (vgl. BVerwG, Urteil v. 24. 2. 2000 – 4 C 23.98 –, BRS 63 Nr. 80 = BauR 2000, 1306).

In Abgrenzung zu den anderen Baugebietsarten dienen sie mehr noch als die Gewerbegebiete der Unterbringung von gewerblichen Nutzungen. Dies ergibt sich eindeutig daraus, daß in § 9 Abs. 1 BauNVO von der ausschließlichen Unterbringung von Gewerbebetrieben die Rede ist. Jede andere Nutzung ist aus den allgemeinen Zulassungstatbeständen in § 9 Abs. 2 BauNVO ausgeschlossen. Die erheblich belästigenden Betriebe müssen im Verhältnis zu den anderen Betrieben nach Umfang und Gewicht überwiegen. Die anderen Betriebe müssen ihrerseits in einem Gewerbegebiet zulässig sein. Gewerbliche Nutzungen, die in einem Gewerbegebiet wegen ihrer Wohnartigkeit ausgeschlossen sind, sind in einem Industriegebiet erst recht unzulässig (vgl. Gelzer/Bracher/Reidt, Bauplanungsrecht, 6. Aufl. 2001, Rdnr. 1732 ff.).

Daraus folgt, daß das genehmigte Vorhaben in einem Industriegebiet nicht (ausnahmsweise) zugelassen werden kann. Als Unterkunft für Menschen, die dort ihren Lebensmittelpunkt haben, verträgt sie sich nicht mit emissionsstarken, störungsintensiven Gewerbebetrieben, wie sie bei der gebotenen abstrakt-typisierenden Betrachtung in einem Industriegebiet zulässig sind. Selbst wenn Asylbewerberunterkünfte nicht dem Wohnen dienen, stehen sie dieser Nutzungsart erheblich näher als einer industriegebietstypischen gewerblichen Nutzung.

Dem Wohnen in einem Industriegebiet dienen zwar auch die dort ebenfalls nur ausnahmsweise zulässigen Wohnungen für Aufsichts- und Bereitschaftspersonen sowie für Betriebsinhaber und Betriebsleiter (§ 9 Abs. 3 Nr. 1 BauNVO). Ihre Errichtung ist aber nur zulässig, wenn sie Gewerbebetrieben zugeordnet sind. Außerdem müssen sie dem Gewerbebetrieb gegenüber in Grundfläche und Baumasse untergeordnet sein. Sie sind daher nur bei unabweisbaren betrieblichen Bedürfnissen oder bei persönlicher Gebundenheit des Betriebsinhabers oder -leiters an den Betrieb gerechtfertigt. Ihre Nutzung durch andere als die angeführten Personen – und ihre Familienangehörigen – ist grundsätzlich unzulässig, da es das planerische Bestreben der Baunutzungsverordnung ist, Industriegebiete von einer Wohnnutzung möglichst frei zu halten. Ihnen steht auch nur ein geringerer Schutz gegen Immissionen zu als den sonstigen Wohnungen, denn sie müssen sich mit der Immissionsbelastung abfinden, die generell in einem Industriegebiet zulässig ist (so bereits BVerwG, Urteil v. 16. 3. 1984 – 4 C 50.80 –, BRS 42 Nr. 73).

Bei einer Asylbewerberunterkunft fehlt es ersichtlich an einem solchen funktionalen Zusammenhang zwischen der Unterbringung von Menschen und einem Gewerbebetrieb.

Mit seiner Auffassung zur Unverträglichkeit einer Asylbewerberunterkunft mit einem Industriegebiet setzt sich der Senat nicht in Widerspruch zum Beschluß des 10. Senats dieses Gerichts vom 27. 8. 1992 (im Verfahren – 10 B 3439/92 – (NVwZ 1993, 279)), in dem nachbarliche Abwehrrechte gegen zwei

Nr. 84

Wohncontainer für Asylbewerber durch Antragsteller, deren Grundstücke in eingeschränkten Industriegebieten lagen, geltend gemacht und verneint wurden. Dieser Sachverhalt ist bereits nicht mit dem vorliegenden vergleichbar, weil der Bebauungsplan Le-2 für das Industriegebiet keine Nutzungsbeschränkungen festlegt. Die Ausführungen des 10. Senats beziehen sich außerdem ausschließlich auf das einzelfallbezogen anzuwendende Gebot der Rücksichtnahme.

Eines Eingehens auf dieses Rechtsinstitut bedarf es vorliegend nicht mehr, weil sich die Baugenehmigung bereits – wie dargelegt – unabhängig von den besonderen Umständen des Einzelfalls als mit der Zweckbestimmung des Industriegebiets nicht vereinbar erweist.

Die Kostenentscheidung beruht auf § 154 Abs. 2 VwGO. Die außergerichtlichen Kosten der Beigeladenen für erstattungsfähig zu erklären, entspricht nicht der Billigkeit i. S. des § 162 Abs. 3 VwGO. Die Beigeladenen waren im Beschwerdeverfahren zwar notwendig beizuladen, der zur Kostentragung verpflichtete Antragsgegner stritt aber für ihre Rechtsposition, die sie selbst nicht aufgaben, so daß es nicht gerechtfertigt ist, den Antragsgegner auch mit den den Beigeladenen entstandenen Kosten zu belasten.

Nr. 84

Der Landesgesetzgeber ist frei, die Begriffe „Stellplätze und Garagen" im Hinblick auf bauordnungsrechtliche Anforderungen eigenständig zu definieren.
(Nichtamtlicher Leitsatz)

BauGB § 9 Abs. 1 Nr. 4; BauNVO § 12 Abs. 1.

Bundesverwaltungsgericht, Beschluß vom 9. Oktober 2003 – 4 B 81.03 –.

(OVG Nordrhein-Westfalen)

Aus den Gründen:
Die Beschwerde wirft als grundsätzlich bedeutsam die Frage auf, ob die in einem Bebauungsplan getroffene Festsetzung „Carport" ohne weitere Angaben bestimmt genug sei. Diese Frage könnte in einem Revisionsverfahren nicht in verallgemeinerungsfähiger Weise beantwortet werden. Es ist selbstverständlich, daß Festsetzungen in einem Bebauungsplan im Hinblick auf Art. 14 Abs. 1 Satz 2 GG ausreichend bestimmt und in ihrem Regelungsgehalt durch § 9 BauGB gedeckt sein müssen. Eine Festsetzung ist auch dann ausreichend bestimmt, wenn ihr Regelungsgehalt im Wege der Auslegung bestimmt werden kann. Das Berufungsgericht hat die Festsetzung „Carport" im vorliegenden Fall unter Rückgriff auf die allgemein anerkannten Auslegungsmethoden, den üblichen Sprachgebrauch, die landesrechtliche Begriffsbildung in der Landesbauordnung und der Garagenverordnung sowie mit Rücksicht auf das städtebauliche Gesamtkonzept des Beklagten dahin ausgelegt, daß er einen überdachten Abstellplatz für Kraftfahrzeuge ohne Seitenwände bezeichnet. Die Beschwerde zeigt nicht auf, daß dieses methodi-

sche Vorgehen des Berufungsgerichts klärungsbedürftige Rechtsfragen des Bundesrechts aufwirft.

Entgegen der Beschwerde ergibt sich ein bundesrechtlicher Klärungsbedarf auch nicht daraus, daß das Bundesrecht den Begriff des „Carports" in seiner Bedeutung für das Recht der Bauleitplanung nicht definiert. Das Städtebaurecht benutzt die Bezeichnung „Stellplätze und Garagen" (vgl. §9 Abs. 1 Nr. 4 BauGB, §12 Abs. 1 BauNVO) als Sammelbegriff für vom Bauherrn nachzuweisende oder zu schaffende Gelegenheiten zur Unterbringung von Kraftfahrzeugen im sog. ruhenden Verkehr. Es geht insoweit von der landesrechtlichen Begriffsbildung aus, ohne daß es ihm auf eine eigene begriffliche Abgrenzung zwischen Stellplätzen einerseits und Garagen andererseits ankommt (vgl. BVerwG, Urteil v. 4.10.1985 – 4 C 26.81 –, BRS 44 Nr. 108 = BauR 1986, 67 = NVwZ 1986, 120; Beschluß v. 31.8.1989 – 4 B 161.88 –, BRS 49 Nr. 16). Das bedeutet, daß der Landesgesetzgeber (oder Landesverordnungsgeber) frei ist, die Begriffe „Stellplätze und Garagen" im Hinblick auf bauordnungsrechtliche Anforderungen eigenständig zu definieren. Die Gemeinde ist aus bundesrechtlicher Sicht frei, in einem Bebauungsplan an diese landesrechtlichen Definitionen anzuknüpfen (vgl. BVerwG, Urteil v. 4.10.1985, a.a.O.). Kennt das Landesrecht den Begriff des überdachten Stellplatzes und ergibt sich aus dem Landesrecht, daß der Begriff „Carport" einen überdachten Stellplatz bezeichnet, kann auch der Begriff „Carport" verwandt werden, um die Anlage zu beschreiben, die auf nach §9 Abs.1 Nr.4 BauGB festgesetzten Flächen zulässig ist.

Nr. 85

Der Begriff des Verbrauchermarkts i.S. des §11 Abs.3 BauNVO 1968 beschränkt sich nicht auf großflächige Einzelhandelsbetriebe mit einem hauptsächlich auf Lebensmittel und verwandte Waren ausgerichteten oder mit einem insgesamt warenhausähnlichen Sortiment. Auch ein sogenannter Fachmarkt (hier: für Fahrräder und Sportbedarf) kann ein Verbrauchermarkt sein.

BauGB §30 Abs.1; BauNVO 1968 §§9 Abs.2 Nr.1, 11 Abs.3; BauNVO 1977 §11 Abs.3.

Bundesverwaltungsgericht, Urteil vom 18. Juni 2003 – 4 C 5.02 –.

(VGH Baden-Württemberg)

Die Klägerin nimmt den Beklagten auf Erteilung eines Bauvorbescheides in Anspruch.
Die Klägerin ist Eigentümerin eines Grundstücks im Geltungsbereich des Bebauungsplans ... der Gemeinde D. von 1973, der das Grundstück als Industriegebiet ausweist. Nachdem ihr 1998 eine entsprechende Baugenehmigung erteilt worden war, errichtete sie im November 1998 auf dem Grundstück einen Fachmarkt für Fahrräder, Sportartikel und Sportbekleidung mit einer Geschoßfläche von ca. 5800 qm. Mit Schreiben vom Januar 2001 beantragte sie die Erteilung eines Bauvorbescheides zur pla-

nungsrechtlichen Zulässigkeit eines Anbaus mit einer Geschoßfläche von 3120 qm. Diesen Antrag lehnte der Beklagte mit der Begründung ab, das geplante Vorhaben widerspreche den Festsetzungen des Bebauungsplans. Es handele sich bei dem Vorhaben um die Erweiterung eines bestehenden Verbrauchermarktes i.S. des §11 Abs.3 BauNVO 1968, der der übergemeindlichen Versorgung diene und außer in Kerngebieten nur in hierfür festgesetzten Sondergebieten zulässig sei.
Widerspruch, Klage und Berufung blieben erfolglos.

Aus den Gründen:
II. Die Bauvoranfrage scheitert daran, daß die geplante Erweiterung des vorhandenen Fachmarktes für Fahrräder, Sportartikel und Sportbekleidung mit §30 Abs. 1 BauGB nicht vereinbar ist. Sie widerspricht den Festsetzungen des – qualifizierten – Bebauungsplans der Gemeinde D. vom September 1973. Der Plan weist das Grundstück der Klägerin als Industriegebiet aus. Nach §9 Abs. 2 Nr. 1 BauNVO in der maßgeblichen Fassung der Bekanntmachung vom 26.11.1968 (BGBl. I, 1233) – BauNVO 1968 –, sind in Industriegebieten Gewerbebetriebe aller Art mit Ausnahme von Einkaufszentren und Verbrauchermärkten i.S. des §11 Abs.3, Lagerhäuser, Lagerplätze und öffentliche Betriebe zulässig. Nach §11 Abs.3 BauNVO 1968 sind Einkaufszentren und Verbrauchermärkte, die außerhalb von Kerngebieten errichtet werden sollen und die nach Lage, Umfang und Zweckbestimmung vorwiegend der übergemeindlichen Versorgung dienen sollen, als Sondergebiete darzustellen und festzusetzen. Zwischen den Beteiligten ist unstreitig, daß der Fachmarkt der Klägerin vorwiegend auf einen übergemeindlichen Kundenkreis ausgerichtet ist. Entgegen der Ansicht der Revision erfüllt er auch den Begriff des Verbrauchermarkts (für die Anerkennung von Märkten mit einem speziellen „Non-food-Angebot" als Verbrauchermarkt auch Grae, Einkaufszentrum und Verbrauchermarkt im System des Planungsrechts, Diss. Münster 1981; S. 5f.; Thies, Einzelhandelsgroßbetriebe im Städtebaurecht, S.17; Leder, Baunutzungsverordnung/Planzeichenverordnung, 4.Aufl., §11 BauNVO Rdnr.28, 29). Zwar scheint sich inzwischen in Handelswissenschaft und -praxis die Definition in Abschnitt V Nr. 10 des Katalogs E – Begriffsdefinitionen aus der Handels- und Absatzwirtschaft (herausgegeben von der Katalogkommission für die handels- und absatzwirtschaftliche Forschung beim Bundesministerium für Wirtschaft, 1. Ausgabe Oktober 1970) – durchgesetzt zu haben, nach der unter Verbrauchermärkten Einzelhandelsbetriebe zu verstehen sind, die auf weiträumiger Verkaufsfläche (mindestens 1000 m^2) ein warenhausähnliches Sortiment einschließlich Nahrungsmittel vorwiegend in Selbstbedienung anbieten (vgl. auch Brockhaus, Die Enzyklopädie in 24 Bänden, Stichwort: Verbrauchermarkt; Crone-Erdmann, GewArch 1975, 319, 320; Kniep, GewArch 1985, 89, 90, Fußn. 15). Auf den heutigen Begriffsinhalt kommt es aber unabhängig davon, ob für die Auslegung des Rechtsbegriffs des Verbrauchermarkts überhaupt auf die Definition der einschlägigen Fachkreise zurückgegriffen werden darf (so BAG, Urteil v. 8.2.1984 – 4 AZR 158/83 –, BAGE 45, 121, 130f., für eine Regelung in einem Tarifvertrag), nicht an. Maßgeblich sind die Vorstellungen des Verordnungsgebers bei Erlaß der BauNVO 1968. Aus der Entwurfsbegründung ergibt sich, daß der Verordnungsgeber Verbrauchermärkte als „Einkaufsgelegenheiten für Endverbraucher mit der

Tendenz zum Verkauf in größeren Mengen bei einem preisgünstigen Angebot" verstanden hat (BR-Drucks. 402/68, S. 5). Auf ein hauptsächlich auf Lebensmittel und verwandte Waren ausgerichtetes oder insgesamt warenhausähnliches Sortiment hat er nicht abgestellt.

Seine Zurückhaltung läßt sich mit der damaligen Unsicherheit von Handelswissenschaft und -praxis erklären, die Erscheinungsform der Verbrauchermärkte, die insbesondere im Jahr 1967 als Folge neuartiger Marketingkonzeptionen auf dem Markt erschienen waren, begrifflich zu erfassen. Die Schwierigkeiten, einen Begriff des Verbrauchermarkts zu erarbeiten, beruhten darauf, daß die neue Vertriebsform die üblicherweise zur Beschreibung von Einzelhandelsbetrieben verwendeten Strukturmerkmale wie z. B. Verkaufsfläche, Standort, Parkraum, Sortiment, Art des Kundenkreises, Bau- und Finanzträgerschaft, Untervermietung von Abteilungen in wechselnder Form verwirklichte (Gerlach, Die Verbrauchermärkte – ein neuzeitliches Distributionssystem im Einzelhandel der Bundesrepublik Deutschland, Diss. Winterthur 1976, S. 3). Die zahlreichen Vorschläge für eine Definition (vgl. im einzelnen Gerlach, a. a. O., S. 3–8) belegen, daß sich im Jahr 1968 noch kein fest umrissener und allgemein anerkannter Verbrauchermarktbegriff entwickelt hatte. Auch der Verordnungsgeber hat ihm keine Konturenschärfe verliehen. Er hat sich lediglich darauf festgelegt, daß ein Verbrauchermarkt ein Einzelhandelsbetrieb ist, der sich von den ehemals vorherrschenden Formen wohnungsnaher Einzelhandelsbetriebe und Läden unterscheidet, die in die ausschließlich, überwiegend oder zumindest auch dem Wohnen dienenden Gebiete gehören und dort typischerweise auch zu finden sind. Das maßgebende Abgrenzungsmerkmal ist die Großflächigkeit. Ein Verbrauchermarkt verfügt über eine größere Verkaufsfläche als die Einzelhandelsbetriebe der wohnungsnahen Versorgung, deren Verkaufsflächen-Obergrenze nicht wesentlich unter 700 m^2, aber auch nicht wesentlich darüber liegen dürfte (BVerwG, Urteil v. 22. 5. 1987 – 4 C 19.85 –, BRS 47 Nr. 56 = BauR 1987, 528). Dagegen kommt es auf Merkmale wie aggressive Preispolitik, Tendenz zum Verkauf in größeren Mengen und Einkauf im Wege der Selbstbedienung nicht an. Sie sind keine begrifflichen Voraussetzungen für das Vorliegen eines Verbrauchermarkts, sondern beschreiben, ebenso wie das Angebot auch von Lebensmitteln, dessen häufige Erscheinungsformen (vgl. BVerwG, Beschluß v. 25. 7. 1986 – 4 B 144.86 –, BRS 46 Nr. 21 = ZfBR 1986, 243 = NVwZ 1987, 50, 51). Es lag in der Absicht des Verordnungsgebers, den noch in den Anfängen steckenden Verbrauchermarktbegriff für die weiteren absatzwirtschaftlichen Entwicklungen offen zu halten. Wegen der dem Begriff beigelegten „Dynamik" ist es ohne Belang, daß es die jetzt als Fachmärkte bezeichneten Betriebe im Jahr 1968 – unstreitig – noch nicht gab.

Die Änderung des §11 Abs. 3 BauNVO 1968 durch die Baunutzungsverordnung i. d. F. der Bekanntmachung vom 15. 9. 1977 (BGBl. I, 1763) – BauNVO 1977 – läßt nicht den Rückschluß zu, daß die Fachmärkte dem Anwendungsbereich der Vorschrift ursprünglich entzogen waren. Die BauNVO 1977 ersetzte den Begriff des Verbrauchermarkts durch denjenigen des großflächigen Handelsbetriebes und unterteilte diesen in die Untergruppen der großflächigen Einzelhandelsbetriebe, die sich nach Art, Lage oder Umfang auf die

Nr. 85

Verwirklichung der Ziele der Raumordnung und Landesplanung oder auf die städtebauliche Entwicklung und Ordnung nicht nur unwesentlich auswirken können, und der sonstigen großflächigen Handelsbetriebe, die im Hinblick auf den Verkauf an letzte Verbraucher und auf die Auswirkungen den großflächigen Einzelhandelsbetrieben vergleichbar sind. Ferner bestimmte sie, was unter Auswirkungen im diesem Sinne zu verstehen ist, und führte für Betriebe mit einer Geschoßfläche von mehr als 1500 m^2 eine Vermutungsregelung für das Vorliegen solcher Auswirkungen ein. Nach der Entwurfsbegründung war Anlaß für diese Neuerungen die Erkenntnis, daß angesichts der Entwicklung neuer Verkaufsformen mit der Beschränkung auf Verbrauchermärkte der Kreis entsprechender Anlagen, die einer vorsorglichen städtebaulichen Planung bedurften, nicht voll erfaßt wurde und daher nicht mehr allein auf die Betriebsform abgestellt werden konnte (BR-Drucks. 261/77, S. 36). Hieraus ist indessen nicht zu folgern, die Novellierung des § 11 Abs. 3 BauNVO habe die Ausdehnung des Anwendungsbereichs auf die neu auf den Markt drängenden Fachmärkte zum Ziel gehabt (A. A. Schenke, UPR 1986, 281, 288). Wie sich der Entwurfsbegründung (a. a. O.) entnehmen läßt, hielt der Verordnungsgeber den Begriff des Verbrauchermarkts deshalb für zu eng, weil dieser nur Einkaufsgelegenheiten für Endverbraucher erfaßte, nicht jedoch die häufig anzutreffenden Mischformen zwischen Groß- und Einzelhandel, die – meist mit Hilfe von Einkaufsberechtigungen – z. B. allen Gewerbetreibenden, Dienstleistungsunternehmen usw. auch die Deckung des privaten Bedarfs an allgemeinen Gebrauchsgütern und ggf. Lebensmitteln ermöglichen. Anläßlich der Erweiterung des Geltungsbereichs des § 11 Abs. 3 BauNVO auf diese Mischformen wählte er den Begriff „Einzelhandelsbetriebe", um damit in Anknüpfung an den Begriff in § 6a Abs. 1 des Gesetzes gegen den unlauteren Wettbewerb klarzustellen, daß Betriebe gemeint sind, die letzte Verbraucher beliefern (BR-Drucks., a. a. O.). Eine inhaltliche Abweichung von dem bis dahin verwandten Begriff des Verbrauchermarkts beabsichtigte er nicht.

Die Einbeziehung von Fachmärkten in den Regelungsbereich des § 11 Abs. 3 BauNVO 1968 ist auch nach Sinn und Zweck der Vorschrift geboten. Deren Ziel war es, großflächige Einzelhandelsbetriebe wegen möglicher negativer Auswirkungen auf die Umgebung aus Gewerbegebieten und Industriegebieten fernzuhalten (vgl. BVerwG, Urteil v. 3. 2. 1984 – 4 C 54.80 –, BVerwGE 68, 342, 350 = BRS 42 Nr. 50 = BauR 1984, 380, zu § 11 Abs. 3 BauNVO 1977). Der Verordnungsgeber hatte frühzeitig erkannt, daß die Ansiedlung solcher Betriebe in den genannten – städtebaulich häufig nicht integrierten – Baugebieten infolge ihrer Anziehungswirkung auf die Bevölkerung als günstige und attraktive Einkaufsstätten die Wirtschaftsstruktur der Umgebung beeinträchtigen, insbesondere die Entwicklung einer Gemeinde als wirtschaftlicher, geistiger und sozialer Schwerpunkt der Umgebung zunichte machen können (BR-Drucks. 402/68, S. 5). Namentlich können für die Versorgung der Bevölkerung Nachteile daraus erwachsen, daß die wirtschaftliche Existenz kleiner, fußläufig erreichbarer Einzelhandelsbetriebe infolge der Ansiedlung von Großbetrieben in Ortsrandlagen bedroht wird und deshalb eine bedarfsgerechte wohnungsnahe Versorgung nicht mehr gewährleistet ist

(Stock, in: König/Roeser/Stock, BauNVO, § 11 Rdnr. 70). Dem Verordnungsgeber war ferner bewußt, daß die Errichtung großflächiger Einzelhandelsbetriebe Auswirkungen auf die örtliche und überörtliche Verkehrsplanung haben bzw. ihr zuwiderlaufen kann, weil eine Erhöhung des Verkehrsaufkommens auf den umliegenden Zufahrtsstraßen zu erwarten ist (BR-Drucks. 402/68, S. 6). Der Senat folgt dem Berufungsgericht darin, daß die unerwünschten Folgen, die mit Hilfe des § 11 Abs. 3 BauNVO 1968 vermieden werden sollten, auch bei Einzelhandelsbetrieben auftreten können, die nur das Sortiment einer bestimmten Warengruppe auf großer Fläche anbieten. Dies gilt um so eher, je größer der Betrieb ist. Es steht außer Frage und wird auch von der Revision nicht in Abrede gestellt, daß ein Fachmarkt, der – wie derjenige der Klägerin nach der Erweiterung – eine Geschoßfläche von ca. 9000 m^2 aufweist, eine städtebaulich problematische Größenordnung erreicht.

Nr. 86

Zur Frage, ob und unter welchen Umständen benachbarte Einzelhandelsbetriebe zusammen einen großflächigen Einzelhandelsbetrieb (§ 11 Abs. 3 Satz 1 Nr. 2 BauNVO) bilden können ("Funktionseinheit").

BauGB §§ 2 Abs. 2, 33 Abs. 2; BauNVO § 11 Abs. 3.

Bayerischer VGH, Beschluß vom 7. Juli 2003 – 20 CS 03.1568 – (rechtskräftig).

(VG Regensburg)

Die Antragstellerin wendet sich gegen die Errichtung von Einzelhandelsgeschäften durch die Beigeladenen zu 1 und 2. Das Baugrundstück liegt in der Nähe der Autobahnausfahrt P. im Gemeindegebiet des Beigeladenen zu 3 (vom Ortszentrum ca. 3 km entfernt) und unmittelbar an der Grenze zum Gebiet der Antragstellerin (vom Stadtzentrum ca. 1,5 km entfernt); auf dem Gebiet der Antragstellerin befindet sich gegenüber dem Baugrundstück ein Industrie- und Gewerbegebiet, in dem ebenfalls Einzelhandelsgeschäfte untergebracht sind. Im einzelnen will der Beigeladene zu 1 einen Textilmarkt und ein Ladengeschäft (Bäckerei, Metzgerei) errichten (Verkaufsfläche zusammen ca. 518 m^2, Geschoßfläche 649 m^2) und der Beigeladene zu 2 einen Penny-Markt (Verkaufsfläche ca. 647 m^2, Geschoßfläche 988 m^2). Beide Geschäfte sollen in erdgeschossigen Gebäuden profilgleich aneinander angebaut und über eine gemeinsame Zufahrt erschlossen werden, die zu einem gemeinsamen Parkplatz führt (auf dem jedoch nach den Bauvorlagen 24 bzw. 64 Stellplätze dem einen bzw. dem anderen Bauvorhaben zugeordnet sind). Beide Geschäfte haben separate Eingänge und sind durch eine Brandwand getrennt.

Auf Antrag des Beigeladenen zu 1 beschloß der Beigeladene zu 3 2003, das Baugrundstück im Sinne eines vorhabenbezogenen Bebauungsplanes als eingeschränktes Gewerbegebiet in den angrenzenden Bebauungsplan „Ei. I" aufzunehmen; im Erweiterungsgebiet sollen einzelne Läden eine Verkaufsfläche von 700 m^2 nicht überschreiten dürfen, wobei die höchst zulässige Verkaufsfläche im Baugebiet auf 1200 m^2 beschränkt ist. Als Träger öffentlicher Belange hob die Regierung der Oberpfalz aus der Sicht der Landesplanung hiergegen keine Bedenken, da durch die Änderung lediglich die Ansiedlung von nicht großflächigen Einzelhandelsgeschäften zur Nahversorgung zugelassen werde. Unter Setzung einer 14-tägigen Äußerungsfrist beteiligte der Beigeladene zu 3 auch die Antragstellerin am Planungsverfahren. Deren Antrag auf Fristverlängerung wies er u. a. mit der Begründung zurück, bei der geplanten Nutzung handle es sich um eine im Gewerbegebiet allgemein zulässige Nutzung. Durch die Nutzungsidentität der gegenüberliegenden Bebauungsplangebiete im Bereich der Antragstellerin und des Beigeladenen zu 3 werde ein Abstimmungsdefizit nicht erkannt.

Mit Bescheiden jeweils vom April 2003 erteilte das Landratsamt mit Einvernehmen des Beigeladenen zu 3 den Beigeladenen zu 1 und 2 die Baugenehmigung für ihre beiden Bauvorhaben und führte zur Begründung aus, die Genehmigung stütze sich auf §33 Abs. 2 BauGB; die Bauvorhaben entsprächen dem in Aufstellung befindlichen Bebauungsplan, dessen Festsetzungen die Bauwerber anerkannt hätten.

Die Antragstellerin legte gegen diese Bescheide Widersprüche ein, über die noch nicht entschieden ist, und beantragte, die aufschiebende Wirkung ihrer Widersprüche gegen die Bescheide des Landratsamts anzuordnen.

Aus den Gründen:
1.2 Ein großflächiger Einzelhandelsbetrieb i. S. von § 11 Abs. 3 Satz 1 Nr. 2 BauNVO muß zunächst das Merkmal der Großflächigkeit erfüllen, bei dem die Rechtsprechung vorrangig an die Verkaufsfläche anknüpft (die Grenze liegt ungefähr bei 700 m^2; BVerwG v. 22. 5. 1987, NVwZ 1987, 1076). Er muß ferner die in dieser Vorschrift umschriebenen Auswirkungen auf die Verwirklichung der Ziele der Raumordnung und Landesplanung oder auf die städtebauliche Entwicklung und Ordnung aufweisen, bei deren Abgrenzung die Verordnung für den Regelfall auf eine Geschoßfläche von 1200 m^2 als Untergrenze abstellt (§ 11 Abs. 3 Satz 2 und 3 BauNVO). Nach den oben angegebenen Zahlen für Verkaufsflächen und Geschoßflächen ist offensichtlich, daß die Bauvorhaben der Beigeladenen zu 1 und 2 je für sich diese beiden Grenzen nicht erreichen, wohl aber, wenn man sie im Sinne einer „Funktionseinheit" zusammenrechnen würde.

Die grundsätzliche Möglichkeit einer solchen Funktionseinheit wird in der Rechtsprechung überwiegend bejaht (BVerwG v. 22. 5. 1987, BayVBl. 1988, 52, 56; v. 27. 4. 1990, NVwZ 1990, 1074; v. 15. 2. 1995 – 4 B 84.94 –; OVG NRW v. 3. 11. 1988, NVwZ 1989, 676; OVG NRW v. 4. 5. 2000, NVwZ 2000, 1066; kritisch Hauth, BauR 2001, 1037; zurückhaltend auch BayVGH v. 17. 9. 2001, BayVBl. 2002, 49). Unterschiedlich wird dabei gesehen, ob im Falle einer Funktionseinheit in jedem Falle ein gegebenenfalls „kleines" Einkaufszentrum (§ 11 Abs. 3 Satz 1 Nr. 1 BauNVO) entsteht (so OVG NRW v. 3. 11. 1988, a. a. O., S. 678) oder ob Einkaufszentren erst ab einer deutlich darüberliegenden Größenordnung anzunehmen sind und Funktionseinheiten unterhalb dieser Größenordnung daher zu einem großflächigen Einzelhandelsbetrieb (§ 11 Abs. 3 Satz 1 Nr. 2 BauNVO) führen (so wohl BVerwG v. 27. 4. 1990, a. a. O., unter Bezug auf die Literatur); diese Frage kann für den vorliegenden Fall dahinstehen, weil die Rechtsfolgen die gleichen wären. Bedeutsamer sind die unterschiedlichen und höchstrichterlich wohl noch nicht abschließend geklärten Annahmen darüber, unter welchen Voraussetzungen eine Funktionseinheit anzunehmen ist.

1.3 Als geklärt kann freilich das Prinzip der Funktionseinheit gelten. Es ergibt sich zunächst schon aus einer wirtschaftlichen Betrachtungsweise, die durch die Zielrichtung von § 11 Abs. 3 BauNVO nahegelegt wird und sich insbesondere in der Regelung für Einkaufszentren niedergeschlagen hat, die ja bekanntlich in einer Funktionseinheit ansonsten selbständiger Läden bestehen. Auch zur Verhinderung sonst naheliegender Umgehungsversuche muß an dem Prinzip festgehalten werden. Es darf allerdings nicht so weit ausgedehnt werden, daß sinnvolle und mit den strukturellen Zielen der Verordnung vereinbare Lösungen einer baulichen oder erschließungsmäßigen Zusammenfassung verschiedener Läden verhindert würden. Für die Abgrenzung im einzelnen spielt die Sicht des Kunden die Hauptrolle (BVerwG v. 15.2 1995, a. a. O.), so daß nur für den Kunden erkennbare Merkmale in Betracht kommen; bei diesen sollte es sich überdies um einigermaßen stabile und nicht jederzeit unschwer veränderbare Merkmale handeln.

Demnach sprechen hier ganz erhebliche Gesichtspunkte vor allem baulicher Art für eine Funktionseinheit. Beide Bauvorhaben sollen auf einem noch einheitlichen Grundstück errichtet werden; die geplante Grundstücksteilung mit Einräumung eines Wegerechts ist, weil für den Kunden nicht erkennbar, rechtlich bedeutungslos. Von großer Bedeutung bei einem ganz überwiegend für Autokunden bestimmten Standort ist der sich als eine einheitliche Fläche mit einer einzigen Zufahrt darstellende Parkplatz; die vorgesehene Zuordnung einzelner Parkbuchten zu den einzelnen Geschäften ist, wenn sie überhaupt zustande kommt, jederzeit änderbar und tendiert außerdem dazu, in der Praxis nicht eingehalten zu werden; jedenfalls wird kein Kunde, der zuerst bei dem einen und dann bei dem anderen Geschäft einkauft, dazwischen seinen Wagen neu einparken. Schließlich ist das äußere Erscheinungsbild der beiden Bauvorhaben nach den Bauvorlagen so, daß sie sich in jeder Hinsicht profilgleich aneinander anschließen und ein äußerlich einheitliches Gebäude ergeben, das durch nichts weiter als durch verschiedene Eingänge und Firmenschilder gegliedert sein wird. Daß die einzelnen Bereiche im Inneren „hermetisch" (Brandwand) abgetrennt sind, tritt jedenfalls äußerlich nicht in Erscheinung. Das einheitliche Bild wird abgerundet durch die Projektierung und Projektdurchführung aus einer Hand, wobei hinter den Beigeladenen zu 1 und 2 zweifellos dieselbe Person steht.

Eine abschließende Entscheidung gestatten diese Überlegungen indessen noch nicht. Problematisch ist vielmehr weiter, in welchem Rangverhältnis die vorstehend vor allem betrachteten baulichen Gesichtspunkte zu betrieblichen Gesichtspunkten (Kooperation, Konkurrenz, Werbung und insbesondere Sortimente) stehen. Dabei können die Ergebnisse unterschiedlich sein je nachdem, ob man den Schwerpunkt der Betrachtung mehr bei den Inhabern der einzelnen Geschäfte (Pächter) oder den Eigentümern des Gesamtkomplexes (Verpächter) setzt. Im ersten Fall liegt es nahe, entscheidungserheblich auf die Besonderheiten insbesondere Sortimente der einzelnen Läden abzustellen und eine Funktionseinheit auch oder vorrangig aus einer Sortimentsergänzung abzuleiten. Eine Sortimentsergänzung wiederum könnte sich einmal aus der breiten Palette der Sortimente ergeben wie bei einem Warenhaus oder einem Einkaufszentrum oder aber daraus, daß ein ähnlich strukturierter Bedarf befriedigt wird wie z. B. bei Essen und Trinken. Eine solche Sortimentsergänzung wäre hier wohl zweifelhaft, da die Palette der verschiedenen Waren nicht genügend groß und die Periodizität des jeweiligen Bedarfs bei

Lebensmitteln und Alltagsgegenständen (Penny-Markt) einerseits und Textilien andererseits verschieden ist. Wird abweichend hiervon der Schwerpunkt bei den Eigentümern gesetzt, werden andere Gesichtspunkte maßgebend: Es tritt dann die äußere bauliche Einheit hervor und verbunden mit ihr die Erwägung, daß die innere Abtrennung ohne größere bauliche Schwierigkeiten durchbrochen werden kann; weiter wäre bei diesem Ausgangspunkt zu bedenken, daß sowohl Sortimente wie Pächter entsprechend den Marktgegebenheiten wechseln können und bei Mißerfolg eines Geschäftes die Ersetzung durch ein anderes zu erwarten ist, wobei die baurechtliche Relevanz solcher Veränderungen, die bei einer mehr betrieblichen Perspektive angenommen werden müßte, nicht ohne weiteres selbstverständlich ist.

Die soeben gemachte Unterscheidung berührt sich mit der vom Bundesverwaltungsgericht (Entscheidungen v. 27. 4. 1990 und 15. 2. 1995, a. a. O.) getroffenen Unterscheidung zwischen geplanten und gewachsenen Einkaufszentren. Die Übertragbarkeit der letzteren Unterscheidung auf den vorliegenden Fall ist aber schon deshalb zweifelhaft, weil das Bundesverwaltungsgericht, wie ausgeführt, hier wegen der zu geringen Größenordnung wohl kein Einkaufszentrum annehmen würde. Auch sonst kann der höchstrichterlichen Rechtsprechung nicht mit hinreichender Deutlichkeit ein präziser Stellenwert der einzelnen Kriterien entnommen werden (auch in der Entscheidung v. 22. 5. 1987, a. a. O., S. 56 ist die Frage zwar aufgeworfen, aber letztlich nicht entschieden).

2. Die Entscheidung im Eilverfahren kann infolgedessen nicht an eine (unsichere) Prognose der Erfolgsaussichten im Hauptsacheverfahren anknüpfen, sondern muß sich auf eine reine Interessenabwägung stützen. Folgende Gesichtspunkte sprechen dabei für eine Bestätigung des Sofortvollzugs der beiden Baugenehmigungen:

Eine zu einem Baustopp führende Aussetzung des Sofortvollzugs würde mit Sicherheit erhebliche wirtschaftliche Schäden jedenfalls für die Beigeladenen zu 1 und 2 zur Folge haben. Die höhere Effektivität, die der Rechtsschutz der Antragstellerin dabei gewinnen würde, wiegt diese Schäden nicht auf. Selbst wenn ein großflächiger Einzelhandelsbetrieb in Rede stehen würde, ist Ziel dieses Rechtsschutzes nämlich nur die dann noch ausstehende interkommunale Abstimmung, nicht aber ohne weiteres die Verhinderung des Bauvorhabens. Denn Planungen, die dem § 11 Abs. 3 BauNVO unterfallen und daher eine interkommunale Abstimmung erforderlich machen, verstoßen nicht schon aus diesem Grund gegen das Abwägungsgebot (BVerwG v. 1. 8. 2002, BauR 2003, 55 = NVwZ 2003, 86, 87). Den vermutlich fortdauernden Widerstand der Antragstellerin könnte deshalb der Beigeladene zu 3 im Rahmen der Abwägung des Bebauungsplanes überwinden und beabsichtigt dies vermutlich für diesen Fall auch. Unnützer Schaden wäre dann angerichtet worden, wenn mit einem Baustopp ein solches Abstimmungsverfahren erzwungen worden wäre, es dieses Ergebnis gehabt hätte und wenn schließlich das Ergebnis nicht als ermessensfehlerhaft, sondern als ermessensgerecht beurteilt werden müßte, so daß die Bauvorhaben doch noch realisierbar wären, jedoch, wenn überhaupt noch aktuell, mit erheblicher zeitlicher Verzögerung. Es spricht derzeit einiges dafür, daß es so kommen würde, daß also die entsprechende Abwägung des Beigeladenen zu 3 gerichtlich nicht zu beanstanden wäre, weil einige bedeutsame Gesichtspunkte für sie ins Feld geführt werden können: Das fragliche Gebiet ist geprägt durch die nahe Autobahnausfahrt und kann daher, was den Einzelhandel betrifft, eine gewisse Ausstrahlung auch über den Bereich der unmittelbar benachbarten Gemeinden hinaus haben. Vor allem aber ist es bereits jetzt auf dem Gebiet der Antragstellerin mit größeren Einzelhandelsbetrieben bestückt, die der Innenstadt Konkurrenz machen. Ob sich die vorhandenen Auswirkungen durch das Hinzukommen der weiteren Geschäfte wesentlich verschärfen werden, ist nicht eindeutig. Die Behauptung der Beigeladenen erscheint deshalb glaubhaft und ist auch nicht auf Widerspruch der Antragstellerin gestoßen, daß die Antragstellerin dem ursprünglich auf ihrem Gebiet beabsichtigten Vorhaben zwar nicht förmlich zugestimmt hat, es aber ausweislich informeller Gespräche gern gesehen hätte. Schließlich wäre zu bedenken, daß bei Annahme einer Funktionseinheit zwar insbesondere die Geschoßflächengrenze des § 11 Abs. 3 Satz 3 BauNVO überschritten wäre, daß sich das Gesamtvorhaben aber immer noch im unteren Größenordnungsbereich großflächiger Einzelhandelsbetriebe bewegen würde. Von gewichtigen landesplanerischen Auswirkungen (wie etwa in dem vom Bundesverwaltungsgericht am 1.8.2002, a.a.O., entschiedenen Fall: FOC) kann jedenfalls nicht die Rede sein; auch die Regierung der Oberpfalz hat das Vorhaben in zwei Stellungnahmen als landesplanerisch unbedenklich beurteilt. Ebenso kann nicht außer acht bleiben, daß die vom Bundesverwaltungsgericht im Jahre 1987 (Entscheidung v. 22.5.1987, a.a.O) einmal angedachte Unterteilung der Einzelhandelsbetriebe in großflächige Betriebe und „Nachbarschaftsläden" jedenfalls bei einem Gebiet wie dem vorliegenden nicht mehr den heutigen Gegebenheiten gerecht wird, da die dortigen Betriebe schon von ihrer Lage her nicht als „Nachbarschaftsläden" in Frage kommen.

Die Interessenabwägung fällt deshalb zugunsten des Antragsgegners und der Beigeladenen aus.

Nr. 87

1. **Die noch für ein Postamt der Deutschen Bundespost getroffene Festsetzung „Postdienstgebäude, Gemeinbedarf" ist durch die Privatisierung der Post nicht funktionslos geworden.**

2. **Die Festsetzung läßt eine der „Postnutzung" untergeordnete sonstige gewerbliche Nutzung (hier: Verkauf von Schreibwaren und ähnlichen Artikeln) zu.**

GG Art. 87 f.; BauGB §§ 5 Abs. 2 Nr. 2, 9 Abs. 1 Nr. 5, 30 Abs. 1; PostG §§ 1 ff.; Post-Universaldienstleistungsverordnung §§ 1 ff.

Bayerischer VGH, Urteil vom 11. April 2003 – 1 B 01.2220 – (rechtskräftig).

Nr. 87

In dem Rechtsstreit geht es um die Erteilung einer Baugenehmigung für einen Umbau und eine Änderung der Nutzung des Schalterraums eines Postgebäudes. Mit der Berufung wendet sich die Beigeladene gegen ein Urteil des Verwaltungsgerichts, das den Beklagten zur Erteilung der Baugenehmigung verpflichtet.

Die Rechtsvorgängerin der Klägerin, beantragte 1998 die Baugenehmigung für die „Umgestaltung und Modernisierung der Schalterhalle" des Postgebäudes auf dem Grundstück. Nach den Bauvorlagen sollen die bestehenden geschlossenen Schalter verlegt und „durch eine offene, moderne Einrichtung" ersetzt werden. Ferner sollen in dem Raum „weitere Verkaufsregale für Papier und Schreibwaren aufgestellt werden, um ein breiteres postspezifisches Angebot zu offerieren". Ein hilfsweise gestellter Antrag sieht ein „reduziertes (420 Artikel statt 5000 bis 7000 Artikel) postspezifisches Papier-, Büro- und Schreibwarensortiment vor". Für das Baugrundstück setzt der 1982 in Kraft getretene Bebauungsplan Nr. 12a der Beigeladenen als Art der baulichen Nutzung „Postdienstgebäude, Gemeinbedarfsfläche" fest.

Die Beigeladene verweigerte das Einvernehmen, weil das Vorhaben in beiden Varianten dieser Festsetzung widerspreche. Das Landratsamt lehnte die Anträge ab.

Der nach erfolglosem Widerspruch erhobenen Verpflichtungsklage gab das Verwaltungsgericht hinsichtlich des in erster Linie gestellten Bauantrags statt. Die Festsetzung „Gemeinbedarfsfläche" (Postdienstgebäude)" sei infolge der Privatisierung der Postleistungen funktionslos und damit unwirksam geworden. Nach dem somit einschlägigen Maßstab von § 34 BauGB sei die Umgebung des Baugrundstücks als sogenanntes faktisches Mischgebiet einzustufen. In diesem sei das als Einzelhandelsbetrieb einzustufende Vorhaben zulässig.

Aus den Gründen:

1. Das Vorhaben ist bauplanungsrechtlich zulässig, weil es den Festsetzungen des Bebauungsplans Nr. 12a entspricht. Der Bebauungsplan ist gemäß § 30 Abs. 1 BauGB alleiniger planungsrechtlicher Prüfungsmaßstab, weil er die nach dieser Vorschrift erforderlichen Festsetzungen enthält. Der Verwaltungsgerichtshof teilt nicht die Auffassung der Vorinstanz, daß die die Nutzungsart regelnde Festsetzung „Postdienstgebäude, Gemeinbedarfsfläche" funktionslos geworden ist (a). Entgegen der Auffassung des Beklagten und der Beigeladenen widerspricht das Vorhaben dieser Festsetzung auch nicht (b).

a) Die Festsetzung „Postdienstgebäude, Gemeinbedarfsfläche", die im Jahr 1982 – gestützt auf § 9 Abs. 1 Nr. 5 BBauG – für das Postamt der damals noch öffentlich-rechtlich organisierten Deutschen Bundespost getroffen wurde, hat durch die Privatisierung der Post im Zuge der Postreform II (Gesetz zur Neuordnung des Postwesens und der Telekommunikation – Postneuordnungsgesetz – v. 14. 9. 1994, BGBl I, 2325) nicht ihre Bedeutung verloren. Eine Bebauungsplanfestsetzung kann zwar auch dann „funktionslos" und damit unwirksam werden, wenn sie durch eine Änderung der Rechtslage ihren Gegenstand oder ihren Adressaten verliert (vgl. BVerwG v. 29. 4. 1977, E 54 = BRS 32 Nr. 28 = BauR 1977, 248 = BayVBl 1978, 23). Eine solche Veränderung hat aber auf dem Gebiet des Postwesens nicht stattgefunden. Auch nach der Privatisierung gibt es noch einen „Gemeinbedarf Post".

Der Begriff „bauliche Anlagen und Einrichtungen des Gemeinbedarfs", für die mit einem näher bestimmten Zweck (BVerwG v. 20. 1. 1995; BRS 57 Nr. 22 = BauR 1996, 63 = NVwZ 1995, 692) auf der Grundlage von § 9 Abs. 1 Nr. 5 BBauG/BauGB Gemeinbedarfsflächen festgesetzt werden konnten und können, wird in §5 Abs.2 Nr.2 BauGB erläutert. Kennzeichen von Gemeinbedarfsanlagen ist danach, daß sie „der Allgemeinheit dienen". Als Beispiele werden Schulen und Kirchen sowie sonstige kirchlichen oder sozialen, gesundheitlichen oder kulturellen Zwecken dienende Gebäude und Einrichtungen genannt. §5 Abs.2 Nr.2 BauGB ist weiter zu entnehmen, daß die Anlagen des Gemeinbedarfs zu den Infrastruktureinrichtungen gehören, mit denen das Gemeindegebiet zur Versorgung der Bürger mit Gütern und Dienstleistungen des öffentlichen und privaten Bereichs ausgestattet sein muß. Eine Anlage dient somit dann im Sinn dieser Begriffsbestimmung der Allgemeinheit, wenn sie als Infrastruktureinrichtung für die Nutzung durch einen nicht genau festgelegten, wechselnden Teil der Bevölkerung bestimmt ist (BVerwG v. 23. 12. 1997; BRS 59 Nr. 71 = NVwZ-RR 1998, 538).

Nicht erforderlich ist, daß die Aufgabe von einer juristischen Person des öffentlichen Rechts erfüllt wird. Träger kann auch eine natürliche Person oder eine juristische Person des Privatrechts sein (BVerwG v. 6. 12. 2000, BRS 63 Nr. 77 = BauR 2001, 605 = NVwZ-RR 2001, 217). Aus der Bindung an das Allgemeinwohl folgt aber auch bei einer privaten Trägerschaft, daß es sich um eine „dem bloßen privatwirtschaftlichen Gewinnstreben entzogene" Aufgabe zu handeln hat (BVerwG v. 18.5. 1994, BRS 56 Nr.22 = BauR 1994, 485 = NVwZ 1994, 1004). Die unternehmerische Freiheit des Trägers ist insoweit eingeschränkt.

Einen diesen Vorgaben entsprechenden „Gemeinbedarf Post" gibt es weiterhin, weil durch die zur Grundversorgung erforderlichen Postdienstleistungen (sogenannter Universaldienst) noch eine Aufgabe des Gemeinbedarfs erfüllt wird. Bei einer Postfiliale, in der – wie in der streitgegenständlichen Filiale – diese Dienstleistungen erbracht werden, handelt es sich noch um eine der Allgemeinheit dienende Einrichtung. Das für einen Gemeinbedarf „Post" vorgesehene, von der Beigeladenen verwendete Planzeichen (vgl. nunmehr Nr.4.1 der Anlage zur Planzeichenverordnung 1990 – PlanzV 90) hat seine Bedeutung nicht verloren.

Zwar werden die Dienstleistungen im Bereich des Postwesens (und der Telekommunikation) nach dem durch Gesetz vom 30.8. 1994 (BGBl I, 2245) in das Grundgesetz eingefügten Art.87f. Abs. 2 Satz 1 GG als privatwirtschaftliche Tätigkeiten durch die aus dem Sondervermögen Deutscher Bundespost hervorgegangenen Unternehmen und durch andere private Anbieter erbracht. Das Postwesen wurde im Zuge dieser Privatisierung aber nicht vollständig dem nur durch die allgemeinen Gesetze geregelten „freien Spiel der Kräfte" überlassen. Vielmehr muß der Staat in diesem Bereich von Verfassungs wegen weiterhin mit hoheitlichen Mitteln für die Sicherung der Infrastruktur sorgen. Nach Art.87f. Abs. 1 GG gewährleistet der Bund nämlich nach Maßgabe eines Bundesgesetzes im Bereich des Postwesens (und der Telekommunikation) flächendeckend angemessene und ausreichende Dienstleistungen. Hierzu enthalten das Postgesetz (PostG) (v. 22.12.1997) und die auf §11 Abs.2 PostG beruhende Post-Universaldienstleistungsverordnung (PUDLV) (v. 15.12.1999, BGBl I, 2418) nähere Regelungen, die gemäß §2 Abs.2 Nr.3 PostG u.a. eine flächendeckende Versorgung mit Postdienstleistungen zu erschwinglichen Preisen (Universaldienst) sicherstellen sollen (vgl. im einzelnen das Urteil des Senats vom 25. 3. 2003 – 1 N 00 359 –).

Wegen dieser Gewährleistungs- und Überwachungsverantwortung des Bundes (Gersdorf, in: von Mangoldt/Klein/Starck, GG III, Art. 87 f., Rdnr. 21) haben die Belange des Postwesens (§ 1 Abs. 5 Satz 2 Nr. 8 BauGB) im Bereich des Universaldienstes noch einen Allgemeinwohlbezug, der die Darstellung und Festsetzung von Flächen für einen entsprechend konkretisierten Gemeinbedarf rechtfertigt (so auch Gaentzsch, in:-Berl.Komm. zum BauGB, 3. Aufl., § 1 Rdnr. 71; Löhr, in: Battis/Krautzberger/Löhr, BauGB, 8. Aufl., § 9 Rdnr. 26 und das Arbeitspapier „Bahn und Post im Städtebaurecht" der „Fachkommission Städtebau" der ARGEBAU v. 25. 2. 1999, S. 14). Die auf dem Gebiet des Postwesens tätigen Unternehmen handeln zwar privatwirtschaftlich, d. h. gewinnorientiert. Ihre Tätigkeit ist aber insofern dem „bloßen Gewinnstreben entzogen", als sie ihre Dienstleistungen nach Maßgabe der genannten, ihre unternehmerische Freiheit einschränkenden postrechtlichen Vorschriften anbieten müssen. Für die Klägerin gilt dies in besonderem Maße, denn ihr steht gemäß § 51 Abs. 1 Satz 1 PostG das ausschließliche Recht zur Beförderung bestimmter Briefsendungen und adressierter Kataloge zu (sogenannte befristete gesetzliche Exklusivlizenz, die durch Gesetz v. 2. 9. 2001, BGBl I, 2271, bis zum 31. 12. 2007 verlängert wurde).

Die Festsetzung ist auch nicht deswegen funktionslos geworden, weil der Begriff „Dienstgebäude" durch die Privatisierung überholt ist. Der Begriff kann den geänderten Rahmenbedingungen entsprechend im Sinn von „Filiale" verstanden werden.

b) Entgegen der Auffassung des Beklagten und der Beigeladenen widerspricht das Vorhaben der Klägerin nicht der Festsetzung „Postdienstgebäude, Gemeinbedarfsfläche". Die geplante Einzelhandelsnutzung ist als Ergänzung zu den Postdienstleistungen zulässig.

Auf einem als „Gemeinbedarfsfläche" festgesetzten Grundstück ist eine sonstige, über den Gemeinbedarf hinausgehende gewerbliche Nutzung der Einrichtung nicht ausgeschlossen. Beispielsweise dürfen einzelne Räume eines Rathauses für den Einzelhandel genutzt werden, ohne daß das Gebäude seine Eigenschaft als der Allgemeinheit dienende Anlage der öffentlichen Verwaltung verliert (vgl. Grauvogel, in: Brügelmann, BauGB, § 5 Rdnr. 48). Auch auf einer „Gemeinbedarfsfläche Post" ist eine weitere („postfremde") gewerbliche Nutzung zulässig. In Betracht kommen in erster Linie Nutzungen, die als Ergänzung zu den Postdienstleistungen angesehen werden können. Eine zusätzliche gewerbliche Nutzung muss sich aber der Gemeinbedarfsnutzung unterordnen. Die Postdienstleistungen müssen die prägende Nutzung bleiben. Wo die Grenze verläuft, ist im Einzelfall auf Grund einer Gesamtbeurteilung zu entscheiden, für die vor allem folgende Kriterien von Bedeutung sein können: Verhältnis der Flächen für die Gemeinbedarfsnutzung zu den Flächen für die sonstige Nutzung, Verteilung der Kunden auf die beiden Nutzungsarten, äußeres Erscheinungsbild des Gebäudes.

Bei der Postfiliale in I. ergibt diese Gesamtbeurteilung, daß die Postdienstleistungen auch nach dem Umbau und der in erster Linie geplanten umfangreicheren Nutzungsänderung die prägende Nutzung bleiben werden.

Das Vorhaben, durch das das äußere Erscheinungsbild des Gebäudes nicht verändert wird, berührt nur einen untergeordneten Teil der Gebäude- und Freiflächen. Nach den Bauvorlagen ist nur der Schalterraum betroffen, der weniger als ein Drittel der Gesamtnutzfläche des Gebäudes umfaßt. Die anderen Räume sollen weiterhin für Postdienstleistungen genutzt werden (vor allem: „Packkammer", „Briefein- und Briefabgang" sowie „Postfächer, Kundenentnahme"). Das gilt auch für die großen Stellflächen auf der Rückseite des Gebäudes.

Im Schalterraum selbst sollen zwar etwa zwei Drittel der Fläche für den Verkauf von Schreibwaren und ähnlichen Artikeln genutzt werden. Nach Beobachtungen des Gerichts bei in ähnlicher Weise umgebauten Postfilialen ist aber zu erwarten, daß der deutlich überwiegende Teil der Kunden die Filiale weiterhin für Postdienstleistungen aufsuchen und das zusätzliche Angebot allenfalls bei dieser Gelegenheit nutzen wird. Die Nutzung des Gebäudes wird somit auch in Zukunft durch den Postlieferverkehr, das Kommen und Gehen der Briefträger sowie durch Kunden, die Postdienstleistungen in Anspruch nehmen, geprägt sein.

Nr. 88

1. **Die bauplanungsrechtliche Zulässigkeit einer Postfiliale, in der die zur Grundversorgung erforderlichen Postdienstleistungen (sog. Universaldienst) erbracht werden, kann auch nach der Privatisierung der Deutschen Bundespost im Zuge der Postreform II durch Festsetzung einer Gemeinbedarfsfläche (§ 9 Abs. 1 Nr. 5 BauGB) mit der Zweckbestimmung „Post" geregelt werden.**

2. **Auf einer „Gemeinbedarfsfläche Post" ist eine weitere („postfremde") gewerbliche Nutzung zulässig. Die Postdienstleistungen müssen aber die prägende Nutzung bleiben.**

Bayerischer VGH, Urteil vom 25. März 2003 – 1 N 00.359 – (rechtskräftig).

Abgedruckt unter Nr. 36.

Nr. 89

1. **Eine Mobilfunksendeanlage, die auf dem Dach eines Gebäudes angebracht ist, und deren Sendemast ca. 8 m über der Dachhaut aufragt, ist baugenehmigungspflichtig und ein Vorhaben i.S. von § 29 Abs. 1 BauGB, dessen bauplanungsrechtliche Zulässigkeit nach den §§ 30 bis 37 BauGB zu beurteilen ist.**

2. **Sie ist in einem allgemeinen Wohngebiet nicht allgemein zulässig und im Regelfall keine Nebenanlage i.S. von § 14 Abs. 1 Satz 1 BauNVO. Offen**

bleibt, ob es sich um eine fernmeldetechnische Nebenanlage i.S. von §14 Abs.2 BauNVO und um einen störenden Gewerbebetrieb i.S. von §4 Abs.3 Nr.2 BauNVO handelt, die nach §31 Abs.1 BauGB ausnahmsweise zulässig sind. Es kann nicht ausgeschlossen werden, daß Mobilfunksendeanlagen zu einer wahrnehmbar gewerblichen Überformung eines allgemeinen Wohngebiets führen und deshalb als gebietsfremd und den Gebietscharakter störend empfunden werden können.

3. **Zur Folgenabwägung nach §§80a Abs.1 Nr.2, Abs.3, 80 Abs.5 VwGO im Einzelfall.**

BauGB §§29 Abs. 1, 31 Abs. 1 und 2, 34 Abs.2; BauNVO §§4 Abs.2 und 3 Nr.2, 14 Abs. 1 und 2, 15.

OVG Nordrhein-Westfalen, Beschluß vom 25. Februar 2003
– 10 B 2417/02 – (rechtskräftig).

(VG Düsseldorf)

Der Antragsteller ist Eigentümer eines mit einem mehrgeschossigen Haus bebauten Grundstücks. Mit Baugenehmigung von 2002 genehmigte der Antragsgegner die Errichtung von zwei ca. 8m über der Dachhaut aufragenden Mobilfunksendeanlagen auf dem Dach des westlich angrenzenden mehrgeschossigen Nachbargebäudes. Der Antrag des Antragstellers auf Anordnung der aufschiebenden Wirkung seines gegen diese Baugenehmigung erhobenen Widerspruchs wurde vom VG abgelehnt. Die dagegen gerichtete Beschwerde hatte zum Teil Erfolg.

Aus den Gründen:

Unter Zugrundelegung der vom Antragsteller mit der Beschwerde dargelegten Gründe, auf deren Prüfung der Senat nach §146 Abs.4 Satz6 VwGO beschränkt ist, ist der Antrag auf Gewährung einstweiligen Rechtsschutzes unzulässig, soweit er sich auf die von der Baugenehmigung umfaßte südliche Mobilfunksendeanlage bezieht. (Wird ausgeführt.)

Im übrigen ist der Antrag auf Anordnung der aufschiebenden Wirkung des Widerspruchs des Antragstellers zulässig. Insbesondere fehlt nicht deshalb das Rechtsschutzinteresse für den Aussetzungsantrag, weil die nördliche Mobilfunksendeanlage schon errichtet worden ist. Denn ungeachtet der Frage nach etwaigen mit deren Nutzung verbundenen Beeinträchtigungen kann die Aussetzungsentscheidung auch Grundlage einer – bislang nicht beantragten – weiteren Entscheidung nach §80 Abs.5 Satz3 VwGO sein, mit der dem Antragsgegner u.U. aufgegeben werden könnte, die Beigeladene zum vorläufigen – vermutlich unschwer möglichen – Abbau des Antennenmastes zu verpflichten.

Der Aussetzungsantrag ist auch begründet. Bei der nach §§80a Abs.1 Nr.2, Abs.3, 80 Abs.5 VwGO vorzunehmenden Interessenabwägung überwiegt das Interesse des Antragstellers, von dem Vollzug der Baugenehmigung vorerst verschont zu bleiben, das Interesse der Beigeladenen an der sofortigen Ausnutzung der Baugenehmigung für die nördliche Mobilfunksendeanlage. Dies ergibt sich aus einer unabhängig von den Erfolgsaussichten des Rechtsbehelfs in der Hauptsache vorzunehmenden Folgenabwägung. Auf diese Folgenabwägung kommt es an, weil die Erfolgsaussichten des Rechtsbehelfs in der Hauptsache für das Ergebnis der Interessenabwägung nur dann maßgeblich sind, wenn sie nach der hier allein gebotenen summarischen Prüfung zumindest mit hinreichender Wahrscheinlichkeit beurteilt werden können. Daran fehlt es hier, weil offen ist, ob dem Antragsteller ein nachbarliches Abwehrrecht gegen die Baugenehmigung zusteht.

Abzustellen ist dabei auf die Baugenehmigung des Antragsgegners von 2002 für die Errichtung von zwei Mobilfunksendeanlagen auf dem Hausgrundstück, das östlich unmittelbar an das Hausgrundstück des Antragstellers angrenzt. Inhaltlich zu überprüfen ist diese Baugenehmigung nach den obigen Ausführungen allerdings nur hinsichtlich der nördlichen Mobilfunksendeanlage. Insoweit bezieht sich die Baugenehmigung nicht nur auf den Betriebsraum und den Stahlrohrmast als Antennenträger, sondern sie schließt die an diesem Stahlrohrmast anzubringenden Sendeantennen ein, die in der zu den Bauvorlagen gehörenden Standortbescheinigung der Regulierungsbehörde für Telekommunikation und Post 2001 sowie in der Südwestansicht der Anlage näher bezeichnet sind.

Ob der Antragsteller sich gegen diese Baugenehmigung mit Erfolg zur Wehr setzen kann, hängt im vorliegenden Fall letztlich davon ab, ob die Baugenehmigung in bauplanungsrechtlicher Hinsicht Nachbarrechte des Antragstellers gemäß § 34 Abs. 2 BauGB verletzt.

Daß das Vorhaben an den Vorschriften der §§ 30 bis 37 BauGB zu messen ist, folgt aus § 29 Abs. 1 BauGB, nach dem diese Bestimmungen für Vorhaben gelten, die u. a. die Errichtung von baulichen Anlagen zum Inhalt haben. Der bundesrechtliche Begriff der baulichen Anlage setzt neben dem hier ohne weiteres zu bejahenden verhältnismäßig weiten Begriff des Bauens als einschränkendes Merkmal eine (mögliche) planungsrechtliche Relevanz der Anlage voraus (vgl. BVerwG, Urteil v. 31. 8. 1973 – IV C 33.71 –, BRS 27 Nr. 122 = BauR 1973, 366).

Die Mobilfunksendeanlage hat planungsrechtliche Relevanz, weil sie Belange berührt, die im Hinblick auf die Planungsanlässe des § 1 Abs. 3 BauGB und die Maßstäbe des § 1 Abs. 5 BauGB bei der Städteplanung zu berücksichtigen sind. Zu diesen Belangen zählt nämlich auch das Ortsbild der Gemeinde (vgl. BVerwG, Urteil v. 3. 12. 1992 – 4 C 27.91 –, BRS 54 Nr. 126 = BauR 1993, 319).

Auf das Ortsbild hat eine Mobilfunksendeanlage der hier in Rede stehenden Art mit einem – gemessen von der Oberkante der Dachhaut – 7,96 m über das Gebäudedach aufragenden und deshalb im Ortsbild auffallenden Antennenmast durchaus Einfluß (vgl. zur Einordnung von Mobilfunksendeanlagen als Vorhaben mit planungsrechtlichem Sinne: Hess. VGH, Beschluß v. 29. 7. 1999 – 4 TG 2118/99 –, BRS 62 Nr. 83; VG Stuttgart, Urteil v. 24. 10. 2001 – 16 K 735/01 –, BauR 2002, 299, 301; VG Gießen, Urteil v. 28. 3. 2001 – 1 G 562/01 –, JURIS; Bromm, Die Errichtung von Mobilfunkanlagen im Bauplanungs- und Bauordnungsrecht, UPR 2003, 57 ff.; Kniep, Kommunale Planung – Mobilfunkstationen, DWW 2002, 198 ff.; Krist, Planungsrechtliche Steuerungsmöglichkeiten der Gemeinden bei der Ansiedlung von Mobilfunkbasisstationen, BauR 2000, 1130, 1132 f.; Jung, Die baurechtliche Beurteilung von Mobilfunkbasisstationen, ZfBR 2001, 24 ff.).

Nr. 89

Von den planungsrechtlichen Vorschriften über die Zulässigkeit von Vorhaben ist §34 Abs. 2 BauGB einschlägig, weil das nicht im Geltungsbereich eines Bebauungsplans gelegene Vorhabengrundstück nach der vom VG vorgenommenen Einschätzung des Gebietscharakters in einem faktischen allgemeinen Wohngebiet liegt. Bedenken gegen diese Einschätzung werden von den Beteiligten nicht vorgetragen und sind bei summarischer Prüfung auch nicht ersichtlich.

§34 Abs. 2 BauGB besitzt grundsätzlich nachbarschützende Qualität. Der Nachbar hat auf die Bewahrung der Gebietsart einen Schutzanspruch, der über das Rücksichtnahmegebot hinausgeht. Der Abwehranspruch des Nachbarn wird grundsätzlich bereits durch die Zulassung eines mit der Gebietsart unvereinbaren Vorhabens ausgelöst, weil hierdurch das nachbarliche Austauschverhältnis gestört und eine Verfremdung des Gebiets eingeleitet wird. Weil und soweit der Eigentümer eines Grundstücks in dessen Ausnutzung öffentlich-rechtlichen Beschränkungen unterworfen ist, kann er deren Beachtung auch im Verhältnis zum Nachbarn durchsetzen. Der Nachbarschutz aus der Festsetzung eines Baugebiets – und auch jener nach §34 Abs. 2 BauGB – geht weiter als der Schutz aus dem Rücksichtnahmegebot in §15 Abs. 1 BauNVO. Dieser setzt voraus, daß der Nachbar in unzumutbarer Weise konkret in schutzwürdigen Interessen betroffen wird. Auf die Bewahrung der Gebietsart hat der Nachbar einen Anspruch jedoch auch dann, wenn das baugebietswidrige Vorhaben im jeweiligen Einzelfall noch nicht zu einer tatsächlich spürbaren und nachweisbaren Beeinträchtigung des Nachbarn führt (vgl. BVerwG, Urteil v. 16. 9. 1993 – 4 C 28.91 –, BRS 55 Nr. 110 = BauR 1994, 223, Beschluß v. 11. 4. 1996 – 4 B 51.96 –, BRS 58 Nr. 82, m. w. N.).

Der Gebietsgewährleistungsanspruch berechtigt den Nachbarn, Bauvorhaben abzuwehren, die im Baugebiet bzw. in der nach §34 Abs. 2 BauGB maßgeblichen näheren Umgebung ihrer Art nach planungsrechtlich unzulässig sind. Er greift deshalb ein gegenüber Vorhaben, die in der maßgeblichen näheren Umgebung planungsrechtlich weder allgemein zulässig sind noch nach §31 Abs. 1 oder 2 BauGB im Wege einer Ausnahme oder Befreiung zugelassen werden können (vgl. OVG Nordrhein-Westfalen, Urteil v. 14. 3. 1996 – 7 A 3703/92 –, BRS 58 Nr. 64; VGH Baden-Württemberg, Beschluß v. 18. 1. 1995 – 3 S 3153/94 –, BRS 57 Nr. 215; Niders. OVG, Beschlüsse v. 25. 3. 1993 – 6 M 1207/93 –, BRS 55 Nr. 181, und v. 10. 11. 1982 – 6 B 69/82 –, BRS 39 Nr. 51).

Für die Klärung der umstrittenen Frage, inwieweit der Gebietsgewährleistungsanspruch auch gegenüber einer Baugenehmigung eingreift, mit der eine Ausnahme nach §31 Abs. 1 BauGB (lediglich) ermessensfehlerhaft erteilt worden ist (vgl. zur Befreiung: BVerwG, Beschluß v. 8. 7. 1998 – 4 B 64.98 –, BRS 60 Nr. 183 = BauR 1998, 1206 (Nachbar hat Anspruch auf ermessensfehlerfreie Entscheidung)), ist im Rahmen dieses Eilverfahrens kein Raum (vgl. hierzu: VGH Baden-Württember, Beschluß v. 18. 1. 1995 – 3 S 3153/94 –, BRS 57 Nr. 215; Niders. OVG, Beschluß v. 10. 11. 1982, a. a. O.; Söfker, in: Ernst/Zinkahn/Bielenberg, BauGB, §31 Rdnr. 68; Mampel, Nachbarschutz im öffentlichen Baurecht, Rdnr. 700 f. m. w. N.).

Hiervon ausgehend läßt sich nicht abschließend feststellen, ob dem Antragsteller gegenüber der angefochtenen Baugenehmigung ein Gebietsgewährleistungsanspruch zusteht. Dies läßt sich jedenfalls nicht von vornherein ausschließen, denn die Mobilfunksendeanlage ist in dem allgemeinen Wohngebiet nicht allgemein zulässig und kann deshalb allenfalls im Wege der Ausnahme oder Befreiung nach §31 Abs. 1 oder 2 BauGB zugelassen werden. Die genehmigte Mobilfunksendeanlage ist in dem faktischen allgemeinen Wohngebiet nicht nach §34 Abs. 2 BauBG i.V.m. §4 Abs. 2 BauNVO (allgemein) zulässig, denn sie unterfällt keiner der dort aufgeführten Nutzungsarten. Ebensowenig ist sie nach §14 Abs. 1 Satz 1 BauNVO als Nebenanlage allgemein zulässig. Dabei bedarf es keiner Entscheidung des Senats, ob eine – hier gegebene – Sendefunkanlage überhaupt eine Nebenanlage i.S. von §14 Abs. 1 Satz 1 BauNVO sein kann (vgl. (verneinend): Hess. VGH, Beschluß v. 29.7.1999 – 4 TG 2118/99 –, BRS 62 Nr. 83; Rathjen, Zur Zulässigkeit von Mobilfunksendeanlagen, ZfBR 2001, 304f., Krist, a.a.O., 1135; differenzierend: Jung, a.a.O., 26; vgl. auch Bromm, a.a.O., 58f.).

Nach dem Wortlaut des §14 Abs. 1 Satz 1 BauNVO sind nach dieser Vorschrift jedenfalls nur solche untergeordneten Nebenanlagen allgemein zulässig, die dem Nutzungszweck der in dem Baugebiet gelegenen Grundstücke oder des Baugebiets selbst dienen. Eine der Zulässigkeitsvoraussetzungen für diese Nebenanlagen ist also ihre funktionale Zu- und Unterordnung zum Nutzungszweck einzelner Grundstücke im Baugebiet oder des gesamten Baugebiets selbst. Das bedeutet, daß – im Unterschied zu §14 Abs. 2 BauNVO – nur solche Nebenanlagen gemeint sind, deren (Hilfs-)Funktion sich auf einzelne Baugrundstücke oder auf das konkrete Baugebiet beschränkt (vgl. BVerwG, Beschluß v. 1.11.1999 – 4 B 3.99 –, BRS 62 Nr. 82 m.w.N. = BauR 2000, 703).

Unter Zugrundelegung dieses allgemein anerkannten Verständnisses des §14 Abs. 1 Satz 1 BauNVO ist nicht zweifelhaft, daß zumindest die hier streitige Mobil-funksendeanlage der Beigeladenen keine Anlage im Sinne der Vorschrift ist. Denn sie dient nicht (nur) dem Nutzungszweck der hier maßgeblichen näheren Umgebung, die im Rahmen der Anwendung des §14 BauNVO nach §34 Abs. 2 BauGB an die Stelle des Baugebiets nach §14 BauNVO tritt (vgl. Knaup/Stange, BauNVO, 8. Aufl. 1997, §14 Rdnr. 7).

Dabei kann offenbleiben, ob die maßgebliche nähere Umgebung sich auf die innerhalb des Straßengevierts beschränkt oder im Norden bis zur B.-Straße reicht. Jedenfalls hat die maßgebliche nähere Umgebung maximal eine Nord-Süd-Ausdehnung von ca. 200m und eine Ost-West-Ausdehnung von ca. 100m. Demgegenüber dient die genehmigte Mobilfunksendeanlage der Versorgung eines darüber deutlich hinausreichenden Gebiets. Nach den Angaben der Beigeladenen an die Antragsgegnerin liegt der Standort K.-Straße nämlich rechnerisch im Zentrum zwischen den vorhandenen Standorten und führt zu einer Verringerung des so genannten Zellabstandes auf ca. 750m mit der Folge, daß das von ihm versorgte Gebiet jedenfalls einen Durchmesser von etwa dieser Größe aufweist.

Ob die genehmigte Mobilfunksendeanlage im Wege der Ausnahme nach §31 Abs. 1 BauGB entweder i.V.m. §14 Abs. 2 Satz 2 BauNVO oder i.V.m.

Nr. 89

§ 34 Abs. 2 BauGB und § 4 Abs. 3 Nr. 2 BauNVO zugelassen werden kann, wirft rechtlich schwierige Fragen auf, die sich im vorliegenden Verfahren nicht abschließend klären lassen.

Nach § 14 Abs. 2 Sätze 1 und 2 BauNVO können die der Versorgung der Baugebiete dienenden fernmeldetechnischen Nebenanlagen in den Baugebieten als Ausnahme zugelassen werden. Dieses Bestimmung beschränkt die Zulässigkeit fernmeldetechnischer Nebenanlagen nach einhelliger Auffassung nicht nur auf solche Nebenanlagen, die ganz oder überwiegend der Versorgung des Gebiets dienen, in dem sie liegen. Vielmehr hat § 14 Abs. 2 Satz 2 BauNVO in dieser Hinsicht einen weiteren Inhalt als § 14 Abs. 1 Satz 1 BauNVO (vgl. Fickert/Fieseler, a. a. O., § 14 BauNVO Rdnr. 11.2), so daß die Verneinung der Zuordnung des Vorhabens zum Nutzungszweck der maßgeblichen näheren Umgebung im Rahmen der Prüfung der Voraussetzungen des § 14 Abs. 1 Satz 1 BauNVO die Anwendung des § 14 Abs. 2 Satz 2 BauNVO nicht von vornherein ausschließt. § 14 Abs. 2 Satz 2 BauNVO erfaßt Nebenanlagen der – sich nicht an den Grenzen von Baugebieten orientierenden – öffentlichen Infrastruktur, während sich Abs. 1 auf solche Nebenanlagen beschränkt, deren Funktion sich auf das einzelne Baugrundstück oder speziell auf das konkrete Baugebiet bezieht. Als untergeordnete Bestandteile eines Systems öffentlicher Infrastruktur können die Nebenanlagen nach Abs. 2 der Ver- und Entsorgung aller Baugebiete dienen. Nicht erforderlich ist es, daß sie auch oder gerade dem Baugebiet dienen, in dem sie untergebracht werden. Abs. 2 soll generell die Unterbringung bestimmter Nebenanlagen in allen Baugebieten ermöglichen, und zwar ohne Rücksicht darauf, ob sie für das konkrete Baugebiet keine oder nur begrenzte Aufgaben erfüllen oder umgekehrt eine Vollversorgung gewährleisten. Darin liegt der Sinn des Plurals „der Baugebiete" in Satz 1 (vgl. Stock, in: König/Roeser/Stock, BauNVO, § 14 Rdnr. 29, 31).

Auf Grund des dem Abs. 2 durch die Änderungsverordnung 1990 angefügten Satzes 1 können nunmehr auch fernmeldetechnische Nebenanlagen ausnahmsweise zugelassen werden. Infolge des Fortschritts auf dem Gebiet der Fernmeldetechnik dienen auch fernmeldetechnische Nebenanlagen der Versorgung der Baugebiete; als solche Nebenanlagen kommen z. B. Kabinen für Fernsehumsetzer und Breitbandverteilungsanlagen (für Kabelfernsehen) sowie kleinere eingeschossige Fernmeldegebäude in Betracht (vgl. BR-Drucks. 354/89, S. 57; Stock, Die Novelle 1990 zur Baunutzungsverordnung, NVwZ 1990, 518, 519).

Fernmeldetechnische Hauptanlagen werden von der Regelung dagegen nicht erfaßt (vgl. Fickert/Fieseler, a. a. O., § 14 BauNVO Rdnr. 11.11).

Ob Mobilfunksendeanlagen, die weder zu den in der Begründung des Regierungsentwurfs (a. a. O.), zu § 14 Abs. 2 Satz 2 BauNVO noch den in Kommentarliteratur beispielhaft aufgeführten Nebenanlagen zählen, fernmeldetechnische Nebenanlagen i. S. von § 14 Abs. 2 Satz 2 BauNVO sind, läßt sich danach nicht ohne weiteres beantworten (vgl. auch: Jung, a. a. O., 27; Krist, a. a. O., 1134 f; Bromm, a. a. O., 58 f.; Rathjen, a. a. O., 305 f.).

Auch die hierzu bisher ergangene Rechtsprechung ergibt kein einheitliches Bild. Während der Bay. VGH (Beschluß v. 8. 7. 1997 – 14 B 93 3102 –, BRS 59

Nr. 181), annimmt, es müsse dem Verordnungsgeber im Jahre 1990 vor Augen gestanden haben, daß im Zuge des Fortschritts auf dem Gebiet der Fernmeldetechnik fernmeldetechnische Anlagen zunehmend Sendeanlagen mit umfaßten, und deshalb zu der Auffassung gelangt, daß auch Mobilfunksendeanlagen fernmeldetechnische Nebenanlagen i. S. von § 14 Abs. 2 Satz 2 BauNVO sein können, vertritt der Hess. VGH (Beschluß v. 29. 7. 1999, a. a. O.), die gegenteilige Ansicht mit der Begründung, eine Sendefunkanlage sei keine Nebenanlage i. S. von § 14 Abs. 2 Satz 2 BauNVO sondern eine Hauptanlage, die Gegenstand einer planungsrechtlich eigenständigen Regelung i. S. der §§ 2 bis 13 BauNVO sei. Das BVerwG hat sich zu der hier maßgeblichen Frage bislang nicht geäußert, sondern in einer Fallkonstellation, in der noch § 14 Abs. 2 BauNVO 1968 maßgeblich war, der fernmeldetechnische Nebenanlagen nicht erfaßte, lediglich ausgeführt, Mobilfunksendeanlagen könnten, wenn alle übrigen Voraussetzungen gegeben sein sollten, erst seit der Änderung der Baunutzungsverordnung Nebenanlagen i. S. von § 14 Abs. 2 BauNVO 1990 sein (vgl. BVerwG, Beschluß v. 1. 11. 1999 – 4 B 3.99 –, BRS 62 Nr. 82 = BauR 2000, 703).

Geht man davon aus, daß Mobilfunksendeanlagen der vorliegenden Art keine fernmeldetechnischen Nebenanlagen i. S. von § 14 Abs. 2 Satz 2 BauNVO sind, scheidet deren Genehmigung im Wege einer Ausnahme nach § 31 Abs. 1 BauGB insoweit von vornherein aus. Nimmt man dagegen an, dementsprechende Mobilfunksendeanlagen unterfielen dem Begriff der fernmeldetechnischen Nebenanlage i. S. von § 14 Abs. 2 Satz 2 BauNVO, so wäre der Tatbestand des § 31 Abs. 1 BauGB gegeben, so daß die Nachbarrechtswidrigkeit der erteilten Baugenehmigung davon abhinge, ob der Nachbar einen Anspruch auf ermessensfehlerfreie Entscheidung gemäß § 31 Abs. 1 BauGB hat und – bejahendenfalls – ob die Entscheidung über die Erteilung der Ausnahme ermessensfehlerhaft ist. Die umstrittene Frage nach der nachbarschützenden Funktion des Ermessens im Rahmen des § 31 Abs. 1 BauBG läßt sich – wie bereits oben ausgeführt – in diesem Eilverfahren nicht klären. Ebenso wenig läßt sich feststellen, daß die Ermessensentscheidung des Antragsgegners in jedem Falle rechtmäßig ist und ein etwa gegebener Anspruch auf ermessensfehlerfreie Entscheidung deshalb unter keinem Gesichtspunkt verletzt sein kann. In die Ermessensausübung sind nämlich neben den Belangen des Bauherrn sowie etwa gegebenen öffentlichen Interessen, die für oder gegen das Bauvorhaben sprechen, und der Vorgabe, daß ausnahmsweise zulässige Vorhaben den Ausnahmecharakter in bezug auf die Gebietsart wahren müssen, auch die Belange des Nachbarn einzustellen (vgl. VGH Baden-Württemberg, Urteil v. 18. 1. 1995, a. a. O.; Nieders. OVG, Beschlüsse v. 10. 11. 1982, a. a. O., und v. 25. 3. 1993 a. a. O.; Söfker, a. a. O., § 31 Rdnr. 25).

Dabei sind Belange des Nachbarn bei der Ermessensausübung nicht erst dann zu berücksichtigen, wenn sich das Bauvorhaben ihm gegenüber als nach § 15 Abs. 1 BauNVO rücksichtslos erweist, denn in diesen Fällen ist ein Bauvorhaben nach § 15 Abs. 1 BauNVO ohnehin unzulässig und darf auch nicht im Wege der Ausnahme nach § 31 Abs. 1 BauBG genehmigt werden (vgl.

Nr. 89

BVerwG, Urteil v. 6.10.1989 – 4 C 14.89 –, BRS 49 Nr. 188 = BauR 1982, 343).

Vielmehr gebietet §31 Abs. 1 BauBG die Berücksichtigung von Belangen des Nachbarn auch dann, wenn sie durch das genehmigte Bauvorhaben in einer Weise betroffen werden, die unterhalb der Schwelle der Rücksichtslosigkeit liegt. Die – möglicherweise auf einem engeren Verständnis beruhende – Auffassung des Antragsgegners, nachbarrechtliche Belange des Antragstellers würden durch die erteilte Baugenehmigung und die der Beigeladenen erteilte Ausnahme gar nicht berührt, wird deshalb in einem eventuellen Hauptsacheverfahren zu überprüfen sein. Sollte sich dabei die Beeinträchtigung beachtlicher nachbarrechtlicher Belange ergeben – wobei auch die optischen Auswirkungen der Mobilfunksendeanlage in den Blick zu nehmen sind – so wäre möglicherweise weiter zu fragen, ob die von der Beigeladenen angeführten - Gründe für die Notwendigkeit der Realisierung des Vorhabens am gewählten Standort eine Zurückstellung der Belange des Antragstellers rechtfertigen. Die Bedeutung des zwischen dem Bundesminister für Post und Telekommunikation und der Beigeladenen geschlossenen Lizenzvertrages über das Recht, Funkanlagen für den Fernmeldedienst zu betreiben, wird dabei ebenfalls zu berücksichtigen sein (vgl. hierzu § 1 Abs. 2 FAG (mittlerweile aufgehoben) und §97 Abs. 5 TKKG).

Sollte die genehmigte Mobilfunksendeanlage nicht als fernmeldetechnische Nebenanlage, sondern als Hauptanlage anzusehen sein, die Gegenstand planungsrechtlicher eigenständiger Regelungen i. S. der §2 bis 13 BauNVO ist (vgl. König/Roeser/Stock, a. a. O., §14 Rdnr. 2), käme die Erteilung einer Ausnahme nach §31 Abs. 1 BauGB i. V. m. §34 Abs. 2 BauBG und §4 Abs. 3 Nr. 2 BauNVO in Betracht. Dann müßte die Mobilfunksendeanlage ein „nicht störender Gewerbebetrieb" i. S. von §4 Abs. 3 Nr. 2 BauNVO sein. Mit dem Begriff des „Betriebs" umschreibt die Baunutzungsverordnung nur in typisierender Weise eine Zusammenfassung gewerblicher Nutzungsweisen, um diese Nutzungen von anderen Nutzungsarten abgrenzen zu können (vgl. BVerwG, Urteil v. 3.12.1992 – 4 C 27.91 –, BRS 54 Nr. 126).

„Gewerbliche Nutzungen" sind deshalb vom Begriff „Gewerbebetrieb" umfaßt (vgl. König/Roeser/Stock, a. a. O., §8 Rdnr. 17).

Die Errichtung und der Betrieb der Mobilfunksendeanlage ist eine gewerbliche Nutzung, denn dazu zählt jede nicht generell verbotene selbständige auf Dauer angelegte und auf Gewinnerzielung gerichtete Tätigkeit mit Ausnahme bestimmter – hier nicht einschlägiger – Tätigkeitsbereiche (vgl. König/Roeser/Stock, a. a. O., §8 Rdnr. 16 m. w. N.).

Unerheblich ist es auch, daß die Mobilfunksendeanlage nicht nur der Versorgung der nach §34 Abs. 2 BauBG maßgeblichen näheren Umgebung des Vorhabengrundstücks dient, sondern darüber – wie schon oben ausgeführt – weit hinausreicht. Eine Einschränkung der Zulässigkeit von Nutzungsarten auf die Gebietsversorgung enthält §4 BauNVO nur in Abs. 2 Nr. 2 hinsichtlich Läden, Schank- und Speisewirtschaften sowie nicht störender Handwerkbetriebe. Für die ausnahmsweise gemäß §4 Abs. 3 Nr. 2 BauNVO zulässigen sonstigen nicht störenden Gewerbebetriebe ist diese Einschränkung demgegenüber nicht vorgesehen und auch nicht maßgeblich (vgl. OVG Berlin, Urteil

v. 12.3.1997 – 2 S 20.96 –, BRS 59 Nr. 63; König/Roeser/Stock, a. a. O., § 4 Rdnr. 73).

Bei der Beantwortung der Frage, ob es sich bei der Mobilfunksendeanlage um einen „nicht störenden" Gewerbebetrieb handelt, sind alle mit der Zulassung des Betriebs nach dessen Gegenstand, Struktur und Arbeitsweise typischerweise verbundenen Auswirkungen auf die nähere Umgebung zu berücksichtigen (vgl. BVerwG, Beschluß v. 9. 10. 1990 – 4 B 121.90 –, BRS 50 Nr. 58 = BauR 1991, 49).

Dabei ist nicht nur auf Immissionen im Sinne des Bundesimmissionsschutzgesetzes abzustellen, sondern etwa auch auf optische Auswirkungen des Vorhabens. Auch diese können den Gebietscharakter eines Wohngebiets, nämlich die dort zu gewährleistende Wohnruhe stören. Ein Vorhaben kann durchaus auch durch seine optische Erscheinung gebietswidrig „laut" wie die Erzeugung von Geräuschen sein (vgl. OVG Nordrhein-Westfalen, Urteil v. 24. 6. 1987 – 11 A 1389/85 –, BRS 50 Nr. 48; Nieders. OVG, Urteil v. 9. 1. 1987 – 6 A 6/85 –, BRS 47 Nr. 47 = BauR 1988, 61; Weyreuther, Bundes- und Landesbaurecht, BauR 1972, 1, 4 („knallige" Außenwerbung), Ziegler, in: Brügelmann, BauGB, § 1 BauNVO Rdnr. 155 ff.; Fickert/Fieseler, a. a. O., Vorbem. §§ 2 bis 9, 12 bis 14 Rdnr. 8.4. m. w. N.; dies wird vom VG Gießen, Beschluß v. 8. 7. 2002 – 1 G 2239/02 –, NuR 2003, 60 ff. nicht hinreichend beachtet).

Die Qualifizierung der Auswirkungen eines Gewerbebetriebes als „nicht störend" i. S. von § 4 Abs. 3 Nr. 2 BauNVO hängt davon ab, ob diese Auswirkungen gebietsverträglich sind. In der Rechtsprechung und im Schrifttum wird die Beachtlichkeit der spezifischen Zweckbestimmung des Baugebiets seit längerem als eine Frage der „Gebietsverträglichkeit" des Vorhabens bezeichnet. Dem hat sich auch die Rechtsprechung des BVerwG in zahlreichen Entscheidungen angeschlossen. Die Baunutzungsverordnung konkretisiert mit ihrer Baugebietstypologie u. a. die an gesunde Wohn- und Arbeitsverhältnisse zu stellenden Anforderungen sowie das Interesse an einer verbrauchernahen Versorgung der Bevölkerung. Von maßgeblicher Bedeutung für die Bestimmung des jeweiligen Gebietscharakters sind die Anforderungen des Vorhabens an ein Gebiet, die Auswirkungen des Vorhabens auf ein Gebiet und die Erfüllung des spezifischen Gebietsbedarfs. Der Verordnungsgeber will durch Zuordnungen von Nutzungen zu Baugebieten diese oft gegenläufigen Ziele zu einem schonenden Ausgleich im Sinne überlegter Städtebaupolitik bringen. Dieses Ziel kann nur erreicht werden, wenn die vom Verordnungsgeber dem jeweiligen Baugebiet zugewiesene allgemeine Zweckbestimmung den Charakter des Gebiets eingrenzend bestimmt. Dabei mag es durchaus naheliegend sein, die regelhafte Zulässigkeit – hier § 4 Abs. 2 BauNVO – mit zu bedenken, da in ihr die Vorstellungen des Verordnungsgebers über den Gebietscharakter ebenfalls zum Ausdruck kommen. Maßgebend bleibt die Zweckbestimmung des jeweiligen Baugebietes. Das Erfordernis der Gebietsverträglichkeit bestimmt nicht nur die regelhafte Zulässigkeit, sondern erst Recht den vom Verordnungsgeber vorgesehenen Ausnahmebereich. Zwischen der jeweiligen spezifischen Zweckbestimmung des Baugebietstypus und dem jeweils zugeordneten Ausnahmekatalog besteht ein gewellter funktionaler Zusammenhang. Das bedeutet: Die normierte allgemeine Zweckbestimmung ist auch für die Auslegung und Anwendung der tatbestandlich normierten Ausnahmen bestimmend. §15 Abs. 1 Satz 1 BauNVO besitzt demgegenüber eine andere Aufgabe. Er ermöglicht bei singulären Vorhaben eine Vermeidung gebietsunverträglicher Auswirkungen nach Anzahl, Lage, Umfang und Zweckbestimmung im Einzelfall. §15 Abs. 1 Satz 1 BauNVO entscheidet aber nicht, ob ein Vorhaben überhaupt – also gerade unabhängig vom Einzelfall – mit der Eigenart des Gebiets verträglich ist. Das allgemeine Wohngebiet dient gemäß §4 Abs. 1 BauNVO „vorwiegend dem Wohnen". Es soll nach Möglichkeit ein ungestörtes Wohnen gewährleisten. Das prägt seinen Gebietscharakter. Die Gebietsunverträglichkeit beurteilt sich für §4 BauNVO in erster Linie nach dem Kriterium der gebietsunüblichen Störung. Das bringt §4 Abs. 2 Nr. 2 BauNVO mit der regelhaften Zulässigkeit nur der nicht störenden Handwerksbetriebe und §4 Abs. 3 Nr. 2 BauNVO mit der tatbestandlichen Einschränkung auf sonstige nicht störende Gewerbebetriebe sehr deutlich zum Ausdruck. Der „störende" Gewerbebetrieb erzeugt eine Gebietsunverträglichkeit, es wäre denn, die Störung sei im Rahmen einer gebietsbezogenen Versorgung nach §4 Abs. 2 Nr. 2 BauNVO hinzunehmen (vgl. BVerwG, Urteil v. 21. 3. 2002 – 4 C 1.02 –, BauR 2002, 1497 = NVwZ 2002, 1118 m. w. N.).

Die Einstufung von Auswirkungen eines Vorhabens als gebietsunverträglich hängt etwa im Hinblick auf Geräuschimmissionen nicht davon ab, daß die immissions-schutzrechtlichen Lärmwerte eingehalten werden. Das dem Wohngebiet eigene „Ruhebedürfnis" ist nicht gleichbedeutend mit einer immissionsschutzrechtlich relevanten Lärmsituation. §4 Abs. 3 Nr. 2 BauNVO bezweckt vielmehr die Vermeidung als atypisch angesehener Nutzungen, die den Charakter einer kollektiven Wohngemeinschaft im Sinne des Gebietscharakters stören (vgl. BVerwG, Urteil v. 21. 3. 2002, a. a. O.).

Ob die genehmigte Mobilfunksendeanlage nach diesen Kriterien als gebietsunverträglich anzusehen ist, bleibt ggf. der Prüfung im Hauptsacheverfahren vorbehalten. Insoweit beschränkt der Senat sich auf folgende Hinweise: Eine Gebietsunverträglichkeit kann sich sowohl aus der Strahlenbelastung ergeben, die von der Mobilfunksendeanlage ausgeht als auch von den optischen Auswirkungen, die mit dieser Anlage verbunden sind. Hinsichtlich der Strahlenbelastung sind die vom Gesetzgeber durch die Verordnung über elektromagnetische Felder – 26. BlmSchV – festgelegten Grenzwerte maßgebend, die der Schutzpflicht staatlicher Organe gegenüber Gesundheitsgefährdungen durch elektromagnetische Felder ausreichend Rechnung tragen (vgl. BVerfG, Beschluß v. 17. 2. 1997 – 1 BvR 1658/96 –, BRS 59 Nr. 183 = NJW 1997, 2509).

Nach der Standortbescheinigung der Regulierungsbehörde für Telekommunikation und Post beträgt der Sicherheitsabstand der Anlage für die unterschiedlichen Sendebereiche in horizontale Richtung zwischen 6,26 und 6,66 m und in vertikaler Richtung 1,13 m. Nach dieser Standortbescheinigung werden die Grenzwerte der 26. BlmSchV eingehalten. Dieser Bescheinigung nach geht deshalb von der Anlage nach dem heutigen Stand der Technik keine Gesundheitsgefährdung aus. Die nach §7 Abs. 1 Satz 1 Abs. 2 der 26. BlmSchV mit der Anzeige über die Inbetriebnahme der Sendeanlage der Immissionsschutzbehörde vorzulegende Standortbescheinigung ist für das baurechtliche Genehmigungsverfahren jedoch nicht verbindlich. Vielmehr hat die Baugenehmigungsbehörde nach §22 BImSchG für eine – wie hier – nach dem Bundesimmissionsschutzgesetz nicht genehmigungsbedürftige Anlage in eigener Zuständigkeit zu prüfen, ob schädliche Umwelteinwirkungen i. S. von §3 BImSchG – auch auf Nachbarn – hervorgerufen werden. Zu diesen Umwelteinwirkungen zählen auch die von Mobilfunksendeanlagen ausgehenden Strahlenimmissionen. Zum einen muß die Anlage so errichtet und betrieben werden, daß gegenwärtig keine schädlichen Umwelteinwirkungen entstehen können. Zum anderen sind – ungeachtet der Frage nach dem Bestehen einer sogenannten Vorsorgegrundpflicht im Rahmen des §22 Abs. 1 Satz 1 Nr. 1 BImSchG – (vgl. dazu: Hansmann, in: Landmann/Rohmer, BImSchG, §22 Rdnr. 14f.), auch zukünftig drohende – erkannte – erhebliche Beeinträchtigungen zu verhindern. Dies gilt insbesondere hinsichtlich der zu erwartenden zukünftigen baulichen Entwicklung im Einwirkungsbereich der Anlage (vgl. Kutscheidt, in: Landmann/Rohmer, a. a. O., §5 Rdnr. 55ff.).

Es spricht vieles dafür, daß der Sicherheitsabstand der zur Überprüfung stehenden Mobilfunksendeanlage teilweise auf dem Nachbargrundstück Sch.-Straße 50 liegt, wenn sich auch der strahlengefährdete Bereich im Luftraum etwa 5m oberhalb des Dachfirstes des nördlich gelegenen Nachbargebäudes befinden dürfte. Sollte der Sicherheitsabstand auf dem Nachbargrundstück liegen, so waren Feststellungen zur Wahrscheinlichkeit der baulichen Erweiterungen des Gebäudes Sch.-Straße 50 und vor allem zu deren rechtlicher Zulässigkeit geboten, die bislang von der Baugenehmigungsbehörde nicht getroffen worden sind. Diese sind insbesondere auch deshalb erforderlich, weil die Baugenehmigung für die Mobilfunksendeanlage eine Legalisierungswirkung entfaltet mit der Folge, daß eine etwa rechtlich zulässige Aufstockung des nördlich gelegenen Nachbargebäudes unter Umständen verhindert wird. Bei der Entscheidung über die Gebietsunverträglichkeit der optischen Auswirkungen der Mobilfunksendeanlage ist zu berücksichtigen, daß diese Nutzungsart ersichtlich aus dem Spektrum der im allgemeinen Wohngebiet allgemein zulässigen Nutzungen herausfällt. Mobilfunksendeanlagen unterscheiden sich optisch deutlich von den im allgemeinen Wohngebiet allgemein zulässigen und üblichen Empfangsantennen wie Fernseh- und Radioantennen oder Satelitenschüsseln. Dementsprechend kann nicht ausgeschlossen werden, daß Mobilfunksendeanlagen zu einer wahrnehmbaren gewerblichen Überformung eines allgemeinen Wohngebiets führen und deshalb als gebietsfremd und den Gebietscharakters störend empfunden werden können. Im vorliegenden Fall kommt hinzu, daß die Mobilfunksendeanlage auf Grund ihres Anbringungsorts in besonderer Weise ins Auge fällt. Aus den in den Beiakten enthaltenen Lichtbildern sowie dem zu den Genehmigungsunterlagen zählenden Auszug aus dem Liegenschaftskataster geht hervor, daß jedenfalls die unmittelbare Umgebung des Vorhabengrundstücks durch eine vier- bis fünfgeschossige Bebauung mit annähernd gleicher Firsthöhe geprägt wird. Auf dieser relativ homogenen Dachlandschaft fällt die sie um knapp 8m überragende Antenne optisch besonders ins Gewicht. Sollte es sich im vorliegenden Fall bei der Mobilfunksendeanlage um einen „nicht störenden Gewerbebetrieb" i. S. von §4 Abs. 3 Nr. 2 BauNVO handeln, so stünde die Entscheidung über die Zulassung einer Ausnahme gemäß §31 Abs. 1 BauGB im Ermessen des

Antragsgegners. Hiervon ist der Antragsgegner ausgegangen, denn er hat eine Ausnahme nach §31 Abs. 1 BauGB i.V.m. §34 Abs. 2 BauGB und §4 BauNVO erteilt. Ungeachtet der Frage, ob der Tatbestand des §4 Abs. 3 Nr. 2 BauNVO überhaupt gegeben ist, läßt sich im Rahmen dieses Verfahrens jedenfalls nicht klären, ob die Entscheidung ermessensfehlerfrei ergangen ist und insoweit Rechte des Antragstellers verletzt. Hierfür nimmt der Senat auf die obigen Ausführungen zur Ermessensentscheidung im Rahmen des §31 Abs. 1 BauGB i.V.m. §14 Abs. 2 Satz 2 BauNVO Bezug, nach denen die Rechtmäßigkeit der Ermessensausübung des Antragsgegners offen ist.

Die nach alledem vorzunehmende Interessenabwägung führt im vorliegenden Falle zur Anordnung der aufschiebenden Wirkung des Widerspruchs. Der Vorrang des Interesses des Antragstellers gegenüber dem des Beigeladenen folgt aus folgenden Umständen: Die Mobilfunksendeanlage liegt von dem Wohnhaus des Antragstellers nur etwa 20 m entfernt. Der Dachfirst des Wohnhauses des Antragstellers liegt in etwa in gleicher Höhe wie das Gebäude, auf dem die Antenne aufsteht. Sie überragt andere Dachaufbauten wie Fernsehantennen bei weitem und fällt deshalb auch optisch aus dem Rahmen. Die Mobilfunksendeantenne ist von den rückwärtigen Balkonen insbesondere im Dachgeschoß des Wohnhauses des Antragstellers deutlich wahrnehmbar. Diese optischen Auswirkungen braucht der Antragsteller grundsätzlich nicht hinzunehmen, es sei denn, die Baugenehmigung ist zu Recht im Wege der Ausnahme erteilt worden. Die Zulässigkeit dieser Ausnahme ist im vorliegenden Fall indes völlig offen. Es kommt hinzu, daß keine beachtlichen Nachteile für die Beigeladene erkennbar sind, wenn die Mobilfunksendeanlage erst nach Abschluß des Hauptsacheverfahrens errichtet und in Betrieb genommen werden darf. Denn die Beigeladene hat lediglich – zudem ohne nachprüfbare nähere Begründung – vorgetragen, die im Umfeld der Anlage vorhandenen Mobilfunksendeanlagen befänden sich alle kapazitiv betrachtet am oberen Limit ihrer Leistungsfähigkeit. Dafür, daß diese Leistungsfähigkeit bis zum Abschluß des Hauptsacheverfahrens überschritten werden könnte, gibt es keine zuverlässigen Anhaltspunkte.

Nr. 90

1. **Errichtung und Betrieb einer aus Antennenmast und Basisstation bestehenden Mobilfunkanlage als gewerbliche Nutzung sind in einem faktischen Dorfgebiet nach §5 BauNVO allgemein zulässig.**

2. **Optische Auswirkungen einer Mobilfunkanlage stören den Gebietscharakter eines faktischen Dorfgebietes i.S. von §5 BauNVO nicht.**

BauGB §34 Abs. 2; BauNVO §5.

OVG Nordrhein-Westfalen, Beschluß vom 13. März 2003 – 7 B 1717/02 – (rechtskräftig).

(VG Aachen)

Die Beigeladene errichtete ohne Baugenehmigung an einem ehemaligen Getreidesilogebäude eine Mobilfunkanlage. Der in der Nachbarschaft wohnende Antragsteller verlangte vergeblich ein behördliches Einschreiten.

Aus den Gründen:
Mit dem Verwaltungsgericht ist davon auszugehen, daß nach der im vorliegenden Verfahren des einstweiligen Rechtsschutzes nur möglichen und gebotenen summarischen Prüfung ein Anspruch des Antragstellers auf Einschreiten gegen die Mobilfunkanlage wegen Verletzung nachbarlicher Abwehrrechte nicht besteht, weil die Inbetriebnahme und Nutzung der Anlage keine Vorschriften des Bauplanungsrechts verletzt, die auch dem Schutz des Antragstellers als Nachbarn zu dienen bestimmt sind.

Es liegen keine hinreichenden Anhaltspunkte dafür vor, daß ein Abwehranspruch des Antragstellers aus dem sogenannten Gebietsgewährleistungsanspruch (vgl. dazu Bundesverwaltungsgericht, Urteil v. 16.9.1993 – 4 C 28.91 –, BRS 55 Nr. 110 = BauR 1994, 223, und Beschluß v. 11.4.1996 – 4 B 51.96 –, BRS 58 Nr. 82) wegen Unvereinbarkeit der Mobilfunkanlage ihrer Art der Nutzung nach mit dem faktischen Baugebietscharakter besteht. Dieser Anspruch erstreckt sich auf die Bewahrung der Gebietsart nach der Art der zulässigen baulichen Nutzung. Ausgehend von dem übereinstimmenden Beteiligtenvorbringen, es handele sich hier um ein faktisches Dorfgebiet i.S. von §34 Abs.2 BauGB i.V.m. §5 BauNVO, und dem vorliegenden Karten- und Lichtbildmaterial spricht nichts für eine bauplanungsrechtliche Unzulässigkeit der Mobilfunkanlage an dem hier in Rede stehenden Standort.

In einem Dorfgebiet sind nach §5 Abs. 1 und 2 Nr.6 BauNVO nicht wesentlich störende Gewerbebetriebe allgemein zulässig. Bei der Errichtung und dem Betrieb einer aus Antennenmast und Basisstation bestehenden Mobilfunkanlage handelt es sich – wie hier – um eine gewerbliche Nutzung (vgl. OVG Nordrhein-Westfalen, Beschlüsse v. 29.4.2002 – 10 B 78/02 –, BauR 2002, 1225; 2.7.2002 – 7 B 924/02 –, BauR 2002, 1844; und 25.2.2003 – 10 B 2417/02 –, abgedruckt unter Nr.89).

Die Gebietsverträglichkeit einer gewerblichen Nutzung beurteilt sich nach allen mit ihrer Zulassung nach ihrem Gegenstand, ihrer Struktur und Arbeitsweise typischerweise verbundenen Auswirkungen (vgl. BVerwG, Beschluß v. 9.10.1990 – 4 B 121.90 –, BRS 50 Nr.58 = BauR 1991, 49). Sonstige gewerbliche Anlagen i.S. des §5 Abs.2 Nr.6 BauNVO stören nicht wesentlich i.S. von Abs. 1 der Vorschrift, wenn sie keine Störungen hervorrufen, die das dorfgebietsadäquate Maß übersteigen (vgl. BVerwG, Beschluß v. 7.9.1995 – 4 B 200.95 –, BRS 57 Nr.71 = BauR 1996, 78).

Entgegen der Auffassung des Antragstellers ist daher nicht allein auf die an der D.-Straße vorhandene Wohnbebauung abzustellen; denn Dorfgebiete dienen nach §5 Abs. 1 Satz 1 BauNVO der Unterbringung der Wirtschaftsstellen land- und forstwirtschaftlicher Betriebe, dem Wohnen und der Unterbringung von nicht wesentlich störenden Gewerbebetrieben sowie von der Versorgung der Bewohner des Gebiets dienenden Handwerksbetrieben. Damit weisen sie nach dieser einem Mischgebiet vergleichbaren Charakteristik eine gemischte Struktur aus Elementen der Wohnnutzung und der gewerblichen Nutzung auf (vgl. BVerwG, Beschluß v. 7.9.1995, a.a.O.).

Soweit der Antragsteller im Hinblick auf von der Anlage ausgehende Emissionen eine „abstrakte Gesundheitsgefahr" einwendet, ist mit dem Verwaltungsgericht darauf zu verweisen, daß die Anlage nach der Standortbescheinigung der Regulierungsbehörde für Telekommunikation und Post vom 21.3.2001 die in der 26. BImSchV enthaltenen Grenzwerte einhält und deren Maßgeblichkeit nicht durch die von dem Antragsteller geäußerten Bedenken in Frage gestellt werden kann.

Auch im Hinblick auf optische Auswirkungen des Vorhabens läßt sich ein Abwehrrecht aus dem Gebietsgewährleistungsanspruch hier nicht herleiten. Die Überlegung, daß Mobilfunksendeanlagen auch ihrer optischen Auswirkungen wegen möglicherweise zu einer wahrnehmbaren gewerblichen Überformung eines allgemeinen Wohngebietes führen und deshalb als gebietsfremd und den Gebietscharakter störend empfunden werden können (vgl. dazu jüngst OVG Nordrhein-Westfalen, Beschluß v. 25.2.2003 – 10 B 2417/02 –, a.a.O.), läßt sich auf den vorliegenden Rechtsstreit wegen der hier in Rede stehenden dorfgebietstypischen Mischstruktur der Nutzungsarten nicht übertragen. Im übrigen kann nach dem in der Gerichtsakte befindlichen, durch die Beteiligten vorgelegten Lichtbildmaterial nicht angenommen werden, daß von der Mobilfunkanlage auf dem Grundstück D.-Straße 4 – wollte man darauf abstellen – eine mit der Umgebungsbebauung unter Berücksichtigung ihres Dorfgebietscharakters etwa erdrückende oder unzumutbar belästigende Wirkung ausginge.

Soweit der Antragsteller sich zur Beschwerdebegründung ferner auf das grundsätzlich nachbarschützende bauplanungsrechtliche Gebot der Rücksichtnahme beruft, bestehen nach den vorstehenden Ausführungen ebenfalls weder unter Immissionsschutzgesichtspunkten noch im Hinblick auf den Aspekt optischer Auswirkungen der Mobilfunkanlage Bedenken.

Nr. 91

Mit dem Wegfall des Einzelfallerfordernisses in § 31 Abs. 2 BauGB durch das Bau- und Raumordnungsgesetz 1998 – BauROG – (BGBl. 1997 I, 2081) bedarf die Erteilung einer Befreiung nach dieser Vorschrift keiner „Atypik" mehr.

BauGB § 31 Abs. 2.

VGH Baden-Württemberg, Urteil vom 16. Juni 2003 – 3 S 2324/02 – (rechtskräftig).

(VG Stuttgart)

Die Klägerin begehrt die Erteilung einer Baugenehmigung für die Errichtung einer Werbeanlage auf dem unbebauten und als Stellplatzfläche genutzten Grundstück Flst.-Nr. 427.

Das Grundstück liegt im Geltungsbereich mehrerer Bebauungsplanänderungen, die für das Grundstück jeweils eine Vorplatzfläche ausweisen. Außerdem liegt das Grundstück im Plangebiet „Nordstadt", für das der Gemeinderat der Beklagten 1991 einen Aufstellungsbeschluß gefaßt hat.

Nr. 91

2000 beantragte die Klägerin die Erteilung einer Baugenehmigung für eine 3,50 m breite und 2,80 m hohe, quer zur Straße stehende, beleuchtete doppelseitige Mega-Lux-Plakatvitrine auf einem 2,50 m hohen Monofuß mit einer Grundfläche von 0,45 m x 0,45 m. Die Anlage soll in Ost-West-Richtung ungefähr mittig und in einer Entfernung von etwa 1 m zur südlichen Grundstücksgrenze errichtet werden. Diesen Antrag lehnte die Beklagte ab.

Aus den Gründen:
Planungsrechtlich widerspricht das Bauvorhaben – zwischen den Beteiligten unstreitig – der Festsetzung einer – nicht überbaubaren – Vorplatzfläche in den – nach §173 Abs.3 BBauG 1960 übergeleiteten – Bebauungsplänen der Beklagten. Bedenken gegen die Wirksamkeit dieser Pläne und der dem Vorhaben danach entgegenstehenden planerischen Festsetzung werden von den Beteiligten nicht geltend gemacht.

Für das Grundstück ist nach dem Baustufenplan und der Ortsbausatzung der Beklagten aus dem Jahre 1939 ein Wohngebiet mit Gewerbebetrieben festgesetzt. Zudem erfolgten in den 50er Jahren mehrere Bebauungsplanänderungen, die auch das Baugrundstück betrafen. Mit der vom Gemeinderat 1956 festgestellten Bebauungsplanänderung wurde nach dem maßgeblichen Lageplan des Stadtplanungs- und Stadtmessungsamtes für das Baugrundstück erstmals eine außerhalb von Baugrenzen und – -linien liegende – „Vorplatzfläche" festgesetzt. Anlaß für diese Bebauungsplanänderung war die Verkehrsplanung für die Umgestaltung und Verkehrsführung und damit in Zusammenhang ein Bauvorhaben des damaligen Grundstückseigentümers i. V. m. einem Tankstellenneubau an der Nordostecke.

Dabei kann dahinstehen, ob die für das Baugrundstück einschlägigen Bebauungspläne insgesamt die Voraussetzungen eines qualifizierten Bebauungsplans nach §30 Abs.1 BauGB erfüllen. Ist dies der Fall, so beurteilt sich die planungsrechtliche Zulässigkeit ausschließlich nach §30 Abs.1 BauGB i. V. m. den planerischen Festsetzungen. Liegen die Voraussetzungen eines qualifizierten Bebauungsplans nicht vor, so richtet sich die Zulässigkeit des Vorhabens nach §30 Abs.3 BauGB lediglich im übrigen nach §34 BauGB. Damit ist das Vorliegen eines qualifizierten Bebauungsplans nicht entscheidungserheblich, da das Baugrundstück in beiden Fällen planungsrechtlich nur gegen die Ausweisung der Vorplatzfläche in den einschlägigen Plänen verstößt. Diese gelten nach §173 Abs.3 BBauG 1960 als übergeleitete Bebauungspläne fort. Durch die Ausweisung einer – grün eingezeichneten – Vorplatzfläche außerhalb von Baulinien und -grenzen handelt es sich bei dem Baugrundstück um eine nicht überbaubare Fläche. Damit dürfen auf dem Grundstück grundsätzlich keine baulichen Anlagen errichtet werden. Dies ist zwischen den Beteiligten unstreitig.

Ausnahmen i. S. von §31 Abs.1 BauGB sehen die übergeleiteten Bebauungspläne nicht vor. Insoweit hilft auch §23 BauNVO nicht weiter. Denn diese Vorschrift gilt nicht für Bebauungspläne, die – wie vorliegend – vor Inkrafttreten der BauNVO aufgestellt und bekanntgemacht worden sind (vgl. §25 BauNVO). Im übrigen liegen die Voraussetzungen für eine Ausnahme nach §23 BauNVO auch tatbestandlich nicht vor. Denn bei der als selbständige gewerbliche Anlage geplanten Plakatvitrine handelt es sich weder um ein Vortreten von Gebäudeteilen in geringfügigem Ausmaß (vgl. §23 Abs. 2 Satz 2 bzw. Abs. 3 Satz 2 BauNVO) noch um eine Nebenanlage i. S. von §14 BauNVO (vgl. §23 Abs. 5 Satz 1 BauNVO) noch um eine bauliche Anlage, die nach Landesrecht in den Abstandsflächen zulässig ist oder zugelassen werden kann (vgl. §23 Abs. 5 Satz 2 BauNVO). Insbesondere liegen die Voraussetzungen des §6 Abs. 6 Nr. 2 LBO, wonach bauliche Anlagen, die keine Gebäude sind, unter bestimmten Voraussetzungen in den Abstandsflächen zulässig sind, ersichtlich nicht vor, da die Werbeanlage höher als 2,50 m zur Ausführung kommen soll.

Die Klägerin hat jedoch nach §31 Abs. 2 BauGB einen Anspruch auf Befreiung von der Festsetzung einer nicht überbaubaren Fläche. Nach dieser Vorschrift kann von den Festsetzungen eines Bebauungsplans befreit werden, wenn die Grundzüge der Planung nicht berührt werden und Gründe des Wohls der Allgemeinheit die Befreiung erfordern (§31 Abs. 2 Nr. 1 BauGB), die Abweichung städtebaulich vertretbar ist (§31 Abs. 2 Nr. 2 BauGB) oder die Durchführung des Bebauungsplans zu einer offenbar nicht beabsichtigten Härte führen würde (§31 Abs. 2 Nr. 3 BauGB) und wenn die Abweichung auch unter Würdigung nachbarlicher Interessen mit den öffentlichen Belangen vereinbar ist.

1.1 Entgegen der Auffassung der Beklagten liegen die tatbestandlichen Voraussetzungen für eine Befreiung vor.

a) Unabhängig von den weiteren Tatbestandsvoraussetzungen kommt eine Befreiung nicht in Betracht, wenn hierdurch die Grundzüge der Planung berührt werden. Dieses Tatbestandsmerkmal, das nach altem Recht formal nur bei der Tatbestandsalternative des §31 Abs. 2 Nr. 2 BauGB a. F. eine Rolle spielte, wurde durch die Neufassung des §31 Abs. 2 BauGB durch das am 1.1.1998 in Kraft getretene Bau- und Raumordnungsgesetz (– BauROG – BGBl. 1997 I, 2081) gleichsam vor die Klammer gezogen und damit zu einer allgemeinen Zulässigkeitsvoraussetzung, die für alle Befreiungsfälle Geltung beansprucht. Zugleich wurde das bisherige „Einzelfallerfordernis" gestrichen. Diese mit der Novellierung verbundene strukturelle Änderung der Befreiungsregelung hat das Tatbestandsmerkmal der „Grundzüge der Planung" jedoch unberührt gelassen (vgl. BVerwG, Beschluß v. 5.3.1999 – 4 B 5.99 –, BRS 62 Nr. 99 = BauR 1999, 1280 = NVwZ 1999, 1110).

Bei der Frage, wann eine Befreiung die Grundzüge der Planung berührt, ist nach der Rechtsprechung des Bundesverwaltungsgerichts zu berücksichtigen, daß der Bebauungsplan, der nach §10 Abs. 1 BauGB als Satzung zu beschließen ist, Rechtsnormcharakter hat. Die Festsetzungen sind für das Baugenehmigungsverfahren grundsätzlich strikt verbindlich. Der Gesetzgeber stellt mit §31 Abs. 2 BauGB ein Instrument zur Verfügung, das trotz dieser Rechtsbindung im Interesse der Einzelfallgerechtigkeit und der Wahrung der Verhältnismäßigkeit für Vorhaben, die den Festsetzungen zwar widersprechen, sich mit den planerischen Vorstellungen aber gleichwohl in Einklang bringen lassen, ein Mindestmaß an Flexibilität schafft. Er knüpft die Befreiung indes an genau beschriebene Voraussetzungen. Durch das Erfordernis der Wahrung der Grundzüge der Planung soll sichergestellt werden, daß die Festsetzungen des Bebauungsplans nicht beliebig durch Verwaltungsakte außer Kraft gesetzt werden können. Die Änderung eines Bebauungsplans obliegt nach §2 Abs. 4 BauGB unverändert der Gemeinde und nicht der Bauaufsichtsbehörde. Hierfür ist in den §§ 3 und 4 BauGB ein bestimmtes Verfahren unter Beteiligung der Bürger und der Träger öffentlicher Belange vorgeschrieben, von dem nur unter den in § 13 BauGB genannten Voraussetzungen abgesehen werden kann. Diese Regelung darf weiterhin nicht durch eine großzügige Befreiungspraxis aus den Angeln gehoben werden. Ob die Grundzüge der Planung berührt werden, hängt von der jeweiligen Planungssituation ab. Entscheidend ist, ob die Abweichung dem planerischen Grundkonzept zuwiderläuft. Je tiefer die Befreiung in das Interessengeflecht der Planung eingreift, desto eher liegt der Schluß auf eine Änderung der Planungskonzeption nahe, die nur im Wege der (Um-)Planung möglich ist. Die Befreiung kann nicht als Vehikel dafür herhalten, die von der Gemeinde getroffene planerische Regelung beiseite zu schieben. Sie darf – jedenfalls von Festsetzungen, die für die Planung tragend sind – nicht aus Gründen erteilt werden, die sich in einer Vielzahl gleichgelagerter Fälle oder gar für alle von einer bestimmten Festsetzung betroffenen Grundstücke anführen ließen (vgl. BVerwG, Beschluß v. 5. 3. 1999, a. a. O., m. w. N.).

In Anwendung dieser Grundsätze kann vorliegend nicht davon ausgegangen werden, daß die Erteilung einer Befreiung für die beabsichtigte Werbeanlage die Grundzüge der Planung berührt. Nach den Planunterlagen im Bebauungsplanänderungsverfahren 02 A/6 sollte durch das Zurücksetzen der überbaubaren Fläche und die Ausweisung einer Vorplatzfläche primär die Freihaltung der für eine Ausweitung des Straßenraums erforderlichen Verkehrsfläche sichergestellt werden. Dies betraf an der Nordostecke der Kreuzung aber nur eine relativ kleine Fläche von 30 m^2. Der beabsichtigte Standort für die Werbeanlage befindet sich außerhalb dieser festgesetzten und inzwischen hergestellten Verkehrsfläche auf der ausdrücklich als Vorplatz festgesetzten Fläche. Diese Ausweisung erfolgte nach den Planunterlagen im öffentlichen Interesse der Verkehrsübersicht und der städtebaulichen Absetzung eines im Anschluß daran vorläufig genehmigten fünfgeschossigen Baukörpers. Dabei bezogen sich die Gründe der Verkehrsübersicht aber nur auf die Freihaltung der Ein- und Ausfahrten für eine auf der unüberbaubaren Vorplatzfläche vorläufig genehmigte, in der Folgezeit auch verwirklichte, inzwischen aber nicht mehr vorhandene Tankstelle. Im übrigen sollte durch die unüberbaubare Vorplatzfläche der Lichteinfall für die fünfgeschossige Hauptfront des vorläufig genehmigten Baukörpers gesichert werden. An dessen Stelle befindet sich inzwischen unmittelbar an der Grundstücksgrenze nur noch eine eingeschossige Bebauung und daran anschließend ein achtgeschossiges Gebäude. Auch bei dieser Sachlage widerspricht die Erteilung einer Befreiung für eine Werbeanlage mit den beantragten Ausmaßen und am vorgesehenen Standort – über 5 m von der nördlichen Grundstücksgrenze entfernt und quer zur Gebäudefront stehend – den mit der Planung verfolgten Zielen ebensowenig wie früher die dort vorhandene Tankstelle.

b) Daneben bedarf die Erteilung einer Befreiung nach §31 Abs. 2 BauGB mit dem Wegfall des Einzelfallerfordernisses entgegen der Auffassung des Verwaltungsgerichts und der Beklagten keiner „Atypik" mehr. Zu §31 Abs. 2

BauGB a. F. ging das Bundesverwaltungsgericht in st. Rspr. davon aus, daß eine Befreiung nur erteilt werden kann, wenn das Vorhaben eine „Atypik" aufweist und sich als Sonder- oder Einzelfall darstellt. Dieses Erfordernis wurde dem – zwischenzeitlich weggefallenen – Tatbestandsmerkmal des „Einzelfalles" in §31 Abs. 2 BauGB a. F. sowie dem Wesen der Befreiung als solcher entnommen. Das Institut der Befreiung von dem Gebot oder Verbot einer Norm rechtfertige sich daraus, daß die mit einer Normierung regelmäßig verbundene Abstraktion oder doch Verallgemeinerung unvermeidbar zu Differenzen zwischen einerseits dem Regelungsinhalt und andererseits dem hinter der Regelung stehenden Schutzgut führe. Eine Regelung, die nicht für einen konkreten Fall erfolge, laufe immer Gefahr, mit ihren Aussagen besonders gelagerten Fällen – d. h. Sachverhalten, die aus tatsächlichen Gründen „aus der Regel fallen" – nicht gerecht zu werden. Um im Einzelfall diesem Mangel abhelfen zu können, kenne das Baurecht die Möglichkeit einer Befreiung. Ihre Bewilligung setze aber stets voraus, daß es sich um einen – aus welchen Gründen auch immer – „an sich" dem Schutzgut der Norm entzogenen (Sonder-)Fall handele. Für die Regelfälle dagegen sei das, was eine Vorschrift bzw. ein Plan bestimme, grundsätzlich auch dann beabsichtigt, wenn es sich als Härte erweise. Bei ihnen eine Befreiung zu erteilen, wäre außerdem nicht „mit den öffentlichen Belangen vereinbar". Denn eine solche Befreiung müßte sich notwendig über die Interessenabwägung hinwegsetzen, die der Vorschrift bzw. dem Plan zugrunde liege und durch sie bzw. ihn als maßgeblich positiviert sei. Eine Norm, von deren Einhaltung selbst in Regelfällen befreit werden müsse, sei in Wahrheit bereits als Norm zu beanstanden (vgl. BVerwG, Urteil v. 14. 7. 1972 – 4 C 69.70 –, BVerwGE 40, 268 = BRS 25 Nr. 163 = BauR 1972, 358 = PBauE §31 BauGB Nr. 1).

Mit dem Bau- und Raumordnungsgesetz 1998 ist – wie bereits angeführt – mit Wirkung vom 1. 1. 1998 das Tatbestandsmerkmal „im Einzelfall" in §31 Abs. 2 BauGB gestrichen worden. Damit kann eine Befreiung nunmehr unstreitig nicht mehr nur im Einzelfall, sondern auch bei einer Vielzahl von Fällen erteilt werden. Unklar ist jedoch, ob die Befreiung damit keine „atypische Sonderlage" mehr erfordert oder ob diese Voraussetzung, wenn auch modifiziert, nach wie vor gilt. Das Bundesverwaltungsgericht hat diese Frage bislang offengelassen (vgl. BVerwG, Beschluß vom 5. 3. 1999, a. a. O.; siehe aber auch Urteil v. 19. 9. 2002 – 4 C 13.01 –, BauR 2003, 488, wo die Ablehnung einer Befreiung – auf der Rechtsfolgenseite – für ermessensfehlerfrei erachtet wurde, ohne daß zunächst – auf der Tatbestandsseite – eine Auseinandersetzung mit dem Erfordernis einer Atypik erfolgte). Auch in der Rechtsprechung des Senats und anderer Obergerichte ist die Frage bislang nicht abschließend geklärt (ausdrücklich offengelassen: Senatsurteil v. 23. 2. 2002 – 3 S 278/02 –; ebenso VGH Bad.-Württ., Urteil v. 17. 6. 1999 – 10 S 44/99 –, VBlBW 2000, 78; OVG Lüneburg, Urteil v. 22. 6. 2001 – 1 MA 1381/01 –, UPR 2001, 459; der Bayerische VGH „neigt" dazu, das Kriterium weiterhin heranzuziehen, vgl. Bay. VGH, Urteil v. 19. 10. 1998 – 15 B 97337 –, BayVBlBW 1999, 179), in der Literatur ist sie höchst umstritten (für die Beibehaltung beispielsweise: Dolderer, NVwZ 1998, 567; Soefker, in: Ernst/Zinkahn/Bielenberg, Stand: 1. 1. 2003, §31 BauGB, Rdnr. 31 f.; Schmaltz, in: Schroeder,

BauGB, 6. Aufl. 1998, § 31 BauGB, Rdnr. 19; Löhr, in: Battis/Krautzberger/ Löhr, 8. Aufl. 2002, § 31 BauGB Rdnr. 26; Brohm, Öffentliches BauR, 3. Aufl. 2002, § 19 Rdnr. 7; Reidt, in: Geller/Bracher/Reidt, Bauplanungsrecht, 6. Aufl. 2001, Rdnr. 1941; dagegen beispielsweise Schmidt/Eichstaedt, NVwZ 1998, 571; Mager, DVBl. 2000, 205; Hofmann, BauR 1999, 445; Claus, DVBl. 2000, 241; Schütz, VBlBW 2000, 355).

Schon die Entstehungsgeschichte der Gesetzesänderung spricht für die Aufgabe des Erfordernisses einer Atypik. Der Gesetzgeber hat § 31 Abs. 2 BauGB in der Vergangenheit im Hinblick auf die restriktive Rechtsprechung des Bundesverwaltungsgerichts mehrfach abgeändert und in der Begründung zum Gesetzesentwurf zur Änderung des Baugesetzbuchs und zur Neuregelung des Rechts der Raumordnung wird ausdrücklich ausgeführt: „Eine Atypik im Sinne der bisherigen Rechtsprechung muß daher nicht mehr vorliegen" (vgl. BT-Drucks. 13/6392, S. 56). Die weiteren Ausführungen in der Gesetzesbegründung setzen sich zwar nur mit dem Einzelfallerfordernis in rein quantitativer Hinsicht auseinander. Dabei ist allerdings zu berücksichtigen, daß die letzte wichtige Entscheidung des Bundesverwaltungsgerichts zur Atypik vor der Gesetzesänderung (vgl. BVerwG, Beschluß vom 20. 11. 1989 – 4 B 163.98 –, BRS 49 Nr. 175 = NVwZ 1990, 556 = PBauE § 31 BauGB Nr. 6) gerade aus der Tatsache, daß die Befreiung für sämtliche Grundstücke des Plangebiets in Betracht kam, folgerte, daß deshalb kein atypischer Sonderfall vorliege. Der Gesetzentwurf hat daher möglicherweise schlichtweg keine Notwendigkeit gesehen, in der Begründung explizit auch auf den Fall des „qualitativen Sonderfalls" einzugehen. Für die Beibehaltung des Erfordernisses einer Atypik könnte nur sprechen, daß der Regierungsentwurf mit der Gesetz gewordenen Neufassung des § 31 Abs. 2 BauGB den gleichlautenden Vorschlag der Expertenkommission zur Novellierung des Baugesetzbuchs aufgegriffen hat. Diese war aber mehrheitlich der Auffassung, daß das ungeschriebene Merkmal der „Atypik", also der Beschränkung der Befreiung auf „aus der Norm fallende Ausnahme- und Sonderfälle" auch beim Fortfall des Einzelfallerfordernisses beibehalten werde, und zwar auch ohne ausdrückliche Erwähnung im Gesetz in der von der Rechtsprechung entwickelten, für die drei Befreiungsvarianten jeweils spezifischen Ausprägung (vgl. Soefker, a. a. O., Rdnr. 29, unter Hinweis auf den Bericht der Expertenkommission zur Novellierung des Baugesetzbuches v. 28. 10. 1995, Rdnr. 336). Zugleich sollten nach der Begründung zum Gesetzentwurf aber die erleichterten Befreiungsmöglichkeiten nach dem BauGB-MaßnahmenG mit den Befreiungsregeln im Baugesetzbuch zusammengeführt und fortentwickelt (vgl. BT-Drucks. 13/6392, S. 34) bzw. beide Befreiungsregeln zusammengefaßt und vereinfacht werden (vgl. BT-Drucks. 13/6392, S. 56). Insoweit ist der erkennende Senat hinsichtlich der erleichterten Befreiungsmöglichkeiten nach dem BauGB-MaßnahmenG aber schon in der Vergangenheit davon ausgegangen, daß bei einer vorübergehenden Unterbringung nach § 4 Abs. 1 a Satz 2 BauGB-MaßnahmenG eine Befreiung im Gegensatz zu den Fällen dringenden Wohnbedarfs nach § 4 Abs. 1 a Satz 1 BauGB-MaßnahmenG nicht auf Einzelfälle beschränkt sei. Dadurch werde das Vorliegen eines sonst bei allen Varianten des § 31 Abs. 2 BauGB erforderlichen atypischen baugebietsbezogenen Sonderfalls bei dieser Vorschrift nicht mehr verlangt (vgl. VGH Bad.-Württ., Urteil v. 13. 12. 1994 – 3 S 1643/94 –).

Das Erfordernis einer Atypik ergibt sich auch nicht zwangsläufig aus der Systematik des Bauplanungsrechts im Baugesetzbuch, wonach die Geltung der Festsetzungen eines Bebauungsplans die Regel darstellt. Die Befreiung gemäß §31 Abs. 2 BauGB stellt eine Ausnahme von dieser Regel dar. Ohne das Erfordernis eines atypischen Sachverhalts läßt insbesondere §31 Abs. 2 Nr. 2 BauGB zwar möglicherweise in weiterem Umfang als nach der bisherigen Fassung Ausnahmen zu. Damit wird der Ausnahmefall aber noch nicht zum Regelfall auf Grund der weiteren Tatbestandsvoraussetzungen der Vorschrift. Im übrigen ist der Gesetzgeber aus normtechnischen Gründen nicht gehindert, Ausnahmen weiter zu fassen und damit die Geltung der Grundregel bewußt einzuschränken.

Auch Sinn und Zweck der Befreiung erfordern nicht zwingend das Vorliegen eines atypischen Sachverhalts. Durch das Rechtsinstitut der Befreiung kann die Baugenehmigungsbehörde im Einvernehmen mit der Gemeinde (vgl. §36 Abs. 1 Satz 1 BauGB) eine nicht bereits im Bebauungsplan selbst vorgesehene Abweichung von dessen Festsetzungen zulassen. Ihr Sinn ergibt sich daraus, daß es dem Normgeber regelmäßig unmöglich ist, alle Einzelfälle vorauszusehen, auf die seine Norm in Zukunft Anwendung finden wird. Im Interesse der Einzelfallgerechtigkeit und der Verhältnismäßigkeit staatlichen Handelns – auch vor dem Hintergrund der Eigentumsgarantie des Art. 14 Abs. 1 Satz 1 GG und den damit geschützten Interessen der durch planerische Festsetzungen in der grundsätzlichen Verfügungsbefugnis und Privatnützigkeit ihres Eigentums belasteten Grundstückseigentümer – bietet die Befreiung ein Instrument, um auf nicht oder so nicht vorgesehene Sachverhalte flexibel zu reagieren und Rechtsschematismus zu vermeiden. Von den Festsetzungen eines Bebauungsplans darf aber – unstreitig – nicht schrankenlos befreit werden. Durch Befreiungen darf die normative Verbindlichkeit von Bebauungsplänen nicht ausgehöhlt werden. Neben notwendiger Rechtssicherheit, insbesondere dem Vertrauen der anderen Planbetroffenen in die Verbindlichkeit der Planung, streitet das Prinzip der Gesetzmäßigkeit der Verwaltung dafür, daß die Erteilung von Befreiungen nicht im Belieben der Behörde liegt, sondern an hinlänglich genaue Tatbestandsvoraussetzungen gebunden ist. Dabei ist zu berücksichtigen, daß der Anwendungsbereich der Befreiung als Reaktionsmittel auf Unvorhergesehenes von den Fällen der Plannichtigkeit ebenso abzugrenzen ist wie von denen notwendiger Planänderung. Führt ein Mangel zur Plannichtigkeit, so erübrigt sich eine Befreiung. Das Erfordernis einer Planänderung ergibt sich dagegen aus dem Erfordernis der Abwägung unterschiedlicher Belange bei der Planung von Baugebieten, also aus dem Wesen der Planung an sich: Die baurechtlichen Grundentscheidungen dürfen sich nicht aus Einzelentscheidungen der Verwaltung ergeben, sondern müssen in einem Planungsverfahren unter Beteiligung der Betroffenen ergehen. Außerdem ist den Gemeinden kraft Verfassungsrechts (vgl. Art. 28 Abs. 2 GG) Planungshoheit gewährleistet. Diese darf nicht durch grenzenlose Befreiungsmöglichkeiten der Verwaltung ausgehebelt werden. Umstritten ist nur, ob die im Wortlaut von §31 Abs. 2 BauGB vorgesehenen Schranken zur

Gewährleistung dieser beiden letzten Grundsätze ausreichen oder ob dazu zusätzlich das Merkmal der Atypik herangezogen werden muß. Dabei ist weitgehend anerkannt, daß § 31 Abs. 2 Nr. 3 BauGB mit dem Kriterium der „unbeabsichtigten Härte" bereits ein stark einschränkendes Tatbestandsmerkmal enthält, das i. d. R. einen „atypischen Sonderfall" voraussetzt. Auch die Voraussetzungen des § 31 Abs. 2 Nr. 1 BauGB, wonach das öffentliche Wohl die Befreiung „erfordern" muß, begrenzt die Möglichkeit der Befreiung stark. Befreiungen, die durch das öffentliche Wohl erfordert werden, werden sich regelmäßig auch auf planerische Sonderfälle beziehen. Dagegen eröffnet die „städtebauliche Vertretbarkeit" in § 31 Abs. 2 Nr. 2 BauGB grundsätzlich in weiterem Umfang Befreiungsmöglichkeiten, da in diesem Sinne alles vertretbar ist, was in einem Bebauungsplan unter Berücksichtigung des Abwägungsgebots planbar wäre (vgl. BVerwG, Urteil v. 17. 12. 1998 – 4 C 16.97 –, BVerwGE 108, 190 = BRS 60 Nr. 71 = BauR 1999, 603 = PBauE § 31 BauGB, Nr. 19). Voraussetzung für eine Befreiung nach § 31 Abs. 2 BauGB ist aber darüber hinaus bei allen drei Befreiungstatbeständen, daß die Grundzüge der Planung nicht berührt werden und die Abweichung auch unter Würdigung nachbarlicher Interessen mit den öffentlichen Belangen vereinbar ist. Vor allem dieses letzte Tatbestandsmerkmal stellt in den Fällen, in denen eine neue planerische Abwägungsentscheidung getroffen werden muß, eine geeignete Schranke dar. Wird das Kriterium nicht zu eng ausgelegt, wird hierdurch sichergestellt, daß eine notwendige Abwägungsentscheidung mit vorheriger Bürgerbeteiligung nicht durch eine Befreiung in Gestalt einer Ermessensentscheidung der Verwaltung umgangen wird. Der Grundsatz der Planung durch Abwägungsentscheidungen erfordert daher nicht unbedingt eine zusätzliche Begrenzung der Befreiungsmöglichkeiten durch das ungeschriebene Merkmal der Atypik. Bei dieser Auslegung des § 31 Abs. 2 BauGB ist auch der Grundsatz der gemeindlichen Planungshoheit hinreichend abgesichert. Denn eine Unvereinbarkeit mit öffentlichen Belangen liegt um so näher, je tiefer die Befreiung in das Interessengeflecht einer Planung eingreift (vgl. BVerwG, Urteil v. 19. 9. 2002, a. a. O.; VGH Bad.-Württ., Urteil v. 13. 12. 1994, a. a. O.). Im übrigen gewährleistet die in § 31 Abs. 2 BauGB nunmehr für alle drei Alternativen normierte Voraussetzung, daß die Grundzüge der Planung nicht berührt werden dürfen, daß jedenfalls die Grundzüge der gemeindlichen Planung gegen Befreiungen der Verwaltung abgesichert sind. Was die Gemeinde zu einem Grundzug ihrer Planung erklärt, kann durch eine Befreiung nicht angetastet werden, sondern bedarf der Umplanung. Zudem wird die Planungshoheit der Gemeinde durch das Kriterium der Vereinbarkeit mit öffentlichen Belangen insoweit garantiert, als Befreiungen nicht möglich sind, wenn betroffene öffentliche Belange eine Neuplanung erforderlich machen. Im übrigen kann die Gemeinde durch Verweigerung ihres Einvernehmens die Erteilung einer Befreiung zwar nicht verhindern, denn § 36 BauGB gibt ihr nur ein verwaltungsinternes Mitwirkungsrecht, das im Falle einer zu Unrecht erfolgten Verweigerung nicht nur durch das Verwaltungsgericht, sondern nach der Neuregelung in § 36 Abs. 2 Satz 3 BauGB 1998 nunmehr auch durch die nach Landesrecht zuständige Behörde ersetzt werden kann. Durch das Erfordernis des gemeindlichen Einvernehmens erfährt die Gemeinde jedoch rechtzeitig von einem Vorhaben und hat dadurch auch unterhalb der Schwelle der – von vornherein befreiungsresistenten – Grundzüge der Planung die Möglichkeit, eine Befreiung dadurch zu verhindern, daß sie im Wege einer Bebauungsplanänderung (mit den ihr zustehenden Sicherungsmöglichkeiten) die Festsetzung, von der eine Befreiung erteilt werden soll, zu einem Grundzug ihrer Planung erklärt, um so ihre Planungshoheit ggf. wirksam zur Geltung zu bringen.

Im Ergebnis ist daher davon auszugehen, daß es bei §31 Abs.2 BauGB nach dem Wegfall des Einzelfallerfordernisses keiner Atypik mehr bedarf. Im übrigen wäre vorliegend auch nach der bisherigen Rechtsprechung ein atypischer Sachverhalt anzunehmen. Ein solcher ist anzunehmen, wenn der Fall in bodenrechtlicher Beziehung Besonderheiten aufweist, die ihn im Verhältnis zu der im Bebauungsplan getroffenen Festsetzung als Sonderfall erscheinen lassen. Wie oben dargestellt, führten vorliegend besondere städtebauliche Umstände zu der Festsetzung eines nicht überbaubaren Vorplatzes gerade auf dem Baugrundstück. Auch wenn diese Festsetzung damit grundstücksbezogen erfolgte, weist sie dennoch eine gewisse Abstraktion und Allgemeinheit aus, so daß eine Abweichung von ihr nicht von vornherein unzulässig ist. Nachdem die für die Festsetzung maßgeblichen städtebaulichen Umstände sich hinsichtlich der beabsichtigten Straßenverbreiterung inzwischen verwirklicht haben, hinsichtlich der aus Gründen der Verkehrsübersicht für erforderlich gehaltenen Freihaltung der Ein- und Ausfahrten der auf dem Baugrundstück genehmigten Tankstelle mit deren Schließung hinfällig geworden ist und hinsichtlich der Sicherung des Lichteinfalls für die Bebauung auf dem nördlich angrenzenden Grundstück durch die beantragte Werbeanlage in ihrer konkreten Ausgestaltung und am vorgesehenen Standort nicht beeinträchtigt wird, ist vorliegend auch von einem dem Schutzgut der festgesetzten nicht überbaubaren Vorplatzfläche entzogenen atypischen Sonderfall auszugehen.

c) Die weiteren Tatbestandsvoraussetzungen des §31 Abs.2 BauGB liegen vor. Zwar erfordern Gründe des Wohls der Allgemeinheit (§31 Abs.2 Nr.1 BauGB) keine Befreiung. Auch führt die Durchführung des Bebauungsplans für die Klägerin nicht zu einer offenbar nicht beabsichtigten Härte (§31 Abs.2 Nr.3 BauGB). Unter Härte im Sinne dieser Vorschrift sind nur grundstücksbezogene Härten zu verstehen, die sich gerade aus den boden- und planungsrechtlichen Besonderheiten des zu beurteilenden Grundstücks ergeben. Auch verständliche Interessen an einer besseren wirtschaftlichen Nutzung genügen hierfür nicht (vgl. BVerwG, Urteil v. 18.5.1990 – 4 C 49.89 –, BRS 50 Nr.166 = BauR 1990, 582 = NVwZ 1991, 264). Der jeweilige Fall muß vielmehr in bodenrechtlicher Beziehung Besonderheiten aufweisen, die ihn im Verhältnis zu der im Bebauungsplan getroffenen Festsetzung als Sonderfall erscheinen lassen (vgl. BVerwG, Beschluß v. 20.6.1975 – 4 C 5.74 –, BRS 29 Nr.126 = BauR 1975, 313 = DVBl. 1975, 895). Hiervon kann vorliegend nicht ausgegangen werden, da durch die Festsetzung gerade für das streitgegenständliche Grundstück wegen der oben dargelegten besonderen Umstände eine nicht überbaubare Vorplatzfläche festgesetzt worden ist. Eine Abweichung ist vorliegend jedoch städtebaulich vertretbar. Was i.S. des §31 Abs.2 Nr.2

BauGB städtebaulich vertretbar ist, beurteilt sich danach, ob die Abweichung ein nach § 1 BauGB zulässiger Inhalt des Bebauungsplans sein könnte (vgl. BVerwG, Urteil v. 19. 9. 2002, a. a. O.). Diese Frage ist nicht abstrakt zu beurteilen, sondern anhand der konkreten Gegebenheiten und danach, ob das Leitbild einer geordneten städtebaulichen Entwicklung gewahrt bleibt, das dem konkreten Plan zugrunde liegt, von dessen Festsetzungen abgewichen werden soll. Letzteres ergibt sich vor allem daraus, daß die Grundzüge der Planung nicht berührt werden dürfen (vgl. BVerwG, Urteil v. 17. 12. 1998, a. a. O.). In diesem Sinne ist die Erteilung einer Befreiung für die Errichtung einer Werbeanlage auf der planungsrechtlich als nicht überbaubare Vorplatzfläche ausgewiesenen Fläche städtebaulich vertretbar, zumal durch ihre konkrete Ausgestaltung der Lichteinfall auf die auf dem nördlich angrenzenden Nachbargrundstück zulässigen bzw. vorhandenen Gebäude in keiner Weise beeinträchtigt wird.

Die Erteilung einer Befreiung ist schließlich auch unter Würdigung nachbarlicher Interessen mit den öffentlichen Belangen vereinbar. Insbesondere die Interessen des nördlich angrenzenden Grundstückseigentümers werden – wie dargelegt – nicht beeinträchtigt. Welche Umstände als öffentliche Belange i. S. von § 31 Abs. 2 BauGB eine Befreiung ausschließen, läßt sich nicht generell beantworten. Nach der Rechtsprechung des Bundesverwaltungsgerichts liegt der Schluß, eine Befreiung sei mit den öffentlichen (bodenrechtlichen) Belangen nicht vereinbar, um so näher, je tiefer die Befreiung in das Interessengeflecht einer Planung eingreift. Eine Befreiung ist ausgeschlossen, wenn das Vorhaben in seine Umgebung nur durch Planung zu bewältigende Spannungen hineinträgt oder erhöht, so daß es bei unterstellter Anwendbarkeit des § 34 Abs. 1 BauGB nicht zugelassen werden dürfte. Auf diesen Bereich beschränken sich die öffentlichen Belange aber nicht. Denn dienten sie nur als „Aufhänger für die Beachtung des Gebots der Rücksichtnahme", würde ihnen zumindest für § 31 Abs. 2 Nr. 2 BauGB kaum eine eigenständige Bedeutung zukommen, weil bei einer Befreiung, die städtebaulich vertretbar ist und die Grundzüge der Planung nicht berührt, ein Eingriff in das Interessengeflecht einer Planung im Regelfall nicht vorliegen wird, so daß der Befreiung regelmäßig auch keine öffentlichen (bodenrechtlichen) Belange entgegenstehen würden. Es liegt deshalb näher, den Begriff der öffentlichen Belange in einem weiteren Sinne zu verstehen und anzunehmen, daß er auch öffentliche Interessen umfassen kann, die nicht in der gemeindlichen Planungskonzeption des anzuwendenden Bebauungsplans ihren Niederschlag gefunden haben. Zu denken ist beispielsweise an Festsetzungen eines künftigen Bebauungsplans, der zwar noch nicht in Kraft getreten ist, jedoch Planreife i. S. von § 33 BauGB erlangt hat, oder an bestimmte städtebauliche Entwicklungsvorstellungen der Gemeinde, soweit sie gemäß § 1 Abs. 5 Nr. 2 BauGB beachtlich sind. Damit künftige Planungen oder Entwicklungsvorstellungen die Qualität eines eine Befreiung bereits vom Tatbestand her generell ausschließenden öffentlichen Belangs erreichen können, müssen sie jedoch zumindest hinreichend konkret oder nachvollziehbar konkretisierbar sein (vgl. BVerwG, Urteil v. 19. 9. 2002, a. a. O.). Hieran fehlt es vorliegend. Auch wenn die Beklagte durch den Beschluß vom 4. 7. 1991 über die Aufstellung

eines Bebauungsplans zu erkennen gegeben hat, daß sie in dessen Geltungsbereich von ihrer Planungshoheit Gebrauch machen will, fehlt es bislang – wie ihr Vertreter in der mündlichen Verhandlung vor dem Senat auf Nachfrage einräumte – an einer Konkretisierung ihrer Planungsabsichten.
1.2 Nachdem die Tatbestandsvoraussetzungen des §31 Abs.2 Nr.2 BauGB für eine Befreiung vorliegen, hat die Klägerin auch einen Rechtsanspruch auf die begehrte Genehmigung, da das der Baurechtsbehörde bei der Erteilung einer Befreiung auf der Rechtsfolgenseite zustehende Ermessen vorliegend ausnahmsweise auf Null reduziert ist.

Nach §31 Abs.2 BauGB kann von den Festsetzungen des Bebauungsplans befreit werden, wenn die in dieser Vorschrift genannten Voraussetzungen gegeben sind. In Übereinstimmung mit der herrschenden Lehre geht die Rechtsprechung deshalb davon aus, daß auch bei Vorliegen der tatbestandlichen Voraussetzungen für eine Befreiung grundsätzlich kein Rechtsanspruch auf sie besteht. Vielmehr nehmen das Bundesverwaltungsgericht und der Bundesgerichtshof an, daß die Befreiung von einer Ermessensentscheidung abhängt. Daran hat auch das Bundesverwaltungsgericht in einer neueren Entscheidung ausdrücklich festgehalten (vgl. BVerwG, Urteil v. 19.9.2002, a.a.O., m.w.N.) und hierzu ausgeführt: es treffe zwar zu, daß für die Ausübung des Ermessens wenig Raum bestehe, wenn die Voraussetzungen für die Erteilung einer Befreiung gegeben seien. Auch das mit der Befreiungsvorschrift vom Gesetzgeber beabsichtigte Ziel der Einzelfallgerechtigkeit und städtebaulichen Flexibilität sowie der Grundsatz der Wahrung der Verhältnismäßigkeit stehe einer leichtfertigen Ermessensausübung entgegen. Daraus folge jedoch nicht, daß der zuständigen Behörde entgegen dem Wortlaut der Vorschrift kein Ermessensspielraum zustehe oder daß das Ermessen stets auf Null reduziert sei, wenn die Voraussetzungen für eine Befreiung vorlägen. Erforderlich für eine negative Ermessensentscheidung sei nur, daß der Befreiung gewichtige Interessen entgegenstünden. Gegen ein solches Verständnis des §31 Abs.2 BauGB bestünden keine verfassungsrechtlichen Bedenken. Art.14 Abs.1 GG verlange nicht zwingend nach einer ermessensunabhängigen Befreiungsmöglichkeit. Denn auch wenn eine Befreiung lediglich aus Ermessensgründen versagt werde, bleibe dem Grundeigentümer die Möglichkeit einer angemessenen, nämlich den Festsetzungen des Bebauungsplans entsprechenden Nutzung erhalten. ...

Die Absicht einer Gemeinde, einen bestehenden Bebauungsplan zu ändern, ist grundsätzlich geeignet, die Versagung einer Befreiung im Rahmen der Ermessensausübung zu begründen, wenn die Befreiung mit der vorgesehenen Planänderung nicht vereinbar ist. Denn es wäre nicht sinnvoll, eine dem geltenden Bebauungsplan nicht entsprechende Nutzung im Wege einer Befreiung zuzulassen, wenn schon absehbar ist, daß sie mit den geänderten städtebaulichen Vorstellungen der Gemeinde erst Recht unvereinbar sein wird. Dem seht nicht entgegen, daß die Gemeinde ihr Einvernehmen nicht wegen geänderter städtebaulicher Planungsabsichten verweigern darf, wenn das Vorhaben nach geltendem Planungsrecht zulässig ist. Denn zulässig ist ein Vorhaben gemäß §30 Abs.1 BauGB zunächst nur, wenn es dem Bebauungsplan nicht widerspricht; ob es im Wege einer Befreiung zugelassen werden kann, ist erst zu klären. Aus demselben Grund muß sich die Gemeinde nicht auf die Möglichkeit des Erlasses einer Veränderungssperre oder der Zurückstellung nach §15 BauGB verweisen lassen. Auf diese Mittel angewiesen ist die Gemeinde nur bei plankonformen Vorhaben (vgl. BVerwG, Urteil v. 19.9.2002, a.a.O.). Als Ermessenserwägung beachtlich sind Planänderungsabsichten der Gemeinde aber nur, wenn sie ernsthaft und hinreichend konkret sind. Insoweit reicht der Wunsch der Gemeinde, ein bestimmtes Vorhaben zu verhindern, ebensowenig aus, wie er den Erlaß einer Veränderungssperre rechtfertigen könnte. Im übrigen ist die Rechtsprechung zum Grad der hinreichenden Konkretisierung der planerischen Vorstellungen als Voraussetzung für den Erlaß einer Veränderungssperre aber nur bedingt auf die Ermessensausübung nach §31 Abs. 2 BauGB übertragbar. Mit dem Kriterium des Mindestmaßes an Konkretisierung soll erreicht werden, daß ein Grundstück nicht ohne Not von der an sich zulässigen Bebauung ausgeschlossen wird. Darum geht es bei der Befreiung aber nicht; in einer den Planfeststellungen entsprechenden Weise bleibt das Grundstück nutzbar, wenn die Befreiung versagt wird. Ein Eigentümer muß es aber grundsätzlich hinnehmen, daß ihm eine möglicherweise rentablere Nutzung seines Grundstücks verwehrt wird; Art. 14 GG schützt nicht die einträglichste Nutzung des Eigentums. Die Forderung nach einer hinreichenden Konkretisierung dient bei der Befreiung also weniger der Gewährleistung des Eigentumsrechts, als vielmehr in erster Linie dem Ausschluß von Willkür. Insoweit ist die Konkretisierung ein Indiz für die Ernsthaftigkeit der Planänderungsabsicht. Entscheidend ist, daß eine Planänderung ernsthaft von der Gemeinde in Betracht gezogen wird und daß diese durch die Befreiung behindert werden kann (vgl. BVerwG, Urteil v. 19.9.2002, a.a.O., m.w.N.).

Hiervon kann vorliegend nicht ausgegangen werden. Die Beklagte hat 1991 zwar einen Aufstellungsbeschluß für einen Bebauungsplan gefaßt. Ihr Vertreter räumte in der mündlichen Verhandlung vor dem Senat aber ein, daß in diesem Verfahren seitdem nichts weiter geschehen ist. Auf Nachfrage konnte er auch nicht darlegen, inwiefern eine Befreiung den Zielen dieses in Aufstellung befindlichen Bebauungsplans widersprechen würde.

Damit fehlt der beabsichtigten Bebauungsplanänderung die erforderliche Ernsthaftigkeit, so daß sie die Ablehnung der Erteilung einer Befreiung im Ermessenswege nicht zu rechtfertigen vermag.

Soweit die Beklagte darauf hingewiesen hat, daß es seit mehreren Jahren der Genehmigungspraxis der Stadt entspreche, Werbeanlagen auf nicht überbaubaren Grundstücksflächen nur an der Stätte der Leistung zuzulassen, wurde zwar dieser Aspekt vom Regierungspräsidium im Widerspruchsbescheid ebenfalls aufgegriffen. Auch diese Begründung vermag eine Ablehnung aber nicht zu rechtfertigen. Sind bei einem Bauvorhaben, das den Festsetzungen eines Bebauungsplans widerspricht, die gesetzlichen Voraussetzungen für eine Befreiung erfüllt und kommen für die Gemeinde Nachteile durch eine Zulassung des Vorhabens nicht in Betracht, so kann sich das von ihr auszuübende Ermessen unter Umständen dahingehend verdichten, daß sie zur Erteilung einer Befreiung verpflichtet ist (vgl. BGH, Urteil v. 23.9.1993 – III

ZR 54.92 –, DVBl. 1994, 278). Denn in diesen Fällen ist wegen des Umfanges der Anwendungsvoraussetzungen für die Erteilung von Befreiungen nach § 31 Abs. 2 BauGB der Spielraum für zusätzliche Erwägungen bei Ausübung des Ermessens tendenziell gering, so daß sich die Ermessensausübung im Einzelfall „auf Null" reduzieren kann. Bei dieser Sachlage vermag allein die von der Beklagten angeführte Verwaltungspraxis, ohne daß dieser irgendwelche bodenrechtlich relevante Überlegungen zugrunde liegen, eine Ablehnung im Ermessenswege nicht zu rechtfertigen.

Nr. 92

1. **Durch Auslegung des Bebauungsplans kann sich ergeben, ob der Nutzungszweck einer im Bebauungsplan festgesetzten Grünfläche öffentlich oder privat ist.**

2. **Nebenanlagen sind auf solchen öffentlichen Grünflächen, die nicht Teil eines der in § 1 Abs. 2 BauNVO bezeichneten Baugebiete sind, nicht nach § 14 BauNVO zulässig.**

3. **§ 14 Abs. 1 Satz 1 BauNVO 1977 meint nur solche Nebenanlagen, deren (Hilfs-) Funktion sich auf einzelne Baugrundstücke oder auf das konkrete Baugebiet beschränkt.**

4. **Eine Mobilfunkanlage ist keine Nebenanlage i.S. des § 14 Abs. 2 BauNVO 1977. § 14 Abs. 2 Satz 2 BauNVO 1990 ist auf unter früheren Fassungen der Baunutzungsverordnung in Kraft getretene Bebauungspläne nicht anwendbar.**

5. **Die flächendeckende angemessene und ausreichende Versorgung mit Telekommunikationsdienstleistungen steht im öffentlichen Interesse. Dieses Allgemeinwohlinteresse kann je nach Lage des Einzelfalles die Befreiung von Bebauungsplanfestsetzungen rechtfertigen, die der Errichtung eines Antennenträgers für Mobilfunkanlagen entgegenstehen.**

BauGB §§ 9, 31 Abs. 2; BauNVO § 14 Abs. 1 und 2.

OVG Nordrhein-Westfalen, Urteil vom 8. Oktober 2003 – 7 A 1397/02 – (rechtskräftig).

(VG Minden)

Die Klägerin betreibt ein Mobilfunknetz. Sie begehrt im vorliegenden Verfahren die Verpflichtung des Beklagten zur Erteilung einer Baugenehmigung für die Errichtung eines rund 40 m hohen Antennenträgers nebst Schaltanlage auf einem im Eigentum der Stadt stehenden Grundstück. Das Grundstück liegt im Geltungsbereich eines Bebauungsplans, der dort eine Grünfläche mit der Zweckbestimmung „Sportplatz" festsetzt, wo schon vor Inkrafttreten des Bebauungsplans im östlichen Bereich eine von der Sportverwaltung der Stadt Gütersloh verwaltete Rasenspielfläche vorhanden war.

Die Klägerin beabsichtigt, den Stahlgittermast im äußersten Südwesten der Sportplatzfläche zwischen der im Bebauungsplan festgesetzten Fläche zum Anpflanzen von

Bäumen und Sträuchern und dem vorhandenen Ascheplatz etwa dort zu errichten, wo inmitten einer Rasenfläche eine kreisförmige betonierte Fläche als „Kugelstoßring" dient. Sie schloß mit der Stadt einen Gestattungsvertrag, mit dem die Stadt die Errichtung einer „Funkfeststation" an der Stelle gestattet, die auch Gegenstand des Bauantrags der Klägerin ist. Als Bestandteil einer Funkfeststation ist im Vertrag insbesondere auch der Antennenträger benannt, der in einer Anlage des Vertrags durch eine Ansichtszeichnung konkretisiert und beschrieben wird. Nach § 2 des Vertrages soll der Kugelstoßring auf Kosten der Klägerin versetzt werden.

Der Bauantrag bezieht sich auf einen 40 m hohen quadratischen Stahlgittermast, der sich von 2,50 m x 2,50 m am Fußpunkt bis auf 1,303 m x 1,303 m verjüngt. Die an der Mastspitze geplante Rundbühne weist einen Durchmesser von 3,906 m auf. Der Schaltschrank hat die Außenabmessungen von 3,10 x 1,40 x 0,70 m.

Antrag, Widerspruch und Klage blieben erfolglos. Auf die Berufung verpflichtete das OVG die Beklagte zu erneuten Bescheidung des Bauantrags.

Aus den Gründen:
Die Klägerin hat keinen zwingenden Anspruch auf Erteilung der Baugenehmigung zur Errichtung eines Stahlgittermastes. Ob der Klägerin von den Festsetzungen des Bebauungsplans eine Befreiung erteilt werden kann, hat die Beklagte unter Beachtung der Rechtsauffassung des Gerichts erneut zu entscheiden.

Das Vorhaben der Klägerin widerspricht den Festsetzungen des Bebauungsplans.

Der Bebauungsplan ist wirksam. Er setzt für den Anlagenstandort eine öffentliche Grünfläche mit der Zweckbestimmung Sportplatz fest. Dies ergibt die Auslegung des Bebauungsplans.

Den Festsetzungen eines Bebauungsplans fehlt nicht bereits dann die erforderliche Bestimmtheit, wenn sie auslegungsbedürftig sind. Es ist vielmehr ausreichend, wenn der Norminhalt durch die anerkannten Auslegungsmethoden zweifelsfrei ermittelt werden kann. Der Kanon der klassischen Auslegungsgrundsätze umfaßt die Auslegung aus dem Wortlaut der Norm (grammatische Auslegung), aus ihrem Zusammenhang (systematische Auslegung), aus ihrem Zweck (teleologische Auslegung) sowie aus den Gesetzesmaterialien und der Entstehungsgeschichte (historische Auslegung). Die verschiedenen Methoden können gleichzeitig und nebeneinander angewandt werden und sich gegenseitig ergänzen. Die Interpretation ist nicht durch den formalen Wortlaut der Norm begrenzt. Ausschlaggebend ist vielmehr der objektive Wille des Gesetzgebers, soweit er wenigstens andeutungsweise im Gesetzestext einen Niederschlag gefunden hat (vgl. BVerwG, Beschluß v. 14. 12. 1995 – 4 N 2.95 –, BRS 57 Nr. 57 = BauR 1996, 358).

In die Auslegung ist einzustellen, daß sich die Anforderungen an die Bestimmtheit und das Maß der Konkretisierung danach richten, was nach den Verhältnissen des Einzelfalles für die städtebauliche Entwicklung i. S. des § 1 Abs. 3 und des § 9 Abs. 1 BauGB erforderlich ist und dem Gebot gerechter Abwägung der konkret berührten privaten und öffentlichen Belange entspricht (vgl. BVerwG, Beschluß v. 23. 4. 1998 – 4 B 40.98 –, BRS 60 Nr. 178 = BauR 1998, 995).

Auslegungsbedürftig ist die Festsetzung „Grünfläche" und der durch die Verwendung des Planzeichens 4.2 der Planzeichenverordnung kenntlich gemachten Zweckbestimmung nur hinsichtlich der Frage, ob es sich um eine öffentliche oder eine private Grünfläche handeln soll. Bereits die Bebauungsplanurkunde selbst gibt für die Auslegung hinreichende Anhaltspunkte. Der Sportplatz ist entsprechend seiner tatsächlichen Nutzung als „Sportplatz F." bezeichnet. Die Namensgebung stellt damit auf einen der gesamten Ortslage dienenden Sportplatz ab, nicht aber auf eine privatnützigen Zwecken dienende Einrichtung. Darüber hinaus sind konkrete Bestandteile des Platzes, die jedenfalls im Zeitpunkt des Satzungsbeschlusses vorhanden waren, als Bestand in der Bebauungsplanurkunde eingetragen. Die Sportplatzfläche stand im Eigentum der Stadt und wurde von dieser für die Wahrnehmung sportlicher Zwecke verwaltet. Daß in diesen öffentlichen Charakter der Sportplatznutzung nicht eingegriffen werden sollte, bestätigt die Bebauungsplanbegründung. In der Kostenaufstellung zur Bebauungsplanbegründung ist ausdrücklich von öffentlichen Grünflächen die Rede, während die Legende des Bebauungsplans nur Grünflächen nachweist, ohne den Nutzungszweck der Grünflächen durch eine konkrete textliche Angabe zu beschreiben.

Aus der von der Klägerin zitierten Entscheidung des Bay.VGH vom 12.7.1983 (– Nr. 1. N-1321/79 –, BayVBl. 1984, 339) sowie aus der Entscheidung des VGH Bad.-Württ., Beschluß vom 26.7.1983 (– 5 S 433/83 –, BRS 40 Nr. 7) ergibt sich nichts, was gegen die vorstehende Auslegung des Bebauungsplans sprechen könnte. Auf die dort vertretene Ansicht zur Erforderlichkeit der Festsetzung des privaten oder des öffentlichen Nutzungszwecks der Grünfläche (vgl. hierzu auch Berliner Kommentar, Baugesetzbuch, 2. Aufl., §9 Rdnr. 36), kommt es nicht an, da sich die öffentliche Zweckbestimmung der im Bebauungsplan festgesetzten Grünfläche durch Auslegung des Bebauungsplans ergibt.

Die Errichtung eines einer Mobilfunkanlage dienenden Stahlgittermastes widerspricht der Festsetzung einer öffentlichen Grünfläche mit der Zweckbestimmung Sportplatz. (Wird ausgeführt.)

Die Anlage ist nicht nach § 14 Abs. 1 Satz 1 BauNVO in der hier maßgebenden Fassung der Bekanntmachung vom 15.9.1977 (BGBl. I, 1763) zulässig. Danach sind außer den in §§ 2 bis 13 genannten Anlagen auch untergeordnete Nebenanlagen und Einrichtungen zulässig, die dem Nutzungszweck der in dem Baugebiet gelegenen Grundstücke oder dem Baugebiet selbst dienen und die seiner Eigenart nicht widersprechen. Aus dieser Bestimmung ergibt sich zugunsten der Klägerin schon deshalb nichts, weil die sich daraus ergebende Zulässigkeit von Nebenanlagen sich nicht auf die durch den Bebauungsplan festgesetzte öffentliche Grünfläche erstreckt. § 14 BauNVO wird nur dann und nur dort Bestandteil des Bebauungsplans, wo der Bebauungsplan die in § 1 Abs. 2 BauNVO 1977 bezeichneten Baugebiete festsetzt (vgl. § 1 Abs. 3 Satz 2 BauNVO). Die öffentliche Grünfläche ist jedoch weder selbst Baugebiet noch Teil eines der in § 1 Abs. 2 BauNVO 1977 bezeichneten Baugebiete.

§ 1 Abs. 2 BauNVO 1977 definiert, daß Baugebiete die für die Bebauung vorgesehenen Flächen sind, die nach der besonderen Art ihrer baulichen Nutzung als eines dort genannten Baugebiete dargestellt sind. Danach sind sowohl das durch den Bebauungsplan festgesetzte Dorfgebiet als auch das allgemeine Wohngebiet Baugebiete, nicht jedoch die öffentliche Grünfläche mit der Zweckbestimmung Sportplatz. Zwar sind Sportplätze in Dorf- und auch in allgemeinen Wohngebieten (ausnahmsweise) zulässig (vgl. §§ 4 Abs. 3 Nr. 3, 5 Abs. 2 Nr. 8 BauNVO 1977). Der Bebauungsplan weist den Sportplatz jedoch nicht einem der angrenzenden Baugebiete zu. Eine Zuordnung ergibt sich auch nicht aus dem Festsetzungszusammenhang. (Wird ausgeführt.)

Die Klägerin stützt ihren Anspruch ferner zu Unrecht auf § 14 Abs. 2 Satz 2 BauNVO 1990, und zwar schon deshalb, weil die Anwendbarkeit auch des § 14 Abs. 2 Satz 2 BauNVO nur gegeben ist, wenn der Standort der Anlage in einem der in § 1 Abs. 2 BauNVO bezeichneten Baugebiete vorgesehen ist (vgl. § 1 Abs. 2, Abs. 3 Satz 2 BauNVO). Nur dann ermöglicht § 14 Abs. 2 Satz 2 BauNVO 1990 die Errichtung der dort bezeichneten Anlage auch für den Fall, daß sich ihre Versorgungsfunktion nicht nur auf ein Baugebiet, sondern auf mehrere Baugebiete erstreckt.

§ 14 Abs. 2 Satz 2 BauNVO 1990 ist darüber hinaus deshalb nicht anwendbar, weil die einschlägigen Regelungen der Baunutzungsverordnung jeweils in der Fassung Bestandteil des Bebauungsplans werden, die im Zeitpunkt des Inkrafttretens des Bebauungsplans gültig ist (vgl. BVerwG, Urteil v. 27. 2. 1992 – 4 C 43.87 –, BRS 54 Nr. 60 = BauR 1992, 472). Eine Mobilfunkanlage ist ferner keine Nebenanlage i.S. des § 14 Abs. 2 BauNVO 1977 (vgl. BVerwG, Beschluß v. 1. 11. 1999 – 4 B 3.99 –, BRS 62 Nr. 82 = Baur 2000, 703).

Die Klägerin wendet zu Unrecht ein, § 14 Abs. 2 Satz 2 BauNVO sei verfassungskonform dahin auszulegen, daß er sich auch auf vor seinem Inkrafttreten beschlossene Bebauungspläne erstrecke. Für eine dahingehende „verfassungskonforme Auslegung" besteht weder Anlaß noch Berechtigung. Die verfassungskonforme Auslegung verlangt, ein Gesetz im Zweifel und wenn möglich im Einklang mit der Verfassung auszulegen (vgl. BVerfG, Beschluß v. 7. 5. 1953 – 1 BvL 104/52 –, BVerfGE 2, 266).

§ 14 Abs. 2 Satz 2 BauNVO begegnet jedoch keinen verfassungsrechtlichen Bedenken. Daß der Bundesgesetzgeber zu einer weitergehenden Regelung als der in § 14 Abs. 2 Satz 2 BauNVO 1990, nämlich zu einer auch auf frühere Bebauungspläne bezogenen entsprechenden Regelung, aus verfassungsrechtlichen Gründen gehalten gewesen sein könnte, ist nicht ansatzweise erkennbar. Aus dem von der Klägerin zitierten Art. 87 f GG ergibt sich zwar ein Grundversorgungsauftrag des Bundes, der Telekommunikation flächendeckende angemessene und ausreichende Dienstleistungen zu gewährleisten (vgl. Maunz/Dürig/Herzog, GG, Stand: Oktober 1996, Art. 87 f., Rdnr. 79).

Das so formulierte, unmittelbar verbindliche Staatsziel (vgl. Maunz/ Dürig/Herzog, a. a. O., Art. 87 f., Rdnr. 80), rechtfertigt jedoch jedenfalls keinen mit Rückwirkung verbundenen Eingriff in die Planungshoheit der Gemeinde. So hat die Gemeinde, wenn sie die bauliche Entwicklung ihres Gemeindegebiets durch einen Bebauungsplan steuert, sich darüber Klarheit zu verschaffen, ob und wo sie Nebenanlagen zulassen will; sie kann Nebenanlagen auch vollständig ausschließen (vgl. § 14 Abs. 1 Satz 3 BauNVO 1977). Das von der Gemeinde in eigener Verantwortung durch den Bebauungsplan ausgeprägte Konzept städtebaulicher Entwicklung würde gestört, müßten nunmehr (Neben-)Anlagen auf Grund eines – wie die Klägerin meint, auf Grund analoger Anwendung faktisch – rückwirkenden Gesetzes im Bebauungsplangebiet zugelassen werden, obwohl ihre Zulässigkeit nicht Gegenstand der planerischen Entscheidung der Gemeinde sein konnte. Ohnehin müßte die – vom Senat verneinte – Möglichkeit rückwirkender Anwendung des § 14 Abs. 2 Satz 2 BauNVO zugleich mit der Ermächtigung der Gemeinde verbunden sein, über den etwaigen Ausschluß dieser Nebenanlagen entsprechend § 14 Abs. 1 Satz 3 BauNVO zu befinden.

Der Gesetzgeber durfte im Übrigen davon ausgehen, daß die Gemeinden bei der Bauleitplanung den Belangen der Telekommunikation hinreichend Beachtung geben werden. Daß sich aus der Staatszielbestimmung des Art. 87f GG aber kein Anspruch ableiten lässt, an jedem sinnvollen Ort eine Mobilfunkanlage ohne Berücksichtigung anderer, ihrer Errichtung möglicherweise entgegenstehender, ebenfalls bedeutsamer Belange errichten zu dürfen, ist selbstverständlich.

Aus den von der Klägerin pauschal zitierten europarechtlichen Regelungen (Richtlinie der Kommission vom 28. 6. 1990 über den Wettbewerb auf dem Markt für Telekommunikationsdienste – 90/388/EWG –, Abl. EG Nr. L 192, S. 10, und der Richtlinie – 96/19/EG –, der Kommission v. 13. 3. 1996 zur Änderung der Richtlinie – 90/388/EWG –, hinsichtlich der Einführung des vollständigen Wettbewerbs auf den Telekommunikationsmärkten, Abl. EG Nr. L 74, S. 13 –) ergibt sich für den von ihr behaupteten Anspruch nichts. Die Klägerin meint, aus diesen Regelungen könne sie einen Anspruch darauf ableiten, dort ihre „Netze" aufbauen zu können, wo die Telekom ihre Netze bereits errichtet habe. Ob dieser Behauptung in dieser Allgemeinheit zugestimmt werden könnte, bedarf hier keiner Entscheidung. Aus einem solchen Recht ließe sich kein Recht der Klägerin ableiten, ihren Antennenträger gerade dort errichten zu wollen, wo die Gemeinde seit Jahrzehnten eine öffentliche Grünfläche mit der Zweckbestimmung eines Sportplatzes vorgesehen hat. Auch die Telekom hat in diesem Bereich keinen Antennenträger errichtet.

Die Klägerin hat ferner keinen zwingenden Anspruch auf Erteilung einer Befreiung von der Festsetzung einer öffentlichen Grünfläche; vielmehr hat die Beklagte ihr durch § 31 Abs. 2 BauGB eröffnetes Ermessen unter Beachtung der Rechtsauffassung des Gerichts erneut auszuüben. Die Tatbestandsvoraussetzungen des § 31 Abs. 2 BauGB liegen zwar vor, die Befreiung steht jedoch im Ermessen der Beklagten.

Gemäß § 31 Abs. 2 BauGB kann von den Festsetzungen des Bebauungsplan befreit werden, wenn die Grundzüge der Planung nicht berührt werden und 1. Gründe des Wohls der Allgemeinheit die Befreiung erfordern oder 2. die Abweichung städtebaulich vertretbar ist oder 3. die Durchführung des Bebauungsplans zu einer offenbar nicht beabsichtigten Härte führen würde und wenn die Abweichung auch unter Würdigung nachbarlicher Interessen mit den öffentlichen Belangen vereinbar ist. Der Stahlgittermast ist mit den Grundzügen der Planung vereinbar. Die Abweichung ist jedenfalls städtebaulich vertretbar. Nachbarliche Belange stehen der Genehmigung nicht entgegen. Die Befreiung ist mit öffentlichen Interessen vereinbar.

Die in § 31 Abs. 2 BauGB vorausgesetzte Vereinbarkeit des zur Genehmigung gestellten Vorhabens mit den Grundzügen der Planung hat für alle Befreiungsfälle Geltung. Die Festsetzungen eines Bebauungsplans dürfen nicht beliebig durch Verwaltungsakt außer Kraft gesetzt werden. Ob die Grundzüge der Planung berührt werden, hängt entscheidend davon ab, ob die Abweichung dem planerischen Grundkonzept zuwiderläuft. Je tiefer die Befreiung in das Interessengeflecht der Planung eingreift, desto eher liegt der Schluß auf eine Änderung der Planungskonzeption nahe, die nur im Wege der (Um-)Planung möglich ist. Die Befreiung kann nicht als Vehikel dafür herhalten, die von der Gemeinde getroffene planerische Regelung beiseite zu schieben. Sie darf nicht aus Gründen erteilt werden, die sich in einer Vielzahl gleichgelagerter Fälle oder gar für alle von einer bestimmten Festsetzung betroffenen Grundstücke anführen ließen (vgl. BVerwG, Beschluß v. 5. 3. 1999 – 4 B 5.99 –, BRS 62 Nr. 99 = BauR 1999, 1280).

Der Stahlgittermast liefe dem planerischen Grundkonzept nicht entgegen. Mit der Festsetzung einer öffentlichen Grünfläche hat der Plangeber zum Ausdruck gebracht, dort jegliche bauliche Nutzung auszuschließen, soweit sie nicht mit dem Zweck der Grünfläche vereinbar ist. Die Fläche dient der Sportplatznutzung. Daß die Sportausübung durch die nur eine geringe Grundfläche in Anspruch nehmende Anlage beeinträchtigt werden könnte, ist auch nicht ansatzweise erkennbar. Der Antennenmast nebst Schaltschrank soll im äußersten Südwesten des Sportplatzes in einem Bereich errichtet werden, der – wenn überhaupt – der Nutzung nur für Kugelstoßübungen vorbehalten ist. Daß der Kugelstoßring nicht entsprechend (auf Kosten der Klägerin) verschoben werden könnte, behauptet auch die Beklagte nicht. Vielmehr bestätigt der von ihr mit der Klägerin geschlossene Gestattungsvertrag, daß eine solche Verschiebung ohne weiteres möglich ist und auch andere Nutzungen für diesen Bereich nicht vorgesehen sind.

Die Gefahr einer Vielzahl vergleichbarer Vorhaben besteht schon deshalb nicht, weil nur geringe Flächen der Grünfläche nicht von Sportanlagen oder der Fläche zum Anpflanzen von Bäumen und Sträuchern in Anspruch genommen werden.

Die Klägerin kann sich ferner auf einen Befreiungsgrund stützen. Es spricht bereits einiges dafür, daß Gründe des Wohls der Allgemeinheit die Befreiung erfordern (§ 31 Abs. 2 Nr. 1 BauGB), was letztlich jedoch keiner Entscheidung bedarf. Gründe des Wohls der Allgemeinheit erfordern eine Befreiung nicht erst dann, wenn den Belangen der Allgemeinheit auf keine andere Weise als durch eine Befreiung entsprochen werden könnte, sondern nach dem Sinn und Zweck der Vorschrift schon dann, wenn es zur Wahrnehmung des jeweiligen öffentlichen Interesses vernünftigerweise geboten ist, mit Hilfe der Befreiung das Vorhaben an der vorgesehenen Stelle zu verwirklichen. Die Befreiung muß nicht schlechterdings das einzige denkbare Mittel für die Verwirklichung des jeweiligen öffentlichen Interesses sein, dessen Erfüllung muß also nicht mit der Befreiung stehen und fallen. Auch dann, wenn andere – auch weniger naheliegende – Möglichkeiten zur Erfüllung des Interesses zur Verfügung stehen, kann eine Befreiung zur Wahrnehmung des öffentlichen Interesses vernünftigerweise geboten sein. Daß die Befreiung dem Gemeinwohl nur irgendwie nützlich oder dienlich ist, reicht allerdings nicht aus. Maßgebend dafür, ob die Befreiung vernünftigerweise geboten ist, sind die Umstände des Einzelfalls; dabei kann es auch auf nach objektiven Kriterien zu beurteilende Fragen der Zumutbarkeit und Wirtschaftlichkeit ankommen (vgl. BVerwG, Urteil v. 9.6.1978 – 4 C 54.75 –, BRS 33 Nr. 150 = BauR 1978, 387).

Die Klägerin nimmt eine öffentliche Versorgungsfunktion wahr und kann deshalb grundsätzlich das Wohl der Allgemeinheit für ihr Vorhaben reklamieren. Die flächendeckende angemessene und ausreichende Versorgung mit Telekommunikationsdienstleistungen steht im öffentlichen Interesse (vgl. Art. 87f GG sowie die von der Beklagten zitierte Mobilfunkvereinbarung für Nordrhein-Westfalen vom 17.7.2003). Das Interesse an der störungsfreien Teilnahme am Mobilfunk ist jedenfalls im Hinblick auf die Möglichkeit, auch ohne einen nicht immer erreichbaren Festnetzanschluß Polizei und Notdienste zu erreichen, von beachtlichem Gewicht (vgl. OVG Rh.-Pf., Urteil v. 2.3.2001 – 1 A 11232/98 –).

Daß die Klägerin den auch von ihr zu erbringenden Versorgungsauftrag ohne die Errichtung des Antennenmastes am vorgesehenen Standort nicht ausreichend erbringen kann, belegen die von ihr vorgelegten Computersimulationen (Wird ausgeführt.)

Die Abweichung von den Festsetzungen des Bebauungsplans ist jedenfalls städtebaulich vertretbar (§ 31 Abs. 2 Nr. 2 BauGB). Was städtebaulich vertretbar ist, beurteilt sich danach, ob die Abweichung ein nach § 1 Abs. 1 BauGB zulässiger Inhalt des Bebauungsplans sein könnte. Diese Frage ist nicht abstrakt zu beurteilen, sondern anhand der konkreten Gegebenheiten und danach, ob das Leitbild einer geordneten städtebaulichen Entwicklung gewahrt bleibt, das dem konkreten Plan zugrunde liegt, von dessen Festsetzungen abgewichen werden soll. Letzteres folgt vor allem daraus, daß die Grundzüge der Planung nicht berührt werden dürfen (vgl. BVerwG, Urteil v. 17.12.1998 – 4C 16.97 –, BRS 60 Nr. 71 = BauR 1999, 603).

Der singuläre, eine geringe Grundfläche in Anspruch nehmende Antennenmast ist mit dem der Sicherung eines Sportplatzes dienenden Bebauungsplan Nr. 109 A ohne weiteres vereinbar. Die Beklagte selbst nennt keinen Gesichtspunkt, aus dem sich die Unvereinbarkeit des Vorhabens mit dem Bebauungsplan ergeben könnte. Die Befürchtung, Nutzer des Sportplatzes und Anwohner könnten sich durch den Mobilfunkmast beeinträchtigt sehen, ist nicht auf städtebaulich beachtliche Belange bezogen, insbesondere ist nicht ansatzweise erkennbar, der Sportplatz würde nicht nur von einzelnen, sondern von einer derartigen Zahl von Sportlern gemieden werden, daß seine Funktion in Frage gestellt werden könnte. Es ergeben sich aus dem Vortrag der Beklagten zudem nicht die mindesten substantiierten Anhaltspunkte für die Annahme, der Mobilfunkbetrieb könne aus Gründen des gesundheitsrelevanten Immissionsschutzes bedenklich sein. Hinsichtlich der namentlich beachtlichen Strahlenbelastung sind die vom Gesetzgeber durch die Verordnung über elektromagnetische Felder vom 16.12.1996 (BGBl. I, 1966) (26. BImSchV) festgelegten Grenzwerte maßgebend, die der Schutzpflicht staatlicher Organe gegenüber Gesundheitsgefährdungen durch elektromagnetische

Felder ausreichend Rechnung tragen (vgl. BVerfG, Beschluß v. 17.2.1997 – 1 BvR 1658/96 –, BRS 59 Nr. 183 = NJW 1997, 2509; OVG NRW, Beschluß v. 25.2.2003 – 10 B 2417/02 –, BauR 2003, 1011). Die Klägerin hat angegeben, der nach der 26. BImSchV einzuhaltende Sicherheitsabstand werde grob geschätzt in horizontaler Richtung etwa 10 m, in vertikaler Richtung etwa 1 m bis 1,5 m betragen. Die Beklagte hat diese Angabe nicht in Zweifel gezogen. Daß dennoch bei einem abseits von Wohnbebauung auf einem Sportplatz errichteten 40 m hohen Antennenmast ein Gefahrpotential verbleiben könnte, ist über die bloße Befürchtung hinaus nicht erkennbar.

Die Beklagte stellt schließlich auf außerhalb des Bebauungsplangebiets gelegene Zusammenhänge ab, so auf das städtebauliche Konzept und den dörflichen Charakter, namentlich die Ortseingangssituation des Ortsteils. Der Bebauungsplan trägt im Bereich des Antennenstandorts zur Gestaltung des – wie die Beklagte ausführt – durch Ein- oder Zweifamilienhäuser geprägten Ortsbildes jedoch nicht bei. Das Ortsbild greift der Bebauungsplan nicht auf, sondern setzt sich durch die Gliederung einer Sportplatzfläche (die faktisch zudem mit 16 m hohen Flutlichtmasten ausgestattet ist) von dem Ortsbild ab.

Öffentliche Belange stehen der Befreiung nicht (zwingend) entgegen. Unter öffentlichen Belangen sind nur städtebaulich relevante Belange zu verstehen, die im Interessengeflecht des Bebauungsplans eine Rolle spielen können. Es können auch solche öffentlichen Belange eine Rolle spielen, die in der gemeindlichen Planungskonzeption noch keinen Niederschlag gefunden haben. Zu den Belangen kann gemäß § 1 Abs. 5 Nr. 4 BauGB das Ortsbild der Gemeinde zählen. Bei Erlaß des Bebauungsplans stand eine mögliche Beeinträchtigung des Ortsbildes durch Antennenmasten der hier beantragten Größenordnung nicht in Rede. Der Satzungsgeber hatte daher zu die Höhe baulicher Anlagen betreffenden Festsetzungen (vgl. § 16 Abs. 3 BauNVO 1977) keine Veranlassung. Dennoch ist nach den hier gegebenen Umständen des Einzelfalls nicht allein auf Grund der Höhe des Antennenträgers davon auszugehen, dieser beeinträchtige zwingend öffentliche Interessen. Im unmittelbaren Einzugsbereich des Sportplatzes ist keine gestalterisch hervorgehobene Bebauung feststellbar. Vorhanden sind durchaus üblich gestaltete Ein-, Zwei- und Mehrfamilienhäuser in unterschiedlichster Ausprägung, die dem Ortseingangsbereich kein derartiges Gepräge geben, daß ein Antennenmast der hier in Rede stehenden Dimension und Gestaltung mit dem Ortsbild als von vornherein unvereinbar angesehen werden müßte. Der Mobilfunkmast würde dort, wo ohnehin mit technischen Anlagen gewisser, wenngleich geringerer Höhe (Flutlichtmasten) gerechnet werden muß, im wesentlichen nur wegen seiner Höhe von rund 40 m in Erscheinung treten. Er ist verhältnismäßig zurückhaltend gestaltet; die äußeren Abmessungen könnten nach den Angaben der Klägerin gegenüber der zur Genehmigung gestellten Anlage zudem noch reduziert werden. Schließlich kann durch einen von der Klägerin angebotenen farblich entsprechend gestalteten Anstrich der Stahlgitterkonstruktion bewirkt werden, daß der Antennenmast trotz seiner Höhe verhältnismäßig unaufdringlich wirkt.

Die Befreiung ist mit nachbarlichen Belangen vereinbar. Insoweit sind namentlich Immissionsschutzbelange zu berücksichtigen. Angesichts der Abstände der Wohnbebauung zum Antennenmast besteht kein Anlaß an den Angaben der Klägerin zu zweifeln, die sich aus der 26. BImSchV ergebenden Anforderungen würden sicher eingehalten. Die Beklagte hat dem nicht widersprochen. Daß dennoch erhebliche nachbarliche Beeinträchtigungen in Rechnung zu stellen sein sollten, ist nicht ersichtlich.

Obwohl die Befreiungsvoraussetzungen des §31 Abs. 2 BauGB nach Auffassung des Senats nach alledem zu bejahen sind, hat die Klägerin keinen zwingenden Anspruch auf Erteilung der beantragten Baugenehmigung. Vielmehr steht der Beklagten Ermessen zu, das sie unter Beachtung der Rechtsauffassung des Gerichts erneut auszuüben hat. In die Ermessensausübung kann die Beklagte selbstverständlich auch einstellen, ob das von ihr verfolgte stadtgestalterische Anliegen hinreichend gewichtig ist, den Antrag der Klägerin erneut abzulehnen. Die Beklagte wird dabei über ihre bisherigen Erwägungen hinaus jedoch zu berücksichtigen haben, daß für das klägerische Vorhaben Befreiungsgründe streiten. Auch ist für das Gewicht der klägerischen Interessen von Belang, ob ein geeigneter Alternativstandort tatsächlich zur Verfügung steht, möglicherweise auch auf dem Sportplatz in mittiger Lage. Schließlich ist der Beklagten die mit dem Gestattungsvertrag eingegangene Verpflichtung zuzurechnen. Demgegenüber sind die Erwägungen der Beklagten zur Netzabdeckung durch andere Mobilfunkbetreiber schon deshalb unbehelflich, weil ausweislich der von der Beklagten überreichten Karte über Mobilfunkstandorte im Stadtgebiet bislang kein Mobilfunkmast errichtet wurde.

Nr. 93

1. **Eine vom Nachbarn angefochtene Baugenehmigung darf auch von der Widerspruchsbehörde mit einer Befreiung nach §31 Abs.2 BauBG ergänzt werden.**

2. **Der Widerspruchsführer ist vor dieser Ergänzung zu hören. Ein Anhörungsmangel wird regelmäßig im verwaltungsgerichtlichen Verfahren geheilt.**

VwGO §§71, 80 Abs.5, 80a Abs.3; BauGB §31 Abs.2; BayBO Art.70, 71, 72, 73, 6 Abs.3 Satz7; BayVwVfG Art.45 Abs.2.

Bayerischer VGH, Beschluß vom 9. Oktober 2003 – 25 CS 03.897 – (rechtskräftig).

(VG Würzburg)

Gegenstand des Rechtsstreits ist die sofortige Vollziehbarkeit einer Baugenehmigung, die sich die Antragsgegnerin – eine kreisfreie Stadt – für die Nutzungsänderung und den Umbau einer ehemaligen Jugendherberge in eine Kindertagesstätte erteilt hat. Die Antragstellerin ist Eigentümerin des Nachbargrundstücks, auf sich zwei Wohngebäude und ein Nebengebäude befinden.

Das Gebäude der Antragsgegnerin wurde 1938 als „Hitlerjugendheim" genehmigt und im gleichen Jahr errichtet. Nach dem Ende des Zweiten Weltkriegs wurde es als Jugendherberge weiter betrieben. Während dieser Zeit wurden verschiedene – jeweils baurechtlich genehmigte – Umbauten und Renovierungsmaßnahmen durchgeführt. Seit 1992 wird das Gebäude von einem gemeinnützigen Verein zur Kinderbetreuung genutzt, der dort eine altersgemischte Kindergruppe und eine Krabbelstube eingerichtet hat. Im Zusammenhang mit vorgesehenen baulichen Änderungen zur Verbesserung des Brandschutzes beantragte das Sozialreferat der Antragsgegnerin im November 2001 auch die Genehmigung dieser geänderten Nutzung.

2002 genehmigte die Antragsgegnerin die eingereichten Pläne zur Nutzungsänderung für eine Kindertagesstätte im ersten Dachgeschoß mit zwei Tagesräumen, für eine Hausmeisterwohnung im Erdgeschoß mit einem weiteren Tagesraum, für Büro- und Lagerzwecke im zweiten Dachgeschoß und für den Neubau einer Außentreppe als zweitem Fluchtweg. Auf den von der Antragstellerin hiergegen erhobenen Widerspruch hin ergänzte die Regierung von Unterfranken die Baugenehmigung unter Zurückweisung des Widerspruchs im übrigen durch Widerspruchsbescheid von 2003 um folgende Bestimmungen:

a) Von der Einhaltung der im Bebauungsplan festgesetzten Art der baulichen Nutzung (reines Wohngebiet) wird eine Befreiung erteilt (§ 31 Abs. 2 BauGB).

b) Folgende weitere Auflage ist zu beachten:

„Sowohl die Außentreppenanlage wie auch der durch Blaueintrag in den Bauplänen in der Baugenehmigung enthaltene zweite Rettungsweg für den Tagesraum im Erdgeschoß dürfen nur im Notfall (d. h. bei Vorliegen einer konkreten Gefahr) genutzt werden. Dies ist durch entsprechende technische Vorkehrungen (z. B. nur von innen zu öffnender Panikriegel) an den Ausgängen sicherzustellen."

In den Gründen des Widerspruchsbescheids wird u. a. ausgeführt, der für den fraglichen Bereich geltende Bebauungsplan aus dem Jahr 1974 setze ein reines Wohngebiet fest und lasse wegen der damals geltenden Fassung der Baunutzungsverordnung im Gegensatz zur heutigen Rechtslage eine Anlage für soziale Zwecke auch nicht ausnahmsweise zu. Die Regierung habe aber aus städtebaulichen Gründen auch unter Würdigung der nachbarlichen Interessen eine Befreiung von den Festsetzungen des Bebauungsplans erteilen können. Das Vorhaben sei auch bauordnungsrechtlich zulässig und verstoße insbesondere nicht gegen das Abstandsflächenrecht. Das gelte auch für die neue, zum Grundstück der Antragstellerin hin vortretende Außentreppe, die als untergeordneter Bauteil abstandsflächenrechtlich außer Betracht bleibe. Aber selbst wenn man der Auffassung der Antragstellerin teilen würde, die Baumaßnahme sei abstandsflächenpflichtig, sei festzustellen, daß dann aufgrund der planungsrechtlichen Zulässigkeit des Bauvorhabens und insbesondere im Hinblick auf das bestehende, bestandsgeschützte Gebäude die Voraussetzungen für eine Abweichung von den Abstandsflächenvorschriften vorlägen.

Die Antragstellerin ließ hiergegen Klage erheben, über die noch nicht entschieden wurde. Ihrem außerdem gestellten Antrag auf Anordnung der aufschiebenden Wirkung der Klage gab das Verwaltungsgericht statt. Seine Entscheidung beruht im wesentlichen auf drei Erwägungen: Die Widerspruchsbehörde habe die – materiell-rechtlich nicht zu beanstandende – Befreiung nicht selbst aussprechen können, weil sie der angefochtenen Ausgangsentscheidung keine neue Entscheidung hinzufügen dürfe. Sie habe auch zu Unrecht eine Anhörung der Antragstellerin hierzu im Widerspruchsverfahren analog § 71 VwGO unterlassen. Das bestandsgeschützte Gebäude halte die heutigen Abstandsflächenvorschriften nicht ein, wovon wegen der Nutzungsänderung nur auf Grund einer Abweichung abgesehen werden dürfe; eine solche sei aber von der Beklagten nicht erteilt worden.

Die hiergegen gerichtete Beschwerde des Vertreters des öffentlichen Interesses hatte Erfolg.

Nr. 93

Aus den Gründen:
II. Nach Überzeugung des Senats wird die Antragstellerin mit ihrer Klage gegen die Baugenehmigung letztlich keinen Erfolg haben, weshalb auch die Anordnung der aufschiebenden Wirkung (§ 80 a Abs. 3, § 80 Abs. 5 VwGO, § 212 a BauGB) nicht gerechtfertigt ist.

1. Die für die Nutzung des Gebäudes als Kindertagesstätte der Antragsgegnerin erteilte Baugenehmigung (Art. 62, 72 Abs. 1 Satz 1 BayBO) begegnet keinen Bedenken.

a) Mit Recht haben sowohl die Widerspruchsbehörde als auch das Verwaltungsgericht angenommen, daß der für den fraglichen Bereich geltende Bebauungsplan aus dem Jahr 1974 mit seiner Festsetzung als reines Wohngebiet der beantragten Nutzung entgegensteht, weil nach der damals geltenden Regelung des § 3 BauNVO (i. d. F. der Bek. vom 26. 11. 1968, BGBl. I S. 1237) Anlagen für soziale Zwecke dort auch nicht ausnahmsweise zugelassen waren. Ebenso zutreffend hat schon das Verwaltungsgericht erkannt, daß die von der Regierung von Unterfranken für das Vorhaben erteilte Befreiung von dieser Festsetzung gemäß § 31 Abs. 2 BauBG in materiell-rechtlicher Hinsicht nicht zu beanstanden ist. Die Behörde weist mit Recht darauf hin, daß das Gebäude bei Erlaß des Bebauungsplans schon seit langem als Jugendherberge, also als Einrichtung für soziale Zwecke, verwendet wurde, und daß aus den Normaufstellungsmaterialien nichts zu entnehmen ist, was für eine bewußte Abkehr von dieser Nutzung sprechen könnte. Es drängt sich vielmehr der Eindruck auf, daß es sich hier um ein Versehen des Normgebers handelt. Wegen der Prägung des Gebiets durch diesen vorhandenen Bestand, aber auch wegen des in unmittelbarer Nachbarschaft gelegenen kirchlichen Gemeindezentrums, hat die Regierung von Unterfranken auch zutreffend angenommen, daß die Genehmigung einer weiteren Nutzung des Gebäudes als soziale Einrichtung gemäß § 31 Abs. 2 Nr. 2 BauGB städtebaulich vertretbar ist. Die Abweichung berührt auch nicht die Grundzüge der Planung. Das Nebeneinander von sozialer Einrichtung und Wohnbebauung hatte bei Erlaß des Bebauungsplans bereits seit langem bestanden. Der Plangeber selbst muß von einem Fortbestand dieser Situation ausgegangen sein. Unter diesen Umständen kann der Wechsel von einer sozialen Nutzung zu einer anderen die Grundkonzeption des Bebauungsplans nicht berühren.

Der Regierung von Unterfranken ist auch darin zuzustimmen, daß die Befreiung mit den nachbarlichen Interessen der Antragstellerin vereinbar ist. Das Grundstück der Antragstellerin ist von der Nachbarschaft der Jugendherberge von Anfang an geprägt. Nach heutiger Rechtslage wäre dieses Nebeneinander in reinen Wohngebieten jedenfalls ausnahmsweise auch ohne ausdrückliche Festsetzung zulässig (vgl. § 3 Abs. 3 Nr. 2 BauNVO). Der Senat teilt auch die Auffassung der Regierung, daß die nunmehr genehmigte Nutzung als Kindertagesstätte tendenziell in einem Wohngebiet weniger Spannungen hervorruft als die einer Jugendherberge. Der von der Antragstellerin vor allem kritisierte Zufahrtsverkehr wäre bei einer Jugendherberge unter den heutigen Lebensverhältnissen keinesfalls geringer.

b) Die vom Verwaltungsgericht im Anschluß an die Rechtsprechung des 2. Senats des BayVGH (BayVGH v. 7. 7. 1998 – 2 B 95.3824 –) erhobenen formell-rechtlichen Bedenken gegen die Erteilung der Befreiung durch die Widerspruchsbehörde selbst teilt der erkennende Senat nicht. Nach §68 Abs. 1 Satz 1 VwGO sind vor Erhebung der Anfechtungsklage Rechtmäßigkeit und Zweckmäßigkeit des Verwaltungsakts in einem Vorverfahren nachzuprüfen. Der Devolutiveffekt führt zu einer umfassenden Kontrollkompetenz der Widerspruchsbehörde. Sie hat die gleichen Prüfungs- und Entscheidungsbefugnisse wie die Ausgangsbehörde. Sie ist zur Änderung, Aufhebung und Ersetzung des Ausgangsbescheids einschließlich seiner Begründung und aller Ermessenserwägungen befugt. Ausgangsverfahren und Widerspruchsverfahren sind eine Einheit (allgemeine Meinung, vgl. z. B. Dolde, in: Schoch/Schmidt/Aßmann/Pietzner, VwGO, Rdnr. 36 zu §68; Kopp/Schenke, VwGO, 13. Aufl. 2003, Rdnr. 9 zu §68; Rennert, in: Eyermann, VwGO, 11. Aufl. 2000, Rdnr. 12 zu §68). Diese Entscheidungskompetenz ist allerdings durch den Rahmen beschränkt, den der Widerspruch eröffnet hat. Auch das ist im Grundsatz unstreitig. Fraglich kann im vorliegenden Fall somit nur sein, ob sich die von der Widerspruchsbehörde vorgenommene Ergänzung der angefochtenen Baugenehmigung um eine Befreiung nach §31 Abs. 2 BauBG in diesem Rahmen hält. Das ist nach Überzeugung des Senats der Fall (vgl. ebenso Jäde, in: Jäde/Dirnberger/Bauer/Weiß, BayBO, Rdnr. 8a zu Art. 70). Gegenstand des Widerspruchsverfahrens ist nämlich nicht nur ein bestimmter Baugenehmigungsbescheid, sondern auch das vom Bauherrn zur Genehmigung gestellte Vorhaben. Die Widerspruchsbehörde hat deshalb bei Nachbarwidersprüchen nicht nur zu prüfen, ob die erteilte Baugenehmigung Nachbarrechte verletzt, sondern auch, ob das beantragte Vorhaben unter Vermeidung dieser Rechtsverletzungen genehmigt werden kann. Wenn das, wie im vorliegenden Fall, durch Erteilung einer Befreiung geschehen kann, kann die Widerspruchsbehörde auf Grund des Devolutiveffekts selbst handeln und muß nicht die Sache an die Ausgangsbehörde zurückgeben.

Dagegen spricht auch nicht der Umstand, daß §31 Abs. 2 BauGB die Befreiung getrennt von der Baugenehmigung (Art. 72 f. BayBO) regelt. Die bauplanungsrechtlichen Anforderungen sind nach Art. 72 Abs. 1, Art. 73 Abs. 1 Nr. 1 BayBO im Baugenehmigungsverfahren zu prüfen, eine etwa erforderliche Befreiung ist konkludent als im Bauantrag mitbeantragt anzusehen. Ist die Entscheidung über die Befreiung somit integraler Bestandteil des Baugenehmigungsverfahrens, so kann es für den Umfang des Devolutiveffekts auch nicht darauf ankommen, ob die Ausgangsbehörde sich damit noch nicht befaßt hatte, weil sie fehlerhaft die Notwendigkeit dazu verkannte. Der Vertreter des öffentlichen Interesses weist zutreffend darauf hin, daß die Interessenlage bei nachträglicher Erteilung einer erforderlichen Befreiung nicht anders ist, als wenn beispielsweise eine unzulängliche Ermessensbetätigung der Ausgangsbehörde nachgebessert wird und dadurch der Rechtsfehler des angefochtenen Bescheides im Widerspruchsverfahren geheilt wird.

c) Die vor Erteilung der Befreiung durch die Widerspruchsbehörde unterbliebene Anhörung der Antragstellerin wird voraussichtlich ebenfalls nicht zu einer Aufhebung der angefochtenen Baugenehmigung führen. Nach §71 VwGO soll dann, wenn die Aufhebung oder Änderung eines Verwaltungsaktes im Widerspruchsverfahren erstmalig mit einer Beschwer verbunden ist, der

Betroffene vor Erlaß des Abhilfebescheids oder des Widerspruchsbescheids gehört werden. Die Vorschrift ist hier zwar nicht unmittelbar anwendbar, weil Gegenstand und Umfang des genehmigten Vorhabens durch den Widerspruchsbescheid nicht geändert wurden. Sie ist aber entsprechend heranzuziehen, weil mit der durch eine Ermessensentscheidung der Regierung nachgeschobenen Befreiung die Baugenehmigung auf eine neue Rechtsgrundlage gestützt werden soll (vgl. Geis, in: Sodan/Ziekow, VwGO, Rdnr. 4 zu §71; Rennert a. a. O. Rdnr. 2 zu §71; Funke-Kaiser, in: Bader/Funke-Kaiser/Kuntze/ von Albedyll, VwGO, Rdnr. 4 zu §71). Dagegen spricht auch nicht, daß §71 VwGO die Anhörungspflicht von einer erstmaligen Beschwer eines Betroffenen abhängig macht. Eine solche liegt zwar hier nicht in der neuerteilten Befreiung, denn diese ändert am Umfang und an der Auswirkung des genehmigten Vorhabens im Verhältnis zur Antragstellerin nichts. Die Beschwer liegt auch nicht darin, daß die Befreiung nun die zunächst rechtswidrige Baugenehmigung heilt, denn für einen Anspruch der Antragstellerin auf Aufrechterhaltung der Rechtswidrigkeit der sie belastenden Genehmigung gibt es keine Rechtsgrundlage. Die Beschwer i. S. des §71 VwGO kann wohl auch nicht unmittelbar aus §79 Abs. 2 Satz 2 VwGO gefolgert werden, wonach als zusätzliche Beschwer auch die Verletzung einer wesentlichen Verfahrensvorschrift gilt. Sie würde nämlich dem Gesetzeswortlaut den Zirkelschluß unterstellen, daß die Pflicht zur Anhörung durch Verletzung der Anhörungspflicht entsteht. Der Senat stimmt dennoch der oben zitierten Auffassung im Ergebnis zu (ebenso wohl Jäde, a. a. O. Rdnr. 31 zu Art. 71; Dirnberger, in: Simon/ Busse, BayBO, Rdnr. 16 zu Art. 71) und hält insoweit eine analoge Anwendung des §71 VwGO für geboten. Das Nachschieben einer Befreiung kann für das Interesse des Widerspruchsführers am Weiterbetreiben seines Verfahrens von ebenso großer Bedeutung sein, wie eine materielle reformatio in peius. Zur Vermeidung einer Überraschungsentscheidung trifft die Widerspruchsbehörde daher grundsätzlich die Pflicht zu einem entsprechenden Hinweis.

An dieser Pflicht ändert es auch nichts – wie der Vertreter des öffentlichen Interesses meint –, daß in Bayern im Baugenehmigungsverfahren die Anhörung des Nachbarn auf die Vorlage von Lageplan und Bauzeichnungen beschränkt ist (Art. 71 Abs. 1 Satz 1 BayBO) und die allgemeine Anhörungsvorschrift des Art. 28 BayVwVfG nach Art. 71 Abs. 2 Satz 2 BayBO keine Anwendung finden soll. Es mag sein, daß damit – wie der Vertreter des öffentlichen Interesses vorträgt – das bayerische Bauordnungsrecht bewußt eine gesonderte Anhörung des Nachbarn zu beabsichtigten Abweichungen und Befreiungen ausschließen wollte. Es kann auch offenbleiben, wie sich eine solche Einschränkung der Anhörung des Nachbarn vor beabsichtigten Befreiungen nach §31 Abs. 2 BauGB zu der Subsidiaritätsklausel des §1 Abs. 3 VwVfG verhält, nach der für die Ausführung von Bundesrecht durch die Länder das Verwaltungsverfahrensgesetz des Bundes nur insoweit nicht gilt, als die öffentlich-rechtliche Verwaltungstätigkeit der Behörden landesrechtlich durch ein Verwaltungsverfahrensgesetz geregelt ist. Auch wenn man nämlich annähme, daß dies eine Unterschreitung des in den Verwaltungsverfahrensgesetzen der Länder einheitlich gefundenen rechtsstaatlichen Standards für den Bereich der Baugenehmigungen nicht hindere, so könnte das jedenfalls das in § 68 ff. VwGO bundesrechtlich geregelte Widerspruchsverfahren nicht beeinflussen. Der Verstoß gegen die Anhörungspflicht des § 71 VwGO ist aber entsprechend Art. 45 Abs. 1 Nr. 3, Abs. 2 BayVwVfG unbeachtlich, weil die Anhörung im verwaltungsgerichtlichen Verfahren nachgeholt wurde. Die Vorschrift, die unmittelbar nur für das Verwaltungsverfahren gilt, ist entsprechend auch im Widerspruchsverfahren anwendbar (vgl. Rennert, a. a. O. Rdnr. 5). Nach Auffassung des Senats reicht es als nachgeholte Anhörung aus, daß die Antragsgegnerin sich zu den in der Klageschrift enthaltenen Einwänden gegen die Befreiung geäußert hat. Daß im vorliegenden Fall die einer anderen Körperschaft angehörende Regierung von Unterfranken als Widerspruchsbehörde zur Anhörung nach § 71 VwGO berufen war, schadet nicht. Weil das Widerspruchsverfahren und damit auch der Devolutiveffekt beendet war, ist die Zuständigkeit für den Verwaltungsakt, in dessen „Gestalt" der Widerspruchsbescheid aufgeht (vgl. § 79 VwGO), nunmehr wieder auf die Ausgangsbehörde zurückgefallen. Daß eine Nachholung im Hinblick auf die entfallene Zuständigkeit der Widerspruchsbehörde gänzlich ausscheiden sollte, erschiene mit dem Zweck des Art. 45 Abs. 2 BayVwVfG, der die Heilung derartiger Mängel bis zum Abschluß der letzten Tatsacheninstanz eines verwaltungsgerichtlichen Verfahrens ermöglichen möchte, als nicht vereinbar. Im übrigen hat im vorliegenden Fall auch die Regierung von Unterfranken – in der Funktion als Vertreter des öffentlichen Interesses – am Klageverfahren teilgenommen und auf das Klagevorbringen reagiert. ... Der Senat verkennt nicht, daß bei dieser Rechtslage die gesetzliche Anhörungspflicht des § 71 VwGO weitestgehend ohne Sanktion bleibt, hält dieses Ergebnis aber für vom Gesetzgeber gewollt.

2. Die vom Verwaltungsgericht geäußerten und von der Antragstellerin unterstützten Bedenken gegen die Vereinbarkeit des Vorhabens mit Abstandsflächenvorschriften werden ebenfalls nicht geteilt.

a) Die Genehmigung der Nutzungsänderung von dem formell und materiell rechtmäßigen Betrieb einer Jugendherberge zu dem – faktisch bereits seit geraumer Zeit bestehenden, aber noch nicht genehmigten – Betrieb einer Kindertagesstätte, konnte ohne Rücksicht auf die derzeit geltenden Abstandsflächenvorschriften des Art. 6 BayBO erteilt werden. Die Nutzungsänderung eines Gebäudes ist abstandsflächenrechtlich nur dann relevant, wenn durch sie auch die Frage der Genehmigung des Gebäudebestandes selbst neu aufgeworfen wird. Das wäre dann der Fall, wenn durch die Änderung der bisherige Interessenausgleich unter den Grundstückseigentümern in Frage gestellt würde (vgl. BayVGH – 14. Senat – v. 20. 2. 1990, BayVBl 1990, 500). Denkbar wäre das insbesondere dann, wenn für die bisherige Nutzung eine abstandsflächenrechtliche Privilegierung bestand (vgl. Dirnberger, in: Jäde/Dirnberger/Bauer/Weiß, BayBO, Rdnr. 28 zu Art. 6) und wenn der nach bayerischem Abstandsflächenrecht geschützte Belang des nachbarlichen Wohnfriedens erheblich betroffen wäre (vgl. BayVGH, a. a. O.). Beides scheidet hier offensichtlich aus. Die Befürchtung, eine Kindertagesstätte könnte für die Nachbarschaft störender sein als eine Jugendherberge, ist weder belegt noch nachvollziehbar. Soweit die Antragstellerin wegen der schon längere Zeit zurückliegenden Beendigung der Nutzung als Jugendherberge auch eine solche heute für nicht mehr zulässig erachtet, verkennt sie die Reichweite der bisherigen Baugenehmigungen (vgl. hierzu BayVGH – 15. Senat – v. 20.2.2003, BauR 2003, 1551).

b) Schließlich ist auch die Genehmigung zur Errichtung der Außentreppe nicht zu beanstanden. Der Senat teilt dabei die Auffassung der Regierung von Unterfranken, daß die Treppe wegen ihrer geringen Ausmaße als untergeordneter Bauteil i. S. von Art. 6 Abs. 3 Satz 7 BayBO anzusehen ist. Der abstandsflächenrechtliche Belang des Wohnfriedens, den die Antragstellerin bedroht sieht, wird durch die allein genehmigte Nutzbarkeit als Fluchtweg nicht betroffen. Bei natürlicher Betrachtungsweise ist durch die Neuerrichtung dieses Bauteils auch nicht von der Neuerrichtung einer einheitlichen Außenwand auszugehen (vgl. Dhom, in: Simon/Busse, a. a. O., RdNr. 15 f. zu Art. 6). Nach der Rechtsprechung des Senats (BayVGH v. 10.10.2001 – 25 ZS/CS 01.2529 –) ist daher die Abstandsfläche nach dem jetzt geltenden Recht isoliert nur für den neuen Bauteil zu überprüfen. Ob dabei Art. 6 Abs. 3 Satz 7 BayBO in der Weise angewandt werden kann, daß die Außentreppe als untergeordneter Bauteil abstandsflächenrechtlich außer Betracht bleibt, wie die Regierung von Unterfranken meint, kann hier offenbleiben. Zweifel an dieser Auffassung könnten sich daraus ergeben, daß die Treppe selbst zwar nicht mehr als 1,50 m vor die Außenwand vortritt, die Außenwand selbst aber bereits die heute zulässige Abstandsfläche um mehr als diesen Abstand verkürzt. Auch wenn man deshalb aber für die Außentreppe die Einhaltung einer eigenen Abstandsfläche forderte, käme diese wohl noch auf dem Baugrundstück zu liegen. Die Höhe der Außentreppe entspricht nach den genehmigten Plänen wohl dem Abstand zur Grundstücksgrenze der Antragstellerin, und hält damit das Maß von 1 H gemäß Art. 6 Abs. 4 Satz 1, Abs. 3 BayBO ein. Sollte sich die in den Bauvorlagen aufgeführte Höhenkote +/- 0,00 nicht auf die Geländeoberfläche beziehen, wäre jedenfalls die von der Regierung von Unterfranken hilfsweise in den Gründen des Widerspruchsbescheids ausgesprochene Abweichung nach Art. 70 Abs. 1 BayBO aus der Sicht des Senats nicht zu beanstanden.

2. Zulässigkeit von Bauvorhaben im nicht beplanten Innenbereich

Nr. 94

Ein Bebauungskomplex aus neun Wohngebäuden mit Nebengebäuden und zum Teil mehreren Wohnungen, einem als Straußwirtschaft und zu Lagerzwecken im Rahmen eines landwirtschaftlichen Betriebs genutzten Gebäude sowie weiteren landwirtschaftlichen Nebengebäuden, kann einen Ortsteil i. S. von § 34 Abs. 1 BauGB darstellen (hier bejaht).

Offen bleibt, ob ein Ortsteil nur dann der Eigenart eines Dorfgebietes entspricht, wenn neben Wohngebäuden und Wirtschaftsstellen landwirt-

schaftlicher Betriebe auch eine nicht völlig untergeordnete gewerbliche Nutzung vorhanden ist.

Eine Gaststätte mit Außenbewirtschaftung kann ausnahmsweise zum Nachteil angrenzender Wohnbebauung auch in einem (faktischen) Dorfgebiet gegen das Gebot der Rücksichtnahme verstoßen.

BauGB § 34 Abs. 1, Abs. 2; BauNVO §§ 5, 15.

VGH Baden-Württemberg, Urteil vom 17. Oktober 2003 – 3 S 2298/02 – (rechtskräftig).

(VG Freiburg)

Der Kläger wendet sich gegen die Aufhebung einer ihm erteilten Baugenehmigung für die Nutzungsänderung einer bestehenden Straußwirtschaft in eine Gaststätte. Der Kläger ist Winzermeister und betreibt seit 1980 ein selbstvermarktendes Weingut. Seine Grundstücke liegen in einem Bereich, für den ein Bebauungsplan nicht beschlossen worden ist. 1998 erteilte das Landratsamt dem Kläger die Baugenehmigung für den Umbau und die Nutzungsänderung des Erdgeschosses des Kellereigebäudes zu einer Straußwirtschaft mit höchstens 40 Sitzplätzen.

1999 beantragte der Kläger die Baugenehmigung für die Nutzungsänderung der vorhandenen Straußwirtschaft in eine Gaststätte. Nach den Angaben des Klägers sind nicht mehr als 40 Plätze in der Gaststätte und 36 Plätze in Biergarten vorgesehen. Die Beigeladenen erhoben im Rahmen der Angrenzeranhörung Einwendungen gegen das Vorhaben des Klägers. Insbesondere wiesen sie auf die zu befürchtenden Lärm- und Geruchsimmissionen, auf die aus ihrer Sicht unerträgliche Parkplatzsituation und weitere Unzuträglichkeiten durch den Betrieb einer Gaststätte hin.

Aus den Gründen:

Die planungsrechtliche Zulässigkeit des Vorhabens ist nach § 34 BauGB zu beurteilen. Das Bauvorhaben liegt innerhalb der im Zusammenhang bebauten Ortsteile von B.-D. und nicht im Außenbereich. Nach der st. Rspr. des Bundesverwaltungsgerichts umfaßt der Begriff der „im Zusammenhang bebauten Ortsteile" in § 34 BauGB zwei Komponenten, zum einen den Bebauungszusammenhang und zum anderen den Ortsteil. Nur ein Bebauungszusammenhang, der auch Ortsteil ist, vermittelt ein Baurecht nach § 34 BauGB. Unter Ortsteil ist jeder Bebauungskomplex zu verstehen, der nach der Zahl der vorhandenen Bauten ein gewisses Gewicht besitzt und Ausdruck einer organischen Siedlungsstruktur ist. Mit diesen Anforderungen soll die Abgrenzung zur unerwünschten Splittersiedlung erreicht werden. Für die Frage, ob ein Bebauungskomplex nach seinem Gewicht als Ortsteil oder als Splittersiedlung anzusehen ist, kommt es auf die Siedlungsstruktur der jeweiligen Gemeinde an (vgl. BVerwG, Urteil v. 3. 12. 1998 – 4 C 7.98 –, BRS 60 Nr. 81 = BauR 1999, 232; vgl. auch Urteile v. 17. 2. 1984 – 4 C 56.79 –, BRS 42, Nr. 80 = BauR 1984, 493, und v. 6. 11. 1968 – IV C 31.66 –, BVerwGE 31, 22 = BRS 20 Nr. 36).

Eine organische Siedlungsstruktur liegt vor, wenn sich die Bebauung in einer der Siedlungsstruktur angemessenen Weise innerhalb des gegebenen Bereichs fortentwickelt. Sie erfordert nicht, daß es sich um eine nach Art und Zweckbestimmung einheitliche Bebauung handeln müßte. Auch eine unterschiedliche, sogar in ihrer Art und Zweckbestimmung gegensätzliche Bebauung kann einen Ortsteil bilden. Ebenso wenig kommt es auf die Entstehungsweise der vorhandenen Bebauung an. Es ist nicht erforderlich, daß die Bebauung einem bestimmten städtebaulichen Ordnungsbild entspricht oder als eine städtebauliche Einheit in Erscheinung tritt, daß sie ein Schwerpunkt der baulichen Entwicklung des Gemeinwesens ist oder einem solchen zugeordnet werden kann, oder daß sie ein eigenständiges Leben gestattet. Auch wenn es an alledem fehlt, kann ein nach der Zahl seiner Bauten gewichtiger Bebauungszusammenhang Ausdruck einer organischen Siedlungsstruktur sein. Etwas anderes gilt etwa bei einer behelfsmäßigen oder völlig regellosen und in dieser Anordnung geradezu funktionslosen Bebauung, auch eine bandartige oder einzeilige Bebauung mag unter entsprechenden Voraussetzungen die Annahme einer organischen Siedlungsstruktur ausschließen können (vgl. BVerwG, Urteil v. 6. 11. 1968, a. a. O.).

Maßgeblich sind die Umstände des Einzelfalls. Für das erforderliche städtebauliche Gewicht läßt sich keine bestimmte Mindestzahl an Gebäuden festlegen (BVerwG, Urteil v. 30. 4. 1969 – IV C 38.67 –, BRS 22, Nr. 76; VGH Bad.-Württ., Urteil v. 10. 9. 1998 – 3 S 1866/98 –, VBlBW 1999, 139). Die Ansammlung von nur vier Wohngebäuden besitzt aber regelmäßig nicht das für einen im Zusammenhang bebauten Ortsteil erforderliche Gewicht (BVerwG, Beschluß v. 19. 4. 1994 – 4 B 77.94 –, BRS 56 Nr. 60 = BauR 1994, 494). Nach den Umständen des Einzelfalls können demgegenüber fünf bis sechs Gebäude hierfür ausreichen (vgl. BVerwG, Urteil v. 30. 4. 1969, a. a. O.; VGH Bad.-Württ., Urteil v. 26. 3. 1984 – 8 S 1895/83 –, BRS 40 Nr. 63 = BauR 1984, 496). Ein Bebauungskomplex mit 7 Wohngebäuden und mehreren Gebäuden der Landeswasserversorgung kann genauso ein Ortsteil sein (VGH Bad.-Württ., Urteil v. 9. 6. 1986 – 8 S 2077/85 –) wie ein Bebauungskomplex von 5 Wohnhäusern und 5 landwirtschaftlichen Nebengebäuden (VGH Bad.-Württ., Urteil v. 26. 3. 1984 – 8 S 1895/83 –, BauR 1984, 496 = BRS 42, Nr. 63) oder ein Bebauungskomplex mit 12 Wohngebäuden (VGH Bad.-Württ., Urteil v. 8. 7. 1986 – 8 S 2815/85 –, BauR 1987, 59 = BRS 46, Nr. 81). Daß 6 Gebäude einen Ortsteil darstellen, mag zwar nicht nahe liegen, läßt sich aber nicht ausschließen (BVerwG, Urteil v. 30. 4. 1969, a. a. O.). Andererseits braucht auch bei 11 Gebäuden mit Nebengebäuden noch kein Ortsteil in diesem Sinne vorzuliegen. Denn die eher zufällige Anhäufung von elf Wohnhäusern mit Nebengebäuden besitzt weder nach der Zahl der vorhandenen Bauten das nötige städtebauliche Gewicht, noch drückt sich in ihr eine organische Siedlungsstruktur aus (vgl. VGH Bad.-Württ., Urteil v. 9. 5. 1997 – 8 S 3206/96 –, VBlBW 1997, 341). Eine Ansammlung von vier Wohnhäusern, einem Autohaus und einem Vereinsheim stellt keinen Ortsteil dar (VGH Bad.-Württ., Urteil v. 8. 5. 2002 – 3 S 2077/01 –).

Wie sich bei der Augenscheinseinnahme des Senats ergeben hat, bildet die nähere Umgebung des Grundstücks des Klägers einen eigenen im Zusammenhang bebauten Ortsteil. Nach den Feststellungen des Senats sind im dortigen Bereich neun zu Wohnzwecken genutzte Gebäude mit zum Teil mehreren Wohnungen und Nebengebäuden vorhanden. Hinzu kommen das als Gaststätte und zu Lagerzwecken im Rahmen seines landwirtschaftlichen Betriebs genutzte Gebäude des Klägers auf dem Grundstück X. und die landwirtschaftlichen Nebengebäude auf den Grundstücken Y. und Z. Dieser

Bebauung kommt ein für die Annahme eines Ortsteils hinreichendes Gewicht zu. Sie ist auch Ausdruck einer organischen Siedlungsstruktur. Sie stellt sich weder behelfsmäßig noch regellos dar. Nach Auskunft des Bürgermeisters der Gemeinde in der mündlichen Verhandlung gibt es in der Gemeinde noch einen weiteren vergleichbaren Weiler. Ein Indiz für das Vorliegen eines Ortsteils ist auch der Umstand, daß der dortige Bereich über einen eigenen Namen verfügt. Nach Auskunft des Bürgermeisters wird der Weiler „Ziegelhöfe" genannt.

Bei dieser Sachlage kann offen bleiben, ob die Bebauung Ziegelhöfe einen Zusammenhang mit der übrigen Bebauung des Ortsteils B. aufweist.

Nach § 34 Abs. 1 Satz 1 BauGB ist innerhalb der im Zusammenhang bebauten Ortsteile ein Vorhaben zulässig, wenn es sich nach Art und Maß der baulichen Nutzung, der Bauweise und der Grundstücksfläche, die überbaut werden soll, in die Eigenart der näheren Umgebung einfügt und die Erschließung gesichert ist. Entspricht die Eigenart der näheren Umgebung einem der in der Baunutzungsverordnung bezeichneten Baugebiete, beurteilt sich die Zulässigkeit des Vorhabens nach seiner Art allein danach, ob es nach der Baunutzungsverordnung in dem Baugebiet zulässig wäre (§ 34 Abs. 2 BauGB). Es spricht einiges dafür, daß es sich bei dem vorliegenden Ortsteil um ein faktisches Dorfgebiet handelt. Unstreitig sind in diesem Bereich Wohngebäude und der landwirtschaftliche Betrieb des Klägers vorhanden. Angesichts des Umfangs dieses Betriebs und der Zahl der Grundstücke, auf dem dieser betrieben wird, schadet der Umstand, daß die Zahl der Wohngebäude deutlich größer ist, einer Einschätzung des Bereichs als Dorfgebiet nicht, zumal anders als im Mischgebiet (§ 6 BauNVO) die Hauptnutzungen im Dorfgebiet (Land- und Forstwirtschaft, Wohnen und Gewerbe mit Handwerk) weder im gleichen noch im annähernd gleichen Verhältnis zueinander vorhanden zu sein müssen (Fickert/Fieseler, Kommentar zur BauNVO, 10. Aufl., § 5 Rdnr. 1.3; Bielenberg, in: Ernst/Zinkahn/Bielenberg, Kommentar zum BauGB, Stand Mai 2003, § 5 BauNVO, Rdnr. 8); der Charakter des Dorfgebiets hängt nicht von einem bestimmten prozentualen Mischverhältnis der zulässigen Nutzungsarten ab (BVerwG, Beschluß v. 19. 1. 1996 – 4 B 7.96 –, BRS 58 Nr. 67). Im Hinblick auf die unterschiedliche Zusammensetzung der drei Hauptnutzungen in regional unterschiedlich gewachsenen oder sich in jüngerer Zeit entwickelten Dorfgebieten reicht es für die Feststellung, die Eigenart der näheren Umgebung entspreche einem Dorfgebiet, aus, daß Wirtschaftsstellen landwirtschaftlicher Betriebe – neben Wohngebäuden und Gewerbe oder Handwerksbetrieben – (noch) vorhanden sind und das Gebiet dörflich prägen (VGH Bad.-Württ., Beschluß v. 8. 1. 2002 – 5 S 1973/01 –, AgrarR 2002, 264; Fickert/Fieseler, a. a. O., § 5 Rdnr. 1.4; vgl. hierzu auch OVG des Saarlandes, Urteil v. 23. 5. 2000 – 2 R 3/99 –, juris). Zweifelhaft ist, ob die Existenz eines Dorfgebiets am Fehlen einer gewerblichen und/oder handwerklichen Nutzung scheitert (bejahend Bielenberg, a. a. O., Rdnr. 9; verneinend Fickert/Fieseler, a. a. O., § 5 Rdnr. 1.55). Hierbei ist vorliegend wohl auch zu berücksichtigen, daß der Betrieb der Straußwirtschaft und der Ferienwohnungen sowie der Direktverkauf des Weins durch den Antragsteller zwar vom landwirtschaftlichen Betrieb möglicherweise mitgezogene Betriebsteile sind, es sich gleichzeitig aber um gewerbliche Nutzungen handelt.

Vorliegend kann offen bleiben, ob § 34 Abs. 1 BauGB oder § 34 Abs. 2 i. V. m. § 5 BauNVO zur Anwendung kommt. Die Klage und die Berufung des Klägers haben selbst dann keinen Erfolg, wenn zu seinen Gunsten von einem faktischen Dorfgebiet i. S. von § 5 BauNVO i. V. m. § 34 Abs. 2 BauGB ausgegangen wird. Zwar sind im Dorfgebiet Schank- und Speisewirtschaften allgemein zulässig (§ 5 Abs. 2 Nr. 5 BauNVO). Die Gaststätte des Klägers ist aber ausnahmsweise unzulässig, da von ihr Belästigungen und Störungen ausgehen können, die nach der Eigenart des Baugebiets im Baugebiet selbst unzumutbar sind (§ 15 Abs. 1 Satz 2 BauNVO). Die Vorschrift des § 15 Abs. 1 BauNVO stellt sich als Ausprägung des baurechtlichen Rücksichtnahmegebots dar und kann in Ausnahmefällen – wie hier – drittschützende Wirkung haben. Sie soll gewährleisten, Nutzungen, die geeignet sind, Spannungen und Störungen hervorzurufen, einander so zuzuordnen, daß ein Interessenausgleich möglich ist, der beiden Seiten gerecht wird. Welche Anforderungen sich hieraus im einzelnen ergeben, hängt maßgeblich davon ab, was einerseits dem Rücksichtnahmebegünstigten und andererseits dem Rücksichtnahmeverpflichteten nach Lage der Dinge zuzumuten ist, was sich nach der jeweiligen Situation der benachbarten Grundstücke beurteilt (vgl. hierzu: BVerwG, Beschluß v. 29. 10. 2002 – 4 B 60.02 –, Buchholz 406.19, Nachbarschutz Nr. 165, sowie Urteile v. 7. 12. 2000 – 4 C 3.00 –, BRS 63 Nr. 160 = BauR 2001, 914 = DVBl. 2001, 645, v. 23. 9. 1999 – 4 C 6.98 –, BVerwGE 109, 314 = BRS 62 Nr. 86 = BauR 2000, 234, und v. 5. 8. 1983 – 4 C 96.79 –, BVerwGE 67, 334 = BRS 40 Nr. 4 = BauR 1983, 543, OVG Schleswig-Holstein, Urteil v. 8. 7. 1993 – 1 L 118/92 –, juris).

Die danach vorzunehmende Interessenabwägung ergibt, daß die Gaststätte des Klägers auch unter Berücksichtigung des Gebietscharakters jedenfalls für die Beigeladenen Nr. 1 bis 3 unzumutbar ist.

Zwar sind – wie bereits ausgeführt – in Dorfgebieten Schank- und Speisewirtschaften normalerweise zulässig. Im vorliegenden Fall bestehen aber Besonderheiten, die eine andere Beurteilung rechtfertigen und die (ausnahmsweise) Unzulässigkeit der Gaststätte begründen. Eine solche Besonderheit stellt die Außenbewirtschaftung dar. Auch im ländlichen Bereich verfügt nicht jede Gaststätte über eine derartige Bewirtschaftung im Freien. Nach den genehmigten Plänen sind immerhin 36 Plätze außerhalb des Gaststättengebäudes vorgesehen. Trotz der zeitlichen Beschränkung auf 22 Uhr führt eine Außenbewirtschaftung mit diesem Umfang zu besonderen Belästigungen und Störungen, da der Lärm sich ungehindert in der Umgebung ausbreiten kann. Hinzu kommt, daß die umliegenden Wohngebäude, insbesondere das der Beigeladenen Nr. 1 bis 3 ungewöhnlich nahe an der Gaststätte des Kläger errichtet sind. Die Fläche für die Außenbewirtschaftung reicht genauso wie das Wohnhaus der Beigeladenen Nr. 1 bis 3 unmittelbar an die Straße heran, die zudem nicht über einen Gehweg verfügt und lediglich ca. 5 m breit ist. Da das Gelände von der Gaststätte des Klägers zum Wohnhaus der Beigeladenen Nr. 1 bis 3 hin ansteigt, ist der Sichtschutzzaun aus Holz nicht geeignet, eine lärmmindernde Wirkung zu entfalten. Weiterhin weist das Grundstück der Beigeladenen Nr. 1 bis 3 im hinteren Grundstücksbereich eine fast senkrechte Böschung auf, die über die Traufhöhe des Wohnhauses hinausreicht.

Die Fenster dieses Wohngebäudes insbesondere im westlichen Teil sind daher nach Westen und Süden und damit zur Gaststätte des Klägers hin ausgerichtet. Hinzu kommt, daß es sich nicht um eine der Versorgung des Gebiets dienende, vielmehr um eine Gaststätte mit großem Einzugsbereich handelt, die in einem beträchtlichen Umfang Besucherverkehr mit Kraftfahrzeugen anzieht, zumal potentielle Gäste die Gaststätte nicht mit öffentlichen Verkehrsmitteln erreichen können. Zutreffend weist das Regierungspräsidium auch darauf hin, daß durch den Gaststättenbetrieb, insbesondere durch die Außenbewirtschaftung, in die nähere Umgebung bisher nicht vorhandene Immissionen zu Zeiten hineingetragen werden, zu denen derartige Immissionen bisher nicht vorhanden waren (Abendstunden, Wochenenden und Feiertage) und die sich von den in einem Dorfgebiet üblicherweise von der Wohnbebauung hinzunehmenden Immissionen deutlich unterscheiden. Dies gilt insbesondere für die mit einem Gaststättenbetrieb verbundenen und ihm zuzurechnenden spezifischen Immissionen im Bereich der Außenbewirtschaftung und außerhalb der Gaststätte (Unterhaltungen der Gäste, Gespräche der kommenden und gehenden Besucher, Lärm der ankommenden und wegfahrenden Fahrzeuge, Türen und Kofferraum zuschlagen, Verabschiedungen etc.). Bei einer zusammenfassenden Berücksichtigung dieser Gesichtspunkte ist von einer ausnahmsweisen Unzumutbarkeit der Gaststätte des Klägers mit ihren betrieblichen und lagemäßigen Besonderheiten auszugehen.

Nichts anderes würde sich ergeben, wenn sich die bauplanungsrechtliche Zulässigkeit des Vorhabens nach § 34 Abs. 1 BauGB richtete. Danach ist ein Vorhaben innerhalb der im Zusammenhang bebauten Ortsteile zulässig, wenn es sich nach Art und Maß der baulichen Nutzung, der Bauweise und der Grundstücksfläche, die überbaut werden soll, in die Eigenart der näheren Umgebung einfügt und die Erschließung gesichert ist; die Anforderungen an gesunde Wohn- und Arbeitsverhältnisse müssen gewahrt bleiben, das Ortsbild darf nicht beeinträchtigt werden. Der Voraussetzung des Einfügens ist in der Regel genügt, wenn sich das Vorhaben hinsichtlich der genannten Merkmale innerhalb des sich aus seiner näheren Umgebung hervorgehenden Rahmens hält, es sei denn, das Vorhaben läßt ausnahmsweise die gebotene Rücksichtnahme auf die in der unmittelbaren Umgebung vorhandene Bebauung fehlen. Das Gebot des Einfügens zwingt nicht zur Uniformität. Es schließt nicht schlechthin aus, etwas zu verwirklichen, was es bisher in der Umgebung noch nicht gibt. Überschreitet das Vorhaben den vorgegebenen Rahmen, so ist es aber nur ausnahmsweise zulässig, wenn es nicht selbst oder infolge seiner Vorbildwirkung geeignet ist, bodenrechtlich beachtliche Spannungen zu begründen oder vorhandene Spannungen zu erhöhen (st. Rspr.; vgl. BVerwG, Urteile v. 26. 5. 1978 – 4 C 9.77 –, BVerwGE 55, 369 = BRS 33 Nr. 36 = PBauE § 12 BauGB, Nr. 1, und v. 15. 12. 1994 – 4 C 19.93 –, BRS 56 Nr. 130 = BauR 1995, 506 = PBauE, § 34 Abs. 1 BauGB, Nr. 28 sowie Beschluß

v. 29. 10. 1997 – 4 B 8.97 –, BRS 59 Nr. 62 = Buchholz 406.11, § 34 BauGB, Nr. 187 jeweils m. w. N.).

Das Vorhaben des Klägers fügt sich im Hinblick auf die Art der baulichen Nutzung nicht in die vorhandene Umgebungsbebauung ein. Eine ganzjährig betriebene Gaststätte ist in der näheren Umgebung nicht vorhanden. Vielmehr gibt es nur Wohngebäude mit Nebengebäuden sowie den landwirtschaftlichen Betrieb des Klägers mit Straußwirtschaft und Ferienwohnungen. Eine Straußwirtschaft ist aber etwas grundlegend anderes als eine Vollgaststätte.

Allerdings verletzt ein Verstoß gegen § 34 Abs. 1 BauGB den Nachbarn nur dann in eigenen Rechten, wenn das Bauvorhaben das im Begriff des „Sicheinfügens" verankerte Gebot der Rücksichtnahme zu seinem Nachteil verletzt. Da das Rücksichtnahmegebot keine allgemeine Härteklausel ist, die über den speziellen Vorschriften des Städtebaurechts oder gar des gesamten öffentlichen Baurechts steht, sondern Bestandteil einzelner gesetzlicher Vorschriften des Baurechts ist, kann es im Rahmen des § 34 Abs. 1 BauGB nur verletzt sein, wenn sich ein Vorhaben objektiv-rechtlich nach Art oder Maß der baulichen Nutzung, der Bauweise oder der zu überbauenden Grundstücksfläche – wie hier – nicht in die Eigenart seiner näheren Umgebung einfügt (vgl. BVerwG, Beschluß v. 11. 1. 1999 – 4 B 128.98 –, BRS 62 Nr. 102 = BauR 1999, 615). Bei der unter dem Maßstab der Unzumutbarkeit vorzunehmenden Abwägung ist von unterschiedlich hohen Anforderungen für den Drittschutz aus § 15 BauNVO einerseits und § 34 Abs. 1 BauGB andererseits auszugehen. Die Interessen der Beteiligten haben ein unterschiedliches Gewicht, je nach dem, ob es um ein Vorhaben geht, das nach § 5 Abs. 2 BauNVO i. V. m. § 34 Abs. 2 BauGB allgemein zulässig ist, also nur ausnahmsweise über § 15 Abs. 1 BauNVO unzulässig sein kann, oder ob es um ein Vorhaben geht, das sich nicht nach § 34 Abs. 1 BauGB einfügt, also nur ausnahmsweise zulässig sein kann (BVerwG, Urteil v. 6. 10. 1989 – 4 C 14.87 –, BVerwGE 82, 343 = BRS 49 Nr. 188, zum Verhältnis § 15 BauNVO und § 31 Abs. 2 BauGB).

Bei Berücksichtigung dieser Grundsätze verletzt das Vorhaben das Gebot der Rücksichtnahme zulasten jedenfalls der Beigeladenen Nr. 1 bis 3. Ihr Interesse, von den Immissionen der bei Anwendung des § 34 Abs. 1 BauGB unzulässigen Gaststätte des Klägers verschont zu bleiben, wiegt schwerer als die Interessen des Klägers. Entspricht die Umgebung nicht einem Dorfgebiet, so kommt der Wohnbebauung in diesem Bereich eine größere Schutzwürdigkeit zu. Diese Wohnbebauung muß in der dann anzunehmenden Gemengelage nur die Immissionen hinnehmen, die von einer sich in die vorhandene Bebauung einfügenden baulichen Nutzung ausgehen können. Dazu gehört die Gaststätte des Klägers nicht. Sie ist aus den oben dargestellten Gesichtspunkten in der von Wohnnutzung und landwirtschaftlicher Nutzung geprägten Umgebung für die Nachbarn erst recht unzumutbar.

Nr. 95

Eine Ansammlung von Wochenendhäusern kann ein faktisches Wochenendhausgebiet i. S. des § 34 Abs. 2 BauGB i. V. m. § 10 Abs. 1 BauNVO darstellen und damit auch einen im Zusammenhang bebauten Ortsteil i. S. des § 34 Abs. 1 BauGB bilden.

Ein Bauantrag ist nicht genehmigungsfähig, wenn er nur Veränderungen an einem ungenehmigten Gebäudebestand zum Gegenstand hat.

BauGB § 34 Abs. 2; BauNVO § 10 Abs. 1; ThürBO § 70 Abs. 1.

Thüringer OVG, Urteil vom 28. Mai 2003 – 1 KO 42/00 – (rechtskräftig).

Die Klägerin begehrt die Verpflichtung der Beklagten zur Erteilung einer Baugenehmigung für Veränderungen an ihrem Gebäude.

Aus den Gründen:

1.) ... Im Hinblick auf das über den Streitgegenstand des vorliegenden Verfahrens hinausgehende Interesse der Beteiligten sei jedoch darauf hingewiesen, daß die Auffassung des Verwaltungsgerichts unzutreffend ist, das Gebiet „T" bilde bereits deswegen keinen eigenen im Zusammenhang bebauten Ortsteil i. S. des § 34 Abs. 1 BauGB, weil sich die Gebäude überwiegend als Wochenendhäuser darstellten, die nicht dem ständigen Aufenthalt von Menschen dienten. Grundsätzlich kann eine Ansammlung von Wochenendhäusern einen derartigen Ortsteil bilden.

Auch nach der vom Verwaltungsgericht in Bezug genommenen Entscheidung des Bundesverwaltungsgerichts vom 17. 2. 1984 – 4 C 55.81 – (DÖV 1984, 855 = BRS 42 Nr. 94) ist ein im Zusammenhang bebauter Ortsteil jedenfalls eine solche Bebauung, die, wenn sie auf Grund eines Bebauungsplanes entstanden wäre, bei einheitlicher Gebietsstruktur auch Baugebiet im Sinne des BauGB und der Baunutzungsverordnung wäre. Damit sind vor allem die sogenannten faktischen Baugebiete i. S. des § 34 Abs. 2 BauGB angesprochen. Da § 34 Abs. 2 BauGB grundsätzlich auf alle Baugebietstypen der BauNVO verweist, kommen als faktische Baugebiete auch Sondergebiete i. S. der §§ 10, 11 BauNVO in Betracht (vgl. zu einem faktischen Sondergebiet „Einkaufszentrum" bzw. „großflächiger Einzelhandelsbetrieb" i. S. des § 11 BauNVO Senatsurteil v. 19. 3. 2003 – 1 KO 853/01 –, zur Veröffentlichung vorgesehen). Faktische Baugebiete können daher auch Wochenendhausgebiete, der Erholung dienende Sondergebiete i. S. des § 10 Abs. 1 BauNVO, darstellen (ebenso HessVGH, Urteil v. 24. 11. 1995 – 4 UE 239/92 –, BRS 57 Nr. 280; OVG Hamburg, Urteil v. 4. 11. 1999 – 2 E 29/96.N –, BRS 62 Nr. 37; OVG Lüneburg, Urteil v. 23. 3. 1977 – I A 339/74 –, OVGE 33, 376). Dafür spricht auch die gesetzgeberische Wertung in § 22 Abs. 1 Satz 4 BauGB. In dieser Vorschrift hat der Gesetzgeber die Voraussetzungen zum Erlaß einer sogenannten Fremdenverkehrssatzung gebietsbezogen präzisiert und dabei drei Fallgruppen umschrieben. Zu diesen Fallgruppen zählen auch im Zusammenhang bebaute Ortsteile, deren Eigenart einem im Bebauungsplan festgesetzten Wochenendhausgebiet entspricht, mithin faktische Wochenendhausgebiete. Etwas anderes ergibt sich auch nicht etwa daraus, daß nach dem Urteil des Bundesverwaltungsgerichts v. 17. 2. 1984 – 4 C 55.81 –, (a. a. O.) Baulichkeiten, die – anders als Gebäude, die für den ständigen Aufenthalt von Menschen vorgesehen sind – ausschließlich landwirtschaftlichen oder kleingärtnerischen Zwecken dienen, für sich genommen keine Bauten sein sollen, die einen im Zusammenhang bebauten Ortsteil bilden können. Diese Entscheidung ist auf Fälle, in denen eine Ansammlung von Wochenendhäusern zu beurteilen ist, nicht übertragbar. Sie betraf eine mit bis zu 20 m^2 großen Gartenhäusern bebaute Kleingartenanlage. Kleingärten stellen indes, auch wenn sie durchgehend mit Lauben bebaut sind, bauplanungsrechtlich Grünflächen und keine Baugebiete dar (vgl. §9 Abs. 1 Nr. 15 BauGB).

Ob eine Ansammlung von Wochenendhäusern ein faktisches Wochenendhausgebiet i. S. des §34 Abs. 2 BauGB i. V. m. §10 Abs. 1 BauNVO und einen im Zusammenhang bebauten Ortsteil i. S. des §34 Abs. 1 BauGB bildet, hängt von den Gegebenheiten des Einzelfalles ab. Ein Ortsteil im dargelegten Sinne ist ein Bebauungskomplex im Gebiet einer Gemeinde, der nach der Zahl der vorhandenen Bauten ein gewisses Gewicht besitzt und Ausdruck einer organischen Siedlungsstruktur ist (vgl. nur BVerwG, Urteil v. 17. 2. 1984 – 4 C 55.81 –, a. a. O.); diese Merkmale unterscheiden den Ortsteil von der unerwünschten Splittersiedlung im Außenbereich. Es spricht einiges dafür, daß die Voraussetzungen für die Annahme eines Ortsteils i. S. des §34 Abs. 1 BauGB – auch unter Zugrundelegung der Feststellungen des Verwaltungsgerichts – im vorliegenden Fall erfüllt sind. Nicht von Bedeutung ist in diesem Zusammenhang, daß die vom Verwaltungsgericht vorgefundenen Gebäude in ihrer Größe und Bauweise unterschiedlich waren. Entscheidend ist, daß bereits zum Zeitpunkt der Beweiserhebung durch das Verwaltungsgericht eine Vielzahl von Gebäuden auf nebeneinander liegenden Parzellen anzutreffen waren, die gleichmäßig einen eng begrenzten Bereich auffüllten. Eine derartige Anordnung stellt sich nicht als zusammenhang- oder regellose Streubebauung dar, sondern ist Ausdruck einer organischen Siedlungsstruktur. Bestätigt wird dies im vorliegenden Fall dadurch, daß die Anordnung der Gebäude im wesentlichen der Standortgenehmigung des Ministerrats aus dem Jahre 1989 entsprochen haben dürfte, die – für „Bungalows" – eine bestimmte Ordnung und damit eine organische Siedlungsstruktur vorgab. Auch dürfte einer Ansammlung von – nach den Feststellungen des Verwaltungsgerichts – 27 Gebäuden auf dem Flurstück a das erforderliche Gewicht für die Annahme eines Ortsteils zukommen. Allerdings ist zu berücksichtigen, daß der Gebäudestand wohl überwiegend ungenehmigt errichtet worden ist. Eine vorhandene, nicht genehmigte Bebauung zählt dann zu dem nach §34 BauGB maßgebenden Bebauungszusammenhang, wenn sie in einer Weise geduldet wird, die keinen Zweifel daran läßt, daß sich die zuständige Behörde mit dem Vorhandensein der Bauten abgefunden hat (vgl. BVerwG, Beschluß v. 23. 11. 1998 – 4 B 29.98 –, BRS 60 Nr. 82). Inwiefern diese Voraussetzung hier gegeben ist, könnte nur durch eine weitere Sachaufklärung ermittelt werden, die nicht geboten ist.

2.) Die Verpflichtungsklage ist unbegründet, weil die allein zum Gegenstand des Bauantrages gemachten Erweiterungsmaßnahmen einen Gebäudebestand betreffen, der seinerseits nicht bauaufsichtlich genehmigt worden ist.

Der Bauantrag der Klägerin umfaßt – neben der Einziehung einer Wand im Kellergeschoß – die Erweiterung ihres bestehenden Gebäudes um einen Raum an der nach Süden hin ausgerichteten Seite des Erdgeschosses. Nach den Prüfvorlagen hat der Gebäudebestand Außenmaße von 6,99 x 9,24 m. Mit dieser Länge entspricht das Gebäude nicht demjenigen, zu dem 1989 der Rat der Gemeinde T. seine Zustimmung und die Staatliche Bauaufsicht eine Baugenehmigung erteilt haben. Nach der Zustimmung des Rates und der Baugenehmigung der Staatlichen Bauaufsicht sollten die Maße des Gebäudes nur 7 x 5,0 m betragen, der Keller sollte eine Größe von 20 m^2 aufweisen. ... Da die Kubatur des Gebäudebestandes mithin wesentlich größer als die des 1989 genehmigten Gebäudes ist, ist der Bestand insgesamt nicht von der 1989 erteilten Zustimmung des Rates und der Baugenehmigung der Staatlichen Bauaufsicht gedeckt.

Die allein den Gegenstand des Bauantrages bildenden Erweiterungsmaßnahmen an diesem ungenehmigten Bestand sind nicht genehmigungsfähig (vgl. HessVGH, Urteil v. 24.11.1995 – 4 UE 239/92 –, BRS 57 Nr. 280). Zwar ist es grundsätzlich Sache des Bauherrn zu bestimmen, was dem Baugenehmigungsverfahren unterworfen werden und was Vorhaben i. S. des § 70 Abs. 1 Satz 1 ThürBO sein soll. Eine Grenze besteht jedoch dann, wenn der Bauherr – wie hier – lediglich unselbständige Teile eines ungenehmigten Baubestandes zur Genehmigung stellt. Dies folgt daraus, daß die Baugenehmigung neben der Baufreigabe feststellt, daß die von der Genehmigung mitumfaßte Nutzung des Vorhabens nach den öffentlich-rechtlichen Vorschriften im Zeitpunkt der Entscheidung zulässig ist (vgl. Simon, Bayerische Bauordnung 1994, [Loseblattsammlung, Stand: Juli 1999] Art. 79, Rdnr. 11 m. w. N.). Diese Entscheidung ist der Bauaufsichtsbehörde verwehrt, wenn die Nutzung des den Gegenstand des Bauantrages bildenden Teils eines Gebäudes ohne den – rechtswidrig errichteten – Gebäudebestand nicht möglich ist.

Nr. 96

1. **Allein die Uneinheitlichkeit der eine größere Freifläche umgebenden Bebauung schließt die Annahme eines Bebauungszusammenhangs nicht aus.**

2. **Jedoch sind bei Bestimmung der insoweit maßgeblichen vorhandenen Siedlungsstruktur Fremdkörper außer acht zu lassen.**

BauGB § 34 Abs. 1.

VGH Baden-Württemberg, Urteil vom 10. Oktober 2003 – 5 S 747/02 – (rechtskräftig).

(VG Karlsruhe)

Der Kläger begehrt einen Bauvorbescheid für die Errichtung von sechs Einfamilienhäusern.

Nr. 96

Aus den Gründen:
Im Sinne von § 34 Abs. 1 BauGB liegt ein Bebauungszusammenhang vor, wenn eine aufeinanderfolgende Bebauung vorhanden ist, die trotz vorhandener Baulücken den Eindruck der Geschlossenheit bzw. Zusammengehörigkeit vermittelt. Dabei unterbricht ein bebautes Grundstück den Bebauungszusammenhang nicht, es sei denn, die Bebauung hat im Verhältnis zur Größe des Grundstücks eine völlig untergeordnete Bedeutung (BVerwG, Urteil v. 6.11.1968 – 4 C 2.66 –, BVerwGE 31, 20 = BRS 20 Nr. 35 = PBauE § 34 Abs. 1 BauGB Nr. 2). Die Begriffe Geschlossenheit bzw. Zusammengehörigkeit sollen eine gewisse – trotz Lücken – bestehende räumliche Verklammerung kennzeichnen. Es soll damit zum Ausdruck gebracht werden, daß das unbebaute Grundstück – gedanklich – übersprungen werden kann, weil es ein verbindendes Element gibt, nämlich die Verkehrsanschauung, die das unbebaute Grundstück als eine sich zur Bebauung anbietende Lücke erscheinen läßt. Die Begriffe Geschlossenheit und Zusammengehörigkeit sind in diesem Zusammenhang nicht im Sinne eines harmonischen Ganzen, eines sich als einheitlich darstellenden Gesamtbildes der Bebauung zu verstehen. Wenn eine aufeinanderfolgende Bebauung – ohne Lücken – vorhanden ist, und sei diese Aufeinanderfolge in sich noch so unterschiedlich, so ist dies der Bebauungszusammenhang. Eine sich in den Bebauungszusammenhang in keiner Weise einpassende Bebauung eines einzelnen Grundstücks mag zwar ein „Fremdkörper" sein und folglich die Eigenart des Gebiets nicht prägen, eine Unterbrechung des Bebauungszusammenhangs begründet sie jedoch nicht (BVerwG, Urteil v. 19.9.1986 – 4 C 15.84 –; BVerwGE 75, 34 = BRS 46 Nr. 62 = PBauE § 34 Abs. 1 BauGB Nr. 15; im Anschluß daran VGH Bad.-Württ., Urteil v. 8.2.1996 – 3 S 379/95 –, NuR 1998, 142).

Allgemein gilt, daß das Vorliegen einer „Baulücke" um so unwahrscheinlicher wird, je größer die unbebaute Fläche ist (BVerwG, Urteil v. 12.6.1970 – IV C 77.68 –, BVerwGE 35, 256 = BRS 23 Nr. 44 = PBauE § 34 Abs. 1 BauGB Nr. 5; Urteil v. 1.12.1972 – IV 6.71 –, BVerwGE 41, 227 = BRS 25 Nr. 36 = PBauE § 34 Abs. 1 BauGB Nr. 6). So hat der Senat Flächen mit einer Ausdehnung von 280 m, 240 m und 210 m nicht mehr als Baulücke angesehen (Urt. v. 10.5.1996 – 5 S 393/95 –,VBlBW 1996, 381; Urteil v. 6.5.1997 – 5 S 743/97 –; Urteil v. 29.7.1999 – 5 S 1916/97 –, NVwZ-RR 2000, 481). Als noch zum Bebauungszusammenhang gehörend dagegen Flächen mit einer Ausdehnung von 50 m, 60 m und 90 m angesehen (VGH Bad.-Württ., Urteil v. 8.7.1986 – 8 S 2815/85 –, BRS 46 Nr. 81 für eine Streubebauung) und selbst bei einer Ausdehnung von 130 m noch in Betracht gezogen worden (BVerwG, Urteil v. 14.11.1991 – 4 C 1.91 –, BRS 52 Nr. 146 = NVwZ-RR 1992, 227). In diesem Zusammenhang wird – als Faustformel – davon gesprochen, daß man bei einer Ausdehnung von zwei bis drei Bauplätzen von einer „Baulücke" sprechen könne (Dürr, in: Brügelmann, BauGB, § 34 a.a.O., Rdnr. 12).

Ob eine aufeinanderfolgende Bebauung trotz vorhandener Lücken noch den Eindruck der Geschlossenheit bzw. Zusammengehörigkeit vermittelt und die zur Bebauung vorgesehene Fläche selbst diesem Zusammenhang angehört, ist jedoch nicht nach geographisch-mathematischen Maßstäben zu entscheiden, vielmehr bedarf es einer umfassenden Wertung und Bewertung der konkreten Gegebenheiten (BVerwG, Urteil v. 1.4.1997 – 4 B 11.97 –, BRS 59 Nr. 75 = PBauE § 34 Abs. 1 BauGB Nr. 37; vgl. zum Ganzen auch BVerwG, Beschluß v. 2.3.2000 – 4 B 15.00 –, Buchholz 406.11 § 34 BauGB Nr. 198 = BRS 63 Nr. 99). So heben unbebaute Flächen den Bebauungszusammenhang unter Umständen dann nicht auf, wenn die Umgebung durch eine aufgelokkerte Bebauung gekennzeichnet ist (BVerwG, Urteil v. 29.5.1981 – 4 C 34.78 –, BVerwGE 62, 250 = BRS 38 Nr. 70 = PBauE § 34 Abs. 1 BauGB Nr. 12). Insoweit kommt es auch auf die städtebauliche Eigenart des Ortsteils an, etwa ob es sich um eine ländlich oder eine städtisch geprägte Umgebung handelt (BVerwG, Urteil v. 14.11.1991 – 4 C 1.91 –, a. a. O.). So kann eine größere Freifläche zwischen großzügig bemessenen, mit Einfamilienhäusern bebauten Grundstücken zum Bebauungszusammenhang gehören, während bei einer eng aneinandergereihten Bebauung schon eine kleinere Freifläche den Bebauungszusammenhang unterbrechen kann (Krautzberger, in: Battis/Krautzberger/Löhr, BauGB, 8. Aufl., § 34 Rdnr. 2; Dürr, a. a. O., § 34 Rdnr. 12; Söfker, in: Ernst/Zinkahn/Bielenberg, BauGB, § 34 Rdnr. 22).

Nach diesen Grundsätzen liegt die Freifläche zwischen dem Appartementhaus und der Straße „A." und damit das Grundstück des Klägers nicht innerhalb eines Bebauungszusammenhangs.

Zu Recht ist das Verwaltungsgericht dabei davon ausgegangen, daß das Appartementhaus trotz seiner sich von der Umgebungsbebauung abhebenden Maße zu der in den Blick zu nehmenden Bebauung entlang der R.straße gehört. Die zu beurteilende Freifläche gehört also nicht etwa schon deshalb dem Außenbereich an, weil das Appartementhaus hinweggedacht werden müßte und die Freifläche deshalb nach Osten hin im näheren Bereich nicht durch Bebauung begrenzt wäre.

Nicht zu folgen vermag der Senat dem Verwaltungsgericht jedoch darin, daß die prägende Wirkung der Umgebungsbebauung des Grundstücks des Klägers – kleinere Wohngebäude einerseits und das Appartementhaus mit großer Grundfläche und mehreren Geschossen andererseits – wegen ihrer geradezu krassen Uneinheitlichkeit gemindert ist. Für die Beurteilung, ob eine Fläche an einem Bebauungszusammenhang teilhat, ist die prägende Wirkung einer Umgebungsbebauung nicht deshalb „stark eingeschränkt", weil jene erhebliche Unterschiede aufweist (so aber Dürr, a. a. O., § 34 Rdnr. 13). Allein die Uneinheitlichkeit der eine größere Freifläche umgebenden Bebauung schließt die Annahme eines Bebauungszusammenhangs nicht aus. In der Rechtsprechung des Bundesverwaltungsgerichts (Urteil v. 1.12.1972 – IV C 6.71 –, a. a. O., zu einer von unterschiedlichsten Baugebieten umgebenen Freifläche von 60000 m^2) ist lediglich gesagt worden, daß in (seltenen) Fällen, in denen es an jeder Prägung des Baugrundstücks fehle, die Grenzen der Anwendbarkeit des § 34 BBauG (vgl. nunmehr § 34 BauGB) überschritten seien, nicht dagegen schon in Grenzfällen einer diffusen Umgebungsbebauung, wobei sich diese Ausführungen trotz ihres Zusammenhangs mit der Frage des Bestehens eines Bebauungszusammenhangs eher auf das Einfügen in die Umgebungsbebauung beziehen. Ansonsten bleibt es aber dabei, daß der Siedlungscharakter des jeweiligen Ortsteils festzustellen ist, wobei allerdings „Fremdkörper" diesen nicht prägen, andererseits aber auch seine Bedeutung für das Vorliegen von „Baulücken" nicht zusätzlich mindern können.

Der Ortsteil O. der Beklagten ist durch eine Streubebauung gekennzeichnet, die verschiedene Formen aufweist. Auf einreihige Bebauungen entlang der Haupt- und Nebenstraßen mit eher engen Abständen der Wohngebäude (Straßensiedlungen) folgen immer wieder größere Freiflächen, an die sich jeweils erneut solche Siedlungsformen anschließen, die aber gelegentlich auch nur durch Einzelhäuser unterbrochen werden. Daneben gibt es auch Anhäufungen von Gebäuden mit einer Bebauung in zweiter und dritter Reihe (Gruppensiedlungen, zum Beispiel im Bereich „H. Wald" oder östlich des Grundstücks des Klägers zwischen R.- und B.straße), bei denen die Gebäudeabstände ebenfalls regelmäßig zwischen 10 m und 20 m betragen. Es handelt sich insgesamt also um keine gleichmäßige Streubebauung mit größeren Abständen zwischen den einzelnen Häusern, bei der dazwischenliegende Freiflächen eher als „Baulücke" gewertet werden könnten. Vielmehr ist die früher vorhandene sehr lockere Streubebauung als in den Hochtälern des Nordschwarzwalds herkömmliche Siedlungsform seit den 50er Jahren entlang der Straßen an zahlreichen Stellen zunächst planlos, später auch auf Grund von Bebauungsplänen, verdichtet worden. An dieser Siedlungsstruktur nimmt das Appartementhaus nur insoweit teil, als es als Einzelbau erscheint. Eine weitergehende prägende Wirkung auf die Siedlungsstruktur dahin, daß auch größere Lücken in der Bebauung noch als „Baulücken" erscheinen, kann es nicht haben. Anders wäre es etwa, wenn in diesem Bereich von O. mehrere Wohnhäuser mit den Maßen des Appartementhauses vorhanden wären. Dann wäre eine zwischen solchen Häusern liegende Freifläche mit einer Ausdehnung von 80 m wohl als „Baulücke" anzusehen.

Bei der gegebenen, durch das Appartementhaus nicht geprägten Siedlungsstruktur von O. mit durch vergleichsweise enge Gebäudeabstände gekennzeichneten Bebauungszusammenhängen einerseits und Einzelbauten andererseits wirkt eine Freifläche mit einer Ausdehnung von 80 m grundsätzlich nicht mehr als „Baulücke", sondern als nicht bebaubarer Teil des Außenbereichs. Dies gilt auch für das hier zu beurteilende Grundstück des Klägers als Teil einer Freifläche von etwa 80 m mal 80 m. An dieser Beurteilung ändert es nichts, daß die Freifläche nach Nordwesten, diesseits der Straße „A.", und nach Südwesten hin, jenseits der R.straße, am Rande von je einem Wohngebäude begrenzt wird. Denn gleichwohl bleibt eine Lücke von jeweils etwa 60 m, in der sich die Freifläche zum Außenbereich hin öffnet und dadurch ihm zugehörig erscheint.

Ob die Freifläche nach früherer Auffassung der Beklagten zum Innenbereich gehörte, ist für die hier anzustellende Beurteilung, die sich allein nach den tatsächlichen Verhältnissen zum gegenwärtigen Zeitpunkt richtet, unerheblich.

Nr. 97

Eine bis zu einer Höhe von 19 m auftragende Mobilfunkanlage kann das Ortsbild einer ehemals dörflich, jetzt auch wohnbaurechtlich geprägten Dachlandschaft unzulässig beeinträchtigen und eine negative Vorbildwirkung auslösen.

BauGB §§ 29 Abs. 1, 34 Abs. 1.

Hessischer VGH, Beschluß vom 11. August 2003 – 3 UE 1102/03 – (rechtskräftig).

Aus den Gründen:
Das Vorhaben der Beigeladenen ist eine städtebaulich relevante bauliche Anlage i. S. des § 29 Abs. 1 BauGB, auf die das Planungsrecht der §§ 30 bis 37 BauGB anzuwenden ist. Dabei ist die Antennenanlage in ihrer Typisierbarkeit zu betrachten und danach zu beurteilen, ob sie auch in ihrer gedachten Häufung eine städtebaulich relevante Entwicklung einleiten kann und ein Bedürfnis nach einer ihre Zulässigkeit regelnden verbindlichen Planung hervorruft. Angesichts der besonderen Höhe der Antennenanlage mit ihrer Auskragung in den Luftraum bis etwa 19 m Höhe und der damit verbundenen Auswirkung auf das Ortsbild der umgebenden Dachlandschaft von N. ist die städtebauliche Relevanz der Anlage hier zu bejahen (vgl. dazu BVerwG, Beschluß v. 23. 8. 1991 – 4 B 144.91 –, NVwZ 1992, 475, und Urteil v. 3. 12. 1992 – 4 C 27.91 –, BRS 54 Nr. 126 = BauR 1993, 315, 316; Hess. VGH, Beschluß v. 29. 7. 1999 – 4 TG 2118/99 –, BRS 62 Nr. 83 = BauR 2000, 1162).

In der Sache spricht viel dafür, daß sich die planungsrechtlich nach § 34 BauGB zu beurteilende und über Dach bis in eine Höhe von etwa 19 m aufragende Antennenanlage der Höhe nach und damit nach dem Maß der baulichen Nutzung (vgl. § 16 Abs. 2 Nr. 4 BauNVO) nicht in die Eigenart der baulich geprägten näheren Umgebung einfügen würde. Der Beklagte räumt selbst ein, daß die Antennenanlage die Höhe der meisten baulichen Anlagen in der zur Beurteilung des Einfügens heranzuziehenden Umgebung erheblich übersteige. Diesen Eindruck vermitteln auch die in der Gerichtsakte und den Behördenunterlagen vorliegenden Lichtbilder. Vergleichbare bauliche Anlagen, die bis zu einer Höhe von etwa 19 m in der Dachlandschaft aufragen, sind dort nicht ersichtlich. Es ist auch nichts hinreichend dafür dargetan worden, daß sich der Höhe nach Vergleichbares in der näheren Umgebung befindet.

Hinzu kommt eine nicht von der Hand zu weisende und § 34 Abs. 1 Satz 2, 2. Halbs. widersprechende Beeinträchtigung des Ortsbilds im Bereich der ehemals dörflich, jetzt auch wohnbaulich geprägten Dachlandschaft, in der die über dem Scheunendach hoch aufragende Antennenanlage mit Mast und Antennenkopf einen störenden Fremdkörper darstellt. Damit bewirkt die an erhöhter Stelle angebrachte und im Ortsbild der Dachlandschaft von N. disharmonisch auffällige Antennenanlage in dem betreffenden Höhenbereich eine erstmalige, nicht unempfindlich störende Beeinträchtigung der Dachlandschaft im Sinne einer negativen Vorprägung, so daß vergleichbare weitere Anlagen wegen der optischen Vorbelastung rechtlich unter erleichterten Voraussetzungen zuzulassen wären. Diese unerwünschte Vorbildwirkung ist nicht deshalb vernachlässigenswert, weil andere Mobilfunkbetreiber ihre Anlagen außerhalb des im Zusammenhang bebauten Ortsteils von N. errichtet haben. Bei alledem ist zu berücksichtigen, daß die technische Entwicklung der Kommunikationsvorsorge nicht als abgeschlossen anzusehen ist, so daß sich der das Ortsbild beeinträchtigende Einstieg baulicher Anlagen in zusätzliche Höhenbereiche der Dachlandschaft ohne weiteres fortsetzen kann.

Nr. 98

1. Zur Zulässigkeit der Anfechtungsklage einer als Baurechtsbehörde zuständigen Gemeinde gegen einen Widerspruchsbescheid, mit dem sie zur Erteilung der beantragten und von ihr – unter Hinweis auf das vom Gemeinderat verweigerte Einvernehmen – abgelehnten Baugenehmigung verpflichtet wird.

2. Lehnt eine Gemeinde (durch ihren Bürgermeister) die Erteilung der beantragten Baugenehmigung ab, weil der Gemeinderat sein Einvernehmen für das nach §34 Abs.1 BauGB zu beurteilende Vorhaben verweigert hat, so kann sich die Widerspruchsbehörde darüber nicht mit der Begründung hinwegsetzen, daß bei Identität von Gemeinde und Genehmigungsbehörde das formale Einvernehmenserfordernis des §36 Abs.1 Satz 1 BauGB nicht gelte.

3. Die Verweigerung des gemeindlichen Einvernehmens ist allerdings dann unbeachtlich, wenn sie vom Gemeinderat erst nach Ablauf der 2-Monats-Frist des §36 Abs.2 Satz 2 BauGB erklärt worden ist.

4. Im Anwendungsbereich des §36 BauGB kann eine Gemeinde nicht über ihre dadurch vermittelten Beteiligungsrechte hinaus unter Berufung auf eine materielle Beeinträchtigung ihrer Planungshoheit die planungsrechtliche Unzulässigkeit des umstrittenen Bauvorhabens geltend machen.

VwGO §§42 Abs.1, 68 Abs.1; BauGB §36 Abs.1 Satz 1, Satz 2.

Baden-Württemberg, Urteil vom 22. September 2003 – 5 S 2550/02 –.

(VG Freiburg)

Der Beigeladene, Eigentümer eines im unbeplanten Innenbereich der Klägerin gelegenen Klosteranwesens, beantragte am 4.7.2000 die Erteilung einer Baugenehmigung zum Anbau eines Außenaufzugs am Klostergebäude und zum Umbau der angrenzenden Bereiche.

2001 lehnte die Klägerin (Baurechts- und Denkmalamt) den – mit dem Landesdenkmalamt abgestimmten – Bauantrag unter Hinweis darauf ab, daß der nach der Hauptsatzung zuständige Technische und Umweltausschuß in seiner Sitzung vom 23.11.2000 das nach §36 Abs.1 BauGB erforderliche Einvernehmen verweigert habe und die Baurechtsbehörde sich hierüber nicht hinwegsetzen dürfe.

Mit seinem hiergegen eingelegten Widerspruch machte der Beigeladene geltend, daß die vom Technischen und Umweltausschuß angeführten Ablehnungsgründe („Eingriff in die Stadtsilhouette") gegen §36 Abs. 2 Satz 1 BauGB verstießen.
Mit Widerspruchsbescheid von 2002 hob das Regierungspräsidium Freiburg den Ablehnungsbescheid vom 5. 1. 2001 auf und verpflichtete die Klägerin, die Baugenehmigung antragsgemäß zu erteilen:
Gegen den Widerspruchsbescheid hat die Klägerin Anfechtungsklage erhoben.

Aus den Gründen:
1. Die auf Aufhebung des genannten Widerspruchsbescheids gerichtete Klage ist als Anfechtungsklage statthaft. Mit dieser Entscheidung hat das Regierungspräsidium als Widerspruchsbehörde zwar nicht selbst dem Beigeladenen – auf dessen Widerspruch gegen den Ablehnungsbescheid der Klägerin hin – die beantragte Baugenehmigung zum Anbau eines Außenaufzugs am Klostergebäude erteilt oder das vom Technischen und Umweltausschuß des Gemeinderats der Klägerin versagte Einvernehmen i. S. des §36 Abs. 2 Satz 3 BauGB ersetzt, womit unzweifelhaft eine rechtliche Regelung mit Außenwirkung gegenüber der – in ihrer Planungshoheit betroffenen – Klägerin und damit ein anfechtbarer Verwaltungsakt i. S. des §35 Satz 1 LVwVfG vorläge. Vielmehr hat das Regierungspräsidium als Widerspruchsbehörde die Klägerin unter Aufhebung ihres Ablehnungsbescheids als Baurechtsbehörde verpflichtet, dem Beigeladenen die beantragte Baugenehmigung zu erteilen (vgl. zur Zulässigkeit einer solchen Verfahrensweise BVerwG, Urteil v. 10. 12. 1970 – VIII C 97.70 –; BVerwGE 37, 47). Auch eine solche „verpflichtende" Widerspruchsentscheidung verbleibt unter Berücksichtigung des zugrunde liegenden materiellen Rechts mit ihren Rechtswirkungen nicht im staatlichen Innenbereich und berührt die Klägerin nicht nur in ihrer erstinstanzlichen Kompetenz als untere Baurechtsbehörde. Vielmehr greift sie auf den rechtlich geschützten Bereich der Klägerin in Selbstverwaltungsangelegenheiten, nämlich in deren Planungshoheit, über (vgl. BVerwG, Urteil v. 11. 11. 1988 – 8 C 9.87 –, BayVBl. 1989, 247), wie dies auch bei einer auf das gleiche Ziel gerichteten fachaufsichtlichen Weisung des Regierungspräsidiums als höherer Baurechtsbehörde (§46 Abs. 1 Nr. 2 LBO) gegenüber der Klägerin als unterer Baurechtsbehörde (§46 Abs. 1 Nr. 3 LBO, §§13 Abs. 1 Nr. 1, 16 Abs. 1 LVG, §131 Abs. 2 GemO) der Fall wäre (vgl. hierzu auch BVerwG, Urteil v. 14. 12. 1994 – 11 C 4.94 –, DVBl. 1995, 744). Durch die ausgesprochene Verpflichtung der Klägerin zur Erteilung der beantragten Baugenehmigung und die damit einhergehende Bindung an die bauplanungsrechtliche Beurteilung der Zulässigkeit des Vorhabens durch die Widerspruchsbehörde wird der Klägerin gerade auch als Trägerin der Planungshoheit verwehrt, im Genehmigungsverfahren über §36 Abs. 1 Satz 1 BauGB einen abweichenden bauplanungsrechtlichen Standpunkt einzunehmen (vgl. BayVGH, Urteil v. 13. 3. 2002 – 2 B 00.3129 –, BRS 65 Nr. 169 = BayVBl. 2003, 210).
Aus den Darlegungen zur rechtlichen Außenwirkung des angefochtenen Widerspruchsbescheids vom 25. 4. 2002 gegenüber der Klägerin (als Trägerin der Planungshoheit) folgt zugleich deren Klagebefugnis i. S. des §42 Abs. 2 VwGO. Die Klägerin kann – ausnahmsweise – gegenüber der Widerspruchsbehörde geltend machen, durch den sie als Baurechtsbehörde verpflichtenden

Nr. 98

Widerspruchsbescheid in ihrer Planungshoheit bzw. in ihrem daraus abgeleiteten Beteiligungsrecht nach §36 Abs. 1 Satz 1 BauGB verletzt zu sein. Insofern genügt für §42 Abs. 2 VwGO die Möglichkeit einer solchen Rechtsverletzung. Die Entbehrlichkeit der Durchführung eines (erneuten) Widerspruchsverfahrens folgt aus §68 Abs. 1 Nr. 2 VwGO, da der Widerspruchsbescheid vom 25. 4. 2002 gegenüber der Klägerin erstmalig eine Beschwer enthält.

2. Die danach zulässige Anfechtungsklage ist jedoch unbegründet. Der Widerspruchsbescheid des Regierungspräsidiums verletzt die Klägerin (im Ergebnis) nicht in ihren Rechten (§ 113 Abs. 1 Satz 1 VwGO). Zwar wird eine Gemeinde grundsätzlich in ihrer Planungshoheit verletzt, wenn sie von der Widerspruchsbehörde zur Erteilung der Baugenehmigung für ein Vorhaben verpflichtet wird, für das sie ihr gemeindliches Einvernehmen verweigert hat (a). Das gilt jedoch dann nicht, wenn die Verweigerung des Einvernehmens nach Ablauf der 2-Monats-Frist des §36 Abs. 2 Satz 2 BauGB erfolgt ist (b).

a) Nach §36 Abs. 1 Satz 1 BauGB wird über die Zulässigkeit von Vorhaben nach §§31, 33 bis 35 BauGB im bauaufsichtlichen Verfahren von der Baugenehmigungsbehörde im Einvernehmen mit der Gemeinde entschieden; gemäß §36 Abs. 2 Satz 1 BauGB darf das Einvernehmen der Gemeinde nur aus den sich aus den §§31, 33, 34 und 35 BauGB ergebenden Gründen verweigert werden. Bei dieser Mitwirkung im Baugenehmigungsverfahren nach §36 Abs. 1 Satz 1 BauGB handelt die Gemeinde in Ausübung ihrer Planungshoheit. Die Mitwirkung dient dazu, die gemeindliche Planungshoheit zu sichern und die Gemeinde in ihrer Eigenschaft als Trägerin der Planungshoheit – und damit als Trägerin eigener Rechte (Art. 28 Abs. 2 GG) – in das Baugenehmigungsverfahren einzubeziehen. Neben der Forderung nach einer Beteiligung der Gemeinde überhaupt macht §36 Abs. 1 Satz 1 BauGB die Erteilung der beantragten Baugenehmigung (darüber hinaus) von der Herstellung des Einvernehmens mit der Gemeinde abhängig. In Ansehung der planungsrechtlichen Beurteilung eines Vorhabens kann sich die Baugenehmigungsbehörde also nicht über den Willen der Gemeinde hinwegsetzen, sondern muß im Falle einer Verweigerung des Einvernehmens das Baugesuch ablehnen, vorbehaltlich der Möglichkeit der Ersetzung eines rechtswidrig verweigerten Einvernehmens nach Maßgabe des §36 Abs. 2 Satz 3 BauGB oder im Wege der Kommunalaufsicht nach §§ 118 ff. GemO. In planungsrechtlicher Hinsicht hat der Gesetzgeber mit §36 Abs. 1 Satz 1 BauGB der Gemeinde also eine (mit-)entscheidende Beteiligung zukommen lassen. Als Trägerin der Planungshoheit ist sie befugt, gerade auch in Reaktion auf einen Bauantrag durch Verweigerung des Einvernehmens die Erteilung der Baugenehmigung zu verhindern und sodann durch eine kommunalpolitische Entscheidung die Grundlagen für die planungsrechtliche Beurteilung des Vorhabens zum Nachteil des Bauwilligen zu ändern und eine so veränderte planungsrechtliche Situation, auch im Rahmen einer nachfolgenden auf Erteilung der Baugenehmigung gerichteten Verpflichtungsklage, dem Vorhaben erfolgreich entgegenzuhalten (vgl. BVerwG, Urteil v. 24. 11. 1989 – 4 C 54.87 –, BRS 49 Nr. 118 = BauR 1990, 191). Eine Verweigerung des gemeindlichen Einvernehmens reicht nämlich bis in das (vorgelagerte) Widerspruchsverfahren des Bauwilligen hinein und hindert auch die Widerspruchsbehörde an einer stattgebenden Entscheidung, gleich in welcher Form (vgl. BVerwG, Urteil v. 7.2.1986 – 4 C 43.83 –, BRS 46 Nr. 142 = BauR 1986, 425). Gegen eine gleichwohl ohne ihr Einvernehmen erteilte Baugenehmigung kann die Gemeinde mit Erfolg Anfechtungsklage erheben. Der Verstoß gegen §36 Abs. 1 Satz 1 BauGB verletzt die Gemeinde per se in ihrer dadurch vermittelten Rechtsposition zur Sicherung der Planungshoheit, unabhängig davon, ob das zur Genehmigung gestellte Vorhaben nach den einschlägigen planungsrechtlichen Vorschriften zulässig ist und die Gemeinde deshalb ihr Einvernehmen nach §36 Abs. 2 Satz 2 BauGB nicht hätte verweigern dürfen (vgl. BVerwG, Urteil v. 19.11.1975 – IV C 184.65 –, BVerwGE 22, 342).

Mit der Forderung nach Herstellung eines Einvernehmens macht §36 Abs. 1 Satz 1 BauGB die Zulässigkeit der Erteilung der beantragten Baugenehmigung von einer Willensübereinstimmung zwischen Baugenehmigungsbehörde und Gemeinde abhängig. Die Herstellung des Einvernehmens setzt also ihrem Wesen nach eine Willensübereinstimmung zweier verschiedener Willensträger voraus. Aus der Sicht des Bundesgesetzgebers bestand nur Veranlassung, das der Sicherung der gemeindlichen Planungshoheit dienende Beteiligungsrecht der Gemeinde in seiner (mit-)entscheidenden Wirkung im Verhältnis zur Baugenehmigungsbehörde eines anderen Rechtsträgers zu gewährleisten. Ein Bedürfnis für die Einführung eines Verfahrens zur gemeindeinternen Abstimmung für den Fall, daß die Gemeinde – als Stadtkreis (§46 Abs. 1 Nr. 3 LBO, §13 Abs. 1 Nr. 2 LVG) oder als Große Kreisstadt (§46 Abs. 1 Nr. 3 LBO, §13 Abs. 1 Nr. 1 LVG) oder nach §46 Abs. 1 Nr. 3, Abs. 2 LBO – untere Baurechts- und damit Genehmigungsbehörde ist, bestand nicht. Demgemäß entspricht es der st. Rspr. des Bundesverwaltungsgerichts, daß §36 Abs. 1 Satz 1 BauGB die dort vorgesehene förmliche Handhabung der Herstellung des Einvernehmens nicht fordert, wenn die Gemeinde selbst für die Erteilung der Baugenehmigung zuständig ist (vgl. Urteil v. 16.12.1967 – IV C 94.66 –, BVerwGE 28, 268, Beschluß v. 16.12.1969 – IV B 121.69 – BRS 22 Nr. 156 = DÖV 1970, 349, u. Urteil v. 21.6.1974 – IV C 17.72 –, BVerwGE 45, 207 = BRS 28 Nr. 110). Das gilt jedenfalls dann, wenn nicht nur die Gemeinde Baugenehmigungsbehörde ist, sondern wenn überdies die an einem Zusammenwirken nach §36 Abs. 1 Satz 1 BauGB beteiligten Zuständigkeiten dem gleichen Gemeindeorgan übertragen sind. Dann nämlich scheidet die Herstellung einer Willensübereinstimmung schon rein tatsächlich aus (vgl. auch Senatsurteil v. 15.3.1995 – 5 S 2000/94 –, BRS 57 Nr. 90 = VBlBW 1996, 28). So liegt es hier indes nicht. Zuständig für die Erteilung der Baugenehmigung ist der (Ober-)Bürgermeister der Klägerin, der innerhalb der Gemeinde die Aufgaben der unteren Baurechtsbehörde gemäß §13 Abs. 3 LVG als Pflichtaufgaben nach Weisung erledigt. Er ist jedoch nicht (zugleich) als Träger der kommunalen Planungshoheit zuständig für die Erteilung des gemeindlichen Einvernehmens nach §36 Abs. 1 Satz 1 BauGB, da es sich hierbei – unstreitig – nicht um ein Geschäft der laufenden Verwaltung i.S. des §44 Abs. 2 Satz 1 GemO handelt und ihm die Erledigung dieser Angelegenheit auch nicht nach §44 Abs. 2 GemO durch die Hauptsatzung dauernd übertragen worden ist. Vielmehr ist insoweit nach §24 Abs. 1 Satz 2 GemO der

Nr. 98

Gemeinderat der Klägerin zuständig, der allerdings – gestützt auf § 39 Abs. 1 GemO – nach §§ 5 und 9 der Hauptsatzung i. V. m. Nr. 26 der Tabelle zu § 5 die Erteilung des Einvernehmens dem Technischen und Umweltausschuß zur ausschließlichen Erledigung übertragen hat. Damit entscheidet dieser Ausschuß gemäß § 39 Abs. 3 Satz 1 GemO selbständig an Stelle des Gemeinderats über die Erteilung des Einvernehmens nach § 36 Abs. 1 Satz 1 BauGB.

Für den Fall, daß folgend aus dem Kommunalverfassungsrecht die Zuständigkeit für die Erteilung der Baugenehmigung, die in Baden-Württemberg immer beim Bürgermeister liegt, und die Zuständigkeit für die Erteilung des gemeindlichen Einvernehmens nach § 36 Abs. 1 Satz 1 BauGB, die hier beim Technischen und Umweltausschuß des Gemeinderats der Klägerin liegt, auf verschiedene Gemeindeorgane verteilt sind, ist die Herbeiführung einer Willensübereinstimmung durch beiderseitige förmliche Erklärungen ohne weiteres denkbar. Denn mit den beiden Gemeindeorganen Bürgermeister und Gemeinderat (beschließender Ausschuß) gibt es auch zwei verschiedene Willensträger, wie sie von dem in § 36 Abs. 1 Satz 1 BauGB normierten Einvernehmen als wesensgemäß vorausgesetzt werden. Gleichwohl hat das Bundesverwaltungsgericht (vgl. die bereits erwähnten Entscheidungen v. 16. 12. 1969 – IV B 121.69 –, a. a. O., u. v. 21. 6. 1974 – IV C 17.72 –, a. a. O.) erkannt, daß § 36 Abs. 1 Satz 1 BauGB die Herbeiführung einer Willensübereinstimmung durch Abgabe förmlicher Erklärungen in Gestalt einer gemeindeinternen Abstimmung zwischen den beiden Organen nicht erfordert. Das Gesetz untersagt eine solche Handhabung allerdings auch nicht. Sie liegt zudem nahe. Da nämlich das Zusammentreffen von Gemeinde und Baugenehmigungsbehörde nicht zu einer Schmälerung derjenigen Rechtsstellung führen darf, die die Gemeinde sonst hätte, muß in dem einen wie in dem anderen Fall die Verweigerung des Einvernehmens als möglicher Grund für die Versagung der Baugenehmigung durchgreifen. Die Tatsache, daß § 36 Abs. 1 Satz 1 BauGB dort, wo die Gemeinde zugleich Baugenehmigungsbehörde ist, eine förmliche Herstellung des Einvernehmens nicht fordert, schließt nicht aus, daß sich das für die Planung zuständige Gemeindeorgan zu einem Bauvorhaben „aus planerischer Sicht" erklärt (vgl. BVerwG, Beschluß v. 16. 12. 1969 – IV B 121.69 –, a. a. O.).

Vor diesem Hintergrund des Verbots einer Schmälerung der gemeindlichen Rechtsposition erscheint fraglich, ob § 36 Abs. 1 Satz 1 BauGB – der Wortlaut steht dem nicht entgegen – für diesen Fall nicht doch auch förmlich die Herstellung des Einvernehmens fordert. Denn die Gefahr der Einschränkung bzw. Beeinträchtigung der kommunalen Planungshoheit besteht nicht nur, wenn Gemeinde und Baugenehmigungsbehörde nicht identisch sind, sondern auch dann, wenn bei Identität für die Erteilung des Einvernehmens nach § 36 Abs. 1 Satz 1 BauGB als einer weisungsfreien Angelegenheit kommunalverfassungsrechtlich ein anderes Organ – hier der Gemeinderat (beschließender Ausschuß) – zuständig ist als für die Erteilung der Baugenehmigung (Bürgermeister) als einer nach § 25 LVG der staatlichen Fachaufsicht unterliegender und damit weisungsgebundener Angelegenheit (vgl. Gern, in: VBlBW 1986, 453). Es besteht also durchaus die Möglichkeit bzw. – aus der Sicht der gemeindlichen Planungshoheit – die Gefahr, daß die planerischen Belange der Gemeinde, die § 36 Abs. 1 Satz 1 BauGB „mit Vorrang" schützen will – gerade auch mit der Möglichkeit, durch Versagung des Einvernehmens ein an sich zulässiges Vorhaben im Interesse einer anderweitig ins Auge gefaßten städtebaulichen Entwicklung zu verhindern (vgl. hierzu BVerwG, Urteil v. 19.11.1965 – IV C 184.65 –, a.a.O.), ohne Einräumung eines entsprechenden Mitwirkungsrechts des zuständigen Gemeindeorgans keine Berücksichtigung finden könnten.

Selbst wenn man bei gemeindeinterner Zuständigkeitsverteilung in Einklang mit dem Bundesverwaltungsgericht das förmliche Einvernehmensverfahren nicht als von § 36 Abs. 1 Satz 1 BauGB gefordert ansehen will, bleibt es bei der Beachtlichkeit des sich aus dieser Vorschrift zugleich ergebenden materiellen Einvernehmenserfordernisses. Da – wie dargelegt – die Identität von Gemeinde und Baugenehmigungsbehörde nicht zu einer Schmälerung der für die Gemeinde aus ihrer Planungshoheit folgenden Rechtsposition führen darf, muß auch in diesem Fall die – zulässigerweise erfolgte – Versagung des gemeindlichen Einvernehmens als Grund für die Ablehnung der beantragten Baugenehmigung durchgreifen. So liegt es hier. Der nach der Hauptsatzung der Klägerin hierfür zuständige Technische und Umweltausschuß hat in seiner Sitzung vom 23.11.2000 aus planerischen Erwägungen das Einvernehmen zum Vorhaben des Beigeladenen nicht erteilt. Allein unter Hinweis auf diese Verweigerung des gemeindlichen Einvernehmens und dessen Bindungswirkung hat die Klägerin durch ihren (Ober-)Bürgermeister als Genehmigungsbehörde mit Bescheid von 2001 den Bauantrag des Beigeladenen abgelehnt. Daß das Fehlen des gemeindlichen Einvernehmens der tragende Versagungsgrund (gewesen) ist, muß hier nicht erst durch Auslegung des Ablehnungsbescheids der Klägerin ermittelt werden (vgl. hierzu BVerwG, Beschluß v. 11.11.1968 – IV B 55.68 –, BRS 20 Nr. 75 = DÖV 1969, 146); dies ist eindeutig.

Wie die Klägerin durch ihren (Ober-)Bürgermeister als Baugenehmigungsbehörde, so hat auch die Widerspruchsbehörde die vom Technischen und Umweltausschuß des Gemeinderats erklärte Versagung des gemeindlichen Einvernehmens als Ablehnungsgrund hinzunehmen. Das Regierungspräsidium Freiburg durfte sich im Widerspruchsbescheid also nicht über das ausdrücklich verweigerte Einvernehmen der Klägerin als Trägerin der Planungshoheit hinwegsetzen und die Klägerin als Baurechtsbehörde zur Erteilung der beantragten Baugenehmigung verpflichten, weil es das Vorhaben des Beigeladenen nach § 34 Abs. 1 BauGB für zulässig gehalten hat. Die Widerspruchsbehörde hat den Regelungsgehalt des § 36 Abs. 1 Satz 1 BauGB unzulässigerweise dahin eingeschränkt, daß damit „nur eine qualifizierte Beteiligung der für die Bauleitplanung zuständigen Gemeinde" bezweckt sei und daß „diese Beteiligung von vornherein gegeben" sei, wenn die Gemeinde – wie hier die Klägerin – selbst Baurechtsbehörde sei. Damit hat die Widerspruchsbehörde den dargelegten, aus der gemeindlichen Planungshoheit folgenden materiellen Gehalt der Einvernehmensregelung des § 36 Abs. 1 Satz 1 BauGB verkannt. Eine solche Sichtweise führte auch zu einer unterschiedlichen Gewichtigkeit der kommunalen Planungshoheit. Bei einer (kleinen) Gemeinde, die nicht selbst Baurechtsbehörde ist, hätte das städtebaulich ablehnende Votum des hierfür zuständigen Organs (Gemeinderat) zur Folge, daß die staatliche Genehmigungsbehörde den Bauantrag ablehnen müßte. Bei einer (großen) Gemeinde – wie einem Stadtkreis oder einer Großen Kreisstadt – führte die Verweigerung des planerischen Einvernehmens durch das zuständige Organ (Gemeinderat) nicht zwingend zur Ablehnung des Baugesuchs durch den (Ober-)Bürgermeister. Einen Rechtfertigungsgrund für eine solch unterschiedliche Gewichtigkeit der gemeindlichen Planungshoheit als Bestandteil des verfassungsrechtlich durch Art. 28 Abs. 2 GG garantierten Selbstverwaltungsrechts, das jeder Gemeinde zusteht, vermag der Senat nicht zu erkennen.

Im übrigen ist festzuhalten, daß die Identität von Gemeinde und Genehmigungsbehörde, die zur „Ausblendung" des von der Klägerin verweigerten Einvernehmens durch die Widerspruchsbehörde geführt hat, im Widerspruchsverfahren – als einem dem Ausgangsverfahren nachgeschalteten Verwaltungsverfahren – (gerade) nicht mehr gegeben ist. Durch die Einlegung des Widerspruchs fällt die Sachentscheidungskompetenz in bezug auf den damit geltend gemachten Anspruch auf Erteilung der beantragten Baugenehmigung der staatlichen Widerspruchsbehörde zu (vgl. Rennert, in: Eyermann, VwGO, 11. Aufl., Rdnr. 12 und 16 zu § 68). Das Schutzbedürfnis der Gemeinde im Hinblick auf ihre Planungshoheit, dem die Einvernehmensregelung des § 36 Abs. 1 Satz 1 BauGB Rechnung tragen will, würde unterlaufen, wenn nunmehr die staatliche Widerspruchsbehörde (als Behörde eines anderen Rechtsträgers) dem Baugesuch – in welcher Form auch immer – stattgeben könnte, obwohl die Gemeinde aus planerischer Sicht ihr Einvernehmen verweigert hat.

b) Die – danach auch die Widerspruchsbehörde grundsätzlich bindende – Verweigerung des gemeindlichen Einvernehmens seitens der Klägerin ist hier allerdings deshalb unbeachtlich, weil sie erst nach Ablauf der in § 36 Abs. 2 Satz 2 BauGB enthaltenen Frist erklärt worden ist. Nach dieser Vorschrift gilt das Einvernehmen der Gemeinde als erteilt, wenn es nicht binnen zwei Monaten nach Eingang des Ersuchens der Genehmigungsbehörde verweigert wird (1. Halbs.); dem Ersuchen gegenüber der Gemeinde steht die Einreichung des Antrags bei der Gemeinde gleich, wenn sie nach Landesrecht vorgeschrieben ist (2. Halbs.). Letzteres ist hier der Fall. Nach § 52 Abs. 1 LBO ist der schriftliche Bauantrag (nebst Bauvorlagen) bei der Gemeinde einzureichen. Das ist hier am 4. 7. 2000 bei der Klägerin geschehen. Die 2-Monats-Frist des § 36 Abs. 2 Satz 2 BauGB für eine Verweigerung des gemeindlichen Einvernehmens ist danach am 4. 9. 2000 abgelaufen. Das ablehnende Votum des zuständigen Technischen und Umweltausschusses des Gemeinderats der Klägerin stammt demgegenüber erst vom 23. 11. 2000. Eine Fristverlängerung ist nicht möglich (vgl. BVerwG, Urteil v. 12. 12. 1996 – 4 C 24.95 –, BRS 58 Nr. 142 = BauR 1997, 444), übrigens auch nicht beantragt worden.

Die Einvernehmensfiktion des § 36 Abs. 2 Satz 2 BauGB ist auch dann anwendbar, wenn – wie hier – die Gemeinde mit der Genehmigungsbehörde identisch ist. Der gegenteiligen Auffassung des Bayerischen Verwaltungsgerichtshofs (vgl. Urteil v. 13. 3. 2002 – 2 B 00.3129 –, a. a. O.) zur Unanwendbarkeit der Fiktionsregelung des § 36 Abs. 2 Satz 2 BauGB, weil bei Identität von Gemeinde und Genehmigungsbehörde das Einvernehmenserfordernis nach § 36 Abs. 1 Satz 1 BauGB nicht bestehe, vermag der Senat nicht zu folgen. Wie im Baugenehmigungsverfahren die gemeindliche Planungshoheit in materieller Hinsicht bei einem ablehnenden städtebaulichen Votum des zuständigen Gemeindeorgans nicht deshalb „unter den Tisch fallen" kann, weil die Gemeinde selbst Baugenehmigungsbehörde ist, kann die Gemeinde in diesem Fall aber auch keine Besserstellung gegenüber einer Kommune erfahren, die nicht selbst als Baurechtsbehörde fungiert. Das aber wäre der Fall, wenn § 36 Abs. 2 Satz 2 BauGB vorliegend nicht zur Anwendung käme. Zwar fordert – wie dargelegt – § 36 Abs. 1 Satz 1 BauGB bei Identität von Gemeinde und Genehmigungsbehörde nicht das förmliche Einvernehmensverfahren, die Vorschrift schließt es aber auch nicht aus und läßt das materielle Einvernehmenserfordemis unberührt. Es ist nun kein Grund dafür ersichtlich, weshalb das nicht als Baugenehmigungsbehörde fungierende Gemeindeorgan (Gemeinderat/beschließender Ausschuß), dem die Entscheidung über die Erteilung des Einvernehmens obliegt, die hierbei auf die planerische Zulässigkeit des Vorhabens beschränkte Prüfung (§ 36 Abs. 2 Satz 1 BauGB) nicht innerhalb der 2-Monats-Frist des § 36 Abs. 2 Satz 2 BauGB soll vornehmen können und müssen. Aus der Sicht des zuständigen Gemeindeorgans (Gemeinderat/beschließender Ausschuß) macht es keinen Unterschied, ob der Bürgermeister der Gemeinde oder eine staatliche Behörde die (Außen-) Entscheidung über die Erteilung der Baugenehmigung trifft. In beiden Fällen hat die Baugenehmigungsbehörde das gleiche Interesse, fristgerecht zu erfahren, ob das gemeindliche Einvernehmen aus planerischer Sicht verweigert wird und sie schon deshalb zur Ablehnung des Baugesuchs verpflichtet ist. Auch der Bauwillige, dem das Beschleunigungsinteresse in erster Linie zugute kommt, kann in beiden Fällen gleichermaßen darauf vertrauen, daß über eine Teilfrage des Baugenehmigungsverfahrens – nämlich über die Erteilung des gemeindlichen Einvernehmens – innerhalb der Frist des § 36 Abs. 2 Satz 2 BauGB Klarheit geschaffen wird (vgl. zu diesem Aspekt BVerwG, Urteil v. 12.12.1996 – 4 C 24.95 –, a.a.O.). Dem Argument des Bayrischen Verwaltungsgerichtshofs, daß die Gemeinde, die selbst über die Erteilung der Baugenehmigung zu entscheiden habe, anders als die Gemeinde, die nicht selbst Genehmigungsbehörde sei, einer Verpflichtungsklage des Bauwerbers in Form der Untätigkeitsklage ausgesetzt sei und daß die Einvernehmensfiktion des § 36 Abs. 2 Satz 2 BauGB ihre innere Rechtfertigung daraus beziehe, daß der Bauwerber gegenüber der nach außen nicht in Erscheinung tretenden Gemeinde keine Rechtsschutzmöglichkeit habe, um auf eine Beschleunigung hinzuwirken, vermag der Senat nicht zu folgen. Auf die Erteilung des gemeindlichen Einvernehmens nach § 36 Abs. 1 Satz 1 BauGB kann – mangels (rechtlicher) Außenwirkung – nie selbständig geklagt werden, und die aus Beschleunigungsgründen eröffnete Rechtsschutzmöglichkeit der Untätigkeitsklage nach § 75 VwGO ist unabhängig vom Rechtsträger der Baugenehmigungsbehörde, die die abschließende (Außen-)Entscheidung trifft. Wird danach die Gemeinde mit einer Untätigkeitsklage überzogen, dann geschieht dies deshalb, weil der als Baurechtsbehörde fungierende Bürgermeister – aus der Sicht des Bauwilligen unzulässigerweise – noch keine (abschließende)

Entscheidung über das Baugesuch getroffen hat. Bei einer solchen Verpflichtungsklage in Form der Untätigkeitsklage, die regelmäßig erst nach drei Monaten erhoben werden kann, spielt die Frage einer fristgerechten Erteilung des gemeindlichen Einvernehmens nach §36 Abs.2 Satz2 BauGB ebensowenig eine Rolle wie bei einer entsprechenden Verpflichtungsklage gegen den Rechtsträger der untätig gebliebenen staatlichen Baurechtsbehörde. Demgegenüber geht es im vorliegenden Fall um die Rechtsposition der Klägerin als Trägerin der gemeindlichen Planungshoheit im Hinblick auf das von ihr versagte Einvernehmen für das Vorhaben des Beigeladenen. Die sich bei nicht fristgerechter Verweigerung nach §36 Abs.2 Satz2 BauGB für die Gemeinde als Trägerin der Planungshoheit nachteilig auswirkende Einvernehmensfiktion entfällt nicht deshalb, weil sie zudem durch ihren Bürgermeister weitergehend und nach außen abschließend über den Bauantrag zu entscheiden hat.

Die Klägerin kann ferner nicht mit Erfolg einwenden, daß in der ausdrücklichen Versagung des gemeindlichen Einvernehmens nach Ablauf der 2-Monats-Frist des §36 Abs.2 Satz2 BauGB konkludent der Widerruf eines nach dieser Vorschrift „fingierten" Einvernehmens liegt. Denn die Erteilung des Einvernehmens oder das erteilt geltende Einvernehmen können nicht widerrufen werden, da dies den Sinn der Regelung, innerhalb der Frist klare Verhältnisse über die Einvernehmenserklärung der Gemeinde zu schaffen, leerlaufen ließe (vgl. BVerwG, Urteil v. 12.12.1996 – 4 C 24.95 –, a. a. O.).

Schließlich kann die Klägerin nicht damit durchdringen, daß es ihr trotz „fingierten" Einvernehmens unbenommen sei, wegen materieller Beeinträchtigung ihrer Planungshoheit Klage gegen die (im Widerspruchsbescheid ausgesprochene Verpflichtung zur) Erteilung der Baugenehmigung zu erheben. Zwar trifft es zu, daß das Regierungspräsidium die Unbeachtlichkeit des von der Klägerin versagten Einvernehmens unzulässigerweise allein damit begründet hat, daß dieses wegen der gegebenen (qualifizierten) Beteiligung der Klägerin als zuständiger Baugenehmigungsbehörde verfahrensrechtlich nicht erforderlich gewesen sei. Das ändert aber nichts daran, daß die Widerspruchsbehörde das versagte Einvernehmen der Klägerin wegen der Fiktionswirkung des §36 Abs.2 Satz2 BauGB im Ergebnis zu Recht nicht als bindenden Versagungsgrund für die Erteilung der beantragten Baugenehmigung angesehen hat. Im Anwendungsbereich des §36 Abs.1 Satz1 BauGB kann sich die Klägerin aber nicht über ihre dadurch vermittelten Beteiligungsrechte hinaus auf eine materielle Beeinträchtigung ihrer Planungshoheit als solche berufen und gegenüber dem Vorhaben des Beigeladenen einwenden, daß es nach §34 Abs.1 BauGB unzulässig sei, weil es sich nicht in die Eigenart der näheren Umgebung einfüge und überdies das Ortsbild beeinträchtige. Hieran ist die Gemeinde auch durch ein nach §36 Abs.2 Satz2 BauGB als erteilt geltendes Einvernehmen gehindert (vgl. BayVGH, Urteil v. 26.3.1999 – 26 ZS 99.507 –, BRS 62 Nr.119 = BauR 1999, 1015). Bei Eintritt der Einvernehmensfiktion nach §36 Abs.2 Satz2 BauGB bleibt es der Gemeinde unbenommen, ihre planungsrechtlichen Bedenken gegen das Vorhaben der Genehmigungsbehörde mitzuteilen, um so auf eine Ablehnung des Baugesuchs hinzuwirken (vgl. BVerwG, Urteil v. 12.12.1996 – 4 C 24.95 –, a. a. O.).

Eine auf die materielle Planungshoheit gestützte Rechtsschutzmöglichkeit steht der Gemeinde im Fall einer (gleichwohl erfolgten) Erteilung der Baugenehmigung jedoch nicht zu. Gleiches gilt für die vorliegende Konstellation der Verpflichtung der Gemeinde zur Erteilung der beantragten Baugenehmigung durch die staatliche Widerspruchsbehörde.

3. Zulässigkeit von Bauvorhaben im Außenbereich

Nr. 99

1. Zur Sachdienlichkeit einer Klageänderung nach Reduzierung des Vorhabens.

2. Die Gemeinde darf die Geltungsdauer einer Veränderungssperre um das vierte Jahr nicht schon dann beschließen, wenn das dritte Geltungsjahr gerade begonnen hat und daher noch gar nicht verläßlich abgesehen werden kann, ob der Sicherungszweck nach Ablauf des dritten Jahres fortbesteht (wie Senatsurteil vom 15.3.2001 – 1 K 2440/00 –, BauR 2001, 1552). Der Umstand, daß die Veränderungssperre andernfalls gegenüber einem bestimmten Grundstückseigentümer wegen § 17 Abs. 1 Satz 2 BauGB keine Rechtswirkungen mehr zu entfalten droht, ändert daran nichts.

3. Ein Abstand zwischen dem in Rede stehenden Vorhaben und der Hofstelle von 700 m hindert die Annahme der Privilegierung nach § 35 Abs. 1 Nr. 1 BauGB („dienen") nur dann, wenn der Landwirt für diese Entscheidung keine vernünftigen Erwägungen anzuführen vermag.

4. In einem Flächennutzungsplan können keine Darstellungen aufgenommen werden, die so konkret sind, daß die Darstellungen im Rahmen des § 35 Abs. 1 Abs. 3 BauGB nicht mehr mit den Belangen des privilegierten Vorhabens abgewogen werden können, sondern beanspruchen, mit ihnen sei die Letztentscheidung über die Unzulässigkeit des Vorhabens bereits gefallen.

BauGB §§ 17, 201, 35 Abs. 1 Nr. 1; VwGO § 91 Abs. 1.

Niedersächsisches OVG, Urteil vom 18. Juni 2003 – 1 LB 143/02 –.

Die Kläger begehren als Erbengemeinschaft nach der im Laufe des Rechtsstreits verstorbenen Frau H.A. (nachfolgend: Erblasserin) die Erteilung eines Bauvorbescheides für die Errichtung eines Geflügelmaststalles.

Die Erblasserin beantragte am 17.6.1998 die Erteilung eines Bauvorbescheides für den „Neubau eines Geflügelmaststalles" für 39 990 Mastplätze mit einer Grundfläche von 22,5 m x 100 m. Das Außenbereichsgrundstück liegt östlich der Landesstraße ca. 700 m von der Hofstelle der Kläger entfernt. Diese halten dort u. a. Pferde und betreiben eine Besamungs- und Deckstation. Die nächste Wohnbebauung steht rund 315 m vom geplanten Aufstellungsort entfernt westlich der Landesstraße. Östlich und nördlich des geplanten Aufstellungsortes stehen mehrere Windenergieanlagen. Südlich davon erstreckt sich das Oval einer Trabrennbahn, die zu einem südlich davon liegenden Ponyhof und Beherbergungsunternehmen („Ferien auf dem Bauernhof") gehört. Wesentliches Ziel der Bauvoranfrage der Erblasserin war es, unter der Schwelle zu bleiben, ab der Vorhaben einer Genehmigung nach dem Bundesimmissionsschutzgesetz bedürfen. Einen hofnäheren Standpunkt könne sie nicht wählen, weil die dem Aufstellungsort benachbarten Grünländereien als Auslauf für das zum Teil in Freilandhaltung gezüchtete Geflügel nur dort anzutreffen seien.

Die Beigeladene versagte ihr Einvernehmen. Ihr Rat hatte 1997 beschlossen, den Flächennutzungsplan zum 52. Mal zu ändern und „Sonderbauflächen Hähnchenmast" darzustellen. Im Dezember 1997 beschloß der Rat der Beigeladenen, diese Darstellung in „Sonderbauflächen Geflügelmast" zu ändern, außerdem, den Bebauungsplan X/1 „Sonderbauflächen – Geflügelmast" aufzustellen. Dessen Geltungsbereich sollte im wesentlichen den gesamten Gemeindebereich umfassen. Im März 1999 änderte die Beigeladene die Zweckbestimmung der 52. Änderung des Flächennutzungsplanes; nunmehr sollte eine „fremdenverkehrliche Schwerpunktzone" dargestellt werden.

Die Planungen waren Anlaß für eine ganze Reihe von Veränderungssperren. Im September 1999 änderte die Beigeladene wegen der veränderten Absichten für ihren Flächennutzungsplan auch die Zweckbestimmung des Bebauungsplanes X/1 und erließ mit Rücksicht darauf die 3. Veränderungssperre. Dieser Beschluß wurde am 17.9.1999 F. bekanntgemacht. Diese Veränderungssperre verlängerte die Beigeladene durch Ratsbeschluß v. 24.4.2001 um ein Jahr. Der Rat der Beigeladenen beschloß im September 2001 erneut die Aufstellung des Bebauungsplanes X/1, änderte seinen Geltungsbereich dabei geringfügig ab und beschloß gleichzeitig eine auf drei Jahre befristete Veränderungssperre, die rückwirkend zum 17.9.1999 in Kraft gesetzt wurde. Das wurde am 7./8.9.2001 öffentlich bekanntgemacht. Am 16.10.2001 beschloß der Rat der Beigeladenen deren Verlängerung um ein (das vierte) Jahr. Der Standort des hier streitigen Vorhabens liegt im Geltungsbereich dieser Satzung.

Während des Berufungsverfahrens wurde die 52. Änderung des Flächennutzungsplanes der Beigeladenen wirksam. Diese erfaßt einen Streifen entlang der Küste. Ziel der Darstellungen ist es, die Kur- und Erholungseinrichtungen vor negativen Einflüssen zu schützen, welche nach Auffassung der Beigeladenen von Massentierhaltungseinrichtungen in der Gestalt von Staub und Geruch ausgehen können. Aus diesem Grund wird das Planänderungsgebiet in drei Zonen unterschiedlicher Schutzwürdigkeit aufgeteilt. Hierfür wird textlich u. a. bestimmt:

„1. Fremdenverkehrliche Schutzzone

Das Plangebiet (Zone I–III) dient als Fläche für Erholungs-, Kur- und Freizeitzwecke (fremdenverkehrliche Schwerpunktzone).

1.1 Zone I

In der Zone I müssen vorhandene Betriebe (Gewerbebetriebe und landwirtschaftliche Betriebe) folgende Nutzungsbeschränkungen einhalten:

– In 200 m Entfernung zum Emissionsschwerpunkt des Betriebes darf die Geruchsschwelle von (1 Geruchseinheit/cbm Luft) nur in maximal 3% der Jahresstunden (Gesamtbelastung) überschritten werden.

– In 50 m Entfernung zum Emissionsschwerpunkt des Betriebes darf der 1-h-Mittelwert der Schwebstaubkonzentration von maximal 500 Mikrogramm/cbm Luft (MIK-Wert gemäß VDI 2310 Blatt 19) nicht überschritten werden.

1.2 Zone II

In der Zone II müssen vorhandene Betriebe (Gewerbebetriebe und landwirtschaftliche Betriebe) folgende Nutzungsbeschränkungen einhalten:

– In 200 m Entfernung zum Emissionsschwerpunkt des Betriebes darf die Geruchsschwelle von (1 Geruchseinheit/cbm Luft) nur in maximal 8% der Jahresstunden (Gesamtbelastung) überschritten werden.
– In 50 m Entfernung zum Emissionsschwerpunkt des Betriebes darf der 1-h-Mittelwert der Schwebstaubkonzentration von maximal 500 Mikrogramm/cbm (MIK-Wert gemäß VDI 2310 Blatt 19) nicht überschritten werden.

1.3 Zone III
In der Zone III müssen vorhandene Betriebe (Gewerbebetriebe und landwirtschaftliche Betriebe) folgende Nutzungsbeschränkungen einhalten:
– In 200 m Entfernung zum Emissionsschwerpunkt des Betriebes darf die Geruchsschwelle von (1 Geruchseinheit/cbm Luft) nur in maximal 10% der Jahresstunden (Gesamtbelastung) überschritten werden.
– In 50 m Entfernung zum Emissionsschwerpunkt des Betriebes darf der 1-h-Mittelwert der Schwebstaubkonzentration von maximal 500 Mikrogramm/cbm (MIK-Wert gemäß VDI 2310 Blatt 19) nicht überschritten werden.

1.4 Neuansiedlung von Betrieben
Betriebe (Gewerbebetriebe und landwirtschaftliche Betriebe), die sich nach dem 18.6.2002 erstmalig im Plangebiet ansiedeln, haben folgende Nutzungsbeschränkungen einzuhalten:
– In 50 m Entfernung zum Emissionsschwerpunkt des Betriebes darf die Geruchsschwelle des (1 Geruchseinheit/cbm Luft) nur in maximal 3% der Jahresstunden (Gesamtbelastung) überschritten werden.
– Durch die Neuansiedlung von Betrieben dürfen keine relevanten Veränderungen der Staubbelastung eintreten. Von relevanten Staubemissionen ist dann auszugehen, wenn von einem Betrieb ein Emissionsmassenstrom von mehr als 0,1 kg/h Staub ausgeht. Die Ermittlung ist unter den für die Luftreinhaltung ungünstigen Betriebsbedingungen vorzunehmen."

Aus den Gründen:
Der nunmehr gestellte Antrag ist zulässig. Entgegen der Annahme des Beklagten und der Beigeladenen ist die Modifizierung/Änderung des Klagebegehrens zweckdienlich. Danach wird die Änderung des Klagebegehrens zwar wohl nicht durch § 264 Nr. 2 ZPO i. V. m. § 173 VwGO privilegiert; denn mit der Verringerung der Tierplatzzahl und der Konkretisierung der Haltungsart (Freilandhaltung) verändert sich auch die Beurteilungsgrundlage für die Auswirkungen auf die benachbarte Wohnbebauung sowie Natur und Landschaft. Die Änderung des Klageantrags erschöpft sich daher nicht in einer bloßen Reduzierung des Geforderten.

Die Klageänderung ist jedoch sachdienlich. Das ist stets dann der Fall, wenn die Beurteilung des geänderten Sachverhalts/Klageziels zu einer endgültigen Beilegung des Streits zwischen den Beteiligten führt, deshalb einen weiteren Rechtsstreit überflüssig macht und der Streitstoff im wesentlichen derselbe bleibt (vgl. BVerwG, Urteil v. 22.2.1980 – IV C 61.77 –, DVBl. 1980, 598 = BayVBl. 1980, 503). Diese Voraussetzungen liegen vor.

Die Erblasserin hatte stets klargestellt, die Zahl der dort aufzustallenden Tiere an der Obergrenze dessen zu orientieren, was nach den jeweils geltenden Schwellenwerten noch ohne immissionsschutzrechtliche Genehmigung allein auf der Basis des Baurechts verwirklicht werden könne. Gerade dann, wenn der Gesetzgeber wie hier die Besatzzahlen ändert, ohne Altanträge zum Gegenstand einer Überleitungsregelung zu machen, und die Behörden dem geänderten Vorhaben ihre schon bisher geäußerten Argumente entgegenhalten, bedarf es einer besonderen Rechtfertigung, dem Petenten eine neuerliche Durchführung des behördlichen Verfahrens zuzumuten, wenn er auf die gesetzliche Reduzierung der für die Eröffnung des immissionsschutzrechtlichen Verfahrens maßgeblichen Schwelle den Umfang seines Vorhabens verringert. Solche Rechtfertigungsgründe sind hier nicht gegeben. Im Gegenteil ist es den Beteiligten, namentlich der Beigeladenen, zuzumuten, sich auf die neue Situation einzulassen und mit einer Sachentscheidung die Möglichkeit zu eröffnen, die Streitigkeiten endgültig beizulegen. Die Standpunkte des Beklagten und (vor allem) der Beigeladenen sind seit Eingang der Bauvoranfrage unverändert diese: Sie sehen durch das Vorhaben bestimmte öffentliche Belange, namentlich die Vogelwelt sowie und insbesondere die touristischen Ambitionen und Nutzungsmöglichkeiten gefährdet. Deswegen war gerade das hier zur Entscheidung anstehende Vorhaben Anlaß für verschiedene Planungsvorhaben. Diese haben im Laufe des Verfahrens zwar gewisse Modifikationen erfahren, weil sich der ursprünglich beabsichtigte Weg, für landwirtschaftliche Vorhaben eine Konzentrationszone zu schaffen, angesichts des klaren Wortlauts des § 35 Abs. 3 Satz 3 BauGB, welcher nicht auf Vorhaben nach § 35 Abs. 1 Nr. 1 BauGB verweist, als nicht gangbar erwies. Im Kern sind aber nicht nur Vorhabenart und -ort, sondern auch und gerade Motiv sowie rechtliches Instrumentarium zur Abwehr des städtebaulich als unerwünscht eingeschätzten Vorhabens gleich geblieben.

Weder der Beklagte noch die Bezirksregierung F. sind diesem Gedanken nähergetreten, in diesem Fall das fehlende Einvernehmen der Beigeladenen gemäß § 36 Abs. 2 Satz 3 BauGB ersetzen zu lassen. Von einem neuerlichen Widerspruchsverfahren ist daher außer einer Verfahrensverzögerung nichts zu erwarten. ...

Die Berufung ist begründet. Die Kläger haben Anspruch auf Erteilung des begehrten Bauvorbescheids.

Die Veränderungssperren stehen dem Vorhaben aus mehreren Gründen nicht mehr entgegen.

Die im Tatbestand zuletzt genannte Veränderungssperre ist – erstens – schon deshalb unwirksam, weil die Beigeladene (gerade mit Rücksicht auf das hier zur Entscheidung anstehende Vorhaben) deren Verlängerung um ein (letztes und) viertes Jahr mit dem 16. 10. 2001 zu einem Zeitpunkt beschlossen hatte, zu dem die (rückwirkend zum 17. 9. 1999 in Kraft gesetzte) Veränderungssperre erst zwei Jahre und einen Monat alt war. Das ist unzulässig (vgl. zum folgenden Senatsurt. v. 15. 3. 2001 – 1 K 2440/00 –, BRS 64 Nr. 111 = BauR 2001, 1552 = NVwZ-RR 2002, 417; zustimmend Lemmel, in: BK zum BauGB, 3. Aufl., § 17 Rdnr. 5). Denn das widerspricht § 17 Abs. 2 BauGB. Bei jeder Verlängerung der Veränderungssperre ist zu prüfen, ob die Voraussetzungen für ihren Erlaß, namentlich das Sicherungsbedürfnis fortbesteht und (insbesondere) ob das Planverfahren nicht innerhalb kürzester Zeit abgeschlossen werden kann und sich von daher die Fortsetzung der Verlängerungssperre erübrigt. Schon bei der ersten Verlängerung einer Veränderungssperre muß die planende Gemeinde daher prüfen, ob überhaupt ein Bedürfnis besteht, die in Kraft getretene Veränderungssperre andauern zu lassen.

Erst recht gilt das für die zweite Verlängerung nach § 17 Abs. 2 BauGB. Diese ist nach dem eindeutigen Gesetzeswortlaut nur unter verschärften Voraussetzungen, nämlich dann zulässig, wenn besondere Gründe dies erfordern. Das setzt eine ins einzelne gehende Prüfung der Gemeinde voraus, ob der Umstand, daß das Verfahren zur Aufstellung des Bebauungsplanes nicht innerhalb der vom Gesetz vorgesehenen Regelzeit von drei Jahren abgeschlossen werden kann, durch eine ungewöhnliche Sachlage verursacht worden ist und ihr im Zusammenhang damit nicht der Vorwurf eines Fehlverhaltens zu machen ist (vgl. BVerwG, Beschluß v. 27.7.1990 – 4 B 156.89 –, NVwZ 1991, 62 = BRS 50 Nr. 101; vgl. a. grundlegend Urt. v. 10.9.1976 – IV C 39.74 –, BVerwGE 51, 121 = NJW 1977, 400 = BauR 1977, 31). Eine solche Prüfung kann nicht schon zu dem Zeitpunkt angestellt werden, zu dem die Veränderungssperre – wie hier – gerade erst ihr drittes Geltungsjahr erreicht hat.

An dieser Einschätzung ändert sich auch nichts dadurch, daß die Veränderungssperre gegenüber dem Vorhaben der Kläger auf Grund der vorherigen faktischen Zurückstellungen ihrer Baugesuche wegen § 17 Abs. 1 Satz 2 BauGB keine Rechtswirkungen mehr zu entfalten drohte. Denn § 17 Abs. 1 Satz 2 BauGB stellt nach der vorstehend zitierten Rechtsprechung des Bundesverwaltungsgerichts eine Schutzvorschrift zugunsten desjenigen dar, der nicht nur von einer Veränderungssperre, sondern auch durch Behördenhandeln in einer Weise nachteilig betroffen wird, welche einer Veränderungssperre in ihren Wirkungen gleichkommt. Dieser Schutzzweck würde in sein Gegenteil verkehrt, wenn die durch § 17 Abs. 1 Satz 2 BauGB angeordnete individuelle Berechnung der Veränderungssperre es rechtfertigen sollte, die strengen Voraussetzungen, unter denen eine Veränderungssperre zum zweiten Mal verlängert werden darf, aufweichen zu dürfen. Für diese Auffassung kann sich die Beigeladene auch nicht auf die Ausführungen des Bundesverwaltungsgerichts v. 10.9.1976 (a. a. O.) berufen. Danach mag es zwar so sein, daß bei der individuellen Berechnung gemäß § 17 Abs. 1 Satz 2 BauGB auch zu berücksichtigen ist, ob im Hinblick auf das Grundstück des entsprechenden Eigentümers die Voraussetzungen vorliegen, unter denen die Sperre nach § 17 Abs. 1 Satz 3 BauGB verlängert werden dürfte, oder ob sogar besondere Umstände i. S. des § 17 Abs. 2 BauGB eine neuerliche Veränderung der Veränderungssperre rechtfertigten. Das ändert nichts am Inhalt der Anforderungen, die zu stellen sind, wenn die Gemeinde mit Wirkung für und gegen alle gemäß § 17 Abs. 1 Satz 3 und Abs. 2 BauGB eine beschlossene Veränderungssperre verlängern will. An das Vorliegen der Voraussetzungen dieser Vorschriften sind mit anderen Worten keine anderen/geringeren Anforderungen nur deshalb zu stellen, weil sie inzident auch dann zu prüfen sind, wenn die „individuelle Dauer" einer Veränderungssperre gemäß § 17 Abs. 1 Satz 2 BauGB zu prüfen ist. Dementsprechend kann die Beigeladene den hohen Anforderungen, die an eine rechtmäßige zweite Verlängerung gemäß § 17 Abs. 2 BauGB gestellt werden, nicht allein mit dem Hinweis darauf genügen, ohne die (erste und zweite) Verlängerung der Veränderungssperre drohten die Kläger die künftigen Planfestsetzungen durch die Verwirklichung planwidriger Vorhaben torpedieren zu können.

Es kommt – zweitens – hinzu, daß auch keine besonderen Umstände existieren, welche nach § 17 Abs. 2 BauGB allein die zweite Verlängerung der Veränderungssperre zu rechtfertigen vermöchten. Die Verzögerung des Planaufstellungsverfahrens ist nicht durch eine ungewöhnliche Sachlage verursacht worden, der Beigeladenen ist in diesem Zusammenhang vielmehr der Vorwurf eines Fehlverhaltens zu machen (vgl. BVerwG, Urteil v. 10. 9. 1976 – IV C 39.74 –, BVerwGE 51, 121 = NJW 1977, 400). Die Beigeladene hat, wie weiter unten zu würdigen sein wird, versucht, den Konflikt zwischen ihren fremdenverkehrlichen Absichten und der (aus ihrer Sicht: drohenden) Massentierhaltung allein mit dem Mittel des Flächennutzungsplanes zu lösen. Versuche, den Bebauungsplan Nr. X/1 oder (jetzt) X/2 zumindest parallel zu fördern und für diesen Plan- und Beschlußreife herbeizuführen, sind nicht hinreichend erkennbar. Der Verwaltungsvorgang betreffend die Aufstellung des Bebauungsplanes X/1 endet mit seiner im September 1999 beschlossenen Umbenennung in „Sonderfläche – Fremdenverkehrliche Schwerpunktzone".

Drittens leiden die Veränderungssperren daran, daß schon die unter dem 20. 7. 1999 beschlossene erste Veränderungssperre unwirksam gewesen ist. Deren Bekanntmachung v. 20. 8. 1999 war nicht – wie erforderlich (BVerwG, Beschluß v. 14. 3. 1988 – 4 N 4.87 –, BRS 48 Nr. 21 = DVBl. 1988, 958; Beschl. v. 6. 8. 1992 – 4 N 1.92 –, BRS 54 Nr. 77 = BauR 1993, 59 = ZfBR 1992, 292) – die Bekanntmachung des Bebauungsplanaufstellungsbeschlusses vorangegangen oder zumindest zeitgleich von einer solchen Bekanntmachung flankiert worden. Dieser Fehler wirkt auch auf die Verlängerung der Veränderungssperre ein. Diese ist nicht in die Neubekanntmachung einer rückwirkend in Kraft zu setzenden erstmaligen Veränderungssperre umzudeuten.

Zum Vorteil der Kläger wirkt schließlich und viertens § 17 Abs. 1 Satz 2 BauGB. Hiernach ist auf die Zweijahresfrist der seit der ersten Zurückstellung eines Baugesuchs nach § 15 Abs. 1 BauGB abgelaufene Zeitraum anzurechnen. Nach der oben zitierten Rechtsprechung des Bundesverwaltungsgerichts (s. insbes. Urt. v. 10. 9. 1976, a. a. O.) sind hierbei auch faktische Zurückstellungen anzurechnen. Den Klägern ist in der Einschätzung Recht zu geben, daß die faktische Zurückstellung hier drei Monate nach Eingang der Bauvoranfrage bei dem Beklagten (21. 7. 1998), das heißt am 21. 10. 1998 zu laufen begann. Bis zum Inkrafttreten der Veränderungssperre (Bekanntmachung v. 20. 8. 1999) sind damit etwa zehn Monate verstrichen. Da die letztmalige Verlängerung der Veränderungssperre infolge der Rückwirkung zum 17. 9. 1999 am 16. oder 17. 9. 2003 abläuft, stehen bei Abzug dieser zehn Monate die Veränderungssperren zum Zeitpunkt der Senatsentscheidung auch aus diesem Grund dem Vorhaben nicht mehr entgegen.

Das zur Entscheidung gestellte Vorhaben ist nicht immissionsrechtlich genehmigungsbedürftig. Noch immer bestimmt Nr. 7.1 der Anlage zur 4. BImSchV (v. 14. 3. 1997, BGBl. I S. 504; zuletzt geändert durch VO v. 6. 5. 2002, BGBl. I S. 1566) in der Spalte 1 (Genehmigungsverfahren gemäß § 10 BImSchG, § 2 der 4. BImSchV), daß erst ein Tierbesatz von 40 000 Stück die immissionsrechtliche Genehmigungsbedürftigkeit auslöst und (Spalte 2 lit. a cc) ein Tierbesatz von 30 000 bis weniger als 40 000 Tiere gemäß § 2 lit. b der 4. BImSchV zur immissionsrechtlichen Behandlungsbedürftigkeit führt, wenn eine Vorprüfung ergibt, daß eine Umweltverträglichkeitsprüfung durchzuführen ist. In der nunmehr zur Genehmigung gestellten Form unterschreitet das Vorhaben die damit maßgeblichen Besatzziffern.

Entgegen der Annahme der Beigeladenen war (und ist) die Bauvoranfrage bestimmt genug. Das ist dann der Fall, wenn die „einzelne Frage" i. S. des § 74 Abs. 1 NBauO – hier also: die städtebauliche Zulässigkeit von Geflügelhaltung auf dem bezeichneten Flurstück – erkennbar wird und sich keine unüberwindlichen Schwierigkeiten hinsichtlich der Tragweite/Bindungswirkung einer daraufhin erteilten Bebauungsgenehmigung ergeben. Die Bestimmtheit, die ein Bauantrag aufweisen muß, ist einer Bauvoranfrage (noch) nicht abzuverlangen. Das würde ihrem Sinn und Zweck widersprechen, es dem Bauherrn zu ermöglichen, auf preiswerte Weise die Frage klären zu lassen, ob und in welcher Weise sein Grundstück überhaupt bebaubar ist (vgl. dazu Franckenstein, ZfBR 2002, 648). Die Bauaufsichtsbehörde trifft eine dementsprechend weitgehende Beratungspflicht. Da sowohl der Beklagte als auch die Beigeladene von Anfang an in der Sache auf das von der Erblasserin vorgebrachte Anliegen eingegangen sind, kann mangelnde Bestimmtheit dem Vorhaben der Kläger schon darum nicht entgegengehalten werden. Die Art des Geflügels mußte nicht festgelegt werden. Das folgt schon daraus, daß auch die 4. BImSchV in ihrem Anhang Nr. 7.1 lit. c) nur von „Mastgeflügelplätzen" spricht und nur mit Rücksicht auf Truthahnmastplätze (lit. d) weiter differenziert.

Das streitige Vorhaben ist nach § 35 Abs. 1 Nr. 1 BauGB privilegiert. Es handelt sich um landwirtschaftliche Nutzung i. S. des § 201 BauGB. Keiner der Beteiligten hat der nachvollziehbaren Einschätzung der Landwirtschaftskammer F. widersprochen, wonach die Kläger über eine hierfür ausreichende Futtergrundlage verfügen. Diese Einschätzung kann um so mehr Geltung beanspruchen, als sie sich auf einen Tierbestand von knapp 40000 bezieht und die Kläger nunmehr 10000 Tiere weniger halten wollen. An der Betriebseigenschaft bestehen nach dem Sachverhalt und der Ortsbesichtigung ebenfalls keine Zweifel. Die landwirtschaftliche Tätigkeit der Kläger besteht seit Generationen und ist auf weitere Generationen angelegt.

Der Abstand zwischen der Hofstelle der Kläger und dem geplanten Aufstellungsort führt entgegen der Auffassung des Beklagten und der Beigeladenen nicht zum Fortfall der Privilegierung. Nach der Rechtsprechung des Bundesverwaltungsgerichts, welcher der Senat folgt, umfaßt das Merkmal des „Dienens" i. S. des § 35 Abs. 1 Nr. 1 BauGB zwar auch eine gewisse räumliche Zuordnung der Betriebsstelle zu den landwirtschaftlichen Betriebsflächen (vgl. u. a. BVerwG, Urteil v. 22.11.1985 – 4 C 71.82 –, NVwZ 1986, 644 = DVBl. 1986, 413 = BRS 44 Nr. 76). Das bedeutet indes nicht, daß Bauaufsichtsbehörde oder Gemeinde ihre Vorstellungen von einer räumlichen und/oder funktionellen Zuordnung des streitigen Vorhabens an die Stelle der Entscheidung des Landwirts setzen und damit verbindlich über seine Privilegierung entscheiden könnten. Das Merkmal der räumlichen Zuordnung stellt vielmehr lediglich ein Instrument dar, um Mißbrauchsversuchen zu begegnen. Nicht der nur behauptete Zweck des Vorhabens, sondern seine „wirkliche Funktion" soll entscheiden. Das Gebot der räumlichen Zuordnung soll die Privilegierung solcher Vorhaben verhindern (können), die an sich zwar objektiv geeignet wären, einem privilegierten Betrieb zu dienen und selbst an der Privilegierung teilzuhaben, mit denen aber in Wirklichkeit andere Zwecke verfolgt werden. Hinsichtlich des Tatbestandsmerkmals des „Dienens" kann der beabsichtigte Standort daher nur ein bestätigendes oder abweisendes Indiz im Rahmen der tatrichterlichen Würdigung sein (vgl. BVerwG, Urt. v. 19. 6. 1991 – 4 C 11.89 –, NVwZ-RR 1992, 401 = BauR 1991, 579 = BRS 52 Nr. 78). Maßgeblicher Ausgangspunkt der Prüfung haben stets die Überlegungen des Landwirts zu der Frage zu sein, wie er seine betrieblichen Abläufe einrichten will (vgl. auch BVerwG, Beschluß v. 21. 6. 1996 – 4 B 89.96 –, Buchholz 406.11 §35 BauGB Nr. 322). Lediglich dann, wenn der Landwirt für den gewählten Betriebsvorgang keine vernünftigen Überlegungen ins Feld zu führen vermag, kann sein Vorhaben je nach den Umständen des Einzelfalls als nicht mehr i. S. des §35 Abs. 1 Nr. 1 BauGB „dienend" angesehen werden oder aber (trotz Privilegierung) die Durchsetzungsfähigkeit seines Vorhabens gegenüber öffentlichen Belangen herabgesetzt sein.

Danach kann den Klägern die Privilegierung ihres Vorhabens nicht abgesprochen werden. Es ist – wenn auch vielleicht nicht unabdingbar, so doch – sinnvoll, das heißt „vernünftig", den streitigen Stall in der von ihnen gewählten Weise dem Außenbereich zuzuordnen und ihn nicht im näheren Umkreis ihres Hofes anzusiedeln. Das ergibt sich aus den folgenden, selbständig tragenden Gesichtspunkten.

Die nähere Umgebung der Hofstelle ist durch eine intensive Nutzung für Pferde geprägt. Es ist gerade angesichts des erheblichen Wertes, welchen diese Tiere zuweilen verkörpern, und angesichts der Notwendigkeit, ihnen unter Umständen zur Nachtzeit beistehen zu müssen, mehr als nur vernünftig, nicht Teile dieser Nutzung zum Vorteil der Geflügelzucht aufzugeben und an den Ort zu verlagern, an dem die Kläger den Geflügelstall errichten wollen. Der Kläger zu 1) hat in der mündlichen Verhandlung sehr nachvollziehbar dargelegt, daß er die Wiesen, welche seine Hofstelle umgeben, dem Aufenthalt eigener und solcher Fremdpferde reserviert hat, die in den Genuß seiner anerkannten Samen- und Zuchtanstalt kommen. Es hieße, die Anforderungen an den „vernünftigen Landwirt, der auf die größtmögliche Schonung des Außenbereichs bedacht ist", zu überspannen, den Klägern anzusinnen, die Nutzungs- und Entwicklungspotentiale um die Hofstelle einzuschränken, die Pferdehaltung jedenfalls zum Teil auf die streitigen Flächen zu verlagern und dabei u. a. die Nachteile hinzunehmen, die sich beispielsweise durch die Notwendigkeit der Überquerung der recht belebten Landesstraße mit Pferden ergeben würden. Daß der Kläger Teile der seine Hofstelle umgebenden Flächen an einen Reit- und Fahrverein verpachtet hat, ändert daran nichts. Denn dies stellt eine Tätigkeit dar, welche seine eigene Pferdehaltung und -zucht ergänzt und von der er auch für seine eigenen Pferde profitiert.

Die Beigeladene hat bei der Erörterung auch dem weiteren beachtlichen Argument der Kläger nichts entgegenzusetzen vermocht, eine Lokalisierung des Geflügelstalles abseits der Hofstelle empfehle sich auch wegen des Seuchenrisikos. Immer wieder ist zu beobachten, daß trotz aller Bemühungen zu ihrer Vermeidung Geflügelpest auftritt. Die damit einhergehende Quarantäne geht zuweilen so weit, daß die gesamte Hofstelle abgesperrt wird, wenn sich der Geflügelstall in ihrer Nähe befindet. Damit würden auch die auf die Pferde konzentrierten Aktivitäten der Kläger empfindlich ein- bzw. abgeschnürt. Es ist auch deshalb vernünftig, den Geflügelstall nicht in der Nähe seiner Pferdestallungen auf dem Hofgelände zu platzieren, sondern an der von den Klägern gewählten Stelle.

Eine Zuordnung der Hofstelle verbietet sich schließlich deshalb, weil die Kläger das Geflügel in Freilandhaltung züchten wollen. Die hierfür benötigten Flächen würden diejenigen, welche die Kläger bislang für die Aufzucht und Haltung eigener sowie von Drittpferden im unmittelbaren Umfeld ihrer Hofstelle reserviert haben, in einem so großen Umfang in Anspruch nehmen, daß sie befürchten müßten, mit einem Teil ihrer Pferdehaltung auf die gegenüberliegende Seite der Landesstraße 10 auszuweichen und die dabei beschriebenen Nachteile in Kauf nehmen zu müssen.

Insgesamt bestehen damit aus mehreren Gründen keine ausreichenden Anhaltspunkte für die Annahme, die Kläger trennten ohne betrieblich nachvollziehbaren Grund Betriebsteile ab und ordneten sie zum Nachteil des Außenbereichs in unzweckmäßiger Weise getrennt voneinander an.

Der Reduktion des Tierbesatzes haben die Kläger in der mündlichen Verhandlung durch eine Verringerung der Stallänge auf 80 m in ausreichendem Umfang Rechnung getragen. Das Vorhaben ist jedenfalls in dieser Ausdehnung nicht so groß, daß daran die Anerkennung des Merkmals des „Dienens" und damit die Privilegierung scheiterte. Daß die Kläger die Abmessungen des Vorhabens nicht entsprechend der Herabsetzung der Tierzahl, d. h. um ein Viertel reduziert haben, gereicht ihnen nicht zum Nachteil. Den Klägern ist bei der Dimensionierung ihres Vorhabens ein gewisser Spielraum einzuräumen. Sie sind insbesondere befugt, ihren Tieren nicht lediglich das Minimum an Lebensraum zu bieten, so daß sie sich in der Endmast gleichsam Brust an Brust gegenüberstehen. Im übrigen verfügt jeder Stall über gewisse „Fixeinrichtungen" wie namentlich Fütterungsanlage und Belüftungsaggregat. Deren Umfang verringert sich nicht in dem Verhältnis, in dem die Tierplatzzahl reduziert wird.

Dem damit gemäß § 35 Abs. 1 Nr. 1 BauGB privilegierten Vorhaben stehen keine öffentlichen Belange entgegen.

Dem Vorhaben stehen nicht die natürliche Eigenart der Landschaft oder ihre Aufgabe als Erholungsgebiet entgegen. Dies ist zwar auch im Falle eines privilegierten Vorhabens nach § 35 Abs. 1 BauGB grundsätzlich möglich (vgl. BVerwG, Urteil v. 13. 4. 1984 – 4 C 69.80 –, NVwZ 1985, 340 = BRS 42 Nr. 87). Privilegierte Vorhaben zeichnen sich jedoch durch ein gesteigertes Durchsetzungsvermögen gegenüber öffentlichen Belangen aus, das ihnen eine Zulassung auch in Fällen sichert, in denen sonstige Vorhaben unter gleichen Voraussetzungen bereits unzulässig sind (vgl. BVerwG, Urteil v. 16. 6. 1994 – 4 C 20.93 –, NVwZ 1995, 64 = BRS 56 Nr. 72). So ist es auch hier. Der streitige Standort ist – erstens – nicht mehr so schutzwürdig wie eine von Bebauung freigebliebene Marschlandschaft. Das ergibt sich erstens und vor allem daraus, daß in der Nähe des Aufstellungsortes bereits zwei Windenergieanlagen stehen und weitere in der näheren Umgebung deutlich zu erkennen sind.

Diese prägen nach dem Ergebnis der Ortsbesichtigung in nachteiliger Weise das Landschaftsbild mit. In einem derart von Windenergieanlagen durchsetzten Gebiet wird die natürliche Eigenart oder die Erholungsfunktion der Landschaft durch die geplante Anlage der Kläger nicht (mehr) nachhaltig beeinträchtigt.

Es kommt – zweitens – hinzu, daß der Aufstellungsort auch im optischen Einflußbereich des Betriebes steht, der südlich der Trabrennbahn angesiedelt ist und diese betreibt. Das einst landwirtschaftlich geprägte Gebäude ist durch den Einbau zahlreicher Dachflächenfenster auch optisch so unverkennbar in einen Beherbergungsbetrieb (Ferien auf dem Bauernhof) umgewidmet worden, daß die Landschaft nur eingeschränkt ihrer Erholungsfunktion genügen kann und sich dieser Belang auch deshalb nicht gegenüber der Privilegierung des hier streitigen Vorhabens durchzusetzen vermag.

Aus den vorgenannten Gründen kann von einer Verunstaltung des Landschaftsbildes keine Rede sein. Sie kommt gegenüber einem privilegierten Vorhaben nur in Betracht, wenn es sich um eine wegen ihrer Schönheit oder ihrer Funktion besonders schutzwürdige Umgebung oder um einen besonders groben Eingriff in das Landschaftsbild handelt. Bloße nachteilige Veränderungen oder Beeinträchtigungen des Landschaftsbildes können ein solches Vorhaben nicht unzulässig machen (vgl. BW VGH, Urteil v. 25.6.1991 – 8 S 2110/90 –, BRS 52 Nr. 74). Auch in diesem Zusammenhang ist auf die bereits in der Umgebung vorhandenen Windenergieanlagen und den Beherbergungsbetrieb südlich der Trabrennbahn sowie diese selbst zu verweisen. Es bestehen keine ausreichenden Anhaltspunkte für die Annahme, der Geflügelstall werde auf Grund seiner Ausführung einen besonders groben Eingriff in das Landschaftsbild darstellen.

Zu schädlichen Umwelteinwirkungen führt das Vorhaben nicht. Beklagter und Beigeladene sind der oben zitierten Stellungnahme der Landwirtschaftskammer nicht substantiiert entgegengetreten. Hierin hatte diese für einen um 10 000 Tiere größeren Besatz ausgeführt, die etwa 310 m westlich des Vorhabens stehende bandartige Wohnbebauung liege im Außenbereich; das rechtfertige die Halbierung der Abstände nach der VDI-Richtlinie 3471 und habe bei Annahme eines 100-Punkte-Stalles keine schädlichen Umwelteinwirkungen zur Folge. Diese Einschätzung muß erst recht gelten, wenn der Tierbesatz um 10 000 Exemplare reduziert wird. Der Einschätzung der Landwirtschaftskammer ist zuzustimmen. Die bandartige Bebauung westlich der Landesstraße 10 stellt keinen Ortsteil, sondern eine unorganische Bebauung dar, die als Außenbereich nur einen geringeren Schutz beanspruchen kann und für die der sich aus der VDI-Richtlinie 3472 (Emissionsminderung Tierhaltung – Hühner) folgende Abstand dementsprechend halbiert werden darf. Der Tierbesatz macht bei Anwendung der Tabelle 1 dieser VDI-Richtlinie in dem für die Umwelt ungünstigsten Fall (1 GV = nur 420 Tiere) 71,4 Großvieheinheiten aus. Das führt bei einem hier anzunehmenden 100-Punkte-Stall nach Bild 13 zu einem Regelabstand von 240 m. Auf Grund der vorstehenden Ausführungen auf die Hälfte reduziert ist damit evident, daß weder die Wohnbebauung am Westrand der Landesstraße 10 noch der Reiterhof südwestlich des Vorhabens nachteiligen Auswirkungen ausgesetzt sein werden. Das gilt selbst dann, wenn die Kläger als „Geflügel" Gänse wählen sollten. In der vorstehend angestellten Berechnung ist ein so großer Sicherheitsabstand enthalten, daß auch bei der Wahl dieser Tiere zulasten der genannten Bebauung keine schädlichen Umwelteinwirkungen entstehen werden. Dabei ist im übrigen zu berücksichtigen, daß die Gebäudeausmaße dem Tierbesatz bei dieser Art der Ausnutzung Grenzen setzen werden. Die Trabrennbahn dient lediglich dem Training von Trabrennpferden und bedarf daher keines besonderen Schutzes.

Der Umstand, daß die Tiere auf dem Grün gehalten werden sollen (Freilandhaltung), mag die Emissionsquelle räumlich vergrößern. Eine Intensivierung der Geruchsfracht in der Weise, daß damit die Schwelle zur Unzumutbarkeit zulasten der westlich angesiedelten Nachbarschaft oder des Reiterhofes südlich davon zu erwarten wäre, ist nicht anzunehmen. Eine eventuell erforderlich werdende Feinsteuerung kann zudem im Rahmen des Baugenehmigungsverfahrens etwa durch Anordnung der Freiflächen nach Norden erreicht werden.

Belange des Vogelschutzes stehen dem Vorhaben nicht entgegen. ...

Dem Vorhaben stehen die im Tatbestand zitierten Darstellungen des Flächennutzungsplanes der Beigeladenen i. d. F. seiner 52. Änderung nicht entgegen. Diese sind unwirksam. Es ist aus Rechtsgründen nicht möglich, derart detaillierte Regelungen in einen Flächennutzungsplan aufzunehmen. Das kann grundsätzlich nur in einem Bebauungsplan geschehen. Ob die Darstellungen des Flächennutzungsplanes, in einen Bebauungsplan übernommen, dabei vor dem Abwägungsgebot standhielten, braucht der Senat nicht zu entscheiden. Eine „geltungserhaltende Reduktion" der unwirksamen Darstellungen des Flächennutzungsplanes führt ebenfalls nicht zur städtebaulichen Unzulässigkeit des Vorhabens. Im einzelnen ist danach auszuführen:

§ 35 Abs. 3 Satz 1 Nr. 1 BauGB verleiht dem Flächennutzungsplan doppelte Einflußmöglichkeiten. Zum einen können seine Darstellungen einen bestimmten schon vorhandenen städtebaulichen Gesichtspunkt festschreiben und dadurch auch bei einem privilegierten Außenbereichsvorhaben zu dessen städtebaulicher Unzulässigkeit führen. Darum geht es hier offensichtlich nicht. Die 52. Änderung des Flächennutzungsplanes der Beigeladenen soll nicht in der Örtlichkeit bereits angelegte städtebauliche Gesichtspunkte bauleitplanerisch untermauern. Das steht außer Streit.

Zum anderen eröffnet § 35 Abs. 3 Satz 1 Nr. 1 BauGB die Möglichkeit, das Vorhaben mit Planungsvorstellungen der Gemeinde über eine geordnete städtebauliche Entwicklung zu konfrontieren, die sie noch nicht zur verbindlichen Bauleitplanung hat werden lassen. Diese Vorstellungen dürfen einerseits nicht so weit vom tatsächlichen städtebaulichen Geschehen entfernt liegen, daß die Darstellungen des Flächennutzungsplanes keinen ausreichenden Bezug zur Realität mehr haben. Dann nämlich entfalten die Darstellungen des Flächennutzungsplanes keine gestaltende Kraft und muß die Gemeinde versuchen, ihre Planungsvorstellungen mit den Mitteln der verbindlichen Bauleitplanung, im Falle eines aktuellen Vorhabens ggf. unterstützt durch die Instrumentarien der §§ 14 ff. BauGB, durchzusetzen. Andererseits darf die Gemeinde in gewissem Umfang eben auch solche städtebaulichen Planungsvorstellungen zum Inhalt des Flächennutzungsplanes machen, welche in den tatsächlichen Gegebenheiten noch nicht (vollständig) angelegt sind. §35 Abs. 3 Satz 1 Nr. 1 BauGB schützt zwar nicht die Planungshoheit schlechthin, das heißt unabhängig von konkreten Planungsvorstellungen, eröffnet der Gemeinde aber die Möglichkeit, konkretisierte Planungsgrundzüge einen Planungsrahmen mit dem Ziel darzustellen, diese in der bei §35 Abs. 1 und 3 BauGB vorzunehmenden Abwägung des Privilegierungszweckes mit den konkurrierenden Belangen ins Feld zu führen und so unter Umständen auch privilegierte Vorhaben verhindern zu können. Das mag im Einzelfall Abgrenzungsschwierigkeiten bereiten, wenn es darum geht zu entscheiden, wie weit die Darstellungen des Flächennutzungsplanes noch gehen dürfen, ohne den Bereich der „Planungsgrundzüge" oder „grundsätzlichen städtebaulichen Vorstellungen" zu verlassen und in den Bereich des verbindlichen Bebauungsplanes herüberzureichen. Wo diese Grenze im einzelnen verläuft, braucht aus Anlaß dieses Falles nicht entschieden zu werden. Denn der Flächennutzungsplan der Beigeladenen i. d. F. seiner 52. Änderung überschreitet diese Grenze in jedem Fall. Er stellt eine inhaltlich und hinsichtlich seiner Regelungstiefe und Parzellenschärfe so weitgehende Regelung dar, daß diese nicht mehr als Darstellung eines Flächennutzungs-, sondern allenfalls als Festsetzung eines Bebauungsplanes hätte ergehen dürfen. Die Darstellungen dieser 52. Änderung sind nicht mehr entwicklungsfähig und -bedürftig. Die im Tatbestand zitierten textlichen Darstellungen haben eine Konkretheit, wie sie fast eine Baugenehmigung auszeichnen. Ein Entwicklungspotential wohnt ihnen nicht mehr inne. Von bloßen Planungsvorstellungen oder -grundzügen, welche noch ausgefüllt und mit dem Privilegierungszweck abgewogen werden können, sind sie weit entfernt. Sie stellen vielmehr eine Regelung dar, die für sich absolute Verbindlichkeit in Anspruch nimmt und den Bereich des bloßen Planungsgrundzuges längst verlassen hat.

Für ihre gegenteilige Auffassung, sie dürfe auch in einem Flächennutzungsplan derartig detaillierte Regelungen enthalten, die einem Bebauungsplan nahe kommen, kann sich die Beigeladene nicht auf die Entscheidung des Bundesverwaltungsgerichts v. 22. 5. 1987 (– 4 C 57.84 –, BVerwGE 77, 300 = DVBl. 1987, 1108 = BRS 47 Nr. 5) berufen. Das Bundesverwaltungsgericht hat in dieser Entscheidung zwar die oben beschriebene Funktion des Flächennutzungsplanes bekräftigt, über die einleuchtende Fortschreibung bereits bestehender Nutzungen hinausgehen zu können und solchen Nutzungen entgegenzutreten, welche nach Meinung der planenden Gemeinde negative städtebauliche Auswirkungen haben. Das Bundesverwaltungsgericht hat in dieser Entscheidung jedoch zugleich an seiner Auffassung festgehalten, öffentliche Belange i. S. des §35 Abs. 3 BauGB – auch solche, welche durch Darstellungen in einem Flächennutzungsplan begründet würden – seien nur solche, welche Vorhaben in einer Abwägung gegenübergestellt werden könnten. Das heißt aber nichts anderes als dies, daß der Flächennutzungsplan öffentliche Belange nicht mit einer Detailtreue bestimmen kann, welche eine Abwägung ausschließt und eine vollständige Unterwerfung unter die Darstellungen des Flächennutzungsplanes fordert. Dementsprechend hat das Bundesverwaltungsgericht in der zitierten Entscheidung u. a. ausgeführt, Aufgabe des Flächennutzungsplanes sei es, ein Entwicklungskonzept für das Gemeindegebiet darzustellen, welches insbesondere für die verbindliche Bauleitplanung und die Planung anderer öffentlicher Aufgabenträger Bindungen erzeugen solle. Der Flächennutzungsplan sei keine rechtssatzmäßige Regelung zulässiger Bodennutzungen. Eine unmittelbare, die Zulässigkeit privilegierter Nutzungen ausschließende Wirkung könnten seine Darstellungen folglich nicht haben. Es gehe nur um die Frage, ob solche Darstellungen mit ihrer negativen Zielaussage in bezug auf andere Flächen als „Unterstützung und einleuchtende Fortschreibung tatsächlicher Gegebenheiten" den Rang öffentlicher Belange i.S. des §35 Abs. 1 und 3 BauGB haben können. Ob sie sich dann im Einzelfall gegenüber einem Vorhaben durchsetzen könnten, sei eine Frage der Anwendung des §35 Abs. 1 BauGB. Die Entscheidung über die (Un-)Zulässigkeit eines Vorhabens an einem bestimmten Standort im Außenbereich sei anders als bei rechtssatzmäßigen Regelungen mit der Darstellung im Flächennutzungsplan noch nicht abschließend gefallen.

Aus §35 Abs. 3 Satz 3 BauGB kann die Beigeladene für sie vorteilhafte Argumentationsfolgen ebenfalls nicht herleiten. Das ergibt sich schon aus dem Umstand, daß die vorstehend verwertete Rechtsprechung des Bundesverwaltungsgerichts zur Schaffung von Konzentrationsflächen für Abgrabungsvorhaben vom Gesetzgeber nicht zum Anlaß genommen worden ist, den Gemeinden gleichsam eine allumfassende Möglichkeit zur Bildung von Konzentrationszonen zu eröffnen. Die Rechtsvorteile des §35 Abs. 3 Satz 3 BauGB beschränken sich vielmehr auf Vorhaben nach §35 Abs. 1 Nrn. 2 bis 6 BauGB, zu denen das hier streitige gerade nicht gehört. Das schließt die Annahme aus, es handele sich bei den vorstehend wiedergegebenen Ausführungen um einen verallgemeinerungsfähigen Grundsatz; das Gegenteil ist richtig. Es handelt sich bei der Regelung des §35 Abs. 3 Satz 3 BauGB um eine Ausnahmevorschrift.

Eine Anwendung des §35 Abs. 3 Satz 3 BauGB setzt außerdem – zweitens – voraus, daß für die Vorhaben dieser Art andernorts Konzentrationszonen geschaffen worden sind. Mit der hier interessierenden Darstellung des Flächennutzungsplans 52. Änderung wird indes nicht Geflügelmastställen eine bestimmte Zone mit der Maßgabe zugewiesen, für die anderen Gemeindeteile seien sie hiermit ausgeschlossen. Vielmehr soll hier rechtssatzartig den Belangen des Fremdenverkehrs durch eine ins einzelne gehende, nach dem Wortlaut absolut verbindliche und nicht erst im Rahmen einer Abwägungsentscheidung sich durchsetzenden Planung Vorrang gegeben werden. Das kann nach der oben skizzierten Rechtsquellenlehre nicht mehr nur Gegenstand eines Flächennutzungsplanes, sondern nur eines Bebauungsplanes sein. Daß dies grundsätzlich möglich ist, zeigt die Entscheidung des Bundesverwaltungsgerichts v. 28.2.2002 (– 4 CN 5.01 –, BRS 65 Nr. 67 = UPR 2002, 313 = DVBl. 2002, 1121). Ob die Beigeladene hier einen Bebauungsplan mit dem Inhalt, den sie ihrem Flächennutzungsplan durch ihre 52. Änderung gegeben hat, in abwägungsgerechter Weise erlassen darf/dürfte, braucht hier nicht entschieden zu werden. Angesichts des Umstandes, daß die Kur- und Erholungseinrichtungen zum Teil doch sehr weit entfernt sind, liegt das jedenfalls nicht als selbstverständlich richtig auf der Hand.

Der Senat hat noch erwogen, ob die Darstellungen des damit unwirksamen Flächennutzungsplanes in den Teilen seiner 52. Änderung in einen wirksamen öffentlichen Belang – etwa: Vorrangfläche für Erholung – umgedeutet und damit geltungserhaltend reduziert werden kann. Ob eine solche Möglichkeit überhaupt besteht, braucht nicht abschließend entschieden zu werden. Denn über einen derartigen Belang könnte sich das streitige Vorhaben ohne weiteres hinwegsetzen. Kur- und Erholungseinrichtungen im engeren Sinne sind in der Umgebung, auf welche das Vorhaben optisch, geruchlich und durch Staubeinwirkungen einwirkt, weder vorhanden noch konkret geplant. Das gilt insbesondere für die Trabrennbahn. Diese stellt keine Einrichtung der Erholung und Erbauung, sondern eine Nebenanlage zum gewerblich betriebenen Ponyhof (Ferien auf dem Bauernhof) dar. Aus diesem Grund schützenswert sind allenfalls die Radwege. Diese sind jedoch so weit entfernt und liegen zudem gegen die Hauptwindrichtung, daß eine Einbuße ihres Gebrauchs bei Verwirklichung des hier streitigen Vorhabens nicht zu erwarten ist. Zudem ist – wie sich aus Anlaß der Ortsbesichtigung gezeigt hat – der die Landesstraße begleitende Radweg durch den erheblichen Kfz-Verkehr schon jetzt in seiner Erholungsfunktion so weit herabgesetzt, daß Gerüche aus der Geflügelproduktion dem keinen nennenswerten Nachteil hinzufügen könnten.

Die Bebauungspläne X/1 oder X/2 enthalten einen öffentlichen Belang, welcher dem streitigen Vorhaben entgegengehalten werden könnte, ebenfalls nicht. Das anzunehmen käme allenfalls dann in Betracht, wenn deren Aufstellung das Anregungsverfahren durchschritten hätte und sie in den Bereich der Planungsreife gelangt wären (vgl. zu diesem Gesichtspunkt zuletzt BVerwG, Urteil. v. 13.3.2003 – 4 C 3.02 –, abgedruckt unter Nr. 11). Davon kann hier keine Rede sein, nachdem die Beigeladene sich darauf beschränkt hatte, die oben genannten Gesichtspunkte mit dem Instrumentarium des Flächennutzungsplanes durchsetzen zu wollen, und den Aufstellungsbeschluß für die zitierten Bebauungspläne nur mit dem Ziel gefasst hatte, hieran Veränderungssperren knüpfen zu können.

Nr. 100

Eine Massierung von Stallanlagen für Intensivtierhaltung kann ein Indiz für das Vorliegen städtebaulicher Mißstände darstellen, es fehlen bislang allerdings ausreichende Erkenntnisse, bei welcher Viehdichte die Belastung der Umwelt eine Größenordnung erreicht, daß öffentliche Belange der Zulassung eines weiteren Stalles entgegen stehen.

Vorläufiger Rechtsschutz der Gemeinde wegen fehlendem Einvernehmens.

4. BImSchV Anh. Nr. 7.1; BauGB 35 Nr. 1 und Nr. 3; UVPG Anlage 1 Nr. 7.12.

Niedersächsisches OVG, Beschluß vom 15. Januar 2003 – 1 ME 325/02 – (rechtskräftig).

Nr. 100

Der Antragsteller begehrt die Anordnung der sofortigen Vollziehung der vom Antragsgegner am 24.4.2002 erteilten immissionsschutzrechtlichen Genehmigung für einen Hähnchenmaststall für 29 998 Mastplätze bis 2 kg, alternativ für 39 997 Mastplätze bis 1,5 kg. Die Beigeladene hat ihr Einvernehmen zu dem Bauvorhaben des Antragstellers versagt. Mit Verfügung vom 22.4.2002 ersetzte der Antragsgegner das Einvernehmen der Gemeinde und erteilte mit Bescheid vom 24.4.2002 die immissionsschutzrechtliche Genehmigung. Die Beigeladene legte gegen beide Bescheide Widerspruch ein. Auf den Antrag des Antragstellers ordnete der Antragsgegner mit Bescheid vom Mai 2002 die sofortige Vollziehung der immissionsschutzrechtlichen Genehmigung vom 24.4. 2002 an.
Die Bezirksregierung gab dem Widerspruch der Beigeladenen gegen die Ersetzung des Einvernehmens statt und hob den Bescheid des Antragsgegners vom 22. 4. 2002 auf, weil die Beigeladene ihr Einvernehmen wegen der drohenden Verfestigung städtebaulicher Mißstände zu Recht verweigert habe. Daraufhin nahm der Antragsgegner die Anordnung der sofortigen Vollziehung des Genehmigungsbescheides zurück.

Aus den Gründen:
Die Beschwerde des Antragstellers hat keinen Erfolg, weil die sofortige Vollziehung der immissionsschutzrechtlichen Genehmigung nicht im überwiegenden Interesse des Bauherrn angeordnet werden darf, wenn diese Genehmigung von der Gemeinde angefochten worden ist und ihre Rechte verletzt. Nach § 80 a Abs. 3 i. V. m. Abs. 1 Nr. 1 VwGO kann das Gericht auf Antrag des Begünstigten – hier des Antragstellers – die sofortige Vollziehung anordnen, wenn ein Dritter – die beigeladene Gemeinde – einen Rechtsbehelf gegen die dem Begünstigten erteilte Genehmigung eingelegt hat. Angesichts des kaum auflösbaren Interessenkonfliktes zwischen der widersprechenden Gemeinde, der an einer abschließenden Klärung der Rechtslage vor der Ausnutzung der immissionsschutzrechtlichen Genehmigung liegt, und dem Bauherrn, dem jede Verzögerung des Vorhabens wirtschaftliche Nachteile bringt, kommen als Maßstab der gerichtlichen Entscheidung nur die Erfolgsaussichten des Widerspruchs der Gemeinde in Betracht (vgl. Schoch, in: Schoch/Schmidt-Aßmann/Pietzner, VwGO, Stand: Januar 2002, § 80 a Rdnr. 61 f.).
Der Widerspruch der beigeladenen Gemeinde gegen die immissionsschutzrechtliche Genehmigung vom 24.4.2002 muß schon deshalb Erfolg haben, weil diese Genehmigung nach der Aufhebung des Bescheides vom 22.4.2002 (Ersetzung des Einvernehmens) durch den Widerspruchsbescheid die Planungshoheit der beigeladenen Gemeinde verletzt. Wehrt sich die Gemeinde mit Widerspruch und Klage gegen eine Genehmigung, die ohne das gesetzlich vorgeschriebene bzw. trotz des verweigerten Einvernehmens erteilt worden ist, muß die Genehmigung allein wegen dieses Verfahrensfehlers aufgehoben werden, weil die Genehmigungsbehörde „keine Kompetenz zur positiven Entscheidung bei fehlendem Einvernehmen" besitzt (vgl. BVerwG, Urteil v. 7.2.1986 – 4 C 43.83 –, BRS 46 Nr. 142; Beschluß v. 5.3.1999 – 4 B 62.98 –, BRS 62 Nr. 178 m.N.; Urteil v. 17.4.2002 – 9 A 24.01 –, DVBl. 2002, 1473, 8). Diese eingeschränkte Entscheidungskompetenz der Genehmigungsbehörde muß auch das Gericht in dem von der Gemeinde eingeleiteten Verfahren beachten. Weder die Widerspruchsbehörde noch das Gericht dürfen in dem von der Gemeinde angestrengten Rechtsbehelfsverfahren prüfen, ob der

Antragsteller im Genehmigungsverfahren einen Rechtsanspruch auf die beantragte Genehmigung hat (vgl. BVerwG, Beschluß v. 5.3.1999, a.a.O.). Daran hat sich auch durch die Befugnis der nach Landesrecht zuständigen Behörde nach §36 Abs.2 Satz3 BauGB, ein rechtswidrig versagtes Einvernehmen der Gemeinde zu ersetzen, im Grundsatz nichts geändert. Die Genehmigungsbehörde ist erst dann zu einer positiven Entscheidung befugt, wenn die Gemeinde ihr Einvernehmen erklärt hat oder das Einvernehmen ersetzt worden ist. Wenn, wie hier, die Widerspruchsbehörde die Ersetzung des Einvernehmens auf den Widerspruch der Gemeinde aufgehoben hat, muß die ohne Einvernehmen erteilte Genehmigung allein aus diesem Grund auf den Widerspruch der Gemeinde aufgehoben werden.

Das Argument des Antragstellers, die Versagung vorläufigen Rechtsschutzes mit Rücksicht auf das verweigerte Einvernehmen der Beigeladenen stelle eine unzulässige Rechtsschutzverweigerung dar, greift nicht durch. Im Verfahren nach §80a Abs.3 i.V.m. Abs.1 Nr.1 VwGO darf die Rechtsposition des Dritten nicht unberücksichtigt bleiben, der durch die Genehmigung belastet wird. Die beigeladene Gemeinde hat einen Anspruch auf Aufhebung der dem Antragsteller erteilten immissionsschutzrechtlichen Genehmigung, weil sie ihr Einvernehmen für das Vorhaben nicht erteilt hat. Der Antragsteller könnte vorläufigen Rechtsschutz nur dann erlangen, wenn er einen Anspruch auf Erteilung der immissionsschutzrechtlichen Genehmigung hätte und diesen Anspruch auch im Wege der einstweiligen Anordnung durchsetzen könnte. Das ist aber nicht der Fall.

Allerdings steht die Lage des Vorhabens in einem Ortsteil der Beigeladenen, der sich durch eine Viehdichte von 3,06 Großvieheinheiten pro Hektar landwirtschaftlicher Fläche bzw. 1,64 Großvieheinheiten pro Gesamtfläche als „Belastungsgebiet" darstellt, ohne Nachweis konkreter städtebaulicher Mißstände der Zulässigkeit des Vorhabens nicht entgegen. Es erscheint zwar nicht von vornherein ausgeschlossen, daß eine hohe Viehdichte als städtebaulicher Mißstand einem privilegierten Vorhaben nach §35 Abs.1 Nr.1 oder 4 BauGB entgegenstehen kann, weil die Aufzählung der öffentlichen Belange in §35 Abs.3 BauGB nicht abschließend ist und der öffentliche Belang schädliche Umwelteinwirkungen und Erholungswert der Landschaft möglicherweise nicht alle denkbaren Fälle abdecken. Allerdings geht auch die vom Bundesminister für Verkehr, Bau- und Wohnungswesen berufene Unabhängige Expertenkommission zur Novellierung des BauGB in ihrem Bericht vom August 2002 davon aus, daß die Viehdichte allein nicht ausreicht, um das Entgegenstehen öffentlicher Belange zu begründen (Novellierung des BauGB, Bericht der Unabhängigen Expertenkommission, 2002, Rdnr.240ff.). Weder der Widerspruchsbescheid der Bezirksregierung noch das Vorbringen der Beigeladenen geben ausreichende Anhaltspunkte dafür, bei welcher Viehdichte die Schwelle der städtebaulichen Mißstände erreicht bzw. überschritten wird. Der Hinweis auf die Erläuterungen zur Änderung des Landesraumordnungsprogramms Niedersachsen – Teil II – vom 28.11.2002 (LT-Drucks. 14/3380 S.17) greift zu kurz, weil der dort mit zwei Großvieheinheiten pro Hektar landwirtschaftlich genutzter Fläche je Gemeinde bezifferte Tierbesatz die Träger der Regionalplanung zu planerischen Aktivitäten ermächtigt, aber ohne Hinzutreten weiterer Kriterien nicht geeignet ist, privilegierte Vorhaben im Außenbereich einer Gemeinde zu „sperren". Nr. 7.12 Anlage 1 zum UVPG i. d. F. der Bek. vom 5.9.2001 (BGBl. I, 2350) und Nr. 7.1 Spalte 2 Buchst. b Anh. der 4. BImSchV i. d. F. vom 6.5.2002 (BGBl. I, 1566) bezeichnen mit Anlagen zur Haltung oder zur Aufzucht von Nutztieren und mehr als 2 GV je Hektar der vom Inhaber der Anlage regelmäßig landwirtschaftlich genutzten Fläche nur die Schwelle, von der ab eine allgemeine Vorprüfung des Einzelfalls nach §3c UVPG stattzufinden hat bzw. von der ab ein Genehmigungsverfahren nach BImSchG durchzuführen ist. Das Erfordernis einer Umweltverträglichkeitsprüfung oder einer Genehmigung nach BImSchG ist ein Indiz dafür, daß ein Vorhaben mit bedenklichen Belastungen verbunden ist und daher einer genaueren Prüfung unterzogen werden muß. Ein Belastungswert, der eine Umweltverträglichkeitsprüfung auslöst oder eine Genehmigung erforderlich macht, stellt aber nicht schon einen Belang dar, der eine Zulassung eines privilegierten Vorhabens nach §35 Abs. 1 BauGB ausschließt.

Für eine städtebauliche Betrachtung wäre darüber hinaus wohl auf das Verhältnis der Viehdichte zur Gemeindefläche abzustellen, weil es um die Belastung des Gemeindegebietes geht (vgl. Gierke, NdsVBl. 2002, 225/30). Eine Massierung von Intensivtierhaltung, wie sie mit der Überschreitung von zwei Großvieheinheiten pro Hektar verbunden ist, stellt zwar ein gewisses Indiz für das Vorliegen von städtebaulichen Mißständen dar, insbesondere wenn es um Schweine- und Geflügelhaltung geht, es fehlen aber ausreichende Erkenntnisse, bei welchem Schwellenwert die Belastung der Umwelt eine Größenordnung erreicht, daß öffentliche Belange einem weiteren Stall entgegen stehen (vgl. auch Gierke, a. a. O.). Dabei werden nicht nur die Tierarten, sondern auch die Haltungsmethoden zu berücksichtigen sein (z. B. Geruchsminderung durch Haltung auf Stroh, Biofilter). Die Viehdichte im Ortsteil A., wo das Vorhaben des Antragstellers liegt, erreicht mit 3,06 GV/ha landwirtschaftlicher Nutzfläche zwar einen hohen Wert, bezogen auf die gesamte Fläche des Ortsteils ermäßigt sich die Viehdichte aber auf 1,64 GV/ha. Diese Relation zeigt deutlich, daß A. zwar von einer ländlichen Idylle weit entfernt ist, aber städtebauliche Mißstände auch nicht unbesehen für den ganzen Ortsteil angenommen werden dürfen.

Ein Anspruch des Antragstellers auf Erteilung der immissionsschutzrechtlichen Genehmigung muß aber nach dem gegenwärtigen Verfahrensstand in Zweifel gezogen werden, weil die ausreichende Erschließung nicht gesichert erscheint. Zur ausreichenden Erschließung eines Vorhabens gehört, daß die Zuwegung den Ziel- und Quellverkehr ohne Schädigung des Wegezustandes aufnehmen kann (vgl. BVerwG, Urteil v. 13.2.1976 – IV C 53.74 –, BRS 30 Nr. 40). Die Beigeladene bestreitet die ausreichende Erschließung im Hinblick auf die mangelnde Tragfähigkeit und Ausbaubreite der Straße „B.-weg", an der der Hähnchenmaststall errichtet werden soll. Die Beigeladene hat in ihrer Stellungnahme vom Februar 2002 darauf aufmerksam gemacht, daß der Ausbau des B.-weges im hier einschlägigen nördlichen Abschnitt mehr als 20 Jahre zurück liegt, auf eine Erschließung der angrenzenden landwirtschaftlichen Nutzflächen ausgelegt ist und nicht auf die Erschließung von Hofflächen. Die Ausbaubreite von nur 3 m ohne Ausweichstellen deutet darauf hin, daß der Weg nur für eine geringe Beanspruchung ausgelegt ist. Nach Nr. 3.4.1 der Richtlinien für den ländlichen Wegebau (RLW 1975) soll die Fahrbahnbreite einspuriger Verbindungswege 3,5 m, bei geringer Beanspruchung 3 m betragen. Bei einem Stall mit ca. 40 000 Hähnchen, einer Haltungsdauer von 35 bis 40 Tagen wird die Zuwegung allein durch den An- und Abtransport der Tiere und die Mistabfuhr nicht unerheblich belastet, so daß von einer geringen Beanspruchung kaum mehr die Rede sein kann (vgl. auch Urteil des Senat v. 29. 8. 1988 – 1 A 5/87 –, BRS 48 Nr. 79). Der Antragsgegner hat bei der Ersetzung des Einvernehmens selbst darauf aufmerksam gemacht, daß er den Unterbau nicht durch Probebohrungen untersucht habe und eine Beschädigung des Oberbaus bei schweren Fahrzeugen nicht ausgeschlossen werden könne, zumal die Straße Risse und kleinere Absackungen aufweise. Der Antragsgegner hält auch ein Gespräch über geeignete Maßnahmen zur Minimierung der zu erwartenden Schäden für erforderlich. Dagegen hat der Antragsteller nach Angaben der Beigeladenen eine Vereinbarung zur Finanzierung der Ertüchtigung dieser Zuwegung abgelehnt. Unter diesen Umständen kann ohne genauere Untersuchung des Straßenkörpers nicht davon ausgegangen werden, daß die Erschließung gesichert ist.

Nr. 101

1. **Eine Beschwerde hat in Verfahren des vorläufigen Rechtsschutzes (§§ 80, 80 a und 123 VwGO) nicht schon dann Erfolg, wenn mit ihr die tragende Begründung des Verwaltungsgerichts zu Recht in Zweifel gezogen wird, sondern erst dann, wenn sich die Entscheidung auch nicht aus anderen Gründen als richtig erweist (§ 144 Abs. 4 VwGO analog). Insoweit beschränkt § 146 Abs. 4 Satz 6 VwGO die Prüfung nicht auf die vorgebrachten Beschwerdegründe (wie OVG NRW vom 18. 3. 2002, NVwZ 2002, 2785).**

2. **Die Nutzungsänderung von Bullenmast zu Geflügelmast kann wegen schädlicher Umwelteinwirkungen bauplanungsrechtlich unzulässig sein.**
(Zu 2. nichtamtlicher Leitsatz)

VwGO § 146 Abs. 4 Satz 6; BauGB § 35 Abs. 3 Satz 1 Nr. 3; VDI 3472 Abschnitte 3.2.3.2 und 3.2.3.4.

Bayerischer VGH, Beschluß vom 21. Mai 2003 – 1 CS 03.60 – (unanfechtbar).

(VG München)

Der Antragsteller und der Beigeladene sind Landwirte; ihre Hofstellen grenzen aneinander. 2002 erteilte das Landratsamt dem Beigeladenen die Baugenehmigung zur Änderung der Nutzung eines 49,90 m langen und 20,05 m breiten Gebäudes auf dem Grundstück Fl.Nr. 1634 von einem Bullenstall in einen Geflügelmaststall für höchstens 23 500 Hähnchen. Das Gebäude hat eine Wandhöhe von 3,4 m. Das Wohnhaus der südlich angrenzenden Hofstelle des Antragstellers auf Fl.Nr. 1638 ist von der Stallaußenwand etwa 22 m, von den fünf geplanten Abluftkaminen 31 m bis 40 m entfernt.

Der Antragsteller erhob gegen die Baugenehmigung Widerspruch, über den noch nicht entschieden worden ist. Außerdem beantragte er beim Verwaltungsgericht die aufschiebende Wirkung des Widerspruchs anzuordnen.

Das Verwaltungsgericht ordnete die aufschiebende Wirkung des Widerspruchs an. Es führte zur Begründung aus, die Baugenehmigung verstoße gegen die nachbarschützenden Abstandsflächenvorschriften. Das Stallgebäude sei nach dem Lageplan von der Grundstücksgrenze des Antragstellers weniger als 3 m entfernt.

Mit der Beschwerde macht der Beigeladene unter Vorlage einer Bescheinigung des Vermessungsamts T. geltend, sein Stallgebäude halte zur Grundstücksgrenze einen Abstand zwischen 4,1 m (Südostecke) und 3,8 m (Südwestecke) ein. Außerdem trägt er unter Vorlage einer Stellungnahme des Sachverständigen Dr. S. vor, die Nutzungsänderung sei auch aus der Sicht des Immissionsschutzrechts unbedenklich.

Aus den Gründen:
II. Die Beschwerde ist unbegründet. Das Verwaltungsgericht hat die aufschiebende Wirkung im Ergebnis zu Recht angeordnet.

Gemäß § 146 Abs. 4 Satz 6 VwGO prüft der Verwaltungsgerichtshof in Verfahren des vorläufigen Rechtsschutzes (§§ 80, 80a und 123 VwGO) bei Beschwerden nur die rechtzeitig (§ 146 Abs. 4 Satz 1 VwGO) und in der gebotenen Weise (§ 146 Abs. 4 Satz 3 VwGO) dargelegten Gründe. Diese Vorschrift ist auslegungsbedürftig. Sie hat das Ziel, das Beschwerdeverfahren zu beschleunigen. Wenn sich die Beschwerdegründe als nicht berechtigt erweisen, ist die Beschwerde zurückzuweisen. Das Beschwerdegericht hat dann nicht von Amts wegen zu prüfen, ob der Beschwerde aus anderen, nicht dargelegten Gründen stattzugeben wäre (A. A. Kopp/Schenke, VwGO, 13. Aufl., § 146 Rdnr. 43, wenn der angefochtenen Entscheidung die Rechtswidrigkeit „gewissermaßen auf die Stirn geschrieben ist").

Erweisen sich die Beschwerdegründe hingegen als berechtigt, dann hat die Beschwerde nicht schon aus diesem Grund, sondern erst dann Erfolg, wenn sich die angefochtene Entscheidung auch nicht aus anderen Gründen als richtig erweist (§ 144 Abs. 4 VwGO analog). Insoweit beschränkt § 146 Abs. 4 Satz 6 VwGO die Prüfung nicht auf die vorgebrachten Beschwerdegründe (wie OVG NRW v. 18.3.2002, BRS 65 Nr. 87 = BauR 2002, 1684 = NVwZ 2002, 2785).

Der vom Beigeladenen geltend gemachte Beschwerdegrund ist zwar berechtigt, die angefochtene Entscheidung erweist sich aber aus anderen Gründen als richtig.

Entgegen der Auffassung des Verwaltungsgerichts hält das Stallgebäude des Beigeladenen zwar den gemäß Art. 6 Abs. 2 Satz 1, Abs. 4 Satz 1 Halbs. 1 BayBO erforderlichen Abstand zur Grundstücksgrenze von 3,40 m ein. Dies ergibt sich aus der Bescheinigung des Vermessungsamts T., wonach das Stallgebäude an der engsten Stelle 3,8 m von der Grundstücksgrenze entfernt ist.

Nach summarischer Prüfung ist jedoch anzunehmen, daß die Baugenehmigung gegen die nachbarschützende Vorschrift des § 35 Abs. 3 Satz 1 Nr. 3 Alt. 1 BauGB i. V. m. § 3 Abs. 1 BImSchG verstößt. Wegen des zu geringen Abstands ruft das privilegierte Außenbereichsvorhaben (§ 35 Abs. 1 Nr. 1

BauGB) beim Wohnhaus des Antragstellers wohl schädliche Umwelteinwirkungen hervor. Für die Beurteilung der Staub- und Geruchsemissionen des geplanten Geflügelmaststalls ist die VDI-Richtlinie Immissionsminderung Tierhaltung – Hühner – (VDI 3472) vom Juni 1986 als Anhaltspunkt heranzuziehen. Nach dem Gutachten der X. GmbH vom August 2002 sind Masthähnchen mit dem Faktor 0,0015 in Großvieheinheiten (GV) umzurechnen. 23 500 Masthähnchen entsprechen demnach 35,25 GV. Unterstellt man zugunsten des Beigeladenen, daß sein Stallsystem die Höchstpunktzahl von 100 Punkten aufweist, dann beträgt nach Bild 13 der VDI 3472 der Mindestabstand zu Wohnhäusern grundsätzlich 200 m. Gemäß Abschnitt 3.2.3.2 Satz 2 der VDI 3472 kann dieser Abstand gegenüber Wohnhäusern im Außenbereich bis auf die Hälfte, hier also auf 100 m, verringert werden.

Das Stallgebäude des Beigeladenen hält diesen Abstand zum Wohnhaus des Antragstellers bei weitem nicht ein. Die fünf geplanten Abluftkamine des Stalles sind vom Wohnhaus des Antragstellers nur 31 m bis 40 m entfernt. Diese Abstände sind in immissionsschutzrechtlicher Hinsicht maßgebend, weil nach der von der Baugenehmigung umfaßten Anlage zum Bauantrag die Abluft durch Kamine über das Dach „aus dem ansonsten geschlossenen Stall" geführt wird.

Zwar ist nach Abschnitt 3.2.3.2 Satz 3 der VDI 3472 eine weitere Unterschreitung des Abstands gegenüber Wohnhäusern im Außenbereich über eine Sonderbeurteilung durch Fachbehörden oder Sachverständige zulässig. Bei dieser sind nach Abschnitt 3.2.3.4 Satz 2 der VDI 3472 die einzelbetrieblichen Standortverhältnisse, insbesondere die atmosphärischen Bedingungen und eine spezielle Einbindung in die Bebauungs- und Nutzungssituation entsprechend Abschnitt 2.1.1 (Standortwahl) und 2.1.2 (Eingrünung) zu berücksichtigen. Außerdem sind gemäß Satz 3 dieser Bestimmung nach Ausschöpfung aller Möglichkeiten zur Minderung von Geruchsstoffemissionen entsprechend Abschnitt 2.1 bis 2.5 (Standort, Haltungsform und Sauberkeit, Fütterungstechnik, Lüftung, Kotlagerung) weitergehende Maßnahmen nach Abschnitt 2.6 (technische Zusatzmaßnahmen für den Sonderfall) in Betracht zu ziehen.

Weder das Gutachten der X. GmbH von 2002 noch die ergänzende Stellungnahme des Sachverständigen Dr. S. vom März 2003 noch die Stellungnahme des Sachgebiets Immissionsschutz des Landratsamts vom September 2002 werden diesen Anforderungen gerecht. Sie zeigen nicht in nachvollziehbarer Weise auf, welche besonderen atmosphärischen oder sonstigen Bedingungen es rechtfertigen könnten, daß bei dem Stallgebäude des Beigeladenen der für Wohnhäuser im Außenbereich auf 100 m reduzierte Mindestabstand nochmals um etwa zwei Drittel reduziert wird, ohne daß für den Antragsteller schädliche Umwelteinwirkungen zu befürchten sein sollen. Hierfür genügt nicht, daß das Wohnhaus des Antragstellers südlich des Stallgebäudes und damit außerhalb der Hauptwindrichtung liegt. Es genügt auch nicht der – vom Antragsteller bestrittene – Hinweis im Gutachten der X. GmbH und in der ergänzenden Stellungnahme des Sachverständigen Dr. S., daß mit der Umnutzung des Stallgebäudes von der bestandsgeschützten Rinderhaltung zur Hähnchenmast keine Verschlechterung der Standortsituation zu besorgen sei.

Ergänzend ist anzumerken, daß dem Beigeladenen in der Baugenehmigung entgegen Abschnitt 3.2.3.4 Satz 2 i. V. m. Abschnitt 2.1.2 der VDO 3472 keine Eingrünung des Stallgebäudes aufgegeben worden. Hierfür ist wohl wegen des zu geringen Abstands zur Grundstücksgrenze auch gar kein Platz.

Bedenken gegen die Sonderbeurteilung der Sachverständigen ergeben sich ferner daraus, daß sich diese nicht mit der Frage auseinandergesetzt haben, ob der Antragsteller angesichts des geringen Abstands von 31 m zwischen dem nächstgelegenen Abluftkamin und dem Wohnhaus durch die Auflage 3 der Baugenehmigung, daß zur Desinfektion des Stalles nur Desinfektionsmittel verwendet werden dürfen, die keine halogenierten Lösungsmittel enthalten, ausreichend geschützt ist. Denkbar ist, daß auch andere Desinfektionsmittel beim nahegelegenen Wohnhaus schädliche Umwelteinwirkungen hervorrufen.

Nr. 102

1. **Eine aus Liebhaberei betriebenes Damwildgehege widerspricht der Darstellung der Fläche im Flächennutzungsplan als Fläche für die Landwirtschaft und beeinträchtigt daher öffentliche Belange i. S. des § 35 Abs. 3 Satz 1 Nr. 1 BauGB.**

2. **Eine 1,80 m hoher Zaun eines Damwildgeheges beeinträchtigt die natürliche Eigenart der Landschaft (§ 35 Abs. 3 Nr. 5 BauGB), weil er die umzäunte Fläche aus der freien Landschaft „ausgrenzt", ohne einer landwirtschaftlichen Nutzung zu dienen.**

BauGB § 35 Abs. 2, Abs. 3 Satz 1; NNatSchG §§ 45 Abs. 3 Nr. 6, 45c Abs. 4.

Niedersächsisches OVG, Beschluß vom 9. Januar 2003 – 8 LA 149/02 – (rechtskräftig).

Aus den Gründen:

Der Erteilung einer Genehmigung steht jedenfalls entgegen, daß das Damwildgehege mit dem öffentlichen Baurecht nicht im Einklang steht (§ 45 c Abs. 3 i. V. m. § 45 Abs. 3 Nr. 6 NNatSchG).

Bei dem im Außenbereich gelegenen Damwildgehege handelt es sich aus den vom Verwaltungsgericht dargelegten Gründen um ein sonstiges Vorhaben i. S. des § 35 Abs. 2 BauGB, weil es weder einem landwirtschaftlichen Betrieb i. S. des § 35 Abs. 1 Nr. 1 BauGB dient noch zu den von § 35 Abs. 1 Nr. 5 BauGB privilegierten Vorhaben gehört (vgl. dazu auch BVerwG, Beschluß v. 10. 4. 1987 – 4 B 58 u. 63/87 –, NVwZ 1988 S. 56). Sonstige Vorhaben können nach § 35 Abs. 2 BauGB nur zugelassen werden, wenn ihre Ausführung oder Benutzung öffentliche Belange nicht beeinträchtigt. Eine Beeinträchtigung öffentlicher Belange liegt nach § 35 Abs. 3 Satz 1 Nr. 1 BauGB insbesondere vor, wenn das Vorhaben den Darstellungen des Flächennutzungsplans widerspricht. Das ist hier der Fall, weil der Flächennutzungsplan der Stadt die Fläche, auf der das Damwildgehege errichtet worden ist, und dessen Umgebung als Fläche für die Landwirtschaft darstellt, die aus Liebhaberei betriebene Damwildhaltung aber nicht als landwirtschaftliche Nutzung anzusehen ist. Dem kann der Kläger nicht entgegenhalten, daß es sich bei der Haltung von Damwild in einem Gehege grundsätzlich um Landwirtschaft i. S. des §201 BauGB handele. Weidewirtschaft ist nämlich nur dann Landwirtschaft im Sinne dieser Bestimmung, wenn die Bodenertragsnutzung planmäßig und eigenverantwortlich erfolgt (BVerwG, Urteil v. 11. 4. 1986 – 4 C 67.82 –, BauR 1986 S. 419; Urteil v. 13. 12. 1974 – 4 C 22.73 –, BRS 28 Nr. 45; Berliner Kommentar zum Baugesetzbuch, 3. Aufl., §201 Rdnr. 1). Dementsprechend stellt eine Tierhaltung, die lediglich aus Liebhaberei erfolgt, keine Landwirtschaft i. S. des §201 BauGB dar (vgl. Ernst-Zinkahn-Bielenberg, BauGB, Komm., §201 Rdnr. 31 f.; Schrödter, BauGB, Komm., 6. Aufl., §201 Rdnr. 6 und 9). Daher widerspricht die Damwildhaltung durch den Kläger der Darstellung seines Grundstücks als Fläche für die Landwirtschaft im Flächennutzungsplan der Stadt. Das hat die bauplanungsrechtliche Unzulässigkeit des Geheges zur Folge, weil sich ein Flächennutzungsplan mit dieser Darstellung gegenüber einem nicht privilegierten Vorhaben im Außenbereich grundsätzlich durchsetzt (vgl. BVerwG, Beschluß v. 31. 10. 1997 – 4 B 185/97 –, Buchholz 406.11 §35 BauGB Nr. 333; Berl. Komm. zum Baugesetzbuch, §35 Rdnr. 62).

Des weiteren steht der Genehmigungsfähigkeit des Damwildgeheges entgegen, daß die Umzäunung die natürliche Eigenart der Landschaft beeinträchtigt (§ 35 Abs. 3 Nr. 5 BauGB). Der öffentliche Belang der Wahrung der natürlichen Eigenart der Landschaft verfolgt außer dem Schutz der Landschaft vor ästhetischen Beeinträchtigungen das Ziel, das Vordringen von Vorhaben in den Außenbereich zu verhindern, die dort wesensfremd sind (BVerwG, Beschluß v. 30. 7. 1971 – IV B 109.70 –, RdL 1972 S. 65, m. w. N.; Battis/Krautzberger/Löhr, BauGB, Komm., 8. Aufl., §35 Rdnr. 61). Der 1,80 m hohe Zaun, der das Gehege des Klägers umgibt, stellt ein dem Außenbereich wesensfremdes Vorhaben dar, weil er das Grundstück des Klägers aus der freien Landschaft „ausgrenzt", ohne einer landwirtschaftlichen Nutzung zu dienen (vgl. dazu BVerwG, Beschluß v. 30. 7. 1971, a. a. O.; Berl. Komm. zum Baugesetzbuch, §35 Rdnr. 53, Stichwort: Zäune).

Entgegen der Annahme des Klägers bestehen auch keine ernstlichen Zweifel an der Richtigkeit des erstinstanzlichen Urteils, soweit das Verwaltungsgericht die Rechtmäßigkeit der Anordnung, die Einzäunung und die sonstigen baulichen Anlagen zu entfernen, bestätigt hat. Der Einwand des Klägers, sein Gehege genieße Bestandsschutz, weil es seinerzeit im Einklang mit formellem und materiellem Recht errichtet worden sei, ist unzutreffend, da das Anfang der 80er Jahre errichtete Gehege Zeit seines Bestehens mangels Genehmigung formell illegal und mangels Unvereinbarkeit mit dem Bauplanungsrecht materiell rechtswidrig gewesen ist. Dem Verwaltungsgericht ist ferner darin zuzustimmen, daß die angefochtene Verfügung insoweit auch keine Ermessensfehler aufweist.

Der Kläger geht weiterhin zu Unrecht davon aus, daß das Verwaltungsgericht die im Widerspruchsbescheid enthaltene Zwangsgeldandrohung hätte aufheben müssen. Er übersieht bei diesem Einwand, daß die zur Beseitigung der baulichen Anlagen gesetzte Frist bis zum 1.5.2001 gegenstandslos geworden ist, weil er der Beseitigungsanordnung wegen der aufschiebenden Wirkung seines Widerspruchs und seiner Klage (§ 80 Abs. 1 Satz 1 VwGO) nicht innerhalb dieser Frist nachkommen mußte (vgl. BVerwG, Urteil v. 16.10.1979 – 1 C 20.75 –, DVBl. 1980, S. 745; Senatsurteil v. 25.4.2002 – 8 LB 47/01 –). Das hat zur Folge, daß auch die Zwangsgeldandrohung, die nach § 63 Satz 3 NNatSchG i.V.m. § 70 Abs. 1 Satz 2 NGefAG mit einer Fristsetzung verbunden sein muß, gegenstandslos geworden ist und daher nicht aufgehoben werden muß (vgl. BVerwG, Urteil v. 16.10.1979, a.a.O.; Senatsurteil v. 25.4.2002, a.a.O.).

Nr. 103

Auch ein nicht unter förmlichen Naturschutz gestelltes Gebiet kann durch Windenergieanlagen verunstaltet werden.

(Nichtamtlicher Leitsatz)

BauGB § 35 Abs. 3 Satz 1 Nr. 5.

Bundesverwaltungsgericht, Beschluß vom 18. März 2003 – 4 B 7.03 –.

(VGH Baden-Württemberg)

Aus den Gründen:
In der Rechtsprechung des Bundesverwaltungsgerichts ist rechtsgrundsätzlich geklärt, daß eine Verunstaltung i.S. von § 35 Abs. 3 Satz 1 Nr. 5 BauGB voraussetzt, daß das Bauvorhaben dem Orts- oder Landschaftsbild in ästhetischer Hinsicht grob unangemessen ist und auch von einem für ästhetische Eindrücke offenen Betrachter als belastend empfunden wird (BVerwG, Urteil v. 22.6.1990 – 4 C 6.87 –, BRS 50 Nr. 84 = BauR 1990, 689; Urteil v. 15.5.1997 – 4 C 23.95 –, BRS 59 Nr. 90 = BauR 1997, 988). Dieser Grundsatz gilt auch gegenüber im Außenbereich privilegierten Vorhaben; er gilt auch für Windkraftanlagen. Zwar sind diese Anlagen durch § 35 Abs. 1 Nr. 6 BauGB grundsätzlich dem Außenbereich zugewiesen. Eine Entscheidung über den konkreten Standort hat der Gesetzgeber jedoch nicht getroffen. Ihre Zulässigkeit steht deshalb unter dem Vorbehalt, daß die jeweilige Anlage das Orts- und Landschaftsbild im Einzelfall nicht verunstaltet. Ob die Schwelle zur Verunstaltung überschritten ist, hängt von den konkreten Umständen der jeweiligen Situation ab (BVerwG, Beschluß v. 15.10.2001 – 4 B 69.01 –, BRS 64 Nr. 100).

In Übereinstimmung mit dem OVG Bautzen (Urteil v. 18.5.2000 – 1 B 29/98 –, NuR 2002, 162) hat das Berufungsgericht darüber hinaus angenommen, daß eine Verunstaltung des Landschaftsbildes nur in Ausnahmefällen anzunehmen sei, nämlich wenn es sich um eine wegen ihrer Schönheit und Funktion besonders schutzwürdige Umgebung oder um einen besonders groben Eingriff in das Landschaftsbild handelt. Weitergehende allgemeine Rechtssätze dürften sich kaum formulieren lassen. ... So ist zwar nicht zweifelhaft, daß auch ein nicht unter förmlichen Naturschutz gestelltes Gebiet durch Windenergieanlagen verunstaltet werden kann; wann dies der Fall ist, hängt jedoch von einer wertenden Betrachtung des jeweiligen Gebiets ab. Ob eine Landschaft durch technische Einrichtungen und Bauten bereits so vorbelastet ist, daß eine Windkraftanlage sie nicht mehr verunstalten kann, ist ebenfalls eine Frage des jeweiligen Einzelfalls. Die Beschwerde weist ferner zwar zutreffend darauf hin, daß die technische Neuartigkeit einer Anlage und die dadurch bedingte optische Gewöhnungsbedürftigkeit allein nicht geeignet ist, das Orts- oder Landschaftsbild zu beeinträchtigen (vgl. BVerwG, Urteil v. 18. 2. 1983 – 4 C 18.81 –, BVerwGE 67, 23, 33). Dies hat aber auch das Berufungsgericht angenommen. Zu Recht hat es die Verunstaltung auch nicht allein daraus abgeleitet, daß Windkraftanlagen angesichts ihrer Größe markant in Erscheinung treten. In welcher Entfernung eine Windkraftanlage nicht mehr verunstaltend wirken kann, läßt sich ebenfalls nicht abstrakt festlegen.

Nr. 104

Zur Verunstaltung des Landschaftsbilds durch die Errichtung von drei Windkraftanlagen auf einer Hochfläche des Südschwarzwalds am Abhang zum Rheintal (hier bejaht).

BauGB § 35 Abs. 1 Nr. 6, Abs. 3 Satz 1 Nr. 5.

VGH Baden-Württemberg, Urteil vom 20. Mai 2003 – 5 S 1181/02 – (rechtskräftig).

(VG Freiburg)

Die Klägerin begehrt die Feststellung, daß die Ablehnung des beantragten Bauvorbescheids zur planungsrechtlichen Zulässigkeit von nunmehr noch drei Windkraftanlagen rechtswidrig gewesen ist.

1999 beantragte die Klägerin die Erteilung eines Bauvorbescheids über die planungsrechtliche Zulässigkeit der Errichtung von fünf Windkraftanlagen des Anlagentyps DeWind D 6 (Nabenhöhe 91,5 m, Rotordurchmesser 62 m, Gesamthöhe 122,5 m, Leistung 1000 bzw. 1250 kW). Das vorgesehene, ca. 30 ha große landwirtschaftlich genutzte Gelände liegt im Außenbereich auf der Hochfläche Hoheneck ca. 820 m über NN etwa in der Mitte zwischen den Orten Hottingen und Oberwihl.

Aus den Gründen:

II. 1. Die Klägerin ist gemäß § 173 VwGO, § 264 Nr. 3 ZPO, § 113 Abs. 1 Satz 4 VwGO zulässigerweise vom Bescheidungsantrag zum Fortsetzungsfeststellungsantrag übergegangen. Das erledigende Ereignis liegt in der Änderung des Genehmigungsverfahrens und beruht auf dem Gesetz zur Umsetzung der UVP-Änderungsrichtlinie, der IVU-Richtlinie und weiterer EG-Richtlinien zum Umweltschutz vom 27. 7. 2001 (BGBl. I, 1950). Das Vorhaben der Klägerin mit drei Windkraftanlagen bedarf nunmehr nach § 1 Abs. 1 und 3, § 2 Abs. 1 Satz 1 Nr. 2 i. V. m. der Anlage Nr. 1.6 Spalte 2 der Verordnung über genehmigungsbedürftige Anlagen – 4. BImSchV – vom 14. 3. 1997 (BGBl. I, 504) i. d. F. des Art. 4 des genannten Gesetzes vom 27. 7. 2001 der immissionsschutzrechtlichen Genehmigung. Sie schließt nach §13 Abs. 1 BImSchG die Baugenehmigung und damit die Prüfung der bauplanungsrechtlichen Zulässigkeit des Vorhabens ein. Der Erlaß eines Bauvorbescheids als vorweggenommener Teil einer Baugenehmigung (vgl. BVerwG, Beschluß v. 12. 6. 1973 – IV B 201.72 –, BRS 27 Nr. 139) scheidet deshalb aus (vgl. zu allem BVerwG, Urteil v. 13. 12. 2001 – 4 C 3.01 –, BRS 64 Nr. 98 = BauR 2002, 751 = PBauE §35 Abs. 1 BauGB Nr. 48); vielmehr kommt auf einen entsprechenden Antrag nur noch der Erlaß eines Vorbescheids nach §9 BImSchG in Betracht.

Das für die Fortsetzungsfeststellungsklage erforderliche Feststellungsinteresse besteht im Hinblick auf die von der Klägerin in der mündlichen Verhandlung bekräftigte ernsthafte Absicht, eine immissionsschutzrechtliche Genehmigung zu beantragen, da nicht auszuschließen ist, daß es hierfür auf dieselben planungs- und naturschutzrechtlichen Fragen ankommen wird wie im bisherigen Bauvorbescheidsverfahren. Ein der Klage stattgebendes Feststellungsurteil hätte gemäß §121 VwGO zur Folge, daß die immissionsschutzrechtliche Genehmigung bei unveränderter Sach- und Rechtslage aus Gründen des Bauplanungs- und Naturschutzrechts nicht versagt werden dürfte. Ob eine solche Genehmigung deshalb nicht erteilt werden kann, weil dem Vorhaben die am 8. 5. 2003 in Kraft getretene, nach Auffassung der Klägerin fehlerhafte Flächennutzungsplan-Änderung mit der Darstellung einer „Vorrangfläche für Windkraftnutzung" gemäß §35 Abs. 3 Satz 3 BauGB als öffentlicher Belang entgegensteht, ist erst in einem anschließenden gerichtlichen Verfahren zu klären. Auf die Gültigkeit dieser Flächennutzungsplan-Änderung kommt es im vorliegenden Verfahren nicht an; denn für die Entscheidung über die Fortsetzungsfeststellungsklage ist die materiell-rechtliche Lage vor Änderung des Bundesimmissionsschutzgesetzes vom 27. 7. 2001 maßgebend. Deshalb kann die Flächennutzungsplan-Änderung entgegen der in der mündlichen Verhandlung geäußerten Meinung des Beklagten prozessual auch nicht zur Verneinung des Feststellungsinteresses führen.

2. Die Fortsetzungsfeststellungsklage ist aber unbegründet. Vor Inkrafttreten der Änderung des Bundesimmissionsschutzgesetzes vom 27. 7. 2001 war der Beklagte gemäß §58 Abs. 1 i. V. m. §57 Abs. 1 LBO nicht verpflichtet, über den Antrag der Klägerin auf Erteilung eines Bauvorbescheids über die planungsrechtliche Zulässigkeit der drei Windkraftanlagen auf den nördlich gelegenen Standorten I, III und V erneut zu entscheiden. Aus der geltend gemachten Überschreitung der Äußerungsfristen des §54 Abs. 3 i. V. m. §57 Abs. 2 LBO durch berührte Behörden und der Entscheidungsfrist des §54 Abs. 4 i. V. m. §57 Abs. 2 LBO durch die Baurechtsbehörde kann die Klägerin hierfür nichts herleiten; denn diese Vorschriften sehen weder ein Verwertungsverbot der Stellungnahmen der berührten Behörden vor noch eine Fiktion der Erteilung eines Bauvorbescheids bei Überschreitung dieser Fristen; es kann deshalb dahinstehen, ob diese Fristen tatsächlich überschritten worden sind. Eine Pflicht zur erneuten Entscheidung bestand deshalb nicht, weil dem Vorhaben von der Baurechtsbehörde zu prüfende öffentlich-rechtliche Vorschriften entgegenstanden.

a) Die bauplanungsrechtliche Zulässigkeit von Windkraftanlagen beurteilt sich nach §35 Abs. 1 Nr. 6 BauGB. Danach ist ein Vorhaben, das – wie hier –

der Nutzung der Windenergie dient, im Außenbereich bevorrechtigt zulässig. Ein solches Vorhaben, das vom Gesetzgeber dem Außenbereich im Grundsatz „planungsähnlich" zugewiesen ist (BVerwG, Urteil v. 25. 10. 1967 – 4 C 86.66 –, BVerwGE 28, 148, 151), kann aber gleichwohl nicht zugelassen werden, wenn ihm öffentliche Belange i. S. des § 35 Abs. 3 Satz 1 Nr. 5 BauGB entgegenstehen, wenn es also Belange des Naturschutzes und der Landschaftspflege, des Bodenschutzes, des Denkmalschutzes oder die natürliche Eigenart der Landschaft und ihren Erholungswert beeinträchtigt oder das Ortsund Landschaftsbild verunstaltet. Daneben bleibt nach § 8 a Abs. 2 BNatSchG a. F. (ebenso § 21 Abs. 2 Satz 2 BNatSchG n. F.) für Vorhaben im Außenbereich die Geltung der Vorschriften über die Eingriffsregelung unberührt. Nach der Rechtsprechung des Bundesverwaltungsgerichts (vgl. Urteil v. 13. 12. 2001, a. a. O.) hat die Prüfung der bauplanungsrechtlichen und der naturschutzrechtlichen Zulassungsvoraussetzungen eines Außenbereichsvorhabens jeweils eigenständigen Charakter und ist jeweils unabhängig voneinander durchzuführen, auch wenn die Abwägung in beiden Fällen regelmäßig zu demselben Ergebnis kommen sollte. Da die bauplanungsrechtliche Zulassung nach § 35 Abs. 1 BauGB eine gesetzlich gebundene Abwägungsentscheidung ist, bei der die Behörde keine vom Gericht zu respektierenden Abwägungs- und Ermessensspielräume besitzt, ist auch die naturschutzrechtliche Abwägungsentscheidung im Rahmen der Eingriffsregelung mit ihren zusätzlichen Voraussetzungen gesetzlich gebunden und gerichtlich uneingeschränkt zu überprüfen. Ist ein Außenbereichsvorhaben schon nach § 35 Abs. 1 und 3 BauGB unzulässig, kommt es auf seine Vereinbarkeit mit naturschutzrechtlichen Bestimmungen nicht mehr an. Nimmt ein im Außenbereich privilegiertes Vorhaben zwar die Hürde des § 35 Abs. 1 und 3 BauGB, muß geprüft werden, ob es nach der naturschutzrechtlichen Eingriffsregelung zugelassen werden kann, und es ist denkbar, daß es gleichwohl daran scheitert oder zumindest nur mit Auflagen genehmigungsfähig ist (so BVerwG, a. a. O.).

b) Grundsätzlich können alle in § 35 Abs. 3 BauGB aufgeführten öffentlichen Belange auch einem privilegierten Vorhaben entgegengehalten werden. Diese Vorhaben sind im Außenbereich aber nur dann planungsrechtlich unzulässig, wenn ihnen öffentlich-rechtliche Belange entgegenstehen, während sonstige Vorhaben i. S. des § 35 Abs. 2 BauGB schon dann nicht zugelassen werden, wenn öffentlich-rechtliche Belange beeinträchtigt werden. Die Privilegierung bewirkt ein erheblich stärkeres Durchsetzungsvermögen gegenüber den von den Vorhaben berührten öffentlichen Belangen. Bei der Abwägung zwischen dem privaten Interesse an der Verwirklichung eines Vorhabens und den öffentlichen Belangen ist zu berücksichtigen, daß der Gesetzgeber die nach § 35 Abs. 1 BauGB bevorrechtigten Vorhaben in planähnlicher Weise dem Außenbereich zugewiesen und durch die Privilegierung zum Ausdruck gebracht hat, daß sie dort in der Regel, d. h. vorbehaltlich einer näheren Standortbestimmung, zulässig sind (BVerwG, Urteil v. 20. 1. 1984 – 4 C 43.81 –, BVerwGE 68, 311 = BRS 42 Nr. 91; Urteil v. 22. 5. 1987 – 4 C 57.84 –, BVerwGE 77, 300 = BRS 47 Nr. 5; Krautzberger, in: Battis/Krautzberger/Löhr, BauGB, 8. Aufl., 2002, § 35 Rdnr. 6 und 45). Da den privilegierten Vorhaben bei der Abwägung somit ein entsprechendes Gewicht beizumessen ist, können sich die in §35 Abs. 1 und 3 BauGB genannten öffentlichen Belange demgegenüber nur dann durchsetzen, wenn sie im Einzelfall besonders gewichtig sind. Eine Verunstaltung des Landschaftsbildes durch ein privilegiertes Vorhaben ist daher nur in Ausnahmefällen anzunehmen, wenn es sich um eine wegen ihrer Schönheit und Funktion besonders schutzwürdige Umgebung oder um einen besonders groben Eingriff in das Landschaftsbild handelt (BVerwG, Beschluß v. 18.3.2003 – 4 B 7.03 –, abgedruckt unter Nr. 103; VGH Bad.-Württ., Urteil v. 25.6.1991 – 8 S 2110/90 –, NuR 1992, 329; SächsOVG, Urteil v. 18.5.2000 – 1 B 29/98 –, SächsVBl. 2000, 245, sowie VGH Bad.-Württ., Urteil v. 16.10.2002 – 8 S 737/02 –, ohne Leitsatz).

Eine Verunstaltung liegt vor, wenn ein Vorhaben dem Landschaftsbild in ästhetischer Hinsicht grob unangemessen ist und auch von einem für ästhetische Eindrücke offenen Betrachter als belastend empfunden wird (BVerwG, Urteil v. 15.5.1997 – 4 C 23.95 –, BRS 59 Nr. 90 = BauR 1997, 988 = PBauE §35 Abs. 2 + 3 BauGB Nr. 32; Urteil v. 22.6.1990 – 4 C 6.87 –, BRS 50 Nr. 84 = BauR 1990, 689; OVG NRW, Urteil v. 12.6.2001 – 10 A 97/99 –, BRS 64 Nr. 99 = PBauE §35 Abs. 2 + 3 BauGB Nr. 50, bestätigt durch: BVerwG, Beschluß v. 15.10.2001 – 4 B 69.01 –, BRS 64 Nr. 100; Urteil v. 30.11.2001 – 7 A 4857.00 –, BRS 64 Nr. 101 = PBauE §35 Abs. 2 + 3 BauGB Nr. 53). Für diese Entscheidung spielt es grundsätzlich keine Rolle, ob der vorgesehene Standort in einem Natur- oder Landschaftsschutzgebiet liegt, denn auch eine naturschutzrechtlich nicht besonders geschützte Landschaft kann gegen ästhetische Beeinträchtigungen empfindlich sein (BVerwG, Urteil v. 15.5.1997, a. a. O.; Beschluß v. 29.4.1968 – IV B 77.67 –, BRS 20 Nr. 59) und die Schutzwürdigkeit einer Landschaft kann nicht davon abhängen, ob die zuständige Naturschutzbehörde Anlaß für eine Unterschutzstellung gesehen hat.

c) Nach diesen Maßstäben konnte das auf drei Windkraftanlagen beschränkte Vorhaben der Klägerin nicht zugelassen werden, weil es das Landschaftsbild erheblich verunstaltet. Die für die Windkraftanlagen vorgesehene Hochfläche Hoheneck gehört zum Naturpark „Südschwarzwald", dessen Zweck es ist, das sich teilweise über fünf Landkreise und einen Stadtkreis erstreckende Gebiet als vorbildliche Erholungslandschaft zu entwickeln und zu pflegen (vgl. §3 der Verordnung des Regierungspräsidiums Freiburg vom 8.3.2000, GBl., 190). Zwar ist dieses Gebiet dadurch großflächiger und weniger intensiv unter Schutz gestellt als durch eine Natur- oder Landschaftsschutzverordnung. Nach der Überzeugung des Senats, die er auf Grund der vorgelegten Karten und insbesondere des eingenommenen Augenscheins gewonnen hat, ist die Hochfläche Hoheneck einschließlich ihrer Umgebung aber wegen ihrer Schönheit und Funktion als Wander- und Erholungsgebiet besonders schutzwürdig. Sie zeichnet sich aus durch eine abwechselnde Struktur von Grünland, Büschen, Bäumen und Waldsäumen, durch unzerschnittene Räume, Ruhe und weitgehende Unberührtheit sowie durch offene Sichtbeziehungen rundum, vor allem nach Süden über das Rheintal mit einem herrlichen Panoramablick auf die Höhenzüge des Schweizer Jura.

Der nähere Landschaftsbereich ist nur geringfügig vorbelastet durch einen Hochwasserbehälter, einen Aussiedlerhof, einen Schafstall, zwei Wohnhäuser, eine 20 kV-Freileitung auf Holzmasten und landwirtschaftliche Wege, wobei diese Anlagen je nach Standort auf dem Hoheneck nicht oder nur teilweise eingesehen werden können. Die Hochspannungsleitung (380 kV) auf 40 bis 50 m hohen Metallgittermasten in südwestlicher Richtung fällt kaum auf, weil sie ca. 7 km und mehr entfernt ist und zum großen Teil unterhalb der Bergkämme in Erscheinung tritt; dies gilt auch für die in großer Entfernung auf der Höhenlinie des Höchenschwander Bergs (Richtung Osten/B 500) am Horizont erkennbare Hochspannungsleitung. Lediglich von der Südwestseite der Hochfläche aus ist in ca. 7 km Entfernung der ca. 180 m hohe Bergalinger Sendemast voll erkennbar, und von der Süd-Ost-Seite der Hochfläche aus ist in ca. 13 km Entfernung der Kühlturm des Kernkraftwerks Leibstadt einzusehen, von anderen Standorten auf dem Hoheneck sind diese Anlagen dagegen nicht oder nur teilweise sichtbar. Sie beeinträchtigen schon wegen ihrer großen Entfernung das Landschaftsbild des Hohenecks und seiner näheren Umgebung nicht.

Im Verhältnis zu dem somit besonders schutzwürdigen Landschaftsbild wären die geplanten drei, jeweils ca. 250 m voneinander entfernten Windkraftanlagen des Typs DeWind D 6 mit einer Nabenhöhe von 91,5 m, einem Rotordurchmesser von 62 m und einer Gesamthöhe von 122,5 m grob unangemessen. Mit diesen Maßen würden sie die vorhandenen Proportionen sprengen, einen Blickfang darstellen, den Landschaftsraum dominieren, mit den Drehbewegungen der Rotoren optische Unruhe erzeugen und das Erscheinungsbild einer ruhigen, weithin unberührten Landschaft zerstören. Vor allem Erholungsuchende, die aus dem westlich des Standorts I von Süden nach Norden verlaufenden Waldgebiet auf die unbewaldete Hochfläche heraustreten oder sich ihr von Süden hangaufwärts nähern, sähen sich unvermittelt mit diesen hohen hochtechnischen Anlagen konfrontiert, die an dieser Stelle beim Betrachten großes Mißfallen auslösen würden. Darüber hinaus würden die Windkraftanlagen auf dem ersten markanten Höhenrücken auf deutscher Seite und höchsten Punkt der Flächengemeinde G. am Rande des Abhangs zum Rhein auch aus größerer Entfernung das ästhetische Empfinden eines Betrachtes wegen der Disharmonie zwischen den dominierenden Anlagen und dem besonders reizvollen Landschaftsbild auf der Hochfläche sehr empfindlich stören. Unerheblich ist, ob Windkraftanlagen nach der von der Klägerin vorgelegten Sichtbarkeitsstudie für den Standort O. des Ingenieurbüros von 2002 in dem dargestellten Umkreis nur von 6,86 % aller Flächen aus eingesehen werden können, weil es nicht entscheidend darauf ankommt von wie vielen Standorten sie eingesehen werden können. Dahinstehen kann auch, ob die Fotomontage in der ebenfalls vorgelegten Visualisierungsstudie von 2002 die Erkennbarkeit der Windkraftanlagen aus mittleren und größeren Entfernungen zutreffend wiedergibt; der Senat hat beim Augenschein aus der optischen Wirkung des ca. 13 km entfernten Kühlturms und des ca. 7 km entfernten Sendemastes schließen können, daß die Windkraftanlagen auch aus solchen Entfernungen wegen ihrer besonders exponierten Lage deutlich wahrnehmbar wären.

Wegen der Unzulässigkeit des Vorhabens nach § 35 Abs. 3 Satz 1 Nr. 5 BauGB kommt es nicht darauf an, ob es nach der naturschutzrechtlichen

Eingriffsregelung ebenfalls unzulässig wäre und ob auch die Voraussetzungen für die Erteilung einer Erlaubnis oder einer Befreiung nach §4 und §6 der Verordnung des Regierungspräsidiums Freiburg über den Naturpark „Südschwarzwald" vom 8.3.2000 nicht vorlägen.

Nr. 105

1. Mehrere Teilfortschreibungen eines Regionalplans, die jeweils Vorranggebiete für Windenergieanlagen festlegen, können die Ausschlußwirkung des §35 Abs.3 Satz 3 BauGB erst entfalten, wenn sie sich zu einer schlüssigen gesamträumlichen Planungskonzeption zusammenfügen.

2. Die Standortplanung von Windenergieanlagen ist nicht schon deshalb abwägungsfehlerhaft, weil bei einer großzügigeren Ausweisung von Standorten völker- oder europarechtliche Klimaschutzziele schneller zu erreichen wären.

3. Die Ausschlußwirkung des Planungsvorbehalts in §35 Abs.3 Satz 3 BauGB ist mit Art.14 Abs.1 GG vereinbar (im Anschluß an BVerwG, Urteil vom 17.12.2002 – 4 C 15.01 –).

4. §35 Abs.3 Satz 3 BauGB verbietet es, in der Bilanz der Positiv- und Negativflächen Vorbehaltsgebiete i.S. von §7 Abs.4 Satz 1 Nr.2 ROG als Positivausweisung zu werten.

5. Dem Träger der Regionalplanung ist es nicht verwehrt, die Windenergienutzung im gesamten Außenbereich einzelner Gemeinden auszuschließen.

GG Art. 14; ROG §7 Abs. 4; BauGB §35 Abs. 3 Satz 3.

Bundesverwaltungsgericht, Urteil vom 13. März 2003 – BVerwG 4 C 4.02 –.

(OVG Rheinland-Pfalz (BauR 2002, 1053)

Abgedruckt unter Nr. 10.

Nr. 106

1. Ist in einem Standorte für Windenergieanlagen ausweisenden Raumordnungsplan für bestimmte Flächen noch keine abschließende raumordnerische Entscheidung getroffen und fehlt es daher an einem schlüssigen gesamträumlichen Planungskonzept, kann der Raumordnungsplan die Ausschlußwirkung des §35 Abs.3 Satz 3 BauGB nicht entfalten (im Anschluß an BVerwG, Urteil vom 17.12.2002 – 4 C 15.01 –, und Urteil vom 13.3.2003 – 4 C 4.02 –).

2. Entwürfe von Regionalplänen und Flächennutzungsplänen sind keine im Revisionsverfahren zu beachtenden Rechtsänderungen.

Nr. 107

BauGB § 35 Abs. 3; ROG § 3 Nr. 4, 4 Abs. 4 Satz 1.

Bundesverwaltungsgericht, Urteil vom 13. März 2003 – 4 C 3.02 –.

(OVG Rheinland-Pfalz)

Abgedruckt unter Nr. 11.

Nr. 107

Der in dem Runderlaß des Niedersächsischen Innenministeriums vom 11. 7. 1996 (Az 39.1 – 32346/8.4 –) über die Festlegung von Vorrangstandorten für Windenergienutzung in der Regionalplanung genannte Abstand von 5 km zwischen Vorrangstandorten für die Windenergienutzung hat nur Empfehlungscharakter. Für die Bauleitplanung bildet diese Empfehlung einen Orientierungsrahmen, von dem im Einzelfall abgewichen werden kann. Selbst in der Küstenlandschaft mit ihren nahezu unbegrenzten Sichtweiten muß unter Berücksichtigung der örtlichen Besonderheiten im Einzelfall geprüft werden, ob ein Mindestabstand von 5 km zwischen Windparks erforderlich ist.

BauGB § 35 Abs. 3 Satz 3.

Niedersächsisches OVG, Beschluß vom 2. Oktober 2003 – 1 LA 28/03 – (rechtskräftig).

Die Klägerin begehrt die Erteilung eines Bauvorbescheides für die Errichtung einer Windenergieanlage. Gegenstand der Bauvoranfrage vom Dezember 1999 ist eine Anlage mit 65 m Nabenhöhe, 70 m Rotordurchmesser und 1 800 kW Nennleistung. Der geplante Anlagenstandort liegt nordöstlich des Stadtzentrums der Beklagten im Bereich „E." in Hafennähe.

Mit dem im März 2000 bekannt gemachten Flächennutzungsplan in der Fassung seiner 13. Änderung stellte die Beklagte an der südwestlichen Stadtgrenze im Bereich „F." eine Sonderbaufläche für Windenergienutzung dar und schloß die Zulässigkeit von Windenergieanlagen im übrigen Stadtgebiet aus. Der Vorhabenstandort liegt außerhalb der Sonderbaufläche.

Im April 2000 lehnte die Beklagte die Erteilung eines Bauvorbescheides unter Hinweis auf die Änderung des Flächennutzungsplanes ab.

Aus den Gründen:
Der zitierte Runderlaß über die Festlegung von Vorrangstandorten für Windenergienutzung in der Regionalplanung (Erlaß des MI v. 11. 7. 1996 – Az. 39.1 – 32346/8.4 –) empfiehlt Abstände zwischen Vorrangstandorten für Windenergie von mindestens 5 km. Für die Bauleitplanung bilden die Abstandsempfehlungen des genannten Erlasses nur einen Orientierungsrahmen, von dem im Einzelfall abgewichen werden kann. Der Senat hat in seinem Urteil vom 21. 7. 1999 (– 1 L 5203/96 –, BRS 62 Nr. 110 = NVwZ 1999, 1358) den Grundgedanken dieser Regelung darin gesehen, daß angemessene Abstände zwischen Windparks notwendig sind, damit das Landschaftsbild nicht zu sehr beeinträchtigt wird. Entgegen der Ansicht der Klägerin läßt sich der Entscheidung nicht entnehmen, daß der in dem genannten Erlaß

erwähnte Mindestabstand von 5 km zwischen Windparks für die Küstenregion generell verbindlich sein soll. Zwar hat der Senat zu dem in dem Erlaß ebenfalls bezeichneten Abstandsradius von 500 m ausgeführt, daß der Erlaß nach wie vor „Verbindlichkeit beanspruche". Wie aus den folgenden Sätzen der Entscheidung deutlich wird, sollte damit aber nur zum Ausdruck gebracht werden, daß der Erlaß nach wie vor gültig ist, nicht aber, daß er verbindliche Vorgaben für die Bauleitplanung enthält. Der Senat hat nämlich betont, daß die Vorgaben für die Regionalplanung zur Windenergienutzung nur Empfehlungscharakter haben. Soweit es in der zitierten Entscheidung heißt, daß ein Abstand von 5 km zwischen Windparks jedenfalls in der Küstenregion mit den großen Sichtweiten unabdingbar sei, hat der Senat mit dem Zusatz, daß – in jenem Fall – offenbleiben könne, ob der Mindestabstand von 5 km für alle Landschaftstypen Geltung beanspruchen könne, die Empfehlung des Erlasses bereits relativiert. Im Urteil vom 14. 9. 2000 (– 1 K 5414/ 98 –, BRS 63 Nr. 66 = NVwZ 2001, 452) hat der Senat die Ausführungen zum 5 km-Abstand dahingehend erläutert, daß sie auf Eindrücken eines Ortstermines „im Angesicht eines Windparks" beruhten. In den Leitsätzen zu dem zuletzt genannten Urteil wird verdeutlicht, daß der Mindestabstand von 5 km für die Küstenregion mit ihren großen Sichtweiten (nur) ein nachvollziehbarer Orientierungswert ist. Selbst in der Küstenlandschaft mit ihren nahezu unbegrenzten Sichtweiten muß danach unter Berücksichtigung der örtlichen Besonderheiten im Einzelfall geprüft werden, ob ein Mindestabstand von 5 km als unabdingbar anzusehen ist. Es unterliegt deshalb keinen Bedenken, daß das Verwaltungsgericht die ministerielle Empfehlung, zwischen Windparks einen Abstand von 5 km einzuhalten, nicht als unüberwindbares Hindernis für die Planung der Beklagten, in Nachbarschaft zu der 3,5 km entfernten Sonderbaufläche G. der Nachbargemeinde H. eine weitere Sonderbaufläche darzustellen, angesehen hat.

Nr. 108

Die Ausschlußwirkung des § 35 Abs. 3 Satz 3 BauGB kann auch Darstellungen in Flächennutzungsplänen zukommen, die vor dem Inkrafttreten der Vorschrift (= Satz 4 a. F.) am 1. 1. 1997 erlassen worden sind.

BauGB §§ 35 Abs. 1 Nr. 3, Abs. 3 Satz 3; GG Art. 28 Abs. 2.

Bundesverwaltungsgericht, Beschluß vom 22. Oktober 2003 – 4 B 84.03 –.

(VGH Baden-Württemberg)

Aus den Gründen:
In dem Zeitraum, der von dem Hilfsantrag des Klägers erfaßt wird, galt sowohl § 35 Abs. 3 Satz 3 BauGB 1998 als auch der Flächennutzungsplan 1983. Da für die Erteilung der Baugenehmigung nach allgemeinen Grundsätzen die Rechtslage im Zeitpunkt der behördlichen Entscheidung maßgeblich ist, hat das Berufungsgericht bei der Prüfung des § 35 Abs. 3 Satz 3 BauGB zutreffend einen Abgleich des geplanten Vorhabens mit dem Flächennut-

zungsplan 1983 vorgenommen. Eine Ausnahmeregelung des Inhalts, daß § 35 Abs. 3 Satz 3 BauGB bei „alten" Flächennutzungsplänen keine Anwendung findet, enthält das Baugesetzbuch nicht. Zu Unrecht verlangt die Beschwerde unter Hinweis auf die gemeindliche Selbstverwaltungsgarantie (Art. 28 Abs. 2 GG) eine teleologische Reduktion oder entsprechende Auslegung des § 35 Abs. 3 Satz 3 BauGB, mit deren Hilfe seine Anwendbarkeit auf Flächennutzungspläne aus der Zeit nach seinem Inkrafttreten zu begrenzen wäre. Für ihre Forderung kann sie sich nicht die st. Rspr. des Senats zunutze machen, daß bei der Festsetzung von Baugebieten in Bebauungsplänen auf die Fassung der Baunutzungsverordnung abzuheben ist, die im Zeitpunkt der Beschlußfassung des Plans galt (vgl. Urteil v. 27. 2. 1992 – 4 C 43.87 –, BVerwGE 90, 57, 61 = BRS 54 Nr. 60 = BauR 1992, 472). Die Gemeinden sind bei der Aufstellung von Bebauungsplänen an den Kanon der Baugebiete gebunden, die in § 1 Abs. 2 BauNVO aufgeführt sind (§ 1 Abs. 3 Satz 1 BauNVO). Welche Bauvorhaben in welchem Baugebiet zulässig sind, ist in den §§ 2 bis 14 geregelt, die durch die Festsetzung grundsätzlich Bestandteil des Bebauungsplans werden (§ 1 Abs. 3 Satz 2 BauNVO). Mit der Ausweisung eines Baugebietes erklärt die Gemeinde den dazu gehörenden Ausstattungskatalog der BauNVO mithin für verbindlich. Es wäre mit § 2 Abs. 1 Satz 1 BauGB, wonach die Bauleitpläne von den Gemeinden in eigener Verantwortung aufzustellen sind, und der dahinter stehenden Planungshoheit nach Art. 28 Abs. 2 GG nicht vereinbar, wenn der Verordnungsgeber durch Änderungen der BauNVO in bereits bestehende Bebauungspläne hineinwirken und den Gestaltungswillen der Gemeinde nachträglich unterlaufen könnte.

Dagegen ist mit dem Geltungsanspruch des § 35 Abs. 3 Satz 3 BauGB auch für „alte" Bebauungspläne ein Eingriff in die gemeindliche Planungshoheit nicht verbunden. Vielmehr ist das Gegenteil der Fall; denn der Gesetzgeber hat mit § 35 Abs. 3 Satz 3 BauGB die Planungshoheit der Gemeinden, die durch die Ausweisung von Konzentrationszonen einer „Verkraterung" ihrer Außenbereichslandschaften entgegenwirken wollten, gestärkt. Nachdem der Senat bereits im Urteil vom 22. 5. 1987 (– 4 C 57.84 –, BVerwGE 77, 300 ff. = BRS 47 Nr. 5 = BauR 1987, 651) den Gemeinden die Befugnis zugesprochen hatte, Abgrabungsflächen im Flächennutzungsplan mit dem Ziel darzustellen, den Abbau von Kies und Sand am ausgewiesenen Standort zu konzentrieren und im übrigen Außenbereich zu vermeiden, hat der Gesetzgeber in bewußter Anknüpfung an diese Rechtsprechung die Privilegierung von Kiesabbauvorhaben nach § 35 Abs. 1 Nr. 3 BauGB so weit abgeschwächt, daß sie außerhalb der Konzentrationszonen im Außenbereich nunmehr regelmäßig unzulässig sind. Er ist damit zugunsten der Gemeinden noch über die Senatsentscheidung vom 22. 5. 1987 hinausgegangen, falls diese nur einer ergebnisoffenen Abwägung zwischen dem Abbauvorhaben und den entgegenstehenden öffentlichen Belangen das Wort geredet haben sollte.

Nr. 109

Zur Frage der Nutzungsaufgabe i.S. des §35 Abs.4 Satz 1 Nr.1 Buchst.c) BauGB.

Die Begünstigungsklausel des §35 Abs.4 Satz 1 Nr.1 BauGB ermöglicht nicht die Umnutzung von Gebäuden oder Gebäudeteilen, die im Anschluß an eine frühere landwirtschaftliche Nutzung auf Dauer anderen Zwecken gedient haben, mag diese Nutzung auch später ersatzlos wieder aufgegeben worden sein. Auf die Wahrung der Frist des §35 Abs.4 Satz 1 Nr.1 Buchst.c) BauGB kommt es in diesem Fall von vornherein nicht an.

BauGB §35 Abs.4 Satz 1 Nr. 1.

OVG Nordrhein-Westfalen, Urteil vom 30. Juli 2003 – 22 A 1004/01 – (rechtskräftig).

(VG Düsseldorf)

Der Kläger ist Eigentümer einer ehemaligen Hofstelle im Außenbereich der Gemeinde. Der Flächennutzungsplan stellt den Bereich als Teil einer Fläche für die Landwirtschaft dar. Bis Ende 1982 hatte der Vater des Klägers den Betrieb als Vollerwerbslandwirt geführt. Seinerzeit gehörten zur Hofstelle ein Wohn- und Wirtschaftsgebäude – bestehend aus einem zweigeschossigen Wohntrakt und einem angrenzenden Wirtschaftstrakt mit Stallungen/Tenne und Heuboden – sowie ein weiteres Stallgebäude und eine Remise. Anfang 1983 übernahm der Kläger den väterlichen Betrieb und bewirtschaftete ihn bis zur endgültigen Betriebsaufgabe, die spätestens 1994 erfolgte, im Nebenerwerb.

1989 baute der Kläger den Heuboden für seine bei Abschluß der Bauarbeiten im September 1989 fünfköpfige Familie zu Wohnzwecken aus. Der baurechtlich nicht genehmigte Umbau war u.a. mit der Erneuerung des Satteldachs, dem beidseitigen Einbau je einer Dachgaube von ca. 7,50 m bzw. 4,50 m Breite sowie der Errichtung eines etwa 5 m breiten Balkons (Freisitz) nebst Außentreppe verbunden, der zugleich als Hauptzugang für das Obergeschoß diente.

1997 erteilte der Beklagte dem Kläger die Genehmigung für die Errichtung eines Wohnhauses anstelle der Remise unter der auflösenden Bedingung, daß die Wohnnutzung im ehemaligen Heuboden mit Bezugsfertigkeit des neuen Wohnhauses aufgegeben wird.

Nach Fertigstellung des Wohnhauses entfernte der Kläger Stufen und Geländer der Außentreppe und schloß die Fensteröffnungen der Wohnung im ehemaligen Heuboden. Wenige Tage nach beanstandungsfrei durchgeführter Bauzustandsbesichtigung beantragte der Kläger die Erteilung eines Vorbescheides über die bauplanungsrechtliche Zulässigkeit der Errichtung einer dritten Wohneinheit im ehemaligen Heuboden des Wohn- und Wirtschaftsgebäudes. Zur Begründung führte der Kläger aus: Zwar schließe die der Baugenehmigung von 1997 beigefügte auflösende Bedingung eine Wohnnutzung des in Rede stehenden Gebäudeteils aus. Doch bestehe im Rahmen des §35 Abs.4 Satz 1 Nr. 1 BauGB der Anspruch, ehemals landwirtschaftlich genutzte Gebäude zu Wohnzwecken umzunutzen. Von den danach zulässigen drei Wohneinheiten seien erst zwei realisiert.

Aus den Gründen:

Der Kläger hat keinen Anspruch auf Erteilung einer Bebauungsgenehmigung für die beabsichtigte Nutzungsänderung des ehemaligen Heubodens.

Nr. 109

Allerdings kann ihm nicht schon das Sachbescheidungsinteresse an der Erteilung des beantragten Vorbescheides abgesprochen werden. Das wäre allenfalls dann der Fall, wenn schon jetzt feststünde, daß der Kläger von der begehrten Bebauungsgenehmigung vernünftigerweise keinen Gebrauch machen kann. Für diese Feststellung gibt der Sachverhalt jedoch nichts her. Zwar liefe der Kläger mit der Realisierung einer auf einem positiven Vorbescheid fußenden Baugenehmigung für eine Wohnnutzung des Heubodens Gefahr, daß die Beklagte die Baugenehmigung von 1997 für das neu errichtete Wohnhaus als erloschen betrachtet und die Beseitigung des Wohnhauses verfügt. Zwingend und unabwendbar erscheinen diese Folgen aber nicht. (Wird ausgeführt.)

Die Klage hat jedoch keinen Erfolg, weil die materiellen Voraussetzungen für die Erteilung einer Bebauungsgenehmigung für die Nutzungsänderung des ehemaligen Heubodens nicht vorliegen. Dem Vorhaben stehen bauplanungsrechtliche Bestimmungen entgegen (§ 71 Abs. 2 i. V. m. § 75 Abs. 1 Satz 1 BauO NRW). Die beabsichtigte Wohnnutzung ist ein sonstiges Vorhaben i. S. von § 35 Abs. 2 BauGB. Ein landwirtschaftlicher Betrieb (§ 35 Abs. 1 Nr. 1 BauGB), dem die Wohnnutzung dienen könnte, ist nicht mehr vorhanden. Eigenen Angaben zufolge hat der Kläger die landwirtschaftliche Betätigung 1994 endgültig eingestellt. Als sonstiges Vorhaben kann die Wohnnutzung nicht zugelassen werden, weil sie öffentliche Belange beeinträchtigt. Sie widerspricht den Darstellungen des Flächennutzungsplans der Beigeladenen zu 1 (§ 35 Abs. 3 Satz 1 Nr. 1 BauGB) und läßt zudem die Verfestigung einer Splittersiedlung befürchten (§ 35 Abs. 3 Satz 1 Nr. 7 BauGB). (Wird ausgeführt.)

Die Beeinträchtigung der genannten öffentliche Belange ist auch nicht mit Blick auf § 35 Abs. 4 BauGB unbeachtlich. Eine Privilegierung nach Satz 1 Nr. 5 dieser Vorschrift scheidet schon wegen der erklärten Absicht des Klägers aus, die Wohnung im Heuboden nicht für sich und seine Familie zu nutzen, sondern an Dritte zu vermieten (vgl. Nr. 5 Buchst. c). Die Voraussetzungen der damit allein noch in Betracht zu ziehenden Begünstigungsklausel des Satzes 1 Nr. 1 liegen ebenfalls nicht vor. Diese Regelung erleichtert die Änderung der bisherigen Nutzung eines Gebäudes i. S. von § 35 Abs. 1 Nr. 1 BauGB unter den Voraussetzungen, daß das Vorhaben einer zweckmäßigen Verwendung erhaltenswerter Bausubstanz dient (a), die äußere Gestalt des Gebäudes im wesentlichen gewahrt bleibt (b), die Aufgabe der bisherigen Nutzung nicht länger als sieben Jahre zurückliegt (c), das Gebäude vor dem 27. 8. 1996 zulässigerweise errichtet worden ist (d), es im räumlich-funktionalen Zusammenhang mit der Hofstelle des land- oder forstwirtschaftlichen Betriebes steht (e), im Falle der Änderung zu Wohnzwecken neben den bisher nach Abs. 1 Nr. 1 zulässigen Wohnungen höchstens drei Wohnungen je Hofstelle entstehen (f) und eine Verpflichtung übernommen wird, keine Neubebauung als Ersatz für die aufgegebene Nutzung vorzunehmen, es sei denn, die Neubebauung wird im Interesse der Entwicklung des Betriebes i. S. des Abs. 1 Nr. 1 erforderlich (g).

Fraglich ist allerdings, ob – wie das Verwaltungsgericht meint – das Vorhaben daran scheitert, daß der Kläger die in Nr. 1 Buchst. c) geregelte Frist von sieben Jahren nach Aufgabe der bisherigen Nutzung hat verstreichen lassen. In der Rechtsprechung und Kommentarliteratur wird hierzu die Auffassung vertreten, die Siebenjahresfrist beginne erst in dem Zeitpunkt, in dem der bisherige landwirtschaftliche Betrieb in Gänze eingestellt wird; bei schrittweiser Betriebseinstellung sei dies der Zeitpunkt, in dem die landwirtschaftliche Nutzung in ihrer Intensität unter diejenige einer auch nur (privilegierten) Nebenerwerbslandwirtschaft absinke (vgl. OVG NRW, Urteil v. 12.10.1999 – 11 A 5673/97 –, teilweise abgedruckt in BRS 62 Nr. 113; offengelassen vom BVerwG im nachfolgenden Revisionsverfahren, Urteil v. 18.5.2001 – 4 C 13.00 –, BRS 64 Nr. 103; Jäde, in: Jäde u. a., BauGB und BauNVO, Kommentar, 3. Aufl., §35 BauGB Rdnr. 96; Söfker, in: Ernst/Zinkahn/Bielenberg, BauGB, Kommentar, Stand: Januar 2003, §35 BauGB Rdnr. 142).

Zwar sprechen gewichtige Gründe gegen diese Auffassung. So knüpft die Fristbestimmung an den ersten Satzteil der Nr. 1 an, indem von der Änderung der bisherigen Nutzung eines „Gebäudes" die Rede ist, und stellen die unter Buchst. b), d) und e) geregelten Voraussetzungen der Begünstigungsklausel des §35 Abs. 4 Nr. 1 BauGB ebenfalls jeweils auf das „Gebäude" ab. Auch macht die unter Buchst. g) getroffene Regelung, daß eine Neubebauung als Ersatz für die aufgegebene Nutzung (nur) dann erfolgen darf, wenn sie im Interesse der Entwicklung des Betriebes i. S. des Abs. 1 Nr. 1 erforderlich ist, deutlich, daß die Begünstigungsklausel und damit wohl auch die Frist nicht erst mit der vollständigen Betriebsaufgabe, sondern schon dann zur Anwendung kommen kann, wenn der landwirtschaftliche Betrieb noch fortgeführt wird und nur einzelne, nicht mehr benötigte Betriebsgebäude umgenutzt werden sollen. Auf der anderen Seite dürfte aber die vom Verwaltungsgericht bezogene Gegenposition mit der Aussage, für wesentliche, selbständig verwendbare Gebäudeteile beginne die Frist schon dann, wenn die bisherige landwirtschaftliche Nutzung dieses Gebäudeteils aufgegeben werde, selbst wenn dies in anderen Gebäudeteilen erst später der Fall sei, in dieser Allgemeinheit ebenfalls nicht zutreffen. Dieser Auffassung kann ebenfalls der Wortlaut der Begünstigungsklausel und darüber hinaus wohl auch deren Sinn und Zweck entgegen gehalten werden. Dieser besteht darin, den anhaltenden Prozeß des landwirtschaftlichen Strukturwandels dadurch zu unterstützen, daß ehemals landwirtschaftliche Gebäude unter erleichterten Voraussetzungen einer zweckmäßigen neuen Verwendung zugeführt werden können (vgl. BT-Drucks. 13/6392, S. 59; zu §35 Abs. 4 BBauG 1976/79 auch: BVerwG, Urteil v. 18.8.1982 – 4 C 33.81 –, BRS 39 Nr. 86 = BauR 1983, 51 = NJW 1983, 949).

Durch die Anwendung der Siebenjahresfrist auf einen Gebäudeteil würde dieser Zweck vielfach verfehlt. Denn es besteht die Gefahr, daß Landwirte so zu wirtschaftlich und architektonisch wenig sinnvollen Teilumbauten gezwungen werden, anstatt die vollständige Entprivilegierung eines für die Landwirtschaft nicht mehr benötigten Gebäudes abzuwarten und es sodann einer Gesamtplanung zuzuführen. Die damit aufgeworfenen Fragen bedürfen jedoch keiner abschließenden Klärung, weil das Verwaltungsgericht in der Sache zu Recht ausgeführt hat, daß die Begünstigungsklausel des §35 Abs. 4 Satz 1 Nr. 1 BauGB dem Vorhaben des Klägers nicht zugute komme, nachdem der in Rede stehende Gebäudeteil seit spätestens 1989 nicht mehr einem landwirtschaftlichen Betrieb, sondern – nicht privilegierten – Wohnzwecken gedient hat. Damit fehlt es an der Grundvoraussetzung der Begünstigungsklausel, wonach es sich bei dem zur Genehmigung gestellten sonstigen Vorhaben um „die Änderung der bisherigen Nutzung eines Gebäudes i. S. des Abs. 1 Nr. 1" handeln muß. Die oben angestellten Erwägungen, ob auch die Nutzungsaufgabe eines Gebäudeteils für diesen Teil die Siebenjahresfrist in Gang setzt, kommen hier nicht zum Tragen. Es ist jedenfalls nicht Sinn des Gesetzes, die privilegierte Umnutzung auch solcher Bausubstanz zu ermöglichen, die von vornherein oder im Anschluß an eine frühere landwirtschaftliche Nutzung tatsächlich anderen Zwecken gedient hat. Einem solchen Vorhaben fehlt der vom Gesetzgeber vorausgesetzte Bezug zum Strukturwandel in der Landwirtschaft (vgl. – zu vergleichbaren Vorläuferbestimmungen – BVerwG, Urteil v. 31. 5. 1983 – 4 C 16.79 –, BRS 40 Nr. 94 = BauR 1983, 448; ferner Beschluß v. 1. 2. 1995 – 4 B 14.95 –, Buchholz 406.11 §35 BauGB Nr. 307).

Daß sich bei diesem Normverständnis im Einzelfall unterschiedliche Bezugsobjekte für die Prüfung der Siebenjahresfrist einerseits und die Frage der „Änderung der bisherigen Nutzung" eines Gebäudes i. S. des Abs. 1 Nr. 1 ergeben können, läßt sich mit dem Wortlaut und der Systematik des Gesetzes ohne weiteres in Einklang bringen. Die Nutzungsänderung geht über die bloße Aufgabe der bisherigen Nutzung hinaus und erfordert den Wechsel von einer bisher ausgeübten zu einer neuen andersartigen Nutzung (vgl. BVerwG, Urteile v. 18. 8. 1982, a. a. O., und v. 25. 3. 1988 – 4 C 21.85 –, BRS 48 Nr. 138 = BauR 1988, 469 = NVwZ 1989, 667).

Für einen solchen unmittelbaren Wechsel von landwirtschaftlicher Nutzung zu einer andersartigen Wohnnutzung ist schon im Ansatz kein Raum mehr, wenn die landwirtschaftliche Nutzung bereits zuvor dauerhaft einer – wenn auch später ersatzlos wieder aufgegebenen – nicht landwirtschaftsbezogenen Wohnnutzung gewichen ist (vgl. auch VGH Bad.-Württ., Urteil v. 15. 4. 1988 – 8 S 715/88 –, juris).

Darauf, daß die Aufgabe der landwirtschaftlichen Nutzung mit Bezug auf das gesamte Gebäude im Zeitpunkt der Antragstellung nicht länger als sieben Jahre zurücklag, kommt es bei dieser Konstellation nicht mehr an.

Hiervon ausgehend könnte sich die beabsichtigte Nutzungsänderung des Heubodens nur dann als planungsrechtlich zulässig erweisen, wenn die zwischen 1989 und Anfang 1998 ausgeübte Wohnnutzung ihrerseits – bis zur endgültigen Aufgabe der Landwirtschaft – nach §35 Abs. 1 Nr. 1 BauGB privilegiert war. Das ist jedoch nicht der Fall. Insoweit kann dahinstehen, ob die landwirtschaftlichen Aktivitäten des Klägers im Jahr 1989 oder später überhaupt noch als privilegierter Nebenerwerbsbetrieb zu qualifizieren waren. Jedenfalls diente der Ausbau des Dachbodens nicht einem gegebenenfalls noch vorhandenen Betrieb. Denn auf der Hofstelle war auch ohne den Ausbau des Heubodens ausreichend Wohnraum in Gestalt des zweigeschossigen Wohntrakts vorhanden, um die Wohnbedürfnisse des Klägers, seiner Ehefrau und seiner – damals – drei Kinder zu befriedigen. Der Umstand, daß darüber hinaus die Eltern des Klägers weiter auf der Hofstelle wohnten, rechtfertigte nicht die Schaffung zusätzlichen Wohnraums nach §35 Abs. 1 Nr. 1 BauGB. Die Voraussetzungen für die Errichtung einer privilegierten Altenteilerwohnung lagen nicht vor. Der möglichen Privilegierung von Altenteilerhäusern und -wohnungen liegt die Erwägung zugrunde, Vorsorge für den Fall zu treffen, daß sich die Notwendigkeit abzeichnet, einen für die Dauer der Existenz des Betriebs voraussehbaren, bei jeder zukünftigen Hofübernahme wieder auftretenden Wohnraumbedarf zu decken. Erleichtert werden soll nicht lediglich die Versorgung des aus dem Betrieb ausscheidenden Betriebsinhabers mit Wohnraum. Maßgeblich ist vielmehr, ob im Betrieb auf Grund der Betriebsabläufe und der Wirtschaftsweise unabhängig von einem aktuellen Bedürfnis im Rahmen des ständigen Generationswechsels ein Bedarf dafür vorhanden ist, einen Altenteiler unterzubringen. Auf die persönlichen Verhältnisse des Antragstellers kommt es insoweit nicht ausschlaggebend an (BVerwG, Beschluß v. 20. 6. 1994 – 4 B 120.94 –, BRS 56 Nr. 70 = BauR 1994, 607).

Die Voraussetzungen für die Notwendigkeit einer Altenteilerwohnung lagen beim Umbau des Heubodens schon deshalb nicht vor, weil die auf Generationen angelegte Fortführung eines landwirtschaftlichen Nebenerwerbsbetriebes schon damals ersichtlich nicht mehr gewollt und gesichert war. Abgesehen davon läßt der geringe Bestand an Tieren und eigenbewirtschafteter Acker- und Waldflächen in den letzten Jahren vor der endgültigen Betriebsaufgabe ohne weiteres darauf schließen, daß die Betriebsabläufe und die Wirtschaftsweise nicht die Anwesenheit eines Altenteilers auf der Hofstelle erforderten. Dementsprechend hat sich auch der Kläger selbst zu keinem Zeitpunkt auf das Altenteilerprivileg berufen.

Eine dem Kläger günstigere Beurteilung ergibt sich selbst dann nicht, wenn man seiner Auffassung folgt, daß die damalige Nutzungsänderung des Heubodens zu Wohnzwecken wegen formeller und materieller Illegalität rechtlich als nicht existent zu behandeln sei. Diese Auffassung bringt es nämlich mit sich, daß hinsichtlich der Frage, ob bei der Realisierung des streitgegenständlichen Vorhabens die äußere Gestalt des Gebäudes im wesentlichen gewahrt bleibt (§35 Abs. 4 Satz 1 Nr. 1 Buchst. b) BauGB), auf die äußere Gestalt des Gebäudes abgestellt werden muß, wie sie sich vor dem im Jahr 1989 erfolgten Umbau darstellte. Davon, daß die damalige äußere Gestalt des Gebäudes trotz der Errichtung von zwei Dachgauben sowie einer zum Dachgeschoß führenden Außentreppe mit Freisitz (Balkon) im wesentlichen gewahrt bleibt, kann jedoch keine Rede sein. Insoweit fällt entscheidend ins Gewicht, daß – wie aus den zeichnerischen Darstellungen ersichtlich ist – eine der beiden Dachgauben 7,50 m breit ist und zusammen mit dem integrierten, teilweise überdachten Freisitz (lichte Höhe etwa 3 m) sowie der galerieartigen Außentreppe das Dachgeschoß in einer Weise hervorhebt, daß die früher eindeutig erkennbare, für hiesige Hofstellen typische vertikale Trennung zwischen dem Wohntrakt einerseits und dem Wirtschaftstrakt andererseits optisch aufgehoben wird und das Gesamtgebäude nach außen hin eine neue, nicht übersehbare horizontale Gliederung zwischen der ehemaligen Tenne und ehemaligem Heuboden erfährt.

Nr. 110

Der Tatbestand des § 35 Abs. 4 Satz 1 Nr. 1 BauGB setzt voraus, daß das Gebäude, das durch einen gleichartigen Neubau ersetzt werden soll, noch vorhanden ist.

BauGB § 35 Abs. 4 Satz 1 Nr. 1.

VGH Baden-Württemberg, Beschluß vom 2. April 2003 – 8 S 712/03 –.

(VG Stuttgart)

Aus den Gründen:
Gegen das angefochtene Urteil bestehen auch insoweit keine Bedenken, als das Verwaltungsgericht das Eingreifen des § 35 Abs. 4 BauGB verneint hat, nach dem bestimmten Vorhaben i. S. des § 35 Abs. 2 nicht entgegengehalten werden kann, daß sie die natürliche Eigenart der Landschaft beeinträchtigen oder das Entstehen einer Splittersiedlung befürchten lassen. Das Vorhaben der Kläger wird weder von § 35 Abs. 4 Satz 1 Nr. 2 BauGB noch einer anderen Alternative dieser Bestimmung erfaßt.

Zu den von § 35 Abs. 4 BauGB begünstigten Vorhaben zählt die in Satz 1 Nr. 2 genannte Neuerrichtung eines gleichartigen Wohngebäudes an gleicher Stelle, sofern die folgenden Bedingungen erfüllt sind: Das vorhandene Gebäude muß zulässigerweise errichtet worden sein, es muß Mißstände oder Mängel aufweisen sowie seit längerer Zeit vom Eigentümer selbst genutzt werden; Tatsachen müssen außerdem die Annahme rechtfertigen, daß das neu errichtete Gebäude für den Eigenbedarf des bisherigen Eigentümers oder seiner Familie genutzt wird. Wie das Verwaltungsgericht zutreffend angenommen hat, scheitert die Anwendung dieser Vorschrift jedenfalls daran, daß das frühere Wohnhaus auf dem Grundstück der Kläger inzwischen bis auf das Untergeschoß und den Westgiebel abgebrochen worden ist und es damit an einem „vorhandenen Gebäude" fehlt; zudem wurde es zuvor nicht von den Klägern genutzt.

Anders als die LBO (vgl. § 2 Abs. 2) enthält das BauGB keine Definition des Begriffs „Gebäude". § 35 Abs. 4 BauGB läßt sich jedoch immerhin soviel entnehmen, daß der Gebäudebegriff als Unterfall von dem allgemeinen Begriff der (baulichen) Anlage mitumfaßt wird, auf den auch § 29 BauGB abstellt. Das schließt es aus, unselbständige Teile einer baulichen Anlage als Gebäude zu qualifizieren (vgl. BVerwG, Beschluß v. 13. 12. 1995 – 4 B 245.95 –, BRS 57 Nr. 79 = BauR 1996, 219 = NVwZ 1996, 787 zum Begriff des Gebäudes im Sinn der BauNVO). Es bedarf daher nicht erst des – von den Klägern für unzulässig gehaltenen – Rückgriffs auf die bauordnungsrechtliche Begriffsdefinition in § 2 Abs. 2 LBO, um zu dem Ergebnis zu gelangen, daß es sich bei den nicht selbständig nutzbaren Resten des früheren Wohnhauses auf dem Grundstück der Kläger nicht um ein Gebäude i. S. des § 35 Abs. 4 BauGB handelt. § 35 Abs. 4 Satz 1 Nr. 2 BauGB gestattet im übrigen nur die Neuerrichtung eines „gleichartigen" Gebäudes. Selbst wenn man in den Resten des früheren Wohnhauses ein Gebäude sehen wollte, wäre den Klägern folglich nur die Neuerrichtung dieser Teile gestattet, nicht aber die Wiederherstellung der übrigen, nicht mehr vorhandenen Bausubstanz.

Die Kläger werfen dem Verwaltungsgericht ferner zu Unrecht vor, mit seiner Auslegung des § 35 Abs. 4 Satz 1 Nr. 2 BauGB den Anwendungsbereich der Bestimmung unangemessen einzuengen. Nach ihrer Ansicht ist der Begriff „vorhandenes Gebäude" § 35 Abs. 4 Satz 1 Nr. 2 BauGB rückblickend zu verstehen, weshalb es für die Anwendung dieser Regelung genüge, daß ein Gebäude mit den beschriebenen Eigenschaften in der Vergangenheit vorhanden gewesen sei. Dem kann nicht gefolgt werden. Die von den Klägern für richtig gehaltene Auslegung ist mit dem Wortlaut der Vorschrift unvereinbar, die von einem aktuell vorhandenen und nicht von einem früher einmal existierenden Gebäude spricht. Deutlich wird dies insbesondere durch § 35 Abs. 4 Satz 1 Nr. 2 Buchstabe b und c BauGB, nach denen es erforderlich ist, daß das Gebäude Mißstände oder Mängel aufweist und seit längerer Zeit vom Eigentümer genutzt wird. Eine andere Auslegung verbietet sich davon abgesehen auch deshalb, weil § 35 Abs. 4 Satz 1 Nr. 2 BauGB von einer Neuerrichtung und nicht wie § 35 Abs. 4 Satz 1 Nr. 3 BauGB von einer alsbaldigen Neuerrichtung spricht. § 35 Abs. 4 Satz 1 Nr. 3 BauGB stellt durch diese zusätzliche Tatbestandsvoraussetzung sicher, daß der Ersatzbau für ein durch ein außergewöhnliches Ereignis zerstörtes Gebäude nicht als etwas fremdartig Neues, sondern als Ersatz und Fortführung des zerstörten Gebäudes erscheint (BVerwG, Urteil v. 21. 8. 1981 – 4 C 65.80 –, BVerwGE 64, 42 = BRS 38 Nr. 99). Da eine vergleichbare Einschränkung in § 35 Abs. 4 Satz 1 Nr. 2 BauGB fehlt, würde die von den Klägern vorgenommene Auslegung der Vorschrift dazu führen, daß die Neuerrichtung eines Gebäudes mit den in der Regelung beschriebenen Eigenschaften auch dann noch zulässig wäre, wenn das frühere Gebäude bereits lange Zeit vorher beseitigt worden ist. Der Sinn der Vorschrift würde mit einem solchen Ergebnis ersichtlich verfehlt.

Nr. 111

1. **Wird einer Baugenehmigung für einen Ersatzbau i. S. von § 35 Abs. 4 Satz 1 Nr. 2 BauGB die Nebenbestimmung beigefügt, das bestehende, im Eigentum des Bauherrn stehende Gebäude, an dessen Stelle der Ersatzbau treten soll, abzubrechen, handelt es sich um eine selbständige Auflage, die eigenständig mit den Mitteln des Verwaltungszwangs vollstreckt werden kann.**

2. **Wird lediglich das Eigentum und auch die Bauherreneigenschaft bezüglich des Ersatzbaus auf einen Dritten übertragen, nicht hingegen auch das Eigentum an dem abzubrechenden Altbau, verbleibt die selbständige Abbruchverpflichtung – jedenfalls auch – bei dem Eigentümer des zu beseitigenden Altbaus.**

3. **Wird der Eigentümer des zu beseitigenden Altbaus von Miterben in einer ungeteilten Erbengemeinschaft beerbt, kann die Abbruchver-**

Nr. 111

pflichtung allein den Mitgliedern der Erbengemeinschaft gegenüber vollstreckt werden, auch wenn diese nicht Eigentümer und Bauherren des Ersatzbaus geworden sind.

BauGB § 35 Abs. 4 Satz 1 Nr. 2; BauO NRW § 75 Abs. 2.

OVG Nordrhein-Westfalen, Beschluß vom 1. August 2003 – 7 B 968/03 – (rechtskräftig).

(VG Arnsberg)

Die Antragsteller wandten sich gegen eine Verfügung, mit der ihnen zur Befolgung der ihrem verstorbenen Vater in einer Baugenehmigung auferlegten Verpflichtung, ein bestehendes Gebäude abzubrechen, eine Frist gesetzt und ein Zwangsgeld angedroht wurde. Ihr Begehren auf einstweiligen Rechtsschutz hatte in beiden Instanzen keinen Erfolg.

Aus den Gründen:
Das Beschwerdevorbringen, auf dessen Prüfung der Senat gemäß § 146 Abs. 4 Satz 6 VwGO beschränkt ist, gibt keinen Anlaß, die Einschätzung des Verwaltungsgericht in Frage zu stellen, daß der Widerspruch der Antragsteller gegen die jedem Mitglied der Erbengemeinschaft gegenüber gesondert ergangenen Zwangsgeldandrohungen voraussichtlich erfolglos bleiben wird.

Zutreffend hat das Verwaltungsgericht das Vorliegen einer unanfechtbaren, die Antragsteller zum Abbruch des Wohnhauses B. Straße 9 verpflichtenden Grundverfügung bejaht, zu deren Vollstreckung die hier strittigen Zwangsgeldandrohungen erlassen werden konnten.

Die Bescheide des Antragsgegners vom 14./15. 1. 2003, mit denen den Antragstellern eine Frist zum Abbruch des Wohnhauses bis zum 14. 3. 2003 gesetzt und für den Fall der Nichtbefolgung jeweils ein Zwangsgeld von 2000,– € angedroht wurde, sind darauf gestützt, daß sich die Abbruchverpflichtung aus Nr. 2.3 der Nebenbestimmungen zu der dem Vater der Antragsteller erteilten Baugenehmigung vom 11. 4. 1990 ergibt und daß diese Verpflichtung auf die Antragsteller übergegangen ist, da sie nunmehr als Mitglieder einer Erbengemeinschaft Eigentümer der betreffenden Grundstücke geworden sind, auf denen das abzubrechende Haus steht. Diese Wertung trifft zu.

Bei der genannten Nebenbestimmung handelt es sich um eine selbständige Auflage zur Baugenehmigung vom 11. 4. 1990. Sie konnte der Baugenehmigung gemäß § 36 Abs. 1 VwVfG Nordrhein-Westfalen zulässigerweise beigefügt werden, weil sie sicherstellen soll, daß die gesetzlichen Voraussetzungen des Verwaltungsakts – hier: der Baugenehmigung – erfüllt werden. Das mit der Baugenehmigung legalisierte Gebäude B. Straße 9 a, das durch Umbau eines früheren Garagenbauwerks zum Wohnhaus entstanden ist, sollte nämlich als Ersatzbau gemäß § 35 Abs. 4 Satz 1 Nr. 2 BauGB an die Stelle des als nicht mehr mit vertretbarem Aufwand renovierungsfähig angesehenen älteren Wohnhauses B. Straße 9 treten.

Eine solche Auflage, die eine Verpflichtung zu einem selbständigen, nicht unmittelbar mit der Realisierung des genehmigten Bauwerks verbundenen Tun begründet, steht neben der durch die Baugenehmigung als Hauptverwaltungsakt ausgesprochenen Regelung und ist daher eine selbständige hoheitliche Regelung. Sie kann demgemäß als ein auf ein Handeln gerichteter Verwaltungsakt eigenständig mit den Mitteln des Verwaltungszwangs vollstreckt werden (vgl. zu alledem Stelkens/Bonk/Sachs, VwVfG, 6.Aufl. 2001, §36 Rdnr. 32 und 38).

Adressat der Abbruchverpflichtung war zwar ursprünglich der zwischenzeitlich verstorbene Vater der Antragsteller, dem als Bauherren und Eigentümer des mit dem neuen Wohnhaus zu bebauenden Grundstücks die Baugenehmigung erteilt wurde. Die Verpflichtung zum Abbruch des Altbaus traf ihn jedoch als Eigentümer der Grundstücke, auf denen seinerzeit das abzubrechende Gebäude stand, das nach dem zur Baugenehmigung vom 11.4.1990 gehörigen Lageplan sich über die damaligen Flurstücke 22, 23 und 21 erstreckte. Nur in dieser Funktion konnte er zu dem – von ihm selbst zusätzlich auch durch Baulast übernommenen – Abbruch des Altbaus verpflichtet werden. Die Verknüpfung der Abbruchverpflichtung mit der Baugenehmigung konnte letztlich nur deshalb erfolgen, weil beide Adressaten, sowohl der Baugenehmigung als auch der Abbruchverpflichtung, identisch waren und der bereits genannte Sachzusammenhang einer Sicherstellung der Erfüllung der gesetzlichen Voraussetzungen für die Erteilung der Baugenehmigung bestand.

Mit dem späteren Auseinanderfallen des Eigentums an dem Ersatzbau einerseits – dieser steht nach dem Vortrag der Antragsteller seit 1990 im Eigentum ihrer Schwester A. – und an dem Altbau andererseits – dieser steht auf den jetzigen Flurstücken 53, 57 und 55, die sich im Eigentum der Antragsteller als Erbengemeinschaft befinden – haben auch die Rechte und Pflichten aus der Baugenehmigung für den Ersatzbau einerseits und der ihr beigefügten selbständigen Auflage zum Abbruch des Altbaus andererseits unterschiedliche Adressaten erhalten. Soweit die Baugenehmigung den Ersatzbau legalisiert, sind die entsprechenden Rechte und Pflichten auf die neue Eigentümerin dieses Hauses, Frau A., übergegangen. Sie hat mit dem Eigentum an dem Gebäude zugleich auch die Stellung als Bauherrin übernommen, da keine Anhaltspunkte dafür vorliegen, daß Eigentum und Bauherreneigenschaft künftig auseinanderfallen sollten (vgl. hierzu Guckelberger, Rechtsnachfolgeprobleme im Baurecht, VerwArch 1999, 499, 500f. m.w.N.).

Die Baugenehmigung gilt gemäß §75 Abs.2 BauO Nordrhein-Westfalen daher nunmehr ihr gegenüber.

Dies bedeutet jedoch nicht, daß damit auch die Verpflichtung zum Abbruch des nicht in das Eigentum von Frau A. übergegangenen Altbaus ausschließlich auf diese übergegangen wäre. Bei der Abbruchverpflichtung handelt es sich, wie dargelegt, um eine selbständige hoheitliche Regelung, die einer eigenständigen Vollstreckung zugänglich ist. Zwar ist sie formal als Nebenbestimmung mit der Baugenehmigung verknüpft, ihr Regelungsgegenstand bezieht sich jedoch nicht auf die Errichtung und Unterhaltung des Ersatzbaus, sondern erfaßt allein den Abbruch eines hiervon getrennten, einem eigenen rechtlichen Schicksal zugänglichen Gebäudes, nämlich des Altbaus. Der Sache nach steht die in die Baugenehmigung als Nebenbestimmung aufgenommene Abbruchverpflichtung einer gesonderten Abbruchverfügung gleich, die insoweit inhaltlich mit den in der Baugenehmigung getroffenen Regelungen verknüpft ist, als die Verpflichtung aufschiebend bedingt ist durch die Fertigstellung des von der Baugenehmigung erfaßten Ersatzbaus. Fallen – wie hier – die Positionen des Eigentümers und Bauherren des Ersatzbaus einerseits und des mit dem Ziel der Beseitigung in Anspruch genommenen Eigentümers des zu beseitigenden Altbaus nachträglich auseinander, verbleibt die selbständige Abbruchverpflichtung jedenfalls auch bei dem Eigentümer des zu beseitigenden Altbaus. Dies war, da die Übertragung von Eigentum und Bauherreneigenschaft bezüglich des Ersatzbaus auf Frau A. vor dem Tod ihres Vaters (zugleich Vater der Antragsteller) erfolgt ist, zunächst weiterhin der Vater der Antragsteller als Eigentümer des Altbaus. Mit seinem Tod ging die Verpflichtung zum Abbruch, nicht anders als auch sonst die Pflicht bei selbständigen Abbruchverfügungen (vgl. hierzu bereits BVerwG, Urteil v. 22.1.1971 – IV C 62.66 –, BRS 24 Nr. 193), auf seine Erben als Erbengemeinschaft über. Hierzu gehörte zunächst auch Frau A. Mit ihrem Ausscheiden aus der Erbengemeinschaft gemäß Vergleich vom 12.1.2001 beschränkte sich die Verpflichtung hingegen auf die Antragsteller als verbleibende Mitglieder der Erbengemeinschaft, die zwar bebautes Grundeigentum geerbt hat, aber nur solches, das von vornherein mit der Verpflichtung zum Abriß des vorhandenen Altbaus belastet war.

Ist nach alledem die Verpflichtung zum Abbruch des Gebäudes auf die Antragsteller übergangen, konnte der Antragsgegner die als Grundverfügung i.S. von §55 Abs. 1 VwVG Nordrhein-Westfalen zu wertende Nebenbestimmung 2.3 zur Baugenehmigung vom 11.4.1990 ihnen gegenüber vollstrecken. Die Nebenbestimmung war unanfechtbar geworden. Die aufschiebende Bedingung für das Entstehen der Abbruchverpflichtung – Fertigstellung des Ersatzbaus – war eingetreten und die dem Vater der Antragsteller gesetzte Frist – unverzüglich nach Fertigstellung des Ersatzbaus – war abgelaufen. Auch die weiteren Voraussetzungen für die Androhung des Zwangsmittels nach §63 Abs. 1 VwVG Nordrhein-Westfalen sind erfüllt, insbesondere ist den Antragstellern eine angemessene Frist i.S. von Satz 2 der genannten Bestimmung gesetzt worden.

Ob daneben die Abbruchverpflichtung auch auf Frau A. als Rechtsnachfolgerin des Bauherren hinsichtlich des Ersatzbaus übergegangen ist, ist nicht entscheidungserheblich. Selbst wenn dem so wäre, brauchte der Antragsgegner sie hinsichtlich des Abbruchs des Altbaus nicht in Anspruch zu nehmen. Da nur die Antragsteller (Mit-)Eigentümer des abzubrechenden Gebäudes sind, ist es ermessensgerecht, die Verpflichtung allein ihnen gegenüber zu vollstrecken.

Nr. 112

1. Ein aus vier Wohnhäusern bestehender Bebauungszusammenhang kann schon eine „Wohnbebauung von einigem Gewicht" (§35 Abs.6 Satz 1 BauG) sein.

2. Auch eine Außenbereichssatzung (§ 35 Abs. 6 BauGB) muß erforderlich sein (§ 1 Abs. 3 BauGB in entsprechender Anwendung). Daran fehlt es, wenn offensichtlich ist, daß die durch die Satzung begünstigten Vorhaben aus anderen Rechtsgründen nicht verwirklicht werden können.

BauGB § 35 Abs. 2, Abs. 3 Satz 1 Nrn. 1, 3, 5, 7 und Abs. 6; BauGB analog § 1 Abs. 3 und Abs. 4; ROG § 3 Nr. 2; BayLplG Art. 4 Abs. 1, Art. 17 Abs. 1.

Bayerischer VGH, Urteil vom 12. August 2003 – 1 BV 02.1727 – (rechtskräftig).

(VG München)

Die Beteiligten streiten um die Genehmigung einer Außenbereichssatzung.

Der Gemeinderat der Klägerin beschloß 2001, für das Gebiet eine Außenbereichssatzung aufzustellen. Das Gebiet umfaßt drei jeweils mit einem Wohnhaus bebaute Grundstücke (Fl.Nrn. 945/1, 923/1 und 965/2, ein mit Wald bestocktes Grundstück (Fl.Nr. 965/3) und ein weiteres mit einem Wohnhaus bebautes Grundstück (Fl.Nr. 965/4). Die Grundstücke liegen zeilenförmig aufgereiht an der Kreisstraße. Auf dem Grundstück Fl.Nr. 965/2 steht neben dem Wohngebäude, einem geräumigen Zweifamilienhaus, eine nunmehr als Nebengebäude genutzte ehemalige Schreinereiwerkstatt. Bei der übrigen Bebauung handelt es sich um Einfamilienhäuser mit den üblichen Nebenanlagen. Mit der Satzung soll die Errichtung eines Wohnhauses auf dem Grundstück Fl.Nr. 965/3 ermöglicht werden.

Die Klägerin beteiligte die Bürger und die Träger öffentlicher Belange. Das Forstamt teilte mit, daß gegen eine Rodung des Grundstücks Fl.Nr. 965/3 keine Einwendungen bestünden, daß aber wegen des angrenzenden Waldes die Gefahr des Sturmwurfes bestehe. Im Mai 2001 beschloß der Gemeinderat die Außenbereichssatzung. Das Landratsamt lehnte die Genehmigung der Satzung ab.

Aus den Gründen:

Das Verwaltungsgericht hat der Klage zu Recht stattgegeben, denn die Klägerin hat einen Anspruch auf Genehmigung der Außenbereichssatzung (§ 35 Abs. 6 Satz 6 i. V. m. § 6 Abs. 2 BauGB). Die ordnungsgemäß zustande gekommene Außenbereichssatzung ist materiell rechtmäßig. Die allgemeinen Voraussetzungen für den Erlaß einer Außenbereichssatzung (§ 35 Abs. 6 Satz 1 BauGB) sind erfüllt. Die Satzung verstößt nicht gegen den Erforderlichkeitsgrundsatz (§ 1 Abs. 3 BauGB in entsprechender Anwendung). Sie ist mit einer geordneten städtebaulichen Entwicklung zu vereinbaren (§ 35 Abs. 6 Satz 4 BauGB).

1. Die Satzung entspricht § 35 Abs. 6 Satz 1 BauGB.

Nach dieser Vorschrift kann die Gemeinde für bebaute Bereiche im Außenbereich, die nicht überwiegend landwirtschaftlich geprägt sind und in denen eine Wohnbebauung von einigem Gewicht vorhanden ist, durch Satzung bestimmen, daß Wohnzwecken dienende Vorhaben im Sinn des Absatzes 2 nicht entgegengehalten werden kann, daß sie einer Darstellung im Flächennutzungsplan über Flächen für die Landwirtschaft oder Wald widersprechen oder die Entstehung oder Verfestigung einer Splittersiedlung befürchten lassen. Diese Voraussetzungen liegen vor.

Das Satzungsgebiet liegt im Außenbereich.

Nr. 112

Die Satzung erfaßt einen „bebauten Bereich". Diese Anforderung entspricht – abgesehen davon, daß die Bebauung weniger Gewicht haben muß – der in § 34 Abs. 4 Satz 1 Nr. 2 BauGB genannten Voraussetzung. Sie verlangt einen nach den Maßstäben des § 34 Abs. 1 Satz 1 BauGB zu bestimmenden Bebauungszusammenhang (BayVGH v. 19.4.1999, NVwZ-RR 2000, 482, 483), also eine aufeinanderfolgende, zusammengehörig und geschlossen erscheinende Bebauung (BVerwG v. 6.11.1968, E 31, 20, 21; v. 2.3.2000, BRS 63 Nr. 99 = BauR 2000, 1310). Die Gebäude im Satzungsgebiet bilden einen solchen Bebauungszusammenhang. Das unbebaute Grundstück Fl.Nr. 365/3 unterbricht den Zusammenhang zwischen der Bebauung auf den drei westlich anschließenden Grundstücken und dem erhöht und zurückgesetzt stehenden Wohnhaus auf dem östlich angrenzenden Grundstück Fl.Nr. 965/4 nicht. Der durch die Lagepläne vermittelte Eindruck, daß es sich bei dem Grundstück Fl.Nr. 365/3 um eine „Baulücke" handelt, wird nach dem Ergebnis des Augenscheins zwar durch das Vortreten des Berghanges auf dem Grundstück zur Straße, durch die Bestockung des Grundstücks mit Wald und durch die leichte Straßenbiegung an dieser Stelle abgeschwächt. Trotz dieser Besonderheiten erscheint das Wohnhaus auf Fl.Nr. 964/4 aber noch als Teil der Splittersiedlung und nicht als ein einzeln im Außenbereich stehendes Anwesen.

Der bebaute Bereich ist nicht überwiegend landwirtschaftlich geprägt; es sind ausschließlich Wohnhäuser vorhanden.

Die vier Wohngebäude sind als Wohnbebauung von einigem Gewicht anzusehen.

Das städtebauliche Gewicht einer Bebauung hängt von der Zahl, der Größe und der räumlichen Zuordnung der Gebäude ab. An das Gewicht der Wohnbebauung, die bei einer Außenbereichssatzung vorhanden sein muß, sind keine hohen Anforderungen zu stellen. Dies ergibt sich aus dem Wortlaut der Regelung (Wohnbebauung von „einigem" Gewicht) und aus ihrem Zweck. Die Vorschrift eröffnet der Gemeinde die Möglichkeit, durch eine planungsrechtliche Entscheidung für nicht privilegierte Außenbereichsvorhaben die Zulässigkeitsschwelle herabzusetzen, indem die Berücksichtigung von zwei durch solche Vorhaben regelmäßig beeinträchtigten öffentlichen Belange ausgeschlossen wird. Der Anwendungsbereich der Außenbereichssatzung ist damit nicht nur gegenüber der Entwicklungssatzung gemäß § 34 Abs. 4 Satz 1 Nr. 2 BauGB abzugrenzen, bei der der bebaute Bereich soviel Gewicht haben muß, daß er zum Innenbereich i.S. von § 34 BauGB aufgewertet werden kann. Die Bebauung kann auch weniger gewichtig sein als bei Splittersiedlungen, die zwar nicht für eine Entwicklungssatzung in Betracht kommen, deren Bebauung aber schon so umfangreich ist, daß eine Lückenschließung auch ohne Außenbereichssatzung eine Verfestigung i.S. des § 35 Abs. 3 Satz 1 Nr. 7 BauGB nicht „befürchten" läßt (vgl. BVerwG v. 27.8.1998, BRS 60 Nr. 92 = BauR 1999, 373 = NVwZ-RR 1999, 295, 296; BayVGH v. 13.5.2002 – 1 B 00.1284 –). Aus all dem folgt, daß für eine Außenbereichssatzung eine aus wenigen Häusern bestehende Bebauung genügt, deren „Entwicklung" mit der durch die Außenbereichssatzung begünstigten Lückenschließung abgeschlossen wird (vgl. OVG Niedersachsen v. 27.7.2000, BRS 63 Nr. 118 = NVwZ-RR 2001, 368).

Da es auch auf die Größe der Gebäude und deren Stellung zueinander ankommt, läßt sich die erforderliche Zahl der Wohngebäude nicht abstrakt bestimmen. Ein aus vier Wohnhäusern bestehender Bebauungszusammenhang kann aber schon eine „Wohnbebauung von einigem Gewicht" i.S. des § 35 Abs. 6 Satz 1 BauGB sein (so auch VGH Baden-Württemberg v. 27.2.2003 – 8 S 2681/02 –, Juris; vgl. auch OVG Mecklenburg-Vorpommern v. 5.10.2000, BRS 64 Nr. 108: fünf Wohnhäuser; und Krautzberger, in: Battis/Krautzberger/Löhr, BauGB, 8. Aufl., § 35 Rdnr. 119: mindestens drei Wohnhäuser). Keinesfalls kann verlangt werden, daß mindestens zehn Wohngebäude vorhanden sind (so aber Erbguth/Wagner, Bauplanungsrecht, Rdnr. 445; Schink, DVBl. 1999, 367), weil man sich damit schon der Grenze zum Ortsteil (§ 34 BauGB) nähert (Dürr, in: Brügelmann, BauGB, § 35 Rdnr. 177).

Von diesen Maßstäben ausgehend handelt es sich nach den Eindrücken, die das Gericht beim Augenschein gewonnen hat, bei den vier entlang der Kreisstraße angeordneten, trotz der „Baulücke" zusammenhängend erscheinenden Wohnhäusern im Satzungsgebiet um eine Wohnbebauung von einigem Gewicht.

2. Die Satzung widerspricht nicht dem Erforderlichkeitsgrundsatz.

Auch eine Außenbereichssatzung muß in entsprechender Anwendung von § 1 Abs. 3 BauGB erforderlich sein. Daran fehlt es, wenn offensichtlich ist, daß die durch die Satzung begünstigten Vorhaben aus anderen Rechtsgründen nicht verwirklicht werden können (vgl. Gaentzsch, BauGB, § 35 Rdnr. 70; Söfker, in: Ernst/Zinkahn/Bielenberg, BauGB, § 35 Rdnr. 170; Jäde, in: Jäde/Dirnberger/Weiß, BauGB, BauNVO, 3. Aufl., § 35 BauGB Rdnr. 257, die allerdings alle die Erforderlichkeit als Frage der geordneten städtebaulichen Entwicklung i.S. des § 35 Abs. 6 Satz 4 BauGB ansehen). Diese Voraussetzung ist erfüllt. Der Verwirklichung des begünstigten Vorhabens stehen keine offensichtlichen Hindernisse entgegen.

Das Vorhaben beeinträchtigt nicht offenkundig andere öffentliche Belange (§ 35 Abs. 2 BauGB), insbesondere führt die Lückenschließung angesichts der bereits bestehenden Bauzeile wohl weder zu einer Beeinträchtigung der natürlichen Eigenart der Landschaft noch zu einer Verunstaltung des Landschaftsbildes (§ 35 Abs. 3 Satz 1 Nr. 5 BauGB).

Auch wegen der Baumwurfgefahr dürfte das Vorhaben nicht im Widerspruch zu öffentlich-rechtlichen Vorschriften stehen. Das Verwaltungsgericht hat zutreffend dargelegt, daß bei einer nur abstrakten Baumwurfgefahr die Anforderungen des § 1 Abs. 5 Satz 2 Nr. 1 BauGB an gesunde Wohnverhältnisse noch gewahrt sind (BVerwG v. 18.6.1997, BRS 59 Nr. 78 = BauR 1997, 807) und daß ein Waldeigentümer grundsätzlich keinen Anspruch auf Freihaltung des Baumwurfbereichs von jeglicher Bebauung hat (BayVGH v. 10.3.1987, BayVBl. 1987, 727).

Die am Grundstück vorbeiführende Kreisstraße ist zwar stark befahren. Es haben sich aber keine Anhaltspunkte dafür ergeben, daß die Lärmbelästigung das Ausmaß einer schädlichen Umwelteinwirkung (§ 35 Abs. 3 Satz 1 Nr. 3 BauGB, § 3 Abs. 1 BImSchG) erreichen wird.

Auch die Fragen der Erschließung, insbesondere einer verkehrssicheren Zufahrt zur Kreisstraße und einer geordneten Abwasserbeseitigung, erscheinen lösbar.

Für die Beseitigung des Waldes auf dem Grundstück Fl. Nr. 365/3 ist zwar eine Rodungserlaubnis (Art. 9 Abs. 2 Satz 1 BayWaldG) erforderlich. Diese entfällt nicht nach Art. 9 Abs. 8 BayWaldG, weil die Außenbereichssatzung keine Festlegung oder Zulassung einer Nutzungsänderung im Sinn dieser Vorschrift enthält, sondern nur die Berücksichtigung bestimmter öffentlicher Belange ausschließt. Die Rodungserlaubnis kann aber voraussichtlich erteilt werden, weil nach den Stellungnahmen des Landratsamts und des Forstamts gegen eine Rodung keine Bedenken bestehen.

3. Die Satzung ist mit einer geordneten städtebaulichen Entwicklung vereinbar (§ 35 Abs. 6 Satz 4 BauGB).

Im Rahmen dieser Anforderung sind in erster Linie die städtebaulichen Gesichtspunkte zu berücksichtigen, die unmittelbar mit den infolge der Satzung als nicht beeinträchtigt geltenden Belangen im Zusammenhang stehen. Wenn von der Möglichkeit des § 35 Abs. 6 Satz 2 BauGB, Vorhaben für kleine Handwerks- oder Gewerbebetriebe zu begünstigen, Gebrauch gemacht wird, muß auch das Nebeneinander der unterschiedlichen Nutzungen verträglich sein. Über die anderen städtebaulichen Anforderungen wird im Baugenehmigungsverfahren bei der Prüfung, ob das Vorhaben öffentliche Belange beeinträchtigt (§ 35 Abs. 2 und 3 BauGB), entschieden.

Da die Satzung ausschließlich Wohnbauvorhaben betrifft, stellt sich nur die Frage, ob die durch die Satzung begünstigte Lückenschließung mit den Zielen der Raumordnung vereinbar ist (§ 1 Abs. 4 BauGB in entsprechender Anwendung, § 3 Nr. 2 ROG, Art. 4 Abs. 1, Art. 17 Abs. 1 BayLplG; Kap. B II 1.6 Regionalplan Oberland). Diese Frage ist zu bejahen. Die Lückenschließung läuft dem Ziel des Regionalplans, eine Zersiedelung der Landschaft zu verhindern, nicht zuwider. Die Satzung läßt keine Erweiterung der Splittersiedlung in den Außenbereich zu. Die durch die Satzung erleichterte Lückenschließung führt nicht zu einer Zersiedelung des Außenbereichs.

Nr. 113

Die Privilegierung nach § 35 Abs. 1 BauGB kann durch eine Satzung nach § 35 Abs. 6 BauGB nicht ausgeschlossen werden.
(Nichtamtlicher Leitsatz)

BauGB § 35 Abs. 6.

Bundesverwaltungsgericht, Beschluß vom 1. September 2003
– 4 BN 55.03 –.

(OVG Rheinland-Pfalz)

Nr. 113

Der Antragsteller wendet sich im Wege der Normenkontrolle gegen eine Satzung der Antragsgegnerin über die erleichterte Zulässigkeit von Vorhaben im Außenbereich. Mit der Satzung will die Antragsgegnerin eine Nachverdichtung der vorhandenen Wohnbebauung ermöglichen, ohne das Gebiet zu einem Ortsteil weiterzuentwickeln. Zu diesem Zweck weist die Satzung zusätzliche überbaubare Flächen aus. Eine (noch) im Eigentum des Antragstellers stehende Teilfläche ist laut Satzung „von Bebauung freizuhalten". Dagegen erhob der Antragsteller Einwendungen.
Das Oberverwaltungsgericht lehnte den Normenkontrollantrag des Antragstellers ab.

Aus den Gründen:
Die Vorinstanz versteht die Bestimmung der Satzung, nach der die im Eigentum des Antragstellers stehende Teilfläche „von Bebauung freizuhalten" ist, in Anknüpfung an den Regelungsgehalt des §35 Abs. 6 BauGB dahin, daß diese Fläche von Wohnzwecken dienenden sonstigen Vorhaben i. S. von §35 Abs. 2 BauGB freizuhalten sei. Die betreffende Ausweisung stehe damit einem etwaigen landwirtschaftlichen Vorhaben auf dieser Fläche nicht entgegen. Bei dieser Auslegung der Satzung bleibt für die Annahme, die Antragsgegnerin habe eine Festsetzung nach §23 BauNVO getroffen, kein Raum. Die Auslegung der Satzung, die dem nicht-revisiblen Landesrecht angehört, muß das Bundesverwaltungsgericht in einem Revisionsverfahren grundsätzlich mit dem Inhalt hinnehmen, dem ihr das Normenkontrollgericht beigemessen hat. Nach st. Rspr. des Bundesverwaltungsgerichts vermag die Rüge der Nichtbeachtung von Bundesrecht bei der Anwendung und Auslegung von Landesrecht eine Beschwerde gegen die Nichtzulassung der Revision allenfalls dann zu begründen, wenn die Auslegung der – gegenüber dem Landesrecht als korrigierender Maßstab angeführten – bundesrechtlichen Norm ihrerseits ungeklärte Fragen von grundsätzlicher Bedeutung aufwirft (vgl. nur Beschluß v. 1. 9. 1992 – 11 B 24. 92 –, Buchholz 310 §137 VwGO Nr. 171). Das ist hier nicht der Fall.

Das Beschwerdevorbringen läßt nicht erkennen, daß Regelungsgehalt und Zielsetzung des §35 Abs. 6 BauGB, die das Normenkontrollgericht seiner Auslegung der angegriffenen Satzung zugrunde legt, eine Rechtsfrage von grundsätzlicher Bedeutung aufwerfen. Mit einer Satzung nach §35 Abs. 6 BauGB kann eine Gemeinde für bebaute Bereiche im Außenbereich, die nicht überwiegend landwirtschaftlich geprägt sind und in denen eine Wohnbebauung von einigem Gewicht vorhanden ist, ausschließen, daß Wohnzwecken dienenden Vorhaben i. S. des Abs. 2 dieser Vorschrift bestimmte öffentliche Belange i. S. des §35 Abs. 3 BauGB entgegengehalten werden können. §35 Abs. 6 BauGB will die Zulassung bestimmter nicht-privilegierter Vorhaben i. S. von §35 Abs. 2 BauGB erleichtern. Die Satzung nach §35 Abs. 6 BauGB läßt – anders als eine Satzung nach §34 Abs. 4 BauGB – die planungsrechtliche Zuordnung des Satzungsgebiets zum Außenbereich unberührt. Das Normenkontrollgericht geht zu Recht davon aus, daß eine Satzung gemäß §35 Abs. 6 BauGB über die erleichterte Zulässigkeit von Vorhaben im Außenbereich ausschließlich eine positive, die Zulässigkeit bestimmter nicht-privilegierter Vorhaben unterstützende, aber keine negative Wirkung besitzt. Die Satzung läßt die Anwendbarkeit des §35 Abs. 1 BauGB hinsichtlich der dort benannten privilegierten Vorhaben unberührt. Die Privilegierung nach §35 Abs. 1 BauGB kann daher durch eine Satzung nach § 35 Abs. 6 BauGB nicht ausgeschlossen werden (ebenso m. w. N.: OVG Mecklenburg-Vorpommern, Urteil v. 5. 10. 2002 – 3 L 306/98 –, BRS 64 Nr. 108; OVG Münster, Urteil v. 8. 6. 2001 – 7 a D 52/99.NE –, BRS 64 Nr. 107 = NVwZ 2001, 1071; vgl. ferner Söfker, in: Ernst/Zinkahn/Bielenberg/Krautzberger, BauGB, Bd. II, Stand: 1. 1. 2003, Rdnr. 175 zu § 35 BauGB).

Nr. 114

1. **Hat gegen die Festsetzung einer Enteignungsentschädigung durch die Enteignungsbehörde nur der Enteignungsbetroffene im baulandgerichtlichen Verfahren fristgerecht Antrag auf gerichtliche Entscheidung mit dem Ziel einer Erhöhung eingereicht, so kann der entschädigungspflichtige Enteignungsbegünstigte nicht nach Ablauf der Antragsfrist „Widerklage" auf Herabsetzung der festgesetzten Entschädigung erheben (Abgrenzung zu BGHZ 35, 227).**

2. **Zur Frage des Bestandsschutzes eines im Außenbereich stehenden sogenannte Kottens, wenn die Baugenehmigungsbehörde dessen (möglicherweise illegale) Instandsetzung für Wohnzwecke aufsichtsbehördlich „begleitet" hat.**

(Zu 1. nur Leitsatz)

GG Art. 14; BauGB §§ 194, 217, 226 Abs. 2, 3; EEG NW § 50 Abs. 1.

Bundesgerichtshof, Urteil vom 8. Mai 2003 – III ZR 68/02.

(OLG Hamm)

Die Beteiligten zu 1 und 2 streiten über die Höhe der Enteignungsentschädigung für die Inanspruchnahme eines 1578 m² großen Grundstücks für den Bau der Bundesautobahn A 33 nach Maßgabe des Planfeststellungsbeschlusses vom Februar 1996.
Die Beteiligten zu 1 hatten das im Außenbereich gelegene Grundstück, auf dem ein 1802 errichtetes Fachwerkgebäude (ein sogenannter Kotten) stand, im Jahr 1973 erworben. Der Oberkreisdirektor hatte durch Verfügung vom Juni 1982 die Beseitigung des Kottens wegen Baufälligkeit verfügt, auf den Widerspruch der Beteiligten zu 1 jedoch die Anordnung der sofortigen Vollziehung dieser Verfügung aufgehoben. Im Mai 1983 hatten die Beteiligten zu 1 mit Arbeiten an dem Gebäude begonnen, woraufhin im Mai 1983 eine Stillegungsverfügung unter Anordnung des sofortigen Vollzugs ergangen war. Das Verwaltungsgericht hatte 1983 die aufschiebende Wirkung des Widerspruchs der Beteiligten zu 1 gegen die Stillegungsverfügung zunächst vorläufig und nach Einholung eines Sachverständigengutachtens endgültig wiederhergestellt. Im Anschluß daran hatte der Oberkreisdirektor die Beseitigungsverfügung vom Juni 1982 und die Stillegungsverfügung vom Mai 1983 aufgehoben. Die Beteiligten zu 1 hatten den Kotten insgesamt so weit wieder hergerichtet, daß er nach ihrer Behauptung über Jahre als Wohngebäude diente.
Im von der Beteiligten zu 2 (Bundesstraßenbauverwaltung) beantragten Enteignungsverfahren erteilten die Beteiligten zu 1 durch Vertrag vom August 1998 ihr Einverständnis mit der Inanspruchnahme des Grundstücks für Straßenzwecke und mit der Übertragung des Eigentums. Die Entschädigung für die aufstehenden Gebäude wurde

mit 91 000,- DM abschließend geregelt, die Festsetzung der Entschädigung für Grund und Boden wurde der Enteignungsbehörde überlassen.

Mit Entschädigungsfeststellungsbeschluß vom Januar 1999 hat die Beteiligte zu 3 (Enteignungsbehörde) die Entschädigung für Grund und Boden auf 51 170,- DM festgesetzt. Hiergegen haben die Beteiligten zu 1 Antrag auf gerichtliche Entscheidung mit dem Ziel einer höheren Entschädigung gestellt. Das Landgericht (Kammer für Baulandsachen) hat die Entschädigung auf 63 120,- DM angehoben. Die hiergegen gerichtete Berufung der Beteiligten zu 1, mit der sie eine weitere Anhebung der Entschädigung um mindestens 30 000,- DM begehrt haben, hat das Oberlandesgericht (Senat für Baulandsachen) zurückgewiesen; zugleich hat es auf die Anschlußberufung der Beteiligten zu 2 die Entschädigung auf 11 048,95 DM (= 5649,24 €) herabgesetzt. Mit der Revision verfolgen die Beteiligten zu 1 ihren zuletzt gestellten Antrag weiter.

Aus den Gründen:
Die Revision der Beteiligten zu 1 ist begründet. Sie führt zur Aufhebung des angefochtenen Urteils, zur Wiederherstellung des Urteils des Landgerichts in Höhe des im Entschädigungsfeststellungsbeschluß der Enteignungsbehörde zugunsten der Beteiligten zu 1 festgesetzten Entschädigungsbetrages und im übrigen zur Zurückverweisung der Sache an das Berufungsgericht.

II. Soweit das Berufungsgericht außerhalb der dargelegten Bestandskraft des Entschädigungsfeststellungsbeschlusses auf die Anschlußberufung der Beteiligten zu 2 die erstinstanzliche Entschädigungsfestsetzung zu Lasten der Beteiligten zu 1 abgeändert hat (Differenz: 63 120,- DM - 51 170,- DM), war die Anschlußberufung der Beteiligten zu 2 zwar prozessual unbedenklich. Die Entscheidung des Berufungsgerichts unterliegt aber insoweit, ebenso wie hinsichtlich der Zurückweisung der Berufung der Beteiligten zu 1, in sachlicher Hinsicht durchgreifenden rechtlichen Bedenken.

1. a) Die von der Beteiligten zu 2 zu zahlende Enteignungsentschädigung richtet sich nach dem Verkehrswert des von den Beteiligten zu 1 zur Vermeidung einer Enteignung abgegebenen Grundstücks (§ 10 Abs. 1 EEG NW). Maßgeblich ist die Qualität zum Zeitpunkt des Abschlusses des Vorabvertrages vom April 1998 (vgl. Senatsurteil v. 6. 4. 1995 – III ZR 27/94 –, WM 1995, 1195, 1196) bzw. – bei Zugrundelegung der „Vorwirkungen" der in Gang gesetzten Enteignung durch das vorausgegangene Planfeststellungsverfahren für den Autobahnbau – zum Zeitpunkt der Planfeststellung (vgl. Senatsurteile, BGHZ 64, 382 und v. 1. 12. 1977 – III ZR 130/75 –, WM 1978, 200). Revisionsrechtlich ist daher von einem „Qualitäts-Stichtag" spätestens im Februar 1996 auszugehen.

Der betreffende Grund und Boden liegt (unstreitig) im Außenbereich. Baulandqualität kann er nach dem im Revisionsverfahren gegebenen Sachstand nur im Zusammenhang damit gehabt haben, daß er zum maßgeblichen Zeitpunkt mit einem (Wohn-) Gebäude bebaut war (sog. faktisches Bauland) (vgl. Senatsurteil v. 27. 9. 1990 – III ZR 97/89 –, WM 1991, 155 f.; Aust/Jacobs/Pasternak, a. a. O., Rdnr. 319 ff. 322). Voraussetzung für die Anerkennung als eigentumsrechtliches Qualitätsmerkmal ist, daß dieses Gebäude baurechtlichen Bestandsschutz hatte.

b) Nach Ansicht des Berufungsgerichts hatte das betroffene Grundstück unbeschadet der vorhandenen Bebauung keine höhere Qualität als die einer landwirtschaftlichen Nutzfläche. Die Baulichkeiten hätten keinen Bestandsschutz gehabt. Ob der ursprünglich um 1800 errichtete Kotten jemals baurechtlich legal gewesen sei, könne dahinstehen. Ein eventueller Bestandsschutz sei jedenfalls Anfang der achtziger Jahre des 20. Jahrhunderts erloschen. In diesem Zeitraum sei die Nutzung bereits über mehrere Jahre aufgegeben gewesen. Außerdem habe sich das Gebäude 1981/1982 in einem desolaten, nicht mehr nutzbaren Zustand befunden. Ob das Gebäude als solches schon abgängig gewesen sei, möge auf Grund des vom Verwaltungsgericht 1983 eingeholten Gutachtens zweifelhaft sein. Die von den Beteiligten zu 1 durchgeführten Bauarbeiten, die darauf abgezielt hätten, das Gebäude wieder bewohnbar zu machen, seien jedenfalls vom Bestandsschutz nicht mehr gedeckt gewesen. Von durch Bestandsschutz gedeckten Reparaturarbeiten könne keine Rede mehr sein, wenn die Identität der baulichen Anlage nicht mehr erhalten bleibe. Letzteres sei der Fall, wenn der Eingriff in die Bausubstanz so intensiv sei, daß er eine statische Nachrechnung der gesamten Anlage notwendig mache. Eine solche Nachrechnung sei vorliegend jedenfalls für die Wiedernutzbarmachung des Gebäudes zu Wohnzwecken erforderlich gewesen, wie dem zitierten Gutachten zu entnehmen sei. Der Sachverständige habe es abgelehnt, eine Aussage über die Standsicherheit des Holztragwerks für einen möglichen voll ausgebauten Zustand des Gebäudes zu treffen, und lediglich die Standsicherheit des Holztragwerks im offenen Bauzustand ohne Dacheindeckung als ausreichend angesehen. Diese Darlegungen des Sachverständigen belegten, daß ein vollständiger Ausbau des Objekts zwecks Wiedernutzbarmachung zu Wohnzwecken ohne umfassende statische Nachrechnung der gesamten Anlage nicht möglich gewesen wäre. Ob das Verwaltungsgericht hiernach die aufschiebende Wirkung des Widerspruchs der Beteiligten zu 1 gegen die Stillegungsverfügung zu Recht wiederhergestellt habe, erscheine zweifelhaft, könne aber letztlich dahinstehen. Jedenfalls stünden die eindeutigen Aussagen des Gutachtens der Einschätzung entgegen, das Gebäude habe noch im Rahmen des Bestandsschutzes für eine ordnungsgemäße Wohnnutzung wieder hergerichtet werden können. Das von den Beteiligten zu 1 ihrer Meinung nach nur „instand gesetzte" Gebäude sei demgemäß ein nicht vom Bestandsschutz gedeckter Schwarzbau, aus dessen letztlich nur geduldeter Existenz die Beteiligten zu 1 keine Baulandqualität ihres Grundstücks herleiten könnten.

Diese Ausführungen halten der rechtlichen Nachprüfung in einem entscheidenden Punkt nicht stand.

aa) Mangels anderweitiger Feststellungen des Berufungsgerichts ist im Revisionsverfahren zu unterstellen, daß es sich bei dem Kotten um eine ursprünglich rechtmäßig errichtete bauliche Anlage handelte.

Ob der einmal begründete Bestandsschutz (vgl. Senatsurteil v. 10.5.1990 – III ZR 84/89 –, NVwZ 1991, 403) bereits dadurch Anfang der achtziger Jahre des 20. Jahrhunderts erlosch, daß die Nutzung des Gebäudes bereits über mehrere Jahre aufgegeben worden war – wie das Berufungsgericht wohl meint –, ist zweifelhaft. Inwieweit eine bestimmte Art der Nutzung einer baulichen Anlage in ihrem Bestand geschützt ist, richtet sich danach, ob und ggf. in welchem Maße die bebauungsrechtliche Situation nach der Verkehrsauffassung als noch von dieser Nutzung geprägt erscheint. Vom Standpunkt eines objektiven Betrachters aus gesehen muß die Anlage in ihrer Umgebung für die bisher dort ausgeübte Nutzung noch offen sein. Der Bestandsschutz für eine bestimmte Art von Nutzung endet nicht notwendig schon mit deren faktischer Beendigung. Art. 14 Abs. 1 Satz 1 GG räumt dem Berechtigten vielmehr zum Schutze des Vertrauens in den Fortbestand einer bisherigen Rechtsposition je nach den konkreten Einzelumständen eine gewisse Zeitspanne ein, innerhalb derer der Bestandsschutz nachwirkt und noch Gelegenheit besteht, an den früheren Zustand anzuknüpfen. Jedoch überwiegt das öffentliche Interesse an der Durchsetzung der veränderten bebauungsrechtlichen Ordnung, wenn der Berechtigte erkennbar von dem Bestandsschutz keinen Gebrauch mehr machen will. In einer für die Verkehrsauffassung besonders sinnfälligen Weise kommt die Beendigung einer bestimmten Art von Nutzung dadurch zum Ausdruck, daß der Berechtigte in dem Gebäude eine andersartige Nutzung aufnimmt und dies nach außen sichtbar wird (BVerwG, NVwZ 1989, 667, 668; vgl. auch BVerwGE 47, 185, 189).

bb) Die Frage braucht nicht weiter vertieft zu werden, weil das Berufungsgericht – im Ansatz zutreffend – einen Wegfall des Bestandsschutzes auch im Hinblick darauf in Betracht gezogen hat, daß der Kotten sich 1981/1982 in einem desolaten, nicht mehr nutzbaren Zustand befand und in einen wieder bewohnbaren Zustand nur durch Bauarbeiten gebracht werden konnte, nach deren Art und Umfang keine Identität zwischen dem wiederhergestellten und dem ursprünglichen Bauwerk (vgl. zu diesem Erfordernis, BVerwGE 47, 126, 128 ff.; 61, 112, 116; 72, 362 f.) mehr gegeben war. An der notwendigen Identität fehlt es, wie das Berufungsgericht zutreffend ausgeführt hat, stets schon dann, wenn der mit der Instandsetzung verbundene Eingriff in den vorhandenen Bestand seiner Qualität nach so intensiv ist, daß er eine statische Nachrechnung des gesamten Gebäudes erforderlich macht (BVerwG, a.a.O.).

Das Berufungsgericht ist in nicht zu beanstandender tatrichterlicher Würdigung zu dem Ergebnis gelangt, daß im Streitfall eine solche statische Nachrechnung jedenfalls für die Wiedernutzbarmachung des Gebäudes zu Wohnzwecken erforderlich war. Die hiergegen gerichteten Rügen der Revision sind unbegründet. Zwar hat der Sachverständige keine Aussage zur Standsicherheit des Holztragwerks des Kottens für einen voll ausgebauten Zustand des Gebäudes gemacht, weil keine verbindlichen Ausbaupläne vorlagen und deshalb die vollständigen Belastungen nicht bekannt waren; gerade diese fehlende Beurteilungsmöglichkeit des Sachverständigen impliziert aber, daß eine isolierte baupolizeilich-statische Prüfung nicht möglich war und eine Nachrechnung des gesamten Gebäudes erforderlich wurde. Für die maßgebliche Frage der Identität zwischen dem ursprünglichen Gebäude und dem erneuerten Gebäude kommt es entgegen der Revision nicht auf eine Veränderung der statischen Verhältnisse im Vergleich zum ursprünglichen bestandsgeschützten Zustand an. ...

cc) Die Revision rügt aber mit Recht, daß das Berufungsgericht die sich an die – die aufschiebende Wirkung des Widerspruchs der Beteiligten zu 1 gegen eine Stillegungsverfügung wiederherstellende – Entscheidung des Verwaltungsgerichts vom Oktober 1983 anschließenden Vorgänge nicht hinreichend in seine Beurteilung mit einbezogen hat. Diese waren dadurch geprägt, daß die Bauaufsichtsbehörde unter dem Eindruck der verwaltungsgerichtlichen Entscheidung nicht nur die ergangene Beseitigungsverfügung von 1982 wie auch die Stillegungsverfügung von 1983 aufgehoben, sondern auch in der Folgezeit – wie jedenfalls im Revisionsverfahren zu unterstellen ist – keine Einwendungen mehr gegen die – ebenfalls zu unterstellenden – seitens der Beteiligten zu 1 fortgesetzten und im Sinne der Herstellung einer Wohnnutzung abgeschlossenen Instandsetzungsarbeiten erhob.

Zwar begründet die bloße Duldung einer baulichen Anlage noch keine als Eigentum geschützte Rechtsposition. Die dem Eigentümer im Einzelfall unter dem Gesichtspunkt, daß hoheitliche Eingriffe grundsätzlich nicht über das zur Gefahrenabwehr oder sonst zum Schutz öffentlicher Interessen Erforderliche hinausgehen dürfen und es deshalb im Falle eines behördlichen Beseitigungsverlangens der Abwägung zwischen dem jeweils geschützten Interesse und den privaten Belangen des Betroffenen bedarf, tatsächlich auf absehbare Zeit verschaffte Möglichkeit, eine formell und materiell illegale Anlage oder Nutzung noch weiter aufrechtzuerhalten, wird nicht vom Eigentumsrecht aus Art. 14 GG umfaßt (Senatsurteil, BGHZ 140, 285, 292 f.). Im Streitfall läßt sich aber nicht ausschließen, daß die Bauaufsichtsbehörde mehr getan hat, als durch bloße Untätigkeit einen existenten baulichen Zustand zu dulden. Der Umstand, daß letztendlich eine Wiederherrichtung in einem Umfang, die eine Wohnnutzung ermöglichte, erfolgt ist, könnte dafür sprechen, daß dies seitens der Bauaufsichtsbehörde „sehenden Auges" geschehen ist. In diese Richtung weist etwa der Umstand, daß dem Bauaufsichtsamt im Jahre 1992 die wasserrechtliche Erlaubnis für die Entwässerung durch eine Klärgrube zur Kenntnis gegeben wurde, ohne daß gegen diese bauliche Maßnahme eingeschritten wurde. Auch im übrigen läßt sich nicht ausschließen, daß die Bauaufsichtsbehörde durch besonderes Verhalten den Beteiligten zu 1 gegenüber Veranlassung zu der Annahme gegeben hat, die Baumaßnahmen seien vom Bestandsschutz gedeckt, und diese im Vertrauen darauf Vermögensdispositionen getroffen haben. Bestätigt die Bauaufsichtsbehörde auf eine solche Weise den Bestandsschutz, kann das schützenswerte Vertrauen des Eigentümers in den Bestand das öffentliche Interesse an einer Beseitigung überwiegen und eine Beseitigungs- oder Nutzungsuntersagungsverfügung – auf Dauer – ausgeschlossen sein (vgl. OVG Rheinland-Pfalz, BRS 36 Nr. 216). Auch in einem solchen Fall ist der Bau endgültig in seiner Substanz gesichert.

Die Beteiligten tragen zwar erst mit ihrer Revisionsbegründung ausdrücklich vor, die Renovierung sei „bauaufsichtlich begleitet" worden, ohne daß sich Beanstandungen ergeben hätten. Wie die Revision der Sache nach auch rügt, hätten aber die im gerichtlichen Verfahren angesprochenen bzw. sich aus dort vorgelegten Unterlagen ergebenden Gesamtumstände dem Berufungsgericht (schon) wegen des im baulandgerichtlichen Verfahren geltenden Untersuchungsgrundsatzes Veranlassung geben müssen, von Amts wegen den weiteren Fortgang der „Instandsetzung" des Kottens unter dem Blickwinkel aufzuklären, ob die Bauaufsichtsbehörde über die bloße Duldung des Bauwerks hinaus durch ihr Verhalten ein schutzwürdiges Vertrauen der Beteiligten zu 1 begründet hat.

2. Da demnach die bisherige Begründung des Berufungsgerichts die Ablehnung einer Entschädigung für das Grundstück nach Baulandqualität nicht trägt, ist seinem Urteil auch insoweit die Grundlage entzogen, als es die Berufung der Beteiligten zu 1 abgewiesen hat, ohne sich – aus seiner Sicht folgerichtig – mit deren Berufungsvorbringen zu befassen.

III. Sicherung der Bauleitplanung

1. Veränderungssperre

Nr. 115

Es ist Gemeinden durch § 245 b i. V. m. § 35 Abs. 3 Satz 3 BauGB nicht verwehrt, auch nach dem 31.12.1998 Bebauungspläne für Gebiete aufzustellen, die im Flächennutzungsplan als Vorrangflächen für Windenergieanlagen dargestellt sind, und diese Pläne mit einer Veränderungssperre zu sichern.

BauGB §§ 8 Abs. 3; 14; 35 Abs. 1 Nr. 6, Abs. 3 Satz 3; 245 b.

Bundesverwaltungsgericht, Beschluß vom 25. November 2003
– 4 BN 60.03 –.

(OVG Nordrhein-Westfalen) (abgedruckt unter Nr. 116).

Die Antragsteller wenden sich gegen eine Satzung über eine Veränderungssperre.

Der Rat der Antragsgegnerin beschloß im Februar 1999 eine Änderung des Flächennutzungsplans, mit der im Gemeindegebiet drei Vorranggebiete für Windenergieanlagen dargestellt wurden. Die Antragsteller möchten dort derartige Anlagen errichten. Im Februar 2002 beschloß der Bau- und Planungsausschuß der Antragsgegnerin die Aufstellung der Bebauungspläne Nr. 95 a, 95 b und 95 c zur planerischen Feinsteuerung der Errichtung von Windenergieanlagen in den Vorranggebieten. Gleichzeitig faßte er einen Aufstellungsbeschluß für eine die Vorranggebiete betreffende Änderung des Flächennutzungsplans, wobei „in die Änderungsplanung insbesondere notwendige Abstandflächen entsprechend der aktuellen Rechtsprechung einbezogen werden" sollen. Im Mai 2002 beschloß der Rat der Antragsgegnerin, über die Bebauungsplangebiete eine Veränderungssperre zu verhängen. Den Antrag der Antragsteller, die im Juni 2002 in Kraft getretene Satzung über die Veränderungssperre für das Bebauungsplangebiet 95 a für nichtig zu erklären, lehnte das Oberverwaltungsgericht ab. Die Beschwerde der Antragsteller blieb erfolglos.

Aus den Gründen:

III. 1. a) Die in den Vordergrund gestellte Frage, ob eine Gemeinde nach dem 31.12.1998 noch die Möglichkeit hat, den Bau von Windenergieanlagen durch den Erlaß einer Veränderungssperre zu verhindern, nötigt nicht zur Zulassung der Grundsatzrevision. Sie würde sich in dem angestrebten Revisionsverfahren in dieser Allgemeinheit nicht stellen, sondern nur in der Variante, ob eine Gemeinde nach dem 31.12.1998 noch befugt ist, den Bau von Windenergieanlagen durch den Erlaß einer Veränderungssperre in einem Gebiet vorübergehend zu verhindern, das im Flächennutzungsplan als Vorrangfläche im Außenbereich für solche Anlagen dargestellt ist. Auch in dieser von der Beschwerde hilfsweise formulierten Fassung rechtfertigt die Frage, die auf die Auslegung der §§ 14, 35 Abs. 1 und 3 sowie § 245 b BauGB zugeschnitten ist, nicht die Zulassung der Revision. Zwar liegt zu ihr keine höchstrichterliche Rechtsprechung vor. Die Frage, wie Rechtsvorschriften sachgerecht auszulegen und anzuwenden sind, bedarf jedoch dann keiner Klärung in einem Revisionsverfahren, wenn sie sich auf der Grundlage des Gesetzeswortlauts mit Hilfe der üblichen Interpretationsregeln ohne weiteres beantworten läßt (BVerwG, Beschluß v. 3.5.1993 – 4 NB 15.93 –, NVwZ-RR 1994, 9). Das ist hier der Fall.

Nach § 14 Abs. 1 BauGB kann die Gemeinde, wenn ein Beschluß über die Aufstellung eines Bebauungsplans gefaßt ist, zur Sicherung der Planung für den Planbereich eine Veränderungssperre u.a. mit dem Inhalt beschließen, daß Vorhaben i.S. des § 29 BauGB nicht durchgeführt werden dürfen. Es versteht sich von selbst, daß eine Veränderungssperre bei einer offensichtlich rechtswidrigen Planung nichtig ist (Bielenberg/Stock, in: Ernst/Zinkahn/ Bielenberg, BauGB, § 14 Rdnr. 15 d). Ein Bebauungsplan, der nach dem 31.12.1998 beschlossen wird, gibt indessen nicht schon deshalb zu Beanstandungen Anlaß, weil mit ihm ein Bereich überplant wird, der im Flächennutzungsplan als Vorrangfläche für Windenergieanlagen dargestellt ist. § 35 Abs. 3 Satz 3 und § 245 b BauGB verbieten dies entgegen der Auffassung der Beschwerde nicht.

Nach § 245 b Abs. 1 Satz 1 BauGB hatte die Baugenehmigungsbehörde auf Antrag der Gemeinde die Entscheidung über die Zulässigkeit von Windenergieanlagen i.S. des § 35 Abs. 1 Nr. 6 BauGB bis längstens zum 31.12.1998 auszusetzen, wenn die Gemeinde beschlossen hatte, einen Flächennutzungsplan aufzustellen, zu ändern oder zu ergänzen, und beabsichtigte zu prüfen, ob Darstellungen zu Windenergieanlagen i.S. des § 35 Abs. 3 Satz 3 BauGB in Betracht kommen. Die Vorschrift flankierte die mit dem Gesetz zur Änderung des Baugesetzbuchs vom 30.7.1996 (BGBl. I, 1189) eingeführte Privilegierung der Windenergieanlagen durch § 35 Abs. 1 Nr. 7 BauGB (seit 1.1.1998: § 35 Abs. 1 Nr. 6 BauGB) und die den Gemeinden im Anschluß an das Senatsurteil vom 22.5.1987 (– 4 C 57.84 –, BVerwGE 77, 300 ff.) durch § 35 Abs. 3 Satz 4 BauGB (jetzt § 35 Abs. 3 Satz 3 BauGB) eingeräumte Befugnis, durch die Ausweisung von Konzentrationszonen und die Sperrung des übrigen Außenbereichs für Windenergieanlagen deren Ansiedlung planerisch zu steuern. Durch die Möglichkeit, Genehmigungsanträge für Windenergieanlagen zurückstellen zu lassen, erhielten die Gemeinden die Gelegenheit, ihre Flächennutzungsplanung an der neuen Rechtslage auszurichten, ohne befürchten zu müssen, durch die zwischenzeitliche Errichtung von Windenergieanlagen außerhalb der (späteren) Konzentrationszonen vor die vollendete Tatsache gestellt zu werden, einen unerwünschten Wildwuchs derartiger Anlagen im Gemeindegebiet nicht mehr verhindern zu können. Die Befristung dieser Möglichkeit bis zum 31.12.1998 sollte sie zu einer zügigen Durchführung ihrer Planungen veranlassen.

Mehr als die befristete Bereitstellung eines Instruments zur Sicherung künftiger Darstellungen in Flächennutzungsplänen nach § 35 Abs. 3 Satz 3 BauGB gibt § 245 b BauGB nicht her. Die Wirkung der Bestimmung erschöpft sich darin, den Gemeinden einen Zeitraum zur Verfügung gestellt zu haben, innerhalb dessen sie ungestört ihre Vorstellung entwickeln konnten, welche Außenbereichsflächen für Windenergieanlagen zur Verfügung stehen und wo solche Anlagen ausgeschlossen sein sollten. Weder dem Wortlaut noch dem Sinn und Zweck der Norm lässt sich ein Anhaltspunkt dafür entnehmen, daß die Gemeinden nach dem 31.12.1998 gehindert wären, erstmals einen den Anforderungen des § 35 Abs. 3 Satz 3 BauGB genügenden Flächennutzungsplan aufzustellen, oder daß sie an einer einmal getroffenen Entscheidung festgehalten werden sollten. Vielmehr sind die Gemeinden in den – weiten – Grenzen des § 1 Abs. 3 BauGB jederzeit berechtigt, ihre Bauleitplanung zu ändern; sie dürfen auch im Flächennutzungsplan ausgewiesene Konzentrationszonen für Windenergieanlagen einer andersartigen Nutzung zuführen. Dies kann durch eine Änderung des Flächennutzungsplans geschehen. Zulässig ist aber auch die Aufstellung eines Bebauungsplans, wenn der Flächennutzungsplan im Parallelverfahren nach § 8 Abs. 3 BauGB gleichzeitig entsprechend geändert wird oder wenn die Voraussetzungen des § 8 Abs. 4 BauGB für einen vorzeitigen Bebauungsplan gegeben sind. Zur Sicherung der Planung mittels eines Bebauungsplans dürfen die Gemeinden gemäß § 14 Abs. 1 BauGB eine Veränderungssperre erlassen. Erst recht ist es ihnen nicht verwehrt, die Errichtung von Windenergieanlagen in den Konzentrationszonen durch einen Bebauungsplan einer Feinsteuerung (z. B. Begrenzung der Anlagenhöhe, Festlegung der Standorte der einzelnen Anlagen) zu unterziehen. In Flächennutzungsplänen ist die beabsichtigte Art der Bodennutzung nur in den Grundzügen darzustellen (§ 5 Abs. 1 Satz 1 BauGB). § 245 b BauGB bewahrt die Betreiber von Windenergieanlagen nicht davor, weiteren planungsrechtlichen Beschränkungen als denen des § 35 Abs. 3 Satz 3 BauGB unterworfen zu werden. Sie müssen die Festsetzungen in einem Bebauungsplan hinnehmen, wenn und soweit die Aufstellung des Plans für die städtebauliche Entwicklung und Ordnung erforderlich war (§ 1 Abs. 3 BauGB) und die von ihm berührten öffentlichen und privaten Belange gegeneinander und untereinander gerecht abgewogen sind (§ 1 Abs. 6 BauGB). Die Auffassung der Beschwerde, ein Bebauungsplan dürfe nur für den Fall beschlossen werden, daß eine Entscheidung über eine „Vielzahl konkurrierender Windenergieanlagen verschiedener Planungsinteressen„ zu treffen sei, „die alle zusammen im Gebiet nicht verwirklicht werden können„ trifft ersichtlich nicht zu.

Gegen die Zulässigkeit einer Veränderungssperre für Konzentrationszonen spricht auch nicht, daß durch die Veränderungssperre das für die Anwendung von § 35 Abs. 3 Satz 3 BauGB vorausgesetzte gesamträumliche Planungskonzept der Gemeinde, von dem die Ausschlußwirkung gemäß § 35 Abs. 3 Satz 3 BauGB abhängt (vgl. BVerwG, Urteil v. 13. 3. 2003 – 4 C 3.02 –, BauR 2003, 1172, ZfBR 2003, 469), gestört wird, weil auch auf Flächen, die nach der planerischen Entscheidung der Gemeinde für Windenergieanlagen zur Verfügung stehen sollen, ihre Errichtung nicht zulässig ist. Denn die Veränderungssperre lässt dieses Konzept unberührt; sie stellt nur ein vorübergehendes Hindernis für die Bebauung der Konzentrationszone dar. Eine zeitlich begrenzte Bausperre durch eine Veränderungssperre muß der betroffene Bürger jedoch fördern Geltungsdauer allgemein hinnehmen. Eine abweichende gesetzliche Regelung für Konzentrationszonen gemäß § 35 Abs. 3 Satz 3 BauGB enthält das Baugesetzbuch nicht.

Mit der Entscheidung des OVG Lüneburg vom 18. 6. 2003 (–1 KH 56/03 u. a. – , ZfBR 2003, 790) läßt sich die grundsätzliche Bedeutung der aufgeworfenen Rechtsfrage nicht begründen. Die darin ausgesprochene Nichtigkeit einer Veränderungssperre beruht entscheidungstragend auf der Erwägung, daß es der Antragsgegnerin jenes Verfahrens in Wahrheit nicht darum gehe, mit der Veränderungssperre die Aufstellung eines Bebauungsplans zu sichern, sondern daß der Eintritt einer Sperrwirkung gewollt sei, um die Konzentrationsplanung gemäß § 35 Abs. 3 Satz 3 BauGB im Rahmen einer Änderung des Flächennutzungsplans verwirklichen zu können. Damit werde nicht ein zulässiges Ziel nach § 14 Abs. 1 BauGB verfolgt, weil nur die Aufstellung eines Bebauungsplans mit der Veränderungssperre gesichert werden könne. Dem hier angefochtenen Urteil liegt ein vergleichbarer Sachverhalt nicht zugrunde; denn das Normenkontrollgericht hat – für den Senat bindend (vgl. § 137 Abs. 2 VwGO) – festgestellt, daß die umstrittene Veränderungssperre der Sicherung der Bebauungsplanung dient, die mit dem Aufstellungsbeschluß für den Bebauungsplan Nr. 95 a eingeleitet worden ist

b) Der Zulassung der Revision bedarf es ferner nicht, um zu klären, ob im Rahmen der Prüfung der Einhaltung des Entwicklungsgebots ein künftiger Flächennutzungsplan den Maßstab bildet, wenn es um die Frage geht, ob eine durch eine Veränderungssperre zu sichernde Bebauungsplanung an nicht behebbaren Mängeln leidet.

Die Antwort ergibt sich unmittelbar aus dem Gesetz, und zwar aus § 8 Abs. 3 Satz 1 BauGB. Danach kann mit der Aufstellung, Änderung, Ergänzung oder Aufhebung des Bebauungsplans gleichzeitig auch der Flächennutzungsplan aufgestellt, geändert oder ergänzt werden. Dies gilt auch dann, wenn die Änderung des Flächennutzungsplans im Parallelverfahren die Darstellung von Konzentrationszonen für Windenergieanlagen betrifft; denn § 8 Abs. 3 BauGB macht von seinem Anwendungsbereich keine Ausnahme. Verändert eine Gemeinde ihr Konzept, eine positive Ausweisung an einer bestimmten Stelle mit einer Ausschlußwirkung für den übrigen Planungsraum zu kombinieren, läuft sie allerdings Gefahr, daß ihr gesamter Außenbereich wegen Unwirksamkeit des geänderten Flächennutzungsplans wieder für die Windenergienutzung frei wird, wenn nämlich in dem geänderten Plan das Interesse an der Windenergienutzung unter Verstoß gegen das Abwägungsgebot nicht ausreichend berücksichtigt worden ist.

c) Die Revision ist auch nicht wegen der aufgeworfenen Fragen zu dem Mindestmaß an Konkretisierung zuzulassen, welches die Planung zur Rechtfertigung einer Veränderungssperre erreicht haben muß. In der Rechtsprechung des Senats ist geklärt, daß ein Mindestmaß des abzusehenden Inhalts der Planung nur erfüllt sein kann, wenn die Gemeinde für das betroffene Gebiet schon positive planerische Vorstellungen entwickelt hat, und daß eine Negativplanung, die sich darin erschöpft, einzelne Vorhaben auszuschließen, nicht ausreicht (vgl. BVerwG, Beschluß v. 5. 2. 1990 – 4 B 191.89 –, BRS 50 Nr. 103 = BauR 1990, 335). Eine derartige Negativplanung liegt hier jedoch nicht vor. Auf der Grundlage der das Beschwerdegericht bindenden Feststellungen des Normenkontrollgerichts, daß das Gebiet nach den Vorstellungen der Antragsgegnerin im Zeitpunkt des Erlasses der Veränderungssperre weiterhin (auch) der Errichtung von Windenergieanlagen dienen soll und daß eine Festsetzung als sonstiges Sondergebiet ins Auge gefaßt sei, sind hier vielmehr zweifellos positive und hinreichend konkrete planerische Vorstellungen der Antragsgegnerin gegeben (vgl. hierzu grundlegend BVerwG, Urteil v. 10. 9. 1976 – 4 C 39.74 –, BVerwGE 51, 121, 128 = BRS 30 Nr. 76 = BauR

1977, 31). Den Mindestanforderungen an die Konkretisierung des Planungsziels ist nämlich regelmäßig genügt, wenn die Gemeinde beim Erlaß der Veränderungssperre bereits eine bestimmte Art der baulichen Nutzung ins Auge gefaßt hat (BVerwG, Beschluß v. 15. 8. 2000 – 4 BN 35.00 –, BRS 64 Nr. 109 = PBauE § 14 Abs. 1 BauGB Nr. 17). Die Beschwerde zeigt nicht auf, daß diese Rechtsprechung einer Fortentwicklung oder Modifizierung bedarf.

d) Die Frage nach der Bedeutung von Äußerungen führender Mitglieder der Mehrheitsfraktion des kommunalen Selbstverwaltungsorgans und des Planungsverhaltens der Gemeinde (auch nach Erlaß der Veränderungssperre) für die Prüfung, ob eine Bauleitplanung eine unzulässige Verhinderungsplanung darstellt, führt ebenfalls nicht auf eine fallübergreifende Thematik. Nach der Rechtsprechung des Senats verstoßen Festsetzungen eines Bebauungsplans nicht schon dann gegen § 1 Abs. 3 BauGB, wenn ihr Hauptzweck in der Verhinderung bestimmter städtebaulich relevanter Nutzungen besteht. Als „Negativplanung" sind sie nur unzulässig, wenn sie nicht dem planerischen Willen der Gemeinde entsprechen, sondern nur vorgeschoben sind, um eine andere Nutzung zu verhindern (BVerwG, Beschluß v. 27. 1. 1999 – 4 B 129.98 –, BRS 62 Nr. 29 = BauR 1999, 611). Mehr ist verallgemeinernd nicht zu sagen. Ob eine Planung noch von einer städtebaulichen Konzeption getragen oder lediglich vorgeschoben ist, beurteilt sich nach den besonderen Umständen des Einzelfalls.

Nr. 116

1. **Die Antragsbefugnis für einen Normenkontrollantrag gegen eine Satzung, mit der eine Veränderungssperre in einem im Flächennutzungsplan dargestellten Vorranggebiet für Windenergieanlagen erlassen wird, kann sich auch daraus ergeben, daß der Antragsteller die ernsthafte Absicht und die gesicherte zivilrechtliche Möglichkeit dartut, in dem von der Veränderungssperre betroffenen Gebiet eine immissionsschutzrechtliche Genehmigung für einen Windpark zu beantragen.**

2. **Das Auslaufen der befristeten Möglichkeit nach § 245 b Abs. 1 Satz 1 BauGB, die Entscheidung über die Zulässigkeit von Windenergieanlagen i. S. des § 35 Abs. 2 Nr. 6 BauGB auszusetzen, schließt nicht die Befugnis der Gemeinde aus, die Aufstellung eines Bebauungsplans für ein Vorranggebiet für Windenergieanlagen durch den Erlaß einer Veränderungssperre nach § 14 BauGB zu sichern.**

3. **Ein Aufstellungsbeschluß für einen Bebauungsplan, mit dem die planerische Feinsteuerung der Errichtung von Windenergieanlagen in einem Vorranggebiet u. a. bezüglich der Anzahl und der maximal zulässigen Höhe erfolgen soll, hat eine hinreichend konkrete Plankonzeption zum Gegenstand, um den Erlaß einer Veränderungssperre zu rechtfertigen.**

VwGO § 47 Abs. 2 Satz 1; BauGB §§ 14 Abs. 1, 245 b Abs. 1 Satz 1.

OVG Nordrhein-Westfalen, Urteil vom 4. Juni 2003 – 7 a D 131/02.NE – (rechtskräftig).

Die Antragstellerin wendet sich gegen eine Satzung der Antragsgegnerin, mit der für ein im Flächennutzungsplan der Antragsgegnerin dargestelltes Vorranggebiet für Windkraftanlagen eine Veränderungssperre erlassen wurde. Die Antragsgegnerin hat für alle drei im Flächennutzungsplan dargestellten Vorranggebiete Veränderungssperren erlassen, die jeweils der Sicherung des Aufstellungsverfahren für einen Bebauungsplan für das Vorranggebiet dienen. Die Antragstellerin ist ein im Bereich von Planung, Errichtung und Betrieb von Windenergieanlagen tätiges Unternehmen und plant die Errichtung von Windparks in allen drei Vorranggebieten.
Der Normenkontrollantrag hatte keinen Erfolg.

Aus den Gründen:
Die Antragstellerin hat sich zur Begründung ihrer Antragsbefugnis auf die von ihr in allen drei betroffenen Vorranggebieten abgeschlossenen Nutzungsverträge mit den dortigen Grundstückseigentümern berufen, die ihr das Recht zur Planung, Aufstellung und zum Betrieb von Windenergieanlagen sichern. Ihre Antragsbefugnis ergibt sich insoweit allerdings nicht allein aus ihrer Stellung als obligatorisch Nutzungsberechtigte an den Grundstücken im Geltungsbereich der Veränderungssperre. Die von der Antragstellerin insoweit angeführte Entscheidung des BVerwG trägt diese Ansicht nicht (vgl. BVerwG, Urteil v. 5. 11. 1999 – 4 CN 3.99 –, BRS 62 Nr. 50).

Denn die dort bejahte Antragsbefugnis des Pächters einer landwirtschaftlich genutzten Fläche für einen Normenkontrollantrag gegen einen Bebauungsplan leitete sich in jenem Fall aus dem drittschützenden Abwägungsgebot des § 1 Abs. 6 BauGB her, dem die Veränderungssperre als Mittel der Sicherung der Bauleitplanung aber nicht unterliegt (vgl. BVerwG, Beschluß v. 30. 9. 1992 – 4 N 35.92 –, BRS 54 Nr. 72).

Die Antragsbefugnis der Antragstellerin ergibt sich hingegen aus dem Umstand, daß sie die ernsthafte Absicht und die gesicherte zivilrechtliche Möglichkeit dargetan hat, in den von den Veränderungssperren betroffenen Gebieten immissionsschutzrechtliche Genehmigungen für zwei weitere Windparks beantragen zu wollen. Denn damit hat sie zwar – anders als im Fall des Vorranggebietes, in welchem sie bereits ein immissionsschutzrechtliches Genehmigungsverfahren betreibt – keine aktuelle Rechtsbeeinträchtigung geltend gemacht. Sie hat aber die Möglichkeit dargelegt, in absehbarer Zeit in ihren Rechten verletzt zu werden (vgl. dazu BVerwG, Urteil v. 17. 1. 2001 – 6 CN 4.00 –, BRS 64 Nr. 55).

Nach ihrem Vortrag bestehen nämlich keine durchgreifenden Zweifel daran, dass die Antragstellerin die Errichtung von Windparks auch im Geltungsbereich des durch die hier streitige Veränderungssperre zu sichernden Bebauungsplans ernsthaft beabsichtigt. Für die geplanten Windparks in den drei Vorranggebieten im Gemeindegebiet der Antragsgegnerin und auf einer Fläche der Nachbargemeinde hat sie ein Gesamtkonzept erstellt und sich die Nutzungsrechte für Planung, Aufstellung und Betrieb von Windenergieanlagen in allen drei betroffenen Vorranggebieten im Gemeindegebiet der Antragsgegnerin gesichert. Für den geplanten Windpark im Gebiet des künftigen Bebauungsplans hat sie bereits einen Genehmigungsantrag gestellt.

Der danach zulässige Antrag ist jedoch in der Sache nicht begründet.

Nr. 116

Der Antragsgegnerin ist die Anwendung des Instruments der Veränderungssperre im Zusammenhang mit der Aufstellung von Bebauungsplänen für Windenergiegebiete aus dem Gedanken des §245b Abs. 1 Satz 1 BauGB entgegen der Ansicht der Antragstellerin nicht grundsätzlich verwehrt.

Nach §245b Abs. 1 Satz 1 BauGB hatte die Baugenehmigungsbehörde auf Antrag der Gemeinde die Entscheidung über die Zulässigkeit von Windenergieanlagen i. S. des §35 Abs. 1 Nr. 6 BauGB bis längstens zum 31. 12. 1998 auszusetzen, wenn die Gemeinde beschlossen hatte, einen Flächennutzungsplan aufzustellen, zu ändern oder zu ergänzen und beabsichtigte zu prüfen, ob Darstellungen zu Windenergieanlagen i. S. des §35 Abs. 3 Satz 3 BauGB in Betracht kamen. Die Antragstellerin ist der Ansicht, die Befristung der Aussetzungsmöglichkeit nach §245b Abs. 1 BauGB habe die Aufstellung von Flächennutzungsplänen mit der Ausweisung von Windeignungsflächen beschleunigen und so letztlich auch die Belange der Windenergie fördern sollen. Diese Zielvorstellung des Gesetzgebers dürfe nicht durch die Aufstellung eines Bebauungsplans bei gleichzeitiger Anordnung einer Veränderungssperre unterlaufen werden.

Von einem unzulässigen Unterlaufen der Zielvorstellungen des Gesetzgebers kann hier jedoch keine Rede sein.

Die Zurückstellungsmöglichkeit nach §245b Abs. 1 Satz 1 BauGB ist 1996 im Zusammenhang mit der Privilegierung der Windenergie durch §35 Abs. 1 Nr. 7 (seit 1998: §35 Abs. 1 Nr. 6) BauGB in das BauGB eingeführt worden, „um den für die Flächennutzungsplanung zuständigen Gemeinden ausreichend Vorlauf für die erforderliche Planung zu ermöglichen" (vgl. die Beschlußempfehlung und den Bericht des Ausschusses für Raumordnung, Bauwesen und Städtebau in BT-Drucks. 13/4978, S. 7).

Sie sollte den Gemeinden die Möglichkeit geben, durch Darstellungen im Flächennutzungsplan „Konzentrationszonen" für Windenergie vorzusehen und damit die planlose Errichtung von Windenergieanlagen im Außenbereich zeitlich begrenzt zu unterbinden. Denn mit dem Inkrafttreten der Privilegierungsvorschriften für Windenergieanlagen (am 1. 1. 1997) wurden diese im Außenbereich erleichtert zulässig; die Konzentration derartiger Anlagen in bestimmten Gebieten (und ihr Ausschluß im übrigen Außenbereich) setzt seither die Ausweisung entsprechender Konzentrationszonen im Flächennutzungsplan voraus. Durch die Zurückstellungsmöglichkeit nach §245b Abs. 1 BauGB sollte den Gemeinden Gelegenheit gegeben werden, ihre Flächennutzungspläne in diesem Sinne anzupassen, ohne in der Zwischenzeit die Erteilung von Baugenehmigungen für Windenergieanlagen außerhalb der (späteren) Konzentrationszonen und damit ein Unterlaufen ihrer Planungen befürchten zu müssen. Die Befristung dieser Möglichkeit bis zum 31. 12. 1998 sollte die Gemeinden anhalten, die Planungen zügig durchzuführen (vgl. auch Krautzberger, in: Battis/Krautzberger/Löhr, BauGB-Kommentar, 7. Aufl. 1999, §245b, Rdnr. 1 und 3, der in der Befristung auch eine mittelbare Förderung der Windenergie sieht).

Aus der gesetzgeberischen Zielsetzung läßt sich die von den Antragstellern gezogene Schlußfolgerung nicht herleiten. Die Vorschrift des §245b Abs. 1 Satz 1 BauGB bezieht sich schon ihrem Wortlaut nach ausschließlich auf die

Aufstellung von Flächennutzungsplänen. Durch die befristete Einführung eines Sicherungsinstruments, das dem Flächennutzungsplanaufstellungsverfahren – anders als dem Bebauungsplanaufstellungsverfahren – nach geltender Rechtslage fremd ist, sollte – wie dargestellt – einer Übergangssituation Rechnung getragen werden, ohne dieses Sicherungsinstrument für das Aufstellungsverfahren für Flächennutzungspläne dauerhaft einzuführen. Das Aufstellungsverfahren für Bebauungspläne kennt hingegen seit jeher verschiedene Instrumente zur Sicherung der Planung, wie etwa die Veränderungssperre nach § 14 BauGB und die Zurückstellung von Baugesuchen nach § 15 BauGB. Angesichts dieser grundsätzlichen Unterschiede zwischen den beiden Arten von Bauleitplänen hinsichtlich der Sicherungsmöglichkeiten für die Planungen verbietet es sich, aus der bloßen Übergangsregelung des § 245 b BauGB eine Einschränkung der herkömmlichen Sicherungsinstrumente für das Bebauungsplanverfahren abzuleiten, mit der Folge, daß nach Ablauf der in § 245 b BauGB bestimmten Frist das gesetzlich vorgesehene Sicherungsmittel für die Aufstellung von Bebauungsplänen nicht mehr zur Verfügung stünde.

Danach war es der Antragsgegnerin nicht von vornherein verwehrt, das Aufstellungsverfahren für den Bebauungsplan durch eine Veränderungssperre zu sichern.

Zum Zeitpunkt des Satzungsbeschlusses über die Veränderungssperren fehlte es auch nicht an einem hinreichend konkreten Planungskonzept.

Materiell-rechtliche Rechtmäßigkeitsvoraussetzung für eine Veränderungssperre ist – neben dem Aufstellungsbeschluß für den zu sichernden Bebauungsplan –, daß die zu sichernde Planung einen Stand erreicht hat, der ein Mindestmaß dessen erkennen läßt, was Inhalt des zu erwartenden Bebauungsplans sein soll. Unzulässig ist die Veränderungssperre dann, wenn zur Zeit ihres Erlasses der Inhalt der beabsichtigten Planung noch in keiner Weise abzusehen ist (vgl. grundlegend BVerwG, Urteil v. 10.9.1976 – IV C 39.74 –, BRS 30 Nr. 76; Beschluß v. 9.8.1991 – 4 B 135.91 –, Buchholz 406.11 § 14 BauGB Nr. 17).

Andererseits kann aber ein detailliertes und abgewogenes Planungskonzept noch nicht gefordert werden. Die Wirksamkeit der Veränderungssperre kann nicht von Voraussetzungen abhängig gemacht werden, die für den Bebauungsplan erst in einem späteren Stadium des Planaufstellungsverfahrens vorliegen müssen. Wollte man etwas anderes verlangen, würde sich die Gemeinde bereits im Zeitpunkt des Erlasses der Veränderungssperre, die häufig – so auch hier – am Beginn der Planungsphase steht, inhaltlich in einer Weise binden, die den Grundsätzen der Beteiligung der Bürger und der Träger öffentlicher Belange und vor allem dem Prinzip des Abwägungsgebots widersprüche (vgl. BVerwG, Beschluß v. 21.12.1993 – 4 NB 40.93 –, BRS 55 Nr. 95).

Diesen Anforderungen genügt die Veränderungssperre.

Sie dient der Sicherung der Bebauungsplanung, die mit dem Aufstellungsbeschluß für den Bebauungsplan eingeleitet worden ist. Aus diesem Aufstellungsbeschluß ergibt sich, welche Ziele mit der Planung verfolgt werden. Danach soll im Hinblick auf die im nördlichen Gemeindegebiet der Antragsgegnerin und im unmittelbaren Anschluß daran auf dem Gebiet der Nachbargemeinde geplante Vielzahl von Windkraftanlagen eine planerische Feinsteuerung der Errichtung von Windkraftanlagen erfolgen, u. a. bezüglich der Anzahl und der maximal zulässigen Höhe der Anlagen. Das ist kein „nichtssagendes Konzept", sondern beschreibt ausreichend die planerische Zielrichtung. Dabei ist zu berücksichtigen, daß für die Bebauungsplanung eines außerhalb zu bebauender Gebiete gelegenen Bereichs für Windenergieanlagen naturgemäß weniger umfassende planerische Festsetzungen in Betracht kommen als im Rahmen eines Bebauungsplans für zu bebauende Gebiete. Regelungen der maximalen Höhe und der zulässigen Anzahl von Windenergieanlagen (letztere beispielsweise durch die Festlegung ihrer Standorte) betreffen wesentliche bauplanungsrechtliche Eigenschaften von Bereichen für Windenergieanlagen. Entgegen der Ansicht der Antragstellerin fehlte es zum maßgeblichen Zeitpunkt der Satzungsbeschlüsse auch nicht an einer Vorstellung über die Art der baulichen Nutzung der Bebauungsplangebiete (vgl. dazu BVerwG, Beschluß v. 5. 2. 1990 – 4 B 191.89 –, BRS 50 Nr. 103).

Denn die Gebiete sollen weiterhin (auch) der Errichtung von Windenergieanlagen dienen. Nach der Begründung des gleichzeitig mit dem Aufstellungsbeschluß für das Bebauungsplangebiet gefaßten Aufstellungsbeschlusses für die 32. Flächennutzungsplanänderung, die u. a. auch den Geltungsbereich dieses Bebauungsplans zum Gegenstand hat, sollen die bisherigen Vorrangflächen für Windenergieanlagen als Sondergebiete (§ 1 Abs. 2 Nr. 10 BauNVO) dargestellt werden. Daraus ergibt sich, daß für den Bebauungsplan eine Festsetzung als Sonstiges Sondergebiet nach § 11 BauNVO ins Auge gefaßt ist.

Die Antragstellerin hält der Antragsgegnerin ferner vor, sie betreibe mit dem Bebauungsplan eine reine Verhinderungsplanung. Alleiniger Zweck der Planung sei nämlich die Verhinderung der Vorhaben der Antragstellerin. Hierzu beruft sie sich auf Äußerungen von Ratsmitgliedern und Fraktionen in der Ratssitzung sowie auf Äußerungen einzelner Ratsmitglieder außerhalb des Rates und seiner Ausschüsse. Schließlich lasse der bisherige Verlauf des Planungsverfahrens sowie der Umstand, daß die Antragsgegnerin – anstatt auf die vorliegenden Planungsunterlagen der Antragstellerin zurückzugreifen – alle Planungsschritte selbst ausführen wolle, eindeutig eine Verschleppungsabsicht erkennen.

Mit diesem Vortrag bestreitet die Antragstellerin der Sache nach die städtebauliche Rechtfertigung der der Veränderungssperre zu Grunde liegenden Bebauungsplanung. Nach § 1 Abs. 3 BauGB haben die Gemeinden Bauleitpläne aufzustellen, sobald und soweit es für die städtebauliche Entwicklung erforderlich ist. Der Gemeinde ist es dabei nicht verwehrt, auf Bauanträge mit der Aufstellung eines Bebauungsplans zu reagieren, der ihnen die materielle Grundlage entzieht. Es kommt vielmehr darauf an, ob eine bestimmte Planung – auch wenn sie durch den Wunsch ausgelöst worden ist, ein konkretes Vorhaben zu verhindern – für die städtebauliche Entwicklung und Ordnung erforderlich ist. § 1 Abs. 3 BauGB erkennt die gemeindliche Planungshoheit an und räumt der Gemeinde ein Planungsermessen ein. Ein Bebauungsplan ist deshalb „erforderlich" im Sinne dieser Vorschrift, soweit er nach der planerischen Vorstellung der Gemeinde erforderlich ist. Dabei ist entscheidend, ob die getroffene Festsetzung in ihrer eigentlichen gleichsam positiven Zielsetzung – heute und hier – gewollt und erforderlich ist. Sie darf nicht nur das vorgeschobene Mittel sein, um einen Bauwunsch zu durchkreuzen. Letzteres kann aber nicht schon dann angenommen werden, wenn die negative Zielrichtung im Vordergrund steht. Auch eine zunächst nur auf die Verhinderung einer – aus der Sicht der planenden Gemeinde – Fehlentwicklung gerichtete Planung kann einen Inhalt haben, der rechtlich nicht zu beanstanden ist (BVerwG, Urteil v. 18.12.1990 – 4 NB 8.90 –, BRS 50 Nr. 9).

Die Antragsgegnerin verfolgt mit der Bebauungsplanung ausweislich der Begründung des Aufstellungsbeschlusses keine bloße Verhinderungsplanung. Sie will vielmehr im Hinblick auf die Vielzahl der in jenem Gebiet vorgesehenen Windenergieanlagen eine planerische Feinsteuerung vornehmen, um insbesondere einen Ausgleich zwischen den Belangen der Windenergienutzung (vgl. § 1 Abs. 5 Satz 2 Nr. 7 BauGB) und dem Schutz der bereits durch weitere Infrastruktureinrichtungen erheblich vorbelasteten Wohnnutzung (vgl. § 1 Abs. 5 Satz 2 Nr. 1 BauGB) in jenem Teil des Gemeindegebietes zu schaffen. Zwar mögen sich einzelne Ratsmitglieder für eine gänzliche Verhinderung der Windenergienutzung ausgesprochen haben, jedoch ist unerheblich, welche Ansichten einzelne Ratsmitglieder oder auch einzelne Fraktionen geäußert haben. Maßgeblich ist die Absicht des Rates als Organ im Zeitpunkt des Beschlusses über die Veränderungssperren. Auf Äußerungen von Ratsmitgliedern außerhalb des Rates und seiner Ausschüsse kommt es demnach nicht an. Aus der Niederschrift der Ratssitzung ergibt sich, daß sich alle im Rat vertretenen Fraktionen im Sinne eines Ausgleichs zwischen den betroffenen Belangen geäußert haben, auch die von den Antragstellern in diesem Zusammenhang ausdrücklich angesprochene Mehrheitsfraktion. Demnach hat der Rat der Antragsgegnerin eine positive planerische Konzeption und keine Verhinderungsplanung verfolgt.

Anhaltspunkte für eine Verhinderungsplanung ergeben sich auch nicht aus dem Umstand, daß die Antragsgegnerin im Rahmen der Planung umfangreiche eigene Prüfungen anstellt und insoweit nicht auf die vorhandenen Planungsunterlagen der Antragstellerin zurückgreift. Es ist Sache der Antragsgegnerin zu entscheiden, auf welche Tatsachengrundlagen sie ihre Planung stützt und insbesondere, welche Gutachten sie zur Bereitstellung einer ausreichenden Tatsachengrundlage für erforderlich hält. Wenn sie ihre Planungen nicht auf Unterlagen desjenigen stützen will, dessen Vorhaben gerade Anlaß für die Planung ist, so spricht dies nicht für eine Verhinderungsplanung.

Schließlich nötigt auch die von der Antragstellerin behauptete Verschleppung des Bebauungsplanaufstellungsverfahrens durch die Antragsgegnerin nicht zur Annahme einer Verhinderungsplanung. Zum maßgeblichen Zeitpunkt des Beschlusses über die Satzung über die Veränderungssperre lag – wie ausgeführt – eine hinreichend konkrete positive Plankonzeption der Antragsgegnerin vor, die nicht offensichtlich nur vorgeschoben war. Der Verlauf, den die Planung nach dem Beschluß über die Veränderungssperre genommen hat, trägt nicht die Annahme, daß diese Konzeption bereits zum

Zeitpunkt des Satzungsbeschlusses über die Veränderungssperre nicht den wirklichen Absichten der Antragsgegnerin entsprach.

Aus dem Verlauf des Planaufstellungsverfahrens kann die Antragstellerin auch nicht herleiten, daß die Veränderungssperre wegen verzögerter Planung unwirksam geworden wäre. Das Planungsverhalten der Gemeinde hat keine Bedeutung für die Rechtmäßigkeit der Veränderungssperre. Der Gesetzgeber hat nämlich zwar für die Veränderungssperre (vgl. § 17 BauGB), nicht aber für die Bauleitplanung selbst einen zeitlichen Rahmen gesetzt. Aus welchen Gründen es zu einer Verzögerung der Bauleitplanung kommt, ist daher grundsätzlich unerheblich. Der Gesetzgeber hat es insoweit als genügend angesehen, durch den zeitlichen Rahmen für die Veränderungssperre gegenüber der Gemeinde einen mittelbaren Zwang auszulösen, eine begonnene Bauleitplanung auch abzuschließen (vgl. BVerwG, Beschluß v. 8. 1. 1993 – 4 B 258.92 –, BRS 55 Nr. 96).

Von der Veränderungssperre betroffene Grundstückseigentümer sind gegen eine übermäßige Einschränkung ihrer Eigentümerrechte durch eine zögerliche Planung dadurch geschützt, daß die Gemeinde gewärtig sein muß, daß sie ihre Planung nicht mehr sichern kann, wenn bei erneuter Verlängerung der Veränderungssperre keine besonderen Umstände i. S. des § 17 Abs. 2 BauGB bestehen. Hierzu kann auch eine sachwidrige Verzögerung im Planaufstellungsverfahren gehören (vgl. BVerwG, Beschluß v. 8. 1. 1993, a. a. O).

Die Antragstellerin macht ferner geltend, der streitigen Veränderungssperre fehle es am Sicherungszweck, weil die zu sichernde Bebauungsplanung an evidenten, im Planungsprozeß nicht behebbaren Mängeln litte. Die von der Antragsgegnerin verfolgten Ziele seien nämlich nicht mit den Mitteln der Bauleitplanung erreichbar, weil es nicht möglich sei, eine völlig neu gestaltete Flächennutzungsplanung mit den Mitteln der Veränderungssperre zu sichern. Maßstab für die jetzt eingeleitete Bebauungsplanung müsse daher der derzeit geltende Flächennutzungsplan i. d. F. der 19. Änderung sein. Vor dem Hintergrund der jüngsten Rechtsprechung des BVerwG bestünden Bedenken gegen den Umfang der durch die 19. Flächennutzungsplanänderung ausgewiesenen Vorrangflächen. Wenn diese Änderung daher nichtig sei, schlage diese Nichtigkeit auch auf die zu sichernde Bauleitplanung durch. Sei sie hingegen wirksam, so sei die ihr zugrunde liegende Abwägung auch im Rahmen der Bebauungsplanung zu beachten. Eine Verringerung der Vorrangflächen bedeute eine flächennutzungsplanerische Neukonzeption, die möglicherweise mit der 32. Flächennutzungsplanänderung erfolgen solle. Aus dieser Änderung könne aber die mit der Veränderungssperre zu sichernde Bebauungsplanung nicht entwickelt sein, weil sie noch nicht existiere.

Auch aus diesem Vortrag ergeben sich keine durchgreifenden Bedenken gegen die Rechtmäßigkeit der streitigen Veränderungssperre.

Sinn der Veränderungssperre ist es, vorhandene planerische Ziele zu sichern und deren weitere Entwicklung zu ermöglichen. Die eintretende Sperrwirkung soll den Baubestand gewissermaßen für einen begrenzten Zeitraum konservieren und Veränderungen unterbinden. Die Wirksamkeit der Veränderungssperre kann nicht von Voraussetzungen abhängig gemacht werden, die für den Bebauungsplan erst in einem späteren Stadium des Planaufstellungsverfahrens vorliegen müssen. Die Frage, ob der Bebauungsplan abgewogen ist, läßt sich abschließend erst auf Grund des Satzungsbeschlusses beurteilen. Zu diesem Zeitpunkt müssen die abwägungserheblichen Belange in die Planung eingestellt und gewichtet sein. Als Sicherungsmittel ungeeignet ist eine Veränderungssperre nur dann, wenn sich das aus dem Aufstellungsbeschluß ersichtliche Planungsziel im Wege planerischer Festsetzung nicht erreichen läßt, wenn der beabsichtigte Bauleitplan einer positiven Planungskonzeption entbehrt oder der Förderung von Zielen dient, für deren Verwirklichung die Planungsinstrumente des Baugesetzbuches nicht bestimmt sind, oder wenn rechtliche Mängel schlechterdings nicht behebbar sind (BVerwG, Beschluß v. 21. 12. 1993, a. a. O.). Derartige nicht behebbare Mängel liegen nicht vor.

Was die von der Antragstellerin gerügte Verletzung des Entwicklungsgebots angeht, so ist dieses auch dann nicht verletzt, wenn der Flächennutzungsplan im Parallelverfahren aufgestellt, geändert oder ergänzt wird, vgl. § 8 Abs. 3 Satz 1 BauGB. Der Bebauungsplan kann sogar vor dem Flächennutzungsplan bekannt gemacht werden, wenn nach dem Stand der Planungen anzunehmen ist, daß der Bebauungsplan aus den künftigen Darstellungen des Flächennutzungsplans entwickelt sein wird, § 8 Abs. 3 Satz 2 BauGB. Es ist der Antragsgegnerin unbenommen, dieses Parallelverfahren hier anzuwenden. Sie hat allerdings dafür Sorge zu tragen, daß die Bebauungsplanung im Zeitpunkt des Satzungsbeschlusses den Anforderungen des Entwicklungsgebots genügt.

Da die Antragsgegnerin die 32. Flächennutzungsplanänderung im Parallelverfahren betreibt, kann dahinstehen, ob die durch die Veränderungssperre zu sichernde Planung auch aus dem derzeit geltenden Flächennutzungsplan i. d. F. seiner 19. Änderung entwickelt sein wird. Denn die Erfüllung des Entwicklungsgebots wird sich dann nach den Darstellungen der 32. Änderung des Flächennutzungsplans beurteilen. Insoweit kann auch dahinstehen, ob die Bedenken der Antragstellerin gegen die Gültigkeit der 19. Flächennutzungsplanänderung durchgreifen. Ob die 32. Flächennutzungsplanänderung den gesetzlichen Anforderungen an die Darstellung von Vorranggebieten für Windenergieanlagen entsprechen wird, kann erst beurteilt werden, wenn sie beschlossen ist.

Auf die Rüge der Antragstellerin, die zu sichernde Bebauungsplanung entspreche nicht dem Abwägungsgebot, kommt es nach den oben dargelegten Grundsätzen nicht an. Ob der Bebauungsplan im Zeitpunkt seines Satzungsbeschlusses abgewogen ist, kann erst zu diesem Zeitpunkt beurteilt werden.

Schließlich ist die Veränderungssperre auch nicht deshalb nichtig, weil der beabsichtigte Bebauungsplan der Förderung von Zielen diente, für deren Verwirklichung die Planungsinstrumente des BauGB nicht bestimmt sind. Die Antragstellerin macht insoweit geltend, die Veränderungssperre diene in Wirklichkeit der Sicherung der 32. Flächennutzungsplanänderung, obwohl dies im Gesetz nicht vorgesehen sei.

Im vorliegenden Fall fehlen allerdings Anhaltspunkte dafür, daß die Veränderungssperre nicht den beabsichtigten Bebauungsplan, sondern nur die

Flächennutzungsplanänderung sichern soll. Allein daraus, daß die Aufstellung des Bebauungsplans und die Änderung des Flächennutzungsplans im Parallelverfahren erfolgen, läßt sich dieser Schluß ebenso wenig ziehen wie aus dem Umstand, daß – wie die Antragstellerin vorträgt – im Flächennutzungsplanänderungsverfahren gefordert worden sei, die Vorrangflächen zu reduzieren oder ganz zu beseitigen. Daß die Veränderungssperre im Ergebnis auch die parallel durchgeführte Flächennutzungsplanänderung sichern kann, ist eine Folge des vom Gesetz zugelassenen „Parallelverfahrens". Ein Mißbrauch des Sicherungsmittels der Veränderungssperre liegt darin nicht. Es liegt auch keine [konkrete] Fallgestaltung vor, die einen solchen Schluß möglicherweise rechtfertigen würde. Hier sieht der beabsichtigte Bebauungsplan konkrete Nutzungsmöglichkeiten vor und erfaßt – ebenso wie die geplante Flächennutzungsplanänderung – nur solche Teile des Gemeindegebiets der Antragsgegnerin, die bereits jetzt als Vorranggebiet für Windenergie ausgewiesen sind. Die Annahme, daß es der Antragsgegnerin nicht um die Sicherung der Bebauungsplanung ging, liegt bei dieser Fallgestaltung fern.

Nr. 117

Wird im Entwurf eines Flächennutzungsplans eine Fläche für Ausgleichsmaßnahmen für eine Konzentrationszone zur Nutzung der Windenergie dargestellt, kann ein Bebauungsplanverfahren mit Festsetzungen nach § 9 Abs. 1 Nr. 20 BauGB eingeleitet werden, die durch eine Veränderungssperre gesichert werden können.

BauGB § 9 Abs. 1 Nr. 20, 14 Abs. 1.

Niedersächsisches OVG, Beschluß vom 24. November 2003
– 1 MN 256/03 – (rechtskräftig).

Der Antragsteller, Eigentümer eines im Außenbereich gelegenen Grundstücks, wendet sich gegen die am 13.2.2003 vom Rat der Antragsgegnerin beschlossene Veränderungssperre Nr. 1 „H. I.", in deren Geltungsbereich sein Grundstück liegt. Der Antragsteller hat sein Grundstück der Firma J. GmbH zur Aufstellung und zum Betrieb einer Windkraftanlage verpachtet. Die Firma J. GmbH hat sich zur Zahlung der Nutzungsentschädigung ab Inbetriebnahme der Windkraftanlage verpflichtet. Die Firma J. GmbH hat am 6.1.2003 die Genehmigung nach dem BImSchG für eine Gruppe von vier Windkraftanlagen beantragt, von denen eine auf dem Grundstück des Antragstellers errichtet werden soll. Der Landkreis hat die Erteilung der Genehmigung im August 2003 abgelehnt.

Der Samtgemeindeausschuß der Samtgemeinde L. hatte im März 2002 beschlossen, die 50. Änderung des Flächennutzungsplanes zur Ausweisung von Windkraftstandorten aufzustellen. Im November 2002 hat der Samtgemeindeausschuß dem Entwurf der Flächennutzungsplanänderung zugestimmt und die frühzeitige Bürgerbeteiligung, die Beteiligung der Mitgliedsgemeinden sowie der Träger öffentlicher Belange beschlossen. Am 16.1.2003 hat der Samtgemeindeausschuß über die eingegangenen Anregungen und die öffentliche Auslegung des Entwurfs beschlossen. Der Entwurf der 50. Änderung des Flächennutzungsplanes stellt u.a. nordwestlich von E. – außerhalb des Gemeindegebietes der Antragsgegnerin – eine Fläche für die Landwirtschaft, überlagert mit Sondergebiet für Windkraftanlagen und östlich bis südöstlich von E. – im Gemeindegebiet – eine Fläche für Landwirtschaft, überlagert mit Fläche für Maßnahmen zum Schutz, zur Pflege und zur Entwicklung von Boden, Natur und Landschaft (§ 5 Abs. 2 Nr. 10 BauGB) dar. Die Fläche für Maßnahmen zum Schutz, zur Pflege und zur Entwicklung von Boden, Natur und Landschaft ist nach dem Entwurf des Erläuterungsberichts als Kompensation für den mit der Darstellung des Sondergebiets für Windenergieanlagen verbundenen Eingriff in Natur und Landschaft vorgesehen. Das Grundstück des Antragstellers liegt in diesem Bereich.

Am 13. 2. 2003 beschloß der Rat der Antragsgegnerin die Aufstellung des Bebauungsplanes Nr. 8 „H. I.", in dessen Geltungsbereich das Grundstück des Antragstellers liegt. Als Ziel und Zweck des Bebauungsplans ist die Steuerung von Windkraftanlagen im Bereich des H. I. und die Ausweisung von Flächen oder Maßnahmen zum Schutz, zur Pflege und zur Entwicklung von Boden, Natur und Landschaft (§ 9 Abs. 1 Nr. 20 BauGB) genannt. In der Begründung der Beschlußvorlage wird auf den Antrag der Firma J. GmbH und die 50. Änderung des Flächennutzungsplanes Bezug genommen und ausgeführt, die Gemeinde wolle in diesem Bereich die Ziele der Samtgemeinde über einen Bebauungsplan sichern. Das Ziel, auf den Flächen der Gemeinde Ausgleichs- und Ersatzmaßnahmen vorzusehen, könne nicht erreicht werden, wenn dort Windkraftanlagen entstünden. Der Aufstellungsbeschluß ist am 21. 2. 2003 bekanntgemacht worden. Ebenfalls am 13. 2. 2003 hat der Rat der Antragsgegnerin zur Sicherung des Bebauungsplanes Nr. 8 die Veränderungssperre Nr. 1 beschlossen, die ebenfalls am 21. 2. 2003 bekanntgemacht worden ist.

Aus den Gründen:

Der Antragsteller ist nach § 47 Abs. 2 VwGO antragsbefugt. Nach dieser Vorschrift kann jede natürliche Person einen Normenkontrollantrag stellen, die geltend macht, durch die Rechtsvorschrift oder deren Anwendung in ihren Rechten verletzt zu sein oder in absehbarer Zeit verletzt zu werden. Der Antragsteller ist Eigentümer eines von der Veränderungssperre betroffenen Grundstücks und an der Aufstellung einer Windkraftanlage auf seinem Grundstück durch die Firma J. GmbH interessiert, weil er erst ab Inbetriebnahme der Windkraftanlage ein Nutzungsentgelt erhält.

Nach § 47 Abs. 6 VwGO kann das Gericht auf Antrag eine einstweilige Anordnung erlassen, wenn dies zur Abwehr schwerer Nachteile oder aus anderen wichtigen Gründen dringend geboten ist. Wegen der weitreichenden Folgen, die die Aussetzung eines Bebauungsplanes hat, ist bei der Prüfung der Voraussetzungen für eine Aussetzung ein strenger Maßstab anzulegen. Ein schwerer Nachteil in diesem Sinne liegt nur vor, wenn rechtlich geschützte Interessen in ganz besonderem Maße beeinträchtigt und dem Betroffenen außergewöhnliche Opfer abverlangt werden. Bei Vollzug der angegriffenen Veränderungssperre hat der Antragsteller keine derartig schwerwiegenden Beeinträchtigungen zu erwarten. Zwar kann die Pächterin seines Grundstücks keine Windkraftanlagen errichten, solange die Veränderungssperre läuft, im Falle einer rechtswidrigen Sperre dürften dem Antragsteller aber Entschädigungsansprüche zustehen.

Der Erlaß einer einstweiligen Anordnung ist auch nicht aus anderen wichtigen Gründen i. S. des § 47 Abs. 6 VwGO geboten. Da das Gewicht dieser Gründe ungefähr dem schweren Nachteils entsprechen muß, ist die Aussetzung des Vollzuges aus diesem Anordnungsgrund zur Verhinderung vollendeter Tatsachen dann in Erwägung zu ziehen, wenn der Normenkontrollantrag mit großer Wahrscheinlichkeit Erfolg haben wird. Das ist hier nicht der Fall.

Die Voraussetzungen für den Erlaß der angegriffenen Veränderungssperre liegen vor. Die Antragsgegnerin hat einen Aufstellungsbeschluß für einen Bebauungsplan gefaßt und diesen bekanntgemacht. Die Beschlußfassung über den Bebauungsplan und die Veränderungssperre in derselben Ratssitzung sowie die gleichzeitige Bekanntmachung begegnen keinen Bedenken (vgl. BVerwG, Beschluß v. 9.2.1989 – 4 B 236.88 –, BRS 49 Nr. 21 = BauR 1989, 432 = ZfBR 1989, 171). Der Inhalt der beabsichtigten Planung ist entgegen den Ausführungen des Antragstellers hinreichend bestimmt. Es ist nicht erforderlich, daß der bekanntgemachte Aufstellungsbeschluß für den Bebauungsplan die Planvorstellungen der Gemeinde erkennen läßt. Ebensowenig müssen die Planvorstellungen mit der Veränderungssperre offengelegt werden. Die Beschlußvorlage für den Aufstellungsbeschluß für den Bebauungsplan Nr. 8 nennt als Ziel der Planung, den im Entwurf des Flächennutzungsplans als Ausgleichs- und Ersatzmaßnahmenfläche dargestellten Bereich zur Entwicklung von Natur und Landschaft zu sichern. Damit wird die Art der vorgesehenen Nutzung ausreichend konkretisiert, denn eine Festsetzung von Flächen oder Maßnahmen zum Schutz, zur Pflege und zur Entwicklung von Boden, Natur und Landschaft (§ 9 Abs. 1 Nr. 20 BauGB) kann allein Gegenstand eines Bebauungsplans sein (vgl. auch BVerwG, Beschluß v. 27.7.1990 – 4 B 156.89 –, BRS 50 Nr. 101 = BauR 1990, 694).

Die Veränderungssperre unterliegt nicht deshalb Bedenken, weil die Antragsgegnerin als Zweck auch die Steuerung von Windkraftanlagen im Bereich des H. I. genannt hat. Zwar sind nach dem Entwurf der 50. Änderung des Flächennutzungsplans – ebenso wie nach der später bekanntgemachten Fassung – im Bereich der Antragsgegnerin keine Windkraftanlagen vorgesehen, so daß die Erwähnung der Windkraftanlagen eine reine Verhinderungsplanung nahelegen könnte. Damit würde man jedoch dem Ziel und Zweck des Bebauungsplans nicht gerecht, der neben der Steuerung der Windkraft als Ziel auch die Entwicklung von Natur und Landschaft ausdrücklich nennt. Allein die Erwähnung der ökologischen Zielrichtung des Bebauungsplans würde angesichts der Lage des Plangebiets im Außenbereich Fragen nach der Berechtigung des Plans aufwerfen. Gerade weil die Flächen im Bereich der Antragsgegnerin als Ausgleichsmaßnahme auf den Eingriff der im Entwurf der 50. Änderung des Flächennutzungsplans dargestellten Sonderbaufläche „Windkraft" bezogen sind, erscheint es nicht fehlerhaft, auch die Steuerung der Windkraft als Ziel des Bebauungsplans zu nennen.

Allerdings könnte die geplante Festsetzung einer Fläche zum Schutz, zur Pflege und zur Entwicklung von Boden, Natur und Landschaft eine Veränderungssperre wohl nicht rechtfertigen, wenn sie nur auf die Abwehr jeglicher Veränderung im Sinne eines sog. „Freihaltebelangs" beschränkt wäre und ihr keine positive Planungsabsicht innewohnte (vgl. BVerwG, Beschluß v. 17.7.1990, a. a. O.). Es gibt aber keine Anhaltspunkte dafür, daß die Antragsgegnerin den Bebauungsplan nur als Instrument einer Verhinderungsplanung einzusetzen gedenkt. Schon der Entwurf des Erläuterungsberichtes zur 50. Änderung des Flächennutzungsplans macht deutlich, daß im Bereich der

Antragsgegnerin der Eingriff in einer Weise ausgeglichen werden soll, die eine Bauleitplanung nahelegt.

Entgegen der Ansicht des Antragstellers ist das Vorgehen der Antragsgegnerin nicht mit den Fällen vergleichbar, über die der Senat mit dem Beschluß vom 19.12.2002 (– 1 MN 297/02 –, BRS 65 Nr. 107 = BauR 2003, 508 = ZfBR 2003, 274) und dem Urteil v. 18.6.2003 (– 1 KN 56/03 –, ZfBR 2003, 790) entschieden hat. In beiden Fällen lagen der Veränderungssperre Aufstellungsbeschlüsse für Bebauungspläne zugrunde, die nahezu das gesamte Gemeindegebiet außerhalb der bebauten Ortslagen erfaßten und mit der „planungsrechtlichen Steuerung der Windkraftanlagen" im (nahezu) gesamten Gemeindegebiet der Aufgabe dienen sollten, die nach der gesetzlichen Regelung des BauGB eine Flächennutzungsplanung mit Ausschlußwirkung (nach §35 Abs.3 Satz 3 BauGB) leisten soll. Hier geht es dagegen nur um die Konkretisierung dessen, was der Flächennutzungsplan in seinen Grundzügen darstellt, für einen überschaubaren Bereich. Der Bebauungsplan Nr.8 dient der Konkretisierung der Ausgleichsmaßnahmen für einen Windpark und hält sich im Rahmen der Darstellungen des Flächennutzungsplans. Daß der Windpark auf dem Gebiet einer anderen Mitgliedsgemeinde derselben Samtgemeinde vorgesehen ist, steht der Zulässigkeit der Planung der Antragsgegnerin nicht entgegen.

Der Antragsteller kann auch keine Bedenken gegen die Veränderungssperre aus der zeitlichen Abfolge des Antrags der J. GmbH auf Erteilung der Genehmigung für vier Windkraftanlagen und der Veränderungssperre herleiten. Die Gemeinde darf einen konkreten Bauantrag zum Anlaß nehmen, einen Bebauungsplan aufzustellen und diesen durch eine Veränderungssperre zu sichern (vgl. BVerwG, Beschluß v. 18.12.1990 – 4NB 8.90 –, BRS 50 Nr.9 = BauR 1999, 165).

Nr. 118

1. **Will eine Gemeinde einen Bebauungsplan aufstellen, um für eine (von mehreren) im Flächennutzungsplan ausgewiesene Konzentrationszone für Windenergieanlagen solche Anlagen mit einer Höhe von mehr als 100m aus Gründen ihrer wesentlichen Dominanz auszuschließen, handelt es sich um eine planerische Zielsetzung, die mit den Instrumenten der §§14, 15 BauGB (Veränderungssperre, Zurückstellung von Baugesuchen) gesichert werden kann.**

2. **An einer solchen Bauleitplanung ist die Gemeinde auch dann nicht gehindert, wenn sie zuvor das Einvernehmen nach §36 BauGB zu einem entsprechenden Vorhaben erteilt hat.**

BauGB §§15 Abs.1, 36.

OVG Nordrhein-Westfalen, Beschluß vom 2. April 2003 – 7 B 235/03 – (rechtskräftig).

(VG Arnsberg)

Nr. 118

Der Antragsteller wandte sich gegen einen sofort vollziehbaren Zurückstellungsbescheid, mit dem sein Bauantrag für eine über 130 m hohe Windenergieanlage in einer im Flächennutzungsplan der Beigeladenen dargestellten Konzentrationszone für Windenergieanlagen im Hinblick auf ein eingeleitetes Bebauungsplanverfahren der Beigeladenen zurückgestellt wurde. Sein Antrag auf einstweiligen Rechtsschutz hatte in beiden Instanzen keinen Erfolg.

Aus den Gründen:
Das Beschwerdevorbringen, auf dessen Prüfung der Senat gemäß § 146 Abs. 4 Satz 6 VwGO beschränkt ist, gibt keinen Anlaß, die Einschätzung des Verwaltungsgerichts in Frage zu stellen, bei summarischer Prüfung spreche Überwiegendes für die Rechtmäßigkeit des angefochtenen Zurückstellungsbescheides, so daß die im Verfahren nach § 80 Abs. 5 VwGO vorzunehmende Abwägung der widerstreitenden Interessen zum Nachteil der Antragstellerin ausfalle.

Das Verwaltungsgericht ist zutreffend davon ausgegangen, daß die Beigeladene eine Bebauungsplanung betreibt, die zulässigerweise mit dem Instrument der Zurückstellung von Baugesuchen nach § 15 Abs. 1 BauGB gesichert werden kann. Maßgeblich ist insoweit ausschließlich das vom Umwelt-, Bau- und Planungsausschusses der Beigeladenen eingeleitete Verfahren, „ein Bebauungsplanverfahren mit dem Ziel der Höhenbegrenzung von Windenergieanlagen im Vorranggebiet „S." auf 100 m einzuleiten". Eine solche Bebauungsplanung ist, wie das Verwaltungsgericht zutreffend unter Bezugnahme auf die einschlägige Rechtsprechung des Bundesverwaltungsgerichts und des Senats näher ausgeführt hat, sicherungsfähig.

Dafür, daß es bei dieser Bebauungsplanung „einziges Ziel der Beigeladenen ist, die Windenergienutzung auf ihrem Gemeindegebiet soweit zu verhindern, wie dies zurzeit überhaupt noch möglich ist", wie die Beschwerde meint, geben die von der Beschwerde in Bezug genommenen maßgeblichen Aufstellungsvorgänge nichts her. Anlaß für den Aufstellungsbeschluß hinsichtlich des hier einschlägigen Bebauungsplans war nach der einschlägigen Sitzungsvorlage der Umstand, daß die beiden genehmigten – noch nicht realisierten – Anlagen des Antragstellers im Vorranggebiet „S.", an deren Stelle die hier strittige Anlage aus den vom Antragsteller im Genehmigungsverfahren artikulierten wirtschaftlichen Erwägungen treten soll, mit Gesamthöhen von jeweils knapp 100 m gerade noch unter dem Schwellenwert für die luftfahrtrechtliche Relevanz liegen. Demgegenüber wäre die strittige Anlage, wie aus dem im Baugenehmigungsverfahren – erst nach der ursprünglichen Erteilung des Einvernehmens durch die Beigeladene – abgegebenen Schreiben der Luftaufsichtsbehörde folgt, aus Gründen der Flugsicherung mit einer Tageskennung in Leuchtfarben sowie einer in der genannten Sitzungsvorlage ausdrücklich angeführten Nachtkennung durch 2 versetzte blinkende Gefahrfeuer (max. 50 m unter der Rotorblattspitze) zu versehen. Daß sie schon wegen ihrer Gesamtgröße von deutlich über 130 m „wesentlich dominanter" als die bislang genehmigten Anlagen sein wird, wie gleichfalls in der genannten Sitzungsvorlage angesprochen ist, ist keineswegs – wie die Beschwerde meint – „nicht belegbar", sondern liegt offen auf der Hand; dies gilt umso mehr, wenn sie die aus Gründen der Flugsicherung vorzunehmenden optisch wirksamen

Kennungen aufweist. Schließlich liegt der vorgesehene Standort der Anlage nach den zur Genehmigung gestellten Bauvorlagen mit einem Niveau von deutlich über 500 m über NN in einer Höhenlage, die nach dem bei den Bauakten befindlichen Kartenmaterial selbst von den Spitzen der in der weiteren Umgebung vorhandenen Kuppen weitgehend nicht erreicht wird. Wenn es der Beigeladenen darum geht, Windenergieanlagen dieser Größenordnungen mit den für Anlagen von mehr als 100 m Höhe typischen optisch wirksamen Merkmalen im Vorranggebiet „S." aus Gründen ihrer wesentlichen Dominanz auszuschließen, so handelt es sich hierbei um eine durchaus legitime planerische Zielsetzung, die jedenfalls die Einleitung eines entsprechenden Bebauungsplanverfahren rechtfertigt, das demgemäß auch mit den Instrumenten der §§ 14, 15 BauGB sicherungsfähig ist. Von einer kritikwürdigen restriktiven Steuerung (vgl. hierzu nunmehr: BVerwG, Urteil v. 17.12.2002 – 4 C 15.01 –, BauR 2003, 828), die von vornherein rechtlich unzulässig erscheint, kann angesichts dessen keine Rede sein. Ob die genannte Zielsetzung der Beigeladenen sich letztlich unter Abwägung aller relevanten Aspekte in dem von der Beigeladenen angegangenen Sinne durchsetzen läßt, muß der abschließenden Entscheidung des Rates der Beigeladenen über die Bebauungsplanung vorbehalten bleiben, bei der konkret zu prüfen ist, ob die zu erwartenden nachteiligen Auswirkungen der ausgeschlossenen Windenergieanlagen auf den betroffenen Landschaftsraum so gewichtig sind, daß sie die vorgesehene Einschränkung der vom Flächennutzungsplan vorgegebenen Errichtungsmöglichkeiten gerechtfertigt erscheinen lassen, und im Ergebnis auch nicht eine Umsetzung des Flächennutzungsplans etwa unter wirtschaftlichen Aspekten faktisch unterlaufen würden (vgl. hierzu bereits: OVG NRW, Beschluß v. 2.7.2002 – 7 B 918/02 – BauR 2002, 1827).

Der nach alledem zu bejahenden Sicherungsfähigkeit der hier maßgeblichen Bebauungsplanung steht nicht entgegen, daß die Beigeladene parallel zu dem Bebauungsplanverfahren für das Vorranggebiet „S." auch die Änderung ihres Flächennutzungsplans hinsichtlich der Darstellung von Konzentrationszonen für Windenergieanlagen betreibt. Es ist einer Gemeinde unbenommen, neben einer konkreten Bebauungsplanung auch eine konzeptionelle Überarbeitung ihrer Flächennutzungsplanung in Angriff zu nehmen. Ein rechtlich zu beanstandendes „Planungswirrwar" liegt dabei entgegen der Auffassung der Beschwerde nicht vor. Zwar trifft es zu, daß die Beigeladene nach dem Beschluß ihres Rates zur Änderung des Flächennutzungsplans – auch – das Ziel verfolgt, nicht nur keine der ursprünglich angedachten weiteren Vorrangflächen im Flächennutzungsplan darzustellen, sondern zwei der dargestellten Vorrangflächen aus dem Flächennutzungsplan herauszunehmen und für alle im Flächennutzungsplan verbleibenden Vorrangflächen eine Höhenbegrenzung auf 100 m einzuführen. Diese weitgehenden Änderungsvorstellungen, die schon wegen ihrer deutlich gravierenderen Auswirkungen auf das gesamte Gemeindegebiet – selbstverständlich – umfassendere und damit planerisch schwieriger zu bewältigende Anforderungen an die Planung stellen, schließen es nicht aus, parallel dazu ein Planverfahren zur Verfolgung eines Teilziels zu betreiben. Dies gilt um so mehr, wenn dieses Planverfahren – wie hier das Verfahren zur Aufstellung des strittigen Bebauungsplans –

Nr. 118

durch ein konkret zur Genehmigung gestelltes Vorhaben veranlaßt ist und – wie aus der bereits erwähnten Sitzungsvorlage folgt – „sicherheitshalber" erfolgt, um jedenfalls das (Teil-)Ziel, die aus landschaftsästhetischen Gründen unerwünschte Errichtung von optisch besonders auffälligen Windenergieanlagen im Vorranggebiet „S." auszuschließen, sicherzustellen. Insoweit kann jedenfalls bezüglich der hier strittigen Bebauungsplanung von einer „verkappten Verhinderungsplanung" im Sinne einer „bloßen ‚Feigenblatt'-Planung" (vgl. hierzu: BVerwG, Urteil v. 17.12.2002 – 4 C 15.01 –, a.a.O.) keine Rede sein. Ob ein solcher Vorwurf auf die bereits angesprochene Änderung des Flächennutzungsplans zutrifft, bedarf hier keiner weiteren Erörterung. Die Beigeladene wird jedenfalls im weiteren Ablauf der konzeptionellen Änderung ihres Flächennutzungsplans eingehend zu prüfen haben, ob die dort vorgesehenen eingeschränkten Darstellungen zu Konzentrationszonen in der Tat den Vorwurf einer bloßen Alibifunktion gerechtfertigt erscheinen lassen.

Schließlich gibt das Beschwerdevorbringen auch keinen Anlaß, die Einschätzung des Verwaltungsgerichts in Frage zu stellen, daß die Erteilung des Einvernehmens zu dem zur Genehmigung gestellten Vorhaben der Antragstellerin die Beigeladene nicht hinderte, eine die Zulässigkeit des Vorhabens ausschließende Bauleitplanung zu betreiben. Hierzu hat das BVerwG (vgl.: BVerwG, Beschluß v. 26.10.1998 – 4 BN 43.98 –, Buchholz 406.11 §36 BauGB Nr.53) näher ausgeführt:

„Es bedarf nicht erst der Klärung in einem Revisionsverfahren, daß die Gemeinde durch die Erteilung des Einvernehmens hinsichtlich eines bestimmten Vorhabens grundsätzlich nicht gehindert ist, eine ihm widersprechende Bauleitplanung zu betreiben. Die Gemeinde darf nämlich ihr Einvernehmen nur aus den sich aus den §§31, 33, 34 und 35 BauGB ergebenden Gründen versagen (§36 Abs.2 Satz1 BauGB). Fehlt es an einem Grund, der zur Verweigerung des Einvernehmens berechtigt, so ist die Gemeinde verpflichtet, ihr Einvernehmen zu erteilen. Hiervon unberührt bleibt aber das Recht der Gemeinde, ihre Bauleitpläne in eigener Verantwortung aufzustellen (§2 Abs. 1 Satz1 BauGB). Im Rahmen der Bauleitplanung darf die Gemeinde sich von 'politischen Motiven' leiten lassen. Gerade die gegenwärtige planungsrechtliche Zulässigkeit eines Vorhabens, das mit den planerischen Vorstellungen der Gemeinde nicht übereinstimmt, kann den Anstoß für die Aufstellung oder Änderung eines Bebauungsplans geben."

Nichts anderes hat die Beigeladene getan. Wenn sie zunächst rechtsirrig davon ausgegangen ist, sie könne ihr bereits erteiltes Einvernehmen nachträglich „versagen" und damit der Sache nach zurücknehmen bzw. widerrufen, kann ihr kein Vorwurf deswegen gemacht werden, daß sie nach Erkenntnis der richtigen Rechtslage nunmehr von dem richtigen Instrument einer Sicherstellung ihrer – nicht von vornherein illegitimen – planerischen Zielvorstellungen Gebrauch gemacht hat. Von einem „Versuch einer Umgehung der in §36 Abs.2 Satz2 BauGB genannten Frist und der Folgen ihres Verstreichens" kann dabei keine Rede sein.

Nr. 119

Auch in einem durch Regionalplan und Flächennutzungsplan dargestellten Vorranggebiet für Windkraftanlagen kann eine Veränderungssperre gerechtfertigt sein, um eine planerische Feinsteuerung durch Bebauungsplan vorzunehmen und Probleme des Vogelzuges näher zu untersuchen.

BauGB §§ 14 Abs. 1, 17 Abs. 2; VwGO § 47 Abs. 2.

Hessischer VGH, Urteil vom 27. November 2003 – 3 N 2444/02 – (rechtskräftig).

Aus den Gründen:
Die Voraussetzungen des § 14 Abs. 1 BauGB für den Erlaß der Veränderungssperre von 2000 und die beiden Verlängerungen sind auch in Ansehung der besonderen Umstände nach § 17 Abs. 2 BauGB für die zweite Verlängerung erfüllt.

Die Gemeinde kann zur Sicherung der Planung für den künftigen Planbereich eine Veränderungssperre beschließen, wenn der Beschluß über die Aufstellung eines Bebauungsplans gefaßt ist. Nach der Rechtsprechung des Bundesverwaltungsgerichts (Urteil v. 10. 9. 1976 – IV 39.74 –, BVerwGE 51, 121) ist eine Veränderungssperre nur dann erforderlich, wenn der Inhalt der beabsichtigten Planung hinreichend bestimmt ist. Es muß ein Mindestmaß dessen zu erkennen sein, was Inhalt des zu erwartenden Planes werden soll. Es genügt, daß sich aus dem Planaufstellungsbeschluß oder weiteren Verfahrensschritten wenigstens ansatzweise ersehen läßt, was Inhalt des künftigen Bebauungsplans sein soll. Das schließt es aus, bereits ein detailliertes und abgewogenes Planungskonzept zu fordern (BVerwG, Beschluß v. 21. 12. 1993 – 4 NB 40.93 –, BRS 55 Nr. 95 = NVwZ 1994, 685). Genügend konkretisiert ist der künftige Planinhalt in der Regel, wenn die zukünftige Nutzung des Gebietes der Art nach im wesentlichen festgelegt ist (BVerwG, Beschluß vom 15. 8. 2000 – 4 BN 35.00 –; OVG Lüneburg, Urteil v. 18. 6. 2003 – 1 KN 56/03 –, ZfBR 2003, 790; Lemmel, in: Berl. Komm. zum BauGB, 3. Aufl. 2002, § 14 Rdnr. 9).

Hier hat die Stadtverordnetenversammlung der Antragsgegnerin zeitgleich mit der Veränderungssperre die Aufstellung des Bebauungsplans „Windkraft" beschlossen. Zur Begründung hat sie die im Tatbestand genannten Gesichtspunkte zum Inhalt der künftigen Bebauungsplanung genannt. Dabei ist die Art der Nutzung für Windkraftanlagen, die im Anfang des Jahres 2000 geänderten Flächennutzungsplan bereits dargestellt worden war, ins Auge gefaßt und nicht in Frage gestellt worden. Damit ist auch der Vorwurf der Verhinderungsplanung nicht gerechtfertigt. Die Antragsgegnerin war und ist lediglich entschlossen, angesichts der bekannt gewordenen Investitionsabsichten der Antragstellerin für Windkraftanlagen mit 150 m Gesamthöhe einschließlich der für die neuen Anlagen erstmals erforderlichen Tag- und Nachtkennzeichnung wegen der Auswirkungen auf das Landschaftsbild und den Vogelzug im Landschaftsraum das Maß der baulichen Nutzung, d. h. hier die Höhe (vgl. § 16 Abs. 1 und 2 Nr. 4 sowie § 18 BauNVO), einer bauleitplanerischen Abwägung zuzuführen. Dasselbe gilt für die Zuordnung der überbaubaren und nicht überbaubaren Grundflächen, womit die erforderlichen Abstände zwischen den Windkraftanlagen und ihre Anzahl im Planbereich im Wege der Feinabstimmung gesteuert werden soll, wie auch vorgesehen war und ist, die naturschutzrechtliche Kompensation nach Flächen und Maßnahmen in einem Bebauungsplan vorzusehen. Zu einer solchen Fallgestaltung führt das OVG Nordrhein-Westfalen in seinem Urteil v. 4.6.2003 – 7 aD 131/02.NE –, BauR 2003, 1696 aus, daß der Aufstellungsbeschluß für einen Bebauungsplan, mit dem die planerische Feinsteuerung der Errichtung von Windenergieanlagen in einem Vorranggebiet u.a. bezüglich der Anzahl und der maximal zulässigen Höhe erfolgen soll, eine hinreichend konkrete Plankonzeption zum Gegenstand habe, um den Erlaß einer Veränderungssperre zu rechtfertigen. Dem schließt sich der Senat in der Sache an.

Eine vorgezogene inzidente Normprüfung verbietet sich, da der Bebauungsplan „Windkraft" noch nicht in Kraft getreten ist. Mithin ist Vorwürfen der Antragstellerin, schon der Entwurf des Bebauungsplans zeige, daß das Anpassungsgebot an die Ziele der Raumordnung nach §1 Abs.4 BauGB und die Anforderungen an das Abwägungsgebot nach §1 Abs.6 BauGB verfehlt würden, in der Sache nicht weiter nachzugehen.

Auch die noch nicht abgelaufene zweite Verlängerung der streitbefangenen Veränderungssperre aus dem Jahre 2002 ist wirksam. Die nach §17 Abs.2 BauGB erforderliche Zustimmung des Regierungspräsidiums liegt vor. Darüber hinaus sind die gesetzlich geforderten besonderen Umstände für die zweite Verlängerung gegeben. Dabei kann dahingestellt bleiben, ob durch den in Aufstellung befindlichen Bebauungsplan „Windkraft" die Zulässigkeit eines „bestimmten Vorhabens" begründet werden soll, das nach Inkrafttreten des Gesetzes zur Umsetzung der UVP-Änderungsrichtlinie, der IVU-Richtlinie und weiterer EG-Richtlinien zum Umweltschutz (BGBl. I S.1950) am 3.8.2001 gemäß §2 Abs.3 Nr.3 i.V.m. §17 Satz1 UVPG sowie Nr.1.6.3 der Anlage 1 zum UVPG wegen drei Windkraftanlagen mit einer Höhe von mehr als 35m eine standortbezogene Vorprüfung des Einzelfalles nach §3c Abs.1 Satz2 UVPG und nach deren positivem Ergebnis eine Umweltverträglichkeitsprüfung nach sich ziehen mußte. Jedenfalls war die Antragsgegnerin nach der ersten Beteiligung der Träger öffentlicher Belange wegen der ernsthaften Einwände der Naturschutzverbände und der Forderung der oberen Naturschutzbehörde nach Einbeziehung der Vogelschutzproblematik in den landschaftspflegerischen Fachbeitrag zum Bebauungsplan unabhängig davon schon zur Erfüllung der Anforderungen des Abwägungsgebots gehalten, angesichts der Nabenhöhe der geplanten Windkraftanlagen von 117m und der Blattspitzenhöhe von 150m wegen der Auswirkungen auf das Landschaftsbild und den vom Vogelzug besonders betroffenen Raum F. im Vogelsberg das damit verbundene erhöhte Konfliktpotential ornithologisch über einen längeren Zeitraum hinweg genauer untersuchen zu lassen. Diese zeitaufwendigen Untersuchungen und Bewertungen sind in dem „Ornithologischen Gutachten zum Herbstzug 2002 und Frühjahrszug 2003 im Bereich eines geplanten Windkraftanlagenfeldes bei F." vom Juni 2003 und dem „Faunistischen Gutachten für ein geplantes Windkraftanlagenfeld bei F. – Brutvögel (Aves) –" vom September 2002 geleistet worden, ohne daß es auf den zusätzlich erstellten Umweltbericht gemäß §2a BauGB zum Bebauungsplan

"Windkraft" vom September 2003 noch ankommt. Damit ist der Antragsgegnerin gewichtiges Abwägungsmaterial an die Hand gegeben worden, das jetzt in den Entwurf des Bebauungsplans „Windkraft" eingearbeitet worden ist und einer erneuten Anhörung der Träger öffentlicher Belange und der Öffentlichkeit zugeführt werden soll. Die zeitaufwendigen umwelt- und naturschutzbezogenen Untersuchungen ließen, ohne daß die Antragstellerin dies zuletzt noch substantiiert bestritten hätte, eine abschließende Bearbeitung des Bebauungsplans „Windkraft" bis zum September 2003, dem Ablauf der ersten Verlängerung der Veränderungssperre, nicht zu. Mithin waren besondere Umstände gegeben, die eine zweite Verlängerung rechtfertigen.

Nr. 120

Die Erteilung eines positiven Bauvorbescheids zur Frage der bauplanungsrechtlichen Zulässigkeit eines Bauvorhabens sowie einer entsprechenden Ausnahme von einer Veränderungssperre läßt ein Rechtsschutzbedürfnis für einen gegen die Veränderungssperre gerichteten Normenkontrollantrag nicht entfallen.

§ 67 Abs. 5 Satz 5 LBO 1996, der im vereinfachten Genehmigungsverfahren den Eintritt einer Genehmigungsfiktion nach Ablauf einer bestimmten Frist für die Verbescheidung des Bauantrags regelt, ist auf Bauvoranfragen auch dann nicht entsprechend anwendbar, wenn diese ein Bauvorhaben i. S. des § 67 Abs. 1 LBO 1996 zum Gegenstand haben.

Eine Veränderungssperre ist i.S. des § 14 Abs. 1 BauGB nur dann „zur Sicherung der Planung" beschlossen, wenn im Zeitpunkt ihres Erlasses hinreichend konkrete Vorstellungen der Gemeinde über den Inhalt des künftigen Bebauungsplans vorliegen. Dies erfordert ein Mindestmaß an Klarheit darüber, welche Ziele und Zwecke mit der Planung verfolgt werden.

Unbedenklich ist es insoweit, wenn die Gemeinde ein bestimmtes, ihr bekannt gewordenes Bauvorhaben zum Anlaß nimmt, eine eigene planerische Konzeption für den Bereich zu entwickeln. Insofern darf die Veränderungssperre auch gezielt eingesetzt werden, um die rechtlichen Voraussetzungen für die Zulässigkeit eines Vorhabens zu verändern.

Die Annahme eines Sicherungsbedürfnisses setzt nicht voraus, daß bereits im Zeitpunkt des Satzungsbeschlusses über die Veränderungssperre die Rechtmäßigkeit des künftigen Bebauungsplans feststeht.

Ungültig ist eine Veränderungssperre nur dann, wenn schon bei ihrem Erlaß offenkundig ist, daß die Planungsziele, die gesichert werden sollen, mittels einer rechtmäßigen Bauleitplanung nicht erreichbar sind.

VwGO § 47; BauGB §§ 14, 17; LBO 1996 §§ 67 Abs. 5 Satz 5, 76, 77.

OVG des Saarlandes, Urteil vom 31. März 2003 – 1 N 1/03 – (rechtskräftig).

Nr. 120

Der Antragsteller wendet sich gegen eine sein Grundeigentum erfassende, vom Stadtrat der Antragsgegnerin erlassene Veränderungssperre. Die Antragsgegnerin beabsichtigt, einen bisher nicht qualifiziert beplanten zentrumsnahen Bereich unter Einschluß eines dort befindlichen Festplatzes einer veränderten baulichen Nutzung zuzuführen. Der Antragsteller bemüht sich aus wirtschaftlichen Gründen seit längerem um eine Veränderung der Nutzung der auf seinem Grundstück befindlichen Baulichkeiten. Ab Frühjahr 2001 verhandelte er mit einer Firma (A.), die mit Blick auf die geplante Errichtung eines Discountmarktes an einem Erwerb seines Grundstücks Interesse zeigte. Die Entscheidung über die auf eine Abklärung der Zulässigkeit des Vorhabens zielenden Bauvoranfragen wurde jedoch von der bei der Antragsgegnerin angesiedelten Unteren Bauaufsichtsbehörde ausgesetzt (§ 15 BauGB).

In seiner Sitzung am 13. 12. 2001 beschloß der Stadtrat der Antragsgegnerin eine Änderung des Flächennutzungsplans und die Aufstellung des Bebauungsplans „Innenstadterneuerung Teilplan Nr. 10", wobei der Geltungsbereich auch das Grundstück des Antragstellers umfassen soll. Am 21. 3. 2002 beschloß der Stadtrat ferner die im vorliegenden Verfahren streitgegenständliche Satzung über eine Veränderungssperre für den projektierten Geltungsbereich des genannten Bebauungsplans.

In seiner Sitzung am 13. 6. 2002 stellte der Bau- und Umweltausschuß des Stadtrats dann das Einvernehmen zu einem anderen, als „Neubau eines Wohn- und Geschäftshauses mit Nutzungsänderung von Squash-Halle und Restaurant" bezeichneten Vorhaben (Bebauungsgenehmigung) des Antragstellers her und bewilligte gleichzeitig eine Ausnahme von der Veränderungssperre. Einen entsprechenden Bauantrag hat der Antragsteller in der Folge jedoch nicht eingereicht.

Mit Eingang am 27. 8. 2002 hat der Antragsteller einen Normenkontrollantrag beim Oberverwaltungsgericht bezüglich der Veränderungssperre gestellt und geltend gemacht, die von der Antragsgegnerin eingeleiteten Planungsschritte dienten lediglich dem Ziel, seine Vorhaben zu verhindern. Die Antragsgegnerin stehe bei einem Investor „im Wort", dessen Engagement gefährdende Projekte, die Errichtung eines Einkaufszentrums mit Baumarkt auf benachbarten Grundstücken, mit allen Mitteln zu verhindern.

Aus den Gründen:

Das schutzwürdige Interesse des Antragstellers ist nicht dadurch entfallen, daß ihm am 27. 6. 2002 im Wege der Ausnahme (§ 14 Abs. 2 BauGB) ein positiver Vorbescheid für den „Neubau eines Wohn- und Geschäftshauses ..." auf dem betroffenen Grundstück erteilt wurde. Ungeachtet des Umstands, daß es ihm nicht um die Möglichkeit zur Verwirklichung irgend eines Vorhabens geht, stellt ein Bauvorbescheid nach § 76 LBO 1996 lediglich einen Teilausschnitt der bei genehmigungsbedürftigen Vorhaben letztlich erst die Baufreigabe enthaltenden Baugenehmigung (§§ 64 Abs. 1, 77 LBO 1996) dar. Aus dessen Erteilung kann schon von daher ein Fortfall des Rechtsschutzbedürfnisses für ein auf die „Befreiung" von den Beschränkungen einer Veränderungssperre (§ 14 Abs. 1 BauGB) zielendes Normenkontrollbegehren nicht hergeleitet werden; ob insoweit für die Erteilung einer Baugenehmigung etwas anderes zu gelten hätte, oder ob in dem Zusammenhang auf den Abschluß der Bauausführung des Bauvorhabens abzustellen ist, bedarf daher keiner Vertiefung.

Danach kann ferner im Ergebnis dahinstehen, ob – wie der Antragsteller meint – die landesrechtliche Bestimmung über die Fiktion der Erteilung einer Baugenehmigung im vereinfachten Genehmigungsverfahren (§ 67 LBO 1996) nach fruchtlosem Ablauf einer Bearbeitungsfrist von (regelmäßig) drei Monaten (§ 67 Abs. 5 Satz 5 LBO 1996) auch für Bauvoranfragen (§ 76 LBO 1996) betreffend in den sachlichen Anwendungsbereich der Vorschrift (§ 67 Abs. 1 LBO 1996) fallende Bauvorhaben entsprechend gilt. Selbst wenn man aber vorliegend die Einschlägigkeit des § 67 Abs. 1 Nr. 2 LBO 1996 für die geplante A.-Filiale bejaht, bleibt festzuhalten, daß sich der Landesbauordnung, insbesondere dem § 76 Abs. 2 LBO 1996 (Vorbescheid), keinerlei Hinweis für einen dahin gehenden Regelungswillen des Landesgesetzgebers entnehmen läßt (vgl. entsprechend die ähnliche Fiktionswirkungen im vereinfachten Baugenehmigungsverfahren enthaltenden Bauordnungen der Bundesländer Rheinland-Pfalz (§§ 66 Abs. 4, 72 LBauORP) und Mecklenburg-Vorpommern (§§ 63 Abs. 7, 68 LBauOMV)) und daß gerade angesichts der weitreichenden Folgen eines Fiktionseintritts (vgl. dazu beispielsweise für den vorliegenden Zusammenhang Schmaltz, § 14 Rdnr. 26, unter Hinweis auf BVerwG, Urteil v. 3.2.1984 – 4 C 39.82 –, BVerwGE 69, 1, wonach jedenfalls ein die bauplanungsrechtliche Zulässigkeit eines Vorhabens abschließend positiv beantwortender Vorbescheid in der Form einer Bebauungsgenehmigung für die Dauer seiner Geltung von einer seiner Erteilung nachfolgenden Veränderungssperre unberührt bleibt; ebenso Lemmel, in: Berl. Komm. zum BauGB, 3. Aufl. 2002, Loseblatt, § 14 Rdnr. 23, m. w. N.), die (entsprechende) Anwendung der Regelung über das vereinfachte Genehmigungsverfahren auf „vorgeschaltete" Bauvoranfragen ohne dahingehende klare gesetzliche Regelung nicht in Betracht kommt. Eine solche läßt sich entgegen der in der mündlichen Verhandlung vom Antragsteller vertretenen Auffassung insbesondere nicht daraus herleiten, daß § 76 Abs. 2 LBO 1996 pauschal auch auf § 77 LBO 1996 verweist und dieser wiederum in seinem Abs. 4 u. a. die Bauaufsichtsbehörde verpflichtet, die betroffene Gemeinde ggf. vom Ablauf der Frist des § 67 Abs. 5 Satz 5 LBO 1996 zu unterrichten. Diese Vorschrift knüpft ersichtlich an den Eintritt einer Genehmigungsfiktion an, hingegen läßt sich ihr nicht aus sich heraus der Wille des Gesetzes entnehmen, daß durch die Normierung einer solchen Benachrichtigungspflicht eine Fiktionswirkung auch für den Bereich der Bauvoranfrage betreffend Bauvorhaben i. S. des § 67 Abs. 1 LBO 1996 eingeführt bzw. auf das Bauvorbescheidsverfahren erstreckt werden soll. Dies gilt insbesondere mit Blick darauf, daß § 76 Abs. 2 LBO 1996 ohnehin lediglich eine „sinngemäße" Anwendung des § 77 LBO 1996 anordnet.

Von daher kann der Umstand, daß – die Subsumierbarkeit des A.-Marktes unter § 67 Abs. 1 Nr. 2 LBO 1996 unterstellt – die Untere Bauaufsichtsbehörde die am 8. 1. 2002 wirksam gewordene Entscheidung vom 4. 1. 2002 über die Zurückstellung der Bauvoranfrage (der Firma A.) erst über drei Monate nach Eingang derselben am 10. 9. 2001 getroffen hat, hier keine Bedeutung erlangen. Dem zwischenzeitlichen Ablauf von drei Monaten nach dem Ende des Zurückstellungszeitpunkts (30. 11. 2002), ohne daß ersichtlich eine Entscheidung über die Bauvoranfrage getroffen wurde, käme im übrigen mit Blick auf das Inkrafttreten der Veränderungssperre keine Relevanz zu (§ 14 Abs. 3 BauGB).

Der damit zulässige Normenkontrollantrag ist jedoch unbegründet. Die Satzung über eine Veränderungssperre für den künftigen Geltungsbereich des Bebauungsplanes „Innenstadterneuerung Teilplan Nr. 10" leidet weder an einem ihre vollständige oder ihre teilweise Ungültigkeit bewirkenden Mangel noch an einem in einem ergänzenden Verfahren behebbaren Fehler mit der Folge ihrer nach Maßgabe der §§ 47 Abs. 5 Satz 4 VwGO, 215a Abs. 1 BauGB festzustellenden derzeitigen Unwirksamkeit.

Daß die Veränderungssperre in einem nach näherer Maßgabe der §§ 214 Abs. 1 BauGB, 12 KSVG beachtlich fehlerhaften Verfahren zustande gekommen wäre, ist nicht erkennbar. Die Satzung wurde am 21. 3. 2002 vom Stadtrat der Antragsgegnerin als dem dafür zuständigen kommunalen Vertretungsorgan beschlossen und am 3. 4. 2002 ortsüblich bekanntgemacht (§ 16 Abs. 2 BauGB). Daß sowohl der beschlossene Satzungstext ausweislich der bei den Akten befindlichen Sitzungsniederschrift als auch die Bekanntmachung in § 1 Abs. 1 VS – formal unzutreffend – auf einen am gleichen Tag („21. 3. 2002") gefaßten Beschluß über die Aufstellung des genannten Bebauungsplans hinweisen, wohingegen der hier maßgebliche, gegenüber der vorherigen Planung das Grundstück des Antragstellers einbeziehende Aufstellungsbeschluß (bereits) vom 13. 12. 2001 datiert, führt für sich genommen nicht zur Nichtigkeit der Veränderungssperre, da es sich dabei um ein jederzeit korrigierbares Schreibversehen handelt und die Mitteilung des Datums des Aufstellungsbeschlusses nach § 14 Abs. 1 BauGB keine zwingende Voraussetzung ihrer Gültigkeit darstellt. Maßgebend ist insofern lediglich das Vorliegen eines (vorherigen) Aufstellungsbeschlusses.

Der Einwand des Antragstellers, durch die unzutreffende Datumsangabe werde der Lauf „völlig unzutreffender Fristen impliziert", kann eine abweichende Beurteilung nicht rechtfertigen. Insbesondere für das Außerkrafttreten der Veränderungssperre ist nach § 17 Abs. 1 BauGB – von den bereits in anderem Zusammenhang angesprochenen Besonderheiten im Zusammenhang mit der Zurückstellung von Baugesuchen abgesehen – primär maßgebend auf deren Inkrafttreten abzustellen. Der Aufstellungsbeschluß muß nur vorher gefaßt und vor der Bekanntmachung der Veränderungssperre bekanntgemacht worden sein; die Aufstellung eines Bebauungsplans kann aber grundsätzlich auch in derselben Sitzung wie die Veränderungssperre beschlossen werden (vgl. etwa BVerwG, Beschluß v. 9. 2. 1989 – 4 B 236.88 –, BRS 49 Nr. 21 = BauR 1989, 432), so daß die Nennung des 21. 3. 2002 in § 1 Abs. 1 VS auch nicht auf einen offensichtlichen Zweifel an der Gültigkeit der Norm rechtfertigenden Fehler schließen läßt. Mit Blick auf die hinreichende inhaltliche Bestimmtheit der Norm bleibt zu ergänzen, daß gerade bei dem Antragsteller nie eine Ungewißheit darüber bestand, welche Planung der Antragsgegnerin durch den Erlaß der Veränderungssperre gesichert werden soll, zumal in dem an den Antragsteller adressierten Zurückstellungsbescheid vom 31. 1. 2002 auf das zutreffende Datum hingewiesen wurde.

Daß hier zwischen dem Aufstellungsbeschluß und dem Beschluß über die Veränderungssperre etwa drei Monate vergangen sind, ist bedeutungslos. Die Regelung der §§ 14, 17 BauGB verdeutlicht, daß damit den Gemeinden ein Mittel an die Hand gegeben wurde, zur Sicherung ihrer Bauleitplanung tätig zu werden, wenn und sobald aus ihrer Sicht eine Gefährdung für deren Verwirklichung zu Tage tritt (vgl. hierzu etwa BVerwG, Beschlüsse v. 26. 6. 1992

– 4 NB 19.92 –, BRS 54 Nr. 73, und v. 8.1.1993 – 4 B 258.92 –, BRS 55 Nr. 96).

Die materiell-rechtlichen Voraussetzungen des § 14 Abs. 1 BauGB für den Erlaß der Veränderungssperre liegen ebenfalls vor. Vor dem Satzungsbeschluß hatte der Stadtrat der Antragsgegnerin am 13.12.2001 die Aufstellung eines Bebauungsplanes für das nunmehr von der Veränderungssperre erfaßte Gebiet beschlossen, und dieser Planaufstellungsbeschluß ist am 24.12.2001 ortsüblich bekanntgemacht worden (§ 2 Abs. 1 Satz 2 BauGB). Der Geltungsbereich der Veränderungssperre überschreitet die Grenzen des künftigen Plangebiets nicht.

Die Veränderungssperre ist ferner im Verständnis von § 14 Abs. 1 BauGB „zur Sicherung der Planung" beschlossen worden. Den Anforderungen dieses Tatbestandsmerkmals des § 14 Abs. 1 BauGB ist vorliegend Rechnung getragen, da die Veränderungssperre zur Sicherung der Planung der Antragsgegnerin erforderlich ist. Voraussetzung hierfür ist zunächst, daß im Zeitpunkt ihres Erlasses hinreichend konkrete gemeindliche Vorstellungen über den Inhalt des Bebauungsplanes bestehen (vgl. Lemmel, a. a. O., § 14 Rdnrn. 8, 9; BVerwG, Beschlüsse v. 5.2.1990 – 4 B 191.89 –, BRS 50 Nr. 103, und v. 21.12.1993 – 4 NB 40.93 –, BRS 55 Nr. 95).

Das erfordert ein Mindestmaß an Klarheit darüber, welche – positiven – Ziele und Zwecke mit der Planung verfolgt werden. Eine bloße Verhinderungsabsicht oder die Feststellung, daß ein bestimmtes Vorhaben unerwünscht ist, reichen hingegen nicht aus (vgl. BVerwG, Beschluß v. 5.2.1990 – 4 B 191.89 –, BRS 50 Nr. 103).

Hiervon zu unterscheiden und rechtlich unbedenklich ist freilich, daß die Gemeinde ein ihren städtebaulichen Vorstellungen nicht entsprechendes Vorhaben zum Anlaß nimmt, eine eigene planerische Konzeption für den in Rede stehenden Bereich zu entwickeln, wie dies die Antragsgegnerin durch die als Reaktion auf die Bauvoranfragen der Firma A. bzw. des Antragstellers zu sehende Ausweitung des Geltungsbereichs des Plangebiets gegenüber ihren bis dahin bestehenden Planungsabsichten getan hat. Die Veränderungssperre darf gezielt dazu eingesetzt werden, die rechtlichen Voraussetzungen für die Zulässigkeit eines Vorhabens zu verändern (BVerwG, Beschluß v. 21.12.1993 – 4 B 40.93 –, BRS 55 Nr. 95).

Hieran gemessen erweist sich die vorliegend umstrittene Veränderungssperre als rechtlich unbedenklich. ...

In dem für die Frage hinreichender inhaltlicher Konkretisierung der zu sichernden gemeindlichen Planung maßgeblichen Zeitpunkt des Erlasses der Veränderungssperre im März 2002 läßt sich bereits der den Einzelregelungen der Satzung vorangestellten „Präambel" entnehmen, daß durch die Planung die Errichtung eines Einkaufszentrums in unmittelbarer Nähe abgesichert, diejenige eines Baumarkts ermöglicht, die bauliche Entwicklung insgesamt in diese Richtung „geordnet" und einer in diesem Sinne ungeordneten städtebaulichen Entwicklung vor Abschluß der Planungen durch die Veränderungssperre entgegengetreten werden soll. An dem Inhalt des von der Antragsgegnerin verfolgten Ordnungskonzepts besteht auch aus Sicht des Antragstellers kein Zweifel. ...

Der von ihm in den Vordergrund seiner Argumentation gestellten Frage, ob die eigenen Bauabsichten damit zu vereinbaren sind, was, wenn es so wäre, möglicherweise die Erteilung einer Ausnahme rechtfertigen könnte (§ 14 Abs. 2 BauGB), kommt im Rahmen des § 14 BauGB für die Frage der Gültigkeit der Veränderungssperre keine entscheidende Bedeutung zu.

Daß sich die Antragsgegnerin durch die Bauvoranfrage der Firma A. veranlaßt gesehen hat, planerischen Handlungsbedarf anzunehmen und die in der Beschlußvorlage bezeichneten planerischen Vorstellungen für den dabei in Rede stehenden Bereich zu entwickeln, ist wie dargelegt unerheblich. Entscheidend ist, daß die Antragsgegnerin positive planerische Gestaltungsvorstellungen entwickelt hat, es ihr also nicht darum geht, allein das Bauvorhaben des Antragstellers zu verhindern und sich auf diese Weise alle Möglichkeiten einer künftigen Überplanung des Gebiets lediglich „offenzuhalten". Solche positiven Planungsvorstellungen bestehen nach den vorliegenden Unterlagen insbesondere auch für das Grundstück des Antragstellers, für dessen Bereich (und die nördlich anschließenden Flächen der Rollschuhbahn) im übrigen nach dem zwischenzeitlich erreichten Planungsstand die Ausweisung eines Mischgebiets (§ 6 BauNVO) mit entsprechenden überbaubaren Grundstücksflächen vorgesehen ist.

Verfolgt die Antragsgegnerin danach eine positive planerische Konzeption, die sich, woran keine Zweifel bestehen, im Rahmen der ihr vom Gesetzgeber in § 9 Abs. 1 BauGB eröffneten Festsetzungsbefugnisse verwirklichen läßt, so ist ferner ein Bedürfnis für den Erlaß der Veränderungssperre als Mittel zur Sicherung dieser Bauleitplanung anzuerkennen. Die Annahme eines Sicherungsbedürfnisses setzt nicht voraus, daß bereits im Zeitpunkt des Satzungsbeschlusses über die Veränderungssperre die Rechtmäßigkeit des künftigen Bebauungsplanes feststeht. Weder ist über die Veränderungssperre auf der Grundlage einer Abwägung der in der vorgesehenen Bauleitplanung einander gegenüberstehenden Belange zu entscheiden, noch ist im Rahmen der Beurteilung der Zulässigkeit der Veränderungssperre unter dem Gesichtspunkt der mit ihr verfolgten Sicherungsabsichten Raum für eine „antizipierte" Normenkontrolle des künftigen Bebauungsplanes (vgl. OVG des Saarlandes, Urteil v. 24. 11. 1998 – 2 N 1/97 –, m. w. N. aus der Rechtsprechung des Bundesverwaltungsgerichts).

Ein detailliertes und abgewogenes Planungskonzept muß und wird im Zeitpunkt der Entscheidung über die Veränderungssperre ohnedies in aller Regel noch nicht vorliegen, und dies ist auch nicht notwendig. Zweck der Veränderungssperre ist es gerade, Entwicklungen zu verhindern, welche die von der Gemeinde für die betreffende Fläche verfolgten planerischen Vorstellungen obsolet machen, bevor sie die Möglichkeit hatte, ein ordnungsgemäßes Planaufstellungsverfahren durchzuführen. Demnach kann die Wirksamkeit der Veränderungssperre schon von der Natur der Sache her nicht von der Feststellung abhängen, daß der noch nicht als Satzung beschlossene Bebauungsplan in seinen einzelnen Festsetzungen von einer rechtmäßigen Abwägung der beachtlichen Belange getragen sein wird (BVerwG, Beschluß v. 21. 12. 1993 – 4 NB 40.93 –, BRS 55 Nr. 95).

Ungültig, weil nicht erforderlich, ist eine Veränderungssperre vielmehr nur dann, wenn bereits im Zeitpunkt ihres Erlasses offenkundig ist, daß die Planungsziele, die mit ihr gesichert werden sollen, mittels einer rechtmäßigen Bauleitplanung nicht erreichbar sind. Ein solcher Sachverhalt ist hier indes nicht gegeben. Die Antragsgegnerin betreibt im Parallelverfahren (§ 8 Abs. 3 Satz 1 BauGB) die Änderung ihres den Bereich als „Grünfläche/Sportanlagen" darstellenden Flächennutzungsplans wie auch die Schaffung der raumordnerischen Voraussetzungen für die Realisierung der geplanten Bebauung zur Wahrung der diesbezüglich bestehenden Anpassungspflicht (§ 1 Abs. 4 BauGB). ...

Die Bewältigung des Konfliktes der einander gegenüberstehenden privaten und öffentlichen Belange ist letztlich Aufgabe der dem Stadtrat der Antragsgegnerin im Planaufstellungsverfahren obliegenden planerischen Abwägung, die auf der Grundlage einer umfassenden Ermittlung und Gewichtung der berührten und betroffenen Interessen vorzunehmen ist und die bei der Beurteilung der Rechtmäßigkeit der Veränderungssperre nicht vorweggenommen werden kann.

Kann danach nicht angenommen werden, daß die von der Antragsgegnerin verfolgte Planung offenkundig rechtswidrig ist und von vornherein nicht zu einem rechtmäßigen Bebauungsplan führen kann, so erweist sich die zu ihrer Sicherung erlassene Veränderungssperre auch nicht als unverhältnismäßig. Denn es ist nicht erkennbar, daß die Antragsgegnerin den mit ihr verfolgten Sicherungsabsichten auf andere Weise hätte Rechnung tragen können.

Zwar mag es zutreffen, daß das von dem Antragsteller ins Auge gefaßte Vorhaben der Bebauung seines Grundstücks mit einem A.-Markt im Ergebnis – wie der Antragsteller unter Hinweis auf die Rolle eines „Frequenzbringers" vorträgt – keinen Eingriff in den nach den planerischen Vorstellungen der Antragsgegnerin zu beschließenden Planinhalt mit sich bringt und unter diesem Gesichtspunkt keinen planerischen Konflikt erwarten läßt. Das bedarf indes keiner Vertiefung, denn die Antragsgegnerin hat bei ihrer Entscheidung über den Erlaß der Veränderungssperre ersichtlich Befürchtungen ihres Stadtplanungsamts aufgegriffen, und das insoweit angesprochene generelle Sicherungsinteresse läßt sich vorliegend nicht von der Hand weisen. Die Antragsgegnerin strebt für das künftige Plangebiet (= Geltungsbereich der Veränderungssperre) nämlich ein über diesen Bereich hinausreichendes Gesamtkonzept (Einkaufszentrum zwischen Stadtbad und Rathaus/Landratsamt) an.

Begegnet die umstrittene Veränderungssperre daher auch unter diesem Gesichtspunkt keinen durchgreifenden rechtlichen Bedenken, so ist abschließend festzuhalten, daß sich ihr Inhalt im Rahmen der Ermächtigung des § 14 Abs. 1 BauGB bewegt. Die sich aus deren Umsetzung – was der Senat durchaus sieht – für den Antragsteller ergebenden wirtschaftlichen Konsequenzen hat der Gesetzgeber zu dem von ihm beabsichtigten Schutz gemeindlicher Planungshoheit im Wege der Konkretisierung der Sozialbindung des Grundeigentums (Art. 14 Abs. 2 GG) in Kauf genommen.

Nr. 121

Die Gemeinde darf die Geltungsdauer einer Veränderungssperre um das vierte Jahr nicht schon dann beschließen, wenn das dritte Geltungsjahr gerade begonnen hat und daher noch gar nicht verläßlich abgesehen werden kann, ob der Sicherungszweck nach Ablauf des dritten Jahres fortbesteht. Der Umstand, daß die Veränderungssperre andernfalls gegenüber einem bestimmten Grundstückseigentümer wegen § 17 Abs. 1 Satz 2 BauBG keine Rechtswirkungen mehr zu entfalten droht, ändert daran nichts.

BauGB §§ 17, 35, 201 Abs. 1 Nr. 1; VwGO § 91 Abs. 1.

Niedersächsisches OVG, Urteil vom 18. Juni 2003 – 1 LB 143/02 –.

Abgedruckt unter Nr. 99.

Nr. 122

Der für eine Anrechnung notwendige Grundstücksbezug wird nicht dadurch in Frage gestellt, daß nicht der Kläger selbst, sondern mit seiner Zustimmung ein Dritter das Vorhaben, das den Gegenstand der Bauvoranfrage bildet, auf dem Grundstück des Klägers und zwei benachbarten Flurstücken auszuführen beabsichtigt.
(Nichtamtlicher Leitsatz)

BauGB § 17 Abs. 1 Satz 2.

Bundesverwaltungsgericht, Beschluß vom 25. März 2003 – 4 B 9.03 –.

(VGH Baden-Württemberg)

Aus den Gründen:
1. Das Berufungsgericht hat keinen Rechtssatz aufgestellt, der in Widerspruch zu der Rechtsauffassung steht, die der Senat im Urteil vom 10. 9. 1976 (– 4 C 39.74 –, NJW 1977, 400 = BRS 30 Nr. 76 = BVerwGE 51, 121) vertreten hat. Es hat sich auf den Standpunkt gestellt, daß § 17 Abs. 1 Satz 2 BauGB auch dann anwendbar ist, wenn den Gegenstand einer ersten Zurückstellung die Bauvoranfrage für das Bauvorhaben eines Dritten bildete, das mit dem – später genehmigten – Vorhaben des Grundstückseigentümers nicht identisch war und über die Grundstücksgrenzen hinausreichte.
Der Senat hat sich mit der vom Berufungsgericht angesprochenen Problematik im Urteil vom 10. 9. 1976 nicht auseinander gesetzt. Die Beklagte weist selbst zutreffend darauf hin, daß es in dieser Entscheidung vorrangig um die Frage ging, ob die Zurückstellungszeit nach § 17 Abs. 1 Satz 2 BauGB individuell oder im gesamten Bereich der Veränderungssperre anzurechnen ist. Der Senat trat der seinerzeit von namhaften Autoren vertretenen Ansicht entgegen, daß sich durch die nach § 17 Abs. 1 Satz 2 BauGB gebotene Anrechnung die Dauer der Veränderungssperre allgemein verkürze. Er ließ sich dabei von der Erkenntnis leiten, daß die Zurückstellung und die Veränderungssperre trotz ihrer unterschiedlichen Rechtsnatur insofern übereinstim-

men, als sich aus beiden vorübergehenden Beschränkungen der Bodennutzung ergeben. Die Veränderungssperre erzeugt die in § 14 Abs. 1 BauGB bezeichneten Sperrwirkungen kraft des normativen Geltungsanspruchs, der ihr als Satzung nach § 16 Abs. 1 BauGB zukommt. Die Zurückstellung hat nach § 15 Abs. 1 BauGB zur Folge, daß die Entscheidung über die Zulässigkeit eines Einzelvorhabens ausgesetzt wird. In der Rechtsprechung geklärt ist, daß der Zurückstellung eines Baugesuchs im Sinne dieser Vorschrift die Zurückstellung einer Bauvoranfrage gleichsteht (vgl. BVerwG, Urteil v. 11. 11. 1970 – 4 C 79.68 –, BRS 23 Nr. 88 = NJW 1971, 445). § 17 Abs. 1 Satz 2 BauGB, der an § 15 Abs. 1 BauGB anknüpft, beruht auf der Überlegung, daß die für die Veränderungssperre maßgeblichen allgemeinen Fristbestimmungen in den Fällen einer Ergänzung bedürfen, in denen ein Grundstückseigentümer oder Bauwilliger schon vor der satzungsrechtlichen Anordnung einer Veränderungssperre durch die Zurückstellung seines Baugesuchs daran gehindert wird, von den Nutzungsmöglichkeiten Gebrauch zu machen, zu denen das materielle Baurecht an sich Gelegenheit bietet. Wie aus dem Senatsurteil vom 10. 9. 1976 erhellt, läßt sich den Interessen des durch eine solche Maßnahme Betroffenen dadurch hinlänglich Rechnung tragen, daß der Beginn der Geltungsdauer der Veränderungssperre zu seinen Gunsten individuell vorverlegt wird (seitdem st. Rspr.; vgl. BVerwG, Beschlüsse v. 27. 4. 1992 – 4 NB 11.92 –, und v. 30. 10. 1992 – 4 NB 44.92 –, Buchholz 406.11 § 17 BauGB Nr. 5 und 6 sowie BRS 54 Nr. 76). Soweit in der Entscheidung vom 10. 9. 1976 davon die Rede ist, „daß eine vorangegangene Zurückstellung (oder eine ihr entsprechende faktische Zurückstellung) demjenigen und nur demjenigen gutzubringen ist, dem sie auferlegt wurde", läßt diese Wendung nicht die Schlüsse zu, die die Beklagte zieht. Der Senat hat mit dieser Formulierung nicht mehr zum Ausdruck bringen wollen, als daß von der Anrechnungsregel allein derjenige soll profitieren können, der auf Grund einer Zurückstellung schon vor dem Erlaß einer Veränderungssperre Nutzungsbeschränkungen hat hinnehmen müssen. Betrifft die Zurückstellung, auf die sich der Eigentümer beruft, nicht sein, sondern ein fremdes Grundstück, so würde eine Anrechnung über das gesetzgeberische Anliegen hinausschießen. § 17 Abs. 1 Satz 2 BauGB würde – mit den Worten des Senats im Urteil vom 10. 9. 1976 – nachgerade dazu einladen, „im Plangebiet gleichsam auf die Suche (zu gehen), um einen Betroffenen zu finden, dessen Baugesuch in der Vergangenheit verzögerlich behandelt oder rechtswidrig abgelehnt wurde". Hinzu kommt die Einsicht, daß es keine einleuchtende Erklärung dafür gäbe, „weshalb die einen Einzelnen treffende Verzögerung das verkürzen sollte, was später anderen an Dauer einer Veränderungssperre zugemutet werden darf". Diese Ausführungen lassen keinen Zweifel daran aufkommen, daß eine Zurückstellung, die nicht das eigene, sondern ein anderes Grundstück betrifft, als Anrechnungsgrund ausscheidet. Zur Frage, ob § 17 Abs. 1 Satz 2 BauGB anwendbar ist, wenn die Zurückstellung zwar auf dasselbe Grundstück abzielt wie die nachfolgende Veränderungssperre, hiervon gegenständlich aber insofern abweicht, als sie sich auf ein anderes Vorhaben und eine andere Person bezieht, enthält das Senatsurteil vom 10. 9. 1976 dagegen keine Aussage, von der das Berufungsgericht hätte abweichen können.

2. Die Rechtssache hat nicht die grundsätzliche Bedeutung, die ihr die Beschwerde beimißt.

Die Beklagte hält für klärungsbedürftig, ob „bei der Ermittlung des Zeitraums der Zurückstellung eines Baugesuchs, der gemäß § 17 Abs. 1 Satz 2 BauGB auf die Dauer der Veränderungssperre anzurechnen ist, auch die Zeit zu berücksichtigen (ist), in der das Baugesuch eines Dritten, das ein anderes Vorhaben und noch weitere Grundstücke betrifft, zurückgestellt wurde". Das Berufungsgericht hat diese Frage bejaht. Auch die Literatur ist nahezu einhellig der Auffassung, daß es nicht von der Personen- oder der Vorhabenidentität abhängt, ob § 17 Abs. 1 Satz 2 BauGB dem Grundstückseigentümer zugute kommt oder nicht. Hierfür werden folgende Erwägungen ins Feld geführt: Sowohl bei der Zurückstellung als auch bei der Veränderungssperre handelt es sich um grundstücksbezogene Maßnahmen, die als Inhalts- und Schrankenbestimmungen i. S. des Art. 14 Abs. 1 Satz 2 GG der Sicherung der Bauleitplanung dienen. Bauantragsteller muß nicht notwendigerweise der Grundeigentümer sein. Wird ein Baugesuch zurückgestellt, so wirkt sich die damit verbundene Nutzungsbeschränkung nachteilig auf den Wert des betroffenen Grundstücks aus, unabhängig davon, wer den Antrag gestellt hat. § 17 Abs. 1 Satz 2 BauGB trägt diesem Umstand Rechnung. Er spricht weder von einem bestimmten Antragsteller noch von einem bestimmten Vorhaben. Die Rede ist von „einem", nicht von „dem" Baugesuch. Diese Offenheit läßt darauf schließen, daß auf die Veränderungssperre jede für ein Grundstück ergangene Zurückstellung ohne Rücksicht auf die Person des Bauantragstellers und das konkret beantragte Vorhaben anrechenbar ist (vgl. Schmaltz, in: Schrödter, Kommentar zum BauGB, 6. Aufl., § 17 Rdnr. 3; Bielenberg/Stock, Kommentar zum BauGB, Stand November 2000, § 17 Rdnr. 13; Jäde, in: Jäde/Dirnberger/Weiss, Kommentar zum BauGB, 3. Aufl., § 17 Rdnr. 7 a; Gronemeyer, in: Gronemeyer, Kommentar zum BauGB, § 17 Rdnr. 5; Stüer, in: Hoppenberg, Handbuch des öffentlichen Baurechts, Bauleitplanung, Stand: Dezember 2001, S. 329; Reidt, in: Gelzer/Bracher/Reidt, Bauplanungsrecht, 6. Aufl., Rdnr. 2764; Schenke, Veränderungssperre und Zurückstellung des Baugesuchs als Mittel zur Sicherung der Bauleitplanung, WiVerw 1994, 253, 285–287). Auch Grauvogel (in: Brügelmann, Kommentar zum BauGB, Stand: April 1996, § 17 Rdnr. 15) neigt dieser Auffassung zu („spricht manches dafür").

Der Senat hatte bislang keinen Anlaß, auf diese Thematik einzugehen. Im Urteil vom 10. 9. 1976 (– 4 C 39.74 –, a. a. O.) hat er die von der Beklagten aufgeworfene Frage – wie dargelegt – nicht angesprochen. Auch in der Folgezeit hat er sich hierzu nicht geäußert. Es mag gute Gründe dafür geben, der in der Literatur eindeutig vorherrschenden Meinung zu folgen. Das von der Beklagten erstrebte Revisionsverfahren würde dem Senat insoweit gleichwohl keine Gelegenheit zu einer abschließenden Stellungnahme bieten. Denn auf der Grundlage der vom Berufungsgericht getroffenen Feststellungen hängt der Ausgang des Rechtsstreits letztlich nicht von der Klärung der aufgeworfenen Frage ab. Den Entscheidungsgründen des angefochtenen Urteils ist zu entnehmen, daß nicht lediglich ein Dritter, sondern auch der Kläger als Grundstückseigentümer Adressat der ersten Zurückstellung war. Trifft das zu, so kann die insoweit zu seinen Lasten getroffene Maßnahme im Rahmen des § 17

Abs. 1 Satz 2 BauGB nicht außer Betracht gelassen werden. Der für eine Anrechnung notwendige Grundstücksbezug wird nicht dadurch in Frage gestellt, daß nicht der Kläger selbst, sondern mit seiner Zustimmung ein Dritter das Vorhaben, das den Gegenstand der Bauvoranfrage bildete, auf dem Grundstück des Klägers und zwei benachbarten Flurstücken auszuführen beabsichtigte.

2. Vorkaufsrechte der Gemeinde

Nr. 123

Allgemeingültige Maßstäbe für die Allgemeinwohlrechtfertigung der Ausübung eines Vorkaufsrechts lassen sich nicht bestimmen. Die zeitliche Dauer des Planungsverfahrens führt nicht zu einer Einschränkung des nur auf einem Flächennutzungsplan beruhenden gemeindlichen Vorkaufsrechts.

BauGB §§ 24 Abs. 1 Nr. 5 und Abs. 3 Satz 1, 35.

Hessischer VGH, Beschluß vom 20. Juni 2003 – 3 UE 371/03 – (rechtskräftig).

Die Klägerin und Berufungsbeklagte erwarb auf Grund notariell beurkundeten Vertrags von 1998 das Grundstück in A-Stadt. In dem Vertrag ist für das Grundstück ein Kaufpreis von 18 945,– DM vereinbart. Der Flächennutzungsplan des Umlandverbandes F. stellt das Gebiet als Wohnbaufläche dar; ein Bebauungsplan besteht nicht, ebensowenig ein diesbezüglicher Planaufstellungsbeschluß.

Aus den Gründen:
Das ursprünglich an die Klägerin verkaufte Grundstück ist gemäß § 24 Abs. 1 Nr. 5 BauGB mit einem Vorkaufsrecht behaftet, weil es im räumlichen Geltungsbereich des Flächennutzungsplans des ehemaligen Umlandverbandes F. und zugleich im Außenbereich gemäß § 35 gelegen ist.

Die Ausübung des Vorkaufsrechts durch die Beklagte scheitert nicht daran, daß die Klägerin und der Grundstücksverkäufer keinen Verkauf des Grundstücks vereinbart hätten, sondern eine sogenannte gemischte Schenkung, bei welcher die Ausübung eines Vorkaufsrechts von vornherein nicht in Betracht käme. Einer solchen Annahme steht entgegen, daß der vereinbarte Kaufpreis zum einen genau dem sich aus der zur damaligen Zeit aktuellsten Auskunft des Gutachterausschusses für Bodenwerte ergebenden Grundstückswert entspricht, worauf auch die Beklagte bereits in erster Instanz hingewiesen hat. Zum anderen teilt der Senat nicht die Auffassung der Klägerin, eine solche gemischte Schenkung müsse in der Kaufvertragsurkunde nicht erwähnt werden. Vielmehr unterliegen alle wesentlichen auf das beurkundete Geschäft bezogenen Abreden der Vertragsparteien dem durch § 313 Satz 1 BGB a. F. (jetzt § 311 b Abs. 1 Satz 1 BGB) angeordneten Beurkundungszwang.

Auch die Voraussetzung des § 24 Abs. 3 Satz 1 BauGB, daß die Ausübung des Vorkaufsrechts durch das allgemeine Wohl gerechtfertigt sein müsse, ist erfüllt. § 24 Abs. 3 Satz 1 BauGB stellt für die Ausübung eines Vorkaufsrechts geringere Anforderungen auf als § 87 Abs. 1 BauGB für die Enteignung eines Grundstücks. Dies ergibt sich zum einen bereits aus der gesetzlichen Formulierung, da § 24 Abs. 3 Satz 1 BauGB davon spricht, die Ausübung des Vorkaufsrechts müsse durch das Wohl der Allgemeinheit „gerechtfertigt" werden, während die Enteignung gemäß § 87 Abs. 1 BauGB durch das Wohl der Allgemeinheit „erfordert" sein muß. Zum anderen ergibt sich dies aus dem rechtsstaatlichen und mit Verfassungsrang ausgestalteten Grundsatz der Verhältnismäßigkeit (Art. 20 Abs. 3 GG). Danach ist es naheliegend, daß die dem Grundeigentümer regelmäßig den gesamten subjektiven Grundstückswert in Höhe des vereinbarten Kaufpreises belassende Ausübung des Vorkaufsrechts unter weniger strengen Kriterien zulässig sein muß als die nur zu einer Entschädigung des vormaligen Eigentümers führende Enteignung.

Allgemeingültige Maßstäbe dafür, welche Anforderungen an die Allgemeinwohlrechtfertigung i. S. des § 24 Abs. 3, Satz 1 BauGB zu stellen sind, lassen sich nicht bestimmen. Dies folgt daraus, daß die nach § 24 Abs. 1 BauGB in Betracht kommenden unterschiedlichen Vorkaufstatbestände zu verschieden sind und deshalb unterschiedlich rechtlich behandelt werden müssen. Letzteres ist am Beispiel eines Bebauungsplans im Vergleich zu einem Flächennutzungsplan deutlich, welche gemäß § 24 Abs. 1 Nr. 1 BauGB bzw. § 24 Abs. 1 Nr. 5 BauGB jeweils ein Vorkaufsrecht an in ihrem Geltungsbereich befindlichen Grundstücken begründen können. Es ist offenkundig und ergibt sich auch aus der Formulierung des § 24 Abs. 1 Nr. 1 BauGB, daß ein Bebauungsplan entsprechend seiner Funktion bereits ein weitaus detaillierteres („parzellenscharfes") Bild der künftigen baulichen Nutzung bietet als ein bloßer Flächennutzungsplan hinsichtlich im Außenbereich gelegener Grundstücke. Daraus ergibt sich aber wiederum, daß an die Ausübung eines Vorkaufsrechts zugunsten eines Bebauungsplans erheblich strengere Anforderungen gestellt werden können als an diejenigen zugunsten eines Flächennutzungsplans, mit welchem die Außenbereichsflächen entwickelt werden sollen.

Lassen sich dementsprechend allgemeingültige Maßstäbe für die Allgemeinwohlrechtfertigung der Ausübung eines Vorkaufsrechts nicht bestimmen, müssen vielmehr die Verhältnisse des jeweiligen Einzelfalls maßgeblich sein und hierbei insbesondere der jeweils einschlägige Vorkaufstatbestand. Danach können an die Ausübung eines Vorkaufsrechts im Geltungsbereich eines Flächennutzungsplans keine überzogenen Anforderungen gestellt werden, weil im wesentlichen allein die Planungsabsichten der Gemeinde maßgeblich sein können. Es muß dabei ausreichen, daß die das Vorkaufsrecht ausübende Gemeinde für das betroffene Grundstück eine dem Flächennutzungsplan entsprechende Verwendung anstrebt und daß das Grundstück entsprechend dem Flächennutzungsplan verwendet werden soll. Regelmäßig ist danach die Gemeinwohlrechtfertigung der Ausübung eines Vorkaufsrechts zugunsten eines Flächennutzungsplans gegeben, wenn eine den jeweiligen Darstellungen entsprechende Verwendungsabsicht vorliegt. So reicht es auch im gegebenen Fall aus, wenn die Beklagte das von der Klägerin gekaufte Grundstück für Infrastrukturmaßnahmen zu verwenden beabsichtigt. Es entspricht der zuvor aufgezeigten „Unschärfe" des Flächennutzungsplans, daß eine Gemeinde noch nicht die Verwendungsabsicht näher konkretisieren kann bzw. muß. §24 Abs. 1 Nr. 5 i. V. m. Abs. 3 Satz 1 BauGB erfordert nicht das Bestehen weitergehender Planungsabsichten als im Flächennutzungsplan dargestellt, wie dies die Klägerin vertritt. Es ist damit auch unerheblich, welche Bedeutung dem das Wohngebiet „Nordring" nach wie vor enthaltenden städtischen „Rahmenablaufplan Wohnen" zukommt und daß dieser insbesondere nicht die Qualität einer Rechtsnorm aufweist. Es ist darüber hinaus städtebaulich im öffentlichen Interesse gerechtfertigt, daß eine Kommune eine Bodenvorratspolitik für Grundstücke betreibt, die für eine Wohnnutzung in Frage kommen (so auch der Beschluß des Senats v. 23. 8. 2002 – 3 UZ 2064/02 –, auf den die Beklagte hingewiesen hat).

Unerheblich sind auch die Einwände der Klägerin, die darauf abzielen, die Verwendungsabsichten für das betroffene Grundstück, wie sie sich im wesentlichen aus dem angegriffenen Bescheid der Beklagten i. V. m. den Darstellungen des bestehenden Flächennutzungsplans ergeben, in Zweifel zu ziehen. So ist es kein gesetzliches Kriterium, ob eine Gemeinde in einem geplanten Baugebiet bereits über Grundeigentum verfügt bzw. in welcher Größenordnung dies der Fall ist. Auch die noch tiefer greifenderen Einwände, für das im Flächennutzungsplan vorgesehene Baugebiet bestünde kein Bedarf bzw. zumindest keine besondere Priorität, führen zu keiner anderen Beurteilung, denn die städtebauliche Planung obliegt der Gemeinde.

Da § 24 Abs. 1 BauGB den bestehenden Flächennutzungsplan neben dem bestehenden Bebauungsplan gesondert erwähnt, besteht auch keine Möglichkeit, über die zeitliche Dauer des Planungsverfahrens zu einer Einschränkung des auf einem bloßen Flächennutzungsplan beruhenden Vorkaufsrechts nach § 24 Abs. 1 Nr. 5 BauGB zu gelangen. Für eine solche zeitliche Einschränkung gibt das Gesetz keine Anhaltspunkte, so daß die Etablierung einer zeitlichen Grenze auf eine teleologische Reduktion der Vorschrift ohne Bestehen einer Gesetzeslücke hinauslaufen würde.

Nr. 124

1. **Der Ausschlußtatbestand des § 26 Nr. 4 BauGB stellt, soweit er Plankonformität verlangt, allein auf die Vereinbarkeit der Bebauung und Nutzung mit bauplanungsrechtlichen Festsetzungen eines Bebauungsplanes ab und nicht auch darauf, ob die Bebauung mit baugestalterische Ziele verfolgenden, in den Bebauungsplan aufgenommenen örtlichen Bauvorschriften in Einklang steht.**

2. **Maßgeblich für die Beurteilung, ob ein Grundstück i.S. von §26 Nr. 4 BauGB plankonform bebaut ist und genutzt wird, sind beim sanierungsrechtlichen Vorkaufsrecht die Verhältnisse im Zeitpunkt der Vorkaufs-**

rechtsausübung. Zukünftige Änderungen der Nutzung führen auch dann, wenn sie sich zu diesem Zeitpunkt bereits abzeichnen, nicht zum Wegfall des Ausschlußgrundes des § 26 Nr. 4 BauGB.

BauGB §§ 24 Abs. 1 Nr. 3, 26 Nr. 4.

OVG des Saarlandes, Beschluß vom 14. April 2003 – 1 Q 16/03 – (rechtskräftig).

2000 veräußerte die Rechtsvorgängerin der Beigeladenen zu 2 das mit einem Wohn- und Geschäftshaus bebaute Anwesen an den Beigeladenen zu 1 Das Anwesen liegt im Geltungsbereich der Satzung über die förmliche Festlegung des Sanierungsgebietes „Ortszentrum M." von 1983 und im Geltungsbereich des Bebauungsplanes für das Gebiet „Ortsmitte Ost" in M. von 1995. Die Klägerin übte gestützt auf § 24 Abs. 1 Nr. 3 BauGB das Vorkaufsrecht bezüglich des vorgenannten Grundstückes aus. Der Bescheid wurde auf den Widerspruch des Beigeladenen zu 1 hin durch Widerspruchsbescheid des Beklagten aufgehoben. Die hiergegen erhobene Anfechtungsklage der Klägerin hat das Verwaltungsgericht abgewiesen. Der Antrag der Klägerin auf Zulassung der Berufung gegen das erstinstanzliche Urteil blieb erfolglos.

Aus den Gründen:
Das Verwaltungsgericht hat die Auffassung vertreten, die Ausübung des auf § 24 Abs. 1 Nr. 3 BauGB gestützten „sanierungsrechtlichen" Vorkaufsrechts sei vorliegend gemäß § 26 Nr. 4 BauGB ausgeschlossen, weil das Anwesen A bezogen auf den Zeitpunkt der Vorkaufsrechtsausübung entsprechend den Festsetzungen des Bebauungsplanes bebaut gewesen und genutzt worden sei und die auf ihm stehende bauliche Anlage keine Mißstände oder Mängel i. S. des § 177 Abs. 2 und 3 Satz 1 BauGB aufgewiesen habe.

Der hiergegen erhobene Einwand, das auf dem Anwesen A stehende Gebäude weiche von Nr. 4.2.1 der in den Bebauungsplan aufgenommenen örtlichen Bauvorschriften ab, wonach Fenster im sog. stehenden Format, d. h. höher als breit, auszuführen seien, rechtfertigt keine andere Beurteilung. Bei den örtlichen Bauvorschriften handelt es sich, obwohl sie auf der Grundlage der Ermächtigung der §§ 9 Abs. 4 BauGB, 83 Abs. 4 LBO in der im Zeitpunkt des Satzungsbeschlusses maßgeblich gewesenen Fassung der Novelle vom 10.11.1988 verfahrensrechtlich als Festsetzungen in den Bebauungsplan aufgenommen wurden, materiell-rechtlich um Bauordnungsrecht. Die Aufnahme in den Bebauungsplan läßt den landesrechtlichen Charakter dieser Regelungen unberührt (BVerwG, Urteile v. 16.12.1993 – 4 C 22.92 –, Buchholz 406.11 § 29 BauGB Nr. 52 und v. 16.3.1995 – 4 C 3.94 –, BRS 57 Nr. 175).

Ausgehend davon, daß das sanierungsrechtliche Vorkaufsrecht der Durchsetzung gemeindlicher Planungen zur Behebung städtebaulicher Mißstände dient und dem entsprechend ausgeschlossen ist, wenn eine Bebauung und Nutzung der zu diesem Zwecke aufgestellten (Sanierungs-)Bauleitplanung entspricht und die betreffenden baulichen Anlagen auch sonst keine Mißstände aufweisen, ist nicht erkennbar, daß der Bundesgesetzgeber in Fallgestaltungen, in denen die Gemeinde von der – rein verfahrensrechtlichen – Befugnis Gebrauch gemacht hat, bauordnungsrechtliche Anforderungen nicht in einer gesonderten Satzung zu erlassen, sondern in den Bebauungsplan mit aufzunehmen, den Ausschluß des Vorkaufsrechts auch von deren Beachtung abhängig gemacht hat. In Fallgestaltungen wie der vorliegenden liefe eine andere Sicht im Ergebnis auf die Einräumung eines Vorkaufsrechts sogar ausschließlich zur Durchsetzung baugestalterischer Vorstellungen hinaus, was schon nicht dem insoweit zu wahrenden Verhältnismäßigkeitsgrundsatz entsprechen dürfte. Es ist daher davon auszugehen, daß § 26 Nr. 4 BauGB, soweit er Plankonformität verlangt, allein auf die Vereinbarkeit von Bebauung und Nutzung mit bauplanungsrechtlichen Festsetzungen eines Bebauungsplanes abstellt.

Ebensowenig wie danach unter dem Gesichtspunkt einer möglichen Abweichung des Gebäudes auf dem Anwesen A von in den Bebauungsplan aufgenommenen baugestalterischen Anforderungen bestehen deshalb ernstliche Zweifel an der Richtigkeit der erstinstanzlichen Entscheidung, weil das Verwaltungsgericht bei der Anwendung des Ausschlußtatbestandes des § 26 Nr. 4 BauGB auf die im Zeitpunkt der Ausübung des Vorkaufsrechts auf dem Grundstück vorhanden gewesene Bebauung und Nutzung abgestellt und von der Klägerin befürchtete und mittlerweile wohl zumindest teilweise auch realisierte Nutzungsänderungsabsichten des Beigeladenen zu 1 als unbeachtlich angesehen hat. Diese Auffassung steht in Einklang mit Rechtsprechung des Bundesverwaltungsgerichts, das in seinem Beschluß vom 29. 6. 1993 (– 4 B 100.93 –, BRS 55 Nr. 100) zu § 26 Nr. 4 BauGB wörtlich ausgeführt hat: „Der Gesetzgeber stellt ausschließlich darauf ab, ob das Grundstück bei Ausübung des Vorkaufsrechts entsprechend den Zielen und Zwecken der städtebaulichen Maßnahme bebaut ist und genutzt wird. Zukünftige Änderungen führen, auch wenn sie sich zu diesem Zeitpunkt bereits ab zeichnen, grundsätzlich nicht zu einem Wegfall des in § 26 Nr. 4 BauGB bezeichneten Ausschlußgrundes" (so zum sanierungsrechtlichen Vorkaufsrecht auch Roos, in: Brügelmann, BauGB, § 26 Rdnr. 20).

Sofern nach dem Veräußerungsvorgang planabweichende Vorhaben oder Nutzungen auf dem Grundstück realisiert werden sollen, hat die Gemeinde die Möglichkeit, dies in dem entsprechenden Baugenehmigungsverfahren zu verhindern. Im übrigen haben Gemeinden, in deren Gebiet ein Bauvorhaben ausgeführt werden soll, unter dem Gesichtspunkt ihrer von der gemeindlichen Selbstverwaltungsgarantie mitumfaßten Planungshoheit und des deren Schutz dienenden § 36 Abs. 1 BauGB einen Anspruch darauf, daß bei Entscheidungen über die bodenrechtliche Zulässigkeit des Vorhabens die einschlägigen Bestimmungen des Bauplanungsrechts beachtet werden (vgl. z. B. BVerwG, Urteil v. 27. 11. 1981 – 4 C 36 und 37.78 –, BRS 38 Nr. 155, betreffend ein planabweichendes Vorhaben).

Das schließt einen erforderlichenfalls gerichtlich durchsetzbaren Anspruch auf bauaufsichtsbehördliches Einschreiten gegen ein planungsrechtlich unzulässiges Vorhaben ein (vgl. BVerwG, Urteil v. 12. 12. 1991 – 4 C 31.89 –, BRS 52 Nr. 136).

Bei diesen Gegebenheiten bedarf es nicht der Zubilligung eines gemeindlichen Vorkaufsrechts zur Verhinderung von möglichen oder sich sogar schon abzeichnenden künftigen planwidrigen Nutzungsänderungen.

B. Rechtsprechung zum Bauordnungsrecht

I. Anforderung an das Baugrundstück und das Bauvorhaben

Nr. 125

1. Eine Stützmauer ist gemäß § 2 Abs. 2 Nr. 1 a) StrWG NRW als Straßenbestandteil zu werten, wenn sie bei Anlegung der Straße erforderlich ist, weil sie (überwiegend) dem Schutz der Straße dient; nicht als Straßenbestandteil zu werten sind z. b. an der Straße stehende Stützmauern, die zur Ausbildung einer Terrasse errichtet wurden, um das seitlich der Straße gelegene Gelände besser nutzen zu können.

2. Daß eine objektiv als Straßenbestandteil zu wertende Stützmauer nicht im Eigentum des Trägers der Straßenbaulast, sondern im privaten Eigentum steht, ist für ihre rechtliche Einordnung als Straßenbestandteil unerheblich.

StrWG NRW §§ 2 Abs. 2 Nr. 1 a), 9 Abs. 1 Satz 1, 11, 47.

OVG Nordrhein-Westfalen, Beschluß vom 14. Februar 2003
– 7 B 1995/02 – (rechtskräftig).

(VG Arnsberg)

Die Antragsteller wandten sich gegen die sofortige Vollziehung einer Ordnungsverfügung des Antragsgegners, mit der ihnen aufgegeben wurde, die Standsicherheit einer Stützmauer an der straßenseitigen Grenze ihres Grundstücks wiederherzustellen. Der Antrag auf Wiederherstellung der aufschiebenden Wirkung ihres Widerspruchs gegen die Ordnungsverfügung hatte in zweiter Instanz Erfolg.

Aus den Gründen:
Die Rechtmäßigkeit der den Antragstellern gegenüber ergangenen Ordnungsverfügung unterliegt nach der im vorliegenden Verfahren des einstweiligen Rechtsschutzes nur möglichen und gebotenen summarischen Prüfung so beachtlichen Bedenken, daß im Rahmen der vom Senat vorzunehmenden Interessenabwägung dem Interesse der Antragsteller an der aufschiebenden Wirkung ihres Rechtsbehelfs der Vorrang gebührt.

Beachtliche Zweifel an der Rechtmäßigkeit der Ordnungsverfügung ergeben sich daraus, daß der Antragsgegner möglicherweise zu Unrecht davon ausgegangen ist, die Antragsteller seien für den unstreitig als Gefahr zu wertenden Zustand der strittigen Mauer verantwortlich. Es sprechen nach gegenwärtigem Erkenntnisstand vielmehr gewichtige Anhaltspunkte dafür, daß die hier in Rede stehende Mauer als Stützwand i. S. von § 2 Abs. 2 Nr. 1 a) StrWG NRW Bestandteil der G.straße als öffentlicher Straße und demgemäß die Beigeladene als Trägerin der Straßenbaulast i. S. von § 47 Abs. 1 StrWG NRW auch gemäß § 9 Abs. 1 Satz 1 StrWG NRW für die Unterhaltung der Mauer verantwortlich ist.

Die Eigenschaft von Stützwänden i. S. von § 2 Abs. 2 Nr. 1 a) StrWG NRW, wozu auch Stützmauern gehören, kommt solchen baulichen Anlagen zu, die zur Stützung des Erdkörpers einer (erhöhten) Straße oder zur Stützung des über Fahrbahnhöhe seitlich der Straße gelegenen Geländes dienen (vgl. Fikkert, Straßenrecht in Nordrhein-Westfalen, 3. Aufl. 1989, § 2 Rdnr. 31.). Für die Eigenschaft einer als Bestandteil der Straße zu wertenden Stützmauer ist mithin unerheblich, ob die Straße topografisch gesehen „Oberlieger" oder – wie hier – „Unterlieger" ist. Dies bedeutet jedoch nicht, daß jede Stützmauer, die am Rand einer Straße liegt, gleichsam automatisch als Bestandteil der Straße zu werten ist. Entscheidend ist vielmehr, ob die Stützmauer bei Anlegung bzw. Änderung der Straße erforderlich ist (vgl. Walprecht/Cosson, Straßen- und Wegegesetz des Landes Nordrhein-Westfalen, 1984, S. 51), und zwar in dem Sinne, daß sie (überwiegend) dem Schutz der Straße dient (vgl. Kodal/Krämer, Straßenrecht, 6. Aufl. 1999, Kap. 6 Rdnr. 7.3; Sieder/Zeitler, Bayerisches Straßen- und Wegegesetz, Stand: Oktober 2002, Art. 2 Rdnr. 28; für das StrG BW vgl. ferner: VGH Bad.-Württ., Urteil v. 16. 1. 1996 – 3 S 769/95 –, NVwZ-RR 1996, 553).

Nicht als Straßenbestandteil zu werten sind mithin beispielsweise an der Straße stehende Stützmauern, die zur Ausbildung einer Terrasse errichtet sind, um das seitlich der Straße gelegene Gelände besser (etwa zum Weinbau) nutzen zu können (Vgl. Sieder/Zeitler, a. a. O.).

Gemessen an diesen Maßstäben spricht nach gegenwärtigem Erkenntnisstand viel dafür, daß die strittige Mauer als Stützwand i. S. von § 2 Abs. 2 Nr. 1 a) StrWG NRW und damit als Straßenbestandteil zu werten ist.

Nach Aktenlage ist davon auszugehen, daß die Mauer anläßlich der im Jahr 1964 durchgeführten Verbreiterung der G.straße angelegt worden ist, und zwar offensichtlich nicht etwa, wie die Bezeichnung durch die Beteiligten als „Bruchsteinmauer" nahelegt, als bloße Abgrenzungsmauer, sondern als massive Mauer mit Sicherungsfunktion. (Wird ausgeführt.)

Bei dieser Sachlage spricht nicht, wie das Verwaltungsgericht angenommen hat, „wenig", sondern im Gegenteil viel dafür, daß die Mauer 1964 dergestalt in den Hang hineingebaut wurde, daß ihr eine für die Sicherung der ausgebauten Straße nebst Gehweg unverzichtbare Stützfunktion zukam. Wäre es seinerzeit nur darum gegangen, eine als Trockenmauer errichtete „Garteneinfriedungsmauer" zurückzusetzen, so hätte kein Anlaß bestanden, die Mauer derart massiv in Beton mit nur einseitiger Verblendung aus Natursteinen zu errichten. Dafür, daß bei Errichtung der Mauer das neben der neuen Straße höher als diese gelegene Gelände abgefangen und damit die Anlage einer weiter in das seinerzeitige Pastoratsgrundstück eingreifenden Böschung vermieden werden sollte, spricht auch das vom Verwaltungsgericht zur Stützung seiner Einschätzung herangezogene Querprofil, das sich in der Bauakte für das Wohnhaus der Antragsteller befindet. (Wird ausgeführt.)

Bereits angesichts dieser Umstände spricht viel dafür, daß anläßlich der Verbreiterung der G.straße im Jahr 1964 die Betonmauer mit Natursteinverblendung so angelegt wurde, daß sie in etwa bündig mit dem seinerzeit vorhandenen Gelände auf dem ehemaligen Pastoratsgrundstück abschloß, wie es auch heute noch der Fall ist.

Der nach alledem auf Grund des gegebenen Kenntnisstands naheliegenden Einschätzung, die Mauer sei bei der Verbreiterung der G.straße als eine (überwiegend) die Straße sichernde Stützmauer – zwecks Vermeidung einer weiter in das Anliegergrundstück eingreifenden Böschung – angelegt worden, steht nicht entgegen, daß sie bei dem erst nach dem Straßenausbau erfolgten Neuzuschnitt der Grundstücke dem privaten Pastoratsgrundstück zugeschlagen wurde. Der Umstand, daß eine objektiv als Straßenbestandteil zu wertende bauliche Anlage sich in privatem Eigentum und nicht im Eigentum des Trägers der Straßenbaulast befindet, steht seiner rechtlichen Einordnung als Straßenbestandteil i. S. von § 2 Abs. 2 Nr. 1 a) StrWG NRW nicht entgegen. Der Eigentümer des Straßengrundstücks und der Träger der Straßenbaulast müssen nicht identisch sein (vgl. Kodal/Krämer, a. a. O., Kap. 5 Rdnr. 26).

So sah § 11 Abs. 1 Satz 1 des bei der Verbreiterung der G.straße noch maßgeblichen Landesstraßengesetzes vom 28. 11. 1961 (GV.NRW. S. 305) nur vor, daß in den Fällen, in denen die für die Straße in Anspruch genommenen Grundstücke nicht im Eigentum des Trägers der Straßenbaulast stehen, dieser die Grundstücke auf Antrag des Eigentümers oder eines dinglich Berechtigten innerhalb einer bestimmten Frist zu erwerben hat. Abs. 4 der genannten Vorschrift sah ferner vor, daß bis zum Erwerb der für die Straße in Anspruch genommenen Grundstücke dem Träger der Straßenbaulast die Rechte und Pflichten des Eigentümers der Ausübung nach in dem Umfang zustehen, in dem dies die Aufrechterhaltung des Gemeingebrauchs erfordert. Hieran hat sich durch das nunmehr maßgebliche Straßen- und Wegegesetz NRW nichts geändert. Die genannten Regelungen sind nunmehr in § 11 Abs. 2 Satz 1 bzw. Abs. 5 StrWG NRW enthalten. Sie werden ergänzt durch die Regelung des § 11 Abs. 1 StrWG NRW, wonach der Träger der Straßenbaulast das Eigentum an den der Straße dienenden Grundstücken erwerben „soll". Damit bleibt es dabei, daß die Eigenschaft bestimmter Anlagen als Straßenbestandteil nicht davon abhängt, daß die zugehörige Grundfläche im Eigentum des Trägers der Straßenbaulast steht. Aus welchem Grund bei der seinerzeitigen Verbreiterung der G.straße nicht auch die von der Mauer eingenommene Grundfläche dem neuen Straßengrundstück zugeschlagen wurde, ist unerheblich. Rückschlüsse auf die Eigenschaft der Mauer als Straßenbestandteil lassen sich daraus jedenfalls nicht ziehen.

Sprechen somit gewichtige, im Widerspruchsverfahren und einem evtl. anschließenden Hauptsacheverfahren abschließend zu prüfende Anhaltspunkte dafür, daß die hier in Rede stehende Mauer Bestandteil der G.straße als öffentlicher Straße und demgemäß die Beigeladene als Trägerin der Straßenbaulast für ihre Unterhaltung verantwortlich ist, liegt auch der von den Antragstellern gerügte Mangel eines fehlerhaften Auswahlermessens bei der Inanspruchnahme der Antragsteller – an Stelle der Beigeladenen – nahe. Auf die weiter strittige Frage, ob und in welchem Ausmaß der als Gefahr zu wertende Zustand der Mauer (auch) dadurch verursacht ist, daß die Antragsteller den oberhalb der Mauer befindlichen Grundstücksbereich rd. 20 Jahre lang als Parkplatz genutzt haben, kommt es insoweit nicht an. Sollte die Beigeladene für einen ordnungsgemäßen Zustand der Mauer zu sorgen haben, bleibt es ihr unbenommen, ggf. Regreßansprüche gegenüber den Antragstellern geltend zu machen, wenn diese durch eine illegale Parkplatznutzung den gefährlichen Zustand der Mauer (mit-)verursacht haben sollten. Die Interessenabwägung des Senats, die an die genannten Zweifel hinsichtlich der Rechtmäßigkeit der angefochtenen Ordnungsverfügung anknüpft, hat das Überwiegen des Interesses der Antragsteller an der aufschiebenden Wirkung ihres Widerspruchs zur Folge. Es ist ihnen auch unter Berücksichtigung der hier wohl gegebenen Gefahrensituation nicht zuzumuten, angesichts ihrer zweifelhaften Verantwortlichkeit mit erheblichen Aufwendungen in Vorlage zu treten. Der Antragsgegner wird zu prüfen haben, ob es zunächst bei den bereits getroffenen einstweiligen Sicherheitsmaßnahmen verbleiben kann. Im übrigen erscheint bereits in dem noch anstehenden Widerspruchsverfahren bei sachgerechter Würdigung der maßgeblichen tatsächlichen Gegebenheiten eine zügige Klärung der Eigenschaft der Mauer als Straßenbestandteil möglich, die ggf. ein weiteres gerichtliches Verfahren entbehrlich werden läßt.

Nr. 126

Setzt ein Bebauungsplan die geschlossene Bauweise fest, muß die Reichweite dieser Festsetzung nicht auf die durch Baugrenzen oder Baulinien bestimmte überbaubare Grundstücksfläche beschränkt sein. Die geschlossene Bauweise kann auch hinsichtlich solcher Vorhaben vorgeschrieben sein, für die eine im Bebauungsplan bestimmte Ausnahme deshalb erforderlich ist, weil Gebäudeteile eine Baugrenze überschreiten.

BauGB §§ 9 Abs. 1 Nr. 2, 31 Abs. 1; BauNVO §§ 22 Abs. 2, Abs. 3, 23 Abs. 1, Abs. 2, Abs. 3; BauO NRW § 6 Abs. 1 Satz 1, Abs. 2 Satz 1.

OVG Nordrhein-Westfalen, Beschluß vom 27. März 2003 – 7 B 2212/02 – (rechtskräftig).

(VG Köln)

Aus den Gründen:

Das genehmigte Bauvorhaben verletzt die Antragsteller nicht in subjektiven Rechten, insbesondere muß es zu deren benachbartem, mit einem Reihenwohnhaus bebauten Grundstück keine Abstandfläche nach § 6 Abs. 1 Satz 1, Abs. 2 Satz 1 und Abs. 5 Satz 5 BauO NRW von mindestens 3 m Tiefe auf dem Grundstück der Beigeladenen einhalten. Vielmehr ist die Einhaltung einer solchen Abstandfläche nach § 6 Abs. 1 Satz 2 Buchst. a) BauO NRW nicht erforderlich. Nach dieser Vorschrift ist innerhalb der überbaubaren Grundstücksfläche eine Abstandfläche vor Außenwänden, die – wie hier nach der erteilten Baugenehmigung – auf der Nachbargrenze errichtet werden, nicht erforderlich, wenn nach planungsrechtlichen Vorschriften das Gebäude ohne Grenzabstand gebaut werden muß.

Dem insoweit bestehenden Vorrang des Bauplanungsrechts entsprechend (vgl. BVerwG, Beschlüsse v. 11.3.1994 – 4 B 53.94 –, BRS 56 Nr. 65 = BauR 1994, 494 zu §34 BauGB, und v. 12.1.1995 – 4 B 197.94 –, BRS 57 Nr. 131 = BauR 1995, 365 zum Geltungsbereich eines Bebauungsplanes) beurteilt sich dies bei Vorliegen eines Bebauungsplanes – wie hier – nach dessen Festsetzungen zur Bauweise i. S. von §22 BauNVO (vgl. OVG NRW, Beschlüsse v. 2.3.1990 – 7 B 3427/89 –, und v. 28.2.1991 – 11 B 2967/90 –, NVWBl. 1991, 265, 266).

Der Bebauungsplan Nr. 42/2 setzt u. a. für die hier in Rede stehenden benachbarten Grundstücke der Antragsteller und der Beigeladenen nur die geschlossene Bauweise i. S. von §22 Abs. 3 BauNVO fest. Nach Halbs. 1 dieser Vorschrift werden die Gebäude in der geschlossenen Bauweise ohne seitlichen Grenzabstand errichtet. Nach der angefochtenen Baugenehmigung soll die eine Gebäudeabschlußwand des Wintergartens grenzständig zum Grundstück der Antragsteller errichtet werden.

Der Bebauungsplan Nr. 42/2 trifft zugleich mit einer Baulinie i. S. von §23 Abs. 2 Satz 1 BauNVO für die Vorderfront der zulässigen Bebauung und mit einer Baugrenze i. S. von §23 Abs. 3 Satz 1 BauNVO für die rückwärtigen Grundstücksbereiche Festsetzungen zur überbaubaren Grundstücksfläche. Das genehmigte Bauvorhaben überschreitet die rückwärtige Baugrenze um 3 m. Gleichwohl hält es sich nach planungsrechtlichen Grundsätzen innerhalb der überbaubaren Grundstücksfläche, für die die geschlossene Bauweise gilt (§6 Abs. 1 Satz 2 Buchst. a) BauO NRW). Das ergibt sich aus Folgendem:

Unter Bauweise ist die Anordnung der Gebäude auf den Baugrundstücken in bezug auf die seitlichen Grundstücksgrenzen und damit in bezug auf die Gebäude auf den insoweit benachbarten Grundstücken zu verstehen (vgl. Fickert/Fieseler, BauNVO, 10.Aufl., §22 Rdnr. 1; Förster, BauNVO 2.Aufl., §22 Anm. 1; Knaup/Stange, BauNVO, §22 Rdnr. 1).

Damit greift die Festsetzung der geschlossenen Bauweise nach §22 Abs. 3 BauNVO über die Errichtung der Gebäude ohne seitlichen Grenzabstand – bezogen auf das jeweilige Bauvorhaben – erst dann, wenn die in Rede stehende Fläche mit einem Gebäude überbaut werden darf.

Der Begriff der überbaubaren Grundstücksfläche ist allein bauplanungsrechtlich zu verstehen. §9 Abs. 1 Nr. 2 BauGB ermächtigt dazu, durch bauplanerische Festsetzungen aus städtebaulichen Gründen die überbaubaren und die nicht überbaubaren Grundstücksflächen zu bestimmen. Derartige Festsetzungen legen fest, welche Flächen des Grundstücks durch bauliche Anlagen nicht überbaut werden dürfen. Verordnungsrechtlich wiederholt §23 Abs. 1 Satz 1 BauNVO die Möglichkeit dieser Festsetzung und bestimmt zugleich die planerischen Instrumente, mit denen das Ziel der Festsetzung gemäß §9 Abs. 1 Nr. 2 BauGB erreicht werden kann. Danach können die überbaubaren Grundstücksflächen durch Baulinien, Baugrenzen oder Bebauungstiefen bestimmt werden. Aus der in §9 Abs. 1 Nr. 2 BauGB enthaltenen Gegenüberstellung von überbaubaren und nicht überbaubaren Grundstücksflächen ergibt sich des weiteren, daß außerhalb der festgesetzten Baulinien, Baugrenzen oder Bebauungstiefen liegende Grundstücksflächen – vorbehaltlich der in §23 Abs. 2 Sätze 2 und 3, Abs. 3 Sätze 2 und 3 und Abs. 5

BauNVO normierten Sachverhalte – nicht bebaubar sind (vgl. zum Vorstehenden BVerwG, Urteil v. 7.6.2001 – 4 C 1.01 –, BauR 2001, 1698, 1699f. = BRS 64 Nr. 79).

Das wirft die Frage nach dem bauplanungsrechtlichen Verhältnis von geschlossener Bauweise und überbaubarer Grundstücksfläche auf.

Die Frage nach der flächenmäßigen Reichweite der Festsetzung der geschlossenen Bauweise wird in der Kommentarliteratur unterschiedlich beantwortet. Zum Teil wird die Auffassung vertreten, die im Bebauungsplan getroffene Festsetzung über die geschlossene Bauweise beziehe sich stets und nur auf die jeweils überbaubaren Grundstücksflächen, weshalb bestehende hintere Baugrenzen die Reichweite der Festsetzung nach hinten einschränkten (vgl. OVG Berlin, Beschluß v. 28.1.1981 – 2 S 194.80 –, BRS 38 Nr. 119; Bielenberg, in: Ernst/Zinkahn/Bielenberg, Baugesetzbuch, Stand: 1.8.2002, §22 BauNVO Rdnr.31; Brügelmann, Baugesetzbuch, Stand: 9.2002, §22 BauNVO Rdnr.20, 23, 25; Fickert/Fieseler, a.a.O., §22 Rdnr.9) mit der Folge, daß für die dahinterliegende Grundstücksfläche die offene Bauweise wieder auflebe (so Fickert/Fieseler, a.a.O., §22 Rdnr.9) bzw. die bauordnungsrechtlichen Abstandflächenvorschriften „pur" Geltung beanspruchten (so Brügelmann, a.a.O., §22 BauNVO Rdnr.84).

Gegen das Wiederaufleben der offenen Bauweise spricht, daß es sich dabei nicht um eine bauplanungsrechtlich subsidiäre Geltung beanspruchende Regelbauweise handelt (so König, in: König/Roeser/Stock, Baunutzungsverordnung, §22 Rdnr. 19) und im Fall ausschließlich festgesetzter geschlossener Bauweise der Bebauungsplan – wie hier – für eine andere Bauweise keinen Raum läßt.

Zum Teil wird die Auffassung vertreten, der Geltungsbereich der festgesetzten geschlossenen Bauweise sei nicht von sich aus auf die überbaubare Grundstücksfläche beschränkt; sie erfasse vielmehr grundsätzlich das gesamte Baugrundstück (so König, a.a.O.) wobei allerdings den Festsetzungen i.S. von §23 BauNVO eine eingrenzende Wirkung in Gestalt der Nichtüberbaubarkeit im übrigen zukomme (vgl. König, a.a.O., §23 Rdnr.10).

Schließlich wird vertreten, die Frage der flächenmäßigen Reichweite der Festsetzung der geschlossenen Bauweise lasse sich nicht generalisierend beantworten; der Plangeber habe es in der Hand, die auf das jeweilige einzelne Grundstück bezogene flächenmäßige Geltung der Bauweisenfestsetzung näher zu bestimmen. Im Zweifel beziehe sich die Bauweisenfestsetzung auf die volle Grundstückstiefe (so Knaup/Stange, a.a.O., §22 Rdnr.14, 16, 35 und §23 Rdnr.18f., 32).

Die dem vorstehend wiedergegebenen Meinungsstreit zugrunde liegende abstrakte Frage nach der Reichweite der Festsetzung der geschlossenen Bebauung bedarf im vorliegenden Fall keiner abschließenden Beantwortung.

Trifft der Bebauungsplan Festsetzungen zur überbaubaren Grundstücksfläche mittels Baulinien und Baugrenzen, kann auf der Grundlage dieser Festsetzungen nach §23 Abs. 2 Satz 2 BauNVO Baulinien betreffend und nach Abs. 3 Satz 2 der Vorschrift Baugrenzen betreffend nach Ermessen eine Abweichung in Gestalt eines geringfügigen Überschreitens zugelassen werden. Die Festsetzung über die geschlossene Bauweise erstreckt sich dann auf die im Einzelfall zusätzlich geringfügig überbaubare Fläche mit der Folge, daß auch insofern nach planungsrechtlichen Grundsätzen ohne – seitlichen – Grenzabstand innerhalb der überbaubaren Grundstücksfläche i. S. von § 6 Abs. 1 Satz 2 Buchst. a) BauO NRW gebaut werden muß, denn diese Abweichungsmöglichkeiten haben definitorischen Charakter. Sie gehören wesensmäßig zu den Begriffen Baulinie und Baugrenze und damit auch der überbaubaren Grundstücksfläche und gelten kraft Gesetzes durch Vermittlung einer entsprechenden Festsetzung (vgl. BVerwG, Urteil v. 27. 2. 1992 – 4 C 43.87 –, BRS 54 Nr. 60 = BauR 1992, 472; vgl. auch OVG Berlin, Beschluß v. 28. 1. 1981 – 2 S 194.80 –, BRS 38 Nr. 119; OVG Rh.-Pf., Urteil v. 3. 12. 1998 – 1 A 11826/98 –, Juris; Bielenberg, a. a. O., § 23 BauNVO Rdnr. 46; Fickert/ Fieseler, a. a. O., § 23 Rdnr. 13).

Hier trifft der Bebauungsplan i. d. F. seiner 1. Ergänzung zusätzlich zu den zeichnerischen Festsetzungen der Baulinien und Baugrenzen unter Nr. 1.1 Buchst. a) die textliche Festsetzung, daß in den Bereichen der zweigeschossigen Reihenhausbebauung Baugrenzen an den Rückfronten der Gebäude im Bereich des Erdgeschosses um max. 3 m überschritten werden dürfen, wobei nach Nr. 4 der textlichen Festsetzungen eine Nutzung des Bereichs oberhalb der nach Nr. 1.1 zulässigen Erweiterungsmaßnahmen (z. B. Dachterrassen) ausgeschlossen wird.

Dem Verwaltungsgericht ist darin beizupflichten, daß es sich bei diesen textlichen Festsetzungen um echte Ausnahmeregelungen i. S. von § 23 Abs. 3 Satz 3 BauNVO handelt. Diese gesetzliche Ermächtigung zur Regelung „weiterer" Ausnahmen im Bebauungsplan bezieht sich nicht nur auf Abweichungen, die mehr als geringfügig sind, sondern erlaubt es der Gemeinde, sowohl geringfügige als auch – wie hier – mehr als geringfügige Abweichungen zuzulassen (vgl. OVG NRW, Urteil v. 2. 12. 2002 – 7 a D 177/00.NE –, zur insoweit vergleichbaren Vorschrift in § 23 Abs. 2 Satz 3 BauNVO).

Auch wenn es sich bei den textlichen Festsetzungen unter Nrn. 1, 3 und 4 des Bebauungsplanes Nr. 42/2 i. d. F. seiner 1. Ergänzung um Ausnahmen i. S. von §§ 23 Abs. 3 Satz 3 BauNVO, 31 Abs. 1 BauGB handelt, führt die nach Ermessen im Einzelfall gewährte Ausnahme bzw. das Vorliegen der Voraussetzungen für eine solche Ermessensentscheidung dazu, daß sich die überbaubare Grundstücksfläche auf die Fläche der ausnahmsweise gewährten bzw. zu gewährenden Baugrenzenüberschreitung erweitert mit der Folge, daß auch insoweit die geschlossene Bauweise eingreift und innerhalb der überbaubaren Grundstücksfläche nach planungsrechtlichen Grundsätzen das Gebäude ohne Grenzabstand gebaut werden muß (§ 6 Abs. 1 Satz 2 Buchst. a) BauO NRW); denn der Grundsatz, daß außerhalb der festgesetzten Baulinien, Baugrenzen oder Bebauungstiefen liegende Grundstücksflächen nicht bebaubar sind, steht nicht nur unter dem Vorbehalt der Abweichungsmöglichkeiten nach § 23 Abs. 2 Satz 2, Abs. 3 Satz 2 und Abs. 4 Satz 1 BauNVO, sondern auch unter dem Vorbehalt der in Abs. 2 Satz 3, Abs. 3 Satz 3 und Abs. 4 Satz 1 der Vorschrift normierten Sachverhalte (vgl. BVerwG, Urteil v. 7. 6. 2001 – 4 C 1.01 –, a. a. O.).

Demnach braucht das genehmigte Bauvorhaben nach § 6 Abs. 1 Satz 2 Buchst. a) BauO NRW keine Abstandfläche zu wahren, weil die Voraussetzungen für die nach Ermessen zu erteilende Ausnahme von der Einhaltung der rückwärtigen Baugrenze gegeben sind. Soweit im Rahmen der Erteilung einer Ausnahme nach §§ 31 Abs. 1 BauGB, 23 Abs. 3 Satz 3 BauNVO nachbarliche Belange nach den Maßstäben des Rücksichtnahmegebotes i. S. des § 15 BauNVO zu beachten sind, ist dem hier Genüge getan. Das Bauvorhaben ruft entgegen dem Beschwerdevorbringen auf dem Grundstück der Antragsteller keine im Hinblick auf das Gebot wechselseitiger Rücksichtnahme vor dem Hintergrund baugebietstypischer Schutzbedürftigkeit unzumutbaren Störungen in Form von beeinträchtigter Belichtung und Besonnung hervor. (Wird ausgeführt.)

Nr. 127

§ 6 Abs. 1 Sätze 2, 3 und 4 SächsBO sind als Ausnahmen von dem Grundsatz des § 6 Abs. 1 Satz 1 SächsBO, daß vor den Außenwänden oberirdischer Gebäude Abstandsflächen freizuhalten sind, nur anzuwenden, soweit bauplanungsrechtliche Vorschriften (wie Festsetzungen eines Bebauungsplans nach § 22 BauNVO oder eine nach § 34 Abs. 1 BauGB zu berücksichtigende faktische Bauweise) im Einzelfall Voraussetzungen für die Zulässigkeit oder Unzulässigkeit eines Baukörpers an der Grundstücksgrenze benennen. Dies schließt eine Anwendung von § 6 Abs. 1 Sätze 2, 3 und 4 SächsBO auf im Außenbereich gelegene Gebäude aus.

SächsBO § 6 Abs. 1 Satz 1, 2, 3, 4; BauGB § 35.

Sächsisches OVG, Urteil vom 17. Juli 2003 – 1 B 438/01 – (nicht rechtskräftig).

(VG Chemnitz)

Der Kläger wendet sich gegen eine dem Beigeladenen erteilte Baugenehmigung und Nachtragsbaugenehmigung zur Errichtung eines zweigeschossigen, als Lagerraum bezeichneten Gebäudes für einen Heizungs- und Sanitärinstallationsbetrieb. Der Kläger ist Eigentümer des mit einem unterkellerten Scheunengebäude bebauten Grundstücks. Das Scheunengebäude ist Teil eines – über mehrere Flurstücke reichenden – Vierseithofs. Es bildet die südliche Seite dieses Hofs und steht mit seiner Nordwand vollständig und mit seinen West- und Ostwänden teilweise auf der Grenze zu dem umgebenden Flurstück. Die nördliche Seite des Vierseithofes bildet ein ehemaliges Wohn- und Stallgebäude. Die Ostseite des Vierseithofs besteht aus einem Baukörper, in dem sich das Wohnhaus des Klägers und das Wohnhaus des Beigeladenen befinden. Dieses Gebäude steht in seiner gesamten Breite auf den vorderen, zum Hof hinweisenden Grundstücksgrenzen und teilweise auf den seitlichen Grundstücksgrenzen. Die vierte (westliche) Seite des Vierseithofes bildet eine vom Beigeladenen umgebaute ehemalige Scheune, die für den Heizungs- und Sanitärinstallationsbetrieb des Beigeladenen genutzt wird (nachfolgend: ehemalige Scheune). Die ehemalige Scheune, der Hof des Vierseithofes sowie die den Hof umgebenden landwirtschaftlich genutzten Flächen von etwa 30 ha bildeten ursprünglich ein Flurstück, das zwischenzeitlich aufgeteilt wurde, aber noch im Eigentum einer Erbengemeinschaft steht. Die Erbengemeinschaft besteht aus dem Kläger, dem Beigeladenen sowie aus zwei weiteren Miterben.

Nr. 127

Zur Regelung der Erbauseinandersetzung schloß die Erbengemeinschaft zunächst einen Vergleich und 1995 einen notariellen Erbauseinandersetzungsvertrag. 1995 genehmigte der Beklagte die Teilung des Grundstücks. Nach dem Erbauseinandersetzungsvertrag soll der Beigeladene u. a. die Teilfläche mit der ehemaligen Scheune sowie eine sich nach Westen und Süden erstreckende Teilfläche erhalten. Der Beigeladene verpflichtete sich unter Nr. IV des Erbauseinandersetzungsvertrags „unwiderruflich, an Scheune nebst Schuppen eine sach- und fachgerechte Bausanierung durchführen zu lassen". Unter Nr. XII verpflichteten sich alle Vertragsschließenden „unwiderruflich", einander wechselseitig die für die Nutzung der einzelnen Teilflächen erforderlichen Wege- und Überbauungsrechte" zu bewilligen und „bei Baumaßnahmen die gesetzlichen Bestimmungen einzuhalten".

1996 beantragte der Beigeladene die Erteilung einer Baugenehmigung zur Errichtung einer Garage sowie eines eingeschossigen Lagerraums für seinen Heizungs- und Sanitärinstallationsbetrieb. Der Lagerraum sollte südlich der ehemaligen Scheune des Beigeladenen und westlich des Scheunengebäudes des Klägers entstehen. Diese beiden Gebäude grenzen nicht unmittelbar aneinander. Zwischen dem südöstlichen Eckpunkt der ehemaligen Scheune und dem nordwestlichen Eckpunkt des Scheunengebäudes des Beigeladenen besteht ein Abstand von etwa 2,50 m. In dem nunmehr bebauten Bereich stand früher ein Holzschuppen, der zum Hof hin ein Tor aufwies. Der Lagerraum sollte so errichtet werden, daß er mit seiner nördlichen Giebelwand an die ehemalige Scheune des Beigeladenen und mit seiner östlichen Seitenwand zum Teil an das Scheunengebäude des Klägers grenzte.

1996 erteilte der Beklagte die Baugenehmigung und Baufreigabe für Garage und Lagerraum. Gegen die Baugenehmigung zur Errichtung des Lagerraums erhob der Kläger Widerspruch. Danach gingen Bauvorlagen beim Beklagten ein, die die Errichtung eines zweigeschossigen „Lagerneubaus" vorsahen. Daraufhin erteilte der Beklagte dem Beigeladenen eine Nachtragsbaugenehmigung.

In der Folgezeit wandte sich der Kläger mehrfach vergeblich an den Beklagten.

Aus den Gründen:
1. Der angefochtene Verwaltungsakt ist wegen eines Verstoßes gegen die nachbarschützende Vorschrift des § 6 Abs. 1 Satz 1 SächsBO aufzuheben. Das als Grenzanbau genehmigte Gebäude (sogenannter Lagerraum) des Beigeladenen hält keine Abstandsfläche zu dem mit der Scheune bebauten Flurstück des Klägers ein, ohne daß dies durch eine der – hier allein in Betracht kommenden – Ausnahmeregelungen in § 6 Abs. 1 Satz 2 Nr. 2 und Satz 3 SächsBO gerechtfertigt ist (1.1.). Dem Kläger ist es auch nicht nach Treu und Glauben verwehrt, sich auf die Verletzung des § 6 Abs. 1 Satz 1 SächsBO zu berufen (1.2.).

1.1 Die Einhaltung einer Abstandsfläche ist weder gemäß § 6 Abs. 1 Satz 2 Nr. 2 SächsBO noch auf Grund der Ermessensentscheidung des Regierungspräsidiums nach § 6 Abs. 1 Satz 3 SächsBO entbehrlich.

Keine der beiden Vorschriften ist hier anwendbar, weil das Vorhabengrundstück und das Nachbargrundstück – wie alle zum Vierseithof gehörenden Grundstücke – im Außenbereich, d. h. außerhalb der Geltung eines qualifizierten oder vorhabenbezogenen Bebauungsplans (§ 30 Abs. 1 und Abs. 2 BauGB) und außerhalb eines im Zusammenhang bebauten Ortsteils i. S. von § 34 Abs. 1 BauGB, liegen. ...

Sowohl § 6 Abs. 1 Satz 2 und 3 als auch der (hier von vornherein nicht einschlägige) Satz 4 SächsBO sind als Ausnahmen von dem Grundsatz des § 6

Abs. 1 Satz 1 SächsBO, daß vor den Außenwänden oberirdischer Gebäude Abstandsflächen freizuhalten sind, stets nur anzuwenden, soweit bauplanungsrechtliche Vorschriften (wie Festsetzungen eines Bebauungsplans nach § 22 BauNVO oder eine nach § 34 Abs. 1 BauGB zu berücksichtigende faktische Bauweise) im Einzelfall Voraussetzungen für die Zulässigkeit oder Unzulässigkeit eines Baukörpers an der Grundstücksgrenze benennen. Fehlen solche planungsrechtlichen Vorgaben, liegt also eine „Gleichgültigkeit" des Planungsrechts (Formulierung bei OVG Nordrhein-Westfalen, Beschluß v. 26. 1. 1987, BRS 47 Nr. 95) gegenüber einer Grenzbebauung vor, so sind die Ausnahmeregelungen des § 6 Abs. 1 Sätze 2, 3 und 4 SächsBO, die schon nach ihrem Wortlaut auf „planungsrechtliche Vorschriften" verweisen, nicht anwendbar. Mit der Verweisung auf die „planungsrechtlichen Vorschriften" knüpfen die genannten Regelungen an das als Bundesrecht vorrangig zu beachtende Bauplanungsrecht an, das in bestimmten Fällen „Vorgaben" für die bauordnungsrechtlichen Abstandsflächenbestimmungen enthält (vgl. BVerwG, Beschluß v. 11. 3. 1994, NVwZ 1994, 1008; Beschluß v. 12. 1. 1995, DVBl. 1995, 517; Dhom, in: Simon, BayBO, Stand: September 2002, Art. 6 Rdnr. 28), von denen nur im Falle einer planungsrechtlichen Rechtfertigung (BVerwG, a. a. O.; Dhom, a. a. O., Rdnr. 44) abgewichen werden darf.

Solche Vorgaben, wie sie sich aus den Festsetzungen eines Bebauungsplans oder aus § 34 BauGB in Verbindung mit der faktischen Umgebungsbebauung ergeben können (OVG Nordrhein-Westfalen, Beschluß v. 26. 1. 1987, BRS 47 Nr. 95 S. 250; Boeddinghaus, Abstandsflächen, § 6 Rdnr. 68 ff.; Dammert, in: Dammert/Kober/Rehak/Wieth, SächsBO, § 6 Rdnr. 19 ff.; wohl auch Beierlein/Krüger, in: Degenhart Hrsg., SächsBO, Stand: Juni 2002, § 6 Rdnr. 8, 13), fehlen im Anwendungsbereich des § 35 BauGB ebenso wie eine Abweichungsmöglichkeit. Aus § 35 BauGB lassen sich, wie das Verwaltungsgericht zutreffend ausgeführt hat, keine planungsrechtlichen Direktiven für einen Grenzanbau entnehmen (vgl. Dirnberger, in: Jäde/Dirnberger/Böhme, SächsBO, Stand: Januar 2003, § 6 Rdnr. 28). Ist eine Außenbereichsbebauung – ausnahmsweise – zulässig, ist sie unter Wahrung der erforderlichen Grenzabstände bzw. Abstandsflächen zu errichten (ebenso Ortloff, Das Abstandsflächenrecht der Berliner Bauordnung, 2. Aufl., Rdnr. 24).

Für eine erweiternde Auslegung oder für einen Erstrechtschluß, wie ihn Beklagter und Beigeladener zu § 6 Abs. 1 Sätze 2 und 3 SächsBO vertreten, sieht der Senat keinen Raum. § 6 Abs. 1 SächsBO enthält mit seinen zahlreichen – zum Teil etwas unübersichtlichen – Einzelregelungen eine vom Gesetzgeber als abschließend verstandene Gesamtregelung zur Zulässigkeit von Grenzbebauungen, die mangels Regelungslücke keiner inhaltlichen Erweiterung zugänglich ist. Hätte es der Landesgesetzgeber – ohne Rücksicht auf bauplanungsrechtliche Vorgaben – allein in das Ermessen der Bauaufsichtsbehörden stellen wollen, eine bauliche Anlage ohne Grenzabstand zu genehmigen, wenn sich auf dem Nachbargrundstück bereits ein Grenzgebäude befindet, so hätte es der ausgesprochen komplexen Regelung des Verhältnisses von Abstandsflächenrecht und Bauplanungsrecht in § 6 Abs. 1 Satz 2 bis 4 SächsBO nicht bedurft. Entgegen der Auffassung des Beigeladenen ist eine andere Auslegung auch nicht von Verfassungswegen geboten. Dem Bundes-

und Landesgesetzgeber steht es unter der Geltung des allgemeinen Gleichheitsgrundsatzes (Art. 3 Abs. 1 GG, Art. 18 Abs. 1 SächsVerf) frei, die baurechtliche Genehmigungsfähigkeit von Gebäuden im Innenbereich und Außenbereich unterschiedlich zu regeln, da insoweit typischerweise unterschiedliche Interessenlagen bestehen. Aus dem Eigentumsgrundrecht (Art. 14 GG, Art. 31 SächsVerf) folgt nichts anderes. Der Gesetzgeber hat mit den Abstandsflächenvorschriften des § 6 Abs. 1 SächsBO einen verfassungsrechtlich nicht zu beanstandenden Ausgleich insbesondere zwischen den schützenswerten Interessen des Bauherrn und denen des Nachbarn getroffen. ...

1.2 Auf eine Verletzung des § 6 Abs. 1 Satz 1 SächsBO kann sich der Kläger ungeachtet dessen berufen, daß seine – im Vergleich zum Lagerneubau des Klägers weitaus größere – Scheune selbst keine Abstandsfläche zum Grundstück des Beigeladenen einhält. Allerdings kann ein Nachbar unter dem Gesichtspunkt der unzulässigen Rechtsausübung gehindert sein, eine Verletzung des Abstandsflächenrechts des Bauherrn zu rügen, wenn er – der Nachbar – selbst eine erforderliche Abstandsfläche nicht wahrt (vgl. zuletzt VGH Baden-Württemberg, Urteil v. 18. 11. 2002, VBlBW 2003, 235 f. m. w. N.). Im nachbarlichen Gemeinschaftsverhältnis ist es regelmäßig unbillig, einen Nachbarn den mit der Grenzbebauung des anderen Nachbarn verbundenen Nachteilen auszusetzen, ihm selbst aber eine vergleichbare Ausnutzung seines Grundstücks zu verwehren (VGH Baden-Württemberg, a. a. O.). Von der ungewöhnlichen Situierung der Baulichkeiten und der Entstehung der atypischen Konfliktlage im Außenbereich erscheint der Grundsatz von Treu und Glauben im Ausgangspunkt auch für eine sachgerechte Einzelfall-Lösung an sich geeignet.

Bei der gebotenen Gesamtwürdigung aller Umstände des konkreten Falles ist es dem Kläger wegen des 1995 geschlossenen Erbauseinandersetzungsvertrags hier jedoch nicht verwehrt, sich auf den Verstoß gegen § 6 Abs. 1 Satz 1 SächsBO zu berufen. Der Kläger „verlangt" vom Beigeladenen nicht mehr als das, was ihm nach Gesetz und dem Inhalt des notariellen Erbauseinandersetzungsvertrags zusteht. In diesem Vertrag hat sich der Beigeladene sowohl „unwiderruflich (dazu verpflichtet), an Scheune nebst Schuppen eine sach- und fachgerechte Bausanierung durchführen zu lassen", als auch dazu, „bei Baumaßnahmen die gesetzlichen Bestimmungen einzuhalten." Diese freiwillig übernommenen Verpflichtungen des Beigeladenen schließen die Annahme einer unzulässigen Rechtsausübung des Klägers aus. Der Beigeladene hat weder die vertraglich zugesagte Sanierung vorgenommen – bei dem sogenannten Lagerraum handelt es sich um einen kompletten Neubau mit größeren Maßen – noch hat er die maßgeblichen baurechtlichen Vorschriften eingehalten.

Nr. 128

1. **Ein auf dem Nachbargrundstück vorhandenes grenzständiges Gebäude, von dessen Fortbestand ausgegangen werden kann, ersetzt eine öffentlich-rechtliche Sicherung i. S. des § 6 Abs. 1 Satz 2 Buchst. b BauO NRW**

nur insoweit, als das Neubauvorhaben innerhalb der überbaubaren Grundstücksfläche errichtet werden soll.

2. Ein Vorgehen nach § 6 Abs. 1 Satz 3 BauO NRW setzt eine Ermessensentscheidung der Bauaufsichtsbehörde voraus, bei der auch die Belange des Grundstücksnachbarn zu berücksichtigen sind.

3. Die zutreffende Annahme, daß in baulich verdichteten innerstädtischen Bereichen die Belichtungs- und Besonnungssituation regelmäßig schlechter ist als in Baugebieten, die von aufgelockerter Bebauung geprägt sind, rechtfertigt es nicht, berechtigte nachbarliche Belange bei der Erteilung einer Baugenehmigung einfach außer acht zu lassen.

4. Gerade wenn Abstandsflächen, die auch eine hinreichende Belichtung und Besonnung der Nachbargrundstücke gewährleisten sollen, nicht eingehalten werden, müssen bei stark voneinander abweichenden Bebauungstiefen die möglichen negativen Auswirkungen einer solchen Bebauung bei der Erteilung von Baugenehmigungen berücksichtigt werden.

BauO NRW § 6 Abs. 1 Satz 2 und Satz 3.

OVG Nordrhein-Westfalen, Beschluß vom 29. Juli 2003 – 10 B 1057/03 – (rechtskräftig).

(VG Gelsenkirchen).

Die Antragsteller sind Eigentümer eines mehrgeschossigen Wohnhauses, welches mit einer seiner seitlichen Außenwände unmittelbar an der Nachbargrenze steht. Sie wandten sich gegen eine für das dort angrenzende Nachbargrundstück erteilte Baugenehmigung, mit der auf der Grundlage eines Bebauungsplans, der sich bei der Prüfung im gerichtlichen Verfahren als unwirksam erwies, die Errichtung eines etwa gleich hohen Gebäudes – ebenfalls ohne Grenzabstand – gestattet worden war. Der Neubau sollte gegenüber dem Gebäude der Antragsteller nach hinten versetzt errichtet werden und eine wesentlich größere Bautiefe erreichen. Durch den Versatz der Baukörper hätte sich nach Fertigstellung des Neubaus die Besonnungs- und Belichtungssituation für die Räume und Balkone auf der rückwärtigen Seite des den Antragstellern gehörenden Hauses erheblich verschlechtert. Die Beschwerde, mit der sie die Anordnung der aufschiebenden Wirkung ihres gegen die Baugenehmigung eingelegten Widerspruchs begehrten, hatte Erfolg.

Aus den Gründen:

Die der Beigeladenen erteilte Baugenehmigung zur Errichtung eines Hauses mit 30 Seniorenwohnungen sowie 12 Pkw-Garagen und Stellplätzen auf dem Grundstück S.-Straße ... in I. verstößt zu Lasten der Antragsteller gegen die nachbarschützende Vorschrift des § 6 Abs. 1 Satz 1 BauO NRW, wonach vor den Außenwänden von Gebäuden Abstandsflächen, die grundsätzlich auf dem Baugrundstück selbst liegen müssen, von oberirdischen Gebäuden freizuhalten sind. Dieser Bestimmung widerspricht die angefochtene Baugenehmigung insoweit, als die nordwestliche Außenwand des Vorhabens unmittelbar an der Grenze zum Grundstück S.-Straße ... errichtet werden soll.

Die Einhaltung von Abstandsflächen vor der nordwestlichen Außenwand des Vorhabens ist entgegen der Auffassung des Verwaltungsgerichts erforderlich. Ein Fall des § 6 Abs. 1 Satz 2 BauO NRW liegt nicht vor. Nach dieser Vorschrift ist eine Abstandsfläche nicht erforderlich vor Außenwänden, die an der Nachbargrenze errichtet werden, wenn nach planungsrechtlichen Vorschriften a) das Gebäude ohne Grenzabstand gebaut werden muß oder b) das Gebäude ohne Grenzabstand gebaut werden darf und öffentlich-rechtlich gesichert ist, daß auf dem Nachbargrundstück ebenfalls ohne Grenzabstand gebaut wird. Beides trifft hier nicht zu.

Daß der Bebauungsplan für den Bereich des Baugrundstücks geschlossene Bauweise festsetzt, führt nicht dazu, daß dort nach planungsrechtlichen Vorschriften ohne Grenzabstand gebaut werden muß. Der Bebauungsplan ist nämlich sowohl in seiner ursprünglichen als auch in seiner ergänzten Form unwirksam. (Wird ausgeführt.)

Ebensowenig ist die Regelung des §6 Abs. 1 Satz 2 Buchst. b BauO NRW einschlägig. Zwar mag es sein, daß bei einer Bewertung nach §34 Abs. 1 BauGB auf dem Baugrundstück nach planungsrechtlichen Vorschriften ohne Grenzabstand gebaut werden darf, doch ist nicht öffentlich-rechtlich gesichert, daß auf dem Nachbargrundstück ebenfalls ohne Grenzabstand gebaut wird. Daran ändert sich durch das vorhandene grenzständige Gebäude S.-Straße ... nichts. Ein auf dem Nachbargrundstück vorhandenes grenzständiges Gebäude, von dessen Fortbestand ausgegangen werden kann, ersetzt eine öffentlich-rechtliche Sicherung i. S. des §6 Abs. 1 Satz 2 Buchst. b BauO NRW nur insoweit, als das Neubauvorhaben innerhalb der überbaubaren Grundstücksfläche errichtet werden soll (vgl. OVG NRW, Beschlüsse v. 5. 10. 1995 – 10 B 2445/95 –, BRS 57 Nr. 136, und v. 13. 12. 1995 – 7 A 159/94 –, BRS 57 Nr. 137).

Anders als das Verwaltungsgericht geht der Senat davon aus, daß das umstrittene Vorhaben nicht innerhalb der nach §34 Abs. 1 BauGB zu bestimmenden überbaubaren Grundstücksfläche liegen wird. Die nach §34 Abs. 1 BauGB zur Bestimmung der zulässigen Bebauungstiefe maßgebliche nähere Umgebung des Vorhabens wird nach dem vorliegenden Kartenmaterial wohl durch die vorhandene Straßenrandbebauung entlang der S.-Straße zwischen Sch.-Straße und G.-Straße geprägt, wobei nur die Hauptgebäude von Bedeutung sind und das inzwischen beseitigte Altgebäude S.-Straße ... bei der Betrachtung unberücksichtigt bleibt. Danach wäre – was die überbaubare Grundstücksfläche betrifft – auf dem Baugrundstück eine Bebauungstiefe von nur etwa 20 m zulässig, während das Vorhaben eine Bebauungstiefe von fast 27 m erreichen soll.

Ein Verzicht auf die Einhaltung der vor der nordwestlichen Außenwand des Vorhabens freizuhaltende Abstandsfläche kommt auch nicht nach §6 Abs. 1 Satz 3 BauO NRW in Betracht. Danach kann, wenn nach planungsrechtlichen Vorschriften mit Grenzabstand gebaut werden muß, gestattet oder verlangt werden, daß ohne Grenzabstand gebaut wird, wenn auf dem Nachbargrundstück innerhalb der überbaubaren Grundstücksfläche ein Gebäude ohne Grenzabstand vorhanden ist. Eine solche Gestattung oder ein solches Verlangen kann sich nur auf eine Bebauung innerhalb der überbaubaren Grundstücksflächen beziehen, die nach den vorstehenden Ausführungen hier zu verneinen ist. Im übrigen setzt ein Vorgehen nach §6 Abs. 1 Satz 3 BauO NRW eine Ermessensentscheidung der Bauaufsichtsbehörde voraus, bei der auch die Belange des Grundstücksnachbarn zu berücksichtigen sind. Daß der Beklagte eine solche Ermessensentscheidung getroffen hat, ist nicht ersichtlich, da er von einer geschlossenen Bauweise entsprechend den Festsetzungen des Bebauungsplans ausgegangen ist. Eine Ermessensentscheidung, die eine Bebauung ohne Grenzabstand in der vorgesehenen Weise gestatten oder verlangen würde, wäre zudem wohl aus den nachfolgenden Gründen rechtswidrig.

Das Vorhaben, das sich – wie oben festgestellt – hinsichtlich der überbaubaren Grundstücksfläche nicht in die Eigenart der näheren Umgebung einfügt, erweist sich den Antragstellern gegenüber als rücksichtslos. Wegen des Versprungs der grenzständigen nordwestlichen Außenwand des Vorhabens nach Südwesten werden die Belichtung und die Besonnung der rückwärtigen Räume und Balkone des nördlich gelegenen Hauses S.-Straße ... in erheblicher Weise beeinträchtigt. Das möglicherweise auch früher solche Beeinträchtigungen durch das Altgebäude S.-Straße ... bestanden haben, spielt für den mit der angegriffenen Baugenehmigung verbundenen Rücksichtnahmeverstoß keine Rolle, da das Altgebäude zwischenzeitlich beseitigt worden ist. Im übrigen schloß sich die nordwestliche Außenwand des nur zweigeschossigen Altgebäudes nicht unmittelbar an die südöstliche Außenwand des Hauses S.-Straße ... an, so daß die Belichtungsverhältnisse bezogen auf die frühere und die nunmehr geplante bauliche Situation wohl nicht zu vergleichen sind. Die Annahme des Verwaltungsgerichts, wonach in verdichteten innerstädtischen Bereichen die Belichtungs- und Besonnungssituation regelmäßig schlechter ist als in Baugebieten, die von aufgelockerter Bebauung geprägt sind, trifft zwar zu, doch rechtfertigt es die in innerstädtischen Bereichen übliche und oftmals erforderliche bauliche Verdichtung nicht, berechtigte nachbarliche Belange einfach außer acht zu lassen. Gerade wenn Abstandsflächen, die auch eine hinreichende Belichtung und Besonnung der Nachbargrundstücke gewährleisten sollen, nicht eingehalten werden, müssen bei stark voneinander abweichenden Bebauungstiefen die möglichen negativen Auswirkungen einer solchen Bebauung bei der Erteilung von Baugenehmigungen berücksichtigt werden. Würde die rückwärtige Außenwand des Neubauvorhabens beispielsweise auf Höhe der rückwärtigen Außenwand des Hauses S.-Straße ... errichtet, wäre trotz einer weitgehend verdichteten Bebauung in diesem Bereich keine wesentliche Beeinträchtigung der Belichtung und Besonnung des Nachbargrundstücks zu erwarten.

Nr. 129

Das Angrenzen eines Grundstücks an den Außenbereich stellt grundsätzlich keinen besonderen Umstand dar, der die Annahme rechtfertigt, daß ein grenznaher Bau auf dem Grundstück (ausnahmsweise) zu keiner erheblichen Beeinträchtigung nachbarlicher Belange i.S. des § 6 Abs. 4 Satz 1 Nr. 2 LBO führt.

Eine vorhandene grenznahe Bebauung auf einem Grundstück führt jedenfalls dann nicht zu einer Vorbelastung des Nachbargrundstücks, die einen auf die Einhaltung der Abstandsflächen gerichteten Abwehranspruch ausschließen kann, wenn das neue Bauvorhaben zu einer zusätzlichen – abstandsflächenrelevanten und damit vom Nachbarn grundsätzlich nicht hinzunehmenden – Verschlechterung führt (im Anschluß an VGH Bad.-Württ., Urteil vom 27.10.2000 – 8 S 445/00 –, VBlBW 2001, 144).

LBO § 6 Abs. 4 Satz 1 Nr. 2.

VGH Baden-Württemberg, Beschluß vom 13. Juni 2003 – 3 S 938/03 – (rechtskräftig).

(VG Stuttgart)

Aus den Gründen:

Das Bauvorhaben der Beigeladenen hält in bauordnungsrechtlicher Hinsicht unstreitig zu den beiden Grundstücken der Antragsteller Flst.-Nrn. 253 und 254 nicht die nach § 5 Abs. 7 Satz 3 LBO nachbarschützenden Abstandsflächen ein. Dies ergibt sich schon daraus, daß das Bauvorhaben mit dem Erdgeschoß im Westen bis unmittelbar an die Grenze zum Grundstück Flst-Nr. 254 reicht und im Norden zum Grundstück Flst.-Nr. 253 nur einen Abstand von ca. 1,50 m einhält.

Die Anwendung der bauordnungsrechtlichen Abstandsvorschriften scheitert nicht daran, daß auf dem Grundstück der Beigeladenen mit gleichem Abstand zu den Grundstücken der Antragsteller schon bislang ein Gebäude vorhanden war. Dieses Gebäude soll nach den genehmigten Bauplänen abgebrochen werden. Dabei kann dahinstehen, ob bei der geplanten Neuerrichtung – wie ursprünglich beabsichtigt – die westliche Grenzwand erhalten bleiben und in den Neubau integriert werden kann. Bedenken bestehen diesbezüglich allerdings, da der Architekt der Beigeladenen mitgeteilt hat, daß die Wand mangels Fundamentes abgebrochen und neu erstellt werden müsse. Dessen ungeachtet stellt sich die Abstandsfrage bei dem geplanten Bauvorhaben aber schon deshalb, weil die Außenwände im Erdgeschoß des neu geplanten Gebäudes gegenüber dem bislang vorhandenen Gebäude um etwa 1,00 m erhöht werden sollen.

Die Beigeladenen haben bei summarischer Prüfung auch keinen Anspruch auf Zulassung reduzierter Abstandsflächen nach § 6 Abs. 4 Satz 1 Nr. 2 LBO. Nach dieser Vorschrift sind geringere Tiefen der Abstandsflächen zuzulassen, wenn die Beleuchtung mit Tageslicht sowie Belüftung in ausreichendem Maße gewährleistet bleiben, Gründe des Brandschutzes nicht entgegenstehen und soweit – wie vorliegend – die Tiefe der Abstandsflächen die Maße des § 5 Abs. 7 Satz 3 LBO unterschreitet, nachbarliche Belange nicht erheblich beeinträchtigt werden.

Vorliegend dürfte der Zulassung geringerer Abstandsflächen zu den Grundstücken der Antragsteller eine erhebliche Beeinträchtigung ihrer Belange entgegenstehen. Die Prüfung, ob nachbarliche Belange erheblich beeinträchtigt sind, hat dabei von der normativen Wertung auszugehen, daß eine den nachbarschützenden Teil unterschreitende Abstandsflächentiefe regelmäßig zu einer erheblichen, vom betroffenen Nachbarn nicht hinzunehmenden Beeinträchtigung führt, gleichgültig, ob die Unterschreitung gravierend oder geringfügig ist (vgl. VGH Bad.-Württ., Urteil v. 10.10.1996 – 3 S 3205/94 –, VBlBW 1997, 266). An einer erheblichen Beeinträchtigung der nachbarlichen Belange fehlt es nach der Rechtsprechung des Senats (nur dann), wenn die vorhandene Situation durch bestimmte Besonderheiten gekennzeichnet ist, die das Interesse des Nachbarn an der Einhaltung des nachbarschützenden Teils der Abstandsfläche deutlich mindern oder als weniger schutzwürdig erscheinen lassen (vgl. VGH Bad.-Württ., Urteil v. 10.10.1996, a.a.O.). Solche Besonderheiten können etwa eine unterschiedliche Höhenlage beider Grundstücke, ein ungewöhnlicher Zuschnitt des Nachbargrundstückes, der dessen Bebauung in dem dem geplanten Gebäude gegenüberliegenden Bereich praktisch ausschließt, oder auch das Vorhandensein eines grenznahen Gebäudes auf dem Nachbargrundstück sein (vgl. VGH Bad.-Württ., Urteil v. 15.9.1999 – 3 S 1437/99 –, m.w.N.). Dabei „steht und fällt" die grundsätzlich anzunehmende erhebliche Beeinträchtigung durch einen Grenzbau aber nicht allein mit einer vorhandenen oder ohne weiteres zulässigen Wohnbebauung auf dem betreffenden Grundstück. Die erhebliche Beeinträchtigung des nachteilig betroffenen Grundstücks hinsichtlich der Besonnung und Belüftung hängt nicht nur davon ab, ob auf dem betroffenen Grundstück ein Wohngebäude vorhanden oder möglich ist. Vielfach wird ein nichtprivilegierter Grenzbau ohnehin weniger das Nachbargebäude unmittelbar selbst betreffen als vielmehr die Besonnung und Belüftung der (Haus-) Gartenfläche. Dabei kommt es nicht entscheidend darauf an, ob die betroffene Gartenfläche zu Erholungszwecken (Terrasse, Pergola o.ä.) genutzt wird oder etwa gärtnerisch. In beiden Fällen beeinträchtigt der Grenzbau die Belange des Nachbarn hinsichtlich der Besonnung, Belüftung und sein Interesse an der Verhinderung einer „Einmauerung" erheblich. Hingegen sind besondere Umstände anzunehmen, wenn das Grundstück nach seinem Zuschnitt schlechthin weder bebaut noch sonst gärtnerisch oder zu Freizeitzwecken sinnvoll genutzt werden kann. Zu denken ist insoweit etwa an schmale oder topographisch besonders gelagerte Grundstücke, die solche Nutzungen praktisch ausschließen (vgl. VGH Bad.-Württ., Urteil v. 15.9.1999, a.a.O.).

Mit der Rechtsprechung des Senats vergleichbare besondere Umstände, die eine vom Regelfall abweichende Beurteilung rechtfertigen könnten, sind vorliegend bei der im einstweiligen Rechtsschutzverfahren gebotenen summarischen Prüfung der Sach- und Rechtslage nicht ersichtlich. Insoweit kann bezüglich des im Westen angrenzenden Grundstücks Flst.-Nr. 254 insbesondere nicht davon ausgegangen werden, daß dieses allein wegen seiner Lage im Außenbereich besondere Umstände aufweist. Unabhängig davon, daß die bauordnungsrechtlichen Abstandsflächenvorschriften auch im Außenbereich und damit auch beim Übergang vom Innen- in den Außenbereich grundsätzlich uneingeschränkt Anwendung finden, ist für dieses Grundstück, auch wenn es im Außenbereich liegt, sowohl eine bauliche Nutzung – etwa ein nach § 35 Abs. 1 BauGB privilegiertes Bauvorhaben – als auch eine sonstige sinnvolle Nutzung – etwa gärtnerisch oder zu Freizeitzwecken – nicht von vornherein ausgeschlossen. Im übrigen sind auch bezüglich des im Norden angrenzenden Grundstücks Flst.-Nr. 253 keine besonderen Umstände ersichtlich, die eine Abstandsflächenunterschreitung rechtfertigen könnten. Besondere Umstände ergeben sich nicht aus dem Umstand, daß das Bauvorhaben an die Stelle eines Gebäudes tritt, das ebenfalls keinen bzw. einen vergleichbar geringen Abstand zu den Grundstücken der Antragsteller eingehalten hat. Dabei kann dahinstehen, inwiefern eine vorhandene Bebauung auf dem Baugrundstück zu einer Vorbelastung des Nachbargrundstücks führen kann, die einen auf die Einhaltung der Abstandsflächen gerichteten Abwehranspruch ausschließt (vgl. VGH Bad.-Württ., Urteil v. 27. 10. 2000 – 8 S 445/00 –, VBlBW 2001, 144). Denn vorliegend führt das genehmigte Vorhaben zu einer zusätzlichen – abstandsflächenrelevanten und damit vom Nachbarn grundsätzlich nicht hinzunehmenden – Verschlechterung. Soweit die Beigeladenen und der Antragsgegner darauf hinweisen, daß bislang zum Grundstück Flst.-Nr. 254 auf einer Länge von 11,74 m eine bestandsgeschützte Grenzbebauung vorhanden gewesen sei, dürfte dies so schon nicht zutreffen. Im übrigen soll die Außenwand um etwa 1,00 m erhöht werden, was in abstandsflächenrechtlicher Hinsicht hinsichtlich beider Grundstücke der Antragsteller in jedem Fall zu einer Verschlechterung führt. Dem kann nicht entgegengehalten werden, daß das Bauvorhaben in seinem im Grenzbereich eingeschossigen Teil ein Flachdach erhält, während das bisherige Gebäude ein Satteldach hatte. Denn da dieses nach den Plänen eine Dachneigung von unter 45° aufwies, war es abstandsflächenrechtlich sowohl als Dach zum Grundstück Flst.-Nr. 254 als auch mit seiner Giebelfläche zum Grundstück Flst.-Nr. 253 nicht auf die Wandhöhe anzurechnen (vgl. §5 Abs. 5 Nr. 1 LBO) und damit nach der Wertung des Gesetzgebers abstandsflächenrechtlich unbeachtlich. Demgegenüber führt die Erhöhung der Außenwände um einen Meter sowohl gegenüber dem Grundstück Flst.-Nr. 254 als auch gegenüber dem Grundstück Flst.-Nr. 253 zu einer abstandsflächenrelevanten und damit vom Nachbarn grundsätzlich nicht hinzunehmenden Verschlechterung.

Nr. 130

1. **Gauben unterliegen den abstandflächenrechtlichen Berechnungsregelungen für Dachaufbauten (§6 Abs. 4 Sätze 1 und 2, Satz 4 Nr. 2 und 3, Satz 5 BauO Bln).**

2. **Gauben gelten auch dann nicht als Giebel, wenn die Gaubenwand in Höhe der Außenwand aufsetzt.**

3. **Die dachneigungsabhängigen abstandflächenrechtlichen Berechnungsregelungen für Giebel (§6 Abs. 4 Satz 4 Nr. 1, Satz 5 BauO Bln) finden auf die „eigenen Giebelflächen" von Gauben keine Anwendung. Bezugspunkt für die Messung der Höhe der Wand ist der obere Gaubenabschluß.**

Nr. 130

BauO Bln § 6 Sätze 1 und 2, Satz 4 Nr. 1–3, Satz 5, Abs. 6 Satz 1.
OVG Berlin, Urteil vom 28. November 2003 – 2 B 15.99 –.

Die Klägerin ist Eigentümerin eines Hammergrundstücks in Berlin-Wannsee. Das Grundstück umfaßt auch eine Zufahrt zur Straße (Hammerstiel). Dieser ca. 4 m breite und 40 m lange Betonplattenweg führt parallel zur Grundstücksgrenze des Beigeladenen vorbei an dessen eingeschossigem Wohnhaus. Dieses hat einen seitlichen Grenzabstand von 3 m zu der Grundstücksgrenze der Klägerin und damit zu der Zufahrt.
1997 erteilte das Bezirksamt dem Beigeladenen eine Baugenehmigung zum Dachausbau. In diesem Zusammenhang genehmigte der Beklagte an der zum Hammerstiel der Klägerin weisenden Hausseite die Errichtung einer 2,27 m hohen Gaube, die sich etwa über drei Viertel der Breite der darunterliegenden Hauswand erstreckt. Das Gaubendach verläuft über dem Fensterbereich waagerecht, und der seitliche Gaubenabschluß geht in einem Winkel von 45° in das Hausdach über. Die Gaubenwand setzt unmittelbar auf der Außenwand des Gebäudes auf, wird aber auf Grund des ausladenden Dachüberstands des Hausdaches von diesem umfaßt.
Hiergegen hat die Klägerin Widerspruch eingelegt. Sie ist der Ansicht, daß der Beklagte die durch die Errichtung der Gaube sich zusätzlich ergebende Abstandfläche zu Unrecht mit nur einem Drittel ihrer Höhe in die Berechnung eingestellt habe.

Aus den Gründen:
Die Klägerin hat im Ergebnis keinen Anspruch auf die begehrte Aufhebung der angefochtenen Baugenehmigung, weil sie trotz Abstandflächenunterschreitung im vorliegenden Fall nicht in ihren Rechten verletzt wird.
Das nur 3 m von der Grundstücksgrenze der Klägerin entfernt gelegene Wohnhaus des Beigeladenen hält das nach § 6 Abs. 6 Satz 1 BauO Bln erforderliche Maß für die Tiefe der Abstandfläche zu dem Grundstück der Klägerin in dem Bereich des Hammerstiels nicht ein, weil der Wandhöhe, die sich gemäß § 6 Abs. 4 Satz 2 BauO Bln aus dem Sockelbereich, dessen Höhe – ausgehend von einer mittleren Geländeoberfläche vor der Wand – mit 1,25 m anzusetzen ist, und der übrigen, bis zur Schnittlinie mit der Dachhaut anzurechnenden Außenfläche der Wand (3,39 m) zusammensetzt, gemäß § 6 Abs. 4 Satz 4 Nr. 2 und 3 BauO Bln noch die Gaube als Dachaufbau in ihrer vollen Höhe von 2,27 m hinzuzurechnen ist. Dies ergibt eine anrechenbare Gesamthöhe von 6,91 m = 1 H, die bei Inanspruchnahme des Schmalseitenprivilegs (§ 6 Abs. 6 Satz 1 BauO Bln) auf 0,5 H und damit auf eine Abstandfläche von 3,46 m zu verkürzen ist.
Die von dem Beklagten unter Rückgriff auf § 6 Abs. 4 Satz 5 BauO Bln vorgenommene Drittelanrechnung der Gaube entspricht nicht dem Gesetz. Ihr liegt offenbar eine unzutreffende Auslegung des Begriffs der „Gaube" im Rahmen der abstandflächenrechtlichen Regelung des § 6 BauO Bln zu Grunde. Gauben sind Dachaufbauten, die auch dann als solche anzusehen sind, wenn die aus dem Dach ragende Gaubenwand auf der Außenwand aufsetzt. Sie wird dadurch nicht zum verkappten „Hausgiebel", dessen abstandflächenrechtliche Relevanz gemäß § 6 Abs. 4 Satz 4 Nr. 1, Satz 5 BauO Bln von dem Neigungswinkel der ihn zu beiden Seiten begrenzenden Dachflächen abhängt. Die Systematik des § 6 Abs. 4 BauO Bln unterscheidet in Satz 4 Nr. 1 und Nr. 2, 3 sowie in Satz 5 zwischen Giebelflächen und Dachaufbauten. Für diese gelten jeweils unterschiedliche Anrechnungsvoraussetzungen für die Fiktion

als Wand. Mit den Giebelflächen sind nur solche Außenwandflächen gemeint, die von Dächern oder Dachteilen begrenzte Flächen des durchgehenden Hausgiebels darstellen, dessen Form mit der des Daches korrespondiert und dessen abstandflächenrechtliche Anrechenbarkeit dementsprechend – ebenso wie der des Daches selbst – von dem jeweiligen Neigungswinkel der den Giebel zu beiden Seiten begrenzenden Dachflächen abhängt (vgl. §6 Abs. 4 Satz 4 Nr. 1 und Satz 5 BauO Bln). Diese Anrechnungsmodalitäten gelten nur für Giebelflächen im vorgenannten Sinne, nicht jedoch auch für Teile von Dachaufbauten, wie deren „eigene" Giebelflächen (vgl. Ortloff/Korbmacher, Das Abstandflächenrecht der Berliner Bauordnung, 3. Aufl. 1999, Rdnr. 109 m. w. N.). Denn bei Dachaufbauten besteht gerade kein Abhängigkeitsverhältnis zu der Form und dem Neigungswinkel des Hauptdaches. Unabhängig von der Form der Gaube und damit unabhängig von einer eventuellen „eigenen" Giebelfläche der Gaube selbst sowie des Neigungswinkels der diese wiederum begrenzenden Gaubendachflächen gilt der obere Gaubenabschluß als Bezugspunkt für die Messung der Höhe, so daß die Gaube im vorliegenden Fall mit 2,27 m in die Abstandflächenberechnung einzustellen war.

Als Dachaufbau erfüllt die Gaube auch nicht die Voraussetzungen für eine Privilegierung in Form einer bloßen Drittelanrechnung gemäß §6 Abs. 4 Satz 5 BauO Bln, denn hierzu müßte sie zu den „anderen" Dachaufbauten als den (zuvor) in §6 Abs. 4 Satz 4 Nr. 2 und 3 BauO Bln Genannten zählen. Dies sind zum einen Dachaufbauten, die je Dachfläche zusammengerechnet in ihrer größten Breite die Hälfte der Breite der darunterliegenden Wand überschreiten (§6 Abs. 4 Satz 4 Nr. 2 BauO Bln) sowie Dachaufbauten, die nicht mindestens 50 cm hinter die Außenwand zurückspringen (§6 Abs. 4 Satz 4 Nr. 3 BauO Bln). Dies rechtfertigt sich hinsichtlich der in §6 Abs. 4 Satz 4 Nr. 2 BauO Bln genannten Anforderungen unter dem Aspekt der Massierung von Aufbauten auf dem Dach und deren lichteinfallreduzierende Wirkung (vgl. Wilke/Dageförde/Knuth/Meyer, BauO Bln, 5. Aufl. 1999, §6 Rdnr. 45, 43; Ortloff/Korbmacher, a. a. O.) sowie hinsichtlich der in §6 Abs. 4 Satz 4 Nr. 3 BauO Bln genannten Anforderungen unter dem Aspekt der Lage der Gaube und ihres geringen Abstands (unter 50 cm) von der Außenwand mit der daraus folgenden wandähnlichen und zusätzlich verschattenden Wirkung. Erst wenn keine der beiden Fallgestaltungen vorliegt, findet die Privilegierung des §6 Abs. 4 Satz 5 BauO Bln überhaupt Anwendung. Im vorliegenden Fall sind jedoch sogar beide Voraussetzungen erfüllt, denn die Gaube erstreckt sich fast über drei Viertel der gesamten Breite der Außenwand (§6 Abs. 4 Satz 4 Nr. 2 BauO Bln) und liegt mit ihrer eigenen Wand direkt auf der darunterliegenden Hauswand auf, so daß überhaupt kein Rücksprung i. S. des §6 Abs. 4 Satz 4 Nr. 3 BauO Bln vorliegt.

Bei der vorzunehmenden vollen Anrechnung der Gaubenhöhe liegt die einzuhaltende Abstandfläche des Wohnhauses des Beigeladenen deshalb mit einer Tiefe von 0,46 m auf dem Hammerstiel des Grundstücks der Klägerin, Hierdurch werden jedoch Nachbarrechte der Klägerin nicht verletzt. Denn auch wenn es bei der Verletzung der Abstandflächenvorschriften für die Annahme einer Nachbarrechtsverletzung und damit für einen nachbarlichen

Abwehranspruch grundsätzlich keines Nachweises einer tatsächlichen Beeinträchtigung bedarf (vgl. Urteil des Senats v. 22.5.1992, OVGE 20, 238 = BRS 54 Nr. 97), gibt es Fallgestaltungen, in denen weder in quantitativer noch in qualitativer Hinsicht eine Belastung des Nachbarn erkennbar ist. In diesen Ausnahmefällen ist dieser nicht schutzbedürftig, so daß für einen gerichtlichen Rechtsschutz auf Grund von Abstandflächenunterscheidungen kein Raum ist (vgl. Urteil des Senats v. 25.2.1994, BRS 56 Nr. 172 sowie OVG RP, Beschluß v. 9.9.2003, abgedruckt unter Nr. 192, DVBl. 2003, S. 1472 LS).

Ein solcher Fall liegt hier vor, denn der betroffene Hammerstiel ist ein nicht bebaubarer Grundstücksteil, weil die Erschließung des Grundstücks der Klägerin nur hierüber i.S. des § 4 Abs. 1 BauO Bln gesichert ist. Eine Bebauung dieses Grundstücksteils kommt deshalb auch für die Zukunft nicht in Betracht. Zum anderen eignet sich dieser Teil des Grundstücks – unabhängig von dessen Neigungswinkel in der Hanglage – auch nicht zu Aufenthaltszwekken im Freien oder zu einer sonstigen anderweitigen Nutzung, wie beispielsweise einer weiteren Bepflanzung. Dem steht neben der bereits vorhandenen, stark verschattenden Baumreihe auch die Aufrechterhaltung der Funktion des Hammerstiels als Zufahrt entgegen.

Die von der Klägerin behauptete Wertminderung des Grundstücks infolge einer durch die Unterschreitung der Abstandfläche bewirkten Beeinträchtigung des Erscheinungsbildes des Zufahrtsstreifens konnte nach dem bei der Augenscheinseinnahme gewonnenen Eindruck nicht ansatzweise nachvollzogen werden; insoweit handelt es sich um bloße nicht substantiierte Vermutungen der Klägerin. Im übrigen können aus bloßen Veränderungen des Marktwertes eines Grundstücks ohnehin grundsätzlich keine baunachbarlichen Rechtsverletzungen hergeleitet werden, zumal sie im vorliegenden Fall allenfalls marginal sein dürften.

Nr. 131

Zum Begriffverständnis der nach § 6 Abs. 5 Satz 5 HBauO bei der Festlegung der Abstandsflächentiefe außer Betracht bleibenden untergeordneten Gebäudeteile.

HBauO § 6 Abs. 5 Satz 5.

Hamburgisches OVG, Urteil vom 21. Mai 2003 – 2 Bf 80/99 – (rechtskräftig).

Der Kläger begehrt die Aufhebung der seinem Nachbarn erteilten Baugenehmigung für ein Mehrfamilienhaus. Der Kläger ist Eigentümer des Grundstücks X-Straße 36, das an das östlich gelegene Grundstück der Beigeladenen (X-Straße 34) grenzt. Beide Grundstücke liegen im Bereich des Bebauungsplans von 1970. Das Grundstück der Beigeladenen ist innerhalb von Baugrenzen mit WR I o (reines Wohngebiet, 1 Vollgeschoß, offene Bauweise) ausgewiesen.

1995 erteilte die Beklagte der Beigeladenen die Genehmigung zur Errichtung eines Mehrfamilienhauses mit sieben Wohneinheiten und einer Tiefgarage. Im Einzelnen ist das Vorhaben wie folgt genehmigt: Das Gebäude wird parallel zu den Grundstücksgrenzen und mit seiner Schmalseite zur Straße platziert. Es besteht aus zwei aneinandergebauten Baukörpern unterschiedlicher Größe. Die längsseitigen gemauerten Außenwände des größeren Gebäudeteils sind 16 m lang und haben einen Abstand zu den seitlichen – westlichen und östlichen – Grundstücksgrenzen von 2,55 m. Der kleinere Gebäudeteil ist 7,50 m lang, seine gemauerten Außenwände halten Abstände von jeweils 6,05 m zu den seitlichen Grundstücksgrenzen. Beide Gebäudekörper weisen ein Satteldach mit Dachgauben auf und sind knapp 11 m und 7,50 m hoch.

An dem größeren Gebäudekörper treten im Erdgeschoß zwei mit Fenstern versehene Vorbauten von 3,86 m und 2,24 m Breite durchgehend um 50 cm in Geschoßhöhe vor die Außenwand. Sie befinden sich auf in ca. 30 cm Höhe über dem Erdniveau an der Außenwand verankerten Sockeln. Der eine Vorbau gehört teils zu einer Küche und teils zu einem Schlafzimmer, der andere zu einem Wohnzimmer.

An der vorderen südlichen Seite des Gebäudes sind zwei bodenstehende Wintergärten vorgesehen, die um 1,50 m nach vorn treten und gegenüber den seitlichen Außenwänden um 91 cm zurückspringen. Ein weiterer Wintergarten befindet sich in der nordwestlichen Ecke zwischen dem großen und kleinen Gebäudekörper. Die Längsseite dieses Wintergartens verläuft parallel zur nördlichen Außenwand des großen Gebäudekörpers. Er ist 3,10 m breit und rund 1,50 m tief. Gegenüber der westlichen Außenwand springt er um ca. 25 cm zurück. Die Wintergärten dienen der Erweiterung von Wohnzimmern.

Aus den Gründen:
I. 1. Eine Verletzung der Rechte des Klägers als Eigentümer des Nachbargrundstücks ergibt sich aus einem Verstoß gegen §68 Abs. 3 Nr. 1 HBauO, der nach st. Rspr. des Senats nachbarschützende Wirkung hat (z. B. Urteil v. 17. 1. 2002, NordÖR 2002, 454 m. w. N.). Die beiden an der Seite zum Grundstück des Klägers hervortretenden Gebäudeteile des Hauptgebäudes sind lediglich 2 m von der Grundstücksgrenze entfernt, obwohl sie nach dieser Vorschrift ohne Zustimmung des Kläger mindestens 2,50 m Abstand einhalten müßten. Der Abstand durfte nicht gemäß §68 Abs. 3 Nr. 2 HBauO auf 2 m reduziert werden, da es sich nicht um untergeordnete Bauteile i. S. von §6 Abs. 5 Satz 5 und Abs. 11 HBauO handelt, sondern an ihre Außenwand für die Bemessung der Abstandsfläche nach §6 Abs. 5 HBauO anzuknüpfen ist.

Wann ein vor der Außenwand vorspringendes Gebäudeteil als „untergeordnet" einzustufen ist, ist in der Hamburgischen Bauordnung nicht näher bestimmt. Nach der Rechtsprechung des Senats sind Vorsprünge aus Außenwänden als untergeordnet anzusehen sind, wenn sie nach Umfang und Auswirkungen gegenüber dem Gesamtbauvorhaben nicht nennenswert ins Gewicht fallen (OVG Hamburg, Urteil v. 25. 1. 2002 – 2 Bf 359/98 –; Beschlüsse v. 11. 9. 1999 – 2 Bs 144/98 – und v. 11. 8. 1999 – 2 Bs 245/99 –). Für die im Einzelfall jeweils erforderliche Bewertung sind nach dem Zweck der Abstandsflächenvorschriften mehrere Gesichtspunkte von Bedeutung.

Die in §6 Abs. 5 Satz 5 HBauO genannten Beispiele – Vorbauten und Erker – sind weder abschließend noch bindend. Sie geben aber einen Anhalt für das Verständnis dessen, was mit dem Begriff bezogen auf vorspringende Gebäudeteile, die selbst Außenwände haben, verbunden wird (vgl. OVG Lüneburg, Urteil v. 26. 11. 1987, BRS 47 Nr. 96; VGH Kassel, Beschluß v. 12. 10. 1995, BRS 57 Nr. 139). Als wesentliches Merkmal haben diese Gebäudeteile gemeinsam, daß sie sich auf Grund der ihnen zugedachten Funktionen und nach der Bautradition ausschließlich vor einer Außenwand anordnen lassen und daher eine unmittelbare gestalterische und funktionale Beziehung zur Gebäudefassade aufweisen (OVG Lüneburg, Urteil v. 26.11.1987, a.a.O.; OVG Berlin, Urteil v. 22.4.1992, BRS 54 Nr. 97; Große-Suchsdorf u. a., Nieders. BauO, 6. Aufl. 1996, §7b Rdnr. 5 m. w. N.; Simon, Kommentar zur BayBO, Stand: März 2002, Art. 6 Rdnr. 202, 221 m. w. N.). Sie ermöglichen als architektonische Elemente eine flexiblere Gestaltung der Wand und der Räume z. B. im Hinblick auf Ausblicksmöglichkeiten, eine verbesserte Besonnung und eine Auflockerung der Fassade. In dieser Funktion der vorspringenden Gebäudeteile liegt die innere Rechtfertigung für das Regel-Ausnahmeverhältnis der Abstandsflächen für Außenwände einerseits und vorspringende Gebäudeteile andererseits. Die Erweiterung von Nutzflächen oder die Ausdehnung des Baukörpers sind dagegen nicht Zweck dieser Privilegierung. Vorspringende Bauteile dürfen daher nicht beliebig und schrankenlos zu einer Erweiterung der Flächen im Gebäudeinneren eingesetzt werden. Flächenzugewinne sind folglich nur als nachrangiger Nebeneffekt architektonischer Gestaltung von der Privilegierung erfaßt. Vor diesem Hintergrund können Flächenzuwächse durch geschlossene vorspringende Gebäudeteile – wie die Erweiterung der Wohnfläche von hinter ihnen liegenden Wohnungen – nur als untergeordnet i. S. des § 6 Abs. 5 Satz 5 HBauO verstanden werden, wenn sie nicht nennenswert ins Gewicht fallen bzw. die Fläche nicht spürbar vergrößert wird (OVG Hamburg, Urteil v. 25.1.2002, a. a. O.; Beschluß v. 11.8.1999, a. a. O.).

Auch in ihren Auswirkungen als Elemente der architektonischen Gestaltung müssen Vorsprünge gegenüber der Außenwand untergeordnet sein. Die Fassade muß als übergeordnetes Teil des Gebäudes wahrnehmbar bleiben. Die vorspringenden Gebäudeteile dürfen in ihrer optischen Wirkung nicht derart in den Vordergrund treten, daß die Fassade nur noch als Träger oder Rahmen für die Vorsprünge wirkt. Nach dem optischen Gesamteindruck muß der restliche Teil der Außenwand, der nicht von den Vorsprüngen in Anspruch genommen wird, gegenüber den vorspringenden Gebäudeteilen noch derart dominierend sein, daß diese noch als nachgeordnet eingestuft werden können (OVG Hamburg, Urteil v. 25.1.2002, Beschlüsse v. 11.8.1999 und v. 8.9.1999, a. a. O.).

Im Hinblick auf die Auswirkungen der vorspringenden Gebäudeteile ist bei der Auslegung des Begriffs der Unterordnung ferner der den Abstandsregelungen zukommende Schutzzweck zu beachten. Die nachteiligen Auswirkungen dieser Gebäudeteile dürfen bezogen auf die ausreichende Belichtung und Belüftung sowie den Brandschutz und die Wahrung einer sozialen Distanz, nicht nennenswert höher sein, als diejenigen, die das Gebäude für sich genommen – ohne diese Gebäudeteile – bereits mit sich bringt (vgl. Große-Suchsdorf u. a., a. a. O., § 7 Rdnr. 7.). Anderenfalls würde es zu einer diesen Gesetzeszwecken zuwiderlaufenden verdeckten Vorverlagerung der Außenwand kommen. Für die Abstandsflächenregelungen ist nämlich nicht die statische Funktion der Außenwand für das Gebäude von vorrangiger Bedeutung, sondern ihre Funktion als das nach außen hin in der Senkrechten abschließende Teil des Gebäudes.

Dieser Effekt einer Verschiebung der senkrechten Außenflächen des Gebäudes droht vor allem dann, wenn Vorsprünge, die in ihrer Höhe den dahinterliegenden Räumen entsprechen, rechtwinklig vor die tragende Außenwand treten und ihre Vorderseiten parallel zu dieser Außenwand verlaufen. Der Eindruck einer Vorverlagerung der Außenwand mag dadurch gefördert werden, daß die Vorsprünge bis zum Erdboden hinunterreichen, er ist jedoch nicht hiervon abhängig.

Derartig angelegte Vorsprünge sind zwar als Elemente architektonischer Gestaltung nicht von vornherein ausgeschlossen. Damit auf diese Weise aber nicht eine Verlagerung der Außenwand bewirkt wird, muß die restliche Fläche der nicht vorspringenden Außenwand deutlich größer sein als die Fläche der Vorderseite der vorspringenden Gebäudeteile, um den untergeordneten Charakter zu wahren. In welchem Maße die Vorsprünge dann hinter der verbleibenden Außenwandfläche zurückbleiben müssen, läßt sich nicht für alle Gestaltungsformen einheitlich festlegen. In den Fällen, in denen es sich – wie hier – um eine eingeschossige Außenwand handelt und die vortretenden Gebäudeteile nahezu die Höhe dieser Außenwand einnehmen, können sie nicht mehr als untergeordnet angesehen werden, wenn sie mehr als 40% der Gesamtlänge einer Außenwand beanspruchen (vgl. OVG Hamburg, Beschluß v. 8.9.1999). Soweit es sich dabei um vortretende geschlossene Gebäudeteile handelt, die erkennbar aufeinander abgestimmt sind, kann die Frage nach einer verdeckten Vorverlagerung der Außenwand nur im Wege einer die Flächen zusammenfassenden Betrachtung beurteilt werden (Beschluß v. 8.9.1999, a.a.O., Urteil v. 25.1.2002, a.a.O.). ...

Bei der Gestaltung der beiden vorspringenden Gebäudeteile an der westlichen Außenwand des Gebäudes der Beigeladenen liegen die Voraussetzungen für eine Gesamtbetrachtung dieser Gebäudeteile vor. Sie treten rechtwinklig ohne Abrundungen aus dem Gebäude hervor und ihre Vorderseite liegt parallel zu den dahinterliegenden Teilen der Außenwand. Sie sind erkennbar aufeinander abgestimmt, denn sowohl in ihrer Dimension und ihrer Anordnung als auch in ihrer Form und ihrem Material gleichen sie sich.

Bei der gebotenen gemeinsamen Betrachtung nehmen sie zu viel Raum der Außenwand ein. Sie reichen nahezu über die gesamte Höhe der eingeschossigen 16 m langen Außenwand und nehmen mit ihrer Breite von zusammen 7,73 m rund 48% der Außenwand ein.

Die Außenwandlänge ist in diesem Zusammenhang mit 16 m anzusetzen. Die beiden an der südlichen und nördlichen Seite des Hauptgebäudekörpers gelegenen Wintergärten von 1,50 m Tiefe führen nicht dazu, das Maß der Wandlänge entsprechend zu erhöhen. Dies liegt schon deshalb fern, weil die westlichen Seitenscheiben der Wintergärten nicht in Verlängerung zu der gemauerten Außenwand verlaufen, sondern ihr gegenüber nach hinten um 91 cm bzw. 25 cm versetzt liegen. Außerdem sind sie nicht – wie die fragliche Außenwand – nach Westen zum Grundstück des Klägers, sondern nach Norden und Süden ausgerichtet.

2. Ein weiterer Verstoß gegen nachbarschützende Vorschriften des Bauordnungsrechts liegt nicht vor. Die Vorschrift zum Schmalseitenprivileg in § 6 Abs. 9 Satz 2 Nr. 2 HBauO vermittelt dem Kläger als Nachbarn keine Abwehr-

rechte, so daß es auf einen etwaigen Verstoß gegen diese Vorschrift insoweit nicht ankommt. Aus der Einzelbegründung zu § 68 des Gesetzentwurfes einer Hamburgischen Bauordnung ergibt sich die ausdrücklich formulierte Absicht des Gesetzgebers, zwar die bis dahin in der Rechtsprechung verneinte nachbarschützende Wirkung der Vorschriften des Hamburgischen Bauordnungsrechts über Abstandsflächen und Grenzabstände in dem durch § 68 Abs. 3 HBauO bestimmten Umfang einzuführen, sie aber gleichzeitig auf dieses Ausmaß zu begrenzen (vgl. OVG Hamburg, Beschluß v. 14.4.2000 – 2 Bs 108/2000 –).

3. Zutreffend hat das Verwaltungsgericht erkannt, daß durch die Baugenehmigung nicht gegen das Gebot der Rücksichtnahme aus § 15 Abs. 1 Satz 2 BauNVO 1977 verstoßen wird, das hier allein als nachbarschützende Vorschrift des Bauplanungsrechts in Betracht kommt. ...

Aus einer etwaigen unberechtigten Inanspruchnahme des Schmalseitenprivilegs in § 6 Abs. 9 Satz 2 Nr. 2 HBauO würde hier keine Verletzung des Rücksichtnahmegebots folgen. Dafür wären nur die beiden nach Norden und Süden anschließenden Wintergärten relevant, denn sie könnten möglicherweise im Hinblick auf diese Abstandsflächenregelung als Verlängerung der 16 m langen Außenwand um 3 m angesehen werden. Die Nachteile, die sich aus diesen beiden Wintergärten für das klägerische Grundstück ergeben, halten sich zur Überzeugung des Senats auch nach erneuter Prüfung im Berufungsverfahren im Rahmen dessen, was die Rücksicht auf nachbarliche Belange gebietet. Die nachteiligen Auswirkungen sind als eher geringfügig einzustufen. Zu einer erdrückenden Wirkung führen die Wintergärten schon angesichts ihrer Breite von 1,50 m auf der zum Grundstück des Klägers gerichteten Seite, aber auch angesichts ihrer nur über das Erdgeschoß reichenden Höhe und ihrer transparenten Baumaterialien nicht. Die Belichtung und Belüftung des klägerischen Grundstücks wird durch die Wintergärten – wenn überhaupt – nur geringfügig eingeschränkt. ...

4. Die dargestellte Verletzung von Rechten des Klägers führt zur vollständigen Aufhebung der angefochtenen Baugenehmigung, auch wenn sie lediglich durch die Genehmigung der westlichen Vorbauten verursacht worden ist. Eine auf diese Gebäudeteile beschränkte Teilaufhebung kommt nicht in Betracht, weil sich diese Vorbauten nicht ohne weiteres hinwegdenken lassen, ohne daß Teile der dahinterliegenden Aufenthaltsräume oder auch der Zuschnitt der Wohnungen angepaßt würden. Diese Umgestaltung und auch die Frage einer den Rechten des Klägers Rechnung tragenden Neugestaltung von Vorbauten bleibt einem neuen Baugenehmigungsverfahren vorbehalten.

Nr. 132

Soll bei der Errichtung eines Carports von der nachbarschützenden Vorschrift des § 6 Abs. 5 Satz 4 HBO 2002 abgewichen werden, bedarf es des Vorliegens von privaten oder öffentlichen Belangen mit herausgehobener Bedeutung, um sich gegen die Nachbarinteressen durchzusetzen. Bei der

Interessenabwägung kommt der Beeinträchtigung der nachbarlichen Interessen dann kein besonderes Gewicht zu, wenn der Nachbar dem Vorhaben zugestimmt hat und die nachbarlichen Interessen zu seiner Disposition stehen. Auch wenn eine Reduzierung der Abstandsfläche noch nicht zu Sicherheitsgefahren führt, darf der vom Gesetzgeber vorgegebene Schutzabstand bei fehlenden öffentlichen Belangen nur korrigiert werden, wenn die Schutzwürdigkeit der privaten Belange des Nachbarn überwiegt.

HBO 2002 §§ 6 Abs. 5, 63 Abs. 1 Satz 1.

Hessischer VGH, Beschluß vom 24. Februar 2003 – 4 UZ 195/03 – (rechtskräftig).

(VG Kassel)

Der Kläger begehrt die Verpflichtung des Beklagten zur Erteilung einer Baugenehmigung für die Errichtung eines Carports an seiner nordwestlichen Grundstücksgrenze.

Aus den Gründen:
An der Richtigkeit des Ergebnisses der angefochtenen Entscheidung bestehen keine ernstlichen Zweifel, weil der Kläger keinen Anspruch auf Erteilung der begehrten Baugenehmigung hat. Maßgeblicher Zeitpunkt für die Beurteilung der Verpflichtungsklage auf Erteilung der versagten Baugenehmigung ist der Zeitpunkt der letzten gerichtlichen Entscheidung. Das bedeutet, daß eine nach Erhebung des Widerspruchs oder der Klage eingetretene Änderung der Sach- oder Rechtslage zu berücksichtigen ist, selbst wenn sie für den Bauherrn ungünstig ist. Bauordnungsrechtlich beurteilt sich das Vorhaben des Klägers daher nach der am 1.10.2002 in Kraft getretenen HBO v. 18.6.2002 (GVBl. I S. 274) – HBO 2002 –. Nach § 64 Abs. 1 HBO 2002 ist die Baugenehmigung zu erteilen, wenn dem Vorhaben keine öffentlich-rechtlichen Vorschriften entgegenstehen, die im Baugenehmigungsverfahren zu prüfen sind. Dem geplanten Carport steht jedoch § 6 Abs. 1 Satz 1, Abs. 5 Satz 4 HBO 2002 entgegen, wonach das Vorhaben eine Mindestabstandsfläche von 3 m einhalten muß. § 6 Abs. 10 Nr. 1 HBO 2002, wonach Garagen ohne Abstandsfläche an einer Nachbargrenze unter den dort näher genannten Voraussetzungen zulässig sind, findet zugunsten des Klägers keine Anwendung, weil er bereits eine Garage an einer Nachbargrenze errichtet hat. Der Kläger hat auch keinen Anspruch auf eine Abweichung von der Mindestabstandsfläche nach § 63 Abs. 1 Satz 1 HBO 2002, weil die Voraussetzungen dieser Bestimmung nicht gegeben sind. Eine Abweichung kann nur zugelassen werden, wenn sie unter Würdigung der öffentlich-rechtlich geschützten nachbarlichen Belange mit den öffentlichen Belangen vereinbar ist. Mit der Verpflichtung zur Würdigung der öffentlich-rechtlich geschützten nachbarlichen Belange hat der Gesetzgeber die Abweichung unter das Gebot der Rücksichtnahme gestellt, auf dessen Grundsätze bei der Anwendung des § 63 HBO 2002 zurückgegriffen werden kann. Soll von der nachbarschützenden Vorschrift des § 6 Abs. 5 Satz 4 HBO 2002 abgewichen werden, bedarf es des Vorliegens von privaten oder öffentlichen Belangen von herausgehobener Bedeutung, um sich gegen die Nachbarinteressen durchzusetzen. Bei der Interessenabwägung kommt der Beeinträchtigung der nachbarlichen Interessen dann

kein besonderes Gewicht zu, wenn der Nachbar dem Vorhaben zugestimmt hat und die nachbarlichen Interessen zu seiner Disposition stehen. Dies ist hier jedoch nicht geschehen, denn die Nachbarn des Klägers haben einer Grenzbebauung ausdrücklich widersprochen. Öffentliche Belange für eine Grenzbebauung sind weder geltend gemacht worden noch ersichtlich. Die privaten Interessen des Klägers an einer weiteren Grenzgarage, die darauf gestützt sind, er sei zu 50% schwerbehindert, ohne daß jedoch dargelegt wird, warum die neue Grenzgarage durch die Behinderung geboten ist und die bisherige Garage diesen Anforderungen nicht gerecht wird, können sich gegenüber den öffentlich-rechtlich geschützten nachbarlichen Belangen nicht durchsetzen. Der Kläger macht insoweit geltend, daß hinsichtlich des geplanten Vorhabens keine Bedenken wegen Brandschutzes, der Belichtung und Besonnung bestünden. Er übersieht dabei jedoch, daß der Festlegung der Mindestabstandsfläche eine Bewertung aller berührten öffentlichen und privaten Belange zugrunde liegt, die der Gesetzgeber für sachgerecht angesehen hat. Auch wenn eine Reduzierung der Abstandsfläche noch nicht zu Sicherheitsgefahren führt, darf der vom Gesetzgeber vorgegebene Schutzabstand bei fehlenden öffentlichen Belangen nur dann korrigiert werden, wenn die Schutzwürdigkeit der privaten Belange des Bauherrn die geschützten Belange des Nachbarn überwiegt. Daran fehlt es hier.

Nr. 133

1. **Aus § 12 Abs. 1 Satz 2 Nr. 3 NBauO (in der seit dem Gesetz v. 11.4.1986, GVBl., 103 geltenden Fassung) folgt, daß sich die Flächen- und Höhenbegrenzungen nur auf den Bereich beziehen, in dem das Nebengebäude den nach § 7 NBauO „an sich" einzuhaltenden Grenzabstand unterschreitet. Es stellt daher keine Verletzung des § 12 NBauO dar, wenn das Nebengebäude jenseits davon höher als drei Meter ist.**

2 **Wenn der Bauherr von den genehmigten Bauzeichnungen abweicht, ist die Bauaufsichtsbehörde nicht automatisch verpflichtet, im Interesse des Nachbarn hiergegen einzuschreiten. Sie darf vielmehr auch in diesem Fall berücksichtigen, welche Auswirkungen der Verstoß gegen die nachbarschützenden Vorschriften hat.**

NBauO §§ 12 Abs. 1 Satz 2, 89 Abs. 1.

Niedersächsisches OVG, Beschluß vom 6. März 2003 – 1 LA 197/02 – (rechtskräftig).

Die Kläger, die Eigentümer des mit einem Einfamilienhaus bebauten Grundstücks E. 5 in F. sind, wenden sich gegen die Baugenehmigung, die der Rechtsvorgänger des Beklagten den beigeladenen Nachbarn für die Errichtung eines Carports erteilt hat, und verlangen ein Einschreiten des Beklagten gegen die Beigeladenen wegen Abweichungen der tatsächlichen Ausführung von der Genehmigung.

Aus den Gründen:
Die Baugenehmigung sieht vor, daß der Carport bis zu einem Abstand von 3 m von der Grenze eine Höhe von 3 m, gemessen von der Oberkante des Geländes des Nachbarn (der Kläger), nicht überschreiten darf. Dies entspricht § 12 Abs. 1 Satz 2 Nr. 3 NBauO, wonach die Höhe des Gebäudes 3 m nicht übersteigen darf, „soweit die in Satz 1 genannten Gebäude den Grenzabstand nach § 7 unterschreiten". § 12 Abs. 1 NBauO hat diese Fassung erst seit dem 5. Gesetz zur Änderung der NBauO vom 11. 4. 1986 (NdsGVBl., 103). Ziel dieser Änderung war es nach der Begründung des Regierungsentwurfs (LT-Drucks. 10/3480, S. 52) gerade, die Flächen- und Höhenbegrenzungen auf den Teil der Garagen und anderen in § 12 Abs. 1 Satz 1 NBauO bezeichneten Gebäude zu beschränken, der den Grenzabstand unterschreitet. Der Hinweis der Kläger auf das Urteil des 6. Senats v. 19. 11. 1973 – VI A 128/72 – geht ins Leere, weil diese Entscheidung zu § 8 B Nr. 4 der Bauverordnung für den Regierungsbezirk Hildesheim erging, der einen ganz anderen Wortlaut als § 12 NBauO hat. Auch das Argument der Kläger, das Garagengebäude mit seinem Pultdach verliere den Charakter eines untergeordneten Nebengebäudes, wenn die Höhenbegrenzung nur innerhalb des Grenzabstandsbereichs gelte, geht an dem Wortlaut der gesetzlichen Regelung vorbei. § 12 Abs. 1 NBauO erleichtert nicht allgemein die Zulassung von untergeordneten Nebengebäuden, sondern beschränkt ganz präzise die Grundfläche und die Höhe der in Satz 1 genannten Gebäude im Abstandsbereich (vgl. Barth/Mühler, Abstandsvorschriften der NBauO, 2. Aufl. 2000, § 12 Rdnr. 38). Der Rechtsvorgänger der Beklagten hat schließlich durch sogenannte Grünstiftkorrektur die Baugenehmigung nur für einen grenzständigen Carport erteilt.

Soweit die Kläger ein Einschreiten der Beklagten wegen der von der Baugenehmigung abweichenden Ausführung des Carports verlangen, begegnet das klageabweisende Urteil des Verwaltungsgerichts keinen ernstlichen Zweifeln. Nach § 89 Abs. 1 NBauO steht es im pflichtgemäßen Ermessen der Bauaufsichtsbehörde, ob sie wegen baurechtswidriger baulicher Anlagen einschreitet oder nicht. Es macht daher einen Unterschied, ob die Bauaufsichtsbehörde eine Baugenehmigung erteilt (strikte Rechtsbindung der Bauaufsichtsbehörde), die gegen das öffentliche Baurecht verstößt, oder ob ein Grundstückseigentümer eine baurechtswidrige bauliche Anlage errichtet. Es entspricht der st. Rspr. des Niedersächsischen OVG, daß allein der Verstoß gegen nachbarschützende Vorschriften des öffentlichen Baurechts das Ermessen der Bauaufsichtsbehörde zum bauaufsichtlichen Einschreiten nicht zu einer Pflicht zum Einschreiten verdichtet (vgl. Sarnighausen, NJW 1993, 1623 ff. m.N.). Der Anspruch auf Einschreiten im Sinne einer Ermessensreduzierung auf Null hängt weiter davon ab, welche Auswirkungen der Verstoß gegen nachbarschützende Vorschriften hat (vgl. NdsOVG, Urteil v. 29. 10. 1993 – 6 L 3295/91 –, BRS 55 Nr. 196). Diese Rechtsprechung hat das Gericht in Kenntnis der davon abweichenden Rechtsprechung des OVG Nordrhein-Westfalen (Nachweise bei Boeddinghaus/Hahn/Schulte, BauO NW 1995, Stand: 1. 10. 2002, § 61 Rdnr. 36 b) vertreten. Da sich die Frage, ob dem Nachbarn ein Anspruch auf Einschreiten zusteht, nach Landesrecht beurteilt (vgl. BVerwG, Beschluß v. 10. 12. 1997 – 4 B 204/97 –, ZfBR 1998, 106), ist für die Kläger die Auslegung der NBauO in der Rechtsprechung des Niedersächsischen OVG maßgebend. Der Zulassungsantrag legt nicht dar, dass die Abweichungen des Carports der Beigeladenen von der Baugenehmigung mit erheblichen nachteiligen Auswirkungen für die Kläger verbunden sind. Die Tatsache, daß die konstruktiven Stützen des Carports Abstand von der Grenze halten, ist ohne Belang, weil jedenfalls die von den Klägern als Zaun bezeichnete Bretterwand an der Grenze errichtet worden ist. Ob diese Wand konstruktive Funktionen erfüllt oder nur vorgeblendet worden ist, berührt Rechte des Nachbarn nicht.

Die minimale Abweichung der dem Grundstück der Kläger zugewandten Wand des Carports von der Nachbargrenze hindert die Kläger nicht an der Errichtung einer Garage an der Grenze.

Den Klägern ist im Ansatz zu folgen, daß es entscheidend auf die Höhe des Carports über dem gewachsenen Gelände des Baugrundstücks ankommt. Die Beklagte ist aber auf Grund des leicht hängigen Geländes zugunsten der Kläger von dem Gelände auf ihrem Grundstück ausgegangen und hat die Baugenehmigung auf 3 m über der Geländeoberfläche des Grundstücks der Kläger begrenzt und hat auch dementsprechend in der Örtlichkeit gemessen. Die Überschreitung der Höhe im Abstand von 3 m von der Grenze um 2 cm fällt – wie das angefochtene Urteil zutreffend ausführt – optisch nicht ins Gewicht. Mit dem derzeitigen Zustand ist nämlich eine nachbarrechtlich zulässige 3 m hohe auf der Grenze stehende Wand zu vergleichen.

Nr. 134

1. **Eine Garage mit „Dachterrasse" ist keine Grenzgarage i.S. der Ausnahmevorschrift des § 6 Abs. 10 Nr. 1 HBO 2000 (im Anschluß an den 4. Senat des Hess. VGH, Urteil v. 29.10.2003 – 4 UE 235/01 –).**

2. **Die Zulassung einer Abweichung nach § 63 Abs. 1 HBO 2002 setzt ungeachtet der Frage, ob dadurch Beurteilungsspielräume für die Bauaufsichtsbehörde eröffnet werden, voraus, daß auf der Tatbestandsseite der Norm, von der abgewichen werden soll, eine Abwägung stattzufinden hat, in die der Zweck der gesetzlichen Anforderung, das Abweichungsinteresse, die öffentlich-rechtlich geschützten nachbarlichen Belange sowie die öffentlichen Belange einzustellen sind.**

HBO 2002 §§ 6 Abs. 1, Abs. 10, 63 Abs. 1.

Hessischer VGH, Beschluß vom 19. November 2003 – 9 UZ 754/03 – (rechtskräftig).

Aus den Gründen:

Das Verwaltungsgericht ist zu Recht davon ausgegangen, daß das Vorhaben des Klägers öffentlich-rechtlichen Vorschriften widerspricht. Die nach baulichen Veränderungen beabsichtigte Nutzung der Dachfläche der Grenzgarage als Terrasse verstößt gegen § 6 Abs. 1 und 5 Satz 4 i. V. m. Abs. 10 Nr. 1 HBO i. d. F. vom 18.6.2002 (GVBl. 1 S. 274), da das Vorhaben die erforderliche

Tiefe der Abstandsfläche von mindestens 3 m nicht wahrt. Vorliegend findet gemäß §78 Abs. 2 HBO das Gesetz in der vorgenannten Fassung Anwendung, obwohl der Kläger seinen Bauantrag vor dem In-Kraft-Treten dieses Gesetzes gestellt hat. Denn er hat nicht verlangt – so die Voraussetzung des §78 Abs. 2 HBO –, daß über seinen Antrag nach dem zur Zeit der Antragstellung geltenden materiellen Recht entschieden wird.

Dabei kann dahingestellt bleiben, ob bei einer isolierten Betrachtung allein der Dachterrasse von dieser Wirkungen wie von Gebäuden ausgehen (§6 Abs. 8 HBO), denn eine derartige Trennung einer eine bauliche Einheit bildenden Anlage ist nicht möglich. Die Terrasse und das Garagengebäude, dessen Dach sie zugleich bildet, stellen eine bauliche Einheit dar (so auch OVG des Saarlandes, Beschluß v. 16. 5. 2001 – 2 Q 7/01 –, BRS 64 Nr. 199). Durch die Nutzung der Garage (auch) als Dachterrasse ist ein Gebäude entstanden, das insgesamt nicht als Grenzgarage nach §6 Abs. 10 Nr. 1 HBO genehmigungsfähig wäre. Die begehrte Nutzungsänderung führt dazu, daß das Dach der Garage zum Aufenthalt von Menschen bestimmt ist. Auf eine solche Garage ist aber die Ausnahmevorschrift des §6 Abs. 10 Nr. 1 HBO nicht mehr anwendbar. Die vorgenannte Vorschrift ist als Ausnahmeregelung eng auszulegen. Die Abstandsflächenregelung des Gesetzes bewirkt mittelbar, daß Bereiche an den Nachbargrenzen von der Bebauung freigehalten werden. Dies dient der ausreichenden Belichtung und Belüftung, dem Feuerschutz und der Erleichterung der Brandbekämpfung, aber auch dem störungsfreien Wohnen. Eine Beeinträchtigung dieser Funktion ist nach der Regelung des Gesetzes nur wegen wenigstens gleichrangiger anderweitiger Zielsetzungen zulässig, vornehmlich zur Unterbringung von Kraftfahrzeugen zur Entlastung des öffentlichen Verkehrsraums, nicht hingegen wegen des privaten Wunsches einer besseren Grundstücksausnutzung. Mit der Privilegierung von Garagen einschließlich der Abstellräume ist deshalb nicht zugleich die Bevorzugung von Dachterrassen verbunden. Dachterrassen auf sogenannten „privilegierten" Grenzgaragen sind nicht zulässig (Hess. VGH, Urteil v. 29. 10. 2003 – 4 UE 235/01 –; ebenso für das dortige Landesrecht OVG des Saarlandes, Beschluß v. 16. 5. 2001 – 2 Q 7/01 –, a. a. O.; OVG Nordrhein-Westfalen, Beschluß v. 13. 3. 1990 – 10 A 1895/88 –, BRS 50 Nr. 149; Bay. VGH, Beschluß v. 3. 10. 1983 – 15 CS 83A.1783 –, BRS 40 Nr. 123). Bei dem Garagengebäude mit der beabsichtigten Nutzung auch als Dachterrasse handelt es sich danach um ein Gebäude, das den allgemeinen für Gebäude geltenden Vorschriften, also auch denen über die Einhaltung der Abstandsflächen, entsprechen muss. ...

Zu Recht geht das Verwaltungsgericht davon aus, daß der Gestattung des Anbaus nach §6 Abs. 1 Satz 2 HBO, die in Form einer Abweichung nach §63 Abs. 1 HBO zu ergehen hat (vgl. dazu Allgeier/von Lutzau, Die Bauordnung für Hessen, 7. Aufl. 2003, S. 151), der von ihm dargelegte öffentlich-rechtlich geschützte nachbarliche Belang entgegensteht.

Nach §63 Abs. 1 HBO 2002 kann eine Abweichung von bauordnungsrechtlichen Regelungen im Sinne dieser Vorschrift zugelassen werden, wenn sie unter Berücksichtigung des Zwecks der jeweiligen Anforderung und unter

Würdigung der öffentlich-rechtlich geschützten nachbarlichen Belange mit den öffentlichen Belangen vereinbar ist. Aus den Begriffen „Berücksichtigung", „Würdigung" und „Vereinbarkeit" folgt ungeachtet der Frage, ob dadurch Beurteilungsspielräume für die Bauaufsichtsbehörde eröffnet werden, daß bereits auf der Tatbestandsseite der Norm, von der abgewichen werden soll, eine Abwägung stattzufinden hat, in die das Abweichungsinteresse, der Zweck der gesetzlichen Anforderung, die öffentlich-rechtlich geschützten nachbarlichen Belange sowie die öffentlichen Belange einzustellen sind. Aus dem Merkmal der „Berücksichtigung des Zwecks der gesetzlichen Anforderung" folgt, daß eine Abweichung nur dann in Betracht kommt, wenn im konkreten Einzelfall eine besondere Situation vorliegt, die sich vom gesetzlichen Regelfall derart unterscheidet, daß die Nichtberücksichtigung oder Unterschreitung des normativ festgelegten Standards gerechtfertigt ist. Eine derartige Lage ist gegeben, wenn auf Grund der besonderen Umstände der Zweck, der mit einer Norm verfolgt wird, die Einhaltung der Norm nicht erfordert, oder wenn deren Einhaltung aus objektiven Gründen außer Verhältnis zu der Beschränkung steht, die mit einer Versagung der Abweichung verbunden wäre. Um dies sachgerecht beurteilen zu können, sind stets die mit der gesetzlichen Anforderung verfolgten Ziele zu bestimmen und unter Einbeziehung der nachbarlichen Belange den Gründen gegenüberzustellen, die im Einzelfall für die Abweichung streiten. Soll von einer nachbarschützenden Vorschrift abgewichen werden, sind die entgegenstehenden Rechte des Nachbarn materiell mitentscheidend. Eine Abweichung kommt in einer derartigen Situation nur in Betracht, wenn auf Grund der besonderen Umstände des Einzelfalles der Nachbar nicht schutzwürdig ist oder die Gründe, die für eine Abweichung streiten, objektiv derart gewichtig sind, daß die Interessen des Nachbarn ausnahmsweise zurücktreten müssen (vgl. dazu Allgeier/von Lutzau, a. a. O., S. 481, 485 m. w. N.; für das dortige inhaltsgleiche Landesrecht OVG Rheinland-Pfalz, Urteil v. 3.11.1999 – 8 A 10951/99 –, BauR 2000, 551, 552).

Unter Beachtung dieser Grundsätze fehlt es hinsichtlich §6 Abs. 1 Satz 3 HBO bereits an den tatbestandlichen Voraussetzungen einer Abweichung. Im Rahmen der Abwägung kommt der Einhaltung der Abstandsflächen und der Beachtung der damit verbundenen Belange des Brandschutzes, der Belichtung, Belüftung und des Nachbarfriedens vorliegend besonders Gewicht zu. ...

Nr. 135

1. Als Einfriedung i.S. des §6 Abs.11 Satz 1 Nr. 2 BauO NRW ist anzusehen, was ein Grundstück oder einen Teil eines Grundstücks abgrenzen soll, um alle von außen her den Frieden des Grundstücks störende Witterungs- oder Immissionseinflüsse abzuwehren oder das Grundstück gegen unbefugtes Betreten oder Einsichtnahme zu schützen.

2. Eine Schallschutzwand, die allein dazu dient, auf das Nachbargrundstück einwirkenden Lärm zu reduzieren, ist keine Einfriedung i.S. des § 6 Abs. 11 Satz 1 Nr. 2 BauO NRW.

3. Die Zulassung von grenzständigen Einfriedungen in Gewerbe- und Industriegebieten in unbegrenzter Höhe (§ 6 Abs. 11 Satz 1 Nr. 2 BauO NRW) trägt der im Vergleich zu anderen Gebietsarten in bezug auf die durch § 6 BauO NRW geschützten Belange geringeren Schutzwürdigkeit der in diesen Gebieten regelmäßig zulässigen Nutzungen sowie einem gesteigerten Schutzbedürfnis im Hinblick auf unbefugtes Betreten des Grundstücks Rechnung.

4. Die Beantwortung der Frage, ob von einer Anlage oder anderen Einrichtung Wirkungen wie von Gebäuden ausgehen (§ 6 Abs. 10 BauO NRW), hängt nicht davon ab, von welcher Art das Baugebiet ist, in dem das betroffene Grundstück gelegen ist.

BauO NRW § 6 Abs. 10, 11 Satz 1 Nr. 2.

OVG Nordrhein-Westfalen, Beschluß vom 2. Dezember 2003
– 10 B 1249/03 – (rechtskräftig).

(VG Düsseldorf)

Die Antragsteller wendeten sich gegen eine der Beigeladenen erteilte Baugenehmigung für eine bis zu 4,50 m hohe Schallschutzwand, die grenzständig zu ihrem in einem faktischen Gewerbegebiet liegenden Grundstück errichtet werden sollte. Ihren Antrag auf Gewährung vorläufigen Rechtsschutzes gab das Verwaltungsgericht statt. Die Beschwerden des Antragsgegners und der Beigeladenen hatte keinen Erfolg.

Aus den Gründen:
Das Verwaltungsgericht hat zu Recht mit zutreffenden Erwägungen festgestellt, daß die streitige Schallschutzwand keine Einfriedung i.S. des § 6 Abs. 11 Satz 1 Nr. 2 BauO NRW darstellt. Als Einfriedung ist anzusehen, was ein Grundstück oder einen Teil eines Grundstücks von Verkehrsflächen, Nachbargrundstücken oder auch Bereichen desselben Grundstücks abschirmen soll, um Witterungs- oder Immissionseinflüsse (Wind, Lärm, Straßenschmutz) abzuwehren oder das Grundstück oder Teile davon gegen unbefugtes Betreten oder Einsichtnahme zu schützen. Eine Einfriedung i.S. des § 6 Abs. 11 Satz 1 Nr. 2 BauO NRW stellt damit ein Hindernis für alle von außen her den Frieden des Grundstücks störenden Beeinträchtigungen dar (vgl. OVG NRW, Beschluß v. 19.9.2003 – 10a B 1390/03.NE –, Beschluß v. 7.7.2001 – 7A 953/01 –, Urteil v. 12.7.1982 – 7 A 2198/80 –, BRS 39 Nr. 111; Boeddinghaus/Hahn/Schulte, BauO NRW, Losablattsammlung, Stand: 1.8.2003, § 6 Rdnr. 89 m. w. N.).

Danach handelt es sich bei der mit der streitigen Baugenehmigung zugelassenen Wand nicht um eine Einfriedung im dargestellten Sinn. Die Wand dient offensichtlich allein dazu, die vom Betrieb der Beigeladenen auf das Nachbargrundstück der Antragsteller einwirkenden Lärmimmissionen zu reduzieren, um die mit der streitigen Baugenehmigung vom gleichzeitig legalisierte betriebliche Nutzung zur Nachtzeit zu ermöglichen.

Nr. 136

Die Beschwerdeführer berufen sich zur Begründung ihrer gegenteiligen Auffassung auf die Rechtsprechung des früheren 11. Senats des beschließenden Gerichts (OVG NRW, Urteil v. 21. 4. 1988 – 11 A 1555/86 –). Nach dieser Entscheidung soll die Sonderregelung in § 6 Abs. 11 Satz 1 Nr. 2 BauO NRW für Einfriedungen in Gewerbe- und Industriegebieten einem gesteigerten Interesse an Abschirmungen in größerer Höhe als 2 m dienen. Ein solches Interesse bestehe für Gewerbe- oder Industriebetriebe in aller Regel nur in Richtung von innen nach außen, z. B. zum Zwecke des Schallschutzes. „Nur" dieser Zweck lasse die Regelung als sinnvoll erscheinen.

Dem kann nicht gefolgt werden. Die Zulassung von (u. a.) Einfriedungen in Gewerbe- und Industriegebieten in unbegrenzter Höhe erklärt sich vielmehr zum einen aus der im Vergleich zu anderen Gebietsarten in bezug auf die durch § 6 BauO NRW geschützten Belange (Sozialabstand, Belichtung, Besonnung und Belüftung) geringeren Schutzwürdigkeit der in diesen Gebieten regelmäßig zulässigen Nutzungen. Zum anderen dient die fragliche Regelung dem Zweck, einem gesteigerten Schutzbedürfnis im Hinblick auf unbefugtes Betreten des Grundstücks Rechnung zu tragen. So besteht für gewerblich oder industriell genutzte Grundstücke i. d. R. ein besonderes Interesse, die dort errichteten Anlagen oder dort gelagerten Gegenstände vor fremden Zugriffen zu schützen.

Das Verwaltungsgericht hat ferner in rechtlich nicht zu beanstandender Weise angenommen, daß von der fraglichen Schallschutzwand Wirkungen i. S. des § 6 Abs. 10 BauO NRW ausgehen. Auf die diesbezüglichen Ausführungen im angefochtenen Beschluß wird verwiesen. Diese Bewertung wird durch den Vortrag im Beschwerdeverfahren nicht in Frage gestellt. Die Beantwortung der Frage, ob von einer (baulichen) Anlage oder anderen Einrichtungen Wirkungen wie von Gebäuden ausgehen, hängt nicht davon ab, von welcher Art das Baugebiet ist, in dem das betroffene Grundstück gelegen ist. Der vom Gebietscharakter der näheren Umgebung bestimmten unterschiedlichen Schutzwürdigkeit einzelner Grundstücke in bezug auf die durch § 6 BauO NRW geschützten Belange trägt bereits die Regelung des § 6 Abs. 5 BauO NRW Rechnung und steht damit einer erneuten Berücksichtigung im Rahmen des § 6 Abs. 10 BauO NRW entgegen.

Nr. 136

1. **Für die abstandrechtliche Begünstigung geringfügiger Änderungen bzw. Nutzungsänderungen vorhandener, gegen das geltende Abstandrecht verstoßender Gebäude nach § 6 Abs. 15 Satz 1 BauO NRW ist kein Raum, wenn das vorhandene Gebäude in einem solchen Ausmaß umgebaut werden soll, daß von ihm nur noch ein Torso verbleibt.**

2. **Auch Nutzungsänderungen sind nicht nach § 6 Abs. 15 Satz 1 BauO NRW begünstigt, wenn sie mit solchen baulichen Änderungen verbunden sind, die das Merkmal „geringfügig" deutlich überschreiten.**

BauO NRW § 6 Abs. 15 Satz 1.
OVG Nordrhein-Westfalen, Beschluß vom 18. Juni 2003 – 7 B 342/03 – (rechtskräftig).

(VG Arnsberg)

Der Antragsgegner – Bauaufsichtsbehörde – begehrte die Abänderung eines Beschlusses des VG, mit dem dieses die aufschiebende Wirkung des Widerspruchs des Antragstellers gegen die vom Antragsgegner dem Beigeladenen erteilte Baugenehmigung für ein Vorhaben „Nutzungsänderung und Umbau der vorhandenen Scheune zu Wohnraum" angeordnet hatte, weil das genehmigte Vorhaben zu Lasten des Antragstellers gegen nachbarschützende Vorschriften des Abstandrechts verstößt. Gegenstand war der Umbau einer vorhandenen grenzständigen Scheune zu einem Wohnhaus. Das Oberverwaltungsgericht gab der Beschwerde des Antragstellers gegen den abändernden Beschluß des Verwaltungsgerichts statt.

Aus den Gründen:

Bei der abstandrechtlichen Beurteilung ist davon auszugehen, daß das unmittelbar an der Grenze zum Grundstück des Antragstellers geplante Vorhaben grundsätzlich den nach § 6 Abs. 5 Satz 5 BauO NRW erforderlichen Mindestabstand von 3,00 m einhalten muß, weil die Voraussetzungen für einen Verzicht auf einen Grenzabstand nach § 6 Abs. 1 Satz 2 oder Satz 3 BauO NRW nicht vorliegen. Dies ist zwischen den Beteiligten auch nicht strittig.

Das Vorhaben ist abweichend hiervon auch nicht deshalb als grenzständiges Bauwerk zulässig, weil es für sich die Begünstigung des § 6 Abs. 15 Satz 1 BauO NRW in Anspruch nehmen kann. Nach dieser Vorschrift können „bei Nutzungsänderungen sowie bei geringfügigen baulichen Änderungen bestehender Gebäude" unter Würdigung nachbarlicher Belange geringere Tiefen der Abstandflächen gestattet werden, wenn Länge und Höhe der den Nachbargrenzen zugekehrten Wände nicht verändert werden und Gründe des Brandschutzes nicht entgegenstehen. Diese Voraussetzungen liegen im vorliegenden Fall schon deshalb nicht vor, weil das strittige Vorhaben mit baulichen Veränderungen des bestehenden Gebäudes verbunden ist, die das Merkmal „geringfügig" deutlich überschreiten.

Nach den genehmigten Bauvorlagen sollen nicht etwa, wie der Antragsgegner ausführt, lediglich eine Zwischendecke einschließlich Tragsystem sowie neue Fenster in die der Nachbargrenze abgewandten Wände eingebaut werden, so daß dahinstehen kann, ob solche baulichen Veränderungen noch als „geringfügig" anzusehen wären. Was von der bislang vorhandenen Scheune nach dem genehmigten sog. „Umbau" noch übrig bleiben soll, ergibt sich vielmehr aus den Bauteilen, die in den genehmigten Bauvorlagen schwarz eingetragen sind. (Wird ausgeführt.)

In diese nur noch als Torso zu qualifizierenden Reste der vorhandenen Umfassungswände der Scheune soll gleichsam ein neues Haus hineingebaut werden. Dieses soll zwei neue Zwischendecken aufweisen, die nach dem genehmigen Schnitt im wesentlichen auf neuen Innenschalen ruhen, für die ihrerseits im Inneren des Gebäudes neue Fundamente angelegt werden sollen. Zu dem südlichen Bereich der vorhandenen Scheune soll das neue

„Haus" eine neue interne Brandwand erhalten. Die nördliche Giebelwand soll abgesehen von lediglich geringfügigen Resten des ursprünglich im Erd- und Obergeschoß vorhandenen gemauerten Wandbereichs nahezu vollständig aus neuen Bauteilen errichtet werden. Schließlich soll das neue Objekt insgesamt mit einer neuen, zu Wohnzwecken auszubauenden Dachkonstruktion versehen werden. Bei „Umbauten" solchen Ausmaßes kann auch nicht ansatzweise von „geringfügigen baulichen Änderungen" die Rede sein.

Soweit §6 Abs. 15 BauO NRW auch „Nutzungsänderungen" abstandrechtlich begünstigt, dürfen diese jedenfalls nicht mit solchen baulichen Änderungen verbunden sein, die das Merkmal geringfügig – wie im vorliegenden Fall – deutlich überschreiten.

Nr. 137

Bei einer Doppelhaushälfte, die auf den drei freistehenden Seiten nicht die „volle" Abstandsfläche (Art. 6 Abs. 4 Satz 1 BayBO) einhält, kann die Abstandsfläche auf einer Seite bis auf das Maß des Art. 6 Abs. 5 Satz 1 BayBO (1/2 H) verkürzt werden, wenn das Gebäude trotz der Abweichungen auf den beiden anderen Seiten noch dem „Typ von Vorhaben" (BayVGH, Großer Senat vom 17. 4. 2000, BayVBl. 2000, 562) entspricht, für den das 16-Meter-Privileg gedacht ist (wie BayVGH vom 29. 10. 2001 – 14 B 96 2230 und 2274 –).

BauGB §34; BayBO Art. 6 Abs. 2 Sätze 1 und 2, Abs. 4 Satz 1, Abs. 5 Satz 1 Halbs. 1, Art. 7 Abs. 5 Satz 1 Halbs. 1, Art. 70 Abs. 1, Art. 73 Abs. 1.

Bayerischer VGH, Beschluß vom 16. Juli 2003 – 1 CS 03.1011 – (unanfechtbar).

(VG München)

Die Antragstellerin begehrt vorläufigen Rechtsschutz gegen eine Baugenehmigung, die das Landratsamt dem Beigeladenen zu 1 erteilt hat. Die Antragstellerin ist Eigentümerin des mit einer Doppelhaushälfte bebauten Grundstücks Fl. Nr. 66. Der Beigeladene ist Eigentümer des nördlich angrenzenden Grundstücks Fl. Nr. 68, auf dem auch eine Doppelhaushälfte steht. Die Grundstücke liegen zwischen der H.-Straße im Westen und dem Isarhochufer im Osten. Im östlichen Teil der Grundstücke fällt das Gelände steil zur Isar ab.

2001 erteilte das Landratsamt dem Beigeladenen zu 1 die Baugenehmigung zum Abbruch des vorhandenen und zur Errichtung eines neuen Gebäudes mit einer dem Altbestand entsprechenden „Schmuckfassade". Der Neubau soll – von der H.-Straße aus gesehen – zwei Untergeschosse und vier oberirdische Geschosse erhalten. Das erste Untergeschoß sowie das Erdgeschoß sollen gewerblich genutzt werden, die übrigen Geschosse zum Wohnen. Im Bereich der Untergeschosse sowie des Erdgeschosses und des ersten Obergeschosses sind auf der Ost- und der Südseite gestaffelte Vorbauten geplant, die über die bisherige Bebauung hinausgehen. Ab dem zweiten Obergeschoß soll das Gebäude dieselben Ausmaße haben wie die vorhandene Doppelhaushälfte. Nach den Bauvorlagen sind fünf Stellplätze vorgesehen, von denen vier in einer an der Grenze zum Grundstück der Antragstellerin geplanten Parkliftanlage untergebracht werden sollen. Mit der Genehmigung wurden für die östliche, die südliche und die westliche Außenwand Abweichungen von den Abstandsflächenvorschriften zugelassen.

Die Antragstellerin legte Widerspruch ein, den die Regierung zurückwies. Über die anschließend erhobene Klage hat das Verwaltungsgericht noch nicht entschieden. Die Antragstellerin hat beim Verwaltungsgericht beantragt, die aufschiebende Wirkung ihres Widerspruchs anzuordnen.

Aus den Gründen:

II. 1. Ein die Rechte der Antragstellerin verletzender Verstoß gegen die Vorschriften über die planungsrechtliche Zulässigkeit von Vorhaben (§§ 29 ff. BauGB, Art. 73 Abs. 1 Nr. 1 BayBO) liegt nach summarischer Prüfung nicht vor.

Das Verwaltungsgericht hat zutreffend dargelegt, daß das im Innenbereich (§ 34 BauGB) geplante Vorhaben hinsichtlich der Art der baulichen Nutzung zulässig ist. Diese Beurteilung zieht auch die Antragstellerin nicht in Zweifel. Ob sich das Vorhaben hinsichtlich der überbaubaren Grundstücksfläche einfügt (§ 34 Abs. 1 BauGB), erscheint zwar nicht ganz zweifelsfrei. Nach den Plänen könnte der über den Altbestand hinausgehende Vorbau auf der Ostseite eine „faktische" rückwärtige Baulinie überschreiten. Allein dadurch würde die Antragstellerin aber nicht in ihren Rechten verletzt. Dies wäre vielmehr nur dann der Fall, wenn die Überschreitung unzumutbare Folgen für das Anwesen der Antragstellerin hätte und die Baugenehmigung somit gegen das Rücksichtnahmegebot verstoßen würde. Solche Auswirkungen sind aber nicht zu erwarten; sie werden von der Antragstellerin auch nicht geltend gemacht.

2. Die Baugenehmigung verletzt nach summarischer Prüfung auch in bauordnungsrechtlicher Hinsicht keine Rechte der Antragstellerin.

Die geplante Doppelhaushälfte hält auf keiner der freistehenden Gebäudeseiten die „volle" Abstandsfläche (Art. 6 Abs. 4 Satz 1 BayBO) auf dem Baugrundstück bzw. der östlichen Hälfte der H.-Straße ein (vgl. Art. 6 Abs. 2 Satz 1 und Abs. 7 BayBO). Die Anwendung des sogenannten 16-Meter-Privilegs (Art. 6 Abs. 5 BayBO) scheidet damit aus (BayVGH, Großer Senat v. 17. 4. 2000, BRS 63 Nr. 138 = BayVBl. 2000, 562). Hiervon ist auch das Landratsamt ausgegangen; es hat für die drei Seiten Abweichungen von Art. 6 Abs. 4 Satz 1 BayBO zugelassen.

Rechte der Antragstellerin können nur durch die Verkürzung der Abstandsfläche auf der dem Grundstück der Antragstellerin zugewandten Südseite verletzt werden (BayVGH v. 17. 4. 2000, a. a. O.). Diese Verkürzung – zum Teil bis auf das Maß, das sich nach Art. 6 Abs. 5 Satz 1 Halbs. 1 BayBO ergäbe – ist jedoch auch unter Berücksichtigung der Belange der Antragstellerin gerechtfertigt.

Nach Art. 70 Abs. 1 BayBO kann die Bauaufsichtsbehörde Abweichungen von bauaufsichtlichen Anforderungen zulassen, wenn dies unter Berücksichtigung der jeweiligen Anforderung und unter Würdigung der nachbarlichen Interessen mit den öffentlichen Belangen zu vereinbaren ist. Eine Abweichung von den Abstandsflächenvorschriften kommt vor allem in Betracht, wenn besondere (atypische) Grundstücksverhältnisse vorliegen oder

Abstandsflächen wegen eines vorhandenen Gebäudes nicht eingehalten werden können. Solche Besonderheiten liegen auch auf der südlichen Gebäudeseite vor.

Eine Besonderheit besteht darin, daß auch die Bebauung auf dem Grundstück der Antragstellerin die Abstandsflächen nicht einhält. Bei einem Teil des Gebäudes liegt sogar die „halbe" Abstandsfläche (Art. 6 Abs. 5 Satz 1 BayBO) auf dem Grundstück des Beigeladenen zu 1. Ob dies die strittige Abweichung für sich allein rechtfertigen könnte, kann dahinstehen. Die Verkürzung der Abstandsfläche auf der Südseite ist jedenfalls wegen weiterer Besonderheiten gerechtfertigt.

Bei einer Doppelhaushälfte, die auf den drei freistehenden Seiten nicht die „volle" Abstandsfläche (Art. 6 Abs. 4 Satz 1 BayBO) einhält, kann die Abstandsfläche auf einer Seite bis auf das Maß des Art. 6 Abs. 5 Satz 1 BayBO (1/2 H) verkürzt werden, wenn das Gebäude trotz der Abweichungen auf den beiden anderen Seiten noch dem „Typ von Vorhaben" (BayVGH, Großer Senat v. 17. 4. 2000, a. a. O.) entspricht, für den das 16-Meter-Privileg gedacht ist (wie BayVGH v. 29. 10. 2001 – 14 B 96.2230 – und – 14 B 96.2274 –). Diese Voraussetzungen liegen hier vor.

Sowohl auf der Ost- als auch auf der Westseite wird der Abstand zu anderen Gebäuden, der sich bei Einhaltung der „vollen" Abstandsflächen ergeben würde, nicht unterschritten. Deshalb geht die durch die Abweichungen ermöglichte Verdichtung der Bebauung nicht über das Maß hinaus, das sich bei Einhaltung der „vollen" Abstandsflächen auf der Ost- und Westseite ergeben würde. Wegen dieser Besonderheit durfte die Abstandsfläche gegenüber dem Grundstück der Antragstellerin bis auf das Maß des Art. 6 Abs. 5 Satz 1 BayBO verkürzt werden.

Auf der Ostseite fallen die Abstandsflächen, soweit sie nicht auf dem Baugrundstück selbst liegen, zum größten Teil auf das steil zur Isar abfallende Grundstück Fl. Nr. 80. Auf dieses Grundstück dürfen sich die Abstandsflächen gemäß Art. 7 Abs. 5 Satz 1 Halbs. 1 Alternative 2 BayBO erstrecken, weil es aus tatsächlichen Gründen nicht überbaut werden kann. Eine Verkürzung ist insoweit nicht erforderlich. Die Abweichung für diese Gebäudeseite betrifft nur den (kleinen) Teil der Abstandsfläche, der wegen eines für eine Doppelhausbebauung untypischen Grundstückszuschnitts auf dem Grundstück der nördlichen Haushälfte (Fl. Nr. 68/2) läge.

Auf der Westseite besteht eine besondere Situation, weil der viergeschossige Teil des Vorhabens mit Rücksicht auf die andere Haushälfte und auf das Ortsbild mit den Maßen des Altbestands hinter der historischen Fassade ausgeführt werden muß. Die westliche Außenwand kann deshalb in diesem Teil des Neubaus weder durch eine Verringerung der Höhe noch durch Zurücksetzen so verändert werden, daß die „volle" Abstandsfläche (Art. 6 Abs. 4 Satz 1 BayBO) nur bis zur Mitte der H.-Straße reicht.

Sowohl auf der Ostseite als auch auf der Westseite wurden die Abweichungen somit nicht zugelassen, um eine unzulässige Überdeckung mit den Abstandsflächen anderer Gebäude zu vermeiden. Vielmehr hätten die Abstandsflächen auf diesen Seiten auch – auf das Grundstück der nördlichen Haushälfte (Fl. Nr. 68/2) bzw. auf die Westseite der H.-Straße – übernommen werden können (Art. 7 Abs. 5 Satz 1 Halbs. 1 BayBO), ohne daß es zu einer Überdeckung gekommen wäre. Auf der Ostseite, auf der die Abstandsfläche nicht verkürzt, sondern wegen des unregelmäßigen Verlaufs der nördlichen Grenze geringfügig verschmälert wurde, folgt dies aus der Tatsache, daß auch der Neubau zusammen mit dem Altbestand auf dem Grundstück Fl. Nr. 68/2 ein Doppelhaus bilden wird, dessen östliche Außenwand im grenznahen Bereich nicht versetzt ist. Auf der Westseite wäre eine Übernahme möglich gewesen, weil die Abstandsfläche vor der Ostseite des auf der anderen Straßenseite stehenden Gebäudes (Grundstück Fl. Nr. 32) nur einen kleinen Teil der westlichen Hälfte der H.-Straße in Anspruch nimmt. Die Antragstellerin muß auch nicht befürchten, daß sich an diesen Verhältnissen in absehbarer Zeit etwas ändern wird. Wegen der vom Antragsgegner im einzelnen zutreffend dargelegten bauplanungsrechtlichen und denkmalschutzrechtlichen Beschränkungen für das Grundstück Fl. Nr. 32 ist dort mit einer Bebauung, bei der auf der Ostseite eine deutlich tiefere Abstandsfläche anfallen würde, nicht zu rechnen.

Nr. 138

1. **Wer eine Windenergieanlage in einem Windpark errichtet, muß von vornherein damit rechnen, daß weitere Windenergieanlagen aufgestellt werden, die seiner Anlage nicht nur Wind nehmen, sondern diesen auch in seiner Qualität verändern; für die konkrete Abgrenzung der Risikobereiche ist insbesondere von Bedeutung, mit welchen Abständen konkurrierender Anlagen die Betreiber von Windenergieanlagen in Windparks üblicherweise rechnen können und müssen.**

2. **Eine Orientierungshilfe dafür, mit welchen Abständen konkurrierender Windenergieanlagen im Hinblick auf die Standsicherheit der eigenen Anlagen gerechnet werden muß, gibt Nr. 4.3.2 des Windenergie-Erlasses NRW vom 3.5.2002, wonach bei Abständen von weniger als 5 Rotordurchmessern in Hauptwindrichtung Auswirkungen auf die Standsicherheit der Anlage zu erwarten sind.**

3. **Hält die neue Anlage den für den Normalfall als unbedenklich angesehenen Abstand von 5 Rotordurchmessern ein, ist es nicht zwangsläufig Sache des Betreibers der neuen Anlage, in einer Sondersituation – hier: hohe natürliche Turbulenzintensität des Winds im betroffenen Bereich – den Nachweis zu erbringen, daß seine Anlage gleichwohl nicht die Standsicherheit bereits vorhandener Anlagen gefährdet.**

BauO NRW §§ 15 Abs. 1 Satz 2, 18 Abs. 3.

OVG Nordrhein-Westfalen, Beschluß vom 9. Juli 2003 – 7 B 949/03 – (rechtskräftig).

Der Antragsteller betreibt eine Windenergieanlage in einem Windpark. Er begehrte einstweiligen Rechtsschutz gegen die Zulassung einer neuen Anlage, weil er Beeinträchtigungen der Standsicherheit seiner eigenen Anlage durch Windturbulenzen befürchtete. Sein parallel zum Antrag auf Zulassung der Berufung gegen das seine Anfechtungsklage abweisende Urteil des Verwaltungsgerichts beim Oberverwaltungsgericht gestellter Antrag auf Anordnung der aufschiebenden Wirkung seiner Klage hatte keinen Erfolg.

Aus den Gründen:
Das Interesse des Beigeladenen daran, die Baugenehmigung zur Errichtung einer Windenergieanlage im Windpark E. sofort ausnutzen zu dürfen, überwiegt das Interesse des Antragstellers, dieses Vorhaben vorerst zu verhindern. Aus dem Vorbringen des Antragstellers und dem Inhalt der Akten ergibt sich keine überwiegende Wahrscheinlichkeit dafür, daß das Vorhaben des Beigeladenen mit den Antragsteller schützenden Vorschriften des Baurechts nicht vereinbar ist. Die danach unabhängig von dem mutmaßlichen Ausgang des Hauptsacheverfahrens zu treffende Interessenabwägung fällt zu Lasten des Antragstellers aus.

Daß dem Antragsteller ein Abwehranspruch aus § 15 Abs. 1 Satz 2 oder aus § 18 Abs. 3 BauO NRW zusteht, ist nicht überwiegend wahrscheinlich. Gemäß § 15 Abs. 1 Satz 2 BauO NRW darf durch eine bauliche Anlage die Standsicherheit anderer baulicher Anlagen und die Tragfähigkeit des Baugrundes des Nachbargrundstücks nicht gefährdet werden. § 18 Abs. 3 BauO NRW fordert, daß Erschütterungen oder Schwingungen, die von ortsfesten Anlagen ausgehen, so zu dämmen sind, daß Gefahren oder unzumutbare Belästigungen nicht entstehen. Beiden Vorschriften kann nachbarschützende Wirkung zukommen, sofern dem Nachbarn eine etwaige – hier vermeintlich durch Windturbulenzen der dem Beigeladenen genehmigten Windenergieanlage verursachte – Gefährdung der Standsicherheit seiner eigenen baulichen Anlage vor dem Hintergrund nicht mehr zuzurechnen ist, daß er (als Bauherr) gemäß § 15 Abs. 1 Satz 1 BauO NRW grundsätzlich selbst für die Standsicherheit seiner eigenen Anlage einzustehen hat. Nach der Rechtsprechung der Bausenate des Oberverwaltungsgerichts ist die danach erforderliche Bewertung, wem die etwaige Gefährdung der Standsicherheit einer Windenergieanlage durch eine hinzutretende benachbarte Windenergieanlage zuzurechnen ist, wesentlich davon abhängig, welche Veränderungen der Windverhältnisse der Nachbar schon beim Bau seiner Anlage in Rechnung stellen mußte. Wer – wie der Antragsteller – in einem Windpark eine Windkraftanlage errichtet, kann nicht darauf vertrauen, seine Anlage werde auf Dauer den bestehenden örtlichen Windverhältnissen unverändert ausgesetzt bleiben. Er muß vielmehr von vornherein damit rechnen, daß weitere Windenergieanlagen aufgestellt werden, die seiner Anlage nicht nur Wind nehmen, sondern diesen auch in seiner Qualität verändern. Für die konkrete Abgrenzung der Risikobereiche ist insbesondere von Bedeutung, mit welchen Abständen konkurrierender Anlagen die Betreiber von Windenergieanlagen in Windparks üblicherweise rechnen können und müssen (vgl. OVG NRW, Beschluß v. 24. 1. 2000 – 7 B 2180/99 –, BRS 63 Nr. 149 und v. 1. 2. 2000 – 10 B 1831/99 –, BRS 63 Nr. 150).

Eine „Orientierungshilfe" dafür, mit welchen Abständen anderer Windenergieanlagen die Betreiber von Windenergieanlagen namentlich in einem Windpark im Hinblick auf die hier interessierende Frage einer hinreichenden Standsicherheit ihrer eigenen Anlage rechnen müssen, gibt der Windenergie-

Erlaß vom 3.5.2002 (MBl. NRW, 742). Dort wird unter 4.3.2 ausgeführt, es sei davon auszugehen, daß bei Abständen von weniger als 5 Rotordurchmessern in Hauptwindrichtung Auswirkungen auf die Standsicherheit der Anlage zu erwarten sind und daß ein Abstand von weniger als 3 Rotordurchmessern – bezogen auf den jeweils größeren Durchmesser der benachbarten Anlagen – im Hinblick auf die Standsicherheit grundsätzlich nicht zuzulassen ist. Hieraus wird für die Genehmigungspraxis die Schlußfolgerung gezogen, daß bei einem Abstand zwischen 3 und 5 Rotordurchmessern der Antragsteller der hinzukommenden Anlage mittels eines Gutachtens nachweisen muß, daß die Standsicherheit – insbesondere auch bereits vorhandener Anlagen – nicht beeinträchtigt wird. Diese für die Genehmigungspraxis im Hinblick auf die Standsicherheit ausgesprochenen Empfehlungen, denen deutlich geringere Abstände als für eine möglichst optimale Nutzung des hereinkommenden Winds zugrunde liegen (vgl. Nr. 4.2.4 des Windenergie-Erlasses, wonach insoweit die Einhaltung eines Abstands von 8 Rotordurchmessern in einem Winkelbereich von +/- 30° zur Achse der Hauptwindrichtung empfohlen wird), basieren auf der Erwägung, daß nach der durch Runderlaß vom 8.2.1996 (SMBl. NRW, 23236) als technische Baubestimmung gemäß §3 Abs.3 BauO NRW eingeführten Richtlinie des Deutschen Instituts für Bautechnik für Windkraftanlagen „Einwirkungen und Standsicherheitsnachweise für Turm und Gründung" – DlBt-Richtlinie – Windenergieanlagen in der Lastannahme auf eine sogenannte Turbulenzintensität von 0,2 ausgelegt sind.

Diese Ansätze werden auch vom Antragsteller grundsätzlich nicht in Frage gestellt. So ist in dem von ihm vorgelegten Gutachten ausdrücklich auf die Aussage unter Nr. 8.2 der DlBt-Richtlinie Bezug genommen, daß bei der rechnerischen Ermittlung des Beanspruchungskollektivs zum Nachweis der Betriebsfestigkeit einer Windenergieanlage u. a. eine Turbulenzintensität in Höhe des Rotormittelpunkts von 0,2 zu berücksichtigen ist. Des weiteren wird im Gutachten die „Orientierungshilfe" des Windenergie-Erlasses bestätigt, wenn es dort heißt, daß ein Abstand des 5-fachen Rotordurchmessers in Hauptwindrichtung bei benachbarten Anlagen „in der Regel" als „bedenkenlos" angesehen wird. Ergänzend wird im Gutachten jedoch ausgeführt, daß bei einer bereits hohen natürlichen Turbulenzintensität auch ein 5-facher Abstand in Hauptwindrichtung zu einer unzulässigen Erhöhung der Turbulenzintensität führen kann, so daß an komplexen Standorten bei diesen Abständen eine Einzelfallprüfung „empfehlenswert" sei.

Anknüpfend an diese Ausführungen wird im Gutachten weiter dargelegt, daß unter Berücksichtigung einer – hohen – natürlichen Turbulenzintensität des Standorts E. in Bereichen zwischen 0,122 und 0,167, die auf der Abschätzung in einer schriftlichen Aussage des Deutschen Wetterdienstes beruhen, die bestehende Windenergieanlage des Antragstellers durch die praktisch rundum bereits vorhandenen anderen Windenergieanlagen insgesamt einer Turbulenzintensität über alle Sektoren i. H. v. 0,2 bzw. – unter Berücksichtigung eines Sicherheitszuschlags „in Anlehnung an IEC 61400 – 1" von 20% – von 0,24 ausgesetzt ist. Bei Hinzutreten der strittigen Anlage des Beigeladenen mit einem Rotordurchmesser von 40 m, die in einem Abstand von 200,1 m – mithin dem 5fachen Rotordurchmesser – errichtet werden soll, werde sich die Turbulenzintensität auf 0,214 bzw. – mit 20% Sicherheitszuschlag – auf 0,257 erhöhen. Bei weiterem Hinzutreten einer zusätzlichen Anlage, gegen deren bauaufsichtliche Zulassung der Antragsteller nach seinem Vortrag einen bislang noch nicht beschiedenen Widerspruch erhoben hat, würde sich die Turbulenzintensität sogar auf 0,226 bzw. – mit 20% Sicherheitszuschlag – auf 0,271 erhöhen.

Aus diesen gutachterlichen Ermittlungen leitet der Antragsteller ab, daß die strittige Anlage des Beigeladenen trotz Einhaltung des als „Orientierungshilfe" anzusetzenden Abstands des 5fachen Rotordurchmessers in Hauptwindrichtung wegen einer durch das vorliegende Gutachten nachgewiesenen Erhöhung der Turbulenzintensität auf mehr als 0,2 ihm gegenüber offensichtlich rechtswidrig ist. Dabei stützt er sich maßgeblich auf die Erwägung, daß Schäden durch Überbeanspruchung des Materials infolge einer unzulässigen Erhöhung der Turbulenzintensität sicher eintreten werden, der konkrete Kausalitätsnachweis, wenn er überhaupt gelinge, jedoch außerordentlich schwer zu führen sein dürfte, da sich der passiv Legitimierte im Schadensersatzprozeß immer auf alternative Schadensursachen (latente Materialfehler pp.) berufen könne.

Dieser Einschätzung ist nicht ohne weiteres zu folgen, vielmehr bedarf sie im noch anhängigen Hauptsacheverfahren einer Überprüfung.

Wer – wie der Antragsteller – eine Windenergieanlage in einem Windpark errichtet, für den die Standorte der einzelnen Anlagen weder – z.B. durch Standortvorgaben in einem Bebauungsplan – verbindlich vorgegeben noch – z.B. durch privatrechtliche Vereinbarungen der betroffenen Grundeigentümer und/oder Anlagenbetreiber – aufeinander abgestimmt sind, muß stets damit rechnen, daß andere Betreiber dasselbe Recht für sich in Anspruch nehmen wie er selbst, nämlich eine Anlage an einem ihnen genehmen, den gesetzlichen Zulässigkeitsvorgaben entsprechenden Standort zu errichten. Maßgeblich für das Ausmaß des Schutzes vor die „Betriebsfestigkeit" (vgl. Nr. 8 der DIBt-Richtlinie) potentiell beeinträchtigenden neuen Anlagen ist – wie bereits angesprochen – in erster Linie die Frage, mit welchen Abständen konkurrierender Anlagen die Betreiber von Windenergieanlagen in Windparks üblicherweise rechnen können und müssen. Hierfür bietet sich für eine praktisch handhabbare, sachgerechte Risikoverteilung das Abstellen auf einen bestimmten Entfernungsmaßstab an, der – wie hier bezüglich des Abstands von 5 Rotordurchmessern in Hauptwindrichtung nicht strittig ist – jedenfalls für den Normalfall unbedenklich ist.

Näherer Überprüfung bedarf allerdings, wer die Risiken zu tragen hat, daß der für den Normalfall unbedenkliche Mindestabstand in Hauptwindrichtung auf Grund besonderer Umstände des Einzelfalls nicht ausreicht. Insoweit ergibt sich entgegen der Auffassung des Antragstellers aus den normativen Vorgaben der §§ 15 Abs. 1 Satz 2 bzw. 18 Abs. 3 BauO NRW nicht zwangsläufig, daß es Sache des hinzutretenden Anlagenbetreibers ist, auch bei Einhaltung des in Hauptwindrichtung für den Normalfall ausreichenden Mindestabstands zu anderen Windenergieanlagen die Unschädlichkeit seiner Anlage nachzuweisen. Liegen besondere Umstände vor, stellt sich vielmehr die Frage, ob es nicht Sache jedes Anlagenbetreibers ist, sich auf eventuelle nachteilige

Folgen einer solchen Sondersituation einzurichten und ggf. schon die eigene Anlage darauf auszulegen oder jedenfalls entsprechend nachzurüsten, daß sie auch solchen Folgen Rechnung trägt, die sich trotz Einhaltung des für den Normalfall unbedenklichen Mindestabstandes aus den vorliegenden Besonderheiten ergeben. Hierfür läßt sich neben dem bereits angesprochenen Umstand, daß nach § 15 Abs. 1 Satz 1 BauO NRW jeder Bauherr einer baulichen Anlage grundsätzlich selbst für die Standsicherheit seiner eigenen Anlage einzustehen hat, insbesondere auch anführen, daß jeder Betreiber einer Windenergieanlage, der seine Anlage in einem Windpark errichten will, in dem besondere, vom Normalfall abweichende Bedingungen herrschen, sich von vornherein auf diese Sondersituation einstellen muß und nicht – gleichsam nach dem „Windhundprinzip" – die zusätzlichen Risiken der Sondersituation allein den neuen Anlagenbetreibern anlasten darf, die später den Windpark in gleicher Weise ausnutzen wie er selbst.

Über diesen im Hauptsacheverfahren abschließend zu klärenden Aspekt hinaus kann sich ggf. zusätzlich die Frage stellen, welche Folgerungen daraus zu ziehen sind, daß bei Hinzutreten neuer Anlagen die gesamte Turbulenzintensität, auch soweit sie von bereits bestehenden anderen Anlagen beeinflußt wird, ein Ausmaß erreicht, auf die eine bestimmte vorhandene Anlage entsprechend den einschlägigen technischen Richtlinien (möglicherweise) nicht ausgelegt ist. So kann es bei der nach § 15 Abs. 1 BauO NRW geforderten Risikozuordnung ungerechtfertigt sein, das von allen Anlagen gemeinsam bewirkte Überschreiten der vorausgesetzten Turbulenzintensität allein der Anlage zuzurechnen, die als letzte errichtet wird. Gegen eine solche Zuordnung spricht immerhin, daß die §§ 15 Abs. 1 Satz 2, 18 Abs. 3 BauO NRW eine Kausalität zwischen den Auswirkungen der baulichen Anlage und der Standsicherheit der anderen baulichen Anlage fordern. An einer solchen Kausalität könnte es fehlen, wenn die Standsicherheit nicht gerade durch die einzelne neue Anlage, sondern auch durch andere (bereits vorhandene) Anlagen beeinträchtigt wird.

Soweit sich der Antragsteller ferner auf einen Abwehranspruch aus § 22 BImSchG beruft, ist nicht ersichtlich, welche erheblichen Belästigungen er – neben den auch für die §§ 15, 18 BauO NRW beachtlichen – als unzumutbar abwehren will. Hinsichtlich der behaupteten Beeinträchtigungen, die von der Erhöhung der natürlichen Turbulenzintensität durch die Windenergieanlage des Beigeladenen ausgingen, ergibt sich aus § 22 BImSchG kein weitergehender Anspruch als nach den §§ 15, 18 BauO NRW.

Ob dem Antragsteller gegen die dem Beigeladenen erteilte Baugenehmigung ein baurechtlicher Abwehranspruch zusteht, erweist sich nach alledem als noch offen. Die hieran anknüpfende Interessenabwägung geht zu Lasten des Antragstellers aus. Der Antragsteller gibt zwar an, er hätte eine „drastische Beeinträchtigung der Lebensdauer der Windenergieanlage" belegt. Aus dem Gutachten folgt eine substantiierte Aussage jedoch lediglich für örtliche Gegebenheiten mit einer Turbulenzintensität von 0,3. Dann würde die „Auslegungslebensdauer" des am stärksten betroffenen Rotorblattes nur noch 1/13 betragen. Daß bei einer Erhöhung der Turbulenzintensität von dem auch nach Ansicht des Antragstellers unbedenklichen Wert von 0,2 auf den hier bei

Hinzutreten der strittigen Anlage prognostizierten Wert von 0,214 (und zwar beschränkt auf die Dauer des Hauptsacheverfahrens) auch nur annähernd vergleichbare Beeinträchtigungen zu erwarten sind, ist nicht dargelegt und im übrigen auch unwahrscheinlich. Selbst bei einem Ansatz des „Sicherheitszuschlags in Anlehnung an IEC 61400 – 1" sind auch nicht vorübergehend hinzunehmende Nachteile, die über bloße Beeinträchtigungen einer möglichst optimalen wirtschaftlichen Ausnutzung der Anlage hinausgehen, nicht konkret belegt. Demgegenüber hat der Beigeladene ein gewichtiges Interesse daran, seine dem für den Normalfall unbedenklichen Mindestabstand entsprechende Anlage in Betrieb zu nehmen und damit wie der Antragsteller an der Ausnutzung des Windparks zu partizipieren.

Nr. 139

1. **Auch beim Auswechseln einer Feuerstätte hat sich der Bauherr nach § 43 Abs. 7 Satz 1 BauO NRW 1995 vom Bezirksschornsteinfegermeister bescheinigen zu lassen, daß der Schornstein oder die Abgasanlage sich in einem ordnungsgemäßen Zustand befindet und für die angeschlossene Feuerstätte geeignet ist.**

2. **Die Gebühr nach §§ 1, 11 KÜGebO für die Prüfung und Begutachtung von Schornsteinen oder Abgasleitungen und die Ausstellung der Bescheinigung nach § 43 Abs. 7 BauO NRW 1995 fällt auch dann an, wenn der Bauherr den Bezirksschornsteinfegermeister nicht beauftragt hatte, die Arbeiten aber tatsächlich durchgeführt worden sind.**

BauO NRW 1995 § 43 Abs. 7; KÜGebO §§ 1, 11; SchfG § 13.

OVG Nordrhein-Westfalen, Beschluß vom 11. November 2003
– 9 A 2821/01 – (rechtskräftig).

(VG Aachen)

Nachdem die Klägerin in einer Wohnung ihres Hauses eine Gastherme ausgetauscht und an den Schornstein angeschlossen hatte, bescheinigte der beigeladene Bezirksschornsteinfegermeister der Klägerin nach Prüfung und Begutachtung, daß der Schornstein sich in einem ordnungsgemäßen Zustand befinde und für die angeschlossene Feuerstätte geeignet sei. Da die Klägerin die vom Beigeladenen hierfür geforderte Gebühr trotz Mahnung nicht bezahlte, setzte der Beklagte auf Bitten des Beigeladenen die Gebühr durch den angefochtenen Bescheid fest. Die nach erfolglosem Widerspruchsverfahren erhobene Klage wies das Verwaltungsgericht ab. Der Antrag der Klägerin auf Zulassung der Berufung wurde zurückgewiesen.

Aus den Gründen:
Der Rechtssache kommt keine grundsätzliche Bedeutung zu. Allerdings trifft der Vortrag der Klägerin zu, daß die von ihr aufgeworfenen Fragen, ob (1.) § 43 Abs. 7 Satz 1 BauO NRW 1995 dahingehend auszulegen ist, daß nur bei dem erstmaligen Anschluß von Feuerstätten an Schornsteine oder Abgasleitungen und nicht bei deren Auswechseln die Bauherrin oder der Bauherr sich von der Bezirksschornsteinfegermeisterin oder dem Bezirksschornstein-

fegermeister bescheinigen zu lassen hat, daß der Schornstein oder die Abgasanlage sich in einem ordnungsgemäßen Zustand befindet und für die angeschlossene Feuerstätte geeignet ist, (2.) die Bescheinigung nach §43 Abs. 7 Satz 1 BauO NRW 1995 durch den Bezirksschornsteinfegermeister nur auf einen Antrag des Bauherrn auszustellen ist, obergerichtlich bzw. höchstrichterlich bisher nicht entschieden sind. Dennoch bedürfen die Fragen keiner Klärung durch ein Berufungsverfahren, weil sie sich auf der Grundlage des Gesetzeswortlauts nach allgemeinen Auslegungsregeln ohne weiteres beantworten lassen bzw. in dieser Form nicht stellen.

Die Antwort auf die erste Frage ist eindeutig im Sinne des Verwaltungsgerichts zu geben, d. h. die Frage ist zu verneinen (so auch Gädtke/Böckenförde/Temme/Heintz, BauO NRW, 9. Aufl., §43 Rdnr. 57; Gädtke/Temme/Heintz, BauO NRW, 10. Aufl., §43 Rdnr. 57; Boeddinghaus/Hahn/Schulte, BauO NRW, Stand: 1. 2. 2003, §43 Rdnr. 42; vgl. auch RdErl. des Ministeriums für Bauen und Wohnen v. 24. 1. 1997 – IIA3–100/85 –, (VVBauO NW) Nr. 43.7 Abs. 2).

Das ergibt sich bereits aus dem Wortlaut der Norm. §43 Abs. 7 Satz 1 BauO NRW 1995 spricht als Grund für die einzuholende Bescheinigung des Bezirksschornsteinfegermeisters – neben Errichtung und Änderung von Schornsteinen – ohne jede Einschränkung vom Anschluß einer Feuerstätte an Schornsteine oder Abgasleitungen. Anschließen bedeutet das Herstellen einer Verbindung zwischen Feuerstätte und Schornstein oder Abgasleitung. Um funktionsfähig zu sein, bedarf eine Feuerstätte einer solchen Verbindung aber nicht nur beim erstmaligen Einbau, sondern auch dann, wenn sie nur Ersatz für eine bereits früher vorhandene, nunmehr abgebaute ist. Dann liegt aber auch insofern ein Anschluß vor. Angesichts dieses klaren Wortlauts hätte der Gesetzgeber eine Sonderregelung schaffen müssen, wenn er das Auswechseln von Feuerstätten nicht unter §43 Abs. 7 Satz 1 BauO NRW 1995 hätte fallen lassen wollen. Das Fehlen einer entsprechenden Ausnahme kann nur in dem Sinne verstanden werden, daß die Vorschrift in jedem Fall eingreifen sollte, zumal in anderem Zusammenhang der Gesetzgeber das Auswechseln von Gegenständen ausdrücklich einer Sonderregelung unterzogen hat (z. B. §65 Abs. 2 Nr. 2–4 BauO NRW 1995).

Entgegen der Ansicht der Klägerin ergibt sich aus der Gesetzesgeschichte nichts anderes. Es trifft zwar zu, daß im Entwurf der Landesregierung das Auswechseln von Schornsteinen und Feuerstätten noch ausdrücklich erwähnt war. Entsprechend wurde in der Begründung zum Entwurf darauf hingewiesen, daß die Vorschrift der Gefahrenabwehr diene und auch beim Auswechseln von Feuerstätten z. B. die damit meistens zur Energieeinsparung verbundene niedrigere Abgastemperatur selbst bei gleicher Leistung und gleichem Brennstoff dazu führen könne, daß der Schornsteinauftrieb zur einwandfreien Ableitung der Abgase der Feuerstätten nicht mehr ausreichte (vgl. LT-Drucks. 11/7153, S. 64, 168).

Der Umstand, daß in der später Gesetz gewordenen geänderten Fassung, die der Beschlußempfehlung des Ausschusses für Städtebau und Wohnungswesen entspricht (vgl. LT-Drucks. 11/8435, S. 65), das Auswechseln von Feuerstätten nicht mehr gesondert benannt wird, bedeutete jedoch nicht ein

Nr. 139

Abrücken von der Forderung, auch in diesen Fällen unter dem Gesichtspunkt der Gefahrenabwehr eine Bescheinigung einholen zu müssen. Die ausdrückliche Erwähnung des Auswechselns war vielmehr wegen des Einfügens der Worte „sowie beim Anschluß von Feuerstätten an Schornsteine oder Abgasleitungen" entbehrlich geworden, weil – wie aufgezeigt – darunter auch das Auswechseln von Feuerstätten fällt. Daß mit der Umformulierung der Norm keine Einbuße in bezug auf Sicherheitsanforderungen einhergehen sollte, wird auch an dem Zusatz in der der Beschlußempfehlung als Anlage beigefügten Synopse deutlich, in der es heißt, die Änderung sei aus Sicherheitsgründen erfolgt (vgl. LT-Drucks. 11/8435, S. 28 der Anlage).

Dieser Hinweis wäre unverständlich, wenn in diesen Fällen eine Überprüfung durch den Bezirksschornsteinfegermeister entfallen, also ein weniger an Sicherheitsprüfung vorgesehen werden sollte, obwohl keine Änderung bezüglich des Gefährdungspotentials eingetreten ist.

Die zweite Frage der Klägerin bedarf schon deswegen keiner Klärung durch ein Berufungsverfahren, weil sie sich in dieser Form vorliegend nicht stellt. Rechtsgrundlage für die vom Beklagten festgesetzte Schornsteinfegergebühr sind §§ 1, 11 KÜGebO (in der hier maßgeblichen Fassung v. 19. 11. 1995, GV. NRW, S. 1184). Danach ist gebührenpflichtiger Tatbestand die Prüfung und Begutachtung von Schornsteinen oder Abgasleitungen und das Ausstellen der Bescheinigung nach § 43 Abs. 7 BauO NRW i. V. m. § 13 Abs. 1 Nr. 4 und 9 SchfG. Daß der Beigeladene diese Tätigkeiten ausgeführt hat, wird von der Klägerin im Zulassungsverfahren letztlich nicht angegriffen. Sie stellt lediglich darauf ab, daß sie den Beigeladenen nicht entsprechend beauftragt habe. Das ist gebührenrechtlich jedoch unerheblich, soweit es um die Erfüllung des Gebührentatbestandes geht. Dieser setzt einen Auftrag nicht voraus, sondern stellt nur auf die reine Vornahme der in § 11 KÜGebO genannten Tätigkeiten im Rahmen der dem Bezirksschornsteinfegermeister nach § 13 Abs. 1 Nr. 4 und 9 SchfG obliegenden hoheitlichen Aufgabe ab. Hierdurch wird der jeweilige Grundstückseigentümer als Gebührenschuldner nach § 1 Abs. 1 KÜGebO auch nicht unverhältnismäßig belastet, denn ihm werden Gebühren nur für solche Tätigkeiten des Bezirksschornsteinfegermeisters abverlangt, die er nach § 43 Abs. 7 Satz 1 BauO NRW 1995 ohnehin zwingend durchführen lassen muß. Insoweit kann auf die früheren Ausführungen verwiesen werden.

Aus dem zuvor dargelegten ergibt sich zugleich, daß entgegen der Meinung der Klägerin keine ernstlichen Zweifel an der Richtigkeit der erstinstanzlichen Entscheidung bestehen (Zulassungsgrund nach § 124 Abs. 2 Nr. 1 VwGO). Der Einwand der Klägerin, die vom Verwaltungsgericht vorgenommene und hier bestätigte Gesetzesauslegung widerspreche allgemeinen gebührenrechtlichen Grundsätzen, geht fehl. Ihr Hinweis, ein Grundstückseigentümer sei trotz bestehenden Anschluß- und Benutzungszwangs nicht zur Zahlung von Abfallentsorgungsgebühren verpflichtet, solange der Anschluß- und Benutzungszwang nicht durchgesetzt werde und Müllgefäße nicht aufgestellt und benutzt würden, er also seinen Müll selbst entsorge, vergleicht Äpfel mit Birnen. Er verkennt, daß Abfallentsorgungsgebühren Benutzungsgebühren sind, während es sich bei den Gebühren des Beigeladenen um Verwaltungsgebühren handelt. Die Erhebung von Benutzungsgebühren setzt zwingend eine Benutzung voraus. Sie ist die Grundlage für die Gebührenpflicht. Die Verwaltungsgebühr ist dagegen ein Entgelt für eine Amtshandlung einer Behörde. Als Ausgleich dafür, daß diese tätig geworden ist und dadurch Kosten angefallen sind, wird eine Gebühr erhoben. Damit Bürger nun nicht ohne weiteres zu Kosten für irgendwelche Tätigkeiten einer Behörde herangezogen werden können, wird deshalb eine Sonderrechtsbeziehung gefordert, kraft derer sich der Bürger das behördliche Handeln zurechnen lassen muß. Als Gebührenschuldner kann er zudem u. a. nur dann herangezogen werden, wenn er das behördliche Handeln zurechenbar verursacht bzw. veranlaßt hat, z. B. durch einen Antrag, aber auch dann, wenn die Handlung zu seinen Gunsten vorgenommen worden ist (vgl. § 13 Abs. 1 Nr. 1 GebG NRW, § 13 Abs. 1 Nr. 1 VwKostG). In dieses System der Verwaltungsgebühren paßt sich die hier streitige Schornsteinfegergebühr ein. Die Sonderrechtsbeziehung ergibt sich aus der Verpflichtung der Klägerin aus § 43 Abs. 7 Satz 1 BauO NRW 1995. Nach den allgemeinen Grundsätzen des Verwaltungsgebührenrechts wird die Klägerin auch dann nicht zu Unrecht mit Gebühren überzogen, wenn sie dem Beigeladenen keinen Auftrag erteilt hat. Denn die Tätigkeit des Beigeladenen ist zugunsten der Klägerin erfolgt, weil sie dadurch von einer ihr kraft Gesetzes auferlegten Pflicht befreit worden ist.

Nr. 140

1. **Übernimmt ein Grundeigentümer eine Baulast, mit der die Genehmigungsvoraussetzungen für ein Vorhaben auf dem Nachbargrundstück geschaffen werden sollen, ist es eine Frage der Auslegung seiner Erklärung, ob die Wirksamkeit dieser Baulast auf das konkrete Vorhaben beschränkt ist.**

2. **Der typischen Interessenlage benachbarter Grundeigentümer ohne zusätzliche Sonderbeziehungen entspricht es, eine Baulasterklärung zugunsten eines Nachbarn nicht ohne Kenntnis der beabsichtigten Bebauung abzugeben. Wenn dem Erklärenden eine solche Kenntnis eines konkretisierten Vorhabens vermittelt worden war, spricht dies für einen Bezug der Baulast auf dieses Vorhaben und ihre Beschränkung hierauf.**

3. **Wird eine sog. Abstandsflächenbaulast übernommen, schließt sie eine nach § 68 Abs. HBauO erforderliche Zustimmung für das konkrete Vorhaben ein, gilt jedoch nicht notwendigerweise als Zustimmung für weitere Vorhaben oder Veränderungen des ursprünglichen Vorhabens.**

4. **Auch bei einer nur vorhabenbezogenen Baulast kann der Baulastübernehmer nicht jeglicher nachträglichen Änderung des auf Grundlage seiner Erklärung genehmigten Vorhabens widersprechen; vielmehr sind Änderungen denkbar, die weder seine Rechte noch seine Interessen berühren. Eine Veränderung, die ihrerseits für sich betrachtet erneut nach § 68 Abs. 3 HBauO zustimmungsbedürftig wäre – wie die Herstel-**

Nr. 140

lung eines Erkers –, ist jedoch bei einer vorhabenbezogenen Baulast nicht schon im Vorwege eingeschlossen.

HBauO § 68 Abs. 3, § 79 Abs. 1 Satz 1.

Hamburgisches OVG, Urteil vom 24. April 2002 – 2 Bf 701/98 – (rechtskräftig).

Die Klägerin begehrt die Aufhebung eines Widerspruchsbescheids, durch den die Anordnung der Beseitigung eines Erkers auf einem Nachbargrundstück wieder aufgehoben wurde.

Die Klägerin war bis zur während des Rechtsstreits erfolgten Veräußerung Eigentümerin des Grundstücks X.weg 114, die Beigeladene ist Eigentümerin des Grundstücks X.-weg 114a. ...

Im August 1994 beantragte die Beigeladene die Errichtung von zwei Doppelhäusern auf den Grundstücken X.weg 114a und 116. Die Klägerin erklärte sich im Januar 1995 schriftlich damit einverstanden, daß eine Baulast auf ihrer Zuwegung X.weg 114 in der Länge des vorgesehenen Baukörpers eingetragen werde. Im April 1995 stellte die Beigeladene einen neuen Antrag für die Errichtung eines Doppelhauses auf dem Grundstück X.weg 114a.

Mit Baugenehmigungsbescheid vom Juli 1995 erhielt die Beigeladene eine Genehmigung zur Errichtung eines Doppelhauses auf dem Grundstück X.weg 114a. Außerdem wurde ihr auf Grund von § 66 Abs. 1 HBauO u.a. eine Ausnahme „für den Teil der Abstandsfläche, der sich auf dem Grundstück Flurstück 6182 erstreckt und durch Baulast nach § 79 HBauO gesichert ist (§ 7 HBauO)", erteilt.

Nachdem der Klägerin der genehmigte Lageplan übersandt worden war, gab sie im Juli 1995 die folgende Verpflichtungserklärung nach § 79 HBauO ab:

„Als Eigentümerin des belasteten Grundstücks übernehme ich die öffentlich-rechtliche Verpflichtung, für das Bauvorhaben auf dem Flurstück 1780, ... die in dem beigefügten Auszug aus dem Liegenschaftskataster (Karte) dargestellte Baulastfläche als Abstandsfläche nach § 6 HBauO zur Verfügung zu stellen (§ 7 HBauO)."

Beigefügt war eine Karte, die eine in den Liegenschaftskatasterauszug eingezeichnete grobe Skizze des geplanten Gebäudes als schraffierte Fläche und die als Baulast in Anspruch genommene Fläche mit der Angabe des Maßes 1,86 m enthielt. Die Baulast wurde im Juli 1995 in das Baulastenverzeichnis eingetragen.

Im Januar 1996 stellte die Beigeladene einen Antrag zur Nutzungsänderung von 2 auf 4 Wohneinheiten, wobei u.a. auch ein Erker von 1,88m Breite und 0,50m Tiefe an der Ostseite des Hauses, die der klägerischen Zufahrt zugewandt ist, errichtet werden sollte.

Bei einer persönlichen Vorsprache bei der Beklagten .am im März 1996 erklärte die Klägerin ausdrücklich, daß sie mit den Veränderungen und dem verbleibenden Grenzabstand von 0,5m nicht einverstanden sei. Die Beklagte teilte der Beigeladenen im April 1996 mit, daß der Erker zur Grundstücksgrenze X.weg 114 nicht genehmigungsfähig sei. Die Befreiung von § 6 Abs. 11 HBauO werde nicht erteilt, weil das gemäß § 68 Abs. 3 HBauO erforderliche Nachbareinverständnis nicht vorliege.

Mit Bescheid vom Mai 1996 forderte die Beklagte die Beigeladene gemäß § 76 Abs. I HBauO auf, den inzwischen bereits errichteten Erkervorbau abzubrechen und zu beseitigen.

Mit Widerspruchsbescheid vom Juli 1996 hob die Beklagte die Beseitigungsanordnung vom Mai 1996 auf den Widerspruch der Beigeladenen hin wieder auf: Der Erker sei genehmigungsfähig. Er widerspreche nicht §§ 6 Abs. 11, 68 Abs. 3 Nr. 2 HBauO. Denn von der Klägerin sei für eine Fläche von 1,86m auf dem Grundstück X.weg 114 eine Baulast bewilligt und eingetragen worden. Das bedeute, daß die gemeinschaftliche Grundstücksgrenze von tatsächlich 1m zur Hauptgebäudewand der Widersprechenden auf nunmehr insgesamt 2,86 m auf das Grundstück der Beigeladenen, quasi um 1,86 m, verschoben worden sei. Die Beigeladene dürfe öffentlich-rechtlich alle in Abstandsflächen grundsätzlich zulässigen baulichen Anlagen in dem 2,86 m betragenden Abstandsraum errichten.

Die Klägerin hat eine gegen den Widerspruchsbescheid und auf Erlaß der Beseitigungsanordnung gerichtete Klage erhoben.

Aus den Gründen:
Die Klägerin hat bis zur Veräußerung ihres Grundstücks einen Anspruch auf die Aufrechterhaltung der auf § 76 Abs. I HBauO gestützten Beseitigungsverfügung der Beklagten vom Mai 1996, den sie im Wege der Prozeßstandschaft für ihren Rechtsnachfolger in diesem Rechtsstreit weiter geltend machen kann.

Werden bauliche Anlagen im Widerspruch zu öffentlich-rechtlichen Vorschriften errichtet oder geändert, so kann die Bauaufsichtsbehörde nach § 76 Abs. l HBauO die teilweise oder vollständige Beseitigung der baulichen Anlage anordnen, wenn nicht auf andere Weise rechtmäßige Zustände hergestellt werden können.

Die tatbestandlichen Voraussetzungen des § 76 Abs. 1 S. 1 HBauO liegen vor. Die Beigeladene hat den von der Klägerin beanstandeten Erker unter Verstoß auch gegen nachbarschützende Vorschriften formell und materiell illegal errichtet (1). Auf andere Weise als durch die Beseitigung des Erkers können rechtmäßige Zustände nicht hergestellt werden (2). Die Beseitigung ist auch im übrigen verhältnismäßig (3).

Darüber hinaus besteht auch ein Anspruch der Klägerin auf Einschreiten der Beklagten bzw. im vorliegenden Fall auf Aufrechterhaltung ihrer Beseitigungsverfügung. Für diese Beurteilung bedarf es keiner Vertiefung, in welchem Umfang bei einem Verstoß gegen eine nachbarschützende baurechtliche Vorschrift nicht in jedem Fall über den Anspruch auf fehlerfreie Ermessensentscheidung über den Antrag auf Einschreiten hinaus ein Rechtsanspruch des Nachbarn gegenüber der Bauaufsichtsbehörde besteht, gegen einen baurechtswidrigen Zustand einzuschreiten (vgl.: Alexejew/Haase/Großmann/Möhl, Hamburg. Bauordnungsrecht, Kommentar, Stand: März 2001; B2 § 76 Rdnr. 35 m. weit. Nachw.). Im vorliegenden Fall ist ein in Betracht zu ziehendes Ermessen jedenfalls so weit reduziert, daß nur noch die Beseitigung des Erkers rechtmäßig ist (4).

1. Der von der Beigeladenen in der Nähe der Grenze zum (ehemaligen) Grundstück der Klägerin errichtete Erkervorbau widerspricht öffentlich-rechtlichen Vorschriften.

a) Er ist wegen der fehlenden Baugenehmigung formell rechtswidrig und auch materiell nicht genehmigungsfähig. Denn er muß gemäß § 6 Abs. 11 HBauO von dem Nachbargrundstück der Klägerin mindestens 2 m entfernt bleiben. Er rückt aber bis zu 0,5 m an das (ehemalige) Grundstück der Klägerin heran und verletzt dadurch das Recht der Klägerin aus § 68 Abs. 3 HBauO. Die gemäß § 68 Abs. 3 S. 1 Nr. 2 HBauO erforderliche Zustimmung der Eigentümerin oder des Eigentümers des angrenzenden Grundstücks zur Unterschreitung des Mindestabstands liegt bisher nicht vor, ist vielmehr von der Klägerin ausdrücklich nicht erteilt worden. Die von der Klägerin übernommene Baulast hat die Zustimmung weder eingeschlossen noch entbehrlich gemacht.

Nach §79 Abs. 1 S. 1 HBauO können die in der Vorschrift genannten Berechtigten durch Erklärung gegenüber der Bauaufsichtsbehörde öffentlich-rechtliche Verpflichtungen zu einem ihre Grundstücke betreffenden Handeln, Dulden oder Unterlassen übernehmen, die sich nicht schon aus öffentlich-rechtlichen Vorschriften ergeben. Die Baulasterklärung stellt eine öffentlich-rechtliche Willenserklärung dar, deren Abgabe von der Bauaufsichtsbehörde nicht verlangt werden kann, sondern die vom Grundstückseigentümer freiwillig abgegeben wird (vgl.: Große-Suchsdorf/Lindorf/Schmaltz/Wiechert, Nieders. Bauordnung, Kommentar, 6. Aufl., 1996, §92 Rdnr. 33). Die dadurch begründete Baulast dient (jedenfalls in der Regel) dazu, ein Genehmigungshindernis für ein konkretes Bauvorhaben auszuräumen und die Einhaltung des öffentlichen Baurechts zu gewährleisten (vgl.: Bockenförde/Temme/Heintz/Krebs, LBO Nordrhein-Westfalen, Kommentar, 9. Aufl., 1998, §83 Rdnr. 21 ff.). Der Wortlaut der Vorschrift läßt es allerdings auch zu, losgelöst von einem konkreten Bauvorhaben eine rein abstrakte Baulast mit weitergehenden Wirkungen zu begründen. Ob eine Baulast eine in diesem Sinne vorhabenunabhängige oder eine vorhabenbezogene Bedeutung hat, ist eine Frage der Auslegung der abgegebenen Erklärung. Bei nicht eindeutigem Wortlaut ist für diese Auslegung die typische Interessenlage der Beteiligten zu berücksichtigen. Sofern nicht zusätzlich zweiseitige Beziehungen zwischen benachbarten Grundeigentümern bestehen und eine andere Beurteilung nahelegen, entspricht es der Interessenlage jedes Grundeigentümers, die Abgabe einer Baulasterklärung zugunsten seines Nachbarn nicht ohne Kenntnis dessen abzugeben, was dadurch als Bauvorhaben ermöglicht werden soll. Wenn eine Baulast zu einem Zeitpunkt übernommen wird, in dem das dadurch ermöglichte Bauvorhaben bereits durch genehmigte oder zur Genehmigung eingereichte Bauvorlagen konkretisiert ist und diese dem Baulastübernehmer bekannt waren, liegt es bei dieser Interessenlage nahe, daß die Baulast sich auf eben dieses Vorhaben bezog und auch hierauf beschränkte.

Im vorliegenden Fall ist davon auszugehen, daß die Klägerin die Baulast nur für das mit Baugenehmigungsbescheid vom Juli 1995 genehmigte konkrete Bauvorhaben der Beigeladenen übernehmen wollte und daß dies schon aus dem Wortlaut der Verpflichtungserklärung der Klägerin und darüber hinaus aus den Umständen der Abgabe der Verpflichtungserklärung entnommen werden konnte.

Im Wortlaut der Verpflichtungserklärung vom Juli 1995 heißt es ausdrücklich, daß die Klägerin die Verpflichtung „für das Bauvorhaben auf dem Flurstück 1780" übernehme. Im Hinblick auf die der Beigeladenen kurz vorher erteilte und der Klägerin bekannte Baugenehmigung konnte damit auch nur das konkrete Bauvorhaben der Beigeladenen gemeint sein und nicht irgend ein beliebiges. Schließlich gibt es auch keine sonstigen Anhaltspunkte, daß die Beklagte als Empfänger der Verpflichtungserklärung (oder ein anderer objektiver Betrachter der Verpflichtungserklärung, auf den es im Hinblick auf §79 Abs. 5 HBauO ankommen könnte) von einer anderen Vorstellung der

Klägerin ausgehen durfte, daß die Baulast nicht der typischen Interessenlage entsprechend nur für das konkrete Bauvorhaben der Beigeladenen, sondern ein beliebiges Bauvorhaben übernommen werden sollte. Wird eine sog. Abstandsflächenbaulast übernommen, schließt die dafür abgegebene Erklärung im Umfang ihrer Reichweite eine nach §68 Abs. 3 HBauO erforderliche nachbarliche Zustimmung zu einer grenznahen Bebauung ein. Besonderheiten einer solchen Abstandsflächenbaulast, wie sie hier übernommen worden ist, rechtfertigen dagegen nicht, von einer notwendigerweise weitergehenden Bedeutung der Baulast für künftige Veränderungen oder weitere Vorhaben auszugehen (so auch OVG Saarlouis, Beschluß v. 11. 11. 1998 – 2 Q 20/98 –). Soweit der VGH Mannheim für das baden-württembergische Landesrecht eine andere Auffassung vertritt (vgl. Urteil v. 27. 10. 2000, BauR 2001, 759 ff.), folgt der erkennende Senat dem nicht. Die vom Verwaltungsgericht in diesem Zusammenhang herangezogene Vorschrift des §7 Satz 2 HBauO gibt dafür nichts her. Sie betrifft die Nutzung der Baulastfläche selbst, für die nach §7 Satz 1 HBauO gesichert sein muß, daß sie nicht überbaut oder anderweitig als Abstandsflache angerechnet wird, und räumt ihrem Eigentümer die Möglichkeit ein, sie dennoch für solche baulichen Anlagen zu nutzen, die in Abstandsflachen zulässig sind oder zugelassen werden können. Für den durch die Abstandsflächenbaulast begünstigten Nachbarn ergibt sich dadurch keine zusätzliche begünstigende Wirkung. Im übrigen handelt es sich bei Erkern nach der Gesetzessystematik des §6 HBauO ohnehin nicht um bauliche Anlagen, die in Abstandsflachen zulässig sind oder zugelassen werden können, sondern um Gebäudeteile, die nach den allgemeinen Abstandsflächenregeln – wie es hier der Fall ist – unerheblich sein können, dafür aber den besonderen Grenzabstand nach §6 Abs. 11 HBauO wahren müssen.

Aus der Vorhabenbezogenheit einer Baulasterklärung folgt allerdings nicht, daß der Baulastübernehmer jeder nachträglichen Änderung des Vorhabens, das auf ihrer Grundlage genehmigt worden ist, widersprechen kann. Es sind vielmehr in größerer Zahl Änderungen vorstellbar, durch die weder Rechte noch Interessen des Baulastübernehmers berührt werden und die daher die Frage der Baulast bei verständiger Würdigung nicht erneut aufwerfen. Soweit das OVG Saarlouis (vgl. a. a. O.) auch bei solchen Änderungen das Vorhaben nicht mehr als durch die Baulast gedeckt ansieht, erscheint dies zu eng. Einer weiteren Vertiefung bedarf dies hier nicht. Jedenfalls solche Veränderungen, die für sich betrachtet seiner neuerlichen nachbarlichen Zustimmung nach §68 Abs. 3 HBauO bedürften, betreffen einen durch die HBauO besonders geschützten Rechtsbereich des Baulastübernehmers. Für sie kann bei einer vorhabenbezogenen Baulast, wie sie hier vorliegt, die Zustimmung nicht schon als im Vorwege eingeschlossen angesehen werden.

2. Es ist nicht erkennbar, daß auf andere Weise als durch die angeordnete Beseitigung des Erkers rechtmäßige Zustände hergestellt werden könnten. Solange nicht eine Zustimmung nach §68 Abs. 3 Satz 1 Nr. 2 HBauO vorliegt, ist die Beseitigung die einzige Möglichkeit, um ordnungsgemäße Zustände herzustellen. Eine nachträgliche Legalisierung ist anders nicht möglich, eine die Beigeladene weniger belastende Maßnahme nicht ersichtlich.

3. Die Beseitigungsanordnung verstößt auch nicht gegen den bei der Entscheidung über ein Einschreiten zusätzlich zu beachtenden Grundsatz der Verhältnismäßigkeit im engeren Sinne. Die Beseitigung des Erkervorbaus ist nicht unverhältnismäßig, das heißt, sie führt zu keinem Nachteil, der zur Herstellung ordnungsgemäßer Zustände außer Verhältnis steht. Denn sie dient der Beseitigung einer nicht nur marginalen Nachbarrechtsverletzung, die von der Beigeladenen auf eigenes Risiko und ohne bauaufsichtliche Genehmigung herbeigeführt worden ist. Der Verstoß gegen §68 Abs. 3 HBauO stellt nicht etwa nur einen als gering zu bewertenden Verstoß dar. Denn die Vorschrift dient in Konkretisierung des Art. 14 Abs. 1 GG der Abwehr abstrakt unzumutbarer Grundstücksbeeinträchtigungen, die von dessen Eigentümer auch bei Fehlen konkreter Beeinträchtigungen in der Nutzung des Grundstücks als Beeinträchtigung des Eigentumsrechts nicht hingenommen werden müssen. Die Beseitigungskosten sind zwar nicht konkret bekannt. Es aber gibt keine Anhaltspunkte dafür, daß sie eine Höhe erreichen könnten, die außer Verhältnis zu dem mit der Beseitigung angestrebten Ziel stehen könnten.

4. Bei dieser Sachlage ist nur noch die Aufrechterhaltung der Beseitigungsverfügung der Beklagten vom Mai 1996 und damit die Beseitigung des Erkervorbaus der Beigeladenen rechtmäßig. Sachgerechte Erwägungen, ausnahmsweise von der Beseitigungsanordnung abzusehen, sind weder erkennbar noch von der Beklagten oder der Beigeladenen vorgetragen worden.

Nr. 141

Eine Benutzergemeinschaft an einer Zufahrt, deren Fläche jeweils zur Hälfte im Alleineigentum der Nachbarn steht, kann einen Anspruch auf Zustimmung zu einer Baulasteintragung rechtfertigen.
(Nichtamtlicher Leitsatz)

BGB §§745 Abs. 2, 921; BauO NRW §83.

LG Wuppertal, Urteil vom 11. März 2003 – 1 O 356/02 – (rechtskräftig).

Die Kläger sind Eigentümer des Grundstückes K.-Str. 11, der Beklagte ist Eigentümer des Grundstücks K.-Str. 13.

Die Flurstücke sind mit zwei Häusern bebaut. Ursprünglich befanden sich in beiden Häusern Arztpraxen. Im Hause des Beklagten ist dies auch heute noch der Fall. Die Häuser stehen zur K.-Straße hin so eng beieinander, daß zwischen ihnen nur ein Zwischenraum in Form einer Zufahrt von jedenfalls 4,20 m besteht, welcher in einer Breite von 2,10 m den Klägern, im übrigen dem Beklagten gehört. Die Grundstücksgrenze verläuft durch diese Gemeinschaftsdurchfahrt. Diese Zufahrt stellt für die Parteien die einzige Verbindung zur öffentlichen Straße dar. So wird die Zufahrt regelmäßig auch von Taxen und Krankenwagen benutzt, welche die Patienten zu dem sich im Hause des Beklagten niedergelassenen Arztes befördern.

Auf dem hinteren Bereich der Grundstücke des Klägers befindet sich eine freie, gepflasterte Fläche, die bis vor 1$^1/_2$ Jahren noch mit Garagen bebaut war und welche nur über die Gemeinschaftszufahrt erreichbar ist. Diese Fläche wird je nach Bedarf und Vermietung des Hauses der Kläger genutzt. Das Haus der Kläger steht seit einiger Zeit teilweise leer. Das Erdgeschoß, das stets gewerblich genutzt worden ist, ist derzeit nicht vermietet.

Die Kläger beabsichtigen, im Erdgeschoß ihres Hauses eine Nutzungsänderung durchzuführen. Ursprünglich befand sich dort ein Laden. Nunmehr soll eine Spielhalle errichtet werden. Die Stadt ... macht die Genehmigung dieses Bauvorhabens und jede andere Nutzungsänderung davon abhängig, daß die Zufahrt zu dem sich auf den hinteren Grundstücksteilen nachzuweisenden zehn Stellplätzen durch die Eintragung einer Baulast gesichert wird.

Der Beklagte verweigert die Zustimmung zur Eintragung der Baulast.

Die beantragte Baugenehmigung wurde abgelehnt wegen des fehlenden Nachweises der Absicherung der gemeinsamen Zufahrt zu den Stellplätzen per Baulasteintragung. Dagegen haben die Kläger Widerspruch eingelegt.

Die Kläger behaupten, die im hinteren Bereich ihrer Grundstücke nachzuweisenden zehn Stellplätze bestünden bereits und würden seit mehreren Jahrzehnten im gegenseitigen Einverständnis der jeweiligen Grundstückseigentümer über die gemeinschaftliche Zufahrt erreicht und zum Abstellen der Fahrzeuge benutzt.

Aus den Gründen:
Den Klägern steht gemäß §745 Abs. 2 BGB i.V.m. §921 BGB ein Anspruch auf Bewilligung einer Zufahrtsbaulast durch den Beklagten zu.

Zwar ergibt sich kein unmittelbarer Anspruch aus §745 Abs. 2 BGB, da die Parteien keine Gemeinschaft i.S. der §741 ff. BGB bilden. Die streitgegenständliche Zufahrt steht nicht im Miteigentum der Parteien, vielmehr steht jeweils eine Teilparzelle im Alleineigentum einer Partei. Die Vorschriften über die Gemeinschaft sind jedoch auf den vorliegenden Fall anwendbar.

Dies deswegen, weil es sich bei der Zufahrt um eine Grenzeinrichtung i.S. des §921 BGB handelt und auch die reine Benutzungsgemeinschaft einen Anspruch auf Zustimmung zur Baulasteintragung rechtfertigt.

Bei der Zufahrt handelt es sich um eine Grenzeinrichtung i.S. des §921 BGB. Vorliegend grenzen die Grundstücke der Parteien aneinander. Ihre Grenze geht durch die Zufahrt. Letztere dient nicht nur dem Vorteil eines Grundstücks, sondern vielmehr beiden Grundstücken, da die Zufahrt unstreitig von beiden Parteien benutzt wird. Um als Grenzeinrichtung qualifiziert werden zu können, müßte die Zufahrt in beiderseitigem Einverständnis errichtet worden seien. Dies ist vorliegend der Fall. Ein diesbezügliches ausdrückliches Einverständnis haben die Kläger zwar nicht vorgetragen. Für die Entstehung einer gemeinsamen Grenzanlage genügt jedoch das formfreie Einverständnis des betroffenen Nachbarn. Dafür reicht eine konkludent erteilte Zustimmung des Nachbarn aus, die hier in der Nutzung der Grenzeinrichtung gesehen wird. Beide Parteien haben jahrelang die Zufahrt zur hinteren Grundstücksgrenze gemeinsam genutzt. Ob die Benutzung auf Klägerseite allein durch den Kläger oder auch durch Fremde erfolgt ist, ist hier unerheblich.

Eine wie hier genutzte gemeinsame Einfahrt stellt jedenfalls dann eine Grenzeinrichtung dar, wenn die geringe Breite des Weges eine getrennte Nutzung über eine eigene Einfahrt nicht zuläßt und eine Umgestaltung in zwei Wege nur mit wirtschaftlich unvertretbaren Aufwendungen möglich ist. Dies ist hier der Fall. Es ist unstreitig, daß die sich im Eigentum der Kläger befindliche Teilparzelle lediglich 2,10 m breit ist. Auch wenn dies gerade noch an der Grenze des tatsächlichen Möglichen wäre, um mit einem Fahrzeug üblicher Breite die Klägergrundstücke anfahren zu können, wäre die Umgestaltung in zwei getrennte Wege rechtlich nicht möglich. Gemäß §3 Abs. 3 Satz 1 Halbs. 1 i. V. m. Abs. 4 GarVO NW muß die Fahrbahn von Zu- und Abfahrten von Garagen- oder Stellflächen mindestens 2,75 m breit sein, was hier nicht der Fall wäre.

Diese reine Benutzergemeinschaft gibt den Klägern auch einen Anspruch auf Zustimmung zur Baulasteintragung. Das Benutzungsrecht i. S. des §921 BGB beinhaltet eine einer Grunddienstbarkeit ähnliche Belastung mit der Maßgabe, daß nur eine gemeinschaftliche Benutzung stattfindet. Es besteht zwar kein Schuldverhältnis, weil es sich um ein rein nachbarrechtliches, sachenrechtliches Verhältnis handelt. Aber auch bei der echten Gemeinschaft i. S. des §741 ff. BGB handelt es sich nicht um ein Schuldverhältnis, sondern um eine Tatsache, an die das Gesetz einzelne Verpflichtungen und Berechtigung knüpft, die in den §§742 bis 758 BGB geregelt sind. Anknüpfungspunkt ist die Tatsache, daß mehrere einen gemeinschaftlichen Gegenstand gemeinschaftlich nutzen können. Da beide Rechtsinstitute vergleichbar sind, bestehen keine Bedenken dagegen, die Rechtsprechung des Bundesgerichtshofs, die bei einer Gemeinschaft unter bestimmten Voraussetzungen einen Anspruch auf Zustimmung einer Baulasterteilung anerkennt, auf den vorliegenden Fall anzuwenden. Obwohl kein echtes Gemeinschaftsverhältnis vorliegt, sind daher gemäß §922 Satz 4 die Vorschriften der Gemeinschaft, insbesondere §745 Abs. 2 BGB anwendbar.

Gemäß §745 Abs. 2 BGB ist die Benutzung der Zufahrt nach billigem Ermessen zu regeln. Die Entscheidung der Frage, ob den Klägern ein Anspruch auf Zustimmung zur Baulasteintragung zusteht, ist also danach zu treffen, ob die angestrebte Regelung nach billigem Ermessen dem Interesse beider entspricht und die Grenze des §745 Abs. 3 BGB gewahrt ist. Dies ist vorliegend gegeben.

Die Kläger sind grundsätzlich gemäß §921 BGB berechtigt, die Zufahrt als ganzes zu nutzen und mit Kraftfahrzeugen zu befahren. Für den Beklagten ergibt sich daher grundsätzlich erst mal keine zusätzliche Belastung dadurch, daß sie eine Baulasteintragung bewilligen mit der Folge, daß die Kläger künftig im Einklang mit öffentlich-rechtlichen Vorschriften ihrer Fahrzeuge auf dem hinteren Teil abstellen dürfen. Dies stellt zunächst lediglich einen nicht schwerwiegenden rechtlichen Nachteil dar. Eine Wertminderung des Grundstücks tritt nach Auffassung der Kammer insoweit nicht ein, weil der Beklagte gemäß §921 BGB tatsächlich die Nutzung dulden muß. Daß darüber hinaus insoweit eine Baulast eingetragen wird, vermindert den Wert des Grundstückes daher nicht.

Etwas anderes könnte dann gelten, wenn auf Grund der geplanten Nutzungsänderung ein tatsächlicher Nachteil in Form z. B. von erhöhten Verkehrsaufkommen eintreten würde. Dann wäre möglicherweise eine ermessensgerechte Lösung nicht mehr gegeben. Aber auch dies kann vorliegend nicht festgestellt werden. Insoweit ist zu berücksichtigen, daß das Erdgeschoß des den Klägern gehörenden Hauses stets zu gewerblichen Zwecken genutzt wurde. Zuletzt war ein Laden untergebracht. Die Kunden dieses

Ladens habe die Grundstücksausfahrt auch benutzt bzw. benutzen können. Durch die geplante Nutzungsänderung, ob als Bistro oder als Spielhalle, mag eine gewisse zusätzliche Belastung der Grundstückseinfahrt auftreten. Dies deswegen, weil auch nach Schluß der normalen Geschäftszeiten eines Ladens Fahrzeuge noch auf den hinteren Teil des Grundstückes fahren können. Zu berücksichtigen ist aber hierbei, daß schon von je her das Erdgeschoß des klägerischen Hauses gewerblich genutzt worden ist, und eine Frequentierung auch von Dritten erfolgte. Bei dem Interessenausgleich ist auch zu berücksichtigen, daß auch von seiten des Beklagten nicht nur dieser, sondern auch dritte Personen die Zufahrt benutzen. Diese wird nämlich von Patienten des im Hause des Beklagten befindlichen Arztpraxis und auch von Krankenwagen befahren. Insofern wird auch durch den Beklagten die Durchfahrt nicht nur privat, sondern auch gewerblich genutzt. Daß angesichts der Enge der Durchfahrt ggf. Fahrzeuge, die von dem hinteren Grundstück wegfahren wollen, warten müssen, bis Fahrzeuge, die den hinteren Teil benutzen wollen, eingefahren sind, ändert nichts an der Tatsache, daß dadurch eine höhere Belastung nicht entsteht. Auch bei einer Nutzungsänderung durch den Kläger vermag das Gericht keine Umstände festzustellen, die es dem Beklagten unzumutbar erscheinen lassen, die Baulasterklärung abzugeben.

Der Anspruch auf Zustimmung zur Baulasterteilung ist auch nicht deswegen ausgeschlossen, weil die Baugenehmigungsbehörde der Stadt ... das Vorhaben möglicherweise nicht genehmigen wird, weil etwaige andere rechtliche Voraussetzungen, wie das Vorliegen eines Straßenerhöhungssteines oder die Zustimmung der Denkmalbehörde nicht erfüllt sind. Das Nichtvorliegen dieser Voraussetzung ist abänderbar und rechtfertigt eine Verweigerung der geforderten Baulasterklärung nicht.

Unerheblich ist auch der Einwand des Beklagten, daß die Kläger selbst gar keine Nutzungsänderung anstreben würden. Ob dies durch den Eigentümer geschieht oder durch einen Mieter, kann rechtlich keinen Unterschied bewirken. Auch wenn es nicht zu einer Nutzungsänderung in Form einer Spielhalle kommen wird, sondern vielmehr zu einem Bistro, ergeben sich keine Änderungen hinsichtlich der Belastungen. Im übrigen besteht in den Fällen, in denen die Baulasterklärung mit Erfolg verlangt wird, keine Gewähr dafür, daß es auch tatsächlich zur Nutzungsänderung kommt. Es besteht immer die Möglichkeit, daß von der Nutzungsänderung abgesehen wird. Es ist nicht gerechtfertigt, wegen der verbleibenden Ungewißheit hinsichtlich der Genehmigungsfähigkeit die Baulasterteilung zu verweigern.

II. Garagen und Einstellplätze
Nr. 142

Eine Änderung der Nutzung i.S. von § 48 Abs. 1 Satz 3 HBauO ist dann anzunehmen, wenn die Änderung der Nutzung nach dem Maßstab des § 60 Abs. 1 Satz 2 HBauO genehmigungsbedürftig ist.
(Nichtamtlicher Leitsatz.)

HBauO §§ 48 Abs. 1 Satz 3, 60 Abs. 1 Satz 2.

Hamburgisches OVG, Urteil vom 10. April 2003 – 2 Bf 432/99 – (rechtskräftig).

Die Beteiligten streiten um die Zahlung eines Ausgleichsbetrages für Stellplätze.

Nachdem die Klägerin Wohnhäuser erworben hatte, erhielt sie von der Beklagten 1997 für 64 Wohnungen eine Abgeschlossenheitsbescheinigung nach dem Wohnungseigentumsgesetz. Mit Bescheid vom April 1997 beanstandete die Beklagte, daß die Wohnungen ohne vorherige Nutzungsänderungsgenehmigung in Eigentumswohnungen umgewandelt worden seien, und forderte die Klägerin zwecks Prüfung der Genehmigungsvoraussetzungen auf, Bauvorlagen zum Nachweis von Stellplätzen einzureichen. Eine Nutzungsänderungsgenehmigung sei erforderlich, weil sich nach § 48 Abs. 1 HBauO ein Stellplatzmehrbedarf ergebe. Während für jede Mietwohnung 0,6 Stellplatz notwendig gewesen sei, ergebe sich für jede Eigentumswohnung ein Bedarf von einem Stellplatz. Aus der Rechnung 0,4 x 64 = 25,6 folge ein Mehrbedarf von 26 Stellplätzen. Falls die Stellplätze auf dem Grundstück oder in der Nähe nicht nachgewiesen werden könnten, könne die Verpflichtung gemäß § 49 Abs. 1 HBauO auch durch Zahlung eines Ausgleichsbetrages i. H. v. 17 600,– DM x 26 = 457 600,– DM erfüllt werden.

Im Juni 1997 übersandte die Beklagte daraufhin eine „Zahlungsaufforderung" über 457 600,– DM mit dem Betreff „Anfordern von Vorlagen/Stellplatznachweis vom 15. 4. 1997 hier: Ausgleichsbetrag für Stellplatzmehrbedarf". Zur Zahlung setzte sie eine Frist bis August 1997.

Hiergegen erhob die Klägerin entsprechend der beigefügten Rechtsmittelbelehrung Widerspruch. Zur Begründung machte sie geltend, daß die Umwandlung von Miet- in Eigentumswohnungen keine nach § 60 Abs. 1 HBauO genehmigungspflichtige Nutzungsänderung darstelle und deshalb auch der geforderte Ausgleichsbetrag nicht berechtigt sei.

Aus den Gründen:
II. Die Beklagte hat von der Klägerin zu Unrecht die Herstellung von Stellplätzen verlangt und einen Ausgleichsbetrag festgesetzt.

Die Rechtmäßigkeit der auf § 49 Abs. 1 Satz 1 Nr. 1 HBauO gestützten Ausgleichsforderung setzt voraus, daß die Klägerin primär überhaupt zur Herstellung notwendiger Stellplätze verpflichtet ist. Ob dies der Fall ist, bestimmt sich nach § 48 Abs. 1 Satz 3 HBauO. Nach dieser Vorschrift sind bei baulichen Änderungen und bei Änderungen der Nutzung nur Stellplätze für den Mehrbedarf infolge der Änderung herzustellen. Bauliche Änderungen sind hier unstreitig nicht erfolgt. Die bloße Umwandlung von 64 Mietwohnungen in Eigentumswohnungen stellt aber auch keine Änderung der Nutzung i. S. von § 48 Abs. 1 Satz 3 HBauO dar.

1. Der Begriff der „Änderungen der Nutzung" ist in § 48 HBauO nicht definiert. Er findet sich außer in der hier maßgeblichen Regelung gleichlautend

oder in Gestalt der „Nutzungsänderung" auch in weiteren Bestimmungen des Bauordnungsrechts, wie z. B. in §§ 3 Abs. 4, 53, 60 Abs. 1 Satz 2, 69 Abs. 1 Satz 2 HBauO. Eine Legaldefinition, die systematisch in § 2 HBauO zu erwarten wäre und dem an verschiedenen Stellen des Gesetzes verwendeten Begriff eine einheitliche Bedeutung verleihen würde, ist der Hamburgischen Bauordnung ebenfalls nicht zu entnehmen. Von daher ist der Begriff der „Änderungen der Nutzung" in § 48 Abs. 1 Satz 3 HBauO im Ausgangspunkt sowohl für eine am spezifischen Sinn und Zweck nur dieser Norm orientierte Auslegung als auch für eine Auslegung unter Berücksichtigung der in anderen Zusammenhängen maßgeblichen Bedeutung offen.

a) Das Verwaltungsgericht hat eine finale Betrachtungsweise befürwortet und zur Bestimmung einer Änderung der Nutzung i. S. von § 48 Abs. 1 Satz 3 HBauO darauf abgestellt, ob an einer baulichen Anlage eine Maßnahme ergriffen wird, die objektiv eine Erhöhung der Verkehrsfrequenz erwarten läßt, und daher wegen des Schutzwecks der Norm Bedarf besteht, weitere Stellplätze für die Aufnahme des ruhenden Verkehrs herzustellen. Auf der Linie desselben Ansatzes liegt die von der Beklagten vertretene Auslegung, wonach eine Änderung der Nutzung i. S. von § 48 Abs. 1 Satz 3 HBauO dann gegeben sein soll, wenn sich unter Beachtung der in der Globalrichtlinie „Notwendige Stellplätze und notwendige Fahrradplätze" niedergelegten Bemessungswerte für die Anzahl notwendiger Stellplätze entweder eine stellplatzrelevante Veränderung der Verkehrsquelle oder eine Veränderung des Bemessungsfaktors ergibt. Diese Auffassungen können sich in diesem Ansatz auf eine frühere Entscheidung des Berufungsgerichts (OVG Hamburg, Urteil v. 29. 2. 1988, BRS 48 Nr. 105) stützen. Darin ist ausgeführt, eine Nutzungsänderung i. S. der §§ 65 Abs. 2 HBauO 1969, 48 Abs. 1 HBauO 1986 liege vor, wenn die Nutzung einer baulichen Anlage in ihrer stellplatzrechtlichen Qualität gegenüber der bisherigen Nutzung geändert werde, d. h. wenn sie in eine andere Verkehrsquelle im Sinne der „Richtwerte für die Anzahl notwendiger Stellplätze" umgewidmet werde oder wenn – bei gleicher Verkehrsquelle – die bedarfsbestimmenden Faktoren für die Berechnung der Stellplätze geändert würden.

Wäre dieser Auffassung des Verwaltungsgerichts zu folgen, käme es entscheidend darauf an, ob sich mit der Umwandlung in Eigentumswohnungen in der Nutzung der Gebäude tatsächlich überhaupt etwas geändert hat, was das Verwaltungsgericht mit verständigen Erwägungen verneint hat.

Diesen Ansatz hat das Berufungsgericht aber bereits in seinem Urteil vom 17. 12. 1992 (– Bf II 23/91 –, DVBl. 1993, 449, LS) aufgegeben und darauf hingewiesen, daß es für die Frage, ob überhaupt eine nach § 48 Abs. 1 HBauO zu beurteilende bauliche Änderung oder eine Nutzungsänderung vorliegt, nicht darauf ankommt, ob sie stellplatzrelevant ist. Eine nähere Klärung des Begriffes der „Änderung der Nutzung" war seinerzeit nicht notwendig, weil in jenem Fall über die Wesentlichkeit einer baulichen Änderung zu entscheiden war.

Aus der Weiterentwicklung des letztgenannten Ansatzes, an dem der erkennende Senat festhält, ergibt sich, daß eine Änderung der Nutzung i. S. von § 48 Abs. 1 Satz 3 HBauO dann anzunehmen ist, wenn die Änderung der

Nutzung nach dem Maßstab des § 60 Abs. 1 Satz 2 HBauO genehmigungsbedürftig ist. Das ist nach dem Wortlaut des § 60 Abs. 1 Satz 2 HBauO wiederum der Fall, wenn von der im Bebauungsplan festgesetzten Nutzung abgewichen wird oder wenn besondere Rechtsvorschriften für die Benutzung bestehen.

b) Für diese Auslegung unter Rückgriff auf die verfahrensrechtliche Vorschrift des § 60 Abs. 1 Satz 2 HBauO sprechen vor allem Gründe der Rechtssicherheit. Die Änderung der Nutzung hat nach § 48 Abs. 1 Satz 3 HBauO zur Folge, daß der Bauherr nicht mehr auf die Maßgeblichkeit der bisherigen Stellplatzentscheidungen der Behörde verweisen kann, sondern auf Grund der Änderung Anlaß für eine abermalige Prüfung der Stellplatzfrage besteht. Dabei können selbst bei Beschränkung der Stellplatzpflicht auf den Mehrbedarf erhebliche Aufwendungen für die Herstellung oder Ablösung von Stellplätzen im Raume stehen, wie auch der vorliegende Streitfall zeigt. Auf seiten des Bauherrn besteht deshalb ein berechtigtes Interesse, von vornherein überblicken zu können, ob die Stellplatzfrage anläßlich einer die Nutzung einer baulichen Anlage betreffenden Maßnahme erneut aufgeworfen wird. Dieses Interesse verlangt bei der Bestimmung des Begriffes der „Änderungen der Nutzung" i. S. von § 48 Abs. 1 Satz 3 HBauO nach einem hinreichend eindeutigen Anknüpfungspunkt. Insofern liegt es nahe, auf den gesetzlich ausdrücklich geregelten Maßstab zurückzugreifen, nach dem eine Änderung der Nutzung genehmigungsbedürftig ist. Geht eine Änderung der Nutzung nämlich so weit, daß ihre Übereinstimmung mit öffentlich-rechtlichen Vorschriften – vorbehaltlich der Freistellungen nach § 61 HBauO – der Überprüfung in einem Genehmigungsverfahren bedarf, kann sich der Bauherr auch darauf einstellen, daß die Überprüfung die Stellplatzfrage einschließt und möglicherweise zu einem Stellplatzmehrbedarf führt.

Dem entspricht im übrigen, daß in § 48 HBauO weder bei der Errichtung baulicher Anlagen (Abs. 1 Satz 1) noch bei baulichen Änderungen oder Änderungen der Nutzung (Abs. 1 Satz 3) ein besonderes Verfahren für die Prüfung und Festsetzung der notwendigen Stellplätze bzw. des Mehrbedarfs vorgesehen ist. Es handelt sich vielmehr um eine Norm, die in der Regel im Genehmigungsverfahren zur Anwendung kommt, wobei § 48 Abs. 1 Satz 1 und 3 HBauO – soweit letzterer Satz bauliche Änderungen betrifft – mit § 60 Abs. 1 Satz 1 HBauO und § 48 Abs. 1 Satz 3 HBauO – soweit dieser Satz Änderungen der Nutzung betrifft – mit § 60 Abs. 1 Satz 2 HBauO korrespondiert.

c) Ein vergleichbares Maß an Rechtssicherheit kann eine Begriffsbestimmung, die sich statt dessen an die Stellplatzrelevanz der Nutzungsänderung anlehnt, nicht gewährleisten. Dies folgt bereits daraus, daß konkrete Bemessungswerte für die Anzahl notwendiger Stellplätze in Abhängigkeit von der jeweiligen Nutzung einer baulichen Anlage im Gesetz selbst – oder in einer auf das Gesetz gestützten Rechtsverordnung – nicht ausdrücklich geregelt sind. Derartige Bemessungswerte können nur der Globalrichtlinie der Beklagten „Notwendige Stellplätze und notwendige Fahrradplätze" entnommen werden, in der verschiedene Verkehrsquellen aufgeführt und diesen ein Maßstab und eine Berechnungseinheit für die Zahl der notwendigen Stellplätze zugeordnet sind. Zwar hat der erkennende Senat in der Vergangenheit wiederholt entschieden, daß diese Globalrichtlinie (bzw. ihre Vorläufer) in der Regel zuverlässige Anhaltspunkte für den Stellplatzbedarf eines Gebäudes liefert und deshalb bei der Entscheidungsfindung herangezogen werden kann (vgl. u. a. OVG Hamburg, Beschluß v. 7. 1. 2000 – 2 Bs 344/99 –, BRS 63 Nr. 68; Urteil v. 17. 12. 1992, a. a. O.; Urteil v. 29. 2. 1988, a. a. O.). Als interner Verwaltungsanweisung kann der Globalrichtlinie aber bei der Bestimmung gesetzlicher Begriffe – wie hier demjenigen der Änderungen der Nutzung i. S. von § 48 Abs. 1 Satz 3 HBauO – von vornherein nicht die Bedeutung beigemessen werden, die in förmlichen Rechtsvorschriften enthaltenen Definitionen, Umschreibungen oder Maßstäben zukommt. Dies gilt auch und gerade unter dem Gesichtspunkt der Rechtssicherheit, da die Globalrichtlinie weder einer Bekanntmachung bedarf noch im Außenverhältnis eine Bindung erzeugt. Zudem haben die Erläuterungen der Beklagten im vorliegenden Verfahren zur mittlerweile erfolgten Anpassung des Richtwertes für Eigentumswohnungen an diejenigen für Mietwohnungen gezeigt, daß es sich bei den in der Richtlinie niedergelegten Richtwerten nicht ausschließlich um eine Sammlung von Erfahrungswerten zu Nutzungen handelt, deren Unterscheidung nach dem Zweck des Gesetzes zwingend geboten ist, sondern daß Opportunitätserwägungen durchaus mit von Bedeutung sind. Wollte man die Globalrichtlinie dennoch zur Auslegung des Begriffes der „Änderungen der Nutzung" in § 48 Abs. 1 Satz 3 HBauO heranziehen, könnte damit der Beklagten letztlich in rechtsstaatlich bedenklicher Weise die Befugnis eingeräumt werden, ihrerseits den gesetzlichen Begriff maßgeblich zu definieren, und würde der Inhalt des Begriffes unter Umständen von sich beliebig wandelnden Anschauungen der Verwaltungspraxis abhängig gemacht. Die Erwägung, daß die Richtigkeit der Globalrichtlinien und ihrer Veränderungen im jeweiligen Einzelfall eines Rechtsstreits der Inhaltskontrolle im gerichtlichen Verfahren unterliegt, kann die rechtsstaatlichen Bedenken nicht ausräumen.

d) Gegen die vom Verwaltungsgericht und der Beklagten vertretene Auslegung der Änderungen der Nutzung i. S. des § 48 Abs. 1 Satz 3 HBauO spricht ferner die Struktur der Vorschrift. Wie der Senat bereits in seiner Entscheidung vom 17. 12. 1992 (a. a. O.) zum damals noch geltenden § 48 Abs. 1 HBauO 1986 dargelegt hat, ist die Stellplatzrelevanz einer baulichen Änderung oder einer Nutzungsänderung als solche nicht Teil der Tatbestandsmerkmale des Gesetzes. Sie tritt vielmehr bei den Rechtsfolgen in Erscheinung, indem die Vorschrift zur Herstellung von Stellplätzen für den „Mehrbedarf" verpflichtet. Der Mehrbedarf ist das Ergebnis der abermaligen Prüfung der Stellplatzfrage und der Neuberechnung der Stellplätze und kann damit nicht zugleich das Kriterium dafür sein, ob die Stellplatzfrage überhaupt erneut aufgeworfen wird. Die zwischenzeitliche Änderung des § 48 Abs. 1 HBauO durch das Gesetz zur Änderung der Hamburgischen Bauordnung und anderer Gesetze vom 27. 9. 1995 (GVBl., 221) hat an dieser Rechtslage entgegen der Auffassung der Beklagten nichts geändert. Nach früherem Recht machte § 48 Abs. 1 HBauO die Unterscheidung von vier verschiedenen Tatbeständen erforderlich, an die insgesamt drei verschiedene Rechtsfolgen geknüpft waren. Nur im Falle der wesentlichen baulichen Änderung wurde der volle Stellplatznachweis (einschließlich aufgelaufener Fehlbestände) gefordert, während sich bei unwesentlichen baulichen Änderungen, aber auch bei wesentlichen Nutzungsänderungen die Forderung auf den Mehrbedarf beschränkte und im Falle einer unwesentlichen Nutzungsänderung sogar auf jeglichen Stellplatznachweis verzichtet wurde. Die im Jahre 1995 erfolgte Neuregelung des §48 Abs. 1 HBauO hat die Vorschrift zwar insofern vereinfacht, als nicht länger zwischen wesentlichen und unwesentlichen Änderungen unterschieden wird, sondern nunmehr in allen Fällen einer Änderung – sei es eine bauliche Änderung oder eine Nutzungsänderung – nur noch Stellplätze „für den Mehrbedarf infolge der Änderung" herzustellen sind. Diese Neufassung ändert aber nichts daran, daß die Stellplatzrelevanz einer Nutzungsänderung nach wie vor (erst) bei den Rechtsfolgen in Erscheinung tritt. Eine Bestimmung des Begriffes der „Änderungen der Nutzung", die darauf abstellt, ob die Änderungen Auswirkungen auf den Stellplatzbedarf haben, würde deshalb nicht hinreichend zwischen Tatbestand und Rechtsfolgen trennen.

Soweit demgegenüber die Beklagte der Ansicht ist, der Mehrbedarf sei nicht Merkmal der Rechtsfolge, sondern des Tatbestandes, kann dem nicht gefolgt werden. Nach dieser Auffassung der Beklagten besteht die im Gesetz angeordnete Rechtsfolge für diesen Tatbestand darin, daß neue Stellplätze „nur" im Umfang des Mehrbedarfs und nicht etwa im Umfang des vollständigen durch in der Vergangenheit aufgelaufene Fehlbestände gekennzeichneten Gesamtbedarfs zu schaffen sind. Diese Auffassung setzt – wie die Beklagte folgerichtig auch meint – voraus, daß ohne den Satz 3 des §48 Abs. 1 HBauO sich aus Satz 1 derselben Vorschrift im Falle von baulichen Änderungen oder Nutzungsänderungen die Verpflichtung ergeben würde, die Zahl der Stellplätze bis zum vollständigen aus heutiger Sicht bemessenen Bedarf der baulichen Anlage zu ergänzen. Dies ist nicht der Fall. §48 Abs. 1 Satz 1 HBauO knüpft unmißverständlich nur an die Errichtung baulicher Anlagen an. Aus den Einzelvorschriften des §83 HBauO hätte sich eine solche Verpflichtung allenfalls bei wesentlichen Änderungen bis zur Grenze unzumutbarer Mehrkosten herleiten lassen (§83 Abs. 3 HBauO). §48 Abs. 1 Satz 3 HBauO ist daher als abschließende Regelung zur Frage der Pflicht zur Herstellung von Stellplätzen aus Anlaß von Änderungen der baulichen Anlagen zu verstehen und nicht nur als Vorschrift zur Begrenzung dieser Pflicht.

e) Mit der hier vertretenen Auslegung des Begriffes der „Änderungen der Nutzung" in §48 Abs. 1 Satz 3 HBauO lassen sich alle denkbaren Fallgestaltungen, die zu einem Stellplatzmehrbedarf führen können, auch hinlänglich erfassen. Dabei ist in Rechnung zu stellen, daß die Bemessung der notwendigen Stellplätze stets auf einer Prognose hinsichtlich der Art und Zahl der vorhandenen und zu erwartenden Kraftfahrzeuge der ständigen Benutzer und Besucher der Anlage (§48 Abs. 1 Satz 2 HBauO) beruht, die naturgemäß eine gewisse Bandbreite beinhaltet. Es kann daher nicht darum gehen, jede noch so geringfügige Auswirkung einer Änderung der Nutzung auf den Stellplatzbedarf zu erfassen, sondern nur jene Auswirkungen, die die Bandbreite der bisherigen Prognose überschreiten. Diesem Anliegen wird mit dem Rückgriff auf §60 Abs. 1 Satz 2 HBauO genügt.

Die erste Alternative §60 Abs. 1 Satz 2 HBauO ist zunächst geeignet, alle Nutzungsänderungen von bodenrechtlicher Relevanz und damit bereits eine

Vielzahl von Fällen zu erfassen. Zwar könnte die Formulierung „wenn von der im Bebauungsplan festgesetzten Nutzung abgewichen wird" den Eindruck erwecken, als bestehe nur ein schmaler Anwendungsbereich, weil sich ein Genehmigungsverfahren bei einer Nutzungsänderung erübrige, wenn kein Bebauungsplan existiert oder wenn es sich bei der künftigen Nutzung zwar um eine erkennbar andere handelt, diese aber durch den Bebauungsplan ebenfalls zugelassen wird. Daß ein solches Verständnis nicht zutrifft, ist aber in der Rechtsprechung des Senats bereits geklärt. Danach ist eine Nutzungsänderung genehmigungsbedürftig und erfüllt mithin auch den Tatbestand des §48 Abs. 1 Satz 3 HBauO, wenn sie bodenrechtlich relevant sein kann. Das ist stets der Fall, wenn die beabsichtigte Nutzungsart einem anderen Tatbestandsmerkmal der Vorschriften über die Art baulicher oder gewerblicher Nutzung zuzuordnen ist als die bisherige Nutzung (vgl. OVG Hamburg, Urteil v. 19. 12. 1996, BRS 58 Nr. 75). Die zweite Alternative des §60 Abs. 1 Satz 2 HBauO wird für einen weiteren großen Teil aller Fallgestaltungen die Einbeziehung in den Begriff der „Änderungen der Nutzung" i. S. des §48 Abs. 1 Satz 3 HBauO zur Folge haben, weil vielfach bauordnungsrechtliche und gewerberechtliche Vorschriften bestehen, die beim Wechsel zwischen Wohnnutzung und gewerblicher Nutzung, beim Wechsel von einer gewerblichen Nutzung zu einer anderen oder auch nur bei einer Umwidmung von Nebenräumen zu Aufenthaltsräumen zu beachten sind und differenzierte Anforderungen enthalten. Zu berücksichtigen ist schließlich, daß für die stellplatzrechtliche Beurteilung und für eine Stellplatzforderung überhaupt nur dann eine Anknüpfung an die Änderung der Nutzung erforderlich ist, wenn sie ohne bauliche Änderungen erfolgt (vgl. OVG Hamburg, Urteil v. 17. 12. 1992, a. a. O.).

Ansonsten greift stets das Merkmal der baulichen Änderungen ein. In aller Regel ist aber ohne bauliche Änderungen der Spielraum für Nutzungsänderungen, die einen höheren Stellplatzbedarf auslösen, gering.

2. In Anwendung des oben aufgezeigten Maßstabs ergibt sich, daß die streitige Umwandlung von Miet- in Eigentumswohnungen keine Änderung der Nutzung i. S. von §48 Abs. 1 Satz 3 HBauO darstellt. Weder ist sie nach dem Maßstab des §60 Abs. 1 Satz 2 HBauO von bodenrechtlicher Relevanz, noch bestehen besondere Rechtsvorschriften für die Benutzung. Insbesondere können die Regelungen des §48 HBauO entgegen der Auffassung der Beklagten nicht als solche besonderen Rechtsvorschriften angesehen werden. Denn §48 HBauO regelt lediglich allgemein die Stellplatzpflicht bei der Errichtung, Änderung und Nutzungsänderung baulicher Anlagen, enthält aber keine ausdrücklichen differenzierten Anforderungen für bestimmte Nutzungsarten. Differenzierungen ergeben sich nur bei Heranziehung der Globalrichtlinie „Notwendige Stellplätze und notwendige Fahrradplätze" zur Bestimmung der Anzahl der notwendigen Stellplätze bzw. des Mehrbedarfs, was jedoch nicht ausreicht, um §48 HBauO als besondere Rechtsvorschrift für die Benutzung zu qualifizieren. Die Globalrichtlinie hat selbst keinen Rechtssatzcharakter und kann auf Grund der oben dargelegten Bedenken auch nicht wie ein Rechtssatz angewendet werden. ...

Nr. 143

1. Der Begriff der Nutzungsänderung setzt jedenfalls bei genehmigten bisherigen Nutzungen keine zeitliche Kontinuität zwischen bisheriger und neuer Nutzung voraus in dem Sinn, daß von einer bisher genehmigten und ausgeübten zu einer neuen Nutzung gewechselt wird.

2. Die Einstellung der von einer Baugenehmigung gedeckten Nutzung führt nicht dazu, daß die Baugenehmigung ganz oder teilweise erlischt. Es bleibt offen, ob das auch dann gilt, wenn sich die bauplanungsrechtliche Lage ändert.

BayBO, Art. 52 Abs. 3 Satz 1, Art. 77; BayVwVfG Art. 43 Abs. 2.

Bayerischer VGH, Urteil vom 20. Februar 2003 – 15 B 00.1363 –.

(VG Regensburg)

Der Kläger ist seit 1994 Eigentümer des mit einem gemischt genutzten Gebäude bebauten Grundstücks im Zentrum des Marktplatzes der Gemeinde. Ein Bebauungsplan besteht für das maßgebliche Gebiet nicht.

Der Kläger beantragte im September 1994 eine Baugenehmigung für das Vorhaben „Wohn- und Geschäftshaus R. Marktplatz 28" (Umbau des bestehenden Gebäudes). Nach den eingereichten Bauvorlagen soll die Nutzung im Erdgeschoß des Gebäudes unverändert bleiben (Bank/Büro). Im ersten Obergeschoß sollen neben einer Wohnung Räume für drei Büros entstehen. Für das zweite Obergeschoß sind vier Wohnungen und für das Dachgeschoß fünf Wohnungen geplant.

Das Landratsamt lehnte den Bauantrag mit der Begründung ab, das Bauvorhaben löse unter Anrechnung von drei Stellplätzen für die bestehende Nutzung im ersten Obergeschoß (Art. 52 Abs. 3 Satz 1 BayBO) einen Bedarf von 14 Stellplätzen aus (EG: keine Veränderung, 1. OG: fünf Stellplätze, 2. OG: vier Stellplätze, DG: fünf Stellplätze). Der Kläger habe demgegenüber nur die Errichtung von 5 Stellplätzen nachgewiesen. Für das zweite Obergeschoß könne der Stellplatzbedarf des Altbestands nicht angerechnet werden. Dessen Nutzung (Fremdenzimmer) sei spätestens im Jahre 1960 aufgegeben worden.

Aus den Gründen:

Ohne Erfolg wendet sich der Beklagte dagegen, daß das Verwaltungsgericht den Beklagten verpflichtet hat, über den Bauantrag des Klägers neu zu entscheiden. Das Verwaltungsgericht hat bei der Ermittlung der für das Bauvorhaben des Klägers erforderlichen Stellplätze im Ergebnis zutreffend die frühere Nutzung im zweiten Obergeschoß des Anwesens Marktplatz 28 bedarfsmindernd berücksichtigt.

1. Stellplätze sind in ausreichender Zahl (und Größe sowie in geeigneter Beschaffenheit) herzustellen, wenn bauliche Anlagen oder andere Anlagen errichtet werden, bei denen ein Zu- und Abfahrtsverkehr zu erwarten ist (Art. 52 Abs. 2 Satz 1 BayBO). Bei Änderungen baulicher Anlagen oder ihrer Benutzung sind Stellplätze in solcher Zahl herzustellen, daß sie die durch die Änderung zusätzlich zu erwartenden Kraftfahrzeuge aufnehmen können (Art. 52 Abs. 3 Satz 1 BayBO). Der Mehrbedarf ergibt sich aus der Differenz zwischen dem Stellplatzbedarf der früheren und dem der geänderten Benutzung; er ist nach der im maßgeblichen Entscheidungszeitpunkt bestehenden

Sach- und Rechtslage zu ermitteln (vgl. Jäde, in: Jäde/Dirnberger/ Weiß, Die neue Bayerische BO, Rdnr. 80 ff. zu Art. 52). Das Vorhaben des Klägers ist in seiner Gesamtheit eine dem Art. 52 Abs. 3 Satz 1 BayBO unterfallende Änderung der Benutzung. Der Terminus „Änderung der Benutzung" deckt sich mit dem Begriff der Nutzungsänderung. Er setzt jedenfalls bei genehmigten bisherigen Nutzungen nicht voraus, daß sich die neue Nutzung an eine bisher konkret ausgeübte Nutzung anschließt (hierzu 2.). Es genügt, wenn die frühere Nutzungsart noch von einer Baugenehmigung gedeckt ist, was hier der Fall ist (hierzu 3.).

2. Die Bayerische Bauordnung gebraucht verschiedentlich den Begriff der (Änderung der) Benutzung, neben Art. 52 Abs. 3 Satz 1 etwa auch in Art. 3 Abs. 3, Art. 17 Abs. 2 und Art. 90 Abs. 1 Satz 1 Nr. 3. In Art. 52 Abs. 3 Satz 1 BayBO ist dieser Begriff mit dem der Nutzungsänderung identisch, wie er in Art. 60 Abs. 2 Satz 1, Art. 62 BayBO verwendet wird (vgl. Jäde, in: Jäde/Dirnberger/Bauer/Weiß, a. a. O., Rdnr. 78 zu Art. 52; Schwarzer/König, Bayerische BO, 3. Aufl. 2000, Rdnr. 18 zu Art. 52).

Eine Nutzungsänderung im bauordnungsrechtlichen Sinn liegt vor, wenn die Veränderung der Nutzung einer baulichen Anlage – wie hier – aus dem Blickwinkel der maßgeblichen öffentlich-rechtlichen Vorschriften möglicherweise anders zu beurteilen ist als die bisherige Nutzung und sich so die Genehmigungsfrage neu stellt (gl. Schwarzer/König, a. a. O., Rdnr. 3 zu Art. 62). Der Begriff der Nutzungsänderung setzt jedenfalls bei genehmigten bisherigen Nutzungen keine zeitliche Kontinuität zwischen bisheriger genehmigter und neuer Nutzung voraus in dem Sinn, daß von einer bisher genehmigten und ausgeübten zu einer neuen Nutzung gewechselt wird, Beendigung der bisherigen und Beginn der neuen Nutzung also einen einheitlichen Lebensvorgang bilden (a. A. NdsOVG v. 25. 4. 1994, NVwZ-RR 1995, 6, und Koch/Molodovsky/Famers, Bayerische BO, Anm. 6.2.1 zu Art. 63, jeweils unter unzutreffender Berufung auf BVerwG v. 18. 8. 1982, DVBl. 1982, 1101; die dort entwickelte Auffassung des Bundesverwaltungsgerichts, der zufolge der in §35 Abs. 4 BBauG – jetzt §35 Abs. 4 Satz 1 Nr. 1 BauGB – enthaltene Gesetzestatbestand „Änderung der bisherigen Nutzung" den Wechsel von einer bisher ausgeübten Nutzung zu einer neuen andersartigen Nutzung meint, beruht auf dem besonderen Wortlaut und der Zielsetzung des §35 Abs. 4 BBauG; sie ist auf den landesrechtlichen Begriff der Nutzungsänderung nicht übertragbar. Mit dieser Rechtsprechung ist nicht allgemein der Begriff der Nutzungsänderung präzisiert, sondern, wie insbesondere der Hinweis auf die Zielrichtung des §35 Abs. 4 BBauG zeigt, einengend bestimmt, unter welchen Voraussetzungen im Außenbereich eine Nutzungsänderung teilprivilegiert vorgenommen werden darf). Die Bayerische Bauordnung stellt – außer an den Abbruch und die Beseitigung – im wesentlichen nur an die Errichtung, Änderung und Nutzungsänderung baulicher Anlagen rechtliche Anforderungen (vgl. z. B. Art. 3 und Art. 62 BayBO). Die Aufnahme einer neuen Nutzung nach Unterbrechung oder Aufgabe der bisherigen (genehmigten) Nutzung läßt sich bereits nach dem Sprachgebrauch nicht als Errichtung oder Änderung einer baulichen Anlage bezeichnen. Damit verbleibt, wenn dieser Lebenssachverhalt nicht dem bauordnungsrechtlichen Regime des Art. 52 Abs. 3 Satz 1 BayBO entzogen sein soll (mit der

Nr. 143

Folge, daß gar keine Stellplatzpflicht entstehen würde), lediglich die Einordnung als Nutzungsänderung. Auch bundesrechtlich wird der Begriff der Nutzungsänderung (auch) für den Fall verwendet, daß aufgegebene Gebäude neu genutzt werden (vgl. §35 Abs. 4 Satz 1 Nr. 4 BauGB) (und hierzu Roeser, in: Schlichter/Stich/Driehaus/Paetow, Berliner Kommentar zum BauGB, 3. Aufl. 2002, Rdnr. 117 zu §35).

3. Für das zweite Obergeschoß besteht noch im Zeitpunkt der mündlichen Verhandlung eine Baugenehmigung, die dessen Nutzung für einen Beherbergungsbetrieb erlaubt. Deren Feststellungswirkung schützt diese Nutzung: Solange und soweit die Baugenehmigung wirksam besteht, ist das genehmigungsgemäß errichtete Vorhaben (zumindest) formell rechtmäßig und es darf entsprechend genutzt werden (vgl. Schwarzer/König, a.a.O., Rdnr. 9 zu Art. 77; Grotefels, in: Hoppe/Bönker/Grotefels, Öffentliches Baurecht, 2. Aufl. 2002, §16 Rdnr. 58 m.w.N.). Die Baugenehmigung ist weder zurückgenommen noch widerrufen, anderweitig aufgehoben oder durch Zeitablauf oder auf andere Weise erledigt (Art. 43 Abs. 2 BayVwVfG).

Der Rechtsstreit hat nicht ergeben, daß die Baugenehmigung aufgehoben worden ist. Die Baugenehmigung ist, unabhängig von der Frage, ob sie überhaupt wegen eines einzelnen Geschosses teilunwirksam hätte werden können (vgl. zur Teilunwirksamkeit Dürr/König, Baurecht, 4. Aufl. 2000, Rdnr. 374 einerseits und Kopp/Schenke, VwGO, 13. Aufl. 2003, Rdnr. 16 zu §113 andererseits), des weiteren nicht etwa deshalb beschränkt auf das zweite Obergeschoß des Anwesens erloschen, wenn die dortige Nutzung vor mittlerweile mehr als 40 Jahren eingestellt worden wäre.

a) Eine Erledigung durch Zeitablauf i. S. von Art. 43 Abs. 2 BayVwVfG folgt nicht aus Art. 77 Abs. 1 BayBO oder der im Zeitpunkt der Genehmigungserteilung geltenden Vorgängerbestimmung (vgl. hierzu Bauer, in: Simon/Busse, Bayerische BO, Rdnr. 1 f. zu Art. 77). Danach erlischt die Baugenehmigung nur, wenn nicht rechtzeitig mit der Ausführung des Vorhabens begonnen oder (seit der Bayerischen Bauordnung vom 1.10.1962) die Bauausführung für eine bestimmte Zeit unterbrochen wird. Den hier maßgeblichen Sachverhalt einer späteren (teilweisen) Einstellung der Nutzung erfaßt die Vorschrift nicht.

Eine analoge Anwendung des Art. 77 Abs. 1 BayBO verbietet sich mangels (planwidriger) Regelungslücke. Es darf angenommen werden, daß der Landesgesetzgeber den hier zu beurteilenden Sachverhalt mit Bedacht nicht geregelt hat. Er hat das Bedürfnis für ein Erlöschen einer erteilten Genehmigung oder Anerkennung nach Einstellung des Betriebs in anderen Regelungsbereichen durchaus erkannt, wie etwa die Bestimmungen des Art. 98 Abs. 2 Satz 1 BayEUG und des Art. 17 Satz 1 Kindergartengesetz zeigen. Dennoch hat er es trotz zahlreicher Novellierungen und in Kenntnis des §18 Abs. 1 Nr. 2 BImSchG (Erlöschen der Genehmigung bei Betriebsunterbrechung) unterlassen, eine entsprechende Bestimmung in die Bayerische Bauordnung aufzunehmen. Das erlaubt die Schlußfolgerung, daß es sich bei Art. 77 Abs. 1 BayBO nach dem Willen des Gesetzgebers im Baurecht um einen nicht erweiterungsfähigen Sondertatbestand handeln soll. Zudem sind die zu beurteilenden Sachverhalte nicht vergleichbar. Art. 77 Abs. 1 BayBO ist das Ergebnis einer sachgerechten Abwägung privater und öffentlicher Interessen. Die

Bestimmung räumt dem Bauherrn eine angemessene, verlängerbare Frist ein, um sein Vorhaben ohne Rücksicht auf mögliche Veränderungen der materiellen Rechtslage verwirklichen zu können. Das rechtfertigt es, dem öffentlichen Interesse, die Übereinstimmung von nicht ins Werk gesetzten oder nicht zu Ende geführten Vorhaben mit den öffentlich-rechtlichen Zulässigkeitsanforderungen nach einer angemessenen Zeit erneut zu prüfen, zwingend den Vorrang einzuräumen (vgl. hierzu BVerwG v. 22.2.1991, BRS 52 Nr. 152 = DÖV 1991, 556). Der hier zu beurteilende Sachverhalt unterscheidet sich demgegenüber in einem für die Interessenbewertung wesentlichen Punkt. Der Inhaber einer nicht ausgenutzten Baugenehmigung hat sein Vertrauen in den Bestand der Genehmigung nicht (hinreichend) betätigt. Er ist weit weniger schutzwürdig als der Bauherr, der von der Baugenehmigung unter Aufwand eines regelmäßig nicht unerheblichen Kapitals Gebrauch gemacht hat (vgl. Ruffert, BayVBl. 2003, 33, 36; Uechtritz, Festschrift für Konrad Gelzer, S. 259, 265 f. m. w. N.; anders Ganter, BayVBl. 1985, 267). Im übrigen widerspräche eine Analogie, ohne daß es hierauf noch ankäme, dem Grundsatz der Gesetzmäßigkeit der Verwaltung (Art. 20 Abs. 3, Art. 28 Abs. 1 GG). Art. 77 Abs. 1 BayBO beseitigt unmittelbar kraft Gesetzes eine zuvor erteilte Baugenehmigung und damit eine Rechtsposition. Für einen solchen Eingriff in die Rechtssphäre des Bürgers ist eine gesetzliche Grundlage erforderlich, die nicht im Wege der Analogie geschaffen werden darf (vgl. BVerfG v. 14. 8. 1996, DVBl. 1997, 351, und Ruffert, a. a. O.).

b) Ebensowenig hat sich die für das verfahrensgegenständliche Bauwerk erteilte Baugenehmigung auf andere Weise erledigt (Art. 43 Abs. 2 letzte Alternative BayVwVfG). Die Erledigung auf andere Weise erfaßt die Fälle, bei denen nicht ein (Behörden-) Handeln, sondern die Sach- und Rechtslage selbst bewirkt, daß der Verwaltungsakt seine Regelungsfunktion verliert (vgl. BVerwG v. 27. 3. 1998, NVwZ 1998, 729), sich seine Rechtswirkung also erschöpft (vgl. Schäfer, in: Obermayer/Fritz, Kommentar zum Verwaltungsverfahrensgesetz, 3. Aufl. 1999, Rdnr. 26 zu Art. 43). In Betracht kommen dabei nur solche Änderungen der Sach- und Rechtslage, die zur Gegenstandslosigkeit der getroffenen Regelung führen (vgl. VGH BW v. 19. 7. 1989, NVwZ-RR 1990, 171; Kopp/Ramsauer, Verwaltungsverfahrensgesetz, 7. Aufl. 2000, Rdnr. 42).

Damit ist in erster Linie die Frage nach dem Inhalt der in der erteilten Baugenehmigung getroffenen Regelung aufgeworfen. Die Baugenehmigung für das zweite Obergeschoß liegt mit ihrem genauen Wortlaut nicht vor. Der Senat geht, wie auch die Beteiligten, davon aus, daß diese Genehmigung im wesentlichen den in der Bauaufsicht allgemein gebräuchlichen Inhalt hatte, das Vorhaben werde entsprechend den mit Genehmigungsvermerk versehenen Bauvorlagen bauaufsichtlich genehmigt. Das gestattete die Bauausführung und umfaßt die Feststellung, daß dem Vorhaben (bauliche Anlage mit der zugedachten Funktion), dessen Ausführung gestattet ist, zum Zeitpunkt der Genehmigung geltende und zu prüfende Vorschriften des materiellen Rechts nicht entgegenstehen (vgl. BVerwG v. 11. 5. 1989, DVBl. 1989, 1055, 1058). Von diesem, am Empfängerhorizont zu orientierenden Verständnis des Inhalts der erteilten Baugenehmigung (vgl. BVerwG v. 7. 6. 1991, BVerwGE 88, 286, 292) führt kein auch für den Betroffenen nachvollziehbarer Weg zu

Nr. 143

der Folgerung, eine – zudem: wie zeitlich zu definierende? – Einstellung der bestimmungsgemäßen Nutzung mache jenen feststellenden Inhalt der Baugenehmigung teilweise (auf die Nutzung bezogen) gegenstandslos. Auf die Frage, ob es eine Einheit von Substanz und Funktion des Vorhabens gibt, die einer Teilunwirksamkeit der Baugenehmigung hinsichtlich der der Bausubstanz zugedachten Funktion von vornherein entgegenstehen könnte (vgl. Jäde, UPR 1998, 206, 208 f.), kommt es deshalb nicht an.

Unabhängig davon wird die Funktion der baulichen Anlage durch die beabsichtigte Nutzung bestimmt, ohne daß es insoweit darauf ankommt, ob diese Nutzung tatsächlich ausgeübt wird. Erst wenn die bauliche Anlage nicht mehr besteht, kann sie die ihr zugedachte Funktion nicht mehr erfüllen und die Baugenehmigung verliert ihren Regelungsgegenstand. Entfiele die Funktion eines Bauwerks und damit teilweise der Regelungsgegenstand der Baugenehmigung mit der Folge eines Teilerlöschens bereits dann, wenn dessen Nutzung eingestellt wird, ergäbe sich daraus eine Nutzungsobliegenheit, die das geltende Bauordnungsrecht nicht kennt. Während der Landesgesetzgeber das Erlöschen der Baugenehmigung angeordnet hat, wenn das genehmigte Vorhaben nicht errichtet wird (Art. 77 Abs. 1 BayBO), hat er auf eine entsprechende Regelung für den Fall, daß die Nutzung nicht aufgenommen oder eingestellt wird, wie dargelegt (3. a), verzichtet (vgl. hierzu ThürOVG v. 29. 11. 1999, DVBl. 2000, 826; OVG Saarl. v. 29. 6. 1990, BRS 50 Nr. 165; VGH BW v. 19. 7. 1989, NVwZ-RR 1990, 171).

Will die Bauaufsichtsbehörde verhindern, daß eine mittlerweile baurechtswidrige Nutzung wieder aufgenommen wird, kann sie die Baugenehmigung unter den Voraussetzungen des Art. 49 BayVwVfG widerrufen.

Vorstehende Gründe geben keinen Anlaß, der Frage nachzugehen, ob das sogenannte Zeitmodell, wonach der Bestandsschutz für ein Vorhaben im Falle der Nutzungsaufgabe innerhalb gewisser Fristen endet, weil die bauplanungsrechtliche Situation von einer aufgegebenen Nutzung nur noch vorübergehend geprägt wird (vgl. BVerwG v. 18. 5. 1995, BVerwGE 98, 235, 240), auf die Erledigung eines Verwaltungsakts auf andere Weise übertragen werden kann (vgl. hierzu BVerwG v. 7. 11. 1997, DVBl. 1998, 587; Halama, in: Schlichter/Stich/Driehaus/Paetow, Berliner Kommentar zum Baugesetzbuch, 3. Aufl. 2002, Rdnr. 4 zu §29). Es kann offen bleiben, welche Konsequenzen sich für die Baugenehmigung ergeben haben würden, wenn die bauplanungsrechtlichen Umstände sich zwischenzeitlich in einer Weise geändert hätten, die einer Nutzung des zweiten Obergeschosses als Beherbergungsbetrieb entgegenstehen (vgl. hierzu Jäde, ThürVBl. 2000, 102, 103 f.). Eine solche Änderung ist nicht eingetreten. Der früher im zweiten Obergeschoß ausgeübten Nutzung stehen auch heute bauplanungsrechtliche Gründe nicht entgegen. Das Bauvorhaben liegt im planungsrechtlichen Innenbereich (§ 34 BauGB) und die umliegende Bebauung verleiht dem Gebiet den Charakter eines Mischgebiets. Ein Betrieb des Beherbergungsgewerbes wäre damit nach wie vor allgemein zulässig (§ 6 Abs. 2 Nr. 3 BauNVO).

Die Baugenehmigung ist schließlich nicht (teilweise) durch einen Verzicht erloschen. Die hierfür erforderliche Verzichtserklärung müßte eindeutig und unmißverständlich, gegebenenfalls im Wege der Auslegung, zu ermitteln sein (vgl. P. Stelkens/Sachs, in: Stelkens/Bonk/Sachs, Verwaltungsverfahrensgesetz, 6. Aufl. 2001, Rdnr. 17d zu §53 m.w.N.). Das ist nicht der Fall. Die Beteiligten haben nichts dafür vorgebracht, daß der Voreigentümer eine ausdrückliche Verzichtserklärung abgegeben hat. Sein tatsächliches Verhalten läßt bei objektiver Würdigung nicht mit der notwendigen Eindeutigkeit erkennen, daß er auf die durch die Baugenehmigung vermittelte Rechtsposition verzichten wollte. Dagegen spricht schon, daß der Voreigentümer die Nutzung allenfalls in einem Geschoß eingestellt hat. Ein Rechtsfolgewille wird mit einem solchen Verhalten regelmäßig nicht verbunden sein, zumal das Baurecht keine Nutzungsobliegenheit kennt. Unabhängig davon hat der Voreigentümer im zweiten Obergeschoß keine neue Nutzung aufgenommen. Er hat so sich und jedem Rechtsnachfolger die Möglichkeit offen gelassen, die bisherige Nutzung jederzeit fortzusetzen, was ebenfalls gegen einen Verzicht spricht.

Nr. 144

1. **Zur Geschäftsgrundlage eines Stellplatzablösungsvertrages gehört nicht nur die Erteilung der Baugenehmigung, sondern regelmäßig auch der Umfang des durch das Bauvorhaben verursachten Stellplatzbedarfs.**

2. **Werden nach Fertigstellung des Bauvorhabens Nutzungsänderungen vorgenommen, die den Stellplatzbedarf mindern, kann der Bauherr nicht ohne weiteres eine Anpassung des Stellplatzablösungsvertrages und Rückzahlung von Teilen der Ablösesummen verlangen.**

LBauO §47; BGB §§134, 812 Abs. 1 Satz 2; VwVfG §§56, 59, 60 Abs. 1.

OVG Rheinland-Pfalz, Urteil vom 13. November 2003 – 8 A 10878/03 – (rechtskräftig).

Der Kläger hatte nach Erteilung der Baugenehmigung für ein aus mehreren Nutzungseinheiten bestehendes Wohn- und Geschäftshaus mit der Beklagten eine Stellplatzablösevereinbarung getroffen. Nach Fertigstellung des Projekts verkaufte er eine als Büro genehmigte Nutzungseinheit an den Betreiber eines Dentallabors. Unter Hinweis auf die bei Nutzung als Dentallabor reduzierten Stellplatzpflichten verlangte er eine teilweise Rückzahlung des Ablösungsbetrages. Die Berufung der Beklagten gegen das stattgebende Urteil des Verwaltungsgerichts hatte Erfolg.

Aus den Gründen:
Die Berufung der Beklagten muß Erfolg haben. Die Vorinstanz hätte die Beklagte nicht zur Zahlung von 15000,–DM nebst Zinsen verurteilen dürfen. Der Kläger hat hierauf keinen Anspruch.

Das Begehren des Klägers kann allenfalls auf einen öffentlich-rechtlichen Erstattungsanspruch gestützt werden. Dessen Voraussetzungen – Rechtsgrundlosigkeit oder Zweckverfehlung der Leistung – liegen aber nicht vor. Die als verwaltungsrechtlicher Vertrag zu qualifizierende (siehe Lang, in: Jeromin, LBauO Rheinland-Pfalz, §47 Rdnr. 64 m.w.N.) Ablösevereinbarung vom November 1998/ März 1999 ist nicht nur wirksam (I), sondern bedarf auch keiner Anpassung auf Grund veränderter Verhältnisse gemäß §60 VwVfG (II),

so daß die Ablösesumme insgesamt mit Rechtsgrund gezahlt worden ist. Hinsichtlich dieser Leistung liegt auch keine Zweckverfehlung vor (III).
I. Gründe, die gemäß §59 VwVfG zur Nichtigkeit der formgerecht (s. §57 VwVfG) abgeschlossenen Ablösevereinbarung führen könnten, sind nicht ersichtlich. Daß der vereinbarte Ablösebetrag pro Stellplatz von dem in §1 der Ablösesatzung festgelegten Betrag nach unten abweicht, ist kein Nichtigkeitsgrund. Diese Regelung verstößt nicht gegen ein Verbotsgesetz i.S. der §§59 Abs. 1 VwVfG, 134 BGB. Zwar kann sich ein solches auch aus einer Satzung ergeben (s. Art. 2 EGBGB). Indessen beinhaltet §1 der Ablösesatzung weder nach Wortlaut noch nach Sinn und Zweck ein an die Gemeinde und an den Bauherrn gerichtetes (siehe zu diesem Erfordernis eines Verbotsgesetzes Heinrichs, in: Palandt, BGB, 62. Aufl. 2003, §134 Rdnr. 8) Verbot, eine Ablösesumme von weniger als 8500,- DM zu vereinbaren. Auch eine Nichtigkeit der Ablösevereinbarung nach §59 Abs. 2 Nr. 2 VwVfG scheidet aus. ...

Ein Nichtigkeitsgrund nach §§59 Abs. 2 Nr. 4, 56 VwVfG liegt ebenfalls nicht vor. Entgegen der Auffassung des Klägers genügt die Zweckbestimmung der Gegenleistung in der Ablösevereinbarung den Anforderungen des §56 VwVfG. Hierzu reicht es aus, daß sich aus dem Vertragstext Anhaltspunkte hinsichtlich der Zweckbestimmung ergeben. Dies ist der Fall. Es handelt sich nach dem Wortlaut um eine „Ablösevereinbarung zum Zwecke der Erfüllung der Stellplatzpflicht nach §47 LBauO". Hieraus wird i. V. m. §47 Abs. 4 Satz 1 LBauO deutlich, daß die Gegenleistung Surrogat der an sich geschuldeten Herstellung von Stellplätzen (§47 Abs. 1 LBauO) sein soll. Der Verwendungszweck dieser Leistung ist überdies in §47 Abs. 5 LBauO gesetzlich geregelt und bedarf daher keiner Aufnahme in den Vertrag (siehe BayVGH, Urteil v. 24. 11. 1986, BayVBl. 1987, 531, 532).

II. Der Kläger kann auch nicht verlangen, daß die Beklagte gemäß §60 Abs. 1 Satz 1 VwVfG einer Inhaltsänderung der Ablösevereinbarung zustimmt, die den Ablösebetrag um 15000,-DM reduziert. Hierzu müssten sich die für die Festsetzung des Vertragsinhaltes maßgebenden Verhältnisse so wesentlich geändert haben, daß dem Kläger ein Festhalten an der unveränderten Ablösevereinbarung nicht mehr zumutbar wäre. Daran fehlt es hier.

Ob bestimmte rechtliche oder tatsächliche Verhältnisse für die Festsetzung des Vertragsinhalts maßgebend waren, richtet sich danach, inwieweit sie von den Vertragspartnern ausdrücklich oder stillschweigend zur gemeinsamen und wesentlichen Grundlage des Vertrages gemacht worden sind (siehe Kopp/Ramsauer, VwVfG, 8. Aufl. 2003, §60 Rdnr. 10). Als wesentliche Grundlage eines Ablösungsvertrages kann demnach nicht allein die Erteilung der Baugenehmigung angesehen werden (so aber VGH Baden-Württemberg, Beschluß v. 7.11.1990, BRS 50 Nr. 132, und Lang, in: Jeromin, LBauO Rheinland-Pfalz, §47 Rdnr. 67). Die Schaffung der rechtlichen Voraussetzungen für die Genehmigungserteilung ist nur das generelle Ziel, das die Beteiligten mit einem Ablösungsvertrag verfolgen. Die Geschäftsgrundlage eines solchen Vertrages wird dadurch zwar mitbestimmt, aber nicht abschließend beschrieben. Vielmehr erstreckt sie sich bei lebensnaher Betrachtungsweise regelmäßig auch auf die gemeinsame Vorstellung der Beteiligten über den Umfang der mit dem Vorhaben zusammenhängenden Stellplatzbaupflicht und darauf, daß der Bauherr diese nicht gemäß §47 Abs. 1 und 3 LBauO erfüllen kann (siehe auch VGH Baden-Württemberg, Urteil v. 9.3.1999, BRS 62 Nr. 153). Nichts anderes gilt im vorliegenden Fall. Aus den Verwaltungsakten ergibt sich, daß die Beteiligten die Ablösung von sieben Stellplätzen vereinbart haben, um das mit der Nutzung des im März 1999 genehmigten Vorhabens verbundene Stellplatzdefizit auszugleichen. Diese Nutzung hat sich aber im Jahre 2002 geändert, indem der Kläger an Stelle der hierfür genehmigten Büronutzung im Obergeschoß der einen Haushälfte ein Dentallabor untergebracht hat. Die Änderung ist auch von Einfluß auf die Geschäftsgrundlage, weil sie den Stellplatzbedarf des Vorhabens reduziert.

Sie ist indessen nicht so wesentlich, daß dem Kläger ein Festhalten an der Ablösevereinbarung vom November 1998/ März 1999 unzumutbar wäre. Da die Rechtsfolge des §60 Abs. 1 Satz 1 VwVfG eine Durchbrechung des Grundsatzes der Vertragstreue darstellt, sind an die Unzumutbarkeit strenge Anforderungen zu stellen (siehe Bernsdorff, in: Obermayer, VwVfG, 3. Aufl. 1999, §60 Rdnr. 24) Nur dann, wenn unter Abwägung der Interessen aller Partner der Vereinbarung für ein von ihnen die Bindung an den Vertrag nach Treu und Glauben zu einem mit Recht und Gerechtigkeit unvereinbaren Ergebnis führen würde, ist eine Lösung von der vertraglichen Bindung vertretbar. Voraussetzung für ein auf diese Weise unzumutbares Ergebnis ist in jedem Fall, daß das Gleichgewicht zwischen Leistung und Gegenleistung so stark gestört ist, daß das von jedem Vertragsbeteiligten normalerweise zu tragende Risiko weit überschritten ist und es dem benachteiligten Partner unmöglich wird, in der ursprünglichen vertraglichen Regelung seine Interessen auch nur annähernd noch gewahrt zu sehen (siehe das Urteil des 2. Senates des erkennenden Gerichts v. 3.6.1992, AS 24, 12, 17). Bei der Abwägung ist insbesondere zu berücksichtigen, ob die Änderung der Verhältnisse auf eigener Entscheidung des betroffenen Vertragspartners beruht, ob die Aufrechterhaltung der Vertragsbindung diesem unzumutbare Opfer auferlegt und welche Interessen der anderen Vertragspartner durch eine Anpassung beeinträchtigt werden.

Nach Maßgabe dieser Grundsätze ist es dem Kläger zumutbar, trotz der den Stellplatzbedarf mindernden Nutzungsänderung im Jahre 2002 die Verbindlichkeit der Ablösevereinbarung zu akzeptieren.

Hierbei sind zunächst Zeitpunkt und Anlaß der Nutzungsänderung von Bedeutung. Sie erfolgte auf Grund einer Entscheidung des Klägers und über ein Jahr nach Fertigstellung des genehmigten Bauvorhabens. Daß durch eine derart späte, nicht behördlich veranlaßte Nutzungsänderung bereits getätigte Aufwendungen für Stellplätze überflüssig werden, ist grundsätzlich dem Risikosphäre des Bauherrn zuzuordnen. Ist der Bauherr nämlich in der Lage, seine gesetzliche Stellplatzbaupflicht gemäß §47 Abs. 1 LBauO zu erfüllen, so hat er dies grundsätzlich bis zur Fertigstellung des Vorhabens zu tun. Die Behörde kann ihm hierfür nach Satz 5 der Vorschrift allenfalls eine „angemessene Frist" nach Fertigstellung des Vorhabens einräumen. Somit kann der Bauherr stellplatzmindernde Änderungen seiner Nutzungsabsichten grundsätzlich nur bis zur Fertigstellung des Vorhabens bei der Herstellung von Stellplätzen berücksichtigen. Ändert er hingegen danach das Vorhaben in einer den Stellplatzbedarf mindernden Weise, so werden die hergestellten Stellplätze teilweise überflüssig, ohne daß er die aufgewendeten Kosten auf andere überwälzen kann. Geht damit das Risiko, daß Stellplatzaufwendungen auf Grund von Nutzungsänderungen unnötig werden, bei Erfüllung der Stellplatzbaupflicht mit Fertigstellung des Vorhabens auf den Bauherrn über, so besteht vorbehaltlich abweichender Vereinbarungen im Ablösungsvertrag kein Anlaß, ihn bei Surrogation der Stellplatzbaupflicht durch Ablösezahlung länger (etwa bis zur Nutzungsaufnahme aller Teile des Bauvorhabens) von diesem Risiko zu Lasten der Gemeinde freizustellen.

Insbesondere läßt sich dies nicht mit fehlender Beeinträchtigung von Gemeindeinteressen rechtfertigen. Zwar begründet ein Stellplatzablösungsvertrag keine Verpflichtung der Gemeinde, die für das Bauvorhaben an sich notwendigen Stellplätze bis zu dessen Fertigstellung in Form von öffentlichem Parkraum herzustellen. Auch enthält §47 Abs. 5 LBauO keine Frist, innerhalb deren die Gemeinde den Ablösebetrag für die dort bezeichneten Maßnahmen zu investieren hat. Allerdings darf die Durchführung dieser Maßnahmen auch nicht auf unabsehbare Zeit verschoben werden (siehe Lang, Rdnr. 76), weil ansonsten der intendierte abstrakte Ausgleich privater Stellplatzdefizite durch Förderung des öffentlichen Parkwesens nicht funktionieren kann. Ein derartiger Aufschub droht aber, wenn die Gemeinde – wie die Vorinstanz meint – erst ab vollständiger Nutzungsaufnahme eines Vorhabens mit der Verfügbarkeit einer Stellplatzablösesumme rechnen kann. Denn von der Genehmigung und Fertigstellung bis zu seiner vollständigen Nutzung kann je nach Art und Umfang des Vorhabens lange Zeit vergehen. Sinn und Zweck des §47 Abs. 5 LBauO erfordern daher, daß die Gemeinde bereits ab Fertigstellung des Bauvorhabens grundsätzlich darauf vertrauen darf, daß sie die Ablösesumme zur Durchführung von Kompensationsmaßnahmen nach §47 Abs. 5 LBauO oder zur Finanzierung ungedeckter Kosten bereits durchgeführter Maßnahmen verwenden kann.

Dieses Vertrauen mag ausnahmsweise dann nicht schutzwürdig sein, wenn im Zeitpunkt der Fertigstellung des Bauvorhabens weder durchgeführte Maßnahmen zu finanzieren noch neue Investitionen in das öffentliche Parkwesen erforderlich sind. Vorliegend hat die Beklagte indessen allein im Jahr vor der Fertigstellung des Bauvorhabens des Klägers eine Summe investiert, die schon für sich gesehen die Einnahmen aus Stellplatzablösungen in den Jahren 1995 bis 2003 weit übersteigen. Sie hat nicht nur im Jahr 2002 ein von ihr 1999 für ca. 600000,-€ erworbenes Grundstück für die Errichtung eines Parkhauses bereit gestellt und damit eine Investition gemäß §47 Abs. 5 Nr. 1 LBauO getätigt, die die Ablösesumme des Klägers weit übersteigt. Vielmehr hat sie durch Vorlage einer Zusammenfassung ihrer Haushaltsüberwachungslisten auch nachgewiesen, daß über einen Zeitraum von acht Jahren die Einnahmen aus Stellplatzablösungen nur einen geringen Bruchteil der für Maßnahmen nach §47 Abs. 5 LBauO entstandenen Kosten ausmachten. Demnach kann von mangelndem Finanzierungsbedarf keine Rede sein.

Das Anpassungsverlangen des Klägers kann im vorliegenden Fall auch nicht allein auf die Unzumutbarkeit eines ihm bei fortbestehender Vertragsbindung abverlangten Opfers gestützt werden. Hier ist zu sehen, daß nicht die Verwirklichung des Bauvorhabens unterblieben, sondern eine Nutzungsänderung lediglich die Ablösung von zwei Stellplätzen (im „Wert" von 15 000,–DM) überflüssig gemacht hat. Das „Opfer" beläuft sich somit auf ein Prozent der im Bauantrag mit 1,5 Mio DM veranschlagten Baukosten. Angesichts des hohen Ranges, der dem Prinzip der Vertragstreue in der Rechtsordnung zukommt, sowie unter Berücksichtigung der oben erörterten grundsätzlichen Risikoverteilung bei Stellplatzablösungsverträgen ist dem Kläger das Festhalten an der Ablösungsvereinbarung vom November 1998/März 1999 unter Hinnahme eines derartigen Vermögensschadens zumutbar.

III. Der von der Vorinstanz angenommene Erstattungsanspruch folgt auch nicht aus entsprechender Anwendung des §812 Abs. 1 Satz 2 2. Alt. BGB. Hiernach besteht eine Rückgewährpflicht auch dann, wenn der mit einer Leistung bezweckte Erfolg nicht eingetreten ist. Es kann dahin stehen, ob Leistungszweck einer Ablösevereinbarung überhaupt die Herbeiführung von Maßnahmen nach §47 Abs. 5 LBauO sein kann (verneinend z. B. Ziegler: „Zur Ablösung der Stellplatzpflicht", DÖV 1984, 331, 332; Gädtke/Böckenförde/Temme/Heinz, BauO Nordrhein-Westfalen, 9. Aufl., §51 Rdnr. 121; BayVGH, Beschluß v. 24. 11. 1986, BayVBl. 1987, 531, 532). Denn der Kläger kann sich jedenfalls nicht auf eine zweckentfremdete Verwendung seiner Ablösezahlung berufen, wie sich aus den vorstehenden Erwägungen zur Investitionstätigkeit der Beklagten ergibt.

Nr. 145

1. **Wird die Herstellung eines notwendigen Stellplatzes auf dem Vorhabengrundstück nach dem Maßstab der allgemeinen Abstandsflächenvorschriften nicht zugelassen, liegt der Fall des §49 Abs. 1 Satz 1 Nr. 1 HBauO (i. d. F. v. 27. 9. 1995) vor, in dem notwendige Stellplätze auf dem Grundstück nicht hergestellt werden können und stattdessen ein Ausgleichsbetrag zu zahlen ist. Ob derselbe Stellplatz außerdem im Sinne des mittlerweile aufgehobenen §49 Abs. 1 Satz 1 Nr. 2 HBauO nach gesetzlichen Vorschriften oder auf Grund einer Untersagung nach §48 Abs. 6 HBauO nicht hergestellt werden durfte, ist hierfür ohne Bedeutung.**

2. **Ausgleichsbeträge für Stellplätze, die nicht hergestellt werden können, haben eine Surrogat- und Ausgleichsfunktion und enthalten ein Gegenleistungselement. Bei ihnen handelt es sich deshalb nach dem 1990 präzisierten Begriffsverständnis der Rechtsprechung des Bundesverfassungsgerichts (etwa BVerfGE 81, 156 ff.) nicht um eine nur unter strengen Voraussetzungen zulässige Sonderabgabe mit Finanzierungszweck, wie das Bundesverwaltungsgericht in seiner Entscheidung v. 30. 8. 1985 (NJW 1986, 600) noch angenommen hatte, in der es das Vorliegen dieser Voraussetzungen für die damalige Ausgestaltung und Zweckbindung des im Hamburg zu erhebenden Ausgleichsbetrages bejaht hatte.**

HbauO §§48, 49 Abs. 1 Satz 1.

Hamburgisches OVG, Urteil vom 12. Juni 2003 – 2 Bf 430/99 –.

III. Gestaltungsrecht

Nr. 146

1. Auch das Interesse, einen die Stadtsilhouette prägenden, nutzlos gewordenen Funkturm zu erhalten, kann eine „besondere" baugestalterische oder städtebauliche Absicht darstellen, die zur Unterschreitung des Regelabstands berechtigt (Fortführung der Senatsrechtsprechung; Beschluß vom 30.3.1999 – 1 M 897/99 –, BauR 1999, 1163 = NdsVBl. 2000, 10).

2. Wohnungen im Kerngebiet sind in größerem Umfang Lichtimmissionen zuzumuten, die von einer zur Nachtzeit beleuchteten Werbeanlagen ausgehen. Zu den Möglichkeiten „architektonischer Selbsthilfe", die einem Nachbar insoweit zuzumuten sind.

BauNVO § 7; NBauO §§ 9 Abs. 1, 13, 49 Abs. 2.

Niedersächsisches OVG, Urteil vom 26. Februar 2003 – 1 LC 75/02 – (rechtskräftig).

Die Kläger wenden sich als Miteigentümer einer im X. Stockwerk des sog. „Bredero-Hochhauses" (Hamburger Allee 6) in Hannover gelegenen, von ihnen selbst genutzten Wohnung gegen mehrere Bescheide, mit denen die Beklagte der Anbringung und den Betrieb einer Lichtwerbeanlage auf dem ehemaligen Telekom-Funkturm genehmigt hat.

Das Bredero-Hochhaus ist 91,49 m hoch und liegt im Geltungsbereich des Bebauungsplanes der Beklagten Nr. 603; dieser setzt für es Kerngebiet als Nutzungsart fest. Südwestlich davon steht – von der Wohnung der Kläger rund 120 m entfernt – der 1958, 1959 errichtete, von Fuß bis Spitze 136 m hohe Funkturm. Seine Nutzung zu Zwecken der Telekommunikation gab die Deutsche Telekom etwa im Jahre 2000 endgültig auf. In diesem Jahr baute sie alle verbliebenen technischen Gerätschaften ab.

Die Beklagte erteilte der Beigeladenen eine Baugenehmigung für die streitige, im gleichen Jahr installierte Lichtwerbeanlage. Diese besteht aus folgenden Teilen: Alle vier Antennenplattformen sind von einer ca. 20 cm breiten Beleuchtungskontur umgeben. Auf der obersten Plattform (102,75 m über Grund) befinden sich drei im Winkel von 120 Grad um den ehemaligen Antennenmast angeordnete runde „VW"-Embleme in den Farben weiß und blau mit einem Durchmesser von jeweils 9 m. Diese sind von einem ca. 1,3 m breiten Metallring eingefaßt und drehen sich nach den genehmigten Bauunterlagen innerhalb einer Minute gegen den Uhrzeigersinn einmal um die Achse. Der höchste Punkt liegt nach den Unterlagen 113,30 m über der Geländeoberfläche. Auf der untersten Plattform, die rund 80,25 m über der Geländeoberfläche liegt, sind im Halbkreis zwei ca. 3 m hohe, ebenfalls von innen beleuchtete Schriftzüge mit der Aufschrift „Nutzfahrzeuge" installiert. Diese können sich im Uhrzeigersinn drehen. Die Baugenehmigung enthält einen auf die Nachtzeit beschränkten Vorbehalt, die Umdrehungsgeschwindigkeit für den Fall spürbarer Belästigungen der Anwohner zu reduzieren. In der Baugenehmigung und in späteren Bescheiden befreite die Beklagte sie von der Einhaltung der Abstandsvorschriften. Widerspruch und Klage hatten keinen Erfolg. Die Berufung wurde zurückgewiesen.

Aus den Gründen:

Das Vorhaben verletzt im Ergebnis weder Grenzabstandsvorschriften noch führt es wegen seiner Betriebsweise (Beleuchtung) oder sonstigen Gründen zu Belästigungen, welche die Kläger gemäß § 49 Abs. 2 NBauO abwehren könnten.

Die Kläger können keine ihnen günstigen Rechtsfolgen daraus herleiten, daß die Beklagte mit den angegriffenen Bescheiden (wohl) lediglich die Werbeanlagen „an sich", nicht aber den Funkturm in seiner neuen Nutzung genehmigt hat. Es sprechen zwar einige Anhaltspunkte für die Annahme, daß der Funkturm in seiner neuen Funktion insgesamt hätte genehmigt werden müssen und sich die Genehmigung daher nicht auf die streitigen Anlagen hätte beschränken dürfen. Denn die Legalisierungswirkung einer für den Turm in seiner früheren Nutzung erteilten Genehmigung/Zustimmung dürfte nach dem baurechtlichen Dogma der Einheit von Bausubstanz und Nutzungszweck mit der endgültige Aufgabe der „Fernmeldenutzung" geendet haben. Dementsprechend dürfte das Vorhaben die Genehmigungsfrage neu aufgeworfen haben.

Die daraus (möglicherweise) folgende formelle Teilrechtswidrigkeit führt indes nicht zum Klageerfolg. Denn das Baugenehmigungsverfahren ist allein im öffentlichen Interesse mit dem Ziel einer präventiven Kontrolle eingeführt worden. Der Nachbar kann das Vorhaben daher nur dann abwehren, wenn das Vorhaben aus materiellen Gründen die Teile des öffentlichen Baurechts verletzt, welche auch seinen Interessen zu dienen bestimmt sind (so OVG Lüneburg, Urteil v. 29. 5. 1998 – 6 L 1223/97 –, Vnb, unter Hinweis auf OVG Lüneburg, Urteil v. 14. 3. 1967 - VI A 110/66 –, BRS 18 Nr. 122). Grenzabstandsvorschriften gehören zu diesen Vorschriften. Diese sind im Ergebnis jedoch nicht zum Nachteil der Kläger verletzt.

Die Kläger haben Anspruch darauf, daß das angegriffene Vorhaben die Fläche der H. Allee nur zur Hälfte abstandsrechtlich in Anspruch nimmt. Das ergibt sich aus § 9 Abs. 1 NBauO. Dieser vermittelt nach der Senatsrechtsprechung (Beschluß v. 30. 3. 1999 – 1 M 897/99 –, NdsVBl. 2000, 10 = BRS 62 Nr. 190 = BauR 1999, 1163) nachbarschützende Wirkung. Diesen Abstand dürfte das Vorhaben nicht einhalten. Dabei kann der Senat unentschieden lassen, ob der Turm – wie die Beklagte und die Beigeladene mit Rücksicht auf die Bemühungen um die Aufstellung des Bebauungsplanes der Beklagten Nr. 1387 meinen – in (wegen § 33 BauGB) entsprechender Anwendung von § 7 Abs. 4 Nr. 1 NBauO nur ¹/₂ H Abstand halten muß. ... Selbst wenn die Kläger ihrer Stellung als Miteigentümer am Gemeinschaftseigentum die Einhaltung des vollen Grenzabstandes auf 1 H für das gesamte Bredero-Hochhaus einfordern könnten, wäre der Grenzabstand nach § 7 Abs. 1, § 9 Abs. 1 NBauO zwar nicht eingehalten, dies nach den von der Beklagten auf der Grundlage von § 13 Abs. 1 Nr. 1 NBauO erteilten Ausnahmen indes unbeachtlich.

Nach dieser Vorschriften können geringere als die in den §§ 7 bis 12a NBauO vorgeschriebenen Abstände ausnahmsweise zugelassen werden, wenn dies zur Verwirklichung besonderer baugestalterischer oder städtebaulicher Absichten erforderlich ist. Auch in diesem Fall muß gemäß § 13 Abs. 2 NBauO nicht nur den Erfordernissen des Brandschutzes genügt werden – was hier unproblematisch der Fall ist. Vielmehr muß auch in diesem Fall den allgemeinen Anforderungen an gesunde Wohn- und Arbeitsverhältnisse, auch

Nr. 146

auf den Nachbargrundstücken, mindestens gleichwertig entsprochen werden. Diese Voraussetzungen sind erfüllt.

Der Senat hat sich zu den Voraussetzungen, unter denen von dieser Aufnahmemöglichkeit Gebrauch gemacht werden darf, in seinem oben bereits zitierten Beschluß vom 30. 3. 1999 (– 1 M 897/99 –, a. a. O.) geäußert. Darin hat er u. a. ausgeführt:
„Nach dem gegenwärtig absehbaren Stand der Dinge sind die Voraussetzungen des § 13 Abs. 1 Nr. 1 NBauO erfüllt. Danach können geringere als die in den §§ 7 bis 12 a NBauO vorgeschriebenen Abstände zur Verwirklichung besonderer baugestalterischer oder städtebaulicher Absichten ausnahmsweise zugelassen werden. Zur Auslegung dieser Vorschrift ist auszuführen: Es ist nicht erforderlich, scharf zwischen den baugestalterischen und städtebaulichen Absichten zu unterscheiden. Beides läßt sich kaum in eindeutiger Weise trennen. Die Initiative für die Entwicklung dieser Absichten darf vom Bauherrn ausgehen (vgl. Große-Suchsdorf/Lindorf/Schmaltz/Wiechert, a. a. O., § 13 Rdnr. 4). Die gegenteilige, in den ersten beiden Auflagen des zitierten Erläuterungswerkes sowie möglicherweise auch vom (früheren) 6. Senat des Niedersächsischen OVG (Beschluß v. 11. 7. 1997 – VI B 44/79 –, BRS 35 Nr. 93) vertretene Auffassung, diese Absichten müßten ihre Wurzel in einer örtlichen Bauvorschrift oder einem Bebauungsplan der Gemeinde haben, läßt sich kaum mit § 13 Abs. 3 NBauO vereinbaren. Dieser ordnet an, daß das Landesabstandsrecht der „nur" gemeindlichen Rechtssetzung grundsätzlich vorgeht. Dem widerspräche es, ohne ausdrücklichen Gesetzesbefehl in § 13 Abs. 1 Nr. 1 NBauO zu fordern, die Initiative müsse von der planenden Gemeinde ausgegangen sein. ...
Mit den vorstehenden Ausführungen ist indes (noch) nicht gesagt, daß der Bauherr die besonderen städtebaulichen und gestalterischen Absichten i. S. des § 13 Abs. 1 Nr. 1 NBauO geradezu gegen den Willen der Gemeinde soll verwirklichen können. ...
Diese Frage bedarf hier indes nicht einer abschließenden Klärung. Denn die Antragsgegnerin steht dem Vorhaben der Beigeladenen nicht etwa ablehnend gegenüber. Sie hat es vielmehr sogar im Verfahren der förmlichen Bauleitplanung in ihren Willen aufgenommen. Darauf, daß diese Planung nicht insgesamt wirksam sein muß, ist oben bereits hingewiesen worden. ...
Die von der Beigeladenen und der Antragsgegnerin mit dem angegriffenen Vorhaben verfolgten Bauabsichten sind i. S. des § 13 Abs. 1 Nr. 1 NBauO „besonders". Das ist nicht erst dann zu bejahen, wenn architektonisch oder städtebaulich geradezu hervorragende Projekte verfolgt werden. Es reicht vielmehr aus, daß ein vom Normalen abweichender, letztlich aber zum selben Ziel, nämlich zumindest gleich guten Wohn- und Arbeitsverhältnissen führender Weg gesucht wird (vgl. Große-Suchsdorf/Lindorf/Schmaltz/Wiechert, a. a. O., § 13 Rdnr. 4). Solche besonderen städtebaulichen Absichten müssen nicht notwendig das gestalterische oder städtebauliche „Nonplusultra" bilden. ...
Entgegen der Annahme des Verwaltungsgerichts begründen diese beiden soeben erörterten Gesichtspunkte die besonderen gestalterischen und städtebaulichen Absichten. Diese können sich zwar nicht stets und ohne jede Rück-

sicht gegen die Interessen der Nachbarn an der Einhaltung der gesetzlich vorgeschriebenen Abstände durchsetzen. Diese Absichten sind vielmehr ins Verhältnis zu setzen zu den Einbußen, welche die Nachbarn durch die Unterschreitung erleiden. Das gilt trotz des Umstandes, daß nach § 13 Abs. 2 NBauO gerade im Falle des Abs. 1 Nr. 1 besonders zu prüfen ist, ob die Nachbarn trotz Unterschreitung des gesetzlich bestimmten Abstandes mindestens die Wohnverhältnisse haben, die sie bei Einhaltung der gesetzlichen Vorschriften genössen. „Besonders" i. S. des Abs. 1 Nr. 1 sind die Absichten nur dann, wenn sie „grundsätzlich", d. h. überhaupt von einem Gewicht sind, welches die Unterschreitung der gesetzlichen Abstände zu rechtfertigen vermag. Je mehr diese unterschritten werden, von desto größerem Gewicht müssen die Absichten sein. Diese Wechselwirkung (vgl. dazu Große-Suchsdorf/Lindorf/Schmaltz/Wiechert, a. a. O. u. Barth/Mühler, Abstandsvorschriften der NBauO, § 13 Rdnr. 7) gilt nicht nur hinsichtlich des „Ob", sondern auch hinsichtlich des „Wie" der Unterschreitung. ... Voraussichtlich wird auch den allgemeinen Anforderungen an gesunde Wohn- und Arbeitsverhältnisse auf den Grundstücken der Antragsteller mindestens gleichwertig entsprochen sein/werden. Das ist dann der Fall, wenn auf den Nachbargrundstücken im praktischen Ergebnis die Verhältnisse herrschen, wie sie bei Einhaltung der gesetzlichen Grenzabstände bestehen würden (gl. Große-Suchsdorf/Lindorf/Schmaltz/Wiechert, a. a. O., § 13 Rdnr. 22 u. 5; Barth/Mühler, a. a. O., § 13 Rdnr. 39; vgl. im übrigen auch OVG Niedersachsen, Beschluß v. 11. 7. 1979 – VI B 44/79 –, BRS 35 Nr. 93, S. 200). Das kann etwa durch Ausnutzung günstiger topografischer Verhältnisse, eine geschickte Zuordnung der Gebäude zueinander oder ihrer besonders schutzwürdigen Räume oder in sonstiger Weise geschehen, welche der Unterschreitung des Grenzabstandes ggf. auch nur psychologisch die nachteilige Wirkung nimmt (vgl. Große-Suchsdorf/Lindorf/Schmaltz/Wiechert, a. a. O., Rdnr. 5).

Der Anwendung dieser Grundsätze steht nicht gleichsam von vornherein entgegen, daß die Grundstücke der Beteiligten im Kerngebiet liegen. Für diese hat der Gesetzgeber in § 7 Abs. 4 NBauO zwar „bereits" eine Halbierung der Abstände vorgesehen. Diese Vorschrift läßt indes nicht den Gegenschluß zu, in Kerngebieten müsse insoweit besondere Zurückhaltung obwalten. Das widerspräche nicht nur dem Wortlaut des § 13 Abs. 1 Halbs. 1 NBauO, der hierfür keine Anhaltspunkte enthält. Das ließe auch außer acht, daß nach dem Katalog des § 7 Abs. 2 BauNVO in Kerngebieten Nutzungen ganz unterschiedlicher Schutzbedürftigkeit zulässig sind. So gegensätzliche Nutzungen wie etwa Parkhäuser und Gebäude sozialen oder kirchlichen Zweckes bedürfen in erheblich voneinander abweichendem Maße des Schutzes. Gerade wegen dieser starken „Spreizung" sind Kerngebiete in besonderem Maße für eine Anwendung des § 13 Abs. 1 Nr. 1 NBauO offen. ... Der Anwendungsbereich des § 13 Abs. 2 Satz 2 NBauO ist indes nicht auf eine solch eher schematische Handhabung zu verengen. Ebenso wie schon § 12 Abs. 5 Satz 2 NBauO a. F. mit der Verwendung der Worte „nicht wesentlich" zeigte, gestattet auch der in § 13 Abs. 2 Satz 2 NBauO gebrauchte Terminus der „Gleichwertigkeit" eine wertende Betrachtung der besonderen Verhältnisse. Dabei darf u. a. berücksichtigt werden, daß trotz Unterschreitung des gesetzlichen Abstandes

der dadurch hervorgerufene psychologische Eindruck des Eingeschlossenseins ausgeglichen werden kann (s. o.)...."
Eine Anwendung dieser Grundsätze ergibt, daß die Beklagte in einer Weise von § 13 Abs. 1 Satz 1, Abs. 2 NBauO Gebrauch gemacht hat, welche Nachbarinteressen der Kläger selbst dann nicht verletzt, wenn die Bezugsebene der Betrachtung nicht ihre Wohnung, sondern das Straßenniveau ist. Es existieren ausreichenden Umfangs baugestalterische bzw. städtebauliche Absichten. U.a. aus Streitigkeiten um die Beseitigung von Verteidigungsanlagen, welche französische Streitkräfte im Harz unterhalten und dann nach Ende der DDR aufgegeben hatten (vgl. Senatsentscheidung v. 21. 1. 2000 – 1 L 4202/99 –, BauR 2000, 1030 = ZfBR 2000, 349) aber auch aus allgemeinen Quellen ist dem Senat bekannt, wie schwierig es ist, Türme dieser Art nach dem Ende ihrer ursprünglichen Nutzung wirtschaftlich vernünftig („weiter") zu nutzen. Die Einrichtung eines Restaurants in den ehemaligen Arbeitsbereichen scheitert häufig an den Ausbaukosten und der geringeren Rentabilität. So ist es auch hier. Anhaltspunkte für eine Nutzung, welche nicht in der Installation von Werbeanlagen besteht, sondern sich allein auf die ehemalige Betriebsebene (unter der untersten Plattform) bezieht, sind im Verwaltungs- und Gerichtsverfahren von keinem der Beteiligten benannt worden. Andererseits besteht an dem Erhalt dieses ehemaligen Funkturmes ein öffentliches Interesse. Er bildet zusammen mit dem Bredero-Hochhaus und dem schwarz verkleideten Gebäude der Stadtsparkasse ein Dreigestirn, das nicht nur das Baugeschehen hinter dem Bahnhof wesentlich mitbestimmt, sondern in seiner Art in H. vergleichsweise einzigartig ist. H. weist nur vergleichsweise wenige Gebäude größerer Höhe auf. Außer der Marktkirche sind zu erwähnen das Kröpcke-Center, das Ärztehaus (Schiffgraben), das Anzeigerhochhaus, das Allianzgebäude und das Ihme-Zentrum. Der 1958/59 errichtete Funkturm hat sich nicht zuletzt aus diesem Grund zu einem Gebäude entwickelt, das die Silhouette H. jedenfalls so wesentlich mitbestimmt, daß sein Fortfall das „Gesicht der Stadt" merklich verändern würde. Zwischen den Beteiligten steht zu Recht außer Streit, daß die Unterhaltung des Turmes erhebliche finanzielle Aufwendungen verursachend dessen Substanz zumindest auf mittlere Sicht ohne einen Eigentümer ernstlich gefährdet wäre, der sich als Gegenleistung hierzu nicht eine zumindest teilweise wirtschaftlich auskömmliche Nutzung versprechen könnte.

Die von der Beigeladenen und der Beklagten übereinstimmend gefundene Lösung hat eine städtebauliche Qualität, welche den Anforderungen des § 13 Abs. 1 Nr. 1 NBauO gerecht wird. Sie vermeidet einerseits, daß der Turm gleichsam als ausgeschlachtete Ruine, d. h. bar jeder Telekommunikationseinrichtungen als Skelett stehen bleibt, so lediglich Zeugnis ablegt für eine überholte Telekommunikationstechnik und mit der Zeit zu einer Gefährdung für Passanten wird. Sind andere Nutzungen nicht in Sicht, bietet sich der Turm schon seiner Form nach eigentlich nur als eine Art „überdimensionaler Litfaßsäule" an. Angesichts der erheblichen Kosten, welche der Erhalt dieses Bauwerks erfordert, kann es nur ein wirtschaftlich so starkes Unternehmen wie die Beigeladene sein, das sich diese Art der Werbung leisten kann. Deren Emblem „paßt" nachgerade ideal. Denn mit der Rundform ihres Signets nimmt die Werbeanlage die Form der Plattformen auf. Die Technik umlaufender Embleme setzt sich dabei nur scheinbar von der ursprünglichen Nutzung des Turmes ab. Diese nehmen als „rollende Räder" den Produktionsbereich der Beigeladenen symbolisch auf.

Diese städtebaulichen und gestalterischen Absichten haben selbst dann ein zur Überwindung der konkurrierenden Nutzungsabsichten ausreichendes Gewicht, wenn man die Kläger für berechtigt ansieht, auf das Niveau des Straßengrundes bezogen die Einhaltung der Grenzabstandsvorschriften reklamieren zu können. Die streitigen Werbeanlagen fügen dem Turm keine ins Gewicht fallende Einschränkung des Freiraumprofils hinzu. Angesichts der zu erwartenden Unterhaltungskosten sind die drei Signets der Beigeladenen mit 9 m Durchmesser auch nicht zu Lasten der Nachbarschaft als überdimensioniert zu werten. Prägt der Funkturm das Stadtbild über den Bereich der Innenstadt hinaus, ist es nicht zu beanstanden, wenn die Beigeladene zum Ausgleich hierfür mit den Werbeträgern auch über den Bereich der Innenstadt hinaus wirken und werben will. Daß sie für die im Vordergrund der Betrachtungen stehenden drei Signets (die doppelte Umschrift „Nutzfahrzeuge" spielt nach den Ausführungen der Kläger in der mündlichen Verhandlung allenfalls eine untergeordnete Rolle, die blaue Beleuchtung aller runden Plattformen so gut wie gar keine) die oberste Plattform gewählt hat, ist daher nicht zu beanstanden. Belichtung und Belüftung des Bredero-Hochhauses werden durch diese Signets (ihre Beleuchtung einmal hinweggedacht) allenfalls ganz untergeordnet beeinträchtigt.

Aber auch die genehmigte Beleuchtung in der gesamten Nachtzeit verletzt Nachbarrechte nicht. Sowohl nach §49 Abs.2 NBauO als auch nach §13 Abs.2 Satz2 NBauO dürfen die fraglichen Embleme durch ihre Betriebsweise, d.h. durch das Maß ihrer Bewegungen und die Leuchtintensität nicht „erheblich belästigen", d.h. nicht zu Einbußen führen, welche die Kläger nach Lage der Dinge nicht hinzunehmen brauchen. Diese Anforderungen werden erfüllt.

Zu den dabei anzulegenden Maßstäben ist auszuführen:
Zutreffend ist das Verwaltungsgericht zu dem Ergebnis gelangt, daß die vom Länderausschuß für Immissionsschutz im Mai 2000 zustimmend zur Kenntnis genommene sogenannte Licht-Richtlinie (abgedruckt bei Feldhaus, BImSchG, Stand: Oktober 2002, C 4.5/LAI) keinen normativen Charakter hat. Mit der Rechtsprechung des Oberverwaltungsgerichts zur Vereinbarkeit von Straßenleuchten und angrenzender Wohnnutzung (vgl. Urteil v. 13.9.1993 – 12 L 68/90 –, UPR 1994, 115 = NVwZ 1994. 713) ist vielmehr anzunehmen, daß eine starr an Lux-Werten ausgerichtete Beurteilung für die Frage der Zumutbarkeit nicht ausschlaggebend sein kann. Maßgeblich hat damit eine konkrete Wertung und Bewertung des Einzelfalls zu sein. Allerdings trifft die Wertung der zitierten Licht-Richtlinie zu, daß Bewohnern von Kerngebieten eine deutlich höhere Lichteinwirkung zuzumuten ist als Bewohnern anderer Wohngebiete, namentlich von allgemeinen oder reinen Wohngebieten. Dies entspricht dem Charakter von Kerngebieten. Die nach §7 Abs.2, namentlich seiner Nrn. 2 und 5 BauNVO 1990 regelmäßig zulässigen Nutzungen dürfen auf sich mit zum Teil recht aufwendiger Reklame aufmerksam machen. Bereits dies mindert den Schutzanspruch der Kläger ganz erheblich.

Nr. 146

Diese mögen bei Erwerb und Bezug ihrer Wohnung die Hoffnung gehegt haben, wegen der Höhe, in der ihre Wohnung im Bredero-Hochaus gelegen sei, würden sie einer solchen Einwirkung nicht ausgesetzt sein. Rechtlich geschützt ist ein solches Vertrauen jedoch nicht.

Des weiteren ist zu berücksichtigen, daß die Kläger im akustischen und optischen Einflußbereich des Bahnhofs und des Innenstadtbereiches von H. wohnen und von daher ebenfalls erhebliche Einbußen als Vorbelastung gegen sich gelten lassen müssen. Das hat gerade die vom Senat durchgeführte Ortsbesichtigung gezeigt. Zu Recht hatten dort die Vertreter der Beklagten und der Beigeladenen auf Schattenbildungen im 18. Obergeschoß aufmerksam gemacht. Diese zeigten, daß das aus nordwestlicher Richtung heraufscheinende „Streulicht" – obwohl von einer ganzen Reihe verschiedener Lichtquellen, namentlich von diffuser Straßenbeleuchtung herrührend – deutlich stärkere Schatten warf als die aus südwestlicher Richtung scheinende streitige Werbeanlage. Dieser Eindruck ist zwar aus zwei Gründen zu relativieren, welche zu einer stärkeren Berücksichtigung des Lichts zu führen haben, welches von der streitigen Werbeanlage auf die Wohnung der Kläger einwirkt. Die streitige Werbeanlage scheint dort mehr oder minder ungehindert von oben herein; das Licht wird nur zu einem kleineren Teil von einem Vorsprung des Bredero-Hochhauses abgedeckt. Demgegenüber wird das von unten, d. h. aus der City heraufscheinende Licht, durch die Balkonbrüstung der Kläger jedenfalls teilweise abgedeckt und erreicht damit nur zum Teil deren Wohnräume, namentlich den Deckenbereich ihrer Zimmer. Aus diesem Grund sind auch die Ergebnisse der vom Sachverständigen Dr. B. in der mündlichen Verhandlung über die Brüstung hinweg gezielt „nach unten" durchgeführten Lichtmessung nur von eingeschränkter Aussagekraft. Den Klägern kann daher nicht entgegengehalten werden, sie seien in ihrem Wohn- und Schlafbereich schon jetzt einer Lichtintensität von 0,7 lx ausgesetzt, welche der Sachverständige über die Balkonbrüstung sich hinauslehnend ermittelt hat.

Zum anderen ist zum Vorteil der Kläger zu berücksichtigen, daß die streitigen Embleme zum Zeitpunkt der Ortsbesichtigung nach den Meßergebnissen des Sachverständigen nur mit einer Leuchtkraft von 0,4 lx auf die klägerische Wohnung einwirkten. Sie bleiben damit hinter der genehmigten Leuchtkraft zurück. Diese soll nach der Nebenbestimmung Nr. 2 zur streitigen Baugenehmigung mit 1 lx auf die nächstgelegene Wohnung einwirken dürfen. Das zielt zwar nicht auf die klägerische Wohnung, weil diese nicht die (wie die Nebenbestimmung auszulegen ist) nächstgelegene Wohnung im Bredero-Hochhaus ist. Das ist vielmehr eine höher gelegene Wohnung, welche noch näher an der streitigen Werbeanlage heranreicht. Andererseits ist das Bredero-Hochhaus nicht so umfangreich, daß angenommen werden könnte, die streitige Werbeanlage habe zum Zeitpunkt der Ortsbesichtigung zwar mit dem genehmigten Maximalwert von 1 lx auf die nächstgelegene Wohnung im Bredero-Hochhaus eingewirkt; die (nach den Messungen) um 0,6 lx verminderte Einwirkungsstärke auf die Wohnung der Kläger sei daher mit der Entfernung zu der „Bezugswohnung" zu erklären. Mit anderen Worten: Die genehmigte Leuchtstärke geht über das hinaus, was der Senat zum Zeitpunkt der Ortsbesichtigung an Intensität wahrnehmen konnte.

Auch wenn man dies zugunsten der Kläger berücksichtigt, führt das aus den oben dargelegten Gründen nicht zur Annahme, die Lichtintensität überschreite das Maß des Zumutbaren. Die Kläger sind wegen der Gebietsfestsetzung und der Lage ihrer Wohnung „in der City" und am Bahnhof auch/gerade in der Nachtzeit verstärkt zur Hinnahme von Lichteinflüssen verpflichtet. Das danach hinzunehmende und in Worten sowie Lichtwerten schwer zu definierende Maß des noch Hinnehmbaren wird auch bei Berücksichtigung der vorstehenden Ausführungen nicht überschritten. Nur mit Mühe war es während der Ortsbesichtigung möglich, eine Schrift in der Größe von etwa 10 Druckpunkten allein im Schein der streitigen Werbeanlage zu lesen. Als Eindruck bleibt eben doch haften, daß die heraufscheinende, vergleichsweise unscheinbar wirkende „Streubeleuchtung" deutlich stärkere Schatten warf als die streitige Werbeanlage. Selbst wenn diese (einerseits) nach der genehmigten Bauzeichnung noch stärker zu leuchten vermag, andererseits – wie die Kläger geltend machen – das von unten heraufscheinende Streulicht im Zuge der Nacht abnimmt (namentlich Wohn- und Bürogebäude werden dann nicht mehr beleuchtet sein), fehlen doch hinreichende Anhaltspunkte für die Annahme, nachts werde sich das Verhältnis der Schattenwirkung sozusagen umkehren. Allenfalls kommt in Betracht anzunehmen, daß dann das von unten einwirkende Streulicht und das von der streitigen Werbeanlage (bei Maximalbetrieb) hereinscheinende Licht sich in etwa die Waage halten werden. Das führt nach dem eindeutigen Eindruck, den der Senat bei der Ortsbesichtigung hat gewinnen können, nicht zu Lichteinwirkungen, welche in einem Kerngebiet nicht zugelassen werden könnten. Es käme sogar in Betracht anzunehmen, daß solche Lichteinwirkungen sogar in allgemeinen Wohngebieten zulässig sind.

Es kommt folgendes hinzu: Die auch nachts anhaltende langsame Drehbewegung verhindert, daß die Nachbarschaft abrupten und deshalb lästigen Hell-dunkel-Effekten ausgesetzt wird. Der Lichtstrom bleibt trotz/gerade wegen der langsamen Rotationsbewegung im wesentlichen gleich. Nur zum Teil ist er – den Initialen der Beigeladenen entsprechend – hell/weiß. Im übrigen besteht das Signet der Beigeladenen aus einem blauen Grund. Das ist eine dem Auge eher verträgliche Farbe. Des weiteren und vor allem ist zu beachten, daß das in § 13 Abs. 2 und § 49 Abs. 2 NBauO verankerte Gebot zur gegenseitigen Rücksichtnahme verpflichtet. Auch den Klägern ist damit zuzumuten, Maßnahmen zur Lichtdämpfung, d.h. solche „architektonischer Selbsthilfe" (vgl. BVerwG, Urteil v. 23.9.1999 – 4 C 6/98 –, BRS 62 Nr. 86) zu ergreifen. Das haben die Kläger auch getan. Nur das Wohnzimmer weist ohne Ausweichmöglichkeit eine einzige Fensterfront zur streitigen Werbeanlage hin auf, die aber gegenüber der streitigen Werbeanlage zum Teil durch einen Gebäudevorsprung abgeschirmt wird. Dem Wohnzimmer sind indes nächtliche Lichteinwirkungen zuzumuten, da man sich dort nur im wachen Zustand aufhält. Anders mag es mit dem Schlafzimmer bestellt sein. Dieses weist hier die Besonderheit auf, ein Eckzimmer zu sein. Die zum Funkturm weisenden Fensterflächen haben die Kläger durch lichtundurchlässiges Material ersetzt. Gleichwohl entsteht infolge der Eckzimmerlage hierdurch kein Gefühl des „Eingeschlossenseins". Denn die nach Westen, d.h. zur abgewandten Seite weisende Fensterfront des Schlafzimmers wird allenfalls von schwachen Lichtreflexen getroffen, die sich von der streitigen Werbeanlage kommend an der Balkonbrüstungsinnenseite brechen. Diese Lichteinwirkungen sind vom Schlafzimmer aus kaum wahrnehmbar, in jedem Fall aber hinzunehmen. Selbst wenn man nicht soweit ginge wie die Kläger und Glas vollständig durch lichtundurchlässiges Material ersetzte, wäre es möglich, architektonische Selbsthilfe zu leisten. Diese könnte insbesondere in einem schweren Gardinenstoff und/oder kippbaren Lamellen bestehen. Das vermag die Lichtstärke auf ein jedenfalls im Kerngebiet zulässiges Maß zu dämpfen.

Tags zu erwartende Einbußen haben die Kläger im Berufungsverfahren zu Recht nicht mehr in den Vordergrund ihrer Darlegungen gestellt. Es mag zwar sein, daß die Sonne je nach ihrem Stand auf den metallenen Ringen, welche die drei Embleme umgeben, Reflexe zu erzeugen vermag. Deren zunehmende Verschmutzung und (vor allem) die Lage der Gebäude zueinander (der Funkturm liegt im Südwesten des Bredero-Hochhauses) lassen indes nicht erwarten, daß regelrecht grelle „Disko-Effekte" erzeugt werden. Nachdem das Verwaltungsgericht H. dies in der angegriffenen Entscheidung auf gelegentliche Einwirkungen nach Art von Reflexen, welche von gegenüberliegenden Fenstern vergleichbar seien, reduziert hat, wäre es Sache der Kläger gewesen, die behaupteten Einwirkungen näher zu beschreiben. Das ist im wesentlichen unterblieben.

Nr. 147

1. **Aus der Beschränkung der Ermächtigung zum Erlaß von Gestaltungssatzungen auf bestimmte Teile des Gemeindegebiets in § 86 Abs. 1 Satz 1 BauO NRW folgt, daß der Geltungsbereich solcher Satzungen grundsätzlich räumlich kleiner sein muß als das gesamte Gemeindegebiet, weil grundsätzlich nur einzelne (tendenziell kleine) Teile des Gemeindegebiets die erforderliche Eignung zur Durchführung baugestalterischer Absichten aufweisen.**

2. **Der räumliche Geltungsbereich einer Gestaltungssatzung kann zwar ohne Verstoß gegen die Bestimmtheitsanforderungen mit dem unbestimmten Rechtsbegriff „innerhalb der im Zusammenhang bebauten Ortsteile" umschrieben werden; unbestimmt ist jedoch die Umschreibung des Geltungsbereichs mit der bloßen Erwähnung verschiedener in der Hauptsatzung erwähnter Ortsteile, von denen einzelne nur Außenbereichsflächen umfassen und deren Abgrenzung nicht näher festgelegt ist.**

3. **Unbestimmt ist eine Gestaltungssatzung, die zwar für unterschiedliche – planerisch festgesetzte oder faktische – Baugebietskategorien unterschiedliche Regelungen trifft, jedoch offen läßt, nach welchen Maßstäben die Differenzierungen im diffusen Innenbereich (§ 34 Abs. 1 BauGB) anwendbar sein sollen.**

4. Sonderregelungen für „überwiegend gewerblich genutzte Gebäude" sind unbestimmt, wenn der Satzung bzw. ihrer Begründung die Kriterien für die Abgrenzung des Überwiegens nicht entnommen werden können.

5. Nimmt eine Gestaltungssatzung „öffentliche Gebäude" von ihrer Geltung – hier bezüglich von Regelungen über die Gestaltung der Dächer und der Außenwände – generell aus, verstößt dies gegen den Gleichbehandlungsgrundsatz, wenn keine sachlichen, ausschließlich baugestalterisch begründeten Rechtfertigungsgründe für diese Ausnahme vorliegen.

6. Zu den Anforderungen an die konkrete Festlegung einzelner Gestaltungsregelungen.

BauO NRW 1995 §86 Abs. 1 Nr. 1; BauGB §34 Abs. 1, Abs. 2.

OVG Nordrhein-Westfalen, Urteil vom 26. März 2003 – 7 A 1002/01 – (rechtskräftig).

(VG Arnsberg)

Die Kläger wandten sich gegen eine Ordnungsverfügung des Beklagten, mit der ihnen aufgegeben wurde, die Dacheindeckung ihres Wohnhauses entsprechend der Satzung über die örtlichen Bauvorschriften der Beigeladenen auszuführen. Diese gibt u. a. vor, daß Dächer nicht mit glänzenden oder glasierten Materialien eingedeckt werden dürfen. Die Kläger hatten jedoch glasierte Dachziegel verwandt. Der Klage, die vom Verwaltungsgericht abgewiesen worden war, gab das Oberverwaltungsgericht auf die Berufung der Kläger statt.

Aus den Gründen:

Die angefochtene Ordnungsverfügung ist ausschließlich darauf gestützt, die Kläger hätten bei der Anlage der Dacheindeckung ihres Wohnhauses gegen die Regelung unter §3 Nr. 1.4 der Satzung der Beigeladenen über die örtlichen Bauvorschriften – im Nachfolgenden Gestaltungssatzung genannt – und damit die öffentliche Sicherheit verstoßen. Damit hängt die Rechtmäßigkeit der Ordnungsverfügung maßgeblich davon ab, ob diese Satzung wirksam ist oder nicht.

Die Gestaltungssatzung, gegen die die Kläger unstreitig verstoßen haben, kann nicht zur Stützung eines Verstoßes gegen die öffentliche Sicherheit herangezogen werden, weil sie aus mehreren Gründen insgesamt unwirksam ist.

Die Gestaltungssatzung ist erlassen worden auf Grund des §86 BauO NRW in der seinerzeit maßgeblichen Fassung vom 7.3.1995 (GV. NRW S. 218, BauO NRW 1995). Nach Abs. 1 Nr. 1 dieser Vorschrift konnten die Gemeinden örtliche Bauvorschriften als Satzung erlassen u. a. über die äußere Gestaltung baulicher Anlagen „zur Durchführung baugestalterischer Absichten in bestimmten, genau abgegrenzten bebauten oder unbebauten Teilen des Gemeindegebietes".

Die Gestaltungssatzung hält sich schon deshalb nicht im Rahmen dieser Ermächtigungsgrundlage, weil sie sich nicht lediglich auf „bestimmte Teile des Gemeindegebiets" im Sinne der genannten Ermächtigungsgrundlage bezieht.

Nr. 147

Mit dieser Beschränkung der Ermächtigung zum Erlaß von Gestaltungssatzungen hat der Gesetzgeber zum Ausdruck gebracht, daß der Geltungsbereich solcher Satzungen grundsätzlich räumlich kleiner sein muß als das gesamte Gemeindegebiet (vgl. zu der entsprechenden Vorschrift im Bauordnungsrecht des Landes Rheinland-Pfalz: OVG Rh.-Pf., Urteil v. 22. 9. 1988 – 1 A 82/86 –, BRS 48 Nr. 111).

Dem liegt ersichtlich die Erwägung zugrunde, daß grundsätzlich nur einzelne (tendenziell kleine) Teile des Gemeindegebiets die erforderliche Eignung zur Durchführung baugestalterischer Absichten aufweisen (so bereits: OVG NRW, Urteil v. 30. 6. 1983 – 11 A 329/82 –, BRS 40 Nr. 152).

Diesen Anforderungen trägt die strittige Satzung schon deshalb nicht Rechnung, weil ihr Geltungsbereich nach ihrem § 1 insgesamt 21 namentlich benannte „Ortsteile" der Beigeladenen umfaßt, die praktisch alle Ansiedlungen erfaßt, auch wenn es sich nach der vorhandenen Bebauung nur um kleine Siedlungssplitter bzw. Streubebauung im Außenbereich handelt. Mit diesem weitreichenden Geltungsbereich verfolgt die Beigeladene, wie ihr Vertreter in der mündlichen Verhandlung vor dem Senat ausdrücklich eingeräumt hat, den Zweck, „im gesamten Gemeindegebiet" untypische starke Abweichungen von den für das Sauerland typischen Gestaltungsmerkmalen zu verhindern. Gerade dies läßt § 86 Abs. 1 Nr. 1 BauO NRW 1995 mit der Beschränkung der Ermächtigung zum Erlaß von Gestaltungssatzungen auf „bestimmte Teile des Gemeindegebiets" jedoch nicht zu.

Ob in begrenzten Ausnahmefällen, in denen ein bestimmtes gestalterisches Ziel auf praktisch das gesamte Gemeindegebiet zutrifft (vgl. hierzu: OVG Schl.-H., Urteil v. 9. 5. 1995 – 1 L 165/94 –, JURIS (dort S. 7)) Gestaltungsregelungen jedenfalls das gesamte bebaubare Gemeindegebiet erfassen dürfen, kann letztlich dahinstehen. Für einen solchen Ausnahmefall sind hier auch nicht ansatzweise Anhaltspunkte dargelegt oder sonst ersichtlich. So verfolgt die Beigeladene nicht etwa das Ziel, bestimmten Auswüchsen des Baugeschehens entgegenzuwirken, die, auch wenn sie im konkreten Einzelfall noch nicht den Grad der Verunstaltung im bauordnungsrechtlichen Sinne (vgl. hierzu: OVG NRW, Urteil v. 11. 9. 1997 – 11 A 5797/95 –, BRS 59 Nr. 137 = BauR 1998, 113) erreichen, praktisch an jedem potenziellen Standort als störend empfunden werden. Ihr kommt es vielmehr darauf an, dezidiert die Zulässigkeit äußerer Gestaltungsmerkmale baulicher Anlagen zu beschränken und dabei der Sache nach flächendeckend nur eine verhältnismäßig geringe Bandbreite der Gestaltungsmöglichkeiten etwa von Wohnhäusern im gesamten Gemeindegebiet vorzugeben, die darauf hinauslaufen, praktisch in der gesamten Gemeinde nach Wertung der Gemeindevertreter als „sauerlanduntypisch" empfundene, starke Abweichungen von „sauerlandtypischen Gestaltungsmerkmalen" namentlich bei Wohnhäusern auszuschließen.

Dem Einwand der Beigeladenen, es könne jedenfalls dann, wenn die einschlägigen gestalterischen Erwägungen für alle Bereiche des Gemeindegebiets gleichermaßen zutreffen, sachgerecht sein, auf den Erlaß identischer Satzungen für die jeweiligen Ortsteile zu verzichten und die für die einzelnen Ortsteile einschlägigen Regelungen in einer Satzung zusammenzufassen, steht der Wortlaut des Gesetzes grundsätzlich entgegen. Dieser läßt es auch nicht zu, die räumliche Beschränkung der Ermächtigung dadurch zu umgehen, daß durch eine Vielzahl identischer Satzungen das gleiche Ziel einer vollständigen Erfassung des Gemeindegebiets erreicht wird (ebenso: OVG Rh.-Pf., Urteil v. 22. 9. 1988 – 1 A 82/86 –, BRS 48 Nr. 111).

Mit der Bezugnahme auf die namentlich benannten „Ortsteile" ist der räumliche Geltungsbereich der Gestaltungssatzung ferner nicht im Sinne der genannten Rechtsgrundlage hinreichend „bestimmt" und „genau abgegrenzt".

Zur Bestimmung des räumlichen Geltungsbereichs einer Gestaltungssatzung stehen einer Gemeinde grundsätzlich zwei Wege zur Verfügung. Sie kann die Geltungsbereiche kartografisch erfassen, indem sie die Grenzen eines oder mehrerer Geltungsbereiche in eine Planzeichnung – etwa auf der Basis der Deutschen Grundkarte – einträgt; sie kann aber auch den Geltungsbereich textlich umschreiben. Die Beigeladene hat sich hier für den zweiten Weg entschieden, dabei jedoch die auch aus Rechtsstaatsgründen (Art. 20 Abs. 3 GG) gebotenen Bestimmtheitsanforderungen der einschlägigen Ermächtigungsgrundlage mißachtet.

Allerdings zwingt das Bestimmtheitsgebot – auch in der hier ausdrücklich normierten Fassung von § 86 Abs. 1 Nr. 1 BauO NRW 1995 – den Gesetzgeber (hier: den gemeindlichen Satzungsgeber) nicht, den Tatbestand einer Norm mit ohne weiteres erfaßbaren Merkmalen umschreiben. Er kann sich vielmehr auch unbestimmter Rechtsbegriffe bedienen, wobei er allerdings die Grundsätze der Normenklarheit und Justiziabilität zu beachten hat. Maßgeblich für die Zulässigkeit der Verwendung unbestimmter Rechtsbegriffe ist dabei, daß der Geltungsanspruch und Inhalt der mittels unbestimmter Rechtsbegriffe festgelegten Norm – mag sie sich auf räumliche oder sachliche Gegebenheiten beziehen – jedenfalls anhand objektiver Kriterien ermittelt werden kann. Das trifft auch für die Subsumtion unter den unbestimmten Rechtsbegriff „innerhalb der im Zusammenhang bebauten Ortsteile" zu, auch wenn seine Anwendung im Einzelfall konkrete Wertungen der betroffenen Örtlichkeit erfordert (vgl. zu den Bestimmtheitsanforderungen an eine gemeindliche Baumschutzsatzung: OVG NRW, Urteil v. 8. 10. 1993 – 7 A 2021/92 –, NVwZ-RR 1994, 256 = NWVBl. 1994, 140, m. w. N.; zur Möglichkeit, den Geltungsbereich von Gestaltungssatzungen mit den Worten „innerhalb des im Zusammenhang bebauten Ortsteils" zu umschreiben, vgl. ferner: Boeddinghaus/Hahn/Schulte, BauO NRW, § 86 Rdnr. 29).

In diesem Sinne räumlich eingegrenzt hat die Beigeladene den Geltungsbereich ihrer Gestaltungssatzung jedoch nicht. Sie hat sich nicht etwa darauf beschränkt, mit der Formulierung „der Geltungsbereich dieser Satzung umfaßt die folgenden Ortsteile" neben den in Satz 2 des § 1 der Satzung erwähnten Geltungsbereichen von Bebauungsplänen allein die nach § 34 BauGB zu beurteilenden, im Zusammenhang bebauten Ortsteile in die Satzung einzubeziehen. Die namentlich genannten Ortsteile erfassen vielmehr auch solche, in denen sich allenfalls außenbereichstypische kleine Siedlungssplitter und Streubebauungen befinden. Dabei geht die Beigeladene nach den Erläuterungen ihres Vertreters in der mündlichen Verhandlung vor dem Senat davon aus, daß auch ein Außenbereichsvorhaben, „das in einer gewissen Entfernung von der Bebauung errichtet werden soll", der Satzung unterfällt. Wie dies näher abzugrenzen sein soll, konnte auch der Vertreter der Beigeladenen in der mündlichen Verhandlung vor dem Senat nicht näher erläutern, vielmehr hat er insoweit auf eine ggf. einzuholende Stellungnahme der Bauaufsicht des Kreises verwiesen. Daß eine solchermaßen offene Fassung des räumlichen Geltungsbereichs einer Gestaltungssatzung den maßgeblichen Bestimmtheitsanforderungen nicht genügt, liegt auf der Hand.

Selbst wenn man zugunsten der Beigeladenen davon ausgehen würde, daß mit der Liste der Ortsteile, die sich an der Auflistung in der Hauptsatzung der Beigeladenen orientieren soll, de facto das gesamte Gemeindegebiet – bis auf einen Ortsteil – einschließlich der den jeweiligen Ortsteilen zuzuordnenden Außenbereichsflächen erfaßt werden soll, wären die Bedenken gegen die Bestimmtheitsanforderungen nicht ausgeräumt. Dies gilt schon deshalb, weil jedenfalls der Ortsteil H. in der Auflistung nicht erwähnt und der Satzung selbst auch nicht ansatzweise zu entnehmen ist, welcher räumliche Bereich damit vom Geltungsbereich der Satzung ausgenommen sein soll. Der Umstand, daß möglicherweise der für diesen Ortsteil bereits erlassenen Gestaltungssatzung der Bereich entnommen werden kann, für den die hier strittige Satzung nicht gelten soll, würde schon deshalb nicht weiterhelfen, weil jene Gestaltungssatzung in der hier strittigen Satzung nicht in Bezug genommen ist. Mit außerhalb der hier strittigen Satzung getroffenen, nicht in Bezug genommenen anderweitigen Regelungen läßt sich der Geltungsbereich der strittigen Satzung jedoch nicht rechtlich bindend bestimmen.

Durchgreifenden Bedenken unterliegen ferner die Regelungen in §2 der strittigen Gestaltungssatzung über ihren sachlichen Geltungsbereich.

Die genannten Regelungen tragen gleichfalls den bereits angesprochenen, in §86 Abs. 1 Nr. 1 BauO NRW 1995 ausdrücklich normierten Bestimmtheitsanforderungen nicht hinreichend Rechnung, und zwar in mehrfacher Hinsicht.

Schon die in §2 Nrn. 2 bis 4 der Gestaltungssatzung festgelegten Differenzierungen, die an bestimmte Baugebietskategorien nach der Baunutzungsverordnung (BauNVO) anknüpfen, sind nicht hinreichend bestimmt. Diese Differenzierungen sind nach ihrem Sinnzusammenhang dahin zu verstehen, daß die Regelungen der Gestaltungssatzung in Kleinsiedlungsgebieten sowie reinen, allgemeinen und besonderen Wohngebieten uneingeschränkt anzuwenden sind, daß in Misch-, Dorf- und Kerngebieten die Regelungen über die Gestaltung der Außenwände (§3 Nr. 2) „für überwiegend gewerblich genutzte Gebäude" keine Anwendung finden und daß in Gewerbe-, Industrie- und Sondergebieten die Regelungen der Gestaltungssatzung generell nicht anzuwenden sind. Diesen Differenzierungen liegt nach den Ausführungen des Vertreters der Beigeladenen in der mündlichen Verhandlung vor dem Senat die Einschätzung zugrunde, mit den Regelungen in §2 Nrn. 2 bis 4 sei „jegliche vorhandene Bebauung in den in § 1 der Satzung aufgeführten Ortsteilen" erfaßt. Die Beigeladene ist damit davon ausgegangen, die einzelnen Bereiche aller in die Satzung einbezogenen Ortsteile ließen sich auch dann, wenn keine Baugebietsfestsetzungen in einem Bebauungsplan getroffen sind, stets eindeutig einer der in den §§2 bis 11 BauNVO genannten Baugebietskategorien zuordnen. Diese Einschätzung verkennt eine der grundlegenden Strukturen des Bauplanungsrechts.

Wie schon aus den Regelungen des §34 BauGB für den unbeplanten Innenbereich folgt, ist innerhalb der im Zusammenhang bebauten Ortsteile hinsichtlich der Art der baulichen Nutzung zu differenzieren zwischen dem sogenannten diffusen Innenbereich (§34 Abs. 1 BauGB) einerseits und faktischen Baugebieten (§34 Abs. 2 BauGB) andererseits. Das Gesetz geht mithin davon aus, daß sich innerhalb der im Zusammenhang bebauten Ortsteile hinsichtlich der Art der baulichen Nutzung eben gerade nicht nur faktische Baugebiete feststellen lassen, die sich eindeutig einer bestimmten Baugebietskategorie nach den §§2 bis 11 BauNVO zuweisen lassen. Dies entspricht auch allgemeiner Erfahrung, die der Senat in zahlreichen Verfahren mit bauplanungsrechtlichem Einschlag gewonnen hat. Schließlich liegt auch kein Anhalt dafür vor, daß die hier betroffenen Ortsteile der Beigeladenen tatsächlich so strukturiert sind, daß sie – neben den durch Bebauungspläne festgesetzten Baugebieten – ausschließlich faktische Baugebiete enthalten.

Für die Fälle eines sogenannten diffusen Innenbereichs läßt §2 der Gestaltungssatzung – nach der fehlerhaften Einschätzung der Beigeladenen durchaus konsequent – jedoch offen, ob und wann die nur eingeschränkte Geltung von §3 Nr. 2 – keine Anwendung der Regelungen über die Gestaltung der Außenwände für „überwiegend gewerblich genutzte Gebäude" – greifen soll. Dieses Defizit läßt sich auch nicht im Wege der Auslegung beheben. Die Varianten unterschiedlicher Nutzungsstrukturen im diffusen Innenbereich sind zu groß, als daß sich etwa Parallelen oder Ähnlichkeiten zu bestimmten Baugebietskategorien bilden ließen. So können diffuse Innenbereiche insbesondere nicht nur Nutzungsarten aufweisen, die zwei mehr oder weniger ähnlichen Baugebietskategorien zuzuordnen sind, sondern Mischformen aus Nutzungsarten einer Vielzahl unterschiedlicher Baugebietskategorien enthalten.

Die vorgenommenen Differenzierungen sind ferner untauglich, die Anwendbarkeit der Satzungsbestimmungen auf die von der Satzung erfaßten Außenbereichsflächen näher festzulegen. Die von der Gestaltungssatzung erfaßten Außenbereichsflächen lassen sich nicht, wie die Beigeladene offensichtlich meint, stets einer der in der Baunutzungsverordnung aufgelisteten Baugebietskategorien zuordnen. Dies gilt erst recht, wenn die Satzung, wie der Vertreter der Beigeladenen vorgetragen hat, sich nicht eng auf die vorhandene Bebauung im Außenbereich beziehen, sondern auch solche Vorhaben erfassen soll, die „in einer gewissen Entfernung von der bisherigen Bebauung" errichtet werden.

Ein weiterer Mangel der Bestimmtheit liegt darin, daß §2 Nr. 3 der Gestaltungssatzung eine Sonderregelung für „überwiegend gewerblich genutzte Gebäude" trifft. Denkbare Abgrenzungskriterien dafür, wann eine gewerbliche Nutzung bei Gebäuden „überwiegt", wären etwa die Nutzflächen der unterschiedlichen Nutzungen innerhalb des Gebäudes oder die entsprechenden Anteile am umbauten Raum. Mit Blick darauf, daß diese Differenzierung nur für die Gestaltung der Außenwände und Dächer gelten soll, kommt aber auch ein Anknüpfen an das äußere Erscheinungsbild des jeweiligen Gebäudes in Betracht, etwa ob es primär als Wohnhaus oder primär als Geschäftshaus oder Gewerbeobjekt erscheint. Eindeutige Anhaltspunkte dafür, welches Anknüpfungsmerkmal einschlägig sein soll, lassen sich weder dem Wortlaut der Vorschrift noch ihrem Sinn und Zweck entnehmen. Auch aus den dem Senat vorliegenden Aufstellungsvorgängen hinsichtlich der Gestaltungssatzung folgen keine hinreichenden Anhaltspunkte für das maßgebliche Abgrenzungsmerkmal. Die Ausführungen in der dem Satzungsbeschluss zugrunde gelegten Begründung, daß in gemischt genutzten Gebieten die Satzungsregelungen – auch hinsichtlich der Gestaltung der Außenwände – für reine Wohngebäude generell Anwendung finden sollen, geben für die hier interessierende Frage, wann die gewerbliche Nutzung eines Gebäudes gegenüber der Wohnnutzung „überwiegen" soll, nichts her. Gleiches gilt für die in der Begründung niedergelegte Erwägung, bei überwiegend gewerblich genutzten Gebäuden solle die Möglichkeit bestehen, durch die Gestaltung der Außenwände auf die gewerbliche Nutzung aufmerksam zu machen.

Neben die angeführten Bestimmtheitsmängel tritt bei den Regelungen in § 2 der Gestaltungssatzung als weiterer Mangel, daß die vorgenommenen Differenzierungen jedenfalls teilweise nicht mit dem Gleichheitssatz (Art. 3 Abs. 1 GG) vereinbar sind.

Allerdings ist davon auszugehen, daß der Landesgesetzgeber mit der Ermächtigung zum Erlaß örtlicher Bauvorschriften über die äußere Gestaltung baulicher Anlagen – hier durch § 86 Abs. 1 Nr. 1 BauO NRW 1995 – der Gemeinde als örtlichem Satzungsgeber die Befugnis eingeräumt hat, allein aus gestalterischen Gründen Inhalt und Schranken des Grundeigentums zu bestimmen. Das Bauordnungsrecht darf, soweit dies im Rahmen einer Inhalts- und Schrankenbestimmung i. S. des Art. 14 Abs. 1 Satz 2 GG zulässig ist, auch zur Wahrung ästhetischer Belange nutzbar gemacht werden, was neben der Abwehr von Verunstaltungen auch eine positive Gestaltungspflege mit einschließt (vgl. OVG NRW, Urteil v. 9. 2. 2000 – 7 A 2386/98 –, BRS 63 Nr. 166, unter Bezugnahme auf BVerwG, Beschluß v. 10. 7. 1997 – 4 NB 15.97 –, BRS 59 Nr. 19).

Jede Bestimmung von Inhalt und Schranken des Grundeigentums hat dabei nach st. Rspr. jedoch auch dem Gleichheitssatz zu genügen (vgl. zuletzt: BVerwG, Urteil v. 17. 12. 2002 – 4 C 15.01 –, BauR 2003, 828).

Demgemäß müssen auch Differenzierungen in Gestaltungssatzungen, die unterschiedliche Bauherren unterschiedlichen Anforderungen an die Gestaltung ihrer baulichen Anlagen unterwerfen, sachlich in einer Weise begründet werden, die die Differenzierung objektiv rechtfertigt und nicht (mehr oder weniger) willkürlich erscheinen läßt.

Diesen Maßstäben wird jedenfalls die Regelung in § 2 Nr. 4 Satz 2 der Gestaltungssatzung, nach der die Vorschriften der Satzung für „öffentliche Gebäude (Schulen, Kindergärten, öffentliche Verwaltungen, Kirchen u. a.)" nicht anzuwenden sind, nicht gerecht. Dieser generelle Ausschluß der Satzungsregelungen für alle öffentlichen Gebäude ist nach der bereits angesprochenen Satzungsbegründung ausschließlich mit der Erwägung begründet, daß diese Gebäude „sich schon wegen ihrer Funktion von der umgebenden Wohnbebauung abheben sollten". Diese Motivation erweist sich bereits deshalb als sachwidrig, weil die Satzung nicht etwa vorgibt, daß – gegebenenfalls auch wie – öffentliche Gebäude optisch anders zu gestalten sind als Wohnhäuser, sondern den Bauherren solcher Gebäude lediglich freistellt, ob sie sich bei der Gestaltung der Dächer und Außenwände an die Vorgaben der Gestaltungssatzung halten wollen oder nicht. Darüber hinaus ist auch kein sachlicher, nämlich ausschließlich baugestalterisch begründeter Rechtfertigungsgrund für die generelle Unanwendbarkeit der Satzung auf öffentliche Gebäude ersichtlich. Weshalb die Dächer öffentlicher Gebäude, die regelmäßig in anders (privat) genutzte Bereiche eingestreut sind, etwa durchaus mit glänzenden, glasierten, reflektierenden oder spiegelnden Materialien bedeckt werden dürfen oder aus welchen sachlich gerechtfertigten Gründen sie etwa durchaus mit Tonnen- oder Flachdächern versehen, mit roten Dachziegeln eingedeckt oder mit roten Klinkern, Marmor oder Metallplatten verkleidet werden dürfen, während all dies den Bauherren z. B. privater Wohnhäuser mit Blick auf eine landschaftstypische Ortsbildgestaltung verwehrt sein soll, ist auch nicht ansatzweise erkennbar. Der in der mündlichen Verhandlung vor dem Senat vorgetragene Hinweis der Beigeladenen auf die Stellung der Gemeinde als Bauherr öffentlicher Gebäude hilft schon deshalb nicht weiter, weil die von der Satzung ausgenommenen öffentlichen Gebäude gerade nicht regelmäßig (nur) von der Gemeinde selbst errichtet werden, sondern häufig auch in anderer Trägerschaft, etwa des Landes, des Bundes oder einer kirchlichen Einrichtung, stehen.

Demgegenüber mag es durchaus gerechtfertigt sein, bauplanerisch ausgewiesene oder faktische Gewerbe- und Industriegebiete generell aus dem Geltungsbereich der Gestaltungssatzung auszunehmen, weil in der Tat in solchen Gebieten, die regelmäßig als in sich geschlossene Bereiche erscheinen, unter wirtschaftlichen Gesichtspunkten häufig Zweckbauten zu errichten sind, die nicht an den Gestaltungsanforderungen etwa für Wohnbauten gemessen werden können. Nicht unbedenklich erscheint demgegenüber die weitere – ohnehin nicht den Bestimmtheitsanforderungen genügende – Differenzierung, daß die dezidierten Regelungen zur baulichen Gestaltung von Außenwänden in gemischt genutzten Bereichen zwar für Wohnhäuser, und zwar auch für solche mit einem gewissen Anteil gewerblicher Nutzungen (z. B. durch Läden, Büros, Dienstleistungsbetriebe u. a. m.), gelten sollen, hingegen dann nicht, wenn die gewerbliche Nutzung – nach welchen Maßstäben auch immer – „überwiegt", mithin das Gebäude durchaus auch zu privaten Wohnzwecken genutzt ist.

Erweist sich nach alledem die Gestaltungssatzung bereits wegen Nichtbeachtung der Einschränkungen der Ermächtigungsgrundlage, unter Bestimmtheitsaspekten sowie mit Blick auf den Gleichheitssatz in mehrfacher Hinsicht als mangelhaft, wobei diese Mängel zur Unwirksamkeit der gesamten Satzung führen, kann letztlich dahinstehen, ob auch die einzelnen Gestaltungsregelungen der §§ 3 und 4 als solche in jeder Hinsicht bedenkenfrei sind. Insoweit erscheint dem Senat der Hinweis angezeigt, daß Gestaltungsregelungen durchaus zulässigerweise darauf abzielen können, für bestimmte – tendenziell kleinere – Bereiche des Gemeindegebiets ein jedenfalls in gewissem Umfang einheitlich strukturiertes Erscheinungsbild der Bebauung zu gewährleisten, wobei der Plangeber zulässigerweise auch an bestimmte örtliche bzw. regionale Traditionen anknüpfen kann (vgl. zu alledem: OVG NRW, Urteil v. 9. 2. 2000 – 7 A 2385/98 –, BRS 63 Nr. 166).

Dabei sind allerdings um so höhere Anforderungen daran zu stellen, daß die den Satzungsbestimmungen zugrunde liegenden Erwägungen auch tatsächlich für alle betroffenen Bereiche zutreffen, je umfassender der Geltungsbereich der Satzung ist. Des weiteren setzt der Erlaß von Regelungen einer Gestaltungssatzung, deren Rechtfertigung nicht gleichsam auf der Hand liegt (vgl. auch hierzu: OVG NRW, Urteil v. 9. 2. 2000 – 7 A 2385/98 –, BRS 63 Nr. 166) regelmäßig eine Prüfung des vorhandenen Bestands auf seine vom Gesetz geforderte Bedeutung voraus, um die Frage bejahen zu können, ob ein angegebener Schutzzweck den Erlaß der örtlichen Bauvorschrift rechtfertigt (vgl. OVG NRW, Urteil v. 29. 1. 1999 – 11 A 4952/97 –, BRS 62 Nr. 156 = BauR 2000, 92).

Gemessen hieran kann es allerdings in einer ländlichen Gemeinde wie der Beigeladenen für bestimmte räumlich begrenzte (Siedlungs-)Bereiche durchaus gerechtfertigt sein, eine bislang noch weitgehend homogene, in topografisch bewegtem Gelände weithin sichtbare Dachlandschaft vor dem (erstmaligen) Eindringen besonders auffälliger, durch Reflektionen o. ä. optisch eher als belastend empfundener Eindeckungsmaterialien zu schützen. Ob damit die hier einschlägige Satzungsregelung, gegen die die Kläger verstoßen haben, bei einem eventuellen Erlaß einer neuen Gestaltungssatzung wiederum – insbesondere wiederum mit demselben räumlichen und sachlichen Geltungsbereich – erlassen werden kann, wird die Beigeladene nach Maßgabe der angesprochenen Kriterien ebenso zu prüfen haben wie die weitere Frage, ob und mit welchem räumlichen und sachlichen Geltungsbereich gegebenenfalls auch andere der hier getroffenen Gestaltungsvorschriften für einen erneuten Erlaß in Betracht kommen.

Nr. 148

1. **Eine örtliche Bauvorschrift, mit der die Gemeinde Werbeanlagen mit wechselndem und/oder bewegtem Licht wegen deren besonderer Auffälligkeit verbietet, erfaßt nach ihrem Zweck nicht nur Werbeanlagen mit wechselnden Lichtquellen, sondern auch Anlagen, bei denen die von einer gleichbleibenden Lichtquelle beleuchtete Folie in bestimmten Zeitabständen durch eine andere ersetzt wird,**

2. **Ein solches Verbot, das neben anderen Regelungen dazu dienen soll, die Attraktivität des betreffenden Baugebiets zu steigern und dessen „Image" zu verbessern, ist jedenfalls insoweit mit Art. 14 GG vereinbar, als es sich nicht auf Gewerbe- und Industriegebiete erstreckt.**

GG Art. 14; LBO § 74 Abs. 1 Nr. 2.

VGH Baden-Württemberg, Beschluß vom 24. 2. 2003 – 8 S 406/03 – (rechtskräftig).

(VG Stuttgart)

Aus den Gründen:
Das VG hat die Klage mit der Begründung abgewiesen, daß das Vorhaben der Klägerin gegen die für das betreffende Gebiet geltende örtliche Bauvorschrift verstoße, die Werbeanlagen mit wechselndem und/oder bewegtem Licht für unzulässig erklärt. Zwar sei bei der von der Klägerin geplanten Werbeanlage das Licht konstant; für das Merkmal wechselnden oder bewegten Lichts sei jedoch nicht die technische Ausgestaltung der Werbeanlage entscheidend, sondern ihr optischer Eindruck. Das wird von der Klägerin zu Unrecht angegriffen. Das Verbot von Werbeanlagen mit wechselndem und/oder bewegtem Licht beruht auf der Erkenntnis, daß derartige Anlagen aufgrund der von ihnen ausgehenden optischen Effekte eine besondere Auffälligkeit besitzen und dadurch in verstärktem Maße die Aufmerksamkeit des Betrachters auf sich ziehen. Mit diesen Anlagen wird daher in ihre Umgebung eine Unruhe hineingetragen, die eine zumindest potentielle Beeinträchtigung der Nachbarschaft und des Stadtbilds insgesamt bedeutet. Nach dem von ihr verfolgten Zweck ist die Vorschrift in Übereinstimmung mit dem VG so zu verstehen, daß von ihr nicht nur Werbeanlagen mit wechselnden Lichtquellen erfaßt werden, sondern auch solche Anlagen, bei denen die von einer gleichbleibenden Lichtquelle beleuchtete Folie in bestimmten Zeitabständen durch eine andere ersetzt wird. Denn auch bei diesen Anlagen wird das austretende Licht in Farbe und Helligkeit verändert, sodaß gleiche oder zumindest ähnliche optische Effekte entstehen wie bei einer Werbeanlage mit wechselnden Lichtquellen.

Das VG hat ferner zu Recht angenommen, daß die von der Beklagten in ihrer Satzung getroffene Regelung nicht gegen Art. 14 Abs. 1 Satz 1 GG verstößt und auch im übrigen mit höherrangigem Recht vereinbar ist. Nach der st. Rspr. des BVerwG gehören baugestalterische Regelungen über die Benutzung bebauter oder unbebauter Grundstücke zum Zwecke der Werbung zu den Vorschriften, durch welche Inhalt und Schranken des Eigentums i. S. des Art. 14 Abs. 1 Satz 2 GG bestimmt werden. Inhaltsbestimmung und Einschränkungen des Eigentums sind nach dieser Vorschrift nur gerechtfertigt, wenn und soweit sie von ihrem geregelten Sachbereich her geboten und in ihrer Ausgestaltung selbst sachgerecht sind. Dabei müssen die grundlegende Wertentscheidung des Grundgesetzes zu Gunsten eines sozial gebundenen Privateigentums und das daraus ableitbare Gebot an die rechtsetzende Gewalt berücksichtigt werden. Bei der Bestimmung des Eigentumsinhalts sind die Belange der Gemeinschaft und die privaten Interessen des einzelnen in ein ausgewogenes Verhältnis zu bringen (vgl. u. a. BVerwG, Urteil v. 28. 4. 1972 – IV C 11.69 – BVerwGE 40, 94 m. w. N.). Das hier interessierende Verbot von Werbeanlagen mit wechselndem und/oder bewegtem Licht genügt diesen Anforderungen.

Zwar macht die Klägerin zu Recht geltend, daß nach der Rechtsprechung des BVerwG ein generalisierendes Verbot bestimmter Werbeanlagen in bestimmten Baugebieten eine Entsprechung in einem Mindestmaß an Einheitlichkeil des Baugebietscharakters finden müsse, weshalb das BVerwG ein generelles Verbot großflächiger Werbetafeln in Mischgebieten für unzulässig angesehen hat (Urteil v. 28. 4. 1972, a. a. O.). Das Gleiche gilt für Kerngebiete,

Nr. 148

weil auch sie durch eine Vielzahl unterschiedlicher Nutzungen, zu denen auch die gewerbliche Nutzung gehört, gekennzeichnet sind (BVerwG, Urteil v. 16.3.1995 - 4 C 3.94 – NVwZ 1995, 899). Um ein solches Verbot geht es hier jedoch nicht. Das in Rede stehende Verbot richtet sich weder gegen Großflächenwerbung schlechthin noch gegen jede Art der Lichtwerbung, sondern nur gegen Werbeanlagen mit wechselndem und/oder bewegtem Licht in einem bestimmten räumlichen Bereich, der nach dem Willen der Beklagten einer grundlegenden städtebaulichen Neuordnung unterworfen werden soll. Der für dieses Gebiet beschlossene Bebauungsplan „Arbeitsstättengebiet F." sieht dazu eine Reihe von Maßnahmen vor, mit denen die Attraktivität des Gebiets gesteigert und dessen „Image" verbessert werden soll. In der Errichtung von Werbeanlagen mit wechselndem und/oder bewegtem Licht mit ihren Unruhe erzeugenden optischen Effekten sieht die Beklagte zu Recht eine Gefährdung dieses Ziels. Ihre Entscheidung, derartige Werbeanlagen zu untersagen, begegnet deshalb auch mit Blick auf die grundlegende Wertentscheidung des Grundgesetzes zu Gunsten eines sozial gebundenen Privateigentums keinen verfassungsrechtlichen Bedenken. Dies gilt jedenfalls, soweit sich dieses Verbot nicht auf Gewerbe- und Industriegebiete erstreckt.

IV. Werbeanlagen

Nr. 149

1. **Ein sogenannter Himmelsstrahler (Skybeamer) ist eine Werbeanlage im Sinne der Landesbauordnung.**
2. **Diese Werbeanlage besteht aus den Lichtstrahlen und dem sie erzeugenden Gerät.**
3. **Reicht der Lichtstrahl auch in den Luftraum über dem Außenbereich, so ist die Anlage gemäß § 52 Abs. 3 Satz 3 Nr. 1 LBauO regelmäßig unzulässig.**
4. **Eine im Außenbereich ausnahmsweise zulässige Werbeanlage an der Stätte der Leistung nach § 52 Abs. 3 Satz 1, Satz 3 Nr. 1 LBauO liegt nur vor, wenn sich das Betriebsgebäude im Außenbereich befindet.**

LBauO § 52 Abs. 3 F: 1998.

OVG Rheinland-Pfalz, Urteil vom 22. Januar 2003 – 8 A 11286/02 – (rechtskräftig).

Die Beteiligten streiten über die Zulässigkeit eines sogenannten Himmelsstrahlers, bestehend aus drei drehbaren Xenonlampen à 7000 Watt, mit dem die Klägerin auf ihre im Gewerbegebiet der Stadt K. gelegene Diskothek hinweist.

Nach Auffassung der Beklagten widerspricht das Vorhaben § 52 Abs. 3 LBauO, da die Diskothek am nördlichen und westlichen Ortsrand gelegen sei und die Lichtstrahlen in die freie Landschaft wirkten. Es handele sich auch nicht um eine zulässige Werbeanlage an der Stätte der Leistung, denn die Werbeanlage sei nicht das technische Gerät, sondern der über eine große Entfernung in den Himmel abgestrahlte Lichtstrahl, der kilometerweit wirke.

Klage und Berufung blieben ohne Erfolg.

Aus den Gründen:
Der umstrittene Himmelsstrahler ist eine Werbeanlage i. S. von § 52 Abs. 1 LBauO. Danach sind Werbeanlagen alle ortsfesten Einrichtungen, die der Ankündigung oder Anpreisung oder als Hinweis auf Gewerbe oder Beruf dienen und vom öffentlichen Verkehrsraum aus sichtbar sind. Der Begriff der Einrichtung geht über den der baulichen Anlage hinaus, wie sich auch aus den in § 52 Abs. 1 Satz 2 LBauO als Beispiele aufgeführten Beschriftungen und Bemalungen ergibt. Sie umfaßt alles von Menschen – im Unterschied zu von der Natur oder Tieren – Geschaffene (siehe Simon/Busse, Kommentar zur BayBO, Rdnr. 67 zu Art. 2). Entscheidend für den Charakter als Werbeanlage ist der Ankündigungs- oder Hinweischarakter dieser Einrichtung. Da der beanstandete Himmelsstrahler auf die Diskothek der Klägerin aufmerksam machen und Kunden dorthin lenken soll, ist diese Voraussetzung zweifellos erfüllt. Derartige Lichtstrahlen werden vielfach von Diskotheken oder ähnlichen Vergnügungsstätten betrieben (siehe Dietlein, Zur baurechtlichen Problematik sog. Himmelsstrahler, BauR 2000, 1682); daher ergibt sich allein aus dem Lichtstrahl und seinem Verlauf die Information, daß sich in der Nähe, und zwar am Ausgangspunkt des Strahls, eine Vergnügungsstätte

befindet. Insoweit unterscheiden sich diese Himmelsstrahler von Werbeanlagen aus Neonröhren oder einer beleuchteten Tafel, da deren Anpreisungs- oder Hinweiszweck sich nicht aus dem Lichtschein, sondern dem belichteten textlichen oder grafischen Inhalt ergibt und man die bezweckte Information nur dann erhält, wenn man sich der beleuchteten Anlage (Neonröhren oder Tafel) zuwendet. Dagegen entfaltet der Skybeamer seine Werbewirkung überall dort, wo der Lichtstrahl sichtbar ist, ohne daß gleichzeitig das ihn erzeugende Gerät in den Blick genommen werden muß. Daher bildet der Lichtstrahl – mit dem Gerät – eine einheitliche Werbeanlage und unterfällt damit den bauordnungsrechtlichen Regelungen über solche Anlagen (siehe VGH München, NVwZ 1997, 2001; VG Stuttgart, NVwZ-RR 2000, 14; vgl. auch VGH Baden-Württemberg, BRS 50 Nr. 144 zur Werbung durch Strahler mit Lauflichtschaltung; Große-Suchsdorf/Lindorf/Schmaltz/Wiechert, LBauO Nds., 6. Aufl., §79 Rdnr. 13; Simon/Busse, a.a.O., Art. 2 Rdnr. 148; Dietlein, a.a.O.; Hentschel, Straßenverkehrsrecht, 36. Aufl., §33 Rdnr. 8 StVO).

Nach §52 Abs. 3 Satz 1 LBauO sind außerhalb der im Zusammenhang bebauten Ortsteile Werbeanlagen unzulässig. Diese Bestimmung bezweckt zum einen den Schutz des Landschaftsbildes, das durch derartige künstliche und – ihrem Zweck entsprechend – meist auffällig gestaltete Anlagen nicht beeinträchtigt werden soll. Durch das Verbot soll darüber hinaus eine „Ruhezone" geschaffen werden, in der die Bevölkerung nicht oder nur wenig durch Werbung in Anspruch genommen wird (siehe Jeromin, LBauO Rh-Pf., §52 Rdnr. 31; Große-Suchsdorf/Lindorf/Schmaltz/Wiechert, a.a.O., §49 Rdnr. 20). Im Hinblick auf die besondere Funktion des Außenbereichs als Erholungslandschaft ist das Verbot von Anlagen, die der Ruhe und Entspannung abträglich sind, auch verhältnismäßig. Da nach dem oben Gesagten die von der Diskothek der Klägerin ausgehenden Lichtstrahlen Bestandteile einer einheitlichen Werbeanlage sind, befindet sich diese, soweit die Lichtstrahlen über den bebauten Bereich hinausgehen, im Außenbereich. Denn unstreitig überqueren sie nicht nur den Luftraum über dem Bebauungsplangebiet sowie den im Zusammenhang bebauten Ortsteil, sondern reichen mehrere 100 m darüber hinaus. Damit liegt ein Verstoß gegen §52 Abs. 3 Satz 1 LBauO vor. Dem kann nicht entgegengehalten werden, daß eine sinngemäße Auslegung dieser Vorschrift anhand ihres Schutzwecks zu einem höhenmäßig begrenzten Anwendungsbereich führen muß, und wegen Abstrahlwinkels von 45°, zumindest aber bei einem solchen von 60°, der Lichtstrahl bei seinem Eintritt in den Luftraum über dem Außenbereich bereits eine solche Höhe erreicht hat, die vom Anwendungsbereich des §52 Abs. 3 Satz 1 LBauO nicht mehr erfaßt wird. Der Wortlaut des §52 Abs. 3 Satz 1 LBauO enthält keinerlei Beschränkung. Auch ist es gerade der Zweck der umstrittenen Anlage, weit über den Standort der Diskothek hinaus eventuelle Kunden, auch Verkehrsteilnehmer auf den durch den Außenbereich führenden Straßen, anzusprechen und auf die Diskothek hinzuweisen. Um diesen Zweck zu erfüllen, muß sie gerade „ins Auge fallen". Darüber hinaus befindet sich die Diskothek der Klägerin etwa 80 m von der Grenze zum Außenbereich entfernt, so daß bei einem Abstrahlwinkel von 45° der Lichtstrahl in einer Höhe von 80 m, bei einem Winkel von 60° in einer Höhe von 120 m in den Außenbereich eintritt.

Ein kreisender und möglicherweise farbiger Lichtstrahl in einer solchen Höhe ist ohne Zweifel geeignet, Unruhe und Störung in die freie Landschaft zu tragen. Schließlich kann sich die Klägerin auch nicht auf §52 Abs. 3 Satz 3 Nr. 1 LBauO berufen, da sich die Werbeanlage nicht an der Stätte der Leistung befindet. Mit dieser Ausnahmevorschrift soll im Interesse von Gewerbebetrieben, zu denen herkömmlich auch ein gewisses Maß von Werbung gehört, von dem generellen Verbot von Werbeanlagen im Außenbereich oder in bestimmten Baugebieten (§52 Abs. 4 LBauO) eine Ausnahme gemacht werden. Damit soll dem Betriebsinhaber ermöglicht werden, auf dem Betriebsgrundstück für eigene Produkte und Dienstleistungen zu werben. Das erfordert eine unmittelbare Nähe zwischen Werbeanlage und Leistungsstätte (siehe Jeromin, a. a. O., §52 Rdnr. 34). Daher ist eine Werbeanlage im Außenbereich gemäß §52 Abs. 3 Satz 3 Nr. 1 LBauO nur zulässig, wenn sich auch die Betriebsstätte im Außenbereich befindet. Dies ist vorliegend nicht der Fall. Die Ausnahmebestimmung des §52 Abs. 3 Satz 3 Nr. 1 LBauO ist auf die umstrittene Anlage schon aus diesem Grunde nicht anwendbar. Es bedarf daher keiner Entscheidung, ob ihre Anwendbarkeit auch deshalb ausgeschlossen ist, weil es an einem konkreten räumlichen Bezug zwischen der Werbeanlage und der Stätte der Leistung fehlt, wie das Verwaltungsgericht mit guten Gründen angenommen hat.

Nr. 150

1. **Auch für baugenehmigungspflichtige Anlagen der Außenwerbung sind mit dem Bauantrag vollständige Bauvorlagen einzureichen. Geschieht dies nicht, so soll die Bauaufsichtsbehörde den Bauantrag gemäß §72 Abs. 1 Satz 2 BauO NRW zurückweisen.**

2. **Die Erteilung eines bauordnungsrechtlichen Vorbescheides für eine Dia-Projektionswerbeanlage unter Ausklammerung der exakten Lage und der exakten Maße der Projektionsfläche scheidet wegen mangelnder Bescheidungsfähigkeit aus.**

3. **Ob eine Dia-Projektionswerbeanlage wegen konkreter Straßenverkehrsgefährdung unzulässig ist, beurteilen die Verwaltungsgerichte nach §13 Abs. 2 Satz 1, 2. Alt. BauO NRW und nicht nach den „Maßstäben" der – möglicherweise rechtswidrig zugelassenen – „Werbelandschaft" einer Großstadt.**

4. **Zur störenden Häufung von Werbeanlagen.**

GG Art. 3; BauO NRW §§13 Abs. 2 Satz 1, 2. Alt. und Satz 3, 69, 71, 72 Abs. 1 Satz 2; BauPrüfVO §§14 und 16.

OVG Nordrhein-Westfalen, Urteil vom 6. Februar 2003 – 10 A 3464/01 – (rechtskräftig).

(VG Köln)

Nr. 150

Die Klägerin begehrte ursprünglich vom Beklagten die Erteilung einer Baugenehmigung zur Errichtung und zum Betrieb einer Dia-Projektionswerbeanlage im Stadtgebiet von K. Der Beklagte lehnte die Erteilung der beantragten Baugenehmigung ab. Nach erfolglosem Vorverfahren erhob die Klägerin Klage. In der mündlichen Verhandlung vor dem Verwaltungsgericht beschränkte sie ihren Klageantrag auf die Erteilung eines bauordnungsrechtlichen Vorbescheides für eine derartige Werbeanlage.

Das Verwaltungsgericht gab der Klage statt, indem es den Beklagten verpflichtete, der Klägerin einen bauordnungsrechtlichen Vorbescheid zur Errichtung einer Dia-Projektionswerbeanlage auf dem Grundstück A. Straße in K. unter Ausklammerung des exakten Anbringungsortes und der exakten Maße der Werbeanlage zu erteilen, aber unter Bezugnahme auf die Skizze im Maßstab 1:50 über den ungefähren Anbringungsort und die ungefähre Größe der Projektionsfläche. Die zugelassene Berufung des Beklagten hatte Erfolg.

Aus den Gründen:

Das Verwaltungsgericht hat den Beklagten zu Unrecht unter Aufhebung seines Bescheides und des Widerspruchsbescheides der Bezirksregierung verpflichtet, der Klägerin einen bauordnungsrechtlichen Vorbescheid zur Errichtung einer Dia-Projektionsanlage auf dem Grundstück A. Straße in K. unter Ausklammerung des exakten Anbringungsortes und der exakten Maße der Werbeanlage zu erteilen, aber unter Bezugnahme auf die Skizze im Maßstab 1:50 über den ungefähren Anbringungsort und die ungefähre Größe der Projektionsfläche.

Die Klage der Klägerin mit dem – auf gerichtliche Veranlassung – im erstinstanzlichen Verfahren gestellten Klageantrag ist unzulässig und im übrigen jedenfalls auch unbegründet.

Streitgegenstand im Berufungsverfahren ist lediglich noch der beschränkte Klageantrag. Dies gilt unabhängig von der Frage der Zulässigkeit der Klageänderung, die der Beklagte in seiner Berufungsbegründung in Zweifel zieht. Durch die Klagerücknahme sind jedenfalls die angefochtenen Bescheide insoweit in Bestandskraft erwachsen, als mit diesen die Erteilung der beantragten Baugenehmigung abgelehnt worden ist. Bereits hieraus folgt, daß das Verwaltungsgericht zu Unrecht – auch von seinem Rechtsstandpunkt aus – die angefochtenen Bescheide insgesamt aufgehoben hat.

Die Klage der Klägerin ist, soweit sie diese nicht zurückgenommen hat, mit dem gestellten Antrag unzulässig.

Da der Vorbescheid ein vorweggenommener Teil des feststellenden Ausspruchs der Baugenehmigung ist, muß die zur Bescheidung gestellte Frage zum Bauvorhaben so konkret gefaßt werden, daß sie von der Baugenehmigungsbehörde mit Bindungswirkung entschieden werden kann. Ein Vorbescheid, der die Frage, die gestellt wird, letztlich offen läßt und dem zu dem Vorhaben, soweit es zur Prüfung gestellt ist, für das Baugenehmigungsverfahren keine abschließende Bindungswirkung zukommt, ist der Bauordnung Nordrhein-Westfalen fremd (vgl. OVG NRW, Urteil v. 20. 6. 1985 – 7 A 308/81 –, NVwZ 1986, 580; Urteil v. 16. 9. 1994 – 10 A 2021/90 –).

Eine Voranfrage ist sachlich nicht bescheidbar, mit der Teile eines Vorhabens aus der Fragestellung so ausgeklammert werden, daß eine verbindliche bauplanungs- oder bauordnungsrechtliche Beurteilung nicht möglich ist (vgl. OVG NRW, Urteil v. 16. 5. 1995 – 11 A 4066/93 –, BRS 57 Nr. 195; Urteil v.

11.7.2002 – 10 A 5372/99 –, BauR 2003, 232 ff., sowie die weiteren Nachweise bei Boeddinghaus/Hahn/Schulte, Bauordnung NRW, Loseblatt-Kommentar, Stand: Oktober 2002, §71 Rdnr. 6–8).

Die Erteilung eines bauordnungsrechtlichen Vorbescheides für eine Dia-Projektionswerbeanlage unter Ausklammerung „des exakten Anbringungsortes und der exakten Maße der Werbeanlage, aber unter Bezugnahme auf die Skizze im Maßstab 1:50 über den ungefähren Anbringungsort und die ungefähre Größe der Projektionsfläche" ist mangels hinreichender Bestimmtheit auf der Grundlage der Bauordnung Nordrhein-Westfalen ausgeschlossen. Nach §71 Abs. 2 BauO NRW gilt für den Vorbescheid u. a. auch §69 BauO NRW. Nach Abs. 1 Satz 1 dieser Vorschrift ist der Bauantrag mit allen für seine Bearbeitung sowie für die Beurteilung des Bauvorhabens erforderlichen Unterlagen in ausreichender Zahl bei der Bauaufsichtsbehörde einzureichen. Daß somit die erforderlichen Bauvorlagen auch von der Anzahl und dem Inhalt der zum Bauvorhaben gestellten Fragen abhängen, kommt in §16 BauPrüfVO zum Ausdruck. Dieser bestimmt in seinem Satz 1, daß dem Antrag auf Erteilung eines Vorbescheides die Bauvorlagen beizufügen sind, die zur Beurteilung der durch den Vorbescheid zu entscheidenden Fragen des Bauvorhabens erforderlich sind. Ist bei einem bauordnungsrechtlichen Vorbescheid zu beurteilen, ob eine Werbeanlage die Sicherheit und Ordnung des Verkehrs gefährdet, eine bauliche Anlage das Straßen-, Orts- oder Landschaftsbild verunstaltet oder wegen störender Häufung von Werbeanlagen unzulässig ist, ist eine Prüfung derartiger Auswirkungen nur möglich, wenn der Anbringungsort und die exakten Maße der Werbeanlage einschließlich der Größe der Projektionsfläche bei einer Dia-Werbeanlage genau bestimmt sind. Infolgedessen bedurfte es auch für den später eingeschränkten Antrag der Klägerin solcher Bauvorlagen, die den Anforderungen des §14 BauPrüfVO genügten. Diesen werden die von der Klägerin eingereichten Bauvorlagen auch in der Form der Nachbesserung nicht gerecht. Auf den mit Schriftsatz vom 22.2.2001 eingereichten Plan 1:50, in dem die Maßangaben zum Projektionsgiebel und der Projektionsfläche enthalten sind, hat die Klägerin bei ihrer gerichtlichen Antragstellung nicht Bezug genommen. Dasselbe gilt für den Tenor des angefochtenen Urteils. Abgesehen davon fehlt es u. a. an einem farbigen Lichtbild oder einer farbigen Lichtmontage, auf der u. a. die Darstellung der vorhandenen Werbeanlagen auf dem Grundstück und den angrenzenden Grundstücken enthalten ist (vgl. §14 Abs. 3 Nr. 2 BauPrüfVO). Trotz Aufforderung hat sich die Klägerin geweigert, derartige, zur Beurteilung ihres Vorhabens unerläßliche, Bauvorlagen einzureichen. Zur Entlastung aller am Verwaltungs- und Gerichtsverfahren Beteiligten wäre es Aufgabe der Bauaufsichtsbehörde gewesen, den Bauantrag gemäß §72 Abs. 1 Satz 2 BauO NRW zurückzuweisen, da die Bauvorlagen offensichtlich unvollständig waren.

Im übrigen ist die Klage der Klägerin – auch in ihrem eingeschränkten Umfang – jedenfalls unbegründet. Das OVG NRW geht in seiner Rechtsprechung davon aus, daß die zu den Prismenwendeanlagen entwickelten Grundsätze bezüglich der Beurteilung der durch sie bewirkten Verkehrsgefährdung (vgl. OVG NRW, Urteil v. 18.9.1992 – 11 A 149/91 –, BRS 54 Nr. 132, und die weiteren Nachweise bei Boeddinghaus/Hahn/Schulte, a.a.O., §13

Rdnr. 45a), auf Dia-Projektionswerbeanlagen „ohne weiteres zu übertragen" sind. Auch bei den Projektionsanlagen findet nämlich ein Wechsel des Werbemotivs in kurzen Zeitabständen statt, was – je nach den Umständen des Einzelfalles – besondere Aufmerksamkeit erregen und ablenken kann. Dabei ist jedoch nicht schematisch davon auszugehen, daß Dia-Projektionswerbeanlagen ihrer Art nach stets eine Gefährdung des Straßenverkehrs bewirken. Vielmehr ist in jedem Einzelfall eine Entscheidung auf der Grundlage der örtlichen Verhältnisse und unter Berücksichtigung des konkreten Vorhabens zu treffen (vgl. OVG NRW, Beschluß v. 21.11.2000 – 7 A 5203/00 –, BRS 63 Nr. 169, und Beschluß v. 19.4.2000 – 7 A 963/00 –, ebenso Nds. OVG, Beschluß v. 11.1.2000 – 1 L 4588/99 –, BRS 63 Nr. 167).

Nach dem Ergebnis der Ortsbesichtigung des Vorsitzenden, das dieser dem Senat anhand von Lichtbildern und Kartenmaterial vermittelt hat, geht diese Entscheidung zu Lasten der Klägerin aus. Von der geplanten Dia-Projektionswerbeanlage geht eine konkrete Straßenverkehrsgefährdung i. S. des § 13 Abs. 2 Satz 1, 2. Alt. BauO NRW aus. Diese ist gegeben, wenn aus einer tatsächlich vorhandenen Situation hinreichend wahrscheinlich eine Gefährdung hochwertiger Rechtsgüter erfolgt. Gerade in dem jeweiligen Einzelfall muß in überschaubarer Zukunft mit einem Schadenseintritt zu rechnen sein. Dabei hängen die Anforderungen an die Wahrscheinlichkeit von der Qualität des möglicherweise eintretenden Schadens ab. Bei Gefährdung von Leben oder Gesundheit sind an die Feststellungen der Wahrscheinlichkeit des Schadenseintritts keine übermäßig hohen Anforderungen zu stellen (vgl. BVerwG, Urteil v. 6.6.1970 – IV C 99.77 –, NJW 1970, 1890; OVG NRW, Urteil v. 28.8.2001 – 10 A 3015/99 –, und Urteil v. 17.4.2002 – 10 A 4188/01 –, BauR 2002, 1231 ff.).

Ob die Voraussetzungen einer konkreten Straßenverkehrsgefährdung vorliegen, prüfen die Verwaltungsgerichte. Dabei kommt einer bereits ohne Einwirkung der geplanten Werbeanlage festzustellenden Unfallhäufigkeit eine Indizwirkung dafür zu, daß hier eine besonders schwierige Verkehrssituation besteht. Fehlen derartige Feststellungen – beispielsweise der Polizei –, schließt dies nicht die Annahme einer konkreten Straßenverkehrsgefährdung von vornherein aus. Die Klägerin hat keinen Anspruch darauf, daß praktisch in einer Probephase mit den Einwirkungen der beantragten Werbeanlage ausprobiert wird, ob sich Unfälle mit schwerwiegenden Folgen ereignen. Ein solches Vorgehen verbietet sich angesichts der Gefährdung der hochrangigen Rechtsgüter Leben und Gesundheit auch im Rahmen einer Güterabwägung mit den wirtschaftlichen Interessen der Klägerin (vgl. OVG NRW, Urteil v. 17.4.2002, a. a. O.).

Die Annahme einer konkreten Straßenverkehrsgefährdung durch die geplante Dia-Projektionsanlage folgt hier zwingend aus den örtlichen Verhältnissen der Straßenführung und den daraus resultierenden Anforderungen an die Aufmerksamkeit der Straßenverkehrsteilnehmer. Die mehrspurig geführte stadteinwärts verlaufende A. Straße erreicht ungefähr auf der Höhe der geplanten Dia-Projektionsanlage den Scheitelpunkt einer leichten Rechtskurve um nach dem Passieren einer Fußgängerbedarfsampel leicht S-förmig bei gleichzeitiger Abschüssigkeit unter der Bundesbahnstrecke hindurchgeführt zu werden. Bei Dunkelheit liegt die Möglichkeit einer Ablenkung der Verkehrsteilnehmer durch ca. 80 m² große Projektionsbilder mit werbendem Inhalt und einem Wechsel innerhalb von 7 bis 10 Sekunden auf der Hand. Hieraus erwächst auch eine konkrete Gefährdung dieser Verkehrsteilnehmer selbst, aber auch übriger Verkehrsteilnehmer. Dies gilt zunächst für Fußgänger, die die Ampelanlage benutzen aber auch für Fußgänger, die wenige Meter weiter einen nicht gesicherten Übergang über die Straßenbahnschienen und die A. Straße benutzen. Aus den Unterlagen, die der Beklagte vorgelegt hat, ergibt sich zudem, daß es sich bei der dreispurigen Zufahrt in Richtung auf die Eisenbahnunterführung jedenfalls in den Jahren 1998 und 2000 um einen erheblichen Unfallschwerpunkt gehandelt hat. Auch wenn diese Unfallzahlen durch die Aufbringung eines neuen Straßenbelages sowie eine weitere Beschilderung, die auf den Gefahrenpunkt aufmerksam macht, deutlich reduziert worden sind, führt dies nicht zur Verneinung der konkreten Gefahr. Diese ist unabhängig davon auf Grund der obigen Feststellungen gegeben.

Nicht zu folgen ist den Ausführungen des Verwaltungsgericht zu der Werbelandschaft in K. Die Beurteilung der Werbeanlage der Klägerin hat auch in K. auf der Grundlage des § 13 Abs. 1 Satz 1, 2. Alt. BauO NRW zu erfolgen. Dadurch, daß der Beklagte – möglicherweise – vergleichbare Werbeanlagen mit Wechselmechanismus an gleich gefährlichen oder möglicherweise noch gefährlicheren Stellen genehmigt hat, erwächst der Klägerin kein Anspruch darauf, daß der Beklagte seine rechtswidrige Genehmigungspraxis fortsetzt und wider bessere Einsicht weiterhin unrechtmäßige Zustände schafft. Rechtswidrig erteilte Baugenehmigungen verpflichten die Baubehörde nämlich nicht, gemäß Art. 3 GG einem Dritten ebenfalls eine baurechtswidrige Baugenehmigung zu erteilen (vgl. BVerwG, Urteil v. 3. 6. 1977 – IV C 29.75 –, BRS 32 Nr. 129, und Urteil v. 27. 5. 1983 – 4 C 67.78 –, BRS 40 Nr. 56).

Die beantragte Werbeanlage verstößt auch gegen § 13 Abs. 2 Satz 3 BauO NRW. Danach ist die störende Häufung von Werbeanlagen unzulässig.

Das Verbot der störenden Häufung ist ein Unterfall des allgemeinen Verunstaltungsverbots. Das BVerwG hat den Begriff der Verunstaltung definiert als einen häßlichen, das ästhetische Empfinden des Beschauers nicht bloß beeinträchtigenden, sondern verletzenden Zustand. Eine bauliche Anlage stört das Gesamtbild der Umgebung, wenn der Gegensatz zwischen ihr und der Umgebung von dem Betrachter als belastend oder unlusterregend empfunden wird. Bei der Beurteilung ist auf das Empfinden des sogenannten gebildeten Durchschnittsmenschen abzustellen (vgl. BVerwG, Urteil v. 28. 6. 1965 – 1 C 146.53 –, BVerwGE 2, 172).

Maßgeblich ist, ob der Anblick bei einem nicht unbeträchtlichen, in durchschnittlichem Maße für ästhetische Eindrücke aufgeschlossenen Teil der Betrachter nachhaltigen Protest auslöst (vgl. BVerwG, Beschluß v. 13. 4. 1995 – 4 B 70.95 –, BRS 57 Nr. 109 = NJW 1995, 2648 ff.; vgl. auch Voßkuhle, Bauordnungsrechtliches Verunstaltungsverbot und Bau-Kunst, BayVBl. 1995, 613 ff.).

Die Konkretisierung des Begriffs des „Verunstaltens" in der verwaltungsgerichtlichen Rechtsprechung genügt den rechtsstaatlichen Geboten der Berechenbarkeit des Rechts, der Rechtsklarheit und der Rechtssicherheit; sie genügt der Aufgabe der Rechtsprechung, Grundsätze zu entwickeln, welche die Entscheidung des Einzelfalls normativ zu leiten im Stande sind. Die Tatsache, daß hinsichtlich der Rechtsanwendung im einzelnen Fall ein Rest von Unsicherheit verbleibt, folgt aus der Funktion von Rechtsbegriffen der vorliegenden Art als Einschätzungsermächtigung (vgl. BVerfG, Beschluß v. 26.6.1985 – 1 BvR 588/84 –, NVwZ 1985, 819).

Die störende Häufung von Werbeanlagen gemäß §13 Abs.2 Satz 3 BauO NRW setzt ein räumlich dichtes Nebeneinander einer Mehrzahl gleicher oder verschiedener Anlagen der Außenwerbung voraus. Dazu müssen im Regelfall drei Werbeanlagen innerhalb eines eng umgrenzten Wirkungsbereichs vorhanden sein, so daß alle Werbeanlagen stets gleichzeitig wahrgenommen werden und ihre Wirkung gemeinsam ausüben (vgl. OVG NRW, Urteil v. 6.2.1992 – 11 A 2235/89 –, BRS 54 Nr. 129).

Die Häufung führt nur dann zu einer störenden Wirkung, wenn der so genannte Durchschnittsbetrachter die Ansammlung von Werbeanlagen als unlusterregend empfindet, insbesondere dann, wenn eine bauliche Anlage so mit Werbeanlagen überladen ist, daß das Auge des Betrachters gleichsam keine Ruhe mehr findet.

Das Verbot der störenden Häufung von Werbeanlagen trifft nachkommende Anlagen der Außenwerbung. Dabei kommt der Grundsatz der Priorität zur Anwendung. Nicht genehmigte Anlagen sind dann zu berücksichtigen, wenn mit ihrer Beseitigung in absehbarer Zeit nicht zu rechnen ist (vgl. Boeddinghaus/Hahn/Schulte, Die neue Bauordnung in Nordrhein-Westfalen, Handkommentar, 2.Aufl. 2000, §13 Rdnr. 17).

Für die Beantwortung der Frage, ob eine Verunstaltung in dem vorgenannten Sinn gegeben ist, ist nicht allein der geplante Aufstellungs- oder Anbringungsort, sondern das Gesamtbild der Umgebung entscheidend. Bei der gebotenen, umgebungsbezogenen Betrachtungsweise ist auf den jeweiligen Aufstellungsort, seine Umgebung und die wechselseitigen Auswirkungen abzustellen (vgl. OVG NRW, Urteil v. 6.2.1992 – 11 A 2235/89 –, a.a.O.).

Die Ortsbesichtigung des Berichterstatters und die Auswertung der angefertigen Lichtbilder haben ergeben, daß sich in unmittelbarer Nähe der geplanten Projektionsfläche bereits mehr als drei Werbeanlagen befinden. Diese fallen einem Betrachter, der die A. Straße stadteinwärts in Richtung auf die Bahnüberführung benutzt, gleichzeitig in den Blick. An dem Flachdachgebäude, auf dem die Projektionsanlage angebracht werden soll, befindet sich eine umlaufende „C."-Matratzenwerbung in großen roten und blauen Lettern, daneben steht ein bunt bemaltes Gebäude, das als sogenanntes Ost-Asien-Museum Produkte aus dieser Gegend zum Verkauf anbietet. Daneben schließt sich ein „V."-Reifenhändler an mit gelber Firmen- und Reifenwerbung. Gleichzeitig fällt die Werbung einer Prismenwendeanlage in den Blick. Da alle aufgeführten Werbeanlagen bei Dunkelheit beleuchtet werden, sind sie in der Lage, gleichzeitig mit der Dia-Projektionsanlage auf den Betrachter einzuwirken.

Der Senat verkennt nicht, daß bei der Beurteilung einer störenden Häufung auch der Gebietscharakter zu berücksichtigen ist. Hier handelt es sich zwar um eine Gemengelage von Wohnen und einem hohen Anteil gewerblicher Nutzung (vgl. OVG NRW, Urteil v. 2.2.1989 – 11 A 2009/87 –, und Boeddinghaus/Hahn/Schulte, a. a. O., § 13 Rdnr. 31 u. 42). Dennoch wirkt diese Häufung auch an diesem Anbringungsort als störend. Da es keinen Grundsatz gibt, dass ein mit Werbung bereits überlasteter Ort nicht weiter verunstaltet werden kann, scheidet auch aus diesem Grunde eine Genehmigungsfähigkeit der Dia-Projektionsanlage aus.

Nr. 151

1. Eine großflächige Werbeanlage, bei der die Werbefläche mit Hilfe einer Gerüstkonstruktion an einem treppenartig angeordneten Stapel von gelagerten Seeschiffscontainern befestigt werden soll, erfüllt die Merkmale einer baulichen Anlage und ist also genehmigungsbedürftig.

2. § 13 Abs. 3 Nr. 1 HBauO, nach dem Werbeanlagen unmittelbar an Ufern unzulässig sind, gilt auch für Kaianlagen im Hafengebiet. Dort ist mangels konkreter topographischer Abgrenzungsmerkmale der Uferbereich im Wege einer typisierenden Betrachtung mit Hilfe eines angenommenen Böschungswinkels von 45° bezogen auf das mittlere Hochwasser zu bestimmen und hat daher eine Tiefe, die der Höhe der Kaimauer entspricht.

HBauO §§ 60 Abs. 1 Satz 1, 13 Abs. 3 Nr. 1.

Hamburgisches OVG, Urteil vom 21. Mai 2003 – 2 Bf 100/99 – (rechtskräftig).

Die Klägerin begehrt mit ihrem Hauptantrag die Feststellung, daß eine von ihr beantragte Werbegenehmigung nach § 60 Abs. 3 Satz 1 HBauO als erteilt gilt. Hilfsweise begehrt sie die Erteilung einer Baugenehmigung für die von ihr geplante Werbeanlage.

Die Klägerin war im Jahre 1997 Mieterin von Flächen zwischen dem Oberhafenkanal und der Z.-Straße nahe der Billhorner Brückenstraße in der Gemarkung Altstadt-Süd. Nach dem Hafengebietsplan gemäß § 2 Abs. 2 des Hafenentwicklungsgesetzes v. 25.1.1982 (GVBl. S. 19 m. spät. Änd.) liegt das Grundstück im Hafennutzungsgebiet. Nach den eigenen Angaben der Klägerin ist es als Lagerplatz genehmigt. Konkret wurden dort Container für die Seeschiffahrt gestapelt. Gegenüber dem Oberhafenkanal ist das Gelände durch eine Kaimauer abgegrenzt, deren obere Kante mehrere Meter über dem Stand des mittleren Hochwassers liegt.

1997 begehrte die Klägerin die Erteilung einer Werbegenehmigung für die Frontherstellung von drei Containerblöcken als Verwendung für Werbeflächen. Im einzelnen ist beabsichtigt, entweder vier oder fünf seemännisch verlaschte Containerblöcke übereinander zu stapeln. Dabei werden in der zweiten Reihe von oben ein und in der ersten Reihe von oben zwei Container ausgespart. An deren Stelle tritt eine Gerüstkonstruktion. An die dabei entstehende Front soll – etwa zwei Meter von der Kante der Kaimauer zum Oberhafenkanal entfernt – mittels Verzurrung an Eckbeschlägen jeweils ein ca. 120 m² großes Poster für Wechselwerbung angebracht werden.

Aus den Gründen:
A. I. Die Klage ist zulässig. Die Klägerin besitzt insbesondere das dafür erforderliche Rechtsschutzbedürfnis. Dem steht nicht entgegen, daß sie

gegenwärtig nicht mehr Mieterin der Flächen zwischen der Z.-Straße und dem Oberhafenkanal ist, auf denen die Werbeanlage entstehen soll. Das Rechtsschutzbedürfnis fehlt lediglich dann, wenn eine Klage für die Klägerin offensichtlich keinerlei rechtliche oder tatsächliche Vorteile bringen kann (vgl. z. B. BVerwG, NVwZ 1994, 482; Kopp/Schenke, VwGO, 13. Aufl. 2003, Rdnr. 38 vor § 40). Da baurechtliche Genehmigungen – wie sich für Hamburg aus § 69 Abs. 2 Satz 3 HBauO ergibt – grundsätzlich unbeschadet der privaten Rechte Dritter ergehen, sind Klagen insoweit erst dann unzulässig, wenn der Verwertung der erstrebten baurechtlichen Genehmigung zivilrechtliche Hindernisse entgegenstehen, die sich schlechthin nicht ausräumen lassen (vgl. Kopp/Schenke, a. a. O., m. w. N.). Dafür ist hier nichts ersichtlich. Nach ihren eigenen Angaben, an denen zu zweifeln kein Anlaß besteht, ist die Klägerin auf Grund entsprechender vertraglicher Übereinkünfte in der Lage, wieder Mieterin des Geländes am Oberhafenkanal zu werden.

II. Die zulässige Klage ist aber weder mit ihrem Hauptantrag (1.) noch mit ihrem Hilfsantrag (2.) begründet.

1. Die mit dem Hauptantrag begehrte Feststellung, daß die von der Klägerin 1997 beantragte Genehmigung auf Grund von § 60 Abs. 3 Satz 1 HBauO als erteilt gelte, setzt voraus, daß für die Errichtung der geplanten Werbeanlage nur eine Genehmigung nach § 60 Abs. 2 Satz 1 HBauO erforderlich ist und nicht eine solche nach § 60 Abs. 1 HBauO (vgl. z. B. Urteil des Senats v. 31. 5. 2001, NordÖR 2002, 202 = BRS 64 Nr. 145; Beschluß v. 6. 9. 1999 u. 27. 10. 1998 – 2 Bs 256/99 u. 2 Bs 353/98 –). Letzteres ist hier aber der Fall.

Offenbleiben kann, ob im vorliegenden Fall deshalb eine Genehmigung nach § 60 Abs. 1 HBauO erforderlich ist, weil – wie das Verwaltungsgericht angenommen hat – von einer nach § 60 Abs. 1 Satz 2 HBauO genehmigungsbedürftigen Nutzungsänderung des genehmigten Lagerplatzes auszugehen ist. Denn bei dem von der Klägerin geplanten Vorhaben handelt es sich jedenfalls um die Errichtung einer baulichen Anlage gemäß § 60 Abs. 1 Satz 1 HBauO.

Bauliche Anlagen sind nach § 2 Abs. 1 Satz 1 HBauO mit dem Erdboden verbundene, aus Bauprodukten hergestellte Anlagen. Es bedarf keiner Erörterung, ob bereits die Werbeposter als solche sowie die für ihre Verzurrung an den Containern erforderlichen Mittel dieser Definition gerecht werden, insbesondere aus Bauprodukten i. S. von § 2 Abs. 11 HBauO hergestellt sind. Offenbleiben kann ebenfalls, ob die Herstellung der gesamten Konstruktion, bestehend aus Werbetransparent, unterfangender Gerüstkonstruktion und Containern, auf denen diese ruhen, als Errichtung einer baulichen Anlage einzustufen ist oder ob dem entgegensteht, daß die Container nicht als Bauprodukt zu bewerten sind. Denn eine bauliche Anlage liegt jedenfalls insoweit vor, als das Werbeposter mit Rücksicht darauf, daß bei den gestapelten Containern die oberen zwei Reihen um jeweils eine bzw. zwei Positionen zurücktreten, durch den bereits erwähnten, speziell dafür vorgesehenen Gerüstunterbau unterfangen werden muß. Die auf diese Weise entstehende Stützkonstruktion ist aus Bauprodukten i. S. von § 2 Abs. 11 HBauO hergestellt. Die nach § 2 Abs. 1 Satz 1 HBauO für eine bauliche Anlage des weiteren erforderliche Verbindung mit dem Erdboden ist ebenfalls vorhanden, da dafür auch

mittelbare Beziehungen – wie hier über die gestapelten Container – ausreichen (vgl. im einzelnen Urteil des Senats v. 31.5.2001, a.a.O.; Urteil v. 24.4.2002 – 2 Bf 498/98 –).
2. Die Klage hat auch mit ihrem Hilfsantrag keinen Erfolg. Die Klägerin besitzt keinen Anspruch auf die von ihr hilfsweise begehrte Erteilung einer Baugenehmigung für ihr Werbevorhaben, da diesem öffentlich-rechtliche Vorschriften i.S. von §69 Abs. 1 Satz 1 HBauO entgegenstehen. Keiner Erörterung bedarf, ob die geplante Werbeanlage mit dem Hafen-, dem Wasser- sowie dem Bauplanungsrecht vereinbar ist. Was das Bauordnungsrecht anbelangt, kann ebenfalls offenbleiben, ob das Projekt gegen das Verunstaltungsverbot verstößt – §12 Abs. 1 und 2 HBauO – bzw. zu einer jeweils unzulässigen verkehrsgefährdenden Werbeanlage – §13 Abs. 3 Nr. 2 HBauO – oder Werbeanlage in störender Häufung – §13 Abs. 3 Nr. 4 HBauO – führt. Denn das Vorhaben ist jedenfalls nach §13 Abs. 3 Nr. 1 HBauO unzulässig, da es unmittelbar an einem Ufer entstehen soll. Unter Ufer in diesem Sinne ist auch eine Kaianlage zu verstehen (a.). Ohne Bedeutung ist, ob ein betroffenes Ufer unter optischen bzw. ästhetischen Gesichtspunkten hochwertig ist (b.). Schließlich soll die hier fragliche Werbeanlage auch unmittelbar am Ufer entstehen (c.).

a) Die Hamburgische Bauordnung enthält keine Definition des Begriffes Ufer. Auch die Gesetzgebungsmaterialien sind insoweit unergiebig (vgl. Mitteilung des Senats an die Bürgerschaft zum Entwurf einer Hamburgischen Bauordnung, Drucksache VI/1258, S.64 zum Entwurf von §73). Unter diesen Umständen kann insofern auf den allgemeinen Sprachgebrauch abgestellt werden. Danach versteht man unter einem Ufer die „Begrenzung eines Gewässers durch das Festland" (Duden, Das große Wörterbuch der Deutschen Sprache in 6 Bänden, 1981) bzw. die „Grenze zwischen Land und Wasser" (Brockhaus Enzyklopädie in 20 Bänden, 1974) oder den „Rand eines Gewässers" (Wahrig, Deutsches Wörterbuch, Ausgabe 1986/1991). Unter Zugrundelegung dieser Definitionen und im Gegensatz zur Klägerin sind auch künstliche Gewässereinfassungen wie im vorliegenden Fall eine Kaimauer als Ufer zu verstehen. Im allgemeinen Sprachgebrauch ist der Ausdruck „künstliches Ufer" als Gegensatz zu dem natürlichen Ufer geläufig (vgl. z.B. Brockhaus, a.a.O., unter dem Stichwort „Uferbau"; siehe auch bereits die Entscheidung des Senats v. 23.2.1984 – Bf II 64/82 –; OVG Münster in OVGE 31, S.223, 225). Dafür, daß das Hamburgische Wassergesetz abweichend von diesem allgemeinen Sprachgebrauch von einem restriktiveren Uferbegriff ausgegangen ist, ist nichts ersichtlich. Es entspricht auch zulässiger Praxis, einen gängigen Alltagsbegriff in einem Gesetz zu verwenden und sich bei seiner Interpretation am allgemeinen Sprachverständnis zu orientieren. Ein Verstoß gegen das Bestimmtheitserfordernis ist darin nicht zu sehen.

b) Im Gegensatz zur Einschätzung der Klägerin ist ebenfalls ohne Bedeutung, ob das hier betroffene Ufer unter optischen bzw. ästhetischen Gesichtspunkten hochwertig ist. Es entspricht mittlerweile der st.Rspr., daß Bestimmungen der hier vorliegenden Art den Charakter einer positiv gefaßten, generalisierenden baugestalterischen Anforderung besitzen und sich nicht auf den sogenannten negativen Schutz des allgemeinen Verunstaltungsverbots beschränken (vgl. z.B. Urteile des Senats v. 28.10.1993 – Bf II 13/92 und

41/92 – m.w.N. –). Anderenfalls wäre auch nicht ersichtlich, welchen eigenständigen Anwendungsbereich sie neben § 12 Abs. 1 und 2 HBauO noch haben sollten. Mit der Eigentumsgarantie aus Art. 14 Abs. 1 GG ist § 13 Abs. 3 Nr. 1 HBauO bei diesem Verständnis vereinbar, da das baupflegerische Ziel, unerwünschte Erscheinungen unabhängig von ihrer konkreten Ausgestaltung aus dem Stadt- und Landschaftsbild fernzuhalten, ein legitimes Anliegen des öffentlichen Interesses ist (so bereits BVerwG, NJW 1962, 552, 553). Gerade in Hamburg mit seinen zahlreichen Gewässern besitzen Ufer eine wichtige, generelle Bedeutung für das Stadtbild und es ist daher nichts dafür ersichtlich, warum man sie nicht in der durch § 13 Abs. 3 Nr. 1 HBauO bezweckten generalisierenden Art und Weise – ohne Bewertung ihrer ästhetischen Bedeutung im Einzelfall – stadtgestalterisch sollte schützen können.

c) Die von der Klägerin geplante Werbeanlage, die in einer Entfernung von ca. 2 Metern von der Kaimauer entstehen soll, liegt auch „unmittelbar am Ufer" i.S. von § 13 Abs. 3 Nr. 1 HBauO.

Die Frage, wann ein Ufer endet und das dahinterliegende Binnenland beginnt, ist – schon allein wegen der Vielfalt der denkbaren Uferformen – nicht ohne weiteres verallgemeinernd zu beantworten.

Was natürliche Ufer betrifft, wird eine solche Verallgemeinerung regelmäßig auch nicht erforderlich sein, weil die Linie des Übergangs vom Wasser bis zu der Landfläche, die nicht mehr unmittelbar am Ufer liegt, vornehmlich nach den jeweiligen örtlichen Verhältnisse bestimmt werden muß und in der Regel bei natürlichen Ufern auch bestimmt werden kann. Die konkreten örtlichen Verhältnisse eignen sich allerdings zur Abgrenzung nicht mehr, wenn das Wasser durch eine senkrechte Mauer begrenzt wird und die daran anschließende Landfläche eine gleichmäßige Ebene bildet, in der es keine Merkmale gibt, nach denen zwischen einem Uferstreifen und dem anschließenden Binnenland unterschieden werden könnte. In dieser Situation, wie sie bei einer Kaianlage mit ihrer senkrechten Kaimauer und den dahinterliegenden Arbeits- und Lagerflächen hier gegeben ist, kann der unmittelbare Uferbereich andererseits auch nicht auf die bloße Linie der Oberkante der Kaimauer beschränkt sein, wie die Klägerin meint. Hier einen Uferstreifen als Fläche zu verneinen, entspricht nicht dem allgemeinen Sprachverständnis, das auch mit einem Kaiufer eine Fläche verbindet und widerspricht damit auch dem Zweck des Gesetzes, das dieses Kaiufer von Werbeanlagen freihalten will. Um hier in Anlehnung an natürliche Uferformen ein dem Zweck des Gesetzes gerecht werdendes, in dem notwendigen Umfang typisierendes und zugleich hinreichend bestimmtes Verständnis zu gewinnen, erscheint es gerechtfertigt, an eine natürlich mögliche Böschung mit einem mittleren Neigungswinkel von 45 Grad anzuknüpfen. Dabei ist für tideabhängige Gewässer vom mittleren Hochwasser als dem üblichen Bezugspunkt des mittleren Wasserstandes auszugehen. Da Kaimauer und Landfläche bei den dieser Betrachtung zugrunde gelegten Geländeverhältnissen im rechten Winkel zueinander stehen, führt der angenommene Böschungswinkel von 45 Grad zu einem gleichschenkligen Dreieck, bei dem die über den Stand des mittleren Hochwassers hinausragende Höhe der Kaimauer die Breite des Uferstreifens i.S. von § 13 Abs. 3 Nr. 1 HBauO bestimmt.

Für den konkreten Fall ergibt sich auf Grund der örtlichen Verhältnisse daraus ohne weiteres, daß die von der Klägerin geplante Werbeanlage unmittelbar am Ufer i. S. der genannten Vorschrift errichtet werden soll und damit unzulässig ist.

Nr. 152

Ortsfeste Anlagen der Außenwerbung können nicht nur speziell zu Werbezwecken in den Verkehr gebrachte Pkw-Anhänger und Auflieger sein, sondern auch solche Pkw-Anhänger, die mit ihrer Werbeaufschrift zwar bestimmungsgemäß am Straßenverkehr teilnehmen, dann aber zeitweise so geparkt werden, daß sie die Funktion einer ortsfesten Werbeanlage erfüllen.

BauO NRW § 13 Abs. 1 Satz 1.

OVG Nordrhein-Westfalen, Beschluß vom 22. Juli 2003 – 10 B 890/03 – (rechtskräftig).

(VG Arnsberg)

Aus den Gründen:
Entgegen den Ausführungen des Antragstellers in der Beschwerdeschrift handelt es sich bei dem streitigen Pkw-Anhänger mit Werbeaufdruck für das Antiquitätengeschäft des Antragstellers um eine Anlage der Außenwerbung (Werbeanlage) i. S. des § 13 Abs. 1 Satz 1 BauO NRW. Werbeanlagen sind nach dieser Vorschrift alle ortsfesten Einrichtungen, die der Ankündigung oder Anpreisung oder als Hinweis auf Gewerbe oder Beruf dienen und vom öffentlichen Verkehrsraum aus sichtbar sind. Mit der Beschwerdeschrift greift der Antragsteller die Beurteilung des Verwaltungsgerichts an, bei dem Pkw-Anhänger mit Werbeaufdruck handele es sich um eine ortsfeste Einrichtung. Die zur Begründung angeführte Rechtsprechung des OVG Nordrhein-Westfalen beziehe sich ausschließlich auf spezielle Werbeanhänger, die als Werbeträger ausgerüstet seien und nur zu diesem Zwecke am öffentlichen Straßenverkehr teilnähmen und im oder am Straßenraum geparkt würden. Nicht ortsfest genutzt würden hingegen Anhänger, die zwar mit Werbeaufdrucken versehen am Straßenverkehr teilnähmen und nur gelegentlich zum Parken abgestellt würden.

Dem Antragsteller ist zwar einzuräumen, daß es sich bei der an Taxen, Lieferwagen, Lastkraftwagen, Omnibussen, Verkaufs- und Werkstattwagen etc. angebrachten Reklame nicht um ortsfeste Werbemittel handelt. Diese am Straßenverkehr teilnehmenden Fahrzeuge unterliegen dann auch im Hinblick auf die angebrachten Werbemittel nur den straßenverkehrsrechtlichen, nicht aber den bauordnungsrechtlichen Vorschriften. Wenn aber an sich nicht ortsfeste Objekte und Einrichtungen – wie beispielsweise Anhänger und Auflieger – längere Zeit oder immer wieder für kürzere Zeit an bestimmten werbeträchtigen Stellen – wie an Kreuzungen, viel befahrenen Straßen, Abzweigungen, auf Brücken usw. aufgestellt werden, erfüllen sie das Merkmal der Ortsfestigkeit (vgl. OVG NRW, Urteil v. 17. 2. 1998 – 11 A 5274/96 –, BRS 60 Nr. 130 =

NVwZ-RR 1999, 14; Beschlüsse v. 24.11.2000 – 7 A 1473/00 –, und v. 28.9.2001 – 10 A 462/01 –; BayObLG, Beschluß v. 31.7.1997 – 3 ObOwi 77/97 –, BRS 59 Nr. 135).

Dies gilt entgegen den Ausführungen des Antragstellers in der Beschwerdeschrift nicht nur für speziell zu Werbezwecken in den Verkehr gebrachte Werbeträger, sondern auch für Kraftfahrzeuge, die mit ihrer Werbeaufschrift zwar bestimmungsgemäß am Straßenverkehr teilnehmen, dann aber zeitweise so geparkt werden, daß sie die Funktion einer ortsfesten Werbeanlage erfüllen (vgl. OVG NRW, Beschluß v. 11.8.1993 – 11 B 1703/93 –, Ortsfestigkeit bejaht für einen Lkw-Anhänger mit Werbeaufschrift, der wiederholt so postiert wurde, daß die Werbeaufschrift gut von einer Bundesautobahn aus sichtbar war; OLG Köln, Beschluß v. 15.9.1989 – Ss 440/89 (B) –, NZV 1990, 41 zu 2 Pkw-Anhängern mit Werbeaufdruck).

Bei der Beurteilung ist maßgeblich darauf abzustellen, ob die Gesamtumstände den Schluß rechtfertigen, daß die Teilnahme des Anhängers am Straßenverkehr – jedenfalls vorübergehend – beendet ist und die Werbeflächen an einem günstigen Standort ihrem erkennbaren Bestimmungszweck nach ihre Werbewirkung entfalten sollen. Dabei kommt es weniger auf die konkrete Dauer der Aufstellung an, sondern darauf, ob die objektiven Umstände den abgestellten Anhänger wie eine Werbeanlage wirken lassen (vgl. hierzu Thür. OVG, Urteil v. 10.11.1999 – 1 KO 519/98 –, BRS 62 Nr. 160 = BauR 2000, 1043 zu einem Planwagen; Boeddinghaus/Hahn/Schulte, Bauordnung NRW, Loseblattkommentar, Stand: Februar 2003, § 13 Rdnr. 15 m. w. N.).

Der vom Antragsteller angemietete Stellplatz befindet sich kurz nach der Abzweigung einer Landesstraße von der Bundesstraße unmittelbar an der Zufahrt zum Zentrum des Ortsteils Bad G. Ausweislich der in den Verwaltungsvorgängen befindlichen Fotos wird der Anhänger dort so abgestellt und auf die stark befahrene Straße ausgerichtet, daß seine Werbeflächen vom öffentlichen Verkehrsraum her deutlich sichtbar sind. Er kann seine Werbewirkung besonders gut entfalten, weil er vor die Baufluchttritt und somit von den Verkehrsteilnehmern nicht übersehen werden kann. Damit sind die Kriterien der Ortsfestigkeit erfüllt. Die Erklärungsversuche des Antragstellers, weshalb er gerade diesen Stellplatz wegen der Lage seines Geschäftes oder aus Sicherheitsgründen (Nähe des Polizeigebäudes) gewählt haben will, vermögen den Senat nicht zu überzeugen. Abgesehen davon ändern sie nichts an der objektiven Werbewirksamkeit des Anhängers für das Antiquitätengeschäft des Antragstellers und die Ortsfestigkeit dieser Einrichtung.

Nr. 153

Störende Häufung von Werbeanlagen: „Rundumverkleidung" eines Schaufensters.

BauO Bln § 11 Abs. 2 Satz 3.

OVG Berlin, Beschluß vom 20. Juni 2003 – 2 S 16.03 – (rechtskräftig).

Die Antragstellerin betreibt im Erdgeschoß des Gebäudes ... einen Imbiß. Die dortige Geschäftszeile ist in der Weise gestaltet, daß sich im Erdgeschoßbereich die Schaufenster der Geschäfte befinden und deren Eigenwerbung im wesentlichen im Bereich unterhalb der Fensterreihe im ersten Obergeschoß der Gebäude. Oberhalb dieses Bereichs befinden sich zum Teil sogenannte Werbeausstecker, die – im 90°-Winkel zur Fassade angebracht – quer in den Straßenraum hineinwirken.

Die Antragstellerin hat die Werbung in dem Werbeausstecker durch Plexiglasscheiben mit der Aufschrift ... (rote Schrift auf gelbem Grund) ersetzt und zusätzlich die gesamte Fläche unterhalb der Markise bis über die Schaufensteroberkante hinaus sowie linksseitig fast bis zum Boden fortgesetzt für Werbung in Anspruch genommen. Sie hat durch diese zusätzlichen Werbeflächen das Schaufenster sowohl in der Höhe als auch in der Breite stark verkleinert, so daß von der Geschäftsansicht – außer der Verkleidung durch die Werbung – lediglich eine verglaste Eingangstür als „Schaufenster" übriggeblieben ist, denn der zweite Flügel dieser Tür ist einfarbig rot überklebt.

Aus den Gründen:

Für Werbeanlagen gelten gemäß § 11 Abs. 2 Satz 1 BauO Bln die gestalterischen Anforderungen des § 10 BauO Bln, wobei es sich bei § 11 Abs. 2 Satz 3 BauO Bln im wesentlichen um einen Unterfall der Verunstaltung des Straßen-, Orts- oder Landschaftsbildes i. S. des § 10 Abs. 2 Satz 1 BauO Bln handelt (vgl. Wilke/Dageförde/Knuth/Meyer, BauO Bln, 5. Aufl. 1999, § 11 Rdnr. 17 m. w. N.).

Die Vielzahl von Anlagen der Eigenwerbung nahezu „rundum" das Geschäftslokal der Antragstellerin erfüllt den Tatbestand der störenden Häufung von Werbeanlagen i. S. des § 11 Abs. 2 Satz 3 BauO Bln.

Eine störende Häufung von Werbeanlagen setzt zunächst ein räumlich so dichtes Nebeneinander von Werbeanlagen voraus, daß sie gleichzeitig wahrgenommen werden und ihre optische Wirkung gemeinsam entfalten können, wobei es grundsätzlich keine Rolle spielt, ob es sich um Fremdwerbeanlagen oder um Werbung an der Stätte der Leistung handelt, weil beide Werbeformen die gleiche störende Wirkung auf die jeweilige Örtlichkeit ausüben können (vgl. OVG NW, Urteil v. 17. 4. 2002, UPR 2002, 354, 355 = BRS 65 Nr. 147 = BauR 2002, 1231, 1233). Wann eine störende Häufung von Werbeanlagen anzunehmen ist, hängt von der jeweiligen konkreten Situation ab. Für die gebotene umgebungsbezogene Betrachtungsweise ist auf den jeweiligen Aufstellungsort, seine Umgebung und die wechselseitigen Auswirkungen auf das Gesamtbild der Umgebung abzustellen (vgl. OVG NW, a. a. O.). Danach zeigt sich im vorliegenden Fall eine deutliche Abweichung des Erscheinungsbildes des Geschäftslokals der Antragstellerin von dem anderer Gewerbetreibenden in der näheren Umgebung, weil durch die „Rundumverkleidung" mit Werbeanlagen im Prinzip kein Schaufenster, sondern nur noch eine verglaste Eingangstür optisch übriggeblieben ist. Das Geschäftslokal wird durch die Masse der Werbeinformationen förmlich erdrückt. Die Werbung ist gemessen an der Größe des Geschäfts völlig überdimensioniert und hat auch eine negative Ausstrahlung auf das Erscheinungsbild der Geschäftsstraße in der näheren Umgebung, in der die Schaufensterflächen der Geschäfte im Verhältnis zu den Eingangsbereichen deutlich dominieren und nicht umgekehrt durch ein Übermaß an Werbung auf diese gleichsam reduziert werden. Diese Kumulation bewirkt in Verbindung mit der Farbgebung zugleich die Aufdringlichkeit dieser Art von Werbung an der Stätte der Leistung und damit die störende Wirkung.

Nr. 154

Stätte der Leistung i. S. des § 13 Abs. 4 Satz 1 ThürBO ist bei der Vermietung von Wohnraum der Ort, an dem regelmäßig die Mietverträge abgeschlossen werden. Bei gewerbsmäßiger Vermietung ist dies der Geschäftssitz des Vermieters.

ThürBO § 13 Abs. 4.

Thüringer OVG, Urteil vom 11. November 2003 – 1 KO 271/01 –.

Die Klägerin, eine Wohnungsbaugenossenschaft, begehrt die Verpflichtung des Beklagten zur Erteilung einer Baugenehmigung für eine Werbetafel, die sie an einem ihrer Häuserblocks in A. angebracht hat und mit der sie auf ihren Wohnungsbestand hinweist.

Aus den Gründen:
Die umstrittene Werbetafel ist bauordnungsrechtlich unzulässig. Sie befindet sich nach übereinstimmender Auffassung der Beteiligten in einem allgemeinen Wohngebiet. Gemäß § 13 Abs. 4 Satz 1 ThürBO sind in Kleinsiedlungsgebieten, Dorfgebieten, reinen Wohngebieten und allgemeinen Wohngebieten Werbeanlagen nur zulässig an der Stätte der Leistung; in reinen Wohngebieten darf überdies gemäß § 13 Abs. 4 Satz 2 ThürBO selbst an der Stätte der Leistung nur mit Hinweisschildern geworben werden. Das Gebäude S. in A. ist nicht Stätte der Leistung in diesem Sinne. § 13 Abs. 4 Satz 1 ThürBO liegt die Intention zugrunde, daß die in der Vorschrift genannten Gebiete weitgehend von Werbeanlagen freigehalten werden sollen. Werbeanlagen sollen nur dort zulässig sein, wo in den aufgeführten Gebieten zulässigerweise eine Leistung angeboten wird. Damit begrenzt § 13 Abs. 4 Satz 1 ThürBO die Zulässigkeit von Werbeanlagen in Kleinsiedlungsgebieten, Dorfgebieten, reinen Wohngebieten und allgemeinen Wohngebieten in unmittelbarem Bezug auf die in diesen Baugebieten planungsrechtlich zulässige, vor allem gewerbliche Nutzung. Gewerbliche Betätigung ist in diesen Baugebieten indes nur eingeschränkt bzw. ausnahmsweise zulässig.

Der Begriff „Stätte der Leistung" in § 13 Abs. 4 Satz 1 ThürBO ist demnach, da er nur eine Ausnahme von dem grundsätzlichen Verbot der Werbung in den in der Vorschrift genannten Gebieten ermöglichen soll, eng auszulegen. Insoweit gilt nichts anderes als für § 13 Abs. 3 Satz 2 Nr. 1 ThürBO, wonach auch im Außenbereich Werbeanlagen nur an der „Stätte der Leistung" zulässig sind. Die Auslegung hat streng am Wortsinn zu erfolgen. Sie ergibt, daß „Stätte der Leistung" der Ort ist, an dem die Leistung erbracht wird, für die geworben wird (vgl. auch Michel, in: Jäde/Dirnberger/Michel, Bauordnungsrecht Thüringen, [Loseblattsammlung, Stand Mai 2003] § 13 ThürBO, Rdnr. 25). Derjenige, der etwa in einem allgemeinen Wohngebiet – ausnahmsweise – gewerblich tätig ist, soll an dem Ort, an der die gewerbliche Tätigkeit stattfindet, werben können, nicht aber auf einem allein Wohnzwecken dienenden Grundstück für eine an einem anderen Ort ausgeübte gewerbliche Betätigung. Abzustellen ist mithin auf die Tätigkeit, die der Werbung Treibende ausübt und nicht auf das Produkt, für das er wirbt. Hielte man eine Werbung

Nr. 154

am Ort der „Belegenheit" des Produkts unabhängig davon für zulässig, ob der Werbetreibende dort auch seiner gewerblichen Tätigkeit nachgeht, hätte dies beispielsweise zur Folge, daß ein Makler vor jedem der betreuten Objekte Werbung treiben könnte. Dies widerspräche dem dargelegten Sinn und Zweck des § 13 Abs. 4 Satz 1 ThürBO.

Nach diesen Maßstäben ist „Stätte der Leistung" bei der Wohnraumvermietung der Ort, an dem regelmäßig die Mietverträge geschlossen werden. Bei gewerbsmäßiger Vermietung ist dies der Geschäftssitz des Vermieters, mag er auch in Einzelfällen Mietverträge in der jeweiligen Wohnung abschließen.

„Stätte der Leistung" ist im Falle der Klägerin mithin ihr Gebäude in der B., nicht aber der Häuserblock, an dem die umstrittene Werbetafel angebracht ist.

C. Rechtsprechung zum Baugenehmigungsverfahren

I. Bauliche Anlage und Genehmigungspflicht

Nr. 155

1. Eine Bauvoranfrage ist jedenfalls dann nicht mehr wegen fehlender Bestimmtheit nicht bescheidungsfähig, wenn sich Bauaufsichtsbehörde und Gemeinde im Verwaltungsverfahren sachlich auf sie eingelassen haben, ohne fehlende Beurteilungsfähigkeit geltend zu machen, und der Grundstückseigentümer sie im Klageverfahren durch Zeichnung so ergänzt hat, dass am Umfang seiner Bebauungsabsichten kein vernünftiger Zweifel mehr bestehen kann.

2. Fall unzulässiger Hinterlandbebauung, die den Rahmen nicht mehr ausfüllt, sondern verändert.

BauGB §34 Abs. 1; NBauO §74 Abs. 1.

Niedersächsisches OVG, Urteil vom 10. September 2003 – 1 LB 269/02 – (rechtskräftig).

Die Beteiligten streiten im Wesentlichen um die Frage, ob der rückwärtige Teil des im Eigentum des Klägers stehenden, 3485m2 großen Grundstücks F. straße 9 im Bereich der Beigeladenen mit weiteren Wohnhäusern bebaut werden kann. Das unverplante Grundstück liegt im Süden eines Areals, welches von vier Straßen begrenzt wird. Das nördliche Drittel dieses Bereichs wird durch einen von Südwest nach Nordost verlaufenden Fuß- und Radweg geringer Breite abgeteilt. Ein weiterer Fußweg durchschneidet seinen südöstlichen Zipfel und führt – beginnend mit der Südostecke des klägerischen Grundstücks – zur J. straße. Deren Westseite ist recht dicht bebaut. Zu der Bebauung gehören die Volksbank im Südostzipfel sowie nördlich davon drei Reihenhäuser. Im übrigen ist das beschriebene, unverplante Areal unterschiedlich bebaut. Das Grundstück des Klägers ist bislang nur in seiner Mitte mit einem anderthalbgeschossigen, zwischenzeitlich nicht mehr genutzten Wohnhaus bebaut; im übrigen, d. h. nördlich (zum Fuß-/Radweg hin) sowie zur F. straße wird das Grundstück gärtnerisch genutzt. Sein östliches Nachbargrundstück ist in seinem südlichen Drittel bebaut; nördlich davon erstrecken sich umfangreichere Gartenflächen. Westlich des klägerischen Grundstücks liegen bis zur H. Straße zwei Grundstücke geringerer Tiefe, welche zur F. straße hin bebaut sind.

Nördlich des erstgenannten Fuß- und Radweges erstrecken sich zwei größere Grundstücke mit ehemaligen Bauernhöfen. Vor allem das westliche weist zur G. straße größere Freiflächen auf. Die Bebauung beider Grundstücke dringt recht weit nach Süden, d. h. zum Fuß-/Radweg vor. Zwischen ihnen liegt ein kleineres Grundstück, das im Laufe des Verfahrens genehmigt mit einem straßenseitig orientierten Einfamilienhaus bebaut worden ist.

Das Verfahren nahm seinen Ausgang mit einem 1999 gestellten Antrag des Klägers, ihm einen Bauvorbescheid für die „Nachverdichtung" seines Grundstücks „mit vorhandenen Baukörpern" zu erteilen. Seinerzeit gab er sich noch unentschieden, ob das vorhandene Gebäude abgerissen werden solle; die Bauvoranfrage solle ihm zur allgemeinen Orientierung über die Möglichkeit der Bebauung dienen. Die Grundflächenzahl der Bebauung solle 0,35 betragen.

Das Verwaltungsgericht hat der Klage nach Augenscheinseinnahme mit der angegriffenen Entscheidung stattgegeben und den Beklagten verpflichtet, dem Kläger einen positiven Bauvorbescheid entsprechend seiner Bauvoranfrage von 1999 zu erteilen.

Aus den Gründen:
Ob die Bauvoranfrage von vornherein zu unbestimmt gewesen ist, braucht jetzt nicht mehr entschieden zu werden. Jedenfalls jetzt wäre es pure Förmelei, dem Kläger das neuerliche Durchschreiten des Verwaltungsverfahrens abzuverlangen, nachdem er jedenfalls in der mündlichen Verhandlung des Verwaltungsgerichts die Skizze Blatt 92 GA zum Gegenstand seines Begehrs gemacht hat. Zumindest darin werden die Standorte der noch begehrten Gebäude mit einer Bestimmtheit bezeichnet, gegen welche selbst die Berufungsführer Einwendungen nicht mehr erheben (können). Das Vorbringen der Berufungsführer läßt nicht erkennen, sie würden es sich bei einem neuerlichen, formell nunmehr „richtig" eingeleiteten Verwaltungsverfahren „noch einmal überlegen" und dem Gedanken einer Bebauung nördlich des vorhandenen Wohnhauses zumindest tendenziell nähertreten. Unter diesen Umständen kommt es auf die Bestimmtheit der damals gestellten Voranfrage nicht mehr an.

Nur ergänzend ist daher darauf hinzuweisen, daß an die Bestimmtheit der Bauvoranfrage keine überzogenen Anforderungen gestellt werden dürfen. Die Pflicht zu einer gewissen Konkretisierung ergibt sich zwar daraus, daß sich Voranfragen nach dem Wortlaut des § 74 Abs. 1 NBauO auf „einzelne Fragen" beziehen müssen. Der Anfragende muß die ein Bauvorhaben betreffende Frage daher zumindest so genau bezeichnen, daß der Bauaufsichtsbehörde eine Beantwortung möglich ist. Ob diese dabei zur Förderung des von § 74 NBauO verfolgten Zwecks, dem künftigen Bauherrn ein preiswertes Auskunftsmittel zu sein, in verstärktem Umfang eine Beratungspflicht trifft (so von und zu Franckenstein, ZfBR 2002, 648, 649 f.; a. A. wohl OVG Koblenz, Teilurteil v. 17. 11. 1999 – 8 A 10537/99 –, BauR 2000, 545, 547 = BRS 62 Nr. 165: nicht beliebig vermehrbares Personal, „schlanke Verwaltung.), kann hier unentschieden bleiben. Denn sowohl der Beklagte als auch die Beigeladene hatten sich auf die Anfrage vom September 1999 imstande gesehen, ihr Einvernehmen mit dem Vorhaben des Klägers ins einzelne gehend zu verweigern und dabei Gründe anzuführen, weshalb das Vorhaben bauplanungsrechtlich unzulässig sei, ohne im Verwaltungsverfahren geltend zu machen, die Tragweite des Vorhabens habe nicht ausreichend ermitteln werden können. Ebenfalls nur ergänzend ist darauf hinzuweisen, daß das BVerwG in seinen Urteilen vom 23. 5. 1975 (– IV C 28.72 –, BVerwGE 48, 242 = BRS 29 Nr. 116 = BauR 1975, 394) und 3. 4. 1987 (– 4 C 41.84 –, NJW 1987, 3214 = BRS 47 Nr. 63 = BauR 1987, 538) Sympathie für die Annahme hat erkennen lassen, der Bauherr könne schlicht „die Bebaubarkeit des Grundstücks" mit einem Wohnhaus oder einem Schweinestall zum zulässigen Gegenstand einer Voranfrage machen, ohne sich dabei festzulegen, wo dieses Bauwerk errichtet werden soll.

Die Berufung ist aber aus materiell-rechtlichen Gründen begründet. Die hier allein noch in Rede stehende Bebauung des Grundstücks nördlich des vorhandenen Wohnhauses ist bauplanungsrechtlich unzulässig.

Die Bebaubarkeit dieses Grundstücksteils richtet sich nach §34 Abs. 1 BauGB. Der für dessen Anwendung maßgebliche Rahmen (vgl. die Entscheidung des BVerwG v. 26. 5. 1978 – IV C 9.77 –, BVerwGE 55, 369 = BRS 33 Nr. 36 = BauR 1978, 276) ist zum einen durch die Betrachtung der Bebauung zu ermitteln, auf die sich die Ausführung des Vorhabens auswirken kann, zum anderen derjenigen, die den bodenrechtlichen Charakter des Baugrundstücks prägt oder doch beeinflußt. Ein Vorhaben, das sich – in jeder Hinsicht – innerhalb des aus seiner Umgebung hervorgehenden Rahmens hält, fügt sich i. d. R. seiner Umgebung ein. Aber auch ein Vorhaben, das sich nicht in jeder Hinsicht innerhalb des aus seiner Umgebung hervorgehenden Rahmens hält, kann sich der Umgebung einfügen. Das ist allerdings nur dann der Fall, wenn es weder selbst noch infolge einer nicht auszuschließenden Vorbildwirkung geeignet ist, bodenrechtlich beachtliche Spannungen zu begründen oder vorhandene Spannungen zu erhöhen.

Diese Grundsätze gelten auch/gerade bei der hier in Rede stehenden Hinterlandbebauung. Eine solche liegt stets dann vor, wenn die Lage des geplanten Vorhabens von der jeweils maßgeblichen Erschließungsanlage betrachtet hinter einer schon vorhandenen Bebauung in einem Bereich liegt, der baulich noch nicht in Anspruch genommen worden ist. Um einen solchen Fall handelt es sich hier, gleich welche Erschließungsanlage man hier zum Bezugspunkt wählt. Der Fuß- und Radweg kommt als Bezugsgröße nicht in Betracht, weil er nicht, auch nicht für Anlieger, zur Aufnahme von Verkehr gewidmet ist und so auch nicht genutzt wird. Zu dieser Frage hat der Senat in seinem Beschluß vom 26. 5. 2003 (– 1 LA 234/02 –, (V.n.b)) u. a. ausgeführt: „Richtig mag es zwar sein, daß nach der Rechtsprechung des Bundesverwaltungsgerichts (vgl. u. a. Beschluß v. 6. 11. 1997 – 4 B 172.97 –, NVwZ-RR 1998, 539 = ZfBR 1998, 164 = BRS 59 Nr. 79) und des Senats (vgl. neben dem vom Verwaltungsgericht zitierten Beschluß v. 25. 1. 2001 – 1 LA 802/01 –, vor allem die darauffolgende Berufungsentscheidung v. 17. 10. 2002 – 1 LB 28/02 –, BRS 65 Nr. 84) sich die „Rückwärtigkeit" einer Bebauung (nur) durch einen bestimmten räumlichen Bezug zu einer öffentlichen Erschließungsanlage beurteilt; diese braucht nach dem Senatsurteil vom 17. 10. 2002 (a. a. O.) nicht in jedem Fall eine zum Befahren taugliche Erschließungsanlage zu sein. Es kann auch ausreichen, wenn diese uneingeschränkt dem öffentlichen Verkehr gewidmet ist, jedoch einen nicht befahrbaren Wohnweg darstellt."

Für den öffentlichen Verkehr gewidmet und/oder befahrbar ist der Fuß-/Radweg nach dem Ergebnis der Ortsbesichtigung indes nicht. Der Umstand, daß die Nutzer des Grundstücks G. straße 12 die am Südostrand des Grundstücks stehende Remise, möglicherweise auch den westlich daran anschließenden Schuppen anfahren, indem sie von der G. Straße kommend ein kurzes Teilstück des Fuß- und Radweges nutzen und dann nach Norden wieder auf ihr Grundstück einbiegen, ändert daran nichts. Dies ist eine untergeordnete Inanspruchnahme für eine landwirtschaftliche Nutzung dieses Weges, welche ihm – auch hinsichtlich des klägerischen Grundstücks – keine allgemeine Erschließungsfunktion vermittelt.

Für die damit in Rede stehende Hinterlandbebauung gelten die vorstehenden Grundsätze. Bei der Ermittlung des Rahmens ist zu fragen, ob sich eine faktische rückwärtige Baugrenze herausgebildet hat. Verbindet die rückwärtigen Gebäude(wände) eine unregelmäßig verlaufende Linie, ist zu fragen, ob der Aufstellungsort in einer Art „Lücke" liegt, d. h. der Rahmen so gestaltet ist, daß er für die Aufnahme dieses Vorhabens offen ist. In diesem Zusammenhang spielt auch der Gesichtspunkt eine wesentliche Rolle, ob in „zweiter Reihe" schon vorhandene Gebäude den Rahmen bestimmen oder als Fremdkörper aus der Betrachtung auszuscheiden sind.

Überschreitet das Vorhaben den so abgesteckten Rahmen, führt dies nicht automatisch zu seiner Unzulässigkeit. Hinterlandbebauung ist nicht schlechthin unzulässig. Sie darf allerdings die vorgegebene städtebauliche Situation nicht in Bewegung bringen oder gar ein Planungsbedürfnis nach sich ziehen (vgl. BVerwG, Urteil v. 26. 5. 1978, a. a. O.; Urteil v. 21. 11. 1980 – 4 C 30.78 –, BRS 36 Nr. 56 = BauR 1981, 170, 171). Dabei ist die Betrachtung nicht auf das Vorhaben zu beschränken. Vielmehr ist in den Blick zu nehmen, ob es infolge seiner Vorbildwirkung geeignet ist, vergleichbare Bauwünsche zu wecken und dadurch bodenrechtliche Spannungen zu begründen.

Eine Anwendung dieser Grundsätze ergibt, daß das Vorhaben bauplanungsrechtlich unzulässig ist.

Nach dem Ergebnis der Ortsbesichtigung wird der maßgebliche Rahmen in erster Linie durch die Bebauung bestimmt, die innerhalb des Straßengevierts und südlich des Fuß-/Radweges steht. ...

Dem Kläger ist zuzugeben, daß die Bebauung, die innerhalb des so abgesteckten Rahmens steht, ein „System" ihrer Aufstellung kaum erkennen läßt. Dementsprechend „weiter" ist der Rahmen, innerhalb dessen sich seine Bebauungsabsichten bewegen dürfen. Gleichwohl ist seine Absicht, den rückwärtigen Grundstücksteil zu bebauen, bauplanungsrechtlich nicht zulässig. Es überschreitet sogar diesen weiten Rahmen. Das Wohnhaus des Klägers ist das einzige Gebäude, das die Baulinie relativ weit nach Norden verschiebt. Darin erschöpft sich aber auch seine prägende Wirkung. Es ist von seinem Gewicht her nicht geeignet, gleichsam auch an den gesamten nördlichen Grundstücksbereich für Bebauung „aufzuspannen". Dieser Bereich diente nach der erkennbaren Anordnung der Gebäude noch immer als Ruhezone.

Dass das beabsichtigte Vorhaben „aus dem Rahmen fällt", zeigt ganz augenfällig folgende Betrachtung. Nach den oben wiedergegebenen Grundsätzen ist auch in Blick zu nehmen, welche bauliche Entwicklung das Vorhaben einzuleiten geeignet ist. Diese wird auf dem Plan Blatt 92 der Gerichtsakte anschaulich dargestellt, der auch Gegenstand der mündlichen Verhandlung gewesen ist. Die darin namentlich für das östliche Nachbargrundstück eingetragenen Folgewirkungen „übertreiben" nicht. Danach könnten dort 4, östlich davon noch ein fünftes Wohnhaus aufgestellt werden. Das wären dann zusammen mit den klägerischen drei insgesamt schon acht weitere Häuser. Wäre das klägerische Vorhaben rechtens, könnte diese Entwicklung im

Bereich südlich des Fuß- und Radweges nicht mehr verhindert werden. Der Umstand, dass das östliche Nachbargrundstück der Beigeladenen gehört und diese nach den Darlegungen ihres Bürgermeisters in der mündlichen Verhandlung den gegenwärtigen Bauzustand erhalten möchte, ändert daran nichts. Denn es kommt auf die Grundstücksverhältnisse und nicht darauf an, ob der gegenwärtige Eigentümer der Flächen eine bestimmte Nutzung wünscht. Das Bauplanungsrecht regelt die Nutzbarkeit der Grundstücke in öffentlich-rechtlicher Beziehung auf der Grundlage objektiver Umstände und Gegebenheiten mit dem Ziel einer möglichst dauerhaften städtebaulichen Ordnung und Entwicklung. Deshalb darf die Grundstückssituation nicht „personenbezogen", auf die Eigentumsverhältnisse oder die Nutzungsberechtigten zu einem bestimmten Zeitpunkt abgehoben beurteilt werden. Vielmehr kommt es auf die objektiven Folgen an, welche ein Vorhaben nach sich ziehen kann (vgl. BVerwG, Urteil v. 23. 9. 1999 – 4 C 6.98 –, BVerwGE 109, 314 = BRS 62 Nr. 86 = BauR 2000, 234).

Selbst wenn man nur die für das klägerische und das östliche Nachbargrundstück sich ergebenden Folgen einer Klagestattgabe in Blick nimmt, wird deutlich, daß das hier in Rede stehende Vorhaben den Rahmen nicht lediglich ausfüllen, sondern deutlich verändern würde. Südlich des Fuß- und Radweges entstünde eine bauliche Verdichtung, welche nicht nur dort, sondern auch in den Bereichen westlich und östlich des maßgeblichen Straßengevierts ohne Beispiel ist. Bereiche zum „baulichen Luftholen" entfielen ganz, die Gebäude stünden dicht gedrängt. Der Umstand, daß die Beigeladene einen solche Zustand möglicherweise in abwägungsgerechter Weise durch Planung erreichen könnte, ändert daran nichts. Denn § 34 BauGB ist nach der Rechtsprechung des Bundesverwaltungsgerichts (vgl. u. B. BVerwG, Urteil v. 11. 5. 2000 – 4 C 14.98 –, NVwZ 2000, 1169 = BRS 63 Nr. 105 = BauR 2000, 1848) nur ein Planersatz und kein Ersatzplan. Unterläßt eine Gemeinde die Planung (auf deren Durchführung dem Grundstückseigentümer kein durchsetzbarer Anspruch zusteht, § 2 Abs. 3 Halbs. 1 BauGB), dann hat er nur Anspruch darauf, den durch die maßgebliche Bebauung „vorgezeichneten" Rahmen ausfüllen zu dürfen. Eine neue städtebauliche „Zeichnung" darf er mit seiner Bebauung nicht einleiten oder gar vollenden. Gerade dies erstrebt der Kläger aber.

Seine Bauabsichten sind auch nicht ausnahmsweise zulässig. Nach den oben wiedergegebenen Grundsätzen kann eine „aus dem Rahmen fallende" Bebauung zulässig sein, wenn sie die vorgegebene städtebauliche Situation nicht in Bewegung bringt oder ausgleichsbedürftige Spannungen begründet. Dies ist hier indes der Fall. Dabei kann der Senat unentschieden lassen, ob der Auffassung des Klägers zuzustimmen ist, der Beurteilung sei wegen der offenen Fassung seiner Bauvoranfrage nicht der „schlimmstmögliche Fall" zugrunde zu legen. Selbst wenn man die verkehrstechnisch betrachtet verträglichste Annähme und den ruhenden Verkehr in einer Art Einstellplatzhof an der F. Straße konzentriert sich vorstellte, brächte die Verwirklichung der klägerischen Bauabsichten ausgleichsbedürftige „Unruhe" in den rückwärtigen Bereich. Denn schon das Vordringen der Wohnbebauung mit der ihr notwendigerweise innewohnenden akustischen Begleiterscheinungen stellt eine solche Unruhe dar. Denn der Bereich, um den es hier geht, ist nach der tatsächlichen, für die Beurteilung nach §34 Abs. 1 BauGB ausschlaggebenden Situation „nun einmal" als Ruhezone ausgestaltet. Die Ortsbesichtigung ergab, daß man diesen Bereich ohne Übertreibung fast als „Idylle" bezeichnen kann, deren optische und akustische Ruhe weder von Kraftfahrzeuglärm, der von den umlaufenden Straßen ausgeht, noch von der Nutzung wesentlich beeinträchtigt wird, die nördlich des Fuß- und Radweges steht. ...

Nr. 156

Durch die Einreichung eines unvollständigen Bauantrags bei der Gemeinde wird die Frist des §36 Abs. 2 Satz 2 BauGB jedenfalls dann nicht ausgelöst, wenn der Antrag nicht alle für eine Beurteilung der planungsrechtlichen Zulässigkeit des Vorhabens erforderlichen Unterlagen enthält.

Verlangt die Baurechtsbehörde in einem solchen Fall vom Bauherrn die Vervollständigung der Bauvorlagen, so ist sie aus Gründen der Rechtssicherheit verpflichtet, ein Ersuchen i.S. des §36 Abs. 2 Satz 2 1. Halbs. BauGB an die Gemeinde zu richten, sobald die Unterlagen jedenfalls in dem Sinne vollständig sind, daß sie nunmehr aus ihrer Sicht eine Beurteilung der planungsrechtlichen Zulässigkeit des Vorhabens erlauben. Unterläßt sie dies, beginnt die Frist des §36 Abs. 2 Satz 2 BauGB nicht zu laufen.

BauGB §36 Abs. 2 Satz 2.

VGH Baden-Württemberg, Urteil vom 7. Februar 2003 – 8 S 2563/02 – (nicht rechtskräftig).

(VG Stuttgart)

Die Klägerin wendet sich gegen eine der Beigeladenen erteilte Baugenehmigung zum Neubau einer Windkraftanlage.

Die Beigeladene beabsichtigt, auf dem im Außenbereich gelegenen Grundstück eine Windkraftanlage nebst Trafostation zu errichten. 400 m nordwestlich des vorgesehenen Standorts befindet sich bereits eine solche Anlage, für die der Beigeladenen 1999 eine Baugenehmigung erteilt wurde. Der für das Vorhaben sowie die Errichtung einer weiteren Windkraftanlage auf demselben Grundstück gestellte Bauantrag wurde von der Beigeladenen am 4.9.2002 bei der Klägerin eingereicht. Nach Weiterleitung des Antrags an das Landratsamt forderte dieses die Beigeladene mit Schreiben vom 21.9.2000 auf, Angaben über die Baukosten der Anlage, der Zuwegung und des Trafogebäudes zu machen, Bauzeichnungen des Trafogebäudes nachzureichen, sofern dieses mehr als 20 m^2 Grundfläche und 3 m Höhe aufweisen sollte, sowie die vorgelegten Übersichtszeichnungen der Windkraftanlage vom Planverfasser mit Datumsangabe unterzeichnen zu lassen. Bei einem Ortstermin am 25.9.2000 wurde die Beigeladene ferner gebeten, für die naturschutzrechtliche Bewertung eine Computersimulation vorzulegen, die die Sicht von dem nahe gelegenen Schloß bzw. von der Neubausiedlung M.-Straße auf die bereits bestehende Windkraftanlage sowie die beiden geplanten weiteren Windkraftanlagen darzustellen habe. Abschließend merkte das Landratsamt an, daß erst nach Eingang dieser Unterlagen die Frist des §54 LBO zu laufen beginne. Mit Schreiben vom 28.9.2000 wurde die Beigeladene außerdem aufgefordert, die vom Gewerbeaufsichtsamt in seiner

Stellungnahme vom 27.9.2000 verlangte Lärmprognose unter Berücksichtigung der Wohnbebauung beizubringen. Daraufhin teilte die Beigeladene mit, daß das geplante Trafogebäude lediglich eine Grundfläche von etwa 2,7 x 3,1 m und eine Höhe von etwa 2,3 m über Gelände aufweisen solle. Sie legte außerdem eine entsprechende Grundrißskizze, unterschriebene Übersichtszeichnungen der Windkraftanlagen sowie einen Abstandsplan vor, aus dem die den Anlagen nächstgelegene Bebauung zu erkennen ist. Mit Schreiben vom 2.11.2000 wurde dem Landratsamt ferner die geforderte Computersimulation übersandt.

Nachdem die Klägerin gegenüber dem Landratsamt den Wunsch geäußert hatte, vor ihrer Entscheidung über die Erteilung ihres Einvernehmens eine Stellungnahme der unteren Naturschutzbehörde zu dem Vorhaben zu erhalten, teilte ihr das Landratsamt mit Schreiben vom 12.12.2000 mit, daß der zuständige Naturschutzbeauftragte gegen die beiden geplanten Windkraftanlagen Bedenken erhoben habe, und kündigte an, daß über den Bauantrag erst nach dem Vorliegen aller Stellungnahmen einschließlich derjenigen der Klägerin entschieden werde. Mit Schreiben vom 20.12.2000 versagte die Klägerin zur Fristwahrung ihr Einvernehmen und gab zur Begründung an, daß nach wie vor nicht alle zu dessen Beurteilung notwendigen Unterlagen vorlägen. Dies gelte insbesondere für die relativ nahe an der Ortschaft N. gelegene Windkraftanlage Nr. 3. Die Entscheidung wurde am 12.2.2001 vom Gemeinderat der Klägerin als endgültig bestätigt.

Nachdem die Beigeladene am 23.1.2001 die verlangte Schallimmissionsuntersuchung vorgelegt hatte, unterrichtete das Landratsamt die Beigeladene am 9.2.2002 davon, daß die von ihr eingereichten Bauvorlagen nunmehr vollständig seien. In einem am 22.2.2001 mit dem Landratsamt geschlossenen öffentlich-rechtlichen Vertrag erklärte die Beigeladene die Zurücknahme des Bauantrags bezüglich einer der beiden geplanten Windkraftanlagen (Nr. 2) und verpflichtete sich, keine weiteren Bauanträge für Windkraftanlagen im Gebiet der nördlich von N. gelegenen Ebene auf dem Gebiet der Klägerin zu stellen. Der aufrechterhaltene Bauantrag für die Windkraftanlage Nr. 3 wurde vom Landratsamt am 6.3.2001 genehmigt.

Aus den Gründen:
Die der Beigeladenen erteilte Baugenehmigung ist rechtswidrig, da die Klägerin ihr nach §36 Abs. 1 Satz 1 BauGB erforderliches Einvernehmen zu dem Vorhaben der Beigeladenen nicht erteilt hat und das Einvernehmen auch nicht gemäß §36 Abs. 2 Satz 2 BauGB als erteilt gilt. Die Klägerin wird dadurch in ihren Rechten verletzt, ohne dass es darauf ankommt, ob sie ihr Einvernehmen zu Recht oder zu Unrecht versagt hat.

Nach §36 Abs. 1 Satz 1 BauGB darf über die Zulässigkeit von Vorhaben nach den §§31, 33 bis 35 BauGB im bauaufsichtlichen Verfahren von der Baugenehmigungsbehörde nur im Einvernehmen mit der Gemeinde entschieden werden. Mit dieser Regelung soll die Gemeinde als sachnahe und fachkundige Behörde in Ortsteilen, in denen ein qualifizierter Bebauungsplan fehlt, mitentscheidend am Baugenehmigungsverfahren beteiligt werden. Sie soll darüber hinaus auch die Möglichkeit haben, in Reaktion auf einen Bauantrag die Aufstellung eines Bebauungsplans zu beschließen, auf Grund dessen die Zurückstellung des Baugesuchs zu beantragen, eine Veränderungssperre zu erlassen oder den Bebauungsplan in Kraft zu setzen und so die rechtlichen Voraussetzungen für die Zulässigkeit des Vorhabens zu verändern. Eine ohne das Einvernehmen der Gemeinde erteilte Baugenehmigung ist deshalb auf einen von ihr eingelegten Rechtsbehelf allein wegen der Verletzung des ihr von §36 BauGB zuerkannten Beteiligungsrechts aufzuheben, da die Gemeinde ansonsten im Falle einer ihr unterlaufenen Fehleinschätzung nicht mehr in der Lage wäre, die durch das Inkrafttreten einer Veränderungssperre oder eines rechtsverbindlichen Bebauungsplans veränderte Rechtslage zur Geltung zu bringen (st. Rspr., vgl. u.a. BVerwG, Beschluß v. 15.11.1991 – 4 B 191.91 –, NVwZ-RR 1992, 529; Urteil v. 7.2.1986 – 4 C 43.83 – BRS 46 Nr. 142 = PBauE §36 BauGB Nr. 1, u. Urteil v. 10.8.1988 – 4 C 20.84 –, BRS 48 Nr. 144 = NVwZ-RR 1989, 6 = PBauE §36 BauGB Nr. 2; VGH Bad.-Württ., Beschluß v. 23.5.1995 – 8 S 3600/94 –, BRS 57 Nr. 200 = VBlBW 1995, 364 = PBauE §36 BauGB Nr. 5).

Die gegen die der Beigeladenen erteilte Baugenehmigung gerichtete Klage muß demnach allein deshalb Erfolg haben, weil die Klägerin ihr Einvernehmen zu dem Vorhaben am 20.12.2000 „zur Fristwahrung" versagt und diese Entscheidung am 12.2.2001 als endgültig bestätigt hat. Etwas anderes würde nur dann gelten, wenn bereits zuvor die nach §36 Abs. 2 Satz 2 BauGB für die Erteilung des gemeindlichen Einvernehmens geltende Frist verstrichen wäre und das Einvernehmen der Klägerin damit als erteilt gälte. Das ist jedoch entgegen der Ansicht des Verwaltungsgerichts nicht der Fall.

Nach §36 Abs. 2 Satz 2 BauGB gilt das Einvernehmen der Gemeinde als erteilt, wenn es nicht binnen zwei Monaten nach Eingang des Ersuchens der Genehmigungsbehörde verweigert worden ist. Dem Ersuchen gegenüber der Gemeinde steht die Einreichung des Antrags bei der Gemeinde gleich, wenn das Landesrecht ein solches Verfahren bei der Stellung des Bauantrags vorschreibt, wie dies in §52 Abs. 1 Satz 1 LBO geschehen ist. Um die Frist des §36 Abs. 2 Satz 2 BauGB auszulösen, muß der Bauantrag aber „vollständig" sein (VGH Bad.-Württ., Urteil v. 17.11.1998 – 5 S 2147/98 –, BRS 60 Nr. 157 = BauR 1999, 381 = VBlBW 1999, 178). Wann dies der Fall ist, ist streitig. Nach Ansicht Jädes (in: Jäde/Dirnberger/Weiß, BauGB, 3.Aufl., §36 Rdnr. 31) ist dies nicht schon dann der Fall, wenn der Antrag eine Beurteilung der planungsrechtlichen Zulässigkeit ermöglicht; vollständig sei der Antrag vielmehr nur dann, wenn er auch allen bauordnungsrechtlichen Form- und Inhaltserfordernissen genüge (ebenso offenbar BayVGH, Beschluß v. 13.3.2001 – 26 ZS 00.699 – VwRR BY 2001, 171). Im Gegensatz dazu meint das Verwaltungsgericht im angefochtenen Urteil, Vollständigkeit in diesem Sinn bedeute nur, daß der Bauantrag alle notwendigen Unterlagen enthalten müsse, die zur Prüfung der planungsrechtlichen Zulässigkeit des jeweiligen Vorhabens nach Maßgabe der §§31, 33 bis 35 BauGB erforderlich seien.

Diese Frage bedarf im Rahmen des vorliegenden Verfahrens keiner Entscheidung. Fest steht, daß der von der Beigeladenen am 4.9.2000 bei der Klägerin eingereichte und von dieser an das Landratsamt weiter geleitete Bauantrag den bauordnungsrechtlichen Form- und Inhaltserfordernissen nicht genügte, da sowohl die von §7 Abs. 3 LBOVVO verlangten Angaben über die Baukosten des Vorhabens als auch Bauzeichnungen des Trafogebäudes fehlten und außerdem die vorgelegten Übersichtszeichnungen der Windkraftanlage entgegen §52 Abs. 2 Satz 1 LBO nicht vom Planverfasser unterschrieben waren, weshalb die Beigeladene vom Landratsamt mit Schreiben vom 21.9.2000 aufgefordert wurde, die Unterlagen entsprechend zu vervollständigen. Bei dem Ortstermin am 25.9.2000 ersuchte das Landratsamt die Beigeladene aber außerdem, eine Computersimulation zur Beurteilung des Vorhabens in naturschutzrechtlicher bzw. landschaftsschutzrechtlicher Hinsicht vorzulegen, wobei es ausdrücklich darauf hinwies, daß die Frist des § 54 Abs. 4 LBO erst nach deren Eingang beginne. Daraus ergibt sich, daß nach Ansicht des Landratsamts der Bauantrag der Beigeladenen auch in planungsrechtlicher Hinsicht nicht alle für eine Beurteilung der Zulässigkeit des Vorhabens erforderlichen Unterlagen enthielt. Dagegen bestehen keine Bedenken, da die dem Bauantrag zunächst nur beiliegenden Bauzeichnungen für sich allein kein abschließendes Urteil über die mit dem Vorhaben verbundenen Auswirkungen auf das Landschaftsbild in der Umgebung erlaubten. ...

Das Verwaltungsgericht ist mithin zu Recht davon ausgegangen, daß die Frist des § 36 Abs. 2 Satz 2 BauGB nicht schon mit der Einreichung des Bauantrags bei der Klägerin in Gang gesetzt wurde. Nicht gefolgt werden kann ihm jedoch in der Annahme, daß diese Frist spätestens am 20. 10. 2000 zu laufen begonnen habe.

Die Beigeladene hat dem Landratsamt die mit Schreiben vom 21. 9. 2000 geforderten Unterlagen am 17. 10. 2000 und die ferner verlangte Computersimulation am 7. 11. 2000 übersandt, wobei letztere der Klägerin schon am 16. 10. 2000 vorlag. Das Landratsamt hat die Bauvorlagen aber erst dann als vollständig angesehen, nachdem die Beigeladene am 23. 1. 2001 auch die mit Schreiben vom 28. 9. 2000 geforderte Lärmprognose nachgereicht hatte. Das Verwaltungsgericht ist der Meinung, daß dessen ungeachtet die Frist des § 36 Abs. 2 Satz 2 BauGB schon vor diesem Zeitpunkt, nämlich nach Vorlage der zunächst erbetenen Unterlagen, also spätestens am 20. 10. 2000, zu laufen begonnen habe. Der Umstand, daß die Lärmprognose zu diesem Zeitpunkt noch nicht vorgelegen habe, sei unschädlich, da bereits aus der dem Bauantrag beiliegenden Tabelle des TÜV Rheinland vom 16. 12. 1997 zu entnehmen gewesen sei, daß die zum Schutz einer angrenzenden Wohnbebauung einzuhaltenden Mindestabstände im vorliegenden Fall deutlich überschritten seien.

Ob es der Klägerin auf Grund ihrer Ortskenntnis tatsächlich möglich war, die planungsrechtliche Zulässigkeit des Vorhabens der Beigeladenen auch ohne die Schallimmissionsuntersuchung zu beurteilen, läßt sich insofern bezweifeln, als sich die erwähnte Tabelle nur auf eine einzelne Windkraftanlage des geplanten Typs bezieht, während hier zunächst zwei Anlagen dieses Typs geplant waren, die zudem in der Nähe einer bereits vorhandenen Windkraftanlage errichtet werden sollten. Unter Hinweis darauf hat das Gewerbeaufsichtsamt an seiner Forderung nach einer Lärmprognose auch dann noch festgehalten, nachdem es vom Landratsamt über die Abstände zwischen den geplanten Anlagen und der nächsten Wohnbebauung informiert worden war und zur Begründung angeführt, daß es nach der TA Lärm bei mehreren Anlagen auf den von diesen verursachten Gesamtlärm ankomme. Die Frage kann jedoch auf sich beruhen, da die Frist des § 36 Abs. 2 Satz 2 BauGB selbst dann nicht ausgelöst wurde, wenn man mit dem Verwaltungsgericht davon ausgeht, daß die Klägerin nicht auf die Schallimmissionsuntersuchung angewiesen war, um die planungsrechtliche Zulässigkeit des Vorhabens der Beigeladenen beurteilen zu können.

Die Ansicht des Verwaltungsgerichts, daß die Frist des § 36 Abs. 2 Satz 2 BauGB unter der von ihm genannten Voraussetzung schon vor Beibringung der von der Baurechtsbehörde verlangten weiteren Unterlagen in Gang gesetzt werde, würde dazu führen, daß die Gemeinde bei einem zunächst unvollständigen Bauantrag jeweils prüfen müßte, ob die von der Baurechtsbehörde geforderten weiteren Bauvorlagen auch für die von ihr (der Gemeinde) zu treffende Entscheidung über die Erteilung des Einvernehmens erforderlich sind. Wegen der dadurch entstehenden Rechtsunsicherheit ist diese Auffassung mit dem von § 36 Abs. 2 Satz 2 BauGB verfolgten Zweck nicht zu vereinbaren. Denn die in dieser Vorschrift getroffene Regelung verfolgt das Ziel, klare Verhältnisse über das Einvernehmen zu schaffen. Die von ihr bestimmte Frist steht daher nicht zur Disposition der Verfahrensbeteiligten, da dies dem genannten Ziel widerspräche (BVerwG, Urteil v. 12. 12. 1996 – 4 C 24.95 –, BRS 58 Nr. 142 = BauR 1997, 444 = PBauE § 36 BauGB Nr. 6). Aus dem gleichen Grund kann das als erteilt geltende Einvernehmen der Gemeinde von dieser auch nicht „widerrufen" oder „zurückgenommen" werden (BVerwG, Urteil v. 12. 12. 1996, a. a. O.). Damit die Beteiligten die gewünschte Sicherheit über das Einvernehmen der Gemeinde erhalten, muß auch Klarheit darüber bestehen, wann die für dessen Erteilung geltende Frist zu laufen beginnt. Die vom Verwaltungsgericht vertretene Auffassung wird dieser Forderung nicht gerecht. Sie hätte außerdem die naheliegende Konsequenz, daß die Gemeinden sich in solchen Fällen veranlaßt sähen, ihr Einvernehmen sicherheitshalber zu verweigern, um dadurch den Eintritt der Einvernehmensfiktion zu verhindern. Auch damit wäre dem Bauherrn nicht gedient.

Um in Fällen, in denen der bei der Gemeinde eingereichte Bauantrag zunächst unvollständig ist, für die erforderliche Klarheit darüber zu sorgen, wann die für die Erteilung des Einvernehmens geltende Frist zu laufen beginnt, bietet sich statt dessen folgende Lösung an: Das Gesetz knüpft den Beginn der Frist an zwei im Normalfall eindeutig bestimmbare Zeitpunkte, nämlich den des Eingangs eines Ersuchens der Genehmigungsbehörde oder den der Einreichung des Bauantrags bei der Gemeinde. Diese Regelung ist allerdings unvollständig, weil sie keine Aussage darüber trifft, wann die für die Erteilung des Einvernehmens geltende Frist zu laufen beginnt, wenn der Bauantrag zunächst unvollständig ist und die Baurechtsbehörde deshalb vom Bauherrn die Vervollständigung der Bauvorlagen verlangt. Damit die Gemeinde sowie die übrigen Beteiligten Gewißheit darüber haben, wann in einem solchen Fall die für die Erteilung des Einvernehmens geltende Frist in Gang gesetzt wird, ist die Baurechtsbehörde verpflichtet, ein Ersuchen i. S. des § 36 Abs. 2 Satz 2 1. Halbs. BauGB an die Gemeinde zu richten, sobald die Unterlagen aus ihrer Sicht eine Beurteilung der planungsrechtlichen Zulässigkeit des Vorhabens erlauben.

Ein solches Ersuchen hat das Landratsamt an die Klägerin nicht gerichtet. Vielmehr mußte die Mitteilung des Landratsamts vom 12. 12. 2000, daß es erst nach Vorliegen aller Stellungnahmen einschließlich derjenigen der Klägerin entscheiden werde, ob der Bauantrag der Beigeladenen, wenn die Stadt ihr Einvernehmen verweigere, auch aus Gründen des Naturschutzes abgelehnt werde, bei der Klägerin vielmehr eher den Eindruck erwecken, daß sie noch nicht über die Erteilung ihres Einvernehmens entscheiden müsse. Der am 20.12.2000 gefaßte Beschluß der Klägerin, ihr Einvernehmen zu versagen, ist folglich fristgerecht erfolgt, da die Frist des §36 Abs.2 Satz 2 BauGB zu diesem Zeitpunkt noch nicht zu laufen begonnen hatte.

An der Wirksamkeit dieses – ausdrücklich nur zur Fristwahrung getroffenen – Beschlusses ist entgegen der Ansicht des Landratsamts nicht zu zweifeln. Dem Landratsamt ist zwar darin zuzustimmen, daß ein derartiges Vorgehen einer Gemeinde, das die endgültige Entscheidung über die Erteilung des Einvernehmens auf einen späteren Zeitpunkt verschiebt, dem Zweck der in §36 Abs.2 Satz 2 BauGB getroffenen Regelung nicht entspricht. Der am 20.12.2000 gefaßte Beschluß der Klägerin mag deshalb rechtswidrig sein. Das bedeutet jedoch nicht, daß er auch als unwirksam betrachtet werden könnte. Die Frage kann im übrigen dahinstehen. Denn die Klägerin hat am 12.2.2001 einen weiteren Beschluß gefaßt und darin ihre Entscheidung vom 20.12.2000 als endgültig bestätigt. Da das Landratsamt die Klägerin auch im weiteren Verlauf des Verfahrens nicht ersucht hat, über die Erteilung ihres Einvernehmens zu entscheiden, war die Frist des §36 Abs.2 Satz 2 BauGB auch bezogen auf diesen Zeitpunkt noch nicht verstrichen, sondern hatte noch gar nicht zu laufen begonnen.

Nr. 157

1. **Ein Bescheidungsurteil, durch das die Baugenehmigungsbehörde zu einer abschließenden bauplanungsrechtlichen Prüfung eines Vorhabens unter erneuter Beteiligung der Gemeinde verpflichtet ist und das das gemeindliche Einvernehmen nur im Umfang der planungsrechtlichen Entscheidungsreife ersetzt, verletzt die Gemeinde nicht in ihren Rechten aus §36 BauGB.**

2. **Es bleibt offen, ob die bauplanungsrechtliche Zulässigkeit einer kerntechnischen Anlage (Zwischenlager für abgebrannte Brennelemente), deren Errichtung und Betrieb nach Nr.11.3 der Anlage 1 zum UVPG der Umweltverträglichkeitsprüfung unterliegt, erst dann abschließend geprüft werden kann, wenn das UVP-Verfahren förmlich beendet ist.**

AtG §6; BauGB §§35, 36; UVPG §§11, 12; VwGO §113 Abs.5 Satz 1.

Bundesverwaltungsgericht, Beschluß vom 17. Juni 2003 – 4 B 14.03 –.

(VGH Mannheim, BauR 2003, 492)

Aus den Gründen:
Die Frage, ob ein Gericht im Baugenehmigungsverfahren das gemeindliche Einvernehmen ersetzen und ein Bescheidungsurteil erlassen darf, ohne die Ergebnisse der noch für erforderlich gehaltenen Prüfungen (hier: der bauord-

nungsrechtlichen Prüfung, der atomrechtlichen Vorprüfung durch das Bundesamt für Strahlenschutz und der Umweltverträglichkeitsprüfung) abzuwarten, nötigt nicht zur Zulassung der Revision, weil sie sich auf der Grundlage des Gesetzes und der hierzu ergangenen Rechtsprechung ohne weiteres beantworten läßt.

Gemäß § 113 Abs. 5 Satz 1 VwGO spricht das Gericht, soweit die Ablehnung oder Unterlassung des Verwaltungsakts rechtswidrig und der Kläger dadurch in seinen Rechten verletzt ist, die Verpflichtung der Verwaltungsbehörde aus, die beantragte Amtshandlung vorzunehmen, wenn die Sache spruchreif ist. Ist dies namentlich bei Ermessensentscheidungen und bei Einräumung eines Beurteilungsspielraums nicht möglich, spricht das Gericht nach § 113 Abs. 5 Satz 2 VwGO die Verpflichtung aus, den Kläger unter Beachtung seiner Rechtsauffassung zu bescheiden. Steht der Erlaß des beantragten Verwaltungsakts nicht im Ermessen der Behörde, wie das bei der Erteilung einer Baugenehmigung der Fall ist (§ 58 Abs. 1 Satz 1 LBO), so ist das Gericht grundsätzlich verpflichtet, selbst die Sache spruchreif zu machen (vgl. BVerwG, Urteil v. 6. 11. 2002 – 6 C 16.02 –, NVwZ 2003, 603). Nur in Ausnahmefällen, etwa bei komplexen technischen Sachverhalten, darf das Tatsachengericht von der Herstellung der Spruchreife absehen (vgl. Urteil v. 14. 4. 1989 – 4 C 52.87 –, BRS 49 Nr. 15 = Buchholz 406.11 § 9 BBauG/BauGB Nr. 36; Beschluß v. 25. 11. 1997 – 4 B 197.97 –, NVwZ-RR 1999, 74). Das gemeindliche Einvernehmen darf sowohl im Falle eines Verpflichtungsurteils als auch im Falle eines Bescheidungsurteils dann ersetzt werden, wenn das Gericht zu dem Ergebnis gelangt, daß das Vorhaben mit den §§ 31, 33, 34 oder 35 BauGB vereinbar ist (vgl. BVerwG, Urteil v. 7. 2. 1986 – 4 C 43.83 –, BRS 46 Nr. 142 = BauR 1986, 425 = NVwZ 1986, 556 557); denn die auf der Planungshoheit der Gemeinden beruhende Mitwirkungsbefugnis nach § 36 BauGB beschränkt sich nach dessen Abs. 2 Satz 1 auf die Prüfungskompetenz, ob das Vorhaben in Anwendung der genannten bauplanungsrechtlichen Vorschriften zulässig ist oder nicht (Roeser, in: Berliner Kommentar zum BauGB, 3. Aufl., § 36 Rdnr. 13).

Dem Beschwerdevorbringen läßt sich nicht entnehmen, daß in dem erstrebten Revisionsverfahren über diese in der Rechtsprechung geklärten Grundsätze hinaus weitere grundsätzlich bedeutsame Rechtsfragen zu beantworten wären. Soweit es um die noch durchzuführende bauordnungsrechtliche Prüfung des Vorhabens und um die gleichfalls von der Baugenehmigungsbehörde noch vorzunehmende prognostische atomrechtliche Beurteilung im Sinne des Beschlusses des Bundesverwaltungsgerichts vom 2. 6. 1988 (– 4 C 1.88 (4 ER 300.88) –, RdE 1988, 194) geht, stellen sich die aufgeworfenen Fragen nicht. Denn Streitgegenstand der erhobenen Verpflichtungsklage ist allein die Rechtsbehauptung des Klägers, sein Vorhaben sei bauplanungsrechtlich (§ 35 BauGB) zulässig mit der Folge, daß das von der Beigeladenen mithin zu Unrecht verweigerte Einvernehmen (§ 36 Abs. 1 Satz 1 und Abs. 2 Satz 1 BauGB) durch die gerichtliche Entscheidung ersetzt werden müsse. Hingegen ist die Gemeinde bezüglich der bauordnungsrechtlichen und der atomrechtlichen Voraussetzungen für die Erteilung der Baugenehmigung nicht nach § 36 BauGB zu beteiligen. Folgerichtig hat sich der Kläger von vornherein auf einen Bescheidungsantrag (vgl. § 113 Abs. 5 Satz 2 VwGO) beschränkt.

Die somit allein entscheidungserhebliche Frage, ob das Vorhaben bauplanungsrechtlich nach § 35 BauGB zulässig ist, hat der Vewaltungsgerichtshof nicht abschließend beantwortet. Er hat vielmehr ausgeführt und im einzelnen begründet, daß dem (nach § 35 Abs. 1 Nr. 5 BauGB privilegierten) Vorhaben „nach derzeitiger Sach- und Rechtslage" keine öffentlichen Belange i. S. von § 35 Abs. 2 und 3 BauGB entgegenstehen. Diese Einschränkung auf den Zeitpunkt der mündlichen Verhandlung erklärt sich daraus, daß der Verwaltungsgerichtshof noch eine zusätzliche bauplanungsrechtliche Prüfung durch die Baugenehmigungsbehörde für erforderlich hält, wenn das – nach Nr. 11.3 der Anlage 1 zum UVPG erforderliche – Verfahren der Umweltverträglichkeitsprüfung förmlich abgeschlossen ist (vgl. §§ 11, 12 UVPG). Ob diese Rechtsansicht zutrifft und, wenn das zu bejahen wäre, ob dann ein derartiges Bescheidungsurteil hätte ergehen dürfen, kann hier offenbleiben. Denn jedenfalls ist durch den Entscheidungsausspruch des Berufungsurteils das erforderliche Einvernehmen der Beigeladenen noch nicht endgültig ersetzt. Vielmehr bedarf es einer erneuten Beteiligung der Beigeladenen nach § 36 BauGB, sobald die Baugenehmigungsbehörde nach Vorliegen der Ergebnisse der förmlichen Umweltverträglichkeitsprüfung in die abschließende Prüfung der bauplanungsrechtlichen Zulässigkeitsvoraussetzungen eintritt. Die Beigeladene ist also durch das mit der Beschwerde angegriffene Urteil in der ihr durch § 36 BauGB eingeräumten Rechtsstellung nicht verletzt. Angesichts dessen besteht keine Veranlassung, die Revision im Hinblick auf die zur Problematik von Bescheidungsurteilen aufgeworfenen Fragen zuzulassen.

Ebenfalls nicht zur Zulassung der Revision nötigt die Frage, ob bei der Beurteilung der bauplanungsrechtlichen Zulässigkeit eines Vorhabens im Außenbereich auch künftige tatsächliche Entwicklungen der Umgebung berücksichtigt werden müssen. Sie ist ohne weiteres zu verneinen. Es entspricht st. Rspr., daß bei der Entscheidung über Verpflichtungs- und Bescheidungsklagen grundsätzlich die Sach- und Rechtslage zum Zeitpunkt der letzten mündlichen Verhandlung in der Tatsacheninstanz maßgeblich ist (vgl. BVerwG, Urteil v. 21.3.1986 – 7 C 71.83 –, BVerwGE 74, 115, 118). So ist es mangels einer abweichenden materiell-rechtlichen Regelung auch hier. Zutreffend hat daher der Verwaltungsgerichtshof geprüft, ob im Zeitpunkt seiner Entscheidung die Genehmigungsvoraussetzungen des § 35 Abs. 1 und 3 BauGB vorlagen, und nicht gefragt, ob das Zwischenlager auch noch nach der Stillegung und/oder Beseitigung des Kernkraftwerks Neckar genehmigungsfähig wäre. Dies steht im Einklang mit dem von der Beschwerde zitierten Urteil des Senats vom 26.5.1978 (– 4 C 9.77 –, BVerwGE 55, 369ff.), wonach bei der Bildung des Maßstabes nach § 34 Abs. 1 BauGB 1976 auf das Vorhandene und nur auf das Vorhandene abzustellen ist (a. a. O., S. 380). Für § 35 BauGB gilt nichts anderes.

Rechtsgrundlage für die Festsetzung des Streitwerts sind § 14 Abs. 1 Satz 1 und Abs. 3, § 13 Abs. 1 Satz 1 GKG. Danach ist der Streitwert auch im Nichtzulassungsbeschwerdeverfahren nach der sich aus dem Antrag des Klägers für ihn ergebenden Bedeutung der Sache nach Ermessen zu bestimmen. Bei der Ausübung des Ermessens orientiert sich der Senat regelmäßig an dem Streitwertkatalog für die Verwaltungsgerichtsbarkeit i. d. F. von 1996 (NVwZ 1996, 563). Das den Gegenstand des Baugenehmigungsverfahrens bildende Zwischenlager ist eine sonstige Anlage i. S. des Abschnitts II Nr. 7.1.7 des Streitwertkatalogs. Als Streitwert ist mithin ein Bruchteil der für die Errichtung des Lagers veranschlagten Rohbaukosten in Ansatz zu bringen. Für die Bestimmung des Bruchteils bietet Abschnitt II Nr. 4.1.2 des Streitwertkatalogs einen Anhalt. Danach beträgt der Streitwert für die Klage des Errichters oder Betreibers einer Anlage, die wie der Betrieb des geplanten Zwischenlagers einer Aufbewahrungsgenehmigung nach §6 AtG bedarf, auf Erteilung dieser Genehmigung 1 v. H. der für die Anlage getätigten Investitionssumme. Da die Baugenehmigung und die Aufbewahrungsgenehmigung letztlich auf dasselbe Ziel gerichtet sind, nämlich auf die Zulassung der kerntechnischen Anlage, ist es sachgerecht, die Streitwerte aufeinander abzustimmen. Wegen der im Vergleich zu der Investitionssumme niedrigeren Rohbaukosten erscheint es geboten, den Bruchteil nach Abschnitt II Nr. 7.1.7 auf mehr als 1 v. H. festzusetzen. Bei prognostizierten Rohbaukosten i. H. v. 15 Mio. € und dem vom Verwaltungsgerichtshof ausgeworfenen Streitwert von 200 000 € beträgt er hier 1,33 v. H. Das erscheint unter Berücksichtigung der Regelung in Abschnitt 1 Nr. 6 des Streitwertkatalogs, die für eine Bescheidungsklage eine Absenkung des Streitwerts bis zur Hälfte des Wertes der entsprechenden Verpflichtungsklage erlaubt, nicht unangemessen niedrig. Der Senat schließt sich daher der vorinstanzlichen Streitwertentscheidung an.

Nr. 158

1. **Die bei Erledigung eines Verpflichtungsbegehrens in entsprechender Anwendung des §113 Abs.1 Satz 4 VwGO statthafte Fortsetzungsfeststellungsklage ist u. a. nur dann zulässig, wenn die ursprüngliche Verpflichtungsklage zulässig gewesen ist. Das ist nicht der Fall, wenn sie in Form der Untätigkeitsklage verfrüht erhoben war und bis zum Eintritt des erledigenden Ereignisses nicht mehr zulässig werden konnte.**

2. **Voraussetzung für die Zulässigkeit einer Untätigkeitsklage nach §75 Satz 1 und 2 VwGO ist, daß der Antrag auf Vornahme eines Verwaltungsakts die der Sache nach erforderlichen Angaben und Unterlagen enthält, welche die Behörde für eine Sachentscheidung über den Antrag benötigt. Einem Bauantrag i. S. des §52 LBO müssen deshalb die in der Verfahrensordnung zur Landesbauordnung – LBOVVO – genannten Bauvorlagen beigefügt sein. Ist der Antrag unvollständig, wird die Sperrfrist des §75 Satz 2 VwGO nicht ausgelöst.**

3. **Die Ein- bzw. Zwei-Monatsfrist des §54 Abs.4 LBO, innerhalb der die Baurechtsbehörde über den Bauantrag zu entscheiden hat, sobald die vollständigen Bauvorlagen und alle für die Entscheidung notwendigen**

Nr. 158

Stellungnahmen und Mitwirkungen vorliegen, ist eine Bearbeitungs-, Prüfungs-, Überlegungs- und Entscheidungsfrist, welche die Baurechtsbehörde grundsätzlich ausschöpfen darf, auch um Bauvorhaben, die nach der bestehenden Rechtslage zulässig, aber unerwünscht sind, durch Einleitung und Sicherung von Bebauungsplanänderungen zu verhindern.

VwGO §§ 43 Abs. 1, 75, 91 Abs. 1, 113 Abs. 1 Satz 4; BauGB §§ 1 Abs. 3, 14; LBO §§ 52, 54 Abs. 4.

VGH Baden-Württemberg, Urteil vom 27. Februar 2003 – 5 S 1279/01 – (rechtskräftig).

(VG Freiburg)

Die Klägerin war bis Mitte des Jahres 1999 Eigentümerin des Grundstücks Flst.Nr. 1079/1. Der Bebauungsplan von 1967 (mit späteren Änderungen) weist hierfür ein Industriegebiet aus und setzt als besondere Bauweise einen Grenzabstand von 0,00 m oder 3 m fest. Mit Bauvorbescheid vom Juli 1998 stellte die Beklagte der Klägerin die Erteilung einer Baugenehmigung für den Neubau eines Haustierbedarfsfachmarktes auf diesem Grundstück in Aussicht; der Bescheid enthielt die Nebenbestimmung, daß der Grenzabstand 0,00 oder 3 m zu betragen habe und daß eine ausreichende Zufahrt zur Lageranlieferung geschaffen werden müsse.

Im November 1998 beantragte die Klägerin bei der Beklagten die Erteilung einer Baugenehmigung zum Neubau eines Drogeriemarktes auf dem Grundstück. Auf entsprechende Anforderungen wurden die Bauvorlagen ergänzt. Nach einem handschriftlichen Vermerk mit Datumsangabe durch die Planverfasserin wurde im Grundriß Entwässerung und im Lageplan die letzte Änderung am 20. 1. 1999 vorgenommen. Ausweislich eines Erledigungsvermerks im Bearbeitungsbogen waren die Unterlagen zum Bauantrag am 22. 1. 1999 vollständig. Die letzte behördliche Stellungnahme ging am 18. 1. 1999 bei der Beklagten ein.

Entsprechend einem Vorschlag des Technischen Ausschusses faßte der Gemeinderat der Beklagten im März 1999 einen Aufstellungsbeschluß zur Änderung des Bebauungsplans „L.", um die Ansiedlung von Einzelhandelsbetrieben mit zentrumsrelevanten Sortimenten im Bereich der Drogeriewaren, der Schuhe und der Bekleidung auszuschließen. Gleichzeitig beschloß der Gemeinderat zur Sicherung der Planung und der Verwirklichung der städtebaulichen Ziele die Satzung zur Festlegung einer Veränderungssperre im Bereich des Bebauungsplans „L.", die am 19. 3. 1999 in Kraft trat.

Mit Bescheid vom 24. 3. 1999 lehnte die Beklagte den Bauantrag ab, da das Vorhaben auf Grund der Veränderungssperre baurechtlich nicht genehmigt werden dürfe und da es unabhängig davon mit seinem Grenzabstand zwischen 1,00 und 1,82 m an der Ostseite den Festsetzungen des geltenden Bebauungsplans über die besondere Bauweise widerspreche. Dagegen legte die Klägerin am 30. 3. 1999 fürsorglich Widerspruch ein, über den noch nicht entschieden worden ist.

Bereits am 12. 3. 1999 hat die Klägerin Klage auf Verpflichtung der Beklagten zur Erteilung der beantragten Baugenehmigung in Form der Untätigkeitsklage erhoben. Im Juli 1999 hat die Klägerin im Hinblick auf die durch die Veränderungssperre eingetretene Erledigung des Verpflichtungsbegehrens entsprechend § 113 Abs. 1 Satz 4 VwGO sinngemäß beantragt, festzustellen, daß die Beklagte vor Inkrafttreten der Veränderungssperre verpflichtet gewesen sei, die beantragte Baugenehmigung zu erteilen. ...

Das Verwaltungsgericht hat der Klage mit dem Hauptantrag stattgegeben. Der Verwaltungsgerichtshof hat die Klage abgewiesen.

Aus den Gründen:
Die Feststellungsklage ist mit dem Hauptantrag sowohl unzulässig (1.) als auch unbegründet (2.). Ebenfalls erfolglos bleiben der in der ersten Instanz gestellte Hilfsantrag (3.) und der in der zweiten Instanz gestellte zweite Hilfsantrag (4.).

1. Zu Recht ist das Verwaltungsgericht davon ausgegangen, daß der mit dem Hauptantrag verfolgte Fortsetzungsfeststellungsantrag statthaft ist. Nach § 113 Abs. 1 Satz 4 VwGO spricht das Gericht für den Fall, daß sich der angegriffene Verwaltungsakt erledigt hat, auf Antrag durch Urteil aus, daß der Verwaltungsakt rechtswidrig gewesen ist, wenn der Kläger ein berechtigtes Interesse an dieser Feststellung hat. Daß auch bei Erledigung eines Verpflichtungsbegehrens in entsprechender Anwendung des § 113 Abs. 1 Satz 4 VwGO eine Fortsetzungsfeststellungsklage grundsätzlich statthaft ist, entspricht gefestigter Rechtsprechung des Bundesverwaltungsgerichts (Urteil v. 27.3.1998 – 4 C 14.96 –, BVerwGE 106, 295 = PBauE § 113 Abs. 1 Satz 4 VwGO Nr. 3 = BRS 60 Nr. 158 = BauR 1998, 999 m. w. N.) und des erkennenden Senats (Urteil v. 21.1.1997 – 5 S 3206/95 –, VBlBW 1997, 264 = NVwZ-RR 1998, 549). Danach ist eine Fortsetzungsfeststellungsklage zulässig, wenn (erstens) die ursprüngliche Verpflichtungsklage zulässig gewesen ist, (zweitens) ein erledigendes Ereignis eingetreten ist, (drittens) ein klärungsfähiges Rechtsverhältnis besteht und (viertens) ein Feststellungsinteresse vorliegt. Im vorliegenden Fall liegt zwar unzweifelhaft ein klärungsbedürftiges Rechtsverhältnis vor; durch das Inkrafttreten der Veränderungssperre am 19.3.1999 hat sich das Verpflichtungsbegehren auch erledigt (a). Die ursprünglich erhobene Verpflichtungsklage ist aber nicht zulässig gewesen (b) und das erforderliche Feststellungsinteresse ist nicht gegeben (c).

a) Das Verpflichtungsbegehren hat sich durch die am 19.3.1999 in Kraft getretene Satzung zur Festlegung einer Veränderungssperre im Bereich des Bebauungsplans „L." erledigt, weil es während ihrer Geltungsdauer unzulässig geworden ist. Diese Satzung ist nicht unwirksam. ...

Nach § 14 Abs. 1 BauGB kann die Gemeinde, wenn ein Beschluß über die Aufstellung eines Bebauungsplans gefaßt ist, zur Sicherung der Planung für den künftigen Planbereich eine Veränderungssperre mit dem Inhalt beschließen, daß u. a. Vorhaben i. S. des § 29 BauGB nicht durchgeführt werden dürfen. Diese Voraussetzungen sind hier erfüllt. Der Gemeinderat der Beklagten beschloß auf Vorschlag des Technischen Ausschusses für den Bereich, auf den sich die Veränderungssperre erstreckt, die Aufstellung eines Bebauungsplans zur Änderung des Bebauungsplans „L.", um die Ansiedlung von Einzelhandelsbetrieben mit zentrumsrelevanten Sortimenten im Bereich der Drogeriewaren, der Schuhe und der Bekleidung auszuschließen. Fehl geht der Einwand der Klägerin, die Veränderungssperre sei nicht zur Sicherung der mit dem Aufstellungsbeschluß eingeleiteten Planung erforderlich gewesen, sondern habe nur der Verhinderung des geplanten Drogeriemarktes gedient. Die Erforderlichkeit der eingeleiteten Planung für die städtebauliche Entwicklung und Ordnung wird nicht dadurch in Frage gestellt, daß die Beklagte mit dem Aufstellungsbeschluß auf den Bauwunsch der Klägerin reagiert hat. Denn es ist einer Gemeinde nicht verwehrt, auf einen Bauantrag für ein Grundstück, das sie nicht in der beantragten Weise nutzen lassen möchte, mit der Aufstellung eines Bebauungsplans zu antworten, der dem Antrag die materielle Rechtsgrundlage entzieht. Die Planung muß dann aber für die städtebauliche Entwicklung und Ordnung i. S. von § 1 Abs. 3 BauGB erforderlich sein. Dafür ist entscheidend, ob die beabsichtigten Festsetzungen in ihrer positiven Zielsetzung – heute und hier – gewollt und nach der planerischen Konzeption der Gemeinde erforderlich sind oder ob sie nur das vorgeschobene Mittel darstellen, um einen Bauwunsch zu verhindern (BVerwG, Beschluß v. 18. 12. 1990 – 4 NB 8.90 –, BRS 50 Nr. 9 = BauR 1991, 165 = PBauE § 1 Abs. 3 BauGB Nr. 3; VGH Bad.-Württ., Urteil v. 21. 1. 1997 – 5 S 3206/95 –, VBlBW 1997, 264, und Urteil v. 9. 2. 1998 – 8 S 2770/97 –, VBlBW 1998, 310 = BRS 60 Nr. 99 = PBauE § 14 BauGB Nr. 11).

Ein Fall der sogenannten Negativplanung liegt hier nicht vor. Aus der Gemeinderatsvorlage Nr. 45/1999 für die Gemeinderatssitzung am 15. 3. 1999 und den Niederschriften über die nichtöffentliche Verhandlung des Technischen Ausschusses am 1. 3. 1999 und über die öffentliche Verhandlung des Gemeinderats am 15. 3. 1999 ergibt sich folgendes: Aus Anlaß des Bauantrags regte der Gewerbe- und Handelsverein im Februar 1999 an, dieses Vorhaben durch Änderung des Bebauungsplans und Erlaß einer Veränderungssperre zu verhindern, um die Abwanderung des innerstädtischen Handels mit einer Ansiedlung eines Drogeriemarkts auf der „grünen Wiese" nicht noch mehr zu verstärken. Angestrebt wurde das planungsrechtliche Ziel, zentrumsrelevante Sortimente im Bereich der Drogeriewaren, der Schuhe und der Bekleidung auszuschließen. In der Diskussion wurde der regulierende Eingriff damit gerechtfertigt, die Ansiedlung u. a. von Drogeriemärkten in die Innenstadt zu erzwingen, die Innenstadt zu beleben und ihre Konkurrenz gegenüber dem Handel „auf der grünen Wiese" zu stärken. Die ablehnende Haltung gegenüber einem solchen planerischen Eingriff wurde mit einer gegenteiligen markwirtschaftlichen Bewertung, insbesondere mit der freien Marktwirtschaft, begründet. Die große Mehrheit (23 zu 12 Stimmen) sprach sich für den Aufstellungsbeschluss und die Veränderungssperre aus und ließ sich damit von der Planungsabsicht leiten, die städtebauliche Entwicklung gemäß § 1 Abs. 5 Satz 2 Nr. 8 BauGB im Hinblick auf die Belange der Wirtschaft, auch ihrer mittelständischen Struktur im Interesse einer verbrauchernahen Versorgung der Bevölkerung, zu gewährleisten.

Auf das Urteil des VGH Baden-Württemberg vom 9. 2. 1998 (a. a. O.) kann sich die Klägerin nicht berufen, weil ihm ein anderer Sachverhalt zugrunde lag. Aus den Planungsunterlagen der Beklagten und den Redebeiträgen im Gemeinderat ergibt sich kein einziger Anhaltspunkt dafür, daß es der Beklagten mit der beabsichtigten Planänderung allein oder in erster Linie darum gegeben wäre, das wirkliche Ziel, die Verhinderung des Vorhabens der Klägerin, zu verdecken. ... Daraus kann aber lediglich geschlossen werden, daß das mit dem Aufstellungsbeschluß eingeleitete Verfahren zur Änderung des Bebauungsplans „L." zögerlich behandelt worden ist, nicht aber, daß die Änderungsplanung zwischenzeitlich aufgegeben worden sei oder gar von Anfang an nur vorgeschoben gewesen wäre.

b) Die ursprünglich erhobene Verpflichtungsklage ist nicht zulässig gewesen. Die Klägerin hat diese Klage – in Form der Untätigkeitsklage – auf Erteilung der beantragten Baugenehmigung zwar schon am 12.3.1999 erhoben, also eine Woche vor dem zur Erledigung führenden Inkrafttreten der Veränderungssperre. Diese Klage war aber gemäß § 75 VwGO noch nicht zulässig. Nach Satz 1 dieser Vorschrift ist die Klage abweichend von § 68 zulässig, wenn u. a. über einen Antrag auf Vornahme eines Verwaltungsakts ohne zureichenden Grund in angemessener Frist sachlich nicht entschieden worden ist. Nach Satz 2 kann die Klage nicht vor Ablauf von drei Monaten seit dem Antrag auf Vornahme des Verwaltungsakts erhoben werden, außer wenn wegen besonderer Umstände des Falles eine kürzere Frist geboten ist. Nach dem Sinn und Zweck dieser Vorschrift, dem Kläger die ihm durch Art. 19 Abs. 4 GG gewährleistete Klagemöglichkeit nicht durch Untätigbleiben der Verwaltung zu nehmen oder unangemessen zu verzögern (vgl. Kopp/Schenke, VwGO, 13. Aufl., § 75 Rdnr. 1 m. w. N.), setzt die Untätigkeitsklage aber voraus, daß ein Antrag die der Sache nach erforderlichen Angaben und Unterlagen enthält, die die Behörde für eine Sachentscheidung über den Antrag benötigt. Welche Anforderungen an einen „Antrag" i. S. des § 75 Satz 1 und 2 VwGO zu stellen sind, der auf Erteilung einer Baugenehmigung gerichtet ist und die in dieser Vorschrift benannten Rechtsfolgen auslösen kann, wird durch § 52 LBO und die auf Grund § 73 LBO erlassene Verfahrensordnung zur Landesbauordnung – LBOVVO – konkretisiert. Danach müssen dem Bauantrag im einzelnen bestimmte Bauvorlagen beigefügt sein.

Während ein unvollständiger Antrag in den Verantwortungsbereich des Antragstellers und späteren Klägers nach § 75 VwGO fällt und die Drei-Monatsfrist des § 75 Satz 2 VwGO nicht auszulösen vermag, sind Verzögerungen bei der Bearbeitung eines vollständigen Antrags der Behörde zuzurechnen und können unter Umständen einen zureichenden Grund für ein Hinausschieben der Behördenentscheidung gemäß § 75 Satz 3 VwGO darstellen. Der Auffassung, die Verletzung der Mitwirkungspflicht durch einen Kläger, z. B. bei Vorlage unvollständiger Antragsunterlagen, sei ein zureichender Grund i. S. des § 75 Satz 1 VwGO (so aber Eyermann/Rennert, VwGO, 11. Aufl., § 75 Rdnr. 9; Bader/Funke-Kaiser/Kuntze/von Albedyll, VwGO, 2. Aufl., § 75 Rdnr. 12) vermag der Senat jedenfalls für einen Baugenehmigungsantrag nicht zu folgen; denn eine Untätigkeit der Behörde liegt schon begrifflich nicht vor, wenn sie – außer der Anforderung fehlender Bauvorlagen und der Zurückweisung des Bauantrags nach Ablauf einer gesetzten Frist – mangels vollständigen Antrags zu einer Bearbeitung und Sachentscheidung nicht in der Lage ist. Auch die Zwei-Monatsfrist des § 36 Abs. 2 Satz 2 BauGB wird nur ausgelöst, wenn ein vollständiger Bauantrag vorliegt (Senatsurteil v. 17.11.1998 – 5 S 2147/98 –, BRS 60 Nr. 157 = BauR 1999, 381 = VBlBW 1999, 178) bzw. wenn der Antrag zumindest alle für eine Beurteilung der planungsrechtlichen Zulässigkeit des Vorhabens erforderlichen Unterlagen enthält (VGH Bad.-Württ., Urteil v. 7.2.2003 – 8 S 2563/02 –). Des weiteren beginnen die Fristen des § 54 LBO von einem Monat bei Wohngebäuden und zwei Monaten bei sonstigen Vorhaben, innerhalb deren die Baugenehmigungsbehörde über einen Bauantrag zu entscheiden hat, nur zu laufen, sobald u. a. die vollständigen Bauvorlagen vorliegen. Es gibt keinen vernünftigen Grund, im Rahmen des § 75 VwGO davon abzusehen, daß ein Antrag vollständig sein muß, also allen planungs- und bauordnungsrechtlichen Form- und Inhaltserfordernissen genügt (vgl. auch Jäde, in: Jäde/Dirnberger/Weiß, BauGB, 3. Aufl., § 36 Rdnr. 31).

Die letzte Ergänzung der Bauvorlagen wurde am 20. 1. 1999 auf dem „Grundriß Entwässerung" (auch als Kanalplan bezeichnet) und dem Lageplan vorgenommen; sie durfte gemäß § 2 Abs. 1 Nr. 3, Abs. 3 Nr. 1, § 4 Abs. 4 Satz 1 Nr. 11, § 8 Abs. 2 LBOVVO angefordert werden, weil das Vorhaben unter der Rückstauebene geplant war und eine Hebeanlage erforderte. Die Ergänzungen lagen der Baurechtsbehörde ausweislich eines unterschriebenen Vermerks am 22. 1. 1999 vor. Damit lag ab diesem Tag ein vollständiger Bauantrag vor; darüber waren sich die Beteiligten nach Erörterung in der mündlichen Verhandlung einig.

Die Klage nach § 75 VwGO konnte daher nicht vor Ablauf von drei Monaten seit der wirksamen Antragstellung vom 22. 1. 1999, also frühestens am 23. 4. 1999 erhoben werden. Wird zugunsten der Klägerin davon ausgegangen, daß die in § 54 Abs. 4 Satz 1 Nr. 2 LBO normierte Zwei-Monatsfrist, innerhalb der die Baurechtsbehörde einen Bauantrag für ein – wie hier – sonstiges Vorhaben zu entscheiden hat, ein besonderer Umstand i. S. von § 75 Satz 2 2. Halbs. VwGO ist, der eine kürzere Frist zur Entscheidung gebietet, durfte die Untätigkeitsklage frühestens am 23. 3. 1999 erhoben werden. Die von der Klägerin am 12. 3. 1999 erhobene Untätigkeitsklage war daher verfrüht und unzulässig. Zwar darf eine verfrüht erhobene Klage gemäß § 75 VwGO nicht sogleich als unzulässig abgewiesen werden, weil sie durch Zeitablauf oder Aussetzung des Verfahrens zulässig werden kann. Im vorliegenden Fall konnte die am 12. 3. 1999 erhobene Untätigkeitsklage aber nicht mehr zulässig werden, weil sie sich bereits mit Inkrafttreten der Veränderungssperre am 19. 3. 1999 erledigt hatte.

Entgegen der Auffassung der Klägerin tritt die Erledigung nicht erst durch eine „Erledigungserklärung" und die „Erhebung einer Fortsetzungsfeststellungsklage" ein. Erledigung i. S. des § 113 Abs. 1 Satz 4 VwGO bedeutet Wegfall der mit der Anfechtungsklage bekämpften beschwerenden Regelung (Eyermann/Schmidt, a. a. O., § 113 Rdnr. 76 m. w. N. aus der Rechtsprechung des BVerwG). Bei Verpflichtungsklagen, auf die § 113 Abs. 1 Satz 4 VwGO entsprechend anwendbar ist, liegt Erledigung immer dann vor, wenn der erstrebte Ausspruch des Gerichts aus tatsächlichen Gründen nicht mehr möglich oder sinnvoll ist und die Klage daher wegen fehlenden Rechtsschutzinteresses abgewiesen werden müßte. Als Erledigung wird es auch angesehen, wenn ein ursprünglich bestehender Anspruch durch eine Rechtsänderung (z. B. Erlaß einer Veränderungssperre oder eines Bebauungsplans) wegfällt, eine Verpflichtungsklage also dadurch unbegründet wird (Eyermann/Schmidt, a. a. O., § 113 Rdnr. 100 und 101, ebenfalls m. w. N. aus der Rechtsprechung des BVerwG, insbesondere Urteil v. 15. 8. 1988 – 4 B 89.88 –, NVwZ 1989, 48 = BRS 48 Nr. 159). Die Rechtsänderung zuungunsten eines Klägers führt also unmittelbar zur Erledigung, ohne daß er eine entsprechende Erklärung abgeben oder seine bisherige Verpflichtungsklage auf eine

Fortsetzungsfeststellungsklage umstellen müßte. § 113 Abs. 1 Satz 4 VwGO räumt einem Kläger nur die Möglichkeit ein, aus der eingetretenen Erledigung die Konsequenzen zu ziehen und, statt eine Rücknahme- oder Erledigungserklärung abzugeben, das Klagebegehren zu ändern und eine Feststellung zu beantragen.

c) Im vorliegenden Fall fehlt auch das Fortsetzungsfeststellungsinteresse, das von der Klägerin allein mit der Vorbereitung eines Zivilprozesses wegen Amtshaftung oder Entschädigung begründet wird. Für die Frage, ob im Hinblick auf einen beabsichtigten Zivilprozeß ein berechtigtes Interesse an der Feststellung der Rechtswidrigkeit eines erledigten Verwaltungsakts besteht, ist maßgebend, ob der Kläger sofort und unmittelbar vor dem Zivilgericht Klage erheben konnte oder ob er gezwungen war, zunächst eine verwaltungsgerichtliche Klage zu erheben. Hat sich der Verwaltungsakt schon vor Klageerhebung erledigt, so bedarf es keines Rechtsschutzes durch die Verwaltungsgerichte; denn der Betroffene kann wegen eines von ihm erstrebten Schadenersatzes sogleich das zuständige Zivilgericht anrufen, das auch für die Klärung öffentlich-rechtlicher Vorfragen zuständig ist. Deshalb fehlt es in einem solchen Fall an einem schutzwürdigen Interesse für eine verwaltungsgerichtliche Klage. Hatte sich der Verwaltungsakt dagegen noch nicht erledigt, so war der von ihm Betroffene – auch im Sinne des Primärrechtsschutzes (vgl. § 839 Abs. 3 BGB) – gezwungen, zunächst vor dem Verwaltungsgericht zu klagen, um den Eintritt der Bestandskraft zu verhindern. Ob die bisherige Prozeßführung schon „Früchte" gebracht hat, ist unerheblich. Es genügt, daß der betroffene Kläger seine Verpflichtungsklage vor dem Inkrafttreten der Veränderungssperre erhoben und damit das Verfahren gemäß § 75 VwGO in zulässiger Weise begonnen hatte (vgl. BVerwG, Urteil v. 27.3.1998, a.a.O.). Im vorliegenden Fall war die Klägerin nicht gezwungen, verwaltungsgerichtliche Klage zu erheben, um einen Eintritt der Bestandskraft zu verhindern; denn ein ablehnender Bescheid war noch nicht ergangen. Vielmehr hätte die Klägerin nach Inkrafttreten der Veränderungssperre und nach deshalb erfolgter Ablehnung ihres Antrags unmittelbar beim zuständigen Zivilgericht eine Schadensersatzklage anhängig machen können. Sie hat die Untätigkeitsklage zwar vor Inkrafttreten der Veränderungssperre, aber verfrüht erhoben und daher das Verfahren nach § 75 VwGO nicht in zulässiger Weise begonnen.

2. Der mit dem Hauptantrag verfolgte Fortsetzungsfeststellungsantrag ist darüber hinaus unbegründet.

a) Das Verwaltungsgericht hat zu Unrecht festgestellt, daß die Beklagte vor Inkrafttreten der Veränderungssperre am 19.3.1999 verpflichtet war, der Klägerin die mit Baugesuch vom 2.11.1998 beantragte Baugenehmigung für den Neubau eines Drogeriemarktes zu erteilen. Das Verwaltungsgericht ist im Ergebnis zutreffend davon ausgegangen, daß die Zwei-Monatsfrist des § 54 Abs. 4 Satz 1 Nr. 2 LBO, innerhalb der die Baurechtsbehörde über den Bauantrag zu entscheiden hat, am 22.1.1999 in Lauf gesetzt worden ist und im Zeitpunkt des Inkrafttretens der Veränderungssperre am 19.3.1999 noch nicht abgelaufen war. Gleichwohl hat es eine Pflicht zur Erteilung der Baugenehmigung vor Inkrafttreten der Veränderungssperre allein damit bejaht, es liege kein maßgeblicher Verstoß gegen öffentlich-rechtliche Vorschriften vor, und darauf hingewiesen, es bleibe der Entscheidung des Zivilgerichts vorbehalten, ob trotz der Einhaltung der Frist des § 54 LBO die Bearbeitung des Bauantrags pflichtwidrig verzögert worden sei. Das Verwaltungsgericht hätte aber, nachdem es die materiell-rechtlichen Voraussetzungen im übrigen als erfüllt angesehen hat, entscheiden müssen, ob die Beklagte kraft öffentlichen Rechts schon vor Ablauf der Zwei-Monatsfrist des § 54 Abs. 4 Satz 1 Nr. 2 LBO zur Erteilung der Baugenehmigung verpflichtet war oder ob die Beklagte das Inkrafttreten der Veränderungssperre abwarten und die Erteilung der Baugenehmigung im Hinblick darauf ablehnen durfte. Das Verwaltungsgericht hat im Grunde nur geprüft, ob vorher die materiell-rechtlichen Voraussetzungen vorlagen und den auch öffentlich-rechtlich entscheidenden Zeitfaktor zu Unrecht nicht berücksichtigt.

Im Hinblick auf eine meist nicht vorhandene gesetzliche Regelung von Bearbeitungsfristen ist es von der Rechtsprechung (vgl. BGH, Beschluß v. 23. 1. 1992 – III ZR 191/90 –, NVwZ 1993, 299 = BRS 53 Nr. 66; bestätigt durch Urteil v. 12. 7. 2001 – III ZR 282/00 –, BRS 64 Nr. 157 = UPR 2002, 24) als zulässig angesehen worden, daß die Gemeinde einen Bauantrag, der nach der bestehenden Rechtslage positiv beschieden werden müßte, zum Anlaß nimmt, ändernde Planungsmaßnahmen einzuleiten, und bis zu dem Zeitpunkt, zu dem die ordnungsgemäße, ermessensfehlerfreie und zügige Bearbeitung des Gesuchs abgeschlossen sein muß, die geänderte Planung nach Maßgabe der §§ 14, 15 BauGB sichert. Der Landesgesetzgeber hat nunmehr durch § 54 in der am 1. 1. 1996 in Kraft getretenen Fassung der Landesbauordnung die Zeitdauer für eine ordnungsgemäße und zügige Bearbeitung eines Bauantrags normativ bestimmt. Neben den in § 54 Abs. 1 bis 3 LBO vorgeschriebenen Fristen für die Vollständigkeitsprüfung sowie für Mitteilungen und Äußerungen hat die Baurechtsbehörde nach Abs. 4 Satz 1 Nr. 1 u. a. bei Wohngebäuden innerhalb von einem Monat und nach Abs. 4 Satz 1 Nr. 2 bei sonstigen Vorhaben innerhalb von zwei Monaten über den Bauantrag zu entscheiden. Diese Frist beginnt gemäß Abs. 4 Satz 2, sobald die vollständigen Bauvorlagen und alle für die Entscheidung notwendigen Stellungnahmen und Mitwirkungen vorliegen. Diese Zwei-Monatsfrist ist eine Bearbeitungs-, Prüfungs-, Überlegungs- und Entscheidungsfrist, welche die Baurechtsbehörde grundsätzlich ausschöpfen darf, auch um Bauvorhaben, die nach der bestehenden Rechtslage zulässig, aber unerwünscht sind, durch Einleitung und Sicherung von Bebauungsplanänderungen zu verhindern. Ob ein Bauantrag im Einzelfall schon vor Ablauf dieser Frist entscheidungsreif ist, ist angesichts der generellen Fristenregelung jedenfalls öffentlich-rechtlich unerheblich.

Entgegen der Auffassung der Klägerin besteht zwischen den Entscheidungsfristen des § 54 Abs. 4 Satz 1 LBO von ein und zwei Monaten nach Vorliegen der vollständigen Bauvorlagen und der notwendigen Stellungnahmen der Behörden und den Fristen für die Erhebung einer Untätigkeitsklage kein Wertungswiderspruch. Die Untätigkeitsklage ist unabhängig von der Dauer des Baugenehmigungsverfahrens gemäß § 75 Satz 2 1. Halbs. VwGO nach Ablauf der Drei-Monatsfrist seit ordnungsgemäßer Antragstellung stets zulässig, bei Anträgen auf Genehmigung von Wohngebäuden oder bei raschem Eingang der notwendigen Stellungnahmen von Behörden allgemein schon nach Ablauf einer „kürzeren Frist" i. S. des § 75 Satz 2 2. Halbs. VwGO zulässig. Eine Aussetzung des Verfahrens gemäß § 75 Satz 3 VwGO wegen eines zureichenden Grundes für eine verzögerte Entscheidung wird selten erforderlich sein, etwa wenn die beteiligten Behörden entgegen gängiger Praxis die längst mögliche Frist von zwei Monaten für die Abgabe von Stellungnahmen erhalten und diese ausschöpfen. Daß diese Auslegung entgegen dem Gesetzeszweck des § 54 LBO das Baugenehmigungsverfahren nicht beschleunigen, sondern es nicht nur unerheblich verzögern würde, vermag der Senat nicht nachzuvollziehen. Bei Verletzung der gesetzlichen Frist nach § 54 Abs. 1, 2 und 4 LBO kommt darüber hinaus als Sanktion ein Schadensersatz nach § 839 BGB i. V. m. Art. 34 GG in Betracht.

Da im vorliegenden Fall die vollständigen Bauvorlagen am 22. 1. 1999 vorlagen und die Zwei-Monatsfrist beim Inkrafttreten der Veränderungssperre am 19. 3. 1999 somit noch nicht abgelaufen war, mußte die Beklagte vor diesem Zeitpunkt noch nicht über den Bauantrag entscheiden und die beantragte Baugenehmigung erteilen. Ob Bedienstete des Baurechtsamts der Beklagten der Klägerin zu verstehen gegeben haben, die Voraussetzungen für die Genehmigung des Drogeriemarkts hätten schon Anfang Februar 1999 vorgelegen, ist nicht entscheidungserheblich und daher auch nicht beweisbedürftig.

b) Eine Verpflichtung der Beklagten zur Erteilung der Baugenehmigung für den Drogeriemarkt bestand auch deshalb nicht, weil das Vorhaben zur östlichen Grundstücksgrenze einen Abstand zwischen 1,00 m und 1,82 m aufweist und somit gegen die Abstandsflächenvorschrift des § 5 LBO verstößt. Die zur Beseitigung dieses Verstoßes nach § 7 Abs. 1 LBO erforderliche Baulast hat die Klägerin, obwohl das notwendige Baulastmaß in ihrem eingereichten Lageplan dargestellt war, nicht in der Form des § 71 LBO beigebracht. Daß die Beklagte verpflichtet gewesen wäre, die Baugenehmigung unter der aufschiebenden Bedingung der Übernahme der Baulast durch den Eigentümer des angrenzenden Grundstücks Flst.Nr. 1079/5 zu erteilen, ist von der Klägerin im Hinblick auf das der Beklagten in § 36 LVwVfG eingeräumte Ermessen schon nicht schlüssig dargelegt worden; dafür gibt es auch keinen zwingenden Grund.

c) ....

3. Der von der Klägerin in der ersten Instanz gestellte Hilfsantrag, über den der Senat nach Abweisung des Hauptantrags erstmals zu entscheiden hat, ist ebenfalls unzulässig und unbegründet.

Der Hilfsantrag auf Feststellung, daß das Baugesuch vorbehaltlich der Einhaltung der im Bebauungsplan festgesetzten besonderen Bauweise und vorbehaltlich der Anordnung der Stellplätze vor Inkrafttreten der Veränderungssperre genehmigungsfähig gewesen sei, ist nach der allein in Betracht kommenden Vorschrift des § 43 Abs. 1 VwGO unzulässig, weil sich die begehrte Feststellung nicht auf das Bestehen oder Nichtbestehen eines Rechtsverhältnisses bezieht. Bei einem feststellungsfähigen Rechtsverhältnis geht es um die Klärung rechtlicher Beziehungen, die ein subjektives öffentliches Recht, wie Ansprüche, einzelne Berechtigungen, Verpflichtungen oder

Teilregelungen, zum Gegenstand haben. Nicht feststellungsfähig sind dagegen bloße Elemente, unselbständige Teile oder Vorfragen, wie bestimmte Eigenschaften, Tatsachen, rechtliche Qualifikationen bestimmter Vorgänge, insbesondere einzelne Rechtsfragen (Bader/Funke-Kaiser/Kuntze/von Albedyll, VwGO, 2. Aufl., §43 Rdnr. 7 ff.; Eyermann/Happ, a. a. O., §43 Rdnr. 11 ff.; Kopp/Schenke, a. a. O., §43 Rdnr. 11 ff. jeweils m. w. N.). Allein um solche nicht feststellungsfähige Inhalte geht es der Klägerin, wenn sie die Genehmigungsfähigkeit des Bauantrags unter Ausklammerung einzelner Rechtsfragen festgestellt wissen will. Einzelne Fragen eines Bauvorhabens können nur Gegenstand eines gerichtlich überprüfbaren Bauvorbescheids sein; eine dahingehende Auslegung des Begehrens der Klägerin scheidet bereits deshalb aus, weil ein vorheriger entsprechender Antrag bei der Baurechtsbehörde nicht gestellt worden ist.

Das erforderliche berechtigte Interesse an der baldigen Feststellung liegt ebenfalls nicht vor. Es ist nicht ersichtlich, welches als schutzwürdig anzuerkennende Interesse rechtlicher, wirtschaftlicher oder ideeller Art (vgl. dazu BVerwG, Urteil v. 26. 1. 1996 – 8 C 19.94 –, BVerwGE 100, 262 = NVW 1996, 2046) die Klägerin an einer solchen Feststellung haben könnte, inwiefern sich ihre Rechtsposition dadurch also verbessern würde.

Außerdem ist der hilfsweise gestellte Feststellungsantrag unbegründet, weil das Bauvorhaben – wie bereits dargelegt – jedenfalls gegen §5 LBO verstößt.

4. Der in der mündlichen Verhandlung gestellte zweite Hilfsantrag, festzustellen, daß die Beklagte spätestens ab dem 1. 5. 1999 verpflichtet war, die beantragte Baugenehmigung zu erteilen, ist statthaft. Er enthält eine Antragserweiterung ohne Änderung des Klagegrundes und ist somit gemäß §173 VwGO i. V. m. §264 Nr. 2 ZPO nicht als Klageänderung i. S. des §91 Abs. 1 VwGO anzusehen. Sollte darin gleichwohl eine Klageänderung zu sehen sein, hielte der Senat sie nach dem Widerspruch der Beklagten nach §91 Abs. 1 VwGO für sachdienlich und zulässig.

Bedenken bestehen gegen die Zulässigkeit dieses Hilfsantrags als Fortsetzungsfeststellungsantrag gemäß §113 Abs. 1 Satz 4 VwGO, weil die Klägerin hier auf die Ungültigkeit der Veränderungssperre abstellt, aber die Erledigung der ursprünglich erhobenen Verpflichtungsklage erst in dem späteren Verkauf des Baugrundstücks(anteils) im Juni 1999 und in der Errichtung eines Geschäftshauses auf Grund der Baugenehmigung der Beklagten vom Oktober 1999 sieht. Ob diese Bedenken durchgreifen oder ob der Hilfsantrag dann jedenfalls gemäß §43 Abs. 1 VwGO zulässig ist, läßt der Senat offen. Denn dieser Feststellungsantrag ist jedenfalls unbegründet. Wie oben ausgeführt war die Satzung zur Festlegung einer Veränderungssperre im Bereich des Bebauungsplans „L." rechtsgültig, und auch wegen Verstoßes gegen §5 LBO bestand keine Verpflichtung zur Erteilung der beantragten Baugenehmigung.

II. Baugenehmigung

Nr. 159

1. Nach nordrhein-westfälischem Landesrecht ist die Baugenehmigung der Schlußpunkt der für genehmigungsbedürftige Bauvorhaben durchzuführenden öffentlich-rechtlichen Zulässigkeitsprüfung und stellt die öffentlich-rechtliche Zulässigkeit eines Vorhabens umfassend fest (entgegen OVG Nordrhein-Westfalen, Urteil vom 14.9.2001 – 7 A 620/00 –, BRS 64 Nr. 163).

2. Die Erteilung einer Baugenehmigung ohne Vorliegen der für ihre Erteilung vorausgesetzten weiteren öffentlich-rechtlichen Genehmigungen (z.B. nach dem Landschafts-, Straßen-, Sanierungs- und Wasserrechts) ist rechtswidrig. Ein Einschreiten gegen das rechtswidrig genehmigte Vorhaben setzt die vorherige Aufhebung der Baugenehmigung voraus.

BauO NRW §§ 63, 68, 71, 72 Abs. 1 Nr. 2, Abs. 3, 75 Abs. 1 Satz 1.

OVG Nordrhein-Westfalen, Urteil vom 11. September 2003
– 10 A 4694/01 – (rechtskräftig).

(VG Düsseldorf)

Aus den Gründen:

Gemäß § 75 Abs. 1 Satz 1 BauO Nordrhein-Westfalen ist die Baugenehmigung zu erteilen, wenn dem Bauvorhaben öffentlich-rechtliche Vorschriften nicht entgegenstehen. Der Begriff der öffentlich-rechtlichen Vorschriften ist entsprechend dem Gesetzeswortlaut, der keine Einschränkungen enthält, in einem umfassenden – über das Bauplanungs- und Bauordnungsrecht hinausreichenden – Sinne zu verstehen. Die Baugenehmigungsbehörde hat damit grundsätzlich die Prüfungskompetenz hinsichtlich sämtlicher öffentlich-rechtlicher Zulässigkeitsvoraussetzungen des Bauvorhabens und ist nicht im wesentlichen auf bauplanungs- und bauordnungsrechtliche Fragen beschränkt (vgl. OVG Nordrhein-Westfalen, Urteile v. 21.4.1953 – VII A 77/53 –, BBauBl. 1954, 340, 341; v. 23.11.1954 – VII A 238/54 –, OVGE 9, 181; v. 20.5.1985 – 11 A 2364/83 –; v. 4.10.1987 – 11 A 47/86 – und v. 20.3.1992 – 11 A 610/90 –, BRS 54 Nr. 135; Boeddinghaus/Hahn/Schulte, a.a.O., § 75 Rdnr. 71 ff.; Heintz, in: Gädtke/Temme/Heintz, BauO Nordrhein-Westfalen – Kommentar, 10. Aufl. 2003, § 75 Rdnr. 81; Upmeier, Entscheidungskonkurrenz bei Zuständigkeit mehrerer Behörden unter Berücksichtigung des Bau- und Landschaftsschutzrechts, NuR 1986, 309, 312; Ortloff, Inhalt und Bindungswirkung der Baugenehmigung, NJW 1987, 1665, 1667 ff. a. A. OVG Nordrhein-Westfalen, Urteile v. 14.9.2001 – 7 A 620/00 –, BRS 64 Nr. 163, und v. 16.11.2001, a.a.O.; kritisch zur abweichenden Auffassung des 7. Senats des OVG Nordrhein-Westfalen, Mampel, Baugenehmigung – Schluß mit der Schlußpunkttheorie?, BauR 2002, 719, und Waschki, OVG Münster: Aufgabe der Schlußpunkttheorie?, KOPO 2003, 68).

Soweit der Beschluß des Senats v. 15. 2. 2000 (– 10 B 208/00 –, BRS 63 Nr. 177) als Beleg für die gegenteilige Auffassung angeführt worden ist, (so vom 7. Senat des OVG Nordrhein-Westfalen, Urteil v. 14. 9. 2001, a. a. O.) wird der Standpunkt des erkennenden Senats hiermit klargestellt. Allerdings hat die Baugenehmigung – wie aus §75 Abs. 3 Satz 2 BauO Nordrhein-Westfalen folgt – keine Konzentrationswirkung (vgl. Boeddinghaus/Hahn/Schulte, a. a. O., §75 Rdnr. 74). Sie läßt nach §75 Abs. 3 Satz 2 BauO Nordrhein-Westfalen die auf Grund anderer Vorschriften bestehende Verpflichtungen zum Einholen von Genehmigungen, Bewilligungen, Erlaubnissen und Zustimmungen (im folgenden wird aus Vereinfachungsgründen nur der Begriff Genehmigungen verwandt, ohne daß damit sachlich eine Einschränkung verbunden wäre) unberührt. Dies bedeutet, daß die Baugenehmigung die nach anderen Vorschriften erforderlichen Genehmigungen (z. B. nach dem Landschafts-, Straßen-, Sanierungs- und Wasserrecht) nicht ersetzt. Ob die Voraussetzungen für deren Erteilung vorliegen, darf die Baugenehmigungsbehörde nicht prüfen. Die materielle Prüfungskompetenz hinsichtlich des Vorliegens der Voraussetzungen für die Erteilung der jeweiligen Genehmigung und die Kompetenz zu deren Erteilung verbleibt ausschließlich bei der hierfür zuständigen Stelle. Eine weitergehende Aussagekraft kommt §75 Abs. 3 Satz 2 BauO Nordrhein-Westfalen allerdings nicht zu (a. A. OVG Nordrhein-Westfalen, Urteil v. 14. 9. 2001, a. a. O.).

Insbesondere kann §75 Abs. 3 Satz 2 BauO Nordrhein-Westfalen nicht entnommen werden, daß die nach anderen Vorschriften erforderlichen Genehmigungen im Baugenehmigungsverfahren keinerlei Bedeutung hätten. Denn §75 Abs. 3 Satz 2 BauO Nordrhein-Westfalen regelt lediglich das Verhältnis dieser Genehmigungen zur bereits erteilten Baugenehmigung. Für das Verhältnis dieser Genehmigungen zu der zu erteilenden Baugenehmigung im laufenden Baugenehmigungsverfahren kommt dagegen §72 Abs. 1 Satz 1 Nr. 2 BauO Nordrhein-Westfalen zentrale Bedeutung zu (vgl. Heintz, in: Gädtke/Temme/Heintz, a. a. O., §75 Rdnr. 81, a. A. der 7. Senat des OVG Nordrhein-Westfalen, Urteil v. 14. 9. 2001, a. a. O.).

§72 Abs. 1 BauO Nordrhein-Westfalen verdeutlicht den Prüfungsauftrag der Bauaufsichtsbehörde. Nach §72 Abs. 1 Satz 1 Nr. 2 BauO Nordrhein-Westfalen hat die Bauaufsichtsbehörde innerhalb einer Woche nach Eingang des Bauantrags zu prüfen, ob die Erteilung der Baugenehmigung von der Erteilung einer weiteren Genehmigung oder Erlaubnis einer anderen Behörde abhängig ist. Damit bringt der Gesetzgeber zum Ausdruck, daß die Baugenehmigung und die für die Realisierung des Vorhabens nach anderen Vorschriften erforderlichen weiteren Genehmigungen im Baugenehmigungsverfahren gerade nicht beziehungslos nebeneinander stehen. Vielmehr läßt er erkennen, daß etwaige weitere erforderliche Genehmigungen rechtliche Voraussetzungen für die Erteilung der Baugenehmigungen sind. Damit geht der Gesetzgeber von einer zeitlichen Abfolge der Erteilung sämtlicher erforderlicher Genehmigungen in dem Sinne aus, daß die Baugenehmigung nur erteilt werden darf, wenn zuvor die weiteren erforderlichen Genehmigungen erteilt worden sind. Deshalb ist die durch §72 Abs. 1 Satz 1 Nr. 2 BauO Nordrhein-

Nr. 159

Westfalen vorgeschriebene Prüfung nicht nur nobile officium der Bauaufsichtsbehörde, sondern zwingende Rechtspflicht. § 72 Abs. 1 Satz 1 Nr. 2 BauO Nordrhein-Westfalen hat sowohl verfahrensrechtliche als auch materiell-rechtliche Bedeutung. Die Bauaufsichtsbehörde hat nach § 72 Abs. 1 Satz 1 Nr. 2 BauO Nordrhein-Westfalen die verfahrensrechtliche Pflicht, zu prüfen, ob für die Erteilung der Baugenehmigung weitere – zeitlich vorrangig zu erteilende – Genehmigungen erforderlich sind und gegebenenfalls, ob diese Genehmigungen vorliegen. Liegen die Genehmigungen, von denen die Erteilung der Baugenehmigung abhängig ist, nicht vor, so darf die Baugenehmigung – materiell-rechtlich – nicht erteilt werden, weil dem Vorhaben öffentlich-rechtliche Vorschriften, nämlich die, welche das Erfordernis weiterer zeitlich vorrangiger Genehmigungen begründen, entgegenstehen.

Das Landesrecht sieht damit gerade keine verfahrensrechtliche Trennung zwischen dem Baugenehmigungsverfahren und möglichen weiteren – für die Erteilung der Baugenehmigung vorgreiflichen – Genehmigungsverfahren vor. Es hat sich zwar nicht für ein Konzentrationsmodell, aber ebenso wenig für ein Separationsmodell entschieden, sondern – als Mittelweg – ein Koordinationsmodell gewählt, nach dem die Koordinierungsfunktion bei der Baugenehmigungsbehörde liegt (vgl. Boeddinghaus/Hahn/Schulte, a. a. O., § 75 Rdnr. 76; Mampel, a. a. O., 721 f.).

Dies folgt auch aus § 72 Abs. 3 BauO Nordrhein-Westfalen, der die Koordinierungsfunktion der Bauaufsichtsbehörde konkretisiert. Danach sollen Entscheidungen und Stellungnahmen anderer zu beteiligender Stellen nach § 72 Abs. 2 BauO Nordrhein-Westfalen gleichzeitig eingeholt werden. Ferner wird hierin bestimmt, daß eine gemeinsame Besprechung der nach § 72 Abs. 2 zu beteiligenden Stellen (Antragskonferenz) einberufen werden soll, wenn dies der beschleunigten Abwicklung des Baugenehmigungsverfahrens dienlich ist. Aus der Gesetzesbegründung zur insoweit inhaltsgleichen Fassung des § 72 BauO Nordrhein-Westfalen 1995 (GV. Nordrhein-Westfalen 1995, S. 218) folgt, daß die Begrenzung auf Entscheidungen und Stellungnahmen nach § 72 Abs. 2 ein Redaktionsversehen darstellt, weil in § 72 Abs. 3 BauO Nordrhein-Westfalen alle „in Abs. 1 genannten Entscheidungen" gemeint sein sollen und nicht nur die Zustimmung, das Einvernehmen oder das Benehmen nach Abs. 2 (vgl. LT-Drucks. 11/7153, S. 194).

Der so verstandene § 72 Abs. 3 bestätigt somit, daß auch weitere für die Baugenehmigung erforderliche Genehmigungen und Erlaubnisse, für die andere Stellen als die Bauaufsichtsbehörden zuständig sind, vor Erteilung der Baugenehmigung im Baugenehmigungsverfahren eingeholt werden müssen. Gemeint sind damit vorhabenbezogene Genehmigungen und Erlaubnisse, also nicht solche, die – wie die Gaststättenerlaubnis – die persönliche Zuverlässigkeit der Betreiber betreffen (vgl. hierzu Boeddinghaus/Hahn/Schulte, a. a. O., § 75 Rdnr. 94 ff.).

Hiervon ausgehend hat die Bauaufsichtsbehörde die Einholung der weiteren erforderlichen Genehmigungen zu veranlassen, was im Interesse des Bauherrn zu einer Straffung des Baugenehmigungsverfahrens beiträgt. Durch die Einführung dieses sogenannten „Sternverfahrens" soll ausgeschlossen werden, daß der Bauantrag von einer Stelle zur anderen weitergereicht wird (Boeddinghaus/Hahn/Schulte, a. a. O., §72 Rdnr. 26f.).

Nach der Konzeption der Landesbauordnung ist die Baugenehmigung damit der Schlußpunkt der für genehmigungsbedürftige Bauvorhaben durchzuführenden öffentlich-rechtlichen Zulässigkeitsprüfung (vgl. OVG Nordrhein-Westfalen, Urteile v. 20. 5. 1985, a. a. O.; v. 4. 10. 1987, a. a. O., und v. 20. 3. 1992, a. a. O.; Mampel, a. a. O., Hahn, a. a. O., Gaentzsch, Konkurrenz paralleler Anlagengenehmigungen, NJW 1986, 2787 ff.; Boeddinghaus/ Hahn/Schulte, a. a. O., §75 Rdnr. 76; Heintz, in: Gädtke/Temme/Heintz, a. a. O., §75 Rdnr. 81; Upmeier, a. a. O.; Ortloff, a. a. O.; ders., Die Entwicklung des Bauordnungsrechts, NVwZ 1994, 229, 232. A.A. der 7. Senat des OVG Nordrhein-Westfalen, Urteil v. 14. 9. 2001, a. a. O.).

Mit dieser Vorgabe ist es grundsätzlich nicht vereinbar, die Baugenehmigung unter dem beispielsweise in Form einer aufschiebenden Bedingung gefaßten Vorbehalt einer gesetzlich vorgeschriebenen weiteren Genehmigung zu erteilen. Die Landesbauordnung läßt damit eine Lösung im Sinne einer modifizierten Schlußpunkttheorie (vgl. dazu Boeddinghaus/Hahn/Schulte, a. a. O., §75 Rdnr. 78 m. w. N.) nicht zu. Auch §36 VwVfG Nordrhein-Westfalen, der die Zulässigkeit von Nebenbestimmungen zum Verwaltungsakt regelt, ermöglicht entsprechende Vorbehalte in aller Regel nicht. Nach §36 Abs. 1 VwVfG Nordrhein-Westfalen darf ein Verwaltungsakt, auf den ein Anspruch besteht, mit einer Nebenbestimmung nur versehen werden, wenn sie durch Rechtsvorschrift zugelassen ist (Alt. 1) oder wenn sie sicherstellen soll, daß die gesetzlichen Voraussetzungen des Verwaltungsaktes erfüllt sind (Alt. 2). §36 Abs. 1 Alt. 2 VwVfG Nordrhein-Westfalen stellt eine Generalermächtigung der Behörde dar, einen Verwaltungsakt im Bereich der gebundenen gewährenden bzw. Leistungsverwaltung bereits im „Vorfeld" der Entstehung eines Anspruchs zu erlassen, soweit sich aus dem speziellen Fachrecht nichts anderes ergibt (vgl. Stelkens, in: Stelkens/Bonk/Sachs, Verwaltungsverfahrensgesetz-Kommentar, 6. Aufl. 2001, §36 Rdnr. 67 a).

Abgesehen von der Möglichkeit, daß spezielle Rechtsvorschriften abweichend von den allgemeinen Bestimmungen der Landesbauordnung ausnahmsweise den Erlaß einer Baugenehmigung unter dem Vorbehalt weiterer Genehmigungen vorsehen können, ist ein solcher Vorbehalt zur Sicherstellung der gesetzlichen Voraussetzungen der Baugenehmigung jedenfalls nicht zulässig weil das Fachrecht dem entgegensteht. Denn danach soll die Baugenehmigung – wie bereits ausgeführt – die öffentlich-rechtliche Zulässigkeit genehmigungsbedürftiger Anlagen abschließend feststellen und den Bau freigeben. Mit diesem Charakter der Baugenehmigung wäre eine Nebenbestimmung nicht vereinbar, auf Grund derer die öffentlich-rechtliche Zulässigkeit des Vorhabens in wesentlicher Hinsicht ungeprüft bliebe und eine Baufreigabe gerade nicht erfolgte. Für die Zulässigkeit einer dementsprechenden Nebenbestimmung besteht auch kein Bedürfnis, weil ein Bauvorbescheid gemäß §71 BauO Nordrhein-Westfalen beantragt werden kann, wenn eine gesetzlich vorgeschriebene weitere Genehmigung für die Erteilung einer Baugenehmigung fehlt und der Bauwillige ein Interesse an einer verbindlichen Entscheidung hat, daß – abgesehen von der fehlenden weiteren Genehmigung

– sonstige öffentlich-rechtliche Vorschriften dem Bauvorhaben nicht entgegenstehen.

Die Zweckbestimmung der Baugenehmigung als Schlußpunkt der öffentlich-rechtlichen Zulässigkeitsprüfung genehmigungsbedürftiger Bauvorhaben ändert allerdings nichts daran, daß gemäß § 75 Abs. 3 Satz 2 BauO Nordrhein-Westfalen die auf Grund anderer Vorschriften bestehende Verpflichtung zur Einholung von Genehmigungen unberührt bleibt, wenn die Bauaufsichtsbehörde die Baugenehmigung erteilt hat, ohne daß die andere erforderliche Genehmigung zuvor vorgelegen hat. Dieser Umstand wirft die Frage auf, welche Rechtswirkungen die – fehlerhaft erteilte – Baugenehmigung in diesem Fall hat.

Mit einer Baugenehmigung ist neben der Baufreigabe und damit der Befugnis, mit dem Bauen beginnen zu dürfen, die Feststellung verbunden, daß das genehmigte Vorhaben mit dem im Zeitpunkt der Erteilung der Genehmigung geltenden öffentlichen Recht übereinstimmt, soweit dies nach dem jeweils maßgeblichen Landesrecht Prüfungsgegenstand im bauordnungsrechtlichen Genehmigungsverfahren ist (vgl. BVerwG, Urteil v. 25. 10. 1967 – IV 786.66 –, BVerwGE 28, 145, 147 und v. 8. 6. 1979 – 4 C 23.77 –, BVerwGE 58, 124, 127; Beschlüsse v. 11. 5. 1998 – 4 B 45.98 –, BRS 60 Nr. 182 und v. 30. 1. 1997 – 4 B 172.96 –, BRS 59 Nr. 81).

Die Baufreigabe als verfügender Teil der Baugenehmigung ist allerdings verbraucht, wenn das Vorhaben in Übereinstimmung mit der erteilten Genehmigung ausgeführt ist. Die Baugenehmigung kann danach nicht noch einmal in Anspruch genommen werden, sie rechtfertigt somit nur einmal den Bau (vgl. Boeddinghaus/Hahn/Schulte, a. a. O., § 75 Rdnr. 50 m. w. N.)

Nach Realisierung des Bauvorhabens – also nach Verbrauch der verfügenden Wirkung der Baugenehmigung – entfaltet aber die feststellende Wirkung der Baugenehmigung eine Legalisierungswirkung mit der Folge, daß im Umfang der Feststellungswirkung die Legalität des Vorhabens nicht in Frage steht, solange die erteilte Genehmigung nicht aufgehoben worden ist (vgl. BGH, Urteil v. 3. 2. 2000 – III ZR 296/98 –, NVwZ 2000, 1206, 1207; Boeddinghaus/Hahn/Schulte, a. a. O., § 75 Rdnr. 38 m. w. N.).

Weil die Erforderlichkeit weiterer Genehmigungen nach § 72 Abs. 1 Nr. 2 BauO Nordrhein-Westfalen von der Baugenehmigungsbehörde zu prüfen ist, erstreckt sich die Feststellungswirkung der Baugenehmigung auch hierauf. § 72 Abs. 1 Satz 1 Nr. 2 BauO Nordrhein-Westfalen bestimmt damit das Verhältnis der Baugenehmigung zu weiteren erforderlichen Genehmigungen nicht nur für das laufende Baugenehmigungsverfahren, sondern – neben § 75 Abs. 3 Satz 2 BauO Nordrhein-Westfalen – auch nach Erteilung der Baugenehmigung. Auch wenn die Baugenehmigung gemäß § 75 Abs. 3 Satz 2 BauO Nordrhein-Westfalen weitere erforderliche Genehmigungen nicht ersetzt, so beinhaltet sie entsprechend der diesbezüglichen Prüfungspflicht der Bauaufsichtsbehörde dennoch die Feststellung, daß für ihre Erteilung weitere Genehmigungen nicht erforderlich sind bzw., daß diese vorliegen (Mampel, a. a. O., S. 722; Ortloff, a. a. O., S. 1668 f.).

Die Baugenehmigung ist somit rechtswidrig, wenn eine für ihre Erteilung erforderliche weitere Genehmigung fehlt. In einer solchen Konstellation stehen dem Bauvorhaben – wie oben bereits ausgeführt – öffentlich-rechtliche Vorschriften entgegen, nämlich die, welche das Erfordernis weiterer zeitlich vorrangig zu erteilender Genehmigungen begründen. Aus §75 Abs. 3 Satz 2 BauO Nordrhein-Westfalen läßt sich nichts Gegenteiliges mit der Begründung ableiten, die Baugenehmigung sei rechtmäßig, weil sie die nach anderen Vorschriften erforderlichen Genehmigungen nicht ersetze (so aber OVG Nordrhein-Westfalen, Urteile v. 19. 2. 2001 – 11 A 5502/99 –, BauR 2001, 1296, und v. 27. 7. 1998 – 7 A 872/96 –; Beschluß v. 23. 8. 2001 – 11 A 1084/96 –, BauR 2002, 457 f.).

Wie der Senat bereits ausgeführt hat, folgt aus §75 Abs. 3 Satz 2 BauO Nordrhein-Westfalen lediglich, daß die Baugenehmigung keine Konzentrationswirkung hat. Dagegen ist §75 Abs. 3 Satz 2 BauO Nordrhein-Westfalen nichts dafür zu entnehmen, inwieweit die rechtmäßige Erteilung einer Baugenehmigung von der vorherigen Erteilung weiterer Genehmigungen, die nach anderen Vorschriften erforderlich sind, abhängig ist. Diese Frage beantwortet vielmehr §72 Abs. 1 Satz 1 Nr. 2 BauO Nordrhein-Westfalen in dem oben dargestellten Sinne.

Die – wegen des Übersehens der Notwendigkeit der vorrangigen Erteilung einer weiteren Genehmigung – rechtswidrige Baugenehmigung legalisiert gleichwohl das Vorhaben, weil mit ihr die Feststellung verbunden ist, daß weitere Genehmigungserfordernisse ihrer Erteilung nicht entgegen gestanden haben. Die Erteilung der Baugenehmigung stellt damit die öffentlich-rechtliche Zulässigkeit eines Vorhabens umfassend fest. Ob dies auch dann gilt, wenn die Bauaufsichtsbehörde eine Baugenehmigung – rechtswidrig – unter dem Vorbehalt einer gesetzlich vorgeschriebenen weiteren Genehmigung erteilt (s. o.) läßt der Senat hier offen.

Diese Feststellungswirkung ist wegen der ebenfalls umfassenden Prüfung der Zulässigkeit des Vorhabens durch die Bauaufsichtsbehörde auch angemessen und zwar auch insoweit, als die Bauaufsichtsbehörde sich auf die Prüfung zu beschränken hat, ob weitere Genehmigungen erforderlich sind und – gegebenenfalls – vorliegen, und darüber hinaus keine eigene Sachprüfung vornimmt, ob die nach dem jeweiligen Fachrecht bestehenden Voraussetzungen für die Erteilung weiterer erforderlicher Genehmigungen gegeben sind. Denn der Bauherr darf darauf vertrauen, daß die fachkompetente Behörde ihren gesetzlichen Prüfungsauftrag korrekt erfüllt. Allerdings ist – wie bereits ausgeführt – die Erteilung einer Baugenehmigung rechtswidrig, wenn die Bauaufsichtsbehörde ein weiteres Genehmigungserfordernis übersehen und ihren Prüfungsauftrag damit verfehlt hat. Ein Einschreiten gegen das rechtswidrig genehmigte Vorhaben setzt aber die vorherige Aufhebung der Baugenehmigung nach §48 Abs. 1 Nr. 3 VwVfG voraus. Denn das Vorhaben ist auf Grund der Erteilung der Baugenehmigung legalisiert mit der Folge, daß seine Illegalität auf Grund des übersehenen weiteren Genehmigungserfordernisses erst nach Aufhebung der Baugenehmigung Anlaß für Maßnahmen gegen das Bauvorhaben bieten kann (vgl. Boeddinghaus/Hahn/Schulte, a. a. O., §61 Rdnr. 95).

Im Rahmen der Entscheidung nach §48 Abs. 1 und 3 VwVfG ist das Vertrauen des Bauherrn auf den Bestand der Baugenehmigung sowohl bei der

Nr. 159

Entscheidung über deren Rücknahme als auch bei dem Ausgleich eines etwaigen Vetrauensschadens zu berücksichtigen (vgl. BVerwG, Urteil v. 20.10.1987 – 9 C 255.86 –, BVerwGE 78, 139, 141 f.; Beschluß v. 10.2.1994 – 4 B 26.94 –, NVwZ 1994, 896; Sachs, in: Stelkens/Bonk/Sachs, VwVfG, 6. Aufl. 2001, § 48 Rdnr. 181 ff.). Diese Folgen sind wegen der Koordinierungsfunktion der Bauaufsichtsbehörde im Baugenehmigungsverfahren und der Reichweite ihres Prüfungsauftrags sachgerecht und stellen eine angemessene Verteilung der mit der Erteilung einer rechtswidrigen Baugenehmigung verbundenen Risiken dar. Wenn man dagegen die Feststellungswirkung der Baugenehmigung trotz des umfassenden Prüfungsrahmens der Bauaufsichtsbehörde in Fällen übersehener weiterer Genehmigungserfordernisse beschränken und damit etwa Stilllegungsmaßnahmen auch ohne vorherige Rücknahme der Baugenehmigung zulassen will (so der 7. Senat des OVG Nordrhein-Westfalen, Urteil v. 14.9.2001, a.a.O.), so könnte der Bauherr allenfalls (sofern die Baugenehmigung in dieser Konstellation nicht sogar für rechtmäßig gehalten wird, vgl. OVG Nordrhein-Westfalen, Urteile v. 27.7.1998 – 7 A 872/96 – und v. 23.8.2001 – 11 A 1084/96 –, BauR 2002, 457), Amtshaftungsansprüche nach § 839 BGB i.V.m. Art. 34 GG oder Entschädigungsansprüche nach § 39 Abs. 1 b) OBG Nordrhein-Westfalen (vgl. OVG Nordrhein-Westfalen, Urteil v. 13.11.1998 – 11 A 2641/94 –, BRS 60 Nr. 97, m.w.N.), bzw. aus enteignungsgleichem Eingriff (vgl. BGH, Urteil v. 12.7.2001 – III ZR 282/00 –, BRS 64 Nr. 157 m.w.N.), geltend machen, wenn er im Vertrauen auf die korrekte Prüfung und Entscheidung der Bauaufsichtsbehörde einen Schaden erleidet. Dadurch würde der Bauherr – im Vergleich zu seiner Position nach § 48 VwVfG – bereits insoweit deutlich schlechter gestellt, als vor dem Einschreiten gegen das rechtswidrige Bauvorhaben die Aufhebung der Baugenehmigung nicht erforderlich wäre und ihm damit auch die dagegen gegebenen Rechtsschutzmöglichkeiten nicht zustünden.

Es spricht nicht gegen die Annahme einer umfassenden Feststellungswirkung der Baugenehmigung, wenn die Fachbehörde, deren Genehmigung von der Bauaufsichtsbehörde fehlerhaft für entbehrlich gehalten worden ist, selbst nicht gegen ein Vorhaben vorgehen kann, wenn die Baugenehmigungsbehörde sich weigert, die Baugenehmigung zurückzunehmen (so aber die Argumentation des 7. Senats des OVG Nordrhein-Westfalen, Urteil v. 14.9.2001, a.a.O.).

Denn die Fachbehörde ist in dieser Konstellation nicht gehindert, die Aufsichtsbehörde einzuschalten, um ihre Rechtsauffassung durchzusetzen.

Die Ausgestaltung des Baugenehmigungsverfahrens durch die §§ 75 Abs. 1 Satz 1, 72 Abs. 1 Satz 1 Nr. 2, Abs. 3 BauO Nordrhein-Westfalen trägt dem Umstand Rechnung, daß bei der Verwirklichung eines Bauvorhabens zahlreiche Rechtsvorschriften des Bundes und des Landes außerhalb des Bauplanungs- und Bauordnungsrechts beachtet und häufig Genehmigungen anderer Behörden eingeholt werden müssen. Die Kenntnis dieser komplexen Anforderungen an die öffentlich-rechtliche Zulässigkeit von Bauvorhaben darf beim Bauwilligen nicht vorausgesetzt werden. Es war deshalb schon bei Erlaß der Landesbauordnung 1962 das erklärte Ziel des Gesetzgebers, soweit wie möglich eine Koordinierung der Aufgaben bei der Bauaufsichtsbehörde zu erreichen, um dem Bauherrn Zeit und Wege zu ersparen (vgl. die Begründung des Gesetzentwurfs der Landesregierung LT-Drucks. VI/327, S. 94). Diese Ziele gelten nach wie vor und sind heute aktueller denn je. Die Vereinfachung behördlicher Genehmigungsverfahren ist zur Sicherung des Wirtschaftsstandorts Deutschland zu einem besonderen Anliegen geworden, weil komplizierte Genehmigungsverfahren zu Investitionshemmnissen führen (vgl. Becker, Verfahrensbeschleunigung durch Genehmigungskonzentration, VerwArch 1996, 581 ff.; Boeddinghaus/Hahn/Schulte, a. a. O., §75 Rdnr. 74). Es kommt hinzu, daß gerade bei Genehmigungserfordernissen die zügige Durchführung des erforderlichen Verfahrens zumindest dem Antragsteller zugute kommt und damit auch dem Schutz seiner Rechte dienen kann (vgl. Becker, a. a. O., S. 581, 605).

Das nordrhein-westfälische Landesrecht geht damit von dem traditionellen Verständnis der Baugenehmigung als Schlußpunkt des für genehmigungsbedürftige Bauvorhaben durchzuführenden öffentlich-rechtlichen Zulassungsverfahrens mit umfassender Feststellung der öffentlich-rechtlichen Zulässigkeit des Vorhabens aus, das schon der Rechtsprechung des Kgl. Preußischen Oberverwaltungsgerichts zugrunde gelegen hat (vgl. PrOVG, Urteile v. 5. 10. 1885 – II. B. 53/85 –, PrOVGE 12, 366, 368 f., v. 18. 3. 1886 – II. B. 15/86 –, PrOVGE 13, 389, 394 und v. 24. 5. 1892 – IV. C. 21/92 –, PrOVGE 23, 321, 324), das vom Oberverwaltungsgericht für das Land Nordrhein-Westfalen geteilt worden ist (vgl. OVG Nordrhein-Westfalen, Urteile v. 21. 4. 1953 a. a. O.; v. 23. 11. 1954, a. a. O., und v. 20. 5. 1985, a. a. O.; v. 4. 10. 1987, a. a. O. und v. 20. 3. 1992, a. a. O.), und das auch vom Bundesverwaltungsgericht bis Mitte 1995 als allgemeingültig vertreten worden ist (vgl. BVerwG, Urteile v. 2. 7. 1963 – I C 110.62 –, BRS 14, 51, und v. 15. 3. 1967 – IV C 205.65 –, BRS 15 Nr. 49; aufgegeben durch Beschluß v. 25. 10. 1995, a. a. O., „Landesrecht bestimmt, was Gegenstand der Prüfung im bauordnungsrechtlichen Genehmigungsverfahren ist").

Im Anschluß an inhaltlich abweichende Regelungen in einigen Landesbauordnungen (vgl. §72 Abs. 1 Satz 1 BayBO „Die Baugenehmigung darf nur versagt werden, wenn das Vorhaben öffentlich-rechtlichen Vorschriften widerspricht, die im bauaufsichtlichen Genehmigungsverfahren zu prüfen sind; von einer Beschränkung der Prüfung öffentlich-rechtlicher Vorschriften im Genehmigungsverfahren bleiben die bauaufsichtlichen Eingriffsbefugnisse unberührt", und §58 Abs. 1 Satz 1 LBO Baden-Württemberg „Die Baugenehmigung ist zu erteilen, wenn dem genehmigungspflichtigen Vorhaben keine von der Bauaufsichtsbehörde zu prüfenden öffentlich-rechtlichen Vorschriften entgegenstehen"), und dementsprechende Entscheidungen der jeweils zuständigen Oberverwaltungsgerichte (vgl. Bayerischer VGH, Beschluß v. 18. 3. 1993, GrS 1/1992 – 1 B 90 3063 –, BRS 55 Nr. 146; VGH Baden-Württemberg, Urteil v. 4. 3. 1996 – 8 S 48/96 –, BRS 58 Nr. 136; Sächsische OVG, Urteil v. 8. 6. 1995 – 1 S 154/95 –, BRS 57 Nr. 187; OVG Mecklenburg-Vorpommern, Beschlüsse v. 30. 10. 1997 – 5 M 52/96 –, BRS 59 Nr. 143, und v. 29. 1. 2003 – 2 M 179/02 –, DÖV 2003, 593), hat sich dann allgemein die Erkenntnis durchgesetzt, daß Ausgestaltung und Rechtswirkungen der Bau-

Nr. 159

genehmigung in die Regelungskompetenz des Landesgesetzgebers fallen, der unterschiedliche Modelle wählen kann und sich in Nordrhein-Westfalen – wie oben ausgeführt – aus guten Gründen für eine bürgerfreundliche und investitionserleichternde Regelung entschieden hat.

Die vorstehenden Ausführungen treffen im wesentlichen auch für das vereinfachte Genehmigungsverfahren gemäß § 68 BauO Nordrhein-Westfalen zu, denn auch hierfür gelten die §§ 72 Abs. 1 Nr. 2, 75 Abs. 1 und Abs. 3 Satz 2 BauO Nordrhein-Westfalen als Vorschriften des 3. Abschnitts „Verwaltungsverfahren". Dies folgt aus der Gesetzessystematik. Im 2. Abschnitt des 5. Teils der Landesbauordnung werden die genehmigungsbedürftigen und genehmigungsfreien Vorhaben geregelt einschließlich der Vorhaben, für die das vereinfachte Genehmigungsverfahren durchzuführen ist. Daran schließen sich im 3. Abschnitt die Vorschriften über das Verwaltungsverfahren an, die grundsätzlich für sämtliche Genehmigungsverfahren gelten, soweit nichts Abweichendes bestimmt ist. Eine dementsprechende Regelung des Prüfungsprogramms der Bauaufsichtsbehörden im vereinfachten Genehmigungsverfahren enthält § 68 Abs. 1 Satz 4 BauO Nordrhein-Westfalen, der in Satz 4 Nr. 2 den bauordnungsrechtlichen Prüfungsmaßstab der Behörde auf die Überprüfung der Vereinbarkeit des Vorhabens mit bestimmten bauordnungsrechtlichen Anforderungen beschränkt. Demgegenüber ist nach § 68 Abs. 1 Satz 4 Nr. 4 die Vereinbarkeit des Vorhabens mit sämtlichen (anderen) öffentlichrechtlichen Vorschriften zu prüfen, deren Einhaltung nicht in einem anderen Genehmigungsverfahren geprüft wird. Diese Regelung entspricht in der Sache der des § 75 Abs. 3 Satz 2 BauO Nordrhein-Westfalen und verdeutlicht, daß die Baugenehmigung auch im vereinfachten Genehmigungsverfahren keine Konzentrationswirkung hat und die Bauaufsichtsbehörde in den anderweitigen Genehmigungsverfahren keine Sachentscheidungskompetenz besitzt. Dadurch wird die Genehmigungsbehörde aber ebenso wenig wie im „normalen" Baugenehmigungsverfahren ihrer Verpflichtung gemäß § 72 Abs. 1 Nr. 2 BauO Nordrhein-Westfalen enthoben, zu prüfen, ob die Erteilung der Baugenehmigung von der Erteilung weiterer Genehmigungen abhängig ist (vgl. Boeddinghaus/Hahn/Schulte, a. a. O., § 68 Rdnr. 33).

Von dem Prüfprogramm der Bauaufsichtsbehörde im Baugenehmigungsverfahren weicht das Prüfprogramm im Vorbescheidverfahren ab. Nach § 71 Abs. 1 BauO Nordrhein-Westfalen kann zu Fragen des Bauvorhabens ein Vorbescheid beantragt werden. Die Fragen des Bauvorhabens können alle diejenigen sein, über die im bauaufsichtsrechtlichen Genehmigungsverfahren entschieden werden muß, wenn ein Bauantrag gestellt wird (vgl. Boeddinghaus/Hahn/Schulte, a. a. O., § 71 Rdnr. 3).

Gegenstand des Vorbescheides ist aber grundsätzlich nicht die öffentlichrechtliche Zulässigkeit des Vorhabens in vollem Umfang, sondern nur hinsichtlich bestimmter einzelner Zulässigkeitsfragen des Bauvorhabens. Allein die vom Antragsteller aufgeworfenen Zulässigkeitsfragen bestimmen den Prüfungsrahmen der Bauaufsichtsbehörde. Beantragt der Antragsteller die Erteilung eines bauplanungsrechtlichen Vorbescheides, so ist nur die Vereinbarkeit des Vorhabens mit den §§ 30 bis 38 BauGB zu prüfen, für die es auf das Vorliegen einer landschaftsschutzrechtlichen Genehmigung nicht ankommt.

Der Vorbescheid ist gerade nicht der Schlußpunkt der öffentlich-rechtlichen Zulässigkeitsprüfung, sondern er markiert nur einen Zwischenschritt.

Wegen dieser verfahrensrechtlichen Trennung ist bei der Entscheidung über eine Bauvoranfrage nicht im einzelnen zu prüfen, ob die Voraussetzungen für eine Ausnahme oder eine Befreiung von dem Bauverbot der Landschaftsschutzverordnung vorliegen. Den Klägern würde allerdings das Sachbescheidungsinteresse für ihre Bauvoranfrage mit der Folge der Unzulässigkeit der Klage fehlen, wenn offensichtlich wäre, daß für das Vorhaben eine erforderliche landschaftsschutzrechtliche Ausnahme oder Befreiung schlechthin nicht erteilt werden kann (vgl. OVG Nordrhein-Westfalen, Urteil v. 16.11.1989 – 7 A 503/88 – und Beschluß v. 3.9.1999 – 10 A 3691/97 –; Hahn, a.a.O.).

Insoweit steht der Baugenehmigungsbehörde mithin eine sogenannte „Vorprüfungskompetenz" zu (vgl. OVG Nordrhein-Westfalen, Urteil v. 20.3.1992, a.a.O.).

Nr. 160

1. **Die LBauO M-V geht von einer grundsätzlich umfassenden Zuständigkeit der unteren Bauaufsichtsbehörde aus. Die Durchsetzung bauordnungsrechtlicher Vorschriften – mögen sie auch außerhalb der LBauO M-V normiert sein – rechtfertigt die Vollzugszuständigkeit der unteren Bauaufsichtsbehörde, wenn nicht ausdrücklich spezialgesetzlich etwas anderes angeordnet ist.**

2. **Die Zuständigkeit der Forstbehörde für die Überwachung der Einhaltung des §20 Satz 1 LWaldG M-V ergibt sich aus §48 Abs. 4 Satz 1 LWaldG M-V. Dieser Vorschrift kann keine abschließende, die Zuständigkeit der unteren Bauaufsichtsbehörde ausschließende Regelung entnommen werden.**

3. **Die Ordnungsverfügung der unteren Bauaufsichtsbehörde scheitert nicht an der den Antragstellern fiktiv erteilten Baugenehmigung; die Baugenehmigung hat keine Konzentrationswirkung (so auch OVG Greifswald, Beschluß vom 29.1.2003 – 2 M 179/02 –) und ersetzt die fehlende waldrechtliche Genehmigung mithin nicht.**

LBauO M-V §§60 Abs. 1; 61 Abs. 1, 79 Abs. 1 Satz 2; LWaldG M-V §§20, 48 Abs. 4.

OVG Mecklenburg-Vorpommern, Beschluß vom 27. Februar 2003 – 3 M 35/02 – (rechtskräftig).

I. Die Beteiligten streiten um die Rechtmäßigkeit einer bauordnungsrechtlichen Verfügung.

Die Antragsteller beantragten 1999 die Erteilung einer Baugenehmigung für die Errichtung einer Doppelgarage. Der Standort der geplanten Doppelgarage befindet sich innerhalb des Schutzstreifens des §20 LWaldG M-V. Mit Schreiben vom August 2000 teilte der Antragsgegner den Antragstellern mit, die Baugenehmigung gelte nach §63

Nr. 160

Abs. 7 LBauO M-V als erteilt. Eine von den Antragstellern beantragte Ausnahmegenehmigung nach §20 Satz 2 LWaldG M-V wurde vom zuständigen Forstamt bestandskräftig abgelehnt.

Der Antragsteller zu 2) begann in der Folgezeit mit der Errichtung der Doppelgarage. Mit Bauordnungsverfügung vom August 2001 ordnete der Antragsgegner gegenüber dem Antragsteller zu 2) die Einstellung aller Bauarbeiten zur Errichtung der Doppelgarage an.

Das Verwaltungsgericht hat die aufschiebende Wirkung des Widerspruchs angeordnet: Es liege zwar ein Verstoß gegen §20 LWaldG M-V vor, doch habe die Bauaufsichtsbehörde keine Sachkompetenz, diesen Verstoß durch eine Baueinstellungsverfügung zu ahnden.

Aus den Gründen:

II. 1. Entgegen der Rechtsauffassung des Verwaltungsgerichts fehlte dem Antragsgegner nicht die Zuständigkeit für den angeordneten Baustopp. Dies ergibt sich aus den folgenden Überlegungen:

Die in §§ 79 f. LBauO M-V kodifizierten Befugnisse gründen in § 60 Abs. 1 LBauO M-V und sind konkretisierte Ausformungen der dort abstrakt geregelten Aufgaben und Befugnisse. Die Norm regelt die Kompetenzen der Bauaufsichtsbehörde. Die dem Verfahrensrecht zuzuordnende Zuständigkeit der Bauaufsichtsbehörde für den Vollzug der ihr nach § 60 Abs. 1 LBauO M-V zugewiesenen Aufgaben und Befugnisse bestimmt sich nach § 61 Abs. 1 LBauO M-V. Der in der amtlichen Überschrift des § 61 LBauO M-V genannte Begriff der sachlichen Zuständigkeit ist weit zu verstehen; er umfaßt nicht nur die Zuständigkeit innerhalb des hierarchischen Behördenaufbaus (instanzielle Zuständigkeit), sondern auch die allgemeine sachliche Zuständigkeit, also die Frage, welche Behörde überhaupt für den Vollzug der in § 60 LBauO M-V zugewiesenen Aufgaben und Befugnisse zuständig ist. Die LBauO M-V geht dabei von einer grundsätzlich umfassenden Zuständigkeit der unteren Bauaufsichtsbehörde aus. Ausgenommen sind die Fälle, in denen etwas anderes bestimmt ist. Diese Einschränkung im letzten Halbs. des § 61 Abs. 1 LBauO M-V ermöglicht eine auf gesetzlicher Grundlage erfolgende ergänzende oder abweichende Zuständigkeitsbestimmung zugunsten anderer Behörden. Ist die Sonderzuweisung abschließend, handelt es sich um eine die allgemeine Zuständigkeit der Bauaufsichtsbehörde verdrängende Zuständigkeitsregelung; ansonsten bleibt es bei einer konkurrierenden Zuständigkeit.

Die Zuständigkeit der Forstbehörde für die Überwachung der Einhaltung des § 20 Satz 1 LWaldG M-V ergibt sich aus § 48 Abs. 4 Satz 1 LWaldG M-V (vgl. dazu OVG Greifswald, Beschluß v. 29. 1. 2003 – 2 M 179/02 –). Der Senat kann dieser Vorschrift aber keine abschließende, die Zuständigkeit der unteren Bauaufsichtsbehörde ausschließende Zuweisung der sachlichen Zuständigkeit für die Überwachung der Einhaltung des § 20 Satz 1 LWaldG entnehmen. Weder der Wortlaut des § 48 Abs. 4 Satz 1 LWaldG noch der Sinn und Zweck des § 20 Satz 1 LWaldG M-V ergeben dafür Anhaltspunkte. Die letztgenannte Norm bezweckt nicht nur den Schutz des Waldes vor baulichen Anlagen, sondern auch den Schutz von baulichen Anlagen vor Gefahren, die ihnen vom Wald drohen könnten, und hat damit auch einen bauordnungs-rechtlichen Regelungsinhalt (vgl. OVG Greifswald, Beschluß v. 29. 1. 2003 – 2 M

179/02 –). Die Durchsetzung bauordnungsrechtlicher Vorschriften – mögen sie auch außerhalb der LBauO M-V normiert sein – rechtfertigt die Vollzugszuständigkeit der unteren Bauaufsichtsbehörde, wenn nicht ausdrücklich spezial-gesetzlich etwas anderes angeordnet ist.

2. Die angegriffene Ordnungsverfügung erweist sich bei der gebotenen summarischen Betrachtung als voraussichtlich rechtmäßig. Sie scheitert nicht an der den Antragstellern fiktiv erteilten Baugenehmigung. Diese enthält keine Ausnahmegenehmigung nach § 20 Satz 2 LWaldG M-V. Für die Erteilung dieser Ausnahmegenehmigung ist ausschließlich die Forstbehörde zuständig. Dies ergibt sich schon aus dem Wortlaut der Norm. Die Baugenehmigungsbehörde hat insoweit keine Entscheidungszuständigkeit; die Baugenehmigung hat keine Konzentrationswirkung (so auch OVG Greifswald, Beschluß v. 29. 1. 2003 – 2 M 179/02 –). Sie ersetzt die fehlende waldrechtliche Genehmigung mithin nicht. Die Ordnungsverfügung ist daher nicht als eine verkappte Rücknahme der Baugenehmigung zu verstehen; sie ist daher nicht an den dafür geltenden Vorschriften zu messen.

Nr. 161

Die Forstbehörde ist für einen Baustopp sachlich zuständig, wenn ein Bauvorhaben die Abstandsregelung nach § 20 LWaldG MV verletzt. Das Baugenehmigungsverfahren und das Zulassungsverfahren nach § 20 LWaldG MV sind voneinander unabhängig; die Erteilung der Baugenehmigung braucht nicht den Schlußpunkt zu bilden.

LWaldG MV §§ 20, 48, 49; LEO MV § 72.

OVG Mecklenburg-Vorpommern, Beschluß vom 29. Januar 2003 – 2 M 179/02 –.

Der Landrat des Landkreises N. erteilte dem Ast. unter dem 3. 5. 2002 eine Baugenehmigung zur Errichtung eines Wohnhauses. Durch Bescheid v. 24. 5. 2002 gab der Agg. als Forstbehörde dem Ast. unter Anordnung der sofortigen Vollziehung auf, die Bauarbeiten einzustellen: Der erforderliche Mindestabstand zu angrenzenden Waldflächen werde nicht eingehalten, eine Ausnahme könne nicht zugelassen werden. Ein kurz davor gestellter Antrag auf Zulassung einer Ausnahme wurde abgelehnt. Der Eilantrag war in beiden Instanzen erfolglos.

Aus den Gründen:
Der Agg. ist für den angefochtenen Baustopp als sogenannte Sonderordnungsbehörde sachlich zuständig. Sonderordnungsbehörden sind nach § 3 Abs. l Nr. 4 SOG MV (SOG) i. V. m. § 48 Abs. 4 Satz 1 LWaldG MV (LWaldG) die Landesbehörden, denen Aufgaben der Gefahrenabwehr durch besondere Rechtsvorschriften übertragen sind. Um derartige Vorschriften handelt es sich bei §§ 48, 49 LWaldG, durch die die Forstaufsicht bzw. der Forstschutz geregelt ist. Zur Forstaufsicht gehört die Abwehr von Zuwiderhandlungen gegen forstrechtliche Ge- und Verbote (vgl. § 48 Abs. 1 LWaldG). Der Forstschutz besteht u. a. darin, den Wald vor drohenden Gefahren durch Dritte zu

schützen und rechtswidrige Handlungen gegen Bestimmungen des LWaldG zu verfolgen (vgl. §49 Abs. 1 LWaldG). Die Regelung des §48 Abs. 1 LWaldG ermächtigt uneingeschränkt zur „Abwehr von Zuwiderhandlungen", es kommt nicht darauf an, ob das Ge- oder Verbot dem Schutz des Waldes dient. Entscheidend ist vielmehr, daß es sich um ein im Forstrecht angesiedeltes Ge- oder Verbot handelt. Das trifft hier zu. Der Baustopp ist verfügt worden zur Abwehr einer Zuwiderhandlung gegen das in §20 Abs. 1 LWaldG normierte Gebot, bei der Errichtung baulicher Anlagen einen bestimmten Mindestabstand einzuhalten.

Außerdem bezweckt die Abstandsregelung auch den Waldschutz. Der Wortlaut des §20 Satz 1 LWaldG („zur Sicherung vor Gefahren durch Windwurf und Waldbrand") mag zwar die Auffassung, es gehe (ausschließlich) um den Schutz baulicher Anlagen, näherlegen, zwingend ist aber eine derart einengende Auslegung nicht. Die Schaffung einer Pufferzone zwischen Wald und Bebauung schützt auch den Wald vor Gefahren, die von einer zu nahe heranrückenden Bebauung ausgehen (vgl. VGH Bad.-Württ., Urteil v. 2.11.1989 – 3 S 1927/98 – NuR 1990, 273). Dabei geht es auch, wenn nicht in erster Linie darum, Waldbrände zu verhüten, was aber zugleich eine Sicherung von Bebauung vor Gefahren durch Waldbrand darstellt. Der Waldschutz bedurfte keiner ausdrücklichen Erwähnung in §20 LWaldG. Allein die Plazierung der Norm im Forstrecht weist auf diesen Aspekt hin; denn das LWaldG hat insgesamt waldschützende Bedeutung (vgl. §1 LWaldG). Der Gesetzgeber brauchte nicht in jede einzelne Vorschrift, die dem Waldschutz dient, entsprechende Hinweise aufzunehmen. Dagegen dürfte eine Vorschrift mit (auch) Gebäudeschutzwirkung nicht selbstverständlich im Forstrecht zu erwarten sein; so finden sich denn dem §20 LWaldG ähnliche Regelungen in anderen Bundesländern auch im Baurecht (vgl. §4 Abs. 3 Satz 1 LBO Bad.-Württ.). Daß der Gesetzgeber in MV sich anders entschieden und die Zuständigkeit für die Zulassung von Ausnahmen ausdrücklich der Forstbehörde (und nicht der Baubehörde) übertragen hat, läßt darauf schließen, daß den Belangen des Forstschutzes sogar besondere Bedeutung beigemessen werden sollte.

Die Frage, ob ein spezielleres Gesetz, das die Zuständigkeit einer bestimmten Behörde begründet, ein allgemeineres Gesetz verdrängen würde, stellt sich nach den vorstehenden Ausführungen im vorliegenden Fall nicht entscheidungserheblich. Selbst wenn ein Baustopp auch auf §79 Abs. 1 LBO MV (LBO) gestützt werden könnte, so würde sich diese Regelung gegenüber §48 Abs. 1 LWaldG nicht als spezieller darstellen. Der Frage, ob auch die Baubehörde befugt (gewesen) wäre, einen auf §20 LWaldG gestützten Baustopp anzuordnen, braucht im vorliegenden Verfahren nicht nachgegangen zu werden (verneinend: VG Greifswald, Beschluß v. 7.3.2002 – 1 B 1829/01 – [n.rkr.]).

Der Baustopp ist auch nicht deshalb rechtswidrig, weil der Ast. wegen der ihm erteilten Baugenehmigung keiner (gesonderten) forstrechtl. Ausnahme bedurft hätte.

Das Baugenehmigungsverfahren und das Zulassungsverfahren nach §20 Satz 2 LWaldG sind voneinander unabhängig. Die Erteilung der Baugenehmigung braucht nicht den Schlußpunkt zu bilden. In der Baugenehmigung ist die zugleich erforderliche Ausnahmezulassung nicht automatisch enthalten (vgl. OVG MV, Beschluß v. 30. 10. 1997 – 5 M 52/96 –, NordÖR 1998, 401; OVG MV, Beschluß v. 1.2.2001 – 1 M 77/00 –, Der Überblick 2001, 364, und Beschluß v. 21.10.2002 – 1 M 126/01 –). Etwas anderes ergibt sich auch nicht aus der zur Zeit der Erteilung der Baugenehmigung gültigen Fassung des §72 Abs. 1 Satz 1 LBO (Bekanntm. v. 8.5.1998, GVBl. S. 468), wonach die Baugenehmigung zu erteilen ist, wenn dem Bauvorhaben keine öffentl.-rechtl. Vorschriften entgegenstehen. Damit sind nicht solche Vorschriften gemeint, die auf Grund spezialgesetzl. Bestimmungen in die Zuständigkeit einer anderen Behörde fallen und in einem besonderen Verfahren überwacht werden (vgl. Schreiber, Immobilienrecht-Handbuch, Rdnr. 179 m.w.N.). Die gegenteilige Auffassung würde zu einem Wertungswiderspruch zwischen dem Baurecht und dem Forstrecht führen. Die nach §20 Satz 2 LWaldG ausschließlich von der „Forstbehörde" zuzulassende Ausnahme könnte von der Baubehörde mit erteilt werden, so daß es zu der gerade vom Ast. wenn auch im anderen Zusammenhang kritisierten behördlichen Doppelzuständigkeit käme. Die Hinzufügung des Nebensatzes „die im Baugenehmigungsverfahren zu prüfen sind" in §72 Abs. 1 Satz 1 LBauO durch ÄndG v. 27.6.2002 (GVBl. S. 510) veranlaßt nicht zu der Annahme, daß die Regelung vorher inhaltlich anders auszulegen war. Es handelt sich lediglich um eine Klarstellung, d. h., der Gesetzgeber hat die bisherige Rechtslage nicht ändern wollen (vgl. LT-Drucks. 3/2610, S.80)....

Nr. 162

Wird eine Baugenehmigung für die Nutzung von Räumlichkeiten für eine Art Wellnesseinrichtung erteilt, die u.a. der Freizeitgestaltung und Unterhaltung dient, dann weicht der Bauherr mit der Nutzung eines als Pärchen-Swingerclubs bezeichneten bordellartigen Betriebs hiervon wesentlich ab. Er hat dann von der Baugenehmigung nicht durch Aufnahme der genehmigten Nutzung Gebrauch gemacht, sondern die Räumlichkeiten für eine nicht genehmigte Nutzung zur Verfügung gestellt. Durch diese Nutzung ist die Baugenehmigung erloschen.

HBO §64 Abs. 7.

Hessischer VGH, Beschluß vom 10. Juli 2003 – 4 TG 1296/03 – (rechtskräftig).

(VG Wiesbaden)

In der Sache ging es um ein bereits errichtetes sogenanntes Relax-Zentrum, das als eine Art Wellness-Einrichtung genehmigt, aber – wie sich später herausstellte – von Anfang an als bordellartiger Betrieb geführt wurde, wobei die Betreiber zuletzt behaupteten, es handele sich um einen Pärchen-/Swingerclub. Die Antragsgegnerin untersagte diese Nutzung unter Anordnung der sofortigen Vollziehung.

Aus den Gründen:
Die Nutzung der hier im Streit befindlichen Räumlichkeiten als Pärchen-/Swingerclub ist formell baurechtswidrig, da hierfür keine Baugenehmigung

besteht. Die dem Beigeladenen zu 2 1997 erteilte Baugenehmigung für den Neubau eines Relax-Zentrums ist erloschen. Wie der Senat in seinem Beschluß vom 14. 10. 2002 (– 4 TG 2028/02 –) ausgeführt hat, wurde die Baugenehmigung für eine Art Wellness-Einrichtung erteilt, die u. a. der Freizeitgestaltung und Unterhaltung der Besucher dient und damit wesentliche Elemente einer Vergnügungsstätte aufweist. Tatsächlich hat die Antragstellerin jedoch die Räumlichkeiten des Relax-Zentrums als bordellartigen Betrieb genutzt, der eine von der erteilten Baugenehmigung abweichende Nutzung darstellt. Dieser Auffassung hat sich das Verwaltungsgericht in seinem Beschluß vom 2. 6. 2003 (– 3 G 615/03 –) angeschlossen, der ein von der Antragsgegnerin gegen die Antragstellerin verhängtes Zwangsgeld wegen Mißachtung des Nutzungsverbots der Räumlichkeiten zum Zwecke der Prostitution zum Gegenstand hatte. Darüber hinaus hat die Antragstellerin selbst in einem Schreiben vom Oktober 2002 an die Antragsgegnerin mitgeteilt, daß das Anwesen ab sofort nicht mehr als bordellartiger Betrieb, sondern als Pärchen-/Swingerclub genutzt werde. Mit der Nutzung der Räumlichkeiten des Relax-Zentrums als bordellartiger Betrieb ist der Bauherr von der Baugenehmigung wesentlich abgewichen. Er hat von ihr nicht durch Aufnahme der genehmigten Nutzung Gebrauch gemacht, sondern von Anfang an die Räumlichkeiten für eine nichtgenehmigte bordellartige Nutzung zur Verfügung gestellt. Durch diese Nutzung ist die Baugenehmigung erloschen. Die Baugenehmigung ist ein vorhabenbezogener Verwaltungsakt und deckt nur die einmalige Ausführung des genehmigten Vorhabens. Sie wird für ein konkretes, funktionsbezogenes Vorhaben erteilt, so daß sich die isolierte Betrachtung von Bausubstanz einerseits und Nutzung andererseits grundsätzlich verbietet. Gegenstand der baurechtlichen Prüfung ist die bauliche Anlage in ihrer durch die Nutzung bestimmten Funktion. Weicht der Bauherr hiervon so wesentlich ab, daß er ein anderes Bauvorhaben, nämlich ein „aliud" erstellt, dann verbraucht er die Baugenehmigung nicht, sondern macht von ihr keinen Gebrauch, so daß diese unter den gesetzlichen Voraussetzungen erlischt (Simon, BayBauO 1994, Stand: Januar 1996, Art. 79 Rdnr. 18b; VGH Hessen, Beschluß v. 29. 10. 1986 – 3 TH 2543/86 –). Eine Rückkehr zur Nutzung des Relax-Zentrums auf der Grundlage der erteilten Baugenehmigung ist auch deshalb nicht möglich, weil ein für das fertiggestellte und bestimmungsgemäß nutzbare Vorhaben eventuell gegebener Bestandsschutz durch die nach außen hin erkennbare Nutzung der Betriebsräume als bordellartiger Betrieb wieder erloschen ist. Der tatsächliche Beginn einer neuen, anders gearteten Nutzung, die – wie hier – außerhalb der Variationsbreite der genehmigten Nutzung liegt und die erkennbar nicht nur vorübergehend ausgeübt werden soll, läßt den Bestandsschutz für die genehmigte Nutzung entfallen (BVerwG, Urteil v. 25. 3. 1988 – 4 C 21.85 –, BRS 48 Nr. 138 = BauR 1988, 569, 571). Auch hier bedarf es für die Rückkehr zur genehmigten Nutzung einer neuen Baugenehmigung, die auf der Grundlage des im Zeitpunkt der Genehmigung maßgeblichen Rechts zu erteilen ist.

Die angefochtene Verfügung genügt entgegen der Auffassung des Verwaltungsgerichts mit ihren ersten Regelungstatbeständen dem Bestimmtheitsgebot des § 37 Abs. 1 HVwVfG. Nach dieser Vorschrift muß ein Verwaltungsakt inhaltlich hinreichend bestimmt sein. Das bedeutet zum einen, daß aus der getroffenen Regelung im Zusammenhang mit den Gründen und den sonstigen bekannten oder ohne weiteres erkennbaren Umständen für den Adressaten zu erkennen ist, was von ihm gefordert wird, zum anderen muß der Verwaltungsakt taugliche Grundlage der Verwaltungsvollstreckung sein. Das Gebot inhaltlicher Bestimmtheit ist keine absolute Maxime, sondern es richtet sich – worauf das Attribut „hinreichend" in §37 Abs. 1 HVwVfG verweist – nach den Besonderheiten des jeweils anzuwendenden und umzusetzenden (Fach-) Rechts (BVerwG, Urteil v. 12.12.1996 – 4 C 17.95 –, BRS 58 Nr. 59 = BauR 1997, 440, 442). Dem Gebot hinreichender Bestimmtheit wird auch dann genügt, wenn sich der Inhalt der Regelung im Wege der Auslegung ermitteln läßt. Dabei ist es jedoch notwendig, daß die Auslegung zu einer für die Vollziehbarkeit ausreichenden Eindeutigkeit führt. Bei Baugenehmigungen für gewerbliche Nutzungen darf bei der Beschreibung der genehmigten Nutzung auf generalisierende Begriffe zurückgegriffen werden, ohne daß damit gegen den Bestimmtheitsgrundsatz verstoßen wird (vgl. VGH Bad.-Württ., Urteil v. 17.11.1989 – 8 S 1172/89 –, UPR 1990, 390, 391). Dasselbe gilt auch, soweit die Bauaufsichtsbehörde eine gewerbliche Nutzung untersagt. Mit der Verfügung vom 31.10.2002 wird der Antragstellerin die von ihr der Antragsgegnerin selbst angezeigte Nutzung der Räumlichkeiten als Pärchen-/Swingerclub untersagt. Diese Regelung ist inhaltlich hinreichend bestimmt. Dasselbe gilt auch für die Nutzungsuntersagung, die auf die Ausübung sexueller Handlungen innerhalb der Betriebsräume ausgerichtet ist. Wie sich aus den Gründen der Verfügung ergibt, will die Antragsgegnerin damit verhindern, daß die Antragstellerin unter dem falschen Etikett eines neutralen Namens wie etwa „Saunaclub" eine Nutzung betreibt, die der eines Pärchen-/Swingerclubs entspricht. Anhaltspunkte für eine derartige Nutzung bestanden für die Antragsgegnerin auf Grund des Schreibens des Bevollmächtigten der Antragstellerin an die Antragsgegnerin vom 22.10.2002, in dem ausgeführt wird, es sei daran gedacht, das Anwesen in Zukunft nicht mehr gewerblich, sondern privat als Saunaclub zu nutzen.

Soweit sich das Nutzungsverbot auf eine betriebliche Gestaltung erstreckt, die günstige Bedingungen für die Ausübungen sexueller Handlungen bietet, wird die Verfügung nicht den Anforderungen des Bestimmtheitsgebots gerecht, weil nicht erkennbar ist, welche konkrete betriebliche Gestaltung günstige Bedingungen für die Ausübung sexueller Handlungen bietet. In den Räumlichkeiten des Relax-Zentrums läßt sich im Rahmen der seinerzeit erteilten Baugenehmigung sowohl eine Art Wellness-Einrichtung betreiben, die der Freizeit und Unterhaltung der Besucher dient, als auch die Prostitution ausüben. Schließlich können die Räumlichkeiten ohne irgendeine tatsächliche Veränderung auch als Pärchen-/Swingerclub genutzt werden. Es ist daher unklar, welche konkrete Betriebsgestaltung dem Nutzungsverbot unterliegt. Insoweit hat die Beschwerde daher keinen Erfolg.

Nr. 163

Für die Erteilung einer „vorläufigen" Baugenehmigung ist nach der einschlägigen Rechtslage im Lande Nordrhein-Westfalen kein Raum. Sie kann auch nicht durch Erlaß einer einstweiligen Anordnung der Bauaufsichtsbehörde aufgegeben werden.

GG Art. 19 Abs. 4; VwGO § 123 Abs. 1; BauO NRW §§ 13 Abs. 1 Satz 1, 65 Abs. 1 Satz 1 Nr. 34 u. 35, 75 Abs. 1 Satz 1 u. Abs. 5; OBG NRW § 39.

OVG Nordrhein-Westfalen, Beschluß vom 27. November 2003
– 10 B 2177/03 – (rechtskräftig).

(VG Düsseldorf)

Die Antragstellerin beantragte beim Antragsgegner die Erteilung einer Baugenehmigung für die Anbringung von Werbetransparenten an einem Baukran auf dem Grundstück G.-A.-P. 15 in D. In der Baubeschreibung wird ausgeführt: „Bei dem vorliegenden Bauvorhaben handelt es sich um Werbeflächen an einem für die Baumaßnahme baubetrieblich erforderlichen Turmdrehkran. Die vier Werbeflächen bilden eine quaderförmige Hüllfläche um den Kran, mit einer Grundfläche von 6 m x 6 m x 12 m. Die vier Flächen werden aus Montagegründen getrennt montiert, sind jedoch als eine Fläche anzusehen. Die Werbeflächen bestehen aus PVC-Planen, die an einem Gerüst aus Stahl befestigt werden. Die somit kastenförmige Werbeanlage wahrt einen Abstand von 5 m zum Erdboden und erreicht eine Höhe von ca. 17 m. Jede der vier Aussichtsflächen hat eine Größe von 6 m x 12 m = 48 m². Die Gesamtwerbefläche beträgt somit 48 m² x 4 = 192 m². Nach ablehnender Stellungnahme des Polizeipräsidiums D. lehnte der Antragsgegner die Erteilung der beantragten Baugenehmigung mit der Begründung ab, die geplante Werbeanlage gefährde die Sicherheit und Ordnung des Verkehrs. Die Antragstellerin hat beim Verwaltungsgericht Verpflichtungsklage auf Erteilung der begehrten Baugenehmigung erhoben. Sie hat weiterhin beantragt, den Antragsgegner im Wege einer einstweiligen Anordnung nach § 123 Abs. 1 Satz 2 VwGO zu verpflichten, ihr die beantragte Baugenehmigung, befristet für den Zeitraum vom 1. 11. 2003 bis zum 30. 11. 2004, zu erteilen.

Das Verwaltungsgericht hat den Antrag abgelehnt. Die dagegen gerichtete Beschwerde hatte keinen Erfolg.

Aus den Gründen:

Für die Erteilung einer „vorläufigen" Baugenehmigung ist nach der einschlägigen Rechtslage im Lande Nordrhein-Westfalen kein Raum. Sie kann auch nicht durch Erlaß einer einstweiligen Anordnung der Bauaufsichtsbehörde aufgegeben werden (vgl. OVG Nordrhein-Westfalen, Beschlüsse v. 12. 9. 1988 – 7 B 1147/88 –, v. 23. 1. 1992 – 7 B 95/92 –, v. 22. 10. 1993 – 7 B 2598/93 – und v. 24. 7. 2001 – 7 B 962/01 –, sowie Boeddinghaus/Hahn/Schulte, Bauordnung NRW, Loseblatt-Kommentar, Stand: Oktober 2003, § 75 Rdnr. 117 und 175 m. w. N.).

Nach § 75 Abs. 1 Satz 1 BauO NRW ist die Baugenehmigung zu erteilen, wenn dem Vorhaben öffentlich-rechtliche Vorschriften nicht entgegenstehen. Nach Abs. 5 derselben Vorschrift darf mit der Bauausführung vor Zugang der Baugenehmigung nicht begonnen werden. Hierdurch wird die Rechtsnatur der Baugenehmigung bestimmt. Sie enthält sowohl einen feststellenden als auch einen verfügenden Teil. Die Baugenehmigung stellt die Erklärung der zuständigen Behörde dar, daß dem beabsichtigten Vorhaben Hindernisse in dem zur Zeit der Entscheidung geltenden öffentlichen Recht nicht entgegenstehen. Mit der Baugenehmigung wird zugleich die Ausführung des genehmigten Vorhabens erlaubt, womit die Baufreigabe erklärt wird – §75 Abs. 5 BauO NRW – (vgl. hierzu Boeddinghaus/Hahn/Schulte, a. a. O., §75 Rdnr. 1, 38 ff. und 145). Es gibt in der Bauordnung NRW keinerlei Hinweise dafür, daß von den angeführten Regelungen des §75 Abs. 1 Satz 1 und Abs. 5 BauO NRW Ausnahmen für Werbeanlagen zulässig sein sollten, die nur zeitlich befristet im Zusammenhang mit Bautätigkeiten an Kränen oder Gerüsten angebracht werden. Die Genehmigungsfreistellungstatbestände in §65 Abs. 1 Satz 1 Nr. 34 und 35 BauO NRW sind auf vorübergehende und zeitlich begrenzte Veranstaltungen an der Stätte der Leistung beschränkt.

Das Begehren der Antragstellerin, den Antragsgegner im Wege der einstweiligen Anordnung zu verpflichten, ihr befristet in der Zeit vom 1.11.2003 bis 30.11.2004 die beantragte Baugenehmigung zu erteilen, würde zu einer Befugnis der Antragstellerin führen, das in Rede stehende Bauvorhaben errichten zu dürfen. Damit ist das Begehren der Antragstellerin nicht auf Sicherung ihres Anspruchs auf Erteilung der Baugenehmigung, das sie im Hauptsacheverfahren – notfalls im Wege der Fortsetzungsfeststellungsklage – weiterverfolgen kann, sondern auf dessen endgültige Befriedigung ausgerichtet. Ein solches Begehren ist im Bereich des einstweiligen Rechtsschutzes jedoch nicht durchsetzbar. Das Verfahren nach §123 VwGO dient nur der Sicherung, nicht der abschließenden Durchsetzung von Rechten und gestattet es dem Gericht nicht, endgültige Regelungen zu treffen.

Ein Fall, in dem nach der Rechtsprechung von diesem Grundsatz abgewichen werden darf, in dem also im Hinblick auf Art. 19 Abs. 4 GG auch eine endgültige Befriedigung des geltend gemachten Anspruchs zur Gewährung eines effektiven Rechtsschutzes schlechterdings notwendig ist, ist hier nicht gegeben.

Dies scheitert bereits daran, daß das Vorhaben der Antragstellerin offensichtlich materiell rechtswidrig ist. Der Senat schließt sich der Beurteilung des Verwaltungsgerichts an, daß die geplante Werbeanlage an dem vorgesehenen Standort die Sicherheit und Ordnung des Verkehrs gefährden würde. ... Entgegen den Ausführungen in der Beschwerdeschrift können nach der Rechtsprechung des Senats nicht nur von bewegten Werbeanlagen Gefährdungen für die Sicherheit und Ordnung des Straßenverkehrs ausgehen, sondern auch dann, wenn statische Werbeanlagen besonders auffällig gestaltet sind (vgl. die Nachweise bei Boeddinghaus/Hahn/Schulte, a. a. O., §13 Rdnr. 45).

Dies trifft für die kastenförmig in einer Höhe von 5 m bis 17 m angebrachten Werbeanlage zu. Durch diese hohe Anbringung und ihre auffällige Form, die sich deutlich im Volumen von dem Standgittermast der Krananlage unterscheidet, lenkt sie besondere Aufmerksamkeit auf sich, die bei Dunkelheit durch Beleuchtung erhalten und verstärkt wird.

Abgesehen davon würde auch allein die wirtschaftliche Bedeutung der Einnahmeerzielung durch derartige oder vergleichbare Werbeanlagen für sich nicht einen Anspruch auf effektiven Rechtsschutz begründen. Auch bei nur

Nr. 164

kurzfristig anzubringenden Werbeanlagen ist es der Antragstellerin grundsätzlich zuzumuten, eintretende wirtschaftliche Schäden durch Schadensersatz auszugleichen. Ein solcher Schadensersatz stünde der Antragstellerin nach § 39 OBG – ohne das Beweiserfordernis eines Verschuldens – zu, falls die Behörde Baugenehmigungen rechtswidrig versagt. Da die Rechtsordnung damit in dieser Form einen Nachteilsausgleich vorsieht, bedarf es – jedenfalls in aller Regel – nicht zusätzlich des hier über § 123 VwGO beanspruchten Rechtsschutzes in Form einer endgültigen Befriedigung des geltend gemachten Anspruchs. Dies widerspräche zudem der Systematik der Bauordnung NRW.

Nr. 164

1. **Die Baugenehmigung für eine Windkraftanlage muß auf einer Prognose der einschlägigen Immissionsbelastungen bei Nennleistung beruhen, die „auf der sicheren Seite" liegt und ggf. Sicherheitszuschläge wegen möglicher Serienstreuung, besonders lästiger Auffälligkeiten oder der Richtwirkung der Schallabstrahlung enthält; ob der einschlägige Nachtwert an den relevanten Immissionsorten eingehalten wird, ist durch eine Ausbreitungsrechnung nach dem Alternativen Verfahren gemäß DIN ISO 9613–2 Abschnitt 7.3.2 zu ermitteln (wie OVG Nordrhein-Westfalen, Urteil vom 18.11.2002 – 7 A 2127/00 –).**

2. **Zu den Beeinträchtigungen, die von einer Windkraftanlage im Hinblick auf bewohnte Grundstücke ausgehen können, gehört möglicherweise auch eine optisch bedrängende Wirkung, welche durch die Höhe moderner Anlagen in Verbindung mit den sich ständig drehenden Rotorblättern hervorgerufen wird.**

VwGO §§ 80 Abs. 5, 80a Abs. 1 Nr. 2, Abs. 3; BauGB § 35 Abs. 1 Nr. 6.

OVG Nordrhein-Westfalen, Beschluß vom 2. April 2003 – 10 B 1572/02 – (rechtskräftig).

(VG Münster)

Der Antragsteller wandte sich gegen die der Beigeladenen erteilte Baugenehmigung zur Errichtung einer Windkraftanlage, deren vorgesehener Standort von seinem Wohnhaus etwas mehr als 200 m entfernt liegt. Sowohl das Baugrundstück als auch das Grundstück des Antragstellers sind im Außenbereich gelegen. Die angefochtene Baugenehmigung beinhaltet eine Nebenbestimmung, wonach die Windkraftanlage nur mit einer elektrischen Leistung unterhalb ihrer Nennleistung betrieben werden darf, solange nicht nachgewiesen ist, daß auch bei Nennleistungsbetrieb die einschlägigen Lärmwerte an den maßgeblichen Immissionspunkten eingehalten werden. Das Verwaltungsgericht ordnete die aufschiebende Wirkung des vom Antragsteller gegen die Baugenehmigung eingelegten Widerspruchs an. Die dagegen gerichteten Beschwerden hatten keinen Erfolg.

Aus den Gründen:

Der Antragsgegner behauptet, die Baugenehmigung in ihrer ursprünglichen Form stelle mit der Nebenbestimmung Nr. 17 sicher, daß die genehmigte

Windkraftanlage von Beginn ihrer Inbetriebnahme an keine schädlichen Umwelteinwirkungen für das Grundstück des Antragstellers hervorrufe. In den Nachtstunden könne durch den von der Windkraftanlage erzeugten Lärm – vorausgesetzt, die Windkraftanlage werde der Baugenehmigung entsprechend betrieben – an dem auf dem Grundstück des Antragstellers gelegenen Immissionspunkt IP 4 maximal ein Schalldruckpegel von 45 dB(A) auftreten. Diese Behauptungen treffen nicht zu. Die Nebenbestimmung Nr. 17 stellt nämlich keineswegs sicher, daß der von der geplanten Windkraftanlage in den Nachtstunden am IP 4 verursachte Schalldruckpegel von Beginn der Inbetriebnahme an einen Wert von 45 dB(A) nicht übersteigt. Die von dem Ingenieurbüro R. gefertigte Schallprognose in der geänderten Fassung vom 12. 9. 2000, auf der die Nebenbestimmung Nr. 17 beruht, stellt keine ausreichend sichere Prognose dar.

Nach der jüngsten Rechtsprechung des ebenfalls mit Bausachen befaßten 7. Senats des erkennenden Gerichts muß die Baugenehmigung auf einer Prognose der einschlägigen Immissionsbelastungen bei Nennleistung beruhen, die „auf der sicheren Seite" liegt. Der Prognose ist der zumeist mit einem Sicherheitszuschlag wegen möglicher Serienstreuung versehene Schalleistungspegel zugrunde zu legen, der für die Nennleistung bei einer Referenzmessung desselben Anlagentyps ermittelt worden ist und in dem die gegebenenfalls ermittelten Zuschläge für besonders lästige Auffälligkeiten enthalten sind. Der Richtwirkung der Schallabstrahlung ist ggf. mit weiteren Zuschlägen Rechnung zutragen. Schließlich ist in einer Ausbreitungsrechnung nach dem Alternativen Verfahren gemäß DIN ISO 9613–2 Abschnitt 7.3.2 zu ermitteln, ob an den relevanten Immissionsorten der einschlägige Nachtwert eingehalten wird. Ergibt die Prognose, daß die Zumutbarkeitsschwelle nicht eingehalten wird, muß durch konkrete Betriebsregelungen – zum Beispiel durch Begrenzung der Emissionen der Anlage auf einen Schalleistungspegel, der unterhalb des bei Nennleistung erzeugten Schalleistungspegels liegt – sichergestellt werden, daß die Zumutbarkeitsschwelle nicht überschritten wird (vgl. OVG Nordrhein-Westfalen, Urteil v. 18. 11. 2002 – 7 A 2127/00 –, BRS 65 Nr. 182).

Diesen Anforderungen an eine sichere Prognose entspricht das der Nebenbestimmung Nr. 17 zugrunde gelegte Schalltechnische Gutachten des Ingenieurbüros R. schon deshalb nicht, weil darin die Ausbreitung des Schalls nicht nach dem Alternativen Verfahren gemäß DIN ISO 9613–2 Abschnitt 7.3.2 berechnet worden ist.

Die ergänzende Stellungnahme des Ingenieurbüros R. zum Gutachten vom 19. 9. 2002, die nunmehr das Alternative Verfahren gemäß DIN ISO 9613–2 Abschnitt 7.3.2 zur Berechnung der Schallausbreitung verwendet und für die Gesamtheit der Meßunsicherheiten einen Zuschlag von 2,5 dB(A) berücksichtigt, macht deutlich, daß die Regelungen der Baugenehmigung in ihrer ursprünglichen Form die Einhaltung der für die Nachtstunden maßgeblichen Immissionswerte am IP 4 nicht garantierten. Um dort einen Nachtwert von nicht mehr als 45 dB(A) sicherzustellen, bedarf es nach der ergänzenden Stellungnahme einer Begrenzung der elektrischen Leistung der Windkraftanlage auf 520 kW, um so ihren Schalleistungspegel auf maximal 97,8 dB(A) herabzusetzen. Die Baugenehmigung in ihrer ursprünglichen Form sah hingegen – entsprechend dem Schreiben des Anlagenherstellers E. vom 22.11.2000 – lediglich eine Herabsetzung der Nennleistung auf maximal 850 kW und damit nur eine Reduzierung des Schalleistungspegels von 100,8 dB(A) um 1,5 dB(A) vor. Nach allem ergibt sich aus den mit der Beschwerdeschrift dargelegten Gründen nicht, daß die dem Beigeladenen erteilte Baugenehmigung mit überwiegender Wahrscheinlichkeit keine Nachbarrechte des Antragstellers verletzt und insoweit offensichtlich rechtmäßig ist. Vielmehr erscheint bei der in den Verfahren des vorläufigen Rechtsschutzes gebotenen summarischen Prüfung der Sach- und Rechtslage der Ausgang des Hauptsacheverfahrens offen, so daß die Erfolgsaussichten der Klage im Rahmen der nach den §§ 80 a Abs. 1 Nr. 2, Abs. 3, 80 Abs. 5 VwGO vorzunehmenden Interessenabwägung nicht berücksichtigt werden können.

In diesem Zusammenhang trägt der Antragsgegner mit der Beschwerdebegründung vor, eine von den Erfolgsaussichten im Hauptsacheverfahren unabhängige Interessenabwägung müsse zu Lasten des Antragstellers ausfallen. Der Beigeladene habe substanziiert dargelegt, welche wirtschaftlichen Interessen er mit der Errichtung der Windkraftanlage verfolge und welche Nachteile ihm infolge einer Verzögerung durch das Abwarten der Entscheidung im Hauptsacheverfahren entstehen würden. Das erhebliche Investitionsvolumen des Bauvorhabens begründe im Hinblick auf die Beschaffung von Finanzmitteln und die letztlich beabsichtigte Gewinnerzielung ein besonderes Interesse des Beigeladenen an der alsbaldigen Ausnutzung der Baugenehmigung. Auch würden durch die Errichtung der Windkraftanlage vor Abschluß des Hauptsacheverfahrens keine unumkehrbaren Fakten geschaffen. Angesichts der gegen die Baugenehmigung erhobenen Klage des Antragstellers errichte der Beigeladene die Anlage auf eigenes Risiko. Wenn sich nachträglich herausstelle, daß die Baugenehmigung wegen eines Verstoßes gegen die Nachbarrechte des Antragstellers rechtswidrig sei, könne dieser die Beseitigung der Windkraftanlage verlangen und durchsetzen.

Der Senat verkennt das Gewicht der Interessen des Beigeladenen nicht. Gleichwohl ist auch insoweit das Ergebnis der vom Verwaltungsgericht getroffenen Interessenabwägung nicht zu beanstanden. Die Abwägung der gegenläufigen Interessen muß zugunsten des Antragstellers ausfallen. Sein Interesse, von den negativen Auswirkungen der geplanten Windkraftanlage bis zum rechtskräftigen Abschluß des Hauptsacheverfahrens vorläufig verschont zu bleiben, überwiegt das vorstehend beschriebene Interesse des Beigeladenen an der sofortigen Ausnutzung der Baugenehmigung.

Ob es dem Nachbarn zuzumuten ist, bei offenem Ausgang des Hauptsacheverfahrens die negativen Auswirkungen einer Windkraftanlage vorläufig – d. h. bis zum Abschluß des in bezug auf die Baugenehmigung geführten Klageverfahrens und gegebenenfalls bis zum Abschluß eines sich anschließenden Verfahrens auf Beseitigung der Anlage – hinzunehmen, hängt nicht zuletzt von dem Ausmaß der zu erwartenden Beeinträchtigungen ab. Bei der Bewertung dieser Beeinträchtigungen kann die Entfernung zwischen dem vorgesehenen Standort der Windkraftanlage und dem zu schützenden Grundstücksbereich des betroffenen Nachbarn eine wesentliche Rolle spielen. Regelmäßig werden die von einer Windkraftanlage ausgehenden Beeinträchtigungen zunehmen, je dichter ihr Standort an ein bewohntes Grundstück heranrückt. Dies gilt nicht nur für den von ihr verursachten Lärm oder Schattenwurf. Vielmehr muß auch die optisch bedrängende Wirkung, die durch die Höhe moderner Anlagen in Verbindung mit den sich ständig drehenden Rotorblättern möglicherweise hervorgerufen werden kann, in die Betrachtung eingestellt werden. Daß dieser zuletzt genannte Aspekt in der jüngeren Rechtsprechung keine wesentliche Rolle mehr gespielt hat, hängt letztlich damit zusammen, daß die Windkraftanlagen, mit denen die Gerichte befaßt waren, wegen des von ihnen erzeugten Lärms stets einen Abstand zu den umliegenden Wohnhäusern einhalten mußten, bei dem eine solche bedrängende Wirkung wohl zu verneinen war. Der Senat neigt dazu, jedenfalls bei einem Abstand jenseits der 300 m insoweit keinen Verstoß gegen das Gebot der Rücksichtnahme anzunehmen. Inzwischen gestattet es die technische Entwicklung jedoch, Windkraftanlagen zu bauen, die bei Einhaltung der maßgeblichen Lärmrichtwerte sehr viel näher an vorhandene Wohnhäuser heranrücken können, ohne daß allen dadurch berührten Belangen der Bewohner durch die Einhaltung der bauordnungsrechtlichen Abstandsflächenvorschriften ausreichend Rechnung getragen wird. In einem solchen Fall kann der Aspekt einer möglicherweise bedrängenden Wirkung bei der Interessenabwägung im Verfahren des vorläufigen Rechtsschutzes ausschlaggebend sein.

So ist es hier. Der geplante Standort der mehr als 100 m hohen Windkraftanlage, gegen deren Genehmigung sich der Antragsteller wendet, ist nach den vorliegenden Schallgutachten des Ingenieurbüros R. von dem maßgeblichen Immissionspunkt auf dem Grundstück des Antragstellers nur 209 m entfernt. Er liegt damit in einem Bereich, der – was die Bebauung mit Windkraftanlagen angeht – als absoluter Nahbereich des Wohngrundstücks bezeichnet werden kann. Zwar läßt sich im vorliegenden Verfahren nicht hinreichend sicher beurteilen, ob das Vorhaben allein wegen seiner optisch bedrängenden Wirkung dem Antragsteller gegenüber rücksichtslos ist, doch ist angesichts des geringen Abstandes der Anlage zum Wohnhaus des Antragstellers – selbst wenn die Grenze der Rücksichtslosigkeit nicht überschritten sein sollte – von erheblichen optischen Beeinträchtigungen auszugehen, die den Wohnwert seines Hauses wesentlich herabzusetzen und sein Wohlbefinden sowie das seiner Familie empfindlich zu stören vermögen. Dies umso mehr, als nach den vorliegenden Unterlagen sowohl die Terrasse als auch verschiedene Fenster von Aufenthaltsräumen auf den südöstlich des Wohnhauses geplanten Standort der Windkraftanlage ausgerichtet sind. Die privaten wirtschaftlichen Interessen des Beigeladenen – auch wenn sie nicht gering einzuschätzen sind – rechtfertigen es nicht, dem Antragsteller im konkreten Fall die über Lärm und Schattenwurf hinausgehenden Auswirkungen der Windkraftanlage für einen Zeitraum zuzumuten, der unter Umständen mehrere Jahre betragen kann.

Nr. 165

Zum amtshaftungsrechtlichen Schutz des Vertrauens in eine rechtswidrige Baugenehmigung, bei deren Erwirkung der Bauherr den – objektiv erfolglosen – Versuch einer arglistigen Täuschung begangen hat.

BGB § 839.

Bundesgerichtshof, Urteil vom 16. Januar 2003 – III ZR 269/01 –.

(OLG Koblenz)

Die Mutter des Klägers ist Eigentümerin des mit einem Wohnhaus bebauten Grundstücks B.Straße 23. Der Kläger beabsichtigte, das vorhandene Wohnhaus durch einen Anbau zu erweitern, der die nach der Landesbauordnung erforderlichen Grenzabstände zu den südwestlichen und westlichen Nachbargrundstücken Flurstücke 340/5 und 340/3 sowie dem nordöstlichen Nachbargrundstück Flurstück 346/1 nicht einhielt. Die Nachbarin E. M., die Eigentümerin des Flurstücks 346/1, war mit dem Vorhaben des Klägers nicht einverstanden und hatte dies dem Kläger auch ausdrücklich erklärt.

Im September 1990 beantragte der Kläger nach einem vorangegangenen Bauvoranfrageverfahren die Baugenehmigung. Der Lageplan und die Bauzeichnungen trugen jeweils die handschriftlichen Vermerke: „Einverständnis der Nachbarn: Flur 1 340/3 und 5 sowie Flur 1 346/1". Bei den Flurstücken 340/3 und 5 war die Unterschrift des Nachbarn beigefügt; bei dem Flurstück 346/1 jedoch nicht diejenige der Grundstückseigentümerin M., sondern der Mutter des Klägers. Die Gemeindeverwaltung erteilte ihr Einvernehmen, dabei wies sie darauf hin, daß die Unterschrift des Nachbarn zu dem Grundstück Flur 1 Nr. 346/1 nicht von der Grundstückseigentümerin stamme; Frau N. sei Eigentümerin des Baugrundstücks.

Im Dezember 1990 stellte der Kläger einen Befreiungsantrag, betreffend die Einhaltung der Abstandsflächen zu den Parzellen 340/3 und 340/5. Er erklärte, hinsichtlich dieser Grundstücke werde teilweise direkt an den Grenzen angebaut; die Eigentümer seien jedoch mit der Bebauung einverstanden und hätten dies durch ihre Unterschrift bestätigt.

Daraufhin erteilte die Kreisverwaltung ihm im Dezember 1990 die Baugenehmigung unter Befreiung von den Vorschriften des § 8 Abs. 6 LBauO.

Die Nachbarin M. rügte mit Schriftsatz vom 6.3.1991, sie sei nicht ordnungsgemäß am Baugenehmigungsverfahren beteiligt worden, und legte mit Schriftsatz vom 19.3.1991 Widerspruch gegen die Baugenehmigung ein. Über den Widerspruch wurde der Kläger am 28.3.1991 unterrichtet. Im April 1991 stellte die Nachbarin beim Verwaltungsgericht einen Antrag auf Anordnung der aufschiebenden Wirkung des Widerspruchs; dieser Antrag gelangte am 10.4.1991 zur Kenntnis des Klägers. Dieser stellte daraufhin die bereits begonnenen und weit fortgeschrittenen Bauarbeiten ein. Das Verwaltungsgericht gab dem Antrag statt; die Beschwerde des Klägers blieb erfolglos. Im November 1994 nahm die Kreisverwaltung die Baugenehmigung zurück.

Der Kläger verlangt nunmehr von dem beklagten Land Schadensersatz für Planungs-, Abriß-, Rohbau-, Anwalts- und Gerichtskosten. Er trägt vor, diese Aufwendungen seien ihm entstanden, weil er im berechtigten Vertrauen auf die erteilte Baugenehmigung mit den Bauarbeiten begonnen habe.

Beide Vorinstanzen haben der Klage im wesentlichen stattgegeben, und zwar das Berufungsgericht i. H. v. 119218,80 DM nebst Zinsen. Die Revision des beklagten Landes führte, soweit zum Nachteil des beklagten Landes erkannt worden ist, zur Aufhebung des Berufungsurteils und zur Zurückverweisung der Sache an das Berufungsgericht.

Aus den Gründen:
1. Daß die Baugenehmigung vom Dezember 1990 rechtswidrig war und ihre Erteilung eine schuldhafte Amtspflichtverletzung von Amtsträgern des beklagten Landes gegenüber dem Kläger als einem geschützten Dritten gewesen ist, steht im Revisionsrechtszug außer Streit. Es geht nur noch um die Fragen, ob und inwieweit die Baugenehmigung eine Verläßlichkeitsgrundlage für die vom Kläger getätigten Aufwendungen gebildet hat und ob dem Kläger ein mitwirkendes Verschulden zur Last fällt. Beide Vorinstanzen haben hinsichtlich der noch im Streit befindlichen Schadenspositionen die erste Frage bejaht, die zweite verneint. In beiden Punkten kann ihnen nach dem der revisionsrechtlichen Beurteilung zu Grunde zu legenden Sach- und Streitstand nicht gefolgt werden.
2. Zutreffend ist allerdings der rechtliche Ausgangspunkt des Berufungsgerichts, daß ein Amtshaftungsanspruch (§ 839 BGB i. V. m. Art. 34 GG) nur insoweit in Betracht kommt, als die Baugenehmigung geeignet war, bei dem Kläger ein schutzwürdiges Vertrauen dahin zu begründen, daß er, auf sie gestützt, die Verwirklichung des Bauvorhabens in Angriff nehmen dürfe (st. Rspr.; vgl. z. B. Senatsurteile, BGHZ 123, 191, 198 m. zahlr. w.N.; Senat, Urteil v. 11. 10. 2001 – III ZR 63/00 –, NJW 2002, 432, 433 = BGHZ 149, 50, 53 f = BRS 64 Nr. 172). Dies ist nicht erst eine Frage des mitwirkenden Verschuldens i. S. des § 254 BGB, sondern bereits eine solche der objektiven Reichweite des dem Betroffenen durch das Amtshaftungsrecht gewährten Vermögensschutzes (Senat, Urteil v. 11. 10. 2001, a. a. O.).

a) Als Gesichtspunkte, die der Annahme haftungsrechtlich schutzwürdigen Vertrauens auf einen (rechtswidrigen) begünstigenden Verwaltungsakt – in bereits den Tatbestand des § 839 Abs. 1 Satz 1 BGB ausschließender Weise – entgegenstehen können, kommen nicht nur objektive Umstände, sondern auch subjektive Kenntnisse und sich aufdrängende Erkenntnismöglichkeiten des Empfängers in Betracht (Senat Urteil, BGHZ 134, 268; Senat, Urteil v. 11. 10. 2001, a. a. O.). Derartige Kenntnisse und Erkenntnismöglichkeiten, die eine Vertrauensgrundlage bereits tatbestandsmäßig ausschließen, können insbesondere dann zu bejahen sein, wenn der betreffende Verwaltungsakt mit Mängeln behaftet ist, die seine entschädigungslose Rücknahme rechtfertigen (§ 48 Abs. 2 Satz 3 Nr. 1 bis 3 VwVfG): wenn der Betroffene den Verwaltungsakt durch arglistige Täuschung, Drohung, Bestechung oder durch Angaben erwirkt hat, die in wesentlicher Beziehung unrichtig oder unvollständig waren, oder wenn er die Rechtswidrigkeit des Verwaltungsaktes kannte oder infolge grober Fahrlässigkeit nicht kannte (Senat Urteil, BGHZ 134, 268, 284; Senat, Urteil v. 11. 10. 2001, a. a. O.).

b) Für die revisionsrechtliche Beurteilung muß zugunsten des beklagten Landes davon ausgegangen werden, daß der Kläger bei der Einreichung seines Bauantrags zumindest den Versuch einer arglistigen Täuschung begangen hat, indem er der Baugenehmigungsbehörde vorspiegelte, daß alle Nachbarn durch ihre Unterschrift ihr Einverständnis mit dem geplanten Vorhaben erteilt hätten. Unstreitig stammte indessen die das Flurstück 346/1 betreffende Unterschrift gerade nicht von dessen Eigentümerin, sondern von der Mutter des Klägers. Die Grundstückseigentümerin selbst hatte gegenüber dem Kläger ihr Einverständnis bestimmt und eindeutig verweigert; dies hatte der Kläger sogar in einem seinen Architekten übermittelten Vermerk schriftlich festgehalten. Außerdem war der Kläger durch seinen Architekten nachdrücklich auf das Erfordernis der Zustimmung aller betroffenen Nachbarn hingewiesen worden.

c) Dieser Täuschungsversuch war indessen in der Erklärung der Gemeinde vom Oktober 1990, durch die das gemäß §§ 36, 34 BauGB erforderliche gemeindliche Einvernehmen erteilt wurde, offengelegt worden. Die Annahme beider Vorinstanzen, der Täuschungsversuch habe im Ergebnis objektiv nicht zum Erfolg geführt, ist daher revisionsrechtlich nicht zu beanstanden.

d) Entgegen der Auffassung des Berufungsgerichts war dieser objektive Fehlschlag des Täuschungsversuchs indessen nicht geeignet, nunmehr bei dem Kläger ein schutzwürdiges Vertrauen in den Bestand der erteilten Baugenehmigung zu begründen. Spiegelbildlich zu dem oben wiedergegebenen Grundsatz, wonach subjektive Kenntnisse und Erkenntnismöglichkeiten dem Entstehen einer Vertrauensgrundlage entgegenstehen können, kommt es nämlich auch für die Heilung einer bereits begangenen arglistigen Täuschung auf die subjektive Sicht des durch die betreffende Maßnahme Begünstigten an. Dies bedeutet, daß der Kläger, um sich auf schutzwürdiges Vertrauen berufen zu können, entweder von sich aus die unrichtigen Angaben hätte richtigstellen müssen oder zumindest positiv Kenntnis davon hätte haben müssen, daß seine begangene Täuschung sich auf den Erlaß der Maßnahme objektiv nicht ausgewirkt hatte. Dafür trägt der Kläger die Darlegungs- und Beweislast. Insoweit fehlt es an hinreichenden tatsächlichen Feststellungen. Ob der klarstellende Hinweis der Gemeinde vom Oktober 1990 überhaupt zur Kenntnis des Klägers gelangt ist, ist nicht dargetan. Der Befreiungsantrag des Klägers vom Dezember 1990 war nicht geeignet, die Täuschung aus der Welt zu schaffen. Zwar ist dort lediglich von den Parzellen 340/3 und 340/5 die Rede, also nicht von der Parzelle 346/1. Gleichwohl wurde auf diese Weise der unzutreffende Eindruck erweckt und bestätigt, daß sämtliche betroffenen Nachbarn einverstanden seien. Die bloße Nichterwähnung des Flurstücks 346/1 besagte nichts darüber, daß die vorangegangenen Erklärungen des scheinbaren Grundstückseigentümers ihre Wirksamkeit hätten verlieren sollen.

e) Dementsprechend läßt der weitere Geschehensablauf zwanglos die Deutung zu, daß aus der Sicht des Klägers die Täuschung gerade nicht richtiggestellt worden war, sondern im Gegenteil Erfolg gehabt hatte, indem die Behörde sich hatte irreführen lassen. Sollte dies die Vorstellung des Klägers gewesen sein, wäre einem schutzwürdigen Vertrauen in die Baugenehmigung von vornherein jegliche Grundlage entzogen.

3. Sollte die somit erforderliche weitere tatrichterliche Aufklärung zu dem dem Kläger günstigen Ergebnis führen, daß er auf die Baugenehmigung vertrauen durfte, so kann die Verurteilung des beklagten Landes jedenfalls der Höhe nach keinen Bestand haben. Die Revision weist zu Recht darauf hin, daß unter dem Gesichtspunkt des mitwirkenden Verschuldens (§ 254 BGB) diejenigen Aufwendungen des Klägers möglicherweise nicht ersatzfähig sind, die er nach Kenntniserlangung vom Widerspruch der Nachbarin (28.3.1991) getätigt hat; die Vorinstanzen wollen demgegenüber auf den 10.4.1991

abstellen, als der Antrag auf Wiederherstellung der aufschiebenden Wirkung des Widerspruchs dem Kläger bekannt wurde.

a) Allerdings kommt, wenn und soweit eine Genehmigung geeignet ist, schutzwürdiges Vertrauen des Adressaten in ihren Bestand zu begründen, diese Vertrauensgrundlage im Falle der Anfechtung des Bescheids durch Dritte nicht ohne weiteres völlig in Wegfall. Jedoch wird ab dem Vorliegen von Drittanfechtungen grundsätzlich eine größere Eigenverantwortung des Bauherrn unter dem Gesichtspunkt des §254 BGB anzunehmen sein. Ist zulässigerweise Widerspruch eingelegt oder Klage erhoben, verbunden mit dem Antrag auf Wiederherstellung der aufschiebenden Wirkung, so hat der Bauherr die Möglichkeit der Rechtswidrigkeit der ihm erteilten Genehmigung jedenfalls dann ernsthaft in Betracht zu ziehen, wenn Anfechtungsgründe vorgebracht werden, deren Richtigkeit nicht ohne weiteres von der Hand zu weisen ist. Setzt er in einer solchen Situation sein Vorhaben entsprechend der Genehmigung fort, ohne die Entscheidung des Gerichts in der Hauptsache über die Wiederherstellung der aufschiebenden Wirkung abzuwarten, so nimmt er das in der Drittanfechtung liegende Risiko bewußt auf sich (Senat, Urteil v. 11. 10. 2001, a. a. O., S. 434 = BGHZ 149, 50, 55 f. m. w. N.).

b) Aus diesen Grundsätzen kann indessen nicht gefolgert werden, daß eine derartige Risikoüberwälzung auf den Bauherrn stets nur und erst durch einen Antrag auf Herstellung der aufschiebenden Wirkung begründet wird. Vielmehr sind immer die Umstände des jeweiligen Einzelfalls zu würdigen; diese Würdigung kann zu dem Ergebnis führen, daß bereits der Widerspruch für sich allein genommen, ohne Antrag auf aufschiebende Wirkung, dem Bauherrn hinreichenden Anlaß bieten mußte, von weiteren kostenträchtigen Maßnahmen abzusehen. So konnte es hier gelegen haben: Der Widerspruch stammte gerade von derjenigen Nachbarin, deren Widerstand gegen das Bauvorhaben von vornherein klar zutage gelegen und den Kläger zu seinem erfolglosen Täuschungsversuch veranlaßt hatte. In Verbindung mit den vorangegangenen Belehrungen durch seinen Architekten hätten daher bei dem Kläger „die Alarmglocken läuten" müssen. Ihm hätte spätestens jetzt klar sein müssen, daß die Durchführbarkeit des Bauvorhabens gefährdet war.

c) Indem der Kläger das Bauvorhaben gleichwohl zunächst weiterführte, hat er daher möglicherweise auf eigenes Risiko gehandelt. Dies betrifft insbesondere die in die Zeitspanne zwischen dem 28.3. und dem 10.4.1991 fallenden kostenträchtigen Aufwendungen für die Herstellung des Rohbaus.

Nr. 166

Zur Amtspflicht der Baugenehmigungsbehörde, den Bauherrn unverzüglich von einem Nachbarwiderspruch zu unterrichten.

BGB §839.

Bundesgerichtshof, Urteil vom 9. Oktober 2003 – III ZR 414/02 –.

(OLG Frankfurt am Main)

Nr. 166

Die Kläger sind Architekten. Sie hatten sich zu einer (Innen-)Gesellschaft bürgerlichen Rechts zusammengeschlossen, um das im unbeplanten Innenbereich belegene Grundstück mit einem Wohn- und Bürohaus zu bebauen. Nach Gesprächen mit Mitarbeitern der Beklagten über Bebauungsmöglichkeiten kauften sie das Grundstück im April 1994 und nahmen zur Finanzierung des Kaufpreises ein Darlehen (001) über 375 000,– DM auf. Der Kläger zu 2 übernahm die zeichnerische Darstellung des Vorhabens und die Erstellung des Bauantrages. Dieser wurde durch Bescheid der Beklagten 1996 genehmigt. Am 7.3.1997 schlossen die Kläger zur Finanzierung der Baukosten einen weiteren Darlehensvertrag über 570 000,– DM; dieses Darlehen (002) wurde nur i. H. v. 194 500,– DM ausbezahlt. Am 17.4.1997 begannen die Kläger mit den Bauarbeiten, nachdem sie dies zuvor der Beklagten angezeigt hatten.

Bereits im Februar 1997 hatten die Eigentümer der Nachbargrundstücke bei der Beklagten gegen die den Klägern erteilte Baugenehmigung Widersprüche eingelegt. Hiervon unterrichtete die Beklagte die Kläger zunächst nicht. Anfang April beantragten die Nachbarn beim Verwaltungsgericht die Herstellung der aufschiebenden Wirkung ihrer Widersprüche. Mit Schreiben vom 29.4.1997, bei den Klägern eingegangen am 5.5.1997, teilte die Beklagte ihnen mit, daß die Nachbarn Widersprüche eingelegt und Eilanträge gestellt hätten. In dem Schreiben hieß es weiter, in Anbetracht der laufenden Verfahren müsse die Beklagte darauf aufmerksam machen, daß die Kläger zwar nicht gesetzlich verpflichtet seien, die Bauarbeiten einzustellen, das Risiko weiterer Bautätigkeiten jedoch allein zu tragen hätten. Die Kläger nahmen dieses Schreiben zum Anlaß, im wesentlichen nur noch Maßnahmen zur Sicherung der bereits errichteten Bauteile ausführen zu lassen. Im Juni 1997 gab das Verwaltungsgericht den von den Nachbarn gestellten Eilanträgen im wesentlichen statt. Die Beklagte untersagte den Klägern deshalb die Fortführung der Bauarbeiten. Daraufhin planten die Kläger das Vorhaben teilweise um und erwirkten bei der Beklagten eine entsprechende Nachtragsbaugenehmigung. Aber auch diese hielt der verwaltungsgerichtlichen Prüfung im Eilverfahren nicht stand. Nach Erhalt der das zweite Eilverfahren abschließenden Entscheidung des Hessischen Verwaltungsgerichtshofs vom März 2000 gaben die Kläger das Vorhaben auf und veräußerten das Grundstück anderweitig.

Sie nehmen nunmehr die Beklagte nach Amtshaftungsgrundsätzen auf Schadensersatz wegen der Erteilung der rechtswidrigen Baugenehmigungen in Anspruch. Eine weitere Amtspflichtverletzung erblicken sie darin, daß die Beklagte sie nicht rechtzeitig vor der Aufnahme des zweiten Darlehens über die eingegangenen Nachbarwidersprüche unterrichtet habe. Ihren Schaden berechnen sie im wesentlichen nach den fehlgeschlagenen Finanzierungsaufwendungen für den Zeitraum vom 23.6.1997 (Baustopp) bis zum 14.3.2000 (Kenntnisnahme von der Entscheidung des Verwaltungsgerichtshofs).

Aus den Gründen:

Den Klägern steht gegen die Beklagte der geltend gemachte Amtshaftungsanspruch (§ 839 BGB i. V. m. Art. 34 GG) im vom Berufungsgericht zuerkannten Umfang zu.

1. Die Baugenehmigungen ... waren rechtswidrig. Dies steht zwar nicht schon auf Grund der verwaltungsgerichtlichen Entscheidungen fest, da diese im Eilverfahren ergangen waren und deshalb für den jetzigen Amtshaftungsprozeß keine Bindungswirkung entfalten konnten (Senatsurteil v. 16.11.2000 – III ZR 265/99 –, BRS 63 Nr. 182 = NVwZ 2001, 352). Die Vorinstanzen sind jedoch zu Recht der sachlichen Beurteilung des Hessischen Verwaltungsgerichtshofs gefolgt, wonach sich das Vorhaben der Kläger sowohl in seiner ursprünglichen als auch in seiner geänderten Gestalt wegen seiner Höhe und Geschoßflächenzahlen nicht in die Eigenart der näheren Umge-

bung einfügte (§ 34 Abs. 1 Satz 1 BauGB). Die Erteilung der solchermaßen rechtswidrigen Baugenehmigungen stellte eine schuldhafte Amtspflichtverletzung der Amtsträger der Beklagten gegenüber den Klägern dar. In der Rechtsprechung des Senats ist seit langem anerkannt, daß die Amtspflicht, eine rechtswidrige Baugenehmigung nicht zu erteilen, der Bauaufsichtsbehörde auch und gerade gegenüber dem antragstellenden Bauherrn selbst obliegt (vgl. Senatsurteil, BGHZ 149, 50, 52 m. w. N.).

2. Das Berufungsgericht hat auch zu Recht angenommen, daß beide Baugenehmigungen zumindest grundsätzlich – vorbehaltlich eines Mitverschuldens der Kläger (siehe dazu im Folgenden) – geeignet waren, eine Verläßlichkeitsgrundlage für die Aufwendungen und Investitionen der Kläger zu bilden, die der Durchführung des geplanten Vorhabens dienten.

a) Allerdings kommen als Gesichtspunkte, die der Annahme haftungsrechtlich schutzwürdigen Vertrauens auf einen (rechtswidrigen) begünstigenden Verwaltungsakt – in bereits den Tatbestand des § 839 Abs. 1 Satz 1 BGB ausschließender Weise – entgegenstehen können, nicht nur objektive Umstände, sondern auch subjektive Kenntnisse und sich aufdrängende Erkenntnismöglichkeiten des Empfängers in Betracht (Senatsurteile, BGHZ 134, 268, 283 f.; 149, 50, 52 f.). Derartige subjektive Kenntnisse und sich aufdrängende Erkenntnismöglichkeiten sind insbesondere dann zu bejahen, wenn der betreffende Verwaltungsakt mit Mängeln behaftet ist, die seine entschädigungslose Rücknahme rechtfertigen (§ 48 Abs. 2 Satz 3 Nr. 1 bis 3 VwVfG): wenn der Betroffene den Verwaltungsakt durch arglistige Täuschung, Drohung, Bestechung oder durch Angaben erwirkt hat, die in wesentlicher Beziehung unrichtig oder unvollständig waren, oder wenn er die Rechtswidrigkeit des Verwaltungsaktes kannte oder infolge grober Fahrlässigkeit nicht kannte (Senatsurteile, BGHZ 134, 268, 284; 149, 50, 54).

b) Derartige besondere Umstände lagen hier nicht bereits deshalb vor, weil der Kläger zu 2 als Architekt, der die Erstellung einer genehmigungsfähigen Planung übernommen hatte, über genügend Sachkunde hätte verfügen müssen, um von sich aus die bauplanungsrechtlichen Gegebenheiten zu beurteilen und die Fehlerhaftigkeit der erteilten Baugenehmigungen zu erkennen. Insoweit ist der hier zu beurteilende Sachverhalt mit demjenigen vergleichbar, der dem Senatsurteil BGHZ 149, 50 zugrunde gelegen hatte: Hier wie dort rechtfertigte es diese Sachkunde nicht, den Klägern als antragstellenden Bauherren das volle Risiko einer Fehlbeurteilung der planungsrechtlichen Anforderungen, hier des § 34 BauGB, aufzubürden und die Bauaufsichtsbehörde insoweit von jeglicher Verantwortung zu entlasten. § 34 BauGB ist eine zentrale Bestimmung des Bauplanungsrechts. Die sachgemäße Handhabung dieser Vorschrift fällt daher in erster Linie in den Verantwortungsbereich der Bauaufsichtsbehörde. Das „Rechtsanwendungsrisiko", d. h. hier die ordnungsgemäße Beurteilung des § 34 BauGB, wurde nicht bereits dadurch in vollem Umfang von der Behörde auf die Kläger verlagert, daß bei diesen als Architekten ebenfalls ein gewisses Maß an Sachkunde vorauszusetzen war. Anders als etwa bei der Einhaltung der Grenzabstände nach Bauordnungsrecht, die zu den grundlegenden Anforderungen gehört, die jeder Architekt bei der Planung zu beachten hat (vgl. dazu Senatsurteil v. 19. 3. 1992 – III ZR

117/90 –, BGHR BGB, § 839 Abs. 1 Satz 2 Architekt 1 = NVwZ 1992, 911, 912), ging es bei der hier zu beurteilenden Frage, ob das Vorhaben sich nach Art und Maß der baulichen Nutzung, der Bauweise und der Grundstücksfläche in die Eigenart der näheren Umgebung einfügte (§ 34 Abs. 1 Satz 1 BauGB), um Wertungen, die mitunter nicht einfach sind und gewisse Beurteilungsspielräume eröffnen können. Deshalb gilt hier der Grundsatz, daß die Kläger bei der Beurteilung der planungsrechtlichen Zulässigkeit des Vorhabens nicht klüger zu sein brauchten als die zur Entscheidung über den Baugenehmigungsantrag berufenen Amtsträger der Beklagten (vgl. Senatsurteil, BGHZ 108, 224, 230; siehe auch Staudinger/Wurm, BGB, 13. Bearb. 2002, § 839 Rdnr. 260 m. w. N.). Das schutzwürdige Vertrauen, das die Baugenehmigung bestimmungsgemäß bei den Klägern begründet hat, ist hier jedenfalls nicht so weit eingeschränkt, daß ein Totalverlust des Amtshaftungsanspruchs bereits auf der Tatbestandsebene stattfinden müßte. Eine sachgerechte Lösung besteht vielmehr in einer Abwägung nach § 254 BGB.

c) Auch die weiteren, von der Revisionsbegründung aufgezeigten Gesichtspunkte, vermögen einen Totalverlust des Amtshaftungsanspruchs nicht zu rechtfertigen.

aa) Ohne Erfolg macht die Revision geltend, die Kläger hätten nicht auf die Baugenehmigung vertrauen dürfen, weil ihnen wiederholt mündlich „ausdrücklich und unmißverständlich" mitgeteilt worden sei, daß der von ihnen vorgelegte Plan nicht genehmigungsfähig sei. Daß die Beklagte das Bauvorhaben zunächst für unzulässig gehalten hat, bot für sich allein genommen den Klägern keinen Anlaß zu besonderer Vorsicht. Mit der Erteilung der Baugenehmigungen waren diese zuvor vom Bauaufsichtsamt geäußerten Bedenken hinfällig geworden. Die Kläger mußten sich in der Annahme, das Vorhaben sei wie geplant zulässig, bestätigt sehen. Sie durften nunmehr davon ausgehen, daß einer der Baugenehmigung entsprechenden Durchführung ihres Vorhabens öffentlich-rechtliche Hindernisse nicht entgegenstünden und daß sie entsprechend wirtschaftlich disponieren könnten.

bb) Auch mit dem weiteren Vorbringen, die Kläger hätten grob fahrlässig gehandelt, weil die Eigentümer des Nachbargrundstücks ihnen in einem Gespräch 1995 erklärt hätten, „daß man nicht bereit sei, ein überdimensioniertes Bauvorhaben zu dulden", dringt die Revision nicht durch. Ein derartiger mündlicher Widerstand bedeutete nicht notwendig, daß die betroffenen Nachbarn auch tatsächlich mit einem Rechtsbehelf gegen die erteilte Baugenehmigung vorgehen würden. Im übrigen kommt sogar im Falle einer tatsächlich erfolgten Drittanfechtung das schutzwürdige Vertrauen des Adressaten in den Bestand der Baugenehmigung nicht ohne weiteres völlig in Wegfall; es wird lediglich eine größere Eigenverantwortung des Bauherren unter dem Gesichtspunkt des § 254 BGB anzunehmen sein, wenn Anfechtungsgründe vorgebracht werden, deren sachliche Richtigkeit nicht ohne weiteres von der Hand zu weisen ist (siehe Senatsurteil, BGHZ 149, 50, 55 f. mit zahlreichen weiteren Nachweisen; vgl. ferner Senatsurteil v. 16. 1. 2003 – III ZR 269/01 –, BauR 2003, 672).

d) Die Kläger selbst lassen sich hinsichtlich beider Baugenehmigungen eine Mitverschuldensquote von 25 v. H. anrechnen; dem ist das Berufungsgericht gefolgt. Diese Abwägung fällt in den Bereich tatrichterlicher Würdigung und läßt revisionsrechtlich bedeutsame Rechtsfehler nicht erkennen.

3. Einen weiteren Amtshaftungstatbestand erblickt das Berufungsgericht darin, daß die Bediensteten der Bauaufsichtsbehörde die Kläger nicht sogleich von dem Eingang des Nachbarwiderspruchs Ende Februar 1997 unterrichtet hätten. Auch die hiergegen gerichteten Angriffe der Revision können keinen Erfolg haben.

a) Allerdings mag zweifelhaft sein, ob der Umstand, daß die Kläger durch die Baugenehmigung begünstigt wurden, ihnen im Rahmen des Widerspruchsverfahrens eine Rechtsstellung verlieh, die die Beklagte als Ausgangsbehörde, die den angefochtenen Verwaltungsakt erlassen hatte, zur unverzüglichen Unterrichtung verpflichtete. Diese Frage braucht hier indessen nicht geklärt zu werden.

b) Die Bediensteten des Bauaufsichtsamtes hatten hier nämlich eine allgemeine, sich zur Amtspflicht verdichtende Fürsorgepflicht, durch eine rechtzeitige Unterrichtung mögliche Schädigungen der Kläger zu verhindern. Insoweit ist anerkannt, daß besondere tatsächliche Lagen und Verhältnisse für den Beamten zusätzliche Pflichten schaffen können, so auch die Pflicht, einen Gesuchsteller über die zur Erreichung seiner Ziele notwendigen Maßnahmen belehrend aufzuklären oder in anderer Weise helfend tätig zu werden, wenn er erkennt oder erkennen muß, daß der Betroffene seine Lage in tatsächlicher oder rechtlicher Hinsicht nicht richtig zu beurteilen vermag, besonders wenn der Betreffende sonst Gefahr läuft, einen Schaden zu erleiden. Diese zusätzliche Pflicht ergibt sich aus dem Grundsatz, daß der Beamte nicht nur Vollstrecker staatlichen Willens, nicht nur Diener des Staates, sondern zugleich „Helfer des Bürgers" sein soll (vgl. z. B. Senatsurteil, BGHZ 15, 305, 312; Staudinger/Wurm, Rdnr. 159 m. w. N.). Insbesondere darf der Beamte nicht „sehenden Auges" zulassen, daß der bei ihm vorsprechende Bürger Schäden erleidet, die der Beamte durch einen kurzen Hinweis, eine Belehrung mit wenigen Worten oder eine entsprechende Aufklärung zu vermeiden in der Lage ist (Senatsurteil v. 5. 5. 1994 – III ZR 78/93 –, NJW 1994, 2415, 2417 m. w. N.).

c) Im vorliegenden Fall war die Baugenehmigung vom Dezember 1996 das Ergebnis eines mehrjährigen Abstimmungsprozesses zwischen den Klägern und der Beklagten gewesen. Daher mußte den zuständigen Amtsträgern der Beklagten klar sein, daß diese Baugenehmigung die Verläßlichkeitsgrundlage für kostspielige Aufwendungen bilden konnte, die der Verwirklichung des Vorhabens dienten. Durch die Erhebung des formellen Widerspruches wurde daher aus der Sicht der Beklagten die ernsthafte Möglichkeit geschaffen, daß diese Verläßlichkeitsgrundlage entfallen werde. Dies hat die Beklagte auch selbst so gesehen, als sie in ihrem Unterrichtungsschreiben vom April 1997 die Kläger auf das Risiko weiterer Bautätigkeiten hinwies. Zwar lagen zum damaligen Zeitpunkt bereits die Eilanträge der Widerspruchsführer auf Herstellung der aufschiebenden Wirkung vor; dieses Risiko wurde aber – der Beklagten erkennbar – schon durch die Widersprüche selbst begründet.

d) Unter diesen Umständen durfte sich die Beklagte zunächst nicht auf bloßes Untätigbleiben beschränken. Dies gilt um so mehr, als schon eine einfache, formlose Mitteilung dem berechtigten Informationsinteresse der Kläger genügt hätte.

e) Dem Berufungsgericht ist ferner darin beizupflichten, daß diese Mitteilung jedenfalls vor dem 7.3.1997, dem Zeitpunkt der Aufnahme des zweiten Darlehens (002), hätte erfolgen müssen. Mit Recht ist das Berufungsgericht der Auffassung des Landgerichts entgegengetreten, eine Unterrichtung binnen zwei Wochen sei entsprechend den Grundsätzen zur Unverzüglichkeit einer Anfechtung noch ausreichend. Denn anders als ein zur Anfechtung einer Willenserklärung Berechtigter hatte die Baugenehmigungsbehörde hier keine rechtlichen Überlegungen anzustellen, sondern schlicht eine Tatsache formlos mitzuteilen. Da die Verneinung einer Amtspflichtverletzung durch das Landgericht auf einem unzutreffenden rechtlichen Ausgangspunkt beruhte, vermag auch die „Kollegialgerichts-Richtlinie" die Beklagte hier nicht zu entlasten (vgl. Staudinger/Wurm, Rdnr. 218).

f) Ein mitwirkendes Verschulden der Kläger ist bei diesem Haftungstatbestand nicht erkennbar.

5. Auch die Schadensberechnung des Berufungsgerichts hält den Angriffen der Revision stand.

a) Die Aufnahme des Darlehens 001 ist der Beklagten haftungsrechtlich nicht zuzurechnen. Sie hatte bereits lange Zeit vor Erteilung der ersten Baugenehmigung stattgefunden und war daher nicht durch ein Vertrauen in diese verursacht worden. Die erste Baugenehmigung bildete jedoch eine geeignete Verläßlichkeitsgrundlage für die weitere Nutzung der Darlehensvaluta. Dementsprechend haben die Kläger in ihre bezifferten Zahlungsansprüche auch lediglich die Finanzierungskosten für den Zeitraum zwischen der vorläufigen Stillegung der Bauarbeiten und dem endgültigen Scheitern des Projektes eingestellt.

b) Das Berufungsgericht ist der Schadensberechnung der Kläger gefolgt und hat die Grundsätze herangezogen, die in der Rechtsprechung des Bundesgerichtshofs zur Ermittlung des Verzögerungsschadens bei verspäteter Fertigstellung eines Gebäudes entwickelt worden sind (BGHZ 121, 210; zur verspäteten Erteilung einer Baugenehmigung und einer dadurch eintretenden Verzögerung siehe insbesondere Senatsurteil v. 11.6.1992 – III ZR 210/90 –, NVwZ 1992, 1119, 1120). Hiergegen wendet sich die Revision mit Recht. Diese Grundsätze betreffen nämlich Fallgestaltungen, in denen das betreffende Vorhaben trotz der Verzögerung letztlich doch verwirklicht wird. Hier dagegen geht es darum, daß die Baugenehmigung von vornherein gerade nicht hätte erteilt werden dürfen und das Vorhaben von Anfang an nicht realisierbar war.

c) Die Schadensberechnung des Berufungsgerichts stellt sich jedoch aus anderen Gründen im Ergebnis gleichwohl als richtig dar (§ 561 ZPO): Die Kläger hätten nämlich diejenigen Schritte, die sie nach dem endgültigen Scheitern des Projekts zur Ablösung des Darlehens unternommen haben, schon früher, nämlich zum Zeitpunkt der Stillegung des Bauvorhabens, unternehmen können. Daß sie dies unterlassen und während des Schwebezustands bis zum endgültigen Scheitern des Projekts weitere Finanzierungsaufwendungen getätigt haben, beruht auf den rechtswidrigen Baugenehmigungen.

Denn das in diese Genehmigungen gesetzte Vertrauen bildete die Grundlage dafür, daß die Kläger den Versuch unternehmen durften, sich ihrerseits gegen die Nachbarwidersprüche zur Wehr zur setzen und das Vorhaben doch noch zu retten. Deswegen ist die amtspflichtwidrige Erteilung der Baugenehmigungen für den Schaden ursächlich geworden; dieser fällt auch in den sachlichen Schutzbereich der verletzten Amtspflicht. Der Mitverschuldensquote von 25 v. H. haben die Kläger durch eine entsprechende Anpassung ihrer Anträge selbst Rechnung getragen. Der Senat hat daher keine durchgreifenden Bedenken dagegen, das Vorbringen der Kläger zur Schadenshöhe in dem vorbezeichneten Sinne auszulegen.

d) Ebensowenig ist es rechtlich zu beanstanden, daß das Berufungsgericht – in Übereinstimmung mit der Schadensberechnung der Kläger – hinsichtlich des zweiten Darlehens (002) die unterlassene Unterrichtung der Kläger als die wesentliche Schadensursache angesehen und insoweit ein mitwirkendes Verschulden verneint hat.

Nr. 167

Eröffnet die Rechtsordnung mehrere Rechtswege zur Verfolgung eines Rechtsschutzzieles (Schutz vor Lärmimmissionen), kann nicht ausgeschlossen werden, daß die jeweils angerufenen Gerichte die Zumutbarkeitsschwelle bei Lärmimmissionen, für die rechtsverbindliche, für das private und das öffentliche Recht gleichermaßen geltende Immissionswerte zum Schutz des Nachbareigentums nicht bestehen, unterschiedlich bestimmen.
(Nichtamtlicher Leitsatz)

BGB §§ 1004, 906; LAI.

Bundesverwaltungsgericht, Beschluß vom 17. Juli 2003 – 4 B 55.03 –.

(OVG Rheinland-Pfalz) (BauR 2003, 1187, abgedruckt unter Nr. 73)

Aus den Gründen:
2.1 Das Berufungsgericht hat entschieden, der Beigeladene könne sich hinsichtlich der vom Kläger beanstandeten Nutzung nicht auf baurechtlichen Bestandsschutz berufen, weil der dem Beigeladenen obliegende Nachweis für die Erteilung einer Baugenehmigung, die auch die umstrittene Nutzung legalisiere, nicht geführt worden sei. Der Beigeladene ist der Ansicht, daß die Unerweislichkeit des Vorliegens einer Baugenehmigung zu Lasten des Klägers oder des Beklagten, jedoch nicht zu seinen Lasten gehen dürfe. Die Beschwerde möchte deshalb grundsätzlich geklärt wissen, wem im Falle der Klage eines Drittbetroffenen die Beweislast für das Vorliegen einer Baugenehmigung obliegt.

Diese Frage rechtfertigt nicht die Zulassung der Revision. Sie ist, soweit sie sich überhaupt in verallgemeinerungsfähiger Weise klären läßt, in der Rechtsprechung des Bundesverwaltungsgerichts geklärt. Die Unerweislichkeit von Tatsachen, aus denen ein Beteiligter ihm günstige Rechtsfolgen herleitet, geht grundsätzlich zu seinen Lasten (vgl. BVerwG, Beschluß v. 1.11.1993 – 7 B

190.93 –, NJW 1994, 468; Beschluß v. 3.8.1988 – 9 B 257.88 –, Buchholz 412.6 § 1 HHG Nr. 28; Beschluß v. 19.2.1988 – 4 B 33.88 –, im Anschluß an das Urteil v. 23.2.1979 – 4 C 86.76 –, Buchholz 406.16 Nr. 13 = BRS 35 Nr. 206 m. w. N.). Vorliegend käme der Nachweis einer Baugenehmigung, welche die Live-Musik-Veranstaltungen in der Sängerhalle des Beigeladenen legalisierte, dem Beigeladenen zugute, da eine derartige Nutzungsgenehmigung im Rahmen des vom Gebot der Rücksichtnahme geforderten Interessenausgleichs für den Kläger schutzmindernd als Vorbelastung in Ansatz gebracht werden könnte. Die Folgen der Ungewißheit der Erteilung einer solchen Baugenehmigung muß der Beigeladene daher gegen sich gelten lassen. Es bedarf nicht der Durchführung eines Revisionsverfahrens, um diese Rechtsfolge festzustellen.

2.2 Die Beschwerde wirft die Rechtsfrage auf, ob es der Verwaltungsgerichtsbarkeit verwehrt ist, daß nachbarrechtliche Gebot der Rücksichtnahme erneut zu prüfen, wenn dies bereits umfassend in einem den gleichen tatsächlichen Lebenssachverhalt betreffenden zivilrechtlichen Verfahren erfolgt ist. In dieser weiten Formulierung wäre die Frage in einem Revisionsverfahren nicht klärungsfähig. Wird die aufgeworfene Frage auf eine Fallkonstellation beschränkt, wie sie hier besteht, führt sie nicht zu einem grundsätzlichen Klärungsbedarf. Entgegen der Beschwerde hat das Berufungsgericht die Rechtskraft des Urteils des OLG Koblenz vom 15.2.2002 nicht „durchbrochen". Dem Urteil des OLG Koblenz, das mit dem Beschluß des Bundesgerichtshofs vom 20.6.2002 rechtskräftig geworden ist, und der hier angegriffenen Entscheidung des Berufungsgerichts vom 16.4.2003 liegen unterschiedliche prozessuale Ansprüche (Streitgegenstände) zugrunde. Das OLG Koblenz hatte über einen vom Kläger auf die §§ 1004, 906 BGB gestützten und gegen den Beigeladenen (in jenem Verfahren: Beklagter) gerichteten Anspruch auf Unterlassung der Lärmeinwirkungen zu entscheiden. Das OVG Rheinland-Pfalz hatte zu entscheiden, ob der Kläger vom beklagten Landkreis ein bauaufsichtliches Einschreiten gegen Live-Musik-Veranstaltungen in der vom Beigeladenen betriebenen Halle beanspruchen kann. Als betroffener Nachbar blieb es dem Kläger unbenommen, Rechtsschutz auf dem Zivilrechtsweg und dem Verwaltungsrechtsweg zu suchen. Eröffnet die Rechtsordnung mehrere Rechtswege zur Verfolgung eines Rechtsschutzziels (Schutz vor Lärmimmissionen), kann nicht ausgeschlossen werden, daß die jeweils angerufenen Gerichte die Zumutbarkeitsschwelle bei Lärmimmissionen, für die – wie hier hinsichtlich der Live-Musik-Veranstaltungen – rechtsverbindliche, für das private und das öffentliche Recht gleichermaßen geltende Immissionsgrenzwerte zum Schutz des Nachbareigentums nicht bestehen, unterschiedlich bestimmen.

2.3 Das Berufungsgericht hat im vorliegenden Fall die vom Länderausschuß für Immissionsschutz (LAI) im Jahr 1995 verabschiedete Freizeitlärm-Richtlinie (NVwZ 1997, 469) als Orientierungshilfe herangezogen, um die Zumutbarkeitsgrenze hinsichtlich der Lärmimmissionen (Live-Musik-Veranstaltungen) zu bestimmen. Die Beschwerde wirft hierzu als grundsätzlich klärungsbedürftig die Frage auf, ob ein maßvolles Überschreiten der Lärmwerte der LAI-Freizeitlärm-Richtlinie bei zwei Veranstaltungen im Kalenderjahr noch hinzunehmen sei. Daran knüpft die Beschwerde die weitere Frage, ob „in der Vergangenheit tradierte Nutzungen einer Halle für zeitgenössische, jugendliches Publikum im ländlichen Bereich betreffende Veranstaltungen" fortgesetzt werden dürften, wenn die Werte der Freizeitlärm-Richtlinie maßvoll überschritten würden. Auch damit zeigt die Beschwerde keinen grundsätzlichen Klärungsbedarf auf.

Solange für die Ermittlung und Bewertung der auf Wohngrundstücke einwirkenden Geräusche rechtlich keine bestimmten Meß- und Berechnungsverfahren sowie Lärmwerte vorgegeben sind, bleibt es der tatrichterlichen Würdigung vorbehalten, unter Berücksichtigung der einzelnen Schallereignisse, ihres Schallpegels und ihrer Eigenart (Dauer, Häufigkeit, Impulshaltigkeit) und ihres Zusammenwirkens die Erheblichkeit der Lärmbelästigung zu beurteilen. Die Zumutbarkeitsgrenze ist auf Grund einer umfassenden Würdigung aller Umstände des Einzelfalls und insbesondere der speziellen Schutzwürdigkeit des jeweiligen Baugebiets zu bestimmen. Dies hat das Bundesverwaltungsgericht für den Bereich der Lärmbelastungen – ebenso wie für Geruchs- oder Abgasbelastungen – wiederholt ausgesprochen (vgl. BVerwG, Beschluß v. 27.1.1994 – 4 B 16.94 –, NVwZ-RR 1995, 6; Urteil v. 24.4.1991 – 7 C 12.90 –, BVerwGE 88, 143, 148f., m.w.N. = BRS 52 Nr.191 = BauR 1991, 593). In diesem Zusammenhang können auch technische Regelwerke zur Beurteilung von Lärmimmissionen herangezogen werden, wenn sie für die Beurteilung der Erheblichkeit der Lärmbelästigung im konkreten Streitfall brauchbare Anhaltspunkte liefern (vgl. BVerwG, Urteil v. 29.4.1988 – 7 C 33.87 –, BVerwGE 79, 254, 264f. = BRS 48 Nr.99). Geklärt ist ferner, daß technische Regelwerke dieser Art im Rahmen der gebotenen Einzelfallprüfung nur eine Orientierungshilfe oder einen „groben Anhalt" bieten. Unzulässig ist in jedem Falle eine nur schematische Anwendung bestimmter Mittelungs- oder Grenzwerte (BVerwG, Beschluß v. 27.1.1994, a.a.O.). Zu den Regelwerken, die als Orientierungshilfe in Betracht kommen, gehören auch die vom Länderausschuß für Immissionsschutz verabschiedeten und mehrfach fortgeschriebenen „Hinweise zur Beurteilung der durch Freizeitanlagen verursachten Geräusche" (NVwZ 1985, 98; 1988, 135), die im Jahr 1995 als „Freizeitlärm-Richtlinie" verabschiedet worden ist (vgl. hierzu BVerwG, Urteil v. 24.4.1991, a.a.O., S.149).

Die Beschwerde legt nicht dar, daß der vorliegende Streitfall dem beschließenden Senat in einem Revisionsverfahren Gelegenheit böte, die vorgenannte Rechtsprechung allgemeingültig fortzuentwickeln, zu konkretisieren oder zu korrigieren.

III. Einwendungen des Nachbarn

Nr. 168

1. Der sogenannte Gebietsgewährleistungsanspruch greift nur innerhalb desselben Baugebiets.
2. Ein von konkreten Beeinträchtigungen unabhängiger gebietsübergreifender Schutz des Nachbarn vor gebietsfremden Nutzungen im benachbarten Baugebiet besteht nicht.
3. Das wechselseitige Austauschverhältnis, auf dem der Gebietsgewährleistungsanspruch letztlich beruht, beschränkt sich auf die Eigentümer der in demselben Baugebiet gelegenen Grundstücke.
4. Grundstücke, für die innerhalb eines Bebauungsplangebiets unterschiedliche Nutzungsarten festgelegt sind, liegen nicht innerhalb eines Baugebietes, sondern in unterschiedlichen Baugebieten.

BauGB § 30.

OVG NRW, Beschluß vom 28. November 2002 – 10 B 1618/02 – (rechtskräftig).

Der Antragsteller wandte sich gegen die der Beigeladenen erteilte Baugenehmigung zur Errichtung eines Altenpflegeheims und begehrte die Anordnung der aufschiebenden Wirkung seines gegen die Baugenehmigung eingelegten Widerspruchs. Das mit einem Wohnhaus bebaute Grundstück des Antragstellers und das Baugrundstück liegen im Geltungsbereich desselben Bebauungsplans, wobei das Baugrundstück als Fläche für den Gemeinbedarf mit der Zweckbestimmung „Kirche" und das Grundstück des Antragstellers als allgemeines Wohngebiet festgesetzt ist. Der Antragsteller meinte, die Baugenehmigung verstoße gegen den ihm zustehenden Anspruch auf Bewahrung des Gebietscharakters. Der Antrag blieb in beiden Instanzen erfolglos.

Aus den Gründen:

Aus den in der Beschwerdeschrift dargelegten Gründen, die der Senat gemäß § 146 Abs. 4 Satz 6 VwGO allein zu prüfen hat, ergibt sich nicht, daß die der Beigeladenen erteilte Baugenehmigung zur Errichtung eines Altenpflegeheimes mit 70 Pflegeplätzen auf dem Grundstück Gemarkung H. gegen öffentlich-rechtliche Vorschriften verstößt, die auch dem Schutz des Antragstellers zu dienen bestimmt sind.

Der Antragsteller hat sich in der Beschwerdeschrift zur Begründung seines Abwehrrechts ausschließlich darauf gestützt, daß das umstrittene Vorhaben auf dem dafür vorgesehenen Grundstück seiner Art nach bauplanungsrechtlich unzulässig sei. Ob diese Ansicht zutrifft, spielt jedoch – wie das Verwaltungsgericht bereits ausgeführt hat – für die Entscheidung in diesem Verfahren letztlich keine Rolle. Das Baugrundstück liegt im Geltungsbereich des Bebauungsplans Nr...., von dessen Wirksamkeit der Senat im Verfahren des vorläufigen Rechtsschutzes ausgeht. Der Bebauungsplan setzt die Fläche des Baugrundstücks als Fläche für den Gemeinbedarf mit der Zweckbestimmung „Kirche" fest. Diese Festsetzung dient nicht dem Schutz des Antragstellers.

Deshalb verletzt eine Baugenehmigung für ein Vorhaben, welches mit der Festsetzung „Fläche für den Gemeinbedarf – Kirche" unvereinbar ist, den Antragsteller nicht in seinen Rechten. Insbesondere ist der von ihm geltend gemachte Anspruch auf Wahrung des Gebietscharakters, den die Rechtsprechung im Geltungsbereich von Bebauungsplänen und innerhalb von faktischen Baugebieten i. S. der Baunutzungsverordnung zugunsten des Nachbarn anerkennt, hier nicht zu bejahen. Der sogenannte Gebietsgewährleistungsanspruch besagt, daß ein Nachbar sich unabhängig von irgendwelchen tatsächlichen Betroffenheiten gegen Bauvorhaben zur Wehr setzen kann, die den Baugebietsfestsetzungen bzw. dem Charakter des vorhandenen faktischen Baugebiets widersprechen (vgl. BVerwG, Urteil v. 16. 9. 1993 – 4 C 28.91 –, BRS 55 Nr. 110, Urteil v. 23. 8. 1996 – 4 C 13.94 –, BRS 58 Nr. 159, Beschluß v. 11. 4. 1996 – 4 B 51.96 –, BRS 58 Nr. 82, und Beschluß v. 2. 2. 2000 – 4 B 87.99 –, BRS 63 Nr. 190).

Allerdings greift der so beschriebene Gebietsgewährleistungsanspruch nur innerhalb desselben Baugebiets. Ein gebietsübergreifender Schutz des Nachbarn vor gebietsfremden Nutzungen im benachbarten Baugebiet – unabhängig von konkreten Beeinträchtigungen – besteht nicht. Das wechselseitige Austauschverhältnis, auf dem der Gebietsgewährleistungsanspruch letztlich beruht, beschränkt sich auf die Eigentümer der in demselben Baugebiet gelegenen Grundstücke. Grundstücke, für die innerhalb eines Bebauungsplangebiets unterschiedliche Nutzungsarten festgelegt sind, liegen nicht innerhalb eines Baugebietes, sondern in unterschiedlichen Baugebieten (vgl. VGH BW, Beschluß v. 23. 8. 1996 – 10 S 1492/96 –, BRS 58 Nr. 160, sowie BayVGH, Beschluß v. 25. 8. 1997 – 2 ZB 97.00681 –, BRS 59 Nr. 66).

Nach allem kann der Antragsteller seinen Angriff gegen die der Beigeladenen erteilte Baugenehmigung nicht auf einen Gebietsgewährleistungsanspruch stützen, denn das Baugrundstück liegt außerhalb des durch Bebauungsplan festgesetzten allgemeinen Wohngebiets, innerhalb dessen sich sein Grundstück befindet.

Dafür, daß ihm die Festsetzung „Fläche für den Gemeinbedarf – Kirche" Nachbarschutz vermittelt, weil der Plangeber die Festsetzung auch zum Schutze Dritter getroffen hat, hat der Antragsteller nichts vorgetragen.

Vermittelt die Festsetzung „Fläche für den Gemeinbedarf – Kirche" nach dem Beschwerdevorbringen mithin keinen Drittschutz zugunsten des Antragstellers, könnte das Vorhaben der Beigeladenen – auch wenn es mit dieser Festsetzung unvereinbar sein sollte – nur dann verhindern, wenn es sich ihm gegenüber als rücksichtslos erweisen würde. Dazu hat er nichts Substantiiertes vorgetragen. In der Beschwerdeschrift hat er ausgeführt, ein Altenpflegeheim, wie es die Beigeladene errichten wolle und das in Wahrheit nichts anderes als ein Krankenhaus sei, gehöre nicht zu den Wohngebäuden, die ganz oder teilweise der Betreuung und Pflege ihrer Bewohner dienten. Pflegeheime, die nach Sinn und Zweck einem Langzeitkrankenhaus gleichkämen, seien in einem reinen Wohngebiet auch nicht ausnahmsweise zulässig. Daß in einem allgemeinen Wohngebiet auch Anlagen für soziale Zwecke allgemein zulässig seien, spiele für die Frage der Rücksichtslosigkeit des umstrittenen Vorhabens keine Rolle. Auf dem Baugrundstück dürften nur eine Kirche oder kirchlichen Zwecken dienende Einrichtungen errichtet werden. Eine Vorbelastung seines eigenen Grundstücks könne nur durch die konkreten Festsetzungen des Bebauungsplans bewirkt werden, nicht aber durch die Annahme der Festsetzung eines allgemeinen Wohngebiets für das Baugrundstück. In der ergänzenden Beschwerdebegründung, die zudem erst nach Ablauf der Beschwerdebegründungsfrist bei Gericht eingegangen ist, heißt es lediglich: „Das Vorhaben der Beigeladenen ist mit einer Kirche hinsichtlich des Störungsgrades überhaupt nicht vergleichbar. Das ergibt sich schon aus der Häufigkeit der Benutzung und dem gesamten Geschäftsbetrieb, der in einem solchen Vorhaben, wie es die Beigeladene durchführen will, stattfindet". Aus diesen Ausführungen wird für den Senat nicht erkennbar, welche unzumutbaren Störungen durch den Geschäftsbetrieb des Altenpflegeheims der Antragsteller erwartet und als rücksichtslos geltend machen will, so daß eine Prüfung ihrer rechtlichen Relevanz nicht möglich ist.

Nr. 169

Gliedert die Gemeinde die Nutzungsart auf der Grundlage von § 1 Abs. 4 ff. BauNVO 1990 oder § 8 Abs. 4 BauNVO 1968, so entfalten diese Festsetzungen nur dann nachbarschützende Wirkungen, wenn dies die Gemeinde damit bezweckt. Ein uneingeschränkter Gebietserhaltungsanspruch steht den übrigen Planunterworfenen insoweit nicht zu.

BauNVO § 1 Abs. 4; BauNVO 1968 § 8 Abs. 4.

Niedersächsisches OVG, Beschluß vom 11. Dezember 2003
– 1 ME 302/03 – (rechtskräftig).

Die Antragstellerin ist Eigentümerin des mit einem Bürogebäude bebauten Grundstücks K.-Straße 2 B und möchte die Errichtung eines Einzelhandelsmarktes mit einer Verkaufsfläche von 800 m^2 auf dem östlich benachbarten Grundstück K.-Straße 2 A mit der Begründung verhindern, das widerspreche den textlichen Festsetzungen des Bebauungsplanes der Antragsgegnerin Nr. 685. Dieser wurde 1976 bekannt gemacht und setzt für das Grundstück der Antragstellerin sowie das Baugrundstück Gewerbegebiet mit Einschränkungen fest. Für den östlichen Teil des Baugrundstücks gilt § 3 der textlichen Festsetzungen, der folgenden Wortlaut hat:

„Das Gewerbegebiet entlang der K.-Straße ist gegliedert. Zulässig sind Geschäfts-, Büro- und Verwaltungsgebäude. Ausnahmsweise können zugelassen werden
1. Wohnungen für Aufsichts- und Bereitschaftspersonen sowie für Betriebsinhaber und Betriebsleiter,
2. Anlagen für kirchliche, kulturelle, soziale, gesundheitliche und sportliche Zwecke (§ 8 Abs. 4 BauNVO)."

Für den westlichen Teil des Baugrundstücks, in dem die hier streitige Anlage überwiegend hergestellt werden soll, gilt § 4 der textlichen Festsetzungen. Diese hat u. a. den folgenden Wortlaut:

„Das Gewerbegebiet ostwärts der Bundesbahn mit Ausnahme des Bereichs entlang der K.-Straße ist gegliedert.
Zulässig sind

1. Gewerbebetriebe aller Art mit Ausnahme von gemeindlichen und übergemeindlichen Einkaufszentren und Verbrauchermärkten,
2. Lagerhäuser...,
3. Geschäfts-, Büro- und Verwaltungsgebäude,
4. Tankstellen.
Ausnahmsweise können zugelassen werden... (§ 8 Abs. 4 BauNVO)."
Der hier angegriffene Vorbescheid der Antragsgegnerin vom 5. 9. 2002 betrifft einen SB-Markt. Seiner Erteilung widersprach die Antragstellerin mit der Begründung, beide textlichen Festsetzungen stünden der Genehmigung des Vorhabens entgegen; sie vermittelten zu ihren Gunsten Nachbarschutz. Deswegen sei die Vollziehung des Bauvorbescheides auszusetzen.

Aus den Gründen:
Die Frage, ob und welchen Umfangs jeder Planunterworfene die Einhaltung der zur Feinsteuerung des Nutzungsgeschehens eingesetzten Festsetzungen nach § 1 Abs. 4 ff. BauNVO 1990 bzw. § 8 Abs. 4 BauNVO 1968 in Fortsetzung der Grundsätze, welche das Bundesverwaltungsgericht in seinen Entscheidungen vom 16. 9. 1993 (– 4 C 28.91 –, BRS 55 Nr. 110 = BauR 1994, 223.) und vom 23. 8. 1996 (– 4 C 13.94 –, BRS 58 Nr. 159 = BauR 1997, 72) aufgestellt hat, reklamieren kann, ist höchstrichterlich noch nicht geklärt und in Literatur und Rechtsprechung umstritten. Zum Teil wird vertreten, jeder Planunterworfene könne sich uneingeschränkt auf all die Festsetzungen zur Nutzungsart berufen, welche der Plan festsetzt; es mache keinen Unterschied, ob der Plangeber einen der in §§ 2 ff. der Baunutzungsverordnung vorgesehenen Gebietstypen uneingeschränkt übernehme oder durch Feinsteuerungsmaßnahmen modifiziere. Zur Begründung dieser Auffassung wird angeführt, der Verordnungsgeber habe alle nach § 1 Abs. 4 ff. BauNVO möglichen Abwandlungen mit bedacht und es sei daher kein Grund erkennbar, Festsetzungen zur Feinsteuerung von dem „absoluten Gebietsschutz" auszunehmen, den Festsetzungen der Nutzungsart allen Planunterworfenen vermittelten (so König/Roeser/Stock, BauNVO, 2. Aufl. 2003, § 8 Rdnr. 56). Die der Gemeinde eingeräumte Ausgestaltungsbefugnis zur Feinjustierung betreffe lediglich den Festsetzungsinhalt, nicht jedoch den nachbarschützenden Gehalt aller Festsetzungen zur Nutzungsart (Kraft, VerwArch. 1998, 264, 284, Fußn. 108). Der Umstand, daß § 1 Abs. 4 ff. BauNVO 1990 ebenso wie § 8 Abs. 4 BauNVO 1968 lediglich zu bestimmten Festsetzungen berechtige, ohne daß damit die durch die Eigentumsgarantie und das Abwägungsgebot garantierten Vorgaben für die subjektiv-rechtliche Komponente ausgeschaltet wären, sei unerheblich, wenn sich Nachbarschutz „lediglich" aus einer textlichen Feinsteuerung ergebe (so Seidel, öffentlich-rechtlicher und privatrechtlicher Nachbarschutz 2000, Rdnr. 385 sowie Mampel, BauR 1998, 697, 701 ff., namentlich unter Hinweis auf die Eigentumsgarantie). Auch wenn es Ziel einer Feinsteuerung sei, eine benachbarte (insbesondere: Wohn-)Bebauung zu schützen, diene sie doch dazu, das Plangebiet harmonisch in die Umgebung einzubetten und dadurch die Nutzungsmöglichkeiten zu erhalten und zu schützen, die der Plan eröffne. Sein Konfliktschlichtungsprogramm entfalte damit auch zugunsten der planunterworfenen Grundstücke nachbarschützende Wirkung (Mampel, BauR 2003, 1824, 1832).

Nr. 169

Nach der Gegenmeinung ist zu differenzieren und danach zu entscheiden, welchen Kreis von Grundstücken die Gemeinde mit der Maßnahme der Feinjustierung habe schützen wollen. Seien dies Grundstücke außerhalb des Baugebiets, könnten sich Eigentümer von innerhalb des Plangebiets gelegenen Grundstücken auf diese Festsetzungen nicht als eigene Rechte berufen. Ebenso verhalte es sich mit Nutzungsausschlüssen oder Modifikationen, welche allein städtebaulich begründet seien (vgl. Gelzer/Bracher/Reidt, Bauplanungsrecht, 6. Aufl. 2001, Rdnr. 2061, 2062; Fickert/Fieseler, BauNVO, 10. Aufl., § 1 Rdnr. 31; BWVGH, Urteil v. 11. 3. 1997 – 10 S 2815/96 –, NVwZ 1999, 439 = BRS 59 Nr. 26 sowie Beschluß v. 19. 3. 1998 – 10 S 1765/97 –, UPR 1998, 358 = BRS 60 Nr. 177; ihm folgend OVG Koblenz, Urteil v. 14. 1. 2000 – 1 A 11751/99 –, BauR 2000, 527 = ZfBR 2000, 268; BayVGH, Beschluß v. 17. 10. 2002 – 15 CS 02.2068 –, BayVBl. 2003, 307). Anders als bei der Festsetzung des generellen Gebietstyps seien deren Modifikationen nicht in jedem Falle drittschützend, weil sie das durch die Gebietstypisierung vorgegebene nachbarliche Austauschverhältnis nicht zwingend beträfen und zum Vorteil eines bestimmten Planunterworfenen ausgestalteten.

Der Senat schließt sich der letztgenannten Auffassung an. Das vom Bundesverwaltungsgericht (u. a.) in den genannten zwei Entscheidungen gefundene Ergebnis darf nicht formelhaft und ohne Rücksicht auf seine dogmatische Ableitung auf die Fälle angewandt werden, in denen die Gemeinde die Nutzungsart durch Festsetzungen nach § 1 Abs. 4 ff. BauNVO 1990 bzw. nach § 8 Abs. 4 BauNVO 1968 planerisch „feingesteuert" hat. Maßgeblich für die Beantwortung dieser Frage haben vielmehr die Gründe zu sein, aus denen das Bundesverwaltungsgericht nur „grundsätzlich" folgert, jeder Planunterworfene könne im Verhältnis zu anderen Eigentümern die Einhaltung der die Grundstücksnutzungsart betreffenden Vorschriften verlangen und als eigene Rechte reklamieren. Das folgt entgegen Mampel (BauR 1998, 697, 710 ff.) insbesondere nicht aus der Eigentumsgarantie. Das Bundesverwaltungsgericht hat in der zitierten Entscheidung vom 23. 8. 1996 vielmehr ausdrücklich festgehalten, Art. 14 Abs. 1 Satz 2 GG – die Vorschrift, welche dem Gesetzgeber die inhaltliche Ausgestaltung auch des Grundeigentums auferlegt – zwinge in aller Regel nicht zu einem bestimmten Ergebnis, daher seien keineswegs alle baurechtlichen Vorschriften potentiell drittschützend. Dem ist uneingeschränkt zuzustimmen. Bei der inhaltlichen Ausgestaltung von Eigentum hat der Gesetzgeber dem Grundstückseigentümer etwas zuzuordnen, dessen Nutzung ihm als Grundlage für eine selbstbestimmte Lebensführung dienen kann. Damit ist jedoch nicht gesagt, daß sämtliche Bestimmungen zur Nutzungsart, die der Ortsgesetzgeber für dritte Grundstücke trifft, auch dem Grundstück desjenigen, der sich nun gegen eine bestimmte Nutzungsart wehrt, als Eigentum zugeordnet sind. Ebenso wie der Bundesgesetzgeber hat auch der Ortsgesetzgeber bei der Festsetzung der Nutzungsarten nicht nur zu bedenken, daß die dem einen gewährte Vergünstigung nur dann ausgenutzt werden kann, wenn andere Grundstückseigentümer bestimmte Einschränkungen hinnehmen. Soweit dies geschieht, besteht zwischen den Festsetzungen ein Korrespondenz-, das heißt ein Austauschverhältnis, welches erst die Anerkennung öffentlich-rechtlichen Nachbarschutzes gewährleistet. Daneben hat der Gesetzgeber bei der Konkretisierung des Grundeigentumsinhalts aber auch Belange der Allgemeinheit zu berücksichtigen (Art. 14 Abs. 2 Satz 2 GG). Es fehlt ein innerer Grund, jedem Grundstückseigentümer auch das Recht zu geben, deren Einhaltung als eigenes Recht zu reklamieren. Insoweit rüstet der Gesetzgeber das Grundeigentum durch die Festsetzungen des Bebauungsplanes gerade nicht in wehrfähiger Weise aus. Auch wenn, wie Mampel in seiner Äußerung aus dem Jahre 1998 nicht ganz unzutreffend hervorhebt, die dogmatische Grundlage für die Zuerkennung öffentlich-rechtlichen Drittschutzes durch Festsetzung der Nutzungsart in den beiden oben zitierten Entscheidungen schwankt – in der Entscheidung vom 16. 9. 1993 war noch das Abwägungsgebot des § 1 Abs. 6 BauGB als Grundlage genannt worden, in der Entscheidung vom 23. 8. 1996 soll es demgegenüber die Ermächtigungsgrundlage für den Bebauungsplan sein –, kommt das Bundesverwaltungsgericht dementsprechend in beiden Entscheidungen zutreffend zu dem Ergebnis, daß sich inhaltlich der öffentlich-rechtliche Nachbarschutz nur daraus rechtfertigt, daß und soweit zwischen verschiedenen Festsetzungen ein Austauschverhältnis zumindest dergestalt besteht, daß die Einhaltung der für alle oder einen Teil der Grundstücke geltenden Einschränkungen das Ziel verfolgt, eine schleichende Verschlechterung des Gebietscharakters zu verhindern und damit im Vorfeld auszuschließen, daß auf Grund einer solchen Veränderung des Gebietscharakters die Verheißungen der Planfestsetzungen am Ende dann doch nicht (vollständig) ausgenutzt werden können. Soweit dies nicht der Fall ist, fehlt die innere Rechtfertigung dafür, öffentlich-rechtlichen Nachbarschutz anzuerkennen, und ist insoweit nicht mehr die „grundsätzliche" Anerkennung von nachbarschützender Wirkung für Festsetzungen der Nutzungsart gerechtfertigt. Dementsprechend hat der Senat bereits in seinem Beschluß vom 29. 3. 1996 (– 1 M 6354/95 –, NVwZ 1997, 1012 = UPR 1996, 451 = BRS 58 Nr. 163) angenommen, trotz Verstoßes gegen die festgesetzte Nutzungsart „Gewerbegebiet" stehe dem Planunterworfenen kein Abwehranspruch gegen einen großflächigen Einzelhandelsbetrieb zu, der „an sich" nur in einem Kern- oder Sondergebiet zugelassen werden dürfte. Denn die Ausnutzung der Planverheißungen werde hierdurch nicht gefährdet.

Dem läßt sich nicht mit Mampel (BauR 2003, 1824, 1830 ff.) die Entscheidung des Bundesverwaltungsgerichts vom 24. 2. 2000 (– 4 C 23.98 –, BauR 2000, 1306 = DVBl. 2000, 1340 = NVwZ 2000, 1054) entgegenhalten. Auch hier besteht das Bundesverwaltungsgericht nicht gleichsam formelhaft auf der Meinung, Festsetzungen zur Nutzungsart hätten „nun einmal" stets und uneingeschränkt nachbarschützende Wirkung; schon deshalb könne sich der Antragsteller (Autoteilehandel) gegen die Zulassung einer Diskothek in einem Industriegebiet wehren. Das Gericht widmet sich vielmehr der Erörterung der bei deren Zulassung möglicherweise eintretenden Folgen „schleichender Gebietsverfälschung", welche das Austauschverhältnis der Planunterworfenen zu gefährden geeignet sei.

Der Rekurs auf die Ermächtigungsgrundlage hilft nicht viel weiter. Wenn § 9 Abs. 1 Nr. 1 BauGB sowohl die Art als auch das Maß der baulichen Nutzung als zwingenden Teil eines qualifizierten Bebauungsplanes festsetzt, so zeigt schon dies, daß nicht jedwede Festsetzung über die Nutzungsart Nachbarschutz vermitteln kann; denn für das Nutzungsmaß ist eine nachbarschützende Wirkung grundsätzlich gerade nicht anerkannt. Maßnahmen der Feinsteuerung nach § 1 Abs. 4 ff. BauNVO 1990/§ 8 Abs. 4 BauNVO 1968 sind vom Gesetzgeber nicht in jeder Facette als ein Planziel betrachtet worden, welches dem Schutze gleichsam aller Planunterworfenen zu dienen bestimmt ist. Schon die für alle Abweichungen nach § 1 Abs. 4 ff. BauNVO 1990 geltende Einschränkung, der Gebietscharakter müsse gewahrt werden, zeigt nicht nur, daß die Festsetzung im einzelnen nicht unbedingt etwas mit dem Charakter dieses Gebiets zu tun haben und dementsprechend auch nicht dazu bestimmt sein muß, zumindest flankierend die Ausnutzung anderer Festsetzungen der Nutzungsart schon im Vorfeld zu sichern. Wenn die Gebietsart auch bei ganz unterschiedlichen Maßnahmen der „Feinsteuerung" gewahrt werden kann, so zeigt dies vor allem, daß die Einzelfestsetzung gerade nicht immer dazu dienen muß, den Unterworfenen dieses Planes deren Ein- und Erhaltung zu sichern. Das zeigt sich namentlich dann, wenn eine Gemeinde Baugebiete im Randbereich gliedert, um außerhalb dieses Bebauungsplans gelegenen Grundstücken einen gewissen Schutz zu verschaffen. In einem solchen Falle fehlt die innere Rechtfertigung, jedem Planunterworfenen ein subjektiv-öffentliches Recht zur Einhaltung der Gebietsart zu gewähren; denn eine Gefährdung der vom Bebauungsplan für das eigene Grundstück verheißenen Nutzungsmöglichkeiten wird dadurch gerade nicht hervorgerufen.

Dem tritt Mampel (BauR 2003, 1824, 1832) nur vermeintlich überzeugend mit der Bemerkung entgegen, in diesem Falle habe die „Randmodifikation" die Aufgabe, das Plangebiet harmonisch in die Umgebung einzubetten und so für einen konfliktfrei auszunutzenden Bebauungsplan zu sorgen. Selbst wenn sich durch Außerachtlassung der so verstandenen „Außenflankierung" ein „Reibungspotential" ergibt, ist damit nicht in jedem Fall die Ausnutzung der Planverheißungen für jeden Planunterworfenen gefährdet. Wehren sich die außerhalb des Planes gelegenen Grundstücke gegen die Usurpation der sie schützenden Puffer, kommt ebenfalls in Betracht anzunehmen, daß die Planunterworfenen um so einfacher die ihr Grundstück betreffende Festsetzung der Nutzungsart ausnutzen können.

Die Richtigkeit dieser Auffassung ergibt sich auch aus der Überlegung, daß Feinsteuerungen nach § 1 Abs. 4 ff. BauNVO 1990/§ 8 Abs. 4 BauNVO 1968 im Baugebiet „an sich" zulässige Nutzungen betreffen. Es bedarf auch deshalb besonderer Rechtfertigung, wenn sich ein Planunterworfener abstrakt, d. h. ohne Geltendmachung konkreter Beeinträchtigungen gegen deren Zulassung soll wehren dürfen, obwohl diese nach dem „Konfliktsteuerungsprogramm" der Baunutzungsverordnung grundsätzlich in diesem Gebiet zulässig sein sollen/sind.

Die Richtigkeit dieser Annahme zeigt sich außerdem bei der Betrachtung des einen Begründungsstrangs, den das Bundesverwaltungsgericht in seinem Urteil vom 16. 9. 1993 angeführt hat. Darin wird das Abwägungsgebot als letztlich ausschlaggebende Grundlage für die Zuerkennung von typisiertem Nachbarschutz wegen Festsetzung einer Nutzungsart genannt. Spätestens seit der Entscheidung des Bundesverwaltungsgerichts vom 12.12. 1969 (– IV C 105.66 –, BVerwGE 34, 301, 309) ist anerkannt, daß die Gemeinde bei ihren planerischen Festsetzungen – innerhalb bestimmter Grenzen – einen Planungsspielraum besitzt, den sie auch zum Nachteil eines Grundstückseigentümers ausnutzen kann, ohne daß dieser daraufhin die Verletzung des Abwägungsgebotes zu reklamieren vermöchte. Es fehlt die innere Rechtfertigung dafür, die Ausnutzung dieses Planungsspielraums durch Feinsteuerung nach § 1 Abs. 4 ff. BauNVO 1990 unabhängig vom Ziel dieser Feinsteuerung stets durch Nachbarschutz bewehrt anzusehen. Wird die allgemeine Eigenart des Gebiets – wie dies § 1 Abs. 4 ff. BauNVO 1990 für jede Abweichung vom Regelfall fordert – gewahrt, fehlt auch von daher die zwingende Rechtfertigung für die Annahme, der Gesetzgeber habe durch die Zuerkennung der Feinsteuerungsmöglichkeiten gleichwohl jedweder Facette ihrer Ausnutzung von vornherein und unabhängig vom Ziel ihrer Ergreifung öffentlich-rechtlichen Nachbarschutz zuerkennen wollen. „Automatisch mitbedacht" ist entgegen der Auffassung von König/Roeser/Stock (a. a. O.) lediglich die Eigenart des Gebiets, nicht jedoch jede einzelne Festsetzung, welche der Ortsgesetzgeber auf der Grundlage dieser Vorschriften trifft.

Nr. 170

1. **Grenzen zwei verschiedene unbeplante Baugebiete aneinander (reines Wohngebiet/Gewerbegebiet), führt dies bauplanungsrechtlich nicht zur „Aufweichung" der Art der baulichen Nutzung im Grenzbereich, sofern sich nicht faktisch grenzüberschreitend solche Übergangsformen und Gemengelagen gebildet haben.**

2. **Für die Bestimmung der Gebietsart ist nicht maßgebend, ob sie in dieser Form abwägungsfehlerfrei überplanbar wäre und inwieweit das schutzwürdigere Gebiet Immissionen aus dem Nachbargebiet ausgesetzt ist.**

BauGB § 34 Abs. 2; BauNVO § 3.

OVG Berlin, Beschluß vom 5. Dezember 2003 – 2 S 30.03 – (rechtskräftig).

Der Antragsteller ist Eigentümer des mit einem Einfamilienhaus bebauten Grundstücks B.-Straße 31 in B.-P. Das Siedlungsgebiet entlang der B.-Straße, die in Süd-Nordrichtung verläuft, ist nicht beplant und hat sich sehr unterschiedlich entwickelt. Im südlichen Abschnitt der B.-Straße haben sich ausschließlich Gewerbebetriebe angesiedelt, während weiter nördlich Wohnbebauung und Kleingartengelände folgt. Die Gewerbebebauung endet in Richtung Norden mit einem Verbrauchermarkt und einem Möbelmarkt an einer torgesicherten Betriebszufahrt zu der weiter östlich gelegenen Industriebrachfläche, auf der noch eine Asphaltmischanlage sowie eine Bauschuttrecyclinganlage in Betrieb sind. Dieser Zufahrt wird von dem nördlich gelegenen Grundstück B.-Straße 29 durch eine 3 m hohe und circa 100 m lange Betonmauer sowie einen kleinen Grünstreifen abgegrenzt. Auf diesem Grundstück sowie den nachfolgenden Grundstücken entlang der B.-Straße befinden sich nur Wohnhäuser; ebenso auf den weiter östlich, beidseits der Straße ... gelegenen Grundstücken, bei denen es sich teilweise auch um Wochenendhausbebauung handelt.

Nr. 170

Der Antragsteller wehrt sich im vorliegenden Verfahren gegen die Bebauung des Nachbargrundstücks B.-Straße 30 mit einem Wohnhaus mit einer Gaststätte. Hierfür ist der Beigeladenen von dem Antragsgegner die Baugenehmigung zur Errichtung eines Wohn- und Geschäftshauses mit Gewerbe erteilt worden, wobei die Platzzahl der Gaststätte in einem ersten Nachtrag zu der Baugenehmigung von 80 auf 40 reduziert worden ist.

Aus den Gründen:
Das Verwaltungsgericht hat zu Recht die aufschiebende Wirkung des Widerspruchs des Antragstellers gegen die Baugenehmigung angeordnet, denn sie ist bei summarischer Prüfung rechtswidrig und verletzt den Antragsteller in seinen Rechten, soweit der Antragsgegner damit die Errichtung einer Gaststätte auf dem Grundstück B.-Straße 30 genehmigt hat.

Die bauplanungsrechtliche Beurteilung des Vorhabens der Beigeladenen richtet sich nach § 34 Abs. 2 BauGB i. V. m. § 3 Abs. 2 und 3 BauNVO, weil die unbeplante nähere Umgebung des Grundstücks der Beigeladenen nach dem Ergebnis der Augenscheinseinnahme des Senats der Eigenart eines reinen Wohngebiets i. S. des § 3 BauNVO entspricht (faktisches reines Wohngebiet).
...

Die Einheitlichkeit der Wohnbebauung in dem genannten Bereich zeigt, daß die sowohl auf den von dem Antragsgegner eingereichten Luftbildern als auch bei der Ortsbesichtigung klar erkennbare andersartige Bebauung südlich der Betriebszufahrt zu der Industriebrachfläche und zu dem Gewerbegebiet nicht mehr zur näheren Umgebung des Baugrundstücks i. S. des § 34 BauGB gehört (vgl. BVerwG, Beschluß v. 29. 4. 1997, ZfBR 1997, 268 = NVwZ 1998, 94). Hier ist die Rechtsprechung zur Abgrenzung zwischen Innenbereich und Außenbereich sinngemäß auf die Feststellung der näheren Umgebung nach § 34 BauGB übertragbar, wonach auch unmittelbar aneinandergrenzende bebaute Grundstücke gleichwohl unterschiedlichen Baugebieten angehören können, wenn bestimmten Besonderheiten eine trennende Funktion zukommt (vgl. BVerwG, Beschluß v. 20. 8. 1998, NVwZ-RR 1999, 105). Im vorliegenden Fall stellt insbesondere die zwischen den Grundstücken B.-Straße 29 und der südlich folgenden Gewerbebebauung vorhandene Betriebszufahrt mit der 100 m langen und 3 m hohen Betonmauer eine städtebauliche Zäsur dar, die die scharfe Abgrenzung zwischen den verschiedenen Baugebieten klar zum Ausdruck bringt. Es stoßen hier zwei sehr verschiedene, geradezu unverträgliche bauliche Nutzungen – eine reine Wohnnutzung und eine gewerbliche bzw. industrieartige Nutzung – direkt aufeinander. Eine Übergangsform in der Art einer Vermischung der Nutzungsarten zumindest im Randbereich gibt es nicht, das Gebiet zwischen der Straße ... und der Betriebszufahrt stellt keine Übergangs- oder Gemengelage dar.

In diesem Zusammenhang spielt auch weder der von der B.-Straße ausgehende Verkehrslärm noch der Fluglärm in der Einflugschneise zum Flughafen T. oder der von der Nutzung der Industriebrachfläche ausgehende Gewerbelärm eine Rolle, weil die Frage des Gebietscharakters bauplanungsrechtlich vor allem an optischen Kriterien ausgerichtet zu beantworten ist. Diese Umgebungsbedingungen mögen zwar einem reinen Wohngebiet nicht zuträglich sein, haben den bodenrechtlichen Charakter der angrenzenden Grundstücke aber offenbar nie geprägt oder beeinflußt, wie die deutliche Unterscheidbarkeit beider Bereiche zeigt (vgl. BVerwG, Beschluß v. 20. 8. 1998, NVwZ-RR 1999, 105 = UPR 1999, 26). Im Falle aneinandergrenzender Grundstücke, die jeweils verschiedenen Baugebieten angehören, haben diese lediglich ein Mehr an Immissionen hinzunehmen, als es dem eigenen Baugebiet entspricht. Dies führt jedoch nicht dazu, daß im Grenzbereich zugleich auch eine bauplanungsrechtliche „Aufweichung" der Art der baulichen Nutzung erfolgt, sofern sich nicht faktisch solche Übergangsformen oder Gemengelagen gebildet haben. Dies ist hier nicht der Fall. Auch wenn die Anforderungen an die in einem reinen Wohngebiet zu erwartende Wohnruhe hier völlig fehlen, und diese Bestandssituation infolge des im Bauplanungsrecht geltenden Trennungsgrundsatzes (§ 50 BImSchG) so nicht überplanbar wäre, bleibt es auf Grund der ausschließlichen Wohnbebauung in dem maßstabbildenden Bereich bei der bauplanungsrechtlichen Einstufung als reines Wohngebiet. In diesem Gebiet sind gemäß § 3 BauNVO Gaststätten als Art der baulichen Nutzung nicht zulässig. Sie sind weder als Regelbebauung noch als Ausnahmebebauung in reinen Wohngebieten vorgesehen.

Der Antragsteller hat als Nachbar auch in faktischen reinen Wohngebieten i. S. des § 34 Abs. 2 BauGB i. V. m. § 3 BauNVO einen Anspruch auf die Bewahrung der Gebietsart in seiner näheren Umgebung (Gebietserhaltungs- oder -gewährleistungsanspruch) und ist zur Abwehr solcher Grundstücksnutzungen berechtigt, die ihrer Art nach in dem Baugebiet nicht zulässig sind (vgl. BVerwG, Urteil v. 16. 9. 1993, Buchholz 406.19 Nr. 118 = BVerwGE 94, 151, 161). Hierzu bedarf es keiner zusätzlichen Feststellung einer tatsächlich spürbaren und nachweisbaren Beeinträchtigung und damit der Verletzung des Gebots der Rücksichtnahme im Einzelfall (vgl. BVerwG, Urteil v. 16. 9. 1993, a. a. O., sowie Beschluß v. 11. 4. 1996, ZfBR 1997, 51, 52 = Buchholz 406.11 § 34 Nr. 179), so daß es auf die Frage der Lärmvorbelastung sowie eventueller zusätzlicher Belastungen durch die Gaststätte infolge zeitlicher Verlagerungen der Lärmeinwirkungen in die lärmärmeren Phasen des Tages nicht ankommt.

Abgewehrt werden können damit nicht – wie mit dem bauplanungsrechtlichen Gebot der Rücksichtnahme – rein tatsächliche, sondern ausschließlich rechtliche Beeinträchtigungen durch die Verwirklichung der Art nach unzulässiger Grundstücksnutzungen, die die Eigenart eines Baugebiets verändern können. Es geht dabei um die Verhinderung einer schleichenden Umwandlung des Baugebiets (vgl. BVerwG, Beschluß v. 2. 2. 2000, BRS 63 Nr. 190 = BauR 2000, 1019), denn eine solche Entwicklung könnte dazu führen, daß die Berechtigung, das eigene Grundstück in der vorgesehenen baugebietstypischen Art zu nutzen, mit der Veränderung des Gebietscharakters untergeht. Zwar würde mit der Zulassung einer gebietsfremden Nutzungsart noch nicht das Recht, das eigene Grundstück weiterhin zu den bisherigen Zwecken zu nutzen, verlorengehen. Der Verlust der Gebietsidentität modifiziert jedoch zugleich den Inhalt des Eigentumsrechts an den Grundstücken in dem Baugebiet dahingehend, daß in der Umgebung nunmehr auch andere, bisher gebietsfremde Nutzungen zulässig sind, mögen diese Baugebietsveränderungen die bisherige Wohnnutzung auch – noch – nicht stören. Dies stellt einen

Rechtsverlust dar, der sich zugleich in einem städtebaulichen Wertverlust des Grundstücks widerspiegelt, wenn zum Beispiel – wie im vorliegenden Fall – in einem reinen Wohngebiet nunmehr auch gewerbliche Nutzungen zulässig sein würden. Letztlich sichert der Gebietserhaltungsanspruch so das subjektiv-öffentliche Recht, das eigene Grundstück in einer dem Baugebiet zulässigen Art zu nutzen (vgl. Mampel, Der Gebietserhaltungsanspruch im Streit der Meinungen, BauR 2003, 1824, 1831, 1832 m. w. N.).

Der Antragsteller hat deshalb einen Abwehranspruch gegen die mit der Genehmigung der Gaststättennutzung auf dem Nachbargrundstück B. Straße 30 eingeleitete Gebietsverfremdung, die sich insbesondere durch die unmittelbare Nachbarschaft des östlich und südlich gelegenen weiträumigen Gewerbegebiets als Einfallstor für die sukzessive Ansiedlung weiterer gewerblicher Nutzungen in dem bisherigen reinen Wohngebiet erweisen könnte, die zu dessen Umwandlung führen würde.

Nr. 171

Die Immissionsrichtwerte der Sportanlagenlärmschutzverordnung sind auf Geräuschimmissionen, die von der bestimmungsgemäßen Nutzung von Ballspielplätzen und ähnlichen Anlagen für Kinder ausgehen, nicht unmittelbar anwendbar.

BImSchG §§ 3, 22 Abs. 1; 18. BImSchV § 1 Abs. 2.

Bundesverwaltungsgericht, Beschluß vom 11. Februar 2003 – 7 B 88.02 –.

(VGH Baden-Württemberg)

Die Klägerin wendet sich gegen immissionsschutzrechtliche Anordnungen, durch die ihr der Beklagte Maßgaben zum Betrieb ihres Bolz- und Skateplatzes erteilte, insbesondere zur Einhaltung eines Lärmimmissionswerts von 52 dB(A) bezogen auf das Wohngrundstück der Beigeladenen. Der Verwaltungsgerichtshof hat der Klage stattgegeben und die Revision nicht zugelassen. Die hiergegen gerichtete Beschwerde der Beigeladenen hatte keinen Erfolg.

Aus den Gründen:
Nach der Legaldefinition des § 1 Abs. 2 der 18. BImSchV sind Sportanlagen ortsfeste Einrichtungen i. S. des § 3 Abs. 5 Nr. 1 BImSchG, die zur Sportausübung bestimmt sind. Damit wird zwar die Notwendigkeit der Zweckbestimmung der Anlage für den Sport hervorgehoben, der immissionsschutzrechtliche Sportbegriff jedoch nicht definiert. Namentlich gibt § 1 Abs. 2 der 18. BImSchV nichts dafür her, daß er sämtliche Erscheinungsformen körperlichspielerischer Aktivität vom kindlichen Spielen bis zum berufsmäßig betriebenen Leistungssport erfaßt. Welches der für die unmittelbare Anwendung der Sportanlagenlärmschutzverordnung maßgebliche Anlagentyp ist, bedarf hier keiner abschließenden Entscheidung. Jedenfalls kleinräumige Anlagen der hier in Rede stehenden Art, die ausschließlich für die körperliche Freizeitbetätigung von Kindern bis zum Alter von 14 Jahren bestimmt sind, können nicht als Sportanlagen im Sinne der Verordnung eingeordnet werden. Das

ergibt sich ohne weiteres aus deren wörtlicher, systematischer und historischer Auslegung.

Die Beschreibung des Anwendungsbereichs der Verordnung sowie die in ihrem §3 vorgesehenen Maßnahmen lassen erkennen, daß sich der Verordnungsgeber am Leitbild einer Sportanlage orientiert hat, die dem Vereinssport, Schulsport oder vergleichbar organisiertem Freizeitsport dient. Die Verpflichtungen des Betreibers, bestimmte Anforderungen an Lautsprecheranlagen und ähnliche technische Einrichtungen zu beachten (Nr. 1), Vorkehrungen zur Minderung des von Zuschauern verursachten Lärms zu treffen (Nr. 3) sowie An- und Abfahrtswege und Parkplätze durch Maßnahmen betrieblicher und organisatorischer Art lärmmindernd zu gestalten (Nr. 4), passen nicht auf kleinräumige Anlagen, die auf regelmäßig unorganisierte, ohne nennenswerte Beteiligung von Zuschauern und ohne Schiedsrichter oder Sportaufsicht stattfindende körperlich-spielerische Aktivitäten von Kindern zugeschnitten sind. Nichts anderes gilt für die in §2 Abs.1 der 18. BImSchV geregelten Anforderungen an die Errichtung und den Betrieb von Sportanlagen, die das vom Normgeber für erforderlich gehaltene Lärmschutzniveau differenzierend nach dem Gebietscharakter, nach Tages-, Nacht- und Ruhezeiten und nach Werktagen sowie Sonn- und Feiertagen durch Festlegung bestimmter Immissionsrichtwerte konkretisieren. Sie werden der Eigenart speziell für Kinder bis zum Alter von 14 Jahren bestimmter besonderer Ballspielplätze und ähnlicher Spieleinrichtungen, die dadurch gekennzeichnet sind, daß sie wegen ihrer sozialen Funktion regelmäßig wohngebietsnah sein müssen, nicht in jedem Fall gerecht. Daß die Sportanlagenlärmschutzverordnung solche Spieleinrichtungen zur Befriedigung kindlicher Freizeitbedürfnisse nicht erfaßt, wird durch ihre Entstehungsgeschichte bestätigt, die auf eine Entscheidung des Senats zu Geräuschimmissionen einer dem Schul-, Vereins- und Freizeitsport dienenden Bezirkssportanlage Bezug nimmt, deren Gegenstand die von typischen Sportanlagen ausgehende nachbarliche Lärmbelästigung war (vgl. BR-Drucks. 17/91, S.32ff.). Der Verordnungsgeber geht davon aus, daß „Kinderspielplätze und freizeitsportliche Aktivitäten auf Sportgelegenheiten wie Wegen, Plätzen, Spielstraßen und Freiflächen ... nicht erfaßt" werden (a.a.O., S.38).

Andererseits steht der Ausschluß einer unmittelbaren Anwendung der Sportanlagenlärmschutzverordnung auf kindgerechte Ballspielplätze und vergleichbare Anlagen ihrer entsprechenden Heranziehung im Einzelfall nicht von vornherein entgegen. Es bietet sich namentlich an, die von solchen Anlagen ausgehenden Geräuschimmissionen mangels geeigneterer Vorschriften nach dem in der Sportanlagenlärmschutzverordnung festgelegten Ermittlungs- und Meßverfahren zu bestimmen, das der Besonderheit der bei Sport und Spiel auftretenden Geräusche Rechnung trägt (vgl. Urteil v. 19.1.1989 – 7 C 77.87 –, BVerwGE 81, 197, 203ff. = BRS 49 Nr.203 = BauR 1989, 172). Die Beurteilung der Zumutbarkeit von Geräuschen, die von Anlagen der hier in Rede stehenden Art ausgehen, muß jedoch wegen deren Atypik und Vielgestaltigkeit weitgehend der tatrichterlichen Wertung im Einzelfall vorbehalten bleiben. Diese richtet sich insbesondere nach der durch die Gebietsart und die tatsächlichen Verhältnisse bestimmten Schutzwürdigkeit und Schutzbedürftigkeit; dabei sind wertende Elemente wie Herkömmlichkeit, soziale Adäquanz und allgemeine Akzeptanz mitbestimmend (vgl. Urteil v. 30. 4. 1992 – 7 C 25.91 –, BVerwGE 90, 163, 165 f. = BRS 54 Nr. 188). Die normkonkretisierende Funktion der Immissionsrichtwerte der Sportanlagenlärmschutzverordnung, eine interessengerechte, gleichmäßige Bewertung der belästigenden Wirkung von Sportlärm zu ermöglichen und damit ein Höchstmaß an Rechtssicherheit zu erreichen (vgl. BR-Drucks. 17/91, S. 35 f.), kann die individuelle Würdigung bei den aus der Sicht der Verordnung atypischen Spiel- und Freizeitanlagen für Kinder nicht ersetzen.

Nr. 172

Nachbarklage gegen die Genehmigung eines Bolzplatzes, Ermittlung der Lärmimmissionen.

BauNVO § 15 Abs. 1 Satz 2; VDI-Richtlinie 3770.

Bundesverwaltungsgericht, Beschluß vom 30. Juli 2003 – 4 B 16.03 –.

(Bayerischer VGH)

Die Kläger wenden sich gegen eine Baugenehmigung für einen Bolzplatz einschließlich eines Ballfanggitters, die der Beklagte der beigeladenen Gemeinde erteilt hat.

Aus den Gründen:

II. 1. Die als grundsätzlich klärungsbedürftig bezeichnete Rechtsfrage, ob für die Ermittlung der Lärmimmissionen von einem Bolzplatz als Beurteilungsgrundlage die VDI-Richtlinie über die Emissionskennwerte technischer Schallquellen Sport- und Freizeitanlagen (VDI 3770) anzuwenden sei, rechtfertigt die Zulassung der Revision nicht. Wie sich aus der Beschwerdebegründung ergibt, zielt die Frage darauf ab, ob der in der Richtlinie genannte Schalleistungspegel von 101 dB(A) für Bolzplätze als Ausgangswert für die Berechnung der Lärmbeeinträchtigung der Kläger herangezogen werden muß. Diese Frage ist in Übereinstimmung mit dem Berufungsgericht ohne weiteres zu verneinen. Es ist bereits in der Rechtsprechung des Senats geklärt, daß technische Regelwerke wie DIN-Normen oder VDI-Richtlinien keine rechtliche Verbindlichkeit entfalten, weil es sich bei ihnen nicht um Rechtsnormen handelt, die im Wege demokratisch legitimierter Rechtssetzung geschaffen sind. Deshalb ergibt sich aus ihnen allein nicht, wann eine Belästigung als erheblich zu qualifizieren ist und deshalb eine Verletzung des in § 15 Abs. 1 Satz 2 BauNVO geregelten Gebots der Rücksichtnahme anzunehmen ist. Erforderlich ist vielmehr immer eine tatrichterliche Bewertung, wobei die immissionsschutzfachlich anerkannten Methoden zu beachten sind. Die VDI-Richtlinien können im Rahmen der tatrichterlichen Bewertung der Zumutbarkeit von Immissionen als „Orientierungshilfe", als „brauchbarer" oder „grober" Anhalt herangezogen werden (vgl. BVerwG, Beschluß v. 18. 12. 1990 – 4 N 6.88 –, BRS 50 Nr. 25 = ZfBR 1991, 120, 123; Urteil v. 14. 1. 1993 – 4 C 19.90 –, BRS 55 Nr. 175 = BauR 1993, 445 = NVwZ 1993,

1184, 1186; Beschluß v. 27.1.1994 – 4 B 16.94 –, NVwZ-RR 1995, 6; Beschluß v. 8.7.1998 – 4 B 38.98 –, BRS 60 Nr. 179 = BauR 1998, 1207 = Buchholz 310 Nr. 290). Ggf. ist immissionsschutzfachlicher Sachverstand heranzuziehen. Was im einzelnen geboten ist, hängt im wesentlichen von den Umständen des Einzelfalles ab und entzieht sich einer rechtsgrundsätzlichen Klärung.

Darüber hinaus ist der in der VDI-Richtlinie 3770 genannte Emissionskennwert von 101 dB(A) für Bolzplätze schon nach dem eigenen Anspruch der Richtlinie nicht als Ausgangswert für die Ermittlung der Lärmbelastung der Grundstücke der Kläger geeignet. Denn wie das Berufungsgericht ausführt, geht es in der VDI-Richtlinie 3770 darum, die von einem Bolzplatz ausgehenden Immissionen im Rahmen einer vorsorgenden bauleitplanerischen Abwägung angemessen zu erfassen. Für die vorliegende Klage kommt es jedoch entscheidend darauf an, ob der von dem genehmigten Bolzplatz ausgehende Lärm die Zumutbarkeitsgrenze überschreitet oder nicht.

2. Der Zulassungsgrund des § 132 Abs. 2 Nr. 3 VwGO liegt ebenfalls nicht vor.

a) Soweit die Beschwerde einen Aufklärungsmangel (§ 86 Abs. 1 Satz 1 VwGO) darin sieht, daß das Berufungsgericht entgegen dem von ihm eingeholten Sachverständigengutachten im Rahmen der Beurteilung der bei bestimmungsgemäßer Nutzung des Bolzplatzes zu erwartenden Lärmimmissionen davon abgesehen habe, für Ball- und Klatschgeräusche nach Nr. 1.3.3 des Anhangs der 18. BImSchV einen Impulszuschlag $K_{I,i}$ anzusetzen, ohne seine insoweit bestehende Sachkunde darzulegen, wendet sie sich in erster Linie nicht gegen die unterlassene Aufklärung eines tatsächlichen Umstandes, sondern gegen die von ihr als fehlerhaft angesehene Rechtsanwendung. Das Vorbringen zielt auf die Auslegung und Anwendung der Nr. 1.3.3 des Anhangs der 18. BImSchV, wobei die Beantwortung der Rechtsfragen dem Berufungsgericht obliegt und nicht auf den Sachverständigen übertragen werden kann. Die Beschwerde ist der Ansicht, diese Vorschrift gelte für Bolzplätze unmittelbar. Nach Auffassung des Berufungsgerichts ist diese Vorschrift indessen lediglich entsprechend und damit nur unter Beachtung der spezifischen Besonderheiten von Bolzplätzen anwendbar, weil ihr unmittelbarer Anwendungsbereich nach § 1 der 18. BImSchV auf den Betrieb von Sportanlagen beschränkt sei, die zur Sportausübung bestimmt seien. Bei entsprechender Anwendung ist Nr. 1.3.3 des Anhangs der 18. BImSchV nach Ansicht des Berufungsgerichts dahin auszulegen, daß bei dem geplanten Bolzplatz (um 0,90 m abgesenktes Rasenspielfeld, Aufstellung der Tore in massiver Stahlkonstruktion, Befestigung der Ballfanggitter über eine geräuschdämmende Kunststoffhalterung an den Pfosten) für Ball- und Klatschgeräusche kein Zuschlag $K_{I,i}$ für Impulshaltigkeit und/oder auffällige Pegeländerungen zu berücksichtigen sei. Die Ballgeräusche träten bei dem geplanten Rasenspielfeld gegenüber den Zurufen der Spieler deutlich in den Hintergrund. Sie seien nicht so impulshaltig, daß sie bei der Ermittlung des Schalleistungspegels einen Zuschlag rechtfertigten. Wenn ausweislich des Gutachtens der gerichtlichen Sachverständigen angesichts der Bauart der Tore und der lärmgedämmten Ballfanggitter für das Aufprallen des Balles auf die Tore und/oder Gitter nach Nr. 1.3.3 des Anhangs der 18. BImSchV kein Impulszuschlag zu vergeben sei, dann könne erst recht nicht für die beim Abstoßen und Abstoppen des Balles auftretenden Geräusche ein Impulszuschlag angesetzt werden. Klatschgeräusche fielen nicht unter die in Rede stehende Vorschrift, weil sie für das Spiel auf einem Bolzplatz nicht typisch seien. Hinzukommende Personen seien eher interessiert sich am Spiel zu beteiligen als ihm zuzuschauen und Beifall zu klatschen.

Soweit das Beschwerdevorbringen als Angriff gegen die Würdigung des Sachverständigengutachtens und gegen das vom Berufungsgericht gewonnene Beweisergebnis verstanden werden kann, muß es ebenfalls erfolglos bleiben. Das Berufungsgericht hält die nachträgliche Begründung der gerichtlichen Sachverständigen in der mündlichen Verhandlung, der von ihr nach Nr. 1.3.3 des Anhangs der 18. BImSchV angesetzte Impulszuschlag $K_{I,i}$ von 7 dB(A) sei durch Ball- und Klatschgeräusche gerechtfertigt, aus den vorstehend aufgezeigten Gründen für nicht überzeugend. Es konnte diese Würdigung ohne weitere Begutachtung vornehmen. Denn ein in Bausachen erfahrenes Tatsachengericht ist in der Regel in der Lage zu beurteilen, ob bestimmte tatsächliche Annahmen des Gutachters zutreffen oder nicht (vgl. BVerwG, Beschluß v. 11.4.1995 – 4 B 54.95 – n.v.). Die Sachverhalts- und Beweiswürdigung ist dem Berufungsgericht als Tatsachengericht vorbehalten. Nicht die gerichtlich bestellte Gutachterin, sondern das Berufungsgericht entscheidet nach seiner freien Überzeugung in Würdigung des gesamten Prozeßstoffes über die Frage der Zumutbarkeit der von dem geplanten Bolzplatz zu erwartenden Lärmimmissionen, einschließlich der Berücksichtigungsfähigkeit der Ball- und Klatschgeräusche. Gerügt werden kann insoweit nur die Verletzung allgemeiner Sachverhalts- und Beweiswürdigungsgrundsätze, namentlich ob das Berufungsgericht von einem zweifelsfrei unrichtigen oder unvollständigen Sachverhalt ausgegangen ist (vgl. BVerwG, Beschluß v. 2.11.1995 – 9 B 710.94 –, Buchholz 310 §108 VwGO Nr.266 m.w.N.) oder gegen allgemeine Auslegungsgrundsätze, allgemeine Erfahrungssätze oder die Denkgesetze verstoßen hat (vgl. BVerwG, Urteil v. 6.2.1975 – 2 C 68.73 –, BVerwGE 47, 330, 361). Eine derartige Rüge ist revisionsrechtlich aber nicht dem Verfahrensrecht, sondern dem sachlichen Recht zuzuordnen und deshalb im Revisionszulassungsverfahren unbeachtlich (vgl. BVerwG, Urteil v. 14.5.1975 – 6 C 91.74 –,Buchholz 448.0 §34 WPflG Nr.43).

d) Ebenfalls ohne Erfolg beanstandet die Beschwerde, daß das Berufungsgericht die Frage der Immissionen durch Überschreitung der genehmigten Nutzungszeiten nicht ausreichend aufgeklärt habe. Bei der Frage, ob die in der Baugenehmigung festgesetzten Nutzungszeiten von werktäglich 9.00 bis 19.00 Uhr und sonntäglich 9.00 bis 12.00 Uhr sowie 15.00 bis 19.00 Uhr eingehalten werden, geht es um die Berücksichtigung von zukünftig voraussichtlich eintretenden Tatsachen. Im Rahmen der damit erforderlichen zukunftsbezogenen Prognose lassen sich die künftig eintretenden Tatsachen naturgemäß nicht sicher feststellen. Das hat wiederum Auswirkungen auf die dem Tatsachengericht nach §86 Abs. 1 VwGO obliegende Sachaufklärung. Mit der Aufklärungsrüge kann geltend gemacht werden, daß die tatrichterliche Prognose nicht auf einer zuverlässigen und zutreffenden Tatsachengrundlage beruht, daß wesentlicher Prozeßstoff übersehen worden ist oder daß die Erwägungen des Tatsachengerichts weder nachvollziehbar noch in sich schlüssig sind. Im Wege der Aufklärungsrüge kann jedoch nicht die Frage zur Überprüfung gestellt werden, ob die eine oder die andere Prognose zutreffend ist. Dem wird das Beschwerdevorbringen nicht gerecht. Das Berufungsgericht hat nicht übersehen, daß es in den Sommermonaten besonderer Anstrengungen der Beigeladenen und der Behörden bedürfen könnte, die Einhaltung der Nutzungszeiten am Abend sicherzustellen. Seiner Einschätzung nach könne aber nicht angenommen werden, daß dies von vornherein nicht möglich sein werde. Vor allem könne nicht von den Verhältnissen auf dem bestehenden provisorischen Spielfeld geschlossen werden, daß (auch) die für den geplanten Bolzplatz festgesetzten Nutzungszeiten zukünftig nicht eingehalten werden würden. Denn bei dem provisorischen, relativ kleinen Spielfeld könne die bei dem geplanten Bolzplatz beispielsweise in Betracht kommende Überwachung durch einen von der Beigeladenen zu beauftragenden Wachdienst nicht erwartet werden. Auch sei nicht zu erwarten, daß der Bolzplatz einen über die Umgebung hinausgehenden Einzugsbereich haben werde, da es in der Gemeinde eine Reihe anderer Bolzplätze gebe. Im übrigen weist das Berufungsgericht darauf hin, daß die festgesetzten Nutzungszeiten einen praxisgerechten Spielbetrieb zuließen. ...

Nr. 173

1. **Auch dann, wenn die Baugenehmigung die Errichtung solcher baulicher Anlagen umfaßt, die selbst keiner Baugenehmigung bedürfen (hier: Breitwasserrutsche eines Freibades – § 65 Abs. 1 Nr. 29 BauO NRW), ist die Baugenehmigung ein Verwaltungsakt, der das gesamte genehmigte Vorhaben umfaßt. Die Feststellungswirkung einer solchen einheitlichen Baugenehmigung kann von den Anliegern auch hinsichtlich solcher Teile angegriffen werden, die eigentlich keiner Genehmigung bedürfen.**
2. **Die Genehmigung einer Rutsche geht bei einem 1942 errichteten Freibad über den Erhalt des Erforderlichen hinaus.**
3. **Hinsichtlich der zulässigen Immissionsrichtwerte kommt es grundsätzlich auf den Gebietscharakter im Einwirkungsbereich einer Sportanlage an. Die Altanlagen privilegierende Regelung des § 5 Abs. 4 18. BImSchV rechtfertigt keine generelle Erhöhung der Richtwerte.**

(Nichtamtliche Leitsätze)

BauNVG § 15 Abs. 1 Satz 2; 18. BImSchV; BauO NRW § 65 Abs. 1 Nr. 29.

OVG Nordrhein-Westfalen, Beschluß vom 22. August 2003
– 7 B 1537/03 – (rechtskräftig).

(VG Minden)

Die Antragsteller wehren sich gegen eine Baugenehmigung des zuständigen Landrats. Danach durfte die Stadt als Bauherrin das 1942 errichtete Freibad um einen Technikraum erweitern, das vorhandene Schwimmbad in einen Schwimmer- und Nichtschwimmerbereich unterteilen sowie die Becken mit Edelstahl auskleiden. Zusätzlich wurde in unmittelbarer Nähe zu den Wohnhäusern der Antragsteller (Antragsteller zu 1: ca. 11 m; Antragsteller zu 2: ca. 43 m) eine Breitwasserrutsche genehmigt. Primär dagegen wehren sich die Antragsteller; der Antragsteller zu 1 erfolgreich.

Aus den Gründen:
Die Antragsteller haben ein rechtlich schützenswertes Interesse an der Anordnung der aufschiebenden Wirkung der Klage. Die nach §80 Abs. 5 VwGO mögliche Anordnung der aufschiebenden Wirkung einer gegen eine Baugenehmigung gerichteten Klage setzt voraus, daß die Ausnutzung der Baugenehmigung mit überwiegenden Interessen des Klägers nicht vereinbar ist. Für diese Frage ist ohne Belang, ob die Baugenehmigung die Errichtung auch solcher Anlagen umfaßt, die selbst – wie hier entsprechend der Regelung in §65 Abs. 1 Nr. 29 BauO NRW vom Verwaltungsgericht für die „Breitwasserrutsche" angenommen – keiner Baugenehmigung bedürften. Die Baugenehmigung ist ein Verwaltungsakt, der mit Wirkung auch gegenüber den Antragstellern feststellt, daß das von der Baugenehmigung umfaßte Vorhaben mit den geprüften Vorschriften des öffentlichen Baurechts übereinstimmt. Es ist ein berechtigtes Anliegen der Antragsteller, diese Feststellungswirkung abzuwehren. Ob die von der Baugenehmigung umfaßten Anlagenteile auch ohne Baugenehmigung errichtet werden dürften (vgl. zur sog. Salamitaktik: Boeddinghaus/Hahn/Schulte, BauO NRW, §65 Rdnr. 8), ist in diesem Zusammenhang ohne Belang.

Der Antrag ist auch in dem aus dem Tenor ersichtlichen Umfang begründet, im übrigen unbegründet.

Es ist nicht überwiegend wahrscheinlich, daß die Baugenehmigung die Antragsteller in nachbarschützenden Vorschriften des Baurechts insoweit verletzt, als sie die Erweiterung des Technikraums, die Aufteilung des vorhandenen Schwimmbeckens in einen Schwimmer- und einen Nichtschwimmerbereich sowie die Auskleidung des Beckens mit Edelstahl zuläßt. Demgegenüber ist es überwiegend wahrscheinlich, daß die Errichtung der „Breitwasserrutsche" zwar nicht gegenüber dem Antragsteller zu 2., wohl aber gegenüber dem Antragsteller zu 1. unzumutbare Immissionen auslöst. Eine getrennte Prüfung der Regelungswirkungen der Baugenehmigung ist hier möglich.

Auf die Rutsche kann als einzelnes Element der Prüfung abgestellt werden, ob die Baugenehmigung zu den Antragstellern unzumutbaren Auswirkungen führt, obwohl ihre Errichtung von der einen Baugenehmigung mit erfaßt wird, die sich auch auf die Unterteilung des Schwimmbeckens und seine Auskleidung mit Edelstahl sowie die Erweiterung des Technikraums bezieht. Zwar weisen die Antragsteller zutreffend darauf hin, daß ein zur Genehmigung gestelltes Bauvorhaben regelmäßig ein einheitliches Ganzes darstellt, sei es, daß die einzelnen Bestandteile des Vorhabens eine bautechnische Einheit bilden, sei es, daß sie unter Nutzungsgesichtspunkten eine enge funktionale Verbindung aufweisen, sei es, daß der eine Bestandteil ohne den anderen baurechtlich nicht zulässig ist oder sei es, daß die Einheitlichkeit des Vorhabens dem ausdrücklich geäußerten Willen des Bauherrn entspricht (vgl. OVG NRW, Urteil v. 12.12.1991 – 7 A 172/89 –, BRS 54 Nr. 180; Beschluß v. 4.9.2001 – 10 B 332/01 –, BRS 64 Nr. 180 = BauR 2002, 432).

Die Rutsche stellt mit den weiteren von der Baugenehmigung umfaßten Maßnahmen jedoch keine bautechnische Einheit dar und weist auch keine enge funktionale Verbindung auf, sondern ergänzt das Angebot des bestehenden Freibades um ein selbständiges Element, dessen rechtliches Schicksal die übrigen genehmigten Maßnahmen unberührt läßt. Die Beigeladene geht auch nicht von einem notwendig einheitlichen Vorhaben aus.

Ob auch die Erweiterung des Technikraums, die veränderte Aufteilung des Schwimmbeckens unter gleichzeitiger Verkleinerung der Wasserfläche sowie die Edelstahlauskleidung des Schwimmbeckens jeweils gesonderter rechtlicher Prüfung zugänglich sind, bedarf keiner Entscheidung. Es ist nicht ersichtlich, daß diese Maßnahmen nachbarschützende Rechte der Antragsteller verletzen könnten. Die Antragsteller meinen, durch die Genehmigung werde der Charakter des Freibades geändert und ein Spaßbad geschaffen. Sie wollen der Sache nach mit diesem Vortrag auf die Verpflichtung des Antragsgegners hinaus, die Prüfung der Genehmigungsfähigkeit der Umbau- und Renovierungsarbeiten auf solche Vorschriften zu erstrecken, die für die erstmalige Errichtung eines Freibades gelten könnten (vgl. §1 Abs.1 der 18. BImSchG). Tatsächlich wird der Charakter des Freibades durch die genannten Maßnahmen jedoch nicht geändert. Es handelt sich um zur Erhaltung und zeitgemäßen Nutzung der Anlage notwendige Maßnahmen, die sich im Rahmen der Bandbreite der bisher zulässigen Nutzung halten, deshalb nicht den (nur) für die erstmalige Errichtung eines Freibades geltenden Vorschriften genügen müssen und daher zulässig sein dürften (vgl. Boeddinghaus/ Hahn/Schulte, a.a.O., §63 Rdnr.71ff., §75 Rdnr.70; vgl. auch BVerwG, Urteil v. 12.3.1998 – 4 C 10.97 –, BRS 60 Nr.98).

Daß das 1942 errichtete Freibad nicht jedenfalls für einen namhaften Zeitraum genehmigungsfähig gewesen und damit materiell-rechtlich legal ist, wird mit der Beschwerde nicht in Abrede gestellt.

Die Genehmigung der „Breitwasserrutsche" geht allerdings über das zur Erhaltung des Freibades Erforderliche hinaus. Insoweit steht den Antragstellern grundsätzlich nach Maßgabe des von §15 Abs.1 Satz2 BauNVO umfaßten Gebots der Rücksichtnahme ein Abwehranspruch gegenüber unzumutbaren Immissionen zu, je von dem mit Rutsche betriebenen Freibad ausgehen. Die Antragsteller berufen sich auf die 18. BImSchV, die eine normative Festlegung der Zumutbarkeitsschwelle i.S. des §3 Abs.1 BImSchG enthält (vgl. BVerwG, Beschluß v. 8.11.1994 –7 B 73.94 –, BRS 56 Nr.194), die auch für das bauplanungsrechtliche Rücksichtnahmegebot maßgeblich ist. Ob die 18. BImSchV auf die Genehmigung einzelner, ein bestehendes Freibad ergänzender Anlageteile allerdings überhaupt anwendbar ist, bedarf für das vorliegende Verfahren auf Gewährung einstweiligen Rechtsschutzes keiner Entscheidung. Jedenfalls ergeben sich aus der 18. BImSchV gewichtige Anhaltspunkte für die Frage der Zumutbarkeit der durch die Rutsche verursachten Immissionen.

Es ist überwiegend wahrscheinlich, daß durch die Nutzung des mit Rutsche betriebenen Freibads dem Antragsteller zu 1. unzumutbare Immissionen entstehen. Dies ergibt sich bereits aus der im Auftrag der Beigeladenen erstellten schalltechnischen Beurteilung des Dipl.-Ing. R. vom August 2000, der für das Haus des Antragstellers zu 1. (Immissionsort 1 des Gutachtens) unter Berücksichtigung einer ganztägig betriebenen Rutsche sonn- und feiertags einen Beurteilungspegel von max. rund 67 dB(A) –, gegenüber bislang 65 dB(A) –, werktags außerhalb der morgendlichen Ruhezeit max. 65 dB(A) – gegenüber bislang 62 dB(A) – errechnet hat. Die Rutsche soll zudem zwischen Schwimmbecken und dem Wohnhaus des Antragstellers zu 1. in nur rund 11 m Entfernung vom Wohnhaus errichtet werden, (vgl. zum maßgebenden Immissionsort: Nr. 1.2 der Anlage zur 18. BImSchV). Daß auch am Wohnhaus des Antragstellers zu 2. angesichts des Abstandes zur Rutsche von rund 43 m noch unterscheidbare Veränderungen des Beurteilungspegels gegenüber dem ohne Rutsche betriebenen Freibad zu befürchten sind, ist demgegenüber mit der Beschwerde nicht dargelegt.

Eine Steigerung der Geräuschimmissionen des vorhandenen Freibades durch zusätzliche, den Geräuschpegel erhöhende Anlagen, ist dem Antragsteller zu 1. nicht zumutbar. Die zu erwartenden Geräuschpegel liegen deutlich über den gemäß §2 der 18. BImSchV hier jedenfalls als Anhaltspunkt zu berücksichtigenden Immissionsrichtwerten für allgemeine Wohngebiete. Die gegenteiligen Feststellungen des von der Beigeladenen beauftragten Gutachters gehen von unzutreffenden Ausgangspunkten aus.

Der Gutachter nimmt an, maßgebend seien die in der 18. BImSchV für Mischgebiete bestimmten Immissionsrichtwerte, denn das Freibad befinde sich neben einer Wohnbebauung. Daher sei von einer Gemengelage auszugehen und eine Beurteilung wie für ein Mischgebiet vorzunehmen. Diese Interpretation ist mit §2 Abs. 6 der 18. BImSchV nicht zu vereinbaren. Danach kommt es grundsätzlich auf den Gebietscharakter im Einwirkungsbereich der Sportanlage an. Nach den vom Antragsgegner nicht substanziiert in Abrede gestellten Angaben der Antragsteller, denen im Hauptsacheverfahren gegebenenfalls nachzugehen sein wird, stellt sich die Umgebung als ein allgemeines Wohngebiet dar. Der Gutachter meint ferner, es könne für vor Inkrafttreten der 18. BImSchV vorhandene Sportstätten eine Überschreitung der jeweiligen Immissionsrichtwerte mit 5 dB(A) in Ansatz gebracht werden. Die Altanlagen privilegierende Regelung des §5 Abs. 4 der 18. BImSchV rechtfertigt jedoch keine generelle Erhöhung der Richtwerte bei der Beurteilung von Altanlagen (vgl. BVerwG, Urteil v. 23.9.1999 – 4 C 6.98 –, BVerwGE 109, 314 = BRS 62 Nr. 86 = BauR 2000, 234; OVG NRW, Urteil v. 28.5.1993 – 21 A 1532/90 –, UPR 1994, 75; Urteil v. 7.12.2000 – 7a D 60/99.NE –, BRS 63 Nr. 34).

Der Gutachter meint schließlich, für die Nutzung des Freibades an Sonn- und Feiertagen werde (bei in den Ruhezeiten gesperrter Rutsche) jedenfalls der Grenzwert für seltene Ereignisse eingehalten, auf die abzustellen sei. Ob jedoch von einem seltenen Ereignis i. S. des §5 Abs. 5 der 18. BImSchV – also einer Überschreitung der Immissionsrichtwerte durch ein besonderes Ereignis (so die in §5 Abs. 5 der 18. BImSchV in Bezug genommene Nr. 1.5 des Anhangs zur 18. BImSchV) – auch dann gesprochen werden kann, wenn die Überschreitung des Immissionsrichtwertes an jedem Sonn- und Feiertag mit einer hinreichend hohen Besucherzahl eintreten kann, ist durchaus fraglich.

Angesichts der ohnehin schon bestehenden (allerdings vorgegebenen) Lärmbelastung ist dem Antragsteller zu 1. eine weitere Steigerung des Lärmpegels durch die Errichtung weiterer Freibadanlagen auch nicht vorübergehend bis zum Abschluß des Hauptsacheverfahrens zumutbar und war die aufschiebende Wirkung der Klage daher hinsichtlich der „Breitwasserrutsche" anzuordnen. Vorsorglich merkt der Senat an, daß ein etwaig ungeachtet der Anordnung der aufschiebenden Wirkung der Klage des Antragstellers zu 1. auf Grundlage des § 65 Abs. 1 Nr. 29 BauO NRW in Betracht gezogener Betrieb der Rutsche zumindest materiell-rechtlich problematisch sein dürfte (vgl. § 65 Abs. 4 BauO NRW).

Nr. 174

1. Eine VDI-Richtlinie über Immissionskennwerte, die erst nach der Erteilung der Baugenehmigung erschienen ist, kann im Nachbarstreitverfahren berücksichtigt werden, weil damit keine Änderung der Sach- und Rechtslage verbunden ist, sondern nur ein neues Hilfsmittel zur Beurteilung der Zumutbarkeit von Lärm eingeführt wird.

2. Zur Zumutbarkeit von Sportlärm.

18. BImSchV § 2 Abs. 2; BauGB § 34 Abs. 1.

Niedersächsisches OVG, Urteil vom 4. November 2003 – 1 LB 323/02 – (rechtskräftig).

Der Kläger wendet sich als Miteigentümer des mit einem Wohnhaus bebauten Grundstücks gegen die Baugenehmigung vom April 1998, die der Beklagte der beigeladenen Gemeinde für den östlich benachbarten Sportplatz erteilt hat.

Östlich grenzt an das Grundstück des Klägers und das nördlich benachbarte Wohngrundstück das ca. 9 000 m² große Grundstück der Beigeladenen, das seit Jahrzehnten als Sportplatz mit einem ca. 100 m x 55 m großen Fußballfeld genutzt wird. Der Platz liegt mit seiner Schmalseite an der Straße und wird von den Jugendmannschaften, die kleinere Felder bespielen, nicht quer bespielt, sondern in der Mitte – mit entsprechenden Abständen zum normalen Feld. Das mit Flutlichtanlage ausgerüstete Sportplatzgelände ist an seiner Südwestseite zum Grundstück des Klägers mit einem Maschendrahtzaun eingefriedet.

Auf Antrag der Beigeladenen erteilte der Beklagte 1997 die Baugenehmigung zur Nutzung des Sportplatzes als Trainingsplatz für Bewegungs- und Leibesübungen. Auf den Antrag der Beigeladenen erteilte der Beklagte im April 1998 die Baugenehmigung für die Nutzung des Sportplatzes als Fußballplatz. Nach der Betriebsbeschreibung dient der Platz als Trainingsplatz für alle Mannschaften des örtlichen Fußballvereins an den Wochentagen von 17.00 Uhr bzw. 18.00 Uhr bis 20.00 Uhr bzw. 21.45 Uhr, samstags von 14.30 Uhr bis 16.00 Uhr und für Punktspiele für alle Jugendmannschaften sowie die Damen- und Altherrenmannschaft. Die 1. Herrenmannschaft soll nur ausnahmsweise auf dem Platz spielen, wenn eine Verlegung den Einsatz der Flutlichtanlage erforderlich macht. Der Baugenehmigung ist die Auflage beigefügt, die dem Grundstück des Klägers zugewandte Zaunanlage vor dem Beginn des Spielbetriebes zu sanieren, damit die Anlieger nicht mehr als unvermeidbar gestört oder belästigt werden.

Nr. 174

Aus den Gründen:
Bei der Nutzung des Sportplatzes sind nach § 2 Abs. 2 der 18. BImSchV Immissionsrichtwerte von außerhalb der Ruhezeiten 60 dB(A) und innerhalb der Ruhezeiten 55 dB(A) einzuhalten. Das Gutachten des öffentlich bestellten und vereidigten Sachverständigen ... belegt, daß die genehmigte Nutzung des Sportplatzes die Immissionsrichtwerte der 18. BImSchV einhält. Die Richtwerte der 18. BImSchV konkretisieren nach der Rechtsprechung des Bundesverwaltungsgerichts (Beschluß v. 8. 11. 1994 – 7 B 73.94 –, BRS 56 Nr. 194 = BauR 1995, 377 = NVwZ 1995, 393) die Zumutbarkeit von Sportlärm verbindlich und schließen eine tatrichterliche Beurteilung aus, daß auch niedrigere Lärmimmissionen im Einzelfall als erheblich eingestuft werden. Der Sachverständige hat zu Recht seinem Gutachten eine Prognose zugrunde gelegt und keine Messungen einzelner Spiele durchgeführt. Da der Kläger die Baugenehmigung für den Sportplatz anficht und nicht ein Einschreiten der Bauaufsichtsbehörde beansprucht, ist zu untersuchen, von welchen Immissionen bei einer bestimmungsgemäßen Nutzung des Sportplatzes auszugehen ist. Der Beklagte mußte als Bauaufsichtsbehörde bei der Genehmigung des Sportplatzes auch von einer Prognose der Immissionen ausgehen und konnte keine Messungen zugrunde legen.

Auf der Grundlage der neuen VDI-Richtlinie 3770 errechnet der Sachverständige Beurteilungspegel von werktags 59,1/53,4 dB(A) außerhalb/innerhalb der Ruhezeiten und 58,2 dB(A) sonntags außerhalb der Ruhezeiten.

Die VDI-Richtlinie 3770, Immissionskennwerte von Schallquellen, Sport- und Freizeitanlagen, die seit April 2002 als Weißdruck vorliegt, ist im Nachbarstreitverfahren anwendbar, auch wenn die umstrittene Baugenehmigung vor dem Erscheinen der VDI-Richtlinie erteilt worden ist. Zwar ist anerkannt, daß der maßgebliche Zeitpunkt für die Beurteilung der Vereinbarkeit eines Vorhabens mit dem öffentlichen Baurecht der Zeitpunkt der Baugenehmigung ist. Nachträgliche „rechtsverschärfende" Änderungen der Rechtslage äußern in dem vom Nachbarn angestrengten Widerspruchs- oder Klageverfahren keine Wirkung, weil es nicht angängig ist, einem Bauherrn die mit der Baugenehmigung zuerkannte Rechtsposition aufgrund späterer Rechtsänderungen zu entziehen (vgl. BVerwG, Urteil v. 14. 4. 1978 – 4 C 96.76 –, BRS 33 Nr. 158 = BauR 1978, 289 = DVBl. 1978, 614). Bei der Anwendung der VDI-Richtlinie geht es aber nicht um eine Änderung der Rechtslage, sondern nur um ein neues Hilfsmittel zur Beurteilung der Zumutbarkeit von Sportlärm, d. h. um Fragen der zutreffenden Subsumtion. Insoweit hat der Senat alle Hilfsmittel, die ihm im Zeitpunkt seiner Entscheidung zur Verfügung stehen, zu berücksichtigen, auch wenn sie im Zeitpunkt der Erteilung der angefochtenen Baugenehmigung noch nicht verfügbar waren. ...

Da der Baugenehmigung eine Betriebsbeschreibung mit Nutzungszeiten zugrunde liegt, ist von diesen Nutzungszeiten auszugehen. Der Sachverständige hat bei der Berechnung der Immissionen zugrunde gelegt, daß werktags bis zu zwei Punktspiele ausgetragen werden und von 17.00 Uhr bis 21.30 Uhr trainiert wird, während an Sonn- und Feiertagen nur ein Punktspiel ausgetragen wird. Die von der Beigeladenen vorgelegte Übersicht über den Vereinsspielplan vom August 2003 bis Juni 2004 bestätigt die zeitlichen Annahmen des Sachverständigen. Der vom Kläger zu Rate gezogene Sachverständige hat lediglich darauf hingewiesen, daß veränderte Nutzungszeiten zu abweichenden Beurteilungspegeln führen, die Richtigkeit der vom Sachverständigen K. errechneten Beurteilungspegel aber nicht konkret in Zweifel gezogen.

Entgegen der Annahme des Klägers ist es nicht zu beanstanden, daß der Sachverständige den Platz für Zuschauer an der nordöstlichen Längsseite des Sportplatzes angenommen hat. Zwar liegen die Zuschauerbereiche nach der VDI-Richtlinie 3770 längs des Spielfeldes mit einer Breite von 2 m. Das Spielfeld liegt hier aber so nahe an der Grenze zum Grundstück des Klägers, daß in diesem Bereich ausgesprochen wenig Platz für Zuschauer bleibt, während auf der Nordostseite des Spielfeldes viel Platz vorhanden ist. Da der Parkplatz an der Nordostseite des Sportplatzes liegt und auf der Nordostseite des Spielfeldes ein kleiner Unterstand steht, liegt es nahe, daß etwaige Zuschauer die Spiele von dieser Seite aus verfolgen. Der Sachverständige K. ist von 25 Zuschauern je Spiel ausgegangen, hat aber berücksichtigt, daß bei Spielen insbesondere der Jugendmannschaften die Zuschauer, die sich meist aus Eltern der Spieler rekrutieren, nicht nur das Spiel ihrer „Sprößlinge" ansehen, so daß bis zu 75 Zuschauer zusammenkommen. Dementsprechend hat er insgesamt 75 Zuschauer bei seiner Immissionsprognose zugrunde gelegt.

Auf den entsprechenden Einwand des Sachverständigen M. hat der Sachverständige K. in seiner Ergänzung vom Oktober 2003 die Berechnung der Spitzenpegel nachgeholt. Er hat die Schiedsrichterpfiffe auf das gesamte Spielfeld verteilt und ist von drei Spielen pro Tag mit insgesamt 105 Pfiffen ausgegangen. Angesichts der Tatsache, daß nach dem Vereinsspielplan in aller Regel nur ein oder zwei Spiele pro Tag stattfinden und beim Training der Trainer i. d. R. durch Zuruf „dirigiert" und nicht per Pfiff, decken diese Annahmen auch das Training mit ab. Das erscheint angemessen. Bei der entsprechenden Prognose hat der Sachverständige Spitzenpegel von 87,1/82,4 dB(A) außerhalb/innerhalb der Ruhezeiten errechnet. Damit bleiben auch die Spitzenpegel unter dem nach §2 Abs. 4 der 18. BImSchV zulässigen Wert von 90/85 dB(A) außerhalb/innerhalb der Ruhezeiten.

Lärmimmissionen für die Zeit nach 22.00 Uhr brauchte der Sachverständige nicht zu berechnen, weil die durch die Baugenehmigung erlaubte Nutzung vor 22.00 Uhr endet.

Die Baugenehmigung verletzt den Kläger auch insofern nicht in seinen Rechten, als ausreichende Vorkehrungen gegen überfliegende Bälle auf das Grundstück des Klägers getroffen worden sind. Zum Grundstück des Klägers ist der Sportplatz im Bereich der Bebauung mit einem 6 m hohen Ballfangzaun eingefriedet. Von der H.straße aus gesehen auf den ersten 5 m ist der Ballfangzaun 3 m hoch, hinter der Bebauung auf dem Grundstück des Klägers 4 m hoch. Die von der Beigeladenen geplante – und genehmigte – Erhöhung des 5 m langen „ersten Stückes" des Ballfangzaunes auf 5 m ist nach den Erläuterungen der Beigeladenen in der mündlichen Verhandlung nur mit Rücksicht auf diesen Prozeß zurückgestellt worden, weil die Gemeinde verhindern wollte, daß sie eine Investition tätigt, die bei einem Erfolg des Klägers nutzlos wäre. Mit diesen Vorkehrungen wird die Baugenehmigung den Anforderungen der DIN 18035 Teil 1 gerecht, die Ballfangzäune von mindestens

4 m Höhe an den Längsseiten und mindestens 6 m Höhe an den Stirnseiten vorschreibt. Da die Jugendmannschaften nach den vom Kläger nicht in Abrede gestellten Angaben der Beigeladenen nicht quer zum Platz spielen, sondern das Spielfeld in Längsrichtung reduziert bespielen, gibt es keine Anhaltspunkte dafür, daß die Ballfangzäune nicht ausreichen, um das Grundstück des Klägers vor überfliegenden Bällen zu schützen. Der Beklagte hat der Beigeladenen die Sanierung des Zaunes aufgegeben. Die Ortsbesichtigung des Senats hat ergeben, daß der Zaun keine Löcher aufweist oder Anhaltspunkte dafür vorliegen, daß der Zaun überstiegen wird.

Anzumerken bleibt, daß mit der Baugenehmigung der Gemeinde kein Freibrief ausgestellt worden ist, den Sportplatz zu nutzen wie sie will. Sie ist weder aus der Verantwortung entlassen, für die Einhaltung der Trainings- und Spielzeiten zu sorgen, noch dafür, daß der Ballfangzaun in Ordnung gehalten wird und keine Bälle auf das Grundstück des Klägers „gebolzt" werden.

Nr. 175

Von einem Rockkonzert ausgehende Lärmimmissionen, die die Richtwerte der sog. LAI-Hinweise überschreiten, können unwesentlich i. S. des § 906 Abs. 1 Satz 1 BGB sein, wenn es sich um eine Veranstaltung von kommunaler Bedeutung handelt, die an nur einem Tag des Jahres stattfindet und weitgehend die einzige in der Umgebung bleibt. Dies gilt in aller Regel aber nur bis Mitternacht.

BGB § 906 Abs. 1 Satz 1, § 1004.

Bundesgerichtshof, Urteil vom 26. September 2003 – V ZR 41/03 –.

(OLG Stuttgart)

Die Kläger wenden sich gegen Lärmbelästigungen, die von einem alljährlich stattfindenden Sommerfest eines Sportvereins und dabei insbesondere von einem Rockkonzert ausgehen.

Die Kläger sind Eigentümer eines in einem allgemeinen Wohngebiet gelegenen Grundstücks. Auf dem Nachbargrundstück, das der beklagten Stadt gehört, befinden sich ein Bolzplatz, eine Sporthalle und ein Fußballfeld. Die Beklagte hat das Gelände einem Sportverein für Vereinsaktivitäten überlassen. Einmal im Jahr veranstaltet der Sportverein ein Sommerfest. Dabei finden in einem Festzelt Musikveranstaltungen statt, darunter ein Rockkonzert. Für das bis weit nach Mitternacht dauernde Rockkonzert wurden für das Grundstück der Kläger in den Jahren 2001 und 2002 Mittelungspegel von 55,9 bis 70,5 dB(A) und 53,3 bis 66 dB(A) gemessen.

Mit der von dem Oberlandesgericht zugelassenen Revision verfolgte die Beklagte ihren Antrag auf Klageabweisung weiter. Der Bundesgerichtshof hat die Beklagte verurteilt, es zu unterlassen, daß von ihren Grundstücken bei dem Rockkonzert anläßlich des jährliche stattfindenden Sommerfestes des Sportvereins Geräusche auf das Grundstück der Kläger einwirken, die – gemessen 0,5 m vor den Fenstern des klägerischen Wohnhauses – zwischen 20.00 Uhr und 24.00 Uhr einen Beurteilungspegel von 70 dB(A) und eine Geräuschspitze von 90 dB(A), sowie zwischen 24.00 Uhr und 8.00 Uhr einen Beurteilungspegel von 55 dB(A) und eine Geräuschspitze von 65 dB(A) überschreiten.

Aus den Gründen:

II. 1. Nach § 906 BGB kann der Eigentümer eines Grundstücks von einem anderen Grundstück ausgehende Immissionen insoweit nicht verbieten, als die Einwirkung die Benutzung seines Grundstücks nur unwesentlich beeinträchtigt. Ob Geräuschimmissionen wesentlich sind oder nicht, beurteilt sich nach dem Empfinden eines verständigen Durchschnittsmenschen und danach, was ihm unter Würdigung anderer öffentlicher und privater Belange zuzumuten ist (Senat, BGHZ 148, 261, 264 – Hammerschmiede; Senat, Urteil v. 20.11.1998 – V ZR 411/97 –, NJW 1999, 1029, 1030). Die Grenze der im Einzelfall zumutbaren Lärmbelästigung kann nicht mathematisch exakt, sondern nur auf Grund wertender Beurteilung festgesetzt werden (Senat, BGHZ 148, 261, 264). Dabei sind wesentliche Immissionen identisch mit erheblichen Belästigungen i. S. des § 3 Abs. 1 BImSchG (BGHZ 122, 76, 78).

Wann Lärmimmissionen im Einzelfall die Schwelle zur Wesentlichkeit überschreiten, unterliegt weitgehend tatrichterlicher Wertung. Revisionsrechtlich nachprüfbar ist, ob das Berufungsgericht die nötigen Tatsachenfeststellungen verfahrensfehlerfrei getroffen und bei ihrer Würdigung die zutreffenden rechtlichen Gesichtspunkte zugrunde gelegt hat (Senat, BGHZ 121, 248, 252 – Jugendzeltplatz). Dieser Nachprüfung hält das Berufungsurteil nicht in jeder Hinsicht stand.

2. a) Das Berufungsgericht orientiert sich an den Hinweisen des Länderausschusses für Immissionsschutz zur Beurteilung der durch Freizeitanlagen verursachten Geräusche (sog. LAI-Hinweise oder Freizeitlärm-Richtlinie, abgedruckt in NVwZ 1997, 469). Das ist nicht zu beanstanden. Die LAI-Hinweise gelten für Freizeitanlagen, und zwar insbesondere für Grundstücke, auf denen Volksfeste, Platzkonzerte, Lifemusik-Darbietungen und ähnliche Veranstaltungen im Freien stattfinden. Sie sind ungeachtet der generellen Nutzung des Grundstücks der Beklagten als Sportplatz einschlägig, denn die Sportanlagenlärmschutzverordnung (18. BImSchV) regelt nur Immissionen, die von einer Sportanlage bei ihrer bestimmungsgemäßen Nutzung, der Sportausübung, ausgehen (§ 1 Abs. 1 der 18. BImSchV).

Die von Sachverständigen ausgearbeiteten und von allen Ländern mitgetragenen LAI-Hinweise unterfallen zwar nicht § 906 Abs. 1 Satz 2 und 3 BGB (Staudinger/Roth, BGB, 2002, § 906 Rdnr. 193), können den Gerichten aber gleichwohl als Entscheidungshilfe dienen (vgl. Senat, BGHZ 111, 63, 67 – Volksfestlärm; 120, 239, 256 f. – Froschlärm; 121, 248, 253 – Jugendzeltplatz; BVerwG, DVBl 2001, 1451, 1453). Sie ersetzen nicht die Prüfung und Würdigung der konkreten Umstände des Einzelfalls, geben dieser Würdigung aber eine Orientierung. Werden die Richtwerte überschritten, so indiziert dies eine wesentliche Beeinträchtigung i. S. des § 906 Abs. 1 BGB (gl. Senat, BGHZ 111, 63, 67; 121, 248, 251). Der Tatrichter muß allerdings auch in diesem Fall berücksichtigen, daß es sich bei den technischen Regelwerken nur um Richtlinien handelt, die nicht schematisch angewendet werden dürfen.

b) Für die Frage der Wesentlichkeit von Lärmimmissionen sind Dauer und Häufigkeit der Einwirkung von erheblicher Bedeutung. Das Berufungsgericht vertritt daher zu Recht die Ansicht, daß bei einem einmaligen Ereignis eine großzügigere Handhabung der Richtwerte geboten, eine Überschreitung im

Einzelfall also hinzunehmen sein kann. Rechtsfehlerhaft geht es jedoch davon aus, daß hier ein einmaliges Störereignis deswegen nicht vorliege, weil das Sommerfest an drei aufeinanderfolgenden Wochenendtagen stattfindet. Denn daß von den übrigen Veranstaltungen eine wesentliche Einwirkung auf das Grundstück der Kläger ausginge, hat es nicht festgestellt. Mithin ist revisionsrechtlich nur das Rockkonzert von Bedeutung und die weitergehende Klage schon nicht schlüssig.

Richtig ist allerdings, daß die LAI-Hinweise der Seltenheit eines Ereignisses durch eine Sonderregelung in Nr. 4.4 Rechnung tragen, in der für Veranstaltungen, die an nicht mehr als zehn Tagen oder Nächten im Kalenderjahr stattfinden (sogenannten seltene Störereignisse), höhere Richtwerte vorgegeben werden. Auch insoweit gibt die Richtlinie jedoch nur eine Orientierung und läßt Raum für die Berücksichtigung der Umstände des Einzelfalls (vgl. BVerwG, DVBl 2001, 1451, 1453 „Entscheidungshilfe mit Indizcharakter"). Hierzu gehört auch die Zahl der Störereignisse. Denn die Sonderregelung in Nr. 4.4 der LAI-Hinweise erfaßt Ereignisse, die bis zu zehn Tagen oder Nächten eines Jahres auftreten und einen relevanten Beitrag zur Überschreitung der Immissionsrichtwerte verursachen.

In dem der Entscheidung des Senats vom 23.3.1990 (Senat, BGHZ 111, 63 – Volksfestlärm) zugrunde liegenden Fall wurde ein an das Grundstück des Klägers angrenzendes Gelände mehrmals im Jahr als Kirmes- und Festplatz genutzt. Für das Jahr 1987 waren beispielsweise für die Monate Juni, Juli und August vier jeweils über das ganze Wochenende, einmal sogar drei Tage dauernde Veranstaltungen angekündigt. Vorliegend ist dagegen mangels anderweitiger Feststellungen des Berufungsgerichts zugunsten der Revision davon auszugehen, daß das an nur einem Abend des Sommerfestes stattfindende Rockkonzert, gegen dessen Immissionen sich die Kläger in erster Linie wenden, weitgehend das einzige Ereignis ist, welches unter deutlicher Überschreitung der in den LAI-Hinweisen in Ziffer 4.4 für die Nachtzeit aufgestellten Richtwerte auf das Grundstück der Kläger einwirkt.

c) Das Berufungsgericht hat bei seiner Würdigung ferner nicht bedacht, daß bei seltenen Störereignissen auch die Bedeutung der Veranstaltung nicht unberücksichtigt bleiben kann. Nach der neueren Rechtsprechung des Senats richtet sich die Beurteilung, ob eine Immission wesentlich i. S. des §906 BGB ist, nicht nur nach dem Maß der objektiven Beeinträchtigung. Im Interesse der Harmonisierung zivilrechtlicher und öffentlich-rechtlicher Beurteilungsmaßstäbe hat der Senat eine Angleichung an die verwaltungsgerichtliche Rechtsprechung vollzogen, die als erhebliche Belästigung alles ansieht, was einem verständigen Durchschnittsmenschen auch unter Würdigung anderer öffentlicher und privater Belange billigerweise nicht mehr zuzumuten ist (vgl. Senat, BGHZ 120, 239, 255 – Froschlärm; 148, 261, 264 – Hammerschmiede). Demgemäß können bei der Prüfung der Erheblichkeit oder Wesentlichkeit von Lärm auch schutzwürdige Interessen der Allgemeinheit und gesetzliche Wertungen eine Rolle spielen (vgl. Senat, BGHZ 121, 248, 255 – Jugendzeltplatz; 111, 63, 68 – Volksfestlärm).

aa) Volks- und Gemeindefeste, Feiern örtlicher Vereine, traditionelle Umzüge und ähnliche Veranstaltungen gehören zu den herkömmlichen, allgemein akzeptierten Formen gemeindlichen und städtischen Lebens. Dabei liegt es in der Natur der Sache, daß sie oftmals in der Nähe zur Wohnbebauung durchgeführt werden müssen und zwangsläufig zu Beeinträchtigungen der Nachbarschaft führen. Da solche Veranstaltungen für den Zusammenhalt der örtlichen Gemeinschaft von großer Bedeutung sein können, dabei auch die Identität dieser Gemeinschaft stärken und für viele Bewohner einen hohen Stellenwert besitzen, werden die mit ihnen verbundenen Geräuschentwicklungen von einem verständigen Durchschnittsmenschen bei Würdigung auch anderer Belange i. d. R. in höherem Maß akzeptiert werden als sonstige Immissionen. Das kann bei der Beurteilung, ob eine Lärmeinwirkung als wesentlich anzusehen ist, vor allem dann nicht unberücksichtigt bleiben, wenn es sich um ein sehr seltenes Ereignis handelt, das weitgehend das einzige in der Umgebung bleibt. In einem solchen Fall können auch Lärmimmissionen, die die Richtwerte der LAI-Hinweise überschreiten, ausnahmsweise noch unwesentlich sein (so auch VGH Kassel, GewArch 1997, 162).

Die kommunale Bedeutung kann einem Ereignis nicht deshalb abgesprochen werden, weil Veranstalter nicht die Gemeinde, sondern ein privater Verein ist. Maßgeblich ist, daß das Ereignis von einem Großteil der Ortsbevölkerung getragen und akzeptiert wird. Unerheblich für die Frage der Wesentlichkeit der Immissionen ist ferner, ob der Nutzung eines Grundstücks als Festplatz eine langjährige Übung zugrunde liegt. Bei der vom Tatrichter vorzunehmenden Würdigung, ob Geräuschimmissionen wesentlich sind, kann zwar dem Traditionscharakter einer Veranstaltung besonderes Gewicht zukommen. Umgekehrt steht der Annahme einer nur unwesentlichen Beeinträchtigung aber nicht entgegen, daß eine Veranstaltung erst seit kurzer Zeit stattfindet. Andernfalls würden Gemeinden gehindert, eine kommunale Festivität zu begründen, wo Traditionsveranstaltungen fehlen, oder die Abläufe bei Festen zu ändern, die auf eine langjährige Übung zurückgehen. Demgemäß können auch die mit Gemeinde- und Vereinsfesten untrennbar verbundenen Musik- und Tanzveranstaltungen Änderungen in Art und Ausrichtung erfahren. Erlangen sie im Einzelfall überregionale Bedeutung, nimmt ihnen das die kommunale Bedeutung nicht, solange die jeweilige Veranstaltung weiterhin auch für die örtliche Bevölkerung bestimmt ist und von ihr angenommen wird.

bb) Bei nur einmal jährlich stattfindenden Veranstaltungen von kommunaler Bedeutung können selbst Lärmeinwirkungen unwesentlich sein, welche die für die Abend- und Nachtzeit aufgestellten Richtwerte der LAI-Hinweise überschreiten. Zwar gebührt nach 22.00 Uhr dem Schutz der ungestörten Nachtruhe grundsätzlich der Vorrang vor dem Interesse der Bevölkerung, Volksfeste und ähnliche Veranstaltungen zu besuchen (vgl. Senat, BGHZ 111, 63, 70 – Volksfestlärm). Insbesondere in Krankenhäusern oder sonstigen Kliniken, aber auch dort, wo die Bewohner der Umgebung bereits tagsüber einem höheren Lärmpegel als üblich ausgesetzt sind, ist eine Störung der Nachtruhe meist eine erhebliche Einwirkung auf die Gesundheit oder das Wohlbefinden und damit eine wesentliche Immission. Zu berücksichtigen ist aber auch, daß die Nachtruhe nicht generell geschützt wird. Dort, wo ruhestörende Tätigkeiten zur Nachtzeit durch landesrechtliche Normen ausdrücklich verboten sind, hat der Gesetzgeber zugleich Ausnahmen für den Fall vorgesehen, daß ein Vorhaben im Einzelfall Vorrang vor den schutzwürdigen Belangen Dritter hat (z. B. §5 der LärmVO Hamburg, §8 der LärmVO Berlin). Vorrang kann insbesondere Volksfesten und ähnlichen Veranstaltungen zukommen, wenn sie auf historischen oder kulturellen Umständen beruhen oder sonst von kommunaler Bedeutung sind, und deshalb das Interesse der Allgemeinheit an der Durchführung der Veranstaltung gegenüber dem Schutzbedürfnis der Nachbarschaft überwiegt (vgl. §9 Abs. 3 LImSchG Nordrhein-Westfalen, §4 Abs. 4 LImSchG Rheinland-Pfalz, §10 Abs. 4 LImSchG Brandenburg).

Eine solche Abwägung der widerstreitenden Interessen sieht auch das Gaststättengesetz vor. Nach §12 Abs. 1 GaststG kann aus besonderem Anlaß der Betrieb eines Gaststättengewerbes unter erleichterten Voraussetzungen vorübergehend gestattet werden. Die „erleichterten Voraussetzungen" beziehen sich auch auf den Schutz vor schädlichen Umwelteinwirkungen i. S. von §3 Abs. 1 BImSchG (§4 Abs. 1 Nr. 3 GaststG), und gelten damit beispielsweise für die Lärmimmissionen, die von einer aus Anlaß eines Volksfests betriebenen Außengastronomie ausgehen (vgl. VGH München, NVwZ 1999, 555). Der Gesetzgeber bringt damit zum Ausdruck, daß bei besonderem Anlaß und nur vorübergehendem Betrieb die bei der Erteilung der Erlaubnis zu beachtenden Vorschriften weniger streng zu handhaben sind als bei einem Dauerbetrieb. Immissionsschutzrechtliche Gesichtspunkte dürfen zwar nicht vernachlässigt werden, sie sind jedoch zu Art und Dauer des Betriebs in Beziehung zu setzen (vgl. Michel/Kienzle/Pauly, Das Gaststättengesetz, 14. Aufl. 2003, §12 Rdnr. 5). Dies führt im Fall von Lärmbeeinträchtigungen dazu, daß bei der Bestimmung der Erheblichkeitsschwelle nach §3 BImSchG die Seltenheit des Anlasses und seine Bedeutung in die Würdigung einzubeziehen sind (VGH München, a. a. O., S. 556). Die Berücksichtigung dieser Kriterien ist nicht auf die gastronomischen Betriebe beschränkt, sondern gilt für den verständigen Durchschnittsmenschen gleichermaßen in bezug auf das besondere Ereignis, an das sie anknüpfen. Insoweit hängt die Beurteilung der Beeinträchtigung als wesentlich auch von einer Interessenabwägung ab (Senat, BGHZ 111, 63, 68 – Volksfestlärm; a. A. Roth, in: Anm. JR 1991, 149).

cc) In welchem Umfang Lärmbeeinträchtigungen von Veranstaltungen mit besonderer historischer, kultureller oder kommunaler Bedeutung noch als unwesentlich angesehen werden können, ist weitgehend eine Frage des Einzelfalls. Zu berücksichtigen sind insbesondere Bedeutung und Charakter der Veranstaltung, ihr Ablauf, Dauer und Häufigkeit, die Nutzungsart und Zweckbestimmung sowie die Gesamtbelastung des beeinträchtigten Grundstücks während der Veranstaltung und durch andere seltene Störereignisse, ferner die zeitlichen Abstände dieser Ereignisse. Je gewichtiger der Anlaß für die Gemeinde oder Stadt ist, desto eher ist der Nachbarschaft zuzumuten, an wenigen Tagen im Jahr Ruhestörungen hinzunehmen. Bei Festveranstaltungen von kommunaler Bedeutung, die nur einmal im Jahr für wenige Tage stattfinden, ist dabei auch eine deutliche Überschreitung der in den LAI-Hinweisen für seltene Störereignisse festgelegten Richtwerte denkbar. Hiervon ist selbst die Nachtzeit nicht generell ausgenommen, zumal es im Sommer noch bis gegen 22.00 Uhr hell bleibt und es dem Charakter bzw. der Tradition vieler Veranstaltungen entspricht, daß sie bis in die Nachtstunden andauern (so auch VGH Mannheim, NVwZ-RR 1994, 633, 635). Im Einzelfall kann von den Anliegern jedenfalls an einem Tag bis Mitternacht ein deutlich höherer Beurteilungspegel hinzunehmen sein. Eine über Mitternacht hinausgehende erhebliche Überschreitung der Richtwerte wird demgegenüber in aller Regel nicht mehr als unwesentlich zu qualifizieren sein.

Ob etwas anderes gilt, wenn für die betreffende Veranstaltung eine weitergehende Ausnahmegenehmigung nach öffentlichem Recht erteilt wurde, bedarf keiner Entscheidung. Die Beklagte hat zwar der Durchführung der Sportfeste in ihrer Eigenschaft als Ortspolizeibehörde zugestimmt. Auf die zivilrechtliche Beurteilung hat die Genehmigung aber schon deswegen keinen Einfluß, weil eine umfassende Prüfung immissionsschutzrechtlicher Belange im Rahmen eines gesetzlich vorgegebenen Verfahrens mit ihr ersichtlich nicht verbunden war.

Für die Beurteilung durch einen verständigen Durchschnittsmenschen von Bedeutung kann schließlich sein, ob sich die Veranstaltung an einen ebenso geeigneten Anwohner, insgesamt aber deutlich weniger beeinträchtigenden Standort innerhalb der Gemeinde bzw. des Ortsteils verlegen läßt. Können unter Wahrung des Charakters der Veranstaltung die Lärmimmissionen für Anwohner deutlich reduziert werden, unterbleibt aber ein Standortwechsel, so verringert sich das Maß dessen, was einem Anwohner an Geräuscheinwirkungen zuzumuten ist; i. d. R. werden dann die Richtwerte der LAI-Hinweise maßgebend sein.

III. Das angefochtene Urteil ist danach aufzuheben. Da weitere tatsächliche Feststellungen nicht zu treffen sind, hat der Senat in der Sache selbst entschieden (§ 563 Abs. 3 ZPO). Angesichts der Unterstützung, die das Sommerfest und das Rockkonzert seitens der Gemeinde erfahren, kann der Veranstaltung die kommunale Bedeutung nicht abgesprochen werden. Gleichwertige alternative Standorte für das Festzelt sind nicht ersichtlich. Durch die von den Klägern vorgeschlagene Verlegung des Rockkonzerts in die benachbarte Sporthalle bliebe der Charakter der Veranstaltung nicht gewahrt. Er ist davon geprägt, daß das Konzert als Teil eines Sommerfestes weitgehend im Freien stattfindet.

Die Kläger müssen am Abend des Rockkonzerts allerdings nicht jegliche Lärmeinwirkung hinnehmen, sondern nur das nach dem Empfinden eines verständigen Durchschnittsmenschen zumutbare Maß. Die Zumutbarkeit ist durch eine Begrenzung der Immissionen zu wahren. Hierfür geben die Richtwerte, die die LAI-Hinweise bei seltenen Störereignissen tagsüber außerhalb der Ruhezeiten vorsehen, eine Orientierung. Im vorliegenden Fall bietet es sich an, die Tageszeit im Sinne der LAI-Hinweise bis 24.00 Uhr auszudehnen. Damit ist für das Rockkonzert ein Beurteilungspegel von 70 dB(A) mit einer Geräuschspitze von 90 dB(A) maßgeblich. Eine Verlängerung über 24.00 Uhr hinaus kommt dagegen mit Rücksicht auf die schutzwürdigen Belange der Kläger nicht in Betracht. Um ihnen eine ausreichende Nachtruhe zu ermöglichen, ist vielmehr von Mitternacht bis 8.00 Uhr des auf das Rockkonzert folgenden Tages der für die Nachtzeit vorgegebene Beurteilungspegel von 55 dB(A) einzuhalten.

Nr. 176

1. Die Unzumutbarkeit im Sinne des bauplanungsrechtlichen Rücksichtnahmegebots knüpft an den Begriff der schädlichen Umwelteinwirkungen i.S. von §3 Abs.1 BImSchG an, denn das BImSchG hat die Grenze der Zumutbarkeit von Umwelteinwirkungen für Nachbarn und damit das Maß der gebotenen Rücksichtnahme auch für das Baurecht allgemein bestimmt.
2. Es ist Sache des Bauherrn, im Genehmigungsverfahren den Nachweis zu erbringen, daß die zur Genehmigung gestellte Anlage die einschlägigen Zumutbarkeitskriterien einhält; dabei sind an die im Genehmigungsverfahren vorzunehmende prognostische Einschätzung einer Einhaltung der Zumutbarkeitskriterien insoweit hohe Anforderungen zu stellen, als sie in jedem Fall „auf der sicheren Seite" liegen muß.
3. Die Baufreiheit als das Recht, ein Grundstück baulich oder in sonstiger Weise zu nutzen, wird zwar vom Schutzbereich des Eigentumsgrundrechts (Art.14 Abs.1 Satz 1 GG) umfaßt, sie ist aber nur nach Maßgabe des einfachen Rechts gewährleistet.
4. Die TA Lärm 1998 beansprucht nicht nur Geltung für die Prüfung und Überwachung von Anlagen, die einer Genehmigung nach dem BImSchG bedürfen, sondern auch bei der Prüfung der Einhaltung des §22 BImSchG im Rahmen der Prüfung von Bauanträgen in Baugenehmigungsverfahren; ob die TA Lärm als normkonkretisierende Verwaltungsvorschrift anzusehen ist, kann dabei offenbleiben.
5. Nach dem sog. akzeptorbezogenen Ansatz der TA Lärm 1998 bemißt sich die Zulässigkeit einer zu prüfenden Anlage nicht mehr allein danach, ob die jeweilige Anlage für sich betrachtet den einschlägigen Immissionsrichtwert einhält, im immissionsschutzrechtlichen Genehmigungsverfahren ist vielmehr eine näher modifizierte Gesamtbetrachtung vorzunehmen; zu den konkreten Anforderungen an diese Gesamtbetrachtung nach Nr.3.2.1 der TA Lärm 1998.
6. Der akzeptorbezogene Ansatz gilt – wenn auch nur in abgeschwächter Form – gleichfalls für die (z.B. baurechtliche) Genehmigung von Anlagen, deren Immissionsauswirkungen nach §22 BImSchG zu prüfen sind; zu den konkreten Anforderungen an diese Prüfung.
7. Auch wenn die Ermittlung von Lärmimmissionen nach dem Taktmaximalverfahren gewisse Schwächen aufweist, besteht jedenfalls ohne hinreichende wissenschaftliche Untermauerung kein Anlaß, von seiner nach der TA Lärm vorgesehenen Anwendung abzusehen.
8. Zur Frage, ob die von Verkehrswegen (Bahnstrecke, Bundesstraße) ausgehenden Verkehrsgeräusche als „ständig vorherrschende Fremdgeräusche" i.S. von Nr.2.4 Abs.4 der TA Lärm 1998 anzusehen sind.

GG Art. 14 Abs. 1 Satz 1; BImSchG §3 Abs. 1.

OVG Nordrhein-Westfalen, Beschluß vom 26. Februar 2003
– 7 B 2434/02 – (rechtskräftig).

(VG Arnsberg)

Aus den Gründen:
Zutreffend ist das Verwaltungsgericht davon ausgegangen, daß – ungeachtet der Frage, ob der Betrieb der Beigeladenen im unbeplanten Innenbereich oder im Außenbereich liegt – der Nachbarwiderspruch des Antragstellers nur dann Erfolg haben kann, wenn sich das der Beigeladenen mit der strittigen Baugenehmigung genehmigte Vorhaben „Errichtung einer Rundholzsortieranlage mit Schallschutzwand" ihm gegenüber als rücksichtslos erweist. Nach welchen Maßstäben eine solche Rücksichtslosigkeit anzunehmen ist, beurteilt sich nach den Regelungen des Immissionsschutzrechts. Insoweit ist seit langem höchstrichterlich geklärt, daß eine Anlage, deren Immissionen sich in den Grenzen des der Nachbarschaft gemäß §5 Nr. 1 BImSchG Zumutbaren halten, auch in bauplanungsrechtlicher Hinsicht nicht rücksichtslos ist. Es gibt kein bauplanungsrechtliches Rücksichtnahmegebot, das etwa dem Verursacher von Umwelteinwirkungen mehr an Rücksichtnahme zugunsten von Nachbarn gebieten würde, als es das BImSchG gebietet. Dieses Gesetz hat vielmehr die Grenze der Zumutbarkeit von Umwelteinwirkungen für Nachbarn und damit das Maß der gebotenen Rücksichtnahme auch für das Baurecht allgemein bestimmt (vgl. BVerwG, Urteil v. 30.9.1983 – 4 C 74.78 –, BRS 40 Nr. 206; vgl. auch BVerwG, Urteile v. 27.8.1998 – 4 C 5.98 –, BRS 60 Nr. 83 und v. 23.9.1999 – 4 C 6.98 –, BRS 62 Nr. 86).

Die Unzumutbarkeit im Sinne des bauplanungsrechtlichen Rücksichtnahmegebots knüpft damit an den Begriff der schädlichen Umwelteinwirkungen i. S. von §3 Abs. 1 BImSchG an. Hierbei handelt es sich um Immissionen, die nach Art, Ausmaß oder Dauer geeignet sind, Gefahren, erhebliche Nachteile oder erhebliche Belästigungen für die Allgemeinheit oder die Nachbarschaft herbeizuführen.

Für die Beurteilung, ob Lärmimmissionen, die – wie hier – von einer gewerblichen Anlage ausgehen, im angeführten Sinne Gefahren, erhebliche Nachteile oder erhebliche Belästigungen bewirken, ist die Technische Anleitung zum Schutz gegen Lärm einschlägig. Diese Technische Anleitung in ihrer nunmehr maßgeblichen Fassung vom 26.8.1998 (GMBl. 503 – TA Lärm –) ist gemäß §48 BImSchG nach Anhörung der beteiligten Kreise als Sechste Allgemeine Verwaltungsvorschrift zum BImSchG erlassen worden. Sie dient nach ihrer Nr. 1 dem Schutz der Allgemeinheit und der Nachbarschaft vor schädlichen Umwelteinwirkungen durch Geräusche und mißt sich – mit bestimmten, hier nicht interessierenden Ausnahmen – Geltung für alle Anlagen bei, die den Anforderungen des Zweiten Teils des BImSchG unterliegen, unabhängig davon, ob die Anlagen einer Genehmigung nach dem BImSchG bedürfen oder nicht. Sie erfaßt damit auch die hier in Rede stehende Rundholzsortieranlage, die keiner immissionsschutzrechtlichen Genehmigungspflicht unterliegt.

Für solche Anlagen beansprucht die TA Lärm nunmehr Geltung insbesondere bei der Prüfung der Einhaltung des §22 BImSchG im Rahmen der Prüfung von Bauanträgen in Baugenehmigungsverfahren; mithin auch für die Fälle, in denen bei der bauaufsichtlichen Genehmigung solcher Anlagen zu prüfen ist, ob bei der Errichtung und dem Betrieb solcher Anlagen schädliche Umwelteinwirkungen verhindert werden, die nach dem Stand der Technik vermeidbar sind.

Nr. 176

Ob die gemäß §48 BImSchG erlassene TA Lärm angesichts dieses Anwendungsbereichs als normkonkretisierende Verwaltungsvorschrift (zur Wertung der TA Luft als normkonkretisierender Verwaltungsvorschrift vgl. etwa BVerwG, Beschlüsse v. 15.2.1988 – 7 B 219.87 –, NVwZ 1988, 824, und v. 21.3.1996 – 7 B 164.95 –, NVwZ-RR 1996, 498; Urteile v. 20.12.1999 – 7 C 15.98 –, NVwZ 2000, 440, und v. 21.6.2001 – 7 C 21.00 –, NVwZ 2001, 1165) anzusehen ist, kann hier letztlich dahinstehen. Selbst wenn man sie nicht im genannten Sinne als normkonkretisierende Verwaltungsvorschrift wertet, kann sie mit den in ihr enthaltenen Erkenntnissen und Grundlagen jedenfalls als fachlicher Anhalt für die Beurteilung herangezogen werden, ob die von gewerblichen Anlagen der hier in Rede stehenden Art ausgehenden Geräuschimmissionen als schädliche Umwelteinwirkungen im dargelegten Sinne zu werten sind (vgl. OVG NRW, Urteil v. 18.11.2002 – 7 A 2139/00 – zur Veröffentlichung vorgesehen).

Dabei erscheinen dem Senat im Hinblick auf die Ausführungen der Beschwerdebegründung allerdings folgende Hinweise angezeigt: Es ist in der Tat Sache des Bauherren, im Genehmigungsverfahren den Nachweis zu erbringen, daß die zur Genehmigung gestellte Anlage die Zumutbarkeitskriterien der TA Lärm einhält. An die insoweit im Genehmigungsverfahren vorzunehmende prognostische Einschätzung einer Einhaltung der Zumutbarkeitskriterien, die im vorliegenden Fall angesichts des durch den mit einer früheren Baugenehmigung zugelassenen Probebetriebs der Rundholzsortieranlage auf meßtechnisch ermittelte Erkenntnisse über das reale Immissionsverhalten gerade dieser konkreten Anlage aufbauen konnte, sind insoweit hohe Anforderungen zu stellen, als sie in jedem Fall „auf der sicheren Seite" liegen muß. Anderenfalls würden die regelmäßig nicht zu vermeidenden Unsicherheiten bei der nachträglichen Kontrolle, ob der bei der Genehmigung vorausgesetzte Schutz vor schädlichen Umwelteinwirkungen tatsächlich gewahrt ist, zu Lasten der zu schützenden Betroffenen gehen. Diese Sichtweise ist angesichts des hohen Werts der Schutzgüter, die mit der Vermeidung schädlicher Umwelteinwirkungen geschützt werden sollen, auch mit Blick auf die – in erster Linie wirtschaftlichen – Interessen des Betreibers der zu prüfenden Anlage gerechtfertigt. Sie gilt um so mehr, als nach Nr. 6.9 der TA Lärm jedenfalls bei Überwachungsmessungen weiterhin ein Abschlag von 3 dB(A) wegen Meßunsicherheit zu berücksichtigen ist. Die Berücksichtigung dieses Abschlags dient letztlich der Beweislastverteilung bei Maßnahmen der Anlagenüberwachung. Sie soll sicherstellen, daß es bei Überwachungsmessungen nicht zu Lasten des Betreibers einer legal errichteten Anlage zu rechtswidrigen Eingriffen kommt und daß die Messung damit zu seinen Gunsten „auf der sicheren Seite" liegt (vgl. BVerwG, Urteil v. 16.5.2001 – 7 C 16.00 –, NVwZ 2001, 1167).

Sie ist damit im Bereich der Überwachung das den Betreiber begünstigende Pendant zu der im Bereich der Anlagenzulassung vorzunehmenden Einschätzung, daß die prognostische Einschätzung der Auswirkungen der zuzulassenden Anlage zugunsten der zu schützenden Betroffenen „auf der sicheren Seite" liegt (vgl. zu alledem OVG NRW, Urteil v. 18.11.2002 – 7 A 2139/00 –, S. 34/35, zur Veröffentlichung vorgesehen).

Aus der nach Auffassung der Beigeladenen grundrechtlich geschützten „Baufreiheit" folgt nichts Gegenteiliges. So läßt sich aus Art. 14 Abs. 1 Satz 1 GG nicht das Recht herleiten, alle nur irgend erdenklichen Nutzungsmöglichkeiten auszuschöpfen, zu denen ein Grundstück Gelegenheit bietet. Die Baufreiheit als das Recht, ein Grundstück baulich oder in sonstiger Weise zu nutzen, wird zwar vom Schutzbereich des Eigentumsgrundrechts umfaßt, sie ist aber nur nach Maßgabe des einfachen Rechts gewährleistet (vgl. BVerwG, Urteil v. 17.12.2002 – 4 C 15.01 –, S. 29 des Urteilsabdrucks unter Bezugnahme auf BVerfG, Beschluß v. 19.6.1973 – 1 BvL 39/69 –, u. a. – BVerfGE 35, 263, 276 sowie BVerwG, Urteil v. 12.3.1998 – 4 C 10.97 –, BRS 60 Nr. 98, 382 f.).

Dieses einfache Recht gibt in § 22 BImSchG insbesondere vor, daß nicht (immissionschutzrechtlich) genehmigungsbedürftige Anlagen so zu errichten und zu betreiben sind, daß nach dem Stand der Technik vermeidbare schädliche Umwelteinwirkungen „verhindert" werden und daß nach dem Stand der Technik unvermeidbare schädliche Umwelteinwirkungen „auf ein Mindestmaß beschränkt" werden. Es legt dem Anlagenbetreiber damit eindeutig hohe Schutzpflichten auf.

In Übereinstimmung mit den angeführten rechtlichen Ansätzen geht das Verwaltungsgericht zutreffend davon aus, daß im vorliegenden Fall die TA Lärm einschlägig ist. Es unterliegt auch keinen Bedenken, daß für das Wohngrundstück des Antragstellers die Immissionsrichtwerte gemäß Nr. 6.1 c) der TA Lärm einschlägig sind, und zwar hier angesichts des Umstands, daß ein Nachtbetrieb der strittigen Anlage nicht genehmigt ist, grundsätzlich der Tagwert von 60 dB(A). Näherer Betrachtung bedürfen jedoch die konkreten Anforderungen an die Ermittlung einer Einhaltung dieses Immissionsrichtwerts.

Eine der grundlegenden Neuregelungen der TA Lärm gegenüber der früheren Fassung dieser Verwaltungsvorschrift (TA Lärm 1968) ist der sog. akzeptorbezogene Ansatz. Hiernach bemißt sich die Zulässigkeit einer zu prüfenden Anlage nicht mehr allein danach, ob die jeweilige Anlage für sich betrachtet den einschlägigen Immissionsrichtwert einhält. Im Genehmigungsverfahren ist vielmehr eine näher modifizierte Gesamtbetrachtung vorzunehmen. Deren wesentliche Merkmale sind für die Zulassung von Anlagen, die einer immissionsschutzrechtlichen Genehmigung bedürfen, in Nr. 3.2.1 der TA Lärm näher umschrieben. Sie lassen sich folgendermaßen zusammenfassen:
- Nach Nr. 3.2.1 Abs. 1 der TA Lärm ist die Anlage uneingeschränkt genehmigungsfähig, wenn die Gesamtbelastung am maßgeblichen Immissionsort die einschlägigen Immissionsrichtwerte nach Nr. 6 der TA Lärm nicht überschreitet. Dabei ist Gesamtbelastung nach Nr. 2.4 Abs. 3 der TA Lärm die Belastung des Immissionsorts, die von allen Anlagen hervorgerufen wird, für die die TA Lärm gilt; in die Gesamtbelastung nicht einzubeziehen sind damit insbesondere Immissionsbelastungen, die beispielsweise von Verkehrswegen oder von Sportanlagen i. S. der 18. BImSchV ausgehen.
- Wird der Immissionsrichtwert auf Grund der Vorbelastung, d. h. unter Berücksichtigung der Belastung durch alle der TA Lärm unterliegenden Anlagen mit Ausnahme der zu beurteilenden Anlage (Nr. 2.4 Abs. 1 der TA Lärm), überschritten, darf nach Nr. 3.2.1 Abs. 2 der TA Lärm die Genehmi-

gung der zu beurteilenden Anlage nicht aus Gründen des Lärmschutzes versagt werden, wenn der von der zu beurteilenden Anlage verursachte Immissionsbeitrag im Hinblick auf den Gesetzeszweck nicht relevant ist. Letzteres ist i. d. R. der Fall, wenn die von der zu beurteilenden Anlage ausgehende Zusatzbelastung, d. h. der von der zu beurteilenden Anlage hervorgerufene Immissionsbeitrag (Nr. 2.4 Abs. 2 der TA Lärm), den einschlägigen Immissionsrichtwert am maßgeblichen Immissionsort um mindestens 6 dB(A) unterschreitet. Dem liegt die Erkenntnis zugrunde, daß die energetische Addition zweier Lärmpegel, die sich um 6 dB(A) unterscheiden, im Ergebnis nur eine Erhöhung des höheren Pegels um 1 dB(A) bewirkt (vgl. Tegeder, Die TA Lärm: technische Grundlagen der Lärmbewertung, UPR 2000, 99, 100).
- Ergänzend hierzu soll nach Nr. 3.2.1 Abs. 3 der TA Lärm in den Fällen, in denen der Immissionsrichtwert wegen der Vorbelastung überschritten wird, die Genehmigung auch dann nicht wegen der Überschreitung des Immissionsrichtwerts versagt werden, wenn dauerhaft – z. B. durch einen öffentlich-rechtlichen Vertrag der beteiligten Anlagenbetreiber mit der Überwachungsbehörde – sichergestellt ist, daß diese Überschreitung nicht mehr als 1 dB(A) beträgt.
- Nach Nr. 3.2.1 Abs. 4 der TA Lärm soll weiter bei einem Überschreiten der Immissionsrichtwerte wegen der Vorbelastung eine Genehmigung der zu beurteilenden Anlage auch dann erteilt werden, wenn durch näher umschriebene Sanierungsmaßnahmen an bestehenden Anlagen des Antragstellers binnen 3 Jahren die Einhaltung der Immissionsrichtwerte gewährleistet ist.
- Schließlich sieht Nr. 3.2.1 Abs. 5 vor, daß eine Genehmigung wegen einer Überschreitung der Immissionsrichtwerte auch dann nicht versagt werden darf, wenn infolge ständig vorherrschender Fremdgeräusche keine zusätzlichen schädlichen Umwelteinwirkungen durch die zu beurteilende Anlage zu befürchten sind. Voraussetzung hierfür ist u. a., daß für die Beurteilung der Geräuschimmissionen der Anlage weder Zuschläge für Ton- und Informationshaltigkeit oder Impulshaltigkeit (vgl. z. B. Nrn. A.2.5.2 und A.2.5.3 des Anhangs zur TA Lärm) noch eine Berücksichtigung tieffrequenter Geräusche nach Nr. 7.3 der TA Lärm erforderlich sind. Eine Begünstigung wegen ständig vorherrschender Fremdgeräusche, zu denen alle nicht von der zu beurteilenden Anlage – mithin z. B. auch von Verkehrswegen – ausgehenden Geräusche gehören (Nr. 2.4 Abs. 4 der TA Lärm), scheidet mithin stets dann aus, wenn die Geräusche der Anlage besonders auffällige Lästigkeitskomponenten der genannten Art hervorrufen (zu dem gemeinsamen Kriterium der „Auffälligkeit" für diese Lästigkeitskomponenten vgl. OVG NRW, Urteil v. 18.11.2002 – 7 A 2139/00 –, zur Veröffentlichung vorgesehen).

Dieser für die der Genehmigungspflicht nach dem BImSchG unterliegenden Anlagen in Nr. 3.2.1 der TA Lärm näher festgelegte akzeptorbezogene Ansatz gilt – wenn auch nur in abgeschwächter Form – gleichfalls für die Genehmigung von Anlagen, deren Immissionsauswirkungen nach §22 BImSchG zu prüfen sind (vgl. Feldhaus, Einführung in die TA Lärm, UPR

1999, 1, 6; Kutscheid, Die Neufassung der TA Lärm, NVwZ 1999, 577, 582; Sparwasser/von Komorowski, Die neue TA Lärm in der Anwendung, VBlBW 2000, 348, 350).

Für solche Anlagen, zu denen auch die strittige Rundholzsortieranlage gehört, legt Nr. 4.2 a) der TA Lärm – vergleichbar dem noch in der TA Lärm 1968 enthaltenen Ansatz – grundsätzlich fest, daß sicherzustellen ist, daß die Geräuschimmissionen der zu beurteilenden Anlage – vorbehaltlich konkreter Maßnahmen zur Beschränkung unvermeidbarer schädlicher Umwelteinwirkungen auf ein Mindestmaß nach Nr. 4.3 der TA Lärm – die einschlägigen Immissionsrichtwerte nicht überschreiten. Eine Berücksichtigung der Vorbelastung ist nach Nr. 4.2 c) der TA Lärm „nur" erforderlich, wenn auf Grund konkreter Anhaltspunkte absehbar ist, daß die zu beurteilende Anlage im Falle ihrer Inbetriebnahme relevant i. S. von Nr. 3.2.1 Abs. 2 der TA Lärm zu einer Überschreitung der einschlägigen Immissionsrichtwerte beitragen wird und Abhilfemaßnahmen nach Nr. 5 der TA Lärm bei anderen zur Gesamtbelastung beitragenden Anlagen aus tatsächlichen oder rechtlichen Gründen offensichtlich nicht in Betracht kommen. Damit hat eine den Anforderungen der Absätze 2 bis 4 der Nr. 3.2.1 der TA Lärm gerecht werdende Betrachtung der Gesamtbelastung – mit eventueller Würdigung ständig vorherrschender Fremdgeräusche nach Nr. 3.2.1 Abs. 5 der TA Lärm – jedenfalls dann stattzufinden, wenn hinreichende Anhaltspunkte dafür vorliegen, daß die einschlägigen Immissionsrichtwerte am maßgeblichen Immissionsort auf Grund der Vorbelastung überschritten werden und die Zusatzbelastung der zu beurteilenden Anlage zu diesem Überschreiten relevant beiträgt.

Übertragen auf den vorliegenden Fall ergibt sich hieraus:

Die strittige Rundholzsortieranlage wahrt dem Antragsteller gegenüber die Anforderungen der TA Lärm eindeutig nicht, wenn die von ihr ausgehenden Lärmimmissionen den hier einschlägigen Immissionsrichtwert von 60 dB(A) am Tag – gemessen und bewertet nach der TA Lärm – überschreiten (Nr. 4.2 a) der TA Lärm). Das bedeutet jedoch nicht, wie der Antragsgegner nach der seiner Baugenehmigung beigefügten Nebenbestimmung 603 offensichtlich meint, daß die Anlage schon dann unter Immissionsschutzgesichtspunkten ohne weiteres genehmigungsfähig ist, wenn die Geräusche dieser – „von der Genehmigung erfaßten" – Anlage, mithin der Rundholzsortieranlage, isoliert für sich betrachtet diesen Immissionsrichtwert einhalten. Eine Unvereinbarkeit mit den Anforderungen der TA Lärm und damit eine Rücksichtslosigkeit dem Antragsteller gegenüber kommt vielmehr auch dann in Betracht, wenn die von der Rundholzsortieranlage ausgehende Zusatzbelastung als solche den Immissionsrichtwert von 60 dB(A) noch einhält oder gar unterschreitet. Liegt die Gesamtbelastung am Grundstück des Antragstellers über dem Immissionsrichtwert und trägt hierzu die Zusatzbelastung durch die strittige Anlage i. S. von Nr. 3.2.1 Abs. 2 der TA Lärm relevant bei, dann setzt eine Genehmigungsfähigkeit und damit Zumutbarkeit der Rundholzsortieranlage voraus, daß entweder die Voraussetzungen eines der Absätze 3, 4 oder 5 der Nr. 3.2.1 der TA Lärm erfüllt sind oder hinreichende Maßnahmen an der Anlage selbst gemäß Nr. 4.3 bzw. an anderen Anlagen gemäß Nr. 5 der TA Lärm getroffen werden.

Nr. 176

Daß die vom Antragsgegner erteilte Baugenehmigung – bezogen auf den im vorliegenden Nachbarstreit nur interessierenden Schutz des Antragstellers – diesen aus der TA Lärm folgenden Anforderungen gerecht wird, läßt sich nach derzeitigem Kenntnisstand allerdings nicht abschließend feststellen. Hierzu ist in tatsächlicher Hinsicht zunächst klarzustellen, daß unter den Aspekten „Gesamtbelastung", „Vorbelastung" und „Zusatzbelastung" nach der hier nur möglichen summarischen Prüfung wohl nur der Betrieb der Beigeladenen in den Blick zu nehmen sein dürfte. Dieser läßt sich nach vorliegendem Kenntnisstand ersichtlich in zwei eindeutig voneinander trennbare Bereiche aufteilen, nämlich die Rundholzsortieranlage und den eigentlichen Sägebetrieb. (Wird ausgeführt.)

Dafür, daß sich die solchermaßen gekennzeichneten Betriebsteile Rundholzsortieranlage und Sägebetrieb hinsichtlich ihrer immissionsmäßigen Bewertung nicht genau voneinander trennen lassen können, liegt nach derzeitigem Kenntnisstand kein Anhalt vor. (Wird ausgeführt.)

Die hiernach wohl gesonderten immissionsschutzbezogenen Betrachtungen zugänglichen Teile des Betriebs der Beigeladenen stehen dann auch nicht ihrer gesonderten Behandlung durch die strittige Baugenehmigung des Antragsgegners entgegen. Namentlich unterliegt es – auch und gerade im Hinblick auf eine sachgerechte Überwachung einer genehmigungskonformen Betriebsführung – keinen Bedenken, wenn der Betrieb der Rundholzsortieranlage zeitlich dahingehend beschränkt ist, daß er maximal nur 5 Stunden werktags stattfinden darf, wobei es den jeweiligen konkreten betrieblichen Bedürfnissen der Beigeladenen überlassen bleibt, in welchen Stunden des vorgegebenen Zeitraums von 7.00 bis 20.00 Uhr sie diese Nutzungszeiten ausnutzt. Dies gilt um so mehr, als angesichts der Anlieferung durch Langholztransportwagen mit regelmäßig einer Vielzahl von Stämmen jedenfalls zumindest von längeren Abschnitten eines weitgehend kontinuierlichen Betriebs der Rundholzsortieranlage auszugehen ist. Schließlich liegen auch keine konkreten Anhaltspunkte dafür vor, daß der vorgegebene Zeitrahmen von 5 Stunden für die regelmäßige Betriebsführung der Beigeladenen ersichtlich nicht ausreicht.

Ausgehend von diesen nach vorliegendem Kenntnisstand konkret zu erwartenden Modalitäten der Betriebsführung der Beigeladenen liegt derzeit kein hinreichender Anhalt dafür vor, daß der Betriebsteil Rundholzsortieranlage für sich betrachtet den für den Antragsteller einschlägigen Immissionsrichtwert von 60 dB(A) an seinem Wohnhaus überschreitet und damit zu Lasten des Antragstellers die Anforderungen von Nr. 4.2 a) der TA Lärm nicht einhält.

Insoweit kann im vorliegenden Verfahren von den gutachterlich ermittelten Meßergebnissen ausgegangen werden. Dabei sind, wie klarstellend anzumerken ist, die nach dem Taktmaximalverfahren ermittelten Ergebnisse maßgeblich. Dieses Verfahren ist nach Nr. 2.9 der TA Lärm anzuwenden, wenn es um die Beurteilung impulshaltiger Geräusche geht. Daß die hier maßgeblichen Geräusche der Rundholzsortieranlage in besonderem Maß impulshaltig sind, unterliegt keinem Zweifel und wird durch die Schilderung der Geräuschcharakteristik dieses Betriebsteils im Gutachten anschaulich bestätigt. Unerheblich sind die näher ausgeführten Schwächen des Taktmaximalverfahrens. Wenn der Normgeber der TA Lärm dieses Verfahren für besonders lästige impulshaltige Geräuschereignisse vorsieht, besteht jedenfalls ohne hinreichende wissenschaftliche Untermauerung kein Anlaß, von seiner Anwendung abzusehen. Dies gilt erst Recht mit Blick auf den bereits angesprochenen Grundsatz, daß Lärmermittlungen im Genehmigungsverfahren im Interesse der zu schützenden Betroffenen „auf der sicheren Seite" liegen sollen.

Aus den angesprochenen Meßergebnissen folgt, daß im Ergebnis der – hier ohnehin nur interessierende – Tagwert der von der Rundholzsortieranlage am Wohnhaus des Antragstellers bewirkten Geräusche den einschlägigen Immissionsrichtwert von 60 dB(A) noch wahrt.

Läßt sich nach gegenwärtigem Kenntnisstand nicht feststellen, daß die von der angefochtenen Baugenehmigung erfaßte Rundholzsortieranlage als solche den Immissionsrichtwert am Wohnhaus des Antragstellers überschreitet, folgt hieraus – wie dargelegt – jedoch noch nicht, daß die angefochtene Baugenehmigung offensichtlich nicht zu Lasten des Antragstellers gegen das Gebot der Rücksichtnahme verstößt. Nach den bereits dargelegten Grundsätzen für die immissionsmäßige Prüfung von nicht (immissionsschutzrechtlich) genehmigungspflichtigen Anlagen, die jedenfalls §22 BImSchG unterliegen, kommt im vorliegenden Fall vielmehr noch eine Berücksichtigung der Vorbelastung nach den Maßstäben der Nr. 3.2.1 Absätze 2 bis 4 der TA Lärm in Betracht, weil nicht auszuschließen ist, daß jedenfalls die Gesamtbelastung – hier durch den gesamten Betrieb der Beigeladenen – den einschlägigen Immissionsrichtwert am Wohnhaus des Antragstellers überschreitet, und alles dafür spricht, daß die Rundholzsortieranlage dann jedenfalls relevant i. S. von Nr. 3.2.1 Abs. 2 der TA Lärm zur Überschreitung beiträgt.

Insoweit weist der hier zu prüfende Sachverhalt die spezifische Besonderheit auf, daß der bereits früher vorhanden gewesene Sägewerksbetrieb der Beigeladenen, der jedenfalls das der TA Lärm unterfallende Lärmgeschehen am Wohnhaus des Antragstellers maßgeblich bestimmt hat und weiter bestimmt, bereits früher ersichtlich hohe Lärmimmissionen verursachte. Von dem immissionsrelevanten Geschehen dieses Betriebs wird der weit überwiegende Teil des Freiflächengeschehens nunmehr durch die strittige Rundholzsortieranlage ersetzt, bleibt im übrigen – nämlich hinsichtlich des Transports der abgelagerten Stämme zur Weiterverarbeitung mittels der Kranbahn sowie hinsichtlich der daran anschließenden Weiterverarbeitung – jedoch praktisch unverändert erhalten. Bei dieser Sachlage ist, wenn die Gesamtbelastung am Wohnhaus des Antragstellers den einschlägigen Immissionsrichtwert überschreitet, die weitere Prüfung nach Nr. 4.2 c) i. V. m. Nr. 3.2.1 Absätze 2 bis 4 der TA Lärm vorzunehmen, da jedenfalls davon auszugehen ist, daß die Zusatzbelastung durch die Rundholzsortieranlage deutlich über 54 dB(A) und damit weniger als 6 dB(A) unter dem einschlägigen Immissionsrichtwert von 60 dB(A) liegt, so daß sie i. S. von Nr. 3.2.1 Abs. 2 der TA Lärm relevant zur Überschreitung des Immissionsrichtwerts beiträgt. Eine Anwendung von Nr. 3.2.1 Abs. 5 der TA Lärm – Unbeachtlichkeit eines Überschreitens des Immissionsrichtwerts wegen ständig vorherrschender Fremdgeräusche – scheidet hier hingegen ohne weiteres aus. Insoweit kann im vorliegenden Verfahren letztlich dahinstehen, ob die hier vornehmlich als Fremdgeräusche i. S. von Nr. 2.4 Abs. 4 der TA Lärm in Betracht zu ziehenden Verkehrsgeräusche der zwischen dem Wohnhaus des Antragstellers und dem Betrieb der Beigeladenen gelegenen Verkehrswege (Bahnstrecke und Bundesstraße) jedenfalls deshalb nicht als „ständig vorherrschend" anzusehen sind, weil sie immer wieder durch Ruhephasen (keine Vorbeifahrt eines Zugs oder eines Kraftfahrzeugs) unterbrochen werden, so daß die Geräusche des Betriebs der Beigeladenen zwar gelegentlich überdeckt werden, aber auch immer wieder individuell wahrnehmbar sind (vgl. zur Überdeckung der Geräusche einer Windenergieanlage durch Windnebengeräusche OVG NRW, Urteil v. 18. 11. 2002 – 7 A 2139/00 –, S. 32/33 der Urteilsausfertigung).

Daß die Verkehrsgeräusche hier nicht nach Nr. 3.2.1 Abs. 5 der TA Lärm beachtlich sind, folgt schon daraus, daß die Geräusche der Rundholzsortieranlage in besonderem Maß impulshaltig sind.

Hängt die Wahrung der Zumutbarkeitsschwelle durch die Rundholzsortieranlage hiernach von einer Würdigung der durch den Betrieb der Beigeladenen am Wohnhaus des Antragstellers bewirkten Gesamtbelastung ab, sofern die von der strittigen Anlage ausgehende Zusatzbelastung – wie nach derzeitigem Kenntnisstand naheliegt – isoliert für sich den einschlägigen Immissionsrichtwert noch nicht überschreitet, läßt sich im vorliegenden Verfahren allerdings noch keine abschließende Aussage darüber treffen, ob das strittige Vorhaben dem Antragsteller gegenüber rücksichtslos ist.

Zusammenfassend bleibt hinsichtlich der Frage eventueller Erfolgsaussichten des Rechtsbehelfs des Antragstellers festzuhalten:

Nach derzeitigem Kenntnisstand liegt kein hinreichender Anhalt dafür vor, daß die Zusatzbelastung durch die strittige Rundholzsortieranlage bereits für sich betrachtet zu Lasten des Antragstellers den einschlägigen Immissionsrichtwert überschreitet. Das Gutachten spricht auch dafür, daß die Gesamtbelastung durch den Betrieb der Beigeladenen insgesamt den einschlägigen Immissionsrichtwert nicht zu Lasten des Antragstellers überschreitet. Gewisse Zweifel verbleiben bei der hier nur möglichen summarischen Prüfung jedoch. Sollte die abschließende Prüfung – notfalls auf Grund weiterer gutachterlicher Ermittlungen, die auch im anhängigen Widerspruchsverfahren bereits in Betracht kommen – ergeben, daß die Gesamtbelastung den einschlägigen Immissionsrichtwert überschreitet, wäre auch dann die angegriffene Baugenehmigung noch nicht ohne weiteres aufzuheben. Es wäre dann vielmehr auch zu prüfen, ob eine Vorgehensweise nach Nr. 3.2.1 Abs. 3 der TA Lärm in Betracht kommt. Diese hat nicht etwa eine schlichte Erhöhung des Immissionsrichtwerts zur Folge, sondern setzt voraus, daß – z. B. durch öffentlich-rechtlichen Vertrag zwischen der Beigeladenen und der Überwachungsbehörde – sichergestellt wird, daß die Gesamtbelastung durch den Betrieb der Beigeladenen nicht mehr als 61 dB(A) beträgt. Ferner wäre bei einem Überschreiten des Immissionsrichtwerts durch die Gesamtbelastung auch ein Vorgehen nach Nr. 3.2.1 Abs. 4 bzw. Nr. 4.3 der TA Lärm zu erwägen.

Die hieran anknüpfende Interessenabwägung geht zu Lasten des Antragstellers aus.

Insoweit ist zugunsten des Antragstellers allerdings zu berücksichtigen, daß nach derzeitigem Kenntnisstand jedenfalls nicht ausgeschlossen erscheint, daß die Gesamtbelastung des Betriebs der Beigeladenen am Wohnhaus des Antragstellers den maßgeblichen Richtwert überschreitet. Auch wenn dies der Fall sein sollte, folgt daraus – wie bereits angesprochen – jedoch noch nicht ohne weiteres, daß sein Rechtsbehelf voraussichtlich Erfolg haben wird. Es kommen auch Korrekturen der erteilten Baugenehmigung im noch anhängigen Widerspruchsverfahren in Betracht, die ggf. eine den Anforderungen der TA Lärm entsprechende Betriebsgestaltung sicherstellen können. Gegen ein Überwiegen des Interesses des Antragstellers spricht ferner, daß er durch die bereits seit langem bestehende Existenz des Betriebs der Beigeladenen gleichsam vorbelastet ist. Der bislang vorhandengewesene Betrieb umfaßte ferner bereits umfangreiche Freiflächen, auf denen sich ein immissionsträchtiges Freiflächengeschehen abgespielt hat, das jedenfalls durch ähnliche Betriebsabläufe wie die jetzt genehmigten gekennzeichnet war. Dabei kann letztlich dahinstehen, ob durch die hier strittige Rundholzsortieranlage der Sache nach eine Verbesserung der betriebsbedingten Geräuschsituation eingetreten ist oder ob durch die neue Anlage jedenfalls andersartige, ggf. lästigere Komponenten des Lärmgeschehens – z. B. durch das Fallenlassen der Stämme in die Betonmulden – hervorgerufen werden. Schließlich kann auch nicht unberücksichtigt bleiben, daß der Antragsteller im unmittelbaren Einwirkungsbereich anderer beachtlich lauter Emissionsquellen (Bahnstrecke, Bundesstraße) wohnt, deren Immissionen den Geräuschen des Betriebs der Beigeladenen gleichsam vorgelagert sind, diese zumindest in immer wiederkehrenden Abständen überdecken und in ihrer Gesamtbelastung offensichtlich deutlich über dem Gesamtgeräusch des Betriebs der Beigeladenen liegen.

Demgegenüber kann zugunsten der Beigeladenen nicht vernachlässigt werden, daß die strittige Rundholzsortieranlage lediglich entsprechende, früher bereits vorhandengewesene Betriebsaktivitäten ersetzt. Hinzu kommt, daß sie unverzichtbarer Bestandteil des Betriebs der Beigeladenen ist und eine Stillegung der Sortieranlage praktisch der Stillegung des gesamten, seit langem ausgeübten Betriebs gleichkäme.

Bei dieser Sachlage ist es dem Antragsteller zuzumuten, die Auswirkungen der Rundholzsortieranlage – zunächst – bis zur abschließenden Prüfung seines Rechtsbehelfs hinzunehmen. Dies bedeutet, wie klarstellend anzumerken ist, allerdings nicht, daß die Beigeladene sich weiterhin ohne weiteres über die ihr im Rahmen der erteilten Genehmigungen auferlegten Beschränkungen hinwegsetzen und z. B. ihre betrieblichen Aktivitäten auch außerhalb der genehmigten Betriebszeiten ausüben dürfte. Es wird vielmehr Sache der zuständigen Aufsichtsbehörden sein, gegen illegale Betriebsnutzungen mit den gebotenen ordnungsrechtlichen Mitteln einzuschreiten.

Nr. 177

1. Nr. 7.4 TA Lärm 1998 stellt – wie auch sonst das Regelwerk der TA Lärm 1998 – eine normkonkretisierende Verwaltungsvorschrift dar.

2. Straßenverkehrslärm durch An- und Abfahrtsverkehr einer nach § 4 BImSchG genehmigungsbedürftigen Anlage ist dieser außerhalb des Betriebsgrundstücks und seines Ein- und Ausfahrtsbereichs auf öffentlichen Straßen nur gemäß Nr. 7.4 TA Lärm 1998 zuzurechnen. Der dadurch erzeugte Lärmpegel ist nach Maßgabe der 16. BImSchV zu bewerten und unterliegt einem Minimierungsgebot.

BImSchG §§ 4, 48; 16. BImSchV; TA Lärm 1998 Nr. 7.4.

OVG Nordrhein-Westfalen, Beschluß vom 24. Oktober 2003
– 21 A 2723/01 – (rechtskräftig).

(VG Düsseldorf)

Die Kläger sind Eigentümer und/oder Bewohner von Wohnhäusern an den Straßen M.-straße und U.-Ring in L. Die Beigeladene betreibt am U.-Ring ein alteingesessenes Baustoffwerk. Die Be- und Auslieferung erfolgt mit LKW über die M.-Straße und den U.-Ring. 1997 erteilte der Beklagte der Beigeladenen die immissionsschutzrechtliche Genehmigung zur wesentlichen Änderung und zum Betrieb der Anlage zur Herstellung von Betonfertigteilen. Die dagegen gerichteten Nachbarwidersprüche der Kläger, mit denen sie sich u. a. gegen die Zunahme des Schwerlastverkehrs auf der M.-Straße und den U.-Ring wandten, wies die Wiederspruchsbehörde 2000 zurück. Die Anfechtungsklage der Kläger blieb erfolglos. Der Antrag der Kläger auf Zulassung der Berufung hatte keinen Erfolg.

Aus den Gründen:

Der Vortrag der Kläger weckt unter keinem der in der Antragsschrift dargelegten Gesichtspunkte ernstliche Zweifel an der (Ergebnis-)Richtigkeit des angefochtenen Urteils i. S. des § 124 Abs. 2 Nr. 1 VwGO.

Dies gilt namentlich für die zentrale Beanstandung der Kläger, das Verwaltungsgericht sei bei seiner Entscheidung zu Unrecht davon ausgegangen, daß es sich bei Nr. 7.4 TA Lärm 1998 (einschließlich der Bezugnahme auf die Regelungen der 16. BImSchV) um normkonkretisierende Verwaltungsvorschriften handele. Der Senat teilt nicht im Ansatz die dargelegten Zweifel. Abgesehen davon, daß dem Disput, ob eine Verwaltungsvorschrift als „normkonkretisierend" im Sinne des Verständnisses des Bundesverwaltungsgerichts angesehen werden kann, allgemein und auch im konkreten Fall weitgehend die Entscheidungsrelevanz fehlt, weil er größtenteils eher terminologischer und akademischer Natur ist, hat das Verwaltungsgericht die Regelungen der TA Lärm 1998 zu Recht in die Kategorie der „normkonkretisierenden" Verwaltungsvorschriften eingeordnet. Der Senat folgt in dieser Bewertung der in Rechtsprechung und Literatur zwischenzeitlich praktisch einhellig vertretenen Auffassung (vgl. zur Einordnung der TA Lärm als normkonkretisierende Verwaltungsvorschrift BVerwG, Urteil v. 28. 10. 1998 – 8 C 16.96 –, BVerwGE 107, 338, 341; ausdrücklich zu Nr. 7.4 der TA Lärm 1998, VGH Baden-Württemberg, Urteil v. 27. 6. 2002 – 14 S 2736/01 –, NVwZ-RR 2003,

745, 750; mit entsprechender Tendenz bereits OVG Nordrhein-Westfalen, Urteil v. 18.11.2002 – 7 A 2127/00 –, BRS 65 Nr. 182 = NVwZ 2003, 756 (1. Leitsatz), und Beschluß v. 26.2.2003 – 7 B 2434/02 –, BauR 2003, 1361 = NWVBl. 2003, 343, 344; vgl. weiter Jarass, BImSchG, 5. Aufl. 2002, §48 Rdnr. 32; Kunert, Alte und neue Probleme beim Lärmschutz, NuR 1999, 430, 431; Kutscheidt, Die Neufassung der TA Lärm, NVwZ 1999, 577, 578; Sparwasser/Komorowski, Die neue TA Lärm in der Anwendung, VBlBW 2000, 348, 354; kritisch allein Schulze-Fielitz, Die neue TA Lärm, DVBl. 1999, 65, 72).

Denn die TA Lärm 1998 verkörpert entsprechend der Art ihres Zustandekommens ein hohes Maß an wissenschaftlich-technischem Sachverstand und bringt zugleich auf abstrakt-genereller Abwägung beruhende Wertungen des Vorschriftengebers zum Ausdruck. Sie ist in ihrer nunmehr maßgeblichen Fassung vom 26.8.1998 (GMBl., S. 503) gemäß §48 BImSchG nach Anhörung der beteiligten Kreise als Sechste Allgemeine Verwaltungsvorschrift zum BImSchG erlassen worden. Sie dient nach ihrem ersten Abschnitt dem Schutz der Allgemeinheit und der Nachbarschaft vor schädlichen Umwelteinwirkungen durch Geräusche und misst sich – mit bestimmten, hier nicht interessierenden Ausnahmen – Geltung für alle Anlagen bei, die den Anforderungen des Zweiten Teils des BImSchG unterliegen. Auch bei Nr. 7.4 TA Lärm 1998 handelt es sich entgegen dem Vorbringen der Kläger nicht um eine „nicht begründete Aussage zur Zurechenbarkeit des im öffentlichen Straßenraum befindlichen Kfz-Verkehrs sowie um eine Art Verweisungsregelung". Vielmehr enthält diese Bestimmung verbindliche Regelungen, Festlegungen und Vorgaben zur Berücksichtigung von Verkehrsgeräuschen für die mit Genehmigungen, nachträglichen Anordnungen und Ermittlungsanordnungen nach dem BImSchG befaßten Verwaltungsbehörden. Sie stellt klar, daß Straßenverkehrslärm durch An- und Abfahrtsverkehr einer nach §4 BImSchG genehmigungsbedürftigen Anlage dieser außerhalb des Betriebsgrundstücks und seines Ein- und Ausfahrtsbereichs auf öffentlichen Straßen – nur – unter bestimmten, im Einzelnen angeführten Voraussetzungen zuzurechnen ist; dabei greift sie die zur Zurechenbarkeit von Verkehrslärmimmissionen vor Inkrafttreten der TA Lärm 1998 ergangene höchstrichterliche Rechtsprechung auf (vgl. BVerwG, Urteil v. 7.5.1996 – 1C 10.95 –, BVerwGE 101, 157, 165f.; vgl. auch OVG Nordrhein-Westfalen, Urteil v. 18.10.2002 – 21 A 3550/99 – m.w.N.), und konkretisiert in diesem Zusammenhang ebenfalls unbestimmte Rechtsbegriffe des Gesetzes (§5 BImSchG) durch generelle, dem gleichmäßigen und berechenbaren Gesetzesvollzug dienende Standards, die entsprechend der Art ihres Zustandekommens in hohem Maße wissenschaftlich-technischen Sachverstand und allgemeine Folgebewertungen verkörpern.

Als normkonkretisierende Verwaltungsvorschrift bindet die TA Lärm 1998 damit vergleichbar der gleichfalls gemäß §48 BImSchG erlassenen und seit langem als normkonkretisierende Verwaltungsvorschrift allgemein anerkannten TA Luft (vgl. BVerwG, Beschluß v. 15.2.1988 – 7B 219.87 –, NVwZ 1988, 824, 825; Beschluß v. 21.3.1996 – 7 B 164.95 –, NVwZ-RR 1996, 498, 499; Urteil v. 20.12.1999 – 7 C 15.98 –, NVwZ 2000, 440; Urteil v. 21.6.2001 – 7 C

21.00 –, NVwZ 2001, 1165; Pschera/Koepfer, Die neue TA Luft – Gefährdet der integrative Ansatz die Bindungswirkung?, NuR 2003, 517, 518), Verwaltungsbehörden wie Gerichte im Rahmen ihres Regelungsgehalts. Dies bedeutet zugleich, daß auch die in Nr. 7.4 TA Lärm 1998 in Bezug genommenen Grenzwerte der Verkehrslärmschutzverordnung (16. BImSchV) im Rahmen der Anwendung der TA Lärm 1998 eine entsprechende Bindungswirkung entfalten und vom Verwaltungsgericht zu Recht zugrunde gelegt worden sind. Danach ist der durch An- und Abfahrtsverkehr, der den Maßgaben von Nr. 7.4 Abs. 2 TA Lärm entspricht und in diesem Sinne der Anlage „zuzurechnen" ist (insoweit zumindest mißverständlich VGH Baden-Württemberg, Urteil v. 27. 6. 2002, a. a. O., 5. Leitsatz), auf öffentlichen Straßen erzeugte Lärmpegel nach der 16. BImSchV gesondert zu bewerten und unterliegt einem Minimierungsgebot (im Ergebnis übereinstimmend VGH Baden-Württemberg, Urteil v. 27. 6. 2002, a. a. O., S. 750).

Für diese Heranziehung der 16. BImSchV sprechen entgegen der Auffassung der Kläger auch in der Sache gute Gründe. Die Immissionsgrenzwerte des § 2 Abs. 1 der 16. BImSchV bringen ganz allgemein die Wertung des Normgebers zum Ausdruck, von welcher Schwelle an eine nicht mehr hinzunehmende Beeinträchtigung der jeweiligen Gebietsfunktion durch Verkehrsgeräusche auf öffentlichen Straßen anzunehmen ist, mögen in diese Grenzwerte auch die von den Klägern angeführten Erwägungen mit eingeflossen sein. Insbesondere trägt die Orientierung an der 16. BImSchV den Besonderheiten des Straßenverkehrs, namentlich der linienförmigen Ausbreitung der Verkehrsimmissionen Rechnung und berücksichtigt die durch Pegelspitzen geprägte Geräuschcharakteristik des Straßenverkehrslärms (vgl. OVG Nordrhein-Westfalen, Urteil v. 21. 1. 2003 – 8A 4230/01 –, ZUR 2003, 368; BayVGH, Urteil v. 18. 2. 2002 – 11 B 00 1769 –, BayVBl. 2003, 80, 81; Hofmann, Der Schutz vor Verkehrsimmissionen – Maßnahmen des fließenden Verkehrs, verkehrsbezogene Abgaben, Verkehrsinfrastruktur, ZUR 2000, 173, 176).

Soweit die Kläger in diesem Zusammenhang namentlich die 500 m-Regelung in Nr. 7.4 TA Lärm 1998 als willkürliche Festlegung in Frage stellen und die Auffassung vertreten, sie lasse die Rechtsprechung des Bundesverwaltungsgericht zur Zurechnung von Verkehrslärmimmissionen außer Betracht, kann dieser Einwand schon deshalb keine ernstlichen Zweifel an der Richtigkeit der angefochtenen Entscheidung begründen, weil das Verwaltungsgericht seine Entscheidung gerade nicht tragend allein auf diesen Gesichtspunkt gestützt hat. Im übrigen übersehen die Kläger bei ihrer Kritik, daß das Bundesverwaltungsgericht das Kriterium der „Entfernung" von der Anlage in seiner Rechtsprechung neben der Anforderung eines „räumlich überschaubaren Bereichs" (vgl. Urteil v. 27. 8. 1998 – 4 C 5.98 –, NVwZ 1999, 523, 527), als eines von mehreren für die Beurteilung der Frage der Zurechenbarkeit von An- und Abfahrtsverkehr herausgestellt hat. Ab einer bestimmten Entfernung, die Nr. 7.4 TA Lärm 1998 für den Regelfall mit 500 m ansetzt, fehlt jedoch regelmäßig – bereits – dieser natürliche örtliche Zusammenhang im Sinne eines überschaubaren Bereichs, der es rechtfertigt, den Verkehrslärm (noch) der Anlage zuzurechnen. Die von den Klägern zur Diskussion gestellten Beispielsfälle, in denen die Wohnbebauung am Anfang und die Anlage am

Ende einer 5 oder gar 10 km langen Sackgasse liegen sollen und der An- und Abfahrtsverkehr der Anlage beim Passieren der Wohnbebauung noch diese Wegstrecke zurücklegen muß bzw. auf der Rückfahrt bereits zurückgelegt hat, sind schon deshalb nicht zielführend, weil ihnen eine eher atypische Örtlichkeit zugrunde liegt; sie dürften im übrigen dahin zu beantworten sein, daß in derartigen Fällen schon auf Grund der Entfernung der Anlage vom Immissionsort jede Zurechenbarkeit ausscheidet.

Ebensowenig zeigen die Kläger ernstliche Zweifel an der angefochtenen Entscheidung auf, soweit sie ausführen, das Verwaltungsgericht sei zu Unrecht davon ausgegangen, daß dem schlechten baulichen Zustand des U.- Rings keine Bedeutung zukomme. Das von der Widerspruchsbehörde eingeschaltete Landesumweltamt Nordrhein-Westfalen hat in seinem, den Widerspruchsbescheiden von 2000 zugrunde liegenden „Bericht über die durch den Betrieb der Firma F. Betonwerke GmbH in L., U.-Ring in deren Nachbarschaft verursachten Verkehrsgeräuschimmissionen an öffentlichen Straßen" vom 1.10.1999 den Ausbauzustand des U.-Rings einschließlich der Art seines Straßenbelages im Rahmen seiner Berechnungen nach der 16. BImSchV berücksichtigt (vgl. §3 16. BImSchV i.V.m. der Anlage 1 zu 3). Die Berechnungen sind auf der Grundlage eines ordnungsgemäßen Straßenzustandes erfolgt. Wenn die von den Klägern zur Gerichtsakte gereichten Fotos im Zeitpunkt der Aufnahmen Mängel erkennen lassen, berührt dies abgesehen davon, daß der dokumentierte Straßenzustand weder in den Verantwortungsbereich des Beklagten noch der Beigeladenen fällt, nicht das durchgeführte Berechnungsverfahren; vielmehr ist gegebenenfalls die Stadt L. als Straßenbaulastträger des U.-Rings (sofern es sich um eine Gemeindestraße handelt) zur Ausbesserung des Belages und der Beseitigung der Mängel in der Entwässerung verpflichtet, soweit nicht grundlegende – unter Umständen auch für alle Anlieger kostenpflichtige – Ausbaumaßnahmen anstehen. Entsprechendes gilt, soweit der Übergang der Trasse der L.-Eisenbahn – wie die Kläger behaupten – ungenügend ausgebaut ist. Ebenso wenig kann im vorliegenden Zusammenhang Berücksichtigung finden, wenn Verkehrsteilnehmer die angeordnete Beschränkung der Höchstgeschwindigkeit auf 30 km/h nicht einhalten; gegebenenfalls sind insoweit die für die Überwachung des Straßenverkehrs zuständigen Behörden in der Pflicht.

Schließlich haben die Kläger auch keine Divergenz i.S. des §124 Abs.2 Nr.4 VwGO dargelegt. Das Verwaltungsgericht ist mit seiner Feststellung, bei den Regelungen nach Nr.7.4 TA-Lärm i.V.m. der 16. BImSchV handele es sich um normkonkretisierende Regelungen, nicht von der Rechtsprechung des Bundesverwaltungsgerichts abgewichen. Die angeführte Entscheidung des Bundesverwaltungsgerichts (gemeint ist das Urteil v. 27.8.1998 – 4 C 5.98 –, BRS 60 Nr.83 = BauR 1999, 152), verhält sich nicht zum Rechtscharakter der o.a. Regelungen. Zum einen differenziert das Bundesverwaltungsgericht in der Sache bewußt zwischen Verkehrslärm auf öffentlichen Straßen, um den es hier geht, und dem in jenem Verfahren allein zu beurteilenden Parkplatzlärm. Nur bezogen auf derartigen Parkplatzlärm und seine Sonderheiten im Vergleich zum Verkehrslärm auf öffentlichen Straßen hat das Bundesverwaltungsgericht – im übrigen in einem (nicht divergenzfähigen) obiter dictum – die Feststellungen getroffen, aus denen die Kläger ohne Erfolg eine Divergenz abzuleiten versuchen. Zum anderen scheidet jede Divergenz schon deshalb aus, weil sich das Bundesverwaltungsgericht im genannten Urteil nicht mit der – hier einschlägigen – TA Lärm 1998, sondern mit der alten TA Lärm aus dem Jahre 1968 befaßt hat, die nicht auf der Grundlage des § 48 BImSchG, sondern noch unter Geltung der Gewerbeordnung erlassen worden war. Überdies ergaben sich im dortigen Fall aus der TA Lärm 1968 schon deshalb keine „rechtlichen Bindungen", weil jenes Regelwerk nur für immissionsschutzrechtlich genehmigungsbedürftige Anlagen galt und das Bundesverwaltungsgericht einen derartigen Fall – wie es selbst hervorhebt – gerade nicht zu beurteilen hatte.

Nr. 178

1. Eine in einem Nachbarrechtsstreit vergleichsweise getroffene Einigung zwischen den Nachbarn über die Änderung eines Bauvorhabens, mit der sich auch die Baugenehmigungsbehörde einverstanden erklärt hat, hindert diese nicht, auch ein davon abweichendes, aber ebenfalls mit den baurechtlichen Vorschriften zu vereinbarendes Bauvorhaben zu genehmigen. Hierzu bleibt die Baugenehmigungsbehörde auf Grund ihrer Aufgabe zur präventiven Prüfung von Baugenehmigungsgesuchen gegenüber dem Bauherrn verpflichtet.

2. Die eigene Zurückhaltung eines Grundstückseigentümers bei der Ausnutzung des zulässigen Nutzungsmaßes vermag eine erhöhte Schutzwürdigkeit gegenüber Nachbarbebauungen nicht zu vermitteln.
(Zu 2. nichtamtlicher Leitsatz)

BauGB § 31 Abs. 2; BauNVO §§ 15, 20; BauO Bln §§ 6, 55 Abs. 3.

OVG Berlin, Urteil vom 28. Januar 2003 – 2 B 18.99 –.

Die Klägerin wendet sich im Nachbarrechtsstreit gegen ein Bauvorhaben auf dem Grundstück des Beigeladenen.

Sie ist Eigentümerin des mit einem eingeschossigen Wohnhaus bebauten Grundstücks Ha. Straße 20, der Beigeladene ist Eigentümer des rechts angrenzenden, südwestlich gelegenen Grundstücks Ha. Straße 18. Beide Grundstücke liegen in einem durch den Baunutzungsplan 1958/60 als allgemeines Wohngebiet ausgewiesenen Gebiet.

1991 erteilte das Bezirksamt eine Baugenehmigung zur Errichtung eines zweigeschossigen Gebäudes mit einem in zwei Ebenen ausgebauten Dachgeschoß für insgesamt sechs Wohnungen.

1992 führte das Verwaltungsgericht im einstweiligen Rechtsschutzverfahren einen Orts- und Verhandlungstermin durch. Hierbei wurden neben der Abstandsflächenproblematik die weiteren von der Klägerin gegen das Vorhaben geltend gemachten rechtlichen Einwendungen mit dem Ziel einer unstreitigen Beilegung des Rechtsstreits erörtert. Dazu heißt es in dem Sitzungsprotokoll:
„Auf dringende Empfehlung des Gerichts im Hinblick darauf, daß der vorliegende Antrag auf Gewährung vorläufigen Rechtsschutzes keine Aussicht auf Erfolg habe

und im Blick auf die weitere Problematik des behördlichen Vorgehens (Befreiung von der GFZ) erklärten die Beteiligten sich wie folgt:
1. Herr D. erklärte: Wir werden die uns erteilte Baugenehmigung lediglich wie folgt ausnutzen. ... Sodann erklärten auf Vorschlag des Gerichts die Behördenvertreter: Wir sind mit dieser Art des Rückbaus einverstanden. ... Mit der eingeschränkten Ausnutzung der Baugenehmigung im Bereich des Dachraums sind wir aus rechtlichen Gründen einverstanden; selbstverständlich müssen geänderte Bauzeichnungen nachgereicht werden."
1992 genehmigte das Bauaufsichtsamt auf Grund entsprechender neuer Bauvorlagen eine geänderte Bauausführung.

Mit ihrer gegen die Baugenehmigung und die Nachtragsgenehmigung erhobenen Klage hat die Klägerin im wesentlichen geltend gemacht: Die Genehmigungen verstießen gegen die im gerichtlichen Termin vom Juni 1992 getroffenen, auch für den Beklagten bindenden Vereinbarungen darüber, in welcher Form und Ausgestaltung die Baugenehmigung für das Wohngebäude, ohne ihre nachbarlichen Rechte zu verletzen, zu ändern sei.

Aus den Gründen:
Eine Rechtsverletzung der Klägerin ergibt sich nicht unmittelbar bereits daraus, daß die Genehmigung des geänderten Bauvorhabens einer in dem Termin vor dem Verwaltungsgericht vom Juni 1992 in Form eines dreiseitigen öffentlich-rechtlichen Vertrages i. S. von §54 ff. VwVfG eingegangenen Verpflichtung des Beklagten widerspricht, ausschließlich die dabei in allen Einzelheiten zwischen den Beteiligten vereinbarten Änderungen zu genehmigen. Es kann dahinstehen, ob bei verständiger Würdigung der gegebenen Verfahrens- und Rechtslage die von der Klägerin behauptete Diskrepanz zwischen der abgesprochenen und der sodann genehmigten Änderung tatsächlich gegeben ist. Jedenfalls fehlt es an einer entsprechenden zwingenden rechtliche Bindung des Beklagten. Dies würde voraussetzen, daß sich der Beklagte auf Grund der in jenem Termin von seinem Vertreter abgegebenen Erklärungen aus der Sicht der Beteiligten erkennbar in diesem Sinne zwingend rechtlich binden wollte und daß er hierzu auch rechtlich befugt war. Davon kann jedoch nicht ausgegangen werden.

Zwar ist dem Sitzungsprotokoll zu entnehmen, daß sich auf Drängen des Gerichts auch der Beklagte zusammen mit der Klägerin und der Rechtsvorgängerin des Beigeladenen um eine unstreitige Beendigung des anhängigen Rechtsstreits auf Gewährung vorläufigen Rechtsschutzes und darüber hinaus eine endgültige Beilegung des Nachbarstreits bemüht hat. Zu vertraglich bindenden Absprachen ist es in diesem Termin jedoch nur zwischen der Klägerin und der Rechtsvorgängerin des Beigeladenen in der Weise gekommen, daß im gegenseitigen Nachgeben die Bauherrin sich zu einem Rückbau ... bereitgefunden hat, während die Klägerin ihrerseits diese Form des Rückbaus der Außenwand akzeptieren und im übrigen von der prozessualen Durchsetzung ihrer weitergehenden baurechtlichen Beanstandungen des Vorhabens Abstand nehmen wollte. Der Beitrag des Vertreters des Beklagten zu der danach vorgesehenen unstreitigen Beendigung des Verfahrens blieb laut Protokoll darauf beschränkt, daß er mit dieser Form des Rückbaus der Außenwand und aus rechtlichen Gründen auch mit der eingeschränkten

Ausnutzung der Baugenehmigung im Dachraum einverstanden sei und daß die Baueinstellungsverfügung bei Rücknahme des Antrags nicht mehr gelte.

In diesen Äußerungen des Behördenvertreters kann die von der Klägerin geltend gemachte Erklärung, daß der Beklagte sich verpflichte, keine andere als die im Detail vereinbarten Änderungen des Vorhabens zu genehmigen und zu garantieren, daß diese Absprache auch künftig eingehalten werde, nicht gesehen werden. Der Behördenvertreter hat diese Erklärung erkennbar vielmehr allein in Wahrnehmung der der Bauaufsichtsbehörde übertragenen Aufgabe abgegeben, die darin besteht, präventiv zu prüfen, ob ein konkretes Bauvorhaben gegen baurechtliche oder sonstige öffentlich-rechtliche Bestimmungen verstößt. Im Rahmen der so umschriebenen Kompetenz ist die Bauaufsichtsbehörde mit Rücksicht auf die dem Grundeigentümer grundsätzlich zustehende Baufreiheit verpflichtet, jede Form der baulichen Ausgestaltung oder Nutzung eines ihr zur Prüfung unterbreiteten Bauvorhabens zu genehmigen, das mit den zu diesem Zeitpunkt geltenden baurechtlichen und sonstigen öffentlich-rechtlichen Vorschriften vereinbar ist. Dementsprechend konnte auch die im Termin vom Juni 1992 von dem Behördenvertreter abgegebene Erklärung nur dahin verstanden werden, daß für die zwischen der Klägerin und der Bauherrin vereinbarten Maßnahmen zur Zurückversetzung der Außenwand ... bei Einreichung der erforderlichen Bauvorlagen die Baugenehmigung in Aussicht gestellt werden könne, weil hiergegen öffentlich-rechtliche Bedenken nicht beständen. Für eine darüber hinausgehende Verpflichtungserklärung dahingehend, daß die Genehmigung für eine von der Vereinbarung im Detail abweichende bauliche Änderung versagt werde und gegenüber der Klägerin die Garantie für die Erfüllung und Durchsetzung der Abrede übernommen werde, bestand aus der Sicht des Behördenvertreters, der in dem anhängigen Verfahren die erlassene Stillegungsanordnung zu vertreten hatte, in dieser verfahrensrechtlichen Situation weder ein plausibler Anlaß, noch wäre der Beklagte im Rahmen seiner bauaufsichtlichen Kompetenzen ohne weiteres rechtlich befugt gewesen, eine derartige die baulichen Gestaltungs- und Nutzungsmöglichkeiten der Bauherrin beschneidende Verpflichtung gegenüber der Klägerin einzugehen.

Die Einverständniserklärung des Behördenvertreters konnte allenfalls gegenüber der Rechtsvorgängerin des Beigeladenen öffentlich-rechtlich bindende Wirkungen insoweit entfalten, als diese die Erteilung einer entsprechenden Baugenehmigung verlangen konnte. Die in jenem Termin zwischen der Klägerin und der Rechtsvorgängerin des Beigeladenen getroffene – hinsichtlich ihres Inhalts im einzelnen streitige – Vereinbarung begründete danach lediglich zwischen diesen Vertragsparteien zivilrechtliche Verbindlichkeiten.

Über den Anfechtungsantrag der Klägerin gegen die Baugenehmigung in der geänderten Form ist somit ohne Bindung an den von der Klägerin mit der Rechtsvorgängerin des Beigeladenen seinerzeit geschlossenen materiellrechtlichen Vergleich hinsichtlich der Beschaffenheit und Nutzung des Gebäudes allein anhand der einschlägigen Vorschriften des öffentlichen Baurechts nach Maßgabe des durch diese etwa vermittelten Drittschutzes zu entscheiden. Insoweit ist jedoch eine Rechtsverletzung der Klägerin in ihren öffentlich-rechtlich geschützten Nachbarrechten nicht festzustellen. Die nachbarschützenden Vorschriften des bauordnungsrechtlichen Abstandsflächenrechts werden durch die Baugenehmigung in ihrer geänderten Gestalt nicht verletzt. ...

Aus einer Verletzung bauplanungsrechtlicher Vorschriften kann die Klägerin ebenfalls eine Beeinträchtigung ihrer schutzwürdigen Nachbarrechte nicht herleiten.

Ein Verstoß gegen die unmittelbar nachbarschützende Festsetzung der zulässigen Art der baulichen Nutzung ist mit dem genehmigten Gebäude nicht verbunden. Insbesondere gehört zu den im allgemeinen Wohngebiet erlaubten Nutzungsarten auch die Verwendung einzelner Räume innerhalb von Wohngebäuden zu privater Nutzung als Hobbyräume. ...

Soweit die Klägerin geltend macht, die Überschreitung der Geschoßflächenzahl habe einen ihr Grundstück unzumutbar verschattenden hohen und massiven Baukörper zur Folge, ist eine Verletzung des Gebots der Rücksichtnahme grundsätzlich ausgeschlossen, weil das Wohnbauvorhaben die nach Bauordnungsrecht gebotenen Abstandsflächen einhält. Denn diese bezwecken nach der ihnen zugedachten Funktion eine ausreichende Belichtung, Besonnung und Belüftung von Nachbargrundstücken sowie die Wahrung einer sozialen Distanz zwischen den Grundstücken und deren Bewohnern, so daß darüber hinaus für ein drittschützendes Gebot der Rücksichtnahme in bezug auf diese nachbarlichen Belange regelmäßig kein Raum ist (st. Rspr. des BVerwG, z.B. Beschluß v. 22.11.1984, NVwZ 1985, 653 und Urteil v. 11.1.1999, BauR 1999, 615, 616, vgl. auch den Beschluß des Senats v. 25.3.1993, BRS 55 Nr. 121).

Eine im Zusammenhang mit der Überschreitung des zulässigen Nutzungsmaßes eintretende Verletzung des planungsrechtlichen Rücksichtnahmegebotes kommt darüber hinaus nur in solchen Ausnahmefällen in Betracht, in denen die Schutzfunktion der Abstandsflächen die mit dem Bauvorhaben einhergehenden Beeinträchtigungen des Nachbargrundstücks nicht erfaßt (vgl. BVerwG, Urteil v. 23.5.1986, NVwZ 1987, 128 f., Urteil v. 16.9.1993, DVBl. 1994, 285, 287, sowie das Urteil v. 11.1.1999, a.a.O.).

Dazu reicht jedoch allein die Errichtung eines infolge der Maßüberschreitung im Verhältnis zur Nachbarbebauung wuchtigen Baukörpers nicht aus (vgl. BVerwGE 89, 69, 80 f.). Vielmehr müßte, um die Grenze zur Rücksichtslosigkeit zu überschreiten, von diesem eine gleichsam erdrückende, das Nachbargrundstück unzumutbar beengende Wirkung ausgehn. Davon kann hier trotz des einschließlich des Dachs rund 11 m hohen Hauses des Beigeladenen im Vergleich zu dem nur etwa 7,50 m hohen Wohngebäude der Klägerin nach dem bei der Ortsbesichtigung gewonnenen Eindruck nicht die Rede sein (vgl. hierzu auch BVerwG, Urteil v. 20.10.1986, Buchholz 406.11 § 34 Nr. 116 = NVwZ 1987, 128). Entgegen der Auffassung der Klägerin hat auch die Inanspruchnahme des Schmalseitenprivilegs keine Verschärfung dieses Bewertungsmaßstabs zur Folge (vgl. den Beschluß des Senats v. 29.3.1996, NVwZ-RR 1997, 60 = BRS 58 Nr. 169). Soweit die Klägerin zur Unterstützung ihrer Auffassung einwendet, ihr eigenes Wohnhaus sei nur eingeschossig mit ausgebautem Dachraum errichtet worden, ist dem entgegenzuhalten, daß die eigene Zurückhaltung eines Bauherrn bei der Ausnutzung des zulässigen Nutzungsmaßes eine erhöhte Schutzwürdigkeit gegenüber Nachbarbebauung nicht zu vermitteln vermag (vgl. dazu die Beschlüsse des Senats v. 10. 7. 1987 – 2 S 45.87 –, v. 26. 3. 1991 – 2 S 30.90 –, und v. 29. 8. 1994 – 2 S 93.94 –).

Nr. 179

1. Nur eine bauaufsichtlich genehmigte und tatsächlich ausgeübte Nutzung löst eine Rücksichtnahmepflicht aus.

2. Wird ein Gebäude nahezu zwei Jahre lang nicht mehr bewohnt und ist in dieser Zeit auch sonst keine anderweitige genehmigte Nutzung aufgenommen worden, können bei Hinzutreten besonderer Umstände die zur Wohnnutzung erteilte Baugenehmigung wirkungslos werden und eine Rücksichtnahmepflicht eines auf dem Nachbargrundstück geplanten gewerblichen Vorhabens entfallen.

VGH Baden-Württemberg, Urteil vom 20. Mai 2003 – 5 S 2751/01 – (rechtskräftig).

Der Kläger wendet sich gegen eine den Beigeladenen erteilte Baugenehmigung für die Errichtung eines Fast-Food-Restaurants nebst Stellplätzen und Lärmschutzwand.

Der Kläger ist seit Ende 1998 Eigentümer des Grundstücks (R.-Straße 200) Das Grundstück ist mit einer Haushälfte bebaut. Diese wurde bis zur Abmeldung der damaligen Mieter am 26. 10. 1998 zu Wohnzwecken benutzt. Die andere, weiterhin zu Wohnzwecken genutzte Haushälfte, steht auf dem Grundstück (R.-Straße 198). Im Westen und Norden grenzt das Grundstück des Klägers an das Grundstück der Beigeladenen (R.-Straße 202/202 a). An dieses schließt sich nach Westen das ebenfalls den Beigeladenen gehörende Grundstück (R.-Straße 204) an. Auf diesen beiden Grundstücken wurden zuletzt ein Autohaus (Reifen-Räder-Autoservice) und ein Nachtlokal betrieben.

Gemäß dem bestandskräftigen Planfeststellungsbeschluß von 1998 sollte das Grundstück (R.-Straße 198), einschließlich der darauf errichteten Doppelhaushälfte, teilweise für den Straßenbau in Anspruch genommen werden. Mit ihr sollte auch die Haushälfte des Klägers abgebrochen werden, weil, so der Planfeststellungsbeschluß, ein Teilabbruch zur Beibehaltung der Haushälfte auf Grund der schlechten Bausubstanz mit wirtschaftlichen Mitteln nicht möglich sei. Der festgestellte Plan wurde jedoch 2001 geändert. Wegen einer aus anderem Anlaß erfolgten geringfügigen Verschiebung der Trasse nach Süden ist ein Abbruch des Doppelhauses nicht mehr erforderlich. Nach der Plangenehmigung wird unmittelbar entlang der südlichen Wand der Haushälfte R.-Straße 198 ein 2,50 m breiter Geh- und Radweg vorbeiführen, an den sich eine 3 m breite, von der B 33 abgehende und bis auf Höhe des Doppelhauses parallel zur B 33 verlaufende Zufahrt zum Plangebiet „R. II" anschließt.

Bereits 1999 beantragten die Beigeladenen eine Baugenehmigung für den Umbau des erwähnten Autohauses zu einem Fast-Food-Restaurant sowie für den Abbruch von Gebäuden, u. a. des Nachtlokals, auf dem Grundstück (R.-Straße 202/202 a). Nach der beigefügten Betriebsbeschreibung gehört zu dem Fast-Food-Restaurant ein Autoschalter. Gegen das Vorhaben wandte der Kläger ein, der Verkehr auf der unmittelbar hinter seinem Grundstück gelegenen Zufahrt werde unzumutbare Lärm- und Abgasbelastungen verursachen. Auch sei die vorgesehene Lärmschutzwand in der Abstandsfläche nicht zulässig.

2000 erteilte die Beklagte den Beigeladenen die beantragte Baugenehmigung im Vorgriff auf den damals noch nicht beschlossenen vorhabenbezogenen Bebauungsplan.

Aus den Gründen:
Zu Recht ist das Verwaltungsgericht davon ausgegangen, daß das Vorhaben gegenüber dem Kläger nicht rücksichtslos ist, auch wenn in bezug auf seine Haushälfte die Richtwerte gemäß Nr. 6.1 TA Lärm für ein Mischgebiet (60 dB(A) tags bzw. 45 dB(A) nachts) oder auch nur für ein Gewerbegebiet (65 dB(A) tags bzw. 50 dB(A) nachts) nicht eingehalten werden. Denn das Interesse des Klägers an der Gewährleistung eines solchen Lärmschutzes ist nicht schutzwürdig, weil sein Anwesen im maßgeblichen Zeitpunkt baulich nicht, jedenfalls nicht legal genutzt wurde.

Nur eine bauaufsichtlich genehmigte und tatsächlich ausgeübte Nutzung löst eine Rücksichtnahmepflicht aus; dies gilt nicht nur im Rahmen des „Einfügens" gemäß §34 Abs. 1 BauGB, sondern auch im Rahmen des in §15 Abs. 1 BauNVO enthaltenen Rücksichtnahmegebots (BVerwG, Urteil v. 14.1.1993 – 4 C 19.90 –, BRS 55 Nr. 175 = BauR 1993, 433; VGH Bad.-Württ., Urteil v. 21.4.1995 – 3 S 2514/94 –, VBlBW 1995, 481). In diesem Sinne konnte die bis zum Oktober 1998 ausgeübte Wohnnutzung auf dem Anwesen des Klägers keine Rücksichtnahmepflicht für das Vorhaben der Beigeladenen mehr auslösen, weil sie bei Erteilung der Änderungsbaugenehmigung aufgegeben worden war. Dies ergibt sich aus folgendem:

Eine ursprünglich baurechtlich genehmigte Nutzung ist u. a. dann nicht mehr von der Baugenehmigung gedeckt und genießt demzufolge keinen Bestandsschutz mehr, wenn sie über einen längeren Zeitraum nicht mehr ausgeübt wird und die Verkehrsauffassung mit ihrer Wiederaufnahme nicht mehr rechnet (BVerwG, Beschluß v. 21.11.2000 – 4 B 36.00 –, BRS 63 Nr. 121 = BauR 2001, 610 = PBauE §37 BauGB Nr. 5 = NVwZ 2001, 557). Die diesbezüglich für den Bestandsschutz von Vorhaben im Außenbereich entwickelten Grundsätze hat das Bundesverwaltungsgericht auf die Fortdauer des Bestandsschutzes von Vorhaben im überplanten Innenbereich übertragen (BVerwG, Urteil v. 18.5.1995 – 4 C 20.94 –, BVerwGE 98, 235 = BRS 57 Nr. 67 = BauR 1995, 807 = PBauE §4 BauNVO Nr. 10a) Danach rechnet die Verkehrsauffassung bei einer Unterbrechung der Nutzung von weniger als einem Jahr stets mit ihrer Wiederaufnahme. Im zweiten Jahr nach Beendigung der Nutzung spricht für eine solche Annahme eine Regelvermutung, die im Einzelfall jedoch entkräftet werden kann, wenn Anhaltspunkte für das Gegenteil vorhanden sind. Nach Ablauf von zwei Jahren kehrt sich diese Vermutung um. Der Bauherr hat dann besondere Gründe dafür darzulegen, daß die Beendigung der Nutzung noch nicht endgültig sein sollte.

Rechnet die Verkehrsauffassung nicht mehr mit einer Wiederaufnahme der Nutzung, ist auch davon auszugehen, daß eine erteilte Baugenehmigung gemäß § 43 Abs. 2 LVwVfG zumindest in bezug auf die genehmigte Nutzung gegenstandslos und damit unwirksam geworden ist (vgl. BVerwG, Beschluß v. 21.11.2000 – 4 B 36.00 –, a.a.O.). Soweit in der Rechtsprechung des erkennenden Verwaltungsgerichtshofs insoweit auf einen dauernden Verzichtswillen des Inhabers der Baugenehmigung in bezug auf die genehmigte Nutzung abgestellt und hervorgehoben worden ist, daß eine zeitweilige Unterbrechung der genehmigten Nutzung noch keinen Wegfall des Genehmigungsgegenstands einer Baugenehmigung bewirkt (VGH Bad.-Württ., Beschluß v. 19. 7. 1989 – 8 S 1869/89 –, NVwZ-RR 1990, 171), ist nach Auffassung des Senats ein solcher Verzichtswille nach objektiven Maßstäben zu bestimmen, die den oben aufgezeigten entsprechen.

Selbst wenn für ein Unwirksamwerden der Baugenehmigung nach §43 Abs. 2 LVwVfG strengere Anforderungen gelten sollten, bliebe es jedoch dabei, daß die Schutzwürdigkeit einer Nutzung im Rahmen des Gebots der Rücksichtnahme nach den oben ausgeführten Grundsätzen zu beurteilen ist; denn es ist einem Bauherrn nicht zuzumuten, auf eine früher ausgeübte Nutzung eines Nachbargrundstücks Rücksicht zu nehmen, deren Wiederaufnahme nach der Verkehrsauffassung sowenig gewiß ist wie die Aufnahme einer bestimmten anders gearteten Nutzung. So können konkrete Lärmschutzmaßnahmen einem Bauherrn dann nicht aufgegeben werden, wenn nicht abzusehen ist, ob auf dem Nachbargrundstück überhaupt eine schutzbedürftige Nutzung wiederaufgenommen bzw. erstmals verwirklicht werden soll. Insoweit kann die zuständige Behörde, soweit dies erforderlich wird, für das verwirklichte Vorhaben geeignete und hinreichende Lärmschutzmaßnahmen (gemäß §24 Satz 1 BImSchG) anordnen.

Nach diesen Grundsätzen war die Nutzung des Anwesens des Klägers zu Wohnzwecken bei Erteilung der Änderungsbaugenehmigung 2000 aufgegeben, die Baugenehmigung hierfür unwirksam geworden und somit auf keine Wohnnutzung mehr Rücksicht zu nehmen. Die Haushälfte stand nach dem Auszug der letzten Mieter Ende Oktober 1998 bereits seit einem Jahr und 11 Monaten leer. Mithin ist hier (gerade) noch von der Regelvermutung auszugehen, daß die Verkehrsauffassung mit einer Wiederaufnahme der Wohnnutzung rechnete. Diese Regelvermutung wird jedoch durch besondere Umstände des Einzelfalls entkräftet. Es ist nicht etwa so, daß die Haushälfte des Klägers wegen einer ungünstiger gewordenen Wohnungsmarktlage leer stand und deshalb nach der Verkehrsauffassung erwartet werden konnte, daß sie bei einer zunehmenden Wohnraumnachfrage alsbald wieder zu Wohnzwecken vermietet werden würde. Gegen eine erneute Vermietung der Haushälfte zu Wohnzwecken nach einem fast zwei Jahre andauernden Leerstand sprach, wenn auch für sich nicht ausschlaggebend, daß die nähere und weitere Umgebung der Doppelhaushälfte schon vor Beginn der Baumaßnahmen der Beigeladenen vorwiegend von ganz unterschiedlichen gewerblichen Nutzungen geprägt war, deren Zusammensetzung und Erscheinungsbild ein Wohnen in dieser Umgebung wenig attraktiv machte. Das belegen auch die von der Beklagten in der mündlichen Verhandlung vor dem Senat übergebenen Lichtbilder aus den Bauakten betreffend den Abbruch der Gebäude auf dem Grundstück 202a und b. In der zumindest teilweise herunter gekommen wirkenden Umgebung stand das Doppelwohnhaus R.-Straße 198/200 in unmittelbarer Nachbarschaft zu einem Nachtlokal (R.straße 202) wie eine Insel, auch wenn sich in zwei nördlich gelegenen, von der Beigeladenen zum Abriß vorgesehenen Gebäuden noch Wohnungen befunden haben sollten.

Eine erneute Vermietung der Haushälfte des Klägers zur Wohnnutzung wurde zusätzlich dadurch erschwert, daß die bestandskräftige Planung der B 33 bei Erteilung der Änderungsbaugenehmigung noch ihren Abriß vorsah. Davon hatte das Regierungspräsidium zwar wieder Abstand genommen, wohl im Vorgriff auf die später planfestgestellte geringfügige Verschiebung der Trasse nach Süden. Grundsätzlich stand aber bei Erteilung der Änderungsbaugenehmigung nicht in Frage, daß die stark befahrene B 33 auch nach ihrem zu erwartenden Ausbau dicht an der Haushälfte des Klägers vorbeiführen und so ein Wohnen auch künftig stark beeinträchtigen würde. Lärmschutzmaßnahmen zugunsten einer Wohnnutzung des Anwesens des Klägers sieht der Planfeststellungsbeschluß, wohl wegen der gegebenen Vorbelastung, auch in seiner geänderten Fassung nicht vor.

Daß die Verkehrsauffassung in diesem Fall mit einer Wiederaufnahme einer Wohnnutzung nicht mehr rechnete, wird durch die weitere Entwicklung bestätigt. Dem Kläger gelang es nicht etwa, die Haushälfte alsbald wieder Wohnzwecken zuzuführen. Vielmehr wollte die Mieterin S. nach Abschluß eines Mietvertrags im Dezember 2000 das Wohnhaus ersichtlich als Bordell nutzen. Dieser gewerblichen Nutzungsabsicht widersprach der Kläger auch dann nicht, als Frau S. diese Nutzung untersagt wurde. Vielmehr beantragte er nunmehr selbst eine diesbezügliche Nutzungsänderungsgenehmigung. Falls er, wie er in der mündlichen Verhandlung vor dem Senat angegeben hat, nach etwa zehn Monaten den Mietvertrag mit Frau S, wieder gelöst und später die Haushälfte doch noch einmal für vier Monate und dann seit September 2002 wieder zu Wohnzwecken vermietet hat, vermag dies nichts daran zu ändern, daß sein anhaltendes Streben nach einer gewerblichen Nutzung eine dauerhafte Aufgabe der Wohnnutzung jedenfalls zum Zeitpunkt der Erteilung der Änderungsbaugenehmigung bestätigt.

Rücksichtnahme konnte der Kläger im Zeitpunkt der Erteilung der Änderungsbaugenehmigung auch nicht für eine gewerbliche Nutzung beanspruchen; denn eine solche Nutzung hatte er zu diesem Zeitpunkt nicht, jedenfalls nicht legal aufgenommen. Lärmschutzmaßnahmen werden im Hinblick auf die zur Nachtzeit einzuhaltenden Lärmrichtwerte jedenfalls für solche künftigen gewerblichen Nutzungen nicht erforderlich sein, die auf die Tagzeit beschränkt sind.

Daß die Beigeladenen und die Beklagte im Rahmen der erteilten Baugenehmigung und der Änderungsbaugenehmigung in Unkenntnis der Sach- und Rechtslage noch eine (Wohn-)Nutzung der Haushälfte des Klägers berücksichtigt haben und daß zu diesem Zweck u. a. die Errichtung einer Lärmschutzwand vorgesehen war, führt zu keiner anderen Beurteilung der Schutzwürdigkeit des Klägers zum damaligen Zeitpunkt.

Deshalb liegt auch kein Verstoß gegen die grundsätzlich nachbarschützende Vorschrift des § 37 Abs. 7 Satz 2 LBO über die Nutzung von Stellplätzen (vgl. VGH Bad.-Württ, Urteil v. 2. 7. 1999 – 3 S 1393/99 –, VBlBW 2000, 76 = BRS 62 Nr. 150) vor.

Nr. 180

1. Eine Baugenehmigung oder ein Bauvorbescheid, die gemäß § 33 BauGB im Vorgriff auf einen künftigen Bebauungsplan erteilt worden sind, sind auf die Klage eines Nachbarn nicht schon deshalb aufzuheben, weil es an der materiellen Planreife fehlt. Erfolg hat eine Nachbarklage vielmehr nur dann, wenn das Vorhaben gegen nachbarschützende Vorschriften eines Vorgängerbebauungsplans verstößt bzw. sich bei einer gebotenen Beurteilung nach §§ 34 und 35 BauGB als rücksichtslos erweist.

2. Zur nachbarschützenden Wirkung einer Bauverbotsfläche im rückwärtigen Bereich von Doppelhausgrundstücken (hier verneint).

3. Das Gebot der Rücksichtnahme ist nicht stets zu Lasten des Eigentümers eines mit einer Doppelhaushälfte bebauten Grundstücks verletzt, wenn im rückwärtigen Gartenbereich des Nachbarn unter Verstoß gegen eine festgesetzte Bauverbotsfläche eine Bebauung mit einem Zweifamilienhaus zugelassen wird (Abgrenzung zu Senatsurteil v. 20.5.2003 – 5 S 2750/01 –).

BauGB §§ 31 Abs. 2, 33; BauNVO § 15 Abs. 1.

VGH Baden-Württemberg, Urteil vom 29. Oktober 2003 – 5 S 138/03 – (rechtskräftig).

(VG Stuttgart)

Der Kläger wendet sich gegen einen der Beigeladenen zu 1) erteilten Bauvorbescheid für die Errichtung eines Zweifamilienhauses.
Die Beigeladene zu 1) ist Eigentümerin des Grundstücks Flst.-Nr. 6830/1. Das Grundstück ist im vorderen, etwa 5 m breiten Bereich entlang der W.-Straße mit einer Garage bebaut und umfaßt ansonsten den Gartenbereich des ehemals ungeteilten Grundstücks Flst.-Nr. 6830. Jenes Grundstück ist etwa 13,5 m breit. Der Kläger ist Eigentümer der im Westen an die beiden Grundstücke anschließenden Flurstücke Nr. 6831/1 und Nr. 6831. Auf dem zuerst genannten etwa 11 m breiten Flurstück und dem früher der Beigeladenen zu 1) gehörenden Grundstück Flst.-Nr. 6830 wurde 1948 ein „Doppelsiedlungsgebäude" errichtet. An beide Haushälften wurde im Laufe der Zeit im rückwärtigen Bereich angebaut.
Alle genannten Grundstücke liegen im Geltungsbereich des 1954 genehmigten Bebauungsplans „W.", der in diesem Bereich für die rückwärtigen Grünflächen ein Bauverbot festsetzt. Ein solches Bauverbot war auch schon im Ortsbauplan „W." von 1949 enthalten.

Aus den Gründen:

Zum mithin maßgeblichen Zeitpunkt des Erlasses des Bauvorbescheids lagen die Voraussetzungen des § 33 BauGB nicht vor. Denn damals war nicht anzunehmen, daß das Vorhaben den künftigen Festsetzungen des Bebauungsplans „W." nicht entgegenstand (§ 33 Abs. 1 Nr. 2 BauGB). Der Planentwurf sah zwar auf dem Grundstück der Beigeladenen zu 1) eine überbaubare Grundstücksfläche vor, deren Grenzen das Vorhaben nicht überschritt. Die Festsetzung überbaubarer Grundstücksflächen im rückwärtigen Bereich der vorhandenen Bebauung konnte aber aus den Gründen, die im Normenkontrollurteil des Senats vom 27.7.2001 ausgeführt sind, nicht wirksam werden.

Es war absehbar, daß der Plan in dieser Gestalt nicht in Kraft treten würde. Der Planung fehlte somit die für die Erteilung einer Baugenehmigung oder eines Bauvorbescheids erforderliche sogenannte materielle Planreife (vgl. Dürr, in: Brügelmann, BauGB, §33 Rdnr. 7).

Daß der Beklagte den Bauvorbescheid gleichwohl gemäß §33 BauGB erteilt hat, verletzt den Kläger jedoch nicht in seinen Rechten. Eine Baugenehmigung oder ein Bauvorbescheid, die gemäß §33 BauGB im Vorgriff auf einen künftigen Bebauungsplan erteilt worden sind, sind auf die Klage eines Nachbarn nicht schon deshalb aufzuheben, weil es an der materiellen Planreife fehlt. Erfolg hat eine Nachbarklage vielmehr nur dann, wenn das Vorhaben gegen nachbarschützende Vorschriften eines Vorgängerbebauungsplans verstößt bzw. sich bei einer gebotenen Beurteilung nach §§34 und 35 BauGB als rücksichtslos erweist.

Das Verwaltungsgericht ist ohne weiteres davon ausgegangen, daß die Frage, ob ein Nachbar im Falle der Erteilung einer Baugenehmigung bzw. eines Bauvorbescheids im Vorgriff auf einen künftigen Bebauungsplan bei fehlender Planreife in eigenen Rechten verletzt ist, allein anhand der Festsetzungen eines vorhandenen wirksamen Bebauungsplans bzw. nach §§34 und 35 BauGB zu beurteilen ist (so auch OVG Münster, Beschluß v. 15.2.1991 – 11 B 2659/90 –, BRS 52 Nr. 196 = NVwZ 1992, 278; Stock, in: Ernst/Zinkahn/Bielenberg, BauGB, §33 Rdnr. 67). Dafür spricht, daß sich der Nachbarschutz bei einer Baugenehmigung, die im Blick auf einen später im gerichtlichen Verfahren als nichtig erkannten Bebauungsplan erteilt worden ist, ungeachtet der Umstände, welche die Nichtigkeit des Bebauungsplans begründen, nach den Festsetzungen eines Vorgängerbebauungsplans bzw. nach §§34 und 35 BauGB richtet. Es wäre nicht systemgerecht, wenn dies bei der Erteilung einer Baugenehmigung im Vorgriff auf einen absehbar nichtigen bzw. später als nichtig erkannten Plan gemäß §33 BauGB anders wäre.

Zum selben Ergebnis gelangt man jedoch auch dann, wenn die Frage des Nachbarschutzes in Fällen der vorliegenden Art vorrangig nach §33 BauGB zu beurteilen wäre. Es entspricht insoweit zunächst allgemeiner Auffassung, daß sich ein Nachbar auf eine Verletzung einer künftigen Festsetzung des Bebauungsplans berufen kann, soweit diese nachbarschützend ist (vgl. etwa VGH Bad.-Württ., Beschluß v. 24.2.1992 – 3 S 3026/91 –, BRS 54 Nr. 172 = VBlBW 1992, 295). Dagegen wird die Frage uneinheitlich beantwortet, ob eine nach §33 BauGB erteilte Baugenehmigung schon deshalb Nachbarrechte verletzt, weil es an der materiellen Planreife, etwa wegen absehbaren erheblichen Fehlern in der Abwägung, fehlt. So hat das Bundesverwaltungsgericht entschieden, eine Verletzung des drittschützenden (BVerwG, Urteil v. 24.9.1998 – 4 CN 2.98 –, BVerwGE 107, 215 = BRS 60 Nr.46) Abwägungsgebots begründe noch keine Rechtsverletzung bei Erteilung der Baugenehmigung nach §33 BauGB (BVerwG, Beschluß v. 28.7.1994 – 4 B 94.94 –, BRS 56 Nr.163 = NVwZ 1995, 598 = PBauE §33 BauGB Nr. 1; a.A. Dürr, a.a.O., Rdnr.20 m.w.N.; OVG Berlin, Urteil v. 19.4.1991 – 2 B 11.88 – BRS 52 Nr.170). In einer jüngeren Entscheidung hat es freilich einen Aufhebungsanspruch einer Nachbargemeinde in bezug auf eine nach §33 BauGB zu beurteilende Baugenehmigung für ein Factory Outlet Center bejaht, obwohl diesbezüglich (nur) ein Fehler im Abwägungsvorgang gegeben war (BVerwG, Urteil v. 1.8.2002 – 4 C 5.01 –, BRS 65 Nr. 10). Der Senat kann offenlassen, welcher Auffassung insoweit zu folgen wäre. Denn könnte sich ein Nachbar auf eine fehlende materielle Planreife von vornherein nicht berufen, hätte seine Klage gegen eine nach § 33 BauGB erteilte Baugenehmigung bzw. einen Bauvorbescheid schon deshalb keinen Erfolg. Auch wenn er sich auf die fehlende materielle Planreife uneingeschränkt oder eingeschränkt berufen könnte, etwa soweit seine Belange absehbar fehlerhaft abgewogen werden, hätte seine Klage, wie bei der Erteilung einer Baugenehmigung auf Grund eines nichtigen Bebauungsplans, nur Erfolg, wenn die Baugenehmigung bzw. der Bauvorbescheid auch auf der Grundlage eines Vorgängerbebauungsplans bzw. gemäß §§ 34, 35 BauGB rechtswidrig wären und ihn insoweit in eigenen Rechten verletzten.

Der angefochtene Bauvorbescheid verstößt nicht gegen nachbarschützende Vorschriften des qualifizierten Bebauungsplans „W." aus dem Jahr 1954 und erweist sich auch bei einer ergänzenden Beurteilung nach § 34 BauGB (§ 30 Abs. 3 BauGB) nicht als rücksichtslos gegenüber dem Kläger. ...

Der Bauvorbescheid verstößt gegen die Festsetzung einer Bauverbotsfläche auf dem Grundstück Flst.-Nr. 6830/1. Rechtmäßig ist er auch nicht deshalb, weil der Beklagte eine Befreiung von dieser Festsetzung hätte aussprechen können. Insoweit fehlt es schon deshalb an einer Befreiungslage, weil die Befreiung einen Grundzug der Planung berühren würde (§ 31 Abs. 2 BauGB). Es würde sich nicht etwa um eine bloße Korrektur der Planung von minderem Gewicht handeln, die sich aus Anlaß der Verwirklichung des Plans ergäbe und die im Interesse der Einzelfallgerechtigkeit und der Wahrung der Verhältnismäßigkeit zu erteilen wäre, weil das Vorhaben den Festsetzungen des Bebauungsplans zwar widerspräche, sich aber mit den planerischen Vorstellungen gleichwohl in Einklang bringen ließe (BVerwG, Beschluß v. 5.3.1999 – 4 B 5.99 –, BRS 62 Nr. 99 = BauR 1999, 1280; Senatsbeschluß v. 9.12.2002 – 5 S 1985/02 –, BRS 65 Nr. 75 = BauR 2003, 348).

Mangels tatsächlich erteilter Befreiung beurteilt sich der Nachbarschutz zwar nicht unmittelbar nach § 31 Abs. 2 BauGB, sondern entsprechend § 15 Abs. 1 BauNVO. Er darf jedoch, wenn eine Baugenehmigung bzw. ein Bauvorbescheid unter Abweichung von den Festsetzungen eines Bebauungsplans erteilt worden ist, nicht hinter dem nach dieser Vorschrift gewährten Nachbarschutz zurückbleiben (BVerwG, Urteil v. 6.10.1989 – 4 C 14.87 –, BVerwGE 82, 343 = BRS 49 Nr. 188 = BauR 1989, 710; BVerwG, Beschluß v. 8.7.1998 – 4 B 64.98 –, BRS 60 Nr. 183 = BauR 1998, 1206 = PBauE § 31 BauGB Nr. 18).

Auf Nachbarschutz kann sich der Kläger danach nicht schon etwa deshalb berufen, weil die Festsetzung der Bauverbotsfläche auf dem Grundstück der Beigeladenen auch zu seinem Schutz getroffen worden wäre. Vielmehr ist die Festsetzung der Bauverbotsfläche nach altem württembergischen Recht (vgl. Art. 11 Abs. 4 Württ. BauO v. 28.7.1910), welche der Sache nach einer rückwärtigen Baugrenze nach § 23 Abs. 3 BauNVO entspricht, entgegen der Auffassung des Verwaltungsgerichts allein im öffentlichen Interesse getroffen worden. Etwas anderes ergibt sich weder aus dem Plan selbst noch aus den dem Senat vorliegenden Unterlagen des Aufstellungsverfahrens (vgl. VGH Bad.-Württ., Urteil v. 4.10.1983 – 5 S 933/83 – BauR 1984, 52 = BRS 40 Nr. 182). Darauf, daß Baugrenzen unter Umständen regelmäßig nachbarschützende Wirkung haben, kann sich der Kläger nicht berufen; denn dies gilt grundsätzlich nur für Baugrenzen zugunsten des an derselben Grundstücksseite liegenden Nachbarn, weil nur dies dem für den Nachbarschutz typischen Austauschverhältnis gerecht wird (Senatsurteil v. 1.2.1999 – 5 S 2507/96 –, BRS 62 Nr. 97 = PBauE §23 BauNVO Nr. 8; VGH Bad.-Württ., v. 23.7.1991 – 8 S 1606/91 –, BRS 52 Nr. 177 = PBauE §23 BauNVO Nr. 1). Etwas anderes gilt hier nicht deshalb, weil die Gebäude W.-Straße X und Y in Doppelhausbauweise errichtet sind und ihr rückwärtiger Bereich seit jeher als Garten diente. Allein aus diesen Umständen kann nicht gefolgert werden, daß die Beigeladene zu 2) (Gemeinde) mit der Festsetzung einer Bauverbotszone im rückwärtigen Bereich auch ein Austauschverhältnis dergestalt begründen wollte, daß sich jeder Nachbar auf diese Festsetzung berufen könnte. Zu Recht weisen die Beigeladenen in diesem Zusammenhang darauf hin, daß im Bebauungsplan „W." aus dem Jahr 1954 nicht etwa eine Doppelhausbebauung festgesetzt worden ist mit der Folge, daß insoweit ein nachbarschaftliches Austauschverhältnis begründet wäre, auf Grund dessen die beiden „Haushälften" in verträglicher und abgestimmter Weise aneinandergebaut sein müssen (BVerwG, Urteil v. 24.2.2000 – 4 C 12.98 – BVerwGE 110, 355 = BRS 63 Nr. 185 = PBauE §22 BauNVO Nr. 12). Der Bebauungsplan geht lediglich von der vorhandenen Bebauung aus. Es kann auch nicht angenommen werden, der Gemeinderat der Beigeladenen zu 2) habe die vorgefundene Doppelhausbebauung aufgenommen und deshalb, wie das Verwaltungsgericht meint, eine rückwärtige Bauverbotszone auch zur Vermeidung städtebaulicher Spannungen nicht zuletzt mit Blick auf die Betroffenheit der anderen Grundstückseigentümer festgesetzt. Vielmehr erfaßt diese Festsetzung mehr oder weniger den gesamten rückwärtigen Bereich der Grundstücke entlang der W.-Straße und der sonstigen im Plangebiet gelegenen Straßen gleichermaßen, ungeachtet, ob dort eine Doppel- oder (häufiger) Einzelhausbebauung vorhanden bzw. möglich war. Auch die Umstände des Einzelfalls legen es nicht nahe, daß der Gemeinderat der Beigeladenen zu 2) der Festsetzung der Bauverbotszone ausnahmsweise eine nachbarschützende Wirkung zum seitlichen Nachbarn beimessen wollte. Dies käme allenfalls bei einer engen Reihen- bzw. Doppelhausbebauung in Betracht (vgl. OVG Bremen, Urteil v. 20.2.1996 – 1 BA 53/95 – BRS 58 Nr. 173; offengelassen im Senatsurteil v. 20.5.2003 – 5 S 2750/01 –, abgedruckt unter Nr. 199). Eine solche liegt hier aber bei Grundstücksbreiten von etwa 11 m bzw. 13,5 m nicht vor.

Auch das im Gebot der Würdigung nachbarlicher Interessen (§31 Abs. 2 BauGB) enthaltene Gebot der Rücksichtnahme gibt dem Kläger keinen Anspruch auf Aufhebung des angefochtenen Bauvorbescheids. Insoweit kann der Nachbar um so mehr an Rücksichtnahme verlangen, je empfindlicher seine Stellung durch eine an die Stelle der im Bebauungsplan festgesetzten Nutzung tretende andersartige Nutzung berührt werden kann. Umgekehrt braucht derjenige, der die Befreiung in Anspruch nehmen will, um so weniger

Rücksicht zu nehmen, je verständlicher und unabweisbarer die von ihm verfolgten Interessen sind. Dabei haben die Interessen der Beteiligten ein unterschiedliches Gewicht, je nachdem, ob es um ein Vorhaben geht, das den Festsetzungen eines Bebauungsplans entspricht, also nur ausnahmsweise gemäß § 15 Abs. 1 BauNVO unzulässig sein kann, oder ob es um ein Vorhaben geht, das von den Festsetzungen abweicht, also nur ausnahmsweise über eine Befreiung nach § 31 Abs. 2 BauGB zulässig sein kann. Wer sich auf den Bebauungsplan berufen kann, hat bei der Interessenabwägung grundsätzlich einen gewissen Vorrang. Diese unterschiedlichen Anforderungen sind auch zu beachten, wenn die Baugenehmigungsbehörde von dem Vorhaben widersprechenden Festsetzungen nicht ausdrücklich befreit hat, sondern ohne Befreiung eine objektiv rechtswidrige Baugenehmigung erteilt. Sofern eine fehlerhafte Berücksichtigung nachbarlicher Interessen bei Erteilung einer Befreiung zu einer Verletzung von Rechten des Nachbarn führt, gilt dies ebenso, wenn die Baugenehmigung bei gleicher Sachlage entgegen den Festsetzungen des Bebauungsplans ohne die erforderliche Befreiung erteilt wird (BVerwG, Urteil v. 6. 10. 1989 – 4 C 14.87 –, a. a. O.).

Bei der hiernach gebotenen Interessenabwägung hat das Interesse der Beigeladenen zu 1) an der Verwirklichung ihres Bauvorhabens nur geringes Gewicht. Besondere städtebaulich beachtliche Gründe, dieses Vorhaben in einer als Erholungs- und Ruhebereich gedachten Bauverbotszone zu errichten, hat sie nicht geltend gemacht und sind auch nicht ersichtlich. Dies allein führt aber noch nicht dazu, daß für den Kläger die Schwelle der Unzumutbarkeit überschritten ist. Vielmehr kommt es darauf an, wie empfindlich seine städtebaulich geschützten Interessen durch das Vorhaben beeinträchtigt werden. Nach Auffassung des Senats reichen die gesamten Umstände des Falles nicht aus, das gegen die Festsetzung einer Bauverbotsfläche verstoßende Vorhaben als unzumutbar für den Kläger zu beurteilen.

Dem Kläger ist das Vorhaben der Beigeladenen zu 1) freilich nicht schon deshalb zuzumuten, weil, wie die Beigeladene zu 2) als „Kontrollüberlegung" ausgeführt hat, die Beigeladene zu 2) ohne Abwägungsfehler eine verdichtete Bebauung in diesem Bereich durch Bebauungsplan festsetzen könnte; dabei kann offenbleiben, ob dies noch möglich wäre, jedenfalls hat der Senat die Nichtigerklärung des Bebauungsplans „W." aus dem Jahr 1999 allein auf einen Verstoß gegen § 1 Abs. 3 BauGB gestützt. Denn es macht für die Bewertung der nachbarlichen Interessen einen Unterschied, ob die Baurechtsbehörde unter Verstoß gegen die Festsetzungen eines Bebauungsplans eine Baugenehmigung erteilt, obwohl die Voraussetzungen für eine Befreiung nicht vorliegen, oder ob eine Gemeinde sich bei der Aufstellung oder Änderung eines Bebauungsplans im Wege der Abwägung zulässigerweise über nachbarliche Interessen am Fortbestand einer Festsetzung hinwegsetzt.

Andererseits vermag der Senat – anders als bei einer engen Reihenhausbebauung mit einer Grundstücksbreite von 8 m oder weniger (vgl. Senatsurteil v. 20. 5. 2003 – 5 S 2750/01 –) – auch nicht anzunehmen, daß die Eigentümer von mit Doppelhaushälften bebauten Grundstücken bzw. hiervon abgetrennter rückwärtiger Gartengrundstücke dergestalt in besonderer Weise zu einer bodenrechtlichen Schicksalsgemeinschaft verbunden sind, daß sie grundsätzlich einer besonderen gegenseitigen Pflicht zur Rücksichtnahme unterliegen mit der Folge, daß ein Eigentümer die bauliche Zuordnung der Bereiche „Wohnen" und „Garten" nicht zu Lasten des anderen in unverhältnismäßiger Weise verschieben darf. Zuzumuten ist dem Kläger die Bebauung des Grundstücks der Beigeladenen zu 1) mit einem Zweifamilienwohnhaus gemäß den eingereichten Bauvorlagen deshalb, weil die Nutzung seiner Flurstücke, insbesondere des rückwärtigen Flurstücks Nr. 6831, nach Auffassung des Senats nicht wesentlich eingeschränkt wird. Im Hinblick auf Besonnung, Belichtung und Belüftung ist das bauplanungsrechtliche Rücksichtnahmegebot nicht verletzt, zumal das Vorhaben den Abstandsflächenvorschriften genügen dürfte (vgl. BVerwG, Beschluß v. 11.1.1999 – 4 B 128.98 –BRS 62 Nr. 102 = BauR 1999, 615 = PBauE §34 Abs. 1 BauGB Nr. 52). Sofern sich der Kläger gegen zusätzliche Einsichtsmöglichkeiten auf seine Grundstücke wendet, hat dieser Belang vergleichsweise geringes Gewicht (BVerwG, Urteil v. 6.10.1989 – 4 C 14.87 –, a.a.O.). Soweit es dem Kläger um den Erhalt der Ruhe- und Erholungszone im rückwärtigen Bereich geht, muß er sich, jedenfalls in gewissem Umfang, entgegenhalten lassen, daß er durch den etwa 7,5 m tiefen Anbau an seine Doppelhaushälfte, der in die Bauverbotszone hineinreicht, selbst bereits zu einer nicht unerheblichen Beunruhigung des rückwärtigen Bereichs beigetragen hat. Entgegen der Auffassung des Verwaltungsgerichts unerheblich ist im Rahmen der hier zu treffenden Abwägung, daß der Wert des Grundstücks des Klägers durch das Bauvorhaben maßgeblich gemindert würde. Es gibt keinen allgemeinen Rechtssatz des Inhalts, daß der Einzelne einen Anspruch darauf hat, vor jeglicher Wertminderung bewahrt zu werden. Nur so weit, wie ein Nachbar aus städtebaulichen Gründen Rücksichtnahme verlangen kann, schlägt auch der Gesichtspunkt der Wertminderung zu Buche (BVerwG, Beschluß v. 13.11.1997 – 4 B 195.97 –, BRS 59 Nr. 177 = PBauE §34 Abs. 1 BauGB Nr. 42). Schließlich ist für die hier vorzunehmende Abwägung auch unerheblich, daß der Kläger sein rückwärtiges (kleineres) Flurstück aus den im Normenkontrollurteil des Senats v. 27.7.2001 angeführten Gründen selbst dann voraussichtlich nicht oder nur unter erheblichen Schwierigkeiten bebauen könnte, wenn die Beigeladene zu 2) hier eine überbaubare Grundstücksfläche festsetzen würde. Umstände, die das Vorhaben ansonsten, auch bei einer ergänzenden Beurteilung nach §34 BauGB, als rücksichtslos erscheinen lassen, sind nicht ersichtlich.

Nr. 181

1. Die Festsetzung einer Straßenverkehrsfläche vermittelt den Eigentümern der anliegenden Grundstücke keinen Nachbarschutz, der diese berechtigte, Bauvorhaben auf der Straßenverkehrsfläche wie Kioske o.ä. unabhängig von der Schwere der konkreten Beeinträchtigungen abzuwehren.

Nr. 181

2. Auch im Kerngebiet ist eine Reduzierung der bereits nach §7 Abs. 4 NBauO „halbierten" Grenzabstände im Wege der Ausnahme nach §13 NBauO möglich.

3. Zur Unterschreitung des Abstandes eines Kioskes auf einer Straßenverkehrsfläche zum Abschluß einer Fußgängerzone.

BauGB §9 Abs. 1 Nr. 11; NBauO §§7 Abs. 4, 13 Abs. 1. Nr. 1, Abs. 2.

Niedersächsisches OVG, Beschluß vom 3. September 2003
– 1 ME 193/03 – (rechtskräftig).

Die Antragstellerin erstrebt einstweiligen Rechtsschutz gegen die Errichtung einer Eisverkaufs-„Box" auf öffentlichem Straßengrund (Fußgängerzone) vor ihrer Bankfiliale.

Das Eck-Grundstück der Antragstellerin liegt an der Ostseite der nordsüdlich verlaufenden E.-Straße (B 443), die von der BAB Hannover–Braunschweig nach Süden abgeht und in das Zentrum der Antragsgegnerin führt. Mit seiner Südseite grenzt das Gebäude an die F.-Straße, die von der E.-Straße nach Osten abgeht. Der Bebauungsplan der Antragsgegnerin „F.-Straße" setzt für die Grundstücke beidseits der E.-Straße – in Einklang mit der dort ausgeübten Nutzung – Kerngebiet fest. Dieser Plan ist seit dem Jahre 1979 rechtsverbindlich und seither 4 Mal geändert worden, u. a. um Vergnügungsstätten in Erdgeschossen auszuschließen und die Ausnutzungsziffern zu erhöhen. Zwischen der F.-Straße im Süden und der G.-Straße im Norden sieht er auf der östlichen Hälfte der E.-Straße einen Parkstreifen (Schrägaufstellung) vor. Der östlich daran anschließende Bereich soll nach dem Willen der Antragsgegnerin zur Erhöhung der Attraktivität der Einkaufsbereiche zu einer Fußgängerzone umgestaltet werden. Der Entwurf sieht vor, die östlichen drei Fünftel der E.-Straße bis zur Einmündung der F.-Straße unter Einbeziehung der erwähnten Parkstreifens mit einer zweireihigen Allee zu versehen. An deren Endpunkten sollen als Blickfang und Attraktion zwei Pavillons/Kioske aufgestellt werden. Im Einmündungsbereich der G.-Straße soll zudem ein Brunnen/Kunstwerk als Aufenthaltsbereich geschaffen werden. Dieses Vorhaben steht im Zusammenhang mit der Fertigstellung der sog. Westumgehung, dank derer der Durchgangsverkehr aus dem bisherigen stark belasteten Hauptverkehrszug E.-Straße herausgenommen worden ist. Deren Straßenkörper wurde dementsprechend verkehrsberuhigend gepflastert; flankierend sind verkehrsbeschränkende Anordnungen (Geschwindigkeitsbeschränkungen) getroffen worden.

Die hier angegriffene Eis-Verkaufsbox soll den südlichen Blickfang der Doppelallee bilden. Nach den genehmigten Zeichnungen hat sie eine Grundfläche von rund 5,6 x 5,6 m und eine Höhe von bis zu 3,44 m. Die Nord- und die Südseite sollen mit einer Art Rahmen versehen werden, zwischen denen das dann etwas niedrigere, flach gedeckte Gebäude mit Kaffeeausschank und Eisverkauf eingespannt werden soll. Dabei stehen die 4 Eckpfosten leicht eingerückt in der Flucht der Stämme der Allee. Der Eingang soll zur Nordseite geschaffen werden; dort sollen nicht nur eine Markise aufgespannt, sondern auch – bis zum ersten Baumpaar – 8 Tische mit je 4 Stühlen aufgestellt werden können. Die Nordwand des Bauwerks befindet sich in der Höhe des südlichen Pfostens des Eingangs zur Bankfiliale der Antragstellerin. Der Abstand zwischen Ostwand der Eis-Box und ihrem Gebäude beträgt nach den genehmigten Bauzeichnungen rund 4,50 m.

Die Antragsgegnerin sieht durch dieses Vorhaben den Grenzabstand verletzt und sowohl die gegenwärtige Nutzung als Filiale als auch ihre Bemühungen beeinträchtigt, das Gebäude nach dem bereits beschlossenen Umzug ihrer Filiale gewinnbringend zu verkaufen.

Aus den Gründen:
In Verfahren nach §§ 80a Abs. 3, 80 Abs. 5 VwGO ist „ausgewogener" Rechtsschutz zu gewähren. Denn nicht nur auf seiten des Nachbarn drohen vollendete, weil unumkehrbare Tatsachen einzutreten, wenn das Vorhaben verwirklicht wird. Auch auf der Seite des Bauherrn können solche nicht mehr gutzumachenden Folgen eintreten. Diese bestehen im Falle einer Antragsstattgabe in jedem Fall darin, daß die durch den Aufschub verlorene Zeit mit der Folge nicht nachgeholt werden kann, daß auch die in dieser Zeit erzielbaren Gewinne nicht mehr realisiert werden können. Von den Folgen des § 945 ZPO bleibt der Antragsteller im verwaltungsgerichtlichen Nachbarstreit verschont. Aus diesem Grunde kommt in Verfahren des einstweiligen Nachbarrechtsschutzes den Erfolgsaussichten des eingelegten Rechtsbehelfs ausschlaggebende Bedeutung zu. Der Sachverhalt ist dabei in aller Regel nur summarisch zu überprüfen. Das Ergebnis dieser Prüfung gibt dem Vollzugsinteresse des Bauherrn nicht erst dann den Vorrang, wenn die Baugenehmigung danach mehr oder minder zweifelsfrei Nachbarrechte dieses Antragstellers nicht verletzt. Ein derartiger Rechtsschutz wäre vor dem Hintergrund des § 212a BauGB nicht ausgewogen, weil er das Risiko, die Rechtmäßigkeit des Bauscheins bei nur summarischer Prüfung nicht vollständig und zweifelsfrei ermitteln zu können, einseitig auf den Bauherrn überwälzte. Es fehlt die Rechtfertigung dafür, dem Bauherrn eine Zurückstellung seiner Bauabsichten schon dann zuzumuten, wenn noch nicht vollständig erwiesen ist, daß „sein" Bauschein Nachbarrechte nicht verletzt, und damit den Belangen des Nachbarn selbst dann einstweilen Vorrang einzuräumen, wenn derzeit Überwiegendes (wenngleich nicht vollständig Zweifelsfreies) für die Annahme spricht, daß der nachbarliche Rechtsbehelf voraussichtlich ohne Erfolg bleiben wird.

Die sonach anzustellende Prüfung führt zu dem Ergebnis, daß die Beigeladene von dem Bauschein der Antragsgegnerin vom März 2003 einstweilen Gebrauch machen darf.

Der Senat teilt die Auffassung des Verwaltungsgerichts, daß die Festsetzung einer „Straßenverkehrsfläche" zwischen deren Eigentümerin und den benachbarten Grundstücken kein Austauschverhältnis oder eine Schicksalsgemeinschaft begründet, wie dies nach der Rechtsprechung des Bundesverwaltungsgerichts (vgl. insb. Urteil v. 16.9.1993 – 4 C 28.91 –, BVerwGE 94, 151, 159f. = BRS 55 Nr. 110 = BauR 1994, 223), welcher der Senat folgt, einen Nachbarschutz begründet, bei dem es nicht auf die konkreten Auswirkungen des angegriffenen Vorhabens auf die Nutzungsmöglichkeiten des Nachbargrundstücks ankommt. Es mag zwar sein, daß nicht nur Festsetzungen, die auf § 9 Abs. 1 Nr. 1 BauGB fußen, benachbarte Grundstücke zu einer solchen Schicksalsgemeinschaft zusammenschließen können, sondern auch andere Festsetzungen, etwa solche nach den Nr. 5, 9 oder 12 des § 9 Abs. 1 BauGB derartige Festsetzungen enthalten können (vgl. BVerwG v. 13.7.1989 – 4 B 140.88 –, NVwZ 1990, 459 = BauR 1989, 703 = ZfBR 1990, 43 = BRS 49 Nr. 79). Das ändert aber nichts daran, daß die Festsetzung einer Straßenfläche keinen Nachbarschutz zugunsten der benachbarten Baugrundstücke begründet. In seiner Entscheidung vom 29.5.1998 (– 6 L 1223/97 –,(V.n.b.)), welche eine Nachbarklage gegen auf öffentlichem Straßengrund aufgestellte Altglascontainer betraf, hat das OVG Lüneburg folgendes ausgeführt:

„Grundsätzlich nachbarschützend sind nur solche die Art der Nutzung betreffenden Festsetzungen, welche die planunterworfenen Grundstücke zu einer „Schicksalsgemeinschaft" zusammenschließen und wechselbezügliche Pflichten begründen. Eine solche Wechselbezüglichkeit entsteht indes nur hinsichtlich der unter einer einzigen Nutzungsart zusammengeschlossenen Grundstücke, möglicherweise auch hinsichtlich solcher Grundstücke, die wegen verschiedener Schutzbedürftigkeit gestaffelten Nutzungsmöglichkeiten, d. h. verschiedenen, aufeinander indes abgestimmten Baugebieten zugeordnet worden sind. Die Festsetzung von Straßenflächen fällt aus diesem Schema heraus. Straßenflächen werden nicht – auch – zu dem Zweck festgesetzt, die angrenzenden Baugrundstücke von der Errichtung baulicher Anlagen zu verschonen oder nur bestimmten Arten von Immissionen auszusetzen."

Daran ist festzuhalten. Die Festsetzung einer öffentlichen Straßenfläche verfolgt nicht das Ziel, den benachbarten Grundstücken eine ganz bestimmte Art von Nutzungen – oder eben: Nichtnutzungen – zu garantieren. Erst recht fehlt einer solchen Festsetzung die für die Vermittlung von Nachbarschutz wesentliche „Gegenseitigkeit". Mit der Festsetzung einer öffentlichen Straßenverkehrsfläche ist nicht die berechtigte Erwartung der planende Gemeinde verknüpft, die Eigentümer der durch diese Straße erschlossenen Grundstücke würden sich in einer bestimmten Weise verhalten. Eigentümer der Straßenflächen und der benachbarten Grundstücke werden also gerade nicht in einer Weise zu einer „Schicksalsgemeinschaft" zusammengeschlossen, kraft derer der eine die Beschränkungen, welche die Planfestsetzungen – neben den positiven Verheißungen – mit sich bringen, um den Preis akzeptiert, damit auch von dem anderen die Einhaltung der Planfestsetzungen unabhängig davon verlangen zu können, ob die Abweichung auf seinem Grundstück zu unzumutbaren Verhältnissen führt. Etwas anderes mag gelten, wenn in der Nachbarschaft einer Grundstückszeile eine öffentliche Grünfläche festgesetzt wird und sich aus der Begründung des Planes ergibt, dies geschehe – auch – zu dem Zweck, den (etwa wegen einer auf der Grundstücksvorderseite akustisch und olfaktorisch strapazierten) Grundstücksnutzern eine Ruhezone zu verschaffen. Das ist hier anders. Die planende Gemeinde nimmt sich mit der Festsetzung einer Straßenfläche nicht gleichsam selbst in Pflicht und verspricht damit den benachbarten Grundstücken, die als öffentliche Straßenfläche festgesetzten Bereiche überhaupt nicht bebauen zu lassen. Ihr Plan teilt vielmehr den Baugrundstücken bestimmten Nutzungsmöglichkeiten zu und setzt Verkehrsflächen lediglich mit dem Ziel fest, den Baugrundstücken die für die Erteilung der Baugenehmigung erforderliche Erschließung zu verschaffen. Weitergehende Zwecke werden gerade in Kerngebieten mit der Festsetzung von Verkehrsflächen nicht verfolgt. Dort ist es geradezu gang und gäbe, bauliche Anlagen wie etwa Zeitungskioske, Litfaßsäulen, Schaukästen für benachbarte Geschäfte und ähnliches zu platzieren. Das gilt namentlich dann, wenn – wie hier – die Anlegung einer Fußgängerzone geplant ist (vgl. Lenz, BauR 1980, 130, 133 und 135 f.). Kioske für Eis etc. und/oder Zeitungen, Ausstellungsvitrinen oder Pflanzenkübel nebst sonstiger „Möblierung" wie etwa Sitzecken gehören zwar nicht zu den Nebenanlagen, die mit der Anlegung einer Fußgängerzone notwendigerweise verbunden und durch die Festsetzung einer öffentlichen Straßenverkehrsfläche gleichsam „mitgenehmigt" sind. Sie sind dort aber in einem Maße üblich, daß die Eigentümer der anliegenden Grundstücke der Festsetzung einer öffentlichen Straßenfläche füglich nicht entnehmen können, von deren Anlegung verschont zu bleiben. Es ist zwar zweifelhaft, ob man mit Lenz (a. a. O.) annehmen kann, die bloße Festsetzung als öffentliche Straßenfläche stelle für diese Fläche keinen qualifizierten Bebauungsplan dar, daher beurteile sich die Zulässigkeit dieser baulichen Anlagen nach § 34 BauGB. Für die hier zu entscheidende Frage reicht die Beobachtung aus, daß die Festsetzung einer öffentlichen Straßenfläche den benachbarten Grundstückseigentümern gerade nicht ein Vertrauen dahin garantiert, dort würden keine baulichen Anlagen der hier interessierenden Art errichtet; entsprechende Bauwünsche könnten sie daher ohne Rücksicht auf das Maß der damit verbundenen Beeinträchtigungen abwehren.

Die sonach anzustellende Prüfung, ob das Vorhaben bei der gebotenen konkreten Betrachtungsweise auf dem Grundstück der Antragstellerin zu unzumutbaren Verhältnissen führt, ergibt ein der Antragstellerin ungünstiges Ergebnis. ... Sie hat keine Beeinträchtigungen namhaft zu machen vermocht, welche den genehmigten Zustand als unzumutbar erscheinen lassen würde. Der Kontakt nach außen wird allenfalls untergeordnet beeinträchtigt. Dabei ist zu beachten, daß eine Bankfiliale nicht gerade auf Laufkundschaft angewiesen ist, sondern in aller Regel gezielt aufgesucht wird. Zudem verdeckt der kubische Baukörper keineswegs das Bankgebäude, sondern „duckt" sich vor seiner Eingangstür, ohne mit dieser bündig zu schließen und auf diesem Wege zu einem Zugangshindernis zu werden. Ausreichende Anhaltspunkte für die Annahme, das angegriffene Vorhaben verletze in unzumutbarer Weise Sicherheitsinteressen der Antragstellerin, hat diese nicht geltend gemacht und sind auch nicht ersichtlich. Es ist namentlich nicht die Erwartung gerechtfertigt, das Gebäude könne kriminellen Elementen in hervorragender Weise als Deckung dienen, um in illegaler Weise an das in der Filiale zu vermutende Geld zu gelangen. Der Nachbarantrag dürfte dementsprechend auch weniger durch die Beeinträchtigung der gegenwärtig ausgeübten Nutzung, als durch die Sorge motiviert sein, die Existenz dieses Baukörpers könne Kaufinteressenten dieses Gebäudes irritieren und so dessen anstehende Verwertung erschweren/den zu erwartenden Erlös schmälern. Der Antragstellerin steht indes nicht die Rechtsmacht zu, sich gegen jedwede Beeinträchtigung der Verwertbarkeit ihres Filialgebäudes wehren zu können. Selbst wenn man dies in die Betrachtung einbezöge, sind unzumutbare Folgen nicht zu erwarten. Diese ist auf die Erdgeschoßzone zu beschränken, weil das Vorhaben angesichts seiner geringen Höhe auf die Nutzung der Obergeschosse keinen nachteiligen Einfluß zu nehmen vermag. Nach den Festsetzungen des Bebauungsplanes „F.-Straße" kann das Erdgeschoß nur in kerngebietstypischer Weise, d. h. im Regelfall also in der Form von Verkaufsläden genutzt werden. Es ist nicht erkennbar, daß der streitige Pavillon eine solche Nutzung ernsthaft gefährden könnte. Selbst wenn genau gegenüber des Pavillons Schaufenster plaziert würden, wäre bei dem Zwischenraum von etwa viereinhalb Metern kein Stau zu erwarten, der die Menschen an den Schaufenstern vorbeidrängen ließe, ohne von den darin offerierten Waren Notiz nehmen zu lassen. Zudem ist zu berücksichtigen, daß dort bereits die Fußgängerzone beginnen soll und im Falle eines Staus der „Eis-Würfel" westlich umgangen werden kann. Es kann auch nicht überzeugen, wenn die Antragstellerin die Unzumutbarkeit daraus herzuleiten sucht, der Antragsgegnerin und der Beigeladenen habe es offengestanden, den Eis-Würfel an anderer Stelle und damit weniger beeinträchtigend aufzustellen. Die Antragstellerin hat nur Anspruch darauf, keinen unzumutbaren Belästigungen ausgesetzt zu werden. § 15 Abs. 1 Bau-NVO bietet keine Handhabe dafür, mit Rücksicht auf Alternativstandorte Beeinträchtigungen abwehren zu können, die sich unterhalb der Schwelle zur Unzumutbarkeit bewegen (vgl. BVerwG, Beschluß v. 3. 5. 1996 – 4 B 50.96 –, BRS 58 Nr. 58 = BauR 1996, 678; Beschluß v. 26. 6. 1997 – 4 B 97.97 –, BRS 59 Nr. 176, unter Hinweis auf OVG Münster, Beschluß v. 27. 8. 1992 – 10 B 3439/92 –, NVwZ 1993, 279, 280). Aus diesem Grunde bedarf es keines Eingehens auf die Stützerwägungen, die das Verwaltungsgericht angestellt hat. Allerdings sprechen auch hier die besseren Gründe für die Annahme, das daraufhin gefundene Ergebnis sei richtig. Die durch eine Verschiebung der Kanaldeckel erforderlich werdenden finanziellen Aufwendungen sowie die Einhaltung des Sichtdreiecks E.-Straße/F.-Straße sind triftige Gründe, denen die Antragstellerin nicht Gleichwertiges hat entgegensetzen können.

Aus den vorstehenden Ausführungen folgt zugleich, daß die Antragstellerin selbst aus einer unzutreffenden Anwendung des § 31 Abs. 2 BauGB keine ihr vorteilhaften Folgen herzuleiten vermag. Vermittelt die Festsetzung „öffentliche Straßenfläche" keinen Nachbarschutz, kann selbst eine rechtswidrig erteilte Befreiung nur dann vom Nachbarn mit Erfolg angegriffen werden, wenn diese die in § 31 Abs. 2 letzter Halbs. BauGB genannten nachbarlichen Interessen unangemessen, d. h. unzumutbar hintanstellt. Das ist nach den vorstehenden Ausführungen nicht der Fall.

Die Unterschreitung des Abstandes zwischen beiden Gebäuden wird voraussichtlich durch § 13 Abs. 1 Nr. 1, Abs. 2 NBauO zu rechtfertigen sein. Der Senat hat sich zu den Voraussetzungen, unter denen von dieser Ausnahmemöglichkeit Gebrauch gemacht werden darf, mehrfach (u. a. in seinem Beschluß v. 30. 3. 1999 – 1 M 897/99 –, BRS 62 Nr. 190 = BauR 1999, 1163; s. a. Urteil v. 26. 2. 2003 – 1 LC 75/02 –, BauR 2004, 60 = NdsVBl. 2003, 180; zuletzt Beschluß v. 11. 7. 2003 – 1 MN 165/03 –, V.n.b.) geäußert. Die dabei entwickelten Gesichtspunkte zur Auslegung und Handhabung des § 13 Abs. 1 Nr. 1 NBauO lassen sich danach etwa so zusammenfassen:

Nach § 13 Abs. 1 Nr. 1 NBauO können geringere als die in den §§ 7 bis 12a NBauO vorgeschriebenen Abstände zur Verwirklichung besonderer baugestalterischer oder städtebaulicher Absichten ausnahmsweise zugelassen werden. Hierzu ist nicht erforderlich, scharf zwischen den baugestalterischen und städtebaulichen Absichten zu unterscheiden. Beides läßt sich kaum in eindeutiger Weise trennen. Die Initiative für die Entwicklung dieser Absichten darf vom Bauherrn ausgehen (vgl. Große-Suchsdorf/Lindorf/Schmaltz/Wiechert, a. a. O., § 13 Rdnr. 4). Die gegenteilige, in den ersten beiden Auflagen des zitierten Erläuterungswerkes sowie möglicherweise auch vom (früheren) 6. Senat des Niedersächsischen OVG (Beschluß v. 11.7.1997 – VI B 44/79 –, BRS 35 Nr. 93) vertretene Auffassung, diese Absichten müßten ihre Wurzel in einer örtlichen Bauvorschrift oder einem Bebauungsplan der Gemeinde haben, läßt sich kaum mit § 13 Abs. 3 NBauO vereinbaren. Dieser ordnet an, daß das Landesabstandsrecht der „nur" gemeindlichen Rechtssetzung grundsätzlich vorgeht. Dem widerspräche es, ohne ausdrücklichen Gesetzesbefehl in § 13 Abs. 1 Nr. 1 NBauO zu fordern, die Initiative müsse von der planenden Gemeinde ausgegangen sein. Damit ist allerdings (noch) nicht gesagt, daß der Bauherr die besonderen städtebaulichen und gestalterischen Absichten i. S. des § 13 Abs. 1 Nr. 1 NBauO geradezu gegen den Willen der Gemeinde soll verwirklichen können. Das bedarf indes in den Fällen keiner besonderen Behandlung, in denen die Gemeinde – wie auch hier der Fall – das streitige Vorhaben aus eigenem städtebaulichen Antrieb fördert.

Die mit dem Plan verfolgten Bauabsichten sind nicht erst dann i. S. des § 13 Abs. 1 Nr. 1 NBauO „besonders", wenn architektonisch oder städtebaulich geradezu hervorragende Projekte verfolgt werden. Es reicht vielmehr aus, daß ein vom Normalen abweichender, letztlich aber zum selben Ziel, nämlich zumindest gleich guten Wohn- und Arbeitsverhältnissen führender Weg gesucht wird (vgl. Große-Suchsdorf/Lindorf/Schmaltz/Wiechert, a. a. O., § 13 Rdnr. 4). Die mit dem angegriffenen Plan verfolgten städtebaulichen Absichten müssen nicht notwendig das gestalterische oder städtebauliche „Nonplusultra" bilden. Diese Absichten sind allerdings ins Verhältnis zu setzen zu den Einbußen, welche die Nachbarn durch die Unterschreitung erleiden. Das gilt trotz des Umstandes, daß nach § 13 Abs. 2 NBauO gerade im Falle des Abs. 1 Nr. 1 besonders zu prüfen ist, ob die Nachbarn trotz Unterschreitung des gesetzlich bestimmten Abstandes mindestens die Wohn- und Arbeitsverhältnisse haben, die sie bei Einhaltung der gesetzlichen Vorschriften genössen. „Besonders" i. S. des Abs. 1 Nr. 1 sind die Absichten nur dann, wenn sie „grundsätzlich", d. h. überhaupt von einem Gewicht sind, welches die Unterschreitung der gesetzlichen Abstände zu rechtfertigen vermag. Je mehr diese unterschritten werden, von desto größerem Gewicht müssen die Absichten sein. Diese Wechselwirkung (vgl. dazu Große-Suchsdorf/Lindorf/Schmaltz/Wiechert, a. a. O., und Barth/Mühler, Abstandsvorschriften der NBauO, § 13 Rdnr. 7) gilt nicht nur hinsichtlich des „Ob", sondern auch hinsichtlich des „Wie" der Unterschreitung.

Danach wird die Antragstellerin voraussichtlich nicht mit ihrem Einwand durchdringen können, die Unterschreitung der gesetzlichen Grenzabstände führe zu ihren Lasten zur Rechtswidrigkeit des Bauscheins der Antragsgegnerin vom März 2003. Der Anwendung dieser Grundsätze steht nicht gleichsam von vornherein entgegen, daß ihr Grundstück im Kerngebiet liegt. Für diese hat der Gesetzgeber in § 7 Abs. 4 NBauO zwar „bereits" eine Halbierung der Abstände vorgesehen. Diese Vorschrift läßt indes nicht den Gegenschluß zu, in Kerngebieten müsse insoweit besondere Zurückhaltung obwalten. Das widerspräche nicht nur dem Wortlaut des § 13 Abs. 1 Halbs. 1 NBauO, der für eine derartige Einschränkung seines Anwendungsbereiches keine Anhaltspunkte enthält. Das ließe auch außer acht, daß nach dem Katalog des § 7

Abs. 2 BauNVO in Kerngebieten Nutzungen ganz unterschiedlicher Schutzbedürftigkeit zulässig sind, welche in erheblich voneinander abweichendem Maße des Schutzes bedürfen. Gerade wegen dieser starken „Spreizung" sind Kerngebiete sogar in besonderem Maße für eine Anwendung des § 13 Abs. 1 Nr. 1 NBauO offen. Es existieren ausreichenden Umfangs baugestalterische bzw. städtebauliche Absichten, die die angegriffene Festsetzung tragen werden. Die von der Antragsgegnerin übereinstimmend gefundene Lösung hat eine städtebauliche Qualität, welche den Anforderungen des § 13 Abs. 1 Nr. 1 NBauO gerecht werden wird. Der streitige „Eis-Würfel" soll dazu beitragen, die in einem Teilbereich der E.-Straße an deren Ostrand herzustellende Fußgänger- und Ruhezone nach Süden hin abzugrenzen und mit einem augenfälligen Abschluß zu versehen. Die an den Geschäften entlang sowie zwischen den Baumreihen flanierenden Personen sollen sozusagen augenfällig auf das Ende der Fußgängerzone und die dort bestehende Möglichkeit hingewiesen werden, an deren Südende in einer ihrem Zweck entsprechenden Weise Rast zu machen. Konsequenterweise sind dementsprechend die Tische nicht – wie „an sich" eher zu erwarten wäre – an deren Süd-, sondern zum Fußgängerbereich hin orientiert, d. h. nach Norden angeordnet. Zur einleuchtenden optischen Unterstreichung gehört, dieses Vorhaben möglichst genau in südlicher Fortsetzung der Mittelachse anzuordnen, an der entlang die beiden Baumreihen sich orientieren. Das allein wird es auch ermöglichen, die städtebaulich wünschenswerte optische Verbindung zum nördlichen Pendant jenseits der Einmündung der G.-Straße über die beiden herzustellen und so sinnfällig die neue Fußgängerzone baulich zu einer Einheit zu verklammern.

Diese städtebaulichen und gestalterischen Absichten haben selbst dann ein zur Überwindung der konkurrierenden Nutzungsabsichten ausreichendes Gewicht, wenn man das Interesse der Antragstellerin einbezieht, die Vorteile vollständig eingehaltener Grenzabstandsvorschriften zu genießen. Denn deren Interessen sind von deutlich geringem Gewicht. Die Nutzung als Bankfiliale ist gerade nicht auf uneingeschränkte Aufrechterhaltung der Zufuhr von Licht, Luft und Sonne angewiesen. Die Kunden bedienen sich entweder selbst an den dafür bereitgestellten Terminals. Schon aus Sicherheitsgründen werden sie dabei nicht längere Zeit das Geschehen auf der Straße verfolgen, sondern sich darauf konzentrieren, mit der üblichen Maschinerie ihre Bankgeschäfte zu erledigen. So weit dies noch im persönlichen Gespräch mit den Bankbediensteten geschieht, ist auch dieser Vorgang gerade nicht darauf angelegt, uneingeschränkt Licht, Luft und vor allem Helligkeit von außen zu erhalten.

Es kommt hinzu, daß die Antragstellern durch die Anlegung der Fußgängerzone, deren südliches „Portal" der „Eis-Würfel" sein soll, profitiert. Dessen Errichtung ist, wie dargestellt, eingebettet in das Bestreben der Antragsgegnerin, die Chancen, welche die neue Westumgehung für den Innenstadtbereich („City") bietet, baulich auch zu nutzen. Die dazu in Angriff genommene Verwirklichung eines Fußgängerbereiches mit Restauration zieht verstärkt Kundschaft an und vermittelt diesem Bereich der Innenstadt damit den „Erlebnischarakter", der erst Innenstädte gegen die Konkurrenz großflächiger

Einzelhandelsbetriebe „auf der grünen Wiese" bestehen läßt. Wird das Kerngebiet, in dem das Grundstück der Antragstellerin seit längerem liegt, daher mit modernen Mitteln neu gestaltet, dann ist der Antragstellerin als Ausgleich für diese bodenwertsteigernde Maßnahme das „Opfer" zuzumuten, in ihrem Bereich die Aufstellung eines Pavillons hinzunehmen, der sommers wie winters Fußgänger anlocken soll.

Voraussichtlich wird auch den allgemeinen Anforderungen an gesunde Wohn- und Arbeitsverhältnisse auf dem Grundstück der Antragstellerin mindestens gleichwertig entsprochen sein/werden. Das ist dann der Fall, wenn auf den Nachbargrundstücken im praktischen Ergebnis die Verhältnisse herrschen, wie sie bei Einhaltung der gesetzlichen Grenzabstände bestehen würden (vgl. Große-Suchsdorf/Lindorf/Schmaltz/Wiechert, a. a. O., § 13 Rdnr. 22 und 5; Barth/Mühler, a. a. O., § 13 Rdnr. 39; vgl. im übrigen auch Niedersächsisches OVG, Beschluß v. 11. 7. 1979 – VI B 44/79 –, BRS 35 Nr. 93, S. 200). Das kann etwa durch Ausnutzung günstiger topographischer Verhältnisse, eine geschickte Zuordnung der Gebäude zueinander oder ihrer besonders schutzwürdigen Räume oder in sonstiger Weise geschehen, welche der Unterschreitung des Grenzabstandes ggf. auch nur psychologisch die nachteilige Wirkung nimmt (vgl. Große-Suchsdorf/Lindorf/Schmaltz/Wiechert, a. a. O., Rdnr. 5). Ebenso wie schon § 12 Abs. 5 Satz 2 NBauO a. F. mit der Verwendung der Worte „nicht wesentlich" zeigte, gestattet auch der in § 13 Abs. 2 Satz 2 NBauO gebrauchte Terminus der „Gleichwertigkeit" eine wertende Betrachtung der besonderen Verhältnisse. Dabei darf u. a. berücksichtigt werden, daß trotz Unterschreitung des gesetzlichen Abstandes der dadurch hervorgerufene psychologische Eindruck des Eingeschlossenseins ausgeglichen werden kann.

Eine Anwendung dieser Grundsätze ergibt, daß die Antragsgegnerin voraussichtlich in einer Weise von § 13 Abs. 1 Nr. 1, Abs. 2 NBauO Gebrauch gemacht hat, welche Nachbarinteressen der Antragstellerin nicht verletzt. Ins Gewicht fallende Einschränkungen in der Nutzung des Erdgeschosses – allein dessen Nutzung könnte angesichts der geringen Höhe des Vorhabens eingeschränkt werden – sind nicht zu erkennen. Das gilt – wie oben dargelegt – in jedem Fall für die gegenwärtig ausgeübte Nutzung. Der Eingangsbereich zur Filiale liegt leicht versetzt nach Norden. Der Abstand von ca. 4,50 m zwischen beiden Gebäudewänden ist so groß, daß nicht befürchtet werden muß, im Zwischenraum werde es zu Stauungen kommen, welche die Erreichbarkeit des Grundstücks der Antragstellerin in einer ins Gewicht fallenden Weise schmälert.

Aber selbst dann, wenn man angesichts der Umsiedlungspläne der Antragstellerin künftige Nutzungsmöglichkeiten in Blick nähme, wäre nicht zu erwarten, daß die Wohn- und Arbeitsverhältnisse „ungesund" würden. Dabei ist zu berücksichtigen, daß für das Grundstück in Einklang mit der umgebenden Nutzung Kerngebiet festgesetzt ist, Wohnnutzung wird sich in das Erdgeschoß daher voraussichtlich nicht einfinden. Erst recht wird keine Einschränkung der Arbeitsverhältnisse zu erwarten sein, wenn dort später z. B. eine „normale" kerngebietstypische Ladennutzung stattfinden sollte: Die Schaufenster sind dort typischerweise so gestaltet, daß die Bediensteten ohnedies ganztags unter künstlichem Licht arbeiten.

Nr. 182

1. Eine Nebenbestimmung, die der Baugenehmigung – nachdem im verwaltungsgerichtlichen Verfahren eine Entscheidung nach § 80 Abs. 5 VwGO erfolgt ist – nachträglich hinzugefügt wird und die die Baugenehmigung lediglich modifiziert, läßt den ursprünglichen Streitgegenstand unberührt und kann Anlaß für eine Abänderungsentscheidung nach § 80 Abs. 7 VwGO sein, wenn sie die Sachlage verändert.

2. Bei einem Nebeneinander landwirtschaftlicher Betriebe im Außenbereich ist die im Rahmen des Rücksichtnahmegebotes zu beachtende Zumutbarkeitsschwelle erst überschritten, wenn sich die Immissionen, insbesondere soweit sie auf die zu den landwirtschaftlichen Anwesen gehörenden Wohngebäude einwirken, der Grenze des Erträglichen nähern.

3. Dies gilt auch bei einem Nebeneinander eines landwirtschaftlichen Betriebes und eines nach § 35 Abs. 1 Nr. 4 BauGB privilegierten Mastbetriebes, soweit es sich bei den von dem Mastbetrieb ausgehenden störenden Immissionen um mit der Tierhaltung verbundene Geräusche und Gerüche handelt, die typische Begleiterscheinungen der im Außenbereich zulässigen Grundstücksnutzung darstellen.

4. Eine durch Tierhaltung bedingte relative Geruchswahrnehmungshäufigkeit von mehr als 50 % der Jahresstunden vermag eine Unzumutbarkeit für landwirtschaftsbezogenes Wohnen nicht ohne weiteres zu begründen.

BauGB § 35 Abs. 1 Nrn. 1 und 4; VwGO § 80 Abs. 7.

OVG Nordrhein-Westfalen, Beschluß vom 19. Dezember 2002
– 10 B 435/02 – (rechtskräftig).

(VG Düsseldorf)

Der Antragsteller ist Landwirt und betreibt Rinderhaltung. Der Antragsgegner erteilte dem Nachbarn des Antragstellers – dem Beigeladenen – eine Baugenehmigung zur Erweiterung eines Stalles für die Geflügelmast sowie zur Anlegung einer Dungplatte. Sowohl der Betrieb des Antragstellers als auch der Betrieb des Beigeladenen liegen im Außenbereich. Auf Antrag des Antragstellers ordnete das Verwaltungsgericht zunächst die aufschiebende Wirkung des von ihm gegen die Baugenehmigung eingelegten Widerspruchs an. Nachdem der Antragsgegner die Baugenehmigung hinsichtlich der Dungplatte mit einer weiteren Auflage versehen und Erläuterungen zu einem im Baugenehmigungsverfahren eingeholten Immissionsgutachten vorgelegt hatte, gab das Verwaltungsgericht seinem Antrag nach § 80 Abs. 7 VwGO statt, änderte den ursprünglichen Beschluß und lehnte den Antrag des Antragstellers auf Anordnung der aufschiebenden Wirkung seines gegen die Baugenehmigung eingelegten Widerspruchs ab. Die Beschwerde des Antragstellers hatte keinen Erfolg.

Aus den Gründen:

Das Verwaltungsgericht hat zu Recht angenommen, daß die Abänderungsanträge des Antragsgegners und des Beigeladenen gemäß § 80 Abs. 7 VwGO zulässig seien. Nach dieser Vorschrift kann jeder Beteiligte die Änderung oder

Aufhebung einer auf der Grundlage des §80 Abs. 5 VwGO ergangenen gerichtlichen Entscheidung wegen veränderter Umstände beantragen. Der Antragsgegner und der Beigeladene haben mit ihren Abänderungsanträgen vorgetragen, daß sich die maßgeblichen Umstände gegenüber der im Zeitpunkt der verwaltungsgerichtlichen Entscheidung vom 21.11.2001 (im Verfahren – 25 L 2738/01 –) gegebenen Sachlage verändert hätten. Dies trifft zu. Der Antragsgegner hat die hier im Streit stehende Baugenehmigung i.d.F. des Nachtrags vom 30.8.2001 mit Bescheid vom 14.1.2002 durch eine weitere Auflage ergänzt, die wie folgt lautet: „Die Dunglagerstätte ist vor Fremdwasserzuflüssen zu schützen. Die Mistlagerung auf der Dunglagerplatte ist mit einer wasserdichten Abdeckung immer dann zu schützen, wenn sie nicht nach einem Mastdurchgang mit Dung neu beschickt bzw. entsorgt wird." Diese Auflage zur angegriffenen Baugenehmigung verändert zwar die Sachlage im Nachbarstreit, nicht jedoch den ursprünglichen Streitgegenstand, so daß nun nicht etwa ein „aliud" im Streit steht und für eine Abänderungsentscheidung gemäß §80 Abs. 7 VwGO kein Raum mehr ist. Vielmehr bleibt die Baugenehmigung bestehen und wird lediglich durch die hinzugefügte Nebenbestimmung modifiziert.

Als ein weiterer neuer Umstand tritt hinzu, daß im erstinstanzlichen Verfahren Erläuterungen des TÜV S. vom 19.12.2001 und 28.1.2002 zu dessen im Baugenehmigungsverfahren erstellten Gutachten vom 28.11.2000 vorgelegt worden sind, die bestimmte Aussagen des Gutachtens im einzelnen nachvollziehbar machen und so seine Plausibilität erhöhen. Die dem Gericht auf diese Weise vermittelten neuen Erkenntnisse lassen eine Überprüfung der ursprünglich getroffenen Entscheidung im Rahmen des §80 Abs. 7 VwGO zu.

Auch in der Sache ist die mit Beschluß vom 18.2.2002 im Abänderungsverfahren getroffene Entscheidung des Verwaltungsgerichts aus den in der Beschwerdeschrift dargelegten Gründen, die der Senat gemäß §146 Abs. 4 Satz 6 VwGO allein zu prüfen hat, nicht zu beanstanden. Aus dem Beschwerdevorbringen ergibt sich nicht, daß die dem Beigeladenen unter dem 23.5.2001 erteilte Baugenehmigung zur Erweiterung eines Hähnchenstalles mit Dungplatte und Grube auf dem Grundstück Gemarkung A. i.d.F. des Nachtrags vom 30.8.2001 – ergänzt durch Bescheid vom 14.1.2002 – gegen öffentlich-rechtliche Vorschriften verstößt, die auch dem Schutz des Antragstellers zu dienen bestimmt sind.

Nach Lage der Dinge kommt hier als nachbarliches Abwehrrecht allein das in §35 Abs. 3 BauGB verankerte Rücksichtnahmegebot in Betracht. Sowohl das Baugrundstück als auch das Grundstück des Antragstellers, der dort selbst Landwirtschaft in Form von Rinderhaltung betreibt, liegen unstreitig im Außenbereich. Das Gebot der Rücksichtnahme soll einen angemessenen Interessenausgleich im Nachbarschaftsverhältnis gewährleisten. Das bedeutet, daß sich die Abwägung der gegenläufigen Interessen an der Frage auszurichten hat, was dem Rücksichtnahmebegünstigten und dem Rücksichtnahmeverpflichteten jeweils zuzumuten ist. Je empfindlicher und schutzwürdiger die Stellung des Rücksichtnahmebegünstigten ist, desto mehr kann an Rücksichtnahme verlangt werden. Bei einem Nebeneinander landwirtschaftlicher Betriebe im Außenbereich ist die im Rahmen des Rücksichtnahmegebotes zu beachtende Zumutbarkeitsschwelle jedoch erst überschritten, wenn sich die Immissionen, insbesondere soweit sie auf die zu den landwirtschaftlichen Anwesen gehörenden Wohngebäude einwirken, der Grenze des Erträglichen nähern (vgl. OVG NRW, Urteil v. 15.8.1996 – 7 A 1727/93 –).

Nichts anderes kann bei einem Nebeneinander eines landwirtschaftlichen Betriebes und eines nach § 35 Abs. 1 Nr. 4 BauGB privilegierten Mastbetriebes gelten, soweit es sich bei den von dem Mastbetrieb ausgehenden störenden Immissionen um mit der Tierhaltung verbundene Geräusche und Gerüche handelt, die typische Begleiterscheinungen der im Außenbereich zulässigen Grundstücksnutzung darstellen. Es kommt deshalb an dieser Stelle nicht darauf an, ob der Mastbetrieb des Beigeladenen als landwirtschaftlicher Betrieb zu qualifizieren ist.

Bei der in den Verfahren des vorläufigen Rechtsschutzes gebotenen summarischen Prüfung der Sach- und Rechtslage ist unter Berücksichtigung des Beschwerdevorbringens nicht davon auszugehen, daß durch die Errichtung und Nutzung des dem Beigeladenen genehmigten Vorhabens die vorstehend beschriebene Zumutbarkeitsschwelle – bezogen auf Geruchsimmissionen – zu Lasten des Antragstellers überschritten wird. Die angefochtene Baugenehmigung gestattet u. a. einen bestimmten Tierbesatz der Ställe und sieht einen genauen Betriebsablauf vor. Beides ergibt sich aus der durch Grünstempel zum Gegenstand der Baugenehmigung gemachten Anlagen- und Betriebsbeschreibung und dem oben bereits erwähnten Ergänzungsbescheid vom 14.1.2002. Der TÜV S. hat auf der Grundlage dieser Vorgaben mit Gutachten vom 28.11.2000 Emissionsdaten errechnet und eine Ausbreitungsrechnung nach der Geruchsimmissions-Richtlinie (GIRL) erstellt, die zu dem Ergebnis gelangt, daß im Bereich des Hofgrundstücks des Antragstellers eine relative Geruchswahrnehmungshäufigkeit von 15% der Jahresstunden besteht. Bei diesem Wert handelt es sich um den von der GIRL für Gewerbe- und Industriegebiete vorgegebenen Immissionswert, bei dessen Überschreitung regelmäßig von einer erheblichen Belästigung auszugehen ist. Mit Schreiben vom 19.12.2001, vom 28.1., 22.3., 9.4. und 28.6.2002 hat der TÜV S. das verwendete Ausbreitungsmodell und die der Ausbreitungsrechnung zugrunde gelegten Eingangsparameter im Hinblick auf die Auswahl der Wetterdaten, die Emissionszeiten, die Emissionshöhe, den Emissionsfaktor, den Geruchsstoffstrom und die Umrechnung der Tiermasse in Großvieheinheiten nachvollziehbar und plausibel erläutert. Soweit der Antragsteller mit seinem Beschwerdevorbringen gleichwohl die geäußerten Zweifel am Aussagewert des Gutachtens aufrechterhält, hat er nicht substantiiert dargelegt, daß eine Ausbreitungsrechnung bei Zugrundelegung der von ihm für richtig gehaltenen Eingangsparameter Wahrnehmungshäufigkeiten im Bereich seines Hofgrundstücks ergäbe, die sich der maßgeblichen Zumutbarkeitsschwelle nähern oder diese gar überschreiten würden. Diese Zumutbarkeitsschwelle liegt nämlich nicht bei der vom Gutachter errechneten Wahrnehmungshäufigkeit von 15% der Jahresstunden. Selbst eine durch Tierhaltung bedingte relative Geruchswahrnehmungshäufigkeit von mehr als 50% der Jahresstunden vermag eine Unzumutbarkeit für landwirtschaftsbezogenes Wohnen nicht ohne weiteres zu begründen (vgl. OVG NRW, Beschluß v. 18.3.2002 – 7 B 315/02 –).

Daß die Immissionswerte der GIRL nicht etwa die Schwelle zu einer gesundheitsschädlichen Geruchsbelästigung darstellen, ergibt sich schon daraus, daß nach der GIRL die Wahrnehmungshäufigkeit an die Geruchsstoffskonzentration von 1 Geruchseinheit/m^3 (GE/m^3) anknüpft und 1 GE/m^3 die Geruchsschwelle markiert, bei der 50% der geschulten Probanden überhaupt einen Geruchseindruck haben. Zudem wird die tatsächliche Belastung dadurch relativiert, daß nach der GIRL Gerüche schon dann im Umfang einer Geruchsstunde zu berücksichtigen sind, wenn an mindestens sechs Minuten die Geruchsschwelle überschritten wird (vgl. Nieders. OVG, Urteil v. 25.7.2002 – 1 LB 980/01 –, RdL 2002, 313).

Nach allem ist dem Antragsteller die Nutzung des dem Beigeladenen genehmigten Vorhabens jedenfalls für die Dauer des Hauptsacheverfahrens zuzumuten.

Nr. 183

1. **Die in einem Bebauungsplan ohne nähere Zweckbestimmung getroffene Festsetzung „öffentliche Grünfläche„ steht der Genehmigung eines Gebäudes für Bootsverleih, Ausschank von Getränken und Abgabe „kl. Speisen" entgegen.**

2. **Wird ein derartiges Vorhaben ohne Befreiung von den Festsetzungen des Bebauungsplans genehmigt, so kann Nachbarschutz unter entsprechender Anwendung des § 31 Abs. 2 BauGB gegeben sein.**

BauGB §§ 9 Abs. 1 Nr. 9, 31 Abs. 2.

OVG Nordrhein-Westfalen, Beschluß vom 10. Juli 2003 – 10 B 629/03 – (rechtskräftig).

(VG Düsseldorf)

Aus den Gründen:

Das Verwaltungsgericht hat den Antrag des Antragstellers auf Anordnung der aufschiebenden Wirkung seines Widerspruchs gegen die dem Beigeladenen erteilte Baugenehmigung zur Errichtung eines Gebäudes für Bootsverleih, Ausschank von Getränken und Abgabe „kl. Speisen" abgelehnt. Zur Begründung hat das Verwaltungsgericht zutreffend darauf abgestellt, ob die Baugenehmigung Nachbarrechte des Antragstellers verletzt, dessen Grundstück ca. 30 m südwestlich des Bauvorhabens des Antragstellers liegt.

Ob ein Verstoß gegen eine Bestimmung des öffentlichen Baurechts nachbarrechtliche Abwehransprüche gegen die erteilte Baugenehmigung auslöst, beurteilt sich allein nach dem Schutzzweck der verletzten Norm. Dient eine Norm nicht zumindest auch den Interessen betroffener Nachbarn, so kann eine unter Verstoß gegen diese Norm erteilte Baugenehmigung ein Abwehrrecht des Nachbarn auch dann nicht begründen, wenn das Vorhaben den Nachbarn tatsächlich beeinträchtigt. Dies gilt selbst dann, wenn sich die Behörde bewußt über das geltende Recht hinwegsetzt, denn durch die

Umstände der Rechtsanwendung wird der Schutzzweck der Norm nicht berührt. Fehlt es aber an der Verletzung einer besonderen nachbarschützenden Vorschrift, so hat der Nachbar – wie jeder andere Bürger – keinen Rechtsanspruch darauf, daß die Verwaltungsbehörde rechtmäßig handelt (so ausdrücklich BVerwG, Beschluß v. 28. 7. 1994 – 4 B 94.94 –, BRS 56 Nr. 163).

Der Antragsteller kann sich deshalb dann nicht mit Erfolg darauf berufen, daß die erteilte Baugenehmigung objektiv rechtswidrig ist, wenn die verletzte Bestimmung des objektiven Rechts nicht drittschützend ist. Ein solcher objektiver Rechtsverstoß liegt allerdings darin, daß das Vorhaben des Beigeladenen mit den Festsetzungen des maßgeblichen Bebauungsplans nicht vereinbar ist. Dieser Bebauungsplan setzt für den Bereich, in dem das Vorhaben verwirklicht werden soll, eine öffentliche Grünfläche fest. Eine – wie hier – ohne nähere Zweckbestimmung festgesetzte Grünfläche darf keiner Nutzung zugeführt werden, die über die bloße Begrünung hinaus geht (vgl. BVerwG, Urteil v. 16. 2. 1973 – IV C 66.69 –, BRS 27 Nr. 5, und v. 21. 6. 1974 – IV C 14.74 –, BRS 28 Nr. 138), und läßt damit das angegriffene Vorhaben des Beigeladenen nicht zu.

Insoweit hat das Verwaltungsgericht von dem zutreffenden Ansatz ausgehend aber festgestellt, die Festsetzung dieser Grünfläche durch den Bebauungsplan habe keine drittschützende Wirkung. Das dagegen gerichtete Vorbringen des Antragstellers, die Grünfläche solle auch der Erholung der Anwohner dienen und insbesondere einen Schutzraum zum Abbau des Straßenlärms von der I.-Straße bieten, genügt schon nicht den Anforderungen an die Darlegung von Beschwerdegründen, weil der Antragsteller insoweit lediglich zu einer vom Verwaltungsgericht abweichenden Bewertung gelangt und nicht substantiiert ausführt, daß diese Bewertung Ergebnis der Auslegung des Bebauungsplans ist. Darauf kommt es aber an. Inwieweit Festsetzungen eines Bebauungsplans Drittschutz vermitteln, muss nämlich diesen selbst durch Auslegung des Bebauungsplans entnommen werden (vgl. BVerwG, Urteil v. 19. 9. 1986 – 4 C 8.84 –, BRS 46 Nr. 173 = BauR 1987, 70).

Dabei kommt den bundesrechtlichen Vorgaben der Baunutzungsverordnung, deren Vorschriften sich – mit Ausnahme von § 15 BauNVO – (nur) an die planende Gemeinde richten (BVerwG, Urteil v. 16. 9. 1993 – 4 C 28.91 –, BRS 55, Nr. 110 = BauR 1994, 223), besondere Bedeutung zu. Soweit Festsetzungen danach bereits bundesrechtlich nachbarschützend sind, schließt die Festsetzungsermächtigung ein, daß die Festsetzung grundsätzlich nachbarschützend sein muß. Eine nicht nachbarschützende Festsetzung würde gegen das Abwägungsgebot des § 1 Abs. 6 BauGB verstoßen (vgl. BVerwG, Urteil v. 16. 9. 1993, a. a. O.).

Weil im Regelfall davon auszugehen ist, daß die Gemeinde keine von der Baunutzungsverordnung abweichenden Festsetzungen treffen will – in diesem Fall wären die Festsetzungen nichtig –, ist eine Festsetzung in einem Bebauungsplan im allgemeinen nachbarschützend, wenn ihr auf Grund Bundesrechts nachbarschützende Wirkung zukommen muß. Insoweit hat die Festsetzung von Baugebieten gemäß §§ 2–11 BauNVO durch Bebauungsplan kraft Bundesrechts grundsätzlich nachbarschützende Funktion (vgl. BVerwG, Urteil v. 16. 9. 1993, a. a. O.).

Zu diesen Festsetzungen zählt die Festsetzung einer öffentlichen Grünfläche nach §9 Abs. 1 Nr. 15 BauGB nicht. Ihr kommt nicht schon kraft Bundesrechts nachbarschützende Wirkung zu, sondern nur dann, wenn sie nach dem aus dem Bebauungsplan ersichtlichen Willen des Plangebers drittschützend sein soll. Dazu fehlt es – wie oben ausgeführt – schon an hinreichenden Darlegungen in der Beschwerdebegründung.

Das Vorbringen in der Beschwerdeschrift stellt auch die Ausführungen des Verwaltungsgerichts zur Vereinbarkeit des Vorhabens mit dem planungsrechtlichen Gebot der Rücksichtnahme nicht durchgreifend in Frage. Ein generelles, von Einzelvorschriften losgelöstes Rücksichtnahmegebot besteht nicht. Vielmehr existiert ein Rücksichtnahmegebot als Grundlage für Abwehransprüche von Nachbarn nur insoweit, als es Ausdruck im materiell-öffentlichen Recht gefunden hat. (vgl. BVerwG, Urteil v. 30. 9. 1983 – 4 C 74.78 –, BRS 40 Nr. 206; Hahn/Schulte, Öffentlich-rechtliches Baunachbarrecht, Rdnr. 18).

Im vorliegenden Fall ist das Rücksichtnahmegebot nach Maßgabe des entsprechend anzuwendenden §31 Abs. 2 BauGB zu beachten. §31 Abs. 2 BauGB dient gerade auch dem Nachbarschutz, weil nach dieser Bestimmung die Erteilung einer Befreiung ausdrücklich auch unter Würdigung nachbarlicher Interessen zu erfolgen hat. Auch die Befreiung von einer nicht nachbarschützenden Festsetzung kann dem Nachbarn deshalb einen Abwehranspruch vermitteln, wenn die Behörde bei ihrer Ermessensentscheidung über die vom Bauherrn beantragte Befreiung nicht die gebotene Rücksicht auf die Interessen des Nachbarn genommen hat (vgl. BVerwG, Urteil vom 19. 9. 1986 – 4 C 8.84 –, BRS 46 Nr. 173 = BauR 1987,70; Beschluß v. 8. 7. 1998 – 4 B 64.98 –, BRS 60 Nr. 183 = BauR 1998, 1206).

Dem Beigeladenen ist zwar eine Befreiung von den Festsetzungen des maßgeblichen Bebauungsplans nicht erteilt worden, so daß eine unmittelbare Anwendung von §31 Abs. 2 BauGB ausscheidet. Wie oben ausgeführt, hätte es aber für die Erteilung der angefochtenen Baugenehmigung einer Befreiung von der Festsetzung „öffentliche Grünfläche" bedurft, weil diese der Zulässigkeit des Bauvorhabens entgegensteht, in einem solchen Fall kann Nachbarschutz unter entsprechender Anwendung des §31 Abs. 2 BauGB gegeben sein. Der Gesetzgeber ist davon ausgegangen, daß die Baugenehmigungsbehörden im Geltungsbereich von Bebauungsplänen Baugenehmigungen nur dann erteilen, wenn die Voraussetzungen des §30 BauGB vorliegen. Er hat demgemäß offengelassen, ob und in welchem Umfang sich ein Dritter gegen eine unter Verstoß gegen die Festsetzungen eines Bebauungsplans erteilte Baugenehmigung wehren kann. Diese Regelungslücke ist entsprechend der Wertung des Gesetz- und Verordnungsgebers, wie sie in §31 Abs. 2 BauGB ihren Ausdruck gefunden hat, zu schließen. Denn der Nachbarschutz darf nicht deshalb leer laufen, weil die Baugenehmigungsbehörde von einer erforderlichen Befreiung rechtswidrig absieht (vgl. BVerwG, Urteil v. 6. 10. 1989 – 4 C 14.87 –, BRS 49 Nr. 188 = BauR 1989,710).

Abweichend von dem durch das BVerwG, (Urteil v. 6. 10. 1989, a. a. O.) entschiedenen Fall, der die Erteilung einer Baugenehmigung unter Verstoß gegen Festsetzungen eines Bebauungsplans für ein in einem Baugebiet

Nr. 183

gemäß §§ 2–11 BauNVO gelegenes Vorhaben betraf, dürfte im vorliegenden Fall Nachbarschutz nicht in analoger Anwendung auch des § 15 Abs. 1 BauNVO in Betracht kommen. Denn § 15 Abs. 1 BauNVO betrifft schon nach seinem Wortlaut nur die Zulässigkeit von Anlagen in einem der Baugebiete gemäß §§ 2–11 BauNVO (vgl. VGH Bad.-Württ, Urteil v. 26. 3. 1998 – 8 S 315/98 –, BRS 60 Nr. 140; Bielenberg, in: Ernst/Zinkahn/Bielenberg, BauGB, § 15 BauNVO Rdnr. 12), wozu die planfestgesetzte Grünfläche nicht zählt. Letztlich bedarf diese Frage aber keiner Entscheidung, weil Geltung und Reichweite des Gebots der Rücksichtnahme nicht davon abhängen, ob es im jeweiligen Fall allein aus einer entsprechenden Anwendung des § 31 Abs. 2 BauGB herzuleiten oder auch auf eine entsprechende Anwendung des § 15 Abs. 1 BauNVO zu stützen ist.

Unter welchen Voraussetzungen eine erteilte – oder wie hier pflichtwidrig unterlassene – Befreiung die Rechte des Nachbarn verletzt, ist nach den Maßstäben zu beantworten, die das BVerwG zum drittschützenden Gebot der Rücksichtnahme entwickelt hat (vgl. BVerwG, Beschluß v. 8. 7. 1998, a. a. O.).

Auch das Verwaltungsgericht hat diese Maßstäbe angelegt und ausgeführt, auf dem Grundstück des Antragstellers, das in dem durch den Bebauungsplan festgesetzten Kerngebiet liegt, seien nach der TA-Lärm Geräuschimmissionen von 60 dB(A) tagsüber und 45 dB(A) nachts zumutbar. Diese Einschätzung ist nicht zu beanstanden und gilt auch unter Berücksichtigung des Umstandes, daß in Teilen des Kerngebiets ein Mindestanteil von Wohnnutzung festgesetzt ist. Das Verwaltungsgericht hat seine Entscheidung weiterhin darauf gestützt, daß diese Immissionswerte durch eine Nebenbestimmung zur angefochtenen Baugenehmigung vorgegeben seien und deren Einhaltung angesichts der Topographie des Geländes und des Abstandes zwischen dem genehmigten Vorhaben und dem Grundstück des Antragstellers von mehr als 30 m auch wahrscheinlich sei. Zudem sei das Grundstück des Antragstellers den Emissionen auf der weiter nördlich gelegenen und stark befahrenen I.-Straße ausgesetzt. Angesichts dieser – durch den Bebauungsplan in einer Größenordnung zwischen 66 und 70 dB(A) zugrunde gelegten – Lärmvorbelastung sei nicht hinreichend wahrscheinlich, daß sich die vom Bauvorhaben des Beigeladenen ausgehenden Emissionen am Haus des Antragstellers überhaupt noch auswirken könnten. Dem hält die Beschwerde entgegen, das Verwaltungsgericht habe nicht hinreichend in Rechnung gestellt, daß sich die von der I.-Straße und die von dem Bauvorhaben des Beigeladenen ausgehenden Emissionen kumulierten, zumal nach 19.00 Uhr auf der I.-Straße wenig Verkehr herrsche und der davon ausgehende Lärm die Geräusche des Bauvorhabens nicht verdecke. Ferner habe er den durch Zu- und Abgangsverkehr verursachten Lärm übersehen, der bei der Einhaltung der Immissionswerte zu berücksichtigen sei. Hierzu ist folgendes auszuführen: Eine Summation von Straßenverkehrsgeräuschen und von Geräuschen von Anlagen, für die – wie für das strittige Vorhaben – die TA-Lärm maßgeblich ist, sieht die TA-Lärm, die hier als Entscheidungshilfe herangezogen werden kann, nicht vor. Daß das Grundstück des Antragstellers auch nachts erheblichen Verkehrsimmissionen ausgesetzt ist, geht aus dem Schriftsatz des Antragstellers vom 7. 5. 2003 hervor, wonach die Vorbelastung nachts zwischen 55–65 dB(A) beträgt und damit deutlich höher liegt als die nach der angefochtenen Baugenehmigung zulässigen Immissionen. Nach alledem begründen die Ausführungen des Antragstellers bei summarischer Prüfung keine erheblichen Zweifel an der Richtigkeit des vom Verwaltungsgericht gefundenen Ergebnisses, zumal angesichts des vergleichsweise geringen Umfangs des genehmigten Ausschanks und Bootsverleihs – die befahrbare Wasserfläche dürfte allenfalls 3 ha groß sein – mit Zu- und Abgangsverkehr von erheblichem Umfang nicht zu rechnen ist. Auf das Ausmaß der Immissionsbelastung im Falle des Betriebs einer Außengastronomie auf den Uferterrassen des T. kommt es entgegen der Meinung des Antragstellers nicht an. Eine dementsprechende Nutzung ist baurechtlich nicht genehmigt. Was nicht Gegenstand der Genehmigung ist, kann bei der Entscheidung über eine gegen die Genehmigung gerichtete Anfechtungsklage – und damit auch bei der Entscheidung über einen Aussetzungsantrag nach §§ 80, 80 a VwGO – nicht berücksichtigt werden. (vgl. BVerwG, Urteil v. 7. 2. 1986 – 4 C 49.82 –, BRS 46 Nr. 50 = BauR 1986, 414).

Nach den vorstehenden Ausführungen zur Größenordnung des zu erwartenden Zu- und Abgangsverkehrs ist das Vorhaben auch nicht wegen eines Mangels an Stellplätzen deshalb rücksichtslos, weil mit dem Bau eine unzumutbare Verschärfung der Verkehrssituation für das Grundstück des Antragstellers zu befürchten wäre. (vgl. OVG NRW, Urteil v. 10. 7. 1998 – 11 A 7238/ 95 –, BRS 60 Nr. 123 = BauR 1999, 237; Beschluß v. 31. 8. 2000 – 10 B 1052/ 00 –).

Etwaige Wertminderungen als Folge der Ausnutzung der einem Dritten erteilten Baugenehmigung bilden für sich genommen keinen Maßstab dafür, ob Beeinträchtigungen im Sinne des Rücksichtnahmegebots zumutbar sind. (vgl. BVerwG, Beschluß v. 6. 12. 1996 – 4 B 215.96 –, BRS 58 Nr. 164).

Auf § 35 BauGB kann der Antragsteller sich im vorliegenden Zusammenhang nicht berufen, weil das Gebot der Rücksichtnahme hier in entsprechender Anwendung des § 31 Abs. 2 BauGB maßgeblich ist.

Nr. 184

Der Verzicht auf die Durchführung des luftrechtlichen Verfahrens für einen provisorischen Hubschrauberlandeplatz bei einer Universitätsklinik führt nicht zu einer Verletzung von Nachbarschaftsrechten.

LuftVG § 6 Abs. 1; BauGB § 31 Abs. 2.

Bayerischer VGH, Beschluß vom 24. September 2003 – 14 CS 03.2041 – (rechtskräftig).

(VG Ansbach)

Die Antragstellerin wendet sich gegen die Verlegung des Hubschrauberlandeplatzes an einer Universitätsklinik. Sie befürchtet eine erhebliche Störung der Wohnruhe ihres in einem Wohngebiet gelegenen Hauses, das etwa 210 m südlich des neuen Hubschrauberlandeplatzes liegt.

Nr. 184

Wegen der Erweiterung eines Klinikgebäudes der Universität muß der neben diesem Gebäude errichtete Landeplatz für Rettungshubschrauber verlegt werden, mit denen Patienten zur Universitätsklinik gebracht und bei Bedarf auch in andere Kliniken verlegt werden. Die Rettungshubschrauber selbst sind nicht an dem Landeplatz stationiert. Da der Landeplatz als private Verkehrsanlage nach Art. 63 Abs. 1 Satz 1 Nr. 7 BayBO baugenehmigungsfrei ist, erteilte die Regierung von Mittelfranken im Einvernehmen mit der Stadt eine auf fünf Jahre befristete Befreiung von den Festsetzungen des Bebauungsplans und den naturschutzrechtlichen Bestimmungen. Ein Verfahren nach dem Luftverkehrsgesetz wurde nicht durchgeführt.

Aus den Gründen:
II. Nach der im Eilverfahren allein möglichen summarischen Prüfung bleibt die Klage der Antragstellerin gegen die Befreiung von den Festsetzungen des Bebauungsplans und von den naturschutzrechtlichen Bestimmungen voraussichtlich ohne Erfolg. Es bestehen keine Anhaltspunkte, daß die Antragstellerin durch den Lärm der startenden und landenden Hubschrauber unzumutbar beeinträchtigt wird (1.) oder daß der Verzicht auf ein luftrechtliches Genehmigungsverfahren Rechtspositionen der Antragstellerin verletzt (2.).

1. Der Verwaltungsgerichtshof teilt die Auffassung des Verwaltungsgerichts, daß die Lärmbelastung wegen der vergleichsweise geringen Flugbewegungen für die Antragstellerin noch hinnehmbar ist. Bei der Bewertung von Hubschrauberlärm, für die es keine spezifischen technischen Regelwerke gibt, ist zu berücksichtigen, daß der auf das Anwesen der Antragstellerin einwirkende Lärm, anders als der Verkehrslärm einer vielbefahrenen Straße oder der von Gewerbebetrieben ausgehende Lärm, kein Dauerereignis ist. Die Lärmbelastung ist vielmehr auf die kurzzeitigen Starts und Landungen konzentriert. Daher kommt neben dem äquivalenten Dauerschallpegel dem auf das Grundstück der Antragstellerin einwirkenden Maximalpegel, der Anzahl und dem Zeitpunkt der Flugbewegungen besondere Bedeutung für die Bestimmung der Zumutbarkeitsgrenze zu (vgl. OVG Hamburg v. 19.2.2002, NVwZ-RR 2002, 493). Das hat auch die vom Antragsgegner eingeholte Immissionsprognose berücksichtigt, deren Methodik und Datenmaterial aus den vom Verwaltungsgericht festgestellten Gründen nicht zu beanstanden sind.

Besonderes Gewicht kommt bei der Lärmbewertung dem Schutz der Nachtruhe zu, da Schlafstörungen zu Gesundheitsbeeinträchtigungen führen können (vgl. BayVGH v. 25.2.1998, BayVBl. 1998, 463). Neben einem zu hohen Dauerschallpegel, der am Anwesen der Antragstellerin allerdings unter dem nächtlichen Grenzwert der TA Lärm für ein allgemeines Wohngebiet liegt, führen insbesondere Einzelschallereignisse ab einem Maximalpegel von 55 dB(A) im Innenraum zum Aufwachen, an das sich die Betroffenen später noch erinnern. Aber auch Belastungen unterhalb der Aufwachschwelle können durch physiologische und hormonelle Reaktionen die Schlaftiefe und die Schlafstadien negativ verändern (vgl. OVG Hamburg v. 3.9.2001 – 3 E 32/98 P –). Da außen am Wohnhaus der Antragstellerin durchschnittliche Maximalpegel von 75 dB(A) mit Spitzenwerten bis zu 80 dB(A) zu erwarten sind, werden bei Starts oder Landungen der Hubschrauber die Bewohner im Haus der Antragstellerin geweckt, die bei geöffneten oder gekippten Fenstern schlafen.

Denn auch gekippte Fenster reduzieren den Lärmpegel nur um rund 15 dB(A). Gleichwohl sind Gesundheitsbeeinträchtigungen nicht zu befürchten, da in der Nacht nur ein- bis zweimal pro Woche mit einem Einsatz von Rettungshubschraubern zu rechnen ist, selbst wenn man von der maximalen Anzahl der Flugbewegungen während der verkehrsreichsten sechs Monate in den letzten drei Jahren ausgeht. Ungeachtet der geringen Einsatzfrequenz wird nicht verkannt, daß jeder Start und jede Landung in der Nacht mit Belästigungen verbunden ist, die jedoch im Interesse einer sachgerechten Versorgung von Notfallpatienten hinzunehmen sind.

Auch die tagsüber zu erwartenden Lärmbelastungen überschreiten die Grenze der Zumutbarkeit nicht. Der prognostizierte Dauerschallpegel von 48 dB(A) liegt weit unter dem Grenzwert für Wohngebiete. Bei den durchschnittlichen Maximalpegeln von 75 dB(A) sind Gesundheitsstörungen nicht zu erwarten, da nach den derzeitigen medizinischen Erkenntnissen vegetative Fehlstörungen erst bei Einzelschallereignissen von deutlich über 90 dB(A) zu erwarten sind (vgl. OVG Hamburg v. 3.9.2001). Der Verwaltungsgerichtshof geht davon aus, daß Gespräche, das Hören von Musik, Fernsehen oder die Lektüre beim Aufenthalt im Freien oder bei geöffneten Fenstern durch die Starts und Landungen der Hubschrauber deutlich gestört werden. Da aber in der Zeit zwischen 6.00 Uhr und 22.00 Uhr lediglich vier Flugbewegungen pro Tag zu erwarten sind, erscheint es zumutbar, daß sich die Bewohner in das Gebäude zurückziehen und ggf. die Fenster schließen, was selbst bei einfachen Fenstern den Schallpegel um bis zu 25 dB(A) reduziert (vgl. OVG Hamburg v. 13.12.1994 – 4 Bs III 376/93 –). Da die Störungen nur kurze Zeit andauern, werden die Wohnverhältnisse der Antragstellerin nicht unzumutbar eingeschränkt.

2. Auch das zu Unrecht unterbliebene luftrechtliche Verfahren führt nicht zum Erfolg der Klage der Antragstellerin. Die Errichtung und der Betrieb eines Hubschrauberlandeplatzes an einem Krankenhaus der höchsten Versorgungsstufe hätte einer Genehmigung nach §6 Abs. 1 LuftVG bedurft. Zwar hat das Bundesverwaltungsgericht (Beschluß v. 6.11.1986 – 4 B 198/86 –) bei einem Hubschrauberlandeplatz eine Start- und Landeerlaubnis nach §25 Abs. 1 LuftVG für ausreichend gehalten. Im Gegensatz zu dem dieser Entscheidung zu Grunde liegenden Flugbetrieb kann der Landeplatz der Universitätsklinik ohne zeitliche Beschränkung von beliebigen Hubschraubertypen angeflogen werden. Daher wird im vorliegenden Fall ein genehmigungspflichtiger flugplatzähnlicher Betrieb ermöglicht (vgl. BayVGH v. 2.7.1985 – 20 CE 85 A.1136 – und v. 22.12.1992 – 20 B 92.3332 –). Auf die Genehmigung kann auch nicht nach §25 Abs. 2 Satz 1 Nr. 2 LuftVG verzichtet werden, da diese Ausnahmevorschrift nur den Einsatz am Notfallort betrifft, der nicht im voraus zu bestimmen ist.

Allerdings führt der Verzicht auf das luftrechtliche Genehmigungsverfahren nicht zu einer Rechtsverletzung der Antragstellerin. Zwar steht vom Fluglärm betroffenen Anwohnern gegen einen ohne die erforderliche Genehmigung aufgenommenen Flugplatzbetrieb ein Unterlassungsanspruch zu, sofern der Flugbetrieb materielle Rechtspositionen der Dritten erheblich verletzt (vgl. BVerwG v. 14.4.1989, NVwZ 1990, 260). Da materielle Rechtspositionen, wie unter Nr. 1 dargestellt, nicht beeinträchtigt werden, steht der Antragstellerin ein derartiger Anspruch nicht zu. Auch ein von materiellen Positionen teilweise verselbstständigter Verfahrensrechtsschutz auf Einstellung des Flugbetriebs bis zum Abschluß des erforderlichen Genehmigungsverfahrens kommt im vorliegenden Fall nicht in Betracht. Zwar hat die Rechtsprechung betroffenen Dritten im Atomrecht (vgl. BVerwG v. 9.3.1990, NVwZ 1990, 967) und Gemeinden zur Sicherung ihrer Planungshoheit gegenüber Flugplätzen (vgl. BVerwGE 81, 95 = NVwZ 1989, 750) einen Anspruch auf Durchführung des jeweiligen Genehmigungsverfahrens zuerkannt. Voraussetzung für diesen vorgezogenen Grundrechtsschutz ist jedoch, daß ohne das behördliche Verfahren die materielle Rechtsposition schlechterdings nicht wirksam geltend gemacht werden kann (vgl. BVerwGE 85, 368 = NVwZ 1991, 369 und OVG Rheinland-Pfalz v. 28.5.1993, NVwZ-RR 1994, 194). Davon kann aber bei der Antragstellerin nicht die Rede sein, da ihre Belastung durch den Fluglärm auch ohne Durchführung eines Verwaltungsverfahrens hinreichend sicher abzuschätzen ist.

Nr. 185

Einem Nachbarn stehen gegenüber einem auf der Grundlage des §37 BauGB unter Abweichung von Vorschriften des Baugesetzbuchs zugelassenen Vorhaben keine weitergehenden Abwehrrechte zu als gegen die Zulassung des Vorhabens ohne eine dementsprechende Abweichungsentscheidung.

BauO NRW §§71, 80; BauGB §37 Abs. 1.

OVG Nordrhein-Westfalen, Beschluß vom 9. September 2003
– 10 B 1593/03 – (rechtskräftig).

(VG Münster)

Der Antragsteller wandte sich gegen die bauaufsichtliche Zustimmung der Antragsgegnerin gemäß §80 BauO NRW zur Errichtung einer Übergangseinrichtung für die Unterbringung von 90 Maßregelvollzugspatienten auf dem Grundstück Gemarkung A. Das Grundstück liegt im Außenbereich und wurde früher als Kaserne genutzt. Der Antragsteller ist Eigentümer eines hiervon ca. 70 m entfernten, ebenfalls im Außenbereich gelegenen Grundstücks, auf dem er einen genehmigten Pferdezucht- und Pferdepensionsbetrieb führt.

Der Beigeladene beantragte gemäß §§80, 71 BauO NRW die Erteilung eines Vorbescheides für die befristete Nutzung der Kaserne als psychiatrische Klinik für die Unterbringung von Maßregelvollzugspatienten.

Daraufhin entschied die Antragsgegnerin gemäß §37 Abs. 1 BauGB, daß das Vorhaben es erforderlich mache, von den Vorschriften der §§35 und 36 BauGB abzuweichen. Auf dieser Grundlage werde die Zustimmung gemäß §80 BauO NRW zu dem Antrag auf Vorbescheid hinsichtlich der planungsrechtlichen Zulässigkeit des Vorhabens erteilt. Gegen diesen Bescheid legte der Antragsteller Widerspruch ein. Später erteilte die Antragsgegnerin gemäß §80 BauO NRW i.V.m. §63 Abs. 1 BauO NRW die Zustimmung zur Errichtung der Übergangseinrichtung für die Unterbringung von 90 Maßregelvollzugspatienten.

Der hiergegen gerichtete Antrag auf Gewährung vorläufigen Rechtsschutzes blieb in beiden Instanzen ohne Erfolg.

Aus den Gründen:
Zur Begründung seiner ablehnenden Entscheidung hat das Verwaltungsgericht zutreffend darauf abgestellt, ob die Verfügung der Antragsgegnerin das in § 35 Abs. 3 BauGB enthaltene Gebot der Rücksichtnahme verletzt. Eine solche Rechtsverletzung hat das Verwaltungsgericht verneint. Es hat ferner ausgeführt, § 37 BauGB vermittle dem Antragsteller keinen weitergehenden Nachbarschutz. Weil die Zustimmungsentscheidung des Antragsgegners nach § 37 Abs. 1 BauGB eine Abweichung von den Vorschriften der §§ 35 und 36 BauGB ermögliche, sei zunächst nach der nachbarschützenden Wirkung dieser Vorschriften zu fragen. Da diese Vorschriften allein über das Gebot der Rücksichtnahme Nachbarschutz entfalteten, könne durch die Entscheidung nach § 37 BauGB jedenfalls nicht ein weitergehender nachbarrechtlicher Abwehranspruch entstehen als die Norm ohne die entsprechende Abweichung vermittele.

Hiergegen wendet sich das Beschwerdevorbringen mit der Begründung, der Antragsteller könne sich nicht nur auf eine Rücksichtslosigkeit des Vorhabens berufen, vielmehr erstrecke sich der Prüfungsrahmen bei einer Entscheidung nach § 37 BauGB auch auf eine gerechte Abwägung der Nachbarrechte. Der Prüfungsrahmen entspreche daher dem der Überprüfung eines vorhabenbezogenen Bebauungsplans im Wege einer Normenkontrolle nach § 47 VwGO. Dieser Einwand greift nicht durch.

Welche Abwehrrechte ein Nachbar gegen ein im Außenbereich ausgeführtes Bauvorhaben hat, bestimmt sich nach § 35 BauGB. Aus § 1 Abs. 6 BauGB läßt sich in einem solchen Falle eine Abwehrposition nicht herleiten. Regelungsadressat des § 1 Abs. 6 BauGB ist nicht der Bauherr, der ein Vorhaben im Außenbereich verwirklicht. Die Pflichten, die durch § 1 Abs. 6 BauGB begründet werden, treffen die Gemeinde, die einen Bebauungsplan aufstellt. Ob die Gemeinde ein Vorhaben im Außenbereich zum Anlass dafür nehmen muß, ein Bauleitplanverfahren einzuleiten, richtet sich nach § 1 Abs. 3 BauGB. Danach bedarf es der Aufstellung eines Bebauungsplans nur unter der Voraussetzung, daß die städtebauliche Entwicklung und Ordnung dies erfordert. Das ist nicht stets schon der Fall, wenn der Außenbereich unter Verstoß gegen § 35 BauGB baulich genutzt wird. Selbst wenn die Gemeinde mit Rücksicht auf städtebauliche Erfordernisse gute Gründe dafür hat, planerisch tätig zu werden, bietet das Recht einem Nachbarn, der sich gegen ein Vorhaben im Außenbereich zur Wehr setzt, keine Handhabe, auf die Aufstellung eines Bebauungsplans hinzuwirken, der sich seiner Belange annimmt. § 2 Abs. 3 BauGB schließt insoweit jeden Rechtsanspruch aus. Kann der Nachbar kein Bauleitplanverfahren erzwingen, so ist ihm auch die Möglichkeit verschlossen, die Voraussetzungen für eine Anwendbarkeit des § 1 Abs. 6 BauGB zu seinen Gunsten herbeizuführen (vgl. BVerwG, Beschluß v. 24. 4. 1997 – 4 B 65.97 –, BRS 59 Nr. 179).

Nr. 186

Ein Anspruch des Antragstellers auf gerechte Abwägung seiner Belange läßt sich entgegen dessen Ansicht auch nicht aus § 37 Abs. 1 BauGB herleiten. § 37 BauGB ermöglicht es, im Interesse einer besonderen öffentlichen Zweckbestimmung baulicher Anlagen des Bundes und des Landes von den materiellen Vorschriften des BauGB abzuweichen. Durch § 37 BauGB soll die bauplanungsrechtliche Zulässigkeit solcher Anlagen im Einzelfall erleichtert werden. Mit dieser Zweckrichtung der Norm wäre eine Auslegung nicht vereinbar, nach der einem Nachbarn gegenüber einem auf der Grundlage von § 37 BauGB zugelassenen Vorhaben unter Abweichung von Vorschriften des Baugesetzbuches weitergehende Rechte zustünden als gegen die Zulassung eines Vorhabens ohne eine dementsprechende Abweichungsentscheidung. Da § 37 Abs. 1 BauGB materiell-rechtlich eine Befreiungsvorschrift ist, gelten insoweit dieselben Grundsätze wie bei § 31 Abs. 2 BauGB (vgl. Dürr, in: Brügelmann, BauGB, Loseblatt-Kommentar, Stand: Dezember 2002, § 37 Rdnr. 35).

Der Nachbar kann sich deshalb nur auf die Verletzung des Gebots der Rücksichtnahme berufen, wenn von einer nicht nachbarschützenden Norm des Baugesetzbuchs abgewichen wird (vgl. Dürr, a.a.O., § 37 Rdnr. 35; BVerwG, Beschluß v. 8.7.1998 – 4 B 64.98 –, BRS 60 Nr. 183).

Um eine solche Abweichung von nicht nachbarschützenden Anforderungen des § 35 Abs. 2 BauGB geht es hier, weil das nicht privilegierte Vorhaben – ohne Abweichung – wegen Beeinträchtigung öffentlicher Belange unzulässig wäre. Denn das Vorhaben widerspricht den Darstellungen des Flächennutzungsplans. Aus einem solchen Rechtsverstoß kann ein Nachbar jedoch keine Abwehrrechte herleiten. Nichts anderes gilt hinsichtlich eines etwaigen Verstoßes gegen die Darstellungen des Gebietsentwicklungsplans. Weil sich danach im vorliegenden Fall aus § 37 Abs. 1 BauGB keine Nachbarrechte des Antragstellers herleiten lassen, braucht der Senat nicht zu prüfen, ob die angefochtene Zustimmungsentscheidung überhaupt auf der Grundlage des § 37 Abs. 1 BauGB ergangen ist.

Nr. 186

Der Nachteil, den die durch eine Baugenehmigung ausgelöste geringfügige Erweiterung eines bestehenden Notwegrechts i.S. des § 917 Abs. 1 BGB für den Eigentümer des mit dem Notwegrecht belasteten Grundstücks darstellt, kann – je nach den Umständen des Einzelfalls – derart unwesentlich sein, daß ein Abwehranspruch gegenüber der Baugenehmigung unmittelbar aus Art. 14 Abs. 1 Satz 1 GG ausscheidet.

BGB § 917 Abs. 1.

OVG Nordrhein-Westfalen, Beschluß vom 14. Mai 2003 – 10 B 787/03 – (rechtskräftig).

(VG Gelsenkirchen)

Die Antragsteller wandten sich gegen eine dem Beigeladenen erteilte Baugenehmigung zur Umnutzung einer ehemaligen Hofstelle in ein Wohngebäude, weil die einzige

Verbindung zwischen dem Baugrundstück und dem öffentlichen Verkehrsnetz über einen unbefestigten Weg führt, der in ihrem Eigentum steht. Der Weg diente bereits der Erschließung der Hofstelle und stellt auch die Erschließung für ein weiteres mit einem Wohnhaus bebauten Grundstück sicher. Der Antrag der Antragsteller auf Anordnung der aufschiebenden Wirkung des von ihrem Rechtsvorgänger gegen die Baugenehmigung eingelegten Widerspruchs blieb in beiden Instanzen erfolglos.

Aus den Gründen:
Aus den in der Beschwerdeschrift dargelegten Gründen, die der Senat gemäß §146 Abs. 4 Satz 6 VwGO allein zu prüfen hat, ergibt sich nicht, daß die angefochtene Entscheidung des Verwaltungsgerichts im Ergebnis zu ändern und die aufschiebende Wirkung des von dem Rechtsvorgänger der Antragsteller eingelegten Widerspruchs gegen die den Beigeladenen unter dem 15. 1. 2003 erteilte Baugenehmigung zur Sanierung und Teilunterkellerung eines Fachwerkhauses auf dem Grundstück Gemarkung D. anzuordnen ist.

Die im Rahmen der §§ 80 Abs. 5, 80a VwGO vorzunehmende Interessenabwägung geht zu Lasten der Antragsteller aus. Es ist nicht offensichtlich, daß die Anfechtung der Baugenehmigung im Hauptsacheverfahren Erfolg hätte.

Eine rechtswidrige Baugenehmigung kann allerdings einen Eingriff in das Eigentumsrecht des Nachbarn darstellen, wenn sie wegen fehlender Erschließung und der dadurch ausgelösten Verpflichtung zur Duldung eines Notwegs nach §917 Abs. 1 BGB eine unmittelbare Rechtsverschlechterung für den Nachbarn bewirkt. In einem solchen Fall kann dem Nachbarn ein Abwehranspruch unmittelbar aus Art. 14 Abs. 1 Satz 1 GG zustehen (vgl. BVerwG, Urteil v. 26. 3. 1976 – 4 C 7.74 –, BRS 30 Nr. 140).

Hier ist es aber nicht so, daß die angefochtene Baugenehmigung – sollte sie bestandskräftig werden – eine erstmalige Verpflichtung der Antragsteller zur Duldung eines Notwegs zu Gunsten des Grundstücks Gemarkung D. bewirkt. Vielmehr hat eine solche Verpflichtung bereits vor Erteilung der Baugenehmigung bestanden. Das Landgericht B. hat mit Urteil v. 13. 7. 1999 entschieden, daß der Rechtsvorgänger der Antragsteller verpflichtet sei, zu dulden, daß der Beigeladene W. oder ein von ihm ermächtigter Dritter die Straße „Am B." ausgehend von der Straße „Am R." bis zu seinem Grundstück „Am B." Nr.... begehe oder mit Fahrzeugen bis zu 12t Gesamtgewicht befahre. Dieses Urteil ist rechtskräftig.

Eine mit dem Notwegrecht zusammenhängende unmittelbare Rechtsverschlechterung zu Lasten der Antragsteller, die ihnen möglicherweise einen unmittelbar aus Art. 14 Abs. 1 Satz 1 GG abzuleitenden Abwehranspruch vermitteln würde, könnte sich auf Grund der angegriffenen Baugenehmigung also allenfalls dann ergeben, wenn sich mit der nunmehr genehmigten Nutzung der Umfang des bestehenden Notwegrechts für die Antragsteller nachteilig verändern würde. Angesichts der konkreten Umstände spricht jedoch überwiegendes dafür, daß hier ein Abwehranspruch unmittelbar aus Art. 14 Abs. 1 Satz 1 GG zu verneinen ist. Ein Eingriff in das Eigentum durch die Begründung eines Notwegrechts liegt nämlich dann nicht vor, wenn die Inanspruchnahme des Nachbargrundstücks derart unwesentlich ist, daß der Nachbar die damit verbundenen Nachteile nach der Interessenbewertung des

§ 906 Abs. 1 BGB ohne weiteres hinnehmen muß (vgl. BVerwG, Urteil v. 26. 3. 1976, a. a. O.).

Wird – wie hier – ein im fremden Eigentum stehender Weg bereits als Zufahrt für ein Wohnhaus genutzt, so kann seine zusätzliche Inanspruchnahme – je nach den Umständen des Einzelfalles – einen nur unwesentlichen Nachteil für den Nachbarn darstellen (vgl. VGH Bad.-Württ., Beschluß v. 21. 12. 2001 – 8 S 2749/01 –, BRS 64 Nr. 193).

Wie schon das Altgebäude auf dem Grundstück „Am B." Nr...., war auch das mit einem Wohnhaus bebaute Grundstück „Am B." Nr.... mangels einer anderen Verbindung zu einem öffentlichen Weg bisher nur von Norden her über die öffentliche Straße „Am B." und deren tatsächliche Verlängerung auf dem Grundstück der Antragsteller zu erreichen. Die Antragsteller sind deshalb ohnehin verpflichtet, im Hinblick auf die Benutzung des Grundstücks „Am B." Nr.... auf ihren eigenen Flächen die Herstellung einer Verbindung zu einem öffentlichen Weg bzw. die Nutzung der vorhandenen Verbindung nach Maßgabe des § 917 Abs. 1 Satz 1 BGB zu dulden. Die Beeinträchtigungen, die mit einer möglichen Ausdehnung des bestehenden Notwegrechts auf Grund der den Beigeladenen erteilten Baugenehmigung v. 15. 1. 2003 verbunden sein könnten, wären nach Ansicht des Senats nur unwesentlich und müßten von den Antragstellern hingenommen werden. Die zusätzliche Inanspruchnahme ihres Grundstücks würde sich nach Abschluß der Bauarbeiten auf nur wenige Pkw-Fahrten pro Tag beschränken.

Da zudem die Zufahrt zum Grundstück der Beigeladenen als unbefestigter Weg tatsächlich vorhanden ist und keine Anhaltspunkte dafür ersichtlich sind, daß die Benutzung des Weges durch die Beigeladenen diesen beschädigen oder die Nutzung der unmittelbar angrenzenden Wiesen- und Weideflächen beeinträchtigen könnte, ist den Antragstellern jedenfalls bis zum rechtskräftigen Abschluß eines sich möglicherweise anschließenden Hauptsacheverfahrens eine etwaige Ausdehnung des bestehenden Notwegrechts durch die Ausnutzung der angefochtenen Baugenehmigung und die Aufnahme einer genehmigungskonformen Nutzung zuzumuten. Das gilt um so mehr, als die Antragsteller nach § 917 Abs. 2 BGB eine Entschädigung für die Inanspruchnahme ihres Grundstücks in Form einer Geldrente beanspruchen können, deren Höhe sich nach dem ihnen durch die Inanspruchnahme entstehenden Nachteil bestimmt.

Nr. 187

1. **Zum Nachbarschutz obligatorisch Berechtigter.**
2. **Das Mietrecht an einem Grundstück erstarkt nicht dadurch zu einer eigentumsähnlichen, zur Inanspruchnahme öffentlich-rechtlichen Nachbarschutzes berechtigenden Rechtsposition, daß das Nutzungskonzept für die Miträume auf die Authentizität des Ortes angewiesen ist (Mauermuseum „Haus am Checkpoint Charlie").**

3. Art. 5 Abs. 1 GG gewährt keinen Anspruch auf Beibehaltung eines angemessenen baulichen Umfeldes.

VwGO § 42 Abs. 2; GG Art. 14 Abs. 1, Art. 5 Abs. 1.

OVG Berlin, Beschluß vom 30. Juli 2003 – 2 S 24.03 – (rechtskräftig).

Die Antragstellerin hat ein „Haus am Checkpoint Charlie" in Berlin wieder aufgebaut, ebenso ein ehemaliges Sektorenschild mit der Aufschrift „You are leaving the American Sector" auf dem Bürgersteig.

Das auf der anderen Seite der Straße liegende Nachbargrundstück ist noch unbebaut. Mit dem bisherigen Bauinteressenten bestand eine Vereinbarung, daß im Falle einer Neubebauung eine Gedenkstätte mit einem Wachturm und einem Teilstück der Berliner Mauer baulich dort integriert werden sollte.

Der Antragsgegner hat für das zur Zeit noch brachliegende Grundstück der zum Verfahren beigeladenen Veranstaltungsagentur die Baugenehmigung vom Februar 2003 für einen „befristeten Markt" mit Zeltaufstellung für Ausstellungen erteilt. Hierbei handelt es sich nach der Betriebsbeschreibung in der Anlage zum Bauantrag der Beigeladenen um eine Marktgasse im Ambiente „Altberlin" mit mobilen Ständen für Souvenirhändler, Kunsthandwerk und Gastronomiebetriebe, bei denen „noch mit der DM bezahlt werden kann", mit berlinspezifischem Begleittreiben (Drehorgelspieler, Eckensteher Nante, Blumenfrau, Schusterjunge usw.) sowie um ein Ausstellungszelt. Außerdem soll das Marktgeschehen durch ein Stück der Berliner Mauer ergänzt werden, um damit – so die Betriebsbeschreibung – die Historie an dem symbolträchtigen Ort „Checkpoint Charlie" verantwortungsvoll zu würdigen. Die Antragstellerin wehrt sich mit dem vorliegenden Verfahren gegen die „rücksichtslose Profanisierung" des Ortes durch den Markt.

Aus den Gründen:

Zu Recht geht das Verwaltungsgericht davon aus, daß die Antragstellerin nicht antragsbefugt und der Antrag auf vorläufigen Rechtsschutz unzulässig ist (§ 42 Abs. 2 VwGO).

Als Mieterin der Museumsräume ... ist sie lediglich obligatorisch Berechtigte und kann deshalb keinen öffentlich-rechtlichen Nachbarschutz gegen die Baugenehmigung vom Februar 2003 für den „befristeten Markt mit Zeltaufstellung für Ausstellungen" auf dem der Fensterfront des Museums ... gegenüberliegenden Grundstück ... geltend machen.

Grundsätzlich können nur Grundstückseigentümer – quasi als Repräsentanten eines benachbarten Grundstücks – öffentlich-rechtlichen Nachbarschutz für sich in Anspruch nehmen oder solche Antragsteller, die zumindest eine dem Grundeigentum angenäherte Rechtsposition erlangt haben, die es rechtfertigt, sie als antragsbefugte „Nachbarn" anzusehen. Diese Beschränkung des öffentlich-rechtlichen Nachbarschutzes auf den Grundstückseigentümer beruht zum einen auf dem Grundgedanken, daß das Bauplanungs- und Bauordnungsrecht die bauliche und sonstige Nutzung der Grundstücke regelt und deshalb grundstücks- und nicht personenbezogen ist, sowie zum anderen auf dem Aspekt des wechselseitigen Austauschverhältnisses. Denn nur weil und soweit der Eigentümer eines Grundstücks hinsichtlich dessen Ausnutzung öffentlich-rechtlichen Beschränkungen unterworfen ist, kann er deren Beachtung auch im Verhältnis zum Grundstücksnachbarn verlangen und durchsetzen (vgl. BVerwG, Urteil v. 11.5.1989, BRS 49 Nr. 184 = DVBl. 1989, 1055, 1060).

Nr. 187

Auch dem Eigentumsrecht an dem Grundstück im materiellen Sinne weitgehend angenäherte Rechte können Nachbarschutz vermitteln. Dem Eigentümer ist deshalb gleichzustellen, wer in eigentumsähnlicher Weise an einem Grundstück dinglich berechtigt ist (etwa der Inhaber eines Erbbaurechts) oder wer eine schutzwürdige eigentumsähnliche Rechtsposition erlangt hat, der schon im Vorfeld der Rechtsänderung dingliche Wirkungen zukommen, wie z. B. durch eine Auflassungs- oder Eigentumsübertragungsvormerkung im Grundbuch (vgl. hierzu BVerwG, Urteil v. 16. 9. 1993, ZfBR 1994, 101, 102; Urteil v. 11. 5. 1989, a. a. O.; Urteil v. 29. 10. 1982, ZfBR 1983, 33, 34; Beschlüsse des Senats v. 1. 11. 1988 – 2 S 8.88 –, NVwZ 1989, 267 sowie v. 24. 7. 2002 – 2 S 22.02 –; OVG Lüneburg, Urteil v. 22. 3. 1996, NVwZ 1996, 918, 919; OVG Thür., Beschluß v. 18. 10. 1996, BRS 58 Nr. 156). Wer jedoch lediglich ein obligatorisches Recht an einem Grundstück von dessen Eigentümer ableitet, hat aus dieser rechtlichen Position gegen die einem Nachbarn erteilte Baugenehmigung grundsätzlich kein öffentlich-rechtliches Abwehrrecht (vgl. BVerwG, Urteil v. 16. 9. 1993, a. a. O., Beschluß des Senats v. 1. 11. 1988, a. a. O.). Obligatorische Rechtsverhältnisse reichen, selbst wenn sie beispielsweise pachtähnlich sind und der Berechtigte sogar an den Grunderwerbs- und Grunderwerbssteuerkosten beteiligt worden ist, nicht für die Inanspruchnahme öffentlich-rechtlichen Nachbarschutzes aus (vgl. hierzu Beschluß des Senats v. 13. 5. 2002 – 2 L 9.02 –). Daraus folgt, daß sich das Nutzungsrecht der Antragstellerin jedenfalls nicht schon dadurch einem dinglichen Recht an dem Grundstück angenähert haben kann, daß sie durch die Ausstellungsthematik mit der Situierung der Mieträume auf den besonderen Bezug zu dem historischen Ort am früheren Checkpoint Charlie angewiesen ist.

Das Besitzrecht des Mieters an den gemieteten Räumen wird zwar nach der Rechtsprechung des Bundesverfassungsgerichts (vgl. BVerfG, Beschluß v. 26. 5. 1993, BVerfGE 89, 1 ff.) auch zu den vermögenswerten Rechtspositionen i. S. des Art. 14 Abs. 1 GG gezählt und stellt insoweit „Eigentum" dar. Dieses eigentumskräftige Recht ist jedoch ausschließlich staatsgerichtet (vgl. BVerfG, Beschluß v. 26. 5. 1993, a. a. O., S. 8; Maunz/Dürig/Herzog/Scholz, GG, Stand: Februar 2003, Art. 14 Rdnr. 202), und der Einfluß des Art. 14 Abs. 1 GG bezieht sich darauf, daß das Recht zur Nutzung der Räume im Rahmen des vertragsgemäßen Gebrauchs auch anhand der grundrechtlichen Werteordnung auszulegen ist (vgl. BVerfG, Beschluß v. 28. 3. 2000, NJW 2000, 2658 ff.). Dies führt nicht dazu, daß sich im Rahmen öffentlich-rechtlicher Nachbarklagen die Antrags- oder Klagebefugnis nunmehr auch auf diesen Kreis zivilrechtlich Berechtigter erstreckt (vgl. BVerwG, Beschluß v. 20. 4. 1998, Buchholz 406.19 Nachbarschutz Nr. 150 = DVBl. 1998, 899; OVG Lüneburg, Urteil v. 22. 3. 1996, NVwZ 1996, 918, 919), zumal durch die einem Nachbarn erteilte Baugenehmigung in der Regel weder in das Mietverhältnis selbst noch in das daraus folgende Besitzrecht eingegriffen wird. Soweit die Antragstellerin ihr Eigentumsrecht an dem Kontrollhäuschen des ehemaligen Kontrollpunktes Checkpoint Charlie auf der Mittelinsel der Friedrichstraße sowie an dem Sektorenschild mit der Aufschrift „You are leaving the American Sector" auf dem Bürgersteig anführt, handelt es sich lediglich um Sacheigentum, das ebenfalls nicht grundstücksbezogen und damit im Rahmen des öffentlich-rechtlichen Nachbarschutzes nicht relevant ist.

Die Antragstellerin kann sich zur Abwehr des genehmigten Marktes auf dem Nachbargrundstück auch nicht mit Erfolg auf Art. 5 Abs. 1 i. V. m. Art. 19 Abs. 3 GG berufen.

Das Grundrecht auf freie Meinungsäußerung umfaßt in Form des Unterfalles der Meinungsverbreitungsfreiheit das Recht, andere zu informieren, wobei auch Informationsquellen wie Ausstellungen und Museen zu den Schutzobjekten des Grundrechts gehören (vgl. Maunz/Dürig/Herzog/Scholz, Art. 5 Rdnr. 81, 92). Im vorliegenden Fall wird durch den genehmigten Markt jedoch weder die Allgemeinzugänglichkeit der Ausstellung abgeschnitten, noch wird die Meinungsverbreitung dadurch faktisch unmöglich gemacht (vgl. Maunz/Dürig/Herzog/Scholz, a. a. O., Rdnr. 88, 74 ff.). Eine Drittwirkung in Form eines Anspruchs auf Gewährleistung der Beibehaltung eines für die gewählte Meinungsverbreitungsform einer Ausstellung angemessenen baulichen Umfeldes begründet Art. 5 Abs. 1 GG nicht. Auch gegenüber der öffentlichen Hand ist ein Leistungsanspruch in diesem Sinne nicht begründet; Art. 5 Abs. 1 GG ist insoweit nur ein bloßes Abwehrrecht im klassischen Sinne (vgl. Maunz/Dürig/Herzog/Scholz, a. a. O., Rdnr. 61, 62).

Nicht einmal die von der Antragstellerin in der Beschwerdebegründung zum Vergleich herangezogenen Gewerbebetriebe könnten sich gegen den Verlust eines Lagevorteils wehren und die Beibehaltung bestimmter örtlicher Gegebenheiten einklagen, weil diese Faktoren zu dem außerhalb des Eigentumsschutzes des Art. 14 Abs. 1 GG liegenden allgemeinen Unternehmerrisiko gehören (vgl. Maunz/Dürig/Herzog/Scholz, Art. 14 Rdnr. 101, 104 sowie Beschluß des Senats v. 12. 5. 2003 – 2 S 10.03 –).

Der Senat verkennt nicht, daß die von der Antragstellerin – insbesondere nach der zur Arrondierung des Museums vorgesehenen Einbeziehung einer Gedenkstätte mit einem Wachturm und einem Mauerstück in die Neubebauung des Nachbargrundstücks – nicht erwartete Zwischennutzung mit einem jahrmarktartigen Markt, auf dem u. a. „sozialistische Souvenirs" und andere Erinnerungsstücke an die Mauerzeit in Berlin für Touristen angeboten werden, nur schwer mit der Ernsthaftigkeit des mit der Ausstellung im Haus am Checkpoint Charlie verfolgten Anspruchs zu vereinbaren sein dürfte, das historische Zeitgeschehen im Zusammenhang mit dem Mauerbau und der Zeit danach in Berlin darzustellen und zu bewahren. Der Antragsgegner dürfte mit der Genehmigung der Drehorgelgasse dem historischen Ort keinen Dienst erwiesen haben (vgl. auch Beschluß des Senats v. 18. 4. 1986, OVGE 17, 211, 216). Da in einem kerngebietstypischen Innenstadtbereich jahrmarktsähnliche Nutzungen vorübergehender Natur bauplanungsrechtlich jedoch nicht auszuschließen sind, müssen sie insbesondere von Nutzern eines Mietobjekts in diesem Bereich hingenommen werden und können nicht im Wege von Nachbarklagen angefochten werden, soweit nicht durch Immissionen o. ä. gesundheitliche Beeinträchtigungen in Frage stehen (Art. 2 Abs. 1 GG).

Nr. 188

Das im Wege einer in das Grundbuch eingetragenen beschränkt persönlichen Dienstbarkeit eingeräumte (dingliche) Wohn- und Benutzungsrecht hinsichtlich eines Grundstücks vermittelt seinem Inhaber weder in Ansehung des Bauplanungsrechts noch hinsichtlich der landesrechtlichen Vorschriften über die Abstandsflächen (Grenzabstände) ein selbständiges subjektiv-öffentliches Abwehrrecht gegenüber einem Bauvorhaben auf dem Nachbargrundstück.

VwGO §§ 42 Abs. 2, 113 Abs. 1 Satz 1; LBO Saar §§ 6, 75; BauGB § 34 Abs. 1 Satz 1; BGB § 1093.

OVG des Saarlandes, Beschluß vom 18. März 2003 – 1 W 7/03 – (rechtskräftig).

Die Antragsteller sind Inhaber eines durch Grundbucheintrag gesicherten Wohn- und Benutzungsrechts an einem mit einem Wohngebäude bebauten Grundstück. Sie begehrten die Anordnung der aufschiebenden Wirkung ihres Widerspruchs gegen eine nach ausdrücklicher Zustimmung der Eigentümerin dieses Grundstücks erteilten Baugenehmigung betreffend den Umbau und die Erweiterung eines Einfamilienhauses zu einem Zweifamilienhaus auf einem seitlich anschließenden Grundstück, und verwiesen insbesondere auf die Nichteinhaltung der Abstandsflächen (Grenzabstände) sowie die dadurch hervorgerufene – aus ihrer Sicht – unzumutbare Einschränkung der Belichtungsverhältnisse in ihrer Wohnung. Das Aussetzungsbegehren blieb in beiden Instanzen erfolglos.

Aus den Gründen:
Das Verwaltungsgericht hat zu Recht eine Widerspruchsbefugnis der Antragsteller (§ 42 Abs. 2 VwGO entspr.) hinsichtlich der Baugenehmigung verneint und ist daher zutreffend von fehlenden Erfolgsaussichten ihres Rechtsbehelfs in der Hauptsache ausgegangen.

Eine solche Widerspruchs- bzw. (ggf.) Klagebefugnis (§ 42 Abs. 2 VwGO) läßt sich entgegen der Ansicht der Antragsteller nicht aus dem Umstand herleiten, daß ihnen ein im Grundbuch als beschränkt persönliche Dienstbarkeit eingetragenes „Wohnungs-, Benutzungs- und Mitbenutzungsrecht" an dem durch die mit der angegriffenen Baugenehmigung zugelassene Grenzbebauung (vgl. zur Rechtswidrigkeit der Praxis saarländischer Bauaufsichtsbehörden, den Rechtsverzicht des Eigentümers von Nachbargrundstücken zum Anlaß für die Erteilung einer Befreiung (§ 75 LBO 1996) von der Pflicht zur Einhaltung der Abstandsflächenbestimmungen zu nehmen, beispielsweise OVG des Saarlandes, Beschluß v. 30. 9. 1998 – 2 W 8/98 –, SKZ 1999, 121, Leitsatz Nr. 56 = NJW 1999, 1348) betroffenen, ebenfalls mit einem Wohnhaus bebauten rechten Nachbargrundstück zusteht.

Entgegen der Ansicht der Antragsteller kann in dem dinglichen Wohnrecht (§ 1093 BGB) kein im Sinne des öffentlichen Baunachbarstreits die Anfechtungsbefugnis hinsichtlich einer das Nachbargrundstück betreffenden Baugenehmigung begründendes „eigentumsähnliches Recht" gesehen werden.

Hierbei ist zunächst davon auszugehen, daß sich der Begriff des anfechtungsbefugten „Nachbarn" im öffentlichen Baunachbarrecht nicht abstrakt, etwa in Anlehnung an die umgangsprachliche Bedeutung des Nachbarbegriffs (vgl. zu entsprechenden Konkretisierungsbemühungen im Bereich des Immissionsschutzrechts etwa BVerwG, Urteil v. 22.10.1982 – 7 C 50.78 –, NJW 1983, 1507), sondern vernünftigerweise ausgehend von dem diese Frage regelnden Prozeßrecht (§§ 42 Abs. 2, 113 Abs. 1 Satz 1 VwGO) nur in Anlehnung an die ggf. in Rede stehende, potentiell Drittschutz vermittelnde Norm des materiellen öffentlichen Baurechts konkretisieren läßt.

Entsprechend hat das Bundesverwaltungsgericht für den Bereich des Bauplanungsrechts stets hervorgehoben, daß dieses grundstücks- und nicht personenbezogen ist und darauf zielt, die einzelnen Grundstücke im Wege der Eigentumsinhaltsbestimmung (Art. 14 Abs. 1 GG) einer im Verhältnis untereinander verträglichen Nutzung zuzuführen. Deswegen beruht baurechtlicher Nachbarschutz in diesem Bereich im wesentlichen auf dem Gedanken eines wechselseitigen Austauschverhältnisses, weswegen im Bauplanungsrecht in aller Regel nur der Eigentümer des Nachbargrundstücks und die in eigentumsähnlicher Weise dinglich Berechtigten wie Nießbraucher oder der Inhaber eines Erbbaurechts und unter bestimmten Voraussetzungen der auflassungsvormerkungsberechtigte Käufer eine schutzwürdige Position in das Verfahren einzubringen vermögen (vgl. statt vieler BVerwG, Beschluß v. 10.1.1988 – 4 CB 49.87 –, Buchholz 406.19 Nachbarschutz Nr. 7; Urteil v. 11.5.1989 – 4 C 1.88 –, BRS 49 Nr. 184, und Beschlüsse v. 11.7.1989 – 4 B 33.89 –, BRS 49 Nr. 185, sowie v. 20.4.1998 – 4 B 22.98 –, BRS 60 Nr. 174).

Die Grundstücke werden daher insoweit grundsätzlich durch ihre Eigentümer repräsentiert. Könnten darüber hinaus auch andere, etwa lediglich obligatorisch Berechtigte wie Mieter und Pächter des Nachbargrundstücks, selbständig, das heißt – wie hier, da die Eigentümerin der Parzelle Nr. 514/20 sich durch Unterzeichnung der Bauvorlagen mit dem Vorhaben ausdrücklich einverstanden erklärt hat – gegen den erklärten Willen des Eigentümers, mit Erfolg Abwehrrechte gegen die Baugenehmigung für ein benachbartes Grundstück geltend machen, würden sie danach aus Sicht des Bundesverwaltungsgerichts (zu Unrecht) auf den durch das Bodenrecht vermittelten Interessenausgleich der unmittelbar berechtigten Grundstückseigentümer einwirken.

Von daher hat das Bundesverwaltungsgericht entschieden, daß auf dieser grundstücksbezogenen planungsrechtlichen Ebene familienrechtliche Bindungen keine eigenständigen Rechtspositionen vermitteln können (vgl. dazu BVerwG, Beschluß v. 26.7.1990 – 4 B 235.89 –, BRS 50 Nr. 179), und daß auch ein (privates) Wohnrecht, selbst wenn dieses – wie im Falle der Antragsteller – dinglich gesichert ist, seinem Inhaber keine derjenigen des Grundstückseigentümers vergleichbare Rechtsposition verschafft (vgl. BVerwG, Urteil v. 16.9.1993 – 4 C 9.90 –, BRS 55 Nr. 163, wobei diese Entscheidung zu dem – ebenfalls grundstücksbezogenen – Fernstraßenrecht (Fachplanung) ergangen ist, das einen gegenüber dem Bauplanungsrecht vergleichsweise weiteren Kreis von Anfechtungsberechtigten kennt, vgl. hierzu das Urteil v. 1.9.1997 – 4 A 36.96 –, BauR 1998, 99; vgl. auch OVG des Saarlandes, Urteil v. 7.11.1995 – 2 R 43/93 –).

Entsprechend hat das OVG Lüneburg dem Inhaber eines dinglich gesicherten Wohnrechts auf der Basis einer beschränkt persönlichen Dienstbarkeit keine Klagebefugnis zur selbständigen Geltendmachung subjektiv-öffentlicher Nachbarrechte gegenüber einer Außenbereichsbebauung (Windenergieanlagen) zuerkannt (vgl. den Beschluß v. 20. 4. 1999 – 1 L 1347/99 –, BRS 62 Nr. 179, wo insbesondere eine Abgrenzung zu dem umfassende Nutzungsrechte gegenüber dem Eigentümer begründenden Nießbrauch vorgenommen wird). Von daher vermag allein die Eintragungsfähigkeit des Wohnrechts, das, wie das Verwaltungsgericht zutreffend herausgestellt hat, als abgeleitetes Benutzungsrecht keine Verfügungsbefugnis über das Grundstück begründet, dem Berechtigten – hier den Antragstellern – noch nicht die Stellung eines Nachbarn im Verständnis des öffentlichen Bauplanungsrechts zu vermitteln. Eine erfolgreiche Geltendmachung subjektiv-öffentlicher Abwehrrechte gegenüber der vorgesehenen, nach ihren Angaben die Belichtung der von ihnen benutzten Wohnung erheblich beeinträchtigenden Grenzbebauung über das im Tatbestandsmerkmal des Einfügens (§ 34 Abs. 1 Satz 1 BauGB) enthaltene Gebot der nachbarlichen Rücksichtnahme, das nach neuerer Rechtsprechung des Bundesverwaltungsgerichts nicht in jedem Fall unter diesem Aspekt inhaltlich abschließend durch die landesrechtlichen Bestimmungen über die Abstandsflächen (§ 6 LBO 1996, Grenzabstände) konkretisiert wird (vgl. dazu den Beschluß v. 11. 1. 1999 – 4 B 128.98 –, BRS 62 Nr. 102), kommt vor diesem Hintergrund vorliegend nicht in Betracht. Auch der Frage, welche Bedeutung in dem Zusammenhang (bundesrechtlich) einer mit den landesrechtlichen Vorgaben nicht zu vereinbarenden Befreiung im Einzelfall (§ 75 LBO 1996) zukommt, muß daher hier nicht nachgegangen werden.

Mit dem Verwaltungsgericht ist ferner davon auszugehen, daß hinsichtlich der Geltendmachung von Abwehrrechten auf der Grundlage der anerkannt nachbarschützenden landesrechtlichen Bestimmungen über die vor Gebäudeaußenwänden freizuhaltenden Abstandsflächen (§ 6 LBO 1996) unter Berücksichtigung der damit verfolgten, von denen des Bauplanungsrechts des Bundes abweichenden Regelungsziele im Ergebnis nichts anderes zu gelten hat.

Das Bauordnungsrecht wird im Rahmen des öffentlichen Nachbarstreits – sofern solche Differenzierungen überhaupt vorgenommen werden – wie das Planungsrecht regelmäßig mit den sich aus dem Vorstehenden ergebenden Konsequenzen einer Einschränkung des Kreises der Klageberechtigten ausschließlich grundstücks- und nicht personenbezogen interpretiert. Ob dem in dieser Allgemeinheit gefolgt werden kann (kritisch dazu beispielsweise Seidel, öffentlich-rechtlicher und privatrechtlicher Nachbarschutz, 1. Aufl. 2000, Rdnr. 335 ff., der insbesondere auf bauordnungsrechtliche Verbotsnormen mit immissionsbezogenem Schutzzweck verweist), bedarf aus Anlaß dieses Verfahrens keiner abschließenden Klärung, da jedenfalls die als Grundlage nachbarlicher Abwehrrechte hier nach dem Vortrag der Antragsteller in Betracht kommenden Abstandsflächenbestimmungen des § 6 LBO 1996 (rein) grundstücksbezogen sind, deswegen hinsichtlich der hierdurch geschützten privaten Dritten nicht über den von der Rechtsprechung zum Bauplanungsrecht gezogenen Personenkreis hinausgehen und daher den Antragstellern auch mit Blick auf ihr dingliches Wohnrecht an der Parzelle Nr. 514/20 ebenfalls keine selbständigen Abwehrrechte gegen das auf dem Nachbargrundstück zu verwirklichende Bauvorhaben der Beigeladenen einräumen.

Dies hat der früher für das Baurecht zuständige 2. Senat für eine der Vorläuferregelungen des Grenzabstandsrechts (§ 7 Abs. 4 LBO 1965) im Hinblick auf den Zweck der Vorschrift entschieden und dabei wesentlich auf die Gemeinsamkeit und Wechselbezüglichkeit der durch die Vorschriften für die Normunterworfenen begründeten Vor- und Nachteile abgestellt (vgl. OVG des Saarlandes, Urteil v. 13. 7. 1977 – II R 74/76 –, BRS 32 Nr. 161). Für die heutige Regelung in § 6 LBO 1996 gilt insofern nichts anderes (vgl. zur Entwicklung des Grenzabstandsrechts im Saarland allgemein Bitz, Vom Bauwich zu den Abstandsflächen, SKZ 2002, 15 und 34). Auch insoweit erstreckt sich ein Nachbarschutz nur auf Rechtsinhaber, die an dem durch die Vorschriften begründeten Austauschverhältnis teilhaben, denen das Gesetz mithin nach der Natur der ihnen privatrechtlich zustehenden Rechtsposition ein Opfer in Gestalt einer Einschränkung baulicher Ausnutzbarkeit ihres Grundstücks zumutet (so auch Simon/Busse, Bayerische Bauordnung, Band I, Loseblatt, Stand: September 2002, Art. 6 BayBO, Rdnr. 293, wonach das den Abstandsflächenvorschriften zu entnehmende „Konfliktschlichtungsprogramm" vor dem Hintergrund des Verfassungsauftrags zur sozialgerechten Inhaltsbestimmung des Eigentums (Art. 14 Abs. 1 Satz 2, Abs. 2 GG) zu sehen ist und in gleicher Weise wie das Bauplanungsrecht dem Schutz der betroffenen Eigentümer dient; ebenso Große/Suchsdorf/Lindorf/Schmaltz/Wiechert, Niedersächsische Bauordnung, 6. Aufl. 1996, § 72 NBauO Rdnr. 8, wonach die Verletzung der Abstands- (dort : Bauwich-) Vorschriften nach deren Schutzzweck als grundstücksbezogene Regelung nur der Eigentümer geltend machen kann, unter Hinweis auf OVG Lüneburg, Urteil v. 9. 1. 1987 – 1 A 139/85 –, BRS 47 Nr. 159; dazu auch Moog/Schmidt, LBauO Rheinland-Pfalz, Abstandsflächen und Abstände, 3. Aufl. 1997, Rdnr. 211 unter Hinweis auf die Rechtsprechung des OVG Koblenz).

Eine Befugnis zu einer baulichen Nutzung der Parzelle Nr. 514/20, die dann ungeachtet des § 75 LBO 1996 jedenfalls grundsätzlich nur unter Einhaltung der Abstandsflächen auf dem eigenen Grundstück (§ 6 Abs. 2 Satz 1 LBO 1996) realisierbar wäre, steht den Antragstellern auf der Grundlage allein der beschränkt persönlichen Dienstbarkeit und des durch sie vermittelten Wohn- und Nutzungsrechts jedenfalls nicht zu. Werden ihnen aber insofern einerseits vom Gesetzgeber keine „Opfer" abverlangt, so gehören sie andererseits auch nicht zu dem Kreis der berechtigten Privaten, denen auf der Grundlage dieser Vorschriften subjektiv-öffentliche Abwehrrechte gegen ein unter Verstoß gegen die Abstandsflächenvorschriften auf dem Nachbargrundstück zugelassenes Bauvorhaben zustehen können.

Wollte man hingegen – wie die Antragsteller dies offenbar tun – wesentlich auf eine durch das Bauvorhaben hervorgerufene negative Veränderung der Belichtungsverhältnisse auf dem Nachbargrundstück abstellen, so ließe sich kein durchschlagender Grund mehr anführen, einen entsprechenden Nachbarschutz einem (Unter-)Mieter oder dem mit einer sonstigen bloß vom Eigentümer abgeleiteten Befugnis zum dauerhaften Aufenthalt auf dem Grundstück Ausgestatteten zu versagen. Diese Zielrichtung hat indes das Abstandsflächenrecht auf der Ebene selbständig durchsetzbaren subjektiv-öffentlichen Nachbarrechts nicht.

Nr. 189

1. Die bauordnungsrechtlichen Vorschriften über Form und Inhalt der mit einem Baugenehmigungsantrag einzureichenden Bauvorlagen entfalten als solche keine nachbarschützende Wirkung.

2. Wird eine Baugenehmigung trotz formeller Mängel der Bauvorlagen erteilt, so kann diese von einem Grundstücksnachbarn nur dann mit Erfolg angefochten werden, wenn entweder wegen Ungenauigkeit oder Widersprüchlichkeit der ihr zugrunde gelegten Darstellungen und Berechnungsgrößen eine Verletzung nachbarschützender Vorschriften nicht geprüft oder zuverlässig ausgeschlossen werden kann, oder das Bauvorhaben auch in der eindeutig genehmigten Form gegen drittschützende Vorschriften verstößt.

BauO Bln §§ 57 Abs. 2, 60 Abs. 2.

OVG Berlin, Urteil vom 17. Oktober 2003 – 2 B 8.01 –.

Die Kläger wenden sich im Nachbarrechtsstreit gegen eine dem Beigeladenen erteilte Baugenehmigung für die Aufstockung und den Umbau einer Doppelhaushälfte.

Aus den Gründen:
Der Auffassung des Verwaltungsgerichts, daß die für das Vorhaben erteilten Baugenehmigungen infolge der Unvollständigkeit und Unübersichtlichkeit der vorgelegten Lagepläne unbestimmt seien und die Kläger dadurch in ihren Nachbarrechten verletzt würden, kann nicht gefolgt werden. Es trifft zwar zu, daß die eingereichten Lagepläne hinsichtlich der Abstandsflächen nicht den Mindestanforderungen an Bauvorlagen gemäß § 57 Abs. 2 Satz 1 BauO Bln i. V. m. § 2 – insbesondere Nr. 10 – der Bauvorlagenverordnung genügten. Wegen dieser Unvollständigkeit der Bauvorlagen wäre das Bauaufsichtsamt deshalb gemäß § 60 Abs. 2 BauO Bln gehalten gewesen, die Genehmigungsanträge aus formellen Gründen abzulehnen (vgl. Wilke/Dageförde/Knuth/Meyer, BauO Bln, 5. Aufl. 1999, § 60 Rdnrn. 20 bis 24). Auf diesen Verstoß allein kann jedoch eine Rechtsverletzung der Kläger als Grundstücksnachbarn nicht hergeleitet werden. Denn bei den Regelungen über die Anforderungen an Bauvorlagen handelt es sich lediglich um formelle Ordnungsvorschriften, die als solche keine nachbarschützende Wirkung entfalten (vgl. dazu die Nachweise bei Simon, BayBO, Stand: Juli 1999, § 67 Rdnr. 84). Maßgebend ist vielmehr, ob die trotz des formellen Mangels der Bauvorlagen erteilte Baugenehmigung gegen materiell – auch – dem Nachbarschutz dienende Vorschriften verstößt. Macht die Baugenehmigungsbehörde daher nicht von der rechtlichen Möglichkeit Gebrauch, etwa gemäß § 57 Abs. 2 BauO Bln die Nachreichung der unvollständigen Bauvorlagen zu gestatten oder den Antrag nach § 60 Abs. 2 BauO Bln abzuweisen, und unterzieht sich statt dessen der Mühe, die fehlenden Angaben zu ermitteln und zu vervollständigen, so kann eine daraufhin erteilte Baugenehmigung vom Grundstücksnachbarn nur dann mit Erfolg angegriffen werden, wenn entweder wegen nach wie vor gegebener Ungenauigkeiten oder Widersprüchlichkeit der ihr zugrunde gelegten Darstellungen und Berechnungsgrößen eine Verlet-

zung von nachbarschützenden Vorschriften nicht geprüft oder zuverlässig ausgeschlossen werden kann, oder das Bauvorhaben auch in der eindeutig genehmigten Form drittschützende Vorschriften verletzt. Das kann bei dem hier zu beurteilenden Bauvorhaben des Beigeladenen jedoch nicht festgestellt werden. Aus den zusammen mit den – unzulänglichen – Lageplänen eingereichten Planzeichnungen und Berechnungen läßt sich eindeutig die nach Art, Lage, Größe und architektonischen Ausgestaltung durch die Genehmigungen zugelassene Beschaffenheit des Bauvorhabens ersehen; das in dieser Weise festgelegte Bauvorhaben verletzt keine Nachbarrechte der Kläger.

Nr. 190

Der Vorschrift des § 50 Abs. 6 Nr. 1 HBO 1993 (d.d. Nachfolgevorschrift des § 44 Abs. 1 Nr. 1 HBO 2002 vom 18. 6. 2002, GVBl. 1, 274 entspricht) kommt nachbarschützender Charakter nicht zu. Sie dient allein den Interessen der Allgemeinheit und soll verhindern, daß der öffentliche Verkehrsraum über den Gemeingebrauch hinaus durch das Abstellen von Fahrzeugen belastet und dadurch die öffentliche Sicherheit gefährdet wird.

Ein nachbarrechtlicher Abwehranspruch kann sich aus dem durch § 15 Abs. 1 BauNVO konkretisierten Rücksichtnahmegebot ergeben.

HBO 1993 § 50 Abs. 6 Nr. 1; HBO 2002 § 44 Abs. 1 Nr. 1.

Hessischer VGH, Beschluß vom 12. Mai 2003 – 9 TG 2037/02 – (rechtskräftig).

Aus den Gründen:
Zu Recht geht das Verwaltungsgericht zunächst davon aus, daß der Vorschrift des § 50 Abs. 6 Nr. 1 HBO 1993 – die der Vorschrift des § 44 Abs. 1 Nr. 1 HBO 2002 vom 18. 6. 2002 (GVBl. 1, 274) entspricht – nachbarschützender Charakter nicht zukommt.

Gemäß § 50 Abs. 6 Satz 1 1. Halbs. HBO 1993 legen die Gemeinden unter Berücksichtigung der örtlichen Verkehrsverhältnisse fest, ob und in welchem Umfang Stellplätze oder Garagen und Abstellplätze errichtet werden müssen, um den Erfordernissen des ruhenden Verkehrs zu genügen. Nach Maßgabe des § 50 Abs. 6 Nr. 1 HBO 1993 und einer entsprechenden gemeindlichen Satzung dürfen bauliche und sonstige Anlagen, bei denen ein Zu- oder Abgangsverkehr zu erwarten ist, nur errichtet werden, wenn Stellplätze in ausreichender Zahl und Größe hergestellt werden. Diese Vorschrift des Bauordnungsrechts begründet keinen nachbarrechtlichen Abwehranspruch gegen die dem Beigeladenen erteilte Baugenehmigung, da der Schutzzweck dieser Norm allein den Interessen der Allgemeinheit und nicht auch den Individualinteressen der Antragsteller zu dienen bestimmt ist (zur Schutznormtheorie, die auch der Senat seiner Entscheidung zugrundelegt, vgl. BVerwG, Urteil v. 19. 9. 1986 – 4 C 8.84 –, NVwZ 1987, 409 = BRS 46 Nr. 173). § 50 Abs. 6 Satz 1 Nr. 1 HBO 1993 dient dazu, den Erfordernissen des ruhenden Verkehrs zu genügen. Mit der Verpflichtung des Bauherrn zur Schaffung von Stellplätzen oder Garagen in ausreichender Zahl soll verhindert werden, daß der öffentliche Verkehrsraum über den Gemeingebrauch hinaus durch das Abstellen von Fahrzeugen belastet und dadurch die öffentliche Sicherheit gefährdet wird. Die Vorschrift dient daher allein dem Schutz öffentlicher Interessen (vgl. Hess. VGH, Beschluß v. 14. 12. 1992 – 4 TH 1204/92 –, BRS 55 Nr. 171 zur insoweit gleichlautenden Vorschrift des § 67 Abs. 2 HBO 1990; vgl. ferner zu den entsprechenden Vorschriften in den Bauordnungen anderer Länder: OVG Schleswig-Holstein, Beschluß v. 14. 3. 1997 – 1 M 6589/96 –, UPR 1998, 34, 35; OVG Nordrhein-Westfalen, Urteil v. 10. 7. 1998 – 11 A 7238/95 –, NVwZ-RR 1999, 365, 366). Soweit damit zugleich einem umfangreicheren Parksuchverkehr und sonstigen Beeinträchtigungen von Anwohnern in der Umgebung entgegengewirkt wird, handelt es sich um einen Rechtsreflex dieser Vorschrift, der jedoch kein individuelles Abwehrrecht begründet.

Entgegen der Auffassung der Antragsteller rechtfertigt auch die Formulierung „unter Berücksichtigung der örtlichen Verkehrsverhältnisse" nicht die Annahme, die Norm diene auch dem Individualschutz der Anlieger des Wohngebietes. Vielmehr bringt die Satzungsermächtigung zum Ausdruck, daß die Gemeinde entsprechend den örtlichen Verkehrsverhältnissen im ganzen Gemeindegebiet bzw. in begrenzten Teilen davon die Erfordernisse des ruhenden Verkehrs zu bestimmen und daraus abzuleiten hat, ob und in welchem Umfang Stellplätze zu schaffen sind. Schutzgut der Norm bleibt aber allein das öffentliche Interesse an der Entlastung des öffentlichen Verkehrsraums.

Ein Abwehranspruch der Antragsteller ergibt sich im Hinblick auf die Zahl der erforderlichen Stellplätze auch nicht aus einem Verstoß gegen das durch § 15 Abs. 1 BauNVO konkretisierte Rücksichtnahmegebot.

Auch insoweit geht das Verwaltungsgericht zutreffend davon aus, daß durch den von dem Bauvorhaben ausgelösten Ziel- und Quellverkehr keine Störungen in die Umgebung hineingetragen werden, deren fehlende Bewältigung zu einer unzumutbaren Belastung der Antragsteller führen würde. ...

Im übrigen ist darauf hinzuweisen, daß die von der angefochtenen Baugenehmigung geforderte Anzahl notwendiger Stellplätze im Einklang steht mit der Stellplatzsatzung der Gemeinde D-Stadt, gegen deren Gültigkeit auch der Senat keine durchgreifenden Bedenken hegt, und deren Anforderungen an die Zahl der notwendigen Stellplätze die Anforderungen der Mustersatzungen des Städtetages und des Städte- und Gemeindebundes sowie der Richtzahlentabelle der obersten Bauaufsichtsbehörde erfüllen bzw. darüber hinausgehen (zu den konkreten Anforderungen dieser Richtzahltabellen bzw. Mustersatzungen vgl. Müller, Das Baurecht in Hessen, Band 2, Stand: August 2002, Anhang zu § 50). Diese Mustersatzungen bzw. Stellplatzrichtlinien bilden als Sammlung statistischer Erfahrungswerte zuverlässige Anhaltspunkte für den Durchschnittsstellplatzbedarf, mit denen den Anforderungen des ruhenden Verkehrs regelmäßig Rechnung getragen wird (vgl. dazu auch Simon/Busse, Bayerische Bauordnung, Band 1, Stand: Januar 2003, Art. 52 Rdnr. 91 m. w. N.). Diese Tatsache wird auch dadurch bestätigt, daß die hessischen Richtwerte übereinstimmen mit den Richtzahlen anderer Bundesländer (vgl. die Richtzahlen für Einstellplätze nach dem Runderlaß des Niedersächsischen Sozialministeriums, in: Große-Suchsdorf/Lindorf/Schmalz/

Wichert, Niedersächsische Bauordnung, 6. Aufl. 1996, § 47 Rdnr. 50; zu den Stellplatzrichtlinien des Bayerischen Staatsministeriums vgl. Simon/Busse, a. a. O., Band. II, Anhang 86).

Daß im Gemeindegebiet der Gemeinde D-Stadt oder im hier relevanten Teil des Gemeindegebietes außergewöhnliche Besonderheiten herrschen, etwa ein besonders schlechter öffentlicher Nahverkehr, der einen besonders hohen Grad der Motorisierung bedingt, die eine größere Zahl notwendiger Stellplätze erfordert, haben die Antragsteller mit der Beschwerde nicht dargelegt.

Auch die von ihnen dargestellten Berechnungen des Personalbedarfs führen zu keinem anderen Ergebnis. Soweit die Antragsteller aus dem zweiten Bericht der Bundesregierung über die Entwicklung der Pflege Personalschlüssel für stationäre Pflegeeinrichtungen ermitteln, sind diese Zahlen derart abstrakt, daß sich daraus für das Vorhaben der Beigeladenen keine konkreten Annahmen ableiten lassen.

Selbst wenn man den von den Antragstellern ermittelten Pflegeschlüssel von 1 zu 2,4 der Beurteilung zugrundelegt und – wie die Antragsteller – von einem Prozentsatz von 40 % an Teilzeitbeschäftigten ausgeht, so ergibt sich ein Personalstamm von ca. 24 Personen pro Schicht. Daraus folgt jedoch nicht ein Stellplatzbedarf in gleicher Höhe. Vielmehr ist der Prozentsatz des motorisierten Individualverkehrs zu bestimmen; zu berücksichtigen ist zudem die Mehrfachbesetzung von Pkw sowie die Abwesenheit von Beschäftigten infolge Urlaub oder Erkrankung. Dem Senat sind aus anderen Verfahren gutachterliche Stellplatzbedarfsberechnungen bekannt, die den Anteil des motorisierten Individualverkehrs von Beschäftigten mit 35 % beziffern und von einem Besetzungsgrad von 1,15 Personen pro Pkw ausgehen. Unter Zugrundelegung dieser Zahlen ergibt sich bereits ohne Berücksichtigung von Urlaub oder Krankheit lediglich ein Bedarf von 7 Stellplätzen für die Beschäftigten. Selbst wenn man den Anteil des motorisierten Individualverkehrs erhöht und davon ausgeht, daß der Personenkreis sich zu 60 % mit einem Pkw zur Arbeitsstelle begibt, sich ein Teil davon zu Fahrgemeinschaften verbindet und die anderen Bediensteten gebracht werden oder sich mit dem öffentlichen Nahverkehr, dem Fahrrad oder zu Fuß bewegen, ergibt sich ein Stellplatzmehrbedarf von ca. vier bis fünf Stellplätzen. Auch vor dem Hintergrund eines gewissen weiteren Bedarfs an Stellplätzen für den Besucherverkehr ergäbe sich auch nach diesem Berechnungsmodell der Antragsteller kein Mehrbedarf, der unter Berücksichtigung der konkreten örtlichen Verhältnisse Störungen in die Umgebung hineintragen würde, die zu einer unzumutbaren Belastung der Antragsteller führen würden. Denn es ist davon auszugehen, daß Störungen als Folge eines solchen (unterstellten) Mehrbedarfs auf Grund der örtlichen Gegebenheiten kompensiert würden – insoweit weist das Verwaltungsgericht zu Recht auf die Entfernung zwischen dem Baugrundstück und dem Grundstück der Antragsteller und auf die Existenz des öffentlichen Parkplatzes mit 24 Stellplätzen hin –, bevor es zu unzumutbaren Belastungen im Bereich des Grundstücks der Antragsteller käme.

Nr. 191

1. Das im Gebot von Treu und Glauben (§ 242 BGB) verankerte Rechtsinstitut der unzulässigen Rechtsausübung gilt auch im öffentlichen Recht.

2. Hiergegen verstößt – unabhängig von der Frage des Verzichts –, wer sein nachbarliches Abwehrrecht zur Beilegung von Rechtsstreitigkeiten anläßlich der Errichtung eines 162,5 m hohen Verwaltungsgebäudes (Post-Tower) für mehrere Millionen DM „verkauft" hat und danach den Einbau und den Betrieb der von einem Lichtkünstler konzipierten, computergesteuerten Beleuchtungsanlage mit Wechselfarben in der gläsernen Gebäudefassade mithilfe der Bauaufsichtsbehörde zu verhindern sucht.

GG Art. 5 Abs. 3 Satz 1; VwGO § 123; BGB §§ 133, 157, 242; BauO NRW §§ 13, 61.

OVG Nordrhein-Westfalen, Beschluß vom 12. Mai 2003 – 10 B 145/03 – (rechtskräftig).

(VG Köln)

Die Antragstellerin ist Eigentümerin eines Hausgrundstücks S.-Weg 2 in Bonn In einer Entfernung von ca. 80 m befindet sich das ca. 162,5 m hohe Verwaltungsgebäude der Beigeladenen (sogenannte Post-Tower). Gegen den vorhabenbezogenen Bebauungsplan, der die planungsrechtliche Grundlage für dieses Gebäude darstellt, hatte u. a. die Antragstellerin Normenkontrollklage (– 7 a D 101/99.NE –) erhoben. Außerdem hatte sie sich gegen die für das Gebäude erteilte Baugenehmigung mit einem Widerspruch sowie einem Antrag auf Anordnung der aufschiebenden Wirkung des Widerspruchs gewandt. Nach längeren Verhandlungen beendeten die Antragstellerin und die Rechtsvorgängerin des Beigeladenen die anhängigen Verfahren einvernehmlich. Nach § 1 der zwischen den Parteien getroffenen Vereinbarung erhielt die Antragstellerin von der Beigeladenen einen Betrag i. H. v. 3 020 000,– DM. Nach einer von der Beigeladenen zuvor vorgenommenen Grobeinschätzung beträgt der Wert des Grundstücks der Antragstellerin einschließlich der aufstehenden Baulichkeiten insgesamt 1 700 000,– DM.

Im Laufe des Jahres 2002 ließ die Beigeladene an dem Verwaltungsgebäude eine computergesteuerte, dynamische Lichtanlage bestehend aus 56 Scheinwerfern und 3000 Neonröhren anbringen. Diese von dem französischen Künstler Y. K. konzipierte Fassadenbeleuchtung soll die Besonderheiten des Post-Towers auch am Abend und in der Nacht im Stadtbild sichtbar machen. Eine Baugenehmigung für diese Anlage wurde nicht erteilt.

Die Antragstellerin suchte beim Verwaltungsgericht um einstweiligen Rechtsschutz gegen die Lichtanlage nach und beantragte, der Antragsgegnerin im Wege einer einstweiligen Anordnung aufzugeben, der Beigeladenen das Anbringen der Lichtanlge zu untersagen, hilfsweise, der Antragsgegnerin im Wege der einstweiligen Anordnung aufzugeben, der Beigeladenen die Inbetriebnahme der Lichtanlage auf dem Grundstück der Antragstellerin zugewandten Südwest-Seite der Konzernzentrale der Deutschen Post AG vorläufig zu untersagen.

Das Verwaltungsgericht lehnte den Hauptantrag mangels Rechtsschutzbedürfnisses ab, weil die Lichtanlage zwischenzeitlich fast vollständig installiert worden war. Dem Hilfsantrag gab es hingegen statt.

Auf die Beschwerde der Antragsgegnerin und die Beschwerde des Beigeladenen änderte das Oberverwaltungsgericht den angefochtenen Beschluß und lehnte den Antrag insgesamt ab.

Aus den Gründen:
Der Antrag der Antragstellerin auf Erlaß der begehrten einstweiligen Anordnung ist unbegründet. Entgegen den Ausführungen des Verwaltungsgerichts hat die Antragstellerin einen Anordnungsanspruch nicht glaubhaft gemacht (§ 123 Abs. 3 VwGO i. V. m. den §§ 920 Abs. 2, 294 ZPO).

Unabhängig von der Frage, ob die beanstandete Lichtanlage der Baugenehmigungspflicht unterliegt oder nicht, setzt der gegenüber der Antragsgegnerin geltend gemachte Anspruch auf Einschreiten gegen den Beigeladenen bei jeder denkbaren – hier nicht im einzelnen zu erörternden – Fallgestaltung jedenfalls voraus, daß der Antragstellerin gegen die von dem Beigeladenen am Post-Tower betriebene Lichtanlage ein Abwehrrecht zusteht. Der Senat kann hier letztendlich offen lassen, ob die Antragstellerin auf ein solches Abwehrrecht wirksam verzichtet hat (1.), jedenfalls stellt die Geltendmachung eines derartigen Abwehrrechtes durch die Antragstellerin eine unzulässige Rechtsausübung dar, die gegen die Grundsätze von Treu und Glauben verstößt (2.). Außerdem käme ihrem Interesse bei einer Abwägung im Rahmen des Gebots der Rücksichtnahme nur ein geringes Gewicht zu (3.).

1. In der Nachbarschaftsvereinbarung, die die Antragstellerin mit der Rechtsvorgängerin der Beigeladenen unter dem 8. 5. 2001 geschlossen hat, hat die Antragstellerin als Gegenleistung für den Erhalt von 3 020 000,- DM in § 2 mehrere Verpflichtungen übernommen. Die Abs. 4 und 5 dieser Regelung haben folgenden Wortlaut:

(4) Die Nachbarin als alleinige Eigentümerin des Grundstücks, deren Eigentum nicht durch Eigentums-, Anwartschafts- oder dingliche Nutzungsrechte Dritter beschränkt ist, verzichtet unwiderruflich auf alle zivilrechtlichen und öffentlich-rechtlichen Abwehrrechte gegen das Bauvorhaben.

(5) Die Verpflichtungen nach den Absätzen (1) bis (4) gelten entsprechend, wenn der Bauherr oder ein Rechtsnachfolger für das Vorhaben eine neue oder geänderte Baugenehmigung erhalten, wenn und soweit die Nachbarin durch diese gegenüber der erteilten Baugenehmigung nicht spürbar schlechter gestellt wird.

In der verwaltungsgerichtlichen Rechtsprechung ist anerkannt, da der Nachbar auch im öffentlichen Recht auf seine Abwehrrechte mit materiell-rechtlicher Wirkung verzichten kann, soweit diese zur Disposition des einzelnen stehen. Es unterliegt auch der Dispositionsbefugnis von Grundstückseigentümern, durch wechselseitige Vereinbarungen für die in ihrem Verfügungsbereich liegenden Grundstücke die Geltendmachung bestimmter materieller Abwehrpositionen auszuschließen. Hat der Nachbar – wie hier – nicht gegenüber der Bauaufsichtsbehörde auf seine Abwehrrechte verzichtet, sondern sich nur gegenüber dem Bauherrn privatrechtlich verpflichtet, auch öffentlich-rechtlich keine Einwände gegen dessen Bauvorhaben zu erheben, kann es – ohne daß es eines Zugangs der Vereinbarung bei der Baugenehmigungsbehörde bedürfte – gegen den Grundsatz von Treu und Glauben verstoßen, wenn er gleichwohl gegen die Zulassung des Bauvorhabens öffentlich-rechtlich vorgeht (vgl. hierzu die Nachweise bei Mampel, Nachbarschutz im öffentlichen Baurecht, Herne und Berlin 1994,

Rdnr. 437 und bei Hahn/Schulte, Öffentlich-rechtliches Baunachbarrecht, München und Berlin 1998, Rdnr. 408 und 412).

Bevor jedoch im Zusammenhang mit Verzichtserklärungen auf die Grundsätze von Treu und Glauben nach §242 BGB, die auch im öffentlichen Recht gelten (vgl. Palandt/Heinrichs, BGB, 62. Aufl., §242 Rdnr. 17), zurückgegriffen wird, ist zu prüfen, welchen Inhalt und Umfang der Verzicht hat. Diese Prüfung des rechtsgeschäftlich erklärten Verzichts hat nach allgemeinen Auslegungsgrundsätzen (§§ 133, 157 BGB) zu erfolgen. Zudem besteht die Möglichkeit, das Vorliegen eines stillschweigenden Verzichts im Wege der ergänzenden Vertragsauslegung zu bejahen (vgl. dazu MünchKomm.-Roth, BGB, Band 2, 2. Aufl., München 1985, §242 Rdnr. 293 unter Hinweis auf BGH, Urteil v. 18. 12. 1979 – VI ZR 52/78 –, NJW 1980, 1681).

Auch wenn hier bei summarischer Prüfung überwiegendes dafür spricht, daß die von der Antragstellerin abgegebene Verzichtserklärung bei Beachtung der genannten Auslegungsgrundsätze auch die Errichtung und den Betrieb der Lichtanlage in der gläsernen Außenhaut des Towers mit umfaßt, sieht der Senat davon ab, diese Rechtsfrage im einstweiligen Rechtsschutzverfahren abschließend zu beurteilen. Dies gilt ebenso für die von den Beteiligten angesprochene Frage einer möglichen Sittenwidrigkeit der gesamten Nachbarschaftsvereinbarung (vgl. dazu BGH, Urteil v. 2. 7. 1999 – V ZR 135/98 –, BRS 62 Nr. 195 = BauR 2000, 252 f.).

2. Der von der Antragstellerin geltend gemachte Abwehranspruch stellt aber jedenfalls eine unzulässige Rechtsausübung gegenüber dem Beigeladenen dar. Das Rechtsinstitut der unzulässigen Rechtsausübung, das im Gebot von Treu und Glauben verankert ist, gilt auch im öffentlichen Recht. Es ist von Amts wegen zu berücksichtigen (vgl. OVG NRW, Beschluß v. 17. 10. 2001 – 10 B 1053/00 –, BRS 63 Nr. 198; Urteil v. 14. 3. 2000 – 8 A 1242/98 –, Beschluß v. 22. 7. 1990 – 7 B 740/90 –, BRS 50 Nr. 180; BayVGH, Urteil v. 8. 12. 1975 – Nr. 246 I 72 –, BRS 29 Nr. 78), so daß die von der Antragstellerin behaupteten Verwertungsverbote bezüglich der Nachbarschaftsvereinbarung nicht bestehen (§ 86 Abs. 1 VwGO).

Durch die Nachbarschaftsvereinbarung vom 8. 5. 2001 hat sich die Antragstellerin den Verzicht auf ihre Nachbarrechte gegen den Post-Tower mit 3 020 000,– DM entschädigen lassen. Davon dienen 1/3 dem Ausgleich der durch den Baukörper als solchen ausgelösten Wertminderung ihres Grundstücks, 1/3 dem Schadensersatz für Immissionen und 1/3 der Entschädigung für die durch den Baukörper bedingten gegenwärtigen und zukünftigen Bestandseinbußen und Aufwendungen an Haus und Außenanlagen ihres Grundstückes. Diese Entschädigungssumme entspricht bei realistischer Einschätzung jedenfalls in etwa dem doppelten Grundstückswert mit aufstehendem Haus. Zudem ist das Grundstück im Alleineigentum der Antragstellerin verblieben. Beeinträchtigungen durch Immissionen sind bereits ebenso mit einer Million DM entschädigt, wie gegenwärtige oder zukünftige Bestandseinbußen an Haus und Außenanlangen, auf die eine weitere Million als Entschädigung entfällt. Infolge dessen ist der Eingriff in ihr Eigentum durch die bauliche Anlage des Beigeladenen und deren Nutzung derart überkompensiert, daß unter dem Gesichtspunkt von Treu und Glauben kein Raum mehr für den hier geltend gemachten Abwehranspruch gegen die Lichtanlage gegeben ist. Der Senat verkennt nicht, daß die Antragstellerin zwar nach wie vor Eigentümerin des Grundstücks mit allen Rechten ist. Im Verhältnis zum Beigeladenen hat sie aber ihre Abwehrrechte „verkauft". Dadurch hat sie sich ihrer aus dem Eigentum am Grundstück resultierende Abwehrrechte im Verhältnis zum Beigeladenen weitestgehend entäußert. In der Kommentarliteratur zu § 242 BGB wird eine derartige Fallgestaltung im Anwendungsbereich der unzulässigen Rechtsausübung u. a. als der „Mangel im Recht wegen Nicht-Mehr-Berechtigung" bezeichnet. Danach kann die Rechtsausübung unzulässig sein, weil das Recht – in materiell-rechtlicher Formulierung – zwar entstanden ist und der Inhalt des Rechtes der „Ausübung" auch abstrakt entspricht, der scheinbar Berechtigte sich aber auf ein Recht stützt, daß ihm in Wirklichkeit so nicht mehr zusteht, weil es inzwischen voll oder zeitweise erloschen ist (vgl. Schmidt, in: Staudinger, Kommentar zum BGB, 12. Aufl., 1983, § 242 Rdnr. 650; vgl. dort auch die Ausführungen zur sogenannten „fraus legis" Rdnr. 689; sowie zum Fehlen eines schutzwürdigen Eigeninteresses bei der Geltendmachung einer Anfechtungsklage zu dem Zweck, sich das Anfechtungsrecht abkaufen zu lassen, Palandt/Heinrichs, a. a. O., § 242 Rdnr. 50).

Dasselbe muß gelten, wenn das Recht zwar nicht erloschen, aber – wie hier – inhaltlich nahezu vollständig entwertet ist.

(3) Besitzt somit die Antragstellerin im Verhältnis zum Beigeladenen nur noch eine formale Eigentumsposition, weil sie unter Behalt ihres Grundstücks mit 3 020 000,– DM weit über dem Verkehrswert entschädigt worden ist, wäre ihr Interesse – unabhängig von der Frage der unzulässigen Rechtsausübung – bei einer Abwägung im Rahmen der jedenfalls zu prüfenden Frage, ob das Vorhaben des Beigeladenen ihr gegenüber gegen das Gebot der Rücksichtnahme verstößt, nur mit äußerst geringem Gewicht zu berücksichtigen. Zudem wäre bei einer derartigen Abwägung zu beachten, daß es sich – jedenfalls bei summarischer Prüfung – bei der von Y. K. geschaffenen Lichtanlage um Kunst handelt. Auch Baukunst fällt nämlich unter den Tatbestand des nach Art. 5 Abs. 3 Satz 1 GG geschützten Kunstwerkes. Ein Konflikt zwischen den Grundrechten anderer Rechtsträger und der Kunstfreiheit ist im Wege fallbezogener Abwägung zu lösen. Hierbei kommt der künstlerischen Konzeption auch dann ein besonderes Gewicht zu, wenn es mittelbar auf fremdes Eigentum einwirkt (vgl. BVerwG, Beschluß v. 27. 6. 1991 – 4 B 138.90 –, NVwZ 1991, 983, 984; Scholz, in: Maunz-Dürig, Kommentar zum Grundgesetz, Art. 5 Abs. 3 Rdnr. 72 und Pernice, in: H. Dreier (Hrsg.), Grundgesetz-Kommentar, Band 1, 1996, Art. 5 Abs. 3 Rdnr. 40 m. w. N.).

Dieser Schutzanspruch wird nicht dadurch in Frage gestellt, daß es sich bei der beanstandeten Lichtanlage jedenfalls im Zusammenwirken mit den auf dem Gebäude befindlichen Postemblemen um Werbung i. S. des § 13 Abs. 1 BauO NRW handelt (vgl. dazu Boeddinghaus/Hahn/Schulte, BauO NRW, Loseblattkommentar, Stand: Februar 2003, § 13 Rdnr. 13 ff.).

Im übrigen ist es der Antragstellerin somit auch zuzumuten, sich gegen etwaige Lichtimmissionen, die durch die angegriffene Lichtanlage hervorgerufen werden, durch Vorhänge, Jalousetten usw. zu schützen. Hierauf hat der Senat bereits in seiner Zwischenverfügung vom 29. 1. 2003 hingewiesen.

Nr. 192

1. Der Antrag eines Dritten auf gerichtlichen Rechtsschutz nach § 80 a Abs. 3 VwGO setzt im allgemeinen nicht voraus, daß zuvor entsprechend § 80 Abs. 6 VwGO erfolglos ein Antrag auf Aussetzung der Vollziehung bei der Behörde gestellt worden ist (Aufgabe der bisherigen Rechtsprechung).

2. Zur Abweichung vom Abstandsflächengebot (§ 8 LBauO), wenn ausnahmsweise der betroffene Nachbar nicht schutzbedürftig ist (im Anschluß an OVG Rheinland-Pfalz, AS 28, 65).

VwGO §§ 80 Abs. 6, 80 a Abs. 3 Satz 2.

OVG Rheinland-Pfalz, Beschluß vom 9. September 2003 – 8 B 11269/03 – (rechtskräftig).

Die Antragsgegnerin erteilte den Beigeladenen die Genehmigung, an ihr vorhandenes Wohnhaus zwei Holzbalkone nebst Treppe anzubauen. Im Hinblick auf das Nachbargrundstück der Antragstellerin wurde mit der Baugenehmigung eine Abweichung von der Vorschrift über Grenzabstände (§ 8 LBauO) zugelassen. Die Baugenehmigung wurde ausdrücklich ohne Baufreigabe erteilt, da die statische Berechnung noch fehlte.

Die Antragstellerin legte Widerspruch gegen die Baugenehmigung ein und beantragte, deren Vollziehung vorläufig auszusetzen. Noch bevor der Antragsgegner darüber entschieden hatte, stellte sie beim Verwaltungsgericht den Antrag, die aufschiebende Wirkung ihres Widerspruchs gegen die Baugenehmigung anzuordnen.

Das Verwaltungsgericht lehnte den Eilantrag als unzulässig ab.

Aus den Gründen:

Im Ergebnis zu Recht hat das Verwaltungsgericht den Antrag, die aufschiebende Wirkung des Widerspruchs der Antragstellerin gegen die Baugenehmigung anzuordnen, abgelehnt.

Der Antrag ist zwar zulässig. Die in § 80 Abs. 6 VwGO getroffene Sonderregel, die ein behördliches Vorverfahren vor Anrufung des Verwaltungsgerichts vorschreibt, betrifft nur Verwaltungsakte auf dem Gebiet des Abgaben- und Kostenrechts. Auch die Verweisungsnorm des § 80 a Abs. 3 Satz 2 VwGO, wonach für die sog. Verwaltungsakte mit Doppelwirkung u. a. § 80 Abs. 6 VwGO entsprechend gilt, schließt den Rechtsgrund der in Bezug genommenen Vorschrift mit ein. Die Verweisung gilt daher nicht für sonstige Verwaltungsakte mit Doppelwirkung (außerhalb des Abgaben- und Kostenrechts) und damit insbesondere nicht für baurechtliche Nachbarstreitigkeiten. Soweit der Senat hierzu früher einen abweichenden Rechtsstreitpunkt vertreten hat (grundlegend: Beschluß v. 14. 6. 1993, NVwZ 1994, 1015), hält er daran nach erneuter Prüfung aus nachstehenden Erwägungen nicht mehr fest:

Mag auch der Wortlaut des § 80 a Abs. 3 Satz 2 VwGO verschiedene Auslegungen zulassen – die Formulierung „gilt entsprechend" läßt sich als Rechtsgrundverweisung wie als bloße Rechtsfolgenverweisung begreifen – führt doch die Entstehungsgeschichte der durch das 4. VwGO-Änderungsgesetz vom 17. 12. 1990 (BGBl. I, 2809) eingefügten Norm zu einem eindeutigen Ergebnis. Danach hat der Gesetzgeber die Vorschaltung eines verwaltungsbe-

hördlichen Aussetzungsverfahrens auf Abgabenangelegenheiten beschränken wollen (BT-Drucks. 11/7030 v. 27. 4. 1990, S. 20, 24); eine Ausdehnung über diesen Bereich hinaus wurde ausdrücklich verworfen, weil „in anderen als abgabenrechtlichen Fällen (...) dem Bürger wegen der regelmäßig anzunehmenden besonderen Eilbedürftigkeit die unmittelbare Anrufung des Gerichts zur Gewährung einstweiligen Rechtsschutzes möglich sein" müsse (a. a. O., S. 25).
Rechtssystematische Überlegungen bestätigen diesen Befund. So verweist § 80 a Abs. 3 Satz 2 VwGO nicht nur auf § 80 Abs. 6, sondern pauschal auf § 80 Abs. 5 bis 8. In bezug auf § 80 Abs. 5, 7 und 8 handelt es sich aber eindeutig um Rechtsgrundverweisungen. So besteht etwa die Befugnis zur Rückgängigmachung faktischer Vollzugsfolgen (§ 80 Abs. 5 Satz 3 VwGO), die Möglichkeit eines Abänderungsantrages wegen veränderter Umstände (§ 80 Abs. 7 Satz 2 VwGO) oder das Notentscheidungsrecht des Vorsitzenden (§ 80 Abs. 8 VwGO) auch bei Verwaltungsakten mit Doppelwirkung nur unter den dort beschriebenen Voraussetzungen und nicht etwa losgelöst davon. Dann aber spricht unter rechtssystematischen Gesichtspunkten alles dafür, die Verweisungsnorm auch in bezug auf § 80 Abs. 6 VwGO im vorgenannten Sinne als Rechtsgrundverweisung zu begreifen. Das bedeutet, daß sie ein Verwaltungsvorfahren nur für solche Bescheide vorschreibt, die in Abgaben- und Kostensachen eine den Gläubiger begünstigende und den Schuldner belastende „Doppelwirkung" entfalten (zu solchen Bescheiden: Schönfelder, VBlBW 1993, 287, 291 f.; Kopp/Schenke, VwGO, 13. Aufl., § 80 a Rdnr. 22).

Auch der Normzweck gebietet keine abweichende Auslegung. Richtig ist, daß der Gesetzgeber mit dem seinerzeit beschlossenen „Bündel von verfahrensrechtlichen Maßnahmen" u. a. eine Entlastung der Verwaltungsgerichte anstrebte (BT-Drucks. 11/7030, S. 1). Doch hat er die hier in Rede stehende Maßnahme, die Vorschaltung eines behördlichen Aussetzungsverfahrens, eben nur den Abgaben- und Kostenbescheiden zugeordnet. Über diesen Rechtsbereich hinaus ließe sich ein weitergehender Entlastungseffekt zwar möglicherweise dann erzielen, wenn ein Vorverfahren i. S. des § 80 Abs. 6 VwGO in all den Fällen (aber auch nur in den Fällen) durchlaufen werden müßte, in denen die Verwaltung mit dem Begehren auf vorläufigen Rechtsschutz noch nicht befaßt war. Konsequenterweise müßte das Gesetz dann aber ein vorgängiges behördliches Aussetzungsverfahren immer dann vorschreiben, wenn ein Verwaltungsakt – sei es im zweiseitigen oder im dreiseitigen Verhältnis – kraft Gesetzes sofort vollziehbar ist (§ 80 Abs. 2 Nrn. 1 bis 3 VwGO), während in den Fällen der behördlichen Anordnung der sofortigen Vollziehbarkeit (§ 80 Abs. 2 Nr. 4 VwGO) sogleich um gerichtlichen Rechtsschutz nachgesucht werden dürfte und nicht erst noch das – dann überflüssige – behördliche Aussetzungsverfahren betrieben werden müßte. Eine solche Konzeption mag unter Entlastungsgesichtspunkten rechtspolitisch sinnvoll sein oder nicht; sie entfernt sich jedenfalls von Wortlaut, Systematik und Entstehungsgeschichte des Gesetzes in einem solchen Maße, daß sie dem geltenden Recht „lege artis nicht implantiert" werden kann (so überzeugend: Schoch, VwGO, § 80 a Rdnr. 78). Im Ergebnis ist danach festzuhalten, daß der Antragsteller im baurechtlichen Nachbarstreit kein behördliches Aussetzungsverfahren betreiben muß, bevor er gerichtlichen Eilrechtsschutz in Anspruch nimmt (ebenso Hessisches VGH, Beschluß v. 1.8.1991, NVwZ 1993, 491; OVG Bremen, Beschluß v. 24.1.1992, NVwZ 1993, 592; VGH Baden-Württemberg, Beschluß v. 23.9.1994, NVwZ 1995, 1003; OVG Hamburg, Beschluß v. 19.9.1994, NVwZ-RR 1995, 551; Schoch, a.a.O.; Kopp/Schenke, a.a.O., Rdnr.21; Sodan/Ziekow, VwGO, §80a Rdnr.16ff.; Eyermann/Schmidt, VwGO, 11.Aufl., §80a Rdnr.19).

Der Antrag, die aufschiebende Wirkung des Widerspruchs gegen die umstrittene Baugenehmigung anzuordnen, ist aber unbegründet. (Wird ausgeführt.)

Nr. 193

1. In Eilverfahren, in denen der Antragsteller von der Bauaufsichtsbehörde ein bauaufsichtliches Einschreiten gegen ein vorgeblich baugenehmigungsfreies Bauvorhaben verlangt, sind die Anforderungen an die Glaubhaftmachung eines Anordnungsanspruches nicht so streng zu gestalten, daß der Antragsteller i.d.R. vor vollendeten Tatsachen steht, die seine öffentlich-rechtlich geschützten Nachbarrechte möglicherweise nachhaltig berühren und die später kaum noch zu beseitigen wären.

2. Der Nachbar eines umstritten baugenehmigungsfreien Vorhabens hat einen Rechtsanspruch auf eine ordnungsgemäße Ermessensentscheidung über ein Einschreiten gegenüber der Ordnungsbehörde, wenn das subjektive Recht in einer Art und Weise beeinträchtigt wird, daß die öffentliche Sicherheit und Ordnung verletzt wird oder die Gefahr einer solchen Verletzung besteht.

VwGO §123; LBauO M-V §64; BauNVO §22 Abs.2.

OVG Mecklenburg-Vorpommern, Beschluß vom 9. April 2003 – 3 M 1/03 – (rechtskräftig).

(VG Schwerin)

Die Antragsteller sind nach eigenem Vortrag Eigentümer eines mit einem Einfamilienhaus bebauten Grundstücks, das im Geltungsbereich des Bebauungsplanes Nr.8 für das Wohngebiet „Am Waldweg" der Gemeinde S. i.d.F. der 1. Änderungssatzung liegt. Das Grundstück befindet sich im allgemeinen Wohngebiet Nr.2, für das der Bebauungsplan eine Grundflächenzahl von 0,3, zwei Vollgeschosse als Höchstmaß und offene Bauweise festgesetzt hat. Weiterhin ist festgesetzt, daß in diesem allgemeinen Wohngebiet nur Einzel- und Doppelhäuser sowie höchstens zwei Wohnungen pro Wohngebäude zulässig sind.

Auf einer dem Grundstück der Antragsteller benachbarten, in Größe und Lage nicht aus den Akten genau feststellbaren Grundstücksfläche, aber nach übereinstimmendem Vortrag der Beteiligten noch innerhalb des allgemeinen Wohngebietes Nr.2 liegend, errichtet die Beigeladene zwei bauliche Anlagen, für die sie nach §64 LBauO M-V eine Genehmigungsfreiheit in Anspruch nimmt. Aus dem Vortrag der Beteiligten und den vorgelegten Unterlagen ergibt sich, daß es sich dabei um zwei getrenntstehende bauliche

Anlagen handelt, in denen jeweils vier selbständige Wohnungen enthalten sind. Durch jede dieser baulichen Anlagen verläuft in der Mitte eine vertikale Brandschutzmauer.

Die Antragsteller begehrten vom Antragsgegner ein bauaufsichtliches Einschreiten in Form einer Baueinstellungsverfügung gegen die Errichtung der baulichen Anlagen durch die Beigeladene, weil diese baulichen Anlagen im Widerspruch zu nachbarschützenden Festsetzungen des Bebauungsplans errichtet würden. Der Antragsgegner lehnte ein Einschreiten ab. Über den dagegen eingelegten Widerspruch ist – soweit ersichtlich – bislang nicht entschieden worden. Das Verwaltungsgericht hat mit Beschluß vom Dezember 2002 einen entsprechenden Eilantrag der Antragsteller abgelehnt.

Aus den Gründen:
II. B. Der erkennende Senat schließt sich der in Rechtsprechung und Schrifttum überwiegenden Auffassung (vgl. die Nachweise bei Redeker/von Oertzen, VwGO, 13. Aufl., § 123 Rdnr. 3a Fußn. 20) an, wonach die aus Art. 19 Abs. 4 GG abgeleitete Garantie effektiven Rechtsschutzes gebietet, die Anforderungen an die Glaubhaftmachung eines Anordnungsanspruchs in gerichtlichen Eilverfahren, in denen der Antragsteller von der Bauaufsichtsbehörde ein bauaufsichtsrechtliches Einschreiten gegen ein nach Auffassung des Antragsgegners baugenehmigungsfreies Vorhaben bekämpft, die Anforderungen an die Glaubhaftmachung eines Anordnungsanspruchs nicht so streng zu gestalten, daß der antragstellende Nachbar i. d. R. vor vollendeten Tatsachen steht, die seine öffentlich-rechtlich geschützten Nachbarrechte möglicherweise nachhaltig berühren und die später kaum noch zu beseitigen wären (vgl. VGH München, Beschluß v. 26. 7. 1996 – 1 CE 96.2081 –, NVwZ 1997, 923). Nach Auffassung des erkennenden Senats erscheint es geboten, einen Anspruch auf Baueinstellung in aller Regel bereits dann zu bejahen, wenn absehbar ist, daß ein Vorhaben gegen nachbarschützende öffentlich-rechtliche Vorschriften verstößt (OVG Bautzen, Beschluß v. 22. 8. 1996 – 1 S 473/96 –, NVwZ 1997, 922, unter Hinweis auf VGH Mannheim, Beschluß v. 26. 10. 1994 – 8 S 2763/94 –, BRS 56 Nr. 190 = BauR 1995, 219; OVG Münster, Beschluß v. 23. 9. 1996 – 11 B 2017/96 –; Schoch, in: Schoch/Schmidt-Assmann/Pietzner, VwGO, § 123 Rdnr. 38, 158 ff.; a. A. OVG Münster [10. Senat], OVG Münster, Beschluß v. 31. 1. 1997 – 10 B 3207/96 –, BRS 59 Nr. 202 = NVwZ-RR 1998, 218). Die Herabsetzung der Anforderungen an die Glaubhaftmachung eines Anordnungsanspruchs darf aber nicht dazu führen, den (notwendig beizuladenden) Bauherrn seinerseits eine materielle Beweislast für die Rechtmäßigkeit seines Vorhabens aufzuerlegen. Es genügt also nicht die schlichte Behauptung seitens des Antragstellers, nachba schützende Vorschriften seien verletzt. Der antragstellende Nachbar muß, will er seinen Anspruch durchsetzen, wenigstens die Möglichkeit einer Verletzung in eigenen (Nachbar-)Rechten gegenüber dem Gericht aufzeigen.

Läßt sich dem Vortrag des Antragstellers die Möglichkeit einer Verletzung in eigenen Nachbarrechten nicht hinreichend entnehmen, bleibt sein Begehren auf vorläufigen Rechtsschutz erfolglos. Der Senat kann hier offenlassen, ob zusätzlich erforderlich ist, daß ein bestimmtes Maß an Rechtsbeeinträchtigung durch den Antragsteller geltend gemacht wird und wie es rechtlich zu beurteilen ist, wenn die vom Antragsteller nachgewiesene Möglichkeit von

Verletzungen in eigenen Rechten verfahrensrechtlich oder materiell-rechtlich geheilt werden kann. Denn auf diese Fragen kommt es hier nicht an.

c) Der im vorliegenden einstweiligen Rechtsschutzverfahren zu sichernde Anspruch der Antragsteller ergibt sich aus dem allgemeinen ordnungsrechtlichen Grundsatz, daß der Inhaber eines subjektiven Rechts einen Rechtsanspruch auf eine ordnungsgemäße Ermessensentscheidung über ein Einschreiten gegenüber der Ordnungsbehörde hat, wenn das subjektive Recht in einer Art und Weise beeinträchtigt wird, daß die öffentliche Sicherheit und Ordnung verletzt wird oder die Gefahr einer solchen Verletzung besteht. Diesen ordnungsrechtlichen Anspruch hat der Antragsgegner bislang nicht erfüllt, weil er in Fehleinschätzung der Rechtslage der Auffassung ist, daß es schon an einer Verletzung einer Festsetzung des Bebauungsplans fehle.

Das Vorhaben der Beigeladenen verstößt – wenigstens – gegen die Festsetzung des Bebauungsplans, daß im Wohngebiet Nr. 2 in offener Bauweise nur Einzel- und Doppelhäuser zulässig sind. Denn bei den von der Beigeladenen beabsichtigten baulichen Anlagen handelt es sich auf Grund der aus den Gerichts- und Behördenakten gewonnenen Erkenntnissen um jeweils zwei aneinandergebaute selbständig nutzbare Wohngebäude und damit weder um Einzel- noch um Doppelhäuser i. S. des § 22 Abs. 2 Satz 1 BauNVO.

Ein Einzelhaus wird dadurch gekennzeichnet, daß es ein allseitig freistehendes Gebäude von höchstens 50 m Länge ist (BVerwG, Beschluß v. 31. 1. 1995 – 4 NB 48.93 –, BRS 57 Nr. 23 = BauR 1995, 351 = NVwZ 1995, 696 ff.). Ein Wohngebäude i. S. des § 9 Abs. 1 Nr. 6 BauGB ist ein Gebäude i. S. des § 22 Abs. 2 Satz 1 BauNVO. Daraus folgt, daß zwei Wohngebäude nicht ohne seitlichen Grenzabstand aneinander angefügt werden dürfen, wenn planungsrechtlich Einzelhäuser in offener Bauweise i. S. des § 22 Abs. 2 Satz 1 BauNVO vorgegeben sind (vgl. BVerwG, Urteil v. 24. 2. 2000 – 4 C 12.98 –, BVerwGE 110, 355 ff. = BRS 63 Nr. 185 = BauR 2000, 1168; a. A. König, in: König/Roeser/Stock, BauNVO 1999, § 22 Rdnr. 16. a. E. m. w. N.).

Ein Doppelhaus liegt vor, wenn zwei selbständige Gebäude so aneinandergebaut werden, daß das Abstandsgebot an der gemeinsamen Grundstücksgrenze auf der Grundlage der Gegenseitigkeit überwunden wird (BVerwG, Urteil v. 24. 2. 2000 – 4 C 12.98 –, a. a. O., König, a. a. O.). Diese Situation ist vorliegend unstreitig nicht gegeben. Die jeweiligen baulichen Anlagen werden nicht durch eine Grundstücksgrenze getrennt. Ob dies zukünftig so sein wird, ist für die Beurteilung der aktuellen Rechtslage unerheblich.

Die Festsetzung des Bebauungsplans über die offene Bauweise ist im vorliegenden Fall nicht ohne weiteres als allein objektives Recht und Drittschutz vermittelnd anzusehen. Allerdings entspricht es der h. M., daß die Festsetzung der offenen Bauweise nur bei Vorliegen besonderer Umstände nachbarschützend ist (VGH Mannheim, Beschluß v. 29. 1. 1999 – 3 S 2662/98 –, ESVGH 49, 161 ff.; König, a. a. O., Rdnr. 24; VGH Mannheim, Beschluß v. 1. 3. 1999 – 5 S 49/99 –, NVwZ-RR 1999, 492 f.; a. A. OVG Münster, Beschluß v. 28. 7. 2000 – 10 B 727/00 –). Dies schließt aber nicht aus, daß sich bei der gebotenen Gesamtbetrachtung des Bebauungsplans ein drittschützender Charakter einzelner Festsetzungen ergeben kann. So liegt der Fall hier. Die Festsetzung eines allgemeinen Wohngebietes mit einer bestimmten Grundflächenzahl, einer auf einzelne Tatbestände festgesetzten offenen Bauweise und einer Höchstzahl von Wohnungen pro Wohngebäude läßt auch den Schluß zu, daß die Festsetzungen dem Zweck dienen, den Grundstückseigentümern im Wohngebiet Nr. 2 mit Blick auf die ihnen auferlegten Beschränkungen einen Abwehranspruch gegen eine von diesen Festsetzungen abweichende Bebauung zu geben. Dies im einzelnen zu prüfen ist – im Rahmen der ordnungsgemäßen Ermessensausübung bei der Entscheidung darüber, ob nach § 79 Abs. 1 Satz 1 Nr. 2 LBauO M-V gegen die den Festsetzungen des Bebauungsplans nicht entsprechende Bebauung durch die Beigeladene eingeschritten werden muß –, Aufgabe des Antragsgegners im Widerspruchsverfahren.

Den Antragstellern steht auch ein Anordnungsgrund zur Seite. Das Bauvorhaben der Beigeladenen ist im Rohbau schon weit fortgeschritten und es steht zu erwarten, daß die Beigeladenen das Vorhaben bald beenden werden. Sind die baulichen Anlagen erst einmal errichtet, ist die Rechtsbeeinträchtigung der Antragsteller eingetreten und kann nur mit erheblichem Aufwand wieder beseitigt werden. Ohne den vorläufigen und zeitlich begrenzten Baustopp liefe der grundrechtlich verbürgte Anspruch der Antragsteller auf effektiven Rechtsschutz faktisch leer.

Soweit die Antragsteller mit ihrem Antrag einen zeitlich unbefristeten und auf das Einschreiten selbstgerichteten Anspruch geltend machen, bleibt ihre Beschwerde erfolglos. Diesen weitergehenden Anspruch hätten sie nur dann, wenn zweifelsfrei feststeht, daß sie in subjektiven Rechten beeinträchtigt werden und das Ermessen des Antragsgegners insoweit auf Null reduziert ist. Dies ist in der Beschwerdeschrift nicht hinreichend dargelegt worden.

D. Rechtsprechung zu Maßnahmen der Baubehörden

Nr. 194

Der Bauaufsichtsbehörde obliegt es, nach pflichtgemäßer Abwägung der Umstände des Einzelfalls zu entscheiden, ob sie von ihrer Befugnis, gegen eine ungenehmigte Nutzung oder ungenehmigte Veränderung einzuschreiten, Gebrauch macht, wie sie davon Gebrauch macht und gegen wen sie vorgeht, wenn mehrere Personen für die ungenehmigte Nutzung oder Veränderung verantwortlich sind.

Das kann gemäß §§ 3 Abs. 1, 6 HSOG derjenige sein, der die Anlage formell rechtswidrig nutzt bzw. die Veränderungen formell rechtswidrig vorgenommen hat (Verhaltensstörer), oder der Eigentümer, der für den Zustand des Grundstücks und des Gebäudes verantwortlich ist (Zustandsstörer gemäß §§ 3 Abs. 1, 7 HSOG). Gegen wen die Bauaufsichtsbehörde im Einzelfall vorgeht, liegt in ihrem Auswahlermessen.

HBO 1993, § 78 Abs. 2; HBO 2002, § 72 Abs. 2.

Hessischer VGH, Beschluß vom 14. März 2003 – 9 TG 2894/02 – (rechtskräftig).

(VG Darmstadt)

Aus den Gründen:

Im Rahmen der in diesem Eilverfahren gebotenen summarischen Überprüfung erweisen sich die angegriffenen Verfügungen, in welchen den Antragstellern aufgegeben wird, betreffend das Grundstück A-Straße in J. Bauvorlagen für

die Nutzungsänderung von Räumlichkeiten in eine Praxis für Neurologie und Psychiatrie,

den Einbau einer Tür in die westliche Fassade des an die Straße „A. B.-Straße" angrenzenden Schuppens,

die Errichtung einer Überdachung im nordöstlichen Grundstücksbereich sowie

die Errichtung einer Überdachung an der Ostseite des Wohngebäudes einzureichen, als offensichtlich rechtswidrig.

Es kann dahingestellt bleiben, inwieweit die vorgenannten Maßnahmen zum Zeitpunkt des Ergehens der angefochtenen Verfügung bzw. zum heutigen Zeitpunkt, auf den es für diese Entscheidung maßgeblich ankommt, weil noch kein Widerspruchsbescheid ergangen ist, genehmigungspflichtig waren bzw. sind. Allerdings weist der Senat darauf hin, daß in Übereinstimmung mit der verwaltungsgerichtlichen Entscheidung davon auszugehen sein dürfte, daß die Voraussetzungen der §§ 61 Abs. 1 und 2, 78 Abs. 2 der Hessischen Bauordnung i. d. F. vom 20. 12. 1993 (GVBl. I S. 655) insoweit vorliegen, als die Nutzung der entsprechenden Räume gemäß § 62 Abs. 1 Satz 1 HBO genehmigungspflichtig ist. Der Nachweis, daß die Nutzung als Arztpraxis auf der Grundlage einer früher erteilten Baugenehmigung ausgeübt wird, ist nicht erbracht. Soweit eine Büronutzung in den entsprechenden Räumlichkeiten genehmigt worden sein sollte – dies kann hier dahingestellt bleiben –, wird dadurch eine Nutzung als Arztpraxis nicht gedeckt. An dieser Sachlage dürfte sich auch durch das In-Kraft-Treten der Hessischen Bauordnung v. 18.6.2002 (GVBl. I S. 274) – HBO 2002 – am 1.10.2002 (§ 82 HBO 2002) nichts geändert haben. Gemäß § 54 Abs. 1 HBO 2002 bedürfen auch Nutzungsänderungen einer Baugenehmigung. Eine Ausnahme nach § 55 HBO 2002 i. V. m. der Nr. III 1. der Anlage 2 HBO 2002 dürfte nicht einschlägig sein.

Die Verfügung, Bauvorlagen für die vorumschriebenen Maßnahmen einzureichen, ist jedoch ermessensfehlerhaft ergangen. Wie sich bereits aus dem Wortlaut der Bestimmung des §§ 78 Abs. 2 HBO/72 Abs. 2 HBO 2002 ergibt, steht der Erlaß einer derartigen Verfügung bei Vorliegen der tatbestandlichen Voraussetzungen im Ermessen der Bauaufsichtsbehörde. Ihr obliegt es, nach pflichtgemäßer Abwägung der Umstände des Einzelfalls zu entscheiden, ob sie von ihrer Befugnis, gegen eine ungenehmigte Nutzung oder ungenehmigte Veränderungen einzuschreiten, Gebrauch macht, wie sie davon Gebrauch macht und gegen wen sie vorgeht, wenn mehrere Personen für die ungenehmigte Nutzung oder Veränderung verantwortlich sind. Das kann gemäß §§ 3 Abs. 1, 6 HSOG derjenige sein, der die Anlage formell rechtswidrig nutzt bzw. die Veränderungen formell rechtswidrig vorgenommen hat (Verhaltensstörer), oder der Eigentümer, der für den Zustand des Grundstücks und des Gebäudes verantwortlich ist (Zustandsstörer gemäß §§ 3 Abs. 1, 7 HSOG). Gegen wen die Bauaufsichtsbehörde im Einzelfall vorgeht, liegt in ihrem Auswahlermessen (vgl. dazu BayVGH, Urteil v. 23.2.1989 – Nr. 2 B 87.01834 –, BauR 1990, 202 m. w. N.; Weiss u. a., Das Baurecht in Hessen, Stand: August 2002, § 61 HBO Anm. 2.2.6). Dies gilt auch für den Fall, daß als Gefahrenabwehrmaßnahme die Verpflichtung ausgesprochen wird, Bauvorlagen einzureichen (vgl. Simon/Busse, Bayerische Bauordnung, Stand: September 2002, Art. 83 Rdnr. 314).

Dem angegriffenen Bescheid v. Januar 2002 lassen sich jedoch keinerlei Anhaltspunkte für eine nach dem oben Gesagten gebotene Ausübung des Störerauswahlermessens entnehmen. Entsprechender Überlegung hätte es aber bedurft, weil hier auf der einen Seite die Antragsteller als Eigentümer des Grundstücks A-Straße in J. als Zustandsstörer und auf der anderen Seite der Psychotherapeut B. als Mieter der Praxisräume bzw. Herr W. K. als Nutzer des übrigen Gebäudes und derjenige, der die baulichen Veränderungen ausweislich der vorliegenden eidesstattlichen Versicherung vorgenommen hat, als Verhaltensverantwortliche in Betracht kommen. Vor dem Hintergrund des insofern gegebenen Zusammentreffens von Verhaltens- und Zustandsverantwortlichkeit hätte sich die Bauaufsichtsbehörde bei Beachtung der allgemein anerkannten Grundsätze zur sogenannten Störerwahl in der Begründung des Bescheides unter Darlegung der angestellten Erwägungen mit der Frage befassen müssen, was aus Behördensicht für die ausschließliche Inanspruchnahme der Antragsteller spricht. Dies ist nicht geschehen. Damit liegt bezogen auf die vorzunehmende Störerauswahl ein Fall des Nichtgebrauchs des Ermessens vor, wie er auch in der in der Beschwerdeerwiderung geäußerten Auffassung Ausdruck findet, daß es allein darauf ankomme, wer Eigentümer der baulichen Anlage sei.

Nr. 195

1. Die Voraussetzung des §65 Satz 1 LBO, daß nicht auf andere Weise rechtmäßige Zustände hergestellt werden können, gehört zum Tatbestand dieser Norm.

2. Eine Hütte im Außenbereich, die der Durchführung von Festen und anderen geselligen Veranstaltungen dient, ist nicht schon dann nach §35 Abs. 1 Nr. 4 BauGB privilegiert, wenn sie von einer Gemeinde als kommunale Einrichtung betrieben wird.

3. Die Übernahme einer solchen Hütte als kommunale Einrichtung durch die Gemeinde steht dem Erlaß einer Abbruchsanordnung jedenfalls dann nicht entgegen, wenn es keine konkreten Anhaltspunkte für eine solche Entscheidung der Gemeinde gibt.

BauGB §35 Abs. 1 Nr. 1, 4, Abs. 2; LBO §65 Satz 1.

VGH Baden-Württemberg, Urteil vom 16. Juni 2003 – 3 S 2436/02 – (rechtskräftig).

(VG Karlsruhe)

Der Kläger wendet sich gegen eine Abbruchsverfügung der Beklagten.

Aus den Gründen:
Nach §65 Satz 1 LBO kann der teilweise oder vollständige Abbruch einer Anlage, die im Widerspruch zu öffentlich-rechtlichen Vorschriften errichtet wurde, angeordnet werden, wenn nicht auf andere Weise rechtmäßige Zustände hergestellt werden können. Eine Abbruchsanordnung setzt mit Rücksicht auf den durch Art. 14 GG gewährleisteten Bestandsschutz voraus, daß eine bauliche Anlage nicht durch eine Baugenehmigung gedeckt ist und seit ihrer Errichtung fortlaufend gegen materielle öffentlich-rechtliche Vorschriften verstößt (VGH Bad.-Württ., Urteile v. 17.9.1998 – 3 S 1934/96 –, v. 12.9.1984 – 3 S 1607/84 –, BRS 44 Nr. 42 = BauR 1985, 537, v. 22.9.1989 – 5 S 3086/88 –, BRS 49 Nr. 228 = BWVPr 1990, 113, und v. 13.6.1996 – 5 S 1211/96 –, BRS 58 Nr. 207 = NVwZ 1997, 601).

Das umstrittene Vorhaben wird nicht durch eine Baugenehmigung gedeckt. Zwar erteilte die Beklagte dem Kläger 1998 eine Baugenehmigung. Diese Baugenehmigung wurde aber mit der angefochtenen Verfügung von 2000 zurückgenommen. Die Rücknahme der Baugenehmigung hat bewirkt, daß das Vorhaben im Zeitpunkt des Widerspruchsbescheids als formell baurechtswidrig zu behandeln ist, auch wenn die Abbruchsanordnung mit der Rücknahme der Baugenehmigung in einer Verfügung verbunden worden war. Zwar hatten die Rechtsbehelfe des Klägers, insbesondere sein Widerspruch gegen die Rücknahmeverfügung, aufschiebende Wirkung entfaltet, da insoweit die sofortige Vollziehung nicht angeordnet worden war, und ist der Betroffene für die Dauer der aufschiebenden Wirkung so zu behandeln, als sei er noch im Besitz der Baugenehmigung, was den Erlaß einer Abbruchsanordnung ausschließt (Sauter, Kommentar zur LBO, 3. Aufl., §58 Rdnr. 157c und v. Armin/Hager/Schlotterbeck, Das Neue Baurecht, Stand Oktober

1996, 50.3, §65 Rdnr. 31; vgl. hierzu auch Decker, in: Simon, Kommentar zur Bayerischen Bauordnung, Stand Februar 2000, Art. 82 Rdnr. 91 a. E.). Der durch die aufschiebende Wirkung bezweckte Schutz des Betroffenen ist vorliegend aber hinreichend gewahrt. Denn durch den Widerspruchsbescheid wurde der Ausgangsbescheid dahingehend geändert, daß die Beseitigung der baulichen Anlagen innerhalb eines Monats nach Bestandskraft des Widerspruchsbescheids zu erfolgen hat. Damit ist gewährleistet, daß die Pflicht zur Beseitigung der baulichen Anlage erst nach Eintritt der Unanfechtbarkeit der Rücknahmeverfügung eintritt (OVG Lüneburg, Urteil v. 13. 7. 1994 – 1 L 5561/92 –, BRS 56 Nr. 204 = NVwZ 1996, 605). Insoweit ist die Sachlage vergleichbar mit der Konstellation im Vollstreckungsrecht, bei der anerkannt ist, daß es ausreicht, wenn durch die Bemessung der Frist gewährleistet ist, daß der Betroffene der Pflicht erst nach Unanfechtbarkeit der Grundverfügung nachzukommen hat.

Gegen die Anwendbarkeit von §65 Satz 1 LBO im vorliegenden Fall bestehen auch im übrigen keine Bedenken. Zwar ist diese Vorschrift nicht anzuwenden, wenn eine erteilte Baugenehmigung lediglich für die Zukunft beseitigt worden ist. Etwas anderes gilt aber dann, wenn die Genehmigung mit Rückwirkung beseitigt wird, was – nur – bei der Rücknahme nach §48 LVwVfG denkbar ist (VGH Bad.-Württ, Beschluß v. 7. 2. 1994 – 8 S 2409/93 – juris; Sauter, a. a. O., §65 Rdnr. 17). So liegt es hier. Die Beklagte hat die Baugenehmigung mit Wirkung ex tunc zurückgenommen, weil sie der Auffassung ist, daß die Baugenehmigung von Anfang an rechtwidrig gewesen ist. Dies ergibt sich zweifelsfrei aus der Begründung des angefochtenen Bescheides.

Das Vorhaben ist auch seit seiner Errichtung ununterbrochen materiell baurechtswidrig. Es verstößt gegen §35 BauGB. ...

Bei der Hütte handelt es sich nicht um ein privilegiertes Vorhaben, sondern um ein sonstiges Vorhaben i. S. von §35 Abs. 2 BauGB.

Zu Recht hat das Verwaltungsgericht ausgeführt, daß die Hütte nicht einem landwirtschaftlichen Betrieb dient (vgl. §35 Abs. 1 Nr. 1 BauGB). Der Kläger betreibt keine Landwirtschaft, insbesondere unterhält er keinen Betrieb zur gartenbaulichen Erzeugung oder zum Erwerbsobstbau. Nach seiner Satzung verfolgt er ausschließlich und unmittelbar gemeinnützige Zwecke, Ziele und Aufgaben sind die Förderung des Landschaftsobstbaus, der Garten- und Feldkultur und von Aktivitäten zur Ortsverschönerung und Heimatpflege sowie die Förderung eines wirksamen Umwelt- und Landschaftsschutzes. Diese Ziele sollen insbesondere durch Mitgliederinformationen, Begehungen, Übernahme von Pflegepatenschaften und durch intensive und vertrauensvolle Zusammenarbeit mit öffentlichen Stellen erreicht werden. Die Vertretung des Erwerbsobstbaus ist nicht Ziel des Vereins (vgl. §2 der Satzung).

Die Hütte ist auch nicht nach §35 Abs. 1 Nr. 4 BauGB privilegiert. Diese Vorschrift setzt voraus, daß das beabsichtigte Vorhaben wegen seiner besonderen Zweckbestimmung nur im Außenbereich ausgeführt werden „soll". Nach der Rechtsprechung des Bundesverwaltungsgerichts stellt diese Bestimmung einen Auffangtatbestand für solche Vorhaben dar, die von den Nummern 1 bis 3, 5 und 6 nicht erfaßt werden, nach den Grundsätzen städtebaulicher Ordnung, wenn überhaupt, sinnvoll aber nur im Außenbereich ausgeführt werden können, weil sie zur Erreichung des mit ihnen verfolgten Zwecks auf einen Standort außerhalb der im Zusammenhang bebauten Ortsteile angewiesen sind. Die tatbestandliche Weite dieser Vorschrift ist durch erhöhte Anforderungen an die im Gesetz umschriebenen Privilegierungsvoraussetzungen auszugleichen. Nicht jegliche Betätigung, die dem Außenbereich angemessen ist oder vielleicht sogar sinnvoll nur im Außenbereich ausgeübt werden kann, ist dort auch mit einer entsprechenden baulichen Verfestigung bevorrechtigt zulässig. Nur so läßt sich das gesetzgeberische Ziel erreichen, den Außenbereich in der ihm vornehmlich zukommenden Funktion, der Land- und Forstwirtschaft sowie der Erholung für die Allgemeinheit zur Verfügung zu stehen, vor einer unangemessenen Inanspruchnahme zu schützen und grundsätzlich von einer ihm wesenfremden Bebauung freizuhalten, vor allem einer solchen Bebauung, die der Erfüllung individueller Freizeit- und Erholungswünsche dient. Etwas anderes könnte allenfalls dann gelten, wenn an den mit dem Vorhaben verbundenen Zielsetzungen ein überwiegendes Allgemeininteresse bestünde, das die Anerkennung einer Privilegierung im Sinne einer Bevorzugung gegenüber anderen ebenfalls auf die Verwirklichung von Freizeitgestaltungswünschen abzielenden Interessen auch mit Blick auf den Gleichheitssatz rechtfertige. Dabei müssen gerade die Absichten und Zielsetzungen im Allgemeininteresse liegen. Das Tatbestandsmerkmal des „Sollens" setzt demgemäß eine unter Heranziehung der in § 35 BauGB insgesamt getroffenen Regelungen auszufüllende Wertung voraus, ob nach Lage der Dinge das Vorhaben wegen seiner Zweckbestimmung hier und so sachgerecht nur im Außenbereich untergebracht werden kann. Die Privilegierung setzt daher voraus, daß die Durchführung des Vorhabens im Außenbereich gerade durch die besondere Eigenart des Vorhabens erfordert wird. „Erforderlich" in diesem Sinne ist das, was getan werden muß, damit die privilegierte Tätigkeit ausgeübt werden kann. Diese Vorschrift will Vorhaben privilegieren, die singulären Charakter haben, jedenfalls nicht in einer größeren Zahl zu erwarten sind und deshalb nicht das Bedürfnis nach einer vorausschauenden förmlichen Bauleitplanung im Außenbereich auslösen. Als Privilegierungstatbestand ist § 35 Abs. 1 Nr. 4 BauGB kein geeignetes Instrument, im Außenbereich Bau oder Nutzungswünsche zu steuern, die „Vorbildwirkung" für weitere gleichartige Wünsche haben. Ob diese Voraussetzungen erfüllt sind, beurteilt sich nach den Umständen des Einzelfalls (vgl. zu diesen Grundsätzen: BVerwG, Beschlüsse v. 6. 9. 1999 – 4 B 74.99 –, BRS 63 Nr. 103 = BauR 2001, 220 = NVwZ 2000, 678, und v. 23. 11. 1995 – 4 B 209.95 –, BRS 57 Nr. 189 = BauR 1996, 374.; Urteile v. 16. 6. 1994 – 4 C 20.93 –, BVerwGE 96, 95 = BRS 56 Nr. 72 und v. 14. 5. 1969 – 4 C 19.68 –, BVerwGE 34, 1 sowie OVG Rheinland-Pfalz, Urteil v. 27. 6. 2002 – 1 A 11344/01 – juris; OVG des Saarlandes, Beschluß v. 16. 4. 2002 – 2 R 8/01 – juris; Schlichter/Stich, Berliner Schwerpunkte Kommentar zum BauGB 1998, Rdnr. 14 zu § 35; vgl. auch BVerwG, Urteile v. 14. 3. 1975 – IV C 41.73 –, BVerwGE 48, 109, v. 28. 4. 1978 – 4 C 53.76 –, BRS 33 Nr. 66 und v. 10. 11. 1978 – 4 C 80.76 –, BRS 33 Nr. 65).

Zu Recht hat das Verwaltungsgericht ausgeführt, daß diese Voraussetzungen vorliegend nicht gegeben sind. Die Hütte soll weder wegen ihrer nachteiligen Wirkung auf die Umgebung noch wegen ihrer besonderen Zweckbestimmung nur im Außenbereich ausgeführt werden. Die Belästigungen und Störungen durch Rauch und Gerüche, die von der Grillstelle ausgehen, und durch Lärm, der bei der Nutzung der Hütte durch eine größere Anzahl von Personen entsteht, sind nicht so gravierend, als daß eine Errichtung nur im Außenbereich in Betracht käme. Eine solche Annahme ist vielmehr allenfalls in Fällen stark emittierender Gewerbebetriebe gerechtfertigt, mit denen die vorliegend streitige Hütte aber keinesfalls verglichen werden kann. Auch die Zweckbestimmung der Hütte führt nicht zu der Annahme, sie könne nur im Außenbereich errichtet werden. Wie in der mündlichen Verhandlung (noch einmal) ausdrücklich erklärt und auch bei der Augenscheinseinnahme festgestellt wurde, handelt es sich bei dem Vorhaben nicht um eine Schutzhütte, die dazu dient, Wanderern, Spaziergängern und/oder Radfahrern Schutz vor den Unbilden des Wetters zu bieten und die deshalb nach §35 Abs. 1 Nr. 4 BauGB privilegiert sein kann. Sowohl die Größe der Hütte als auch ihre Ausstattung (Holzläden, abgeschlossener Raum) als auch ihre Lage lediglich ca. 500 m von der Bebauung entfernt als auch ihre ausdrücklich beabsichtigte und auch praktizierte Nutzung sprechen gegen die Annahme einer Schutz- und/oder Grillhütte. Vielmehr handelt es sich um ein Gebäude aus Holz, das die Möglichkeit zur Abhaltung von Festen und Feiern sowie sonstiger geselliger Veranstaltungen von privaten Personen, Vereinen und sozialen Einrichtungen bietet und auch sonst als Treffpunkt (der Dorfjugend) dient. Mit diesem Nutzungszweck „soll" die Hütte aber nicht im Außenbereich errichtet werden. Eine Errichtung im Außenbereich ist zur Verwirklichung dieses Zwecks nicht erforderlich. Bei dieser Sachlage kann dahingestellt bleiben, ob die Annahme der Privilegierung auch deshalb nicht gerechtfertigt ist, weil sie den individuellen Freizeitinteressen und -wünschen nur der Mitglieder des Klägers dient oder ob sie jedenfalls faktisch der Allgemeinheit zur Verfügung steht. ...

Die weitere Tatbestandsvoraussetzung des §65 LBO (vgl. hierzu Sauter, LBO, 3. Aufl., §65 Rdnr. 22), daß nicht auf andere Weise rechtmäßige Zustände hergestellt werden können, liegt ebenfalls vor. Rechtmäßige Zustände können bei einem genehmigungsfähigen Bau durch nachträgliche Erteilung einer Baugenehmigung hergestellt werden (Sauter, a. a. O.). Es muß geprüft werden, ob nicht die Gesetzesverstöße durch Befreiungen oder Ausnahmen nach §31 BauGB (vgl. hierzu VGH Bad.-Württ, Urteil v. 18. 12. 1995 – 3 S 1298/94 –, BWGZ 1996, 410) bzw. §56 LBO oder Abweichungen nach §56 LBO geheilt werden können oder ob nicht entsprechende Nebenbestimmungen ausreichen (vgl. zur gleichlautenden Vorschrift in der Bayerischen Bauordnung: Simon/Busse, Stand Januar 2003, Art. 82 Rdnr. 140). Eine derartige Legalisierungsmöglichkeit ist im vorliegenden Fall nicht gegeben. Die planungsrechtliche Unzulässigkeit des Vorhabens kann nicht durch Ausnahmen, Befreiungen oder Nebenbestimmungen ausgeräumt werden, eine nachträgliche Genehmigung kommt nicht in Betracht.

Zu Unrecht meint das Verwaltungsgericht sinngemäß, die Abbruchsanordnung sei rechtswidrig, weil die Beklagte nicht geprüft habe, ob ein rechtmäßiger Zustand dadurch hergestellt werden könne, daß sie die Hütte als öffentliche Einrichtung übernimmt. Abgesehen davon, daß im Rahmen der Tatbestandsvoraussetzungen eine unterlassene Prüfung der Behörde für sich genommen nicht zur Rechtswidrigkeit der Verfügung führt, stellt die Übernahme der Hütte keine andere Maßnahme dar, mit der rechtmäßige Zustände hergestellt werden könnten.

Dies gilt schon deshalb, weil es sich bei diesen als Alternative zur Abbruchsanordnung in Betracht kommenden Maßnahmen um solche handeln muß, die die Baurechtsbehörde ergreifen kann bzw. zu deren Erlaß die Baurechtsbehörde ermächtigt sein kann. Die Übernahme der Hütte als öffentliche Einrichtung durch die Gemeinde ist aber keine Maßnahme, auf die die Baurechtsbehörde als Alternative zu einer Abbruchsanordnung zurückgreifen könnte. Ob eine bauliche Anlage von der Gemeinde genutzt und/oder als öffentliche Einrichtung betrieben wird, obliegt allein der Entscheidung der Gemeinde, ggf. des Gemeinderats, ohne daß die Baurechtsbehörde hierauf Einfluß hat. Daß vorliegend die Gemeinde gleichzeitig Baurechtsbehörde ist, ändert hieran nichts. Auch in diesem Fall sind die Aufgaben und Zuständigkeiten der Baurechtsbehörde einerseits und der Gemeinde andererseits zu trennen.

Hinzu kommt, daß die Annahme, es könnten auf andere Weise rechtmäßige Zustände hergestellt werden, allenfalls dann gerechtfertigt wäre, wenn sich konkret abgezeichnet hätte, daß die beklagte Gemeinde die Hütte tatsächlich als öffentliche Einrichtung betreiben wolle (so auch für eine etwaige Legalisierung durch Erlaß eines Bebauungsplans VGH Bad.-Württ, Urteil v. 6.7.1988 – 3 S 2764/87–, BRS 48 Nr. 188 = BauR 1989, 193). Hierfür gibt es aber keine hinreichenden Anhaltspunkte. Im maßgeblichen Zeitpunkt der Widerspruchsentscheidung war schon gar nicht erkennbar, daß die Gemeinde entsprechende Absichten ernsthaft verfolgt. Hieran ändert nichts, daß die Hütte faktisch wohl im wesentlichen durch den Ortschaftsrat des Teilortes N. betrieben wird und wurde. Der Ortschaftsrat ist für die Entscheidung über die Einrichtung und den Betrieb öffentlicher Einrichtungen nicht zuständig (§ 70 GemO).

Weiterhin widerspricht die Auffassung des Verwaltungsgerichts den Grundsätzen über die Behandlung eines Austauschangebots. Danach hat die Baurechtsbehörde einem vom Adressaten einer Abbruchsanordnung glaubhaft angebotenen und hinreichend bestimmten Austauschangebot, durch dessen Ausführung auf andere Weise rechtmäßige Zustände hergestellt werden, Rechnung zu tragen und vom Erlaß einer Abbruchsanordnung abzusehen oder eine ergangene aufzuheben (Sauter, Kommentar zur LBO, 3. Aufl., § 65 Rdnr. 50). Die Behörde muß aber nicht von sich aus sich auf die Suche nach entsprechenden alternativen Möglichkeiten begeben. Vielmehr müssen derartige Austauschmittel an sie herangetragen werden (vgl. hierzu VGH Bad.-Württ., Urteil v. 18.12.1995 – 3 S 1298/94 –, BWGZ 1996, 410). Dem würde es widersprechen, im vorliegenden Fall eine Prüfung der bauplanungs- und/oder kommunalrechtlichen Möglichkeiten der Gemeinde durch die Baurechtsbehörde zu fordern.

Schließlich wäre die Hütte entgegen der Auffassung des Verwaltungsgerichts auch dann bauplanungsrechtlich unzulässig, wenn sie von der Beklagten als öffentliche Einrichtung betrieben würde. Die Voraussetzungen für eine Privilegierung nach § 35 Abs. 1 BauGB lägen auch dann nicht vor. Aus dem Katalog der privilegierten Vorhaben in § 35 Abs. 1 BauGB kommt auch insoweit allein die Nr. 4 in Betracht. Der Auffassung des Verwaltungsgerichts, die Privilegierung sei im Fall des Betreibens als öffentliche Einrichtung wegen der von der Hütte ausgehenden Störungen durch Lärm und Rauch unzweifelhaft gegeben, ist nicht zu folgen. Es gibt keine Anhaltspunkte dafür, daß diese Störungen bei der Hütte als öffentliche Einrichtung stärker wären als bei der Nutzung durch den Kläger, schon gar nicht, daß sie so intensiv wären, daß nur eine Ausführung im Außenbereich möglich wäre. Auch an der Zweckbestimmung der Hütte, daß sie der Durchführung von Festen, Feiern und sonstigen Veranstaltungen örtlicher Vereine und Einrichtungen sowie privater Feiern der Gemeindeeinwohner dient, würde sich nichts ändern, wenn die Beklagte diese Hütte als öffentliche Einrichtung betriebe. Zwar würde nicht schon der Gesichtspunkt, daß mit dem Vorhaben allein die individuellen Freizeitwünsche des Klägers und seiner Mitglieder verfolgt werden, der Annahme der Privilegierung nicht (mehr) entgegenstehen, wenn die Hütte von der Beklagten als öffentliche Einrichtung übernommen und für die Allgemeinheit geöffnet würde. Für die Annahme einer Privilegierung reicht dies aber nicht aus. Hinzu kommen muß, daß das Vorhaben wegen seiner besonderen Anforderungen an die Umgebung, wegen seiner nachteiligen Wirkung auf die Umgebung oder wegen seiner Zweckbestimmung nur im Außenbereich errichtet werden soll (§ 35 Abs. 1 Nr. 4 BauGB). Daß beide Gesichtspunkte (Tatbestandsvoraussetzungen im engen Sinn und öffentliches Allgemeininteresse) gegeben sein müssen, läßt sich auch der Entscheidung des Bundesverwaltungsgerichts v. 28. 4. 1978 (a. a. O.). entnehmen.

Der Hinweis auf die Privilegierung kommunaler Grillplätze (vgl. hierzu VGH Bad.-Württ., Urteil v. 11. 4. 1994 – 1 S 1081/93 –, BRS 56 Nr. 197 = NVwZ 1994, 920 und v. 28. 5. 1985 – 1 S 292/84 –, NVwZ 1986, 62 jeweils ohne nähere Begründung) geht vorliegend ins Leere. Es handelt sich bei der vorliegend streitigen Hütte nicht um einen Grillplatz oder eine reine Grillhütte im Wald. Vielmehr geht ihre Zweckbestimmung unstreitig über den Zweck einer Grillhütte weit hinaus.

Liegen danach die tatbestandlichen Voraussetzungen des § 65 S. 1 LBO vor, hat die Baurechtsbehörde über das Ergehen einer Abbruchsanordnung nach pflichtgemäßem Ermessen zu entscheiden. In diesem Fall prüft das Gericht auch, ob der Verwaltungsakt rechtswidrig ist, weil die gesetzlichen Grenzen des Ermessens überschritten sind oder von dem Ermessen in einer dem Zweck der Ermächtigung nicht entsprechenden Weise Gebrauch gemacht ist (§ 114 VwGO). Dies ist vorliegend nicht der Fall.

Ermessensfehler sind vorliegend nicht ersichtlich. Die Ausführungen in den Begründungen der angefochtenen Bescheide erfüllen die Voraussetzungen an eine ermessensfehlerfreie Entscheidung. Dabei ist zu berücksichtigen, daß die Baurechtsbehörde grundsätzlich in Übereinstimmung mit dem Zweck der Ermächtigung und damit rechtmäßig handelt, wenn sie die Beseitigung einer im Widerspruch zum materiellen Baurecht errichteten Anlage anordnet (Sauter, Kommentar zur LBO, 3. Aufl., § 65 Rdnr. 44 m. w. N.). Es entspricht regelmäßig ordnungsgemäßer Ermessensbetätigung, unter dem Gesichtspunkt der Gleichbehandlung und zur Vermeidung von Präzedenzfällen die Beseitigung eines formell und materiell illegalen Bauvorhabens anzuordnen. Die Duldung eines rechtswidrigen Zustands kann nur veranlaßt sein, wenn ganz konkrete Anhaltspunkte dafür sprechen, ihn ausnahmsweise in Kauf zu nehmen (BVerwG, Urteil v. 11.4.2002 – 4 C 4.01 –, BRS 65 Nr. 207 = NVwZ 2002, 1250 m. w. N.).

Derartige besondere Umstände sind vorliegend nicht gegeben. Die Beklagte hat die der Anordnung entgegenstehenden Interessen des Klägers berücksichtigt. Es ist nicht zu beanstanden und insbesondere mit dem Grundsatz der Verhältnismäßigkeit zu vereinbaren, daß sie dem öffentlichen Interesse an der Beseitigung der Hütte größeres Gewicht gegenüber dem insbesondere wirtschaftlichen Interesse des Klägers am Erhalt der Hütte beigemessen hat. Entgegen der Ansicht des Verwaltungsgerichts mußte die Beklagte auch nicht im Rahmen ihrer Ermessensausübung überprüfen, ob die Hütte als öffentliche Einrichtung durch die Gemeinde in zulässiger Weise betrieben werden könnte. Insoweit kann auf die obigen Ausführungen verwiesen werden.

Nr. 196

Die Anordnung der sofortigen Vollziehung einer bauaufsichtsbehördlichen Beseitigungsverfügung nach § 80 LBauO M-V gegen einen formell und materiell illegal errichteten Wintergarten kann rechtmäßig sein, wenn von dem Bauvorhaben negative Vorbildwirkungen ausgehen und eine Veränderung des Gebietscharakters droht (hier bejaht; im Anschluß an den Beschluß des Senates v. 2.11.1993 – 1 M 89/93 –).

Ein gewisser Substanzverlust der baulichen Anlage ist hinzunehmen.

Zum Willkürverbot des Art. 3 GG bei bauaufsichtsbehördlichem Einschreiten.

§ 80 LBauO M-V.

OVG Mecklenburg-Vorpommern, Beschluß vom 12. Februar 2003 – 3 M 124/02 – (rechtskräftig).

Im November 1997 stellte der Antragsgegner fest, daß die Antragsteller auf ihrem Grundstück in der Bungalowsiedlung St. einen ca. 16 m² großen Anbau an ihren ca. 50 m² großen Bungalow errichtet hatten.

Durch Bescheid v. September 2001 verfügte der Antragsgegner die Beseitigung des Bauvorhabens, drohte ein Zwangsgeld an und ordnete die sofortige Vollziehung der Verfügung an.

Aus den Gründen:

II. 1. ... Das Vorhaben der Antragsteller ist formell und materiell illegal.

Tragender rechtlicher Gesichtspunkt der behördlichen Entscheidung ist, daß das Maß der zulässigen Nutzung durch den Wintergartenanbau erheblich überschritten wird. Das Maß der baulichen Nutzung ist durch die einheitliche Errichtung der 102 Bungalows von identischer Größe (50 m^2 Grundfläche) sehr homogen. Bei dieser Sachlage stellt ein ca. 16 m^2 großer Anbau sich als ein den vorhandenen Rahmen überschreitendes Vorhaben dar, das sich nicht einfügt.

Die Tatsache, daß in der näheren Umgebung diverse Gerätehäuser errichtet worden sind, vermag zu keiner anderen Entscheidung zu führen. In Übereinstimmung mit der verwaltungsgerichtlichen Entscheidung ist davon auszugehen, daß das Vorhaben der Antragsteller mit diesen Gerätehäusern nicht vergleichbar ist, weil hier nicht eine Nebenanlage in Rede steht, sondern eine Erweiterung der Hauptnutzung.

Das Vorhaben der Antragsteller ist auch nicht unter dem rechtlichen Gesichtspunkt genehmigungsfähig, daß auf einem Nachbargrundstück ein Vorhaben errichtet worden ist, daß die Antragsteller als weiteren Wintergarten bezeichnen. In diesem Zusammenhang kann offenbleiben, ob es sich hierbei tatsächlich um einen Wintergarten handelt. Eine Genehmigung dieses Vorhabens haben selbst die Antragsteller nicht behauptet. Und selbst durch eine rechtswidrige Genehmigung eines Vorhabens hätten die Antragsteller keinen Rechtsanspruch darauf, daß ihnen gleichfalls eine rechtswidrige Genehmigung erteilt wird. ...

2. Das Verwaltungsgericht hat die Tatbestandsvoraussetzungen der Ermächtigungsgrundlage für die Beseitigungsverfügung mit zutreffenden Erwägungen bejaht (§ 80 LBauO M-V). ...

3. Die Beschwerde hat nicht mit Erfolg darzulegen vermocht, daß sich das Einschreiten des Antragsgegners gegen das Vorhaben der Antragsteller als ermessensfehlerhaft, ja als willkürlich darstellt. Das Vorgehen des Antragsgegners ist erkennbar von dem Gesichtspunkt geprägt, durch die bauaufsichtsbehördliche Maßnahme zu verhindern, daß der Charakter des Gebietes von einer Bungalowsiedlung in ein faktisches Wohngebiet umschlägt. Wird die für die Hauptnutzung zur Verfügung stehende Fläche von 50 m^2 auf ca. 66 m^2 erhöht, besteht erkennbar diese Gefahr. ... Es kann daher als ein nicht gegen das Willkürverbot des Art. 3 GG verstoßendes Konzept angesehen werden, wenn der Antragsgegner ausschließlich gegen solche Vorhaben einschreitet, die sich als eine qualitativ und quantitativ erhebliche Ausweitung der Hauptnutzung darstellen. Damit ist zugleich gesagt, daß es nicht als willkürlich angesehen werden kann, wenn der Antragsgegner gegen eventuell illegal errichtete Nebenanlagen (Gerätehäuser) nicht einschreitet. Dies gilt im Ergebnis auch für die – von den Antragstellern als Wintergarten bezeichnete – Terrassenüberdachung.

4. Dem Verwaltungsgericht ist auch insoweit zu folgen, als es die Anordnung der sofortigen Vollziehung im vorliegenden Fall für rechtmäßig erachtet hat. Nach der Rechtsprechung des Senates (Beschluß v. 2.11.1993 – 3 M 89/93 –, NVwZ 1995, 608 = RAnB 1994, 275) gilt: die Bauaufsicht kann auf Grund der Anordnung der sofortigen Vollziehung ihrer noch nicht bestandskräftigen Beseitigungsverfügung den Abbruch eines sowohl formell als auch materiell illegal errichteten Holzhauses verlangen, wenn das Bauvorhaben in einer besonders reizvollen Umgebung liegt und wenn von ihm eine negative

Vorbildwirkung ausgeht. Ein gewisser Substanzverlust bei der Beseitigung des Schwarzbaus ist hinzunehmen.

An dieser Rechtsprechung ist festzuhalten. Auch im vorliegenden Fall liegt die Anordnung der sofortigen Vollziehung im öffentlichen Interesse. Zutreffend ist zwar, daß die sofortige Vollziehung einer Abbruchverfügung regelmäßig dann nicht im öffentlichen Interesse liegt, wenn durch die Beseitigung ein wesentlicher Substanzverlust eintritt. Kommt aber zur formellen Baurechtswidrigkeit noch eine materielle hinzu und ist diese offensichtlich, so kann unter Umständen auch die sofortige Vollziehung einer Abbruchverfügung geboten sein, selbst wenn diese zu einem Substanzverlust führt. Die sofortige Vollziehung kann dann vom Gericht bestätigt werden, wenn die ihr zugrundeliegende Verfügung offensichtlich rechtmäßig ist und darüber hinaus eine besondere Dringlichkeit des Eingreifens besteht (OVG Greifswald, Beschluß v. 2.11.1993, a.a.O., m.w.N.). In dem dortigen wie auch im vorliegenden Fall kann eine negative Vorbildwirkung bejaht werden. Hinzu kommt hier, daß eine Veränderung des Gebietscharakters droht.

Dem rechtlichen Gesichtspunkt, daß durch eine Beseitigung, die noch auf der Anordnung der sofortigen Vollziehung und nicht auf einer bestandskräftigen Beseitigungsverfügung fußt, ein Substanzverlust der baulichen Anlage eintreten kann, kommt im vorliegenden Fall kein besonderes Gewicht zu. Dieser Gesichtspunkt, der in anders gelagerten Fällen zu einer Verletzung des Grundsatzes der Verhältnismäßigkeit führen kann, ist vom Oberverwaltungsgericht nicht im einzelnen zu prüfen, da die Antragsteller hierfür nichts dargelegt haben (vgl. § 146 Abs. 4 Satz 6 VwGO). Es ist für den Senat weder ersichtlich, ob überhaupt ein nennenswerter Substanzverlust eintritt, wenn der Wintergarten demontiert wird, noch in welcher Höhe sich ein eventueller Verlust der Bausubstanz bewegen würde.

Nr. 197

1. **Eine sogenannte Wagenburg, die allein auf Grund privatrechtlicher Vereinbarungen mit dem Grundstückseigentümer, jedoch ohne präventive hoheitliche Kontrolle oder Reglementierung der Erprobung alternativer Lebensformen dienen soll, kann sich in keinen nach § 34 BauGB zu beurteilenden innerstädtischen Bereich einfügen.**

2. **Auf Grund einer durch die Unterhaltung einer Wagenburg voraussichtlich eintretenden städtebaulichen Entwertung der Grundstücke in der näheren Umgebung können deren Eigentümer unter dem Gesichtspunkt der Verletzung des Rücksichtnahmegebots regelmäßig ein sofortiges behördliches Einschreiten verlangen.**

BauO Bln §§ 70 Abs. 1 Satz 1, 2 Abs. 2; BauGB § 34 Abs. 1.

OVG Berlin, Beschluß vom 22. Januar 2003 – 2 S 45.02 – (rechtskräftig).

Die Antragsteller sind Eigentümer des Grundstücks K.-Straße in Berlin-Mitte (...), auf dem sie durch Modernisierung und Erweiterung eines ehemaligen Fabrikgebäudes ein Bürogebäude errichtet haben. Sie begehren von dem Antragsgegner ein sofortiges Einschreiten gegen die von dem Beigeladenen zu 2) auf dem benachbarten Grundstück unterhaltene sogenannte Wagenburg. Der Beigeladene zu 2) ist ein eingetragener Verein, der satzungsmäßig unter dem Namen „Wagenburg ... e. V." das Ziel verfolgt, alternative Lebensformen zu unterstützen und zu erhalten, bedürfnisorientierte Lebensräume zu schaffen, umweltgerechte Energiequellen nutzbar zu machen, kulturelle Darbietungen zu fördern und für diese Ziele durch Veranstaltungen zu werben. Die von ihm früher genutzte Fläche an der Schillingbrücke wurde von der Beigeladenen zu 1) für die Errichtung der Verdi-Bundeszentrale benötigt. Die Beigeladene zu 1) überließ ihm das Grundstück K.-Straße mit Billigung der zuständigen Baustadträtin aufgrund eines Gebrauchsüberlassungsvertrages v. 26. 8. 2002, wonach der Beigeladene zu 2) dort „vorübergehend", längstens bis zum 31. 3. 2005, bis zu 30 Bauwagen abstellen und seiner Satzung entsprechende Veranstaltungen durchführen kann. Diese Nutzung wurde im September 2002 durch die Aufstellung von Bauwagen sowie in der Folgezeit eines Sanitärtrakts mit Wasser-, Abwasser- und Toilettenanlagen aufgenommen.

Die Antragsteller haben zur Begründung ihres einstweiligen Rechtsschutzbegehrens geltend gemacht, sie würden durch diese baurechtlich unzulässige Form der Grundstücksnutzung in ihren geschützten Rechten als Grundstücksnachbarn verletzt.

Aus den Gründen:
II. Zutreffend und in Übereinstimmung mit den vom beschließenden Senat in der Entscheidung v. 13. 3. 1998 entwickelten Grundsätzen hat das Verwaltungsgericht den Antragsgegner im Wege der einstweiligen Anordnung verpflichtet, den Beigeladenen sofort vollziehbar die Beseitigung der auf dem Grundstück K.-Straße ... aufgestellten ehemaligen Bauwagen bis zum 30. 4. 2003 aufzugeben. ...

Die in dem vorliegenden Fall eine Beseitigungsanordnung gemäß §70 Abs. 1 Satz 1 BauO Bln rechtfertigenden Voraussetzungen, die förmliche und materielle Baurechtswidrigkeit der Aufstellung der die Wagenburg bildenden Fahrzeuge und Anhänger, sind erfüllt. Zu Unrecht bestreiten die Beschwerdeführer die Genehmigungspflichtigkeit dieser Maßnahme nach §55 Abs. 1 BauO Bln. Die zu Wohnmobilen umgebauten Anhänger und Lastkraftwagen sind – im Unterschied zu den gemäß §56 Abs. 1 Nr. 1 a) bis f) BauO Bln von der Genehmigungspflicht ausgenommenen Anlagen – auf Grund ihrer Beschaffenheit und der ihnen zugedachten Aufgabe als Bestandteil der Wagenburg zum dauernden Aufenthalt bestimmt (vgl. dazu Wilke/Dageförde/Knuth/Meyer, BauO Bln, 5. Aufl. 1999, §2 Rdnr. 17 und 18). Auch ihre die Qualifikation als bauliche Anlage gemäß §2 Abs. 1 Satz 2 BauO Bln begründende überwiegende ortsfeste Nutzung wird mit der Beschwerde nicht substantiiert bestritten. Das Vorbringen, die durchweg mit amtlichen Kennzeichen ausgestatteten Fahrzeuge würden regelmäßig für Fahrten auch außerhalb des Grundstücks eingesetzt und sämtliche Vereinsmitglieder verfügten anderweitig über einen polizeilich gemeldeten Wohnsitz, vermag diese Einstufung der Wohnmobile nicht in Frage zu stellen. Die behauptete zeitweilige Verwendung der einzelnen Wagen außerhalb des Grundstücks hindert nicht ihre grundsätzliche Qualifikation als überwiegend ortsfest auf dem Grundstück eingesetzte, voraussichtlich bis zum Mai 2005 zum dauernden Aufenthalt genutzte Wohnmobile. Auch allein der Umstand, daß die Vereinsmitglieder nach dem Beschwerdevorbringen auch in außerhalb gelegenen

Wohnungen polizeilich gemeldet sind, steht der rechtlichen Einstufung der ortsfesten Nutzung der Wagen zum dauernden Aufenthalt nicht entgegen. Dem satzungsmäßig auch auf die Erprobung und Propagierung alternativer Lebensformen gerichteten Ziel des Vereins, den Erläuterungen seines Vertreters im Ortstermin vor dem Verwaltungsgericht sowie der Beschaffenheit und Ausstattung des umzäunten Platzes durch einen Sanitärtrakt mit Wasser-, Abwasser- und Toilettenanlagen und einem Küchenwagen ist zu entnehmen, daß das Konzept der Wagenburg hier darauf angelegt ist, während der bis zu $2^1/_2$ Jahren dauernden Gestattungszeit ganzjährig den Vereinsmitgliedern die Befriedigung ihrer Wohnbedürfnisse und nicht nur während der beabsichtigten Veranstaltungszeiten zu ermöglichen. Hierin unterscheidet sich diese Form der Nutzung von der bauplanungs- und bauordnungsrechtlich umschriebenen Nutzung eines als Gesamtanlage genehmigungsbedürftigen Campingplatzes durch Campingwagen, die als Einzelanlagen auf einem solchen gemäß § 56 Abs. 1 Nr. 7 a) BauO Bln ihrerseits von der Genehmigungspflicht ausgenommen sind.

Zu Recht hat das Verwaltungsgericht eine bei summarischer Prüfung offensichtliche Genehmigungsfähigkeit dieser Anlagen verneint. Sie sind – abgesehen von den gegebenen vielfachen Verstößen gegen bauordnungsrechtliche Anforderungen an Wohnungen und Wohngebäude – mit Bauplanungsrecht unvereinbar, da sie sich der Art nach nicht i. S. von § 34 Abs. 1 BauGB in die Eigenart der näheren Umgebung einfügen. Ohne Erfolg bezweifeln die Beschwerdeführer mit dem Hinweis auf die befristete Gebrauchsüberlassung des Grundstücks und die Mobilität der Wagen die eine Beurteilung nach § 34 BauGB voraussetzende planungsrechtliche Relevanz der die Wagenburg bildenden Wohnmobile. Diese kann im Hinblick auf die bereits erörterte, auf dem Grundstück vorgesehene und praktizierte ortsfeste Nutzung der Wagen unabhängig davon nicht in Frage gestellt werden, ob und inwieweit der Platz selbst für eine solche Nutzung durch bauliche Maßnahmen befestigt worden ist. Maßgebend für die Qualifikation der Aufstellung eines an sich fahrbereiten Wohnmobils als planungsrechtlich relevantes Vorhaben i. S. von § 29 BauGB ist die auf Dauer in dieser Funktion und an dieser Stelle beabsichtigte ortsfeste Nutzung des Wagens, wobei es für das Merkmal der Dauer allein auf die Lebensdauer des Wagens, nicht aber entscheidend auf die jeweils beabsichtigte – möglicherweise nur auf mehrere Monate angelegte – Dauer der Benutzung ankommt (vgl. die Nachw. aus der Rspr. des BVerwG bei Krautzberger, in: Zinkahn/Bielenberg, BauGB, Stand: Februar 1999, § 29 Rdnr. 25, 26 und 29). Diese Voraussetzungen sind hier bei der bis zu $2^1/_2$ Jahre vorgesehenen ortsfesten Nutzung der Wohnmobile auf dem Grundstück ohne weiteres erfüllt.

Die hier praktizierte Form einer ortsfesten Wohnnutzung der Wagen sprengt den durch die Umgebungsbebauung und deren Nutzung gebildeten Rahmen und fügt sich deshalb dort nicht i. S. von § 34 Abs. 1 Satz 1 BauGB ein. Für diese Beurteilung ist nicht die vom Verwaltungsgericht auf Grund des bei der Ortsbesichtigung gewonnenen Eindrucks getroffene planungsrechtliche Einstufung der Umgebungsbebauung als Kern- oder Gewerbegebiet gemäß § 7 bzw. § 8 BauNVO maßgebend. Wie der Senat in der zitierten

Entscheidung vom 13.3.1998 (a.a.O.) bereits ausgeführt hat, ist vielmehr entscheidend, daß das geltende Planungsrecht, insbesondere auch die eine sachverständige Konkretisierung moderner Planungsgrundsätze darstellende normative Typisierung der Art der baulichen Nutzung in den verschiedenen Baugebieten nach den §§ 2 bis 10 BauNVO, eine derartige, weitgehend dem dauernden Aufenthalt von Personen dienende, hinsichtlich der Erfüllung der Wohnbedürfnisse allein an den autonom gesetzten individuellen Wünschen der Vereinsmitglieder ausgerichteten baulichen Nutzung von vornherein nicht vorgesehen ist und deshalb dafür auch kein eine geordnete städtebauliche Entwicklung sicherstellendes planungsrechtliches Reglement bereitstellt. Eine solche jenseits des geltenden Planungsrechts verwirklichte Art der baulichen Nutzung kann sich deshalb in keinen nach § 34 BauGB zu beurteilenden innerstädtischen Bereich, auch nicht in einen „diffus" baulich genutzten Ortsteil einfügen. Der Umstand, daß das Grundstück zuvor verwahrlost war, vermag an dieser rechtlichen Einschätzung nichts zu ändern. Hierbei handelt es sich zweifellos um einen städtebaulichen Mißstand, dem mit Hilfe der bereits eingeleiteten Bebauungsplanung sowie durch bauordnungsrechtliche Maßnahmen zu begegnen war. Die vom Beigeladenen zu 2) auf dem Grundstück verwirklichte Nutzung durch die Unterhaltung einer Wagenburg führte aber nicht zu einer städtebaulichen und ordnungsrechtlichen Verbesserung dieses Zustandes im Rahmen der geltenden rechtlichen Bestimmungen, sondern begründete aktiv eine sich auch innerhalb des Zeitraums von $2^1/_2$ Jahren in gewissem Umfang verfestigende Nutzungsweise des Grundstücks, die ihrerseits einen städtebaulichen Mißstand darstellt.

Die in dieser Weise beschaffene Nutzung der Wagen und des Grundstücks erweist sich darüber hinaus als Verstoß gegen das im Erfordernis des Einfügens nach § 34 Abs. 1 BauGB verankerte planungsrechtliche Gebot der Rücksichtnahme, das den auf ihrem Grundstück den Auswirkungen dieser Nutzung unmittelbar ausgesetzten Antragstellern ein öffentlich-rechtliches Abwehrrecht vermittelt.

Die mit der Beschwerde gegen eine Verletzung des Rücksichtnahmegebotes vorgebrachten Einwendungen sind nicht stichhaltig. Eine formell und materiell illegale bauliche Nutzung kann Grundstücksnachbarn nicht nur insoweit rücksichtslos beeinträchtigen, als sie ihnen etwa schädliche Immissionen und Störungen in Form von Lärm oder Luftverunreinigungen oder eine einmauernde, erdrückende Bebauung zumutet. Unzumutbare Belastungen können vielmehr auch darin liegen, daß ein benachbartes Grundstück in seiner planungsrechtlich zulässigen Nutzbarkeit infolge der gebietsfremden Art einer baulichen Nutzung wesentlich beeinträchtigt wird. Eine derartige rücksichtslose Beeinträchtigung hat das Verwaltungsgericht zu Recht auch für die im vorliegenden Fall gegebene Konstellation unter dem Gesichtspunkt der städtebaulichen Entwertung der benachbarten Grundstücke bejaht. Der in diesem Zusammenhang verwendete Begriff eines zu befürchtenden „Trading-Down-Effektes" findet sich in der Rechtsprechung des Bundesverwaltungsgerichts (vgl. den Beschluß v. 21.12.1992, Buchholz 406.12 § 1 BauNVO Nr. 15 und das Urteil v. 15.12.1994, Buchholz 406.11 § 34 BauGB Nr. 172, Satz 25). Er bezeichnet die durch eine gebietsfremde Nutzungsart bewirkte Verschlechterung der wirtschaftlichen gebietskonformen Nutzungsmöglichkeiten von Grundstücken, wodurch im Einzelfall auch Abwehrrechte dadurch individuell und handgreiflich beeinträchtigter Grundstücksnachbarn ausgelöst werden können. Sachlich einleuchtend und in Übereinstimmung mit den vom beschließenden Senat in der Entscheidung v. 18.3.1998 entwickelten Kriterien hat das Verwaltungsgericht die im Falle der mehrjährigen Aufrechterhaltung der Wagenburg zu erwartenden negativen Folgen für die wirtschaftliche Nutzbarkeit der benachbarten Grundstücke umschrieben. Mit dem Verwaltungsgericht sieht auch der Senat die naheliegende Gefahr, daß auf Grund der mehrjährigen Zulassung einer faktisch dem Geltungsbereich des öffentlichen Baurechts entzogenen Enklave die Nachbargrundstücke städtebaulich entwertet würden, da ein vernünftiger Bauherr von der Realisierung baulicher Vorhaben in dem derzeit zum Teil noch brachliegenden Umfeld eines derart verwahrlost wirkenden Baugrundstücks Abstand nehmen wird, und daß hierdurch und infolge eines zu erwartenden Nachahmungseffektes der positive Entwicklungsprozeß umgekehrt wird, der in dem Baublock dadurch eingetreten ist, daß namentlich die Antragsteller ... die auf ihren Grundstücken vorhandenen Gebäude instandgesetzt, modernisiert und durch Neubauten ergänzt haben. Danach ist auch aus der Sicht der Antragsteller zu besorgen, daß das Bürogebäude auf ihrem Grundstück seine Attraktivität für eine dem Baurecht entsprechende Nutzung durch die Mieter und mögliche Interessenten einbüßen könnte. Diese Befürchtung rechtfertigt sich insbesondere daraus, daß derzeit Art und Umfang der Inanspruchnahme des Grundstücks für die Einrichtung einer Wagenburg allein durch zivilrechtliche Vereinbarungen festgelegt sind und mangels einer präventiven oder repressiv eingreifenden behördlichen Kontrolle mit hoheitlichen Mitteln für die Nachbarschaft nicht hinreichend sichergestellt ist, daß einer Fehlentwicklung der konzeptionell auf die Erprobung alternativer Lebensformen angelegten Nutzung des Grundstücks – ungeachtet der erkennbaren Bemühungen des Vereins um einen umgebungsverträglichen Betrieb der Wagenburg – bei gegebenem Anlaß effizient begegnet werden kann.

Auch die aus dieser Nachbarrechtsverletzung der Antragsteller folgende Reduzierung des Eingriffsermessens des Antragsgegners auf Null und damit deren Verpflichtung zum Erlaß entsprechender vollziehbarer Beseitigungsanordnungen gegen die Beigeladenen hat das Verwaltungsgericht zutreffend bejaht (vgl. dazu außer dem zitierten Beschluß v. 13.3.1998 auch grundsätzlich den Beschluß v. 7.9.1990, OVGE 19, 102, ferner OVG NRW, BRS 64 Nr. 196). Durchgreifende Gründe dafür, daß von einem Einschreiten hier ausnahmsweise abzusehen sei, sind auch mit der Beschwerde nicht vorgetragen. Die zuständigen Behörden sind nicht berechtigt, der Entwicklung eines erheblichen städtebaulichen Mißstands der hier gegebenen Art und dessen zeitlicher Verfestigung durch Duldung Vorschub zu leisten. Insbesondere kann dem Antragsgegner nicht mit Erfolg entgegengehalten werden, daß er bereits den zuvor genutzten Standort der Wagenburg jahrelang geduldet habe; weder besteht ein Anspruch des Beigeladenen zu 2) auf Fortsetzung dieses Verhaltens, noch ist die Behörde nach ihrer gesetzlichen Aufgabenstellung hierzu berechtigt.

Angesichts dieser Sach- und Rechtslage war aus den im angefochtenen Beschluß aufgeführten Gründen zur Vermeidung wesentlicher Nachteile für die Antragsteller der Erlaß der die Hauptsache teilweise vorwegnehmenden einstweiligen Anordnung geboten. Den konkreten Gegebenheiten und den Interessen des Beigeladenen zu 2) an der Herbeiführung einer anderweitigen Lösung der Standortfrage hat das Verwaltungsgericht in angemessener Weise durch die Gewährung einer Räumungsfrist bis zum 30.4.2003 Rechnung getragen. Ein weitergehendes Hinausschieben der Frist ist auf Grund der dargelegten rechtlichen Situation nicht gerechtfertigt.

Zu Unrecht wendet schließlich die Beigeladene zu 1) gegen ihre Inanspruchnahme zur Durchführung einer zu erlassenden Beseitigungsanordnung ein, daß gegen sie allenfalls eine entsprechende Duldungsverfügung erlassen werden dürfe. Auch sie kann auf Grund ihrer Rechtsstellung als Grundstückseigentümerin und Mitveranlasserin des beanstandeten baulichen Zustandes neben dem Beigeladenen zu 2) durch eine Beseitigungsanordnung herangezogen werden, wobei sie zumindest auf die Ausübung der ihr gegen den Beigeladenen zu 2) zur Verfügung stehenden zivilrechtlichen Möglichkeiten zur Durchsetzung oder Beschleunigung der Räumung zu verweisen ist.

Nr. 198

Die Bauaufsichtsbehörde kann ermessensgerecht den Erlaß einer Abrißverfügung ablehnen, wenn zwar die Baugenehmigung wegen Verstoßes gegen nachbarrechtliche Vorschriften auf die Klage des Nachbarn aufgehoben worden ist, das Grundstück aber durch eine Vorgängerbebauung in ähnlicher Weise belastet war und das Verwaltungsgericht auf Anträge des Bauherrn zwei sofortig vollziehbar erklärte Baustoppverfügungen ausgesetzt hatte.

§ 80 LBauO M-V; VwGO § 113 Abs. 5.

OVG Mecklenburg-Vorpommern, Urteil vom 2. Juli 2003 – 3 L 157/02 –.

Die Beteiligten streiten um den Anspruch der Kläger auf Erlaß einer bauordnungsrechtlichen Beseitigungsverfügung durch den Beklagten gegen den Beigeladenen.

Aus den Gründen:

Anspruchsgrundlage für ein Einschreiten des Beklagten gegen die bauliche Anlage des Beigeladenen ist § 80 Abs. 1 Satz 1 (LBauO M-V). Danach kann die zuständige Behörde die vollständige oder teilweise Beseitigung von baulichen Anlagen anordnen, die im Widerspruch zu öffentlich-rechtlichen Vorschriften errichtet worden sind, wenn nicht auf andere Weise rechtmäßige Zustände hergestellt werden können. Aus der Fassung der Vorschrift ergibt sich, daß die Behörde grundsätzlich eine Ermessensentscheidung darüber zu treffen hat, ob und in welchem Umfang sie einschreitet; sie hat hier nach Maßgabe des § 40 (VwVfG) zu entscheiden. Ein Dritter hat einen Anspruch auf ermessensgerechte Entscheidung, wenn durch das begehrte Einschreiten die

Verletzung eines eigenen subjektiv öffentlichen Rechts verhindert bzw. beseitigt werden soll. In dieser Konstellation kann ein Anspruch auf Einschreiten dann entstehen, wenn jede andere Entscheidung als die, zugunsten des Nachbarn einzuschreiten, ermessensfehlerhaft wäre (vgl. BVerwG, Urteil v. 4.6.1996 – 4 C 15.95 –, BRS 58 Nr. 206 = BauR 1996, 841). Diese Grundsätze gelten auch dann, wenn – wie im vorliegenden Fall – der Bauherr sein Vorhaben aufgrund einer Baugenehmigung errichtet hat, die durch die Behörde oder das Verwaltungsgericht wegen des Verstoßes gegen Nachbarrechte aufgehoben worden ist (vgl. zum Streitstand Finkelnburg/Ortloff, Öffentliches Baurecht, Band 2, 4. Aufl., 258 m. w. N.; Hoppe/Bönker/Grotefels: Öffentliches Baurecht, 2. Aufl., § 18 Rdnr. 171 f. m. w. N.) . Ein originärer Anspruch auf Folgenbeseitigung neben dem nach § 80 Abs. 1 Satz 1 LBauO M-V besteht nicht. Der Anspruch auf Folgenbeseitigung steht nämlich unter dem Vorbehalt der gesetzlichen Ausgestaltung. Im Hinblick auf die spezialgesetzliche Norm des § 80 Abs. 1 Satz 1 LBauO M-V gewinnt der Anspruch auf Folgenbeseitigung somit lediglich nach Maßgabe seines Anwendungsbereichs gegebenenfalls eine ermessensreduzierende Wirkung (vgl. in diesem Sinne BVerwG, Beschluß v. 9.2.2000 – 4 B 11.00 –, BRS 63 Nr. 210 = BauR 2000, 1318).

Der Senat hat erwogen, ob aus einer Verletzung bauplanungsrechtlicher Vorschriften ein Anspruch der Nachbarn auf ordnungsbehördliches Einschreiten abzuleiten ist. Die Verletzung bauplanungsrechtlicher Vorschriften könnte hier in einem Verstoß gegen § 34 Abs. 1 bzw. Abs. 2 BauGB liegen, da sich das vom Beigeladenen errichtete Gebäude nach Beurteilung des Verwaltungsgerichts und des Oberverwaltungsgerichts in den Verfahren betreffend die Rechtmäßigkeit der Baugenehmigung nicht in die nähere Umgebung einfügt und dadurch das auch nachbarschützende Gebot der Rücksichtnahme verletzt. Der Senat kann offenlassen, ob es einen allgemeinen – bundesrechtlichen – Grundsatz gibt, daß bei Verstößen gegen nachbarrechtliche Bestimmungen des Bauplanungsrechts der in seinen Rechten verletzte Nachbar einen Anspruch auf Beseitigung des unter Verstoß gegen die Bestimmungen errichteten Gebäudes hat, wenn auf andere Weise rechtmäßige Zustände nicht hergestellt werden können (in diese Richtung tendenziell BVerwG, Beschluß v. 17.4.1998 – 4 B 144.97 –, BRS 60 Nr. 169 = BauR 1999, 735; BVerwG, Beschluß v. 9.2.2000, a. a. O.). Ein solcher allgemeiner Grundsatz müßte mit Blick auf das Verhältnismäßigkeitsprinzip im Einzelfall für atypische Fallgestaltungen Ausnahmen zulassen.

Im vorliegenden Fall hat der Beklagte im Rahmen seiner Ermessensentscheidung, ein Eingreifen zugunsten der Kläger abzulehnen, Besonderheiten des Falles berücksichtigt, die dazu führen, daß ein Anspruch auf Einschreiten seitens der Kläger nicht gegeben ist, sich vielmehr die Ermessensentscheidung des Beklagten, von einem Einschreiten abzusehen, als rechtmäßig erweist (§ 114 Satz 1 VwGO). Dabei sind bei der gerichtlichen Beurteilung diejenigen Erwägungen zugrunde zu legen, die sich im Ausgangsbescheid und im Widerspruchsbescheid des Beklagten finden (§ 79 Abs. 1 Nr. 1 VwGO). Der Beklagte hat hierbei zunächst zugunsten des Beigeladenen auf den Vertrauensschutz abgestellt, der sich durch die erteilten Baugenehmigungen und insbesondere durch die Entscheidung des Verwaltungsgerichts von 1993 ergeben hat. Er hat auf der anderen Seite die Interessen der Kläger und die Beeinträchtigung durch das Hofgebäude in Rechnung gestellt. Er hat dabei allerdings auch berücksichtigt, daß der Beigeladene verbindlich auf eine Terrassennutzung zur Seite des klägerischen Grundstücks verzichtet und im ersten Obergeschoß einen Sichtschutz angebracht hat, so daß kein Einblick in das Grundstück der Kläger genommen werden kann. Er hat schließlich berücksichtigt, daß die tatsächlich im Gebäude stattfindende Nutzung zu keiner zusätzlichen Störung des klägerischen Grundstücks über das hinausführt, was an Beeinträchtigung der Situation des Grundstücks der Kläger durch das zuvor vorhandene Hofgebäude bereits eingetreten und angelegt war.

Diese Erwägungen begründen die Besonderheit des vorliegenden Falles gegenüber denjenigen, in denen – nur – auf der Grundlage einer sofortig vollziehbaren Genehmigung ohne weitere vorgeschaltete gerichtliche Entscheidung gebaut worden ist, die Baugenehmigung hernach aber auf Rechtsbehelfe des Nachbarn wegen Verstoßes gegen nachbarschützende Normen aufgehoben wurde, und bei denen es um die erstmalige Bebauung eines bislang unbebauten Nachbargrundstücks geht.

Hierzu ist in Hinblick auf die Erörterungen im Berufungsverfahren ergänzend folgendes auszuführen:

Die erste Besonderheit des Falles liegt darin, daß das Grundstück der Kläger bis zum Abriß der ursprünglich vorhandenen Hinterhofbebauung bereits sowohl durch die Bebauung selbst als auch deren Nutzung vorbelastet war. Hinsichtlich der Bebauung selbst ist die Vorbelastung zu einem wesentlichen Teil identisch mit der, die von der heutigen Bebauung ausgeht. Der Baukörper nimmt nämlich im Erdgeschoßbereich nahezu die gleichen Ausmaße wie die frühere Lagerhalle ein. Das gilt auch für die Nichteinhaltung der Abstandflächen gemäß § 6 LBauO M-V jedenfalls zur Grenze des Grundstücks der Kläger. Die frühere Nutzung führte bereits zu einem Personen- und Kraftfahrzeugverkehr im hinteren Bereich der Wohnhäuser der L. Straße. Dadurch ist zugleich bewirkt, daß die Beeinträchtigung im Hinblick auf die etwaig nachbarschützende Wirkung des Gebots der Rücksichtnahme i. S. von § 34 Abs. 1 und Abs. 2 BauGB in quantitativer wie qualitativer Sicht im wesentlichen unverändert ist. Diese Umstände lassen auch die Störungen, die durch die Bebauung und ihre Nutzung auf das klägerische Grundstück wirken, als nicht so gewichtig erscheinen, wie es in den Fällen vorausgesetzt wird, in denen ein Anspruch auf Erlaß einer Beseitigungsverfügung angenommen wird (vgl. Brohm, Öffentliches Baurecht, 3. Aufl., § 30 Rdnr. 24 m. w. N.). Durch den Abriß der hinteren Baulichkeiten wurde auch nicht seitens der Kläger ein Vertrauensschutz dahin begründet, daß nunmehr der rückwärtige Bereich von einer Bebauung freibleiben würde. Es war nämlich bereits von vornherein erkennbar, daß der Abriß im Zusammenhang mit der Neubebauung durch den Beigeladenen durchgeführt werden sollte. Der begehrte Abriß des Gebäudes würde für das klägerische Grundstück somit zu einer wesentlichen Verbesserung der Situation führen, als die Kläger erwarten konnten.

Als weiterer besonderer Gesichtspunkt tritt hinzu, daß der Beklagte zwei Baueinstellungsverfügungen erlassen hatte, deren Sofortvollzug das Verwaltungsgericht aber ausgesetzt hat. Dies unterscheidet den vorliegenden Fall von denjenigen, bei denen „nur" von einer von Gesetzes wegen sofortig vollziehbaren Genehmigung Gebrauch gemacht worden ist, ohne daß eine – wenn auch nur summarische – gerichtliche Beurteilung der Erfolgsaussichten eines Nachbarrechtsbehelfs vorliegt. Hinzu kommt weiter, daß der Beklagte als Genehmigungsbehörde trotz Kenntnis der verwaltungsgerichtlichen Entscheidung vom Dezember 1992 keine Veranlassung gesehen hat, die Baugenehmigung zurückzunehmen. Dazu hätte – wie sich aus der zweiten Baustopp-Verfügung ergibt – hinreichend Anlaß bestanden. Zu berücksichtigen ist schließlich, daß das Oberverwaltungsgericht in dem Ortstermin vom Oktober 1993 eine gütliche Einigung angeregt und im November 1993 einen Vergleichsvorschlag unterbreitet hatte, der bis auf den Kostenteil für den Beigeladenen vorteilhaft war.

Unter diesen Umständen durfte der Beigeladene bis zu einem gewissen Grad auf den Bestand der Baugenehmigung vertrauen und dieses Vertrauen durch den Beklagten in seine Ermessensentscheidung eingestellt werden.

Nr. 199

Zum Anspruch des Nachbarn einer Reihenhauszeile auf baupolizeiliches Einschreiten im Falle der Errichtung einer ungenehmigten, über 40 m³ großen Holzhütte in der rückwärtigen, nicht überbaubaren Grundstücksfläche (Gartenzone).

BauGB § 31 Abs. 2; BauNVO §§ 15 Abs. 1, 23 Abs. 3; LBO § 65 Satz 1.

VGH Baden-Württemberg, Urteil vom 20. Mai 2003 – 5 S 2750/01 – (rechtskräftig).

Der Kläger begehrt ein bauaufsichtliches Einschreiten der Beklagten gegen den Beigeladenen.

Der Kläger ist Eigentümer des nördlich der Straße gelegenen Grundstücks Flst.Nr. 2071/3, der Beigeladene Eigentümer des nördlich angrenzenden Grundstücks Flst.Nr. 2071/2. Beide Grundstücke sind Bestandteil einer Reihenhauszeile. Sie liegen im Geltungsbereich des Straßen- und Baufluchtenplans „St." aus dem Jahre 1958. Die letzte einschlägige Änderung des Bebauungsplans erfolgte 2000 dahingehend, daß Nebenanlagen nördlich der Straße außerhalb der Baufenster unzulässig sind; ausnahmsweise sind Nebenanlagen in den rückwärtigen Gartenbereichen in den dafür ausgewiesenen Flächen zulässig, wobei deren Höhe maximal 2,20 m und deren Grundfläche maximal 10 m² betragen dürfen.

1999 zeigte der Beigeladene den Bau einer Holzhütte mit Pultdach an, die nach den Plänen eine Grundfläche von 5,50 m x 3,50 m sowie eine Höhe von 1,80 m bis 2,20 m (Rauminhalt: 38,50 m3) haben sollte. Nach deren Errichtung im rückwärtigen Gartenbereich bat der Kläger erstmals im März 2000 um Überprüfung des „Gartenhauses", dessen Beseitigung als baurechtswidrigen Zustand er im April 2000 beantragte. Bei einer Baukontrolle wurde festgestellt, daß das Gebäude zum Grundstück des Klägers einen Grenzabstand von 0,50 m aufweist und die hier errichtete Giebelseite 3,50 m lang ist, bei einer Traufhöhe von 2,05 m und einer Firsthöhe von 2,35 m (Fläche: 7,70 m2); die Breite des Gebäudes beträgt 5,50 m. Daraufhin teilte die Beklagte dem Kläger mit, daß keine Veranlassung zum Eingreifen gesehen werde, da das Gebäude keine planungsrechtlichen Vorschriften verletze und auch in bauordnungsrechtlicher Hinsicht nach §6 Abs. 1 Satz 2 LBO zulässig sei.

Aus den Gründen:
Der Kläger hat einen Anspruch gegen die Beklagte auf das begehrte baupolizeiliche Einschreiten gegenüber dem Beigeladenen.

Ein von einem Nachbarn geltend gemachter Anspruch gegen die Baurechtsbehörde auf Erlaß einer Beseitigungsanordnung setzt zunächst voraus, daß die tatbestandlichen Voraussetzungen des §65 Satz 1 LBO gegeben sind. Danach kann der teilweise oder vollständige Abbruch einer Anlage, die im Widerspruch zu öffentlich-rechtlichen Vorschriften errichtet wurde, angeordnet werden, wenn nicht auf andere Weise rechtmäßige Zustände hergestellt werden können. Die darin normierte behördliche Ermessensbetätigung kann der Nachbar allerdings nur dann beanspruchen, wenn das umstrittene Vorhaben zu seinen Lasten gegen eine nachbarschützende Vorschrift verstößt. Verbietet diese unzumutbare Beeinträchtigungen, so ist die Behörde bei derartigen Beeinträchtigungen in aller Regel zum Einschreiten gegen den baurechtswidrigen Zustand verpflichtet, es sei denn, es stehen ihr sachliche Gründe für eine Untätigkeit zur Seite (vgl. VGH Bad.-Württ, Beschluß v. 13. 12. 1991 – 3 S 2358/91 –, VBlBW 1992, 148). Diese Voraussetzungen sind hier gegeben.

Zwischen den Beteiligten steht außer Streit, daß die zu beseitigende Hütte mit einem Rauminhalt von 42,35 m^3 nicht mehr nach Nr. 1 des Anhangs zu §50 Abs. 1 LBO verfahrensfrei ist und daß die danach erforderliche Baugenehmigung – mangels entsprechender Antragstellung durch den Beigeladenen – nicht vorliegt (formelle Illegalität).

Die Hütte ist auch in materieller, nämlich planungsrechtlicher Hinsicht seit ihrer Errichtung fortwährend zu Lasten des Klägers baurechtswidrig.

Seit der mit Satzungsbeschluß von 2000 erfolgten Änderung des Bebauungsplans „St." der Beklagten ist die Hütte (schon) wegen ihrer Lage außerhalb der durch Baugrenzen festgesetzten überbaubaren Grundstücksfläche unzulässig. ...

Danach ist in planungsrechtlicher Hinsicht davon auszugehen, daß die Hütte seit ihrer Errichtung im Frühjahr 2000 fortwährend außerhalb der nach dem einschlägigen Bebauungsplan durch hintere Baugrenzen festgelegten überbaubaren Grundstücksfläche liegt.

Ob die damit erfolgte Festsetzung einer rückwärtigen Bauverbotsfläche nachbarschützende Wirkung (auch) zugunsten des jeweils benachbarten Eigentümers der Reihenhauszeile hat (vgl. hierzu OVG Bremen, Urteil v. 20. 2. 1996 – 1 BA 53/95 –, BRS 58 Nr. 173), so daß sich der Kläger hierauf berufen könnte, kann dahinstehen. ...

Denn jedenfalls verstößt die Hütte zu Lasten des Klägers gegen das planungsrechtliche Rücksichtnahmegebot. Wäre die (genehmigungspflichtige) Hütte genehmigt worden, so folgte die Möglichkeit des Klägers, sich im Rahmen eines hiergegen eingeleiteten Nachbarrechtsstreits auf das planungsrechtliche Rücksichtnahmegebot zu berufen, je nach dem Inhalt der erteilten Baugenehmigung aus §15 Abs. 1 BauNVO, aus §31 Abs. 2 BauGB oder aus einer analogen Anwendung des § 15 Abs. 1 BauNVO unter Berücksichtigung der Interessenbewertung des § 31 Abs. 2 BauGB (vgl. hierzu BVerwG, Urteil v. 6. 10. 1989 – 4 C 14.87 –, BVerwGE 82, 343 = BRS 49 Nr. 188 = BauR 1989, 710 = PBauE § 31 BauGB Nr. 5). Im vorliegenden Fall der Errichtung der Hütte ohne (erforderliche) Baugenehmigung kann für die Frage ihrer materiellen Nachbarrechtswidrigkeit nichts anderes gelten. Welche Anforderungen das Gebot der Rücksichtnahme begründet, hängt von den Umständen des Einzelfalls ab. Je empfindlicher und schutzwürdiger die Stellung desjenigen ist, dem die Rücksichtnahme im gegebenen Zusammenhang zugute kommt, um so mehr kann er an Rücksichtnahme verlangen. Je verständlicher und unabweisbarer die mit dem Vorhaben verfolgten Interessen sind, um so weniger braucht derjenige, der das Vorhaben verwirklichen will, Rücksicht zu nehmen. Abzuwägen ist, was einerseits dem Rücksichtnahmebegünstigten und andererseits dem Rücksichtnahmepflichtigen nach Lage der Dinge zuzumuten ist (vgl. BVerwG, Urteil v. 28. 10. 1993 – 4 C 5.93 –, BRS 55 Nr. 168 = BauR 1994, 354 = PBauE § 34 Abs. 1 BauGB Nr. 22).

Ausgehend hiervon hat der Senat nach der Augenscheinseinnahme im Rahmen der mündlichen Verhandlung die Überzeugung gewonnen, daß die vom Beigeladenen errichtete Hütte zu Lasten des Klägers gegen das Rücksichtnahmegebot verstößt. Ausgangspunkt hierfür ist die Erwägung, daß die Eigentümer von Reihenhausgrundstücken untereinander in besonderer Weise zu einer Art bodenrechtlicher Schicksalsgemeinschaft verbunden sind und daher grundsätzlich einer besonderen gegenseitigen Pflicht zur Rücksichtnahme unterliegen. Sie können im allgemeinen davon ausgehen, daß bauliche Anlagen außerhalb der überbaubaren Grundstücksfläche nur unter Beachtung der besonderen Schutzwürdigkeit der berechtigten Nachbarinteressen errichtet werden dürfen (vgl. auch Senatsurteil v. 14. 8. 1997 – 5 S 1252/96 –, BauR 1998, 517 = BRS 59 Nr. 189). Hinzu kommt im vorliegenden Fall, daß es sich nicht um eine versetzte (gestaffelte), sondern – jedenfalls im Verhältnis zwischen Beigeladenen und Kläger – um eine auf einer Linie stehende Reihenhauszeile handelt. Ins Gewicht fällt ferner, daß sich die rückwärtige Bauverbotsfläche, die im Zeitpunkt der Errichtung der Hütte im Frühjahr 2000 durch die damals gültige Fassung des Bebauungsplans ausdrücklich als „Vorgarten Grünfläche" festgesetzt war, an die nach (Süd-)Westen ausgerichtete Wohnseite der Reihenhauszeile anschließt und damit einen erheblichen Einfluß auf die Wohnqualität hat. Der Kläger kann darauf vertrauen, daß der benachbarte Beigeladene nicht einseitig mit baulichen Anlagen aus der so begründeten Reihenhaus-Schicksalsgemeinschaft ausbricht und dabei die zugrunde liegende Zuordnung der Nutzungsbereiche „Wohnen" und „Garten" nicht in unverhältnismäßiger Weise zu seinen Lasten verschiebt. Hierbei ist weniger von Bedeutung, ob die Hütte bauordnungsrechtlich (noch) als Nebenraum einzustufen ist und somit die Abstandsflächenprivilegierung des § 6 Abs. 1 Satz 2 LBO genießt, so daß der Kläger aus tatsächlichen Gründen unter den Aspekten Besonnung, Belichtung und Belüftung seines Grundstücks grundsätzlich auch in bauplanungsrechtlicher Hinsicht nicht mehr an Rücksichtnahme verlangen könnte. Ins Gewicht fällt vielmehr die mit dem Vorhaben verbundene Verschiebung der Nutzungsbereiche. Bereits mit dem wintergartenähnlichen zweigeschossigen Anbau überschreitet das Wohngebäude des Beigeladenen die nach der Änderungsplanung von 2000 neu festgesetzte rückwärtige Baugrenze. Durch die in geringem Abstand hierzu errichtete Hütte, die mit einer Breite von ca. 5,50 m an der nördlichen Grundstücksgrenze nur noch einen Durchgang von ca. 2,50 m beläßt, wird – unterstützt durch den dazwischen aufgebrachten Terrassenbelag – der Eindruck einer baulichen Erweiterung praktisch bis in die Mitte der rückwärtigen Gartenzone hervorgerufen. Selbst wenn die Hütte nicht die nach §34 Abs. 1 Satz 2 Nr. 2 LBO für einen Aufenthaltsraum erforderliche lichte Höhe von 2,30 m erreicht, erscheint sie angesichts ihrer Größe (Grundfläche: 5,50 m x 3,50 m), Bauweise, Aufteilung und Ausstattung doch nicht als „echte" Gerätehütte, wie sie mittlerweile auch den Vorstellungen der Beklagten in der Änderungsplanung von 2000 entspricht. Mit der Hütte ist ein verstärkter Aufenthalt von Personen auf dem davor liegenden, mit einem Terrassenbelag versehenen Bereich verbunden, der seinerseits unmittelbar an das Wohngebäude bzw. den wintergartenähnlichen Anbau anschließt. Damit wird eine Unruhe in die rückwärtige Gartenzone hineingetragen, die zu Lasten des Klägers die gebotene Rücksichtnahme auf das hier wegen der beengten räumlichen Gegebenheiten besonders sensible Nachbarrechtsverhältnis vermissen läßt. Eine solche „Zerstörung" der Gartenzone um fast die Hälfte ist dem Kläger angesichts der durch die Reihenhausbebauung ausgelösten besonderen nachbarlichen Nähe und der damit verbundenen Befriedungsfunktion der rückwärtigen Gartenfläche (Bauverbotsfläche) billigerweise nicht mehr zuzumuten.

Liegt wegen der geschilderten unzumutbaren Beeinträchtigung der nachbarlichen Interessen des Klägers ein Verstoß gegen das Rücksichtnahmegebot vor, so kann die Beklagte das begehrte baupolizeiliche Einschreiten ermessensfehlerfrei nur ablehnen, wenn ihr dafür sachliche Gründe zur Seite stünden (vgl. auch Sauter, Landesbauordnung für Baden-Württemberg, 3. Aufl., §65 Rdnr. 79). Solche hat die Beklagte jedoch nicht aufgezeigt; sie sind auch sonst nicht ersichtlich. Vielmehr schlägt umgekehrt für eine Ermessensverdichtung in Richtung auf den Erlaß einer Beseitigungsanordnung folgendes zu Buche: Hätte der Beigeladene – wie geboten – eine Baugenehmigung für die umstrittene Hütte beantragt, so wäre eine erteilte Baugenehmigung auf eine Nachbarklage des Klägers hin wegen Verstoßes gegen das planungsrechtliche Rücksichtnahmegebot – wie dargelegt – aufzuheben gewesen. In diesem Fall hätten Art. 14 Abs. 1 GG und der daran anknüpfende Folgenbeseitigungsanspruch im Rahmen des §65 Satz 1 LBO für die Beklagte eine ermessensreduzierende Wirkung in Richtung auf den Erlaß einer Beseitigungsanordnung entfaltet (vgl. BVerwG, Beschluß v. 9.2.2000 – 4 B 11.00 –, BRS 63 Nr. 210 = BauR 2000, 1318). Der Kläger kann insoweit aber nicht deshalb schlechter stehen, weil der Beigeladene keine Baugenehmigung zur Errichtung der Hütte eingeholt und damit die Erhebung einer – erfolgreichen – Nachbarklage durch den Kläger vereitelt hat (vgl. auch Sauter, a.a.O., §65 Rdnr. 78). Hinzu kommt, daß – wie dargelegt – ein Verstoß gegen das planungsrechtliche Rücksichtnahmegebot vorliegt. Das materielle Bauplanungsrecht steht in seiner Beachtung und Durchsetzung grundsätzlich aber nicht zur Disposition des Landesgesetzgebers. Dies gilt auch für die Frage, ob und gegebenenfalls in welchen Grenzen die zuständige Behörde auch dann ein den Erlaß einer Abbruchsanordnung betreffendes Entscheidungsermessen besitzt, wenn es sich um die Wahrung der nach Bundesrecht zu beurteilenden bauplanungsrechtlichen Zustände handelt (vgl. BVerwG, Beschluß v. 17. 4. 1998 – 4 B 144.97 –, BauR 1999, 735 = BRS 60 Nr. 169).

Nr. 200

Rückwirkend in Kraft gesetzter Bebauungsplan als Rechtsgrundlage für eine zuvor ergangene Beseitigungsverfügung.

BauGB § 215a Abs. 2.

Bundesverwaltungsgericht, Beschluß vom 18. Juli 2003 – 4 B 49.03 –.

(Bayerischer VGH)

Aus den Gründen:
Die Frage, unter welchen Voraussetzungen durch rückwirkende Inkraftsetzung von Bebauungsplänen in eigentumsrechtlich geschützte Rechtspositionen eingegriffen werden kann, rechtfertigt nicht die Zulassung der Revision. Der Bebauungsplan vom Mai 1999 scheidet als Grundlage für die Beseitigungsverfügung nicht deshalb aus, weil die Kläger den Zaun bereits 1990 errichtet haben. Der Plan ist rückwirkend in Kraft gesetzt worden und an die Stelle des im Jahre 1978 beschlossenen Plans getreten, der wegen eines Bekanntmachungsmangels nicht wirksam geworden ist. § 215a Abs. 2 BauGB läßt eine solche Rückwirkungsanordnung zu. Wird ein formeller Fehler in einem ergänzenden Verfahren behoben und der Bebauungsplan rückwirkend in Kraft gesetzt, so wird hierdurch die Rechtsgrundlage für eine zuvor ergangene Beseitigungsverfügung nachgeliefert, ohne daß sich der Betroffene mit Erfolg darauf berufen kann, auf den Fortbestand der früheren Rechtslage vertraut zu haben (vgl. BVerwG, Urteil v. 5. 12. 1986 –, BVerwGE 75, 262).

Nr. 201

Eine Bauaufsichtsbehörde kann die mit bestandskräftiger Nebenbestimmung auferlegte Verpflichtung zum Einbau einer Nacht-Abschaltautomatik in eine Windkraftanlage mit Zwangsmitteln durchsetzen. Das ist unter Ermessensgesichtspunkten nur dann zu beanstanden, wenn der Betrieb der Windkraftanlage ohne diese Einrichtung offensichtlich genehmigungsfähig ist.

NBauO §§ 78, 89 Abs. 4.

Niedersächsisches OVG, Beschluß vom 12. März 2003 – 1 ME 342/02 – (rechtskräftig).

Nr. 201

Die Antragsteller wenden sich gegen die Anordnung, eine sogenannte Nacht-Abschaltautomatik für eine von drei Windenergieanlagen wieder aktivieren zu müssen.

Der Antragsteller zu 1) erhielt vom Antragsgegner 1993 die Genehmigung, zwei Windenergieanlagen mit einer Nennleistung von je 148 kW östlich von E. zu betreiben. Zusammen mit dem Antragsteller zu 2) als Gesellschaft bürgerlichen Rechts auftretend erhielt er außerdem im Oktober 2000 vom Antragsgegner für einen unmittelbar benachbarten Standort die Baugenehmigung zur Errichtung und Betrieb einer dritten Windenergieanlage. Nr. 8 dieser Baugenehmigung macht Nebenbestimmungen und Hinweise des Gewerbeaufsichtsamtes F. vom August 2000 zum Inhalt der Baugenehmigung. Deren Nr. I. 2 und 2.1 bestimmen, das Bauvorhaben sei so zu gestalten, daß bei dem späteren Betrieb aller drei Windenergieanlagen für insgesamt sechs allgemeinen Wohn- bzw. Dorf- und Mischgebieten zugewiesene Immissionspunkte – gemessen 0,5 m vor dem geöffneten, vom Lärm am stärksten betroffenen Fenster – Immissionsrichtwerte von 55/40 bzw. 60/45 dB(A) eingehalten werden. Die Einhaltung dieser Werte sei durch den Einbau einer Nacht-Abschaltautomatik in der schon vorhandenen Windenergieanlage II zu gewährleisten. Einbau und Programmierung habe der Anlagenhersteller schriftlich zu bestätigen. Eine Kopie dieser Bestätigung sei vor Inbetriebnahme dem Staatlichen Gewerbeaufsichtsamt F. zuzusenden. Die Baugenehmigung wurde bestandskräftig. Nach Inbetriebnahme der dritten Windenergieanlage beschwerten sich Nachbarn über Lärm, welcher zur Nachtzeit von den drei Anlagen ausgehe. Zunächst ließen die Antragsteller die Windenergieanlage II von Hand zur Nachtzeit abschalten, und machten geltend, eine erneute Immissionsmessung werde ergeben, daß die Anlage auch in der Nachtzeit den Immissionsrichtwert von 45 dB(A) am Immissionspunkt 6 nicht überschreite. Auf Druck des Antragsgegners reichte er dann im Oktober 2001 eine Bestätigung eines Elektromeisters ein, wonach die Nacht-Abschaltautomatik in der Windenergieanlage II eingebaut und programmiert worden sei.

Im November 2001 beantragten die Antragsteller unter Hinweis auf ein beigefügtes Schallgutachten für drei Windenergieanlagen am Standort G. des Ingenieurbüros vom November 2001, die Nebenbestimmung Nr. 2.1 zu streichen. Das Gutachten habe nach einer Geräuschmessung an der im Jahre 2000 genehmigten Windenergieanlage errechnet, daß auch am Immissionspunkt 6 der zulässige Schallpegel von 45 dB(A) nachts nicht überschritten werde. Dieser Antrag ist bislang nicht beschieden. Der Antragsgegner ist der Auffassung, die drei Windenergieanlagen müßten im Zusammenhang betrachtet werden; ihre materielle Rechtmäßigkeit sei daher nach der Gesetzesänderung an den Vorschriften des Bundesimmissionsschutzgesetzes zu messen. Außerdem sah er das Schallgutachten für nicht ausreichend an und forderte mit Schreiben vom Juni 2002 u. a. eine Vermessung des Schallleistungspegels für alle drei vorhandenen Anlagen. Eine solche ist bislang nicht durchgeführt worden.

Zwischenzeitlich hatten die Antragsteller die installierte automatische Nacht-Abschaltanlage deaktiviert.

Mit hier angegriffenem Bescheid vom Juli 2002 gab der Antragsgegner den Antragstellern daraufhin unter Anordnung des Sofortvollzuges auf, die installierte Nacht-Abschaltautomatik sofort wieder zu aktivieren.

Aus den Gründen:

Dem Verwaltungsgericht ist darin zuzustimmen, daß es auf die Einhaltung der formellen Erfordernisse des § 80 Abs. 3 Satz 1 VwGO hier nicht ankommt. Ist eine einer Baugenehmigung beigefügte Nebenbestimmung unanfechtbar oder deren sofortige Vollziehung angeordnet worden, so kann die Bauaufsichtsbehörde sie mit den Mitteln des Verwaltungszwanges durchsetzen (vgl. Große/Suchsdorf/Lindorf/Schmaltz/Wiechert, NBauO, Kommentar, 7. Aufl. 2002, § 72 Rdnr. 65). Ist die Auflage unanfechtbar und damit bestandskräftig geworden, bedarf es zu ihrer Durchsetzung nicht mehr der Anordnung des Sofortvollzuges. Dementsprechend ging diese Anordnung hier ins Leere. Ein Bescheid wird nicht dadurch (in formeller Hinsicht bezüglich seiner Vollziehbarkeit) rechtswidrig, daß die Bauaufsichtsbehörde überflüssiges in ihren Bescheid aufnimmt. Entgegen der Annahme der Beschwerdeführer ist es nicht gerechtfertigt, die Verfügung vom Juli 2002 als Zweitbescheid anzusehen mit der Folge, daß es zu seiner Vollziehung doch der Anordnung des Sofortvollzuges bedurft haben würde. Denn der Antragsgegner hat die oben zitierte Nebenbestimmung vom Oktober 2000 nicht gleichsam erneut auf den Prüfstand gestellt und unter Verzicht auf die Berufung ihrer Bestandskraft den Antragstellern die Gelegenheit geben wollen, ihre Rechtmäßigkeit erneut überprüfen zu lassen. Das ergibt sich u. a. daraus, daß der Antragsgegner in dieser Verfügung nicht §89 Abs. 1 NBauO als Ermächtigungsgrundlage genannt hat, sondern sich für die Durchsetzbarkeit der Nebenbestimmung auf §78 Abs. 1 NBauO berufen hat. Dementsprechend hat er in der Begründung zu dem Bescheid nicht einmal ansatzweise den Versuch unternommen, die Rechtmäßigkeit der oben zitierten Nebenbestimmung mit Rücksicht auf betroffene Nachbarbelange erneut zu begründen und zu untermauern. Im ersten Absatz der Begründung hat er sich vielmehr kurz und lapidar auf die der Baugenehmigung vom Oktober 2000 beigegebene Nebenbestimmung berufen, welche es nunmehr durchzusetzen gelte. §89 NBauO wird dementsprechend auch nicht mit seinem Abs. 1, sondern mit dem Abs. 4 NBauO zitiert, welcher (allein) auf die zur Durchsetzung vollziehbarer Verfügungen gerichteten Bestimmungen des Niedersächsischen Gefahrenabwehrgesetzes (§§ 64 ff.) verweist.

Die angegriffene Maßnahme ist auch unter Ermessensgesichtspunkten nicht zu beanstanden. Sie wäre es nur dann, wenn den Antragstellern offensichtlich ein Anspruch auf uneingeschränkten Betrieb aller drei Windenergieanlagen (einschließlich der Windenergieanlage II) zustünde. Denn die durchzusetzende Maßnahme kommt im Ergebnis einer Teil-Nutzungsuntersagung gleich. Diese darf nur in den „seltenen Fällen" nicht durchgesetzt werden, in denen offensichtlich ist, daß der formell illegale Betrieb genehmigungsfähig ist (vgl. OVG Lüneburg, Beschluß v. 25. 2. 1982 – 1 B 1365/81 –, V.n.b.). Offensichtlich ist die Genehmigungsfähigkeit indes erst dann, wenn die Bauaufsichtsbehörde ohne weitere Ermittlungen erkennen kann, daß die bauliche Anlage in ihrer Nutzung dem öffentlichen Baurecht entspricht. Es muß mit anderen Worten geradezu handgreiflich sein und keiner näheren Prüfung bedürfen, daß der vom Bauherrn gewünschte Zustand dem öffentlichen Baurecht vollständig entspricht. Davon kann hier keine Rede sein. Es ist namentlich nicht offensichtlich richtig, daß sich der Antragsgegner lediglich auf eine Berechnung der von allen drei Windenergieanlagen ausgehenden Lärmbeeinträchtigungen einlassen muß. Es kommt vielmehr in Betracht anzunehmen, er dürfe eine Ermittlung der von ihnen tatsächlich ausgehenden Lärmimmissionen deshalb verlangen, weil sie bereits verwirklicht worden sind. Nicht geradezu handgreiflich richtig ist des weiteren der Standpunkt der Antragsteller, die vom Antragsteller zu 1) mit Genehmigung aus dem Jahr 1993 errichteten Windenergieanlagen dürften nicht zusammen mit der Windenergieanlage III betrachtet werden, sondern zu Lasten der Nachbarschaft als Vorbelastung anzusehen sein (vgl. Nr. 3.2.1 der TA Lärm). Es liegt auch nicht als eindeutig richtig auf der Hand, daß im Immissionspunkt 6 bei Anwendung der Nr. 3.2.1 der TA Lärm der maßgebliche Wert von 46 dB(A)/nachts nicht überschritten werde. Zutreffend hat das Verwaltungsgericht darauf hingewiesen, daß die von den Altanlagen ausgehenden Immissionen auf der Grundlage von Messungen ermittelt worden sind, welche etwa 14 Jahre zurückliegen. ...

Nr. 202

1. **Nach dem baden-württembergischen Landesvollstreckungsgesetz besteht kein Vorrang des Zwangsmittels der Ersatzvornahme vor dem des Zwangsgeldes.**

2. **Es gibt keinen vollstreckungsrechtlichen Grundsatz des Inhalts, daß die Höhe des Zwangsgeldes nicht die bei einer Ersatzvornahme zu erwartenden Kosten übersteigen darf.**

3. **Die fortgesetzte Zwangsgeldandrohung und -festsetzung kann mit Rücksicht auf die Überschreitung der Kosten der Ersatzvornahme, die Höhe der bisher festgesetzten Zwangsgelder und die finanzielle Situation des Betroffenen unverhältnismäßig sein (hier bejaht).**

LVwVG § 19 Abs. 2 und 3.

VGH Baden-Württemberg, Urteil vom 4. Dezember 2003 – 5 S 2781/02 – (rechtskräftig).

(VG Karlsruhe)

Der Kläger wendet sich gegen die Androhung eines (dritten) Zwangsgeldes i. H. v. 10 000,– DM.

1993 wurde er verpflichtet, den auf seinem Grundstück im Jahr 1992 errichteten zweigeschossigen Geräteschuppen (Grundfläche ca. 4,25 m x 4,25 m) abzubrechen und das Abbruchmaterial vom Grundstück zu entfernen sowie ordnungsgemäß zu entsorgen. Der Bescheid wurde bestandskräftig. Nachdem eine erste Zwangsgeldandrohung 1996 wieder aufgehoben worden war, drohte die Beklagte dem Kläger 1998 für den Fall, daß er die Abbruchverfügung von 1993 nicht bis zum 30. 9. 1998 erfüllt habe, erneut ein Zwangsgeld i. H. v. 5000,– DM an. Die Klage gegen diesen Bescheid wurde abgewiesen.

Ein 2000 gestellter Antrag des Klägers auf Wiederaufgreifen des abgeschlossenen Verfahrens war ebenso erfolglos wie sein Antrag auf Erteilung einer Baugenehmigung für ein „unterkellertes Bienenhaus". Nachdem er den Schuppen auch innerhalb einer ihm gesetzten Frist bis zum 31. 3. 2000 nicht abgebrochen hatte, setzte die Beklagte ein Zwangsgeld i. H. v. 5000,– DM fest und drohte dem Kläger ein weiteres Zwangsgeld i. H. v. 7500,– DM an. Das festgesetzte Zwangsgeld wurde beigetrieben.

Da der Kläger auch in der Folgezeit das Gebäude nicht beseitigte, setzte die Beklagte mit Bescheid vom 15. 9. 2000 ein Zwangsgeld i. H. v. 7500,– DM fest und drohte ihm für den Fall, daß er der Abbruchverfügung bis zum 1. 12. 2000 nicht nachkomme, ein weiteres (drittes) Zwangsgeld i. H. v. 10 000,– DM an.

Aus den Gründen:

Das Verwaltungsgericht hätte der Klage stattgeben müssen, soweit diese sich gegen die Androhung eines weiteren Zwangsgeldes unter Nr. 2 des

Bescheides der Beklagten vom 15. 9. 2000 und die diesbezügliche Zurückweisung seines Widerspruchs mit Bescheid des Regierungspräsidiums Karlsruhe vom 19. 2. 2001 richtet. Denn die Bescheide sind insoweit rechtswidrig und verletzen den Kläger in seinen Rechten (§ 113 Abs. 1 Satz 1 VwGO).

Das Verwaltungsgericht hat zutreffend ausgeführt, daß sich an der Zulässigkeit der Klage nichts geändert hat, obwohl das angedrohte Zwangsgeld zwischenzeitlich – mit noch nicht bestandskräftigem Bescheid vom 4. 4. 2001 – festgesetzt und beigetrieben wurde (vgl. VGH Bad.-Württ., Beschluß v. 16. 5. 1980 – 8 S 102/80 –, juris). Die Klage ist aber entgegen der Auffassung des Verwaltungsgerichts bezüglich der Zwangsgeldandrohung begründet. Zwar lagen die Voraussetzungen für eine Vollstreckung der Abbruchverfügung von 1993 (vgl. §§ 2, 18 LVwVG) auch nach Stellung eines Antrags auf Wiederaufgreifen des Verfahrens weiter vor. Die Androhung eines dritten Zwangsgeldes (vgl. §§ 20 Abs. 1, 19 Abs. 1 Nr. 1, 23 LVwVG) i. H. v. 10 000,– DM (5112,92 €) ist jedoch wegen Verstoßes gegen den Verhältnismäßigkeitsgrundsatz als ermessensfehlerhaft anzusehen.

Ebenso wie die Entscheidung, ob ein Verwaltungsakt mit Zwangsmitteln durchgesetzt werden soll, erfolgt auch die Auswahl der Zwangsmittel nach pflichtgemäßem Ermessen der Vollstreckungsbehörde, das gerichtlich nur eingeschränkt überprüfbar ist. So hat die Behörde nach dem baden-württembergischen Verwaltungsvollstreckungsgesetz bei der Vollstreckung eines Verwaltungsakts, der zu einer Handlung (ausgenommen einer Geldleistung), einer Duldung oder einer Unterlassung verpflichtet, nach pflichtgemäßem Ermessen zwischen den Zwangsmitteln Zwangsgeld und Zwangshaft, Ersatzvornahme und unmittelbarer Zwang (vgl. §§ 19 Abs. 1, 23 bis 26 LVwVG) zu wählen. Geht es um vertretbare Handlungen wie z. B. bei einer Abbruchverfügung, kommen in erster Linie Zwangsgeld und Ersatzvornahme in Betracht. Dabei besteht in Baden-Württemberg kein gesetzlicher Vorrang des Zwangsmittels der Ersatzvornahme vor dem des Zwangsgeldes (anders nach § 11 Abs. 1 Satz 2 VwVG, wonach Zwangsgeld nur dann verhängt werden darf, wenn die Ersatzvornahme „untunlich" ist; nach § 32 Abs. 2 BayVwVG ist hingegen eine Ersatzvornahme nur zulässig, wenn ein Zwangsgeld keinen Erfolg erwarten läßt; vgl. zum Ganzen Lemke, Verwaltungsvollstreckungsrecht des Bundes und der Länder, 1. Aufl. 1997, § 11 III. 2., S. 281 ff.). Die von der Behörde getroffene Ermessensentscheidung ist gerichtlich daraufhin zu überprüfen, ob die gesetzlichen Grenzen des Ermessens eingehalten wurden und ob von dem Ermessen in einer dem Zweck der Ermächtigung entsprechenden Weise Gebrauch gemacht wurde (§ 114 Satz 1 VwGO). Ein beachtlicher Ermessensfehler liegt z. B. vor, wenn gesetzliche Vorgaben, die Grundrechte oder allgemeine Verwaltungsgrundsätze, wie insbesondere das Gebot der Verhältnismäßigkeit nicht hinreichend beachtet wurden. Der Verhältnismäßigkeitsgrundsatz (vgl. dazu BVerfG, Beschluß v. 27. 1. 1983, BVerfGE 17, 306, 313; Kirchhof, in: Isensee/Kirchhof, Handbuch des Staatsrechts, Bd. III, 2. Aufl. 1996, § 59 Rdnr. 25 ff.; Grabitz, AöR 98 (1973), 568; jew. m. w. N.) bedeutet in bezug auf die Auswahl des Zwangsmittels zunächst, daß das gewählte Zwangsmittel geeignet sein muß, den Pflichtigen dazu anzuhalten, die ihm obliegende Handlung, Duldung oder Unterlassung zu erfüllen. Weiter muß es erforderlich sein, d. h. es ist zu prüfen, ob von mehreren geeigneten Zwangsmitteln nicht ein milderes, gleich geeignetes Mittel gewählt werden kann. Schließlich muß der eingesetzte Zwang in einem angemessenen Verhältnis zum erstrebten Erfolg stehen (Verhältnismäßigkeit im engeren Sinne). Das Verhältnismäßigkeitsgebot ist in § 19 Abs. 2 und 3 LVwVG aufgenommen und konkretisiert. Danach hat die Vollstreckungsbehörde in Fällen, in denen mehrere Zwangsmittel in Betracht kommen, dasjenige Zwangsmittel anzuwenden, das den Pflichtigen und die Allgemeinheit am wenigsten beeinträchtigt, und es darf durch die Anwendung des Zwangsmittels kein Nachteil entstehen, der erkennbar außer Verhältnis zum Zweck der Vollstreckung steht.

Nach diesen Grundsätzen erweist sich hier die Entscheidung der Beklagten, ein drittes Zwangsgeld i. H. v. 10 000,– DM (5112,92 €) anzudrohen, zum maßgeblichen Zeitpunkt des Erlasses des Widerspruchsbescheides vom 19. 2. 2001 als ermessensfehlerhaft.

Allerdings kann entgegen der Auffassung des Klägers nicht davon ausgegangen werden, daß die Androhung eines weiteren Zwangsgeldes in Anbetracht seines bisherigen, wenig einsichtigen Verhaltens von vornherein als ungeeignet anzusehen gewesen wäre, und daß die Beklagte schon deshalb zum Zwangsmittel der Ersatzvornahme hätte übergehen müssen. Vielmehr war zum maßgeblichen Zeitpunkt für die Beklagte bzw. die Widerspruchsbehörde nicht erkennbar, daß er sich auch durch eine weitere Zwangsgeldandrohung auf jeden Fall unbeeindruckt zeigen würde. Daß er bislang seiner Verpflichtung zum Abbruch des Schuppens trotz Festsetzung und Beitreibung der ersten beiden Zwangsgelder i. H. v. insgesamt 12 500,– DM (6391,15 €) nicht nachgekommen war, konnte ebenso daran liegen, daß der Kläger noch Hoffnung hatte, auf seine Anträge auf Wiederaufgreifen des Verfahrens und auf Erteilung einer Baugenehmigung hin doch noch eine Aufhebung der Abbruchverfügung zu erreichen.

Die Beklagte hat auch zu Recht darauf verwiesen, daß eine Abbruchverfügung i. d. R. mit Zwangsgeldern und im Wege der Ersatzvornahme vollstreckt werden kann und daß aus dem Verhältnismäßigkeitsprinzip kein genereller Vorrang des einen oder des anderen Zwangsmittels folgt (vgl. dazu Lemke, a. a. O., § 11 III. 2c, S. 283 ff., m. w. N.). Einerseits hat die Ersatzvornahme häufig den Nachteil, daß sie einen höheren Verwaltungsaufwand verursacht und den Pflichtigen wegen höherer Kosten i. d. R. mehr belastet, als wenn er der zugrunde liegenden Verpflichtung selbst nachkommt. Auch wird sie teilweise als schwererer Eingriff in die persönliche Freiheit des Betroffenen angesehen. Andererseits hat die Ersatzvornahme auch für den Verpflichteten den Vorteil, daß mit ihrer Durchführung der gewünschte Erfolg tatsächlich bewirkt wird und nicht weitere Vollstreckungsmaßnahmen drohen.

Im konkreten Fall und zum hier maßgeblichen Zeitpunkt wäre aber die Androhung einer Ersatzvornahme im Vergleich zur Androhung eines dritten Zwangsgeldes i. H. v. 10 000,– DM (5112,92 €) ein „deutlich milderes", den Kläger letztlich weniger beeinträchtigendes und trotzdem gleich geeignetes Mittel zur Erreichung des gewünschten Zwecks – den Abbruch des Schuppens – gewesen, so daß die Zwangsgeldandrohung gegen § 19 Abs. 2 LVwVG bzw. den Erforderlichkeitsgrundsatz verstößt.

Dabei ist zunächst zu berücksichtigen, daß das angedrohte dritte Zwangsgeld höher ist als die voraussichtlichen Kosten der Ersatzvornahme. Der Kläger hat ein Angebot eines Straßen- und Tiefbauunternehmens von 2002 und die Stellungnahme eines Architekten zu diesem Angebot von 2003 vorgelegt, wonach der Abbruch und die Beseitigung des Gebäudes 1160,- € (2268,76 DM) kosten soll. Die Beklagte ging hingegen zunächst auf Grund der Schätzung eines Bausachverständigen von voraussichtlichen Kosten i. H. v. 9000,- DM (4601,63 €) aus. Das günstigste von drei von der Beklagten Ende 2001 eingeholten Angeboten für die Beseitigung des Schuppens sowie die Entsorgung des angefallenen Materials belief sich dann – inklusive Umsatzsteuer – auf 5382,40 DM (2751,98 €). Der betreffende Unternehmer hat auf Anfrage der Beklagten mitgeteilt, aktuell liege sein Angebot bei 3101,98 € bzw. 6066,95 DM. Welcher Betrag genau realistisch ist, kann hier letztlich offenbleiben. Jedenfalls wäre aller Voraussicht nach mit Gesamtkosten der Ersatzvornahme einschließlich Verwaltungsgebühren von unter 10 000,- DM (5112,92 €) zu rechnen.

Allerdings gibt es keinen vollstreckungsrechtlichen Grundsatz des Inhalts, daß die Höhe des Zwangsgeldes nicht die bei einer Ersatzvornahme zu erwartenden und vom Pflichtigen zu tragenden Kosten übersteigen darf (vgl. zur Unverhältnismäßigkeit der Androhung eines Zwangsgeldes i. H. v. 4000,- DM bei zu erwartenden Kosten der angeordneten Beseitigung einer Werbetafel i. H. v. 500,- DM Sächs. OVG, Beschluß v. 17. 3. 1997 – 1 S 769/96 –, BRS 59 Nr. 138). Erst recht ist es nicht von vornherein zu beanstanden, wenn bei der Festsetzung mehrerer Zwangsgelder deren Summe die voraussichtlichen Kosten der Ersatzvornahme überschreitet. Vielmehr kommt es neben diesen Kosten u. a. auf die Bedeutung des mit dem durchzusetzenden Verwaltungsakts verfolgten öffentlichen Zwecks, die „Intensität der Weigerung" des Pflichtigen und im Einzelfall auch auf seine finanzielle Situation an. Der höhere Verwaltungsaufwand und zu erwartende Schwierigkeiten bei der Durchsetzung der Ersatzvornahme können ebenfalls zunächst für ein Absehen von der Ersatzvornahme sprechen. Andererseits dürfen bei der Vollstreckung wegen vertretbarer Handlungen Zwangsgeld nicht immer neu und mit immer höheren Beträgen angedroht und festgesetzt werden. So war auch hier zwar die Festsetzung des zweiten Zwangsgeldes i. H. v. 7500,- DM (3834,69 €) noch als verhältnismäßig anzusehen. Bei der Androhung des dritten Zwangsgeldes hätte die Beklagte aber neben der Tatsache, daß die Höhe des angedrohten Zwangsgeldes die voraussichtlichen Kosten der Ersatzvornahme bereits überstieg, vor allem bedenken müssen, daß gegen den Kläger zu diesem Zeitpunkt schon Zwangsgelder i. H. v. insgesamt 12 500,- (5000,- + 7500,-) DM (6391,15 €) festgesetzt – und noch vor Ergehen des Widerspruchsbescheids vom 19. 2. 2001 auch beigetrieben – worden waren.

Schließlich wäre noch zu berücksichtigen gewesen, daß ggf. – wenn sich der Kläger auch durch dieses Zwangsgeld nicht beeindrucken ließe – danach erst noch die Ersatzvornahme anzudrohen und durchzuführen wäre. Abgesehen davon, daß damit die Gefahr einer weiteren zeitlichen Verzögerung des gewünschten Erfolgs, des Abbruchs des Schuppens, bestanden hätte bzw. besteht, hätte der Kläger, der als Rentner nicht über hohe Einkünfte verfügt, dann Zwangsgelder i. H. v. 22 500,- DM (11 504,07 €) sowie die Kosten der Ersatzvornahme (mindestens etwa 2500,- bis 10 000,- DM), also insgesamt etwa zwischen 25 000,- DM (12 782,30 €) und 32 500,- DM (16 616,99 €) zu tragen. Unter diesen Umständen hätte die Beklagte statt des erneuten Zwangsgeldes ermessensfehlerfrei nur die Ersatzvornahme androhen dürfen.

Nr. 203

Die Bauaufsichtsbehörde kann nach § 61 Abs. 1 Satz 2 BauO NRW vom Bauherrn die Vorlage einer Bescheinigung über die Abnahme der Feuerungsanlage durch den Bezirksschornsteinfegermeister verlangen, wenn der Bauherr seiner Verpflichtung nicht nachgekommen ist, die Feuerungsanlage gemäß § 43 Abs. 7 BauO NRW durch den Bezirksschornsteinfegermeister überprüfen zu lassen.

BauO NRW §§ 43 Abs. 7, 61 Abs. 1.

OVG Nordrhein-Westfalen, Beschluß vom 18. März 2003 – 10 A 885/03 – (rechtskräftig).

(VG Minden)

Aus den Gründen:

Nach § 43 Abs. 7 Satz 1 BauO NRW hat sich der Bauherr bei der Errichtung oder Änderung von Schornsteinen sowie beim Anschluß von Feuerstätten an Schornsteine oder Abgasleitungen von dem Bezirksschornsteinfegermeister bescheinigen zu lassen, daß die Abgasanlage sich in einem ordnungsgemäßen Zustand befindet und für die angeschlossenen Feuerstätten geeignet ist. Nach § 43 Abs. 7 Satz 3 BauO NRW hat der Bezirksschornsteinfegermeister bei der Überprüfung festgestellte Mängel der Bauaufsichtsbehörde mitzuteilen. Eine Pflicht des Bauherrn zur Weiterleitung der Bescheinigung an die Bauaufsichtsbehörde regelt die Bestimmung nicht. Die Klägerin verkennt allerdings die Bedeutung des § 43 Abs. 7 BauO NRW, wenn sie hieraus folgert, vom Bauherrn dürfe die Vorlage der Bescheinigung generell nicht gefordert werden. § 43 Abs. 7 BauO NRW setzt nämlich voraus, daß der Bauherr gesetzestreu handelt und eine Überprüfung durch den Bezirksschornsteinfegermeister mit dem Ziel in Auftrag gibt, eine Bescheinigung darüber zu erhalten, daß sich die Anlage in einem ordnungsgemäßen Zustand befindet (vgl. Gädtke/Temme/Heintz, Landesbauordnung Nordrhein-Westfalen – Kommentar, 10. Aufl. 2003, § 43 Rdnr. 60).

Dieser Verpflichtung ist die Klägerin nach der im Zulassungsverfahren nicht angegriffenen Feststellung des Verwaltungsgerichts gerade nicht nachgekommen. Infolgedessen hatte der Beklagte nach § 61 Abs. 1 Satz 2 BauO NRW in Wahrnehmung seines Überwachungsauftrags die erforderlichen Maßnahmen zu treffen, um die Klägerin zur Befolgung ihrer gesetzlichen Verpflichtung anzuhalten. Dies schließt die Befugnis ein, von der Klägerin die Vorlage einer Bescheinigung über die Abnahme der Feuerungsanlage zu verlangen (vgl. LT-Drucks. 12/3738, S. 85, zur vergleichbaren Vorschrift des

§ 66 Satz 2 BauO NRW „es erscheint ... sinnvoller, ... auf Verstöße gegen die Pflicht, Bescheinigungen einzuholen, ggf. mit Ordnungsverfügung zu reagieren"; Boeddinghaus/Hahn/Schulte, BauO NRW – Loseblatt-Komm., Stand: Oktober 2002, § 66 Rdnr. 17; Gädtke/Temme/Heintz, a. a. O., § 66 Rdnr. 15). Ist der Bauherr nämlich – wie hier – den Anforderungen des § 43 Abs. 7 BauO NRW nicht schon von sich aus nachgekommen, so wird durch die Verpflichtung zur Vorlage der Bescheinigung in mit dem Verhältnismäßigkeitsgrundsatz zu vereinbarender Weise sichergestellt, daß der Bauherr den Vorgaben des § 43 Abs. 7 BauO NRW nunmehr Folge leistet.

Nr. 204

Eine Duldungsanordnung zur Durchsetzung einer Beseitigungsverfügung kann nur erlassen werden, wenn die Gefahr besteht, daß ein Dritter unter Berufung auf eigene Rechte den Vollzug der Beseitigungsverfügung verhindert. Sie ist daher rechtswidrig, wenn ihr Adressat dem Vollzug der Beseitigungsverfügung zugestimmt hat oder ihm offensichtlich kein den Vollzug hinderndes Recht zusteht.

LBauO § 81.

OVG Rheinland-Pfalz, Beschluß vom 8. Dezember 2003 – 8 B 11827/03 – (rechtskräftig).

Der Antragsteller hat Außenbereichsgrundstücke mündlich an Hobbytierhalter verpachtet. Auf diesen Grundstücken befinden sich Zaunanlagen und eine Mistlege, deren Urheber und Errichtungszeitpunkt unbekannt ist. Die Bauaufsichtsbehörde hat die Pächter zur Beseitigung der baulichen Anlagen und den Antragsteller unter Anordnung der sofortigen Vollziehung zur Duldung aufgefordert. Der Antragsteller begehrt vorläufigen Rechtsschutz mit dem Hinweis, er könne aus zivilrechtlichen Gründen die Pächter ohnehin nicht an der Beseitigung der Anlagen hindern. Das Begehren blieb auch in zweiter Instanz erfolglos.

Aus den Gründen:
Zu Recht hat die Vorinstanz die Vollziehungsanordnung wegen offensichtlicher Rechtmäßigkeit der strittigen Duldungsanordnung auch für materiell gerechtfertigt erachtet.
Der Hinweis des Antragstellers, er habe die in der Duldungsanordnung bezeichneten Grundstücke mittlerweile an die Eheleute B. verkauft, stellt die Richtigkeit des erstinstanzlichen Beschlusses nicht in Frage. Noch nicht der Grundstückskaufvertrag führt zu einem Eigentumswechsel, sondern erst die hierfür erforderliche Umschreibung der Grundstücke im Grundbuch (s. § 873 Abs. 1 BGB); diese hat der Antragsteller weder dargelegt noch glaubhaft gemacht. Überdies kann ein Eigentumserwerb durch den Beseitigungspflichtigen nach Erlaß einer Duldungsanordnung gegen den Eigentümer allenfalls zur Erledigung, nicht aber zur Rechtswidrigkeit derselben führen.
Zu Unrecht bezweifelt der Antragsteller die Rechtmäßigkeit der Duldungsanordnung mit der Begründung, ihm fehle die zivilrechtliche Befugnis, die

Eheleute B. an der Beseitigung baulicher Anlagen auf seinen Grundstücken zu hindern. Zwar setzt die Rechtmäßigkeit einer Duldungsanordnung die Gefahr voraus, daß deren Adressat die Vollziehung einer gegen Dritte ergangenen bauaufsichtlichen Verfügung unter Berufung auf eigene Rechte vereitelt (siehe Decker, in: Simon/Busse, BayBauO, Art. 82 Rdnr. 404). Hat er hingegen ausdrücklich sein Einverständnis mit der Vollziehung der bauaufsichtlichen Verfügung erklärt oder fehlt ihm offensichtlich eine Berechtigung, sie zu verhindern, ist die Duldungsanordnung überflüssig und daher rechtswidrig (siehe VGH Bad.-Württ., Urteil v. 22. 5. 2000, NuR 2001, 583, 584). Beides ist hier aber nicht der Fall. Zum einen hat sich der Antragsteller im Verwaltungsverfahren keineswegs mit der Beseitigung der auf seinen Grundstücken errichteten Zäune sowie der Dungstätte einverstanden erklärt, sondern die Antragsgegnerin mit Telefax vom 24. 4. 1999 ausdrücklich gebeten, vom Erlaß einer Beseitigungsverfügung Abstand zu nehmen. Überdies hat das Verwaltungsgericht zutreffend dargelegt, daß mangels schriftlichem Pachtvertrag und Gewißheit über den Zeitpunkt der Zaunerrichtung keineswegs auszuschließen ist, daß der Antragsteller unter Berufung auf sein Grundeigentum den Vollzug der gegenüber den Eheleuten B. erlassenen Beseitigungsverfügung vereiteln könnte.

Ob die Rechtmäßigkeit dieser Beseitigungsverfügung zugleich Rechtmäßigkeitsvoraussetzung der Duldungsanordnung ist (so VGH Bad.-Württ., Urteil v. 19. 8. 1992, NVwZ 1993, 1215, 1216; a. A. Decker, a. a. O., m. w. N. aus der Rechtsprechung des BayVGH), kann dahinstehen. ...

E. Rechtsprechung zum Denkmalschutz
Nr. 205

1. Das Denkmalschutzgesetz stellt ein allgemeines Gesetz i.S. des Art. 137 Abs. 3 WRV i.V.m. Art. 140 GG dar, das die Wechselwirkung zwischen dem staatlichen Denkmalschutzauftrag einerseits und der Kirchenfreiheit andererseits angemessen berücksichtigt und in seinen Auswirkungen gegenüber den Kirchen hinreichend bestimmt ist.
2. Dem kirchlichen Selbstbestimmungsrecht wird durch den normierten Vorrang „gottesdienstlicher Belange" gegenüber den Interessen staatlicher Denkmalpflege Rechnung getragen.
3. Es bleibt grundsätzlich den Kirchen bzw. Religionsgemeinschaften überlassen, verbindlich festzustellen, was „gottesdienstliche Belange" i.S. von § 11 Abs. 1 DSchG sind. Den Gerichten kommt insoweit lediglich die Kompetenz zu, den Sachverhalt festzustellen und die kirchlichen Vorgaben auf ihre Plausibilität zu überprüfen.

GG Art. 140; WRV Art. 137 Abs. 3; LVerf Art. 3c Abs. 2, Art. 5; DSchG § 11 Abs. 1, Abs. 2, § 12, § 15.

VGH Baden-Württemberg, Urteil vom 30. Januar 2003 – 1 S 1083/00 – (rechtskräftig).

(VG Freiburg)

Die klagende katholische Kirchengemeinde wendet sich gegen die Eintragung einer spätgotischen katholischen Kirche in das Denkmalbuch. Die Klägerin ist Eigentümerin des Grundstücks, das mit der spätgotischen Kirche St. Michael bebaut ist. Nach vorheriger Anhörung der Klägerin trug das Regierungspräsidium das im Eigentum der Klägerin stehende Kulturdenkmal Sachgesamtheit katholische Filialkirche St. Michael mit ortsfester Ausstattung, Kirchhof, Kirchhofmauer und -portale, Friedhofkreuz, historischen Grabsteinen und Epitaphien in das Denkmalbuch ein und teilte dies der Klägerin mit Verfügung von 1998 mit.

Aus den Gründen:
2. Nach § 12 Denkmalschutzgesetz Baden-Württemberg – DSchG – genießen Kulturdenkmale von besonderer Bedeutung zusätzlichen Schutz durch Eintragung in das Denkmalbuch. Voraussetzung für die Eintragung eines Objekts in das Denkmalbuch ist damit zum einen, daß es den in § 2 Abs. 1 DSchG normierten Anforderungen entspricht und damit die Eigenschaft eines Kulturdenkmals hat, und zum anderen, daß ihm in dieser Eigenschaft die in § 12 DSchG vorgesehene besondere Bedeutung zukommt. Beide Voraussetzungen sind – unstreitig – erfüllt. Wie der Stellungnahme des Landesdenkmalamts Baden-Württemberg vom Mai 1997, die von der Klägerin nicht angegriffen wurde, zu entnehmen ist, ist die Pfarrkirche von Niederrottweil einschließlich ihrer historischen Ausstattung sowie der sie umgebende Kirchhof mit Kirchhofmauer, Kirchhofportalen, Friedhofkreuz und Epitaphien ein Kulturdenkmal i.S. des § 2 Abs. 1 DSchG, denn es stellt – den Anforderungen der Legaldefinition in dieser Vorschrift entsprechend – eine Sachgesamtheit

dar, an deren Erhaltung aus künstlerischen, wissenschaftlichen und heimatgeschichtlichen Gründen ein öffentliches Interesse besteht. Den Ausführungen des Landesdenkmalamts zufolge wurde die ehemalige Pfarrkirche St. Michael (bis 1826) 1157 erstmals erwähnt. Verschiedene Bauteile des Kirchenschiffs stammen aus romanischer Zeit. Im Zuge der Inkorporation der Pfarrei in die Abtei St. Blasien erfolgten um 1350 gotische Umgestaltungen. Ab 1500 wurde der Chorbereich der damaligen Zeit entsprechend verändert. In der Barockzeit erfolgte eine weitere Umgestaltung. Die exponierte Lage auf einem Plateau und die den Friedhof umgebende Stützmauer lassen eine ehemalige Wehrkirche vermuten. Der romanische Gebäudekern ist unter den gotischen und barocken Veränderungen sowie der Restaurierung von 1934 weitgehend unverändert erhalten geblieben. Im Innern weist der Saalbau Malereien aus der Mitte des 14. Jahrhunderts auf, die 1949 bis 1952 freigelegt und restauriert wurden. Der Hochaltar stammt aus der Zeit um 1520 und stellt ein Hauptwerk spätgotischer Schnitzkunst des Meisters H.L. am Oberrhein dar. Die Orgel des Freiburger Orgelbauers Johann Georg Fischer, 1739 gestiftet, gilt als älteste Orgel des Breisgaus. Diese sachkundigen Darlegungen, an denen zu zweifeln kein Anlaß bestand, konnten ohne weitere Aufklärungen des Senats der Feststellung zugrundegelegt werden, daß die Sachgesamtheit ein Kulturdenkmal darstellt.

Dies gilt auch, soweit das Regierungspräsidium davon ausgegangen ist, daß es sich hierbei um ein Kulturdenkmal von besonderer Bedeutung (§ 12 Abs. 1 DSchG) handelt. Die Denkmalschutzbehörde hat insoweit nachvollziehbar dargelegt, daß an der Erhaltung der Gesamtanlage insbesondere wegen des dokumentarischen und exemplarischen Wertes sowie wegen seiner Singularität und der überragenden Qualität der Ausstattung ein gesteigertes öffentliches Interesse zu dieser Voraussetzung (vgl. VGH Bad.-Württ., Urteil v. 13. 5. 1977 – I 543/76 –) besteht.

3. Entgegen der Auffassung der Klägerin ist die Regelung des baden-württembergischen Denkmalschutzgesetzes über die Eintragung in das Denkmalbuch und deren Wirkungen, insbesondere über den Genehmigungsvorbehalt nach § 15 DSchG für die Änderung des eingetragenen Kulturdenkmals, mit Verfassungsrecht vereinbar.

Die Eintragung in das Denkmalbuch gem. § 12 DSchG ist nur der „rechtstechnische" Anknüpfungspunkt für die mit der Denkmaleigenschaft verbundenen gesetzlichen Pflichten (BVerwG, Beschluß v. 3. 4. 1984, NVwZ 1984, 723 ff.). Die Regelung des § 12 DSchG für sich betrachtet wirft mit Blick auf das kirchliche Selbstbestimmungsrecht aus Art. 140 GG (der nach Art. 5 LVerfG auch Bestandteil der Landesverfassung ist) i. V. m. Art. 137 Abs. 3 S. 1 WRV Bedenken nicht auf. Maßgebend sind vielmehr allein die gesetzlichen Folgen dieser Eintragung. Insoweit kommt es hier insbesondere auf den in § 15 DSchG enthaltenen Genehmigungsvorbehalt an, der bei wesentlichen Änderungen des Kulturdenkmals (Instandsetzungsmaßnahmen, Änderungen des Erscheinungsbilds oder der Substanz, An- oder Aufbauten, Entfernung vom Stand- oder Aufbewahrungsort) gilt.

Die verfassungsrechtlichen Bedenken, die die klagende Kirchengemeinde darlegt, sind nicht begründet. Die durch die Eintragung nach § 12 DSchG ausgelöste Rechtsfolge des § 15 DSchG verstößt nicht gegen das verfassungsmäßig gewährleistete Selbstbestimmungsrecht der Kirchen, auf das sich auch die Klägerin berufen kann (BVerfGE 70, 138 ff.).

Art. 140 GG i. V. m. Art. 137 Abs. 3 WRV garantiert den anerkannten Religionsgesellschaften und den Kirchen die Freiheit, ihre Angelegenheiten selbständig innerhalb der Schranken des für alle geltenden Gesetzes zu ordnen und zu verwalten. Die Garantie freier Ordnung und Verwaltung der eigenen Angelegenheiten ist eine notwendige, rechtlich selbständige Gewährleistung, die der Freiheit des religiösen Lebens und Wirkens der Kirchen und Religionsgemeinschaften (Art. 4 Abs. 2 GG) die zur Wahrnehmung dieser Aufgaben unerläßliche Freiheit der Bestimmung über Organisation, Normsetzung und Verwaltung hinzufügt (vgl. BVerfGE 42, 312, 332; 53, 366, 401; 57, 220, 244; 66, 1, 20; 70, 138, 164; 72, 278 ff.). Zu den eigenen Angelegenheiten gehören insbesondere die Ausgestaltung des Gottesdienstes und die Ausstattung des Kirchenraums unter theologischen Aspekten, aber auch als Bestandteil der Vermögensverwaltung die Errichtung und Unterhaltung kirchlicher Bauwerke von allgemeiner kultureller Bedeutung (von Campenhausen, Staatskirchenrecht, 3. Aufl., S. 212 ff.; Jeand'Heur/Korioth, Grundzüge des Staatskirchenrechts, 2000, S. 141). Die Erhaltung des Bestands an historischen Sakralbauten stellt eine der wesentlichen Aufgaben der Kirche dar. Zu diesem Zwecke unterhält sie eigene Bauämter, deren Schwerpunkt die Erhaltung des überlieferten Baubestands an Sakralbauten ist. Indem die Klägerin Änderungen der in § 15 DSchG genannten Art an dem eingetragenen Kulturdenkmal nur mit Genehmigung der Denkmalschutzbehörde vornehmen kann, wird folglich der Bereich der kirchlichen Selbstbestimmung berührt.

Der Eingriff ist jedoch gerechtfertigt, da das Denkmalschutzgesetz ein allgemeines Gesetz i. S. des Art. 137 Abs. 3 WRV i. V. m. Art. 140 GG darstellt (3.1), das die Wechselwirkung zwischen dem staatlichen Denkmalschutzauftrag einerseits und der Kirchenfreiheit andererseits angemessen berücksichtigt (3.2) und in seinen Auswirkungen gegenüber den Kirchen hinreichend bestimmt ist (3.3).

3.1 Die denkmalschutzrechtlichen Bestimmungen gehören zu den „für alle geltenden" Gesetzen und stellen – nicht anders als das öffentliche Baurecht – kein Sonderrecht dar, das sich gegen die Kirchen und Religionsgemeinschaften richtet (vgl. VGH Bad.-Württ., Urteil v. 10. 5. 1988 – 1 S 1949/87 –, DÖV 1989, 79). Nach der Rechtsprechung des Bundesverfassungsgerichts ist für das Vorliegen eines allgemeinen Gesetzes i. S. des Art. 137 Abs. 3 Satz 1 WRV Voraussetzung, daß es für jedermann gilt (BVerfGE 46, 73, 95). Das Denkmalschutzgesetz mit seinen Erhaltungspflichten für Kulturdenkmale gilt für jeden, der Eigentümer oder Besitzer von Denkmalen nach § 2 DSchG ist (§ 6 Satz 1 DSchG). Damit ist es nicht auf einen bestimmten Adressatenkreis beschränkt, sondern gilt grundsätzlich für jeden, auf den diese Voraussetzungen zutreffen.

Soweit die Klägerin unter Berufung auf eine ältere Entscheidung des Bundesverfassungsgerichts (BVerfGE 42, 312, 334) geltend macht, die §§ 12 Abs. 1, 15 DSchG seien bereits deshalb kein „für alle geltendes Gesetz", weil die Kirchen durch die Eintragung von Gottesdiensträumen in ihrer Sonderheit und damit intensiver, nicht „allgemein" und gleich anderen Eigentümern betroffen seien, kann dem nicht gefolgt werden. Für die Frage, ob ein Gesetz für jedermann gilt, stellt das Bundesverfassungsgericht in jüngeren Entscheidungen (vgl. BVerfGE 66, 1, 20ff.; vgl. hierzu auch von Campenhausen, a.a.O., S. 120ff. m.w.N. sowie Jeand'Heur/Korioth, a.a.O., S. 147ff.) allein auf die Zielsetzung und die rechtspolitische Bedeutung des Gesetzes ab. Das Denkmalschutzgesetz hat zum Ziel, das kulturelle Erbe umfassend zu gewährleisten (vgl. die amtliche Begründung des Gesetzentwurfs, LT-Drucks. V – 2808, S. 17ff.), wobei der Gesetzgeber sich bewußt war, daß ein großer Teil der Denkmale in privatem und kirchlichem Eigentum steht und den Eigentümern die zu einem wirksamen Schutz unerläßlichen Pflichten und Beschränkungen nur auf gesetzlicher Grundlage auferlegt werden dürfen. Es handelt sich damit ausgehend von der Zielsetzung des Gesetzes um ein allgemeines Gesetz, da es den Schutz und die Pflege sämtlicher Kulturdenkmale i.S. des §2 DSchG erfaßt.

3.2 Dies bedeutet jedoch nicht, daß das Denkmalschutzgesetz als allgemeines Gesetz automatisch dem kirchlichen Selbstbestimmungsrecht vorgeht. Der Vorrang einer staatlichen Regelung kommt nur in Betracht, wenn sie zur Erfüllung der staatlichen Aufgabe und mit Blick auf das Gemeinwohl als unumgänglich erscheint (BVerfGE 66, 1, 22). Im übrigen stellt eine Regelung nur dann eine zulässige Beschränkung des kirchlichen Selbstbestimmungsrechts dar, wenn der Wechselwirkung von Kirchenfreiheit und Schrankenzweck durch eine entsprechende Güterabwägung Rechnung getragen wird. Dabei ist dem Selbstverständnis der Kirchen ein besonderes Gewicht beizumessen (vgl. BVerfGE 53, 366, 401; 66, 1, 22; 70, 138, 167). Das Prinzip der Einheit der Verfassung stellt dem Gesetzgeber die Aufgabe, im Falle einer Kollision zweier geschützter Rechtsgüter einen schonenden Ausgleich zu suchen. Beide geschützten Rechtsgüter sind im Rahmen praktischer Konkordanz miteinander so in Ausgleich zu bringen, daß eine möglichst optimale Entfaltung beider Rechtspositionen gewährleistet ist (vgl. von Campenhausen, a.a.O., S. 122; Jeand'Heur/Korioth, a.a.O., S. 149). Diesen Erfordernissen trägt das Denkmalschutzgesetz hinsichtlich der Kirchen Rechnung.

Die Denkmalverantwortung der öffentlichen Hand für alle und somit auch für kirchliche Kulturdenkmale ist in Baden-Württemberg durch Art. 3c Abs. 2 LVerf i.d.F. v. 23.5.2000 (GBl. S. 449, vgl. Art. 86 LVerf a.F.) verfassungsrechtlich verankert. Danach genießen u.a. die Denkmale der Kunst und der Geschichte öffentlichen Schutz und die Pflege des Staates und der Gemeinden. Der Verfassungsauftrag ist unmittelbar verpflichtendes Rechtsgebot und nicht nur ein bloßer kulturpolitischer Programmsatz (vgl. Albrecht, in: Handbuch des Staatskirchenrechts der Bundesrepublik Deutschland, Bd. 2, 1.Aufl. S. 212; Braun, Kommentar zur Verfassung Baden-Württemberg, 1984, Art. 86 Rdnr. 3ff.; Martin Heckel, Staat, Kirche, Kunst, Rechtsfragen kirchlicher Kulturdenkmäler, 1968, S. 270). Als Staatszielbestimmung ist der Schutz der dort genannten Rechtsgüter Aufgabe der gesamten öffentlichen Gewalt, ihre Pflege wird dem Staat und den Gemeinden übertragen. Alle staatlichen Gewalten sind zur Durchsetzung der Staatszielbestimmung rechtlich verpflichtet: Gesetzgeber, Regierung und Verwaltung sowie die Gerichte müssen bei ihrer Aufgabenerfüllung diesen Staatszielen Rechnung tragen. Der Schutzauftrag verpflichtet dazu, die aufgezeigten Objekte gegen Gefahren zu sichern. Pflege erfordert fördernde und erhaltende Maßnahmen und die sachgerechte Behandlung und Erfassung des kulturellen Wertes der Kulturdenkmale. Der Staat muß in breitem Umfang seine Verantwortung wahrnehmen, er darf sich ihrer nicht durch Delegationen etwa auf Selbstverwaltungskörperschaften in breitem Umfang begeben, es sei denn, er behält sich ausreichende Mitwirkungs- und Einflußrechte vor (Braun, a. a. O., Art. 86 Rdnr. 3 ff.). Die Denkmalschutzverantwortung des Staates ist grundsätzlich unverzichtbar. Das Denkmalschutzgesetz kann daher grundsätzlich auch den Kirchen Pflichten auferlegen oder Ermächtigungen für Verwaltungsakte ihnen gegenüber enthalten.

Dem staatlichen Schutzauftrag stehen die aus dem verfassungsrechtlichen Selbstbestimmungsrecht fließenden Interessen der Kirchen gegenüber. Auf dem kulturellen Sektor, der den historischen, künstlerischen und wissenschaftlichen Gehalt kirchlicher Denkmäler betrifft, besteht allerdings weitestgehend ein Gleichlauf der Interessen zwischen Staat und Kirche, da auch die Kirchen sich dem Schutz historischer Sakralbauten verschrieben haben. Insoweit bedarf es aber der Bereitschaft zur Zusammenarbeit von seiten der staatlichen und der kirchlichen Denkmalverwaltung, die durch entsprechende Regelungen sicherzustellen ist. Entgegenstehende Interessen können sich dagegen insbesondere aus kultisch-liturgischen Belangen ergeben. Insoweit können staatliche Vorschriften zum Schutz kirchlicher Kulturdenkmale mit Rechten und Interessen der Glaubens- und Religionsgemeinschaft kollidieren. Hier ist im Wege der praktischen Konkordanz ein Ausgleich zwischen den geschützten Rechtsgütern zu suchen (Feuchte, Verfassung des Landes Baden-Württemberg, 1987, Rdnr. 33 zu Art. 86).

Das Denkmalschutzgesetz hat den erforderlichen Ausgleich zwischen diesen beiden verfassungsrechtlich gewährleisteten Positionen geschaffen (so auch Braun, Kommentar zur Verfassung des Landes Baden-Württemberg, Art. 86 Rdnr. 11; Strobl/Majocco/Sieche, Kommentar zum Denkmalschutzgesetz, 2. Aufl., § 11 Rdnr. 3, Heckel, a. a. O., S. 224 ff., 266 ff.; von Campenhausen, Staatskirchenrecht, 1996, S. 217; Loschelder, in: Staat, Kirche, Wissenschaft in einer pluralistischen Gesellschaft, Festschrift für Paul Mikat, 1989, S. 616, 620; Albrecht, Kirchliche Denkmalpflege, in: Handbuch des Staatskirchenrechts der Bundesrepublik Deutschland, Bd. 2, 1. Aufl., S. 225; teilweise a. A.: Krämer, Denkmalschutz und Denkmalpflege im Bereich der Kirchen, in: Handbuch des Staatskirchenrechts der Bundesrepublik Deutschland, 2. Aufl., Bd. 2, S. 77 ff.; Isensee, res sacrae unter kircheneigenem Denkmalschutz, in: Kirche und Recht (KuR) 1999, S. 6).

Die von der Klägerin unter verfassungsrechtlichen Aspekten angegriffenen Vorschriften der §§ 12 und 15 DSchG stellen zur Erfüllung der staatlichen Aufgabe und mit Blick auf das Gemeinwohl unumgängliche Regelungen dar.

Der Schutz von Kulturdenkmälern ist ein legitimes gesetzgeberisches Anliegen, Denkmalpflege eine Gemeinwohlaufgabe von Verfassungsrang (BVerfG, Urteil v. 2. 3. 1999, BVerfGE 100, 226). Die allgemeinen und besonderen Schutzvorschriften des Denkmalschutzgesetzes für Baden-Württemberg und damit auch der als Teil der besonderen Schutzvorschriften vorgesehene Genehmigungsvorbehalt in §15 DSchG ist geeignet und erforderlich, den Zweck des Gesetzes zu erfüllen. Ein anderes, gleich wirksames, aber weniger beeinträchtigendes Mittel ist nicht erkennbar. Dies ergibt sich aus folgendem:

Im Denkmalschutzgesetz Baden-Württemberg haben die Denkmalschutzbehörden auf Grund der allgemeinen Schutzvorschriften des Gesetzes zur Wahrnehmung ihrer Aufgaben diejenigen Maßnahmen zu treffen, die ihnen nach pflichtgemäßem Ermessen erforderlich erscheinen (§7 Abs. 1 Satz 1), sowie die Genehmigungen zu erteilen, die das Gesetz für die Fälle vorsieht, daß ein Kulturdenkmal zerstört oder beseitigt, in seinem Erscheinungsbild beeinträchtigt oder aus seiner Umgebung entfernt werden soll (§8 Abs. 1). Darüber hinaus stehen den Denkmalschutzbehörden qualifizierte Befugnisse zu für Kulturdenkmale von besonderer Bedeutung, die in das Denkmalbuch eingetragen sind (§§ 12 ff.). Diese Denkmale genießen verstärkten staatlichen Schutz. Das Gesetz stellt damit alle Änderungen von Belang unter Genehmigungsvorbehalt (§15). Eigentümer und Besitzer von Kulturdenkmalen sind insoweit in ihren Dispositionen rechtlich abhängig von den Denkmalschutzbehörden. Das Gesetz ermächtigt damit grundsätzlich auch zu Schutzmaßnahmen an kirchlichen Kulturdenkmälern, schließt aber die Enteignung kircheneigener Kulturdenkmale aus (§11 Abs. 3). Für Kulturdenkmale mit besonderer Bedeutung ist der allgemeine, sich aus den §§7 und 8 DSchG ergebende Schutz nicht ausreichend. Vielmehr müssen diese vor jeder Veränderung geschützt werden, da auch solche, die dem Denkmal zugute kommen sollen, bei nicht fach- oder sachgerechter Veränderung nicht wieder rückgängig zu machende Nachteile bringen können. Dem trägt die Eintragung und der Genehmigungsvorbehalt für Veränderungen an diesen Kulturdenkmalen gemäß §§ 12, 15 DSchG Rechnung. Sie sind auch verhältnismäßig; die Regelungen sind geeignet, das legitime Ziel des Denkmalschutzes zu erreichen. Die Erforderlichkeit der Eintragung ergibt sich bei Denkmalen mit besonderer Bedeutung aus der oben dargestellten Notwendigkeit, bereits im Vorfeld von Maßnahmen die staatliche Aufsicht einzuschalten, um sicherzustellen, daß keine nachteiligen, nicht wieder rückgängig zu machenden Veränderungen daran vorgenommen werden. Die Eintragung und die daraus resultierende Genehmigungspflicht im Falle von wesentlichen Änderungen stellen ein angemessenes Mittel zur Durchsetzung des Schutzes dar.

Entgegen der Auffassung der klagenden Kirchengemeinde stellt sich nicht die Frage, ob die Eintragung von Sakralbauten in das Denkmalbuch mit der Folge umfassender Genehmigungspflichten auch für die Kirche im Sinne der Güterabwägung erforderlich ist. Entscheidend ist allein, ob die Regelung des § 15 DSchG im Hinblick auf alle Erhaltungspflichtigen in diesem Sinne erforderlich ist. Den besonderen Auswirkungen des Genehmigungsvorbehalts auf die Kirchen und deren besondere Stellung ist durch die Regelung in §11 DSchG – in verfassungsmäßiger Weise, wie im folgenden noch darzulegen ist – Rechnung getragen, die als allgemeine Schutzvorschrift für sämtliche Normen des Denkmalschutzgesetzes und damit auch im Zusammenhang mit § 15 DSchG zu berücksichtigen ist. Auch das Argument der Klägerin, Denkmalschutz und Denkmalpflege seien schon immer Aufgabe der Kirche gewesen und dank der hervorragenden Ausstattung der kirchlichen Bauämter ausreichend von ihr wahrgenommen worden, kann aus diesem Grund nicht greifen, insbesondere kann es verfassungsrechtlich keine Befreiung der Kirchen von den Genehmigungspflichten des § 15 DSchG gebieten.

Entgegen der Auffassung der Klägerin berücksichtigt § 11 DSchG in verfassungsmäßiger Weise das kirchliche Selbstbestimmungsrecht.

Gemäß § 11 Abs. 1 DSchG sind bei Kulturdenkmalen, die dem Gottesdienst dienen, die gottesdienstlichen Belange, die von der oberen Kirchenbehörde oder der entsprechenden Stelle der betroffenen Religionsgemeinschaft festzustellen sind, vorrangig zu beachten; vor der Durchführung von Maßnahmen setzen sich die Behörden mit der oberen Kirchenbehörde ins Benehmen. Diese Vorschrift findet bei allen kirchlichen Kulturdenkmalen Anwendung, ganz gleich, ob sie in das Denkmalbuch eingetragen sind oder nicht. Der Regelung ist zu entnehmen, daß die gottesdienstlichen Belange nicht im Wege einer Ermessensentscheidung mit anderen Belangen abgewogen werden dürfen, sondern vorbehaltlos Vorrang besitzen (vgl. auch Dörge, Recht der Denkmalpflege, Kommentar 1971, § 11 Rdnr. 7; Strobl/Majocco/Sieche, a. a. O., § 11 Rdnr. 6; anders hingegen die Regelung im bayrischen Denkmalschutzgesetz, Art. 26 Abs. 2, wonach die Denkmalschutzbehörden die von den zuständigen kirchlichen Oberbehörden festgestellten kirchlichen Belange zu berücksichtigen haben). Was ein gottesdienstlicher Belang ist, d. h. was also theologische, dogmatische und liturgische Erfordernisse des Gottesdienstes sind, wird von den Religionsgesellschaften innerhalb der gewährten Religionsfreiheit festgestellt. Dabei kommt dem Selbstverständnis der Kirche entscheidende Bedeutung zu (Jeand'Heur/Korioth, a. a. O., Art. 86 Rdnr. 351 mit Hinw. auf Kästner, HbStKirchR I, S. 905 ff.; Braun, a. a. O., Art. 86 Rdnr. 5 ff., Art. 4 Rdnr. 4 und 5 m. w. N.; Albrecht, in: Handbuch des Staatskirchenrechts der Bundesrepublik Deutschland, Bd. 2, S. 224; Isensee, res sacrae unter kircheneigenem Denkmalschutz, in: Kirche und Recht, 1999, S. 117 ff.; Heckel, a. a. O., S. 41 ff.). Das Bundesverfassungsgericht hat in einer Entscheidung zur Frage der Wirksamkeit von Kündigungen, die kirchliche Einrichtungen gegen in ihren Diensten stehende Arbeitnehmer wegen der Verletzung sogenannter Loyalitätsobliegenheiten ausgesprochen haben (BVerfGE 70, 138 ff.), ausgeführt, daß es grundsätzlich den Kirchen überlassen bleibt, verbindlich zu bestimmen, was „die Glaubwürdigkeit der Kirche und ihrer Verkündung erfordert", was „spezifisch kirchliche Aufgaben" sind, was „Nähe" zu ihnen bedeutet und welches die „wesentlichen Grundsätze der Glaubenslehre und Sittenlehre" sind sowie weiterhin, daß im Streitfall die Gerichte die vorgegebenen kirchlichen Maßstäbe zugrunde zu legen haben. Daraus ist mit Blick auf § 11 Abs. 1 DSchG zu schließen, daß es grundsätzlich den Kirchen bzw. Religionsgemeinschaften überlassen ist, verbindlich festzustellen, was „gottesdienstliche Belange" sind. In räumlicher Hinsicht sind die Kirchen bei der Geltendmachung gottesdienstlicher Belange nicht auf bestimmte räumliche Bereiche des Kulturdenkmals, etwa auf den Chorbereich, auf Altar und Taufstein, begrenzt. Liturgische Erfordernisse können auch andere Teile des Kirchenbaus und -raums betreffen, z. B. bei Maßnahmen zur Veränderung der

Akustik im Hinblick auf eine geänderte Bedeutung der Kirchenmusik für den Gottesdienst (Strobl/Majocco/Sieche, a. a. O., § 11 Rdnr. 5). In sachlicher Hinsicht ist die Feststellung begrenzt auf theologische, dogmatische bzw. liturgische Erfordernisse und Gesichtspunkte des Gottesdienstes. Im Zweifelsfalle ist darzulegen und zu begründen, daß gottesdienstliche Belange vorhanden sind und Beachtung verlangen, d. h., die gottesdienstliche Relevanz einer Maßnahme muß deutlich gemacht werden. Gegebenenfalls wird auch eine eingehendere Darlegung der liturgischen Funktionen und ihrer Forderungen an den Kirchenbau und -raum und an seine Ausstattung erforderlich sein (Heckel, a. a. O. S. 178; Strobl/Majocco/Sieche, a. a. O., § 11 Rdnr. 5). Im Streitfall sind die (Denkmalschutzbehörden und) Verwaltungsgerichte bei der Bestimmung des Inhalts der „gottesdienstlichen Belange" an die kirchlichen Vorgaben gebunden, es sei denn, sie begäben sich dadurch in Widerspruch zu Grundprinzipien der Rechtsordnung, wie sie etwa im allgemeinen Willkürverbot (Art. 3 Abs. 1 GG) ihren Niederschlag gefunden haben (vgl. BVerfGE 70, 138 ff.). Deshalb kommt den Gerichten insoweit lediglich die Kompetenz zu, den Sachverhalt festzustellen und die kirchlichen Vorgaben auf ihre Plausibilität zu überprüfen. Die Nachprüfung der geltend gemachten Belange auf theologisch-dogmatische bzw. liturgische Richtigkeit oder der Berechtigung der liturgischen Forderungen hinsichtlich des kirchlichen Kulturdenkmals in gottesdienstlicher Funktion hingegen ist dem Gericht verwehrt (vgl. auch Heckel, a. a. O., S. 178 f.). In verfahrensmäßiger Hinsicht sieht der Gesetzgeber vor, daß die Feststellung der gottesdienstlichen Belange nach kirchlichem Selbstverständnis nicht durch die jeweils betroffene Kirchengemeinde, sondern durch die obere Kirchenbehörde oder die entsprechende Stelle der betroffenen Religionsgemeinschaft zu treffen ist. Mit dieser hat sich die Denkmalschutzbehörde vor Durchführung von Maßnahmen auch ins Benehmen zu setzen. Die – gerichtlich überprüfbare – Einhaltung dieser Regelung soll einerseits sicherstellen, daß die Feststellungsbefugnis ausschließlich der oberen Kirchenbehörde zukommt und nicht beeinflußt wird etwa von den speziellen örtlichen Gegebenheiten und Vorstellungen einer Kirchengemeinde. Andererseits wird gewährleistet, daß keine staatliche Maßnahme ohne Berücksichtigung der gottesdienstlichen Belange in die Wege geleitet wird.

Unter Berücksichtigung des dargelegten Verständnisses der gottesdienstlichen Belange schafft die Regelung des § 11 Abs. 1 DSchG einen angemessenen Ausgleich zwischen dem staatlichen Denkmalschutzauftrag und dem kirchlichen Selbstbestimmungsrecht. Durch die Maßstabsklausel in § 11 Abs. 1 DSchG wird das Zusammenwirken von Staat und Kirche im Denkmalschutz rechtlich geordnet, abgegrenzt und gesichert. Die Entscheidung der kultischen Gesichtspunkte wird den Kirchen überlassen und diese respektiert. Damit wird ihre durch die Verfassung garantierte kirchliche Freiheit der liturgischen Entfaltung gewährleistet und eine Verletzung der geistlichen Widmung und Funktion der Denkmäler als res sacrae ausgeschlossen. Andererseits wird auch das staatliche Interesse hinreichend berücksichtigt. Durch die verfahrensrechtliche Verknüpfung in § 11 Abs. 1 DSchG wird die Kooperation zwischen Kirche und staatlichem Denkmalschutz gesichert und gewährleistet, daß die kultischen wie die kulturellen Interessen beider Entscheidungsträger berücksichtigt werden.

Die Einwände der Klägerin in diesem Zusammenhang verfangen nicht. Die Klägerin macht unter Hinweis insbesondere auf Isensee (a. a. O., S. 117, 121) und Krämer (a. a. O., S. 92, 100) geltend, die Berücksichtigung allein von gottesdienstlichen Belangen erweise sich nicht als ausreichend, weil die Kirche sich nicht damit begnügen könne, über kultische Stücke wie Altar und Taufstein zu verfügen. Vielmehr betrachte sie den Kirchenraum als Einheit und beanspruche, das Gesamtbild des Sakralbaus im Innern wie im Äußern als Ausdruck ihrer Sendung zu bestimmen. Dabei sei eine vorrangige Berücksichtigung kirchlicher Belange verfassungsrechtlich geboten.

Die von Isensee – in allgemeiner Form – erhobenen verfassungsrechtlichen Bedenken mögen nachvollziehbar sein, wenn man dessen enge Auslegung der „gottesdienstlichen Belange" und Beschränkung auf die res sacrae zum Ausgangspunkt nimmt. Diese Auslegung wird aber – wie oben dargelegt – vom Senat in Übereinstimmung mit der herrschenden Auffassung im Schrifttum gerade nicht zugrundegelegt. Viele der von der Klägerin in Beispielsfällen aufgezeigten kirchlichen Belange, deren vorrangige verfassungsrechtliche Berücksichtigung sie verlangt, können einen gottesdienstlichen Bezug aufweisen und müssen somit bei entsprechender Darlegung als gottesdienstlicher Belang von Gesetzes wegen vorrangig berücksichtigt werden. Verbleibende Probleme der Rechtsanwendung in Grenzfällen sind mit dem vorgegebenen gesetzlichen Instrumentarium zu lösen, mit ihnen lassen sich keine Bedenken hinsichtlich der Verfassungsmäßigkeit der in Frage stehenden Regelungen rechtfertigen.

Auch der Zweck des Denkmalschutzgesetzes steht einer über gottesdienstliche Belange hinausgehenden vorrangigen Berücksichtigung kirchlicher Interessen entgegen. Da verbleibende nicht-kirchliche Belange bei kirchlichen Kulturdenkmalen kaum vorstellbar sind, wären diese im Ergebnis dem staatlichen Denkmalschutz völlig entzogen, was der durch die Verfassung gebotenen staatlichen Denkmalverantwortung widerspräche.

Dies bedeutet nun nicht, daß, soweit gottesdienstliche Belange nicht in Rede stehen, kirchliche Belange überhaupt keine Berücksichtigung finden. Der Beklagte weist insoweit zutreffend darauf hin, daß das kirchliche Interesse jeweils bei den im Einzelfall anstehenden Entscheidungen mit dem öffentlichen Interesse an der Erhaltung des Kulturdenkmals abzuwägen ist. Dies gilt bei eingetragenen Kulturdenkmalen gleichermaßen wie bei nichteingetragen, lediglich den allgemeinen Schutzvorschriften unterworfenen kirchlichen Denkmalen.

Nach Auffassung des Senats wird damit durch die Regelung in § 11 Abs. 1 DSchG dem kirchlichen Selbstbestimmungsrecht in verfassungsmäßiger Weise Rechnung getragen. Auch ohne Erlaß eigener Vorschriften im Sinne von § 11 Abs. 2 DSchG wird der Kirche der Schutz ihrer grundrechtlichen und staatskichenrechtlichen Garantien zuteil.

Entgegen der Auffassung der Klägerin begegnet auch die in § 11 Abs. 2 DSchG vorgesehene Möglichkeit der Kirchen, eigene Vorschriften zu erlassen, keinen verfassungsrechtlichen Bedenken; vielmehr stellt diese Regelung eine weitere verfassungsrechtliche Rechtfertigung dar. Nach dieser Vorschrift entfallen die Genehmigungspflichten nach §§ 8 und 15 DSchG und die staatlichen Eingriffsmöglichkeiten gemäß § 7 Abs. 1 DSchG, soweit die Kirchen für eigene Kulturdenkmale, die dem Gottesdienst dienen, im Einvernehmen mit der obersten Denkmalschutzbehörde eigene Vorschriften zum Schutz dieser Kulturdenkmale erlassen; das Landesdenkmalamt ist vor der Durchführung von Vorhaben anzuhören bzw. sein Benehmen ist herzustellen (§ 11 Abs. 2 Satz 2 und 3 DSchG). Da die Exemtion nur von bestimmten Regeln des Denkmalschutzgesetzes befreit, ergibt sich daraus im Umkehrschluß, daß alle anderen Regelungen des Denkmalschutzgesetzes ihre Gültigkeit behalten. Daraus folgt insbesondere, daß die Kulturverantwortung des Staates (Art. 3c Abs. 2 LVerf, § 1 DSchG) erhalten bleibt. Die staatliche Denkmalpflege im engeren Sinne, auf der das Hauptgewicht des deutschen Denkmalwesens beruht, und die vornehmlich in der Beratung und in der Gewährung finanzieller Hilfen (vgl. § 6 Satz 2 DSchG) besteht, bleibt ebenso erhalten wie die Unterhaltungspflichten (§ 6 Satz 1 DSchG), die Auskunfts- und Duldungspflichten (§ 10 DSchG), die Anzeigepflichten (§ 16 DSchG) und der bedeutsame Schutz der Umgebung der Kirchen (§ 15 Abs. 3 DSchG). Das Denkmalschutzgesetz scheidet damit die kirchlichen Denkmäler, auch soweit die Kirchen von der Exemtion Gebrauch machen, nicht aus dem Kreis seiner sorgenden und pflegenden Bemühungen aus (so auch Heckel, a. a. O., S. 175 ff.).

3.3 Die Regelung des § 11 Abs. 2 DSchG ist in ihren Auswirkungen gegenüber der Kirche auch hinreichend bestimmt.

Die Regelung verstößt nicht gegen das Gebot der Klarheit und der Bestimmtheit von Normen. Als Bestandteil des Rechtsstaatsprinzips verlangt das Bestimmtheitsgebot, daß die Normadressaten den Norminhalt zuverlässig erkennen können müssen. Diesem Erfordernis entspricht die Regelung des § 11 Abs. 2 DSchG. Das Einvernehmen zu den kirchlichen Vorschriften und damit zur Exemtion kommt nach dem Wortlaut der Vorschrift nur für kircheneigene Kulturdenkmale in Betracht, soweit sie dem Gottesdienst dienen. Dies bedeutet, daß in einem größeren Gebäudekomplex nur der dem Gottesdienst dienende Raum eximiert ist. Auf das Einvernehmen hat die Kirche einen Rechtsanspruch, wenn die kirchlichen Vorschriften für den Denkmalschutz ausreichend sind (vgl. Dörge, a. a. O., § 11 Rdnr. 8). Es handelt sich somit um eine gebundene Entscheidung (s. auch LT-Drucks. Bad.-Württ., 5. Wahlperiode, 2808, S. 24 ff.). Unter welchen Voraussetzungen die kircheneigenen Regelungen als ausreichend zu erachten sind, ist durch Auslegung anhand der staatlichen Regelungen zu beurteilen. Die Auslegungsbedürftigkeit nimmt einer Regelung noch nicht die rechtsstaatlich gebotene Bestimmtheit (vgl. BVerfGE 21, 207). Die kirchlichen Denkmalschutzvorschriften sollen einen ausreichenden, dem staatlichen Recht im wesentlichen gleichwertigen Denkmalschutz durch die Kirchen gewährleisten. In seiner thematischen Reichweite hat das kirchenautonome Recht damit dem staatlichen zu entsprechen, das es verdrängen soll. In seiner Regelungsdichte braucht es nicht weiterzugehen als das Denkmalschutzgesetz. Wie dieses kann es sich der unbestimmten Rechtsbegriffe und der Generalklauseln bedienen. Die Regelungen müssen die wesentlichen Vorkehrungen zur Sicherung des Denkmalschutzes enthalten und seinen Stellenwert gegenüber etwaigen kollidierenden kirchlichen Belangen bestimmen (vgl. Isensee, a. a. O., S. 8). Der Vorbehalt des staatlichen Einvernehmens ermöglicht dem Staat die Prüfung, ob diesem Erfordernis Genüge getan ist. Die Erteilung des Einvernehmens stellt eine präventive generelle Anerkennung des kirchlichen Denkmalschutzes dar, durch die die sonst geltenden Genehmigungsvorbehalte und Eingriffsrechte der staatlichen Denkmalschutzbehörden ersetzt werden. Die Entscheidungskompetenz liegt nunmehr insgesamt bei den kirchlichen Organen, die allerdings gem. § 11 Abs. 2 S. 2 DSchG vor der Durchführung von Vorhaben das Landesdenkmalamt zu hören haben. Das Gesetz strebt damit auch in diesem Falle eine Kooperation zwischen Staat und Kirche an. Für den Fall, daß eine Einigung nicht zustande kommt, überläßt das Gesetz allerdings in diesem Falle der kirchlichen Seite den Letztentscheid (§ 11 Abs. 2 S. 3 DSchG).

Ohne Erfolg rügt die Klägerin auch das Fehlen einer Regelung über den verbleibenden staatlichen Denkmalschutzbeitrag im Falle einer Exemtion. Sie macht in diesem Zusammenhang geltend, die Regelung des § 11 Abs. 2 DSchG sei unvollständig, weil wesentliches nicht geregelt worden sei, obgleich denkbar sei, daß mit der Aufgabenübertragung des Denkmalschutzes auf die Kirche auch die finanzielle Verantwortung des Staates und dessen sachliche und personelle Unterstützung beendet sei, was im Hinblick auf die staatliche Denkmalschutzverantwortung verfassungswidrig wäre. Diese Sorge ist indes unbegründet. Wie oben bereits dargelegt, ergibt sich aus der Landesverfassung und dem Denkmalschutzgesetz, daß der staatliche Denkmalschutz auch im Falle der Exemtion erhalten bleibt. Sie bedeutet keine Übertragung staatlicher Denkmalhoheit auf die Kirchen. Die Kirche braucht folglich auch keine dem Staat vergleichbare Denkmalverwaltung aufzubauen. Sie kann sich vielmehr die Kompetenz und Leistungskraft der staatlichen Denkmalpflege zunutze machen und ihren Behörden im Wege der Vereinbarung die Anwendung der kirchlichen Vorschriften teilweise ganz überantworten (vgl. Isensee, a. a. O., S. 8).

Der Erlaß eigener Vorschriften durch die Kirchen schließt staatliche Finanzbeihilfen nicht aus; denn die grundsätzliche Verantwortung des Staates für den Denkmalschutz und die in § 6 Satz 2 DSchG vorgesehene Möglichkeit der Bezuschussung bleiben bestehen (so auch von Campenhausen, a. a. O., S. 212 ff.; Maurer, a. a. O., S. 92 ff.; Feuchte, a. a. O., § 6 Rdnr. 34). Nach § 6 Satz 2 DSchG trägt das Land zur Erhaltung von Kulturdenkmalen durch Zuschüsse nach Maßgabe der zur Verfügung stehenden Haushaltsmittel bei. Wie der Vertreter des Beklagten in der mündlichen Verhandlung erklärt hat, sind eingetragene Kulturdenkmale nach den Förderrichtlinien sogar vorrangig zuschußfähig. Staatliche Zuschüsse können wie bei jedem Privateigentümer zweckgebunden vergeben und mit Auflagen verknüpft werden, mit denen der Vorbehalt späterer Verwendungskontrolle verbunden ist. Es gilt aber auch hier der allgemeine Grundsatz, daß die staatliche Leistungsverwaltung Grund- und Freiheitsrechte zu beachten hat. Zuschüsse dürfen nicht zu Kompetenzerweiterungen und nicht zu mittelbaren Eingriffen in die kirchliche Autonomie führen (Maurer, a. a. O., S. 92 ff.). Allerdings haben die Kirchen in der Regel ebensowenig wie Privatpersonen einen Rechtsanspruch auf öffentliche Finanzhilfen (so auch Albrecht, a. a. O., S. 212).

Mit den Regelungen in § 11 Abs. 1 und 2 DschG beläßt das Gesetz der Kirche unter Achtung ihres Selbstbestimmungsrechts somit ein Wahlrecht, wobei jede der wählbaren Möglichkeiten für sich genommen den Maßstäben der Verfassung genügt.

Nr. 206

Das nach Art. 9 Einigungsvertrag fortgeltende Denkmalpflegegesetz-DDR begegnet keinen verfassungsrechtlichen Bedenken.

Einigungsvertrag Art. 9 Abs. 1; Grundgesetz Art. 14 Abs. 1; Denkmalpflegegesetz-DDR §§ 3 Abs. 1; 9 Abs. 3 Satz 1; 11 Abs. 3.

OVG Mecklenburg-Vorpommern, Urteil vom 22. Oktober 2003
– 3 L 33/99 –.

Die Beteiligten streiten um die Rechtmäßigkeit der Feststellung der Denkmaleigenschaft und der Unterschutzstellung eines Gebäudes nach den Bestimmungen des Denkmalschutzrechtes.

Aus den Gründen:

Soweit die Kläger rügen, das Denkmalpflegegesetz-DDR sei in seinem Anwendungsbereich bei Ausscheiden der dem sozialistischen Rechts- und Staatsverständnis geschuldeten Tatbestände zu unbestimmt, trifft dies nicht zu. Der Anwendungsbereich des Denkmalpflegegesetzes-DDR ist in seinem § 3 Abs. l in einer dem Bestimmtheitsgebot des Grundgesetzes genügenden Art und Weise auch dann noch umschrieben, wenn die typischen Tatbestandsmerkmale eines real-sozialistischen Gesetzes außer Betracht bleiben, was erforderlich ist, da sie gegenstandslos geworden sind. Denkmale im Sinne des Denkmalpflegegesetzes-DDR sind dann „gegenständliche Zeugnisse der politischen, kulturellen und ökonomischen Entwicklung, die wegen ihrer geschichtlichen, künstlerischen oder wissenschaftlichen Bedeutung" dazu erklärt worden sind. Die Verwendung unbestimmter Rechtsbegriffe widerspricht nicht dem Bestimmtheitsgebot, das aus dem Rechtsstaatsprinzip abgeleitet werden kann. Unbestimmte Rechtsbegriffe sind nicht per se als Verstoß gegen das Bestimmtheitsprinzip einzustufen. Voraussetzung für ihre hinreichende Bestimmtheit ist, daß ihr Inhalt mit den allgemeingültigen Methoden der Auslegung bestimmt werden kann (vgl. BVerfG, Beschluß v. 10. 6. 1997 – 2 BvR 1516/96 –, BVerfGE 96, 68, 97 f.). Das gilt auch für denkmalschutzrechtliche Begriffe (BVerfG, Beschluß v. 16. 5. 1988 - 2 BvR 579/88 – BVerfGE –, 78, 205).

Die von den Klägern unternommene Ableitung der Verfassungswidrigkeit des Denkmalpflegegesetzes-DDR aus der „fehlenden qualifizierenden Verfahrensgestaltung zur Sicherung des Grundrechts aus Art. 14 Abs. l GG" vermag nicht zu überzeugen. Die Kläger weisen zwar zu Recht darauf hin, daß der Wortlaut des Denkmalpflegegesetzes-DDR nur begrenzt Verfahrensregelungen kennt. Dies ist rechtsstaatlich aber unbedenklich. Mangels im Denkmalpflegegesetz-DDR vorfindlicher entgegenstehender Regelungen waren zunächst die Bestimmungen des Verwaltungsverfahrensgesetzes des Bundes, das in Mecklenburg-Vorpommern Anwendung fand (Anlage I Kapitel II Sachgebiet B Abschnitt III Nr. 1 EV), und dann die des VwVfG M-V und letztlich die aus den Grundrechten abzuleitenden Verfahrensgarantien anzuwenden. § 9 Abs. 2 Satz 2 Denkmalpflegegesetz-DDR bietet dafür eine ausreichende normative Grundlage; ein Verständnis der Norm in dem Sinne, daß über eine bloße unverbindliche Beteiligung der Eigentümer weitere Verfahrensschritte nicht erforderlich sind, um die Feststellung der Denkmaleigenschaft auszusprechen, ist aus systematischen, grammatikalischen oder teleologischen Gründen nicht (mehr) geboten, auch wenn sie der historischen Auslegung entsprechen mag. Aus dem Umstand der Überleitung in geltendes Landesrecht ergibt sich vielmehr die Notwendigkeit einer verfassungskonformen Auslegung. Ist diese möglich, verbieten sich Auslegungen, die zur Verfassungswidrigkeit des übergeleiteten Gesetzes führen.

Die von den Klägern geltend gemachte Verfassungswidrigkeit des Denkmalpflegegesetzes-DDR läßt sich auch nicht aus der Überleitung herleiten, in dem Gesetz fehlten Vorkehrungen gegen eine unverhältnismäßige Belastung des Eigentümers durch die denkmalschutzrechtliche Unterschutzstellung. Dem Denkmalpflegegesetz-DDR kann bei der gebotenen verfassungskonformen Auslegung entnommen werden, daß die privaten Interessen des Eigentümers bei der Entscheidung über die Unterschutzstellung in verfassungsrechtlich gebotener Weise zu berücksichtigen sind. Auch dafür bietet § 9 Abs. 2 Satz 2 Denkmalpflegegesetz-DDR die normative Grundlage. Das Tatbestandsmerkmal „Einbeziehung der Rechtsträger, Eigentümer oder Verfügungsberechtigten" erlaubt nicht nur eine verfahrensrechtliche Auslegung, wie sie bereits vorgenommen wurde, sondern auch – bei der gebotenen verfassungskonformen Auslegung – die Herleitung der verfassungsrechtlich gebotenen Pflicht zur Abwägung der Interessen des Eigentümers mit den öffentlichen Interessen am Erhalt des Denkmals. Die Genehmigungspflicht für Maßnahmen am Denkmal, die § 11 Abs. 3 Denkmalpflegegesetz-DDR begründete, läßt die verfassungskonforme Auslegung als Ermessensvorschrift zu, in deren Rahmen die Interessen der Eigentümer berücksichtigt werden. Zudem findet sich in § 12 Abs. 1 Denkmalpflegegesetz-DDR die verfassungsrechtlich unbedenkliche Regelung des Anstrebens einer Übernahme des Denkmals durch die öffentliche Hand. Verfassungskonform ausgelegt, ergibt sich aus der Norm ein Anspruch des Eigentümers auf Übernahme des Denkmals zum Verkehrswert durch die die Denkmaleigenschaft feststellende öffentliche Hand, jedenfalls wenn ansonsten die Unterschutzstellung als Denkmal und die daran anknüpfende Einschränkung des Eigentums zu einer unzumutbaren Beschränkung des Eigentums führen würde (vgl. BVerfG Beschluß v. 2. 3. 1999 – 1 BvL 7/91 –, BVerfGE 100, 226, 244 ff.).

Nr. 207

Die Eintragung in das Denkmalbuch hat für unbewegliche Denkmale nach der Konzeption des Thüringer Denkmalschutzgesetz vom 7.1.1992 (GVBl S. 17) nur den deklaratorischen Charakter und stellt keinen Verwaltungsakt dar.

Einzelfall, in dem einer Hofanlage aus dem 18. Jahrhundert die Denkmaleigenschaft fehlt.

ThDSchG §§ 2 Abs. 1, 4 Abs. 1, 12 Abs. 3, 13 Abs. 1 Nr. 1 a.

Thüringer OVG, Urteil vom 30. Oktober 2003 – 1 KO 433/00 –.

Der Kläger begehrt als Insolvenzverwalter die Verpflichtung der Beklagten zur Erteilung einer Abrißgenehmigung.

Aus den Gründen:
A. I. 1. Die Hofanlage erfüllt nicht die Voraussetzungen für die Annahme eines Kulturdenkmals.

a) Diese Eigenschaft folgt insbesondere nicht bereits daraus, daß sie in das Denkmalbuch aufgenommen worden ist.

Die Eintragung in das Denkmalbuch hat für unbewegliche Denkmale nach der Konzeption des Thüringer Denkmalschutzgesetzes – ThDSchG – nur deklaratorischen, nicht hingegen konstitutiven Charakter; sie stellt mithin keinen der Bestandskraft fähigen Verwaltungsakt dar (a. A. VG Meiningen, Urteil v. 19. 2. 2001 – 5 K 1054/97.Me –, ThürVBl. 2001, 189 = ThürVGRspr 2002, 149; VG Weimar, Urteil v. 8. 12. 1994 – 1 K 731/94.We –, ThürVBl. 1995, 71). Dies ergibt sich bereits aus dem Wortlaut der §§ 2 und 4 ThDSchG, den für diese Frage zentralen Bestimmungen des Gesetzes. § 2 Abs. 1 ThDSchG regelt, daß Kulturdenkmale im Sinne des Gesetzes Sachen, Sachgesamtheiten oder Sachteile „sind", an deren Erhaltung aus bestimmten Gründen ein öffentliches Interesse besteht. § 4 Abs. 1 Satz 1 ThDSchG bestimmt, daß unbewegliche Kulturdenkmale „nachrichtlich" in ein öffentliches Verzeichnis aufgenommen werden; in Satz 2 der Vorschrift wird ergänzend klargestellt, daß der Schutz unbeweglicher Kulturdenkmale nicht davon abhängig ist, daß sie in das Denkmalbuch eingetragen wurden. Das ThDSchG folgt damit dem sog. ipso-jure Modell.

Die danach eindeutige Systementscheidung des Gesetzgebers, die sich mit der Gesetzesbegründung deckt (vgl. LT-Drucks. 1/824, S. 19), ist auch nicht durch eine systematische Auslegung des Gesetzes in Frage zu stellen (so aber VG Meiningen, Urteil v. 19. 2. 2001 – 5 K 1054/97.Me –, a. a. O.; VG Weimar, Urteil v. 8. 12. 1994 – 1 K 731/94.We –, a. a. O.). Voraussetzung dafür wäre, daß – bei systematischer Auslegung – zwingende Anhaltspunkte bestünden, der Gesetzgeber habe entgegen seinem in den §§ 2 und 4 ThDSchG zum Ausdruck kommenden Willen die Unterschutzstellung konstitutiv – durch Eintragung in das Denkmalbuch – regeln wollen. Wäre dies der Fall, stellte sich freilich die Frage nach der verfassungsrechtlich gebotenen Bestimmtheit des Gesetzes. Zwingende Anhaltspunkte im dargelegten Sinne bestehen indes nicht. Vielmehr spricht auch die in § 1 Abs. 1 Satz 2 ThDSchG geregelte Aufgabenverteilung zwischen Denkmalschutz und Denkmalpflege dafür, daß die Eintragung in das Denkmalbuch als Maßnahme der Denkmalpflege keinen Verwaltungsakt darstellt.

Der Umstand, daß der Eigentümer eines Kulturdenkmals gemäß § 5 Abs. 1 Satz 3 ThDSchG vor der Eintragung in das Denkmalbuch zu hören ist, rechtfertigt gleichfalls nicht die Annahme, der Landesgesetzgeber habe der Eintragung konstitutive Wirkung beilegen wollen (so VG Meiningen, Urteil v. 19.2.2001 – 5 K 1054/97.Me –, a.a. O. und VG Weimar, Urteil v. 8. 12. 1994 – 1 K 731/94.We –, a.a. O.). Daß eine Anhörung aus rechtsstaatlichen Gründen vor Erlaß eines in die Rechte des Betroffenen eingreifenden Verwaltungsakts grundsätzlich geboten ist (vgl. § 28 Abs. 1 VwVfG), bedeutet nicht umgekehrt, daß jede behördliche Handlung, der eine Anhörung vorauszugehen hat, auch als Verwaltungsakt zu qualifizieren ist. Eine Anhörung ist zunächst nur ein Mittel zur Aufklärung des Sachverhalts, ohne daß damit etwas über die Qualität der Behördenhandlung ausgesagt wäre. Sie ist auch im Bereich des Denkmalschutzes sinnvoll, denn der Eigentümer mag – gerade etwa bei Gebäuden, mit denen sich die „Fachwelt" noch nicht beschäftigt hat – in der Lage sein, der Denkmalfachbehörde Kenntnisse zu verschaffen, die die Denkmaleigenschaft seines Gebäudes berühren.

Daß gemäß § 30 Abs. 1 ThDSchG die Entstehung eines gemeindlichen Vorkaufsrechts von der Eintragung eines Kulturdenkmals in das Denkmalbuch abhängig ist, zwingt gleichfalls nicht zu dem Schluß, die Eintragung sei konstitutiv und stelle einen Verwaltungsakt dar. Dies läßt sich insbesondere nicht mit der Erwägung begründen, der Zweck der Einräumung eines Vorkaufsrechts, die Erhaltung der Kulturdenkmale, könne nur bei konstitutiv wirkender Eintragung erreicht werden (so VG Weimar, Urteil v. 8.12.1994 – 1 K 731/94.We – a.a.O.). Vielmehr ist zu berücksichtigen, daß bei konstitutiver Eintragung ebensowenig wie bei nur nachrichtlicher Eintragung die Gewähr besteht, daß alle Kulturdenkmale erfaßt werden. Gleichfalls nicht zwingend ist in diesem Zusammenhang die Überlegung, die Einräumung eines Vorkaufsrechts in Anknüpfung an die Eintragung in das Denkmalbuch zeige, daß die Eintragung selbst eine unmittelbare Rechtsfolge nach sich ziehe (so VG Meiningen, Urteil v. 19.2.2001 – 5 K 1054/97.Me –, a.a.O.). Diese Auffassung verkennt, daß verschiedentlich gesetzliche Vorkaufsrechte eingeräumt werden, ohne daß sie die unmittelbare Rechtsfolge eines Verwaltungsakts darstellten (vgl. etwa § 24 Abs. 1 Nr. 6 BauGB). Die Anknüpfung des Vorkaufsrechts an eine nur nachrichtliche Eintragung in das Denkmalbuch ist überdies nicht sinnlos. Wenn der Eigentümer verpflichtet ist, der Gemeinde den Eintritt des Vorkaufsfalls anzuzeigen (vgl. § 30 Abs. 3 Satz 1 ThDSchG), wird er dieser Pflicht nur nachkommen können, wenn er weiß oder Anhaltspunkte dafür hat, daß er Eigentümer eines Kulturdenkmals ist. Diese Anhaltspunkte werden ihm häufig nur durch die Eintragung in das Denkmalbuch vermittelt.

Eine konstitutive Wirkung der Eintragung kann auch nicht aus § 33 ThDSchG hergeleitet werden. Die Vorschrift bestimmt, daß die Kulturdenkmale der Zentralen Denkmalliste und der Bezirks- und Kreislisten, die auf der Grundlage des Denkmalpflegegesetzes der ehemaligen DDR erstellt und veröffentlicht worden sind, als geschützte Denkmale im Sinne des ThDSchG weitergelten. Die Auffassung, diese Vorschrift sei für unbewegliche Kulturdenkmale im System der nachrichtlichen Eintragung überflüssig (so VG Meiningen, Urteil v. 19.2.2001 – 5 K 1054/97.Me –, a.a.O.; VG Weimar, Urteil v. 8.12.1994 – 1 K 731/94.We –, a.a.O.), verkennt, daß §33 ThDSchG eine bloße Fiktion vor dem Hintergrund enthält, daß die Denkmallisten der ehemaligen DDR häufig der denkmalfachlichen Berechtigung entbehren (vgl. die Begründung zum ThDSchG, LT-Drucks. 1/824, S. 1). Diese Fiktion fügt sich weder in das System der konstitutiven noch der nur nachrichtlichen Eintragung ein und hat daher insoweit auch keine Aussagekraft.

Schließlich läßt §6 ThDSchG, die Vorschrift über die vorläufige Denkmalausweisung, nicht den Schluß zu, der Landesgesetzeber habe die Eintragung in das Denkmalbuch entgegen dem klaren Wortlaut des §4 ThDSchG konstitutiv regeln wollen. §6 ThDSchG deutet zwar darauf hin, daß der Gesetzgeber die Eintragung in die vorläufige Denkmalliste als Verwaltungsakt hat qualifizieren wollen, denn diese Eintragung wird nach Satz 2 der Vorschrift „unwirksam", wenn nicht innerhalb von sechs Monaten die Aufnahme in das Denkmalbuch erfolgt. Auch liegt der Vorschrift ausweislich der Gesetzesbegründung (LT-Drucks. 1/824, S. 20) die Vorstellung zugrunde, der Schutz eines Kulturdenkmals bestehe nicht kraft Gesetzes, sondern sei von einer Eintragung in die vorläufige Liste oder das Denkmalbuch abhängig. Dies rechtfertigt gleichwohl nicht die Annahme, die nach dem Wortlaut des Gesetzes getroffene Systementscheidung sei in Frage zu stellen. Vielmehr ist zu berücksichtigen, daß die insoweit zentralen und unzweideutigen Bestimmungen in §§2 und 4 ThDSchG enthalten sind. Dies hat zur Folge, daß §6 ThDSchG im Lichte dieser Vorschriften auszulegen ist, und nicht etwa umgekehrt, daß die §§2 und 4 ThDSchG mit Blick auf §6 auszulegen sind. Eine Eintragung in die vorläufige Denkmalliste ist auch bei nur nachrichtlichem Charakter nicht sinnlos. Im Hinblick auf Sinn und Zweck des gesetzlichen Vorkaufsrechts in §30 ThDSchG, Kulturdenkmale weitgehend zu erhalten, kann ihr, obwohl die Entstehung des Vorkaufsrechts nach dem Wortlaut des Gesetzes an die Eintragung in das „Denkmalbuch" geknüpft ist, insoweit Bedeutung zukommen.

b) Die Hofanlage ist auch nicht aus den in §2 Abs. 1 Satz 1 ThDSchG genannten Gründen ein Kulturdenkmal.

Kulturdenkmale sind gemäß §2 Abs. 1 Satz 1 ThDSchG Sachen, Sachgesamtheiten oder Sachteile, an deren Erhaltung aus geschichtlichen, künstlerischen, wissenschaftlichen, technischen, volkskundlichen oder städtebaulichen Gründen sowie aus Gründen der historischen Dorfbildpflege ein öffentliches Interesse besteht. §2 Abs. 1 Satz 2 ThDSchG bestimmt, daß Kulturdenkmale auch Denkmalensembles und Bodendenkmale sind. Die Gründe in §2 Abs. 1 Satz 1 ThDSchG betreffen die sog. Denkmalfähigkeit, das Erhaltungsinteresse die sog. Denkmalwürdigkeit.

Der Begriff des Kulturdenkmals ist ein unbestimmter Rechtsbegriff wertenden Inhalts, dessen Anwendung uneingeschränkt der gerichtlichen Kontrolle unterliegt. Angesichts der Schwierigkeit, Denkmalfähigkeit und Denkmalwürdigkeit sachgerecht zu beurteilen, ist es zur Auslegung des Rechtsbegriffs angebracht, daß sich das Gericht sachverständiger Beratung bedient (vgl. nur VGH Baden-Württemberg, Urteil v. 27.5.1993 – 1 S 2588/92 –, BRS 55 Nr. 136). Nach dem Thüringer Denkmalschutzgesetz ist in erster Linie das Thüringische Landesamt für Denkmalpflege als Denkmalfachbehörde berufen, sachkundige Stellungnahmen zur Beurteilung eines Kulturdenkmals abzugeben (vgl. §24 Abs. 2 ThDSchG). Die Bewertung der von ihm festgestellten Tatsachen hat dann durch die Gerichte und nicht etwa durch Mitarbeiter des Landesamtes oder durch Sachverständige zu erfolgen. Erst wenn zu den vom Landesamt gelieferten tatsächlichen Erkenntnissen noch weiterer Aufklärungsbedarf besteht, sind die Gerichte verpflichtet, den Sachverhalt – etwa durch Einholung eines Sachverständigengutachtens – weiter aufzuklären. Dies mag etwa dann notwendig sein, wenn die Wertung des Gerichts zusätzliche Kenntnisse erfordert oder wenn sachkundige Aussagen der Denkmalpflegeämter umstritten sind und in fachlicher Hinsicht einer weiteren Aufklärung bedürfen (vgl. OVG Münster, Urteil v. 30.7.1993 – 7 A 1038/92 – BRS 55 Nr. 135).

Im vorliegenden Fall bieten die Stellungnahmen des Landesamtes bereits keinen Anhalt dafür, daß die umstrittene Hofanlage denkmalfähig (aa.) und denkmalwürdig (bb.) ist und damit die Eigenschaft eines Kulturdenkmals i. S. des §2 Abs. 1 ThDSchG aufweist. Eine weitere Sachverhaltsaufklärung war deshalb nicht veranlaßt.

aa) Die im Ortskern von Erfurt-F. gelegene Anlage – ein ehemaliges Gehöft – besteht heute aus einem Wohn- und Torhaus sowie einem östlichen Stallgebäude. Nach der bauhistorischen Einordnung des Landesamtes für Denkmalpflege vom August 2001 stammt das Wohnhaus aus dem letzten Viertel des 18. Jahrhunderts. Dem letzten Viertel des 19. Jahrhunderts sind die Treppenanlage im Erdgeschoß des Wohnhauses, das Torhaus und die Einfriedung des Anwesens zuzuordnen. Der Verputz an Wohn- und Torhaus wurde 1920/1930 aufgebracht.

Zur Begründung der Denkmaleigenschaft hat das Landesamt für Denkmalpflege in seiner Benachrichtigung vom Januar 1994 über die Eintragung in das Denkmalbuch ausgeführt, der Anlage komme baukünstlerische Bedeutung wegen einer ausgewogenen Gesamtgestaltung und qualitätvoller Architekturdetails zu, das Gehöft dokumentiere überdies exemplarisch zeittypische Bauformen und deren historischen Wandel als Reflexion der jeweiligen Lebensverhältnisse und sei wegen seiner exponierten Lage von ortsbildprägender Bedeutung. Angesprochen sind damit die in §2 Abs. 1 Satz 1 ThDSchG aufgeführten künstlerischen und geschichtlichen Gründe sowie Gründe der historischen Dorfbildpflege. Diese Gründe sind indes angesichts der tatsächlichen Feststellungen nicht nachvollziehbar.

Das Merkmal der „künstlerischen" Gründe i. S. des §2 Abs. 1 ThDSchG verlangt eine gesteigerte ästhetische oder gestalterische Qualität. Sie ist beispielsweise gegeben, wenn Sachen das „ästhetische Empfinden in besonderem Maße ansprechen oder zumindest den Eindruck vermitteln, daß etwas nicht Alltägliches oder eine Anlage mit Symbolgehalt geschaffen worden ist", wenn ihnen „exemplarischer Charakter" für eine bestimmte Stilrichtung oder für das Werk eines Künstlers beizumessen ist oder wenn sich Form und Funktion eines Bauwerks in besonders gelungener Weise entsprechen. Entscheidend ist, daß sich eine individuelle schöpferische Leistung auf der Basis künstlerischer Inspiration am Bauwerk ablesen läßt. Nicht erforderlich ist, daß das Bauwerk Schmuckformen aufweist; ausreichend ist, daß sich Form und Zweck nach den Stilmerkmalen eines Baukunstideals seiner Zeit entsprechen (SächsOVG, Urteil v. 12.6.1997 – 1 S 344/95 –, SächsVBl. 1998, 12; VGH Mannheim, Urteil v. 10.3.1988 – 1 S 524/87 –, NVwZ-RR 1989, 238).

Eine künstlerische Bedeutung der Hofanlage wird zunächst selbst in der ergänzenden Stellungnahme des Landesamtes für Denkmalpflege nicht mehr geltend gemacht. ...

Das Wohnhaus stellt sich seiner äußeren Gestalt nach als zweigeschossiger verputzter Fachwerkbau dar, dessen südliche Fassade symmetrisch gegliedert ist. Merkmale, die Ausdruck künstlerischen Schaffens im dargelegten Sinne sind, weist es nicht auf. Nichts anderes gilt für das Innere des Wohnhauses, das ebenfalls symmetrisch gegliedert ist. Bemerkenswert ist dort die Treppenanlage, die in zwei an den Wänden des Flures angeordneten Armen in das Obergeschoß führt und ein Geländer mit gedrechselten Stäben und Pfosten besitzt. Die Decke im Flur des Erdgeschosses weist Stuckelemente auf und ist dem letzten Viertel des 18. Jahrhunderts zuzuordnen. Die Türen im Erdgeschoß des Wohnhauses sind einschließlich ihrer Beschläge vollständig erhalten und stammen nach den Feststellungen des Landesamtes teilweise aus dem letzten Viertel des 18. Jahrhunderts, teilweise aus dem letzten Viertel des 19. Jahrhunderts. Die Räume im Wohnhaus besitzen teilweise brüstungshohe Holzvertäfelungen. Diese Elemente mögen eine geschichtliche Bedeutung des Hauses oder der gesamten Anlage begründen, eine gesteigerte gestalterische Qualität, die auf eine künstlerische Bedeutung im dargelegten Sinne hinweist, kann ihnen indes nicht entnommen werden. ...

Die Denkmalfähigkeit der Hofanlage ist auch nicht aus geschichtlichen Gründen zu bejahen. Derartige Gründe können aus allen Bereichen der Geschichte hergeleitet werden (vgl. Seifert/Viebrock/Dusek/Zießler, Thüringer Denkmalschutzrecht, §2 Anm. 1). Sofern nicht an eine historische Person angeknüpft wird (z. B. Geburtshaus von ...), beziehen sie sich maßgeblich auf den Dokumentationswert früherer Bauweisen und der in ihnen zum Ausdruck kommenden Verhältnisse. Geschichtliche Bedeutung kommt einem Gebäude dann zu, wenn es für das Leben oder für die politischen, kulturellen und sozialen Verhältnisse in bestimmten Zeitepochen einen Aussagewert hat (vgl. OVG Schleswig, Urteil v. 10.10.1995 – 1 L 27/95 – zitiert nach JURIS; ähnlich OVG Berlin, Urteil v. 7.4.1993 – 2 B 36.90 –, BRS 55 Nr. 137; SächsOVG, Urteil v. 12.6.1997 – 1 S 344/95 –, a.a.O.; VGH Baden-Württemberg, Urteil v. 27.5.1993 – 1 S 2588/92 –, a.a.O.; Seifert/Viebrock/Dusek/Zießler, Thüringer Denkmalschutzrecht, §2 Anm. 1). Allein das Alter eines Gebäudes und seine Funktion lassen es noch nicht zu einem Kulturdenkmal geschichtlicher Bedeutung werden (vgl. OVG Schleswig, Urteil v. 10.10.1995 – 1 L 27/95 –, a.a.O.; SächsOVG, Urteil v. 12.6.1997 – 1 S 344/95 –, a.a.O.). Entscheidend ist der dokumentarische und exemplarische Charakter des Schutzobjekts als ein Zeugnis der Vergangenheit (vgl. SächsOVG, Urteil v. 12.6.1997 – 1 S 344/95 –, a.a.O.).

Nach diesen Maßstäben kann eine geschichtliche Bedeutung der Hofanlage nicht bejaht werden, denn es ist nicht erkennbar, welchen Dokumentationswert sie für die Lebensverhältnisse früherer Zeiten hätte. Aus der Formulierung des Landesamtes für Denkmalpflege in seiner Benachrichtigung über die Eintragung in das Denkmalbuch, das Gehöft dokumentiere „zeittypische Bauformen und deren historischen Wandel als Reflexion der jeweiligen Lebensverhältnisse exemplarisch", ergeben sich insoweit keine Anhaltspunkte. Auch die ergänzende Stellungnahme gibt keinen Aufschluß über den Zeugniswert der Gebäude. Auch sie läßt offen, welche Lebensverhältnisse etwa das Wohnhaus widerspiegeln soll, denn es ist unbekannt, wer Bauherr war. Das Landesamt geht angesichts der Grundriß- und Raumdisposition zwar von einer besonderen Stellung innerhalb der Dorfgemeinschaft aus, kann diese jedoch nicht näher bestimmen, sondern vermutet lediglich, der Bauherr sei Amtmann, besonders reicher Bauer oder ähnliches gewesen. Auf dieser Grundlage kann ein Dokumentationswert des Gebäudes nicht angenommen werden. Auch die Besonderheiten hinsichtlich des Grundrisses, der Anordnung der Räume und der Treppenanlage im Wohnhaus lassen – für sich genommen – nicht den Schluß auf einen derartigen Dokumentationswert zu. Der Seltenheitswert einer Sache gewinnt erst dann denkmalrechtliche Bedeutung, wenn weitere Umstände hinzutreten, die geeignet sind, die Denkmalfähigkeit zu begründen (vgl. VGH Baden-Württemberg, Urteil v. 19.3.1998 – 1 S 3307/96 –, BRS 60 Nr. 211). Daran fehlt es hier. ... Das Wohnhaus wurde nachträglich um das Torhaus erweitert. Einen weiteren Anbau stellt das noch vorhandene Seitengebäude dar; aufgrund dessen hat das Wohnhaus an der der Straße abgewandten Seite in seinem Innern an Symmetrie verloren. Zwar kann ein Gebäude unter dem Gesichtspunkt der Entwicklung der Lebensverhältnisse und deren Veränderungen im Laufe der Jahrhunderte auch dann denkmalfähig sein, wenn sich an den baulichen Veränderungen, die das Gebäude im Lauf der Zeit erfahren hat, die damit einhergehenden Änderungen in der Art und Weise zu leben und zu wirtschaften, ablesen lassen (vgl. OVG Münster, Urteil vom 12.3.1998 – 10 A 5113/96 –, BRS 60 Nr. 210). Auch dafür liegt hier jedoch nichts vor, denn es ist nicht erkennbar, inwiefern die Schaffung zusätzlicher Nutzfläche mit einer Veränderung der Lebensverhältnisse im Zusammenhang steht. ...

Auch kann der Anlage keine baugeschichtliche Bedeutung zuerkannt werden. Baugeschichtlich bedeutend kann ein Gebäude sein, wenn ihm eine besondere Eignung zum Aufzeigen und Erforschen der Entwicklung der Baukunst zukommt (vgl. OVG Münster, Urteil v. 29.2.1996 – 10 A 366/92 –, BRS 58 Nr. 226). Dafür liegt hier gleichfalls nichts vor. Es ist insbesondere nicht erkennbar, daß anhand des noch vorhandenen Gebäudebestandes etwas aufgezeigt werden könnte, was für die Entwicklung beispielsweise des Fachwerkbaus von Bedeutung wäre. Das Wohnhaus stellt nach der Stellungnahme des Landesamtes für Denkmalpflege in Konstruktion und Gestaltung einen typischen Bau aus dem Ende des 18. Jahrhunderts dar, der durch typische Bauteile aus dem Ende des 19. Jahrhunderts ergänzt wurde. Auch das noch vorhandene Seitengebäude repräsentiert zeitgenössische Bautechniken seiner Entstehungszeit. Eine dokumentarische Bedeutung für die Baugeschichte läßt sich daraus allein gerade nicht herleiten (vgl. auch VGH Baden-Württemberg, Urteil v. 16.12.1992 – 1 S 534/91 –, BRS 54 Nr. 115).

Gründe der historischen Dorfbildpflege sind im vorliegenden Fall gleichfalls nicht gegeben. Mit diesem Merkmal soll zum Ausdruck gebracht werden, daß die in §2 Abs. 1 Satz 1 ThDSchG genannten „städtebaulichen Gründe" auch für Dorfensembles gelten (vgl. Plenarprotokoll 1/37 [S.2550]). Die „Gründe der historischen Dorfbildpflege" sind mithin identisch mit den „städtebaulichen Gründen". Diese liegen vor, wenn ein Gebäude zu einer stadtgeschichtlichen oder stadtentwicklungsgeschichtlichen Unverwechselbarkeit führt (vgl. SächsOVG, Urteil v. 12.6.1997 – 1 S 344/95 –, a.a.O.; ähnlich OVG Berlin, Urteil v. 7.4.1993 – 2 B 36.90 –, a.a.O.; ferner Seifert/Viebrock/Dusek/Zießler, Thüringer Denkmalschutzrecht, §2 Anm. 1). ... Der vor Ort gewonnene Eindruck läßt zwar vermuten, daß die umstrittene Hofanlage Teil eines von Hofreiten gesäumten Straßenzuges war, der sich in Richtung Osten bis etwa zur Dorfkirche hin erstreckt hat. Allerdings sind die in der näheren Umgebung – neben neueren Gebäuden – noch vorhandenen, ehemaligen Hofanlagen weitgehend nicht mehr vollständig erhalten und so modernisiert, daß sie den ursprünglichen Zustand nur erahnen lassen. Einen Eindruck von der ursprünglichen Dorfgeschichte vermag deshalb auch die hier im Streit stehende Anlage nicht mehr zu vermitteln. Angesichts des im Lauf der Jahre veränderten Dorfbildes in ihrer Umgebung verleiht sie diesem auch zusammen mit den umliegenden Gebäuden keinen unverwechselbaren Charakter.

bb) Auch wenn, was nach der Augenscheinseinnahme allein in Betracht kommt, das umstrittene Anwesen noch Bedeutung für die historische Dorfbildpflege haben sollte, ist jedenfalls ein öffentliches Interesse an seiner Erhaltung i.S. des §2 Abs. 1 Satz 1 ThDSchG zu verneinen. Dieses Tatbestandsmerkmal setzt voraus, daß die Denkmaleigenschaft einer Sache und die Notwendigkeit ihrer Erhaltung in das Bewußtsein der Bevölkerung oder mindestens eines breiten Kreises von Sachverständigen eingegangen ist. Aufgrund der Korrektivfunktion des Merkmals des öffentlichen Interesses bedarf es mit Blick auf das konkrete Schutzobjekt einer Bewertung des Ranges seiner denkmalpflegerischen Bedeutung. Dabei ist in erster Linie der „Seltenheitswert" zu berücksichtigen, der es rechtfertigen kann, aus einer Vielzahl vergleichbarer Objekte bestimmte Schutzobjekte als erhaltungswürdig herauszuheben. Daneben sind in die insoweit gebotene Abwägung der denkmalpflegerischen Interessen untereinander und gegeneinander vor allem der dokumentarische und exemplarische Wert des Schutzobjekts, sein Alter, das Maß seiner Originalität und Integrität sowie allgemein das konkrete Gewicht der einschlägigen Schutzgründe einzustellen (vgl. VGH Baden-Württemberg, Urteil v. 27.5.1993 – 1 S 2588/92 –, a.a.O.; SächsOVG, Urteil v. 12.6.1997 – 1 S 344/95 –, a.a.O.).

Es kann nicht davon ausgegangen werden, daß die Hofanlage und die Notwendigkeit ihrer Erhaltung in das Bewußtsein der Bevölkerung eingegangen ist. ... Insofern kann auch nicht davon ausgegangen werden, daß die Hofanlage und die Notwendigkeit ihrer Erhaltung in das Bewußtsein eines breiten Kreises von Sachverständigen eingegangen ist. Auch wenn insoweit nicht entscheidend sein mag, wieviele Sachverständige sich konkret für die Erhaltungswürdigkeit ausgesprochen haben, sondern ob Gründe für die Erhaltungswürdigkeit so offensichtlich hervortreten, daß diese nicht nur eingeschränkt und von einzelnen Sachverständigen, sondern uneingeschränkt von der großen Mehrheit der Sachverständigen bejaht werden müßten (vgl. hierzu VGH Baden-Württemberg, Urteil v. 27. 5. 1993 – 1 S 2588/92 –, a. a. O.), ist diese Voraussetzung nicht erfüllt. Daran vermag auch der Umstand nichts zu ändern, daß sich die Denkmalfachbehörde mehrfach für die Erhaltung des Anwesens ausgesprochen hat und es in das Denkmalbuch hat eintragen lassen.

2. Selbst wenn man die Denkmalwürdigkeit der umstrittenen Hofanlage bejahen wollte, lägen jedenfalls keine Gründe vor, die die Versagung einer erforderlichen Zustimmung der unteren Denkmalschutzbehörde rechtfertigen könnten. Nach § 12 Abs. 3 Satz 2 i. V. m. § 13 Abs. 2 Satz 1 ThDSchG kann die Zustimmung versagt werden, soweit gewichtige Gründe des Denkmalschutzes für die unveränderte Beibehaltung des bisherigen Zustandes sprechen.

Dafür, daß „gewichtige Gründe des Denkmalschutzes" für die unveränderte Beibehaltung des bisherigen Zustandes sprechen, liegt im vorliegenden Fall indes nichts vor. Diese Frage läßt sich nicht ohne Berücksichtigung der denkmalpflegerischen Bedeutung des maßgeblichen Objekts beantworten, denn es spricht alles dafür, daß § 13 Abs. 2 Satz 1 ThDSchG strengere Anforderungen gegenüber dem allgemeinen Erhaltungsauftrag in § 1 Abs. 1 ThDSchG enthält, durch die denkmalpflegerisch untergeordnete Objekte ausgeschieden werden sollten (vgl. zu einer vergleichbaren Regelung BayVGH, Urteil v. 21. 2. 1985 – 26 B 80 A.720 –, BayVBl. 1986, 399). Der Hofanlage kommt, wie dargestellt, allenfalls geringe Bedeutung aus Gründen der historischen Dorfbildpflege zu. Insofern kann von „gewichtigen Gründen" des Denkmalschutzes i. S. des § 13 Abs. 2 Satz 1 ThDSchG auch nicht im Hinblick darauf die Rede sein, daß die Anlage in F. eine Seltenheit darstellt.

Nr. 208

1. **Eine denkmalrechtliche Instandsetzungs- und Erhaltungsanordnung nach § 7 Abs. 2 DSchG NRW muß nicht auf die Beseitigung derjenigen Schäden beschränkt werden, die erst nach der Unterschutzstellung des Denkmals entstanden sind. Die den Denkmaleigentümer treffende Instandsetzungs- und Obhutspflicht erstreckt sich im Rahmen des Zumutbaren auch auf die Beseitigung von Schäden, die bei Unterschutzstellung schon bestanden haben und eine fortdauernde Gefährdung des Denkmals zur Folge haben.**

2. **Eine Instandsetzungs- und Erhaltungsanordnung nach § 7 Abs. 2 DSchG setzt nicht voraus, daß die Denkmalbehörde im Rahmen ihrer Sachaufklärungspflicht den exakten Umfang der erforderlichen Reparaturen und die genaue Position jeder Schadensstelle einschließlich etwaiger verdeckter Schäden ermittelt. Vielmehr kann der Denkmaleigentümer jedenfalls dann, wenn das Vorhandensein substanzgefährdender Mängel offenkundig ist, dazu verpflichtet werden, im Zuge ihrer Beseitigung**

Nr. 208

eine Überprüfung auf das Vorhandensein weiterer Mängel gleicher Art an den betroffenen Bau- oder Gebäudeteilen vorzunehmen.

DSchG NRW §§ 7 Abs. 1, Abs. 2, 27.

OVG Nordrhein-Westfalen, Beschluß vom 14. Juli 2003 – 8 A 3991/02 – (rechtskräftig).

(VG Düsseldorf)

Der Antragsteller ist Eigentümer von zwei in die Denkmalliste eingetragenen Mehrfamilienwohnhäusern. Die untere Denkmalbehörde gab ihm durch die streitbefangenen Ordnungsverfügungen u. a. auf, Dächer, Dachrinnen, Fallrohre und Fassaden zu überprüfen und Mängel zu beseitigen, so daß keine Feuchtigkeit mehr ins Gebäudeinnere gelangen könne. Die hiergegen gerichtete Anfechtungsklage hatte keinen Erfolg; das Oberverwaltungsgericht ließ die Berufung nicht zu.

Aus den Gründen:

Die Ordnungsverfügungen sind hinreichend bestimmt. Sie lassen ohne weiteres erkennen, was vom Adressaten verlangt wird, nämlich eine Überprüfung der im einzelnen bezeichneten Bauteile auf Mängel, die zu Feuchtigkeitsschäden führen und damit die Substanz der Denkmäler schädigen können, und die Beseitigung dieser Mängel (Nr. 1, 2 und 4) sowie eine Reparatur der Defekte an den Gesimsen (Nr. 3). Damit ist das Ziel der Verfügungen hinreichend konkret bezeichnet. Eine weitere Konkretisierung in den Bescheiden war entbehrlich, da eine Vollstreckung – etwa durch eine (hier nicht angedrohte) Ersatzvornahme – auf der Grundlage der in den Bescheiden gewählten Formulierungen möglich wäre, etwa durch Erteilung entsprechender Aufträge an fachlich geeignete Handwerksbetriebe. Der an einen Handwerker zu erteilende Auftrag müßte, um ausführbar zu sein, keinerlei weitere als die im Bescheid genannten Angaben enthalten; vielmehr wäre es für einen Fachhandwerker unschwer ersichtlich, daß er alle vorhandenen und zu Feuchtigkeitsschäden führenden Mängel beispielsweise des Daches oder der Fallrohre zu finden und zu beseitigen hätte, unabhängig davon, wo sich diese auf dem Dach oder im Verlauf der Fallrohre befinden. Ebenso wäre ein Fachhandwerker im vorliegenden Fall und bezogen auf die Aufforderung, die schadhaften Gesimse zu reparieren oder zu erneuern, auf der Grundlage eines derartigen Auftrags in der Lage, für jede von ihm aufgefundene Schadstelle zu entscheiden, ob eine Reparatur noch ausreicht oder schon eine Erneuerung erforderlich ist. Zweifel an der Bestimmtheit der Ordnungsverfügungen ergeben sich auch nicht daraus, daß die Reparatur von Schäden an der Schieferverkleidung nach „historischem Vorbild" zu erfolgen hat. Denn auch insoweit ist angesichts der fast vollständig erhaltenen Schieferfassaden an beiden Gebäuden ohne Schwierigkeiten erkennbar, was verlangt wird, nämlich eine Reparatur in Anpassung an den historischen Bestand. Zweifelhaft ist schließlich auch nicht, daß sich die Reparatur des Daches nicht auf eine Veränderung des Dachaufbaus mit dem Ziel, jegliche Schwitzwasserbildung zu verhindern, erstrecken muß; denn die Anordnung ist ausdrücklich auf die Beseitigung von Undichtigkeiten beschränkt, durch die „Feuchtigkeit ins Gebäudeinnere gelangen kann".

Die Ordnungsverfügungen sind auch materiell-rechtlich nicht zu beanstanden; die an den Kläger gerichteten Anordnungen finden ihre Rechtsgrundlage in § 7 Abs. 2 i. V. m. Abs. 1 Satz 1 DSchG NRW. Nach diesen Vorschriften muß der Eigentümer eines Denkmals sein Denkmal im Rahmen des Zumutbaren u. a. instand setzen und vor Gefährdung schützen. Dazu zählt auch die Verpflichtung, auf die Entstehung von Schäden unverzüglich zu reagieren und den Zustand des Denkmals unter Kontrolle zu halten, um auch, soweit möglich und zumutbar, verdeckte Mängel rechtzeitig aufzuspüren und zu beheben. Wie weit die aus § 7 Abs. 1 DSchG NRW folgende Pflicht im Einzelfall geht – etwa dann, wenn der Gesamtzustand des Denkmals Mängel nicht erwarten läßt –, bedarf hier keiner Entscheidung. Denn jedenfalls dann, wenn bereits offenkundig ist, daß substanzgefährdende Mängel vorhanden sind, trifft den Eigentümer die Pflicht, im Zuge ihrer Beseitigung eine Überprüfung auf das Vorhandensein weiterer Mängel gleicher Art vorzunehmen. Wenn der Zustand einzelner Bauteile Reparaturbedarf erkennen läßt, muß der Eigentümer damit rechnen, daß es an anderer Stelle bei gleichartigen Bauteilen ähnlichen Erhaltungszustandes zu ähnlichen Schäden gekommen sein könnte; dies kann eine Verpflichtung zur Überprüfung auch der nicht offenkundig schadhaften Bereiche jener Bauteile zum Schutz des Gebäudes auslösen. Für die Beseitigung von Schäden dieser Art ist der Eigentümer unabhängig davon, wann die Schäden entstanden sein mögen, verantwortlich. Der Behörde obliegt es, ihn auf diese aus § 7 Abs. 1 Satz 1 DSchG NRW folgende Verantwortung hinzuweisen und ggf. die nötigen Anordnungen nach § 7 Abs. 2 DSchG NRW zu treffen.

Nach diesen Grundsätzen sind die Anordnungen der unteren Denkmalbehörde im vorliegenden Fall nicht zu beanstanden. Die Ordnungsverfügungen erlegen dem Kläger als Denkmaleigentümer keine von § 7 Abs. 2 DSchG NRW nicht mehr gedeckten Pflichten auf. Die untere Denkmalbehörde war insbesondere nicht verpflichtet, selbst den exakten Umfang der erforderlichen Reparaturen, die genaue Position jeder Schadensstelle einschließlich etwaiger verdeckter Schäden zu ermitteln und anzugeben. Denn sie mußte davon ausgehen, daß sowohl das Dach als auch Dachrinnen, Fallrohre, Gesimse und Fassaden schadhaft waren, weil dies zwischen den Beteiligten unstreitig bzw. offenkundig war, und daß die seit vielen Jahren vorhandenen Schäden zu Folgeschäden an den Denkmälern zu führen geeignet waren. Deshalb durfte sie sich darauf beschränken, die schadhaften Bauteile und das Ziel der Reparaturen zu benennen sowie die Reparatur der Schäden und eine Untersuchung auf weitere Mängel an den schadhaften Bauteilen zu fordern. Der Behörde oblag es auch nicht unter dem Gesichtspunkt der Gefahrerforschung, den Sachverhalt noch weiter aufzuklären, da das Vorhandensein von gravierenden Baumängeln feststand und nur ihr genaues Ausmaß und die Lokalisierung der Schadstellen teilweise unklar waren (vgl. OVG NRW, Urteil v. 26. 3. 1996 – 5 A 3812/92 –, DÖV 1996, 1049 m. w. N.).

Die untere Denkmalbehörde mußte sich auch nicht darauf beschränken, die an den Kläger gerichteten Anforderungen auf den bei Unterschutzstellung bestehenden Zustand zu begrenzen; dies wäre in dem hier betroffenen Bereich der Beseitigung von substanzgefährdenden Schäden widersinnig und würde dem Normzweck des § 7 DSchG NRW widersprechen. Zwar geht die Befugnis der Denkmalbehörden nicht so weit, daß sie von einem Denkmaleigentümer etwa fordern dürfte, einen Zustand wieder herzustellen, der vor der Unterschutzstellung bauhistorisch einmal bestanden haben mag, also beispielsweise vorhandene nicht denkmalgerechte Fenster durch solche zu ersetzen, die denkmalgerecht wären. Lediglich dann, wenn der Denkmaleigentümer aus eigenem Entschluß eine vorhandene nicht denkmalgerechte Ausstattung beseitigt hat und eine Erneuerung durchführt, darf die Denkmalbehörde eine denkmalgerechte Ausführung bzw. – wenn der Eigentümer nicht denkmalgerechte Teile bereits neu eingebaut hat – eine denkmalgerechte Wiederherstellung anordnen. Von dieser, neben §§ 7, 9 DSchG auch die Wiederherstellungsanordnung nach § 27 DSchG NRW betreffenden Problematik (vgl. dazu OVG NRW, Beschluß v. 2.10.2002 – 8 A 5546/00 –, BRS 65 Nr. 211 = BauR 2003, 684) ist jedoch der vorliegende Fall einer bloßen Erhaltungs- und Instandsetzungsanordnung zu unterscheiden. Der Kläger, der zwei in die Denkmalliste eingetragene Objekte erworben hat, ist nach § 7 Abs. 1 Satz 1 DSchG NRW verpflichtet, das Denkmal vor Gefährdung zu schützen, soweit ihm dies zumutbar ist, ohne daß diese Pflicht weitergehend eingeschränkt wäre. Er muß also im Rahmen des Zumutbaren jede Gefährdung beseitigen und nicht nur diejenigen Gefahrenstellen, die erst nach der Unterschutzstellung entstanden sind. § 7 DSchG bietet keinen Anhalt für eine Unterscheidung vorhandener Mängel an einem Denkmal je nach ihrem Entstehungszeitpunkt. Die Norm bezweckt vielmehr die Beseitigung jeder Gefahr für den Bestand des Denkmals. Auch verfassungsrechtliche Gründe für eine Begrenzung auf die bei Unterschutzstellung noch nicht vorhandenen Mängel sind nicht ersichtlich; die Beschränkung der Eigentümerpflicht auf zumutbare Aufwendungen trägt den verfassungsrechtlich geschützten Interessen des Eigentümers hinreichend Rechnung. Gründe, die im vorliegenden Fall die Annahme rechtfertigten, die Erhaltungs- und Instandsetzungsanordnung erlege dem Kläger unzumutbare Pflichten auf, sind weder vorgetragen noch ersichtlich. Zu berücksichtigen ist in diesem Zusammenhang auch, daß dem Kläger seit 1993 bekannt ist, daß Erhaltungsmaßnahmen erforderlich sind, ohne daß er seiner Erhaltungspflicht bis zum Erlaß der Ordnungsverfügungen nachgekommen wäre (vgl. § 7 Abs. 1 Satz 3 DSchG NRW); die damit verbundene Verschlimmerung des Schadensumfangs entlastet ihn im Rahmen einer Instandsetzungsanordnung nicht.

Nr. 209

Wo die Grenze der Zumutbarkeit für die Erhaltung eines Denkmals im einzelnen verläuft und in welchem Umfang Eigentümer durch die Versagung einer Abbruchgenehmigung in unzumutbarer Weise getroffen werden, hängt von den konkreten Umständen des jeweiligen Sachverhaltes ab.
(Nichtamtlicher Leitsatz)

GG Art. 14 Abs. 1; DSchPflG Rh.-Pf § 13 Abs. 1.

Bundesverwaltungsgericht, Beschluß vom 7. Februar 2002 – 4 B 4.02 –.

(OVG Rheinland-Pfalz)

Die Klägerin, ein Industrieunternehmen, begehrt die Erteilung der Genehmigung zum Abbruch einer gegen Ende des 19. Jahrhunderts als Direktorenwohnhaus errichteten Villa, die seit 1983 unter Denkmalschutz steht. Mit ihrer nach Antragsablehnung erhobenen Klage hat die Klägerin insbesondere geltend gemacht, für das Gebäude finde sich keine Nutzung, seine Erhaltung sei wirtschaftlich unzumutbar. Das Verwaltungsgericht hat die Klage abgewiesen und zur Begründung im wesentlichen ausgeführt, daß nach § 13 Abs. 1 Satz 2 des rheinland-pfälzischen Landesgesetzes zum Schutz und zur Pflege der Kulturdenkmäler (Denkmalschutz- und -pflegegesetz – DSchPflG) v. 23. 3. 1978 (GVBl. 1978, 159) die Genehmigung zum Abbruch eines geschützten Kulturdenkmals nur erteilt werden dürfe, wenn andere Erfordernisse des Gemeinwohls die Belange des Denkmalschutzes überwiegen; die von der Klägerin vorgetragenen finanziellen Folgen einer Versagung der Abbruchgenehmigung seien im Rahmen der Abwägung nach dieser Vorschrift unbeachtlich.

Auf die Berufung der Klägerin hat das Berufungsgericht das Verfahren gemäß Art. 100 Abs. 1 GG ausgesetzt und dem Bundesverfassungsgericht die Frage der Verfassungsmäßigkeit des § 13 Abs. 1 Satz 2 DSchPflG zur Entscheidung vorgelegt. Das Bundesverfassungsgericht hat durch Beschluß v. 2. 3. 1999 – 1 BvL 7/91 – (BVerfGE 100, 226) festgestellt, daß § 13 Abs. 1 Satz 2 DSchPflG mit der Eigentumsgarantie des Art. 14 Abs. 1 GG unvereinbar ist. Bis der Gesetzgeber eine neue Regelung getroffen habe – längstens bis zum 30. 7. 2001 –, könne über Anträge auf Erteilung einer denkmalschutzrechtlichen Beseitigungsgenehmigung nicht abschließend entschieden werden, wenn die Beseitigung nicht im öffentlichen Interesse erlaubt werden solle. Anhängige Genehmigungsverfahren und Verwaltungsrechtsstreitigkeiten seien längstens bis zum 30. 7. 2001 auszusetzen, wenn nicht vorher eine neue Regelung getroffen sei. Der Landesgesetzgeber hatte bis zum 30. 7. 2001 keine neue Regelung getroffen.

Nach Ablauf der vom Bundesverfassungsgericht gesetzten Frist hat das Berufungsgericht das ausgesetzte Berufungsverfahren wieder aufgenommen und den Beklagten unter Abänderung des erstinstanzlichen Urteils und unter Aufhebung der entgegenstehenden Verwaltungsentscheidungen verpflichtet, der Klägerin die beantragte Abbruchgenehmigung zu erteilen: Da nach Ablauf der Frist, die das Bundesverfassungsgericht dem Landesgesetzgeber gesetzt habe, § 13 Abs. 1 Satz 2 DSchPflG nicht anwendbar sei und da es an einer Neuregelung der Genehmigungsvoraussetzungen fehle, könne die Denkmalschutzbehörde über einen Abbruchantrag grundsätzlich nach pflichtgemäßem Ermessen entscheiden. Hierbei habe sie auch die Eigentümerbelange zu berücksichtigen und zu prüfen, ob die Erhaltung des Denkmals dem Eigentümer zumutbar sei. Sei dem Eigentümer die Erhaltung des Denkmals nicht mehr zumutbar, müsse das behördliche Ermessen verfassungskonform dahin ausgeübt werden, daß die beantragte Genehmigung zum Abbruch des Denkmals erteilt werde. Da der Klägerin die Erhaltung des streitgegenständlichen Kulturdenkmals nicht zumutbar sei, sei das Ermessen des Beklagten auf „Null" reduziert.

Mit seiner Beschwerde wandte der beklagte Landkreis sich ohne Erfolg gegen die Nichtzulassung der Revision.

Aus den Gründen:

1. Die Rechtssache hat nicht die grundsätzliche Bedeutung, die ihr der Beklagte beimißt.

Die Beschwerde wirft als rechtsgrundsätzlich bedeutsam sinngemäß die Frage auf, unter welchen Voraussetzungen einem Eigentümer im Hinblick auf die Eigentumsgarantie des Art. 14 Abs. 1 GG die Erhaltung eines Denkmals aus wirtschaftlichen Gründen nicht mehr zumutbar ist. Sie möchte insbesondere geklärt wissen, ob sich die Prüfung der Zumutbarkeit „auf die Rentierlichkeit des Objektes reduziert", ob die Unzumutbarkeit von Erhaltungsaufwendungen „ohne weiteres in einen Anspruch auf Zerstörung umschlägt" und ggf. „ob und in welchem Umfange in diese Betrachtung das Verhalten des Eigentümers im Hinblick auf den die Rentierlichkeit beeinflussenden Erhaltungszustand des Denkmals und die Einbindung des Denkmals in einen größeren ursprünglichen Sach- und Vermögenszusammenhang in die Betrachtung einbezogen werden darf".

Soweit diese Fragen überhaupt einer vom Einzelfall losgelösten, verallgemeinerungsfähigen Klärung zugänglich sind, rechtfertigen sie die Zulassung der Revision nicht, da sie bereits höchstrichterlich geklärt sind. Das Bundesverfassungsgericht hat in seinem Beschluß v. 2.3.1999 (a.a.O., S. 242 ff.) entschieden, daß die Versagung einer Genehmigung zur Beseitigung eines geschützten Baudenkmals im Blick auf die Eigentumsgarantie des Art. 14 Abs. 1 GG unverhältnismäßig ist, wenn für das Baudenkmal keinerlei sinnvolle Nutzungsmöglichkeit mehr besteht, d. h. eine Verwendung, auf die der Eigentümer in zumutbarer Weise verwiesen werden könnte, sich nicht verwirklichen läßt. Kann der Eigentümer von einem Baudenkmal keinen vernünftigen Gebrauch machen und es praktisch auch nicht veräußern, wird die Privatnützigkeit des Eigentums nahezu vollständig beseitigt. Wie das Bundesverfassungsgericht ausführt, nähert sich die Rechtsposition des Eigentümers damit einer Lage, in der sie den Namen „Eigentum" nicht mehr verdient. Es ist Aufgabe der Tatsachengerichte, diese Grundsätze auf den Einzelfall anzuwenden. Wo die Grenze der Zumutbarkeit im einzelnen verläuft und in welchem Umfang Eigentümer durch die Versagung einer Abbruchgenehmigung in unzumutbarer Weise getroffen werden, hängt von den konkreten Umständen des jeweiligen Sachverhalts ab und ist deshalb einer verallgemeinerungsfähigen Klärung in einem Revisionsverfahren nicht zugänglich.

Weiterführende Fragen von rechtsgrundsätzlicher Bedeutung wirft die Beschwerde in diesem Zusammenhang nicht auf. Es ist eine Frage des Einzelfalls und unterliegt der tatrichterlichen Würdigung, ob eine wirtschaftlich sinnvolle und denkmalverträgliche Nutzung eines Baudenkmals möglich ist und ob der Eigentümer sich auf den schlechten baulichen Zustand des Gebäudes und den erhöhten Kostenaufwand für die Instandsetzung auch dann berufen kann, wenn nicht auszuschließen ist, daß er in der Vergangenheit unter Verletzung seiner gesetzlich begründeten Erhaltungspflichten zum baulichen Verfall des Gebäudes beigetragen hat. Das Berufungsgericht hat dies im Rahmen seiner Sachverhaltswürdigung auch erkannt und berücksichtigt. Das Vorbringen der Beschwerde, die Vorinstanz habe vor dem Hintergrund des hier betroffenen Baudenkmals (villenartiges Direktorenwohnhaus) den Rechtsgrundsatz aufgestellt, „Objekte dieser Art seien bereits wegen ihrer laufenden Kosten keiner wirtschaftlichen Nutzung zuführbar", trifft nicht zu. Das Berufungsurteil stellt auf den Einzelfall ab. Aus diesem Grund führt auch der Hinweis der Beschwerde auf andere obergerichtliche Entscheidungen zur Verhältnismäßigkeit denkmalschutzrechtlicher Beschränkungen des Eigentums nicht weiter; diesen Entscheidungen liegen, wie das Berufungsgericht ausführt, Fallgestaltungen zugrunde, die nach seinen tatsächlichen Feststellungen mit dem vorliegenden Streitfall nicht vergleichbar sind.

3. ... Die Rüge mangelhafter Sachverhaltsaufklärung (§ 86 Abs. 1 VwGO) bleibt erfolglos. Die Beschwerde sieht weiteren Aufklärungsbedarf zur Frage „der Rentierlichkeit einer Sanierung" des Baudenkmals und zu seiner möglichen wirtschaftlichen Nutzung. Das Berufungsgericht begründet im einzelnen, daß die „Direktorenvilla" wegen ihrer hohen Energie- und Instandsetzungskosten keiner wirtschaftlichen Nutzung zugeführt werden konnte, und stützt sich dabei auf den Inhalt der Verwaltungsakten. Auf dieser Grundlage berechnet es einen jährlichen Erhaltungsaufwand von rund 200000,- DM, der nach seiner Einschätzung bei realistischer Betrachtungsweise durch Mieterträge nicht hätte gedeckt werden können. Die Vorinstanz stellt ferner fest, daß auch der Beklagte eine wirtschaftlich rentable Nutzung nicht konkret habe aufzeigen können. Die Darlegungen des Beklagten hierzu seien zu unsubstantiiert, um Anlaß zu einer weitergehenden Sachaufklärung zu geben. Dem Beschwerdevorbringen lassen sich keinerlei Anhaltspunkte dafür entnehmen, daß sich dem Berufungsgericht bei dieser Sachverhaltswürdigung gleichwohl weitere Aufklärungsmaßnahmen in der vom Beklagten angegebenen Richtung hätten aufdrängen müssen, ganz abgesehen davon, daß der Beklagte selbst im berufungsgerichtlichen Verfahren nicht etwa durch entsprechende Beweisanträge auf zusätzlich für erforderlich gehaltene Ermittlungen hingewirkt hat.

Nr. 210

1. **Die Nichtigkeitserklärung des § 13 Abs. 1 Satz 2 DSchPflG durch das Bundesverfassungsgericht läßt den Genehmigungsvorbehalt des § 13 Abs. 1 Satz 1 DSchPflG unberührt.**

2. **Die Erteilung einer Abbruchgenehmigung für ein Kulturdenkmal steht im pflichtgemäßen Ermessen der zuständigen Denkmalschutzbehörde, welches sich an dem durch das DSchPflG normierte Denkmalerhaltungsinteresse und an dem Abbruchinteresse des Denkmaleigentümers zu orientieren hat.**

3. **Nur wenn die Erhaltung des Kulturdenkmals dem Eigentümer nicht mehr zumutbar ist, muß das Ermessen verfassungskonform dahingehend ausgeübt werden, daß die Genehmigung zum Abbruch zu erteilen ist.**

DSchPflG §§ 9 Abs. 2, 13 Abs. 1, Satz 1 und 2.

OVG Rheinland-Pfalz, Urteil vom 21. August 2003 – 1 A 11997/02 – (rechtskräftig).

Der Kläger begehrt die Erteilung einer denkmalschutzrechtlichen Genehmigung zum Abbruch einer im Geltungsbereich einer Denkmalzone gelegenen und als Teil einer solchen unter Schutz gestellten Umfassungsmauer. Sein entsprechender Antrag wurde von der zuständigen Denkmalschutzbehörde abgelehnt. Die nach erfolglosem Vorverfahren erhobene Verpflichtungsklage hatte vor dem Verwaltungsgericht Erfolg. Die hiergegen eingelegte Berufung führte unter Abänderung des erstinstanzlichen Urteils zur Klageabweisung.

Aus den Gründen:
Das Verwaltungsgericht hätte die Klage abweisen müssen. Der Kläger hat keinen Anspruch auf Erteilung der beantragten denkmalschutzrechtlichen Genehmigung zum Abbruch der den S. umgebenden Umfassungsmauer.

Gemäß § 13 Abs. 1 Satz 1 Nr. 1 des rheinland-pfälzischen Denkmalschutz- und -pflegegesetzes – DSchPflG – (v. 23. 3. 1978 GVBl., 159 – zuletzt geändert durch Gesetz v. 16. 12. 2002, GVBl., 481 –) darf ein geschütztes Kulturdenkmal nur mit Genehmigung der zuständigen Denkmalbehörde abgebrochen werden. Dieser Genehmigungsvorbehalt ist – was die Vorinstanz zutreffend festgestellt hat – nicht dadurch hinfällig geworden, daß das Bundesverfassungsgericht durch Beschluß vom 2. 3. 1999 (BVerfGE 100, 226 = BRS 62 Nr. 214) die Bestimmung des § 13 Abs. 1 Satz 2 DSchPflG für unvereinbar mit Art. 14 Abs. 1 GG erklärt hat. Diese Ansicht hat der erkennende Senat bereits in seinem Vorlagebeschluß an das Bundesverfassungsgericht vom 24. 1. 1991 (– 1 A 10294/89 –) vertreten. Darin hat er nämlich ausgeführt, daß bei Verfassungswidrigkeit des § 13 Abs. 1 Satz 2 DSchPflG der Genehmigungsvorbehalt des § 13 Abs. 1 Satz 1 DSchPflG bestehen bleibe, weil dieser Genehmigungsvorbehalt eine selbständige Bedeutung besitze. Dem ist das Bundesverfassungsgericht in seinem vorerwähnten Beschluß nicht entgegengetreten. Vielmehr hat es dem Gesetzgeber nur deshalb eine Frist zur Neuregelung des § 13 Abs. 1 Satz 2 DSchPflG oder zur Einfügung entsprechender Befreiungs- und Ausgleichsregelungen gesetzt, um ihm die Möglichkeit zu geben, den in § 13 Abs. 1 Satz 2 DSchPflG geregelten strikten Denkmalschutz weiterhin aufrechtzuerhalten. Für den Fall, daß der Landesgesetzgeber die vom Bundesverfassungsgericht angesprochenen Regelungen zur Aufrechterhaltung des § 13 Abs. 1 Satz 2 DSchPflG nicht trifft, sollte aber keineswegs die Genehmigungspflicht entfallen mit der Folge, daß nunmehr beliebig jedes Kulturdenkmal ohne Genehmigung abgebrochen werden kann. Vielmehr läßt sich aus den Ausführungen des Bundesverfassungsgerichts entnehmen, daß im Falle des Untätigbleibens des Landesgesetzgebers eine Beseitigung von Kulturdenkmälern nur dann in Frage kommen soll, wenn ihre Erhaltung dem Eigentümer nicht zugemutet werden kann (s. Abschnitt C III des verfassungsgerichtlichen Beschlusses). Denn die Fristsetzung in dem vorgenannten verfassungsgerichtlichen Beschluß sollte offensichtlich nur dazu dienen, dem Gesetzgeber die Entscheidung zu ermöglichen, ob er den bisher bestehenden strikten Denkmalschutz auf Grund von Neuregelungen aufrechterhalten will oder ob er die Nichtigkeitsfolgen eintreten lassen und damit eine Beseitigung solcher Denkmäler hinnehmen will, deren Erhaltung dem Eigentümer nicht zugemutet werden kann. Hieraus folgt aber auch, daß es bei der Genehmigungsbedürftigkeit der Beseitigung eines geschützten Kulturdenkmals verbleiben sollte.

Nichts anderes läßt sich aus dem Urteil des erkennenden Senats vom 25. 10. 2001 (– 1 A 11012/01 –) entnehmen. Die darin geäußerten Bedenken des Senats, die ohne tragende Bedeutung für die damalige Entscheidung waren, führen nicht dazu, daß der gegenteiligen Ansicht des Klägers zu folgen wäre. Zum damaligen Zeitpunkt hatte nämlich der Senat in dem konkreten Fall nur eventuell mögliche Konsequenzen einer Nichtregelung erwogen, um letztlich auf diese Weise den Gesetzgeber zu einer gesetzgeberischen Lösung des Problems zu bewegen. An diesen Überlegungen hat der Senat aber in dem nachfolgenden Urteil vom 8. 11. 2001 (– 1 A 11013/01 –) nicht mehr festgehalten und deshalb hieraus auch keine Konsequenzen für die Anwendbarkeit des § 13 Abs. 1 Satz 1 DSchPflG gezogen. Vielmehr wird in dieser Entscheidung ausdrücklich klargestellt, daß § 13 Abs. 1 Satz 1 DSchPflG neben der für unwirksam erklärten Bestimmung des § 13 Abs. 1 Satz 2 DSchPflG eine selbständige Bedeutung besitzt und von der Unvereinbarkeitsfeststellung des Bundesverfassungsgerichts nicht erfaßt wird. Für diese Auffassung spricht letztlich auch, daß den vom Senat im Urteil vom 25. 10. 2001 geäußerten Bedenken durch eine verfassungskonforme Interpretation des Gesetzes im Lichte der Eigentumsgarantie des Art. 14 GG Rechnung getragen werden kann (vgl. dazu auch BVerfG, Beschluß v. 18. 10. 1991, NVwZ 1992, 53).

Ist daher der in § 13 Abs. 1 Satz 1 DSchPflG normierte Genehmigungsvorbehalt nach wie vor wirksam, so liegen auch dessen Tatbestandsvoraussetzungen vor. Nach dieser Bestimmung bedarf u. a. der Abbruch eines geschützten Kulturdenkmals einer denkmalschutzrechtlichen Genehmigung. Entgegen der Ansicht des Klägers handelt es sich bei der streitbefangenen Umfassungsmauer des S. um ein geschütztes Kulturdenkmal. Denn diese Mauer ist wesentlicher Teil der durch Rechtsverordnung des Beklagten vom November 2001 unter Schutz gestellten Denkmalzone „S." Diese Rechtsverordnung ist auch wirksam. Die vom Kläger hiergegen vorgebrachten formellen Unwirksamkeitsgründe vermögen keine andere Beurteilung herbeizuführen. Vielmehr ist mit der Vorinstanz davon auszugehen, daß diese vorliegend nicht durchgreifen.

Dies gilt zunächst für die Rüge, daß die öffentliche Auslegung der Rechtsverordnung gemäß § 9 Abs. 2 DSchPflG nicht ordnungsgemäß bekannt gemacht worden sei, weil in der Bekanntmachung bezüglich der Auslegungszeit lediglich von einer solchen „während der üblichen Sprechzeiten" die Rede gewesen sei, ohne daß man die genauen Uhrzeiten für eine Einsichtnahme angegeben habe. Der Hinweis auf die „üblichen Sprechzeiten" erscheint dem Senat unbedenklich, da eine genauere Angabe im Gesetz nicht verlangt wird und auch ansonsten nicht geboten erscheint. Denn zum einen spricht § 9 Abs. 2 DSchPflG bezüglich den entsprechenden Bekanntmachungsangaben nur von „Ort und Zeit" der Auslegung, zum anderen ist es dem interessierten Bürger ohne weiteres möglich, den genauen Umfang der „üblichen Sprechzeiten" zu erfahren, sei es durch Blick in das betreffende Amtsblatt oder auf den entsprechenden Anschlag am Eingang der Behörde, sei es durch telefonische oder persönliche Nachfrage bei der Verwaltung.

Ebensowenig führt der Vortrag des Klägers, daß in der Bekanntmachung der Endtermin der Auslegung nicht datumsmäßig genannt worden sei, zur Unwirksamkeit der Rechtsverordnung. Vielmehr genügt der in der Bekanntmachung enthaltene Hinweis, daß die Auslegung von einem datumsmäßig genau bezeichneten Fristbeginn an „auf die Dauer eines Monats" erfolge, als ausreichende Bestimmung des Fristendes im Rahmen der in § 9 Abs. 2 DSchPflG geforderten Zeitangabe. Insoweit kann auf die Rechtsprechung des Bundesverwaltungsgerichts (siehe Beschluß v. 8. 9. 1992, ZfBR 1993, 32) verwiesen werden, wonach es bei einer Auslegungsbekanntmachung nicht zwingend geboten ist, das Auslegungsende datumsmäßig zu bezeichnen. Die dortigen Ausführungen zur Auslegung von Bebauungsplanentwürfen sind entsprechend auf den vorliegenden Fall übertragbar.

Auch vermag der Kläger nicht mit seiner Rüge durchzudringen, die Auslegung sei deshalb fehlerhaft, weil die Möglichkeit der Einsichtnahme zu den üblichen Sprechzeiten, die hier nur 18 Stunden in der Woche betragen, nicht ausreiche. Der Kläger verkennt dabei, daß die Beschränkung der Einsichtmöglichkeit auf die Zeiten des allgemeinen Publikumsverkehrs zulässig und i. d. R. auch ausreichend ist (siehe BVerwG, Urteil v. 4. 7. 1980, DVBl. 1981, 99). Dies gilt erst recht, wenn – wie hier – an einem Tage der Woche die Einsichtnahme von 14.00 bis 18.00 Uhr möglich ist und damit die Einsichtnahme auch für Berufstätige erleichtert wird. Allein der Umstand, daß die Einsichtnahmemöglichkeit auf eine durch den allgemeinen Publikumsverkehr vorgegebene Anzahl von Stunden – nämlich hier auf 18 Stunden – beschränkt wird, führt grundsätzlich nicht zu einer unzumutbaren Einschränkung.

Liegen mithin keine formellen Unwirksamkeitsgründe vor, so sind darüber hinaus auch keine materiell-rechtlichen Gründe erkennbar, die zur Nichtigkeit der Rechtsverordnung führen könnten. Vielmehr hat die Denkmalschutzbehörde den „S." mit seinen Gebäuden, Freiflächen und der Umfassungsmauer zutreffend als Gesamtanlage durch Ausweisung einer Denkmalzone unter Schutz gestellt. Dies entspricht insbesondere dem Leitbild der Bestimmung des §5 Abs. 2 DSchPflG, wonach u. a. Burgen, Festungen, Schlösser, Villen, Abteien und Klöster einschließlich der mit ihnen verbundenen Grün-, Frei- und Wasserflächen als Gesamtanlagen Denkmalzonen sein können. Anhaltspunkte dafür, daß vorliegend die Unterschutzstellung als Denkmalzone zu Unrecht erfolgt ist, sind weder ersichtlich noch von der Klägerseite substantiiert vorgetragen worden.

Ist somit die im Streit befindliche Umfassungsmauer als Teil einer Denkmalzone wirksam unter Schutz gestellt, so greift der Genehmigungsvorbehalt des §13 Abs. 1 Satz 1 DSchPflG bezüglich des beabsichtigten Abbruchs der Umfassungsmauer ein. Dem kann der Kläger nicht entgegenhalten, die Mauer habe inzwischen ihre ursprüngliche Denkmaleigenschaft schon deshalb verloren, weil sie in weiten Teilen abgängig sei. Zwar zeigen die Lichtbilder in der Bestandsanalyse des Ingenieurbüros K. einige Stellen, in denen die Mauer nicht mehr intakt ist, in bezug auf die Länge der Mauer kann aber keine Rede davon sein, daß keine schützenswerte Mauersubstanz mehr vorhanden ist. Im übrigen vermag der Erhaltungszustand eines Bauwerks allein kein Kriterium für die Denkmaleigenschaft zu sein, da ansonsten in Rheinland-Pfalz eine Vielzahl von Kulturdenkmälern – wie z. B. Burgruinen – nicht mehr unter den vom Gesetzgeber gewollten Denkmalschutz fallen würden.

Die nach §13 Abs. 1 Satz 1 DSchPflG erforderliche Genehmigung hat der Beklagte indessen entgegen der Ansicht der Vorinstanz und des Klägers zu Recht versagt. Dabei wirft der Umstand, daß §13 Abs. 1 Satz 1 DSchPflG keinerlei Regelungen über den Entscheidungsmaßstab im Genehmigungsverfahren trifft, zwar gewisse Probleme auf. Dennoch können diese nicht – wovon offensichtlich das Verwaltungsgericht und der Kläger ausgehen – dadurch gelöst werden, daß man der Denkmalschutzbehörde jegliches Ermessen bei der Genehmigungserteilung abspricht und von einer gebundenen Entscheidung dergestalt ausgeht, daß wegen der fehlenden gesetzgeberischen Regelung zur Ausfüllung des Genehmigungsvorbehalts jedem Antrag auf Abbruchgenehmigung zwingend stattgegeben werden muß. Ein solcher Automatismus würde dem hohen Stellenwert des Denkmalschutzes nicht gerecht und würde letztlich dazu führen, daß das Denkmalschutz- und -pflegegesetz leerliefe. Allerdings ist dem Kläger zuzugestehen, daß die Genehmigung nicht in das freie Ermessen der Denkmalschutzbehörde gestellt sein kann, da dies mit dem Eigentumsschutz des Art. 14 Abs. 1 GG nicht vereinbar wäre. Dennoch kann nicht unberücksichtigt bleiben, daß der Sinn und Zweck des Gesetzes dahin geht, möglichst alle Kulturdenkmäler zu erhalten (s. §§ 1, 2 DSchPflG). Der somit bestehende Konflikt zwischen diesem Gesetzeszweck und der Eigentumsgarantie des Art. 14 Abs. 1 GG kann aber dadurch gelöst werden, daß man das Gesetz im Lichte der vorgenannten Grundrechtsnorm verfassungskonform interpretiert. Demnach muß die Denkmalschutzbehörde nach pflichtgemäßem Ermessen über den Abbruchantrag entscheiden und in den Fällen, in denen dem Eigentümer die Erhaltung des Denkmals nicht mehr zumutbar ist, das Ermessen verfassungskonform dahingehend ausüben, daß die Genehmigung zum Abbruch des Denkmals zu erteilen ist (so ausdrücklich das Bundesverfassungsgericht in seinem Beschluß v. 2. 3. 1999, Abschnitt C III). Auch der erkennende Senat ist in seinen beiden vorerwähnten Entscheidungen von einem pflichtgemäßen Ermessen in diesem Sinne ausgegangen. Die unterschiedlichen Ergebnisse in beiden Fällen resultieren daraus, daß in der ersten Entscheidung dem Eigentümer die Erhaltung des Kulturdenkmals nicht zumutbar und daher das Ermessen der Behörde dahingehend reduziert war, daß nur die Erteilung der Abbruchgenehmigung in Frage kam. In der nachfolgenden Entscheidung ist jedoch die Abbruchgenehmigung zu versagen gewesen, weil der Eigentümer nicht nachgewiesen hatte, daß ihm die Erhaltung des Denkmals unzumutbar war.

In Anwendung dieser Grundsätze ist im vorliegenden Fall davon auszugehen, daß der Kläger keinen Anspruch auf Erteilung der begehrten Abbruchgenehmigung hat, weil die Erhaltung der Umfassungsmauer für ihn nicht unzumutbar ist. Hierbei bleibt zu sehen, daß sich vorliegend die dem Kläger zugemutete Einschränkung – nämlich die Umfassungsmauer nicht abbrechen zu dürfen – angesichts des der Denkmalpflege zukommenden hohen Rangs noch im Rahmen der Sozialgebundenheit des Eigentums hält. Eine andere Beurteilung wäre nur dann gerechtfertigt, wenn der Kläger von der unter Schutz gestellten Denkmalzone „S." keinen vernünftigen Gebrauch machen könnte und er für deren sinnvolle private Nutzung auf die Beseitigung der Umfassungsmauer als Teil der Denkmalzone angewiesen wäre. Davon kann aber keine Rede sein. Denn der Kläger hat selbst eingeräumt, daß er das Ensemble „S." mit den innerhalb der Umfassungsmauern liegenden Gebäuden und Freiflächen nach wie vor auch ohne Abbruch der Mauer nutzen kann (zum Wohnen und zur landwirtschaftlichen Nutzung) und derzeit auch noch nutzt. Soweit der Kläger einen Abbruch der Umfassungsmauer deshalb begehrt, um ggf. das „S."-Gelände als Bauland nutzen zu können, ist dem entgegenzuhalten, daß das als Außenbereichsgelände zu qualifizierende Areal derzeit keine Baulandqualität besitzt. Im übrigen muß es ein Eigentümer grundsätzlich hinnehmen, wenn ihm eine rentablere Nutzung des Grundstücks verwehrt wird, da Art. 14 Abs. 1 GG nicht die einträglichste Nutzung des Eigentums schützt (vgl. BVerfGE 91, 294).

Abgesehen davon ist der Abbruch der Umfassungsmauer auch nicht deshalb unzumutbar, weil deren Erhaltung nach Ansicht des Klägers einen unverhältnismäßigen Kostenaufwand erfordert. Dabei kann nicht der hohe Kostenaufwand zugrunde gelegt werden, den das Gutachten des Ingenieurbüros K. ermittelt hat. Denn die darin gemachten Ausführungen zeigen, daß in diesem Gutachten im Grunde genommen die Kosten eines vom Denkmalschutz nicht verlangten Wiederaufbaus und einer Gesamtsanierung der Mauer bis zur Mauerkrone berechnet wurden. Eine derartige umfangreiche Sanierung, die einer Neuerrichtung der Mauer gleichkäme, wird aber von dem Kläger nicht verlangt. In diesem Zusammenhang hat der in der mündlichen Verhandlung anwesende Vertreter des Landesamtes für Denkmalpflege nochmals darauf hingewiesen, daß nur das Notwendigste als Erhaltungsmaßnahme gefordert werde. Außerdem sei eine zeitliche Streckung der einzelnen Maßnahmen vorgesehen, die darüber hinaus noch erheblich finanziell bezuschußt würden, wie dies bereits jüngst mit 25 000,- € geschehen sei. Von daher gesehen läßt sich die Ablehnung der Erteilung einer Abbruchgenehmigung für die Mauer und die daraus resultierende Pflicht zu ihrer weiteren Erhaltung nicht von vornherein als unzumutbar bewerten. Dies schließt jedoch nicht aus, daß sich die Zumutbarkeitsfrage auf Grund einer eventuell später ergehenden konkreten Erhaltungsverfügung gemäß § 14 Abs. 2 DSchPflG neu stellt und dann insbesondere zu prüfen sein wird, ob die verlangte Maßnahme noch verhältnismäßig und zumutbar ist.

Nr. 211

Wer ein großes Grundstück mit einem Baudenkmal zu einem Preis erwirbt, der weit unter dem Verkaufswert für den Grund und Boden liegt, dem ist zuzumuten, einen Teil des Grundstücks zur Finanzierung der Instandhaltung des Baudenkmals zu verwerten.

NDSchG §§ 6, 7 Abs. 1, Abs. 2 Nr. 3, Abs. 3.

Niedersächsisches OVG, Urteil vom 24. März 2003 – 1 L 601/97 – (rechtskräftig).

Die Beteiligten streiten darum, ob den Klägern die Erhaltung eines als Baudenkmal eingestuften Gebäudes in B. wirtschaftlich zugemutet werden kann. Die Kläger sind seit Januar 1992 gemeinschaftliche Eigentümer des Grundstücks. Im östlichen Teil des rechteckigen, ca. 5649 m² großen Grundstücks befindet sich ein Einfamilienhaus, das im Jahr 1909 errichtet wurde (sogenannte „L.-Villa"). Dieses Gebäude wurde 1992 in das Verzeichnis der Kulturdenkmale in der Stadt B. aufgenommen. Bereits im Oktober

1988 vertrat die Bezirksregierung F. die Auffassung, daß es sich um ein Kulturdenkmal handele.

1993 beantragten die Kläger bei der Beklagten u. a. die Erteilung einer Baugenehmigung für den Abriß des Gebäudes, hilfsweise die Erteilung einer Genehmigung für den Abbruch nach dem Niedersächsischen Denkmalschutzgesetz (NDSchG). Zur Begründung führten sie aus, daß das Gebäude kein Kulturdenkmal sei. Die Erhaltung sei ihnen bei Kosten von 1,5 Mio. DM nicht zumutbar.

Auf Veranlassung der Beklagten reichten die Kläger mit Anschreiben vom Oktober 1993 eine Wirtschaftlichkeitsberechnung unter Verwendung eines von der Beklagten zur Verfügung gestellten Formblattes mit Angeboten verschiedener Firmen für die Sanierungsarbeiten ein. Unter Berücksichtigung weiterer Angebote ermittelten die Kläger einen jährlichen Verlust von über 50 000,– DM.

Die Kläger haben 1994 Untätigkeitsklage erhoben.

Sie haben beantragt,

festzustellen, daß für den Abriß des auf dem Grundstück befindlichen Gebäudes eine denkmalschutzrechtliche Genehmigung nicht erforderlich ist, hilfsweise die Beklagte zu verpflichten, ihnen eine denkmalschutzrechtliche Genehmigung zum Abriß des auf dem Grundstück befindlichen Gebäudes gemäß ihrem Antrag zu erteilen.

Aus den Gründen:

Zu seiner Beseitigung bedarf das Gebäude gemäß § 10 Abs. 1 Nr. 1, Abs. 3 Satz 1 NDSchG einer Genehmigung der Denkmalschutzbehörde (§ 19 Abs. 1 Satz 1 NDSchG). Diese Genehmigung ist gemäß § 10 Abs. 3 Satz 1 NDSchG zu versagen, weil die Maßnahme gegen dieses Gesetz verstoßen würde. § 6 Abs. 1 NDSchG verpflichtet u. a. den Eigentümer des Kulturdenkmals, dieses instandzuhalten, zu pflegen und vor Gefährdung zu schützen, und verbietet ihm in § 6 Abs. 2 NDSchG, es zu zerstören. Das kann ihm gemäß § 7 Abs. 1 NDSchG nur dann nicht abverlangt werden, soweit ihn seine Erhaltung wirtschaftlich unzumutbar belastet. Das ist hier nicht der Fall. Die Erhaltung des Baudenkmals führt nicht zu wirtschaftlich unzumutbaren Belastungen i. S. des § 7 Abs. 2 Nr. 3 NDSchG. Unzumutbar ist eine wirtschaftliche Belastung danach insbesondere dann, soweit die Kosten der Erhaltung und Bewirtschaftung nicht durch Erträge oder den Gebrauchswert des Denkmals aufgewogen werden können. Steuerliche Ersparnisse sowie Zuwendungen öffentlicher Kassen sind dabei zugunsten des Denkmals schon dann zu berücksichtigen, wenn sie in Anspruch genommen werden können (§ 7 Abs. 3 Sätze 1 und 2 NDSchG).

Bei der Beurteilung, wann die infolge der Beibehaltung des denkmalgeschützten Bestandes geminderten Gewinnerwartungen die Schwelle zur Unzumutbarkeit i. S. des § 7 Abs. 3 NDSchG überschreiten, ist auch und gerade Art. 14 Abs. 1 Satz 2 GG zu berücksichtigen. Nach der Rechtsprechung des Bundesverfassungsgerichts (vgl. namentlich Beschluß v. 2. 3. 1999 – 1 BvL 7/91 –, BVerfGE 100, 226 = BRS 62 Nr. 214 = BauR 1999, 1158) können Eigentümer denkmalgeschützter Gebäude nur eingeschränkten Umfangs einfordern, deren Erträgnisse müßten ihnen zur Grundlage einer selbstbestimmten Lebensführung dienen können. Die gesteigerte Sozialbindung, denen solche Bauwerke unterliegen, führt zu einer Einschränkung der Gewinnerwartung, deren Enttäuschung erst zu einer dem Eigentümer günstigen Anwendung des § 7 Abs. 2 Nr. 3, Abs. 3 Sätze 1 und 2 NDSchG führen kann. Diese Einschränkung darf allerdings nicht so weit gehen, daß das Denkmal bloßes Zuschußobjekt ist oder überhaupt keine Nutzungsmöglichkeit mehr besteht, welche als – noch – wirtschaftlich sinnvoll angesehen werden kann. Ein lediglich „ausgeglichener Saldo", bei dem sich Lasten und Erträge mit dem Ergebnis einer „schwarzen Null" die Waage halten, stellt in jedem Fall keine sinnvolle Nutzung des denkmalgeschützten Eigentumsgegenstandes mehr dar (Urteil des Senates v. 13. 2. 2002 – 1 L 4339/00 –, NdsVBl. 2002, 292).

Zur Beurteilung der wirtschaftlichen Zumutbarkeit bietet der Berechnungsbogen, den die Beklagte verwendet hat, eine geeignete Hilfestellung. Er nimmt die Grundsätze auf, welche das Oberverwaltungsgericht Lüneburg im Urteil v. 4. 10. 1984 (– 6 OVG A 11/83 –, NdsRpfl. 1985, 79 = BRS 42 Nr. 142) aufgestellt hat. Das Berechnungsschema stellt eine nachvollziehbare und von den Klägern im wesentlichen nicht angegriffene Berechnungsmethode dar, die in Niedersachsen von den Denkmalschutzbehörden verwendet wird.

Ausgehend von diesem Berechnungsschema wird der von den Klägern zu erzielende Ertrag die Kosten der Erhaltung der L.-Villa um 15 704,02 DM jährlich übersteigen. Als Erträge kommen im vorliegenden Verfahren nur Mietzinsen in Betracht, die aus der Vermietung der drei Wohnebenen des Gebäudes mit einer Gesamtnutzfläche von 324 m^2 erwirtschaftet werden können. ...

Die Annahme, der Jahresmietertrag werde sich auf rund 39 600,– DM belaufen (324 m^2 x 10,20 DM = 3304,80 DM x 12 Monate) ist realistisch.

Diesem möglichen Ertrag sind die Kosten der Bewirtschaftung gegenüberzustellen. Den größten Posten stellen dabei die Finanzierungskosten für das Sanierungskapital dar. Zur Ermittlung dieses Berechnungsfaktors ist es erforderlich, den Erhaltungsaufwand abzuschätzen. Er setzt sich zusammen aus den notwendigen Kosten für die Instandsetzung des Denkmals und den Baunebenkosten. Der Sachverständige G. beantwortet die Beweisfrage 1 a) des Beweisbeschlusses des Senats von 1999 nach der Höhe der notwendigen Kosten einer Sanierung der L.-Villa, in seinem Gutachten vom April 2002 dahingehend, daß sich die Gesamtkosten (ohne Baunebenkosten) netto, d. h. ohne Preissteigerungszuschlag seit 1993 und mit einer Mehrwertsteuer von lediglich 15% statt 16%, auf 1 243 932,61 DM (Instandsetzung Gebäude: 1 162 035,23 DM; Instandsetzung Außenanlagen: 81 897,38 DM) beliefen. Dieser Betrag ist das Ergebnis einer Durcharbeitung der von den Klägern vorgelegten Angebote für die Sanierung des Gebäudes. ...

Soweit die Beklagte und der Beigeladene einzelne Ansätze angreifen, sind die Einwände zum Teil berechtigt und führen zu den unten stehenden Abzügen. Zu den Kosten der Erhaltung und Bewirtschaftung gehören die Instandhaltungskosten, d. h. die – laufenden – Aufwendungen, die nötig sind, um das Baudenkmal in nutzbarem Zustand zu halten und dabei auch dessen besonderen Denkmalwert zu bewahren. Nur konservierende, d. h. sichernde und schützende Maßnahmen sind zur Erhaltung des Denkmals „nötig" (Wiechert, in: Schmaltz/Wiechert, NDSchG, 1998, § 6 Rdnr. 8, § 7 Rdnr. 14). Eine „Luxus-Sanierung" scheidet demgegenüber aus. Daran gemessen ist der von dem Sachverständigen G. unter der Position 1 ermittelte Aufwand für die „Kellersanierung, Putzsanierung" von 76 070,20 DM netto zum Schutz des

Denkmals notwendig. Nach den ergänzenden schriftlichen Ausführungen des Sachverständigen vom März 2003 und seinen mündlichen Erläuterungen im Termin zur mündlichen Verhandlung sind die festgestellten Durchfeuchtungsschäden im Keller darauf zurückzuführen, daß die abdichtende Wirkung des Wandputzes im Laufe der Zeit „nachgelassen" hat. Dadurch sind Teilbereiche des Wandputzes beziehungsweise des dahinter befindlichen Mauerwerks durch Salzablagerungen im Mauerwerk „mürbe" geworden. Die Frage, ob die hohe Feuchtigkeitsbelastung im Keller auf unterlassene Wartung zurückzuführen sei, verneint der Gutachter. Der Einfluß mangelnder Unterhaltungsarbeiten (Leckagen an einem Ventil, Eindringen von Wasser durch Kellerlichtschächte) auf das Schadensbild im Keller sei zu vernachlässigen. Eine Teilsanierung des Kellers mit entsprechend geringeren Kosten scheidet danach aus. ...

Daraus errechnet sich eine Netto-Summe für die Instandsetzung des Gebäudes von 1 007 341,60 DM und für die Instandsetzung der Außenanlagen von 45 890,56 DM. Zu addieren ist die von dem Gutachter G. ermittelte Preissteigerung seit Erstellung der Angebote von 3,23 % in dem Zeitraum Mai 1993 bis Mai 2001. Da seitdem die Preise ungefähr gleich geblieben sind, ist mit dieser Steigerungsrate zu kalkulieren. Das ergibt 1 087 251,40 DM. Bei Addition von 1 % Mehrwertsteuer (die Angebote enthalten bereits eine Mehrwertsteuer von 15 %) errechnet sich ein Betrag von 1 098 123,90 DM. Davon entfallen 1 050 277,40 DM auf das Gebäude und 47 846,55 DM auf die Außenanlagen.

Daneben fallen Baunebenkosten an. Sie setzen sich zusammen aus den Kosten der Architekten- und Ingenieurleistungen, den Gutachterkosten, den Finanzierungskosten und Kosten der Finanzierung während der Bauzeit (Bereitstellungszinsen). ...

Von diesem Aufwand ist ein Betrag von 50 000,– DM abzuziehen. Im Rahmen der Wirtschaftlichkeitsberechnung sind solche Kosten unbeachtlich, die dadurch verursacht worden sind, daß Erhaltungsmaßnahmen dem NDSchG oder sonstigem öffentlichen Recht zuwider unterbleiben (§ 7 Abs. 3 Satz 3 NDSchG). Nach den Feststellungen des Gutachters G. zu der Beweisfrage 2 des Beweisbeschlusses des Senates vom 23. 12. 1999 hat die Bausubstanz in mehreren Räumen dadurch gelitten, daß Feuchtigkeit im Laufe der Zeit von außen eingedrungen ist und sich ungehindert ausbreiten konnte. Dadurch ist beispielsweise an verschiedenen Wand- und Deckenbereichen bzw. auch an vielen Oberflächen von Türen teilweise erheblicher Schimmelpilzbefall entstanden. Soweit diese Schäden nach Juli 1992 eingetreten sind, sind sie den Klägern zuzurechnen, weil sie nach eigenen Bekundungen von diesem Zeitpunkt an Kenntnis von der Denkmaleigenschaft des Gebäudes hatten.

Für den unwahrscheinlichen Fall, daß die von dem Gutachter aufgenommenen Schäden davor in einem Zeitraum seit Oktober 1988 entstanden sein sollten, sind diese den Klägern angesichts der Umstände des vorliegenden Eigentumserwerbs im Jahr 1992 ebenfalls zuzuschreiben. Bei Abschluß des Vertrages wußten die Kläger oder hätten jedenfalls wissen müssen, daß es sich bei der L.-Villa um ein Baudenkmal handelt.

Die Voreigentümerin des Grundstücks hatte bereits im Jahr 1988 um eine Abbruchgenehmigung für das Gebäude nachgesucht. Auf den Bericht der Beklagten führte die Bezirksregierung F. nach Durchführung einer Ortsbesichtigung mit Schreiben v. 11. 10. 1988 aus, daß es sich bei der Jugendstilvilla um ein Baudenkmal handele. Die Kläger sind unmittelbare Grundstücksnachbarn des Grundstücks. Ihnen können daher die Bemühungen der Voreigentümerin um Verwertung des Grundstücks nicht entgangen sein. Weiterhin spricht der Kaufpreis von 600 000,– DM, der erheblich unter dem Verkehrswert lag, dafür, daß die Denkmaleigenschaft der L.-Villa den Vertragsabschluß und die Höhe des Kaufpreises entscheidend mitgeprägt hat. Schließlich und drittens hätten die Kläger angesichts des äußeren Erscheinungsbildes der Jugendstilvilla, das den Denkmalwert durch zahlreiche Details an den äußeren Gebäudeseiten und im Dachbereich dokumentiert, erkennen können, daß es sich um ein Denkmal handelt. Selbst als Laien mußte sich den Klägern aufdrängen, daß die Jugendstilvilla wegen ihrer Landhausarchitektur erhaltungswürdig ist. Es ist deshalb gerechtfertigt, wenigstens einen Betrag von 50 000,– DM – der Gutachter schätzt den Schaden, der durch pflichtwidrig unterlassene Instandhaltungsmaßnahmen entstanden ist, auf 50 000,– DM bis 100 000,– DM – anzusetzen. Dadurch verringert sich der anrechenbare Erhaltungsaufwand auf 1 287 976,70 DM.

Zur Finanzierung dieser Kosten ist den Klägern abzuverlangen, 15 % des Erhaltungsaufwandes als Eigenkapital zur Verfügung zu stellen (vgl. § 20 II. BV). Auch bei einem Neubau würde ein wirtschaftlich vernünftig denkender Bauherr das Risiko einer Fremdfinanzierung soweit wie möglich begrenzen. Es ist deshalb angemessen, von einer Eigenkapitalquote von 15 % auszugehen. Dadurch verringert sich der Bedarf an Fremdmitteln auf 1 094 780,20 DM.

Des weiteren ist es den Klägern zumutbar, zwei Baugrundstücke mit einer Fläche von jeweils 1000 m^2 aus dem hinteren Bereich des 5649 m^2 großen Grundstücks, auf dem das Baudenkmal steht, herauszutrennen und zur Finanzierung des Erhaltungsaufwandes zu veräußern. Der erzielbare Erlös ist als Eigenkapital in die Berechnung einzustellen. Zwar ergibt sich aus § 7 Abs. 3 NDSchG, daß es dem Eigentümer eines Denkmals nicht zumutbar ist, sonstiges Vermögen zum Erhalt des Denkmals einzusetzen (vgl. Schmaltz/Wiechert, a. a. O., § 7, Rdnr. 12). In dem vorliegenden Verfahren wird den Klägern jedoch nicht abverlangt, sonstiges Vermögen oder die Erträge anderer Objekte für die Sanierung der L.-Villa zu verwenden. Die Kläger sind vielmehr verpflichtet, den einheitlichen Vermögensgegenstand, nämlich das Grundstück mit dem Denkmal, das seinen wesentlichen Bestandteil bildet, zum Vorteil des Denkmals einzusetzen. Es ist ihnen zumutbar, einen Vermögensvorteil einzusetzen, der ihnen gerade wegen der Denkmaleigenschaft der L.-Villa entstanden ist. Die Kläger haben nach eigenen Angaben das Grundeigentum an dem 5649 m^2 großen Grundstück im Jahr 1992 zu einem Kaufpreis von 600 000,– DM erworben. Dieser Betrag lag erheblich unter dem damaligen Verkehrswert für diese innenstadtnahe Fläche.

Der Verkehrswert des Grundstücks zum Zeitpunkt des Erwerbs durch die Kläger läßt sich aus der von der Beklagten vorgelegten Bodenrichtwertkarte mit dem Stand 31. 12. 1991 annäherungsweise ermitteln. Die Bodenrichtwerte sind eine geeignete Entscheidungshilfe für die Wertermittlung eines Grundstücks. Sie haben nach ihrer Definition ein der Wirklichkeit entsprechendes Abbild der Wertverhältnisse auf dem Bodenmarkt wiederzugeben. ... Legt man zugunsten der Kläger zugrunde, daß der Wert des von ihnen im Jahr 1992 erworbenen Grundstückes (nur) bei 225,– DM (Mittelwert zwischen 210,– DM und 240,– DM) lag, ergibt sich ein damaliger Verkehrswert von rund 1 271 025,– DM, der den Kaufpreis um mehr als das Doppelte übersteigt. Eine solche Differenz legt den Schluß nahe, daß die Denkmaleigenschaft des aufstehenden Gebäudes und der bereits 1992 klar zu Tage getretene Sanierungsbedarf (mit-)bestimmend waren für den Kaufpreis des Grundstücks. Bei einer solchen Fallgestaltung wird dem Grundstückseigentümer kein unzumutbares Opfer abverlangt, wenn er verpflichtet wird, Teile des Vermögenszuwachses für den Erhalt des Denkmales einzusetzen. Eine isolierte Betrachtung von Grundstück bzw. Grundstückswert auf der einen Seite und Denkmal auf der anderen Seite scheidet dann aus. Es ist eine einheitliche wirtschaftliche Betrachtung anzustellen, die daran anknüpft, daß das Grundstück gerade wegen der Belastung mit dem Denkmal unter Wert erworben wurde. Ein solches Verlangen ist unter dem Blickwinkel von Art. 14 Abs. 1 Satz 2 GG rechtlich nicht zu beanstanden. Nach der genannten Grundrechtsnorm muß der Eigentümer eines Denkmals es grundsätzlich hinnehmen, daß ihm möglicherweise eine rentablere Nutzung des Grundstücks verwehrt wird. Art. 14 Abs. 1 GG schützt nicht die einträglichste Nutzung des Eigentums (BVerfG, Beschluß v. 2. 3. 1999 – 1 BvL 7/91 –, a. a. O.). Es ist den Klägern danach zumutbar, einen Abverkauf von Grundstücksflächen in dem genannten Umfang vorzunehmen.

Der Veräußerung von zwei Baugrundstücken mit jeweils 1000 m^2 stehen keine durchgreifenden Hindernisse entgegen. Im nördlichen Teil des Grundstücks setzt der Bebauungsplan Nr. 1 der Beklagten reines Wohngebiet fest. Wegen der Festsetzung einer Mindestgrundstücksgröße von 1000 m^2 ist die Größe der Parzellen an dieser Festsetzung zu orientieren. Aus denkmalpflegerischer Sicht bestehen keine Bedenken gegen einen Abverkauf von Grundstücksteilen im rückwärtigen Grundstücksbereich. Nach der Darstellung des Beigeladenen ist zwar das zu der Villa gehörende Gartengrundstück Teil des Baudenkmals, ohne selbst (Garten-)Denkmal zu sein. Der Garten erstreckt sich jedoch im wesentlichen auf Flächen östlich und südlich der Villa. Im nördlichen Bereich endet er – vom Gebäude aus gesehen – bereits nach wenigen Metern und wird von einem dichten Baumbestand verdrängt. Letzterer gehört nach dem Verständnis des Beigeladenen nicht mehr zum Gartengrundstück, welches zum architektonischen Grundverständnis der Landhausvilla beitragen soll. Die Annahme der Kläger, die Nähe der Linoleum-Werke schmälere die Veräußerungschancen, ist unbegründet. Nach den Vorstellungen der Kläger soll die L.-Villa ersatzlos einer Neubebauung weichen. Eine solche gewinnbringende Gesamtverwertung des Grundstücks setzt ebenfalls voraus, daß die von den Klägern vorgetragenen Geruchsbelästigungen durch die Linoleum-Werke nicht erheblich sind.

Als erzielbarer Erlös ist ein Betrag von 664 982,20 DM einzusetzen. Dieser Betrag orientiert sich an dem heutigen Bodenrichtwert von 170,– € für den hinteren Grundstücksteil. Bei einem Kaufpreis von 340 000,- € für beide Grundstücke ergibt sich umgerechnet der genannte DM-Betrag. Er liegt noch unterhalb des Gewinnes, den die Kläger durch den günstigen Kaufpreis erzielt haben (Differenz zwischen dem Verkehrswert von 1 271 025,- DM und dem tatsächlichen Kaufpreis von 600 000,- DM). Der Bedarf an Fremdmitteln beläuft sich somit auf 429 798,- DM.

Als laufende jährliche Belastungen und Kosten (Nr. 3 des Berechnungsschemas) fallen zunächst ins Gewicht Zinsen auf das Eigenkapital von 193 196,50 DM. Bei einer Verzinsung von maximal 4% (vgl. §20 II. BV) belaufen sich diese Kosten auf 7727,86 DM.

Bei den Zinsen auf das benötigte Fremdkapital von 429 798,- DM ist ein Zinssatz von 4,8% effektiv bei einer Laufzeit von zehn Jahren zugrunde zu legen. Dieser Zinssatz wird von mehreren Kreditinstituten angeboten. ... Daraus ergibt sich eine Belastung von 20 630,30 DM jährlich.

Von diesen Beträgen (7727,86 DM + 20 630,30 DM) sind die Steuerersparnisse nach §7i EStG i. V. m. §82i EStDV abzuziehen. Deren Höhe ist abhängig von dem Steuersatz, den der betroffene Eigentümer zu entrichten hat. Das Verwaltungsgericht hat mit dem zum Zeitpunkt der mündlichen Verhandlung vor dem Verwaltungsgericht geltenden Spitzensteuersatz von 53% gerechnet. Dagegen wenden sich die Kläger mit der Begründung, ihr Steuersatz habe weder in den Jahren 1993 bis 1995 noch in den Jahren 1999 bis 2001 53% betragen. Für die Kläger ist in den Jahren 1993 bis 1995 ein Durchschnittssteuersatz zwischen 41,176% und 44,875% ermittelt worden (vgl. Auskunft des Finanzamtes und die Angaben des Steuerberaters). Dieser Steuersatz ist aber für die Steuerersparnis wenig aussagekräftig, weil die erhöhten Absetzungen für ein Baudenkmal nach §7i EStG von der Spitze des zu versteuernden Einkommens abzuziehen sind, für das der entsprechende Steuersatz gilt. Der Spitzensteuersatz ist der höchste Steuersatz, der bei der Einkommensteuer zur Anwendung kommt. Er betrug bis 1999 53%, für 2000 51% und ab 2001 48,5%. Bei Verheirateten wird im Jahr 2001 der Spitzensteuersatz bei einem steuerpflichtigen Einkommen von ca. 215 000,- DM erreicht. Der Spitzensteuersatz belastet jedoch nur die Einkommensspitze. Man spricht insoweit von einem Grenzsteuersystem. Die ansteigende Prozentbelastung durch den Steuertarif betrifft immer nur die Einkommenszuwächse und bezieht sich nicht auf das gesamte zu versteuernde Einkommen. Daraus folgt, daß der Durchschnittssteuersatz notwendig geringer ist als der Spitzensteuer- oder Grenzsteuersatz. Bei einem zu versteuernden Einkommen von 215 000,- DM im Jahr 2001 liegt der Durchschnittssteuersatz bei etwa 30%. Bei einem Durchschnittssteuersatz der Kläger von über 40% in den Jahren 1993 bis 1995 und im Jahr 1999 liegt ihr Einkommen also deutlich über der Summe, von der ab der Spitzensteuersatz gilt.

Obwohl die Kläger danach auch im Jahr 1999 mit dem Spitzensteuersatz belastet waren, wäre es nicht sachgerecht, die daraus abzuleitenden Steuervorteile auch für die folgenden Jahre hochzurechnen. Die Kläger haben durch Vorlage der Einkommensteuerbescheide belegt, daß sie im Jahr 2000 keine Steuern zahlen mußten und daß ihr Durchschnittssteuersatz im Jahr 2001 bei 14,14% lag. Die Betrachtung der entlastenden Wirkung durch Steuervorteile kann sich regelmäßig nicht auf ein Steuerjahr beschränken. Der vorliegende Fall zeigt, daß insbesondere bei Gewerbetreibenden – die Kläger haben in den Jahren 2000 und 2001 Verluste aus dem Gewerbebetrieb steuerlich geltend gemacht – die Höhe der zu zahlenden Steuern von Jahr zu Jahr Schwankungen unterliegt. Deshalb muß sich im Regelfall die Prüfung, welche Steuervorteile der Berechnung zugrunde zu legen sind, auf einen längeren Zeitraum – mindestens drei Jahre – erstrecken. Bei einer auf mehrere Jahre angelegten Betrachtungsweise stellt sich das Steuerjahr 2000 für die Kläger als „Ausreißer" dar. In den Jahren 1993 bis 1995 und 1999 überschritt das Einkommen der Kläger den Grenzsteuersatz. Im Jahr 2001 sind die Verluste aus dem Gewerbebetrieb gegenüber 2000 deutlich zurückgegangen. Der Senat schätzt deshalb bei einer Gesamtschau der letzten Steuerjahre und unter Berücksichtigung des leichten Aufwärtstrends für das Jahr 2001 den hier zugrunde zu legenden Steuersatz auf 25%, der damit weit hinter dem Spitzensteuersatz von 48,5% für das Jahr 1999 zurückbleibt. Daraus errechnen sich Steuervorteile, bezogen auf die Baukosten von 1098 123,90 DM (ohne Baunebenkosten), von 27 453,09 DM (Formel: 0,1 x 25% x 1 098 123,90 DM). Bei der Ermittlung der Steuervorteile ist noch nicht berücksichtigt, daß die Kläger bei Vorliegen einer Vorsteuerabzugsberechtigung die im Zusammenhang mit der Sanierung des Gebäudes auf die Baukosten gezahlte Mehrwertsteuer vom Finanzamt zurückerhalten können.

Die Steuerrückzahlung aus den Geldbeschaffungskosten für die Darlehen (vgl. Nr. 3.3.2 des Berechnungsschemas) beläuft sich auf 754,94 DM (0,1 x 25% x 5490,- DM + 24 707,78 DM).

Die jährlichen Unterhaltungskosten belaufen sich danach auf 28 358,16 DM (20 630,30 DM + 7727,86 DM) abzüglich 28 208,03 DM (27 453,09 DM + 754,94 DM), insgesamt also auf 150,13 DM.

Als weitere jährliche Bewirtschaftungskosten sind folgende unstreitige Positionen hinzuzusetzen: Verwaltungskosten von 540,- DM, Betriebskosten von 4836,- DM und ein Mietausfallwagnis (nach § 29 II. BV) von 792,- DM (2% der Jahresmiete) und Instandhaltungskosten (nach § 27 II. BV) von 3000,- DM.

Daneben ist eine Rücklage für Reparaturkosten in der jährlichen Kostenrechnung anzusetzen. Berechnungsbasis für die Rücklage (vgl. 4.5 des Berechnungsschemas) ist der Wert des Altbaus plus Sanierungskosten. Den Wert des Gebäudes im gegenwärtig nicht sanierten Zustand hat der Sachverständige H. in seinem Gutachten vom Januar 2003 zwar mit 1,- € (symbolischer Wert) angenommen. Diese Bewertung trägt aber nicht ausreichend dem Umstand Rechnung, daß auch ein Baudenkmal, das im Rahmen der üblichen Instandhaltungsmaßnahmen gepflegt wird, im Laufe der Zeit reparaturbedürftig wird und dann wiederhergestellt werden muß. Zugunsten der Kläger ist deshalb auf den Zeitwert im Jahr 2002 abzustellen, den das Gebäude gehabt hätte, wenn es über die gesamte Standzeit gepflegt und „in Ordnung gehalten" worden wäre. Er beträgt nach Aussage des Sachverständigen H. ungefähr 150 000,- DM. 1% dieser Summe ergibt eine Rücklage von 1500,- DM. Des weiteren sind 1% von den Kosten der Baumaßnahme ohne Heizung anzusetzen (1 098 123,90 DM – 69 887,- DM brutto = 1 028 236,90 DM), also

10 282,37 DM. 4% von 69 887,– DM brutto (= 67 030,– DM netto) für die Instandsetzung der Heizung ergeben 2795,48 DM. Insgesamt beträgt die Reparaturrücklage danach 14 577,85 DM (1500,– DM + 10 282,37 DM + 2795,48 DM). Die jährlichen Kosten der Bewirtschaftung summieren sich auf 23 745,85 DM. Rechnet man die jährlichen Unterhaltungskosten von 150,13 DM hinzu, ergibt sich eine jährliche Gesamtbelastung von 23 895,98 DM. Diesen laufenden jährlichen Belastungen und Kosten von 23 895,98 DM stehen jährliche Erträge aus der Nutzung von 39 600,– DM gegenüber.

Der Überschuß beträgt 15 704,02 DM. Es ist den Klägern danach wirtschaftlich zumutbar, das Denkmal zu erhalten.

Nr. 212

Aufwendungen für archäologische Grabungen auf einem Baugrundstück, die die Denkmalbehörde im Vertrauen auf eine vom Investor in Aussicht gestellte, aber nicht durch öffentlich-rechtlichen Vertrag bindend zugesagte Kostenübernahme erbringt, kann sie grundsätzlich weder unter dem Gesichtspunkt des Verschuldens bei Vertragsschluß (culpa in contrahendo) noch wegen Geschäftsführung ohne Auftrag ersetzt verlangen.

DSchPflG § 25; VwVfG §§ 54, 57; BGB §§ 311 Abs. 2, 677, 683.

OVG Rheinland-Pfalz, Beschluß vom 8. Dezember 2003 – 8 A 11641/03 – (rechtskräftig).

Das klagende Land begehrt von der Beklagten Schadens- bzw. Aufwendungsersatz für eine archäologische Grabung auf deren Grundstück.

Die Beklagte erhielt die Baugenehmigung für ein Einkaufszentrum auf einem ehemaligen Fabrikgelände in T. Das Rheinische Landesmuseum T. als Denkmalfachbehörde vermutete im Untergrund archäologisch bedeutsame Überreste aus römischer Zeit. Vor Baubeginn fanden deshalb zwischen den Beteiligten Gespräche über den Abschluß eines „Investorenvertrages" statt, in dem sich der Kläger verpflichtet hätte, die Grabungsarbeiten innerhalb einer kurzen Frist abzuschließen; die Beklagte sollte zur Finanzierung der beschleunigten Grabungsarbeiten durch eine bestimmte Geldleistung beitragen. Als der früheren Bezirksregierung T. als oberer Wasserbehörde die Verseuchung des ehemaligen Fabrikgeländes mit Altlasten bekannt wurde, drängte sie auf schnellstmöglichen Grabungsbeginn. Die Beklagte erklärte sich zwar bereit, Grabungskosten auf Nachweis zu übernehmen – wie bei einem anderen Bauprojekt in T. schon einmal geschehen –, lehnte es jedoch ab, die gegenseitig zu erbringenden Leistungen in einem Vertrag zu regeln. In dem Protokoll über eine Besprechung, die zwischen dem Investor und den beteiligten Behörden im November 1999 stattfand, heißt es dazu:

„Dr. K. legt den geforderten Grabungsplan vor. Die Grabung wird von den angesetzten 6 Monaten auf eine Notgrabung von 2 Monaten begrenzt. (...)

Herr H. stellt klar, daß auf Grund der weiter festgestellten Altlasten mit bisher noch unbekannten Gefahrstoffen und der dringenden Gefahrenabwehr eine Sanierung des kontaminierten Erdreiches nicht von dem Zeitbedarf einer umfangreichen Grabung abhängig gemacht werden kann. Die Fachleute bestätigten (...), daß in ca. 4 Wochen bei entsprechenden Witterungsverhältnissen mit der Sanierung des Erdreiches auf dem Gelände begonnen werden muß. Das Schutzgut Wasser ist dann als öffentlicher Belang höher einzustufen als die Erforschung der römischen Funde. (...)

Herr Dr. K. intensiviert auf Grund des vorhandenen Gefahrenpotentials die Grabung vor Ort auf 4 Wochen. Er bedingt sich aber eine vom Investor zu finanzierende Nachbearbeitung im Landesmuseum aus. (...)

Herr A. (...) erneuert seine Zusage der Kostenübernahme für die Grabung, mit Überlassung der notwendigen Geräte und Maschinen durch die Abbruchfirma. Die Kostenübernahme beschränkt sich aber auf Nachweis der entstehenden Kosten. Die Kosten der Nachbearbeitung im Museum können sich nur auf die Kosten beschränken, die bei der zweimonatigen Grabung vor Ort angefallen wären. Die Höhe der Kostenübernahme ist zwischen Investor und Landesmuseum noch strittig. (...)

Zum Abschluß eines Investorenvertrages kam es zwischen den Beteiligten nicht. Dennoch nahm im November 1999 ein vom Rheinischen Landesmuseum beschäftigtes Grabungsteam die archäologischen Arbeiten auf dem Gelände auf. Dafür angefallene Sach- und Personalkosten i. H. v. 81 106,77 € stellte der Kläger der Beklagten in Rechnung. Diese beglich zunächst einige Rechnungen, leistete dann aber keine Zahlungen mehr.

Nachdem weitere Verhandlungen erfolglos geblieben waren, hat der Kläger unter dem Gesichtspunkt des Verschuldens bei Vertragsschluß Zahlungsklage erhoben, mit der er die entstandenen Grabungskosten von der Beklagten einfordert. In Bezug auf diese Klage hat der Senat durch Beschluß vom 25.7.2002 (– 8 E 10991/02 –, NJW 2002, 3724) den Verwaltungsrechtsweg für zulässig erklärt. Das Verwaltungsgericht hat die Klage abgewiesen, weil dem Kläger kein Schadensersatzanspruch wegen culpa in contrahendo und im übrigen auch kein Anspruch auf Aufwendungsersatz nach den Regeln der Geschäftsführung ohne Auftrag zustehe. Gegen dieses Urteil wendet sich der Kläger mit dem Antrag auf Zulassung der Berufung.

Aus den Gründen:

II. Die Berufung ist nicht zuzulassen, weil die hierfür in § 124 Abs. 2 VwGO genannten Voraussetzungen nicht vorliegen. Weder bestehen ernstliche Zweifel an der Richtigkeit des angefochtenen Urteils, noch weicht dieses von einem tragenden Rechtssatz ab, den der Senat in seinem grundlegenden Urteil vom 5.2.2003 (– 8 A 10775/02 –, BauR 2003, 1373 = DVBl. 2003, 811; zum Abdruck in AS vorgesehen) über sogenannte Investorenverträge auf dem Gebiet des Denkmalschutzrechts aufgestellt hat. Das angefochtene Urteil entspricht vielmehr der Rechtslage, die so eindeutig ist, daß sie keiner weiteren Klärung in einem Berufungsverfahren bedarf.

Vertragliche Zahlungsansprüche stehen dem Kläger unzweifelhaft nicht zu. Denn ein Investorenvertrag, der als öffentlich-rechtlicher Vertrag auf dem Gebiet des Denkmalschutzrechts (siehe Beschluß des Senats v. 25.7.2002, a. a. O.) gemäß § 57 VwVfG i. V. m. § 1 LVwVfG der Schriftform bedurft hätte, ist zwischen den Beteiligten unstreitig nicht zustande gekommen.

Zutreffend hat das Verwaltungsgericht ferner entschieden, daß dem Kläger kein Schadensersatzanspruch gegen den Beklagten wegen Verschuldens bei Vertragsschluß (culpa in contrahendo) zusteht. Dieses von der Rechtsprechung entwickelte, mittlerweile in § 311 Abs. 1 i. V. m. §§ 241, 280 BGB kodifizierte und auch im öffentlichen Recht anwendbare Rechtsinstitut setzt – von hier eindeutig nicht vorliegenden Fallgestaltungen einmal abgesehen – voraus, daß eine Partei den Vertragsabschluß ohne triftigen Grund ablehnt, obwohl er nach dem Stand der Verhandlungen als sicher anzunehmen war und der andere Teil in dem hierdurch begründeten Vertrauen bereits Aufwendungen erbracht hatte. Verschärfte Anforderungen an die Schadensersatzpflicht gelten dann, wenn der Vertrag, wie hier, formbedürftig ist. Im Hinblick auf den Schutzzweck der Formvorschrift kommt dann als Grundlage eines Schadensersatzanspruchs nur eine besonders schwerwiegende, vorsätzliche Treupflichtverletzung in Betracht, wie sie im bewußten Vorspiegeln einer tatsächlich nicht vorhandenen Abschlußbereitschaft liegt (zum Vorstehenden: BGH, Urteile v. 8.6.1978, BGHZ 71, 386, 395, v. 7.2.1980, BGHZ 76, 343, 349 und v. 29.3.1996, NJW 1996, 1884, jeweils m.w.N.; Emmerich, in: MünchKomm., BGB, 4.Aufl., §311 Rdnr. 178ff.).

Diese Voraussetzungen sind hier schon deshalb nicht gegeben, weil, wie der Kläger selbst einräumt, die Beklagte den Abschluß eines Investorenvertrages ausdrücklich abgelehnt hatte. Sie meint aber, ihr Vertrauen in die Redlichkeit des in Aussicht genommenen Vertragspartners und in seine Äußerungen während der Vertragsverhandlungen sei im Ergebnis ebenso schutzwürdig wie das Vertrauen der enttäuschten Partei in den bislang von der Rechtsprechung entschiedenen Fällen. Dem ist nicht zu folgen. Denn grundsätzlich hat jeder Partner bis zum Vertragsabschluß das Recht, von dem in Aussicht genommenen Vertrag Abstand zu nehmen. Äußerungen im Vorfeld eines Vertragsschlusses, mögen sie auch in einem Besprechungsprotokoll festgehalten sein, binden grundsätzlich nicht. Macht ein Partner – sei es in Erwartung des Vertragsschlusses, sei es im Vertrauen auf die „Redlichkeit" des anderen Teils auch ohne Vertrag – vorab Aufwendungen, geschieht dies auf eigene Gefahr. Selbst wenn der Kläger, wie er vorträgt, die archäologischen Grabungsarbeiten ohne die eine Kostenübernahme betreffenden Äußerungen der Beklagten nicht durchgeführt hätte, ist diese daher unter den hier vorliegenden Umständen nicht zum Schadensersatz wegen Verschuldens bei Vertragsschluß verpflichtet.

Der Senat folgt dem Verwaltungsgericht auch darin, daß sich der Zahlungsanspruch nicht als Aufwendungsersatz aus öffentlich-rechtlicher Geschäftsführung ohne Auftrag herleiten läßt. Der Kläger hat mit den umstrittenen Grabungsarbeiten kein fremdes, sondern ein eigenes Geschäft wahrgenommen, denn ihm ist nach §25 Denkmalschutz- und -pflegegesetz Rh.-Pf. die Aufgabe zugewiesen, nach verborgenen Kulturdenkmälern zu forschen und sie wissenschaftlich auszuwerten. Mag er insoweit (zumindest auch) mit Fremdgeschäftsführungswillen gehandelt haben, so lag die Geschäftsführung jedenfalls nicht i.S. von §683 BGB im Interesse der Beklagten. Zwar wird nicht selten ein Investor daran interessiert sein, sich mit der Denkmalbehörde gegen angemessene Kostenbeteiligung auf eine beschleunigte archäologische Grabung zu einigen, um auf diese Weise für sein Bauprojekt „Zeit einzukaufen" und Planungssicherheit zu gewinnen (zu den Einzelheiten: Urteil des Senats v. 5.2.2003, a.a.O.). Der hier zu entscheidende Fall liegt jedoch deshalb anders, weil wegen der Altlastenproblematik ohnehin das kontaminierte Erdreich so schnell wie möglich ausgetauscht werden mußte. Wäre es, wie der Kläger selbst hervorhebt, ohne den „enormen Handlungsdruck" auf Grund der Umweltbelastung wahrscheinlich zum Abschluß eines Investorenvertrages gekommen, so bedeutet dies im Umkehrschluß, daß unter den hier gegebenen Bedingungen die Geschäftsführung des Klägers eben gerade nicht im Interesse der Beklagten lag, weil der von ihr gewünschte Beschleunigungseffekt ohnedies eintrat. Unter solchen Umständen könnte ein Investor zu den Grabungskosten nur herangezogen werden, wenn das Denkmalrecht dies spezialgesetzlich vorsähe; anders als die Denkmalschutzgesetze anderer Bundesländer enthält das rheinland-pfälzische Landesrecht eine derartige Regelung aber nicht. Diese Rechtslage ist zu respektieren und darf nicht durch Rückgriff auf das Rechtsinstitut der Geschäftsführung ohne Auftrag überspielt werden.

Schließlich ist die Berufung auch nicht im Hinblick auf einen öffentlich-rechtlichen Erstattungsanspruch zuzulassen, der auf die Rückabwicklung ungerechtfertigter Vermögensverschiebungen zielt. Zwar wendet der Kläger gegen das angefochtene Urteil ein, die Beklagte habe „Leistungen des zukünftigen Vertragspartners entgegengenommen, die dieser nicht erbracht hätte, wenn er nicht auf die gegebenen Zusagen vertraut hätte". Angesichts der auf dem Baugrundstück festgestellten Altlasten, die unabhängig vom Denkmalschutz den sofortigen Erdaustausch erzwangen, ist aber weder dargelegt (§ 124a Abs. 4 Satz 3 VwGO) noch sonst ersichtlich, welchen Vermögensvorteil die Beklagte auf Grund der beschleunigten archäologischen Grabung erlangt hat.

Nr. 213

1. **Sogenannte Investorenverträge, in denen sich die Denkmalfachbehörde verpflichtet, anläßlich eines privaten Großprojektes auf archäologisch „belastetem" Gelände innerhalb bestimmter Frist eine Flächengrabung durchzuführen und abzuschließen, und der Investor im Gegenzug eine bestimmte finanzielle Beteiligung verspricht, sieht das rheinland-pfälzische Denkmalschutz- und -pflegegesetz zwar nicht ausdrücklich vor, schließt sie aber auch nicht aus. Der Grundsatz, daß die Ausgabenlast der Aufgabenlast folgt, gilt nicht für das Verhältnis eines Hoheitsträgers zu Privaten.**

2. **Bei der Festlegung der vom Investor zu übernehmenden Gegenleistung darf auf einen Erfahrungssatz der Denkmalfachbehörde zurückgegriffen werden, wonach in dem betreffenden Bereich bestimmte Grabungskosten je Quadratmeter Grabungsfläche normalerweise anfallen.**

DSchPflG §§ 1, 3, 16, 17, 18, 19, 21, 22, 24, 25; VwVfG §§ 54, 56, 59; GG Art. 104a Abs. 1.

OVG Rheinland-Pfalz, Urteil vom 5. Februar 2003 – 8 A 10775/02 – (rechtskräftig).

Die Klägerin macht die Nichtigkeit eines öffentlich-rechtlichen Vertrages geltend und fordert die Rückzahlung der von ihr vertragsgemäß geleisteten Geldzahlung.

Im Jahr 1999 erbaute die Klägerin auf einem Gelände in der T. Innenstadt das Großkino „C.". Hierfür war ihr von der Stadt T. eine Baugenehmigung erteilt worden. Vor Beginn der Bauarbeiten schloß die Klägerin im Januar 1999 mit dem Rheinischen Landesmuseum T. – Landesamt für Denkmalpflege – als Denkmalfachbehörde einen sog.

Investorenvertrag. In dessen Präambel heißt es, das Bauvorhaben C. berge mit seiner großvolumigen Ausschachtung eine der letzten archäologisch intakten Großflächen im Zentrum des römischen T. Gemeinsames Vertragsziel sei es, den archäologischen Interessen der Öffentlichkeit und Wissenschaft sowie dem wirtschaftlichen Interesse der Klägerin „durch eine Übereinkunft zur präventiven Beseitigung von Rechtsunsicherheiten und Vermeidung von Verwaltungsverfahren gerecht zu werden". Das Rheinische Landesmuseum verpflichtete sich im wesentlichen, die archäologischen Untersuchungen bis 15.5.1999 abzuschließen und bis Ende 1999 einen Grabungsbericht in allgemein verständlicher Form zu liefern. Im Gegenzug verpflichtete sich die Klägerin das Gelände bis spätestens 25.1.1999 dem Landesmuseum zur Verfügung zu stellen und zur Finanzierung der Grabungsarbeiten mit insgesamt 300 000,- DM „einschließlich der zur Zeit gültigen Umsatzsteuer" beizutragen. Die Stadt T. genehmigte den Vertrag und verpflichtete sich, die Verwirklichung des Vertragszweckes zu unterstützen. Das Landesmuseum führte die archäologischen Grabungen durch, die in einer Fachschrift näher dokumentiert sind. Die Klägerin erbrachte ihre vertraglich vereinbarten Leistungen.

2000 machte die Klägerin die Nichtigkeit des geschlossenen Vertrages geltend und forderte den Beklagten zur Erstattung des gezahlten Betrages bis spätestens 30.10.2000 auf. Dies lehnte der Beklagte ab. Die Erstattungsklage blieb in beiden Instanzen erfolglos.

Aus den Gründen:

Der Klägerin steht ein Anspruch auf Erstattung des von ihr an den Beklagten gezahlten Betrages von 300 000,- DM nicht zu. Die Zahlung wurde entgegen der Auffassung der Klägerin nicht grundlos gewährt; Rechtsgrund ist vielmehr der zwischen den Parteien geschlossene „Investorenvertrag". Bei einem solchen Vertrag handelt es sich, wie der Senat in Einklang mit der Auffassung des Verwaltungsgerichts in anderem Zusammenhang bereits entschieden hat (siehe Beschluß v. 25.7.2002, NJW 2002, 3724), um einen öffentlich-rechtlichen Austauschvertrag i.S. von §54 Satz 2, §56 VwVfG i.V.m. §1 LVwVfG. Der umstrittene Vertrag ist wirksam, denn er leidet an keinem der in §59 VwVfG aufgeführten Nichtigkeitsgründe.

1. Nichtig ist der Investorenvertrag zunächst ersichtlich nicht deshalb, weil der Beklagte in sittenwidriger Weise (§59 Abs. 1 VwVfG i.V.m. §138 BGB) Druck auf die Klägerin ausgeübt hätte. Entsprechenden Behauptungen, wonach ihr für den Fall des Nichtabschlusses des Vertrages „unterschwellig" mit Dienst nach Vorschrift und erheblichen Verzögerungen des Bauvorhabens gedroht worden sei, ist der Beklagte substantiiert entgegengetreten. Er hat die Vorgeschichte des Vertrages und den Ablauf der Vertragsverhandlungen nachvollziehbar in allen Einzelheiten geschildert. Dieser Darstellung, die in wesentlichen Punkten durch einen nach Notizbucheintragungen des Direktors des Rheinischen Landesmuseums, Dr. K., gefertigten Aktenvermerk sowie durch ein Schreiben von ihm an das zuständige Ministerium vom Oktober 1999 bestätigt wird, hat die Klägerin nicht im einzelnen widersprochen. Für einen etwaigen Machtmißbrauch des Beklagten unter Ausnutzung einer Zwangslage der Klägerin bestehen danach keinerlei Anhaltspunkte; zu einer weiteren Sachverhaltsaufklärung besteht kein Anlaß, zumal die anwaltlich vertretene Klägerin Beweisanträge nicht gestellt hat.

2. Durchgreifende Bedenken gegen die Wirksamkeit des Investorenvertrages sind auch nicht unter dem Gesichtspunkt des §59 Abs. 2 Nr. 1 VwVfG

begründet. Danach ist ein öffentlich-rechtlicher Vertrag nichtig, wenn ein Verwaltungsakt mit entsprechendem Inhalt nichtig wäre; für Verwaltungsakte ordnet §44 VwVfG die Nichtigkeitsfolge bei besonders schweren Form- oder Inhaltsfehlern an. Die Klägerin hält derart gravierende Mängel für gegeben, weil in formeller Hinsicht allein die Denkmalschutzbehörde, aber nicht das Landesamt für Denkmalpflege als Denkmalfachbehörde Befugnisse im Außenverhältnis gegenüber dem betroffenen Grundstückseigentümer habe und weil in materieller Hinsicht das geltende Denkmalschutz- und -pflegegesetz des Landes Rheinland-Pfalz – DSchPflG – eine Kostenbeteiligungspflicht des privaten Grundstückseigentümers an Aufwendungen für den Denkmalschutz nicht vorsehe. Dabei übersieht sie, daß der Abschluß eines öffentlich-rechtlichen Vertrages anerkanntermaßen nicht voraussetzt, daß die Behörde befugt ist, die betreffende Regelung, insbesondere die vom Bürger zu erbringende Leistung, andernfalls durch Verwaltungsakt festzusetzen. Das Wesen des Vertrages im Unterschied zum reinen Gesetzesvollzug besteht vielmehr gerade darin, daß erst der Konsens der Vertragspartner ein Lösung ermöglicht, für die der „strenger gebundene und mithin weniger elastische Verwaltungsakt versagen müßte" (BVerwG, Urteil v. 16.5.2000, BVerwGE 111, 162, 165f. = BRS 63 Nr. 233).

Erforderlich, aber auch ausreichend für einen sog. subordinationsrechtlichen Vertrag i.S. von §54 Satz 2 VwVfG ist ein hoheitliches Verhältnis der Über- und Unterordnung, kraft dessen die Vertragschließende Behörde – oder aber auf ihren Antrag eine andere Behörde (Kopp, VwVfG, 7. Aufl., §54 Rdnr. 48 = BRS 63 Nr. 233) – berechtigt wäre, im Gegenstandsbereich des Vertrages ggf. auch einseitige Festsetzungen zu treffen. So ist es hier: Die Denkmalfachbehörde hat die Aufgabe, Kulturdenkmäler systematisch aufzunehmen und wissenschaftlich auszuwerten sowie nach verborgenen Kulturdenkmälern zu forschen (§25 Abs. 1 Nr. 6 und 8 DSchPflG) und kann sich erforderlichenfalls für den Erlaß von Verwaltungsakten der Hilfe der unteren Denkmalschutzbehörde bedienen, deren Trägerin, die Stadt T., dem Vertrag im übrigen ausdrücklich zugestimmt hat.

Auch was den Vertragsinhalt im einzelnen anlangt, ist – anders als beim Erlaß eines Verwaltungsaktes – keine spezielle gesetzliche Ermächtigung erforderlich. Ein Vertrag darf vielmehr geschlossen werden, „soweit Rechtsvorschriften nicht entgegenstehen" (§54 Abs. 1 VwVfG) (siehe auch Urteil v. 15.12.1989, BVerwGE 84, 236, 238) soweit also der Vorrang des Gesetzes gewahrt ist. Dies ist hier der Fall, und zwar sowohl im Hinblick auf die vom Beklagten eingegangene Verpflichtung, die Grabungsarbeiten auf dem Baugrundstück innerhalb von rund sieben Wochen abzuschließen, als auch hinsichtlich der von der Klägerin übernommenen Zahlungspflicht.

a) Es gibt keine Rechtsvorschrift, die nach ihrem Wortlaut oder doch nach ihrem Sinn und Zweck den Beklagten an dem Versprechen hindert, Grabungsarbeiten binnen einer bestimmten Frist durchzuführen und abzuschließen. Bei der Erfüllung der Aufgabe, nach verborgenen Kulturdenkmälern zu forschen, sie aufzunehmen und wissenschaftlich auszuwerten, steht dem Landesamt für Denkmalpflege ein weiter fachlicher Einschätzungs- und Ausgestaltungsspielraum zu. Dieser wäre zwar überschritten, wenn der

Beklagte, wie die Klägerin andeutet, öffentliche Belange des Denkmalschutzes zugunsten rein fiskalischer Erwägungen zurückstellen würde. Dafür gibt es im vorliegenden Fall aber keine Anhaltspunkte. So lag das umstrittene, inzwischen mit dem Kino bebaute Grundstück außerhalb der antiken Kernstadt; es handelte sich mit den Worten der Denkmalpflege um „römisches Bauerwartungsland". Wenn der Beklagte unter diesen Umständen die Prognose traf, daß sieben Wochen ausreichten, um die dort zu erwartenden Funde (einschließlich der „Befunde" genannten Spuren menschlichen Lebens, siehe § 3 Abs. 1 Nr. 1 DSchPflG) zu bergen bzw. zu dokumentieren, lag dies jedenfalls im Rahmen des Vertretbaren. Dabei ist auch zu berücksichtigen, daß das Landesmuseum sich ein außerordentliches Kündigungsrecht aus wichtigem Grund ausbedungen hatte (§ 4 Nr. 6 Abs. 3 des Investorenvertrages), das ihm bei gänzlich unerwarteten, fristgerecht schlechterdings nicht zu versorgenden Funden die Lösung vom Vertrag ermöglicht hätte.

b) Das rheinland-pfälzische Denkmalrecht enthält auch keine Bestimmung, die es ausdrücklich oder sinngemäß – auch unter Berücksichtigung verfassungsrechtlicher Grundsätze – einem Investor verwehrt, sich finanziell an archäologischen Grabungsarbeiten zu beteiligen, die vor der Verwirklichung des Projekts auf dem Baugrundstück durchgeführt werden. Zwar ist das Forschen nach verborgenen Kulturdenkmälern eine öffentliche, dem Landesamt für Denkmalpflege übertragene Aufgabe. Daraus läßt sich aber nicht schließen, daß die dafür notwendigen Ausgaben unter allen Umständen allein von der öffentlichen Hand zu tragen sind.

Der von der Klägerin in diesem Zusammenhang herangezogene Grundsatz, wonach die Ausgabenlast der Aufgabenlast folgt, bezieht sich auf das Verhältnis verschiedener öffentlicher Aufgabenträger zueinander (siehe Art. 104a Abs. 1 GG für das Bund-Länder-Verhältnis). Er betrifft aber nicht das Verhältnis eines Hoheitsträgers zu Privaten und kann deshalb zur Klärung der hier umstrittenen Frage nichts beitragen.

Auszugehen ist vielmehr von der Überlegung, daß es in Fällen der vorliegenden Art der Investor ist, der die archäologische Grabung veranlaßt. Die Notwendigkeit, Funde zu bergen oder wenigstens zu dokumentieren, folgt allein aus der von ihm zu verantwortenden Baumaßnahme. Demgegenüber haben aus der Sicht der Denkmalpflege Bodendenkmäler bei ihrem Verbleib an Ort und Stelle für die Nachwelt einen höheren Wert als bei ihrer Bergung und rudimentären Sicherung" (Hönes, Denkmalrecht Rheinland-Pfalz, § 21 Rdnr. 22). Überzeugend weist in diesem Zusammenhang der Beklagte darauf hin, daß die archäologische Denkmalpflege heute nicht mehr auf immer neue Ausgrabungen zielt, sondern auf den größtmöglichen Erhalt der noch unberührten archäologischen Schichten, damit auch zukünftigen Generationen noch eine Chance auf wissenschaftliche Untersuchung materieller Spuren der Vergangenheit bleibt.

In dem Investorenvertrag geht es folglich um eine sog. „Rettungsgrabung" (zum Begriff: Hönes, a.a.O., Rdnr. 10), (eine Grabung also, die allein durch äußere Umstände, nämlich die dem Investor erteilte Baugenehmigung, erzwungen wird. Mit den Kosten solcher Rettungsgrabungen befaßt sich neuerdings das revidierte Europäische Übereinkommen zum Schutz des archäologischen Erbes, das mittlerweile von der Bundesrepublik Deutschland ratifiziert worden ist. In dessen Art. 6 verpflichten sich die Vertragsparteien, die Deckung der Gesamtkosten etwaiger notwendiger archäologischer Arbeiten im Zusammenhang mit groß angelegten öffentlichen oder privaten Erschließungsvorhaben aus Mitteln der öffentlichen Hand bzw. der Privatwirtschaft vorzusehen. Dies wird damit begründet, daß die erforderlichen Kosten archäologischer Arbeiten nicht von der Öffentlichkeit getragen werden dürfen, wenn sie dadurch entstehen, daß für private Interessen Gewinn erzielt wird: Wer aus den Erschließungsarbeiten Nutzen ziehe, sei auch für die Bewahrung dessen verantwortlich, was durch seine Tätigkeiten in Mitleidenschaft gezogen werde (LT-Drucks. 12/4287 v. 24. 1. 1994, S. 28).

Entsprechende Bestimmungen, die dem Verursacher des Eingriffs in ein Denkmal die Grabungs- und Dokumentationskosten im Rahmen des Zumutbaren auferlegen, sind in die DSchG einiger Bundesländer aufgenommen worden (§ 14 Abs. 3, 6 SächsDSchG; § 7 Abs. 4 Thür.DSchG; § 6 Abs. 5 DSchG MV), allerdings nicht in das rheinland-pfälzische Denkmalrecht. Immerhin kann nach § 21 Abs. 1 DSchPflG ein Investor unter bestimmten Voraussetzungen die Genehmigung erhalten, Ausgrabungen auf eigene Kosten selbst durchzuführen. Bei sachgerechter Auslegung läßt sich diese Norm gerade auf sog. Rettungsgrabungen anwenden (Hönes, a. a. O., Rdnr. 10) und zeigt somit einen Weg auf, der zu einem wirtschaftlich ähnlichen Ergebnis führen kann, wie die hier vorliegende Vertragskonstruktion. Bei Würdigung all dieser Umstände kommt der Senat zu dem Ergebnis, daß das Denkmalrecht des Landes Rheinland-Pfalz Investorenverträge zwar nicht ausdrücklich vorsieht, ihnen aber auch nicht entgegensteht, sondern gegenüber dem Abschluß solcher Verträge offen ist.

Etwas anderes folgt auch nicht aus verfassungsrechtlichen Überlegungen. Soweit sich die Klägerin auf ihr Eigentumsrecht aus Art. 14 Abs. 1 GG beruft, übersieht sie, daß dem öffentlichen Interesse am Denkmalschutz durch Inpflichtnahme des Grundstückseigentümers Rechnung getragen werden kann, dessen Eigentum einer gesteigerten Sozialbindung unterliegt. Diese ergibt sich aus der Situationsgebundenheit, nämlich der Lage und Beschaffenheit des Grundstücks (BVerfG, Beschluß v. 2. 3. 1999, BVerfGE 100, 226, 242 = BRS 62 Nr. 214). Deshalb kann auch das Argument der Klägerin, durch den Investorenvertrag werde ein ihr bei Grabungsarbeiten an sich zustehender, eigentumsrechtlich verfestigter Entschädigungsanspruch unterlaufen, nicht überzeugen. Die Zeitspanne, während der ein Grundstückseigentümer als Folge der oben beschriebenen Sozialbindung Grabungsarbeiten ohne Geldausgleich oder Entschädigung hinnehmen muß, mag von Fall zu Fall unterschiedlich sein; sie ist aber jedenfalls erheblich länger als die sieben Wochen, die im vorliegenden Fall vertraglich vereinbart wurden.

Fehl geht auch der Hinweis der Klägerin auf eine angebliche Verletzung des Gleichbehandlungsgrundsatzes (Art. 3 Abs. 1 GG), den sie darin sieht, daß Investorenverträge nur mit Großinvestoren, aber beispielsweise nicht beim Bau von Einfamilienhäusern abgeschlossen werden. Wie der Beklagte überzeugend dargelegt hat, ist es gerade das mit Großprojekten verbundene Eindringen in tiefere, bislang noch unberührte archäologische Schichten, das die Denkmalpflege zu besonderen Maßnahmen nötigt. Wohl aus ähnlichen Erwägungen bezieht sich auch Art. 6 des oben bereits erwähnten Europäischen Übereinkommens ausdrücklich auf „groß angelegte" öffentliche oder private Erschließungsvorhaben. Weichen aber die von der Klägerin zum Vergleich herangezogenen Sachverhalte wesentlich voneinander ab, liegt eine verfassungswidrige Ungleichbehandlung erkennbar nicht vor.

3. Nichtig ist der Investorenvertrag auch nicht gemäß § 59 Abs. 2 Nr. 2 VwVfG. Danach tritt die Nichtigkeitsfolge dann ein, wenn ein Verwaltungsakt mit entsprechendem Inhalt (nicht nur wegen gewisser Verfahrens- oder Formfehler) rechtswidrig wäre und dies den Vertragschließenden bekannt war. Diese müssen also auf dem Umweg über den öffentlich-rechtlichen Vertrag in positiver Kenntnis einen rechtswidrigen Erfolg angestrebt haben. Davon kann hier offenkundig nicht die Rede sein, und zwar weder in subjektiver Hinsicht noch nach dem oben Gesagten in bezug auf den objektiven Inhalt des Vertrages.

4. Die angebliche Nichtigkeit des Investorenvertrages läßt sich entgegen der Ansicht der Klägerin auch nicht auf § 59 Abs. 2 Nr. 4 VwVfG stützen. Ein öffentlich-rechtlicher Austauschvertrag ist danach nichtig, wenn sich die Behörde eine nach § 56 VwVfG unzulässige Gegenleistung versprechen läßt. Gemäß § 56 Abs. 1 VwVfG muß die Gegenleistung für einen bestimmten Zweck im Vertrag vereinbart sein und der Behörde zur Erfüllung ihrer öffentlichen Aufgaben dienen; die Gegenleistung muß den gesamten Umständen nach angemessen sein und im sachlichen Zusammenhang mit der vertraglichen Leistung der Behörde stehen. § 56 Abs. 2 VwVfG stellt eine verschärfende Sonderregel auf für Fälle, in denen auf die Leistung der Behörde ein Anspruch besteht; dann kann nur eine solche Gegenleistung vereinbart werden, die bei Erlaß eines Verwaltungsaktes Inhalt einer Nebenbestimmung sein könnte. Nach diesen Maßstäben ist die Zahlungsverpflichtung, die die Klägerin in dem vorliegenden Investorenvertrag übernommen hat, nicht zu beanstanden.

a) Die Sonderregel des § 56 Abs. 2 VwVfG findet auf den Investorenvertrag keine Anwendung, denn die Klägerin hätte ohne diesen Vertrag keinen Anspruch auf die Leistung des Beklagten gehabt. Diese Leistung bestand darin, das Grundstück der Klägerin im denkmalrechtlichen Sinne gewissermaßen dadurch „baureif zu machen", daß die Grabungsarbeiten innerhalb einer bestimmten Frist abgeschlossen wurden. Die Klägerin erhielt so Planungssicherheit, die ihr allenfalls durch außerordentliche Kündigung aus wichtigem Grund (§ 4 Nr. 6 des Vertrages) unter engen Voraussetzungen wieder entzogen werden konnte.

Diese „Leistung" konnte sie von Gesetzes wegen nicht verlangen. Flächengrabungen sind ein Mittel zur Verhinderung von unkontrolliertem Denkmalverlust; kein Grundeigentümer hat aber ein subjektiv-öffentliches Recht darauf, daß sein Grundstück ausgegraben und von archäologischen Funden freigeräumt wird. Wäre es im vorliegenden Fall nicht zum Abschluß des Investorenvertrages gekommen, hätte die Klägerin nach Erhalt der Baugenehmigung zwar mit den Ausschachtungsarbeiten beginnen können. Beim Auftauchen von Funden hätte sie dann aber das Landesamt für Denkmalpflege benachrichtigen (§ 17 Abs. 1 DSchPflG), den Fund und die Fundstelle bis zu einer

Woche in unverändertem Zustand erhalten und schützen (§ 18 Abs. 1 DSchPflG) sowie die zur sachgemäßen Bergung des Fundes und zur Klärung der Fundumstände notwendigen Maßnahmen dulden müssen (§ 19 Abs. 1 DSchPflG). Bei Fortsetzung der Bauarbeiten hätte das Risiko bestanden, daß die Bauarbeiter alsbald wieder auf einen Fund gestoßen wären, der wiederum mit den entsprechenden Folgen hätte angezeigt werden müssen. Ggf. hätte die untere Denkmalschutzbehörde auf Antrag des Rheinischen Landesmuseums ein Grabungsschutzgebiet ausweisen können (§ 22 DSchPflG), was eine besondere Genehmigungspflicht für (weitere) Baumaßnahmen nach sich gezogen hätte. Insgesamt hätte die Klägerin so mit beträchtlichen Verzögerungen ihres Bauvorhabens rechnen müssen. Dieses Risiko vermied sie durch den Abschluß des Investorenvertrages, in welchem das Landesmuseum sich verpflichtete, mit einer Flächengrabung unmittelbar nach Vertragsschluß zu beginnen und sie in nur sieben Wochen abzuschließen.

Das Verwaltungsgericht meint, die Klägerin hätte i. S. des § 56 Abs. 2 VwVfG auch ohne den Investorenvertrag verlangen können, daß der Beklagte bei notwendigen archäologischen Grabungen und Untersuchungen die nach Lage der Dinge gebotene Sorgfalt und Eile walten ließ. Die Zahlung des Investors habe deshalb nicht dazu dienen dürfen, „die ohnehin vorhandenen Mitarbeiter zu schnellerem Arbeiten anzuhalten", sondern nur dazu, über das Obligo hinaus zusätzliche personelle und sachliche Ressourcen zu eröffnen: Lediglich solche besonderen Beschleunigungskosten könnten zulässigerweise Gegenstand eines Investorenvertrages sein. Dem kann der Senat nicht folgen. Entscheidend ist, daß die Klägerin auf die konkret geschuldete Leistung des Beklagten – die innerhalb von sieben Wochen durchzuführende archäologische „Rettungsgrabung" – keinen Anspruch hatte. Die Unterscheidung zwischen allgemeinen Grabungskosten und besonderen Beschleunigungskosten ist daher in diesem Zusammenhang unergiebig: Es kommt nicht darauf an, ob der Beklagte gerade für die hier durchzuführende Grabung durch Neueinstellung von Personal und Anschaffung von Material zusätzliche „Ressourcen" eröffnete oder ob er die Aufgabe (zumindest auch) mit vorhandenen Mitteln bewältigte.

b) Die in dem Investorenvertrag vereinbarte Gegenleistung der Klägerin verstößt nicht gegen das sog. Koppelungsverbot des § 56 Abs. 1 Satz 2, 2. Halbs. VwVfG, denn sie steht im sachlichen Zusammenhang mit der vertraglichen Leistung des Beklagten. Das Koppelungsverbot besagt nach seinem Zweck, daß zum einen – durch einen verwaltungsrechtlichen Vertrag nicht miteinander verknüpft werden darf, was nicht ohnedies schon in einem inneren Zusammenhang steht. Zum anderen dürfen hoheitliche Entscheidungen ohne entsprechende gesetzliche Ermächtigung nicht von wirtschaftlichen Gegenleistungen abhängig gemacht werden, es sei denn, erst die Gegenleistung beseitigt ein der Entscheidung entgegenstehendes rechtliches Hindernis. Das Koppelungsverbot kann ferner verletzt sein, wenn die vom Bürger zu erbringende Gegenleistung einem anderen öffentlichen Interesse zu dienen bestimmt ist als die von der Behörde geschuldete oder in Aussicht gestellte Leistung (Näher: BVerwG, Urteil v. 16. 5. 2000, BVerwGE 111, 162, 169, m. w. N. = BRS 63 Nr. 233).

Der erforderliche Zusammenhang ist hier gegeben, denn der finanzielle Beitrag der Klägerin war dazu bestimmt, die Grabungsarbeiten auf ihrem Baugrundstück zu fördern. Insofern waren Leistung und Gegenleistung demselben denkmal-pflegerischen Interesse zu dienen bestimmt. Zudem beseitigte erst die Gegenleistung ein rechtliches Hindernis, welches der hier in Rede stehenden „hoheitlichen Entscheidung" sonst entgegengestanden hätte: Ohne den Finanzierungsbeitrag der Klägerin wäre es dem Beklagten nicht möglich, jedenfalls aber nicht zumutbar gewesen, der Klägerin nach nur siebenwöchiger Frist Planungssicherheit zu gewährleisten.

c) Die Gegenleistung wurde auch i.S. von § 56 Abs. 1 Satz 1, 1. Halbs. VwVfG für einen bestimmten Zweck im Vertrag vereinbart. Da es bei ihr der Sache nach um eine Art Aufwendungsersatz geht (so das BVerwG in dem grundlegenden Urteil v. 6. 7. 1973, BVerwGE 42, 331, 343 f.), muß der vereinbarte Betrag, um das Erfordernis der Ursächlichkeit zu wahren, durch den Vertrag in bestimmter Höhe bestimmten Maßnahmen zugeordnet sein. Allerdings braucht die Konkretisierung weder im Wortlaut der Vertragsurkunde in Erscheinung zu treten, noch muß sie über allgemeine Zuordnungen hinausgehen. Es muß nicht verabredet werden, wie die betreffende Summe im einzelnen zu verwenden ist; auch darf bei der Abschätzung der Kosten auf Erfahrungssätze zurückgegriffen werden. Allerdings muß gewährleistet sein, daß die Gegenleistung nicht zu einer Art allgemeiner, vielleicht gar schematisch in den Vertrag aufgenommener „Abgabe" wird, die die Behörde nach Belieben verwenden kann (BVerwG, a. a. O., sowie Urteil v. 15. 12. 1989, BVerwGE 84, 236, 242 f.; s.a. Stelkens/Bonk/Sachs, VwVfG, 6. Aufl., § 56 Rdnr. 51 f.).

Der so gezogene Rahmen für die notwendige, aber auch ausreichende Konkretisierung des mit der Gegenleistung verfolgten Zwecks gilt auch für denkmalrechtliche Investorenverträge. Darüber hinausgehende Empfehlungen im Schrifttum (siehe etwa Martin, BayVBl. 2001, 289, 332, 336: sorgfältige Differenzierung nach den im konkreten Fall notwendigen fachlichen Teilleistungen, detaillierte Begründung, gewissenhafte Kalkulation der voraussichtlichen Kosten und präzise Formulierung im Vertrag) sind gewiß hilfreich, um etwaige Bedenken im Hinblick auf das Koppelungsverbot von vornherein auszuschließen. Sie umschreiben aber nicht die Mindestvoraussetzungen, die losgelöst von den konkreten Umständen des Falles stets erfüllt sein müssen, damit der Investorenvertrag wirksam ist. Die in der Rechtsprechung des BVerwG entwickelten Anforderungen, denen der Senat folgt, würden sonst überspannt.

Danach ist hier von einer hinreichend konkreten Zweckbestimmung auszugehen. Was die Kalkulation der Grabungskosten anlangt, hat das Landesmuseum zutreffend herausgestellt, daß bei Vertragsschluß genaue Beträge noch nicht feststanden. Es hat deshalb auf seine langjährigen Erfahrungswerte verwiesen, die Gegenstand der Vertragsverhandlungen waren: Danach sind pro Quadratmeter zu untersuchender Fläche 100,- DM anzusetzen, woraus sich bei ca. 3000 m^2 Fläche in etwa die vereinbarte Gegenleistung von 300 000,- DM errechnet. Diese Vorausschätzung auf Grund eines Erfahrungssatzes ist ausreichend. Sie wird nicht dadurch erschüttert, daß ausweislich einer für die Jahre 1998 bis 2000 vorgelegten Aufstellung über Flächengrabungen in T. auf der Basis von Investorenverträgen der Kostenansatz von 100,- DM je Quadratmeter untersuchter Fläche nicht durchgängig eingehalten wurde. Gewisse Schwankungen lassen sich mit dem Verhandlungsspielraum der Vertragspartner, aber auch mit räumlichen oder zeitlichen Besonderheiten des jeweiligen Grabungsprojekts ohne weiteres erklären. Auch der Umstand, daß im vorliegenden Fall eine Erhöhung des Entgeltes von 300 000,- DM auf 450 000,- DM kurzfristig erwogen, dann aber wieder verworfen wurde, liefert entgegen der Ansicht der Klägerin keinen Beleg für Willkür. Mit der betreffenden Verhandlungsposition, die der Beklagte letztlich nicht durchsetzen konnte, wollte er seinen glaubhaften Angaben zufolge vielmehr dem vom Investor nachträglich reduzierten Zeitrahmen Rechnung tragen und damit einhergehende Unwägbarkeiten abdecken.

Durchgreifende Bedenken gegen die Zweckbestimmung des von der Klägerin versprochenen Betrages von 300 000,- DM bestehen auch nicht deshalb, weil dieser in § 1 des Investoren Vertrages mit dem Zusatz „einschließlich der zur Zeit gültigen Umsatzsteuer" versehen ist, obwohl das Landesamt in Wirklichkeit keine Steuer abführen mußte (siehe dazu auch das zu den Gerichtsakten gereichte Sitzungsprotokoll des Landtagsrechtsausschusses v. 17.10.2000). Die Formulierung ist in der Tat mißverständlich; ihr Sinn besteht aber in erster Linie darin, dem Vertragspartner anzuzeigen, daß es sich bei der von ihm geschuldeten Zahlung um den „Endpreis" handelt, dem nicht etwa noch Steuern zugeschlagen werden. So gesehen ist die Wortwahl sicher verbesserungsfähig, aber noch hinnehmbar.

In gesetzwidriger Weise unbestimmt ist die Gegenleistung schließlich auch nicht im Hinblick auf gewisse, in § 2 Nr. 4 und § 4 Nr. 6 des Vertrages enthaltene zusätzliche Bestimmungen. (Wird ausgeführt.)

d) Die Gegenleistung diente dem Landesmuseum ferner zur Erfüllung seiner öffentlichen Aufgaben (§ 56 Abs. 1 Satz 1, 2. Halbs. VwVfG). Wie oben in anderem Zusammenhang schon ausgeführt, ist das Forschen nach verborgenen Kulturdenkmälern gemäß § 25 Abs. 1 DSchPflG Aufgabe der Denkmalfachbehörde, wobei es auch hier unerheblich ist, daß Eingriffsbefugnisse nicht ihr, sondern der unteren Denkmalschutzbehörde zustehen.

e) Schließlich ist die Gegenleistung auch den gesamten Umständen nach angemessen (§ 56 Abs. 1 Satz 2, 1. Halbs. VwVfG). Angemessenheit bedeutet, daß Leistung und Gegenleistung wirtschaftlich ausgewogen sein müssen; die Behörde darf weder wuchern noch verschleudern (Stelkens/Bonk/Sachs, a.a.O., Rdnr. 54). Für die Angemessenheit der vereinbarten 300 000,- DM nach Maßgabe der voraussichtlich zu deckenden Kosten spricht zunächst der vom Beklagten herangezogene und auch in der mündlichen Verhandlung vor dem erkennenden Senat ausdrücklich bestätigte Erfahrungssatz (100,- DM je Quadratmeter Grabungsfläche). Daß die voraussichtlichen Kosten jedenfalls nicht zu Lasten der Klägerin zu hoch angesetzt wurden, belegt die nachträglich erstellte Übersicht über die Gesamtkosten, wonach diese sich auf über 900 000,- DM beliefen. Diese Zusammenstellung mag ihrerseits in dem einen oder anderen Punkt kritikwürdig oder mindestens zweifelhaft sein; eindeutig ist aber jedenfalls, daß die Kosten insgesamt weit über den von der Klägerin geforderten 300 000,- DM lagen.

Abgerundet wird das Bild durch die Stellungnahme des Verbandes der Landesarchäologen vom 16. 10. 2000, nach der die vom Rheinischen Landesmuseum den Investoren zugeordneten Kosten sich (mindestens) im Rahmen des Vertretbaren halten, und die Äußerung des Landesdenkmalamtes Baden-Württemberg vom 26. 6. 2001: darin werden für ausgewählte dortige Grabungsprojekte Kosten mitgeteilt, die deutlich über dem Erfahrungssatz liegen, den das Rheinische Landesmuseum dem hier umstrittenen Vertrag zugrunde gelegt hat.

Nach den „gesamten Umständen" ist neben jener objektiven aber auch die subjektive Angemessenheit mit zu berücksichtigen, nämlich der Wert der vom Beklagten erbrachten Leistung für die Klägerin. Nach Angaben des Vertreters des öffentlichen Interesses, denen die Klägerin nicht entgegengetreten ist, hatte das Bauvorhaben „C." ein Investitionsvolumen in der Größenordnung zwischen 70 und 100 Mio. DM. Daß der Klägerin nach ihrer subjektiven Einschätzung der vertraglich zugesagte Betrag angemessen erschien, um für ein solches Großprojekt Investitionssicherheit zu erhalten, drängt sich geradezu auf. Auch deshalb kann von einem erheblichen Ungleichgewicht zwischen Leistung und Gegenleistung keine Rede sein, zumal den Vertragsparteien für die Beurteilung der Angemessenheit anerkanntermaßen ein von ihnen auszufüllender und durch das Gericht nur eingeschränkt überprüfbarer Verhandlungsspielraum zusteht (Stelkens/Bonk/Sachs, a. a. O., Rdnr. 55).

Nr. 214

Der Gemeinde steht gegen den Staat kein Erstattungsanspruch für aufgewendete Grabungskosten einer archäologischen Rettungsgrabung zu.
(Nichtamtlicher Leitsatz)

DSchG Art. 7, 22 Abs. 2.

Bayerischer VGH, Urteil vom 4. Juni 2003 – 26 B 00.3684 – (rechtskräftig).

Die Beteiligten streiten darüber, wer die Kosten für archäologische (Rettungs-)Grabungen zu tragen hat.

Im Gemeindebereich des Klägers wurden seit 1993 archäologische Grabungen durchgeführt. Der Kläger hatte im Flächennutzungsplan Flächen, in denen Bodendenkmäler vermutet bzw. gefunden worden waren, zur Wohnbebauung vorgesehen. Aus dem Flächennutzungsplan wurde der Bebauungsplan „W. I" vom November 1993 entwickelt.

Archäologische Fundstellen im Plangebiet (insbesondere Siedlungsfunde des Neolithikums, der Urnenfelderzeit und Grabfunde der Bronzezeit, der frühkeltischen Zeit und des Frühmittelalters) waren wissenschaftlich bekannt; unklar war deren genaue Ausdehnung. Hierauf hat das Bayerische Landesamt für Denkmalpflege als Träger öffentlicher Belange im November 1992 im Verfahren zur Aufstellung des Bebauungsplans hingewiesen. Es hat vorgeschlagen, möglichst bald „die archäologische Situation zu klären" und ggf. Rettungsgrabungen zu beginnen. Bei Verwirklichung von einzelnen Bauvorhaben komme es erfahrungsgemäß zu „kostspieligen Verzögerungen und erheblichen Problemen bei der Organisation der erforderlichen Maßnahmen." Weiter hat es den Kläger darauf hingewiesen, daß es sich derzeit außerstande sehe, vor allem bei größeren Untersuchungen, alle Kosten alleine zu tragen. Die Durchführung von Ausgrabungen gehöre nicht zu seinen Pflichtaufgaben. Bei umfangreichen Untersuchungen sei es erforderlich, einen Finanzierungsplan auszuarbeiten, der die vom Verursacher der Ausgrabungen aufzubringenden Mittel und die Beteiligung durch das Bayerische Landesamt für Denkmalpflege festlege. Mit Schreiben vom März 1993 an den Kläger hat das Landesamt die Bereitschaft des Klägers begrüßt, sich an den Kosten der Maßnahme zu beteiligen und diese auch personell und materiell zu unterstützen. Es hat noch einmal darauf hingewiesen, daß es „neben der Abstellung des Grabungsleiters und der Ausrüstung nur in beschränktem Umfang Mittel zur Verfügung stellen kann".

Vor Aufstellung des Bebauungsplans wurden die Flächen landwirtschaftlich genutzt. Sie wurden vom Kläger erworben. Im Zeitpunkt des Beginns der Erschließungsarbeiten war der Kläger Alleineigentümer der Flächen.

Zwischen den Beteiligten ist strittig, wer die Grabungen „veranlaßt" hat. Der Kläger meint, das Landesamt habe im eigenen Interesse die Initiative zu den Notgrabungen ergriffen, weil es bereits im Aufstellungsverfahren den Vorschlag unterbreitet habe, möglichst bald mit den Grabungen zu beginnen. Der Beklagte vertritt die Auffassung, der Kläger habe die Grabungen veranlaßt, weil er sich unter dem Baudruck gezwungen gesehen habe, den Bebauungsplan alsbald zu verwirklichen.

Die Grabungen wurden seit 1993 unter der fachlichen Oberaufsicht und unter Mitwirkung des Bayerischen Landesamtes für Denkmalpflege durchgeführt.

Nach der Stellungnahme des Bayerischen Landesamtes für Denkmalpflege haben die Untersuchungen im ersten Abschnitt zahlreiche Grundrisse von jungsteinzeitlichen Pfostenbauten, die in das 5. Jahrtausend v. Chr. gehören und im Verbreitungsgebiet der sog. Linienbandkeramik liegen, ergeben. Im zweiten Abschnitt hätten urnenfelderzeitliche Befunde als Teile eines Bestattungsplatzes sowie dazugehörige Siedlungsreste dominiert. Die „Befundkombination" sei in Schwaben einmalig. Eine umfassende wissenschaftliche Auswertung sei erst nach Abschluß der Untersuchungen und nach Konservierung und Restaurierung der Funde sinnvoll.

Der Kläger hat für die Grabungen 213 251,12 DM und der Beklagte 260 000,– DM (allein für Sachkosten) aufgewendet.

Aus den Gründen:

Der Anspruch läßt sich nicht auf vertragliche Grundlagen stützen. Darüber sind sich die Beteiligten im Berufungsverfahren einig. Entgegen der Auffassung des Klägers besteht auch keine gesetzliche Grundlage, die den geltend gemachten Anspruch rechtfertigen könnte. Weder die Bayerische Verfassung noch das Denkmalschutzgesetz enthalten Regelungen, auf die der Erstattungsanspruch gestützt werden könnte. Auch die Grundsätze der (öffentlich-rechtlichen) Geschäftsführung ohne Auftrag kommen nicht zur Anwendung. ...

Das Verwaltungsgericht hat zutreffend angenommen, daß das Denkmalschutzgesetz keine ausdrückliche Bestimmung darüber enthält, wonach dem Verursacher eines Eingriffs in ein Bodendenkmal die Grabungs- und Dokumentationskosten im Rahmen des Zumutbaren aufzuerlegen sind (vgl. zur Rechtslage in anderen Bundesländern: OVG Rheinland-Pfalz v. 5.2.2003 – 8 A 10777/02 –). Seine Erwägung, daß dem Kläger jedenfalls kein Erstattungsanspruch wegen der von ihm getätigten Kosten der Grabungen zusteht, weil die Notwendigkeit, die Funde zu dokumentieren, allein aus den von ihm zu verantwortenden Baumaßnahmen folgt, ist nicht zu beanstanden. Zu Unrecht meint der Kläger, er habe die Rettungsgrabungen nicht verursacht. Dabei übersieht er, daß die Aufstellung des auf Verwirklichung angelegten

Bebauungsplans und die von ihm zu verantwortenden Baumaßnahmen der alleinige Anlaß für die Grabungen waren. Der Beklagte hat sich zu Recht auf den Standpunkt gestellt, daß ohne Verwirklichung des Bebauungsplans die Funde im Boden hätte belassen werden können. Er hat überzeugend dargelegt, daß die Funde bei ihrem Verbleib an Ort und Stelle für die Nachwelt ohne weitere Kosten hätten erhalten werden können. Es ist auch nachvollziehbar, daß die archäologische Denkmalpflege ein Interesse am größtmöglichen Erhalt der noch unberührten archäologischen Schichten hat, damit auch zukünftigen Generationen die Möglichkeit der wissenschaftlichen Untersuchung der Spuren der Vergangenheit bleibt. Da der Kläger die Rettungsgrabungen mit der Aufstellung des Bebauungsplans letztlich erzwungen hat und den – wenn auch nicht bezifferbaren – Nutzen aus den Erschließungsarbeiten zieht, ist er zumindest mitverantwortlich für die Bewahrung dessen, was durch seine Baumaßnahmen in Mitleidenschaft gezogen wird (so grundsätzlich auch OVG Rheinland-Pfalz v. 5.2.2003, a.a.O., unter Hinweis auf Art. 6 des Europäischen Übereinkommens zum Schutz des archäologischen Erbes, bestätigt durch BVerwG, Beschluß v. 24.4.2003 – 4 B 36.03 –).

Die Tatsache, daß sich im Plangebiet archäologische Funde befinden, mußte den Kläger auch keineswegs überraschen. Denn die Denkmalschutzbehörden hatten bereits im Verfahren zur Aufstellung des Bebauungsplans auf das Vorhandensein der Funde sowie die Notwendigkeit der später durchgeführten Rettungsgrabungen hingewiesen. Der Gemeinderat des Klägers mußte sich daher bei der Entscheidung, ob ein Bebauungsplan für dieses Gebiet aufgestellt werden soll, im klaren drüber sein, daß vor Verwirklichung des Bebauungsplans erst Grabungen durchgeführt werden müssen. Er hat daher in Kenntnis der Funde ein gleichsam „vorbelastetes" Gebiet überplant.

Der Kläger hatte zu keinem Zeitpunkt Anlaß zu der Annahme, die von ihm aufgewendeten Kosten der Grabungen vom Beklagten erstattet zu bekommen. Denn nach Art. 22 Abs. 2 DSchG beteiligen sich die kommunalen Gebietskörperschaften im Rahmen ihrer Leistungsfähigkeit in angemessenem Umfang an den Kosten des Denkmalschutzes und der Denkmalpflege. Danach geht das Denkmalschutzgesetz von einer grundsätzlichen Beteiligung auch der Gemeinden an den Grabungskosten aus, ohne allerdings die Frage zu regeln, wer welche Kosten in welchen Umfang zu tragen hat.

In diesem Zusammenhang kann nicht unberücksichtigt bleiben, daß der Kläger zum Zeitpunkt der Baumaßnahmen zur Herstellung der Erschließungsanlagen und zu Beginn der Grabungsarbeiten (Allein-)Eigentümer aller Grundstücke im Plangebiet war. Sein Eigentum an den Grundstücken unterlag im Interesse des Denkmalschutzes einer gesteigerten Sozialbindung, die sich aus der Situationsgebundenheit, nämlich der archäologisch bedeutsamen und somit besonderen Beschaffenheit der Grundstücke ergibt. Diese Sozialbindung wird u.a. durch die Regelungen des Art. 7 DSchG konkretisiert, wonach Grabungen oder andere Erdarbeiten im Bereich von Flächen, in denen sich Bodendenkmäler befinden, eine Erlaubnis bedürfen und diese Erlaubnis versagt werden kann, wenn und soweit dies zum Schutz eines Bodendenkmals erforderlich ist. Auch dieser Gesichtspunkt der Sozialbindung des Eigentums aus Gründen des Denkmalschutzes rechtfertigt es, daß einem Eigentümer jedenfalls dann kein Erstattungsanspruch wegen der von ihm bereits getätigten Grabungskosten gegen den Staat zusteht, wenn er – wie hier – die Arbeiten im eigenem (wirtschaftlichen Verwertungs-)Interesse hat durchführen lassen, um das Grundstück „baureif" zu machen. Denn er hat es in der Hand, diese Kosten bei der Bemessung des Verkaufspreises für das baureife Grundstück zu berücksichtigen. So hätte der Kläger die von ihm getätigten Grabungskosten auf die Käufer der Grundstücke „umlegen" können.

Nr. 215

Planfeststellungsbeschlüsse über die Zulassung von (Naß-)Abgrabungen können Nebenbestimmungen zur Sicherung von im Abgrabungsfeld nachgewiesenen oder wahrscheinlich vorhandenen Bodendenkmälern enthalten, auch wenn die Bodendenkmäler nicht in die Denkmalliste eingetragen sind. Die Kosten und die Organisation der wissenschaftlichen Untersuchung und Dokumentation von nicht eingetragenen Bodendenkmälern darf aber nicht einseitig dem Unternehmer aufgegeben werden. Das stets vorhandene öffentliche Interesse an derartigen Maßnahmen verlangt eine namhafte Beteiligung der öffentlichen Hand, auch wenn die zuständigen Behörden ohne die drohende Abgrabung keine eigenen Schritte zur Erfassung des Bodendenkmals unternommen hätten.

DSchG NRW §§ 13, 19; WHG § 31 Abs. 2; LWG § 100 Abs. 2.

Verwaltungsgericht Düsseldorf, Urteil vom 30. Oktober 2003 – 4 K 61/01 – (rechtskräftig).

Im Rahmen einer Umweltverträglichkeitsprüfung zu einem wasserrechtlichen Planfeststellungsverfahren (Naßauskiesung) machte das Rheinische Amt für Bodendenkmalpflege geltend, im Bereich der geplanten Abgrabung habe sich eine bedeutende Bodendenkmalsubstanz erhalten. Die daraufhin von einer Fachfirma vorgenommene archäologische Bestandserhebung durch Prospektion des Geländes ergab mehrere römische Siedlungsstellen und einen vermuteten eisenzeitlichen Siedlungsplatz. Der Planfeststellungsbeschluß erhielt deshalb unter C.15.2 zu Nr. 1 bis 3 (Belange der Bodendenkmalpflege) folgende Nebenbestimmung:

1. Zur Sicherung der Quellen für die Forschung durch archäologische Ausgrabung vor Beginn der Erarbeiten ist eine Grabungserlaubnis gemäß § 13 DSchG bei der Oberen Denkmalbehörde einzuholen.

2. Die wissenschaftliche Untersuchung und Dokumentation der im Rahmen der archäologischen Prospektion lokalisierten Bodendenkmäler nach Maßgabe einer Grabungserlaubnis gemäß § 13 DSchG im erforderlichen Umfang ist vor Beginn der Erdarbeiten zu gewährleisten.

3. Dem Rheinischen Amt für Bodendenkmalpflege ist jederzeit die Möglichkeit einzuräumen, die Einhaltung dieser Auflagen zu prüfen und die Grundstücke zu betreten."

Die in der Sache gegen diese Nebenbestimmungen gerichtete Klage führte zu einer Teilaufhebung des Planfeststellungsbeschlusses und zur Verpflichtung der Behörde zur Neubescheidung.

Aus den Gründen:

2.1 Die rechtliche Einordnung als Inhaltsbestimmung oder Bedingung und die Wirkungsweise der unter C.15.2 zu Nr. 1 bis 3 aufgeführten Regelungen hängen davon ab, wie sie aus der Sicht der Klägerin unter Berücksichtigung des rechtlichen Rahmens und der Verfahrensvorgeschichte zu verstehen waren. Als Anordnung zu einem positiven Tun, nämlich eine Grabungserlaubnis nach dem Denkmalschutzgesetz NW einzuholen und eine wissenschaftliche Untersuchung und Dokumentation von Bodendenkmälern zu Gewähr leisten, waren die Bestimmungen trotz des in diese Richtung deutenden Wortlautes nicht auszulegen. Das widerspräche der denkmalrechtlichen Gesetzeslage. Ob jemand nach Bodendenkmälern graben will (§ 13 DSchG) und ob er einen Genehmigungsantrag stellt, steht in seinem Belieben. Das Denkmalschutzgesetz enthält Anzeige-, Erhaltungs- und Ablieferungspflichten (§§ 15 bis 18 DSchGNW), aber keine unmittelbare oder mittelbare Pflicht, das Vorhandensein mittelbare oder mittelbare Pflicht, das Vorhandensein von Bodendenkmälern aufzuspüren und den Fund wissenschaftlich aufzubereiten.

2.2 Mit den unter C.15.2 des Planfeststellungsbeschlusses niedergelegten Regelungen hat der Beklagte für die durch Flurstücksnummern und archäologische Kennzeichnungen hinreichend bestimmten Abgrabungsabschnitte einen zeitlichen und sachlichen Vorrang der Grabung nach Bodendenkmälern mit wissenschaftlicher Auswertung und Dokumentation vor der gewerblichen Abgrabung zur Kiesgewinnung angeordnet. Mit letzterer darf erst begonnen werden, wenn die wissenschaftliche Erforschung der Fundstellen durch Maßnahmen der Klägerin nach den Vorschriften einer einzuholenden Grabungserlaubnis (vgl. § 13 Abs. 3 DSchG) gesichert ist. Die freiwillige Entschließung der Klägerin, die bodendenkmalbezogenen Maßnahmen durchzuführen, wird dadurch nicht berührt. Aber nur wenn sie sie durchführt und erst nach deren zur wissenschaftlichen Erforschung und Dokumentation ausreichendem Abschluß darf sie in den fraglichen Abgrabungsabschnitten mit der Kiesgewinnung beginnen.

2.3 In dieser Auslegung deckt sich die Regelung des Beklagten mit der abstrakten Definition der Bedingung in § 36 Abs. 2 Nr. 2 VwVfG. Der Eintritt einer Vergünstigung, nämlich die durch die Planfeststellung zugelassene Abgrabung zur Kiesgewinnung unter Freilegung einer oberirdischen Wasserfläche, tritt erst ein, wenn die Klägerin Maßnahmen zum Bodendenkmalschutz eingeleitet und durchgeführt hat. Ob es zu diesen Ereignissen kommt, war bei Erlaß des Planfeststellungsbeschlusses ungewiß. Daß die zukünftigen ungewissen Ereignisse, nämlich die archäologischen Explorationen, vom Willen der Klägerin abhängen, ist unerheblich. Derartige „unechte" Bedingungen (Potestativbedingungen) sind Bedingungen im Rechtssinne.

2.4 Ob und welche Nebenbestimmungen zu einem Verwaltungsakt generell isoliert anfechtbar sind, braucht nicht entschieden zu werden. Selbst wenn man prozessual von einem weiten Anwendungsbereich der Anfechtungsklage ausgeht (BVerwG, Urteil v. 22.11.2000 – 11 C 2.00 –, NVwZ 2001, 429), kommt eine gesonderte Anfechtung und Aufhebung nicht in Betracht, wenn das nach dem Inhalt und der inneren Verbundenheit der Nebenbestimmung mit dem Hauptverwaltungsakt nicht möglich ist und die isolierte Aufhebung offenkundig von vornherein ausscheidet. Bei Bedingungen ist regelmäßig von einem Abhängigkeitsverhältnis auszugehen, das die isolierte Aufhebung der Nebenbestimmung ausschließt (OVG Berlin, Beschluß v. 7.5.2001 – 2 SN 6/01 –, NVwZ 2001, 1059). Die Nebenbestimmung des Beklagten läßt keine andere Betrachtungsweise zu. Das liegt an der „existentiellen" Bedeutung des Aufschubs der Kiesabgrabung für die Denkmalpflege. Jede isolierte Aufhebung der Nebenbestimmung führt über die vorläufige Vollziehbarkeit bzw. Unanfechtbarkeit der Planfeststellung zur Abgrabung der von dem Beklagten für bodendenkmalverdächtig gehaltenen Flächen und damit zum Wegfall jeder Möglichkeit, Bodendenkmäler zu entdecken und wissenschaftlich zu untersuchen. Das entspricht nicht der gewollten Gesamtregelung, wie allein die Klägerin sie nach den vorangegangenen Auseinandersetzungen mit der Beklagten um den (vorbereitenden) Bodendenkmalschutz (Prospektion), den Einwendungen des Landschaftsverbandes als Rheinischem Amt für Bodendenkmalpflege und als Ergebnis des Erörterungstermins vom 27.6.2000 verstehen konnte. Die Regelung über eine Abhängigkeit des Beginns der Erdarbeiten zur Kiesgewinnung von vorherigen Grabungen zum Zweck des Erkennens und ggf. Sicherns und wissenschaftlichen Untersuchens von Bodendenkmälern bildet eine unauflösbare Einheit. (Wird ausgeführt.)

2. Die Klägerin hat im für die gerichtliche Entscheidung maßgebenden Zeitpunkt der mündlichen Verhandlung keinen strikten Anspruch auf eine denkmalrechtlich uneingeschränkte Planfeststellung zur Abgrabung und Naßauskiesung. Unter den gegebenen tatsächlichen Verhältnissen müssen denkmalrechtliche Belange in die Abwägung eingestellt werden. Das kann zu einer inhaltlichen Modifikation des Abgrabungsvorhabens führen. Die notwendige Berücksichtigung des öffentlichen Belangs der Bodendenkmalpflege eröffnet dem Beklagten einen planerischen Gestaltungsspielraum.

2.1 Der Planfeststellungsbeschluß vom 4.12.2000 beruht auf §§ 31 Abs. 2 WHG, 100 Abs. 2 LWGNW, 74 Abs. 2 Satz 2 VwVfGNW. In die durch diese Vorschriften eröffnete Abwägung hat der Beklagte zu Recht Belange des Bodendenkmalschutzes eingestellt. Die Erhaltung und Erforschung von Bodendenkmälern liegt im öffentlichen Interesse. Der Bodendenkmalschutz ist in einer Vielzahl von verfassungsrechtlichen und gesetzlichen Bestimmungen verankert (vgl. Anh. IV Art. 3 zu der UVP-Richtlinie der Europ. Kommission v. 27.6.1985, 85/337/EWG, geändert durch die Richtlinie 97/11/EG; Art. 18 Abs. 2 LVerfNW, das Denkmalschutzgesetz des Landes Nordrhein-Westfalen, das Landschaftsgesetz (§ 2 Nr. 13 LG), das Abgrabungsgesetz (§ 3 Abs. 2 Nr. 2 AbgrG), das Gesetz über die Umweltverträglichkeitsprüfung (§ 2 Abs. 1 Nr. 2, 3 UVPG), das Bundesbodenschutzgesetz (§ 2 Abs. 2 Nr. 2 BBodSchG), und das Baugesetzbuch (§§ 1 Abs. 5 Nr. 5, 35 Abs. 3 Nr. 5 BauGB)). Die Bewahrung von Zeugnissen der menschlichen Siedlungsgeschichte dient der Vervollkommnung des Wissens über die Entwicklung der Wohn-, Arbeits- und Wirtschaftsverhältnisse. Die Vertiefung derartiger historischer Kenntnisse ist ein Wert an sich. Sie dient in hervorragender Weise dem Gemeinwohl.

2.2 Das der Wahrung des gemeinen Wohls dienende Interesse am Schutz von Bodendenkmälern beschränkt sich nicht auf die bekannten, bewerteten und als bedeutend eingestuften Objekte und erst recht nicht auf Denkmäler, die bereits in die Denkmallisten eingetragen sind. Das würde den Besonderheiten gerade des Bodendenkmalschutzes nicht ausreichend Rechnung tragen. Bodendenkmäler sind i. d. R. nicht nur den Blicken entzogen, sondern zusätzlich besonders eng mit den sie umgebenden Stoffen verbunden. Das Auffinden bereitet Schwierigkeiten, wenn es nicht gar zu einem großen Teil dem Zufall zugeschrieben werden muß. Die Sicherung, wissenschaftliche Untersuchung und die Erhaltung verlangen besondere Sorgfalt. Die Gefahr, daß Bodendenkmäler aus Unwissenheit unerkannt bleiben oder zerstört werden, ist groß. Deswegen erstreckt sich der öffentliche Belang des Bodendenkmalschutzes grundsätzlich auch auf Grundstücke, in denen Bodendenkmäler noch nicht festgestellt, aber vermutet werden. Der gesetzliche Bodendenkmalschutz bestätigt diesen Sachverhalt. Bestimmte Schutzvorschriften für Bodendenkmäler (§§ 13 bis 19 DSchG) gelten unabhängig von der Eintragung in die Denkmalliste.

2.3 Das weit zu verstehende öffentliche Interesse an der Erhaltung und Pflege von (nachgewiesenen und hinreichend sicher vermuteten) Bodendenkmälern ist bei der Planfeststellung zu einer Abgrabung zu berücksichtigen. Das ergibt sich unmittelbar aus §§ 100 Abs. 2 LWG, 74 Abs. 2 Satz 2 VwVfG. Die Beachtenspflicht gilt unabhängig von der Frage, in welcher Form und wie weit dieser Schutz sich in dem Abwägungsergebnis nieder schlägt. Auf der Ebene der Zusammenstellung des Abwägungsmaterials findet keine Beschränkung auf nach einfachem Denkmalrecht eingetragene oder eintragungswürdige Bodendenkmäler statt (vgl. OVG NW, Beschluß v. 15. 1. 2002 – 20 B 262/02 –). Das Denkmalschutzgesetz enthält typische Regelungen für typische Gefährdungssituationen, sperrt aber den Rückgriff auf weitergehende Gefahrenabwehrmaßnahmen nicht. Die Aufgaben nach dem Denkmalschutzgesetz gelten als solche der Gefahrenabwehr (§ 20 Abs. 3 DSchG). Das Denkmalschutzgesetz weist jedoch, anders als zum Beispiel die Bauordnung (§ 61 BauO NRW), keine Ermächtigungsgrundlage zur Abwehr von konkreten Gefahren auf. Insoweit gilt ergänzend das allgemeine Ordnungsrecht (vgl. Memmesheimer/Upmeier/Schönstein, Denkmalrecht in Nordrhein-Westfalen, 2. Aufl., § 20 Rdnr. 14 a. E.). Der (Boden-)Denkmalschutz gehört zu den kollektiven Rechtsgütern, die Bestandteil der öffentlichen Sicherheit sind. Zum Schutz derartiger Gesamtrechtsgüter können Maßnahmen unabhängig davon ergriffen werden, ob eine Zuwiderhandlung gegen bestimmte gesetzliche Verbote vorliegt (Götz, Allgemeines Polizei- und Ordnungsrecht, 13. Aufl., § 6 Rdnr. 115). Ein Einschreiten ist nicht erst zulässig, wenn ein Schaden für ein vorhandenes Denkmal i. S. von § 2 Abs. 1, Abs. 5 DSchG NW unmittelbar bevorsteht. Vielmehr genügt die hinreichende Wahrscheinlichkeit eines Schadens. Sie kann vorliegen, wenn nicht feststeht, ob überhaupt ein schutzwürdiges Denkmal vorhanden und von welchem Wert es ist. Innerhalb eines Planfeststellungsverfahrens gelten diese Grundsätze erst recht.

3. Der Beklagte hat fehlerfrei von der Möglichkeit Gebrauch gemacht, Belange des Bodendenkmalschutzes in die Abwägung einzustellen. Die hin-

reichenden Wahrscheinlichkeit, daß Belange der Bodendenkmalpflege beeinträchtigt werden, liegt tatsächlich vor. (Wird ausgeführt.)

4. Der Beklagte hat im Rahmen der vergleichende Bewertung der Belange der Bodendenkmalpflege mit den Interessen des Abgrabungsunternehmers unter C.15.2 des Planfeststellungsbeschlusses Bestimmungen getroffen, die dazu dienen sollen, eine Beeinträchtigung des öffentlichen Schutzgutes zu verhindern. Das ist dem Grunde nach sachgerecht.

Der Beklagte ist unabhängig von den Wertungen und Instrumentarien des Denkmalschutzgesetzes des Landes Nordrhein-Westfalen nicht verpflichtet, im Rahmen des Planungsermessens das Interesse an der Erforschung von Bodendenkmälern dem Interesse der Klägerin an der ungehinderten Ausbeutung von Bodenschätzen hintanzustellen und der Klägerin die Abgrabung ohne jeden Eigenbeitrag zum Bodendenkmalschutz zu ermöglichen. Die Erwägungen des Beklagten sind prinzipiell sachgerecht, weil die Klägerin durch ihr Vorhaben zurechenbar eine besondere Gefahrenlage schafft. Die Notwendigkeit, wissenschaftliche Untersuchungen an einem Bodendenkmal durchzuführen, wird den zuständigen Stellen (und damit der Allgemeinheit) aufgedrängt. Das Vorhaben der Klägerin veranlaßt eine Art „Rettungsgrabung". Derartige archäologische Maßnahmen liegen nicht uneingeschränkt im öffentlichen Interesse. Die archäologische Denkmalpflege zielt heute nicht mehr notwendig auf immer neue Abgrabungen, sondern auf den größtmöglichen Erhalt der noch unberührten archäologischen Schichten, damit auch zukünftigen Generationen noch eine Chance auf wissenschaftliche Untersuchung materieller Spuren der Vergangenheit mit dann möglicherweise besseren wissenschaftlichen Methoden und Hilfsmitteln bleibt (vgl. OVG Rheinland-Pfalz, Urteil v. 5.2.2003 – 8 A 10775/02 –, DVBl. 2003, 811 = BauR 2003, 1373). Für solche Maßnahmen der Bodendenkmalpflege kann mit guten Gründen bei der Abwägung im Rahmen der Planfeststellung eine Lastenbeteiligung des Abgrabungsunternehmers verlangt werden. Dem entspricht die Rechtsentwicklung. Das revidierte Europäische Abkommen zum Schutz des archäologischen Erbes, das durch die Bundesrepublik Deutschland am 22.1.2003 ratifiziert worden ist (Inkrafttreten am 23.7.2003), sieht in Art. 6 vor, daß die Gesamtkosten notwendiger archäologischer Arbeiten in Zusammenhang mit groß angelegten öffentlichen oder privaten Erschließungsvorhaben aus Mitteln der öffentlichen Hand bzw. der Privatwirtschaft gedeckt werden. Das entspricht dem Grundsatz, daß derjenige, der aus einer privaten Maßnahme Nutzen zieht, auch für die Bewahrung dessen verantwortlich ist, was durch seine Tätigkeit in Mitleidenschaft gezogen wird (OVG Rheinland-Pfalz, a.a.O.). Diesem Gesichtspunkt bei der Abwägung Gewicht einzuräumen und daran durch Nebenbestimmungen entsprechende Verpflichtungen des Abgrabungsunternehmers zu knüpfen, ist vertretbar. Eine solche Entscheidung bewegt sich dem Grunde nach innerhalb des gerichtlich nicht überprüfbaren Gestaltungsspielraums der Planfeststellungsbehörde. Daran scheitert ein strikter Anspruch der Klägerin auf eine Planfeststellung ohne Nebenbestimmung zugunsten des Bodendenkmalschutzes.

Die von dem Beklagten zu C.15.2 erlassene Nebenbestimmung ist in ihrer Ausgestaltung unverhältnismäßig.

5. Wird die Bodendenkmalpflege in einem weiten Sinn als öffentlicher Belang betrachtet und deshalb in die planfeststellende Abwägung nach §§ 31 Abs. 2 WHG, 100 Abs. 2 LWG, 74 Abs. 2 Satz 2 VwVfG eingestellt, müssen bei der Abwägung die privaten Interessen des Vorhabenträgers angemessen und verhältnismäßig berücksichtigt werden. Das Korrektiv eines großzügigen Verständnisses des öffentlichen Interesses an der Bodendenkmalpflege ist die besondere Beachtung der Eigentümer- und Nutzungsinteressen bei der Gegenüberstellung und Bewertung der konkurrierenden Belange. Dabei muß sich die Bemessung des Gewichtes der öffentlichen Interessen ungeachtet des der Feststellungsbehörde eröffneten Spielraums an den fachgesetzlichen Vorgaben orientieren.

5.1 Die weitgehende Belastung der Klägerin ist nicht etwa deshalb verhältnismäßig, weil sie gegenüber einem vertretbaren völligen Verbot der Abgrabung der betroffenen Bereiche das mildere Mittel darstellen würde. Ein Abgrabungsverbot wäre nur dann zu erwägen, wenn die vorhandenen und vermuteten Bodendenkmäler von hohem Wert wären, so daß sie auf Dauer erhalten bleiben sollen. Das ist nach den Ergebnissen der Sachverhaltsermittlung im Planfeststellungsverfahren nicht der Fall. Nach den überzeugenden Darlegungen des von der Klägerin mit Prospektionen und Sondagen beauftragten Archäologen ist dem Interesse der Nachwelt Genüge getan, wenn die Bodenfunde im Zuge der Abgrabung wissenschaftlich untersucht und dokumentiert werden. Das Rheinische Amt für Bodendenkmalpflege zieht das nicht Zweifel.

5.2 Der nahezu uneingeschränkte Vorrang der Bodendenkmalpflege vor den Interessen des Grundstückseigentümers bzw. des Abgrabungsunternehmers widerspricht den Wertungen des Denkmalschutzgesetzes des Landes Nordrhein-Westfalen.

5.2.1 Unmittelbar i.V.m. § 100 Abs. 2 LWGNW konnte der Beklagte das Instrumentarium dieses Gesetzes nicht anwenden. Regelungen in Anlehnung an §§ 12, 9 DSchG kamen nicht in Betracht, weil in die Denkmalliste eingetragene Bodendenkmäler nicht vorhanden sind (§ 3 Abs. 1 Satz 2 DSchG) und § 12 DSchG für nicht eingetragene Bodendenkmäler nicht gilt (§ 3 Abs. 1 Satz 4 DSchG). § 13 DSchG schied aus, weil es an einem Grabungswillen der Klägerin fehlt. Abgrabungen mit wirtschaftlicher Zielsetzung, etwa der Kiesgewinnung, sind keine Grabungen i. S. von § 13 DSchG (Memmesheimer u. a., a. a. O., 2. Aufl., § 13 Rdnr. 5). Das gilt auch dann, wenn bekannt ist, daß in dem Abgrabungsbereich Bodendenkmäler liegen. Der eindeutige Wortlaut des § 13 DSchG setzt einen auf die Freilegung oder Bergung von Bodendenkmälern gerichteten Willen („nach Bodendenkmälern graben ... will") voraus. Grabungen mit anderem Ziel fallen nicht unter § 13 DSchG. Es reicht nicht aus, daß der Abgrabende das Vorhandensein von Bodendenkmälern kennt und billigend in Kauf nimmt oder sich damit abfindet, daß sie zu Tage gefördert werden („dolus eventualis"). Wer nach Bodendenkmälern graben will, muß nach dem eindeutigen Wortlaut des Gesetzes einen auf den spezifischen Zweck ausgerichteten Willen entwickeln.

§ 14 DSchG schließlich ist nicht anwendbar, weil es der Planfeststellungsbehörde im Planfeststellungsverfahren an der Kompetenz fehlt, eine Regelung durch ordnungsbehördliche Verordnung zu treffen.

5.2.2 Der Zusammenhang der Regelungen des Denkmalschutzgesetzes unter Einschluß von § 19 DSchG NW deutet darauf hin, daß der Unternehmer einer wirtschaftlichen Abgrabung nicht zu auf Dauer denkmalsichernden Maßnahmen gezwungen werden kann und ihm nicht die Kosten von denkmalsichernden Maßnahmen übergebürdet werden können, solange und soweit es nicht um eine eingetragene Bodendenkmalsubstanz geht. Nur bei eingetragenen oder vorläufig geschützten Bodendenkmälern kann das Bergen und Sichern auf Kosten des Unternehmers stattfinden (Memmesheimer, a. a. O., § 19 Rdnr. 11). Die Auffassung, der Schutz von Bodendenkmälern verlange nicht, daß diese eingetragen sind, führt an dieser Stelle nicht weiter. Denn die Ermächtigung, Erhaltungs- und Untersuchungsmaßnahmen von dem Eigentümer des Bodendenkmals zu verlangen, wird auf § 9 DSchGNW gestützt. Die Verpflichtung des Eigentümers wird als Nebenbestimmung zu einer Genehmigung nach dieser Vorschrift festgesetzt (Memmesheimer u. a., a. a. O., § 19 Rdnr. 11). § 9 DSchG ist auf nicht eingetragene Bodendenkmäler jedoch nicht anwendbar (arg. aus § 3 Abs. 1 Satz 4 DSchG). Die Beschränkung einer Kostenpflicht des Unternehmers auf den Fall eines Eingriffs in ein eingetragenes Bodendenkmal entspricht wohl auch der Einschätzung der Landesregierung (vgl. LT-Drucks. 10/370, v. 12. 11. 1985, S. 5, 6). Für den Unternehmer gelten Anzeigepflichten (§ 15 DSchG), die Pflicht zur Erhaltung für eine vergleichsweise kurze Zeitspanne (§ 16 DSchG), Duldungspflichten, Ablieferungspflichten und Mitteilungspflichten (§ 19 Abs. 2 DSchG). Insbesondere aus § 14 DSchG läßt sich darüber hinaus ableiten, daß ein „Einfrieren" der Situation (abgesichert nicht durch ein Eingriffsverbot, sondern durch Erlaubnisvorbehalte, vgl. § 14 Abs. 2 DSchG) nur zeitlich befristet zulässig ist.

5.3 Andere Regelungszusammenhänge rechtfertigen ebenfalls nicht den von dem Beklagten bestimmten weitgehenden Vorrang der Belange der Denkmalpflege.

5.3.1 Aus dem Gesichtspunkt der ordnungsrechtlichen Verursachung bzw. der über das Instrumentarium des Denkmalschutzgesetzes hinaus möglichen Gefahrenabwehr ergibt sich nichts für einen absoluten Vorrang der Denkmalpflege. Die tatbestandliche Einordnung der Abgrabung als Verursachung einer Gefahr für das Rechtsgut „Denkmalschutz" hat nicht notwendig zur Folge, daß der Unternehmer auf seine Kosten zur Gefahrenabwehr oder zur Begrenzung des Schadens herangezogen werden darf. Ordnungsrechtliche Eingriffe müssen erforderlich, also angemessen und verhältnismäßig sein. Die dabei anzustellenden Überlegungen müssen in die planerische Abwägung einfließen. Sie können zu dem Ergebnis führen, daß eine Belastung des Unternehmers trotz der von ihm verursachten Gefahrenlage unzumutbar ist.

5.3.2 Ebensowenig können im Rahmen der Abwägung die Belange des Unternehmers mit der Begründung hintangestellt werden, die Denkmalschutzauflagen seien keine Enteignung, weil die betroffenen Grundstücke noch in anderer Weise, etwa landwirtschaftlich, genutzt werden könnten. Selbst wenn die mit dem Planfeststellungsbeschluß verbundene Beschränkung als Inhalts- und Schrankenbestimmung aufgefaßt werden kann, ist sie nur rechtmäßig, wenn sie das Grundeigentum nicht unverhältnismäßig beschränkt. Gerade auf diese Abwägung kommt es an. Sie ist Teil der Planfeststellung.

6. Der von dem Beklagten der Klägerin auferlegte Zwang, über das Stillhalten und Dulden hinaus die nicht eingetragenen Bodendenkmäler auf eigene Kosten umfassend wissenschaftlich zu untersuchen und zu dokumentieren oder auf die Abgrabung der bezeichneten Bereiche zu verzichten, enthält keinen angemessenen Ausgleich der widerstreitenden Belange. Der Beklagte schätzt den Wert der Denkmalpflege an sich und im Verhältnis zu den Interessen des Unternehmers unproportional hoch ein.

6.1 Wird der in die Betätigung des Planungsermessens eingestellte Belang (hier: der Bodendenkmalpflege) bereichsspezifisch gesetzlich geregelt, spricht eine Vermutung dafür, daß mit dieser Regelung die öffentlichen und privaten Interessen gerecht gegeneinander abgesteckt werden. Das gilt über den Bereich zwingender gesetzlicher Regelungen, die die Behörde ohnehin beachten muß (vgl. § 100 Abs. 2 LWGNW), hinaus auch für den gesetzlich nicht strikt gebundenen Vergleich mit privaten Interessen. Die weitgehende Regelung des Beklagten entfernt sich unangemessen von den Wertungsvorgaben des Denkmalschutzgesetzes.

6.3 Aus den Vorgaben des Denkmalschutzgesetzes und dem objektiven Gewicht des Eigentümer-/Unternehmerinteresses im Verhältnis zum allgemeinen Nutzen der Bodendenkmalpflege ergibt sich, daß die Abwägung des Beklagten in dreierlei Hinsicht den Rahmen des sachgerechten Planungsermessens überschreitet:

6.3.1 Das Abhängig-Machen des Beginns der Abgrabung auf bestimmten Flurstücken von wissenschaftlichen Untersuchungen und Dokumentationen zur Denkmalpflege in der Organisationsregie der Klägerin ist fehlerhaft. Die Zumutung, Bodendenkmalpflege in eigener Regie und Verantwortung zu betreiben, wird der Aufgabenverteilung im Denkmalschutzwesen nicht gerecht. Darin wird, mit gutem Grund, der Denkmalschutz in die Hände staatlicher Fachbehörden gelegt, die für eine geordnete und wissenschaftlich fundierte Denkmalpflege zu sorgen haben. Es ist Sache der mit Fachpersonal ausgestatteten kommunalen Behörden, ihre Aufgaben auf dem Gebiet der Erfassung und wissenschaftlichen Bearbeitung von Bodendenkmälern in eigener Verantwortung und Zuständigkeit zu betreiben. Eine Delegation auf Private ist nicht vorgesehen. Mit der Rechtslage, wie sie im Bereich der Ordnungsverwaltung sonst besteht, in dem regelmäßig der Verursacher einer Gefahr oder Störung zu Abwehrmaßnahmen verpflichtet wird, sind wissenschaftliche Ausgrabungen, Untersuchungen an und die Dokumentation von Bodendenkmälern nicht vergleichbar. Das Gesetz legt die Bodendenkmalpflege im öffentlichen Interesse gerade in die Hände kommunaler Behörden. Ihnen werden außerhalb des Regelungsbereichs von § 13 DSchG mehr als bloße Aufsichtsbefugnisse überantwortet.

6.3.2 Die Nebenbestimmung in dem Planfeststellungsbeschluß wirkt sich faktisch als Zwang aus, die Kosten für die wissenschaftliche Erforschung und Dokumentation der Bodendenkmäler in vollem Umfang aus den Einkünften aus der Abgrabung zu bestreiten oder auf die spezifische Nutzung des Grundeigentums aus Gründen des Denkmalschutzes zu verzichten. Das ist in der von dem Beklagten festgestellten Weise unverhältnismäßig. Nach den Wertungen des Denkmalschutzgesetzes Nordrhein-Westfalen liegt die Denkmalpflege, solange keine Eintragung in die Denkmalliste vorliegt, weitgehend in öffentlicher Hand und damit im öffentlichen Interesse. Das gilt auch dann, wenn eine privatnützige Tätigkeit den Bestand des (Boden-) Denkmals gefährdet. Das läßt sich aus § 19 Abs. 2 DSchG folgern. Bei Abgrabungen in Gebieten, die nach den Zielen der Raumordnung und Landesplanung dafür vorgesehen sind, muß lediglich vor Beginn der Maßnahme dem Rheinischen Amt für Denkmalpflege Gelegenheit zur fachwissenschaftlichen Untersuchung und eventuellen Bergung von Bodendenkmälern gegeben werden (§ 19 Abs. 2 DSchG). Ansonsten ist den Grundstückseigentümer oder Unternehmer mehr als die Anzeige (§ 15 DSchGNW) und die Erhaltung in unverändertem Zustand (§ 16 DSchGNW) nicht zuzumuten. Über die gesetzgeberische Wertung, mit der Aufgabe der wissenschaftlichen Untersuchung von Bodendenkmälern die öffentliche Hand zu betrauen und ihr die Kosten dieser Aufgabe anzulasten, darf sich der Planfeststellungsbeschluß zwar bei Rettungsgrabungen hinweg setzen und dem von der privatnützigen Abgrabung gesetzten Anlaß zu vorzeitigen archäologischen Untersuchungen Rechnung tragen. Das erlaubt jedoch nur ein Kostenbeteiligung der Klägerin, keine vollständige Überbürdung. Die vollständige Abwälzung der Kostenlast auf den Abgrabungsunternehmer verschiebt die Lasten einseitig und mutet der privaten Seite Aufwendungen für eine Sache zu, die nach der Gesetzeslage und auch allgemein im öffentlichen Interesse liegt. Das öffentliche Interesse erschöpft sich nicht in einem rein konservierenden Schutz, mag dieser auch – mangels Finanzmittel oder aus Gründen des Aufschubs von Ausgrabungen für spätere Generationen mit verbesserten archäologischen Methoden – allein in der Absicht der zuständigen Denkmalbehörden liegen. Im Konflikt von Abgrabung und Bodendenkmalschutz stehen sich nicht allein das Interesse an der Kiesgewinnung und das öffentliche Interesse daran gegenüber, die Bodendenkmäler unberührt zu lassen. Mit letzterem ist kein Erkenntnisgewinn verbunden. Dieser ergibt sich erst bei der Ausgrabung, der wissenschaftlichen Untersuchung und der Dokumentation der Bodenfunde. Das ist von Wert für die Allgemeinheit, auch wenn die öffentliche Hand die Bodenfunde ohne Abgrabung (noch) nicht erschlossen hätte. Dieser Öffentlichkeitsanteil muß bei der planfeststellenden Abwägung, wer die Lasten eines durch die Kiesgewinnung gefährdeten Bodendenkmals tragen soll, berücksichtigt werden.

6.3.3 Schließlich erhält der Denkmalschutz dadurch ein unverhältnismäßiges Übergewicht, daß die Verknüpfung der wissenschaftlichen Exploration mit dem Beginn der Abgrabung zeitlich nicht begrenzt ist. Diese Regelung führt im Ergebnis zu einem Abgrabungsverbot, wenn niemand die Initiative ergreift und die wissenschaftlichen Untersuchungen in Angriff nimmt. Das ist nicht interessengerecht, weil der Wert der Bodendenkmäler deren Erhaltung auf Dauer nicht rechtfertigt. Bei Bodendenkmälern, die zwar bedeutend für die Wissenschaft, aber nicht von hervorgehobenem Wert sind, muß es ausreichen, den Denkmalbehörden eine gewisse Zeit für die ihnen obliegenden wissenschaftlichen Ausgrabungen, Untersuchungen und Dokumentationen einzuräumen und den Unternehmer zum Teil an den Kosten zu beteiligen. Auch in diesem Zusammenhang läßt sich das Gewicht der beteiligten Belange in Anlehnung an das gesetzlich normierte Denkmalrecht bemessen. Die Vorschriften über Grabungsschutzgebiete (§ 14 DSchG), das Verhalten bei der Entdeckung von Bodendenkmälern (§ 15 DSchG) zeigen an, daß der Eigentümer eines Bodendenkmals nur mit befristeten Maßnahmen überzogen werden darf, innerhalb deren die Denkmalbehörden ihren wissenschaftlichen Arbeiten nachgehen können.

7. Die in der Nebenbestimmung C.15.2 sich niederschlagenden Abwägungsfehler haben zur Folge, daß der Planfeststellungsbeschluß in diesem Punkt (teil-)rechtswidrig ist. Der Beklagte muß die Entscheidung über den Planfeststellungsantrag der Klägerin in diesem Punkt abändern und erneut entscheiden. Dabei hat er, sofern er im Rahmen der Abwägung zum Zwecke der Verhütung von Beeinträchtigungen des Bodendenkmalschutzes Nebenbestimmungen erlassen will, die Rechtsauffassung des Gerichtes wie folgt zu berücksichtigen:

7.1 Der Beklagte wird keine Regelung zugunsten des Denkmalschutzes treffen können, die der Klägerin die Organisation und die Gesamtfinanzierung von wissenschaftlichen Untersuchungen und der Dokumentation von Bodendenkmälern aufgibt. Es ist Sache des Beklagten festzulegen, in welcher Höhe und Form er eine Aufwandsbeteiligung der Klägerin bestimmt. Er hat dabei zu berücksichtigen, daß ein namhafter Anteil durch die öffentliche Hand getragen werden muß, in deren Interesse der Denkmalschutz allgemein und nach den Wertentscheidungen des Denkmalschutzgesetzes im Schwerpunkt liegt. Außerdem hat der Beklagte zu berücksichtigen, daß die Klägerin durch eigenfinanzierte und organisierte Prospektionen und Sondagen bereits Vorarbeiten geleistet hat, auf die die zuständigen Behörden bei der wissenschaftlichen Untersuchung zurückgreifen können. Die dafür entstandenen Kosten können nicht ausschließlich der Beibringungslast im UVP-Verfahren zugeschlagen werden. Sie müssen in angemessenen Umfang in die Bestimmung des Öffentlichkeitsanteils an der Gesamtfinanzierung der Maßnahme zum Bodendenkmalschutz einfließen.

7.2 Vorschriften, mit denen der Klägerin verboten wird, mit der Abgrabung zu beginnen, ehe die Denkmalbehörde oder das Rheinische Amt für Bodendenkmalpflege ihrerseits die notwendigen wissenschaftlichen Untersuchungen vorgenommen haben, sind im Grundsatz zulässig. Derartige Regelungen müssen aber zeitlich befristet werden. Dabei kann in Betracht kommen, die Fristen für die einzelnen Fundplätze unterschiedlich beginnen zu lassen und diejenige für die Fundplätze III und IV länger als die für die übrigen Fundplätze zu bemessen. Wie lange der Beklagte in einem Planfeststellungsbeschluß insgesamt die Stillhaltezeit ansetzt, ist in sein Ermessen gestellt. Es kann angemessen sein, die Frist in Anlehnung an § 14 DSchG auf drei Jahre festzusetzen. Dabei ist zu beachten, daß die mit dem Prozeß verstrichene Zeit nicht ausschließlich dem Risiko der Klägerin zugeschlagen werden darf, die durch die rechtswidrige Nebenbestimmung mit einer faktischen Abgrabungssperre überzogen worden ist. Andererseits wird der Beklagte bei einer Neubescheidung die Frist so bemessen dürfen, daß nach Eintritt der Rechtskraft des Urteils noch ein Zeitraum zur wissenschaftlichen Untersuchung und Dokumentation von Bodendenkmälern bleibt, innerhalb dessen sich vernünftige Ergebnisse erzielen lassen. Nach den Erklärungen der Beteiligten in der mündlichen Verhandlung erlaubt der Abgrabungsfortschritt und der notwendige Zeitrahmen für die Maßnahmen der Bodendenkmalerforschung Regelungen, die für alle Beteiligten mit nur geringen Belastungen verbunden sind.

Nr. 216

1. **Die Zerstörung eines archäologischen Denkmals (mittel-/jungsteinzeitlicher Werkplatz) durch die Einbeziehung in ein Baugebiet bedarf im Hinblick auf die Pflicht zur Erhaltung von Kulturdenkmalen einer besonderen Rechtfertigung.**
2. **Zur Löschwasserversorgung eines Baugebietes.**
3. **Hat die Gemeinde aus tiefbaulichen Maßnahmen konkrete Erfahrung über den Grundwasserstand, bedarf es i. d. R. keines Gutachtens.**

BauGB §§ 1 Abs. 5 Satz 2 Nr. 5, 7, Abs. 6, 214 Abs. 3 Satz 2.

Niedersächsisches OVG, Beschluß vom 22. Oktober 2003 – 1 MN 123/03 – (rechtskräftig).

Die Antragsteller erstreben vorläufigen Rechtsschutz gegen den Bebauungsplan Nr. 36 „Westlich des D. weges" der Antragsgegnerin, der für einen etwa 65 m breiten Streifen auf der Nordwestseite des D. weges, eines bisher landwirtschaftlich genutzten Geländes, ein allgemeines Wohngebiet festsetzt. Der Bebauungsplan setzt im Norden einen Bereich als allgemeines Wohngebiet fest, der zu einem archäologischen Denkmal, einem mittel-/jungsteinzeitlichen Werkplatz, gehört.

Der Eilantrag der Antragsteller hat nur teilweise Erfolg.

Aus den Gründen:
Die Rüge der Antragsteller, daß die Löschwasserversorgung im Plangebiet nicht sichergestellt sei, greift im Ergebnis nicht durch. Allerdings hat der Gemeindebrandmeister als Träger öffentlicher Belange im Bauleitplanverfahren darauf hingewiesen, daß das vorhandene Rohrnetz, Nennweite 65 mm, den Löschwasserbedarf nach dem Arbeitsblatt W 405 des DVGW mengenmäßig nicht gewährleiste. Die Hinweise der Antragsgegnerin bei der Abwägung dieser Bedenken legen einen Fehler im Abwägungsvorgang nahe. Die Bezugnahme auf die Wasserversorgungssatzung des Wasserverbandes macht gerade die Maßgeblichkeit der vorhandenen Wasserversorgungsanlagen deutlich. Der von der Antragsgegnerin angeführte Einsatz von Tanklöschfahrzeugen der Ortsfeuerwehr und/oder der Stützpunktwehr und für Extremsituationen des Marinefliegergeschwaders vermag die Bedenken des Ortsbrandmei-

sters nicht zu zerstreuen. Bei einer Nennrohrweite von 65 mm würde – je nach den Druckverhältnissen – nur ein Bedarf von 600 bis 700 l/min gewährleistet, während das Arbeitsblatt W 405 des DVGW als maßgebliche technische Regel von 800 l/min ausgeht. Tanklöschfahrzeuge sind wegen ihres geringen Fassungsvermögens nur sehr begrenzt geeignet, einen unzureichenden Löschwasserbedarf auszugleichen.

Ob die Wasserentnahmestellen am E. Weg und F. Weg ausreichen, erscheint im Hinblick auf die Ausführungen in der Begründung des Bebauungsplanes und die Verbandsinformationen des Landesfeuerwehrverbandes N., die die Antragsteller in Kopie vorgelegt haben, zweifelhaft. Eine Außervollzugsetzung des Bebauungsplanes kommt aber deshalb nicht in Betracht, weil der zuständige Wasserversorgungsverband nach der von der Antragsgegnerin vorgelegten Bestätigung vom Oktober 2003 die Wasserleitung im D. weg erneuert und verstärkt hat, so daß inzwischen eine ausreichende Löschwasserversorgung gewährleistet ist. Selbst wenn der Bebauungsplan an einem Abwägungsfehler leidet, ist der Erlaß einer einstweiligen Anordnung in dieser Situation nicht mehr gerechtfertigt, weil die „Heilung" des Abwägungsfehlers nur noch eine Formsache darstellt.

Die Behauptung der Antragsteller, eine Versickerung des Niederschlagswassers sei wegen des hohen Grundwasserstandes ausgeschlossen, begründet voraussichtlich keinen Abwägungsfehler. Die Antragsgegnerin hat in der Begründung des Bebauungsplanes dargelegt, daß das Plangebiet verhältnismäßig hoch auf einem Geestrücken liegt und meist steinige Sandböden anstehen, so daß ein Versickern der Niederschlagswasser ohne weiteres möglich erscheint. Der Einschätzung des Landschaftsrahmenplans, daß der mittlere Grundwasserstand bei ca. 40 bis 80 cm liege, stellt die Antragsgegnerin die konkrete Erfahrung aus tiefbaulichen Maßnahmen gegenüber, daß das Grundwasser erst sehr viel tiefer anstehe. Bei diesem Kenntnisstand mußte die Antragsgegnerin kein Bodengutachten einholen, sondern konnte die weitere Klärung der Versickerungsfähigkeit des Bodens der späteren Erschließungsplanung überlassen.

Die Antragsteller rügen zu Recht, daß eine Rechtfertigung für die Einbeziehung des archäologischen Denkmals in das Baugebiet fehlt. Der Landkreis G. hat als Träger öffentlicher Belange darauf hingewiesen, daß das archäologische Denkmal nur dann zerstört werden dürfe, wenn ein besonderes öffentliches Interesse bestehe, das nördliche Plangebiet zu bebauen. Die Antragsgegnerin hat auf diese Stellungnahme hin ihre Begründung ergänzt und ausgeführt, die Siedlungsentwicklung werde hier im Hinblick auf die vorhandene attraktive Infrastruktur abgerundet und das Landschaftsbild repariert. Das archäologische Denkmal werde nur mit knapp einem Viertel seiner Fläche einbezogen. Der Eingriff in die Denkmalsubstanz sei nach Aussage des Landkreises vertretbar, wenn der archäologischen Denkmalpflege die Möglichkeit gegeben werde, die Maßnahme baubegleitend zu untersuchen. Diese Möglichkeit werde eingeräumt. Die Belange des Grundstückseigentümers, der die Landwirtschaft aufgegeben habe, müsse im Sinne einer sinnvollen Nachnutzung berücksichtigt werden.

Damit werden keine öffentlichen Interessen dargelegt, die einen Eingriff in das archäologische Denkmal trotz der grundsätzlichen Pflicht, Kulturdenkmale zu erhalten (§ 6 NDSchG) rechtfertigen. Angesichts der großen Zahl zur Verfügung stehender Baugrundstücke kann von einem Baudruck im Bereich der Antragsgegnerin nicht die Rede sein. Die Nähe einer attraktiven sozialen Infrastruktur und die Möglichkeiten, die Siedlungsgrenze städtebaulich zufriedenstellend zu definieren, mögen i. d. R. eine Abrundung eines Siedlungsbereichs rechtfertigen. Es ist aber in keiner Weise einsichtig, warum der Bebauungsplan den Bereich des archäologischen Denkmals nördlich des Grundstücks D. weg 10 mit einbezieht. Die Interessen des Eigentümers an einer „sinnvollen Nachnutzung" können den Eingriff nicht rechtfertigen. Das Siedlungsgehölz am Feldweg H. und die rückwärtige Abgrenzung durch eine Anpflanzung können als Ausgleichsmaßnahmen zur Verbesserung des Landschaftsbildes beitragen. Eine Bebauung dieses Bereiches erscheint jedoch in hohem Maße unangemessen. ...

Die aufgezeigten Mängel im Abwägungsvorgang im Zusammenhang mit dem Eingriff in das archäologische Denkmal ergeben sich unmittelbar aus der Begründung des Bebauungsplanes und der Beschlußvorlage für die Abwägungsentscheidung des Rates. Sie sind daher offensichtlich i. S. des § 214 Abs. 3 Satz 2 BauGB. Nach dem Gewicht der berührten Belange besteht die konkrete Möglichkeit, daß eine ordnungsgemäße Abwägung zu einem anderen Ergebnis führt (§ 214 Abs. 3 Satz 2 BauGB). Das rechtfertigt es, den Bebauungsplan einstweilen außer Vollzug zu setzen, soweit er die Fläche des Flurstücks 103/1 nordöstlich vom Grundstück D. weg 10 betrifft.

F. Natur- und Landschaftsschutz

Nr. 217

1. § 1 a Abs. 3 Satz 3 BauGB setzt bei der Festlegung von Ausgleichsmaßnahmen ein Mindestmaß an rechtlicher Bindung der Gemeinde voraus.
2. Die Gemeinde darf unter Beachtung des Abwägungsgebots Ausgleichsmaßnahmen räumlich vom Eingriffsort trennen.
3. Zur Verwirklichung von Ausgleichsmaßnahmen darf die Gemeinde auf ein bereits beschlossenes, aber noch nicht verwirklichtes Nutzungskonzept zurückgreifen.

BauGB § 1 a Abs. 3.

Bundesverwaltungsgericht, Beschluß vom 18. Juli 2003 – 4 BN 37.03 –.

(Saarländisches OVG)

Die Antragsteller wenden sich im Wege der Normenkontrolle gegen einen Bebauungsplan der Antragsgegnerin, der eine etwa 9,7 ha große, überwiegend bewaldete Fläche im wesentlichen als private Grünfläche mit der Zweckbestimmung „Dauerkleingärten" ausweist. Das Plangebiet liegt in einem Stadtteil der Antragsgegnerin und grenzt im Südwesten an eine Straße, an der auf der gegenüberliegenden Seite das mit einem Wohnhaus bebaute Grundstück der Antragsteller liegt. Neben dem Satzungsbeschluß beschloß der Stadtrat der Antragsgegnerin zur Kompensation des planbedingten Eingriffs in die Waldflächen des Plangebiets die Entwicklung eines „Naturwaldes" auf einem Wiesen- und Auengelände, das außerhalb der Innenstadt der Antragsgegnerin im S.-Tal liegt („St. A. Wiesen"). Zugleich beauftragte der Stadtrat den Oberbürgermeister der Antragsgegnerin, durch Anordnung gegenüber der Unteren Naturschutzbehörde die Durchführung der Kompensationsmaßnahme sicherzustellen. Der Oberbürgermeister ordnete daraufhin an, daß die Untere Naturschutzbehörde die Entwicklung eines vielfältigen ökologisch hochwertigen Waldes durch waldbauliche Maßnahmen im Zusammenhang mit dem von der Stadt 1995 beschlossenen „Nutzungskonzept St. A. Wiesen" sicherstelle und gewährleiste, daß diese Maßnahme ausschließlich als Kompensation im Zusammenhang mit dem Bebauungsplan „Kleingartenanlage" gelte und nicht als Kompensationsfläche für Eingriffe an anderer Stelle zur Verfügung stehe. Die für die Kompensationsmaßnahme vorgesehenen Flächen stehen im Eigentum der Antragsgegnerin.

Das Oberverwaltungsgericht hat die Normenkontrollanträge zurückgewiesen. Mit der Beschwerde wandten sich die Antragsteller erfolglos gegen die Nichtzulassung der Revision.

Aus den Gründen:

II. 1. Die Beschwerde hält für grundsätzlich klärungsbedürftig, ob die Anordnung der kommunalen Verwaltung, ein vom Gemeinderat in einem nicht förmlichen Verfahren beschlossenes Nutzungskonzept durchzuführen und zu gewährleisten, daß die Maßnahme ausschließlich als Ersatz (Ausgleich) für die Festsetzungen eines bestimmten Bebauungsplans gelte und nicht als Kompensationsfläche für Eingriffe an anderer Stelle zur Verfügung stehe, den Anforderungen des § 1 a Abs. 3 BauGB an die rechtliche Sicherung der Kompensationsmaßnahmen genüge. Die aufgeworfene Frage rechtfertigt die Zulassung der Revision nicht.

§ 1 a Abs. 3 Satz 3 BauGB bestimmt, daß die Gemeinde in der Frage der Umsetzung von Ausgleichs- und Ersatzmaßnahmen nicht auf die Mittel der Bauleitplanung und der vertraglichen Vereinbarung beschränkt ist. Die Gemeinde darf andere Möglichkeiten nutzen, um das Ziel eines Ausgleichs für den vorgesehenen Eingriff zu erreichen, sofern sie hierfür Flächen bereitstellt. § 1 a Abs. 3 Satz 3 BauGB umschreibt dies mit der Wendung der „sonstigen geeigneten Maßnahmen". In welcher Weise auch einseitige Erklärungen oder Anordnungen der planenden Gemeinde als „sonstige Maßnahme" auf von ihr bereitgestellten Flächen i. S. des § 1 a Abs. 3 Satz 3 BauGB anzuerkennen sind, läßt sich nicht allgemeingültig beantworten. Die Antwort auf die von der Beschwerde formulierte Frage hängt von den konkreten Gegebenheiten ab, die keinen Raum für verallgemeinerungsfähige Feststellungen lassen (vgl. BVerwG, Urteil v. 19. 9. 2002 – 4 CN 1.02 –, BVerwGE 117, 58, 67 f. = BauR 2003, 209).

Der Gesetzgeber hat die Gemeinde nicht auf eine bestimmte Vorgehensweise bei der Festlegung von Ausgleichsmaßnahmen festlegen wollen. Das gibt ihr Raum, die Zielsetzungen des § 1 a Abs. 3 BauGB in unterschiedlicher Weise umzusetzen. § 1 a Abs. 3 Satz 3 BauGB stellt die „geeignete sonstige Maßnahme" allerdings gleichwertig neben Festlegungen im Rahmen der Bauleitplanung und die vertragliche Vereinbarung. Wie der beschließende Senat in seinem vorbezeichneten Urteil vom 19. 9. 2002 ausgeführt hat, deutet dies darauf hin, daß das Gesetz ein Mindestmaß an rechtlicher Bindung der planenden Gemeinde voraussetzt. Das Erfordernis einer hinreichenden rechtlichen Sicherung der Ausgleichsmaßnahmen soll verhindern, daß die Gemeinde sich von einseitigen Erklärungen, die eine bestimmte Kompensation in Aussicht stellen, im nachhinein wieder lossagt oder von ihr zunächst zum Ausgleich bereitgestellte Flächen später zurückzieht. Dieser Gefahr muß die Gemeinde in angemessener Weise Rechnung tragen, ohne daß das Gesetz sie hierzu auf ein bestimmtes Vorgehen festlegt (vgl. Senatsurteil v. 19. 9. 2002, a. a. O., S. 68). Es ist Aufgabe des Normenkontrollgerichts, die Umstände des Einzelfalles daraufhin zu überprüfen, ob die Voraussetzungen einer objektiv verläßlichen Rechtsgrundlage für die geplanten Kompensationsmaßnahmen erfüllt sind. Je nach den konkreten Gegebenheiten kann auch eine im Zusammenhang mit dem Satzungsbeschluß („Eingriffsbebauungsplan") getroffene Anordnung des Oberbürgermeisters an die Untere Naturschutzbehörde, bestimmte Ausgleichsmaßnahmen auf von der Gemeinde bereitgestellten Flächen zu treffen, den Anforderungen des § 1 a Abs. 3 Satz 3 BauGB an eine „sonstige geeignete Maßnahme" genügen. In diesem Zusammenhang kann auch bedeutsam sein, daß – wie hier – die Oberste Naturschutzbehörde beabsichtigt, die von der Gemeinde festgelegten Kompensationsflächen förmlich als Naturschutzgebiet auszuweisen. Das Normenkontrollgericht hat ausgeführt, daß die Unterschutzstellung der „St. A. Wiesen" dem von der Antragsgegnerin beschlossenen Nutzungskonzept für die Kompensationsflächen nicht widerspricht. Im Rahmen des § 1 a Abs. 3 Satz 3 BauGB kann die Bedeutung einer naturschutzrechtlichen Unterschutzstellung überdies darin bestehen, daß sie den gemeindlichen Zugriff auf geeignete Flächen zusätzlich absichert, indem sie diese Flächen einer naturschutzfachlichen Aufwertung vorbehält und der Siedlungsentwicklung entzieht.

2. Die Beschwerde wirft ferner als grundsätzlich bedeutsam die Frage auf, „ob und inwieweit die rechtliche Zurechnung von Ausgleichsbedürftigem und Ausgleich Anforderungen an einen Zusammenhang im Naturhaushalt oder im Landschaftsbild stellt". Sie möchte geklärt wissen, ob die Vorschriften des § 19 Abs. 2 und des § 21 BNatSchG i. V. m. § 1 a Abs. 3 BauGB „einen naturhaushalterischen oder einen Zusammenhang des Landschaftsbildes zwischen dem Ausgleichsbedürftigen und der für den Ausgleich ins Auge gefaßten Fläche verlangen". Diese Frage ist, so weit sie sich überhaupt allgemein gültig beantworten läßt, durch das Gesetz geklärt und wirft daher keinen revisionsgerichtlichen Klärungsbedarf auf.

Nach § 1 a Abs. 3 Satz 2 BauGB können die Darstellungen und Festsetzungen von Ausgleichsflächen oder Ausgleichsmaßnahmen auch an anderer Stelle als am Ort des Eingriffs erfolgen. Das gilt nach § 1 a Abs. 3 Satz 3 BauGB auch für vertragliche Vereinbarungen gemäß § 11 BauGB oder „sonstige geeignete Maßnahmen" auf von der Gemeinde bereitgestellten Flächen. Die Ausgleichsmaßnahmen müssen nicht innerhalb des Geltungsbereichs des Bebauungsplans liegen, dessen Auswirkungen auf Natur und Landschaft auszugleichen sind (vgl. auch § 9 Abs. 1 a BauGB). Das Baugesetzbuch unterscheidet auch nicht zwischen Ausgleichsmaßnahmen, die in einem räumlichen und funktionalen Zusammenhang mit dem jeweiligen Eingriff stehen, und Ersatzmaßnahmen, die ohne unmittelbaren räumlichen Zusammenhang zum Eingriff erfolgen. § 200 a Satz 2 BauGB bestimmt vielmehr, daß ein unmittelbarer räumlicher Zusammenhang zwischen Eingriff und Ausgleich nicht erforderlich ist, soweit dies mit einer geordneten städtebaulichen Entwicklung und den Zielen der Raumordnung sowie des Naturschutzes und der Landschaftspflege vereinbar ist. Diese räumliche Entkoppelung eröffnet den Gemeinden die Möglichkeit, die Ausgleichsmaßnahmen räumlich vom Eingriffsort zu trennen. Ob eine räumliche Trennung zwischen Eingriff und Ausgleich vorzugswürdig ist, unterliegt der planerischen Abwägung, die durch die Umstände des Einzelfalls wie etwa die Verfügbarkeit quantitativ und qualitativ aufwertungsbedürftiger und aufwertungsfähiger Flächen in unmittelbarer Nähe des Eingriffs bestimmt werden. Entgegen der Beschwerde ermöglicht dies der Gemeinde nicht, planbedingte Eingriffe „an beliebig anderer Stelle" auszugleichen. Grenzen ergeben sich aus § 1 a Abs. 3 Satz 3 BauGB („auf von der Gemeinde bereitgestellten Flächen"), dem Erfordernis einer rechtlichen Absicherung der Ausgleichsmaßnahmen (vgl. oben 1.) und aus den Einschränkungen des § 200 a Satz 2 BauGB. Ob diese Grenzen gewahrt sind, beurteilt sich jeweils nach den Umständen des Einzelfalls.

3. Die Beschwerde macht geltend, daß die von der Antragsgegnerin festgelegten Ausgleichsflächen im S.-Tal nach dem 1995 beschlossenen Nutzungskonzept „sowieso aufgeforstet und zu einem Naturwald entwickelt werden" sollen. Außerdem beabsichtigte die Landesregierung die „Auenlandschaft" unter Naturschutz zu stellen. Die Beschwerde wirft hierzu die Rechtsfrage auf, ob eine Fläche, auf der Ausgleichsmaßnahmen „sowieso" ausgeführt werden sollen, als naturschutzrechtlicher Ausgleich für die Bauleitplanung zur

Verfügung steht. Eine Frage von rechtsgrundsätzlicher Bedeutung wird damit nicht aufgeworfen.

Es liegt auf der Hand und bedarf nicht erst der Klärung in einem Revisionsverfahren, daß eine Gemeinde zur Verwirklichung von Ausgleichsmaßnahmen i. S. von § 1 a Abs. 2 Nr. 2 und Abs. 3 BauGB auf ein bereits vor Jahren beschlossenes, aber noch nicht realisiertes Nutzungskonzept zurückgreifen darf. Das Ausgleichskonzept muß nicht aus Anlaß des konkreten, durch Bebauungsplan erst später zugelassenen Eingriffs in Natur und Landschaft entworfen werden. Es muß allerdings aus naturschutzfachlicher Sicht die sich aus dem Eingriff ergebenden Kompensationsforderungen nach näherer Maßgabe des Landesrechts (vgl. § 200 a BauGB) erfüllen. Das Ausgleichskonzept einer Gemeinde ist ferner nicht schon deshalb abwägungsfehlerhaft, weil es auf Flächen verwirklicht werden soll, deren Erklärung zum Naturschutzgebiet beabsichtigt ist. Die Ausgleichsmaßnahmen der Gemeinde müssen allerdings mit den für sie erkennbaren Schutzzielen der bevorstehenden naturschutzrechtlichen Regelungen vereinbar sein. Im übrigen läßt das Baugesetzbuch eine zeitliche Entkoppelung von Eingriff und Ausgleich ausdrücklich zu. § 135 a Abs. 2 Satz 2 BauGB sieht vor, daß Maßnahmen zum Ausgleich bereits vor den Baumaßnahmen und der Zuordnung einer Ausgleichsmaßnahme zu einem bestimmten Eingriff durchgeführt werden können. Das Gesetz eröffnet der Gemeinde damit sogar die Möglichkeit, bereits im Vorgriff auf spätere Baugebietsfestsetzungen Maßnahmen zum Ausgleich durchzuführen und diese dann später den neuen Baugebieten zuzuordnen.

Nr. 218

Festsetzung von naturschutzrechtlichen Ausgleichsmaßnahmen auf Privatgrundstücken.

BauGB §§ 1 Abs. 6, 9 Abs. 1 Nr. 20 und 25.

Bundesverwaltungsgericht, Beschluß vom 3. Juni 2003 – 4 BN 26.03 –.

(Hessischer VGH)

Aus den Gründen:

Die Beschwerde möchte möglicherweise sinngemäß geklärt wissen, ob und ggf. in welcher Weise die Durchführung von Ausgleichsmaßnahmen sichergestellt sein muß, insbesondere ob eine Festsetzung von Ausgleichsmaßnahmen nach § 9 Abs. 1 Nr. 20 und 25 BauGB auf Privatgrundstücken nur zulässig ist, wenn die Gemeinde im Zeitpunkt des Satzungsbeschlusses bereits die Verfügungs- oder Nutzungsbefugnis für diese Grundstücke besitzt. Diese Frage läßt sich jedoch nicht allgemeingültig beantworten; sie hängt von den jeweiligen konkreten Verhältnissen ab. In dem von der Beschwerde zitierten Beschluß v. 5. 1. 1999 – 4 BN 28.97 –, BRS 62 Nr. 233 = BauR 1999, 729, hat der erkennende Senat ausgeführt, daß naturschutzrechtlich notwendige Maßnahmen grundsätzlich auch auf privaten Grundstücken festgesetzt werden dürfen, und zwar unabhängig von der Frage, ob die Realisierung dieser

Planung privatrechtlich möglich ist. Dabei ist der Senat allerdings davon ausgegangen, daß die Möglichkeit der Durchführung der Ausgleichsmaßnahme im Zeitpunkt des Satzungsbeschlusses zumindest offen war. Denn er führt weiter aus, daß die Festsetzung von naturschutzrechtlich notwendigen Maßnahmen auf Privatland naturschutzrechtlich unbedenklich sei. „Sollte nämlich im Einzelfall die Realisierung der festgesetzten landschaftspflegerischen Maßnahmen wegen des Privateigentums nicht möglich sein, so darf auch der naturschutzrechtliche Eingriff, den sie ermöglichen soll, nicht vorgenommen werden." Gedacht war also an einen Bebauungsplan, bei dem die Realisierung der Ausgleichsmaßnahmen grundsätzlich unbedenklich war. Für dessen Wirksamkeit ist es unerheblich, wenn eine einzelne Ausgleichsmaßnahme nicht durchgeführt werden kann. Anders kann es dagegen sein, wenn von vornherein feststeht, daß notwendige Ausgleichsmaßnahmen nicht durchgeführt werden können und wenn zudem der gesamte Bebauungsplan mit der Durchführung der Ausgleichsmaßnahme steht oder fällt. Das Normenkontrollgericht führt sinngemäß aus, daß der Golfplatz, der den einzigen Inhalt des umstrittenen Bebauungsplans bildet, ohne die Ausgleichsmaßnahmen auf den Grundstücken der Antragsteller nicht gebaut werden darf und daß die Antragsteller weder bereit sind, ihre Grundstücke freiwillig zur Verfügung zu stellen, noch hierzu gezwungen werden können. Daß ein solcher Bebauungsplan wegen dauerhafter Vollzugsunfähigkeit unwirksam sein kann, dürfte selbst die Beschwerde nicht in Zweifel ziehen wollen.

Nr. 219

1. **Die einer Gemeinde für einen Bebauungsplan erteilte naturschutzrechtliche Befreiung von dem Veränderungsverbot einer Landschaftsschutzverordnung geht „ins Leere".**

2. **§ 10 Abs. 2 Satz 2 i. V. m. § 6 Abs. 2 BauGB ist in der Weise einschränkend auszulegen, daß ein Bebauungsplan nicht ungültig ist, wenn der Widerspruch zu einer Landschaftsschutzverordnung bei In-Kraft-Treten des Bebauungsplans zwar noch nicht ausgeräumt ist, wenn aber für die auf Grund des Bebauungsplans zulässigen Bauvorhaben gemäß Art. 49 BayNatSchG eine Befreiung von dem naturschutzrechtlichen Veränderungsverbot erteilt werden kann.**

3. **Eine den Widerspruch auflösende „Befreiungslage" besteht nicht, wenn die Landschaftsschutzverordnung durch die nach dem Bebauungsplan zulässigen Veränderungen des Schutzgebiets (teilweise) „funktionslos" würde.**

VwGO § 47 Abs. 5 Satz 4; BauGB §§ 1 Abs. 6, 6 Abs. 2, 10 Abs. 2 Satz 2, 34 Abs. 1 und Abs. 4 Satz 1 Nr. 3, 35; BayNatSchG Art. 10 Abs. 1, Art. 49.

Bayerischer VGH, Urteil vom 14. Januar 2003 – 1 N 01.2072 – (rechtskräftig).

Nr. 219

Der Antragsteller wendet sich als Eigentümer des Grundstücks Fl.Nr. 1139 gegen die erste Änderung des Bebauungsplans. Das knapp 8200 m² große Plangebiet schließt sich nördlich an den Geltungsbereich des Bebauungsplans Nr. 44 an. Es umfaßt im wesentlichen die Grundstücke Fl.Nrn. 1140 und 1140/2 sowie eine mit einem großen Garagengebäude bebaute Teilfläche des weitläufigen Grundstücks des Antragstellers. Auf diesem stehen außerhalb des Geltungsbereichs ein Wohngebäude und ein weiteres Nebengebäude. Die Grundstücke Fl.Nrn. 1140 und 1140/2 waren bei In-Kraft-Treten des Änderungsbebauungsplans 2001 unbebaut. Inzwischen steht auf dem an die H.-straße grenzenden Grundstück Fl.Nr. 1140, das dem Beigeladenen gehört, ein 2001 genehmigtes weitgehend fertiggestelltes Wohngebäude.

Der Änderungsbebauungsplan weist ein allgemeines Wohngebiet aus. Im Bereich des Grundstücks Fl.Nr. 1140 sind zwei Wohngebäude mit zwei bzw. drei Wohnungen, im Bereich des westlich angrenzendem Grundstücks Fl.Nr. 1140/2 ist ein Wohngebäude mit einer Wohnung festgesetzt. Auf dem nördlich an diese beiden Grundstücke grenzenden, im Geltungsbereich des Bebauungsplans gelegenen Teil des Grundstücks des Antragstellers ist ein Gebäude mit zwei Wohnungen vorgesehen. Der hierfür festgesetzte Bauraum entspricht im wesentlichen der Grundfläche des bestehenden Garagengebäudes.

Das Plangebiet liegt im Geltungsbereich der Verordnung des Bezirks Oberbayern über den Schutz des Chiemsees, seiner Inseln und Ufergebiete in den Landkreisen Rosenheim und Traunstein als Landschaftsschutzgebiet („Chiemsee-Schutzverordnung" v. 6. 11. 1986, Amtsblatt der Regierung von Oberbayern S. 299).

Im Dezember 2000 wurde der Bebauungsplan als Satzung beschlossen. Mit Bescheid vom April 2001 erteilte das Landratsamt dem Antragsgegner für die Planung eine Befreiung von den Verboten der Chiemsee-Schutzverordnung. Mit Bescheid vom Mai 2001 genehmigte das Landratsamt den Bebauungsplan im Vorgriff auf eine entsprechende Änderung des Flächennutzungsplans.

Zur Begründung des Normenkontrollantrags macht der Antragsteller u. a. geltend, es handle sich um eine Gefälligkeitsplanung zu Gunsten seiner südlichen Nachbarn.

Aus den Gründen:

1. Die erste Änderung des Bebauungsplans ist nicht wirksam weil sie den Vorschriften der Chiemsee-Schutzverordnung widerspricht.

Ein Bebauungsplan darf einer gültigen Landschaftsschutzverordnung nicht widersprechen. Die Chiemsee-Schutzverordnung ist im Geltungsbereich des Änderungsbebauungsplans gültig. Zwischen dessen Festsetzungen und den Vorschriften der Verordnung besteht ein Widerspruch, der durch die dem Antragsgegner für den Bebauungsplan erteilte naturschutzrechtliche Befreiung nicht ausgeräumt wurde. Der Widerspruch kann auch nicht durch Befreiungen für die nach dem Bebauungsplan zulässigen Bauvorhaben aufgelöst werden. Im Übrigen wäre der Bebauungsplan auch dann ungültig, wenn man annehmen wollte, daß eine Befreiung von den Vorschriften einer Landschaftsschutzverordnung für den Erlaß von Rechtsnormen erteilt werden kann.

a) Ein Bebauungsplan darf nicht im Widerspruch zu einer gültigen Landschaftsschutzverordnung stehen.

Bauleitpläne (Flächennutzungsplan und Bebauungsplan) dürfen anderen Rechtsvorschriften, die für das Plangebiet gelten, nicht widersprechen. Für den Flächennutzungsplan ist dies in §6 Abs. 2 BauGB geregelt; bei einem genehmigungspflichtigen Bebauungsplan wie dem streitgegenständlichen

Änderungsbebauungsplan ist diese Vorschrift gemäß §10 Abs.2 Satz2 BauGB entsprechend anzuwenden. Für nicht genehmigungspflichtige Pläne gilt nichts anderes. Sonstige Rechtsvorschriften in diesem Sinn können auch naturschutzrechtliche Verordnungen sein (vgl. BVerwG v. 21.10.1999 – E 109, 371 = BRS 62 Nr. 38 = BauR 2000, 695 = NVwZ 2000, 1045 [Flächennutzungsplan/Landschaftsschutzverordnung], und v. 7.6.2001, BRS 64 Nr.51 = NVwZ 2001, 1280 = BayVBl. 2002, 149 [Bebauungsplan/Naturschutzgebietsverordnung]). Die frühere Kollisionsnorm des §5 Abs.6 Satz1 BBauG 1960, nach der ein Widerspruch nicht entstehen konnte, weil mit dem In-Kraft-Treten eines Bebauungsplans landschaftsschutzrechtliche Regelungen in seinem Geltungsbereich außer Kraft traten, wurde durch das Bundesbaugesetz 1976 aufgehoben (vgl. im einzelnen BVerwG v. 21.10.1999, a.a.O.). Eine „Öffnungsklausel" in der Schutzgebietsverordnung, wonach diese außer Kraft tritt, wenn in ihrem Geltungsbereich ein Bebauungsplan in Kraft tritt (vgl. OVG Rh.-Pf v. 18.9.2002, BauR 2002, 1817) ist in Bayern nicht üblich. Auch die Chiemsee-Schutzverordnung enthält eine solche Regelung nicht.

Ob ein Bebauungsplan einer Landschaftsschutzverordnung widerspricht, hängt davon ab, welche tatsächlichen Veränderungen auf seiner Grundlage im Schutzgebiet zu erwarten sind. Eine Landschaftsschutzverordnung will einen bestimmten tatsächlichen Zustand bewahren oder wiederherstellen (vgl. im einzelnen Art. 10 Abs. 1 BayNatSchG). Mit diesem Schutzzweck, der in der Verordnung im Allgemeinen durch ein Veränderungsverbot gesichert wird, können die durch den Bebauungsplan ermöglichten Veränderungen des Gebiets kollidieren. Liegt ein solcher Widerspruch vor und kann dieser auch nicht durch naturschutzrechtliche Befreiungen für die nach dem Bebauungsplan zulässigen Bauvorhaben ausgeräumt werden, ist der Bebauungsplan ungültig. Ein Widerspruch kann allerdings nur bestehen, wenn die Landschaftsschutzverordnung gültig ist.

b) Die Chiemsee-Schutzverordnung ist im Geltungsbereich der ersten Änderung des Bebauungsplans gültig. Es haben sich keine Anhaltspunkte für die Ungültigkeit ergeben. Weder bestehen Bedenken wegen einer zu weit gehenden Einschränkung der Planungshoheit des Antragsgegners durch die Verordnung, noch ist diese im betroffenen Bereich funktionslos geworden.

In der mündlichen Verhandlung vom Dezember 2002 hat der Antragsgegner die Wirksamkeit der Chiemsee-Schutzverordnung mit folgenden Überlegungen in Zweifel gezogen: Sollte die auf dem Schreiben des Bayerischen Staatsministeriums für Landesentwicklung und Umweltfragen vom 7.10.1983 (Nr.7444–821–36 691, abgedruckt bei Simon/Busse, BayBO, Band II, Anh. 109) beruhende Praxis, eine Bauleitplanung in Landschaftsschutzgebieten in geeigneten Fällen durch Erteilung einer Befreiung von der Schutzgebietsverordnung zu ermöglichen, rechtswidrig sein, wäre die Verordnung zumindest in Randbereichen des Schutzgebiets unwirksam. Denn bei der Festlegung der Grenzen des Gebiets sei die – einfach zu bewerkstelligende – Möglichkeit einer Befreiung für eine dem Schutzzweck widersprechende Bauleitplanung berücksichtigt worden. Hätte der Verordnungsgeber gewußt, daß in jedem Fall die Verordnung geändert werden muß, wären die Grenzen des Gebiets enger gezogen worden. Es stelle sich die Frage einer unzulässigen Einschränkung der Planungshoheit.

Dieser allgemein gehaltene Einwand gibt keine Veranlassung, die Wirksamkeit der Landschaftsschutzverordnung im betroffenen Teil ihres Geltungsbereichs näher zu prüfen. Nach dem Ergebnis des Augenscheins handelt es sich bei dem vom Bebauungsplan berührten Bereich westlich der H.straße nicht um einen weniger bedeutsamen, bei Anlegung eines strengeren Maßstabs nicht schutzwürdigen Teil des Gebiets. Dagegen spricht vor allem die Tatsache, daß sich dort ein Aussichtspunkt befindet, dessen Bedeutung für Erholung suchende Spaziergänger mehrfach hervorgehoben wurde.

Die Schutzgebietsverordnung ist im Geltungsbereich des Bebauungsplans auch nicht funktionslos und damit unwirksam. Funktionslosigkeit wäre – in Anlehnung an die höchstrichterliche Rechtsprechung zu Bebauungsplänen (vgl. BVerwG v. 29.5.2001, BRS 64 Nr. 72 = NVwZ 2001, 1055) – anzunehmen, wenn sich die tatsächlichen Verhältnisse in diesem Teil des Schutzgebiets so entwickelt hätten, daß eine Verwirklichung des Schutzzwecks der Verordnung auf unabsehbare Zeit ausgeschlossen wäre und diese Veränderung so offensichtlich wäre, daß ein Vertrauen auf die Fortgeltung der Schutzgebietsverordnung nicht mehr schutzwürdig wäre.

Solche dem Landschaftsschutz offensichtlich zuwiderlaufenden Veränderungen haben im Bebauungsplangebiet und in dessen Umgebung nicht stattgefunden. Bei Abschluß des Bebauungsplanverfahrens waren die Fl.Nrn. 1140 und 1140/2 unbebaute Wiesengrundstücke. Auf den westlich und nördlich anschließenden Grundstücken stehen zwar einige Gebäude; es handelt sich aber um eine lockere, hangaufwärts in nördlicher Richtung auslaufende Bebauung, die dem Bereich nicht seine Schutzwürdigkeit i. S. des Art. 10 Abs. 1 BayNatSchG nimmt. Das nach In-Kraft-Treten des Bebauungsplans errichtete, inzwischen weitgehend fertiggestellte Wohnhaus des Beigeladenen auf dem Grundstück Fl.Nr. 1140, ist nicht zu berücksichtigen. Unabhängig davon hat dieses Gebäude nach dem Ergebnis des Augenscheins den von unbebauten Flächen sowie einer lockeren Bebauung auf großen parkartigen Grundstücken geprägten Charakter dieses Teils des Schutzgebiets noch nicht so stark verändert, daß die Schutzgebietsverordnung ihre Funktion verloren hätte.

c) Der Bebauungsplan steht im Widerspruch zu den Vorschriften der Chiemsee-Schutzverordnung. Es handelt sich nicht um eine mit dem Zweck der Schutzgebietsverordnung im Einklang stehende Planung. Vielmehr widerspricht die Errichtung der nach den Festsetzungen zulässigen Gebäude dem Veränderungsverbot des § 4 der Schutzgebietsverordnung.

Ein Bebauungsplan und eine Landschaftsschutzverordnung sind nicht stets miteinander unvereinbar. Zwischen ihnen besteht kein Widerspruch, wenn die städtebauliche Satzung mit den Mitteln des Bauplanungsrechts Ähnliches erreichen will wie die Verordnung mit den Mitteln des Naturschutzrechts (zu einem solchen Bebauungsplan im Verhältnis zu einer Verordnung gemäß Art. 12 Abs. 1 BayNatSchG über den Schutz eines Landschaftsbestandsteils vgl. BayVGH v. 7.11.2001, BayVBl. 2002, 470). Bei der ersten Änderung des Bebauungsplans handelt es sich aber trotz der anzuerkennenden Rücksicht, die der Antragsgegner auf exponierte Lage des Plangebiets genommen hat, nicht um eine solche Planung.

Die Chiemsee-Schutzverordnung will nach ihrem § 3 („Schutzzweck") u. a. „die Schönheit, Vielfalt und Eigenart des Landschaftsbildes, insbesondere den für den Naturgenuß entscheidenden abwechslungsreichen Charakter dieser Seenlandschaft, geprägt durch Vegetations- und Reliefvielfalt, weite und freie Ufer sowie malerische Landschaftsausblicke auf See und Chiemgauer Berge" sichern. Nach § 4 der Verordnung sind im Schutzgebiet alle Handlungen verboten, die den Charakter des Gebiets verändern oder dem besonderen Schutzzweck (§ 3) zuwiderlaufen. Diesem Schutzzweck und damit auch dem Veränderungsverbot widersprechen die Festsetzungen des Änderungsbebauungsplans, weil sie auf einer einem Aussichtspunkt vorgelagerten Wiese eine Bebauung zulassen.

d) Der Widerspruch zur Chiemsee-Schutzverordnung wurde durch die dem Antragsgegner für den Bebauungsplan erteilte Befreiung von dem Verbot gemäß § 4 der Verordnung nicht ausgeräumt, denn diese Befreiung geht „ins Leere".

Nach Art. 49 Abs. 1 Satz 1 BayNatSchG kann von den Geboten, Verboten und Beschränkungen einer Landschaftsschutzverordnung im Einzelfall Befreiung erteilt werden. Die gesetzliche Befreiungsvorschrift und somit auch die entsprechende Regelung der Chiemsee-Schutzverordnung (§ 7 Abs. 1) gelten aber nicht für Erlaß von Rechtsvorschriften, sondern nur für „Tathandlungen", wie die in § 5 der Verordnung im Einzelnen aufgeführten Handlungen (Errichtung bestimmter baulicher Anlagen, bestimmte Veränderungen des Bewuchs, etc.), bei denen die Vereinbarkeit mit dem Schutzzweck in einem Erlaubnisverfahren geprüft wird. Adressat der Befreiungsvorschrift ist nicht der Plangeber, sondern derjenige, der den Bebauungsplan umsetzen will. Die dem Antragsgegner für den Änderungsbebauungsplan erteilte Befreiung geht aus diesem Grund „ins Leere" (vgl. BVerwG v. 25. 8. 1997, BRS 59 Nr. 29 = BauR 1997, 978 = NVwZ-RR 1998, 162 zu § 31 BNatSchG; VGH BW v. 2. 2. 2001, VBlBW 2001, 370 zur entsprechenden baden-württembergischen Regelung). Es handelt sich um einen Fall der sogenannten rechtlichen Unmöglichkeit (vgl. Sachs, in: Stelkens/Bonk/Sachs, VwVfG, 6. Aufl., § 44 Rdnr. 141), die nur deswegen nicht die Nichtigkeit des Bescheids vom April 2001 zur Folge hat, weil der Fehler angesichts der auf dem genannten Ministerialschreiben beruhenden Praxis nicht offenkundig ist (Art. 44 Abs. 1 BayVwVfG).

e) Der Widerspruch zur Chiemsee-Schutzverordnung kann auch nicht durch Befreiungen für die nach dem Bebauungsplan bauplanungsrechtlich zulässigen Bauvorhaben aufgelöst werden.

Zwar ist § 10 Abs. 2 Satz 2 i. V. m. § 6 Abs. 2 BauGB in der Weise einschränkend auszulegen, daß ein Bebauungsplan nicht ungültig ist, wenn der Widerspruch zu einer Landschaftsschutzverordnung bei In-Kraft-Treten des Bebauungsplans noch nicht aufgelöst ist, wenn aber für die auf Grund des Bebauungsplans zulässigen Bauvorhaben gemäß Art. 49 BayNatSchG eine Befreiung von dem naturschutzrechtlichen Veränderungsverbot erteilt werden kann. Die im Verfahren des vorläufigen Rechtsschutzes (Beschluß v. 28. 3. 2002) vertretene Auffassung ist insoweit zu präzisieren. Diese Einschränkung ist gerechtfertigt, weil der Bebauungsplan auch in diesem Fall verwirklicht werden kann.

Eine naturschutzrechtliche Befreiung für das Vorhaben kommt vor allem bei Planungen in Betracht, die das Schutzgebiet nur punktuell oder „linear" berühren, etwa bei einem Bebauungsplan für ein einzelnes Grundstück oder einer Straßenplanung durch Bebauungsplan. Eine den Widerspruch auflösende „Befreiungslage" (BVerwG v. 25.8.1997, a.a.O.) besteht aber nicht, wenn die Landschaftsschutzverordnung durch die nach dem Bebauungsplan zulässigen Veränderungen des Schutzgebiets (teilweise) „funktionslos" wird. Denn durch eine Befreiung nach Art. 49 BayNatSchG können – ähnlich wie bei § 31 Abs. 2 BauGB – nur Einzelfälle, die den Bestand der Verordnung nicht berühren, zugelassen werden.

Gegenteiliges ergibt sich auch nicht aus § 7 Abs. 3 Satz 2 der Chiemsee-Schutzverordnung. Nach dieser Vorschrift bedarf die Erteilung einer Befreiung für Vorhaben, die den Bestand des Landschaftsschutzgebiets oder die Erreichung des Schutzzwecks (§ 3) in Frage stellen können, der Zustimmung der höheren Naturschutzbehörde. Aus dieser Regelung kann nicht geschlossen werden, daß eine Befreiung bei Vorhaben, welche die Verordnung (in einem Teilbereich) funktionslos werden lassen, in Betracht kommt. Eine so weit gehende Befreiungsmöglichkeit widerspräche Art. 49 BayNatSchG (vgl. auch Engelhardt/Brenner/Fischer/Hüftle, Naturschutzrecht in Bayern, Teil B, Art. 49 Rdnr. 1 Buchst. c).

Nach diesem Maßstab hätte die Chiemsee-Schutzverordnung geändert werden müssen. Durch die nach dem Bebauungsplan zulässige Bebauung wird ein bauplanungsrechtlich bisher als Außenbereich (§ 35 BauGB) einzustufender Teil des Gebiets seine Schutzwürdigkeit (Art. 10 Abs. 1 BayNatSchG) verlieren, weil er Teil eines im Zusammenhang bebauten Ortsteils wird. Dadurch wird die Verordnung in diesem Bereich „funktionslos". Eine „Befreiungslage" ist damit ebenso wenig gegeben wie bei der ursprünglichen Fassung des Bebauungsplans, für die die Landschaftsschutzverordnung geändert wurde.

Auf der Westseite der H.straße endet der Innenbereich i.S. von § 34 Abs. 1 BauGB in nördlicher Richtung mit der auf der Grundlage des Bebauungsplans Nr. 44 (ursprüngliche Fassung) entstandenen dichten Bebauung. Von den auf dieser Straßenseite in nördlicher bzw. nordwestlicher Richtung noch folgenden Gebäuden gehörten allenfalls das Garagengebäude auf dem Grundstück des Klägers sowie das Wohnhaus auf dem Grundstück Fl.Nr. 1128/1, die beide unmittelbar an der Straße stehen, zu einem Bebauungszusammenhang, nämlich der Bebauung östlich der H.straße. Bei den übrigen Gebäuden (Wohngebäude auf dem Grundstück 1140/1, Wohnhaus und weiteres Nebengebäude des Antragstellers sowie „S.-Villa" auf dem nördlich an das Grundstück des Antragstellers grenzenden, noch weitläufigerem Grundstück) handelt es sich um Splitterbebauung im Außenbereich.

Diese bauplanungsrechtlichen Verhältnisse werden sich erheblich verändern, wenn die nach dem Bebauungsplan zulässige Bebauung vollständig verwirklicht sein wird. Dann werden nämlich nicht nur die Grundstücke Fl.Nrn. 1140/2 und 1140 („beplanter") Teil der zusammenhängenden Bebauung.

Durch die im Plangebiet zulässigen drei Gebäude wird auch eine Brücke zu der Außenbereichsbebauung auf den Grundstücken Fl.Nrn. 1140/1 und 1139 geschlagen. Auch diese Gebäude werden dann zum (insoweit „unbeplanten") Innenbereich gehören. Der im Zusammenhang bebaute Ortsteil wird somit in erheblichem Umfang in das Landschaftsschutzgebiet hinein erweitert.

Diese – in der zuletzt genannten Konsequenz vom Antragsgegner wohl nicht bedachte – Folge ist mit dem Landschaftsschutz nicht zu vereinbaren. Ein Landschaftsteil verliert seine Schutzwürdigkeit i.S. von Art. 10 Abs. 1 BayNatSchG zwar nicht schon durch jede Art von Bebauung oder landschaftsfremder Nutzung (BayVGH v. 28.5.2001, BayVBl. 2002, 272). Wenn die Bebauung aber so viel Gewicht hat, daß ein im Zusammenhang bebauter Ortsteil (§ 34 Abs. 1 BauGB) entsteht oder in einem über eine Ortsabrundung (§ 34 Abs. 4 Satz 1 Nr. 3 BauGB) hinausgehenden Umfang in das Schutzgebiet hinein erweitert wird, sind die Voraussetzungen des Art. 10 Abs. 1 BayNatSchG in aller Regel nicht mehr gegeben, weil die Landschaft dann ihre schützenswerte natürliche Eigenart verliert (BayVGH v. 28.5.2001, a.a.O.). Eine Ausnahme mag bei einer sehr weitläufigen, aber gleichwohl zusammenhängend erscheinenden Bebauung auf sehr großen Grundstücken, wie etwa der Villenbebauung an einigen Uferabschnitten bayerischer Seen, in Betracht kommen. Eine solche Struktur wird der in das Schutzgebiet hineinreichende Ortsteil jedoch nicht aufweisen.

f) Der Bebauungsplan wäre auch dann ungültig, wenn man mit dem genannten Ministerialschreiben vom 7.10.1983 annehmen wollte, daß eine Befreiung von den Vorschriften einer Landschaftsschutzverordnung in entsprechender Anwendung von Art. 49 BayNatSchG nicht nur für Tathandlungen, sondern auch für den Erlaß von Rechtsvorschriften erteilt werden kann. In diesem Fall würde es sich bei der Befreiung um einen im Normaufstellungsverfahren ergehenden Verwaltungsakt handeln. Für die Rechtswirkung müßten entsprechende Einschränkungen gelten wie für die Genehmigung eines Bebauungsplan. Diese verhilft im Fall ihrer Rechtswidrigkeit dem Bebauungsplan auch dann nicht zur Gültigkeit, wenn der Rechtsverstoß nicht schwerwiegend und offenkundig ist (Art. 44 Abs. 1 BayVwVfG). Danach konnte der Bescheid vom April 2001 den Normwiderspruch nicht ausräumen, weil, wie dargelegt wurde, keine „Befreiungslage" bestand.

2. Bei dem Widerspruch zur Landschaftsschutzverordnung handelt es sich um einen Mangel, der in einem ergänzenden Verfahren (§ 215a Abs. 1 BauGB) behoben werden kann. Daher ist gemäß § 47 Abs. 5 Satz 4 Alt. 1 VwGO die Unwirksamkeit des Bebauungsplans festzustellen. Nach einer Änderung der Landschaftsschutzgebietsverordnung (Herausnahme des Geltungsbereichs des Bebauungsplans aus dem Schutzgebiet) wäre der Widerspruch beseitigt. In einem anschließenden ergänzenden Verfahren könnte der Bebauungsplan erneut als Satzung beschlossen und in Kraft gesetzt werden (so auch Dolde, NVwZ 2001, 976, 978; vgl. auch den vom Bundesministerium für Raumordnung, Bauwesen und Städtebau herausgegebenen „Bericht der Expertenkommission zur Novellierung des Baugesetzbuches", in dem unter Rdnr. 117 ein Verstoß gegen eine Landschaftsschutzverordnung als Beispiel für einen behebbaren Mangel genannt wird).

Nr. 220

1. Wurde ein Bebauungsplan, der ein Sondergebiet für Windenergieanlagen festsetzt, nach Ablauf der Frist zur Umsetzung der UVP-Richtlinie der EU, aber vor In-Kraft-Treten der nationalen Umsetzung dieser Richtlinie erlassen, bedurfte er keiner Umweltverträglichkeitsprüfung (UVP), sondern nur einer Einzelfallprüfung nach Art. 4 Abs. 2 der Richtlinie; zu den Anforderungen an eine solche Einzelfallprüfung.
2. Für die Festsetzung einer „gebündelten" Bauweise von Windenergieanlagen gibt es keine Rechtsgrundlage.
3. Die Gemeinde kann den Abstand von Windenergieanlagen untereinander in einem Bebauungsplan dadurch steuern, daß sie Baugrenzen festsetzt, innerhalb derer jeweils nur eine Windenergieanlage Platz findet.
4. §9 Abs. 1 Nr. 10 BauGB ermächtigt nur zur Ausweisung von Flächen, die von jeglicher Bebauung freizuhalten sind; die Vorschrift bietet keine Grundlage dafür, es unterbinden zu wollen, daß die Rotoren von Windenergieanlagen bei deren Betrieb in bestimmte Flächen hineinragen.
5. Die Zumutbarkeit von Lärmimmissionen richtet sich im bauplanungsrechtlichen Außenbereich nach den Maßstäben für ein Misch- oder Dorfgebiet; die Lage einer Außenbereichsfläche in einem aus Gründen des Naturschutzes oder der Landschaftspflege festgesetzten Schutzgebiet hat nicht zur Folge, daß die Wohnruhe auf solchen Außenbereichsflächen besonders schutzwürdig wäre.
6. Hinreichend wissenschaftlich begründete Hinweise auf eine beeinträchtigende Wirkung der von Windenergieanlagen hervorgerufenen Infraschallemissionen auf den Menschen liegen bislang nicht vor.
7. Zur rechtlichen Bewertung des mit dem Betrieb von Windenergieanlagen verbundenen Unfallrisikos.
8. Bei der Ermittlung des Ausgleichsbedarfs für Beeinträchtigungen des Landschaftsbilds durch Windenergieanlagen ist eine allein flächenorientierte Betrachtungsweise (hier: Bedarf von rd. 5 ha nicht näher spezifizierter „Ausgleichsfläche" für 6 Windenergieanlagen) verfehlt.
9. Zur Sicherung der Realisierung von Ausgleichsmaßnahmen für Festsetzungen in einem „normalen" (nicht vorhabenbezogenen) Bebauungsplan reicht ein städtebaulicher Vertrag mit dem Investor, der nur die Vertragspartner bindet, nicht aus.
10. Die Höhe eines Ersatzgeldes für unterbliebene Ersatzmaßnahmen ist nach §5 Abs. 3 Satz 2 LG NRW an die Kosten gekoppelt, die der Verursacher für konkrete Ersatzmaßnahmen hätte aufwenden müssen; die Ermittlung des Ersatzgelds setzt daher voraus, daß zuvor die an sich erforderlichen Ersatzmaßnahmen konkretisiert werden.

BauGB §§9 Abs. 1 Nr. 10, 35; LG NW §5 Abs. 3 Satz 2.

OVG Nordrhein-Westfalen, Urteil vom 6. August 2003 – 7a D 100/01.NE – (rechtskräftig).

Die Antragsteller wenden sich mit ihrem Normenkontrollantrag gegen einen Bebauungsplan, der für eine der im Flächennutzungsplan der Antragsgegnerin – einer nordrhein-westfälischen Gemeinde – dargestellten Vorrangzonen für Windenergie Festsetzungen für die Errichtung von sechs Windenergieanlagen enthält. Die Antragsteller bewohnen ein im Außenbereich der Ortschaft T. (Rheinland-Pfalz) in unmittelbarer Nähe zur Landesgrenze nach Nordrhein-Westfalen gelegenes Anwesen, auf dem sie auch zwei Ferienwohnungen bewirtschaften. Das Anwesen liegt etwa 365 m nördlich des Bebauungsplangebietes.

Das Oberverwaltungsgericht erklärte den Bebauungsplan für nichtig, soweit er eine „gebündelte Bauweise" und Flächen, die von Bebauung freizuhalten sind, festsetzt, im übrigen hat es ihn für unwirksam erklärt.

Aus den Gründen:

Die Rüge der Antragsteller, es fehle an einer notwendigen Umweltverträglichkeitsprüfung (UVP), geht fehl.

Das Gesetz über die Umweltverträglichkeitsprüfung (UVPG) in der seit dem 3.8.2001 geltenden Fassung des Gesetzes zur Umsetzung der UVP-Änderungsrichtlinie, der IVU-Richtlinie und weiterer EG-Richtlinien zum Umweltschutz vom 27.7.2001 (BGBl. I, 1950) – UVPG n.F. –, auf das die Antragsteller sich berufen, konnte hier schon deshalb keine Anwendung finden, weil es bei Abschluß des Planaufstellungsverfahrens mit der Bekanntmachung vom 28.4.2001 noch nicht in Kraft getreten war. Die Übergangsvorschrift des §25 UVPG betrifft nur Verfahren, die beim Inkrafttreten der Änderung noch anhängig waren.

Aus der auf das Planaufstellungsverfahren danach anwendbaren Fassung des UVPG (UVPG i.d.F. des Art. 7 des Bau- und Raumordnungsgesetzes v. 18.8.1997, BGBl. I, 2081 – UVPG a.F. –) folgte keine Pflicht zur Durchführung einer UVP, weil nach §2 Abs. 3 Nr. 3 UVPG a.F. einer Umweltverträglichkeitsprüfung nur solche Bebauungspläne unterlagen, die die Zulässigkeit von Vorhaben nach der Anlage zu §3 begründen sollten bzw. Planfeststellungsbeschlüsse für solche Vorhaben ersetzten. Windenergieanlagen oder Windparks sind in der Anlage zu §3 und im Anhang zu Nr. 1 der Anlage zu §3 UVPG a.F. aber nicht genannt. Mithin unterlagen sie nach dem UVPG a.F. nicht der Umweltverträglichkeitsprüfung.

Auch die Ansicht der Antragsteller, daß sich die Pflicht zur Durchführung einer Umweltverträglichkeitsprüfung unmittelbar aus der EU-UVP-Richtlinie (Richtlinie 85/337/EWG des Rates v. 27.6.1985 über die Umweltverträglichkeitsprüfung bei bestimmten öffentlichen und privaten Projekten (ABl. EG Nr. L 175 v. 5.7.1985, S. 40) – UVP-Richtlinie a.F. – i.d.F. der Richtlinie 97/11/EG des Rates v. 3.3.1997 zur Änderung der Richtlinie 85/337/EWG über die Umweltverträglichkeitsprüfung bei bestimmten öffentlichen und privaten Projekten (ABl. EG Nr. L 73 v. 14.3.1977 S. 5) – UVP – Richtlinie n.F.) ergeben habe, trifft nicht zu.

Die UVP-Richtlinie n.F. war zum Zeitpunkt des Satzungsbeschlusses noch nicht in nationales Recht umgesetzt. Die Umsetzungsfrist hatte nach Art. 3 Abs. 1 der Änderungsrichtlinie am 14.3.1999 geendet.

Damit dürfte die Änderungsrichtlinie nach der Rechtsprechung des Europäischen Gerichtshofs und des Bundesverwaltungsgerichts jedenfalls teilweise unmittelbar anwendbar gewesen sein. Unmittelbar anwendbar sind aber nur solche Bestimmungen, die „self executing" sind, d. h. die inhaltlich als unbedingt und hinreichend genau erscheinen. Unbedingt ist eine Gemeinschaftsbestimmung, wenn sie eine Verpflichtung begründet, die weder an eine Bedingung geknüpft ist noch zu ihrer Erfüllung und Wirksamkeit einer Maßnahme der Gemeinschaftsorgane oder der Mitgliedstaaten bedarf. Hinreichend genau, um von einem einzelnen herangezogen und vom Gericht angewandt zu werden, ist eine Bestimmung, wenn sie unzweideutig eine Verpflichtung enthält (vgl. EuGH, Urteil v. 23. 2. 1994 – Rs C 236/92 –, NVwZ 1994, 885).

Das ist jedenfalls für den Kern der UVP-Richtlinie a. F. der Fall (vgl. ausführlich zur unmittelbaren Anwendbarkeit der Urfassung der UVP-Richtlinie: BVerwG, Urteil v. 25. 1. 1996 – 4 C 5.95 – BRS 58 Nr. 7) und dürfte auch im wesentlichen für die Änderungsrichtlinie zutreffen (vgl. Gaentzsch, Zur Umweltverträglichkeitsprüfung von Bebauungsplänen und zu Fehlerfolgen insbesondere bei der unmittelbaren Anwendbarkeit der UVP-Richtlinie, UPR 2001, 287, 290).

Der Frage, ob die Aufstellung eines Bebauungsplans eine Genehmigung für ein Projekt im Sinne der Definition in Art. 2 UVP-Richtlinie ist (vgl. insoweit differenzierend Gaentzsch, a. a. O., S. 288 f.) bzw. ob der hier streitige Bebauungsplan überhaupt in den Anwendungsbereich der UVP-Richtlinie fällt, kann der Senat dahinstehen lassen und zugunsten der Antragsteller unterstellen.

Ebenso kann dahinstehen, ob der hier streitige Bebauungsplan in den Zeitraum der unmittelbaren Wirkung der Änderungsrichtlinie fällt. Die unmittelbare Wirkung der UVP-Richtlinie n. F. war mit Ablauf der Umsetzungsfrist, also erst ab dem 14. 3. 1999 zu beachten. Für Genehmigungsanträge hat der EuGH entschieden, daß für die Frage, ob ein Vorhaben UVP-pflichtig war, darauf abzustellen ist, ob der Genehmigungsantrag vor oder nach Ablauf der Umsetzungsfrist gestellt worden ist (vgl. EuGH, Urteil v. 11. 8. 1995 – Rs C 431/92 –, DVBl. 1996, 424).

Übertragen auf Bebauungspläne mag das bedeuten, daß maßgeblicher Verfahrensschritt, auf dessen Zeitpunkt für die Frage der unmittelbaren Wirkung der Änderungsrichtlinie abzustellen ist, der Aufstellungsbeschluß oder die frühzeitige Unterrichtung der Bürger nach §3 Abs. 1 BauGB ist (vgl. Gaentzsch, a. a. O., S. 290). Beide fanden hier vor dem Eintritt der unmittelbaren Wirkung am 14. 3. 1999 statt, nämlich am 17. 12. 1998 bzw. am 13. 1. 1999.

Auf die angesprochenen Fragen kommt es jedoch deswegen nicht entscheidungserheblich an, weil der hier streitige Bebauungsplan jedenfalls kein Projekt i. S. des §4 Abs. 1 i. V. m. Anhang I der UVP-Richtlinie n. F. darstellt, für das diese Richtlinie eine UVP zwingend vorschreibt. Der Bebauungsplan hat die Errichtung von Windenergieanlagen zum Gegenstand. Diese werden aber in Anhang I der Richtlinie nicht genannt.

Windenergieanlagen in der Form von Windfarmen werden hingegen in Anhang II der UVP-Richtlinie n. F. genannt, der Projekte nach Art. 4 Abs. 2 aufzählt. Bei Projekten im Sinne dieser Vorschrift ist eine UVP nicht zwingend erforderlich, sondern nur, wenn sich die Notwendigkeit auf Grund einer Einzelfalluntersuchung (Buchstabe a) oder anhand der von den Mitgliedstaaten zu bestimmenden Schwellenwerte bzw. Kriterien (Buchstabe b) ergibt. Eine unmittelbare Anwendung des Art. 4 Abs. 2 kommt nur insoweit in Betracht, als sich die Pflicht, eine Umweltverträglichkeitsprüfung durchzuführen, aus einer Einzelfalluntersuchung nach Buchstabe a) ergibt. Denn die Pflicht zur Durchführung einer UVP nach Buchstabe b) hängt von einer konstitutiven Entscheidung der Mitgliedstaaten ab, nämlich der Festlegung von Schwellenwerten bzw. Kriterien. Damit ist dieser Teil der Richtlinie nicht „self executing" und nicht unmittelbar anwendbar. Eine Einzelfalluntersuchung i. S. des Art. 2 Abs. 2 Buchst. a) UVP-Richtlinie n. F. ist hier aber erfolgt. Die verschiedenen im Rahmen der Erarbeitung des Bebauungsplans erstellten Untersuchungen und Gutachten (Umweltverträglichkeitsstudie und Landschaftspflegerischer Begleitplan, Schallgutachten und Schattenwurfanalyse) erfüllen zusammen mit der Bebauungsplanbegründung die gemeinschaftsrechtlichen Anforderungen an eine solche Einzelfalluntersuchung nach Art. 4 Abs. 3 i. V. m. Anhang III UVP-Richtlinie n. F. Danach müssen bei einer Einzelfalluntersuchung die Auswahlkriterien des Anhangs III berücksichtigt werden. Das ist hier geschehen. Im Rahmen der verschiedenen vorbereitenden Untersuchungen und Gutachten sind die Projektmerkmale hinsichtlich der in Anhang III Nr. 1 genannten Punkte und die ökologische Empfindlichkeit der geographischen Räume, die durch das Projekt möglicherweise beeinträchtigt werden, nach den in Nr. 2 genannten Punkten beurteilt sowie die potentiell erheblichen Auswirkungen des Projekts anhand der in Nr. 3 genannten Merkmale bewertet worden.

Das Ergebnis dieser Prüfung, daß weitere umweltbezogene Prüfungen nicht erforderlich seien, ist mit Art. 4 Abs. 2 der UVP-Richtlinie n. F. zu vereinbaren und daher aus der Sicht des Gemeinschaftsrechts nicht zu beanstanden.

In materieller Hinsicht leidet der streitige Bebauungsplan allerdings an verschiedenen Mängeln.

Das gilt zunächst insoweit, als die Antragsgegnerin eine „gebündelte Bauweise" und von Bebauung freizuhaltende Flächen festgesetzt hat. Diese Festsetzungen sind von keiner Rechtsgrundlage gedeckt.

Mit der Festsetzung einer „gebündelten Bauweise" in den zeichnerischen Festsetzungen und der textlichen Festsetzung Nr. 3 Abs. 1 hat die Antragsgegnerin den von ihr als betriebsbedingt notwendig angesehenen Abstand zwischen den Windkraftanlagen als einzuhaltende Bauweise festsetzen wollen.

Für eine derartige Festsetzung gibt es keine Ermächtigungsgrundlage. Auf § 22 BauNVO, der die Zulässigkeit von Festsetzungen über die Bauweise näher regelt, kann diese Festsetzung schon deshalb nicht gestützt werden, weil die Regelung der Bauweise allein die Anordnung der Gebäude auf dem Grundstück im Verhältnis zu den Nachbargrundstücken und dabei insbesondere zu den seitlichen Grundstücksgrenzen betrifft (vgl. BVerwG, Beschluß v. 31. 1. 1995 – 4 NB 48.93 –, BRS 57 Nr. 23).

Eine solche Regelung hat die Antragsgegnerin unter Nr. 3 Abs. 1 der textlichen Festsetzungen nicht getroffen und auch nicht treffen wollen. Sie wollte nach dem insoweit maßgeblichen eindeutigen Wortlaut der textlichen Festsetzung, der identisch ist mit den Ausführungen in der Planbegründung, vielmehr mit der von ihr sogenannten „gebündelten Bauweise" eine Aussage zur

Entfernung der Windkraftanlagen untereinander treffen. Für eine solche Regelungsmöglichkeit als Bauweise gibt §9 Abs. 1 Nr. 2 BauGB i.V. m. §22 BauNVO nichts her. Auch eine andere Rechtsgrundlage für die Festsetzung einer derartigen „Bauweise" ist nicht ersichtlich.

Zur Vermeidung von Mißverständnissen weist der Senat allerdings darauf hin, daß die Gemeinde durchaus befugt ist, die Entfernung der Windkraftanlagen untereinander im Bebauungsplan zu steuern. Dazu genügt etwa die Ausweisung von Baugrenzen, innerhalb derer jeweils nur eine Windkraftanlage Platz findet. Auch wenn Windenergieanlagen keine Gebäude im Sinne des landesrechtlichen Gebäudebegriffs sind (vgl. §2 Abs. 2 BauO NRW), ist die Steuerung der Standorte von Windenergieanlagen bundesrechtlich über die bauplanungsrechtliche Festsetzung von Baugrenzen – ggf. auch Baulinien – nach §23 BauNVO möglich.

Die Festsetzungen über die „von Bebauung freizuhaltenden Flächen" ermangeln gleichfalls einer Rechtsgrundlage.

Der Bebauungsplan setzt entlang der im Plangebiet verlaufenden Bundesstraßen und entlang der im Plangebiet liegenden Waldflächen Flächen fest, die von Bebauung freizuhalten sind. Die textliche Festsetzung lautet:

„In Flächen, die von der Bebauung freizuhalten sind, dürfen keine Windkraftanlagenflügel hineinragen. ..."

Auch diese Festsetzung ist von keiner Rechtsgrundlage gedeckt. Entgegen dem Hinweis auf die Vorschrift des §9 Abs. 1 Nr. 10 BauGB in der Überschrift der textlichen Festsetzung hat die Antragsgegnerin keine von dieser Norm getragene Festsetzung getroffen.

§9 BauGB nennt in Abs. 1 und Abs. 2 die Festsetzungen, die in einem Bebauungsplan getroffen werden können. Dazu gehören nach Abs. 1 Nr. 10 auch „die Flächen, die von der Bebauung freizuhalten sind, und ihre Nutzung". Gemeint sind damit Flächen innerhalb des Plangebietes, die von jeglicher Bebauung freizuhalten sind (vgl. BVerwG, Beschluß v. 24. 2. 2003 – 4 BN 14.03 –, JURIS; Beschluß v. 27. 1. 1999 – 4 B 129.98 –, BRS 62 Nr. 29).

Eine solche Regelung hat die Antragsgegnerin aber nicht getroffen und wollte sie auch nicht treffen. Vielmehr wollte die Antragsgegnerin mit Hilfe dieser Festsetzungen lediglich sicherstellen, daß die Rotorblätter der Windenergieanlagen nicht in die festgesetzten „Schutzstreifen" hineinragen. Das ergibt sich aus dem Gesamtzusammenhang der Bebauungsplanfestsetzungen: (Wird ausgeführt.)

Dieses Ziel, das etwa mit einer entsprechenden Anordnung der Baufenster und/oder einer räumlichen Begrenzung der Ausnahmeregelung nach §23 Abs. 3 Satz 3 BauNVO hätte erreicht werden können, kann aber mit der hier gewählten Festsetzung nach §9 Abs. 1 Nr. 10 BauGB nicht verfolgt werden. Die Vorschrift gibt keine Möglichkeit, nur eine einzige Nutzung – hier für Windenergieanlagen und dabei sogar nur für Teile von ihnen – auszuschließen, sondern ermöglicht es lediglich, eine Fläche gänzlich von Bebauung freizuhalten.

Da die Festsetzungen zur Bauweise und zu den von Bebauung freizuhaltenden Flächen auf keine einschlägige Rechtsgrundlage gestützt werden können, sind diese Mängel nicht in einem ergänzenden Verfahren nach §215a

BauGB behebbar. Die Festsetzungen sind mithin nicht nur unwirksam, sondern nichtig.

Die Nichtigkeit dieser Festsetzungen führt jedoch nicht zur Gesamtnichtigkeit des Bebauungsplans, sondern nur zur Nichtigkeit der betreffenden Festsetzungen, denn die restlichen Festsetzungen des Bebauungsplans bewirken für sich genommen noch eine sinnvolle städtebauliche Ordnung. (Wird ausgeführt.)

Im übrigen weist der Bebauungsplan keine Mängel auf, die nicht im ergänzenden Verfahren behebbar sind und deshalb nicht zu seiner Gesamtnichtigkeit führen.

...

Ob Lärmimmissionen, die von einer Windenergieanlage ausgehen, schädliche Umwelteinwirkungen im Sinne des Bundes-Immissionsschutzgesetzes darstellen, beurteilt sich nach der Sechsten Allgemeinen Verwaltungsvorschrift zum Bundes-Immissionsschutzgesetz (Technische Anleitung zum Schutz gegen Lärm – TA Lärm) in der Fassung vom 26.8.1998. Als Bewohner des bauplanungsrechtlichen Außenbereichs haben die Antragsteller und auch die weiteren Bewohner von Wohngebäuden im Umfeld des Plangebiets einen Lärmpegel von tagsüber 60 dB(A) und nachts 45 dB(A) hinzunehmen. Die Zumutbarkeit von Lärmimmissionen richtet sich im bauplanungsrechtlichen Außenbereich, der grundsätzlich gerade nicht dem Wohnen dient, generell nach den Maßstäben für ein Misch- oder Dorfgebiet (vgl. zum Ganzen, OVG NRW, Urteil v. 18.11.2002 – 7 A 2127/00 –, BRS 65 Nr. 182; vgl. auch OVG NRW, Beschluß v. 26.4.2002 –10 B 43/02 –, BRS 65 Nr. 101).

Der von den Antragstellern unter Hinweis auf die Lage in einem Schutzgebiet, in dem „üblicherweise besondere Stille gesetzlich vorgesehen sei", für zutreffend gehaltene Nachtwert von 35 dB(A) ist nicht anzuwenden. Die Lage einer Außenbereichsfläche in einem aus Gründen des Naturschutzes oder der Landschaftspflege festgesetzten Schutzgebiet hat nicht zur Folge, daß die Wohnruhe auf solchen Außenbereichsflächen besonders schutzwürdig wäre. In einem Landschaftsschutzgebiet, in dem bestimmungsgemäß grundsätzlich nicht gewohnt werden soll, ist nämlich nicht etwa das Wohnen und damit auch die Wohnruhe, sondern die Landschaft nach dem Maßstab des § 21 LG besonders geschützt.

Die genannten maßgeblichen Werte können nach dem im Planaufstellungsverfahren eingeholten, auf den Vorgaben der TA Lärm 1998 basierenden Prognosegutachten eingehalten werden. (Wird ausgeführt.)

Der nach alledem städtebaulich hinreichend gerechtfertigte Bebauungsplan leidet aber an Abwägungsfehlern.

Abwägungsfehler ergeben sich nicht aus der Behandlung der immissionsschutzrechtlichen Belange, die durch die Planung berührt werden.

Zu den von den geplanten Windenergieanlagen zu erwartenden Lärmimmissionen hat die Antragsgegnerin das bereits erwähnte Prognosegutachten des Büros V. eingeholt. Die in diesem Gutachten angestellten Ermittlungen erfüllen die Anforderungen an eine sachgerechte Prognose. (Wird ausgeführt.)

Dadurch, daß sich die Antragsgegnerin für einen bei der gegebenen Außenbereichslage der betroffenen Wohnbebauung ausreichenden Richtwert von 45 dB(A) als Schutzmaßstab für die von den zu erwartenden Lärmimmissionen betroffenen Anwesen entschieden und von der Sicherstellung eines höheren Schutzmaßstabes abgesehen hat, überschreitet sie nicht den ihr zustehenden Abwägungsspielraum. Bei ihrer Abwägung durfte sie die Vorbelastung auch durch gleichartige Anlagen und die regionalplanerischen Vorgaben für diese Gegend sowie das Interesse an einer möglichst intensiven Nutzung der ausgewiesenen Vorrangzonen berücksichtigen und demgegenüber das Interesse der betroffenen Bewohner an einer von Lärmimmissionen möglichst unbelasteten, d. h. möglichst leisen Umgebung zurückstellen.

Auch die Behandlung der von den Antragstellern weiter geltend gemachten negativen Einwirkungen auf ihr Grundstück durch Infraschall ist nicht zu beanstanden. Angesichts dessen, daß die Antragsteller auf eine Untersuchung verwiesen haben, ohne näher zu substantiieren, welche konkreten Folgen danach für sie zu erwarten seien, genügte die Bezugnahme der Antragsgegnerin auf zwei Untersuchungen aus dem Jahre 1982 und 1995, die keinen Hinweis auf etwaige von Infraschall – auch dem von Windenergieanlagen verursachten – ausgehende Gefahren gefunden haben.

Die von der Antragsgegnerin angenommene Unbedenklichkeit der Windenergieanlagen im Hinblick auf Immissionen im Infraschallbereich erscheint auch nicht offensichtlich fehlsam. Zwar kann meßtechnisch nachgewiesen werden, daß Windenergieanlagen Infraschall verursachen. Die festgestellten Infraschallpegel liegen aber weit unterhalb der Wahrnehmungsschwelle des Menschen; wissenschaftlichen Ansprüchen genügende Hinweise auf eine beeinträchtigende Wirkung der von Windenergieanlagen hervorgerufenen Infraschallemissionen auf den Menschen wurden bislang nicht gefunden (vgl. Windenergieanlagen und Immissionsschutz, Landesumweltamt Nordrhein-Westfalen, Materialien Nr. 63, 2002, S. 19, http://www.lua.nrw.de/veroeffentlichungen/materialien/mat63/mat63neu.pdf, m. w. N.; vgl. auch Urteil des Senats v. 18. 11. 2002 – 7 A 2127/00 –, BRS 65 Nr. 182).

Die von den Antragstellern angesprochene Gefahr durch Rotorblattabwurf, „durchgehende" Anlagen und Eisabwurf hat die Antragsgegnerin gleichfalls zutreffend abgewogen. Ihre Bewertung, daß das grundsätzlich bestehende Risiko beim Betrieb technischer Anlagen hier durch entsprechende technische Prüfungen im Rahmen der Baugenehmigung und Überwachungen sowie regelmäßige Wartung und Instandhaltung minimiert (und damit hinnehmbar) sei, läßt eine Fehlgewichtung nicht erkennen. Die Antragsteller haben zwar eine Zusammenstellung von technischen Defekten und Unfällen mit Windenergieanlagen, die sich zu verschiedenen Zeiten und an verschiedenen Orten ereignet haben, vorgelegt. Aus dieser Zusammenstellung von Einzelfällen ergibt sich aber nicht, daß das Grundstück der Antragsteller trotz der Entfernung von etwa 400 m zur nächstgelegenen Windenergieanlage einem Risiko ausgesetzt wäre, das über das allgemeine, mit jeder Form der Nutzung von Technik verbundene und daher als sozialadäquat von jedermann hinzunehmende Risiko hinausgeht.

Die Belange des Naturschutzes und der Landschaftspflege hat die Antragsgegnerin hingegen nicht fehlerfrei abgewogen. ...

Bereits die Ermittlung des konkreten Kompensationsbedarfs ist unzulänglich. Dieser liegt nämlich eine schon vom Ansatz her verfehlte allein flächenorientierte Betrachtungsweise zu Grunde. Insoweit erscheint bereits bedenklich, daß die Beeinträchtigungen des Landschaftsbildes überhaupt einer mathematisierten Bewertung zur Ermittlung eines bestimmten Kompensationsbedarfs unterzogen werden können. Das Schutzgut „Landschaftsbild" ist kein – objektiv meßbarer – Wert an sich, sondern wird in seiner Wertigkeit nur definiert in der wertenden Betrachtung durch den Menschen, auf den es einwirkt und der es wahrnimmt. Maßgeblich sind dabei in erster Linie die Kriterien Vielfalt, Eigenart und Schönheit (§ 1 Abs. 1 Nr. 4 BNatSchG). Zusätzlich kann auch die in § 1 Abs. 1 und § 2 Abs. 1 Nrn. 2, 11 und 12 BNatSchG a. F. (BNatSchG i. d. F. der Bekanntmachung v. 21. 9. 1998 – BGBl. I, 2994) bzw. § 1 Abs. 1 Nr. 4, § 2 Abs. 1 Nrn. 11 und 13 BNatSchG n. F. (BNatSchG in der seit dem 4. 4. 2002 geltenden Fassung des Art. 1 des Gesetzes zur Neuregelung des Naturschutzes und der Landschaftspflege und zur Anpassung anderer Rechtsvorschriften – BNatSchGNeuRegG – v. 25. 3. 2002 – BGBl. I, 1193 –) ausdrücklich angesprochene Bedeutung der jeweils betroffenen Landschaft für die Erholung des Menschen relevant sein. Ob diese Kriterien überhaupt mit objektivierbaren Bewertungszahlen erfaßt werden können, erscheint bereits zweifelhaft. Letztlich kann dies aber dahinstehen, da jedenfalls der Bedarf für einen sachgerechten Ausgleich der – optischen – Beeinträchtigungen des Landschaftsbilds sich nicht in einer bloßen Flächenangabe für eine – in ihrem optischen Erscheinungsbild nicht umschriebene – Ausgleichsfläche erschöpfen kann, wie im Landschaftspflegerischen Begleitplan geschehen (vgl. zum Ganzen, OVG NW, Urteile v. 30. 6. 1999 – 7a D 144/97.NE –, v. 16. 1. 1997 – 7 A 310/95 –, AgrarR 1997, 298, sowie v. 12. 10. 1998 – 7 A 3813/96 –, NuR 1999, 409).

Anders als beim Ausgleich der funktionalen Störungen im Wirkungsgefüge des Naturhaushalts, der nach § 8 Abs. 2 Satz 4 des hier anwendbaren BNatSchG a. F. dann vorlag, wenn nach Beendigung des Eingriffs keine erhebliche oder nachhaltige Beeinträchtigung des Naturhaushalts zurückbleibt, fordert der Gesetzgeber beim Ausgleich von Beeinträchtigungen des Landschaftsbildes nicht die – nur selten mögliche – vollständige Behebung der optischen Störungen im Landschaftsbild. Nach der genannten Vorschrift – ebenso wie nach § 19 Abs. 2 Satz 3 und 4 BNatSchG n. F. – ist der Ausgleich dadurch zu erbringen, daß das Landschaftsbild landschaftsgerecht wiederhergestellt oder jedenfalls landschaftsgerecht neu gestaltet wird. Dabei ist ein Ausgleich durch Neugestaltung des Landschaftsbildes – auch wenn sie landschaftsgerecht erfolgt – nicht denkbar, ohne daß die Neugestaltung und damit zugleich aber auch eine Veränderung und die Tatsache des Eingriffs sichtbar bleibt (vgl. BVerwG, Urteile v. 27. 9. 1990 – 4 C 44.87 –, BRS 50 Nr. 222, und v. 18. 12. 1996 – 11 A 4.96 –, JURIS).

Ein Ausgleich des Eingriffs in das Landschaftsbild liegt demgemäß bereits dann vor, wenn durch die Ausgleichsmaßnahmen in dem betroffenen Landschaftsraum ein Zustand geschaffen wird, der in gleicher Art, mit gleichen Funktionen und ohne Preisgabe wesentlicher Faktoren des optischen Beziehungsgefüges den vor dem Eingriff vorhandenen Zustand in weitestmöglicher

Annäherung fortführt (vgl. BVerwG, Urteil v. 27. 9. 1990 – 4 C 44.87 –, BRS 50 Nr. 222).

Gleiches gilt für Ersatzmaßnahmen nach den Vorschriften der Landesnaturschutzgesetze (hier §5 LG i. d. F. der Bekanntmachung v. 21. 7. 2000, GV.NRW. S. 568), die gemäß §200a BauGB für die Bauleitplanung den Ausgleichsmaßnahmen gleichgestellt sind.

Ob ein Eingriff in das Landschaftsbild ausgeglichen ist, ergibt sich nicht andeutungsweise daraus, wie groß die Fläche ist, die für den Ausgleich in den Blick genommen wird, sondern richtet sich allein nach den qualitativen Eigenschaften der zum Ausgleich vorgesehenen Maßnahmen. Dementsprechend kann der Bedarf für einen Ausgleich erheblicher Beeinträchtigungen des Landschaftsbildes nicht in einer bloßen Flächenermittlung quantifiziert, sondern letztlich nur in Form der Benennung von konkreten optisch wirksamen Maßnahmen qualitativ umschrieben werden (vgl. dazu grundlegend OVG NRW, Urteil v. 30. 6. 1999 – 7a D 144/97.NE –, BRS 62 Nr. 225).

Daran fehlt es hier vollständig. Die „Beschreibung der Kompensationsmaßnahmen" im Landschaftspflegerischen Begleitplan beschränkt sich auf die Empfehlung, die Kompensationsmaßnahmen im Einwirkungsbereich der Anlagen durchzuführen. (Wird ausgeführt.) Auch im weiteren Verlauf des Planaufstellungsverfahrens bis zum Satzungsbeschluß ist eine Konkretisierung der Ausgleichsmaßnahmen nicht erfolgt. Schon dies macht die Abwägung der Antragsgegnerin zur Berücksichtigung des Kompensationsinteresses fehlerhaft.

Der Durchführungsvertrag zwischen der Antragsgegnerin und der Betreiberfirma des Windparks als Vorhabenträgerin vermag den Mangel einer Konkretisierung der Ausgleichsmaßnahmen nicht zu beheben. Zwar kann Ausgleich und Ersatz für Eingriffe in Natur und Landschaft statt durch Festsetzungen im Bebauungsplan grundsätzlich auch durch einen städtebaulichen Vertrag gewährleistet werden (vgl. BVerwG, Beschluß v. 9. 5. 1997 – 4 N 1.96 –, BRS 59 Nr. 11).

Der Durchführungsvertrag kann diese Funktion hier aber schon deswegen nicht erfüllen, weil er erst ein halbes Jahr nach dem Satzungsbeschluß abgeschlossen wurde und mithin nicht Gegenstand der Abwägung sein konnte.

Überdies leidet der Durchführungsvertrag an verschiedenen Mängeln, die seine Tauglichkeit als Instrument zur Sicherung der erforderlichen Ausgleichsmaßnahmen für die Eingriffe in Natur und Landschaft ausschließen.

Er ist zur Sicherung der Durchführung der Ausgleichsmaßnahmen nicht geeignet, weil die Rechte und Pflichten aus dem Vertrag nur die beiden Vertragsparteien treffen, während die Bebauungsmöglichkeiten, die sich aus dem Bebauungsplan ergeben – hier die Möglichkeit, Windenergieanlagen zu errichten –, jedem Bauwilligen offenstehen, auch wenn er nicht Vertragspartei des Durchführungsvertrags ist. Seiner rechtlichen Grundkonstruktion nach ist der „Durchführungsvertrag" nämlich auf ergänzende Regelungen zu einem vorhabenbezogenen Bebauungsplan i. S. des §12 BauGB zugeschnitten, wie er ursprünglich im Planaufstellungsverfahren vorgesehen war. Von dem Erlaß eines solchen vorhabenbezogenen Bebauungsplans hat die Antragsgegnerin jedoch bewußt abgesehen und sich dazu entschlossen, einen „normalen"

Bebauungsplan – im Sinne einer von jedermann realisierbaren Angebotsplanung – als Satzung zu beschließen.

Zweifelhaft ist auch, ob das im Vertrag bestimmte Ersatzgeld den gesetzlichen Anforderungen entspricht. Das Ersatzgeld ist zwar grundsätzlich eine bundesrechtlich durch § 200 a Abs. 1 Satz 1 BauGB zugelassene Kompensationsmöglichkeit (zur Zulässigkeit des Ersatzgeldes nach nordrhein-westfälischem Landesrecht vgl. grundlegend OVG NRW, Urteil v. 7. 2. 1997 – 7a D 134/95.NE –, BRS 59 Nr. 225).

Es ist gegenüber den Ersatzmaßnahmen i. S. von § 5 Abs. 1 Satz 1 LG, die im Bereich der Bauleitplanung auch einen Ausgleich i. S. von § 1 a Abs. 3 BauGB sichern können, jedoch insoweit nachrangig, als seine Erhebung gemäß § 5 Abs. 3 Satz 1 LG voraussetzt, daß die erforderlichen Ersatzmaßnahmen nicht oder nicht ihrem Zweck entsprechend durchgeführt werden können. Welche Ersatzmaßnahmen hier in Betracht gekommen wären und daß bzw. inwieweit sie nicht oder nicht zweckentsprechend durchgeführt werden könnten, ist aber von der Antragsgegnerin im maßgeblichen Zeitpunkt des Satzungsbeschlusses nicht dargetan worden noch sonst ersichtlich gewesen.

Nr. 221

1. **Hat das Normenkontrollgericht einen Bebauungsplan nur für unwirksam erklärt und den weitergehenden Antrag auf Erklärung seiner Nichtigkeit abgelehnt, so wird ein Rechtsmittel des Antragstellers nicht unzulässig, wenn die Gemeinde den festgestellten Mangel im ergänzenden Verfahren nach § 215 a BauGB behebt.**

2. **Die Regelung einer Landschaftsschutzverordnung, nach der Flächen innerhalb des Geltungsbereichs der Verordnung nicht mehr Bestandteile der Landschaftsschutzverordnung sind, sobald sie durch einen Bebauungsplan überplant werden, ist mit Bundesrecht vereinbar.**

3. **§ 1 a Abs. 3 Satz 4 BauGB gilt auch im Hinblick auf solche alten Bebauungspläne, bei deren Aufstellung die naturschutzrechtliche Eingriffsregelung nicht berücksichtigt worden ist.**

BauGB §§ 1 a Abs. 3 Satz 4, 215 a Abs. 1; BBauG 1960 § 5 Abs. 6; BauNVO §§ 1 Abs. 3 Satz 3, 11 Abs. 2; BNatSchG 1976 §§ 12, 15; VwGO § 47 Abs. 5 Satz 4.

Bundesverwaltungsgericht, Beschluß vom 20. Mai 2003 – 4 BN 57.02 –.

(OVG Koblenz)

Die Antragsteller wenden sich im Normenkontrollverfahren gegen den Bebauungsplan „Medienpark (B 146)" der Antragsgegnerin. Sie haben eine Reihe von Mängeln gerügt und beantragt, den Bebauungsplan für nichtig zu erklären. Das Normenkontrollgericht hat den Plan wegen eines Abwägungsfehlers für nicht wirksam erklärt und im übrigen den Antrag abgelehnt (OVG Koblenz, Urteil v. 18. 9. 2002 – 8 C 11279/01.OVG –, BauR 2002, 1817). Der Abwägungsfehler betreffe die Berücksichtigung derjenigen

Geräusche, die von der privaten Zu- und Abfahrtsstraße im südöstlichen Bereich des Plangebiets zu erwarten seien. Er sei beachtlich, jedoch in einem ergänzenden Verfahren behebbar. Mit ihrer Beschwerde erstrebten die Antragsteller die Zulassung der Revision. Während des Beschwerdeverfahrens hat die Antragsgegnerin das ergänzende Verfahren durchgeführt und den angegriffenen Bebauungsplan in einer geänderten Fassung erneut beschlossen und bekannt gemacht.

Aus den Gründen:

II. 1. Der Senat geht zugunsten der Antragsteller von der Zulässigkeit der Beschwerde aus.

a) Die Antragsteller sind durch die Normenkontrollentscheidung beschwert. Mit dem Hinweis auf die Senatsentscheidung vom 20. 6. 2001 (– 4 BN 21.01 –, BRS 64 Nr. 58 = BauR 2002, 284 = ZfBR 2002, 274) lassen sich ihre Beschwer und auch ihr Rechtsschutzbedürfnis nicht (mehr) in Zweifel ziehen. Die in dieser Entscheidung offengelassene Frage nach der grundsätzlichen Zulässigkeit eines Rechtsmittels, mit dem ein Antragsteller – wie hier – die Erklärung der Nichtigkeit an Stelle der Unwirksamkeit eines Bebauungsplans anstrebt, hat der Senat im Beschluß vom 11. 12. 2002 (– 4 BN 16.02 –, BauR 2003, 847 = ZfBR 2003, 383) inzwischen bejaht.

b) Die Zulässigkeit der Beschwerde ist auch nicht dadurch entfallen, daß die Antragsgegnerin den Bebauungsplan im ergänzenden Verfahren nach § 215a BauGB geändert, erneut als Satzung beschlossen und öffentlich bekannt gemacht hat. Der neue Plan hat den ursprünglichen weder ersetzt noch überholt.

Mit Abschluß des ergänzenden Verfahrens durch die Bekanntmachung nach § 10 Abs. 3 BauGB trat der geänderte Bebauungsplan in Kraft. Zugleich endete die nach § 47 Abs. 5 Satz 4 VwGO vom Normenkontrollgericht festgestellte Unwirksamkeit des ursprünglichen Bebauungsplans. Dieser erlangte zusammen mit dem geänderten Bebauungsplan insgesamt als ein Bebauungsplan Wirksamkeit (vgl. Gerhardt, in: Schoch/Schmidt-Aßmann/Pietzner, VwGO, § 47 Rdnr. 102; Stüer/Rude, ZfBR 2000, 85, 89; Dolde, NVwZ 2001, 976, 981).

Ob und in welchem Umfang der Plan in dem angestrebten Revisionsverfahren überprüft werden könnte, ist eine Frage des § 142 Abs. 1 VwGO. Danach sind Klageänderungen im Revisionsverfahren unzulässig. Eine Klageänderung liegt u. a. vor, wenn sich der Streitgegenstand ändert. Eine Änderung des Streitgegenstandes ist allenfalls im Umfang des ergänzenden Verfahrens eingetreten. Die wesentliche Bedeutung des § 215a BauGB besteht darin, daß im ergänzenden Verfahren nicht alle Sachfragen neu behandelt werden müssen. Das ergänzende Verfahren kann sich inhaltlich auf die punktuelle Nachbesserung einer ansonsten fehlerfreien Planung beschränken. Nur diese punktuelle Nachbesserung ist Gegenstand des ergänzenden Verfahrens. Im übrigen wirken der ursprüngliche Satzungsbeschluß und das ursprüngliche Verfahren grundsätzlich weiter. Ein Bebauungsplan, der einem ergänzenden Verfahren unterzogen worden ist, setzt sich mithin aus (mindestens) zwei Teilnormgebungsakten zusammen (Gerhardt, a. a. O.). Im Revisionsverfahren könnte jedenfalls der vom Normenkontrollgericht nicht beanstandete Teilakt einer Rechtskontrolle unterworfen werden; ob § 142 Abs. 1 VwGO einer revisionsgerichtlichen Überprüfung der im ergänzenden Verfahren eingefügten Regelungen entgegenstünde, bedarf hier keiner Entscheidung.

c) Zutreffend geht der Beigeladene davon aus, daß ein Rechtsmittel unzulässig ist, das auf die Erklärung der Unwirksamkeit eines Bebauungsplans wegen weiterer als der vom Normenkontrollgericht festgestellten Unwirksamkeitsgründe gerichtet ist (BVerwG, Beschluß v. 11.12.2002, a.a.O. sowie BVerwG, Urteil v. 30.1.2003 – 4 CN 14.01 –, BauR 2003, 1175). Sie fordert deshalb von einem die Nichtigerklärung beanspruchenden Beschwerdeführer die Darlegung, daß die behaupteten Mängel des Plans nicht in einem ergänzenden Verfahren behoben werden können. Da es die Antragsteller an dieser Darlegung fehlen ließen, genüge ihre Beschwerde nicht den Erfordernissen des § 133 Abs. 3 Satz 3 VwGO. Der Senat läßt offen, ob § 133 Abs. 3 Satz 3 VwGO die von dem Beigeladenen vermißten Ausführungen verlangt. Denn der Beschwerde bleibt aus den nachstehenden Erwägungen der Erfolg versagt.

2. a) Die als grundsätzlich bedeutsam bezeichnete Frage, ob einer Klausel in einer Landschaftsschutzverordnung, der zufolge sich ihr Anwendungsbereich nicht auf das Gebiet neu aufgestellter Bebauungspläne erstreckt, Bundesrecht entgegensteht, brauchte in einem Revisionsverfahren nicht geklärt zu werden, weil es auf ihre Beantwortung nicht ankäme. Der gerügte Mangel der Billigung der „Öffnungsklausel" in der Verordnung über das Landschaftsschutzgebiet „Rheinhessisches Rheingebiet" vom Mai 1977 durch das Normenkontrollgericht würde nämlich nicht zur Nichtigkeit des angefochtenen Bebauungsplans, sondern ebenfalls nur zu seiner Unwirksamkeit führen. Er wäre im ergänzenden Verfahren nach § 215a Abs. 1 Satz 1 BauGB durch eine entsprechende Änderung der Landschaftsschutzverordnung behebbar (vgl. dazu Kalb, in: Ernst/Zinkahn/Bielenberg, BauGB, § 215a Rdnr. 37).

Unabhängig davon nötigt die Frage nicht zur Zulassung der Grundsatzrevision. Sie läßt sich in bejahendem Sinne beantworten, ohne daß es der Durchführung eines Revisionsverfahrens bedarf.

Bauplanungsrecht wird durch die beanstandete „Öffnungsklausel" nicht berührt. Die Beschwerde zieht aus der Streichung des § 5 Abs. 6 BBauG im Jahre 1977 zu Unrecht den Schluß, der Bundesgesetzgeber habe in Wahrnehmung seiner Gesetzgebungskompetenz für das Bodenrecht (Art. 72 Abs. 2, Art. 74 Abs. 1 Nr. 18 GG) das Verhältnis zwischen Landschaftsschutzverordnungen und kommunaler Bauleitplanung abschließend zugunsten eines Vorrangs des Landschaftsschutzes geregelt. Nach § 5 Abs. 6 Satz 2 BBauG 1960 traten mit dem In-Kraft-Treten eines Bebauungsplans in seinem Geltungsbereich Regelungen, die dem Landschaftsschutz dienten, insoweit außer Kraft, als sie der Durchführung des Bebauungsplans entgegenstanden. Damit hatte der Gesetzgeber angeordnet, daß sich im Konfliktfall die Bauleitplanung auch gegenüber einem förmlichen Natur- und Landschaftsschutz durchsetzt. Beim Erlaß der BBauG-Novelle 1976 änderte er diese Bewertung. In dem Bewußtsein, daß der ausnahmslose Vorrang der Bauleitplanung vor Landschaftsschutzbestimmungen die Belange des Naturschutzes vernachlässige, entzog er den Gemeinden die Befugnis, natur- und landschaftsschutzrechtliche Vorschriften im Wege der Bauleitplanung zurückzudrängen (vgl. BVerwG, Urteil

v. 21. 10. 1999 – 4 C 1.99 –, BVerwGE 109, 371, 378 f. = BRS 62 Nr. 38 = BauR 2000, 695). Mehr als die Abkehr vom Vorrang der Bauleitplanung gibt die Streichung des § 5 Abs. 6 Satz 2 BBauG 1960 aber nicht her. Insbesondere läßt sie die dem Landesrecht eingeräumte Befugnis, die Reichweite naturschutzrechtlicher Verbote zu bestimmen, unberührt. Der Bundesgesetzgeber, dem im Bereich des Naturschutzes ohnedies nur eine Rahmenkompetenz zusteht (vgl. Art. 74 Nr. 3 GG in der seinerzeit geltenden Fassung), hat mit der Gesetzesänderung dem Verordnungsgeber einer Landschaftsschutzverordnung nicht untersagen wollen, selbst den Geltungsanspruch seiner Bestimmungen zugunsten der Bauleitplanung einzuschränken. Ob das zulässig ist, richtet sich allein nach den einschlägigen natur- und landschaftsschutzrechtlichen Bestimmungen.

Entgegen der Auffassung der Beschwerde steht § 15 BNatSchG 1976, der bei In-Kraft-Treten der Verordnung über das Landschaftsschutzgebiet „Rheinhessisches Rheingebiet" galt, der Öffnungsklausel nicht entgegen. Die Vorschrift zählt in Abs. 1 die Voraussetzungen auf, unter denen ein Gebiet als Landschaftsschutzgebiet ausgewiesen werden durfte, und ordnete in Abs. 2 das Verbot aller Handlungen nach Maßgabe näherer Bestimmungen an, die den Charakter des Gebietes veränderten oder dem besonderen Schutzzweck zuwiderliefen. Eine Verpflichtung, alle Gebiete, die den Voraussetzungen des § 15 Abs. 1 entsprachen, zu Landschaftsschutzgebieten zu erklären, bestand indessen nicht. Vielmehr stand die Ausweisung nach § 12 Abs. 1 Nr. 1 BNatSchG 1976 im Ermessen. Es blieb dem landesrechtlichen Normgeber daher unbenommen, vom Erlaß einer Landschaftsschutzverordnung abzusehen oder jedenfalls den Geltungsbereich einer solchen Verordnung durch eine Öffnungsklausel zugunsten der gemeindlichen Bauleitplanung einzuschränken.

b) Die Frage, ob § 11 Abs. 2 Satz 1 BauNVO den immissionswirksamen flächenbezogenen Schalleistungspegel als eine Festsetzung der „Art der Nutzung" erlaubt, wird als entscheidungserheblich unterstellt. Zwar können auch Lärmschutzprobleme, die im Bebauungsplan fehlerhaft gelöst worden sind, in einem ergänzenden Verfahren abgearbeitet werden (BVerwG, Urteil v. 16. 12. 1999 – 4 CN 7.98 –, BVerwGE 110, 193, 203 = BRS 62 Nr. 44 = BauR 2000, 684). Dies gilt aber nur, wenn der Mangel nicht von solcher Art und Schwere ist, daß er die Planung von vornherein in Frage stellt oder die Grundzüge der Planung berührt (BVerwG, Urteil v. 8. 10. 1998 – 4 CN 7.97 –, Buchholz 406.11 § 215a BauGB Nr. 1 = BRS 60 Nr. 52 = BauR 1999, 359). Ob bei einer Beanstandung des von der Antragsgegnerin gewählten immissionswirksamen flächenbezogenen Schalleistungspegels der Lärmschutz durch andere Festsetzungen, z. B. durch Festsetzung von Lärmschutzwänden, gewährleistet werden könnte, ist offen. Das Normenkontrollurteil enthält dazu – folgerichtig – keine Feststellungen.

Die Frage rechtfertigt aber nicht die Zulassung der Revision, weil sie sich mit dem Senatsurteil vom 28. 2. 2002 (– 4 CN 5.01 –, BauR 2002, 1348 = NVwZ 2002, 1114) im Sinne des Normenkontrollurteils beantworten läßt. Das Normenkontrollgericht hat der Entscheidung zutreffend entnommen, daß auf der Grundlage des § 11 Abs. 2 BauNVO auch in Sondergebieten das Emissionsverhalten eines Betriebs durch einen immissionswirksamen flächenbezogenen Schalleistungspegel gesteuert werden darf. Deshalb ist auch die Divergenzrüge unbegründet. Entgegen der Auffassung der Beschwerde läßt sich der Senatsentscheidung vom 28. 2. 2002, in der es um die Festlegung von Emissionsradien für Tiermastbetriebe anhand der VDI-Richtlinie 3471 ging, nicht entnehmen, daß die Festsetzung von Emissions- und Immissionsgrenzwerten nur dann als Festsetzung der Art der Nutzung angesehen werden kann, wenn sie auf die Art des zugelassenen Betriebs schließen läßt. Die Tatsache, daß die VDI-Richtlinie 3471 ausschließlich der Kontrolle von Emissionen aus der Schweinehaltung dient und deshalb die Festsetzung von Emissionsradien auf ihrer Grundlage die betroffenen Betriebe als Schweinemastbetriebe ausweist, war für die zu entscheidende grundsätzliche Frage ohne Bedeutung.

Richtig ist, daß der Senat immissionswirksame flächenbezogene Schalleistungspegel zur Gliederung von Baugebieten nach § 1 Abs. 4 Satz 1 Nr. 2 BauNVO mit der Begründung zugelassen hat, zu den besonderen Eigenschaften von Betrieben und Anlagen gehöre auch ihr Emissionsverhalten, und daß diese Vorschrift gemäß § 1 Abs. 3 Satz 3 BauNVO bei der Festsetzung von Sondergebieten nicht gilt. Daraus kann indessen nicht abgeleitet werden, daß immissionswirksame flächenbezogene Schalleistungspegel in Sondergebieten nicht festgesetzt werden dürfen.

Der Senat hat in seiner Entscheidung vom 10. 8. 1993 (– 4 NB 2.93 –, BRS 55 Nr. 11) nicht ausgeschlossen, daß mit den Begriffen „Art der Nutzung" und „besondere Eigenschaften von Betrieben" Sachverhalte beschrieben werden, die sich – auch teilweise – überlappen, so daß mit einem bestimmten Emissionsverhalten auch eine Nutzungsart umschrieben sein kann. Die Entwicklung der Baunutzungsverordnung zeigt, daß der Verordnungsgeber durch § 1 Abs. 3 Satz 3 BauNVO die Gestaltungsmöglichkeiten bei der Festsetzung von Sondergebieten gegenüber den Gebietsarten nach den §§ 2 bis 9 BauNVO in der Tat nicht einschränken wollte. § 1 Abs. 4 Satz 1 Nr. 2 BauNVO 1977 sah vor, daß auch Sondergebiete nach den besonderen Eigenschaften der Betriebe und Anlagen gegliedert werden konnten. Die Einfügung des § 1 Abs. 3 Satz 3 BauNVO und die Herausnahme des § 11 aus § 1 Abs. 4 Satz 1 BauNVO durch die Novelle 1990 haben daran nichts geändert. Nach dem Willen des Verordnungsgebers soll § 1 Abs. 3 Satz 3 BauNVO „in Übereinstimmung mit dem geltenden Recht klarstellen, daß besondere Festsetzungen, wie sie für die Baugebiete nach den §§ 2 bis 9 in § 1 Abs. 1 bis 10 gelten, in Sondergebieten auf Grund der §§ 10 und 11 (insbesondere § 10 Abs. 2 Satz 1 und § 11 Abs. 2 Satz 1) erfolgen" (BR-Drucks. 354/89, S. 40). Anlaß für die Überarbeitung des § 1 Abs. 3 und 4 BauNVO 1977 sei der Beschluß des Bundesverwaltungsgerichts vom 7. 9. 1984 (– 4 N 3.84 –, BRS 42 Nr. 55 = BauR 1985, 173 = NVwZ 1985, 338), in dem ausgeführt wird, daß „bei der Festsetzung der Art der Nutzung für ein Sondergebiet gemäß § 11 Abs. 2 die Gemeinde nicht an die in §§ 2 bis 10 aufgeführten Nutzungsarten und nicht an die in § 1 Abs. 4 bis 9 für typisierte Baugebiete eröffneten Möglichkeiten der Differenzierung gebunden ist."

d) ... Nach § 1a Abs. 2 Nr. 2 BauGB sind in der Abwägung nach § 1 Abs. 6 BauGB die Vermeidung und der Ausgleich der zu erwartenden Eingriffe in Natur und Landschaft zu berücksichtigen (Eingriffsregelung nach dem Bundesnaturschutzgesetz). Nach § 1 a Abs. 3 Satz 4 BauGB ist ein Ausgleich nicht erforderlich, soweit die Eingriffe bereits vor der planerischen Entscheidung erfolgt sind oder zulässig waren. Der Wortlaut des § 1a Abs. 3 Satz 4 BauGB ist eindeutig. Er stellt allein darauf ab, welche Bebauung vor der Aufstellung des neuen Bebauungsplans zulässig war, und differenziert nicht danach, wann und unter welcher Rechtslage die bestehenden Baurechte entstanden sind. Ein Ausgleich ist bei der Überplanung von Flächen, für die bereits Baurechte bestehen, nur insoweit erforderlich, als zusätzliche und damit neu geschaffene Baurechte entstehen (Krautzberger, in: Ernst/Zinkahn/Bielenberg, a. a. O., § 1 a Rdnr. 213). Angesichts des klaren Wortlauts der Regelung kommt eine von der Beschwerde befürwortete einschränkende Auslegung, nach der von einem Ausgleich nur abgesehen werden darf, wenn bei der Aufstellung oder dem Vollzug des alten Bebauungsplans die Anforderungen der naturschutzrechtlichen Eingriffsregelung erfüllt worden sind, auch mit Blick auf die Staatszielbestimmung in Art. 20 a GG nicht in Betracht.

Nr. 222

Art. 20 a GG zwingt eine Gemeinde nicht, sich in der angenommen Konfliktlage für die Aufrechterhaltung einer vorhandenen Quellwasserversorgung und gegen die Forderung nach erweitertem Bauland zu entscheiden.
(Nichtamtlicher Leitsatz)

GG Art. 20 a; BauGB § 1 Abs. 5 Satz 2, Abs. 6.

Bundesverwaltungsgericht, Beschluß vom 15. Oktober 2002
– 4 BN 51.02 –.

(OVG Baden-Württemberg)

Aus den Gründen:
Eine Gemeinde ist grundsätzlich rechtlich ungebunden, sich im Rahmen der ihr aufgetragenen Abwägung für die Vorzugswürdigkeit eines bestimmten Belangs unter Hintansetzung eines anderen Belangs zu entscheiden. Das folgt aus § 1 Abs. 6 BauGB. Zwischen den in § 1 Abs. 5 Satz 2 BauGB genannten Belangen besteht keine Vorzugsregelung. Die Belange sind vielmehr abstrakt gleichwertig (vgl. BVerwG, Beschluß v. 5. 4. 1993 – 4 NB 3.91 –, BVerwGE 92, 231 = BRS 55 Nr. 37 = NVwZ 1994, 288). Zudem bezeichnet § 1 Abs. 5 Satz 2 BauGB die benannten Belange nicht abschließend. Eine Gemeinde besitzt danach auch dann noch die Befugnis zur Bauleitplanung, wenn sie nicht unmittelbar auf einen der in § 1 Abs. 5 Satz 2 BauGB genannten Belange verweisen kann (vgl. BVerwG, Beschluß v. 23. 10. 1990 – 4 B 130.90 –, Buchholz 406.11 § 9 BauGB Nr. 46). An dieser „abstrakten" Gleichwertigkeit aller Belange hat Art. 20 a GG nichts geändert. Eine Gemeinde darf zwar ohne Frage einen aktiven Umweltschutz vorbeugend betreiben, soweit sich dies gemäß § 1 Abs. 3 BauGB auch städtebaulich rechtfertigen läßt. Sie soll auch gemäß § 1 Abs. 5 Satz 1 BauGB mit ihrer Bauleitplanung dazu beitragen, eine menschenwürdige Umwelt zu sichern und die natürlichen Lebensgrundlagen zu schüt-

zen und zu entwickeln. Gleichzeitig soll sie eine dem Wohl der Allgemeinheit entsprechende sozialgerechte Bodennutzung gewährleisten. Hier einen Ausgleich zu finden, wird der Gemeinde zwar als Aufgabe aufgetragen. Jedoch wird ihr dazu ein bestimmtes Ergebnis nicht vorgegeben. Auch Art. 20 a GG verlangt dies nicht. Das Grundgesetz fordert gewiß mit der in Art. 20 a GG niedergelegten Staatszielbestimmung dazu auf, die natürlichen Lebensgrundlagen zu schützen. Diese Aufforderung trifft auch eine Gemeinde. Die verfassungsrechtliche Pflicht besteht indes nur nach Maßgabe von Gesetz und Recht, wie Art. 20 a GG ausdrücklich hervorhebt. Das betont im Sinne verfassungskonformer Anwendung die Bedeutung der von Art. 20 a GG erfaßten Schutzgüter (vgl. BVerwG, Beschluß v. 13. 4. 1995 – 4 B 70.95 –, Buchholz 406.11 §35 BauGB Nr. 309 = BRS 57 Nr. 109 = BauR 1995, 665; Beschluß v. 31. 1. 1997 – 4 NB 27.96 –, BVerwGE 104, 68 = BRS 59 Nr. 8 = BauR 1997, 794; Beschluß v. 10. 9. 1999 – 11 B 22.99 –, juris). Gleichwohl läßt sich aus Art. 20 a GG kein Vorrang im Sinne einer bestimmten Vorzugswürdigkeit ableiten. Vielmehr bleibt es unverändert Aufgabe einer Gemeinde, sich im Rahmen sachgerechter Abwägung selbst darüber schlüssig zu werden, welchen Belangen sie letztlich das stärkere Gewicht beimessen will. Entscheidet sie sich mit sachgerechten Gründen für den Vorrang eines Belangs, kann ein Gericht dieser Entscheidung nicht entgegentreten.

Das Normenkontrollgericht hat diese rechtlichen Vorgaben nicht verkannt. Zwar verweisen seine Entscheidungsgründe nicht ausdrücklich auf Art. 20 a GG. Darauf kommt es jedoch nicht an. Maßgebend ist, ob das vorinstanzliche Gericht die Bauleitplanung der Gemeinde auch unter dem von der Beschwerde hervorgehobenen Gesichtspunkt geprüft hat. Das ist der Fall. Dabei ist allein maßgebend, welche Entscheidung die Antragsgegnerin selbst getroffen hatte. Das Normenkontrollgericht hat gerade ausgesprochen, daß in der nicht erkannten Gefährdung der Eichenwaldquelle ein Abwägungsmangel liege. Ihm kann mithin nicht vorgehalten werden, es habe die Bedeutung der in Art. 20 a GG miterfaßten Schutzgüter übersehen. Daß das Gericht diesen Mangel im Ergebnis gemäß § 214 Abs. 3 Satz 2 BauGB für nicht durchschlagend beurteilt hat, ändert daran nichts. Das gilt auch, soweit die Beschwerde in diesem Zusammenhang die Frage aufwirft, ob das Normenkontrollgericht mit zutreffenden Erwägungen annehmen durfte, daß sich die Gemeinde auch bei Kenntnis des Abwägungsmangels für die beschlossene Bauleitplanung entschieden hätte. Maßgebend bleibt auch hier, daß Art. 20 a GG eine Gemeinde nicht zwingt, sich in der angenommenen Konfliktlage für die Aufrechterhaltung einer vorhandenen Quellwasserversorgung und gegen die Forderung nach erweitertem Bauland zu entscheiden.

Das Normenkontrollgericht hat auch keineswegs den Gesichtspunkt der Trinkwasserversorgung als gewichtigen Belang verkannt. Es hat allerdings in rechtlicher Hinsicht gebilligt, daß die Antragsgegnerin einer vorhandenen Trinkwasserversorgung keinen „Bestandsschutz" dann einzuräumen verpflichtet sei, wenn diese Versorgung anderweitig hinreichend gesichert sei. Damit hat das vorinstanzliche Gericht gerade die Bedeutung der Trinkwasserversorgung als gewichtigen Belang betont, gleichwohl eine bewertende Vorgabe auf die Aufrechterhaltung des konkreten Status quo verneint. Das wirft als solches keine Fragen von grundsätzlicher Bedeutung auf.

2.2 Die Beschwerde trägt vor, das vorinstanzliche Gericht hätte im Rahmen der Anwendung des § 214 Abs. 3 Satz 2 BauGB die an der Beschlußfassung beteiligten Gemeinderäte darüber vernehmen müssen, wie sie im Falle entschieden hätten, wenn sie gewusst hätten, „daß die zur Frage der Gefährdung der Quelle erstellten und zum Zeitpunkt des Satzungsbeschlusses vorliegenden gutachtlichen und fachbehördlichen Äußerungen gerade nicht die Aussage zulassen, daß kein negativer Einfluß des Baugebiets auf die Quelle zu befürchten sei". Ein durchgreifender Verfahrensmangel wird mit dem Vorbringen nicht dargetan.

Der geltend gemachte Verfahrensfehler besteht nicht. Ein gestellter Beweisantrag wäre unzulässig gewesen und hätte vom vorinstanzlichen Gericht zurückgewiesen werden müssen. Das ergibt sich aus der Zielsetzung des § 214 Abs. 3 Satz 2 BauGB. Der Gesetzgeber will mit dem Merkmal der Offensichtlichkeit gerade verhindern, daß die nur „subjektive" Meinungsbildung des kollektiv beschließenden Entscheidungsgremiums im nachhinein beweismäßig rekonstruiert wird (vgl. BVerwG, Beschluß v. 29. 1. 1992 – 4 NB 22.90 –, NVwZ 1992, 662, 663 = BRS 54 Nr. 15 = BauR 1992, 342). Insoweit enthält § 214 Abs. 3 Satz 2 BauGB der Sache nach ein Beweisermittlungsverbot. Daß der Gesetzgeber zu einer derartigen Regelung grundsätzlich befugt ist, ist als solches nicht zweifelhaft. Das in § 214 Abs. 3 Satz 2 BauGB insoweit enthaltene Beweisermittlungsverbot würde umgangen werden, wenn das Normenkontrollgericht dem mit der Beschwerde formulierten Beweisthema nachgegangen wäre. Vielmehr hat der Gesetzgeber im Sinne der Planerhaltung dem Gericht aufgetragen, nur anhand objektiver Umstände festzustellen, ob eine Entscheidung über einen vorgelegten Satzungsentwurf bei Kenntnis bestimmter Umstände möglicherweise anders ausgegangen wäre.

Nr. 223

Die Gemeinde ist nach der Neufassung der §§ 92 und 93 NWG/§ 32 WHG nicht nur bei der Überplanung gesetzlicher, sondern auch natürlicher Überschwemmungsgebiete verpflichtet, die sich daraus für Überschwemmungen (Jahrhunderthochwasser) ergebenden Konsequenzen (u. a.: Verlust von Retentionsflächen) zu bewältigen.

BauG § 1 Abs. 3, Abs. 6; NWG §§ 92, 93.

Niedersächsisches OVG, Urteil vom 15. Mai 2003 – 1 KN 3008/01 – (rechtskräftig).

Die Antragstellerin greift den Bebauungsplan der Antragsgegnerin im wesentlichen mit der Begründung an, dieser durchschneide mit einer Erschließungsanlage ohne städtebaulich ausreichenden Grund ihr einheitlich genutztes und zu nutzendes Grundstück und bewältige trotz Festsetzung eines flächenbezogenen Schalleistungspegels die sich aus dem Aufeinandertreffen unterschiedlicher Nutzungsarten ergebenden Immissionskonflikte nicht. Der Antragstellerin gehört seit 1986 eine aufgegebene Zuckerfabrik. Das

Gelände liegt östlich des E.weges und südlich der Bahntrasse, welche den bebauten Teil der Antragsgegnerin nach Süden bislang begrenzt.

Aus den Gründen:
Der angegriffene Plan leidet an einem weiteren – zu seiner Gesamtunwirksamkeit führenden – Mangel deshalb, weil die Antragsgegnerin die sich aus dem Wasserrecht ergebenden Schwierigkeiten planerisch nicht bewältigt hat. Der davon betroffene Bereich nimmt so große Flächen des Plangebiets ein, daß die Gesamtkonzeption des Planes betroffen ist und die Unwirksamkeitserklärung sich nicht an den Grenzen des seinerzeit noch geltenden gesetzlichen Überschwemmungsgebietes orientieren kann, ohne den Planungswillen der Antragsgegnerin ernstlich zu verfälschen.

Zum Zeitpunkt der Beschlußfassung lag etwa ein Viertel des Planbereichs im seinerzeit gesetzlich festgelegten Überschwemmungsgebiet. Die Grenze dieses Überschwemmungsgebietes ergibt sich nicht so deutlich aus der zeichnerischen Darstellung der 75. Änderung des Flächennutzungsplanes der Antragsgegnerin, als vielmehr aus der Anlage 1 zur schalltechnischen Untersuchung von 1997. Danach begann das gesetzliche Überschwemmungsgebiet etwa 50 m östlich des Bereichs, in dem die Straße, die die Bahnanlagen westlich des Bahnhofs überquert, über die B 83 (neu) führt und reichte von dort zum Südzipfel des Geländes der ehemaligen Zuckerfabrik. Östlich, das heißt jenseits davon, verlief sie in etwa genau westöstlich und teilte das dortige Plangebiet etwa zu einem Viertel im Süden ab. Es ergreift daher westlich des Geländes der Antragstellerin zu bis zu einem Viertel das dort festgesetzte Gewerbegebiet. Das ist nicht Ergebnis gerechter Abwägung. Der Senat hatte in seinem Urteil vom 30.3.2000 (– 1 K 2491/98 –, BRS 63 Nr. 63 = NST-N 2000, 193 = UPR 2000, 396 = ZfBR 2000, 573) zu dem vorhabenbezogenen Bebauungsplan für die Textilfirma J. Folgendes ausgeführt:

„Der Vorhaben- und Erschließungsplan unterliegt – materiell – ebenfalls keinen durchgreifenden Bedenken. Er ist namentlich nicht deshalb zu beanstanden, weil ein Teil seines Bereiches im Überschwemmungsgebiet liegt. Nach §93 Abs. 1 und 2 NWG dürften im Überschwemmungsgebiet ohne Genehmigung der Wasserbehörde u.a. bauliche Anlagen nicht hergestellt oder geändert werden. Ein generelles Bauverbot stellt dies – wie sich schon aus dem Wortlaut ergibt – nicht dar. §93 NWG läßt vielmehr die Errichtung von Einzelvorhaben mit Genehmigung der Wasserbehörde zu. Das mag der Planung eines größeren zusammenhängenden Baugebiets im Überschwemmungsgebiet so lange entgegenstehen, wie der Bereich der Überschwemmungsverordnung nicht in einer dem Planvorhaben günstigen Weise geändert worden ist. Einer – wie hier – vorhabenbezogenen Planung des §12 BauGB n.F. steht §93 NWG dagegen nicht entgegen (vgl. Nds. OVG, Beschluß v. 8.12.1995 – 6 M 7018/95 –, V.n.b., unter Hinweis auf BW, VGH, Urteil v. 24.11.1994 – 2 N 933393 –, NVwZ 1995, 924)."

In Weiterentwicklung dieser Andeutungen ergibt sich hieraus für den vorliegenden Fall, daß die angegriffene Planung unwirksam ist. Die in Bezug genommene Entscheidung stammt zwar nicht vom Baden-Württembergischen, sondern vom Bayerischen Verwaltungsgerichtshof und betrifft dementsprechend nicht baden-württembergisches, sondern bayerisches Landesrecht (Bay. VGH, Urteil v. 24.11.1994 – 2 N 93 3393 –, NVwZ 1995, 924 = BRS 56 Nr. 18 = Bay. VBl. 1995, 561). Das Bayerische Wasserrecht ist mit §93 NWG nicht ganz vergleichbar. Denn nach Art. 61 Abs. 2 Satz 2 BayWG können Vorhaben nur ausnahmsweise in einem gesetzlich festgelegten Überschwemmungsgebiet genehmigt werden, wenn Wasserabfluß, Wasserstand und Wasserrückhaltung nicht nachteilig beeinflußt werden. Demgegenüber ordnet §93 Abs. 2 NWG in der bei Beschlußfassung über den angegriffenen Bebauungsplan maßgeblichen Fassung (geändert durch Art. 1 Nr. 38 des 11. Gesetzes zur Änderung des Niedersächsischen Wassergesetzes v. 11.2.1998, GVBl., 86) an, im Überschwemmungsgebiet dürften bauliche Anlagen nicht ohne Genehmigung der Wasserbehörde hergestellt oder geändert werden; die Genehmigung darf nur versagt werden, wenn der Hochwasserschutz i. S. des §92 Abs. 2 es erfordert und Nachteile durch Bedingungen und Auflagen weder verhütet noch ausgeglichen werden können.

Gleichwohl ist am Ergebnis der in der Senatsentscheidung vom 30.3.2000 vertretenen Auffassung festzuhalten, größere Gebiete dürften im gesetzlichen Überschwemmungsgebiet nicht festgesetzt werden. Der Senat folgt insoweit der Kommentierung von Haupt/Reffken/Rhode (Niedersächsisches Wassergesetz, Stand: Juni 2002, §92 Rdnr. 8). Ein Bebauungsplan, dessen Verheißungen nur im Wege von Ausnahmegenehmigungen realisiert werden können, läuft der Zielsetzung eines Überschwemmungsgebietes zuwider und ist nicht abwägungsgerecht.

Der Umstand, daß die Wasserbehörde zum Zeitpunkt des Satzungsbeschlusses das gesetzliche Überschwemmungsgebiet inhaltlich hatte ändern wollen, ändert daran nichts. Denn das gesetzliche Überschwemmungsgebiet ist erst durch Verordnung vom 3.4.2000 und damit nach dem gemäß §214 Abs. 3 Satz 1 BauGB maßgeblichen Zeitpunkt geändert worden. Schon diese Verletzung materiellen Rechts führt zur Unwirksamkeitserklärung des Planes insgesamt. Die Unwirksamkeitserklärung kann nicht auf die Bereiche diesseits der seinerzeit gesetzlich festgelegten und oben näher beschriebenen Überschwemmungsgrenze beschränkt werden. Denn hierdurch wird das planerische Gesamtgefüge der Antragsgegnerin insgesamt in Frage gestellt. Darf der gesamte Bereich südlich der Überschwemmungsgrenze und nördlich des entsprechenden Segments der B 83 (neu) nicht für gewerbliche Nutzung überplant werden, stellt sich die das Planungskonzept in Zweifel ziehende Frage, ob die gewerblichen Bauflächen weiterhin gleichsam schraffiert von der Bahnlinie zur B 83 (neu) aufgereiht und durch entsprechend strahlenförmig verlaufende Stichstraßen erschlossen werden sollen oder ob es unter diesen Umständen nicht richtiger ist, die Bauflächen parallel zur Bahnstrecke und/oder der B 83 (neu) aufzureihen.

Aber auch für den Bereich nördlich des seinerzeit gesetzlich noch festgesetzten Überschwemmungsgebietes kann die angegriffene Planung nach der zum Zeitpunkt des Satzungsbeschlusses bereits bestehenden wasserrechtlichen Gesetzeslage keinen Bestand haben. Sinn und Zweck sowie Ziel der Neufassung der §§92 und 93 NWG durch Art. 1 Nr. 37 und 38 des 11. Gesetzes zur Änderung des Niedersächsischen Wassergesetzes (v. 11.2.1998,

GVBl., 86) war es, der 1996 in Kraft getretenen Änderung von § 32 WHG Rechnung zu tragen. Dessen Neufassung sollte insbesondere den vorbeugenden Hochwasserschutz verbessern. Dementsprechend ergreift das Niedersächsische Wassergesetz seit seiner im März 1998 und damit vor der Beschlußfassung in Kraft getretenen Fassung (vgl. Art. 7 des 11. Änderungsgesetzes) sowohl die durch Verordnung festgesetzten Überschwemmungsgebiete (§ 92 Abs. 2 NWG n. F.) als auch diejenigen Gebiete, die bei Hochwasser überschwemmt oder durchflossen sind oder die für Hochwasserentlastung oder Rückhaltung beansprucht werden (sog. tatsächliche oder natürliche Überschwemmungsgebiete). Ge- und Verbote gegen Dritte mögen zwar erst nach förmlicher Bestimmung als Hochwassergebiet entsprechend § 92 Abs. 2 NWG ausgesprochen werden dürfen. Das ändert aber nichts daran, daß die planende Gemeinde u. a. gemäß § 93 Abs. 1 NWG verpflichtet ist, als Belang des Wohls der Allgemeinheit zu berücksichtigen, ob und daß Überschwemmungsgebiete in ihrer Funktion als natürliche Rückhalteflächen zu erhalten sind. § 93 Abs. 1 Satz 2 NWG fügt ausdrücklich hinzu, früher als Hochwasser überschwemmte oder durchflossene Gebiete, die als Rückhalteflächen (sog. Retentionsbereiche) geeignet sind, soweit wie möglich wieder herzustellen, wenn überwiegende Gründe des Wohls der Allgemeinheit dem nicht entgegenstehen. Das stellt Anforderungen an die Planung auch in dem Bereich, der jenseits, d. h. nordöstlich des seinerzeit gesetzlich festgelegten Überschwemmungsgebietes liegt. Denn nach den in der mündlichen Verhandlung erörterten Karten, lag der gesamte Bereich westlich der ehemaligen Zuckerfabrik fast bis hin zur westlichen Planspitze im Bereich eines tatsächlichen/natürlichen Überschwemmungsgebietes. Der Antragsgegnerin oblag es nach der Neufassung des NWG zu entscheiden, ob die westlich des Geländes der ehemaligen Zuckerfabrik liegenden Bereiche zwischen der Bahnstrecke und der B 83 (neu) u. a. als Retentionsflächen zum Vorteil der Weser abwärts gelegenen Flächen zu erhalten sind und was planerisch an Ausgleichsmaßnahmen zu ergreifen ist, wenn deren Eignung als Überschwemmungs- und Retentionsflächen bei Ausnutzung der planerischen Festsetzungen erforderlich wird. Nach der Neufassung des Niedersächsischen Wassergesetzes war mit anderen Worten zwingend erforderlich, sowohl das „Ob" der Inanspruchnahme des natürlichen Überschwemmungsgebietes westlich der ehemaligen Zuckerfabrik und nördlich des seinerzeit noch festgelegten gesetzlichen Überschwemmungsgebietes zu überprüfen und im Falle, daß dies durch überwiegende Gründe des Wohls der Allgemeinheit gefordert wird, zu erwägen, welche Ausgleichsmaßnahmen in Absprache mit der unteren Wasserbehörde vorzusehen sind.

Dem hat sich die Antragsgegnerin nicht, jedenfalls nicht ausreichend, gestellt. Nach Nr. 13 der Planbegründung hat sie zwar erkannt, daß das gesamte Plangebiet (!) als Retentionsraum der Weser in Betracht kommt und mit der gewerblichen Entwicklung ein Verlust an Retentionsraum sowie Eingriff in das gesetzliche Überschwemmungsgebiet verbunden ist. Daran schließt sich zwar das Bekenntnis an, daß diese Eingriffe durch geeignete Maßnahmen in Abstimmung mit dem gewässerkundlichen Landesdienst auszugleichen seien. Das ist im Folgenden indes nicht geschehen. Mit den Planfestsetzungen, namentlich der textlichen Festsetzung §8 („Innerhalb der Gewerbegebiete wird eine Sockelhöhe von 62,10 m über NN als Mindestmaß festgesetzt.") hat die Antragsgegnerin lediglich die gewerblich zu nutzenden Gebäude gegen negative Einflüsse eines Jahrhunderthochwassers („HQ 100") zu wappnen versucht. Damit ist das Prüfungsprogramm, welches die §§ 92, 93 NWG Fassung 1998 der planenden Gemeinde auferlegen, indes nicht vollständig „abgearbeitet". Erforderlich wäre gewesen herauszufinden, welchen Umfangs eine gewerbliche Bebauung den Verlust von Retentionsraum zur Folge hat und durch welche Maßnahme dies ohne Verstoß gegen Gründe des öffentlichen Wohls zumindest teilweise würde ausgeglichen werden können.

Nr. 224

1. **§ 17 Abs. 4 Satz 1 FStrG ist auf anerkannte Naturschutzvereine nicht anwendbar. Wie weit ein Verein im gerichtlichen Verfahren mit Vorbringen präkludiert ist, bestimmt sich nach § 61 Abs. 3 BNatSchG. Innerhalb welcher Frist einem anerkannten Verein im Rahmen der nach § 60 Abs. 2 BNatSchG gebotenen Beteiligung Gelegenheit zur Stellungnahme zu geben ist, richtet sich vorbehaltlich anderweitiger Regelung im Bundes- oder Landesrecht nach den Bestimmungen des Landesnaturschutzrechts.**

2. **Die FFH-Richtlinie enthält keine Regelung des Inhalts, daß die Mitgliedstaaten alle Gebiete melden müssen, die prioritäre Lebensraumtypen oder Arten aufweisen. Maßgebend sind auch insoweit die im Anhang in Phase 1 genannten Auswahlkriterien.**

3. **Ist der Planungsträger in der Lage, durch Schutzvorkehrungen sicherzustellen, daß der Grad der Beeinträchtigung, den die FFH-Richtlinie durch das Merkmal der Erheblichkeit kennzeichnet, nicht erreicht wird, so ist dem Integritätsinteresse Genüge getan.**

(Zu 1. nur Leitsatz)

FStrG § 17 Abs. 4 Satz 1; VwVfG § 73 Abs. 4 Satz 1 und Abs. 8 Satz 1; BNatSchG §§ 60 Abs. 2, 61 Abs. 3; FFH-RL Art. 4 Abs. 1, Art. 6 Abs. 3.

Bundesverwaltungsgericht, Urteil vom 27. Februar 2003 – 4 A 59.01 –.

Der Kläger, ein in Sachsen anerkannter Naturschutzverein, wendet sich mit seiner Klage gegen den Planfeststellungsbeschluß des Regierungspräsidiums Dresden vom September 2001 für den Neubau des zweiten Abschnitts der Bundesautobahn A 17 zwischen der Bundesstraße B 170 und der Anschlußstelle Pirna. Die A 17, die nordwestlich von Dresden von der A 4 abzweigt und bis zur deutsch-tschechischen Grenze reicht, ist im Zuge der Achse Hamburg/Berlin/Prag Teil des geplanten transeuropäischen Straßennetzes. Sie gehört zu den 17 Verkehrsprojekten Deutsche Einheit und ist im aktuellen Bedarfsplan für die Bundesfernstraßen als vordringlicher Bedarf dargestellt. Der planfestgestellte Abschnitt ist knapp 13 Kilometer lang. Die Trasse führt in Anlehnung an die Linienbestimmung des Bundesministers für Verkehr vom Oktober 1994 am Südrand der bebauten Ortsteile von Dresden, Heidenau und Pirna entlang. Die Talräume der Nöthnitz, des Gebergrundes, der Lockwitz und der Müglitz, die nach der FFH-Richtlinie schützenswerte Lebensraumtypen und Arten beherbergen, werden mit Brücken überspannt. Zwischen der Lockwitz und der Müglitz quert die Trasse den Bereich der Meuschaer Höhe, die zusammen mit der Sommerleite, der Großen Hohle und dem Alten Gamig ebenfalls FFH-relevante Biotope aufweist. Auch im dritten Bauabschnitt, der sich derzeit noch in der Planung befindet, werden Landschaftsteile betroffen, die für den Lebensraum- und den Artenschutz bedeutsam sind. Von besonderer Relevanz ist nahe der deutsch-tschechischen Grenze das Vogelschutzgebiet Fürstenau.

Aus den Gründen:

2.2 Der Planfeststellungsbeschluß widerspricht nicht den Vorschriften des europäischen Naturschutzrechts, deren Verletzung der Kläger im Anschluß an seine Ausführungen im Beteiligungsverfahren geltend macht. Das Planvorhaben scheitert nicht an den Verpflichtungen, die sich für den Beklagten aus der Richtlinie 92/43/EWG des Rates vom 21.5.1992 zur Erhaltung der natürlichen Lebensräume sowie der wild lebenden Tiere und Pflanzen (ABl. EG L 206, S. 7) ergeben.

2.2.1 Ein Mangel haftet der Planung entgegen der Ansicht des Klägers nicht schon deshalb an, weil bei der Linienbestimmung keine FFH-Verträglichkeitsprüfung stattgefunden hat. Dahinstehen kann, ob es in dem Linienbestimmungsverfahren, das mit der Entscheidung des Bundesministers für Verkehr vom 31.10.1994 abgeschlossen wurde, einer solchen Prüfung bedurfte. Ein etwaiger Mangel wäre nicht automatisch für das rechtliche Schicksal des angefochtenen Planfeststellungsbeschlusses bedeutsam. Denn Defizite auf der Stufe des Linienbestimmungsverfahrens führen zur Rechtswidrigkeit eines nachfolgenden Planfeststellungsbeschlusses nur dann, wenn sie nicht im Planfeststellungsverfahren behoben werden (vgl. BVerwG, Urteil v. 10.4.1997 – 4 C 5.96 –, BVerwGE 104, 236). Der Kläger stellt selbst nicht in Abrede, daß im Rahmen der Planfeststellung für den zweiten Abschnitt der A 17 Verträglichkeitsprüfungen auf der Grundlage des europäischen Naturschutzrechts stattgefunden haben. Anlaß zur Kritik besteht aus seiner Sicht insoweit nur deshalb, weil diese Prüfungen nach seiner Einschätzung nicht in Einklang mit den europarechtlichen Vorgaben durchgeführt worden sind. Ob dies zutrifft, ist im Rahmen des anhängigen Rechtsstreits voll überprüfbar.

2.2.2 Der Kläger beanstandet ohne Erfolg, daß die im Laufe des Verfahrens angestellten Verträglichkeitsuntersuchungen nicht auf den Nöthnitzgrund und den Gebergrund erstreckt wurden, die beide im Trassenbereich liegen. Hierzu hätte allenfalls dann Veranlassung bestanden, wenn diese Landschaftsräume die Merkmale potentieller FFH-Gebiete im Sinne der Senatsrechtsprechung erfüllen würden. In Übereinstimmung mit der Judikatur des EuGH (vgl. Urteil v. 7.11.2000 – C-371/98 –, Slg. 2000, I-9249) geht der Senat davon aus, daß die FFH-Richtlinie den Mitgliedstaaten bei der Meldung der Gebiete, die nach Art. 4 Abs. 1 der Richtlinie anhand der im Anhang III Phase 1 genannten Kriterien auszuwählen sind, einen ökologisch-fachlichen Beurteilungsspielraum zugesteht (vgl. BVerwG, Urteile v. 19.5.1998 – 4 A 9.97 –, BVerwGE 107, 1, v. 31.1.2002 – 4 A 15.01 –, Buchholz 407.4 § 17 FStrG Nr. 168, und v. 17.5.2002 – 4 A 28.01 –, a.a.O.). Zum Kreis der potentiellen Schutzgebiete, die dem europarechtlichen Schutzregime nach Maßgabe der Vorwirkungsrechtsprechung des EuGH (vgl. Urteil v. 18.12.1997 – C-129/96 –, Slg. 1997, I-7435) unterliegen, gehören nur die Landschaftsräume, die aus fachwissenschaftlicher Sicht die von der Richtlinie vorausgesetzten Eigenschaften zweifelsfrei aufweisen, vom Mitgliedstaat aber trotz ihrer Eignung bei der Auswahl unberücksichtigt gelassen worden sind.

Beim Nöthnitzgrund und beim Gebergrund fehlt es an dieser Voraussetzung. Freilich macht der Kläger unter Berufung auf die von Göhlert und Herrguth im November 1998 abgeschlossene Sonderuntersuchung zur Erfassung und Bewertung prioritärer natürlicher Lebensraumtypen und prioritärer Arten darauf aufmerksam, daß sich in diesen Bereichen Biotope und Arten nachweisen lassen, deren FFH-Relevanz auch der Beklagte nicht grundsätzlich in Frage stellt. ... Trotz dieser Ausstattung spricht der Beklagte, gestützt auf das von Buder im Januar 2001 vorgelegte „Sondergutachten zur Bedeutung der Vorkommen von Lebensraumtypen und Arten für Natura 2000 im zweiten Planfeststellungsabschnitt der BAB A 17" dem Nöthnitz- und dem Gebergrund die FFH-Qualität ab. Er weist darauf hin, daß diese beiden Talräume nicht geeignet sind, zur Kohärenz des europäischen ökologischen Netzes, das auf der Grundlage der FFH-Richtlinie errichtet werden soll, einen wesentlichen Beitrag zu leisten. Es erscheint fraglich, ob es sich mit dieser Erwägung rechtfertigen läßt, einen Landschaftsraum aus dem Kreis der Gebiete, die für eine Meldung in Betracht kommen, von vornherein auszuschließen. Der Kläger macht im Grundsatz zu Recht darauf aufmerksam, daß Kohärenzgesichtspunkte nicht bereits bei der Gebietsauswahl auf der Grundlage der im Anhang III Phase 1 aufgelisteten Kriterien, sondern erst bei der Erstellung der Kommissionsliste anhand der im Anhang III Phase 2 genannten Beurteilungsmaßstäbe ausschlaggebende Bedeutung erlangen. Der Beklagte hat sich indes nicht ausschließlich vom Gedanken der Kohärenzsicherung leiten lassen. Er nennt weitere Gründe, die es nach seiner Einschätzung rechtfertigen, dem Nöthnitz- und dem Gebergrund die Qualität eines potentiellen FFH-Gebiets abzusprechen. Er hebt hervor, daß die vom Kläger genannten Lebensraumtypen allesamt fragmentarisch ausgeprägt bloß in kleinflächigen Restbeständen vorkommen, die allenfalls von lokalem Interesse sind. Soweit es um die faunistische Ausstattung geht, mißt er entscheidende Bedeutung dem Umstand bei, daß es an aktuellen Nachweisen fehlt. Der Kläger stellt nicht in Abrede, daß die Mitgliedstaaten bei der Gebietsauswahl nach Art. 4 Abs. 1 FFH-RL einen naturschutzfachlichen Beurteilungsspielraum haben. Er bezweifelt jedoch, daß sich eine Gebietsmeldung aus den vom Beklagten ins Feld geführten Gesichtspunkten auch dann erübrigt, wenn der fragliche Bereich prioritäre Lebensraumtypen oder Arten beherbergt. Diese Bedenken teilt der Senat nicht.

Der Beschluß des 6. Senats des Bundesverwaltungsgerichts vom 24.8.2000 – 6 B 23.00 – (Buchholz 451.91 EuropUmweltR Nr. 4) rechtfertigt nicht die Schlüsse, die der Kläger aus ihm zieht. Er bestätigt vielmehr, daß auch beim Vorhandensein prioritärer Biotope oder Arten ein Beurteilungsspielraum besteht. Dies entspricht der Systematik der FFH-Richtlinie. Die nach dem Anhang III Phase 1 maßgeblichen Kriterien unterscheiden nicht danach, ob es sich um Gebiete mit prioritären oder nichtprioritären Bestandteilen handelt. Bei der Auswahlentscheidung ist freilich dem Umstand Rechnung zu tragen, daß prioritäre Lebensraumtypen oder Arten gerade dadurch gekennzeichnet sind, in ihrer Existenz besonders bedroht zu sein. Auf Grund dieser Gefährdungslage ist für sie typisch, daß sie praktisch nirgendwo großflächig oder in großer Zahl vorkommen. Dies kann bei der Bewertung des Kriteriums der Flächen- oder der Populationsgröße im Rahmen des Anhangs III Phase 1 nicht außer acht gelassen werden. Das Vorkommen prioritärer Biotope oder Arten ist bei der Auswahlentscheidung seiner besonderen Bedeutung entsprechend zu berücksichtigen. Dies ändert indes nichts daran, daß die Mitgliedstaaten auch Gebiete mit prioritären Lebensraumtypen oder Arten nicht ausnahmslos zu melden haben. Göhlert und Herrguth, auf die sich der Kläger beruft, lassen es mit der Feststellung bewenden, daß die von ihnen untersuchten Biotope und Arten als prioritär im Sinne der FFH-Richtlinie einzustufen sind. Zu der Frage, ob der Nöthnitz- und der Gebergrund zu den nach Art. 4 Abs. 1 FFH-RL meldepflichtigen Gebieten zählen, äußern sie sich nicht. Dagegen läßt Buder in seiner gutachterlichen Stellungnahme vom Januar 2001 keinen Zweifel daran aufkommen, daß der Nöthnitz- und der Gebergrund über ein zu geringes Ausstattungspotential verfügen, um den im Anhang III Phase 1 genannten Relevanzkriterien zu genügen. Vor dem Hintergrund dieser fachlichen Äußerungen brauchte sich die Aufnahme dieser Gebiete in die der EU-Kommission übermittelte Liste nicht aufzudrängen. Schon aus diesem Grunde erübrigte es sich insoweit, der Frage nach der FFH-Verträglichkeit des Planvorhabens weiter nachzugehen. ...

2.2.4 Die Zulässigkeit des Planvorhabens wird auch nicht dadurch in Frage gestellt, daß mit der Meuschaer Höhe unter Einschluß der linken Müglitzflanke samt Robisch, der Sommerleite, der Großen Hohle und des Alten Gamig ein Bereich betroffen wird, dessen Ausstattungspotential nicht nur nach der Beurteilung des Klägers, sondern auch nach der Einschätzung des Beklagten die Annahme eines potentiellen FFH-Gebiets nahelegt. ...

Nach den Erkenntnissen der Sachverständigen steht außer Zweifel, daß sowohl mit den Stickstoff-Ablagerungen als auch den Stickoxid- und den Staubimissionen, die für basische artenreiche Rasen maßgeblichen Schwellenwerte überschritten werden.

Es läßt sich rechtlich nicht beanstanden, daß der Beklagte insbesondere in Anknüpfung an die Untersuchungsergebnisse von Buder und Steinert eine erhebliche Beeinträchtigung im Sinne des Art. 6 Abs. 3 FFH-RL gleichwohl in Abrede stellt. Die Planungsbehörde weist auf ein Bündel von baulichen Vorkehrungen und sonstigen Maßnahmen hin, die in ihrer Gesamtheit darauf abzielen, die mit dem Planvorhaben verbundenen nachteiligen Folgen weitestmöglich zu minimieren. Eine ungehinderte Schadstoffausbreitung wird streckenweise dadurch unterbunden, daß die Trasse in einem mehrere Meter tiefen Einschnitt verläuft. Für diese Art der Gradientenführung hat sich der Planungsträger nicht nur in dem Bereich der Sommerleite entschieden, in dem die Errichtung einer Landschaftsbrücke geplant ist, sondern auch im Anschluß an die Müglitztalbrücke, deren beidseitige Lärmschutzwände eine zusätzliche Abschirmung bieten. Außerhalb dieser Tieflagen lassen sich indes insbesondere im Übergangsbereich zwischen dem westlichen Portal der geplanten Landschaftsbrücke am Rande der Sommerleite und der Großen Hohle Schwellenwertüberschreitungen rechnerisch nicht vermeiden. Um dort gleichwohl zu verhindern, daß der Trockenrasen Schaden nimmt, regen Buder und Steinert an, die Fahrbahnsäume nach näherer Maßgabe zu bepflanzen. Insoweit machen sie Gestaltungsvorschläge, die einerseits sicherstellen sollen, daß die Stoffeinträge auf ein Minimum reduziert werden, andererseits aber auch die Gewähr dafür bieten sollen, daß die Kaltluftabflüsse nicht unterbrochen und die Verschattungseffekte möglichst gering gehalten werden. Die Planungsbehörde hat diese Maßgaben zum Gegenstand von Auflagen gemacht und eine kontinuierliche Erfolgskontrolle angeordnet. Weitere Anregungen von Buder und Steinert haben im Planfeststellungsbeschluß insofern ihren Niederschlag gefunden, als das Regierungspräsidium dem Planungsträger zusätzlich Pflege- und Erhaltungsmaßnahmen unter Einschluß einer gezielten Aushagerung der insbesondere in den Halbtrockenrasenbeständen vorhandenen Pflanzengesellschaften aufgegeben hat.

Der Kläger wirft dem Beklagten in diesem Zusammenhang vor, Art. 6 Abs. 3 FFH-RL mißverstanden zu haben: Bei der Beurteilung der Erheblichkeit der Beeinträchtigungen seien unzulässigerweise Maßnahmen berücksichtigt worden, die der Schadensminderung dienten. Solche Maßnahmen könnten rechtliche Relevanz nicht schon auf der ersten Stufe des FFH-Prüfprogramms, sondern erst auf der nachfolgenden Ebene des Ausgleichs nach Art. 6 Abs. 4 FFH-RL erlangen. Dem ist in dieser Allgemeinheit nicht zu folgen.

Die von der Planungsbehörde angeordneten Pflege- und Erhaltungsmaßnahmen weisen nicht die Merkmale von Ausgleichsmaßnahmen i. S. des Art. 6 Abs. 4 FFH-RL auf. Sie sind vielmehr dem Regelungsbereich des Art. 6 Abs. 1 FFH-RL zuzurechnen. Welche Pflege- und Erhaltungsmaßnahmen zu ergreifen sind, hängt nach dieser Bestimmung von den jeweiligen ökologischen Erfordernissen ab. Das Konzept des Beklagten umfaßt zehn verschiedene Maßnahmen, die von aufeinander abgestimmter Beweidung und Mahd bis zur Verhinderung eines natürlichen Gehölzaufwuchses reichen. Der Kläger äußert die Überzeugung, daß sich trotz des Pflegeplans eine Euthrophierung nicht werde abwenden lassen. Er bringt indes keine Belege dafür bei, daß er insoweit über bessere Erkenntnisse verfügt als die Sachverständigen, denen der Beklagte folgt.

Der Planungsbehörde war es nicht verwehrt, die im Randbereich der Trasse vorgesehenen Anpflanzungen bereits bei der Prüfung der Frage zu berücksichtigen, ob das Planvorhaben erhebliche Beeinträchtigungen i. S. des Art. 6 Abs. 3 FFH-RL erwarten läßt. Der Kläger setzt alle Handlungen, von denen bei der Verwirklichung eines mit nachteiligen Folgen verbundenen Projekts positive Wirkungen ausgehen, Maßnahmen gleich, die dem Ausgleich der vorhabenbedingten Beeinträchtigungen dienen.

Diese Sichtweise wird dem Schutzzweck der FFH-Richtlinie nicht gerecht. Kompensationsmaßnahmen nach Art. 6 Abs. 4 FFH-RL erübrigen sich, wenn die mit einem Vorhaben verbundenen nachteiligen Wirkungen nicht die Schwelle der erheblichen Beeinträchtigung i. S. des Art. 6 Abs. 3 FFH-RL erreichen. Ist der Planungsträger in der Lage, durch Schutzvorkehrungen sicherzustellen, daß der Grad der Beeinträchtigung, den die FFH-Richtlinie durch das Merkmal der Erheblichkeit kennzeichnet, nicht erreicht wird, so ist dem Integritätsinteresse, das nach der Konzeption der Richtlinie vorrangig zu wahren ist, Genüge getan. Denn aus der Sicht des FFH-Rechts spielt es keine Rolle, ob Immissionen, die durch ein Vorhaben verursacht werden, von vornherein als unerheblich einzustufen sind, oder zwar, für sich betrachtet, erheblich zu Buche schlagen, trotzdem aber keine Beeinträchtigungen i. S. des Art. 6 Abs. 3 FFH-RL erwarten lassen, weil sie durch Schutzmaßnahmen so weit vermindert werden können, daß sie bei der im FFH-Recht gebotenen schutzobjektbezogenen Betrachtungsweise als Gefährdungspotential nicht mehr in Betracht kommen.

Nr. 225

1. **Eine landesrechtliche Festlegung der Öffnungszeiten gastronomischer Betriebe in einem Nationalpark aus naturschutzrechtlichen Gründen widerspricht nicht der Kompetenzordnung des Grundgesetzes.**
2. **Das Bundesnaturschutzgesetz verlangt nicht, daß der Geltungsbereich eines Bebauungsplans aus einem Nationalpark ausgegrenzt werden muß.**

BNatSchG 1998 § 13 Abs. 2 Satz 1, § 14 Abs. 2; BNatSchG 2002 § 23 Abs. 2 Satz 1, § 24 Abs. 3; GG Art. 72 Abs. 2, Art. 74 Abs. 1 Nr. 11, Art. 75 Abs. 1 Satz 1 Nr. 3.

Bundesverwaltungsgericht, Beschluß vom 23. Juli 2003 – 4 BN 40.03 –.

(OVG Sachsen-Anhalt)

Aus den Gründen:

1. Die als grundsätzlich klärungsbedürftig bezeichnete Frage, ob ein Bundesland kraft Naturschutzrechts die Öffnungs- und Sperrzeiten für Gaststätten in einem wie ein Naturschutzgebiet zu schützenden Nationalpark festsetzen darf, führt nicht zur Zulassung der Revision. Sie läßt sich anhand des Gesetzes und auf der Grundlage der vorhandenen Rechtsprechung beantworten, ohne daß es der Durchführung eines Revisionsverfahrens bedarf.

a) Die Kompetenzordnung des Grundgesetzes (Art. 70 ff.) verbietet nicht ein Landesgesetz, das die Öffnungszeiten gastronomischer Einrichtungen festsetzt oder – wie hier – zu Festsetzungen durch die Exekutive ermächtigt. Zwar läßt sich ein solches Gesetz dem Recht der Wirtschaft i. S. des Art. 74 Abs. 1 Nr. 11 GG zuordnen, weil darunter alle das wirtschaftliche Leben und die wirtschaftliche Betätigung als solche regelnden Normen zu verstehen sind (vgl. BVerfG, Beschluß v. 18. 3. 1970 – 2 BvO 1/65 –, BVerfGE 28, 119, 146). Ist es dem Naturschutz zu dienen bestimmt, ist aber auch Art. 75 Abs. 1 Satz 1 Nr. 3 GG angesprochen. Die Materien des Art. 74 Abs. 1 GG hat der Bund unter den in Art. 72 Abs. 2 GG genannten Voraussetzungen selbst zu regeln, während er im Anwendungsbereich des Art. 75 Abs. 1 GG nur Rahmenvorschriften für die Gesetzgebung der Länder erlassen darf. Da nicht unterstellt werden kann, daß das Grundgesetz dieselbe Sachkompetenz in zwei verschiedenen Bestimmungen mit unterschiedlichem Ausmaß regelt, kann Art. 74 Abs. 1 Nr. 11 GG nur so ausgelegt werden, daß die konkurrierende Gesetzgebungszuständigkeit für das Recht der Wirtschaft nicht denselben sachlichen Bereich erfaßt wie die Rahmenkompetenz des Art. 75 Abs. 1 Satz 1 Nr. 3 GG (vgl. BVerfG, Urteil v. 30.10.1962 – 2 BvF 2/60, 1, 2, 3/61 –, BVerfGE 15, 1, 15 zum Verhältnis zwischen Art. 74 Abs. 1 Nr. 21 und Art. 75 Abs. 1 Satz 1 Nr. 4 GG). Vorrang hat Art. 75 Abs. 1 Satz 1 Nr. 3 GG, weil er gegenüber der weit zu verstehenden Bestimmung des Art. 74 Abs. 1 Nr. 11 GG (BVerfG, Beschluß v. 18.3.1970, a.a.O., 146) eine kompetenzielle Spezialregelung darstellt. Er schließt in seinem Anwendungsbereich einen Rückgriff auf Art. 74 Abs. 1 Nr. 11 GG aus, mag die auf seiner Grundlage getroffene Regelung auch von erheblicher Bedeutung für das Wirtschaftsleben sein (vgl. Kunig, in: von Münch/Kunig, GG, 5. Aufl., Art. 74 Rdnr. 43). Die Frage, ob der Bund durch die Sperrzeitregelung in § 18 GastG von seinem Gesetzgebungsrecht aus Art. 72 Abs. 2, Art. 74 Abs. 1 Nr. 11 GG abschließend Gebrauch gemacht hat, stellt sich nicht.

b) Das Bundesnaturschutzgesetz steht einer landesrechtlichen Norm, die die Öffnungszeiten von Schank- und Speisewirtschaften in einem Nationalpark festlegt, ebenfalls nicht entgegen. Nationalparke sind Gebiete, die wie Naturschutzgebiete zu schützen sind (§ 14 Abs. 2 BNatSchG 1998 = § 24 Abs. 3 BNatSchG 2002). Diese Verweisung schließt den Grundsatz ein, daß alle Handlungen, die zu einer Zerstörung, Beschädigung oder Veränderung des Naturschutzgebietes oder seiner Bestandteile oder zu einer nachhaltigen Störung führen können, nach Maßgabe näherer Bestimmungen verboten sind (§ 13 Abs. 2 Satz 1 BNatSchG 1998 = § 23 Abs. 2 Satz 1 BNatSchG 2002). Die unerwünschten Folgen, die das Gesetz aufzählt, vor allem die nachhaltige Störung der Natur, kann auch der Betrieb einer Gaststätte in einem Nationalpark auslösen oder jedenfalls verstärken; denn er ist geeignet, die Verweildauer der Touristen zu verlängern und die Begleiterscheinungen, namentlich die Geräuschentwicklung, die mit dem Verlassen des Parks verbunden sind, zeitlich auszudehnen. Mit der Beschränkung der Öffnungszeiten läßt sich erreichen, daß die Natur die notwendigen Ruhephasen erhält. Ob der Nationalpark „Hochharz" des Schutzes durch § 1 der hier streitigen Verordnung überhaupt bedarf und, wenn ja, ob die Regelungen in § 1 verhältnismäßig sind, beurteilt sich nach den Umständen des Einzelfalls.

2. Die Revision ist auch nicht zur Klärung der Frage zuzulassen, ob der Begriff der Ausnahme in § 14 Abs. 2 Satz 1 BNatSchG 1998 (= § 24 Abs. 3 BNatSchG 2002) gleichbedeutend ist mit der Ausnahmebewilligung im Sinne des allgemeinen Verwaltungsrechts, d.h. der Einzelfallgestattung eines ansonsten repressiv verbotenen Verhaltens, oder ob die durch die Besiedlung gebotenen Ausnahmen des § 14 Abs. 2 Satz 1 BNatSchG 1998 spezifisch räumlich-gegenständlich zu verstehen sind, d.h. als Ausgrenzung eines bestimmten Gebiets aus einem Nationalpark. Die Norm verpflichtet die Länder sicherzustellen, daß Nationalparks unter Berücksichtigung der durch die Großräumigkeit und Besiedlung gebotenen Ausnahmen wie Naturschutzgebiete geschützt werden. Das bedeutet nicht zwangsläufig, daß – wie die

Beschwerde meint – der Geltungsbereich eines Bebauungsplans durch Bildung einer entsprechenden Enklave aus einem Nationalpark ausgegrenzt werden muß. Geschuldet sind nur die durch die Großräumigkeit und Besiedlung „gebotenen" Ausnahmen. Welche Ausnahmen geboten sind, ist im Wege einer Abwägung zwischen den Belangen des Natur- und Landschaftsschutzes und den Interessen der Eigentümer zu ermitteln, deren planungsrechtlich zulässige bauliche Anlagen von der Schutzgebietsausweisung betroffen sind. § 14 Abs. 2 Satz 1 BNatSchG 1998 gebietet nicht, daß sich die Eigentümerinteressen ohne Abstriche durchsetzen müssen, sondern erlaubt naturschutzrechtliche Regelungen, die durch eine Beschränkung einer ansonsten zugelassenen Nutzung einer baulichen Anlage einen angemessenen Ausgleich zwischen den divergierenden Interessen schaffen soll.

G. Rechtsprechung zum Besonderen Städtebaurecht

Nr. 226

1. Eine Sanierungssatzung, die wegen eines Mangels im Abwägungsvorgang im Wege der Normenkontrolle für unwirksam erklärt worden ist, kann nach Durchführung eines ergänzenden Verfahrens nicht rückwirkend in Kraft gesetzt werden.
2. Die förmliche Festlegung als Sanierungsgebiet setzt voraus, daß die zügige Durchführung der Sanierungsmaßnahmen innerhalb eines absehbaren Zeitraums gewährleistet ist.
3. Als undurchführbar i.S. des § 162 Abs.1 Satz 1 Nr.2 BauGB kann sich eine Sanierung im nachhinein auch dann erweisen, wenn keine Aussicht mehr besteht, die Sanierungsmaßnahmen zügig durchzuführen und innerhalb eines absehbaren Zeitraums seit der förmlichen Festlegung als Sanierungsgebiet abzuschließen.
4. Ein Sanierungsgebiet, für das die Sanierungssatzung nach § 162 Abs.1 Satz 1 Nr.2 BauGB aufzuheben ist, darf grundsätzlich nicht in den Geltungsbereich einer neuen Sanierungssatzung einbezogen werden.
5. Dagegen ist es unbedenklich, ein zu einem früheren Zeitpunkt festgelegtes Sanierungsgebiet, in dem der ursprüngliche Sanierungszweck erreicht ist, in den Geltungsbereich einer neuen Sanierungssatzung einzubeziehen, mit der als Reaktion auf veränderte Verhältnisse andere Ziele verfolgt werden.

BauGB §§ 136 Abs.1, 142 Abs.1 Satz 2, 144, 145, 149 Abs.4 Satz 2, 162 Abs.1, 215a Abs.2.

Bundesverwaltungsgericht, Urteil vom 10. Juli 2003 – 4 CN 2.02 –.

(OVG Rheinland-Pfalz)

Die Antragstellerin ist in Boppard auf der Südseite der H.-straße Eigentümerin eines Grundstücks, auf dem sich ein unter Denkmalschutz gestelltes Gebäude befindet. Das Anwesen liegt im Geltungsbereich der Satzung über die förmliche Festlegung des Sanierungsgebiets „Erweiterung Innenstadt B.", die am 3.9.2001 mit rückwirkender Kraft zum 11.12.1998 beschlossen und am 9.11.2001 bekanntgemacht wurde.

Die Antragsgegnerin knüpfte mit der Satzung vom September 2001 an frühere sanierungsrechtliche Maßnahmen an. Schon 1973 hatte sie die Satzung über die Festlegung des Sanierungsgebiets „Innenstadt B." beschlossen, deren Geltungsbereich (Teil A „Hospital") im Süden bis an die H.-straße heranreichte. Durch Satzung von 1981 hatte sie einen weiteren Bereich (Teil B „O.-straße/St.-straße/A.-straße,") als Sanierungsgebiet festgelegt. Durch Satzung vom 11.12.1998 erstreckte die Antragsgegnerin die Sanierung unter Einbeziehung der beiden vorhandenen Sanierungsgebiete (Teil A und B) auf weitere Teile der Innenstadt. Bei dieser Gelegenheit bezog sie auch die Flächen südlich der H.-straße in den Geltungsbereich ein. Zur Begründung führte sie hierzu aus: Dieses

Gebiet weise bauliche Mängel auf und stehe mit den übrigen sanierungsbedürftigen Bereichen der Kernstadt in einem unmittelbaren Funktionszusammenhang.

In einem Rahmenplan vom März 1998 erläuterte die Antragsgegnerin die allgemeinen Sanierungsziele wie folgt: Die vorhandene Blockstruktur, die zum Teil durch schlechte Wohn- und Arbeitsbedingungen sowie durch einen Mangel an Freiflächen gekennzeichnet sei, solle neu geordnet und der Stadtkern von fließendem und ruhendem Fremdverkehr weitestmöglich entlastet werden.

Das Oberverwaltungsgericht erklärte in dem von der Antragstellerin eingeleiteten Normenkontrollverfahren die Satzung vom 11.12.1998 für unwirksam.

Der Stadtrat der Antragsgegnerin billigte im September 2000 eine Kosten- und Finanzierungsübersicht, die bis zum Jahre 2007 ein Kostenvolumen von knapp 8 Mio. DM und für die Zeit danach Restkosten i. H. v. 110 000,– DM ausweist. Gestützt auf diese Übersicht setzte er die vom Normenkontrollgericht für unwirksam erklärte Satzung über die Festlegung des Sanierungsgebiets „Erweiterung Innenstadt B." durch Beschluß vom 3.9.2001 rückwirkend zum 11.12.1998 in Kraft. In der Begründung heißt es u. a.: Die Abgrenzung des Sanierungsgebiets entspreche den fachlichen Anforderungen. Ein kleinräumliches Konzept wäre verfehlt. Die Erweiterung auf den gesamten Kernstadtbereich sei notwendig. Nur so ließen sich die verschiedenen Maßnahmen wirksam koordinieren. Für die Sanierung sei ein Zeitraum von 10 Jahren, beginnend ab 1999, vorgesehen. Die Maßnahmen würden nach Maßgabe der einschlägigen Städtebauförderungsrichtlinien zu zwei Dritteln vom Land finanziert. Für das restliche Drittel stünden Eigenmittel zur Verfügung.

Das Normenkontrollgericht hat die am 3.9.2001 beschlossene Satzung auf den Antrag der Antragstellerin hin mit Urteil vom 18.4.2002 für nichtig erklärt.

Aus den Gründen:

Die Revision hat mit dem Ergebnis Erfolg, daß die Satzung über die förmliche Festlegung des Sanierungsgebiets vom September 2001 nur insoweit für nichtig zu erklären ist, als die Antragsgegnerin sie rückwirkend zum 11.12.1998 in Kraft gesetzt hat. Soweit das Normenkontrollgericht die angegriffene Satzung in vollem Umfang für nichtig erklärt hat, hat es bei der Anwendung von § 136 Abs. 1 und § 142 Abs. 1 Satz 2 BauGB dem Zeitfaktor eine Bedeutung beigemessen, die ihm so nicht zukommt. Ob die Satzung gleichwohl an einem Mangel leidet, der ihre Gesamtnichtigkeit oder -unwirksamkeit zur Folge hat, läßt sich mangels der hierzu erforderlichen Tatsachenfeststellungen nicht abschließend beurteilen. Dies nötigt insoweit nach § 144 Abs. 3 Satz 1 Nr. 2 VwGO zur Zurückverweisung an die Vorinstanz.

1. Die Antragsgegnerin hat die Sanierungssatzung vom 3.9.2001 unter Verstoß gegen Bundesrecht rückwirkend zum 11.12.1998 in Kraft gesetzt. Dieses Datum bezeichnet den Zeitpunkt, zu dem die vom Normenkontrollgericht unter dem 10.4.2000 nach § 47 Abs. 5 Satz 4 VwGO wegen eines Fehlers im Abwägungsvorgang für unwirksam erklärte Satzung hätte Inkrafttreten sollen. Die Satzung vom 3.9.2001 ist das Ergebnis des ergänzenden Verfahrens, zu dem die Antragsgegnerin seinerzeit Gelegenheit erhielt. Zu Unrecht folgert die Antragsgegnerin aus § 215a Abs. 1 BauGB, wonach Mängel im Abwägungsvorgang, soweit sie für die Wirksamkeit der maßgeblichen Rechtsvorschrift beachtlich sind, ebenso wie Verfahrens- oder Formfehler in einem ergänzenden Verfahren behoben werden können, daß in solchen Fällen auch eine Rückwirkungsanordnung unbedenklich ist.

§ 215a Abs. 2 BauGB läßt es zwar zu, Satzungen nach Fehlerbehebung auch rückwirkend erneut in Kraft zu setzen. Diese Möglichkeit schafft er aber nur bei Verletzung der in § 214 Abs. 1 BauGB bezeichneten Vorschriften oder sonstigen Verfahrens- oder Formfehlern nach Landesrecht. § 214 Abs. 1 BauGB bezieht in seinen Anwendungsbereich freilich auch die förmliche Festlegung eines Sanierungsgebiets i. S. des § 142 Abs. 3 BauGB mit ein, denn er erfaßt „alle Satzungen nach diesem Gesetzbuch". Er widmet sich indes ausdrücklich nur der „Verletzung von Verfahrens- und Formvorschriften". Demgemäß hat es der Senat bisher lediglich gebilligt, eine Verfahrens- oder formfehlerhaft zustande gekommene Sanierungssatzung rückwirkend in Kraft zu setzen (vgl. BVerwG, Urteil v. 3. 12. 1998 – 4 C 14.97 –, BRS 60 Nr. 223 = BauR 1999, 376 = Buchholz 406.11 § 215 BauGB Nr. 14; Beschluß v. 10. 11. 1998 – 4 BN 38.98 –, BRS 60 Nr. 222 = BauR 1999, 375 = Buchholz 406.11 § 136 BauGB Nr. 4). Zwar wäre es aus verfassungsrechtlichen Gründen nicht von vornherein unzulässig gewesen, eine Regelung des Inhalts zu treffen, daß auch Rechtsvorschriften, die an einem materiellen Mangel leiden, nach Fehlerbehebung rückwirkend in Kraft gesetzt werden dürfen (vgl. BVerwG, Beschluß v. 7. 11. 1997 – 4 NB 48.96 –, BRS 59 Nr. 32 = BauR 1998, 284 = Buchholz 406.11 § 215 BauGB Nr. 12). § 215a BauGB läßt in diesem Punkt jedoch keine Zweifel aufkommen. Während Abs. 1 durch den pauschalen Verweis auf § 214 BauGB auch Mängel im Abwägungsvorgang i. S. des § 214 Abs. 3 BauGB einschließt, bezieht sich Abs. 2 lediglich auf die in § 214 Abs. 1 BauGB bezeichneten Mängel. Diese Regelungstechnik schließt es aus, § 215a Abs. 2 BauGB bei der Behebung materieller Fehler anzuwenden.

Wird eine Sanierungssatzung nach Behebung eines Abwägungsmangels unter Verstoß gegen § 215a Abs. 2 BauGB rückwirkend in Kraft gesetzt, so ist sie insoweit ungültig. Dies führt indes nicht zwangsläufig zur Gesamtnichtigkeit. Diese Rechtsfolge tritt nicht ein, wenn die Satzung auch ohne den nichtigen Teil sinnvoll bleibt und davon auszugehen ist, daß sie auch ohne den nichtigen Teil erlassen worden wäre (vgl. BVerwG, Beschluß v. 18. 7. 1989 – 4 N 3.87 –, BVerwGE 82, 225 = BRS 49 Nr. 34 = BauR 1989, 575). So liegt es hier. Es kann mit einer Teilnichtigerklärung sein Bewenden haben. Die Satzung ist hinsichtlich ihres zeitlichen Geltungsbereichs objektiv teilbar. Überdies liegt auf der Hand, daß die Antragsgegnerin die Satzung jedenfalls für die Zukunft in Kraft gesetzt hätte, wenn ihr bewußt gewesen wäre, daß eine Rückwirkungsanordnung nicht in Betracht kommt (vgl. BVerwG, Beschluß v. 1. 8. 2001 – 4 B 23.01 –, BRS 64 Nr. 110 = Buchholz 406.11 § 215a BauGB Nr. 9).

2. Ob die Sanierungssatzung vom September 2001 an einem sonstigen Mangel leidet, der ihre Gesamtnichtigkeit oder -Unwirksamkeit zur Folge hat, ist offen. Das Normenkontrollgericht leitet die Nichtigkeit daraus her, daß die Antragsgegnerin in den räumlichen Geltungsbereich der Satzung die Gebietsteile „A (Hospital)" und „B (O.-straße/St.-straße/A.-straße)" einbezogen hat, die schon seit dem Jahr 1973 bzw. 1981 dem Regime des Sanierungsrechts unterliegen. § 136 Abs. 1 und § 142 Abs. 1 Satz 2 BauGB, auf die es sich in diesem Zusammenhang stützt, rechtfertigen auf der Grundlage der von ihm getroffenen tatsächlichen Feststellungen indes nicht die Schlüsse, die es aus ihnen zieht.

Nr. 226

§ 142 Abs. 1 Satz 2 BauGB trägt nichts zur Klärung der Frage bei, innerhalb welcher Zeitspanne die Sanierungsmaßnahmen, die in einem förmlich als Sanierungsgebiet festgelegten Bereich durchgeführt werden sollen, abgeschlossen sein müssen. Er beschränkt sich auf die Bestimmung, daß die Gebietsgrenzen nach Zweckmäßigkeitsgesichtspunkten abzustecken sind. Maßgeblich hierfür sind die zum Abwägungsgebot entwickelten Grundsätze, die nach § 136 Abs. 4 Satz 3 BauGB auch im Sanierungsrecht zum Tragen kommen (vgl. BVerwG, Urteil v. 4. 3. 1999 – 4 C 8.98 –, BRS 62 Nr. 229 = BauR 1999, 888 = Buchholz 406.11 § 142 BauGB Nr. 5; Beschluß v. 10. 11. 1998 – 4 BN 38.98 –, a. a. O.).

Unter den im angefochtenen Urteil geschilderten Umständen bietet auch § 136 Abs. 1 BauGB keine Grundlage für das Nichtigkeitsverdikt des Normenkontrollgerichts. In dieser Vorschrift bringt der Gesetzgeber freilich zum Ausdruck, daß städtebauliche Sanierungsmaßnahmen nur dann in Betracht kommen, wenn ihre zügige Durchführung gewährleistet ist. Einen bestimmten Zeitrahmen gibt § 136 Abs. 1 BauGB aber nicht vor. Im Gegensatz zur Veränderungssperre, deren Geltungsdauer nach Maßgabe des § 17 BauGB begrenzt ist, gehört es nicht zum zwingenden Inhalt einer Sanierungssatzung, einen Zeitraum für die Durchführung der Sanierung anzugeben (vgl. BVerwG, Urteil v. 7. 9. 1984 – 4 C 20.81 –, BVerwGE 70, 83 = BRS 42 Nr. 233 = BauR 1985, 189; Beschluß v. 3. 5. 1993 – 4 NB 15.93 –, BRS 55 Nr. 218 = Buchholz 406.15 § 5 StBauFG Nr. 3). Dieser Unterschied ist gesetzgeberisch gewollt. Beleg hierfür ist § 14 Abs. 4 BauGB, der für Vorhaben in förmlich festgelegten Sanierungsgebieten die Anwendung der Vorschriften über die Veränderungssperre ausdrücklich ausschließt. Dem liegen sachliche Erwägungen zugrunde. Mit den §§ 136 ff. BauGB wird den Gemeinden ein Instrument an die Hand gegeben, das es ihnen über die Angebotsplanung des allgemeinen Städtebaurechts hinaus ermöglicht, ggf. eine Vielzahl von Maßnahmen vorzubereiten (vgl. §§ 140 und 141 BauGB) und durchzuführen (vgl. §§ 146 bis 148 BauGB). Welchen Zeitraum die Sanierung als Gesamtmaßnahme in Anspruch nimmt, läßt sich selbst bei gründlicher Vorbereitung allenfalls grob abschätzen (vgl. BVerwG, Beschluß v. 7. 6. 1996 – 4 B 91.96 –, BRS 58 Nr. 244 = BauR 1996, 831 = Buchholz 11 Art. 14 GG Nr. 297). Mit dem Zügigkeitserfordernis beugt der Gesetzgeber vermeidbaren Verzögerungen vor, die dadurch eintreten können, daß Gemeinden die Sanierung ohne schlüssiges Konzept oder sonst unsachgemäß betreiben (vgl. BVerwG, Beschluß v. 7. 6. 1996 – 4 B 91.96 –, a. a. O.; BGH, Urteil v. 17. 12. 1981 – III ZR 72/80 –, NVwZ 1982, 329). Durch § 136 Abs. 1 BauGB soll aber nicht bloß gemeindlichen Verzögerungspraktiken ein Riegel vorgeschoben werden. Die Vorschrift will sicherstellen, daß ein gewisser zeitlicher Rahmen auch dann gewahrt bleibt, wenn gemeindliche Beschleunigungsvorkehrungen nicht bereits für sich genommen den Abschluß der Sanierungsmaßnahmen vorausberechenbar machen. Anders als in § 165 Abs. 3 Satz 1 Nr. 4 BauGB kommt dies im Wortlaut des § 136 Abs. 1 BauGB freilich nicht zum Ausdruck. Mit Inkrafttreten des BauROG im Zusammenhang mit dem Wegfall des Anzeigeverfahrens ist die in § 143 Abs. 1 Satz 3 BauGB a. F. enthaltene Regelung entfallen, wonach die Frage, ob sich die städtebaulichen Sanierungsmaßnahmen „innerhalb eines absehbaren Zeitraumes" durchführen ließen, bereits im Stadium der Anzeige rechtlich relevant war. Diese Streichung läßt jedoch nicht darauf schließen, daß der Gesetzgeber diesem Tatbestandsmerkmal keine Bedeutung mehr beimißt. Nach § 149 Abs. 4 Satz 1 BauGB kann die Kosten- und Finanzierungsübersicht mit Zustimmung der nach Landesrecht zuständigen Behörde auf den Zeitraum der mehrjährigen Finanzplanung der Gemeinde beschränkt werden. Wie aus § 149 Abs. 4 Satz 2 BauGB erhellt, bleibt das Erfordernis, die städtebauliche Sanierungsmaßnahme innerhalb eines absehbaren Zeitraums durchzuführen, hiervon indes unberührt. Damit stellt der Gesetzgeber auch im Anwendungsbereich der §§ 136 ff. BauGB klar, daß Sanierungsmaßnahmen, deren Realisierung in absehbarer Zeit nicht zu erwarten ist, rechtswidrig sind. Etwaigen Mißbräuchen soll bereits im Ansatz entgegengewirkt werden (vgl. BVerwG, Beschluß v. 23. 7. 1993 – 4 NB 26.93 –, Buchholz 406.15 § 5 StBauFG Nr. 4). Welcher Zeitraum „absehbar" im Sinne dieser Regelung ist, ist je nach den konkreten Gegebenheiten prognostisch abzuschätzen (vgl. BVerwG, Beschlüsse v. 15. 3. 1995 – 4 B 33.95 –, BRS 57 Nr. 125 = BauR 1995, 663 = Buchholz 406.11 § 24 BauGB Nr. 6 und v. 7. 6. 1996 – 4 B 91.96 –, a. a. O.). Die Antragsgegnerin hat in dem Rahmenplan vom März 2000 die Sanierungsziele bezeichnet, die sie in dem Gebiet, auf das sich die Sanierungssatzung vom September 2001 erstreckt, zu verwirklichen beabsichtigt. Sie hat in einer „Maßnahmen-Kosten-Finanzierungsübersicht" die einzelnen Maßnahmen aufgelistet, die sie im räumlichen Geltungsbereich dieser Satzung durchführen will. Sie hat einen Zeitplan erstellt, dem zu entnehmen ist, daß sie davon ausgeht, die von ihr aufgeführten Maßnahmen im wesentlichen bis 2007 abschließen zu können. Sie hat im einzelnen dargelegt, welche Kosten sie erwartet und wie sie sich die Finanzierung vorstellt.

3. Das Normenkontrollgericht hat der Frage, ob sich die prognostischen Annahmen, die dem Rahmenplan vom März 2000 zugrunde liegen, halten lassen, zu Unrecht keine maßgebliche Bedeutung beigelegt.

Soweit in § 136 Abs. 1 BauGB von einer zügigen Durchführung der Sanierungsmaßnahmen die Rede ist, lenkt der Gesetzgeber den Blick vornehmlich in die Zukunft. § 149 Abs. 4 Satz 2 BauGB unterstreicht diese Perspektive. Die Sanierungsmaßnahmen, für die die Sanierungssatzung die Grundlage bildet, sind „innerhalb eines absehbaren Zeitraumes durchzuführen". Dieses Erfordernis enthält keine retrospektive Komponente. Innerhalb eines absehbaren Zeitraumes i. S. des § 149 Abs. 4 Satz 2 BauGB lassen sich ggf. auch Sanierungsmaßnahmen durchführen, die zu einem früheren Zeitpunkt hätten durchgeführt werden können, aus welchen Gründen immer aber nicht durchgeführt worden sind. Das Oberverwaltungsgericht hat sich dieser Sichtweise von vornherein verschlossen, weil es sich dafür ausspricht, in das nach § 136 Abs. 1 BauGB maßgebliche Zeitkonto auch die Zeiten einzustellen, die seit den früheren Gebietsfestsetzungen verstrichen sind. Auf diese Weise kommt es zu dem Ergebnis, daß „sich die Sanierung in Teilbereichen des Sanierungsgebiets fast 40 Jahre hinziehen kann". Diese „Gesamtdauer" kann nach seiner Auffassung nicht außer Betracht bleiben. Das Normenkontrollgericht orientiert sich bei dieser Würdigung an dem Regelungsmuster des § 17 Abs. 1 Satz 2 BauGB. Eine Anrechnungsregel, wie sie diese Vorschrift kennt, ist den

§§ 136 ff. BauGB indes fremd. Im Unterschied zur Veränderungssperre bietet das Sanierungsrecht auch keine Handhabe dafür, eine Sanierungssatzung zu verlängern oder erneut zu beschließen (vgl. § 17 Abs. 2 und 3 BauGB).

Als zutreffend erweist sich lediglich die Ausgangsüberlegung der Vorinstanz. Ist die Sanierung in einem „Altgebiet" als Gesamtmaßnahme nach § 162 Abs. 1 Satz 1 Nr. 2 BauGB flächendeckend undurchführbar, so daß die hierfür erlassene Sanierungssatzung aufzuheben ist, so darf sie nicht unter dem Deckmantel einer neuen Satzung fortgesetzt werden. Muß die Gemeinde das in der Vergangenheit begründete Sanierungsregime von Rechts wegen beenden, so kann sie sich dieser Verpflichtung nicht dadurch entziehen, daß sie ihm eine neue Rechtsgrundlage unterschiebt. Jede andere Sichtweise hätte zur Folge, daß § 162 BauGB umgangen werden könnte. Die Gemeinde hätte es in der Hand, diese Vorschrift dadurch leerlaufen zu lassen, daß sie eine Sanierungssatzung, die an sich aufzuheben wäre, erneut beschließt. Eine solche Möglichkeit eröffnet der Gesetzgeber in § 17 Abs. 3 BauGB in zeitlich engen Grenzen für die Veränderungssperre. Das Regelungsmodell des § 162 Abs. 1 BauGB schließt es dagegen aus, den Abschluß der Sanierung, mit welchen Mitteln auch immer, hinauszuzögern.

Von einer Umgehung des § 162 BauGB kann indes nur dann die Rede sein, wenn sich die Sanierungsziele der alten und der neuen Satzung vollumfänglich oder doch wenigstens weitgehend decken. Eine andere Betrachtungsweise ist dagegen geboten, wenn das Sanierungskonzept im „Altgebiet" im wesentlichen umgesetzt ist und nur noch punktuell der Vervollständigung bedarf. Kann die Gemeinde plausible Gründe dafür ins Feld führen, weshalb sich aus dem ansonsten abgearbeiteten Gesamtmaßnahmenkonzept die Durchführung von Einzelmaßnahmen verzögert hat, so ist es ihr nicht verwehrt, das „Rest"-Programm im Rahmen einer neuen Sanierungssatzung zu erledigen, die sich zur Erreichung weiterer berechtigter Ziele als erforderlich erweist. Erst recht ist es der Gemeinde unbenommen, ein früher festgelegtes Sanierungsgebiet in den Geltungsbereich einer Sanierungssatzung einzubeziehen, mit der auf Grund veränderter Verhältnisse Ziele verfolgt werden, die mit dem ursprünglichen Konzept nichts gemein haben. Dient die neue Satzung nicht dazu, Sanierungsmaßnahmen durchzuführen, die schon den Gegenstand früherer Sanierungsregelungen bildeten, so ist für die vom Oberverwaltungsgericht als unabdingbar angesehene retrospektive Einrechnung vergangener Zeitabschnitte von vornherein kein Raum. Für die Bemessung des Zeithorizonts darf die Gemeinde es mit einer bloßen Zukunftsperspektive bewenden lassen. So liegen die Dinge hier.

Das Normenkontrollgericht stellt in Anknüpfung an das Vorbringen der Antragsgegnerin selbst fest, daß das Sanierungskonzept, das der angegriffenen Satzung vom September 2001 zugrunde liegt, nur in dem großräumig als Sanierungsgebiet festgelegten Bereich sachgerecht durchgeführt werden kann. Der Antragsgegnerin geht es schwergewichtig darum, von der Altstadt die schädlichen Folgen abzuwehren, die durch den insbesondere innerhalb der letzten zwei Jahrzehnte sprunghaft angestiegenen Autoverkehr eingetreten sind. Ein wesentlicher Teil der geplanten Aufwertungsmaßnahmen besteht darin, den von den römischen und den mittelalterlichen Mauern umschlossenen historischen Stadtkern mit seinen städtebaulichen Dominanten, wie etwa dem Markt-, dem Burg- und dem K.-platz, sowie seinen im übrigen größenteils engen Gassen vom ruhenden und vom Parksuchverkehr zu entlasten. Zu diesem Zweck sollen öffentliche Parkplatzflächen in den Altstadtquartieren aufgehoben und in Randlagen verlegt werden, wo sie ohne die Benutzung des historischen Straßennetzes erreichbar sind. Für den Durchgangsverkehr sind ebenfalls Lösungen vorgesehen, die eine weitgehende Schonung des Stadtkerns ermöglichen. Auch die früheren Sanierungsgebiete „A (Hospital)" und „B (O.-straße/St.-straße/A.-straße)" sind in dieses Gesamtkonzept eingebunden. Im Bereich B ist die Errichtung eines zentralen Parkhauses, die noch den Zielsetzungen der Sanierungssatzung vom Juli 1981 entsprach, daran gescheitert, daß man an dem vorgesehenen Standort auf die Mauern des alten römischen Kastells stieß, die inzwischen freigelegt worden sind und im Rahmen der angegriffenen Sanierungssatzung in einen archäologischen Park einbezogen werden sollen. Im Gebietsteil A stehen im Übergangsbereich zwischen H.-straße und O.-straße die Errichtung oberirdischer Stellplätze und einer Tiefgarage sowie die Umgestaltung der B.-straße an. Ansonsten sollen im Geltungsbereich der Sanierungssatzung vom September 2001 vorhandene Blockstrukturen verbessert und Bausubstanzmängel abgestellt werden. Von diesen Maßnahmen sind aber die Bereiche A und B nicht betroffen. Insbesondere in dem Teil A („Hospital"), gegen dessen Einbeziehung in das neue Sanierungssystem die Vorinstanz ernsthafte Bedenken anmeldet, besteht nach den unbestrittenen Angaben der Antragsgegnerin in dieser Richtung keinerlei Sanierungsbedarf mehr. Die objektbezogenen Sanierungsmaßnahmen, die den Kern der 1973 eingeleiteten Sanierung bildeten und vornehmlich den Gebäudekomplex des Hospitals zum Gegenstand hatten, sind abgeschlossen. Die Eigentümer der in diesem Bereich gelegenen Grundstücke unterliegen den durch die Sanierungssatzung vom Oktober 1973 ausgelösten sanierungsrechtlichen Bindungen seit langem nicht mehr. Die Durchführung der 1973 in Angriff genommenen Maßnahmen muß nicht unter Umgehung des § 162 BauGB durch die Sanierungssatzung vom September 2001 weiterhin gesichert werden. Es gibt keinen Rechtfertigungsgrund dafür, bei der prognostischen Beurteilung des für die Umsetzung dieser Satzung erforderlichen Zeitaufwandes die Zeiträume mit zu berücksichtigen, die verflossen sind, seit in dem Teilgebiet A mit anderer Zielrichtung erstmals ein Sanierungsregime aufgerichtet wurde.

Der Senat kann gleichwohl nicht nach § 144 Abs. 3 Satz 1 Nr. 1 VwGO selbst entscheiden. Denn die Sache ist noch nicht spruchreif. Das Oberverwaltungsgericht hat – von seinem rechtlichen Ansatz her korrekt – nicht geprüft, ob die von der Antragstellerin angegriffene Satzung aus anderen Gründen an einem Mangel leidet, der losgelöst vom Zeitfaktor dazu nötigt, sie insgesamt für nichtig oder unwirksam zu erklären. Insbesondere hat es ausdrücklich davon abgesehen, der Frage nachzugehen, ob die Kosten- und Finanzierungsübersicht, auf die sich die Antragsgegnerin nach § 149 BauGB stützt, von realistischen Annahmen ausgeht. Die hierzu getroffenen Tatsachenfeststellungen reichen nicht aus, um dem Senat eine eigene Entscheidung zu ermöglichen.

Nr. 227

Räumlich getrennte Bereiche dürfen nur dann zu einem Sanierungsgebiet zusammengefaßt werden, wenn sie eine funktionale Einheit darstellen. Daran fehlt es, wenn Bereiche zusammengefaßt werden, die zwar vergleichbare strukturelle Probleme aufweisen, aber in einiger Entfernung in stadträumlich isolierten Lagen durch eine 4spurig mit Mittelstreifen ausgebaute Straße getrennt sind und funktionale Bezüge untereinander fehlen.

BauGB §§ 136 Abs. 2, Abs. 3 Nr. 2, Abs. 4 Satz 3, 142 Abs. 1 Sätze 1 und 2.

Niedersächsisches OVG, Urteil vom 29. Januar 2003 – 1 KN 2938/01 –.

Die Antragstellerin wendet sich gegen die Satzung über die förmliche Festlegung des Sanierungsgebietes E.-Süd und Alt-E. Sie ist Eigentümerin des mit einem Reihenhaus bebauten Grundstücks F.weg 14 in B.-E., das zum Sanierungsgebiet gehört.

1999 beschloß der Rat die Durchführung vorbereitender Untersuchungen zur Notwendigkeit der Sanierung im Stadtteil E. gemäß § 141 BauGB. Der Stadtteil E. liegt im westlichen Bereich der Stadt. Bei dem Untersuchungsgebiet handelt es sich um zwei voneinander getrennte Teilbereiche, die nördlich und südlich der 4spurig mit Mittelstreifen ausgebauten, stark befahrenen H. Landstraße liegen. Zum Untersuchungsgebiet gehören jeweils die Teilbereiche des Ortsteils E., die ausschließlich bzw. überwiegend mit Geschoßwohnungsbauten der 60er Jahre des sozialen Mietwohnungsbaus bebaut sind. Die Antragsgegnerin sah Handlungsbedarf, nachdem in den letzten Jahren soziale Problemlagen zugenommen hatten, die mit Arbeitslosigkeit, Armut und Migration einhergehen und zu einer Zunahme sozialer Spannungen in der Wohnbevölkerung, verunreinigter öffentlicher und privater Flächen und einer subjektiv empfundenen Unsicherheit der dort wohnenden Menschen geführt hatten. Im November 1999 legte das beauftragte Institut den zusammenfassenden Bericht über die vorbereitenden Untersuchungen vor. Dieser beschreibt die beiden Teile des untersuchten Gebietes als jeweils zwei stadträumlich isolierte Lagen nördlich und südlich der H. Landstraße. In beiden Gebieten habe in den letzten zehn Jahren eine negative Entwicklung eingesetzt, die dazu geführt habe, daß beide heute zu den am stärksten benachteiligten Großsiedlungen B.s gehörten. Die Probleme im Wohnbereich seien im Bereich des ehemals sozial gebundenen Geschoßwohnungsbaus festzustellen. Dieser Bereich sei durch die Baustruktur und den Instandhaltungszustand der Wohngebäude stark belastet. Das wohnungsnahe Wohnumfeld sei nur eingeschränkt nutzbar. Die soziale, kulturelle, bildungs- und freizeitbezogene Infrastruktur sei defizitär. Auch die überdimensionierten „60er-Jahre"-Straßen führten zu mangelnder Verkehrssicherheit und geringer Aufenthaltsqualität. Darüber hinaus fehle ein identifikationsstiftendes Zentrum mit Aufenthaltsqualität völlig.

Die Antragstellerin hat den Normenkontrollantrag gestellt, zu dessen Begründung sie vorträgt: Die Sanierungssatzung sei schon deshalb nicht rechtmäßig, weil es sich um einen gespaltenen Geltungsbereich handele. Die Zusammenfassung zweier getrennter unterschiedlicher Sanierungsgebiete in einer Sanierungssatzung sei abwägungsfehlerhaft.

Aus den Gründen:

Die Sanierungssatzung für das Gebiet E.-Süd und E.-Nord entspricht nicht den Voraussetzungen, die § 142 Abs. 1 Satz 2 BauGB für die Begrenzung des Sanierungsgebietes aufstellt. Nach § 142 Abs. 1 Satz 2 BauGB ist das Sanierungsgebiet nach Kriterien der Zweckmäßigkeit im Hinblick auf das Sanierungsziel festzulegen (BVerwG, Urteil v. 4. 3. 1999 – 4 C 8.98 –, BRS 62

Nr. 229; Köhler, in: Schrödter, BauGB, 6. Aufl. 1998, § 142 Rdnr. 11; Fislake, in: Berliner Kommentar zum BauGB, 3. Aufl., § 142 Rdnr. 12). Im Bereich der – hier im wesentlichen gegebenen – „Funktionsschwächensanierung" ist davon auszugehen, daß die Sanierungsmaßnahmen gebietsbezogen sind und der Behebung der städtebaulichen Mißstände eines Gebietes und nicht der einzelnen Grundstücke dient. Für die Beurteilung der Frage der Zweckmäßigkeit ist der Gemeinde ein planerischer Gestaltungsspielraum eingeräumt, der durch das in § 136 Abs. 4 Satz 3 BauGB auch für das Sanierungsverfahren normierte Abwägungsgebot begrenzt wird (BVerwG, Beschluß v. 10. 11. 1998 – 4 BN 38.98 –, BRS 60 Nr. 222; Urteil v. 4. 3. 1999 – 4 C 8.98 –, BRS 62 Nr. 229; Köhler, a. a. O., § 142 Rdnr. 12 und 14). Damit sind im Rahmen dieser Entscheidung von der Gemeinde die Grundsätze der Abwägung zu berücksichtigen, wie sie auch im Rahmen des § 1 Abs. 6 BauGB von Bedeutung sind und vom Bundesverwaltungsgericht in seinem Urteil vom 12. 12. 1969 (– IV C 105.66 –, BVerwGE 34, 301 = BRS 22 Nr. 4) zusammengefaßt worden sind.

Die Entscheidung der Antragsgegnerin, zwei voneinander deutlich getrennte Gebiete, die an ähnlichen städtebaulichen Mißständen leiden, zu einem Sanierungsgebiet zusammenzufassen, ist fehlerhaft. Dies führt zur Nichtigkeit der Sanierungssatzung. Die von der Antragsgegnerin getroffene Abgrenzung des Sanierungsgebietes berücksichtigt nicht in ausreichendem Umfang und in nachvollziehbarer Weise die Ergebnisse der Voruntersuchung, die ihr zugrunde zu legen sind.

Die Aufteilung des Sanierungsgebietes in zwei räumlich voneinander getrennte Teile begegnet im Hinblick auf den Wortlaut des § 142 Abs. 1 Satz 1 BauGB gewissen Bedenken, der von einem Sanierungsgebiet spricht. Weitere Anhaltspunkte dazu finden sich im Gesetzestext nicht. Die Möglichkeit, einzelne Grundstücke nach § 142 Abs. 1 Satz 3 BauGB aus dem Sanierungsgebiet herauszunehmen, spricht eher gegen die Annahme nur ein räumlich zusammenhängendes Gebiet könne ein Sanierungsgebiet darstellen. Die Ersatz- und Ergänzungsgebiete sind wegen ihrer besonderen Funktion nicht vergleichbar. Immerhin legt es ein Vergleich mit der städtebaulichen Entwicklungsmaßnahme nach § 165 BauGB nahe, daß auch räumlich getrennte Teilflächen zu einem Sanierungsgebiet zusammengefaßt werden können (vgl. auch BVerwG, Urteil v. 3. 7. 1998 – 4 CN 2.97 –, DVBl. 1998, 1293 = BRS 60 Nr. 225 = BauR 1998, 1218). Es erscheint nicht ausgeschlossen, daß es Sachverhalte gibt, in denen der Zweck der Sanierung – ähnlich wie der naturschutzrechtliche Ausgleich und Ersatz im Bauleitplanverfahren (vgl. BVerwG, Urteil v. 9. 5. 1997 – 4 N 1.96 –, BRS 59 Nr. 11 = BauR 1997, 799 = DVBl. 1997, 1121) – zur Zusammenfassung räumlich getrennter Bereiche in einem Sanierungsgebiet Anlaß gibt. Es muß deshalb für die Frage der Zulässigkeit der Zusammenfassung räumlich getrennter Bereiche in einem Sanierungsgebiet auf die allgemeinen Kriterien der Abgrenzung eines Sanierungsgebietes zurückgegriffen werden, daß sich die Sanierung zweckmäßig durchführen läßt (§ 142 Abs. 1 Satz 2 BauGB). Das setzt eine funktionale Beziehung der Teilflächen untereinander voraus. Diese Voraussetzungen liegen nicht vor.

Die Antragsgegnerin hat zwei räumlich getrennte Gebiete „in jeweils zwei stadträumlich isolierten Lagen" zu einem Sanierungsgebiet zusammengefaßt.

Nr. 227

Bei dem Teilgebiet E.-Nord handelt es sich um einen aus den 60er Jahren stammenden Siedlungsteil, der unmittelbar an den alten Ortskern der ursprünglich selbständigen Gemeinde E. anschließt. Südlich dieses „alten" Ortsteils E. verläuft die H. Landstraße, bei der es sich um die in Ost/Westrichtung verlaufende Bundesstraße (B 3) – vier Spuren mit Mittelstreifen – handelt, die das westliche Umland an die Stadt anbindet und die Stadt B. an die A 7 anschließt. Die Straße ist neben straßenbegleitender älterer Wohnbebauung durch großräumige Gewerbeansiedlung geprägt. Bei dem südlich der H. Landstraße liegenden Stadtteil E.-Süd handelt es sich um eine Siedlungserweiterung der Stadt B. in ihrem Ortsteil E., die etwa seit den 50er Jahren einsetzte. Auch hier befindet sich ein Bereich mit Geschoßwohnungsbau aus den 60er Jahren, der Anlaß zur Sanierungsplanung der Stadt gab. Eine direkte Verbindung der beiden Ortsteile über die H. Landstraße hinweg besteht derzeit nur für den Kfz-Verkehr im Bereich I.straße/J. sowie am westlichen Siedlungsrand der Ortsteile (K.weg). In der Vorlage für den Beschluß des Rates zur Durchführung der vorbereitenden Untersuchung vom Mai 1999 heißt es, daß sich ein Zusammenfassen der beiden Teilbereiche wegen ihrer abweichenden Nutzungs- und Gebäudestruktur nicht als sinnvoll erweise, auch wenn die Teilbereiche in ihrer strukturellen Problematik vergleichbar seien und deshalb eine zusammenhängende Voruntersuchung durchgeführt werden solle. Ergebnis der Voruntersuchungen ist nach der zusammenfassenden Beurteilung des Untersuchungsgebietes, daß in E.-Süd und Alt-E. besonders spürbar in den letzten zehn Jahren eine negative und beschleunigte Entwicklung eingesetzt hat, die beide Wohnquartiere in eine Abwärtsspirale gebracht hat, so daß sie zu den am stärksten benachteiligten Großsiedlungen B.s gehören.

Die von den Voruntersuchungen herausgestellten Sanierungsziele und Maßnahmen gelten zwar für beide Gebiete, sie stellen aber keine einheitlichen Ziele und Lösungsvorschläge für ein einheitliches Gebiet dar. Beide Teilbereiche leiden als „Großsiedlungen" der 60er Jahre an Instandhaltungsdefiziten und einem sprunghaften Anstieg von Zuzügen ausländischer Familien mit Kindern bzw. Sozialhilfeempfängern. Beide Teilbereiche stellen aber keine funktionale Einheit dar, die die Zusammenfassung zu einem Sanierungsgebiet rechtfertigen würde, sondern eine Addition von städtebaulichen Problemgebieten, denen wegen der stadträumlich isolierten Lage nördlich und südlich der H. Landstraße die funktionalen Bezüge untereinander fehlen.

Die Sanierungsziele nehmen zum Teil den gesamten Stadtteil in den Blick und verdeutlichen im übrigen den Bezug auf das jeweilige Quartier (= Teilbereich). Die Auflösung möglicher Immissionskonflikte zwischen gewerblichen Nutzungen und angrenzender Wohnbebauung bezieht sich nach der Darstellung der städtebaulichen Probleme allein auf E.-Süd. Die Stärkung der mit der Wohnnutzung verträglichen lokalen Wirtschaft hat wegen der Trennung der beiden Gebiete durch die vierspurige H. Landstraße nur Bedeutung für das jeweilige Quartier. Die Entwicklung von örtlichen Arbeitsplätzen und die Qualifizierung von Arbeitssuchenden in Wohnortnähe greift über das jeweilige Quartier hinaus auf den Stadtteil, ohne jedoch einen funktionalen Bezug zwischen den Teilbereichen des von der Antragsgegnerin beschlossenen Sanierungsgebietes herzustellen.

Die unter der Zwischenüberschrift „Einzelhandels-Quartierszentren" zusammengefaßten Sanierungsziele sprechen von den Quartierszentren und zentralen Einkaufsbereichen im Plural und machen damit deutlich, daß es sich bei Alt-E. und E.-Süd um stadträumlich getrennte Quartiere handelt, deren geringe Entfernung untereinander durch die für Fußgänger kaum überwindbare Verkehrstraße der H. Landstraße verstärkt wird.

Die das Wohnen und Wohnumfeld betreffenden Ziele sind jeweils auf das Quartier bezogen oder auf Teile des Quartiers und lassen keine Bezüge erkennen, die die Teilbereiche zu einer funktionalen Einheit über die Verkehrstraße der H. Landstraße zusammenführen. So hat die Aufwertung des Wohnumfeldes, die Nutzbarkeit von Freiflächen, der Ausbau von Kinderspielplätzen oder die Beseitigung von sog. „Angsträumen" im öffentlichen Raum nur Bedeutung für das jeweilige Quartier, zumal die Trasse der H. Landstraße das Quartier begrenzt.

Die die soziale und kulturelle Infrastruktur betreffenden Sanierungsziele sind stark auf den ganzen Ortsteil ausgerichtet. Das schulische Angebot und die Kinderbetreuungsangebote müssen naturgemäß auf den Stadtteil ausgerichtet werden.

Diese Erläuterung läßt deutlich erkennen, daß nicht ein quartierübergreifendes Nachbarschaftsangebot vorgesehen ist, sondern daß es sich um quartierbezogene Angebote handelt. Die unterschiedlichen Angebote in den Teilgebieten finden ihre Erklärung darin, daß in Alt-E. die soziale Deprivation dank ethnisch kultureller Homogenität noch nicht so weit fortgeschritten ist wie im „Vielvölkerstadtteil" E.-Süd.

Weder die vorbereitenden Untersuchungen noch die Ausführungen der Antragsgegnerin in der mündlichen Verhandlung haben Anhaltspunkte dafür ergeben, daß die Zusammenfassung der beiden Teilbereiche zu einem Sanierungsgebiet die zügige Durchführung der Sanierung fördern könnte. Im Gegenteil zeigt sich vielmehr daran, daß kein Zusammenhang oder Abhängigkeitsverhältnis zwischen den Maßnahmen besteht, daß ihre gleichzeitige Realisierung sich nicht fördernd auf die Sanierungsdurchführung insgesamt auswirken wird. Hinzu kommt, daß gerade im Hinblick auf die einen Schwerpunkt bildenden sozialintegrativen Maßnahmen, jede Vergrößerung des Gebietes sich eher hemmend als fördernd auswirkt. Maßnahmen und Aktionen mit identifikationsstiftendem Charakter, wie sie von den Voruntersuchungen vorgeschlagen werden, dürften sogar um so erfolgreicher sein, je überschaubarer der Kreis der zu beteiligenden Betroffenen gehalten wird. Eine Einbeziehung der Bewohner des nördlichen Teilgebietes etwa in Maßnahmen und Aktionen betreffend die Bewohner der Problemzonen im Teilgebiet E.-Süd dürfte sich beispielsweise in hohem Maße kontraproduktiv auswirken und damit dem Sanierungszweck eher zuwiderlaufen als ihn fördern, weil eine derartige Erweiterung des Kreises der Beteiligten die notwendige Überschaubarkeit aufheben würde.

Fehlt es an der funktionalen Einheit der stadträumlich isolierten Teilbereiche, stellt ihre Zusammenfassung zu einem Sanierungsgebiet einen Abwägungsfehler dar. Dabei kann offenbleiben, ob es sich nur um einen Fehler im Abwägungsvorgang handelt, oder ob die Zusammenfassung auch im Ergebnis fehlerhaft ist. Als Fehler im Abwägungsvorgang ist er offensichtlich, weil er sich aus den vorbereitenden Untersuchungen ergibt. Da die konkrete Möglichkeit besteht, daß der Rat der Antragsgegnerin bei zutreffender Einschätzung Alt-E. und E.-Süd nicht zu einem Sanierungsgebiet zusammengefaßt hätte, hat sich der Fehler auch auf das Ergebnis ausgewirkt (§ 214 Abs. 3 Satz 2 BauGB). Ein ergänzendes Verfahren nach § 215 a BauGB scheidet aus, weil dieser Fehler das Grundgerüst der Abwägung betrifft. Eine Begrenzung der Fehlerfolge auf einzelne Grundstücke scheidet bei dieser Sachlage aus.

Auch die Entscheidung über die Abgrenzung des Gebiets hinsichtlich einzelner Grundstücke ist nach den Kriterien der Zweckmäßigkeit im Hinblick auf den Zweck der Sanierung zu treffen. Es reicht dazu, insbesondere im Rahmen der „Funktionsschwächensanierung" aus, auch für die Einbeziehung eines von den einzelnen Maßnahmen nicht unmittelbar berührten Grundstücks, wenn sich die Verbesserungen insgesamt in erster Linie auf Grundstücke auswirken, die im Innenbereich eines „Sanierungsblocks" liegen. Sanierungsvorteile, die nur in der Nachbarschaft „ausstrahlen", dürfen dagegen nicht in jedem Fall berücksichtigt werden (OVG Lüneburg, Urteil v. 30. 10. 1986 – 6 OVG A 32/85 –, ZfBR 1987, 206; Fislake, a. a. O., § 142 Rdnr. 16; Bielenberg u. a., a. a. O., C § 142 Rdnr. 11; Köhler, a. a. O., § 142 Rdnr. 12 und 14). Im Hinblick darauf ergeben sich auch Zweifel hinsichtlich der Abgrenzung des südlichen Teilbereiches selbst. Ist die Sanierungssatzung bereits im Hinblick auf die räumliche Zweiteilung nichtig, kommt es im Ergebnis aber nicht mehr darauf an, ob die Entscheidung über die Einbeziehung eines einzelnen Grundstücks fehlerhaft ist.

Das Grundstück der Antragstellerin gehört zu einem Komplex von Reihenhäusern, der westlich des in der Voruntersuchung im wesentlichen untersuchten Gebäudekomplexes des Geschoßwohnungsbaus der 60er Jahre liegt. Die Grundstücke sind durch die Straße F.weg von dem genannten Komplex getrennt. Die Voruntersuchungen kommen im Rahmen der Zusammenfassung der städtebaulichen Probleme zu dem Ergebnis, daß die Probleme im Wohnbereich im Untersuchungsgebiet im Bereich des ehemals sozial gebundenen Geschoßwohnungsbaus liegen. Sie gehen sowohl auf Baustruktur als auch auf Instandhaltungszustand dieser Gebäude ein. Die im übrigen im Untersuchungsgebiet vorhandene Bebauung, wie beispielsweise die Reihenhäuser im F.weg, wird im weiteren nicht erwähnt. ...

Nr. 228

Der Umstand, daß auf einem Grundstück ein Baudenkmal steht, rechtfertigt nicht stets und ohne Rücksicht auf die Besonderheiten des Einzelfalls anzunehmen, daß der für die Berechnung des Sanierungsausgleichsbetrages maßgebliche Grundstücks(boden)-Endwert geringer ausfallen muß. Ausschlaggebend ist vielmehr, ob die Denkmaleigenschaft den Grundstückseigentümer daran hindert, die sanierungsbedingte Erhöhung der Ausnutzbarkeit seines Grundstücks zu verwirklichen.

Nr. 228

BauGB § 154 Abs. 2; WertV § 28 Abs. 3.

Niedersächsisches OVG, Beschluß vom 10. März 2003 – 1 LA 38/03 – (rechtskräftig).

Die Klägerinnen wenden sich (u.a.) gegen ihre Heranziehung zur Zahlung eines Sanierungsausgleichsbetrages für das im Innenstadtbereich der Beklagten gelegene Grundstück E.straße 24. Dieses ist mit einem im Jahre 1838 errichteten Gebäude bestanden, welches die Bezirksregierung F. 1987 als Einzelbaudenkmal in das Verzeichnis der Kulturdenkmale aufnahm. Nach Aufhebung der 1972 in Kraft getretenen Satzung über die förmliche Festlegung des Sanierungsgebietes Nr. 2 – Altstadt – setzte die Beklagte durch Bescheid vom Februar 1997 unter Anrechnung eines in der Vergangenheit gezahlten Beitrages für den Kanalanschluß den Sanierungsausgleichsbetrag für das Grundstück E.straße 24 auf 113240,– DM fest. Den hiergegen vom Rechtsvorgänger der Klägerinnen erhobenen Widerspruch beschränkten diese nach Übernahme des Widerspruchsverfahrens auf einen Teilbetrag von 35000,– DM. Den Widerspruch wies die Beklagte als unbegründet zurück. Die dagegen erhobene Klage hat das Verwaltungsgericht abgewiesen.

Der Zulassungsantrag blieb erfolglos.

Aus den Gründen:

Der Sanierungsausgleichsbetrag besteht nach § 154 Abs. 2 BauGB in dem Unterschied zwischen zwei Bodenwerten. Vom Bodenwert, der sich für das Grundstück durch die rechtliche und tatsächliche Neuordnung des förmlich festgelegten Sanierungsgebietes ergibt (Endwert), ist der sog. Anfangswert abzuziehen. Das ist der Bodenwert, der sich für das Grundstück ergeben würde, wenn eine Sanierung weder beabsichtigt noch durchgeführt worden wäre. Schon der Wortlaut zeigt damit, daß es für die Rechnung des Sanierungsausgleichsbetrages nur auf die sanierungsbedingten Bodenwerterhöhungen ankommt und die Bebauung eines Grundstücks dementsprechend grundsätzlich außer Betracht zu bleiben hat. Das wird auch durch § 28 Abs. 3 Satz 1 WertV unterstrichen. Danach ist bei der Ermittlung des Anfangs- und Endwertes der Wert des Bodens ohne Bebauung durch Vergleich mit dem Wert vergleichbarer unbebauter Grundstücke zu ermitteln. Eine Ausnahme läßt allein Satz 2 dieser Vorschrift zu. Danach sind Beeinträchtigungen der zulässigen Nutzbarkeit, die sich aus einer bestehenbleibenden Bebauung auf dem Grundstück ergeben, zu berücksichtigen, wenn es bei wirtschaftlicher Betrachtungsweise oder aus sonstigen Gründen geboten erscheint, das Grundstück in der bisherigen Weise zu nutzen. Mit dieser Vorschrift soll auf Sachverhalte reagiert werden, in denen im Zuge der Sanierung die Bebaubarkeit des Grundstücks erhöht wird, eine Ausnutzung der (nunmehr höheren) Ausnutzungsziffern jedoch eine Beseitigung der vorhandenen Bausubstanz erfordert und dementsprechend erst in weiterer Zukunft zu erwarten ist. Auf die dadurch hervorgerufenen Beschwernisse, welche u.a. in den Beseitigungskosten, aber auch in unter Umständen zu zahlenden Ausfallentschädigungen an Mieter bestehen können, reagiert der Markt mit der Folge, daß sich der Endwert (nicht aber der Anfangswert) entsprechend der wirtschaftlichen Betrachtungsweise oder aus sonstigen Gründen reduziert (vgl. zum Vorstehenden Bielenberg/Koopmann/Krautzberger, Städtebauförderungsrecht, Kommentar und Handbuch, Band 1, WertV § 28 Rdnr. 91). Da § 28 Abs. 3

Satz 2 WertV auch die Berücksichtigung „sonstiger Gründe" gestattet, mag es grundsätzlich in Betracht kommen, Einschränkungen der Nutzbarkeit bei der Ermittlung des Bodenendwertes zu berücksichtigen, die sich aus dem Denkmalcharakter der aufstehenden Bebauung ergeben (können). Ein Automatismus besteht indes nicht. Es kommt vielmehr darauf an, ob die Denkmaleigenschaft die Grundstückseigentümer konkret daran hindert, die Verheißungen eines sanierungsbedingt erhöhten Nutzungsmaßes vollständig auszunutzen und der Grundstücksmarkt aus diesem Grunde den Boden(end)wert deshalb geringer bewertet als er es bei einem unbebauten Grundstück getan haben würde. Insoweit dürfte eine Ähnlichkeit mit dem Bereich des Erschließungsbeitragsrechtes bestehen. Danach sind öffentlich-rechtliche Baubeschränkungen, welche ihre Wurzeln im Denkmalschutzrecht haben, beitragsrechtlich nur dann relevant, soweit sie die für die Verteilung des Erschließungsaufwandes maßgebliche Ausnutzbarkeit des Grundstücks behindern (vgl. BVerwG, Urteil v. 9. 12. 1983 – 8 C 112.82 –, BVerwGE 68, 249 = NVwZ 1984, 437, 441, und Urteil v. 3. 2. 1989 – 8 C 66.87 –, BVerwGE 81, 251 = DVBl. 1989, 1072).

Ein dem vergleichbarer Sachverhalt ist hier nicht gegeben. In seinen Ausführungen hat das Verwaltungsgericht ins einzelne gehend dargelegt, daß das Grundstück E.straße 24 zwar denkmalschutzrechtlichen Bindungen unterliegt. Diese haben in der Vergangenheit indes die Ausnutzung der Festsetzungen des Bebauungsplans Nr. 109 – „G." – welcher im Jahre 1978 bereits rechtsverbindlich geworden ist, nicht behindert. Aus denkmalschutzrechtlicher Sicht haben die Klägerinnen nach der substantiiert nicht bestrittenen Verwaltungspraxis nur noch hinsichtlich der Fassadengestaltung Rücksicht zu nehmen. Nennenswerte Beschränkungen hinsichtlich etwaiger künftiger Baumaßnahmen sind danach nicht zu erwarten. Nach Inkrafttreten des Bebauungsplanes Nr. 109 im Jahre 1978 wurden 1981, 1983 und 1987 mehrere Maßnahmen durchgeführt, an deren Durchführung die Klägerinnen/ihr Rechtsvorgänger nicht durch Denkmalschutz gehindert wurde(n). Dementsprechend sprechen die besseren Gründe für die Annahme, jedenfalls hier wirke sich der Denkmalschutz nicht so aus, daß die Verheißungen einer sanierungsbedingt erhöhten Ausnutzbarkeit des Grundstückes wegen der Vorschriften des Denkmalschutzes ganz oder zum Teil nicht ausgenutzt werden können. Dementsprechend sind keine ausreichenden Anhaltspunkte für die Annahme erkennbar, der Grundstücksmarkt werde aus diesem Grunde einen geringeren sanierungsbedingten Bodenendwert annehmen als er es bei einem unbebauten Grundstück getan haben würde.

Soweit der Grundstücksmarkt „überhaupt" auf denkmalschutzrechtliche Einschränkungen reagiert, werden diese Nachteile bereits mit den steuerlichen Vergünstigungen abgegolten, welche Eigentümer denkmalgeschützter Gebäude genießen. Es besteht kein ausreichender Anlaß, darüber hinausgehend die Eigentümer denkmalgeschützter Gebäude auch noch bei der Berechnung des sanierungsbedingten Bodenendwertes zu begünstigen, sofern keine konkreten Beeinträchtigungen nachgewiesen werden können.

Nr. 229

1. **Die Pflicht zur Zahlung des Ausgleichsbetrags entsteht gemäß §154 Abs.3 Satz 1 i.V.m. §162 Abs.1 Satz 1 BauGB auch dann erst mit Erlaß der Aufhebungssatzung, wenn die Gemeinde diese zu einem früheren Zeitpunkt hätte fassen und bekanntmachen müssen.** Hat in der Zwischenzeit ein Eigentumswechsel stattgefunden, kann sich der neue Eigentümer gegen die Heranziehung nicht mit dem Argument zur Wehr setzen, die Gemeinde hätte den Aufhebungsbeschluß früher fassen und bekanntmachen müssen.

2. **Eine Äußerungsfrist von einem Monat reicht für §154 Abs.4 Satz 2 BauGB regelmäßig aus.**

BauGB §§ 154 Abs. 3, 4, 162 Abs. 1.

Niedersächsisches OVG, Beschluß vom 7. März 2003 – 1 ME 341/02 – (rechtskräftig).

Die Antragstellerin ist seit Januar 1997 Eigentümerin des Grundstücks C.straße 60 in B. Dieses lag im Geltungsbereich einer 1972 in Kraft getretenen Satzung über die förmliche Festlegung des Sanierungsgebietes Nr. 2 – Altstadt –. Diese hob die Antragsgegnerin durch Satzung vom Dezember 1996, bekanntmacht im Juli 1997, auf. Durch Bescheid vom Dezember 2001 zog sie die Antragstellerin zur Zahlung eines Sanierungsausgleichsbetrages von 22 725,– DM (entspricht 11 619,11 €) heran. Den nach Widerspruch und erfolglosem Aussetzungsantrag gestellten Eilantrag hat das Verwaltungsgericht mit der angegriffenen Entscheidung abgelehnt.

Aus den Gründen:

Zum ersten Beschwerdeangriff – die Antragsgegnerin habe den Abschluß der Sanierung rechtswidrig verzögert; das erst habe zur Ausgleichsbeitragspflicht der Antragstellerin geführt – ist folgendes auszuführen:

Richtig ist, daß die Person sanierungsausgleichsbetragspflichtig ist, der das Grundstück in dem Zeitpunkt gehört, zu dem die Sanierung förmlich abgeschlossen wird (vgl. Bielenberg/Koopmann/Krautzberger, Städtebauförderungsrecht, Kommentar, Teil C, § 154 BauGB Rdnr. 39 und 51; Schrödter/Köhler, BauGB, Kommentar, 6. Aufl., § 154 Rdnr. 7). Anders als möglicherweise im Straßenausbaubeitragsrecht richtet sich die Pflicht zur Zahlung von Ausgleichsbeträgen daher nicht danach, wer im Zeitpunkt der Heranziehung zur Zahlung eines Beitrages Eigentümer des Grundstücks ist.

Richtig ist des weiteren, daß die Sanierung nicht an einem vom Gesetz bestimmten Zeitpunkt endet, sondern es (im Regelfall) hierzu einer von der Gemeinde zu erlassenden Satzung bedarf. Dabei steht es nicht in deren freiem Belieben zu entscheiden, wann sie die Sanierungssatzung aufhebt. Nach § 162 Abs. 1 Satz 1 BauGB „ist" vielmehr die Satzung aufzuheben, wenn einer der drei dort genannten Gründe erfüllt ist.

Welche Konsequenzen bei Verletzung dieser Pflicht zu ziehen sind, wird nicht vollständig einheitlich beantwortet. Manche sehen sich durch ein Dogma gehindert, daß ein Anspruch auf Normerlaß nicht bestehe. Daher führe die Verletzung der Pflicht zur rechtzeitigen Aufhebung der Sanierungssatzung dazu, daß „an sich" genehmigungspflichtige Vorgänge (§§ 144, 145 BauGB) nunmehr ohne weiteres zugelassen werden müßten. Daneben käme ein Anspruch auf Schadensersatz und/oder Entschädigung wegen Aufrechterhaltung der mit einer Sanierung verbundenen Beschränkungen in Betracht sowie die Stellung eines Normenkontrollantrages mit dem Ziel, die Funktionslosigkeit der Sanierungssatzung feststellen zu lassen (vgl. zum Vorstehenden: Bielenberg/Koopmann/Krautzberger, a. a. O., § 162 Rdnr. 19, 21, 23; Fislake, in: Berliner Kommentar zum BauGB, 3. Aufl., § 162 Rdnr. 12; vgl. auch BVerwG, Urteil v. 7. 9. 1984 – 4 C 20.81 –, BVerwGE 70, 83 = BRS 42 Nr. 233 am Ende in Anlehnung an BGH, Urteil v. 14. 7. 1965 – III ZR 2/75 –, NJW 1965, 2010 = BB 1965, 1250). Andere leugnen unter Hinweis auf die Entscheidung des Bundesverwaltungsgerichts vom 3. 11. 1988 (– 7 C 115.86 –, BVerwGE 80, 355 = DVBl. 1989, 562 = DÖV 1989, 449), daß ein Anspruch auf Normerlaß nicht bestehen könne, und favorisieren eine Leistungsklage gerichtet auf Erlaß der Aufhebungssatzung (Brügelmann/Neuhausen, BauGB, Kommentar, § 162 Rdnr. 6).

Welcher Meinung zu folgen ist, braucht hier nicht entschieden zu werden. Denn in jedem Fall kann die Klägerin ihr günstige Rechtsfolgen selbst dann nicht ziehen, wenn die Antragsgegnerin Erlaß und/oder Bekanntgabe der Aufhebungssatzung in rechtswidriger Weise verzögert haben sollte. Denn die Pflicht, eine Sanierungssatzung (u. a.) nach Eintritt eines der in § 162 Abs. 1 Satz 1 BauGB bestimmten Ereignisse aufzuheben, trifft die Gemeinde lediglich zu dem Zweck, zu verhindern, daß die – einer Veränderungssperre gleichenden – Beschränkungen, zu denen der Erlaß einer Sanierungssatzung führt, nicht länger aufrechterhalten werden, als dies vom Sicherungszweck der §§ 144 f. BauGB gefordert wird. Die Eigentümer sollen die mit der Sanierungssatzung verbundenen Einschränkungen in Nutzung und Verfügung über ihr Grundstück nur so lange hinnehmen und tragen müssen, wie die Sanierung noch (in erfolgversprechender Weise) betrieben wird. Sobald dies entfallen ist, entfällt die wegen Art. 14 Abs. 1 Satz 2 GG erforderliche Rechtfertigung, diese (zum Teil jahrelang anhaltenden) Einschränkungen noch weiter hinzunehmen.

Zweck der in § 162 Abs. 1 BauGB normierten Pflicht ist es dagegen nicht (auch), im Interesse bestimmter Personen den Beginn der Ausgleichsbetragspflicht zu steuern, insbesondere einen bestimmten Eigentümer nur deshalb von der Beitragspflicht zu befreien, weil die Sanierungssatzung schon zu einem früheren Zeitpunkt hätte aufgehoben worden sein können. Das ergibt sich aus den vorstehenden Ausführungen zum Zweck des § 162 Abs. 1 BauGB. Keines der zitierten Erläuterungswerke zieht dementsprechend bei der Kommentierung von § 154 BauGB die von der Antragstellerin geforderte Konsequenz. Sie wäre nach den vorstehenden Ausführungen sachlich auch nicht gerechtfertigt. Die gegenteilige Auffassung würde zudem zu unüberbrückbaren Schwierigkeiten führen. Denn es kann nicht sozusagen taggenau bezeichnet werden, wann eine Satzung i. S. des § 162 Abs. 1 Satz 1 BauGB gefaßt und bekanntgemacht worden sein muß. Der dabei mit Sicherheit bestehende, in seinen Einzelheiten nur schwer bestimmbare Bereich, wann die Aufhebungssatzung noch auf sich warten lassen kann und wann sie erlassen sein muß, ist so groß, daß auch in diesem Zeitraum eine ganze Reihe von Eigentumsübertragungsvorgängen denkbar ist, die zur Belastung des Alt- oder des Neueigentümers führen. Das Gesetz überläßt diese Frage durch §143 Abs. 2 BauGB der Regelung durch die Grundstückskaufvertragsparteien. In das Grundbuch ist der Sanierungsvermerk gerade zur Information „interessierter Personen", d. h. derjenigen einzutragen, welche ein im Sanierungsgebiet gelegenes Grundstück zu erwerben wünschen (vgl. Bielenberg/Koopmann/Krautzberger, a. a. O., §143 Rdnr. 19). Diese haben die Möglichkeit, durch Einsichtnahme in das Grundbuch von der Sanierung Kenntnis zu nehmen. Entsprechende Anfragen bei der Gemeinde bilden dann eine ausreichende Grundlage, um im Kaufvertrag eine sachgerechte Regelung über die Tragung des Ausgleichsbetrages zu treffen.

Für die gegenteilige Meinung kann die Antragstellerin nicht das Senatsurteil vom 30. 5. 2001 (– 1 L 3314/00 –, ZMR 2002, 234 = NdsRpfl. 2002, 36, 37) fruchtbar machen. Zielrichtung der von der Antragstellerin in Bezug genommenen Ausführung war etwas ganz anderes. In jenem Fall hatte der Gutachterausschuß für Grundstückswerte für den Bereich der Antragsgegnerin einen von der Bekanntgabe der Aufhebungssatzung um ca. 8 Monate („nach vorne") abweichenden Wertermittlungsstichtag in der Annahme gewählt, dieser sei sach- und marktgerechter. Der Senat hat diese Abweichung mit der Begründung nicht beanstandet, in der Zwischenzeit hätten sich keine Veränderungen ergeben, die sich auf die Wertermittlungen hätten auswirken können. Hieraus lassen sich keine Folgerungen ziehen für die Frage, welches der für die Heranziehung maßgebliche Zeitpunkt zu sein hat und welche Folgen eine (unterstellt) sachwidrige Verzögerung der Aufhebungssatzung über die persönliche Beitragspflicht hat/haben kann.

Aus dem Vorstehenden folgt sogleich, daß der Einwand der Verjährung nicht durchgreifen kann.

Der zweite Beschwerdeangriff verhilft der Beschwerde ebenfalls nicht zum Erfolg. Nach §154 Abs. 4 Satz 2 BauGB ist dem Ausgleichsbeitragspflichtigen vor der Festsetzung der Abgabe Gelegenheit zur Stellungnahme und Erörterung der für die Wertermittlung seines Grundstücks maßgeblichen Verhältnisse sowie der nach §155 Abs. 1 BauGB anrechenbaren Beträge innerhalb angemessener Frist zu geben. Welcher Zeitraum noch als „angemessen" anzusehen ist, richtet sich nach den Umständen des Einzelfalls. Im Interesse eines überschaubaren Verwaltungsverfahrens ist in der Regel eine Frist von einem Monat als ausreichend anzusehen (vgl. Schrödter/Köhler, a. a. O., §154 Rdnr. 23; Bielenberg/Koopmann/Krautzberger, a. a. O., §154 Rdnr. 239). Das Beschwerdevorbringen zeigt gerade, daß der Antragstellerin jedenfalls nach der von der Antragsgegnerin eingeräumten Verlängerung diese Frist zur Verfügung stand. In ihrer Stellungnahme vom 1. 12. 2001 rügte die Antragstellerin auch gar nicht, sich trotz der Erörterung vom 26. 11. 2001 und der dort gewährten Fristverlängerung wegen Zeitdrucks nicht sachgerecht einlassen zu können. Die Eingabe wurde – obwohl der 2. 12. 2001 als Eingangsdatum vereinbart worden war – schon am 1. 12. 2001 verfaßt und per Fax übersandt. Darin hatte die Antragstellerin auch Gelegenheit genommen, die Gesichtspunkte zu bezeichnen, welche nach ihrer Auffassung eine ihr günstige

Anwendung des § 155 Abs. 1 BauGB rechtfertigen sollten. Allein der Umstand, daß die Antragstellerin aus Gründen, welche das Verwaltungsgericht in seinem (insoweit nicht angegriffenen) Beschluß nicht geteilt hat, eine weitere Begutachtung forderte, rechtfertigt nicht zu folgern, daß die Antragstellerin keine ausreichende Zeit hatte, sich entsprechend § 154 Abs. 4 Satz 2 BauGB zu äußern.

Nr. 230

Zu den Anforderungen an eine städtebauliche Entwicklungsmaßnahme zur Schaffung eines Wohngebiets für Einfamilienhäuser und eines Landschaftsparks für die Naherholung (im Anschluß an BVerwG, Beschluß v. 30.1.2001 – 4 BN 72.00 –, NVwZ 2001, 558 = BauR 2001, 931 und BVerfG, Beschluß v. 4.7.2002 – 1 BvR 390/01 –, NVwZ 2003, 71 = BauR 2003, 70).

GG Art. 14 Abs. 1 und Abs. 3 Satz 1; BauGB § 165.

Bundesverwaltungsgericht, Beschluß vom 17. Dezember 2003 – 4 BN 54.03 –.

(OVG Bremen)

Aus den Gründen:

1.1 Die Beschwerde wirft die Frage auf, ob steuerliche Einnahmeverluste, die die wirtschaftliche Lebensfähigkeit eines Stadtstaates beeinträchtigen, einen Gemeinwohlbelang i. S. des § 165 Abs. 3 Satz 1 Nr. 2 BauGB und damit zugleich i. S. des Art. 14 Abs. 3 Satz 1 GG darstellen. Zur Begründung verweist die Beschwerde auf den bevorstehenden Wegfall der Sonder-Bundesergänzungszuweisungen (vgl. hierzu das Urteil des Bundesverfassungsgerichts v. 11.11.1999 – 2 BvF 2/98 u. a. –, BVerfGE 101, 158, 235) und die damit zusammenhängenden Fragen des Länderfinanzausgleichs.

Diese Frage würde sich in einem Revisionsverfahren in dieser Form jedoch nicht stellen. Der Revision ist zuzubilligen, daß die Frage, ob eine städtebauliche Entwicklungsmaßnahme allein damit begründet werden kann, den Erhalt eines Bundeslandes zu gewährleisten und sich der Notwendigkeit einer andernfalls unvermeidlichen Neugliederung nach Art. 29 GG zu entziehen (vgl. hierzu den Hinweis des Bundesverfassungsgerichts in seinem Urteil v. 27.5.1992 – 2 BvF 1/88 u. a. –, BVerfGE 86, 148, 270), grundsätzlicher Prüfung und Klärung wert wäre. Ein derartiger Sachverhalt stellt sich vorliegend jedoch nicht. Denn das Normenkontrollgericht benennt vorrangig andere Gründe, die in seinen Augen das Gemeinwohl begründen. Hierzu gehört das Ziel, dem Trend zur Abwanderung in das Umland entgegenzuwirken. Die mit der Abwanderung einhergehende Änderung der Bevölkerungsstruktur führe u. a. zu Nachteilen hinsichtlich der von der Gemeinde vorzuhaltenden Dienstleistungen, verändere die soziale Schichtung (insbesondere Familien mit kleinen Kindern gingen verloren) und erhöhe die Trennung von Wohn- und Arbeitsort mit erheblichen Nachteilen für das großstädtische Oberzentrum nicht nur in verkehrlicher Hinsicht. Damit beschreibt es Gründe des Gemeinwohls, die – bei Hinzutreten der weiteren gesetzlichen Voraussetzungen (vgl. hierzu das Urteil des Senats v. 12.12.2002 – 4 CN 7.01 –, BVerwGE 117, 248 = BRS 65 Nr. 230) – für großstädtische Oberzentren städtebauliche Entwicklungsmaßnahmen rechtfertigen können, ohne daß es insoweit auf die Landesgrenzen und die Besonderheiten eines Stadtstaats ankäme. Der Senat hat im genannten Urteil ferner hervorgehoben, daß die Entwicklungsmaßnahme auch im Einklang mit den Zielen und Grundsätzen der Raumordnung und Landesplanung einschließlich der Regionalplanung zu stehen hat (wobei für Bremen § 8 Abs. 1 Satz 2 ROG Besonderheiten vorsieht). Das Bemühen eines großstädtischen Oberzentrums, mit der Schaffung von Wohnraum bestimmter Kategorie (hier Einfamilienhäuser) den Trend zur Abwanderung näher umschriebener Bevölkerungskreise (hier Familien mit Kindern) zu vermindern und den Bevölkerungsstand zu stabilisieren, stellt in diesem Sinne ein typisches Bestreben der Raumordnung und Landesplanung dar. Das Oberverwaltungsgericht sieht die genannten Belange lediglich als noch verstärkt an, wenn es sich wie vorliegend um einen Stadtstaat handelt. Das von ihm genannte finanzwirtschaftliche Interesse an einer Verminderung der Abwanderung steht in seinen Augen im Zusammenhang mit Fragen der Landesentwicklung. Soweit das Oberverwaltungsgericht dabei den Zusammenhang zwischen dem Recht der städtebaulichen Entwicklungsmaßnahme und der Raumordnung und Landesplanung hervorhebt, steht seine Würdigung im Einklang mit dem genannten Urteil des Senats. Eine erhebliche Zunahme von Pendlerströmen kann zu landesplanerisch unerwünschten Folgen führen und auch das finanzwirtschaftliche Gleichgewicht zwischen einer Großstadt und ihrem – häufig weniger dicht besiedelten – Umland beeinträchtigen. Dies sind jedoch Entwicklungen, die sich zunächst und in erster Linie unabhängig von Ländergrenzen stellen. Dagegen stützt sich das Oberverwaltungsgericht nicht auf Fragen des Länderfinanzausgleichs oder gar den Erhalt des Landes Bremen in der Zukunft. Somit geht die von der Beschwerde gestellte Frage an dem Sachverhalt vorbei, den das Normenkontrollgericht seiner rechtlichen Würdigung zu Grunde legt.

1.2 Die Beschwerde wirft ferner die Frage auf, ob eine Entwicklungsmaßnahme rechtmäßig ist, wenn Flächen für Gemeinbedarfseinrichtungen i. S. des § 165 Abs. 3 Satz 1 Nr. 2 BauGB festgesetzt werden, obwohl Zweifel daran bestehen, ob das Wohl der Allgemeinheit diese erfordert, weil ein Bedarf für die Nutzungsarten dieser Flächen nicht plausibel dargelegt wurde. Zur Begründung verweist sie auf eine in ihren Augen unzureichende Wohnungsbedarfsprognose.

Diese Frage rechtfertigt nicht die Zulassung der Revision, da sie sowohl hinsichtlich des rechtlichen Ausgangspunkts als auch der tatsächlichen Feststellungen von unzutreffenden Voraussetzungen ausgeht.

Die Festlegung einer städtebaulichen Entwicklungsmaßnahme ist u. a. zulässig, wenn das Wohl der Allgemeinheit sie erfordert, insbesondere zur Deckung eines erhöhten Bedarfs an Wohnstätten. Der Senat hat diese gesetzliche Voraussetzung in seinem Urteil vom 12.12.2002 – 4 CN 7.01 –, (BVerwGE 117, 248) näher umschrieben.

Die von der Beschwerde aufgeworfene Frage geht demgegenüber von der irrigen Vorstellung aus, es handele sich bei Wohnhäusern um Gemeinbedarfseinrichtungen. Davon abgesehen ist das Normenkontrollgericht nicht zu dem von der Beschwerde unterstellten Ergebnis gelangt, es bestünden Zweifel insbesondere an einer plausiblen Darlegung des Bedarfs. Vielmehr ist es auf der Grundlage einer ausführlichen Beweisaufnahme zu der Schlußfolgerung gekommen, daß ein erhöhter Bedarf an Wohnstätten vorliegt. Dabei orientiert es sich hinsichtlich der rechtlichen Maßstäbe an der Rechtsprechung des Senats. Weiterführende Fragestellungen wirft die Beschwerde nicht auf. ...

1.4 Die Beschwerde wirft schließlich die Frage auf, ob eine Entwicklungssatzung gleichwohl rechtmäßig sein kann, wenn ein Ortsgesetzgeber eine Korrektur der in der Entwicklungssatzung festgelegten Entwicklungsziele vornimmt, ohne zugleich die Entwicklungssatzung selbst durch einen Rechtsakt mit gleicher Rechtsqualität im Hinblick auf die veränderten Entwicklungsziele anzugleichen.

Hintergrund dieser Fragestellung ist, daß in der Vorlage an die Bürgerschaft für einen kleinen Teilbereich der städtebaulichen Entwicklungsmaßnahme (entlang einer Bahnlinie) gewerbliche Nutzung vorgesehen war, in der Sitzung der Bürgerschaft insoweit jedoch eine Zielkorrektur vorgenommen worden ist.

Diese Frage rechtfertigt nicht die Zulassung der Revision. Nach § 165 Abs. 6 Satz 2 BauGB ist in der Entwicklungssatzung der Entwicklungsbereich zu bezeichnen. Dies ist vorliegend geschehen und wird von der Beschwerde nicht in Frage gestellt. Im übrigen legt das Normenkontrollgericht den Beschluß der Bürgerschaft dahingehend aus, daß sie eine veränderte Formulierung der Ziele beschlossen hat und der Inhalt der Satzung nach § 165 Abs. 6 Satz 1 BauGB damit eindeutig sei. Darin liegt eine vom Beschwerdegericht hinzunehmende und im übrigen durchaus nachvollziehbare Auslegung des vom Normenkontrollgericht zu überprüfenden Landesrechts. Einer weiteren grundsätzlichen Klärung von Fragen des Bundesrechts bedarf es nicht; ohnehin käme es auf die vorliegenden Besonderheiten des Einzelfalls an. Im übrigen ist die städtebauliche Entwicklungsmaßnahme auf weitere Konkretisierung angelegt, die als nachfolgender Schritt durch die Aufstellung von Bebauungsplänen erfolgt (§ 166 Abs. 1 Satz 2 BauGB). Daher ist eine Gemeinde nicht verpflichtet, schon zum Zeitpunkt des Erlasses der Entwicklungssatzung hinsichtlich jedes Grundstücks gleichsam parzellenscharf ein Konzept über die künftige Nutzung vorzulegen (vgl. hierzu das Senatsurteil v. 12. 12. 2002, a. a. O., S. 260).

2. Auch die Divergenzrüge bleibt ohne Erfolg. Eine die Revision eröffnende Abweichung, also ein Widerspruch im abstrakten Rechtssatz, läge nur vor, wenn das Berufungsgericht in Anwendung derselben Rechtsvorschrift mit einem seine Entscheidung tragenden abstrakten Rechtssatz von einem in der genannten Entscheidung des Bundesverfassungsgerichts oder des Bundesverwaltungsgerichts aufgestellten ebensolchen Rechtssatz abgewichen wäre.

2.1 Die Beschwerde meint, das Oberverwaltungsgericht sei hinsichtlich der Flächen für Dauerkleingärten von einem im Beschluß des Bundesverfassungsgerichts vom 4. 7. 2002 – 1 BvR 390/01 –, (NVwZ 2003, 71 = BauR

2003, 70) aufgestellten Rechtsgrundsatz abgewichen. Sie legt jedoch keinen Rechtssatz dar, mit dem das Normenkontrollgericht von einem vom Bundesverfassungsgericht aufgestellten Rechtssatz abgewichen wäre. Insoweit erfüllt sie schon nicht die Darlegungserfordernisse, ist also unzulässig (§ 133 Abs. 3 Satz 3 VwGO). Davon abgesehen versteht sie den rechtlichen Ansatz des Oberverwaltungsgerichts falsch. Dieses führt aus, es könne dahinstehen, ob die soziale Zielsetzung, der Unterversorgung mit Kleingärten im Bremer Osten entgegenzuwirken, für sich genommen derartiges Gewicht habe, daß sie eine städtebauliche Entwicklungsmaßnahme rechtfertigen könne. Es verweist in diesem Zusammenhang auf die geringe für Kleingärten in Anspruch genommene Fläche. Dabei bezieht es sich auf Ausführungen des beschließenden Senats in seinem Urteil vom 12. 12. 2002. Danach ist es unbedenklich, wenn sich eine als solche zulässige städtebauliche Entwicklungsmaßnahme auch auf weitere Flächen erstreckt, auf denen Ziele verfolgt werden sollen, denen isoliert betrachtet möglicherweise nicht das für eine städtebauliche Entwicklungsmaßnahme gebotene Gewicht zukommen würde (a. a. O., S. 258). Denn eine städtebauliche Entwicklungsmaßnahme ist nur zulässig, wenn sie für die städtebauliche Entwicklung einer Gemeinde von besonderer Bedeutung ist; insoweit ist auch ein entsprechendes Gewicht erforderlich (a. a. O., S. 250). Diese Voraussetzung besteht jedoch unabhängig von der weiteren Voraussetzung, wonach das Wohl der Allgemeinheit die Durchführung der städtebaulichen Entwicklungsmaßnahme erfordert (§ 165 Abs. 3 Satz 1 Nr. 2 BauGB). Beides ist somit unabhängig voneinander zu prüfen. Dieser Aufgabe hat sich das Normenkontrollgericht im übrigen auch nicht entzogen. Vielmehr legt es in seinem Urteil näher dar, daß das Ziel der Realisierung von 400 Kleingärten dem Wohl der Allgemeinheit dient. Auch insoweit legt die Beschwerde keinen Rechtssatz dar, mit dem das Normenkontrollgericht von einem vom Bundesverfassungsgericht aufgestellten Grundsatz abgewichen wäre. Denn es stellt nicht in Frage, daß auch die Errichtung von Kleingärten im Rahmen einer städtebaulichen Entwicklungsmaßnahme nur dann zulässig ist, wenn die Verfolgung dieses Ziels im konkreten Fall durch Gründe des Wohls der Allgemeinheit gedeckt ist. Hierzu legt es dar, daß im Bremer Osten eine deutliche Unterversorgung mit Kleingärten bestehe. Ferner erfüllen die Kleingärten nach den tatsächlichen Feststellungen der Vorinstanz auch eine Naherholungsfunktion. Das Normenkontrollgericht hat somit keinen abweichenden Rechtssatz aufgestellt, sondern sich an den vom Bundesverfassungsgericht aufgestellten Rechtssätzen ausgerichtet.

2.2 Auch hinsichtlich der Flächen für den Reitsport genügt die Beschwerde nicht den Anforderungen an die Darlegung einer Divergenzrüge. Das Bundesverfassungsgericht hat im angeführten, die vorliegende städtebauliche Entwicklungsmaßnahme betreffenden Beschluß hervorgehoben, daß Art. 14 Abs. 3 Satz 1 GG hoheitliche Eigentumsverschiebungen im allein privaten Interesse nicht zuläßt. Dem liegt ersichtlich die Vorstellung des Bundesverfassungsgerichts zu Grunde, daß in dem Entwicklungsbereich bisher nicht vorhandene Betriebe für den Reitsport angesiedelt werden und für diesen Zweck eine Enteignung zu erfolgen hat. Den darin zu erblickenden Grundsatz stellt das Normenkontrollgericht jedoch nicht durch Aufstellung eines abweichenden Grundsatzes in Frage. Vielmehr erkennt es vorliegend eine andere Fallkonstellation, die in seinen Augen auch unter dem Blickwinkel des Art. 14 Abs. 3 GG andere Rechtsfolgen erlaubt. Nach seinen Feststellungen sind nämlich bereits Betriebe für den Reitsport vorhanden. Ihnen soll auch künftig Grund und Boden zur Verfügung stehen. Es hebt ausdrücklich hervor, von einer Verdrängung von Grundeigentümern und Landwirten zu Gunsten privater Reitbetriebe könne keine Rede sein. Im übrigen legt es näher dar, daß die für die landwirtschaftliche Nutzung vorgesehenen Flächen nach Möglichkeit gar nicht von der Antragsgegnerin erworben werden sollen, daß eine Enteignung nur bei Vorliegen weiterer Voraussetzungen zulässig sein kann und daß die Eigentümer die Enteignung durch betriebliche Umstellung abwenden können. Dies macht deutlich, daß sich das Normenkontrollgericht nicht von Rechtsgrundsätzen leiten läßt, die von denjenigen des Bundesverfassungsgerichts abweichen. Davon abgesehen stellen sich die vom Normenkontrollgericht angesprochenen Rechtsfragen zumindest teilweise noch nicht im Stadium der städtebaulichen Entwicklungssatzung, da zunächst weitere Entscheidungen hierüber zu ergehen haben (Aufstellung von Bebauungsplänen, Vorgehen nach § 166 Abs. 3 BauGB).

3. Auch die Verfahrensrügen bleiben ohne Erfolg. ...

Nr. 231

1. **Die Aufhebung eines Mietverhältnisses nach § 182 BauGB setzt nicht voraus, daß der angemessene Ersatzwohnraum bereits im Zeitpunkt der Aufhebungsverfügung konkret und rechtlich abgesichert zur Verfügung steht. Es reicht aus, wenn im Zeitpunkt der Beendigung des Mietverhältnisses angemessener Ersatzwohnraum zur Verfügung steht.**

2. **Wer selbst Eigentümer verfügbaren, angemessenen Ersatzwohnraums ist, kann nicht verlangen, daß ihm angemessener Ersatzwohnraum auf Kosten der Allgemeinheit zur Verfügung gestellt wird.**

BauGB § 182.

OVG Niedersachsen, Beschluß vom 23. Dezember 2003 – 1 ME 303/03 – (rechtskräftig).

Der Antragsteller, der im Haus Sch.damm 12 in A. eine Dreizimmerwohnung im dritten Obergeschoß bewohnt, sucht um vorläufigen Rechtsschutz gegen die Aufhebung des Mietverhältnisses nach § 182 BauGB nach. Das Gebäude Sch.damm 12 gehört zur Wohnanlage Sch.damm 12 bis 22 mit 144 Wohneinheiten, die im förmlich festgelegten Sanierungsgebiet „Altländer Viertel" der Antragsgegnerin liegt. Der im März 2003 bekannt gemachte Bebauungsplan ALV I sieht den Abbruch der Wohnanlage vor und setzt für diesen Bereich allgemeines Wohngebiet, zweigeschossig, offene Bauweise und nur Einzel- und Doppelhäuser bzw. nur Doppelhäuser bzw. nur Hausgruppen zulässig fest.

Im April 2003 beantragte der Beigeladene als Eigentümer der Wohnanlage Sch.damm 12 bis 22 bei der Antragsgegnerin die Aufhebung der Mietverhältnisse in den genannten Gebäuden nach § 182 BauGB. Nach Anhörung des Antragstellers hob die Antragsgegnerin mit Bescheid vom Mai 2003 das Mietverhältnis zwischen dem Antragsteller und dem Beigeladenen mit Wirkung vom November 2003 auf und ordnete die sofortige Vollziehung an. Als Ersatzwohnraum schlug die Antragsgegnerin die vom Antragsteller erworbene Zweizimmerwohnung B. Straße 27 in A. vor, die derzeit leerstehe.

Aus den Gründen:
Entgegen der Annahme des Verwaltungsgerichts setzt die Aufhebung eines Mietverhältnisses nach § 182 BauGB nicht voraus, daß der Ersatzwohnraum bereits im Zeitpunkt der Aufhebungsverfügung konkret und rechtlich abgesichert zur Verfügung steht.

Nach § 182 Abs. 1 BauGB kann die Gemeinde ein Mietverhältnis auf Antrag des Eigentümers mit einer Frist von sechs Monaten aufheben, wenn die Verwirklichung der Ziele und Zwecke der Sanierung im förmlich festgelegten Sanierungsgebiet dies erfordern. Nach Abs. 2 dieser Vorschrift darf die Gemeinde ein Mietverhältnis über Wohnraum nur aufheben, wenn im Zeitpunkt der Beendigung des Mietverhältnisses angemessener Ersatzwohnraum für den Mieter und die zu seinem Hausstand gehörenden Personen zu zumutbaren Bedingungen zur Verfügung steht. Nach dem Wortlaut des Gesetzes muß der Ersatzwohnraum „im Zeitpunkt der Beendigung des Mietverhältnisses" zur Verfügung stehen. Auch wenn die Verfügbarkeit von Ersatzwohnraum im Zeitpunkt der Beendigung des Mietverhältnisses Voraussetzung der Aufhebung eines Mietverhältnisses ist und die Gemeinde daher bereits vor dem Erlaß der Aufhebungsverfügung prüfen muß, ob sie dem Mieter im Zeitpunkt der Beendigung des Mietverhältnisses angemessenen Ersatzwohnraum anbieten kann, muß der Ersatzwohnraum im Zeitpunkt des Erlasses der Aufhebungsverfügung noch nicht konkret und rechtlich abgesichert verfügbar sein. Welche Anforderungen an die Sicherstellung von Ersatzwohnraum im Zeitpunkt der Beendigung des Mietverhältnisses zu stellen sind, hängt weitgehend von den Marktverhältnissen ab. In Zeiten knappen Wohnraums darf die Gemeinde nicht allein auf das Prinzip Hoffnung setzen und die Aufhebung eines Mietverhältnisses daher nicht verfügen, bevor ihr konkrete Angebote für den Ersatzwohnraum vorliegen. Anders ist die Situation aber in Zeiten eines Mietermarktes, in denen ständig eine größere Zahl von Wohnungen angeboten wird, die die Voraussetzungen für angemessenen Ersatzwohnraum erfüllen.

Der Schutz des Mieters rechtfertigt es nicht, die Verfügbarkeit des Ersatzwohnraums vom Zeitpunkt der Beendigung des Mietverhältnisses (hier November 2003) auf den Zeitpunkt des Erlasses der Aufhebungsverfügung (hier Mai 2003) vorzuverlegen. Dies würde darauf hinauslaufen, daß die Gemeinde den Ersatzwohnraum vor Erlaß der Aufhebungsverfügung anmieten muß und während der Aufhebungsfrist des § 182 BauGB von sechs Monaten auf ihre Kosten vorhält. Wenn im Zeitpunkt der Beendigung des Mietverhältnisses kein angemessener Ersatzwohnraum vorhanden ist, ist der Mieter der Gemeinde nicht schutzlos ausgeliefert. Vielmehr kann sich der Mieter auch im Vollstreckungsverfahren auf das etwaige Fehlen einer angemessenen Ersatzwohnung berufen. Da das Gesetz die konkrete und rechtlich abgesicherte Verfügbarkeit des Ersatzwohnraums ausdrücklich erst im Zeitpunkt der Beendigung des Mietverhältnisses verlangt, kann nicht unterstellt werden, daß die Frage des Ersatzwohnraums im Aufhebungsverfahren abschließend geklärt werden müsse und das Vollstreckungsverfahren unter keinen Umständen damit belastet werden dürfe.

Der unterschiedliche Wortlaut von § 179 Abs. 2 Satz 1 BauGB und § 182 Abs. 2 Satz 1 BauGB rechtfertigt nicht die Auslegung des Verwaltungsgerichts, die Gemeinde dürfe die Aufhebung eines Mietverhältnisses nicht verfügen, solange der im Gesetz geforderte angemessene Ersatzwohnraum nicht konkret und rechtlich gesichert zur Verfügung stehe. Es trifft zwar zu, daß § 179 Abs. 2 BauGB „nur" einen Vollstreckungsschutz gewährt, während § 182 Abs. 2 Satz 1 BauGB einen Aufhebungsschutz vorschreibt (vgl. Battis/Krautzberger/Löhr, BauGB, 8. Aufl. 2002, § 179 Rdnr. 10). Der unterschiedliche Ansatz beider Vorschriften wird aber dadurch relativiert, daß auch nach § 182 Abs. 2 Satz 1 BauGB der Ersatzwohnraum erst im Zeitpunkt der Beendigung des Mietverhältnisses zur Verfügung stehen muß.

Entgegen der Ansicht des Antragstellers besteht kein Vorrang des zivilrechtlichen Kündigungsrechts vor dem Aufhebungsrecht nach § 182 BauGB. Abweichend von § 27 Abs. 1 Satz 2 StBauFG, der hoheitliche Eingriffe der Gemeinde in private Vertragsverhältnisse nur dann erlaubte, wenn der erstrebte Erfolg auf privatrechtlichem Weg nicht erreicht werden konnte, regeln die §§ 182 ff. BauGB die Aufhebung von Mietverhältnissen eigenständig und unabhängig vom Zivilrecht (vgl. Ernst/Zinkahn/Bielenberg, BauGB, Stand: 1. 5. 2003, Vorb. §§ 182 bis 186 Rdnr. 18; HessVGH, Beschluß v. 15. 12. 1997 – 4 TG 4597/96 –, BRS 60 Nr. 230). Dementsprechend ist es auch unbedenklich, daß das Aufhebungsrecht nach § 182 BauGB eine unter Umständen kürzere Aufhebungsfrist als die Kündigungsfrist des BGB vorsieht, weil dieser Nachteil durch den Vorteil der Stellung angemessenen Ersatzwohnraums ausgeglichen wird.

Schließlich ist es nicht zu beanstanden, daß die Antragsgegnerin im Aufhebungsbescheid die vom Antragsteller erworbene Zweizimmerwohnung in der B. Straße, die derzeit leersteht, als Ersatzwohnraum benannt hat. Nach der im Verfahren des vorläufigen Rechtsschutzes gebotenen summarischen Prüfung darf die Antragsgegnerin den Antragsteller auf eine eigene leerstehende Wohnung verweisen, selbst wenn der Antragsteller sie nicht erworben hat, um sie selbst zu nutzen. Wer selbst Eigentümer angemessenen Ersatzwohnraums ist, kann nicht darauf pochen, daß ihm auf Kosten der Allgemeinheit angemessener Ersatzwohnraum zur Verfügung gestellt wird. Der Vortrag des Antragstellers, die Wohnung sei „noch nicht bezugsfertig", stellt dies nicht in Frage. Es fehlen insoweit bereits nachvollziehbare Angaben. Im übrigen hat die Antragsgegnerin erklärt, nicht nur bei der Beschaffung notwendiger neuer Möbel bzw. Kücheneinbauten, sondern auch bei der Renovierung zu helfen, worum sich der Antragsteller auch im Hinblick auf seine eigene Wohnung bemühen kann. Darin liegt kein Abwälzen der Nachweis- und Beschaffungsverpflichtungen für angemessenen Ersatzwohnraum, sondern nur eine angemessene Betonung der Mitwirkungspflicht des Antragstellers, die im Verhältnis zu dem von der Antragsgegnerin zu vertretenden Allgemeinwohl zu sehen ist.

Stichwortverzeichnis

(Die Zahlen bezeichnen jeweils die Nummer der Entscheidung)

A
Abänderungsverfahren 182
Abbruchanordnung 195 ff.
Abbruchgenehmigung, denkmalrechtliche 209, 210
Abbruchverpflichtung 111
Absichten, städtebauliche 26, 146
Abstand zwischen Windparks 107
Abstandfläche 93, 126 ff., 146, 181, 188, 192
Abstandflächenbaulast 140
Abstimmungsgebot, interkommunales 1
Abwägung 3, 4, 8, 13 f., 16, 21, 25 ff., 40 f., 50, 58, 60, 62 65, 217, 221 ff.
Abwehrrecht, nachbarliches s. Einwendungen des Nachbarn
Abweichung 75, 134, 137, 185, 192
Aliud 162
Allgemeines Wohngebiet s. Wohngebiet, allgemeines
Allgemeinwohl 92, 230
Altenpflegeeinrichtung 25
Altstadt 26
Amtshaftung 165 f.
Änderung der Gebäude 136
Änderung der Sachlage 49, 50
Änderung des Bebauungsplans 31
Änderung des Flächennutzungsplans 14
Änderung des Plans 3
Änderung einer Straße, wesentliche 57
Anfechtungsklage 98
Angebotsbebauungsplan 23
Anhalter Bahn 19
Anlage für kulturelle Zwecke 73
Anlage für soziale Zwecke 83
Anordnungsanspruch 193
Anpassungsgebot 9
Anpassungspflicht 1
Anspruch auf Einschreiten 133
Antragsbefugnis 12, 56, 58 ff., 116
Archäologische Grabung 212 ff.
Architektonische Selbsthilfe 146
Art der Nutzung 23, 31, 170
Asylbewerberunterkunft 83
Atypik 91
Ausfertigung 26, 46
Ausgleich, naturschutzrechtlicher s. Naturschutz
Ausgleichsbedarf 145, 220
Ausgleichsmaßnahmen 28, 46, 117, 217 f., 220
Ausgleichspflicht 221
Auslegung 47
Ausnahme 75, 81
Ausschluß von Einzelhandel 38 ff.
Ausschluß von Windenergieanlagen 10 ff.
Ausschlußwirkung 108
Außenbereich 99 ff., 115, 123, 127, 129, 149, 157, 220
Außenbereichssatzung 112 f.
Außenrechtswirksamkeit 55
Außentreppe 93
Außenwand 130
Außenwerbung s. Werbeanlage
Außenwohnbereich 28
Aussetzung der Vollziehung 192
Autohandel 74

B
Bäckerei 79
Ballspielplatz 171, 172
Bauantrag 95, 156, 158
Bauantrag, Zurückweisung 150
Baudenkmal s. Denkmal
Baufreiheit 176
Baugebiet 147, 168 f.
Baugenehmigung 82, 143, 159 ff., 173 f., 179, 182, 189
Baugenehmigungsverfahren 155 ff.

Baugestalterische Ziele 124, 146f.
Baugrenze 126, 220
Baugrundstück, Anforderungen 125ff.
Bauherreneigenschaft 111
Baulast 140, 141
Bauliche Anlage 151, 155ff.
Baulinie 126
Baurecht auf Zeit 27, 28
Bauteil, untergeordneter 131
Bauunternehmen 77
Bauverbotsfläche 180
Bauvoranfrage 122, 155
Bauvorbescheid 80, 96, 120, 150, 180
Bauvorhaben 159ff.
Bauvorhaben, Anforderungen 125ff.
Bauvorhaben, Zulässigkeit 69ff.
Bauvorlagen 150, 156, 158, 189, 194
Bauvorschrift, örtliche 147f.
Bauweise 126, 220
Bebauungsplan 1ff., 69ff., 219
Bebauungsplan, gemeinsamer 51
Bebauungsplan, Rückwirkung 200
Bebauungsplan, übergeleiteter 52, 69
Bebauungsplan, verbindliche Wirkung 53, 54
Bebauungsplan, vorhabenbezogener 21ff.
Bebauungstiefe 128
Bebauungszusammenhang 94ff., 112
Bedarf, künftiger 28
Befangenheit 45, 67
Befreiung 75, 89, 91ff., 180, 183, 219
Befreiungslage 219
Begünstigung, abstandrechtliche 136
Bekanntmachung 48
Bekanntmachungsfrist 47
Belastungsgebiet 100
Beleuchtungsanlage 191
Belichtung 128
Bescheidungsfähigkeit 150

Bescheidungsurteil 157
Bescheinigung 139
Bescheinung Bezirksschonsteinfeger 203
Beseitigungsverfügung 195ff.
Besonderes Städtebaurecht 226ff.
Bestandsschutz 28, 110, 114, 147, 155, 162
Beteiligung der Gemeinde 156f.
Beteiligung der höheren Verwaltungsbehörde 98
Betrieb, landwirtschaftlicher 29, 99, 101ff.
Betriebsleiterwohnung 81f.
Beweisaufnahme 69
Beweislast 167
Bodendenkmalpflege 212ff.
Bodennutzungskonflikt 58
Bolzplatz für Kinder 171f.
Bootsverleih 183
Branchenmix 40
Bullenmast 101
Bundesautobahn 56

C
Carport 35, 84, 132
Checkpoint Charlie 187
Container 151

D
Dachaufbau 130
Dachlandschaft 97
Dachterrasse 134
Damwildgehege 102
Dauerkleingarten 217
Denkmal 61
Denkmalbuch 205, 207
Denkmalpflegegesetz DDR 206
Denkmalschutz 205ff.
Dia-Projektionswerbeanlage 150
Dienstbarkeit, beschränkt persönliche 188
Dienstsiegel 46
Diskothek 76
Doppelhaus 137, 180
Dorfgebiet 79, 90, 94
Duldung 114

Duldungsanordnung 204
Durchführungsvertrag 21 ff.
Durchgangsverkehr 60

E

Eigenart der Landschaft 99, 102
Eigentumsgarantie 148
Eigentumsschutz 10, 30 f., 186
Einfriedung 135
Einfügen 94, 197
Eingriffsregelung, naturschutzrechtliche 4, 9, 217 ff.
Einigungsvertrag 206
Einrichtung, kommunale 195
Einschreiten, bauaufsichtliches s. Ordnungsverfügung
Einstweilige Anordnung 67 f., 163
Einvernehmen, gemeindliches 98, 110, 118, 156, 157
Einwendungen des Nachbarn 168 ff.
Einzelfallerfordernis 91
Einzelhandel 38 ff.
Einzelhandelsbetrieb 72, 80
Einzelhandelsbetrieb, großflächiger 1, 85, 86
Eiscafé 181
Elektromagnetische Felder 75
Entscheidungsfrist der Baubehörde 158
Entsorgungsbetrieb 24
Entsteinerungsklausel 56
Entwicklungsgebot 4, 7, 9, 43 f., 115
Entwicklungsmaßnahme, städtebauliche 230
Erdgasröhrenspeicher 32
Erdrückende Wirkung 16
Erforderlichkeit 112
Erforderlichkeit des Plans 1 ff., 26
Ergänzendes Verfahren 5, 49 f., 68, 221
Erhaltungsanordnung 208
Erhaltungsinteresse 207 ff.
Erholungsfunktion 99
Erlöschen der Baugenehmigung 162
Ermessen 128, 193 ff., 210
Ermessensreduzierung 133
Ersatzbau 109 ff.

Ersatzgeld 220
Ersatzvornahme 202
Ersatzwohnraum 231
Erscheinungsbild 61
Erschließung 23, 31, 71, 186
Erschließungsbeitrag 28
Erstplanungspflicht der Gemeinde 1
Exemtion 205

F

Fachmarkt 85
Feststellungswirkung 173
Feuerstätte 139
Feuerungsanlage 203
FFH-Richtlinie 224
Fläche für Carports 35, 84, 132
Fläche für die Landwirtschaft 102
Fläche für Gemeinbedarf 87
Fläche zum Schutz der Natur 43, 117
Flächengrabung 213
Flächennutzungsplan 9, 11 ff., 26, 43, 99, 102, 115 ff., 123
Flächennutzungsplan, alter 108
Flughafen 4
Forstbehörde 160 f.
Fortsetzungsfeststellungsklage 158
Freibad 173
Freizeitlärm-Richtlinie 167
Fremdkörper 96
Friedhof 30
Frist 109
Funktion 162
Funktionseinheit 86
Funktionslosigkeit 2, 52 ff., 87
Funkturm 146
Fuß- und Radweg 28
Fußgängerzone 181

G

Garage 35, 84, 133 f., 142 ff.
Gartenbaulicher Absatzmarkt 27
Gartenzone 180, 199
Gastherme 139
Gaststätte 21, 94, 225
Gaube 130
Gebäudeteil, untergeordneter 131

Gebietsunverträgliche Störung 72 ff.
Gebietsgewährleistungsanspruch 82, 168 ff.
Gebot der Rücksichtnahme s. Rücksichtnahmegebot
Gebühr 139
Geflügelmast 100 f., 182
Geflügelstall 99
Geländeoberfläche 42
Gemeinbedarfseinrichtung 230
Gemeinbedarfsfläche Post 36, 87
Genehmigungsfiktion 120, 156
Genehmigungspflicht 155 ff.
Genehmigungsverfahren 176, 178
Geräuschimmissionen 171 ff.
Geruchsbelästigung 28, 79
Geschäftssitz 154
Geschoßflächenzahl 25
Gestaltungsrecht 146 ff.
Gestaltungssatzung 147, 148
Gewerbebetrieb 80, 81
Gewerbebetrieb, nicht störender 74, 75
Gewerbegebiet 38 f., 41, 82, 135, 170
Gewerbegebiet, eingeschränktes 25
Gewerbepark 15
Giebel 130
Glaubhaftmachung 193
Gliederung von Baugebieten 17, 37 ff., 81, 169
Gliederung, vertikale 37
Gottesdienstliche Belange 205
Grabungskosten 212 ff.
Grenzabstand 16, 26, 146, s. Abstandfläche
Grenzbau 127, 133
Grenzbebauung 127, 128, 129
Grillhütte 195
Großflächiger Einzelhandel 1, 85 f.
Grundfläche, Größe der 34
Grundsatz der Raumordnung 8, 12
Grundstücksbezug 122
Grundstücksfläche, überbaubare 34, 126, 128
Grundstückswert 228
Grundwasserstand 216

Grünfläche, öffentliche 92, 183
Grünzug 9

H
Hafengebiet 151
Handlungsstörer 194
Häufung, störende 150, 153
Hausgarten 70
Hausgiebel 130
Himmelsstrahler 149
Hinterlandbebauung 155
Hochhaus 19
Höchstgeschwindigkeit 18
Höhe baulicher Anlagen 33, 42, 97, 116, 118
Höhe der Grenzgarage 133
Holzhütte 199
Hotel 25
Hubschrauberlandeplatz 184
Hundehaltung 78

I
Immissionsbelastung 164, 167, 171
Immissionsprognose 27
Immissionsrichtwert 171 ff.
Immissionsschutz 18 f.
Industriegebiet 17, 83, 85
Infrastrukturvorhaben 4
Innenbereich 74, 79, 90, 94 ff., 155, 197
Innenstadtrelevante Branchen 80
Innenstadtrelevantes Sortiment 38 ff.
Instandsetzungspflicht 208, 211
Integritätsinteresse 224
Intensivtierhaltung 28, 79, 100 f.
Interkommunales Abstimmungsgebot 1
Investorenvertrag 212 f.

J
Jugendstil-Villa 211
Jungsteinzeitlicher Werkplatz 216

K
Kaimauer 151
Kaserne 185

Kerngebiet 26, 40, 146, 181
Kernkraftwerk 15, 157
Kiesabbau 108
Kindertagesstätte 93
Kiosk 181, 183
Kirchliches Denkmal 205
Klageänderung 99
Klimaschutzziele 10
Kommunalaufsicht 1
Kommunale Planungshoheit 1, 4, 8, 98
Konfliktbewältigung 16, 62, 223
Konzentrationsplanung 107, 108
Konzentrationswirkung 159 f.
Konzentrationszone 13, 14, 99, 115, 117 f.
Kosten des Beigeladenen 83
Kotten 114
Kulturdenkmal 205 ff.
Kundenverkehr 72
Küstenlandschaft 107

L
Laden 72
LAI-Hinweise 175
Landesentwicklungsprogramm 56
Landschaftsbild 99, 103 f.
Landschaftspark 230
Landschaftsschutz 43, 217 ff.
Landschaftsschutzgebiet 7, 16
Landschaftsschutzverordnung 9, 58, 219, 221
Landwirtschaft, Wechsel der Nutzungsart 64
Landwirtschaftlicher Betrieb 29, 99, 101 f.
Lärmbeeinträchtigung 57, 59 f.
Lärmimmission 73 f., 164, 167, 170 ff., 220
Lärmschutz 18, 19, 135
Lärmschutzmaßnahme 68
Lastwagenkühlaggregat 27
Leitlinienfunktion der BauNVO 23
Lichteinfall 16
Lichtimmission 146
Löschwasserversorgung 216
Luftrechtliches Verfahren 184

M
Maß der baulichen Nutzung 26
Maßnahmen der Baubehörden 194 ff., s. a. Ordnungsverfügung
Mauermuseum 187
Messe 4
Messeparkplatz 32
Mieter 187
Mietverhältnis, Aufhebung 231
Mindestabstand 29
Mischgebiet 77, 78
Mitwirkungsverbot 45, 67
Mobilfunk 33, 75, 89 f., 92, 97
Modifizierung der Baugenehmigung 182

N
Nachbarbegriff 187, 188
Nachbareinwendungen 168 ff.
Nachbarschutz 73, 79, 82 f., 93 f., 128 f., 132 f., 197 ff.
Nachbarwiderspruch 166
Nachbarzustimmung 132
Nacht-Abschaltautomatik 201
Naßabgrabung 215
Nationalpark 225
Naturschutz 14, 43, 103, 217 ff.
Naturschutzgebiet 46
Naturschutzrechtliche Eingriffsregelung 4, 9, 221
Naturschutzverein 224
Naturschutzverordnung 64
Nebenanlage 89, 92
Nebenbestimmung 111, 182, 201
Nebengebäude 133
Negativplanung 15
Nichtigkeit 221
Normenkontrolle 12, 54 ff., 221
Normenkontrolle, Verfahrenserledigung 66
Notwegerecht 71, 186
Nutzungsänderung 70, 76, 87, 93, 101, 109, 136, 142 ff.
Nutzungsaufgabe 109
Nutzungskonflikt 24, 25, 27
Nutzungskonzept 217
Nutzungsmischung 26

Nutzungsuntersagung 195

O
Obligatorisch Berechtigter 187
Öffentliche Grünfläche 30
Öffnungsklausel 221
Öffnungszeit 225
Optische Unterordnung 74
Optische Wirkung 89, 90, 164
Ordnungsverfügung 125, 133, 159 ff., 193
Ortsbild 33, 97
Ortsteil 94 f., 147
Ortsumgehungsstraße 67

P
PKW-Anhänger 152
Planänderung 3
Planaufstellung 1 ff., 48
Planaufstellungsverfahren 45
Planentwurf 47
Planerhaltung 48, 65
Planfeststellung, straßenrechtliche 224
Plankonformität 124
Planrechtfertigung 28
Planreife 180
Planung konkreter Vorhaben 17
Planungshoheit 1, 4, 8, 98
Planungskonzept 10 f., 21, 120
Planungsverband 51
Planzuschnitt 62
Post 36, 87
Postfremde Nutzung 36
Post-Tower 191
Präklusion 224
Privilegierung s. Außenbereich
Problembewältigung 21 f.
Prognose 164, 176
Psychiatrische Anstalt 185

Q
Quellwasserversorgung 222
Querungshilfe 20

R
Raumordnung 1, 4, 8, 12
Rechtsqualität 69
Rechtsschutzinteresse 57, 120
Rechtsweg 167
Regel-Ausnahme-Planaussage 5
Regionalplan 6 f., 55, 107, 119
Regionalplanung 4, 9 ff.
Reihenhauszeile 199
Reines Wohngebiet 31, 93, 170
Retentionsfläche 223
Rettungsgrabung 214
Rinderhaltung 29, 182
Rockkonzert 175
Rücksichtnahmegebot 176, 178 ff., 182, 190, 197
Rückwirkung 226

S
Sachaufklärung 208
Sakralbau 205
Sängerhalle 73, 167
Sanierungsausgleichsbetrag 228 f.
Sanierungsgebiet 226 f.
Sanierungsrecht 124
Sanierungssatzung 226
Saunabetrieb 70
SB-Markt 40
Schadensersatz 165 f.
Schalleistungspegel 17, 81, 221
Schallschutzwand 135
Schaufenster 153
Schenkung, gemischte 123
Schienenverkehrslärm 19
Schloßplatz 26
Schlußpunkttheorie 159, 160
Schornstein 139, 203
Schutz schwächerer Gemeinden 8
Schutzhütte 195
Schweinehaltung 79
Schweinemast 28
Selbstbestimmungsrecht, kirchliches 205
Selbstverwaltungsrecht, gemeindliches 1, 4, 8, 98
Seniorenwohnen 21
Sicherheitsprüfung 139
Sicherung der Bauleitplanung 115 ff.
Sicherung, öffentlich-rechtliche 128

Siedlungsstruktur 96
Skybeamer 149
Sofortige Vollziehung 196, 197
Soll-Ziel 6, 7
Sondergebiet 25, 220 f.
Sortimentsbeschränkung 38, 39, 40
Sportanlage 171, 174
Sportanlagenlärmschutzverordnung 171, 173 ff.
Spülfeld für Hafenschlick 14
Städtebauliche Absichten 26, 146
Städtebaulicher Mißstand 100
Städtebaurecht, besonderes 226 ff.
Stadtsilhouette 146
Standort der Windenergieanlage 34
Standortausweisung 4
Standortnachteile, Nivellierung 8
Standortplanung für Windenergie 10 ff.
Standortverlagerung 24
Standsicherheit 125, 138
Stätte der Leistung 149, 154
Stellplatz 35, 84, 142 ff.
Stellplatz, notwendiger 145, 190
Stellplatzablösung 142, 144 f.
Stellplatzbedarf 144
Steuerung von Windenergieanlagen 115 ff.
Stillegungsverfügung 198
Störerauswahl 194
Straßenbestandteil 125
Straßenplanung 9, 18, 20, 60, 67 f.
Straßenverkehrsfläche 181
Straßenverkehrslärm 176, 177
Streitwert 157
Stützmauer 125
Substanzverlust 196

T
TA Lärm 1998 176, 177
Täuschung, arglistige 165
Träger öffentlicher Belange 33
Trennungsgebot 17
Treu und Glauben 191
Typisierende Betrachtungsweise 77

U
Überleitungsvorschrift 116
Überschwemmungsgebiet 16, 223
Ufer 151
Umnutzung 185
Umwelteinwirkungen, schädliche 171 ff.
Umweltverträglichkeitsprüfung 157, 220
Unfallrisiko 220
Universitätsklinik 184
Untätigkeitsklage 158
Untergang der Rücksichtnahmepflicht 179
Unterhaltungspflicht 125
Unwirksamkeit der Satzung 221, 226
Unzulässige Rechtsausübung 191
UVP-Richtlinie 220

V
VDI Richtlinie 3471 28
VDI-Richtlinie 3474 29
VDI-Richtlinie 3770 174
Veränderungssperre 15, 99, 115 ff.
Verbrauchermarkt 85
Vergleich 191
Vergleichsabsprache 178
Vergnügungsstätte 73, 76
Verkehr, landwirtschaftlicher 28
Verkehrsauffassung 72
Verkehrsbelastung, erhöhte 60
Verkehrsberuhigende Maßnahmen 20
Verkehrsfläche 20
Verkehrsgefährdung 150
Verkehrsgeräusche 176, 177
Verkehrswert 211
Verordnungsänderung 56
Versorgung des Gebiets 72
Vertikale Gliederung 37
Verunstaltung 103, 104
Verwaltungsprozeßrecht 55 ff., 157, 167, 187, 192 f.
Verwaltungsvorschrift, normkonkretisierende 176 f.
Vogelschutz 14

Vollstreckung 111
Vorbelastung 59
Vorbildwirkung, negative 97, 196
Vorhabenbegriff 21 ff., 70, 89
Vorhabenbezogener Bebauungsplan 21 ff.
Vorhabenbezogenheit 162
Vorkaufsrecht 123 f.
Vorläufige Baugenehmigung 163
Vorläufiger Rechtsschutz 192 f.
Vorrang- und Vorbehaltsgebiete 10, 12 f.
Vorranggebiet 115 f., 119
Vorrangstandort 107

W

Wagenburg 197
Wald 43
Werbeanlage 74, 146, 148, 149 ff.
Widerspruchsverfahren 93
Willkürverbot 196
Windenergie 118, 119
Windenergieanlage 34, 50, 103 f., 115 f., 138, 164, 201, 220
Windenergie-Erlaß NRW 138
Windenergienutzung 10 ff.
Windpark 107, 116, 138
Wintergarten 196
Wirkungen wie von Gebäuden 135
Wochenendhausgebiet 95
Wohl der Allgemeinheit 123
Wohn- und Arbeitsverhältnisse 26

Wohngebiet 21, 23 f.
Wohngebiet, allgemeines 17, 28 f., 72 ff., 89, 154, 167
Wohngebiet, reines 31, 93, 170
Wohnrecht 188
Wohnruhe 220
Wohnsiedlung 27

Z

Zaun 102
Zeitrahmen für Sanierung 226
Zentrale-Orte-System 1
Ziel der Raumordnung 1, 4 ff., 8, 12, 49 f., 55 f.
Ziel der Regionalplanung 9
Zielanpassungsgebot 1, 5, 7
Zufahrtsbaulast 141
Zulässigkeit von Bauvorhaben 69 ff.
Zumutbarkeit 167, 171 ff., 209 ff., 220
Zurückhaltung, planerische 16, 20 f., 22, 24
Zurückstellung 118, 122
Zuständigkeit 159 ff.
Zustandsstörer 194
Zustimmung 185
Zwangsgeld 202
Zwangsmittel 201 f.
Zweckverband 51
Zweimonatsfrist 98
Zwischenlager 15, 157

Baurechtssammlung auf CD-ROM

Die **Baurechtssammlung auf CD-ROM** enthält die baurechtliche Rechtsprechung des **Bundesverwaltungsgerichts** sowie eine Vielzahl von maßgeblichen Entscheidungen des **Bundesgerichtshofs**, der **Oberverwaltungsgerichte** und **Verwaltungsgerichtshöfe der Länder** zum

- Bauplanungsrecht
- Bauordnungsrecht
- Maßnahmen- und Vollstreckungsrecht
- Denkmalschutzrecht
- Naturschutzrecht
- Städtebauförderungsrecht

Das jährlich erscheinende Update ermöglicht eine **umfassende Orientierung** über die neueste baurechtliche Rechtsprechung eines Jahres.

Die CD-ROM enthält den vollständigen Datenbestand der „Baurechtssammlung" von 1945 – 2003 als Faksimile mit

- Volltextsuchfunktion in den Leitsätzen
- Entscheidungssuche nach
  - Sachgebiet
  - Gericht
  - Datum
  - Aktenzeichen
- Aufschlagen nach (Register-)Band/Entscheidungsnummer

Die Bedienung ist auch für ungeübte Nutzer kinderleicht. Dank der übersichtlichen Oberfläche finden Sie schnell die gewünschten Informationen! Unbürokratische und kompetente Hilfe erhalten Sie über unsere CD-ROM Hotline.

Thiel/Gelzer/Upmeier
Baurechtssammlung auf CD-ROM
Jahrgänge 1945-2003

2004, CD-ROM für
Windows 95/98/2000/NT/XP,
Systemvoraussetzung:
32 MB RAM, empfohlen ab 64 MB,
€ 490,- • ISBN 3-8041-3600-1

Sonderpreis für Abonnenten der gedruckten Ausgabe der „Baurechtssammlung" oder der Zeitschrift „baurecht"
€ 245,- • ISBN 3-8041-3602-8

1 Update pro Jahr, Preis je Update
€ 149,-

Zu beziehen über Ihre Buchhandlung oder direkt beim Verlag.

Wolters Kluwer Deutschland GmbH
Niederlassung Neuwied · Postfach 23 52 · 56513 Neuwied
Telefon 02631 801-2222 · Telefax 02631 801-2223
www.wolters-kluwer.de · www.werner-verlag.de
E-Mail info@wolters-kluwer.de

WERNER VERLAG
Eine Marke von Wolters Kluwer Deutschland